Novecento

Un monologo

Alessandro Baricco

Novecento

Vocabolario di
Loredana Zanne

Ernst Klett Sprachen
Stuttgart

1. Auflage 13 | 2026

Redaktion: Elena Bergmann
Layoutkonzeption: Elmar Feuerbach
Gestaltung und Satz: Satzkasten, Stuttgart
Umschlaggestaltung: Elmar Feuerbach
Titelbild: Corbis (ImageZoo), Düsseldorf
Autorenfoto: laif (Alberto Cristofari/A3/contrasto), Köln (Seite 47)
Druck und Bindung: Digitaldruck Tebben GmbH, Biessenhofen

Printed in Germany
ISBN 978-3-12-565903-2

Ho scritto questo testo per un attore, Eugenio Allegri, e un regista, Gabriele Vacis. Loro ne hanno fatto uno spettacolo che ha debuttato al festival di Asti nel luglio di quest'anno. Non so se questo sia sufficiente per dire che ho scritto un testo teatrale: ma ne dubito. Adesso che lo vedo in forma di libro, mi sembra piuttosto un testo che sta in bilico tra una vera messa in scena e un racconto da leggere ad alta voce. Non credo che ci sia un nome, per testi del genere. Comunque, poco importa. A me sembra una bella storia, che valeva la pena di raccontare. E mi piace pensare che qualcuno la leggerà.

A. B.
Settembre 1994

6 **essere, stare in bilico** *loc* stare in equilibrio precario, essere in una situazione di incertezza

Per Barbara

Succedeva sempre che a un certo punto uno alzava la testa... e la vedeva. È una cosa difficile da capire. Voglio dire... Ci stavamo in più di mille, su quella nave, tra ricconi in viaggio, e emigranti, e gente strana, e noi... Eppure c'era sempre uno, uno solo, uno che per primo... la vedeva. Magari era lì che stava mangiando, o passeggiando, semplicemente, sul ponte... magari era lì che si stava aggiustando i pantaloni... alzava la testa un attimo, buttava un occhio verso il mare... e la vedeva. Allora si inchiodava, lì dov'era, gli partiva il cuore a mille, e, sempre, tutte le maledette volte, giuro, sempre, si girava verso di noi, verso la nave, verso tutti, e gridava (*piano e lentamente*): l'America. Poi rimaneva lì, immobile come se avesse dovuto entrare in una fotografia, con la faccia di uno che l'aveva fatta lui, l'America. La sera, dopo il lavoro, e le domeniche, si era fatto aiutare dal cognato, muratore, brava persona... prima aveva in mente qualcosa in compensato, poi... gli ha preso un po' la mano, ha fatto l'America...

Quello che per primo vede l'America. Su ogni nave ce n'è uno. E non bisogna pensare che siano cose che succedono per caso, no... e nemmeno per una questione di diottrie, è il destino, quello. Quella è gente che da sempre c'aveva già quell'istante stampato nella vita. E quando erano bambini, tu potevi guardarli negli occhi, e se guardavi bene, già la vedevi, l'America, già lì pronta a scattare, a scivolare giù per nervi e sangue e che ne so io, fino al cervello e da lì alla lingua, fin dentro quel grido (*gridando*), AMERICA, c'era già, in quegli occhi, di bambino, tutta, l'America.

Lì, ad aspettare.

Questo me l'ha insegnato Danny Boodmann T.D. Lemon Novecento, il più grande pianista che abbia mai suonato sull'Oceano. Negli occhi della gente si vede quello che vedranno, non quello che hanno visto. Così, diceva: quello che vedranno.

9 **inchiodarsi** *fig* fermarsi, arrestarsi – 9 **gli fa partire il cuore a mille** ihm schlägt das Herz zum Zerspringen – 15 **un cognato** Schwager – 16 **in compensato** aus Sperrholz – 24 **scattare** saltare

Io ne ho viste, di Americhe... Sei anni su quella nave, cinque, sei viaggi ogni anno, dall'Europa all'America e ritorno, sempre a mollo nell'Oceano, quando scendevi a terra non riuscivi neanche a pisciare dritto nel cesso. Lui era fermo, lui, ma tu, tu continuavi a dondolare. Perché da una nave si può anche scendere: ma dall'Oceano... Quando c'ero salito, avevo diciassette anni. E di una sola cosa mi fregava, nella vita: suonare la tromba. Così quando venne fuori quella storia che cercavano gente per il piroscafo, il *Virginian*, giù al porto, io mi misi in coda. Io e la tromba. Gennaio 1927. Li abbiamo già i suonatori, disse il tizio della Compagnia. Lo so, e mi misi a suonare. Lui se ne stette lì a fissarmi senza muovere un muscolo. Aspettò che finissi, senza dire una parola. Poi mi chiese:

"Cos'era?".

"Non lo so."

Gli si illuminarono gli occhi.

"Quando non sai cos'è, allora è jazz."

Poi fece una cosa strana con la bocca, forse era un sorriso, aveva un dente d'oro proprio qui, così in centro che sembrava l'avesse messo in vetrina per venderlo.

"Ci vanno matti, per quella musica, lassù."

Lassù voleva dire sulla nave. E quella specie di sorriso voleva dire che mi avevano preso.

Suonavamo tre, quattro volte al giorno. Prima per i ricchi della classe lusso, e poi per quelli della seconda, e ogni tanto si andava da quei poveracci degli emigranti e si suonava per loro, ma senza la divisa, così come veniva, e ogni tanto suonavano anche loro, con noi. Suonavamo perché l'Oceano è grande, e fa paura, suonavamo perché la gente non sentisse passare il tempo, e si dimenticasse dov'era, e chi era. Suonavamo per farli ballare, perché se balli non puoi morire, e ti senti Dio.

3 **a mollo** *fam* sotto l'acqua – 4 **pisciare** *volg* far pipì, orinare – 4 **un cesso** *gerg* bagno, gabinetto – 5 **dondolare** ondeggiare, oscillare (schaukeln) – 8 **una tromba** Trompete – 9 **un piroscafo** nave con motore a vapore – 28 **una divisa** Uniform

E suonavamo il ragtime, perché è la musica su cui Dio balla, quando nessuno lo vede.

Su cui Dio ballava, se solo era negro.

(L'attore esce dalla scena. Parte una musica dixie, molto allegra e sostanzialmente idiota. L'attore rientra in scena vestito elegantemente da jazz man da piroscafo. Da qui in poi si comporta come se la band fosse, fisicamente, in scena)

Ladies and Gentlemen, meine Damen und Herren, Signore e Signori... Mesdames e Messieurs, benvenuti su questa nave, su questa città galleggiante che assomiglia in tutto e per tutto al *Titanic,* calma, state seduti, il signore laggiù si è toccato, l'ho visto benissimo, benvenuti sull'Oceano, a proposito che ci fate qui?, una scommessa, avevate i creditori alle calcagna, siete in ritardo di una trentina d'anni sulla corsa all'oro, volevate vedere la nave e poi non vi siete accorti che era partita, siete usciti un attimo a comprare le sigarette, in questo momento vostra moglie è alla polizia che dice era un uomo buono, normalissimo, in trent'anni mai un litigio... Insomma, che diavolo ci fate qua, a trecento miglia da qualsiasi fottutissimo mondo e a due minuti dal prossimo conato di vomito? Pardon madame, scherzavo, si fidi, se ne va questa nave come una biglia sul biliardo dell'Oceano, tac, ancora sei giorni, due ore e quarantasette minuti e plop, in buca, New Yoooooork!

(Band in primo piano)

Non credo che ci sia bisogno di spiegarvi come questa nave sia, in molti sensi, una nave straordinaria e in definitiva unica. Al comando del capitano Smith, noto claustrofobo e uomo di grande saggezza (avrete certo notato che vive in una scialuppa di salvataggio), lavora per voi uno staff praticamente unico di professionisti assolutamente fuori dall'ordinario:

10 **galleggiante** → **galleggiare** restare sul pelo dell' acqua o altro liquido senza affondare – 13 **avere qu alle calcagna** *loc* jdn auf den Fersen haben – 19 **fottuto** *fig volg* schifoso, spregevole

Paul Siezinskj, timoniere, ex sacerdote polacco, sensitivo, pranoterapeuta, purtroppo cieco… Bill Joung, marconista, grande giocatore di scacchi, mancino, balbuziente… il medico di bordo, dott. Klausermanspitzwegensdorfentag, aveste urgenza di chiamarlo siete fregati…, ma soprattutto:

Monsieur Pardin,

lo chef,

direttamente proveniente da Parigi dove peraltro è subito tornato dopo aver verificato di persona la curiosa circostanza che vede questa nave priva di cucine, come ha argutamente notato, tra gli altri, Monsieur Camembert, cabina 12, che oggi si è lamentato per aver trovato il lavabo pieno di maionese, cosa strana, perché di solito nei lavabi teniamo gli affettati, questo per via dell'inesistenza delle cucine, cosa a cui va attribuita tra l'altro l'assenza su questa nave di un vero cuoco, quale certamente era Monsieur Pardin, subito tornato a Parigi da cui proveniva direttamente, nell'illusione di trovare qui sopra delle cucine che invece, a rimanere fedeli ai fatti, non ci sono e questo grazie alla spiritosa dimenticanza del progettista di questa nave, l'insigne ingegner Camilleri, anoressico di fama mondiale, a cui prego di indirizzare il vostro più caloroso applausoooooo…

(Band in primo piano)

Credetemi, non ne troverete altre di navi così: forse, se cercherete per anni ritroverete un capitano claustrofobico, un timoniere cieco, un marconista balbuziente, un dottore dal nome impronunciabile, tutti sulla stessa nave, senza cucine. Può darsi. Ma quel che non vi succederà più, potete giurarci, è di stare lì seduti col culo su dieci centimetri di poltrona e

1 **un timoniere** Steuermann – 2 **un pranoterapẹuta** → **pranoterapịa** terapia della medicina alternativa, consistente nell' imposizione delle mani sulla parte malata di una persona – 2 **un marconista** Funker – 3 **un mancino** persona che usa abitualmente la mano sinistra – 3 **un balbuziente** Stotterer – 10 **arguto** brillante, intelligente – 20 **insigne** celebre, famoso – 20 **un anorẹssico** → **l'anoressịa** mancanza di appetito e conseguente rifiuto del cibo

centinaia di metri d'acqua, nel cuore dell'Oceano, con davanti agli occhi il miracolo, e nelle orecchie la meraviglia, e nei piedi il ritmo e nel cuore il sound dell'unica, inimitabile, infinita, ATLANTIC JAZZ BAAAAND!!!!!

(Band in primo piano, fattore. L'attore presenta gli strumentisti a uno a uno. A ogni nome segue un breve assolo)

Al clarinetto, Sam "Sleepy" Washington!
Al banjo, Oscar Delaguerra!
Alla tromba, Tim Tooney!
Trombone, Jim Jim "Breath" Gallup!
Alla chitarra, Samuel Hockins!
E infine, al piano... Danny Boodmann T.D. Lemon Novecento.
Il più grande.

(La musica si interrompe bruscamente. L'attore abbandona il tono da presentatore, e, parlando, si toglie la divisa da musicista)

Lo era davvero, il più grande. Noi suonavamo musica, lui era qualcosa di diverso. Lui suonava... Non esisteva quella roba, prima che la suonasse lui, okay?, non c'era da nessuna parte. E quando lui si alzava dal piano, non c'era più... e non c'era più per sempre... Danny Boodmann T.D. Lemon Novecento. L'ultima volta che l'ho visto era seduto su una bomba. Sul serio. Stava seduto su una carica di dinamite grande così. Una lunga storia... Lui diceva: "Non sei fregato veramente finché hai da parte una buona storia, e qualcuno a cui raccontarla". Lui l'aveva una... buona storia. Lui *era* la sua buona storia. Pazzesca, a ben pensarci, ma bella... E quel giorno, seduto su tutta quella dinamite, me l'ha regalata. Perché ero il suo più grande amico, io... E poi ne ho fatte di fesserie, e se mi mettono a testa in giù non esce più niente dalle mie tasche, anche

6 **un assolo** brano eseguito da un solo strumento o voce – 30 **una fesseria** sciocchezza, stupidaggine

la tromba mi son venduto, tutto, ma… quella storia, no… quella non l'ho persa, sta ancora qui, limpida e inspiegabile come solo era la musica quando, in mezzo all'Oceano, la suonava il pianoforte magico di Danny Boodmann T.D. Lemon Novecento.

(L'attore si avvia dietro le quinte. In audio riparte la band, per il finale. Quando si spegne l'ultimo accordo, l'attore rientra in scena)

A trovarlo era stato un marinaio che si chiamava Danny Boodmann. Lo trovò un mattino che erano già tutti scesi, a Boston, lo trovò in una scatola di cartone. Avrà avuto dieci giorni, non di più. Neanche piangeva, se ne stava silenzioso, con gli occhi aperti, in quello scatolone. L'avevano lasciato nella sala da ballo della prima classe. Sul pianoforte. Non aveva l'aria però di essere un neonato di prima classe. Quelle cose le facevano gli emigranti, di solito. Partorire di nascosto, da qualche parte del ponte, e poi lasciare lì i bambini. Mica per cattiveria. Era miseria, quella, miseria nera. Un po' come la storia dei vestiti… salivano che avevano le pezze al culo, ognuno col suo vestito consumato dappertutto, l'unico che c'avevano. Poi però, dato che l'America era sempre l'America, li vedevi scendere, alla fine, tutti ben vestiti, con la cravatta anche, gli uomini, e i bambini con certe camiciole bianche… insomma, ci sapevano fare, in quei venti giorni di viaggio cucivano e tagliavano, alla fine non trovavi più una tenda, sulla nave, più un lenzuolo, niente: si erano fatti il vestito buono per l'America. A tutta la famiglia. Potevi mica dirgli niente…

Insomma, ogni tanto ci scappava anche il bambino, che per un emigrante è una bocca in più da sfamare e un sacco di grane all'ufficio immigrazione. Li lasciavano sulla nave. In

2 **lịmpido** chiaro, netto – 6 **una quinta** Kulisse – 12 **stạrsene** *qui*: daliegen – 15 **avere l'aria di** *loc* parere, sembrare – 16 **partorire** gebären, zur Welt bringen – 17 **mica** *fam sett* non – 19 **una pezza** toppa (Flicken) – 24 **saperci fare (con qc)** (mit etwas) gut umgehen können – 29 **sfamare** dare del cibo (→ fame) – 30 **una grana** *fam* problema, seccatura (Unannehmlichkeit)

cambio delle tende e delle lenzuola, in certo senso. Con quel bambino doveva essere andata così. Dovevano essersi fatti un ragionamento: se lo lasciamo sul pianoforte a coda, nella sala da ballo di prima classe, magari lo prende qualche riccone, e sarà felice tutta la vita. Era un buon piano. Funzionò a metà. Non diventò ricco, ma pianista sì. Il migliore, giuro, il migliore.

Comunque. Il vecchio Boodmann lo trovò là, cercò qualcosa che dicesse chi era, ma trovò solo una scritta, sul cartone della scatola, stampata con inchiostro blu: T.D. Limoni. C'era anche una specie di disegno, di un limone. Blu anche lui. Danny era un negro di Philadelphia, un gigante d'uomo che era una meraviglia. Pigliò il bambino in braccio e gli disse "Hello Lemon!". E gli scattò qualcosa dentro, qualcosa come la sensazione che era diventato padre. Per tutta la vita continuò a sostenere che quel T.D. significava evidentemente Thanks Danny. Grazie Danny. Era assurdo, ma lui ci credeva davvero. L'avevano lasciato lì per lui, quel bambino. Ne era convinto... T.D., Thanks Danny. Un giorno gli portarono un giornale su cui c'era la réclame di un uomo con un faccione idiota e dei baffi fini fini, da latin lover, e c'era disegnato un limone grande così e vicino la scritta diceva: Tano Damato il re dei limoni, Tano Damato, limoni da re, e non so quale attestato o premio o cosa... Tano Damato... Il vecchio Boodmann non fece una piega. "Chi è questo frocio?" chiese. E si fece dare il giornale perché di fianco alla réclame c'erano i risultati delle corse. Non che ci giocasse, alle corse: gli piacevano i nomi dei cavalli, tutto lì, aveva una vera passione, ti diceva sempre "senti questo, questo qui, ha corso ieri, a Cleveland, senti qua, l'hanno chiamato *Cerchi grane,* capisci? ma è possibile? e questo? guarda, *Meglio prima,* non c'è da morire?" insomma gli piacevano, i nomi dei cavalli, c'aveva quella passione. Di chi vinceva non gliene importava un cazzo. Erano i nomi, che gli piacevano.

3 **un pianoforte a coda** Flügel – 9 **l' inchiostro** Tinte – 23 **non fare una piega** *fig qui*: keine Miene verziehen – 24 **un frocio** *centr volg* omosessuale maschile

A quel bambino incominciò a dare il suo, di nome: Danny Boodmann. L'unica vanità che si concesse in tutta la vita. Poi ci aggiunse T.D. Lemon, proprio uguale alla scritta che c'era sulla scatola di cartone, perché diceva che faceva fine avere delle lettere in mezzo al nome: "tutti gli avvocati ce l'hanno," confermò Burty Bum, un macchinista che era finito in galera grazie a un avvocato che si chiamava John P.T.K. Wonder. "Se fa l'avvocato lo ammazzo," sentenziò il vecchio Boodmann, però poi le due iniziali ce le lasciò, nel nome, e così venne fuori Danny Boodmann T.D. Lemon. Era un bel nome. Lo studiarono un po', ripetendolo a bassa voce, il vecchio Danny e gli altri, giù in sala macchine, con le macchine spente, a mollo nel porto di Boston. "Un bel nome," disse alla fine il vecchio Boodmann, "però gli manca qualcosa. Gli manca un gran finale." Era vero. Gli mancava un gran finale. "Aggiungiamo martedì," disse Sam Stull, che faceva il cameriere. "L'hai trovato martedì, chiamalo martedì." Danny ci pensò un po'. Poi sorrise. "È un'idea buona, Sam. L'ho trovato nel primo anno di questo nuovo, fottutissimo secolo, no?: lo chiamerò Novecento." "Novecento?" "Novecento." "Ma è un numero!" "*Era* un numero: adesso è un nome." Danny Boodmann T.D. Lemon Novecento. È perfetto. È bellissimo. Un gran nome, cristo, davvero un gran nome. Andrà lontano, con un nome così. Si chinarono sulla scatola di cartone. Danny Boodmann T.D. Lemon Novecento li guardò e sorrise: loro rimasero di stucco: nessuno si aspettava che un bambino così piccolo potesse fare tutta quella merda.

Danny Boodmann fece ancora il marinaio per otto anni, due mesi e undici giorni. Poi, durante una burrasca, in pieno Oceano, si prese una carrucola impazzita in mezzo alla schiena. Ci mise tre giorni a morire. Era rotto dentro, non c'era verso di rimetterlo insieme. Novecento era un bambino, allora. Si sedette vicino al letto di Danny e da lì non si mosse più. Aveva

2 **la vanità** ≠ modestia, umiltà – 4 **fare fine** *region* eine gute Figur machen – 8 **sentenziare** verkünden – 23 **chinarsi** piegarsi verso il basso – 25 **rimanere di stucco** *fig loc* verblüfft sein – 28 **una burrasca** bufera, tempesta – 29 **una carrụcola** Flaschenzug

una pila di giornali vecchi, e per tre giorni, facendo una fatica bestiale, lesse al vecchio Danny, che stava tirando le cuoia, tutti i risultati delle corse che trovò. Metteva insieme le lettere, come Danny gli aveva insegnato, col dito premuto sulla carta del giornale e gli occhi che non mollavano un istante. Leggeva lentamente, ma leggeva. Così il vecchio Danny morì sulla sesta corsa di Chicago, vinta da *Acqua potabile* con due lunghezze su *Minestrone* e cinque su *Fondotinta blu.* Il fatto è che non riuscì a non ridere, a quei nomi, e ridendo, schiattò. Lo avvolsero in un telone e lo restituirono all'Oceano. Sul telone, con una vernice rossa, il capitano scrisse: Thanks Danny.

Così, d'improvviso, Novecento divenne orfano per la seconda volta. Aveva otto anni e si era già fatto avanti e indietro dall'Europa all'America una cinquantina di volte. L'Oceano era casa sua. E quanto alla terra, be', non ci aveva mai messo piede. L'aveva vista, dai porti, certo. Ma sceso, mai. Il fatto è che Danny aveva paura che glielo portassero via, con qualche storia di documenti e visti e cose del genere. Così Novecento rimaneva a bordo, sempre, e poi a un certo punto si ripartiva. A voler essere precisi, Novecento non esisteva nemmeno, per il mondo: non c'era città, parrocchia, ospedale, galera, squadra di baseball che avesse scritto da qualche parte il suo nome. Non aveva patria, non aveva data di nascita, non aveva famiglia. Aveva otto anni: ma ufficialmente non era mai nato.

"Non potrà continuare a lungo questa storia," dicevano ogni tanto a Danny. "Oltre tutto è anche contro la legge." Ma Danny aveva una risposta che non faceva una piega: "In culo la legge" diceva. Non è che si potesse discutere un granché, con quella partenza.

Quando arrivarono a Southampton, alla fine del viaggio in cui Danny morì, il capitano decise che era ora di farla finita

1 **una pila** cumulo, mucchio (Stapel) – 2 **tirare le cuoia** *fig loc* morire – 9 **schiattare** *fig* crepare, morire – 10 **un telone** pezzo di tela grande di tessuto resistente – 11 **una vernice** colore resistente all' acqua – 12 **ọrfano** chi è privo di genitori – 18 **un visto** Visum – 21 **una parrọcchia** Pfarrgemeinde – 28 **un granché** *pron indef* (nur in Negativsätzen) nichts Besonderes

con quella recita. Chiamò le autorità portuali e disse al suo vice che gli andasse a prendere Novecento. Be', non lo trovò mai. Lo cercarono per tutta la nave, per due giorni. Niente. Era sparito. Non andava giù a nessuno, quella storia, perché insomma, lì sul *Virginian,* si erano abituati a quel ragazzino, e nessuno osava dirlo ma... ci vuol poco a buttarsi giù dalla murata e... poi il mare fa quel che vuole, e... Così c'avevano la morte nel cuore quando ventidue giorni dopo ripartirono per Rio de Janeiro, senza che Novecento fosse tornato, o che si fosse saputo qualcosa di lui... Stelle filanti e sirene e fuochi d'artificio, alla partenza, come tutte le volte, ma era diverso, quella volta, stavano per perdere Novecento, ed era per sempre, qualcosa gli rosicchiava il sorriso, a tutti, e gli mordeva dentro.

La seconda notte di viaggio, che non si vedevano nemmeno più le luci della costa irlandese, Barry, il nostromo, entrò come un pazzo nella cabina del comandante, svegliandolo e dicendogli che doveva assolutamente venire a vedere. Il comandante bestemmiò, ma poi andò.

Salone da ballo della prima classe.

Luci spente.

Gente in pigiama, in piedi, all'ingresso. Passeggeri usciti dalla cabina.

E poi marinai, e tre tutti neri saliti dalla sala macchine, e anche Truman, il marconista.

Tutti in silenzio, a guardare.

Novecento.

Stava seduto sul seggiolino del pianoforte, con le gambe che penzolavano giù, non toccavano nemmeno per terra.

E,

com'è vero Iddio,

stava suonando.

1 **una rẹcita** *fig* finzione, simulazione (→ recitare) – 6 **osare** avere il coraggio di fare qc – 6 **buttarsi giù** sich hinunterstürzen – 10 **una stella filante** Luftschlange – 13 **rosicchiare** (an)nagen – 15 **un nostromo** timoniere (→ p. 10) – 27 **un seggiolino** piccola sedia – 28 **penzolare** baumeln – 30 **Iddio** *inter* Dio

(Parte in audio una musica per pianoforte, abbastanza semplice, lenta, seducente)

Suonava non so che diavolo di musica, ma piccola e… bella. Non c'era trucco, era proprio lui, a suonare, le sue mani, su quei tasti, dio sa come. E bisognava sentire cosa gli veniva fuori. C'era una signora, in vestaglia, rosa, e certe pinzette nei capelli… una piena di soldi, per capirsi, la moglie americana di un assicuratore… be', aveva dei lacrimoni così che le scendevano sulla crema da notte, guardava e piangeva, non la smetteva più. Quando si trovò il comandante di fianco, bollito dalla sorpresa, lui, letteralmente bollito, quando se lo trovò di fianco, tirò su col naso, la riccona dico, tirò su col naso e indicando il pianoforte gli chiese:

"Come si chiama?".

"Novecento."

"Non la canzone, il bambino."

"Novecento."

"Come la canzone?"

Era quel genere di conversazione che un comandante di marina non può sostenere più di quattro cinque battute. Soprattutto quando ha appena scoperto che un bambino che credeva morto non solo era vivo ma, nel frattempo, aveva anche imparato a suonare il pianoforte. Piantò la riccona lì dov'era, con le sue lacrime e tutto il resto, e attraversò a passi decisi il salone: pantaloni del pigiama e giacca della divisa non abbottonata. Si fermò solo quando arrivò al pianoforte. Avrebbe voluto dire molte cose, in quel momento, e tra le altre "Dove cazzo hai imparato?", o anche "Dove diavolo ti eri nascosto?". Però, come tanti uomini abituati a vivere in divisa, aveva finito per pensare, anche, in divisa. Così quel che disse fu:

"Novecento, tutto questo è assolutamente contrario al regolamento".

2 **seducente** ammaliante – 6 **una pinzetta** *qui:* molletta per capelli (Haarspange) – 26 **abbottonare** chiudere con bottoni

Novecento smise di suonare. Era un ragazzino di poche parole e di grande capacità di apprendimento. Guardò con dolcezza il comandante e disse:

"In culo il regolamento".

(In audio rumore di burrasca)

Il mare si è svegliato / il mare ha deragliato / scoppia l'acqua contro il cielo / scoppia / sciacqua / stacca al vento nubi e stelle / furibondo / si scatena fino a quando / non si sa / dura un giorno / finirà / mamma questo / non l'avevi detto mamma / ninna nanna / ti culla il mare / ti culla un corno / furibondo / tutt' intorno / schiuma e strazio / pazzo il mare / fino a dove puoi vedere / solo nero / e muri neri / e mulinelli / e muti tutti / ad aspettare / che la smetta /e naufragare / questo mamma non lo voglio fare / voglio l'acqua che riposa / che ti specchia / ferma / questi / muri / assurdi / d'acqua / giù a franare/ e' sto rumore /

rivoglio l'acqua che sapevi tu
rivoglio il mare
silenzio
luce
e pesci volanti
sopra
a volare.

Primo viaggio, prima burrasca. Sfiga. Neanche avevo ben capito com'era il giro, che mi becca una delle burrasche più micidiali nella storia del *Virginian*. In piena notte, gli son girati i coglioni e via, ha dato il giro al tavolo. L'Oceano. Sembrava che non finisse più. Uno che su una nave suona la tromba, non

6 **deragliare** entgleisen – 8 **furibondo** furioso, arrabbiato – 10 **una ninna nanna** *infantile* cantilena (Wiegenlied) per far addormentare i bambini piccoli – 11 **uno strazio** distruzione, rovina – 12 **un mulinello** turbine, vortice – 12 **muto** tacito, silenzioso – 14 **specchiarsi** → uno specchio (Spiegel) – 17 **rivolere** volere di nuovo – 24 **una sfiga** *gerg* sfortuna, malasorte – 25 **beccarsi** *pop* prendersi, buscarsi – 26 **micidiale** che provoca la morte, molto dannoso

è che quando arriva la burrasca possa fare un granché. Può giusto evitare di suonare la tromba, tanto per non complicare le cose. E starsene buono, nella sua cuccetta. Però io non ci resistevo là dentro. Hai un bel distrarti, ma puoi giurarci prima o poi ti arriva dritta nel cervello quella frase: ha fatto la fine del topo. Io non la volevo fare la fine del topo, e quindi me ne andai fuori da quella cabina e mi misi a vagare. Mica sapevo dove andare, c'ero da quattro giorni, su quella nave, era già qualcosa se trovavo la strada per i gabinetti. Sono piccole città galleggianti, quelle. Davvero. Insomma, è chiaro, sbattendo da tutte le parti e prendendo corridoi a casaccio, come veniva, alla fine mi persi. Era fatta. Definitivamente fottuto. Fu a quel punto che arrivò uno, tutto vestito elegante, in scuro, camminava tranquillo, mica con l'aria di essersi perso, sembrava non sentire nemmeno le onde, come se passeggiasse sul lungomare di Nizza: ed era Novecento.

Aveva ventisette anni, allora, ma sembravano di più. Io lo conoscevo appena: c'avevo suonato insieme in quei quattro giorni, con la band, ma nient'altro. Non sapevo neanche dove stesse di cabina. Certo gli altri qualcosa mi avevano raccontato di lui. Dicevano una cosa strana: dicevano: Novecento non è mai sceso da qui. È nato su questa nave, e da allora c'è rimasto. Sempre. Ventisette anni, senza mai mettere piede a terra. Detta così, c'aveva tutta l'aria di essere una palla colossale... Dicevano anche che suonava una musica che non esisteva. Quel che sapevo io era che tutte le volte, prima di iniziare a suonare, lì, in sala da ballo, Fritz Hermann, un bianco che non capiva niente di musica ma aveva una bella faccia per cui dirigeva la band, gli si avvicinava e gli diceva sottovoce:

"Per favore, Novecento, solo le note normali, okay?".

Novecento faceva sì con la testa e poi suonava le note normali, guardando fisso davanti a sé, mai un'occhiata alle mani, sembrava stesse tutto da un'altra parte. Adesso so che ci

3 **una cuccetta** Koje – 7 **vagare** girovagare, vagabondare – 11 **a casaccio** *loc* senza ordine né precisione – 16 **un lungomare** Strandpromenade – 24 **una palla** *qui*: cosa non vera, grossa bugia

stava, in effetti, tutto da un'altra parte. Ma allora non lo sapevo: pensavo che era un po' strano, tutto lì.

Quella notte, nel bel mezzo della burrasca, con quell'aria da signore in vacanza, mi trovò là, perso in un corridoio qualunque, con la faccia di un morto, mi guardò, sorrise, e mi disse: "Vieni".

Ora, se uno che su una nave suona la tromba incontra nel bel mezzo di una burrasca uno che gli dice "Vieni", quello che suona la tromba può fare una sola cosa: andare. Gli andai dietro. Camminava, lui. Io... era un po' diverso, non avevo quella compostezza, ma comunque... arrivammo nella sala da ballo, e poi rimbalzando di qua e di là, io ovviamente, perché lui sembrava avesse i binari sotto i piedi, arrivammo vicino al pianoforte. Non c'era nessuno in giro. Quasi buio, solo qualche lucina, qua e là. Novecento mi indicò le zampe del pianoforte.

"Togli i fermi," disse. La nave ballava che era un piacere, facevi fatica a stare in piedi, era una cosa senza senso sbloccare quelle rotelle.

"Se ti fidi di me, toglili."

Questo è matto, pensai. E li tolsi.

"E adesso vieni a sederti qua," mi disse allora Novecento.

Non lo capivo dove voleva arrivare, proprio non lo capivo. Stavo lì a tenere fermo quel pianoforte che incominciava a scivolare come un enorme sapone nero... Era una situazione di merda, giuro, dentro alla burrasca fino al collo e in più quel matto, seduto sul suo seggiolino – un altro bel sapone – e le mani sulla tastiera, ferme.

"Se non sali adesso, non sali più," disse il matto sorridendo. (*Sale su un marchingegno, una cosa a metà tra un' altalena e un trapezio*) "Okay. Mandiamo tutto in merda, okay? tanto cosa c'è da perdere, ci salgo, d'accordo, ecco, sul tuo stupido seggiolino, ci son salito, e adesso?"

"E adesso, non aver paura."

11 **una compostezza** comportamento pieno di dignità – 12 **rimbalzare** zurückprallen – 15 **una zampa** *qui*: gamba di un mobile – 16 **un fermo** dispositivo per bloccare, fermare – 24 **scivolare** gleiten, rutschen – 29 **un marchingegno** macchinario, diavoleria (komplizierter Mechanismus) – 29 **un'altalena** *f* Schaukel

E si mise a suonare.

(Parte una musica per piano solo. È una specie di danza, valzer, mite e dolce. Il marchingegno incomincia a dondolare e a portare l'attore in giro per la scena. Man mano che l'attore va avanti a raccontare, il movimento si fa più ampio, fino a sfiorare le quinte)

Ora, nessuno è costretto a crederlo, e io, a essere precisi, non ci crederei mai se me lo raccontassero, ma la verità dei fatti è che quel pianoforte incominciò a scivolare, sul legno della sala da ballo, e noi dietro a lui, con Novecento che suonava, e non staccava lo sguardo dai tasti, sembrava altrove, e il piano seguiva le onde e andava e tornava, e si girava su se stesso, puntava diritto verso la vetrata, e quando era arrivato a un pelo si fermava e scivolava dolcemente indietro, dico, sembrava che il mare lo cullasse, e cullasse noi, e io non ci capivo un accidente, e Novecento suonava, non smetteva un attimo, ed era chiaro, non *suonava* semplicemente, lui lo *guidava,* quel pianoforte, capito?, coi tasti, con le note, non so, lui lo guidava dove voleva, era assurdo ma era così. E mentre volteggiavamo tra i tavoli, sfiorando lampadari e poltrone, io capii che in quel momento, quel che stavamo facendo, quel che *davvero* stavamo facendo, era danzare con l'Oceano, noi e lui, ballerini pazzi, e perfetti, stretti in un torbido valzer, sul dorato parquet della notte. Oh yes.

(Inizia a volteggiare alla grande per il palcoscenico, sul suo marchingegno, con un'aria felice, mentre l'Oceano impazza, la nave balla, e la musica del piano detta una specie di valzer che con diversi effetti sonori accelera, frena, gira, insomma "guida" il grande ballo. Poi, dopo l'ennesima acrobazia, sbaglia una manovra e finisce di slancio dietro le quinte. La musica cerca

4 **man mano** successivamente, via via – 5 **ampio** ≠ piccolo, ristretto – 5 **sfiorare** toccare leggermente – 13 **(essere) a un pelo da** *fig loc* ganz knapp vor etwas (sein) – 15 **cullare qu/qc** jdn/etw wiegen – 19 **volteggiare** ballare, danzare – 23 **tọrbido** *qui* verboten – 26 **impazzare** *lett fig* esplodere, scoppiare (toben) – 30 **di slancio** schwungvoll

di "frenare", ma è troppo tardi. L'attore ha giusto il tempo di gridare

"Oh cristo..."

ed esce da una quinta laterale, schiantandosi contro qualcosa. Si sente un gran fracasso, come se fosse finito a distruggere una vetrata, il tavolo di un bar, un salotto, qualcosa. Un gran casino. Attimo di pausa e di silenzio. Poi dalla stessa quinta da cui è uscito, l'attore rientra, lentamente)

Novecento disse che doveva ancora perfezionarlo, quel trucco. Io dissi che in fondo si trattava proprio solo di registrare i freni. Il comandante, finita la burrasca, disse (*concitatamente e gridando*) "PORCO DI UN DEMONIO VOI DUE ADESSO FINITE IN SALA MACCHINE E CE RESTATE PERCHÉ SE NO VI UCCIDO CON QUESTE MANI, E SIA CHIARO CHE PAGHERETE TUTTO, FINO ALL'ULTIMO CENTESIMO, DOVESTE LAVORARE TUTTA LA VITA, COM'È VERO CHE QUESTA *NAVE* SI CHIAMA *VIRGINIAN* E VOI SIETE I DUE PIÙ GRANDI IMBECILLI CHE MAI ABBIANO SOLCATO L'OCEANO!".

Laggiù, in sala macchine, quella notte, Novecento e io diventammo amici. Per la pelle. E per sempre. Passammo tutto il tempo a contare quanto poteva fare in dollari tutto quello che avevamo rotto. E più il conto saliva, più ridevamo. E se io ci ripenso, mi sembra che era quella cosa lì, essere felici. O una cosa del genere.

Fu in quella notte che gli chiesi se quella storia era vera, quella di lui e la nave, insomma che ci era nato sopra e tutto il resto... se era vero che non era mai sceso da lì. E lui rispose: "Sì".

"Ma vero *veramente*?"

Lui era tutto serio.

"Vero veramente."

4 **schiantarsi** sbattere, sfasciarsi – 5 **un fracasso** rumore molto forte, assordante – 11 **concitato** agitato, eccitato – 17 **solcare il mare** das Meer befahren – 19 **amici per la pelle** *fig fam* per la vita, inseparabili

E io non so, però in quel momento quello che sentii dentro, per un istante, senza volerlo, e non so perché, fu un brivido: ed era un brivido di paura.

Paura.

Una volta chiesi a Novecento a cosa diavolo pensava, mentre suonava, e cosa guardava, sempre fisso davanti a sé, e insomma dove finiva, con la testa, mentre le mani gli andavano avanti e indietro sui tasti. E lui mi disse: "Oggi son finito in un paese bellissimo, le donne avevano i capelli profumati, c'era luce dappertutto ed era pieno di tigri".

Viaggiava, lui.

E ogni volta finiva in un posto diverso: nel centro di Londra, su un treno in mezzo alla campagna, su una montagna così alta che la neve ti arrivava alla pancia, nella chiesa più grande del mondo, a contare le colonne e guardare in faccia i crocefissi. Viaggiava. Era difficile capire cosa mai potesse saperne lui di chiese, e di neve, e di tigri e... voglio dire, non c'era mai sceso, da quella nave, proprio mai, non era una palla, era tutto vero. Mai sceso. Eppure, era come se le avesse viste, tutte quelle cose. Novecento era uno che se tu gli dicevi "Una volta son stato a Parigi", lui ti chiedeva se avevi visto i giardini tal dei tali, e se avevi mangiato in quel dato posto, sapeva tutto, ti diceva "Quello che a me piace, laggiù, è aspettare il tramonto andando avanti e indietro sul Pont Neuf, e quando passano le chiatte, fermarmi e guardarle da sopra, e salutare con la mano".

"Novecento, ci sei mai stato a Parigi, tu?"

"No."

"E allora..."

"Cioè... sì."

"Sì cosa?"

"Parigi."

Potevi pensare che era matto. Ma non era così semplice. Quando uno ti racconta con assoluta esattezza che odore c'è in

2 un brivido tremito, tremore (Schauer) – **21 tal dei tali** soundso – **24 una chiatta** barcone usato per trasportare persone e cose su laghi, fiumi e canali

Bertham Street, d'estate, quando ha appena smesso di piovere, non puoi pensare che è matto per la sola stupida ragione che in Bertham Street, lui, non c'è mai stato. Negli occhi di qualcuno, nelle parole di qualcuno, lui, quell'aria, l'aveva respirata davvero. A modo suo: ma davvero. Il mondo, magari, non l'aveva visto mai. Ma erano ventisette anni che il mondo passava su quella nave: ed erano ventisette anni che lui, su quella nave, lo spiava. E gli rubava l'anima.

In questo era un genio, niente da dire. Sapeva ascoltare. E sapeva leggere. Non i libri, quelli son buoni tutti, sapeva leggere la gente. I segni che la gente si porta addosso: posti, rumori, odori, la loro terra, la loro storia... Tutta scritta, addosso. Lui leggeva, e con cura infinita, catalogava, sistemava, ordinava... Ogni giorno aggiungeva un piccolo pezzo a quella immensa mappa che stava disegnandosi nella testa, immensa, la mappa del mondo, del mondo intero, da un capo all'altro, città enormi e angoli di bar, lunghi fiumi, pozzanghere, aerei, leoni, una mappa meravigliosa. Ci viaggiava sopra da dio, poi, mentre le dita gli scivolavano sui tasti, accarezzando le curve di un ragtime.

(Parte in audio un ragtime malinconico)

Ci vollero degli anni, ma alla fine, un giorno, presi il coraggio a quattro mani e glielo chiesi. Novecento, perché cristo non scendi, una volta, anche solo una volta, perché non lo vai a vedere, il mondo, con gli occhi tuoi, proprio i tuoi. Perché te ne stai su questa galera viaggiante, tu potresti startene sul tuo Pont Neuf a guardare le chiatte e tutto il resto, tu potresti fare quello che vuoi, suoni il pianoforte da dio, impazzirebbero per te, ti faresti un sacco di soldi, e potresti sceglierti la casa più bella che c'è, puoi anche fartela a forma di nave, che ti frega?, ma te la metteresti dove vuoi, in mezzo alle tigri, magari, o in

8 **spiare** osservare di nascosto qu o qc (→ la spia) – 15 **una mappa** carta topografica molto dettagliata – 17 **una pozzạnghera** Pfütze – 19 **accarezzare** toccare con leggerezza (→ la carezza) – 22 **prẹndere il coraggio a due mani** *fig loc* all seinen Mut zusammennehmen

Bertham Street... diosanto non potrai continuare tutta la vita ad andare avanti e indietro come uno scemo... tu non sei scemo, tu sei grande, e il mondo è lì, c'è solo quella fottuta scaletta da scendere, cosa sarà mai, qualche stupido gradino, cristo, c'è tutto, alla fine di quei gradini, tutto. Perché non la fai finita e te ne scendi da qui, una volta almeno, una sola volta.

Novecento... Perché non scendi?

Perché?

Perché?

Fu d'estate, nell'estate del 1931, che sul *Virginian* salì Jelly Roll Morton. Tutto vestito di bianco, anche il cappello. E un diamante così al dito.

Lui era uno che quando faceva i concerti scriveva sui manifesti: stasera Jelly Roll Morton, l'inventore del jazz. Non lo scriveva così per dire: ne era convinto: l'inventore del jazz. Suonava il pianoforte. Sempre un po' seduto di tre quarti, e con due mani che erano farfalle. Leggerissime. Aveva iniziato nei bordelli, a New Orleans, e l'aveva imparato lì a sfiorare i tasti e accarezzare note: facevano l'amore, al piano di sopra, e non volevano baccano. Volevano una musica che scivolasse dietro le tende e sotto i letti, senza disturbare. Lui faceva quella musica lì. E in quello, veramente, era il migliore.

Qualcuno, da qualche parte, un giorno, gli disse di Novecento. Dovettero dirgli una cosa tipo: quello è il più grande. Il più grande pianista del mondo. Può sembrare assurdo, ma era una cosa che poteva succedere. Non aveva mai suonato una sola nota fuori dal *Virginian*, Novecento, eppure era un personaggio a suo modo celebre, ai tempi, una piccola leggenda. Quelli che scendevano dalla nave raccontavano di una musica strana e di un pianista che sembrava avesse quattro mani, tante note faceva. Giravano storie curiose, anche vere, alle volte, come quella del senatore americano Wilson che si era fatto il viaggio tutto in terza classe, perché era lì che Novecento suonava,

4 **un gradino** scalino (Stufe) – 5 **farla finita** *loc* smettere, interrompere – 14 **un manifesto** Plakat – 20 **un baccano** chiasso, rumore

quando non suonava le note normali, ma quelle sue, che normali non erano. C'aveva un pianoforte, là sotto, e ci andava di pomeriggio, o la notte tardi. Prima ascoltava: voleva che la gente gli cantasse le canzoni che sapeva, ogni tanto qualcuno tirava fuori una chitarra, o un'armonica, qualcosa, e iniziava a suonare, musiche che venivano da chissà dove… Novecento ascoltava. Poi incominciava a sfiorare i tasti, mentre quelli cantavano o suonavano, sfiorava i tasti e a poco a poco quello diventava un suonare vero e proprio, uscivano dei suoni dal pianoforte – verticale, nero – ed erano suoni dell'altro mondo. C'era dentro tutto: tutte in una volta, tutte le musiche della terra. C'era da rimanere di stucco. E rimase di stucco, il senatore Wilson, a sentire quella roba, e a parte quella storia della terza classe, lui, tutto elegante, in mezzo a quella puzza, perché era puzza vera e propria, a parte quella storia, lo dovettero portare giù di forza, all'arrivo, perché se era per lui sarebbe rimasto là sopra, a sentire Novecento per tutto il resto dei fottuti anni che gli restavano da vivere. Davvero. Lo scrissero sui giornali, ma era vero sul serio. Era proprio andata così.

Insomma, qualcuno andò da Jelly Roll Morton e gli disse: su quella nave c'è uno che col pianoforte fa quel che vuole. E quando ha voglia suona il jazz, ma quando non ha voglia suona qualcosa che è come dieci jazz messi insieme. Jelly Roll Morton aveva un caratterino, lo sapevano tutti. Disse: "Come fa a suonare bene uno che non ha nemmeno le palle per scendere da una stupida nave?". E giù a ridere, come un matto, lui, l'inventore del jazz. Poteva finire lì, solo che uno a quel punto disse: "Fai bene a ridere perché se solo quello si decide a scendere tu ritorni a suonare nei bordelli, com'è vero Iddio, nei bordelli". Jelly Roll smise di ridere, tirò fuori dalla tasca una piccola pistola col calcio di madreperla, la puntò alla testa del tizio che aveva parlato e non sparò: però disse: "Dov'è 'sto cazzo di nave?".

14 **una puzza** odoraccio (Gestank) – 24 **un caratterino** un carattere difficile, aggressivo – 25 **avere le palle** *volg loc* avere grinta, dimostrarsi capace – 31 **un calcio** *qui:* impugnatura di una pistola o di un fucile (Kolben) – 31 **la madreperla** Perlmutt

Quel che aveva in mente era un duello. Si usava, allora. Si sfidavano a colpi di pezzi di bravura e alla fine uno vinceva. Cose da musicisti. Niente sangue, ma un bel po' di odio, di odio vero, sotto la pelle. Note e alcol. Poteva anche durare una notte intera. Era quella cosa lì che aveva in mente Jelly Roll, per farla finita con 'sta storia del pianista sull'Oceano, e tutte quelle balle. Per farla finita. Il problema era che Novecento, a dire il vero, nei porti non suonava mai, non voleva suonare. Erano già un po' terra, i porti, e non gli andava. Lui suonava dove voleva lui. E dove voleva lui era in mezzo al mare, quando la terra è solo più luci lontane, o un ricordo, o una speranza. Era fatto così. Jelly Roll Morton bestemmiò mille volte, poi pagò di tasca sua il biglietto di andata e ritorno per l'Europa e salì sul *Virginian,* lui che non aveva mai messo piede su una nave che non andasse su e giù per il Mississippi. "È la cosa più idiota che io abbia mai fatto in vita mia," disse, con qualche bestemmia in mezzo, ai giornalisti che andarono a salutarlo, al molo 14 del porto di Boston. Poi si chiuse in cabina, e aspettò che la terra diventasse luci lontane, e ricordo, e speranza.

Novecento, lui, non è che si interessasse molto alla cosa. Non la capiva neanche bene. Un duello? E perché? Però era curioso. Voleva sentire come diavolo suonava l'inventore del jazz. Non lo diceva per scherzo, ci credeva: che fosse davvero l'inventore del jazz. Credo che avesse in mente di imparare qualcosa. Qualcosa di nuovo. Era fatto così, lui. Un po' come il vecchio Danny: non aveva il senso della gara, non gli fregava niente sapere chi vinceva: era il resto che lo stupiva. Tutto il resto.

Alle 21 e 37 del secondo giorno di navigazione, col *Virginian* spedito a 20 nodi sulla rotta per l'Europa, Jelly Roll Morton si presentò nella sala da ballo di prima classe, elegantissimo, in nero. Tutti sapevano benissimo cosa fare. I ballerini si fermarono, noi della band posammo gli strumenti, il barman versò un whisky, la gente ammutolì. Jelly Roll prese il whisky,

2 **sfidarsi** competere, duellare, gareggiare – 2 **a colpi di pezzi di bravura** mit meisterlichem Schusswechsel – 12 **bestemmiare** imprecare, maledire (fluchen) – 26 **una gara** competizione, disputa – 27 **stupire** meravigliare, sorprendere – 29 **un nodo** *mar* unità di misura della velocità – 33 **ammutolire** star zitto, tacere

si avvicinò al pianoforte e guardò negli occhi Novecento. Non disse nulla, ma quello che si sentì nell'aria fu: "Alzati da lì".

Novecento si alzò.

"Lei è quello che ha inventato il jazz, vero?"

"Già. E tu sei quello che suona solo se ha l'Oceano sotto il culo, vero?"

"Già."

Si erano presentati. Jelly Roll si accese una sigaretta, l'appoggiò in bilico sul bordo del pianoforte, si sedette, e iniziò a suonare. Ragtime. Ma sembrava una cosa mai sentita prima. Non suonava, scivolava. Era come una sottoveste di seta che scivolava via dal corpo di una donna, e lo faceva ballando. C'erano tutti i bordelli d'America, in quella musica, ma i bordelli quelli di lusso, quelli dove è bella anche la guardarobiera. Jelly Roll finì ricamando delle notine invisibili, in alto in alto, alla fine della tastiera, come una piccola cascata di perle su un pavimento di marmo. La sigaretta era sempre là, sul bordo del pianoforte: mezza consumata, ma la cenere era ancora tutta lì. Avresti detto che non aveva voluto cadere per non far rumore. Jelly Roll prese la sigaretta tra le dita, aveva mani che erano farfalle, l'ho detto, prese la sigaretta e la cenere se ne stette là, non voleva saperne di cadere, forse c'era anche un trucco, non so, certo non cadeva. Si alzò, l'inventore del jazz, si avvicinò a Novecento, gli mise la sigaretta sotto il naso, lei e tutta la sua cenere bella ordinata, e disse:

"Tocca a te, marinaio".

Novecento sorrise. Si stava divertendo. Sul serio. Si sedette al piano e fece la cosa più stupida che poteva fare. Suonò *Torna indietro paparino*, una canzone di un'idiozia infinita, una roba da bambini, l'aveva sentita da un emigrante, anni prima, e da allora non se l'era più tolta da dosso, gli piaceva, veramente, non so cosa ci trovasse ma gli piaceva, la trovava commovente da pazzi. Certo non era quello che si direbbe un pezzo di bravura. Volendo l'avrei saputa suonare perfino io. Lui

11 **una sottoveste** Unterrock – 15 **ricamare** *qui:* ausschmücken – 16 **una cascata** Kaskade – 31 **tọgliersi qc di/da dosso** *qui:* liberarsi da qc

la suonò giocando un po' coi bassi, raddoppiando qualcosa, aggiungendo due o tre svolazzi dei suoi, ma insomma era un'idiozia e un'idiozia rimase. Jelly Roll aveva la faccia di uno a cui avevano rubato i regali di Natale. Fulminò Novecento con due occhi da lupo e si risedette al piano. Staccò un blues che avrebbe fatto piangere anche un macchinista tedesco, sembrava che tutto il cotone di tutti i negri del mondo fosse lì e lo raccogliesse lui, con quelle note. Una cosa da lasciarci l'anima. Tutta la gente si alzò in piedi: tirava su col naso e applaudiva. Jelly Roll non fece nemmeno un accenno di inchino, niente, si vedeva che stava per averne piene le palle di tutta quella storia.

Toccava di nuovo a Novecento. Già partì male perché si sedette al piano con negli occhi due lacrimoni così, per via del blues, si era commosso, e questo si può anche capire. Il vero assurdo fu che con tutta la musica che aveva in testa e nelle mani cosa gli venne in mente di suonare? Il blues che aveva appena sentito. "Era così bello," mi disse poi, il giorno dopo, per giustificarsi, pensa te. Proprio non aveva la minima idea di cosa fosse un duello, non ne aveva la minima idea. Suonò quel blues. Per di più nella sua testa si era trasformato in una serie di accordi, lentissimi, uno dopo l'altro, in processione, una noia micidiale. Lui suonava tutto accartocciato sulla tastiera, se li godeva a uno a uno quegli accordi, anche strani, oltretutto, roba dissonante, lui se li godeva proprio. Gli altri, meno. Quando finì partì perfino qualche fischio.

Fu a quel punto che Jelly Roll Morton perse definitivamente la pazienza. Più che andare al piano, ci saltò sopra. Tra sé e sé ma in modo che tutti capissero benissimo sibilò poche parole, molto chiare.

"E allora vai a fare in culo, coglione."

2 **uno svolazzo** Schnörkel – 4 **fulminare** (con lo sguardo) *fig* durchbohren – 5 **staccare** *musicale* suonare – 8 **da lasciarci l'ạnima** *loc* commovente, toccante – 9 **tirare su col naso** schniefen – 10 **un accenno** Andeutung, Anzeichen – 11 **un inchino** Verbeugung – 11 **averne piene le palle di qu/qc** *loc volg* die Schnauze (gestrichen) voll haben – 19 **giustificarsi** sich rechtfertigen – 23 **accartocciato** *fig* zusammengekauert – 29 **sibilare** zischen

Poi attaccò a suonare. Ma suonare non è la parola. Un giocoliere. Un acrobata. Tutto quello che si può fare, con una tastiera di 88 tasti, lui la fece. A una velocità mostruosa. Senza sbagliare una nota, senza muovere un muscolo della faccia. Non era nemmeno musica: erano giochi di prestigio, era magia bella e buona. Era una meraviglia, non c'erano santi. Una meraviglia. La gente diede di matto. Strillavano e applaudivano, una cosa così non l'avevano mai vista. C'era un casino che sembrava Capodanno. In quel casino, mi trovai davanti Novecento: aveva la faccia più delusa del mondo. E anche un po' stupita. Mi guardò e disse:

"Ma quello è completamente scemo...".

Non gli risposi. Non c'era niente da rispondere. Lui si piegò verso di me e mi disse:

"Dammi una sigaretta, va'...".

Ero talmente stranito che la presi e gliela diedi. Voglio dire: Novecento non fumava. Non aveva mai fumato prima. Prese la sigaretta, si girò e andò a sedersi al pianoforte. Ci misero un po', in sala, a capire che si era seduto lì, e che magari voleva suonare. Ci scapparono anche un paio di battute pesanti, e risate, qualche fischio, la gente fa così, è cattiva con quelli che perdono. Novecento aspettò paziente che ci fosse una specie di silenzio, intorno. Poi gettò un'occhiata a Jelly Roll, che se ne stava in piedi, al bar, a bere da una coppa di champagne, e disse sottovoce:

"L'hai voluto tu, pianista di merda".

Poi appoggiò la mia sigaretta sul bordo del pianoforte.

Spenta.

E iniziò.

(In audio parte un brano di un virtuosismo pazzesco, magari suonato a quattro mani. Non dura più di mezzo minuto. Finisce con una scarica di accordi fortissimi. L'attore aspetta che finisca, poi riprende)

2 **un giocoliere** Jongleur – 5 **un gioco di prestigio** Zauberei – 7 **dare (fuori) di matto** *loc* ausflippen – 7 **strillare** gridare, urlare – 16 **stranito** *fig* stupito, stupefatto – 20 **una battuta** *qui:* deftige Bemerkung/Witz – 32 **una scạrica** *qui:* Salve

Così.

Il pubblico si bevve tutto senza respirare. Tutto in apnea. Con gli occhi inchiodati sul piano e la bocca aperta, come dei perfetti imbecilli. Rimasero così, in silenzio, completamente tronati, anche dopo quella micidiale scarica finale di accordi che sembrava avesse cento mani, sembrava che il piano dovesse scoppiare da un momento all'altro. In quel silenzio pazzesco, Novecento si alzò, prese la mia sigaretta, si sporse un po' in avanti, oltre la tastiera, e la avvicinò alle corde del piano.

Leggero sfrigolio.

La ritirò fuori da lì, ed era accesa.

Giuro.

Bella accesa.

Novecento la teneva in mano come fosse una piccola candela. Non fumava, lui, neanche sapeva tenerla fra le dita. Fece qualche passo e arrivò davanti a Jelly Roll Morton. Gli porse la sigaretta.

"Fumala tu. Io non son buono."

Fu lì che la gente si risvegliò dall'incantesimo. Venne giù una apoteosi di grida e applausi e casino, non so, non si era mai vista una cosa del genere, tutti urlavano, tutti volevano toccare Novecento, un bordello generale, non si capiva più niente. Ma io lo vidi, lì in mezzo, Jelly Roll Morton, fumare nervosamente quella maledetta sigaretta, cercando la faccia da fare, e senza trovarla, non sapeva nemmeno bene dove guardare, a un certo punto la sua mano di farfalla si mise a tremare, tremava proprio, e io la vidi, e non lo dimenticherò mai, tremava così tanto che a un certo punto la cenere della sigaretta si staccò e cadde giù, prima sul suo bell'abito nero e poi, scivolando, fin sulla scarpa destra, scarpa di vernice nera, brillante, quella cenere come uno sbuffo bianco, lui la guardò, me la ricordo benissimo, guardò la scarpa, la vernice e la cenere, e capì, quello che c'era da capire lo capì, si girò su

2 **in apnea** senza respirare – 5 **tronato** → **rintronato** *fig* confuso, frastornato, stordito – 8 **spọrgersi** allungarsi, tendersi in avanti – 10 **uno sfrigolịo** Zischen – 19 **un incantẹsimo** magia, sortilegio – 20 **una apoteosi** *fig* Apotheose, Verherrlichung – 31 **uno sbuffo** *qui*: Wolke

se stesso e camminando piano, passo dopo passo, così piano da non muovere quella cenere da lì, attraversò la grande sala e se ne sparì, con le sue scarpe di vernice nera, e su una c'era uno sbuffo bianco, e lui se lo portava via, e lì c'era scritto che qualcuno aveva vinto, e non era lui.

Jelly Roll Morton passò il resto del viaggio chiuso nella sua cabina. Arrivati a Southampton, scese dal *Virginian.* Il giorno dopo ripartì per l'America. Su un'altra nave, però. Non voleva più saperne, di Novecento e di tutto il resto. Voleva tornare e basta.

Dal ponte di terza classe, appoggiato alla murata, Novecento lo vide scendere, col suo bel vestito bianco e tutte le valigie, belle, di cuoio chiaro. E mi ricordo che disse soltanto:

"E in culo anche il jazz".

Liverpool New York Liverpool Rio de Janeiro Boston Cork Lisbona Santiago del Cile Rio de Janeiro Antille New York Liverpool Boston Liverpool Amburgo New York Amburgo New York Genova Florida Rio de Janeiro Florida New York Genova Lisbona Rio de Janeiro Liverpool Rio de Janeiro Liverpool New York Cork Cherbourg Vancouver Cherbourg Cork Boston Liverpool Rio de Janeiro New York Liverpool Santiago del Cile New York Liverpool, Oceano, proprio in mezzo. E lì, a quel punto, cadde il quadro.

A me m'ha sempre colpito questa faccenda dei quadri. Stanno su per anni, poi senza che accada nulla, ma nulla dico, *fran,* giù, cadono. Stanno lì attaccati al chiodo, nessuno gli fa niente, ma loro a un certo punto, *fran,* cadono giù, come sassi. Nel silenzio più assoluto, con tutto immobile intorno, non una mosca che vola, e loro, *fran.* Non c'è una ragione. Perché proprio in quell'istante? Non si sa. *Fran.* Cos'è che succede a un chiodo per farlo decidere che non ne può più? C'ha un anima, anche lui, poveretto? Prende delle decisioni? Ne ha discusso a lungo col quadro, erano incerti sul da farsi, ne parlavano tutte

24 **una faccenda** *fig* questione, fatto – 26 **un chiodo** Nagel – 31 **non poterne più** *loc* nicht mehr können

le sere, da anni, poi hanno deciso una data, un'ora, un minuto, un istante, è quello, *fran.* O lo sapevano già dall'inizio, i due, era già tutto combinato, guarda io mollo tutto fra sette anni, per me va bene, okay allora intesi per il 13 maggio, okay, verso le sei, facciamo sei meno un quarto, d'accordo, allora buona notte, 'notte. Sette anni dopo, 13 maggio, sei meno un quarto: *fran.* Non si capisce. È una di quelle cose che è meglio che non ci pensi, se no ci esci matto. Quando cade un quadro. Quando ti svegli, un mattino, e non la ami più. Quando apri il giornale e leggi è scoppiata la guerra. Quando vedi un treno e pensi io devo andarmene da qui. Quando ti guardi allo specchio e ti accorgi che sei vecchio. Quando, in mezzo all'Oceano, Novecento alzò lo sguardo dal piatto e mi disse: "A New York, fra tre giorni, io scenderò da questa nave".

Ci rimasi secco.

Fran.

A un quadro mica puoi chiedere niente. Ma a Novecento sì. Lo lasciai in pace per un po' poi cominciai a sfinirlo, volevo capire perché, una ragione doveva pur esserci, uno non sta trentadue anni su una nave e poi un giorno d'improvviso se ne scende, come se niente fosse, senza nemmeno dire il perché al suo migliore amico, senza dirgli niente.

"Devo vedere una cosa, laggiù," mi disse.

"Quale cosa?" Non voleva dirla, e si può anche capirlo perché quando alla fine la disse, quel che disse fu:

"Il mare."

"Il mare?"

"Il mare."

Pensa te. A tutto potevi pensare, ma non a quello. Non volevo crederci, sapeva di presa per il culo bell' e buona. Non volevo crederci. Era la cazzata del secolo.

"Sono trentadue anni che lo vedi, il mare, Novecento."

"Da qui. Io lo voglio vedere da là. Non è la stessa cosa."

3 **combinato** *qui*: abgekartet – 3 **mollare** abbandonare, cedere – 4 **inteso** capito, concordato – 8 **uscire matto/pazzo** *fam* durchdrehen – 15 **rimanerci (secco)** *loc* sprachlos sein – 18 **sfinire qu** fare perdere le forze – 30 **una presa per il culo** *volg* inganno, presa in giro

Sant'Iddio. Mi sembrava di parlare con un bambino.

"Va be', aspetta di essere in porto, ti sporgi e lo guardi per bene. È la stessa cosa."

"Non è la stessa cosa."

"E chi te l'ha detto?"

Gliel' aveva detto uno che si chiamava Baster, Lynn Baster. Un contadino. Uno di quelli che vivono quarant'anni lavorando come muli e tutto quel che hanno visto è il loro campo e, una o due volte, la città grande, qualche miglio più in là, il giorno della fiera. Solo che poi a lui la siccità aveva portato via tutto, la moglie se n'era andata con un predicatore di non so cosa, e i figli se li era portati via la febbre, tutt'e due. Uno con la buona stella, insomma. Così un giorno aveva preso le sue cose, e aveva fatto tutta l'Inghilterra a piedi per arrivare a Londra. Dato però che non se ne intendeva un granché, di strade, invece che arrivare a Londra era finito in un paesino da nulla, dove però se continuavi sulla strada, facevi due curve e giravi dietro a una collina, alla fine, d'improvviso, vedevi il mare. Non l'aveva mai visto prima, lui. Ne era rimasto fulminato. L'aveva salvato, a voler credere a quello che diceva. Diceva: "È come un urlo gigantesco che grida e grida, e quello che grida è: 'banda di cornuti, la vita è una cosa immensa, lo volete capire o no? Immensa'". Lui, Lynn Baster, quella cosa non l'aveva pensata mai. Proprio non gli era mai capitato di pensarla. Fu come una rivoluzione, nella sua testa.

Forse è che Novecento, anche lui... non gli era mai venuta in mente davvero quella roba, che la vita è immensa. Magari lo sospettava anche, ma nessuno gliel'aveva mai gridato in quel modo. Così se la fece raccontare mille volte, da quel Baster, la storia del mare e tutto il resto, e alla fine decise che doveva provare anche lui. Quando si mise a spiegarmi, c'aveva l'aria di uno che ti spiega come funziona il motore a scoppio: era scientifico.

8 **un mulo** Maultier – 10 **una fiera** Jahrmarkt – 10 **la siccità** ≠ umidità – 19 **fulminato** *fig* wie vom Blitz getroffen (→ il fulmine) – 22 **un cornuto** Gehörnter – 24 **capitare** accadere, succedere – 32 **un motore a scọppio** Verbrennungsmotor

"Posso rimanere anche anni, qua sopra, ma il mare non mi dirà mai nulla. Io adesso scendo, vivo sulla terra e della terra per anni, divento uno normale, poi un giorno parto, arrivo su una costa qualsiasi, alzo gli occhi e guardo il mare: è lì, io l'ascolterò gridare."

Scientifico. A me sembrava la cazzata scientifica del secolo. Potevo dirglielo, ma non glielo dissi. Non era così semplice. Il fatto è che io gli volevo bene, a Novecento, e volevo che scendesse un giorno o l'altro, da lì, e suonasse per la gente della terra, e sposasse una donna simpatica, e avesse dei figli e insomma tutte le cose della vita, che magari non è immensa, però è anche bella, se solo hai un po' di fortuna, e di voglia. Insomma, quella del mare mi sembrava una vera boiata, però se riusciva a portare Novecento giù da lì, per me andava bene. Così alla fine pensai che era meglio così. Gli dissi che il suo ragionamento non faceva una piega. E che ero contento, davvero. E che gli avrei regalato il mio cappotto di cammello, avrebbe fatto un figurone, scendendo giù dalla scaletta, col cappotto cammello. Lui era anche un po' commosso:

"Però mi verrai a trovare, no?, sulla terra...".

Dio, c'avevo un sasso qui, in gola, come un sasso, mi faceva morire se faceva così, io detesto gli addii, mi misi a ridere meglio che potevo, una cosa penosa, e dissi che certo sarei andato a trovarlo e avremmo fatto correre il suo cane per i campi, e sua moglie avrebbe cucinato il tacchino, e non so che altra stronzata, e lui rideva, e anch'io, ma dentro sapevamo tutt'e due che la verità era un'altra, la verità era che stava per finire tutto, e non c'era niente da fare, doveva succedere e adesso stava succedendo: Danny Boodmann T.D. Lemon Novecento sarebbe sceso dal *Virginian,* nel porto di New York, un giorno di febbraio. Dopo trentadue anni vissuti sul mare, sarebbe sceso a terra, per vedere il mare.

13 **una boiata** *gerg* idiozia, scemenza, cazzata – 16 **non fare una piega** (riferito a ragionamento) *fig loc* einwandfrei sein – 17 **un cappotto di cammello** Kamelhaarmantel – 19 **commosso** bewegt, gerührt

(Parte una musica tipo vecchia ballata. L'attore scompare nel buio, poi ricompare nei panni di Novecento sulla cima di una scaletta da piroscafo. Cappotto cammello, cappello, una grande valigia. Sta un po' lì, nel vento, immobile, a guardare davanti a sé. Guarda New York. Poi scende il primo gradino, il secondo, il terzo. Lì la musica si interrompe di colpo e Novecento si inchioda. L'attore si toglie il cappello e si gira verso il pubblico)

Fu al terzo gradino che si fermò. Di colpo.

"Che è?, ha pestato una merda?," disse Neil O'Connor, che era un irlandese che capiva mai un cazzo, però non c'era verso di togliergli il buon umore, mai.

"Avrà dimenticato qualcosa," dissi io.

"Cosa?"

"E che ne so cosa…"

"Forse s'è dimenticato perché sta scendendo."

"Non dire fesserie."

E intanto lui là, fermo, con un piede sul secondo gradino e uno sul terzo. Se ne rimase così per un tempo eterno. Guardava davanti a sé, sembrava che cercasse qualcosa. E alla fine fece una cosa strana. Si tolse il cappello, allungò la mano oltre il mancorrente della scaletta e lo lasciò cadere giù. Sembrava un uccello stanco, o una frittata blu con le ali. Fece un paio di curve nell'aria e cadde in mare. Galleggiava. Evidentemente era un uccello, non una frittata. Quando rialzammo gli occhi verso la scaletta, vedemmo Novecento, nel suo cappotto cammello, nel *mio* cappotto cammello, che risaliva quei due gradini, con le spalle al mondo e uno strano sorriso in faccia. Due passi, e sparì dentro la nave.

"Hai visto?, è arrivato il nuovo pianista," disse Neil O'Connor.

"Dicono che sia il più grande," dissi io. E non sapevo se ero triste o felice da pazzi.

2 **i panni** Kleider – 2 **una cima** parte superiore di qc – 9 **pestare** → **calpestare** auf etw treten – 10 **non ẹsserci verso** *loc* non esserci possibilità, modo – 21 **un mancorrente** Handlauf – 22 **una frittata** piatto fatto con uova sbattute e fritte

Cosa aveva visto, da quel maledetto terzo gradino, non me lo volle dire. Quel giorno e poi per i due viaggi che facemmo dopo, Novecento rimase un po' strano, parlava meno del solito, e sembrava molto occupato in qualche sua faccenda personale. Noi non facevamo domande. Lui faceva finta di niente. Si vedeva che non era proprio tutto normale, ma comunque non ci andava di chiedergli qualcosa. Andò così per qualche mese. Poi un giorno Novecento entrò nella mia cabina e lentamente ma tutto di fila, senza fermarsi, mi disse: "Grazie per il cappotto, mi andava da dio, è stato un peccato, avrei fatto un figurone, ma adesso va tutto molto meglio, è passata, non devi pensare che io sia infelice: non lo sarò mai più".

Per me, non ero nemmeno sicuro che lo fosse mai stato, infelice. Non era una di quelle persone di cui ti chiedi chissà se è felice quello. Lui era Novecento, e basta. Non ti veniva da pensare che c'entrasse qualcosa con la felicità, o col dolore. Sembrava al di là di tutto, sembrava intoccabile. Lui e la sua musica: il resto, non contava.

"Non devi pensare che io sia infelice: non lo sarò mai più." Mi lasciò secco, quella frase. Aveva la faccia di uno che non scherzava, quando la disse. Uno che sapeva benissimo dove stava andando. E che ci sarebbe arrivato. Era come quando si sedeva al pianoforte e attaccava a suonare, non c'erano dubbi nelle sue mani, e i tasti sembravano aspettare quelle note da sempre, sembravano finiti lì per loro, e solo per loro. Sembrava che inventasse lì per lì: ma da qualche parte, nella sua testa, quelle note erano scritte da sempre.

Adesso so che quel giorno Novecento aveva deciso di sedersi davanti ai tasti bianchi e neri della sua vita e di iniziare a suonare una musica assurda e geniale, complicata ma bella, la più grande di tutte. E che su quella musica avrebbe ballato quel che rimaneva dei suoi anni. E che mai più sarebbe stato infelice.

9 **di fila** ininterrottamente – 17 **intoccabile** → toccare – 20 **lasciare secco** *sett* rimanere senza parole

Io, dal *Virginian*, ci scesi il 21 agosto 1933. C'ero salito sopra sei anni prima. Ma mi sembrava fosse passata una vita. Non ci scesi per un giorno o per una settimana: ci scesi per sempre. Coi documenti di sbarco, e la paga arretrata, e tutto quanto. Tutto in regola. Avevo chiuso, con l'Oceano.

Non è che non mi piacesse, quella vita. Era un modo strano di far quadrare i conti, ma funzionava. Solo, non riuscivo a pensare veramente che potesse andare avanti per sempre. Se fai il marinaio allora è diverso, il mare è il tuo posto, ci puoi stare fino a schiattare e va bene così. Ma uno che suona la tromba... Se suoni la tromba, sul mare sei uno straniero, e lo sarai sempre. Prima o poi, è giusto che torni a casa. Meglio prima, mi dissi.

"Meglio prima," dissi a Novecento. E lui capì. Si vedeva che non aveva nessuna voglia di vedermi scendere da quella scaletta, per sempre, ma dirmelo, non me lo disse mai. Ed era meglio così. L'ultima sera, stavamo lì a suonare per i soliti imbecilli della prima classe, venne il momento del mio assolo, incominciai a suonare e dopo poche note sentii il pianoforte che veniva con me, sottovoce, con dolcezza, ma suonava con me. Andammo avanti insieme, e io suonavo meglio che potevo, oddio, non ero Louis Armstrong, ma suonai proprio bene, con Novecento dietro che mi seguiva ovunque, come sapeva fare lui. Ci lasciarono andare avanti per un bel po', la mia tromba e il suo pianoforte, per l'ultima volta, lì a dirci tutte le cose che mica puoi dirti, con le parole. Intorno la gente continuava a ballare, non si era accorta di niente, non poteva accorgersene, cosa ne sapeva, continuavano a ballare, come se niente fosse. Forse qualcuno avrà giusto detto a un altro: "Guarda quello con la tromba che buffo, sarà ubriaco, o è matto. Guarda quello con la tromba: mentre suona, piange".

Come sono andate le cose, poi, dopo esser sceso da là, quella è un'altra storia. Magari mi riusciva perfino di

4 **lo sbarco** → **sbarcare** scendere da un'imbracazione – 4 **la paga arretrata** ausstehender Lohn – 7 **far quadrare i conti** *loc* über die Runden kommen – 30 **buffo** bizzarro, strano

combinare qualcosa di buono se solo non si ficcava di mezzo quella dannata guerra, pure lei. Quella è stata una cosa che ha complicato tutto, non si capiva più niente. Bisognava avere un gran cervello, per raccapezzarsi. Bisognava averci delle qualità che io non avevo. Io sapevo suonare la tromba. È sorprendente come sia inutile, suonare una tromba, quando c'hai una guerra intorno. E addosso. Che non ti molla.

Comunque, del *Virginian*, e di Novecento, non seppi più nulla, per anni. Non che me ne fossi dimenticato, ho continuato a ricordarmene sempre, mi capitava sempre di chiedermi: "Chissà cosa farebbe Novecento se fosse qui, chissà cosa direbbe, 'in culo la guerra' direbbe," ma se lo dicevo io non era la stessa cosa. Girava così male che ogni tanto chiudevo gli occhi e tornavo là sopra, in terza classe a sentire gli emigranti che cantavano l'Opera e Novecento che suonava chissà che musica, le sue mani, la sua faccia, l'Oceano intorno. Andavo di fantasia, e di ricordi, è quello che ti rimane da fare, alle volte, per salvarti, non c'è più nient'altro. Un trucco da poveri, ma funziona sempre.

Insomma, era una storia finita, quella. Che sembrava proprio finita. Poi un giorno mi arrivò una lettera, me l'aveva scritta Neil O'Connor, quell'irlandese che scherzava in continuazione. Quella volta, però, era una lettera seria. Diceva che il *Virginian* se n'era tornato a pezzi, dalla guerra, l'avevano usato come ospedale viaggiante, e alla fine era così mal ridotto che avevano deciso di buttarlo a fondo. Avevano sbarcato a Plymouth il poco equipaggio rimasto, l'avevano riempita di dinamite e prima o poi l'avrebbero portata al largo per farla finita: bum, e via. Poi c'era un poscritto: e diceva: "Ce l'hai cento dollari? Giuro che te li restituisco". E sotto, un altro poscritto: e diceva: "Novecento, lui, mica è sceso". Solo quello: "Novecento, lui, mica è sceso".

1 **ficcarsi di mezzo** *loc fam qui:* dazwischenkommen – 2 **dannato** *fam* maledetto – 4 **raccapezzarsi** klarkommen, sich zurechtfinden – 13 **girare male** *fam* andare male – 18 **un trucco** espediente, stratagemma per falsare la realtà – 24 **a pezzi** *fig* kaputt – 28 **portare al largo** auf die offene See hinausfahren

Io mi rigirai la lettera in mano per dei giorni. Poi presi il treno che andava a Plymouth, andai al porto, cercai il *Virginian*, lo trovai, diedi un po' di soldi alle guardie che stavano lì, salii sulla nave, la girai da cima a fondo, scesi alla sala macchine, mi sedetti su una cassa che aveva l'aria di essere piena di dinamite, mi tolsi il cappello, lo posai per terra, e rimasi lì, in silenzio, senza sapere cosa dire/

...Fermo lì a guardarlo, fermo lì a guardarmi/

Dinamite anche sotto il suo culo, dinamite dappertutto/

Danny Boodmann T.D. Lemon Novecento/

Avresti detto che lo sapeva che sarei arrivato, come sapeva sempre le note che avresti suonato e.../

Con quella faccia invecchiata, ma in un modo bello, senza stanchezza/

Niente luce, sulla nave, c'era solo quella che filtrava da fuori, chissà la notte, com'era/

Le mani bianche, la giacca ben abbottonata, le scarpe lucide/

Mica era sceso, lui/

Nella penombra, sembrava un principe/

Mica era sceso, sarebbe saltato insieme a tutto il resto, in mezzo al mare/

Gran finale, con tutti a guardare, dal molo, e da riva, il grande fuoco d'artificio, adieu, giù il sipario, fumo e fiamme, un'onda grande, alla fine/

Danny Boodmann T.D. Lemon/

Novecento/

In quella nave ingoiata dal buio, l'ultimo ricordo di lui è una voce, quasi soltanto, adagio, a parlare/

/

/

/

/

4 **da cima a fondo** completamente, dall'inizio – 20 **una penombra** Halbdunkel – 21 **saltare** *qui:* esplodere, scoppiare – 24 **un sipario** Vorhang – 28 **ingoiare** *fig* inghiottire (verschlucken)

/

(L'attore si trasforma in Novecento)

/

/

/

/

Tutta quella città... non se ne vedeva la fine.../

La fine, per cortesia, si potrebbe vedere la fine?/

E il rumore/

Su quella maledettissima scaletta... era molto bello, tutto... e io ero grande con quel cappotto, facevo il mio figurone, e non avevo dubbi, era garantito che sarei sceso, non c'era problema/

Col mio cappello blu/

Primo gradino, secondo gradino, terzo gradino/

Primo gradino, secondo gradino, terzo gradino/

Primo gradino, secondo/

Non è quel che vidi che mi fermò/

È quel che *non* vidi/

Puoi capirlo, fratello?, *è quel che non vidi...* lo cercai ma non c'era, in tutta quella sterminata città c'era tutto tranne/

C'era tutto/

Ma non c'era *una fine.* Quel che non vidi è dove finiva tutto quello. La fine del mondo/

Ora tu pensa: un pianoforte. I tasti iniziano. I tasti finiscono. Tu sai che sono 88, su questo nessuno può fregarti. Non sono infiniti, loro. *Tu,* sei infinito, e dentro quei tasti, infinita è la musica che puoi fare. Loro sono 88. *Tu* sei infinito. *Questo* a me piace. Questo lo si può vivere. Ma se tu/

Ma sc io salgo su quella scaletta, e davanti a me/

Ma se io salgo su quella scaletta e davanti a me si srotola una tastiera di milioni di tasti, milioni e miliardi/

Milioni e miliardi di tasti, che non finiscono mai e questa è la vera verità, che non finiscono mai e quella tastiera è infinita/

21 **sterminato** immenso, vastissimo – 31 **srotolarsi** sich abrollen

Se quella tastiera è infinita, allora/

Su quella tastiera non c'è musica che puoi suonare. Ti sei seduto su un seggiolino sbagliato: quello è il pianoforte su cui suona Dio/

Cristo, ma le vedevi le strade?/

Anche solo le strade, ce n'era a migliaia, come fate voi laggiù a sceglierne una/

A scegliere una donna/

Una casa, una terra che sia la vostra, un paesaggio da guardare, un modo di morire/

Tutto quel mondo/

Quel mondo addosso che nemmeno sai dove finisce/

E quanto ce n'è/

Non avete mai paura, voi, di finire in mille pezzi solo a pensarla, quell'enormità, solo a pensarla? A viverla…/

Io sono nato su questa nave. E qui il mondo passava, ma a duemila persone per volta. E di desideri ce n'erano anche qui, ma non più di quelli che ci potevano stare tra una prua e una poppa. Suonavi la tua felicità, su una tastiera che non era infinita.

Io ho imparato così. La terra, quella è una nave troppo grande per me. È un viaggio troppo lungo. E una donna troppo bella. E un profumo troppo forte. E una musica che non so suonare. Perdonatemi. Ma io non scenderò. Lasciatemi tornare indietro.

Per favore/

/

/

/

/

/

Adesso cerca di capire, fratello. Cerca di capire, se puoi/

Tutto quel mondo negli occhi/

Terribile ma bello/

18 **una prua** Bug – 19 **una poppa** Heck

Troppo bello/
E la paura che mi riportava indietro/
La nave, di nuovo e per sempre/
Piccola nave/
Quel mondo negli occhi, tutte le notti, di nuovo/
Fantasmi/
Ci puoi morire se li lasci fare/
La voglia di scendere/
La paura di farlo/
Diventi matto, così/
Matto/
Qualcosa devi farlo e io l'ho fatto
Prima l'ho immaginato/
Poi l'ho fatto/
Ogni giorno per anni/
Dodici anni/
Miliardi di momenti/
Un gesto invisibile e lentissimo./

Io, che non ero stato capace di scendere da questa nave, per salvarmi sono sceso dalla mia vita. Gradino dopo gradino. E ogni gradino era un desiderio. Per ogni passo, un desiderio a cui dicevo addio.

Non sono pazzo, fratello. Non siamo pazzi quando troviamo il sistema per salvarci. Siamo astuti come animali affamati. Non c'entra la pazzia. È genio, quello. È geometria. Perfezione. I desideri stavano strappandomi l'anima. Potevo viverli, ma non ci son riuscito.

Allora li ho *incantati*.

E a uno a uno li ho lasciati dietro di me. Geometria. Un lavoro perfetto. Tutte le donne del mondo le ho incantate suonando una notte intera per *una* donna, *una*, la pelle trasparente, le mani senza un gioiello, le gambe sottili, ondeggiava la testa al suono della mia musica, senza un sorriso, senza piegare lo sguardo, mai, una notte intera, quando si alzò non fu lei che

24 **astuto** dritto, furbo – 26 **strappare** fare a pezzi, lacerare – 28 **incantare qu** jdn verzaubern – 32 **un gioiello** Schmuckstück

uscì dalla mia vita, furono tutte le donne del mondo. Il padre che non sarò mai l'ho incantato guardando un bambino morire, per giorni, seduto accanto a lui, senza perdere niente di quello spettacolo tremendo bellissimo, volevo essere l'ultima cosa che guardava al mondo, quando se ne andò, guardandomi negli occhi, non fu lui ad andarsene ma tutti i figli che mai ho avuto. La terra che era la mia terra, da qualche parte nel mondo, l'ho incantata sentendo cantare un uomo che veniva dal nord, e tu lo ascoltavi e vedevi, vedevi la valle, i monti intorno, il fiume che adagio scendeva, la neve d'inverno, i lupi la notte, quando quell'uomo finì di cantare finì la mia terra, per sempre, ovunque essa sia. Gli amici che ho desiderato li ho incantati suonando per te e con te quella sera, nella faccia che avevi, negli occhi, io li ho visti, tutti, miei amici amati, quando te ne sei andato, sono venuti via con te. Ho detto addio alla meraviglia quando ho visto gli immani iceberg del mare del Nord crollare vinti dal caldo, ho detto addio ai miracoli quando ho visto ridere gli uomini che la guerra aveva fatto a pezzi, ho detto addio alla rabbia quando ho visto riempire questa nave di dinamite, ho detto addio alla musica, alla mia musica, il giorno che sono riuscito a suonarla tutta in una sola nota di un istante, e ho detto addio alla gioia, incantandola, quando ti ho visto entrare qui. Non è pazzia, fratello. Geometria. È un lavoro di cesello. Ho disarmato l'infelicità. Ho sfilato via la mia vita dai miei desideri. Se tu potessi risalire il mio cammino, li troveresti uno dopo l'altro, incantati, immobili, fermati lì per sempre a segnare la rotta di questo viaggio strano che a nessuno mai ho raccontato se non a te/

/

/

(Novecento si allontana verso le quinte)

/

/

/

10 **adagio** piano, con lentezza – 16 **immane** enorme, gigantesco – 24 **(lavorare) di cesello** (fare un lavoro) di precisione – 27 **una rotta** direzione del percorso seguito da una nave

(Si ferma, si volta)

Già me la vedo la scena, arrivato lassù, quello che cerca il mio nome nella lista e non lo trova.

"Come ha detto che si chiama?" "Novecento."

"Nosjinskij, Notarbartolo, Novalis, Nozza…"

"È che son nato su una nave."

"Prego?"

"Son nato su una nave e ci sono anche morto, non so se risulta lì sopra…"

"Naufragio?"

"No. Esploso. Sei quintali e mezzo di dinamite. Bum."

"Ah. Tutto bene adesso?"

"Sì, sì, benissimo… cioè… c'è solo 'sta faccenda del braccio… si è perso un braccio… ma mi hanno assicurato…"

"Manca un braccio?"

"Sì. Sa, nell'esplosione…"

"Dovrebbero essercene un paio di là… qual è che le manca?"

"Il sinistro."

"Ahia."

"Sarebbe?"

"Ho paura che siano due destri, sa?"

"Due bracci destri?"

"Già. Nel caso, lei avrebbe problemi a…"

"A cosa?"

"Voglio dire, se prendesse un braccio destro…"

"Un braccio destro al posto del sinistro?"

"Sì."

"Mah… no, in linea di massima… meglio un destro che niente…"

"È quel che penso anch'io. Aspetti un attimo, glielo vado a prendere."

11 **un quintale** Doppelzentner (= 100 kg) – 28 **in linea di mạssima** grundsätzlich

“Se mai ripasso fra qualche giorno, le fosse arrivato un sinistro…”

“Senta, ne ho uno bianco e uno negro…”

“No, no, tinta unita… niente contro i negri eh, è solo questione di…”

Sfiga. Tutt' un' eternità, in Paradiso, con due mani destre. (*Con voce nasale*) E adesso facciamo un bel segno di croce! (*Parte per farlo ma si blocca. Si guarda le mani*) Non sai mai quale usare. (*Esita un attimo, poi si fa un veloce segno di croce con tutte e due le mani*) Tutta un'eternità, milioni di anni, a fare la figura dello scemo. (*Si rifà il segno di croce a due mani*) Un inferno. In Paradiso. C'è niente da ridere.

(Si volta, va verso le quinte, si ferma un passo prima di uscire, si gira di nuovo verso il pubblico: gli brillano gli occhi)

Certo… sai che musica però… con quelle mani, due, destre… se solo c'è un pianoforte…

(Ridiventa serio)

È dinamite quella che hai sotto il culo, fratello. Alzati da lì e vattene. È finita. Questa volta è finita davvero.

(Esce)

FINE

7 **fare un segno di croce** sich bekreuzigen – 9 **esitare** zögern

Biografia dell'autore

Alessandro Baricco è nato a Torino nel 1958.
Ha scritto saggi e romanzi tradotti in tutto il mondo. Da *Novecento* (pubblicato nel 1994) Giuseppe Tornatore ha tratto il film *La leggenda del pianista sull'oceano* (1998).

Abbreviazioni e simboli

centr	centrale
etw	etwas
f	femminile
fam	familiare
fig	figurato
gerg	gergale
inter	interiezione
jdm	jemandem
jdn	jemanden
lett	letterario
loc	locuzione
m	maschile
mar	marina
pl	plurale
pron indef	pronome indefinito
qc	qualcosa
qu	qualcuno
region	regionale
sett	settentionale
scherz	scherzoso, scherzosamente
sing	singolare
volg	volgare
≠	contrario di
→	rimanda a un vocabolo della stessa famiglia

Der Wortakzent liegt im Italienischen in der Regel auf der vorletzten Silbe. Bei Ausnahmen ist der betonte Vokal in den Fußnoten mit einem Punkt gekennzeichnet: *ẹssere*

PORTH'S

Essentials of Pathophysiology

SIXTH EDITION

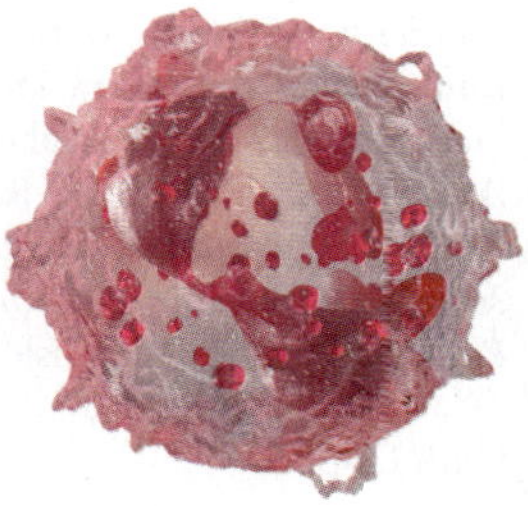

PORTH'S

Essentials of Pathophysiology

SIXTH EDITION

TOMMIE L. NORRIS, DNS, RN
AACN Leadership for Academic Nursing Fellow
Dean, Benjamín León School of Nursing
Miami Dade College
Miami, Florida

LEILA CASTEEL, DNP, APRN, NP-C
Family Nurse Practitioner
Corporate Senior Director, Clinical Education & Patient Experience
Community Health Systems
Franklin, Tennessee

Clinical Editor:

LINDA MEFFORD, PhD, MSN, APRN, NNP-BC, RNC-NIC
Professor Emerita of Nursing
Adjunct Biology Faculty
Bellarmine University
Louisville, Kentucky

Wolters Kluwer

Philadelphia • Baltimore • New York • London
Buenos Aires • Hong Kong • Sydney • Tokyo

Vice President and Publisher: Julie K. Stegman
Senior Acquisitions Editor: Joyce Berendes
Senior Development Editor: Rachel Lucke
Development Editor: John Tomedi
Editorial Coordinator: Janet Jayne
Marketing Manager: Wendy Mears
Editorial Assistant: Sara Thul
Design Coordinator: Stephen Druding
Art Director, Illustration: Jennifer Clements
Production Project Manager: Jennifer L. Harper
Manufacturing Coordinator: Margie Orzech
Prepress Vendor: S4Carlisle Publishing Services

Sixth Edition

9 8 7 6 5 4 3 2 1

Printed in Mexico

Library of Congress Cataloging-in-Publication Data

ISBN-13: 978-1-975263-49-2

Library of Congress Control Number: 2026943992

shop.lww.com

QUADM0826

To my husband, Stephen Sr., and children—Richie, Robby, Stephen Jr., and Rachel—

who always inspire me.

To everyone who has chosen a life in health care, thank you for the care you give—

day after day—when it matters most.

—Tommie L. Norris

To my husband, Dwayne, and to our beautiful blended family—Kelley, Jake, Michael, Cash, Jordan, and

Skyler—and our grandchildren, Arielle, Lily, Ben, Adeline, Rowan, Riley, Dallas, Ronan, Sutton, and

Banks. Thank you for grounding my work in love, purpose, and wonder.

To every student who turns these pages: The human body is the greatest story ever told.

Approach it with curiosity and awe, and it will never fail to surprise or inspire you.

—Leila Casteel

Preface

This text is designed to build a rigorous understanding of how disruptions in normal physiology give rise to the clinical signs, symptoms, and outcomes encountered in practice. It also highlights the ways in which advancing scientific knowledge continually reshapes our understanding of health and disease. As a foundational discipline, pathophysiology offers the conceptual structure that underpins clinical judgment; accordingly, this book integrates essential disease mechanisms with their real-world implications for patient care.

Although firmly grounded in evidence-based principles, the perspective throughout is that of the clinician at the bedside. Rather than examining illness solely through molecular or laboratory detail, this edition focuses on the connections among physiologic alterations, clinical findings, and patient outcomes. Learners are encouraged to move beyond memorizing isolated disorders and instead recognize recurring patterns across mechanisms of injury and illness—such as infection, immune dysregulation, inflammation, trauma, neoplasia, malnutrition, and age-related changes.

The content is intentionally streamlined to present essential, digestible information that supports exploration and application. Each chapter links underlying processes to expected objective and subjective findings, relevant care considerations, and anticipated outcomes. This structure promotes the development of clinical reasoning and pattern recognition that transcend specific organ systems, enabling learners to apply existing knowledge to new or unfamiliar situations with confidence.

A logical, concept-based approach guides the organization of the text. Foundational topics—cellular adaptation, inflammation and repair, genetic regulation of cell function, and immune responses—lay the groundwork for understanding subsequent system-based disorders. Advances in genetics, molecular science, and population health are woven throughout, reflecting the increasing complexity of modern health care.

Above all, this book strives to make pathophysiology accessible, meaningful, and inspiring for those preparing to care for others. The human body is dynamic, adaptive, and remarkably intricate; understanding its responses to challenge is essential to delivering compassionate, evidence-based care.

A Note About the Language Used in This Book

Wolters Kluwer recognizes that people have a diverse range of identities, and we are committed to using inclusive and nonbiased language in our content. In line with the principles of nursing, we strive not to define people by their diagnoses, but to recognize their personhood first and foremost, using as much as possible the language diverse groups use to define themselves, and including only information that is relevant to nursing care.

We strive to better address the unique perspectives, complex challenges, and lived experiences of diverse populations traditionally underrepresented in health literature. When describing or referencing populations discussed in research studies, we will adhere to the identities presented in those studies to maintain fidelity to the evidence presented by the study investigators. We follow best practices of language set forth by the Publication Manual of the *American Psychological Association*, 7th edition, but acknowledge that language evolves rapidly, and we will update the language used in future editions of this book as necessary.

Organization

The organization of this text reflects a deliberate effort to integrate structure and function within each body system's pathophysiology content. Rather than addressing normal physiology and anatomy in isolation, these foundational principles are presented in the context of common adaptations and maladaptations. This approach allows learners to appreciate how the body's mechanisms, when altered, give rise to the clinical manifestations observed in health and disease.

Each unit focuses on the essential mechanisms that are the basis for system function and dysfunction, emphasizing relationships among physiologic processes, compensatory responses, and disease progression. This integration encourages learners to connect what the body is designed to do with what happens when those processes are disrupted, promoting a deeper, more clinically relevant understanding.

The chapters are arranged in a logical sequence, beginning with core concepts that apply across all systems and progressing to system-based disorders. Within each chapter, outlines at the beginning provide an overview of key topics and help guide the reader through complex material.

By linking structure and function directly to mechanisms of disease, this organization supports pattern recognition, clinical reasoning, and the ability to apply knowledge in real-world patient care.

Features of This Book

This book includes the following special features to help you master the essential content.

Objectives

Objectives appear at the beginning of each chapter to provide a focus for your study. After you have finished each of these areas of content, you may want to go back and make sure that you have met each of the objectives.

Learning Objectives

After completing this chapter, the learner will be able to meet the following objectives:

1. Analyze the distribution and composition of intracellular and extracellular fluid compartments.
2. Evaluate how concentration gradients regulate diffusion and osmosis in various physiologic and pathologic conditions.
3. Describe the mechanisms that regulate cell volume, predicting cellular changes when immersed in isotonic, hypotonic, and hypertonic solutions.
4. Create a model to describe the mechanisms of physiologic regulation of body water and sodium balance, incorporating the effects of circulating volume, the sympathetic nervous system, the renin–angiotensin–aldosterone system, and antidiuretic hormone.

Key Terms

To enable you to better use and understand the vocabulary of your profession, throughout the text you will encounter key terms in **bold purple**. This is a signal that a word and the ideas associated with it are important to learn. If you are unsure of the meaning of a term you encounter in your reading, check the online glossary before proceeding.

"Key Points" Boxes

One of the ways to approach learning is to focus on the major ideas or concepts. Because health care is an applied science, it is imperative that, rather than trying to memorize a list of related and unrelated bits of information, you understand the content and relate it to cases you encounter. Health care providers must apply these concepts in the clinical setting, which requires an understanding of the underlying etiology, histology, symptoms, risk factors, and hallmark features of a particular disease. As you have probably already discovered, it is impossible to memorize everything that is in a particular section or chapter of the book. It has been said that pathophysiology is a new language for many students. So not only does your brain have to figure out where to store all the information, it must also be able to retrieve the information when you need it. This is best accomplished by understanding rather than memorizing information. Most important of all, memorized lists of content can seldom, if ever, be applied directly to an actual clinical situation. The "Key Points" boxes guide you in identifying the major ideas or concepts that form the foundation for truly understanding the major areas of content. When you understand the concepts in the "Key Points" boxes, you will have a framework for remembering and using the facts given in the text.

KEY POINTS

The Role of DNA in Controlling Cell Function

- The information needed for the control of cell structure and function is embedded in the genetic code carried by the DNA molecule.
- Although every cell in the body contains the same genetic information, each cell type uses only a portion of the information, depending on its specific cell function within the body.

"Summary Concepts" Boxes

The "Summary Concepts" boxes at the end of each main section provide a review and a reinforcement of the important content that has been covered. Use the summaries to ensure that you have covered and understood what you have read.

SUMMARY CONCEPTS

Physiologic and psychological adaptation involves the ability to maintain the constancy of the internal environment (homeostasis) and behavior in the face of a wide range of changes in the internal and external environments. It involves control and negative feedback systems that regulate cellular function, control life's processes, regulate behavior, and integrate the functions of the different body systems.

"Understanding" Boxes

"Understanding" boxes focus on the physiologic processes and phenomena that form the basis for understanding disorders presented in the text. This feature breaks a process or phenomenon down to its component parts and presents it in a sequential manner, providing insight into the many opportunities for disease processes to disrupt the sequence.

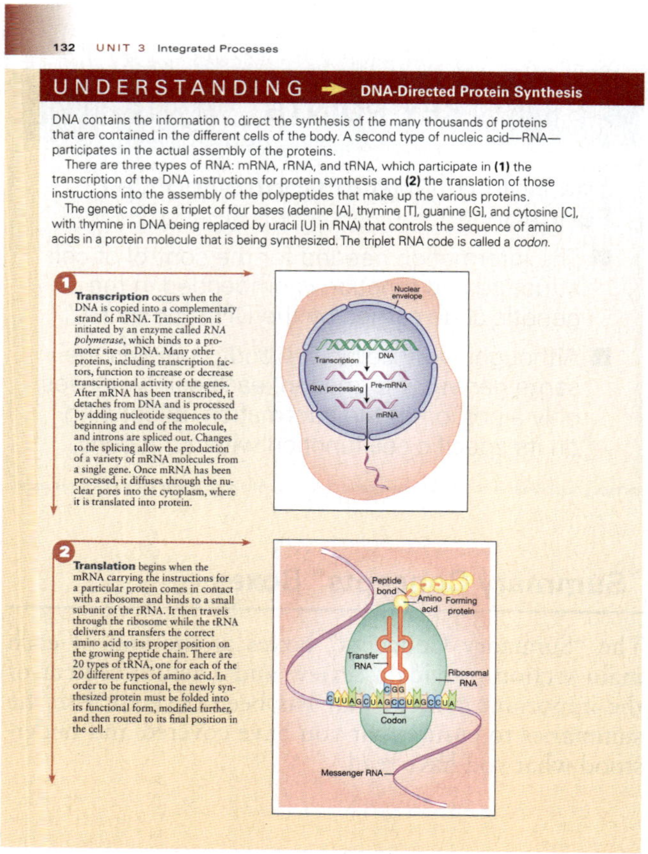
132 UNIT 3 Integrated Processes

UNDERSTANDING → DNA-Directed Protein Synthesis

DNA contains the information to direct the synthesis of the many thousands of proteins that are contained in the different cells of the body. A second type of nucleic acid—RNA—participates in the actual assembly of the proteins.

There are three types of RNA: mRNA, rRNA, and tRNA, which participate in **(1)** the transcription of the DNA instructions for protein synthesis and **(2)** the translation of those instructions into the assembly of the polypeptides that make up the various proteins.

The genetic code is a triplet of four bases (adenine [A], thymine [T], guanine [G], and cytosine [C], with thymine in DNA being replaced by uracil [U] in RNA) that controls the sequence of amino acids in a protein molecule that is being synthesized. The triplet RNA code is called a *codon*.

1 **Transcription** occurs when the DNA is copied into a complementary strand of mRNA. Transcription is initiated by an enzyme called *RNA polymerase*, which binds to a promoter site on DNA. Many other proteins, including transcription factors, function to increase or decrease transcriptional activity of the genes. After mRNA has been transcribed, it detaches from DNA and is processed by adding nucleotide sequences to the beginning and end of the molecule, and introns are spliced out. Changes to the splicing allow the production of a variety of mRNA molecules from a single gene. Once mRNA has been processed, it diffuses through the nuclear pores into the cytoplasm, where it is translated into protein.

2 **Translation** begins when the mRNA carrying the instructions for a particular protein comes in contact with a ribosome and binds to a small subunit of the rRNA. It then travels through the ribosome while the tRNA delivers and transfers the correct amino acid to its proper position on the growing peptide chain. There are 20 types of tRNA, one for each of the 20 different types of amino acid. In order to be functional, the newly synthesized protein must be folded into its functional form, modified further, and then routed to its final position in the cell.

"Integrating Clinical Decision Making" Boxes

The "Integrating Clinical Decision Making" boxes at the end of chapters are designed to help learners synthesize knowledge and apply key concepts to realistic clinical situations. Each case unfolds to guide the reader through stages of assessment, interpretation, and decision making as new data emerge.

These scenarios encourage recognition of common patterns across mechanisms of disease and promote critical thinking and clinical reasoning skills essential for effective patient care. By actively engaging with the case material, learners can connect theoretical understanding to practical application—bridging the gap between pathophysiology and bedside practice.

Integrating Clinical Decision Making

A 56-year-old man is admitted to a medical–surgical unit following an emergency laparoscopic cholecystectomy (gallbladder removal) for acute cholecystitis. During the first postoperative night, the nurse notes that he is restless and anxious, with a heart rate of 112 beats/min, blood pressure of 156/92 mm Hg, and blood glucose level of 188 mg/dL despite no history of diabetes. He reports feeling "on edge" and has difficulty sleeping. His surgical incision is clean and dry, and there are no signs of infection or bleeding.

1. Which physiologic systems and pathways are most directly responsible for the patient's tachycardia, elevated blood pressure, and hyperglycemia in the immediate postoperative period?
2. Based on Selye's GAS, which stage of the stress response is this patient most likely experiencing, and why?

By postoperative day 5, the patient remains hospitalized due to poor pain control and limited mobility. He reports persistent anxiety, difficulty concentrating, and fragmented sleep. Laboratory results now show delayed wound healing and a mild leukopenia. He expresses frustration and states, "I feel like my body just isn't bouncing back." His vital signs remain mildly elevated despite stable surgical findings.

3. How does prolonged activation of the stress response explain this patient's delayed wound healing and leukopenia?
4. Which concept best explains the cumulative physiologic burden this patient is experiencing, and what are the implications for long-term health?

Tables and Charts

Tables and charts are designed to present complex information in a format that makes it more meaningful and facilitates recall of the information. Tables, which have two or more columns, are often used for the purpose of comparing or contrasting information. Charts, which have a single column, are used to summarize information.

TABLE 5-3 Sources of Body Water Gains and Losses in the Adult

Gains		Losses	
Oral intake		Urine	1,500 mL
As water In food	1,000 mL 1,300 mL	Insensible losses Lungs	300 mL
Water of oxidation	200 mL	Skin Feces	500 mL 200 mL
Total	2,500 mL	Total	2,500 mL

CHART 7-1

CHEMICAL AND ENVIRONMENTAL AGENTS KNOWN TO BE CARCINOGENIC IN HUMANS

Polycyclic Hydrocarbons

Soots, tars, and oils

Cigarette smoke

Industrial Agents

Aniline and azo dyes

Arsenic compounds

Asbestos

Beta-naphthylamine

Benzene

Benzo[*a*]pyrene

Carbon tetrachloride

Insecticides, fungicides

Nickel and chromium compounds

Polychlorinated biphenyls

Vinyl chloride

Food and Drugs

Smoked foods

Nitrosamines

Aflatoxin B_1

Diethylstilbestrol

Anticancer drugs (e.g., alkylating agents, cyclophosphamide, chlorambucil, nitrosourea)

Illustrations and Photos

The detailed, full-color illustrations will help you to build your own mental image of the content that is being presented. Each drawing has been developed to fully support and build upon the ideas in the text. Some illustrations are used to help you picture the complex interactions of the multiple phenomena that are involved in the development of a particular disease; others can help you to visualize normal function or understand the mechanisms that enable the disease processes to exert their effects. In addition, photographs provide a realistic view of selected pathologic processes and lesions.

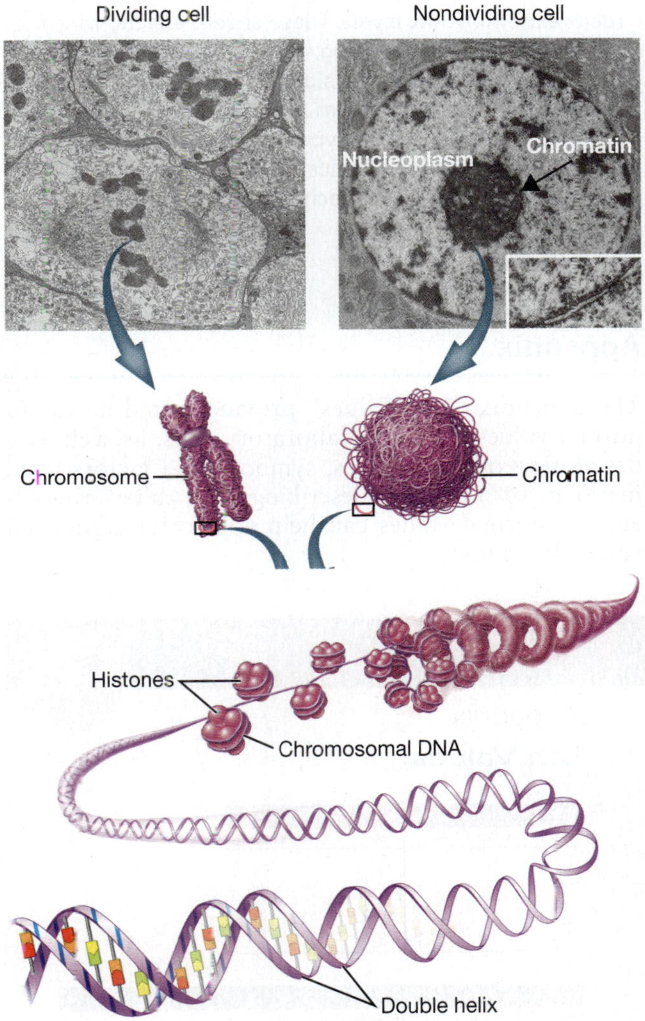

FIGURE 6-2. DNA strand organization. The DNA strands are shown in chromosomes for dividing cells and in chromatin for nondividing cells and are coiled around histones. (From McConnell, T. H., & Hull, K. L. [2011]. *Human form human function: Essentials of anatomy & physiology* [p. 71, Fig. 3.5]. Lippincott Williams & Wilkins.)

Concept Mastery Alerts

Concept Mastery Alerts clarify fundamental nursing concepts to improve the reader's understanding of potentially confusing topics.

Concept Mastery Alert

The cells of the brain and nervous system are the most seriously affected by increases in intracellular water. Symptoms include apathy, lethargy, and headache, which can progress to disorientation, confusion, gross motor weakness, and depression of deep tendon reflexes.

Seizures and coma occur when plasma sodium levels reach extremely low levels. These severe effects, which are caused by brain swelling, may be irreversible. If the condition develops slowly, signs and symptoms do not develop until plasma sodium levels approach 120 mEq/L (120 mmol/L) (i.e., severe hyponatremia) (Hall & Hall, 2025). The term water intoxication is often used to describe the neurologic effects of acute hypotonic hyponatremia.

Appendix

The appendix "Lab Values" provides rapid access to normal values for many laboratory tests, as well as a description of the prefixes, symbols, and factors (e.g., micro, μ, 10^{-6}) used for describing these values. Knowledge of normal values can help you to put abnormal values in context.

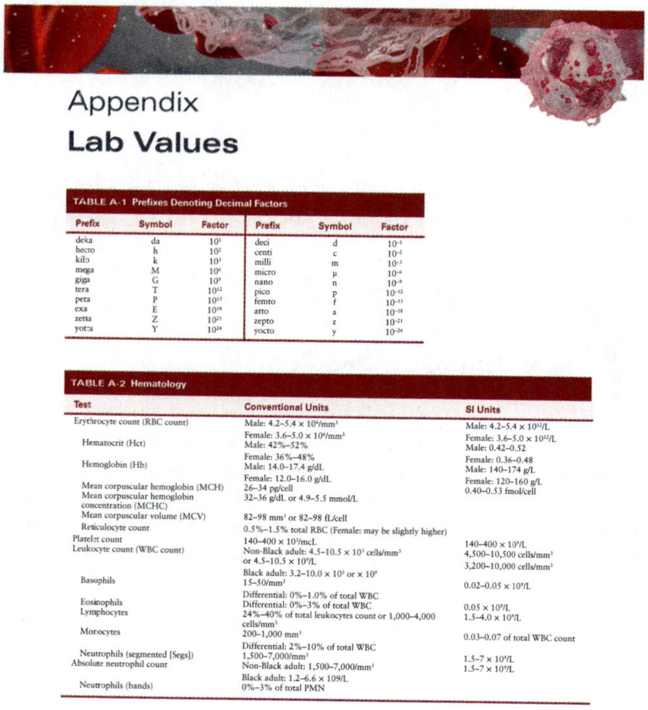

Appendix

Lab Values

TABLE A-1 Prefixes Denoting Decimal Factors

Prefix	Symbol	Factor	Prefix	Symbol	Factor
deka	da	10^{1}	deci	d	10^{-1}
hecto	h	10^{2}	centi	c	10^{-2}
kilo	k	10^{3}	milli	m	10^{-3}
mega	M	10^{6}	micro	μ	10^{-6}
giga	G	10^{9}	nano	n	10^{-9}
tera	T	10^{12}	pico	p	10^{-12}
peta	P	10^{15}	femto	f	10^{-15}
exa	E	10^{18}	atto	a	10^{-18}
zetta	Z	10^{21}	zepto	z	10^{-21}
yotta	Y	10^{24}	yocto	y	10^{-24}

TABLE A-2 Hematology

Test	Conventional Units	SI Units
Erythrocyte count (RBC count)	Male: 4.2–5.4 × 10^{6}/mm³ Female: 3.6–5.0 × 10^{6}/mm³	Male: 4.2–5.4 × 10^{12}/L Female: 3.6–5.0 × 10^{12}/L
Hematocrit (Hct)	Male: 42%–52% Female: 36%–48%	Male: 0.42–0.52 Female: 0.36–0.48
Hemoglobin (Hb)	Male: 14.0–17.4 g/dL Female: 12.0–16.0 g/dL	Male: 140–174 g/L Female: 120–160 g/L
Mean corpuscular hemoglobin (MCH)	26–34 pg/cell	0.40–0.53 fmol/cell
Mean corpuscular hemoglobin concentration (MCHC)	32–36 g/dL or 4.9–5.5 mmol/L	
Mean corpuscular volume (MCV)	82–98 mm³ or 82–98 fL/cell	
Reticulocyte count	0.5%–1.5% total RBC (Female: may be slightly higher)	
Platelet count	140–400 × 10^{3}/mcL	140–400 × 10^{9}/L
Leukocyte count (WBC count)	Non-Black adult: 4.5–10.5 × 10^{3} cells/mm³ or 4.5–10.5 × 10^{9}/L Black adult: 3.2–10.0 × 10^{3} or × 10^{9}	4,500–10,500 cells/mm³ 3,200–10,000 cells/mm³
Basophils	15–50/mm³ Differential: 0%–1.0% of total WBC	0.02–0.05 × 10^{9}/L
Eosinophils	Differential: 0%–3% of total WBC	0.05 × 10^{9}/L
Lymphocytes	24%–40% of total leukocytes count or 1,000–4,000 cells/mm³	1.5–4.0 × 10^{9}/L
Monocytes	200–1,000 mm³ Differential: 2%–10% of total WBC	0.03–0.07 of total WBC count
Neutrophils (segmented [Segs])	1,500–7,000/mm³	1.5–7 × 10^{9}/L
Absolute neutrophil count	Non-Black adult: 1,500–7,000/mm³ Black adult: 1.2–6.6 × 109/L	1.5–7 × 10^{9}/L
Neutrophils (bands)	0%–3% of total PMN	

A Fully Integrated Course Experience

We are pleased to offer an expanded suite of digital solutions and ancillaries to support instructors and students using *Porth's Essentials of Pathophysiology*, Sixth Edition. To learn more about any solution, please contact your local Wolters Kluwer representative.

Resources for Instructors

Tools to assist you with teaching your course are available upon adoption of this text at http://thepoint.lww.com/NorrisEss6e.

- **Prelecture Quizzes** ask students to recall information. Based on the main points of the chapter, each of the five true/false statements and five fill-in-the-blank questions will help you determine whether students have read the chapters. Answers are provided.
- **E-book** provides online access to the book's full text and images, giving you an easy-to-transport format.
- **PowerPoint Presentations with Guided Lecture Notes** provide you with visual aids to support your lectures or classroom lessons, along with brief talking points you can use with the presentations.
- The **Test Bank** lets you put together exclusive new tests from a bank containing hundreds of questions to help you in assessing your students' understanding of the material. Test questions link to chapter learning objectives. This test bank includes more than 1,100 questions.
- The **Image Bank** gives you access to downloadable photographs and illustrations from this textbook and the ability to use them in your PowerPoint slides or as you see fit throughout your course.
- **Suggested Answers and Pedagogical Integration** for each chapter's *Integrating Clinical Decision Making* case and questions help you to gauge whether students are on the right track by providing the main points that they are expected to address in answering these questions.
- An **AACN Essentials Map** shows how the book content integrates American Association of Colleges of Nursing (AACN) Essentials of Baccalaureate Education for Professional Nursing Practice competencies.
- **Sample Syllabi** are provided for 14- and 28-week courses.
- **Journal Articles** offer access to current articles relevant to each chapter and available in Wolters Kluwer journals to familiarize students with nursing literature.
- The **Glossary** is provided to support you in helping students expand their vocabulary and improve comprehension of what they are reading. The glossary contains concise definitions of key terms that appear in bold purple in the text.

Lippincott® CoursePoint

Lippincott CoursePoint is an integrated, digital curriculum solution for nursing education that provides an interactive learning experience to help students understand, retain, and apply their course knowledge. This dynamic platform includes an expert-authored interactive e-book, engaging activities, personalized learning through adaptive learning quizzes, and student-friendly videos, combined with the most trusted nursing education content on the market to help prepare students for practice. For instructors, CoursePoint offers a wide range of functionality and course customization, plus unparalleled reporting that provides in-depth dashboards and data points to track student progress and help identify strengths and weaknesses.

Acknowledgments

We extend our sincere appreciation to the many individuals whose expertise and dedication made this sixth edition possible. Although this *Essentials* text builds upon the foundation of *Porth's Pathophysiology*, this edition represents a comprehensive revision of each chapter to reflect current evidence and clinical understanding. We are deeply grateful to the reviewers and colleagues who offered valuable feedback throughout this process, ensuring that the content remains both accurate and clinically meaningful.

Special thanks are extended to Mychelle Ross, who contributed to the chapters on disorders of cardiovascular function, and to Dr. Linda Mefford, whose insight as our clinical editor helped ensure that our work consistently reflected contemporary practice and patient care relevance.

We also wish to thank the outstanding editorial team at Wolters Kluwer: Joyce Berendes, Senior Acquisitions Editor, for her vision and leadership; Rachel Lucke, Senior Development Editor, for her thoughtful guidance and attention to detail; and Janet Jayne, Editorial Coordinator, for her tireless efforts in maintaining organization and momentum throughout the project. Their combined commitment and professionalism were invaluable in bringing this edition to completion.

From Tommie L. Norris: It continues to be an honor to contribute to the education of our next generation of health care providers. Pathophysiology provides the vital framework to understand complex disease processes and sharpen clinical judgment. My thanks to all educators who motivate students to move from memorization to application. I am hopeful that this text will inspire curiosity and a desire for lifelong learning.

From Leila Casteel: I am deeply grateful to my family for their patience, encouragement, and grace throughout the countless hours devoted to this project. I also wish to thank the nurses and care providers across the country whom I am privileged to support through clinical education and professional development, and the patients I am honored to diagnose and treat—thank you for reminding me why this work matters. Your stories bring meaning to the science of pathophysiology and reaffirm the purpose behind every page of this text.

Contents

UNIT 1

Basis of Pathophysiology

CHAPTER 1

Concepts of Health and Disease

Concepts of Health and Disease

- Health and Wellness
- Health Alterations

Health and Disease in Populations

- Epidemiology and Patterns of Disease
- Determination of Risk Factors
- Natural History
- Preventing Disease
- Evidence-Based Practice and Practice Guidelines

Learning Objectives

After completing this chapter, the learner will be able to meet the following objectives:

1. Evaluate health and wellness from the perspectives of the World Health Organization, Healthy People 2030, and the Global Wellness Institute, critically analyzing their alignment with social determinants of health.
2. Define pathophysiology by integrating concepts of normal physiology and processes of altered health.
3. Analyze the progression of pathophysiologic processes by evaluating etiology, pathogenesis, morphologic changes, clinical manifestations, diagnostic methods, and clinical course.
4. Analyze the relationships between etiologic categories of disease and their common presentations, diagnostic tools, and treatments.
5. Differentiate the epidemiologic concepts of incidence, prevalence, morbidity, mortality, and risk factors.
6. Differentiate primary, secondary, and tertiary levels of prevention.
7. Describe the roles of evidence-based practice and clinical practice guidelines in the delivery of health care.

Pathophysiology may be defined as the physiology of altered health. The term combines the words **pathology** and **physiology**. The term *pathology* is derived from the Greek *pathos*, referring to an experience of suffering (Merriam-Webster Online Dictionary, 2025). Pathology is the study of the structural and functional changes in cells, tissues, and organs of the body that are either the cause of a health disorder or are caused by that disorder. Physiology is the study of the normal functioning of body systems. Thus, pathophysiology deals not only with the changes that are caused by health alterations, but also with the effects that pathologic changes have on total body function. Understanding the pathophysiology of health alterations is essential to identify and implement appropriate therapeutic and preventive health care measures. This chapter is intended to orient the reader to basic concepts and terminology of pathophysiology that will be used throughout the book.

Concepts of Health and Disease

Health and disease are multifactorial concepts that can be viewed from various perspectives. At a basic level, **health** can be described as the internal stability of the body, or homeostasis. **Disease** (or "dis-ease") can then be defined as any pathologic process resulting in changes to normal structure and function that threaten internal stability and disrupt homeostasis. Health status is influenced by many factors, including genetic, age, sex, and cultural differences, as well as individual, group, and societal expectations. Importantly, health is subjective and is therefore what the individual perceives it to be. This perception may vary across time and the factors mentioned.

Health and Wellness

In 1948, the Preamble to the Constitution of the World Health Organization (WHO) defined health as a "state of complete physical, mental, and social well-being and not merely the absence of disease and infirmity," a definition that has not been amended since (WHO, 2025). Similar to well-being, **wellness** is often used interchangeably to describe health. The Global Wellness Institute describes wellness as an "active pursuit" that involves intentional choices and behaviors aimed at achieving holistic health. This concept extends beyond physical wellness to include mental, emotional, spiritual, social, and environmental dimensions (Global Wellness Institute, n.d.).

Social determinants of health (SDOHs) capture the variety of conditions in the environment that affect a wide range of health, functioning, quality of life, and risks related to health and wellness. These conditions are grouped into five domains:

1. Economic stability
2. Education access and quality
3. Health care access and quality
4. Neighborhood and built environment
5. Social and community context (Office of Disease Prevention and Health Promotion, n.d.)

The U.S. Department of Health and Human Services' Healthy People 2030 goals focus specifically on these domains and will be referred to throughout this text.

The profound impact of the COVID-19 pandemic on mental and physical health offers an example of the complex relationship between these dimensions. A 25% increase in the prevalence of anxiety and depression worldwide was noted during the first year of the pandemic, attributed in part to changes in family, work, and social dynamics combined with fear of severe illness and associated comorbidities (Brunier, 2022). It is also known that long-term exposure to stress increases the risk for cardiovascular disease and has also been associated with cancer mortality (Solan, 2023).

Health Alterations

Health alterations (or health disorders) can include diseases, injuries, and congenital conditions that disrupt the typical body structure or function. A disease is an acute or chronic illness that causes physiologic dysfunction in one or more body systems. Each disease generally has specific signs and symptoms that characterize its pathology and identifiable **etiology**. Injury is considered damage to living tissue or organs and can be caused by a variety of both external and internal factors. Congenital conditions can include genetic or chromosomal differences that disrupt the structure and function of the body (often disrupting homeostatic functions) and can also include malformations, deformations, and birth injuries. Significant considerations when studying any alteration in health include etiology, pathogenesis, morphologic changes, clinical manifestations, diagnosis, and clinical course.

Etiology

The mechanisms of health alterations are known as **etiologic factors**. While etiology refers to a specific cause of a condition, there are instances when a specific causative factor cannot be identified. Conditions with an unknown etiology may be referred to as **idiopathic**. In other cases, etiology may be multifactorial.

Often, alterations in health can be attributed to one of seven broad etiologic categories:

1. Biologic or infectious agents (e.g., bacteria, viruses, fungi, protozoa)
2. Congenital conditions (e.g., chromosomal or genetic alterations, malformations, deformations, birth injury, preterm birth)
3. Age (e.g., childhood development, menopause)
4. Nutritional status (e.g., nutrient deficiency, obesity)
5. Mechanical forces (e.g., trauma, thermal injury, chemical injury)
6. Cancer (e.g., carcinoma, lymphoma, leukemia, sarcoma)
7. Altered immunity (e.g., immune hypersensitivity, immunodeficiency, autoimmune disorder)

Health alterations associated with each of these broad etiologic categories share similarities in presentation, diagnosis, and treatment, even when directly affecting different body systems or tissues. Table 1-1 provides a broad overview of common etiologic categories, connecting each with general clinical presentations, diagnostic approaches, and treatment modalities. Recognizing the similarities within each category can be helpful when presented with an unknown disease process and can improve both comprehension and the ability to retain and retrieve the information. Where applicable, the etiologic category will be noted throughout the text to facilitate learning. Additional details regarding each etiologic category are provided in later chapters.

Most biologic or infectious agents that cause health alterations are nonspecific. A single organ could be damaged by many different agents. The liver, for example, can be affected by bacteria, viruses, fungi, parasites, toxins from medications or other sources, or trauma. On the other hand, a single agent or traumatic event can lead to widespread injury of multiple organs or systems. However, most health alterations do not have a single cause; the majority are multifactorial in origin. This is particularly true of conditions such as cancer, cardiovascular disease, and diabetes. Moreover, ongoing research and genetic mapping continue to redefine etiologic factors over time.

The multiple factors that predispose to a particular disease are often referred to as risk factors. Both modifiable and nonmodifiable risk factors may predispose a person to a particular health alteration. Examples of modifiable risk factors include diet, exercise, alcohol consumption, smoking, high-risk sexual behaviors, and, to some extent, psychological stressors. Nonmodifiable risk can be related to age, sex, heredity, and environmental factors like pollution.

TABLE 1-1 Etiologic Categories With Associated Presentation, Diagnostic Tools, and Treatments

Etiologic Category	Presentation: Common Signs and Symptoms	Common Diagnostic Tools	Common Treatments
Biologic or Infectious Agents (Bush & Vázquez-Pertejo, 2025)	Signs of inflammation, including fever, chills, fatigue, malaise, redness, swelling, pain, purulent secretions ("pus")	White blood cell counts, antibody testing, culture and sensitivity testing, other lab tests	Antimicrobials (antibiotics, antivirals, antifungals, antiparasitic), supportive care (hydration, fever management)
Congenital Conditions (WHO, 2022)	Developmental delays, abnormal growth, structural abnormalities, cognitive impairment	Genetic testing, karyotyping, prenatal ultrasound, neonatal imaging, family history, biochemical tests	Varies with specific condition; genetic counseling, supportive care, medical and surgical therapeutic interventions, dietary management
Age (National Institute on Aging, 2022)	Age-related changes related to mobility, vision, hearing, energy levels, sleep, immune function; memory or cognition due to comorbid neurologic conditions (not specifically age related); comorbid changes in other body systems	Physical exams, bone density tests, cognitive assessments. routine labs	Interventions to support healthy aging and wellness; lifestyle modifications, rehabilitative support, medications and treatments for comorbid conditions that may be present
Nutritional Status (Cleveland Clinic, 2023)	Weakness, fatigue, weight loss/gain, brittle hair and nails, edema, decreased wound healing	Nutritional assessments, anthropometric calculations, lab tests (albumin, prealbumin, vitamin levels)	Dietary modifications, nutritional supplements, weight management programs, bariatric surgery
Mechanical Forces (Timsinha & Parajuli, 2022)	Pain, bruising, swelling, loss of function, blood loss	X-rays, CT scans, MRIs, physical exams	Wound care, immobilization, surgery, pain management, physical therapy
Cancer (Gale, 2024)	Unexplained weight loss, fatigue, masses, pain, abnormal bleeding, persistent symptoms	Biopsy, blood cell counts, imaging (CT, MRI, PET), tumor markers	Surgery, chemotherapy, radiation therapy, immunotherapy, palliative care
Altered Immunity (National Institute of Allergy and Infectious Diseases, 2022) **a. Immune hypersensitivity** **b. Autoimmune conditions** **c. Immunodeficiency**	a. Sneezing, itching, rash, swelling, difficulty breathing, wheezing, anaphylaxis b. Fatigue, joint pain, rashes, organ-specific symptoms (e.g., thyroid dysfunction, kidney failure) c. Recurrent infections, fever, weight loss, fatigue, opportunistic infections	a. Allergy testing (skin or blood tests), PFTs b. Lab tests for autoimmunity and chronic inflammation, organ-specific tests c. Complete blood cell count (CBC), HIV testing, tests for congenital immunodeficiency syndromes	a. Antihistamines, corticosteroids, bronchodilators, allergen avoidance, epinephrine for anaphylaxis b. Immunosuppressants, disease-modifying drugs, corticosteroids, biologic therapies, symptomatic management c. ART, prophylactic antibiotics/antifungals, vaccinations (where appropriate), supportive care

ART, antiretroviral therapy; CT, computed tomography; HIV, human immunodeficiency virus; MRI, magnetic resonance imaging; PET, positron emission tomography; PFTs, pulmonary function tests.

Another way to view the factors that cause health alterations is to group them into categories according to whether they were present at birth or acquired later in life. **Congenital** conditions are alterations that are present at birth, although they may not be evident until later in life or may never manifest. Causes of congenital conditions may include genetic or chromosomal alterations and environmental factors (e.g., intrauterine viral infections, intrauterine exposure to drugs or toxins, or other intrauterine conditions), but causes are not always identifiable. **Acquired** conditions are caused by events that occur after birth. These include injury, exposure to infectious agents, inadequate nutrition, lack of oxygen, inappropriate immune responses, and neoplasia.

Pathogenesis

While etiology describes the cause of the pathophysiology, **pathogenesis** explains how the pathophysiologic process evolves. In other words, pathogenesis is the sequence of cellular and **tissue** events that take place from the time of initial contact with an etiologic agent until the ultimate expression of a disease. Therefore, the meanings of etiology and pathogenesis are quite different.

Morphology and Histology

Morphology refers to the fundamental structure or form at the cellular, tissue, or organ level. **Morphologic changes** are concerned with both the gross anatomic and microscopic changes that are characteristic of pathophysiology. **Histology** deals with the study of the cells and extracellular **matrix** of body tissues. The most common method used in the study of tissues is the preparation of histologic sections—thin, translucent sections of human tissues and organs—that can be examined with the aid of a microscope. Histologic sections play an important role in the diagnosis of many types of cancer. Diagnostic pathology has evolved greatly in the last few years to include immunologic and molecular biologic tools for studying disease states (Fletcher, 2020).

Clinical Manifestations

Pathophysiologic changes can manifest in a number of ways. Sometimes, the condition produces manifestations, such as fever, that make it evident the person is sick. In other cases, the condition is silent at the onset and is detected during examination for other purposes or after the disease is far advanced.

Signs and **symptoms** are terms used to describe the changes that accompany a condition or injury. In humans, the negative characteristics, or departures from healthy status, are described subjectively by patients as symptoms. In contrast, signs are clinical manifestations that can be noted objectively by physical examination and diagnostic testing. Pain, difficulty breathing, and dizziness are symptoms. An elevated temperature, a swollen extremity, and changes in pupil size are signs because they can be observed by someone other than the person with the condition. Signs and symptoms may be related to the primary disorder, or they may represent the body's attempt to compensate for the altered function caused by the pathologic condition. A **syndrome** is a combination of signs and symptoms (e.g., chronic fatigue syndrome) that are characteristic of a specific disease state. Often, *syndrome* refers to a collection of clinical signs and symptoms that are noted to occur together but for which a specific etiology has not yet been established. **Complications** are possible adverse **extensions** of a health alteration or outcomes from treatment. **Sequelae** are lesions or impairments that follow or are caused by a particular pathophysiologic condition.

Diagnosis

A **diagnosis** is the designated name used to identify a particular health problem (e.g., bacterial pneumonia or hemorrhagic stroke). The diagnostic process requires obtaining a careful history, physical examination (PE), and diagnostic testing. The history is the description of a person's account of their symptoms and their progression. The PE is done to observe for signs of altered body structure or function. Diagnostic tests are ordered to confirm the diagnosis and to determine the presence of other possible health problems that were not indicated by the history and PE but may be present given the signs and symptoms.

The development of a diagnosis involves weighing competing possibilities and selecting the most likely one from among the conditions that might be responsible for the person's clinical presentation. These options are often referred to as **differential diagnoses**. The clinical probability of a given disease in an individual may be influenced by their age, sex, lifestyle, genetic background, and locality, all of which should be considered in order to arrive at a presumptive diagnosis.

Diagnostic test results are interpreted to determine whether they are normal or abnormal. What is termed a normal value for a laboratory test is established statistically from test results obtained from a selected sample of people. A normal value represents the test results that fall within the bell curve or the 95% distribution. The normal values for some laboratory tests are adjusted for sex, other comorbidities, or age (Mount Sinai, 2022).

Laboratory values are interpreted based on the reliability, validity, sensitivity, and specificity of the measurement (Van Leeuwen & Bladh, 2025). **Reliability** refers to the extent to which a test gives the same results under the same conditions repeatedly. A poorly calibrated blood pressure machine may give inconsistent measurements of blood pressure, particularly of pressures in either the high or low range. Reliability also depends on the person's skill in taking the measurements. For example, blood pressure measurements may vary from one person to another because of the technique used (e.g., different observers may deflate the cuff at a different rate, thus obtaining different values), the way the numbers on the manometer are read, or differences in hearing acuity. **Validity** refers to the extent to which a measurement tool measures what it is intended to measure. For example, the validity of blood pressure measurements obtained by a well-calibrated sphygmomanometer will be more valid than those obtained by feeling a pulse and guessing the blood pressure based on pulse strength.

		DISEASE	
		Present	Absent
TEST	Positive	True positive (a)	False positive (b)
	Negative	False negative (c)	True negative (d)

FIGURE 1-1. The relationship between a diagnostic test result and the occurrence of disease. There are two possibilities for the test result to be correct (true positive and true negative) and two possibilities for the result to be incorrect (false positive and false negative). (From Fletcher, G. S. [2020]. *Clinical epidemiology: The essentials* [6th ed., p. 54]. Lippincott Williams & Wilkins; Fig. 4-1.)

Measures of sensitivity and specificity are concerned with determining how likely or how well the test or observation will identify people with the disease and people without the disease (Fig. 1-1) (Van Leeuwen & Bladh, 2025). **Sensitivity** refers to the proportion of people with a disease who will receive a positive result using a given test or observation (called a true-positive result). If the result of a very sensitive test is negative, it tells us the person does not have the disease and the disease has been excluded or "ruled out." **Specificity** refers to the proportion of people without the disease who receive a negative result on a given test or observation (called a true-negative result). Specificity can be calculated only from people who do not have the disease. A test that is 95% specific correctly identifies 95 of 100 normal people. The other 5% are false-positive results. A false-positive test result can be unduly stressful for the person being tested, whereas a false-negative test result can delay diagnosis and jeopardize the outcome of treatment.

Predictive value is the extent to which an observation or test result can predict the presence of a given disease or condition (Van Leeuwen & Bladh, 2025). A **positive predictive value** refers to the proportion of true-positive results that occurs in a given population. In a group of women found to have "suspect breast nodules" in a cancer screening program, the proportion later determined to have breast cancer would constitute the positive predictive value. A **negative predictive value** refers to the true-negative observations in a population. In a screening test for breast cancer, the negative predictive value represents the proportion of women without suspect nodules who do not have breast cancer. Despite unchanging sensitivity and specificity, the positive predictive value of an observation rises with prevalence, whereas the negative predictive value falls.

Clinical Course

The clinical course describes the evolution of a disease. A disease can have an acute, subacute, or chronic course. **Acute** disease refers to an abrupt onset of symptoms that run a brief course, usually shorter than 6 months, and then resolve or result in death. Intermittent or slowly developing diseases lasting longer than 6 months are considered **chronic**. A chronic disease can run a continuous course or can present with **exacerbations** (aggravation of symptoms and severity of the disease) and **remissions** (a period during which there is a decrease in severity and symptoms). **Subacute disease** is intermediate or between acute and chronic. It is not as severe as an acute disease and not as prolonged as a chronic disease.

The spectrum of disease severity for infectious diseases, such as hepatitis B, can range from preclinical to persistent chronic infection. During the **preclinical stage**, the disease is not clinically evident but is destined to progress to clinical disease. As with hepatitis B, it is possible to transmit a virus during the preclinical stage. **Subclinical disease** is not clinically apparent and is not destined to become clinically apparent but can be diagnosed with test procedures. **Clinical disease** is manifested by signs and symptoms. **Carrier status** refers to a person who harbors an organism but does not demonstrate clinical evidence of the infection. This person can still transmit the infection to others. Carrier status may be of limited duration, or it may be chronic, lasting for months or years.

SUMMARY CONCEPTS

Pathophysiology is the physiology of altered health. A disease is a pathophysiologic process associated with a change in body structure or function that disrupts homeostasis. Injury is damage to cells, tissue, or organs and can be caused by a variety of both external and internal factors. The causes of pathophysiology are known as etiologic factors. Often, alterations in health can be attributed to one of seven broad etiologic categories: biologic or infectious agent, congenital condition, age, nutritional status, mechanical forces, cancer, or altered immunity. Pathogenesis describes how the pathophysiologic process evolves. Morphology refers to the structure or form of cells, tissues, and body structure; morphologic changes are changes in structure or form that are characteristic of a pathology.

Pathophysiology can manifest in a number of ways. A symptom is a subjective complaint, such as pain or dizziness; a sign is an observable manifestation, such as an elevated temperature or reddened skin. A syndrome is a combination of signs and symptoms that are characteristic of a specific pathophysiologic condition. A diagnosis is the name designation to identify a particular pathophysiologic condition.

The clinical course describes the evolution of a pathophysiologic problem. It can be acute (relatively severe, but self-limiting), chronic (continuous or episodic, but taking place over a long period), or subacute (not as severe as acute or as prolonged as chronic). Within the disease spectrum, a disease can be designated preclinical (not clinically evident), subclinical (not clinically apparent and not destined to become clinically apparent), or clinical (characterized by signs and symptoms).

Health and Disease in Populations

The health of people is closely linked to the health of the community and to the population it encompasses. The ability to traverse continents in a matter of hours has opened the world to issues of populations at a global level. Diseases that once were confined to local areas now pose a threat to populations worldwide. The focus of health care also has begun to emerge as a partnership in which people are asked to assume greater responsibility for their own health.

Epidemiology and Patterns of Disease

According to the Centers for Disease Control and Prevention (CDC), **epidemiology** is "the study of the distribution and determinants of health-related states among specified populations and the application of that study to the control of health problems" (CDC, 2024). This field was initially developed to explain the spread of infectious diseases during epidemics and has emerged as a science to study the risk factors for multifactorial diseases, such as heart disease and cancer. Epidemiologists seek to identify patterns associated with a particular disorder, such as age, ethnicity, dietary habits, lifestyle, or geographic location. The epidemiologist is concerned with issues such as whether smoking is related to cardiovascular disease and whether the risk of heart disease decreases when smoking ceases. Much of our knowledge about disease comes from epidemiologic studies. Epidemiologic methods are used to determine how a disease is spread, how to control it, how to prevent it, and how to eliminate it. Epidemiologic methods are also used to study the natural history of disease, to evaluate the effectiveness of health programs and services in improving population health, to explore the impact of different patterns of health care delivery, and to predict future health care needs. As such, epidemiologic studies serve as a basis for clinical decision making, allocation of health care dollars, and development of policies related to public health issues (CDC, 2024).

Incidence and Prevalence

Epidemiologic measures of disease frequency establish a means for predicting what diseases are present in a population and indicate the rate at which they are increasing or decreasing. A **disease case** can be either an existing case or the number of new episodes of a particular illness that are diagnosed within a given period. **Incidence** reflects the number of new cases arising in a population at risk during a specified time. The population at risk is considered to be people without the disease who are at risk for developing it. It is determined by dividing the number of new cases of a disease by the population at risk for development of the disease during the same period (e.g., new cases per 1,000 or 100,000 people in the population who are at risk). The cumulative incidence estimates the risk of developing the disease during that period of time. **Prevalence** is a measure of existing disease in a population at a given point in time (e.g., number of existing cases divided by the current population) (CDC, 2024). Incidence and prevalence are always reported as rates (e.g., cases per 100 or cases per 100,000).

Morbidity and Mortality

Morbidity and mortality statistics provide information about the functional effects (morbidity) and death-producing (mortality) characteristics of a disease. These statistics are useful in terms of anticipating health care needs, planning public education programs, directing health research efforts, and allocating health care dollars.

Morbidity refers to the state of being symptomatic or unhealthy from a disease or condition (Hernandez & Kim, 2022). Many diseases have low death rates but can significantly impact a person's quality of life. Morbidity is concerned with persistence and the long-term consequences of the disease.

Mortality statistics provide information about the causes of death in a given population. In most countries, people are legally required to record certain facts such as age, sex, and cause of death on a death certificate. Mortality can be communicated as a rate or as an absolute number and is usually represented as a rate per 1,000 individuals, also called the death rate. This is calculated by dividing the number of deaths in a given time for a given population by the total population. Mortality also can be described in terms of the leading causes of death according to age, sex, race, and ethnicity, such as when identifying the leading causes of death in the United States among all people 65 years of age and older. Morbidity and mortality are two types of retrospective information that provide the ability to continuously evaluate the effectiveness of either a specific health care system or an implemented intervention (Hernandez & Kim, 2022).

Determination of Risk Factors

As previously discussed, conditions suspected of contributing to the development of a disease are called **risk factors**. They may be inherent to the person (high blood pressure or overweight) or external (smoking or drinking alcohol). Different types of observational studies are used to determine risk factors, including cohort studies, cross-sectional studies, and case–control studies.

Cohort Studies

A **cohort** is a group of people who share some characteristics of interest. Cohort studies observe both exposed and nonexposed individuals within the group and record the number of outcomes between the two groups over a designated amount of time. In these observations, if the outcomes are higher in those exposed than nonexposed, an association can be inferred.

One of the best-known examples of a cohort study is the Framingham Study, which was carried out in Framingham, MA. This longitudinal study, which began in 1948, was the first study to determine the characteristics of people who would later develop coronary heart disease (Brown et al., 2023; Dawber et al., 1951). The study consisted of 5,000 people, between 30 and 59 years of age, selected at random and followed for an initial period of 20 years. Data from this study and several others that have been published since are still used to establish standard practices within cardiovascular health care.

Cross-Sectional and Case–Control Studies

Cross-sectional studies focus more on a specific timepoint than on an extended period, providing data on the prevalence or incidence of an outcome after an exposure (Hernandez & Kim, 2022). They can be used to compare the prevalence of a disease in those with the factor (or exposure) with the prevalence of a disease in those who are unexposed to the factor, for example, by comparing the prevalence of coronary heart disease in people who smoke and people who have never smoked.

Case–control studies involve a more retrospective approach, where the rates of exposures in individuals who present with an outcome are compared with those who do not (control). If more individuals who are exposed also have the outcome of interest in these observations, an association can be inferred. For example, the characteristics of maternal alcohol consumption in infants born with fetal alcohol spectrum disorder (cases) can be compared with those in infants born without the disorder (controls) (Hernandez & Kim, 2022).

Natural History

The **natural history** of a disease refers to the progression and projected outcome of the disease without medical intervention. By studying the patterns of a disease over time in populations, epidemiologists can better understand its natural history. Knowledge of the natural history can be used to determine disease outcome, establish priorities for health care services, determine the effects of screening and early detection programs on disease outcome, and compare the results of new treatments with the expected outcome without treatment.

There are some diseases for which there are no effective treatment methods available, or the current treatment measures are effective only in certain people. In this case, the natural history of the disease can be used as a predictor of outcome. For example, the natural history of hepatitis C indicates that 80% to 85% of people who become infected with the virus progress to chronic infection (Basit et al., 2023). Information about the natural history of a disease and the availability of effective treatment methods provide directions for preventive measures. In the case of hepatitis C, careful screening of blood donations and educating individuals who use intravenous drugs can be used to prevent transfer of the virus.

Prognosis refers to the probable outcome and prospect of recovery from a disease. It can be designated as chances for full recovery, possibility of complications, or anticipated survival time. Prognosis is often presented in relation to treatment options, that is, the expected outcomes or chances for survival with or without a certain type of treatment. The prognosis associated with a given type of treatment is usually presented along with the risk associated with the treatment.

Preventing Disease

There are three fundamental types of prevention—primary prevention, secondary prevention, and tertiary prevention (Fig. 1-2).

Primary prevention is directed at keeping disease from occurring by removing risk factors. Examples of primary prevention include the administration of folic acid to pregnant people and people who may become pregnant to prevent fetal neural tube defects, giving immunizations to children to prevent communicable disease, and counseling people to adopt healthy lifestyles as a means of preventing heart disease (Fletcher, 2020).

Secondary prevention detects disease early before symptoms develop, when treatment measures can cure the disease or stop it from progressing. The use of a colonoscopy screening for early detection of colon cancer is an example of secondary prevention. Most secondary prevention is done in clinical settings. All types of health care professionals (e.g., physicians, dentists, audiologists, optometrists) participate in secondary prevention (Fletcher, 2020).

Tertiary prevention is directed at clinical interventions that prevent further deterioration or reduce the complications of a disease that is already present. An example is the use of beta-adrenergic-blocking drugs to reduce the risk of death in people who have had a

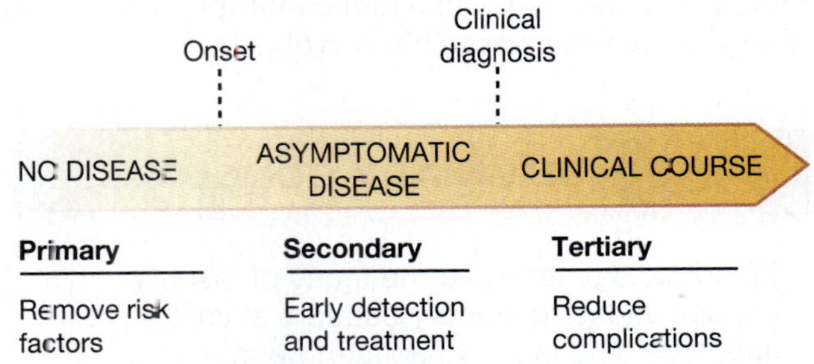

FIGURE 1-2. Levels of prevention. Primary prevention prevents disease from occurring. Secondary prevention detects and cures disease in the asymptomatic phase. Tertiary prevention reduces complications of disease. (From Fletcher, G. S. [2020]. *Clinical epidemiology: The essentials* [6th ed., p. 163]. Lippincott Williams & Wilkins; Fig. 10-1.)

heart attack. Tertiary prevention measures also include those that limit physical impairment and the social consequences of an illness, such as cardiac rehab programs or support groups for people with alcohol use disorder.

Evidence-Based Practice and Practice Guidelines

Evidence-based practice refers to "the conscientious, explicit, and judicious use of current best evidence in making decisions about the care of the individual patient. It means integrating individual clinical expertise with the best available external clinical evidence from systematic research" (Duke University Medical Center, 2024). The term **clinical expertise** implies the proficiency and judgment that individual clinicians gain through clinical experience and clinical practice. The best external clinical evidence relies on the identification of clinically relevant research, often from the basic sciences, but especially from patient-centered clinical studies that focus on the accuracy and precision of diagnostic tests and methods, the power of prognostic indicators, and the effectiveness and safety of therapeutic, rehabilitative, and preventive regimens.

Clinical practice guidelines are systematically developed statements intended to inform practitioners and people in making decisions about health care for specific clinical circumstances (Duke University Medical Center, 2024). Providers must consider benefits versus risks or impact on quality of life when applying these guidelines. The development of evidence-based practice guidelines often uses methods such as meta-analysis to combine evidence from different studies to produce a more precise estimate of the accuracy of a diagnostic method or the effects of an intervention method. Practitioners with expertise in clinical content, experts in guideline development, and potential users of the guideline are best at evaluating the guidelines.

Once developed, practice guidelines must be continually reviewed and changed to keep pace with new research findings and new diagnostic and treatment methods. For example, both the Guidelines for the Prevention, Detection, Evaluation, and Treatment of High Blood Pressure, first developed in 1972 by the Joint National Committee, and the Guidelines for the Diagnosis and Management of Asthma, first developed in 1991 by the Expert Panel, have undergone multiple revisions as new evidence from research has evolved.

SUMMARY CONCEPTS

Epidemiology refers to the study of disease in populations to identify patterns such as age, race, and dietary habits of people who are affected with a particular disorder. These patterns are used to determine under what circumstances the particular disorder will occur. Incidence is the number of new cases arising in a given population during a specified time. Prevalence is the number of people in a population who have a particular disease at a given point in time or period. Incidence and prevalence are reported as proportions or rates (e.g., cases per 100 or 100,000 population). Morbidity describes the effects an illness has on a person's life. Mortality statistics provide information about the causes of death in a given population.

Conditions suspected of contributing to the development of a disease are called risk factors. Studies used to determine risk factors include cross-sectional studies, case–control studies, and cohort studies. The natural history refers to the progression and projected outcome of a disease without medical intervention. Prognosis is the term used to designate the probable outcome and prospect of recovery from a disease.

The three fundamental types of prevention are primary prevention, secondary prevention, and tertiary prevention. Primary prevention, such as immunizations, is directed at removing risk factors so disease does not occur. Secondary prevention, such as a colonoscopy, detects disease early, before symptoms develop and while it is still curable with treatment. Tertiary prevention, such as use of beta-adrenergic blocking drugs to reduce the risk of death in people who have had a heart attack, focuses on clinical interventions that prevent further deterioration or reduce the complications of a disease.

Evidence-based practice and evidence-based practice guidelines are mechanisms that use the current best evidence to make decisions about the health of people. They are based on the expertise of the individual practitioner integrated with the best clinical evidence from systematic review of credible research studies. Practice guidelines may take the form of algorithms, which are step-by-step methods for solving a problem, written directives, or a combination thereof.

REFERENCES

Basit, H., Tyagi, I., & Koirala, J. (2023). Hepatitis C. In *StatPearls* [Internet]. StatPearls Publishing.

Brown, J. C., Gerhardt, T. E., & Kwon, E. (2023). Risk factors for coronary artery disease. In *StatPearls* [Internet]. StatPearls Publishing.

Brunier, A. (Ed.). (2022, March). *Covid-19 pandemic triggers 25% increase in prevalence of anxiety and depression worldwide*. World Health Organization. https://www.who.int/news/item/02-03-2022-covid-19-pandemic-triggers-25-increase-in-prevalence-of-anxiety-and-depression-worldwide

Bush, L. M., & Vázquez-Pertejo, M. T. (2025, January 1). *Diagnosis of infectious disease*. Merck Manual Consumer Version. https://www.merckmanuals.com/home/infections/diagnosis-of-infectious-disease/diagnosis-of-infectious-disease

Centers for Disease Control and Prevention. (2024). *Introduction to epidemiology*. https://www.cdc.gov/training-publichealth101/php/training/introduction-to-epidemiology.html

Cleveland Clinic. (2023). *Malnutrition*. https://my.clevelandclinic.org/health/diseases/22987-malnutrition

Dawber, T. R., Meadors, G. F., & Moore, F. E. (1951). Epidemiological approaches to heart disease: The Framingham study. *American Journal of Public Health and the Nation's Health*, *41*(3), 279–281. https://doi.org/10.2105/AJPH.41.3.279

Duke University Medical Center. (2024). *What is evidence-based practice?* Last Reviewed November 13, 2024. Retrieved November 20, 2024, from https://guides.mclibrary.duke.edu/ebm

Fletcher, G. S. (2020). *Clinical epidemiology: The essentials*. Wolters Kluwer.

Gale, R. P. (2024, September 1). *Overview of cancer*. Merck Manual Consumer Version. https://www.merckmanuals.com/home/cancer/overview-of-cancer/overview-of-cancer?query=cancer

Global Wellness Institute. (n.d.). *What is wellness?* https://globalwellnessinstitute.org/what-is-wellness

Hernandez, J. B. R., & Kim, P. Y. (2022, October 3). Epidemiology morbidity and mortality. In *StatPearls* [Internet]. StatPearls Publishing. https://www.ncbi.nlm.nih.gov/books/NBK547668/

Merriam-Webster Online Dictionary. (2025). *Definition of pathos*. https://www.merriam-webster.com/dictionary/pathos

Mount Sinai. (2022). *Hemoglobin*. https://www.mountsinai.org/health-library/tests/hemoglobin-test

National Institute on Aging. (2022). Aging and aging-related diseases: From molecular mechanisms to interventions. *Nature Reviews Molecular Cell Biology*, *23*(1), 1–16. https://www.nature.com/articles/s41392-022-01251-0

National Institute of Allergy and Infectious Diseases. (2022). *Disorders of the immune system*. https://www.niaid.nih.gov/research/immune-system-disorders

Office of Disease Prevention and Health Promotion. (n.d.). *Healthy People 2030: Social determinants of health*. U.S. Department of Health and Human Services. Retrieved November 2, 2024, from https://health.gov/healthypeople/objectives-and-data/social-determinants-health

Solan, M. (2023, January 1). *Prolonged stress may increase the risk of death from cancer*. Harvard Health. https://www.health.harvard.edu/cancer/prolonged-stress-may-increase-the-risk-of-death-from-cancer

Timsinha, S., & Parajuli, S. R. (2022). Mechanical injury among medicolegal cases in the department of emergency in a tertiary care centre: A descriptive cross-sectional study. *Journal of Nepal Medical Association*, *60*(256), 1000–1003. https://doi.org/10.31729/jnma.7914

Van Leeuwen, A. M., & Bladh, M. L. (2025). *Davis's comprehensive manual of Laboratory and diagnostic tests with nursing implications* (11th ed.). F.A. Davis.

World Health Organization. (2022). *Congenital disorders*. https://www.who.int/news-room/fact-sheets/detail/birth-defects

World Health Organization. (2025). *Constitution of the World Health Organization*. https://www.who.int/about/governance/constitution

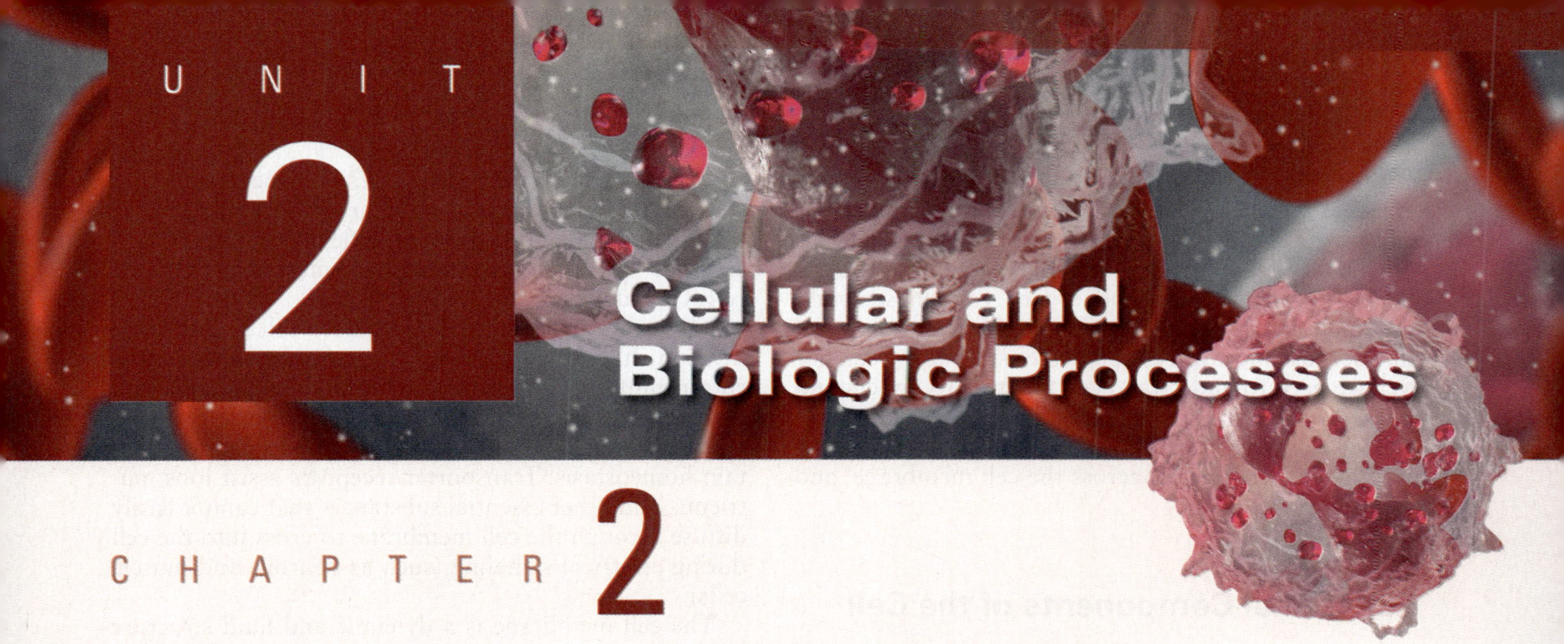

UNIT 2 Cellular and Biologic Processes

CHAPTER 2

Cell and Tissue Characteristics

Functional Components of the Cell

The Cell (Plasma) Membrane
Cytoplasm
The Nucleus
Intracellular Organelles
The Cytoskeleton

Integration of Cell Function and Replication

Cell Receptors
The Cell Cycle and Cell Division
Cell Metabolism and Energy Sources

Movement Across the Cell Membrane and Membrane Potentials

Movement of Substances Across the Cell Membrane
Electrical Changes Across the Cell Membrane
Membrane Potentials

Body Tissues

Cell Differentiation
Embryonic Origin of Tissue Types
Epithelial Tissue
Connective or Supportive Tissue
Muscle Tissue
Nervous Tissue
Extracellular Matrix

Learning Objectives

After completing this chapter, the learner will be able to meet the following objectives:

1. Predict the effects of dysfunction in each cellular organelle.
2. Differentiate the four functions of the cell membrane.
3. Analyze and evaluate the mechanisms underlying electrical changes across the cell membrane to predict their impact on cellular excitability and function in physiologic and pathologic states.
4. Link the phases of the cell cycle to cell replication.
5. Predict how changes in oxygen delivery to cells change cellular respiration and levels of adenosine triphosphate and carbon dioxide.
6. Compare and contrast membrane transport mechanisms: simple diffusion, facilitated diffusion, osmosis, active transport, endocytosis, and exocytosis.
7. Predict changes in membrane potentials based on diffusion of ions.
8. Link the process of cell differentiation to the development of organ systems in the embryo and the regeneration of tissues in postnatal life.
9. Compare and contrast the characteristics of the four different tissue types.

In most organisms, the **cell** is the smallest functional unit that has the characteristics necessary for life. Cells combine to form tissues based on their embryonic origin. These tissues combine to form organs. Although cells of different tissues and organs vary in structure and function, certain characteristics are common to all cells. Because most disease processes start at the cellular level, we need to understand cell function to understand disease processes. This chapter discusses the structural parts of cells, cell functions and growth, movement of substances, such as ions, across the cell membrane, and tissue types.

Functional Components of the Cell

Cells are divided into two main classes, initially defined by whether they contain a nucleus. Prokaryotic cells, such as bacteria, lack a nuclear envelope, while eukaryotic cells, found in most organisms including humans, do contain a nucleus. The nucleus is one of many internal membrane-bound compartments called **organelles** ("small organs" within cells). When seen under a microscope, three major components of a eukaryotic cell become evident—the cell membrane, the cytoplasm, and the nucleus (Fig. 2-1).

The Cell (Plasma) Membrane

One of the most important parts of the cell is a semipermeable structure called the plasma, or cell, membrane. This thin membrane separates the intracellular contents from the extracellular environment. Unlike a cell wall, which is a rigid structure found primarily in plant cells, the cell membrane is flexible and acts as a selective barrier, controlling what enters and exits the cell (Chandar & Viselli, 2024).

The cell membrane helps regulate cell growth and division. It also contains receptors for hormones, neurotransmitters, and other chemical signals, allowing necessary communication to cross into the cell so that cellular responses occur, in real time, as needed to maintain homeostasis. Transporter receptors assist ions, nutrients, and other essential substances that cannot easily diffuse through the cell membrane to cross into the cell during electrical signaling (such as neurons and muscle cells).

The cell membrane is a dynamic and fluid structure made up of organized lipids, carbohydrates, and proteins (Fig. 2-2). Phospholipids serve as the primary building blocks of cell membranes, forming a lipid bilayer along with glycolipids and cholesterol (Rhoades & Bell, 2022). This lipid bilayer is a mostly impermeable barrier to all but lipid-soluble substances, which pass into the cell without assistance.

Phospholipid molecules are arranged so their **hydrophilic** (water-loving) heads can face outward toward the watery extracellular fluid or inward toward the aqueous parts of the intracellular fluid. Conversely, their **hydrophobic** (water-fearing) tails project toward the middle of the membrane.

Although the lipid bilayer provides the basic structure of the cell membrane, proteins carry out most of the functions. The way proteins are associated with the cell membrane often determines their function. The **integral proteins**, called **transmembrane proteins**, cross

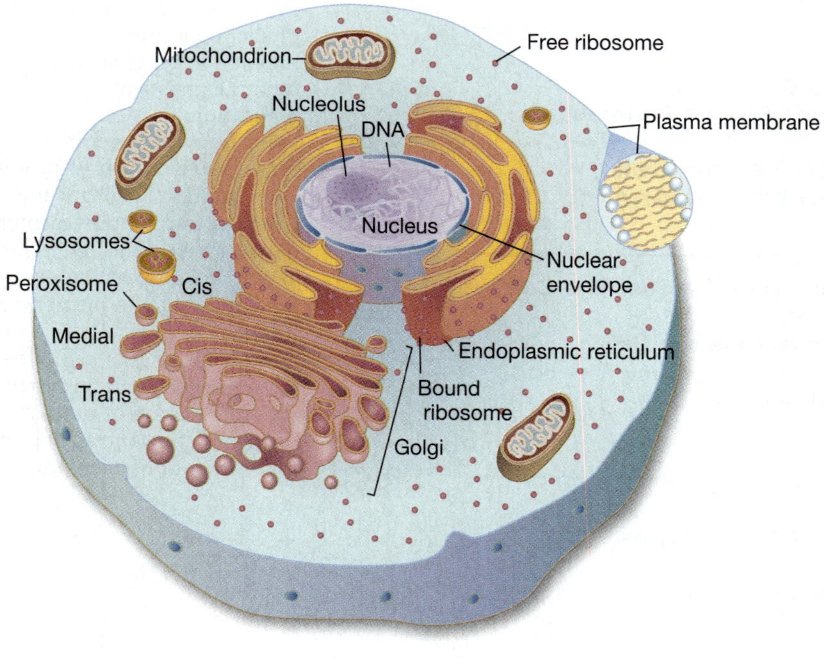

FIGURE 2-1. Cell organelles. (Reprinted from Leeper-Woodford, S. K., & Adkison, L. R. [Eds.]. [2016]. *Lippincott illustrated reviews: Integrated systems* [p. 39]. Wolters Kluwer; Fig. 2-1, with permission.)

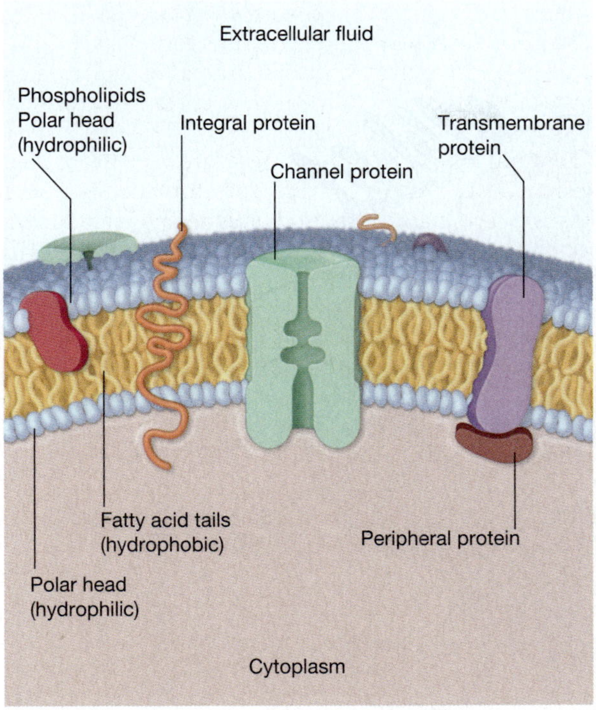

FIGURE 2-2. Structure of the plasma membrane. (From Nath, J. [2023]. Review of cellular structure and function. In C. Braun & C. Anderson (Eds.), *Applied pathophysiology* [4th ed., p.11. Essay]. Wolters Kluwer.)

the entire lipid bilayer and function on both sides of the membrane or transport molecules across it. Many transmembrane proteins form ion channels and are selective for which substances move through them. Mutations in channel proteins can cause genetic disorders (called **channelopathies**). For example, cystic fibrosis involves an abnormal chloride channel, which causes the epithelial cell membrane to be impermeable to the chloride ion. The altered chloride secretion with excessive sodium and water causes abnormally thick and viscid respiratory secretions, blocking the airways (Amaral, 2023). Transmembrane proteins called **aquaporins** form water channels in the cell membrane. Changes in water transport through aquaporins can be associated with diseases such as nephrogenic diabetes insipidus, cerebral edema, hydrocephalus, congestive heart failure, and certain inflammatory or malignant conditions, in which disrupted water balance contributes to tissue swelling or impaired fluid regulation. **Carriers** are another type of transmembrane protein that allow substances to cross membranes. Glucose transporters are examples of carriers, and changes in the movement of glucose through these carriers are involved in diabetes (Rhoades & Bell, 2022).

The **peripheral proteins** are temporarily bound to one side or the other of the membrane and do not pass into the lipid bilayer. They have functions involving the inner or outer side of the membrane where they are found. Several peripheral proteins are receptors for chemical signals or are involved in intracellular signaling systems.

Cytoplasm

Bound by the plasma membrane is a gel-like substance called the cytoplasm. The cytoplasm includes the fluid (**cytosol**) and organelles outside the nucleus and is where many cellular processes occur (Hall & Hall, 2025). This intracellular fluid is composed of approximately 70% to 85% water, 10% to 20% protein, 2% to 3% lipid, and 1% carbohydrate. Additionally, intracellular electrolytes include potassium, magnesium, phosphate, sulfate, and bicarbonate ions. Small quantities of electrolytes sodium, chloride, and calcium ions are also present in cells. These electrolytes participate in reactions that are necessary for the cell's **metabolism**, and they help generate and send signals in neurons, muscle cells, and other cells (Hall & Hall, 2025).

Intracellular proteins are soluble in water and include enzymes necessary for cellular reactions, cell structure, ion channels, and receptors. Lipids are nonpolar and insoluble in water. They are the main parts of cell membranes surrounding the outside and inside of cells. Examples of lipids include phospholipids and cholesterol. Some cells also contain large quantities of triglycerides. In fat cells, triglycerides can make up as much as 95% of the total cell mass. Carbohydrates make up approximately 1% of the protoplasm. These serve primarily as a rapid source of energy (Hall & Hall, 2025).

Pigments may also accumulate in the cytoplasm. Some pigments are normal parts of cells. One example is melanin, which gives skin its color. Some pigments are not normal parts of cells. For example, when the body breaks down large volumes of red blood cells, a substance called bilirubin is produced that can deposit in cells in soft tissue, causing a yellow skin color called jaundice (Hall & Hall, 2025).

The Nucleus

The cell nucleus is a rounded or elongated structure near the center of the cell (Fig. 2-3). All eukaryotic cells have at least one nucleus. Some cells contain more than one nucleus; osteoclasts (a type of bone cell) usually contain 12 or more nuclei (Hall & Hall, 2025).

The nucleus can be thought of as the control center for the cell because it contains the cell's genetic material, deoxyribonucleic acid (DNA), which holds the instructions for all of the cell's activities, directing what proteins to produce and therefore controlling the cell's functions and development. Within DNA are hereditary units called genes, which contain instructions for producing proteins. These proteins, in turn, create other molecules essential for cellular function and survival (Hall & Hall, 2025). For example, the insulin gene contains instructions to make insulin protein. In addition, genes are units of inheritance that pass information from parents to their children.

The nucleus is also the site for the **synthesis** of ribonucleic acid (RNA). RNA molecules move from the nucleus to the cytoplasm and carry out the synthesis of

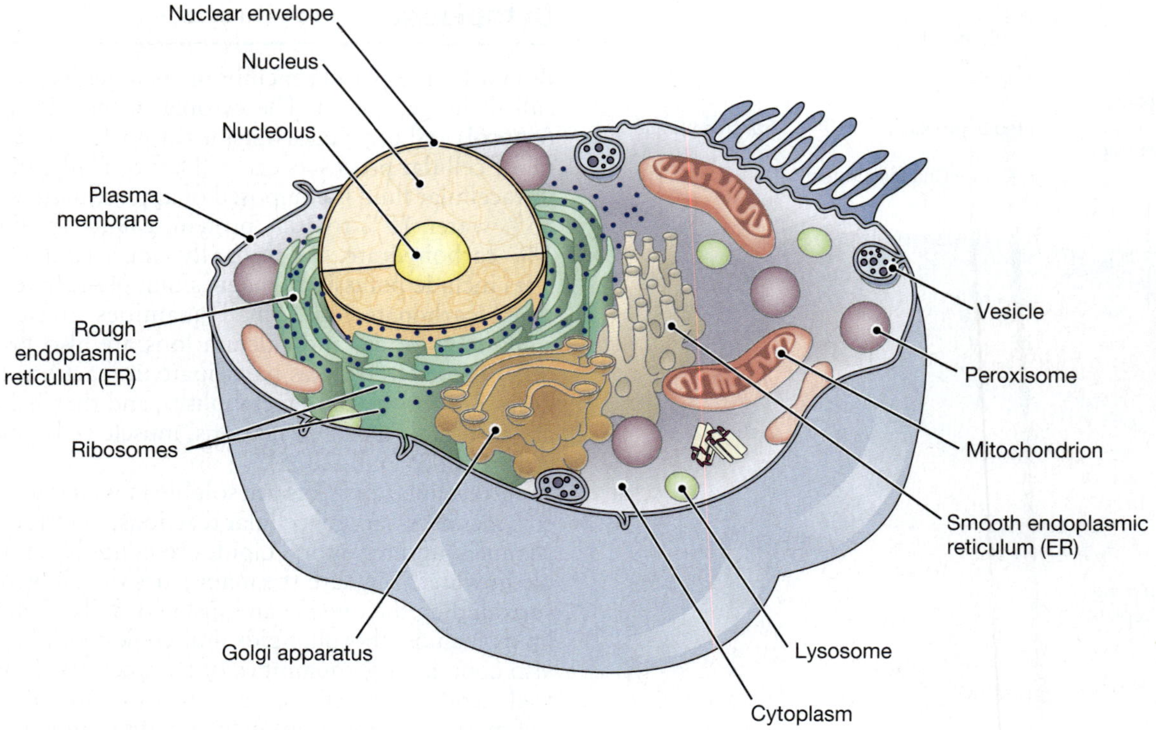

FIGURE 2-3. Cell components and structures. Each part has a function in maintaining the cell's life and homeostasis (From Rebar, C. R., Heimgartner, N. M., & Gersch, C. J. [2019]. *Pathophysiology made incredibly easy!* [6th ed., p. 2]. Wolters Kluwer.)

proteins. Three types of RNA work together to produce proteins. **Messenger RNA (mRNA)** transcribes a copy of the genetic code from the DNA, then travels to other organelles called ribosomes (discussed further) in the cytoplasm to deliver those instructions needed by the ribosomes to make specific proteins. The main component of ribosomes is **ribosomal RNA (rRNA)**, which reads the mRNA sequence and translates it into the triplet codes for amino acids, the building blocks of proteins. **Transfer RNA (tRNA)** is responsible for bringing the specific amino acids that match each triplet code to form the growing peptide chain that will become a protein (Hall & Hall, 2025).

Intracellular Organelles

Embedded in the cytoplasm are various organelles that function as the organs of the cell. In addition to the nucleus, these organelles include the ribosomes, the endoplasmic reticulum (ER), the Golgi complex, lysosomes, peroxisomes, proteasomes, and mitochondria (Hall & Hall, 2025).

Endoplasmic Reticulum

The ER is an extensive system of paired membranes and flat vesicles that connect various parts of the inner cell (Fig. 2-4). Two forms of ER exist in cells—rough and smooth.

Rough ER (RER) has ribosomes attached, and the ribosomes appear under a microscope as "rough" structures on the ER membrane. Proteins made by the RER usually become parts of organelles or cell membranes, or are secreted from cells. For example, the RER makes (1) digestive enzymes found in lysosomes and (2) proteins that are secreted, such as the protein hormone insulin.

The **smooth ER (SER)** is free of ribosomes and has a smooth structure when viewed through a microscope. Because it does not have ribosomes attached, the SER does not participate in protein synthesis. Instead, SER is involved in the synthesis of lipid-based molecules, including steroid hormones. The SER of the liver is involved in storage of excess glucose as glycogen and in the metabolism of some hormone drugs.

If proteins build up in the ER faster than they can be removed, the cell is said to experience "ER stress." The cell responds by slowing down protein synthesis and restoring homeostasis. Abnormal responses to ER stress, which can cause inflammation and even cell death, have been implicated in inflammatory bowel disease (Deng et al., 2023), liver injury (Zhang et al., 2022), airway hyperresponsiveness seen in lung diseases such as asthma and COPD (Duan et al., 2022), and a disorder of skeletal muscle known as myositis (Anto et al., 2023), as well as many other diseases.

Ribosomes

As discussed previously, the ribosomes are the sites of protein synthesis in the cell. There are two subunits of ribosomes that are made up of rRNA and proteins. During protein synthesis, the two ribosomal subunits

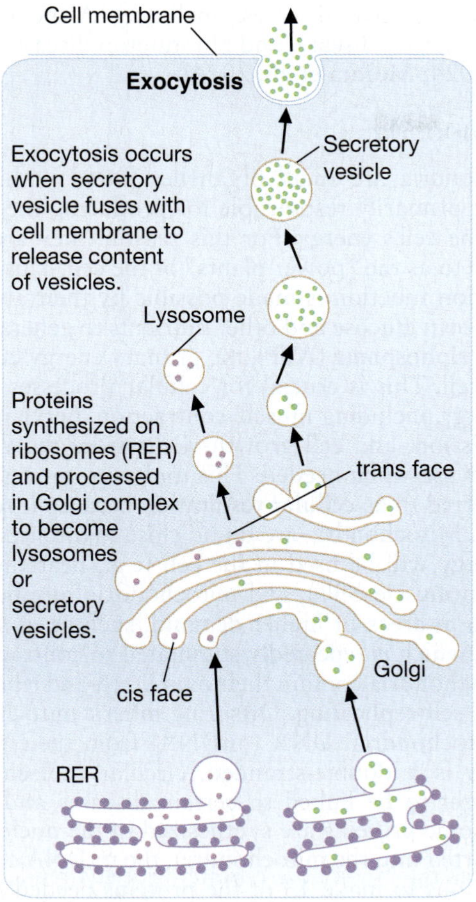

FIGURE 2-4. Endoplasmic reticulum (ER), ribosomes, and Golgi apparatus. The rough ER (RER) consists of intricately folded membranes studded with ribosomes. Ribosomes are made of protein and rRNA organized together. Golgi apparatus processes proteins synthesized on ribosomes. (Reprinted from Leeper-Woodford, S. K. [2016]. *Lippincott illustrated reviews: Integrated systems* [p. 41]. Wolters Kluwer; Fig. 2-3, with permission.)

are held together by a strand of mRNA. These active ribosomes either stay within the cytoplasm (Fig. 2-4) or are attached to the membrane of the ER, depending on where the protein will be used (Hall & Hall, 2025).

Golgi Complex

The **Golgi apparatus**, sometimes called the **Golgi complex**, consists of four or more stacks of thin, flattened vesicles or sacs (see Fig. 2-4). Substances produced in the ER are carried to the Golgi complex in small, membrane-covered transfer vesicles. The Golgi complex modifies these substances and packages them into **secretory granules** or **vesicles**. For example, insulin is synthesized as a large, inactive proinsulin protein that is cut apart to make smaller, active insulin proteins within the Golgi complex of the beta cells in the pancreas. Insulin is then packaged into vesicles ready for secretion from the cell when blood sugar is increased (e.g., after a meal) (Hall & Hall, 2025). In addition to making secretory granules, the Golgi complex is thought to make large carbohydrate molecules that combine with proteins produced in the RER to form glycoproteins.

Lysosomes and Peroxisomes

Lysosomes can be thought of as the digestive system of the cell. These small, membrane-enclosed sacs contain hydrolytic enzymes (hydrolases) that can use water to break down (hydrolyze) excess and worn-out cell parts as well as foreign substances that are taken into the cell. These hydrolytic enzymes separate water molecules from the compound form of H_2O into the component parts of hydrogen ion (H^+) and the hydroxide ion (OH^-). Then the H^+ component and the OH^- component bind to different areas of the particles that are enclosed in the lysosome, causing those particles to be broken down into smaller parts through this process of hydrolysis (Hall & Hall, 2025). Because the lysosomal enzymes require an acidic environment, the enclosure of these enzymes within the lysosomal membrane protects the cytoplasm and other organelles from exposure to both the acidic pH and the hydrolytic enzymes.

Lysosomes are created by sections of the Golgi apparatus breaking away to form vesicles containing the lysosomal enzymes that were produced in the Golgi bodies. **Primary lysosomes** contain enzymes that have not yet begun the digestive actions. Primary lysosomes become **secondary lysosomes** after they fuse with membrane-bound vacuoles that contain material to be digested. When lysosomes break down phagocytosed material from the cell's external environment, the process is called **heterophagy** (*hetero*, "different"; *phagy*, "eat"). Heterophagy is most common in phagocytic immune cells such as neutrophils and macrophages. When lysosomes break down damaged or unneeded cell components, the process is called autophagy (*auto*, "self"; *phagy*, "eat"). Autophagy occurs most commonly in cells undergoing atrophy, or cell degeneration.

Although enzymes in the secondary lysosomes can break down most proteins, carbohydrates, and lipids to their basic constituents, some materials remain undigested. These undigested materials may remain in the cytoplasm as **residual bodies** or may be removed from the cell by exocytosis. In some long-lived cells, such as neurons and heart muscle cells, large amounts of residual bodies accumulate as lipofuscin granules (sometimes also referred to as "age pigment"). Other indigestible pigments, such as inhaled carbon particles and tattoo pigments, accumulate and may remain in residual bodies for decades.

Lysosomes also play an important role in some pathophysiologic processes, particularly in inherited diseases known as **lysosomal storage disorders**. In these disorders, a genetic mutation typically causes either deficient production or inactivation of specific lysosomal enzymes. The absence of the activity of that enzyme prevents digestion of certain cellular substances; those undigested substances then build up in cells and cause damage to the cells.

There are approximately 70 lysosomal storage disorders, each caused by a lack of activity of one or more lysosomal enzymes, and each disorder is rare (Sheth et al., 2023). In Tay-Sachs disease, an autosomal recessive genetic mutation causes insufficient cellular production of a lysosomal enzyme, called hexosaminidase A, that is needed for degrading the GM_2 ganglioside found in nerve cell membranes. Ganglioside accumulation in the nervous system and retina of the eye causes the most damage (Lui et al., 2024).

Cells also contain another type of membrane-bound organelles called **peroxisomes**, which are round organelles that are smaller than lysosomes but have similar digestive functions. In contrast to the lysosomes, the peroxisomes are thought to replicate independently (instead of being formed by breaking off from Golgi bodies), and peroxisomes contain oxidative enzymes called oxidases, instead of the hydrolytic enzymes (hydrolases) found in lysosomes (Hall & Hall, 2025). Most of these oxidases do their digestive work by attaching oxygen molecules to intracellular hydrogen ions produced by cellular metabolic processes, resulting in the production of molecules called peroxidases, including hydrogen peroxide (H_2O_2) molecules. These hydrogen peroxide molecules also have very strong oxidative actions and can oxidize other molecules. This oxidative action of hydrogen peroxide (along with the actions of other oxidative enzymes found in the peroxisomes, such as catalases) effectively digests the particles enclosed in the peroxisomes that need to be destroyed (Hall & Hall, 2025).

Peroxides are a form of unstable molecules called **free radicals** that can also cause great damage to cellular components. Through the action of peroxide molecules, peroxisomes play key roles in lipid metabolism, detoxification, and the breakdown of specific amino acids, as well as the creation of bile acids by liver cells (Wanders et al., 2023).

Proteasomes

Proteasomes are a major component of the ubiquitin–proteasome system that regulates the activity of proteins, with the many activities of proteins serving to regulate the processes of life at the cellular level. Ubiquitin is a 76-amino acid protein that attaches to cellular proteins that have been recognized through cellular processes as having come to the end of their usefulness, and which therefore need to be destroyed. The attachment of the ubiquitin protein marks these proteins for destruction and recycling of the protein components through the action of the proteasomes (Guo et al., 2023; Lee, 2025).

Proteasomes are large protein complexes found in various areas of cells, including the cytosol, nucleus, and attached to the ER. Proteasomes play a key role in regulating many cellular processes and preserving cellular functions relevant to brain health and disease (Malek et al., 2024). In eukaryotic cells (such as in humans), the 26S proteasome performs most of the breakdown of proteins into their component peptides (Arklinson et al., 2025). Proteasome dysfunction has been linked to pressure ulcer development and has been implicated as a primary cause or secondary consequence in many neurodegenerative diseases, including Alzheimer disease, Parkinson disease, and Huntington disease (Malek et al., 2024; Murata et al., 2024).

Mitochondria

Mitochondria are small organelles found within cells and are primarily responsible for producing the majority of the cell's energy. For this reason, they are often referred to as the "power plants" of the cell. This energy generation function is made possible by their ability to break down glucose and other nutrients to generate **adenosine triphosphate (ATP)**, the primary energy currency of the cell. This is crucial for cellular processes requiring energy, including muscle contraction, nerve impulse transmission, and cell growth. Cells store most of the ATP for use when needed. This multistep process is often referred to as **cellular respiration** because it requires oxygen. Mitochondria are found close to the sites where the energy will be used in the cell (e.g., near the myofibrils in muscle cells), and mitochondria numbers will increase in areas of higher demand, such as in skeletal muscle, which is repeatedly stimulated to contract.

Mitochondria contain their own DNA and ribosomes and are self-replicating. Offspring inherit mitochondria and mitochondrial DNA (mtDNA) from their mother. mtDNA is a double-stranded, circular molecule that is thought to be linked to certain diseases and aging. While some proteins are synthesized in the nucleus and transported into the mitochondria, the mtDNA contains instructions to make 13 of the proteins needed for mitochondrial function, all of which are directly produced using its own ribosomes.

Remarkably, over 40% of mitochondrial proteins are linked to human diseases, demonstrating the significant role that mitochondria play in human health. Most cells in the body can be affected by mtDNA mutations (Suomalainen & Nunnari, 2024).

Mitochondria also function as key regulators of **apoptosis**, or programmed cell death. In cancer, there is too little apoptosis, and in neurodegenerative diseases, there is too much apoptosis. Detailed information about the apoptosis process can be found in Chapter 3.

The Cytoskeleton

In addition to its organelles, the cytoplasm contains a **cytoskeleton** composed of three main parts: microtubules, microfilaments (actin filaments), and intermediate filaments (Fig. 2-5). The cytoskeleton provides cell shape, supports organelles, and facilitates movement within the cell (Hall & Hall, 2025).

Microtubules

Microtubules are long, stiff, hollow structures shaped like cylinders that play a role in cell support, intracellular transport, cell movement, and cell division. They help cell organelles travel inside the cell by providing a stable pathway for movement within the cytoplasm. In a process called dynamic instability, microtubules can

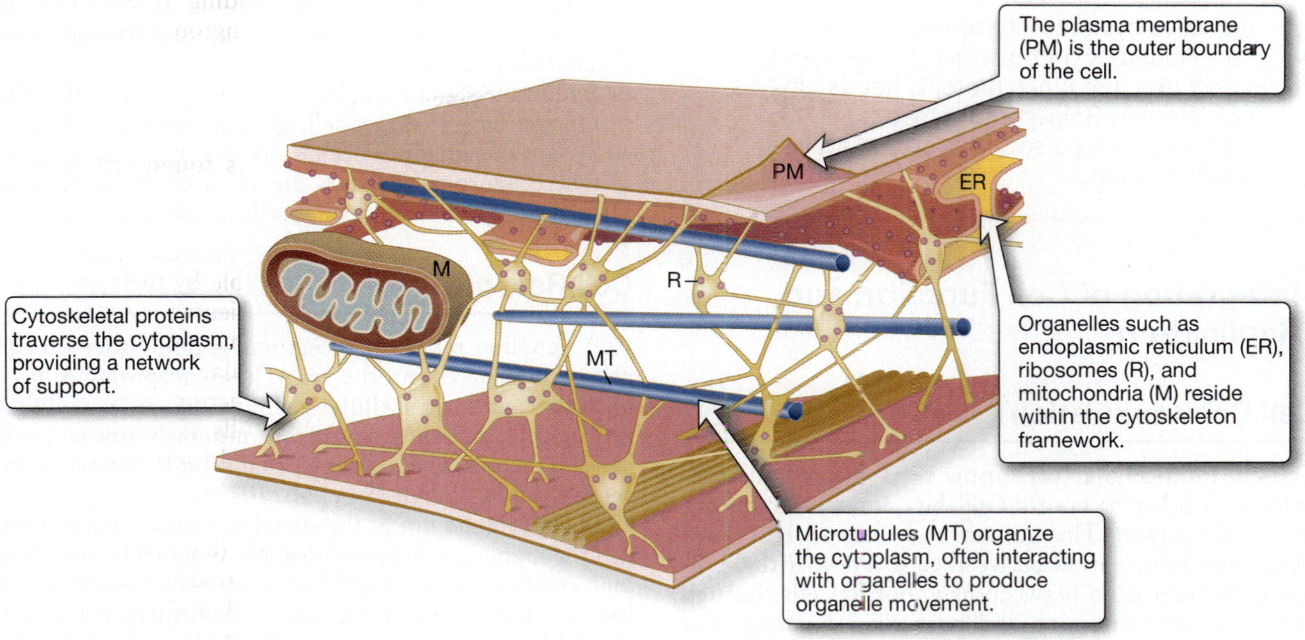

FIGURE 2-5. The cytoskeleton as intracellular scaffolding. (From Chandar, N., & Viselli, S. [2018]. *Lippincott illustrated reviews: Cell and molecular biology* [2nd ed., p. 40]. Wolters Kluwer; Fig. 4-1.)

rapidly switch between growing and shrinking states, disassembling in one location and reassembling in another. Dynamic instability allows cells to quickly reorganize their cytoskeleton response to environmental changes and resist compressive forces, maintaining cell shape. Microtubules also play an important role in **mitosis** (cell division). Some cancer drugs work by binding to microtubules within cancer cells, inhibiting normal cell division.

Cilia and Flagella

Flagella and **cilia** (*plural*) are microtubule-based cell organelles used for movement. The key difference between the two is their size and number per cell. Flagella are typically long and few in number, while cilia are short and numerous. Flagella move like a whip, whereas cilia move in a coordinated pattern similar to a wave. In humans, sperm cells are the only cell type with flagella. Cilia are found on surfaces of many epithelial linings, including the nasal sinuses and bronchi in the upper respiratory system. Damage to cilia or ciliated cells causes a cough, which is then used to help remove these substances from the airways.

Genetic anomalies can result in incorrect assembly of cilia (Ren et al., 2023). Cilia are widely distributed, and their related diseases can cover many organs and tissues. For example, primary ciliary dyskinesia, also called **immotile cilia syndrome**, causes problems in the cilia of the respiratory tract so that inhaled bacteria cannot be removed, leading to a chronic lung disease called **bronchiectasis.** Genetic alterations can also cause fertility problems by affecting the cilia in the fallopian tubes or the flagella on sperm. A condition called **polycystic kidney disease** is linked to a genetic alteration in the cilia of the renal tubular cells (Ren et al., 2023).

Microfilaments

Microfilaments are thin, thread-like protein fibers found within the cytoplasm. There are three classes of microfilaments:

1. Thin microfilaments (actin filaments), which are the smallest and are involved in cell movement, muscle contraction, and cell division.
2. Intermediate filaments, which are a group of filaments with diameters between those of the thick and thin filaments that provide structural support within the cell and anchor it to other cells.
3. Thick myosin filaments, the largest of the three, composed primarily of myosin protein and crucial for muscle contraction (Chandar & Viselli, 2024).

KEY POINTS

The Functional Components of the Cell

- Organelles in the cytoplasm perform functions within cells similar to how organs in the body perform functions within the organism.
- The nucleus is the largest and most visible organelle in the cell, acting as the control center for the cell. In eukaryotic cells, it contains genetic information that we inherit from our parents.
- Other organelles include the mitochondria, which help make energy molecules that cells can use, and the lysosomes, peroxisomes, and proteasomes, which function as the cell's

digestive system. Ribosomes, which are not surrounded by membranes, are the cellular structures that make proteins needed by the cell, and the Golgi complex packages the protein produced so that it can be available when needed.

Integration of Cell Function and Replication

Cell Communication

Cells in multicellular organisms need to communicate with each other to coordinate their function and control their growth. The human body has several ways of sending information between cells. These include direct communication between neighboring cells through gap junctions, autocrine and paracrine signaling, and endocrine or synaptic signaling (Fig. 2-6) (Rhoades & Bell, 2022).

- **Autocrine signaling** (*auto*: "self") occurs when a cell releases a chemical messenger or hormone into the extracellular fluid that binds to receptors on the same cell, causing changes in the cell.

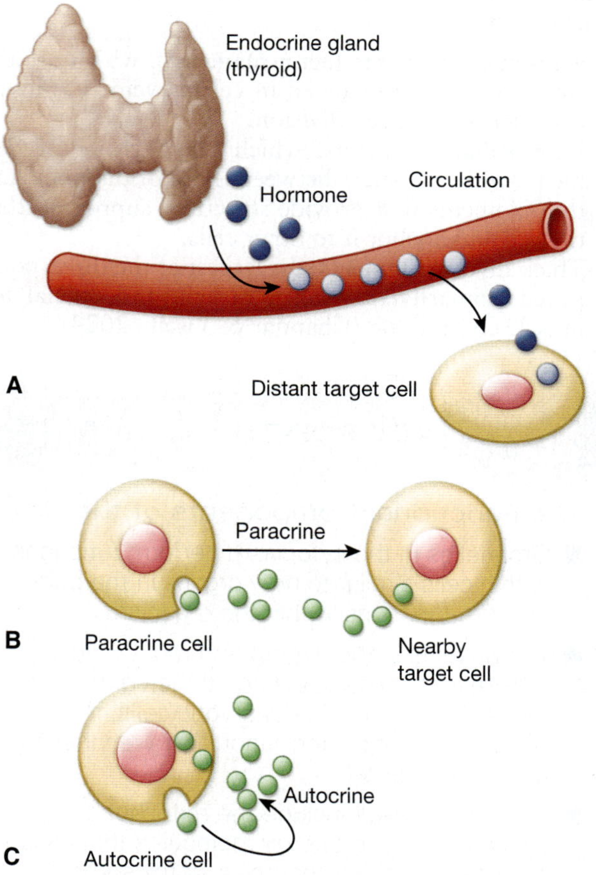

FIGURE 2-6. Examples of endocrine (**A**), paracrine (**B**), and autocrine (**C**) secretions.

- **Paracrine signaling** (*para*: "beside") is a process where cells release chemical messengers to communicate with nearby cells.
- **Endocrine signaling** relies on hormones carried in the bloodstream to target cells throughout the body.
- **Synaptic signaling** occurs in the nervous system, where neurotransmitters are released from neurons to act only on neighboring cells at synapses.

Cell Receptors

Cell signaling relies on receptors located either on the cell surface or within the cell. These receptors are proteins that bind extracellular chemical signals, called **first messengers**, including neurotransmitters, hormones, and growth factors. The molecules that bind to receptors are referred to as **ligands** (Su et al., 2024).

Once a ligand binds, the signal is transmitted into the cell through a coordinated system involving transducers and effectors. **Transducers** convert the external signal into an intracellular message, often through the generation of second messengers, which are small molecules produced inside the cell. **Effectors** then carry out the response by altering cellular activity, such as enzyme activation, secretion, contraction, or gene expression. Many signaling pathways involve protein kinases, which modify proteins through phosphorylation, changing their structure and function (Hall & Hall, 2025).

Cell Surface Receptors

Cell surface receptors are proteins embedded in the cell membrane that allow cells to respond to extracellular chemical signals. Each cell type expresses a specific combination of receptors, enabling selective responses to particular signaling molecules. The number and sensitivity of these receptors can change over time: **downregulation** occurs when signaling molecules are abundant, whereas **upregulation** occurs when signaling is reduced.

Although cell surface receptors differ in structure and function, all operate using the same basic principle: a first messenger binds to the receptor on the outside of the cell, triggering intracellular signaling events that lead to a specific cellular response. These intracellular events often involve second messengers, which amplify and relay the signal to effectors inside the cell (Fig. 2-7).

Cell surface receptors are grouped into three functional categories based on how they transmit signals:

- G-protein-linked receptors transmit signals indirectly through intracellular G-proteins. Binding of a first messenger causes a conformational change in the receptor, activating G-proteins that generate second messengers (such as cyclic adenosine monophosphate [cAMP]). These second messengers amplify the signal and activate intracellular pathways that regulate processes such as metabolism, secretion, and muscle contraction (Hall & Hall, 2025; Rhoades & Bell, 2022).
- Enzyme-linked receptors transmit signals by directly activating intracellular enzymes when a ligand binds. Many of these receptors have intrinsic kinase activity, such as tyrosine kinase, and play a major role in

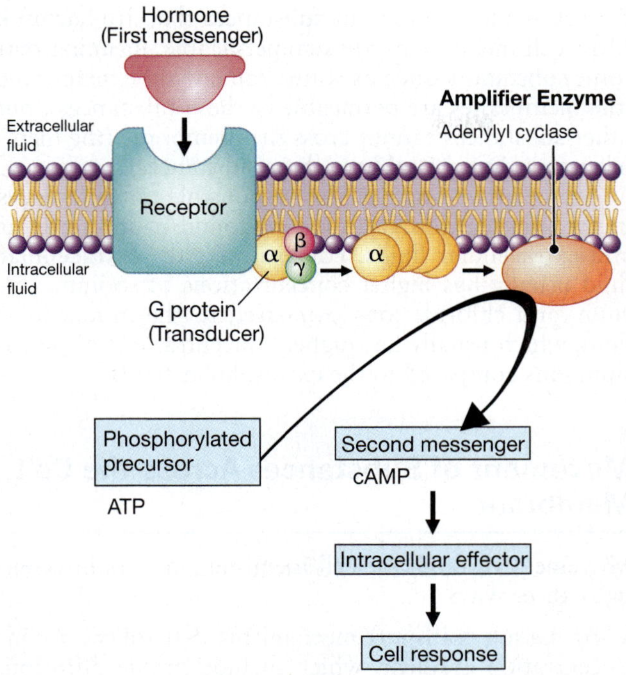

FIGURE 2-7. Activation of a G-protein-linked receptor and production of cyclic adenosine monophosphate (cAMP). Binding of a hormone (the first messenger) causes the activated receptor to interact with the inactive, GDP-bound G-protein. This results in activation of the G-protein and dissociation of the G-protein alpha, beta, and gamma subunits. The activated alpha subunit of the G-protein can then interact with and activate the membrane protein adenylyl cyclase to catalyze the conversion of adenosine triphosphate (ATP) to the second messenger cAMP. The second messenger then activates an internal effector, which leads to the cell response.

regulating cell growth, metabolism, and gene expression. A well-known example is the insulin receptor, which regulates glucose uptake and cellular energy use (Rhoades & Bell, 2022).

- Ion channel–linked receptors transmit signals by opening or closing ion channels in the cell membrane. When activated, these receptors allow specific ions (such as sodium, potassium, or calcium) to move across the membrane, generating rapid electrical signals. This mechanism is especially important in neurons and muscle cells, where fast communication and contraction are required.

Intracellular Receptors

Some signaling molecules, including steroid and thyroid hormones, are lipid-soluble and cross the cell membrane to bind intracellular receptors. These receptor–ligand complexes often move to the nucleus, where they regulate gene transcription and protein synthesis, producing slower but longer-lasting effects.

The Cell Cycle and Cell Division

The life cycle of a cell is called the **cell cycle** and has five phases (Fig. 2-8):

1. G_0 is when the cell may leave the cell cycle and either remain in a state of inactivity or reenter the cell cycle at another time.
2. G_1 is when the cell grows, accumulates nutrients, and prepares for DNA replication.

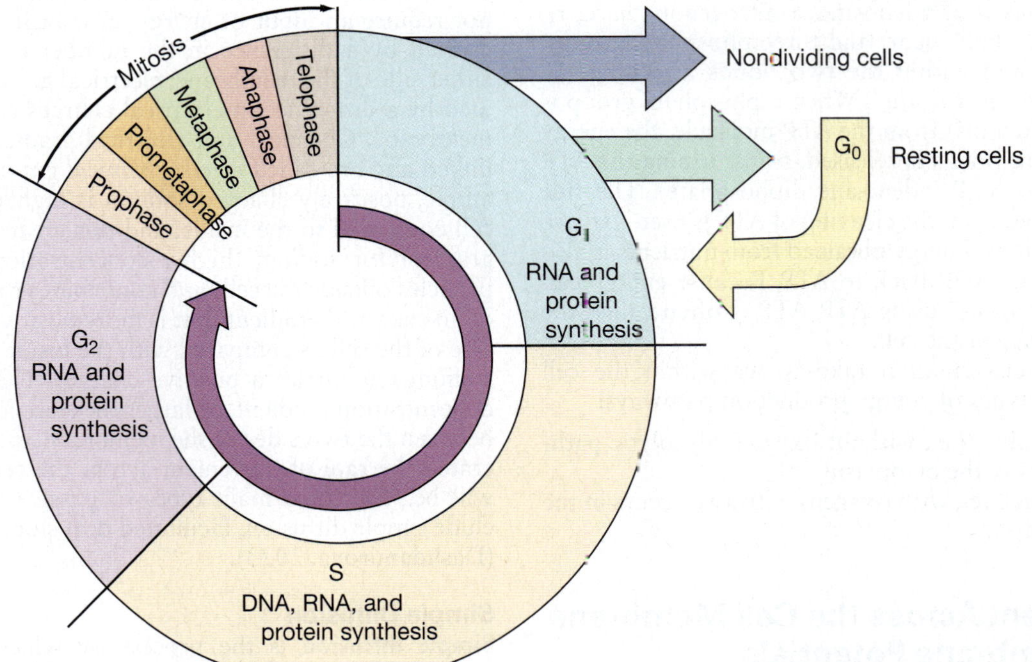

FIGURE 2-8. Stages of the cell cycle in dividing cells. Differentiated cells that no longer divide have left the cycle, whereas resting cells in the G_0 state may reenter the cycle and begin dividing again. DNA, deoxyribonucleic acid; RNA; ribonucleic acid. (Adapted with permission from Widnell, C. C., & Pfenninger, K. H. [1990]. *Essential cell biology* [p. 58]. Williams & Wilkins.)

3. S phase is the synthesis phase, when DNA is replicated, creating two identical copies of each chromosome.
4. G_2 is the premitotic phase and is similar to G_1. The cell synthesizes proteins and organelles needed for mitosis.
5. M phase is when mitosis occurs, consisting of four major phases: prophase, metaphase, anaphase, and telophase (Chandar & Viselli, 2024). This phase results in two separate nuclei. The cytoplasm divides (cytokinesis) during the mitotic phase as well, creating two distinct descendant cells.

Tissues may be made up mostly of cells in G_0, but most tissues contain a combination of cells that are continuously moving through the cell cycle and cells that occasionally enter the cell cycle. Nondividing cells, such as neurons and skeletal and cardiac muscle cells, have left the cell cycle and are not capable of mitotic division in postnatal life (Chandar & Viselli, 2024).

Cell Metabolism and Energy Sources

Energy is the ability to do work. Cells use oxygen to transform nutrients into the energy needed for muscle contraction, the active transport of ions and other molecules across cell membranes, and the synthesis of enzymes, hormones, and other macromolecules. **Energy metabolism** refers to the processes by which the calorie-containing fats, proteins, and carbohydrates from the foods we eat are changed into energy or energy sources in the cell. *Catabolism* and *anabolism* are the two phases of metabolism. **Catabolism** breaks down nutrients and body tissues to produce energy. *Anabolism* builds more complex molecules from simpler ones.

The special carrier for cellular energy is ATP. ATP molecules consist of adenosine, a nitrogenous base; ribose, a five-carbon sugar; and three phosphate groups. Energy is stored within the two bonds attaching the phosphate groups together. When a phosphate group is cleaved (broken off) from the ATP molecule, the energy stored in these bonds is released, transforming the ATP molecule into ADP (adenosine diphosphate). The free energy released from the cleaving of ATP is used to drive cellular reactions. Energy obtained from nutrients is also used to change ADP back to ATP. Because energy can be "saved or spent" using ATP, ATP is often called the *energy currency* of the cell.

Energy transformation takes place within the cell through two types of energy production pathways:

- The **anaerobic** (i.e., without oxygen) glycolytic pathway occurs in the cytoplasm.
- The **aerobic** (i.e., with oxygen) pathway occurs in the mitochondria.

Movement Across the Cell Membrane and Membrane Potentials

The cell membrane serves as a barrier that controls which substances enter and leave the cell. This barrier allows substances that are essential for cellular function to enter the cell while keeping out substances that are harmful. Most cell membranes are semipermeable, meaning that some substances, such as water, can cross the membrane (the membranes are **permeable** to these substances), but other substances cannot cross the membrane (the membranes are **impermeable** to these substances).

The cell membrane is also responsible for differences in the number and type of ions found in intracellular and extracellular fluids. For example, the extracellular fluid usually has higher concentrations of sodium, calcium, and chloride ions compared to the intracellular fluid, which usually has higher concentrations of potassium ions compared to the extracellular fluid.

Movement of Substances Across the Cell Membrane

Movement through the cell membrane occurs in essentially three ways

- By passive transport mechanisms that follow a concentration gradient, which include simple diffusion, facilitated diffusion, and osmosis.
- By active transport, which requires energy to move molecules against their concentration gradients and which also uses carrier proteins and ion pumps.
- By vesicular transport, which is an active process that allow the cell to engulf or release substances. Examples of this include endocytosis and exocytosis.

Passive Transport

Passive transport of substances across the cell membrane is influenced by chemical or electrical gradients and does not require an input of energy. Chemical gradients are created by a difference in the number of particles on either side of the membrane; electrical gradients are created by a difference in electrical charges across the cell membrane. Chemical and electrical gradients are often linked and are called *electrochemical gradients*. For example, positively charged sodium is higher outside the cell compared to the inside, and this creates a chemical gradient for sodium (higher concentration of sodium particles outside the cell) and contributes to the creation of an electrical gradient that is more positive on the outside of the cell as compared with the inside (because the sodium ion carries a positive charge). The steeper the concentration gradient, or larger the electrical difference between the two sides of the membrane, the more accelerated the rate of movement across the cell membrane will be. The three main types of passive transport include simple diffusion, facilitated diffusion, and osmosis (Dashdamirova, 2023).

Simple Diffusion

Simple diffusion is the process by which substances spontaneously move from regions of high concentration to those of low concentration without requiring energy input. This passive transport mechanism plays an important role in many cellular processes, including the uptake of nutrients, waste removal, and the preservation

UNDERSTANDING → Cell Metabolism

Cell metabolism is the process that changes the calorie-containing nutrients (carbohydrates, proteins, and fats) into ATP, which provides for the energy needs of the cell. ATP is formed through three major pathways: **(1)** the glycolytic pathway, **(2)** the citric acid cycle, and **(3)** the electron transport chain, which together make up the processes of anaerobic and aerobic metabolism. Without oxygen, cells will use the glycolytic pathway in the cytosol and make two molecules of ATP from one glucose molecule. With oxygen and mitochondria, cells will make much more ATP per glucose molecule.

Cells start the energy metabolism process with the anaerobic glycolytic pathway in the cytoplasm, and if oxygen is present, the pathway moves into the mitochondria for the aerobic pathway. Both pathways rely on chemical reactions called **oxidation–reduction reactions**, where electrons are transferred. In these reactions, a molecule that donates electrons (or loses electrons) is oxidized, and a molecule that accepts electrons (or gains electrons) is reduced. In the process of energy production, the breakdown products of carbohydrate, fat, and protein metabolism donate electrons (i.e., these nutrient molecules are oxidized). Two coenzymes are also involved in the process: nicotinamide adenine dinucleotide (NAD^+) and flavin adenine dinucleotide (FAD), acting as electron carriers to accept the electrons and become reduced to NADH and $FADH_2$, which are then used to produce energy (Hall & Hall, 2025).

1

Anaerobic Metabolism. Glycolysis (*glycol*, "sugar"; *lysis*, "breaking down") is the metabolic pathway by which energy is released from glucose. It is a critical energy source for cells that lack mitochondria, where aerobic metabolism occurs, and for situations in which oxygen delivery is delayed or impaired, such as during the first few minutes of intense skeletal muscle activity.

Glycolysis occurs in the cytoplasm and involves the breakdown of one six-carbon glucose molecule into two three-carbon molecules called pyruvic acid, which are readily converted to pyruvate. This process requires an initial investment of two molecules of ATP and produces four molecules of ATP, resulting in a net gain of two ATP per glucose molecule. Glycolysis is an anaerobic process, meaning it does not require oxygen (O_2) and does not produce carbon dioxide (CO_2).

Under anaerobic conditions, such as cardiac arrest or circulatory shock, pyruvate is converted to lactic acid. This conversion allows glycolysis to continue generating ATP in the absence of oxygen. This conversion between pyruvate and lactic acid is reversible. Once oxygen is restored, lactic acid can be converted back into pyruvate and used for aerobic energy production.

The liver and several other tissues remove lactic acid from the bloodstream and convert it into pyruvate and then glucose through gluconeogenesis (*gluco*, "glucose"; *neo*, "new"; *genesis*, "to generate or make"). This glucose is released into the bloodstream to be used again by cells. Heart muscle is also highly efficient at converting lactic acid to pyruvate, using it directly as an energy source, particularly during periods of heavy exercise when skeletal muscles release large amounts of lactic acid into the circulation.

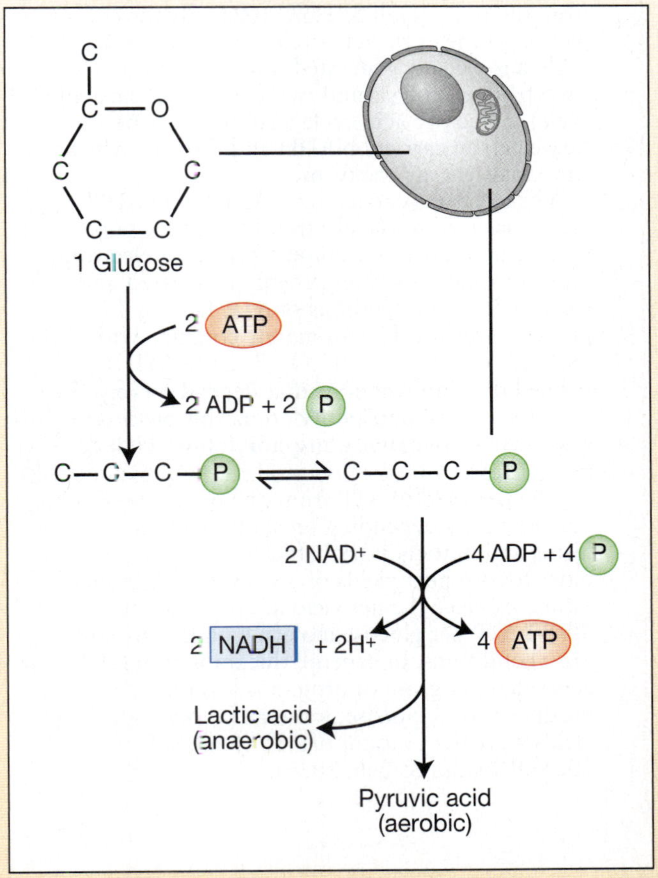

UNDERSTANDING → Cell Metabolism (*continued*)

2

Aerobic Metabolism. When O_2 is available, cells can perform **aerobic metabolism**, also referred to as aerobic respiration, cellular respiration, or oxidative metabolism. In aerobic metabolism, the two pyruvate molecules produced during glycolysis are transported from the cytoplasm into the mitochondria. There, pyruvate combines with carbon compounds derived from carbohydrates, fats, and proteins to form a two-carbon molecule called acetyl coenzyme A (acetyl-CoA). Fatty acids, which are the body's primary long-term fuel source, are also oxidized to acetyl-CoA. It is at this time that the resulting acetyl-CoA enters into the citric acid cycle (Hall & Hall, 2025).

During the **citric acid cycle**, also known as the **Krebs cycle**, acetyl-CoA undergoes a series of enzymatic reactions within the mitochondria, resulting in oxidation of carbon compounds and the production of carbon dioxide and water. Unlike lactic acid, which accumulates during anaerobic metabolism, carbon dioxide and water are generally harmless and readily eliminated from the body (Hall & Hall, 2025). By the completion of the citric acid cycle, each glucose molecule has directly generated four ATP molecules (two from glycolysis and two from the citric acid cycle). The citric acid cycle also produces necessary electron carriers NADH and $FADH_2$, which store high-energy electrons.

The electrons carried by NADH and $FADH_2$ are transferred to the electron transport chain within the mitochondrial membrane. As electrons move through this chain, energy is released and used to drive the synthesis of ATP. During this process, protons (H_2) ultimately combine with oxygen to form water (H_2O). Because ATP is formed through reactions that depend on oxygen and involve phosphorylation, this process is known as **oxidative phosphorylation** (Hall & Hall, 2025).

The net yield of ATP from one molecule of glucose varies depending on shuttle mechanisms and mitochondrial efficiency. Although older texts report yields of 36–38 ATP, current estimates place the net yield at approximately 30–32 ATP per glucose molecule under physiologic conditions. In general, the amount of ATP generated per gram of protein is less than that produced from glucose, whereas fat metabolism yields a greater amount of ATP (Hall & Hall, 2025; Rhoades & Bell, 2022).

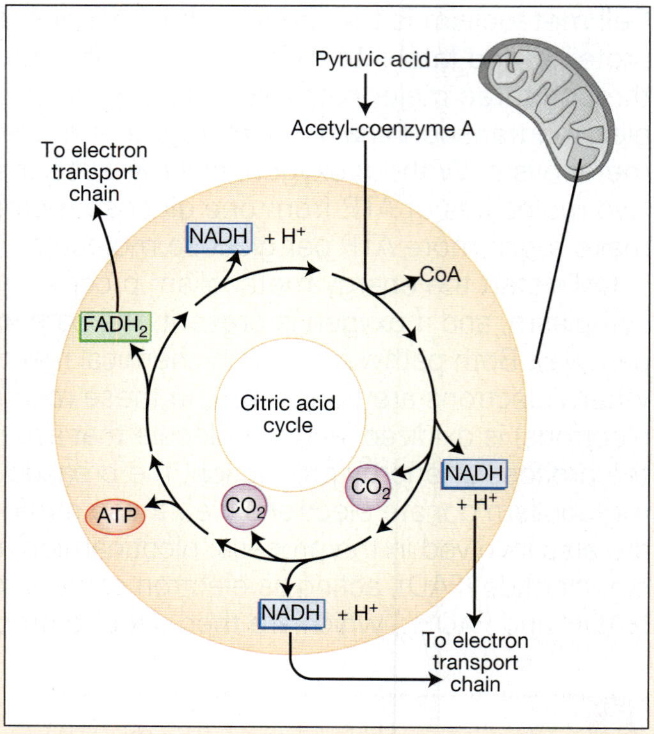

SUMMARY CONCEPTS

Cells communicate with each other through chemical messenger systems. In some tissues, signals pass directly from cell to cell through gap junctions without entering the extracellular fluid. More commonly, chemical messengers bind to cell surface receptors or intracellular receptors, initiating intracellular signaling pathways. Cell surface receptors operate through a shared framework in which a first messenger binds to a receptor, triggering intracellular signal transduction through transducers and second messengers that activate effectors and produce a specific cellular response. Functionally, cell surface receptors may signal through G-proteins, ion channels, or enzyme activation. Intracellular receptors bind lipid-soluble messengers and directly influence gene expression by altering protein synthesis.

The life cycle of a cell, known as the cell cycle, is divided into five phases: G_0 (a resting or nondividing state), G_1 (cell growth and preparation for DNA replication), S or synthetic phase (DNA synthesis), G_2 (preparation for mitosis), and M phase (cell division). Mitosis is the process by which a parent cell divides into two genetically identical daughter cells, each receiving a complete set of chromosomes.

Metabolism refers to the processes by which carbohydrates, fats, and proteins are broken down and converted into usable cellular energy in the form of ATP. Cells generate ATP through two major pathways: anaerobic glycolysis in the cytoplasm and aerobic metabolism within the mitochondria. Glycolysis produces a small amount of ATP and can function without oxygen by converting pyruvate to lactic acid. In contrast, aerobic metabolism—including the citric acid cycle and electron transport chain—requires oxygen and produces carbon dioxide and water as end products.

Aerobic metabolism is the most efficient means of ATP production. Although older sources report fixed ATP yields, current understanding recognizes that the net yield of ATP from one molecule of glucose varies depending on mitochondrial efficiency and shuttle mechanisms, with typical physiologic estimates of approximately 30–32 ATP per glucose molecule.

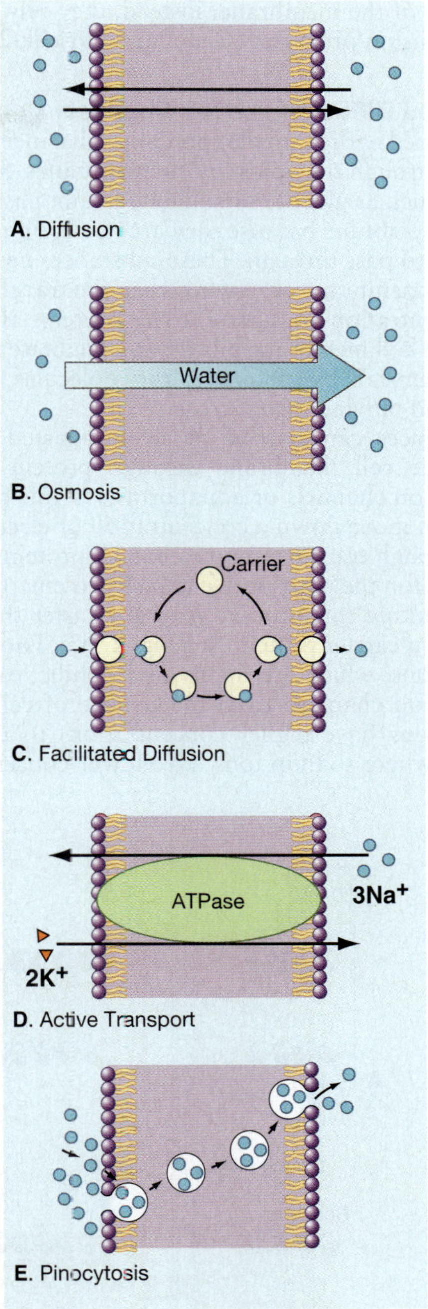

FIGURE 2-9. Mechanisms of membrane transport. A. In diffusion, particles move freely to become equally distributed across the membrane. B. In osmosis, osmotically active particles regulate the flow of water. C. Facilitated diffusion uses a carrier system. D. In active transport, selected molecules are transported across the membrane using the energy-driven (Na^+/K^+–ATPase) pump. E. Pinocytosis is a form of endocytosis in which the cell membrane invaginates to engulf extracellular fluid and dissolved substances, forming small vesicles that enter the cell.

of cellular homeostasis. The driving force behind simple diffusion is the tendency of molecules to migrate down their concentration gradient, seeking equilibrium where they are uniformly distributed (Fig. 2-9A). An example of this occurs if a drop of food coloring is added to a glass of water. The color will disperse from the concentrated drop to spread evenly throughout the liquid. Lipophilic (lipid-loving) substances such as oxygen, carbon dioxide, alcohol, and steroid hormones can easily diffuse through the lipid layer of the cell membrane. Hydrophilic (water-loving) substances cannot pass through the lipids of the membrane; instead, they rely on facilitated diffusion processes (Chandar & Viselli, 2024).

Facilitated Diffusion and Ion Channels

As described earlier, small, lipophilic substances can easily pass through the lipids in cell membranes. Some substances, such as glucose or sodium, cannot pass through the cell membrane because they are not lipophilic or are too large to pass through. These substances need help to cross the membrane even when they are traveling down the concentration gradient. Carrier proteins are embedded in the cell membrane bilayer and facilitate the transfer of chemicals by binding to the molecules, changing shape, and moving them across.

Substances can also be passively assisted to move across the cell membrane through protein channels (such as ion channels or aquaporins). In this case, molecules can move down a concentration or electrical gradient through transmembrane channel proteins without the need for the transport channel proteins to change shape, making this process generally faster than facilitation by a carrier protein (see Fig. 2-9C). For example, sodium ions, which are highly hydrophilic, can diffuse through ion channels from the outside of cells (where sodium ions have higher concentration) to the inside of cells (where sodium ions have lower concentration). The reverse is true for potassium. Because the potassium concentration is normally greater on the inside of the cell as opposed to outside, potassium can travel through passive transport channels to flow in the direction from inside to outside. Rapid movement of both sodium and potassium ions is needed for many cell functions, such as nerve activity (Dashdamirova, 2023).

Ion channels are transmembrane proteins that span the entire cell membrane and have a watery (aqueous) center through which ions and other hydrophilic substances can travel from one side of the cell membrane to the other. Ion channels are classified based on how they are open or closed. Those that are always partially open are called leak channels, because they allow a constant ion flow (ion leak). Gated channels open or close in response to a specific signal that initiates a conformational change of the protein channel, which "opens the channel" to create a passage to allow flow of ions across the cell membrane (Fig. 2-10) (Rhoades & Bell, 2022).

Three main types of gated channels are present in cell membranes:

- **Voltage-gated channels**, which open or close in response to changes in the electrical potential across the cell membrane.
- **Ligand-gated channels** or *chemically gated channels*, which open or close when a specific molecule (ligand)

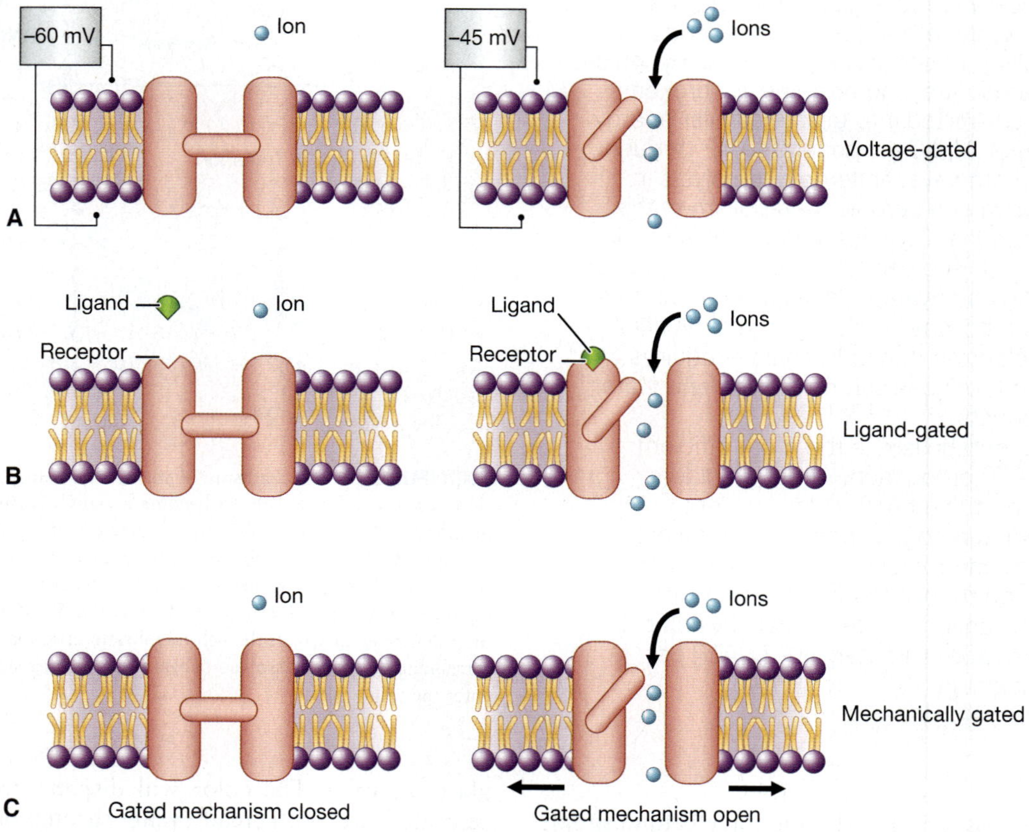

FIGURE 2-10. Gated ion channels that open in response to a specific stimulus. **A.** Voltage-gated channels are controlled by a change in membrane potential. **B.** Ligand-gated channels are controlled by binding of a ligand to a receptor. **C.** Mechanically gated channels, which are controlled by mechanical stimuli such as stretching, often have links that connect to the cytoskeleton.

binds to the channel; an example of a ligand is the neurotransmitter acetylcholine.

- **Mechanically gated channels**, which open or close in response to physical forces such as vibrations, tissue stretching, temperature, or pressure (see Fig. 2-10) (Rhoades & Bell, 2022).

Osmosis

Water usually crosses membranes through water channels (aquaporins) that allow the flow of water molecules down their concentration gradient, moving water from an area of higher water concentration to areas of lower water concentration (see Fig. 2-9B). This process is called **osmosis** and is driven by osmotic pressure. The direction of water flow in osmosis is regulated by the concentration of substances (besides water) on either side of a membrane that cannot freely diffuse across the membrane (e.g., if there are no open sodium channels, sodium cannot diffuse across the membrane). Because of the abundance of aquaporin proteins, cell membranes are freely permeable to water but are considered "semipermeable" to these other substances (i.e., the other substances cannot pass through the cell membrane unless their specific transport channels are open). When there is a difference in the concentration of impermeable or semipermeable substances across a membrane, water can move via aquaporins from the side with more water and less particles to the side with less water and more particles, essentially balancing the ratio of water and particles on both sides. This is the process of osmosis, with the water movement regulated by the different numbers of nondiffusable particles on the opposite side of the cell membrane. These nondiffusable particles that regulate the rate of flow of water are called **osmoles**. The movement of water continues until the concentration of substances on either side of the membrane is equalized, or until the osmotic pressure generated by the osmoles opposes the flow of water (Dashdamirova, 2023).

Active Transport and Cotransport

Active transport mechanisms involve the input and use of energy. As previously discussed, diffusion is the movement of substances from an area of higher concentration to one of lower concentration, resulting in an equal distribution across the cell membrane. Sometimes, however, different concentrations of a substance are needed in the intracellular and extracellular fluids. For example, normal cell function requires a much higher concentration of potassium ions inside the cells than outside the cells while simultaneously maintaining a much lower concentration of sodium ions outside the cells than inside the cells. To maintain these necessary unequal concentrations of potassium and sodium across cell membranes, energy is required to pump the ions "uphill" against their concentration gradient. When cells use an input of energy to move substances against an electrical or chemical gradient, the process is called active transport (Dashdamirova, 2023).

The active transport system studied in the greatest detail is the **sodium–potassium (Na^+/K^+)–ATPase pump** (see Fig. 2-9D). This pump moves three sodium ions from inside the cell to outside the cell while moving two potassium ions from the outside of the cell to the inside of the cell. The Na^+/K^+–ATPase pump moves both ions against their concentration gradients, obtaining the energy needed for the operation of this active transport pump by enzymatic splitting of ATP molecules (by the enzyme ATPase) to release energy from the high-energy phosphate bond in ATP. If the activity of the Na^+/K^+–ATPase pump is decreased, then sodium ions will increase inside the cell, which will increase the osmotic pressure within the cell and trigger the osmotic movement of water into the cell, causing cell swelling. If this osmotic cell swelling continues, the cell can burst and die (Dashdamirova, 2023). Similarly, if the water concentration outside the cell increases, then the osmotic pressure gradient will also result in cell swelling. Conversely, if either the water concentration outside the cell decreases or the sodium concentration outside the cell increases, then the direction of the osmotic flow of water will switch so that water flows out of the cell and the cell volume shrinks (i.e., cells become dehydrated).

The two types of active transport systems are **primary active transport** and **secondary active transport**. In primary active transport, the energy source (e.g., ATP) is used directly for the transport of a substance. In secondary active transport mechanisms, energy derived from the transport of one substance provides the energy for the cotransport of a second substance. For example, when sodium ions diffuse into cells, the energy produced by this movement is used to also drive the transport of a second substance in a direction that is against the concentration gradient of that second molecule. Similar to protein-assisted facilitated diffusion, secondary active transport mechanisms use membrane transport proteins. Secondary transport systems are classified into two groups: **cotransport** or **symport** systems, in which substances are transported in the same direction, and **countertransport** or **antiport** systems, in which substances are transported in the opposite direction (Fig. 2-11). An example of cotransport occurs in the intestine, where the absorption of glucose and amino acids is linked to sodium transport (Chandar & Viselli, 2024).

Endocytosis and Exocytosis

Vesicular transport allows the cell membrane to remain intact while also allowing molecules to pass through. This active process is achieved by **endocytosis**, which brings materials into the cell, and exocytosis, which removes substances from the cell (Fig. 2-12) (Rhoades & Bell, 2022).

Endocytosis is the process by which cells surround and take in materials from their surroundings. Substances are engulfed by small, membrane-surrounded vesicles for movement into the cytoplasm. Endocytosis includes *pinocytosis* and *phagocytosis*. **Pinocytosis** (cell drinking) involves taking in small amounts of fluid or solid particles (such as proteins and solutions of electrolytes) (see Fig. 2-9E) (Rhoades & Bell, 2022).

Phagocytosis (cell eating) involves the engulfment and then killing or degrading of microorganisms or

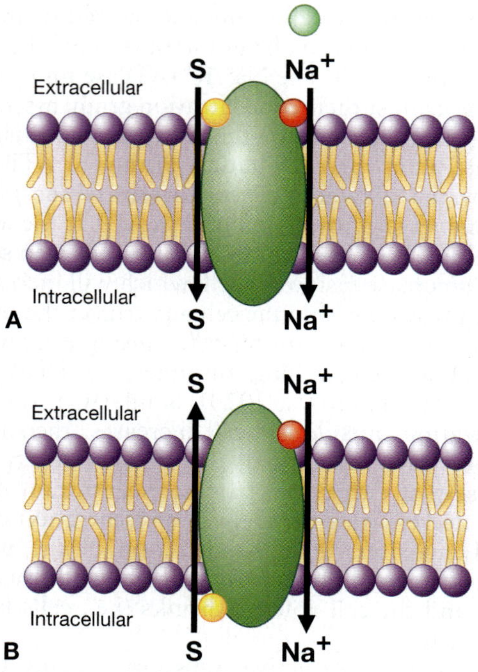

FIGURE 2-11. Secondary active transport systems. **A.** Symport or cotransport carries the transported solute (S) in the same direction as the sodium (Na^+) ion. **B.** Antiport or countertransport carries the solute and Na^+ in the opposite direction.

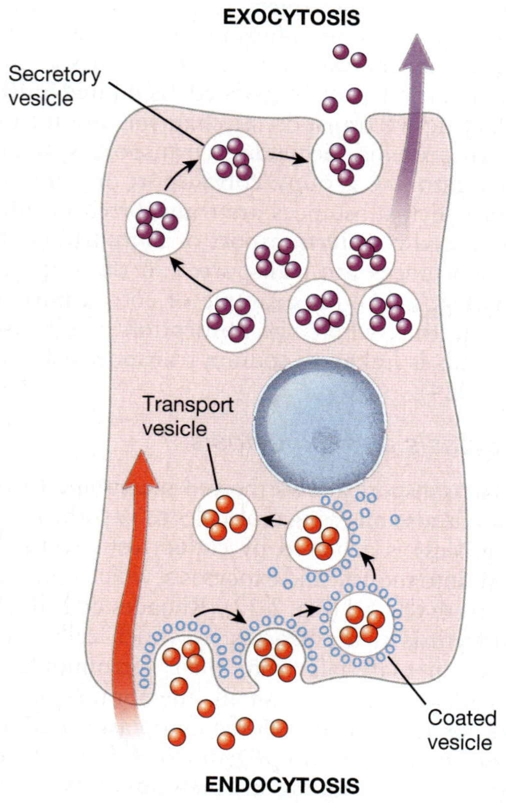

FIGURE 2-12. Endocytosis and exocytosis. These processes are the two major forms of vesicular transport. (Reprinted from Pawlina, W. [2018]. *Histology: A text and atlas with correlated cell and molecular biology* [8th ed., p. 37]. Wolters Kluwer; Fig. 2-8, with permission.)

other particulate matter. During phagocytosis, a particle contacts the cell surface and is surrounded on all sides by the cell membrane, forming a phagocytic vesicle or phagosome. The phagosome fuses with a lysosome, and the ingested material is broken down by lysosomal enzymes. Certain white blood cells, such as macrophages and neutrophils, use phagocytosis to dispose of invading organisms, damaged cells, and unneeded extracellular parts (Rhoades & Bell, 2022).

Some substances enter cells by **receptor-mediated endocytosis**, which requires substances to bind to a cell surface receptor to stimulate endocytosis. An example is low-density lipoproteins (LDLs), which carry cholesterol from the liver into cells for use. Problems with these receptors can keep LDL from entering cells, resulting in increased LDL in extracellular fluids (including the bloodstream) (Rhoades & Bell, 2022).

Exocytosis is a process for secretion of intracellular substances into the extracellular spaces. It is the reverse of endocytosis, in that a membrane-surrounded secretory vesicle fuses with the inner side of the cell membrane, and an opening is created. This opening allows the contents of the vesicle to be released into the extracellular fluid. Exocytosis is important in removing cellular debris and releasing substances, such as **peptide** hormones and neurotransmitters, which are made and stored in cells (Rhoades & Bell, 2022).

Electrical Changes Across the Cell Membrane

The ability of cells to generate and transmit electrical signals depends on precise regulation of the electrical charge across the cell membrane, through processes described as electrical polarization and depolarization.

Polarization refers to a difference in the electrical charge of the cell membrane between the inside and outside of the cell. At rest, the membrane is polarized because the electrical charge inside the cell is more negative than on the outside. In most resting cells, the concentrations of sodium ions (Na^+), calcium ions (Ca^+), and chloride ions (Cl^-) are higher outside the cell, and the concentrations of potassium ions (K^+) and negatively charged proteins are higher inside the cell. If sodium or calcium channels are stimulated to open in resting cells, then these positively charged ions will move from the outside of the cell to the inside of the cell (through passive diffusion). This brings positive charge into the cell, causing the cell to become less negative (or more positive). Now, the difference in the electrical charges across the cell membrane (between the inside and outside of the cell) is less, so the cell membrane is less polarized. This is called **depolarization** (Hall & Hall, 2025).

If chloride channels are stimulated to open in resting cells, then negatively charged chloride ions will also move from the outside of the cell to the inside of the cell, bringing negative charge into the cell and causing the cell to become more negative (or less positive). When this occurs, the difference between the inside and outside of the cell becomes more polarized. This is called **hyperpolarization**. This also occurs if potassium channels are stimulated to open in resting cells, allowing the extracellular K^+ to move from inside the cell to outside the cell and causing the electrical difference across the cell membrane to become more negative (or less positive). This is called **hypopolarization**. Although in both cases the inside of the cell becomes more negative, note that chloride accomplishes this by *adding* negative charge to the inside of the cell, whereas potassium diffusion does so by *removing* positive charge from the inside of a cell. If cells are first depolarized (e.g., by sodium or calcium diffusing into cells) and then potassium diffuses out of cells, removing the positive charge of potassium from the inside of the cell would be experiencing **repolarization**.

Membrane Potentials

As mentioned, the concentrations of ions are often different on the two sides of the cell membrane, leading to differences between the intracellular and extracellular charge. These differences create electrical potentials, called **membrane potentials**, across the cell membranes of most cells in the body.

In nerve or muscle cells, specific changes in the membrane potential stimulate the transmission of nerve impulses and muscle contraction. In other types of cells, such as glandular cells, changes in the membrane potential stimulate hormone secretion and other functions (e.g., the secretion of insulin from beta cells in the pancreas).

Body Tissues

Although all cells share certain characteristics, their structures and functions are specialized depending on where they are found in the body. For example, muscle, skin, and nerve cells are structurally distinct from one another and perform vastly different functions. Groups of cells that work together are called tissues. Four categories of tissue exist:

1. Epithelial tissue
2. Connective (supportive) tissue
3. Muscle tissue
4. Nervous tissue

These tissues do not exist in isolated units but combine with other tissues to form the organs of the body. This section provides a brief overview of the cells in each of these four tissue types, the structures that hold these cells together, and the extracellular matrix (ECM) in which they live.

Cell Differentiation

After conception, the fertilized egg undergoes a series of cell divisions, leading to approximately 200 different cell types. The formation of different types of cells and the placement of these cells into tissue types are called **cell differentiation**, a process controlled by gene expression that occurs when specific genes are turned on or off within a cell.

Embryonic cells exist only during early prenatal development, present in the embryo within a few days of fertilization. These cells must differentiate (become different) to develop into specialized cells, tissues, and organs, eventually forming the entire body. The process of cell differentiation is controlled by cell memory, which is maintained by proteins in the individual cells of a particular cell type. This means that after differentiation has occurred, the tissue type does not change back to an earlier stage of differentiation, similar to the way that once a chair is formed from a block of wood, it cannot be returned to its earlier form. Once differentiation has occurred, these cells become adult stem cells in specific tissues, remaining in the body after birth and throughout life, but with a more limited ability to differentiate compared to their embryonic form. A **stem cell** is a unique cell with the ability to self-renew and develop into different specialized cell types in the body.

Most, but not all, tissue types have stem cells readily available to create replacement cells as needed. Skin, blood, and tissue that make up the lining of the gut all have abundant stem cells and high regenerative capacity. Liver, skeletal muscle, and cartilage tissue are all examples of those with limited stem cell activity and diminished regenerative ability. Some tissues have very few or no resident stem cells, so their capacity for self-repair is minimal (Chandar & Viselli, 2024).

Embryonic Origin of Tissue Types

All of the approximately 200 different types of body cells can be classified into four basic or primary tissue types: (1) epithelial, (2) connective, (3) muscle, and (4) nervous (Table 2-1). These basic tissue types are often described by their embryonic origin. Starting at around day 18 of gestation, the embryo begins to take on an organized shape. By the end of the fourth week, it is fully transformed into a tubular structure composed of three germ layers: **ectoderm** (outer layer), **mesoderm** (middle layer), and **endoderm** (inner layer) (Fig. 2-13). All of the adult body tissues develop from these three cellular layers. Epithelial tissues develop from all three embryonic layers, connective tissue and muscle tissue develop mainly from the mesoderm, and nervous tissue develops from the ectoderm.

Epithelial Tissue

Epithelial tissue covers the body's outer surface and lines the internal closed cavities (including blood vessels) and body tubes that connect with the exterior of the body (gastrointestinal, respiratory, and genitourinary tracts). Epithelial tissue also forms the secretory portion of glands and their ducts. Many types of epithelial tissue retain the ability to differentiate and undergo rapid **proliferation** for replacing injured cells.

UNDERSTANDING ➔ Membrane Potentials

Electrochemical potentials are present across the membranes of virtually all cells in the body. Some cells, such as nerve and muscle cells, are capable of generating rapidly changing electrical impulses, and these impulses are used to transmit signals along their membranes. In other cells, such as glandular cells, membrane potentials are used to signal the release of hormones or activate other functions of the cell. Generation of membrane potentials relies on **(1)** diffusion of ions that carry electrical charges, **(2)** development of an electrochemical equilibrium, **(3)** establishment of a resting membrane potential (RMP), and **(4)** triggering of action potentials (Moorhouse, 2023).

1

Diffusion Potentials. A diffusion potential is a potential difference generated across a membrane when electrically charged particles, such as potassium (K^+) ions, diffuse down their concentration gradient. Two conditions are necessary for this to occur: (1) the membrane must allow only certain ions to pass through (be selectively permeable) and (2) the concentration of the diffusible ion must be greater on one side of the membrane than on the other.

The magnitude of the diffusion potential is measured in millivolts, or mV, and depends on the size of the concentration gradient. In cells, voltage is a way of measuring the difference in electrical charge, or electrical potential, across the cell membrane (between the inside and outside of the cell). If the inside of the cell has more negative charges compared to the outside, the voltage is negative. If the inside is more positive, the voltage is positive. For example, if K^+ (a positively charged ion) moves from inside the cell to the outside, it takes its positive charge with it, making the inside of the cell, and the voltage, more negative. The larger the difference in the electrical voltage across the membrane, the greater the electrical energy potential across the membrane (Moorhouse, 2023).

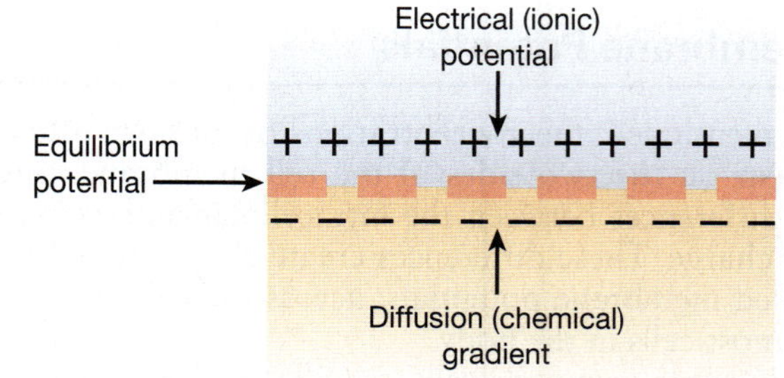

Nernst equation

EMF (mV) = −61 × $\log_{10}$ (ion concentration inside/ ion concentration outside)

2

Equilibrium Potentials. An equilibrium potential is the membrane potential (voltage) that exactly balances and opposes the net diffusion of an ion down its concentration gradient (i.e., that stops an ion from continuing to move down its concentration gradient). A positively charged ion is called a cation. As a cation diffuses down its concentration gradient across the cell membrane, it brings its positive charge into the cell. This accumulation of greater positive charge inside the cell generates an electrical force that resists further movement of other positively charged cations into the cell. Eventually, the system will reach an electrochemical equilibrium, which is the point at which the chemical forces driving diffusion and the repelling electrical forces are exactly balanced so that no further diffusion occurs. The equilibrium potential (EMF or electromotive force) can be calculated using the Nernst equation, which determines the electrical force needed to balance the concentration difference of a specific ion across a cell membrane so that there is no net movement of that ion (Moorhouse, 2023). The Nernst equation can be used to relate nonstandard cell potential to standard cell potential (Chrysafides et al. 2023).

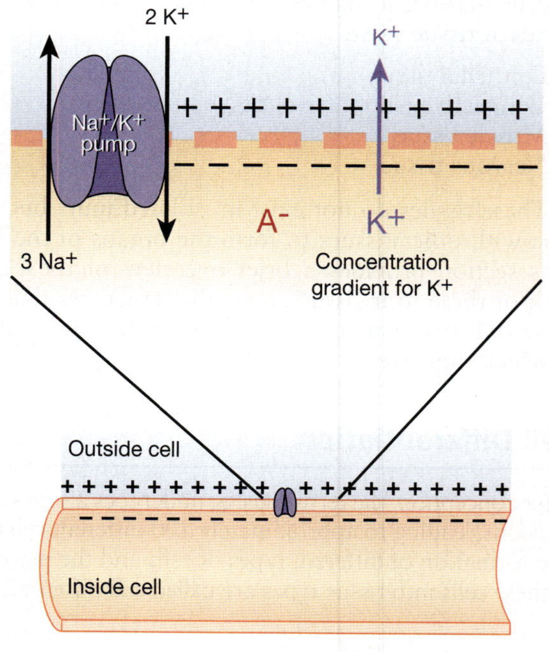

3

Resting Membrane Potential. The RMP is the electrical difference across a cell's membrane when the cell is not active. Maintaining a normal RMP is necessary for electrical excitability (i.e., for the cell to transmit electrical signals). The RMP primarily depends on potassium ion (K^+) concentrations, because the membrane is most permeable to K^+. Therefore, the RMP is essentially a K^+ equilibrium potential. This can be explained in terms of the large K^+ concentration gradient (e.g., 140 mEq/L inside and 4 mEq/L outside, providing an intracellular-to-extracellular ratio for K^+ of approximately 35:1). This 35:1 RMP gradient for K^+ causes the positively charged K^+ to diffuse outward, leaving the nondiffusible, negatively charged intracellular anions (A^-) inside the cell. This causes the cell membrane to become polarized, with negative charges aligned along the inside and positive charges along the outside. The Na^+/K^+ membrane pump helps maintain this polarization of the RMP by moving three sodium ions (Na^+) out of the cell and bringing two potassium ions into the cell, thus keeping the inside of the cell more negative. To maintain a normal RMP that allows for the normal transmission of electrical impulses in the excitable cells (nerve and muscle cells), it is essential that the ratio of intracellular-to-extracellular potassium is maintained at approximately the normal 35:1 ratio (with 35 times more potassium inside the cells than outside the cells).

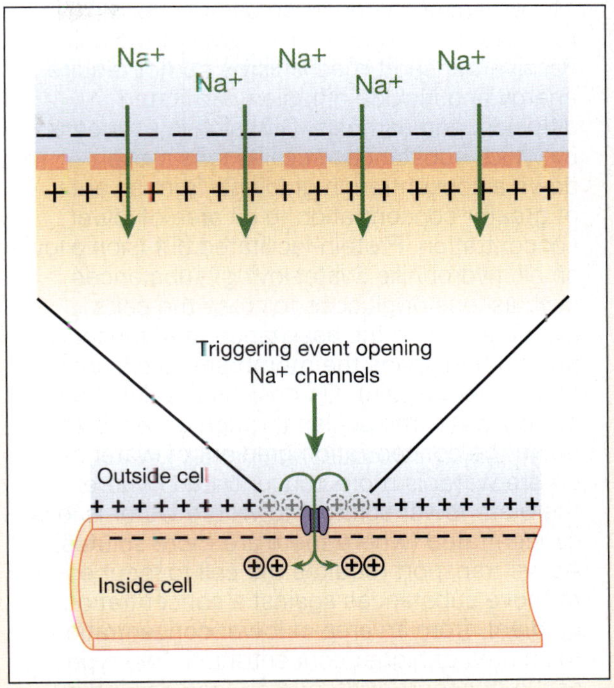

4

Action Potentials. Action potentials involve rapid changes in the membrane potential. Each action potential begins when the negative RMP suddenly becomes more positive, reaching a threshold that opens sodium (Na^+) channels. Opening of the Na^+ channels allows large amounts of the positively charged Na^+ ions to diffuse into the cell, causing the membrane potential to undergo depolarization. This is quickly followed by the closing of Na^+ channels and opening of the K^+ channels, which allows K^+ ions to flow out of the cell, bringing the membrane potential back to its resting state. This sequence allows the cell to send electrical signals.

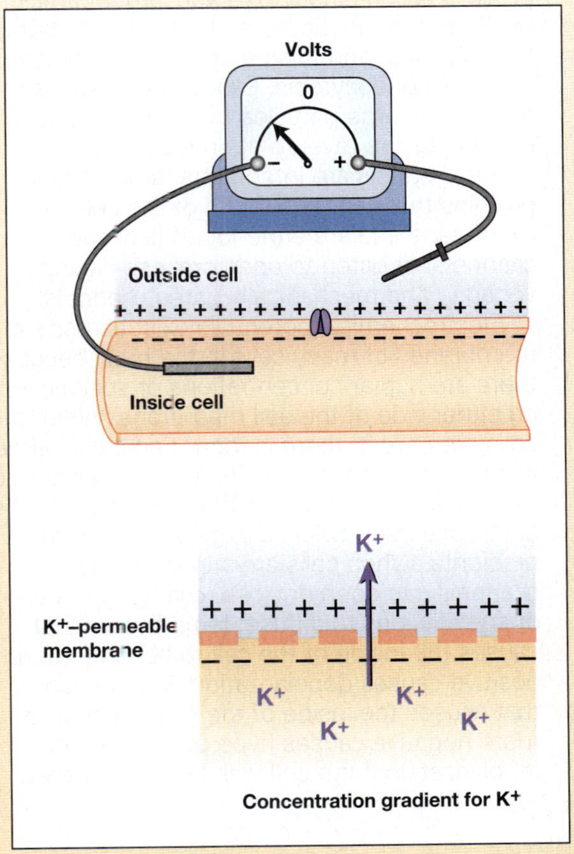

SUMMARY CONCEPTS

Movement of materials across the cell's membrane is needed for survival of the cell. Passive transport mechanisms do not require energy and include diffusion, facilitated diffusion, and osmosis. Diffusion is a process by which substances such as ions move down a concentration gradient, from an area of greater concentration to an area of lower concentration. Protein-facilitated diffusion allows small, hydrophilic (water-loving) substances such as ions or glucose to cross the cell's membrane with the assistance of a transport protein that spans the membrane (a channel or a carrier protein). Osmosis is the diffusion of only water molecules through a membrane down the concentration gradient of water, from where water is more concentrated (where there are fewer solutes) to where water is less concentrated (where there are more solutes). Active transport requires the cell to input energy to move substances against a concentration gradient, from an area of lower concentration to an area of higher concentration. Two types of active transport exist, primary and secondary, both of which require carrier proteins. The Na^+/K^+–ATPase pump is the best-known active transporter. Endocytosis is a process by which cells engulf materials from the surrounding medium. Small particles are ingested by a process called pinocytosis and larger particles by phagocytosis. Some particles require bonding with a ligand, and this process is called receptor-mediated endocytosis. Exocytosis involves the removal of large particles from the cell and is essentially the reverse of endocytosis.

Ion channels are integral transmembrane proteins that span the width of the cell membrane and are either open (leakage channels) or gated to open or close (ligand-, voltage-, and mechanically gated channels).

Electrochemical potentials exist across the membranes of many cells in the body because there are higher concentrations of specific ions on either side of the cell membrane. When most cells are at rest, there is more negative charge inside the cell than outside, and the cell is said to be polarized. This is RMP, established by the difference in electrical charge and chemical gradients. When cells are stimulated, ion channels can open or close, changing the ability of specific ions to diffuse. Ion diffusion that causes the inside of the cell to become more positive causes depolarization. Ion diffusion that causes the inside of the cell to become more negative causes hyperpolarization or repolarization if the cell was first depolarized.

KEY POINTS

Organization of Cells Into Tissues

- Cells are organized into larger functional units called *tissues*. Tissues associate with other tissues to form the various organs of the body.
- Embryonic stem cells have the ability to differentiate into many different cell types, while adult stem cells present after birth are highly specialized and limited to a specific cell and tissue type.

The cells that make up epithelial tissue have three general characteristics:

- They have three distinct surfaces: (1) a free surface or apical surface, (2) a **lateral** surface (on the sides of cells), and (3) a **basal** surface (at the base of the tissue).
- Their basal surface is attached to a basement membrane (below the epithelial cells, like a basement is below a house).
- Cells in epithelial tissues are close to neighboring cells that are joined together by cell-to-cell adhesion molecules.

Epithelial tissue is **avascular** (*a*, without; *vascular*, refers to blood vessels). Therefore, epithelial tissues receive oxygen and nutrients from the capillaries of the connective tissue on which the epithelial tissue rests (see Fig. 2-14).

To survive, epithelial tissue must be kept moist. Even the skin **epithelium**, which seems dry, is kept moist by a waterproof layer of skin cells called **keratinocytes**, which make the **keratin** that prevents evaporation of moisture from deeper skin cells.

Basement Membrane

Underneath all types of epithelial tissue is an ECM, called the **basement membrane**. A basement membrane consists of (1) the basal lamina and (2) an underlying reticular layer. The terms **basal lamina** and *basement membrane* are often used interchangeably (Töpfer, 2023).

Cell Junctions and Cell-to-Cell Adhesions

Epithelial tissues are held together by specialized cell junctions that provide structural support, communication, and a selective barrier. Five basic types of intercellular junctions are observed in epithelial tissues:

1. **Continuous tight** or **occluding junctions** are found near the apical surface of epithelial cells, bind neighboring cells together, and prevent materials such as macromolecules in the intestines from passing between cells and entering the bloodstream or body cavities (Chandar & Viselli, 2024).
2. **Anchoring junctions** are sites of strong adhesion between neighboring cells that prevent cells from

TABLE 2-1 Classification of Tissue Types

Tissue Type	Location
Epithelial Tissue	Covering and lining of body surfaces
Simple epithelium	Lining of blood vessels and alveoli (lungs)
Squamous	Skin, mouth, esophagus (non-keratinized in moist areas)
Cuboidal	Kidney tubules, glands
Columnar	Digestive tract, uterus
Stratified epithelium	Outer layer of skin and moist linings
Squamous keratinized	Skin (epidermis)
Squamous nonkeratinized	Lining of mouth, esophagus, vagina
Cuboidal	Ducts of sweat glands, mammary glands
Columnar	Large ducts, parts of the conjunctiva
Transitional	Urinary bladder, ureters
Pseudostratified	Respiratory tract (trachea, bronchi)
Glandular	Glands throughout the body
Endocrine	Thyroid, pancreas (hormonal secretion)
Exocrine	Sweat, salivary glands
Neuroepithelium	Special sensory areas (e.g., taste buds, retina)
Reproductive epithelium	Lining of reproductive tract (testes, ovaries)
Connective Tissue	
Embryonic Connective Tissue	
Mesenchymal	Embryonic tissue
Mucous	Umbilical cord (Wharton's jelly)
Adult Connective Tissue	
Loose or areolar	Under epithelium, around organs
Dense regular	Tendons, ligaments
Dense irregular	Dermis of skin, capsules around organs
Adipose	Fat tissue under skin, around organs
Reticular	Lymphoid organs (spleen, lymph nodes)
Specialized Connective Tissue	
Bone	Skeletal system
Cartilage	Joints, ear, nose
Hematopoietic	Bone marrow, blood-forming tissues
Muscle Tissue	
Skeletal	Attached to bones for voluntary movement
Cardiac	Heart walls
Smooth	Walls of hollow organs (intestines, blood vessels)
Nervous Tissue	
Neurons	Brain, spinal cord, peripheral nerves
Supporting cells	Glial cells in CNS and Schwann cells in PNS

CNS, central nervous system; PNS, peripheral nervous system.

separating from one another. Examples of anchoring junctions include adherens, desmosome, and hemidesmosome junctions. Adherens junctions provide mechanical strength and maintain tissue integrity. Desmosomes anchor cells together via intermediate filaments and provide resistance to mechanical stress. Hemidesmosomes anchor epithelial cells to the underlying basement membrane using intermediate filaments to provide stability (Fu et al., 2021).

3. **Gap junctions** allow direct communication between cells by forming channels and permit the exchange of small molecules, ions, and signals (e.g., in smooth muscle or cardiac muscle) (Chandar & Viselli, 2024).

Types of Epithelial Tissues

Epithelial tissues are classified according to the:

1. Shape of the cells: squamous (thin and flat), cuboidal (cube shaped), and columnar (resembling a column)
2. Number of layers that are present: simple, stratified, and pseudostratified (Fig. 2-15) (Betts et al., 2022)

Simple Epithelium

Simple epithelium contains a single layer of cells, all of which rest on the basement membrane. Simple squamous epithelium is adapted for filtration. In filtration, some substances are able to pass, whereas others cannot.

- Simple epithelium lines the blood vessels, lymph nodes, and alveoli of the lungs.
- A single layer of squamous (thin and flat) epithelium lines the heart and blood vessels and is called the **endothelium**.
- A similar type of layer forms the **serous** membranes that line the pleural, pericardial, and peritoneal cavities and cover the organs of these cavities. This type of layer is called the **mesothelium**.
- **Simple cuboidal epithelium** is found on the surface of the ovary and in the thyroid.
- **Simple columnar epithelium** lines the intestine.
- One specialized form of a simple columnar epithelium has hair-like projections called cilia, often with mucus-secreting cells called **goblet cells**. This form of simple columnar epithelium lines the airways of the respiratory tract (Betts et al., 2022).

Stratified and Pseudostratified Epithelia

Stratified epithelium contains more than one layer of cells, with only the deepest layer resting on the basement membrane. It is designed to protect body surfaces.

Stratified squamous keratinized epithelium makes up the epidermis of the skin. Keratin is a tough, fibrous (like a fiber) protein in the outer cells of skin. A stratified squamous keratinized epithelium is made up of many layers.

- The layers closest to the basement membrane and underlying tissues are cuboidal or columnar.
- Cells become more irregular and thinner as they move closer to the surface of the skin.
- Surface cells become filled with keratin and die, are sloughed off, and then are replaced by deeper cells.

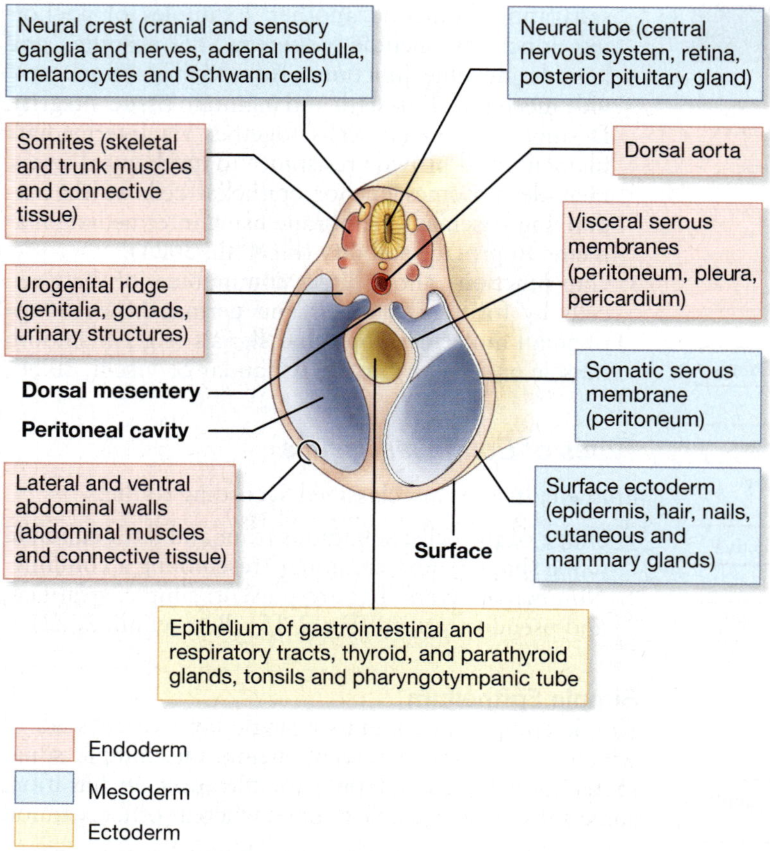

FIGURE 2-13. Cross section of human embryo illustrating the development of the somatic and visceral structures.

A stratified squamous nonkeratinized epithelium is found on moist surfaces such as the mouth and tongue. Stratified cuboidal and columnar epithelia are found in the ducts of salivary glands and the larger ducts of the mammary glands (Betts et al., 2022). In smokers, the normal columnar ciliated epithelial cells of the trachea and bronchi are often replaced with stratified squamous epithelium cells that are better able to withstand the irritating effects of cigarette smoke.

Pseudostratified epithelium is a type of epithelium in which all of the cells are in contact with the underlying intercellular matrix, but some do not extend to the surface. A pseudostratified ciliated columnar epithelium with goblet cells forms the lining of most of the upper

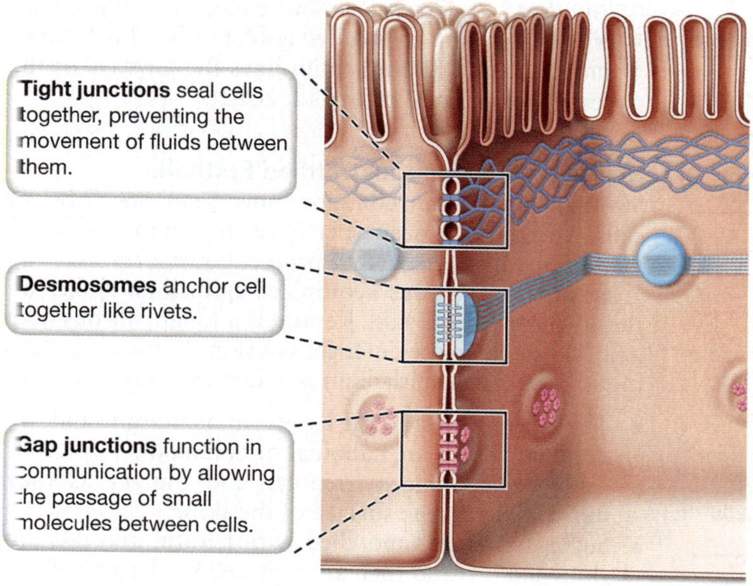

FIGURE 2-14. Cell junctions. Tight junctions, desmosomes, and gap junctions structurally and functionally join together the cells of the intestinal wall. These junctions are also found individually or together in other tissues. (McConnell, T. H., & Hull, K. L. [2011]. *Human form, human function: Essentials of anatomy & physiology*. Wolters Kluwer.)

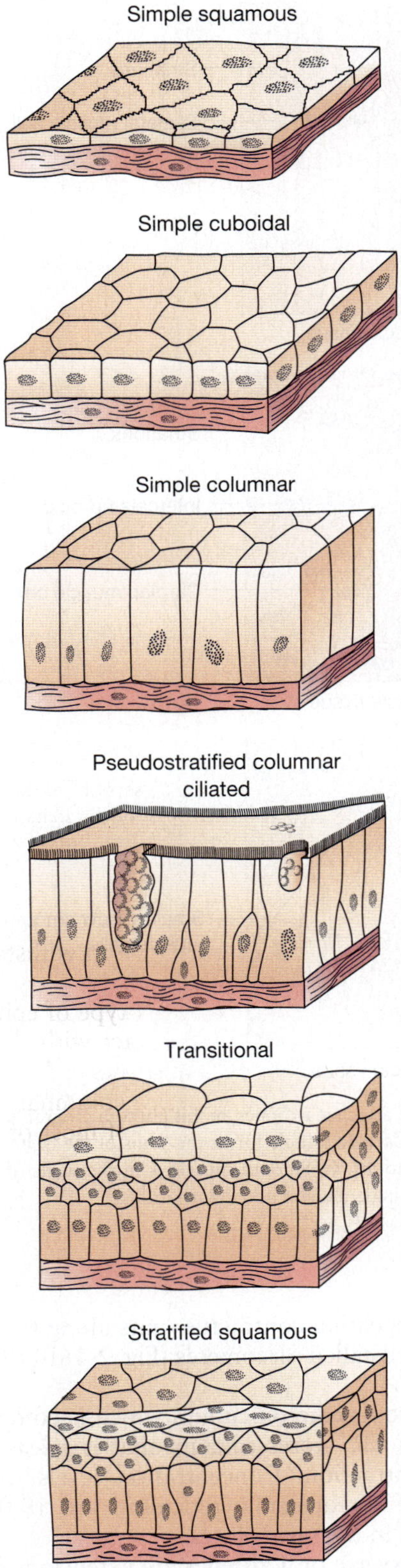

FIGURE 2-15. The various epithelial tissue types.

respiratory tract. **Transitional epithelium** is a stratified epithelium characterized by cells that can change shape and become thinner when the tissue is stretched. Such tissue can be stretched without pulling the superficial cells apart. Transitional epithelium is well adapted for the lining of organs that are constantly changing their volume, such as the urinary bladder.

Glandular Epithelium

Glandular epithelial tissue is formed by cells specialized to produce a fluid secretion (Hall & Hall, 2025). For example, glandular epithelial cells can make, store, and secrete proteins (e.g., insulin), lipids (e.g., adrenocortical hormones, secretions of the sebaceous glands), and complexes of carbohydrates and proteins (e.g., saliva).

Exocrine glands use ducts to secrete substances outside of the body or into body cavities, such as the sweat glands and lactating mammary glands. **Endocrine glands** are ductless and secrete hormones directly into the bloodstream.

Connective or Supportive Tissue

Connective or supportive tissue is the most common tissue in the body. As its name suggests, it connects and binds or supports the various tissues (Betts et al., 2022). Connective tissue is unique in that its cells produce the ECM that supports and holds tissues together. The capsules that surround organs of the body are composed of connective tissue. Adult connective tissue can be divided into two types: (1) connective tissue proper, which includes loose (areolar), adipose, reticular, and dense connective tissue; and (2) specialized connective tissue that functions to support the soft tissues of the body and store fat (cartilage, bone, and blood cells).

Muscle Tissue

Muscle tissue, whose main function is contraction, is responsible for movement of the body and its parts and for changes in the size and shape of internal organs. Muscle tissue contains two types of fibers that are responsible for contraction: thin and thick filaments. The thin filaments are made of actin, and the thick filaments are made of myosin. These two types of myofilaments make up most of the cytoplasm, which in muscle cells is called the **sarcoplasm** (Betts et al., 2022).

There are three types of muscle tissues: skeletal, cardiac, and smooth (Fig. 2-16). The actin and myosin filaments in skeletal and cardiac muscles are arranged in large, parallel, functional units called **sarcomeres**, giving the muscle fibers a striped or **striated** appearance when seen with a microscope. Smooth muscle does not have striations and is found in the iris of the eye, the walls of blood vessels, surrounding hollow organs (e.g., the stomach and urinary bladder), and hollow tubes (e.g., the ureters and common bile duct) (Betts et al., 2022).

Neither skeletal nor cardiac muscle can divide to replace injured cells. Smooth muscle, however, can divide. Some increases in smooth muscle are normal, as occurs in the uterus during pregnancy. Other increases are pathologic, such as the increase in smooth muscle that occurs in the arteries of people with chronic hypertension.

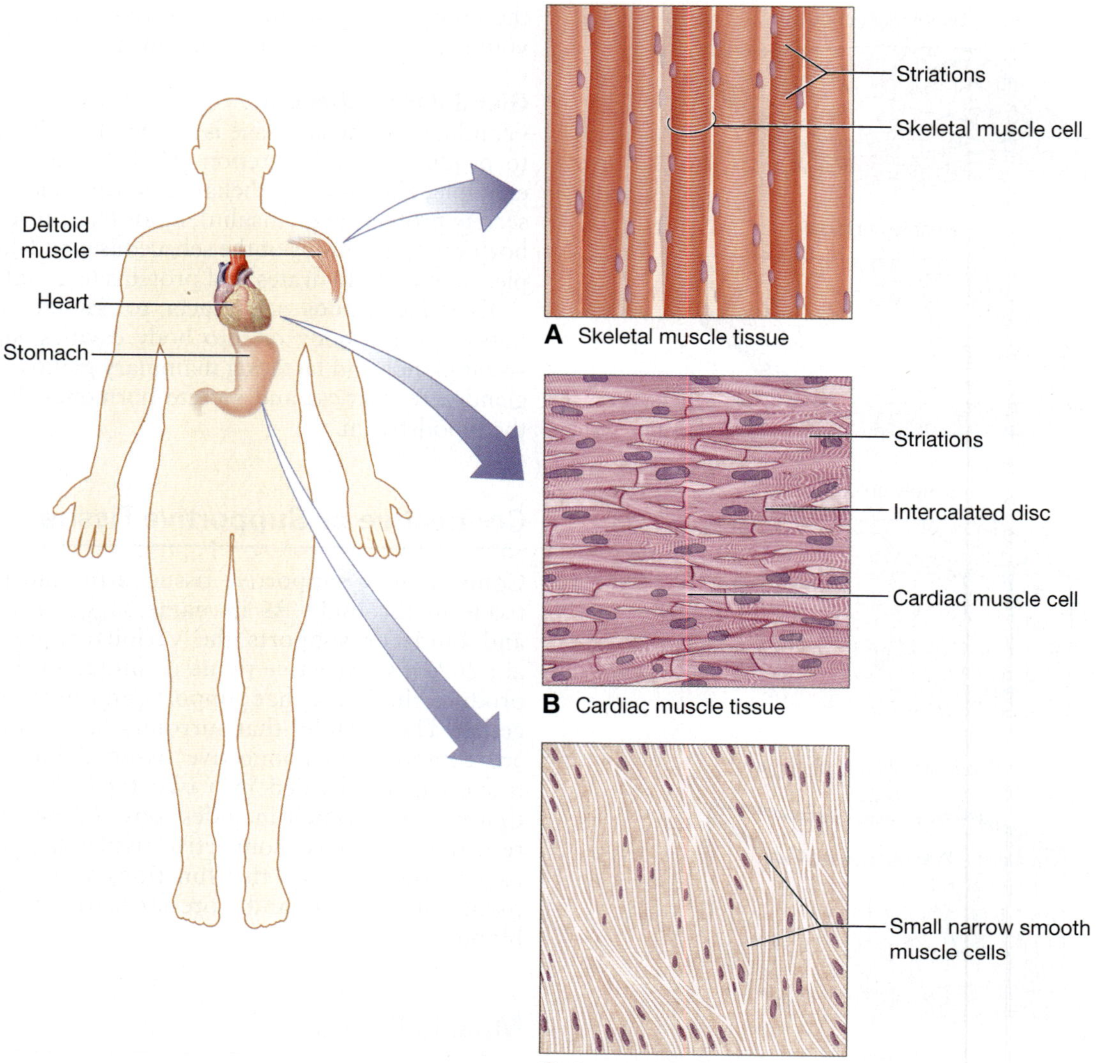

FIGURE 2-16. Muscle tissue. **A.** Skeletal muscle forms the muscles that are attached to bones. In this photomicrograph, you can see striations and many nuclei in each long, slender muscle cell. **B.** Cardiac muscle forms the walls of the heart. The cells are smaller and have a single nucleus per cell, but also have striations. **C.** Smooth muscle is in the walls of hollow organs, such as the stomach. The cells are small and narrow, with a single nucleus and no striations.

Skeletal Muscle

Skeletal muscle is the most abundant tissue in the body, making up 40% to 45% of the total body weight (Du et al., 2024). Most skeletal muscles are attached to bones, and skeletal muscle contractions are responsible for movements of the skeleton. Each skeletal muscle is a separate organ made up of hundreds or thousands of muscle fibers (skeletal muscle cells are also called muscle fibers). Although muscle fibers are the main cell type, connective tissue, blood vessels, and nerve fibers are also present.

Skeletal muscle cells have many nuclei. Throughout the sarcoplasm are the contractile proteins actin and myosin, which are arranged in parallel bundles called myofibrils (Fig. 2-16A). These contain actin thin filaments and myosin thick filaments. Each myofibril consists of regularly repeating contractile units along the length of the myofibril called sarcomeres (Fig. 2-16B) (Betts et al., 2022).

The **sarcoplasmic reticulum**, which is comparable to the smooth ER, stores calcium that is released during muscle contraction. Concentration levels of calcium ions in the sarcoplasmic reticulum are 10,000 times higher than in the sarcoplasm.

The **transverse** or **T tubules** are extensions of the cell membrane and run perpendicular to the muscle fiber. Action potentials are rapidly conducted over the surface of the muscle fiber and into the T tubules to the sarcoplasmic reticulum. The sarcoplasmic reticulum then releases calcium, starting muscle contraction. The membrane of the sarcoplasmic reticulum also has an active transport mechanism for pumping calcium back into the sarcoplasmic reticulum to stop muscle contraction.

Skeletal Muscle Contraction

Myosin makes up thick filaments. Myosin has (1) a thin tail, which provides the structural backbone for the filament, and (2) a globular (globe-like) head. Each myosin head has a binding site for actin and a separate active site that catalyzes the breakdown of ATP to provide the energy to move the myosin head so it can pull on the actin filament during muscle contraction.

Actin makes up the thin filaments. Actin is a globular (globe-like) protein that lines up in two rows that coil around each other to form a long helical strand. Two regulatory proteins are associated with actin: (1) tropomyosin and (2) troponin.

In the noncontracted state, **tropomyosin** blocks the myosin-binding sites on the actin filaments.

During an action potential, calcium ions released from the sarcoplasmic reticulum into the sarcoplasm can bind to **troponin**. Binding of calcium to troponin moves the tropomyosin so that the myosin can bind to actin (Betts et al., 2022).

When activated by ATP, the myosin–actin cross-bridges swivel, like the oars of a boat, as they become attached to the actin filament. During contraction, myosin binds and releases actin over and over again, moving down an actin filament. This pulls the thin and thick filaments past each other to shorten the sarcomeres, which shortens muscle fibers, which in turn shortens muscles.

When stimulation of muscles stops, the concentration of calcium in the sarcoplasm decreases as calcium is actively transported into the sarcoplasmic reticulum by a membrane pump that uses energy from ATP.

Cardiac Muscle

Cardiac muscle is the main part of the heart. Like skeletal muscle cells, the actin and myosin filaments and associated proteins are arranged into sarcomeres, and these appear striated under a microscope (Fig. 2-16B).

Also visible under the microscope are intercalated disks. Intercalated disks are where cardiac muscle cells join, and these contain gap junctions that allow ions to pass between cardiac muscle cells for coordinated contraction of the heart.

Cardiac muscle cells are also called cardiac muscle fibers or cardiomyocytes. There are two types of cardiac muscle cells:

1. Autorhythmic cells or pacemaker cells make up about 1% of cardiac muscle cells and are found in the sinoatrial and atrioventricular nodes. These cells automatically go through action potentials without stimulation by the nervous system.
2. Cardiac contractile cells make up the rest of the cardiac muscle cells and are responsible for the contraction of the heart.

Smooth Muscle

Smooth muscle is often called **involuntary muscle** because its activity is spontaneous or is stimulated by the autonomic nervous system (the sympathetic or parasympathetic nervous systems). Smooth muscle contractions are slower and longer than skeletal or cardiac muscle contractions.

Smooth muscle cells do not contain sarcomeres and therefore do not appear striated under a microscope. The bundles of filaments are not parallel to each other but instead crisscross through the cell. In smooth muscles, actin filaments are attached to structures called **dense bodies** (Fig. 2-16C) (Hall & Hall, 2025).

The lack of regular overlapping of contractile filaments provides a greater range of tension development in smooth muscle. This is important in hollow organs that undergo changes in volume, with resulting changes in the length of the smooth muscle fibers in their walls.

As with cardiac and skeletal muscles, smooth muscle contraction is started by an increase in intracellular calcium. Smooth muscle cells rely on extracellular calcium entering cells and the release of calcium from the sarcoplasmic reticulum for muscle contraction (Betts et al., 2022). Smooth muscle also lacks troponin, the calcium-binding regulatory protein found in skeletal and cardiac muscles. Instead, it relies on another calcium-binding protein called **calmodulin**. The calcium–calmodulin complex binds to and activates the myosin-containing thick filaments, which interact with actin.

Nervous Tissue

Nervous tissue is distributed throughout the body as a communication system. Anatomically, the nervous system is divided into (1) the central nervous system (CNS), which consists of the brain and spinal cord, and (2) the peripheral **nervous system (PNS)**, which consists of nervous tissue outside the CNS. Nerve cells are highly differentiated and most are not capable of regeneration in postnatal life. Structurally, nervous tissue consists of two cell types: (1) nerve cells, called neurons, and (2) glial or supporting cells (Betts et al., 2022).

Most neurons consist of three parts:

1. The soma, or cell body, which contains the nucleus and most organelles
2. Dendrites, which are multiple elongated extensions that receive and carry stimuli from the environment, from sensory epithelial cells, and from other neurons to the cell
3. The axons, which are specialized for generating and conducting action potentials away from the cell body to other nerve cells, muscle cells, and glandular cells

Peripheral neurons can be classified as afferent and efferent neurons according to their function:

1. **Afferent** or **sensory neurons** carry information toward the CNS; they are involved in the reception of sensory information from the external environment and from within the body. For example, afferent neurons will tell the CNS if something itches or is too hot to touch.
2. **Efferent** or **motor neurons** carry information away from the CNS; they are needed for control of muscle fibers and endocrine and exocrine glands. In the examples above, the efferent neurons will tell the peripheral muscles to scratch an itch or to move the hand away from a hot object quickly.

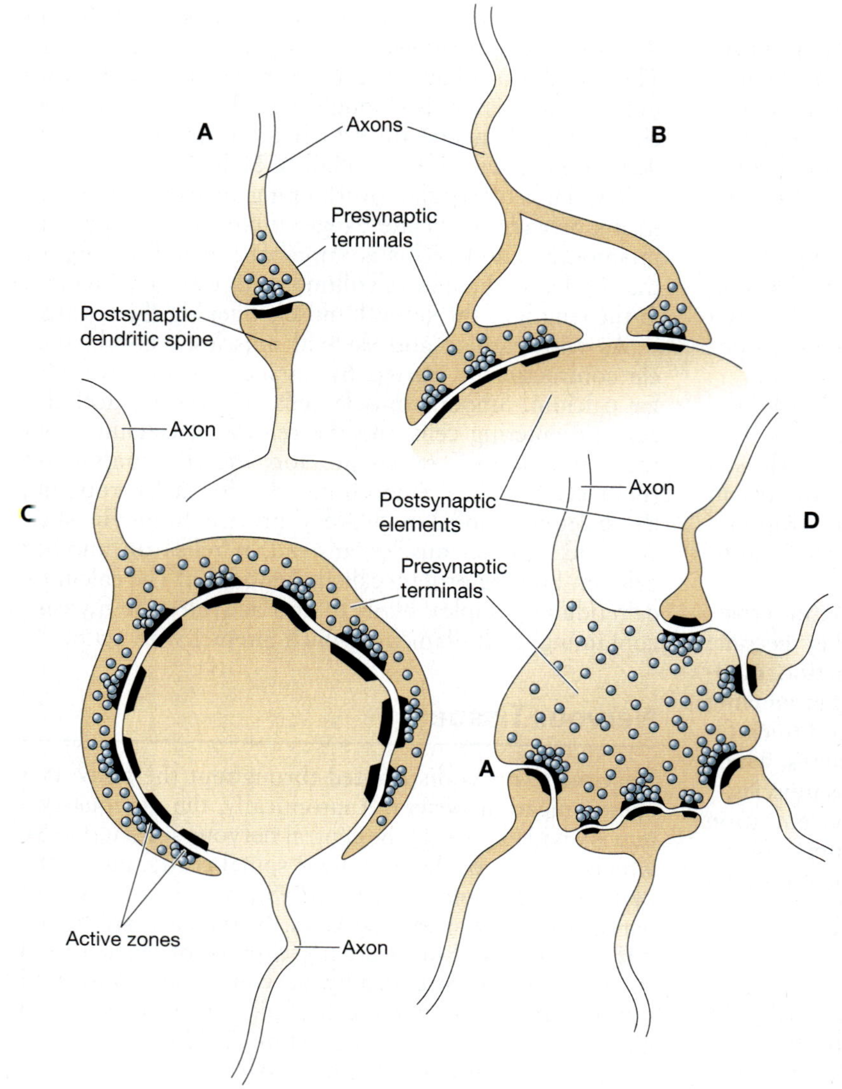

FIGURE 2-17. CNS synapse. (**A**) Axodendritic synapse: communication between the axon terminal of one neuron and the dendrite of another neuron. (**B**)Neuromuscular synapse: communication between a motor neuron and a muscle cell at the neuromuscular junction. (**C**) Large synaptic terminal (calyx-type synapse): a specialized synapse in which a large presynaptic terminal surrounds much of the postsynaptic cell surface. (**D**)Converging synaptic inputs: multiple presynaptic neurons forming synapses with a single postsynaptic neuron. (Bear, M. F., Connors, B. W., & Paradiso, M. A. [2026]. *Neuroscience: Exploring the brain* [5th ed.]. Jones & Bartlett Learning.)

Communication between neurons and other cells, such as other neurons or muscle cells, occurs at specialized structures called **synapses** (Fig. 2-17). A chemical synapse contains (1) the axon terminal of one neuron, (2) the area of the cell membrane that contains receptors on the target cell, and (3) the space between these two cells. At the chemical synapse, neurotransmitters bind to receptors on target cells such as another neuron or muscle cell. In addition, electrical synapses exist where neurons are linked through gap junctions that allow ions to pass from one cell to another (Betts et al., 2022).

Neuroglia (*glia* means "glue") or **glial cells** are the cells that support neurons (Fig. 2-18).

Examples of glial cells found in the CNS include the following:

1. **Astrocytes,** the most common glial cells, have many long extensions that surround blood vessels in the CNS. They provide structural support for neurons, and their extensions form a sealed barrier that protects the CNS.
2. **Oligodendrocytes** wrap around axons of CNS neurons to form myelin, which insulates neurons and speeds up action potentials.
3. **Microglia** are phagocytic cells.

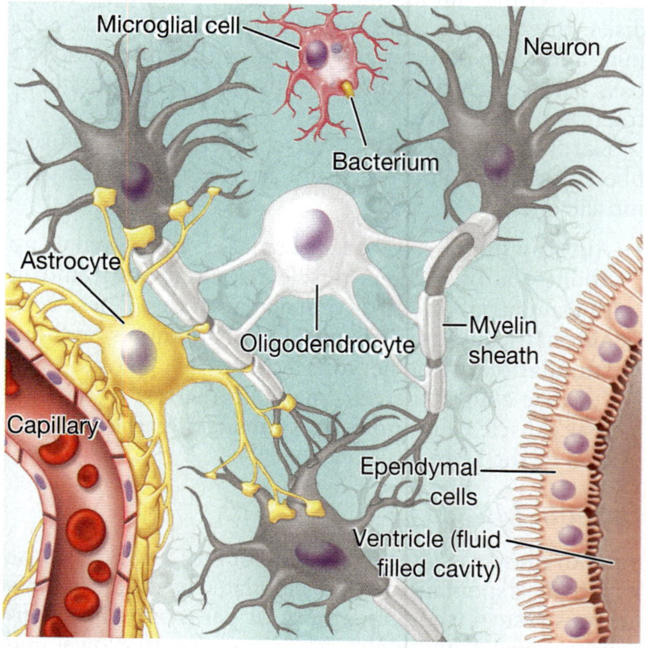

FIGURE 2-18. Neuroglia in the central nervous system. (Cohen, B. J., & Hull, K. L. [2015]. *Memmler's the human body in health and disease*. Wolters Kluwer.)

4. **Ependymal cells** line the cavities of the brain and spinal cord and are in contact with the cerebrospinal fluid.

Examples of glial cells in the PNS include the following:

1. **Schwann cells** (like oligodendrocytes in the CNS) wrap around axons of PNS neurons to form myelin, which insulates neurons and speeds up action potentials.
2. **Satellite cells** enclose and protect the dorsal root ganglia and autonomic **ganglion** cells.

Extracellular Matrix

The discussion so far has focused on the cells in the different tissue types. Within tissues, cells are held together by cell junctions; the space between cells is filled with an ECM; and adhesion molecules form intercellular contacts.

Tissues are not made up only of cells. A large part of tissue volume is made up of an ECM. This matrix is made up of a variety of proteins and polysaccharides (*poly*, many; *saccharide*, sugar; a polysaccharide is a molecule made up of many sugars) (Chandar & Viselli, 2024). These proteins and polysaccharides are secreted by cells into the tissues and are organized into a supporting mesh in close association with the cells that made them. The amount and makeup of the matrix vary with the different tissues and their functions. For example, in bone, there are more matrixes than the cells that surround it; in the brain, there are more cells, and the matrix is only a minor part (Dzobo & Dandara, 2023).

Two main classes of extracellular macromolecules make up the ECM: polysaccharide chains, which are usually linked to protein, and fibrous (fiber-like) proteins (i.e., collagen and elastin).

Collagen is the most common protein in the body. It is a tough, nonliving, white fiber that gives form to skin, ligaments, tendons, and many other structures. **Elastin** acts like a rubber band; after being stretched, it returns to its original form. There are many elastin fibers in structures that are stretched frequently, such as the aorta and some ligaments (Dzobo & Dandara, 2023).

SUMMARY CONCEPTS

Body cells are organized into four basic tissue types: epithelial, connective, muscle, and nervous.

Epithelial tissue covers and lines the body surfaces and forms the functional components of glandular structures. Epithelial tissue is classified into three types (squamous, cuboidal, and columnar) according to the shape of the cells and the number of layers that are present. The cells in epithelial tissue are held together by three types of intercellular junctions: tight, adhering, and gap junctions.

Connective tissue supports and connects body structures; it forms the bones and skeletal system, joint structures, blood cells, and intercellular substances. Connective tissue can be divided into four types: loose or areolar which fills body spaces and is characterized by plenty of ground substance; adipose, which stores fat; reticular, which forms the architectural framework of many structures of the body; and dense—regular and irregular—which forms structures such as tendons and ligaments (and the dermis of the skin).

Muscle tissue is a specialized tissue that can contract. There are three types of muscle tissue: skeletal, cardiac, and smooth. Skeletal and cardiac muscle cells have actin, myosin, and other proteins arranged into sarcomeres, which appear as striations (stripes) under the microscope. Cardiac muscle cells are connected by gap junctions, which allow ions to pass between cells for coordinated contraction. Smooth muscles have actin and myosin in a different arrangement and so are not striated (and appear smooth). Actin and myosin filaments interact to shorten muscles a process activated by the presence of calcium. In skeletal muscle, calcium is released from the sarcoplasmic reticulum in response to an action potential. Smooth and cardiac muscles are often called involuntary muscles because they contract spontaneously or through autonomic nervous system activity. The sarcoplasmic reticulum is less defined and depends on the entry of extracellular calcium ions for muscle contraction.

Nervous tissue consists of two cell types: nerve cells, called neurons, and glial cells, which are the supporting cells. Nervous tissue is found throughout the body and is part of the body's communication system. The nervous system is divided anatomically into the CNS, which consists of the brain and spinal cord, and the PNS, which is composed of nerve tissue outside the CNS.

The ECM is made up of a variety of proteins and polysaccharides. The amount and makeup of matrix vary with the different tissues and their functions.

Integrating Clinical Decision Making

A 58-year-old man is admitted to a medical–surgical unit following bowel resection for colon cancer. On postoperative day 1, the nurse notes mild abdominal distention, delayed return of bowel sounds, and generalized fatigue. Laboratory studies show mild hypokalemia.

The patient reports nausea but no vomiting and has not yet passed flatus. Intravenous fluids are infusing, and oral intake has not resumed.

1. Which cellular process is most directly affected by hypokalemia and is likely contributing to delayed gastrointestinal motility in this patient?
2. Which membrane transport mechanism is primarily responsible for maintaining normal potassium gradients under physiologic conditions?

Despite electrolyte replacement, the patient becomes increasingly tachycardic and tachypneic. Oxygen saturation declines, and arterial blood gas analysis shows metabolic acidosis with elevated lactate levels. The patient develops hypotension and decreased urine output, raising concern for evolving sepsis related to an anastomotic leak.

3. How does impaired oxygen delivery at the cellular level alter ATP production in this patient?
4. Which organelle dysfunction most directly contributes to the progression from reversible cellular stress to widespread organ failure in this scenario?

REFERENCES

Amaral, M. D. (2023). Using the genome to correct the ion transport defect in cystic fibrosis. *The Journal of Physiology, 601*(9), 1573–1582. https://doi.org/10.1113/JP282308

Anto, E. M., Sruthi, C. R., Krishnan, L., Raghu, K. G., & Purushothaman, J. (2023). Tangeretin alleviates tunicamycin-induced endoplasmic reticulum stress and associated complications in skeletal muscle cells. *Cell Stress and Chaperones, 28*(2), 151–165. https://doi.org/10.1007/s12192-023-01322-3

Arklinson, C., Dong, K. C., Gee, C. L. & Martin, L. (2025, February). Mechanisms and regulation of substrate degradation by the 26S proteasome. *Nature Reviews Molecular Cell Biology, 26*, 104–122. https://doi.org/10.1038/s41580-024-00778-0

Betts, J. G., Young, K. A., Wise, J. A., Johnson, E., Poe, B., Kruse, D. H., Karol, O., Johnson, J. E., Womble, M., & DeSaix, P. (2022). *Anatomy and physiology* (2nd ed.). OpenStax.

Chandar, N., & Viselli, S. (2024). *Lippincott illustrated reviews cell and molecular biology* (3rd ed.). Wolters Kluwer.

Chrysafides, S. M., Sharma, S., & Bordes, S. J. (2023, April 10). Physiology, resting potential. StatPearls [Internet]. https://www.ncbi.nlm.nih.gov/books/NBK538338/#:~:text=The%20equilibrium%20potentials%20for%20Na+,that%20'dominate'%20ion.

Lashdamirova, G. (2023). Understanding cellular transport: An exploration of passive and active mechanisms. *IOSR Journal of Biotechnology and Biochemistry, 9*(6), 39–42. https://doi.org/10.9790/264X-0906013942

Deng, B., Liao, F., Liu, Y., He, P., Wei, S., Liu, C., & Dong, W. (2023). Comprehensive analysis of endoplasmic reticulum stress-associated genes signature of ulcerative colitis. *Frontiers in Immunology, 14*, 1158648. https://doi.org/10.3389/fimmu.2023.1158648

Du, J., Wu, Q., & Bae, E. J. (2024). Epigenetics of skeletal muscle atrophy. *International Journal of Molecular Sciences, 25*(15), 8362. https://doi.org/10.3390/ijms25158362

Duan, Q., Zhou, Y., & Yang, D. (2022). Endoplasmic reticulum stress in airway hyperresponsiveness. *Biomedicine & Pharmacotherapy, 149*, 112904. https://doi.org/10.1016/j.biopha.2022.112904

Dzobo, K., & Dandara, C. (2023). The extracellular matrix: Its composition, function, remodeling, and role in tumorigenesis. *Biomimetics, 8*(2), 146. https://doi.org/10.3390/biomimetics8020146

Fu, R., Jiang, X., Li, G., Zhu, Y., & Zhang, H. (2021). Junctional complexes in epithelial cells: Sentinels for extracellular insults and intracellular homeostasis. *The FEBS Journal, 289*(23), 7314–7333. https://doi.org/10.1111/febs.16174

Guo, H. J., Rahimi, N., & Tadi, P. (2023). Biochemistry, ubiquitination. In *StatPearls* [Internet]. StatPearls Publishing. https://www.ncbi.nlm.nih.gov/books/NBK556052/

Hall, J. E., & Hall, M. E. (2025). *Guyton and Hall textbook of medical physiology* (15th ed.). Elsevier Health Sciences.

Lee, D. (2025). Activators of the 26S proteasome when protein degradation increases. *Experimental and Molecular Medicine, 57*, 41–49. https://doi.org/10.1038/s12276-024-01385-x

Lui, F., Ramani, P. K., & Parayil Sankaran, B. (2024). Tay-Sachs Disease. In *StatPearls* [Internet]. StatPearls Publishing.

Malek, N., Gladysz, R., Stelmach, N., & Drag, M. (2024). Targeting microglial immunoproteasome: A novel approach in neuroinflammatory-related disorders. *ACS Chemical Neuroscience, 15*(14), 2532–2544. https://doi.org/10.1021/acschemneuro.4c00099

Moorhouse, A. J. (2023). Membrane potential: Concepts. *Encyclopedia of Cell Biology, 1*, 284–305. https://doi.org/10.1016/b978-0-12-821618-7.00200-5

Murata, E., Yoshida, T., Tomaru, U., Yamamoto, S., Fukui-Miyazaki, A., Ishizu, A., & Kasahara, M. (2024). Decreased proteasome function increases oxidative stress in the early stage of pressure ulcer development. *Experimental and Molecular Pathology, 137*, 104891. https://doi.org/10.1016/j.yexmp.2024.104891

Ren, Z., Mao, X., Wang, S., & Wang, X. (2023). Cilia-related diseases. *Journal of Cellular and Molecular Medicine, 27*(24), 3974–3979. https://doi.org/10.1111/jcmm.17990

Rhoades, R. A., & Bell, D. R. (2022). *Medical physiology: Principles for clinical medicine* (6th ed.). Wolters Kluwer.

Sheth, J., Nair, A., & Jee, B. (2023). Lysosomal storage disorders: From biology to the clinic with reference to India. *The Lancet Regional Health—Southeast Asia, 9*, 100108. https://doi.org/10.1016/j.lansea.2022.100108

Su, J., Song, Y., Zhu, Z., Huang, X., Fan, J., Qiao, J., & Mao, F. (2024). Cell–cell communication: New insights and clinical implications. *Signal Transduction and Targeted Therapy, 9*(1), 196. https://doi.org/10.1038/s41392-024-01888-z

Suomalainen, A., & Nunnari, J. (2024). Mitochondria at the crossroads of health and disease. *Cell, 187*(11), 2601–2627. https://doi.org/10.1016/j.cell.2024.04.037

Töpfer, U. (2023). Basement membrane dynamics and mechanics in tissue morphogenesis. *Biology Open, 12*(8), bio059980. https://doi.org/10.1242/bio.059980

Wanders, R. J., Baes, M., Ribeiro, D., Ferdinandusse, S., & Waterham, H. R. (2023). The physiological functions of human peroxisomes. *Physiological Reviews, 103*(1), 957–1024. https://doi.org/10.1152/physrev.00051.2021

Zhang, J., Guo, J., Yang, N., Huang, Y., Hu, T., & Rao, C. (2022). Endoplasmic reticulum stress-mediated cell death in liver injury. *Cell Death & Disease, 13*(12), 1051. https://doi.org/10.1038/s41419-022-05444-x

CHAPTER 3

Cellular Adaptation and Injury

Cellular Adaptation

Atrophy
Hypertrophy
Hyperplasia
Metaplasia
Dysplasia
Intracellular Accumulations
Pathologic Calcifications

Cell Injury and Death

Mechanisms of Cell Injury
Causes of Cell Injury
Reversible Cell Injury and Cell Death
Cellular Aging

Learning Objectives

After completing this chapter, the learner will be able to meet the following objectives:

1. Describe and differentiate the types of cellular adaptation in response to stress, including atrophy, hypertrophy, hyperplasia, metaplasia, dysplasia, and pathologic calcifications.
2. Relate the causes and mechanisms of reversible and irreversible cell injury and cell death.
3. Relate free radical formation, oxidative stress, and impaired calcium homeostasis to cell injury and death.
4. Evaluate the relative significance and interplay of physical agents, chemical substances, biologic or infectious agents, and nutritional imbalances as causes of cell injury.
5. Distinguish between the beneficial and harmful effects of apoptosis and the mechanisms that control the intrinsic and extrinsic pathways involved.
6. Evaluate the processes of necrosis, gangrene, and necrotizing fasciitis in comparison with programmed cell death.
7. Differentiate between the evolutionary, molecular, cellular, and systems-level theories of aging.

Cellular adaptation refers to the protective changes that cells undergo in response to stressors in the cellular environment that endanger the normal structure and function of the cell. These adaptive changes promote the survival and maintenance of function and a return to homeostasis. It is only when the cellular stress is overwhelming or **adaptation** is ineffective that cell injury and death occur. This chapter focuses on cellular adaptation, injury, and death.

> **KEY POINTS**
>
> **Cellular Adaptations**
>
> - Cells are able to adapt to increased work demands or threats to survival by changing their size (atrophy and hypertrophy), number (hyperplasia), and form (metaplasia).
> - Cellular adaptation is typically a temporary response to a stress stimulus and ceases once the need for adaptation has ended.

Cellular Adaptation

Cells adapt to changes in the internal environment, just as the total organism adapts to changes in the external environment. Cells may adapt by undergoing changes in the size, number, and type of cells. These changes, occurring singly or in combination, may lead to the following cellular responses:

- Atrophy
- Hypertrophy
- Hyperplasia
- Metaplasia
- Dysplasia

Responses to cellular stress may also include intracellular accumulations and storage of products in abnormal amounts (Hall & Hall, 2025).

Numerous mechanisms facilitate cellular adaptation, including responses produced by other cells or by the cells themselves. These mechanisms depend largely on signals transmitted by chemical messengers that exert their effects by altering gene function. In general, genes are either operating genes that perform housekeeping duties that are needed for normal cell function or those that determine the specialized function (differentiation) of a particular cell type. It is common in adaptive cellular responses for the operating genes to be unaffected although the specialized function (differentiation) genes are altered. An example of this is seen with chronic exposure to cigarette smoke. Although the specialized ciliated columnar cells that help clear mucus become less effective as they are replaced by stratified squamous epithelial cells, the operating genes continue to perform their housekeeping duties, maintaining fundamental cellular processes like metabolism, energy production, and repair.

Adaptive changes in cells are often temporary. Once the stress stimulus is removed, the adaptive response typically ceases and the cell can resume the previous normal state of specialized function. Whether adaptive cellular changes are beneficial or potentially harmful is related to both the type of stimulus that triggered the response and the effectiveness of the adaptive response to reduce the effects of the stress.

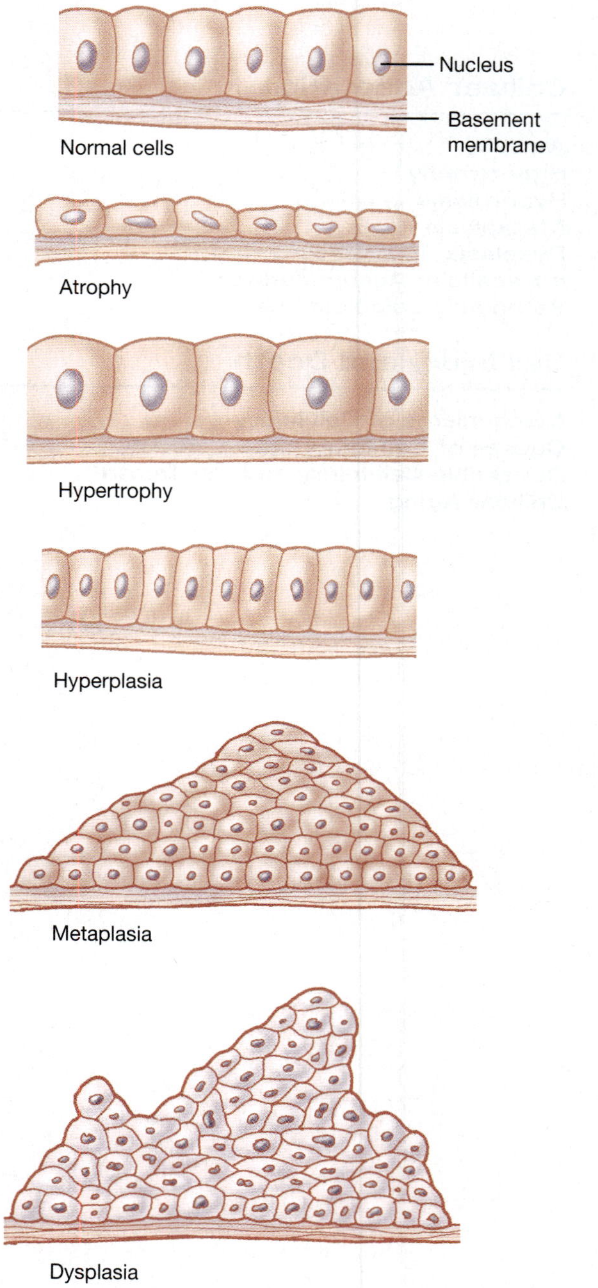

FIGURE 3-1. Adaptive cell and tissue responses involving a change in cell size (hypertrophy and atrophy), number (hyperplasia), cell type (metaplasia), or size, shape, and organization (dysplasia). (From Anatomical Chart Company. [2002]. *Atlas of pathophysiology* [p. 4]. Springhouse.)

Atrophy

Atrophy refers to a decrease in cell size (Fig. 3-1). Cells that are atrophied reduce the oxygen consumption and metabolic needs of the cell by decreasing the number and size of the cellular organelles and other cell structures. When a sufficient number of cells are involved, the entire tissue or muscle atrophies.

The general causes of atrophy can be grouped into the following categories:

1. Decreased workload (disuse atrophy)
2. Loss of innervation (denervation atrophy)
3. Reduced blood supply (ischemia)
4. Inadequate nutrition
5. Loss of endocrine stimulation
6. Atrophy associated with aging
7. Pressure or compression
8. Chronic inflammation or disease

Disuse atrophy occurs when a tissue or organ is not used for an extended period. The cells shrink in size to conserve energy and resources. An extreme example of disuse atrophy occurs in the muscles of extremities subjected to prolonged immobilization, such as those immobilized in modern rigid casts or braces. Because atrophy is adaptive and reversible, muscle size is restored after the cast is removed and muscle use is resumed. When the nerve supply to a tissue is disrupted, the affected cells lose stimulation and undergo **denervation atrophy**. This may be seen in the muscles of paralyzed limbs (Nunes et al., 2022). Chronic reduced blood flow leads to insufficient oxygen and nutrient delivery. **Ischemic atrophy** can be seen in the brain of a patient with severe atherosclerosis, and reduced nutrition can produce atrophy of muscle and fat cells. Hormonal signals are essential for maintaining cell size and function. Atrophy of the endometrium and breasts after menopause is due to decreased estrogen, while testicular atrophy can be due to reduced testosterone. The aging process may also sometimes be associated with a gradual reduction in size and function of some tissues and organs; however, these atrophic changes are often not directly age-related but are instead due to other changes such as decreased activity, disease processes, or hormonal changes. Sustained physical pressure on a tissue can cause atrophy due to impaired blood flow and nutrient delivery, as in tissues around a tumor that are being compressed. Chronic conditions and prolonged inflammatory states can lead to tissue atrophy due to persistent cellular stress, for example, atrophy of villi in the intestine that occurs in conditions like celiac disease (Hall & Hall, 2025).

Hypertrophy

Hypertrophy is an increase in cell size, and often tissue mass, without an increase in the number of cells (see Fig. 3-1). Cellular hypertrophy occurs in response to increased functional demand or specific initiating signals. As an example, in myocardial hypertrophy, the cardiac muscle cells enlarge in response to increased workload, such as that which occurs due to high blood pressure. While most commonly associated with muscle cells (skeletal, cardiac, and smooth), hypertrophy can occur in other cell types, such as hepatocytes (liver cells), adipocytes (fat cells), and some epithelial cells (Roberts et al., 2023). In muscular hypertrophy, enlargement of individual muscle cells occurs because of an increase in the production of structural proteins (e.g., actin, myosin), enzymes, and organelles. This increase in the functional components of the cell allows the muscles to increase functional capacity to meet the increased demand stimulus. Not all cell types can undergo hypertrophy.

Hypertrophy may occur as a result of either normal physiologic stimuli or in response to abnormal pathologic conditions. The increase in muscle mass associated with exercise is an example of physiologic hypertrophy. Pathologic hypertrophy occurs as a result of disease conditions and may be adaptive or compensatory. The most common cause of left ventricular hypertrophy in the heart is hypertension (Fig. 3-2). Compensatory hypertrophy is the enlargement of a remaining organ or tissue after a portion has been surgically removed or becomes inactive. For instance, if one kidney is removed, the remaining kidney enlarges to compensate for the loss.

Hypertrophy is triggered by specific initiating signals that drive cellular growth and adaptation. These signals

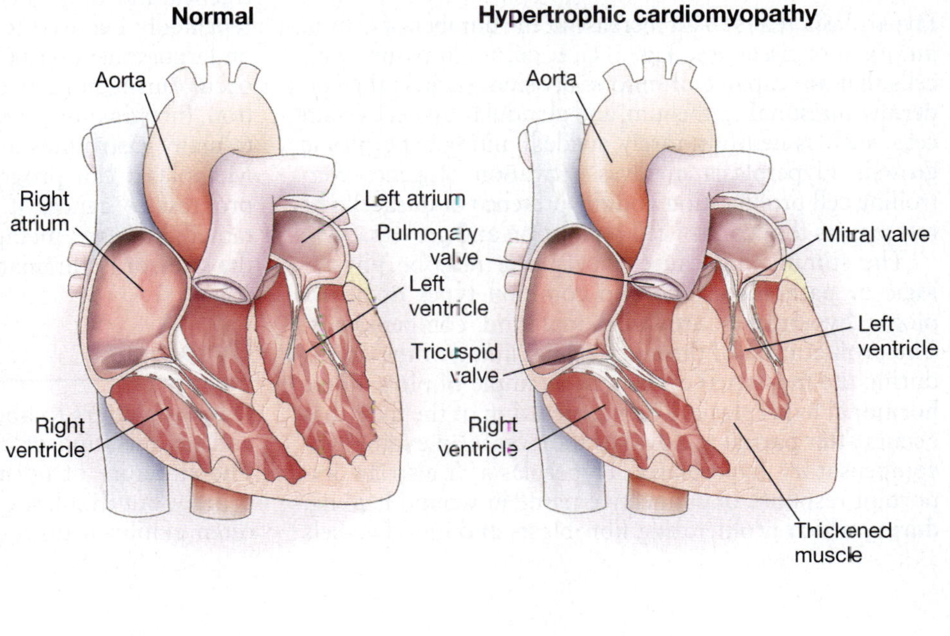

FIGURE 3-2. The heart on the left is normal. The heart on the right has hypertrophic cardiomyopathy. This condition causes the walls of the lower chambers of the heart (called the ventricles) to thicken. (Reproduced with permission from Maron, M. S. [2026]. Patient education: Hypertrophic cardiomyopathy (Beyond the Basics). In R.F. Connor (Ed.), *UpToDate*. Wolters Kluwer. Retrieved January 27, 2026 from https://www.uptodate.com/contents/hypertrophic-cardiomyopathy-beyond-the-basics. Copyright © 2026 UpToDate, Inc. and/or its affiliates. All rights reserved.)

can be mechanical, hormonal, biochemical, nutritional, or neurogenic. Mechanical stress comes from physical forces acting on cells or tissues that stimulate growth and functional adaptation, such as that which occurs in skeletal muscles with weightlifting or resistance training. The same applies to cardiac muscle, with the increased mechanical pressure resulting from hypertension or aortic stenosis. In mechanical stress, specific receptors on the cell surface detect stretch or strain, activating signaling pathways that promote protein synthesis and cellular growth.

Hormones and growth factors can also induce hypertrophy by binding to specific receptors on the target cells. This occurs when estrogen stimulates uterine smooth muscle cells to enlarge during pregnancy, when testosterone promotes skeletal muscle hypertrophy by enhancing protein synthesis, or when insulin-like growth factor 1 (IGF-1) activates a similar signaling pathway.

Intracellular or extracellular biochemical signals, or chemical messengers, drive hypertrophy in response to various stimuli. Angiotensin II induces cardiac hypertrophy in response to increased blood pressure, vasoactive peptides can contribute to cardiovascular tissue growth, and catecholamines like norepinephrine can stimulate hypertrophy in response to stress or increased workload.

Availability of nutrients and energy can influence the degree of hypertrophy. Nutritional signals enhance cellular capacity for growth by increasing protein and energy production. For example, certain amino acids act as anabolic signals, activating the pathway that promotes protein synthesis in the muscles.

Nervous system inputs can stimulate hypertrophy, particularly in muscle tissue. For example, activation of the sympathetic nervous system contributes to cardiac hypertrophy by releasing norepinephrine, which acts on adrenergic receptors in the heart, triggering an intracellular signaling pathway that results in an increase in intracellular calcium levels and the promotion of hypertrophic gene expression.

Hyperplasia

Hyperplasia refers to an increase in the number of cells in an organ or tissue (see Fig. 3-1). It occurs in tissues with cells that are capable of mitotic division, such as the epidermis, intestinal epithelium, and glandular tissue. Certain cells, such as neurons, rarely divide, limiting hyperplastic growth. Hyperplasia involves activation of genes controlling cell proliferation and the presence of intracellular messengers that control cell replication and growth.

The stimuli that cause hyperplasia may be physiologic or pathologic. The two common types of physiologic hyperplasia are hormonal and compensatory. The proliferation of the endometrial lining of the uterus during the menstrual cycle is an example of physiologic hormonal hyperplasia. The regeneration of the liver that occurs after partial removal of the liver is an example of compensatory hyperplasia. Hyperplasia is also an important response of connective tissue in wound healing, during which proliferating fibroblasts and blood vessels contribute to wound repair. Although hypertrophy and hyperplasia are two distinct processes, they may occur together and are often triggered by the same mechanism. For example, breast and uterine enlargement during pregnancy are examples of both hypertrophy and physiologic hyperplasia that result from estrogen stimulation (Singh et al., 2024).

Most forms of pathologic hyperplasia are due to excessive hormonal stimulation or the effects of growth factors on target tissues (Singh et al., 2024). For example, excessive estrogen production can cause endometrial hyperplasia and abnormal menstrual bleeding, increasing the risk of developing endometrial cancer (Chou et al., 2024). Skin warts are another example of hyperplasia caused by growth factors produced by certain viruses, such as the papillomaviruses. Growth of adrenal glands can also occur as a result of adrenocorticotropic hormone (ACTH) production by a pituitary adenoma (Cai et al., 2024).

Metaplasia

Metaplasia is a reversible change in which one adult cell type (epithelial or mesenchymal) is replaced by another adult cell type (see Fig. 3-1). Many tissues harbor a population of stem cells that have the potential to differentiate into various cell types. Chronic stressors such as inflammation, mechanical injury, toxins, or hormonal changes alter the tissue microenvironment. These changes lead to the release of growth factors and other signaling molecules that influence the differentiation pathways of local stem cells, altering their gene expression and steering them toward a new lineage (Hall & Hall, 2025).

Metaplasia allows for substitution of cells that are better able to survive under circumstances in which a more fragile cell type might not survive. However, the type of cell that is substituted remains with the primary tissue category (e.g., one type of epithelial cell may be converted to another type of epithelial cell, but not to a connective tissue cell). An example of metaplasia is the adaptive substitution of stratified squamous epithelial cells for the ciliated columnar epithelial cells in the trachea and large airways when those airway cells are repeatedly exposed to cigarette smoke. The cervix also undergoes metaplasia because of hormonal changes that occur during puberty or in the presence of chronic irritation. Intestinal or gastric metaplasia is also often related to many gastrointestinal cancers (Kerdsirichairat, 2024). Metaplasia can progress to dysplasia, which can then progress to cancer if the underlying stressors are sustained; however, metaplasia can be fully reversible when the stressor is eliminated.

Dysplasia

Dysplasia refers to abnormal changes in the size, shape, and organization of cells within a tissue (see Fig. 3-1). The structure of normal cells is typically uniform and orderly, but dysplastic cells may vary in appearance and often exhibit a disorganized arrangement. Dysplasia is often a premalignant condition, meaning it has the potential to progress to cancer if the underlying causes are not addressed. Dysplasia typically arises in response to chronic irritation, inflammation, or other persistent environmental stressors. The pattern of transition to dysplasia is frequently encountered in areas of metaplastic squamous epithelium of the respiratory tract and uterine cervix. Although dysplasia is abnormal, it is adaptive in that it is potentially reversible after the irritating cause has been removed. Without timely intervention, dysplasia becomes irreversible but not malignant (as in bronchopulmonary dysplasia) or it can make a malignant transformation to invasive cancer (such as myelodysplastic syndrome progressing to acute myeloid leukemia). For dysplastic changes with higher risk to progress to cancer, early detection is a key preventive strategy (e.g., screening Pap smears to detect dysplastic changes of the uterine cervix).

Intracellular Accumulations

Intracellular accumulations refer to the presence of substances within cells that cannot immediately be either used or eliminated from the cell. This can be an important marker of cellular stress or injury and may accompany some cellular adaptations. Hypertrophic cells may accumulate excess proteins, lipids, or other substances. The increased numbers of cells in hyperplasia may be associated with increased intracellular accumulation of metabolic substances. Metaplasia can result in increased cellular accumulations as cells transition to a different cell type better suited to handle environmental challenges.

Intracellular accumulations may include abnormally large amounts of cellular components such as lipids, proteins, carbohydrates, melanin, and bilirubin or environmental (exogenous) substances like carbon particles seen in the lungs of coal miners. Products produced within the body (endogenous products) may also accumulate in certain pathologic conditions. For example, certain neurodegenerative diseases, such as Alzheimer disease, are also associated with intracellular accumulations of abnormal or atypical proteins. These substances may accumulate in the cytoplasm (frequently in the lysosomes) or in the nucleus and may be either transient or permanent. In some cases, these intracellular accumulations are harmless, but in others they can be toxic.

The accumulation of normal cellular constituents can also occur when a substance is produced at a rate that exceeds its metabolism or removal. An example is fatty changes in the liver because of intracellular accumulation of triglycerides, which may occur in diabetes, hepatitis, during rapid weight loss, or with alcohol use disorder.

Intracellular accumulations can also result from genetically inherited disorders called *inborn errors of metabolism*. These disorders are characterized by deficient production of metabolic proteins (typically enzymes) that cause intracellular accumulation of proteins that cannot be properly metabolized and cause toxic damage within those cells. For example, there are at least 10 genetic disorders that affect glycogen metabolism, most of which lead to the accumulation of intracellular glycogen stores.

Both endogenous and exogenous pigments may accumulate in cells. **Icterus**, also called **jaundice**, is characterized by a yellow discoloration of tissue because of the retention of **bilirubin**, an endogenous bile pigment. This condition may result from increased bilirubin production from red blood cell destruction, obstruction of bile passage into the intestine, or disorders that affect the liver's ability to remove bilirubin from the blood. Another substance that can accumulate within aging cells is the **lipofuscin pigment**, a yellow-brown pigment that results from the accumulation of the indigestible residues produced during normal turnover of cell structures.

One of the most common exogenous pigments is carbon from coal dust. In coal miners or people exposed to heavily polluted environments, the accumulation of carbon dust blackens the lung tissue and may cause serious lung disease. The formation of a blue line along the margins of the gum is one of the diagnostic features of lead poisoning. Tattoos are the result of insoluble pigments introduced into the skin, where they are engulfed by macrophages and persist for a lifetime.

Pathologic Calcifications

Pathologic calcification is the abnormal deposition of calcium salts within tissues, together with smaller amounts of iron, magnesium, and other minerals. These deposits harden and disrupt body processes. The two types of pathologic calcifications are **dystrophic calcification**, which is a pathologic calcification occurring in dead or dying tissue, and **metastatic calcification** when calcification occurs in normal tissue.

Dystrophic Calcification

Dystrophic calcification represents the **macroscopic** deposition of calcium salts in injured tissue. Damaged cells release calcium in response to chronic inflammation or trauma, and that calcium combines with phosphate, forming deposits of insoluble calcium salts. These are often visible to the naked eye as deposits that range from gritty, sand-like grains to firm, hard rock material. The components of the calcium deposits are also derived from the bodies of dead or dying cells as well as from the circulation and **interstitial** fluid.

Dystrophic calcification is commonly seen in atheromatous lesions of advanced atherosclerosis, areas of injury in the aorta and large blood vessels, and damaged heart valves. Dystrophic calcifications typically occur in these injured tissues in the absence of known calcium or phosphate imbalances. Detection of areas of dystrophic calcification, particularly in chronic conditions such as chronic venous insufficiency, can serve as a marker of disease progression that can inform long-term management strategies to address complications associated with tissue damage (Pacheco et al., 2022).

Metastatic Calcification

In contrast to dystrophic calcification, which occurs in injured tissues, metastatic calcification occurs in normal tissues as a result of increased serum calcium levels (hypercalcemia), with the metastatic calcifications depositing in locations such as the lung, renal tubules, and blood vessels (Ju et al., 2024). Major causes of hypercalcemia include hyperparathyroidism (either primary because of parathyroid dysfunction or as a secondary occurrence related to phosphate retention in renal failure), increased mobilization of calcium from bone (as may occur in Paget disease), cancer with metastatic bone lesions, immobilization, and vitamin D excess (Prakash et al., 2023).

SUMMARY CONCEPTS

Stressors in the cellular environment or altered demands for the work output of a cell lead to adaptive cell changes, which may include changes in cell size, cell number, and cell characteristics. The changes often reverse after the stimulus has been withdrawn.

When confronted with a decrease in work demands or adverse environmental conditions, cells atrophy or reduce their size and revert to a lower and more efficient level of functioning. Hypertrophy results from an increase in work demands and is characterized by an increase in cell size. An increase in the number of cells in an organ or tissue that is still capable of mitotic division is called hyperplasia. Metaplasia occurs in response to chronic irritation and represents the replacement of cells of a more fragile type by cells that are better able to survive the stress. Dysplasia is characterized by deranged cell growth of a specific tissue that results in cells that vary in size, shape, and appearance. In some situations, dysplasia may be a precursor to cancer.

Under some circumstances, cells may accumulate abnormal intracellular substances. If the accumulation reflects a correctable systemic disorder, such as the hyperbilirubinemia that causes jaundice, the accumulation is reversible. If the disorder cannot be corrected or if the accumulating substances have toxic effects (as often occurs in many inborn errors of metabolism), the cells may be irreversibly injured and cell death may occur.

Pathologic calcification refers to abnormal deposits of calcium salts within tissues. In dystrophic calcification, calcium salts deposit in tissues that are already injured. Because these calcium salt deposits cause further structural damage to these injured tissues, dystrophic calcification may also cause further functional decline (such as when calcification of damaged cardiac valves causes the cardiac valve function to further decline, which then increases the cardiac workload and increases the risk of heart failure). In metastatic calcification, calcium salts are deposited in normal tissues as a result of elevated serum calcium levels. Common locations of metastatic calcification include the lung, renal tubules, and blood vessels.

Cell Injury and Death

Cells can be injured in many ways. The extent to which any injurious agent can cause cell injury and death depends in large measure on the intensity and duration of the injury and the type of cell involved. Cell injury may be reversible up to a certain point, after which irreversible cell injury and death occur. Whether a specific stress causes irreversible or reversible cell injury depends on the severity of the insult and on variables such as blood supply, nutritional status, and regenerative capacity. Cell injury and death are ongoing processes, and in the healthy state, they are balanced by cell renewal (Kumar et al., 2023).

KEY POINTS

Cell Injury

- At the cellular level, damage occurs primarily as a result of uncontrolled free radical production, impaired oxygen delivery or utilization, or destructive effects related to disrupted calcium homeostasis.
- Cell damage can be initiated by many things, including physical trauma, extremes of temperature, electrical injury, exposure to damaging chemicals, radiation damage, injury from biologic agents, decreased oxygen supply to cells, and nutritional factors.

Mechanisms of Cell Injury

The mechanisms by which injurious agents cause cell injury and death are complex. Some agents produce direct cell injury, while other agents damage cells indirectly through metabolic cellular disturbances and altered immune responses (Zemaitis et al., 2025). Examples include free radical injury, hypoxic cell injury, and impaired calcium homeostasis (Fig. 3-3).

Free Radical Formation

A **free radical** is a molecule with at least one unpaired electron in the outer orbit of the molecule, which

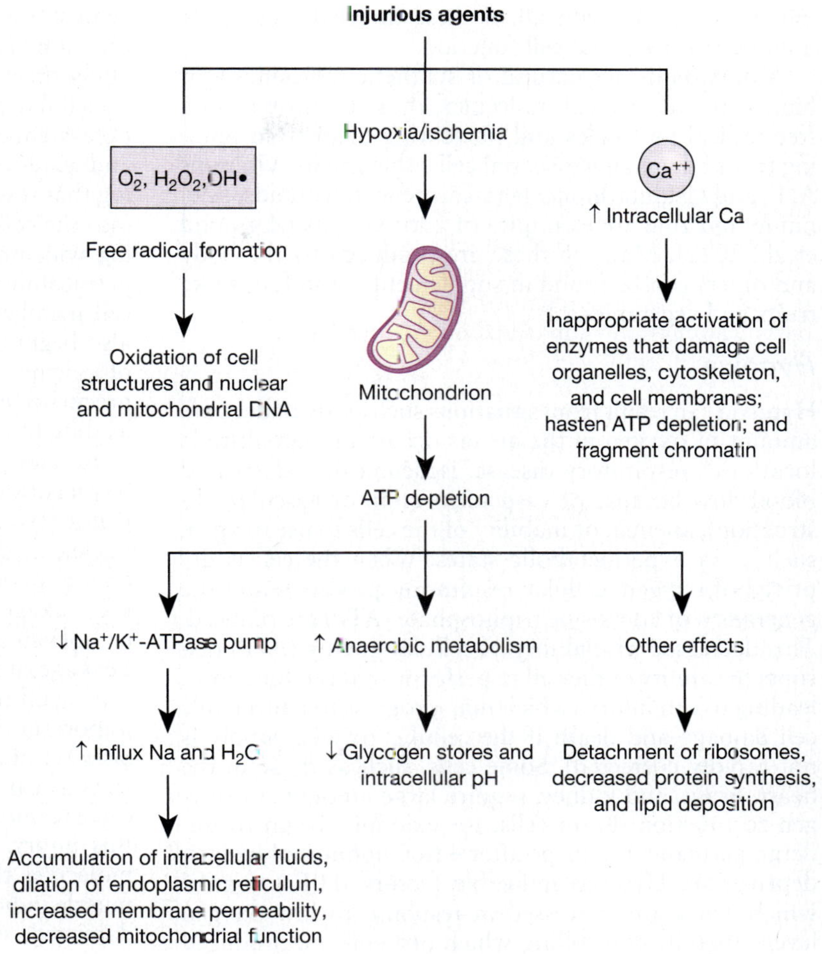

FIGURE 3-3. Mechanisms of cell injury. The injurious agents tend to cause hypoxia/ischemia (see *middle arrow*, which illustrates the manifestations that trigger anaerobic metabolism to develop and cellular injury). Also, on the left side of the figure, the free radical formation causes oxidation of cell structures leading to decreased adenosine triphosphate (ATP), and on the right side, the increased intracellular calcium damages many aspects of the cell that also cause ATP depletion. These three paths illustrate how injurious agents cause cell injury and death. DNA, deoxyribonucleic acid.

causes the molecule to be unstable and highly reactive with other molecules in the body (altering the molecular structure and causing damage to tissues). The most important class of radical species comes from oxygen, which is itself a free radical molecule (Zigmond et al., 2022). A single oxygen atom contains two unpaired electrons in its outer orbital, making it highly reactive and capable of forming free radicals when it accepts or donates electrons. When O_2 molecules are separated during metabolic processes, single oxygen atoms with unpaired electrons are released, forming new molecules that are also unstable free radicals with unpaired electrons. The many varieties of unstable molecules produced from oxidative reactions are collectively referred to as reactive oxygen species (ROS). Conditions associated with increased ROS production include increased oxygen metabolism and/or elevated oxygen levels, which increase the availability of molecular oxygen (O_2) for incomplete reduction. Examples include:

1. Conditions of **oxidative stress**, in which many oxidative reactions are occurring in the body
2. Situations of **hyperoxia** (increased tissue oxygen) or **hyperoxemia** (increased blood oxygen), which can occur when supplemental oxygen is being provided as a therapeutic intervention
3. Situations of **reperfusion injury**, in which the blood flow (perfusion) to body tissues has been temporarily disrupted and then restored (reperfused), causing a sudden increase in tissue oxygen levels.

Both internal metabolic processes and external environmental factors contribute to free radical production. The primary source of free radicals is the natural process of cellular respiration in the mitochondria, where oxygen is used to create energy, generating ROS as a free radical byproduct. Free radicals can also be produced as a result of immune system responses to invading pathogens, psychological stress and inflammatory processes, and exposure to environmental toxins, pollutants, or ultraviolet (UV) radiation. When the production of ROS molecules exceeds the body's ability to neutralize them, it leads to oxidative stress, which damages key cellular components like the cell membrane, proteins, and cellular deoxyribonucleic acid (DNA) (Zemaitis et al., 2025).

Free radical molecules are damaging to body cells because these unstable molecules can stabilize themselves by binding to essential cell components and disrupting the function of those cell components. In particular, free radicals tend to bind to the lipids in cell membranes, to proteins within the cells, and to the DNA molecules in the cell nucleus—with all of these molecules critically important for normal cell function.

Antioxidants are natural or synthetic molecules that bind with free radical molecules, thus stabilizing those free radical molecules and preventing them from binding to and damaging essential cell components. Vitamins A, E, and C; glutathione; beta-carotene; flavonoids; selenium; and zinc are examples of antioxidants (Zigmond et al., 2022). Many of these are produced by the body and others can be found in supplements or in foods like fruits and vegetables.

Hypoxia

Hypoxia can result from situations such as an inadequate amount of oxygen in the air (as occurs in high-altitude locations), respiratory disease, **ischemia** (i.e., decreased blood flow because of vasoconstriction or vascular obstruction), anemia, or inability of the cells to use oxygen, such as in hypermetabolic states. When the cell is deprived of oxygen, cellular respiration processes and the generation of adenosine triphosphate (ATP) are reduced. This decreased availability of cellular energy (ATP) disrupts the ability of the cell to perform vital cell functions, leading to cell injury (which may progress to irreversible cell damage and death if the cellular oxygen supply is not rapidly corrected). Some cells, such as those in the heart, brain, and kidney, require large amounts of oxygen to function. Brain cells, for example, begin to undergo permanent damage after 4 to 6 minutes of oxygen deprivation. Hypoxia-inducible factors (HIFs) control which genes are expressed in response to low oxygen levels, thereby controlling which proteins are produced and which functions are carried out. During hypoxic conditions, HIFs promote the expression of genes that stimulate red blood cell formation, activate glycolysis, and increase **angiogenesis** (the formation of new blood vessels). The production of more red blood cells allows better oxygen transport throughout the body; glycolysis provides a metabolic pathway to generate ATP without relying on oxygen; and the development of new blood vessels enhances blood supply to oxygen-deficient areas.

Hypoxia causes power failure in the cell, with widespread effects on the cell's structural and functional components. As cellular oxygen levels decrease, oxidative metabolic processes cease (i.e., the oxygen-depended citric acid cycle and electron transport processes for ATP production in the mitochondria) and the cell reverts to anaerobic metabolism (glycolysis). Cells that have intracellular glucose stores in the form of glycogen begin using those limited cellular glycogen stores in an attempt to maintain vital cell functions. Cell pH falls as lactic acid accumulates in the cell as a result of the reliance on anaerobic glycolysis for ATP production. This reduction in pH reflects an acidic environment in the cells that can have adverse effects on intracellular structures and biochemical reactions. Low pH can alter cell membranes and cause chromatin clumping and cell shrinkage.

Reduced ATP supplies also lead to acute cell swelling caused by failure of the energy-dependent sodium/potassium (Na^+/K^+)–ATPase membrane pump, which normally moves sodium out of and potassium into the cell, against their concentration gradients. With impaired function of this pump, passive diffusion moves these ions along their natural concentration gradients, causing intracellular potassium levels to decrease (as intracellular potassium diffuses out of cells) and extracellular sodium and water to diffuse into the cell. The intracellular swelling that results from the movement of sodium and water into the cell is associated with multiple changes, including widening of the endoplasmic reticulum, membrane permeability, and decreased mitochondrial function. As cell membranes break down, extracellular calcium can also begin to diffuse into the cells, and the introduction of calcium into the cytoplasm can cause activation of precursor enzyme molecules located in the cytoplasm, leading to enzymatic damage of cells.

In some instances, cellular changes are reversible if oxygenation is restored. However, if the oxygen supply is not restored, the loss of enzymes, proteins, and ribonucleic acid through the hyperpermeable cell membrane continues. Injury to the lysosomal membranes results in the leakage of destructive lysosomal enzymes into the cytoplasm and enzymatic digestion of cell components. Leakage of intracellular enzymes through the permeable cell membrane into the extracellular fluid provides an important clinical indicator of cell injury and death (Li, Shen, et al., 2023). Blood tests for cardiac biomarkers, such as cardiac-specific enzymes and other intracellular cardiac molecules (e.g., cardiac troponin), can detect this injury. The presence in the bloodstream of these molecules that are normally only found within cardiac muscle indicates that heart muscle has been significantly damaged, such as occurs when cardiac muscle experiences hypoxia during a "heart attack."

Impaired Calcium Homeostasis

Calcium functions as a mediator of many important biochemical processes throughout the body, including the regulated activation of cytoplasmic precursor enzyme molecules involved in normal cellular metabolism, signaling, and turnover. Therefore, the concentration of calcium within the cytoplasm is normally kept very low, preventing inappropriate enzyme activation and cellular injury. When the cell membrane is damaged, however, large amounts of extracellular calcium can diffuse into the cell, leading to uncontrolled activation of cytoplasmic enzymes that degrade cellular proteins, lipids, and nucleic acids. This process can result in cellular "autodigestion" and ultimately cell death (Li, Hu, et al., 2024). Although injured cells are known to accumulate calcium, it remains unclear whether calcium influx is the primary cause of irreversible cell injury.

Causes of Cell Injury

Causes of cell injury can grouped into the following categories:

1. Injury from physical agents
2. Chemical injury
3. Injury from biologic agents
4. Injury from nutritional imbalances

Injury From Physical Agents

Physical agents responsible for cell and tissue injury include mechanical forces, extremes of temperature, electrical forces, and radiation. Common causes of physical injuries include environmental exposures, occupational and transportation accidents, and physical violence and assault.

Mechanical Forces

Mechanical force injury or trauma occurs as a result of impact on the body by another object. The body, the object, or both can be in motion simultaneously at the time of impact. Mechanical injuries split and tear tissue, fracture bones, injure blood vessels, and disrupt blood flow, resulting in cell damage or death due to many factors. Cell membrane disruption causes leakage of intracellular components and disruption of the ion balance maintained by the cell membrane and membrane ion pumps. This can lead to an influx of calcium, which can trigger the cascade of destructive cellular processes that were previously discussed. Disruption of ion homeostasis due to this influx of water, sodium, and calcium can also cause the cell to swell and burst (Bakaeva et al., 2022).

Extremes of Temperature

Extremes of heat and cold cause damage to the cell, including the organelles and enzyme systems. When exposed to low-intensity heat (43°C [109.4°F] to 46°C [114.8°F]), such as occurs with partial-thickness burns and severe heatstroke, cells will initially try to repair damage by producing heat shock proteins; however, as the temperature increases this is no longer possible. At higher temperatures, the bonds holding protein structures together break down—a primary cause of cell death in extreme heat. Damage to cellular DNA can result in mutations and potential cell death. Heat can also damage the cell membrane, disrupting its ability to regulate what enters and exits the cell. When endothelial cells lining the blood vessels are exposed to extremely elevated temperatures, the endothelial cells swell and detach, leading to leakage of fluid and proteins into the surrounding tissue. This vascular injury in turn reduces blood flow and oxygen to tissues, causing further damage or cellular death (Iba et al., 2023).

Exposure to cold causes the phospholipids in cell membranes to stiffen, disrupting cell transport processes and hindering movement of essential molecules such as glucose and oxygen across the cell membrane. In response to colder temperatures, receptors in the skin send signals to the central nervous system, activating sympathetic responses including the release of norepinephrine, which binds to receptors in the vascular smooth muscle cells, causing vasoconstriction, which in turn increases the thickness (viscosity) of the blood. The resultant decrease in blood flow may lead to hypoxic tissue injury, stasis of blood flow within capillaries, and arteriolar and capillary thrombosis. Injury from freezing results from a combination of intracellular ice crystal formation and vasoconstriction (Knapp & Huang, 2022).

Electrical Injuries

Electrical injuries can cause extensive tissue injury and disruption of neural and cardiac impulses. Voltage, type of current, amperage, pathway of the current, resistance of the tissue, and interval of exposure determine the effect of electricity on the body (Zemaitis et al., 2025).

In electrical injuries, the body acts as a conductor of the electrical current (Zemaitis et al., 2025). Current enters the body from an electrical source, travels through the body along pathways of least resistance—primarily body fluids and nerves—and exits to another conductor. The pathway of current flow is critical because electrical energy disrupts impulses in excitable tissues; current passing through the brain may impair respiratory centers, whereas current through the chest may trigger fatal cardiac arrhythmias.

Tissue injury results from both electrical and thermal effects. Resistance to current flow converts electrical energy into heat, causing the greatest damage in tissues with high resistance, such as skin, bone, and fat, which tend to heat and coagulate. Low-resistance tissues, including nerves and blood vessels, transmit current and may sustain indirect injury, such as vascular wall damage, thrombosis, and deep muscle injury. Electrical current can also create transient pores in cell membranes, disrupt protein structure, and alter intracellular ionic balance, impairing cellular function. Resulting cellular injury may be partially reversible or progress to irreversible cell death.

Radiation Injury

Electromagnetic radiation is energy transmitted through electric and magnetic fields at the speed of light and exists along a spectrum ranging from short-wave ionizing gamma rays to very long radiofrequency waves (Fig. 3-4). Energy increases as wavelength shortens. Radiation above the UV range is classified as **ionizing radiation** because its photons have enough energy to displace electrons from atoms, causing cellular injury. **Nonionizing radiation** includes visible light and lower-energy frequencies. Although **UV radiation** is nonionizing, excessive exposure can disrupt intracellular bonds and cause tissue injury, such as sunburn (Zemaitis et al., 2025).

Ionizing radiation injures cells through direct molecular damage and through the generation of destructive free radicals. Cellular effects include immediate cell death, impaired replication, or genetic mutations that may be lethal or contribute to malignancy. Most clinically significant radiation injury occurs during localized irradiation for cancer treatment; whole-body exposure is rare except in unusual circumstances, such as high-dose irradiation before bone marrow transplantation. Because ionizing radiation damages DNA, rapidly dividing cells—such as intestinal epithelium and hematopoietic cells—are particularly vulnerable, whereas slowly dividing tissues (e.g., bone and skeletal muscle) are more resistant. Occupational or unintentional exposure increases long-term cancer risk, especially when exposure occurs during fetal development or childhood (Abalo et al., 2023).

The initial response to radiation injury includes cell swelling, mitochondrial and organelle disruption, membrane alterations, and nuclear damage. Endothelial cells

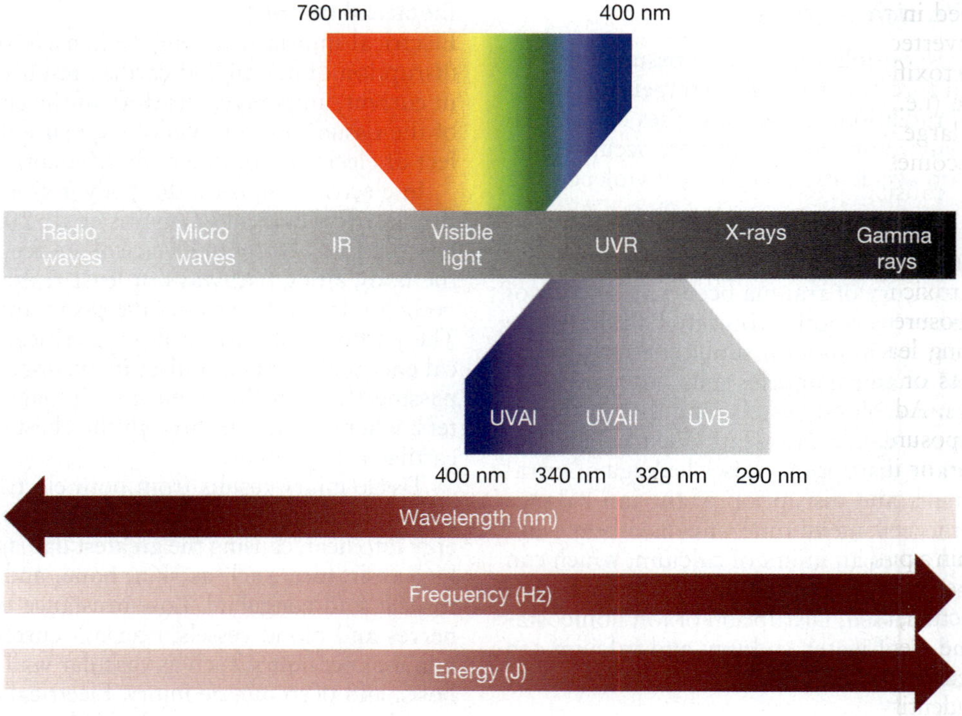

FIGURE 3-4. Spectrum of electromagnetic radiation. (From Nelson, C. [2023]. *Dermatology* [Fig. 1-19]. Wolters Kluwer Health.)

are particularly sensitive, causing the initial erythema (redness) of the skin after radiation therapy. With higher or prolonged exposure, destructive changes occur in small blood vessels. There may be impaired wound healing or acute reversible necrotic injury, and damage to small blood vessels may impair wound healing and cause acute inflammatory or necrotic conditions such as radiation dermatitis, cystitis, or enteritis. Chronic radiation injury is characterized by ischemia, fibrosis, and scarring of affected tissues, such as interstitial fibrosis of the heart or lungs after chest irradiation.

Nonionizing radiation includes infrared light, ultrasound, microwaves, and laser energy. Unlike ionizing radiation, these forms do not break chemical bonds but cause vibration and rotation of atoms, with energy ultimately converted to heat (Zemaitis et al., 2025). Low-frequency nonionizing radiation is widely used in industrial, household, and medical applications. Injury is uncommon and typically thermal, with rare cases of burns or deeper tissue injury reported in industrial settings or with improper microwave use. Current evidence does not support a consistent association between cellphone-emitted nonionizing radiation and cancer risk (Calvente & Núñez, 2024).

UV radiation causes sunburn and increases the risk of skin cancer, with risk influenced by UV type, exposure intensity, and skin pigmentation. UV-induced skin injury is mediated by ROS and direct DNA damage. Normally, DNA repair mechanisms correct UV-related errors; however, individuals with impaired DNA repair are highly susceptible. In xeroderma pigmentosum, an autosomal recessive disorder characterized by defective repair of UV-induced DNA damage, affected individuals exhibit extreme photosensitivity and a markedly increased risk of skin cancer in sun-exposed areas (Leung et al., 2022).

Chemical Injury

Chemicals capable of damaging cells are everywhere around us. Some of the most damaging chemicals in our environment include carbon monoxide, insecticides, and trace metals such as lead. Air and water pollution contain chemicals capable of tissue injury, as do tobacco smoke and some processed or preserved foods.

Chemical agents can injure the cell membrane and other cell structures, block enzymatic pathways, coagulate cell proteins, and disrupt the osmotic and ionic balance of the cell. Corrosive substances such as strong acids and bases destroy cells as the substances come into contact with the body. Other chemicals may injure cells in the process of metabolism or elimination. For example, carbon tetrachloride (CCl_4), a chemical used primarily in manufacturing, causes little damage until it is metabolized by liver enzymes to a highly reactive free radical, making it extremely toxic to liver cells (Al Amin & Menezes, 2022).

Drugs

Many drugs—alcohol, prescription drugs, over-the-counter drugs, and street drugs—are capable of directly or indirectly damaging cells and tissues. Ethyl alcohol can harm the gastric mucosa, liver, developing fetus, and other organs. Antineoplastic and immunosuppressant drugs can directly injure cells. Other drugs produce metabolic end products that are toxic to cells. Acetaminophen, a commonly used over-the-counter analgesic drug, is detoxified in the liver, where small amounts of the drug are converted to a highly toxic metabolite. This metabolite is detoxified by a metabolic pathway that uses a substance (i.e., glutathione) normally present in the liver. When large amounts of the drug are ingested, this pathway becomes overwhelmed and toxic metabolites accumulate, causing massive liver necrosis.

Lead Toxicity

Lead is a highly toxic metal that accumulates in the body even at low exposure levels. Environmental sources include deteriorating lead-based paint, contaminated dust or soil, lead pipes or solder, certain ceramics, and older or imported toys. Adults often encounter lead through occupational exposure. Children are exposed primarily through ingestion or inhalation of lead-containing materials. Although regulatory measures have reduced population lead exposure, elevated blood lead levels, particularly in children, remain a public health concern (Ritchie, 2022). Even low-level exposure is associated with significant cognitive, intellectual, and neurobehavioral deficits. In the United States, the Centers for Disease Control and Prevention (CDC) currently uses a blood lead reference value of 3.5 mc/dL to identify children with higher-than-normal lead levels (World Health Organization, 2024).

Lead is absorbed through the gastrointestinal tract or lungs, with increased absorption occurring in individuals deficient in calcium, iron, or zinc. Once in the bloodstream, lead is distributed to the brain, kidneys, liver, and bones, and is eliminated by the kidneys. Significant amounts are stored in the bones and teeth, allowing accumulation over time. Lead crosses the placenta, exposing the fetus to levels of lead that are comparable to those of the mother.

Lead toxicity results from multiple biochemical effects, including enzyme inactivation, interference with calcium-dependent processes, and disruption of nerve transmission and brain development. The principal target organs are the red blood cells, gastrointestinal tract, kidneys, and nervous system. Anemia is a hallmark finding, caused by impaired hemoglobin synthesis and increased red blood cell fragility, resulting in shortened RBC lifespan and microcytic, hypochromic cells. Gastrointestinal manifestations in adults include severe, poorly localized abdominal pain ("lead colic"). Renal involvement may lead to chronic kidney injury and secondary hypertension.

Neurologic effects include demyelination and neuronal loss within the central nervous system, particularly in children, leading to impaired cognitive and behavioral development. Adults may develop peripheral neuropathy. The most severe manifestation is acute lead encephalopathy, characterized by persistent vomiting, ataxia, seizures, papilledema, altered consciousness, and coma. Encephalopathy may occur abruptly or follow earlier neurologic or gastrointestinal symptoms.

Management of lead toxicity involves removal of the lead source and, in cases of severe toxicity, administration of a chelating agent. Children with blood levels of 45 to 69 mcg/dL with no symptoms are typically treated Public health evaluation and remediation of environmental sources are essential to prevent continued exposure (CDC, 2024).

Mercury Toxicity

In addition to lead, **mercury** is one of the most toxic metals. It has been used for industrial and medical purposes for hundreds of years and can also be found in dental fillings and in fish that are high on the food chain or that have longer lifespans, such as tuna and swordfish. Mercury is toxic in four primary forms: mercury vapor, inorganic divalent mercury, methylmercury, and ethylmercury. Mercury exposure can damage multiple organ systems and body functions. The extent of damage depends on the form of mercury, route of exposure (inhalation, ingestion, or dermal contact), and duration of exposure (Agency for Toxic Substances and Disease Registry, 2024).

Injury From Biologic Agents

Biologic agents differ from other injurious agents in that they are able to replicate and can continue to produce their injurious effects. These agents range from submicroscopic viruses to the larger parasites. Biologic agents injure cells by diverse mechanisms, including membrane disruption, DNA damage, protein synthesis disruption, and oxidative stress. Viruses enter the cell and become incorporated into its DNA synthetic machinery. Certain bacteria elaborate exotoxins that interfere with cellular production of ATP. Other bacteria, such as the Gram-negative bacilli, release endotoxins that cause cell injury and increased capillary permeability. The cells of the immune system, while trying to fight off infection, can sometimes also cause collateral damage to healthy cells during the inflammatory response.

Injury From Nutritional Imbalances

Nutritional excesses and nutritional deficiencies predispose cells to injury. Diets high in saturated fats are thought to predispose people to atherosclerosis. The body requires more than 60 organic and inorganic substances in amounts ranging from micrograms to grams. These nutrients include minerals, vitamins, certain fatty acids, and specific amino acids. Dietary deficiencies can occur in the form of **starvation**, in which there is a deficiency of all nutrients and vitamins, or because of a selective deficiency of a single nutrient or vitamin. **Iron-deficiency anemia, scurvy, beriberi,** and **pellagra** are examples of injury caused by the lack of specific vitamins or minerals. The protein and calorie deficiencies that occur with starvation cause widespread tissue damage. **Obesity** produces a state of low-grade chronic inflammation that signals cellular reactions and can lead to cell death and metabolic imbalances (Hildebrandt et al., 2022).

Reversible Cell Injury and Cell Death

The mechanisms of cell injury can produce sublethal and reversible cellular damage or lead to irreversible injury with cell destruction or death (Fig. 3-5).

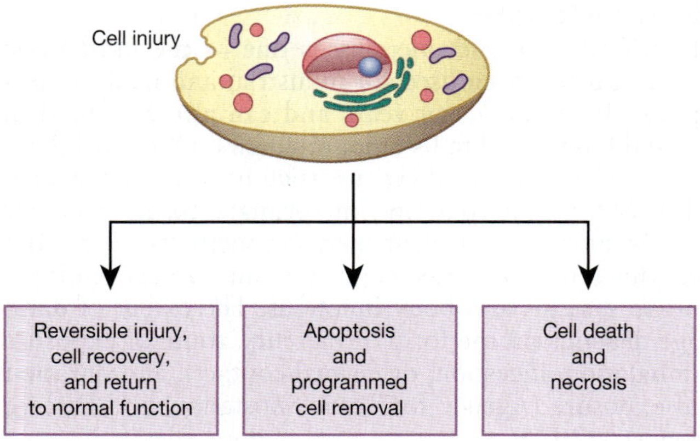

FIGURE 3-5. Outcomes of cell injury: reversible cell injury, apoptosis and programmed cell removal, and cell death and necrosis.

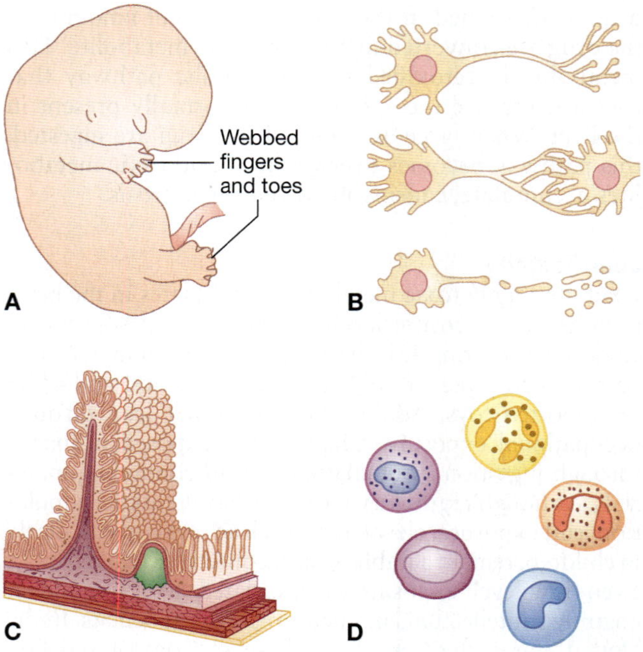

FIGURE 3-6. Examples of apoptosis: (A) separation of webbed fingers and toes in embryo; (B) development of neural connections; neurons that do not establish synaptic connections and receive survival factors may be induced to undergo apoptosis; (C) removal of cells from intestinal villi; new epithelial cells continuously form in the crypts, migrate to the villus tip as they age, and undergo apoptosis at the tip at the end of their lifespan; and (D) removal of senescent blood cells.

Reversible Cell Injury

Reversible cell injury, although impairing cell function, does not result in cell death. Two patterns of reversible cell injury can be observed under the microscope: cellular swelling and fatty change. Cellular swelling occurs with impairment of the energy-dependent Na^+/K^+–ATPase membrane pump, usually as a result of hypoxic cell injury.

Fatty changes are linked to intracellular accumulation of fat. When fatty changes occur, small vacuoles of fat disperse throughout the cytoplasm. The process is usually more ominous than cellular swelling, and although it is reversible, it usually indicates severe injury. These fatty changes may occur because normal cells are presented with an increased fat load or because injured cells are unable to metabolize the fat properly. In obese people, fatty infiltrates often occur within and between the cells of the liver and heart because of an increased fat load. Pathways for fat metabolism may be impaired during cell injury, and fat may accumulate in the cell as production exceeds use and export. The liver, where most fats are synthesized and metabolized, is particularly susceptible to fatty change, but fatty changes may also occur in the kidney, the heart, and other organs.

Cell Death

In most normal nontumor cells, the number of cells in tissues is regulated by balancing cell proliferation and cell death. Cell destruction and removal can involve one of two mechanisms:

- Apoptosis, which is designed to remove injured or worn-out cells
- Necrosis, which occurs in irreversibly damaged cells

Apoptosis

Apoptosis is a mechanism of programmed cell death. Generally, apoptosis is responsible for several normal physiologic processes. It helps the immune system fight infections by removing immune cells that accidentally target the body's own tissues and works to prevent cancer by stopping cancer cells from growing out of control. It is a highly selective process that is used to eliminate injured and aged cells, thereby controlling tissue regeneration. During the menstrual cycle, apoptotic death of endometrial cells allows the lining of the uterus to be shed. After lactation, apoptosis is responsible for regression of breast tissue. During embryonic organ development, apoptotic cell death allows for the next stage of organ development, such as the heart, which begins as a pulsating tube and is gradually modified to become a four-chambered pump. It also separates the webbed fingers and toes of the developing embryo (Fig. 3-6). The control of immune cell numbers and destruction of autoreactive T cells in the thymus have also been credited to apoptosis.

While apoptosis is a normal process that can be beneficial, when it occurs prematurely or is regulated abnormally, it can contribute to pathologic processes and diseases. For example, dysregulated apoptosis is known to be a mechanism that contributes to **carcinogenesis**. It may also be implicated in neurodegenerative disorders such as Parkinson disease (Gupta, 2022).

Cells undergoing apoptosis have characteristic morphologic features as well as biochemical changes. During this process, cells shrink, the nucleus condenses, and its DNA breaks down into smaller pieces, all while keeping its outer membrane intact. This creates small packages called apoptotic bodies that are then cleaned up by other cells through a process called phagocytosis (Fig. 3-7).

Many inhibitors of apoptosis within cells are known and thought to contribute to cancer and autoimmune

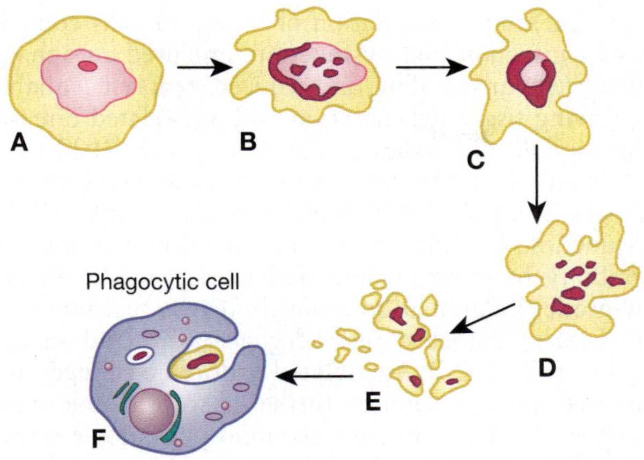

FIGURE 3-7. Apoptotic cell removal: shrinking of the cell structures (A), condensation and fragmentation of the nuclear chromatin (B and C), separation of nuclear fragments and cytoplasmic organelles into apoptotic bodies (D and E), and engulfment of apoptotic fragments by a phagocytic cell (F).

diseases by disabling removal of unhealthy cells (Wang et al., 2022). The therapeutic actions of certain drugs may induce or facilitate apoptosis. Apoptosis continues to be an active area of investigation to better understand and treat a variety of diseases (Nowak-Sliwinska & Griffioen, 2023).

Necrosis

Necrosis refers to cell death in an organ or tissue that is still part of a living organism (Zemaitis et al., 2025). Necrosis differs from apoptosis in that it is not programmed or organized and is almost always associated with disease rather than a physiologic (normal and healthy) process (Adigun et al., 2023). In contrast to apoptosis, which functions in removing cells so new cells can replace them, necrosis often interferes with cell replacement and tissue regeneration.

With necrotic cell death, there are marked changes in the appearance of the cytoplasmic contents and the nucleus. The dissolution of the necrotic cell or tissue can follow several paths:

- **Liquefactive necrosis** transforms the cell into a liquid, viscous mass when enzymes from bacteria, fungi, or the body's own immune cells rapidly break down tissue in the presence of infection or following ischemic injury in the brain (Adigun et al., 2023). An example of liquefactive necrosis is the softening of the center of an **abscess** with discharge of its contents or the complete destruction of brain tissue after a stroke.
- **Coagulative necrosis** transforms the cell into a gray, firm mass as cells die but their basic structure is preserved for a period of time. This type of necrosis is most common in organs like the heart, kidney, and spleen and typically happens when blood flow is cut off (ischemia), such as during a heart attack. Over time, the dead tissue is broken down and replaced by scar tissue.
- **Fat necrosis** transforms the cell into a chalky, white, or opaque material when acute inflammation affects fatty tissues such as that found in the pancreas or breast. Damaged cells release enzymes that break down fat cells, releasing free fatty acids that react with calcium to form firm, white, gritty areas. An example of this is the cellular death that occurs with acute pancreatitis (Adigun et al., 2023).
- **Caseous necrosis** is a distinctive form of coagulative necrosis in which the dead cells become a cheesy, crumbly material and persist indefinitely. It is most commonly found in the lungs and lymph nodes of those infected with tuberculosis and results from the infection.

The term **gangrene** is applied when a considerable mass of tissue undergoes necrosis. Gangrene may be classified as dry or moist. In dry gangrene, the part becomes dry and shrinks, the skin wrinkles, and its color changes to dark brown or black. The spread of dry gangrene is slow, and its symptoms are not as marked as those of wet gangrene. The irritation caused by the dead tissue produces a line of inflammatory reaction (i.e., a line of demarcation) between the dead tissue of the gangrenous area and the healthy tissue. Dry gangrene usually results from interference with the arterial blood supply to a part without interference with venous return and is a form of coagulative necrosis.

In moist or wet gangrene, the area is cold, swollen, and pulseless. The skin is moist, black, and under tension. Blebs form on the surface, liquefaction occurs, and a foul odor is caused by bacterial action. There is no line of demarcation between the normal and diseased tissues, and the spread of tissue damage is rapid. Systemic symptoms are usually severe, and death may occur unless the condition can be arrested. Moist or wet gangrene primarily results from interference with venous return from the part. Bacterial invasion plays an important role in the development of wet gangrene and is responsible for many of its prominent symptoms. Dry gangrene is confined almost exclusively to the extremities, but moist gangrene may affect the internal organs or the extremities. If bacteria invade the necrotic tissue, dry gangrene may be converted to wet gangrene (Fig. 3-8) (Bhargava et al., 2023).

Gas gangrene is a special type of gangrene that results from infection of devitalized tissues by one of several

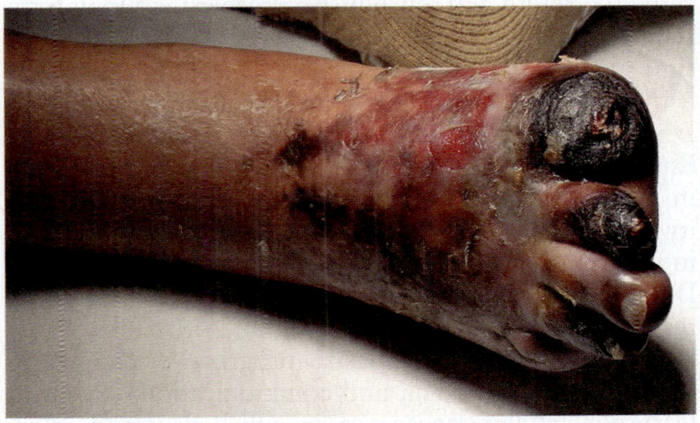

FIGURE 3-8. Dorsal view of a right lower extremity with wet gangrene. Note the previous amputation of the hallux. Aspects of wet gangrene, such as ecema, erythema, and necrotic tissue, are present. (From Upchurch, G. R., & Henke, P. K. [2015]. *Clinical scenarios in vascular surgery* [Fig. 96-2]. Wolters Kluwer Health.)

Clostridium bacteria, most commonly *Clostridium perfringens*. These anaerobic and spore-forming organisms are widespread in nature, particularly in soil. Gas gangrene is prone to occur in trauma and compound fractures in which dirt and debris are embedded. Some species have been isolated in the stomach, gallbladder, intestine, vagina, and skin of healthy people. Characteristic of this disorder are the bubbles of hydrogen sulfide gas that form in the muscle. Gas gangrene is a serious and potentially fatal disease. Antibiotics are used to treat the infection, and surgical methods are used to remove the infected tissue. Amputation may be required to prevent spreading of infection involving a limb (Buboltz & Murphy-Lavoie, 2023).

Necrotizing fasciitis, often called "flesh-eating disease," is a life-threatening and rapidly spreading soft-tissue infection most commonly occurring on the extremities, abdomen, or perineum. It can occur without a known cause but is most commonly the result of polymicrobial infection with both aerobic and anaerobic bacteria. The bacteria release toxins that destroy tissues, blood vessels, and the immune response. Individuals who are immunocompromised or diabetic are more likely to progress to severe multiorgan failure and eventual death if not treated quickly (Guliyeva et al., 2024).

Cellular Aging

Like adaptation and injury, aging reflects progressive changes at the cellular level that ultimately contribute to cell dysfunction and death. Aging is a complex, multifactorial process, and no single theory fully explains it. Instead, aging is best understood through complementary evolutionary, molecular, cellular, and systems-level theories.

Evolutionary theories suggest that aging arises from trade-offs between reproduction, survival, and long-term cellular maintenance. Genetic traits that enhance reproductive success early in life may persist even if they contribute to cellular dysfunction later, particularly as natural selection weakens after reproductive age. Limited biologic resources are preferentially allocated to growth and reproduction rather than long-term repair, allowing cellular damage to accumulate over time (Thompson, 2022).

Molecular theories focus on cumulative damage to DNA, proteins, and organelles that occurs with aging. Environmental exposures, oxidative stress, and errors in DNA replication contribute to genomic instability and altered gene expression. Epigenetic changes—modifications in gene regulation that do not alter the DNA sequence—further impair cellular efficiency and resilience with age (Li, Tian, et al., 2024).

Cellular theories emphasize progressive declines in cellular function, repair, and communication. A central feature is **cellular senescence**, in which damaged or repeatedly dividing cells permanently stop dividing but remain metabolically active. Senescent cells release proinflammatory and tissue-disrupting factors that impair neighboring cells and promote chronic inflammation. Over time, the accumulation of senescent cells contributes to mitochondrial dysfunction, impaired autophagy, altered cellular signaling, and reduced stem cell availability, driving tissue degeneration and age-related diseases (Ogrodnik & Gladyshev, 2023; Zhang et al., 2022).

Systems-level theories examine how aging-related changes in integrated biologic systems amplify cellular dysfunction. Declines in immune function increase susceptibility to infection and malignancy, while chronic low-grade inflammation contributes to cardiovascular disease, diabetes, neurodegeneration, and cancer (Li, Li, et al., 2023). Age-related endocrine changes and impaired stress responses further disrupt homeostasis (Xing et al., 2023). In contrast, mild physiologic stressors such as exercise and caloric restriction may activate repair mechanisms that enhance resilience and delay aspects of the aging process (Calabrese et al., 2023).

SUMMARY CONCEPTS

Agents that damage cells exert their effects primarily through the generation of free radicals, hypoxia, or disruption of intracellular calcium levels. Free radicals are an important mechanism of cell injury during oxidative stress, hyperoxia, reperfusion, and exposure to radiation or certain chemical agents. Hypoxia and ischemia cause cell injury by limiting oxygen availability, which may result from environmental, cardiorespiratory, hematologic, or cellular factors. Increased cytoplasmic calcium activates enzymes that can damage cellular structures.

Cell injury may result from physical agents (mechanical forces, temperature extremes, electricity, and radiation), chemical agents that disrupt enzymatic activity or cellular homeostasis, biologic agents capable of ongoing injury, and nutritional imbalances involving deficiencies or excesses of essential nutrients.

Injurious stimuli may cause reversible cellular damage or progress to irreversible injury and death. Cell death occurs through apoptosis or necrosis. Apoptosis is a regulated process that removes damaged, dysfunctional, or excess cells, whereas necrosis is characterized by cell swelling, rupture of the cell membrane, and inflammation.

Aging reflects the cumulative effects of cellular damage and declining repair capacity. Aging is best explained by integrated evolutionary, molecular, cellular, and systems-level mechanisms, including trade-offs between reproduction and maintenance, accumulated molecular and epigenetic changes, cellular senescence with proinflammatory effects, and age-related declines in immune and endocrine system function.

Integrating Clinical Decision Making

A patient with a long-standing history of chronic anemia is seen in the clinic for ongoing fatigue and decreased exercise tolerance. During the visit, the provider explains, "Because your blood has been carrying less oxygen than normal for a long time, some of your body's cells have had to work harder to keep functioning. The cells involved can't make new copies of themselves, so instead they adapt by getting larger. They build more internal structures and proteins so they can keep up with the increased workload. This change helps the cells function despite the ongoing stress." The provider explains that this response is adaptive and initially protective, allowing the tissue to maintain function despite reduced oxygen availability.

1. Based on the provider's explanation, identify the type of cellular adaptation occurring and describe the key structural change in the affected cells.
2. Explain why hypertrophy, rather than hyperplasia, is the adaptive response described in this scenario.

At a follow-up visit, the provider explains that the chronic anemia has worsened, further reducing oxygen delivery to the cells: "When cells don't get enough oxygen, they can't make enough energy to keep their internal systems working properly. The cells begin to swell, their membranes become leaky, and calcium moves into areas where it doesn't belong. Once that happens, enzymes inside the cell can start damaging essential structures, and some cells are no longer able to recover." The provider explains that irreversible cellular injury has now occurred in some of the affected tissue.

3. Explain the primary cellular mechanisms responsible for the progression from reversible to irreversible cell injury in this scenario.
4. Based on the described cellular events, determine whether the resulting cell death is more consistent with apoptosis or necrosis, and explain your reasoning.

REFERENCES

Abalo, K. D., Malekzadeh-Milani, S., Hascoët, S., Dreuil, S., Feuillet, T., Damon, C., Bouvaist, H., Bouzguenda, I., Cohen, S., Dauphin, C., Di Filippo, S., Douchin, S., Godart, F., Guérin, P., Helms, P., Karsenty, C., Lefort, B., Mauran, P., Ovaert, C., ... Rage, E. (2023). Lympho-hematopoietic malignancies risk after exposure to low dose ionizing radiation during cardiac catheterization in childhood. *European Journal of Epidemiology, 38*(7), 821–834. https://doi.org/10.1007/s10654-023-01010-7

Adigun, R., Basit, H., & Murray, J. (2023). Cell liquefactive necrosis. In *StatPearls* [Internet]. StatPearls Publishing.

Agency for Toxic Substances and Disease Registry. (2024, November 5). *ToxFAQs™ for mercury*. Centers for Disease Control and Prevention. https://wwwn.cdc.gov/TSp/ToxFAQs/ToxFAQsDetails.aspx?faqid=113&toxid=24#:~:text=All%20forms%20of%20mercury%20can,and%20memory%2C%20and%20mood%20changes

Al Amin, A. S. M., & Menezes, R. G. (2022, January). Carbon tetrachloride toxicity. In *StatPearls* [Internet]. StatPearls Publishing. https://www.ncbi.nlm.nih.gov/books/NBK562180/

Bakaeva, Z., Goncharov, M., Krasilnikova, I., Zgodova, A., Frolov, D., Grebenik, E., Timashev, P., Pinelis, V., & Surin, A. (2022). Acute and delayed effects of mechanical injury on calcium homeostasis and mitochondrial potential of primary neuroglial cell culture: Potential causal contributions to post-traumatic syndrome. *International Journal of Molecular Sciences, 23*(7), 3858. https://doi.org/10.3390/ijms23073858

Bhargava, A., Mahakalkar, C., & Kshirsagar, S. (2023). Understanding gangrene in the context of peripheral vascular disease: Prevalence, etiology, and considerations for amputation-level determination. *Cureus, 15*(11), e49026. https://doi.org/10.7759/cureus.49026

Buboltz, J. B., & Murphy-Lavoie, H. M. (2023). Gas gangrene. In *StatPearls* [Internet]. StatPearls Publishing.

Cai, Y., Liu, S., Zhao, X., Ren, L., Liu, X., Gang, X., & Wang, G. (2024). Pathogenesis, clinical features, and treatment of plurihormonal pituitary adenoma. *Frontiers in Neuroscience, 17*, 1323883. https://doi.org/10.3389/fnins.2023.1323883

Calabrese, E. J., Osakabe, N., Di Paola, R., Siracusa, R., Fusco, R., D'Amico, R., Impellizzeri, D., Cuzzocrea, S., Fritsch, T., Abdelhameed, A. S., Wenzel, U., Franceschi, C., & Calabrese, V. (2023). Hormesis defines the limits of lifespan. *Ageing Research Reviews, 91*, 102074. https://doi.org/10.1016/j.arr.2023.102074

Calvente, I., & Núñez, M. I. (2024). Is the sustainability of exposure to non-ionizing electromagnetic radiation possible? *Medicina Clínica, 162*(8), 387–393. https://doi.org/10.1016/j.medcli.2023.11.011

Centers for Disease Control and Prevention. (2024). *About childhood lead poisoning prevention*. Retrieved December 1, 2024, from https://www.cdc.gov/nceh/lead/

Chou, A.-J., Bing, R.-S., & Ding, D.-C. (2024). Endometrial atypical hyperplasia and risk of endometrial cancer. *Diagnostics, 14*(22), 2471. https://doi.org/10.3390/diagnostics14222471

Guliyeva, G., Huayllani, M. T., Sharma, N. T., & Janis, J. E. (2024). Practical review of necrotizing fasciitis: Principles and evidence-based management. *Plastic and Reconstructive Surgery-Global Open, 12*(1), e5533. https://doi.org/10.1097/gox.0000000000005533

Gupta, A. (2022). Role of caspases and apoptosis in Parkinson's disease. *Human Caspases and Neuronal Apoptosis in Neurodegenerative Diseases*, 153–173. https://doi.org/10.1016/b978-0-12-820122-0.00003-0

Hall, J. E., & Hall, M. E. (2025). *Guyton and Hall textbook of medical physiology* (15th ed.). Elsevier Health Sciences.

Hildebrandt, X., Ibrahim, M., & Peltzer, N. (2022). Cell death and inflammation during obesity: "Know my methods, Wat(son)." *Cell Death & Differentiation, 30*(2), 279–292. https://doi.org/10.1038/s41418-022-01062-4

Iba, T., Helms, J., Levi, M., & Levy, J. H. (2023). Inflammation, coagulation, and cellular injury in heat-induced shock. *Inflammation*

Research, *72*(3), 463–473. https://doi.org/10.1007/s00011-022-01687-8

Ju, X., Qi, J., & Bai, J. (2024). Pulmonary metastatic calcification. *Asian Journal of Surgery*, *47*(11), 4808–4809. https://doi.org/10.1016/j.asjsur.2024.05.139

Kerdsirichairat, T. (2024). *Understanding gastric intestinal metaplasia (GIM): A guide*. https://www.bumrungrad.com/en/health-blog/february-2024/understanding-gastric-Intestinal-metaplasia

Knapp, B. D., & Huang, K. C. (2022). The effects of temperature on cellular physiology. *Annual Review of Biophysics*, *51*(1), 499–526. https://doi.org/10.1146/annurev-biophys-112221-074832

Kumar, V., Abbas, A. K., Aster, J. C., Deyrup, A. T., Das, A., & Robbins, S. L. (2023). *Robbins & Kumar basic pathology* (11th ed.). Elsevier.

Leung, A. K. C., Barankin, B., Lam, J. M., Leong, K. F., & Hon, K. L. (2022). Xeroderma pigmentosum: An updated review. *Drugs Context*, *11*, 1–17. https://doi.org/10.7573/dic.2022-2-5

Li, L., Shen, S., Bickler, P., Jacobson, M. P., Wu, L. F., & Altschuler, S. J. (2023). Searching for molecular hypoxia sensors among oxygen-dependent enzymes. *eLife*, *12*. https://doi.org/10.7554/elife.87705

Li, X., Li, C., Zhang, W., Wang, Y., Qian, P., & Huang, H. (2023). Inflammation and aging: Signaling pathways and Intervention therapies. *Signal Transduction and Targeted Therapy*, *8*(1), 239. https://doi.org/10.1038/s41392-023-01502-8

Li, Y., Tian, X., Luo, J., Bao, T., Wang, S., & Wu, X. (2024). Molecular mechanisms of aging and anti-aging strategies. *Cell Communication and Signaling*, *22*(1), 285. https://doi.org/10.1186/s12964-024-01663-1

Li, Z., Hu, O., Xu, S., Lin, C., Yu, W., Ma, D., Lu, J., & Liu, P. (2024). The sirt3-ATAD3A axis regulates mam dynamics and mitochondrial calcium homeostasis in cardiac hypertrophy. *International Journal of Biological Sciences*, *20*(3), 831–847. https://doi.org/10.7150/ijbs.89253

Nowak-Sliwinska, P., & Griffioen, A. W. (2023). Rising impact of cell death research. *Apoptosis*, *28*(11–12), 1503–1504. https://doi.org/10.1007/s10495-023-01895-5

Nunes, E. A., Stokes, T., McKendry, J., Currier, B. S., & Phillips, S. M. (2022). Disuse-induced skeletal muscle atrophy in disease and nondisease states in humans: Mechanisms, prevention, and recovery strategies. *American Journal of Physiology-Cell Physiology*, *322*(6), C1068–C1084. https://doi.org/10.1152/ajpcell.00425.2021

Ogrodnik, M., & Gladyshev, V. N. (2023). The meaning of adaptation in aging: Insights from cellular senescence, epigenetic clocks and stem cell alterations. *Nature Aging*, *3*(7), 766–775. https://doi.org/10.1038/s43587-023-00447-5

Pacheco, C. H., Porto, C. L., de Vieira, J., Milhomens, A. L., Fiorelli, R. K., Fiorell, S. K., & Marques, M. A. (2022). Dystrophic calcinosis cutis in chronic venous disease of the lower limbs. *Jornal Vascular Brasileiro*, *21*, e20210166. https://doi.org/10.1590/1677-5449.202101661

Prakash, S., Damle, N. A., Sethi, P., & Jana, M. (2023). Extensive metastatic vascular calcification in a patient with chronic renal failure and tubercular osteomyelitis as seen on F-18 fluorodeoxyglucose positron emission tomography/computed tomography. *Indian Journal of Nuclear Medicine*, *38*(1), 74–75. https://doi.org/10.4103/ijnm.ijnm_131_22

Ritchie, H. (2022). *Many countries have achieved an impressive reduction in lead poisoning*. OurWorldinData.org. https://ourworldindata.org/decline-lead-poisoning

Roberts, M. D., McCarthy, J. J., Hornberger, T. A., Phillips, S. M., Mackey, A. L., Nader, G. A., Boppart, M. D., Kavazis, A. N., Reidy, P. T., Ogasawara, R., Libardi, C. A., Ugrinowitsch, C., Booth, F. W., & Esser, K. A. (2023). Mechanisms of mechanical overload-induced skeletal muscle hypertrophy: Current understanding and future directions. *Physiological Reviews*, *103*(4), 2679–2757. https://doi.org/10.1152/physrev.00039.2022

Singh, G., Cue, L., & Puckett, Y. (2024). Endometrial hyperplasia. In *StatPearls* [Internet]. StatPearls Publishing. Updated April 30, 2024. https://www.ncbi.nlm.nih.gov/books/NBK560693/

Thompson, M. E. (2022). *Evolutionary approaches in aging research*. Cold Spring Harbor Perspectives in Medicine. https://doi.org/10.1101/cshperspect.a041195

Wang, L., Jin, H., Jochems, F., Wang, S., Lieftink, C., Martinez, I. M., De Conti, G., Edwards, F., de Oliveira, R. L., Schepers, A., Zhou, Y., Zheng, J., Wu, W., Zheng, X., Yuan, S., Ling, J., Jastrzebski, K., Santos Dias, M. D., Song, J.-Y., ... Bernards, R. (2022). CFLIP suppression and DR5 activation sensitize senescent cancer cells to senolysis. *Nature Cancer*, *3*(11), 1284–1299. https://doi.org/10.1038/s43018-022-00462-2

World Health Organization. (2024, September 27). *Lead poisoning*. https://www.who.int/news-room/fact-sheets/detail/lead-poisoning-and-health

Xing, Y., Xuan, F., Wang, K., & Zhang, H. (2023). Aging under endocrine hormone regulation. *Frontiers in Endocrinology*, *14*, 1223529. https://doi.org/10.3389/fendo.2023.1223529

Zemaitis, M. R., Guirguis, M., & Cindass, R. (2025). Electrical injuries. In *StatPearls* [Internet]. StatPearls Publishing. https://www.ncbi.nlm.nih.gov/books/NBK448087/

Zhang, L., Pitcher, L. E., Yousefzadeh, M. J., Niedernhofer, L. J., Robbins, P. D., & Zhu, Y. (2022). Cellular senescence: A key therapeutic target in aging and diseases. *Journal of Clinical Investigation*, *132*(15). https://doi.org/10.1172/jci158450

Zigmond, M. J., Wiley, C. A., & Chesselet, M.-F. (2022). *Neurobiology of brain disorders: Biological basis of neurological and psychiatric disorders* (2nd ed.). Academic Press.

UNIT 3 Integrated Processes

CHAPTER 4

Stress and Adaptation

Learning Objectives

After completing this chapter, the learner will be able to meet the following objectives:

1. Describe and differentiate the concepts of homeostasis, adaptation, and stress.
2. Describe the components of a physiologic control system and compare and contrast the functions of negative and positive feedback mechanisms.
3. Explain the coordinated roles of the nervous and endocrine systems in mediating the stress response.
4. Evaluate the interrelationship among the nervous, endocrine, and immune systems in modulating the stress response and maintaining overall homeostasis.
5. Explain adaptation and its physiologic purpose in responding to internal and external stressors.
6. Discuss Selye's *general adaptation syndrome* and its relevance to stress physiology.
7. Describe the physiologic and psychological effects of a chronic stress response.
8. Describe the defining characteristics of posttraumatic stress disorder (PTSD).

The damaging effects of stress on health have been increasingly recognized, with stress being one of the most significant contributors to 21st-century health problems (Moses et al., 2023). Stressors take many forms, and the concept of stress is widely examined across disciplines such as health care, economics, political science, business, and education. The physiologic response to stress is often recognized as a contributing factor in a variety of individual physical and mental challenges, as well as societal challenges.

A 2025 American Psychological Association (APA) survey titled *Stress in America* identified multiple sources of stress with effects on the overall health and well-being of Americans living in the United States (APA, 2025). Significant sources include concerns about the future of the nation, the economy, work, spread of misinformation, money, politics, housing costs, mass shootings, social divisiveness, rise of artificial intelligence (AI), and relationships, in that order. While overall stress levels remained steady, concern about the rise of AI and the spread of inaccurate or misleading information spiked. The COVID-19 pandemic greatly contributed to psychological stressors both within and outside of health care settings. Months of working on the front lines contributed significantly to nurse burnout, worsening the nursing shortage (Sullivan et al., 2022). Physicians also reported an increase in anxiety, stress, and intent to leave the profession (Obeng-Gyasi, 2022). The physical consequences of these stressors have become evident as well, with most adults reporting at least one symptom resulting from stress, such as headache, fatigue, or changes in sleep habits (APA, 2022).

In 1910, Sir William Osler delivered his *Lumleian Lectures on Angina Pectoris*, connecting the condition to "stress and strain" (Osler, 1910). Approximately 15 years later, Walter Cannon, well known for his work in physiology, began to use the word *stress* in relation to his laboratory experiments on the **"fight-or-flight" response**. It seems possible that the term emerged from his work on the homeostatic features of living organisms and their tendency to "bound back" and "resist disruption" when acted on by an "external force" (Cannon, 1935). Cannon referred to the concept of a stable internal environment as *homeostasis*, which is achieved through a system of carefully coordinated physiologic processes that oppose change (Cannon, 1939). Cannon pointed out that these processes were largely automatic and emphasized that homeostasis involves resistance to both internal and external disturbances.

At about the same time, Hans Selye, who became known for his research and publications on stress, began using the term stress in a very special way to mean an orchestrated set of bodily responses to any form of noxious stimuli (Selye, 1946).

Homeostasis

The concepts of stress and adaptation have their origins in the complexity of the human body and the interactions between its cells and its many organ systems. These interactions require that a level of **homeostasis** or constancy be maintained during the many changes that occur in the internal and external environments.

Constancy of the Internal Environment

Claude Bernard, a 19th-century physiologist, was the first to describe clearly the central importance of a stable internal environment, which he termed the *milieu intérieur* (Bernard, 1878). Bernard recognized that body fluids surrounding the cells (extracellular fluids) and the various organ systems provide the means for exchange between the external and the internal cellular environments. It is from this internal environment that body cells receive their nourishment, and it is into this fluid that they secrete their wastes. Even the contents of the gastrointestinal tract and lungs do not become part of the internal environment until they have been absorbed into the extracellular fluid. A multicellular organism is able to survive only as long as the composition of the internal environment is compatible with the survival needs of the individual cells. For example, even a small change in the pH of the body fluids can disrupt intracellular metabolic processes.

Control Systems

In humans, **stressors** represent any threat to well-being, or any real or perceived disruption of physiologic homeostasis (Moses et al., 2023). When the body experiences stressors of any type, the homeostasis of the body is threatened. The ability of the body to function and maintain homeostasis under conditions of change in the internal and external environment depends on the thousands of physiologic **control systems** that regulate body function. A homeostatic control system consists of a collection of interconnected components that function to keep a physical or chemical parameter of the body relatively constant. The body's control systems regulate cellular function, control life processes, and integrate functions of the different organ systems. Hormones in the brain control nerve activity, regulate information flow, and, ultimately, influence behavior. These neuroendocrine control systems mediate the physical, emotional, and behavioral reactions to stressors that, taken together, are called the **stress response**.

As with any control system, each stress response involves a **sensor** to detect the change, an **integrator** to sum all incoming data and compare them with "normal," and **effectors** to try to reverse the change. For instance, a hiker's eyes (sensor) see a snake (stressor), and the cerebral cortex (integrator) of the individual determines that the snake is a threat and activates the heart, respiratory muscles, and many other organs (effectors) to assist in escape.

The goal of the stress response is to reverse the effects of stress and return the body to a state of homeostasis. This change in response to stressors is the process of **adaptation**, which involves not only physiologic responses but also other coping responses, including psychological and behavioral responses.

When the body experiences stressors of any type, the homeostasis of the body is threatened. In response to the altered homeostasis, the body activates a variety of responses with the goal of reversing the effects of stress and returning the body to a state of homeostasis. This change in response to stressors is the process of adaptation, which involves not only physiologic responses but also other coping responses, including psychological and behavioral responses.

KEY POINTS

Homeostasis

- Homeostasis is the purposeful maintenance of a stable internal environment by coordinated physiologic processes that oppose change.
- The stress response is an adaptive control system designed to detect disruptions and restore physiologic homeostasis; dysfunction occurs when this system is activated inappropriately or fails to shut off.

Feedback Systems

Most control systems in the body operate by **negative feedback mechanisms**, which function in a manner similar to the thermostat on a heating system. When the monitored function or value decreases below the set point of the system, the feedback mechanism causes the function or value to increase. When the function or value is increased above the set point, the feedback mechanism causes it to decrease (Fig. 4-1). For example, in the negative feedback mechanism that controls blood glucose levels, an increase in blood glucose stimulates an increase in insulin, which enhances the removal of glucose from the blood. When glucose has been taken up by cells and blood glucose levels fall, insulin secretion is inhibited and glucagon and other counterregulatory mechanisms stimulate the release of glucose from the glycogen stores of the liver, which causes the blood glucose to return to normal. The same is true for all endocrine hormones that are connected to the pituitary for their stimulating hormones and the hypothalamus for their releasing hormones. For example, when thyroxine (T_4) in the thyroid is low, it triggers the pituitary to increase thyroid-stimulating hormone (TSH), which then increases T_4 secretion from the thyroid.

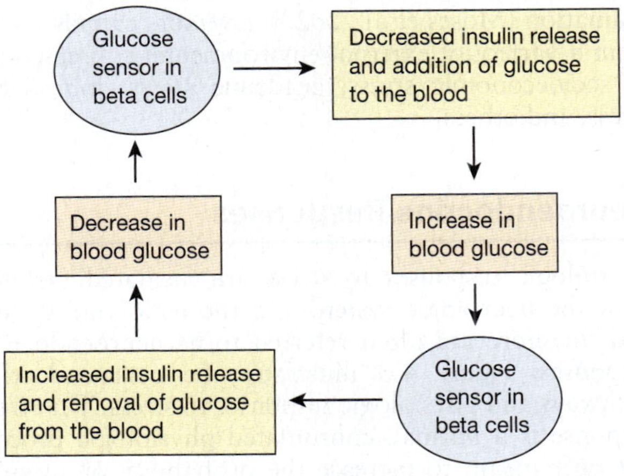

FIGURE 4-1. Illustration of negative feedback control mechanisms using blood glucose as an example. LC, locus coeruleus; NE, norepinephrine.

Most physiologic control systems function under negative rather than positive feedback mechanisms because a positive feedback mechanism interjects instability rather than stability into a system. **Positive feedback mechanisms** are cycles in which the initiating stimulus produces more of the same. For example, during labor, as the baby's head stretches the cervix, oxytocin is released from the posterior pituitary gland. **Oxytocin** causes stronger uterine contractions, which further stretch the cervix and increase oxytocin release. These systems produce a continuous loop until a specific endpoint, such as the delivery of a baby, is reached.

SUMMARY CONCEPTS

Physiologic and psychological adaptation involves the ability to maintain the constancy of the internal environment (homeostasis) and behavior in the face of a wide range of changes in the internal and external environments. It involves control and negative feedback systems that regulate cellular function, control life's processes, regulate behavior, and integrate the functions of the different body systems.

The Stress Response and Adaptation

In the early 1930s, endocrinologist Hans Selye was the first to describe a group of specific anatomic changes that occurred in rats exposed to a variety of different experimental stimuli. Selye came to an understanding that these changes were manifestations of the body's attempt to adapt to stimuli. Selye described **stress** as "a state manifested by a specific syndrome of the body developed in response to any stimuli that made an intense systemic demand on it" (Selye, 1976). Selye noted that a triad of adrenal enlargement, thymus gland atrophy, and gastric ulcers appeared in rats he was using for his studies. These same three changes developed in response to many different or nonspecific experimental challenges. Selye assumed that the **hypothalamic–pituitary–adrenal (HPA) axis** played a pivotal role in the development of this response. To Selye, the response to stress was a process that enabled the rats to resist the experimental challenge (stressors) by using the function of the system best able to respond to it. He labeled the response the **general adaptation syndrome (GAS)**: *general* because the effect

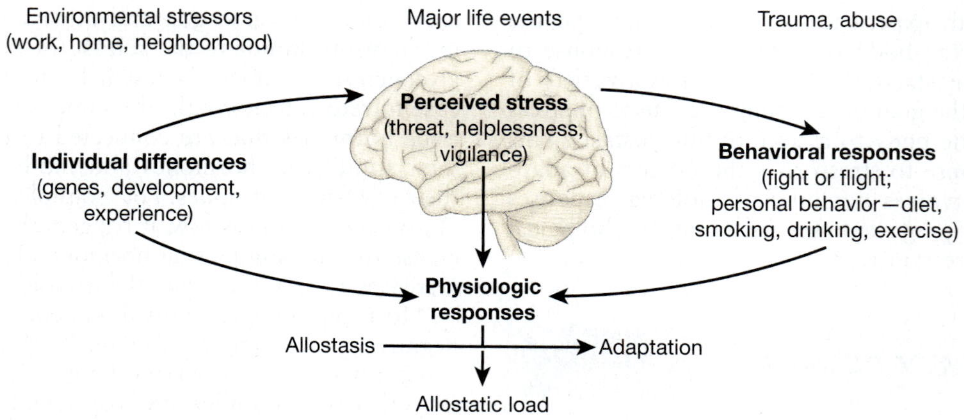

FIGURE 4-2. The development of allostatic load in response to stress. (Redrawn with permission from McEwen, B. S. [1998]. Protective and damaging effects of stress and stress mediators. *New England Journal of Medicine*, *3*[38], 171–179. https://doi.org/10.1056/NEJM199801153380307)

was a general systemic reaction, *adaptive* because the response was in reaction to a stressor, and *syndrome* because the physical manifestations were coordinated and dependent on each other (Selye, 1976).

The GAS has three stages. The **alarm stage** is characterized by a generalized stimulation of the sympathetic nervous system (SNS) and HPA axis, resulting in the release of catecholamines and cortisol. During the **resistance stage**, the body selects the most effective and economic channels of defense. Here, increased cortisol levels from the alarm stage drop because they are no longer needed. If the stressor is prolonged or overwhelms the ability of the body to defend itself, the **exhaustion stage** ensues, during which resources are depleted and signs of "wear and tear" or systemic damage appear (Selye, 1974). Selye contended that many ailments, such as various emotional disturbances, mildly annoying headaches, insomnia, upset stomach, gastric and duodenal ulcers, certain types of rheumatic disorders, and cardiovascular and kidney diseases, appear to be initiated or encouraged by the "body itself because of its faulty adaptive reactions to potentially injurious agents" (Selye, 1973).

According to Selye, stressors could be endogenous, arising from within the body, or exogenous, arising from outside the body (Selye, 1973). In explaining the stress response, Selye proposed that two factors determine the nature of the stress response—the properties of the stressor and the conditioning of the person being stressed. Selye indicated that not all stress was detrimental; hence, he coined the terms *eustress* and *distress* (Selye, 1974). He suggested that mild, brief, and controllable periods of stress (**eustress**) could be perceived as positive stimuli to emotional and intellectual growth and development. It is the severe, protracted, and uncontrolled situations of psychological and physical **distress** that are disruptive of health (Selye, 1973). Since the early 1980s, the term **allostasis** has been used by some investigators to describe the physiologic changes that occur in response to either real or perceived challenges to homeostasis. The persistence or accumulation of the allostatic changes (e.g., immunosuppression, activation of the sympathetic nervous and renin–angiotensin–aldosterone systems [RAAS]) has been called an **allostatic load** or **overload**, and this concept has been used to measure the cumulative effects of stress on humans. Figure 4-2 illustrates the multifactorial nature of allostatic load.

It is increasingly clear that the physiologic stress response is far more complicated than can be explained fully by a classic stimulus–response mechanism. Stressors tend to produce different responses in different people or in the same person at different times, indicating the influence of the adaptive capacity of the person, or what Selye called **conditioning factors**. These conditioning factors may be internal (e.g., genetic predisposition, age, sex) or external (e.g., exposure to environmental agents, life experiences, dietary factors, level of social support) (Selye, 1973). The relative risk for development of a stress-related pathologic process seems, at least in part, to depend on these factors.

It is also important to note that both the stressors and their effects can be physiologic, behavioral, or both. Physiologic stressors include disease, injury, or other threats to physiologic homeostatic balance. Psychosocial stress arises from the psychological need to be connected to others or other forms of social threat, such as exclusion, social defeat, or goal-focused performance evaluation (Moses et al., 2023). Stressors can also arise from a variety of external environmental sources, such as socioeconomic stress, academic stress, job-related stress, and others.

Neuroendocrine Responses

Physiologic responses to stress are mediated through both the neurologic system and the endocrine system and therefore are often referred to as neuroendocrine responses. Figure 4-3 illustrates the neuroendocrine pathways and physiologic responses to stress. The stress response is a normal, coordinated physiologic process not only meant to increase the probability of survival but also designed to be an acute response—turned on when necessary to bring the body back to a stable

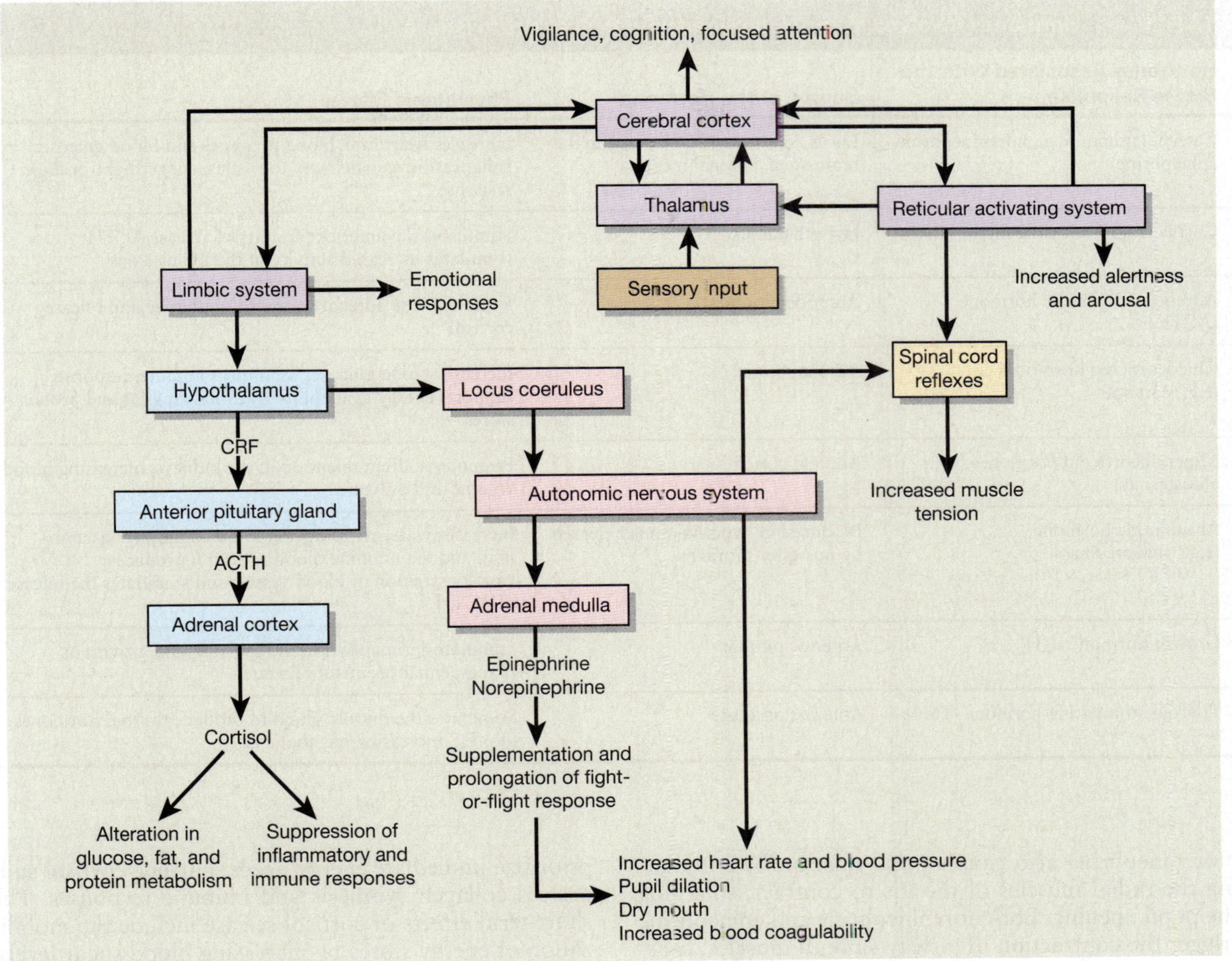

FIGURE 4-3. Neuroendocrine pathways and physiologic responses to stress. ACTH, adrenocorticotropic hormone; CRF, corticotropin-releasing factor.

state and turned off when the challenge to homeostasis abates. Therefore, under normal circumstances, the neuroendocrine responses and the hormones that are released during the response do not persist long enough to cause damage to vital tissues.

The neurologic and endocrine systems integrate signals received along the neurosensory pathways and from circulating mediators carried in the bloodstream. In addition, the immune system both affects and is affected by the stress response. Table 4-1 summarizes the action of hormones involved in the neuroendocrine responses to stress.

Responses to stressors are produced by two different pathways, each referred to as an axis. The sympatho-adreno-medullary (SAM) axis and the HPA axis are responsible for the physiologic and psychological changes that occur as a result of stress (Moses et al., 2023).

Sympatho-Adreno-Medullary Axis

The **sympatho-adreno-medullary (SAM) axis** mediates immediate responses to stressors within seconds of a perceived threat through increased activation of the SNS and decreased activation of the **parasympathetic nervous system (PNS)**, both branches of the **autonomic nervous system (ANS)**, which operates largely unconsciously to maintain homeostasis.

The brain stem constantly receives sensory information from various parts of the body through cranial nerves. This allows it to detect potential threats like loud noises or sudden movements, or homeostatic imbalances such as pain or inflammation. Once this threat is detected, SNS nuclei within the brain stem (*sympatho*) send signals to *adrenergic receptors* on the inner portion of the adrenal gland (*adreno*), an area called the adrenal medulla (*medullary*). When activated, the medulla releases the hormones norepinephrine and epinephrine into the bloodstream, initiating rapid fight-or-flight responses.

Norepinephrine stimulates the kidneys to release renin, a hormone that initiates the **renin–angiotensin–aldosterone system (RAAS)**, causing blood vessels to constrict and promoting sodium reabsorption in the kidneys, both of which contribute to increased blood volume and blood pressure (Correa et al., 2022).

TABLE 4-1 Hormones Involved in the Neuroendocrine Responses to Stress

Hormones Associated With the Stress Response	Source of the Hormone	Physiologic Effects
Catecholamines (e.g., norepinephrine epinephrine)	Locus coeruleus (LC) located in the brain stem, adrenal medulla	Increases heart rate, blood pressure, and blood glucose; enhances oxygen delivery to tissues; trigger fight-or-flight response
Corticotropin-releasing factor (CRF)	Hypothalamus	Stimulates the anterior pituitary to release ACTH, stimulates increased activity of the LC neurons
Adrenocorticotropic hormone (ACTH)	Anterior pituitary	Stimulates the adrenal cortex to synthesize and release cortisol
Glucocorticoid hormones (e.g., cortisol)	Adrenal cortex	Increases blood glucose, suppresses immune response, supports energy availability by mobilizing fat and protein stores
Mineralocorticoid hormones (e.g., aldosterone)	Adrenal cortex	Promotes sodium retention in the kidneys, increasing blood volume and pressure
Antidiuretic hormone (e.g., vasopressin)	Produced in hypothalamus, released by posterior pituitary	Increases water reabsorption in the kidneys, conserving fluid and maintaining blood pressure; produces vasoconstriction of blood vessels and stimulates the release of ACTH
Growth hormone (GH)	Anterior pituitary	Stimulates protein synthesis, lipolysis, and growth of tissues; enhances metabolic rate
Thyroid-stimulating hormone (TSH)	Anterior pituitary	Stimulates the thyroid gland to produce thyroid hormones (T_3, T_4), increasing metabolic rate

Norepinephrine also causes pupil dilation by stimulating the radial muscles of the iris to contract, enlarging the pupil opening. Both norepinephrine and epinephrine trigger the contraction of airway smooth muscles, causing the airways to narrow (bronchoconstriction). The sum effect of these changes is a more efficient cardiovascular and respiratory system (increased circulation and oxygen for cells) and better vision, all intended to increase the likelihood of survival (Moses et al., 2023).

Hypothalamic–Pituitary–Adrenocortical Axis

In contrast to immediate SAM responses, HPA axis responses occur over minutes to hours. In addition to signals sent as part of the SAM axis, the brain stem sends signals to a small area of the brain called the hypothalamus (*hypothalamic*), stimulating it to release corticotropin-releasing hormone (CRH). CRH in turn stimulates the *pituitary* gland to release **adrenocorticotropic hormone (ACTH)**. Once ACTH reaches the outer part of the adrenal gland, called the adrenal cortex (*adrenocortical*), it stimulates the adrenal cortex to release glucocorticoids, particularly cortisol, the primary stress hormone (Fig. 4-4).

Cortisol maintains blood glucose levels by antagonizing the effects of insulin and enhancing the effect of catecholamines like epinephrine and norepinephrine on the cardiovascular system. It suppresses the activity of osteoblasts, cells responsible for bone formation, to mobilize calcium from bones during stress situations when energy needs are high. **Hematopoiesis**, the production of new white and red blood cells, is also suppressed to prioritize immediate energy needs. Further, cortisol suppresses collagen synthesis and immune responses. The short-term effects of cortisol release include the mobilization of energy stores by increasing blood sugar levels, enhanced use of glucose by the brain, increased cognitive function and alertness, and temporary suppression of nonessential body functions such as digestion or reproduction. All of these activities are meant to protect the organism against the effects of a stressor and to focus energy on regaining balance in the face of an acute challenge to homeostasis. With chronic stress, however, high cortisol levels can lead to osteoporosis and significant immune dysfunction, making the body more susceptible to infections (Moses et al., 2023).

Other Hormones

A wide variety of other hormones, including **growth hormone (GH)**, **thyroid hormone (TH)**, and the reproductive hormones, also are responsive to stressful stimuli. Systems responsible for reproduction, growth, and immunity are directly linked to the stress system, and the hormonal effects of the stress response profoundly influence these systems. Studies have shown that in females, stress and severe trauma can cause menstrual irregularities (anovulation and amenorrhea) and infertility (Vigil et al., 2022). In males, stress can induce decreased sperm quality, decreased spermatogenesis, erectile dysfunction/ejaculatory disorders, decreased levels of testosterone, and infertility (Kumar et al., 2022).

Although GH is initially elevated at the onset of stress, the prolonged presence of cortisol leads to

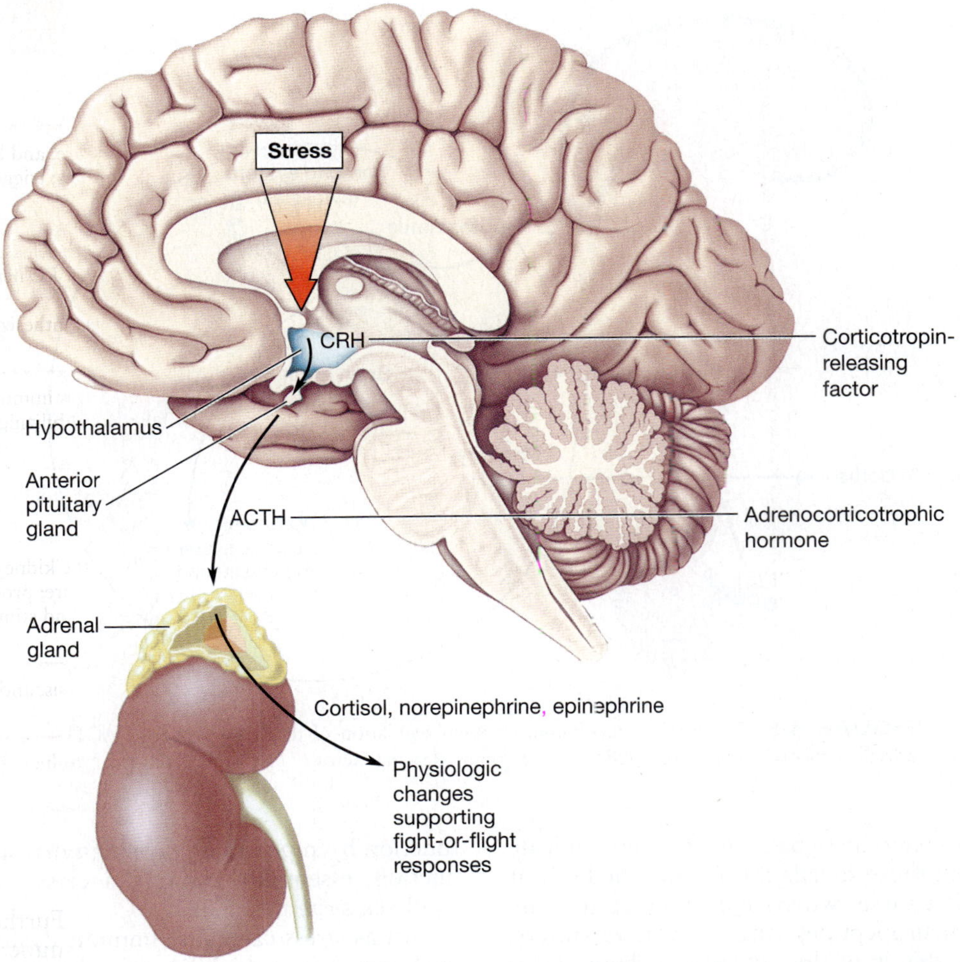

FIGURE 4-4. The hypothalamic–pituitary–adrenal (HPA) axis is a neuroendocrine pathway that mediates a response to stressors. Dysregulation of the system can result in an unrelieved stress response and stress-related disorders. (From Timby, B. K., & Smith, N. E. [2017]. *Introductory medical-surgical nursing* [12th ed., Fig. 68-3]. Wolters Kluwer Health.)

suppression of GH, insulin-like growth factor 1, and other growth factors, exerting a chronically inhibitory effect on growth. In addition, **corticotropin-releasing factor (CRF)** directly increases somatostatin, which in turn inhibits GH secretion.

Stress-induced cortisol secretion also is associated with decreased levels of TSH and inhibition of conversion of **thyroxine (T_4)** to the more biologically active **triiodothyronine (T_3)** in peripheral tissues. Both changes may serve as a means to conserve energy at times of stress.

Antidiuretic hormone (ADH) released from the posterior pituitary is also involved in the stress response, particularly in hypotensive stress or stress due to fluid volume loss. ADH, also known as *vasopressin*, increases water retention by the kidneys and produces vasoconstriction of blood vessels.

Immune Responses

The hallmark of the stress response, as first described by Selye, is the endocrine–immune interactions (i.e., increased corticosteroid production and atrophy of the thymus) that are known to suppress the immune response (Fig. 4-5). The immune system's primary purpose is to protect the body from harmful pathogens, such as bacteria, viruses, and fungi, while also identifying and eliminating abnormal cells, such as cancer cells. When functioning correctly, it distinguishes between the body's own healthy cells and foreign invaders, mounting a targeted response to neutralize threats. Additionally, the immune system helps repair damaged tissues and develops memory to provide faster, more effective responses to previously encountered pathogens. When the body experiences stress, hormones like cortisol and epinephrine temporarily enhance certain aspects of the immune response to handle immediate threats. However, chronic stress leads to prolonged cortisol elevation, which suppresses immune system activity, reducing the production of white blood cells and impairing the ability to fight infections and heal wounds. Chronic stress also promotes inflammation by disrupting the balance of proinflammatory and antiinflammatory signals, potentially leading to an overactive immune response that can damage healthy tissues (Alotiby, 2024).

The immune system and the neuroendocrine system both consist of widely distributed cells, receptors, and chemical signaling molecules. Both systems are highly

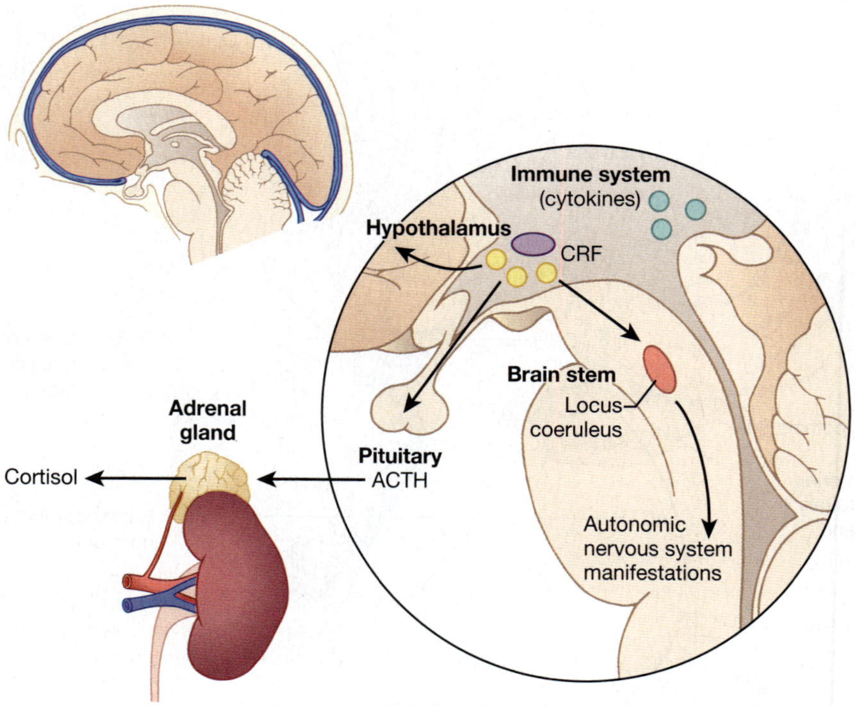

FIGURE 4-5. Neuroendocrine–immune system regulation of the stress response. ACTH, adrenocorticotropic hormone; CRF, corticotropin-releasing factor.

adapted to sense external signals and to communicate information about those signals throughout the body. It is now known that these two systems interact at many levels, sharing neuropeptides and neurotransmitters. One example of this is in the gut, where there are at least three mechanisms for detecting changes (stressors) in the intestinal wall: neural sensation delivered to the area, endocrine hormones produced by the cells of the mucosal epithelium, and immune responses to local and systemic antigens. This neuroendocrine–immune (NEI) network was first proposed by Besedovsky and Sorkin in 1977, which proved that the nervous, endocrine, and immune systems can regulate each other (Vela-Patiño et al., 2022). Much of the literature regarding stress and the immune response focuses on the causal role of stress in immune-related diseases. It has also been suggested that the reverse may occur. In other words, changes in the central nervous system (CNS) caused by the immune response may manifest as emotional and psychological symptoms of stress.

Receptors for a number of CNS-controlled hormones and neuromediators have been found on lymphocytes. Among these are receptors for glucocorticoids, insulin, testosterone, prolactin, catecholamines, estrogens, acetylcholine, and GH, suggesting that these hormones and neuromediators influence lymphocyte function in some way. Immune cells such as monocytes and lymphocytes can penetrate the blood–brain barrier and take up residence in the brain, where they secrete chemical messengers called **cytokines** that influence the stress response (Hall & Hall, 2025). It has been observed that the HPA axis is activated by cytokines, which leads to the release of glucocorticoids capable of modulating the immune function by suppressing proinflammatory cytokine production, essentially creating a classic neuroendocrine feedback system.

Just as stress can cause immune dysfunction through the activation of the HPA axis, the immune system can directly influence the SNS to release catecholamines. The lymph nodes, thymus, and spleen are supplied with ANS nerve fibers. Centrally acting CRF activates the ANS and circulating epinephrine acts synergistically with CRF and cortisol to inhibit the function of the immune system (Hall & Hall, 2025).

KEY POINTS

The Stress Response and Adaptation

- Stress is a state manifested by symptoms that arise from the coordinated activation of the neuroendocrine and immune systems, which Selye called the general adaptation syndrome (GAS).
- The hormones and neurotransmitters (catecholamines and cortisol) are released during the stress response function to alert the individual to a threat or challenge to homeostasis, to enhance cardiovascular and metabolic activity in order to manage the stressor, and to focus the energy of the body by suppressing the activity of other systems that are not immediately needed.

Coping and Adaptation to Stress

The ability to adapt to a wide range of environments and stressors is not peculiar to humans. According to René Dubos (a microbiologist noted for his study of human responses to the total environment), "adaptability is found throughout life and is perhaps the one attribute that distinguishes most clearly the world of life from the world of inanimate matter" (Dubos, 1965). Living organisms, no matter how primitive, do not submit passively to the impact of environmental forces.

Adaptation

Human beings, because of their highly developed nervous system and intellect, have the ability to avoid or manage many stressors in many aspects of their environment. The availability of antiseptic agents, immunizations, and antibiotics greatly reduces the need to respond to common infectious agents. Air conditioning and central heating limit the need for extreme changes in environmental temperature. At the same time, modern technology has created new challenges for adaptation and new sources of stress, such as noise and air pollution, increased exposure to harmful chemicals, changes in biologic rhythms imposed by shift work and global travel, exposure to electronic gadgets, and societal pressures and anxiety related to social media (Jahagirdar et al., 2024). People can often exhibit an extraordinary capacity to adjust to stressful situations, however, the individual response can vary greatly from person to person. Of particular interest are the differences in the body's response to events that threaten the integrity of the body's physiologic environment and those that threaten the integrity of the person's psychosocial environment. Many of the body's responses to physiologic disturbances are controlled on a moment-by-moment basis by feedback mechanisms that limit their application and duration of action. For example, the baroreflex-mediated rise in heart rate that occurs immediately after standing then resolves as homeostasis in blood pressure is restored. Furthermore, the response to physiologic disturbances that threaten the integrity of the internal environment is specific to the threat; the body usually does not raise the body temperature when an increase in heart rate is needed. In contrast, the response to psychological disturbances is not regulated with the same degree of specificity and feedback control. Instead, the effect may be inappropriate and sustained. When exposed to stressors, individuals may experience increased anxiety and negative mood and emotions, with those emotions then often leading to other negative outcomes. Although emotions can be described in various ways, they are generally considered to be automatic psychobiological responses to real or imagined situations (Moses et al., 2023).

Factors Affecting the Ability to Adapt

In the process of adaptation (or adaptive change), the person is attempting to implement change processes with the goal of creating a successful new balance between the stressor and the ability to deal with the stress. The psychological approaches used in seeking this new balance are called *coping strategies* or *coping mechanisms*. **Coping mechanisms** include thoughts and behaviors mobilized to manage external and internal threats to physiologic and psychological homeostasis, particularly conscious and voluntary acts. This separates coping from defense mechanisms, which are the subconscious or unconscious adaptive responses (Algorani & Gupta, 2023; Hermans et al., 2024). According to Lazarus and Folkman's **transactional model of stress and coping (TMSC)**, first published in 1966 and still widely used, how we cope with stressful events depends on how we perceive and interpret the event, our internal and external coping resources, and the physiologic and psychological stress outcomes we experience (Kaveh et al., 2023). Is the event perceived as a threat of harm or loss? Is the event perceived as a challenge rather than a threat? The primary factors influencing a person's appraisal of a stressor and the coping mechanisms used to adapt can be divided into internal (personal) and external (situational) factors. These factors shape both the primary appraisal (evaluation of the stressor itself) and the secondary appraisal (evaluation of resources to cope) (NeuroLaunch, 2024). Physiologic reserve, time, genetics, age, health status, nutrition, sleep–wake cycles, hardiness, and psychosocial factors influence a person's appraisal of a stressor and the coping mechanisms used to adapt to the new situation (Fig. 4-6). Factors that influence the person's ability to achieve a positive adaptive response to cope with stress can be considered in categories of personal factors and situational factors.

Personal Factors

Personal, or internal, factors impacting an individual's ability to adapt to stress include past experiences, personality traits, genetic and physiologic factors, cognitive abilities, emotional state, and core beliefs and values. The number and types of stressors in the past can have diverse influence on how new stressors are managed.

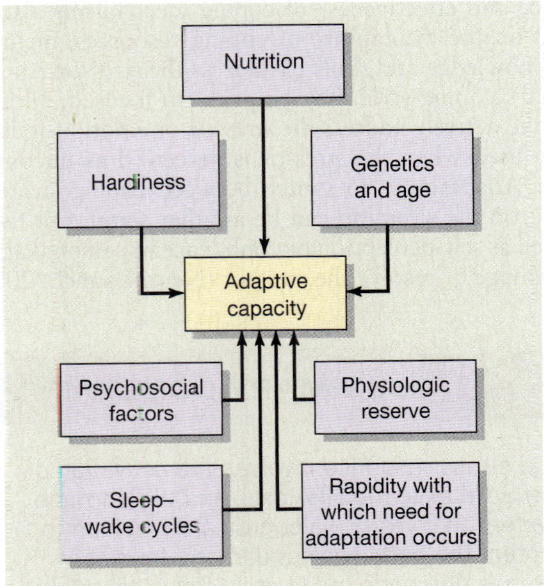

FIGURE 4-6. Factors affecting adaptation.

Did we learn from past successes or failures? Did prior success encourage us to handle new stressors better or does stress now overwhelm us due to former consequences? Optimistic individuals tend to perceive stressors as challenges rather than threats, whereas those with a pessimistic personality may assume failure immediately before even trying. Hardier individuals tend to appraise stressors more positively, and internal resilience is a known factor in positively managing stress. Genetic predisposition to stress reactivity may include variations in cortisol response, while health status and physiologic reserve are key physiologic factors in the stress response. Nutritional status, alcohol consumption, and sleep quality also impact general health as well as stress management. Increased cognitive abilities such as problem solving, critical thinking, and the ability to reframe situations assist in stress management. Personal values, goals, and priorities will also shape whether a stressor is appraised as significant or inconsequential (NeuroLaunch, 2024).

Situational Factors

External factors influencing the coping response include the nature of the stressor, the availability of social support, environmental context, and cultural expectations. Is the stressor predictable or was it unexpected? Unpredictable stressors are often perceived as more threatening. The duration of the event can be impactful as well, as chronic stressors often feel more overwhelming than acute ones. Another nature of the stressor is controllability. A lack of control can amplify stress appraisal. In terms of social support, the presence of family, friends, or community networks can influence the ability to cope effectively. Support can buffer stress and provide resources for coping. From an environmental context, is the physical environment safe or dangerous? What is the status of socioeconomic factors like access to financial resources or stable housing? Cultural norms and values can also influence how stressors are interpreted and what coping strategies are socially acceptable.

In addition to personal and situational factors, the choice and effectiveness of coping mechanisms also depend on the availability of coping resources, including the knowledge and skills to address the stressor. An individual's coping style may be problem-focused, allowing them to actively address the stressor, or emotion-focused, often used when the stressor is perceived as uncontrollable. Adaptability to switch between coping strategies based on the situation can be another significant factor, as well as self-perception or confidence in personal ability to manage or resolve the stressor (NeuroLaunch, 2024).

SUMMARY CONCEPTS

The stress response involves the activation of the SAM axis, the HPA axis, and the immune system that work in a coordinated fashion to protect the body against damage from the intense demands made on it. Selye called this response the *GAS*. The stress response is divided into three stages: the *alarm stage*, with activation of the SNS and the HPA axis; the *resistance stage*, during which the body selects the most effective defenses; and the *exhaustion stage*, during which physiologic resources are depleted and signs of systemic damage appear.

The activation and control of the stress response are mediated by the combined efforts of the nervous and endocrine systems. The neuroendocrine systems integrate signals received along neurosensory pathways and from circulating mediators that are carried in the bloodstream. In addition, the immune system both affects and is affected by the stress response.

Adaptation is affected by a number of internal and external factors, including experience and previous learning, hardiness and resilience, genetic and general health status, cognitive abilities, the physical and socioeconomic setting, nature of the stressor, and psychosocial factors.

Disorders of the Stress Response

For the most part, the stress response is meant to be acute and time limited. The time-limited nature of the process renders the accompanying catabolic and immunosuppressive effects advantageous. Alterations of the normal stress response, on the other hand, can result in adverse health effects. It is the chronicity of the response that is thought to be disruptive to physical and mental health.

Stressors can assume a number of patterns in relation to time. They may be classified as acute time limited, chronic intermittent, or chronic sustained. An acute time-limited stressor is one that occurs over a short time and does not recur. A chronic intermittent stressor is one that occurs repeatedly over time, with periods of relative relief between episodes. The frequency and duration of stress exposure influence the availability and efficiency of stress response systems. For example, the immune system typically responds more rapidly and effectively upon repeated exposure to a pathogen; in contrast, chronic or repeated activation of the stress response can fatigue regulatory systems and impair their effectiveness.

In this way, stress and maladaptive biobehavioral stress responses can contribute both to the development of disease and to the exacerbation of existing conditions. Psychological stress, for example, plays a significant role in the onset and progression of many skin disorders; in turn, the visibility and social stigma associated with these conditions may increase psychological distress, creating a self-reinforcing cycle that promotes persistence or worsening of disease (Zhang et al., 2024). Similarly, sustained elevations in cortisol associated with chronic stress can disrupt bone metabolism and impair immune function, increasing susceptibility to osteoporosis and infection. Stress may also contribute to maladaptive health behaviors—such as smoking, overeating, and substance use—that further increase disease risk and progression (Tan et al., 2024).

Effects of Acute Stress

The reactions to acute stress are those associated with the ANS, the fight-or-flight response. The manifestations of the stress response—a pounding headache; cold, moist skin; and a stiff neck—are all part of the acute stress response. Centrally, there is facilitation of neural pathways mediating arousal, alertness, vigilance, cognition, and focused attention, as well as appropriate aggression. The acute stress response can result from either psychologically or physiologically threatening events. In situations of life-threatening trauma, these acute responses may be lifesaving in that they divert blood from less essential to more essential body functions. Increased alertness and cognitive functioning enable rapid processing of information and arrival at the most appropriate solution to the threatening situation.

However, for people with limited coping abilities, either because of physical or mental health, the acute stress response may be detrimental (Chart 4-1). This is true of people with preexisting heart disease in whom the overwhelming sympathetic behaviors associated with the stress response can lead to arrhythmias. For people with other chronic health problems, such as headache disorders, acute stress may precipitate a recurrence. In healthy people, the acute stress response can redirect attention from behaviors that promote health, such as attention to proper meals and getting adequate sleep. For those with health problems, it can interrupt compliance with medication regimens and exercise programs. In some situations, the acute arousal state actually can be life-threatening, physically immobilizing the person when movement would avert catastrophe (e.g., moving out of the way of a speeding car).

Effects of Chronic Stress

The stress response is designed to be an acute self-limited response in which activation of the SAM and the HPA axes is controlled in a negative feedback manner. As with all negative feedback systems, pathophysiologic changes can occur in the stress response system. Function can be altered in several ways, including when a component of the system fails, when the neural and hormonal connections among the components of the system are dysfunctional, and when the original stimulus for the activation of the system is prolonged or of such magnitude that it overwhelms the ability of the system to respond appropriately. In these cases, the system may become overactive or underactive.

Chronicity and excessive activation of the stress response can result from chronic illnesses as well as contribute to the development of long-term health problems. Chronic activation of the stress response is an important public health issue from both a health and a cost perspective. Stress is linked to a myriad of health disorders, such as diseases of the cardiovascular, gastrointestinal, immune, and neurologic systems, as well as depression, chronic alcoholism, and drug abuse, eating disorders, accidents, and suicide.

CHART 4-1

POSSIBLE STRESS-INDUCED HEALTH PROBLEMS

- Mood disorders
- Anxiety
- Depression
- PTSD
- Eating disorders
- Sleep disorders
- Type 2 diabetes
- Hypertension
- Infections
- Exacerbation of autoimmune disorders
- Gastrointestinal problems
- Pain
- Obesity
- Eczema
- Cancer
- Atherosclerosis
- Migraine

Posttraumatic Stress Disorder

Posttraumatic stress disorder (PTSD) is a disabling syndrome that results from persistent activation of the stress response following exposure to a traumatic event. In some cases, the individual vividly recalls the traumatic experience; in others, PTSD may develop without conscious recollection of the precipitating event. When symptoms first appear 6 months or more after the trauma, the condition is referred to as PTSD with delayed onset or delayed expression (Smid et al., 2022).

PTSD was formerly called *battle fatigue* or *shell shock* because it was first characterized in soldiers returning from combat. Although military trauma remains a significant cause, PTSD can result from a wide range of traumatic experiences, including natural disasters, terrorist attacks, war, sexual assault, serious accidents, and intimate partner bullying or violence.

Trauma exposure during childhood is a particularly strong risk factor for the development of PTSD. Adverse childhood experiences (ACEs) are associated with persistent alterations in stress-regulatory systems and may contribute to PTSD that extends into adulthood. In addition to PTSD, both ACEs and other adverse physical or psychological experiences during childhood and adolescence are associated with long-term effects on physical health, mental health, and overall satisfaction with life (Mefford, 2022). These effects may not become clinically apparent until decades later, in the form of mental health issues, immune dysregulation, cardiovascular diseases, cancer, and so on. Therefore, it is important to identify early negative experiences and treat and address them, not only for the current health of the child but also for the future health of the adult (Bransfield, 2022).

Individuals exposed to traumatic events are also at increased risk for comorbid psychiatric conditions, including major depression, panic disorder, generalized anxiety disorder, and substance use disorder. Physical symptoms and chronic illnesses (e.g., hypertension, asthma, and chronic pain syndromes) are also more common in individuals with PTSD (American Psychiatric Association, 2022). Females are more likely to develop PTSD than males. Other elements that may contribute to the likelihood of developing PTSD include genetic factors and the person's perception of the traumatic event (National Institute of Mental Health [NIMH], 2023).

PTSD is characterized by a constellation of symptoms that are experienced as states of intrusion, avoidance, alteration in cognition and mood, and alteration in arousal and reactivity (hyperarousal). **Intrusion** refers to the occurrence of "**flashbacks**" during waking hours or nightmares in which the past traumatic event is relived, often in vivid and frightening detail. **Avoidance** refers to the emotional numbing that accompanies this disorder and disrupts important personal relationships. Because a person with PTSD has not been able to resolve the painful feelings associated with the trauma, depression is commonly a part of the clinical picture. Survivor guilt also may be a product of traumatic situations in which the person survived the disaster but loved ones did not. Alteration in cognition and mood encompasses the negative thoughts and feelings and distorted beliefs about self or others. **Hyperarousal** refers to the presence of increased irritability, difficulty concentrating, an exaggerated startle reflex, and increased vigilance and concern over safety. In addition, memory problems, sleep disturbances, and excessive anxiety are commonly experienced by people with PTSD (American Psychiatric Association, 2022; NIMH, 2023).

For a diagnosis of PTSD to be made, the person must have experienced, witnessed, or confronted a traumatic event, which caused a response in the person involving horror and fear. The triad of symptoms of intrusion, avoidance, and hyperarousal that characterize PTSD must be present together for at least 1 month, and the disorder must have caused clinically significant distress (American Psychiatric Association, 2022). Although the pathophysiology of PTSD is not completely understood, the revelation of physiologic changes related to the disorder has shed light on why some people recover from the disorder, whereas others do not. Recent neuroanatomic studies have identified alterations in neural systems that are part of the amygdala and hippocampus that play a significant role in fear learning, threat detection, executive function, and emotion regulation, and contextual processing (Kredlow et al., 2022). Differences in **hippocampal function** and **memory processes** suggest a neuroanatomic basis for the intense problems suffered by people diagnosed with PTSD. People with PTSD demonstrate decreased cortisol levels, increased sensitivity of cortisol receptors, and an enhanced negative feedback inhibition of cortisol release with the dexamethasone suppression test, which mimics the effects of cortisol and directly inhibits the action of CRF and ACTH (Kredlow et al., 2022).

Risk factors for PTSD include being exposed to traumatic events in childhood, feelings of extreme fear, lack of support after a traumatic event, loss such as health or a loved one, or witnessing another person getting hurt (NIMH, 2023). Health care professionals need to be aware that people who present with symptoms of depression, anxiety, and substance use disorder may in fact be suffering from PTSD. The patient history should include questions concerning the occurrence of violence, major loss, or traumatic events in the person's life.

Debriefing, or talking about the traumatic event at the time it happens, often is an effective therapeutic tool. Concurrent pharmacotherapy with antidepressant and antianxiety agents can be useful and help the person to participate more fully in therapy (NIMH, 2023).

Treatment of Stress Disorders

The treatment of stress should be directed toward helping people avoid coping behaviors that impose a risk to their health and providing them with alternative stress-reducing strategies. People who are overwhelmed by the number of life stressors to which they have been exposed can use purposeful priority setting and problem solving.

Practices for evoking the relaxation response are numerous. They are found in virtually every culture and are credited with producing a generalized decrease in sympathetic system activity and musculoskeletal tension. Herbert Benson, a cardiologist and founding director of Massachusetts General Hospital's Benson-Henry Institute for Mind Body Medicine, described the relaxation response as a personal ability to encourage the body to release chemicals and brain signals that make muscles and organs slow down and increase blood flow to the brain. There are various relaxation techniques, including progressive muscle relaxation, breathing exercises, meditation, visualization and guided imagery, massage, biofeedback, yoga, music therapy, and cognitive-behavioral therapy (Scott, 2023).

Progressive muscle relaxation is one method of relieving tension. Tension can be defined physiologically as the inappropriate contraction of muscle fibers. Progressive muscle relaxation, which has been modified by a number of therapists, consists of systematic contraction and relaxation of major muscle groups. As the person learns to relax, the various muscle groups are combined. Eventually, the person learns to relax individual muscle groups without first contracting them. **Stress relief breathing** can calm the body and help stimulate the vagus nerve, which is essential for PNS regulation. When active, the PNS assists the body in moving back to a more relaxed state. Smartphone apps are now available to remind people to stop and breathe, and to assist in the breathing process. **Meditation** helps to relieve stress and induces a sense of calm. It is also known to build resilience over time. The relaxation response can be induced by **visualizing** peaceful or relaxing scenes, sometimes assisted through **guided imagery**, where an audio recording or in-person instructor walks someone through a peaceful scene. **Massage** is the manipulation of the soft tissues of the body to promote relaxation and relief of muscle tension (Scott, 2023). **Biofeedback** is a technique in which a person learns to control physiologic functioning. It involves electronic monitoring of one or more physiologic responses to stress with immediate feedback of the specific response to the person undergoing treatment. **Yoga** utilizes breath and movement to relax, stabilize the mind, and invite more ease into the body. It is also a good way to develop muscle tone, balance, flexibility, and coordination. **Music therapy** involves listening to selected pieces of music as a means of ameliorating anxiety or stress, reducing pain, decreasing feelings of loneliness and isolation, buffering noise, and facilitating expression of emotion. **Cognitive-behavioral therapy** helps to identify and replace negative behaviors learned in the past. By identifying negative patterns, a change in behaviors and coping strategies can be used. Techniques include forming SMART goals (specific, measurable, achievable, realistic, and time limited), guided discovery and questioning, journaling, self-talk, spending more time in positive activities, and recognizing the situations that causes distress (Raypole & Marcin, 2023).

SUMMARY CONCEPTS

Stress in itself is neither negative nor deleterious to health. The stress response is designed to be time limited and protective, but in situations of prolonged activation of the response because of overwhelming or chronic stressors, it could be damaging to health. PTSD is an example of chronic activation of the stress response as a result of experiencing a severe trauma. In this disorder, memory of the traumatic event seems to be enhanced. Flashbacks of the event are accompanied by intense activation of the neuroendocrine system.

Treatment of stress should be aimed at helping people avoid coping behaviors that can adversely affect their health and providing them with other ways to reduce stress. Nonpharmacologic methods used in the treatment of stress include relaxation techniques, guided imagery, music therapy, massage techniques, and biofeedback.

Integrating Clinical Decision Making

A 56-year-old man is admitted to a medical–surgical unit following an emergency laparoscopic cholecystectomy (gallbladder removal) for acute cholecystitis. During the first postoperative night, the nurse notes that he is restless and anxious, with a heart rate of 112 beats/min, blood pressure of 156/92 mm Hg, and blood glucose level of 188 mg/dL despite no history of diabetes. He reports feeling "on edge" and has difficulty sleeping. His surgical incision is clean and dry, and there are no signs of infection or bleeding.

1. Which physiologic systems and pathways are most directly responsible for the patient's tachycardia, elevated blood pressure, and hyperglycemia in the immediate postoperative period?
2. Based on Selye's GAS, which stage of the stress response is this patient most likely experiencing, and why?

By postoperative day 5, the patient remains hospitalized due to poor pain control and limited mobility. He reports persistent anxiety, difficulty concentrating, and fragmented sleep. Laboratory results now show delayed wound healing and a mild leukopenia. He expresses frustration and states, "I feel like my body just isn't bouncing back." His vital signs remain mildly elevated despite stable surgical findings.

3. How does prolonged activation of the stress response explain this patient's delayed wound healing and leukopenia?
4. Which concept best explains the cumulative physiologic burden this patient is experiencing, and what are the implications for long-term health?

REFERENCES

Algorani, E. B., & Gupta, V. (2023). Coping mechanisms. In *StatPearls* [Internet]. StatPearls Publishing. Retrieved April 24, 2023, from https://www.ncbi.nlm.nih.gov/books/NBK559031/

Alotiby, A. (2024). Immunology of stress: A review article. *Journal of Clinical Medicine*, *13*(21), 6394. https://doi.org/10.3390/jcm13216394

American Psychiatric Association. (2022). *What is posttraumatic stress disorder (PTSD)?* https://www.psychiatry.org/patientsfamilies/ptsd/what-is-ptsd

American Psychological Association. (2022). *More than a quarter of U.S. adults say they're so stressed they can't function.* https://www.apa.org/news/press/releases/2022/10/multiple-stressors-no-function#:~:text=Adults

American Psychological Association. (2025, November). *Stress in America 2025: A crisis of connection.* www.apa.org/pubs/reports/stress-in-america/2025/full-report.pdf

Bernard, C. (1878). *Leçons sur les phénomènes de la vie communs aux animaux et aux vegetaux*. J.B. Bailliere.

Bransfield, R. C. (2022). Adverse childhood events, post-traumatic stress disorder, infectious encephalopathies and immune-mediated disease. *Healthcare*, *10*(6), 1127. https://doi.org/10.3390/healthcare10061127

Cannon, W. B. (1935). Stresses and strains of homeostasis. *American Journal of Medical Science*, *189*, 1–5. https://doi.org/10.1097/00000441-193501000-00001

Cannon, W. B. (1939). *The wisdom of the body* (pp. 299–300). W.W. Norton.

Correa, B. H., Becari, L., Fontes, M. A., Simões-e-Silva, A. C., & Kangussu, L. M. (2022). Involvement of the renin-angiotensin system in stress: State of the art and research perspectives. *Current Neuropharmacology*, *20*(6), 1212–1228. https://doi.org/10.2174/1570159x19666210719142300

Dubos, R. (1965). *Man adapting* (p. 256, 258, 261, 264). Yale University.

Hall, J. E., & Hall, J. E. (2025). *Guyton and Hall textbook of medical physiology* (15th ed.). Elsevier.

Hermans, E. J., Hendler, T., & Kalisch, R. (2024). Building resilience: The stress response as a driving force for neuroplasticity and adaptation. *Biological Psychiatry*, *97*(4), 330–338. https://doi.org/10.1016/j.biopsych.2024.10.016

Jahagirdar, V., Sequeira, L. A., Kinattingal, N., Roohi, T. F., Alshehri, S., Shakeel, F., & Mehdi, S. (2024). Assessment of the impact of social media addiction on psychosocial behaviour like depression, stress, and anxiety in working professionals. *BMC Psychology*, *12*(1), 352. https://doi.org/10.1186/s40359-024-01850-2

Kaveh, M. H., Mehrazin, F., Cousins, R., & Mokarami, H. (2023). Effectiveness of a transactional model-based education programme for enhancing stress-coping skills in industrial workers: A randomized controlled trial. *Scientific Reports*, *13*(1), 5076. https://doi.org/10.1038/s41598-023-32230-2

Kredlow, M. A., Fenster, R. J., Laurent, E. S., Ressler, K. J., & Phelps, E. A. (2022). Prefrontal cortex, amygdala, and threat processing: Implications for PTSD. *Neuropsychopharmacology*, *47*(1), 247–259. https://doi.org/10.1038/s41386-021-01155-7

Kumar, M., Zilate, S., & Gupta, C. (2022). Effect of stress and caffeine on male infertility. *Cureus*, *14*(8), e28487. https://doi.org/10.7759/cureus.28487

Mefford, L. C. (2022). Healing from childhood loss. *Nursing Science Quarterly*, *35*(2), 217–225. https://doi.org/10.1177/08943184211070595

Moses, T. E. H., Gray, E., Mischel, N., & Greenwald, M. K. (2023). Effects of neuromodulation on cognitive and emotional responses to psychosocial stressors in healthy humans. *Neurobiology of Stress*, *22*, 100515. https://doi.org/10.1016/j.ynstr.2023.100515

National Institute of Mental Health. (2023). *Traumatic events and post-traumatic stress disorder (PTSD)*. Retrieved May 15, 2023, from https://www.nimh.nih.gov/health/topics/post-traumatic-stress-disorder-ptsd

NeuroLaunch. (2024, August 18). *Transactional model of stress and coping: A comprehensive guide*. https://neurolaunch.com/transactional-model-of-stress-and-coping/

Obeng-Gyasi, S. (2022). We need to talk about covid-19 pandemic related stress. *The American Journal of Surgery*, *224*(5), 1197–1198. https://doi.org/10.1016/j.amjsurg.2022.05.024

Osler, W. (1910). The Lumleian lectures on angina pectoris. *Lancet*, *175*(4517), 839–844. https://doi.org/10.1016/S0140-6736(00)51244-6

Raypole, C., & Marcin, A. (2023). *What is cognitive behavioral therapy (CBT)* Retrieved May 1, 2023, from https://www.healthline.com/health/cognitive-behavioral-therapy

Scott, E. (2023). *Relaxation response for reversing stress*. Verywell Mind. https://www.verywellmind.com/what-is-the-relaxation-response-3145145

Selye, H. (1946). The general adaptation syndrome and the diseases of adaptation. *The Journal of Clinical Endocrinology & Metabolism*, *6*(2), 117–230. https://doi.org/10.1210/jcem-6-2-117

Selye, H. (1973). The evolution of the stress concept. *American Scientist*, *61*(6), 692–699.

Selye, H. (1974). *Stress without distress* (p. 6). New American Library.

Selye, H. (1976). *The stress of life* (Rev. ed.). McGraw-Hill.

Smid, G. E., Lind, J., & Bonde, J. P. (2022). Neurobiological mechanisms underlying delayed expression of posttraumatic stress disorder: A scoping review. *World Journal of Psychiatry*, *12*(1), 151–168. https://doi.org/10.5498/wjp.v12.i1.151

Sullivan, D., Sullivan, V., Weatherspoon, D., & Frazer, C. (2022). Comparison of nurse burnout, before and during the COVID-19 pandemic. *Nursing Clinics of North America*, *57*(1), 79–99. https://doi.org/10.1016/j.cnur.2021.11.006

Tan, C. Y. Z., Thijssen, S., Larsen, J. K., van Hooijdonk, K. J. M., Simons, S. S. H., & Vink, J. M. (2024). Exploring the longitudinal association between stress and unhealthy eating behaviors: The role of physical activity, BMI, and loneliness. *Eating Behaviors*, *55*, 101924. https://doi.org/10.1016/j.eatbeh.2024.101924

Vela-Patiño, S., Salazar, Ma. I., Remba-Shapiro, I., Peña-Martínez, E., Silva-Roman, G., Andoneui-Elguera, S., de Ordoñez-Garcia, J., Taniguchi-Ponciano, K., Bonifaz, L., Aguilar-Flores, C., Marrero-Rodríguez, D., & Mercado, M. (2022). Neuroendocrine–immune interface: Interactions of two complex systems in health and disease. *Archives of Medical Research*, *53*(3), 240–251. https://doi.org/10.1016/j.arcmed.2022.01.003

Vigil, P., Meléndez, J., Soto, H., Petkovic, G., Bernal, Y. A., & Molina, S. (2022, May 23). Chronic stress and ovulatory dysfunction: Implications in times of COVID-19. *Frontiers in Global Women's Health*, *3*, 866104. https://doi.org/10.3389/fgwh.2022.866104

Zhang, H., Wang, M., Zhao, X., Wang, Y., Chen, X., & Su, J. (2024). Role of stress in skin diseases: A neuroendocrine–immune interaction view. *Brain, Behavior, and Immunity*, *116*, 286–302. https://doi.org/10.1016/j.bbi.2023.12.005

CHAPTER 5

Fluid, Electrolyte, and Acid–Base Balance

Compartmental Distribution and Electrolyte Composition of Body Fluids

Compartmental Distribution of Body Fluids
Electrolyte Composition of Body Fluids

Fluid Volume Regulation

Diffusion and Osmosis
Intracellular Fluid Volume Regulation
Extracellular Fluid Volume Regulation
Capillary–Interstitial Fluid Exchange

Disruptions in Fluid Volume Regulation

Edema
Third-Space Accumulation

Sodium and Water Balance

Body Water Balance
Sodium Balance
Mechanisms of Sodium and Water Regulation
Thirst and ADH
Disorders of Sodium and Water Balance

Potassium Balance

Regulation of Potassium Balance
Disorders of Potassium Balance

Calcium, Phosphorus, and Magnesium Balance

Mechanisms Regulating Calcium, Phosphorus, and Magnesium Balance
Disorders of Calcium Balance
Disorders of Phosphorus Balance
Disorders of Magnesium Balance

Mechanisms of Acid–Base Balance

Acid–Base Chemistry
Metabolic Acid and Bicarbonate Production
Regulation of pH
Laboratory Tests

Disorders of Acid–Base Balance

Metabolic Versus Respiratory Acid–Base Disorders
Compensatory Mechanisms
Metabolic Acidosis
Metabolic Alkalosis
Respiratory Acidosis
Respiratory Alkalosis

Learning Objectives

After completing this chapter, the learner will be able to meet the following objectives:

1. Analyze the distribution and composition of intracellular and extracellular fluid compartments.
2. Evaluate how concentration gradients regulate diffusion and osmosis in various physiologic and pathologic conditions.
3. Describe the mechanisms that regulate cell volume, predicting cellular changes when immersed in isotonic, hypotonic, and hypertonic solutions.
4. Create a model to describe the mechanisms of physiologic regulation of body water and sodium balance, incorporating the effects of circulating volume, the sympathetic nervous system, the renin–angiotensin–aldosterone system, and antidiuretic hormone.
5. Describe the mechanisms of physiologic regulation of potassium, calcium, phosphorus, and magnesium.

6. Describe the physiologic functions of intracellular and extracellular buffering systems, and assess the effectiveness of each buffering mechanism in maintaining acid–base homeostasis.
7. Compare and contrast the roles of the kidneys and respiratory system in acid–base regulation, formulating predictions about compensatory responses to imbalances.
8. Evaluate common causes of metabolic and respiratory acidosis and alkalosis, predicting the effects on homeostasis and patient outcomes.

Body fluids are distributed between the two major compartments of **intracellular fluid (ICF)** and **extracellular fluid (ECF)**. The **ICF compartment** consists of fluid contained within all cells in the body and constitutes approximately two thirds of the body water in healthy adults. The remaining one third of body water is in the **ECF compartment**, which consists of all the fluids outside the cells, including fluid in the interstitial spaces and the plasma in blood vessels (Fig. 5-1).

Compartmental Distribution and Electrolyte Composition of Body Fluids

Compartmental Distribution of Body Fluids

Body water in the average adult male is about 60% of body weight (or about 42 L of water). Because females have more **adipose tissue** (which contains less water than muscle), approximately 50% of female body weight is water (Hall & Hall, 2025). In adults, the fluid in the ICF compartment constitutes approximately 40% of body weight, and fluid in the ECF constitutes approximately 20%. The ECF fluid compartment is further divided into three ECF compartments. The two primary ECF compartments are the **intravascular fluid** (plasma), which constitutes approximately one fourth of the ECF (or 5% of the total 20%), and the **interstitial fluid**, which lies both outside of cells and also outside of blood vessels. This interstitial fluid compartment is the largest ECF compartment, constituting approximately three fourths of the ECF, at approximately 14% of the total 20% ECF body weight (Hall & Hall, 2025) (Fig. 5-2).

The remaining 1% of the total 20% ECF body weight is in a third ECF compartment called the **transcellular compartment**, which consists of small volume fluid compartments that are separated from the interstitial space by a layer of epithelial cells (thus the name "transcellular"). The pleural space (between the visceral and parietal pleura), the pericardial space (between the pericardium and myocardium), and the peritoneal cavity are all examples of ECF in **transcellular spaces**. Additional types of transcellular ECF include the cerebrospinal fluid (CSF) located in the ventricles of the brain and the spinal column, as well as fluid in the joint spaces, and fluid in the renal/urinary and gastrointestinal tracts. The percentage of ECF water weight in transcellular spaces is normally very small, although this can increase in pathophysiologic conditions in which large amounts of fluid move into these small transcellular spaces and become trapped there behind the layer of epithelial cells. For example, liver failure can be associated with large fluid volume shifts into the peritoneal cavity.

Electrolyte Composition of Body Fluids

Electrolytes are minerals that have an electrical charge when dissolved in a water solution (which includes body fluids and blood, because water makes up 60% of total

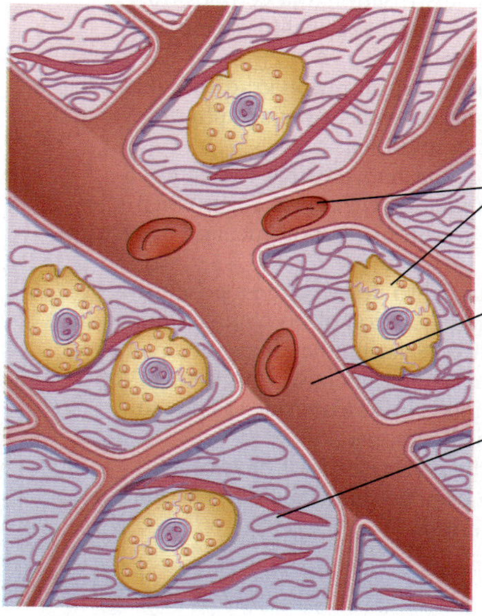

FIGURE 5-1. Distribution of body water. The extracellular space includes the vascular compartment and the interstitial spaces.

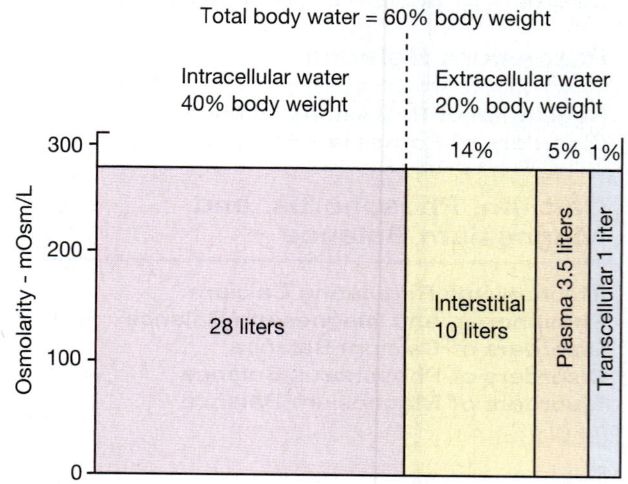

FIGURE 5-2. Approximate sizes of body compartments in a 70-kg adult.

body weight). Electrolytes perform many important functions in the body, including assisting with regulating water among the ICF and ECF compartments, neutralizing acid and base molecules produced by cellular metabolic processes, facilitating muscle and nerve function, and serving as structural components for rigid body structures such as bones and teeth. Electrolyte balance must be maintained within narrow ranges, with the kidneys playing a key role in regulating total body electrolyte quantities.

Dissociation of Electrolytes

When mineral molecules composed of electrolyte compounds are placed in a water solution, those compound molecules dissociate to form charged particles called **ions**. For example, when the compound molecule sodium chloride (NaCl) is placed in water, NaCl dissociates into a positively charged sodium ion (Na^+) and a negatively charged chloride ion (Cl^-). Particles that do not dissociate into ions, such as glucose and urea, are called **nonelectrolytes**. Positively charged ions are called **cations** because they are attracted to the cathode of a wet electric cell, and negatively charged ions are called **anions** because they are attracted to the anode. The ions found in body fluids carry one charge (i.e., monovalent ions) or two charges (i.e., divalent ions). Because opposite charges attract, positively charged cations should be accompanied in solution by an equal amount of negatively charged anions. However, different cations and anions may be exchanged for one another, provided they carry the same charge. For example, a hydrogen ion (H^+) may be exchanged for a potassium ion (K^+), and a bicarbonate ion (HCO_3^-) may be exchanged for a chloride ion (Cl^-).

Distribution of Electrolytes

Prominent electrolytes in the body include the **sodium ion** (Na^+), **potassium ion** (K^+), **calcium ion** (Ca^{2+}), **phosphate ion** (PO_4^{3-}), **magnesium ion** (Mg^{2+}), **chloride ion** (Cl^-), **bicarbonate ion** (HCO_3^-), and **hydrogen ion** (H^+). Hydrogen (H^+), which is measured as pH, is a strong acid that is constantly produced during enzymatic reactions and cellular respiration, and the body pH must be carefully regulated to prevent cell damage (Shrimanker & Bhattarai, 2023).

Within the ECF, sodium (Na^+) is the most abundant cation, while chloride ion (Cl^-) and bicarbonate ion (HCO_3^-) are the major anions. The ECF also contains smaller amounts of potassium, magnesium, calcium, and phosphate ions. The most abundant intracellular electrolyte and the major cation of the ICF is potassium (K^+), with magnesium (Mg^{2+}) present in smaller amounts. The phosphate ion (PO_4^{3-}) is the primary ICF anion. Electrolyte distribution and their electrical charges also play a role in the movement of fluid between the ECF and ICF (Hall & Hall, 2025). Many of the intracellular proteins are negatively charged and attract positively charged ions such as K^+, accounting for the higher concentration of K^+ in the ICF. See Table 5-1 for the normal electrolyte concentrations in both the ECF and the ICF. Note that the ECF electrolyte concentrations listed are also the normal laboratory reference values when a blood sample is sent to a laboratory for analysis of electrolyte composition. Table 5-2 summarizes some of the key properties of fluids and electrolytes in the ECF versus the ICF.

Fluid Volume Regulation

Diffusion and Osmosis

The **cell membrane** is the primary barrier to the movement of substances into cells. Lipid-soluble substances (e.g., oxygen [O_2] and carbon dioxide [CO_2]) can dissolve

TABLE 5-1 Electrolyte Concentrations in Extracellular Fluid (ECF) and Intracellular Fluid (ICF) in Adults

	Extracellular Concentration[a] (Because blood is an extracellular fluid, these are the normal values of electrolytes in a blood sample)		Intracellular Concentration[a]	
Electrolyte	**Conventional Units**	**SI Units**	**Conventional Units**	**SI Units (mmol/L)**
Sodium	136–145 mEq/L	136–145 mmol/L	10–14 mEq/L	10–14 mmol/L
Potassium	3.5–5.2 mEq/L	3.5–5.2 mmol/L	140–150 mEq/L	140–150 mmol/L
Chloride	96–106 mEq/L	98–106 mmol/L	3–4 mEq/L	3–4 mmol/L
Bicarbonate	22–26 mEq/L	22-26 mmol/L	7–10 mEq/L	7–10 mmol/L
Calcium (total)	8.8–10.4 mg/dL	2.2–2.6 mmol/L	<1 mEq/L	<0.25 mmol/L
Phosphorus	2.7–4.5 mg/dL	0.87–1.45 mmol/L	Variable	Variable
Magnesium	1.8–2.6 mg/dL	0.74–1.07 mmol/L	40 mEq/kg[b]	20 mmol/L

[a]Values may vary among laboratories, depending on the method of analysis used.
[b]Values vary among various tissues and with nutritional status.

TABLE 5-2 Comparison of Extracellular Fluid (ECF) and Intracellular Fluid (ICF)

Feature	Extracellular Fluid (ECF)	Intracellular Fluid (ICF)
Location	Outside the cells (includes interstitial fluid, intravascular fluid, and transcellular fluids)	Inside the cells
Total Body Water %	~33% (about 1/3 of total body water)	~67% (about 2/3 of total body water)
Major Cations	Sodium (Na^+) Calcium (Ca^{2+})	Magnesium (Mg^{2+})
Major Anions	Chloride (Cl^-) Bicarbonate (HCO_3^-)	Phosphate (PO_4^{3-}) Proteins (high concentration)
Function	Provides a medium for nutrient transport, waste removal, and communication between cells Maintains blood volume and contributes to blood pressure	Site of most metabolic reactions

in the lipid bilayer of the cell membrane to pass directly into the cell; however, water soluble substances (including sodium ion [Na^+] and potassium ion [K^+], and molecules such as glucose) rely on protein channels for transport across the cell membrane. When substances must move against their concentration gradient, energy-dependent transport mechanisms must be used (such as the **sodium–potassium pump** or **Na^+/K^+ ATPase pump**, which uses the enzyme ATPase to release energy from adenosine triphosphate [ATP]). Water crosses the cell membrane by osmosis through transmembrane protein channels called **aquaporins** (Lopez & Hall, 2023).

Diffusion

Diffusion is the movement of particles down their concentration gradients. All particles dissolved in a fluid are in continuous random motion within the fluid. It is the motion of these particles colliding with one another that supplies the energy for diffusion. Because a concentrated solution contains a greater number of particles, particles move down the concentration gradient, moving from an area of higher concentration to one of lower concentration. The measurement units used to quantify the amounts of electrolytes and solutes in body fluids are described in Chart 5-1.

CHART 5-1

MEASUREMENT UNITS

Laboratory measurements indicate the amounts of electrolytes and solutes in body fluids as the quantity of solute particles in a given volume of fluid. These measurement units include milligrams per deciliter (mg/dL), milliequivalents per liter (mEq/L), and millimoles per liter (mmol/L). The *milligrams per deciliter* measurement unit expresses the milligram weight of the solute present in one tenth of a liter (deciliter, or dL), which is equivalent to 100 mL of solution (since 1 L contains 1,000 mL). The concentration of electrolytes, such as calcium, phosphate, and magnesium, is often expressed in mg/dL.

The milliequivalent is used to express the *charge equivalency* for a given weight of an electrolyte. **Electroneutrality** requires that the total number of cations in the body equals the total number of anions. When cations and anions combine, they do so according to their *ionic charge,* not according to their atomic weight. Thus, because sodium ion (Na^+) and chloride ion (Cl^-) are both monovalent ions that each carry only 1 electrical charge, then 1 mEq of sodium ion (Na^+) has the same number of charges as 1 mEq of chloride ion (Cl^-), regardless of molecular weight (even though sodium carries a single positive charge while chloride carries a single negative charge).

The Système Internationale (SI) measurement system expresses electrolyte content of body fluids in *millimoles per liter* (mmol/L). A **millimole** is one thousandth of a **mole**, or the molecular weight of a substance expressed in milligrams. A mole is a standard scientific unit that is used to measure large quantities of small entities such as particles, molecules, atoms with one mole containing $6.02214076 \times 10^{23}$ which is known as Avogadro's number. So another way to define mole is simply the way chemist count large numbers of tiny particles.

For monovalent electrolytes such as the sodium ion and potassium ion, the mmol and mEq values are identical. For example, 140 mEq is equal to 140 mmol of sodium. However, for divalent ions (such as the calcium ion, Ca^{2+}) or trivalent ions (such as the phosphate ion, PO_4^{3-}) the mmol/L and mEq/L measures are different.

Osmosis

Osmosis is the movement of water across a semipermeable membrane (i.e., a membrane that is freely permeable to water but impermeable to most solutes). In osmosis, water diffuses down its concentration gradient, moving *from* the side of the membrane with lesser number of solute particles but *greater water* concentration *to* the side with the greater number of solute particles and *lower water* concentration (Fig. 5-3). As water moves across the semipermeable membrane, it generates **osmotic pressure**. The magnitude of the osmotic pressure represents the hydrostatic pressure (measured in millimeters of mercury [mm Hg]) needed to oppose the movement of water across the membrane (Najem et al., 2024).

The osmotic effect that nondiffusible particles exert in pulling water from one side of the semipermeable membrane to the other is measured by a unit called an **osmole**. The osmole is derived from the gram molecular weight of a substance (i.e., 1 g molecular weight of a nondiffusible and nonionizable substance is equal to 1 osmole). In the clinical setting, osmotic activity usually is expressed in milliosmoles (one thousandth of an osmole) per liter. It is

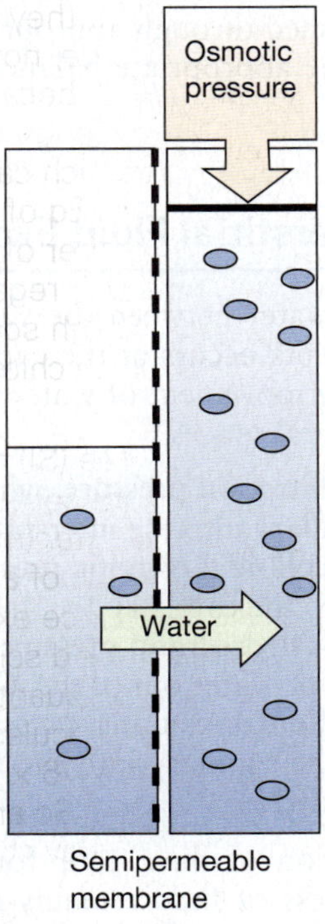

FIGURE 5-3. Movement of water across a semipermeable membrane. Water moves from the side that has fewer nondiffusible particles to the side that has more. The osmotic pressure is equal to the hydrostatic pressure needed to oppose water movement across the membrane.

the number of nondiffusible particles that determines the osmotic activity of a solution (Najem et al., 2024).

The osmotic activity of a solution may be expressed in terms of either osmolarity or osmolality. **Osmolarity** refers to the total concentration of substances (solute particles) in 1 L of solution, measured in osmoles per liter (Osm/L) and **osmolality** refers to the osmolar concentration in 1 kg of water (mOsm/kg of H_2O). Osmolarity is usually used when referring to fluids outside the body and osmolality for describing fluids inside the body. Because 1 L of water weighs 1 kg, the terms osmolarity and osmolality are often used interchangeably.

The primary molecules that contribute to osmolality in the body are sodium ion (Na^+), glucose, and a molecule called BUN, which is a breakdown product of protein metabolism. Serum osmolality (a measure of the osmolality of the liquid component of blood) normally ranges between 280 and 303 mOsm/kg, and can be calculated using the following equation:

$$\text{Osmolality (mOsm/kg)} = 2[\text{Na}^+ \text{ (mEq/L)}] + \frac{\text{glucose (mg/dL)}^*}{18} + \frac{\text{BUN (mg/dL)}^*}{2.8}$$

*1 mOsm of glucose = 180 mg/L and 1 mOsm of urea = 28 mg/L

Ordinarily, the calculated and measured osmolality are within 10 mOsm of one another. The difference between the calculated and measured osmolality is called the **osmolar gap**. An osmolar gap larger than 10 mOsm suggests the presence of an unmeasured, osmotically active substance such as alcohol, acetone, or mannitol (Najem et al., 2024).

It is important to note in this formula that the greatest influence on osmolality is from Na^+. This can be clinically helpful because a quick estimate of osmolality can be done by simply multiplying the serum Na^+ level by 2. Higher serum osmolality with a normal Na^+ level is likely being caused by an increased concentration of BUN or, more commonly, elevated glucose. This situation of increased blood glucose causing increased osmolality occurs frequently in patients with diabetes, a glucose regulation disorder.

Intracellular Fluid Volume Regulation

Fluid movement between the ICF and ECF compartments is regulated by osmotic pressure. The abundant aquaporin protein channels in cell membranes make most cells freely permeable to water; however, nonpermeable particles (including proteins and other organic compounds, as well as electrolyte solutes such as sodium) cannot pass through the membrane. The higher concentration of nonpermeable particles on one side of the cell membrane causes water to move from the area of lower concentration, that is, across the membrane by osmosis. These nonpermeable particles are described as "osmotically active" because they draw water from the space of low concentration to the space of high concentration. The osmotic movement of water through the aquaporin channels is therefore regulated by the osmotic activity of these nonpermeable particles. Na^+, which is strongly osmotically active and has a greater concentration in the ECF than in the ICF, tends to enter the cell by diffusion. If left unchecked, the inward diffusion of Na^+ with its strong osmotic properties would tend to pull water into the cell until it ruptured. This is prevented under normal circumstances because the Na^+/K^+-ATPase active transport membrane pump continuously moves both Na^+ and K^+ ions against their concentration gradients (removing three Na^+ ions from the cell for every two K^+ ions that are moved back into the cell). Situations that impair the function of the Na^+/K^+-ATPase pump, such as hypoxia, cause cells to swell because of the unchecked diffusion of Na^+ ions down the Na^+ concentration gradient into the cell, osmotically pulling water into the cell with the Na^+ (Tobias et al., 2022).

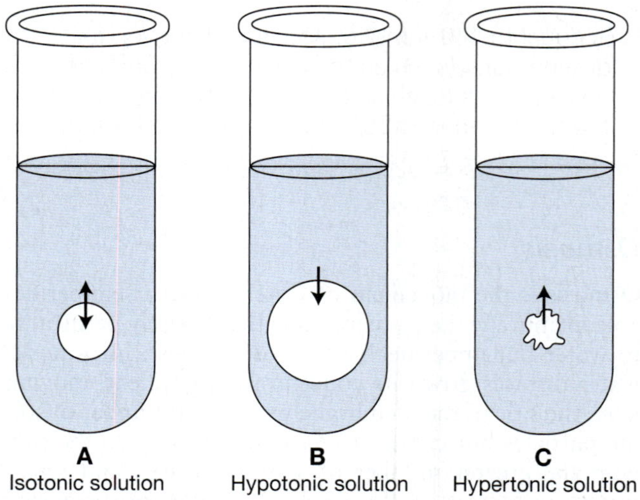

FIGURE 5-4. Osmosis. (**A**) Red cells undergo no change in size in isotonic solutions. (**B**) They increase in size in hypotonic solutions and (**C**) decrease in size in hypertonic solutions.

Extracellular Fluid Volume Regulation

The ECF is divided among the intravascular, interstitial, and transcellular fluid compartments. The intravascular compartment transports substances such as electrolytes, gases, nutrients, and waste products throughout the body. The fluid in the interstitial spaces transports substances between the intravascular compartment and body cells. Interstitial fluid is also a reservoir from which the intravascular volume can be maintained during periods of hemorrhage or loss of vascular fluid. A tissue gel, which is a sponge-like material composed of large quantities of proteoglycan filaments, fills the tissue spaces and aids in even distribution of interstitial fluid (see Fig. 5-1). Most of the fluid in the interstitium is in gel form, which has a firmer consistency than water opposing the outflow of water from the capillaries and helping to prevent the accumulation of free water in the interstitial spaces (Tobias et al., 2022).

Tonicity

A change in intracellular water content causes cells to swell or shrink. The term **tonicity** refers to the capability of a solution to osmotically modify the ICF water volume. An effective osmole is one that exerts an osmotic force and cannot permeate the cell membrane. An ineffective osmole is one that exerts an osmotic force but crosses the cell membrane, pulling water with it into the cell. Tonicity is determined solely by effective osmoles, with the nonpermeable osmoles regulating the osmotic movement of water across the cell membrane through the aquaporin channels.

Solutions to which body cells are exposed can be classified as isotonic, hypotonic, or hypertonic depending on whether they cause cells to swell or shrink (Fig. 5-4). Cells exposed to an **isotonic solution** that has the same effective osmolality as their ICF (i.e., between 280 and 303 mOsm/L) neither shrink nor swell because there is no force pulling water in or out of the cell. An example of an isotonic solution is 0.9% NaCl (normal saline). When cells are placed in a **hypotonic solution** (which has fewer solutes, more water, and a lower effective osmolality than the ICF), water moves into the cell, causing it to swell. When cells are placed in a **hypertonic solution** (which has more solutes, less water, and a greater effective osmolality than the ICF), the cells shrink as water is pulled out of the cell (Skarlovnik et al., 2024). Either of these cell changes—cell swelling or cell shrinking—cause injury to cells and disrupt normal cell function, and may progress to cell death if the osmolality of the ECF is not promptly corrected to the isotonic range. This correction to isotonic ECF is accomplished through appropriate fluid therapy to re-establish the appropriate balance of water to osmotic particles.

Capillary–Interstitial Fluid Exchange

The transfer of water between the vascular and interstitial compartments occurs at the capillary level. Four forces control the movement of water between the capillary and interstitial spaces:

1. The **capillary filtration pressure**, which pushes water out of the capillary into the interstitial spaces
2. The **capillary colloidal osmotic pressure**, which pulls water back into the capillary
3. The **interstitial hydrostatic pressure**, which opposes the movement of water out of the capillary
4. The **tissue colloidal osmotic pressure**, which pulls water out of the capillary into the interstitial spaces (Hall & Hall, 2025)

The combination of these four forces is such that only a small excess of fluid remains in the interstitial compartment. This excess fluid is removed from the interstitium by the lymphatic system and returned to the systemic circulation.

Hydrostatic pressure is the force exerted by a fluid. **Capillary filtration** refers to the movement of water

UNDERSTANDING → Capillary Fluid Exchange

Movement of fluid between the vascular compartment and the interstitial fluid compartment occurs at the capillary level. The direction and amount of fluid that flows across the capillary wall are determined by (1) the hydrostatic pressure of the two compartments, (2) the colloidal osmotic pressures of the two compartments, and (3) the removal of excess fluid and osmotically active particles from the interstitial spaces by the lymphatic system.

Hydrostatic Pressure Inside the capillaries, the hydrostatic pressure is the same as the capillary filtration pressure, about 30 mm Hg at the arterial end and 10 mm Hg at the venous end. Interstitial fluid pressure is the force of fluid in the interstitial spaces pushing against the outside of the capillary wall. Evidence suggests that the interstitial pressure is slightly negative (−3 mm Hg), contributing to the outward movement of fluid from the capillary.

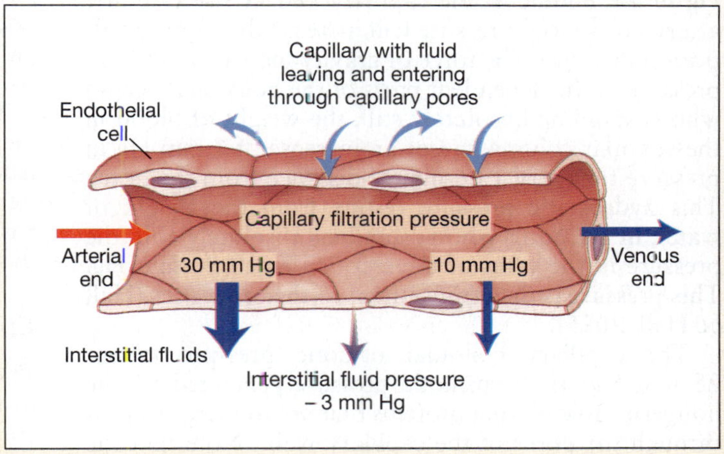

Colloidal Osmotic Pressure The colloidal osmotic pressure is the pulling force created by the presence of evenly dispersed particles, such as the plasma proteins, that cannot pass through the pores of the capillary membrane. Capillary colloidal osmotic pressure is about 28 mm Hg throughout the length of the capillary bed. Interstitial colloidal osmotic pressure (about 8 mm Hg) represents the pulling pressure exerted by the plasma proteins that leak through the pores of the capillary wall into the interstitial spaces. The capillary colloidal osmotic pressure, which is greater than both the hydrostatic pressure at the venous end of the capillary and the interstitial colloidal osmotic pressure, is largely responsible for the movement of fluid back into the capillary.

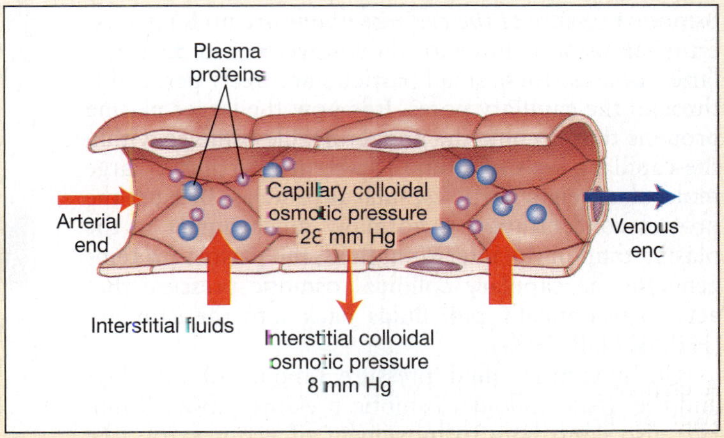

Lymph Drainage The lymphatic system represents an accessory system by which fluid can be returned to the circulatory system. Normally, the forces moving fluid out of the capillary into the interstitium are greater than those returning fluid to the capillary. Any excess fluids and osmotically active plasma proteins that may have leaked into the interstitium are picked up by vessels of the lymphatic system and returned to the circulation. Without the function of the lymphatic system, excessive amounts of fluid would accumulate in the interstitial spaces.

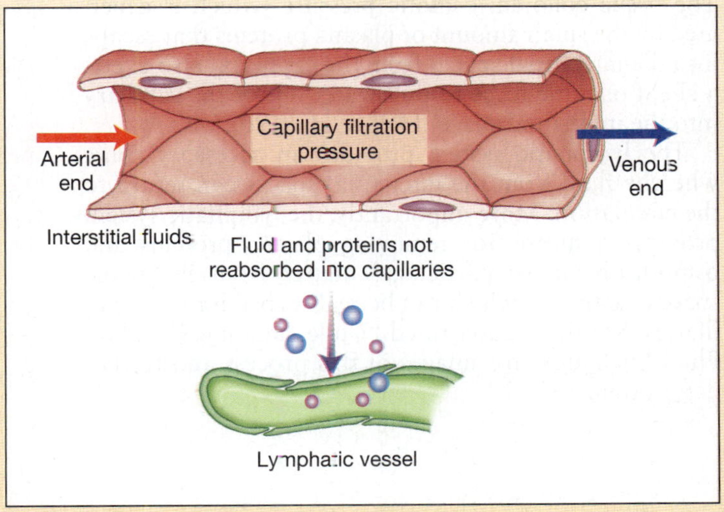

from the inside of the blood vessel through capillary pores and into the interstitial space, with that movement driven by the hydrostatic pressure of the blood within the capillary, rather than by osmotic force. This hydrostatic capillary filtration pressure reflects the combined influence of the arterial and venous pressures, the resistance from both the arterioles (precapillary) and the venules (postcapillary), and the force of gravity (Hall & Hall, 2025). The capillary filtration pressure is typically 30 to 40 mm Hg at the arterial end of the capillary, 10 to 15 mm Hg at the venous end, and 25 mm Hg in the middle of the capillary bed. A rise in either arterial or venous pressure will increase the capillary filtration pressure. The force of gravity increases capillary pressure in the dependent parts of the body. In a person who is standing absolutely still, the weight of blood in the vascular column causes an increase of 1 mm Hg in pressure for every 13.6 mm of distance from the heart. This hydrostatic pressure results from the weight of water. In the adult who is standing absolutely still, the pressure in the veins of the feet can reach 90 mm Hg. This pressure is then transmitted to the capillaries (Hall & Hall, 2025).

The capillary colloidal osmotic pressure (about 28 mm Hg) is the osmotic pressure generated by the nonpermeable plasma proteins that are too large to pass through the pores of the capillary wall. (Note that the sodium, glucose, and BUN that provided the primary osmotic pressure *at the cell membrane* are no longer exerting an osmotic force for fluid movement in the capillaries, because these small particles are freely permeable through the capillary pores. It is now the larger plasma proteins that become the nonpermeable osmoles within the capillary beds.) **Colloid** is a term referring to large molecular weight particles, such as proteins. Because the protein concentration is normally much higher in the plasma than in the interstitial fluid, the plasma proteins generate the capillary colloidal osmotic pressure that acts to osmotically pull fluids back into the capillary (Hall & Hall, 2025).

The interstitial fluid pressure (about −3 mm Hg) and the tissue colloidal osmotic pressure (about 8 mm Hg) also contribute to movement of water across the capillary beds. The interstitial fluid pressure, which is normally slightly negative, contributes slightly to the outward movement of water into the interstitial spaces. The tissue colloidal osmotic pressure (which is generated by the small amount of plasma proteins that escape into the interstitial spaces from the capillary) also exerts a slight osmotic force to pull water out of the capillary into the interstitial space (Hall & Hall, 2025).

The lymphatic system provides an accessory route whereby fluid from the interstitial spaces can return to the circulation. More importantly, the lymphatic system provides a means for removing plasma proteins and osmotically active particulate matter from the tissue spaces, neither of which can be reabsorbed into the capillaries. See the section titled "Understanding Capillary Fluid Exchange" for images of this process and further description.

Disruptions in Fluid Volume Regulation

Edema

Edema can be defined as abnormal fluid accumulation within the interstitial spaces. When this edema fluid accumulates within the skin and soft tissues, it can be detected as a palpable swelling. However, edema fluid can also accumulate within the interstitial spaces of internal body areas (such as pulmonary edema, which cannot be palpated but can be detected as **crackles** that are audible by auscultation of the lungs with a stethoscope).

Edema can be either localized or generalized. The localized edema occurs in a limited anatomic location (such as swelling of the legs). Generalized body edema (termed **anasarca**) is frequently the result of increased vascular volume and is often related to cardiovascular dysfunction.

Etiology

The four physiologic mechanisms that contribute to the formation of interstitial edema are processes that: (1) increase capillary filtration pressure; (2) decrease capillary colloidal osmotic pressure; (3) increase capillary permeability; or (4) produce obstruction to lymph flow (Hall & Hall, 2025). The causes of edema are summarized in Chart 5-2.

CHART 5-2

CAUSES OF EDEMA

Increased Capillary Pressure

Increased vascular volume
- Heart failure
- Kidney disease
- Premenstrual sodium retention
- Pregnancy
- Environmental heat stress
- Thiazolidinedione (e.g., pioglitazone and rosiglitazone) therapy

Venous obstruction
- Liver disease with portal vein obstruction
- Acute pulmonary edema
- Venous thrombosis (thrombophlebitis)

Decreased arteriolar resistance
- Calcium channel–blocking drug responses

Decreased Colloidal Osmotic Pressure
Increased loss of plasma proteins
- Protein-losing kidney diseases
- Extensive burns

Decreased production of plasma proteins
- Liver disease
- Starvation, malnutrition

Increased Capillary Permeability
Inflammation
Allergic reactions (e.g., hives)
Malignancy (e.g., ascites and pleural effusion)
Tissue injury and burns

Obstruction of Lymphatic Flow
Malignant obstruction of lymphatic structures
Surgical removal of lymph nodes

Increased Capillary Filtration Pressure

As the capillary filtration pressure rises, the movement of vascular fluid into the interstitial spaces increases. Among the factors that increase capillary pressure are (1) increased arterial pressure or decreased resistance to flow through the precapillary sphincters; (2) an increase in venous pressure or increased resistance to outflow at the postcapillary sphincter; and (3) capillary distention because of increased vascular volume.

Because of the effects of gravity, edema resulting from increased capillary pressure commonly causes fluid to accumulate in dependent parts of the body and is referred to as **dependent edema**. For example, edema of the ankles and feet becomes more pronounced during periods of standing.

Decreased Capillary Colloidal Osmotic Pressure

Plasma proteins exert the osmotic force needed to pull fluid back into the capillary from the tissue spaces. The most osmotically active form of these plasma proteins is **albumin**, followed by globulins and fibrinogen.

Edema because of decreased capillary colloidal osmotic pressure usually is the result of inadequate production or abnormal loss of plasma proteins, mainly albumin. This can be attributed to problems such as inadequate intake of protein in the diet, vitamin deficiencies, impaired synthesis of albumin in severe liver disease, albumin loss through the urine due to kidney dysfunction, and capillary injury as a result of burns (Sterns, 2024b).

Increased Capillary Permeability

When capillary pores become enlarged or the integrity of the capillary wall is damaged, capillary permeability is increased. When this occurs, plasma proteins and other osmotically active particles leak into interstitial spaces, increasing tissue colloidal osmotic pressure and thereby contributing to the accumulation of interstitial fluid. Conditions that increase capillary permeability include burn injury, capillary congestion, inflammation, and immune responses.

Obstruction of Lymph Flow

Osmotically active plasma proteins and other large particles that cannot be reabsorbed through the pores in the capillary membrane rely on the lymphatic system for movement back into the circulatory system. Edema can result from a disruption in lymph flow caused by an obstruction within the lymphatic system. The edema that develops as a result of lymphatic obstruction is characterized by a higher volume of proteins in the interstitial space (because the proteins could not be returned through the obstructed lymphatics). If this edema is located in peripheral locations of the body that can be palpated, the area is often firmer to touch than edema that is primarily water. This higher protein interstitial edema that results from lymphatic obstruction is referred to as **lymphedema** (Ashinoff et al., 2025). Extension of malignant (cancerous) growths into lymphatic structures and subsequent removal of lymph nodes and segments of lymphatic vessels at the time of cancer surgery are common causes of lymphedema (Ashinoff et al., 2025). Another cause of lymphedema is infection and trauma involving the lymphatic channels and lymph nodes.

Clinical Manifestations

The effects of edema are determined largely by the location. Edema of the brain, larynx, or lungs is an acute, life-threatening condition. Although not life-threatening, edema involving musculoskeletal system may interfere with movement, particularly by limiting joint motion. At the cellular and tissue levels, edema increases the diffusion distance for O_2, nutrients, and wastes. Edematous tissues are more susceptible to injury and development of ischemic tissue damage, including pressure ulcers. Edema can also compress blood vessels, shutting off blood flow to distal tissues. Edema can be disfiguring, causing psychological effects and disturbances in self-concept, and can also create problems with obtaining proper-fitting clothing and shoes.

Pitting edema occurs when the accumulation of interstitial fluid exceeds the absorptive capacity of the tissue gel. In this form of edema, tissue water becomes mobile and can be translocated with pressure exerted by a finger. **Nonpitting edema** usually reflects a condition in which plasma proteins have accumulated in the tissue spaces and coagulated. It is seen most commonly in areas of localized infection or trauma. The area often is firm and discolored. Lymphedema typically presents as nonpitting edema because of the higher protein content.

Assessment and Treatment

Methods for assessing edema include daily weight, visual assessment, measurement of the affected part, and application of finger pressure to assess for pitting edema.

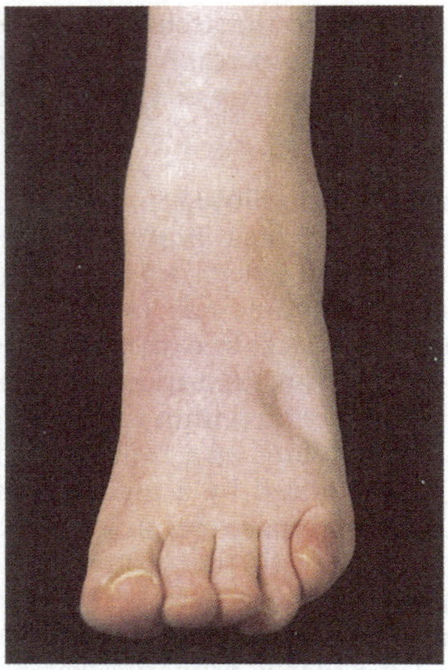

FIGURE 5-5. Assessing for pitting edema in lower extremities

Daily weight measured at the same time each day (and optimally using the same scale) provides a useful index of water gain related to edema (with 1 L of water weighing 1 kg [2.2 lb]). Visual inspection and measurement of the circumference of an extremity can also be used to assess the degree of swelling. Finger pressure can be used to assess the presence and degree of pitting edema. The finger or thumb is pressed into the swollen area, held for 5 seconds, and released. If an indentation remains after the finger has been removed, pitting edema is identified. It is evaluated on a scale of +1 (minimal) to +4 (severe) (Fig. 5-5).

Treatment of edema usually is directed toward maintaining life when the swelling involves vital structures, correcting or controlling the cause, and preventing tissue injury. Edema of the extremities may respond to simple measures such as elevating the feet or wearing elastic support stockings or sleeves. Diuretic therapy commonly is used to treat edema associated with an increase in ECF volume. Serum albumin levels can be measured, and albumin may be administered intravenously to raise the plasma colloidal osmotic pressure when edema is caused by hypoalbuminemia.

Third-Space Accumulation

The normally small transcellular compartment of the ECF is commonly referred to as the "third space" of the ECF (with the much larger interstitial and intravascular spaces being the first and second ECF spaces). Therefore, when abnormal fluid shifts cause larger volumes of fluid to accumulate in the transcellular spaces of the body, that pathophysiologic mechanism is often referred to as a **third spacing** of fluid.

Many of the transcellular spaces are located in strategic body areas where there is continual movement of body structures—such as the pericardial space, the pleural space, and the peritoneal cavity. The normally small amount of fluid in these spaces reduces friction and allows better ease of movement. Many of the transcellular spaces are closely linked with lymphatic drainage systems. The milking action of the moving structures, such as the lungs, continually forces excess fluid and plasma proteins back out of the transcellular space, keeping only the small fluid volume needed in the space. Obstruction to lymph flow is one mechanism that can contribute to abnormal fluid accumulation in transcellular spaces. Other situations associated with third spacing of fluid include systemic inflammatory response syndrome, capillary leak in pancreatitis, the combination of hypoalbuminemia and increased portal venous hydrostatic pressure caused by severe liver failure, and third-degree burns (Sterns, 2024b).

The prefix *hydro-* may be used to indicate the presence of excessive fluid in an ECF transcellular space, as in **hydrothorax**, which means excessive fluid in the pleural cavity, or **hydrocephalus**, which refers to an accumulation of CSF in the brain's ventral cavities. The accumulation of fluid in the peritoneal cavity is called **ascites**. The transudation of fluid into the serous cavities is also referred to as **effusion**. Effusion can contain blood, plasma proteins, inflammatory cells (i.e., pus), and ECF.

SUMMARY CONCEPTS

Body fluids, which contain water and electrolytes, are distributed between the intracellular fluid (ICF) and ECF compartments. Total body water accounts for approximately 60% of total body weight in a healthy adult. Of this total body weight, about 40% is contained within body cells as intracellular fluid, representing roughly two thirds of total body water, while the remaining 20% is found in the extracellular fluid compartment. The extracellular fluid is further divided into interstitial fluid (~14% of total body weight), intravascular or plasma fluid (about 5%), and a small amount of transcellular fluid (~1%) contained within specialized spaces such as the cerebrospinal, pleural, and peritoneal cavities. The ICF contains higher concentrations of the electrolytes potassium (K^+), calcium (Ca^{2+}), phosphate (PO_4^{3-}), and magnesium (Mg^{2+}), whereas the ECF contains higher concentrations of sodium (Na^+), chloride (Cl^-), bicarbonate (HCO_3^-), and calcium (Ca^{2+}).

Electrolytes and nonelectrolytes move by diffusion across cell membranes. Water crosses cell membranes by osmosis, using special protein channels called aquaporins. In osmosis, water moves from the side of the membrane that has the lesser number of particles and greater water concentration to the side that has the greater number of particles and lesser water concentration. The intracellular fluid volume and size of cells is influenced by the ECF osmolality, through a property called tonicity. When the ECF osmolality is higher than normal (i.e., the ECF is hypertonic), water moves out of the cell to dilute the osmoles in the ECF and the cell shrinks. When the ECF osmolality is lower than normal (i.e., the ECF is hypotonic), then water moves from the ECF into cells, causing cells to swell. Both cell shrinking and cell swelling can injure cells, disrupt cell functions, and place the cells at risk for cell death.

Edema is an increase in interstitial fluid volume. The physiologic mechanisms that contribute to the development of edema include factors that (1) increase capillary filtration pressure, (2) decrease capillary colloidal osmotic pressure, (3) increase capillary permeability, and (4) obstruct lymphatic flow. The effect that edema exerts on body function is determined by its location. Edema of the brain, larynx, or lungs is an acute, life-threatening situation, whereas swelling of the ankles and feet can be a normal discomfort that accompanies environmental changes, such hot weather or higher sodium intake in the diet causing fluid retention.

In third-space accumulation, fluid moves abnormally into the transcellular compartments. These include areas such as the joint spaces, the pericardial sac, the peritoneal cavity, and the pleural cavity. Because these compartments are separated from the interstitial space by a layer of epithelial cells, fluid is not easily exchanged with the rest of the ECF.

Sodium and Water Balance

The movement of fluids across the cell membrane is strongly influenced by ECF levels of water and sodium. Almost 93% of body fluids are made up of water, and sodium salts account for approximately 90% to 95% of ECF solutes. Equivalent changes in sodium and water are such that the volume and osmolality of ECF are maintained within a normal range. Because the concentration of sodium is the primary control of ECF osmolality, changes in sodium are usually accompanied by proportionate changes in water volume (Hall & Hall, 2025).

Body Water Balance

Total body water (TBW) varies with sex and weight. These differences can be explained by differences in body fat, which is essentially water-free (i.e., fat is ~10% water by composition, compared with 75% for skeletal muscle). In young adult males, TBW approximates 60% of body weight, whereas TBW is approximately 50% for young adult females. The TBW tends to decrease with older age, particularly if there are declines in muscle mass. Obesity produces further decreases in TBW because adipose tissue only contains about 10% water (Sterns, 2024a).

Infants normally have more TBW than older children or adults. TBW constitutes approximately 75% of body weight in full-term infants and an even greater proportion in premature infants. Infants have more than half of their TBW in the ECF compartment. The greater ECF water content of an infant is related to the infant's higher metabolic rate, larger surface area in relation to body mass, and inability to concentrate urine because of immature kidneys. Because ECF is more readily lost from the body, infants are also more vulnerable to rapidly developing fluid deficit than older children and adults. As an infant grows older, TBW decreases, and by the second year of life, the percentages and distribution of body water approach those of an adult (Sterns, 2024a).

Gains and Losses

Regardless of age, all healthy people require approximately 100 mL of water per 100 calories metabolized for dissolving and eliminating metabolic wastes. This means that a person who expends 1,800 calories for energy in a day requires 1,800 mL of water for metabolic purposes. Fever increases the metabolic rate, increasing the need for water, and also increases the respiratory rate, which results in additional loss of water vapor through the lungs.

The main source of water gain is through oral intake, with cellular metabolic processes also producing byproducts of water (called the water of metabolism). Tube feedings and parenterally administered fluids are also sources of water gain.

Normally, the largest loss of water occurs through kidney function. Even when oral or parenteral fluids are withheld, the kidneys produce an **obligatory urine output** of approximately 300 to 500 mL/day as a means of ridding the body of metabolic wastes. Lesser amounts of water are lost through the skin, lungs, and gastrointestinal tract and are referred to as **insensible water losses.** The gains and losses of body water are summarized in Table 5-3.

Sodium Balance

Sodium is the most abundant cation in the body, averaging approximately 60 mEq/kg of body weight. Most of the body's sodium is in the ECF compartment (136 to 145 mEq/L [135 to 145 mmol/L]), and only 10 to 14 mEq/L (10 to 14 mmol/L) is in the ICF compartment. The resting cell membrane is relatively impermeable to sodium; sodium that enters the cell is transported out of the cell *against* an electrochemical gradient by the

TABLE 5-3 Sources of Body Water Gains and Losses in the Adult

Gains		Losses	
Oral intake		Urine	1,500 mL
As water	1,000 mL	Insensible losses	300 mL
In food	1,300 mL	Lungs	
Water of oxidation	200 mL	Skin	500 mL
		Feces	200 mL
Total	2,500 mL	Total	2,500 mL

energy-dependent Na^+/K^+-ATPase membrane pump (Hall & Hall, 2025). **Hyponatremia** is a condition where the sodium level in the blood is abnormally low, whereas **hypernatremia** refers to an abnormally high level of serum sodium.

Sodium functions mainly in regulating the ECF volume. As the major cation in the ECF compartment, Na^+ and its attendant anions (Cl^- and HCO_3^-) account for approximately 90% to 95% of the osmotic activity in the ECF. Because sodium is part of the sodium bicarbonate molecule, it is important in regulating acid–base balance. As a current-carrying ion, Na^+ contributes to the function of the nervous system and other excitable tissue.

KEY POINTS

Sodium and Water Balance

- It is the amount of water and its effect on sodium concentration in the ECF that serves to regulate the distribution of fluid between the ICF and ECF compartments.
- Hyponatremia or hypernatremia that is brought about by disproportionate losses or gains in sodium or water exerts its effects on the ICF compartment, causing water to move in or out of body cells. Many of the manifestations of changes in sodium concentration reflect changes in the intracellular volume of cells, particularly those in the nervous system.

Gains and Losses

Sodium normally enters the body through the gastrointestinal tract and is eliminated by the kidneys or lost from the gastrointestinal tract or skin. Sodium intake normally is derived from dietary sources. Body needs for sodium can be met by as little as 500 mg/day. Globally, average sodium intake is approximately 4,300 mg/day, which is more than double the adult recommendation of less than 2,000 mg/day established by the World Health Organization (WHO). Sources of sodium are dietary intake, intravenous saline infusions, and medications that contain sodium. Reducing sodium intake is one of the most cost-effective measures to improve health and reduce noncommunicable diseases (WHO, 2023).

Most sodium losses occur through the kidneys. The kidneys are extremely efficient in regulating sodium output, and when more is needed, the kidneys are able to reabsorb sodium that has been filtered. This results in essentially sodium-free urine. Conversely, urinary losses of sodium increase as intake increases.

Usually less than 10% of sodium intake is lost through the gastrointestinal tract and skin. Sodium losses increase with conditions such as vomiting, diarrhea, fistula drainage, and gastrointestinal suction that remove sodium from the gastrointestinal tract. Sodium leaves the skin through the sweat glands. Sweat is a hypotonic solution containing both sodium and chloride. Although sodium losses because of sweating are usually negligible, they can increase greatly during exercise and periods of exposure to a hot environment (Hall & Hall, 2025).

Mechanisms of Sodium and Water Regulation

The body's ability to regulate sodium and water balance is primarily driven by the need to maintain adequate blood perfusion—the effective circulation of blood to deliver oxygen to tissues. This is sometimes referred to as the **effective circulating volume (ECV)** or **effective arterial blood volume (EABV)** and is achieved through mechanisms that regulate both blood volume and blood pressure, ensuring proper fluid distribution and cardiovascular stability. A low ECV or EABV activates feedback mechanisms that increase sodium and water retention, and a high ECV triggers feedback mechanisms that decrease sodium and water retention.

The ECV is monitored by a number of sensors located in both the vascular system and the kidneys. These sensors are considered **baroreceptors** because they respond to pressure or volume-induced stretch of the vessel walls. Baroreceptors located in the low-pressure side of the circulation (the walls of the cardiac atria and large pulmonary vessels) respond primarily to fullness of the circulation. Those located in the high-pressure arterial side of the circulation (the aortic arch and carotid sinus) respond primarily to changes in the arterial pressure. Both types of baroreceptors send signals to the brain based on their detection of blood pressure or volume changes. High pressure or stretching of the vessel walls increases the firing of baroreceptor signals, while low pressure or minimal stretching decreases them.

When baroreceptors detect a drop in blood pressure or blood volume, they activate the sympathetic nervous system (SNS), resulting in vasoconstriction, increased heart rate, increased contractility in the heart, release of epinephrine and norepinephrine, and renal retention of sodium and water. Additional signals are sent to the hypothalamus, which stimulates the posterior pituitary gland to release antidiuretic hormone (ADH). The primary function of ADH, also called vasopressin, is to regulate the body's water balance by increasing the amount of water the kidneys reabsorb.

When cells in the atria of the heart sense increased blood volume and atrial stretch, they release **atrial natriuretic peptide (ANP)**, a hormone that lowers ECV/EABV by promoting sodium and water excretion (Hall & Hall, 2025).

Pressure-sensitive receptors in the kidney respond directly to changes in arterial pressure through stimulation of the sympathetic nervous system and the release of renin when blood pressure is low, when sodium levels are low, or when directly activated by the SNS. Renin is an enzyme produced by cells in the kidney. When released, most of the renin leaves the kidney and enters the bloodstream, where it interacts enzymatically to convert a circulating plasma protein called angiotensinogen to **angiotensin I**. In the lungs, angiotensin I is further converted to **angiotensin II** by **angiotensin-converting enzyme (ACE)**. Angiotensin II increases blood pressure by promoting vasoconstriction, ADH release, and by stimulating the secretion of aldosterone, which promotes sodium and water retention by the kidneys. This process is referred to as the **renin–angiotensin–aldosterone system (RAAS)** (Hall & Hall, 2025).

When blood pressure is high, baroreceptors respond by triggering mechanisms to lower blood pressure and maintain homeostasis. Signals sent to the brain lead to inhibition of the SNS, which decreases the heart rate, dilates vessels, reduces the release of renin by the kidneys, and inhibits ADH secretion. Additionally, the parasympathetic nervous system is activated, which decreases heart rate and cardiac output (Hall & Hall, 2025).

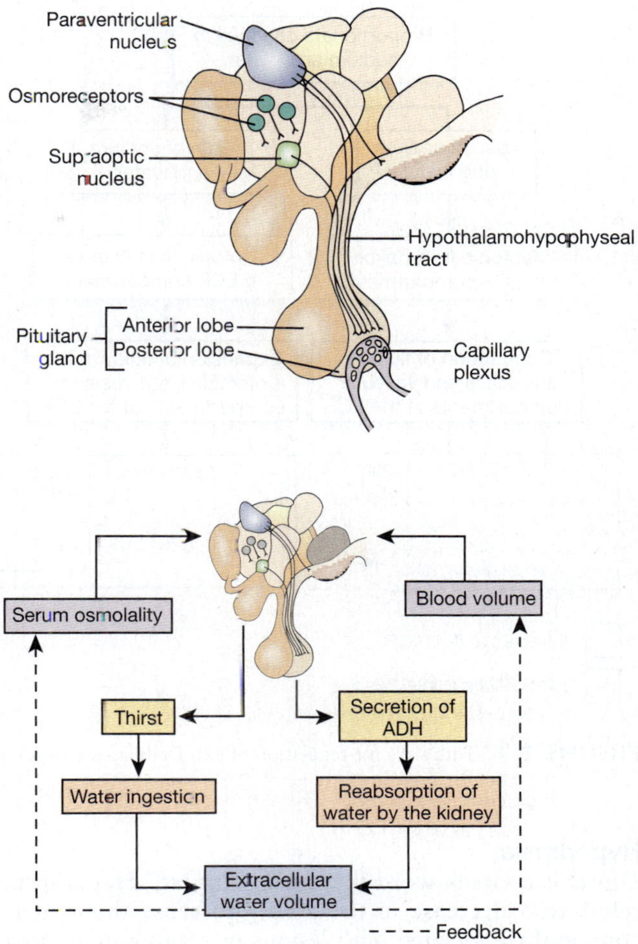

FIGURE 5-6. (Top) Sagittal section through the pituitary and anterior hypothalamus. Antidiuretic hormone (ADH) is formed primarily in the supraoptic nucleus and to a lesser extent in the paraventricular nucleus of the hypothalamus. It is then transported down the hypothalamohypophyseal tract and stored in secretory granules in the posterior pituitary, where it can be released into the blood. **(Bottom)** Effect of isotonic fluid excess and deficit and of hyponatremia and hypernatremia on movement of water between the extracellular and intracellular fluid compartments. ADH, antidiuretic hormone.

Thirst and ADH

Two other mechanisms that contribute directly to the regulation of body water and indirectly to the regulation of sodium are thirst and ADH. Thirst is primarily a regulator of water intake and ADH a regulator of water output. Both thirst and ADH are responsive to changes in extracellular osmolality and the resultant ECV (Fig. 5-6) (Hall & Hall, 2025).

Disorders of Thirst

Thirst is the conscious sensation of the need to drink fluids high in water content. Drinking water or other fluids often occurs as the result of habit or for reasons other than those related to thirst.

Thirst is controlled by the thirst center in the hypothalamus. There are two stimuli for true thirst based on water need: (1) cellular dehydration caused by an increase in ECF osmolality, which pulls water out of the cells, and (2) a decrease in blood volume, which may or may not be associated with decreased serum osmolality. Sensory neurons (**osmoreceptors**) are cells located in or near the thirst center that respond to changes in ECF osmolality by swelling or shrinking (Fig. 5-7). Thirst normally develops with as little as a 1% to 2% change in serum osmolality (Hsu et al., 2022). The stretch receptors in the vascular system that monitor ECV also aid in regulation of thirst. Thirst is one of the earliest symptoms of hemorrhage and is often present before other signs of blood loss appear.

A third important stimulus for thirst is angiotensin II, the levels of which increase in response to low blood volume and low blood pressure. The renin–angiotensin mechanism contributes to thirst which isn't driven by solute concentration. This is considered a backup system for thirst should other systems fail. Dryness of the mouth, such as the thirst a lecturer experiences during speaking, produces a sensation of thirst that is not necessarily associated with the body's hydration status. Thirst sensation also occurs in those who breathe through their mouths, such as smokers and people with chronic respiratory disease or hyperventilation syndrome.

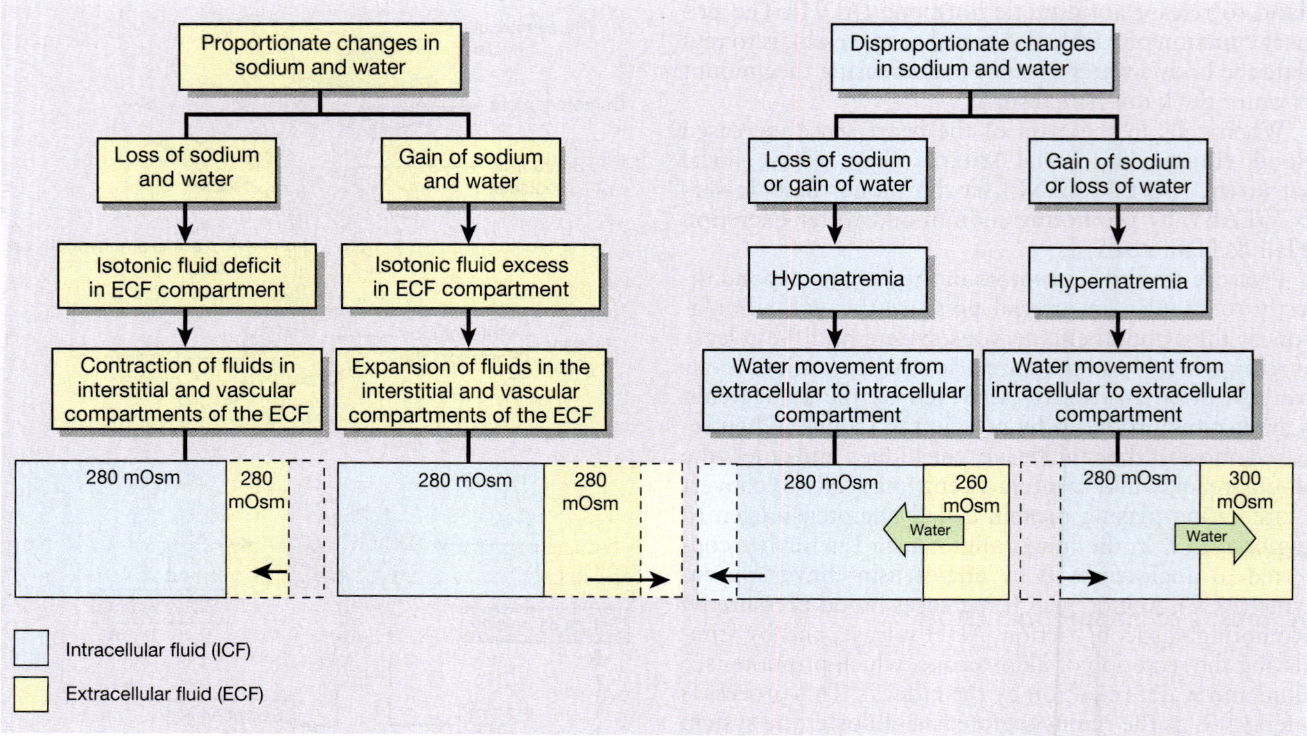

FIGURE 5-7. Pathways for regulation of extracellular water volume by thirst and ADH. ECF, extracellular fluid.

Hypodipsia

Dipsia is a Greek word that means "thirst." **Hypodipsia** refers to a decrease in the ability to sense thirst. It is commonly associated with lesions or trauma in an area of the hypothalamus; however, there is also evidence that thirst is decreased and water intake reduced in older adults, despite higher plasma sodium and osmolality levels (Li et al., 2023). The inability to perceive and respond to thirst in this population is compounded for those who have had a stroke or are experiencing confusion, sensory deficits, or motor disturbances.

Polydipsia

Polydipsia, or excessive thirst, is normal when it accompanies conditions of water deficit. Increased thirst and drinking behavior can be classified into three categories: (1) symptomatic or true thirst, (2) inappropriate or false thirst that occurs despite normal levels of body water and serum osmolality, and (3) compulsive water drinking. **Symptomatic thirst** develops when there is a loss of body water and resolves after the loss has been replaced. Among the most common causes of symptomatic thirst are water losses associated with diarrhea, vomiting, diabetes mellitus, and diabetes insipidus (DI). Inappropriate or excessive thirst may persist despite adequate hydration. It is a common complaint in people with congestive heart failure, diabetes mellitus, and chronic kidney disease (CKD). Thirst is also a common complaint in people with dry mouth caused by decreased salivary function or treatment with drugs with an anticholinergic action (e.g., antihistamines and atropine) that leads to decreased salivary flow.

Psychogenic polydipsia involves compulsive water drinking and is usually seen in people with psychiatric disorders, most commonly schizophrenia (Evanson & Espiridion, 2023). People with the disorder drink large amounts of water and excrete large amounts of urine. The cause of excessive water drinking in these people is uncertain but may be compounded by antipsychotic medications that increase ADH levels and interfere with water excretion by the kidneys. Excessive water ingestion coupled with impaired water excretion (or rapid ingestion at a rate that exceeds renal excretion) in people with psychogenic polydipsia can lead to **water intoxication**, also known as water toxicity. As the ECF becomes more diluted, water shifts into cells, causing them to swell. In the brain, this can increase intracranial pressure and if left untreated can result in death (Peechakara & Gupta, 2023).

Disorders of ADH

As previously discussed, the reabsorption of water by the kidneys is regulated in part by ADH, also known as *vasopressin* (or arginine vasopressin). ADH is synthesized in the nuclei of the hypothalamus and transported along a neural pathway to the posterior pituitary gland, where it is stored. When the nuclei are stimulated by increased serum osmolality or other factors, nerve impulses travel to the posterior pituitary gland, causing stored ADH to be released into circulation (Cuzzo et al., 2023).

As with thirst, ADH levels are controlled by ECF volume and osmolality. Osmoreceptors in the hypothalamus are capable of detecting fluctuation in ECF osmolality and can stimulate the production and release of ADH. Likewise, stretch receptors that are sensitive to changes in blood pressure and the ECV aid in the regulation of ADH release.

Diabetes Insipidus

Diabetes insipidus (DI) is caused by a deficiency of or a decreased response to ADH (Hall & Hall, 2025). DI is also called by the newer name of **arginine vasopressin deficiency** (to assist with better distinguishing this problem from the very different pathophysiologic condition called diabetes mellitus). People with DI are unable to concentrate their urine during periods of water restriction, and they excrete large volumes of urine, usually 3 to 20 L/day, depending on the degree of ADH deficiency or renal insensitivity to ADH. This large urine output is accompanied by excessive thirst. Individuals with DI are at risk for hypertonic dehydration and increased serum osmolality.

Syndrome of Inappropriate ADH

Syndrome of inappropriate antidiuretic hormone (SIADH) results from a failure of the negative feedback system that regulates the release and inhibition of ADH. In people with this syndrome, ADH secretion continues even when serum osmolality is decreased, causing marked water retention and dilutional hyponatremia (Hall & Hall, 2025).

Disorders of Sodium and Water Balance

Disorders of sodium and water balance can be divided into two main categories:

1. Isotonic contraction or expansion of ECF volume
2. Hypotonic dilution (hyponatremia) or hypertonic concentration (hypernatremia) of extracellular sodium brought about by changes in extracellular water (see Fig. 5-6)

Isotonic fluid imbalances primarily affect the ECF compartment, leading to either contraction (fluid volume deficit) or expansion (fluid volume excess) of the interstitial and vascular fluids. These involve a gain or loss of both sodium and water in equal proportions, so the osmolality remains unchanged. In contrast, sodium concentration disorders produce a change in the osmolality of the ECF, either due to movement of water from the ECF compartment into the ICF compartment (hyponatremia) or from the ICF compartment into the ECF compartment (hypernatremia).

Isotonic Fluid Volume Deficit

Fluid volume deficit occurs when there is a decrease in ECF, including a reduction in circulating blood volume. The term isotonic **fluid volume deficit** is used to describe a condition where sodium and water are lost in equal proportions, distinguishing it from pure water loss, which leads to hypernatremia and a hyperosmolar state. In isotonic fluid loss, plasma electrolyte concentrations remain stable unless additional imbalances are present. If the effective circulating blood volume becomes insufficient to maintain proper perfusion, the condition is referred to as hypovolemia (Palevsky & Mandel, 2024).

Etiology

Isotonic fluid volume deficit results when water and electrolytes are lost in isotonic proportions (Table 5-4). It is usually caused by a loss of body fluids and accompanied by a decrease in fluid intake. It can occur because of a loss of gastrointestinal fluids, increased urination (**polyuria**), or sweating. Fluid intake may be reduced because of a lack of access to fluids, impaired thirst, unconsciousness, oral trauma, impaired swallowing, or neuromuscular problems that prevent fluid access.

Excess sodium and water losses also can occur through the kidney. Some kidney diseases are characterized by salt wasting because of impaired sodium reabsorption. **Osmotic diuresis**, the pulling of water into the urine due to excess solutes in the renal tubules, can lead to fluid volume deficit as well. An example of this is seen in diabetes mellitus, where high blood glucose levels lead to excessive glucose in the urine, which draws water with it. Diuretics can lead to excessive fluid loss if used improperly or in excessive doses. In Addison disease, a condition of chronic adrenocortical insufficiency, there is unregulated loss of sodium in the urine, resultant loss of ECF, and increased potassium retention.

The skin acts as an exchange surface for heat and as a vapor barrier to prevent water from leaving the body. Body surface losses of sodium and water increase when there is excessive sweating or when large areas of skin have been damaged. In hot weather, water loss through sweating may be increased by as much as 1 to 3 L/hour (Hall & Hall, 2025). As much as 3 L of water may be lost in a single day as a result of fever. Burns are another cause of excess fluid loss. Evaporative losses can increase 10-fold with severe burns, up to 3 to 5 L/day (Hall & Hall, 2025).

Third-space losses cause sequestering of ECF in transcellular spaces. Because the fluid remains in the body, fluid volume deficit caused by third spacing does not usually cause weight loss (Sterns, 2024c).

Clinical Manifestations

The manifestations of fluid volume deficit reflect a decrease in ECF volume. They include thirst, loss of body weight, signs of water conservation by the kidney, impaired temperature regulation, and signs of reduced interstitial and vascular volume (see Table 5-4).

A loss in fluid volume is accompanied by a decrease in body weight. One liter of water weighs 1 kg (2.2 lb). Mild ECF deficit exists when weight loss equals 2% of body weight. Because ECF is trapped in the body with third-space losses, body weight may not decrease.

Thirst is a common symptom of fluid deficit, although it is not always present in the early stages of isotonic fluid deficit. It develops as the effective circulatory volume decreases to a point sufficient to stimulate the thirst mechanism. Urine output decreases and urine osmolality and specific gravity increase as ADH levels rise because

TABLE 5-4 Causes and Manifestations of Isotonic Fluid Volume Deficit

Causes	Manifestations
Inadequate Fluid Intake	**Acute Weight Loss (% Body Weight)**
Oral trauma or inability to swallow	Mild fluid volume deficit: 2%
Inability to obtain fluids (e.g., impaired mobility)	Moderate fluid volume deficit: 2%–5%
Impaired thirst sensation	Severe fluid deficit: 8% or greater
Therapeutic withholding of fluids	**Compensatory Increase in Antidiuretic Hormone**
Unconsciousness or inability to express thirst	Decreased urine output
Excessive Gastrointestinal Fluid Losses	Increased osmolality and specific gravity
Vomiting	**Increased Serum Osmolality**
Diarrhea	Thirst
Gastrointestinal suction	Increased hematocrit and blood urea nitrogen
Draining gastrointestinal fistula	**Decreased Vascular Volume**
Excessive Renal Losses	Postural hypotension
Diuretic therapy	Tachycardia, weak and thready pulse
Osmotic diuresis (hyperglycemia)	Decreased vein filling and increased vein refill time
Adrenal insufficiency (Addison disease)	Hypotension and shock
Salt-wasting kidney disease	**Decreased Extracellular Fluid Volume**
Excessive Skin Losses	Depressed fontanelle in an infant
Fever	Sunken eyes and soft eyeballs
Exposure to hot environment	**Impaired Temperature Regulation**
Burns and wounds that remove skin	Elevated body temperature
Third-Space Losses	
Intestinal obstruction	
Edema	
Ascites	
Burns (first several days)	

of a decrease in vascular volume. Although there is an isotonic loss of fluid from the vascular compartment, the other blood components such as red blood cells (RBCs) and BUN become more concentrated. BUN levels are therefore a good indicator of how well the kidneys are functioning.

The fluid content of body tissues decreases as fluid is removed from the interstitial spaces. Eyes become sunken and feel softer than normal as the fluid content in the anterior chamber decreases. Fluids add resiliency to the skin and underlying tissues (**skin** or **tissue turgor**). Tissue turgor is assessed by pinching a fold of skin between the thumb and the forefinger, which should immediately return to its original configuration when the fingers are released (Sterns, 2024c). If 3% to 5% of body water is lost in children, there is fairly normal turgor, whereas with 6% to 9% loss of body water, there is poor turgor and a sunken anterior fontanelle. Decreased tissue turgor is less predictive of fluid deficit in older persons (>65 years) because of the loss of tissue elasticity. In infants, fluid deficit may be evidenced by depression of the anterior fontanelle because of a decrease in CSF.

Arterial and venous volumes decline during periods of fluid deficit, as does filling of capillary circulation. As the volume in the arterial system declines, the blood pressure decreases, the heart rate increases, and the pulse becomes weak and thready. In the early stages of fluid deficit, blood pressure may drop significantly when standing from a sitting or lying position, a condition referred to as postural or **orthostatic hypotension**. Veins become less prominent. When volume depletion becomes severe, signs of hypovolemic shock and vascular collapse appear.

Diagnosis and Treatment

Diagnosis of fluid volume deficit is based on a history of conditions that predispose to sodium and water losses, weight loss, and observations of altered physiologic function indicative of decreased fluid volume. Intake and output measurements afford a means for assessing fluid balance. However, these measurements may not represent actual losses and gains: accurate measurements are difficult to obtain, and insensible losses are difficult to estimate.

Measurement of heart rate and blood pressure provides useful information about vascular volume. A simple test to determine venous refill time consists of compressing the distal end of a vein on the dorsal aspect of the hand when it is not in the dependent position. The vein is then emptied by "milking" the blood toward the heart. The vein should refill almost immediately when the occluding finger is removed. In the case of decreased venous volume, as occurs in fluid deficit, venous refill time increases. Capillaries refill more slowly as well. Capillary refill can be assessed by applying pressure to a fingernail for 5 seconds and then releasing the pressure and observing the time (normally 1 to 2 seconds) it takes for the color to return to normal (McGuire et al., 2023).

Treatment of fluid volume deficit consists of fluid replacement and measures to correct the underlying cause. Usually, isotonic electrolyte solutions are used for fluid replacement.

Isotonic Fluid Volume Excess

Fluid volume excess represents an isotonic expansion of the ECF compartment with increases in both interstitial and vascular volumes. Although increased fluid volume is usually the result of a disease condition, compensatory isotonic expansion of body fluids can occur in healthy people during hot weather as a mechanism for increasing body heat loss.

Etiology

Isotonic fluid volume excess is usually due to increased total body sodium accompanied by a proportionate increase in body water. Although it can occur as the result of excessive sodium intake, it is most commonly caused by a decrease in sodium and water elimination by the kidney.

Among the causes of decreased sodium and water elimination are disorders of renal function, heart failure, liver failure, and corticosteroid excess (Table 5-5). Heart failure decreases ECV and renal blood flow with a compensatory increase in sodium and water retention. People with severe congestive heart failure maintain a precarious balance between sodium and water. Small increases in sodium intake can precipitate fluid volume excess and a worsening of heart failure. **Circulatory overload** results from an increase in blood volume; it can occur during infusion or transfusion if the amount or rate of administration is excessive. Liver failure impairs aldosterone metabolism and decreases ECV and renal perfusion, leading to increased salt and water retention. Corticosteroid hormones increase sodium reabsorption by the kidneys. People taking corticosteroid medications and those with Cushing disease often have problems with sodium retention.

Clinical Manifestations

Isotonic fluid volume excess is manifested by an increase in interstitial and vascular fluids. It is characterized by weight gain over a short period of time. Mild fluid volume excess represents a 2% gain in weight; moderate fluid volume excess, a 5% gain in weight; and severe fluid volume excess, a gain of 8% or more in weight (Merali et al., 2024) (see Table 5-4). Edema is characteristic of isotonic fluid excess. When the excess fluid accumulates gradually, as happens in debilitating diseases and starvation, edema fluid may mask loss of tissue mass. There may be a decrease in BUN and hematocrit as a result of dilution because of plasma volume expansion. An increase in vascular volume may be evidenced by distended neck veins, slow-emptying peripheral veins, a full and bounding pulse, and an increase in central venous pressure. When excess fluid accumulates in the lungs, there are complaints of shortness of breath and difficulty breathing, respiratory crackles, and a productive cough. Ascites and pleural effusion may occur with severe fluid volume excess.

Diagnosis and Treatment

Diagnosis of fluid volume excess is usually based on a history of factors that predispose to sodium and water retention, weight gain, and manifestations such as edema and cardiovascular symptoms indicative of an expanded ECF volume.

The treatment of fluid volume excess focuses on providing a more favorable balance between sodium and water intake and output. A sodium-restricted diet is often prescribed as a means of decreasing extracellular sodium and water levels. Diuretic therapy is commonly used to increase sodium elimination. When there is a need for intravenous fluid administration or transfusion

TABLE 5-5 Causes and Manifestations of Isotonic Fluid Volume Excess

Causes	Manifestations
Inadequate Sodium and Water Elimination	**Acute Weight Gain (% Body Weight)**
Congestive heart failure	Mild fluid volume excess: 2%
Renal failure	Moderate fluid volume excess: 5%
Increased corticosteroid levels	Severe fluid volume excess: 8% or greater
Hyperaldosteronism	**Increased Interstitial Fluid Volume**
Cushing disease	Dependent and generalized edema
Liver failure (e.g., cirrhosis)	**Increased Vascular Volume**
Excessive Sodium Intake in Relation to Output	Full and bounding pulse
Excessive dietary intake	Venous distention
Excessive ingestion of sodium-containing medications or home remedies	Pulmonary edema
Excessive administration of sodium-containing parenteral fluids	Shortness of breath
Excessive Fluid Intake in Relation to Output	Crackles
Ingestion of fluid in excess of elimination	Dyspnea
Administration of parenteral fluids or blood at an excessive rate	Cough

of blood components, the procedure requires careful monitoring to prevent fluid overload.

Hyponatremia

The normal plasma concentration of sodium ranges from 136 to 145 mEq/L. Because sodium and its attendant anions account for 90% to 95% of the osmolality of ECF, serum osmolality (normally 280 to 303 mOsm/kg) usually changes with changes in plasma sodium concentration.

Hyponatremia is a plasma sodium concentration below 136 mEq/L (136 mmol/L). It is a common electrolyte disorder seen in general hospital patients and in the outpatient population. A number of age-related events make the older adult population more vulnerable to hyponatremia, including decreased renal function accompanied by limitations in sodium conservation. Although older people maintain body fluid homeostasis under most circumstances, the ability to withstand environmental, drug-related, and disease-associated stresses becomes progressively limited.

Types and Etiology

Hyponatremia may occur in hypertonic or hypotonic states, depending on the presence of osmotically active substances (Hall & Hall, 2025). **Hypertonic (translocational) hyponatremia** results from osmotic shifts of water from the intracellular to the extracellular space, most commonly due to hyperglycemia, leading to dilution of extracellular sodium. **Hypotonic (dilutional) hyponatremia**, the most common form, results from water retention and is classified as **hypovolemic, euvolemic, or hypervolemic** based on ECF volume status (Sterns, 2024c). Due to its effect on sodium and water elimination, diuretic therapy may contribute to hypovolemic or euvolemic hyponatremia by altering sodium and water excretion.

Hypovolemic hypotonic hyponatremia occurs when sodium and water are lost together, with proportionally greater sodium loss. Common causes include excessive sweating with replacement by free water, gastrointestinal sodium losses, adrenal insufficiency, and conditions associated with reduced aldosterone and increased ADH secretion (Sterns, 2024d).

Euvolemic or **normovolemic hypotonic hyponatremia,** which accounts for the majority of cases, is most often caused by SIADH and is commonly seen in the postoperative period, particularly when electrolyte-free fluids are administered (Sterns, 2024d).

Hypervolemic hypotonic hyponatremia occurs in edema-associated conditions such as heart failure, advanced liver disease, and renal failure, where nonosmotic ADH secretion is driven by perceived inadequate ECV (Sterns, 2024d).

Clinical Manifestations

The manifestations of hypotonic hyponatremia result from decreased serum osmolality and water movement into cells, leading to cellular swelling (Table 5-6). Clinical severity depends on both the degree of sodium dilution and the rapidity of onset, with acute hyponatremia producing more severe symptoms than chronic forms. Increased intracellular water may cause fingerprint edema, a sign demonstrated by sustained pressure over a bony surface. Early manifestations include muscle cramps, weakness, and fatigue, particularly during exertion in hot environments, while gastrointestinal symptoms such as nausea, vomiting, abdominal cramps, and diarrhea may also occur.

TABLE 5-6 Comparison of Hyponatremia Types

Type	Serum Osmolality and Sodium Levels	ECF Volume Status	Fluid Shift	Causes	Manifestations
Hypertonic hyponatremia	High (>303 mOsm/kg), Na^+ <135 mEq/L	Normal or decreased	Water shifts from ICF to ECF due to osmotic gradient	Severe hyperglycemia (e.g., DKA, HHS), mannitol use	Mild neurologic symptoms (due to glucose/osmotic effect); No significant cellular swelling
Hypovolemic hypotonic hyponatremia	Low (<280 mOsm/kg), Na^+ <136 mEq/L	Decreased	Water loss from ECF and ICF; sodium loss exceeds water loss	Diarrhea, vomiting, diuretics, adrenal insufficiency	Dizziness, tachycardia, dry mucous membranes, hypotension; CNS symptoms due to cellular swelling
Euvolemic hypotonic hyponatremia	Low (<280 mOsm/kg), Na^+ <136 mEq/L	Normal	Water shifts into cells; sodium dilution without significant volume change	SIADH, psychogenic polydipsia, adrenal insufficiency	Headache, confusion, seizures, muscle weakness; no significant volume changes
Hypervolemic hypotonic hyponatremia	Low (<280 mOsm/kg), Na^+ <136 mEq/L	Increased	Water shifts into ECF; sodium dilution due to excess fluid	Heart failure, liver cirrhosis, nephrotic syndrome, renal failure	Peripheral edema, weight gain, ascites, pulmonary congestion, nausea, CNS symptoms due to swelling

Concept Mastery Alert

The cells of the brain and nervous system are the most seriously affected by increases in intracellular water. Symptoms include apathy, lethargy, and headache, which can progress to disorientation, confusion, gross motor weakness, and depression of deep tendon reflexes.

Seizures and coma occur when plasma sodium levels reach extremely low levels. These severe effects, which are caused by brain swelling, may be irreversible. If the condition develops slowly, signs and symptoms do not develop until plasma sodium levels approach 120 mEq/L (120 mmol/L) (i.e., severe hyponatremia) (Hall & Hall, 2025). The term water intoxication is often used to describe the neurologic effects of acute hypotonic hyponatremia.

Diagnosis and Treatment

Diagnosis of hyponatremia is based on laboratory reports of a decreased plasma sodium concentration, plasma and urine osmolality, and urine sodium concentration; assessment of the person's volume status; presence of conditions that predispose to sodium loss or water retention; and signs and symptoms indicative of the disorder.

Hypernatremia

Hypernatremia is a plasma sodium level above 145 mEq/L (145 mmol/L). Because sodium is the primary osmotic influence on osmolality, hypernatremia is often accompanied by a serum osmolality greater than 303 mOsm/kg. Because sodium is functionally an impermeable solute at the level of the cell membrane, the hyperosmolality associated with hypernatremia induces movement of water across cell membranes and out of the cells, causing cellular dehydration (Hall & Hall, 2025).

Etiology

Hypernatremia reflects a deficit of water in relation to the body's sodium stores due to a net loss of water or net gain of sodium. Net water loss can occur through the urine, gastrointestinal tract, lungs, or skin. A defect in thirst or inability to obtain or drink water can interfere with water replacement. Rapid ingestion or infusion of sodium with insufficient time or opportunity for water ingestion can produce a disproportionate gain in sodium (Table 5-7). This can occur with critically ill people who present with multiple needs for fluid resuscitation and electrolyte balance. Hypernatremia is an independent risk factor linked highly with increased mortality (Sterns, 2024d).

Hypernatremia almost always follows a loss of body fluids that have a lower-than-normal concentration of sodium, so that water is lost in excess of sodium. This can result from increased losses from the respiratory tract during fever or strenuous exercise, from watery diarrhea, or when osmotically active tube feedings are given with inadequate amounts of water. With pure water loss, each body fluid compartment loses an equal percentage of its volume. Because approximately one third

TABLE 5-7 Causes and Manifestations of Hypernatremia

Causes	Manifestations
Excessive Water Losses	**Laboratory Values**
Watery diarrhea	Serum sodium level above 145 mEq/L (145 mmol/L)
Excessive sweating	Increased serum osmolality
Increased respirations because of conditions such as tracheobronchitis	Increased hematocrit and BUN
Hypertonic tube feedings	**Thirst and Signs of Increased ADH Levels**
Diabetes insipidus	Polydipsia
Decreased Water Intake	Oliguria or anuria
Unavailability of water	High urine specific gravity
Oral trauma or inability to swallow	**Intracellular Dehydration**
Impaired thirst sensation	Dry skin and mucous membranes
Withholding water for therapeutic reasons	Decreased tissue turgor
Unconsciousness or inability to express thirst	Tongue rough and fissured
Excessive Sodium Intake	Decreased salivation and lacrimation
Rapid or excessive administration of sodium-containing parenteral solutions	**Signs Related to Hyperosmolality of ECFs and Movement of Water Out of Brain Cells**
Near-drowning in salt water	Headache
	Agitation and restlessness
	Decreased reflexes
	Seizures and coma
	Extracellular Dehydration and Decreased Vascular Volume
	Tachycardia
	Weak and thready pulse
	Decreased blood pressure
	Vascular collapse

of the water is in the ECF compartment and two thirds in the ICF compartment, more actual water volume is lost from the ICF than from the ECF compartment (Hall & Hall, 2025).

Normally, water deficit stimulates thirst and increases water intake. Therefore, hypernatremia is more likely to occur in infants and in people who cannot express their thirst or obtain water to drink. With hypodipsia, or impaired thirst, the need for fluid intake does not activate the thirst response. Hypodipsia is particularly prevalent among older adults. In people with DI, hypernatremia can develop when thirst is impaired or access to water is impeded.

Clinical Manifestations

The clinical manifestations of hypernatremia caused by water loss are largely those of ECF loss and cellular dehydration (see Table 5-7). The severity of signs and symptoms is greatest when the increase in plasma sodium is large and occurs rapidly. Body weight decreases in proportion to the amount of water lost. Because blood plasma is roughly 90% to 93% water, the concentrations of blood cells and other blood components increase as ECF water decreases.

Thirst is an early symptom of water deficit, occurring when water losses are 0.5% of body water. Urine output is decreased and urine osmolality increased because of renal water-conserving mechanisms. Body temperature frequently is elevated, and the skin becomes warm and flushed. The vascular volume decreases, the pulse becomes rapid and thready, and blood pressure drops. Hypernatremia produces an increase in serum osmolality and pulls water out of body cells. As a result, the skin and mucous membranes become dry, and salivation and lacrimation are decreased. The mouth becomes dry and sticky, and the tongue becomes rough and fissured. Swallowing is difficult and subcutaneous tissues assume a firm, rubbery texture. Most significantly, water is pulled out of the cells in the central nervous system (CNS), causing decreased reflexes, agitation, headache, and restlessness. Coma and seizures may develop as hypernatremia progresses.

Diagnosis and Treatment

Diagnosis of hypernatremia is based on history, physical findings of dehydration, and results of laboratory tests. Treatment of hypernatremia includes treating the underlying cause and fluid replacement therapy to treat the accompanying dehydration.

SUMMARY CONCEPTS

Body fluids are distributed between the ICF and ECF compartments. Regulation of fluid volume, solute concentration, and distribution between the two compartments depend on water and sodium balance. Water provides approximately 90% to 93% of fluid volume, and sodium salts approximately 90% to 95% of extracellular solutes. Both water and sodium are absorbed from the gastrointestinal tract and eliminated by the kidneys. The main regulator of sodium and water is the maintenance of the effective circulating blood volume that is monitored by stretch receptors in the vascular system, which exert their effects through ADH and the SNS, and those in the kidney, which exert their effects through the SNS and the RAAS. Body water and serum osmolality are also regulated by thirst, which controls water intake, and ADH, which controls urine concentration and renal output.

Isotonic fluid disorders result from contraction or expansion of ECF volume due to proportionate losses of sodium and water. Isotonic fluid volume deficit is characterized by a decrease in ECF volume. It causes thirst, decreased vascular volume and circulatory function, decreased urine output, and increased urine specific gravity. Isotonic fluid volume excess is characterized by an increase in ECF volume. It is manifested by signs of increased vascular volume and edema.

Alterations in extracellular sodium concentration are brought about by a disproportionate gain (hyponatremia) or loss (hypernatremia) of water. Sodium controls the ECF osmolality and its effect on cell volume. Hyponatremia can present as hypertonic hyponatremia in which water moves out of the cell in response to elevated blood glucose levels or as hypotonic hyponatremia that is caused by retention of water by the body in excess of sodium. Hypotonic hyponatremia, which can present as a hypovolemic, euvolemic, or hypervolemic state, is characterized by water being pulled into the cell from the ECF compartment, causing cells to swell. It is manifested by muscle cramps and weakness; nausea, vomiting, abdominal cramps, and diarrhea; and CNS signs such as headache, lethargy, depression of deep tendon reflexes, seizure, and coma.

Hypernatremia represents a disproportionate loss of body water in relation to sodium. It is characterized by intracellular water being pulled into the ECF compartment, causing cells to shrink. It is manifested by thirst and decreased urine output; dry mouth and decreased tissue turgor; signs of decreased vascular volume (tachycardia, weak and thready pulse); and CNS signs, such as decreased reflexes, agitation, headache, and in severe cases seizures and coma.

Potassium Balance

Regulation of Potassium Balance

Potassium is the second most abundant cation in the body and the major cation in the ICF compartment. Approximately 98% of body potassium is contained within body cells, with an intracellular concentration of 140 to 150 mEq/L (140 to 150 mmol/L) (Hall & Hall, 2025). The potassium content of the ECF (3.5 to 5.2 mEq/L [3.5 to 5.2 mmol/L]) is considerably lower. Because potassium is an intracellular ion, total body stores of potassium are related to body size and muscle mass. In adults, total body potassium is approximately 50 mEq/kg of body weight (Hall & Hall, 2025).

Gains and Losses

Potassium intake is normally derived from dietary sources. Foods high in potassium include leafy greens, root vegetables (i.e., carrots and potatoes), avocados, and legumes, Moderate amounts of potassium can also be found in vine fruits, meat, fish, poultry, nuts, and milk. Potassium balance usually can be maintained by a daily dietary intake of 50 to 100 mEq. Additional potassium is needed during periods of trauma and stress.

Mechanisms of Regulation

Normally, the ECF concentration of potassium is regulated at about 4.2 mEq/L (4.2 mmol/L). Precise control is necessary because many functions are sensitive to even small changes in ECF potassium levels. An increase in potassium of 0.3 to 0.4 mEq/L (0.3 to 0.4 mmol/L) can cause serious cardiac dysrhythmias and even death. A single meal may contain as much as 50 mEq, which means the daily intake can be as high as 200 mEq/L. Therefore, it is important for the kidneys to rapidly remove this extracellular potassium to avoid serious complications (Hall & Hall, 2025).

Plasma potassium is largely regulated through: (1) renal mechanisms that conserve or eliminate potassium and (2) a transcellular shift between the ICF and ECF compartments.

Renal Regulation

Potassium is primarily eliminated by the kidneys. Unlike other electrolytes, the regulation of potassium elimination is controlled by secretion from the blood into the tubular filtrate rather than through reabsorption from the tubular filtrate into the blood. Potassium is filtered in the glomerulus, reabsorbed along with sodium and water in the proximal tubule and with sodium and chloride in the thick ascending loop of Henle, and then secreted into the late distal and cortical collecting tubules for elimination in the urine. The latter mechanism serves to "fine-tune" the concentration of potassium in the ECF.

Aldosterone plays an essential role in regulating potassium elimination by the kidney via an Na^+/K^+ exchange mechanism located in the late distal and cortical collecting tubules of the kidney. In the presence of aldosterone, Na^+ is transported back into the blood, and K^+ is secreted in the tubular filtrate for elimination in the urine. There is also a K^+/H^+ exchange mechanism in the cortical collecting tubules of the kidney. When plasma potassium levels are increased, K^+ is secreted into the urine and H^+ is reabsorbed into the blood, producing a decrease in pH and metabolic acidosis. Conversely, when potassium levels are low, K^+ is reabsorbed and H^- is secreted in the urine, leading to metabolic alkalosis.

Extracellular–Intracellular Shifts

To avoid an increase in extracellular potassium levels, excess potassium is temporarily shifted into RBCs and other cells such as those of the muscle, liver, and bone. This is controlled by the Na^+/K^+-ATPase membrane pump and the permeability of the ion channels in the cell membrane.

Among the factors that alter the intracellular–extracellular distribution of potassium are serum osmolality, acid–base disorders, insulin, and beta-adrenergic stimulation. Acute increases in serum osmolality cause water to leave the cell. The loss of cell water produces an increase in intracellular potassium, causing it to move out of the cell into the ECF.

The H^+ and K^+ ions, which are positively charged, can be exchanged between the ICF and ECF in a cation shift (Fig. 5-8). In metabolic acidosis, for example, H^+ moves into body cells for buffering, causing K^+ to leave and move into the ECF (Szerlip & Emmett, 2024).

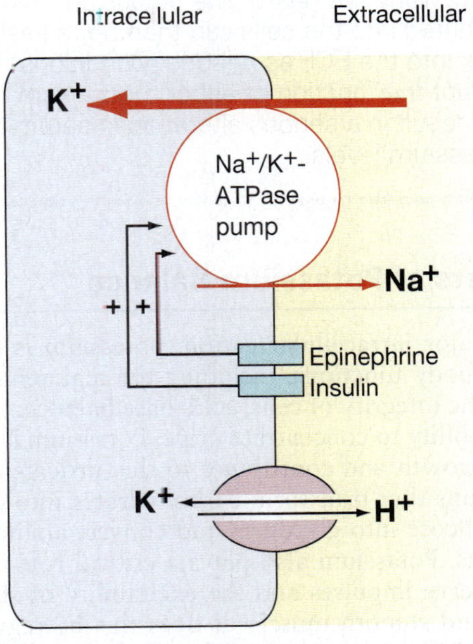

FIGURE 5-8. Mechanisms regulating transcellular shifts in potassium

Both insulin and the catecholamines increase cellular uptake of K^+ by increasing the activity of the Na^+/K^+-ATPase membrane pump (Kelepouris & Emmett, 2023). Beta-adrenergic agonist drugs, such as pseudoephedrine and albuterol, have a similar effect on potassium distribution.

Exercise also produces compartmental shifts in potassium. Repeated muscle contraction releases potassium into the ECF, especially during exhaustive exercise.

KEY POINTS

Potassium Balance

- Potassium is mainly an intracellular ion with only a small, but vital, amount being present in the ECFs.
- The distribution of potassium between the intracellular and extracellular compartments regulates electrical membrane potentials controlling the excitability of nerve and muscle cells as well as contractility of skeletal, cardiac, and smooth muscle tissue.
- Two major mechanisms function in the control of serum potassium: (1) renal mechanisms that conserve or eliminate potassium and (2) transcellular buffer systems that remove potassium from the ECF by shifting some of the ECF potassium into the cells. This transcellular shift helps to maintain the normal ICF-to-ECF ratio of potassium that is needed to stabilize the resting membrane potential and allow action potentials to be transmitted through excitable cells (particularly the heart). The potassium that is shifted into the cells can then be released back into the ECF as needed. Conditions that disrupt the function of either mechanism can result in a serious alteration in serum potassium levels.

Disorders of Potassium Balance

As the major intracellular cation, potassium is critical to many body functions, including the maintenance of the osmotic integrity of cells, acid–base balance, and the kidney's ability to concentrate urine. Potassium is necessary for growth and contributes to the intricate chemical reactions that transform carbohydrates into energy, change glucose into glycogen, and convert amino acids to proteins. Potassium also plays a critical role in conducting nerve impulses and the excitability of skeletal, cardiac, and smooth muscle. It does this by regulating the resting membrane potential and the rate of membrane repolarization.

Maintaining a normal resting membrane potential in excitable cells is critical for the normal functioning of nerve and muscle cells. A normal **resting membrane potential** is needed to generate and propagate action potentials in these cells. Changes in nerve and muscle excitability are particularly important in the heart, where alterations in plasma potassium can produce serious cardiac arrhythmias and conduction defects. Changes in plasma potassium also affect skeletal muscles and the smooth muscle in blood vessels and the gastrointestinal tract.

The resting membrane potential is the electrical potential difference across a cell membrane when the cell is not actively sending signals. This resting state is typically characterized by a negative charge inside the cell compared to the outside and depends mainly on the balance of potassium on either side. An **action potential** is triggered by a stimulus, such as that of a neurotransmitter binding to receptors on the cell membrane. This causes the membrane potential to reach a threshold level, leading to the opening of voltage-gated sodium channels, allowing sodium ions to rush into the cell and causing depolarization, or a positive voltage change. After the peak depolarization, sodium channels close, and potassium channels open, allowing potassium ions to flow out of the cell, bringing the membrane potential back to its resting state. When potassium levels in the blood drop, the resting membrane potential becomes more negative, making it harder for the cell to reach the threshold needed to trigger an action potential. When potassium levels rise, the resting membrane potential becomes more positive, making it easier to reach the threshold.

Severely high ECF potassium (hyperkalemia) can lead to prolonged depolarization, which may reduce the cell's ability to respond to new signals. The speed at which the membrane resets (**rate of repolarization**) also depends on potassium levels—it happens faster with high potassium and slower with low potassium. The way sodium channels inactivate and how fast the membrane resets are important because they can lead to heart rhythm problems. Hyperkalemia is especially dangerous, particularly in children, because it can cause serious heart issues (Grider et al., 2023).

The resting membrane potential is determined primarily by the ratio of ICF-to-ECF potassium concentration (Fig. 5-9). A decrease in plasma potassium causes the resting membrane potential to become more negative, moving it further from the threshold. Thus, it takes a greater stimulus to open the sodium channels for an action potential. An increase in plasma potassium causes the resting membrane potential to become more positive, moving it closer to threshold. Severe hyperkalemia may cause prolonged depolarization that can decrease excitability (and may completely prevent the formation of action potentials). The rate of repolarization varies with plasma potassium levels. It is more rapid in hyperkalemia and delayed in hypokalemia. The inactivation of the sodium channels and rate of membrane repolarization are important because

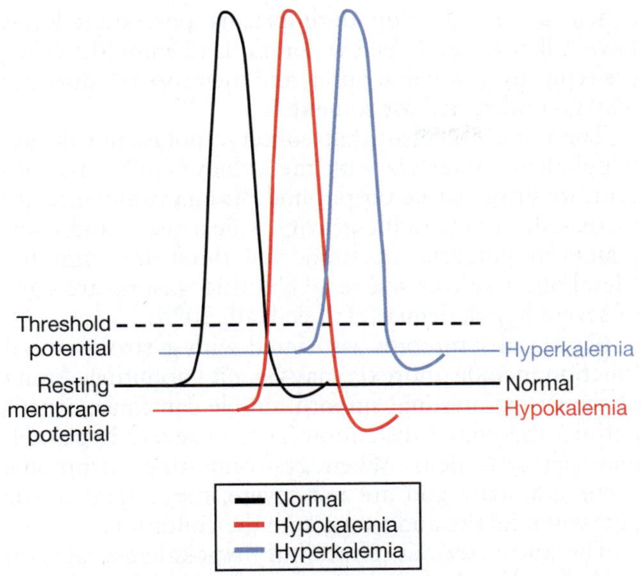

FIGURE 5-9. Effect of changes in plasma hypokalemia (red) and hyperkalemia (blue) on the resting membrane potential, activation and opening of the sodium channels at threshold potential, and the rate of repolarization during a nerve action potential.

they predispose to cardiac arrhythmias or conduction defects. Hyperkalemia is one of the most life-threatening electrolyte disturbances, especially with children (Gupta et al., 2022).

Hypokalemia

Hypokalemia refers to a decrease in plasma potassium levels below 3.5 mEq/L (3.5 mmol/L). Because of transcellular shifts, temporary changes in plasma potassium may occur as a result of movement between the ICF and ECF compartments.

Etiology

The causes of potassium deficit can be (1) inadequate intake; (2) excessive gastrointestinal, renal, and skin losses; and (3) redistribution between the ICF and ECF compartments (Table 5-8) (Hall & Hall, 2025).

Inadequate intake is a frequent cause of hypokalemia. A potassium intake of at least 40 to 50 mEq is needed daily. Insufficient dietary intake may result from the inability to obtain or ingest food from a diet that is low in potassium. Potassium intake is often inadequate in persons on fad diets and those with eating disorders. Older adults are more likely to have potassium deficits due to poor eating habits, limited income, and difficulty chewing foods.

The kidneys, which are the main source of potassium loss, do not have the homeostatic mechanisms needed to conserve potassium during periods of insufficient intake. After trauma and in stress situations, urinary losses of potassium are generally increased and can cause a serious hypokalemia (Hall & Hall, 2025). Renal losses can also be increased by medications such

TABLE 5-8 Causes and Manifestations of Hypokalemia

Causes	Manifestations
Inadequate Intake	**Laboratory Values**
Diet deficient in potassium	Serum potassium level below 3.5 mEq/L (3.5 mmol/L)
Inability to eat	**Impaired Ability to Concentrate Urine**
Administration of potassium-free parenteral solutions	Polyuria
Excessive Renal Losses	Urine with low osmolality and specific gravity
Diuretic therapy (except potassium-sparing diuretics)	Polydipsia
Diuretic phase of renal failure	**Gastrointestinal Manifestations**
Increased mineralocorticoid levels	Anorexia, nausea, vomiting
Primary hyperaldosteronism	Constipation
Treatment with corticosteroid drugs	Abdominal distention
Excessive Gastrointestinal Losses	Paralytic ileus
Vomiting	**Neuromuscular Manifestations**
Diarrhea	Muscle flabbiness, weakness, and fatigue
Gastrointestinal suction	Muscle cramps and tenderness
Draining gastrointestinal fistula	Paresthesias
Transcompartmental Shift	Paralysis
Administration of beta-adrenergic agonist (e.g., albuterol)	**Cardiovascular Manifestations**
Administration of insulin for treatment of diabetic ketoacidosis	Postural hypotension
Alkalosis, metabolic or respiratory	Increased sensitivity to digitalis toxicity
	Changes in electrocardiogram
	Cardiac dysrhythmias
	Central Nervous System Manifestations
	Confusion
	Depression
	Acid–Base Disorders
	Metabolic alkalosis

as thiazides, metabolic alkalosis, magnesium depletion, and increased levels of aldosterone. Some antibiotics require positively charged cations such as potassium in order to be excreted in the urine, resulting in a loss of potassium and potassium wasting. Magnesium is needed to inhibit potassium loss in the kidneys, to regulate potassium transport across cell membranes, and to assist the intestine's ability to absorb potassium from food and supplements. Magnesium depletion (often caused by diuretic therapy or diarrhea) results in renal potassium wasting. Importantly, magnesium must be replaced first in order to effectively correct a potassium deficiency (Wieërs et al., 2022).

Diuretic therapy, with the exception of potassium-sparing diuretics, is the most common cause of hypokalemia. Both thiazide and loop diuretics increase the loss of potassium in the urine (Hall & Hall, 2025).

Renal losses of potassium are accentuated by aldosterone and cortisol. Increased potassium losses occur in situations such as trauma and surgery that produce a stress-related increase in these hormones. Both aldosterone and cortisol bind to receptors in the kidney, triggering changes in the channels that allow sodium to be reabsorbed back into the bloodstream, driving increased potassium secretion in the urine (Scott et al., 2023). Primary aldosteronism, caused by either a tumor or hyperplasia of the cells of the adrenal cortex that secrete aldosterone, produces severe potassium losses and a decrease in plasma potassium levels (Hall & Hall, 2025). Cortisol binds to aldosterone receptors and exerts aldosterone-like effects on potassium elimination.

Although potassium losses from the skin and the gastrointestinal tract usually are minimal, they can become excessive under certain conditions. For example, burns increase surface losses of potassium. Increased secretion of aldosterone during heat acclimatization increases the loss of potassium in urine and sweat. Gastrointestinal losses occur with vomiting and diarrhea and when gastrointestinal suction is being used. The potassium content of liquid stools, for example, is approximately 40 to 60 mEq/L (40 to 60 mmol/L).

Because of the high ratio of intracellular-to-extracellular potassium, conditions that produce a redistribution of potassium from the ECF to the ICF compartment can cause a marked decrease in plasma potassium levels (see Fig. 5-8). Insulin increases the movement of glucose and potassium into cells; and beta-2 adrenergic agonist drugs shift potassium into cells and cause transient hypokalemia.

Clinical Manifestations

The manifestations of hypokalemia include alterations in renal, gastrointestinal, cardiovascular, and neuromuscular function (see Table 5-8). These manifestations reflect both the intracellular functions of potassium and the body's attempt to regulate ECF potassium levels within the very narrow range needed to maintain the normal electrical activity of excitable tissues such as nerve and muscle cells. The signs and symptoms of potassium deficit seldom develop until plasma potassium levels have fallen to levels below 3 mEq/L (3 mmol/L). They are typically gradual in onset, and therefore the disorder may go undetected for some time.

The renal processes that conserve potassium during hypokalemia interfere with the kidney's ability to concentrate urine. Urine output and plasma osmolality are increased, urine specific gravity is decreased, and complaints of polyuria, nocturia, and thirst are common. Metabolic alkalosis and renal chloride wasting are signs of severe hypokalemia (Hall & Hall, 2025).

Signs and symptoms associated with gastrointestinal function include anorexia, nausea, and vomiting. Atony of the gastrointestinal smooth muscle can cause constipation, abdominal distention, and, in severe hypokalemia, paralytic ileus. When gastrointestinal symptoms occur gradually and are not severe, they often impair potassium intake and exaggerate the condition.

The most serious effects of hypokalemia are on cardiovascular function. Postural hypotension is common. Most people with plasma potassium levels below 3 mEq/L (3 mmol/L) demonstrate electrocardiographic (ECG) changes typical of hypokalemia, which include prolongation of the PR interval, ST segment depression, T-wave flattening, and appearance of a prominent U wave (Fig. 5-10). Although these changes in electrical activity of the heart usually are not serious, they may predispose to life-threatening arrhythmias. **Digitalis toxicity** and an increased risk of ventricular arrhythmias are risk factors in people with underlying heart disease. The dangers associated with digitalis toxicity are compounded in people who are receiving diuretics that increase urinary losses of potassium.

Weakness, fatigue, and muscle cramps, particularly during exercise, are common in moderate hypokalemia (plasma potassium 3 to 2.5 mEq/L [3 to 2.5 mmol/L]). Muscle paralysis with life-threatening respiratory insufficiency can occur with severe hypokalemia (plasma potassium <2.5 mEq/L [2.5 mmol/L]). Leg muscles, particularly the quadriceps, are most prominently affected. Some people complain of muscle tenderness and paresthesias rather than weakness. In chronic potassium deficiency, muscle atrophy may contribute to muscle weakness.

Treatment

When possible, hypokalemia caused by potassium deficit is treated by increasing the intake of foods high in potassium. Oral potassium supplements are prescribed for persons whose intake is insufficient in relation to losses or given intravenously when rapid replacement is needed.

Hyperkalemia

Hyperkalemia refers to an increase in plasma levels of potassium in excess of 5 mEq/L (5 mmol/L). It seldom occurs in healthy people because the body is extremely effective in preventing excess potassium accumulation in the ECF.

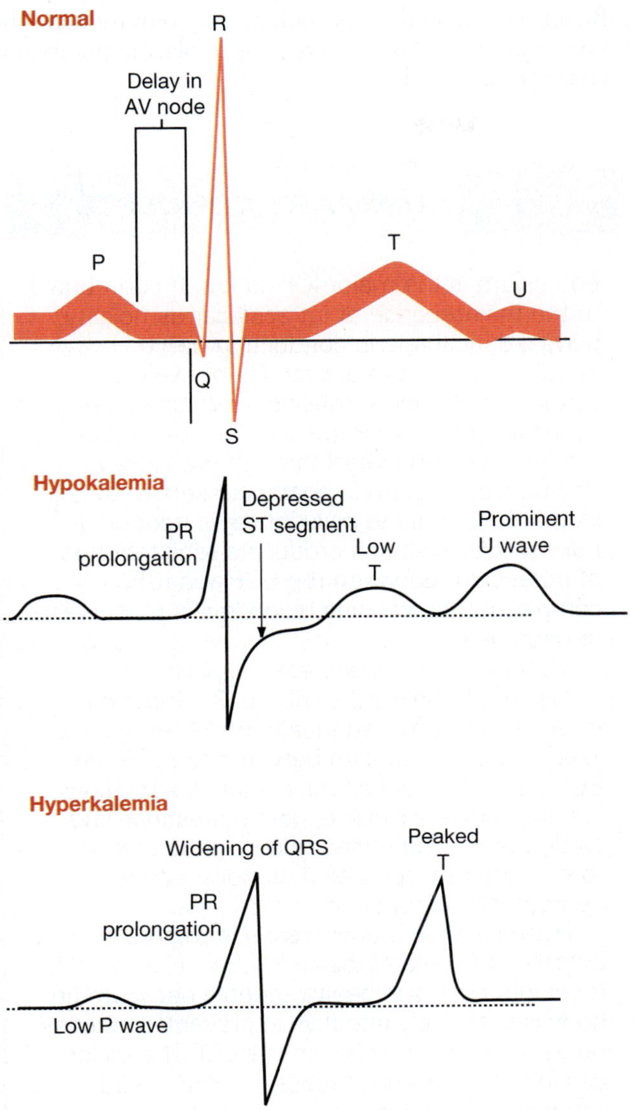

FIGURE 5-10. ECG changes with hypokalemia and hyperkalemia.

Etiology

The three major causes of potassium excess are (1) decreased renal elimination, (2) excessively rapid administration, and (3) movement of potassium from the ICF to ECF (Mount, 2023) (Table 5-9). A **pseudohyperkalemia** can occur secondary to release of potassium from intracellular stores after a blood sample has been collected, hemolysis of RBCs from excessive agitation of a blood sample, traumatic venipuncture, or prolonged application of a tourniquet during venipuncture (Mount, 2023).

The most common cause of hyperkalemia is decreased renal function. Chronic hyperkalemia is almost always associated with renal failure. Usually, the **glomerular filtration rate (GFR)**, a blood test that measures how well the kidneys are filtering blood and a key indicator of kidney function, must decline to less than 10 mL/minute before hyperkalemia develops. Some renal disorders can selectively impair tubular secretion of potassium without causing renal failure. Acidosis further diminishes potassium elimination by the kidney. Acute renal failure accompanied by lactic acidosis or ketoacidosis increases the risk of development of hyperkalemia.

Aldosterone acts at the distal tubular Na^+/K^+ exchange system to increase potassium excretion and facilitate sodium reabsorption. Decreased aldosterone-mediated potassium elimination may result from adrenal insufficiency, depression of aldosterone release due to decreased renin or angiotensin II, or impaired ability of the kidneys to respond to aldosterone. Potassium-sparing diuretics can produce hyperkalemia by means of the latter mechanism. Because of their ability to decrease aldosterone levels, ACE inhibitors and angiotensin II receptor blockers can increase plasma potassium levels.

Potassium excess can result from excessive oral ingestion or intravenous administration. It is difficult to increase potassium intake to the point of causing

TABLE 5-9 Causes and Manifestations of Hyperkalemia

Causes	Manifestations
Excessive Intake	**Laboratory Values**
Excessive oral intake	Serum potassium level above 5.2 mEq/L (5.2 mmol/L)
Treatment with oral potassium supplements	**Gastrointestinal Manifestations**
Excessive or rapid infusion of potassium-containing parenteral fluids	Nausea and vomiting
Release from Intracellular Compartment	Intestinal cramps
Tissue trauma	Diarrhea
Burns	**Neuromuscular Manifestations**
Crushing injuries	Paresthesias
Extreme exercise or seizures	Weakness, dizziness
Inadequate Elimination by Kidneys	Muscle cramps
Renal failure	**Cardiovascular Manifestations**
Adrenal insufficiency (Addison disease)	Changes in electrocardiogram
Treatment with potassium-sparing diuretics	Risk of cardiac arrest with severe excess
Treatment with ACE inhibitors or ARBs	

ACE, angiotensin-converting enzyme; ARB, angiotensin II receptor blocker.

hyperkalemia when renal function is adequate and the aldosterone Na^+/K^+ exchange system is functioning. Severe and fatal incidents of hyperkalemia have occurred when intravenous potassium solutions were infused too rapidly. Because the kidneys control potassium elimination, intravenous solutions that contain potassium should never be started until urine output has been assessed and renal function has been deemed to be adequate.

The movement of potassium out of body cells into the ECF, as with tissue injury, can also lead to elevated plasma potassium levels. For example, burns and crushing injuries cause cell death and release of potassium into the ECF. These injuries often diminish renal function, contributing to the development of hyperkalemia. Transient hyperkalemia may be induced during extreme exercise or seizures when muscle cells are permeable to potassium (Mount, 2023).

Clinical Manifestations

The signs and symptoms of potassium excess are closely related to a decrease in neuromuscular excitability (see Table 5-9) and usually begin when plasma concentration exceeds 6 mEq/L (6 mmol/L). The first symptom typically is paresthesia. There may be complaints of generalized muscle weakness or dyspnea secondary to respiratory muscle weakness.

The most serious effect of hyperkalemia is on cardiac conduction. The earliest changes are peaked, narrow T waves and widening of the QRS complex indicating electrical signals are not moving at the correct speed which leads to arrhythmias.

Diagnosis and Treatment

Diagnosis of hyperkalemia is based on complete history, physical examination to detect muscle weakness and signs of volume depletion, plasma potassium levels, and ECG findings. The history should include questions about dietary intake, use of potassium-sparing diuretics, history of kidney disease, and recurrent episodes of muscle weakness (Mount, 2023).

The treatment of potassium excess varies with the degree of increase in plasma potassium and whether there are ECG and neuromuscular manifestations. Through an effect to raise threshold potential, administration of calcium can restore excitability toward normal, but this protective effect of calcium administration is usually short-lived (15 to 30 minutes) and must be accompanied by other therapies to decrease the ECF potassium concentration. The administration of sodium bicarbonate, beta-adrenergic agonists, or insulin shifts ECF potassium into the ICF compartment and rapidly decreases the ECF potassium level. Intravenous infusions of insulin and glucose are often used for this purpose.

Less emergent measures focus on decreasing or curtailing intake or absorption, increasing renal excretion, and increasing cellular uptake. The major ingredient in most salt substitutes is potassium chloride, and such substitutes should not be given to people with renal problems. Increasing potassium output often is more difficult. People with renal failure may require hemodialysis or peritoneal dialysis to reduce plasma potassium levels (Mount, 2023).

SUMMARY CONCEPTS

Potassium is the major ICF cation. It contributes to the maintenance of intracellular osmolality; plays a critical role in conducting nerve impulses and in the excitability of skeletal, cardiac, and smooth muscle; and influences acid–base balance. Potassium is ingested in the diet and eliminated through the kidney. Because potassium is poorly conserved by the kidney, an adequate daily intake is needed. A transcellular shift can produce a redistribution of potassium between the ECF and ICF compartments, causing blood levels to increase or decrease.

Hypokalemia is a decrease in plasma potassium to below 3.5 mEq/L (3.5 mmol/L). It can result from inadequate intake, excessive losses, or redistribution between the ICF and ECF. Potassium deficit may result in alterations in renal, skeletal muscle, gastrointestinal, and cardiovascular function, reflecting the crucial role of potassium in cell metabolism and neuromuscular function.

Hyperkalemia is an increase in plasma potassium to greater than 5.2 mEq/L (5.2 mmol/L). It seldom occurs in healthy people because the body is extremely effective in preventing excess potassium accumulation in the ECF. The major causes of potassium excess are decreased elimination of potassium, excessively rapid intravenous administration of potassium, and a transcellular shift of potassium out of the cell to the ECF. The most serious effect of hyperkalemia is cardiac arrest.

Calcium, Phosphorus, and Magnesium Balance

Mechanisms Regulating Calcium, Phosphorus, and Magnesium Balance

Calcium, phosphorus, and magnesium are the major cations in the body. They are ingested in the diet, absorbed from the intestine, filtered in the glomerulus of the kidney, reabsorbed in the renal tubules, and eliminated in the urine. Approximately 99% of calcium, 85% of phosphorus, and 50% to 60% of magnesium are found in the bone. Most of the remaining calcium (~1%), phosphorus (~14%), and magnesium (~40% to 50%) are located inside cells. Only a small amount of these three ions is present in the ECF. This small, but vital, amount of ECF calcium, phosphorus, and magnesium is regulated by vitamin D and parathyroid hormone (PTH). Calcitonin, a hormone produced by C cells in the thyroid, is thought to act on the kidney and bone to remove calcium from the extracellular circulation (Shaker & Deftos, 2023).

Vitamin D

Although classified as a vitamin, **vitamin D** functions as a hormone. When calcium or phosphorus levels are low, PTH stimulates the kidneys to convert inactive vitamin D into calcitriol. Calcitriol then increases calcium and phosphorus absorption in the small intestine. Vitamin D also stimulates osteoclasts to break down bone and release stored calcium and phosphorus into the bloodstream. Vitamin D production in the skin is the primary natural source of vitamin D, and is caused by exposure to ultraviolet light, predominantly from the sun. Some food sources of vitamin D include fatty fish, egg yolks, and liver, and vitamin D is often added to foods such as fortified milk, cereal, or orange juice.

Parathyroid Hormone

Parathyroid hormone (PTH), a major regulator of plasma calcium and phosphorus, is secreted by the parathyroid glands. There are four parathyroid glands located on the dorsal surface of the thyroid gland. The dominant regulator of PTH is plasma calcium concentration. A unique calcium receptor on the parathyroid cell membrane responds rapidly to changes in plasma calcium levels (Hall & Hall, 2025).When the plasma calcium level is high, PTH is inhibited, making it unavailable to convert vitamin D to **calcitriol** and therefore decreasing intestinal absorption and unnecessary bone breakdown. When it is low, PTH secretion is increased and calcium is mobilized from the bones. The secretion, synthesis, and action of PTH are also influenced by magnesium, which serves as a cofactor to regulate key cellular functions. Low magnesium levels can suppress PTH release, leading to low calcium levels (Fig. 5-11).

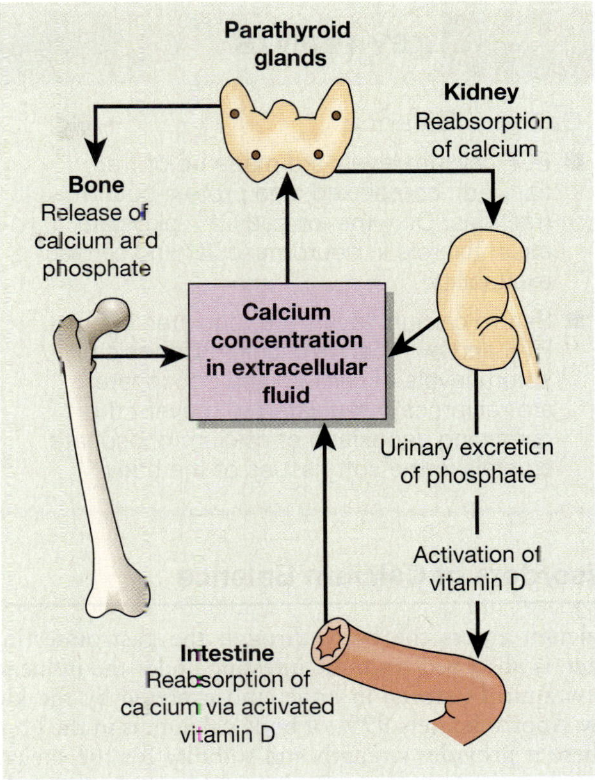

FIGURE 5-11. Regulation and actions of parathyroid hormone. (From Hannon, R. [2016]. *Porth's pathophysiology* [2nd ed., Fig. 56-4]. Wolters Kluwer Health.)

Hypoparathyroidism

Hypoparathyroidism results from deficient PTH secretion, leading to hypocalcemia. It may be congenital or acquired, most commonly following neck or thyroid surgery or due to autoimmune destruction (Hall & Hall, 2025). Acute manifestations of hypocalcemia include tetany, muscle cramps, carpopedal spasm, convulsions, and paresthesias, particularly around the mouth and extremities. Cardiovascular effects include QT interval prolongation, hypotension, and reduced responsiveness to digitalis. Chronic disease may cause fatigue, mood and personality changes, cataracts, extrapyramidal symptoms from basal ganglia calcification, and defective tooth development when present in childhood.

Diagnosis is based on low plasma calcium, elevated phosphate, and low PTH levels, with magnesium levels assessed to exclude hypomagnesemia. Acute hypocalcemia is treated with intravenous calcium gluconate followed by oral calcium and vitamin D, while chronic hypoparathyroidism is managed with oral calcium and vitamin D supplementation, with regular monitoring to maintain calcium in a slightly low but asymptomatic range and prevent renal complications.

Hyperparathyroidism

Hyperparathyroidism is caused by excessive PTH secretion and may be primary (most often due to parathyroid adenoma or hyperplasia) or secondary, most commonly associated with CKD or calcium malabsorption.

Primary hyperparathyroidism occurs more frequently in older adults and women and results in hypercalcemia, hypercalciuria, nephrolithiasis, and bone demineralization, with many cases now identified incidentally through routine laboratory testing (Arnold & Fuleihan, 2024). Diagnosis relies on elevated plasma calcium with inappropriately high PTH levels, helping distinguish it from hypercalcemia of malignancy.

Secondary hyperparathyroidism results from chronic hypocalcemia and impaired vitamin D metabolism, particularly in renal failure, leading to parathyroid hyperplasia and resistance to feedback inhibition (Hall & Hall, 2025). Management focuses on correcting hypercalcemia, optimizing hydration, and reducing PTH secretion. Parathyroidectomy may be indicated for symptomatic disease, kidney stones, or bone involvement, and calcimimetics may be used to suppress PTH production (Hu et al., 2022).

KEY POINTS

Calcium Balance

- ECF calcium levels are made up of free (ionized), complexed, and protein-bound fractions. Only the ionized Ca^{2+} plays an essential role in neuromuscular and cardiac excitability.
- Serum calcium levels are regulated by PTH and by renal mechanisms in which serum levels of calcium and phosphate are reciprocally regulated to prevent the damaging deposition of calcium phosphate crystals in the soft tissues of the body.

Disorders of Calcium Balance

Calcium enters the body through the gastrointestinal tract, is absorbed from the intestine under the influence of vitamin D, stored in bone, and excreted by the kidney. Approximately 99% of body calcium is in the bone, where it provides strength and stability for the skeletal system and serves as an exchangeable source to maintain extracellular calcium levels. Most of the remaining calcium (~1%) is located inside cells, and only approximately 0.1% to 0.2% (~8.8 to 10.4 mg/dL [2.2 to 2.6 mmol/L]) of the remaining calcium is in the ECF (Fig. 5-12).

ECF calcium exists in three forms: protein-bound (40%), complexed (10%), and ionized (50%). Protein-bound calcium, mainly attached to albumin, stays in the vascular compartment, while complexed calcium binds to substances like phosphate and citrate but is not ionized. **Ionized calcium**, the biologically active form, is free to leave the blood and participate in key functions such as enzyme activity, nerve signaling, muscle contraction, hormone release, cardiac function, and blood clotting. The use of calcium channel–blocking drugs demonstrates the role of calcium in heart and blood vessel function. Calcium is essential for nearly all steps of blood coagulation, and citrate prevents clotting in stored blood. In critically ill trauma patients, low ionized calcium levels predict a higher need for transfusions and increased mortality risk (Hall & Hall, 2025).

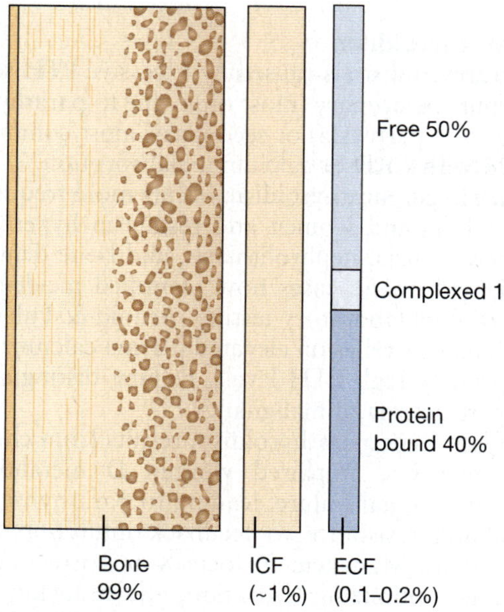

FIGURE 5-12. Distribution of body calcium between the bone and the Intracellular fluid (ICF) and extracellular fluid (ECF) compartments. The percentages of free, complexed, and protein-bound calcium in ECFs are indicated.

Gains and Losses

Major dietary sources of calcium are milk and milk products; 30% to 50% of dietary calcium is absorbed from the duodenum and upper jejunum; the remainder is eliminated in the stool. About 150 mg/day of calcium moves into the intestine from the blood. Net absorption of calcium is the amount absorbed from the intestine minus the amount moved into the intestine. Calcium balance can become negative when dietary intake and absorption is less than intestinal secretion.

Calcium is stored in the bone, and the kidneys play a crucial role in calcium homeostasis by filtering and excreting calcium. The kidneys regulate calcium levels primarily through passive reabsorption in the proximal tubule and hormone-controlled reabsorption in the distal tubule, with PTH and vitamin D playing key roles. Thiazide diuretics enhance calcium retention, and phosphate levels affect calcium balance, while glucose and insulin's direct effects on the distal convoluted tubule are less significant.

Hypocalcemia

Hypocalcemia is a plasma calcium level of less than 8.8 mg/dL (2.2 mmol/L). Although not as common as hypercalcemia, it can be potentially life-threatening if not appropriately recognized and treated (Goyal et al., 2023).

Etiology

Hypocalcemia can be caused by (1) impaired ability to mobilize calcium from bone stores, (2) abnormal losses of calcium from the kidney, (3) increased protein binding or chelation such that greater proportions of calcium are in the nonionized form, and (4) soft tissue sequestration (Table 5-10). A pseudohypocalcemia is caused by hypoalbuminemia. In this case, a malnourished person may indicate a low serum total calcium level, but have no symptoms.

Plasma calcium exists in a dynamic equilibrium with calcium in bone. The ability to mobilize calcium from the bone depends on adequate levels of PTH. Decreased levels of PTH may result from primary or secondary forms of hypoparathyroidism. Suppression of PTH release may also occur when vitamin D levels are elevated. The activated form of vitamin D (calcitriol) can be used to suppress the secondary hyperparathyroidism that occurs in people with CKD. Magnesium deficiency inhibits

TABLE 5-10 Causes and Manifestations of Hypocalcemia

Causes	Manifestations
Impaired Ability to Mobilize Calcium from Bone	**Laboratory Values**
Hypoparathyroidism	Serum calcium level below 8.8 mg/dL (2.2 mmol/L)
Resistance to the actions of parathyroid hormone	**Neuromuscular Manifestations (Increased Neuromuscular Excitability)**
Hypomagnesemia	Paresthesias, especially numbness and tingling
Decreased Intake or Absorption	Skeletal muscle cramps
Malabsorption	Abdominal spasms and cramps
Vitamin D deficiency	Hyperactive reflexes
Failure to activate	Carpopedal spasm
Liver disease	Tetany
Kidney disease	Laryngeal spasm
Medications that impair activation of vitamin D (e.g., phenytoin)	Positive Chvostek and Trousseau signs
Abnormal Renal Losses	**Cardiovascular Manifestations**
Renal failure and hyperphosphatemia	Hypotension
Increased Protein Binding or Chelation	Signs of cardiac insufficiency
Increased pH	Failure to respond to drugs that act by calcium-mediated mechanisms
Increased fatty acids	Prolongation of QT interval predisposes to ventricular dysrhythmias
Rapid transfusion of citrated blood	**Skeletal Manifestations (Chronic Deficiency)**
Increased Sequestration	Osteomalacia
Acute pancreatitis	Bone pain, deformities, fracture

PTH release and impairs the action of PTH on bone resorption. This form of hypocalcemia is difficult to treat with calcium supplementation alone and requires correction of the magnesium deficiency.

There is an inverse relation between calcium and phosphate excretion by the kidneys. Phosphate elimination is impaired in CKD, causing plasma calcium levels to decrease. Hypocalcemia and hyperphosphatemia occur when the GFR falls below 59 mL/minute.

Only ionized calcium is able to leave the capillary and participate in body functions. Changes in pH alter the proportion of calcium that is in the bound and ionized forms. An acidic pH decreases binding of calcium to protein, causing a proportionate increase in ionized calcium, whereas total plasma calcium remains unchanged. An alkaline pH has the opposite effect. Free fatty acids increase binding of calcium to albumin, causing a reduction in ionized calcium in stressful situations that cause elevations of epinephrine, glucagon, growth hormone, adrenocorticotropic hormone levels, heparin, beta-adrenergic drugs, and alcohol (Hall & Hall, 2025).

Citrate complexes with calcium are often used as an anticoagulant in blood transfusions. Excess citrate in donor blood could combine with calcium in recipient blood, producing a sharp drop in ionized calcium. However, the liver normally removes the citrate from donor book in minutes especially when transfused slowly (Schriner et al., 2023).

Hypocalcemia is common in acute pancreatitis. Inflammation of the pancreas causes release of proteolytic and lipolytic enzymes. It is thought that the Ca^{2+} combines with free fatty acids released by lipolysis in the pancreas, forming soaps and removing calcium from the circulation.

Calcium deficit due to dietary deficiency exerts its effects on bone stores rather than extracellular calcium levels. Vitamin D deficiency is more likely to occur in malabsorption states, such as biliary obstruction, pancreatic insufficiency, and celiac disease, in which the ability to absorb fat and fat-soluble vitamins is impaired. Failure to activate vitamin D is another cause of hypocalcemia. Anticonvulsant medications, particularly phenytoin, can impair initial activation of vitamin D in the liver. The final step in activation of vitamin D is impaired in people with CKD. Fortunately, activated vitamin D, calcitriol, has been synthesized and is available in the treatment of calcium deficit in persons with CKD.

Clinical Manifestations

Hypocalcemia can manifest as an acute or chronic condition. The manifestations of acute hypocalcemia reflect the increased neuromuscular excitability and cardiovascular effects of a decrease in ionized calcium (see Table 5-10). Ionized calcium stabilizes neuromuscular excitability, thereby making nerve cells less sensitive to stimuli. Nerves exposed to low ionized calcium levels show decreased thresholds for excitation, repetitive responses to a single stimulus, and, in extreme cases, continuous activity. The severity of the manifestations depends on the underlying cause, rapidity of onset, accompanying electrolyte disorders, and extracellular pH. Increased neuromuscular excitability can manifest as paresthesias (i.e., tingling around the mouth and in the hands and feet) and tetany (i.e., spasms of the muscles of the face, hands, and feet) (Goyal et al., 2023). Severe hypocalcemia can lead to laryngeal spasm, seizures, and even death.

Cardiovascular effects of acute hypocalcemia include hypotension, cardiac insufficiency, cardiac dysrhythmias, and failure to respond to drugs that act through calcium.

Chronic hypocalcemia is often accompanied by skeletal manifestations and skin changes. There may be bone pain, fragility, deformities, and fractures. The skin may be dry and scaling, the nails brittle, and hair dry. Development of cataracts is common.

Treatment

Acute hypocalcemia is an emergency, requiring prompt treatment. An intravenous infusion containing calcium is used when tetany or acute symptoms are present or anticipated because of a decrease in the plasma calcium level (Goyal et al., 2023).

Chronic hypocalcemia is treated with oral intake of calcium. Long-term treatment may require the use of vitamin D preparations, especially in persons with hypoparathyroidism and CKD. The active form of vitamin D is administered when the liver or kidney mechanisms needed for hormone activation are impaired. Synthetic PTH (1-34) can be administered by subcutaneous injection as replacement therapy in hypoparathyroidism.

Hypercalcemia

Hypercalcemia represents a total plasma calcium concentration greater than 10.4 mg/dL (2.6 mmol/L). Falsely elevated levels of calcium can result from prolonged drawing of blood with an excessively tight tourniquet. Increased plasma proteins may elevate the total plasma calcium but not affect the ionized calcium concentration.

Etiology

Hypercalcemia results when calcium movement into the circulation overwhelms the calcium regulatory hormones or the ability of the kidney to remove excess calcium ions (Table 5-11). The two most common causes of hypercalcemia are increased bone resorption because of neoplasms and hyperparathyroidism (Hall & Hall, 2025). Hypercalcemia is a common complication of malignancy, occurring in approximately 10% to 20% of people with advanced disease and is called HCM. A number of malignant tumors, including carcinoma of the lungs, have been associated with hypercalcemia. Some tumors destroy the bone, whereas others produce **humoral** agents that stimulate osteoclastic activity, increase bone resorption, or inhibit bone formation (Bartkiewica et al., 2024).

Less frequent causes of hypercalcemia are prolonged immobilization, increased intestinal absorption of calcium, excessive doses of vitamin D, or the effects of drugs such as lithium and thiazide diuretics. Children with hypercalcemia will need to expedite urinary excretion of calcium, which is the main treatment goal (Walker & Shane, 2022). Prolonged immobilization and lack of weight bearing cause demineralization of bone

TABLE 5-11 Causes and Manifestations of Hypercalcemia

Causes	Manifestations
Increased Intestinal Absorption	**Laboratory Values**
Excessive vitamin D	Serum calcium level above 10.4 mg/dL (2.6 mmol/L)
Excessive calcium in the diet	**Impaired Ability to Concentrate Urine and Exposure of Kidney to Increased Concentration of Calcium**
Milk-alkali syndrome	Polyuria
Increased Bone Resorption	Polydipsia
Increased levels of parathyroid hormone	Flank pain
Malignant neoplasms	Signs of acute and chronic renal insufficiency
Prolonged immobilization	Signs of kidney stones
Decreased Elimination	**Gastrointestinal Manifestations**
Thiazide diuretics	Anorexia
Lithium therapy	Nausea, vomiting
	Constipation
	Neuromuscular Manifestations (Decreased Neuromuscular Excitability)
	Muscle weakness and atrophy
	Ataxia, loss of muscle tone
	Skeletal Manifestations
	Osteopenia
	Osteoporosis
	Central Nervous System Manifestations
	Lethargy
	Personality and behavioral changes
	Stupor and coma
	Cardiovascular Manifestations
	Hypertension
	Shortening of the QT interval
	Atrioventricular block on electrocardiogram

and release of calcium into the bloodstream. Intestinal absorption of calcium can be increased by excessive doses of vitamin D or as a result of a condition called the *milk-alkali syndrome*. The milk-alkali syndrome is caused by excessive ingestion of calcium (often in the form of milk) and absorbable antacids and occurs in women who are overzealous in taking calcium preparations for osteoporosis prevention. Discontinuance of the antacid repairs the alkalosis and increases calcium elimination (Mizutani et al., 2023).

Drugs may elevate calcium levels. Lithium has caused hypercalcemia and hyperparathyroidism. Thiazide diuretics increase calcium reabsorption in the distal convoluted tubule of the kidney, and although they seldom cause hypercalcemia, they can unmask hypercalcemia from other causes such as underlying bone disorders and conditions that increase bone resorption.

Clinical Manifestations

The signs and symptoms associated with calcium excess reflect (1) changes in neural excitability, (2) alterations in smooth and cardiac muscle function, and (3) exposure of the kidneys to high concentrations of calcium (see Table 5-11). Neural excitability is decreased in people with hypercalcemia. There may be a dulling of consciousness, stupor, weakness, and muscle flaccidity. Behavioral changes range from subtle alterations in personality to acute psychoses. The heart responds to elevated levels of calcium with increased contractility and ventricular arrhythmias. Gastrointestinal symptoms reflect a decrease in smooth muscle activity and include constipation, anorexia, nausea, and vomiting. High calcium concentrations in the urine impair the ability of the kidneys to concentrate urine by interfering with the action of ADH. This causes salt and water diuresis and an increased sensation of thirst. Hypercalciuria also predisposes to the development of renal calculi. Pancreatitis is another potential complication of hypercalcemia and is probably related to stones in the pancreatic ducts.

Hypercalcemic crisis describes an acute increase in plasma calcium levels usually due to malignant disease and hyperparathyroidism. In hypercalcemic crisis, cardiac dysrhythmias, oliguria, excessive thirst, volume depletion, fever, altered levels of consciousness, and a disturbed mental state accompany other signs of calcium excess. Symptomatic hypercalcemia is associated with a high mortality rate; death often is caused by cardiac arrest (Qu et al., 2024).

Treatment

Treatment of hypercalcemia is directed toward rehydration and increasing urinary excretion of calcium (Hall & Hall, 2025) (Walker & Shane, 2022). Fluid replacement is needed in situations of volume depletion. Sodium excretion is accompanied by calcium excretion. Diuretics and NaCl can be administered to increase urinary elimination of calcium after the ECF volume has been restored. Loop diuretics are used rather than thiazide diuretics, which increase calcium reabsorption. Lowering of calcium is followed by measures to inhibit bone reabsorption. Dialysis can be used in people with hypercalcemia with renal failure and in people with heart failure in whom fluid overload is a concern.

Disorders of Phosphorus Balance

Phosphorus is mainly an intracellular anion. Approximately 85% of phosphorus is contained in bone, and 14% is located in cells. Approximately 1% is in the ECF compartment, and of that, only a minute proportion is in the plasma. Inorganic phosphate salts are the primary form of phosphorus in serum and the one measured. The majority of phosphorus in the body is in organic formed. Eighty-five percent of phosphorus distribution is bound to calcium, while 15% is intracellular. Phosphorus in the blood is needed for bone formation (Labpedia, n.d.).

About 90% of intracellular phosphorus is in organic forms like nucleic acids, phospholipids, and ATP. After glucose uptake, phosphorus enters cells to support metabolism. Cell injury or atrophy causes phosphorus loss, while cell regeneration pulls inorganic phosphate from the ECF. Phosphorus is essential for bone formation, energy production (ATP), and metabolism of glucose, fat, and protein. It is a key component of DNA, RNA, and cell membranes and helps regulate acid–base balance. In RBCs, phosphorus supports oxygen delivery through ATP and 2,3-DPG. It is also important for the function of white blood cells and platelets.

Gains and Losses

Phosphorus is ingested in the diet and eliminated in the urine. Phosphorus is derived from many dietary sources, including milk and meats. Approximately 80% of ingested phosphorus is absorbed in the intestine, primarily in the jejunum. Absorption is diminished by concurrent ingestion of substances that bind phosphorus, including calcium, magnesium, and aluminum.

Phosphate is not bound to plasma proteins, and essentially all of the phosphate that is present in the plasma is filtered in the glomerulus (Hall & Hall, 2025). Renal elimination of phosphate is regulated by an overflow mechanism in which the amount of phosphate lost in the urine is directly related to phosphate concentrations in the blood. Essentially, all the filtered phosphate is reabsorbed when phosphate levels are low; when plasma phosphate levels rise above a critical level, excess phosphate is eliminated in the urine. Phosphate is reabsorbed from the filtrate through the sodium–phosphate cotransporter (NPT2). The NPT2 is a membrane protein in the kidneys and intestines that helps regulate phosphate balance by actively transporting phosphate into cells along with sodium. PTH can play a significant role in regulating phosphate reabsorption by inhibiting the synthesis and expression of the NPT2 transporter. Thus, whenever PTH is increased, tubular reabsorption of phosphate is decreased, and more phosphate is lost in the urine. NPT2 is also inhibited by the **phosphatonins** hormones. When these hormones are overproduced, as in tumor-induced osteomalacia, marked hypophosphatemia occurs because of decreased intestinal phosphate absorption. In addition, increased phosphatonin causes excessive calcitriol (active vitamin D) degradation, resulting in osteomalacia or rickets (Stubbs et al., 2024).

Hypophosphatemia

Hypophosphatemia is a plasma phosphorus level of less than 2.7 mg/dL (0.87 mmol/L) in adults; it is severe when it is less than 1 mg/dL (0.32 mmol/L) (Hall & Hall, 2025). Hypophosphatemia may occur despite normal body phosphate stores as a result of movement from the ECF into the ICF compartment. Serious depletion of phosphorus may exist with low, normal, or high plasma concentrations.

Etiology

Common causes of hypophosphatemia are depletion of phosphorus because of insufficient intestinal absorption, transcompartmental shifts, and increased renal losses (Table 5-12). Unless food intake is severely restricted, dietary intake and intestinal absorption of phosphorus are usually adequate. Intestinal absorption may be inhibited by glucocorticoids, high dietary levels of magnesium, and hypothyroidism. Prolonged ingestion of antacids may interfere with intestinal absorption: antacids that contain aluminum hydroxide, aluminum carbonate, and calcium carbonate bind with phosphate, causing increased phosphate losses in the stool. Because they bind to phosphate, calcium-based antacids can be used therapeutically to decrease plasma phosphate levels in people with CKD.

Alcoholism is a common cause of hypophosphatemia and may be related to malnutrition, increased renal excretion rates, or hypomagnesemia. Malnutrition and diabetic ketoacidosis increase phosphate excretion and phosphorus loss from the body (Carpenter, 2022). Urinary losses may be caused by drugs such as corticosteroids and loop diuretics, which increase renal excretion.

Hypophosphatemia can occur during prolonged glucose administration or hyperalimentation. Glucose causes insulin release, which transports glucose and phosphorus into the cell. Catabolic events occurring with diabetic ketoacidosis deplete phosphorus stores. Hyperalimentation solutions administered without adequate phosphorus can cause a rapid influx of phosphorus into the muscle mass, especially if given after a period of tissue catabolism. Respiratory alkalosis due to prolonged hyperventilation can produce hypophosphatemia through decreased ionized calcium levels from increased protein binding, increased PTH release, and increased phosphate excretion (Carpenter, 2022).

Clinical Manifestations

Phosphorus deficiency reduces ATP production, leading to low energy levels and impaired oxygen transport due to decreased RBC 2,3-DPG (a molecule in RBCs that helps release oxygen to tissues). Hypophosphatemia affects the nervous system, muscles, and blood cells (see Table 5-12).

Low phosphorus weakens RBCs, making them rigid and prone to hemolysis (breaking apart). It also impairs white blood cell function, reducing immunity, and affects platelets, increasing bleeding risk. Severe hypophosphatemia (0.1 to 0.2 mg/dL) can cause hemolytic anemia, infections, and bleeding (petechiae). Other symptoms include loss of appetite, difficulty swallowing, and respiratory muscle weakness. Neural manifestations are uncommon but can be serious.

Chronic phosphorus depletion prevents proper bone mineralization. In children, this causes rickets, leading to abnormal bone growth. In adults, it results in osteomalacia, causing bone pain, stiffness, and skeletal deformities (Carpenter, 2022).

Treatment

Treatment of hypophosphatemia is usually directed toward prophylaxis with dietary sources high in phosphorus or with oral or intravenous replacement solutions.

TABLE 5-12 Causes and Manifestations of Hypophosphatemia

Causes	Manifestations
Decreased Intestinal Absorption	**Laboratory Values**
Antacids (aluminum and calcium)	Serum level below 2.7 mg/dL (0.87 mmol/L) in adults and 4.0 mg/dL (1.3 mmol/L) in children
Severe diarrhea	**Neural Manifestations**
Lack of vitamin D	Intention tremor
Increased Renal Elimination	Ataxia
Alkalosis	Paresthesias
Hyperparathyroidism	Confusion, stupor, coma
Diabetic ketoacidosis	Seizures
Renal tubular absorption defects	**Musculoskeletal Manifestations**
Malnutrition and Intracellular Shifts	Muscle weakness
Alcoholism	Joint stiffness
Total parenteral hyperalimentation	Bone pain
Recovery from malnutrition	Osteomalacia
Administration of insulin during recovery from diabetic ketoacidosis	**Blood Disorders**
	Hemolytic anemia
	Platelet dysfunction with bleeding disorders
	Impaired white blood cell function

Phosphorus supplements usually are contraindicated in hyperparathyroidism, CKD, and hypercalcemia because of the increased risk of extracellular calcifications (Tebben, 2022).

Hyperphosphatemia

Hyperphosphatemia is a plasma phosphorus concentration in excess of 4.5 mg/dL (1.45 mmol/L) in adults. Growing children normally have plasma phosphate levels higher than those of adults.

Etiology

Hyperphosphatemia results from failure of the kidneys to excrete excess phosphate, rapid redistribution of ICF phosphate to the ECF compartment, and excessive intake of phosphorus (Hall & Hall, 2025). The most common cause of hyperphosphatemia is impaired renal function (Table 5-13).

Hyperphosphatemia is a common electrolyte disorder in people with CKD and occurs despite compensatory increases in PTH. There is increased cardiovascular calcification and mortality with CKD and high phosphorous levels (Hall & Hall, 2025). Release of intracellular phosphorus can result from massive tissue injury, heat stroke, potassium deficiency, and seizures. Chemotherapy can raise plasma phosphate levels due to rapid destruction of tumor cells (tumor lysis syndrome).

The administration of excess phosphate-containing antacids, laxatives, or enemas can be another cause of hyperphosphatemia, with decreased vascular volume and a reduced GFR. Phosphate-containing laxatives and enemas predispose to hypovolemia and a decreased GFR by inducing diarrhea, thereby increasing the risk of hypophosphatemia.

Clinical Manifestations

Hyperphosphatemia is accompanied by a decrease in plasma calcium. Many of the signs and symptoms of a phosphate excess are related to a calcium deficit (see Table 5-13). Inadequately treated hyperphosphatemia in chronic disease can lead to secondary hyperparathyroidism, renal osteodystrophies or mineral bone disorders, and extraosseous calcifications in soft tissues.

Treatment

Treatment of hyperphosphatemia is directed at the cause. Dietary restriction of foods high in phosphorus may be used, as well as calcium-based phosphate binders. Hemodialysis is used to reduce phosphate levels in people with CKD.

KEY POINTS

Phosphorus Balance

- Approximately 85% of the phosphorus is contained in the bone. Most of the remaining phosphorus is incorporated into organic compounds such as nucleic acids, high-energy compounds (e.g., ATP), and coenzymes that are critically important for cell function.
- Serum phosphorus levels are regulated by the kidneys, which eliminate or conserve phosphate as serum levels change. Serum levels of calcium and phosphate are reciprocally regulated to prevent the damaging deposition of calcium phosphate crystals in the soft tissues of the body. Many of the manifestations of hyperphosphatemia reflect a decrease in serum calcium levels.

Disorders of Magnesium Balance

Magnesium is the fourth most abundant cation in the body and the second most abundant intracellular cation after potassium. Only 1% of total magnesium is dispersed in the ECF (Hall & Hall, 2025). The normal plasma concentration of magnesium is 1.8 to 2.6 mg/dL (0.74 to 1.07 mmol/L).

TABLE 5-13 Causes and Manifestations of Hyperphosphatemia

Causes	Manifestations
Acute Phosphate Overload	**Laboratory Values**
Laxatives and enemas containing phosphorus	Serum level above 4.5 mg/dL (1.45 mmol/L) in adults and 5.4 mg/dL (1.7 mmol/L) in children
Intravenous phosphate supplementation	**Neuromuscular Manifestations (Reciprocal Decrease in Serum Calcium)**
Intracellular-to-Extracellular Shift	Paresthesias
Massive trauma	Tetany
Heat stroke	**Cardiovascular Manifestations**
Seizures	Hypotension
Rhabdomyolysis	Cardiac arrhythmias
Tumor lysis syndrome	
Potassium deficiency	
Impaired Elimination	
Kidney failure	
Hypoparathyroidism	

Magnesium acts as a cofactor in many intracellular enzyme reactions, including the transfer of high-energy phosphate groups in generating ATP from adenosine diphosphate. It is therefore essential for every step related to replication and transcription of DNA, and translation of messenger RNA. It is required for energy metabolism, function of the Na^+/K^+-ATPase pump, membrane stabilization, nerve conduction, ion transport, and potassium and calcium channel activity (Hall & Hall, 2025). Potassium channels depend on intracellular magnesium levels. Magnesium blocks outward movement of potassium in cardiac cells: when levels are low, the channel permits outward flow of potassium, resulting in low intracellular potassium. Many calcium channels are also magnesium dependent. Higher ICF magnesium concentrations inhibit calcium transport into the cell and its release from the sarcoplasmic reticulum. Therefore, magnesium acts as a smooth muscle relaxant and has an anticonvulsant effect. Magnesium is the first-line drug in eclampsia treatment in pregnant women. Magnesium is commonly used as a neuroprotective agent for infants; evidence suggests that approximately 1,000 cases per year of cerebral palsy in the United States could be prevented if magnesium was consistently used during labor (Magley & Hinson, 2024).

Gains and Losses

Magnesium is ingested in the diet, absorbed from the intestine, and excreted by the kidneys. Intestinal absorption is not closely regulated, and approximately 25% to 65% of dietary magnesium is absorbed. Magnesium is contained in all green vegetables, grains, nuts, meats, and seafood. Magnesium is also present in much of the groundwater in North America.

The kidney is the principal organ of magnesium regulation. The kidneys filter about 70% to 80% of plasma magnesium and excrete about 6% (Hall & Hall, 2025). Only approximately 12% to 20% of the filtered amount is reabsorbed in the proximal tubule, with 65% passively reabsorbed in the thick ascending loop of Henle. Active reabsorption of magnesium takes place in the distal convoluted tubule and is about 10% of the filtered load. Magnesium reabsorption is stimulated by PTH and is decreased in the presence of increased plasma levels of magnesium and calcium.

Hypomagnesemia

Magnesium deficiency refers to depletion of total body stores, whereas **hypomagnesemia** describes a plasma magnesium concentration below 1.8 mg/dL (0.74 mmol/L) (Ehrenpreis et al., 2022). It is seen in conditions that limit intake or increase intestinal or renal losses, and it is a common finding in emergency departments and intensive care units.

Etiology

Magnesium deficiency can result from insufficient intake, excessive losses, or movement between the ECF and ICF compartments (Table 5-14). It can result from conditions that limit intake, such as malnutrition, starvation, or prolonged maintenance of magnesium-free parenteral nutrition. Other conditions, such as diarrhea, malabsorption syndromes, prolonged nasogastric suction, or laxative abuse, decrease intestinal absorption. Another common cause of magnesium deficiency is chronic alcoholism. Many factors contribute to hypomagnesemia in alcoholism, including low intake and gastrointestinal losses. The effects of hypomagnesemia are exaggerated by other electrolyte disorders, such as hypokalemia, hypocalcemia, and metabolic acidosis (Ehrenpreis et al., 2022).

Although the kidneys are able to defend against hypermagnesemia, they are less able to conserve magnesium and prevent hypomagnesemia. Urine losses are increased in diabetic ketoacidosis, hyperparathyroidism, and hyperaldosteronism. Some drugs increase renal losses of magnesium, including both loop and thiazide diuretics and nephrotoxic drugs. Several rare genetic disorders can also result in hypomagnesemia.

Relative hypomagnesemia may develop in conditions that promote movement of magnesium between ECF and ICF compartments, including rapid glucose administration, insulin-containing parenteral solutions,

TABLE 5-14 Causes and Manifestations of Hypomagnesemia

Causes	Manifestations
Impaired Intake or Absorption	**Laboratory Values**
Alcoholism	Serum magnesium level below 1.8 mg/dL (0.74 mmol/L)
Malnutrition or starvation	**Neuromuscular Manifestations**
Malabsorption	Personality change
Small bowel bypass surgery	Athetoid or choreiform movements
Parenteral hyperalimentation with inadequate amounts of magnesium	Nystagmus
High dietary intake of calcium without concomitant amounts of magnesium	Tetany
Increased Losses	Positive Babinski, Chvostek, Trousseau signs
Diuretic therapy	**Cardiovascular Manifestations**
Hyperparathyroidism	Tachycardia
Hyperaldosteronism	Hypertension
Diabetic ketoacidosis	Cardiac arrhythmias
Magnesium-wasting kidney disease	

and alkalosis. Although transient, they can cause serious shifts in body function.

Clinical Manifestations

Magnesium deficiency usually occurs in conjunction with hypocalcemia and hypokalemia, producing neurologic and cardiovascular manifestations (see Table 5-14). Hypocalcemia is typical of severe hypomagnesemia. Most persons with hypomagnesemia-related hypocalcemia have decreased PTH levels, probably as a result of impaired magnesium-dependent mechanisms that control PTH release and synthesis. Hypomagnesemia may decrease both the PTH-dependent and PTH-independent release of calcium from bone. In hypomagnesemia, magnesium ions (Mg^{2+}) are released from the bone in exchange for increased uptake of calcium from the ECF.

Hypomagnesemia leads to a reduction in intracellular potassium and impairs the ability of the kidney to conserve potassium. When hypomagnesemia is present, hypokalemia is unresponsive to potassium replacement therapy.

Magnesium is vital to carbohydrate metabolism and the generation of both aerobic and anaerobic metabolisms. Many of the manifestations of magnesium deficit are because of related electrolyte disorders such as hypokalemia and hypocalcemia. Hypocalcemia can cause personality changes, muscle twitching, and tremors. It may also lead to involuntary movements and neuromuscular irritability, shown by positive Chvostek or Trousseau signs (twitching when facial nerve or blood flow is stimulated). Cardiovascular manifestations include tachycardia, hypertension, and ventricular dysrhythmias. There may be ECG changes such as widening of the QRS complex, appearance of peaked T waves, prolongation of the PR interval, T-wave inversion, and appearance of U waves. Ventricular arrhythmias, particularly in the presence of digitalis, may be difficult to treat unless magnesium levels are normalized.

Persistent magnesium deficiency is a risk factor for osteoporosis and osteomalacia, particularly in people with chronic alcoholism, diabetes mellitus, and malabsorption syndrome.

Treatment

Hypomagnesemia is treated with magnesium replacement. Magnesium often is used therapeutically to treat cardiac arrhythmia, myocardial infarct, angina, bronchial asthma, and pregnancy complicated by preeclampsia or eclampsia (Ehrenpreis et al., 2022).

KEY POINTS

Magnesium Balance

- Most of the body's magnesium is located within cells, where it functions in regulation of enzyme activity, generation of ATP, and calcium transport. Magnesium is necessary for PTH function, and hypomagnesemia is a common cause of hypocalcemia.
- Elimination of magnesium occurs mainly through the kidney, which adjusts urinary excretion as a means of maintaining serum magnesium levels. Diuretics tend to disrupt renal regulatory mechanisms and increase urinary losses of magnesium.

Hypermagnesemia

Hypermagnesemia represents an increase in total body magnesium and a plasma magnesium concentration in excess of 2.6 mg/dL (1.07 mmol/L). Because of the ability of the normal kidney to excrete magnesium, hypermagnesemia is rare.

Etiology

Hypermagnesemia is usually related to renal insufficiency and the injudicious use of magnesium-containing medications such as antacids, supplements, or laxatives (Table 5-15). Older adults are particularly at risk due to age-related reductions in renal function and increased consumption of magnesium-containing medications. Magnesium sulfate is used to treat toxemia of pregnancy and premature labor where careful monitoring for signs of hypermagnesemia is essential.

Clinical Manifestations

Hypermagnesemia affects neuromuscular and cardiovascular function (see Table 5-15). Because magnesium suppresses PTH secretion, hypocalcemia may accompany hypermagnesemia. Signs and symptoms usually occur when plasma magnesium levels exceed 4.8 mg/dL (2 mmol/L) (Aal-Hamad et al., 2023).

Hypermagnesemia diminishes neuromuscular function, causing hyporeflexia, muscle weakness, and confusion. Magnesium decreases acetylcholine release at the myoneural junction and may cause neuromuscular blockade and respiratory paralysis. Cardiovascular effects are related to the calcium channel–blocking effects of magnesium. Blood pressure is decreased, and the ECG

TABLE 5-15 Causes and Manifestations of Hypermagnesemia

Causes	Manifestations
Excessive Intake	**Laboratory Values**
Intravenous administration of magnesium for treatment of preeclampsia	Serum magnesium level above 2.6 mg/dL (1.07 mmol/L)
Excessive use of oral magnesium-containing medications	**Neuromuscular Manifestations**
	Lethargy
	Hyporeflexia
Decreased Excretion	Confusion
Kidney disease	Coma
Glomerulonephritis	**Cardiovascular Manifestations**
Tubulointerstitial kidney disease	Hypotension
	Cardiac arrhythmias
Acute renal failure	Cardiac arrest

shows shortening of the QT interval, T-wave abnormalities, and prolongation of the QRS and PR intervals. Severe hypermagnesemia (>12 mg/dL) is associated with muscle and respiratory paralysis, complete heart block, and cardiac arrest.

Treatment

The treatment of hypermagnesemia includes cessation of magnesium administration. Calcium is a direct antagonist of magnesium, and intravenous administration of calcium may be used. Peritoneal dialysis or hemodialysis may be required (Aal-Hamad et al., 2023).

SUMMARY CONCEPTS

Calcium, phosphorus, and magnesium are major divalent ions in the body. Approximately 99% of body calcium is found in the bone; less than 1% is found in the ECF compartment. Calcium in bone is in dynamic equilibrium with ECF calcium. Ionized calcium contributes to neuromuscular function, plays a vital role in the blood clotting process, and participates in a number of enzyme reactions. Neural excitability is increased in hypocalcemia and decreased in hypercalcemia.

Phosphorus is largely an ICF anion. It is incorporated into the nucleic acids and ATP. The most common causes of altered levels of ECF phosphate are alterations in intestinal absorption, transcompartmental shifts, and disorders of renal elimination. Phosphorus deficit causes neural dysfunction, disturbed musculoskeletal function, and hematologic disorders. Most of these result from a deficiency in ATP and O_2 transport by 2,3-DPG in the RBC. Phosphorus excess occurs with renal failure and PTH deficit. It is associated with decreased plasma calcium levels.

Magnesium is the second most abundant ICF cation. It acts as a cofactor in intracellular enzyme reactions and is required for cellular energy metabolism, functioning of the Na^+/K^+-ATPase membrane pump, nerve conduction, ion transport, and potassium and calcium channel activity. Magnesium blocks the outward movement of potassium in cardiac cells; when magnesium levels are low, the channel permits outward flow of potassium, resulting in low levels of intracellular potassium. It acts on calcium channels to inhibit the movement of calcium into cells. More than half of the body's magnesium can be found in the bones. Magnesium deficiency can result from insufficient intake, excessive losses, or movement between the ECF and ICF compartments. Hypomagnesemia impairs PTH release and PTH actions; it leads to a reduction in ICF potassium and impairs the ability of the kidney to conserve potassium. Hypermagnesemia usually is related to renal insufficiency and the injudicious use of magnesium-containing medications such as antacids, mineral supplements, or laxatives. It can cause neuromuscular dysfunction with hyporeflexia, muscle weakness, and confusion. Magnesium decreases acetylcholine release at the myoneural junction and may cause neuromuscular blockade and respiratory paralysis.

Mechanisms of Acid–Base Balance

Acid and base regulation is critical to maintaining homeostasis because the body cells are continuously producing large amounts of acid molecules in the performance of the cellular metabolic functions. **pH** is a measure of the acidity or basicity of a solution while indicating the concentration of hydrogen ions in a solution. A low pH indicates a high level of hydrogen, whereas a high pH indicates a lower hydrogen concentration. The optimal pH to promote normal body function is 7.35 to 7.45. This narrow pH range is maintained through chemical mechanisms, including buffering acids with plasma proteins, releasing buffer molecules from bone when needed, and absorbing hydrogen ions (H^+) into cells through the transcellular hydrogen–potassium protein channel (shown in Fig. 5-8 and described in the section of this chapter on potassium regulation). However, the most important buffer system in the body is the carbonic acid buffering system, which operates most effectively within the required pH range of 7.35 to 7.45. This section focuses on acid–base chemistry, the production and regulation of metabolic acids and bicarbonate, calculation of pH, and laboratory tests of acid–base balance.

Acid–Base Chemistry

An **acid** is a substance that releases hydrogen ions (H^+), while a **base** is a substance that accepts or binds to H^+. For example, hydrochloric acid (HCl) dissociates in water to form H^+ and chloride (Cl^-) ions, while bicarbonate (HCO_3^-) acts as a base by combining with H^+ to form carbonic acid (H_2CO_3). In the body, most acids and bases are weak, meaning they do not fully dissociate. The most important **buffer system** in the body is based on this carbonic acid system, which consists of the interaction of **carbonic acid (H_2CO_3)**, a weak acid derived from carbon dioxide (CO_2), and bicarbonate ion (HCO_3^-), a weak base.

The pH scale is an *inverse* measure of H^+ concentration, meaning that low pH indicates high levels of H^+ (strongly **acidic**) and high pH means lower levels of H^+ (more **alkaline**). The pH scale is logarithmic, meaning each change of 1.0 in pH represents a 10-fold difference in H^+ concentration. For example, a pH of 7.0 corresponds to a H^+ concentration of 10^{-7} mEq/L (or 0.0000001 mEq/L).

KEY POINTS

Mechanisms of Acid–Base Balance

- pH is regulated by extracellular and intracellular systems that buffer changes in pH that would otherwise occur due to metabolic production of volatile and nonvolatile acids. The carbonic acid buffer system is the primary chemical buffer system of the body.

Metabolic Acid and Bicarbonate Production

Acids are continuously generated as byproducts of metabolic processes (Fig. 5-13). These acids fall into two chemical groups: the **volatile acid** H_2CO_3 and all other **nonvolatile** or **fixed acids**. As presented in the previous discussion of the chemistry of the carbonic acid buffering system, the volatile gas form of H_2CO_3 is in equilibrium with CO_2, and in the presence of the enzyme carbonic anhydrase, these two molecules are easily converted between the two forms ($H_2CO_3 \leftrightarrow CO_2 + H_2O$). The CO_2 molecules are eliminated from the body via the lungs. Therefore, the lungs and their capacity to exhale CO_2 are the primary determinant of H_2CO_3 concentration in the body. The lungs do not eliminate fixed or nonvolatile acids (e.g., sulfuric, hydrochloric, and phosphoric). Instead, these are first buffered by body proteins or extracellular buffers, such as HCO_3^-, and then are eliminated from the body by the kidney.

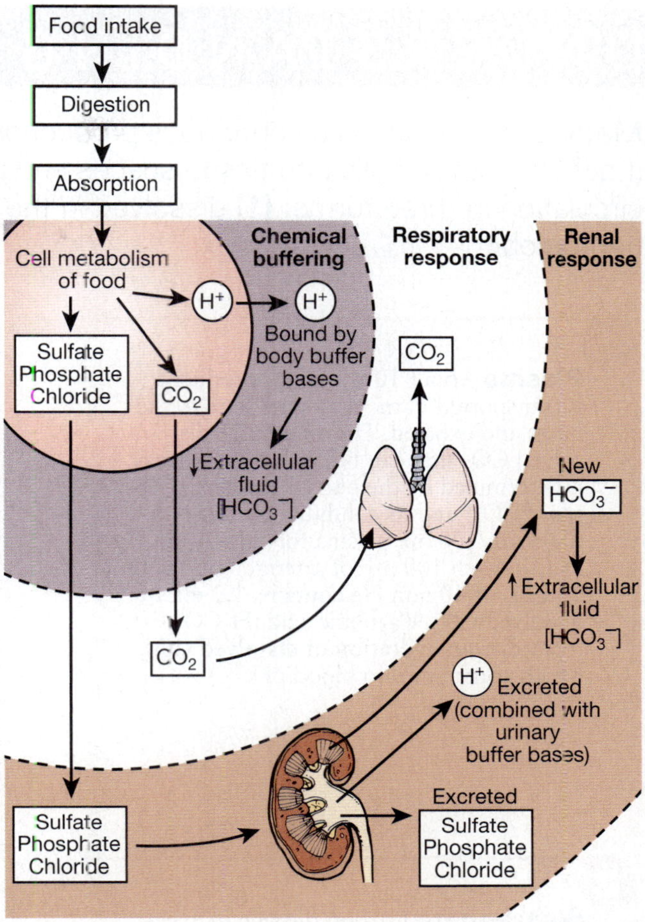

FIGURE 5-13. The maintenance of normal blood pH by chemical buffers, the respiratory system, and the kidneys. On a mixed diet, pH is threatened by the production of strong acids (sulfuric, hydrochloric, and phosphoric) mainly as the result of protein metabolism. These strong acids are buffered in the body by chemical buffer bases, such as extracellular fluid (ECF) bicarbonate (HCO_3^-). The kidneys eliminate hydrogen ions (H^-) combined with urinary buffers and anions in the urine. At the same time, they add new HCO_3^- to the ECF, to replace the HCO_3^- consumed in buffering strong acids. The respiratory system disposes of carbon dioxide (CO_2). (From Rhodes R. A., & Bell D. R. [2017]. *Medical physiology principles for clinical medicine* [5th ed., p. 488]. Wolters Kluwer; Fig. 24-2.)

Carbon Dioxide and Bicarbonate Production

Body metabolism results in the production of approximately 15,000 mmol of carbon dioxide (CO_2) each day (Emmett & Palmer, 2024; Rennke & Denker, 2024). This is enough CO_2 to fill about 20 fully inflated party balloons. Carbon dioxide is transported in the blood in three forms.

1. As a dissolved gas (in the form of carbonic acid, H_2CO_3)
2. As bicarbonate
3. As **carbaminohemoglobin** (see "Understanding: Carbon Dioxide Transport")

After CO_2 is produced by the cells, it enters the blood vessels for transport to the lungs. CO_2 molecules are first dissolved in the plasma in the form of H_2CO_3, with approximately 10% of the CO_2 remaining in the plasma in that dissolved H_2CO_3 form. The remaining 90% of the CO_2 that entered the blood then moves into the RBCs. In RBCs (where the carbonic anhydrase enzyme is present), 70% of the CO_2 reacts with water and is converted into the form of carbonic acid H_2CO_3. The newly formed carbonic acid then dissociates into bicarbonate ions (HCO_3^-) and hydrogen ions (H^+).

In order to maintain the proper body pH, the body needs to conserve and store as much bicarbonate as possible, so that bicarbonate ions are always readily available to buffer the large amounts of H^+ that is being constantly produced by cells (along with the cellular production of CO_2; see Fig. 5-12). Therefore, to conserve bicarbonate, the newly formed bicarbonate ion moves out of the RBC into the plasma. However, the electrical charges must also be maintained in balance, so as the negatively charged bicarbonate ion is moved from the RBC into the plasma, an exchange is made in which negatively charged chloride ions (Cl^-) enter the RBC. This is called the **chloride shift** mechanism.

UNDERSTANDING → Carbon Dioxide Transport

Metabolism results in a continuous production of carbon dioxide (CO_2). As CO_2 is formed, it diffuses out of cells into tissue spaces and into the circulation. It is transported in the circulation in three forms: **(1)** dissolved in the plasma, **(2)** as bicarbonate, and **(3)** attached to hemoglobin.

1 **Plasma** About 10% of CO_2 produced is transported in the dissolved state to the lungs and exhaled. The amount of dissolved CO_2 that can be carried in plasma is determined by the partial pressure of the gas (PCO_2) and its solubility coefficient (0.03 mL/100 mL plasma for each 1 mm Hg PCO_2). Each 100 mL of arterial blood with a PCO_2 of 40 mm Hg contains 1.2 mL of dissolved CO_2. Carbonic acid (H_2CO_3) is formed from hydration of dissolved CO_2, which contributes to blood pH.

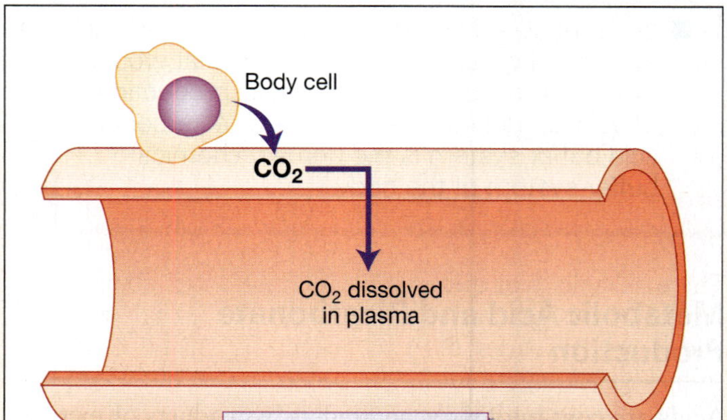

10% transported as CO_2 dissolved in plasma

2 **Bicarbonate** Carbon dioxide in excess of that which can be carried in the plasma moves into RBCs where carbonic anhydrase (CA) catalyzes its conversion to carbonic acid (H_2CO_3). H_2CO_3 dissociates into H^+ and HCO_3^-. H^+ combines with hemoglobin and HCO_3^- diffuses into plasma, where it participates in acid–base regulation. The movement of HCO_3^- into plasma is via a transport system on the RBC membrane in which HCO_3^- ions are exchanged for chloride ions (Cl^-). Ventilation and kidney handling of HCO_3^- determine plasma HCO_3^- concentration.

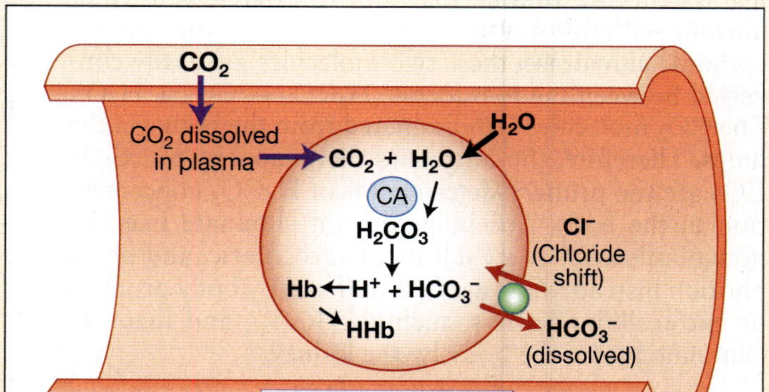

70% transported as HCO_3^- dissolved in plasma

3 **Hemoglobin** Remaining CO_2 in RBCs combines with hemoglobin to form carbaminohemoglobin ($HbCO_2$). This reversible reaction creates a loose bond so CO_2 can be released in capillaries and exhaled.

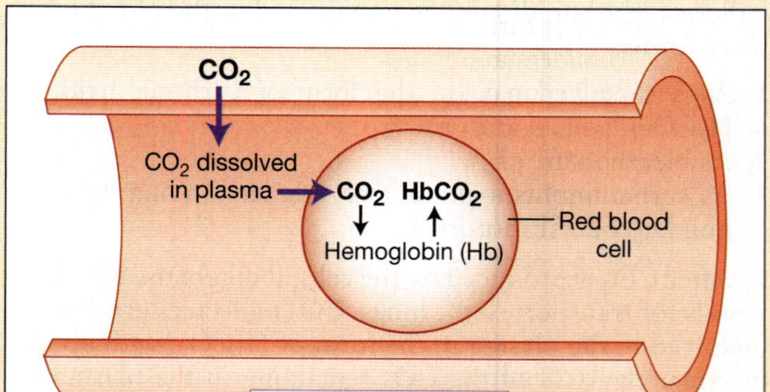

20% carried as carbaminohemoglobin ($HbCO_2$)

The remaining 20% of CO_2 that entered the RBCs is buffered within the RBC by binding to hemoglobin to form carbaminohemoglobin. When the RBCs reach the lung, this CO_2 bound to hemoglobin will be offloaded to the plasma to be eliminated from the body through the lungs.

In summary, of the total 100% of CO_2 produced by cells and released into the blood, 10% remains dissolved in plasma, 70% is carried in the plasma in the form of H_2CO_3 (after the chemical conversion in the RBC and the chloride shift mechanism), while 20% is carried within the RBC bound to the hemoglobin molecule. This process of CO_2 transport in the blood is more fully illustrated in the section title "Understanding: Carbon Dioxide Transport."

Production of Fixed or Nonvolatile Acids and Bases

The metabolism of dietary proteins and other nutrients results in the generation of fixed or nonvolatile acids and bases (Rhoades & Bell, 2023). Oxidation of the sulfur-containing amino acids results in the production of sulfuric acid. Oxidation of arginine and lysine produces HCl, and oxidation of phosphorus-containing nucleic acids yields phosphoric acid. Incomplete oxidation of glucose results in the formation of lactic acid, and incomplete oxidation of fats results in the production of ketoacids. The major source of base is the metabolism of amino acids such as aspartate and glutamate and of certain organic anions. Acid production normally exceeds base production during the breakdown of consumed foods in a person eating a diet of meat and vegetables. A vegetarian diet, which contains large amounts of organic anions, results in the net production of base (Storz & Ronco, 2022).

Regulation of pH

The body maintains a stable pH (7.35 to 7.45) as long as the ratio between bicarbonate and carbonic acid (the dissolved form of CO_2) remains balanced, even if their absolute levels change. To maintain the pH of 7.35 to 7.45, the body needs to retain approximately 20 times more bicarbonate than carbonic acid. Bicarbonate acts as a base that neutralizes acid, while carbon dioxide acts like an acid because it forms carbonic acid in the blood. It is important to understand that pH is determined by maintaining the 20:1 ratio of bicarbonate to carbonic acid, not just their individual amounts. For example, if bicarbonate levels increase, the pH will not rise significantly as long as CO_2 also increases to balance it. Conversely, if CO_2 decreases, pH will not rise significantly if HCO_3^- also decreases to compensate. The body uses the lungs and kidneys to maintain this balance in the following ways:

1. Chemical buffer systems of the body fluids, which immediately combine with excess acids or bases to prevent large changes in pH
2. The lungs, which regulate CO_2
3. The kidneys, which regulate both H^+ and HCO_3^-.

Chemical Buffer Systems

The regulation of pH depends on chemical buffer systems of the ICF and ECF.

The major buffer systems that regulate the pH of body fluids are

1. Proteins
2. Bone buffering
3. The transcellular H^+/K^+ exchange system
4. The carbonic acid buffering system (the primary buffering system)

Protein Buffer Systems

Proteins are the largest buffer system in the body. They are **amphoteric** (can function either as acids or as bases) and contain many ionizable groups that can release or bind H^+. The protein buffers are largely located in cells, and H^+ ions and CO_2 diffuse across cell membranes for buffering by intracellular proteins. Due to slow movement of H^+ and HCO_3^- across cell membranes, buffering extracellular acid–base imbalances is delayed for several hours. Albumin and plasma globulins are the major protein buffers in the vascular compartment.

Bone Buffering

Bone represents an additional source of acid–base buffering (Gholami et al., 2023). Excess H^+ can be exchanged for Na^+ and K^+ on the bone surface, and dissolution of bone minerals with release of compounds such as sodium bicarbonate ($NaHCO_3$) and calcium carbonate ($CaCO_3$) into the ECF can buffer excess acids. As much as 40% of buffering of an acute acid load takes place in the bone. The role of **bone buffers** is even greater in the presence of chronic acidosis. The consequences of bone buffering include demineralization of bone and predisposition to development of kidney stones because of increased urinary excretion of calcium. People with CKD are at particular risk for reduction in bone calcium because of acid retention.

Hydrogen–Potassium Exchange

The transcompartmental exchange of H^+ and K^+ is another important system for regulation of acid–base balance. This buffering system was introduced earlier in this chapter and depicted in Figure 5-8. This transmembrane exchange channel for H^+ and K^+ allow these two positively charged ions to move freely and reversibly between the ICF and ECF compartments, with the direction of movement reversible based on the concentrations of each ion. Excess H^+ in the ECF moves into the ICF in exchange for K^+, and excess K^+ in the ECF moves into the ICF in exchange for H^+. Thus, alterations in K^+ levels can affect acid–base balance, and changes in acid–base balance can influence K^+ levels. K^+ shifts tend to be more pronounced in metabolic acidosis than in respiratory acidosis. Metabolic acidosis caused by an accumulation of nonorganic acids (e.g., HCl that occurs in diarrhea and phosphoric acid that occurs in CKD) produces a greater increase in extracellular K^+ levels than does acidosis caused by an accumulation of organic acids (e.g., lactic acid and ketoacids) (Hall & Hall, 2025; Rhoades & Bell, 2023).

Carbonic Acid Buffer System

The primary buffer system in the body is the **carbonic acid buffer system**. It is essential to understand the chemistry of the carbonic acid system in order to fully understand the physiology of acid–base balance. This carbonic acid buffer system operates as a reversible (bidirectional) conversion reaction. Carbonic acid (H_2CO_3) is a weak acid. When weak acids (such as H_2CO_3) are placed in a water solution, approximately 50% remains in the compound form, while the other 50% freely dissociates into the component ions. In the case of H_2CO_3, the ionic dissociation is into the hydrogen ion (H^+, which is an acid) and bicarbonate ion HCO_3^- (which is a base, or alkaline, molecule). However, the conversion can also proceed in a different direction, with the H_2CO_3 molecule separating into two different molecules: CO_2 and H_2O. This conversion of H_2CO_3 is facilitated by an enzyme called CA. This reaction can occur without CA, but it occurs at a much more rapid rate in the presence of the CA enzyme. This CA enzyme is present within many cells of the body, including RBCs and renal tubule cells.

The chemical equation that summarizes this important reversible conversion reaction of the carbonic acid buffering system is:

$$CO_2 + H_2O \overset{CA}{\rightleftharpoons} H_2CO_3 \rightleftharpoons HCO_3^- + H^+$$

CA indicates the action of the carbonic anhydrase enzyme to catalyze the CO_2 side of this reaction. The reversible nature of this conversion is essential to maintain acid–base balance in the body. By the law of mass action, the direction of the reactions is determined by the concentration of the reactants. If too much CO_2 is present (often because of lung dysfunction), the reaction proceeds in a direction to the right, with the CO_2 ultimately converted into HCO_3^- and H^+. The HCO_3^- is stored in the body to be available to buffer the acids that are constantly being created by the cells, which the kidneys eliminate the H^+. In contrast, if either too much H^+ or too much HCO_3^- is present (often related to either cellular dysfunction or to renal dysfunction), then the reactions proceed in the reverse direction, with the H^+ and HCO_3^- transformed into CO_2 and H_2O. The lungs can then compensate for the cellular/renal dysfunction by eliminating the CO_2 to return pH toward normal. Understanding the carbonic acid buffering system is the foundation for understanding the principles of acid–base balance.

Respiratory Control Mechanisms

Respiratory control mechanisms are important in regulating the elimination of CO_2 by the lungs (Rhoades & Bell, 2023). Increased ventilation eliminates carbon dioxide from the body, and decreased ventilation promotes retention of CO_2. Ventilation is regulated by chemical responses to the amount of dissolved CO_2 in arterial blood, which is measured as a pressure measure abbreviated as $PaCO_2$ (partial pressure of CO_2 in arterial blood). This is a measure of the pressure exerted by the dissolved CO_2 gas dissolved in the plasma and is measured in mm Hg (millimeters of mercury). This measure is analogous to the gas pressure present in carbonated water (such as the carbonated water that is to make carbonated drink beverages). Both $PaCO_2$ and pH are important regulators of ventilation. **Chemoreceptors** in the brainstem and peripheral chemoreceptors in the carotid and aortic bodies sense changes in $PaCO_2$ and pH and alter the ventilation rate.

When the H^+ concentration is above normal, the respiratory system is stimulated and ventilation is increased (i.e., the rate and depth of breathing are increased, which causes greater elimination of CO_2 gas through breathing). This control of pH occurs within minutes and is maximal within 12 to 24 hours. Although the respiratory response is rapid, it does not completely return pH to normal. It is only about 50% to 75% effective as a buffer system (Hall & Hall, 2025). But in acting rapidly it prevents large changes in pH from occurring while waiting for the more slowly reacting kidneys to respond. This phenomenon explains the hyperventilation seen in individuals who have become acidotic (i.e., who have a low blood pH).

Renal Control Mechanisms

The kidneys play a critical role in acid–base regulation by excreting hydrogen ions (H^+), conserving filtered bicarbonate (HCO_3^-), and generating new bicarbonate to buffer metabolic acids (Hall & Hall, 2025; Rhoades & Bell, 2023). These renal mechanisms begin adjusting pH within hours and can continue for days, providing long-term acid–base control. During acid loading, ammonium (NH_4^+) production allows continued acid excretion without excessive lowering of urine pH (Rhoades & Bell, 2023).

Hydrogen Ion Elimination and Bicarbonate Conservation

Renal regulation of pH occurs through H^+ secretion, HCO_3^- reabsorption, and new HCO_3^- generation. Filtered bicarbonate is reclaimed primarily in the proximal tubule, preventing loss of this essential buffer (Hall & Hall, 2025; Rhoades & Bell, 2023). Because only small amounts of H^+ are filtered, most acid elimination depends on tubular secretion. In the proximal tubule, H^+ secretion facilitates bicarbonate reabsorption and recycling, helping maintain normal plasma pH (Rennke & Denker, 2024).

Tubular Buffer Systems

Because urine pH cannot fall below approximately 4.5, buffering systems are required to permit continued acid excretion (Hall & Hall, 2025; Rennke & Denker, 2024). The phosphate buffer system binds excess H^+ after bicarbonate reabsorption is complete, allowing safe acid elimination. The ammonia buffer system is especially important during chronic acidosis. Renal metabolism of glutamine generates ammonium (NH_4^+) and new bicarbonate, with bicarbonate returned to the circulation and ammonium excreted in the urine (Rhoades & Bell, 2023).

Potassium–Hydrogen Exchange

Potassium balance strongly influences renal acid–base regulation. Hypokalemia increases H^+ secretion and bicarbonate reabsorption, whereas hyperkalemia has the opposite effect (Hall & Hall, 2025; Rhoades & Bell, 2023). In the distal nephron, H^+/K^+ exchange links potassium homeostasis to acid–base balance. Aldosterone further enhances H^+ secretion while promoting sodium reabsorption and potassium excretion (Hall & Hall, 2025).

Chloride–Bicarbonate Exchange

Bicarbonate reabsorption is influenced by chloride availability. During volume depletion, bicarbonate may be reabsorbed in place of chloride, contributing to hypochloremic metabolic alkalosis, whereas excess chloride can reduce bicarbonate reabsorption and lead to hyperchloremic metabolic acidosis (Hall & Hall, 2025; Rhoades & Bell, 2023). This exchange links fluid balance, electrolyte regulation, and acid–base control.

Laboratory Tests

Measurement of **arterial blood gases (ABGs)** is the primary method of determining acid–base balance because they provide direct measurement of pH, bicarbonate ion (HCO_3^-), the **partial pressure of carbon dioxide ($PaCO_2$)**, and base excess/deficit, which are essential for identifying acidosis or alkalosis and distinguishing between respiratory and metabolic causes. Although helpful, plasma pH measurement indicates the presence of an acid–base imbalance only and does not indicate whether the origin of the problem is respiratory (CO_2-related) or metabolic (related to H^+ and HCO_3^-). Separate from ABGs but also reflecting important measures of acid–base balance are laboratory tests that measure total plasma levels of CO_2, the blood anion gap (AG), and the urine anion gap (UAG) (Hopkins et al., 2022).

Arterial Blood Gases

Arterial blood gases are used to determine acid–base balance because venous blood gases are highly variable depending on metabolic demands of the tissues that empty into the sampled vein. Among the measurements available via ABG testing is pH level. As discussed previously, the pH scale is a measure of the quantity of H^+, which reflects the degree of acidity or alkalinity of the blood. As also mentioned previously, the optimal blood pH level is 7.35 to 7.45. A pH level lower than 7.35 indicates the presence of acidosis, and a pH level above 7.45 indicates alkalosis.

It is possible to measure HCO_3^- directly via a serum basic metabolic (electrolyte) panel, however this value represents the bicarbonate component of the total CO_2 (to be discussed later—this total CO_2 measure includes both the bicarbonate and the dissolved CO_2 in the form of carbonic acid). This bicarbonate measure in the metabolic panel may have slightly different normal values than the bicarbonate level reported in the ABG panel. In ABG testing, bicarbonate (HCO_3^-) is not a direct measure, but rather a calculation based on the relationship between pH and $PaCO_2$. It is, however, a value that represents only the actions of HCO_3^- in acid–base buffering and therefore is considered a more accurate assessment for the purpose of determining acid–base status. The normal range for HCO_3^- obtained via ABG is 22 to 26 mEq/L. As a primary buffer that helps regulate pH balance, HCO_3^- levels will decrease in the presence of high levels of H^+ (because the HCO_3^- is "used up" to buffer or neutralize the increased H^+). Therefore, a decrease in the HCO_3^- level on the ABG indicates metabolic acidosis, while an increased HCO_3^- is indicates metabolic alkalosis (Alfano et al., 2022). The use of the term "metabolic" to describe the origin of the acidosis or alkalosis indicates that that cause is either originating in the cells (typically overproduction of cellular acids) *or* is originating in the kidneys (with renal dysfunction interfering with the normal function of the kidneys to eliminate H^+ and conserve HCO_3^-).

As a pressure measure, the $PaCO_2$ of the ABG panel reflects how much CO_2 is dissolved in the plasma of arterial blood, which helps determine how well the lungs are removing CO_2 from the body. An important differentiation to understand is that $PaCO_2$ is a measure of gas pressure, it is not a measure of quantity. Recall that when CO_2 gas is added to a water solution, that CO_2 gas converts into carbonic acid (H_2CO_3). It is possible to also determine a quantity measure of carbonic acid (H_2CO_3) levels from arterial blood gas measurements, by using the $PaCO_2$ pressure measure along with the solubility coefficient for CO_2, which remains constant. A normal arterial $PaCO_2$ is 35 to 45 mm Hg and a normal carbonic acid level is approximately 1.05 to 1.35 mmol/L. Elevated $PaCO_2$ indicates that the body is retaining too much CO_2, leading to respiratory acidosis. Decreased $PaCO_2$ indicates that the body is eliminating too much CO_2, leading to respiratory alkalosis. Since CO_2 is an acid molecule in the body, changes in $PaCO_2$ directly influence blood pH, therefore the $PaCO_2$ levels are used to help determine whether an acid–base problem is respiratory in origin (Alfano et al., 2022).

The total **base excess** or **deficit**, also referred to as the **whole blood buffer base**, measures the level of all the buffer systems of the blood—hemoglobin, protein, phosphate, and HCO_3^-. Base excess or deficit describes the amount of a fixed acid or base that must be added to a blood sample to achieve a pH of 7.4 (normal ± 2 mEq/L). Base excess or deficit can be viewed as a measurement of HCO_3^- excess or deficit and indicates a nonrespiratory change in acid–base balance. Base excess indicates metabolic alkalosis, and base deficit indicates metabolic acidosis (Hall & Hall, 2025). Chart 5-3 outlines the steps for ABG interpretation.

Total CO_2 and the AG

Total CO_2 content refers to the total amount of CO_2 *carried in the plasma* of the blood. Recall that CO_2 is carried in three forms in the blood: (1) 10% of CO_2 is dissolved in the plasma in the form of H_2CO_3; (2) 70% of the CO_2 is carried in the plasma in the form of bicarbonate ion, through the chloride shift mechanism; and (3) 20% of CO_2 is carried bound to hemoglobin inside the RBCs. This lab measure of total CO_2 is a *plasma*

CHART 5-3

ABG INTERPRETATION

1. **Assess the pH**

   Normal range: 7.35 - 7.45

   Acidosis: <7.35 acidosis present

   Alkalosis: >7.45

2. **Determine the primary disorder**

   Respiratory $PaCO_2$ (partial pressure of carbon dioxide)

   - Respiratory acidosis: elevated $PaCO_2$
   - Respiratory alkalosis: low $PaCO_2$

   Metabolic HCO_3

   - Metabolic acidosis: low HCO_3
   - Metabolic alkalosis: high HCO_3

3. **Which component matches the pH: $PaCO_2$ or HCO3?**

   Base excess measures all bases but bicarbonate most often used (−3 - +3) and indicates the duration of the alteration.

Compensation

If the primary alteration is respiratory, the body will compensate by adjusting the HCO_3. For example, if respiratory acidosis, the kidneys retain HCO_3 and in respiratory alkalosis the kidneys excrete HCO_3. If the primary alteration is metabolic, the body will compensate by adjusting $PaCO_2$. In metabolic acidosis, the respiratory rate will increase riding the body of $PaCO_2$. In metabolic alkalosis, the respiratory rate will decrease by retaining $PaCO_2$.

Quick Tip

It may be helpful to use arrows to represent respiratory and metabolic disorders. In respiratory conditions, the pH and CO_2 move in opposite directions (↑↓ or ↓↑), while in metabolic conditions, pH and HCO_3 move in the same direction (↑↑ or ↓↓).

Practice Analyzing the ABG

A patient becomes tachypneic (increased respiratory rate) and anxious. The patient complains of abdominal pain in the right lower quadrant. The ABG reveals:

pH	7.50 ↑
$PaCO_2$	25 mm Hg ↓
HCO_3	25 mEq/L (WNL)
Base excess	−2 +2 (WNL)

A $PaCO_2$ below 35 mm Hg can suggest respiratory alkalosis, meaning there's too little CO_2 in the blood. Base excess normal. HCO_3 normal. pH high, indicating alkalosis.

measure, reflecting only the first two components of the dissolved CO_2 (in the form of carbonic acid H_2CO_3) combined with the plasma bicarbonate measure. Recall the discussion above (in the section about ABG measures) of how a quantity measure of carbonic acid can be determined, with the normal range for carbonic acid approximately 1.05 to 1.35 mmol/L. This total CO_2 measure is a combination of this quantity measure of carbonic acid in the plasma added to the quantity measure of bicarbonate in the plasma. Because 70% of the plasma CO_2 is carried as bicarbonate ion (a base) while only 10% of the plasma CO_2 is carried as carbonic acid, this total CO_2 measure is interpreted in the same manner as a bicarbonate—meaning that when the total CO_2 is increased, a state of alkalosis is present, and when the total CO_2 is decreased, a state of acidosis is present. What cannot be interpreted from the total CO_2 measure is the cause of the acidosis. An ABG test is needed to interpret whether the acid–base problem is of respiratory origin or is of metabolic origin.

Total CO_2 is not part of an ABG test and is typically measured in a venous blood sample as part of a basic metabolic panel (BMP) or an electrolyte panel. Because bicarbonate is the main form of CO_2 in the blood, total CO_2 is an indirect measure of bicarbonate levels and acid–base status when arterial testing is not available. The normal range for total CO_2 is 23 to 29 mEq/L. (Note that this normal total CO_2 range is only slightly higher than the normal range for bicarbonate alone, reflecting the addition of the small volume of carbonic acid in the plasma to the larger volume of bicarbonate in the plasma).

The **anion gap (AG)** is a calculation used to help determine whether metabolic acidosis is due to too much acid production or too much bicarbonate loss. Figure 5-14 describes the difference between the plasma concentration of the primary ECF cations (Na^+ and K^+) and the sum of the measured anions that are typically paired with Na^+ (Cl^- and HCO_3^-) (Hall & Hall, 2025; Rennke & Denker, 2024). This difference represents

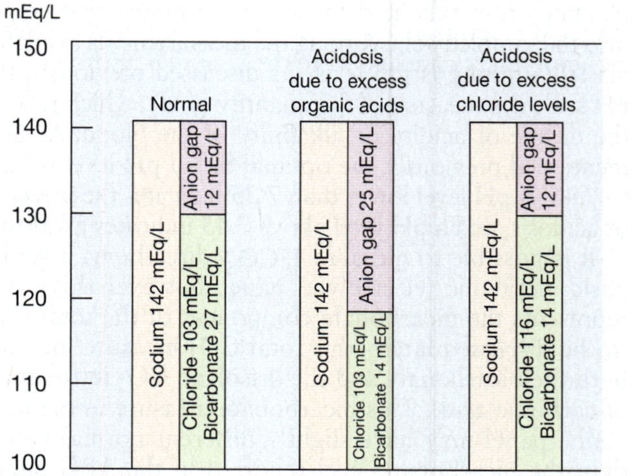

FIGURE 5-14. The anion gap in acidosis owing to excess metabolic acids and excess plasma chloride levels. Unmeasured anions such as phosphates, sulfates, and organic acids increase the anion gap because they replace bicarbonate. This assumes there is no change in sodium content.

the concentration of unmeasured anions, such as phosphates, sulfates, organic acids, and proteins. Normal values are 12 ± 4 mEq/L (12 ± 4 mmol/L). If potassium concentration is used in the calculation, the normal value is 16 ± 4 mEq/L (16 ± 4 mmol/L). Normal values are 12 ± 4 mEq/L (12 ± 4 mmol/L). Critical Value >16 mEq/L (>16 mmol/L). If potassium concentration is used in the calculation, the normal value is 16 ± 4 mEq/L (16 ± 4 mmol/L) (Fischbach et al., 2022; Pandey & Sharma, 2023; Rhoades & Bell, 2023).

An increased AG is found in conditions where extra acid is being produced or not being removed, such as lactic acidosis, alcoholic acidosis, poisoning by substances such as salicylate and ethylene glycol (antifreeze), and ketoacidosis (Hall & Hall, 2025; Rennke & Denker, 2024). A low AG is found in conditions that produce a fall in unmeasured anions such as albumin (fewer negative charges) or rise in unmeasured cations (more positive charges). Such as seen in hyperkalemia, hypercalcemia, hypermagnesemia, lithium intoxication, or multiple myeloma (when an abnormal immunoglobulin is produced) (Pandey & Sharma, 2023). Normal AG may be seen in cases where bicarbonate is being lost and chloride increases to compensate. This may be caused by diarrhea, renal tubular acidosis (RTA), or excessive IV saline (hyperchloremic acidosis).

An AG calculator (such as the one found online at https://www.merckmanuals.com/professional/multimedia/clinical-calculator/anion-gap) is used to quickly determine the presence of an imbalance.

The UAG is a calculation that helps determine if the kidneys are properly excreting acid. It is based on the balance of Na^+, K^+, Cl^-. Since Cl^- is usually excreted along with ammonium (NH_4^+), which helps remove acid, measuring these electrolytes gives an indirect estimate of how much acid the kidneys are getting rid of. If there is more chloride than sodium and potassium combined, the result is negative, meaning the kidneys are properly excreting acid, as seen in conditions like diarrhea-related acidosis. If sodium and potassium together are higher than chloride, the result is positive, suggesting the kidneys are not excreting enough acid, which can happen in kidney disorders like RTA. This calculation helps determine if acid buildup in the body is due to kidney dysfunction or another cause, such as bicarbonate loss from the digestive tract.

SUMMARY CONCEPTS

Normal body function depends on the precise regulation of acid–base balance. The pH of the ECF is normally maintained within the narrow physiologic range of 7.35 to 7.45. Metabolic processes produce volatile and fixed or nonvolatile metabolic acids that must be buffered and eliminated from the body. The volatile acid, H_2CO_3, is in equilibrium with dissolved CO_2, which is eliminated through the lungs. The nonvolatile metabolic acids, which are derived mainly from protein metabolism and incomplete carbohydrate and fat metabolism, are excreted by the kidneys. It is the ratio of the HCO_3^- concentration to dissolved CO_2 (H_2CO_3 concentration) that determines the pH of the ECFs.

The ability of the body to maintain pH within the normal physiologic range depends on respiratory and renal mechanisms and on chemical buffers in the ICF and ECF, the most important of which is the carbonic acid buffer system. The respiratory regulation of pH is rapid but does not return the pH completely to normal. The kidneys aid in regulation of pH by eliminating H^+ ions, conserving HCO_3^- ions, and producing new HCO_3^- ions. In the process of eliminating H^+, it uses the phosphate and ammonia buffer systems. Body pH is also affected by the distribution of exchangeable cations (K^+ and H^+) and anions (Cl^- and HCO_3^-).

Laboratory tests used in assessing acid–base balance include arterial blood gas measurements, measurement of total CO_2 content in the blood, HCO_3^- levels, base excess or deficit, and the AG. Base excess or deficit is the amount of a fixed acid or base that must be added to a blood sample to achieve a pH of 7.4. The AG describes the difference between the plasma concentration of the major measured cations (Na^+ and K^+) and the sum of the anions (Cl^- and HCO_3^-). This difference represents the concentration of unmeasured anions which are present. Calculation of the UAG helps to determine if the kidneys are eliminating H^+ properly.

Disorders of Acid–Base Balance

The terms **acidosis** and **alkalosis** describe the clinical conditions that arise as a result of changes in dissolved CO_2 and HCO_3^- concentrations. An alkali represents a combination of one or more alkali metals such as Na^+ or K^+ with a highly basic ion such as an OH^-. Sodium bicarbonate is the main alkali in the ECF. Although definitions differ somewhat, *alkali* and *base* are often used interchangeably (Hall & Hall, 2025). Hence, the term *alkalosis* is the opposite of *acidosis*. *Alkalosis* is removal of excess H^+ ions from body fluids, whereas *acidosis* is the addition of excess H^+ ions. Alterations in acid–base balance more commonly lead to acidosis (too much acid or too little bicarbonate). Alkalosis (too much bicarbonate or too little acid) is less common and often occurs as a compensatory response to an acid–base disorder.

Metabolic Versus Respiratory Acid–Base Disorders

There are two types of acid–base disorders: metabolic and respiratory (Table 5-16). **Metabolic disorders** produce an alteration in the plasma HCO_3^- concentration

TABLE 5-16 Summary of Single Acid–Base Disturbances and Their Compensatory Responses

Acid–Base Imbalance	Primary Disturbance	Respiratory Compensation and Predicted Response[a]	Renal Compensation and Predicted Response[a,b]
Metabolic acidosis	↓pH and HCO_3^- HCO_3^- <22 mEq/L	↑ventilation and ↓PCO_2 *1 mEq/L ↓ HCO_3^- → 1–1.2 mm Hg ↓PCO_2*	↑H^+ excretion and ↑ HCO_3^- reabsorption if no renal disease
Metabolic alkalosis	↑pH and HCO_3^- HCO_3^- >26 mEq/L	↓ventilation and ↑PCO_2 *1 mEq/L ↑ HCO_3^- → 0.7 mm Hg ↑PCO_2*	↓H^+ excretion and ↓ HCO_3^- reabsorption if no renal disease
Respiratory acidosis	↓pH and ↑PCO_2 PCO_2 >45 mm Hg	None	↑H^+ excretion and ↑ HCO_3^- reabsorption *Acute: 1 mm Hg ↑PCO_2 → 0.1 mEq/L ↑ HCO_3^-* *Chronic: 1 mm Hg ↑PCO_2 → 0.3 mEq/L ↑ HCO_3^-*
Respiratory alkalosis	↑pH and ↓PCO_2 PCO_2 <35 mm Hg	None	↓H^+ excretion and ↓ HCO_3^- reabsorption *Acute: 1 mm Hg ↓PCO_2 → 0.2 mEq/L ↓ HCO_3^-* *Chronic: 1 mm Hg ↓PCO_2 → 0.4 mEq/L ↓ HCO_3^-*

Note: Predicted compensatory responses are in *italics*.
[a]If blood values are the same as predicted compensatory values, a single acid–base disorder is present; if values are different, a mixed acid–base disorder is present (Rhoades & Bell, 2023).
[b]Acute renal compensation refers to a duration of minutes to several hours; chronic renal compensation refers to a duration of several days (Rhoades & Bell, 2023).

and result from the addition of or loss from the ECF of nonvolatile acid or alkali. A reduction in pH because of a decrease in HCO_3^- is called **metabolic acidosis**, and an elevation in pH because of increased HCO_3^- levels is called **metabolic alkalosis. Respiratory disorders** involve an alteration in the PCO_2, reflecting an increase or decrease in alveolar ventilation. **Respiratory acidosis** is characterized by a decrease in pH, reflecting a decrease in ventilation and an increase in PCO_2. **Respiratory alkalosis** involves an increase in pH, resulting from an increase in alveolar ventilation and a decrease in PCO_2.

Compensatory Mechanisms

Acidosis and alkalosis typically involve a **primary** or **initiating event** and a **compensatory** or **adaptive state** that results from homeostatic mechanisms that attempt to correct or prevent large changes in pH. For example, there may be primary metabolic acidosis due to overproduction of ketoacids and respiratory alkalosis due to compensatory increase in ventilation (see Table 5-16).

Compensatory mechanisms provide a means to control pH when correction is impossible or cannot be achieved immediately. Often, compensatory mechanisms are measures that permit survival while the body attempts to correct the primary disorder. Compensation requires the use of mechanisms that are different from those that caused the primary disorder. The body can use renal mechanisms to compensate for respiratory-induced changes in pH, and it can use respiratory mechanisms to compensate for metabolically induced changes in acid–base balance. Because the body's compensatory mechanisms become more effective over time, the degree of pH change differs between acute and chronic acid–base disorders. This distinction applies to respiratory disorders but not metabolic disorders.

In respiratory acid–base disorders, the kidneys help compensate by adjusting bicarbonate (HCO_3^-) levels, a process that takes days to become fully effective. As a result, there is a clear difference between acute (short-term) and chronic (long-term) respiratory disorders, with chronic cases showing more compensation. In contrast, metabolic acid–base disorders are quickly compensated for by the lungs, which adjust CO_2 levels within minutes to hours through changes in breathing rate. Because this response happens so rapidly, there is no clear distinction between acute and chronic metabolic disorders based on pH changes (Rhoades & Bell, 2023).

Single Versus Mixed Acid–Base Disorders

Thus far, we have discussed acid–base disorders as if they existed as a single primary disorder such as metabolic acidosis, accompanied by a predicted compensatory response. It is not uncommon for people to present with more than one primary disorder or a mixed disorder (Rhoades & Bell, 2023). For example, a person may present with a low plasma HCO_3^- concentration because of metabolic acidosis and a high PCO_2 because of chronic lung disease. Values for the predicted renal or respiratory compensatory responses can be used in the diagnosis of these mixed acid–base disorders (see Table 5-16). If the values for the compensatory response fall outside the predicted plasma values, it can then be concluded that a mixed disorder is present. Because the respiratory response to changes in HCO_3^- occurs almost immediately, there is only one predicted compensatory response for primary metabolic acid–base disorders. Primary respiratory disorders, on the other hand, have two ranges of predicted values, one for the acute and one for the chronic response. Renal compensation takes several days to be fully effective. The acute compensatory response represents HCO_3^- levels before renal compensation and the chronic response after renal compensation. Thus, plasma pH values tend to be more normal in the chronic phase.

KEY POINTS

Metabolic Acid–Base Imbalance

- Metabolic acidosis can be defined as a decrease in plasma HCO_3^- and pH that is caused by an excess of production or accumulation of fixed acids or loss of HCO_3^- ion. Compensatory responses include an increase in ventilation and elimination of CO_2 and the reabsorption and generation of bicarbonate by the kidney.
- Metabolic alkalosis can be defined as an increase in plasma HCO_3^- and pH that is initiated by excess H^+ ion loss or HCO_3^- ion gain and maintained by conditions that impair the ability of the kidney to excrete the excess HCO_3^- ion. Compensatory responses include a decreased respiratory rate with retention of PCO_2 and increased elimination of HCO_3^- by the kidney.

Metabolic Acidosis

Metabolic acidosis involves a decreased plasma HCO_3^- concentration along with a decrease in pH. It is the most common acid–base disorder. In metabolic acidosis, the body compensates for the decrease in pH by increasing the respiratory rate in an effort to decrease PCO_2 and H_2CO_3 levels.

Etiology

Metabolic acidosis can be caused by one or more of the following four mechanisms:

1. Increased production of fixed metabolic acids or ingestion of fixed acids such as salicylic acid
2. Inability of the kidneys to excrete the fixed acids produced from normal metabolism
3. Excessive loss of bicarbonate through the kidneys or gastrointestinal tract
4. Increased plasma Cl^- concentration (Hall & Hall, 2025).

The AG is useful in determining the cause of the metabolic acidosis (Chart 5-4). The presence of excess metabolic acids produces an increase in the AG as sodium salt of the offending acid replaces sodium bicarbonate. Diarrhea is a frequent cause of a normal AG metabolic acidosis (Rhoades & Bell, 2023). When the acidosis results from increased plasma Cl^- levels (e.g., hyperchloremic acidosis), the AG also remains within normal levels. The pneumonic "MUDPILES" can be used to remember the most common etiologies of a high AG acidosis (Methanol, Uremia, Diabetic ketoacidosis, Paraldehyde, Isoniazid, Lactic acid, Ethanol [ethylene glycol], and Salicylates [starvation]) (Burger & Schaller, 2023). The causes of metabolic acidosis are summarized in Table 5-17. Non–AG acidosis is most often caused by loss of large quantities of base because of profuse diarrhea or the administration of large amounts of solutions that contain Cl^-, causing the AG to fall within normal limits (Hall & Hall, 2025).

CHART 5-4

THE ANION GAP IN DIFFERENTIAL DIAGNOSIS OF METABOLIC ACIDOSIS

Decreased Anion Gap (<8 mEq/L)

Hypoalbuminemia (decrease in unmeasured anions)

Multiple myeloma (increase in unmeasured cationic immunoglobulin G paraproteins)

Increased unmeasured cations (hyperkalemia, hypercalcemia, hypermagnesemia, lithium intoxication)

Increased Anion Gap (>16 mEq/L)

Presence of unmeasured metabolic anion
- Diabetic ketoacidosis
- Alcoholic ketoacidosis
- Lactic acidosis
- Starvation
- Renal insufficiency

Presence of drug or chemical anion
- Salicylate poisoning
- Methanol poisoning
- Ethylene glycol poisoning

Normal Anion Gap (8–16 mEq/L)

Loss of bicarbonate
- Diarrhea
- Pancreatic fluid loss
- Ileostomy (unadapted)

Chloride retention
- Renal tubular acidosis
- Ileal loop bladder
- Parenteral nutrition (arginine, histidine, and lysine)

(Burger & Schaller, 2023)

Lactic Acidosis

Acute **lactic acidosis** is a common type of metabolic acidosis in people who are hospitalized and develops when there is excess production or diminished removal of lactic acid from the blood. Lactic acid is produced by the anaerobic metabolism of glucose. Most cases of lactic acidosis are caused by inadequate oxygen delivery, or hypoxia, as in shock or cardiac arrest (Burger & Schaller, 2023). Such conditions not only increase lactic acid production but also impair lactic acid clearance because of poor liver

TABLE 5-17 Causes and Manifestations of Metabolic Acidosis

Causes	Manifestations
Excess Metabolic Acids (Increased Anion Gap)	**Blood pH, HCO_3^-, CO_2**
Excessive production of metabolic acids	pH decreased
Lactic acidosis (e.g., strenuous exercise)	HCO_3^- (primary) decreased
Diabetic ketoacidosis	PCO_2 (compensatory) decreased
Alcoholic ketoacidosis	**Gastrointestinal Function**
Fasting and starvation	Anorexia
Poisoning (e.g., isoniazid, salicylate, methanol, paraldehyde, ethylene glycol)	Nausea and vomiting
Impaired elimination of metabolic acids	Abdominal pain
Kidney failure or dysfunction	**Neural Function**
Uremic acidosis (e.g., severe renal failure)	Weakness
Excessive Bicarbonate Loss (Normal Anion Gap)	Lethargy
Loss of intestinal secretions	General malaise
Diarrhea (severe)	Confusion
Intestinal suction	Stupor
Intestinal or biliary fistula	Coma
Increased renal losses	Depression of vital functions
Renal tubular acidosis	**Cardiovascular Function**
Treatment with carbonic anhydrase inhibitors	Peripheral vasodilation
Hypoaldosteronism	Decreased heart rate
Increased Chloride Levels (Normal Anion Gap)	Cardiac arrhythmias
Excessive reabsorption of chloride by the kidney	**Skin**
Sodium chloride infusions	Warm and flushed
Treatment with ammonium chloride	**Skeletal System**
Parenteral hyperalimentation	Bone disease (e.g., chronic acidosis)
	Signs of Compensation
	Increased rate and depth of respiration (i.e., Kussmaul breathing)
	Hyperkalemia
	Acid urine
	Increased ammonia in urine

and kidney perfusion. Mortality rates are high because of shock and tissue hypoxia (Rennke & Denker, 2024). Severe sepsis is commonly associated with lactic acidosis, and hyperlactatemia can be a strong predictor of mortality for people with sepsis. Lactic acidosis can occur during intense exercise in which the metabolic needs of the muscles outpace their aerobic capacity for production of ATP, causing them to revert to anaerobic metabolism and produce lactic acid (Rennke & Denker, 2024).

Lactic acidosis can be associated with disorders in which tissue hypoxia does not appear to be present. It has been reported in people with leukemia, lymphomas, and other cancers; those with poorly controlled diabetes; and in people with severe liver failure. Mechanisms causing lactic acidosis in these conditions are poorly understood. Some conditions such as neoplasms may produce local increases in tissue metabolism and lactate production or they may interfere with blood flow to noncancerous cells. Drugs such as the antidiabetic drug metformin can produce life-threatening lactic acidosis by inhibiting certain functions in the liver.

Ketoacidosis

Ketoacids are the source of fuel for many body tissues. An overproduction of ketoacids occurs when carbohydrate stores are inadequate or when the body cannot use available carbohydrates. Fatty acids are mobilized from adipose tissue and delivered to the liver, where they are converted to ketones. Ketoacidosis develops when ketone production by the liver exceeds tissue use (Ghimire & Dhamoon, 2023).

A common cause of ketoacidosis is uncontrolled diabetes mellitus, in which an insulin deficiency leads to the release of fatty acids from adipose cells with subsequent production of excess ketoacids. Ketoacidosis may also develop as the result of fasting or food deprivation, during which the lack of carbohydrates produces a self-limited state of ketoacidosis (Calimag et al., 2023).

Ketones are formed during the oxidation of alcohol, a process that occurs in the liver. A condition called **alcoholic ketoacidosis** can develop in people who engage in excess alcohol consumption and can be fatal clinically (Sidlak et al., 2022). It usually follows prolonged alcohol ingestion, particularly if accompanied by decreased food intake and vomiting—conditions that result in using fatty acids as an energy source.

Salicylate Toxicity

Salicylates are another potential source of metabolic acids. **Acetylsalicylic acid** (Aspirin) is readily absorbed in the stomach and small bowel and then rapidly converted to salicylic acid in the body. Although aspirin is the most common cause of salicylate toxicity, other salicylate preparations such as salicylic acid may produce similar effects. Salicylate overdose produces serious toxic effects, including death. Serum salicylate levels along with clinical findings are important in predicting morbidity and mortality following ingestion (Runde & Nappe, 2023).

A variety of acid–base disturbances occur with salicylate toxicity. The salicylates cross the blood–brain barrier and directly stimulate the respiratory center, causing hyperventilation and respiratory alkalosis. The kidneys compensate by secreting increased amounts of HCO_3^-, K^+, and Na^+, thereby contributing to the development of metabolic acidosis. Salicylates also interfere with carbohydrate metabolism, which results in increased production of metabolic acids.

Methanol and Ethylene Glycol Toxicity

Ingestion of methanol and ethylene glycol results in the production of metabolic acids and causes metabolic acidosis. Both produce an osmolar gap because of their small size and osmotic properties. **Methanol** (wood alcohol) can be absorbed through the skin or gastrointestinal tract or inhaled through the lungs. In addition to metabolic acidosis, methanol produces severe optic nerve and CNS toxicity. Organ system damage occurs after a 24-hour period in which methanol is converted to formaldehyde and formic acid. **Ethylene glycol** is a solvent found in products ranging from antifreeze and deicing solutions to carpet and fabric cleaners. Its sweet taste leads to abuse and toxicity. Acidosis occurs as ethylene glycol is converted to oxalic and lactic acid (Chen et al., 2022).

Decreased Renal Function

Chronic kidney disease (CKD) is the most common cause of chronic metabolic acidosis. The kidneys normally conserve HCO_3^- and secrete H^+ ions into the urine as a means of regulating acid–base balance. In CKD, there is loss of both glomerular and tubular function, with retention of nitrogenous wastes and metabolic acids. The most prominent effect of these changes is on the musculoskeletal system. In RTA, glomerular function is normal or mildly impaired, but the tubular secretion of H^+ or reabsorption of HCO_3^- is abnormal (Rennke & Denker, 2024).

Increased Bicarbonate Losses

Increased HCO_3^- losses occur with loss of HCO_3^--rich body fluids or with impaired conservation of HCO_3^- by the kidney. Intestinal secretions have a high HCO_3^- concentration, so excessive loss of HCO_3^- occurs with severe diarrhea; small bowel, pancreatic, or biliary fistula drainage; ileostomy drainage; ileal bladder and intestinal suction. In diarrhea of microbial origin, secreted HCO_3^- neutralizes metabolic acids produced by the microorganisms causing the diarrhea (Rennke & Denker, 2024).

Hyperchloremic Acidosis

Hyperchloremic acidosis occurs when Cl^- levels are increased out of proportion to Na^+. Because Cl^- and HCO_3^- are exchangeable anions, plasma HCO_3^- decreases when Cl^- increases. Hyperchloremic acidosis can occur as the result of abnormal absorption of Cl^- by the kidneys or treatment with chloride-containing medications (i.e., NaCl, amino acid–chloride solutions, and ammonium chloride). Ammonium chloride is broken down into NH_4^+ and Cl^-. NH_4^+ is converted to urea in the liver, leaving Cl^- free to react with H^+ to form HCl. Administration of intravenous NaCl or parenteral hyperalimentation solutions that contain an amino acid–chloride combination can also cause acidosis. With hyperchloremic acidosis, the AG remains within the normal range, whereas plasma Cl^- levels are increased and plasma HCO_3^- levels are decreased (Gueret et al., 2024).

Clinical Manifestations

Metabolic acidosis is characterized by a decrease in pH (<7.35) and HCO_3^- levels (<22 mEq/L) because of a gain in H^+ or a loss of HCO_3^-. Acidosis typically produces a compensatory increase in respiratory rate with a decrease in PCO_2.

The manifestations of metabolic acidosis fall into three categories:

1. Signs and symptoms of the disorder causing the acidosis
2. Changes in body function related to recruitment of compensatory mechanisms
3. Alterations in cardiovascular, neurologic, and musculoskeletal function resulting from the decreased pH (see Table 5-17).

The signs and symptoms of metabolic acidosis usually begin to appear when the plasma HCO_3^- concentration falls to 20 mEq/L or less. A fall in pH to less than 7.1 to 7.2 can reduce cardiac output and predispose to potentially fatal cardiac arrhythmias.

Metabolic acidosis is seldom a primary disorder. It usually develops during the course of another disease. The manifestations of metabolic acidosis frequently are superimposed on the symptoms of the contributing health problem. With diabetic ketoacidosis, a common cause of metabolic acidosis, there is an increase in blood and urine glucose and a characteristic smell of ketones to the breath. In the metabolic acidosis that accompanies CKD, BUN levels are elevated, and other tests of renal function yield abnormal results (Burger & Schaller, 2023).

Clinical manifestations related to respiratory and renal compensatory mechanisms occur early in the course of metabolic acidosis. In acute metabolic acidosis, the respiratory system compensates for a decrease in pH by increasing ventilation (deep, rapid respirations) to reduce PCO_2. In diabetic ketoacidosis, this breathing pattern is referred to as **Kussmaul breathing**. There may be complaints of difficulty breathing or dyspnea with exertion. With severe acidosis, dyspnea may be present even at rest. Respiratory compensation for acute acidosis tends to be somewhat greater than for chronic acidosis. When kidney function is normal, H^+ excretion increases promptly in response to acidosis, and the urine becomes more acidic.

Changes in pH have a direct effect on body function that can produce symptoms common to most types of metabolic acidosis. People with metabolic acidosis often complain of weakness, fatigue, general malaise, and a dull headache. They may have anorexia, nausea, vomiting, and abdominal pain. Tissue turgor is impaired, and the skin is dry when fluid deficit accompanies acidosis. In undiagnosed diabetes mellitus, nausea, vomiting, and abdominal symptoms may be misattributed to the gastrointestinal flu or other abdominal disease. Acidosis depresses neuronal excitability and decreases binding of calcium to plasma proteins, so that more free calcium is available to decrease neural activity. As acidosis progresses, the level of consciousness declines, and stupor and coma develop. The skin is often warm and flushed because blood vessels in the skin become less responsive to SNS stimulation and lose their tone.

When the pH falls to 7.1 to 7.2, cardiac contractility and cardiac output decrease, the heart becomes less responsive to catecholamines (i.e., epinephrine and norepinephrine), and arrhythmias, including fatal ventricular arrhythmias, can develop. A decrease in ventricular function may be particularly important in perpetuating shock-induced lactic acidosis, and partial correction of the acidemia may be necessary before tissue perfusion can be restored.

Chronic acidemia can lead to a variety of musculoskeletal problems, some of which result from the release of calcium and phosphate during bone buffering of excess H^+ ions. Of particular importance is impaired growth in infants and children where acidemia may be associated with a variety of nonspecific symptoms such as anorexia and weight loss. Muscle weakness and listlessness may also result from alterations in muscle metabolism.

Treatment

Treatment of metabolic acidosis focuses on correcting the condition that caused the disorder and restoring the fluids and electrolytes that have been lost. Supplemental $NaHCO_3$ is the mainstay of treatment for some forms of normal AG acidosis (Burger & Schaller, 2023). In most people with circulatory shock, cardiac arrest, or sepsis, impaired oxygen delivery is the primary cause of lactic acidosis (Rhoades & Bell, 2023). With lactic acidosis, treatment measures to improve tissue perfusion are necessary, and with sepsis-related acidosis, treatment of the infection is essential.

Metabolic Alkalosis

Metabolic alkalosis is a systemic disorder caused by an increase in plasma pH because of a primary excess in HCO_3^- (Hall & Hall, 2025). It can result from a variety of situations including ingestion of antacids, vomiting, and renal loss of H^+.

Etiology

Metabolic alkalosis can be caused by factors that generate a loss of fixed acids or a gain of bicarbonate and those that maintain the alkalosis by interfering with excretion of the excess bicarbonate (Table 5-18). They include

1. A gain of base through the oral or intravenous route
2. Loss of fixed acids from the stomach
3. Maintenance of the increased bicarbonate levels by contraction of the ECF volume, hypokalemia, and hypochloremia

Excess Base Loading

Because the normal kidney is efficient at excreting HCO_3^-, excess base intake is rarely a cause of significant chronic metabolic alkalosis. Transient acute alkalosis is a common occurrence during or immediately after excess oral ingestion of HCO_3^--containing antacids or intravenous infusion of $NaHCO_3$ or base equivalent (e.g., acetate in hyperalimentation solutions, lactate in Ringer lactate, and citrate in blood transfusions). The ***milk-alkali syndrome*** occurs when chronic ingestion of milk or calcium carbonate antacids leads to hypercalcemia and

TABLE 5-18 Causes and Manifestations of Metabolic Alkalosis

Causes	Manifestations
Excessive Gain of Bicarbonate or Alkali	**Blood pH, HCO_3^-, CO_2**
Ingestion or administration of $NaHCO_3$	pH increased
Administration of hyperalimentation solutions containing acetate	HCO_3^- (primary) increased
Administration of parenteral solutions containing lactate	PCO_2 (compensatory) increased
Administration of citrate-containing blood transfusions	**Neural Function**
Excessive Loss of Hydrogen Ions	Confusion
Vomiting	Hyperactive reflexes
Gastric suction	Tetany
Binge–purge syndrome	Convulsions
Potassium deficit (severe)	**Cardiovascular Function**
Diuretic therapy	Hypotension
Hyperaldosteronism	Arrhythmias
Milk-alkali syndrome	**Respiratory Function**
Increased Bicarbonate Retention	Respiratory acidosis because of decreased respiratory rate
Loss of chloride with bicarbonate retention	**Signs of Compensation**
Volume Contraction	Decreased rate and depth of respiration
Loss of body fluids	Increased urine pH
Diuretic therapy	

metabolic alkalosis. Nowadays, the condition is called **calcium–alkali syndrome** (Mizutani et al., 2023). In this case, the antacids raise the plasma HCO_3^- concentration, whereas the hypercalcemia prevents the urinary excretion of HCO_3^-. The most common cause at present is the chronic administration of calcium carbonate for dyspepsia and gastroesophageal reflux disease as well as a supplement with vitamin D for postmenopausal women and older adults for osteoporosis prevention (Mizutani et al., 2023).

Loss of Fixed Acid

The loss of fixed acids occurs mainly through loss of acid from the stomach and loss of Cl^- in the urine. Vomiting and removal of gastric secretions by nasogastric suction are common causes of metabolic alkalosis in acutely ill or hospitalized people. Gastric secretions contain high concentrations of HCl and lesser concentrations of KCl. As Cl^- is taken from the blood and secreted into the stomach, it is replaced by HCO_3^-. Thus, the loss of gastric secretions through vomiting or gastric suction is a common cause of metabolic alkalosis. The accompanying ECF volume depletion, hypochloremia, and hypokalemia serve to maintain the metabolic alkalosis by increasing HCO_3^- reabsorption by the kidneys (Fig. 5-15).

Loop and thiazide diuretics are commonly associated with metabolic alkalosis. Volume contraction and loss of H^+ in the urine contribute to the problem. The latter is primarily due to enhanced H^+ secretion in the distal tubule. Although aldosterone blunts loss of Na^+, it also accelerates secretion of K^+ and H^+. Loss of K^+ also accelerates HCO_3^- reabsorption.

Metabolic alkalosis can also occur with abrupt correction of respiratory acidosis in people with chronic respiratory acidosis. Chronic respiratory acidosis is associated with a compensatory loss of H^+ and Cl^- in the urine and HCO_3^- retention. When respiratory acidosis is corrected abruptly, as with mechanical ventilation, a "posthypercapnic" metabolic alkalosis may develop because although the PCO_2 drops rapidly, the plasma HCO_3^- remains elevated.

Maintenance of Metabolic Alkalosis

Maintenance of metabolic alkalosis resides within the kidney and its inability to rid the body of excess HCO_3^-. Many of the conditions that accompany the development of metabolic alkalosis, such as contraction of the ECF volume, hypochloremia, and hypokalemia, also increase reabsorption of HCO_3^- by the kidney, thereby contributing to its maintenance.

Clinical Manifestations

Metabolic alkalosis is a pH above 7.45, HCO_3^- above 26 mEq/L (26 mmol/L), and base excess above 2 mEq/L (2 mmol/L; see Table 5-18). Metabolic alkalosis is often asymptomatic or has signs related to ECF volume depletion or hypokalemia. Neurologic signs and symptoms occur less frequently with metabolic alkalosis than with other acid–base disorders because HCO_3^- enters the CSF more slowly than CO_2. When neurologic manifestations do occur, they include mental confusion, hyperactive reflexes, tetany, and carpopedal spasm. Metabolic alkalosis also leads to a compensatory hypoventilation with development of various degrees of hypoxemia and respiratory acidosis. Significant morbidity occurs with severe metabolic alkalosis (pH >7.55), including respiratory failure, cardiac arrhythmias, seizures, and coma (Rhoades & Bell, 2023).

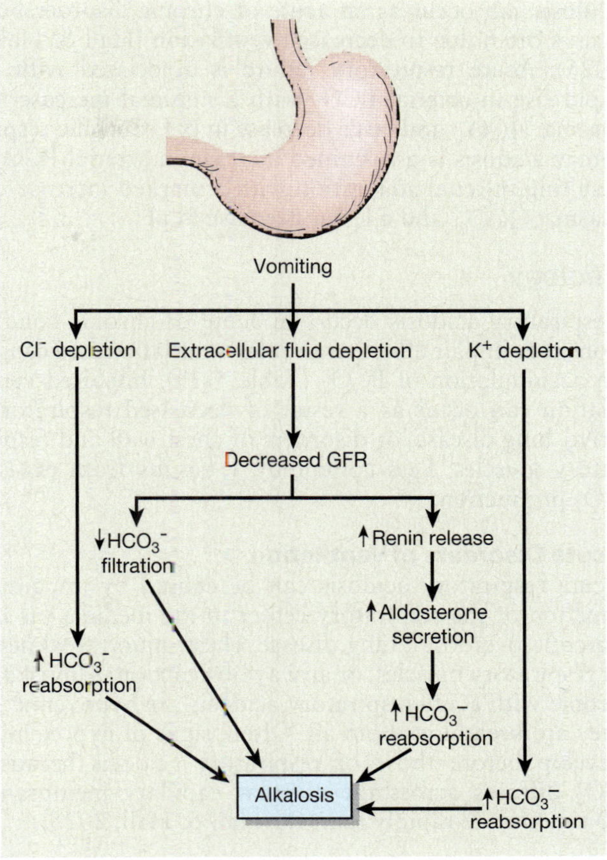

FIGURE 5-15. Renal mechanisms for bicarbonate (HCO_3^-) reabsorption and maintenance of metabolic alkalosis after depletion of extracellular fluid volume, chloride (Cl^-), and potassium (K^+) because of vomiting. GFR, glomerular filtration rate.

Treatment

Treatment of metabolic alkalosis usually is directed toward correcting the cause of the condition. A Cl^- deficit requires correction. KCl usually is the treatment when there is an accompanying K^+ deficit. When KCl is used as a therapy, Cl^- replaces HCO_3^- and K^+ corrects the potassium deficit, allowing the kidneys to retain H^+ while eliminating K^+. Fluid replacement with normal saline or one-half normal saline often is used in the treatment of volume contraction alkalosis.

Respiratory Acidosis

Respiratory acidosis occurs in conditions that impair alveolar ventilation and cause an increase in plasma PCO_2 (**hypercapnia**) and a decrease in pH. Respiratory acidosis can occur as an acute or chronic disorder but occurs often due to decreased ventilation (Hall & Hall, 2025). Acute respiratory failure is associated with a rapid rise in arterial PCO_2 with a minimal increase in plasma HCO_3^- and large decrease in pH. Chronic respiratory acidosis is a sustained increase in arterial PCO_2, resulting in renal adaptation with a marked increase in plasma HCO_3^- and a lesser decrease in pH.

Etiology

Respiratory acidosis occurs in acute or chronic conditions that impair effective alveolar ventilation and cause an accumulation of PCO_2 (Table 5-19). Impaired ventilation can occur as a result of decreased respiratory drive, lung disease, or disorders of chest wall and respiratory muscles. Less commonly, it results from excess CO_2 production.

Acute Disorders of Ventilation

Acute respiratory acidosis can be caused by impaired function of the respiratory center in the medulla (as in narcotic overdose), lung disease, chest injury, weakness of respiratory muscles, or airway obstruction. Almost all people with acute respiratory acidosis are hypoxemic if they are breathing room air. Often, signs of hypoxemia develop before those of respiratory acidosis because CO_2 diffuses across the alveolar capillary membrane 20 times more rapidly than O_2 (Hall & Hall, 2025).

Chronic Disorders of Ventilation

Chronic respiratory acidosis is a common disturbance in chronic obstructive lung disease where persistent elevation of PCO_2 stimulates renal H^+ secretion and HCO_3^- reabsorption. These compensatory mechanisms can often return the pH to near-normal values as long as O_2 levels are maintained within a range that does not suppress chemoreceptor control of respiration.

An acute episode of respiratory acidosis can develop in people with chronic lung disease who receive O_2 therapy at a flow rate sufficient to raise their PO_2 to a level that produces a decrease in ventilation. In these people, the medullary respiratory center has adapted to the elevated levels of CO_2 and no longer responds to increases in PCO_2. Instead, decreased PO_2 becomes the major stimulus for respiration. If O_2 is administered at a flow rate sufficient to suppress this stimulus, the rate and depth of respiration decrease, and PCO_2 increases. Any person who is in need of additional O_2 should have it administered at a flow rate that does not depress respiratory drive.

Increased Carbon Dioxide Production

CO_2 is a product of the body's metabolic processes, generating a substantial amount of acid to be excreted by the lungs or kidneys to prevent acidosis. Increased CO_2 can result from processes including exercise, fever, sepsis, and burns. Nutrition also affects the production of CO_2. A carbohydrate-rich diet produces larger amounts of CO_2 than one containing reasonable amounts of protein and fat. Although excess CO_2 production can lead to an increase in PCO_2, it seldom does. In healthy people, an increase in CO_2 is matched by an increase in CO_2 elimination by the lungs. In contrast, people with respiratory diseases may be unable to eliminate the excess CO_2.

Clinical Manifestations

Respiratory acidosis is associated with a pH below 7.35 and a PCO_2 above 45 mm Hg (see Table 5-19). The clinical manifestations of respiratory acidosis depend

TABLE 5-19 Causes and Manifestations of Respiratory Acidosis

Causes	Manifestations
Depression of Respiratory Center	**Blood pH, CO_2, HCO_3^-**
Drug overdose	pH decreased
Head injury	PCO_2 (primary) increased
Lung Disease	HCO_3^- (compensatory) increased
Bronchial asthma	**Neural Function**
Emphysema	Dilation of cerebral vessels and depression of neural function
Chronic bronchitis	Headache
Pneumonia	Weakness
Pulmonary edema	Behavior changes
Respiratory distress syndrome	Confusion
Airway Obstruction, Disorders of Chest Wall and Respiratory Muscles	Depression
Paralysis of respiratory muscles	Paranoia
Chest injuries	Hallucinations
Kyphoscoliosis	Tremors
Extreme obesity	Paralysis
Treatment with paralytic drugs	Stupor and coma
Breathing Air with High CO_2 Content	**Skin**
	Skin warm and flushed
	Signs of Compensation
	Acid urine

on the rapidity of onset and if the condition is acute or chronic. Because respiratory acidosis often is accompanied by hypoxemia, the manifestations of respiratory acidosis often are intermixed with those of O_2 deficit. CO_2 readily crosses the blood–brain barrier, changing the pH of brain fluids. Elevated CO_2 produces vasodilation of cerebral blood vessels, causing headache, blurred vision, irritability, muscle twitching, and psychological disturbances. If severe and prolonged, it can increase CSF pressure and papilledema. Impaired consciousness ranging from lethargy to coma develops as PCO_2 rises to extreme levels. Paralysis of the extremities and respiratory depression may occur. Less severe forms of acidosis often are accompanied by warm and flushed skin, weakness, and tachycardia (Patel & Sharma, 2023).

Treatment

The treatment of acute and chronic respiratory acidosis is directed toward improving ventilation. In severe cases, mechanical ventilation may be necessary.

KEY POINTS

Respiratory Acid–Base Imbalance

- Respiratory acidosis, or hypercapnia, is an increase in PCO_2 and a decrease in plasma pH due to a decrease in effective alveolar ventilation. Compensatory mechanisms include increased conservation and generation of HCO_3^- and elimination of H^+ by the kidney.
- Respiratory alkalosis, or hypocapnia, represents a decrease in PCO_2 and an increase in plasma pH, resulting from increased alveolar ventilation. Compensatory mechanisms include increased elimination of HCO_3^- and conservation of H^+ by the kidney.

Respiratory Alkalosis

Respiratory alkalosis is a systemic acid–base disorder characterized by a primary decrease in plasma PCO_2, also referred to as **hypocapnia**, which elevates pH and subsequently decreases HCO_3^-. Because respiratory alkalosis can occur suddenly, a compensatory decrease in HCO_3^- level may not occur before respiratory correction has taken place.

Etiology

Respiratory alkalosis is caused by hyperventilation or a respiratory rate in excess of that needed to maintain normal plasma PCO_2 levels (Table 5-20). It may occur as a result of central stimulation of the medullary respiratory center or stimulation of peripheral (e.g., carotid chemoreceptor) pathways to the medullary respiratory center, but rarely does it occur as a result of a physical pathologic condition (Hall & Hall, 2025).

Mechanical ventilation may produce respiratory alkalosis if the rate and tidal volume are set so that CO_2 elimination exceeds CO_2 production. Respiratory alkalosis is seen as a treatment with the ventilator, with intubated people experiencing high intracranial pressure (ICP) in order to attempt to lower the ICP.

Central stimulation of the medullary respiratory center occurs with anxiety, pain, pregnancy, febrile states, sepsis, encephalitis, and salicylate toxicity. Respiratory alkalosis has long been recognized as an acid–base disorder in people who are critically ill and is a consistent finding in pulmonary embolism and congestive heart failure.

One of the most common causes of respiratory alkalosis is **hyperventilation**, which is a recurring episode of overbreathing often associated with voluntary effort, anxiety, direct stimulation of the respiratory center by an abnormality such as fever and salicylate intoxication, and hypoxia from severe anemia (Palmer & Clegg, 2023). People experiencing panic attacks frequently present in the emergency department with manifestations of acute respiratory alkalosis.

TABLE 5-20 Causes and Manifestations of Respiratory Alkalosis

Causes	Manifestations
Excessive Ventilation	**Blood pH, CO_2, HCO_3^-**
Anxiety and psychogenic hyperventilation	pH increased
Hypoxia and reflex stimulation of ventilation	PCO_2 (primary) decreased
Lung disease that causes a reflex stimulation of ventilation	HCO_3^- (compensatory) decreased
Stimulation of respiratory center	**Neural Function**
Elevated blood ammonia level	Constriction of cerebral vessels and increased neuronal excitability
Salicylate toxicity	Dizziness, panic, lightheadedness
Encephalitis	Tetany
Fever	Numbness and tingling of fingers and toes
Mechanical ventilation	Positive Chvostek and Trousseau signs
	Seizures
	Cardiovascular Function
	Cardiac arrhythmias

A physiologic respiratory alkalosis may occur at high altitudes. The lower O_2 content in the air stimulates the respiratory rate, which causes loss of CO_2, a mild form of respiratory alkalosis. Usually, the body will compensate for this via the kidneys to increase HCO_3^- excretion (Palmer & Clegg, 2023).

Hypoxemia exerts its effect on pH through the peripheral chemoreceptors in the carotid bodies. Stimulation of peripheral chemoreceptors occurs in conditions that cause hypoxemia with relatively unimpaired CO_2 transport, such as exposure to high altitudes.

Clinical Manifestations

Respiratory alkalosis manifests with a decrease in PCO_2 and a deficit in H_2CO_3 (see Table 5-20). In respiratory alkalosis, the pH is above 7.45, PCO_2 is below 35 mm Hg, and HCO_3^- levels usually are below 22 mEq/L (22 mmol/L).

The signs and symptoms of respiratory alkalosis are associated with hyperexcitability of the nervous system and a decrease in cerebral blood flow. Alkalosis increases protein binding of extracellular calcium, which reduces ionized calcium levels causing an increase in neuromuscular excitability. Decreased CO_2 content of the blood causes constriction of cerebral blood vessels. Because CO_2 quickly crosses the blood–brain barrier, the manifestations of acute respiratory alkalosis are usually sudden. The person often experiences lightheadedness, dizziness, tingling, and numbness of the fingers and toes. Sweating, palpitations, panic, air hunger, and dyspnea may accompany these manifestations. Chvostek and Trousseau signs may be positive, and tetany and convulsions may occur. Because CO_2 provides the stimulus for short-term regulation of respiration, short periods of apnea may occur in people with acute episodes of hyperventilation.

Treatment

Respiratory alkalosis is typically a compensatory state and treatment of respiratory alkalosis focuses on correcting the underlying cause. Hypoxia may be corrected by administration of supplemental O_2. Changing ventilator settings may prevent or treat respiratory alkalosis in persons who are mechanically ventilated. People with hyperventilation may benefit from reassurance, rebreathing from a paper bag, and attention to the psychological stress (Palmer & Clegg, 2023).

SUMMARY CONCEPTS

Acidosis is a decrease in pH and alkalosis an increase in pH. Acid–base disorders may be caused by alterations in the body's volatile acids (i.e., respiratory acidosis or alkalosis) or nonvolatile or fixed acids (i.e., metabolic acidosis or alkalosis). Acidosis and alkalosis typically involve a primary or initiating event and a compensatory or adaptive state that results from homeostatic mechanisms that attempt to prevent or correct large changes in pH. A mixed acid–base disorder is one in which there is both a primary and a compensatory change in acid–base balance.

Metabolic acidosis is defined as a decrease in pH because of a decrease in the HCO_3^- level, and metabolic alkalosis is defined as an increase in pH because of an increase in the HCO_3^- level. Metabolic acidosis is caused by an increased production of nonvolatile metabolic acids such as lactic acid or ketoacids, decreased acid excretion by the kidney, excessive loss of HCO_3^- as in diarrhea, or an increase in Cl^-. Metabolic acidosis may present with an increased AG in which sodium bicarbonate is replaced by the sodium salt of the offending anion or with a normal AG when HCO_3^- is replaced by Cl^-. Metabolic alkalosis involves generation of the increased pH and HCO_3^- levels through a loss of H^+ or gain of HCO_3^-, and the maintenance of the alkalotic state because of the kidney's failure to eliminate the excess HCO_3^- owing to an accompanying ECF volume contraction, increased aldosterone levels, and decreased Cl^- and K^+ levels.

Respiratory acidosis reflects an increase in PCO_2 levels and is caused by conditions that impair alveolar ventilation. It can occur as an acute disorder in which there is a rapid rise in PCO_2, a minimal increase in plasma HCO_3^-, and a large decrease in pH. Respiratory alkalosis is caused by conditions that cause hyperventilation and a reduction in PCO_2 levels. Because respiratory alkalosis often occurs suddenly, a compensatory decrease in HCO_3^- levels may not occur before corrections have been accomplished.

The signs and symptoms of acidosis and alkalosis reflect alterations in body function associated with the disorder causing the acid–base disturbance, the effect of the change of pH on body function, and the body's attempt to correct and maintain the pH within a normal physiologic range. In general, neuromuscular excitability is decreased in acidosis and increased in alkalosis.

Integrating Clinical Decision Making

A 68-year-old woman is admitted to a medical–surgical unit with a 3-day history of vomiting and poor oral intake related to acute gastroenteritis. On assessment, she reports dizziness when standing and intense thirst. Her vital signs reveal a heart rate of 108 beats/min and blood pressure of 92/58 mm Hg. Her

mucous membranes are dry, urine output has decreased, and her weight is 2 kg lower than documented at her last clinic visit. Initial laboratory results show elevated urine specific gravity and an increased blood urea nitrogen (BUN).

1. Which body fluid compartment is primarily affected by this patient's condition, and what mechanism explains her symptoms?
2. Which regulatory mechanisms are activated in response to this patient's decreased circulating volume?

Despite initial fluid replacement, the patient continues to vomit. On hospital day 2, she becomes increasingly confused and develops shallow respirations. Repeat laboratory results reveal an elevated arterial pH, increased serum bicarbonate concentration, hypochloremia, and hypokalemia. Arterial blood gas analysis demonstrates a pH of 7.52 with compensatory hypoventilation.

3. Which acid–base disorder has developed, and what is the primary mechanism responsible?
4. How do the respiratory and renal systems respond to this acid–base imbalance, and why is compensation limited?

REFERENCES

Aal-Hamad, A. H., Al-Alawi, A. M., Kashoub, M. S., & Falhammar, H. (2023). Hypermagnesemia in clinical practice. *Medicina*, *59*(7), 1190. https://doi.org/10.3390/medicina59071190

Alfano, G., Fontana, F., Mori, G., Giaroni, F., Ferrari, A., Giovanella, S., Ligabue, G., Ascione, E., Cazzato, S., Ballestri, M., Di Gaetano, M., Meschiari, M., Menozzi, M., Milic, J., Andrea, B., Franceschini, E., Cuomo, G., Magistroni, R., Mussini, C., … Cappelli, G. (2022). Acid base disorders in patients with COVID-19. *International Urology and Nephrology*, *54*(2), 405–410. https://doi.org/10.1007/s11255-021-02855-1

Arnold, A., & Fuleihan, G. E.-H. (2024, May 16). Primary hyperparathyroidism: Pathogenesis and etiology. *UpToDate*. https://www.uptodate.com/contents/primary-hyperparathyroidism-pathogenesis-and-etiology

Ashinoff, R. L., Chang, E. I., & Mehara, B. (2025, January 5). Management of peripheral lymphedema. *UpToDate*. https://www.uptodate.com/contents/management-of-peripheral-lymphedema

Bartkiewicz, P., Kunachowicz, D., Filipski, M., Stebel, A., Li goda, J., & Rembiałkowska, N. (2024). Hypercalcemia in Cancer: Causes, Effects, and Treatment Strategies. Cells, 13(12), 1051.

Burger, M. K., & Schaller, D. J. (2023). Metabolic acidosis. In: *StatPearls* [Internet]. StatPearls Publishing. Retrieved July 17, 2023, from https://www.ncbi.nlm.nih.gov/books/NBK482146/

Calimag, A. P. P., Chlebek, S., Lerma, E. V., & Chaiban, J. T. (2023). Diabetic ketoacidosis. *Disease-a-Month*, *69*(3), 101418. https://doi.org/10.1016/j.disamonth.2022.101418

Carpenter, T. O. (2022). Primary disorders of phosphate metabolism. In K. R. Feingold, B. Anawalt, M. R. Blackman, et al., (Eds.), *Endotext* [Internet]. MDText.com. Retrieved June 8, 2022, from https://www.ncbi.nlm.nih.gov/sites/books/NBK279172/

Chen, R. J., Glagola, J. J., & Nappe, T. M. (2022, January). Ethylene glycol toxicity. In *StatPearls* [Internet]. StatPearls Publishing. https://www.ncbi.nlm.nih.gov/books/NBK537009/

Cuzzo, B., Padala, S. A., & Lappin, S. L. (2023). Physiology, vasopressin. In *StatPearls* [Internet]. StatPearls Publishing. Retrieved August 14, 2023, from https://www.ncbi.nlm.nih.gov/books/NBK526069/

Ehrenpreis, E. D., Jarrouj, G., Meader, R., Wagner, C., & Ellis, M. (2022). A comprehensive review of hypomagnesemia. *Disease-a-Month*, *68*(2), 101285. https://doi.org/10.1016/j.disamonth.2021.101285

Emmett, M., & Palmer, B. F. (2024, January 30). Kidney and metabolic complications following urinary diversion. *UpToDate*. https://www.uptodate.com/contents/kidney-and-metabolic-complications-following-urinary-diversion

Evanson, D. J., & Espiricion, E. D. (2023). The catastrophic effects of psychogenic polydipsia: A case report. *Cureus*, *15*(9), e44766. https://doi.org/10.7759/cureus.44766

Fischbach, S., Fischbach, M., & Stout, K. (2022). *Fischbach's manual of laboratory and diagnostic tests* (11th ed.). Wolters Kluwer.

Ghimire, P., & Dhamoon, A. S. (2023). Ketoacidosis. In *StatPearls* [Internet]. StatPearls Publishing. Retrieved August 8, 2023, from https://www.ncbi.nlm.nih.gov/books/NBK534848/

Gholami, F., Bahrampour, N., Samadi, M., Rasaei, N., Yarizadeh, H., Naghshi, S., & Mirzaei, K. (2023). The association of dietary acid load (DAL) with estimated skeletal muscle mass and bone mineral content: A cross-sectional study. *BMC Nutrition*, 9(1), 31. https://doi org/10.1186/s40795-022-00658-w

Goyal, A., Anastasopoulou, C., Ngu, M., & Singh, S. (2023). Hypocalcemia. In *StatPearls* [Internet]. StatPearls Publishing. Retrieved October 15, 2023, from https://www.ncbi.nlm.nih.gov/books/NBK430912/

Grider, M. H., Jessu, R., & Kabir, R. (2023). Physiology, action potential. In *StatPearls* [Internet]. StatPearls Publishing. Retrieved May 8, 2023, from https://www.ncbi.nlm.nih.gov/books/NBK538143/

Gueret, G., Tête, X., & Le Maguet, P. (2024). Hyperchloremia: Cause or consequence of acute kidney injury? *Critical Care Medicine*, *52*(5), e245–e246. https://doi.org/10.1097/CCM.0000000000006190

Gupta, A. A., Self, M., Mueller, M., Wardi, G., & Tainter, C. (2022). Dispelling myths and misconceptions about the treatment of acute hyperkalemia *The American Journal of Emergency Medicine*, *52*, 85–91. https://doi.org/10.1016/j.ajem.2021.11.030

Hall, J. E., & Hall, M. E. E. (2025). *Guyton and Hall textbook of medical physiology* (15th ed., pp. 378–420). Elsevier.

Hopkins, E., Sanvictores, T., & Sharma, S. (2022). Physiology, acid base balance. In *StatPearls* [Internet]. StatPearls Publishing. Retrieved September 12, 2022, from https://www.ncbi.nlm.nih.gov/books/NBK507807/

Hsu, L.-M., Yang, J.-T., Wen, X., Liang, X., Lin, L.-C., Huang, Y.-C., & Tsai, Y.-H. (2022). Human thirst behavior requires transformation of sensory inputs by Intrinsic Brain Networks. *BMC Biology*, *20*(1), 255. https://doi.org/10.1186/s12915-022-01446-5

Hu, L., Napoletano, A., Provenzano, M., Garofalo, C., Bini, C., Comai, G., & La Manna, G. (2022). Mineral bone disorders in kidney disease patients: The ever-current topic. *International Journal of Molecular Sciences*, *23*(20), 12223. https://doi.org/10.3390/ijms232012223

Kelepouris, E., & Emmett, M. (2023, September 28). Overview and pathophysiology of renal tubular acidosis and the effect on potassium balance. *UpToDate*. https://www.uptodate.com/contents/overview-and-pathophysiology-of-renal-tubular-acidosis-and-the-effect-on-potassium-balance

Labpedia. (n.d.). *Phosphorus (P), Inorganic Phosphate (PO4), Inorganic Phosphorus*. https://labpedia.net/phosphorus-p-inorganic-phosphate-po4-inorganic-phosphorus/

Li, S., Xiao, X., & Zhang, X. (2023). Hydration status in older adults: Current knowledge and future challenges. *Nutrients, 15*(11), 2609. https://doi.org/10.3390/nu15112609

Lopez, M. J., & Hall, C. A. (2023). Physiology, osmosis. In *StatPearls* [Internet]. StatPearls Publishing. Retrieved March 13, 2023, from https://www.ncbi.nlm.nih.gov/books/NBK557609/

Magley, M., & Hinson, M. R. (2024). Eclampsia. In *StatPearls* [Internet]. StatPearls Publishing. Retrieved October 6, 2024, from https://www.ncbi.nlm.nih.gov/books/NBK554392/

McGuire, D., Gotlib, A., & King, J. (2023). Capillary refill time. In *StatPearls* [Internet]. StatPearls Publishing. Retrieved April 23, 2023, from https://www.ncbi.nlm.nih.gov/books/NBK557753/

Merali, Z., Srivaratharajah, K., Panju, M., Mathew, A., Kokot, F., Franek, E., & Drabczyk, R. (2024, September 8). *McMaster Textbook of Internal Medicine*. Retrieved December 2, 2024, from https://empendium.com/mcmtextbook/chapter/B31.II.19.1.2.6

Mizutani, N., Goda, K., & Kenzaka, T. (2023). A case of milk-alkali syndrome caused by diuretic-induced alkalosis and polypharmacy. *Medicina, 59*(7), 1345. https://doi.org/10.3390/medicina59071345

Mount, D. B. (2023, March 6). Causes and evaluation of hyperkalemia in adults. *UpToDate*. https://www.uptodate.com/contents/causes-and-evaluation-of-hyperkalemia-in-adults/print

Najem, O., Shah, M. M., Zubair, M., & De Jesus, O. (2024). Serum osmolality. In *StatPearls* [Internet]. StatPearls Publishing. https://www.ncbi.nlm.nih.gov/books/NBK567764/

Palevsky, P. M., & Mandel, J. (2024, June 28). Treatment of severe hypovolemia or hypovolemic shock in adults. *UpToDate*. https://www.uptodate.com/contents/treatment-of-severe-hypovolemia-or-hypovolemic-shock-in-adults

Palmer, B. F., & Clegg, D. J. (2023). Respiratory acidosis and respiratory alkalosis: Core curriculum 2023. *American Journal of Kidney Diseases, 82*(3), 347–359. https://doi.org/10.1053/j.ajkd.2023.02.004

Pandey, D. G., & Sharma, S. (2023). Biochemistry, anion gap. In *StatPearls* [Internet]. StatPearls Publishing. Retrieved July 10, 2023, from https://www.ncbi.nlm.nih.gov/books/NBK539757/

Patel, S., & Sharma, S. (2023). Respiratory acidosis. In *StatPearls* [Internet]. StatPearls Publishing. Retrieved June 12, 2023, from https://www.ncbi.nlm.nih.gov/books/NBK482430/

Peechakara, B. V., & Gupta, M. (2023). Water toxicity. In *StatPearls* [Internet]. StatPearls Publishing. Retrieved June 26, 2023, from https://www.ncbi.nlm.nih.gov/books/NBK537231/

Qu, Y., Liu, Y., Wang, X., Guo, Q., Du, J., Pei, Y., Ba, J., Gu, W., Dou, J., Lv, Z., & Mu, Y. (2024). Clinical characteristics and management of hypercalcemic crisis in 155 patients: A single center retrospective study. *International Journal of Endocrinology, 2024*(1). https://doi.org/10.1155/2024/4689745

Rennke, H. G., & Denker, B. D. (2024). *Renal pathophysiology the essentials* (6th ed., pp. 130–181). Wolters Kluwer.

Rhoades, R. A., & Bell, D. R. (Eds.). (2023). *Medical physiology: Principles for clinical medicine* (6th ed., pp. 485–507). Wolters Kluwer.

Runde, T. J., & Nappe, T. M. (2023). Salicylates toxicity. In *StatPearls* [Internet]. StatPearls Publishing. Retrieved July 10, 2023, from https://www.ncbi.nlm.nih.gov/books/NBK499879/

Schriner JB, Van Gent JM, Meledeo MA, Olson SD, Cotton BA, Cox CS Jr, Gill BS. Impact of Transfused Citrate on Pathophysiology in Massive Transfusion. Crit Care Explor. 2023 May 31; *5*(6):e0925. doi: 10.1097/CCE.0000000000000925. PMID: 37275654; PMCID: PMC10234463.

Scott, J. H., Menouar, M. A., & Dunn, R. J. (2023). Physiology, aldosterone. In *StatPearls* [Internet]. StatPearls Publishing. Retrieved May 1, 2023, from https://www.ncbi.nlm.nih.gov/books/NBK470339/

Shaker, J. L., & Deftos, L. (2023). Calcium and phosphate homeostasis. In K. R. Feingold, B. Anawalt, M. R. Blackman, et al., (Eds.), *Endotext* [Internet]. MDText.com. Retrieved May 17, 2023, from https://www.ncbi.nlm.nih.gov/books/NBK279023/

Shrimanker, I., & Bhattarai, S. (2023). Electrolytes. In *StatPearls* [Internet]. StatPearls Publishing. Retrieved July 24, 2023, from https://www.ncbi.nlm.nih.gov/books/NBK541123/

Sidlak, A. M., Trautman, W. J., Lynch, M. J., & Marino, R. T. (2022). Alcoholic ketoacidosis: review of current practice and association of treatments to improvement. *American Journal of Therapeutics, 29*(4), 481–483. https://doi.org/10.1097/MJT.0000000000001323

Skarlovnik, T., Lamut, A., Hostnik, G., Gole, B., & Bren, U. (2024). Osmolality and tonicity of isotonic beverages. *Foods, 13*(10), 1483. https://doi.org/10.3390/foods13101483

Sterns, R. H. (2024a, April 9). Etiology, clinical manifestations, and diagnosis of volume depletion in adults. *UpToDate*. https://www.uptodate.com/contents/etiology-clinical-manifestations-and-diagnosis-of-volume-depletion-in-adults/print

Sterns, R. H. (2024b, May 15). Pathophysiology and etiology of edema in adults. *UpToDate*. https://www.uptodate.com/contents/pathophysiology-and-etiology-of-edema-in-adults

Sterns, R. H. (2024c, July 10). Maintenance and replacement fluid therapy in adults. *UpToDate*. https://www.uptodate.com/contents/maintenance-and-replacement-fluid-therapy-in-adults

Sterns, R. H. (2024d, October 8). General principles of disorders of water balance (hyponatremia and hypernatremia) and sodium balance (hypovolemia and edema). *UpToDate*. https://www.uptodate.com/contents/general-principles-of-disorders-of-water-balance-hyponatremia-and-hypernatremia-and-sodium-balance-hypovolemia-and-edema#:~:text=As

Storz, M. A., & Ronco, A. L. (2022). Reduced dietary acid load in US vegetarian adults: Results from the National Health and Nutrition Examination Survey. *Food Science & Nutrition, 10*(6), 2091–2100. https://doi.org/10.1002/fsn3.2825

Stubbs, J. R., BChir, M., & Yu, A. S. L. (2024, July 29). Hypophosphatemia: Causes of hypophosphatemia. *UpToDate*. https://www.uptodate.com/contents/hypophosphatemia-causes-of-hypophosphatemia

Szerlip, H., & Emmett, M. (2024, October 30). Approach to the adult with metabolic acidosis. *UpToDate*. https://www.uptodate.com/contents/approach-to-the-adult-with-metabolic-acidosis

Tebben, P. J. (2022). Hypophosphatemia: a practical guide to evaluation and management. *Endocrine Practice, 28*(10), 1091–1099. https://doi.org/10.1016/j.eprac.2022.07.005

Tobias, A., Ballard, B. D., & Mohiuddin, S. S. (2022). Physiology, water balance. In *StatPearls* [Internet]. StatPearls Publishing. https://www.ncbi.nlm.nih.gov/books/NBK541059/

Walker, M. D., & Shane, E. (2022). Hypercalcemia. *The Journal of the American Medical Association, 328*(16), 1624. https://doi.org/10.1001/jama.2022.18331

Wieërs, M. L., Mulder, J., Rotmans, J. I., & Hoorn, E. J. (2022). Potassium and the kidney: a reciprocal relationship with clinical relevance. *Pediatric Nephrology, 37*(10), 2245–2254. https://doi.org/10.1007/s00467-022-05494-5

World Health Organization. (2023, September 14). *Sodium reduction*. https://www.who.int/news-room/fact-sheets/detail/salt-reduction

CHAPTER 6

Genetic Influences and Alterations

Genetic Control of Cell Function

DNA Structure and Function
From Genes to Proteins

Chromosomes

Chromosome Structure

Cell Division

Mitosis
Meiosis

Patterns of Inheritance

Definitions
Genetic Imprinting
Mendel Laws
Pedigree

Genetic and Chromosomal Disorders

Single-Gene Disorders
Inherited Multifactorial Disorders
Chromosomal Disorders
Mitochondrial Gene Disorders

Disorders Due to Environmental Influences

Period of Vulnerability
Teratogenic Agents
Folic Acid Deficiency

Prenatal Diagnosis and Genetic Assessment

Prenatal Screening and Diagnosis

Epigenetics

Key Epigenetic Mechanisms
Epigenetic Influences on Health and Disease

Gene Technology

Genetic Mapping
Recombinant DNA Technology

Learning Objectives

After completing this chapter, the learner will be able to meet the following objectives:

1. Compare and contrast the structural and functional differences between DNA and RNA, including describing the roles of each molecule in protein synthesis.
2. Describe the processes involved in the regulation of gene expression, including transcription, transcription factors, translation, and posttranslational modifications.
3. Describe the structure, function, and organization of human chromosomes, including how chromosomes are duplicated and distributed during mitosis and meiosis.
4. Compare and contrast the cellular reproductive processes, including the cell division of mitosis and meiosis.
5. Describe how karyotypes and pedigree charts are used to identify chromosomal abnormalities.
6. Differentiate the processes of single-gene inheritance, multifactorial inheritance, and polygenic inheritance.
7. Differentiate among the four Mendelian patterns of inheritance of single-gene mutations and how to predict the risks for transmission in each pattern.
8. Differentiate the pathophysiology of autosomal genetic disorders, including identifying the Mendelian pattern of transmission for each disorder: Marfan syndrome, neurofibromatosis, phenylketonuria, Tay-Sachs disease.
9. Identify examples of disorders transmitted by X-linked recessive transmission, and describe why these disorders are more likely to be inherited by males.
10. Discuss the pathophysiology of fragile X syndrome as an example of a genetic

disorder transmitted via X-linked dominant transmission.

11. Describe how alterations in chromosomal structure cause pathophysiologic alterations in the transcription of genes and the proteins produced from those genes.
12. Differentiate among mechanisms of altered chromosomal structure, including deletion, translocation, inversion, Robertsonian translocation, isochromosomal translocation, and ring formation.
13. Discuss how an abnormal number of chromosomes (aneuploidy, trisomy, monosomy, sex chromosomes) causes pathophysiology and can lead to the following congenital defects: Down syndrome, Turner syndrome, Klinefelter syndrome.
14. Describe the pathophysiologic process of nondisjunction and how it leads to congenital anomalies.
15. Describe the influence of teratogenic agents on fetal development and identify common teratogens, their effects, and vulnerable periods for their effects.
16. Identify types of genetic assessment and prenatal screening techniques that are used to assess prenatal risk for genetic and chromosomal abnormalities of the fetus.
17. Discuss epigenetic influences on health and disease, including how an evolving scientific understanding of epigenetic mechanisms is being used in developing new treatment approaches.
18. Explain how modern gene technology—including genetic mapping, recombinant DNA, and related molecular methods—is used to identify, modify, and apply genetic information in health and disease.

Our genetic information is stored within the structure of **deoxyribonucleic acid (DNA)**, an extremely stable macromolecule. Genetic information directs the function of our cells, determines our appearance and how our bodies respond to the environment, and serves as the unit of inheritance passed on from generation to generation. Genes also determine our disease susceptibility and how we react to drugs.

The **genome** (total genetic content) is carried in the DNA strands. An understanding of the role that genetics plays in the pathogenesis of disease has expanded greatly with the completion of the Human Genome Project in 2003 that sequenced the human genome. Building upon this information, researchers have demonstrated that many common diseases, including cancer, diabetes, and cardiovascular disease, have a genetic component. In the case of cancer, recent genetic advances have led to new methods for early detection and more effective treatment. Advances in recombinant DNA technology have provided methods for producing human insulin, growth hormone, and clotting factors. Innovations in technology have allowed scientists to identify missing sequences to complete a model of the first end-to-end human genome that was officially published in 2022 (Nurk et al., 2022).

Genetic Control of Cell Function

The DNA molecule that contains our genetic information is an extremely stable molecule. That molecular stability allows the genetic information carried in DNA to survive both the complexities of the processes of cell division (both mitotic and meiotic) and the day-to-day processes of cell renewal and tissue growth. The DNA is located in the nucleus of the cell, with each DNA strand consisting of many genes. A **gene** is a segment of DNA that contains the genetic code for producing a specific protein.

A second type of nucleic acid, **ribonucleic acid (RNA)**, is involved in the actual synthesis of cellular proteins. Within the nucleus of the cell, the genetic code contained in a given gene is first transcribed from DNA into RNA. Then, specific types of RNA molecules (called messenger RNA [mRNA]) carry the message from the DNA to the **ribosomes** where it is translated and synthesized into proteins.

Although DNA and RNA are essential molecules, it is the proteins that the genes encode that perform most of the cellular work of life. Proteins are key structural elements of cell components, and proteins also perform most of the cellular metabolic functions of life.

KEY POINTS

The Role of DNA in Controlling Cell Function

- The information needed for the control of cell structure and function is embedded in the genetic code carried by the DNA molecule.
- Although every cell in the body contains the same genetic information, each cell type uses only a portion of the information, depending on its specific cell function within the body.

DNA Structure and Function

The DNA molecule that stores the genetic information in the nucleus is a long, double-stranded molecule that is configured in a helical, or spiral, structure. DNA is composed of **nucleotides**, which consist of phosphoric acid, a five-carbon sugar called **deoxyribose**, and one of four nitrogenous bases (Fig. 6-1). It is the sequence of these nitrogenous bases that serves as the genetic code for protein production. These nitrogenous bases are divided into two groups: the **pyrimidine bases** thymine (T)

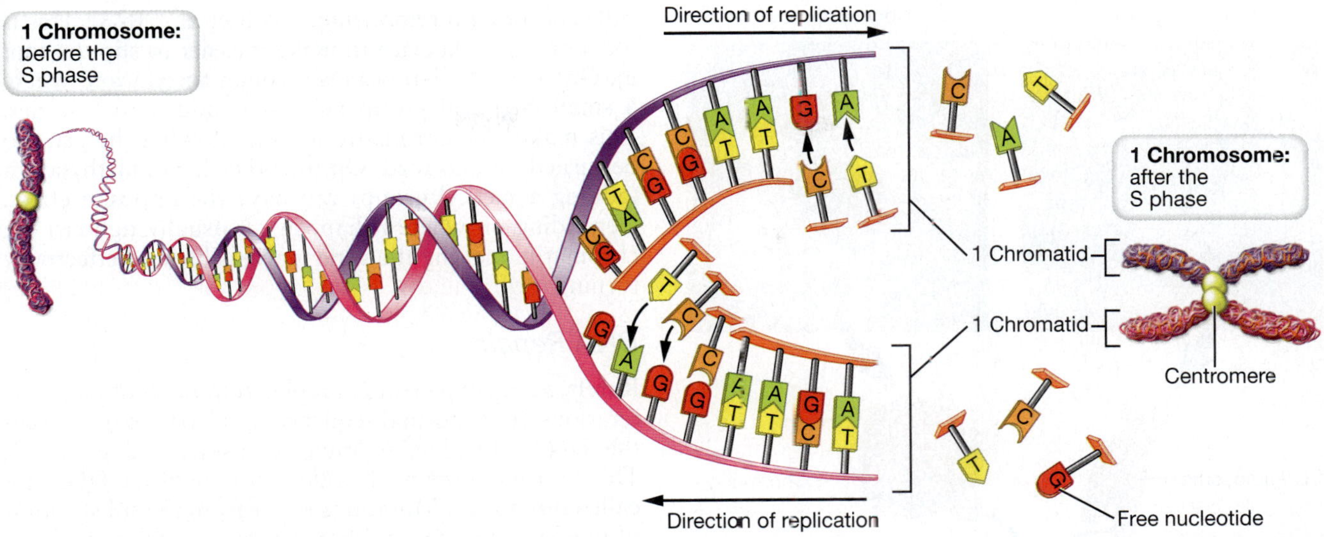

FIGURE 6-1. A replicating DNA helix. The DNA helix is unwound, and base pairing rules (A with T and G with C) operate to assemble a new DNA strand on each original strand. After DNA replication is complete, each DNA molecule (chromatid) consists of an old strand and a newly synthesized strand. They are joined together at the centromere. (From McConnell, T., & Hull, K. [2011]. *Human form human function: Essentials of anatomy & physiology* [p. 78]. Lippincott Williams & Wilkins.)

and cytosine (C) have one nitrogen ring, and the **purine bases** adenine (A) and guanine (G) have two nitrogen rings. The backbone of DNA consists of alternating groups of sugar and phosphate, with the paired bases projecting inward from the sides of the sugar molecule.

Double Helix and Base Pairing

The structure of DNA, first described by James Watson and Francis Crick in 1953, is similar to the structure of a spiral staircase, with paired bases representing the steps (see Fig. 6-1). The term *helix* refers to this curving spiral configuration that the DNA strand assumes. Because the DNA molecule is a ladder-type, double-stranded molecule arranged in this helical, spiral configuration, the term *double helix* is often used with reference to the shape of the DNA molecule.

A precise and **complementary** pairing of purine and pyrimidine bases occurs in the double-stranded DNA molecule. Adenine pairs with thymine (A–T), and guanine pairs with cytosine (G–C). The paired bases connected to the two DNA strands are bound together in the center of the double-stranded structure by stable hydrogen bonds. When it is time for replication of the DNA, or if a repair of damaged DNA is needed, the DNA molecule uncoils from the helical shape in that small area, and the double-stranded ladder structure of DNA also separates or "unzips" briefly at the point where the replication or repair needs to occur. At the same time, the rest of the DNA molecule remains coiled in the helical, spiral structure and connected together in the ladder structure.

In preparation for cell division, the full complement of DNA needs to be replicated so that each reproduced cell will contain a full complement of DNA. This replication of DNA occurs during the S phase of the cell cycle (with S meaning "synthesis"). During DNA replication, small segments of the double-stranded DNA molecule "unzip," and each of the two single strands serves as a template for synthesizing a new complementary strand of that DNA, resulting in replication of the one original double-stranded DNA molecule into two complete double-stranded DNA molecules that are bound together by a structure called a **centromere.** After replication, the replicated DNA will coil up to create a compact structure called a **chromosome.** (The structure and function of these chromosomes will be discussed later in this chapter.) The DNA is only present in this very compact form of chromosomes during the cell division process; for the remainder of the cell cycle, the DNA is uncoiled in the form of **chromatin** so that the work of protein production can occur. After DNA replication and before cell division, the chromosomes have an X-shaped structure, with the two duplicate DNA strands connected at the centromere. During cell division, the centromere will divide to separate the DNA strands, but each strand remains coiled up as a single-stranded chromosomal structure that is now called a **chromatid.** As the cell division proceeds, one chromatid will go into each of the newly created cells (Meselson & Stahl, 1958).

DNA Packaging and Histone Proteins

During most of the cell cycle, DNA is in the nucleus in the form of chromatin. In this form, the DNA is spread out through the nucleus but remains in the helical spiral shape until a specific DNA segment needs to be "unzipped" for replication or repair. To further reduce the large size of the DNA molecules, DNA combines with a specific group of proteins called **histones,** which promote further folding of the DNA strands (Hou et al., 2023). Figure 6-2 illustrates how the DNA strands are coiled in the double helix spiral structure and then further folded

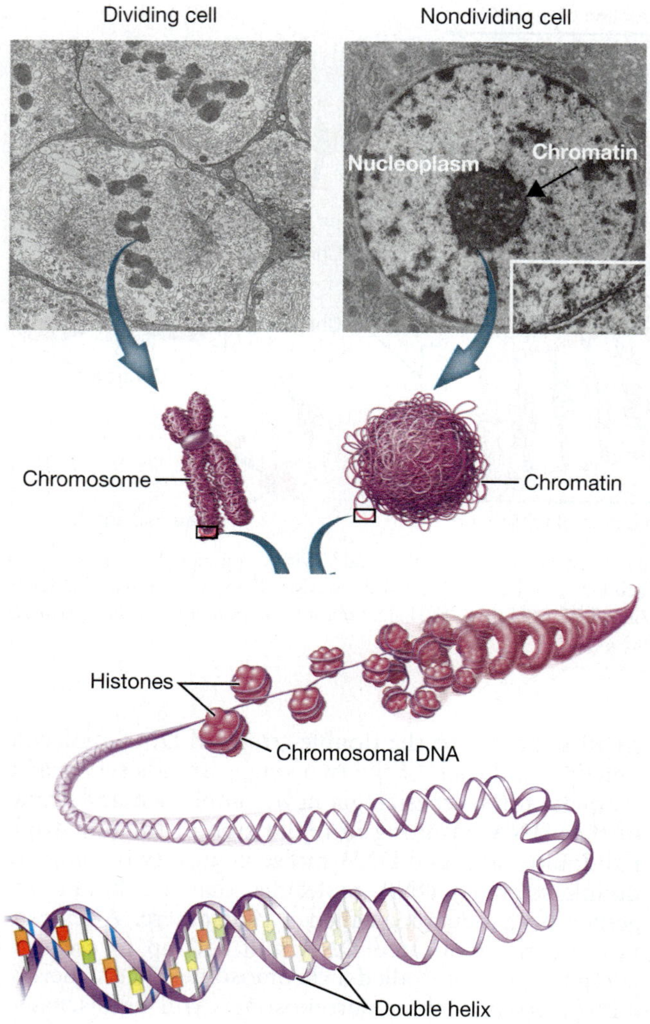

FIGURE 6-2. DNA strand organization. The DNA strands are shown in chromosomes for dividing cells and in chromatin for nondividing cells and are coiled around histones. (From McConnell, T. H., & Hull, K. L. [2011]. *Human form human function: Essentials of anatomy & physiology* [p. 71, Fig. 3.5]. Lippincott Williams & Wilkins.)

and coiled around histones to create the more compact forms of chromatin (during most of the cell cycle) and chromosomes (during the cell division process). If the histone proteins were removed and the helical spiral DNA structure was released to fully extend the DNA, then the DNA in the longest chromosome would extend more than 7 cm in length. If the DNA of all 46 chromosomes were stretched and placed end to end, the total DNA would span a distance of about 2 m (greater than 6 ft).

This folding solves a two-pronged problem. Making the DNA so tightly compacted and organized allows the huge amount of DNA to fit into the nucleus and for faithful replication during cell division. The coiling and packaging can also work (alongside other mechanisms) to prevent certain genes from being accessed when they are not needed. When a specific gene is needed, chromatin must be induced to change its structure, a process called **chromatin remodeling** (Wolf et al., 2023). This is like untying a shoelace to make it easier to slip the foot in. One way this happens is through **acetylation**, where a small chemical group (acetyl) is added to histones. This makes the chromatin looser, allowing the gene to be turned on and read. On the other hand, **methylation** (adding a methyl group) can have the opposite effect. Depending on where it happens, it usually tightens the chromatin, making the gene inaccessible and effectively turning it off.

DNA Repair

Rarely, accidental errors in replication of DNA cause alterations in the normal sequence of the base pairs within the DNA (adenine, thymine, cytosine, and guanine). These errors in the nucleotide sequence of the DNA are called **mutations.** Mutations result from the substitution of one base pair for another, the loss or addition of one or more base pairs, or rearrangements of base pairs. Many of these mutations occur spontaneously, whereas others occur because of environmental exposures. In humans, sperm and ovum cells are referred to as **gametes,** while all other cells are referred to as **somatic cells** (from *soma*, meaning "body"). Mutations may arise in somatic cells or in the production of the gametes. Only those DNA changes that are present in the gametes can be inherited by the offspring.

Genetic Variability

The human genome sequence is almost exactly (99.9%) the same in all people. It is the small variation (0.01%) in gene sequence that is thought to account for the individual differences in physical traits, behaviors, and disease susceptibility. These normal variations are sometimes referred to as **polymorphisms** (from the existence of more than one morphologic or body form in a population).

From Genes to Proteins

Although DNA contains the code that provides the instructions for building the proteins needed by the cell for its biochemical reactions, RNA is responsible for the actual assembly of the proteins. First, the RNA receives the message for how to assemble the protein from the DNA through the process of **transcription**. Then, RNA assembles the amino acids into functional protein by the process of **translation.**

RNA Structure and Function

RNA, like DNA, is a large molecule made up of a long string of nucleotides. However, it differs from DNA in three aspects of its structure. First, RNA is a single-stranded rather than a double-stranded molecule. Second, the sugar in each nucleotide of RNA is ribose instead of deoxyribose. Third, the pyrimidine base thymine in DNA is replaced by uracil in RNA.

There are three types of RNA: **messenger RNA (mRNA), ribosomal RNA (rRNA),** and **transfer RNA (tRNA).** All three types are synthesized in the nucleus by RNA polymerase enzymes and then moved into the cytoplasm, where protein synthesis takes place.

Messenger RNA

The mRNA form serves as the template for protein synthesis. It is a long molecule containing several hundred to several thousand nucleotides. During transcription, mRNA is formed from DNA. In this process, the weak hydrogen bonds of the DNA nucleotides are temporarily broken so that free RNA nucleotides can pair with their exposed DNA counterparts in the DNA molecule (Fig. 6-3). As with the base pairing of the DNA strands, complementary RNA bases pair with the DNA bases—uracil (U) replaces thymine and pairs with adenine, and guanine pairs with cytosine.

Triplet Codes for Amino Acids

The nucleic acid bases—guanine, adenine, cytosine, and thymine (in DNA) or uracil (in RNA)—make up the alphabet of the genetic code. A sequence of three of these bases in RNA forms the fundamental **triplet code** used in transmitting the genetic information needed for protein synthesis. This triplet code is called a **codon** (Table 6-1). The genetic code is a universal language used by most living cells (i.e., the code for the amino acid tryptophan is the same in a bacterium, a plant, and a human being). Several of the possible triplet sequences code for the *same* amino acid; therefore, the genetic code is said to be *redundant* or *degenerate*. For example, the codons AAA and AAG both code for the amino acid lysine. Codons that specify the same amino acid are called **synonyms**. If a mutation occurs in the DNA or RNA code, but the mutation codes for a synonym of the same amino acid, then the correct protein is still produced, despite the presence of the mutation. This type of mutation is called a **silent substitution** and would not cause clinical manifestations of a disease. Synonyms usually have the same first two bases but differ in the third base, termed **wobble**.

TABLE 6-1 Triplet Codes for Amino Acids

Amino Acid	RNA Codons					
Alanine	GCU	GCC	GCA	GCG		
Arginine	CGU	CGC	CGA	CGG	AGA	AGG
Asparagine	AAU	AAC				
Aspartic acid	GAU	GAC				
Cysteine	UGU	UGC				
Glutamic acid	GAA	GAG				
Glutamine	CAA	CAG				
Glycine	GGU	GGC	GGA	GGG		
Histidine	CAU	CAC				
Isoleucine	AUU	AUC	AUA			
Leucine	CUU	CUC	CUA	CUG	UUA	UUG
Lysine	AAA	AAG				
Methionine	AUG					
Phenylalanine	UUU	UUC				
Proline	CCU	CCC	CCA	CCG		
Serine	UCU	UCC	UCA	UCG	AGC	AGU
Threonine	ACU	ACC	ACA	ACG		
Tryptophan	UGG					
Tyrosine	UAU	UAC				
Valine	GUU	GUC	GUA	GUG		
Start (CI)	AUG					
Stop (CT)	UAA	UAG	UGA			

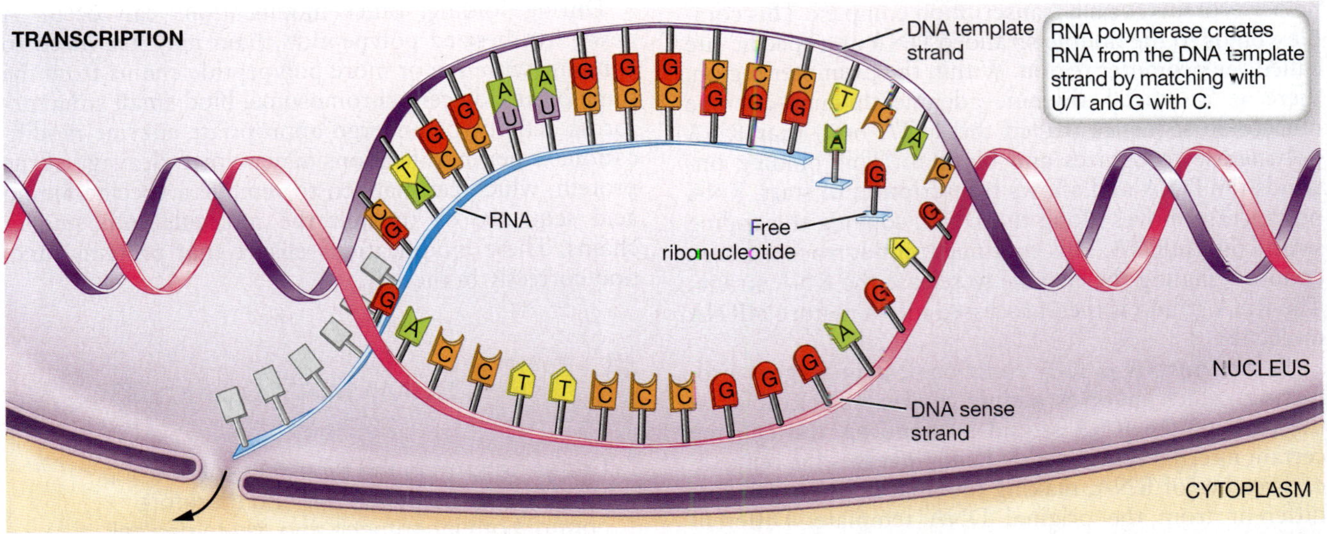

FIGURE 6-3. The DNA helix and transcription of messenger RNA (mRNA). The DNA helix unwinds and a new mRNA strand is built on the template strand of the DNA. The mRNA contains the same base sequence as the DNA strand, except that T bases are replaced with U bases. The mRNA leaves the nucleus through pores in the nuclear envelope. (From McConnell, T., & Hull, K. [2011]. *Human form human function: Essentials of anatomy & physiology* [p. 83]. Lippincott Williams & Wilkins.)

Ribosomal RNA

The **ribosome** is the physical structure in the cytoplasm where protein synthesis takes place. rRNA forms a little over half of the ribosome, with the remainder composed of the structural proteins and enzymes needed for protein synthesis. As with the other types of RNA, rRNA is synthesized in the nucleus. Unlike the two other types of RNA, rRNA is produced in a specialized nuclear structure called the **nucleolus**. The formed rRNA combines with ribosomal proteins in the nucleus to produce the ribosome, which is then transported into the cytoplasm. On reaching the cytoplasm, most ribosomes become attached to the endoplasmic reticulum and begin the task of protein synthesis.

Transfer RNA

tRNA is a clover-shaped molecule that works to deliver the activated form of an amino acid to the protein that is being synthesized at the ribosomes. Recall that a protein is a chain of amino acids, so the amino acids need to be delivered to the ribosomes in the specific sequence as coded for in the message carried in the mRNA. At least 20 different types of tRNA are known, each of which recognizes and binds to only one type of amino acid. Each tRNA molecule has two recognition sites: the first is complementary to the triplet codon segment of the mRNA, and the second is the triplet codon that pairs with the amino acid itself. Each tRNA molecule carries a specific amino acid to the ribosomes and delivers the specific amino acid to the ribosome that is necessary for the newly forming protein molecule.

Transcription

Transcription occurs in the cell nucleus and is the process by which RNA is synthesized from the DNA template (Fig. 6-3). Enzymes called RNA polymerases read one strand of DNA and create a single-stranded RNA copy. Transcription begins when RNA polymerase and other helper proteins form a transcription complex. This complex binds to the double-stranded DNA at a specific site called the **promoter region**. Within the promoter region, there is a crucial thymine–adenine–thymine–adenine nucleotide sequence (called the TATA box) that RNA polymerase recognizes and binds to. This binding unwinds the DNA and allows transcription to start. RNA polymerase moves along the DNA, copying the coding strand into mRNA. This continues until it reaches a stop codon, signaling the enzyme to release the RNA strand. The RNA strand is then processed into a mature mRNA molecule.

Before mRNA is fully functional, it undergoes processing, which involves adding certain nucleic acids at the ends of the RNA strand and cutting and splicing certain internal sequences. Splicing involves the removal of stretches of RNA, making the final mRNA sequence different from the original DNA template. Different cells can splice mRNA in multiple ways, allowing one gene to produce many different proteins. For example, in muscle cells, the tropomyosin gene can be spliced in up to 10 different ways, creating different versions of the protein. This increases protein variety without needing extra DNA.

Translation

After the mRNA is processed, it is a mature molecule and is passed into the cytoplasm of the cell, where translation occurs. Translation is the synthesis of a protein using the mRNA template. Proteins are made up of amino acids linked together in long chains called **polypeptides**. A single protein can contain hundreds of amino acids. Translation requires the coordinated actions of mRNA, rRNA, and tRNA to make such a complex molecule (Fig. 6-4). The mRNA provides the information needed for placing the amino acids in their proper order for each specific type of protein. During protein synthesis, mRNA contacts and passes through the ribosome (binding to rRNA), during which the ribosome "reads" the directions for protein synthesis. As mRNA passes through the ribosome, tRNA delivers the appropriate amino acids for attachment to the growing polypeptide chain. Each of the 20 different tRNA molecules transports its specific amino acid to the ribosome for incorporation into the developing protein molecule.

Next, this new polypeptide chain must fold up into its unique three-dimensional conformation to function properly. The folding of many proteins is made more efficient by special classes of proteins called **molecular chaperones** (Que et al., 2024). These proteins also assist in the transport to the site in the cell where the protein will carry out its function and help to prevent misfolding of existing proteins. Disruption of these chaperoning mechanisms causes intracellular molecules to become denatured and insoluble. These denatured proteins tend to stick to one another, precipitate, and form **inclusion bodies**, which is a pathologic process that occurs in Parkinson, Alzheimer, and Huntington diseases (Sharma et al., 2023).

During folding, other modifications can occur. A newly synthesized polypeptide chain may also need to combine with one or more polypeptide chains from the same or an adjacent chromosome, bind small **cofactors** for its activity, or undergo appropriate enzyme modification. Other modifications may involve cleavage of the protein, which can happen to remove a specific amino acid sequence or to split the molecule into smaller chains. These modifications ensure that proteins function correctly in the cell.

SUMMARY CONCEPTS

Genes determine the types of proteins and enzymes made by the cell and therefore control both inheritance and day-to-day cell function. Genetic information is stored in a stable macromolecule called DNA. The genetic

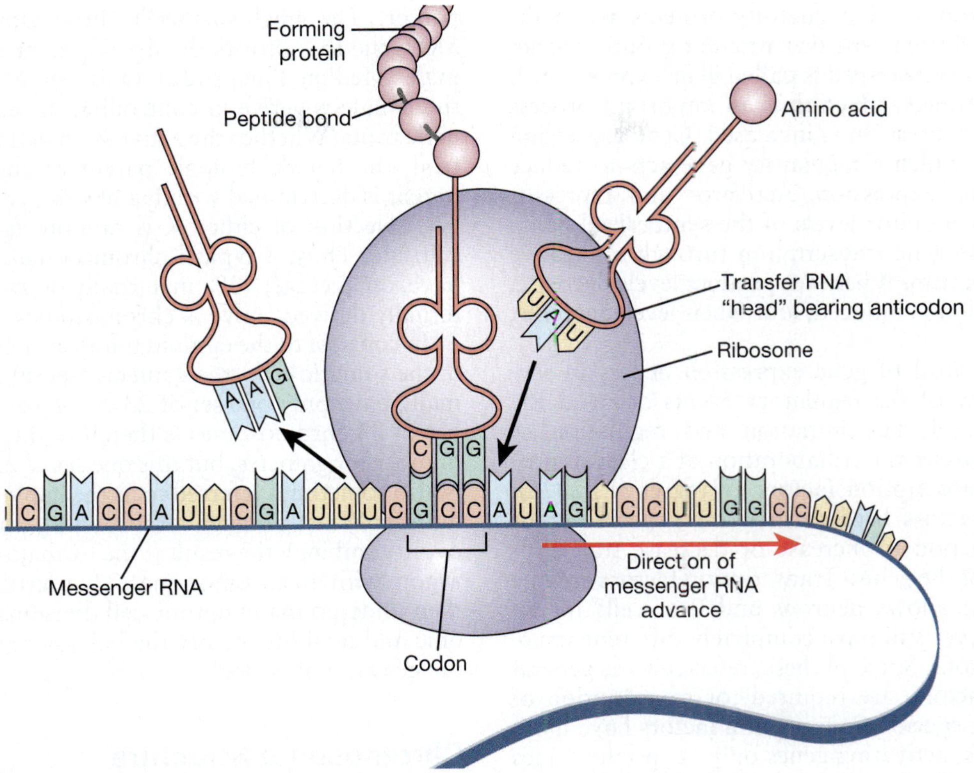

FIGURE 6-4. Protein synthesis. A messenger RNA (mRNA) strand is shown moving along a small ribosomal subunit in the cytoplasm. As the mRNA codon passes along the ribosome, a new amino acid is added to the growing peptide chain by the transfer RNA (tRNA). As each amino acid is bound to the next by a peptide bond, its tRNA is released.

code is determined by the arrangement of the nitrogenous bases of the four nucleotides (i.e., adenine, guanine, thymine [or uracil in RNA], and cytosine). Gene mutations represent accidental errors in duplication, rearrangement, or deletion of parts of the genetic code. Fortunately, most mutations are corrected by DNA repair mechanisms in the cell. The vast majority of DNA is identical across human populations, with only 0.01% creating the individual differences in physical traits and behavior.

A second type of nucleic acid called RNA is used to create a protein from the DNA code. There are three major types of RNA: mRNA, rRNA, and tRNA. Transcription of mRNA is initiated by RNA polymerase and other associated factors that bind to the DNA at a specific site called the promoter region. Once transcribed, mRNA undergoes processing before moving to the cytoplasm of the cell. Translation occurs in the cytoplasm when the mRNA binds to the ribosome (rRNA) to create a polypeptide. tRNA acts as a carrier system for delivering the appropriate amino acids to the ribosomes.

The degree to which a gene or a particular group of genes is active is called gene expression. Gene expression involves a set of complex interrelationships, including RNA transcription and posttranslational processing. The initiation and regulation of RNA transcription are controlled by transcription factors that bind to specific DNA regions and regulate gene expression of the many different types of cells in the body. Posttranslational processing involves the proper folding of the newly synthesized polypeptide chain into its unique three-dimensional conformation. Special classes of proteins called molecular chaperones make the folding of many proteins more efficient. Posttranslational processing may also involve the combination of polypeptide chains from the same or an adjacent chromosome, the binding of small cofactors, or enzyme modification.

Regulation of Gene Expression

Only about 2% of the genome encodes instructions for the synthesis of proteins; the remainder consists of noncoding regions that are structural or serve to determine where, when, and in what quantity proteins are made. The degree to which a gene or particular group of genes is actively being transcribed is called **gene expression**. A phenomenon termed **induction** is an important process by which gene expression is increased. **Gene repression** is a process by which a regulatory gene acts to reduce or prevent gene expression. Activator and repressor sites commonly monitor levels of the synthesized product and regulate gene transcription through a negative feedback mechanism. Whenever product levels decrease, gene transcription is induced, and when levels increase, it is repressed.

Although control of gene expression occurs in several ways, many of the regulatory events occur at the transcription level. The initiation and regulation of transcription require the collaboration of a class of proteins termed **transcription factors** (Wang et al., 2023). Transcription factors bind to their own specific DNA region and function to increase or decrease transcriptional activity of the genes. Transcription factors are one component that allows neurons and liver cells to use the same DNA yet still have completely different structures and functions. Some of these, referred to as **general transcription factors**, are required for transcription of all genes. Other **specific transcription factors** have more specialized roles, activating genes only at specific stages of development. For example, the PAX family of transcription factors is involved in the development of such embryonic tissues as the eye and portions of the nervous system (Wang et al., 2023).

Chromosomes

Most of the genetic information in a cell is organized, stored, and retrieved in structures called chromosomes. Although the chromosomes are visible only in dividing cells, they retain their integrity between cell divisions. The chromosomes are arranged in pairs, where one member of the pair is inherited from one biologic parent and the other member is inherited from the other biologic parent. Each species has a characteristic number of chromosomes. In the human, 46 chromosomes are arranged into 23 pairs. This normal number of 46 chromosomes is called the **euploid** number of chromosomes. Of the 23 pairs of human chromosomes, 22 are called **autosomes**, and each has been given a numeric designation for classification purposes (Fig. 6-4). The pairs of autosomal chromosomes each contain similar genes and have similar sequences and are therefore called **homologous chromosomes**. They are not identical, however, because one comes from one biologic parent and one comes from the other biologic parent.

The **sex chromosomes**, which make up the 23rd pair of chromosomes, determine the biologic sex of a person. Human males have an X and Y chromosome (i.e., an X chromosome from the female biologic parent and a Y chromosome from the male biologic parent); human females have two X chromosomes (i.e., one from each parent). The much smaller Y chromosome contains the *SRY* gene that directs the development of a fetus into a male (Medline Plus, 2022). Only one X chromosome in the female is active in controlling the expression of genetic traits. Whether the active X chromosome is derived from the female biologic parent or the male biologic parent is determined within a few days after conception. The selection of either X is random for each possible cell line. Thus, a typical chromosomal female's tissues have, on average, 50% maternally derived and 50% paternally derived active X chromosomes.

In contrast to the euploid number of 46 chromosomes in the somatic cells, the gametes (sperm and ovum) normally have only one set of 23 chromosomes. This number of 23 chromosomes is therefore the normal euploid number for gametes, but this one set of 23 chromosomes is also sometimes referred to as the **haploid** chromosome number. When gametes combine (i.e., when a sperm and ovum combine), the result is the formation of a fertilized **zygote** with 46 chromosomes. That fertilized zygote will then undergo many mitotic cell divisions during embryonic and fetal life, before the baby is born at the end of the gestational period.

Chromosome Structure

A **karyotype** is a visual representation of an individual's chromosomes, arranged in pairs and organized by size, shape, and number (see Fig. 6-4). Karyotyping is performed by staining and photographing chromosomes from a sample of dividing cells, usually obtained from blood, amniotic fluid, or bone marrow. Karyotypes are used in diagnosing **chromosomal disorders** caused by alterations in the number or the structure of chromosomes. More recently, artificial intelligence (AI) tools have been introduced to automate the identification and annotation of chromosomal aberrations (Shamsi et al., 2022).

As previously described, during the process of cell division, each human chromosome consists of two identical chromatids connected by a centromere, forming an X shape, which is most clearly visible in the metaphase spread portion of the cell division process called mitosis (discussed further). Chromosomes are categorized into three types based on the position of the centromere. If the centromere is centrally located and the chromosome arms are of equal length, it is metacentric. If the centromere is slightly off-center, creating one short arm and one long arm, it is submetacentric. When the centromere is positioned near one end, making one arm much shorter than the other, the chromosome is acrocentric. The shorter arm of a chromosome is labeled "p" (for "petite"), while the longer arm is labeled "q," simply as the next letter in the alphabet. Chromosomes 13, 14, 15, 21, and 22 have small chromatin structures called satellites attached to their short arms by thin stalks. At the ends of each chromosome are telomeres, specialized DNA sequences that protect the chromosome and ensure complete DNA replication.

UNDERSTANDING → DNA-Directed Protein Synthesis

DNA contains the information to direct the synthesis of the many thousands of proteins that are contained in the different cells of the body. A second type of nucleic acid—RNA—participates in the actual assembly of the proteins.

There are three types of RNA: mRNA, rRNA, and tRNA, which participate in **(1)** the transcription of the DNA instructions for protein synthesis and **(2)** the translation of those instructions into the assembly of the polypeptides that make up the various proteins.

The genetic code is a triplet of four bases (adenine [A], thymine [T], guanine [G], and cytosine [C], with thymine in DNA being replaced by uracil [U] in RNA) that controls the sequence of amino acids in a protein molecule that is being synthesized. The triplet RNA code is called a *codon*.

1

Transcription occurs when the DNA is copied into a complementary strand of mRNA. Transcription is initiated by an enzyme called *RNA polymerase*, which binds to a promoter site on DNA. Many other proteins, including transcription factors, function to increase or decrease transcriptional activity of the genes. After mRNA has been transcribed, it detaches from DNA and is processed by adding nucleotide sequences to the beginning and end of the molecule, and introns are spliced out. Changes to the splicing allow the production of a variety of mRNA molecules from a single gene. Once mRNA has been processed, it diffuses through the nuclear pores into the cytoplasm, where it is translated into protein.

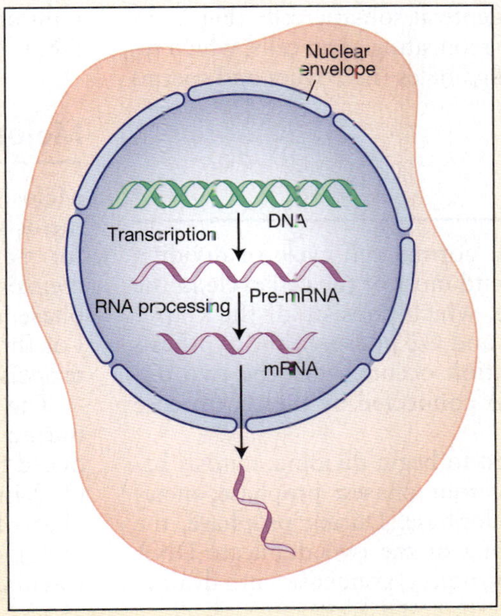

2

Translation begins when the mRNA carrying the instructions for a particular protein comes in contact with a ribosome and binds to a small subunit of the rRNA. It then travels through the ribosome while the tRNA delivers and transfers the correct amino acid to its proper position on the growing peptide chain. There are 20 types of tRNA, one for each of the 20 different types of amino acid. In order to be functional, the newly synthesized protein must be folded into its functional form, modified further, and then routed to its final position in the cell.

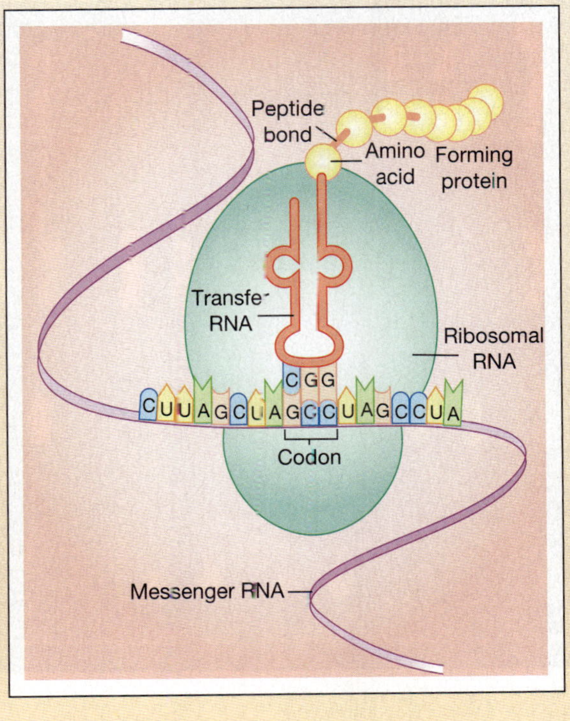

Chromosomes have distinct banding patterns that help identify the location of specific genes. Each chromosome arm is divided into regions, numbered outward from the centromere (e.g., 1, 2). These regions are further divided into bands, which are also numbered. This numbering system is used to precisely locate genes. For example, Xp22 refers to band 2, region 2 of the short arm (p) of the X chromosome. This structured system allows scientists to map genes and study genetic disorders more effectively (see Fig. 6-4).

Cell Division

Two types of cell division occur in humans. **Mitosis** is the duplication of somatic cells in the body, with one cell dividing into two identical somatic cells (Fig. 6-5). Meiosis is the process of replicating germ cells, which results in the formation of gametes (i.e., ovum and sperm) (Fig. 6-6).

Mitosis

Mitosis is a part of the normal cell cycle of dividing cells (Fig. 6-7). Cells spend most of the cell cycle in the phase called **interphase**, which consists of the Gap 1 (or G1) phase, S phase, and G2 phase. In the **Synthesis (S) phase**, DNA replication occurs, with the two duplicated strands of DNA connected by the centromere structure.

When the cell is prepared to begin dividing, mitosis begins. Mitosis consists of four phases: prophase, metaphase, anaphase, and telophase. During **prophase**, the chromatin (now consisting of the two duplicate DNA strands joined by the centromere) condenses into distinct chromosomes with an X-shaped structure. Additionally, the nuclear envelope begins to break down, and the mitotic spindle starts to form. In **metaphase**, chromosomes align along the equatorial plane of the cell, with spindle fibers attaching to their centromeres. This is the point of the cell cycle where the chromosomes are most easily visible, the appearance of which is sometimes referred to as the **metaphase spread** of the chromosomes. **Anaphase** follows, during which the replicated chromatids separate along the centromere, with the chromatids pulled toward opposite poles of the cell as the spindle fibers shorten. This separation of the chromosomes results in the chromosomes losing the X shape. Finally, in **telophase**, the chromosomes reach the poles and expand back into the form of chromatin, and new nuclear envelopes form around each set of chromosomes, marking the completion of nuclear division. At the end of telophase, each replicated cell receives an identical set of 46 strands of DNA (see Fig. 6-6).

Meiosis

Meiosis occurs in two distinct phases: meiosis I and meiosis II (Fig. 6-8). As in mitosis, the preparatory step for meiosis I is to replicate the DNA. Meiosis I and meiosis II each consist of the four steps prophase, metaphase, anaphase, and telophase, with each step labeled I or II to indicate whether it is occurring in meiosis I or meiosis II.

The first phase of meiosis I is **reduction division**, during which the total number of chromosomes is reduced from the euploid number of 46 chromosomes to the haploid number of 23 chromosomes. During metaphase I, homologous chromosomes (one from each biologic parent) pair up, forming structures called bivalents or tetrads. However, the X and Y chromosomes

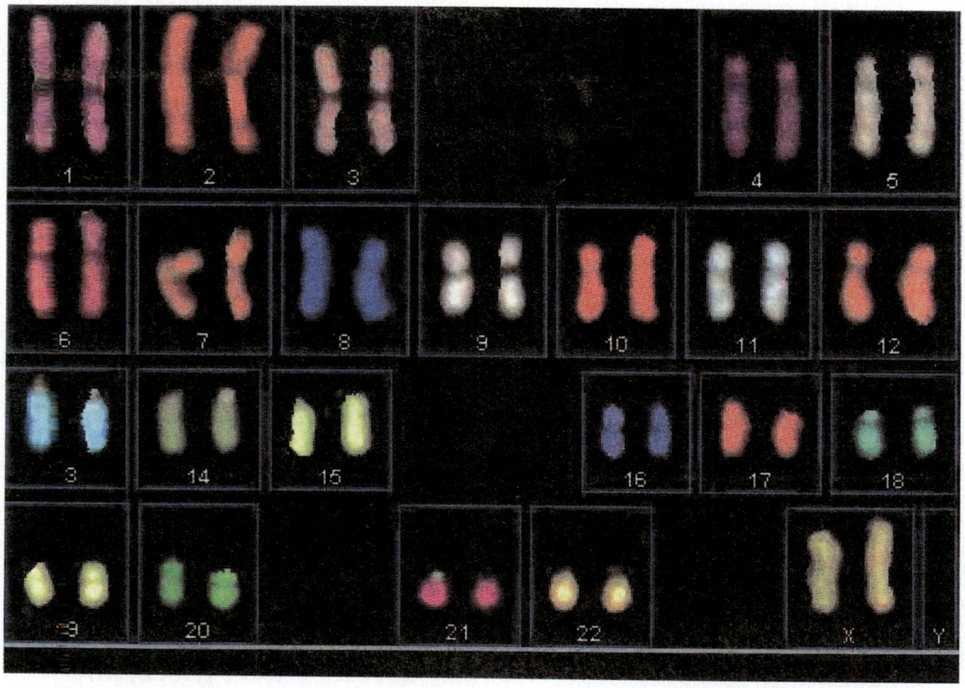

FIGURE 6-5. Karyotype of human chromosomes. (From Rubin, R., & Strayer, D. [Eds.]. [2012]. *Rubin's pathology: Clinicopathologic foundations of medicine* [6th ed., p. 221]. Lippincott Williams & Wilkins.)

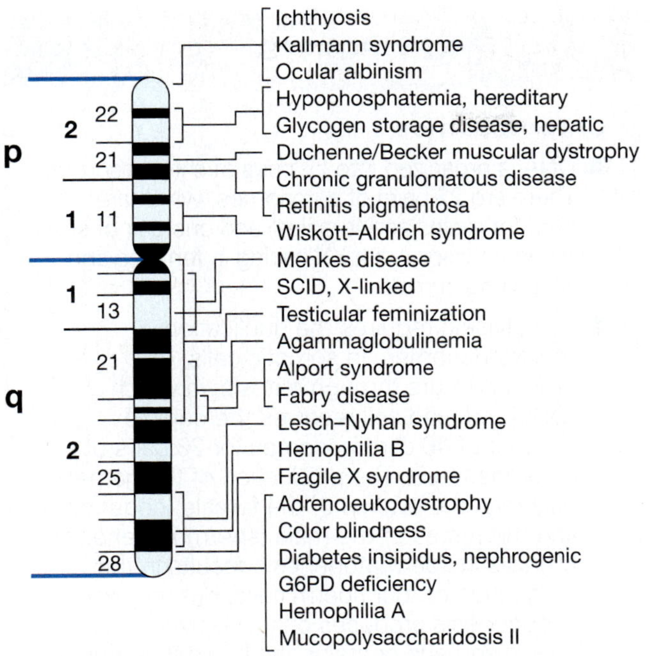

FIGURE 6-6. Localization of representative inherited diseases on the X chromosome. G6PD, glucose-6-phosphate dehydrogenase; SCID, severe combined immunodeficiency (syndrome). (From Rubin R., Strayer D. [Eds.]. [2015]. *Rubin's pathology: Clinicopathologic foundations of medicine* [7th ed., p. 282, Fig. 6-32]. Lippincott Williams & Wilkins.)

do not form bivalents because they are not homologous. While the bivalents are aligned, segments of chromatids within the paired homologous chromosomes can be exchanged in a process called crossing-over, which increases genetic diversity (Fig. 6-9). In **telophase I**, X-shaped chromosomes do not yet separate at the centromere. Instead, the paired homologous chromosomes separate and move into separate cells. At the completion of telophase I, the reduction division is completed, with the two resulting cells each containing one chromosome from each homologous pair and a sex chromosome, totaling 23 double-stranded chromosomes.

The division in meiosis II follows the same process as a mitotic division. In **anaphase II**, the 23 double-stranded chromosomes now split at their centromeres, separating the linked chromatids. As a result, each of the gametes produced through meiosis has 23 single-stranded chromatids. However, meiosis has a different outcome in males and females. In males, meiosis (**spermatogenesis**, occurring in the testes) results in four viable cells called **spermatids** that differentiate into sperm cells. In females, the production of the ovum (**oogenesis**) occurs in the ovaries, where a primary oocyte undergoes the first meiotic division that results in the formation of a secondary oocyte and a polar body (a small cell with minimal cytoplasm).

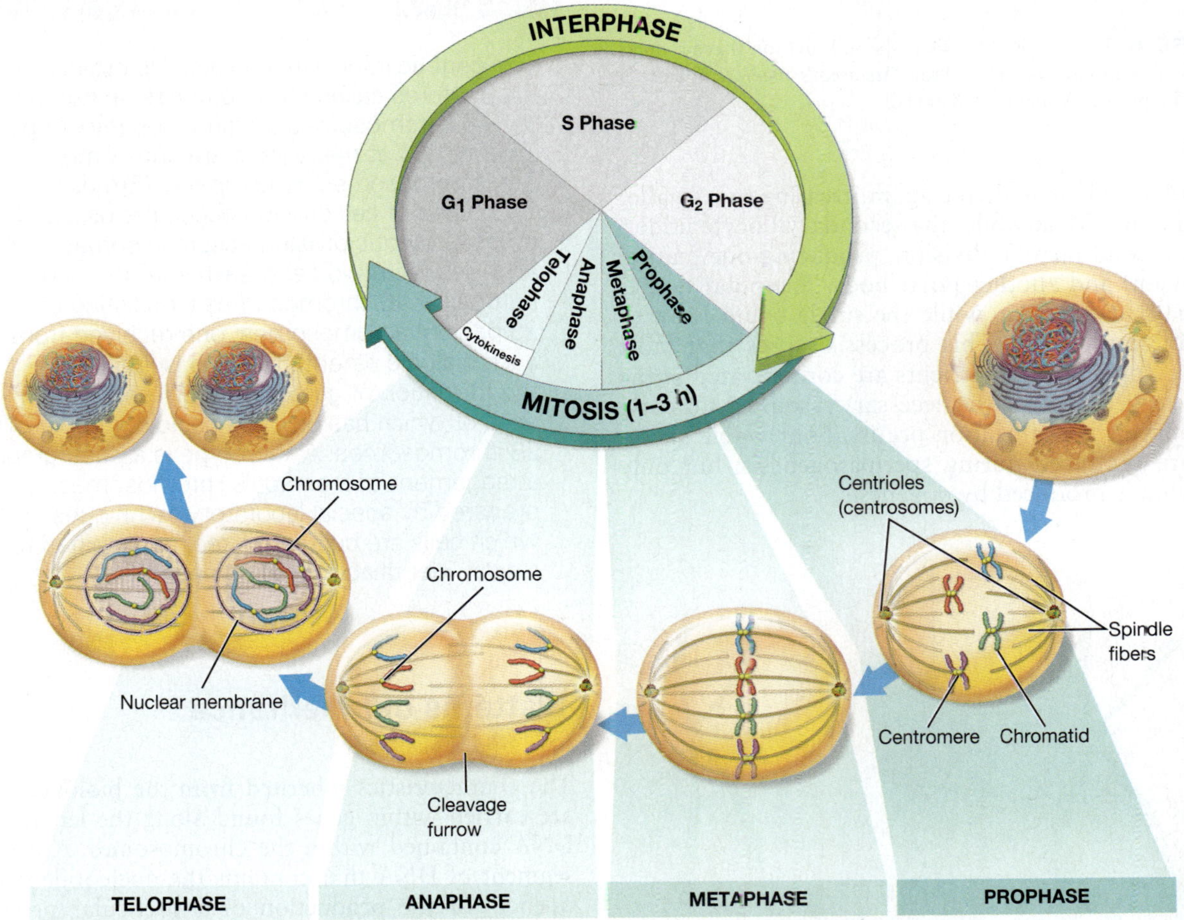

FIGURE 6-7. Mitosis. Mitosis consists of division of the nucleus and is made up of four steps: telophase, anaphase, metaphase, and prophase. (From McConnell, T. H., & Hull, K. L. [2011]. *Human form human function: Essentials of anatomy & physiology* [p. 79, Fig. 3.12]. Lippincott Williams & Wilkins.)

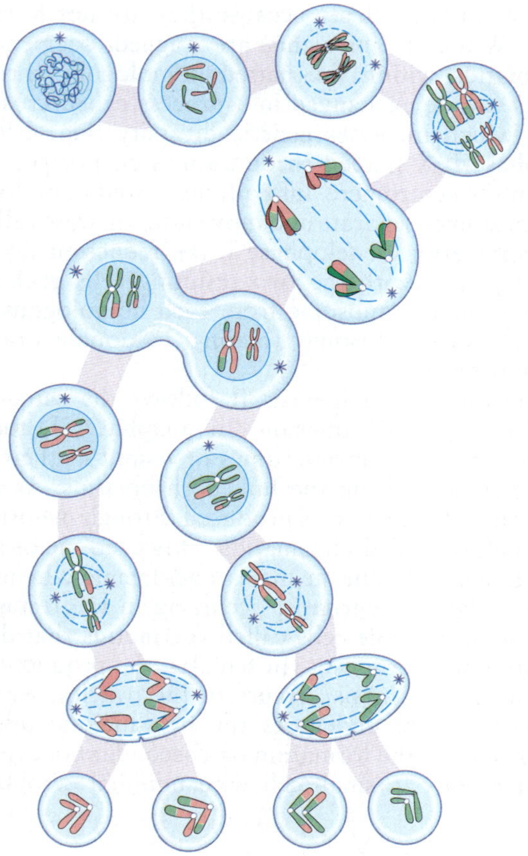

FIGURE 6-8. Meiosis. Meiosis is the cell division that produces gametes or reproductive cells. (From *Stedman's medical dictionary* [2015]. Lippincott Williams & Wilkins.)

The polar body may divide again, creating two smaller polar bodies. Meanwhile, the secondary oocyte undergoes a second meiotic division, producing one mature egg (ovum) and another polar body. The polar bodies eventually degenerate, while the single ovum is available for fertilization. This process ensures that most of the cytoplasm and nutrients are concentrated in the mature egg, providing the necessary resources for early development if fertilization occurs. Four viable sperm cells are produced during spermatogenesis, but only one ovum is produced by oogenesis.

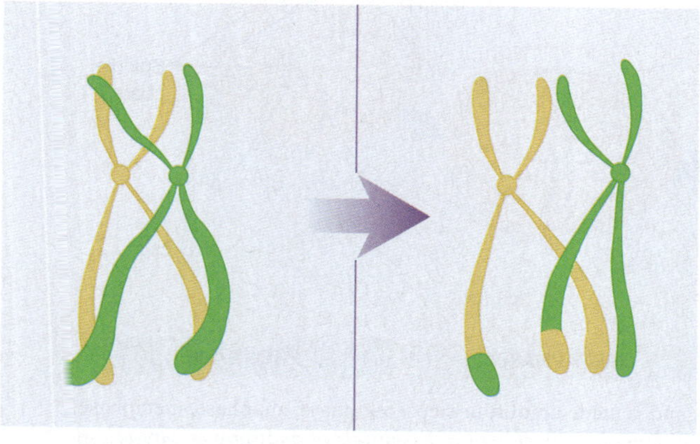

FIGURE 6-9. Crossing-over of DNA at the time of meiosis.

KEY POINTS

Chromosomes

- DNA is organized into 23 pairs of chromosomes. There are 22 pairs of autosomes, which are alike for males and females, and one pair of sex chromosomes, with XX pairing in females and XY pairing in males.
- Cell division requires the duplication of chromosomes. In somatic cells, cell division occurs through mitosis, in which each produced cell receives the euploid number of 46 chromosomes (or 23 pairs of chromosomes). The production of the gametes occurs in the ovaries of the female (oogenesis) and the testes of the male (spermatogenesis). Meiosis in spermatogenesis results in the production of four sperm cells, but meiosis in oogenesis produces only one ovum. Each sperm and egg contains the haploid number of 23 chromosomes.

SUMMARY CONCEPTS

The genetic information in a cell is organized in structures called chromosomes. In humans, the 46 chromosomes are arranged into 23 pairs. Twenty-two of these pairs are autosomes. Sex chromosomes make up the 23rd pair. Two types of cell division occur, meiosis and mitosis. Mitotic division occurs in somatic cells and results in two cells, each with the euploid number of 46 chromosomes (consisting of 23 pairs of chromosomes, one received from each biologic parent). Meiosis is limited to the formation of gametes (ovum and sperm), each of which has only the haploid number of 23 chromosomes. A karyotype is a photographic arrangement of a person's chromosomes. It is prepared by special laboratory techniques in which cells are cultured, fixed, and stained to display identifiable banding patterns.

Patterns of Inheritance

The characteristics inherited from the biologic parents are carried within genes found along the length of the DNA contained within the chromosomes. A **gene** is a segment of DNA that contains the nucleotide code sequence for the production of a particular protein. It is the proteins that produce the particular trait that is coded for by a specific gene sequence. The protein activity may be to provide structural components of the body, or the proteins may be functional proteins that cause the metabolic processes necessary for life. Alternative forms of the same gene are possible, and each may produce a different aspect of a trait.

Definitions

Genetics has its own set of definitions. The **genotype** of a person is the genetic information stored in the sequence of base pairs (i.e., the actual sequence of nucleotides that codes for the protein product of the gene). These instructions determine traits. The **phenotype** refers to the recognizable traits, physical or biochemical, that are associated with a specific genotype. More than one genotype may produce the same phenotype. Some brown-eyed people are carriers of the code for blue eyes, and other brown-eyed people are not. Phenotypically, these two types of brown-eyed people appear the same, but genotypically they are different.

The genes on each chromosome are arranged in a consistent order, with each gene occupying a specific location on the strand of DNA. The position of a gene on a chromosome is called its **locus**. Many genes have more than one normal allele (alternative forms) at the same locus; alternative forms of a gene at the same locus are called **alleles**. This existence of multiple alleles for a particular trait is also called a polymorphism. For example, the gene that determines eye color has a specific locus on a chromosome, but different alleles of that gene (such as one for blue eyes and another for brown eyes) can exist at that same locus. Each person inherits two alleles for each gene—one from each parent—which can be the same (homozygous) or different (heterozygous). Only one allele will ultimately be expressed.

When only one pair of genes is involved in the transmission of information, the term **single-gene trait** is used. Single-gene traits follow the **Mendelian** laws of inheritance and are expressed in dominant and recessive patterns. However, in some cases, both alleles of a gene pair contribute equally and simultaneously to the phenotype rather than masking the other, referred to as **codominance**. For example, individuals with the genotype AB express both A and B antigens on red blood cells. This system also demonstrates polymorphism because multiple alleles (A, B, and O) exist for a single-gene locus within the population.

The number of genes on each chromosome varies. For example, the X chromosome contains about 900 genes, while the Y chromosome has approximately 55. If the number of genes on the remaining 22 chromosomes were mathematically averaged, there would be approximately 877 genes per chromosome. However, these figures are estimates, as ongoing research continues to refine our understanding of the human genome. Chromosome 1 is the largest chromosome in the human genome, and also has the largest number of genes, estimated to be between 1,000 and 2,100 (National Human Genome Research Institute, 2025).

Polygenic inheritance involves multiple genes at different loci, with each gene exerting a small effect in determining a trait. Multiple pairs of genes, many with alternative codes, determine most human traits. Polygenic traits are somewhat predictable, but with less reliability than single-gene traits. **Multifactorial inheritance** is similar to polygenic inheritance in that **multiple alleles** at different loci affect the outcome; the difference is that multifactorial inheritance also includes environmental effects on the genes. An example of this would be heart disease. Many genes affect cholesterol levels, blood pressure, and blood vessel function. However, diet, exercise, smoking, and stress also play a role. Even if someone inherits genes that increase heart disease risk, a healthy lifestyle can lower that risk (Ballin et al., 2023).

Many other gene–gene interactions are known. These include **epistasis**, in which one gene masks the phenotypic effects of another gene (e.g., an albinism gene preventing pigment expression regardless of eye color genotype); multiple alleles, in which more than one allele affects the same trait (e.g., ABO blood types); **complementary genes**, in which each gene is mutually dependent on the other (e.g., flower color in sweet peas, which requires both pigment-producing genes to express purple color); and **collaborative genes**, in which two different genes influencing the same trait interact to produce a phenotype neither gene alone could produce (e.g., the combined effect of genes influencing human skin tone).

Genetic Imprinting

Certain genes exhibit a "parent of origin" type of transmission in which the parental genomes do not always contribute equally in the development of a person (Fig. 6-10). The transmission of this phenomenon is called **genetic imprinting**. Although rare, it is estimated that approximately 100 genes exhibit genetic imprinting.

A related chromosomal disorder is **uniparental disomy**. This occurs when two chromosomes of the same number are inherited from one parent. Normally, this is not a problem except in cases where a chromosome has been imprinted by a parent. In this case, the offspring will have only one working copy of the chromosome, resulting in possible problems.

KEY POINTS

Transmission of Genetic Information

- The transmission of information from one generation to the next occurs through the transfer of genetic material (DNA) from each parent at the time of conception.
- Mendelian, or single-gene, patterns of inheritance are transmitted from parents to their offspring in a predictable manner. Polygenic inheritance, which involves multiple genes, and multifactorial inheritance, which involves multiple genes as well as environmental factors, are less predictable.

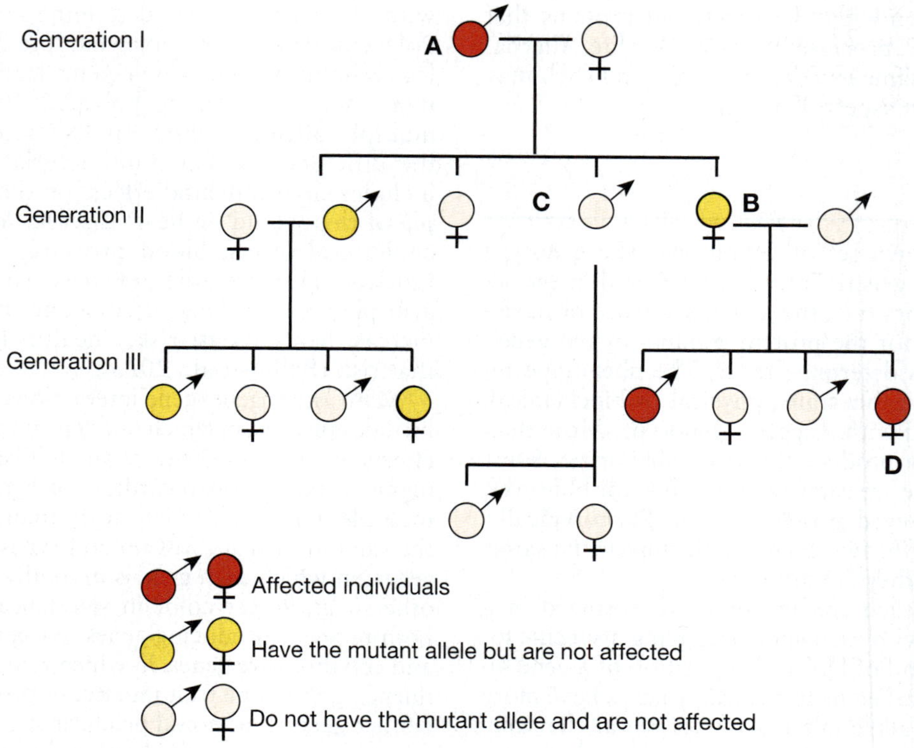

FIGURE 6-10. A three-generation pedigree of genetic imprinting. In generation I, male *A* has inherited a mutant allele from their affected female biologic parent (not shown); the gene is "turned off" during spermatogenesis, and therefore, none of their offspring (generation II) will express the mutant allele, regardless of whether they are carriers. However, the gene will be "turned on" again during oogenesis in any of male *A*'s female offspring (*B*) who inherit the allele. All offspring (generation III) who inherit the mutant allele will be affected. All offspring of unaffected children (*C*) will produce unaffected offspring. Children of female *D* will all express the mutation if they inherit the allele.

Mendel Laws

For single gene–inherited traits, **Mendel laws** can be used to predict the likelihood of inheritance of that trait, with knowledge of the genotypes of both parents. Since Gregor Mendel's original work was published in 1865, new discoveries have led to some modifications of the original laws, but many of the basic principles still hold true.

Mendel discovered basic patterns of inheritance by conducting carefully planned experiments with simple garden peas. Experimenting with several phenotypic traits in peas, Mendel proposed that inherited traits are transmitted from parents to offspring by means of independently inherited factors—now known as genes—and that these factors are transmitted as recessive and dominant traits. Mendel labeled dominant factors (round peas) "A" and recessive factors (wrinkled peas) "a." Geneticists continue to use capital letters to designate dominant traits and lowercase letters to identify recessive traits. The possible combinations that can occur with transmission of single-gene dominant and recessive traits can be described by constructing a figure called a **Punnett square** using capital and lowercase letters (Fig. 6-11).

The observable traits of single-gene inheritance are inherited by the offspring from the parents. The germ cells (i.e., sperm and ovum) of both parents undergo

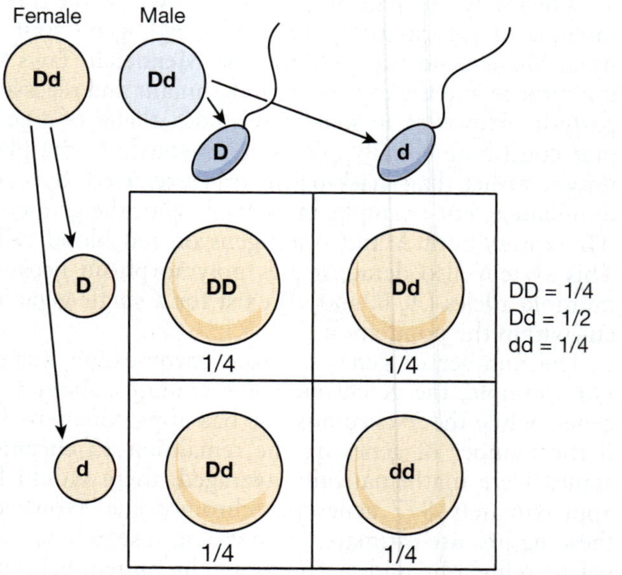

FIGURE 6-11. The Punnett square showing all possible combinations for transmission of a single-gene trait (dimpled cheeks). The example shown is when both parents are heterozygous (Dd) for the trait. The alleles carried by the female biologic parent are on the left, and those carried by the male biologic parent are on the top. The D allele is dominant, and the d allele is recessive. The DD and Dd offspring have dimples, and the dd offspring does not.

meiosis, in which the number of chromosomes is divided into half (from 46 to 23) and each germ cell receives only one allele from each pair (i.e., Mendel's first law). According to Mendel's second law, the alleles from the different gene loci segregate independently and recombine randomly in the offspring. People in whom the two alleles of a given pair are the same (AA or aa) are called **homozygotes**. **Heterozygotes** have different alleles (Aa) at a gene locus. A **recessive trait** is one expressed only in a **homozygous** (aa) pairing; a **dominant trait** is one expressed in either a homozygous (AA) or a **heterozygous** (Aa) pairing. If the trait follows simple Mendelian inheritance, then all people with a dominant allele in either one or two copies will show the phenotype for that trait, but the recessive trait is only expressed in the phenotype if both alleles carry the recessive genotype. For example, the genes for blond hair are recessive and those for brown hair are dominant. Therefore, only people with a genotype having two alleles for blond hair would be blond; people with either one or two brown alleles would have brown hair.

Sometimes, the person who is heterozygous for a recessive trait (Aa) is called a **carrier**. That individual will not exhibit the phenotype for the recessive trait, but they "carry" the allele for the recessive trait. If they have offspring with someone who exhibits the trait and is homozygous for the recessive trait, or with someone who is also a carrier, then the offspring could also inherit two copies of the recessive gene and thus exhibit the recessive **phenotypic trait**. Such a situation might occur when two people who have a phenotype of brown eyes have a child with blue eyes. Brown (B) eyes are dominant to blue eyes (b), so both parents had to be genotypically heterozygous (Bb).

Pedigree

A **pedigree** is a graphic method (see Fig. 6-10) for portraying a family history of an inherited trait. It is constructed from a carefully obtained family history and is useful for tracing the pattern of inheritance of a particular trait.

SUMMARY CONCEPTS

An understanding of inheritance patterns can be used to predict the likelihood of the offspring inheriting a specific genetic trait. The genotype refers to information stored in the genetic code of a person (i.e., the nucleic acid sequence in the DNA), whereas the phenotype represents the recognizable traits, physical and biochemical, associated with the genotype. The specific region of the DNA molecule where a particular gene is located is called a gene locus. Alternative forms of a gene are called alleles. Genes for specific traits can be either recessive or dominant. A recessive gene is phenotypically expressed only when two copies (homozygous) of the recessive allele are present. Dominant traits are expressed when either one (heterozygous) or two (homozygous) copies of the dominant allele are present. A pedigree is a graphic method for portraying a family history of an inherited trait.

Genetic Mapping Methods

Genetic mapping involves various techniques to identify the location of genes on chromosomes and study their inheritance patterns. **Linkage studies** analyze how genes are inherited together based on their proximity on a chromosome. Genes that are close to each other tend to be inherited as a unit, which helps researchers map disease-associated genes by tracking inheritance patterns within families. **Hybridization studies** involve combining DNA from different sources to detect similarities or differences in genetic sequences. This method is commonly used in comparative genomic hybridization (CGH) to identify chromosomal abnormalities. **Haplotype mapping** focuses on identifying blocks of linked genetic variants that are inherited together. This method is particularly useful in genome-wide association studies (GWAS), helping to pinpoint genetic factors associated with complex diseases like diabetes or heart disease. Together, these mapping techniques provide valuable insights into gene function, disease susceptibility, and human evolution (Oppong et al., 2022; Song et al., 2024). Many methods have been used for developing genetic maps. The most important ones are family linkage studies, gene dosage methods, and hybridization studies. Often, the specific assignment of a gene locus is made using information from several mapping techniques.

Genetic and Chromosomal Disorders

Both genetic and chromosomal disorders are congenital, which means they are present at birth, although some of these disorders do not cause symptoms until later in life. Genetic and chromosomal disorders are not the same thing, however.

Genetic disorders result from mutations of DNA (i.e., from alterations in the nucleotide sequence of the DNA). **Genetic mutations** can be inherited from parents or can occur as spontaneous new mutations. These genetic mutations can involve one or multiple genes. Examples of congenital disorders caused by single-gene mutations are cystic fibrosis, sickle cell disease, and Huntington disease.

In contrast to a genetic mutation, a chromosomal disorder is an alteration in either the structure or the number of chromosomes. Chromosomal alterations often occur due to errors during cell division and can lead to missing, extra, or rearranged sections of chromosomes. Examples of chromosomal disorders include Down syndrome (trisomy 21), Turner syndrome (missing X chromosome in females), and Klinefelter syndrome (extra X chromosome in males) (Queremel Milani & Tadi, 2023). Because a chromosome is a coiled-up strand of DNA and the genes are segments of DNA, all chromosomal disorders do involve alterations in gene structure, often because of either duplication (and therefore duplicating genes) or deletion of a portion of a chromosome (and therefore deleting genes).

Both genetic mutations and chromosomal abnormalities are causes of disease related to altered genetic processes (Cleveland Clinic, 2025).

Single-Gene Disorders

Single-gene disorders are caused by a mutation in a gene (i.e., an alteration in the nucleic acid sequence of DNA) at a single-gene locus. Virtually all single-gene disorders lead to the formation of an abnormal protein or the decreased production of a gene product. These changes can result in many different types of systemic alterations. Table 6-2 lists some of the common single-gene disorders and their manifestations.

TABLE 6-2 Some Disorders of Mendelian or Single-Gene Inheritance and Their Significance

Disorder	Significance
Autosomal Dominant	
Achondroplasia	Short-limb dwarfism
Adult polycystic kidney disease	Chronic kidney disease
Huntington chorea	Neurodegenerative disorder
Familial hypercholesterolemia	Premature atherosclerosis
Marfan syndrome	Connective tissue disorder with abnormalities in the skeletal, ocular, cardiovascular systems
Neurofibromatosis (NF)	Neurogenic tumors: fibromatous skin tumors, pigmented skin lesions, and ocular nodules in NF-1; bilateral acoustic neuromas in NF-2
Osteogenesis imperfecta	Brittle bone disease due to defects in collagen synthesis
Spherocytosis	Disorder of red blood cells
von Willebrand disease	Bleeding disorder
Autosomal Recessive	
Cystic fibrosis	Disorder of membrane transport of chloride ions in exocrine glands causing lung and pancreatic disease
Glycogen storage diseases	Excess accumulation of glycogen in the liver and hypoglycemia (von Gierke disease); glycogen accumulation in striated muscle in myopathic forms
Oculocutaneous albinism	Hypopigmentation of skin, hair, eyes as a result of inability to synthesize melanin
Phenylketonuria	Lack of phenylalanine hydroxylase with hyperphenylalaninemia and impaired brain development
Sickle cell disease	Red blood cell defect
Tay-Sachs disease	Deficiency of hexosaminidase A; severe mental and physical deterioration beginning in infancy
X-Linked Recessive	
Bruton-type hypogammaglobulinemia	Immunodeficiency
Hemophilia A	Bleeding disorder
Duchenne muscular dystrophy	Muscular dystrophy
Fragile X syndrome	Intellectual disability

Autosomal Dominant Disorders

Recall that the autosomes are the chromosomes numbered as chromosomes 1 through 22 (excluding the sex chromosomes X and Y). **Autosomal dominant disorders** are single-gene mutations carried on one of the autosomes and transmitted in the dominant pattern of inheritance (as described by Mendel). Because the pathologic trait is the dominant expression, if just one copy of the mutated gene is present in the allele pair, then the individual expresses the phenotypic evidence of the disorder. Because the mutated gene is dominant over other allele forms, an affected parent (i.e., a parent who expresses the dominant disease phenotype or has the disorder) has a 50% chance of transmitting the disorder to each offspring (Fig. 6-12). The unaffected relatives of the parent or the unaffected siblings of the offspring do not transmit the disorder (because they do not carry the dominant mutation).

Although there is a 50% chance of inheriting a dominant genetic disorder from an affected parent, there can be wide variation in **gene penetrance** and expression. When a person inherits a dominant mutant gene but fails to exhibit the associated phenotype, the trait is described as having **reduced penetrance**. The person who carries the mutated gene in the genotype but does not express it is an important exception to the rule that unaffected people do not transmit an autosomal dominant trait. These people can transmit the gene to their descendants and so produce a "skipped generation" in their family history. Autosomal dominant disorders also can display **variable expressivity**, meaning that they can be expressed differently in people who carry the mutant gene. **Polydactyly**, or supernumerary (extra) digits, for example, may be expressed in either the fingers or the toes (Al Amin & Carter, 2023). Examples of autosomal dominant disorders include Marfan syndrome, neurofibromatosis (NF), achondroplasia (a form of dwarfism), Huntington disease (a progressive neurodegenerative disorder), polycystic kidney disease, and familial hypercholesterolemia. Marfan syndrome and NF are described here.

Marfan Syndrome

Marfan syndrome is a connective tissue disorder that affects multiple organ systems, including the eyes, cardiovascular system, and skeletal system. Marfan syndrome

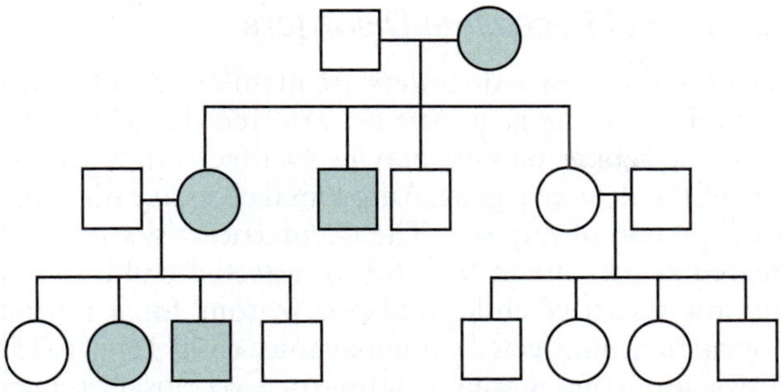

FIGURE 6-12. Simple pedigree for inheritance of an autosomal dominant trait. *Squares* represent males, *circles* represent females. The *shaded symbols* represent an affected parent with a mutant gene. An affected parent with an autosomal dominant trait has a 50% chance of passing the mutant gene on to each child regardless of sex.

is caused by a mutation in the *FBN1* gene, which encodes fibrillin-1, a protein crucial for connective tissue strength and elasticity. The majority of cases are familial, while about 20% to 30% occur sporadically as a result of new mutations in the germ cells of the parents. There is a wide range of variation in the phenotype of the disorder. The skeletal deformities include a long, thin body with exceptionally long extremities and long, tapering fingers, sometimes called *arachnodactyly* or *spider fingers*; hyperextensible joints; and a variety of spinal deformities, including **kyphosis** and scoliosis (Fig. 6-13). Chest deformities, pectus excavatum (i.e., deeply depressed sternum) or pigeon chest deformity, are often present and may require surgery. The most common eye disorder is bilateral dislocation of the lens because of weakness of the suspensory ligaments. Myopia and predisposition to retinal detachment are also common. However, the most life-threatening aspects of the disorder are the cardiovascular defects, which include mitral valve **prolapse**, progressive dilation of the aortic valve ring, and weakness of the aorta and other arteries. Dissection and rupture of the aorta may lead to premature death (Marelli et al., 2023).

The diagnosis of Marfan syndrome is based on major and minor diagnostic criteria that include skeletal, cardiovascular, and ocular deformities. There is currently no cure for Marfan syndrome. Treatment plans include regular assessment of the at-risk systems.

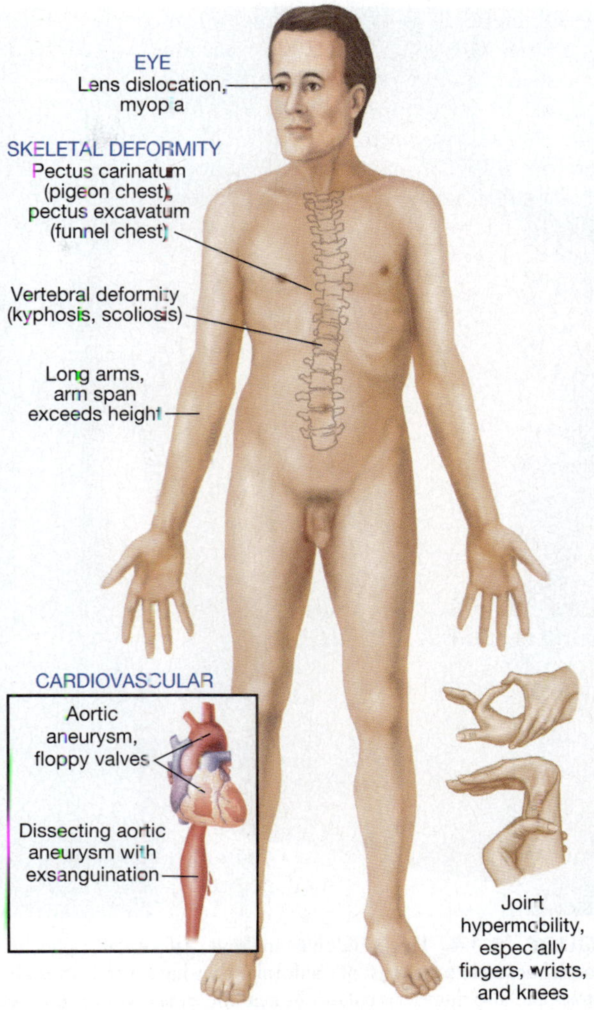

FIGURE 6-13. Clinical features of Marfan syndrome.

Neurofibromatosis

Neurofibromatosis (NF) is a condition that causes tumors to develop from the Schwann cells of the neurologic system. These tumors are usually benign (noncancerous) but can sometimes lead to serious health problems. There are three clinically distinct forms of the disorder that result from genetic mutations in tumor-suppressor genes, which normally help control cell growth and differentiation:

1. Type 1 NF (NF-1), also known as von Recklinghausen disease
2. Type 2 bilateral acoustic NF (NF-2)
3. Schwannomatosis

Type 1 NF is the most common of the three types. Light brown skin patches called café-au-lait spots are often the first sign and may be present at birth or appear within the first few years. There may also be freckling in the armpits or groin. Between the ages of 5 and 10 years, neurofibromas may start to develop, becoming more noticeable over time. These manifest soft, small skin tumors that project from the skin and are present in greatest density over the trunk (Fig. 6-14). Learning disabilities, abnormalities of speech, attention-deficit/hyperactivity disorder (ADHD), and complex partial and generalized tonic–clonic seizures may also develop. After puberty and into adulthood, larger nerve tumors (plexiform neurofibromas) tend to grow and are more noticeable. These tumors involve the larger peripheral nerves that can cause severe disfigurement of the face, overgrowth of an extremity, or skeletal deformities. Pigmented nodules of the iris (Lisch nodules) appear in nearly all people with NF-1 but do not affect vision. Children with NF-1 are more susceptible to malignant neoplasms, with the appearance of neurofibrosarcoma occurring in 3% to 5% of all cases. NF-1 is also associated with an increased incidence of other neurogenic tumors, including meningiomas, optic gliomas, and pheochromocytomas (Goetsch Weisman et al., 2023).

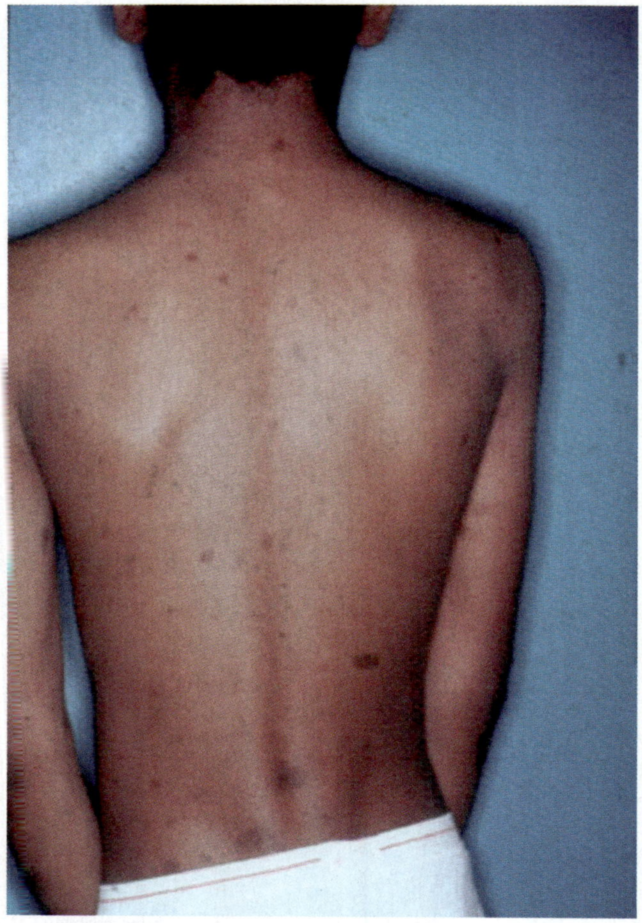

FIGURE 6-14. This child has multiple café-au-lait spots with smooth borders like the coast of California. They have type 1 neurofibromatosis and also numerous cutaneous neurofibromas. Most people with type 1 neurofibromatosis will have five or more café-au-lait spots that are more than 1.5 cm in diameter. (Reproduced with permission from Weinstein, S. L., & Flynn, J. M. [2013]. *Lovell and Winter's pediatric orthopaedics* [7th ed., Fig. 4-28]. Wolters Kluwer Health and Pharma.)

Type 2 NF is characterized by tumors of the acoustic nerve. Most often, people with the disorder have no symptoms through the first 15 years of life. NF-2 occurs less frequently than the other types; symptoms include headaches, hearing loss, **tinnitus**, vision problems or cataracts, and muscle weakness or numbness. There may be associated intracranial and spinal meningiomas (Goetsch Weisman et al., 2023).

Schwannomatosis is the rarest form of NF and causes the development of schwannomas, which are nerve tumors made up of Schwann cells. Unlike NF-1 and NF-2, schwannomatosis does not typically involve vestibular (hearing) nerve tumors, meaning it does not cause hearing loss like NF-2. Chronic pain is often the most significant symptom, accompanied by muscle weakness or numbness depending on tumor location. It is typically diagnosed through magnetic resonance imaging (MRI) scans, genetic testing, and clinical symptoms (Goetsch Weisman et al., 2023). Treatment focuses on pain management, surgery, or nerve-targeted therapies (Ghalavand et al., 2023).

Autosomal Recessive Disorders

Autosomal recessive disorders are manifested only when both alleles of the gene pair are affected (homozygous). In this case, both parents may be unaffected but are carriers of the defective gene. Autosomal recessive disorders affect people of any sex. The occurrence risks for each pregnancy are one in four for an affected child, two in four for a carrier child, and one in four for a normal (noncarrier, unaffected) homozygous child (Fig. 6-15). **Consanguineous mating** (mating of two closely related people), or inbreeding, increases the chance that two people who mate will be carriers of an autosomal recessive disorder.

With autosomal recessive disorders, the age of onset is frequently early in life. In addition, symptomatology tends to be more uniform than with autosomal dominant disorders. Autosomal recessive disorders are characteristically caused by loss-of-function mutations, many of which impair or eliminate the function of an enzyme. In the case of a heterozygous carrier, the presence of a mutant gene usually does not produce symptoms because equal amounts of normal and defective enzymes are synthesized. This "margin of safety" ensures that cells with half their usual amount of enzyme function normally. By contrast, the inactivation of both alleles in a homozygote results in complete loss of enzyme activity. Autosomal recessive disorders include almost all inborn errors of metabolism.

Enzyme disorders that disrupt catabolic pathways can lead to the buildup of certain substances in the body. For example, in **phenylketonuria (PKU)**, the body is unable to break down phenylalanine, causing it to accumulate. Similarly, lysosomal storage diseases result in the buildup of cellular waste due to defective enzymes. Other enzyme disorders occur due to a defect in the synthesis of essential proteins. For instance, in cystic fibrosis, mutation affects the production of the cystic fibrosis transmembrane conductance regulator (CFTR) protein, which is crucial for maintaining proper salt and water balance in cells. PKU and Tay-Sachs disease both result from defective enzymes that impair normal metabolic processes.

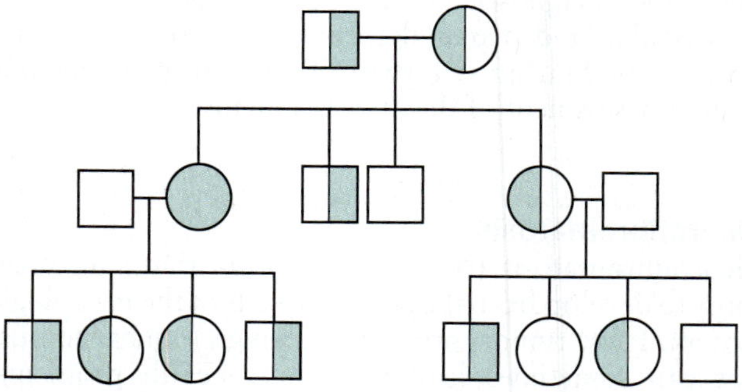

FIGURE 6-15. Sample pedigree for inheritance of an autosomal recessive trait. *Squares* represent males, *circles* represent females. When the symbols are *half shaded*, the parent is a carrier of an autosomal recessive trait. When both parents are carriers, with each conception, there is a 25% chance of having an affected child (*full-shaded circle* or *square*), a 50% chance of a carrier child, and a 25% chance of a nonaffected or noncarrier child, regardless of sex. (From Weinstein, S. L., & Flynn, J. M. [2013]. *Lovell and Winter's pediatric orthopaedics* [7th ed., Fig. 4-58]. Wolters Kluwer Health.)

Phenylketonuria

PKU is a rare autosomal recessive metabolic disorder that affects approximately 1 in every 10,000 to 15,000 infants in the United States. The disorder is caused by a deficiency of the liver enzyme phenylalanine hydroxylase, which allows toxic levels of the amino acid phenylalanine to accumulate in tissues and the blood (Stone & Los, 2023). If untreated, the disorder results in delayed developmental milestones, microcephaly, hypopigmentation, hyperactivity/behavior problems, seizures, delayed speech, and other signs of impaired neurologic development.

Because the symptoms of PKU develop gradually and are difficult to assess, all infants are screened for abnormal levels of serum phenylalanine. Infants with the disorder are treated with a special diet that restricts phenylalanine intake to prevent neurodegenerative and other effects. Infants with elevated phenylalanine levels should begin treatment within 7 to 10 days of age, indicating the need for early diagnosis (Stone & Los, 2023).

Tay-Sachs Disease

Tay-Sachs disease is a type of lysosomal storage disorder classified under gangliosidoses, a group of conditions in which the body fails to break down GM2 gangliosides, a type of fat found in cell membranes. This autosomal recessive disorder is significantly more common among individuals of Eastern European Jewish (Ashkenazi) descent, occurring at a rate 10 times higher than in the general population. However, targeted carrier screening programs have successfully reduced its incidence in this population.

In Tay-Sachs disease, GM2 gangliosides accumulate in the lysosomes of various organs, with the most severe effects occurring in brain neurons and the retina. Under a microscope, affected neurons appear ballooned with distended lysosomes filled with gangliosides. Over time, this accumulation leads to the progressive destruction of neurons throughout the brain, including the cerebellum, basal ganglia, brain stem, spinal cord, and autonomic nervous system. A hallmark feature of the disease is a cherry-red spot on the macula, which can be observed during an ophthalmoscopic examination (Lui et al., 2024).

Infants with Tay-Sachs disease appear normal at birth but begin to manifest progressive weakness, muscle flaccidity, and decreased responsiveness at approximately 6 to 10 months of age (Lui et al., 2024). As the disease progresses, affected children experience severe motor and cognitive decline, often accompanied by seizures. Retinal involvement leads to visual impairment and eventual blindness. Life expectancy is typically 4 to 5 years, with the disease leading to fatal neurologic deterioration. Analysis of the blood serum for the lysosomal enzyme, hexosaminidase A, which is deficient in Tay-Sachs disease, allows for accurate identification of genetic carriers for the disease (Lui et al., 2024).

X-Linked Recessive Disorders

Sex-linked disorders are almost always associated with the X chromosome, and the inheritance pattern is predominantly recessive. Remember that the sex chromosomes for human females are XX and human males are XY. Because of the presence of a normal X, female heterozygotes (carriers) rarely experience the effects of a recessive defective gene, whereas all males who receive the gene are typically affected as they only have the mutant copy.

The common pattern of inheritance in a family is one in which an unaffected female biologic parent is a carrier of the mutant allele. This parent is not affected because they have one normal X that is dominant over the mutant recessive X. Because they will contribute one of these two X chromosomes to each of their offspring, this parent has a 50% chance of transmitting the mutant gene to their male offspring (who only have one X and will be affected), and their female offspring have a 50% chance of being carriers of the mutant gene (who have two X chromosomes and so will not be affected because of the presence of a normal X) (Fig. 6-16).

When a male with an X-linked genetic disorder has children, they can pass on either their mutated X chromosome or their normal Y chromosome. A female offspring will receive this parent's only X chromosome, with the female parent also contributing one of their two X chromosomes to produce an XX child. Since the female offspring inherits the mutated X from their male biologic parent, this offspring will be a carrier of the disorder. This means that 100% of the male biologic parent's female offspring will inherit the mutant gene and become carriers. If the affected male parent has a male offspring, the male parent passes on their Y chromosome, while the female biologic parent provides one of their X chromosomes, resulting in an XY child. Because the Y chromosome does not carry the mutation, the male offspring will not inherit the disorder nor be a carrier. Therefore, an affected male biologic parent transmits the mutated gene to all of their female offspring but none of their male offspring.

Although rare, females can be affected by an X-linked recessive disorder. For this to happen, an affected male would need to have a child with a carrier female. In

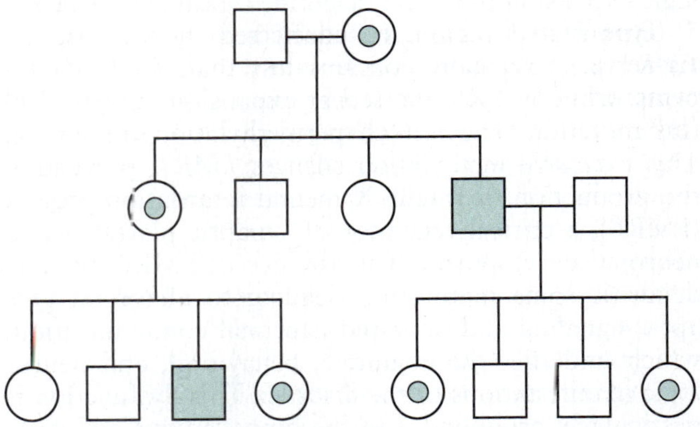

FIGURE 6-16. Sample pedigree for inheritance of an X-linked recessive trait. X-linked recessive traits are expressed phenotypically in the male offspring, whereas females are typically carriers of the trait. A *small shaded circle* represents a carrier female; a *larger shaded square* represents an affected male. A carrier female will transmit their carrier status to 50% of their female offspring, and 50% of the carrier female's male offspring will be affected. The affected male passes the mutant gene to all of their female offspring, who become carriers of the trait. The affected male will have no affected male offspring.

this case, 50% of the male offspring would be affected and 50% of the female offspring would be affected. The remaining female offspring would be carriers like their female biologic parent. X-linked recessive disorders include color blindness, glucose-6-phosphate dehydrogenase deficiency, hemophilia A, and X-linked **agammaglobulinemia**.

X-Linked Dominant Disorders

X-linked dominant disorders are not as common as X-linked recessive disorders affecting both males and females that inherit a copy of the mutated X chromosome. In females, the mutant X chromosome is dominant over the normal X chromosome. Although any sex can be affected, many times the mutation will be embryonically lethal for males (who only have the mutated X and a normal Y) or for homozygous mutant females. Affected females who are heterozygous with one mutant X chromosome and one normal X chromosome will transmit the disorder to 50% of their offspring regardless of sex. Affected males will have 100% affected female offspring or 100% unaffected male offspring. This is explained because all male offspring inherited their male biologic parent's Y chromosome, but the female offspring inherited the mutated X chromosome from their male biologic parent. Examples of X-linked dominant disorders include **fragile X syndrome (FXS)** and **Rett syndrome**.

Fragile X Syndrome

Fragile X syndrome is a genetic disorder that causes intellectual disability, developmental delays, and behavioral challenges. It is the most common inherited cause of intellectual disability and a leading genetic cause of autism (Protic et al., 2022).

Pathogenesis

FXS is caused by a mutation in the *FMR1* gene located on the X chromosome, which leads to a pathologic expansion of CGG nucleotide repeats in the gene's 5'-untranslated region. In unaffected individuals, the *FMR1* gene typically contains less than 55 CGG repeats, while in FXS, the repeat expansion exceeds 200 (full mutation), triggering hypermethylation of the gene. This excessive methylation silences *FMR1*, preventing the production of fragile X mental retardation protein (FMRP), a critical regulator of synaptic plasticity and neuronal development. The absence of FMRP disrupts dendritic spine maturation, leading to abnormal synaptic signaling and impaired neuronal communication, which underlies the cognitive, behavioral, and neurologic manifestations of the disorder. This dysfunction is particularly pronounced in the hippocampus and cerebral cortex, regions essential for learning, memory, and executive function (Juárez et al., 2024).

Clinical Manifestations and Diagnosis

Affected males have an intellectual disability and share a common physical phenotype that includes a long face with a large mandible and large, everted ears. Hyperextensible joints, a high-arched palate, and mitral valve prolapse, which are observed in some cases, mimic a connective tissue disorder. Some physical abnormalities may be subtle or absent. Because females have two X chromosomes, they are more likely to have relatively typical cognitive development, or they may show a learning disability in a particular area (Protic et al., 2022).

Diagnosis of FXS is based on mental and physical characteristics. DNA tests can be done to confirm the presence of an abnormal *FMR1* gene. Screening for FXS is now often offered along with routine prenatal screening to determine if the person of childbearing potential is a carrier.

KEY POINTS

Genetic and Chromosomal Disorders

- Genetic disorders can be inherited as autosomal dominant disorders, in which the phenotype is seen in both the homozygous dominant and heterozygous genotype, or as autosomal recessive disorders, in which the phenotype is only seen in the homozygous recessive genotype.
- Sex-linked disorders are almost always associated with the X chromosome and are predominantly recessive.

Inherited Multifactorial Disorders

Multifactorial disorders are caused by the influence of multiple genes along with environmental factors. These traits do not follow the same clear-cut pattern of inheritance as do single-gene disorders because the appearance of the disorder phenotype will be dependent on environmental changes in addition to genetic mutations. Disorders of multifactorial inheritance can be present at birth or they may be expressed later in life. **Congenital disorders** that are thought to arise through multifactorial inheritance include cleft lip or palate, clubfoot, congenital dislocation of the hip, congenital heart disease, pyloric **stenosis**, and urinary tract malformations. Environmental factors are thought to play an even greater role in disorders of multifactorial inheritance that develop in adult life, such as coronary artery disease, diabetes, hypertension, and cancer.

Although multifactorial traits cannot be predicted with the same degree of accuracy as Mendelian single-gene mutations, characteristic patterns do exist for congenital disorders. First, multifactorial congenital malformations tend to involve a single organ or tissue derived from the same embryonic developmental field. Second, the risk of recurrence in future pregnancies is high for the same or a similar anomaly. For instance, this means that parents of a child with a cleft palate have an increased risk of having another child with a cleft palate.

Third, first-degree relatives of an affected person have an increased risk (as compared with the general population) of having a child with the disease. The risk increases with increasing numbers of the incidence of the anomaly among relatives.

Cleft Lip and Cleft Palate

In the United States, approximately 1 in every 1,600 babies is born with cleft lip with or without cleft palate, and about 1 in every 1,700 babies is born with cleft palate alone (Centers for Disease Control and Prevention [CDC], 2023c). This is also one of the more conspicuous congenital defects, resulting in an abnormal facial appearance and defective speech.

Developmentally, the anomaly has its origin at about the 35th day of gestation when the frontal prominences of the craniofacial structures fuse with the **maxillary** process to form the upper lip. This process is under the control of many genes, and disturbances in these (whether hereditary or environmental) at this time may result in cleft lip with or without cleft palate (Fig. 6-17).

Cleft lip and palate appearance may vary from a small notch in the vermilion border of the upper lip to complete separation involving the palate and extending into the floor of the nose. The clefts may be unilateral or bilateral and may involve the alveolar ridge. The condition may be accompanied by deformed, supernumerary (extra), or absent teeth. Isolated cleft palate occurs in the midline and may involve only the uvula or may extend into or through the soft and hard palates.

A child with cleft lip or palate may require years of special treatment by medical and dental specialists. The immediate problem in an infant with cleft palate is feeding. Nursing depends on suction developed by pressing the nipple against the hard palate with the tongue. Although infants with cleft lip usually have no problems with feeding, those with cleft palate usually require specially constructed, soft artificial nipples with large openings and a squeezable bottle. As the child ages, speech may be impaired because of these issues.

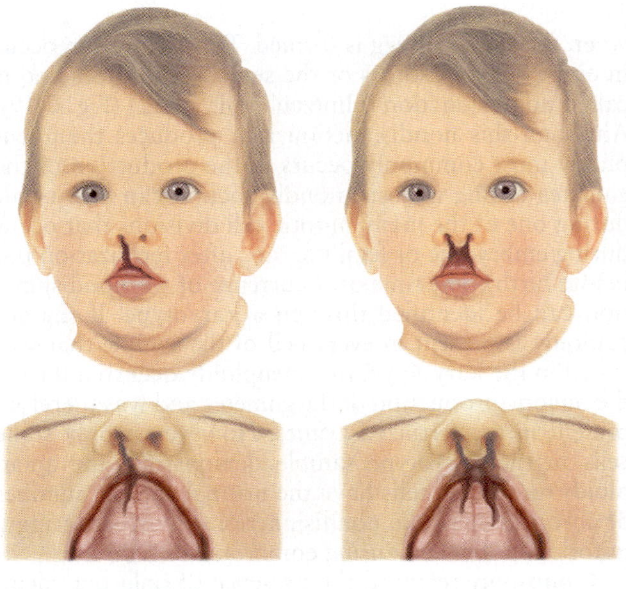

FIGURE 6-17. Cleft lip and cleft palate.

Major advances in the care of children born with cleft lip and palate occurred within the last quarter of the 20th century (Mayo Clinic, 2023). Surgical closure of the lip is usually performed by 3 months of age, with closure of the palate usually done before 1 year of age. Depending on the extent of the alteration, additional surgery may be required as the child grows. Displacement of the maxillary arches and malposition of the teeth usually require orthodontic correction.

Chromosomal Disorders

Chromosomal disorders form a major category of genetic disease, accounting for a large proportion of early miscarriages, congenital malformations, and intellectual disability.

Structural Chromosomal Abnormalities

The causes of chromosomal disorders are an abnormal number of chromosomes or alterations to the structure of chromosomes. Structural changes in chromosomes usually result from breakage in one or more of the chromosomes during meiosis followed by rearrangement or deletion of chromosome parts. Among the factors believed to cause chromosome breakage are exposure to radiation sources such as x-rays, influence of certain chemicals, extreme changes in the cellular environment, and viral infections.

Several patterns of chromosome breakage and rearrangement can occur (Fig. 6-18). There can be a deletion of the broken portion of the chromosome. When one chromosome is involved, the broken parts may be inverted. **Isochromosome formation** occurs when the centromere of the chromosome separates horizontally instead of vertically. **Ring formation** results when deletion is followed by uniting of the chromatids to form a ring. **Translocation** occurs when there are simultaneous breaks in two chromosomes from different pairs, with exchange of chromosome parts. With a balanced reciprocal translocation, no genetic information is lost; therefore, people with translocations usually are unaffected.

The manifestations of alterations in chromosome structure depend to a great extent on the amount of genetic material that is lost or displaced. Many cells sustaining major unrestored breaks are eliminated within the next few replication cycles because of deficiencies that may in themselves be fatal. This is beneficial because it prevents the damaged cells from becoming a permanent part of the organism or, if it occurs in the gametes, from giving rise to grossly defective zygotes.

Aneuploidies of Autosomes

Having an abnormal number of chromosomes is referred to as **aneuploidy** (because it is not the normal euploid number of chromosomes). Many times, this happens when there is a failure of the chromosomes to separate

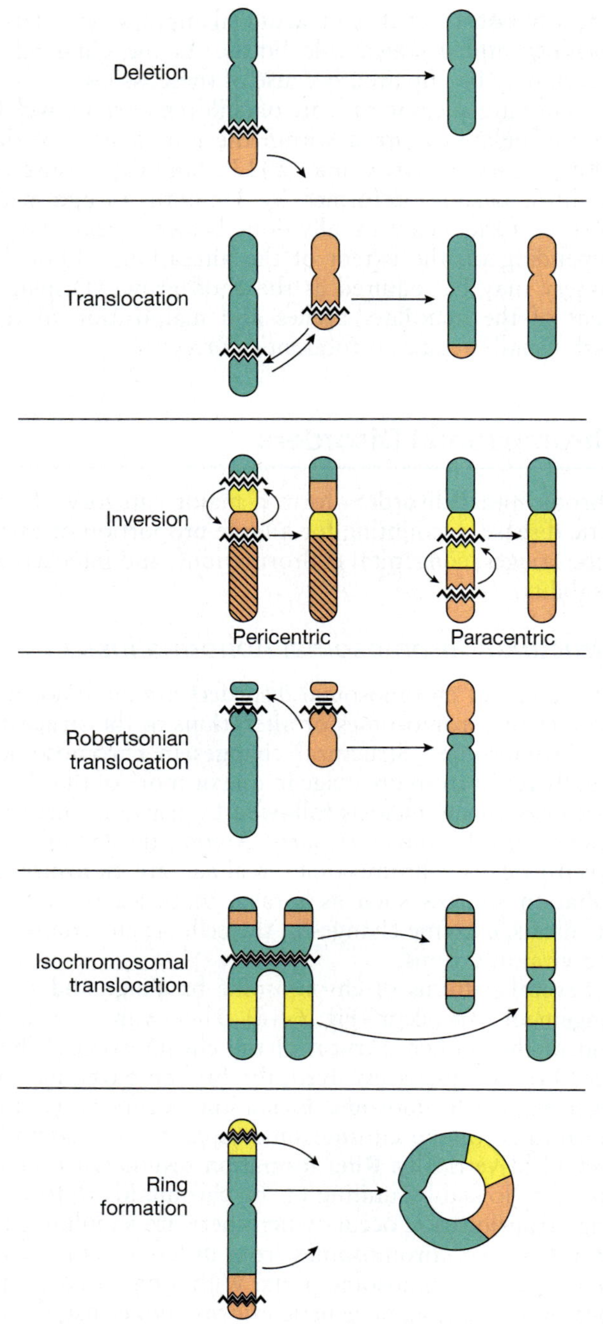

FIGURE 6-18. Structural abnormalities in the human chromosome. The deletion of a portion of a chromosome leads to loss of genetic material and shortened chromosome. A reciprocal translocation involves breaks on two nonhomologous chromosomes, with exchange of the acentric segment. An inversion requires two breaks in a single chromosome. If the breaks are on opposite sides of the centromere, the inversion is pericentric; it is paracentric if the breaks are on the same arm. A Robertsonian translocation occurs when two nonhomologous acrocentric chromosomes break near their centromeres, after which the long arms fuse to form one large metacentric chromosome. Isochromosomes arise from faulty centromere division, which leads to duplication of the long arm (iso q) and deletion of the short arm, or the reverse (iso p). Ring chromosomes form and involve breaks in both telomeric portions of a chromosome, deletion of the acentric fragments, and fusion of the remaining centric portion. (From Rubin, R., & Strayer, D. S. [Eds.]. [2015]. *Rubin's pathology: Clinicopathologic foundations of medicine* [7th ed., p. 253, Fig. 6-8]. Lippincott Williams & Wilkins.)

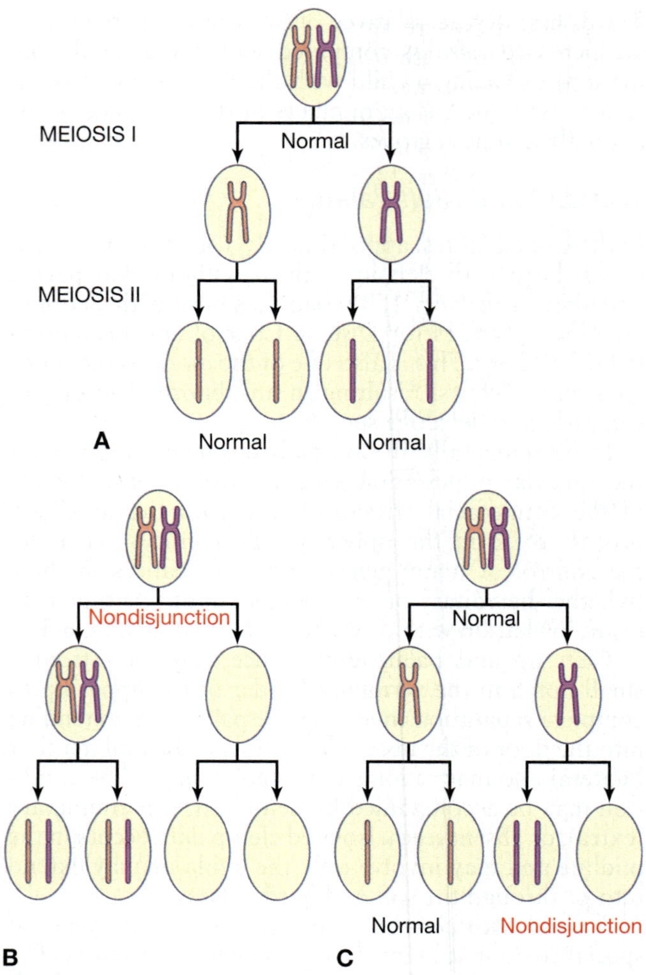

FIGURE 6-19. Nondisjunction as a cause of disorders of chromosomal number. (A) Normal distribution of chromosomes during meiosis I and II. (B) If nondisjunction occurs at meiosis I, the gametes contain either a pair of chromosomes or a lack of chromosomes. (C) If nondisjunction occurs at meiosis II, the affected gametes contain two copies of one parenteral chromosome or a lack of chromosomes.

when the sperm or egg is formed. This failure can occur in either the autosomes or the sex chromosomes and is called **nondisjunction** (Hintzen et al., 2022) (Fig. 6-19). Although this nondisjunction that produces the aneuploidy most commonly occurs in the production of the gametes during meiosis, nondisjunction can also occur during one of the many mitotic cell divisions that occur during embryonic or fetal life (i.e., after fertilization but before birth). The time of occurrence of the nondisjunction can be identified through a karyotype. If the aneuploidy is present in every cell of the sample that was tested in the karyotype, the aneuploidy occurred during the meiotic production of the gametes and was therefore present in the fertilized zygote. However, if only some cells in the karyotype sample demonstrate the aneuploidy and other cells have the normal euploid number of chromosomes, the nondisjunction occurred during a mitotic cell division during embryonic or fetal life.

Monosomy refers to the presence of only one member of a chromosome pair (i.e., a deletion of a chromosome). The defects associated with monosomy of the autosomes are severe and often cause miscarriage. The only monosomy with long-term survival is monosomy of the X chromosome, which is called Turner syndrome.

Polysomy occurs when a person has more than two copies of a chromosome instead of the normal pair. The most common form of polysomy is **trisomy**, or the presence of three copies of a chromosome instead of two copies. The majority of chromosomal trisomies are not survivable, even in utero, and result in miscarriage. Only three forms of trisomy are survivable after birth, but all cause developmental disorders. Trisomy 13 (Patau syndrome) and trisomy 18 (Edwards syndrome) are rare, and children with these disorders often die during childhood. The most common survivable polysomy is trisomy 21 (Down syndrome), in which individuals have three copies of chromosome 21. Polysomy can also affect sex chromosomes, such as in Klinefelter syndrome (47, XXY), where males have an extra X chromosome, leading to infertility and mild developmental differences.

Down Syndrome

First described in 1866 by John Langdon Down, trisomy 21, or Down syndrome, causes a combination of congenital anomalies, including some degree of intellectual disability, characteristic facial features, and other health problems. It is the most common chromosomal disorder.

Approximately 95% of cases of Down syndrome are caused by nondisjunction or an error in cell division during meiosis, resulting in a trisomy of chromosome 21. A rare form of Down syndrome (translocation Down syndrome) can occur in the offspring of people in whom there has been a **Robertsonian translocation** (see Fig. 6-18). This type of fusion creates a structurally altered chromosome for the parent carrier, but they still have a total of 46 chromosomes and are typically unaffected because no essential genetic material is missing. If this fused chromosome is passed to offspring, the child inherits two normal copies of chromosome 21 plus the extra chromosome 21 material from the translocation. This extra genetic material causes the symptoms of Down syndrome (CDC, 2023a).

The risk of having a child with Down syndrome increases with maternal age. The reason for the correlation between maternal age and nondisjunction is unknown but is thought to reflect some aspect of aging of the oocyte. Although males continue to produce sperm throughout their reproductive life, females are born with all the oocytes they will ever have. These oocytes may change as a result of the aging process and are likely to have chromosomal abnormalities.

A child with Down syndrome has specific physical characteristics that are evident at birth. These features include a small and rather square head; a flat facial profile, with a small nose and somewhat depressed nasal bridge; small folds on the inner corners of the eyes (epicanthal folds) and upward slanting of the eyes; small, low-set, and malformed ears; a fat pad at the back of the neck; an open mouth; and a large, protruding tongue (Fig. 6-20). The child's hands are usually short and stubby, with fingers that curl inward, and there is usually only a single palmar (i.e., simian) crease. There is excessive

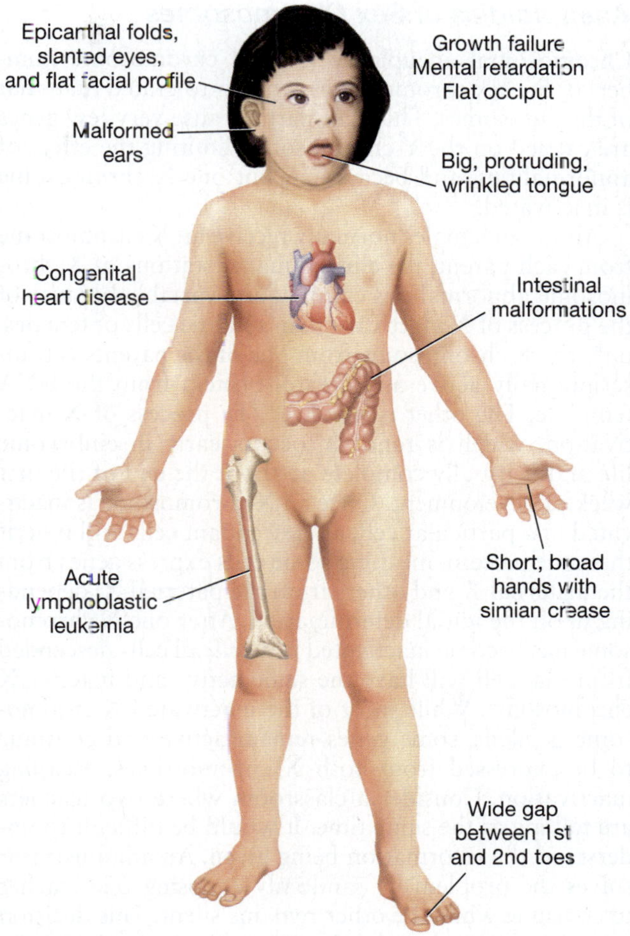

FIGURE 6-20. Clinical features of Down syndrome.

space between the first and second toes. There are often accompanying congenital heart defects and an increased risk of gastrointestinal malformations, osteoporosis, hearing and vision loss, obstructive sleep apnea, hypothyroidism, and cardiovascular diseases. Immune system dysfunction is also common (Lao et al., 2024). By age 60, over 50% of individuals with Down syndrome show symptoms of Alzheimer disease. The extra copy of chromosome 21 carries the amyloid precursor protein gene, the overexpression of which leads to excessive production of beta-amyloid plaques, a key factor in Alzheimer disease pathology (Rubenstein et al., 2024).

Prenatal screening tests can help assess the risk of having a child with Down syndrome. The most commonly used tests measure maternal serum levels of **alpha-fetoprotein (AFP)**, human chorionic gonadotropin (hCG), unconjugated estriol, inhibin A, and pregnancy-associated plasma protein-A (PAPP-A). The results, combined with maternal age, estimate the probability of Down syndrome. Between 10 and 13 weeks, an ultrasound can assess nuchal translucency, as fetuses with Down syndrome often have increased fluid in the back of the neck. However, a definitive diagnosis requires chromosome analysis via **chorionic villus sampling**, amniocentesis, or percutaneous umbilical blood sampling (CDC, 2023d; Sebire et al., 2024).

Aneuploidies of Sex Chromosomes

Chromosomal aneuploidy (altered chromosome number) of the sex chromosomes is better tolerated than that of the autosomes. This is in part because very few genes are carried on the Y chromosome, limiting the effect of abnormalities, and because all but one X chromosome is inactivated.

Although females normally receive an X chromosome from each parent, the clinical manifestations of X chromosome abnormalities can be quite variable because of the process of X inactivation. In somatic cells of females, only the X chromosome from one of the parents is transcriptionally active and creates protein from the DNA template. The other is inactive. The process of X inactivation, which is random, occurs early in embryonic life and is usually complete at about the end of the first week of development. Once an X chromosome is inactivated in a particular cell, all descendant cells will inherit the same pattern, meaning some cells express genes from the maternal X and others from the paternal X, depending upon the initial determination. After one X chromosome has become inactivated in a cell, all cells descended from that cell will have the same active and inactive X chromosome. While most of the inactivated X chromosome is silent, some genes remain active and continue to be expressed from both X chromosomes, escaping inactivation. Consider a classroom where two teachers are talking at the same time. It would be difficult to understand the information being given. An administrator solves the problem by randomly choosing one teacher to continue while the other remains silent. This decision is made early in the school year, and from that point on, all future classes follow the same rule. However, if some students can still hear any instruction from the silent teacher, they may understand things differently than the rest of the class. These students represent those genes that escape inactivation, leading to variations in symptoms. Although much of one X chromosome is inactivated in females, several regions do contain genes that escape inactivation and can continue to be expressed by both X chromosomes. These genes may explain some of the variations in clinical symptoms seen in cases of numeric abnormalities of the X chromosome.

Turner Syndrome

Turner syndrome is a genetic condition that affects females and occurs when one of the two X chromosomes is missing, or partially missing, in some or all cells. It leads to a variety of developmental, physical, and reproductive differences. There are several variations of the disorder. The most common type is 45,X, which means the person has only one X chromosome instead of two. Some people have mosaic Turner syndrome (45,X/46,XX), where some cells have the usual two X chromosomes, while others have only one X. In others, there may be an altered X chromosome, where parts are missing or rearranged. Characteristically, a female with Turner syndrome is short in stature but has typical body proportions (Fig. 6-21). Females with Turner syndrome lose the majority of their oocytes by the age of 2 years. Therefore, they do not menstruate and show no signs of secondary sex characteristics. There are variations in the syndrome, with abnormalities ranging from essentially a normal phenotype to cardiac abnormalities such as bicuspid aortic valve and **coarctation** of the aorta. They may have a webbed neck, a broad chest, and lymphedema.

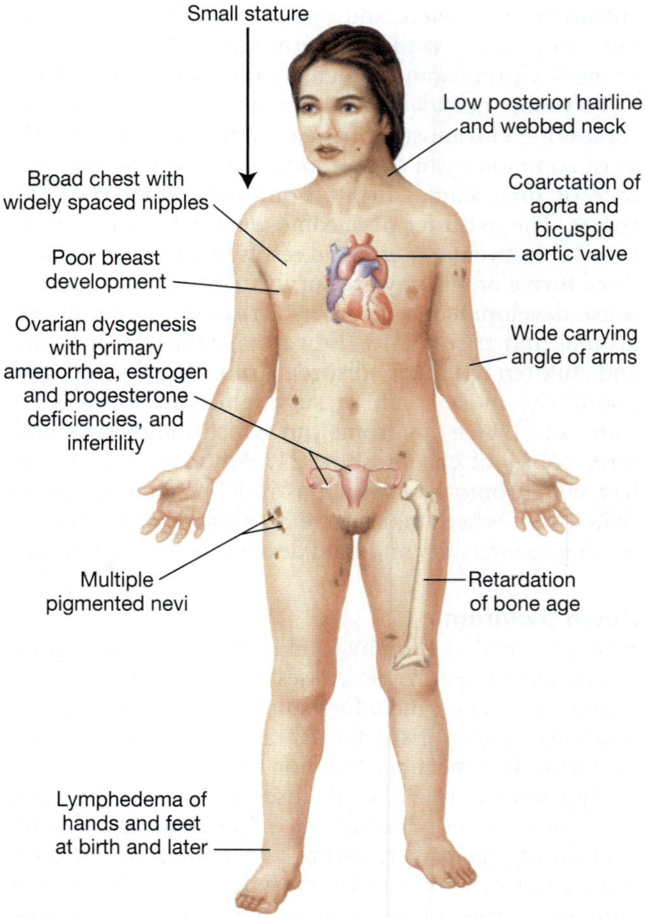

FIGURE 6-21. Clinical features of Turner syndrome.

Because the phenotype can be somewhat variable, the diagnosis of Turner syndrome often is delayed until late childhood or early adolescence in females who do not present with all of the classic features of the syndrome. It is important to diagnose Turner syndrome as early as possible, so treatment plans can be implemented and managed throughout a person's life. Physical exams and medical history often suggest the need for further evaluation, and the diagnosis can be confirmed with karyotype testing. Growth hormone therapy generally can result in a gain of 6 to 10 cm in final height. Estrogen therapy, which is instituted around the normal age of puberty, is used to promote development and maintenance of secondary sexual characteristics. It is also important to regularly monitor heart, kidney, and thyroid function (Khan et al., 2024).

Klinefelter Syndrome

Klinefelter syndrome is a condition of testicular **dysgenesis** accompanied by the presence of one or more extra X chromosomes in excess of the normal male XY complement (Los et al., 2023). Most males with Klinefelter syndrome have one extra X chromosome (47,XXY). In rare cases, there may be more than one extra X chromosome (48,XXXY). The presence of the extra X chromosome in the 47,XXY male results from nondisjunction during meiotic division in one of the parents, but the cause of the nondisjunction is unknown. Advanced maternal age increases the risk, but only slightly. Klinefelter syndrome occurs in approximately 1 per 700 male infants (Fabie, 2024).

Although the presence of the extra chromosome is fairly common, it is still a rare diagnosis as the phenotype is again variable. Many men live their lives without being aware that they have an additional chromosome (Los et al., 2023).

Phenotypic changes common to Klinefelter syndrome include enlarged breasts, sparse facial and body hair, small testes, and the inability to produce sperm (Fig. 6-22). Regardless of the number of X chromosomes

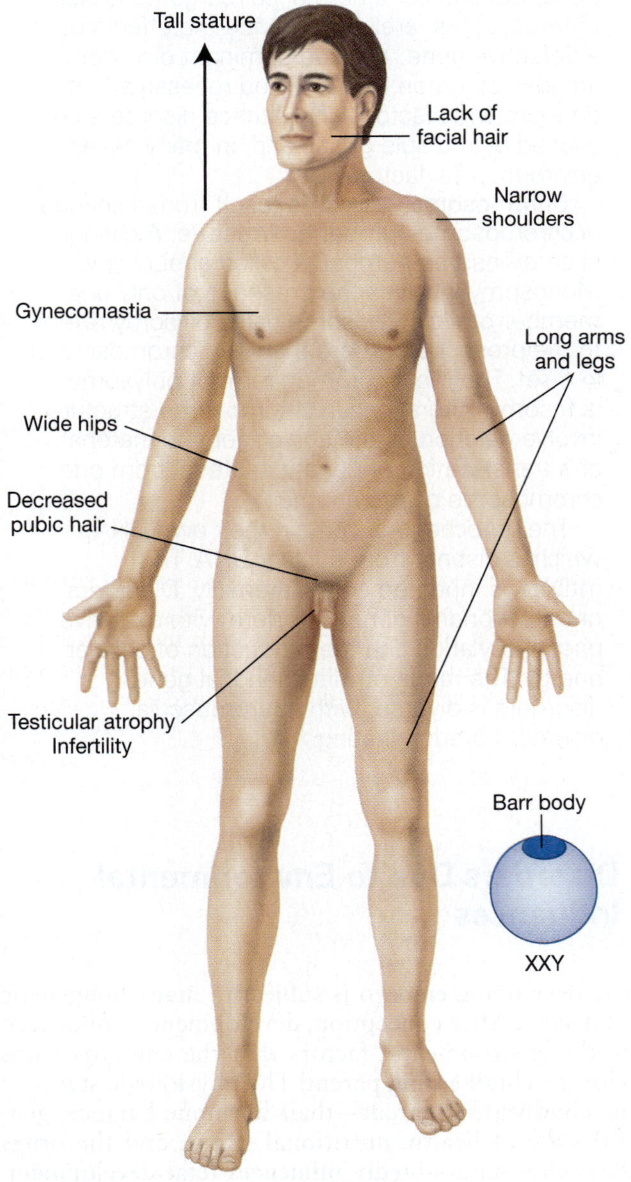

FIGURE 6-22. Clinical features of Klinefelter syndrome.

present, the male phenotype is retained. The condition often goes undetected at birth. The infant usually has normal male genitalia, but at puberty, the testes do not respond to stimulation from the gonadotropins and undergo degeneration. This leads to a tall stature with abnormal body proportions in which the lower part of the body is longer than the upper part. Later in life, the body build may become heavy, with a female distribution of subcutaneous fat and variable degrees of breast enlargement. There may be deficient secondary male sex characteristics, such as a voice that remains high-pitched and sparse beard and pubic hair. Although the intellect is usually unimpaired, most males with 47,XXY have some degree of language impairment (Fabie, 2024).

Adequate management of Klinefelter syndrome requires a comprehensive neurodevelopmental evaluation. Males with Klinefelter syndrome have congenital hypogonadism and decreased sperm count. **Androgen** therapy is usually initiated when there is evidence of a testosterone deficit. If sperm are present, cryopreservation may be useful for future family planning. However, genetic counseling is advised because of the increased risk of autosomal and sex chromosomal abnormalities (Fabie, 2024).

Mitochondrial Gene Disorders

Although the majority of inherited disorders come from nuclear DNA abnormalities, there are multiple diseases caused by rearrangements and mutations that can occur in mitochondrial DNA (mtDNA), The mtDNA is genetic material found inside mitochondria, the energy-producing organelles of cells. Unlike nuclear DNA, mtDNA contains only 37 genes, including two rRNA genes, 22 tRNA genes, and 13 structural genes that encode essential subunits of the mitochondrial respiratory chain enzymes. These enzymes play a crucial role in oxidative phosphorylation, the process that generates adenosine triphosphate (ATP), the primary energy source for cells (National Institute of Neurological Disorders and Stroke [NINDS], 2023).

The mtDNA is exclusively inherited from the female biologic parent because only the ovum contributes mitochondria to the developing embryo. While ova contain many mitochondria in their cytoplasm, sperm cells have very few, if any, and the mitochondria present in sperm are usually destroyed after fertilization. As a result, all mtDNA in the zygote (fertilized egg) comes from the female biologic parent, and any mutations in mtDNA are passed along the maternal lineage (Mavraki et al., 2022). Once the zygote divides, its descendant cells inherit multiple mitochondria, which can contain a mixture of both normal and mutated mtDNA. This phenomenon is called **heteroplasmy**, where some mitochondria carry mutant mtDNA, while others contain normal mtDNA. The severity of a mitochondrial disorder depends on the proportion of mutated mitochondria in a person's cells and tissues. If a high percentage of mitochondria carry the mutation, more severe disease symptoms will occur. If the proportion of mutated mitochondria is low, the person may have mild symptoms or none at all. This variability in disease expression explains why mtDNA disorders can affect individuals differently, even within the same family (NINDS, 2023).

Mutations or rearrangements in mtDNA can disrupt ATP production, leading to energy deficiencies that primarily affect high-energy-demand organs such as the brain, heart, and muscles. Disorders such as encephalopathies, myopathies, retinal degeneration, loss of extraocular muscle function, and deafness are common. The range of mitochondrial diseases is broad, however, and may include liver dysfunction, bone marrow failure, and pancreatic islet cell dysfunction and diabetes, among other disorders (Mavraki et al., 2022). Table 6-3 describes representative examples of disorders due to mutations in mtDNA.

TABLE 6-3 Some Disorders of Organ Systems Associated With Mitochondrial DNA Mutations

Disorder	Manifestations
Chronic progressive external ophthalmoplegia	Progressive weakness of the extraocular muscles
Deafness	Progressive sensorineural deafness, often associated with aminoglycoside antibiotics
Kearns-Sayre syndrome	Progressive weakness of the extraocular muscles of early onset with heart block, retinal pigmentation
Leber hereditary optic neuropathy	Painless, subacute, bilateral visual loss, with central blind spots (scotomas) and abnormal color vision
Leigh disease	Proximal muscle weakness, sensory neuropathy, developmental delay, ataxia, seizures, dementia, and visual impairment due to retinal pigment degeneration
MELAS	*M*itochondrial *e*ncephalomyopathy (cerebral structural changes), *l*actic *a*cidosis, and *s*trokelike syndrome, seizures, and other clinical and laboratory abnormalities; may manifest only as diabetes
MERRF	*M*yoclonic *e*pilepsy, *r*agged *r*ed *f*ibers in muscle, ataxia, sensorineural deafness
Myoclonic epilepsy with ragged red fibers	Myoclonic seizures, cerebellar ataxia, mitochondrial **myopathy** (muscle weakness, fatigue)

SUMMARY CONCEPTS

Genetic disorders can affect a single gene (Mendelian inheritance) or several genes (polygenic inheritance). Single-gene mutations may be present on an autosome or on the X chromosome, and they may be expressed as a dominant or recessive trait. In autosomal dominant disorders, the affected parent has a 50% chance of transmitting the disorder to each offspring. Autosomal recessive disorders are manifested only when both members of the gene pair are affected. Usually, both parents are unaffected but are carriers of the defective gene. Their chances of having an affected child are one in four; of having a carrier child, two in four; and of having a noncarrier, unaffected child, one in four. X-linked recessive disorders, which are associated with the X chromosome, are typically transmitted maternally by an unaffected carrier, who carries one normal X chromosome and one mutant X chromosome. The female biologic parent has a 50% chance of transmitting the defective gene to their male offspring, who are affected, and their female offspring have a 50% chance of being carriers of the mutant gene. Because of a normal paired gene, female heterozygotes rarely experience the effects of a defective gene. X-linked dominant disorders are less common than X-linked recessive, but do exist. Multifactorial inheritance disorders are caused by multiple genes and, in many cases, environmental factors.

Chromosomal disorders result from a change in chromosome number or structure. A change in chromosome number is called aneuploidy. Monosomy involves the presence of only one member of a chromosome pair. Polysomy refers to the presence of more than two chromosomes in a set. The most common form of polysomy is trisomy. Alterations in chromosome structure involve deletion or addition of genetic material, or a translocation of genetic material from one chromosome pair to another.

The mitochondria contain their own DNA, which is distinct from nuclear DNA. This mtDNA is inherited only maternally. Disorders of mitochondrial genes interfere with oxidative phosphorylation and the production of cellular energy. The range of mitochondrial gene disorders is diverse, with neuromuscular disorders predominating.

Disorders Due to Environmental Influences

The developing embryo is subject to many nongenetic influences. After conception, development is influenced by the environmental factors that the embryo shares with the childbearing parent. The physiologic status of the childbearing parent—their hormone balance, general state of health, nutritional status, and the drugs they take—undoubtedly influences fetal development. For example, maternal smoking is associated with lower-than-normal neonatal weight. Maternal use of alcohol is known to cause fetal abnormalities. Various drugs can cause early miscarriage. Measles and other infectious agents cause congenital malformations. Other agents, such as radiation, can cause chromosomal and genetic defects and produce developmental disorders.

Period of Vulnerability

The embryo's development is most easily disturbed during the period when differentiation and development of the organs are taking place. This time interval, which is often referred to as the period of **organogenesis**, extends from days 15 to 60 after conception. Environmental influences during the first 2 weeks after fertilization may interfere with implantation and result in spontaneous abortion or early **resorption** of the products of conception. Each organ has a critical period during which it is highly susceptible to environmental derangements (Fig. 6-23).

Teratogenic Agents

A **teratogenic** agent is a chemical, physical, or biologic agent that produces abnormalities during embryonic or fetal development. Maternal disease or altered metabolic state can also affect the development of the embryo or fetus. Theoretically, teratogenic agents can cause congenital defects in three ways:

1. By direct exposure of the pregnant person and the embryo or fetus to the agent
2. Through recent preconception exposure of the pregnant person to an agent that has a slow clearance rate, such that a teratogenic dose is retained during early pregnancy
3. As a result of **mutagenic** effects of an environmental agent that occur before pregnancy, causing permanent damage to a biologic parent's reproductive cells

For the purposes of discussion, teratogenic agents have been divided into three groups: radiation, drugs and chemical substances, and infectious agents. Chart 6-1 lists commonly identified agents in each of these groups.

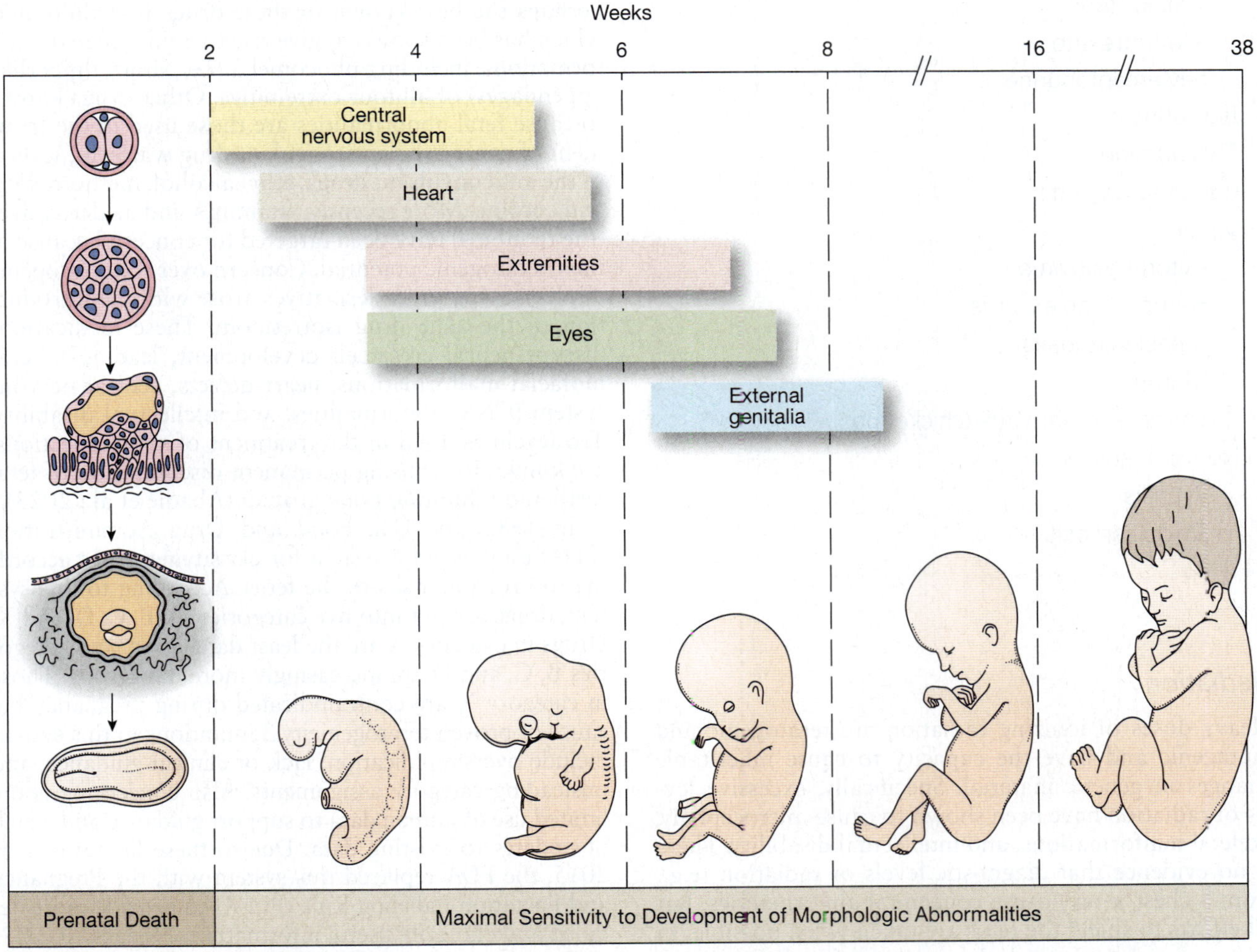

FIGURE 6-23. Sensitivity of specific organs to teratogenic agents at critical periods in embryogenesis. Exposure to adverse influences in the preimplantation and early postimplantation stages of development (*far left*) leads to prenatal death. Periods of maximal sensitivity to teratogens (*horizontal bars*) vary for different organ systems, but overall are limited to the first 8 weeks of pregnancy. (From Strayer, D. S., & Rubin, E. [Eds.]. [2015]. *Rubin's pathology: Clinicopathologic foundations of medicine* [7th ed., p. 246, Fig. 6-2]. Lippincott Williams & Wilkins.)

CHART 6-1

EXAMPLES OF TERATOGENIC AGENTS

Radiation

Drugs and Chemical Substances

- Alcohol
- Anticoagulants
  - Warfarin
- Antibiotics
  - Quinolones
  - Tetracycline
- Antiepileptics
- Antihypertension
  - Angiotensin-converting enzyme inhibitors, angiotensin II receptor blockers
- Antipsychotics
  - Lithium
- Cancer drugs
  - Aminopterin
  - Methotrexate
  - 6-Mercaptopurine
- Isotretinoin
- Thalidomide

Infectious Agents

- Viruses
  - Cytomegalovirus
  - Herpes simplex virus
  - Measles (rubella)
  - Mumps
  - Varicella-zoster virus (chickenpox)
- Nonviral factors
  - Syphilis
  - Toxoplasmosis

Radiation

Heavy doses of ionizing radiation are teratogenic and mutagenic and have the capacity to cause inheritable changes in genetic material. Specifically, excessive levels of radiation have been shown to cause microcephaly, skeletal malformations, and intellectual disability. There is no evidence that diagnostic levels of radiation (e.g., from a chest x-ray) cause congenital abnormalities, but all efforts to shield the fetus are taken when possible. In situations where a study is necessary for the pregnant person's health, the benefits to them of having proper diagnostic imaging must outweigh potential theoretical risks to the fetus (Yoon & Slesinger, 2023).

Chemicals and Drugs

Environmental chemicals and drugs can cross the placenta and cause damage to the developing embryo and fetus. Organic mercurials, particularly methylmercury, are among the most well-documented environmental teratogens. Exposure to methylmercury, primarily through contaminated seafood or industrial pollution, can cause severe developmental defects, especially in the nervous system of a developing fetus (Nascimento et al., 2022). The precise mechanisms by which chemicals and drugs exert their teratogenic effects are largely unknown. They may produce cytotoxic (cell killing), antimetabolic, or growth-inhibiting effects to the embryonic and fetal development.

Drugs top the list of chemical teratogens. Many drugs can cross the placenta and expose the fetus to both the pharmacologic and teratogenic effects. Factors that affect placental drug transfer and drug effects on the fetus include the rate at which the drug crosses the placenta, the duration of exposure, and the stage of placental and fetal development at the time of exposure. Lipid-soluble drugs tend to cross the placenta more readily and enter the fetal circulation. The molecular weight of a drug also influences the rate and amount of drug transferred across the placenta.

Several medications have been considered teratogenic. Perhaps the best known of these drugs is thalidomide, which has been shown to give rise to a full range of malformations, including phocomelia (i.e., short, flipperlike appendages) of all four extremities. Other drugs known to cause fetal abnormalities are those used in the treatment of cancer, the anticoagulant drug warfarin, several of the anticonvulsant drugs, ethyl alcohol, methotrexate, and cocaine. More recently, vitamin A and its derivatives (the retinoids) have been targeted for concern because of their teratogenic potential. Concern over the teratogenic effects of vitamin A derivatives arose with the introduction of the acne drug isotretinoin. These medications disrupt neural crest cell development, leading to craniofacial malformations, heart defects, central nervous system (CNS) abnormalities, and intellectual disability. Tetracyclines, used in the treatment of some infections, are known for causing permanent discoloration of fetal teeth and inhibiting bone growth (Abadie et al., 2023).

In 1983, the U.S. Food and Drug Administration (FDA) established a system for classifying drugs according to probable risks to the fetus. According to this system, drugs are put into five categories: A, B, C, D, and X. Drugs in category A are the least dangerous, and categories B, C, and D are increasingly more dangerous. Those in category X are contraindicated during pregnancy because of proven teratogenicity. Limitations in this system include oversimplification, lack of clinical guidance, and misleading category assignments. Also concerning is the limited use of human data to support guidance and a lack of updates to existing data. Due to these limitations, in 2015, the FDA replaced this system with the Pregnancy and Lactation Labeling Rule (PLLR) to provide more detailed and clinically useful information (Nonacs, 2022).

Because many drugs are suspected of causing fetal abnormalities, and even those that were once thought to be safe are now being viewed critically, it is recommended that people of childbearing potential avoid unnecessary use of drugs. This pertains to nonpregnant people as well as pregnant people because many developmental defects occur early in pregnancy.

Fetal Alcohol Spectrum Disorders

A drug that is often misused and can have deleterious effects on the fetus is alcohol. **Fetal alcohol spectrum disorders (FASDs)** are a group of physical, behavioral, and cognitive fetal abnormalities that occur secondary to drinking alcohol while pregnant. Not surprisingly, alcohol passes freely across the placental barrier due to its molecular weight and lipid solubility. What is less widely known is that concentrations of alcohol in the fetus are at least as high as in the pregnant person. Additionally, unlike many other teratogens, the harmful effects of alcohol are not restricted to the sensitive period of early gestation but extend throughout pregnancy (Akison et al., 2024).

Alcohol has widely variable effects on fetal development. There may be prenatal or postnatal growth retardation; CNS involvement, including neurologic abnormalities, developmental delays, behavioral dysfunction, intellectual impairment, and skull and brain malformation; and a characteristic set of facial features that include small palpebral **fissures** (i.e., eye openings), a thin vermilion border (upper lip), and an elongated, flattened midface and philtrum (i.e., the groove in the middle of the upper lip) (Fig. 6-24). The facial features of FASDs may not be as apparent in the newborn but become more prominent as the infant develops. As the children grow into adulthood, the facial features become more subtle, making diagnosis of FASDs in older people more difficult. Each of these defects can vary in severity, probably reflecting the timing of alcohol consumption in terms of the period of fetal development, amount of alcohol consumed, and hereditary and other environmental influences (Wilson et al., 2023).

The amount of alcohol that can be safely consumed during pregnancy is unknown. Even small amounts of alcohol consumed during critical periods of fetal development may be teratogenic. For example, if alcohol is consumed during the period of organogenesis, a variety of skeletal and organ defects may result. If alcohol is consumed later in gestation, when the brain is undergoing rapid development, there may be behavioral and cognitive disorders in the absence of physical abnormalities. Chronic alcohol consumption throughout pregnancy may result in a variety of effects, ranging from physical abnormalities to growth retardation and compromised CNS functioning. Evidence suggests that short-lived high concentrations of alcohol, such as those that occur with binge drinking, may be particularly significant, with abnormalities being unique to the period of exposure. Because of the possible effect on the fetus, it is recommended that pregnant people abstain completely from alcohol during pregnancy (Akison et al., 2024).

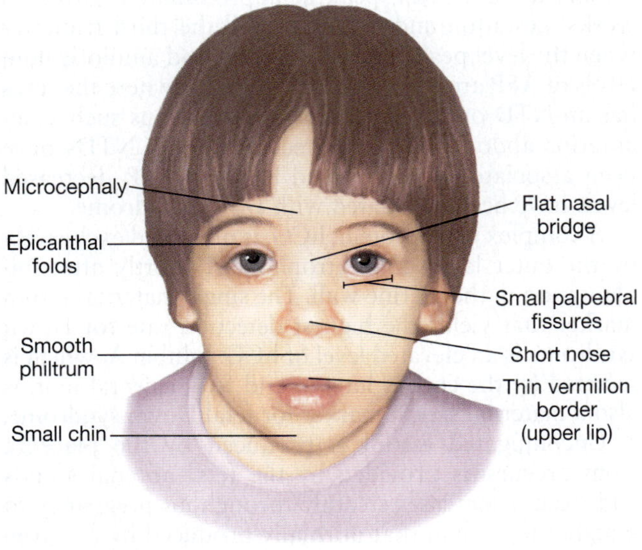

FIGURE 6-24. Clinical features of fetal alcohol spectrum disorders.

Infectious Agents

Many microorganisms cross the placenta and enter the fetal circulation, often producing multiple malformations. The acronym TORCH stands for *t*oxoplasmosis, *o*ther, *r*ubella (i.e., German measles), *c*ytomegalovirus, and *h*erpes, which are the agents most frequently implicated in fetal anomalies (Gopalakrishnan & Kandikuppa, 2023). Other infections that can cause fetal anomalies include varicella-zoster virus infection, listeriosis, leptospirosis, Epstein-Barr virus infection, tuberculosis, and syphilis. Human immunodeficiency virus and human parvovirus (B19) have been suggested as other potential additions to the list. Common clinical and pathologic manifestations include growth retardation, hearing loss, skin lesions or rashes, and abnormalities of the brain (microcephaly, hydrocephalus), eye, ear, liver, hematopoietic system (anemia, thrombocytopenia), lungs (pneumonitis), and heart (myocarditis, congenital heart disorders). These manifestations will vary among symptomatic newborns, however, and only a few present with multisystem abnormalities (Gopalakrishnan & Kandikuppa, 2023). Managing TORCH infections focuses on early diagnosis, preconceptional counseling, and the development of clear guidelines to improve maternal and neonatal outcomes (Patel et al., 2024).

KEY POINTS

Teratogenic Agents

- Teratogenic agents such as radiation, chemicals and drugs, and infectious organisms are agents that produce abnormalities in the developing embryo.
- The stage of development of the embryo determines the susceptibility to teratogens. The period during which the embryo is most susceptible to teratogenic agents is the time during which rapid differentiation and development of body organs and tissues are taking place, usually from days 15 to 60 postconception.

Folic Acid Deficiency

Although most congenital anomalies are related to exposure to a teratogenic agent, deficiencies of nutrients and vitamins also may be a factor. Folic acid deficiency has been implicated in the development of neural tube defects (NTDs) (e.g., anencephaly, spina bifida, encephalocele). Studies have shown a significant decrease in NTDs when folic acid was taken long-term by people of childbearing potential (U.S. Preventive Services Task Force, 2023). Therefore, it is recommended that all people of childbearing potential receive 400 to 800 mcg (0.4 to 0.8 mg) of folic acid daily and then continue upon becoming pregnant (CDC, 2023b).

SUMMARY CONCEPTS

A teratogenic agent is one that produces abnormalities during embryonic or fetal life. It is during the early part of pregnancy (15 to 60 days after conception) that environmental agents are most apt to produce their deleterious effects on the developing embryo. A number of environmental agents can be damaging to the unborn child, including radiation, drugs, chemicals, and infectious agents. Because many drugs have the potential for causing fetal abnormalities, often at an early stage of pregnancy, it is recommended that people of childbearing potential avoid unnecessary use of drugs.

Prenatal Diagnosis and Genetic Assessment

Prenatal assessment of risk for genetic and chromosomal disorders in the fetus and projecting the prognosis for the infant may include evaluation by a clinical geneticist in collaboration with the obstetric and pediatric clinicians and laboratory specialists. A detailed family history (i.e., pedigree), a pregnancy history, and detailed accounts of the birth process and postnatal health and development are included. A careful physical examination of the affected child and often of the parents and siblings usually is needed. Laboratory tests, including chromosomal analysis and biochemical studies, often precede a definitive diagnosis.

Prenatal Screening and Diagnosis

The purpose of prenatal screening and diagnosis is not only to detect fetal abnormalities but also to allay anxiety and provide assistance to prepare for a child with a specific disability. Prenatal screening cannot be used to rule out all possible fetal abnormalities. It is limited to determining whether the fetus has (or probably has) predesignated conditions as indicated by late maternal age, family history, or well-defined risk factors.

There are multiple methods that can assist in diagnosing a fetus regarding genetic disorders, including ultrasonography, maternal serum (blood) screening tests, amniocentesis, chorionic villus sampling, and percutaneous umbilical fetal blood sampling. Prenatal diagnosis can also provide the information needed for prescribing prenatal treatment for the fetus or making appropriate plans for the birth of a child with a known disease.

Ultrasonography

Ultrasonography is a noninvasive diagnostic method that uses reflections of high-frequency sound waves to visualize soft-tissue structures. Improved resolution and real-time units have enhanced the ability of ultrasound scanners to detect congenital anomalies. Ultrasonography makes possible the in utero diagnosis of cardiac defects, hydrocephalus, spina bifida, facial defects, congenital heart defects, congenital diaphragmatic hernias, disorders of the gastrointestinal tract, skeletal anomalies, and various other defects. Three-dimensional sonography has become useful in better assessing facial profiles and abdominal wall defects. Fetal MRI can be done to better assess skeletal, neurologic, and other anomalies.

Maternal Serum Markers

Maternal blood testing typically performed between 11 and 13 weeks of pregnancy combines nuchal translucency ultrasound, PAPP-A, hCG, and maternal age to assess the risk for trisomy 21 (Down syndrome), trisomy 13, and trisomy 18. PAPP-A, secreted by the placenta, promotes cell differentiation and proliferation across body systems. The quad screen, performed in the second trimester, measures AFP, hCG, estriol, and inhibin A to estimate the probability of chromosomal abnormalities.

AFP is a major fetal plasma protein made initially by the yolk sac, gastrointestinal tract, and liver. Fetal plasma levels of AFP peak at approximately 10 to 13 weeks' gestation and decrease until the third trimester when the level peaks again. Maternal and amniotic fluid levels of AFP are elevated in pregnancies where the fetus has an NTD or certain other malformations such as an **anterior** abdominal wall defect. Although NTDs have been associated with elevated levels of AFP, decreased levels have been associated with Down syndrome.

A complex glycoprotein, hCG, is produced exclusively by the outer layer of the trophoblast shortly after implantation in the uterine wall. The single maternal serum marker that yields the highest detection rate for Down syndrome is an elevated level of hCG. Inhibin A, which is secreted by the corpus luteum and fetoplacental unit, is also a maternal serum marker for fetal Down syndrome.

Unconjugated estriol is produced by the placenta from precursors provided by the fetal adrenal glands and liver. It increases steadily throughout pregnancy to a higher level than that normally produced by the liver. Unconjugated estriol levels are decreased in Down syndrome and trisomy 18.

KEY POINTS

Prenatal Diagnosis and Genetic Assessment

- Sonography, first-trimester screening, quad screening, amniocentesis, chorionic villus sampling, and percutaneous umbilical cord blood sampling (PUBS) are important procedures that allow prenatal diagnosis and management.

Amniocentesis

Amniocentesis is an invasive diagnostic procedure involving the transabdominal extraction of amniotic fluid from the uterus, primarily to detect genetic disorders. It is typically recommended for pregnant people with elevated risks identified through first-trimester or quad screenings, abnormal ultrasound findings, or a significant family history of inherited diseases. The collected amniotic fluid contains fetal cells, which are cultured for chromosomal analysis.

Chorionic Villus Sampling

Chorionic villus sampling is an invasive diagnostic procedure that obtains tissue that can be used for fetal chromosome studies, DNA analysis, and biochemical studies. Sampling of the chorionic villi usually is done after 10 weeks' gestation.

Percutaneous Umbilical Cord Blood Sampling

Percutaneous umbilical cord blood sampling (PUBS), also known as cordocentesis, is an invasive diagnostic test involving the insertion of a needle through the uterine wall into the umbilical vein under ultrasound guidance to obtain fetal blood samples (Malini et al., 2022). The procedure is typically performed after 18 weeks' gestation. It is used for prenatal diagnosis of hemoglobinopathies, coagulation disorders, metabolic and cytogenetic disorders, immunodeficiencies, and fetal infections such as rubella or toxoplasmosis. Fetal infections such as rubella and toxoplasmosis can be detected through measurement of immunoglobulin M antibodies or direct blood cultures. Due to a higher risk of pregnancy loss compared with other procedures like amniocentesis, PUBS is generally reserved for situations where rapid cytogenetic analysis is necessary or when other diagnostic methods are inconclusive (Cleveland Clinic, 2023; Malini et al., 2022).

Cytogenetic and DNA Analyses

Amniocentesis and chorionic villus sampling yield cells that can be used for cytogenetic and DNA analyses. Cytogenetic studies are used for fetal karyotyping to detect abnormalities of chromosome number and structure in the fetus. Karyotyping also reveals the sex of the fetus. This may be useful when an inherited defect is known to affect only one sex.

A more recent advancement in prenatal diagnosis involves analyzing cell-free fetal DNA (cfDNA) in the maternal blood, a technique known as noninvasive prenatal testing (NIPT). NIPT is increasingly being used to screen for trisomy 21 (Down syndrome), trisomy 18, and trisomy 13, providing a safer alternative to invasive procedures.

SUMMARY CONCEPTS

Genetic and prenatal diagnosis and counseling are done in an effort to determine the risk of having a child with a genetic or chromosomal disorder. They often involve a detailed family history (i.e., pedigree), examination of any affected and other family members, and laboratory studies, including chromosomal analysis and biochemical studies. These examinations are usually done by a genetic counselor and a specially prepared team of healthcare professionals. Prenatal screening and diagnosis are used to detect fetal abnormalities. Ultrasonography is used for fetal anatomic imaging. It is used for determination of fetal size and position and for the presence of structural anomalies. Maternal serum screening is used to identify pregnancies that are at increased risk for some disorders. Amniocentesis and chorionic villus sampling may be used to obtain specimens for cytogenetic and biochemical studies.

Epigenetics

For years, scientists believed that our DNA was like an unchangeable blueprint, determining everything about us from birth. However, research has revealed that genes are not just on or off—they can be dialed up or down based on environmental factors, lifestyle, and even experiences. This process is known as **epigenetics**, which refers to chemical modifications that regulate gene activity without changing the actual DNA sequence (Al Aboud et al., 2022).

Epigenetics explains how identical twins, who share the same genetic code, can develop different diseases or traits over time. It also helps us understand how factors like stress, diet, toxins, and even maternal health during pregnancy can influence gene expression, sometimes across generations. Unlike genetic mutations, which permanently alter DNA, epigenetic changes are reversible, making them a promising target for new medical treatments (Al Aboud et al., 2022).

Key Epigenetic Mechanisms

While genetic inheritance determines the blueprint of an individual's biology, epigenetics acts as a flexible layer of control that can turn genes on or off in response to environmental and lifestyle factors. This process occurs through mechanisms such as DNA methylation, histone modification, and noncoding RNA, which regulate gene activity without altering the underlying genetic code (Wu et al., 2023). DNA methylation involves adding chemical tags to DNA that silence gene expression, while histone modification changes how tightly DNA is wound around proteins, making genes more or less accessible. Noncoding RNAs help fine-tune gene expression by blocking or enhancing the activity of specific genes. Unlike genetic mutations, which permanently change DNA, epigenetic modifications are dynamic and reversible, allowing genes to respond to internal and external signals. Understanding these mechanisms provides critical insights into how genes are regulated and how their activity can be altered by environmental influences (Prabhakaran et al., 2024).

Epigenetic Influences on Health and Disease

Epigenetic modifications play a crucial role in health and disease, influencing everything from early development to aging. Disruptions in normal epigenetic patterns can lead to a wide range of diseases, including cancer, neurodevelopmental disorders, metabolic syndromes, and autoimmune conditions. For example, abnormal DNA methylation can silence tumor-suppressor genes, allowing cancer cells to grow unchecked. Similarly, epigenetic dysregulation is implicated in neurologic conditions such as autism spectrum disorder, schizophrenia, and Alzheimer disease, where improper gene expression affects brain function (Wu et al., 2023). Some diseases, once thought to be purely genetic, are now understood to have strong epigenetic components, meaning that while genetic mutations may predispose individuals to disease, epigenetic factors often determine when and how these conditions manifest.

The environment and lifestyle have profound effects on epigenetic regulation, often shaping long-term health outcomes. Studies have shown that maternal health, prenatal exposures, and early childhood experiences can impact gene expression, sometimes for generations. For instance, exposure to malnutrition or high levels of stress during pregnancy can lead to epigenetic modifications in the fetus, potentially increasing the risk of metabolic disorders, cardiovascular disease, and mental health conditions later in life (Dieckmann & Czamara, 2024). Similarly, substances such as tobacco, alcohol, and illicit drugs can alter epigenetic markers, influencing fetal brain development and increasing susceptibility to substance use disorder and other disorders. Research has also linked chronic stress, obesity, and exposure to environmental toxins to epigenetic changes that contribute to conditions like diabetes and heart disease (Wells & Lotfipour, 2023). As scientists continue to explore the interplay between genetics and the environment, they are uncovering new ways to predict, prevent, and treat diseases by targeting epigenetic mechanisms (Shaman, 2024).

Advancements in genetic and epigenetic research have opened the door to innovative medical treatments. Techniques like Clustered Regularly Interspaced Short Palindromic Repeats (CRISPR) gene editing and epigenetic therapy are being developed to correct faulty gene expression in diseases such as cancer, neurodegenerative disorders, and rare genetic conditions (Shaman, 2024). Unlike traditional genetic therapies that focus on altering DNA sequences, epigenetic drugs aim to modify the chemical tags that regulate gene activity, offering a more precise and potentially reversible approach to treatment. Personalized medicine, which tailors medical interventions based on an individual's genetic and epigenetic profile, is also gaining traction, allowing for more effective and targeted healthcare solutions. Researchers are also exploring epigenetic biomarkers, which can help detect diseases early and guide treatment strategies (Wisman et al., 2024). These discoveries offer hope for treating diseases that were previously considered untreatable by directly influencing gene regulation rather than modifying DNA itself.

As these advancements continue, ethical considerations surrounding genetics and epigenetics become increasingly important. Questions about genetic privacy, data security, and the potential for genetic discrimination must be addressed to ensure responsible use of genetic information (Santaló & Berdasco, 2022). Additionally, concerns about designer babies, gene editing, and the long-term consequences of epigenetic modifications highlight the need for thoughtful regulation and ethical oversight (Almeida & Ranisch, 2022). The ability to alter gene expression raises questions about consent, accessibility, and potential unintended consequences. Should individuals have the right to modify their or their children's epigenomes? Who gets access to these treatments, and could they widen social inequalities? Balancing scientific progress with ethical responsibility is essential to harness the full potential of genetic and epigenetic research for the benefit of society (Santaló & Berdasco, 2022).

SUMMARY CONCEPTS

Epigenetics regulates gene expression without altering DNA, influencing development, health, and disease. Key mechanisms—DNA methylation, histone modifications, and noncoding RNAs—respond to environmental factors like nutrition, stress, and toxins. These modifications are reversible, making them potential targets for new treatments.

Advances in epigenetic research have led to personalized medicine, gene editing, and epigenetic therapies, offering new ways to prevent, detect, and treat diseases like cancer and neurologic disorders. However, ethical concerns around genetic privacy, discrimination, and access to treatment must be addressed as the field continues to evolve.

Gene Technology

The past several decades have seen phenomenal advances in the field of genetics. These advances have included the completion of the Human Genome Project, the establishment of the International HapMap Project to map the haplotypes of variations in the human genome, and the development of methods for applying the technology of these projects to the diagnosis and treatment of disease. Many healthcare professions also have established clinical competencies for their specific professions regarding genetics, because the application of genetic technology is becoming more evident in all areas of disease screening and management. Multiple new genetic diagnostics are used to assess for various genetic alterations. Information obtained from these technologies greatly assists in planning the care and pharmacologic management of many types of diseases. Healthcare professionals need to be able to answer questions and explain the results of testing and how this knowledge may or may not influence the course of one's health.

Genetic Mapping

Genetic mapping is the assignment of genes to a specific locus or to specific parts of the chromosome. Another type of mapping strategy, the **haplotype map**, focuses on identifying the slight variations in the human genome that affect a person's susceptibility to disease and responses to environmental factors such as microbes, toxins, and drugs.

The Human Genome Project

The Human Genome Project, initiated in 1990 and completed in 2003, sought to identify all the genes in the human genome. The international project was charged with both determining the precise locations of genes and also exploring technologies that would enable the sequencing of large amounts of DNA with high accuracy and low cost. Some of what was discovered was quite unexpected, including the revelation that humans have a mere 30,000 genes, rather than the 100,000 that were initially predicted from the number of different proteins in our body. This project resulted in the identification of 3 billion DNA base pairs. There were gaps in the original 2003 assembly due to technologic limitations at the time. In 2022, scientists using advanced sequencing technology fully completed the human genome, filling in the missing regions—particularly complex and repetitive sequences, such as those in centromeres and telomeres. This was achieved through the Telomere-to-Telomere (T2T) Consortium (Hallast et al, 2023; O'Donnell et al, 2023).

Forensic Genealogy

Forensic genealogy is a powerful investigative tool that combines traditional genetic analysis with genealogic research to help solve crimes. This method involves extracting DNA from crime scene evidence, comparing it to genetic profiles in public or law enforcement databases, and using family trees to identify potential suspects or victims. Unlike conventional forensic DNA profiling, which matches DNA to a known offender, forensic genealogy can identify distant relatives, allowing investigators to trace back family lineages and pinpoint a suspect through ancestral connections.

Recombinant DNA Technology

Recombinant DNA technology refers to a set of molecular methods that combine DNA from different sources to study genes, diagnose disease, and produce therapeutic substances. By isolating, copying, and expressing specific genes, scientists can determine gene function and develop treatments for genetic and acquired disorders (Eberle, 2024).

At the core of this technology is the ability to cut and join DNA fragments using restriction enzymes and DNA ligase, creating new combinations that can be inserted into host cells such as bacteria or yeast. These cells then replicate and express the introduced gene, producing proteins identical to those made in humans. This process has enabled the safe large-scale synthesis of human insulin, growth hormone, erythropoietin, and clotting factors, revolutionizing treatment for diabetes, growth disorders, and hemophilia (Kale, 2024).

A major supporting advance is the **polymerase chain reaction (PCR)**, which allows rapid amplification of targeted DNA sequences. PCR is used in genetic testing, infection detection, forensic analysis, and research. More recently, gene-editing tools such as CRISPR–Cas9 have made it possible to precisely add, delete, or correct DNA segments. These methods hold promise for treating inherited diseases like sickle cell disease and cystic fibrosis and for developing targeted cancer therapies (Kale, 2024).

While the benefits are significant, gene technologies also raise ethical questions about genetic privacy, germline modification, and equitable access. Ongoing oversight and ethical guidance are essential to ensure these tools are used responsibly in medicine and research.

SUMMARY CONCEPTS

Recombinant DNA and gene-editing technologies allow scientists to isolate, modify, and apply genetic material for diagnosis and therapy. These advances have led to the production of human proteins, improved genetic testing, and new strategies for treating disease, marking a major step toward precision medicine.

Integrating Clinical Decision Making

A 32-year-old woman, Sari, is referred for genetic counseling after her younger brother is diagnosed with Marfan syndrome. Their father died suddenly at age 40 from an aortic dissection. Sari has no known medical problems but reports that she is tall and slender with long fingers. Her primary concern is whether her 2-year-old daughter could have inherited the disorder. Genetic testing reveals that Sari has a mutation in the FBN1 gene on chromosome 15, confirming that she also has Marfan syndrome, although her phenotype is milder than her brother's.

1. Which pattern of inheritance best explains the transmission of Marfan syndrome in Sari's family?
2. Sari's brother has more severe cardiovascular involvement than she does. What genetic principle explains the difference in clinical expression among family members with the same disorder?

Sari's cardiologist recommends genetic testing for her daughter. Results show that the child does not carry the FBN1 mutation. However, Sari's cousin is later diagnosed with cystic fibrosis after experiencing recurrent respiratory infections. The family asks how two very different disorders—Marfan syndrome and cystic fibrosis—can both "run in the family."

3. How does the pattern of inheritance for cystic fibrosis differ from that of Marfan syndrome?
4. Sari learns that recombinant DNA technology has made it possible to identify carriers of cystic fibrosis and to develop effective therapies for genetic diseases. Based on the chapter, what is one way recombinant DNA or gene-editing technology contributes to such advances?

REFERENCES

Abadie, R., Keller, C., Jones, N., Mayeux, E., Klapper, R. J., Anderson, L., Kaye, A. M., Ahmadzadeh, S., Varrassi, G., Shekoohi, S., & Kaye, A. D. (2023). Review of teratogenic effects of leflunomide, accutane, thalidomide, warfarin, tetracycline, and angiotensin-converting enzyme inhibitors. *Cureus*, *15*(12), e50465. https://doi.org/10.7759/cureus.50465

Akison, L. K., Hayes, N., Vanderpeet, C., Logan, J., Munn, Z., Middleton, P., Moritz, K. M., Reid, N., Anderson, S., Barnett, D., Crawford, A., Doney, R., Elliott, E., Friend, R., Goldsbury, S., Gullo, M., Harrington, S., Harris, K., Hewlett, N., ... Walker, P. (2024). Prenatal alcohol exposure and associations with physical size, dysmorphology and neurodevelopment: A systematic review and meta-analysis. *BMC Medicine*, *22*(1), 467. https://doi.org/10.1186/s12916-024-03656-w

Al Aboud, N. M., Tupper, C., & Jialal, I. (2022). Genetics, epigenetic mechanism. In *StatPearls* [Internet]. StatPearls Publishing. https://www.ncbi.nlm.nih.gov/books/NBK532999/

Al Amin, A. S. M., & Carter, K. R. (2023). Polydactyly (Archived). In *StatPearls* [Internet]. StatPearls Publishing. Retrieved August 8, 2023, from https://www.ncbi.nlm.nih.gov/books/NBK562295/

Almeida, M., & Ranisch, R. (2022). Beyond safety: Mapping the ethical debate on heritable genome editing interventions. *Humanities and Social Sciences Communications*, *9*(1), 139. https://doi.org/10.1057/s41599-022-01147-y

Ballin, M., Neovius, M., Ortega, F. B., Henriksson, P., Nordström, A., Berglind, D., Nordström, P., & Ahlqvist, V. H. (2023). Genetic and environmental factors and cardiovascular disease risk in adolescents. *JAMA Network Open*, *6*(11), e2343947. https://doi.org/10.1001/jamanetworkopen.2023.43947

Centers for Disease Control and Prevention. (2023a, March 2). *Down syndrome*. U.S. Department of Health & Human Services. https://www.cdc.gov/birth-defects/about/down-syndrome.html

Centers for Disease Control and Prevention. (2023b, May 15). *Folic acid: Facts for clinicians*. https://www.cdc.gov/folic-acid/hcp/clinical-overview/index.html

Centers for Disease Control and Prevention. (2023c, August 9). *Cleft lip/cleft palate*. U.S. Department of Health & Human Services. https://www.cdc.gov/birth-defects/about/cleft-lip-cleft-palate.html

Centers for Disease Control and Prevention. (2023d, October 5). *Screening and diagnosis*. U.S. Department of Health & Human Services. https://www.cdc.gov/birth-defects/about/down-syndrome.html

Cleveland Clinic. (2023, October 10). *Cordocentesis (Percutaneous umbilical blood sampling)*. Retrieved February 15, 2025, from https://my.clevelandclinic.org/health/diagnostics/24398-cordocentesis

Cleveland Clinic. (2025, January 6). *Genetic disorders*. https://my.clevelandclinic.org/health/diseases/21751-genetic-disorders

Dieckmann, L., & Czamara, D. (2024). Epigenetics of prenatal stress in humans: The current research landscape. *Clinical Epigenetics*, *16*(1), 20. https://doi.org/10.1186/s13148-024-01635-9

Eberle, C. (2024, October 1). *Recombinant DNA technology—Steps, methods & examples*. evitria. https://www.evitria.com/journal/recombinant-antibodies/recombinant-dna-technology/

Fabie, N. A. (2024). Klinefelter syndrome. *Pediatric Care Online*. https://doi.org/10.1542/aap.ppcqr.396474

Ghalavand, M. A., Asghari, A., Farhadi, M., Taghizadeh-Hesary, F., Garshasbi, M., & Falah, M. (2023). The genetic landscape and possible therapeutics of neurofibromatosis type 2. *Cancer Cell International*, *23*(1), 99. https://doi.org/10.1186/s12935-023-02940-8

Goetsch Weisman, A., Weiss McQuaid, S., Radtke, H. B., Stoll, J., Brown, B., & Gomes, A. (2023). Neurofibromatosis- and schwannomatosis-associated tumors: Approaches to genetic testing and counseling considerations. *American Journal of Medical Genetics Part A*, *191*(10), 2467–2481. https://doi.org/10.1002/ajmg.a.63346

Gopalakrishnan, R., & Kalikuppa, R. T. (2023). Shining a light on torch infections in pregnancy. *Journal of Clinical Infectious Disease Society*, *1*(4), 302–308. https://doi.org/10.4103/cids.cids_4_24

Hallast, P., Ebert, P., Loftus, M., Yilmaz, F., Audano, P. A., Logsdon, G. A., Bonder, M. J., Zhou, W., Höps, W., Kim, K., Li, C., Hoyt, S. J., Dishuck, P. C., Porubsky, D., Tsetsos, F., Kwon, J. Y., Zhu, Q., Munson, K. M., Hasenfeld, P., & Lee, C. (2023). Assembly of 43 human Y chromosomes reveals extensive complexity and variation. *Nature*, *621*(7978), 355–364. https://doi.org/10.1038/s41586-023-06425-6

Hintzen, D. C., Soto, M., Schubert, M., Bakker, B., Spierings, D. C., Szuhai, K., Lansdorp, P. M., Kluin, R. J., Foijer, F., Medema, R. H., & Raaijmakers, J. A. (2022). The impact of monosomies, trisomies and segmental aneuploidies on chromosomal stability. *PLoS One*, *17*(7), e0268579. https://doi.org/10.1371/journal.pone.0268579

Hou, Z., Nightingale, F., Zhu, Y., MacGregor-Chatwin, C., & Zhang, P. (2023). Structure of native chromatin fibres revealed by Cryo-ET in situ. *Nature Communications*, *14*, 6324. https://doi.org/10.1038/s41467-023-42072-1

Juárez, J. C., Gómez, A. A., Díaz, A. E., & Arévalo, G. S. (2024). Understanding pathophysiology in fragile X syndrome: A comprehensive review. *Neurogenetics*, *26*(1), 6. https://doi.org/10.1007/s10048-024-00794-4

Kale, S. (2024, July 22). *Unleashing the power of recombinant DNA technology: Gene cloning, expression and engineering*. Life in the Lab. https://www.thermofisher.com/blog/life-in-the-lab/unleashing-the-power-of-recombinant-dna-technology-gene-cloning-expression-and-engineering/

Khan, N., Farooqui, A., & Ishrat, R. (2024). Turner syndrome where are we? *Orphanet Journal of Rare Diseases*, *19*(1), 314. https://doi.org/10.1186/s13023-024-03337-0

Lao, P., Edwards, N., Flores-Aguilar, L., Alshikho, M., Rizvi, B., Tudorascu, D., Rosas, H. D., Yassa, M., Christian, B. T., Mapstone, M., Handen, B., Zimmerman, M. E., Gutierrez, J., Wilcock, D., Head, E., & Brickman, A. M. (2024). Cerebrovascular disease emerges with age and Alzheimer's disease in adults with Down syndrome. *Scientific Reports*, *14*(1), 12334. https://doi.org/10.1038/s41598-024-61962-y

Los, E., Leslie, S. W., Kadam, S. J., & Ford, G. A. (2023). Klinefelter syndrome. In *StatPearls* [Internet]. StatPearls Publishing. Retrieved November 12, 2023, from https://www.ncbi.nlm.nih.gov/books/NBK482314/?utm_source=chatgpt.com

Lui, F., Ramani, P. K., & Parayil Sankaran, B. (2024). Tay–Sachs disease. In *StatPearls* [Internet]. StatPearls Publishing. Retrieved October 6, 2024, from https://www.ncbi.nlm.nih.gov/books/NBK564432/?utm_source=chatgpt.com

Malini, K., Raksha, M., Sudha, H., Mukherjee, S., & Varadaraj, R. (2022). Fetal blood sampling: Indications, outcome and complications. *Journal of South Asian Federation of Obstetrics and Gynaecology*, *14*(4), 453–457. https://doi.org/10.5005/jp-journals-10006-2077

Marelli, S., Micaglio, E., Taurino, J., Salvi, P., Rurali, E., Perrucci, G. L., Dolci, C., Udugampolage, N. S., Caruso, R., Gentilini, D., Trifiro', G., Callus, E., Frigiola, A., De Vincentiis, C., Pappone, C., Parati, G., & Pini, A. (2023). Marfan syndrome: Enhanced diagnostic tools and follow-up management strategies. *Diagnostics*, *13*(13), 2284. https://doi.org/10.3390/diagnostics13132284

Mavraki, E., Labrum, R., Sergeant, K., Alston, C. L., Woodward, C., Smith, C., Knowles, C. V., Patel, Y., Hodsdon, P., Baines, J. P., Blakely, E. L., Polke, J., Taylor, R. W., & Fratter, C. (2022). Genetic testing for mitochondrial disease: The United Kingdom best practice guidelines. *European Journal of Human Genetics*, *31*(2), 148–163. https://doi.org/10.1038/s41431-022-01249-w

Mayo Clinic. (2023, June 14). *Cleft lip and Cleft palate—Diagnosis & treatment*. https://www.mayoclinic.org/diseases-conditions/cleft-palate/diagnosis-treatment/drc-20370990

Medline Plus. (2022). *Y chromosome*. Retrieved March 1, 2025, from https://medlineplus.gov/genetics/chromosome/y/

Meselson, M., & Stahl, F. W. (1958). The replication of DNA in *Escherichia coli*. *Proceedings of the National Academy of Sciences of the United States of America*, *44*(7), 671–682. https://doi.org/10.1073/pnas.44.7.671

Nascimento, P. C., Ferreira, M. K., Bittencourt, L. O., Martins-Júnior, P. A., & Lima, R. R. (2022). Global research trends on maternal exposure to methylmercury and offspring health outcomes. *Frontiers in Pharmacology*, *13*, 973118. https://doi.org/10.3389/fphar.2022.973118

National Human Genome Research Institute. (2025, January 10). *Chromosome*. Genome.gov. https://www.genome.gov/genetics-glossary/Chromosome

National Institute of Neurological Disorders and Stroke. (2023). *Mitochondrial disorders*. U.S. National Institutes of Health. https://www.ninds.nih.gov/health-information/disorders/mitochondrial-disorders

Nonacs, R. (2022, July 14). *Essential reads: The pregnancy and lactation labeling rule (PLLR)*. MGH Center for Women's Mental Health. https://womensmentalhealth.org/posts/the-pregnancy-and-lactation-labeling-rule/

Nurk, S., Koren, S., Rhie, A., Rautiainen, M., Bzikadze, A. V., Mikheenko, A., Vollger, M. R., Altemose, N., Uralsky, L., Gershman, A., Aganezov, S., Hoyt, S. J., Diekhans, M., Logsdon, G. A., Alonge, M., Antonarakis, S. E., Borchers, M., Bouffard, G. G., Brooks, S. Y., ... Phillippy, A. M. (2022). The complete sequence of a human genome. *Science*, *376*(6588), 44–53. https://doi.org/10.1126/science.abj6987

O'Donnell, S., Yue, J.-X., Saada, O. A., Agier, N., Caradec, C., Cokelaer, T., De Chiara, M., Delmas, S., Dutreux, F., Fournier, T., Friedrich, A., Kornobis, E., Li, J., Miao, Z., Tattini, L., Schacherer, J., Liti, G., & Fischer, G. (2023). Telomere-to-telomere assemblies of 142 strains characterize the genome structural landscape in Saccharomyces cerevisiae. *Nature Genetics*, *55*(8), 1390–1399. https://doi.org/10.1038/s41588-023-01459-y

Oppong, R. F., Boutin, T., Campbell, A., McIntosh, A. M., Porteous, D., Hayward, C., Haley, C. S., Navarro, P., & Knott, S. (2022). SNP and haplotype regional heritability mapping (SNHap-RHM): Joint mapping of common and rare variation affecting complex traits. *Frontiers in Genetics*, *12*, 791712. https://doi.org/10.3389/fgene.2021.791712

Patel, N., Chaudhari, K., Patel, D., Joshi, J. S., & Jyotsna, G. (2024). Torch (toxoplasmosis, other, rubella, cytomegalovirus, herpes simplex virus) infection and the Enigma of anomalous fetal development: Pregnancy puzzles. *Cureus*, *16*(1), e51534. https://doi.org/10.7759/cureus.51534

Prabhakaran, R., Thamarai, R., Sivasamy, S., Dhandayuthapani, S., Batra, J., Kamaraj, C., Karthik, K., Shah, M. A., & Mallik, S. (2024). Epigenetic frontiers: miRNAs, long non-coding RNAS and nanomaterials are pioneering to cancer therapy. *Epigenetics & Chromatin*, *17*(1), 31. https://doi.org/10.1186/s13072-024-00554-6

Protic, D. D., Aishworiya, R., Salcedo-Arellano, M. J., Tang, S. J., Milisavljevic, J., Mitrovic, F., Hagerman, R. J., & Budimirovic, D. B. (2022). Fragile X syndrome: From molecular aspect to clinical treatment. *International Journal of Molecular Sciences*, *23*(4), 1935. https://doi.org/10.3390/ijms23041935

Que, Y., Qiu, Y., Ding, Z., Zhang, S., Wei, R., Xia, J., & Lin, Y. (2024). The role of molecular chaperone CCT/TRIC in translation elongation: A literature review. *Heliyon*, *10*(7), e29029. https://doi.org/10.1016/j.heliyon.2024.e29029

Queremel Milani, D. A., & Tadi, P. (2023). Genetics, chromosome abnormalities. In *StatPearls* [Internet]. StatPearls Publishing. Retrieved April 24, 2023, from https://www.ncbi.nlm.nih.gov/books/NBK557691/

Rubenstein, E., Tewolde, S., Michals, A., Weuve, J., Fortea, J., Fox, M. P., Pescador Jimenez, M., Scott, A., Tripodis, Y., & Skotko, B. G. (2024). Alzheimer dementia among individuals with Down syndrome. *JAMA Network Open*, *7*(9), e2435018. https://doi.org/10.1001/jamanetworkopen.2024.35018

Santaló, J., & Berdasco, M. (2022). Ethical implications of epigenetics in the era of personalized medicine. *Clinical Epigenetics*, *14*(1), 44. https://doi.org/10.1186/s13148-022-01263-1

Sebire, E., Rodrigo, C. H., Bhattacharya, S., Black, M., Wood, R., & Vieira, R. (2024). The implementation and impact of non-invasive prenatal testing (NIPT) for Down's syndrome into antenatal screening programmes: A systematic review and meta-analysis. *PLoS One*, *19*(5), e0298643. https://doi.org/10.1371/journal.pone.0298643

Shaman, J. A. (2024). The future of pharmacogenomics: Integrating epigenetics, nutrigenomics, and beyond. *Journal of Personalized Medicine*, *14*(12), 1121. https://doi.org/10.3390/jpm14121121

Shamsi, Z., Bryant, D., Wilson, J., Qu, X., Dubey, A., Kothari, K., Dehghani, M., Chavarha, M., Likhosherstov, V., Williams, B., Frumkin, M., Appelbaum, F., Choromanski, K., Bashir, A., & Fang, M. (2022, November 25). *Karyotype AI for precision oncology*. arXiv. https://arxiv.org/abs/2211.14312

Sharma, A., Shah, O. P., Sharma, L., Gulati, M., Behl, T., Khalid, A., Mohan, S., Najmi, A., & Zoghebi, K. (2023). Molecular chaperones as therapeutic target: Hallmark of neurodegenerative disorders. *Molecular Neurobiology*, *61*(7), 4750–4767. https://doi.org/10.1007/s12035-023-03846-2

Song, W., Shi, Y., & Lin, G. N. (2024). Haplotype function score improves biological interpretation and cross-ancestry polygenic prediction of human complex traits. *eLife*, *12*. https://doi.org/10.7554/elife.92574

Stone, W. L., & Los, E. (2023). Phenylketonuria (PKU). In *StatPearls* [Internet]. StatPearls Publishing. Retrieved August 8, 2023, from https://www.ncbi.nlm.nih.gov/books/NBK535378/?utm_source=chatgpt.com

U.S. Preventive Services Task Force. (2023, August 1). *Folic acid supplementation to prevent neural tube defects: Preventive medication.* https://www.uspreventiveservicestaskforce.org/uspstf/recommendation/folic-acid-for-the-prevention-of-neural-tube-defects-preventive-medication

Wang, M., Li, Q., & Liu, L. (2023). Factors and methods for the detection of gene expression regulation. *Biomolecules*, *13*(2), 304. https://doi.org/10.3390/biom13020304

Wells, A. C., & Lotfipour, S. (2023). Prenatal nicotine exposure during pregnancy results in adverse neurodevelopmental alterations and neurobehavioral deficits. *Advances in Drug and Alcohol Research*, *3*, 11628. https://doi.org/10.3389/adar.2023.11628

Wilson, H., McCormack, J. C., Singh, N., & Chu, J. T. (2023). Lived experience of fetal alcohol spectrum disorder: A qualitative scoping review. *Developmental Medicine & Child Neurology*, *66*(6), 702–712. https://doi.org/10.1111/dmcn.15761

Wisman, G. B., Wojdacz, T. K., Altucci, L., Rots, M. G., DeMeo, D. L., & Snieder, H. (2024). Clinical promise and applications of epigenetic biomarkers. *Clinical Epigenetics*, *16*(1), 192. https://doi.org/10.1186/s13148-024-01806-8

Wolf, B. K., Zhao, Y., McCray, A., Hawk, W. H., Deary, L. T., Sugiarto, N. W., LaCroix, I. S., Gerber, S. A., Cheng, C., & Wang, X. (2023). Cooperation of chromatin remodeling SWI/SNF complex and pioneer factor AP-1 shapes 3D enhancer landscapes. *Nature Structural & Molecular Biology*, *30*(1), 10–21. https://doi.org/10.1038/s41594-022-00880-x

Wu, Y.-L., Lin, Z.-J., Li, C.-C., Lin, X., Shan, S.-K., Guo, B., Zheng, M.-H., Li, F., Yuan, L.-Q., & Li, Z. (2023). Epigenetic regulation in metabolic diseases: Mechanisms and advances in clinical study. *Signal Transduction and Targeted Therapy*, *8*(1), 98. https://doi.org/10.1038/s41392-023-01333-7

Yoon, I., & Slesinger, T. L. (2023). Radiation exposure in pregnancy. In *StatPearls* [Internet]. StatPearls Publishing. Retrieved May 1, 2023, from https://www.ncbi.nlm.nih.gov/books/NBK551690/

CHAPTER 7

Neoplasia

Learning Objectives

After completing this chapter, the learner will be able to meet the following objectives:

1. Describe the hematologic spread of metastatic cancer cells by mapping their progression through the circulatory and lymphatic systems.
2. Describe the roles and interactions of cancer-associated genes and molecular pathways in the development of different cancer types.
3. Examine how genetic events and epigenetic factors synergistically contribute to the initiation and progression of tumor development.
4. Understand the roles of cancer stem cells, angiogenesis, and the tumor microenvironment in cancer proliferation and metastasis.
5. Describe the physiologic mechanisms underlying cancer-related anorexia, cachexia, fatigue, sleep disturbances, anemia, and venous thrombosis.
6. Describe physiologic concepts related to paraneoplastic syndromes and their clinical manifestations in specific cancer contexts.
7. Compare various cancer screening techniques, analyzing their effectiveness, limitations, and impact on early detection and patient outcomes.
8. Compare factors related to curative, control, or palliative cancer treatments, with respect to risks, benefits, and patient-specific factors.
9. Compare biologic and clinical differences between pediatric and adult cancers, focusing on etiology, behavior, and treatment response.
10. Review the long-term effects and risks of childhood cancer treatments, integrating current evidence and patient outcomes.

Cancer is a leading cause of death in adults worldwide, second only to cardiovascular disease (World Health Organization [WHO], 2025b). The incidence of cancer is influenced by the interactions among factors such as tobacco exposure, high body fat percentage, exposure to ultraviolet radiation, unhealthy diet (specifically lacking fruits and vegetables), infectious agents, alcohol consumption, lack of physical activity, and exposure to air pollution, in combination with internal factors such as sex, ethnicity, and genetics (Centers for Disease Control and Prevention, 2023; WHO, 2025a). Survival rates are affected by the type of cancer, stage at diagnosis, available treatments, and access to those treatments. While overall cancer survival rates have increased, multiple factors contribute to disparities in outcomes among socioeconomic, geographical, racial, ethnic, and gender groups (MacDonald, 2024). Review of previous chapters on cell differentiation, growth, and division will provide a foundation for understanding this chapter.

Cellular Regulation

In normal tissue, cell growth and death are regulated so that the number of cells actively dividing is equivalent to the number dying or being shed. When the normal processes of cell differentiation and growth are altered, the result is often the development of a "new growth," or neoplasm. The development of a neoplasm tends to be uncoordinated and relatively autonomous, lacking the normal regulatory controls over cell growth and division.

The Cell Cycle

The **cell cycle**, described in Chapter 6, is an orderly sequence of events that occur as a cell duplicates its contents and divides (Fig. 7-1). Genetic information is copied during the cell cycle, and the duplicated chromosomes are appropriately aligned for distribution between two genetically identical descendant cells. This cycle is divided into four phases. The **G_1 (gap 1) phase** occurs after mitosis, during which ribonucleic acid (RNA) synthesis, protein synthesis, and cell growth take place. During the **S (synthesis) phase**, deoxyribonucleic acid (DNA) is replicated, creating two identical copies of each strand of DNA. The **G_2 (gap 2) phase** is the premitotic phase and, like G_1, the cell synthesizes proteins needed for mitosis. **Mitosis** occurs during the **M phase**, which consists of four stages (prophase, metaphase, anaphase, and telophase) and results in the formation of two identical descendant cells (see Fig. 7-1). When environmental conditions are adverse, such as nutrient

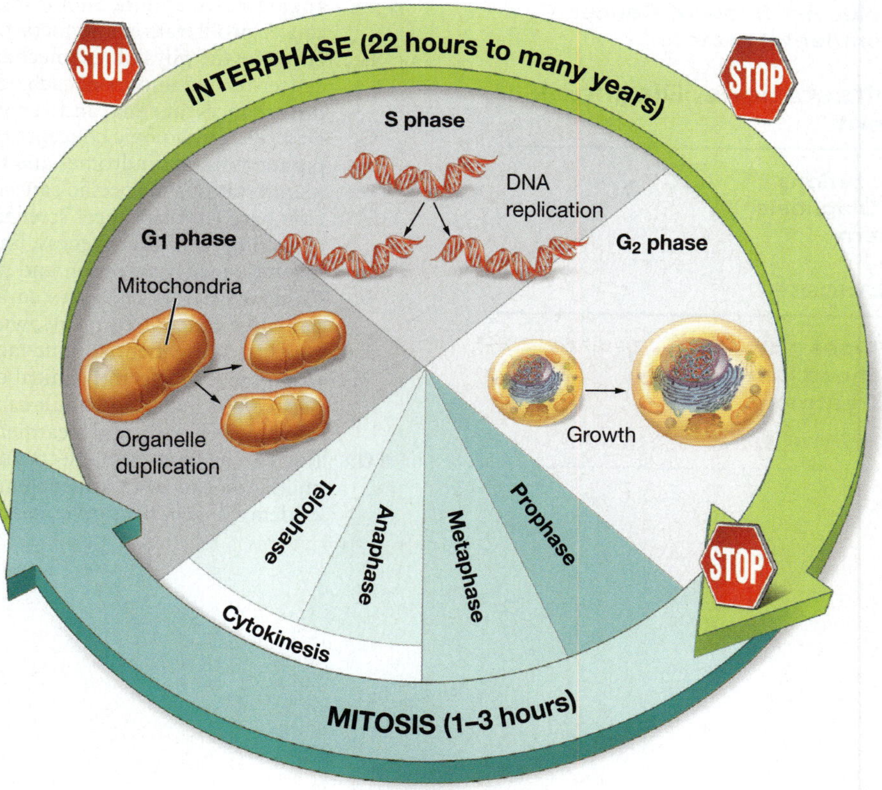

FIGURE 7-1. Normal cell cycle and the cyclins and CDKs that drive it. The phases of the cell cycle, with checkpoints (1–4) indicated. R is the restriction point. D cyclins, complexed with CDKs 4 and 6, drive passage through G1 and into early S phase. E cyclins, together with CDK2, overlap D cyclins at early in S phase. Cyclin A, bound to CDKs 1 and 2, drives the cell through S and G2 phases, into M phase. Finally, cyclin B, together with CKD1, overlaps cyclin A in late G2, and directs the cell through mitosis (M phase). The cell may exit active cycling from G1 and enter G0. (From McConnell, T. H., & Hull, K. L. [2020]. *Human form, human function: Essentials of anatomy and physiology* [Enhanced ed.]. Jones & Bartlett Learning; Fig. 3-10.)

or growth factor unavailability, or when cells are highly specialized, cells leave the cell cycle and enter a resting state known as G_0 (gap 0). Cells in this G_0 state may reenter the cell cycle in response to extracellular nutrients, growth factors, hormones, and other signals such as blood loss or tissue injury that trigger cell growth (Mercadante, 2023).

Within the cell cycle, checkpoints exist to ensure that key events are completed before the cell progresses to the next phase. These checkpoints help maintain genomic integrity and prevent errors such as DNA damage or incomplete replication. For example, one checkpoint ensures that DNA replication is complete and error-free before allowing the cell to enter mitosis. Chromosome separation in mitosis can also be delayed until all spindle fibers have attached to the chromosomes. These pauses represent DNA damage checkpoints, allowing for defects to be identified and repaired so that each descendant cell receives a full complement of genetic information identical to that of the parent cell (Mercadante, 2023).

Cyclins are a group of proteins that are produced and destroyed at specific phases of the cell cycle, and their presence ensures that each phase starts and finishes at the right time before the cell moves to the next phase. Cyclins act by binding to and activating enzymes called **cyclin-dependent kinases (CDKs)**. CDKs are always present in cells but remain inactive until they bind to cyclins. Once activated, CDKs phosphorylate, or add a phosphate group to, proteins that control processes in the cell cycle. For example, during the S phase, cyclins help ensure that DNA is copied correctly. If DNA damage is identified, cyclins help pause the cycle until the damage is repaired. During M phase, cyclins ensure that chromosomes are properly aligned and separated so that each new cell gets the correct number of chromosomes. Once cyclins complete their job, they break down through a process called ubiquitination. Although each phase of the cell cycle is monitored carefully, the transition from G_2 to M is considered one of the most critical checkpoints in the cell cycle (Wang et al., 2024).

Cell Proliferation and Differentiation

Cell proliferation is the process of increasing cell numbers by mitotic cell division. In normal tissue, **apoptosis**, a form of programmed cell death, eliminates senescent cells, cells with DNA damage, or unwanted cells. These processes serve to regulate the number of cells actively dividing.

Cell differentiation is the process whereby proliferating cells become progressively more specialized. The human body consists of approximately 200 cell types, which can be broadly categorized into three groups based on their differentiation potential: (1) undifferentiated **stem cells** capable of self-renewal and differentiation, (2) **progenitor** or **parent cells**, which are committed to a specific lineage but retain some proliferative ability, and (3) fully differentiated cells, such as neurons and cardiac muscle cells, which perform specialized functions and have limited regenerative capacity (Chu et al., 2024).

Although well-differentiated neurons and cardiac muscle cells rarely divide, emerging evidence suggests that they possess some regenerative potential. In the brain, neural stem cells contribute to neurogenesis in select regions, and in the heart, limited cardiomyocyte renewal occurs. Advances in stem cell research and regenerative medicine may lead to improved treatments for patients with neurologic or cardiac cell damage (Alshebib et al., 2023; Guo et al., 2023).

In contrast, the progenitor cells, such as those in the blood, skin, and liver, have the ability to continually divide and replicate. Undifferentiated stem cells can be activated to enter the cell cycle, producing large numbers of progenitor cells when needed. Cell turnover rates vary significantly among different cell types. For instance, white blood cells and the cells lining the gastrointestinal tract have short lifespans, necessitating constant replacement (Kim et al., 2024). In many tissues, cell proliferation rates increase substantially in response to injury or loss. For example, bleeding stimulates the reproduction of blood-forming cells in the bone marrow. In certain tissues, the genetic program for cell replication is typically suppressed but can be reactivated under specific conditions. The liver, for instance, possesses extensive regenerative capabilities under certain circumstances (Pu et al., 2023).

KEY POINTS

Cellular Regulation

- The cell cycle is governed by cyclins, CDKs, and checkpoints that ensure accurate DNA replication and division.
- Tissue growth and repair involve cell proliferation, differentiation, and apoptosis.
- Apoptosis is a form of programmed cell death that eliminates senescent and some types of injured cells (e.g., those with DNA damage or hydrogen peroxide–induced injury).

Characteristics of Benign and Malignant Neoplasms

Body organs consist of two primary types of tissue: parenchymal tissue and stromal tissue. The cells of parenchymal tissue form the functional components of an organ, determining its specific role. In tumors, these cells dictate the tumor's behavior and serve as the basis for its classification and naming. Stromal tissue, which includes the extracellular matrix (ECM) and connective tissue, provides structural support and surrounds the parenchymal cells. Additionally, blood vessels and lymphatic vessels within the stromal tissue supply nutrients and essential support to the parenchymal cells.

Terminology

Traditionally, by definition, a **tumor** is a swelling that can be caused by a number of conditions, including inflammation and trauma. In addition, the term has been used to define a mass of cells that arises because of overgrowth. Although not synonymous, the terms *tumor* and *neoplasm* often are used interchangeably. The term *neoplasm* refers to an abnormal mass of tissue in which the growth exceeds and is uncoordinated with that of the normal tissues. Unlike normal cellular adaptive processes such as hypertrophy and hyperplasia, neoplasms do not obey the laws of normal cell growth. Neoplastic growths serve no useful purpose, do not occur in response to an appropriate stimulus, and continue to grow at the expense of the host. Neoplasms usually are classified as benign or malignant. Neoplasms that contain well-differentiated cells that are clustered together in a single mass are considered to be **benign,** or not harmful in effect. These tumors usually do not cause death unless their location or size interferes with vital functions. In contrast, **malignant** neoplasms are composed of cells that are not well differentiated and that often have abnormal cellular functions; these malignant cells can break loose, enter the circulatory or lymphatic system, and form secondary malignant tumors at other sites.

Tumors usually are named by adding the suffix *-oma* to the parenchymal tissue type from which the growth originated. Thus, a benign tumor of glandular epithelial tissue is called an *adenoma*, and a benign tumor of bone tissue is called an *osteoma*. The term **carcinoma** is used to designate a malignant tumor of epithelial tissue origin. In the case of a malignant tumor of glandular epithelial tissue, the term **adenocarcinoma** is used. Malignant tumors of mesenchymal origin are called **sarcomas** (e.g., osteosarcoma). **Papillomas** are benign, microscopic, or macroscopic finger-like projections that grow on any surface. A **polyp** is a growth that projects neoplasm, some malignant tumors also appear as polyps. **Oncology** is the study of tumors and their treatment. Table 7-1 lists the names of selected benign and malignant tumors according to tissue types.

Benign and malignant neoplasms usually are distinguished by the following:

- Cell characteristics
- Rate of growth
- Manner of growth
- Capacity to invade and metastasize to other parts of the body
- Potential for causing death

The characteristics of benign and malignant neoplasms are summarized in Table 7-2.

TABLE 7-1 Names of Selected Benign and Malignant Tumors According to Tissue Types

Tissue Type	Benign Tumors	Malignant Tumors
Epithelial		
Surface	Papilloma	Squamous cell carcinoma
Glandular	Adenoma	Adenocarcinoma
Connective		
Fibrous	Fibroma	Fibrosarcoma
Adipose	Lipoma	Liposarcoma
Cartilage	Chondroma	Chondrosarcoma
Bone	Osteoma	Osteosarcoma
Blood vessels	Hemangioma	Hemangiosarcoma
Lymph vessels	Lymphangioma	Lymphangiosarcoma
Lymph tissue		Lymphosarcoma
Muscle		
Smooth	Leiomyoma	Leiomyosarcoma
Striated	Rhabdomyoma	Rhabdomyosarcoma
Neural Tissue		
Nerve cell	Neuroma	Neuroblastoma
Glial tissue	Glioma	Glioblastoma, astrocytoma, medulloblastoma, oligodendroglioma
Nerve sheaths	Neurilemmoma	Neurilemmal sarcoma
Meninges	Meningioma	Meningeal sarcoma
Hematologic		
Granulocytic		Myelocytic leukemia
Erythrocytic		Erythrocytic leukemia
Plasma cells		Multiple myeloma
Lymphocytic		Lymphocytic leukemia or lymphoma
Monocytic		Monocytic leukemia
Endothelial Tissue		
Blood vessels	Hemangioma	Hemangiosarcoma
Lymph vessels	Lymphangioma	Lymphangiosarcoma

Benign Neoplasms

Benign neoplasms (or benign tumors) are composed of well-differentiated cells that resemble the cells of the tissues of origin and are characterized by a slow, progressive growth pattern, which may stabilize or regress over time. These tumors lack the ability to suppress the genetic program for cell proliferation but maintain normal cell differentiation. Benign cells grow by expansion and remain localized to their site of origin, without

TABLE 7-2 Characteristics of Benign and Malignant Neoplasms

Characteristics	Benign	Malignant
Cell characteristics	Well-differentiated cells that resemble cells in the tissue of origin	Cells are undifferentiated, with anaplasia and atypical structure, that often bears little resemblance to cells in the tissue of origin
Rate of growth	Usually progressive and slow; may come to a standstill or regress	Variable and depends on level of differentiation; the more undifferentiated the cells, the more rapid the rate of growth
Mode of growth	Grows by expansion without invading the surrounding tissues; usually encapsulated	Grows by invasion, sending out processes that infiltrate the surrounding tissues
Metastasis	Does not spread by metastasis	Gains access to blood and lymph channels to metastasize to other areas of the body

infiltrating, invading, or metastasizing to distant sites. As they enlarge, benign tumors often develop a surrounding rim of compressed connective tissue known as a fibrous capsule, creating a clear demarcation from adjacent tissues and facilitating surgical removal (Whelan, 2024).

Benign tumors are usually much less of a threat to health and well-being than malignant tumors, and usually do not cause death unless they interfere with vital functions because of their anatomic location. For instance, a benign tumor growing in the cranial cavity can eventually cause death by compressing brain structures. Benign tumors also can cause disturbances in the function of adjacent or distant structures by producing pressure on tissues, blood vessels, or nerves. Some benign tumors are also known for their ability to cause alterations in body function by abnormally producing hormones.

Malignant Neoplasms

Malignant neoplasms have the ability to grow rapidly, invade and destroy nearby tissue, and also to spread widely to other parts of the body with the potential to cause death of the organism. Because of the rapid growth, malignant tumors may compress blood vessels and outgrow their blood supply, causing ischemia and injury to normal cells. Some malignant tumors secrete hormones or cytokines, release enzymes and toxins, or

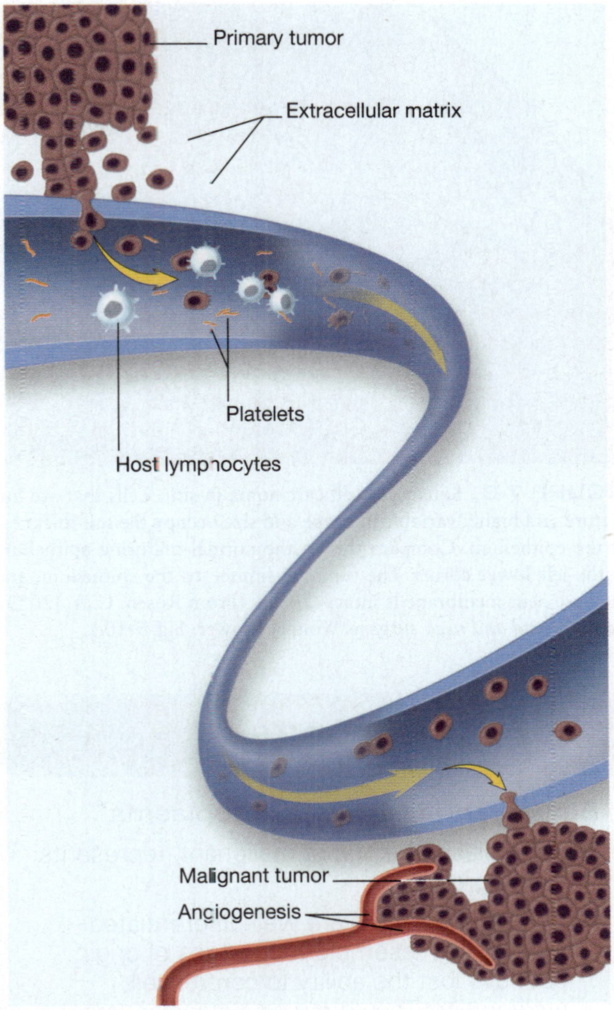

FIGURE 7-2. Metastatic spread of tumors through the vascular system. A primary benign tumor shows a slow-growing mass that has not invaded nearby tissues. A malignant tumor shows aggressive cell growth and invasion into nearby tissues and blood vessels. (From Nath, J., Braun, C., & Anderson, C. [2022]. *Applied pathophysiology* [4th ed., Fig. 7-7]. Wolters Kluwer Health.)

induce an inflammatory response that injures normal tissue as well as the tumor itself.

Malignant neoplasms are categorized as either solid tumors or hematologic cancers. Solid tumors initially are confined to the specific tissue or organ in which the malignant cellular transformation occurred. As the growth of the primary solid tumor progresses, malignant cells can detach from the original tumor mass, invade the surrounding tissue, and enter the blood and lymph systems to spread to distant sites, a process termed **metastasis** (Fig. 7-2). Hematologic cancers originate in the blood and lymph, thereby making them **disseminated** diseases from the beginning.

Carcinoma in situ is a localized preinvasive lesion (Fig. 7-3). As an example, in breast ductal carcinoma in situ, the cells have not crossed the basement membrane. Depending on its location, in situ lesions usually can be removed surgically or treated so that the chances of recurrence are small. For example, carcinoma in situ of the cervix is essentially 100% curable.

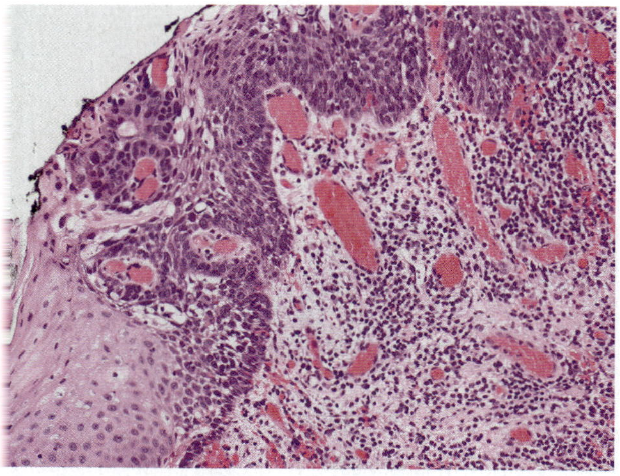

FIGURE 7-3. Squamous cell carcinoma in situ. Cells that are immature and highly variable in shape and size occupy the full thickness of the epithelium. Compare this to the normal maturing epithelium in the left lower corner. The tumor is limited to the epithelium, and the basement membrane is intact (200×). (From Rosen, C. A. [2023]. *Bailey's head and neck surgery*. Wolters Kluwer; Fig. 9-10.)

KEY POINTS

Benign and Malignant Neoplasms

- A neoplasm, benign or malignant, represents a new growth.
- Benign neoplasms are well-differentiated tumors that resemble the tissues of origin but have lost the ability to control cell proliferation. They grow by expansion, are enclosed in a fibrous capsule, and do not cause death unless their location is such that it interrupts vital body functions.
- Malignant neoplasms are less well-differentiated tumors that have lost the ability to control both cell proliferation and differentiation. Malignant cells grow in a disorganized and uncontrolled manner to invade surrounding tissues and can also break loose from the tumor mass and travel to distant sites to form metastatic tumors. Malignant neoplasms can cause extensive disruption of body homeostasis and can even cause death unless the malignant growth can be controlled through treatment.

Cancer Cell Characteristics

Cancer cells are characterized by two main features—abnormal and rapid proliferation and loss of differentiation. **Loss of differentiation** means that the malignant cells do not exhibit normal features and properties of normal mature differentiated cells and hence are more similar in the level of structural maturity to embryonic cells. However, these undifferentiated malignant cells do not behave in a functionally normal manner. Thus, cancer is a disorder of growth and differentiation.

The term **anaplasia** describes the loss of cell differentiation in cancerous tissue. Undifferentiated cancer cells are marked by a number of morphologic changes. The cells of undifferentiated tumors usually display greater numbers of cells in mitosis because of their high rate of proliferation. They also display atypical, bizarre mitotic figures, sometimes producing spindles (Fig. 7-4). Advanced anaplastic cancer cells begin to resemble undifferentiated or embryonic cells more than they do their tissue of origin (Bhat et al., 2024). The cytologic/histologic grading of tumors is based on the degree of differentiation and the number of proliferating cells. The closer the tumor cells resemble comparable normal tissue cells, both morphologically and functionally, the lower the grade. Accordingly, if using a scale to describe cellular characteristics of cancer with a range from grades I to IV, grade I describes cancer cells that are well differentiated, with grade IV describing cancer cells that are poorly differentiated and display marked anaplasia (Bhat et al., 2024).

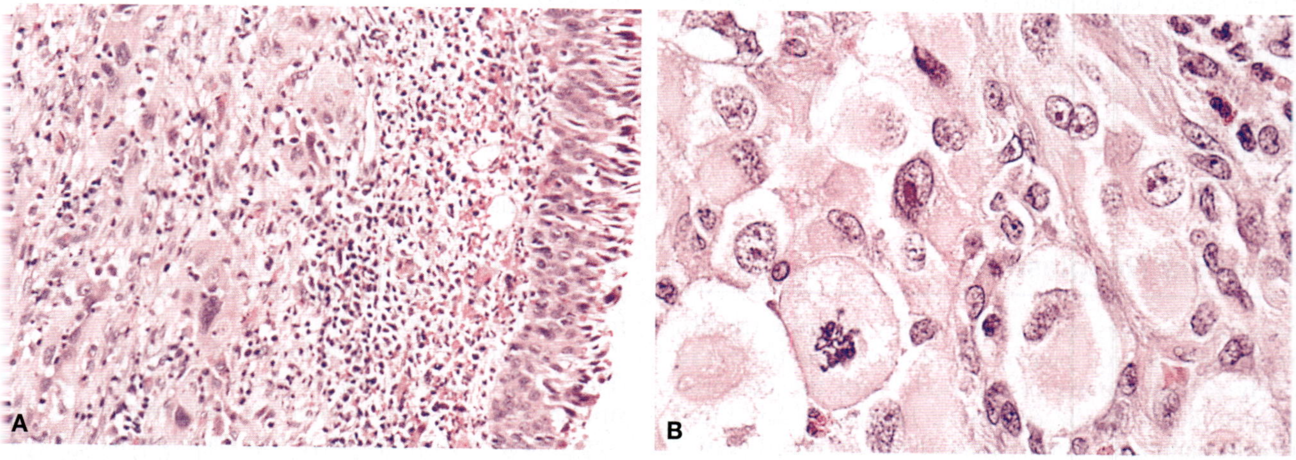

FIGURE 7-4. (A) Anaplastic carcinoma undermining laryngeal mucosa. Note the large atypical cells. (B) High-power view of anaplastic carcinoma showing large atypical cells with mitoses. (From Longacre, T. A. (2023). Mills and Sternberg's diagnostic surgical pathology (Fig. 13-38A and B). Wolters Kluwer.)

The characteristics of altered proliferation and differentiation are associated with a number of other changes in cell characteristics and function, distinguishing cancer cells from their normally differentiated counterparts. These changes are listed in Table 7-3.

Genetic Instability

Most cancer cells exhibit a **genetic instability** that is considered to be a hallmark of cancer. Normal cells have highly efficient mechanisms of DNA repair and effective checkpoints during cell reproduction to prevent mutations. However, cancer cells often exhibit a **mutation phenotype**, characterized by increased rates of genetic alterations that drive tumor initiation and progression (Bailey et al., 2024). Characteristics of genetic instability include **aneuploidy** (an abnormal number of chromosomes, either lost or gained); intrachromosomal instability (including insertions, deletions, and amplifications); microsatellite instability (with short, repetitive sequences of DNA); and **point mutations**, or changes in a single base pair of DNA. Genetic instability is a key factor in tumor progression, allowing cancer cells to evolve, evade immune detection, resist cancer treatments, and adapt to different environments (Bailey et al., 2024). Some individuals are born with mutations in genes responsible for maintaining genomic integrity (intrinsic genetic predisposition); in others, the cancer cells themselves cause instability via a mutation phenotype (Hosea et al., 2024; Steenhuysen, 2025).

Growth Factor Independence

Cancer cells can also proliferate even in the absence of growth factors. For example, estrogen is the normal stimulus for the growth of breast duct epithelial cells, but some breast cancer cells do not express estrogen receptors (ERs) and can therefore grow even in the absence of estrogen. Some cancer cells may also produce their own growth factors, whereas others have abnormal receptors or signaling proteins that may inappropriately activate growth signaling pathways in the cells.

TABLE 7-3 Comparison of Normal Cell Characteristics With Those of Cancer Cells

Characteristics	Normal Cells	Cancer Cells
Growth	Regulated	Unregulated
Differentiation	High	Low
Genetic stability	Stable	Unstable
Growth factor dependence	Dependent	Independent
Density dependent	High	Low inhibition
Cell-to-cell adhesion	High	Low
Anchorage dependence	High	Low
Cell-to-cell communication	High	Low
Cell lifespan	Limited	Unlimited
Antigen expression	Absent	May be present
Substance production (e.g., proteases, hormones)	Normal	Abnormal
Cytoskeletal composition and arrangement	Normal	Abnormal

Cell Density–Dependent Inhibition

Cancer cells often lose **cell density–dependent inhibition**, which is the cessation of growth after cells reach a certain density. This is sometimes referred to as **contact inhibition** because normal cells often stop growing when they contact each other (Schwietzer et al., 2022). In wound healing, contact inhibition causes tissue growth to cease at the point where the edges of the wound come together. Cancer cells, however, tend to grow rampantly without regard for adjacent tissue.

Anchorage Dependence

Cancer cells also differ from their normal counterparts in their ability to achieve **anchorage independence**. Normal epithelial cells must be anchored to either neighboring cells or the underlying ECM to live and grow. If normal cells lose attachment, they undergo **anoikis**, a form of programmed cell death. Cancer cells, however, frequently remain viable and multiply without normal attachments to other cells and the ECM. This feature is critical for metastasis, as cancer cells must survive in circulation before invading new tissues. The process of anchorage independence is complex and incompletely understood, but researchers have made progress in understanding the genes and mechanistic pathways involved (Afify & Seno, 2023).

Cell-to-Cell Communication

Another key characteristic of cancer cells is impaired cell-to-cell communication, which can include disruption of the formation of intercellular connections and reduced responsiveness to signals from neighboring cells. For example, gap junction proteins, which facilitate direct cytoplasmic communication between cells are often altered in certain cancers. These altered gap junctions can limit exchange of regulatory signals, thus promoting uncontrolled growth and tumor progression (Owens, 2023).

Lifespan

Cancer cells also often have an unlimited lifespan. If noncancerous cells are harvested from the body and grown as cell cultures, most cells divide a limited number of times and then fail to divide further. This is due to built-in regulatory mechanisms that prevent uncontrolled growth. For example, in normal cells, telomeres will shorten with each cell division until the length is diminished sufficiently, causing cell division to cease. In contrast, most cancer cells maintain high levels of telomerase, an enzyme that prevents telomere shortening. This keeps telomeres from aging and attaining the critically short length that is associated with cellular replicative senescence, allowing the cell to replicate an infinite number of times (Liu, Zhang, et al., 2024).

Antigen Expression

Cancer cells often produce abnormal surface molecules or **tumor antigens** that the immune system recognizes as foreign (which may be antigens that are encoded by the cell DNA, but which are not normally expressed). Many cancer cells revert to embryonic gene expression patterns, facilitating the production of antigens distinct from those found in the well-differentiated tissue of mature normal cells. Although the immune system recognizes these antigens as foreign, cancer cells exploit immune checkpoints, essentially telling the immune system not to attack. These antigens, which are normally present only during fetal development and not in adult tissues, are called **oncofetal** antigens. Some tumor antigens can be measured in the bloodstream and then used as clinical markers to detect cancer, monitor recurrence, and track tumor progression (Mentink et al., 2023).

Production of Enzymes, Hormones, and Other Substances

Another harmful aspect of cancer cells is the ability to produce enzymes, hormones, and other substances. Some cancer cells can produce substances that are not even associated with the organ in which the malignant cells originated. Enzymes produced by cancer cells may degrade normal body tissue, enabling invasion and metastatic spread. Hormone secretion is particularly seen in cancer cells of endocrine origin (such as the thyroid, parathyroid, or pancreas). Hormone-producing tumors can cause serious illness by disrupting normal regulation of various bodily functions. Cancer cells may also produce procoagulant substances, disrupting clotting regulation and leading to conditions like deep vein thrombosis (DVT), pulmonary embolism (PE), and disseminated intravascular coagulation (DIC).

Cytoskeletal Changes

Cancer cells often undergo cytoskeletal changes that contribute to the ability to invade and spread. These changes may include the production of abnormal intermediate filaments or alterations in actin filaments and microtubules, which are essential for cell movement and division. Such modifications help cancer cells migrate, invade surrounding tissues, and metastasize. Because of their critical roles in cancer progression, actin, microtubules, and their regulatory proteins remain a major focus of cancer research, particularly in the development of therapies aimed at blocking tumor spread (Nurmagambetova et al., 2023).

Invasion and Metastasis

In contrast to benign tumors, which grow by expansion and usually are surrounded by a capsule, cancer spreads by direct invasion and extension, by **seeding** cancer cells in body cavities, and by metastatic spread through the blood or lymph pathways. The word *cancer* is derived from the Latin word meaning "crab-like" because cancers grow and spread by sending crab-like projections into the surrounding tissues. Most cancers synthesize and secrete enzymes that break down proteins and contribute to the infiltration, invasion, and penetration of the surrounding tissues. The lack of a sharp line of demarcation separating them from the surrounding tissue makes the complete surgical removal of malignant tumors more difficult than removal of benign tumors. Therefore, surgeons intentionally remove portions of seemingly normal tissue bordering the visible tumor for the pathologist to establish that cancer-free margins are present around the excised tumor and to ensure that the remaining tissue is cancer-free.

The seeding of cancer cells into body cavities occurs when a tumor sheds cells into these spaces. Seeding occurs most often in the peritoneal cavity, but other spaces such as the pleural cavity, pericardial cavity, and joint spaces may be involved. Seeding into the peritoneal cavity is particularly common with ovarian cancers. Similar to tissues grown in culture, tumors in these sites grow in masses and are often associated with fluid accumulation (e.g., ascites, pleural effusion). Seeding of cancers into other areas of the body may also be a postoperative complication after removal of a cancer (Gui & Bivona, 2022). The term metastasis is used to describe the development of a secondary tumor in a location distant from the primary tumor. Metastatic tumors frequently retain many of the characteristics of the primary tumor from which they were derived. This enables determination of the primary site of the tumor based on cellular characteristics of the metastatic tumor. Some tumors tend to metastasize early in their developmental course, whereas others do not metastasize until later.

Metastasis occurs through the lymph channels and the blood vessels. In many types of cancer, the first evidence of disseminated disease is the presence of tumor cells in the lymph nodes that drain the tumor area. If malignant cells in those lymph nodes survive and grow, the cancer cells may spread from more distant lymph nodes to the thoracic duct and then gain access to the vasculature (Gui & Bivona, 2022).

The term **sentinel node** is used to describe the initial lymph node to which the primary tumor drains. Because the initial metastasis in breast cancer is almost always lymphatic, lymphatic spread and therefore extent of disease may be determined through lymphatic mapping and sentinel lymph node biopsy. This is done by injecting a radioactive tracer and/or blue dye into the tumor to determine the first lymph node in the route of lymph drainage from the cancer. Once the sentinel lymph node has been identified, it is examined to determine the presence or absence of cancer cells. The procedure is also used to map the spread of melanoma and other cancers that have their initial metastatic spread through the lymphatic system.

With hematologic spread, the bloodborne cancer cells may enter the venous flow that drains the site of the primary neoplasm. Cancer cells may also enter tumor-associated blood vessels that either infiltrate the tumor or are found at the periphery of the tumor. Before entering the general circulation, venous blood from the gastrointestinal tract, pancreas, and spleen is routed through the portal vein to the liver. The liver is therefore a common site for metastatic spread of cancers that originate in these organs. Although the site of hematologic spread usually is related to vascular drainage of the primary tumor, some tumors metastasize to distant and unrelated sites. One explanation is that cells of different tumors tend to metastasize to specific target organs that provide suitable microenvironments containing substances such as cytokines or growth factors that are needed for their survival (Liu, Chen, et al., 2024). For example, iron-dependent cancer cells often overexpress receptors for transferrin, a glycoprotein primarily responsible for transporting iron in the blood. For this reason, these cancers may tend to metastasize to the lung, one of several sites for transferrin production. Once there, they hijack the transferrin, stimulating their growth. Other organs that are preferential sites for metastasis contain particular cytokines, growth factors, and other microenvironmental characteristics that facilitate metastatic tumor survival and growth.

To metastasize, a cancer cell must be able to break loose from the primary tumor, invade the surrounding ECM, gain access to a blood vessel, survive its passage in the bloodstream, emerge from the bloodstream at a favorable location, invade the surrounding tissue, begin to grow, and establish a blood supply (Fig. 7-5). However, there is also growing evidence for the significant role of the cancer cell ecosystem, which includes, but is not limited to, the ECM, neural cells, leukocytes, endothelial cells, adipocytes, fibroblasts, and macrophages (Fig. 7-6). This ecosystem does not just support tumor survival; it actively prepares distant metastatic sites. Before cancer cells spread, the primary tumor releases extracellular vesicles (EVs) that prepare distant organs for the arrival of circulating tumor cells (CTCs). This process creates a favorable environment, known as the pre-metastatic niche, which helps cancer cells survive, settle, and grow in secondary sites. This significantly influences cancer progression and patient outcomes. The ability to identify these predictive biomarkers may improve the ability to design appropriate treatments (Liu, Chen, et al., 2024).

Tumor Growth

Once cells have an adequate blood supply, the rate of tissue growth in normal and cancerous tissue depends on three factors:

1. The number of cells that are actively dividing or moving through the cell cycle
2. The duration of the cell cycle
3. The number of cells that are being lost relative to the number of new cells being produced

One of the reasons cancerous tumors often seem to grow so rapidly relates to the size of the cell pool that is actively engaged in cycling. It has been shown that the cell cycle time of cancerous tissue cells is not necessarily shorter than that of normal cells. Rather, cancer cells do not die on schedule and growth factors prevent cells from exiting the cell cycle and entering the G_0 phase. Thus, a greater percentage of cells are actively engaged in cycling than occurs in normal tissue.

The ratio of dividing cells to resting cells in a tissue mass is called the **growth fraction**. The **doubling time** is the length of time it takes for the total mass of cells in a tumor to double. As the growth fraction increases, the doubling time decreases. When normal tissues reach their adult size, equilibrium between cell birth and cell death is reached. Cancer cells, however, continue to divide until limitations in blood supply and nutrients inhibit their growth.

SUMMARY CONCEPTS

Neoplasms may be either benign or malignant. Benign and malignant tumors differ in terms of cell characteristics, manner of growth, rate of growth, potential for metastasis, ability to produce generalized effects, tendency to cause tissue destruction, and capacity to cause death. The growth of a benign tumor is restricted to the site of origin, and the tumor usually does not cause death unless it interferes with vital functions. Malignant neoplasms grow in a poorly controlled fashion that lacks normal organization, spread to distant parts of the body, and cause death unless tumor growth and metastasis are inhibited or stopped by treatment. There are two basic types of cancer: solid tumors and hematologic tumors. In solid tumors, the primary tumor is initially confined to a specific organ or tissue, whereas hematologic cancers are disseminated from the onset.

Cancer is a disorder of cell proliferation and differentiation. The term *anaplasia* is used to describe the loss of cell differentiation in cancerous tissue. The characteristics of altered proliferation and differentiation are associated with a number of other changes in cell characteristics and cell function, including genetic instability; growth factor independence; loss of cell density–dependent inhibition and anchorage independence; faulty cell-to-cell communication; indefinite cell lifespan; expression of altered tissue antigens; abnormal secretion of degradative enzymes or ectopic production of hormones; and abnormal cytoskeletal characteristics.

The spread of cancer occurs through three pathways: direct invasion and extension, seeding of cancer cells in body cavities, and metastatic spread through vascular or lymphatic pathways. Only a proportionately small group of cancer cells is capable of metastasis. To metastasize, a cancer cell must be able to break loose from the primary tumor, invade the surrounding ECM, gain access to a blood vessel, survive its passage in the bloodstream, emerge from the bloodstream at a favorable location, invade the surrounding tissue, and begin to grow. The rate of growth of cancerous tissue depends on the ratio of dividing to resting cells (growth fraction) and the time it takes for the total cells in the tumor to double (doubling time).

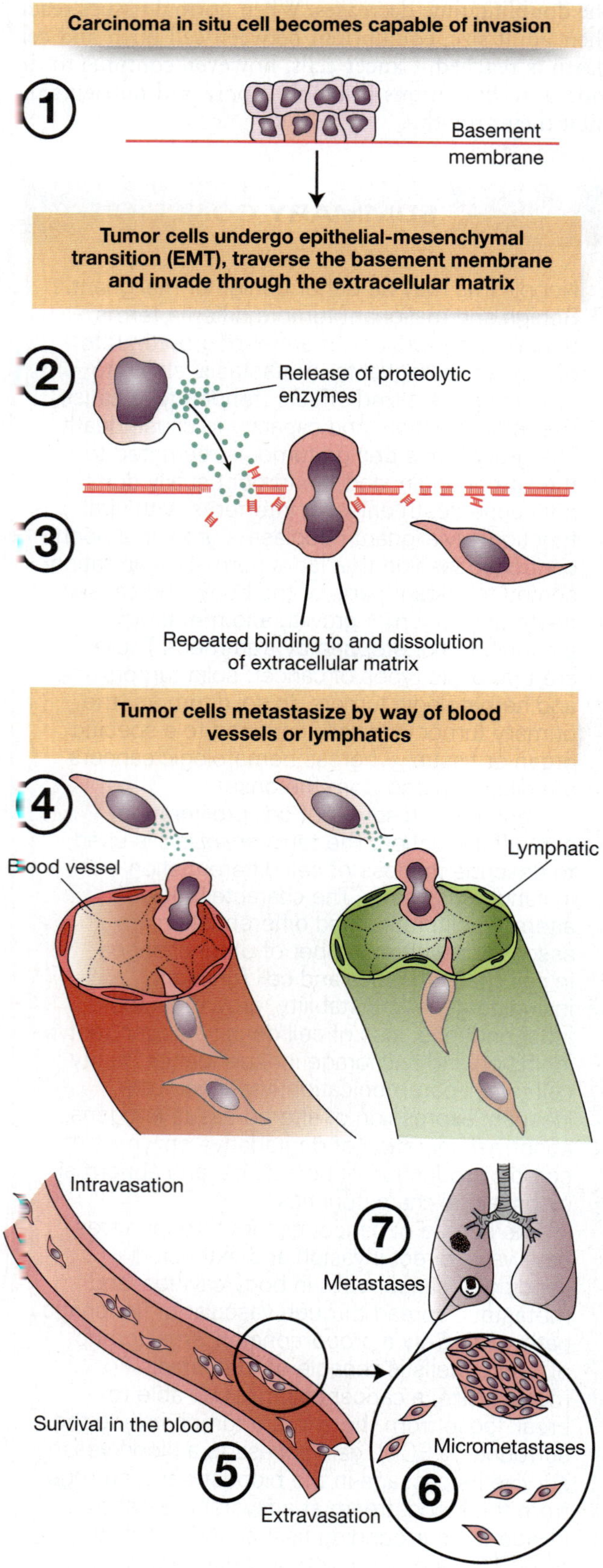

FIGURE 7-5. Mechanisms of tumor invasion and metastasis. The mechanism by which a malignant tumor initially penetrates a confining basement membrane and then invades the surrounding extracellular environment involves several steps. (*1*) The tumor first acquires the ability to bind components of the extracellular matrix. These interactions are mediated by the expression of a number of adhesion molecules. (*2*) The tumor undergoes epithelial–mesenchymal transition (EMT) and traverses the basement membrane. (*3*) Proteolytic enzymes are then released from the tumor cells, and the extracellular matrix is degraded. (*4*) After moving through the extracellular environment, the invading cancer penetrates blood vessels and lymphatics by the same mechanisms. (*5*) After survival in blood vessels or lymphatics, the tumor exits the vascular system. (*6*) It establishes micrometastases at the site where it leaves the vasculature. (*7*) These micrometastases grow into gross masses of metastatic tumor. (From Strayer D. S., & Rubin R. [Eds.]. [2015]. *Rubin's pathology: Clinicopathologic foundations of medicine* [7th ed., p. 196]. Lippincott Williams & Wilkins; Fig. 5-31.)

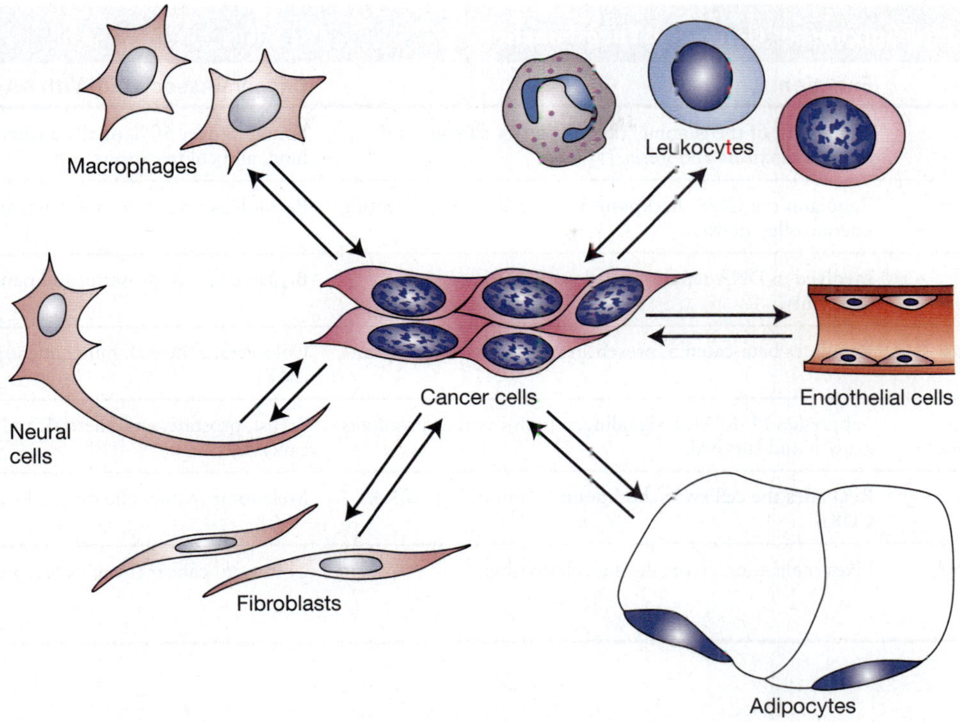

FIGURE 7-6. The cancer cell ecosystem. The developing tumor cells interact with the nonmalignant cells in their environment via production of soluble and other mediators. (From Strayer D. S., & Rubin, R. [Eds.]. [2015]. *Rubin's pathology: Clinicopathologic foundations of medicine* [7th ed., p. 197]. Lippincott Williams & Wilkins; Fig. 5-32.)

Etiology of Cancer

The causes of cancers are very diverse and complex. It is useful to discuss causation in terms of:

1. The genetic and molecular mechanisms that are involved and that characterize the transformation of normal cells into cancer cells
2. The external and more contextual factors, such as age, heredity, and environmental agents, that contribute to the development and progression of cancer

Together, both mechanisms contribute to a multidimensional web of causation by which cancers develop and progress over time. Cancer is fundamentally a genetic disease, driven by mutations and epigenetic changes that disrupt normal cell regulation. However, over 90% of cancers result from genetic mutations due to environmental exposures, lifestyle factors, or random DNA replication errors. Only a small percentage of cancers are due to germline (inherited) mutations present in every cell (National Cancer Institute [NCI], 2023).

Genetic and Molecular Basis of Cancer

The development of most cancers is primarily initiated by genetic mutations that alter normal cellular functions, transforming healthy cells into malignant ones. Epigenetic modifications, such as gene silencing, also play a crucial role in cancer progression. Additionally, cancer stem cells have been identified as significant contributors to tumor development and recurrence. Furthermore, the tumor microenvironment (TME)—which includes various cell types, cytokines, growth factors, and the ECM—has been recognized as a vital component influencing cancer initiation, growth, and metastasis (Hanahan, 2022).

Cancer-Associated Genes

Many cancer-associated genes are categorized based on whether an increased cancer risk is related to an overactivity of the gene (proto-oncogenes) or to an underactivity of the genes (tumor suppressor genes). Genes that promote growth are called **proto-oncogenes**. These proto-oncogenes are normal genes that code for the production of normal cell proteins, including growth factors, growth factor receptors, signaling molecules, and transcription factors, that regulate and promote controlled cell growth. Proto-oncogenes also code for proteins that enhance growth factor-dependent signaling, ensuring that cells divide only when necessary. When proto-oncogenes become mutated, those mutated genes are then referred to as **oncogenes**. It is the mutated oncogenes that overstimulate growth and drive cancer formation.

Another category of normal genes, called **tumor suppressor genes**, produces normal cell products that act to slow down cell division, repair DNA, or trigger apoptosis. When tumor suppressor genes are mutated, those normal functions of regulating cell growth are not

TABLE 7-4 Tumor Suppressor Genes and Their Functions

Gene	Function	Cancers Associated With Mutations
TP53 (p53)	"Guardian of the genome"; detects DNA damage and triggers repair or apoptosis.	Found in over **50% of all cancers**, including breast, lung, and colon cancers.
RB1 (Retinoblastoma protein)	Regulates the **G1/S checkpoint** in the cell cycle, preventing uncontrolled division.	Retinoblastoma, osteosarcoma, and other cancers.
BRCA1/BRCA2	Involved in **DNA repair**; mutations lead to genomic instability.	Breast, ovarian, prostate, and pancreatic cancers.
APC (Adenomatous Polyposis Coli)	Regulates **beta-catenin**, preventing excessive cell growth.	Colorectal cancer (familial adenomatous polyposis [FAP]).
PTEN (Phosphatase and Tensin Homolog)	Suppresses **PI3K/AKT signaling**, a pathway that promotes growth and survival.	Breast, prostate, endometrial, and glioblastoma cancers.
CDKN2A (p16)	Regulates the **cell cycle checkpoint** by inhibiting CDK4/CDK6.	Melanoma, pancreatic cancer.
MLH1/MSH2 (DNA Mismatch Repair Genes)	Fixes replication errors during cell division.	Colorectal cancer (Lynch syndrome).

(Dakal et al., 2024).

performed properly, creating an environment that promotes the development of cancer. Approximately 73 tumor suppressor genes have been identified (Healthline, 2023). Some of the most well-known tumor suppressor genes, their functions, and cancers that are associated with their mutations are summarized in Table 7-4.

Genetic Events Leading to Oncogene Formation or Activation

Chromosomal translocations have traditionally been associated with cancers related to mutations in proto-oncogenes. Chromosomal translocations occur when segments of chromosomes break and reattach to a different chromosome, leading to genetic rearrangements. These translocations can activate proto-oncogenes, turning them into oncogenes that drive uncontrolled cell growth. This happens in two main ways: gene fusion and promoter swapping. In gene fusion, two genes combine to form a hybrid gene with abnormal function, as seen in the BCR-ABL fusion in chronic myeloid leukemia (CML), which produces an overactive tyrosine kinase that stimulates uncontrolled cell division. In promoter swapping, a proto-oncogene is placed under the control of a highly active promoter, leading to excessive expression, such as in Burkitt lymphoma, where MYC is translocated next to an immunoglobulin gene, causing excessive cell proliferation. These mutations caused by chromosomal translocations contribute to cancer development by removing normal growth regulation and promoting tumor progression (Streb et al., 2023) (Fig. 7-7 A to C). Biotechnology and genomics are enabling the identification of gene translocations and an increased understanding of how these translocations, even within the same chromosome, contribute to tumorigenesis by the creation of abnormal fusion proteins that promote cell proliferation (Zeng et al., 2023).

Another genetic event common in cancer is gene amplification. Multiple copies of certain genes may lead to overexpression, with higher-than-normal levels of proteins that increase cell proliferation. For example, the human epidermal growth factor receptor-2 (*HER-2/neu*) gene is amplified in many breast cancers; its presence indicates an aggressive tumor with a poor prognosis (Xue et al., 2023).

Genetic Events Leading to Loss of Tumor Suppressor Gene Function

Tumor suppressor gene function is lost through various mechanisms, leading to uncontrolled cell growth and cancer development. According to the **two-hit hypothesis**, both copies (alleles) of a tumor suppressor gene must be inactivated for cancer to occur (Fig. 7-8). The first "hit" is often an inherited or spontaneous mutation, while the second "hit" can result from genetic mutations (point mutations, deletions, or insertions), **loss of heterozygosity (LOH)** through chromosomal deletion or gene conversion, or epigenetic silencing. For example, TP53 mutations prevent DNA repair and apoptosis in various cancers, while BRCA1/BRCA2-associated breast and ovarian cancers often arise after LOH removes the remaining functional gene copy. Chromosomal deletions and translocations can also eliminate tumor suppressor genes, such as APC (adenomatous polyposis coli) gene deletions in colorectal cancer. Additionally, some viruses, like HPV, produce proteins that inactivate p53 and RB1, removing cell cycle control and enabling cervical cancer progression (Joyce et al., 2023).

Epigenetic Mechanisms

In addition to mechanisms that involve DNA and chromosomal structural changes, there are molecular and cellular mechanisms, termed **epigenetic mechanisms,**

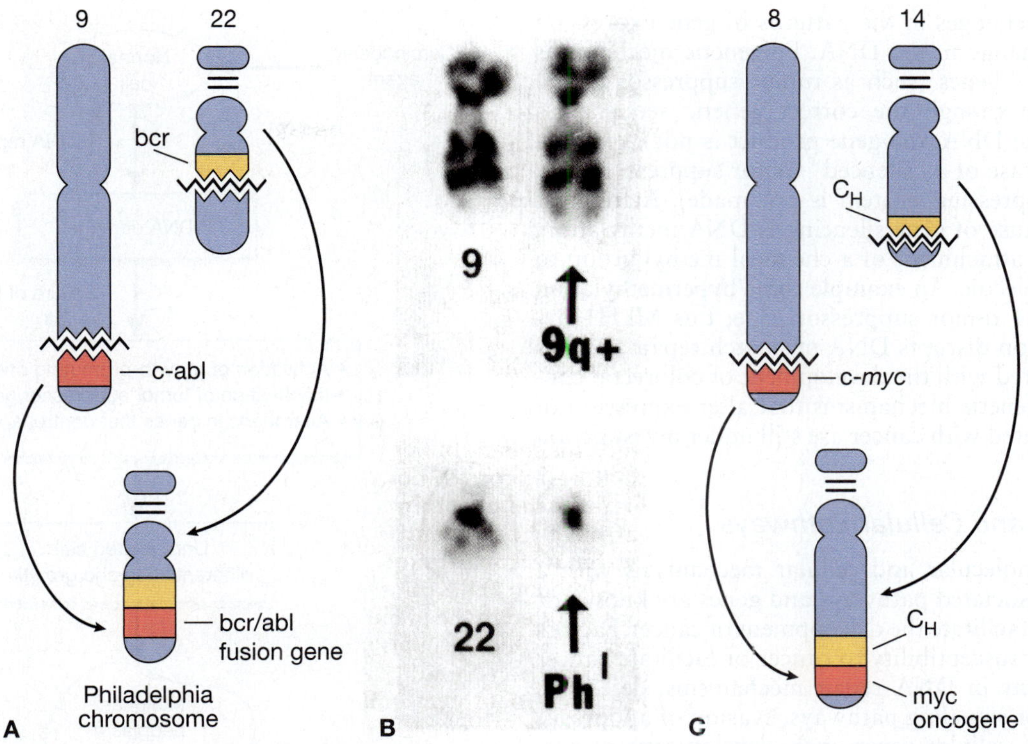

FIGURE 7-7. Oncogene activation by chromosomal translocation. A. Chronic myelogenous leukemia. Reciprocal translocation occurs at the breaks at the ends of the long arms of chromosomes 9 and 22. This results in the Philadelphia chromosome (Ph^1), which contains a new fusion gene coding for a hybrid oncogenic protein (BCR–ABL), presumably involved in the pathogenesis of chronic myelogenous leukemia (CML). B. Karyotypes of a person with CML showing the results of reciprocal translocations between chromosomes 9 and 22. The Philadelphia chromosome is recognized by a smaller-than-normal chromosome 22 (22q−). One chromosome 9 (9q+) is larger than its normal counterpart. C. Burkitt lymphoma. Chromosomal breaks involve the long arms of chromosomes 8 and 14. The *c-myc* gene on chromosome 8 is translocated to a region on chromosome 14 adjacent to the gene coding for the constant region of an immunoglobulin heavy chain (C_H). (From Rubin, R., & Strayer, D. S. [Eds.]. [2012]. *Rubin's pathology: Clinicopathologic foundations of medicine* [6th ed., p. 174]. Lippincott Williams & Wilkins.)

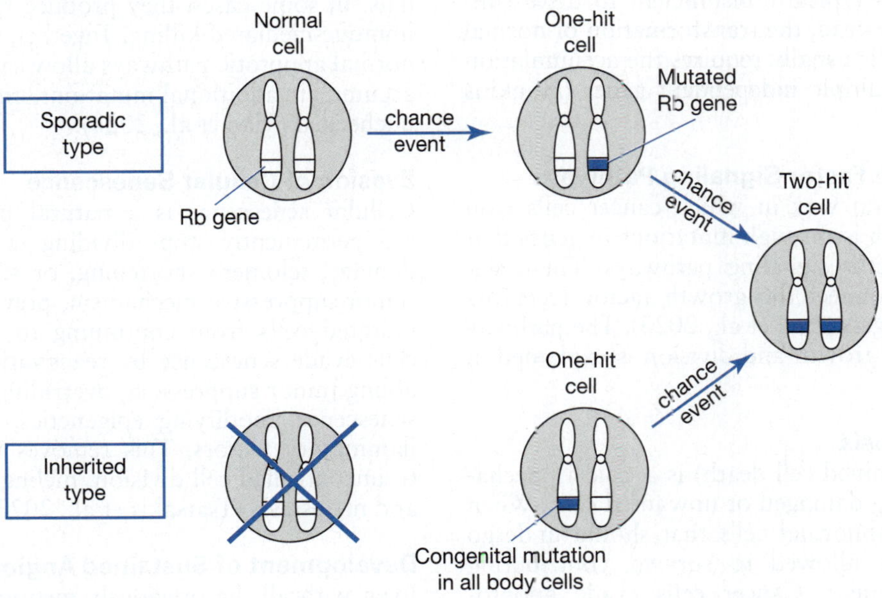

FIGURE 7-8. Two-hit hypothesis applied to retinoblastoma.

that involve changes in the patterns of gene expression *without* a change in the DNA. Epigenetic mechanisms may "silence" genes (such as tumor suppressor genes) so that even though the correct genetic sequence is present in the DNA, the gene product is not expressed (e.g., in the case of a "silenced" tumor suppressor gene, a cancer-suppressing protein is not made). A frequent epigenetic cause of gene silencing is DNA methylation, which is the attachment of a chemical methyl group to the DNA molecule. An example is the hypermethylation of the MLH1 tumor suppressor gene; this MLH1 hypermethylation disrupts DNA mismatch repair and has been associated with the development of colorectal cancer. The epigenetic mechanisms that alter expression of genes associated with cancer are still under investigation (Issa, 2022).

Molecular and Cellular Pathways

Numerous molecular and cellular mechanisms with a myriad of associated pathways and genes are known or suspected to facilitate the development of cancer. Factors that increase susceptibility to cancer or facilitate cancer include defects in DNA repair mechanisms, defects in growth factor signaling pathways, evasion of apoptosis, avoidance of cellular senescence, development of sustained **angiogenesis**, and metastasis and invasion. In addition, genetic mutations may also enable invasion into and survival in neighboring tissues, as well as evasion of immune detection and attack.

DNA Repair Defects

Genetic mechanisms that regulate the repair of damaged DNA play a critical role in oncogenesis (Fig. 7-9). DNA repair genes indirectly influence cell proliferation and survival by maintaining the integrity of proto-oncogenes, tumor suppressor genes, and genes involved in apoptosis. Genetic damage can result from exposure to chemicals, radiation, or viruses, or it may be inherited through the germline (Cheng et al., 2022). Importantly, a single genetic mutation is typically insufficient to drive cancer development. Instead, the transformation of normal cells into cancer cells usually requires the accumulation of mutations in multiple independent genes (Hopkins et al., 2022).

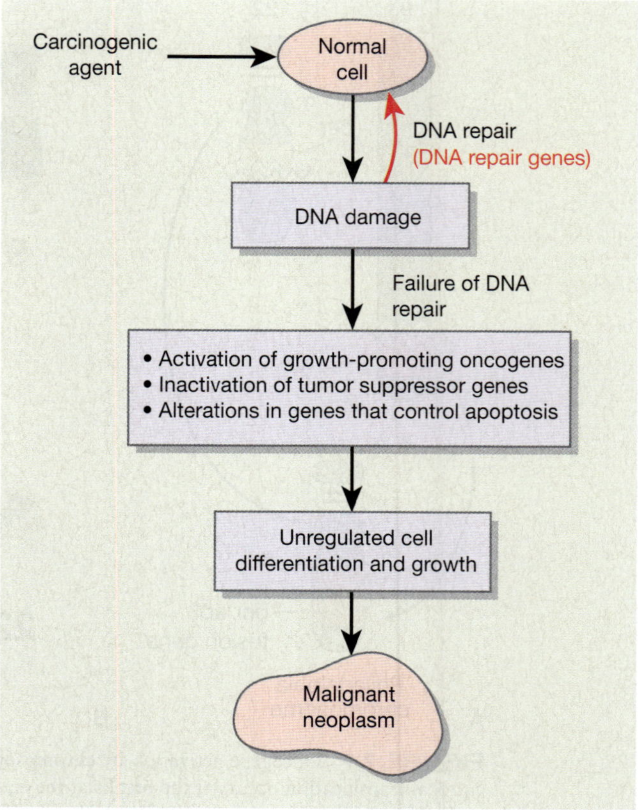

FIGURE 7-9. Flowchart depicting the stages in the development of a malignant neoplasm resulting from exposure to an oncogenic agent that produces deoxyribonucleic acid (DNA) damage. When DNA repair genes are present (*red arrow*), the DNA is repaired, and gene mutation does not occur.

Defects in Growth Factor Signaling Pathways

A relatively common way in which cancer cells gain autonomous growth is through mutations in genes that control growth factor signaling pathways. These signaling pathways connect the growth factor receptors to their nuclear targets (You et al., 2023). The pathway that regulates gene growth and division is explained in Figure 7-10.

Evasion of Apoptosis

Apoptosis (programmed cell death) is a crucial mechanism for eliminating damaged or unwanted cells. When this process fails, abnormal cells that should undergo self-destruction are allowed to survive, contributing to cancer development. Cancer cells evade apoptosis through several mechanisms. They may increase cell-survival signaling, reduce signals that normally trigger cell death, or acquire mutations in key regulatory genes such as TP53, which normally helps detect DNA damage and initiate apoptosis. Cancer cells may also alter the mitochondrial pathways that regulate apoptosis, making them more resistant to death signals. In some cases, they produce factors that dampen immune-mediated killing. Together, these disruptions in normal apoptotic pathways allow cancer cells to persist, accumulate additional mutations, and continue to grow unchecked (Tian et al., 2024).

Evasion of Cellular Senescence

Cellular senescence is a natural process in which a cell permanently stops dividing in response to DNA damage, telomere shortening, or stress. It serves as a tumor-suppressive mechanism, preventing damaged or mutated cells from continuing to proliferate. Cancer cells evade senescence by reactivating telomerase, disabling tumor suppressors, overriding oncogene-induced senescence, modifying epigenetics, and exploiting inflammatory factors. This removes the natural barrier to uncontrolled cell division, fueling tumor progression and metastasis (Tsatsakis et al., 2023).

Development of Sustained Angiogenesis

Even with all the previously mentioned genetic abnormalities, tumors cannot enlarge unless angiogenesis

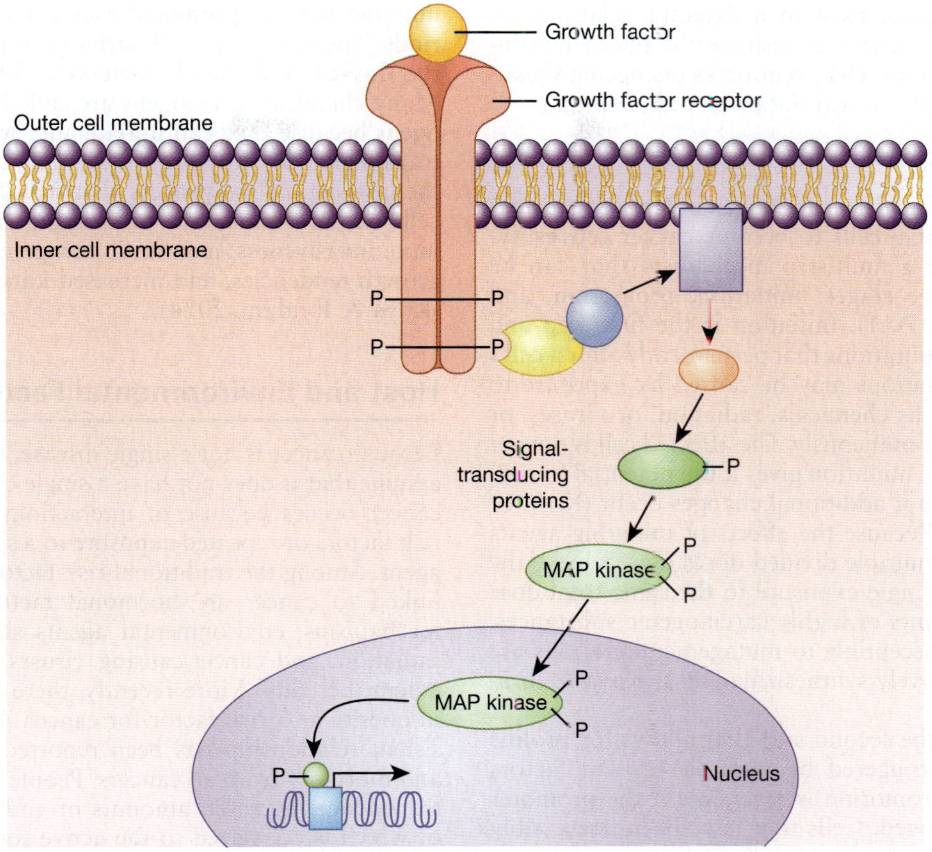

FIGURE 7-10. Pathway for genes regulating cell growth and replication. Stimulation of a normal cell by a growth factor results in activation of the growth factor receptor and signaling proteins that transmit the growth-promoting signal to the nucleus, where it modulates gene transcription and progression through the cell cycle. Many of these signaling proteins exert their effects through enzymes called *kinases* that phosphorylate proteins. MAPK, mitogen-activated protein kinase.

occurs and supplies them with the blood vessels necessary for survival. Angiogenesis is required not only for continued tumor growth but also for metastasis. The molecular basis for the angiogenic switch is unknown, but it appears to involve increased production of angiogenic factors or loss of angiogenic inhibitors. The mutation of the *TP53* gene seems to encourage angiogenesis. Angiogenesis is also influenced by hypoxia and release of proteases that are involved in regulating the balance between angiogenic and antiangiogenic factors (Liu et al., 2023).

Invasion and Metastasis

Finally, multiple genes and molecular and cellular pathways are known to be involved in invasion and metastasis. There is evidence that cancer cells with invasive properties are members of the cancer stem cell population. This evidence suggests that genetic programs that are normally operative in stem cells during embryonic development may become operative in cancer stem cells, enabling them to detach, cross tissue boundaries, escape death by detaching from tissue to which they belong (anoikis), and colonize new tissues. The *MET* proto-oncogene, which is expressed in both stem cells and cancer cells, is a key regulator of invasive growth. Findings suggest that adverse conditions such as tissue hypoxia, which are commonly present in cancerous tumors, trigger this invasive behavior by activating the MET tyrosine kinase receptor.

Role of the Microenvironment

The **tumor microenvironment** (TME) plays a critical role in regulating oncogene activity and driving cancer progression. Like the broader cancer cell ecosystem described earlier, which includes the interconnected network of stromal, immune, vascular, and structural components that support metastatic spread, the TME represents the immediate local environment surrounding tumor cells. It consists of cancer cells, immune cells, fibroblasts, blood vessels, ECM, and signaling molecules that interact to support or inhibit tumor growth. Oncogenes can manipulate the microenvironment to sustain uncontrolled proliferation, evade immune detection, and facilitate metastasis. For example, oncogene-driven cancers often secrete growth factors to stimulate angiogenesis or suppress immune responses.

Additionally, the TME provides biochemical and mechanical signals that influence oncogene expression and function. Chronic inflammation, hypoxia, and crosstalk of signals among cell types can enhance oncogenic signaling, further driving tumor progression. Overall, the

TME and oncogenes exist in a dynamic relationship, where oncogenic mutations reshape the microenvironment, and in turn, the TME reinforces oncogenic signaling and cancer cell survival (Grasset et al., 2024).

Carcinogenesis

The process by which **carcinogenic** (cancer-causing) agents cause normal cells to become cancer cells is hypothesized to be a multistep mechanism that can be divided into three stages: initiation, promotion, and progression (Fig. 7-11). **Initiation** is the first step and involves genetic mutations that permanently alter a cell's DNA. These mutations may be caused by exposure to carcinogens such as chemicals, radiation, or viruses, or they may arise spontaneously. The affected cell is not yet cancerous, but the mutation gives it the potential for uncontrolled growth if additional changes occur (Koya & Ibrahim, 2024). Because the effects of initiating agents are irreversible, multiple divided doses may achieve the same effect as a single exposure to the same total dose or to small amounts of highly carcinogenic substances. The cells most susceptible to mutagenic alterations are those that are actively synthesizing DNA (Koya & Ibrahim, 2024).

Promotion is the second step that allows for prolific growth of cells triggered by multiple growth factors and chemicals. Promotion is reversible if the promoter substance is removed. Cells that have been irreversibly initiated may be promoted even after long latency periods. The latency period varies with the type of agent, the dosage, and the characteristics of the target cells. Many chemical carcinogens are called **complete carcinogens** because they can initiate and promote neoplastic transformation (Koya & Ibrahim, 2024). **Progression** is the last step of the process that manifests when tumor cells acquire malignant phenotypic changes that promote invasiveness, metastatic competence, autonomous growth tendencies, and increased karyotypic instability (Koya & Ibrahim, 2024).

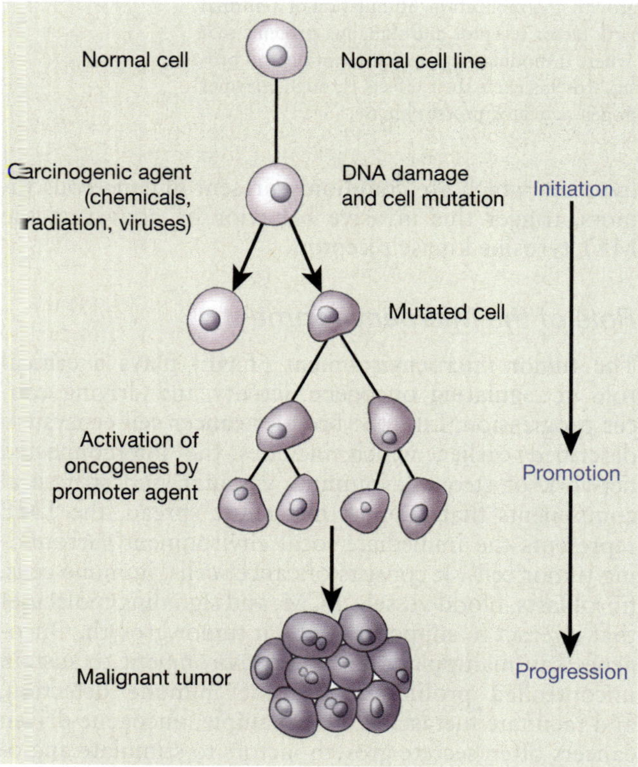

FIGURE 7-11. The processes of initiation, promotion, and progression in the clonal evolution of malignant tumors. Initiation involves exposure of cells to appropriate doses of a carcinogenic agent; promotion, the unregulated and accelerated growth of the mutated cells; and progression, the acquisition of malignant characteristics by the tumor cells. DNA, deoxyribonucleic acid.

Host and Environmental Factors

Because cancer is not a single disease, it is reasonable to assume that it does not have a single cause. More likely, cancer occurs because of interactions among multiple risk factors or repeated exposure to a single carcinogenic agent. Among the traditional risk factors that have been linked to cancer are hormonal factors, immunologic mechanisms, environmental agents such as chemicals, radiation, and cancer-causing viruses, and, to a lesser extent, heredity. More recently, there has been interest in obesity as a risk factor for cancer. A strong and consistent relationship has been reported between obesity and mortality from all cancers. People with obesity tend to produce increased amounts of androgens, a portion of which is converted to the active form of estrogen in adipose tissue, causing a functional state of hyperestrogenism. Because of the association of estrogen with postmenopausal breast cancer and endometrial cancer, the relationship is stronger among chromosomal females than among chromosomal males (Pati et al., 2023).

Heredity

Heredity is linked to about 5% to 10% of all cancers. Breast cancer, for example, occurs more frequently in chromosomal females whose female grandparents, parents, parents' siblings, or siblings have also experienced a breast malignancy. BRCA1/BRCA2 genetic mutations are associated with both breast and ovarian cancer. These genes have also been associated with an increased risk of prostate, pancreatic, colon, and other cancers. A genetic predisposition to the development of cancer has been documented for a number of cancerous and precancerous lesions that follow Mendelian inheritance patterns, and a hereditary predisposition to approximately 50 types of cancer has been observed in families (Garutti et al., 2023).

Several cancers exhibit an autosomal dominant inheritance pattern that greatly increases the risk of developing a tumor. The inherited mutation is usually a point mutation occurring in a single allele of a tumor suppressor gene. People who inherit the mutant gene are born with one normal and one mutant copy of the gene. For cancer to develop, the normal gene must be inactivated, usually through a somatic mutation. Examples of this include retinoblastoma (RB), a rare childhood tumor of the retina, and familial adenomatous polyposis of the colon (Bhattacharya et al., 2024).

Hormones

Hormones have received considerable research attention with respect to cancer of the breast, ovary, endometrium, prostate, and testis. Although the link between hormones and the development of cancer is unclear, it has been suggested that it may reside with the ability of hormones to drive the cell division of a malignant phenotype. Because of the evidence that endogenous hormones increase the risk of these cancers, concern exists regarding the effects on cancer risk if the same or closely related hormones are administered for therapeutic purposes, such as supplemental estrogen to relieve postmenopausal symptoms.

Immunologic Mechanisms

There is substantial evidence for the immune system's participation in resistance against the progression and spread of cancer. The central concept, known as the **immune surveillance hypothesis**, first proposed in 1909, postulates that the immune system plays a central role in resistance against the development of tumors. In addition to cancer–host interactions as a mechanism of cancer development, immunologic mechanisms provide a means for the detection, classification, and prognostic evaluation of cancers and as a potential method of treatment. **Immunotherapy** is a cancer treatment modality designed to heighten the person's general immune response with the goal of increasing tumor destruction.

It has been suggested that the development of cancer might be associated with an impairment or decline in the surveillance capacity of the immune system. For example, increases in cancer incidence have been observed in people with immunodeficiency diseases and in those with organ transplants who are receiving immunosuppressant drugs. The incidence of cancer also is increased in older adults, in whom there is a known decrease in immune activity. The association of Kaposi sarcoma with acquired immunodeficiency syndrome (AIDS) further emphasizes the role of the immune system in preventing malignant cell proliferation (Fu et al., 2023).

It has been shown that most tumor cells have molecular configurations that can be specifically recognized by immune T cells or by antibodies and hence are termed tumor antigens. The most relevant tumor antigens fall into two categories: unique, tumor-specific antigens (TSAs) found only on tumor cells, and tumor-associated antigens (TAAs) found on tumor cells and normal cells.

Virtually all components of the immune system have the potential for eradicating cancer cells. The T-lymphocyte response is responsible for direct killing of tumor cells and for activation of other components of the immune system, and the finding of tumor-reactive antibodies in the serum of people with cancer supports the role of the B cell as a member of the immune surveillance team. Antibodies can destroy cancer cells through complement-mediated mechanisms or through antibody-dependent cellular cytotoxicity, in which the antibody binds the cancer cell to another effector cell, such as the natural killer (NK) cell, that does the actual killing of the cancer cell. Macrophages are important in tumor immunity as antigen-presenting cells to initiate the immune response and as potential effector cells to participate in tumor cell lysis.

Chemical Carcinogens

A carcinogen is an agent capable of causing cancer. Chemical carcinogens can be divided into two groups: (1) direct-reacting agents, which do not require activation in the body to become carcinogenic, and (2) indirect-reacting agents, called **procarcinogens** or **initiators**, which must be processed by the body before becoming carcinogenic. Both types can create highly reactive molecules, like free radicals, that attach to DNA, RNA, or proteins in cells. This can lead to mutations or disrupt the synthesis of cell enzymes and structural proteins, altering cell replication and interfering with cell regulatory controls. The carcinogenicity of some chemicals is augmented by agents called **promoters** that, by themselves, have little or no cancer-causing ability. It is believed that promoters exert their effect by changing the expression of genetic material in a cell, increasing DNA synthesis, enhancing gene amplification (i.e., the number of gene copies that are made), and altering intercellular communication.

Exposure to many chemical carcinogens is associated with lifestyle risk factors, such as smoking, dietary factors, and alcohol consumption. Cigarette smoke contains both procarcinogens and promoters. It is directly associated with lung and laryngeal cancer and has also been linked to multiple other types of cancer. Chewing tobacco or tobacco products increases the risk of cancers of the oral cavity and esophagus. Not only is the smoker at risk, but also others passively exposed to cigarette smoke are also at risk. Environmental tobacco smoke has been classified as a "group A" carcinogen based on the U.S. Environmental Protection Agency's system of carcinogen classification. The group A designation is reserved for substances with strong evidence of carcinogenicity in humans.

There is also strong evidence that certain elements in the diet contain chemicals that contribute to cancer risk. Many dietary carcinogens occur either naturally in plants (e.g., aflatoxins) or are used to preserve foods. For example, benzo[*a*]pyrene and other polycyclic hydrocarbons are converted to carcinogens when foods are fried in fat that has been reused multiple times. Among the most potent of the procarcinogens are the polycyclic aromatic hydrocarbons. The polycyclic aromatic hydrocarbons are of particular interest because they are produced from animal fat in the process of charcoal-broiling meats and are present in smoked meats and fish. They also are produced in the combustion of tobacco and are present in cigarette smoke. Cancer of the colon has been associated with high dietary intake of fat and red meat and a low intake of dietary fiber (Papier et al., 2025). Studies have identified obesity and lowered physical activity with an increased risk of colon cancer (Mandic et al., 2024).

Recent studies reaffirm that alcohol consumption is a significant risk factor for multiple cancers, including those of the breast, liver, mouth, throat, esophagus, and colon. The U.S. Surgeon General's 2025 advisory highlights alcohol as the third leading preventable cause of cancer, emphasizing that even light drinking can increase risk. Alcohol is metabolized into acetaldehyde, a toxic compound that damages DNA and promotes cancerous mutations. Despite this, public awareness remains low, with many underestimating the link between alcohol and cancer. Health organizations stress that reducing or avoiding alcohol is the best strategy for cancer prevention (U.S. Public Health Service, 2025). The carcinogenic effect of cigarette smoke can be enhanced by concomitant consumption of alcohol, increasing cancer risk.

The effects of carcinogenic agents usually are dose dependent—the larger the dose or the longer the duration of exposure, the greater the risk that cancer will develop. Some chemical carcinogens may act in concert with other carcinogenic influences, such as viruses or radiation, to induce neoplasia. There usually is a time delay ranging from 5 to 30 years from the time of chemical carcinogen exposure to the development of overt cancer. This is unfortunate because many people may have been exposed to the agent and its carcinogenic effects before the association was recognized.

See Chart 7-1 for a list of chemical and environmental agents known to be carcinogenic to humans.

CHART 7-1

CHEMICAL AND ENVIRONMENTAL AGENTS KNOWN TO BE CARCINOGENIC IN HUMANS

Polycyclic Hydrocarbons

Soots, tars, and oils

Cigarette smoke

Industrial Agents

Aniline and azo dyes

Arsenic compounds

Asbestos

Beta-naphthylamine

Benzene

Benzo[*a*]pyrene

Carbon tetrachloride

Insecticides, fungicides

Nickel and chromium compounds

Polychlorinated biphenyls

Vinyl chloride

Food and Drugs

Smoked foods

Nitrosamines

Aflatoxin B_1

Diethylstilbestrol

Anticancer drugs (e.g., alkylating agents, cyclophosphamide, chlorambucil, nitrosourea)

Radiation

The effects of **ionizing radiation** in carcinogenesis have been well documented in atomic bomb survivors, diagnostic radiation exposures, and occupational exposures in industrial workers, scientists, and physicians. The type of cancer that developed depended on the dose of radiation, the person's biologic sex, and the age at which exposure occurred. Malignant epitheliomas of the skin and leukemia were significantly elevated in these populations. Between 1950 and 1970, the death rate from leukemia alone in the most heavily exposed population groups of atomic bomb survivors in Hiroshima and Nagasaki was 147 per 100,000 people, 30 times the expected rate (Brenner et al., 2022).

The association between sunlight and the development of skin cancer has been reported for more than 100 years. **Ultraviolet radiation** consists of relatively low-energy rays that do not deeply penetrate the skin. The evidence supporting the role of ultraviolet radiation in the cause of skin cancer includes skin cancer that develops primarily on areas of skin more frequently exposed to sunlight (e.g., the head and neck, arms, hands, and legs), a higher incidence in light-complexioned people who lack the ultraviolet-filtering skin pigment melanin, and the fact that the intensity of ultraviolet exposure is directly related to the incidence of skin cancer, as evidenced by higher rates occurring in Australia and the American Southwest (Sung et al., 2022). Some studies also suggest that intense, episodic exposure to sunlight, particularly during childhood, is more connected to the development of melanoma than prolonged, low-intensity exposure. As with other carcinogens, the effects of ultraviolet radiation usually are additive, and there usually is a long delay between the time of exposure and detection of the cancer (Wu et al., 2022).

Oncogenic Viruses

An **oncogenic virus** is one that can induce cancer. It has been suspected for some time that viruses play an important role in the development of certain forms of cancer, particularly leukemia and lymphoma. Viruses, which are small particles containing genetic material (DNA or RNA), enter a host cell and become incorporated into its chromosomal DNA, taking control of the cell's machinery for the purpose of producing viral proteins.

Many DNA viruses and RNA viruses have been shown to be oncogenic in animals. However, seven viruses have been linked to cancer in humans. The human papillomavirus (HPV) is associated with cervical, anal, oropharyngeal, penile, vulvar, and vaginal cancers. The Epstein–Barr virus (EBV) is linked to Burkitt's lymphoma, Hodgkin's lymphoma, nasopharyngeal carcinoma, and gastric carcinoma. Hepatitis B and C viruses (HBV and HCV) are both considered major causes of hepatocellular carcinoma (liver cancer) (Li et al., 2024). The human herpesvirus-8 is associated with Kaposi's sarcoma in people with AIDS and primary effusion lymphoma.

Although there are a number of RNA viruses (**retroviruses**) that cause cancer in animals, human T-cell leukemia virus-1 (HTLV-1) is the only known retrovirus to cause cancer in humans. HTLV-1 is associated with adult T-cell leukemia/lymphoma (ATLL). Similar to the human immunodeficiency virus responsible for AIDS, HTLV-1 is attracted to $CD4^+$ T cells, and this subset of T cells is therefore the major target for cancerous transformation. The virus requires transmission of infected T cells through sexual intercourse, infected blood, or breast milk.

SUMMARY CONCEPTS

The causes of cancer are highly complex and can be viewed from two perspectives: (1) the molecular and cellular origins and mechanisms and (2) the external and contextual causative factors, including age, heredity, and environmental agents, that influence its inception and growth. In most cases, the molecular pathogenesis of cancer is thought to have its origin in genetic damage or mutations that change cell physiology and transform a normally functioning cell into a cancer cell. However, the complexity of the causation and pathogenesis of cancer is becoming increasingly apparent as more is learned about the roles of epigenetic mechanisms, cancer stem cells, and the microenvironment in tumorigenesis.

The types of genes involved in cancer are numerous, with the two main categories being the proto-oncogenes, which control cell growth and replication, and tumor suppressor genes, which are growth-inhibiting regulatory genes. Genetic and molecular mechanisms that increase susceptibility to cancer or facilitate cancer include defects in DNA repair mechanisms, defects in growth factor signaling pathways, evasion of apoptosis, development of sustained angiogenesis, and invasion and metastasis. Because cancer is not a single disease, it is likely that multiple factors interact at the molecular and cellular levels to transform normal cells into cancer cells. Genetic and epigenetic damage may be the result of interactions between multiple risk factors or repeated exposure to a single carcinogen. Among the risk factors that have been linked to cancer are heredity, hormonal factors, immunologic mechanisms, and environmental agents such as chemicals, radiation, and cancer-causing viruses.

Clinical Manifestations, Diagnosis, and Treatment

Cancer can affect nearly every body functions, either directly through tumor growth and invasion or indirectly through systemic effects like inflammation, metabolic disturbances, and immune dysregulation. Regardless of the body system affected, many cancers share common characteristics in their clinical manifestations, diagnostic approaches, and treatment strategies. Symptoms such as unexplained weight loss, fatigue, and abnormal cell growth can occur across different cancer types, while diagnostic tools like imaging, biopsies, and tumor markers are widely used to identify and classify malignancies. Treatment options—including surgery, chemotherapy, radiation, and targeted therapies—are similarly applied based on tumor type and progression. The primary difference lies in how cancer impacts specific organs or systems. Recognizing these commonalities allows for a broader understanding of oncology, making it easier to apply knowledge from one type of cancer to another.

Clinical Manifestations

Because tumor cells replace normally functioning parenchymal tissue, the initial manifestations of cancer usually reflect the primary site of involvement. For example, cancer of the lung initially produces impairment of respiratory function; as the tumor grows and metastasizes, other body structures become affected. Cancer also produces generalized manifestations such as fatigue, anorexia, and cachexia (discussed later), anemia, decreased resistance to infections, and symptoms unrelated to the tumor site (**paraneoplastic** syndromes; see Table 7-5). Many of these manifestations are compounded by the side effects of methods used to treat the disease. In its late stages, cancer often causes pain. Pain is one of the most dreaded aspects of cancer, and pain management is one of the major treatment concerns for people with incurable cancers.

Tissue Integrity

Cancer disrupts tissue integrity. As cancers grow, they compress and erode blood vessels, causing ulceration and necrosis along with frank bleeding and sometimes hemorrhage. One of the early warning signals of colorectal cancer is blood in the stool. Cancer cells also may produce enzymes and metabolic toxins that are destructive to the surrounding tissues. Usually, tissue damaged by cancerous growth does not heal normally. Instead, the damaged area persists and often continues to grow; a sore that does not heal is another warning signal of cancer. Cancer has no regard for normal anatomic boundaries; as it grows, it invades and compresses adjacent structures. Abdominal cancer, for example, may compress the viscera and cause bowel obstruction.

The buildup of fluid around the lungs, heart, or abdominal organs is often one of the first signs of certain types of cancer (Mori et al., 2024). Direct involvement of the serous surface seems to be the most significant inciting factor, although many other mechanisms, such as obstruction of lymphatic flow, may play a role. It has been reported that almost 50% of undiagnosed effusions in people not known to have cancer turn out to be due to malignancy. Lung cancers, breast cancers, and lymphomas are the most common causes of malignant

TABLE 7-5 Common Paraneoplastic Syndromes

Type of Syndrome	Associated Tumor Type	Proposed Mechanism
Endocrinologic		
Syndrome of inappropriate antidiuretic hormone (ADH)	Small cell lung cancer, others	Production and release of ADH by tumor
Adrenocorticotropic hormone (ACTH)–Cushing syndrome	Small cell lung cancer, bronchial carcinoid cancers	Production and release of ACTH by tumor
Humoral hypercalcemia	Squamous cell cancers of the lung, head, neck, ovary	Production and release of polypeptide factor with close relationship to parathyroid hormone
Hematologic		
Venous thrombosis	Pancreatic, lung, most solid tumor metastatic cancers	Production of procoagulation factors
Nonbacterial thrombolytic endocarditis and anemia of malignancy	Advanced cancers	
Neurologic		
Eaton–Lambert syndrome	Small cell lung cancer	Autoimmune production of antibodies to motor end-plate structures
Myasthenia gravis	Thymoma	Autoimmune-generating abnormal neuron transmission
Dermatologic		
Cutaneous syndromes	Gastric carcinoma and other	Possibly caused by production of growth factors (epidermal) by tumor cells
Acanthosis nigricans	Cancers	Sometimes occur prior to cancer
Pemphigus		
Ichthyosis		
Extramammary Paget		Damage to renal glomerulus
Renal		
Nephrotic syndrome	Renal cancers	

pleural effusion (Sharma & Boster, 2024). Most people with pleural effusions are symptomatic at presentation, with chest pain, shortness of breath, and cough. More than any other malignant neoplasms, ovarian cancers are associated with the accumulation of fluid in the peritoneal cavity. Abdominal discomfort, swelling, and a feeling of heaviness, an increase in abdominal girth, which reflects the presence of peritoneal effusions or ascites, shortness of breath, and increased urinary urgency or frequency are common presenting symptoms in ovarian cancer (NCI, 2024b).

Systemic Manifestations

Many of the clinical manifestations of cancer, including anorexia and cachexia, fatigue and sleep disorders, and anemia, are not directly related to the presence of a tumor mass but to altered metabolic pathways and the presence of circulating cytokines and other mediators. Although research has produced amazing insights into the causes and cures for cancer, much is still needed regarding management of the associated side effects of the disease (Daley et al., 2025).

Anorexia and Cachexia

Many cancers are associated with weight loss and wasting of body fat and muscle tissue, accompanied by profound weakness, anorexia, and anemia. This wasting syndrome is often referred to as the **cancer anorexia–cachexia syndrome** (Yeom & Yu, 2022). It is a common manifestation of most solid tumors, with the exception of breast cancer. It has been estimated that it is a significant cause of morbidity and mortality in 50% to 80% of people with advanced cancer and is responsible for death in up to 20% of cases (Yeom & Yu, 2022). The condition is more common in children and older adults and becomes more pronounced as the disease progresses. People with the cancer anorexia–cachexia syndrome also respond less well to chemotherapy and are more prone to toxic side effects.

Although **anorexia**, reduced food intake, and abnormalities of taste are common in people with cancer and often are accentuated by treatment methods, the extent of weight loss and protein wasting cannot be explained in terms of diminished food intake alone. In contrast to starvation because of lack of food intake, where weight is preferentially lost from the fat compartment, in **cachexia**, it is lost from both the fat and skeletal muscle compartments. Furthermore, the protein loss that occurs with starvation is divided equally between skeletal muscle and visceral proteins, whereas in cachexia, visceral proteins are relatively well preserved. Finally, and more importantly, weight loss that occurs with starvation is usually reversed by refeeding, whereas oral or parenteral nutritional supplementation does not reverse cachexia (Yeom & Yu, 2022).

Cancer cachexia is driven by a state of increased metabolism and disrupted nutrient processing, which are unique to cancer. One key factor is the excessive production of glucose from lactate (gluconeogenesis), which contributes to the body's high-energy demands. Additionally, certain mitochondrial proteins interfere with normal energy production, causing energy to be lost as heat instead of being used efficiently (Wang et al., 2022). Abnormalities in fat and protein metabolism are also common, leading to the breakdown of both fat stores and muscle mass. In people with cancer cachexia, the body does not preserve amino acids, resulting in severe muscle loss (lean body mass depletion), which is linked to a shorter survival time (Yeom & Yu, 2022).

A primary cause of cancer cachexia is the deterioration of normal tissue function caused by inflammatory cytokines, which are released in excessive amounts by tumors. Tumor growth triggers an inflammatory response around the tumor, which induces the secretion of inflammatory cytokines, such as **tumor necrosis factor-α (TNF-α)**, interleukin (IL)-6, and IL-1β (Yeom & Yu, 2022). High serum levels of these cytokines have been observed in people with cancer, and their levels appear to correlate with progression of the tumor. TNF-α, secreted primarily by macrophages in response to tumor cell growth or gram-negative bacterial infections, was the first cytokine associated with cachexia and wasting to be identified. It causes anorexia by suppressing satiety centers in the hypothalamus and increasing the synthesis of lipoprotein lipase, an enzyme that facilitates the release of fatty acids from lipoproteins so that they can be used by tissues. IL-1 and IL-6 share many of the features of TNF-α in terms of the ability to initiate cachexia.

Fatigue and Sleep Disorders

Fatigue and sleep disturbances are two of the most frequent side effects experienced by people with cancer (Sleight et al., 2022). Cancer-related fatigue is characterized by feelings of tiredness, weakness, and lack of energy and is distinct from the normal tiredness experienced by healthy people in that it is not relieved by rest or sleep. It occurs both as a consequence of the cancer itself and as a side effect of cancer treatment. Cancer-related fatigue may be an early symptom of malignant disease and has been reported by more than a third of people at the time of diagnosis. Furthermore, the symptom often remains for months or even years after treatment.

Although cancer-related fatigue and sleep disorders are distinct conditions, they are closely linked in terms of prevalence and symptoms (Tao et al., 2024). People with cancer report poor sleep quality, disturbed initiation and maintenance of sleep, insufficient sleep, nighttime awakenings, and restless sleep. As with fatigue, precipitating factors include the diagnosis of cancer, type and stage of cancer, pain, and side effects of treatment (e.g., nausea, vomiting).

Anemia

Cancer and anemia are closely linked, as many types of cancer and their treatments can contribute to low red blood cell counts. Cancer-related anemia can result from chronic inflammation, bone marrow suppression, blood loss, nutritional deficiencies, or the body's inability to produce enough erythropoietin, a hormone that stimulates red blood cell production. Certain cancers, such as leukemia and lymphoma, directly affect bone marrow function, while chemotherapy and radiation therapy can damage blood-forming cells. Additionally, tumors in the gastrointestinal tract may cause slow, undetected bleeding, leading to iron deficiency anemia. Anemia in cancer patients often contributes to fatigue, weakness, shortness of breath, and reduced tolerance to treatments, making its management an essential part of cancer care (Drews, 2023).

SUMMARY CONCEPTS

There probably is no single body function left unaffected by the presence of cancer. Because tumor cells replace normally functioning parenchymal tissue, the initial manifestations of cancer usually reflect the primary site of involvement. Cancer compresses blood vessels, obstructs lymph flow, disrupts tissue integrity, invades serous cavities, and compresses visceral organs. It may result in the development of effusions (i.e., fluid) in the pleural, pericardial, or peritoneal spaces and generalized manifestations such as anorexia and cachexia, fatigue and sleep disorders, and anemia. Many of these manifestations are compounded by the side effects of methods used to treat the disease.

Screening and Diagnosis

Screening

Screening represents a secondary prevention measure for the early recognition of cancer in an otherwise asymptomatic population. Screening can be achieved through observation (e.g., skin, mouth, external genitalia), palpation (e.g., breast, thyroid, rectum and anus, prostate, lymph nodes), and laboratory tests and procedures (e.g., Papanicolaou [Pap] smear, colonoscopy, mammography). It requires a test that will specifically detect early cancers or premalignancies, is cost-effective, and results in improved therapeutic outcomes (Moleyar-Narayana et al., 2024). For most cancers, stage at presentation is related to curability, with the highest rates reported when the tumor is small and there is no evidence of metastasis. For some tumors, however, metastasis tends to occur early, even from a small primary tumor. More sensitive screening methods, such as tumor markers are being developed for certain forms of cancer. Lung cancer guidelines were developed by the American Cancer Society and recommend the initiation of discussions with healthy people aged 50 to 80 years who have a minimum of a 20-pack-year smoking history and who have stopped smoking in the last 15 years or continue to smoke (American Cancer Society, 2023).

Cancers for which current screening or early detection has led to improvement in outcomes include cancers of the breast (mammography), cervix (Pap smear), colon and rectum (rectal examination, fecal occult blood test, and colonoscopy), prostate (prostate-specific antigen [PSA] testing and transrectal ultrasonography), and malignant melanoma (self-examination). Although not as clearly defined, it is recommended that screening for other types of cancers, such as cancers of the thyroid, testicles, ovaries, lymph nodes, and oral cavity be done at the time of periodic health examinations.

Barriers to appropriate cancer screening can significantly impact early diagnosis and treatment. Despite efforts to promote evidence-based cancer screening, inequities persist in screening and cancer burden among marginalized racial and ethnic groups, rural populations, and those who are socioeconomically disadvantaged. Targeted public health efforts are needed to address screening barriers related to social determinants of health (Korn et al., 2023).

Diagnostic Methods

The methods used in the diagnosis and staging of cancer are determined largely by the location and type of cancer suspected. A number of procedures are used in the diagnosis of cancer, including blood tests for tumor markers, cytologic studies and tissue biopsies, endoscopic examinations, ultrasonography, X-ray studies, magnetic resonance imaging, computed tomography, and positron emission tomography.

Tumor Markers

Tumor markers are substances produced by cancer cells or by the body in response to cancer. They can be found in blood, urine, tissues, or other body fluids and are used to help detect, diagnose, and monitor certain types of cancer. Tumor markers may be proteins, genes, or other molecules associated with cancer growth. Some substances, such as hormones and enzymes, that are produced normally by the involved tissue, become overexpressed as a result of cancer. Other tumor markers, such as oncofetal proteins, are produced during fetal development and are induced to reappear later in life as a result of benign and malignant neoplasms. Tumor markers are used for screening, establishing prognosis, monitoring treatment, and detecting recurrent disease (Zhou et al., 2024). Table 7-6 identifies some of the more commonly used tumor markers and summarizes their source and the cancers associated with them.

As diagnostic tools, tumor markers have limitations. Nearly all markers can be elevated in benign conditions, and most are not elevated in the early stages of malignancy. Hence, tumor markers have limited value as screening tests. Furthermore, they are not in themselves specific enough to permit a diagnosis of a malignancy, but once a malignancy has been diagnosed and shown to be associated with elevated levels of a tumor marker, the marker can be used to assess response to therapy. Examples of tumor markers that assist in evaluating peoples' response to therapy, and if a recurrence of breast cancer may be occurring, are CA 15-3 and CA 27-29, both antigens that are found in breast tissue (Hasan, 2022). Extremely elevated levels of a tumor marker can indicate a poor prognosis or the need for more aggressive treatment. Perhaps the greatest value of tumor markers is in monitoring therapy in people with widespread cancer. The level of most cancer markers tends to decrease with successful treatment and increase with recurrence or spread of the tumor.

Cytologic and Histologic Methods

Histologic and cytologic studies are laboratory methods used to examine tissues and cells. Several sampling approaches are available, including cytologic smears, tissue biopsies, and needle aspiration (Pausawasdi et al., 2022).

Papanicolaou Test. The **Pap test** is a cytologic method used for detecting cancer cells. It consists of a microscopic examination of a properly prepared slide by a cytotechnologist or pathologist for the purpose of detecting the presence of abnormal cells. The usefulness of the Pap test relies on the fact that cancer cells lack the cohesive properties and intercellular junctions that are characteristic of normal tissue. Without these characteristics, cancer cells tend to exfoliate and become mixed with secretions surrounding the tumor growth. Although the Pap test is widely used as a screening test for cervical cancer, it can be performed on other body secretions, including nipple discharge, anal washings, pleural or peritoneal fluid, and gastric washings.

Tissue Biopsy. **Tissue biopsy**, which is of critical importance in diagnosing the correct cancer and histology, involves the removal of a tissue specimen for microscopic study. Biopsies are obtained in a number of ways, including needle biopsy; endoscopic methods, such as bronchoscopy or cystoscopy, which involve the passage of an endoscope through an orifice and into the involved structure; or laparoscopic methods. In some instances, a surgical incision is made from which biopsy specimens are obtained (Gwak et al., 2023). Excisional biopsies are those in which the entire tumor is removed. The tumors usually are small, solid, palpable masses. If the tumor is too large to be completely removed, a wedge of tissue from the mass can be excised for examination. Appropriate preservation of the specimen includes prompt immersion in a fixative solution such as formalin, with preservation of a portion of the specimen in a special fixative for electron microscopy, or prompt refrigeration to permit optimal hormone, receptor, and other types of molecular analysis. A quick frozen section may be done to determine the nature of a mass lesion or to evaluate the margins of an excised tumor to ascertain that the entire neoplasm has been removed (Beard et al., 2025).

Fine needle aspiration is another approach that is widely used. The procedure involves aspirating cells and attendant fluid with a small-bore needle. The method is most commonly used for the assessment of readily palpable

TABLE 7-6 Tumor Markers

Marker	Source	Associated Cancers
Antigens		
AFP	Fetal yolk sac and gastrointestinal structures early in fetal life	Primary liver cancers; germ cell cancers of the testis
CA 15-3	Breast tissue protein	Tumor marker for tracking breast cancer; liver, lung
CA 27-29	Breast tissue protein	Breast cancer recurrence and metastasis
CEA	Embryonic tissues in gut, pancreas, liver, and breast	Colorectal cancer and cancers of the pancreas, lung, and stomach
Hormones		
hCG	Hormone normally produced by placenta	Gestational trophoblastic tumors; germ cell cancers of testis
Calcitonin	Hormone produced by thyroid parafollicular cells	Thyroid cancer
Catecholamines (epinephrine and norepinephrine) and metabolites	Hormones produced by chromaffin cells of the adrenal gland	Pheochromocytoma and related tumors
Specific Proteins		
HER2/neu	Produced by epithelial cells, particularly in the breast and other glandular tissues	Breast tumors, gastric tumors, and some pediatric sarcomas
BCR-ABL	Hematopoietic stem cells in the bone marrow	Chronic myeloid leukemia (CML), acute myeloid leukemia (AML), and acute lymphoblastic leukemia (ALL)
Monoclonal immunoglobulin	Abnormal immunoglobulin produced by neoplastic cells	Multiple myeloma
PSA	Produced by the epithelial cells lining the acini and ducts of the prostate	Prostate cancer
Mucins and Other Glycoproteins		
CA 125	Produced by Müllerian cells of ovary	Ovarian cancer
CA 19-9	Produced by alimentary tract epithelium	Cancers of the pancreas and colon
Cluster of Differentiation		
CD antigens	Present on leukocytes	Used to determine the type and level of differentiation of leukocytes involved in different types of leukemia and lymphoma

ABL, Abelson murine leukemia virus; AFP, α-fetoprotein; BCR, breakpoint cluster region; CA, cancer antigen; CD, cluster of differentiation; CEA, carcinoembryonic antigen; hCG, human chorionic gonadotropin; HER2, human epidermal growth factor receptor 2; PSA, prostate-specific antigen.

lesions in sites such as the thyroid, breast, and lymph nodes. Modern imaging techniques have also enabled the method to be extended to deeper structures such as the pelvic lymph nodes and pancreas (Gwak et al., 2023).

Immunohistochemistry. **Immunohistochemistry (IHC)** is a laboratory technique that uses antibodies to identify specific proteins in or on cells, helping to diagnose different types of cancer. Some cancers, such as anaplastic carcinomas, malignant lymphomas, melanomas, and sarcomas, can look very similar under a microscope. However, correctly identifying them is essential because their treatment and prognosis are very different. IHC helps distinguish these cancers by detecting unique protein markers associated with each type.

One useful approach involves examining structural proteins called intermediate filaments, which provide support to cells and vary depending on the type of tissue they come from. Since cancer cells often retain the intermediate filaments of their original tissue, detecting these proteins can help determine where a tumor started (Shalannandia et al., 2024).

IHC is also valuable in cases where a person is diagnosed with metastatic cancer but the primary tumor's origin is unclear. By identifying tissue- or organ-specific proteins, pathologists can often trace the cancer back to its source (Greco, 2024).

Additionally, IHC can help predict how a cancer may respond to treatment. For example, in breast cancer, testing for ERs is important because tumors that test positive for ER are more likely to respond to antiestrogen therapy, such as tamoxifen. Similarly, IHC can detect human epidermal growth factor receptor 2 (HER2), a protein that, when overexpressed, can inform treatment decisions.

Microarray Technology. **Microarray technology** uses "gene chips" that can simultaneously perform miniature assays to detect and quantify the expression of large numbers of genes. The advantage of microarray technology is the ability to analyze a large number of changes in cancer cells to determine overall patterns of behavior that could not be assessed by conventional means. DNA arrays are now commercially available to assist in making clinical decisions regarding breast cancer treatment. In addition to identifying tumor types, microarrays have been used for predicting prognosis and response to therapy, examining tumor changes after therapy, and classifying hereditary tumors (Stevenson, 2024).

Staging and Grading of Tumors

The two basic methods for classifying cancers are **grading** according to the histologic or cellular characteristics of the tumor and **staging** according to the clinical spread of the disease. Both methods are used to determine the course of the disease and to aid in selecting an appropriate treatment or management plan. Grading of tumors involves the microscopic examination of cancer cells to determine their level of differentiation and the number of mitoses. Cancers are classified as grades I, II, III, and IV, with increasing anaplasia or lack of differentiation. Staging of cancers uses methods to determine the extent and spread of the disease. Surgery may be used to determine tumor size and lymph node involvement.

The clinical staging of cancer is intended to group people according to the extent of their disease. It is useful in determining the choice of treatment for individual people, estimating prognosis, and comparing the results of different treatment regimens. The tumor, node, metastasis (TNM) system of the American Joint Committee on Cancer (AJCC) is used by most cancer facilities (NCI, 2025). This system, which is briefly described in Chart 7-2, classifies the disease into stages using three tumor components:

- *T* stands for the size and local spread of the primary tumor.
- *N* refers to the involvement of the regional lymph nodes.
- *M* describes the extent of the metastatic involvement.

The time of staging is indicated as postsurgical resection–pathologic staging (pTNM), surgical–evaluative staging (sTNM), retreatment staging (rTNM), and autopsy staging (aTNM).

CHART 7-2

TNM CLASSIFICATION SYSTEM

T (Tumor)

Tx	Tumor cannot be adequately assessed
T0	No evidence of primary tumor
Tis	Carcinoma in situ
T1–4	Progressive increase in tumor size or involvement

N (Nodes)

Nx	Regional lymph nodes cannot be assessed
N0	No evidence of regional node metastasis
N1–3	Increasing involvement of regional lymph nodes

M (Metastasis)

Mx	Not assessed
M0	No distant metastasis
M1	Distant metastasis present, specify sites

Cancer Treatment

The goals of cancer treatment methods fall into three categories: curative, control, and palliative. The most common modalities are surgery, radiation therapy, chemotherapy, hormonal therapy, and biotherapy. The treatment of cancer involves the use of a carefully planned program that combines the benefits of multiple treatment modalities and the expertise of an interdisciplinary team of specialists, including medical, surgical, and radiation oncologists; clinical nurse specialists; nurse practitioners; pharmacists; and a variety of ancillary personnel.

Surgery

Surgery is the oldest treatment for cancer and is used for the diagnosis and staging of cancer, tumor removal, and palliation (i.e., relief of symptoms) when a cure cannot be achieved. The type of surgery to be used is determined by the extent of the disease, the location and structures involved, the tumor growth rate and invasiveness, the surgical risk to the person, and the quality of life the person will experience after the surgery. Surgery often is the first treatment used for solid tumors. If the tumor is small and has well-defined margins, the entire tumor often can be removed. If, however, the tumor is large or involves vital tissues, surgical removal may be difficult, if not impossible. Increased emphasis has also been placed on the development of surgical techniques that preserve body image and form without compromising essential function. Nerve- and tissue-sparing surgeries are the primary method used if at all possible, even if complete removal of the tumor is the goal.

Surgical techniques have expanded to include cryosurgery, chemosurgery, laser surgery, and laparoscopic surgery. **Cryosurgery** involves the instillation of liquid nitrogen into the tumor through a probe. It is used in treating cancers of the liver and prostate. **Chemosurgery** is used in skin cancers. It involves using a corrosive paste in combination with multiple frozen sections to ensure the complete removal of the tumor. **Laser surgery** uses a laser beam to resect a tumor. It has been used effectively in retinal and vocal cord surgery. **Laparoscopic surgery** involves the performance of abdominal surgery through two small incisions—one for viewing within the cavity and the other for insertion of the instruments to perform the surgery.

Radiation Therapy

Radiation therapy is one of the most commonly used methods of cancer treatment (American Cancer Society, 2025). It can be used alone as a primary method of therapy or as an adjuvant treatment with surgery, chemotherapy, or both. It can also be used as a palliative treatment to reduce symptoms such as bone pain resulting from metastasis in people with advanced cancers.

Radiation therapy uses high-energy particles or waves to destroy or damage cancer cells. The absorption of energy from radiation in tissue leads to the ionization of molecules or the creation of free radicals. Radiation can also produce effects indirectly by interacting with water (which makes up approximately 80% of a cell's volume) to produce free radicals, which damage cell structures. Radiation can interrupt the cell cycle process, kill cells, or damage DNA in the cells (American Cancer Society, 2025). Radiation must produce double-strand breaks in DNA to kill a cell, owing to the high capacity of cells for repairing single-strand breaks.

The therapeutic effects of radiation therapy derive from the fact that the rapidly proliferating and poorly differentiated cells of a cancerous tumor are more likely to be injured than are the more slowly proliferating cells of normal tissue. To some extent, however, radiation is injurious to all rapidly proliferating cells, including those of the bone marrow and the mucosal lining of the gastrointestinal tract. Anorexia, nausea, emesis, and diarrhea are common during abdominal and pelvic irradiation. These symptoms are usually controlled by medication and dietary measures. Radiation can also cause bone marrow suppression, particularly when it is delivered to the bone marrow in skeletal sites. Subsequently, the complete blood count is affected, resulting in an initial decrease in the number of leukocytes, followed by a decrease in thrombocytes (platelets) and red blood cells. This predisposes the person to infection, bleeding, and anemia, respectively. Most of these side effects are temporary and reversible.

Chemotherapy

Cancer **chemotherapy** has evolved as one of the major systemic treatment modalities for cancer. Unlike surgery and radiation, chemotherapy is a systemic treatment that enables drugs to reach the site of the tumor as well as other distant sites. Chemotherapeutic drugs may be the primary form of treatment, or they may be used as part of a multimodal treatment plan. It is the primary treatment for most hematologic and some solid tumors. In people with widespread disseminated disease, chemotherapy may provide only palliative rather than curative therapy.

Chemotherapy drugs are commonly classified according to their site and mechanism of action. Chemotherapeutic drugs exert their effects through several mechanisms. At the cellular level, they exert their lethal action by targeting processes that prevent cell growth and replication. Chemotherapy kills cancer cells by stopping DNA, RNA, and protein synthesis; influencing enzyme production; and generally preventing cell mitosis (Amjad et al., 2023). Under ideal conditions, anticancer drugs would eradicate cancer cells without damaging normal tissues, although in the process of development, targeted cancer agents are not available without toxic effects.

Direct DNA-Interacting Agents

The **direct DNA-interacting agents** include the alkylating agents, antitumor antibiotics, and topoisomerase inhibitors. **Alkylating agents** are a class of chemotherapeutic drugs that exert their cytotoxic effects by transferring alkyl groups to various cellular components, primarily DNA. This alkylation process leads to DNA cross-linking, which inhibits DNA replication and transcription, ultimately causing cell death. Tissue damage at the site of injection and systemic toxicities can occur (Amjad et al., 2023).

The **antitumor antibiotics** are substances produced by bacteria that in nature appear to provide protection against hostile microorganisms. As a class, they bind directly to DNA and frequently undergo electron transfer reactions to generate free radicals in close proximity to DNA, resulting in DNA damage in the form of single-strand breaks or cross-links. Cardiotoxicity and myelosuppression can occur with this treatment (Dempke et al., 2023).

DNA **topoisomerase inhibitors** are chemotherapeutic agents that disrupt the normal function of topoisomerase enzymes, which are essential for managing DNA topology during replication and transcription. Topoisomerases facilitate the unwinding and winding of DNA strands by creating transient breaks and resealing them, thereby preventing DNA tangling and supercoiling (Yakkala et al., 2023).

Indirect DNA-Interacting Agents

The **indirect DNA-interacting agents** include antimetabolites and mitotic spindle inhibitors. The antimetabolites folic acid antagonists and purine and pyrimidine antagonists) interrupt the biochemical pathways relating to nucleotide and nucleic acid synthesis. Antimetabolites can cause DNA damage indirectly through misincorporation into DNA or abnormal timing of DNA synthesis, or by causing abnormal functioning of purine and pyrimidine biosynthetic enzymes (Amjad et al., 2023). Common side effects include stomatitis, diarrhea, and myelosuppression.

The plant alkaloids, including the vinca alkaloids and taxanes, are drugs affecting the microtubule structures required for the formation of the cytoskeleton and mitotic spindle (Amjad et al., 2023). Toxicities associated with the vinca alkaloids include nausea and vomiting, bone marrow suppression, and alopecia. The main dose-limiting toxicity is neurotoxicity. The taxanes differ from the vinca alkaloids in that they stabilize the microtubules against depolymerization. Hypersensitivity reactions, myelosuppression, and peripheral neurotoxicity are potential side effects.

Combination Chemotherapy

Combination chemotherapy has been found to be more effective than treatment with a single drug. Combination chemotherapy creates a more hostile environment for tumor cell growth through higher drug concentrations and prevents the development of resistant clones of cancer cells. With this method, several drugs with different mechanisms of action, metabolic pathways, times of onset of action and recovery, side effects, and times of onset of side effects are used.

Hormonal Therapy

Hormonal therapy consists of administration of drugs designed to block or reduce the hormones that certain cancer cells rely on for growth and division. Some cancers, such as breast cancer, prostate cancer, and endometrial cancer, are hormone-sensitive or hormone-dependent, meaning they need hormones like estrogen, progesterone, or testosterone to grow. The goal of hormonal therapy is to interrupt these hormonal signals, thereby slowing or stopping cancer growth. Additionally, other cancers, such as Kaposi sarcoma and renal, liver, ovarian, and pancreatic cancers, can be treated with hormonal therapy. The theory behind the majority of hormone-based cancer treatments is to deprive the cancer cells of the hormonal signals that otherwise would stimulate them to divide.

Biotherapy

Biotherapy involves the use of immunotherapy and biologic response modifiers (BRMs) as a means of changing the person's own immune response to cancer (Massey Comprehensive Cancer Center, 2025). The major mechanisms by which biotherapy exerts its effects are modifications of host responses or tumor cell biology.

Immunotherapy

The use of immunotherapy has proven to be an effective treatment strategy for malignancy and has less toxicity than chemotherapy regimens. Immunotherapy is a treatment that uses one's own immune system to treat cancer by either stimulating the immune system to attack cancer cells or improving the individual's immune system. Immunotherapy may be used as a single-agent treatment or used in conjunction with other treatment modalities.

Types of cancer immunotherapy include monoclonal antibodies, immune checkpoint inhibitors, cancer vaccines, and nonspecific immunotherapies. **Monoclonal antibodies** are made in the laboratory and target specific proteins or antigens often found on cancer cells, either directly attacking or facilitating an attack on specific cells. **Immune inhibitors** are distinct from monoclonal antibodies and are specifically designed to modulate immune checkpoints. **Cancer vaccines** are one of the latest BRMs that act by stimulating the immune system to fight a specific infection or disease, most often cancer-causing viruses such as hepatitis B and HPV. They also aim to elicit immune responses against TSAs, including TAAs and TSAs (Liu et al., 2022). Notable immunotherapies include **CAR T-cell therapy**, which involves the modification of a patient's T cells to express chimeric antigen receptors (CARs) that specifically recognize and attack cancer cells. This form of adoptive cell transfer has shown promise in treating certain types of blood cancers.

Biologic Response Modifiers

Biologic response modifiers (BRMs) can be grouped into three types: cytokines, monoclonal antibodies, and hematopoietic growth factors.

Cytokines modulate immune responses and include the interferons and ILs. The **interferons** appear to inhibit viral replication and also may be involved in inhibiting tumor protein synthesis and in prolonging the cell cycle, increasing the percentage of cells in the G_0 phase. Interferons stimulate NK cells and T-lymphocyte killer cells. Interferon-γ has been approved for the treatment of hairy cell leukemia, AIDS-related Kaposi sarcoma, and CML, and as adjuvant therapy for people at high risk for recurrent melanoma. The ILs are cytokines that affect communication between cells by binding to receptor sites on the cell surface membranes of the target cells. Of the 18 known ILs, IL-2 has been the most widely studied. A recombinant human IL-2 (aldesleukin) has been approved by the U.S. Food and Drug Administration (FDA) and is being used for the treatment of metastatic renal cell carcinoma and melanoma.

Monoclonal antibodies, when acting as BRMs, alter immune signaling or inflammatory pathways without directly killing cancer cells. Hematopoietic growth factors stimulate the production of blood cells and are often used to mitigate the side effects of chemotherapy.

Oncolytic virus therapy is a relatively new type of treatment with the potential to treat cancer. Genetically modified viruses infect and destroy cancer cells without harming normal cells. To date, only one oncolytic virus has been approved by the FDA, though additional viruses are being evaluated (Shalhout et al., 2023).

SUMMARY CONCEPTS

The methods used in the diagnosis of cancer vary with the type of cancer and its location. Because many cancers are curable if diagnosed early, health care practices designed to promote early detection are important. Histologic studies are done in the laboratory using cells or tissue specimens. There are two basic methods of classifying tumors: grading according to the histologic or tissue characteristics and clinical staging according to spread of the disease. The TNM system for clinical staging of cancer takes into account tumor size, lymph node involvement, and presence of metastasis.

Treatment plans using combined therapeutic approaches are providing cures for a number of cancers that a few decades ago had a poor prognosis and are increasing the life expectancy in other types of cancer. Surgical procedures are more precise and less invasive, preserving organ function and resulting in better quality-of-life outcomes. Newer radiation equipment and novel radiation techniques permit greater and more controlled destruction of cancer cells while sparing normal tissues. Cancer chemotherapy has evolved as one of the major systemic treatment modalities for cancer. Unlike surgery and radiation, chemotherapy is a systemic treatment that enables drugs to reach the site of the tumor as well as other distant sites. The major classifications of chemotherapy drugs are the direct DNA-interacting (alkylating agents, antitumor antibiotics, and topoisomerase inhibitors) and indirect DNA-interacting (antimetabolites and mitotic spindle inhibitors) agents. Cancer chemotherapeutic drugs may also be classified as either cell cycle specific or cell cycle nonspecific, depending on whether they exert their action during a specific phase of the cell cycle. Other systemic agents include hormonal and molecularly targeted agents that block specific enzymes and growth factors involved in cancer cell growth.

Childhood Cancers

Cancer in children is relatively rare, accounting for about 1% of all malignancies in the United States. Although rare, cancer is the leading cause of death from disease after infancy among children in the United States. Common cancers that occur in children include leukemia, malignant brain and other central nervous system (CNS) tumors, non-Hodgkin and Hodgkin lymphomas, epithelial neoplasms and melanomas, soft-tissue tumors, malignant germ cell tumors, and bone cancers (osteosarcoma and Ewing sarcoma). Specific incidence varies by age group and ethnicity (NCI, 2024a).

Incidence and Types

The spectrum of cancers that affect children differs markedly from those that affect adults. Although most adult cancers are of epithelial cell origin (e.g., lung cancer, breast cancer, colorectal cancer), childhood cancers differ in that they generally involve the hematopoietic system, nervous system, soft tissues, bone, and kidneys (Doroshow et al., 2023).

During the first year of life, embryonal tumors such as Wilms tumor, RB, and neuroblastoma are among the most common types of tumors. Embryonal tumors, along with acute leukemia, non-Hodgkin lymphoma, and gliomas have a peak incidence in children 2 to 5 years of age. As children age, especially after they pass puberty, bone malignancies, Hodgkin lymphoma, gonadal germ cell tumors (testicular and ovarian carcinomas), and various carcinomas such as thyroid cancer and malignant melanoma increase in incidence.

Embryonal Tumors

Many tumors that develop in infancy and early childhood come from embryonic cells, meaning they grow in a way that resembles how organs form during early development (organogenesis). Because of this, these tumors often have the suffix "blastoma" in their names, such as nephroblastoma (Wilms tumor), RB, and neuroblastoma. Wilms tumor and neuroblastoma are particularly illustrative of this type of childhood tumor (Francis et al., 2022).

Neuroblastoma

Neuroblastomas arise from the primordial neural crest tissue in the sympathetic nervous system and adrenal medulla. It is the second most common solid malignancy in childhood after brain tumors. Neuroblastoma is also an extremely malignant neoplasm, particularly in children with advanced disease. In children younger than 2 years, neuroblastoma generally presents with large abdominal masses, fever, and possibly weight loss. Bone pain suggests metastatic disease (Mahapatra & Challagundla, 2023). About 90% of the tumors, regardless of location, secrete **catecholamines**, which is an important diagnostic feature (i.e., elevated blood levels of catecholamines and elevated urinary levels of catecholamine metabolites) (Sainero-Alcolado et al., 2024).

Wilms Tumor

Wilms tumor, also known as **nephroblastoma**, originates from persistent embryonic kidney tissue that fails to mature during organogenesis. The tumor often presents as a painless abdominal mass and is more prevalent in children under 5 years, with a strong association with other congenital syndromes, reinforcing its embryonal nature. Unlike adult renal cancers (e.g., renal cell carcinoma), which are epithelial and mutation-driven, Wilms tumor's embryonal origin and rapid growth reflect its ties to disrupted fetal nephrogenesis, making it a key example of how childhood cancers differ biologically from adult malignancies (Ortiz et al., 2023).

Biology of Childhood Cancers

As with adult cancers, there is likely no single cause of childhood cancer. Although a number of genetic conditions are associated with childhood cancer, such conditions are relatively rare, suggesting an interaction between genetic susceptibility and environmental exposures. Certain inherited genetic conditions, including Down syndrome, increase susceptibility to childhood cancers due to underlying chromosomal abnormalities, mutations in tumor suppressor genes, and defects in DNA repair mechanisms. Children with Down syndrome have a 20-fold increased risk of developing acute leukemia, particularly acute lymphoblastic leukemia (ALL) and acute myeloid leukemia (AML) (Roganovic, 2024).

Some genetic syndromes linked to childhood cancer involve anomalies in DNA repair mechanisms. For example, in xeroderma pigmentosum, the body is unable to properly repair DNA damage caused by ultraviolet (UV) light, leading to a significantly higher risk of developing skin cancer.

Another genetic factor in childhood cancer is genomic imprinting, which refers to the way certain genes are turned off or on depending on whether they are inherited from the male or female biologic parent. In a healthy individual, the insulin-like growth factor-2 (IGF-2) gene is normally turned off (imprinted) when inherited from the female biologic parent. However, in some cases, this imprinting is lost, causing both the maternal and paternal copies of IGF-2 to be active. This overproduction of IGF-2, a growth factor that plays a key role in embryonic development, promotes uncontrolled cell proliferation, contributing to the formation of tumors that resemble embryonic tissue, such as in Wilms tumor (Benlhachemi et al., 2024).

Diagnosis and Treatment

Early detection often reduces the need for therapy and improves outcomes. Because of generalized symptoms experienced by children, such as prolonged fever, fatigue, and bone pain, all similar to those of common childhood diseases, diagnosis is often delayed or missed, particularly in the early stages. When these symptoms are experienced in the setting of persistent lymphadenopathy, unexplained weight loss, growing masses (especially in association with weight loss), and abnormalities of the CNS function, they should be viewed as warning signs of cancer in children.

Diagnosis of childhood cancers involves many of the same methods used in adults. Histologic examination is usually an essential part of the diagnostic procedure. Accurate disease staging is especially beneficial in childhood cancers, in which the potential benefits of treatment must be carefully weighed against potential long-term effects.

The treatment of childhood cancers is complex, intensive, prolonged, and continuously evolving. It usually involves appropriate multidisciplinary and multimodal therapies, as well as the evaluation for recurrent disease and late effects of the disease and therapies used in its treatment.

Two modalities are frequently used in the treatment of childhood cancer, with chemotherapy being the most widely used, followed, in order of use, by surgery, radiation therapy, and biologic agent therapy. Chemotherapy is more widely used in the treatment of children with cancer than in adults because children better tolerate the acute adverse effects and, in general, pediatric tumors are more responsive to chemotherapy than adult cancers (Mee et al., 2023).

With improvement in treatment methods, the number of children who survive childhood cancer continues to increase. However, therapy may produce late sequelae, such as impaired growth, neurologic dysfunction, hormonal dysfunction, cardiomyopathy, pulmonary fibrosis, and the risk of second malignancies. Thus, one of the growing challenges is providing appropriate health care to survivors of childhood and adolescent cancers (McCarthy, 2023).

Radiation Therapy

Radiation therapy poses the risk of long-term effects for survivors of childhood cancer. The late effects of radiation therapy are influenced by the organs and tissues included in the treatment field, type of radiation administered, daily fractional and cumulative radiation dose, and age at treatment. There is an increased risk of melanoma, squamous cell carcinoma, and basal cell carcinoma. Musculoskeletal changes are also common after radiation. Even with current methods, survivors may have changes leading to pain and altered musculoskeletal function (McCarthy, 2023).

The use of cranial radiation therapy (CRT) in the treatment of brain tumors, ALL, and head and neck soft-tissue tumors has been reduced due to the cognitive dysfunction and growth hormone deficiency associated with it. Radiation to the chest or **mantle field** (lymph nodes of neck, subclavicular, axillary, and mediastinal areas) is often used to treat Hodgkin and non-Hodgkin lymphomas and metastases to the lungs. Increased risk of breast cancer, coronary artery and valvular disease, and pericardial disease, as well as reduced pulmonary function. Childhood cancer survivors treated with abdominal or pelvic radiation may develop late health problems involving the gastrointestinal tract, liver, spleen, kidneys, and structures of the genitourinary and reproductive systems (McCarthy, 2023).

Chemotherapy

Chemotherapy for childhood cancer carries long-term risks for survivors. Alkylating agents can cause dose-related gonadal injury (hypogonadism, infertility, early menopause), secondary AML, pulmonary fibrosis, kidney disease, and bladder disorders. Anthracyclines like doxorubicin and daunomycin, widely used in pediatric treatment, may lead to cardiomyopathy and congestive heart failure. Cisplatin and carboplatin, common platinum-based agents, are linked to nephrotoxicity, ototoxicity, and neurotoxicity. Combination chemotherapy boosts effectiveness but heightens side effect risks when toxicities overlap. Intrathecal chemotherapy, used to prevent CNS relapse in ALL, often causes significant, persistent cognitive impairment (Zupanec et al., 2023).

SUMMARY CONCEPTS

Although most adult cancers are of epithelial cell origin, most childhood cancers involve connective tissue or the hematopoietic or nervous systems, all of which have embryonic origins. Heritable forms of cancer tend to have an earlier age of onset, a higher frequency of multifocal lesions in a single organ, and bilateral involvement of paired organs or multiple primary tumors. Early diagnosis of childhood cancers is often difficult because the signs and symptoms mimic those of other childhood diseases. With improvement in treatment methods, the number of children who survive childhood cancer is continuing to increase. As these children approach adulthood, there is continued concern that the lifesaving therapy they received during childhood may produce late effects, such as impaired growth, cognitive dysfunction, hormonal dysfunction, cardiomyopathy, pulmonary fibrosis, and risk of secondary malignancies.

Integrating Clinical Decision Making

Mr. Ramirez, a 62-year-old man with a 40-pack-year smoking history, presents to his primary care provider reporting a persistent cough, unintentional weight loss of 18 lb over 3 months, and increasing fatigue. He notes that food "doesn't taste right," and he often feels full after just a few bites. On exam, he is thin, fatigued, and appears older than his stated age. A chest x-ray shows a 3.6-cm mass in the right upper lobe. Laboratory work reveals mild anemia and an elevated serum calcium level. The provider orders a CT scan and a serum tumor marker panel (including CEA, CA-19-9, and others). The CT scan identifies an irregular, spiculated lung mass without evidence of distant disease. The provider discusses that further evaluation, including biopsy, will be needed to determine if this is a malignancy.

1. Which clinical finding in Mr. Ramirez most strongly suggests a paraneoplastic syndrome, and what is the underlying mechanism?
2. Based on Mr. Ramirez's symptoms of early satiety, taste changes, profound fatigue, and significant muscle/fat loss, which cancer-related systemic syndrome is most likely developing, and what is the primary driver?

A bronchoscopy and biopsy of the lung mass confirm moderately differentiated adenocarcinoma. PET-CT reveals uptake in a right hilar lymph node but no distant metastases. Additional biomarker testing shows elevated CEA but no HER2/neu overexpression. The oncology team explains that the cancer is T2a, N1, M0, consistent with Stage II lung cancer. The team discusses treatment options, including surgery, chemotherapy, and possibly targeted therapies depending on molecular testing. The oncologist also notes that cancer cells from Mr. Ramirez's biopsy show evidence of angiogenic activity and interaction with elements of the TME. Mr. Ramirez expresses concern about how quickly the tumor seems to have grown and asks what allows cancer cells to spread.

3. Which explanation best describes how Mr. Ramirez's lung cancer could invade surrounding tissues and spread to lymph nodes?
4. Which combination of treatment options is most consistent with the goals of therapy for a Stage II lung adenocarcinoma such as Mr. Ramirez's?

REFERENCES

Afify, S. M., & Seno, M. (Eds.). (2023). Anchorage-independent cell growth assay for cancer stem cells: Tumorigenic assay in vitro. In *Methods in cancer stem cell biology* (pp. 193–202). Springer. https://doi.org/10.1007/978-981-99-1331-2_16

Alshebib, Y., Hori, T., Goel, A., Fauzi, A. A., & Kashiwagi, T. (2023). Adult human neurogenesis: A view from two schools of thought. *IBRO Neuroscience Reports*, *15*, 342–347. https://doi.org/10.1016/j.ibneur.2023.07.004

American Cancer Society. (2023). *American Cancer Society updates lung cancer screening guideline: Nearly five million U.S. adults who smoke and formerly smoked now recommended for testing*. https://pressroom.cancer.org/releases?item=1274

American Cancer Society. (2025). *Radiation therapy: What goes into planning your radiation therapy.* https://www.cancer.org/cancer/managing-cancer/treatment-types/radiation/basics.html

Amjad, M. T., Chidharla, A., & Kasi, A. (2023, February 27). Cancer chemotherapy. In *StatPearls* [Internet]. StatPearls Publishing. https://www.ncbi.nlm.nih.gov/books/NBK564367/

Bailey, C., Pich, O., Thol, K., Watkins, T. B., Luebeck, J., Rowan, A., Stavrou, G., Weiser, N. E., Dameracharla, B., Bentham, R., Lu, W.-T., Kittel, J., Yang, S. Y., Howitt, B. E., Sharma, N., Litovchenko, M., Salgado, R., Hung, K. L., Cornish, A. J., ... Swanton, C. (2024). Origins and impact of extrachromosomal DNA. *Nature, 635*(8037), 193–200. https://doi.org/10.1038/s41586-024-08107-3

Beard, C. J., Subitchan, P., Campos, M. B., & Schmieder, G. J. (2025, January 19). Excisional biopsy. In *StatPearls* [Internet]. StatPearls Publishing. https://www.ncbi.nlm.nih.gov/books/NBK534835/

Benlhachemi, S., Khattab, M., Hattoufi, K., Abouqal, R., Boutayeb, S., & El Fahime, E. (2024). Analysis of Wilms tumour epidemiology, clinicopathological features and treatment outcomes in 84 Moroccan patients. *Cancer Reports,* 7(11), e2158. https://doi.org/10.1002/cnr2.2158

Bhat, G. R., Sethi, I., Sadida, H. Q., Rah, B., Mir, R., Algehainy, N., Albalawi, I. A., Masoodi, T., Subbaraj, G. K., Jamal, F., Singh, M., Kumar, R., Macha, M. A., Uddin, S., Akil, A. S., Haris, M., & Bhat, A. A. (2024). Cancer cell plasticity: From cellular, molecular, and genetic mechanisms to tumor heterogeneity and drug resistance. *Cancer and Metastasis Reviews, 43*(1), 197–228. https://doi.org/10.1007/s10555-024-10172-z

Bhattacharya, P., Leslie, S. W., & McHugh, T. W. (2024, June 8). Lynch syndrome (hereditary nonpolyposis colorectal cancer) (Archived). In *StatPearls* [Internet]. StatPearls Publishing. https://www.ncbi.nlm.nih.gov/books/NBK431096/

Brenner, A. V., Preston, D. L., Sakata, R., Cologne, J., Sugiyama, H., Utada, M., Cahoon, E. K., Grant, E., Mabuchi, K., & Ozasa, K. (2022). Comparison of all solid cancer mortality and incidence dose-response in the life span study of atomic bomb survivors, 1958–2009. *Radiation Research, 197*(5), 491–508. https://doi.org/10.1667/RADE-21-00059.1

Centers for Disease Control and Prevention. (2023). *Cancer risk factors.* U.S. Department of Health and Human Services. https://www.cdc.gov/cancer/risk-factors/index.html

Cheng, H., Shang, D., & Zhou, R. (2022). Germline stem cells in human. *Signal Transduction and Targeted Therapy,* 7(1), 345. https://doi.org/10.1038/s41392-022-01197-3

Chu, X., Tian, W., Ning, J., Xiao, G., Zhou, Y., Wang, Z., Zhai, Z., Tanzhu, G., Yang, J., & Zhou, R. (2024). Cancer stem cells: Advances in knowledge and implications for cancer therapy. *Signal Transduction and Targeted Therapy,* 9(1), 170. https://doi.org/10.1038/s41392-024-01851-y

Dakal, T. C., Dhabhai, B., Pant, A., Moar, K., Chaudhary, K., Yadav, V., Ranga, V., Sharma, N. K., Kumar, A., Maurya, P. K., Maciaczyk, J., Schmidt-Wolf, I. G., & Sharma, A. (2024). Oncogenes and tumor suppressor genes: Functions and roles in cancers. MedComm, 5(6). https://doi.org/10.1002/mco2.582

Daley, S. F., Ali, M. A., Ohnuma, T., & Adigun, R. (2025, January 19). Anorexia and cachexia. In *StatPearls* [Internet]. StatPearls Publishing. https://www.ncbi.nlm.nih.gov/books/NBK430977/

Dempke, W. C. M., Zielinski, R., Winkler, C., Silberman, S., Reuther, S., & Priebe, W. (2023). Anthracycline-induced cardiotoxicity—Are we about to clear this hurdle? *European Journal of Cancer, 185,* 94–104. https://doi.org/10.1016/j.ejca.2023.02.019

Doroshow, D. B., Bhakta, N., Ehrhardt, M. J., Armstrong, G. T., Robison, L. L., Hudson, M. M., & Volchenboum, S. L. (2023). The childhood cancer data initiative: Using the power of data to learn from and improve outcomes for every child and young adult with pediatric cancer. *Journal of Clinical Oncology, 41*(24), 4045–4053. https://doi.org/10.1200/JCO.22.02208

Drews, R. E. (2023, November 3). Causes of anemia in patients with cancer. *UpToDate.* https://www.uptodate.com/contents/causes-of-anemia-in-patients-with-cancer

Francis, S. S., Ostrom, Q. T., Cote, D. J., Smith, T. R., Claus, E., & Barnholtz-Sloan, J. S. (2022). The epidemiology of central nervous system tumors. *Hematology/Oncology Clinics of North America, 36*(1), 23–42. https://doi.org/10.1016/j.hoc.2021.08.012

Fu, X., Qin, P., Li, F., Zhu, H., You, H., Zhang, Y., Xu, B., Li, T., Zhang, F., Han, L., Zhao, L., Ma, B., Wang, Z., & Gao, Q. (2023). The inter-link of ageing, cancer and immunity: Findings from real-world retrospective study. *Immunity & Ageing, 20*(1), 75. https://doi.org/10.1186/s12979-023-00399-9

Garutti, M., Foffano, L., Mazzeo, R., Michelotti, A., Da Ros, L., Viel, A., Miolo, G., Zambelli, A., & Puglisi, F. (2023). Hereditary cancer syndromes: A comprehensive review with a visual tool. *Genes, 14*(5), 1025. https://doi.org/10.3390/genes14051025

Grasset, E. M., Deshpande, A., Lee, J. W., Cho, Y., Shin, S. M., Coyne, E. M., Hernandez, A., Yuan, X., Zhang, Z., Cimino-Mathews, A., Ewald, A. J., & Ho, W. J. (2024). Mapping the breast tumor microenvironment: Proximity analysis reveals spatial relationships between macrophage subtypes and metastasis-initiating cancer cells. *Oncogene, 43*(39), 2927–2937. https://doi.org/10.1038/s41388-024-03127-9

Greco, F. A. (2024). Cancer of unknown primary site: A new era of practice-changing approaches to diagnosis, staging, and precision therapy. *JCO Oncology Advances, 1,* e2400041. https://doi.org/10.1200/oa-24-00041

Gui, P., & Bivona, T. G. (2022). Evolution of metastasis: New tools and insights. *Trends in Cancer, 8*(2), 98–109. https://doi.org/10.1016/j.trecan.2021.11.002

Guo, Q.-Y., Yang, J.-Q., Feng, X.-X., & Zhou, Y.-J. (2023). Regeneration of the heart: From molecular mechanisms to clinical therapeutics. *Military Medical Research, 10*(1), 18. https://doi.org/10.1186/s40779-023-00452-0

Gwak, H., Woo, S. S., Oh, S. J., Kim, J. Y., Shin, H.-C., Youn, H. J., Chun, J. W., Lee, D., & Kim, S. H. (2023). A comparison of the prognostic effects of fine needle aspiration and core needle biopsy in patients with breast cancer: A nationwide multicenter prospective registry. *Cancers, 15*(18), 4638. https://doi.org/10.3390/cancers15184638

Hanahan, D. (2022). Hallmarks of cancer: New dimensions. *Cancer Discovery, 12*(1), 31–46. https://doi.org/10.1158/2159-8290.CD-21-1059

Hasan, D. (2022). Diagnostic impact of CEA and CA 15-3 on monitoring chemotherapy of breast cancer patients. *Journal of Circulating Biomarkers, 11,* 57–63. https://doi.org/10.33393/jcb.2022.2446

Healthline. (2023). *Tumor suppressor genes: Their role in cancer and cancer treatment.* https://www.healthline.com/health/cancer/tumor-suppressor-genes

Hopkins, J. L., Lan, L., & Zou, L. (2022). DNA repair defects in cancer and therapeutic opportunities. *Genes & Development, 36*(5–6), 278–293. https://doi.org/10.1101/gad.349431.122

Hosea, R., Hillary, S., Naqvi, S., Wu, S., & Kasim, V. (2024). The two sides of chromosomal instability: Drivers and brakes in cancer. *Signal Transduction and Targeted Therapy,* 9(1), 75. https://doi.org/10.1038/s41392-024-01767-7

Issa, J.-P. (2022). The two-hit hypothesis meets epigenetics. *Cancer Research, 82*(7), 1167–1169. https://doi.org/10.1158/0008-5472.can-22-0405

Joyce, C., Rayi, A., & Kasi, A. (2023, August 28). Tumor-suppressor genes. In *StatPearls* [Internet]. StatPearls Publishing. https://www.ncbi.nlm.nih.gov/books/NBK532243/

Kim, M., Park, Y., Kim, Y. S., & Ko, S. (2024). Cellular plasticity in gut and liver regeneration. *Gut and Liver*, *18*(6), 949–960. https://doi.org/10.5009/gnl240005

Korn, A. R., Walsh-Bailey, C., Correa-Mendez, M., DelNero, P., Pilar, M., Sandler, B., Brownson, R. C., Emmons, K. M., & Oh, A. Y. (2023). Social determinants of health and US cancer screening interventions: A systematic review. *CA: A Cancer Journal for Clinicians*, *73*(5), 461–479. https://doi.org/10.3322/caac.21801

Koya, A. I., & Ibrahim, S. A. (2024, October 2). Carcinogenesis. In *StatPearls* [Internet]. StatPearls Publishing. https://www.ncbi.nlm.nih.gov/books/NBK604463/

Li, Q., Ding, C., Cao, M., Yang, F., Yan, X., He, S., Cao, M., Zhang, S., Teng, Y., Tan, N., Wang, J., Xia, C., & Chen, W. (2024). Global epidemiology of liver cancer 2022: An emphasis on geographic disparities. *Chinese Medical Journal*, *137*(19), 2334–2342. https://doi.org/10.1097/cm9.0000000000003264

Liu, J., Fu, M., Wang, M., Wan, D., Wei, Y., & Wei, X. (2022). Cancer vaccines as promising immuno-therapeutics: Platforms and current progress. *Journal of Hematology & Oncology*, *15*(1), 28. https://doi.org/10.1186/s13045-022-01247-x

Liu, M., Zhang, Y., Jian, Y., Gu, L., Zhang, D., Zhou, H., Wang, Y., & Xu, Z.-X. (2024). The regulations of telomerase reverse transcriptase (TERT) in cancer. *Cell Death & Disease*, *15*(1), 90. https://doi.org/10.1038/s41419-024-06454-7

Liu, Z., Chen, J., Ren, Y., Liu, S., Ba, Y., Zuo, A., Luo, P., Cheng, Q., Xu, H., & Han, X. (2024). Multi-stage mechanisms of tumor metastasis and therapeutic strategies. *Signal Transduction and Targeted Therapy*, *9*(1), 270. https://doi.org/10.1038/s41392-024-01955-5

Liu, Z.-L., Chen, H.-H., Zheng, L.-L., Sun, L.-P., & Shi, L. (2023). Angiogenic signaling pathways and anti-angiogenic therapy for cancer. *Signal Transduction and Targeted Therapy*, *8*(1), 198. https://doi.org/10.1038/s41392-023-01460-1

MacDonald, E. (2024). *Report shows drop in cancer deaths, but troubling data for women and younger adults*. Houston Chronicle; American Cancer Society. https://www.houstonchronicle.com/health/article/cancer-deaths-decline-incidence-rises-women-20031970.php

Mahapatra, S., & Challagundla, K. B. (2023, July 10). Neuroblastoma. In *StatPearls* [Internet]. StatPearls Publishing. https://www.ncbi.nlm.nih.gov/books/NBK448111/

Mandic, M., Li, H., Safizadeh, F., Niedermaier, T., Hoffmeister, M., & Brenner, H. (2024). Correction: Is the association of overweight and obesity with colorectal cancer underestimated? An umbrella review of systematic reviews and meta-analyses. *European Journal of Epidemiology*, *39*(2), 231–231. https://doi.org/10.1007/s10654-023-01092-3

Massey Comprehensive Cancer Center. (2025). *Biological therapy*. https://www.masseycancercenter.org/cancer-types-and-treatments/cancer-treatments/biological-therapy/

McCarthy, E. (2023). A review of late effects in pediatric cancer: Implications for rehabilitation. *Rehabilitation Oncology*, *41*(4), 215–218. https://doi.org/10.1097/01.reo.0000000000000351

Mee, T., Kirkby, N. F., Defourny, N. N., Kirkby, K. J., & Burnet, N. G. (2023). The use of radiotherapy, surgery and chemotherapy in the curative treatment of cancer: Results from the forty (favourable outcomes from radiotherapy) project. *The British Journal of Radiology*, *96*(1152), 20230334. https://doi.org/10.1259/bjr.20230334

Mentink, A., Isebia, K. T., Kraan, J., Terstappen, L. W., & Stevens, M. (2023). Measuring antigen expression of cancer cell lines and circulating tumour cells. *Scientific Reports*, *13*(1), 6051. https://doi.org/10.1038/s41598-023-33179-y

Mercadante, A. A., & Kasi A. (2023, August 14). Genetics, cancer cell cycle phases. In *StatPearls* [Internet]. StatPearls Publishing. https://www.ncbi.nlm.nih.gov/books/NBK563158/

Moleyar-Narayana, P., Leslie, S. W., & Ranganathan, S. (2024, May 31). Cancer screening. In *StatPearls* [Internet]. StatPearls Publishing. https://www.ncbi.nlm.nih.gov/books/NBK563138/

Mori, S., Bertamino, M., Guerisoli, L., Stratoti, S., Canale, C., Spallarossa, P., Porto, I., & Ameri, P. (2024). Pericardial effusion in oncological patients: Current knowledge and principles of management. *Cardio-Oncology*, *10*(1), 8. https://doi.org/10.1186/s40959-024-00207-3

National Cancer Institute. (2023). *The Genetics of cancer*. National Institutes of Health. https://www.cancer.gov/about-cancer/causes-prevention/genetics

National Cancer Institute. (2024a). *Cancer in children and adolescents*. National Institutes of Health. https://www.cancer.gov/types/childhood-cancers/child-adolescent-cancers-fact-sheet

National Cancer Institute. (2024b, October 15). *Ascites and cancer*. National Institutes of Health. https://www.cancer.gov/about-cancer/treatment/side-effects/ascites

National Cancer Institute. (2025). *Cancer staging*. National Institutes of Health. https://www.cancer.gov/about-cancer/diagnosis-staging/staging

Nurmagambetova, A., Mustyatsa, V., Saidova, A., & Vorobjev, I. (2023). Morphological and cytoskeleton changes in cells after EMT. *Scientific Reports*, *13*(1), 22164. https://doi.org/10.1038/s41598-023-48279-y

Ortiz, M. V., Koenig, C., Armstrong, A. E., Brok, J., de Camargo, B., Mavinkurve-Groothuis, A. M., Herrera, T. B., Venkatramani, R., Woods, A. D., Dome, J. S., & Spreafico, F. (2023). Advances in the clinical management of high-risk Wilms tumors. *Pediatric Blood & Cancer*, *70*(S2), e30342. https://doi.org/10.1002/pbc.30342

Owens, J. (2023). *Understanding cell-to-cell communication in cancer*. Technology Networks. https://www.technologynetworks.com/cancer-research/articles/understanding-cell-to-cell-communication-in-cancer-375894

Papier, K., Bradbury, K. E., Balkwill, A., Barnes, I., Smith-Byrne, K., Gunter, M. J., Berndt, S. I., Le Marchand, L., Wu, A. H., Peters, U., Beral, V., Key, T. J., & Reeves, G. K. (2025). Diet-wide analyses for risk of colorectal cancer: Prospective study of 12,251 incident cases among 542,778 women in the UK. *Nature Communications*, *16*(1), 375. https://doi.org/10.1038/s41467-024-55219-5

Pati, S., Irfan, W., Jameel, A., Ahmed, S., & Shahid, R. K. (2023). Obesity and cancer: A current overview of epidemiology, pathogenesis, outcomes, and management. *Cancers*, *15*(2), 485. https://doi.org/10.3390/cancers15020485

Pausawasdi, N., Hongsrisuwan, P., Chalermwai, W. V., Butt, A. S., Maipang, K., & Charatchareonwitthaya, P. (2022). The diagnostic performance of combined conventional cytology with smears and cell block preparation obtained from endoscopic ultrasound-guided fine needle aspiration for intra-abdominal mass lesions. *PLoS One*, *17*(3), e0263982. https://doi.org/10.1371/journal.pone.0263982

Pu, W., Zhu, H., Zhang, M., Pikiolek, M., Ercan, C., Li, J., Huang, X., Han, X., Zhang, Z., Lv, Z., Li, Y., Liu, K., He, L., Liu, X., Heim, M. H., Terracciano, L. M., Tchorz, J. S., & Zhou, B. (2023). Bipotent transitional liver progenitor cells contribute to liver regeneration. *Nature Genetics*, *55*(4), 651–664. https://doi.org/10.1038/s41588-023-01335-9

Roganovic, J. (2024). Genetic predisposition to childhood cancer. *World Journal of Clinical Pediatrics*, *13*(3), 95010. https://doi.org/10.5409/wjcp.v13.i3.95010

Sainero-Alcolado, L., Sjöberg Bexelius, T., Santopolo, G., Yuan, Y., Liaño-Pons, J., & Arsenian-Henriksson, M. (2024). Defining neuroblastoma: From origin to precision medicine. *Neuro-Oncology*, *26*(12), 2174–2192. https://doi.org/10.1093/neuonc/noae152

Schwietzer, M. F., Thölmann, S., Kummer, D., Kaschler, A., Greune, L., Thüring, E.-M., Schmidt, M. A., Gerke, V., & Ebnet, K. (2022). Loss of contact inhibition of locomotion in the absence of JAM-a promotes entotic cell engulfment. *iScience*, *25*(10), 105144. https://doi.org/10.1016/j.isci.2022.105144

Shalannandia, W., Chou, Y., Bashari, M., & Khairani, A. (2024). Intermediate filaments in breast cancer progression, and potential biomarker for cancer therapy: A narrative review. *Breast Cancer: Targets and Therapy*, *16*, 689–704. https://doi.org/10.2147/bctt.s489953

Shalhout, S. Z., Miller, D. M., Emerick, K. S., & Kaufman, H. L. (2023). Therapy with oncolytic viruses: Progress and challenges. *Nature Reviews Clinical Oncology*, *20*(3), 160–177. https://doi.org/10.1038/s41571-022-00719-w

Sharma, S., & Boster, J. (2024, August 12). Malignant pleural effusion. In *StatPearls* [Internet]. StatPearls Publishing. https://www.ncbi.nlm.nih.gov/books/NBK574541/

Sleight, A. G., Crowder, S. L., Skarbinski, J., Coen, P., Parker, N. H., Hoogland, A. I., Gonzalez, B. D., Playdon, M. C., Cole, S., Ose, J., Murayama, Y., Siegel, E. M., Figueiredo, J. C., & Jim, H. S. (2022). A new approach to understanding cancer-related fatigue: Leveraging the 3P model to facilitate risk prediction and clinical care. *Cancers*, *14*(8), 1982. https://doi.org/10.3390/cancers14081982

Steenhuysen, J. (2025, January 8). *Study identifies risk potential for thousands of mutations of a cancer gene*. Reuters. https://www.reuters.com/business/healthcare-pharmaceuticals/study-identifies-risk-potential-thousands-mutations-cancer-gene-2025-01-08/

Stevenson, M.M. (2024, October 29). Head and neck cancer treatment protocols. Treatment Protocols. https://emedicine.medscape.com/article/2006216-overview#a3

Streb, P., Kowarz, E., Benz, T., Reis, J., & Marschalek, R. (2023). How chromosomal translocations arise to cause cancer: Gene proximity, trans-splicing, and DNA end joining. *iScience*, *26*(6), 106900. https://doi.org/10.1016/j.isci.2023.106900

Sung, H., Ferlay, J., Siegel, R. L., Laversanne, M., Soerjomataram, I., Jemal, A., & Bray, F. (2022). Global cancer statistics 2022: GLOBOCAN estimates of incidence and mortality worldwide for 36 cancers in 185 countries. *CA: A Cancer Journal for Clinicians*, *72*(3), 209–249. https://doi.org/10.3322/caac.21834

Tao, L., Lv, J., Zhong, T., Zeng, X., Han, M., Fu, L., & Chen, H. (2024). Effects of sleep disturbance, cancer-related fatigue, and psychological distress on breast cancer patients' quality of life: A prospective longitudinal observational study. *Scientific Reports*, *14*(1), 8632. https://doi.org/10.1038/s41598-024-59214-0

Tian, X., Srinivasan, P. R., Tajiknia, V., Sanchez Sevilla Uruchurtu, A. F., Seyhan, A. A., Carneiro, B. A., De La Cruz, A., Pinho-Schwermann, M., George, A., Zhao, S., Strandberg, J., Di Cristofano, F., Zhang, S., Zhou, L., Raufi, A. G., Navaraj, A., Zhang, Y., Verovkina, N., Ghandali, M., … El-Deiry, W. S. (2024). Targeting apoptotic pathways for cancer therapy. *Journal of Clinical Investigation*, *134*(14), e179570. https://doi.org/10.1172/jci179570

Tsatsakis, A., Oikonomopoulou, T., Nikolouzakis, T., Vakonaki, E., Tzatzarakis, M., Flamourakis, M., Renieri, E., Fragkiadaki, P., Iliaki, E., Bachlitzanaki, M., Karzi, V., Katsikantami, I., Kakridonis, F., Hatzidaki, E., Tolia, M., Svistunov, A., Spandidos, D., Nikitovic, D., Tsiaoussis, J., & Berdiaki, A. (2023). Role of telomere length in human carcinogenesis (review). *International Journal of Oncology*, *63*(1), 78. https://doi.org/10.3892/ijo.2023.5526

U.S. Public Health Service. (2025). *Alcohol and cancer risk: The U.S. Surgeon General's Advisory*. https://www.hhs.gov/sites/default/files/oash-alcohol-cancer-risk.pdf

Wang, L., Shao, L., Wang, X., & Li, Z. (2024). Cyclin-dependent protein kinases and cell cycle regulation: Advances and prospects. *Signal Transduction and Targeted Therapy*, *9*, 80. https://doi.org/10.1038/s41392-024-02080-z

Wang, Y., An, Z., Lin, D., & Jin, W. (2022). Targeting cancer cachexia: Molecular mechanisms and clinical study. *MedComm*, *3*(4), e164. https://doi.org/10.1002/mco2.164

Whelan, S. (2024, March 26). *Benign vs malignant tumors*. Cancer Research from Technology Networks. https://www.technologynetworks.com/cancer-research/articles/benign-vs-malignant-tumors-364765

World Health Organization. (2025a). *Cancer*. https://www.who.int/news-room/fact-sheets/detail/cancer

World Health Organization. (2025b). *The top 10 causes of death*. https://www.who.int/news-room/fact-sheets/detail/the-top-10-causes-of-death

Wu, S., Han, J., Vleugels, R. A., Puett, R., Laden, F., & Qureshi, A. A. (2022). Lifetime sunburn trajectories and associated risks of cutaneous melanoma and squamous cell carcinoma. *JAMA Dermatology*, *158*(10), 1135–1143. https://doi.org/10.1001/jamadermatol.2022.3024

Xue, T., Chang, H., Ren, M., Wang, H., Yang, Y., Wang, B., Lv, L., Tang, L., Fu, C., Fang, Q., He, C., Zhu, X., Zhou, X., & Bai, Q. (2023). Deep learning to automatically evaluate HER2 gene amplification status from fluorescence in situ hybridization images. *Scientific Reports*, *13*(1), 9746. https://doi.org/10.1038/s41598-023-36811-z

Yakkala, P. A., Penumallu, N. R., Shafi, S., & Kamal, A. (2023). Prospects of topoisomerase inhibitors as promising anti-cancer agents. *Pharmaceuticals*, *16*(10), 1456. https://doi.org/10.3390/ph16101456

Yeom, E., & Yu, K. (2022). Understanding the molecular basis of anorexia and tissue wasting in cancer cachexia. *Experimental & Molecular Medicine*, *54*(4), 426–432. https://doi.org/10.1038/s12276-022-00752-w

You, M., Xie, Z., Zhang, N., Zhang, Y., Xiao, D., Liu, S., Zhuang, W., Li, L., & Tao, Y. (2023). Signaling pathways in cancer metabolism: Mechanisms and therapeutic targets. *Signal Transduction and Targeted Therapy*, *8*(1), 196. https://doi.org/10.1038/s41392-023-01442-3

Zeng, X., Lin, D., Liang, D., Huang, J., Yi, J., Lin, D., & Zhang, Z. (2023). Gene sequencing and result analysis of balanced translocation carriers by third-generation gene sequencing technology. *Scientific Reports*, *13*(1), 7004. https://doi.org/10.1038/s41598-022-20356-8

Zhou, Y., Tao, L., Qiu, J., Xu, J., Yang, X., Zhang, Y., Tian, X., Guan, X., Cen, X., & Zhao, Y. (2024). Tumor biomarkers for diagnosis, prognosis and targeted therapy. *Signal Transduction and Targeted Therapy*, *9*(1), 132. https://doi.org/10.1038/s41392-024-01823-2

Zupanec, S., Herriage, T., & Landier, W. (2023). Children's oncology group 2023 blueprint: Nursing discipline. *Pediatric Blood & Cancer*, *70*(S6), e30575. https://doi.org/10.1002/pbc.30575

CHAPTER 8

Nutritional Alterations

Nutritional Status

Energy Metabolism
Energy Storage
Energy Production and Expenditure
Adipose Tissue as an Endocrine Organ

Nutritional Needs

Dietary Reference Intakes
Nutrients
Regulation of Food Intake and Energy Storage

Overweight and Obesity

Body Mass Index
Causes of Obesity
Types of Obesity
Health Risks Associated With Obesity
Prevention and Treatment of Obesity

Undernutrition and Eating Disorders

Malnutrition and Starvation
Eating Disorders

Learning Objectives

After completing this chapter, the learner will be able to meet the following objectives:

1. Explain the role of calories in energy metabolism.
2. Differentiate the processes of metabolism, anabolism, and catabolism.
3. Explain the role of adipose tissue in energy storage and energy metabolism.
4. Differentiate the five mechanisms of thermogenesis.
5. Discuss the function of the adipokines: leptin, cytokines, and adiponectin.
6. Discuss dietary reference guidelines for calories, proteins, fats, carbohydrates, fiber, vitamins, and minerals.
7. Differentiate among proteins, carbohydrates, fats, vitamins, minerals, and fiber in terms of composition, sources, function, and body requirements.
8. Describe how neurohormones interact to control food intake in both short-term and long-term mechanisms.
9. Explain how body mass index (BMI) and waist circumference are used to evaluate health risks.
10. Describe the causes and types of obesity and discuss the associated health risks of each type.
11. Explain the physiologic effects of malnutrition.
12. Compare the eating disorders anorexia nervosa (AN), bulimia nervosa (BN), and binge-eating disorder (BED), and identify the complications associated with each.

Nutrients taken into the body can be used to provide the energy needed to perform various body functions or can be stored for future use. Foods contain different amounts of proteins, fats, carbohydrates, vitamins, and minerals. Appropriate amounts of each of these dietary elements must be available to ensure that the body has the needed metabolic resources. The stability and composition of body weight over time require energy intake to be balanced with energy expenditure. When a person is overfed and nutrient intake consistently exceeds expenditure, most nutrients are stored, and body weight increases. Conversely, when energy expenditure exceeds nutrient intake, energy stores are lost, and body weight decreases.

Nutritional Status

Nutritional status reflects the balance between nutrient intake over time and the utilization or storage of these nutrients within body tissues. The **nutrients** the body uses are absorbed from the digestive tract after the oral ingestion of foods or, in some cases, through liquid feedings delivered directly into the gastrointestinal tract by a synthetic tube (i.e., tube feedings). In some illnesses that compromise the ability of the gastrointestinal tract to absorb nutrients, nutrients are infused directly into the circulatory system. Once inside the body, nutrients are used for energy and metabolic processes or as the building blocks for tissue growth and repair. When excess nutrients are available, they are stored for future use. If the required nutrients are unavailable, the body adapts by conserving and using its nutrient stores. This cycle of energy metabolism, storage, and expenditure is key to the healthy function of cells throughout the body.

Energy Metabolism

Energy is measured in heat units called **calories**. A calorie (c), also called a *gram calorie*, is the amount of heat or energy required to raise the temperature of 1 g of water by 1°C. A **kilocalorie (kcal)** or *large Calorie (C)* is equivalent to 1,000 calories and is the amount of energy needed to raise the temperature of 1 kg of water by 1°C. Because a gram calorie is so small, the kilocalorie or large Calorie is often used when discussing energy metabolism. The metabolism of proteins provides 4 kcal/g; fats, 9 kcal/g; carbohydrates, 4 kcal/g; and alcohol, 7 kcal/g. Caloric content noted on food labels simply describes how much energy our bodies could get from its consumption.

Metabolism is the organized process through which nutrients such as carbohydrates, fats, and proteins are broken down, transformed, or otherwise converted into cellular energy. The process of metabolism enables the continual release of energy for physiologic functioning. For example, the energy used for muscle contraction comes from energy sources stored in muscle cells and is then released as the muscle contracts. Because the source of energy for the body is the food that is eaten, the ability to store energy and control its release is important.

Anabolism and Catabolism

There are two phases of metabolism: anabolism and catabolism. **Anabolism** is the metabolic phase of energy storage and the synthesis of cell components. Anabolism does not provide energy for the body; it requires energy. **Catabolism** involves the breakdown of complex molecules into substances that can be used in the production of energy. The chemical intermediate substances produced during anabolism and catabolism are called **metabolites**. Both anabolism and catabolism are caused or accelerated (catalyzed) by enzyme systems located in body cells. A **substrate** is a substance on which an enzyme acts. Enzyme systems selectively transform fuel substrates into cellular energy and also facilitate the use of energy.

Because body energy cannot be stored as heat, cellular metabolic processes convert food components into a form of chemical energy that can be stored, called **adenosine triphosphate (ATP)** (Raymond & Morrow, 2023). ATP is called the *energy currency of the cell* because almost all body cells store and use ATP as their primary energy source.

Energy Storage

More than 90% of body energy is stored in the **adipose tissues** of the body. **Adipocytes** account for most of the cellular content of adipose tissue, accompanied by immune cells such as macrophages, lymphocytes, and eosinophils, as well as vascular cells, stem cells, and nerve processes (An et al., 2023). Adipocytes occur singly or in small groups in loose connective tissue. Adipocytes are pivotal in the uptake, synthesis, storage, and mobilization of lipids, which are the main source of stored fuel for the body. Fats are stored in adipose tissue as lipids called triglycerides. Glucose is stored as glycogen or converted to triglycerides in fat cells for storage. Adipocytes can synthesize triglycerides from dietary fats and carbohydrates (with insulin required for transport of glucose into adipocytes).

Triglycerides have the highest caloric content of all nutrients, making them an efficient form of energy storage (An et al., 2023). When calorie intake is restricted, triglycerides are broken down, and the resultant fatty acids and glycerol are released as energy sources. Some other types of cells, such as liver cells, can store small amounts of lipids; however, when these lipids accumulate in those cells, they interfere with normal cell function (such as in metabolic dysfunction–associated steatotic liver disease).

Adipocytes are sometimes called "fat cells," but these highly metabolically active cells do much more than simply provide a storage location for energy in the form of fat. Adipocytes also produce hormones that help regulate appetite, food intake, and energy homeostasis (Liu et al., 2024). Adipose tissue not only serves as a storage site for body fuels but also provides insulation for the body, fills body crevices, and serves to cushion and protect body organs, such as the kidneys (An et al., 2023).

Adipocytes are fully differentiated cells that do not divide but have a long lifespan. During infancy and adolescence, adipose tissue grows by both cell number and, to a lesser extent, cell size. In adults, the number of adipocytes is constant over time when body weight remains stable. A decrease in body weight does not decrease the number of adipocytes but decreases their size. Conversely, when weight increases, both size and number of adipocytes are increased (Palacios-Marin et al., 2023). In addition to the number and size of adipocytes, the distribution of fat plays an important role in metabolic function. Increased intra-abdominal fat (also called "visceral fat") promotes high risk of metabolic disease, whereas increased subcutaneous fat in the thighs and hips exerts less metabolic risk. It is for this reason that body mass index (BMI) and waist-to-hip ratio (WHR) or waist circumference are used as part of the defining criteria for overweight and obesity.

Current data suggest that late fetal and early postnatal life are the most important periods for adipocyte acquisition, suggesting the significance of genetic influences, maternal obesity, and feeding habits in infancy on the development of adipocytes and subsequent risk of obesity (Palacios-Marin et al., 2023). Some medications affect the number of adipocytes. The thiazolidinedione class of antidiabetic drugs can stimulate the formation of new adipocytes, allowing increased uptake of glucose into these cells (and storage as fat) which results in the desired reduction in serum glucose levels, but with unwanted weight gain. In contrast, some drugs can cause loss of adipocytes, resulting in lipodystrophy. An example of this is seen with antiretroviral therapy in the treatment of human immunodeficiency virus (HIV) (An et al., 2023).

There are two types of adipose tissue: **white fat** and **brown fat**. White fat is the prevalent form of adipose tissue in postnatal life. It constitutes 10% to 20% of body weight in adults assigned male at birth (hereinafter referred to as "males" in this chapter) and 15% to 25% in adults assigned female at birth (hereinafter referred to as "females" in this chapter). A substantial amount of white adipose tissue maturation occurs after birth through cell differentiation, as opposed to brown adipose tissue, which is present in a fully mature form at birth.

Brown fat differs from white fat in terms of thermogenic capacity, or ability to produce heat. This process is activated by cold and helps maintain body temperature in those who cannot shiver, such as human newborns or animals that hibernate. The energy burning capability of brown adipose tissue has recently become of interest to researchers, who see this as a potential target for the development of therapeutics for obesity. Studies have shown that people with high amounts of brown fat tend to be leaner and have a reduced risk of diseases such as diabetes or heart disease. In humans, brown fat decreases with age but is still detectable in the sixth decade (Li & Feldman, 2024).

Energy Production and Expenditure

Energy expenditure is the amount of energy used to maintain body functions. The expenditure of body energy results from five mechanisms of **thermogenesis** (i.e., heat production): basal metabolic rate (BMR) and resting energy expenditure (REE), diet-induced thermogenesis, exercise-induced thermogenesis, nonexercise activity thermogenesis (NEAT), and thermogenesis in response to changes in environmental conditions. Although BMR and REE reflect similar physiologic processes, BMR is measured under strict basal conditions, whereas REE is assessed under less restrictive conditions and is more commonly used in clinical practice. For this reason, the terms are sometimes used interchangeably in general discussions of energy expenditure. Regardless of mechanism, the amount of energy used varies with age, body size, rate of growth, and state of health.

Basal Metabolic Rate

The **basal metabolic rate (BMR)** refers to the minimum amount of energy expended that is compatible with life. These reactions are necessary to provide energy for maintenance of normal body temperature, cardiovascular and respiratory function, muscle tone, and other essential activities of tissues and cells in the resting body. The BMR constitutes 45% to 70% of body energy needs. The BMR can be measured using an instrument called an **indirect calorimeter** that measures a person's rate of oxygen use. Oxygen consumption is measured under basal conditions: after a full night's sleep, at least 12 hours without food, no strenuous activity for at least 1 hour, and while the person is awake and at rest in a warm, and comfortable room (Butte, 2022). Females in general have a 5% to 10% lower BMR than males because of their higher percentage of adipose tissue. Although much of the BMR is accounted for by essential activities of the central nervous system (CNS), kidneys, and other body organs, the variations in BMR among different people are related largely to skeletal muscle mass and body size. Factors that affect the BMR are age, sex, physical state, and pregnancy. A progressive decline in the normal BMR occurs with aging and is likely related to loss of muscle mass and replacement with adipose tissue (Raymond & Morrow, 2023). The BMR can be used to predict caloric needs for maintenance of nutrition. BMR decreases each year after age 60 by about 0.7% each year (Abbott, 2024). It is important to note that in most clinical and research settings, REE is used as a practical surrogate for BMR because true basal conditions are difficult to achieve outside of controlled environments.

Diet- and Exercise-Induced Thermogenesis

Diet-induced thermogenesis describes the energy used by the body for the digestion, absorption, and assimilation of food after its ingestion. It is energy expended over and above the caloric value of the food and accounts for approximately 8% of the total calories expended. When food is eaten, the metabolic rate rises and then returns to normal within a few hours. The ingestion of a high-protein meal increases the normal metabolic rate more significantly, by up to 30%, and lasts for 3 to 12 hours. Including a protein or fat source when eating carbohydrates will slow the digestion process and help to stabilize the rate of glucose release, reducing spikes and crashes of blood glucose (Guarneiri et al., 2024).

The type of activity performed, the length of participation, and the person's weight and physical fitness determine the amount of energy expended for physical activity. The most significant increases in metabolic rate come from strenuous activity.

Nonexercise Activity Thermogenesis

Energy expenditure can also be affected by increasing **nonexercise activity thermogenesis (NEAT)**. NEAT includes the energy expended in maintaining posture and in activities such as fidgeting (von Loeffelholz & Birkenfeld, 2022). Lower levels of NEAT may be related to weight gain. Conversely, people with increased NEAT may have less fat gain.

Environmentally Related Thermogenesis

Shivering in response to cold also produces heat through increased muscle activity. Nonshivering thermogenesis occurs in response to cold stress as well, caused by sympathetic nervous system activation, with the release of norepinephrine and epinephrine causing increased metabolic activity. Sympathetic stimulation also causes brown fat to generate heat.

Adipose Tissue as an Endocrine Organ

Adipose tissue functions as a multitasking endocrine organ with a central role in energy and metabolic homeostasis, regulation of appetite, thermoregulation, immunity, and secretion of endocrine factors (Młynarska et al., 2025; Palacios-Marin et al., 2023). These peptides are termed **adipokines** and include leptin, certain cytokines (e.g., tumor necrosis factor-alpha [TNF-α]), growth factors, and adiponectin (Fig. 8-1). White adipose tissue serves as the largest endocrine adipose tissue, secreting adipokines and cytokines systemically, in contrast to brown adipose tissue, which primarily contributes to thermogenesis.

Adipocytes are the primary source of circulating **leptin**, a hormone that helps regulate body weight and energy balance. When the amount of adipose tissue and stored energy decreases, levels of leptin also decrease. The CNS interprets the decrease in leptin as a sign of energy deficit, becoming the catalyst for the body's transition into starvation mode. As a result, the CNS increases the sensation of hunger and promotes energy-sparing activity of the neuroendocrine and autonomic systems. This leads to a decrease in energy expenditure and an increase in food intake. As the body's energy sources are restored and the amount of adipose tissue increases, so does the production and secretion of leptin. Acting primarily on receptors in the brain stem and hypothalamus, leptin signals the CNS to inhibit the body's starvation mode, leading to decreased appetite and increased energy expenditure to counteract the surplus. Because the amount of leptin in the blood is directly proportional to the amount of adipose tissue, leptin resistance can occur with obesity, leading to a reduction in satiety, increased hunger, and continued overeating (Dornbush & Aeddula, 2023).

Cytokines regulate inflammation and resolution of inflammation as well as angiogenesis, the process of forming new capillaries out of existing blood vessels, which is a key factor in wound healing and other vital functions. Weight gain and obesity influence adipocyte cytokine function in several ways. In obesity, white adipose tissue becomes dysfunctional and increases secretion of proinflammatory cytokines, particularly within the visceral fat. This is considered to have a significant impact on obesity-related disorders such as insulin resistance and the development of type 2 diabetes. Other obesity-related cytokines released by adipocytes disrupt endothelial homeostasis, leading to atherosclerotic plaque, cardiovascular disease, clotting abnormalities, and end-organ damage (Młynarska et al., 2025).

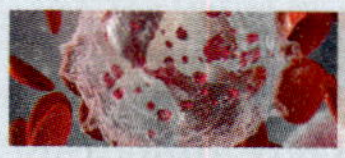

SUMMARY CONCEPTS

Nutritional status reflects the balance between nutrient intake over time and the utilization or storage of these nutrients within body tissues. Nutrients provide the energy and materials necessary for performing the activities of daily living and for the growth and repair of body tissues. Metabolism is the organized process whereby nutrients are broken down, transformed, or otherwise converted into cellular energy. Glucose, fats, and amino acids from proteins serve as fuel sources for cellular metabolism. These fuel sources are ingested during meals and stored for future use. Energy is measured in heat units called calories. Anabolism requires energy and is the phase of metabolism where substances are synthesized and stored. Catabolism involves breaking down complex molecules into substances that can be used for fuel in the form of ATP. Glucose is stored as glycogen or converted to triglycerides in fat cells for storage. Fats are stored in adipose tissue as triglycerides. Adipose tissue also functions as an endocrine organ. Adipocytes produce adipokines such as leptin, cytokines, and adiponectin. Adipokines are actively involved in metabolic processes, immune function, inflammation, appetite, and cardiovascular function.

The expenditure of body energy results from heat production (i.e., thermogenesis) associated with the BMR, diet-induced thermogenesis, exercise-induced thermogenesis, NEAT,

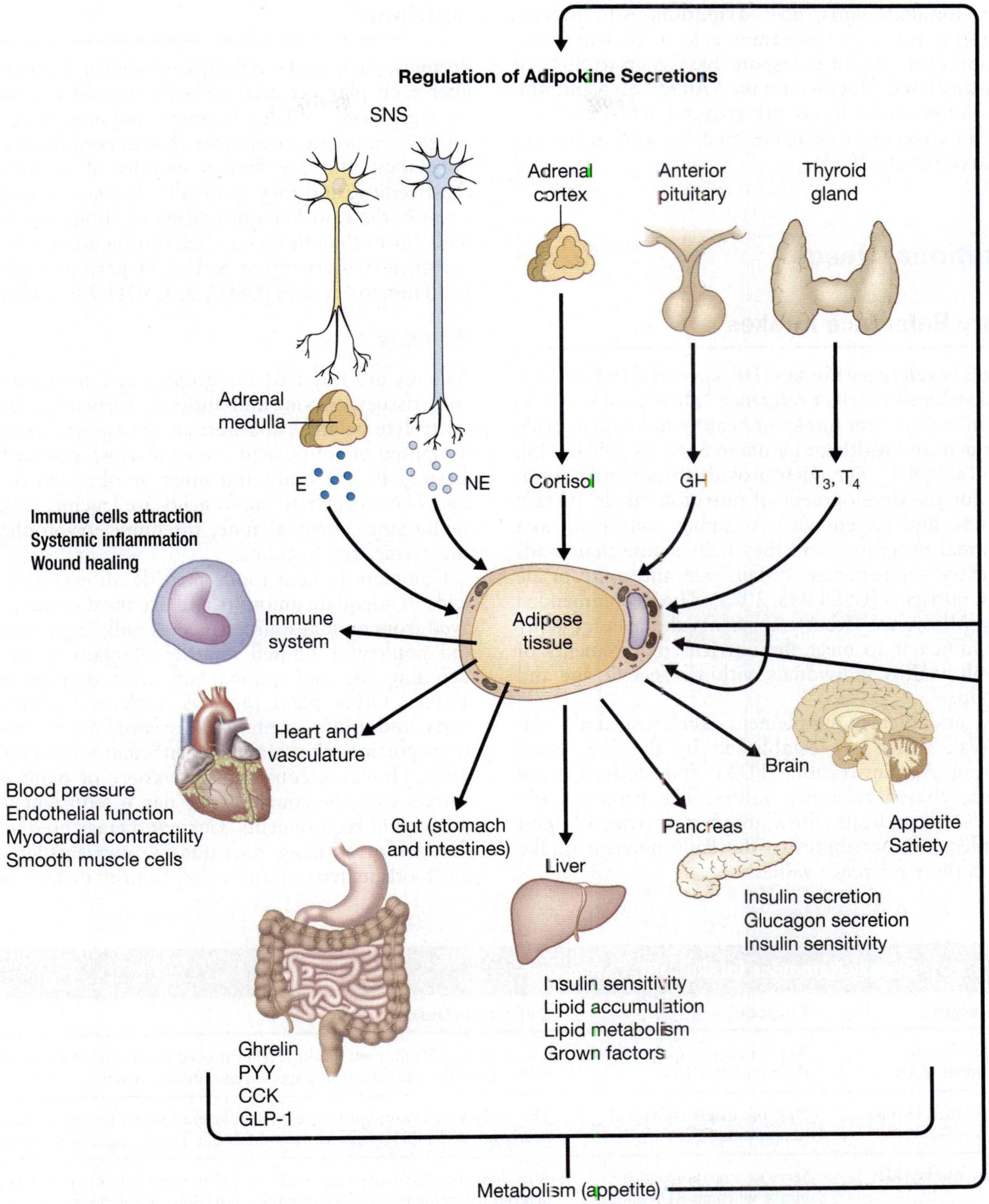

FIGURE 8-1. Adipose tissue secretes several peptides, collectively called adipokines, which have widespread and coordinated functions throughout the body. Adipokines also help modulate a multitude of neurohormonal factors that, in turn, regulate the secretion of adipokines from adipose tissue. (From Smith, D., Plowman S., & Ormsbee, M. [2022]. *Exercise physiology for health, fitness, and performance* [6th ed.]. Wolters Kluwer; Fig. 21-10.)

and thermogenesis in response to changes in environmental conditions. Because the measurement of BMR requires strict physiologic conditions, the REE is often measured instead in the clinical setting.

Adiponectin is believed to exert an anti-hyperglycemic, anti-atherogenic, and anti-inflammatory effects. Adiponectin can reduce plasma glucose by inhibiting hepatic glucose production. Thiazolidinediones, used in the treatment of diabetes, are known to increase adiponectin levels. Other benefits of adiponectin include the ability to inhibit hepatic fibrosis and inflammation and to stimulate fatty acid oxidation. Additionally, adiponectin plays an important role in skeletal muscle metabolism, which is responsible for up to 80% of insulin-mediated glucose uptake (Auger & Kajimura, 2023). Adiponectin levels are reduced when circulating leptin concentration is elevated, as seen in obesity (Młynarska et al., 2025).

Nutritional Needs

Dietary Reference Intakes

The **dietary reference intakes (DRIs)** are a set of scientifically developed nutrient reference values used to assess and plan the nutrient intake of healthy individuals (U.S. Department of Health and Human Services [USDHHS], 2023) (Table 8-1). The DRIs provide the scientific foundation for the development of nutrition labels, dietary guidelines, and patient and consumer counseling and educational programs, and they help ensure that foods and dietary supplements contain safe and appropriate levels of nutrients (USDHHS, 2025). The Recommended Dietary Allowance (RDA) represents the average daily intake sufficient to meet the nutrient requirements of nearly all healthy individuals within a specific age and sex group.

Food and dietary supplement labels use **daily values (DVs)**, which are established by the U.S. Food and Drug Administration (FDA) and derived from population-based reference values. The percent daily value (%DV) indicates how much a serving of food or supplement contributes to the daily nutrient intake based on these reference values.

Nutrients

Proteins, fats, carbohydrates, vitamins, minerals, and fiber each play essential roles in maintaining life, supporting growth and development, and preserving health. Energy requirements increase during periods of growth, pregnancy, and the first 6 months of breastfeeding/chestfeeding, and they gradually decrease with age. As a result, the caloric requirements of adults are substantially lower than those required during infancy (U.S. Department of Agriculture & U.S. Department of Health and Human Services [USDA & USDHHS], 2025).

Proteins

Proteins are required for growth and maintenance of body tissues, enzyme and antibody formation, fluid and electrolyte balance, and nutrient transport. Proteins are composed of amino acids, nine of which cannot be synthesized by the body and must be obtained from the diet. These **essential amino acids** are leucine, isoleucine, methionine, phenylalanine, threonine, tryptophan, valine, lysine, and histidine.

Complete protein foods provide all essential amino acids in adequate amounts and are most commonly derived from animal sources such as milk, eggs, meat, fish, and poultry. A limited number of plant-based foods, including soy and quinoa, are also complete protein sources. Other plant proteins, such as legumes, nuts, seeds, and grains, contain all essential amino acids but in proportions that may be insufficient when consumed alone. However, consuming a variety of plant protein sources over the course of the day is sufficient to meet amino acid requirements. Current dietary guidance emphasizes prioritizing high-quality, nutrient-dense protein foods as part of an overall healthy dietary pattern.

TABLE 8-1 Dietary Reference Intake (DRI) Categories

DRI Category	Purpose	Definition/Description
Estimated Average Requirement (EAR)	Assess nutrient adequacy at the population level	The average daily nutrient intake level estimated to meet the requirements of 50% of healthy individuals in a specific age and sex group.
Recommended Dietary Allowance (RDA)	Plan and assess individual nutrient intake	The average daily nutrient intake level sufficient to meet the requirements of nearly all (97%–98%) healthy individuals in a specific age and sex group.
Adequate Intake (AI)	Serve as a recommended intake when an RDA cannot be determined	A recommended average daily intake based on observed or experimentally determined estimates of nutrient intake in healthy populations.
Estimated Energy Requirement (EER)	Estimate energy needs	The average dietary energy intake predicted to maintain energy balance in a healthy individual based on age, sex, weight, height, and level of physical activity.
Tolerable Upper Intake Level (UL)	Prevent adverse health effects	The highest average daily nutrient intake likely to pose no risk of adverse health effects for almost all individuals.
Chronic Disease Risk Reduction Intake (CDRR)	Reduce risk of chronic disease	The intake level above which reduction in intake is expected to reduce the risk of chronic disease, based on available evidence.
Acceptable Macronutrient Distribution Range (AMDR)	Promote overall health and reduce chronic disease risk	A range of intake for carbohydrates, fats, and proteins expressed as a percentage of total energy intake, associated with reduced risk of chronic disease while providing adequate essential nutrients.

According to the *Dietary Guidelines for Americans 2025–2030*, protein should provide approximately 10% to 35% of total daily energy intake, with recommendations encouraging a variety of animal- and plant-based protein sources while minimizing highly processed protein foods (Mayo Clinic Health System, 2022; Moloney et al., 2025; USDA & USDHHS, 2025).

Fats

Fat is the most energy-dense macronutrient and serves as a concentrated source of calories. The Acceptable Macronutrient Distribution Range (AMDR) for fat intake is 20% to 35% of total daily energy intake for adults, 25% to 35% for children 4 to 18 years of age, and 30% to 40% for children 1 to 3 years of age (USDA & USDHHS, 2025).

Cholesterol is a lipid found only in animal-derived foods, including meat, poultry, fish, eggs, and full-fat dairy products. Unlike fatty acids, cholesterol cannot be oxidized for energy. Cholesterol is synthesized by the liver and is a structural component of all cell membranes, serving essential roles in hormone synthesis, bile acid production, vitamin metabolism, nerve conduction, and membrane integrity. Although earlier dietary guidelines specified a numeric limit for dietary cholesterol intake, current guidance no longer recommends a specific daily cholesterol threshold. Instead, emphasis is placed on limiting dietary patterns high in saturated fat, particularly those dominated by highly processed foods, recognizing that foods rich in cholesterol are often also high in saturated fat and associated with increased cardiovascular risk (American Heart Association [AHA], 2024; USDA & USDHHS, 2025).

Dietary fats are composed primarily of triglycerides, consisting of fatty acids and glycerol. Fatty acids may be **saturated (SFA)**, **monounsaturated (MUFA)**, or **polyunsaturated (PUFA)**. SFAs tend to raise low-density lipoprotein (LDL) cholesterol levels, whereas MUFAs and PUFAs generally lower LDL cholesterol and support cardiovascular health. Saturated fats are typically solid at room temperature and derived mainly from animal sources, whereas unsaturated fats, found in most plant oils, are usually liquid at room temperature. **Trans fatty acids (TFAs)** are produced during partial hydrogenation of oils and increase LDL cholesterol while decreasing high-density lipoprotein (HDL) cholesterol. Naturally occurring trans fats are present in small amounts in dairy products and meats. Dietary fats provide energy, facilitate absorption of fat-soluble vitamins, serve as precursors for bioactive lipid mediators, and supply essential fatty acids.

PUFAs, including linoleic acid (an omega-6 fatty acid) and alpha-linolenic acid (an omega-3 fatty acid), are essential fatty acids that must be obtained through the diet. Deficiency of linoleic acid results in dermatitis, and deficiency of alpha-linolenic acid can lead to neurologic abnormalities and impaired growth.

Omega-3 and omega-6 fatty acids contribute to multiple physiologic processes, including inflammation, thrombosis, and cell signaling. Omega-3 fatty acids, found in fatty fish, walnuts, and flaxseeds, tend to exert anti-inflammatory effects, whereas omega-6 fatty acids, found in seeds and nuts, promote inflammatory and proliferative pathways. Current dietary recommendations emphasize achieving a balanced intake of these fatty acids within an overall healthy dietary pattern (Moloney et al., 2025).

Carbohydrates

Dietary **carbohydrates** include simple sugars, complex carbohydrates, and indigestible carbohydrates (fiber). Because of their higher vitamin, mineral, and fiber content, dietary guidance emphasizes that most carbohydrate intake should be derived from complex carbohydrates such as whole grains, fruits, vegetables, and legumes rather than from refined grains and added sugars. The AMDR for carbohydrate intake is 45% to 65% of total daily energy intake.

Within this recommended range, current dietary guidelines advise limiting added sugars to less than 10% of total daily caloric intake, with emphasis on carbohydrate sources that support metabolic health and nutrient adequacy (Moloney et al., 2025; USDA & USDHHS, 2025).

Carbohydrate digestion begins in the mouth through the action of salivary amylase and continues throughout the gastrointestinal tract, resulting in monosaccharides that are absorbed into the bloodstream. Rising blood glucose levels stimulate insulin secretion from the pancreas, which facilitates cellular uptake of glucose for immediate energy use or storage.

The **glycemic index** ranks carbohydrate-containing foods according to their effects on postprandial blood glucose levels. Low–glycemic index foods produce gradual increases in blood glucose and include legumes, whole grains, fruits, and many vegetables. High–glycemic index foods cause rapid increases in blood glucose and include refined grains and highly processed carbohydrate foods. Diets emphasizing low–glycemic index foods are associated with reduced risk for type 2 diabetes, cardiovascular disease, and obesity (Holesh et al., 2023).

Vitamins and Minerals

Vitamins

Vitamins are organic compounds that function primarily as coenzymes or cofactors in metabolic reactions. A compound is classified as a vitamin only when its deficiency results in a specific disease. Vitamins do not directly provide energy but are essential for the metabolic processes that release energy from carbohydrates, fats, and proteins. They also play critical roles in red blood cell formation, hormone synthesis, genetic regulation, nervous system function, growth, and development.

Vitamins are classified as fat-soluble or water-soluble. The fat-soluble vitamins A, D, E, and K, are stored in body tissues and may accumulate to toxic levels if consumed in excess. The water-soluble vitamins include thiamine, riboflavin, niacin, pyridoxine (vitamin B_6), pantothenic acid, vitamin B_{12}, folic acid, biotin, and vitamin C. Because water-soluble vitamins are excreted

TABLE 8-2 Major Food Sources of Vitamins

Vitamin	Major Food Sources
Vitamin A (retinol, provitamin A carotenoids)	Retinol: liver, butter, whole milk, cheese, egg yolk; provitamin A: carrots, green leafy vegetables, sweet potatoes, pumpkin, winter squash, apricots, cantaloupe
Vitamin D (calciferol)	Fortified dairy products, fish oils, egg yolk
Vitamin E (tocopherol)	Vegetable oil, green leafy vegetables, wheat germ, whole-grain products, egg yolk, butter, liver
Vitamin C (ascorbic acid)	Broccoli, sweet and hot peppers, collards, Brussels sprouts, kale, potatoes, spinach, tomatoes, citrus fruits, strawberries
Thiamin (vitamin B_1)	Pork, liver, meat, whole grains, fortified grain products, legumes, nuts
Riboflavin (vitamin B_2)	Liver, milk, yogurt, cottage cheese, meat, fortified grain products
Niacin (nicotinamide, nicotinic acid)	Liver, meat, poultry, fish, peanuts, fortified grain products
Folate (folic acid)	Liver, legumes, green leafy vegetables
Vitamin B_6 (pyridoxine)	Meat, poultry, fish, shellfish, green leafy vegetables, whole-grain products, legumes
Vitamin B_{12}	Meat, poultry, fish, shellfish, eggs, dairy products
Biotin	Kidney, liver, milk, egg yolk, most fresh vegetables
Pantothenic acid	Liver, kidney, meats, milk, egg yolk, whole-grain products, legumes

in the urine, they are less likely to accumulate to toxic levels. Table 8-2 summarizes major dietary sources of vitamins.

Minerals

Minerals are inorganic elements that serve structural, regulatory, and catalytic functions. They contribute to acid–base balance, osmotic pressure, nerve conduction, muscle contraction, enzyme activity, and skeletal development and maintenance. **Macrominerals**—required in relatively large amounts—include calcium, phosphorus, sodium, chloride, potassium, magnesium, and sulfur. **Trace minerals**, required in smaller quantities, include iron, manganese, copper, iodine, zinc, cobalt, fluorine, and selenium. Both excessive and inadequate mineral intake can result in significant physiologic dysfunction or toxicity. In general, dietary guidelines emphasize meeting vitamin and mineral requirements through nutrient-dense foods, with supplementation reserved for specific life stages, health conditions, or documented deficiencies. Table 8-3 outlines major mineral sources and functions.

Fiber

Total **fiber** includes dietary fiber, functional fiber, and isolated nondigestible carbohydrates. Dietary fiber is naturally present in fruits, vegetables, legumes, nuts, seeds, and whole grains, whereas functional fibers are extracted or synthesized and added to foods. Fiber supports gastrointestinal health through bulking, viscosity, and fermentation. These properties slow gastric emptying, enhance satiety, improve stool formation and transit, moderate postprandial blood glucose levels, and reduce serum cholesterol. Fermentation of fiber by intestinal microbiota supports gut integrity, immune function, and metabolic health (Mayo Clinic, 2024).

Although earlier dietary guidance emphasized quantitative fiber targets, current recommendations increasingly focus on increasing fiber intake through whole-food dietary patterns rather than reliance on supplementation alone. Recommended intake remains approximately 21 to 25 g/day for females and 30 to 38 g/day for males; however, most individuals do not meet these intake levels (Veronese et al., 2025).

Regulation of Food Intake and Energy Storage

Maintenance of body weight and composition over time requires a balance between energy intake and energy expenditure. Environmental, cultural, genetic, and psychological factors influence eating behavior and physical activity. Body weight is regulated by complex feedback control systems that integrate neural, hormonal, and metabolic signals to coordinate hunger, food intake, energy storage, and energy utilization (Liu, 2024).

Hunger, Appetite, and Control Mechanisms of Food Intake

Hunger is a physiologic drive to eat that arises from complex interactions between the gastrointestinal tract, metabolic signals, and the CNS. Although sensations such as gastric contractions and feelings of emptiness may accompany hunger, the perception of hunger is generated centrally within the brain. **Appetite** refers to the desire for specific foods, whereas **satiety** is the sensation of fullness or reduced desire to eat following food intake.

TABLE 8-3 Sources and Functions of Minerals

Mineral	Major Sources	Functions
Calcium	Milk and milk products, fish with bones, green vegetables	Bone formation and maintenance; tooth formation, vitamin B absorption, blood clotting, nerve and muscle function
Chloride	Table salt, meats, milk, eggs	Regulates pH of stomach, acid–base balance, osmotic pressure of extracellular fluids
Cobalt	Organ meats, meats	Aids in maturation of red blood cells (as part of B_{12} molecule)
Copper	Cereals, nuts, legumes, liver, shellfish, grapes, meats	Catalyst for hemoglobin formation, formation of elastin and collagen, energy release (cytochrome oxidase and catalase), formation of melanin, formation of phospholipids for myelin sheath of nerves
Fluoride	Fluorinated water	Strengthens bones and teeth
Iodine	Iodized salt, fish, sea vegetables	Thyroid hormone synthesis and its function in maintenance of metabolic rate
Iron	Meats, heart, liver, clams, oysters, lima beans, spinach, dates, dried nuts, enriched and whole grains	Hemoglobin synthesis, cellular energy release (cytochrome pathway), killing bacteria (myeloperoxidase)
Magnesium	Milk, green vegetables, nuts, bread, whole grains	Catalyst of many intracellular nerve impulses, retention of reactions, particularly those related to intracellular enzyme reactions; low magnesium levels produce an increase in irritability of the nervous system, vasodilation, and cardiac arrhythmias
Phosphorus	Meats, poultry, fish, milk and cheese, whole grains, legumes, nuts	Bone formation and maintenance; essential component of nucleic acids and energy exchange forms such as ATP
Potassium	Oranges, dried fruits, bananas, meats, potatoes, peanut butter, coffee	Maintenance of intracellular osmolality, acid–base balance, transmission of nerve impulses, catalyst in energy metabolism, formation of proteins, formation of glycogen
Sodium	Table salt, cured meats, meats, milk, olives	Maintenance of osmotic pressure of extracellular fluids, acid–base balance, neuromuscular function; absorption of glucose
Zinc	Whole grains, eggs, legumes	Integral part of many enzymes, including carbonic anhydrase, which facilitates combination of carbon dioxide with water in red blood cells; component of lactate dehydrogenase, which is important in cellular metabolism; component of many peptidases; important in digestion of proteins in gastrointestinal tract

Multiple regions within the brain interact with peripheral signals to regulate food intake and energy expenditure. The arcuate nucleus of the hypothalamus plays a central role in integrating orexigenic and anorexigenic signals, while additional nuclei within the hypothalamus and brainstem contribute to short- and long-term regulation of feeding behavior (Stover et al., 2023). These centers receive (1) neural input related to gastric distension, (2) circulating nutrient signals such as glucose, amino acids, and fatty acids, and (3) sensory and cognitive input from higher cortical centers. Hypothalamic centers also influence endocrine pathways, including thyroid and adrenocortical hormone secretion, which affect metabolic rate and energy balance.

Neurohormonal signaling plays a major role in short-term regulation of food intake. **Orexigenic** signals stimulate appetite, whereas anorexigenic signals promote satiety. **Ghrelin**, produced primarily by the stomach, is the principal circulating orexigenic hormone and increases prior to meals. Neuropeptide Y and agouti-related protein, produced within the hypothalamus, also stimulate appetite. In contrast, several gastrointestinal hormones exert anorexigenic effects, including **cholecystokinin (CCK)**, **peptide YY (PYY)**, and **glucagon-like peptide-1 (GLP-1)**, which are released in response to nutrient ingestion and signal satiety to central feeding centers (Rosenkilde et al., 2025) (Fig. 8-2).

Intermediate and long-term regulation of food intake reflects the availability of circulating nutrients and the size of energy stores. Decreases in blood glucose stimulate hunger, whereas elevations in circulating lipid metabolites and ketone bodies suppress appetite. The appetite-suppressing effects of ketones contribute to reduced food intake during ketogenic or very-low-carbohydrate diets. Insulin also exerts anorexigenic effects by signaling nutrient availability to the CNS.

Adipocytes secrete leptin in proportion to fat mass, providing a long-term signal of energy stores. Activation of leptin receptors in the hypothalamus suppresses appetite and increases energy expenditure. Reductions in fat mass decrease circulating leptin levels, promoting hunger and energy conservation (Dornbush & Aeddula, 2023).

SUMMARY CONCEPTS

The body requires nutrients on a regular basis to support growth, maintenance, and normal physiologic function. Carbohydrates, proteins, and fats are the three macronutrients that provide energy and structural components for the body. The DRIs define evidence-based reference values used to assess and plan nutrient intake for healthy individuals. Regulation of food intake and energy balance is mediated by an integrated network of neural and hormonal signals, many of which originate in the gastrointestinal tract and adipose tissue. These signals act centrally to stimulate hunger or promote satiety, thereby coordinating food intake with energy needs and long-term energy storage.

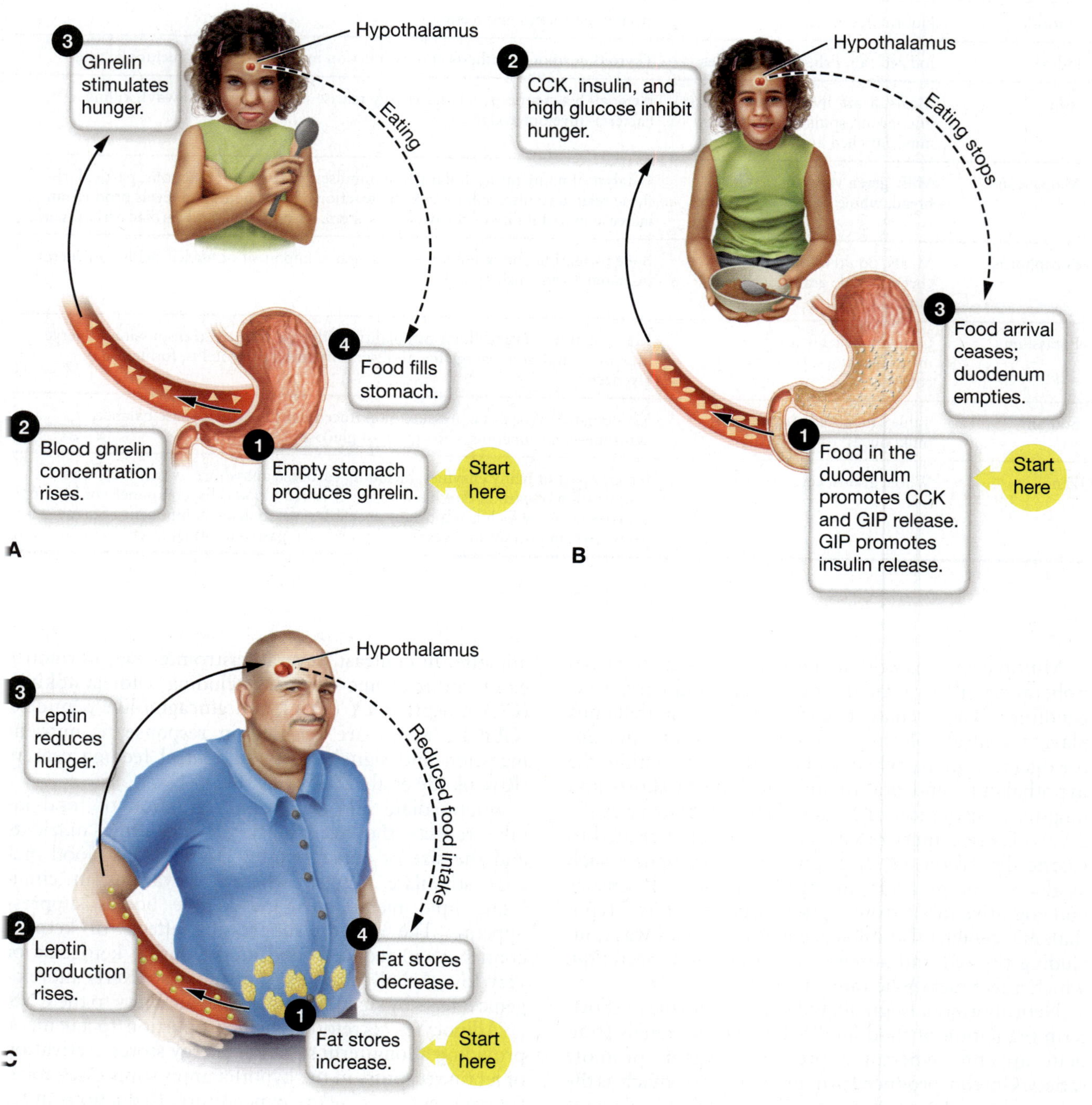

FIGURE 8-2. Regulation of food intake. A. Ghrelin initiates hunger. B. CCK (among other factors) inhibits hunger. C. Leptin governs food intake over the long term.

Overweight and Obesity

Overweight is a condition of high levels of fat deposits with a BMI greater than or equal to 25, whereas **obesity** is excessive fat deposits that can result in diminished health and a BMI greater than or equal to 30 (World Health Organization [WHO], 2025). Obesity is a condition of excess body fat accumulation with multiple organ-specific pathologic consequences. It is considered a metabolic condition of chronic low-grade inflammation and is associated with high levels of inflammatory markers characterized by a variety of chronic diseases, including hypertension, diabetes, cardiovascular disease, nonalcoholic fatty liver disease, asthma, arthritis, hypercholesterolemia, some cancers, and a condition of general poor health (Jin et al., 2023). Overweight and obesity have become global health problems. In 2022, 2.5 billion adults and 390 million children and adolescents were classified as overweight and another 890 million adults and 160 million children and adolescents aged 5 to 19 years were living with obesity (WHO, 2025).

In the United States, the prevalence of obesity in adults is 40.3% with no differences between males and females with 9.4% having severe obesity found to be more common in women (Emmerich et al., 2024). The prevalence of overweight and obesity in children and adolescents is rising and becoming an issue of increasing concern. Approximately 18.5% of children between 2 and 19 years of age are obese—a percentage that has tripled since 1980 (Centers for Disease Control and Prevention [CDC], 2023).

Body Mass Index

Clinically, overweight and obesity are defined by BMI, calculated using height and weight measurements:

$$\text{Body mass index (BMI)} = \frac{\textit{weight (kilograms)}}{\textit{height (meters)}^2} \text{ OR}$$

$$\frac{\textit{weight (pounds)}}{\textit{height (inches)}^2} \times 703$$

In 1997, the World Health Organization established BMI classification categories that have since been widely adopted (WHO, 2025). WHR, calculated as the circumference of the waist divided by the circumference of the hips, may provide additional information about cardiometabolic risk beyond BMI alone, particularly in individuals with varied body compositions. Excess adipose tissue distributed centrally is associated with an increased risk of hypertension, type 2 diabetes, and coronary heart disease. Individuals with high lean muscle mass, such as weightlifters, may have high BMI values despite low body fat percentages (Pratt, 2023).

In children and adolescents, obesity is defined as a BMI at or above the sex- and age-specific 95th percentile, whereas a BMI between the 85th and 95th percentiles is classified as overweight (WHO, 2025). These percentile cutoffs correspond approximately to adult BMI values of 30 and 25, respectively.

Although BMI is widely used for population-level screening and risk stratification, it has important limitations. BMI does not distinguish between lean mass and fat mass, nor does it account for differences in fat distribution, age, sex, ethnicity, or muscle mass. As a result, BMI may overestimate adiposity in individuals with high lean body mass and underestimate cardiometabolic risk in individuals with excess visceral fat. For these reasons, BMI should be interpreted in conjunction with additional clinical measures, such as waist circumference, body composition, metabolic markers, and overall health assessment, rather than used as a sole indicator of health status.

Causes of Obesity

Although overweight and obesity ultimately reflect a state of positive energy balance, the development and persistence of obesity are driven by complex, interacting biologic, behavioral, environmental, and psychological factors. Environmental, cultural, genetic, and psychological influences affect food intake, physical activity, and energy expenditure. Importantly, body weight is regulated by adaptive neurohormonal feedback systems that influence hunger, satiety, metabolism, and energy storage, often opposing sustained weight-loss efforts. Commonly acknowledged contributing causes include physical inactivity, unhealthy dietary patterns, insufficient sleep, chronic stress, genetic susceptibility, environmental and socioeconomic influences, behavioral factors, and cultural norms. Certain medications that alter appetite regulation, metabolic rate, or energy storage, such as antidepressants, antipsychotics, corticosteroids, and insulin, may also contribute to weight gain. Medical conditions such as thyroid disorders, Cushing syndrome, and polycystic ovarian syndrome can further contribute to weight gain and obesity (CDC, 2025; National Heart, Lung, and Blood Institute, 2022a).

The relationship between genetics and obesity is complex and primarily polygenic rather than attributed to single-gene defects. Early genetic mapping studies identified numerous chromosomal regions associated with obesity-related traits, many of which influence brain-gut signaling, appetite regulation, energy expenditure, and adipose tissue biology. More recent research has identified hundreds of genetic variants that collectively contribute to obesity risk through polygenic susceptibility. Although rare, monogenic forms of obesity involving pathogenic variants in genes regulating appetite and energy balance account for approximately 5% to 10% of cases of severe, early-onset obesity (Dubern et al., 2023; Loos & Yeo, 2022). Identification of these genetic influences has improved understanding of obesity pathophysiology and may support more targeted therapeutic approaches.

Epigenetic mechanisms also play a role in obesity risk across the lifespan. Nutritional exposures during pregnancy and early childhood can alter gene expression through DNA methylation and chromatin modification, influencing long-term metabolic regulation, adipogenesis, and insulin sensitivity. Dietary patterns and environmental exposures during adulthood may further modify the epigenetic landscape, contributing to metabolic dysfunction and obesity-related disease. Populations with widespread access to energy-dense, highly processed foods and reduced physical activity have experienced dramatic increases in obesity prevalence. Influences such as family eating behaviors, sedentary lifestyles, reliance on automobiles, screen time, increased portion sizes, and greater availability and marketing of inexpensive, highly palatable, ultra-processed foods have been strongly associated with rising obesity rates (Dicken & Batterham, 2024; Morros-Nuevo et al., 2026).

Psychological and emotional factors also influence behaviors related to weight gain. A bidirectional relationship exists between obesity and mental health conditions, including depression, anxiety, and chronic stress. Psychological distress may contribute to disordered eating behaviors, while obesity itself is associated with increased risk for mental health disorders and impaired quality of life (Yuan et al., 2025). Ongoing research continues to refine understanding of obesity as a chronic, multifactorial disease requiring individualized prevention and treatment strategies.

Types of Obesity

Two types of obesity, based on fat distribution, have traditionally been described: upper body and lower body obesity (Fig. 8-3). **Upper body obesity** is also referred to as *central, abdominal, visceral*, or *male* ("*android*") obesity. **Lower body obesity** is also known as *peripheral, gluteal–femoral*, or *female* ("*gynoid*") obesity. Individuals with upper body obesity are often an "apple-shaped" body habitus, whereas those with lower body obesity tend to be "pear-shaped." In general, males have proportionally more intra-abdominal fat, whereas females have a greater proportion of subcutaneous fat. With aging and hormonal changes, including menopause, fat distribution in females often shifts toward increased central adiposity. A proportionately greater amount of fat in the abdomen or trunk compared with the hips and lower extremities is associated with increased risk for metabolic syndrome, hypertension, type 2 diabetes, and cardiovascular disease in both males and females (Purnell, 2023).

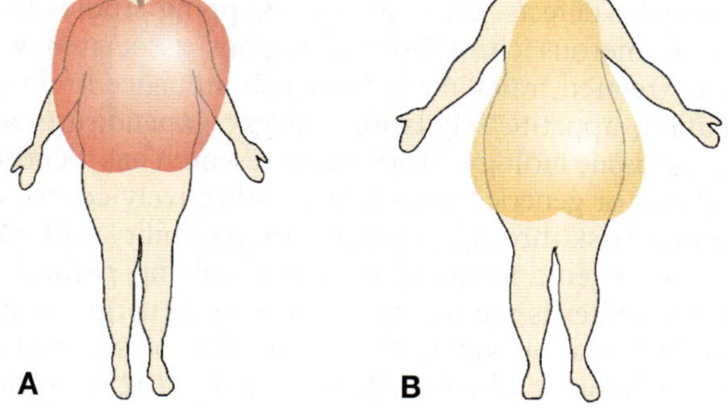

FIGURE 8-3. Distribution of adipose tissue in (**A**) upper body or central (visceral) obesity and (**B**) lower body or peripheral (subcutaneous) obesity. People with upper body obesity are often described as having an "apple-shaped" body, and those with lower body obesity as having a "pear-shaped" body.

Abdominal obesity is often assessed using the WHR, but it is most commonly quantified by a single waist circumference measurement taken at the level of the superior iliac crest. U.S. national guidelines identify males as having increased relative cardiometabolic risk when waist circumference exceeds 102 cm (40 in) and females when waist circumference exceeds 88 cm (35 in). These thresholds are also incorporated into the diagnostic criteria for metabolic syndrome established by the American Heart Association and the National Lipid Association, along with abnormalities in triglyceride and HDL levels (AHA, 2023). Using these criteria, individuals with predominantly abdominal fat distribution may be classified as high risk for cardiometabolic disease even if BMI criteria for obesity are not met (Purnell, 2023). Although both BMI and waist circumference correlate with total body adiposity, waist circumference more accurately reflects visceral fat content and associated metabolic risk (Khawaja et al., 2024) (Table 8-4).

A distinguishing feature of visceral adipose tissue is the release of adipokines (such as TNF-α and adiponectin) and free fatty acids directly into the portal circulation before entering the systemic circulation. This preferential delivery to the liver has a greater impact on hepatic metabolism and insulin sensitivity, contributing to nonalcoholic fatty liver disease and hepatic insulin resistance. Elevated levels of adipokines and circulating free fatty acids in individuals with obesity, particularly those with upper body obesity, are believed to underlie many of the adverse metabolic and inflammatory consequences of obesity (Wooten et al., 2022).

Weight-loss interventions that preferentially reduce visceral fat are associated with improvements in metabolic and hormonal abnormalities. Although lower body (peripheral) obesity may contribute to musculoskeletal strain, venous insufficiency, and mobility limitations, it is less strongly associated with cardiometabolic risk than visceral obesity.

Health Risks Associated With Obesity

The excess body fat associated with obesity significantly impairs health and is linked to increased morbidity and mortality. Obesity is a major risk factor for several leading causes of death in the United States, including cardiovascular disease, stroke, type 2 diabetes, chronic kidney disease, certain cancers, and respiratory disease (CDC, 2025; Jin et al., 2023). The prevalence of obesity across the lifespan, including childhood and adolescence, raises concern for earlier onset of chronic disease and reduced life expectancy. Longitudinal studies suggest that severe obesity is associated with a measurable reduction in life

TABLE 8-4 Classification of Overweight and Obesity by BMI, Waist Circumference, and Associated Disease Risk[a]

	BMI (kg/m^2)	Obesity Class	Disease Risk[a] Relative to Normal Weight and Waist Circumference: *Men ≤102 cm (≤40 in), Women ≤88 cm (≤35 in)*	*Men >102 cm (>40 in) Women >88 cm (>35 in)*
Underweight	<18.5		–	–
Normal[b]	18.5–24.9		–	–
Overweight	25.0–29.9		Increased	High
Obesity	30.0–34.9	I	High	Very high
	35.0–39.9	II	Very high	Very high
	≥40	III (severe obesity)	Extremely high	Extremely high

BMI, body mass index.
[a]Disease risk for type 2 diabetes, hypertension, and cardiovascular disease.
[b]Disease risk estimates are based on population-level associations. Individual cardiometabolic risk varies based on age, sex, ethnicity, body composition, and metabolic health. BMI and waist circumference should be interpreted in conjunction with clinical assessment.
From National Heart, Lung, and Blood Institute. (n.d.). *Clinical guidelines on the identification, evaluation, and treatment of overweight and obesity in adults.* https://www.ncbi.nlm.nih.gov/books/NBK2003/

expectancy, particularly when obesity is present early in adulthood (Hoogendoorn et al., 2023).

Obesity affects nearly every body system (Fig. 8-4). Cardiovascular consequences include increased risk for coronary artery disease, heart failure, hypertension, hypertriglyceridemia, and reduced HDL cholesterol. Excess adiposity is a key contributor to insulin resistance and the development of type 2 diabetes, as well as obstructive sleep apnea, gastroesophageal reflux disease, urinary stress incontinence, and gallbladder disease. Mechanical and inflammatory effects of obesity contribute to osteoarthritis, chronic pain, and impaired mobility, particularly in weight-bearing joints (Jin et al., 2023).

In individuals of reproductive age, obesity is associated with hormonal dysregulation, subfertility, and adverse pregnancy outcomes, including gestational diabetes, hypertensive disorders of pregnancy, and increased risk for cesarean delivery. Infants born to people with obesity are more likely to have high birth weight and an increased risk for metabolic disease later in life. Obesity is also associated with increased incidence of several malignancies, including endometrial, colorectal, kidney, pancreatic, gallbladder, liver, and postmenopausal breast cancers (WHO, 2025). Hepatic manifestations of obesity include metabolic dysfunction–associated steatotic liver disease (MASLD), previously termed nonalcoholic fatty liver disease, and its progressive form, metabolic dysfunction–associated steatohepatitis (MASH) (Jin et al., 2025).

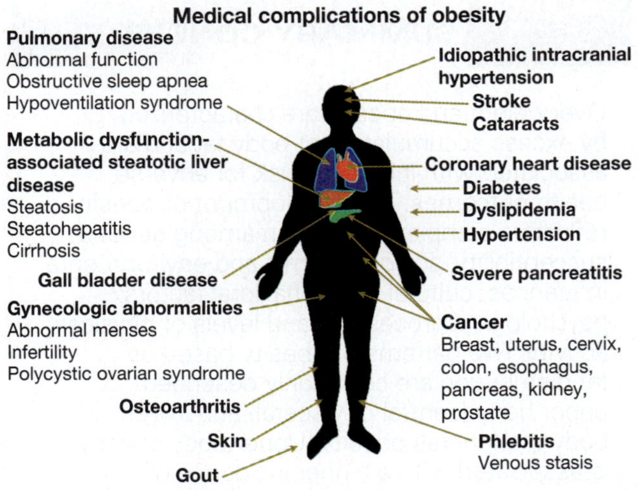

FIGURE 8-4. Medical complications of obesity. (Adapted from Kushner, K. [2021]. *Primary care: Evaluation and management of obesity*. Wolters Kluwer; Fig. 1-6.)

Prevention and Treatment of Obesity

Prevention

Obesity has reached epidemic proportions, prompting extensive discussion regarding prevention strategies; however, population-level prevention efforts have produced mixed results to date (Temple, 2023). Current prevention research increasingly focuses on early-life interventions, particularly during childhood and adolescence, when eating behaviors, physical activity patterns, and metabolic programming are established. Most prevention strategies emphasize modification of lifestyle behaviors, including promotion of nutrient-dense dietary patterns, increased physical activity, reduced sedentary behavior, and adequate sleep (Temple, 2023).

Public health efforts have also focused on environmental and policy-level interventions, such as improving access to healthy foods and discouraging consumption of sugar-sweetened beverages and highly processed foods. Although these approaches are biologically plausible, evidence regarding their long-term effectiveness remains variable, reflecting the complexity of obesity as a chronic disease (Temple, 2023).

Major public education and policy initiatives have been undertaken by federal agencies. We Can! (Ways to Enhance Children's Activity and Nutrition) is a national educational program developed by the National Institutes of Health to promote healthy eating, physical activity, and reduced screen time in children and families. MyPlate, developed by the USDA, translates the Dietary Guidelines for Americans into practical, food-based recommendations that emphasize balanced meals and portion guidance rather than specific nutrient targets (USDA & USDHHS, 2025). Effective prevention strategies increasingly rely on coordinated efforts across healthcare systems, schools, communities, industry, and public policy.

More recently, digital and technology-based interventions have emerged as adjuncts to traditional prevention strategies. Mobile health applications and wearable activity trackers have been shown to improve physical activity levels and self-monitoring behaviors, although sustained engagement and long-term outcomes remain variable (Haworth et al., 2024).

Treatment

Current clinical guidelines recommend treatment for individuals with obesity (BMI ≥30 kg/m²) or for those with overweight (BMI ≥27 kg/m²) who have obesity-related comorbid conditions, as well as for individuals with elevated waist circumference indicating increased cardiometabolic risk (Perreault, 2025). Treatment should be individualized, chronic, and multimodal, incorporating lifestyle modification as the foundation of care. Lifestyle therapy includes dietary energy reduction, increased physical activity, and structured behavioral interventions, with pharmacologic and surgical therapies used as adjuncts when indicated (Perreault, 2025).

In addition to assessing body weight and cardiometabolic risk, it is essential to evaluate individual readiness for change and barriers to weight management, including prior weight-loss attempts, motivation, social support, physical limitations, access to healthy foods, health literacy, and competing life demands. Recognition of obesity as a chronic disease supports ongoing management rather than short-term intervention alone.

Physical Activity

Evidence consistently demonstrates that regular physical activity reduces the risk of weight gain and improves cardiometabolic health, even in the absence of substantial weight loss. Although physical activity alone typically produces modest weight loss, it preferentially reduces visceral adiposity, improves insulin sensitivity, enhances cardiorespiratory fitness, and preserves lean muscle mass during weight reduction. Current guidelines recommend that adults engage in at least 150 to 300 minutes per week of moderate-intensity aerobic activity, with additional benefits observed at higher levels of activity (USDHHS, 2025).

Behavior Therapy

Behavioral intervention is a critical component of obesity treatment. Evidence-based behavioral strategies include self-monitoring of food intake and physical activity, identification of environmental and emotional triggers for eating, stress management, problem solving, cognitive restructuring, goal setting, social support, and relapse prevention. Establishing realistic, health-focused goals rather than weight-centric targets improves long-term adherence and outcomes (Perreault, 2025).

Pharmacotherapy

Pharmacologic therapy is recommended as an adjunct to lifestyle intervention for individuals with a BMI ≥30 kg/m² or a BMI ≥27 kg/m² with obesity-related comorbidities. Contemporary anti-obesity medications primarily target neurohormonal pathways regulating appetite, satiety, and energy balance (Perreault, 2025). FDA-approved medications for obesity management include agents that:

- Reduce nutrient absorption in the gastrointestinal tract (e.g., orlistat)
- Modulate central appetite regulation (e.g., liraglutide, semaglutide)
- Enhance satiety and slow gastric emptying through incretin-based mechanisms (e.g., GLP-1 receptor agonists)

These medications are intended for long-term use and require ongoing monitoring for efficacy, tolerability, and safety.

Weight-Loss (Bariatric) Surgery

In individuals with severe obesity (BMI ≥40 kg/m²) or BMI ≥35 kg/m² with significant obesity-related comorbidities, metabolic and bariatric surgery is the most effective long-term treatment when lifestyle and pharmacologic therapies have been insufficient.

Surgical and device-based interventions include adjustable gastric balloons, gastric bands, gastric bypass procedures, and sleeve gastrectomy. Metabolic surgeries alter gastrointestinal anatomy and hormone signaling, resulting in reduced food intake, improved insulin sensitivity, and sustained weight loss. These procedures require lifelong nutritional monitoring and multidisciplinary follow-up to optimize outcomes and prevent complications (Perreault, 2025).

SUMMARY CONCEPTS

Overweight and obesity are characterized by excess accumulation of body fat and are associated with increased risk for adverse health outcomes. The development of obesity reflects a complex interaction among genetic susceptibility, socioeconomic and environmental influences, cultural and behavioral factors, psychological processes, and levels of physical activity. Two patterns of obesity based on fat distribution are commonly described: upper body (central or visceral) and lower body (peripheral) obesity. Upper body obesity is associated with a higher incidence of cardiometabolic and other health risks. The adverse health risks associated with overweight and obesity affect nearly every body system.

Undernutrition and Eating Disorders

Undernutrition continues to be a major global health problem. According to recent estimates, hundreds of millions of people worldwide are affected by chronic undernutrition, particularly in low- and middle-income countries. Under-resourced regions account for the vast majority of individuals experiencing undernutrition, whereas in high-income countries undernutrition is more commonly observed among pediatric populations, older adults, and individuals with chronic illness (Food and Agriculture Organization of the United Nations, 2023).

Malnutrition and Starvation

Malnutrition and **starvation** are conditions in which a person does not receive, absorb, or adequately utilize sufficient nutrients to maintain normal body function. A healthy diet should provide adequate energy in the form of carbohydrates, fats, and proteins; essential amino acids and fatty acids for synthesis of structural and functional proteins and lipids; and vitamins and minerals required for enzymatic activity, hormone function, and structural integrity of tissues such as bone.

Among the many causes of malnutrition are food insecurity, limited nutrition knowledge, acute and chronic illness, malabsorption syndromes, and self-imposed dietary restriction. People experiencing homelessness, older adults, and children from families with limited resources are particularly vulnerable to protein–energy malnutrition and micronutrient deficiencies. Malnutrition may also occur secondary to disease states, such as gastrointestinal disorders that impair nutrient digestion and absorption. Eating disorders, including anorexia nervosa (AN), affect individuals with concerns related to body image, weight control, or athletic performance. Obesity, although characterized by excess energy intake, may represent a paradoxical form of malnutrition when diets are deficient in essential microelements (Allen & Saunders, 2023).

Protein–Energy Malnutrition

Protein–energy (calorie) malnutrition represents depletion of the body's lean, metabolically active tissues resulting from inadequate intake, starvation, or a combination of starvation and catabolic stress. Lean tissues include skeletal muscle, visceral organs, and cells of the blood and immune system. Because lean tissue constitutes the largest component of body mass, loss of lean tissue is the primary determinant of weight loss in protein–energy malnutrition.

In infants and children in low-resource settings, protein–energy malnutrition is classically categorized as **marasmus**, characterized by deficiency of both calories and protein, or **kwashiorkor**, characterized primarily by protein deficiency (Benjamin & Lappin, 2023). Pathologic changes in both conditions include humoral and cellular immunodeficiency due to impaired protein synthesis and reduced immune mediators. Alterations in skin and hair pigmentation may occur owing to deficiencies in amino acid substrates (e.g., tyrosine) and essential cofactors (Fig. 8-5) (Bunker & Pandey, 2021). To learn more about marasmus and kwashiorkor, visit https://pmc.ncbi.nlm.nih.gov/articles/PMC8392804.

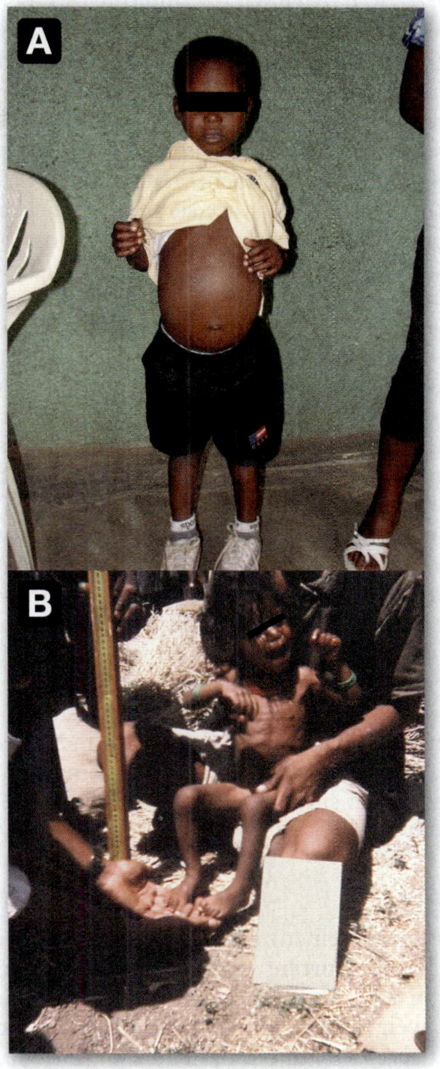

FIGURE 8-5. A. A child with kwashiorkor. Note the swollen belly and lower legs. B. Child with marasmus. (Reproduced with permission from Abali, E. E., Cline, S. D., & Franklin, D. S. [2021]. *Lippincott illustrated reviews: Biochemistry* [8th ed., Fig. 27-19]. Wolters Kluwer Health and Pharma.)

Malnutrition in Trauma and Illness

In industrialized societies, protein–energy malnutrition most commonly occurs secondary to trauma or illness. Kwashiorkor-like malnutrition is often associated with acute hypermetabolic states such as trauma, burns, and sepsis, whereas marasmus-like malnutrition is more commonly associated with chronic illnesses, including chronic obstructive pulmonary disease, heart failure, cancer, and HIV infection (Titi-Lartey & Daley, 2025). Up to 74% of patients with cancer are affected by a syndrome called **cachexia**, which involves tissue wasting (Gonçalves et al., 2024).

Cancer-related cachexia, a multifactorial syndrome characterized by involuntary weight loss, muscle wasting, and systemic inflammation, affects a substantial proportion of individuals with malignancy. Cachexia is defined by greater than 5% unintentional weight loss over 6 months, or a BMI below 20 kg/m² accompanied by ongoing weight loss or sarcopenia (Mariean et al., 2023).

Severe injury or illness accelerates protein catabolism and disrupts protein synthesis, leading to loss of protein from vital organs, including the liver, gastrointestinal tract, kidneys, heart, and skeletal muscle. Reduced hepatic protein synthesis results in decreased serum protein levels, while loss of immune cells compromises host defense. Gastrointestinal mucosal atrophy with villous loss leads to malabsorption. Loss of cardiac and respiratory muscle mass reduces myocardial contractility, cardiac output, and ventilatory capacity, increasing morbidity, particularly in critically ill and mechanically ventilated patients.

Hospitalized individuals are at high risk for malnutrition, which is associated with increased complication rates, longer hospital stays, and higher mortality. Malnutrition may be present at admission or develop during hospitalization due to decreased intake, diagnostic or surgical restrictions, medication effects, pain, stress, and reduced appetite. Although physical activity may be limited, metabolic demands are often increased during illness, particularly during fever, inflammation, trauma, or recovery from surgery, necessitating increased caloric and protein intake.

Diagnosis

No single measurement is sufficient to diagnose malnutrition reliably. Current diagnostic criteria require the presence of two or more clinical characteristics, unintentional weight loss, loss of subcutaneous fat, muscle wasting, decreased functional capacity, fatigue, or fluid accumulation masking weight loss. Undernutrition is particularly prevalent among older adults and is associated with impaired physical function, increased health care utilization, and poorer outcomes. Serial body weight measurement remains one of the most practical screening tools for identifying nutritional decline in older adults (Ritchie & Yukawa, 2023).

Treatment

Treatment of malnutrition typically occurs in three phases:

1. Resuscitation and stabilization
2. Nutritional rehabilitation
3. Prevention and follow-up

The initial phase focuses on correction of dehydration, electrolyte imbalances, and infection. Refeeding syndrome is prevented through gradual reintroduction of nutrition and supplementation with essential vitamins and minerals, particularly thiamine and phosphate. During the rehabilitation phase, caloric intake is progressively increased, accompanied by physical therapy and immunizations as appropriate. Long-term success requires education, access to safe drinking water, adequate food supply, and control of infectious disease, as relapse remains a significant risk (Titi-Lartey & Daley, 2025).

Eating Disorders

Eating disorders affect an estimated 29 million Americans across all ages, genders, and backgrounds. These illnesses, which include AN, bulimia nervosa (BN), and BED are characterized by persistent disturbances in eating behavior and related thoughts and emotions, often accompanied by excessive concern with body weight, shape, or control overeating. Eating disorders occur in all populations, with slightly higher prevalence among females, although rates among males are increasingly recognized. BED is the most prevalent eating disorder in the United States (Qian et al., 2021).

Eating disorders are more commonly reported in industrialized societies but occur across all socioeconomic, racial, and ethnic groups. Their development reflects a complex interaction of genetic vulnerability, neurobiologic factors, psychological traits, behavioral patterns, and sociocultural influences (National Institute of Mental Health [NIMH], 2024). Preoccupation with weight, shape, or eating behaviors is common across disorders, and individuals may exhibit overlapping or evolving symptom patterns. Comorbid psychiatric conditions—particularly mood, anxiety, trauma-related, and personality disorders—are frequently present and should be assessed during evaluation (National Eating Disorders Association, 2022).

Anorexia Nervosa

Anorexia nervosa (AN) typically begins in adolescence and is characterized by persistent restriction of energy intake, often accompanied by compulsive exercise and, in some individuals, binge–purge behaviors, resulting in significantly low body weight. Core features include a distorted body image, intense fear of weight gain, and persistent behaviors that interfere with weight restoration. AN is more prevalent among adolescent and young adult females, although it occurs in all genders (Office on Women's Health, 2025).

The etiology of AN appears to be multifactorial and includes genetic predisposition; neurobiologic alterations; personality traits such as perfectionism and compulsivity; anxiety disorders; family history of mood disorders; and sociocultural pressures related to appearance. Diagnostic criteria include (1) restriction of energy intake leading to significantly low body weight relative to age, sex, developmental trajectory, and physical health; (2) intense fear of gaining weight or becoming fat; and (3) disturbance in self-perceived weight or shape or lack of recognition of the seriousness of low body weight (Curzio et al., 2025). Psychiatric comorbidities, including major depressive disorder and obsessive–compulsive disorder, are common.

Malnutrition associated with AN affects nearly every organ system. Endocrine disruption, including hypothalamic suppression, leads to amenorrhea, reduced estrogen levels, and impaired bone mineralization, increasing the risk for osteoporosis and fractures. Cardiovascular effects include bradycardia, hypotension, decreased cardiac mass, and electrocardiographic changes. Gastrointestinal hypomotility results in constipation and bloating, while cold intolerance, lanugo hair growth, electrolyte abnormalities, and cognitive changes are frequent. Neuroimaging studies demonstrate loss of both gray and white matter, with severity correlated with the duration of illness (Curzio et al., 2025). Sudden death has been reported in severe cases and is thought to result primarily from cardiac muscle atrophy and heart failure.

One of the greatest challenges in treating AN is limited insight into illness severity. Treatment goals include medical stabilization, nutritional rehabilitation and weight restoration, treatment of psychiatric comorbidities, and development of sustainable behavioral and cognitive changes (Cleveland Clinic, 2024).

Bulimia Nervosa

BN is characterized by recurrent episodes of binge eating accompanied by compensatory behaviors such as self-induced vomiting, fasting, excessive exercise, or misuse of diuretics or laxatives. BN occurs more frequently in females and often begins in adolescence. Diagnostic criteria include (1) recurrent binge-eating episodes characterized by consumption of unusually large amounts of food with a sense of loss of control and (2) recurrent inappropriate compensatory behaviors occurring at least once per week for 3 months (Jain & Yilanli, 2023).

In contrast to AN, most individuals with BN maintain a normal or overweight BMI. BN is associated with high rates of psychiatric comorbidity, including anxiety disorders, depression, substance use disorders, and impulsive or self-destructive behaviors (NIMH, 2024).

Complications arise from binge eating and compensatory behaviors and include electrolyte imbalances, metabolic alkalosis, dental erosion, parotid gland enlargement, esophagitis, gastroesophageal reflux, and aspiration pneumonia. Potassium depletion increases the risk for cardiac arrhythmias. Weight fluctuations are common, and individuals often experience shame, guilt, low self-esteem, and distress related to eating behaviors.

Treatment includes cognitive–behavioral therapy and interpersonal psychotherapy, often combined with pharmacotherapy. Selective serotonin reuptake inhibitors, particularly fluoxetine, have demonstrated efficacy and are FDA-approved for the treatment of BN (NIMH, 2024).

Eating Disorder Not Otherwise Specified

The term "eating disorder not otherwise specified (EDNOS)" is no longer used in current diagnostic systems. Instead, individuals who do not meet full criteria for AN or BN may be diagnosed with other specified feeding or eating disorders (OSFED), which include clinically significant eating pathology requiring intervention.

Binge-Eating Disorder

Binge-eating disorder (BED) is characterized by recurrent binge-eating episodes occurring at least once per week for 3 months, accompanied by marked distress and the absence of compensatory behaviors. Diagnostic features include binge eating associated with behaviors such as eating rapidly, eating until uncomfortably full, eating when not physically hungry, eating alone because of embarrassment, and feelings of guilt or disgust afterward (NIMH, 2024).

Most individuals with BED are overweight or have obesity, and BED is more prevalent among individuals with obesity than in the general population (NIMH, 2024). Treatment focuses on establishing regular eating patterns, improving emotional regulation, addressing maladaptive thoughts related to food, and supporting sustainable lifestyle behaviors. Cognitive–behavioral therapy remains the first-line treatment, with pharmacologic therapy considered in selected cases.

SUMMARY CONCEPTS

Undernutrition can range from a selective deficiency of a single nutrient to starvation, in which there is deprivation of all nutrients. Malnutrition and starvation remain among the most widespread causes of morbidity and mortality worldwide. Obesity represents a paradoxical form of malnutrition in which excess energy intake coexists with micronutrient deficiency. Protein–energy malnutrition is commonly divided into two distinct conditions: marasmus, characterized by combined protein and calorie deficiency, and kwashiorkor, characterized primarily by protein deficiency. Malnutrition commonly occurs during acute or chronic illness, recovery from trauma, and hospitalization. The effects of malnutrition and starvation on body function are widespread and include loss of muscle mass, impaired wound healing, immune dysfunction, decreased appetite, loss of calcium and phosphate from bone, hypothalamic-pituitary-gonada suppression resulting in anovulation and amenorrhea in females, and decreased testicular function in males.

AN, BN, and BED are eating disorders that may result in malnutrition. In AN, distorted attitudes toward eating and body weight lead to persistent restriction of energy intake, significantly low body weight, multisystem consequences of malnutrition. BN is characterized by recurrent episodes of binge eating followed by compensatory behaviors such as fasting, self-induced vomiting, excessive exercise, or misuse of laxatives or diuretics. The diagnostic category formerly termed EDNOS has been replaced by OSFED, which include clinically significant eating disturbances such as BED that do not meet full criteria for AN or BN.

Integrating Clinical Decision Making

A 68-year-old man is admitted to the hospital following elective abdominal surgery. On admission, his height is 175 cm (5 ft 9 in) and weight is 102 kg (225 lb), resulting in a BMI of 33.3 kg/m^2. His waist circumference is 110 cm (43 in). He reports low levels of physical activity and frequent consumption of highly processed, energy-dense foods. Laboratory results reveal mildly elevated fasting glucose and triglyceride levels. He reports feeling "hungry most of the time," even shortly after meals.

1. Based on BMI and waist circumference, how would this patient's nutritional status and health risk be classified?
2. Which physiologic role of adipose tissue most directly explains this patient's metabolic abnormalities?

During hospitalization, the patient is encouraged to ambulate and receives dietary counseling. Despite consuming fewer calories, he reports persistent hunger and fatigue. Further discussion reveals limited sleep and prolonged sedentary behavior. The care team considers strategies to improve energy balance beyond simple caloric restriction.

3. Which mechanisms of energy expenditure are most relevant to address in this patient to support weight management?
4. Which neurohormonal mechanism best explains the patient's persistent hunger despite excess energy stores?

REFERENCES

Abbott. (2024). *Does metabolism actually slow down with age?* Retrieved December 1, 2024, from https://www.abbott.com/corpnewsroom/nutrition-health-and-wellness/does-metabolism-slow-down-as-we-age.html

Allen, B., & Saunders, J. (2023). Malnutrition and undernutrition: Causes, consequences, assessment and management. *Medicine*, *51*(7), 461–468. https://doi.org/10.1016/j.mpmed.2023.04.004

American Heart Association. (2023, October 17). *Symptoms and diagnosis of metabolic syndrome*. https://www.heart.org/en/health-topics/metabolic-syndrome/symptoms-and-diagnosis-of-metabolic-syndrome

An, S.-M., Cho, S.-H., & Yoon, J. C. (2023). Adipose tissue and metabolic health. *Diabetes & Metabolism Journal*, *47*(5), 595–611. https://doi.org/10.4093/dmj.2023.0011

Auger, C., & Kajimura, S. (2023). Adipose tissue remodeling in pathophysiology. *Annual Review of Pathology: Mechanisms of Disease*, *18*(1), 71–93. https://doi.org/10.1146/annurev-pathol-042220-023633

Benjamin, O., & Lappin, S. L. (2023, July 17). Kwashiorkor. In *StatPearls* [Internet]. StatPearls Publishing.

Bunker, S., & Pandey, J. (2021, August 25). Educational case: Understanding kwashiorkor and marasmus: Disease mechanisms and pathologic consequences. *Academic Pathology*, *8*, 23742895211037027. https://doi.org/10.1177/23742895211037027

Butte, N. F. (2022). Energy requirements of infants, children, and adolescents. World Review of Nutrition and Dietetics, 47-54. https://doi.org/10.1159/000516716

Center for Disease Control and Infection. (2025). *Obesity and overweight*. [Online]. Retrieved March 31, 2021, from https://www.cdc.gov/nchs/fastats/obesity-overweight.htm

Centers for Disease Control and Prevention. (2025, November 14). *Risk factors for obesity*. https://www.cdc.gov/obesity/risk-factors/risk-factors.html

Cleveland Clinic. (2024). *Anorexia nervosa*. Retrieved February 12, 2025, from https://my.clevelandclinic.org/health/diseases/9794-anorexia-nervosa

Curzio, O., De Pasquale, C. F., Maestro, S., Belmonti, V., Biagi, L., Tosetti, M., Muratori, F., Pasquariello, R., Retico, A., & Calderoni, S. (2025). Body mass index impacts on gray matter volume in developmental restrictive anorexia nervosa: A Voxel-based morphometry study. *Nutrients*, *17*(16), 2620. https://doi.org/10.3390/nu17162620

Dicken, S. J., & Batterham, R. L. (2024). Ultra-processed food and obesity: What is the evidence? *Current Nutrition Reports*, *13*(1), 23–38. https://doi.org/10.1007/s13668-024-00517-z

Dornbush, S., & Aeddula, N. R. (2023, April 10). Physiology, leptin. In *StatPearls* [Internet]. StatPearls Publishing. https://www.ncbi.nlm.nih.gov/books/NBK537038/

Dubern, B., Faccioli, N., Poitou, C., & Clément, K. (2023). Novel therapeutics in rare genetic obesities: A narrative review. *Pharmacological Research*, *191*, 106763. https://doi.org/10.1016/j.phrs.2023.106763

Emmerich, S. D., Fryar, C. D., Stierman, B., & Ogden, C. L. (2024). *Obesity and severe obesity prevalence in adults: United States, August 2021-August 2023*. Center for Disease Control and Prevention; National Center for Health Statistics. https://www.cdc.gov/nchs/products/databriefs/db508.htm

Food and Agriculture Organization of the United Nations. (2023). *The state of food security and nutrition in the world 2023*. https://doi.org/10.4060/cc3017en

Gonçalves, D. C., Gomes, S. P., & Seelaender, M. (2024). Metabolic, inflammatory, and molecular impact of cancer cachexia on the liver. *International Journal of Molecular Sciences*, *25*(22), 11945. https://doi.org/10.3390/ijms252211945

Guarneiri, L. L., Adams, C. G., Garcia-Jackson, B., Koecher, K., Wilcox, M. L., & Maki, K. C. (2024). Effects of varying protein amounts and types on diet-induced thermogenesis: A systematic review and meta-analysis. *Advances in Nutrition*, *15*(12), 100332. https://doi.org/10.1016/j.advnut.2024.100332

Haworth, L., Danes-Daetz, C., Stainton, P., Birdsall, D., & Chohan, A. (2024). Promoting physical activity for health benefits via a 10-week mobile-application-based personal training programme. *International Journal of Health Promotion and Education*, 1–11. https://doi.org/10.1080/14635240.2024.2306373

Holesh, J. E., Martin, A., & Aslam, S. (2023, May 12). Physiology, carbohydrates. In *StatPearls* [Internet]. StatPearls Publishing. https://www.ncbi.nlm.nih.gov/books/NBK459280/

Hoogendoorn, M., Galekop, M., & van Baal, P. (2023). The lifetime health and economic burden of obesity in five European countries: What is the potential impact of prevention? *Diabetes, Obesity and Metabolism*, *25*(8), 2351–2361. https://doi.org/10.1111/dom.15116

Jain, A., & Yilanli, M. (2023). Bulimia nervosa. In *StatPearls* [Internet]. StatPearls Publishing. https://www.ncbi.nlm.nih.gov/books/NBK562178/

Jin, X., Qiu, T., Li, L., Yu, R., Chen, X., Li, C., Proud, C. G., & Jiang, T. (2023). Pathophysiology of obesity and its associated diseases. *Acta Pharmaceutica Sinica B*, *13*(6), 2403–2424. https://doi.org/10.1016/j.apsb.2023.01.012

Jin, X., Yip, T. C.-F., Wong, G. L.-H., Wong, V. W.-S., & Lai, J. C.-T. (2025). The new definition of metabolic dysfunction-associated steatotic liver disease: The role of ultrasound and Elastography. *Ultrasonography*, *44*(3), 189–201. https://doi.org/10.14366/usg.24219

Khawaja, T., Nied, M., Wilgor, A., & Neeland, I. J. (2024). Impact of visceral and hepatic fat on cardiometabolic health. *Current Cardiology Reports*, *26*(11), 1297–1307. https://doi.org/10.1007/s11886-024-02127-1

Li, L., & Feldman, B. J. (2024). White adipocytes in subcutaneous fat depots require KLF15 for maintenance in preclinical models. *Journal of Clinical Investigation*, *134*(13), e172360. https://doi.org/10.1172/jci172360

Liu, Q. K. (2024). Mechanisms of action and therapeutic applications of GLP-1 and dual GIP/GLP-1 receptor agonists. *Frontiers in Endocrinology*, *15*, 1431292. https://doi.org/10.3389/fendo.2024.1431292

Liu, Y., Qian, S.-W., Tang, Y., & Tang, Q.-Q. (2024). The secretory function of adipose tissues in metabolic regulation. *Life Metabolism*, *3*(2), loae003. https://doi.org/10.1093/lifemeta/loae003

Loos, R. J., & Yeo, G. S. (2022). The genetics of obesity: From discovery to biology. *Nature Reviews Genetics*, *23*(2), 120–133. https://doi.org/10.1038/s41576-021-00414-z

Mariean, C. R., Tiucă, O. M., Mariean, A., & Cotoi, O. S. (2023). Cancer cachexia: New insights and future directions. Cancers, 15(23), 5590. https://doi.org/10.3390/cancers15235590

Mayo Clinic. (2024). *Dietary fiber: Essential for a healthy diet*. https://www.mayoclinic.org/healthy-lifestyle/nutrition-and-healthy-eating/in-depth/fiber/art-20043983

Mayo Clinic Health System. (2022). *Are you getting too much protein*? Retrieved July 14, 2023, from https://www.mayoclinichealthsystem.org/hometown-health/speaking-of-health/are-you-getting-too-much-protein

Młynarska, E., Bojdo, K., Frankenstein, H., Krawiranda, K., Kustosik, N., Lisińska, W., Rysz, J., & Franczyk, B. (2025). Endothelial dysfunction as the common pathway linking obesity, hypertension and atherosclerosis. *International Journal of Molecular Sciences*, *26*(20), 10096. https://doi.org/10.3390/ijms262010096

Moloney, L., Rozga, M., Steiber, A., & Handu, D. (2025). The effectiveness of medical nutrition therapy in prevention and treatment of chronic disease: A position paper of the Academy of nutrition and dietetics. *Journal of the Academy of Nutrition and Dietetics*, *126*(2), 156219. https://doi.org/10.1016/j.jand.2025.10.010

Morros-Nuevo, A., Salt, C., Pavey, J., Wainwright, J. F., Dittmann, M., Keep, B., Wallis, N. J., & Raffan, E. (2026). Behavioural susceptibility to environmental influences in obesity—Evidence from a companion animal model. *BMC Veterinary Research*, *22*(1), 3. https://doi.org/10.1186/s12917-025-04990-8

National Eating Disorders Association. (2022). *What are the different types eating disorders?* Retrieved July 14, 2023, from https://www.nationaleatingdisorders.org/information-eating-disorder

National Heart, Lung, and Blood Institute. (2022a). *Overweight and obesity: Causes and risk factors*. Retrieved December 1, 2024, from https://www.nhlbi.nih.gov/health/overweight-and-obesity/causes

National Heart, Lung, and Blood Institute. (2022b). *Overweight and obesity: Treatment*. Retrieved April 30, 2023, from https://www.nhlbi.nih.gov/health/overweight-and-obesity/treatment

National Institute of Mental Health. (2024). *Eating disorders: What you need to know*. https://www.nimh.nih.gov/health/publications/eating-disorders

Office on Women's Health. (2025). *Anorexia nervosa*. https://womenshealth.gov/mental-health/mental-health-conditions/eating-disorders/anorexia-nervosa

Palacios-Marin, I., Serra, D., Jiménez-Chillarón, J. C., Herrero, L., & Todor-evi-, M. (2023). Childhood obesity: Implications on adipose tissue dynamics and metabolic health. *Obesity Reviews*, *24*(12), e13627. https://doi.org/10.1111/obr.13627

Perreault, L. (2025, September 17). Obesity in adults: Prevalence, screening, and evaluation. *UpToDate*. https://www.uptodate.com/contents/obesity-in-adults-prevalence-screening-and-evaluation

Pratt, E. (2023). *Why waist-to-hip ratio might be a better health measurement than BMI*. https://www.medicalnewstoday.com/articles/why-waist-to-hip-ratio-might-be-a-better-health-measurement-than-bmi

Purnell, J. Q. (2023, May 4). Definitions, classification, and epidemiology of Obesity. In *Endotext* [Internet]. MDText.com. https://www.ncbi.nlm.nih.gov/books/NBK279167/

Qian, J., Wu, Y., Liu, F., Zhu, Y., Jin, H., Zhang, H., Wan, Y., Li, C., & Yu, D. (2021). An update on the prevalence of eating disorders in the general population: A systematic review and meta-analysis. *Eating and Weight Disorders—Studies on Anorexia, Bulimia and Obesity*, *27*(2), 415–428. https://doi.org/10.1007/s40519-021-01162-z

Raymond, J. L., & Morrow, K. (2023). *Krause and Mahan's food & the nutrition care process* (16th ed.). Elsevier Saunders.

Ritchie, C., & Yukawa, M. (2023). Nutritional issues in older adults. *UpToDate*. Retrieved December 1, 2024, from https://www.uptodate.com/contents/geriatric-nutrition-nutritional-issues-in-older-adults?search=diagnosis%20of%20malnutrition&source=search_result&selectedTitle=1%7E150&usage_type=default&display_rank=1

Rosenkilde, M. M., George, J. T., Véniant, M. M., & Holst, J. J. (2025). GIP receptor antagonists in the pharmacotherapy of obesity: Physiologic, genetic, and clinical rationale. *Diabetes*, *74*(8), 1334–1338. https://doi.org/10.2337/dbi24-0027

Stover, P. J., Field, M. S., Andermann, M. L., Bailey, R. L., Batterham, R. L., Cauffman, E., Frühbeck, G., Iversen, P. O., Starke-Reed, P., Sternson, S. M., Vinoy, S., Witte, A. V., Zuker, C. S., & Angelin, B. (2023). Neurobiology of eating behavior, nutrition, and health. *Journal of Internal Medicine*, *294*(5), 582–604. https://doi.org/10.1111/joim.13699

Temple, N. J. (2023).A proposed strategy against obesity: How government policy can counter the obesogenic environment. *Nutrients*, *15*(13), 2910. https://doi.org/10.3390/nu15132910

Titi-Lartey, O. A., & Daley, S. F. (2025, August 2). Severe acute malnutrition: Recognition and management of marasmus and kwashiorkor. In *StatPearls* [Internet]. StatPearls Publishing. https://www.ncbi.nlm.nih.gov/books/NBK559224/

U.S. Department of Agriculture, & U.S. Department of Health and Human Services. (2025). *Dietary guidelines for Americans, 2025–2030* (10th ed.). https://cdn.realfood.gov/DGA.pdf

U.S. Department of Health and Human Services. (2023). *Nutrient recommendations and databases*. Retrieved April 28, 2023, from https://ods.od.nih.gov/HealthInformation/nutrientrecommendations.aspx

U.S. Department of Health and Human Services. (2025). *Healthy People 2030: Social determinants of health*. https://health.gov/healthypeople/priority-areas/social-determinants-health

Veronese, N., Gianfredi, V., Solmi, M., Barbagallo, M., Dominguez, L. J., Mandalà, C., Di Palermo, C., Carruba, L., Solimando, L., Stubbs, B., Castagna, A., Maggi, S., Zanetti, M., Al-Daghri, N.,

Sabico, S., Nucci, D., Gosling, C., & Fontana, L. (2025). The impact of dietary fiber consumption on human health: An umbrella review of evidence from 17,155,277 individuals. *Clinical Nutrition*, *51*, 325–333. https://doi.org/10.1016/j.clnu.2025.06.021

von Loeffelholz, C., & Birkenfeld, A. L. (2022, November 25). Non-exercise activity thermogenesis in human energy homeostasis. In K. R. Feingold, B. Anawalt, M. R. Blackman, et al., (Eds.), *Endotext* [Internet]. MDText.com. https://www.ncbi.nlm.nih.gov/books/NBK279077/

Wooten, J. S., Breden, M., Hoeg, T., & Smith, B. K. (2022). Effects of weight-loss on adipokines, total and regional body composition and markers of metabolic syndrome in women who are overweight and obese. *Endocrine and Metabolic Science*, *7–8*, 100120. https://doi.org/10.1016/j.endmts.2022.100120

World Health Organization. (2025, December 8). *Obesity and overweight*. https://www.who.int/news-room/fact-sheets/detail/obesity-and-overweight

Yuan, N. P., Butt, H., Karp, J. F., Idowu, E., Hu, C., Shadyab, A. H., Weitlauf, J. C., Saquib, N., Bea, J. W., Richey, P. A., Follis, S., Coday, M., Jacobsohn, T., & Chen, Z. (2025). Bidirectional associations between obesity and depressive symptoms: Results from the multiethnic postmenopausal cohort of the Women's Health Initiative Study. *The American Journal of Geriatric Psychiatry: Open Science, Education, and Practice*, *8*, 63–74. https://doi.org/10.1016/j.osep.2025.10.002

CHAPTER 9

Immunity and Inflammation

Learning Objectives

After completing this chapter, the learner will be able to meet the following objectives:

1. Compare the development, differentiation, and function of T and B lymphocytes and their role in modulating inflammation and immunity.
2. Examine the systemic manifestations of inflammation and the impact on disease progression.
3. Describe the function of the immune system in maintaining homeostasis and defending against pathogens.
4. Differentiate between the processes of innate and adaptive immunity, including the roles of key immune cells and immune molecules.
5. Describe the vascular and cellular phases of acute inflammation.
6. Assess the function of key chemical mediators in coordinating immune and inflammatory responses.
7. Evaluate the role of major histocompatibility complex (MHC) molecules in antigen presentation and immune regulation related to inflammatory and autoimmune conditions.
8. Integrate knowledge of immunoglobulin function, cytokine activity, and inflammatory mediators to predict immune responses in infections, autoimmune diseases, and chronic inflammation.
9. Assess how passive and active immunity influence inflammatory and immune responses across the lifespan.
10. Apply principles of immune and inflammatory response to clinical scenarios, such as vaccine development, autoimmune disorders, immunodeficiencies, and chronic inflammatory diseases.
11. Analyze the pathophysiology, clinical manifestations, and functional consequences of primary and secondary immunodeficiency disorders, including B-cell, T-cell, phagocytic, and complement deficiencies.
12. Evaluate the immune mechanisms underlying hypersensitivity reactions (types I to IV), autoimmunity, and transplant rejection and assess their clinical significance.

13. Examine the role of MHC and human leukocyte antigen (HLA) matching in organ transplantation, including the pathogenesis of graft-versus-host disease.
14. Assess the immunopathology of HIV/acquired immunodeficiency syndrome (AIDS), including mechanisms of viral transmission, immune system alterations, and the development of opportunistic infections and associated complications.
15. Differentiate current diagnostic methodologies for HIV infection, and analyze the role of screening, confirmatory, and nucleic acid testing in disease detection and monitoring.
16. Synthesize knowledge of immune dysfunction to predict disease progression and therapeutic strategies for immunodeficiencies, autoimmune disorders, hypersensitivities, and HIV/AIDS.

The homeostasis of the human body is constantly being challenged, both by pathogens and foreign substances in the outside environment and by processes within the body that can cause cellular injury, such as ischemia, hypoxia, and other cell stressors. The immune system works to maintain and regain homeostasis by recognizing nonself particles—foreign invaders and abnormal cells—and defending the body through an interrelated series of complex immune responses. Simultaneously, the immune system must have self-tolerance so that normal body cells are not damaged.

This chapter examines the integrated processes of innate and adaptive immunity. Innate immunity provides the body's immediate, nonspecific defense through mechanisms such as inflammation—the early response to injury and infection—while adaptive immunity generates targeted responses against specific pathogens and develops immunologic memory for future encounters. Developmental aspects of immune function are also discussed. The chapter concludes with an overview of disorders of altered immune function, including immunodeficiencies, hypersensitivity reactions, and transplant-related immune responses.

Overview of the Immune System

The **immune response** (**immunity**) is a complex, coordinated series of interconnected processes that function to protect the body from injury, infection, and disease. These responses defend against foreign particles and pathogenic organisms while also performing a critical surveillance role by identifying and eliminating damaged or malignant cells. Some immune responses are activated rapidly, whereas others develop over time. The coordinated interaction of these mechanisms is essential for maintaining internal homeostasis and protecting the body from external threats. The immune system consists of two interacting and complementary branches: innate immunity and adaptive immunity.

Innate immunity serves as the body's first line of defense and includes (1) the barrier function of the skin and epithelial surfaces; (2) inflammation, the primary early response to injury and infection; and (3) specialized immune cells with strong phagocytic and cytotoxic capabilities that eliminate invading pathogens and damaged host cells. Innate immune responses are rapid and occur in a similar manner with each exposure to a threat.

Adaptive immunity produces highly specific responses that are tailored to each unique foreign molecule or antigen. Although activation of adaptive immune processes begins soon after antigen recognition, full development of the response requires time—particularly during initial exposure. Following prior exposure, however, immunologic memory enables a faster and more robust response to the same antigen.

Innate and adaptive immunity are closely interconnected. Cells of the innate immune system play a critical role in initiating adaptive immune responses. For example, when a pathogen is phagocytized, antigenic components are processed and presented on the surface of antigen-presenting cells (APCs), which then activate lymphocytes involved in adaptive immunity. This interaction illustrates the dynamic communication between the two branches of the immune system.

The specific processes involved in innate and adaptive immunity are explored in greater depth later in this chapter. Table 9-1 summarizes key differences between these two components of the immune response.

TABLE 9-1 Features of Innate and Adaptive Immunity

Feature	Innate	Adaptive
Time of response	Immediate (minutes/hours)	Dependent upon exposure (first, delayed; second, immediate due to production of antibodies)
Diversity	Limited to classes or groups of microbes	Very large; specific for each unique antigen
Microbe recognition	General patterns on microbes; nonspecific	Specific to individual microbes and antigens (antigen/antibody complexes)
Nonself recognition	Yes	Yes
Response to repeated infection	Similar with each exposure	Immunologic memory; more rapid and efficient with subsequent exposure
Defense	Epithelium (skin, mucous membranes), phagocytes, inflammation, fever	Cell killing; tagging of antigen by antibody for removal
Cellular components	Phagocytes (monocytes/macrophages, neutrophils), NK cells, DCs	T and B lymphocytes, macrophages, DCs, NK cells
Molecular components	Cytokines, complement proteins, acute-phase proteins, soluble mediators	Antibodies, cytokines, complement system

DC, dendritic cell; NK, natural killer.

UNDERSTANDING → Innate and Adaptive Immunity

The innate and adaptive immune systems function as an integrated defense network in which numerous cells and molecules work cooperatively to protect the host against infection and injury. Innate immunity plays a critical role in initiating and shaping adaptive immune responses. Although these two branches use different mechanisms to recognize pathogens, they share common effector processes—such as activation of the complement system and elimination of pathogens—that work together to clear infections.

Cells of the innate immune system recognize pathogens through pattern recognition receptors (PRRs), which detect conserved molecular patterns shared among groups of microbes but not found on normal human cells. This allows the innate immune system to distinguish self from nonself while responding in a similar manner to a wide range of potential threats.

1

Innate Immunity. Innate immunity (also called *natural immunity*) consists of cellular and biochemical defenses that are present before exposure to an infectious agent and provide rapid, nonspecific protection. Key components include epithelial barriers that prevent pathogen entry and secrete antimicrobial substances, phagocytic cells such as neutrophils and macrophages that engulf and destroy microbes, **natural killer (NK) cells** that eliminate infected or abnormal cells, and the complement system that enhances inflammation and promotes microbial destruction. Inflammation is a central mechanism of innate immunity and represents the body's early response to tissue injury and infection.

Cells of the innate immune system recognize pathogens through **pattern recognition receptors (PRRs)**, which detect conserved molecular patterns shared among groups of microbes but not found on normal human cells. This allows the innate immune system to distinguish self from nonself while responding in a similar manner to a wide range of potential threats.

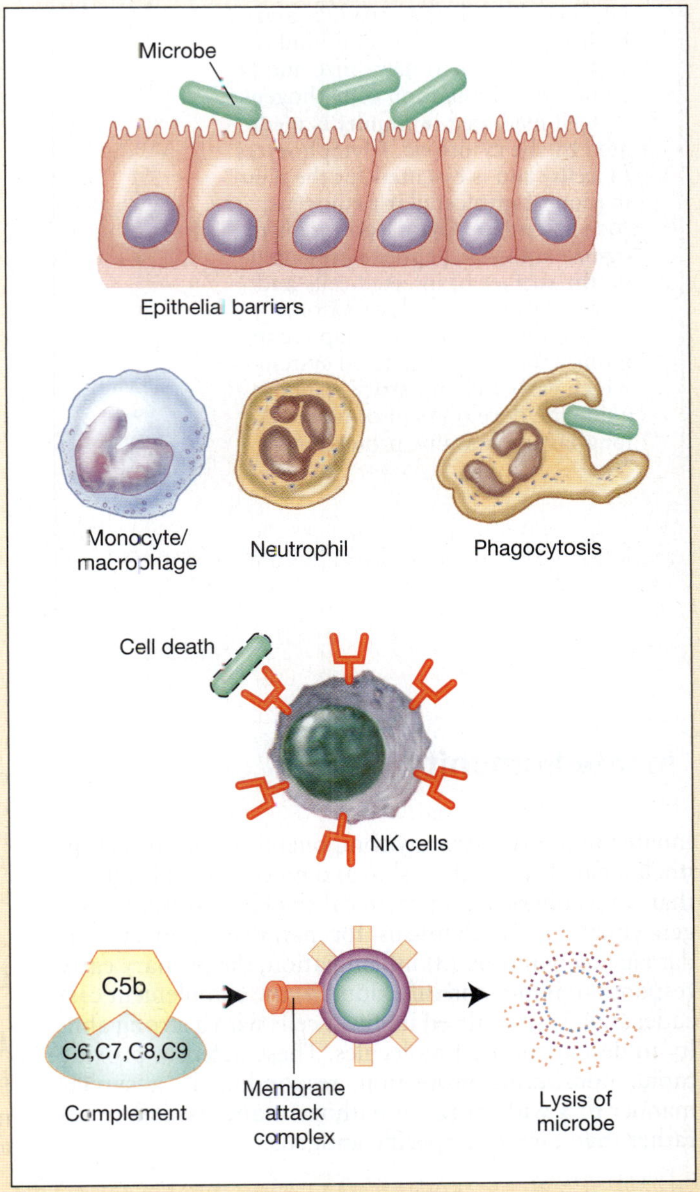

UNDERSTANDING → Innate and Adaptive Immunity (*continued*)

2

Adaptive Immunity. Adaptive immunity (also called *acquired immunity*) develops following exposure to specific antigens and is characterized by highly targeted responses and immunologic memory. The primary components of adaptive immunity are B lymphocytes and T lymphocytes and their products. Adaptive immune responses are divided into humoral and cell-mediated immunity.

Humoral immunity is mediated by **B lymphocytes (B cells)** and provides defense against extracellular microbes and their toxins. B cells differentiate into plasma cells that produce antibodies, which circulate and bind to specific antigens to neutralize and facilitate the elimination of pathogens.

Cell-mediated immunity is mediated by the cytotoxic **T lymphocytes (T cells)** and is essential for the elimination of intracellular pathogens, such as viruses. Cytotoxic T cells recognize antigenic peptides presented on the surface of infected cells and induce targeted cell destruction.

Together, innate and adaptive immunity form a coordinated system in which early inflammatory responses guide the development of targeted, long-lasting immune protection.

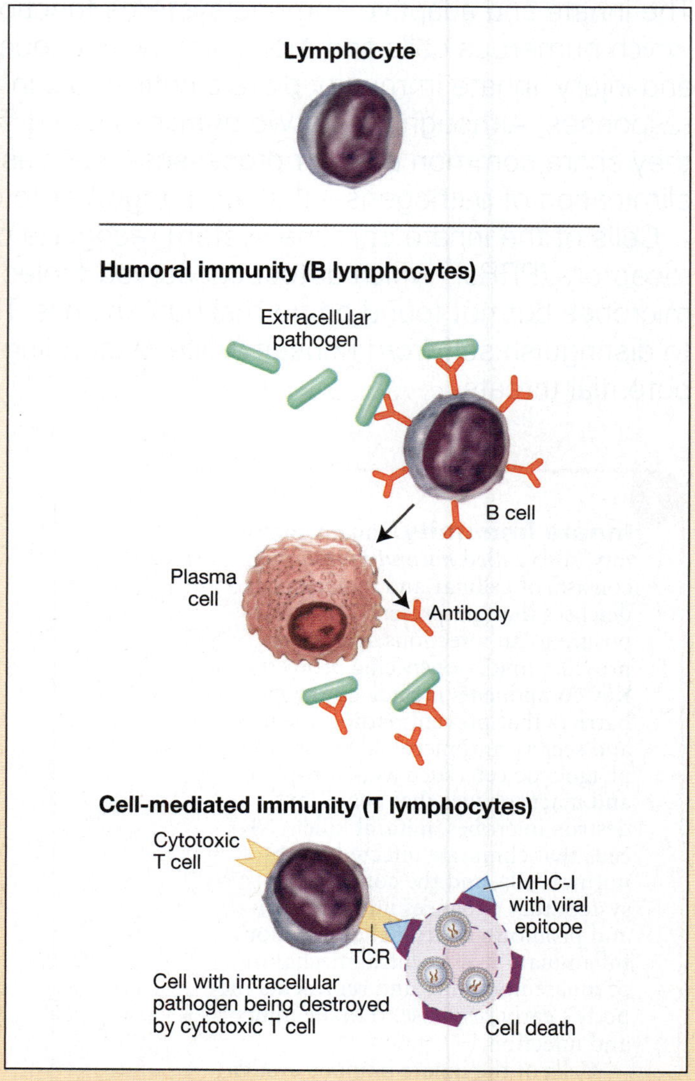

Innate Immunity

Innate immunity has many components, including (1) epithelial barriers—such as skin and mucous membranes—that act as physical and chemical shields to block pathogen entry; (2) mechanisms for pathogen and cellular damage recognition; (3) inflammation, the primary early response to injury and infection; (4) the complement cascade; and (5) specialized immune cells with a strong ability to destroy nonself molecules. These defenses provide rapid, nonspecific protection, responding in a similar manner to a wide range of pathogens and tissue injuries rather than targeting specific antigens.

The components of innate immunity function in a coordinated sequence of events that begins with recognition of injury or infection and progresses through inflammation, pathogen elimination, and tissue repair. Although these steps are presented in order, many occur simultaneously and influence one another (Chart 9-1).

Components of Innate Immunity

Epithelial Barriers

Physical, mechanical, and biochemical barriers against microbial invasion represent the first line of defense and are found in all common portals of entry into the body,

CHART 9-1

INNATE IMMUNITY PROCESSES

1. Pathogens breach epithelial barriers, or tissue injury occurs.
2. Pattern recognition receptors detect microbes or damaged cells.
3. Neutrophils and macrophages attack pathogens or clear dead/damaged cells.
4. The complement system tags pathogens, while signals from injured cells amplify the inflammatory response.
5. Acute inflammation begins, promoting pathogen clearance and tissue repair.
6. Cells involved in inflammation are activated, including leukocytes, endothelial cells, and platelets.
7. The vascular stage begins, altering blood flow and permeability.
8. The cellular stage begins, recruiting immune cells to the site of infection or injury.
9. Additional leukocytes become activated, leading to phagocytosis of pathogens and debris.
10. Inflammatory mediators amplify the response and coordinate immune activity.
11. Acute-phase proteins and systemic factors modulate inflammation and healing.
12. Inflammation is resolved as immune cells clear debris and promote tissue repair.
13. The immune response may transition, with adaptive immunity becoming activated if needed.

Red, initial response; Blue, inflammation phase.

including the skin and the respiratory, gastrointestinal, and urogenital tracts. Intact skin is the most formidable physical barrier to infection because of its structure. It is composed of closely packed cells arranged in multiple layers that are continuously shed. In addition, a protective layer of protein, keratin, covers the skin.

Epithelial cells contribute to host defense by secreting antimicrobial enzymes, proteins, and peptides (Kucuksezer et al., 2023). Specialized cells, such as goblet cells in the gastrointestinal tract, secrete **mucin**, a high-molecular-weight glycoprotein that forms mucus when hydrated. Mucus traps pathogens and facilitates their removal from the body. In the lower respiratory tract, hair-like structures called cilia extend from epithelial cells and move microbes trapped in mucus upward through the tracheobronchial tree toward the throat. The physiologic responses of coughing and sneezing further assist in clearing these organisms.

Microorganisms trapped by mucus are also exposed to chemical defenses throughout the body, including lysozymes and components of the complement system. Lysozyme, a hydrolytic enzyme found in tears, saliva, and human milk, breaks down bacterial cell walls (Fig. 9-1).

Pathogen and Cellular Damage Recognition

If epithelial barriers are breached, phagocytic cells of the innate immune system are rapidly activated and play a key role in initiating the inflammatory response to infection. Similarly, when internal cellular damage occurs, the immune system detects these changes and activates innate immune mechanisms.

This activation depends on the ability of host defenses to distinguish between healthy self, damaged self, and nonself, ensuring that immune responses are appropriately targeted. Leukocytes involved in this process recognize molecular patterns on microbes or signals released from injured or dying cells. In response, phagocytes bind to these signals and initiate phagocytosis, engulfing and eliminating pathogens, cellular debris, or damaged tissue to restore homeostasis (Fig. 9-2) (Wang et al., 2024).

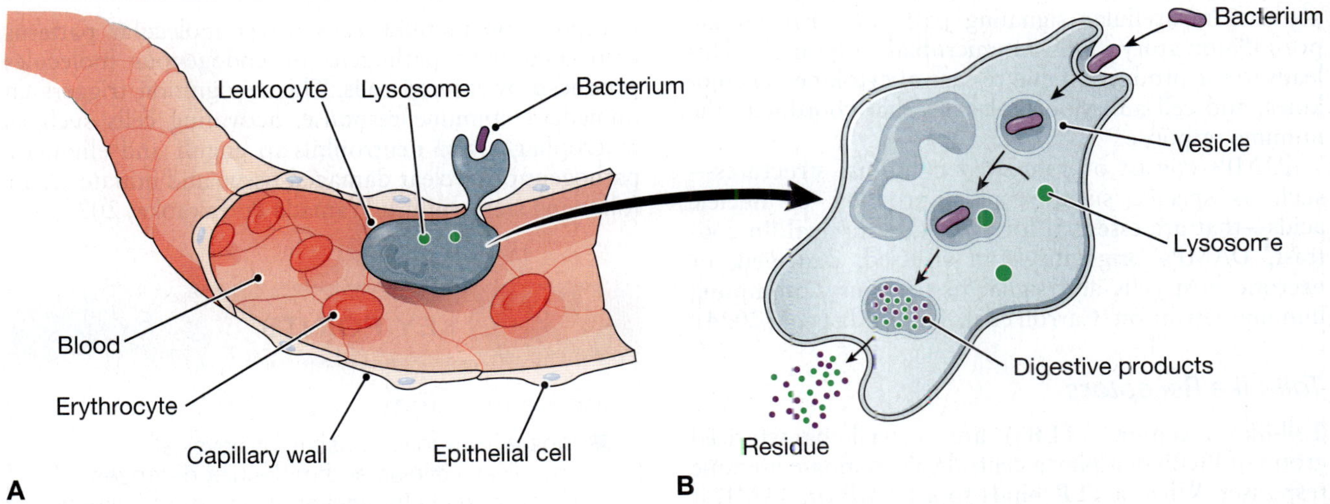

FIGURE 9-1. Phagocytosis. **A.** A phagocytic white blood cell moves through a capillary that is in an infected area and engulfs the bacteria. **B.** The lysosome digests the bacteria that were in a vesicle. (From Cohen B. J. [2013]. *Memmler's the human body in health and disease* [12th ed.]. Lippincott Williams & Wilkins.)

Characteristics	Innate immunity	Adaptive immunity
Recognition	Molecular patterns common to microbes 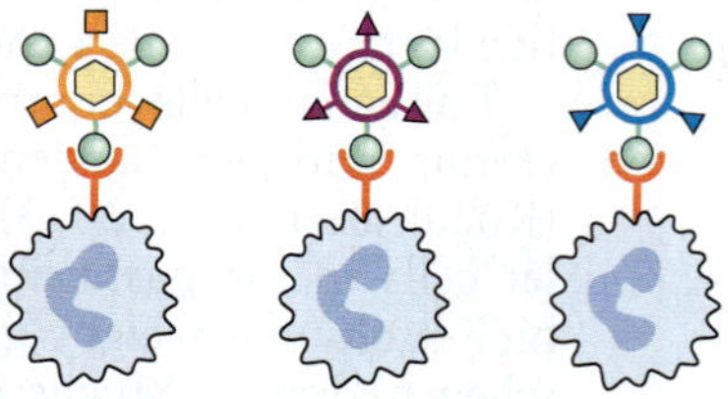 	Specific microbial molecules 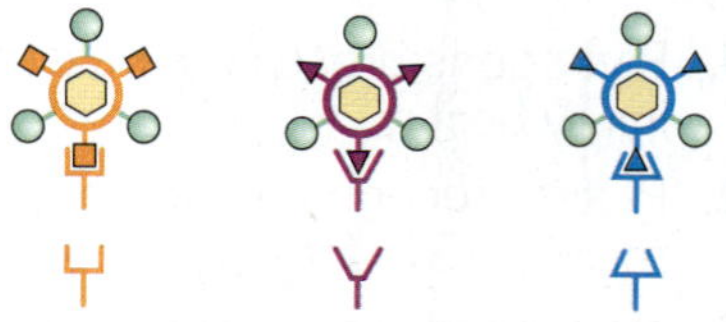
Receptors	Limited diversity expressed by germline genes 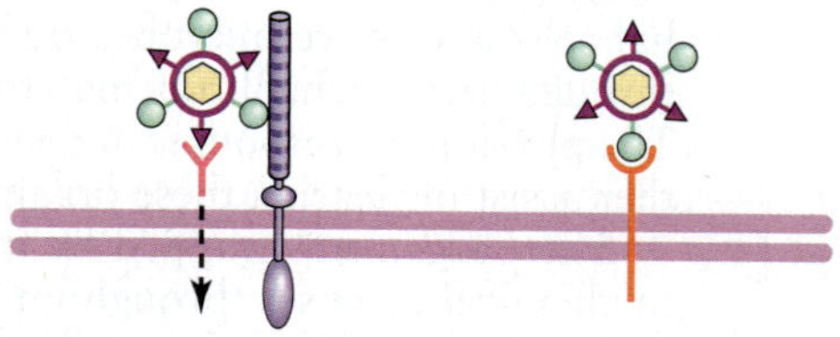 	Great diversity expressed through recombination of somatic genes 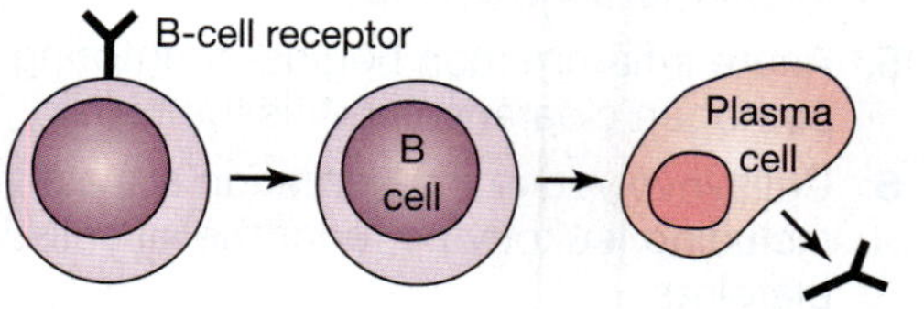
Cellular expression	Effector cell types express identical receptors (*e.g.*, neutrophils express toll-like receptors).	Each clone of lymphocytes expresses unique receptors.
Self–non-self discrimination	Yes, by recognizing molecules unique to pathogen, NK cells recognize MHC-I self-recognizing molecules.	Yes, lymphocytes use MHC-I and MHC-II and foreign peptides (*e.g.*, microbial peptides in recognition).

FIGURE 9-2. Recognition systems of innate and adaptive immunity.

Pathogen- and Damage-Associated Molecular Patterns

Invading pathogens contain structures in their cell membranes known as **pathogen-associated molecular patterns (PAMPs)**. In contrast, **damage-associated molecular patterns (DAMPs)** are endogenous molecules released by damaged or dying host cells. Recognition of these patterns is mediated by PRRs located on cells of the innate immune system.

Through this mechanism, immune cells can respond to previously unencountered pathogens or detect tissue injury. Upon recognition of PAMPs or DAMPs, PRRs activate intracellular signaling pathways that initiate pro-inflammatory and antimicrobial responses. This leads to the production and release of cytokines, chemokines, and cell adhesion molecules that coordinate the immune response.

PAMPs consist of conserved microbial structures—such as specific sugars, lipids, proteins, or nucleic acids—that are essential for pathogen survival. In contrast, DAMPs originate from stressed, damaged, or necrotic host cells and signal tissue injury, prompting immune activation (Carroll et al., 2024; Ma et al., 2024).

Toll-Like Receptors

Toll-like receptors (TLRs) are a well-characterized group of PRRs that play a central role in innate immune responses. When a TLR binds to a PAMP or DAMP, it undergoes a conformational change that initiates intracellular signaling cascades. These pathways activate immune responses, including the stimulation of macrophages, the production of inflammatory mediators, and the initiation of tissue repair processes (Brandli et al., 2024). TLRs contribute not only to host defense but also to tissue homeostasis by regulating inflammation, wound healing, and tissue regeneration (Kawai et al., 2024).

Activation of the Cellular Components of Innate Immunity

Receptors on immune cells detect molecular patterns associated with pathogens or endogenous molecules produced by injured cells. This recognition triggers an immediate immune response, activating cells such as macrophages and neutrophils to engulf and eliminate pathogens or to clear damaged tissue and initiate repair following sterile injury (Yamada & Takaoka, 2023).

KEY POINTS

Innate Immunity

- Innate immunity consists of physical, chemical, cellular, and molecular defenses that are ready for activation and mediate rapid, initial responses to infection or cellular injury.

- The innate immune response relies on the body's ability to distinguish structures on healthy host cells from structures present on the surface of pathogens or injured cells, known as PAMPs or DAMPs.
- The phagocytic cells of the innate immune system express PRRs that detect both PAMPs and DAMPs. TLRs, a major class of PRRs expressed on phagocytes, serve as potent activators of innate immune cells and signaling molecules, driving immune responses to both infection and sterile tissue damage.
- Cytokines and chemokines released from activated leukocytes regulate innate immune responses, drive inflammation in response to both infection and tissue injury, and play a key role in initiating the adaptive immune response.

Cells of Innate Immunity

To understand the innate immune processes that occur after PAMP or DAMP recognition, it is important to review the key cells involved. Once the PRRs on innate immune cells identify invading pathogens or damaged host cells, they initiate a broad spectrum of responses to eliminate the threat and restore tissue integrity. The key cells of the innate immune response include neutrophils, macrophages, dendritic cells (DCs), NK cells, and intraepithelial lymphocytes (IELs). Although many of these mechanisms overlap, responses to DAMPs are primarily directed toward tissue repair and clearance of damaged cells, whereas responses to PAMPs focus on pathogen elimination. As a result, innate immune cells adapt their function based on the nature of the stimulus (Ma et al., 2024).

Neutrophils and Macrophages

The leukocytes involved in the innate immune response are derived from myeloid stem cells and are subdivided into two groups based on the presence or absence of cytoplasmic granules. **Neutrophils**, named for their neutral-staining granules, are classified as **granulocytes**. These granules contain enzymes and antibacterial substances used to destroy engulfed microbes and cellular debris. The **agranulocytes** involved in innate immunity are part of the mononuclear phagocyte system and include monocytes and macrophages. Monocytes are the largest of the circulating white blood cells (WBCs) but account for only 3% to 7% of the total leukocyte count. They are released from the bone marrow into the bloodstream, where they migrate into tissues and mature into macrophages and DCs (Fang et al., 2023).

Neutrophils and macrophages are abundant phagocytic leukocytes and are among the first cells to respond during the early stages of inflammation. Both cell types express a variety of surface receptors involved in activation and target recognition, including mannose receptors that bind glycoproteins, TLRs that detect pathogens, cytokine and chemokine receptors that coordinate cell signaling, adhesion molecules that facilitate leukocyte migration, and complement receptors that recognize complement-coated microbes (Fig. 9-3).

Neutrophils are the most abundant granulocytes and account for approximately 55% of circulating WBCs. They are also referred to as polymorphonuclear neutrophils (PMNs) because their nuclei are divided into three to five lobes (Tigner, 2022). In addition to enzymatic destruction, neutrophils generate reactive oxygen species

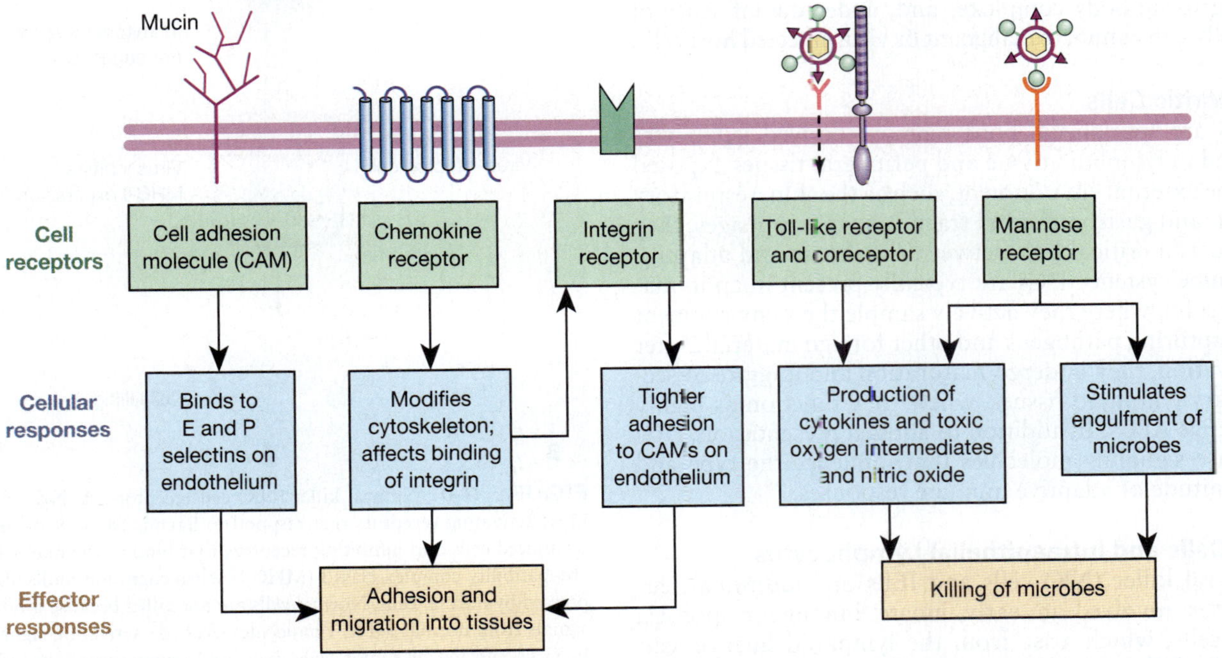

FIGURE 9-3. Leukocyte activation. Different classes of leukocyte cell surface receptors recognize different stimuli. The receptors initiate responses that mediate the functions of the leukocytes.

i.e., hydrogen peroxide) and reactive nitrogen species (e.g., nitric oxide [NO]) that contribute to microbial killing (Herrero-Cervera et al., 2022). Neutrophils exhibit amoeboid movement, allowing them to migrate rapidly to sites of infection or injury. They are typically absent from healthy tissues, remaining in circulation or in the bone marrow until recruited. Once released, they have a short lifespan of approximately 10 hours and must be continuously replenished. Increased demand during infection or injury can lead to leukocytosis, characterized by an elevated WBC count. When demand is high, immature neutrophils (bands) are released into circulation; an increase in these cells, often referred to as a "left shift," is commonly associated with acute infection. The antimicrobial activity of neutrophils is rapid, nonspecific, and independent of prior exposure, making them essential for early host defense and for shaping subsequent immune responses (Lee et al., 2022).

In response to infection or injury, **macrophages** arrive shortly after neutrophils and play a critical role in clearing pathogens, damaged cells, and cellular debris. Their functional flexibility allows them to respond to environmental signals and shift between pro-inflammatory and tissue-repair roles. Once activated, macrophages engulf and digest microbes or damaged cells.

Unlike neutrophils, macrophage activation is more tightly regulated and depends on signals generated through recognition of PAMPs during infection or DAMPs released from stressed or dying cells (Fang et al., 2023). Phagocytosis helps limit the spread of infection until adaptive immune responses are fully activated. In sterile injury, macrophages contribute to tissue repair by clearing apoptotic cells and secreting anti-inflammatory mediators.

In addition to phagocytosis, macrophages process and present antigens to other immune cells and secrete cytokines that coordinate both inflammatory and adaptive immune responses. They also participate in the removal of antigen–antibody complexes and, under the influence of T cells, can eliminate malignant or virus-infected host cells.

Dendritic Cells

DCs are specialized, bone marrow–derived leukocytes found in lymphoid tissue and peripheral tissues exposed to the external environment, such as the skin, respiratory tract, and gastrointestinal tract. Like macrophages, they serve as a critical link between the innate and adaptive immune systems. DCs are typically present in an immature state, where they actively sample their environment by capturing pathogens and other foreign material. After activation, they undergo maturation and migrate to secondary lymphoid tissues, where they function as highly effective APCs. In addition to antigen presentation, DCs release signaling molecules that influence the type and magnitude of adaptive immune responses.

NK Cells and Intraepithelial Lymphocytes

Natural killer (NK) cells and **IELs** are additional leukocytes involved in early innate immune responses. NK cells, which arise from the lymphoid lineage, can rapidly kill target cells without prior exposure. Rather than recognizing specific antigens, NK cells detect abnormalities in host cells, such as altered expression of surface molecules associated with infection or cellular stress, including signals related to PAMPs and DAMPs (Basílio-Queirós & Mischak-Weissinger, 2023). IELs reside within epithelial layers of tissues such as the gastrointestinal, respiratory, and genitourinary tracts, where they serve as sentinels of mucosal immunity. These cells respond to both microbial threats and cellular stress, contributing to early defense by eliminating infected or damaged epithelial cells and maintaining tissue integrity.

NK cells are a **heterogeneous** population of lymphocytes with varying functional roles. Some subsets are highly cytotoxic, while others regulate immune responses through cytokine production. Their activity is tightly controlled by a balance of activating and inhibitory signals, ensuring that only abnormal or infected cells are targeted (Fig. 9-4).

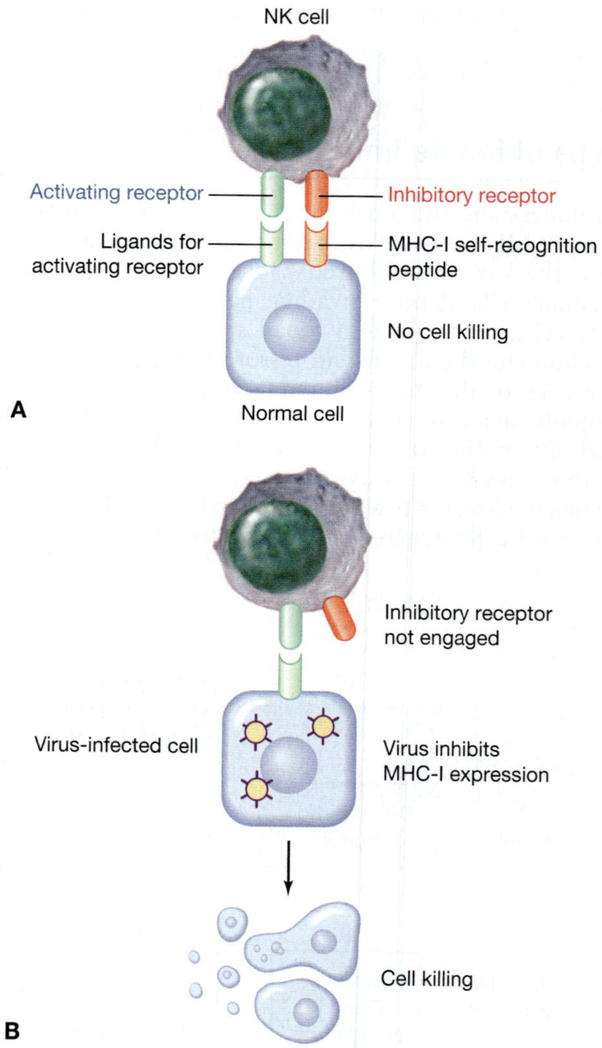

FIGURE 9-4. Natural killer (NK) cell receptors. **A.** NK cells express activating receptors that respond to ligands from virus-infected or injured cells and inhibiting receptors that bind to the major histocompatibility complex class I (MHC-I) self-recognition molecules expressed by normal cells. Normal cells are not killed because inhibitory signals from normal MHC-I molecules override activating signals. **B.** In virus-infected or tumor cells, increased expression of ligands for activating receptors and reduced expression or alteration of MHC molecules interrupt the inhibitory signals, allowing activation of NK cells and lysis of target cells.

In addition to their cytotoxic function, NK cells contribute to immune regulation by promoting T-cell differentiation, enhancing DC maturation, and producing cytokines and chemokines that shape immune responses. NK cells account for approximately 10% to 15% of peripheral blood lymphocytes and do not express T-cell receptors (TCRs) or surface immunoglobulins (Igs) (Basílio-Queirós & Mischak-Weissinger, 2023).

IELs form one of the largest lymphocyte populations in the body, particularly within the intestinal epithelium. The dynamic interaction between IELs and epithelial tissues is essential for mucosal immunity. These cells detect and respond to pathogenic threats by releasing cytokines and directly eliminating infected cells, making them a key component of the body's first line of defense (Lockhart et al., 2024).

Soluble Mediators of Innate Immunity

While phagocytes such as neutrophils and macrophages play a direct role in pathogen elimination and tissue debris clearance, their efficiency is significantly enhanced by soluble immune factors. The development of the innate immune response is very much dependent upon the secretion of soluble molecules such as opsonins, cytokines, and acute-phase proteins.

Opsonins

In addition to the pattern recognition capabilities enabled by PAMPs and DAMPs, recognition of pathogens and damaged cells is enhanced by **opsonins**—molecules that coat (opsonize) negatively charged particles on cell membranes, enhancing the ability of phagocytic cells to recognize, bind, and destroy them. This coating process, known as opsonization, facilitates more efficient immune responses. Once an opsonin binds to and opsonizes a microbe or damaged host cell, it attaches to a PRR on a phagocytic cell, triggering activation. Several opsonins play key roles in innate immunity and the acute inflammatory response, including acute-phase proteins, lectins, and complement proteins. Additionally, components of the adaptive immune system can function as opsonins. For example, during the humoral immune response, antibodies produced by the adaptive immune system can coat pathogen surfaces to mark them and bind to Fc receptors on neutrophils and macrophages, enhancing phagocytosis by innate immune cells (Neumaier et al., 2023).

Cytokines

Once an innate immune phagocyte is activated by PRR–PAMP or PRR–DAMP binding with a pathogen, **cytokines** are released into the surrounding tissues where they exert their effect. Cytokines are short-acting, biologically active, soluble signaling molecules that play an essential role in host defense mechanisms and serve as the primary means of communication between cells of the innate and adaptive immune systems. These low-molecular-weight proteins can be either pro- or anti-inflammatory and are secreted by various immune and nonimmune cells to coordinate immune activity (Vebr et al., 2023). The major classes of cytokines include interleukins (ILs), interferons (IFNs), tumor necrosis factor alpha (TNF-α), lymphotoxin, and colony-stimulating factors (CSFs). Cytokines exert their effects by binding to specific receptors on target cells, activating intracellular signaling pathways that regulate immune function and inflammation. Chronic exposure to high cytokine levels is associated with many common disease states, such as type 2 diabetes and atherosclerotic heart disease (Hannoodee & Nasuruddin, 2024). The source and function of the main cytokines that participate in innate and adaptive immunity are summarized in Table 9-2.

Interleukins (ILs) are produced by both macrophages and lymphocytes in the presence of an invading microorganism or when the process of inflammation is initiated. Their primary function is to enhance the acquired immune response or regulate the inflammatory process through suppression or enhancement. The IFNs involved in innate immunity include IL-1, IL-6, and IL-12 (Vebr et al., 2023).

Interferons (IFNs) are cytokines that primarily protect the host against viral infections and play a role in the modulation of the inflammatory response. In addition, they amplify the presentation of antigens to specific T cells, forming the chemical bridge between the innate and adaptive immune responses. Each type of IFN is produced by a specific cell of the immune response. Type I IFN-α and IFN-β are secreted by virus-infected cells, whereas type II, immune IFN-γ is mainly secreted by T cells, NK cells, and macrophages (Vebr et al., 2023). IFNs activate macrophages, induce B cells to switch Ig type, alter T-helper responses, inhibit cell growth, promote apoptosis, and induce an antiviral state in uninfected cells. Finally, ILs help regulate the immune response by increasing the expression of adhesion molecules on endothelial cells, stimulating the migration of leukocytes into infected tissues, and stimulating the production of antibodies by the cells of the adaptive immune response.

Concept Mastery Alert

Cytokines are said to be *pleiotropic,* meaning they have the ability to act on different cell types, as opposed to being cell-specific. They also have the ability to stimulate the same biologic factors as other cytokines or to overlap their effects. This is known as *redundancy.*

TNF-α and **lymphotoxins** are cytokines that are structurally related and have similar cytotoxic activities. The two cytokines differ in that TNF-α can be secreted by a variety of immune cells, while the lymphotoxins are predominantly secreted by activated lymphocytes and NK cells. These cytokines regulate the development of lymphoid tissues and the inflammatory process by enhancing the adhesion of immune cells to pathogens and stimulating the release of other cytokines/chemokines.

Colony-stimulating factors (CSFs) are a unique subset of cytokines that participate in hematopoiesis and stimulate the production of large numbers of mature platelets, erythrocytes, lymphocytes, neutrophils, monocytes, eosinophils, basophils, and DCs. The CSFs were named according to the type of target cell on which they act (see Table 9-2). Although CSF is necessary for

TABLE 9-2 Cytokines and Chemokines of Innate and Adaptive Immunity

Cytokines	Source	Function
IL-1	Macrophages, endothelial cells, some epithelial cells	Wide variety of biologic effects; activates endothelium in inflammation; induces fever and acute-phase response; stimulates neutrophil production
IL-2	$CD4^+$, $CD8^+$ T cells	Growth factor for activated T cells; induces synthesis of other cytokines; activates cytotoxic T lymphocytes and NK cells
IL-3	$CD4^+$ T cells	Growth factor for progenitor hematopoietic cells
IL-4	$CD4^+$ T_2H cells, mast cells	Promotes growth and survival of T, B, and mast cells; causes T_2H cell differentiation; activates B cells and eosinophils; and induces IgE-type responses
IL-5	$CD4^+$ T_2H cells	Induces eosinophil growth and development
IL-6	Macrophages, endothelial cells, T lymphocytes	Stimulates the liver to produce mediators of the acute-phase inflammatory response; also induces proliferation of antibody-producing cells by the adaptive immune system
IL-7	Bone marrow stromal cells	Primary function in adaptive immunity; stimulates pre-B cells and thymocyte development and proliferation
IL-8	Macrophages, endothelial cells	Primary function in adaptive immunity; chemoattracts neutrophils and T lymphocytes; regulates lymphocyte homing and neutrophil infiltration
IL-10	Macrophages, some T-helper cells	Inhibitor of activated macrophages and DCs; decreases inflammation by inhibiting T_1H cells and the release of IL-12 from macrophages
IL-12	Macrophages, DCs	Enhances NK cell cytotoxicity in innate immunity; induces T_1H cell differentiation in adaptive immunity
Type I IFNs (IFN-α, IFN-β)	Macrophages, fibroblasts	Inhibit viral replication; activate NK cells; and increase the expression of MHC-I molecules on virus-infected cells
IFN-γ	NK cells, $CD4^+$ and $CD8^+$ T lymphocytes	Activates macrophages in both innate immune responses and adaptive cell-mediated immune responses; increases the expression of MHC-I and MHC-II and antigen processing and presentation
TNF-α	Macrophages, T cells	Induces inflammation, fever, and acute-phase response; activates neutrophils and endothelial cells; kills cells through apoptosis
Chemokines	Macrophages, endothelial cells, T lymphocytes	Large family of structurally similar cytokines that stimulate leukocyte movement and regulate the migration of leukocytes from the blood to the tissues
GM-CSF	T cells, macrophages, endothelial cells, fibroblasts	Promotes neutrophil, eosinophil, and monocyte maturation and growth; activates mature granulocytes
G-CSF	Macrophages, fibroblasts, endothelial cells	Promotes growth and maturation of neutrophils consumed in inflammatory reactions
M-CSF	Macrophages, activated T cells, endothelial cells	Promotes growth and maturation of mononuclear phagocytes

CSF, colony-stimulating factor; DC, dendritic cell; G-CSF, granulocyte CSF; GM, CSF, granulocyte-monocyte CSF; IFN, interferon; Ig, immunoglobulin; IL, interleukin; M-CSF, monocyte CSF; MHC, major histocompatibility complex; NK, natural killer; T_1H, T-helper type 1; T_2H, T-helper type 2; TNF-α , tumor necrosis factor-α.

normal blood cell production, excess CSF is associated with several disease processes, such as chronic obstructive pulmonary disease. Recombinant CSF is being used to increase the success rates of bone marrow transplantations (Vebr et al., 2023).

All cytokines are secreted in a brief, self-limited manner. They are rarely stored as preformed molecules but instead are synthesized when the cells that produce them are activated. Some of the cytokines exhibit **pleiotropism**, which means they can act on many different cell types. They do not act in isolation but function as part of a complex network with synergistic, antagonistic, or redundant effects. **Redundancy** refers to the ability of different cytokines to stimulate the same or overlapping biologic functions. Because of this redundancy, inhibition of a single cytokine will have minimal or no impact on the integrity of the immune response because other cytokines may compensate. One cytokine can trigger the release of others, amplifying immune responses, while others inhibit immune responses to prevent excessive inflammation. Dysregulated cytokine networks contribute to cytokine storms, seen in conditions like COVID-19, sepsis, and autoimmune diseases (Vebr et al., 2023).

In addition to being pleiotropic and redundant, several different cell types are capable of producing the same cytokine. This allows cytokines to have a broader spectrum of activity. For example, IL-1 is a pro-inflammatory cytokine that is primarily produced by macrophages but can also be produced by virtually all leukocytes, endothelial cells, and fibroblasts. Finally, cytokines can also function to initiate cascade reactions, with one cytokine influencing the synthesis and actions of other cytokines. These effects may be localized or systemic, with the cytokines secreted into the bloodstream and transported to their site of action (Vebr et al., 2023).

While they are best known for their roles in immune responses, cytokines also regulate both acute and chronic inflammation. TNF-α and IL-1 are two of the major cytokines that mediate inflammation. The major cellular source of TNF-α and IL-1 is activated macrophages (Fig. 9-5). IL-1 is also produced by many cell

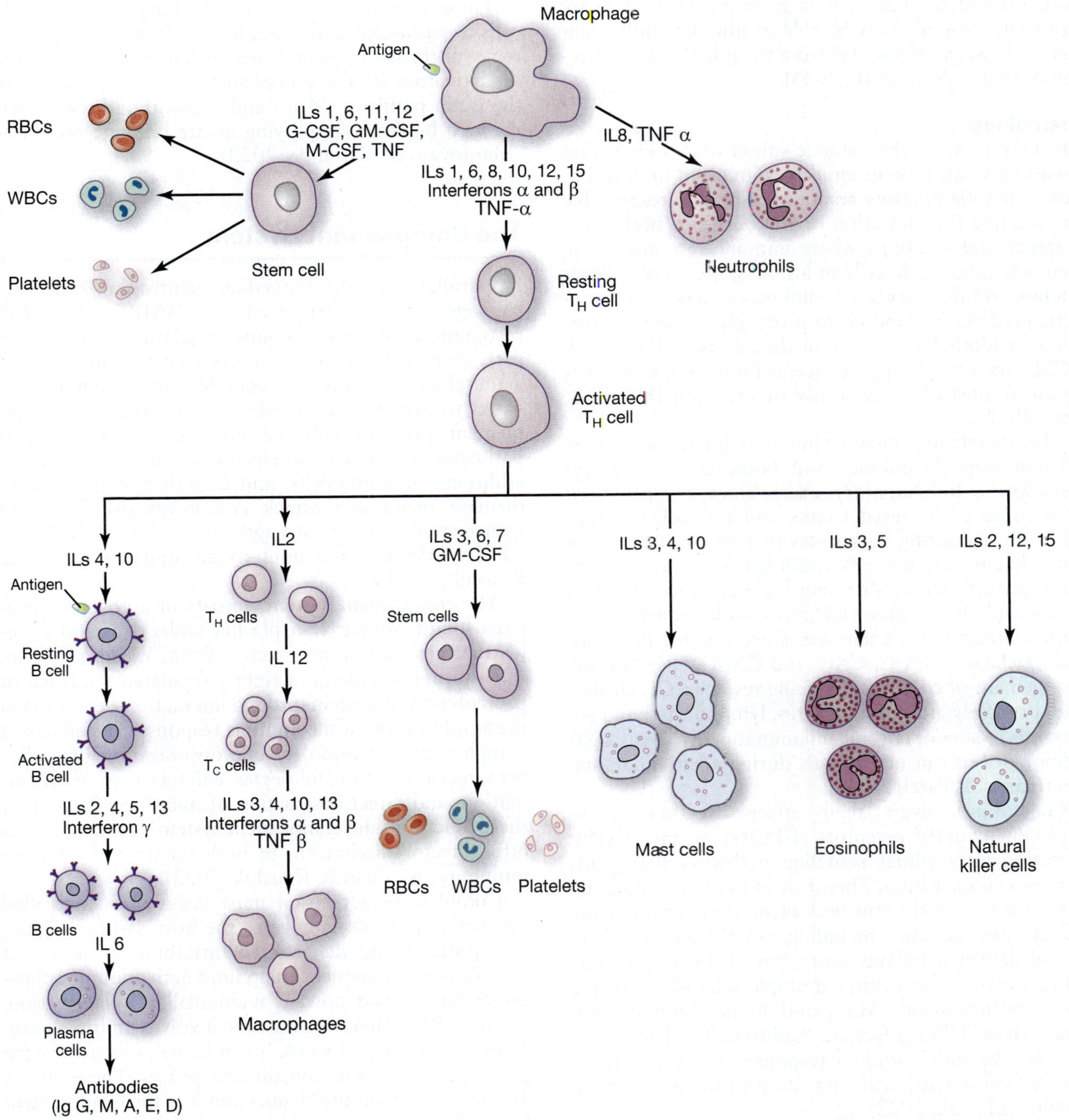

FIGURE 9-5. Macrophage and T-cell cytokines, their target cells, and the products of target cells. These elements overlap and interact to regulate the immune response. CSF, colony-stimulating factor; G-CSF, granulocyte colony-stimulating factor; GM-CSF, granulocyte–macrophage colony-stimulating factor; Ig, immunoglobulin; IL, interleukin; M-CSF, monocyte–macrophage colony-stimulating factor; RBCs, red blood cells; TC, cytotoxic T cell; TH, helper T cell; TNF, tumor necrosis factor; WBCs, white blood cells. (From Brophy, K. M., Scarlett-Ferguson, H., Webber, K. S., Abrams, A. C., Pennington, S. S., & Lammon, C. B. [2010]. *Clinical drug therapy for Canadian practice* [2nd ed.]. Wolters Kluwer; Fig. 38-2.)

types other than macrophages, including neutrophils, endothelial cells, and epithelial cells. The secretion of TNF-α and IL-1 can be stimulated by endotoxin and other microbial products, immune cells, injury, and a variety of inflammatory stimuli. TNF-α and IL-1 induce endothelial cells to express adhesion molecules and release cytokines, chemokines, and reactive oxygen species. Features of these systemic responses include fever, hypotension, increased heart rate, anorexia, release of neutrophils into the circulation, and increased levels of corticosteroid hormones. If large numbers of cells are activated, cytokines may be able to stimulate inflammatory processes in tissues far from the initial site of infection or injury (Vebr et al., 2023).

Chemokines

Chemokines are a chemotactic subset of cytokines that consist of small protein molecules involved in both immune and inflammatory responses. They are responsible for directing the migration of leukocytes to both areas of injury and locations where immune responses have been activated, such as lymph nodes, the spleen, Peyer patches, and the tonsils. Chemokines generate a chemotactic gradient by binding to proteoglycans on the surface of endothelial cells or in the extracellular matrix (ECM). As a result, high concentrations of chemokines persist at sites of tissue injury or infection (Harris & Patel, 2022).

Chemokines are classified into two functional groups: inflammatory chemokines and homeostatic (homing) chemokines. Inflammatory chemokines are produced in response to bacterial toxins and pro-inflammatory cytokines, recruiting leukocytes to sites of infection or injury. In contrast, homeostatic chemokines regulate immune surveillance by directing leukocytes to lymphoid tissues and other target locations under normal conditions. Structurally, chemokines are divided into four distinct classes: C, CC, CXC, and CX3C, based on the arrangement of conserved cysteine residues. CC chemokines primarily attract monocytes, lymphocytes, and eosinophils to sites of chronic inflammation, whereas CXC chemokines recruit neutrophils during acute inflammation (Harris & Patel, 2022).

Chemokines exert their effects by binding to G protein–coupled receptors (GPCRs) on target cells, activating intracellular signaling pathways that guide immune cell migration. Their role in immune regulation makes them central to the pathogenesis of various acute and chronic diseases, including atherosclerosis, rheumatoid arthritis, inflammatory bowel disease, allergic asthma, chronic bronchitis, multiple sclerosis, systemic lupus erythematosus (SLE), and human immunodeficiency virus (HIV) infection. Additionally, chemokines influence the body's immune response to cancer by modulating T-cell activity and interacting with tumor-derived proteins (Li et al., 2022).

Acute-Phase Proteins

Two acute-phase proteins involved in innate immune defense against both infections and sterile injury are **mannose-binding lectin (MBL)** and **C-reactive protein (CRP)**. Both MBL and CRP are produced by the liver and released in response to inflammation triggered by either pathogens or tissue damage. MBL recognizes and binds specifically to mannose and other carbohydrate residues commonly found on microbial surfaces, initiating the lectin complement pathway. CRP, in contrast, binds to phosphocholine on microbial membranes as well as to damaged host cells and apoptotic debris, marking them for immune clearance.

These proteins enhance the binding of phagocytic cells to pathogens and dying host cells, facilitating their removal through opsonization. Additionally, they serve as activators of the complement system, particularly the lectin pathway (MBL) and classical pathway (CRP, via C1q binding), amplifying innate immune responses (Mantovani & Garlanda, 2023).

The Complement System

In parallel with the immediate neutrophil and macrophage response triggered by PAMP and DAMP recognition and the immune regulation initiated by early-response soluble mediators such as cytokines and acute-phase proteins, the **complement system** is activated to amplify the innate immune response. Complement proteins enhance host defense by tagging pathogens and damaged cells for destruction, recruiting additional immune cells, and directly lysing microbes through membrane attack complexes (MACs). This coordinated response strengthens the body's ability to control infection and limit tissue injury (Bardhan & Kaushik, 2023).

The complement system consists of a group of proteins found primarily in plasma and extracellular fluids that circulate in an inactive form. When activated, these proteins undergo a tightly regulated sequence of proteolytic and protein–protein interactions, resulting in the amplification of the immune response. The effects of complement activation include opsonization of pathogens, recruitment of leukocytes, enhancement of inflammation, and direct destruction of microbes. Because of these functions, the complement system serves as a powerful effector mechanism of both innate and adaptive immunity (Bardhan & Kaushik, 2023).

Complement activation must occur in a controlled manner to prevent damage to the host tissues. Regulatory proteins and the inherent instability of activated complement components help limit activation to appropriate targets and prevent uncontrolled inflammation. Because the complement cascade involves multiple pathways and sequential steps, it can be helpful to view the process as a series of coordinated phases. These phases are summarized in the "Understanding the Complement System" box.

The complement system can be activated through three distinct pathways: the classical, lectin, and alternative pathways. Each pathway is initiated by different triggers but ultimately converges at the activation of the

UNDERSTANDING → The Complement System

The complement system is a cascade of plasma proteins that enhances immune defense by amplifying inflammation, promoting pathogen clearance, and directly destroying microbes. Although the process involves many steps, it can be understood as three coordinated phases:

1

Activation (Recognition). The complement system is activated through three pathways:

- Classical pathway—triggered by antigen–antibody complexes (adaptive immunity)
- Lectin pathway—triggered by mannose-binding lectin binding to microbial surfaces
- Alternative pathway—activated directly on microbial surfaces (innate immunity)

All three pathways converge at the activation of complement protein C3.

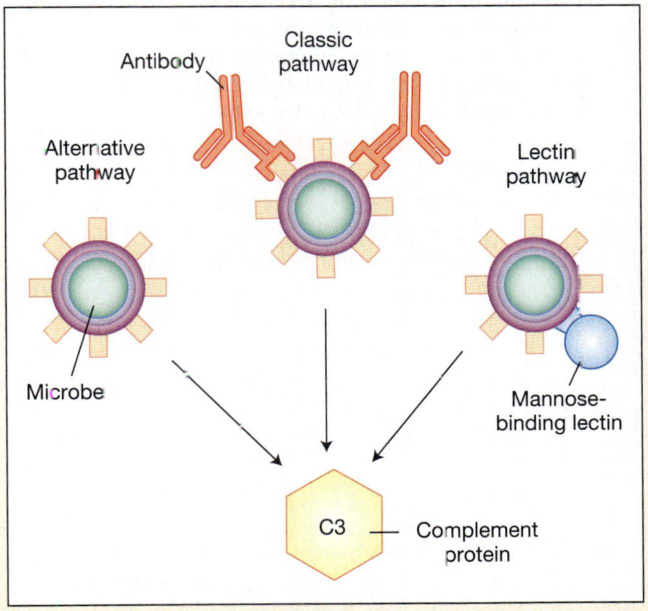

2

Amplification (Inflammation and Opsonization). Cleavage of C3 produces the following:

- C3a—promotes inflammation and recruits immune cells
- C3b—binds to microbes (opsonization), enhancing phagocytosis

Further activation produces the following:

- C5a—a powerful inflammatory mediator that enhances chemotaxis and vascular responses

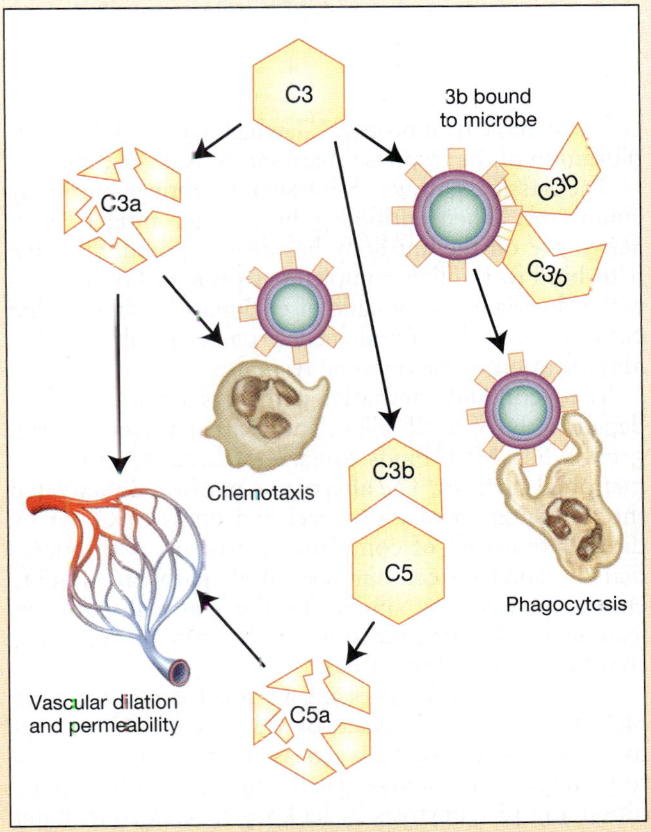

UNDERSTANDING ➔ The Complement System (*continued*)

3

Membrane Attack (Pathogen Destruction). C5b initiates the formation of the MAC, composed of C5b–C9, which forms pores in microbial membranes, leading to cell lysis.

Complement links innate and adaptive immunity by enhancing inflammation, promoting phagocytosis, and directly destroying pathogens.

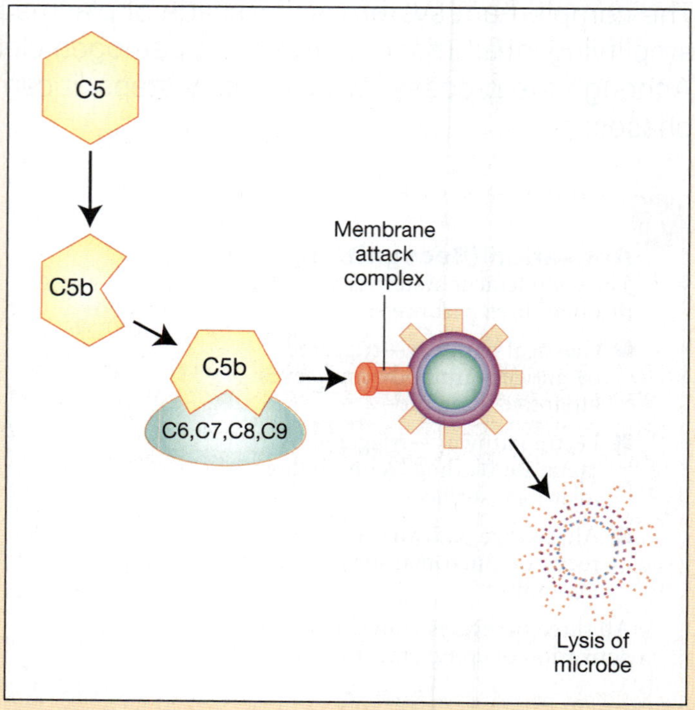

central complement protein C3, which is essential for amplification of the response (Bardhan & Kaushik, 2023).

The classical pathway is initiated by antigen–antibody complexes. When antibodies bind to an antigen, a reactive site on the antibody becomes exposed, allowing it to bind to the first complement protein, C1. This interaction triggers a cascade of enzymatic reactions that activate successive complement proteins, resulting in the amplification of the immune response.

The lectin and alternative pathways are activated independently of antibodies. The lectin pathway is triggered when MBL binds to carbohydrate structures on microbial surfaces. The alternative pathway is activated through spontaneous low-level hydrolysis of C3 or by direct interaction of complement proteins with microbial or damaged cell surfaces. Both pathways initiate enzymatic cascades similar to the classical pathway, leading to the amplification of the immune response (Bardhan & Kaushik, 2023).

Activation of C3 represents a critical step in the complement cascade. Cleavage of C3 produces two fragments: C3a and C3b. C3b acts as an opsonin by binding to pathogens and damaged cells, enhancing their recognition and phagocytosis by leukocytes. C3a contributes to inflammation by promoting the recruitment of immune cells to the site of infection or injury (Bardhan & Kaushik, 2023).

Further activation leads to the cleavage of C5 into C5a and C5b. C5a is a potent inflammatory mediator that enhances chemotaxis, increases vascular permeability, and promotes the activation of leukocytes. Together with C3a and C4a, it also stimulates mast cells and basophils to release inflammatory mediators such as histamine, further amplifying the inflammatory response. C5b initiates the formation of the MAC, which consists of complement proteins C5b through C9. This complex forms a pore in the microbial cell membrane, allowing the influx of ions and water, ultimately leading to cell lysis (Bardhan & Kaushik, 2023).

The multiple and complementary functions of the complement system make it a central mediator of inflammation, an essential component of innate immunity, and a critical link to adaptive immune responses. Pathophysiologic consequences of complement dysfunction include increased susceptibility to infection, as well as inflammatory and autoimmune disorders resulting from impaired regulation or clearance of complement activation (Bardhan & Kaushik, 2023).

SUMMARY CONCEPTS

The innate immune response is a complex and highly coordinated defense mechanism that responds rapidly and nonspecifically to both pathogen invasion and tissue injury. It comprises the epithelial cells of the skin and mucous membranes; phagocytic cells such as neutrophils, macrophages, and NK cells; and a series of plasma proteins, including cytokines, chemokines, and complement system proteins. These defenses are present before exposure to infection or injury and function independently of the adaptive humoral response. Epithelial cells serve as the body's first physical and chemical barrier, blocking the entry of both infectious agents and harmful environmental insults. They also secrete antimicrobial enzymes, proteins, and peptides that help prevent microbial invasion and contribute to tissue homeostasis after injury.

The phagocytes of the innate immune system engulf and digest both infectious agents and damaged host cells. They rely on PRRs, which are present on their membranes, to detect and bind broad molecular patterns. These include PAMPs found on microbes, as well as DAMPs released by injured or dying cells. Among PRRs, TLRs are the most extensively studied and are expressed on many innate immune cells. TLRs recognize a wide range of molecular structures commonly found on microbial cells but not on healthy mammalian cells, enabling rapid immune activation against infection. Additionally, some TLRs detect host-derived danger signals, allowing the immune system to respond to tissue injury and promote repair.

Development of a healthy innate immune response is dependent not only on the coordinated activity of the leukocytes but also on the secretion of chemical mediators and soluble molecules, such as opsonins, cytokines, acute-phase proteins, and complement proteins. Opsonins bind to and tag microorganisms and damaged cells, marking them for more efficient recognition and clearance by phagocytes. Activated leukocytes release cytokines that stimulate the migration of immune cells to sites of infection or tissue damage, trigger the production of acute-phase proteins, and enhance phagocytosis to promote immune defense and tissue repair.

The complement system is a key effector mechanism of both innate and adaptive immune responses. It consists of a group of plasma proteins that can be activated through three distinct but converging pathways: the classical, lectin, and alternative pathways. While the complement system is best known for its role in defending against microbial infections, it also plays a crucial role in responding to tissue injury by facilitating inflammation, immune cell recruitment, and the clearance of damaged cells and debris. Through its activation, the complement system enhances inflammation, promotes phagocytosis, and contributes to the destruction of pathogens and the resolution of sterile injury.

The Inflammatory Response

As innate immune activation progresses, mechanisms such as soluble mediators and the complement system amplify the response, ultimately leading to **inflammation**—the body's primary coordinated reaction to injury, infection, and cellular damage. Acute inflammation is a rapid, localized response driven by vascular and cellular changes that mobilize immune defenses to the affected area. This process is essential for containing threats, recruiting immune cells, and initiating tissue repair, linking innate immune activation with both healing and the development of adaptive immune responses.

Inflammation is not a singular event but a dynamic and highly regulated process that unfolds through coordinated vascular and cellular responses. Activation of endothelial cells, circulating leukocytes, platelets, and tissue-resident cells leads to changes in blood flow, increased vascular permeability, and recruitment of immune cells to affected tissues. These processes are directed by inflammatory mediators, including cytokines, prostaglandins, histamine, and complement fragments, which regulate the intensity and duration of the response.

In addition to eliminating pathogens and clearing damaged cells, inflammation prepares injured tissue for repair (i.e., scar formation). This process of connective tissue repair is discussed in Chapter 11; however, it is important to recognize that connective tissue repair with scar tissue formation is not restricted to only the skin. Inflammation and connective tissue repair may occur in any part of the body in which the cells have been injured or destroyed; therefore, fibrous scarring can be present in many critical body organs that have experienced injury (such as the heart, lungs, and digestive system). Although scar tissue helps maintain structural integrity, it does not fully restore the functional properties of the original tissue and may contribute to organ dysfunction when extensive.

While acute inflammation is a vital defense mechanism, its regulation is critical. Insufficient inflammation can impair pathogen clearance and healing, whereas excessive or prolonged inflammation can lead to chronic inflammatory conditions and tissue damage.

Cells of Inflammation

Acute inflammation involves coordinated interactions among multiple cell types, including leukocytes, endothelial

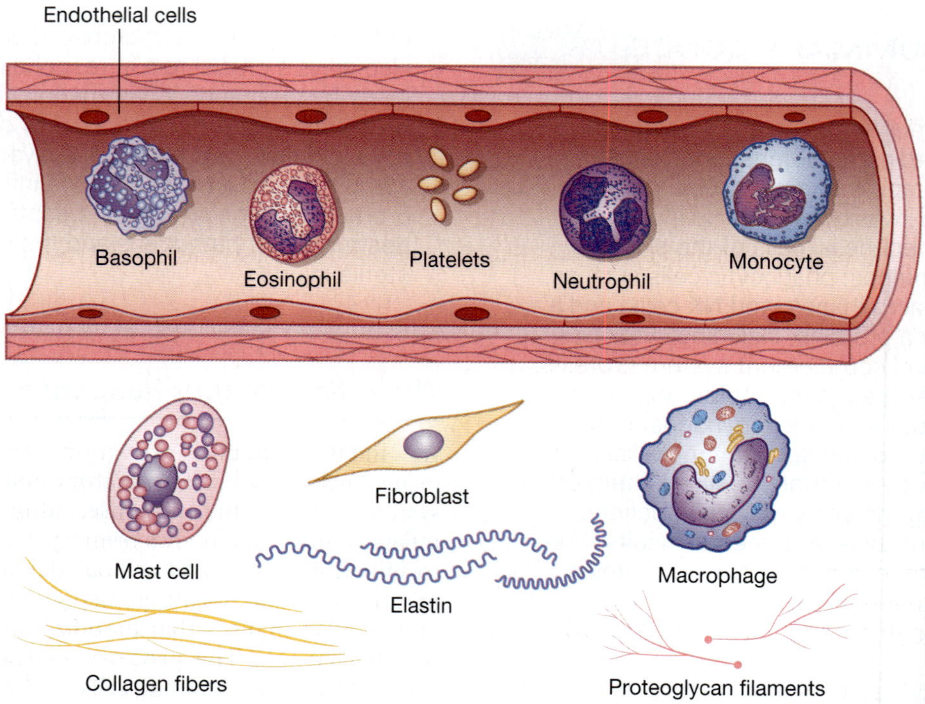

FIGURE 9-6. Cells of acute inflammation.

cells, platelets, and tissue-resident cells (Fig. 9-6). Neutrophils and macrophages are central to pathogen clearance and the removal of damaged tissue, while endothelial cells regulate vascular permeability and leukocyte migration. Platelets contribute to the release of inflammatory mediators that amplify the response. Additional cells, including eosinophils, basophils, and mast cells, participate in inflammatory signaling, particularly in allergic and hypersensitivity responses, which are discussed later in this chapter. Structural and tissue-supporting elements, such as fibroblasts and components of the ECM (including collagen, elastin, and proteoglycans), also contribute to the inflammatory environment and play key roles in tissue repair and remodeling. Together, these cellular and structural components integrate the vascular and immune processes that characterize inflammation.

Inflammatory Mediators

Although inflammation is triggered by infection or tissue injury, its characteristic signs and symptoms are produced by chemical mediators. These mediators regulate the vascular and cellular events of inflammation, coordinating changes in blood flow, vascular permeability, leukocyte recruitment, and tissue repair. Mediators originate either from plasma or from cells (Fig. 9-7).

Plasma-derived mediators, synthesized primarily in the liver, include proteins of the complement, coagulation, and kinin systems. These circulate in inactive forms and require activation through proteolytic cascades. In contrast, cell-derived mediators are either stored in intracellular granules and released rapidly (e.g., histamine from mast cells) or synthesized in response to a stimulus (e.g., cytokines). Although platelets, neutrophils, monocytes/macrophages, and mast cells are the primary sources, many other cells, including endothelial cells, smooth muscle cells, fibroblasts, and epithelial cells, can also produce inflammatory mediators when stimulated (Stone et al., 2024).

Mediator production is triggered by microbial products or host-derived signals, such as activated complement, kinin, or coagulation proteins. Once released, mediators may act locally or systemically and can have diverse or cell-specific effects. Most mediators are short-lived and are rapidly inactivated, ensuring that the inflammatory response remains controlled and self-limited.

Inflammatory mediators can be broadly classified by function:

1. Vasoactive and smooth muscle–modulating agents (e.g., histamine, prostaglandins, leukotrienes (LT), platelet-activating factor [PAF])
2. Plasma proteases (complement, clotting, and kinin systems)
3. Chemotactic factors (e.g., complement fragments and chemokines)
4. Reactive molecules and cytokines released from leukocytes that influence surrounding tissues and immune cells (Stone et al., 2024)

Histamine

Histamine is one of the earliest mediators released during acute inflammation because it is stored in preformed granules. It is widely distributed in connective tissues, particularly near blood vessels, and is also present in platelets, basophils, and mast cells. Histamine

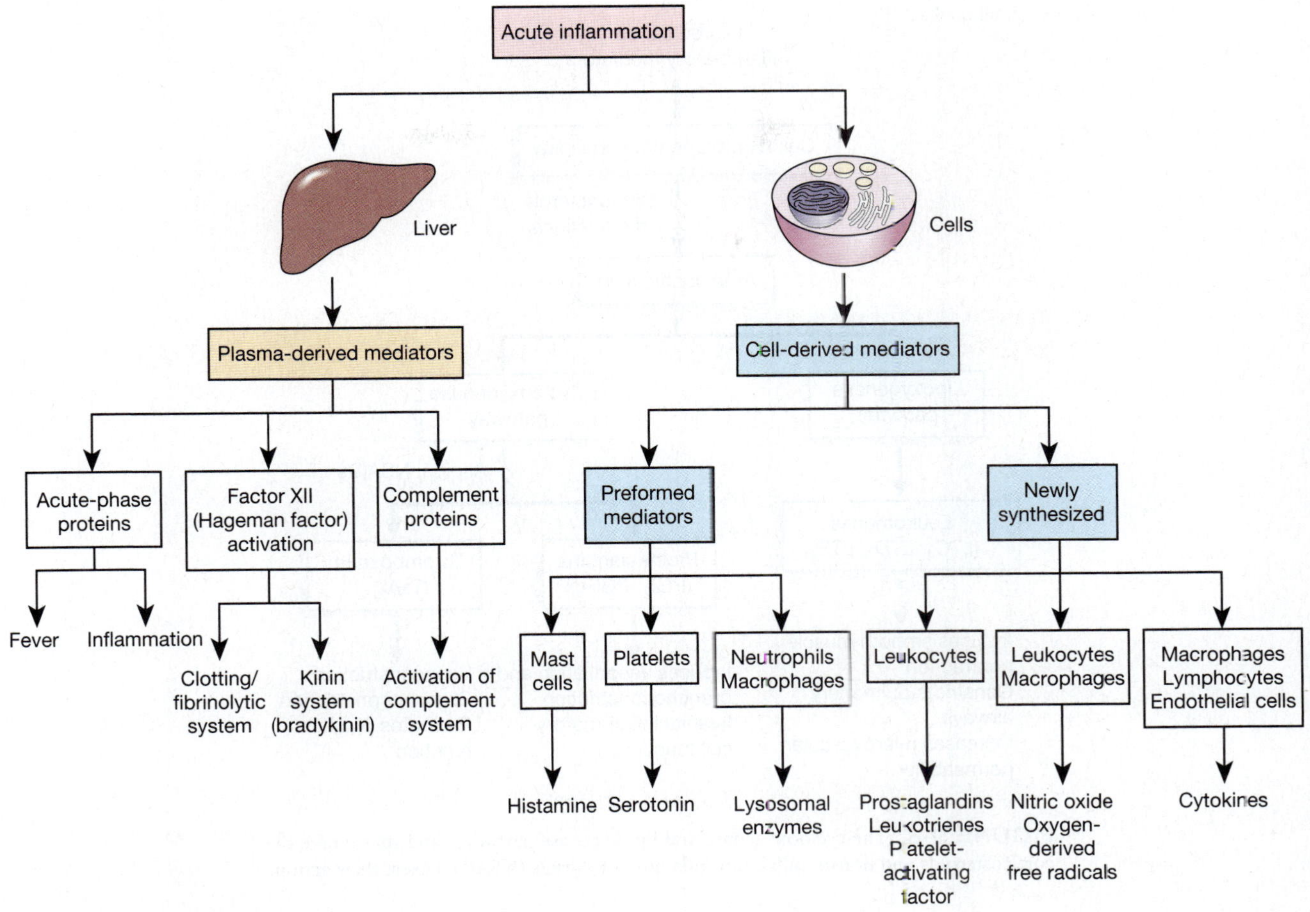

FIGURE 9-7. Plasma- and cell-derived mediators of acute inflammation.

release is triggered by trauma, immune reactions (including IgE-mediated responses), and other inflammatory stimuli.

Histamine causes vasodilation and increases vascular permeability by acting on H1 receptors on endothelial cells. It is the principal mediator of the immediate, transient phase of increased vascular permeability in acute inflammation. Antihistamine drugs (H1 receptor antagonists) reduce many of these early inflammatory effects.

Arachidonic Acid Metabolites

Arachidonic acid, a fatty acid present in cell membrane phospholipids, is released in response to inflammatory stimuli and serves as the precursor for a group of mediators known as eicosanoids. These include prostaglandins, thromboxanes, and LT.

Eicosanoids are produced through two main pathways: the cyclooxygenase (COX) pathway, which generates prostaglandins and thromboxanes, and the lipoxygenase pathway, which produces LT (Fig. 9-8) (Zhang et al., 2023).

Prostaglandins contribute to vasodilation, increased vascular permeability, and pain, while thromboxane A_2 promotes platelet aggregation and vasoconstriction. Nonsteroidal anti-inflammatory drugs (NSAIDs), such as aspirin, reduce inflammation by inhibiting the COX pathway.

Leukotrienes are potent inflammatory mediators that increase vascular permeability, promote leukocyte adhesion and migration, and contribute to bronchoconstriction. LTC_4, LTD_4, and LTE_4 are particularly important in asthma and anaphylaxis due to their sustained bronchoconstrictive effects.

Dietary factors can influence inflammatory mediator production. Increased intake of omega-3 fatty acids (e.g., from fish oil) is associated with reduced production of arachidonic acid–derived inflammatory mediators and decreased expression of pro-inflammatory cytokines and adhesion molecules (Zhang et al., 2023).

Platelet-Activating Factor

PAF, which is generated from a complex lipid stored in cell membranes, affects a variety of cell types and induces platelet aggregation. It activates neutrophils and is a potent eosinophil chemoattractant. When injected into the skin, PAF causes a wheal-and-flare reaction and the leukocyte infiltrate characteristic of immediate hypersensitivity reactions. When inhaled, PAF causes bronchospasm, eosinophil infiltration, and nonspecific bronchial hyperreactivity.

Plasma Protein Systems

Several interrelated **plasma protein** systems contribute to inflammation, including the complement, clotting, and kinin systems.

The complement system enhances inflammation through chemotaxis, opsonization, and cell lysis, as

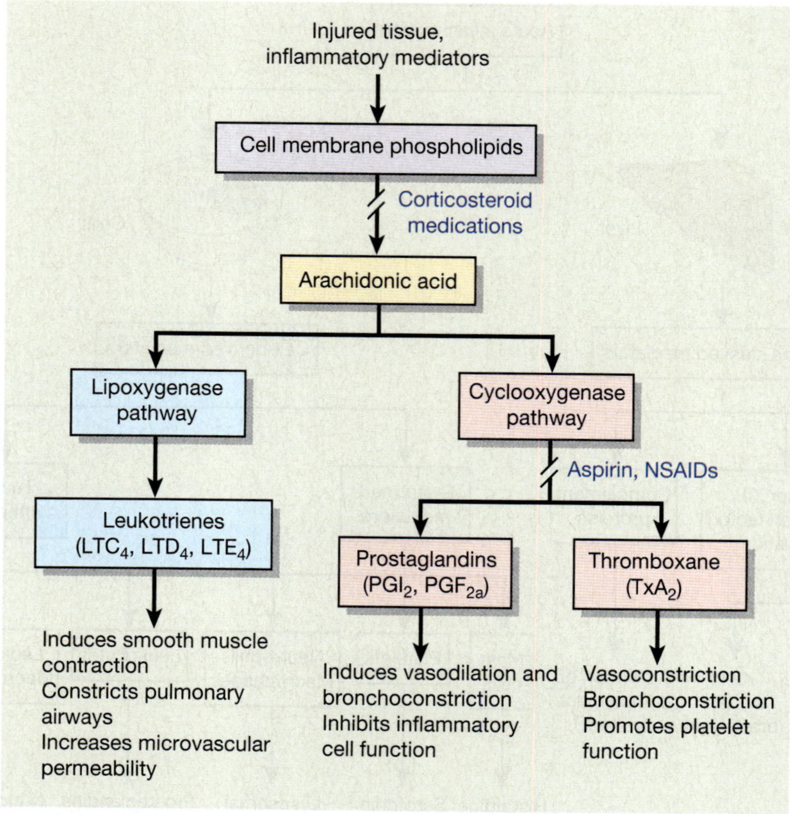

FIGURE 9-8. The cyclooxygenase and lipoxygenase pathways and sites where the corticosteroids and nonsteroidal anti-inflammatory drugs (NSAIDs) exert their action.

discussed earlier. The clotting system contributes to inflammation through fibrin formation and activation of proteases such as **thrombin**, which promotes leukocyte recruitment and endothelial activation (di Flora et al., 2023).

The kinin system generates vasoactive peptides, particularly **bradykinin**, which increases vascular permeability, causes vasodilation, induces smooth muscle contraction, and contributes to pain. Bradykinin is rapidly inactivated, limiting its duration of action (di Flora et al., 2023).

Nitric Oxide– and Oxygen-Derived Free Radicals

NO- and oxygen-derived free radicals play an important role in the inflammatory response. NO plays multiple roles in inflammation, including smooth muscle relaxation and antagonism of platelet adhesion, aggregation, and degranulation, and it serves as a leukocyte recruiter (Chandimali et al., 2025). NO and its derivatives also have antimicrobial actions; thus, NO is also a host mediator against infection.

Reactive oxygen species—including superoxide, hydrogen peroxide, and hydroxyl radicals—are produced by activated leukocytes during phagocytosis. These molecules contribute to microbial killing but can also cause tissue injury if produced in excess. Interactions between ROS and reactive nitrogen species can further amplify inflammation and tissue damage (Chandimali et al., 2025).

Acute Inflammation

Acute inflammation is the early host response of local tissues and their blood vessels to injury and is essential for the restoration of tissue homeostasis. It typically develops within minutes to hours and occurs before adaptive immune responses are fully established. The primary goals of acute inflammation are to eliminate the initiating cause of injury, remove damaged tissue, and initiate repair.

Acute inflammation can be triggered by infections, immune reactions, trauma, physical or chemical agents (such as burns or toxins), and tissue necrosis. Although the response involves many interacting components, its key processes—including vascular changes, leukocyte recruitment, and phagocytosis—are summarized in the accompanying "Understanding Acute Inflammation" section.

Vascular Stage

The vascular stage of inflammation involves changes in the microcirculation, including vasodilation, increased blood flow, and increased vascular permeability. These changes begin shortly after injury and affect arterioles, capillaries, and venules (Hannoodee & Nasuruddin, 2024).

Vasodilation, which is one of the earliest manifestations of inflammation, follows a temporary constriction of the arterioles, lasting a few seconds. Vasodilation first involves the arterioles and then results in the opening of capillary beds in the area. As a result, the area becomes

UNDERSTANDING ➔ Acute Inflammation

1

Vascular Phase. The vascular phase is characterized by changes in small blood vessels at the site of injury. It begins with brief vasoconstriction followed by vasodilation, increasing blood flow, and producing heat and redness. Increased vascular permeability allows protein-rich fluid (exudate) to enter tissues, resulting in swelling, pain, and impaired function (Hannoodee & Nasuruddin, 2024).

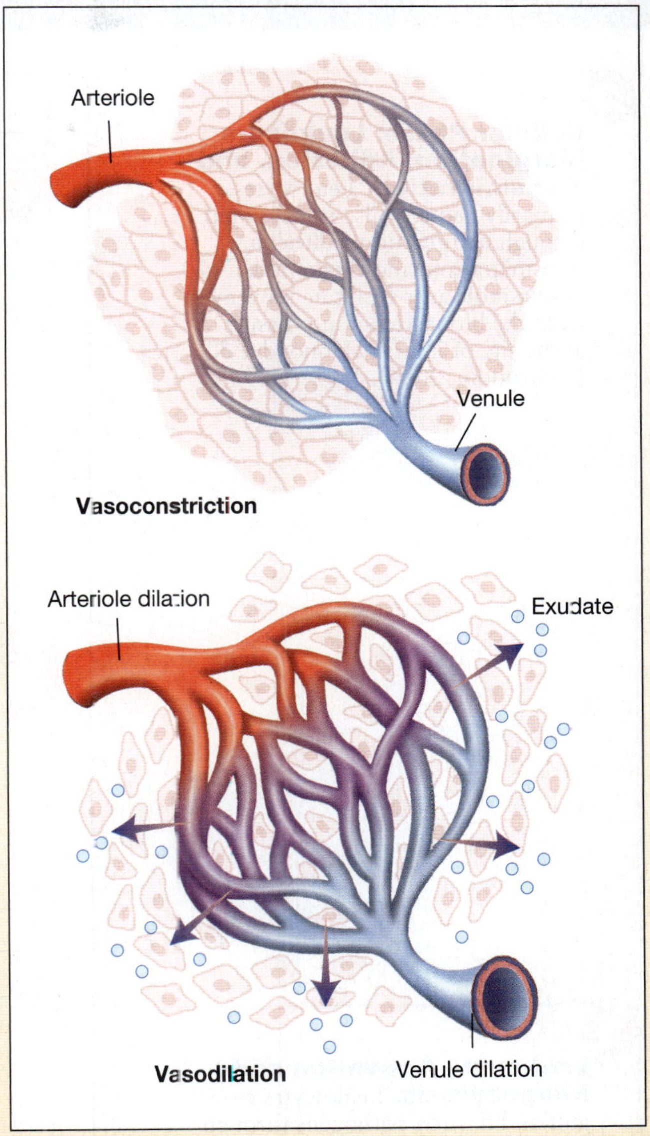

UNDERSTANDING ➔ Acute Inflammation (*continued*)

2

Cellular Phase: Leukocyte Margination, Adhesion, and Transmigration. Leukocytes, primarily neutrophils, are recruited through margination, adhesion, transmigration, and chemotaxis. Adhesion molecules facilitate movement from the bloodstream into tissues at the site of injury (Hannoodee & Nasuruddin, 2024).

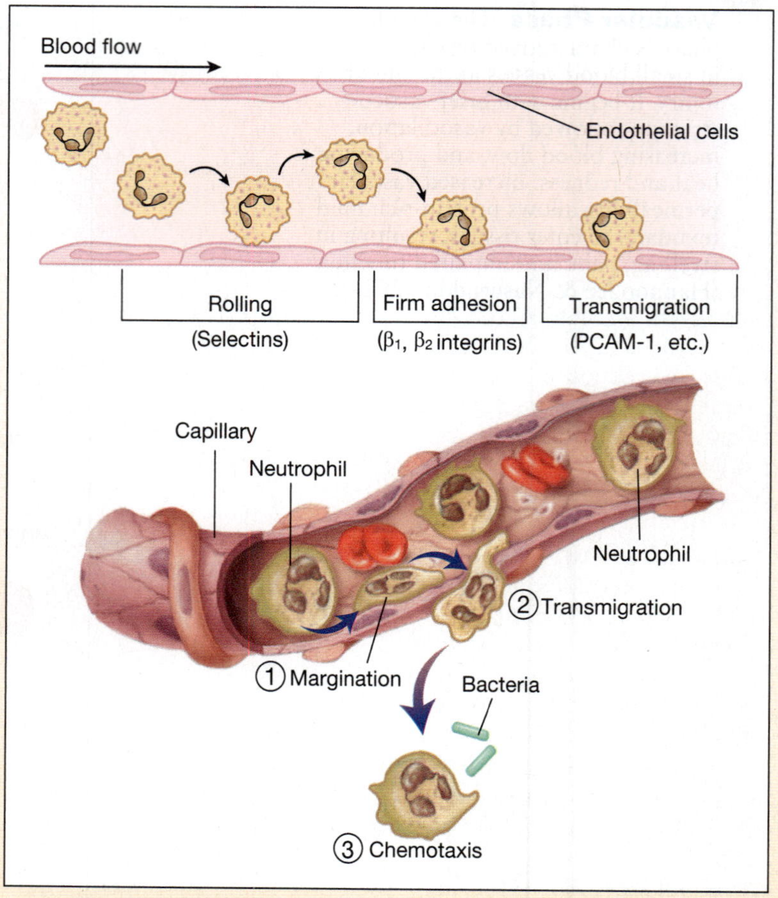

3

Leukocyte Activation and Phagocytosis. Leukocytes engulf and destroy pathogens through phagocytosis. Opsonization enhances recognition, and intracellular killing occurs through enzymatic degradation and reactive oxygen and nitrogen species (Hannoodee & Nasuruddin, 2024).

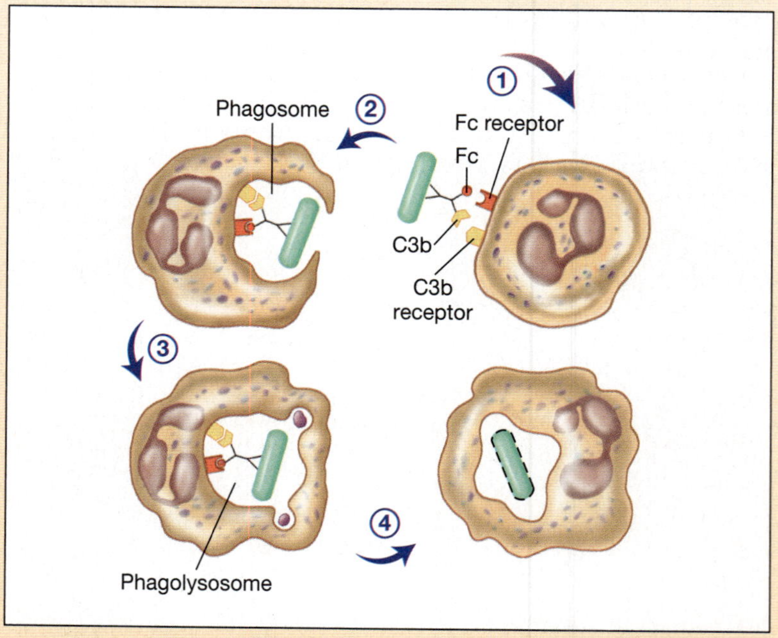

congested, causing the redness (erythema) and warmth associated with acute inflammation. Vasodilation is induced by the action of several mediators, such as histamine and NO. These events allow for clear passage and swift travel for cells responding to an initial microbial invasion or injury.

Increased vascular permeability allows protein-rich fluid (**exudate**) to move into the interstitial space, resulting in tissue swelling (edema), pain, and impaired function. Loss of fluid from the vascular space increases blood viscosity and slows blood flow, helping to contain infection. The exudation of fluid into the tissue spaces also serves to dilute the offending agent (Hannoodee & Nasuruddin, 2024).

The increased permeability occurring with acute inflammation results from the formation of endothelial gaps in the venules of the microcirculation. The binding of the chemical mediators to endothelial receptors causes contraction of endothelial cells and separation of intercellular junctions. This is the most common mechanism of vascular leakage and is elicited by histamine, bradykinin, LT, and many other classes of chemical mediators (Hannoodee & Nasuruddin, 2024).

Vascular Response Patterns

Depending on the severity of injury, the vascular changes that occur with inflammation follow one of three patterns of response. With minor injuries, an **immediate transient response** occurs, developing rapidly after injury, and is usually reversed after a short duration (15 to 30 minutes) (Higashi, 2022). The second pattern is an **immediate sustained response**, which occurs with more serious types of injury and continues for several days. It affects arterioles, capillaries, and venules and is generally due to direct damage to the endothelium. Neutrophils that adhere to the endothelium may also injure endothelial cells.

The third pattern is a **delayed hemodynamic response**, in which increased permeability occurs in the venules and capillaries. A delayed response often accompanies injuries caused by radiation, such as sunburn. The mechanism of the leakage is unknown, but it may result from the direct effect of the injurious agent, leading to delayed endothelial cell damage (Higashi, 2022).

Cellular Stage

The cellular stage of acute inflammation involves the recruitment, activation, and function of leukocytes at the site of injury or infection. These processes are coordinated by interactions between leukocytes, endothelial cells, and inflammatory mediators. Although much of the response involves leukocyte recruitment from the bloodstream, an immediate response also depends on mediators released from tissue-resident cells, such as mast cells and macrophages, which are already present at the site of injury. The sequence of events in the cellular response to inflammation includes the leukocyte:

1. Margination and adhesion to the endothelium
2. Transmigration across the endothelium
3. Chemotaxis
4. Activation and phagocytosis

Margination, Adhesion, and Transmigration

During early inflammation, leukocytes accumulate along the endothelial surface in a process called **margination**. Interactions between leukocytes and endothelial cells promote firm adhesion and slow leukocyte movement within the vessel. Inflammatory cytokines stimulate endothelial cells to express adhesion molecules, including selectins and integrin ligands. Selectins mediate the initial rolling of leukocytes along the vessel wall, while integrins and members of the Ig superfamily facilitate firm adhesion (Cappenberg et al., 2022).

Following adhesion, leukocytes migrate between endothelial cells and pass through the vessel wall in a process known as **transmigration** (diapedesis). During this process, leukocytes extend pseudopods and move into the surrounding tissue, guided by chemotactic signals (Di Virgilio & Giuliani, 2023).

Chemotaxis

Chemotaxis is the directed movement of leukocytes toward the site of injury or infection along a gradient of chemical signals. These chemoattractants include chemokines, microbial products, cellular debris, and complement fragments such as C3a and C5a. Both immune cells (e.g., macrophages) and nonimmune cells produce these signals, ensuring efficient recruitment of leukocytes to areas where they are needed (Di Virgilio & Giuliani, 2023).

Leukocyte Activation and Phagocytosis

Once at the site of injury, leukocytes are activated to eliminate pathogens and clear damaged tissue. This process involves three key steps: (1) recognition and adherence, (2) engulfment, and (3) intracellular killing.

Recognition is mediated by PRRs that detect PAMPs and DAMPs. Opsonization further enhances recognition by coating pathogens with molecules such as complement proteins, allowing them to bind more efficiently to phagocyte receptors (Carroll et al., 2024).

Engulfment occurs through the extension of pseudopods that surround the particle and enclose it within a membrane-bound vesicle called a **phagosome**. The phagosome then fuses with a lysosome to form a phagolysosome, where the ingested material is exposed to degradative enzymes and antimicrobial substances (Di Virgilio & Giuliani, 2023).

Intracellular killing is achieved through both oxygen-dependent and oxygen-independent mechanisms. Oxygen-dependent pathways generate reactive oxygen and nitrogen species that are highly toxic to microbes, while oxygen-independent pathways involve antimicrobial peptides, enzymes, and proteins such as defensins. Although these mechanisms are essential for host defense, excessive production can contribute to tissue injury.

Defects in leukocyte adhesion, migration, or intracellular killing can impair host defense and lead to recurrent infections, highlighting the importance of proper leukocyte function in maintaining immune homeostasis.

Local Manifestations of Acute Inflammation

The local manifestations of inflammation, known as the cardinal signs, include rubor (redness), tumor (swelling), calor (heat), dolor (pain), and functio laesa (loss of function). These signs result from vascular changes and leukocyte activity at the site of injury or infection.

Although all acute inflammatory reactions involve vascular changes and immune cell infiltration, their manifestations vary based on severity, cause, and location. Swelling and exudate formation are common outcomes, with different exudate types reflecting the underlying inflammatory process:

- **Serous exudates** are watery and protein-poor, resulting from plasma leakage.
- **Hemorrhagic exudates** occur when blood vessels are damaged, allowing red blood cells (RBCs) to escape.
- **Fibrinous exudates** contain fibrin, forming a thick, sticky meshwork.
- **Membranous** or **pseudomembranous exudates** develop on mucosal surfaces and consist of necrotic cells within a fibrinopurulent matrix.
- **Purulent (suppurative) exudates** contain pus—degraded WBCs, proteins, and tissue debris. Some bacteria, like *Staphylococcus*, are more likely to cause this type of inflammation.

A localized purulent inflammation can form an **abscess**, surrounded by neutrophils and sometimes walled off by fibroblasts. Because antimicrobials may not penetrate an abscess wall, surgical drainage is often required (Fig. 9-9). In some cases, inflammation leads to ulceration, where an epithelial surface (e.g., skin or gastrointestinal lining) becomes necrotic and eroded, often due to trauma or vascular compromise (e.g., diabetic foot ulcers, peptic ulcers).

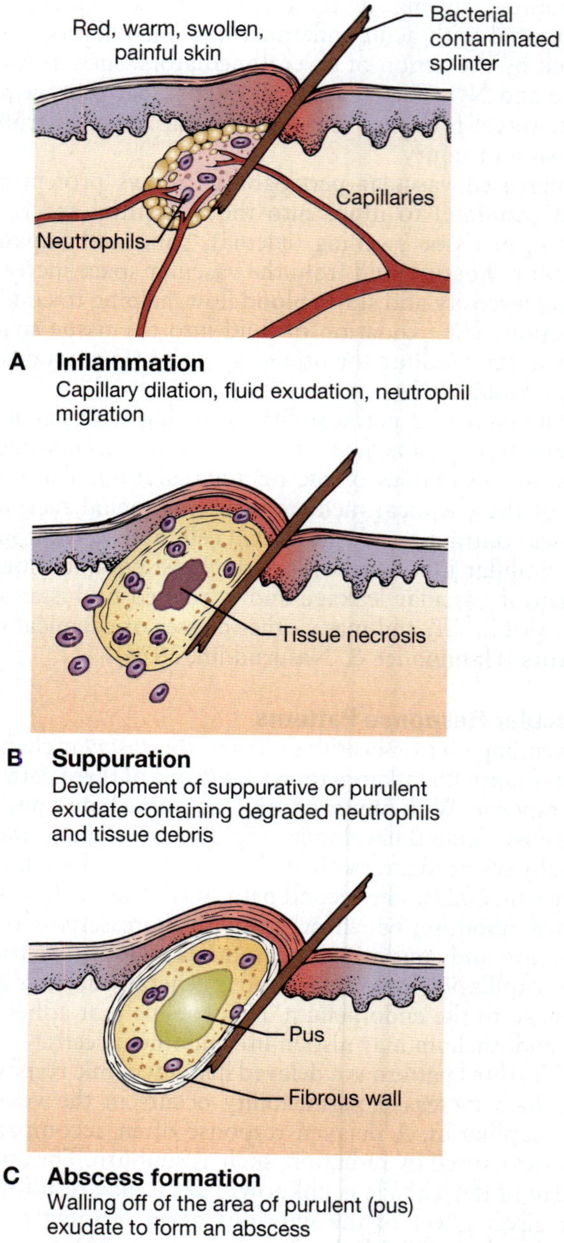

FIGURE 9-9. Abscess formation. **A.** Bacterial invasion and development of inflammation. **B.** Continued bacterial growth, neutrophil migration, liquefactive tissue necrosis, and development of a purulent exudate. **C.** Walling off the inflamed area and its purulent exudate to form an abscess.

Systemic Manifestations of Inflammation

Under optimal conditions, the inflammatory response remains localized. However, inflammatory mediators such as cytokines can enter circulation, leading to systemic effects, the most prominent of which include the acute-phase response, alterations in WBC count, and fever. Additionally, localized inflammation may extend to the lymphatic system, causing lymphadenitis in draining lymph nodes.

Acute-Phase Response

The acute-phase response begins within hours to days of inflammation or infection, orchestrated by cytokines such as IL-1, IL-6, and TNF-α. These mediators affect multiple body systems, including the hypothalamus, where they induce fever to enhance immune activity. They also contribute to metabolic shifts such as skeletal muscle catabolism, which provides amino acids for immune cell production and tissue repair (Gulhar et al., 2023). Other systemic symptoms, including fatigue, malaise, and loss of appetite, are linked to cytokine effects on the central nervous system (CNS). In severe bacterial infections, such as sepsis, excessive cytokine release leads to systemic inflammatory response syndrome (SIRS), characterized by widespread vasodilation, increased vascular permeability, and circulatory shock (Gulhar et al., 2023).

Acute-Phase Proteins

The liver increases the production of acute-phase proteins in response to inflammatory cytokines. CRP, serum amyloid A (SAA), and fibrinogen are among the most important. CRP binds to microbial surfaces, promoting complement activation and enhancing phagocytosis. Its levels rise during acute inflammation, making it a valuable biomarker for inflammatory conditions, including myocardial infarction and autoimmune diseases. SAA is involved in lipid metabolism during inflammation, transferring high-density lipoprotein (HDL) from the liver to macrophages for energy use. Fibrinogen promotes clot formation and increases RBC aggregation, which leads to an elevated erythrocyte sedimentation rate (ESR), a common marker of systemic inflammation (Gulhar et al., 2023).

White Blood Cell Response

Leukocytosis, or an increased WBC count, is a hallmark of systemic inflammation. The normal WBC count of 4,000 to 10,000 cells/mcL may rise to 15,000 to 20,000 cells/mcL during acute inflammation. The pattern of leukocytosis varies by cause: bacterial infections trigger neutrophilia, parasitic infections and allergic reactions induce eosinophilia, and viral infections often cause lymphocytosis while reducing neutrophils (**neutropenia**). In overwhelming infections or immune suppression, **leukopenia** may occur, impairing immune defense. When the demand for neutrophils is high, the bone marrow releases immature forms (bands), a phenomenon known as a "left shift," signaling an ongoing immune response (Foy et al., 2022).

Lymphadenitis

Inflammation often extends to the lymphatic system, causing **lymphadenitis**, or swelling of the draining lymph nodes. This reaction results from immune cell activation and increased lymphocyte proliferation in response to antigen exposure. Painful, swollen lymph nodes are typically associated with acute infections, while painless lymphadenopathy may suggest neoplastic involvement. The enlargement of lymph nodes serves as an indicator of the immune system's active engagement in pathogen clearance or inflammatory regulation.

SUMMARY CONCEPTS

Inflammation describes a local response to tissue injury and can present as an acute or chronic condition. The classic signs of an acute inflammatory response are redness, swelling, local heat, pain, and loss of function. Acute inflammation is orchestrated by the endothelial cells that line blood vessels, phagocytic leukocytes (mainly neutrophils and monocytes) that circulate in the blood, and tissue cells (macrophages, mast cells) that direct the tissue responses. Acute inflammation involves a hemodynamic phase during which blood flow and capillary permeability are increased and a cellular phase during which phagocytic WBCs move into the area to engulf and degrade the inciting agent. The inflammatory response is orchestrated by chemical mediators such as cytokines and chemokines, histamine, prostaglandins, PAF, complement fragments, and reactive molecules liberated by leukocytes. Acute inflammation may involve the production of exudates containing serous fluid (serous exudate), RBCs (hemorrhagic exudate), fibrinogen (fibrinous exudate), or tissue debris and WBC breakdown products (purulent exudate).

The systemic manifestations of inflammation include the systemic effects of the acute-phase response, such as fever and lethargy; increased ESR and levels of high-sensitivity CRP (hsCRP) and other acute-phase proteins; leukocytosis or, in some cases, leukopenia; and enlargement of the lymph nodes that drain the affected area.

Adaptive Immunity

Adaptive immunity generates highly specific responses to foreign substances (antigens) and provides long-term protection through immunologic memory. In contrast to innate immunity, which responds rapidly and broadly, adaptive immune responses are tailored to each antigen and become more efficient with repeated exposure. Although the initial response to a new antigen takes time to develop, subsequent exposures trigger a faster and more robust response due to the presence of memory lymphocytes.

The adaptive immune response is initiated when antigens are captured, processed, and presented to lymphocytes by APCs, including DCs, macrophages, and B cells. This interaction serves as a critical link between innate and adaptive immunity. Activation of T lymphocytes is central to this process. Helper T cells ($CD4^+$) coordinate immune responses by secreting cytokines that direct both humoral and cellular immunity, while cytotoxic T cells ($CD8^+$) directly eliminate infected or abnormal cells.

In parallel, B lymphocytes mediate humoral immunity by differentiating into plasma cells that produce antibodies. These antibodies neutralize extracellular pathogens, enhance phagocytosis, and contribute to immune regulation. Through these coordinated mechanisms, adaptive immunity provides precise and effective defense against a wide range of pathogens.

Adaptive immune responses follow a coordinated sequence of events, from antigen recognition to resolution and memory formation (Chart 9-2).

Mediators of Adaptive Immunity

Cells and molecules involved in adaptive immunity include antigens, APCs, lymphocytes (B and T cells), and major histocompatibility complex (MHC) molecules. These components work together to generate highly specific, memory-driven immune responses. APCs—particularly DCs, macrophages, and B cells—serve as a critical link between innate and adaptive immunity by capturing and presenting antigens to lymphocytes. Upon activation, B and T lymphocytes mediate humoral and

CHART 9-2

STEPS OF ADAPTIVE IMMUNITY

1. Antigen recognition: Antigen-presenting cells (APCs) capture, process, and present antigens to naïve T cells.
2. T-cell activation: Naive $CD4^+$ helper T cells and $CD8^+$ cytotoxic T cells are activated in lymphoid organs after recognizing antigen-MHC complexes.
3. Helper T-cell signaling: $CD4^+$ helper T cells release cytokines that amplify immune responses and direct both humoral and cellular pathways.
4. B-cell activation and antibody production: B cells, with helper T-cell support, differentiate into plasma cells that produce antibodies.
5. Cytotoxic T-cell response: $CD8^+$ cytotoxic T cells eliminate infected, cancerous, or abnormal cells.
6. Resolution of the immune response: The immune system eliminates the antigen and downregulates the response to limit tissue damage.
7. Memory formation: Memory B and T cells persist, enabling a faster and more effective response upon subsequent exposure to the same antigen.

cellular immune responses, respectively, while memory cells provide long-term protection. In addition to their defensive roles, adaptive immune cells also contribute to inflammation through cytokine production, cytotoxic activity, and antibody-mediated mechanisms.

Antigens

Antigens, also referred to as **immunogens**, are substances capable of being recognized by the adaptive immune system and of eliciting an immune response. They may originate from microorganisms, such as bacteria, viruses, fungi, protozoa, and parasites, as well as from nonmicrobial sources, including plant pollens, insect venom, drugs, and transplanted tissues or organs. Although antigens are often described as foreign substances, they may also include altered host molecules, such as those present on damaged or malignant cells.

Most antigens are large macromolecules, including proteins, polysaccharides, lipids, and nucleic acids. They are recognized by specific receptors on the surface of B and T lymphocytes and by the **antibodies** (**immunoglobulins [Igs]**) produced in response to antigen exposure. This specificity allows the adaptive immune system to distinguish among a vast number of different antigens and to generate targeted responses.

Antigens contain distinct regions known as **antigenic determinants**, or **epitopes**, which are the specific sites recognized and bound by lymphocyte receptors or antibodies. A single antigen may possess multiple epitopes, allowing it to stimulate several different B- and T-lymphocyte populations simultaneously. This diversity contributes to the strength and adaptability of the immune response.

Haptens are small molecules that contain antigenic determinants but cannot induce an immune response on their own. When haptens bind to larger carrier proteins, they form complexes that become immunogenic and can trigger an immune response. Many clinically important allergic reactions involve hapten formation. For example, urushiol, the toxin found in poison ivy, and certain medications such as penicillin can act as haptens, leading to hypersensitivity reactions in susceptible individuals.

In addition to initiating adaptive immune responses, antigens also contribute to inflammation. Antigen–antibody interactions can activate complement, enhance phagocytosis, and promote the recruitment of immune cells, linking adaptive immunity to the broader inflammatory response.

Antigen-Presenting Cells

During the adaptive immune response, T lymphocytes must recognize a foreign substance (antigen) to become activated. However, they cannot do this alone—they require assistance from **antigen-presenting cells (APCs)**, which help signal when an immune response is needed. APCs previously discussed include DCs, monocytes, and macrophages. B cells, and under certain conditions, endothelial cells can also perform this function. APCs play a crucial role in immune regulation and have been linked to autoimmune diseases and atherosclerosis, where overactive T cells contribute to plaque buildup in blood vessels (Smith et al., 2024). Studies suggest that reducing APC and T-cell activity can significantly lower plaque formation (Song et al., 2024).

Among APCs, DCs are the most effective at initiating T-cell responses. They have a large surface area that makes them highly efficient in detecting, processing, and presenting antigens. DCs are found in areas where foreign substances are likely to enter, such as the skin, lymph nodes, and mucosal surfaces. Some specialized DCs, such as Langerhans cells in the skin, help trigger immune responses to allergens, while DCs in the gastrointestinal tract have been linked to inflammatory conditions such as Crohn disease and ulcerative colitis (Jiménez-Cortegana et al., 2024).

Macrophages also play an important role as APCs. In addition to engulfing and digesting harmful substances, they present antigen fragments (epitopes) to T cells to trigger an immune response. Macrophages originate from monocytes, which circulate in the blood and migrate into tissues such as the lungs, liver, spleen, lymph nodes, and brain, where they differentiate and perform immune functions (Jiménez-Cortegana et al., 2024).

Lymphocytes

Lymphocytes are the principal cells of the adaptive immune system and account for approximately 20% to

40% of circulating WBCs. They originate from lymphoid stem cells in the bone marrow and differentiate into two primary functional types: B lymphocytes and T lymphocytes. B lymphocytes mediate humoral immunity through antibody production, whereas T lymphocytes are responsible for cell-mediated immunity, including the direct destruction of infected or abnormal cells and the regulation of immune responses (Althwaiqeb et al., 2024; Sauls et al., 2023).

A defining feature of lymphocytes is their ability to recognize specific antigens. This specificity is conferred by unique receptors on their surface, allowing the adaptive immune system to respond to a vast array of pathogens and to develop immunologic memory. The identification of these surface molecules has led to the classification system known as the cluster of differentiation (CD), in which specific proteins are designated by "CD" numbers. This system is widely used clinically to identify immune cell populations, monitor disease progression (e.g., CD4 counts in HIV infection), and guide targeted therapies (Tian et al., 2022).

Immature lymphocytes undergo maturation in primary lymphoid organs (bone marrow and thymus) before migrating to secondary lymphoid tissues, where they become fully functional and participate in immune responses (Fig. 9-10). T lymphocytes migrate to the thymus, where they undergo rapid proliferation and selection processes that generate extensive antigen specificity through receptor diversity and establish self-tolerance, ensuring that they do not attack the body's own tissues. Once mature, T cells enter the circulation and populate peripheral lymphoid tissues. In contrast, B lymphocytes mature primarily in the bone marrow and are responsible for humoral (antibody-mediated) immunity. High concentrations of mature lymphocytes are found in lymph nodes, the spleen, and mucosal-associated lymphoid tissues throughout the body (Althwaiqeb et al., 2024).

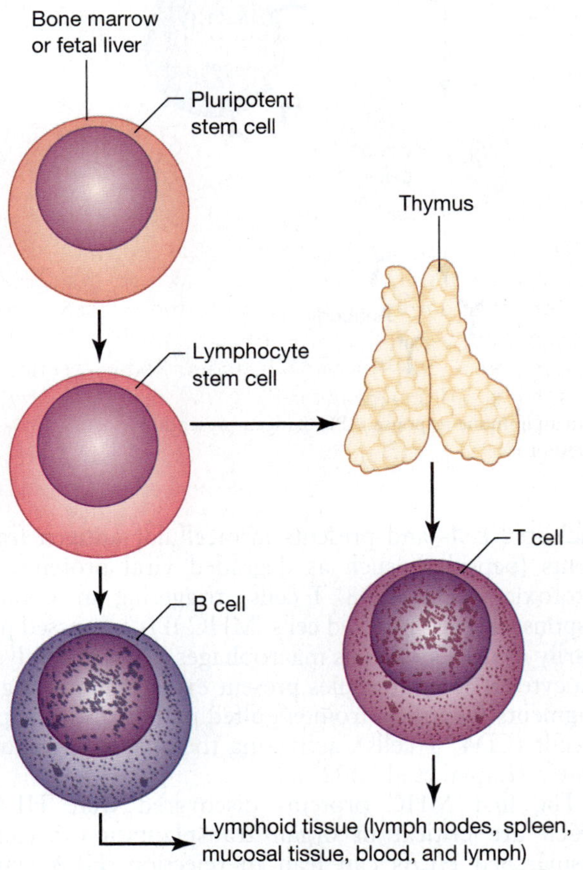

FIGURE 9-10. Pathway for T- and B-cell differentiation.

Functionally, lymphocytes can be categorized as regulatory or effector cells. **Regulatory cells** coordinate and control immune responses and include helper T cells and regulatory T cells (Tregs). Helper T lymphocytes ($CD4^+$) secrete cytokines that activate other immune cells, while Tregs suppress excessive immune responses and maintain self-tolerance. Memory B and T cells provide long-term immunity by enabling rapid and enhanced responses upon subsequent exposure to the same antigen.

Effector cells carry out the elimination of antigens and include cytotoxic T cells, plasma cells (activated B cells), and helper T cells. Cytotoxic T cells ($CD8^+$) directly destroy infected or abnormal cells, while plasma cells produce antibodies that neutralize pathogens or mark them for destruction. Helper T cells support immune responses by enhancing macrophage activation, antibody production, and inflammatory signaling (Sauls et al., 2023).

T and B lymphocytes possess the defining features of adaptive immunity, including specificity, diversity, memory, and self–nonself recognition. These properties allow the immune system to respond to a vast number of antigens while distinguishing foreign substances from the body's own cells. These properties enable the immune system to generate long-lasting protection and more rapid, effective responses upon subsequent exposure to the same antigen.

Activation of lymphocytes occurs when specific antigens bind to their surface receptors. For B lymphocytes, these receptors are membrane-bound Igs that recognize specific antigenic determinants (epitopes). However, effective activation of B cells typically requires interaction with helper T cells and APCs. In this coordinated process, APCs present antigen fragments (peptides) on MHC molecules, allowing recognition by helper T cells, which then provide signals that promote B-cell activation and antibody production (Fig. 9-11).

Following activation, lymphocytes undergo rapid proliferation and differentiation, driven in part by cytokines produced during innate and adaptive immune responses. This expansion generates populations of effector cells that eliminate the antigen and memory cells that persist long term. Once the antigen is eliminated, most effector cells undergo apoptosis, while memory cells remain, providing long-lasting immunity and a faster response upon reexposure (Althwaiqeb et al., 2024; Sauls et al., 2023).

MHC Molecules

For the adaptive immune response to function properly, it must distinguish between the body's own molecules and foreign invaders. T lymphocytes can recognize a

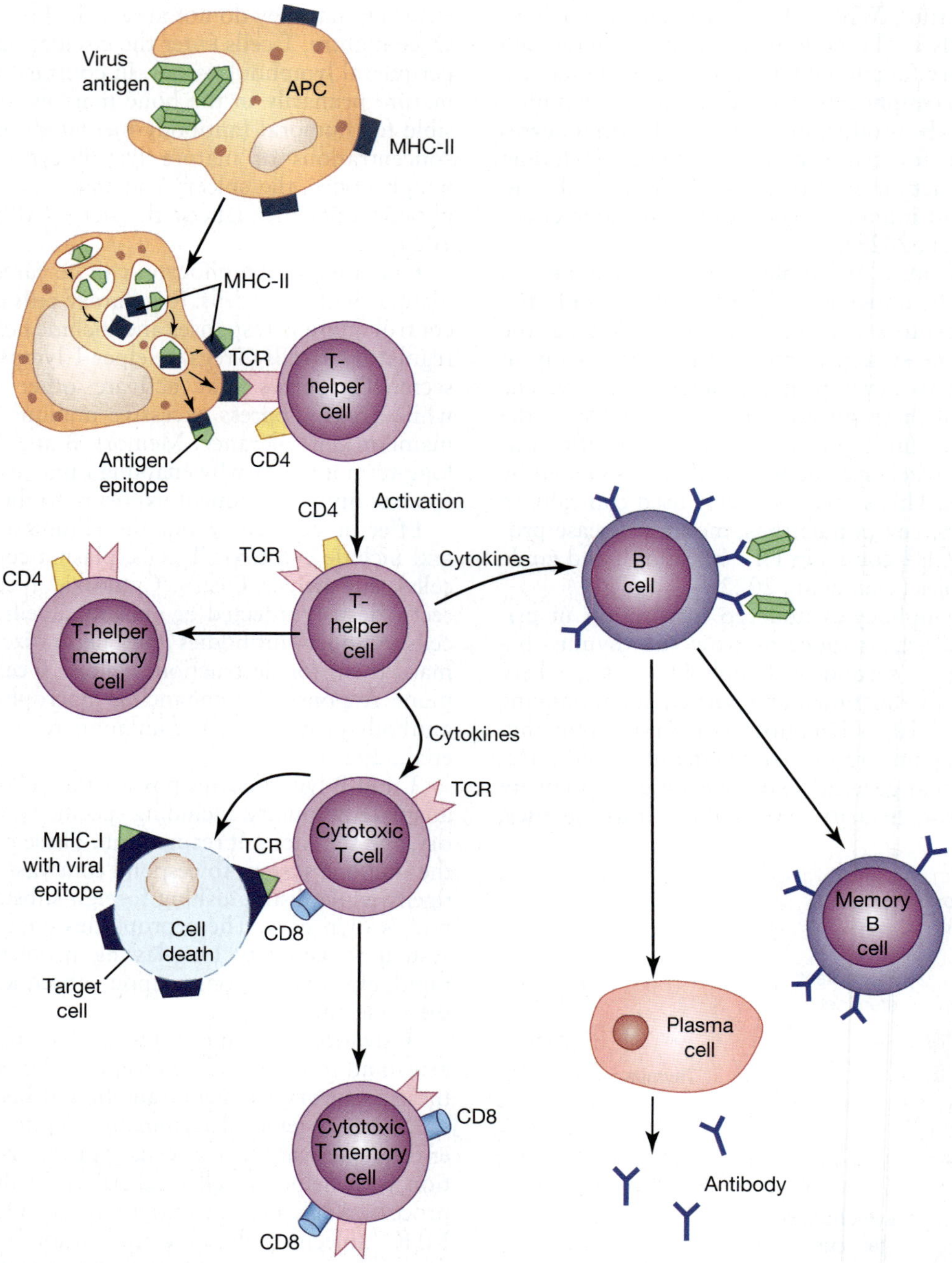

FIGURE 9-11. Pathway for immune cell participation in an immune response. APC, antigen-presenting cell; MHC, major histocompatibility complex; TCR, T-cell receptor.

vast number of antigen fragments when presented on MHC molecules, but they must ignore self-antigens to prevent autoimmunity. **Major histocompatibility complex (MHC)** molecules facilitate this process. The MHC gene cluster, located on chromosome 6, includes three classes (I, II, and III), with classes I and II encoding **human leukocyte antigens (HLAs)**, which define an individual's tissue type. Due to extensive genetic diversity, MHC profiles are nearly unique to each person, affecting immune responses and disease susceptibility (Kamal et al., 2023).

MHC molecules play a crucial role in antigen presentation. MHC class I (MHC-I) is found on almost all nucleated cells and presents intracellular antigen fragments (peptides), such as degraded viral proteins, to cytotoxic T cells ($CD8^+$ T cells), triggering an immune response against infected cells. MHC-II is expressed primarily on APCs, such as macrophages, DCs, and B lymphocytes. These molecules present extracellular antigen fragments (peptides) from engulfed pathogens to helper T cells ($CD4^+$ T cells), activating the adaptive immune system (Kamal et al., 2023).

The first MHC proteins discovered were HLAs, which are critical in organ transplantation because mismatched HLAs can lead to rejection. HLA genes are inherited as a unit (haplotype), and each person

TABLE 9-3 Classes and Characteristics of Immunoglobulins

Class	Percentage of Total	Key Functions/Clinical Significance
IgG	~75%	Most abundant immunoglobulin in circulation; present in all body fluids; provides long-term immunity; antiviral, antitoxin, and antibacterial; activates complement; enhances phagocytosis; only Ig that crosses the placenta, providing passive immunity to the newborn
IgA	~15%	Predominant in body secretions (saliva, tears, respiratory secretions, breast milk); protects mucosal surfaces; prevents pathogen attachment to epithelial cells
IgM	~10%	First antibody produced in primary immune response; effective at agglutination; forms natural antibodies (e.g., ABO blood group antigens); activates complement
IgD	<1%	Found primarily on B-lymphocyte surface; involved in B-cell activation and maturation
IgE	<1%	Binds to mast cells and basophils; mediates allergic and hypersensitivity reactions; involved in defense against parasitic infections

Ig, immunoglobulin.

receives one haplotype from each parent. Tissue typing in forensics and transplants involves matching these haplotypes—closer matches reduce the risk of rejection. This MHC-driven immune recognition is central to immune defense, autoimmunity, and transplant compatibility (Kamal et al., 2023).

Immunoglobulins

Igs, also known as antibodies, are proteins produced by B lymphocytes in response to antigen exposure. These molecules specifically bind to antigens to neutralize pathogens or mark them for destruction by other components of the immune system. Although the terms Ig and antibody are often used interchangeably, Ig typically refers to the structure of the molecule, whereas antibody refers to its functional role in immune defense (Ramphul et al., 2023).

Igs are classified into five major classes based on their structure and function in humoral immunity (Table 9-3).

Each Ig molecule comprises four polypeptide chains with at least two identical antigen-binding sites. It consists of two identical light (L) chains and two identical heavy (H) chains that form a characteristic "Y"-shaped structure. The arms of the "Y," known as Fab (antigen-binding) fragments, bind specifically to antigens. The stem of the molecule, called the Fc fragment, determines the functional properties of the Ig class, including its ability to activate complement and interact with immune cells (Ramphul et al., 2023).

Ig testing, which measures antibody levels in the blood, is an important diagnostic tool used to assess immune system function, diagnose immunodeficiencies and autoimmune disorders, detect infections or allergic responses, and evaluate immunity following vaccination or prior exposure to a pathogen.

Humoral Immunity

Humoral immunity is the branch of the adaptive immune system that defends against extracellular microbes and toxins through the production of antibodies by B lymphocytes. It plays a crucial role in recognizing and neutralizing pathogens, particularly those with polysaccharide-rich capsules and lipid toxins, which T cells cannot effectively target (Mantovani & Garlanda, 2023).

B lymphocytes originate in the bone marrow, where they develop into naive B cells that express IgM on their surface. These cells migrate to secondary lymphoid organs (e.g., spleen, lymph nodes) to mature further, eventually also expressing IgD. When a B-cell encounters an antigen that matches its surface Ig receptor, it becomes activated, often with the assistance of T-helper cells. This interaction triggers B-cell differentiation into either plasma cells, which secrete antibodies into the blood and lymph to neutralize pathogens, or memory B cells, which persist in the body for long-term immunity, enabling a faster response upon future exposure (Fig. 9-12). Both cell types are necessary for the ultimate success of the humoral response (Mantovani & Garlanda, 2023).

Once released into circulation, antibodies bind to antigens and facilitate their elimination through several mechanisms. Neutralization prevents toxins and pathogens from interacting with host cells, blocking their harmful effects. Agglutination causes pathogens to clump together, making them easier for the immune system to remove. Opsonization enhances the ability of phagocytes to recognize and engulf pathogens by marking them for destruction. Additionally, antibodies trigger complement activation, leading to the lysis of pathogens. Finally, immune cell activation enhances the function of other immune cells, amplifying the overall immune response (Mantovani & Garlanda, 2023).

Humoral immunity develops in two distinct phases. The primary response occurs when the immune system encounters an antigen for the first time. APCs process the antigen and present it to $CD4^+$ helper T cells, which then activate B cells to proliferate and differentiate into plasma cells that produce antibodies (Mantovani & Garlanda, 2023). This process takes 1 to 2 weeks, but antibody levels continue to rise even after the infection has resolved. In contrast, the secondary response occurs upon subsequent exposure to the same antigen. Memory B cells, generated during the primary response, rapidly

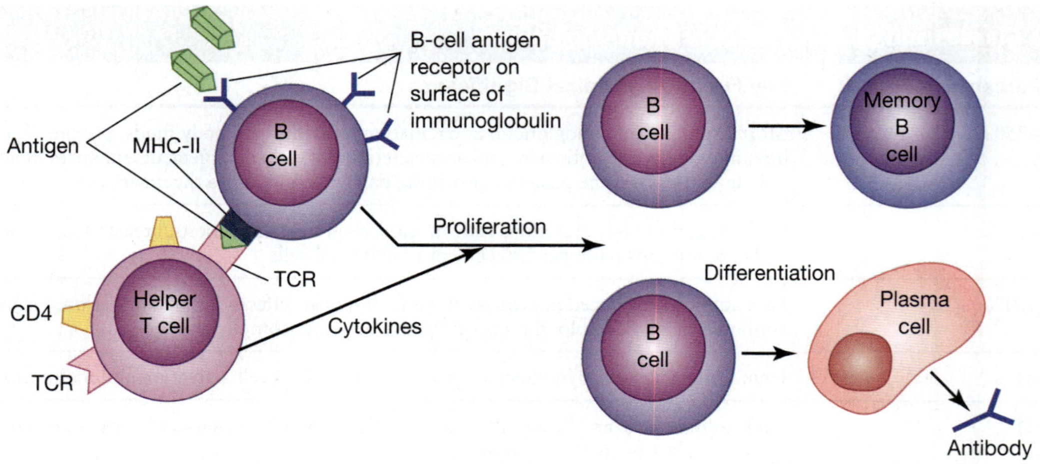

FIGURE 9-12. Pathway for B-cell differentiation. MHC, major histocompatibility complex; TCR, T-cell receptor.

recognize the antigen and trigger a much faster and stronger antibody response, providing enhanced protection and long-term immunity (Fig. 9-13) (Mantovani & Garlanda, 2023).

Cellular Immunity

Cellular immunity, or cell-mediated immunity, is driven by T lymphocytes, which play a crucial role in activating immune responses, controlling intracellular infections, rejecting foreign tissue grafts, and regulating autoimmune processes and hypersensitivity reactions. Unlike B lymphocytes, T cells originate in the bone marrow but mature in the thymus, where they differentiate into $CD4^+$ helper T cells and $CD8^+$ cytotoxic T cells. Once matured, they migrate to peripheral lymphoid tissues, where they multiply and differentiate into memory T cells and other functional subsets upon encountering an antigen (Jan & Sabir, 2024).

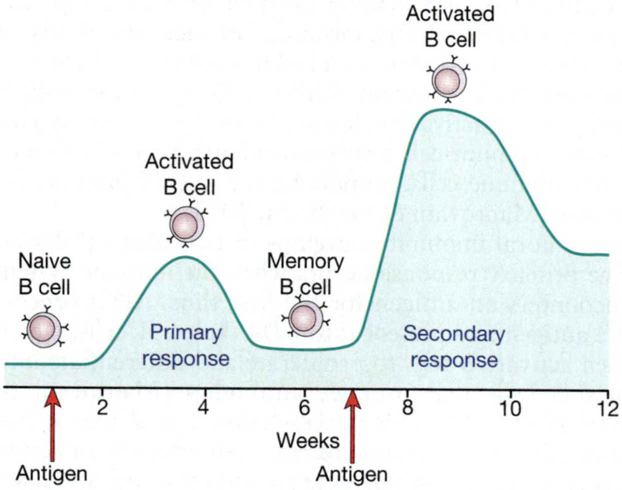

FIGURE 9-13. Primary and secondary or memory phases of the humoral immune response to the same antigen.

Helper T Cells Cytokine Signaling

$CD4^+$ helper T cells are central regulators of both humoral and cellular immunity. They become activated when their TCRs recognize antigens presented by APCs. Once activated, they release cytokines that influence nearly all immune cells, including B cells, cytotoxic T cells, NK cells, and macrophages. The first cytokine produced, IL-2, is essential for T-cell proliferation and function, while other cytokines like IL-1 enhance inflammation and leukocyte migration (Jan & Sabir, 2024). The response of activated helper T cells also contributes to delayed hypersensitivity reactions, such as allergic contact dermatitis (type IV hypersensitivity), where activated T cells recruit inflammatory mediators and trigger tissue inflammation and apoptosis (Jan & Sabir, 2024).

Helper T cells differentiate into two major subtypes. T_1H cells, which produce IL-2 and IFN-γ, promote cell-mediated immunity, activate macrophages, and help combat intracellular infections (Table 9-4). T_2H cells, which produce IL-4 and IL-5, support humoral immunity by assisting B cells in antibody production, particularly IgE, which is involved in allergic responses and parasite defense. A balance between T_1H and T_2H responses determines whether a cellular or humoral immune response dominates. Some cytokines, like IL-10, help regulate this balance by suppressing macrophage activation and limiting inflammation (Jan & Sabir, 2024).

Cytotoxic T Cells

$CD8^+$ cytotoxic T cells are responsible for monitoring and destroying infected, cancerous, or abnormal cells. They recognize antigens presented on MHC-I molecules, which display intracellular protein fragments. This allows cytotoxic T cells to target and eliminate infected or malignant cells while sparing healthy ones. They destroy their targets using cytolytic enzymes or by inducing apoptosis, a controlled process of cell death that eliminates dangerous or damaged cells (Fig. 9-14). Because antibodies cannot penetrate living cells, cytotoxic T cells

TABLE 9-4 Comparison of Properties of Helper T-Cell Subtypes 1 (T_1H) and 2 (T_2H)

	T_1H	T_2H
Stimulus for differentiation to T_H subtype	Microbes	Allergens and parasitic worms
Cells and cytokines influencing T_H subtype maturation	IL-12 produced by macrophages and DCs	IL-4 produced by mast cells and T cells
Cytokines secreted by T_H subtype	IFN-γ, IL-2	IL-4, IL-5
Effector functions	Phagocyte-mediated defense against infections, especially intracellular microbes; stimulates production of IgG	IgE-mediated and eosinophil/mast cell–mediated immune reactions; stimulates production of IgE

DC, dendritic cell; IFN, interferon; Ig, immunoglobulin; IL, interleukin.

are critical for controlling intracellular pathogens, such as viruses and bacteria (Jan & Sabir, 2024).

Regulatory T Cells

Tregs help control and suppress immune responses to prevent excessive inflammation and autoimmune reactions. A subset of $CD4^+$ T cells, Tregs, inhibit self-reactive lymphocytes, limiting immune activation and tissue damage. Their function depends on antigen recognition, TCR activation, and cytokine signaling. Emerging evidence also suggests a role for regulatory $CD8^+$ T cells, which help suppress secondary immune responses and further refine self–nonself discrimination.

Tregs have important clinical implications, showing promise in managing autoimmune diseases such as inflammatory bowel disease, experimental allergic encephalitis, and autoimmune diabetes by controlling excessive immune activity (Jan & Sabir, 2024).

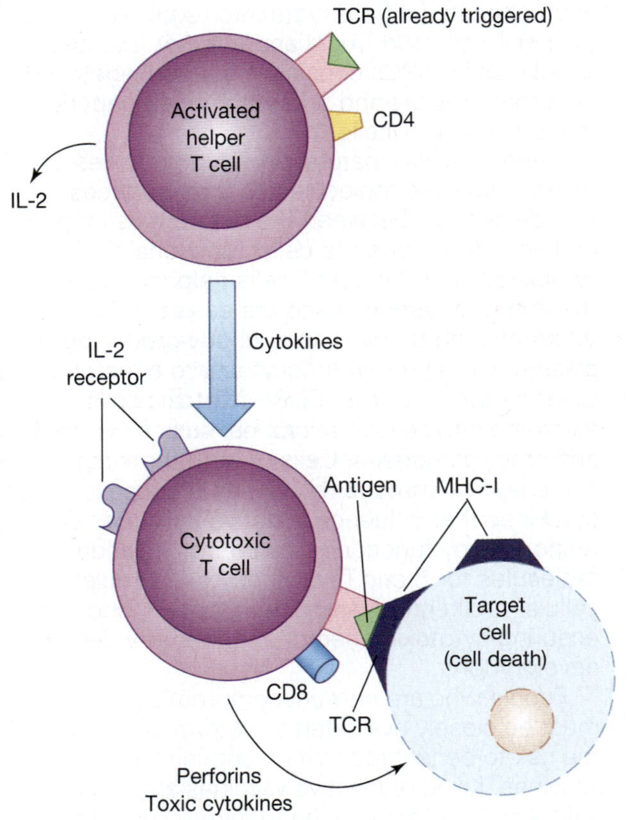

FIGURE 9-14. Destruction of the target cell by a cytotoxic T cell. Cytokines released from the activated helper T cell enhance the potential of the cytotoxic T cell in the destruction of the target cell. CD, cluster of differentiation; IL, interleukin; MHC, major histocompatibility complex; TCR, T-cell receptor.

Active Versus Passive Immunity

The goal of the immune system is to protect the host against invasion by potentially dangerous pathogens, foreign substances, and other sources of harmful antigens. Adaptive immune responses accomplish this goal through the activation of cell-mediated and humoral responses. This type of protection can be induced in one of two ways:

1. After exposure to the offending substance and activation of B and T lymphocytes by the host (active immunity)
2. Through the transfer of antibodies against an antigen directly to the host (passive immunity)

Active immunity is acquired when the host mounts an immune response to an antigen either through the process of vaccination or from environmental exposure. It is called active immunity because it requires the host's own immune system to develop an immunologic response, including the development of memory. Active immunity is usually long-lasting but requires a few days to weeks after a first exposure to sufficiently develop an appropriate immunologic response that culminates in the destruction of the presenting antigen. However, with subsequent exposure, the immune system rapidly becomes fully activated because of the presence of memory B and T lymphocytes and circulating antibodies. The process by which active immunity is acquired through the administration of a vaccine is termed **immunization**. An acquired immune response can improve with repeated exposures to an injected antigen (booster vaccines) or a natural infection (Chi et al., 2024).

Passive immunity is immunity transferred from another source. The most common form of passive immunity is that conferred from mother to fetus. During fetal development, maternal IgG antibodies are transferred to the fetus via the placenta. After birth, the neonate also receives IgG antibodies from the mother in breast milk or colostrum. Therefore, infants are provided with some degree of protection from infection for approximately 3 to 6 months, giving their own immune systems time to mature. Some protection against infectious disease can also be provided by the administration of Igs pooled from human or animal sources. Passive immunity produces only short-term protection that lasts weeks to months (Grubbs & Kahwaji, 2023).

Regulation of the Adaptive Immune Response

In order for a host organism to remain healthy, the immune system must function properly. A weakened immune response may lead to immunodeficiency, but an inappropriate or excessive response can cause allergic reactions and autoimmune diseases. Therefore, the immune system must be capable of self-regulation. The process by which the body regulates itself is poorly understood but must involve all aspects of the innate and adaptive immune responses to be effective.

Each exposure to an antigen elicits a predictable response from the immune system. Once the immune system is activated, the response is amplified until it peaks and eventually subsides. This occurs because the body's normal immune responses are self-limiting. Once the antigen is destroyed and the action of chemical mediators is terminated, the immune response ceases. It is believed that anti-inflammatory cytokines and regulatory T lymphocytes play a role in this process (Chi et al., 2024).

Tolerance also plays a role in the self-regulation of the immune response. Tolerance is the ability of the immune system to react to foreign antigens but remain nonreactive to self-antigens. Tolerance to self-antigens protects the body from harmful autoimmune responses. This is exquisitely important in vital organs such as the brain, testes, ovaries, and eyes, where immunologic damage could be lethal to the organism (Shirafkan et al., 2024).

Many autoimmune diseases, such as Hashimoto thyroiditis and insulin-dependent diabetes, are caused by impairment in both B- and T-lymphocyte (specifically cytotoxic lymphocytes) functions, resulting in direct cellular damage because the body's immune system is no longer capable of distinguishing "self" from "nonself."

SUMMARY CONCEPTS

Adaptive immunity includes cell-mediated and humoral immunity. Together, they respond to foreign antigens, amplify and sustain immunologic responses, distinguish self from nonself, and confer "memory" so a heightened response can be initiated on subsequent exposure to an organism. Antigens are usually substances foreign to the host that can stimulate an immune response. Antigens possess specific antigenic binding sites for epitopes, which allow the adaptive immune system to distinguish foreign antigens from normal cellular substances. Adaptive immunity can be acquired actively or passively. Active immunity develops through immunization or by having a disease; passive immunity develops when the host receives antibodies or immune cells from another source. An acquired immune response can improve with repeated exposure.

The principal cells of the adaptive immune system are the B and T lymphocytes, APCs, and effector cells that are responsible for the elimination of antigens. Lymphocytes are produced and undergo maturation in the central lymphoid organs (bone marrow and thymus) and then stored in the peripheral lymphoid tissues. B lymphocytes differentiate into plasma cells that produce antibodies and provide for the elimination of microbes in the extracellular fluid (humoral immunity), as well as memory cells responsible for the rapid immune response upon repeat exposure. T lymphocytes differentiate into regulatory (helper T cells and Tregs) and effector (cytotoxic T cells) cells. APCs consist of macrophages and DCs that process and present antigen peptides to $CD4^+$ helper T cells.

During cellular maturation, T lymphocytes express specific molecules on their surfaces that distinguish between the different cell types and help determine the cells' functionality. Regulatory $CD4^+$ helper T cells help modulate the immune response and are essential for differentiating B cells into antibody-producing plasma cells and T lymphocytes into effector $CD8^+$ cytotoxic T cells. $CD8^+$ cytotoxic cells eliminate intracellular microbes, such as viruses and other pathogens. Cells of both the innate and adaptive immune responses produce cytokines that influence adaptive immune responses by functioning as communication molecules for B and T lymphocytes, stimulating cellular proliferation and differentiation, and ensuring cytotoxic effector and memory cells development.

People who are immunocompromised must be closely evaluated to determine the risk-to-benefit ratio when administering vaccines. Killed or inactive vaccines are usually safe, and boosters may be required. For people who are immunocompromised without HIV or planned immunosuppression, such as congenital immunodeficiency, live virus vaccines are not generally administered. Immunosuppression affects B and/or T cells, causing a decreased or absent antibody response to vaccines. People with HIV need evaluation and testing before live virus vaccines are administered.

Developmental Aspects of the Immune System

The development of the immune system begins early in fetal life at approximately 5 to 6 weeks of gestation when the fetal liver actively begins hematopoiesis. At about the same time (6 weeks of gestation), the thymus arises from the third branchial arch, with the cortex arising from its ectodermal layer and the medulla from the endoderm (Hossain et al., 2022). Over the next 2 to 3 weeks, lymphoid cells initially migrate from the yolk sac and fetal liver and then from the bone marrow to colonize the fetal thymus. Development of the secondary lymphoid organs (i.e., spleen, lymph nodes, and mucosa-associated lymphoid tissues) begins soon after. The secondary lymphoid organs are rather small but well developed at birth and mature rapidly after exposure to microbes during the postnatal period. The thymus is the largest lymphoid tissue in the neonate relative to body size and normally reaches its mature weight by 1 year of age (Hossain et al., 2022).

Transfer of Immunity From Birthing Parent to Infant

The neonate's immune system is functionally immature at birth, so protection against infection and toxic substances occurs through the transfer of maternal IgG antibodies. Maternal IgG antibodies readily cross the placenta during fetal development and remain functional in the newborn for the first few months of life, providing passive immunity until Ig production is well established in the newborn. IgG is the only class of Igs able to cross the placenta. Maternally transmitted IgG is effective against most microorganisms and viruses that a neonate encounters. Maternal vaccination may therefore offer fetal and neonatal passive immunity against common infections such as influenza or herpes zoster. The largest amount of IgG crosses the placenta during the last weeks of pregnancy and is stored in fetal tissues. Infants born prematurely may be deficient in maternal antibodies and, therefore, more susceptible to infection. Because of the transfer of IgG antibodies to the fetus, an infant born to a mother infected with HIV has a positive HIV antibody test result, although the child may not be infected with the virus (Langel et al., 2022).

Cord blood does not normally contain IgM or IgA. If present, these antibodies are of fetal origin and represent exposure to intrauterine infection because maternal IgM and IgA antibodies do not readily cross the placenta. Normally, the neonate begins producing IgM antibodies shortly after birth as a result of exposure to the immense number of antigens typically found in the surrounding environment. However, this IgM is of lower binding affinity and is effective against a limited range of antigens. It has also been demonstrated that premature infants can produce IgM, as well as term infants. At approximately 6 days of age, the IgM rises sharply, and this rise continues until approximately 1 year of age, when the adult level is achieved (Langel et al., 2022).

Serum IgA is normally not present at birth but is detected in the neonate approximately 13 days after birth. The levels of IgA increase during early childhood and reach their peak between 6 and 7 years of age. Although maternal IgA is not transferred in utero, it is transferred to the breast-fed infant in colostrum. Because IgA antibodies are associated with mucosal membranes, these antibodies provide local immunity for the intestinal system during early life.

Immune Response in the Older Adult

As we age, the ability of the immune system to protect the body from pathogenic organisms and environmental toxins declines as a result of an overall decline in immune responsiveness. This results from changes in both cell-mediated and humoral immune responses. As a result, older adults are more susceptible to infections, have more evidence of autoimmune and immune complex disorders, and have a higher incidence of cancer than younger people. In addition, the immune system of older adults is less likely to respond appropriately to immunization. As a result, older adults have a weakened response to vaccination. Older adults also frequently have many comorbid conditions that impair normal immune function and compromise the immune response.

The cause of the altered response in older adults is multifactorial. There is a continued decrease in the size of the thymus gland, which begins during puberty and affects overall T-cell production and function. The size of the thymus diminishes to 15% or less of its maximum size. There may also be a decrease in the number of lymphocytes in the peripheral lymphoid tissue. The most common finding is a slight decrease in the proportion of T cells to other lymphocytes and a decrease in $CD4^+$ and $CD8^+$ cells (Wang et al., 2022).

Aging also produces qualitative changes in lymphocyte function. Lymphocytes seem to exhibit altered responses to antigen stimulation, including unresponsiveness to activation. It appears that the $CD4^+$ T lymphocyte is most severely affected because there is a decreased rate of synthesis of cytokines that stimulate the proliferation of lymphocytes and the expression of the specific receptors that interact with the circulating cytokines. Specifically, IL-2, IL-4, and IL-12 levels decrease in older adults. Although actual B-cell function is compromised with age, the range of antigens that can be recognized by the B cells does not change (Liu et al., 2023).

Aging is often accompanied by persistent low-level inflammation caused by accumulated cellular debris, damaged tissues, or a lifetime of exposure to stressors. Prolonged inflammation, even at low levels, has been shown to contribute to diseases like arthritis, diabetes, and heart disease. There also appears to be a decline in the immune system's ability to distinguish self from nonself, increasing the potential for autoimmune conditions (Qiu, 2024).

SUMMARY CONCEPTS

Neonates are protected against antigens in early life as a result of the passive transfer of maternal IgG antibodies through the placenta and IgA antibodies in colostrum and breast milk. Many changes occur with aging, but the exact mechanisms are not completely understood. However, older adults are more prone to infection and autoimmune disorders secondary to altered responses in both innate and adaptive immune function.

Disorders of the Immune Response

As discussed, the human immune system is a complex, multidimensional system designed to protect the host against invasion by foreign substances, microorganisms, and toxins. In addition, it helps protect against the proliferation of neoplastic cells and plays a key role in the process of inflammation and wound healing. Unfortunately, under certain circumstances, the immune system can become inefficient or hyperactive, causing the development of debilitating and/or life-threatening diseases. These alterations can take the form of chronic inflammation, immunodeficiency disorders, allergic or hypersensitivity reactions, transplant rejection, and autoimmune disorders. Regardless of the manifestation, the underlying cause can be traced back to an abnormality in one of the cellular or chemical components of the innate and adaptive immune responses.

Chronic Inflammation

Unlike acute inflammation, which is typically short-lived and self-limiting, **chronic inflammation** is persistent and may last weeks, months, or years. It can arise from recurrent or unresolved acute inflammation or from a low-grade, ongoing immune response that fails to resolve. Chronic inflammation plays a central role in immune dysfunction, contributing to various disorders by sustaining immune activation, altering tissue homeostasis, and promoting pathological changes at the cellular level (Pahwa et al., 2023).

At the cellular level, chronic inflammation is characterized by the infiltration of macrophages and lymphocytes rather than the neutrophilic influx seen in acute inflammation. Unlike the transient exudates of acute inflammation, chronic inflammation involves fibroblast proliferation, increasing the risk of fibrosis and tissue remodeling. Persistent inflammatory signals lead to sustained cytokine release, oxidative stress, and prolonged immune activation, which can contribute to autoimmune diseases, cancer, and metabolic disorders such as diabetes and atherosclerosis (Liu et al., 2024; Pahwa et al., 2023).

Chronic inflammatory responses may be triggered by persistent infections, prolonged exposure to irritants, or dysregulated immune activity. Many viruses, as well as certain bacteria, fungi, and parasites, provoke chronic inflammation by evading immune clearance. Additionally, sterile inflammation, caused by endogenous signals such as damaged cellular components and misfolded proteins, has been implicated in neurodegenerative diseases (e.g., Alzheimer disease), chronic lung diseases, and cardiovascular conditions (Liu et al., 2024).

Nonspecific Chronic Inflammation

Nonspecific chronic inflammation involves the continuous recruitment of macrophages and lymphocytes at the site of tissue injury. Prolonged immune activation leads to fibroblast proliferation and excessive deposition of ECM, resulting in tissue remodeling and fibrosis. This process can replace functional parenchymal tissue with scar tissue, impairing organ function. For instance, chronic inflammation in the intestines can lead to fibrosis and bowel lumen narrowing, as seen in Crohn disease (Pahwa et al., 2023).

Granulomatous Inflammation

Granulomatous inflammation is a specialized form of chronic inflammation that occurs when macrophages cluster together to contain an indigestible foreign substance or persistent pathogen. Granulomas consist of epithelioid macrophages surrounded by lymphocytes and sometimes coalesce into multinucleated giant cells. This response is characteristic of infections such as tuberculosis, syphilis, and deep fungal infections, as well as reactions to foreign materials like silica, asbestos, and sutures. Granuloma formation serves as a containment strategy but can also contribute to chronic disease progression by disrupting normal tissue function.

Chronic Inflammation as a Contributor to Immune Disorders

Beyond infections and foreign materials, chronic inflammation is now recognized as a key driver of many immune-related diseases, including autoimmune disorders (e.g., rheumatoid arthritis, lupus), metabolic syndrome, and cancer. Prolonged inflammatory signaling can break immune tolerance, leading to autoimmunity, while chronic exposure to inflammatory cytokines promotes tissue damage and malignant transformation (Liu et al., 2024). Understanding the cellular mechanisms of chronic inflammation provides insight into its role in immune system dysregulation and the pathogenesis of numerous chronic diseases (Xiang et al., 2023).

Immunodeficiency Disorders

Immunodeficiency is defined as an abnormality in one or more parts of the immune system that results in an increased susceptibility to disease states normally eliminated by a properly functioning immune response. Immunodeficiency syndromes can be classified as primary or secondary (acquired later in life). **Primary immunodeficiency disorders** are either congenital or inherited as sex-linked, autosomal dominant, or autosomal recessive traits. **Secondary immunodeficiency (SID) disorders** develop later in life because of other pathophysiologic states. The clinical manifestations and the impact on the client's day-to-day function are dependent upon the specific immunodeficiency disorder and the degree of immune system dysfunction. The various categories of immunodeficiency disorders are summarized in Chart 9-3.

CHART 9-3

IMMUNODEFICIENCY STATES

Humoral (B-Cell) Immunodeficiency

Primary

X-linked hypogammaglobulinemia

Common variable immunodeficiency

Selective deficiency of IgG, IgA, and IgM

Secondary

Increased loss of immunoglobulin (nephrotic syndrome)

Cellular (T-Cell) Immunodeficiency

Primary

Congenital thymic aplasia (DiGeorge syndrome)

Hyper-IgM syndrome

Secondary

Malignant disease (Hodgkin disease and others)

Transient suppression of T-cell production and function due to acute viral infection

HIV/AIDS

Combined B-Cell and T-Cell Immunodeficiency

Primary

Severe combined immunodeficiency syndrome

X-linked

Autosomal recessive (ADA deficiency, Jak3 deficiency)

Wiskott-Aldrich syndrome

Ataxia–telangiectasia

Combined immunodeficiency syndrome

Secondary

Irradiation

Immune suppression and cytotoxic drugs

Complement System Disorders

Primary

Hereditary deficiency of complement proteins

Hereditary deficiency of C1 inhibitor (angioneurotic edema)

Secondary

Acquired disorders that consume complement factors

Disorders of Phagocytosis

Primary

Chronic granulomatous disease

Chédiak-Higashi syndrome

Secondary

Drug-induced (corticosteroid and immunosuppressive therapy)

Diabetes

Primary and SID disorders can affect either the innate or adaptive immune system, and some can affect both. Innate immune disorders involve defects in physical barriers (skin, mucosa), phagocytic cells (neutrophils, macrophages), complement proteins, or PRRs. Adaptive immune disorders involve defects in B cells (humoral immunity), T cells (cell-mediated immunity), or both (Justiz Vaillant & Qurie, 2023).

Primary immunodeficiency diseases (PIDDs) include more than 450 single-gene inborn errors caused by genetic abnormalities that impair the immune system (Quinn et al., 2022). Most of these disorders are inherited as autosomal recessive traits; several are sex-linked and caused by mutations in the X chromosome, and the causes of some have yet to be identified. The root cause of many PIDDs involves mutations that affect the signaling pathways (e.g., cytokines and cytokine signaling, receptor subunits, and metabolic pathways) that dictate immune cell development and function. Autoimmunity is frequently associated with PIDDs because the ability of the immune system to differentiate self from nonself is also affected (Justiz Vaillant & Qurie, 2023).

For infants born with severe combined T- and B-cell immunodeficiency, early diagnosis is essential before the development of severe infections and the administration of live attenuated virus vaccines, which could have devastating and life-threatening consequences (Eddens et al., 2022). Children with PIDDs often present with a history of recurrent, severe infections that are resistant to treatment. The infections frequently involve the respiratory tract and are the result of organisms not traditionally seen in this population. These include recurrent bouts of ear infections, sinus infections, and pneumonia within a 1-year period that are unresponsive to a long course (1 to 2 months) of antibiotics, failure to thrive in infancy, persistent thrush or fungal infections, recurrent skin or organ abscesses, and a positive family history of primary immunodeficiency (Eddens et al., 2022). Identification of an infectious organism can help in the diagnosis of a specific form of PIDD. Table 9-5 summarizes infections associated with different types of primary immunodeficiency disorders.

Primary Humoral (B-Cell) Immunodeficiencies

Primary immunodeficiencies are associated with B-cell dysfunction and decreased Ig production. Because the B lymphocytes are essential for normal defense against bacterial invasion, people with humoral immunodeficiencies are at increased risk for recurrent infections by *Streptococcus pneumoniae*, *Haemophilus influenzae*, *Staphylococcus aureus*, and several gram-negative organisms, including *Pseudomonas*. Because humoral immunity is not the primary defense against intracellular bacteria or viral infections, people with B-cell deficiencies usually do not experience recurrent fungal, protozoal, or viral infections (Chinn, 2023).

Transient Hypogammaglobulinemia of Infancy

At birth, infants are protected from infection by maternal IgG antibodies that have crossed the placenta during fetal development. They are normally deficient in IgA, IgM, IgD, and IgE because these Igs do not normally cross the placenta. During the first 6 months of life, maternal antibody levels gradually decline as the infant's humoral immune system gradually takes over antibody production, reaching adult levels by 1 to 2 years of age. In cases **of transient hypogammaglobulinemia**, the immune system matures more slowly than usual.

The most frequently occurring clinical manifestations include upper respiratory tract infections, lower respiratory tract infections (including pneumonia), allergies, and allergic asthma. Treatment of transient hypogammaglobulinemia of infancy (THI) is usually with prophylactic antibiotics, but some evidence exists that intravenous Ig (IVIg) may play a role in improving quality of life and stopping the cycle of infection often seen in these children. Most cases of THI resolve spontaneously by 3 years of age, but some persist into adolescence and are often associated with other primary immunodeficiency syndromes (Roifman & Dalal, 2023).

B-Cell Differentiation Disorders

Primary immunodeficiency disorders that affect B-cell differentiation and antibody production are the most common and are the result of impaired differentiation and maturation of lymphoid stem cells in the bone marrow. Immature or naive B cells leave the bone marrow expressing surface IgM (IgM^+) and migrate into the peripheral lymphoid tissues, where they undergo "class switching," losing IgM and expressing other Ig types such as IgG-, IgA-, or IgE-secreting plasma B cells. Primary humoral immunodeficiency disorders can interrupt the production of one or all of the Igs at any point along the differentiation and maturation cycle. The inability to transition from IgM to other antibodies leaves the body at risk for bacterial and other infections due to deficient immune responses (Fig. 9-15).

TABLE 9-5 Infectious Organisms Frequently Associated With Major Categories of Immunodeficiency Disorders

Immunodeficiency Disorder	Viruses	Bacteria	Fungi	Protozoa
B-cell (humoral) immunodeficiency	Enteroviruses, *poliovirus*	*Streptococcus pneumoniae*, *Staphylococcus aureus*, *Haemophilus influenzae*	No	*Giardia lamblia*
T-cell (cell-mediated) immunodeficiency	Herpesvirus	*Salmonella typhi*, all mycobacteria	*Candida albicans*, *Coccidioides immitis*, *Histoplasma capsulatum*, *Aspergillus fumigatus*	
Combined T-cell and B-cell immunodeficiency	All	*S. pneumoniae*, *S. aureus*, *H. influenzae*, *Neisseria meningitidis*, *Mycoplasma hominis*, enteric flora	*C. albicans*, *Pneumocystis jirovecii* (formerly *carinii*)	*Toxoplasma gondii*
Complement system disorders		*S. pneumoniae*, *S. aureus*, *H. influenzae*		
Phagocytosis (neutrophils and monocytes) disorders		*S. aureus*, enteric flora, *Pseudomonas aeruginosa*, all mycobacteria	*A. fumigatus*, *C. albicans*, *Nocardia asteroides*	

(Alder & Kalumuck, 2013; Nazi & Ladomenou, 2018; Preston & Wilson, 2013; Rhoades & Bell, 2018).

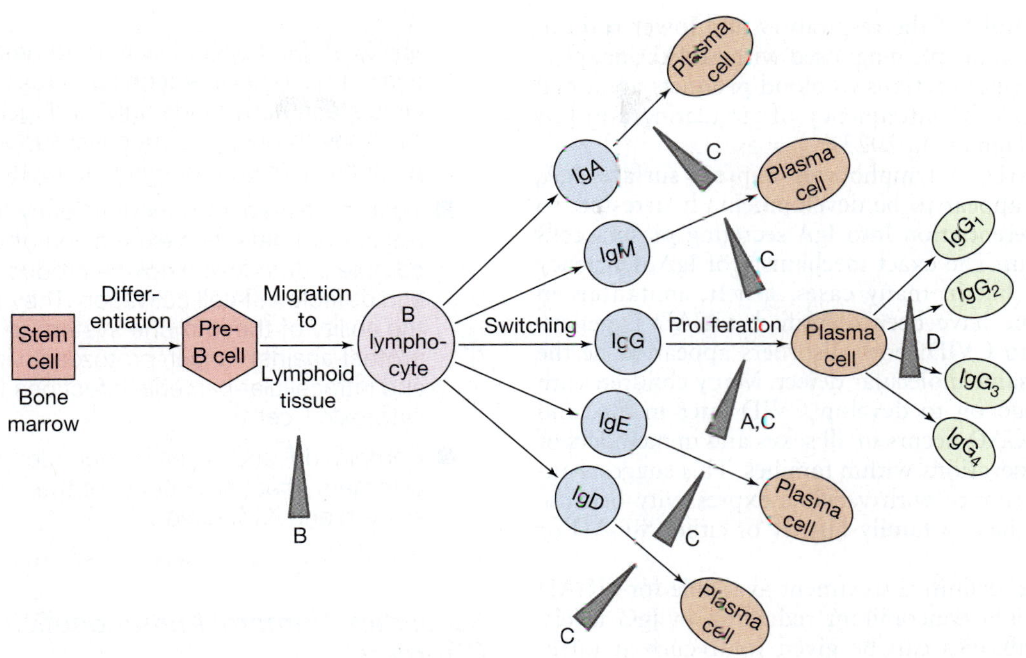

FIGURE 9-15. Stem cells to mature Ig-secreting plasma cells. *Arrows* indicate the stage of the maturation process that is interrupted in (A) transient hypogammaglobulinemia, (B) XLA, (C) CVID, and (D) IgG subclass deficiency.

X-Linked Agammaglobulinemia

X-linked agammaglobulinemia (XLA) is an inherited, sex-linked, recessive disorder affecting people assigned male at birth. In XLA, all Igs are significantly reduced or absent because B-cell maturation is blocked at an early stage due to mutations in the Bruton tyrosine kinase (*BTK*) gene. This results in profound hypogammaglobulinemia and severe susceptibility to infection. Affected people are prone to infections with encapsulated bacteria, such as *S. pneumoniae*, *H. influenzae* type b, *Giardia lamblia*, meningococcus, and various enteroviruses (Lackey & Ahmad, 2023).

XLA produces no symptoms at birth because of the presence of circulating maternal antibodies. Once these levels start to drop, those affected develop life-threatening infections that are unresponsive to antibiotic therapy. Diagnosis is based on the demonstration of low or absent serum Igs. Current therapy, which includes chronic administration of IVIg and prophylactic antibiotics, is only partially effective, expensive, and associated with severe long-term complications (Lackey & Ahmad, 2023).

Common Variable Immunodeficiency

Unlike XLA, where all Ig classes are absent, in common variable immunodeficiency (CVID), the deficiencies vary among those affected. CVID is the result of a failure of class switching in naive B cells during the late maturation period. IgG is the most severely affected Ig; however, some present with low IgA and/or low IgM as well, resulting in impaired antibody responses to specific infections and vaccine challenges. CVID is a heterogeneous disorder affecting both sexes and is the most common symptomatic primary immunodeficiency in adults. People with CVID have a relatively normal number of nonfunctioning B lymphocytes. CD4 and/or CD8 T lymphocytes are usually not affected, but in many people, overall T-cell counts may be diminished, particularly as a result of the loss of CD^{+} naive T cells (Peng et al., 2023).

Clinical manifestations of CVID can begin at any time in life and most commonly include recurrent bacterial and viral infections of the respiratory tract. Autoimmune disease is seen in some people with CVID and is associated with both a reduction in overall Treg counts and impaired function. The most frequently diagnosed autoimmune disorders are immune thrombocytopenic purpura and autoimmune hemolytic anemia (AIHA), but cases of aseptic nonerosive seronegative inflammatory arthritis, inflammatory bowel disease, and vasculitis have been reported. Treatment methods for CVID are similar to those used for other primary humoral immunodeficiencies, with IVIg being the mainstay of therapy (Peng et al., 2023).

Selective IgA Deficiency

Selective IgA deficiency (SIGAD) is the most common primary immunodeficiency disorder. The syndrome is characterized by a moderate to marked reduction in levels of serum and secretory IgA. In the body, secretory IgA binds to and neutralizes intestinal pathogens and their toxic products, so IgA antibodies are normally not found in the bloodstream unless bacterial flora invasion has occurred. In most cases of SIGAD, clinical manifestations are mild to absent because IgG and IgM levels are normal, and the humoral response to infection is adequate. However, in the fulminant form, the deficiency leads to an increased susceptibility to infections, particularly those of the respiratory and lower respiratory systems. In people diagnosed with SIGAD, anaphylaxis and allergic reactions to blood products are a real concern due to the infrequency of circulating anti-IgA (Vosughimotlagh et al., 2023).

With SIGAD, B lymphocytes express surface IgA, but the cells appear to be developmentally arrested, so terminal differentiation into IgA-secreting plasma cells does not occur. The exact mechanism of IgA deficiency is unknown, but in many cases, genetic mutations in the TACI gene have been identified. SIGAD is genetically linked to CVID; both disorders appear to be the result of the same molecular defect. Many children with SIGAD will go on to develop CVID later in life, and vice versa. SIGAD occurs in all sexes and in members of successive generations within families. This suggests autosomal inheritance with variable expressivity because many people have a family history of either SIGAD or CVID.

There is no definitive treatment available for SIGAD unless there is a concomitant reduction in IgG levels. Targeted antibiotics can be given for recurrent infections, and some may require prophylactic doses. Other modalities are focused on relief of symptoms (Vosughimotlagh et al., 2023).

IgG Subclass Deficiency

IgG antibodies are divided into four subclasses (IgG1 to IgG4) based on structure and function. Some individuals may have deficiencies in one or more IgG subclasses despite normal total IgG levels, with IgG1 and IgG2 being the most affected. The majority of circulating IgG consists of two subclasses: IgG1 and IgG3 primarily target protein antigens, while IgG2 mainly responds to carbohydrate and polysaccharide antigens.

As a result, IgG2 deficiency increases susceptibility to sinusitis, otitis media, and pneumonia, particularly from polysaccharide-encapsulated bacteria (*S. pneumoniae*, *H. influenzae* type b, *Neisseria meningitidis*). However, reduced levels of one or more IgG subclasses can also occur in healthy individuals. Treatment depends on the specific subclass deficiency and the patient's clinical symptoms (Jang et al., 2023).

KEY POINTS

Primary Immunodeficiency Disorders

- Primary immunodeficiency disorders are inherited abnormalities of immune function that render a person susceptible to diseases normally prevented by an intact immune system. They can be classified as B-cell–mediated, T-cell–mediated, or combined immunodeficiencies, which affect all aspects of the humoral and cell-mediated immune response.
- B-cell–mediated immunodeficiency disorders affect antibody production and inhibit the ability of the immune system to defend against bacterial infections and toxins that circulate in body fluids (IgM and IgG) or enter the body through the mucosal surfaces of the respiratory or gastrointestinal tracts (IgA).
- T-cell–mediated immunodeficiency disorders result from defective expression of the TCR complex, defective cytokine production, and defects in T-cell activation. They impair the ability of the immune system to protect against fungal, protozoan, viral, and intracellular bacterial infections ($CD8^+$ cytotoxic T cells).
- Combined T- and B-cell immunodeficiency disorders affect all aspects of the immune system and its function.

Secondary Humoral Immunodeficiency Disorders

There are numerous causes of secondary hypogammaglobulinemia, including malnutrition, burns, gastrointestinal loss, nephrotic syndrome, and malignancy, as well as a side effect of certain medications. In some cases, **secondary immunodeficiencies (SIDs)** may be partly due to an underlying primary immunodeficiency (Ballow et al., 2022). These conditions can result in an increase in Ig loss and/or a decrease in Ig production. For example, nephrotic syndrome is associated with the loss of serum IgG as a result of abnormal glomerular filtration and subsequent urinary loss. Serum IgA and IgM remain normal or are slightly elevated because they are large molecular weight molecules that cannot be filtered by the glomerulus. In contrast, several malignancies, such as leukemias and lymphomas, are associated with antibody deficiencies because they decrease overall antibody production. Many commonly used medications can impair antibody levels by either mechanism and include several of the antiepileptics, antihypertensives, and glucocorticoids. The effects can usually be reversed by withdrawal of the medication (Ballow et al., 2022).

Primary Cell-Mediated (T-Cell) Immunodeficiencies

Cell-mediated immunodeficiencies are a heterogeneous group of disorders that arise from defects in one or more components of the cell-mediated immune response. Although B lymphocytes undergo a definitive path of differentiation that culminates in antibody production, the functions of mature T lymphocytes are immunologically diverse. The subpopulations of T lymphocytes, $CD4^+$ helper T cells and $CD8^+$ cytotoxic T cells, work collectively to protect against fungal, protozoan, viral, and intracellular bacterial infections; control malignant cell proliferation; and coordinate the overall immune response. Therefore, defects in different components of the system can result in a wide range of immunologic responses.

Of all the primary immunodeficiencies, the T-cell–mediated disorders are considered to be the most severe. Those affected succumb to serious viral, fungal, and opportunistic infections within the first few months of life. The presence of maternal antibodies offers no immunologic advantage against these cell-mediated disorders. Children with the most severe T-cell–mediated defects, such as **severe combined immunodeficiency disorder (SCID)**, rarely survive beyond infancy or childhood because they are prone to both opportunistic and nonopportunistic infections (Justiz-Vaillant et al., 2023). Newly identified T-cell defects, such as the X-linked hyper-IgM syndrome, have a more favorable outcome with minimal to no treatment.

Primary T-cell immunodeficiency disorders result from defective expression of the TCR complex, defective cytokine production, and defects in T-cell activation. People are usually diagnosed based on their clinical presentation and family history. In the most severe types of cell-mediated immunodeficiency, immunologic evaluation reveals reduced numbers of lymphocyte subsets, including T, B, and NK cells in peripheral blood smears and a depressed T-cell response to antigen stimulation (Justiz Vaillant & Qurie, 2023).

Traditionally, bone marrow transplantation has been the treatment of choice in children with the most severe forms of T-cell immunodeficiency. However, in more recent years, immunologic restoration of the immune system through allogeneic hematopoietic stem cell transplantation (HSCT) and gene therapy has become increasingly popular for the treatment of specific T-cell disorders (Giommetti & Papanikolaou, 2024).

DiGeorge Syndrome

DiGeorge syndrome or velocardiofacial syndrome is an embryonic developmental anomaly thought to occur before the 12th week of gestation, when the thymus gland, parathyroid gland, and parts of the head, neck, and heart are developing. Children with DiGeorge syndrome present with a wide complex of alterations, including mild-to-moderate immunodeficiency resulting from a congenitally absent thymus, cardiac and renal anomalies, palatal abnormalities, hypoparathyroidism, skeletal abnormalities, and developmental delays. Because of the presence of a limited number of thymic cells in aberrant locations, the severity of T-cell dysfunction ranges from no circulating T cells to normal counts. The disorder affects both sexes (Seroogy, 2022).

Facial disorders can include hypertelorism (i.e., increased distance between the eyes); micrognathia (i.e., abnormally small jaw); low-set, posteriorly angulated ears with associated hearing loss; split uvula; a high-arched or cleft palate; and oropharyngeal and nasopharyngeal muscle weakness. Renal abnormalities affect approximately one third of children with DiGeorge syndrome. Hypocalcemia and tetany may develop within 24 hours of birth as a result of absent or hypoplastic parathyroid glands (Seroogy, 2022).

Treatment of DiGeorge syndrome is dependent upon the presenting symptoms. Cardiac anomalies are usually repaired shortly after birth. In children with true thymic aplasia and congenitally absent T cells, a thymus transplant or fully matched T-cell transplant is the treatment of choice to reconstitute T-cell immunity. As with any primary immunodeficiency, autoimmunity is a potential problem. Therefore, precautions must be taken during transplantation or transfusion therapy to prevent graft-versus-host disease (GVHD) (Seroogy, 2022).

X-Linked Immunodeficiency With Hyper-IgM

The **hyper–immunoglobulin M (HIGM)** syndromes are a heterogeneous group of primary immunodeficiency disorders resulting from defective Ig class switch recombination during B-cell maturation, leading to a deficiency in IgG, IgA, and IgE but elevated levels of IgM. This X-linked disorder is found only in those assigned male at birth. The disorder results from the inability of T cells to signal B cells to undergo isotype switching to IgG and IgA. Thus, they continue to express only the IgM subclass of Igs. In most cases, it is the result of a genetic mutation resulting in a CD40 ligand deficiency. Its primary cause is an alteration in cell-mediated immunity (Aytekin & Vaqar, 2023).

Clinical manifestations of HIGM occur early in life, with a median age of onset of less than 12 months. Children usually present with recurrent sinopulmonary infections that may progress to bronchiectasis and pneumonia. In approximately 40% of cases, the presenting symptom is an opportunistic infection such as *Pneumocystis jiroveci* (formerly *Pneumocystis carinii*) pneumonia (PJP). Unfortunately, these children are at particular risk for the development of autoimmune disorders and malignancies of the biliary tree, intestine, and neuroendocrine system because of alterations in CD40 signaling. Treatment is usually with Ig replacement and prophylactic antibiotic treatment (Aytekin & Vaqar, 2023).

Secondary Cell-Mediated Immunodeficiency Disorders

Secondary cell-mediated immunodeficiencies are more prevalent than primary deficiencies and are frequently associated with acute viral infections (e.g., measles virus, cytomegalovirus) and with certain malignancies such as Hodgkin disease and other lymphomas. Viral infections frequently impair cell immunity via direct infection of specific T-lymphocyte subpopulations (e.g., helper cells). Lymphotropic viruses such as HIV and human herpesvirus type 6 selectively deplete the cell subtype that they invade, resulting in a concomitant loss of immunologic function associated with that subtype. People with malignancies can have impaired T-cell function because of either unregulated proliferation or depletion of a particular cell type. Some cases of T-cell immunodeficiency have no known etiology but are acquired later in life. **Idiopathic** $CD4^+$ T-cell lymphocytopenia is a rare disorder characterized by a profound and persistent $CD4^+$ T-cell defect that predisposes individuals to the development of severe opportunistic infections in the absence of other immune defects. Regardless of the etiology, people with secondary cell-mediated immune dysfunction may display an increased susceptibility to infections caused by normally harmless pathogens (i.e., opportunistic infections) or may be unable to mount delayed hypersensitivity reactions (i.e., *anergy*, discussed at length in the "Autoimmune Disease" under the autoimmune disorders section). Individuals with anergy have a diminished or absent reaction to antigens even in the presence of known infection.

Combined T- and B-Cell Immunodeficiencies

Combined T- and B-cell lymphocyte disorders manifest with defects in both the humoral and cell-mediated immune responses. Collectively, these disorders are known as combined immunodeficiency syndrome (CIDS), but they are a diverse group caused by mutations in a multitude of genes that influence lymphocyte development or response, including lymphocyte receptors, cytokines, or MHC antigens, which could lead to combined immunodeficiency. The end result is a disruption in the communication pathways between the cells of the humoral and cell-mediated immune systems and a failure of the adaptive immune response. The spectrum of disease resulting from combined immunodeficiency disorders (CIDs) ranges from mild to severe to, ultimately, fatal forms.

Severe Combined Immunodeficiency Disorders

SCIDs are a group of genetically diverse disorders characterized by profound deficiencies of T and B lymphocytes and, in some forms, NK cells, with the subsequent loss of both humoral and cellular immunity. Affected infants are lymphopenic and lack T cells, which normally constitute 70% of the total circulating lymphocytes. They have a disease course that resembles that of acquired immunodeficiency syndrome (AIDS), with failure to thrive; chronic diarrhea; and the development of severe opportunistic infections. SCID is usually fatal within the first 2 years of life unless reconstitution of the immune system through bone marrow or HSCT can be accomplished. Early diagnosis is essential because the chances of successful treatment are better in infants who have not experienced severe opportunistic infections (Justiz Vaillant & Mohseni, 2023).

X-linked mutations result in impaired cytokine receptor function, causing defective T-lymphocyte differentiation and production. Although B-cell production is unaffected, antibody production is impaired because of a lack of T-cell help. Mutations inherited as autosomal recessive traits account for the majority of the remaining cases of SCID. Many of these mutations result in defects that impair T-cell maturation, including defects in cytokine receptor control of T-cell differentiation, antigen gene receptor arrangement on T and B cells, or any other component of T-cell antigen receptor function necessary for normal T-cell development (Justiz Vaillant & Mohseni, 2023).

Combined Immunodeficiency Disorders

CIDs are less severe than SCIDs, as they involve reduced—not absent—T-cell function and B-cell antibody production. Like SCID, CIDs are a heterogeneous group with diverse genetic causes, often linked to disorders like **ataxia–telangiectasia (AT)** and **Wiskott-Aldrich Syndrome (WAS)**. Children with CID are prone to recurrent infections, chronic diarrhea, and gram-negative sepsis. Though they typically survive longer than those with SCID, untreated cases lead to failure to thrive and shortened lifespans (Sharifinejad et al., 2022).

AT is a rare autosomal recessive disorder marked by cerebellar neurodegeneration, oculocutaneous telangiectasia, and immune deficiencies. Ataxia often goes undiagnosed until walking begins. Cognitive development halts by age 10. AT is associated with lymphopenia, hypogammaglobulinemia, and recurrent sinopulmonary infections. Affected individuals have an increased cancer risk, particularly lymphoid malignancies and Wilms tumor, and heightened radiation sensitivity (Cavone et al., 2023).

WAS is a rare X-linked disorder characterized by thrombocytopenia, recurrent infections, eczema, and increased autoimmune and lymphoma risk. It results from gene mutations affecting actin regulation in hematopoietic cells. Patients experience bleeding episodes, IgM deficiency, and elevated IgA/IgE. T-cell dysfunction worsens over time, leading to infections and malignancies like Hodgkin lymphoma and leukemia. Management focuses on treating eczema, infections, and bleeding, though allogeneic HSCT is the only definitive treatment, carrying significant risks (Sharifinejad et al., 2022).

Primary Disorders of the Complement System

The complement system is an integral part of the innate immune response and is essential to the integrity of the immune system, including the adaptive immune response. Activation of the complement system occurs via one of three ways: the classical, lectin-mediated, or alternative pathways. Regardless of the pathway, activation of the complement system promotes chemotaxis, opsonization, and phagocytosis of invasive pathogens and bacteriolysis. Alterations in any component of the complement system can lead to enhanced susceptibility to infectious diseases and to the development of a host of autoimmune processes.

Primary disorders of the complement system can be transmitted as autosomal recessive, autosomal dominant, or autosomal codominant traits. In the case of codominance, heterozygotes usually have one functioning gene, and complement levels in most cases are sufficient to prevent disease. The majority of disorders associated with the complement system are the result of inappropriate activation and regulation of complement proteins, not necessarily deficiencies of complement proteins themselves. In fact, protein deficiencies of the classical and alternative pathways are rarely seen. Protein deficiencies of the lectin pathway, although more common, are not a major cause of primary complement disorders.

Primary disorders of the complement system can involve one or more proteins, receptors, and/or control molecules at any point along the complement cascade. However, the clinical presentation is dependent upon the component affected. For example, defects in the classic pathway result in increased autoimmunity and infection with high-grade pathogens, whereas defects in the lectin pathway are associated with an increased risk of infection from unusual pathogens such as *Cryptosporidium* and *Aspergillus*. Because all three pathways converge at the activation of C3, defects that impact C3 or late-acting proteins affect the activation of complement by all three pathways and are associated with marked increases in infection with high-grade pathogens, including *Neisseria gonorrhoeae* and *N. meningitidis* infection, hemolytic uremic syndrome, and adult-onset macular degeneration (Mollah & Schuman, 2022).

The complement system is essential for regulating the adaptive immune response. People who lack certain complement proteins often have weakened immune defenses. Deficiencies in C1q, C3, and C4 proteins reduce the body's ability to respond to T-cell-dependent antigens, weaken germinal center activity, and impair immunologic memory. C1q helps clear immune complexes and dead cells from the bloodstream. Without it, individuals are more vulnerable to infections, especially from encapsulated bacteria like *S. pneumoniae*, and have a higher risk of developing autoimmune diseases such as SLE and vasculitis (Mollah & Schuman, 2022).

Recent research has identified defects in the lectin pathway involving MBL, a key protein. Unlike C1 in the classical pathway, MBL activates without needing antibodies. Its structure, with a central core and radiating arms, binds to bacterial surface polysaccharides. A single-gene mutation, inherited as an autosomal dominant trait, disrupts MBL formation, leading to low plasma levels (<2 mcg/mL) (Mollah & Schuman, 2022).

Most complement disorders stem from defects in complement control receptors and molecules. Since C3 regulation is crucial to prevent tissue damage, various substances and receptors help manage its activity. Even with normal complement protein levels, improper activation or deficiencies can cause serious diseases. Normally, C3b binding continues the complement cascade and aids in pathogen clearance (opsonization). Factor H and factor I help deactivate C3b in the plasma and on RBCs. Factor H assists in C3 breakdown, and its deficiency is linked to glomerulonephritis, atypical hemolytic uremic syndrome (aHUS), age-related macular degeneration, and HELLP syndrome in pregnancy. Factor I helps break down both C3 and C4, and its deficiency leads to low C3 levels and increased susceptibility to infections (Mollah & Schuman, 2022).

Hereditary Angioneurotic Edema

Hereditary angioedema (HAE), a rare, life-threatening complement disorder inherited as an autosomal dominant trait, results from a quantitative (type I) or qualitative (type II) deficiency of C1-inhibitor (HAE-C1-INH). C1-INH normally inhibits activated C1r and C1s in the classic pathway, as well as the early steps in the lectin pathway. It also functions as an inhibitor of the coagulation, fibrinolysis, and kinin-generating pathways. Deficiencies in C1-INH result in the uncontrolled release of various vasoactive substances that promote vascular permeability. The net result is the development of spontaneous episodes of deep localized tissue swelling in the subcutaneous tissues of the extremities, face, and torso or the submucosal tissues of the upper airway and gastrointestinal tracts (Sinnathamby et al., 2023).

Laryngeal edema is a life-threatening manifestation that can lead to complete airway obstruction and death without intervention. Swelling of the structures of the gastrointestinal mucosa is associated with severe nausea, vomiting, and diarrhea. In some people, attacks may be preceded by the development of **erythema marginatum**, a macular, nonpruritic erythematous rash. HAE usually manifests during early childhood and progresses in severity into adolescence. Symptoms usually peak in 1.5 days and then resolve over the same time frame. Management of the disorder involves emergency management in cases of severe airway obstruction, including emergency intubation or tracheotomy, C1-INH concentrate, bradykinin receptor B2 antagonists, or kallikrein inhibitors. Preventative treatment usually involves the avoidance of precipitating influences, the administration of attenuated androgens and antifibrinolytics, or C1-INH concentrate (Sinnathamby et al., 2023).

Secondary Disorders of the Complement System

Secondary complement deficiencies occur as a result of rapid activation or turnover of complement components in the face of normal complement levels, as seen in immune complex disease. They are also seen in cases of chronic liver disease and malnutrition, where complement protein production is negatively impacted. Regardless of the cause, the manifestations of secondary disorders are dependent upon the components of the complement pathways affected.

Primary Disorders of Phagocytosis

Following the resolution of an infection or inflammatory process, phagocytic cells undergo programmed cell death or apoptosis in order to prevent damage to host cells as a result of exposure to activated microbicidal proteases and chemotactic substances. A defect in any of these functions or a reduction in the absolute number of available cells can disrupt the ability of the phagocytic system to function effectively. People with phagocytic disorders are exquisitely susceptible to bacterial and fungal infections, including *Candida*. However, the exact pathogen varies with the particular disease process. As with other alterations in immune function, defects in phagocytosis can be primary or secondary disorders.

Primary disorders of phagocytosis impact leukocyte adhesion, microbicidal activity, and cellular degranulation. **Leukocyte adhesion deficiencies (LADs)** are rare genetic disorders that impair neutrophil adhesion, leading to severe bacterial infections and poor wound healing. LAD-1, the most common form, affects CD18 expression, disrupting neutrophil chemotaxis and adherence. LAD-II results from defective fucose metabolism, while LAD-III impairs integrin activation, weakening immune cell function (Bacolato, 2023).

Chronic granulomatous disease (CGD) is one of the most common primary phagocytic disorders, causing increased susceptibility to bacterial and fungal infections.

It results from mutations in genes responsible for producing phagocyte oxidases (phox), which generate superoxide for microbial killing. Most cases are X-linked and affect males. CGD leads to recurrent infections such as pneumonia, abscesses, cellulitis, osteomyelitis, and sepsis, often beginning in early childhood. Infections are caused by various bacteria and fungi, including *S. aureus*, *Aspergillus*, and *Escherichia coli*. Chronic inflammation can lead to granulomatous masses requiring surgical removal. The only cure is bone marrow transplantation, while supportive care includes prophylactic antibiotics and IFN-γ therapy (Badolato, 2023).

Chédiak-Higashi syndrome (CHS) is a rare autosomal recessive disorder marked by immunodeficiency, bleeding tendency, albinism, and neurological decline. It is caused by mutations in the *LYST* gene, leading to abnormal granules in immune and other cells, reducing their ability to fight infections. CHS typically appears in infancy and worsens over time. Many patients enter an "accelerated phase" triggered by Epstein-Barr virus (EBV), resulting in organ infiltration, immune failure, and death. Antibiotics provide symptomatic relief, but hematopoietic cell transplantation is the only treatment to restore immune function though it does not prevent neurological deterioration (Badolato, 2023).

Secondary Disorders of Phagocytosis

Secondary deficiencies of the phagocytic system can result from a multitude of disorders, including leukemia, malnutrition, viral infections, or diabetes. People with diabetes are more prone to develop poor phagocytic function because of altered cellular chemotaxis. The exact mechanism of the dysfunction is not known, but it does not appear to be associated with age or the severity of the endocrine disorder. There is some evidence that phagocytic dysfunction is coinherited at a higher rate in people with diabetes. Drugs that impair or prevent inflammation and T-cell function, such as corticosteroids or cyclosporine, also alter the phagocytic response through modulation of cytokines.

Stem Cell Transplantation

For most of the primary immunodeficiency disorders, HSCT from allogeneic HLA-compatible sibling donors is the treatment of choice because it results in effective immunologic reconstitution and improved survival in approximately 90% of people. The introduction of gene therapy has radically changed the face of stem cell transplantation. It has allowed the use of genetically altered autologous cells to correct pre-existing cellular dysfunction. Retroviral vectors carrying the appropriate genetic code are transduced into peripheral blood cells, which are then transplanted back into the host. Depending on the genetic vector, these genetically altered cells demonstrate sustained engraftment, with multilineage differentiation, increased cell counts, and improvement in both cellular and humoral functioning, without the risk of GVHD and other autoimmune disorders (Giommetti & Papanikolaou, 2024).

SUMMARY CONCEPTS

The immune response is a complex, multidimensional process that requires the coordinated activities of both the innate and adaptive immune systems. Because of its complexity, it is not uncommon for one or more normal processes to become disrupted. An immunodeficiency is defined as an absolute or partial loss of the normal immune response that places a person at risk for the development of infection or malignancy. Disorders of the immune system can be classified as primary or secondary disorders. Primary disorders are inherited, as the underlying genetic alteration is present at birth, whereas secondary disorders develop sometime later in life in response to another disease entity or condition. The extent to which any or all of these components are compromised dictates the severity of the immunodeficiency.

Immunodeficiency disorders can affect any component of the cellular or humoral immune response. B-lymphocytic or humoral immunodeficiency disorders can affect all circulating Igs, resulting in agammaglobulinemia, or target a single Ig (e.g., IgA immunodeficiency). Defects in humoral immunity increase the risk of recurrent pyogenic infections but have limited impact on the defense against intracellular bacteria (mycobacteria), fungi, protozoa, and most viruses, except those that cause gastrointestinal infections. T-cell immunity is responsible for protection against fungal, protozoan, viral, and intracellular bacterial infections; for control of malignant cell proliferation; and for the coordination of the overall immune response. T-lymphocyte or cell-mediated immune disorders can present as selective T-cell immunodeficiency states or as combined T- and B-cell immunodeficiency disorders. Children born with SCID present with severe opportunistic infections and have a disease course that resembles AIDS. The majority of these children die before the age of 1 unless immune system reconstitution can be achieved through HSCT.

The complement system and phagocytic cells are integral components of innate immunity and can also be targeted in immunodeficiency disorders. The complement system plays a key role in promoting chemotaxis, opsonization, and phagocytosis of invasive pathogens. Deficiencies in complement proteins, control molecules, or receptors can lead to enhanced susceptibility to infectious diseases and autoimmune disorders, particularly SLE. People with phagocytic disorders are exquisitely susceptible to bacterial and fungal infections, including *Candida*; however, the exact pathogen varies with the particular disease process. Primary disorders of phagocytosis include LAD disorders, degranulation abnormalities, and defects in microbicidal activity.

Hypersensitivity Disorders

Activation of the immune system normally results in coordinated T- and B-cell responses that protect the body from invading microorganisms and toxic substances. However, this same system can cause significant tissue damage when it becomes dysregulated. **Hypersensitivity** is defined as an abnormal or excessive immune response that results in injury to host tissues. Disorders caused by these inappropriate immune responses are collectively referred to as hypersensitivity reactions.

Hypersensitivity reactions are classified into four types: type I, IgE-mediated disorders; type II, antibody-mediated disorders; type III, immune complex–mediated disorders; and type IV, T-cell–mediated disorders. These reactions differ in the immune mechanisms involved, the timing of onset, and the nature of tissue injury. They involve specific immune cells and mediators, including antibodies, T lymphocytes, mast cells, and inflammatory mediators, which contribute to tissue injury in different ways depending on the type of hypersensitivity response.

Type I, Immediate Hypersensitivity Disorders

Type I hypersensitivity reactions are IgE-mediated immune responses that develop rapidly after exposure to an **allergen**. These reactions represent the classic allergic response and may be localized (e.g., allergic rhinitis, urticaria, asthma) or systemic (e.g., anaphylaxis). Allergens may enter the body through inhalation, ingestion, injection, or skin contact and include substances such as pollens, dust mites, animal dander, foods, and medications (Abbas et al., 2022).

The development of a type I hypersensitivity reaction involves coordinated interactions among Th2 helper T cells, B lymphocytes, and mast cells, with contributions from basophils and eosinophils. Following initial exposure to an allergen, APCs stimulate the differentiation of naïve $CD4^+$ T cells into Th2 cells. These cells release cytokines that promote B-cell class switching to IgE production. The IgE antibodies bind to high-affinity FcεRI receptors on mast cells and basophils, sensitizing these cells to future exposures.

Upon reexposure to the allergen, cross-linking of IgE molecules on mast cell and basophil surfaces triggers rapid degranulation and the release of inflammatory mediators. These include histamine, LT, prostaglandins, PAF, cytokines, and chemokines. These mediators produce the characteristic features of allergic reactions, including vasodilation, increased vascular permeability, bronchoconstriction, and mucus secretion (Fig. 9-16) (Abbas et al., 2022).

Type I hypersensitivity reactions typically occur in two phases. The **immediate (early) phase** develops within minutes of allergen exposure and is mediated primarily by mast cell degranulation and release of preformed mediators such as histamine. The **late phase** occurs several hours later and is characterized by the recruitment of eosinophils, neutrophils, and other inflammatory cells, leading to sustained inflammation and tissue injury (Abbas et al., 2022).

Eosinophils play an important role in the late-phase response by releasing cytotoxic proteins and inflammatory mediators that contribute to tissue damage, particularly in chronic allergic conditions such as asthma.

Although IgE-mediated responses are commonly associated with allergic disease, they also serve a protective role in host defense against parasitic infections by promoting the recruitment of eosinophils and other immune cells.

Anaphylactic (Systemic) Reactions

Anaphylaxis is a severe, life-threatening systemic hypersensitivity reaction caused by widespread mast cell activation and massive release of inflammatory mediators. These effects result in profound vasodilation, increased vascular permeability, airway edema, and bronchoconstriction, leading to hypotension, hypoxia, and potential cardiovascular collapse.

Clinical manifestations range from mild cutaneous symptoms (urticaria, angioedema) to severe multisystem involvement, including respiratory distress, cardiovascular instability, and gastrointestinal symptoms. Severe reactions may progress rapidly to life-threatening conditions requiring immediate intervention (Dribin et al., 2022).

Management focuses on rapid recognition, removal of the triggering allergen, airway support, intravenous fluid resuscitation, and prompt administration of epinephrine. Individuals at risk should carry emergency epinephrine and seek immediate medical care following exposure (Dribin et al., 2022).

Atopic (Local) Reactions

Atopy refers to a genetic predisposition to develop IgE-mediated (type I) hypersensitivity reactions to common environmental allergens. These reactions are typically localized and include conditions such as allergic rhinitis, atopic dermatitis, urticaria, and asthma. Individuals with atopy often have elevated levels of IgE and increased numbers of mast cells, basophils, and eosinophils.

Genetic susceptibility plays a role, although the specific mechanisms are not fully understood. Environmental exposure and immune regulation also contribute to disease development.

Allergic Rhinitis

Allergic rhinitis is a common hypersensitivity disorder of the upper respiratory tract that affects between 20% and 40% of the Western population. Symptoms include **rhinorrhea** (runny nose), nasal obstruction, sneezing, nasal itching, and watery eyes (**conjunctivitis**). The diagnosis of allergic rhinitis is made based on the person's

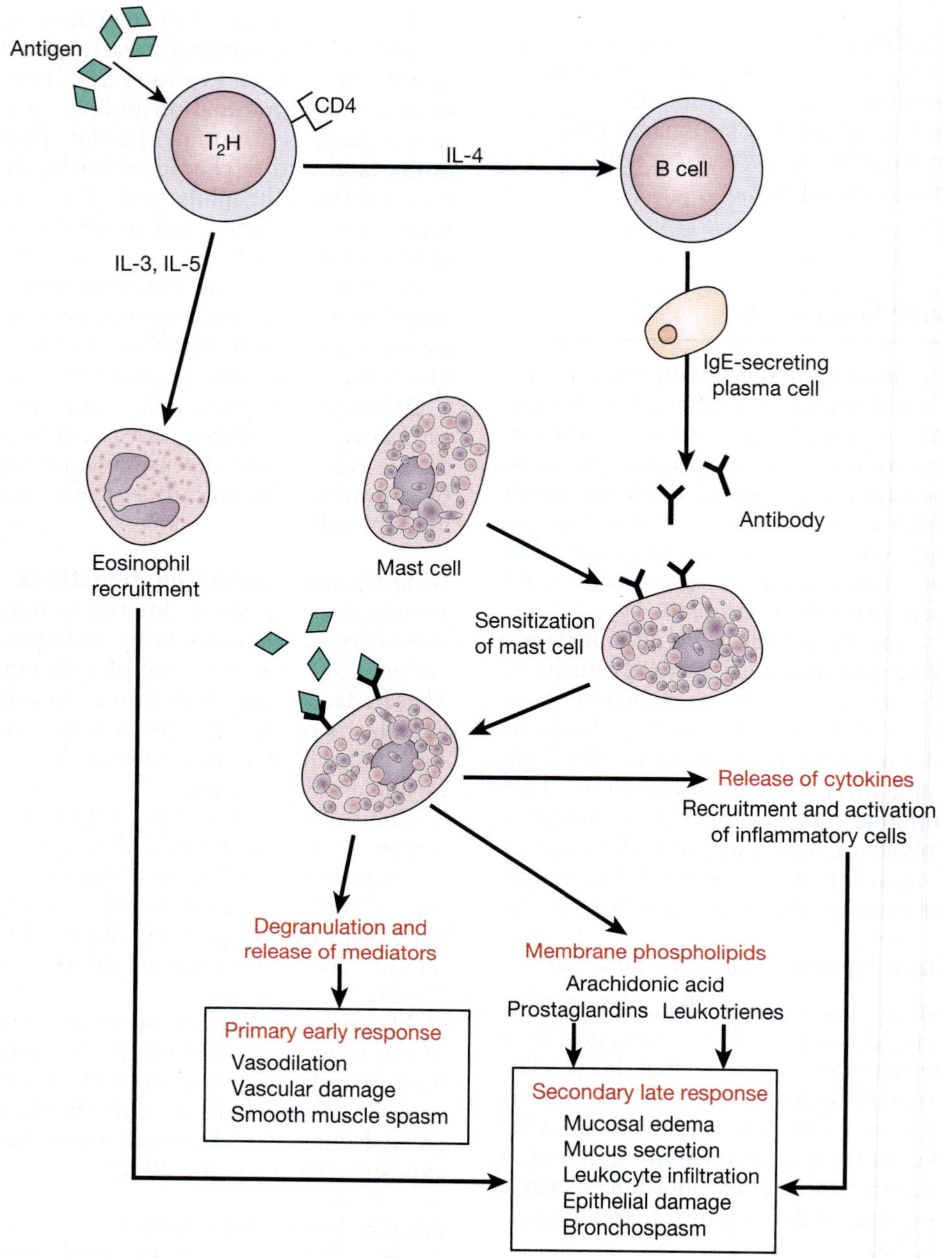

FIGURE 9-16. Type I, IgE-mediated hypersensitivity reaction. The stimulation of B-cell differentiation by an antigen-stimulated type 2 helper (T_2H) T cell leads to plasma cell production of IgE and mast cell sensitization. Subsequent binding of the antigen produces degranulation of the sensitized mast cell with the release of preformed mediators that lead to a primary or early-phase response. T_2H T-cell recruitment of eosinophils, along with the release of cytokines and membrane phospholipids from the mast cell, leads to a secondary or late-phase response.

clinical presentation and a positive skin prick test or the presence of serum-specific IgE antibodies to aeroallergens. People with allergic rhinitis frequently present with other forms of atopy such as allergic asthma and **urticaria (hives)**. Severe attacks may be accompanied by systemic malaise, fatigue, headache, and muscle soreness from sneezing. Fever is absent. The allergens associated with the development of allergic rhinitis are airborne and are therefore deposited directly onto the nasal mucosa. Typical allergens include pollens from ragweed, grasses, trees, and weeds; fungal spores; house dust mites; animal dander; and feathers.

Clinical manifestations are dependent upon the timing and severity of exposure. In people who are chronically exposed to allergens, symptoms can be present throughout the year. This form of atopy is known as **perennial rhinitis**. In contrast, people who present with symptoms only when exposed to high allergen counts, such as in the fall or spring, are said to have **seasonal allergic rhinitis**. Symptoms that become worse at night suggest a household allergen, and symptoms that disappear on weekends suggest occupational exposure.

The allergic response in allergic rhinitis occurs primarily in the nasal mucosa. When aeroallergens are inhaled, they are deposited on the mucosal surface and trigger a localized IgE-mediated hypersensitivity response. Activation of Th2 cells promotes B-cell production of IgE, which binds to mast cells. Upon reexposure, allergen-induced mast cell activation leads to the release of inflammatory mediators, resulting in the characteristic symptoms of allergic rhinitis.

Treatment of allergic rhinitis focuses on the institution of avoidance measures and control of symptoms. Whenever possible, the offending allergen should be removed from the environment, or exposure should be kept to a minimum. Most symptoms can be controlled with over-the-counter antihistamines and topical nasal decongestants. Tolerance and rebound congestion may occur with chronic administration of topical nasal decongestants, so their use should be limited to less than 1 week. More severe symptoms may require prescription medication, including topical nasal corticosteroids and antihistamines. Mast cell stabilizers that prevent localized mast cell degranulation and the release of intracellular mediators may be useful, especially when administered prophylactically. In people whose symptoms cannot be successfully controlled with these measures, a program of desensitization known as immunotherapy ("allergy shots") may be undertaken. Desensitization involves the frequent administration of progressively larger quantities of the offending antigen(s). The antigens stimulate the production of high levels of IgG antibodies, which are capable of combining with the antigen and preventing the activation of cell-bound IgE antibodies.

Food Allergies

Food allergy is very common in Western countries and may manifest with life-threatening consequences. In fact, food-induced anaphylaxis is a leading cause of emergency department visits, especially among children (Novembre et al., 2024). Any food is capable of inducing a hypersensitivity reaction in susceptible individuals. These reactions occur when a specific food allergen comes into contact with IgE antibodies present in the intestinal mucosa. The most commonly implicated foods include peanuts, tree nuts, and shellfish, while milk is frequently implicated in children. Individuals with asthma, adolescents, and those with a personal or family history of food allergy are at increased risk of severe reactions. Food allergies are a common form of IgE-mediated (type I) hypersensitivity and may result in localized or systemic reactions.

The clinical manifestations of food allergy depend on many factors, including the amount of food ingested, the presence of an empty stomach, concurrent illness and medication, exercise, and the phase of the menstrual cycle. Reactions may differ within a given person during different exposures, but the primary symptoms are seen in the skin, gastrointestinal tract, and respiratory system in approximately 80% of cases. The ability of a specific food to trigger a type I hypersensitivity reaction may change during the cooking process because heating can alter (denature) the protein structure of an allergen so that it is no longer able to trigger the humoral response. Both acute reactions (hives and anaphylaxis) and chronic reactions (asthma, atopic dermatitis, and gastrointestinal disorders) to food allergens can occur.

Anaphylactic reactions to food allergens are common, and the presentation may differ between adults and children. Adults typically present with severe symptoms, including cardiovascular collapse, whereas severe abdominal pain, hives, allergic rhinitis, conjunctivitis, and facial flushing are more common in children. Within the pediatric population, wheezing and stridor are more common in preschoolers and older children, whereas hives and vomiting are usually seen in infants (Novembre et al., 2024). The majority of the reactions manifest within 1 hour of exposure, but delayed reactions are possible secondary to delayed absorption of the allergen. A rare form of anaphylaxis associated with food is known as **food-dependent exercise-induced anaphylaxis (FDEIA)**. In FDEIA, both exercise and the food allergen are tolerated independently, and symptoms do not occur in the absence of exercise (Srisuwatchari et al., 2023). The pathophysiology is not completely understood but seems to suggest that a pliable state of immunologic tolerance exists in susceptible people. Changes in plasma osmolality and pH, tissue enzyme activity, blood flow distribution, and gastrointestinal permeability may occur during exercise, which results in facilitated allergen recognition and binding.

Diagnosis of food allergies relies upon a careful food history and provocative diet testing. Provocative testing involves the systematic elimination of suspected allergen(s) from the diet for a time to see if the symptoms disappear and then reintroducing the allergen(s) to the diet to determine if the symptoms reappear.

Treatment of food allergy focuses specifically on the avoidance of the offending allergen. However, this can be difficult due to inadvertent contamination with the allergen source. People with severe allergies or a history of anaphylaxis should be educated to carry an EpiPen and to seek emergency care immediately after exposure.

Type II, Antibody-Mediated Disorders

Type II (antibody-mediated) hypersensitivity, also referred to as **cytotoxic hypersensitivity**, is mediated by IgG or IgM antibodies directed against antigens located on host cell surfaces or within tissue-specific structures. These reactions are directed against antigens located on cell surfaces or within tissue-specific structures. The antigens may be either intrinsic, meaning they are inherent components of the host cell, or extrinsic, meaning they become incorporated into the cell surface following exposure to a foreign substance or infectious agent. Thus, the tissues that express the target antigens determine the clinical manifestations of type II hypersensitivity reactions. These antigens are referred to as **tissue-specific antigens**. Type II hypersensitivity reactions occur through four primary mechanisms, all of which are initiated by the binding of IgG or IgM antibodies to tissue-specific antigens. These mechanisms include complement-mediated cell destruction, antibody-mediated cell cytotoxicity, complement- and antibody-mediated inflammation, and antibody-dependent modulation of normal cell surface receptors (Fig. 9-17).

Complement-Activated Cell Destruction

Type II hypersensitivity reactions lead to target cell destruction through complement system activation via the classical pathway. The formation of the MAC (C5–C9) permits ion and water influx, causing direct cell lysis. Additionally, IgG and C3b act as opsonins, binding to macrophage receptors and triggering phagocytosis. Thus, complement activation induces both direct lysis and immune-mediated destruction of target cells.

In **AIHA**, autoantibodies target RBC epitopes, leading to phagocytosis in the liver or spleen. Some autoantibodies also activate complement, inducing RBC lysis. A similar process occurs in **erythroblastosis fetalis** (Rh incompatibility), where Rh-negative mothers produce anti-D antibodies. In an Rh-positive fetus, these antibodies coat fetal RBCs, leading to their removal via macrophage- and monocyte-mediated phagocytosis (Mulder et al., 2023).

Antibody-Dependent Cell Cytotoxicity

Antibody-dependent cellular cytotoxicity (ADCC) incorporates components of both the innate and adaptive immune responses in the destruction of target cells but is not dependent upon activation or utilization of complement proteins. Rather, the mechanism relies upon the activity of nonspecific NK cells, but other cells, such as macrophages and eosinophils, have been implicated. The Fc fragment of the IgG antibody binds to an Fc receptor (FcγR) on the surface of the effector cell, and the variable fragment binds to the epitope on the target cell surface, causing the release of chemotactic substances and destruction of the target cell. ADCC is a common

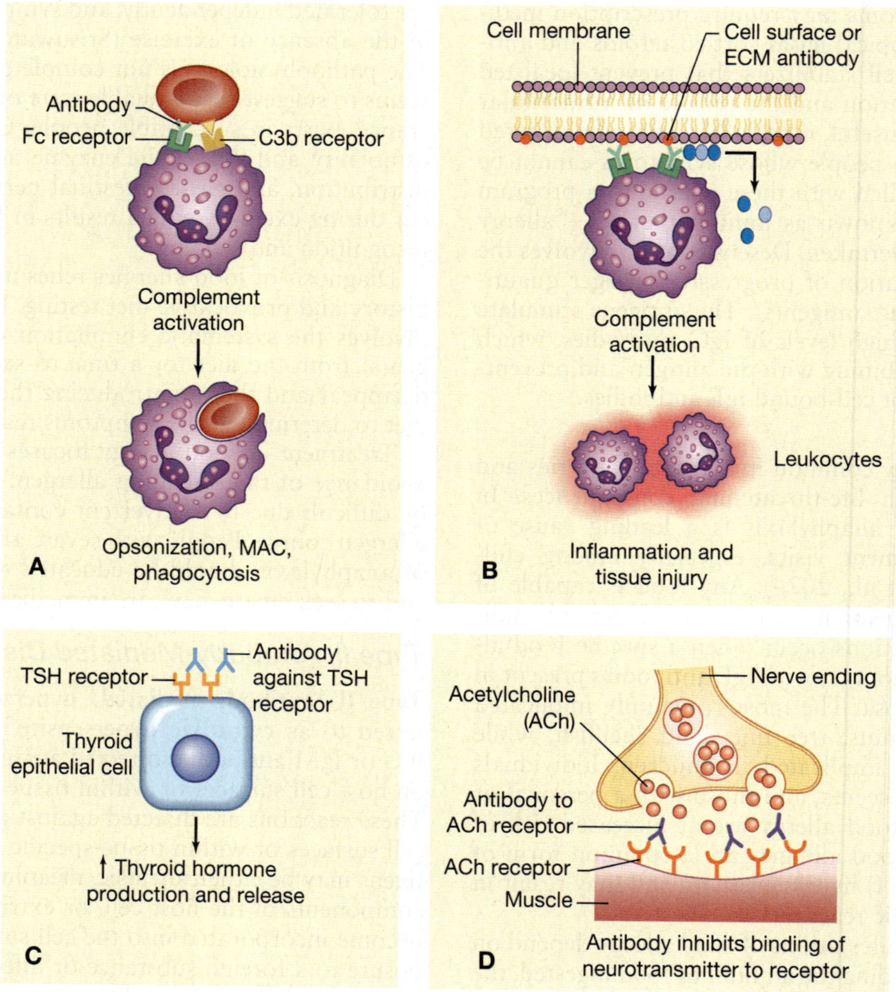

FIGURE 9-17. Type II hypersensitivity reactions result from the binding of antibodies to normal or altered surface antigens. **A.** Opsonization and complement- or antibody–receptor–mediated phagocytosis or cell lysis through the membrane attack complex. **B.** Complement- and antibody receptor–mediated inflammation resulting from the recruitment and activation of inflammation-producing leukocytes (neutrophils and monocytes). **C.** Antibody-mediated cellular dysfunction, in which an antibody against the TSH receptor increases thyroid hormone production, and (**D**) an antibody to the acetylcholine receptor inhibits receptor binding of the neurotransmitter in myasthenia gravis.

antiviral mechanism (Coënon & Villalba, 2022). It has been implicated in the development of several autoimmune disorders, including **pemphigus vulgaris**.

Complement- and Antibody-Mediated Inflammation

When antigens that are normally expressed on vessel walls or that circulate in the plasma are deposited on the surface of endothelial cells or extracellular tissues, the manifestations are the result of localized inflammation as opposed to cell destruction (Loeffler, 2023). The presence of antibodies in the tissues activates the complement cascade, resulting in the release of the activated complement proteins C3a and C5a, which in turn attract neutrophils to the area and stimulate the deposition of complement protein C3b. Neutrophils will bind to the Fc antibody fragment or to C3b, but rather than destroying cells via phagocytosis, they undergo degranulation and release chemical mediators (enzymes and oxidases) involved in the inflammatory response. Antibody-mediated inflammation is responsible for the tissue injury seen in Goodpasture disease, which is characterized by the presence of autoantibodies against the α3NC1 domain of collagen IV, an essential protein in the basement membranes of the kidneys and lungs (Reggiani et al., 2023). The antibody-mediated neutrophil activation causes the development of glomerulonephritis, acute renal failure, and hemorrhagic lung disease if immunosuppressive therapy is not initiated.

Antibody-Mediated Cellular Dysfunction

In some type II reactions, the binding of the antibody to specific target cell receptors causes the cell to malfunction in some way, rather than initiating the process of cell destruction. The antibody–receptor complex that is formed modulates the function of the receptor by preventing or enhancing interactions with normal ligands, by replacing ligands and directly stimulating receptors, or by destroying the receptor entirely. The symptoms of type II hypersensitivity reactions caused by antibody-mediated cellular dysfunction are dependent upon the specific receptor(s) that are targeted. For example, in Graves disease, autoantibodies, known as **thyrotropin-binding inhibitory Ig**, bind to and activate thyroid-stimulating hormone (TSH) receptors on thyroid cells, stimulating thyroxine production and the development of hyperthyroidism (Bajwa & Mohammed, 2023).

KEY POINTS

Allergic and Hypersensitivity Disorders

- Type I hypersensitivity reactions are dependent upon IgE-mediated activation of mast cells and basophils and the subsequent release of chemical mediators of the inflammatory response.
- Type II (antibody-mediated) hypersensitivity or *cytotoxic hypersensitivity* reactions are mediated by IgG or IgM antibodies directed against target antigens on specific host cell surfaces or tissues and result in complement-mediated phagocytosis and cellular injury.
- Type III (immune complex) hypersensitivity is caused by the formation of antigen–antibody immune complexes in the bloodstream, which are subsequently deposited in vascular epithelium or extravascular tissues and activate the complement system, inducing a massive inflammatory response.
- Type IV (cell-mediated) hypersensitivity involves tissue damage in which cell-mediated immune responses with sensitized T lymphocytes cause cell and tissue injury. Although all are T-cell–mediated, the pathophysiologic mechanisms and sensitized T-cell populations involved differ.

Type III, Immune Complex–Mediated Disorders

Immune complex allergic disorders are caused by the formation of antigen–antibody immune complexes in the bloodstream, which are later deposited in vascular epithelium or extravascular tissues (Fig. 9-18). The

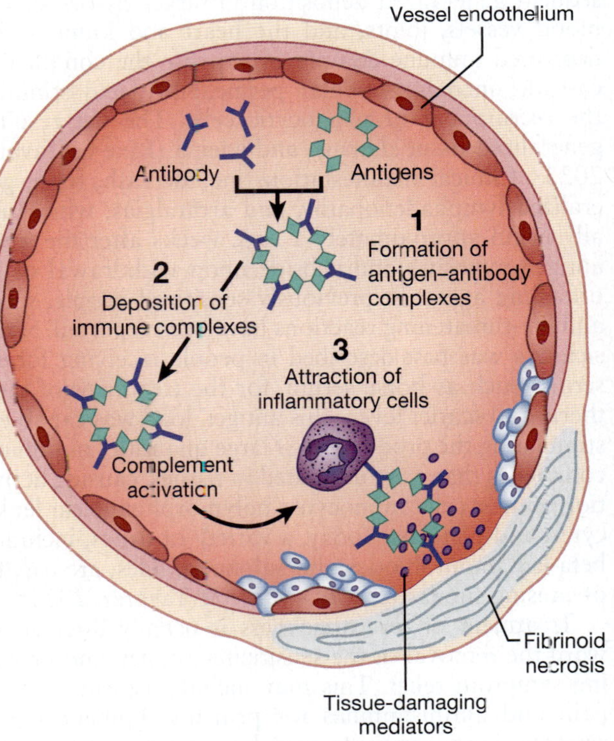

FIGURE 9-18. Type III immune complex reactions involving complement-activating IgG or IgM Igs with (1) formation of blood-borne immune complexes that are (2) deposited in tissues. Complement activation at the site of immune complex deposition (3) leads to the attraction of leukocytes that are responsible for vessel and tissue injury.

deposition of these complexes in the tissues activates the complement system and induces a massive inflammatory response. Like type II hypersensitivity reactions, IgG and IgM antibodies activate immune complex–mediated disorders. However, in type III reactions, the antibody–antigen complexes are formed first in the plasma and then deposited in the tissues. The clinical manifestations may therefore have little to do with the particular antigenic target but rather with the site of immune complex deposition. Immune complexes formed in the circulation can produce damage in any end-organ vessels, including those feeding the renal glomerulus, skin, lung, and joint synovium. They can be generalized if the immune complexes are deposited in many organs or localized to a particular organ, such as the kidney, joints, or small blood vessels of the skin. Once deposited, the immune complexes elicit an inflammatory response by activating complement and generating chemotactic factors that recruit neutrophils and other cells of the inflammatory response. The activation of these inflammatory cells by immune complexes and complement, accompanied by the release of potent inflammatory mediators, is directly responsible for the injury. Type III reactions are responsible for the vasculitis seen in many autoimmune diseases, including *SLE* and acute glomerulonephritis.

Systemic Immune Complex Disorders

Serum sickness is a clinical syndrome that results from the formation of insoluble antigen–antibody immune complexes in the presence of antigen excess and subsequent generalized deposition in target tissues such as blood vessels, joints, and the heart and kidneys. The deposited immune complexes activate the complement cascade, increase vascular permeability, and stimulate the recruitment of phagocytic cells. The net result is generalized tissue damage and edema (Rixe & Tavarez, 2023). Clinical manifestations include rash, fever, generalized lymphadenopathy, and arthralgias, which usually begin approximately 1 to 2 weeks after the initial antigen exposure and subside upon withdrawal of the offending agent. In previously sensitized people, severe and life-threatening reactions have been reported. Serum sickness was first described in people receiving foreign serum, such as horse serum, for the treatment of diphtheria and scarlet fever. This antigen load was capable of stimulating the production of large quantities of immune complexes that were deposited in tissues, causing activation of mast cells, monocytes, polymorphonuclear leukocytes, and platelets. Today, a variety of drugs, including beta-lactam antibiotics and sulphonamides, are capable of causing similar reactions (Rixe & Tavarez, 2023).

Treatment of serum sickness is usually directed toward the removal of the sensitizing antigen and providing symptom relief. This may include aspirin for joint pain and antihistamines for **pruritus**. Epinephrine or systemic corticosteroids may be used for severe reactions (Rixe & Tavarez, 2023).

Localized Immune Complex Reactions

The **Arthus reaction** is a localized immune complex reaction associated with discrete tissue necrosis, usually in the skin. It is caused by repeated local exposure to an antigen, where high levels of preformed circulating antibodies exist. Symptoms usually begin within 1 hour and peak within 6 to 12 hours of exposure. Lesions are typically red, raised, and inflamed. Ulcers may often form at the center of the lesions because of the release of inflammatory cytokines. The mechanism of the Arthus reaction is not completely understood, but it is believed to be the result of localized contact of injected antigen with circulating IgG antibody. This reaction is the prototypical model for the development of localized vasculitis associated with certain drug reactions in humans (Soravipukuntorn et al., 2023).

Type IV, Cell-Mediated Hypersensitivity Disorders

Type IV hypersensitivity reactions differ from types I to III hypersensitivity reactions in that they are cell-mediated and delayed, rather than antibody-mediated and immediate immune responses (Fig. 9-19). The cell-mediated

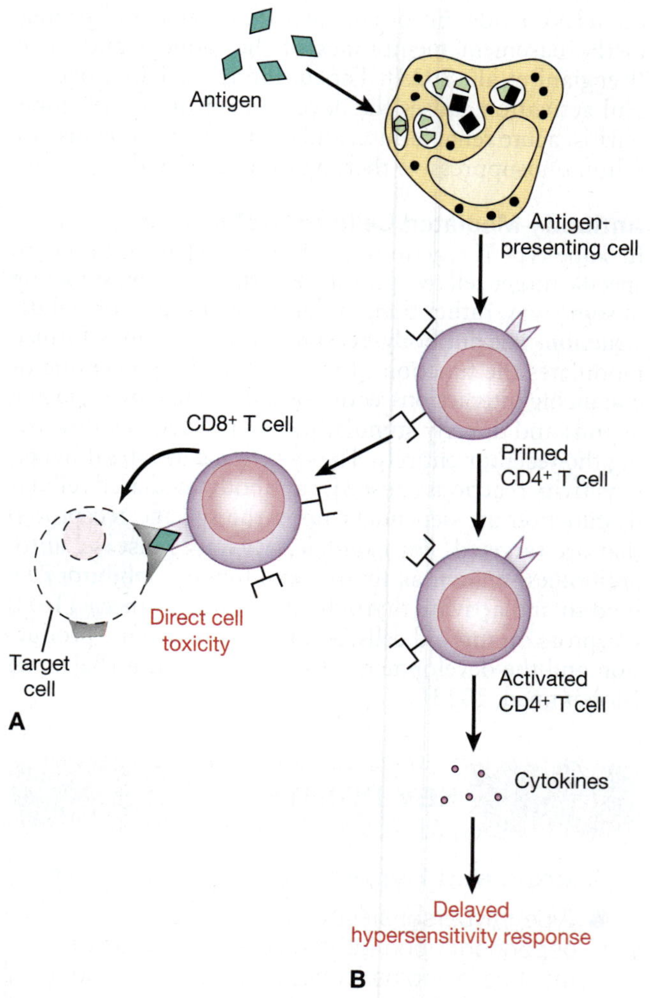

FIGURE 9-19. Type IV cell-mediated hypersensitivity reactions, which include (**A**) direct cell-mediated cytotoxicity in which $CD8^+$ T cells kill the antigen-bearing target cells and (**B**) delayed-type hypersensitivity reactions in which presensitized $CD4^+$ cells release cell-damaging cytokines.

immune response is normally the principal mechanism of defense against a variety of microorganisms, including intracellular pathogens such as *Mycobacterium tuberculosis* and viruses, as well as extracellular agents such as fungi, protozoa, and parasites. However, it can cause cell death and tissue injury in sensitized individuals in response to topically administered chemical antigens (contact dermatitis) and systemic antigen exposure or as part of the autoimmune process.

Type IV hypersensitivity reactions encompass a spectrum of T-cell–mediated disorders ranging from mild to severe. While all involve T cells, the mechanisms and sensitized T-cell populations vary. Due to this heterogeneity, immunologists classify Type IV reactions into four subtypes (IVa, IVb, IVc, and IVd) based on immune response, T-cell involvement, and pathology. Different T-cell subsets with distinct cytotoxic and regulatory functions may be activated at various disease stages (Marwa & Kondamudi, 2023).

Type IVa hypersensitivity (e.g., eczema) involves $CD4^+$ T_1H cells activating monocytes and macrophages via IFN-γ secretion, leading to complement-fixing antibody production and pro-inflammatory responses (TNF-α, IL-12). Because these responses require effector molecule synthesis, symptoms manifest 24 to 72 hours postexposure, hence the term "delayed-type" hypersensitivity.

Type IVb and IVd reactions are also considered to be delayed hypersensitivity reactions. Type IVb reactions (e.g., **maculopapular exanthema** and **bullous exanthema**) are the result of T_2H cell activation and eosinophilic infiltration of the tissues. T_2H cells secrete the cytokines IL-4 and IL-5, which are necessary for the activation of mast cell and eosinophilic responses. In addition, these cytokines deactivate macrophages and promote the production of IgE and IgG antibodies by B lymphocytes. Type IVd reactions are very rare and involve the recruitment and activation of neutrophils by T lymphocytes that specifically secrete IL-8. The only disorder of this subtype is **acute generalized exanthematous pustulosis (AGEP)**, which presents with neutrophil-filled sterile pustules of the skin, fever, and massive leukocytosis (Marwa & Kondamudi, 2023).

Type IVc reactions involve cytotoxic $CD4^+$ and $CD8^+$ T cells that release perforin and granzyme B. These cytotoxic T lymphocytes (CTLs) recognize APCs via MHC molecules: $CD8^+$ T cells target MHC-I–presented viral peptides, while $CD4^+$ T cells respond to MHC-II–presented bacterial peptides. In viral infections, CTLs often cause cell damage, as seen in hepatitis, where liver cell destruction results from the immune response rather than viral cytotoxicity (Marwa & Kondamudi, 2023).

Allergic Contact Dermatitis

Allergic contact dermatitis is a type IV hypersensitivity reaction associated with the activation of T_1H and T-helper lymphocytes. The inflammatory response takes place in two phases: sensitization and elicitation. It is usually confined to sites on the skin that have come in direct contact with a hapten (e.g., cosmetics, hair dyes, metals, topical drugs, plant oils). During the sensitization phase, haptens are captured by DCs, which then migrate to regional lymph nodes and stimulate T-cell production. In addition, local keratinocytes sense haptens and initiate and amplify the local immune response. Reexposure to the specific hapten results in the rapid recruitment and activation of memory-specific T cells. The most common form of this condition is the dermatitis that follows an intimate encounter with poison ivy or poison oak antigens, although many other substances can trigger a reaction (Tramontana et al., 2023).

Clinical manifestations of contact dermatitis include an erythematous, papular, and vesicular rash that is associated with intense pruritus and weeping. The affected area often becomes swollen and warm, with exudate formation and crusting. It is not uncommon for a secondary infection to develop. The location of the lesions often provides a clue about the antigen causing the disorder. However, with the same cases of contact dermatitis (e.g., poison ivy), the allergen can be unknowingly spread from one part of the body to another. The severity of the reactions ranges from mild to intense, depending on the person and the allergen. Symptoms usually appear approximately 12 to 24 hours after exposure. Depending on the antigen and the duration of exposure, the reaction may last from days to weeks.

Diagnosis of contact dermatitis is made based on the characteristics and distribution of the rash, as well as the temporal relationship of exposure to the suspected allergen. Patch tests can be performed to confirm the diagnosis. Treatment involves the removal of the offending agent, followed by the application of topical preparations (e.g., ointments, corticosteroid creams) to relieve symptomatic skin lesions and prevent secondary bacterial infections. Severe reactions may require the administration of systemic corticosteroid therapy (Tramontana et al., 2023).

Hypersensitivity Pneumonitis

Hypersensitivity pneumonitis, also known as extrinsic allergic alveolitis, is a form of inflammatory lung disease that results from an exaggerated immune response after exposure to a multitude of inhaled organic particles or related occupational antigens. The exact pathophysiologic mechanism of hypersensitivity pneumonitis remains unclear, but evidence supports a role for both type III and type IV immune responses. People demonstrate both high levels of antigen-specific serum IgG and combined cellular infiltration and granuloma formation. T_1H cells appear to play a critical role in the development of the disease through the production and release of TNF, IFN-γ, IL-12, and IL-18 in lung tissue. Symptoms, including labored breathing, dry cough, chills and fever, headache, and malaise, usually begin several hours after exposure and subside within hours after the sensitizing antigens are removed. However, long-term sequelae have been reported (Calaras et al., 2024).

Diagnosis of hypersensitivity pneumonitis is based upon a history of exposure to possible antigens. A computed tomography scan of the chest demonstrates areas of lobar vascularity and the presence of centrilobular nodules. Removal of the offending agent and administration of oral corticosteroids are the only treatments available.

Latex Allergy

With the institution of universal precautions in the 1980s, the utilization of products containing natural rubber latex increased dramatically. Natural rubber latex is produced from the milky sap of the *Hevea brasiliensis* tree, and at least 13 allergenic proteins have been isolated from it to date, any one of which can elicit an allergic response in susceptible people. As a result, latex allergy has emerged as a significant medical problem in Westernized societies (Nguyen & Kohli, 2023).

Although exposure to natural rubber latex is necessary for sensitization, other factors play a key role in the development of latex allergy. People with a history of atopic reactions, food allergies, and delayed hypersensitivity reactions are more likely to develop an allergic response to latex. The proteins found in latex are present in many naturally occurring substances, including tree pollens, avocado, bananas, celery, and pears, so cross-sensitivity is possible.

Exposure to latex may occur through a variety of mechanisms, including contact with skin and mucous membranes, inhalation, contact with internal tissues, or intravascular injection. The most severe reactions have resulted from latex proteins coming into contact with the mucous membranes of the mouth, vagina, urethra, or rectum. Anaphylactic reactions have been caused by exposure of the internal organs to the surgeon's gloves during surgery (Nguyen & Kohli, 2023).

Latex allergy can present as a type I IgE-mediated hypersensitivity reaction, a type IV cell-mediated hypersensitivity reaction, or a combination of the two. Frequently, the exact pathophysiologic mechanism is unclear because the activation of the humoral and cell-mediated immune responses is so intimately connected.

Type I IgE-mediated hypersensitivity reactions develop in response to sensitization to one or more specific latex proteins. These reactions are immediate and often life-threatening, occurring within minutes of exposure. Clinical manifestations range from mild to severe and include urticaria, wheezing, nasal congestion, coryza, rhinoconjunctivitis, bronchospasm, systemic hypotension, anaphylaxis, and cardiovascular collapse (Nguyen & Kohli, 2023).

Type IV hypersensitivity reactions to latex gloves are the most common form of latex allergy seen. In this form of allergy, people usually develop contact dermatitis to one of the chemical additives rather than the latex proteins within 48 to 96 hours of exposure. The contact dermatitis often affects the **dorsum** of the hands and is characterized by a vesicular, pruritic rash.

Diagnosis of latex allergy is based on the person's history and the presence of symptoms after exposure to latex-containing products. Definitive diagnosis is made through skin prick testing or intradermal injection of allergen and confirmed through latex-specific serum IgE immunoassays (Nguyen & Kohli, 2023).

Treatment of latex allergy consists mainly of avoidance measures and requires a great deal of education directed toward the latex-sensitive person and their family. People with severe type I IgE-mediated hypersensitivity reactions should be instructed to obtain and wear a medical alert bracelet or necklace. If type I reactions occur, they are treated with epinephrine, antihistamines (H1 and H2 blockers), and systemic corticosteroids in order to maintain airway patency and restore hemodynamic stability (Nguyen & Kohli, 2023).

SUMMARY CONCEPTS

Hypersensitivity reactions are exaggerated immunologic responses to environmental, food, or drug antigens that would not affect most of the population. There are four basic categories of hypersensitivity responses: (1) type I responses, which are mediated by the IgE class Igs and include anaphylactic shock, hay fever, and bronchial asthma; (2) type II responses, which involve complement-activated cell destruction (Rh incompatibility), ADCC, complement- and antibody-mediated inflammation (e.g., Goodpasture disease), and antibody-mediated cell dysfunction (e.g., Graves disease and myasthenia gravis); (3) type III, immune complex–mediated hypersensitivity disorders, which involve the formation and deposition of insoluble antigen–antibody complexes in blood vessels, causing the development of vasculitis and organ damage as seen in SLE or acute glomerulonephritis, systemic immune complex disease (serum sickness), and local immune complex disease (Arthus reaction); and (4) type IV cell-mediated hypersensitivity reactions, which are subdivided into four different types based upon the T-cell population involved and the pathophysiologic response.

Transplantation Immunology

Traditionally, **transplantation** can be defined as the process of taking cells, tissues, or organs, called a **graft**, from one person and placing them into another person, where they take over the normal function of the tissues replaced. Grafts transplanted from another person are known as **allografts**. In certain circumstances, grafts can be taken from one part of the body and transplanted to another part of the body in the same person. These grafts are referred to as **autografts**. The person who provided the graft is referred to as the *donor*, and the person who receives the graft is called either the **recipient** or the **host**. Tissue transplantation has become routine because of improved medical technology, but serious complications still occur, the most important of which is graft rejection mediated by the host's immune system.

In order for transplantation to be successful, it is essential for the host's immune system to recognize the graft as "self" rather than "nonself." It is the function of T lymphocytes to respond to a limitless number of antigens while at the same time ignoring self-antigens expressed on tissues. The MHC molecules or HLA*s* expressed on the surface of cells enable the lymphocytes to do just this. Circulating B and T lymphocytes destroy cells that express unfamiliar peptide fragments on the MHC. Transplanted tissue can be categorized as an **autologous graft (autograft)** if the donor and recipient are the same person, a **syngeneic graft** if the donor and recipient are identical twins, and an **allogeneic graft (or allograft)** if the donor and recipient are unrelated but share similar HLA tissue expression. The HLA molecules that are recognized as foreign on allografts are called **alloantigens**. Donors of solid organ transplants can be living or deceased (cadaver) and related or unrelated (heterologous). The likelihood of rejection varies inversely with the degree of HLA similarity that exists between the donor and recipient.

Mechanisms Involved in Transplant Rejection

Transplant rejection is a complex immune response involving both cell-mediated and antibody-mediated mechanisms. While T lymphocytes are primary mediators, other immune cells—such as B cells, macrophages, eosinophils, and NK cells—also significantly influence the rejection process. Their role becomes more evident when T-cell–depleting therapies are used before transplantation. Rejection occurs in three main forms: cell-mediated, antibody-mediated, and chronic rejection, though mixed patterns can also arise.

Cell-Mediated Rejection

The most common form of acute allograft rejection is **T-cell-mediated rejection (cellular rejection)**, triggered when donor alloantigens are presented to the recipient's T lymphocytes by APCs. If the APCs originate from the donor, **direct allorecognition** occurs, whereas if they come from the recipient, **indirect allorecognition** occurs, resembling typical immune responses to foreign antigens (Chandran & Mannon, 2022). Alloantigen presentation via MHC-I or MHC-II molecules activates different T-cell subsets: $CD8^+$ cytotoxic T cells recognize MHC-I and directly destroy graft cells, while $CD4^+$ helper T cells recognize MHC-II and orchestrate an immune response by releasing cytokines, which recruit B cells, macrophages, and NK cells while increasing vascular permeability and inflammation.

Traditionally, Th1 helper cells were thought to drive rejection while Th2 cells promoted tolerance. However, research now indicates that Th2 cells alone can mediate rejection via eosinophil activation (Chandran & Mannon, 2022).

Antibody-Mediated (Humoral) Rejection

Humoral rejection results from B-cell activation, leading to the production of **donor-specific antibodies (DSAs)**. These antibodies may be preformed (due to prior exposure to donor antigens) or develop post-transplantation. B cells also contribute to rejection by secreting pro-inflammatory cytokines and functioning as APCs. Antibody-mediated rejection occurs in two forms: **Hyperacute rejection** happens immediately after graft reperfusion due to preformed antibodies binding to donor HLA antigens, triggering a type III hypersensitivity reaction via complement activation and endothelial injury (Franco-Acevedo et al., 2023). **Acute antibody-mediated rejection** develops days to weeks post-transplant, often influenced by prior HLA sensitization. Unlike hyperacute rejection, it does not involve pre-existing high antibody titers at the time of transplantation. Instead, antibodies develop post-transplant, leading to complement-dependent cytotoxicity, inflammation, and **ADCC**—all primarily targeting the graft vasculature (Franco-Acevedo et al., 2023).

Chronic Rejection

Chronic rejection is a slow, immune-mediated inflammatory process that leads to progressive graft dysfunction. It typically results from insufficient immunosuppression, allowing residual T cells or DSAs to persist. Chronic rejection involves vascular injury, fibrosis, and impaired blood supply, leading to tissue atrophy and dysfunction. T cells and macrophages infiltrate the graft, causing cellular hypertrophy and subendothelial thickening. In renal transplants, chronic rejection is indicated by a gradual rise in serum creatinine over 4 to 6 months. Ultimately, transplant rejection is a multifaceted immune response requiring careful immunosuppressive management to prevent graft failure (Justiz Vaillant & Mohseni, 2024).

Graft-Versus-Host Disease

Graft-versus-host disease (GVHD) is a major complication that most frequently occurs after allogeneic stem cell transplantation. There are three fundamental requirements for the development of GVHD:

1. The graft must contain cells that are immunologically competent.
2. The recipient's cells must express antigens that are not present on donor cells.
3. The recipient must be immunologically compromised and incapable of mounting an effective immune response.

Cases of GVHD have also been reported in other settings where tissues containing T lymphocytes, such as blood products, bone marrow, or solid organs (liver), are transplanted into people who are immunocompromised (Watkins & Qayed, 2023).

GVHD occurs when donor T cells react to HLAs present on host cells. The incidence of acute GVHD directly correlates with the degree of mismatching between recipient and host HLA proteins. Even with tissue matching, 40% of HLA-identical graft recipients develop signs of systemic GVHD requiring treatment with high-dose steroids. It is believed that GVHD is the result of genetic differences that encode for minor histocompatibility proteins (Watkins & Qayed, 2023).

The development of GVHD involves a three-step process: (1) activation of recipient APCs; (2) activation, proliferation, differentiation, and migration of donor T lymphocytes; and (3) target tissue destruction. Prior to transplantation, host APCs are in a state of heightened activation as a result of the underlying disease process and HSCT preconditioning regimens. As a result, these cells exhibit amplified expression of adhesion molecules, MHC antigens, and costimulatory molecules. Following transplantation, donor T lymphocytes encounter these "heightened" APCs and activate both $CD4^+$ and $CD8^+$ T cells (Watkins & Qayed, 2023). The result is the stimulation of a complex cascade of cellular mediators and soluble inflammatory agents that amplify tissue injury and promote tissue destruction.

GVHD can be acute or chronic. Acute GVHD usually develops within the first 100 days of transplantation, whereas chronic GVHD occurs sometime after that. However, cases of late-onset acute GVHD have been reported, and in some cases, people present with features of both. Signs and symptoms usually develop first in the skin, coinciding with the engraftment of donor cells. People present with a pruritic, maculopapular rash that starts on the hands and feet but ultimately extends over the entire body. In severe cases, the skin can blister, and ulcerations may develop. Gastrointestinal symptoms include nausea, anorexia, diarrhea, and abdominal pain. Gastrointestinal bleeding is an ominous sign as it indicates mucosal ulceration (Watkins & Qayed, 2023). Liver disease is common, but it is frequently hard to differentiate from liver involvement normally seen after transplantation. It can progress to the development of veno-occlusive disease, drug toxicity, viral infection, iron overload, extrahepatic biliary obstruction, sepsis, and coma. The severity of acute GVHD is determined based on the involvement of the three primary target organs affected (skin, GI tract, and liver). Survivors of acute GVHD have high rates of late comorbidities (Rashid et al., 2022).

Chronic GVHD is a major late cause of death after high-dose myeloablative chemoradiotherapy. GVHD can progress to the acute form of the disease, recur sometime after the resolution of an acute process, or develop de novo. The greatest risk factors for the development of chronic GVHD are advanced recipient age and a previous history of acute GVHD. Signs and symptoms of chronic GVHD are typical of an autoimmune process and can affect all major organ systems within the body (Watkins & Qayed, 2023).

Prevention of GVHD focuses on regimens that specifically deplete donor T lymphocytes. Immunosuppressive or anti-inflammatory drugs such as cyclosporine and tacrolimus or glucocorticoids can be used to block T-cell activation and the action of cytokines.

SUMMARY CONCEPTS

Transplantation can be defined as the process of taking cells, tissues, or organs, called a graft, from one person and placing them into another person, where they take over the normal function of the tissues replaced. Although advances in medicine have dramatically improved long-term survival following transplantation, rejection still exists as a major barrier to success. Rejection is the process by which the recipient's immune system recognizes the graft as foreign, mounts an immunologic response, and destroys it. Destruction of the cells or tissues of the graft can be cell-mediated, antibody-mediated, or a combination of both processes. Hyperacute antibody rejection occurs almost immediately after transplantation and is caused by existing recipient antibodies to graft antigens that initiate an immediate hypersensitivity reaction in the blood vessels of the graft. Acute antibody-mediated rejection occurs within days to weeks after transplantation. Previous exposure to the relevant HLA antigens is responsible, but unlike in hyperacute rejection, high circulating antibodies are not present at the time of transplantation. Chronic rejection occurs over a prolonged period and is caused by T-cell–generated cytokines that stimulate fibrosis of graft tissue.

GVHD occurs when immunologically competent donor cells are transplanted into recipients who are immunologically compromised. Three basic requirements are necessary for GVHD to develop: (1) the donor cells must be immunologically competent, (2) the recipient tissue must bear antigens foreign to the donor cells, and (3) the recipient must be immunologically compromised so that it cannot destroy the transplanted cells.

Autoimmune Disease

Autoimmune diseases are a heterogeneous group of disorders that occur when the body's immune system fails to differentiate "self" from "nonself" and mounts an immunologic response against host tissues. Autoimmune diseases can affect almost any cell type, tissue, or organ system. Some autoimmune disorders, such as Hashimoto thyroiditis, are tissue-specific. Others, such as SLE, are systemic, affecting multiple organs and systems. Chart 9-4 lists some of the more common autoimmune diseases.

Immunologic Tolerance

A key feature of the immune system is its ability to differentiate between foreign antigens and self-antigens. The capacity of the immune system to differentiate self from nonself is called **self-tolerance**. The development of self-tolerance relies upon two coordinated processes: **central tolerance**, the elimination of autoreactive lymphocytes during maturation in the central lymphoid tissues, and **peripheral tolerance**, the functional suppression

CHART 9-4

PROBABLE AUTOIMMUNE DISEASE[a]

Systemic

Mixed connective tissue disease
Polymyositis–dermatomyositis
Rheumatoid arthritis
Scleroderma
Sjögren syndrome
Systemic lupus erythematosus

Blood

Autoimmune hemolytic anemia
Autoimmune neutropenia and lymphopenia
Idiopathic thrombocytopenic purpura

Other Organs

Acute idiopathic polyneuritis
Atrophic gastritis and pernicious anemia
Autoimmune adrenalitis
Goodpasture syndrome
Hashimoto thyroiditis
Type 1 diabetes
Myasthenia gravis
Premature gonadal (ovarian) failure
Primary biliary cirrhosis
Sympathetic ophthalmia
Temporal arteritis
Thyrotoxicosis (Graves disease)
Crohn disease, ulcerative colitis

[a]Examples are not all-inclusive.

of autoreactive lymphocytes in peripheral tissues that have escaped destruction in the thymus. **Autoreactivity** is the process by which an organism acts against its own tissue.

B-Cell Tolerance

Under normal circumstances, circulating B lymphocytes do not produce antibodies against host tissues. B-cell antibody production is normally kept in check with the help of $CD4^+$ T-helper cells. In addition, autoreactive B lymphocytes can be eliminated by apoptosis in the central lymphoid tissues, spleen, and peripheral lymph nodes, or they can be functionally inactivated in a process known as *anergy*. However, in many autoimmune diseases, the immune system loses its ability to recognize self and produces antibodies, also known as **autoantibodies**, against host tissues (Deguine & Xavier, 2024). For example, in Graves disease, hyperthyroidism is the result of autoantibody-induced hyperactivity of the TSH receptor (Fig. 9-20).

T-Cell Tolerance

T-cell tolerance is primarily maintained through positive and negative selection during lymphocyte maturation in the thymus. As immature T cells enter the thymus, they undergo TCR gene rearrangement at the alpha and beta loci, developing into double-positive ($CD4^+/CD8^+$) cells. In **positive selection**, T cells with TCRs that recognize self-peptide–MHC complexes with low avidity receive signals from cytokines and chemokines, prompting them to migrate to the thymic medulla, where they mature into single-positive $CD4^+$ or $CD8^+$ T cells. Conversely, in **negative selection**, T cells that exhibit high avidity for self-peptide–MHC complexes undergo apoptosis in the thymic medulla, a process known as **clonal deletion**, to prevent autoimmunity. Despite these mechanisms, some autoreactive T cells may escape into circulation, making peripheral tolerance mechanisms essential for maintaining immune self-tolerance (Georgiev et al., 2024).

Peripheral mechanisms play a crucial role in managing autoreactive T cells that escape central selection. One key mechanism involves Tregs, specifically $CD4^+$ $CD25^+$ T cells, which originate in the thymus and regulate antigen-specific tolerance. These Tregs suppress autoreactive T cells in peripheral circulation by inhibiting IL-2 production, preventing their activation and proliferation. Additionally, Tregs can induce tolerance to foreign antigens by inhibiting the activation and expansion of naive $CD4^+$ T cells in response to antigen exposure (Georgiev et al., 2024).

Beyond cellular regulation, anatomic and physiologic barriers also contribute to immune tolerance. Some autoreactive T cells reside in immune-privileged sites, such as the blood–brain barrier, where they are isolated from their corresponding antigens and remain inactive. In other cases, autoreactive T cells encounter their target antigens but fail to activate due to the absence of essential costimulatory signals. T-cell activation requires antigen presentation via MHC molecules on APCs, along with secondary costimulatory signals. Since most normal tissues do not strongly express these costimulatory signals, autoreactive T cells often become functionally unresponsive (*anergic*).

Another critical mechanism in maintaining self-tolerance is **activation-induced cell death (AICD)**, which eliminates autoreactive T cells following excessive or repeated activation. AICD prevents the overactivation of the immune system and protects against autoimmunity. This process is mediated by the FAS/FAS ligand (FasL, CD95L) pathway, in which the FAS receptor on activated T cells interacts with FasL, triggering intracellular signaling that leads to apoptosis. Since the FAS receptor is upregulated on activated T cells, its engagement by FasL allows autoreactive T cells to be selectively eliminated from circulation, preventing potential autoimmune reactions (Georgiev et al., 2024).

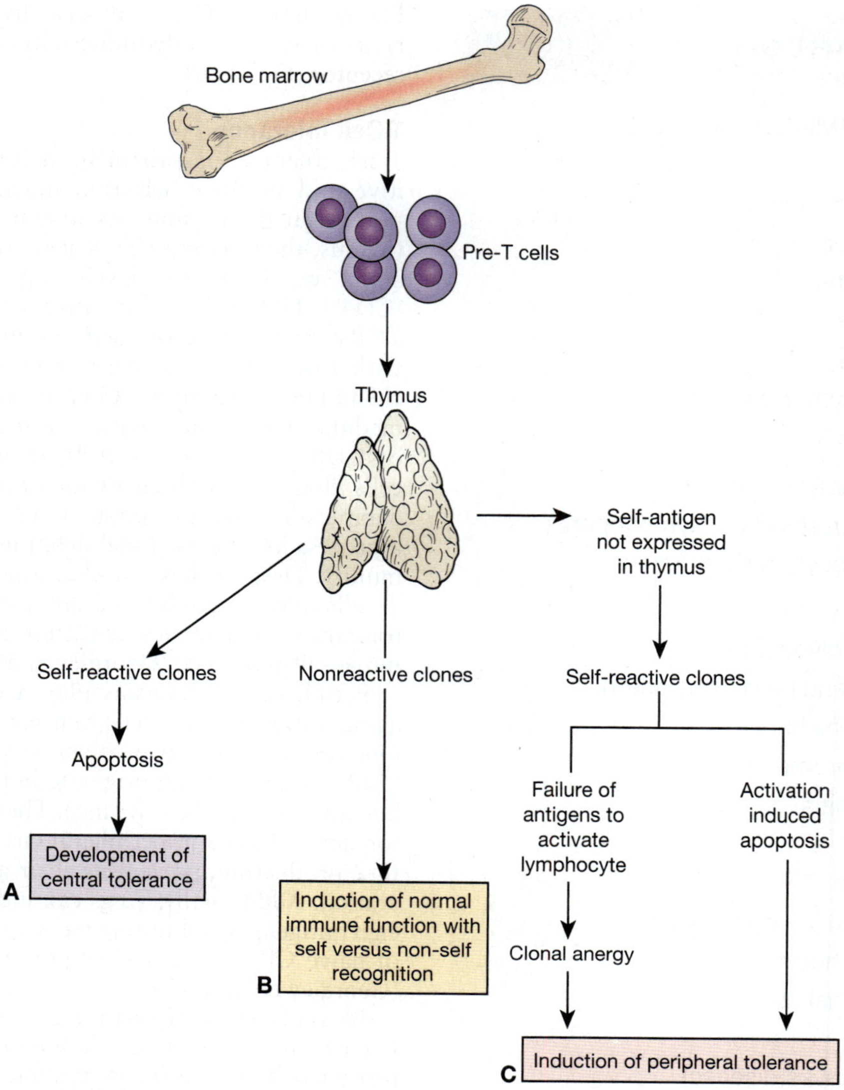

FIGURE 9-20. Development of immunologic tolerance. **A.** Development of central tolerance with the deletion of self-reactive T lymphocytes in the thymus. **B.** Nonreactive lymphocytes with the development of normal immune function. **C.** Induction of peripheral tolerance in self-reactive cells that are not eliminated in the thymus.

KEY POINTS

Immunologic Tolerance

- Immunologic self-tolerance is the ability of the immune system to distinguish between self and nonself antigens. It is mediated through central and peripheral mechanisms that delete autoreactive immune cells or render them unresponsive to autoantigens.
- The development of self-tolerance relies upon two coordinated processes: *central tolerance*, the elimination of autoreactive lymphocytes during maturation in the central lymphoid tissues, and *peripheral tolerance*, the functional suppression of autoreactive lymphocytes in peripheral tissues that have escaped destruction in the thymus.

Mechanisms of Autoimmune Disease

Although it is clear that autoimmune disease results from a loss of self-tolerance, the exact mechanisms are largely unknown. Autoimmune diseases are a heterogeneous group of disorders, so a combination of both genetic and environmental factors plays a significant role. Gender may also be a factor because many autoimmune disorders, such as SLE, are predominantly seen in women, suggesting that female hormones like estrogens may play a role in the development of certain autoimmune diseases. Estrogen has been shown to have strong immunomodulatory effects, including the stimulation of autoreactive B-lymphocyte antibody production, increased leukocyte adhesion to endothelial cells, and increased cytokine production (Yang et al., 2023).

Heredity

Although the pathophysiology of autoimmune disease is multifactorial and complex, involving both environmental and genetic influences, it is known that heredity has a significant impact on the prevalence of these disorders. Autoimmune disorders are not inherited in the traditional fashion, such as with a single-gene mutation. Rather, people with autoimmune disorders exhibit **susceptibility genes** that act in concert with environmental factors to increase a person's risk of developing the disease process. In addition, many of these genes are shared between autoimmune disorders with similar underlying features. For example, type I IFN is a central mediator of the innate immune response, stimulating monocyte maturation, plasma cell maturation and Ig class switching, and cytotoxic T-cell activity. People with SLE or systemic sclerosis (SSc) demonstrate defects in the IFN regulatory factor 5 (*IRF5*) gene, resulting in the abnormal transcription of IFN. In other cases, heritable changes are epigenetic.

The high concordance rates in first-degree relatives and monozygotic twins provide strong evidence for the role of inheritance in autoimmune disorders. First-degree relatives have a relative risk of rheumatoid arthritis that is two to four times that of the general population. Studies of monozygotic and dizygotic twins indicate that rheumatoid arthritis is approximately 65% heritable, with many affected people sharing alleles for the same anticyclic citrullinated peptide (anti-CCP) antibody. It is clear that autoimmunity does not develop in all people with a genetic predisposition (Harroud & Hafler, 2023). Therefore, other factors known as "triggering events" interact to precipitate the altered immune state. In most cases, the event or events that trigger the development of an autoimmune response are unknown, but in many cases, it appears that the "trigger" may be a viral infection, a chemical substance, or a self-antigen from body tissue that has been hidden from the immune system during development and is suddenly expressed (Harroud & Hafler, 2023).

Environmental Factors

The role of the environment in the development of autoimmune disease is complex. The incidence of some autoimmune diseases, such as type 1 diabetes, has increased in recent years faster than would be expected based on genetic mechanisms alone, suggesting an increased impact of environmental factors in genetically susceptible people (Houeiss et al., 2022). Environmental factors, including viral infection, lack of exposure to maternal antibodies through breastfeeding/chestfeeding, maternal smoking, and exposure to hazardous chemicals, appear to be involved in the pathogenesis of autoimmune disorders, but their precise role in initiating the autoreactive response is largely unknown. Various factors work in concert, resulting in the loss of self-tolerance, including the breakdown of T-cell anergy, release of sequestered antigens, molecular mimicry, and the development of superantigens.

Breakdown in T-Cell Anergy

Anergy is a state of reduced function in which an immunocompetent, antigen-specific T cell is unable to respond to an appropriate stimulus. Anergy can develop if there is a loss of normal costimulatory factors in the face of normal T-cell activation or from altered/chronic TCR stimulation. Primary $CD4^+$ and $CD8^+$ T cells' anergy is characterized by defective production of IFN-γ and TNF-α. In addition, Tregs control T-cell activation by failing to express T-cell–stimulating inflammatory cytokines. Most normal tissues do not express costimulatory molecules, and as a result, they are protected from circulating autoreactive T cells. However, if normal cells are induced to express costimulatory factors, then normal anergy is inhibited, and autoimmunity can develop. This can occur after an infection or in situations where there is tissue necrosis and local inflammation.

Release of Sequestered Antigens

Under normal circumstances, the body does not produce antibodies against self-antigens. If self-antigens have been completely sequestered during T-cell development and reintroduced into the immune system, they are likely to be treated as foreign antigens. This has been documented in cases of autoimmune orchitis and autoimmune **uveitis** after the systemic release of spermatozoa and ocular antigens (Harakal et al., 2022). Other times, self-antigens may change their structure and, once they come in contact with T cells, are no longer recognized as innate to the host. Once an autoimmune process has been initiated, it tends to become amplified and progress, sometimes with sporadic relapses and remissions. This occurs because the initial inflammatory process releases these altered self-antigens, where they encounter the cells of the immune system. The result is continued activation of new lymphocytes that recognize the previously hidden epitopes.

Molecular Mimicry

Molecular mimicry is one theory that has been postulated to describe the mechanisms by which infectious agents or other foreign substances trigger an immune response against autoantigens. If a susceptible host is exposed to a foreign antigen that is immunologically similar to its own autoantigens (sharing epitopes), but which differs sufficiently to trigger an immune response, cross-reactivity between the two antigens and damage to host tissues can occur (Maguire et al., 2024). For example, molecular mimicry has been linked to type 1 diabetes due to the discovery of an epitope in the human gut that mimics an important insulin epitope (Girdhar et al., 2022). Not everyone exposed to this organism goes on to develop autoimmunity, most likely due to differences in HLA expression.

Superantigens

Superantigens are a family of related substances, including staphylococcal and streptococcal exotoxins, that induce uncontrolled proliferation and activation of T lymphocytes, causing fever, shock, and death. Unlike antigens, superantigens bind as intact molecules to a wide variety of MHC-II molecules on APCs and then to the TCR on the variable region of the beta chain (TCR Vβ). Every superantigen is capable of binding a large subset of TCR Vβ domains and, as a result, activating up to 20% of all T cells (Noli Truant et al., 2022). Superantigens are involved in several diseases, including food poisoning and toxic shock syndrome.

Diagnosis and Treatment of Autoimmune Disease

The diagnosis of autoimmune disorders is not always easy due to overlapping presentations and nonspecific symptoms. Diagnosis is made based on evidence of autoimmunity, as indicated by history as well as physical and serologic findings. Because the etiology of autoimmunity is multifactorial, it is unlikely that any one specific genetic test alone will be able to determine a diagnosis with 100% certainty.

Serologic assays detect antibodies against tissue antigens or cellular components, correlating results with clinical findings. For instance, a child with fever, arthritis, macular rash, and high antinuclear antibody levels likely has SLE. Autoantibodies are identified using indirect fluorescent antibody (IFA) assays, enzyme-linked immunosorbent assays (ELISAs), or particle agglutination. ELISA and IFA involve binding serum antibodies to antigen-coated surfaces, followed by a detectable reaction. In contrast, particle agglutination is simpler, as antibody–antigen binding directly causes visible agglutination.

Treatment of autoimmune disorders depends on symptom severity and underlying disease mechanisms. Since the exact pathophysiology is often unclear, treatment is often symptomatic. Corticosteroids and immunosuppressive drugs remain the cornerstone of therapy, aiming to halt or reverse immune-mediated cellular damage. In severe cases, **plasmapheresis** is used to remove autoreactive antibodies from circulation.

Other treatment options include biologic therapies, which target specific immune components, such as TNF inhibitors and IL inhibitors. IVIg is used in some autoimmune conditions to modulate immune function (Jung & Kim, 2022). Janus kinase (JAK) inhibitors, which regulate immune signaling pathways, have shown promise in certain diseases. Additionally, lifestyle modifications, including dietary changes, stress management, and physical therapy, may help manage symptoms. Recent therapies have focused on selectively targeting lymphocytes and cytokines involved in the autoimmune response, though their success has been variable.

SUMMARY CONCEPTS

Autoimmune disorders are caused by a loss of immunologic self-tolerance, which results in damage to body tissues. Autoimmune diseases are a heterogeneous group of disorders, and depending on the target of the autoreactive lymphocytes, they can affect almost any cell or tissue in the body. The ability of the immune system to differentiate self from nonself is called *self-tolerance* and is normally maintained through central mechanisms that delete autoreactive lymphocytes before they come into contact with an autoantigen. Cells that escape deletion by central mechanisms may be suppressed or inactivated in the periphery. Defects in any of these mechanisms can be responsible for the development of autoimmune diseases.

T-cell activity is modulated through the expression of the HLA–MHC complex on cellular surfaces. Antigens are normally presented to TCRs in combination with MHC molecules. This interaction activates a variety of immune processes that culminate in the destruction of the "foreign antigen." Disruption of any step in the antigen recognition process can result in the loss of self-tolerance, including the breakdown of T-cell anergy, release of sequestered antigens, molecular mimicry, and the development of superantigens. Diagnosis of autoimmune disease is made based upon evidence of autoimmunity, as indicated by history as well as physical and serologic findings.

Acquired Immunodeficiency Syndrome and Human Immunodeficiency Virus

AIDS is a disease caused by infection with **HIV** and is characterized by profound immunosuppression with associated opportunistic infections, malignancies, wasting, and CNS degeneration. AIDS is considered a chronic illness today.

The AIDS Epidemic and Transmission of HIV Infection

According to the latest data from the Centers for Disease Control and Prevention (CDC), as of 2022, approximately 1.2 million individuals aged 13 and older were living with HIV in the United States. Of these, an estimated 13% (approximately 156,000 individuals) were unaware of their infection (CDC, 2023a).

Transmission of HIV Infection

HIV is a **retrovirus** that selectively attacks the $CD4^+$ T lymphocytes, interfering with the host's immune response to infection, even when ordinarily harmless organisms are involved. The virus responsible for most HIV infections worldwide is called *HIV type 1* (HIV-1). A second type, *HIV type 2* (HIV-2), is endemic in many countries in West Africa but is rarely seen in other parts of the world. People with HIV-2 tend not to develop AIDS.

HIV is transmitted from one person to another through sexual contact, through blood-to-blood contact, or perinatally. The CDC transmission categories of HIV for children include perinatal and other. The adult categories include male-to-male sexual contact, intravenous drug use, male-to-male sexual contact and intravenous drug use, heterosexual contact, and other (Swinkels et al., 2024).

Several studies involving more than 1,000 uninfected, nonsexual household contacts of people with HIV infection (including siblings, parents, and children) have shown no evidence of casual transmission. Transmission can occur when infected blood, semen, or vaginal secretions from one person are deposited onto a mucous membrane or into the bloodstream of another person.

Sexual contact is the most frequent mode of HIV transmission. There is a risk of transmitting HIV when these fluids come in contact with a part of the body that allows them to enter the bloodstream. This includes vaginal and anal mucosa, superficial lacerations, wounds, or sores on the skin. In most cities in the United States, sexual transmission of HIV is primarily related to vaginal or anal intercourse. However, the use of condoms is highly effective in preventing the transmission of HIV (Swinkels et al., 2024).

Because HIV is found in blood, the use of needles, syringes, and other drug injection paraphernalia is a direct route of transmission. Of the reported cases of AIDS in the United States, approximately 25% occurred among people who injected drugs. Transfusions of whole blood, plasma, platelets, or blood cells before 1985 resulted in the transmission of HIV. Seventy percent to 80% of people with hemophilia who were treated with factor VIII supplements before 1985 became infected with HIV. Since 1985, all blood donations in the United States have been screened for HIV, so this is no longer a transmission risk. Other blood products, such as gamma globulin or hepatitis B immune globulin, have not been implicated in the transmission of HIV (Swinkels et al., 2024).

Transmission from the birthing parent to the infant is the most common way that children become infected with HIV. HIV may be transmitted in utero, during labor and delivery, or through breastfeeding/chestfeeding. The majority of pediatric HIV infections are acquired through perinatal transmission from the birthing parent (CDC, 2024a).

Occupational HIV infection among health care workers is uncommon. Standard precautions should be used in encounters with all people in the health care setting because it should be assumed that any person may have a transmissible infection. Occupational risk of infection is most often associated with percutaneous inoculation (e.g., needlestick injury) involving blood from a person with HIV infection. The risk of transmission is influenced by factors such as the size of the needle, the amount of blood involved, the depth of the injury, the type of fluid exposure, the stage of illness, and the viral load of the source patient.

People with other **sexually transmitted infections (STIs)** are at increased risk for HIV infection. The risk of HIV transmission is increased in the presence of genital ulcerative STIs (i.e., syphilis, herpes simplex virus infection, and chancroid) and nonulcerative STIs (i.e., gonorrhea, chlamydial infection, and trichomoniasis). HIV increases the duration and recurrence of STI lesions, treatment failures, and atypical presentations of genital ulcerative diseases because of the suppression of the immune system (World Health Organization, 2024).

A person with HIV can transmit the infection even when no symptoms are present. The point at which a person with HIV converts from being negative for the presence of HIV antibodies in the blood to being positive is called **seroconversion**. Seroconversion typically occurs within 1 to 3 months after exposure to HIV but can take up to 6 months. The time after infection and before seroconversion is known as the **window period**. During the window period, a person's HIV antibody test result will be negative. Rarely, an infection can occur from transfused blood that was screened for HIV antibodies and found negative because the donor was recently infected and still in the window period. Consequently, the U.S. Food and Drug Administration requires blood collection centers to screen potential donors through interviews designed to identify behaviors known to present a risk for HIV infection (Swinkels et al., 2024).

KEY POINTS

The AIDS Epidemic and Transmission of HIV

- AIDS is caused by HIV.
- HIV is transmitted through blood, semen, vaginal fluids, and human milk.
- People with HIV infection are infectious even when asymptomatic.

Pathophysiology and Clinical Course

HIV-1 Overview and Pathophysiology

HIV-1 is an enveloped retrovirus belonging to the lentivirus subfamily, known for causing progressive, fatal diseases characterized by wasting syndromes and CNS degeneration. Two antigenically related but genetically distinct forms, HIV-1 and HIV-2, have been identified in AIDS patients. HIV-1 is predominant in the United States, Europe, and Central Africa, while HIV-2, which spreads and progresses more slowly, is primarily found in West Africa. Both viruses are transmitted similarly and lead to immunodeficiency by depleting $CD4^+$ T cells. Routine blood screening now includes HIV-2, though most infections involve HIV-1.

HIV targets specific immune cells, including $CD4^+$ T lymphocytes (T-helper cells), macrophages, and DCs. $CD4^+$ T cells are essential for immune function, coordinating both antibody production and cell-mediated immunity. They activate B lymphocytes, support cytotoxic T cells and NK cells in eliminating infected cells, and influence monocyte and macrophage activity.

HIV Structure and Replication

Like other retroviruses, HIV carries its genetic material as RNA rather than DNA. The virion has a lipid envelope surrounding an electron-dense core, which contains the major capsid protein (p24), two RNA copies, and three key enzymes: protease, reverse transcriptase, and integrase. The matrix protein (p17) supports the envelope, which is embedded with glycoproteins gp120 and gp41—critical for cell entry. Because p24 is highly detectable, it serves as a primary target for HIV screening tests (Sued & Grosso, 2023).

HIV infection follows a structured process (Fig. 9-21):

1. *Attachment and Entry*: HIV binds to CD4 receptors on T cells via gp120 and gp41, requiring co-receptors for successful fusion and viral entry.
2. *Uncoating*: The viral envelope fuses with the T-cell membrane, releasing viral RNA and enzymes into the host cell.
3. *Reverse Transcription*: Reverse transcriptase converts viral RNA into double-stranded DNA, allowing integration into the host genome.
4. *Integration*: The viral DNA enters the nucleus and is inserted into the host genome via integrase.
5. *Transcription and Translation:* The integrated viral DNA is transcribed into mRNA, which directs the production of viral proteins.
6. *Cleavage and Assembly*: Protease cleaves polyproteins into functional components, assembling new virions.
7. *Budding and Release*: Mature HIV particles are released, infecting new $CD4^+$ T cells and perpetuating the cycle.

Disease Progression

The typical course of HIV infection is defined by three phases, which usually occur over a period of 8 to 12 years: primary infection phase, chronic asymptomatic or latency phase, and overt AIDS phase (Ortiz & Brenchley, 2024) (Fig. 9-22).

Many people, when they are initially infected with HIV, have an acute mononucleosis-like syndrome known as **primary infection** that can last for a few weeks. This

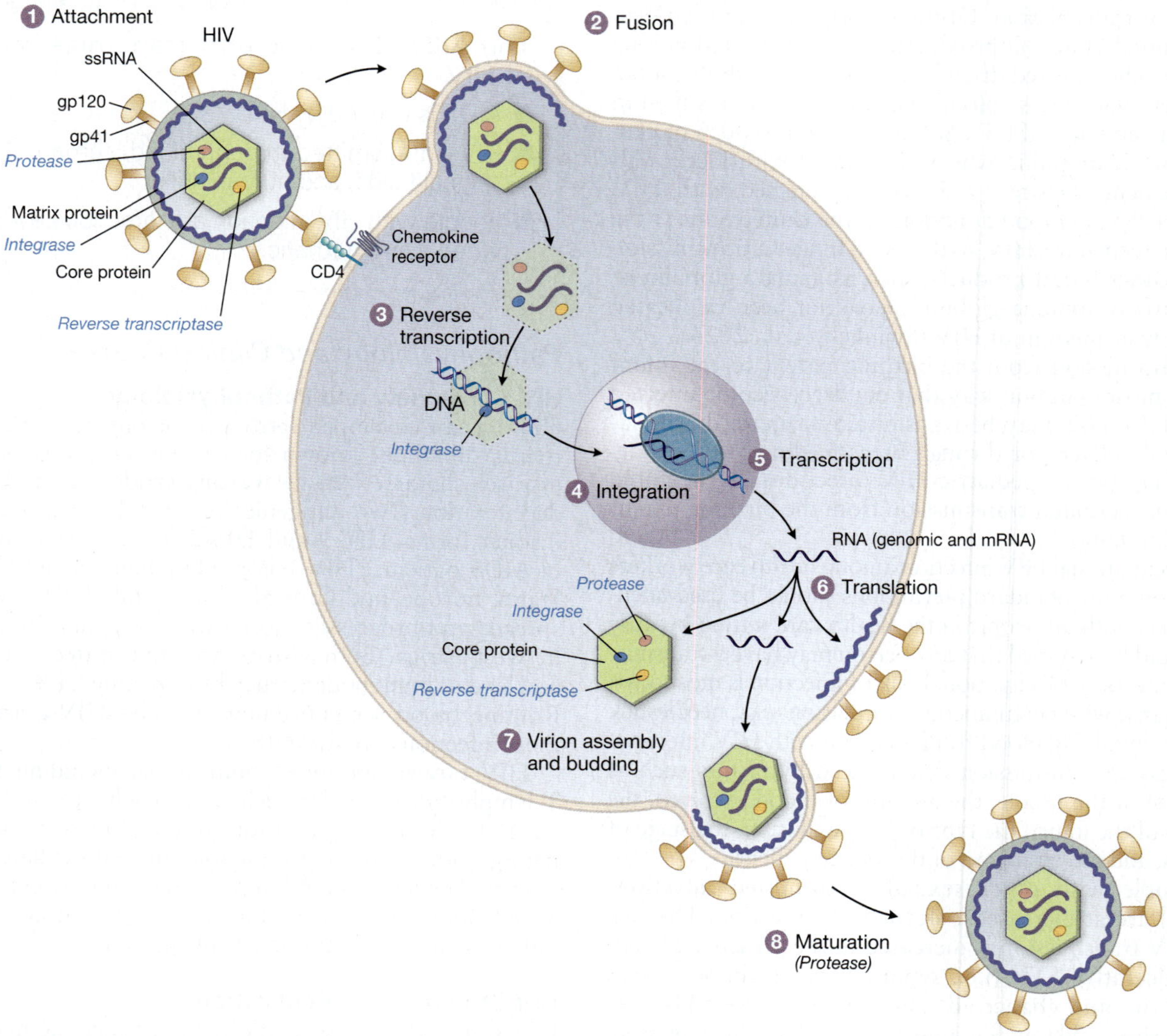

FIGURE 9-21. Life cycle of HIV. HIV is a retrovirus that infects CD4 cells. 1. Virus attachment is dependent on binding interactions between viral gp41 and gp120 proteins and host cell CD4 and certain chemokine receptors. 2. Fusion of the viral membrane (envelope) with the host cell plasma membrane allows the HIV genome complexed with certain virion proteins to enter the host cell. 3. Uncoating permits the single-stranded RNA (ssRNA) HIV genome to be copied by reverse transcriptase into double-stranded DNA. 4. The HIV DNA is integrated into the host cell genome in a reaction that depends on HIV-encoded integrase. 5. Gene transcription and posttranscriptional processing by host cell enzymes produce genomic HIV RNA and viral mRNA. 6. The viral mRNA is translated into proteins on host cell ribosomes. 7. The proteins assemble into immature virions that bud from the host cell membrane. 8. The virions undergo proteolytic cleavage, maturing into fully infective virions. Currently approved anti-HIV drugs target viral attachment and fusion, reverse transcription, integration, and maturation. The development of drug resistance can be significantly retarded by using combinations of drugs that target a single stage (e.g., two or more inhibitors of reverse transcription) or more than one stage in the HIV life cycle (e.g., reverse transcriptase inhibitors and protease inhibitors). (From Golan, D. E. (2017). *Principles of pharmacology* (4th ed., Fig. 38-2). Wolters Kluwer.)

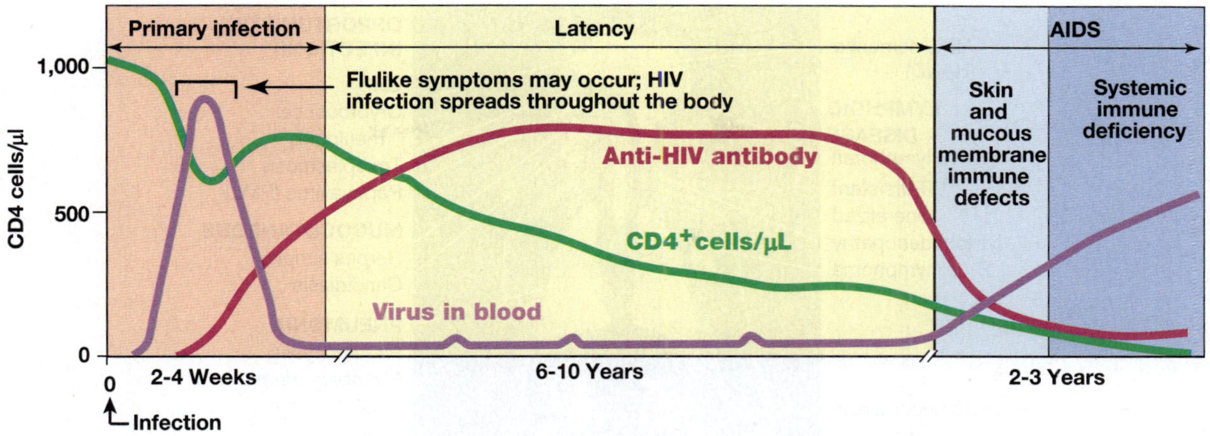

FIGURE 9-22. Typical time course of human immunodeficiency virus (HIV) infection. AIDS, acquired immunodeficiency syndrome. (From Cornelissen, C. N., & Hobbs, M. M. [2020]. *Lippincott® illustrated reviews: Microbiology* [4th ed.]. Wolters Kluwer; Fig. 28-12.)

acute phase may include fever, fatigue, myalgias, sore throat, night sweats, gastrointestinal problems, lymphadenopathy, maculopapular rash, and headache. During primary infection, there is an increase in viral replication, which leads to very high viral loads, sometimes greater than 1,000,000 copies/mL, and a decrease in the $CD4^+$ T-cell count. The signs and symptoms of primary HIV infection generally manifest about a month after HIV exposure but can show up quicker. After several weeks, the immune system acts to control viral replication and reduces the viral load to a lower level, where it often remains for several years (Ortiz & Brenchley, 2024).

The primary phase is followed by a **latent period** during which the person has no signs or symptoms of illness. The median time of the latent period is about 10 years. During this time, the $CD4^+$ T-cell count falls gradually from the normal range of 800 to 1,000 cells/mcL to 200 cells/mcL or lower. More recent data suggest that the $CD4^+$ T-cell decline may not fall on an even slope based on the level of HIV RNA levels, and the factors related to variability in the decline in $CD4^+$ cells are under investigation. Some people experience swollen lymph nodes at this time. Persistent generalized lymphadenopathy (PGL) is usually defined as lymph nodes that are chronically swollen for more than 3 months in at least two locations, not including the groin. The lymph nodes may be sore or visible externally (Ortiz & Brenchley, 2024).

The third phase, overt AIDS, occurs when a person has a $CD4^+$ cell count of less than 200 cells/mcL or an AIDS-defining illness. Without antiretroviral therapy, this phase can lead to death within 2 to 3 years or, in some cases, more quickly. The risk of opportunistic infections and death increases significantly when the $CD4^+$ cell count falls below 200 cells/mcL.

Opportunistic Infections

Opportunistic infections begin to occur as the immune system becomes severely compromised (Fig. 9-23). The number of $CD4^+$ T cells directly correlates with the risk of developing opportunistic infections. In addition, the baseline HIV RNA level contributes and serves as an independent risk factor (Bento & Nguyen, 2023). Opportunistic infections involve common organisms that do not produce infection unless there is impaired immune function. Although a person with AIDS may live for many years after the first serious illness, as the immune system fails, these opportunistic illnesses become progressively more severe and difficult to treat (Sued & Grosso, 2023).

> **KEY POINTS**
>
> **Pathophysiology of HIV/AIDS**
>
> - HIV is a retrovirus that destroys the body's immune system by taking over and destroying $CD4^+$ T cells.
> - In the process of taking over the $CD4^+$ T cell, the virus attaches to receptors on the $CD4^+$ cell, fuses with and enters the cell, incorporates its RNA into the cell's DNA, and then uses the $CD4^+$ cell's DNA to reproduce large amounts of HIV, which are released into the blood.
> - As the $CD4^+$ T-cell count decreases, the body becomes susceptible to opportunistic infections.

Opportunistic infections are most often categorized by the type of organism (e.g., fungal, protozoal, bacterial and mycobacterial, and viral). Bacterial and mycobacterial opportunistic infections include bacterial pneumonia, salmonellosis, bartonellosis, *M. tuberculosis* (TB), and *Mycobacterium avium–intracellulare* complex. Fungal opportunistic infections include candidiasis, coccidioidomycosis, cryptococcosis, histoplasmosis, penicilliosis, and pneumocystosis. Protozoal opportunistic infections include cryptosporidiosis, microsporidiosis, isosporiasis, and toxoplasmosis. Viral infections include those caused by CMV, herpes simplex and zoster

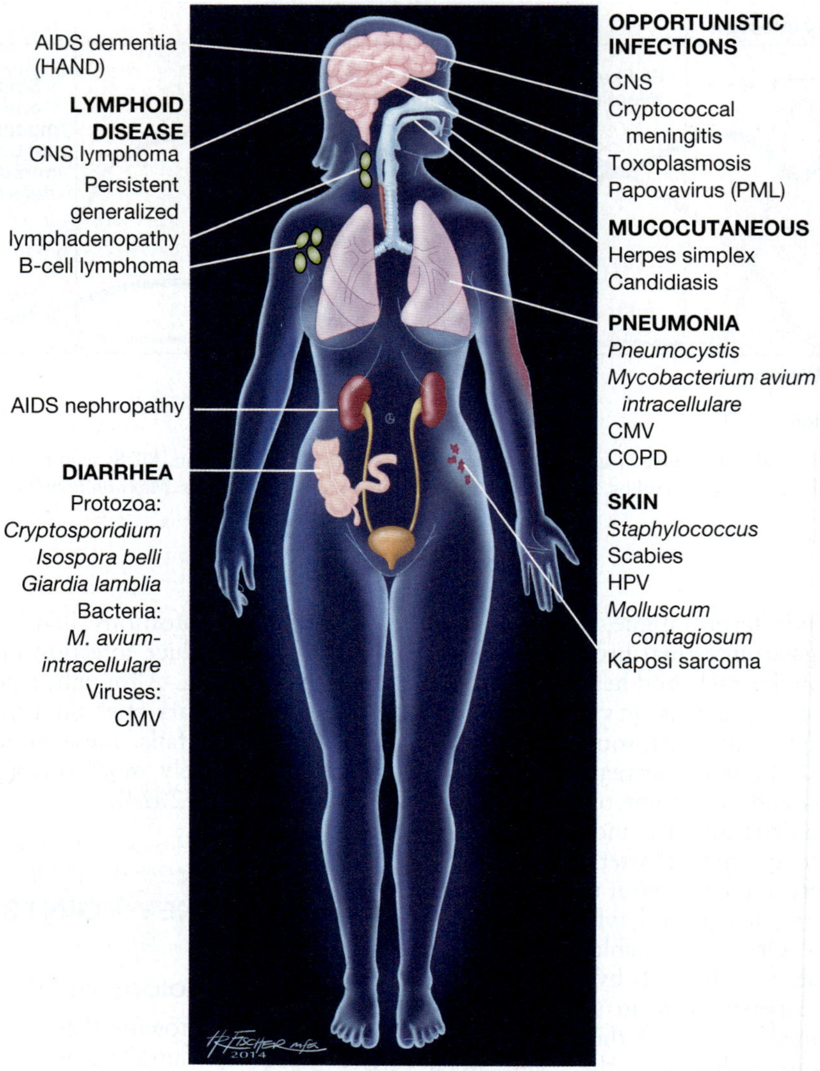

FIGURE 9-23. HIV-1–mediated destruction of the cellular immune system results in AIDS. The infectious and neoplastic complications of AIDS can affect practically every organ system. CNS, central nervous system; HPV, human papillomavirus. (From Strayer, D., & Rubin, R. [Eds.]. [2015]. *Rubin's clinicopathologic foundations of medicine* [7th ed., p. 163]. Lippincott Williams & Wilkins; Fig. 4-25.)

viruses, human papillomavirus (HPV), and JC virus, the causative agent of progressive multifocal leukoencephalopathy (PML) (Bento & Nguyen, 2023).

Clinical Course

The clinical course of HIV varies from person to person. Most, 60% to 70% of those infected with HIV, develop AIDS 10 to 11 years after infection. These people are the **typical progressors**. Another 10% to 20% of those infected progress rapidly, with the development of AIDS in less than 5 years, and are called **rapid progressors**. The final 5% to 15% are **slow progressors**, who do not progress to AIDS for more than 15 years. There is a subset of slow progressors, called **long-term nonprogressors**, who account for 1% of all HIV infections. These people have been infected for at least 8 years, are antiretroviral-naive, have high $CD4^+$ cell counts, and usually have very low viral loads. Among this group, there are some people who have spontaneous and sustained virologic suppression without the use of antiretroviral medications. This group of HIV-infected people is currently being investigated to assist in determining the immunologic and virologic interactions that allow these individuals to maintain virologic suppression of HIV (Swinkels et al., 2024).

Severe immunodeficiencies and even death can occur if HIV goes untreated or undetected. Prophylactic antibiotics have reduced the cases of PJP; however, individuals with AIDS remain susceptible to *Legionella* infection. The most common gastrointestinal disorder associated with HIV/AIDS is diarrhea, occurring in 75% of cases. *Cryptosporidium*, *Isospora belli*, and *G. lamblia* are the most common protozoans; *Salmonella* and *M. avium* are common bacterial causes. When the CD4 counts drop below 50 cells/mm^3, colitis may occur. Nervous system complications include cryptococcal meningitis, cerebral toxoplasmosis, CNS lymphoma, and multifocal leukoencephalopathy due to the JC virus. The most common skin disease is *S. aureus*, causing bullous impetigo and ecthyma. Common skin disorders include chronic mucocutaneous herpes simplex and HPV (Swinkels et al., 2024). Malignancies associated with HIV/AIDS include **Kaposi sarcoma (KS)**, a malignant neoplasm. Individuals under age 60 with KS are highly suspicious for HIV/AIDS. B-cell lymphoproliferative diseases, both congenital and acquired, exhibit generalized lymphadenopathy. B-cell proliferations or monoclonal B-cell lymphomas are associated with EBV.

Prevention, Diagnosis, and Treatment

Prevention

Because there is no cure for HIV infection or AIDS, adopting risk-free or low-risk behavior is the best protection against the disease. Abstinence and long-term, mutually monogamous sexual relationships between two uninfected partners are the best ways to avoid HIV infection and other STIs. Correct and consistent use of latex condoms can provide protection from HIV by not allowing contact with semen or vaginal secretions during intercourse (Swinkels et al., 2024).

Avoiding recreational IV drug use and particularly avoiding the practice of using syringes that may have been used by another person is important for HIV prevention. Medical and public health authorities recommend that people who inject drugs use a new sterile syringe for each injection or, if this is not possible, clean their syringes thoroughly with a household bleach mixture. Other substances that alter inhibitions can lead to high-risk sexual behavior and increase the risk of exposure to HIV. The addictive nature of many recreational drugs can lead to an increase in the frequency of high-risk sexual behavior and the number of partners as the user engages in sex in exchange for money or drugs. People concerned about their risk should be encouraged to get information and counseling and to be tested to find out their infection status (Swinkels et al., 2024).

Anyone who is at continued risk for HIV infection should be tested at least annually. Those who are at high risk, including people who use IV drugs and their partners, people who exchange sex for money or drugs, and anyone who has had more than one sex partner since the last HIV test, should be tested more frequently. The essential elements of any HIV prevention/counseling interaction include a personalized risk assessment and prevention plan. Education and behavioral interventions continue to be the mainstays of HIV prevention programs. Individual risk assessment and education regarding HIV transmission and possible prevention techniques or skills are delivered to people in clinical settings and to those at high risk of infection in community settings. Community-wide education is provided in schools, the workplace, and the media. Training for professionals can have an impact on the spread of HIV and is an important element of prevention (Swinkels et al., 2024).

Preexposure Prophylaxis

Preexposure prophylaxis (PrEP) is a highly effective HIV prevention strategy that involves taking antiretroviral medication to reduce the risk of acquiring HIV. PrEP works by preventing HIV from establishing an infection in the body. The medication blocks the virus's ability to replicate within $CD4^+$ T cells, stopping it from spreading if exposure occurs. It is recommended for individuals at high risk, including men who have sex with men (MSM), anyone with a sexual partner who has HIV, people who inject drugs, and transgender individuals (Murchu et al., 2022).

Diagnosis

The diagnostic methods used for HIV infection include laboratory testing to identify infection and clinical measures to evaluate disease progression. Current HIV testing algorithms use a combination of antigen and antibody detection methods, followed by confirmatory testing. Screening is typically performed using a laboratory-based HIV-1/2 antigen-antibody immunoassay that detects both antibodies to HIV and the HIV p24 antigen, allowing earlier identification of infection than antibody-only tests. If the screening test is reactive, an HIV-1/HIV-2 differentiation assay is performed to confirm the diagnosis and distinguish between HIV-1 and HIV-2 infection. If the screening and confirmatory test results are discordant, nucleic acid testing (NAT) may be used to detect HIV RNA and establish the diagnosis. Because of the psychosocial implications of HIV infection, sensitivity, confidentiality, and appropriate counseling should be maintained whenever testing is performed (Cheng et al., 2022).

Nucleic acid amplification techniques, such as polymerase chain reaction (PCR), detect HIV genetic material rather than antibodies or antigens. These tests are particularly useful in diagnosing HIV infection in infants born to birthing parents with HIV because maternal HIV antibodies may be present in the infant's circulation for many months after birth regardless of infection status. PCR and other nucleic acid tests are also used when early infection is suspected or when additional diagnostic clarification is needed. Because the amount of viral genetic material may be small, amplification techniques greatly increase the ability to detect infection (Cheng et al., 2022).

Treatment

There is no cure for HIV infection. The medications currently available to treat HIV infection decrease the amount of virus in the body, but they do not eradicate HIV. After HIV infection is confirmed, a baseline evaluation should be done. This evaluation should include a complete history and physical examination, as well as baseline laboratory tests, including a complete blood count (CBC) with differential (Matsuda & Maeda, 2024). Routine follow-up care for a person who has HIV and is asymptomatic should include a history and physical examination, along with $CD4^+$ cell count and viral load testing every 3 to 4 months. People who are symptomatic may need to be seen more frequently (Swinkels et al., 2024).

Therapeutic interventions are determined by the level of disease activity based on the viral load, the degree of immunodeficiency based on the CD4⁺ cell count, and the appearance of specific opportunistic infections. The National Institutes of Health annually revises the Use of Antiretroviral Agents in HIV-1-Infected Adults and Adolescents. Because of frequent advances in the management of HIV infection, primary care providers must be prepared to update their knowledge of diagnosis, testing, evaluation, and medical intervention (Swinkels et al., 2024).

Pharmacologic Management

Because different drugs act on various stages of the replication cycle, optimal treatment includes a combination of drugs. A number of therapeutics have been approved by the FDA for the treatment of HIV infection, including six classes of HIV antiretroviral medications:

- Nucleoside/nucleotide reverse transcriptase inhibitors (NRTIs)
- Nonnucleoside reverse transcriptase inhibitors (NNRTIs)
- Integrase inhibitors
- Protease inhibitors
- Entry/fusion inhibitors
- Coreceptor antagonists

Each type of agent attempts to interrupt viral replication at a different point (Matsuda & Maeda, 2024).

HIV Infection in Pregnancy and in Infants and Children

As of 2023, approximately 1.4 million children aged 0 to 14 years were living with HIV worldwide, a reduction from previous estimates. Mother-to-child transmission (MTCT) remains the predominant mode of HIV acquisition in this demographic, occurring during pregnancy, childbirth, or breastfeeding/chestfeeding. The risk of transmission of HIV from birthing parent to child can be lowered by not breastfeeding/chestfeeding, early detection, and cesarean delivery or when the baby receives HIV medications for 4 to 6 weeks (Joint United Nations Programme on HIV/AIDS [UNAIDS], 2023).

KEY POINTS

HIV Infection in Pregnancy and in Infants and Children

- HIV can be passed from the birthing parent to the infant during labor and delivery or through breastfeeding/chestfeeding.
- The course of HIV infection is different for children than for adults.

Preventing Perinatal HIV Transmission

Testing for HIV is recommended as early as possible during pregnancy to allow timely initiation of antiretroviral therapy and reduce the risk of perinatal transmission. Repeat testing in the third trimester may be recommended for individuals at increased risk. If HIV status is unknown at the time of labor and delivery, testing should be performed to allow for the rapid initiation of interventions that reduce neonatal transmission.

Antiretroviral medications are considered safe during pregnancy and are a critical component of prevention, significantly reducing the risk of transmission when initiated early and maintained throughout pregnancy. Benefits of voluntary testing for birthing parents and newborns include reduced morbidity through early diagnosis and treatment, improved access to supportive care, and education regarding the risk of transmission through human milk (U.S. Department of Health and Human Services, 2025).

Diagnosis of HIV Infection in Children

Virologic assays that directly test for HIV are used in infants and children younger than 18 months who have been exposed; HIV antibody tests are not used. Infants at high risk for perinatal HIV transmission, 2 to 4 weeks after stopping antiretroviral medications, should have additional virologic testing. HIV infection is diagnosed based on two positive virologic tests from separate blood samples in children younger than 18 months. The absence of HIV infection at age 12 to 18 months can be determined by negative virologic testing, which denotes the loss of maternal HIV antibodies. Diagnosis of HIV-1 in children aged 24 months or older relies on the HIV antibody or antigen/antibody tests (Pollock & Levison, 2023).

Clinical Presentation of HIV Infection in Children

Children may have a different clinical presentation of HIV infection than adults. Failure to thrive, growth failure, or wasting indicates HIV infection in children when metabolic and endocrine disorders are not present. Developmental delays, especially expressive language delays, indicate HIV progression if malnutrition is ruled out. HIV encephalopathy or opportunistic infections can result in a CNS alteration, which in older children may be demonstrated through difficulty with memory and concentration. As the CD4 count increases, skin manifestations, especially mucocutaneous disorders such as *Candida albicans*, increase. The presence of herpes zoster would trigger an evaluation for HIV infection. Recurrent bacterial infections and varicella-zoster infections occur in pediatric AIDS because of an abnormal B-cell response (UNAIDS, 2023).

SUMMARY CONCEPTS

HIV is a retrovirus that targets CD4⁺ T lymphocytes and other immune cells, leading to progressive immunosuppression. The virus integrates its genetic material into the host cell DNA, allowing ongoing viral replication and eventual depletion of immune function. Without treatment, HIV infection progresses through an acute phase, a prolonged latent phase, and ultimately to AIDS, which is characterized by opportunistic infections, malignancies, and systemic complications.

HIV is transmitted through sexual contact, blood-to-blood exposure (e.g., intravenous drug use or needlestick injury), and perinatally during pregnancy, labor and delivery, or through breastfeeding/chestfeeding. Individuals with HIV may transmit the virus even without symptoms, particularly during the early phase of infection before antibodies are detectable. Casual contact and insect vectors do not transmit HIV.

Clinical manifestations vary widely and may include early flu-like symptoms followed by years of asymptomatic infection. As immune function declines, opportunistic infections and complications affecting the respiratory, gastrointestinal, neurologic, and other systems become more common.

Prevention focuses on reducing exposure risk through safe sexual practices, use of sterile injection equipment, routine testing, and appropriate perinatal interventions. Although there is no cure for HIV, early diagnosis and combination antiretroviral therapy significantly reduce viral load, improve immune function, decrease transmission risk, and prolong survival.

Integrating Clinical Decision Making

A 24-year-old female presents to the clinic with a painful, erythematous swelling on her forearm after sustaining a small cut while gardening 2 days ago. She reports increasing warmth, redness, and tenderness at the site, along with mild fever and fatigue. On examination, the affected area is swollen, warm to the touch, and has poorly defined borders. Laboratory findings show an elevated WBC count.

1. Which components of the immune system are primarily responsible for the patient's current symptoms, and how do they function in this situation?
2. Explain the vascular and cellular phases of inflammation contributing to this patient's clinical presentation.

Over the next several days, the patient's symptoms initially improve with treatment. However, she later develops generalized itching, hives, and mild shortness of breath shortly after starting an antibiotic. She also reports a history of seasonal allergies.

3. What type of immune response is responsible for the patient's new symptoms, and what is the underlying mechanism?
4. How does the adaptive immune system contribute to this hypersensitivity reaction compared with the initial inflammatory response?

REFERENCES

Abbas, M., Moussa, M., & Akel, H. (2022, July 18). Type I hypersensitivity reaction. In *StatPearls* [Internet]. StatPearls Publishing. https://www.ncbi.nlm.nih.gov/books/NBK560561/

Alder, R., & Kalumuck, K. (2013). Immunodeficiency disorders. In *Magill's medical guide* (Online ed., Serial Online). Research Starters. Retrieved May 4, 2018

Althwaiqeb, S. A., Bordoni, B., & Fakoya, A. O. (2024, October 13). Histology, B-cell lymphocyte. In *StatPearls* [Internet]. StatPearls Publishing. https://www.ncbi.nlm.nih.gov/books/NBK560905/

Aytekin, G. G., & Vaqar, S. (2023, May 8). X-linked immunodeficiency. In *StatPearls* [Internet]. StatPearls Publishing. National Center for Biotechnology Information. https://www.ncbi.nlm.nih.gov/books/NBK562182/

Badolato, R. (2023, July 5). Primary disorders of phagocyte number and/or function: An overview. In *UpToDate*. https://www.uptodate.com/contents/primary-disorders-of-phagocyte-number-and-or-function-an-overview

Bajwa, S. F., & Mohammed, R. H. (2023, July 4). Type II hypersensitivity reaction. In *StatPearls* [Internet]. StatPearls Publishing. https://www.ncbi.nlm.nih.gov/books/NBK563264/

Ballow, M., Sánchez-Ramón, S., & Walter, J. E. (2022). Secondary immune deficiency and primary immune deficiency crossovers: Hematological malignancies and autoimmune diseases. *Frontiers in Immunology*, *13*, 928062. https://doi.org/10.3389/fimmu.2022.928062

Bardhan, M., & Kaushik, R. (2023, February 14). Physiology, complement cascade. In *StatPearls* [Internet]. StatPearls Publishing. https://www.ncbi.nlm.nih.gov/books/NBK551511/

Basílio-Queirós, D., & Mischak-Weissinger, E. (2023). Natural killer cells- from innate cells to the discovery of adaptability. *Frontiers in Immunology*, *14*, 1172437. https://doi.org/10.3389/fimmu.2023.1172437

Bento, D., & Nguyen, A. D. (2023, January 27). HIV-1–associated opportunistic infections. In *StatPearls*. [Internet]. StatPearls Publishing. https://www.ncbi.nlm.nih.gov/books/NBK539787/

Brandli, A., Vessey, K. A., & Fletcher, E. L. (2024). The contribution of pattern recognition receptor signalling in the development of age related macular degeneration: The role of toll-like-receptors and the NLRP3-inflammasome. *Journal of Neuroinflammation*, *21*(1), 64. https://doi.org/10.1186/s12974-024-03055-1

Calaras, D., David, A., Vasarmidi, E., Antoniou, K., & Corlateanu, A. (2024). Hypersensitivity pneumonitis: Challenges of a complex disease. *Canadian Respiratory Journal*, *2024*, 1–14. https://doi.org/10.1155/2024/4919951

Cappenberg, A., Kardell, M., & Zarbock, A. (2022). Selectin-mediated signaling—Shedding light on the regulation of integrin activity in neutrophils. *Cells*, *11*(8), 1310. https://doi.org/10.3390/cells11081310

Carroll, S. L., Pasare, C., & Barton, G. M. (2024). Control of adaptive immunity by pattern recognition receptors. *Immunity*, *57*(4), 632–648. https://doi.org/10.1016/j.immuni.2024.03.014

Cavone, F., Cappelli, S., Bonuccelli, A., D'Elios, S., Costagliola, G., Peroni, D., Orsini, A., & Consolini, R. (2023). Ataxia telangiectasia arising as immunodeficiency: The intriguing differential diagnosis. *Journal of Clinical Medicine*, *12*(18), 6041. https://doi.org/10.3390/jcm12186041

Centers for Disease Control and Prevention. (2023). *HIV surveillance report: Diagnoses of HIV infection in the United States and dependent areas, 2022* (*Vol. 34*). U.S. Department of Health and Human Services. https://www.cdc.gov/nchs/pressroom/releases/20230126.html

Centers for Disease Control and Prevention. (2024). *HIV and breastfeeding*. https://www.cdc.gov/breastfeeding-special-circumstances/hcp/illnesses-conditions/hiv.html

Chandimali, N., Bak, S. G., Park, E. H., Lim, H.-J., Won, Y.-S., Kim, E.-K., Park, S.-I., & Lee, S. J. (2025). Free radicals and their impact on health and antioxidant defenses: A review. *Cell Death Discovery*, *11*(1), 19. https://doi.org/10.1038/s41420-024-02278-8

Chandran, S., & Mannon, R. B. (2022). T cell–mediated rejection in kidney transplant recipients: The end(point) is also the beginning. *American Journal of Transplantation*, *22*(3), 683–684. https://doi.org/10.1111/ajt.16964

Cheng, M. M., Karichu, J. K., Rodriguez, P. L., Faccone, J., Tse, J., Near, A. M., & Burudpakdee, C. (2022). Real-world HIV diagnostic testing patterns in the United States. *The American Journal of Managed Care*, *28*(2), e42–e48. https://doi.org/10.37765/ajmc.2022.88826

Chi, H., Pepper, M., & Thomas, P. G. (2024). Principles and therapeutic applications of adaptive immunity. *Cell*, *187*(9), 2052–2078. https://doi.org/10.1016/j.cell.2024.03.037

Chinn, I. K. (2023, October 25). Primary humoral immunodeficiencies: An overview. In *UpToDate*. https://www.uptodate.com/contents/primary-humoral-immunodeficiencies-an-overview

Coënon, L., & Villalba, M. (2022). From CD16A biology to antibody-dependent cell-mediated cytotoxicity improvement. *Frontiers in Immunology*, *13*, 913215. https://doi.org/10.3389/fimmu.2022.913215

Deguine, J., & Xavier, R. J. (2024). B cell tolerance and autoimmunity: Lessons from repertoires. *Journal of Experimental Medicine*, *221*(9). https://doi.org/10.1084/jem.20231314

di Flora, D. C., Dionizio, A., Pereira, H. A., Garbieri, T. F., Grizzo, L. T., Dionisio, T. J., Leite, A. de, Silva-Costa, L. C., Buzalaf, N. R., Reis, F. N., Pereira, V. B., Rosa, D. M., dos Santos, C. F., & Buzalaf, M. A. (2023). Analysis of plasma proteins involved in inflammation, immune response/complement system, and blood coagulation upon admission of COVID-19 patients to hospital may help to predict the prognosis of the disease. *Cells*, *12*(12), 1601. https://doi.org/10.3390/cells12121601

Di Virgilio, F., & Giuliani, A. L. (2023). The inflammatory process at the cellular level. In P. Pelegrin *(Ed.), Inflammasome biology* (pp. 3–15). Academic Press. https://doi.org/10.1016/b978-0-323-91802-2.00019-0

Dribin, T. E., Motosue, M. S., & Campbell, R. L. (2022). Overview of allergy and anaphylaxis. *Emergency Medicine Clinics of North America*, *40*(1), 1–17. https://doi.org/10.1016/j.emc.2021.08.007

Eddens, T., Mack, M., McCormick, M., Chong, H., & Kalpatthi, R. (2022). Trends in pediatric primary immunodeficiency: Incidence, utilization, transplantation, and mortality. *The Journal of Allergy and Clinical Immunology: In Practice*, *10*(1), 286–296.e3. https://doi.org/10.1016/j.jaip.2021.10.033

Fang, X., Li, Z., Liu, C., Mor, G., & Liao, A. (2023). Macrophage memory: Types, mechanisms, and its role in health and disease. *Immunology*, *171*(1), 18–30. https://doi.org/10.1111/imm.13697

Foy, B. H., Sundt, T. M., Carlson, J. C., Aguirre, A. D., & Higgins, J. M. (2022). Human acute inflammatory recovery is defined by co-regulatory dynamics of white blood cell and platelet populations. *Nature Communications*, *13*(1), 4705. https://doi.org/10.1038/s41467-022-32222-2

Franco-Acevedo, A., Pathoulas, C. L., Murphy, P. A., & Valenzuela, N. M. (2023). The transplant bellwether: Endothelial cells in antibody-mediated rejection. *The Journal of Immunology*, *211*(9), 1276–1285. https://doi.org/10.4049/jimmunol.2300363

Georgiev, P., Benamar, M., Han, S., Haigis, M. C., Sharpe, A. H., & Chatila, T. A. (2024). Regulatory T cells in dominant immunologic tolerance. *Journal of Allergy and Clinical Immunology*, *153*(1), 28–41. https://doi.org/10.1016/j.jaci.2023.09.025

Giommetti, A., & Papanikolaou, E. (2024). Advancements in hematopoietic stem cell gene therapy: A journey of progress for viral transduction. *Cells*, *13*(12), 1039. https://doi.org/10.3390/cells13121039

Girdhar, K., Huang, Q., Chow, I.-T., Vatanen, T., Brady, C., Raisingani, A., Autissier, P., Atkinson, M. A., Kwok, W. W., Kahn, C. R., & Altindis, E. (2022). A gut microbial peptide and molecular mimicry in the pathogenesis of type 1 diabetes. *Proceedings of the National Academy of Sciences*, *119*(31), e2120028119. https://doi.org/10.1073/pnas.2120028119

Grubbs, H., & Kahwaji, C. I. (2023, August 14). Physiology, active immunity. In *StatPearls* [Internet]. StatPearls Publishing. https://www.ncbi.nlm.nih.gov/books/NBK513280/

Gulhar, R., Jialal, I., & Ashraf, M. A. (2023, April 24). Physiology, acute phase reactants. In *StatPearls* [Internet]. StatPearls Publishing. https://www.ncbi.nlm.nih.gov/books/NBK519570/

Hannoodee, S., & Nasuruddin, D. N. (2024, June 8). Acute inflammatory response. In *Statpearls* [Internet]. StatPearls Publishing. https://www.ncbi.nlm.nih.gov/books/NBK556083/

Harakal, J., Qiao, H., Wheeler, K., Rival, C., Paul, A. G., Hardy, D. M., Cheng, C. Y., Goldberg, E., & Tung, K. S. (2022). Exposed and sequestered antigens in testes and their protection by regulatory T cell-dependent systemic tolerance. *Frontiers in Immunology*, *13*, 809247. https://doi.org/10.3389/fimmu.2022.809247

Harris, A., & Patel, P. (2022, August 22). Interleukin. In *StatPearls* [Internet]. StatPearls Publishing. https://www.ncbi.nlm.nih.gov/books/NBK499840/

Harroud, A., & Hafler, D. A. (2023). Common genetic factors among autoimmune diseases. *Science*, *380*(6644), 485–490. https://doi.org/10.1126/science.adg2992

Herrero-Cervera, A., Soehnlein, O., & Kenne, E. (2022). Neutrophils in chronic inflammatory diseases. *Cell & Molecular Immunology*, *19*(2), 177–191. https://doi.org/10.1038/s41423-021-00832-3

Higashi, Y. (2022). Roles of oxidative stress and inflammation in vascular endothelial dysfunction-related disease. *Antioxidants*, *11*(10), 1958. https://doi.org/10.3390/antiox11101958

Hossain, Z., Reza, A. H., Qasem, W. A., Friel, J. K., & Omri, A. (2022). Development of the immune system in the human embryo. *Pediatric Research*, *92*(4), 951–955. https://doi.org/10.1038/s41390-022-01940-0

Houeiss, P., Luce, S., & Boitard, C. (2022). Environmental triggering of type 1 diabetes autoimmunity. *Frontiers in Endocrinology*, *13*, 933965. https://doi.org/10.3389/fendo.2022.933965

Jan, A., & Sabir, S. (2024, July 27). Physiology, immune response. In *StatPearls* [Internet]. StatPearls Publishing. https://www.ncbi.nlm.nih.gov/books/NBK539801/

Jang, J.-H., Kim, J.-H., & Park, H.-S. (2023). Current issues in the management of IGG subclass deficiencies in adults with chronic respiratory diseases. *Allergy, Asthma & Immunology Research*, *15*(5), 562. https://doi.org/10.4168/aair.2023.15.5.562

Jiménez-Cortegana, C., Palomares, F., Alba, G., Santa-María, C., de la Cruz-Merino, L., Sánchez-Margalet, V., & López-Enríquez, S. (2024). Dendritic cells: The Yin and yang in disease progression. *Frontiers in Immunology*, *14*, 1321051. https://doi.org/10.3389/fimmu.2023.1321051

Joint United Nations Programme on HIV/AIDS. (2023). *Fact sheet—Global HIV & AIDS statistics*. https://www.unaids.org/en/resources/fact-sheet

Jung, S. M., & Kim, W.-U. (2022). Targeted immunotherapy for autoimmune disease. *Immune Network*, *22*(1), e9. https://doi.org/10.4110/in.2022.22.e9

Justiz-Vaillant, A. A., Gopaul, D., Akpaka, P. E., Soodeen, S., & Arozarena Fundora, R. (2023). Severe combined immunodeficiency—Classification, microbiology association and treatment. *Microorganisms*, *11*(6), 1589. https://doi.org/10.3390/microorganisms11061589

Justiz Vaillant, A. A., & Mohseni, M. (2023, August 8). Severe combined immunodeficiency. In *StatPearls* [Internet]. StatPearls Publishing. https://www.ncbi.nlm.nih.gov/books/NBK539762/

Justiz Vaillant, A. A., & Mohseni, M. (2024, August 28). Chronic transplantation rejection. In *StatPearls* [Internet]. StatPearls Publishing. https://www.ncbi.nlm.nih.gov/books/NBK535435/

Justiz Vaillant, A. A., & Qurie, A. (2023, June 26). Immunodeficiency disorders (primary and secondary). In *StatPearls* [Internet]. StatPearls Publishing. https://www.ncbi.nlm.nih.gov/books/NBK500027/

Kamal, S., Lappin, S. L., & Kerndt, C. C. (2023, August 14). Genetics, histocompatibility antigen. In *StatPearls* [Internet]. StatPearls Publishing. https://www.ncbi.nlm.nih.gov/books/NBK541023/

Kawai, T., Ikegawa, M., Ori, D., & Akira, S. (2024). Decoding toll-like receptors: Recent insights and perspectives in innate immunity. *Immunity*, *57*(4), 649–673. https://doi.org/10.1016/j.immuni.2024.03.004

Kucuksezer, U. C., Ozdemir, C., Yazici, D., Pat, Y., Mitamura, Y., Li, M., Sun, N., D'Avino, P., Bu, X., Zhu, X., Akdis, M., Nadeau, K., Ogulur, I., & Akdis, C. A. (2023). The epithelial barrier theory: Development and exacerbation of allergic and other chronic inflammatory diseases. *Asia Pacific Allergy*, *13*(1), 28–39. https://doi.org/10.5415/apallergy.0000000000000005

Lackey, A. E., & Ahmad, F. (2023, July 3). X-linked agammaglobulinemia. In *StatPearls* [Internet]. StatPearls Publishing. https://www.ncbi.nlm.nih.gov/books/NBK549865/

Langel, S. N., Blasi, M., & Permar, S. R. (2022). Maternal immune protection against infectious diseases. *Cell Host & Microbe*, *30*(5), 660–674. https://doi.org/10.1016/j.chom.2022.04.007

Lee, M., Lee, S. Y., & Bae, Y.-S. (2022). Emerging roles of neutrophils in immune homeostasis. *BMB Reports*, *55*(10), 473–480. https://doi.org/10.5483/bmbrep.2022.55.10.115

Li, H., Wu, M., & Zhao, X. (2022). Role of chemokine systems in cancer and inflammatory diseases. *MedComm*, *3*(2), e147. https://doi.org/10.1002/mco2.147

Liu, C., Liu, T., Zhang, Q., Song, M., Zhang, Q., Shi, J., Deng, L., Chen, Y., Zheng, X., Lin, S., Wang, Z., Xie, H., Chen, S., Wu, S., & Shi, H. (2024). Temporal relationship between inflammation and metabolic disorders and their impact on cancer risk. *Journal of Global Health*, *14*, 04041. https://doi.org/10.7189/jogh.14.04041

Liu, Z., Liang, Q., Ren, Y., Guo, C., Ge, X., Wang, L., Cheng, Q., Luo, P., Zhang, Y., & Han, X. (2023). Immunosenescence: Molecular mechanisms and diseases. *Signal Transduction and Targeted Therapy*, *8*(1), 200. https://doi.org/10.1038/s41392-023-01451-2

Lockhart, A., Mucida, D., & Bilate, A. M. (2024). Intraepithelial lymphocytes of the intestine. *Annual Review of Immunology*, *42*(1), 289–316. https://doi.org/10.1146/annurev-immunol-090222-100246

Loeffler, D. A. (2023). Antibody-mediated clearance of brain amyloid-β: Mechanisms of action, effects of natural and monoclonal anti-Aβ antibodies, and downstream effects. *Journal of Alzheimer's Disease Reports*, *7*(1), 873–899. https://doi.org/10.3233/adr-230025

Ma, M., Jiang, W., & Zhou, R. (2024). DAMPs and DAMP-sensing receptors in inflammation and diseases. *Immunity*, *57*(4), 752–771. https://doi.org/10.1016/j.immuni.2024.03.002

Maguire, C., Wang, C., Ramasamy, A., Fonken, C., Morse, B., Lopez, N., Wylie, D., & Melamed, E. (2024). Molecular mimicry as a mechanism of viral immune evasion and autoimmunity. *Nature Communications*, *15*(1), 9403. https://doi.org/10.1038/s41467-024-53658-8

Mantovani, A., & Garlanda, C. (2023). Humoral innate immunity and acute-phase proteins. *New England Journal of Medicine*, *388*(5), 439–452. https://doi.org/10.1056/nejmra2206346

Marwa, K., & Kondamudi, N. P. (2023, August 12). Type IV hypersensitivity reaction. In *StatPearls* [Internet]. StatPearls Publishing. https://www.ncbi.nlm.nih.gov/books/NBK562228/

Matsuda, K., & Maeda, K. (2024). HIV reservoirs and treatment strategies toward curing HIV infection. *International Journal of Molecular Sciences*, *25*(5), 2621. https://doi.org/10.3390/ijms25052621

Mollah, F., & Schuman, T. (2022, June 22). Complement deficiency. In *StatPearls* [Internet]. StatPearls Publishing. https://www.ncbi.nlm.nih.gov/books/NBK557581/

Mulder, F. V., Evers, D., de Haas, M., Cruijsen, M. J., Bernelot Moens, S. J., Barcellini, W., Fattizzo, B., & Vos, J. M. (2023). Severe autoimmune hemolytic anemia; epidemiology, clinical management, outcomes and knowledge gaps. *Frontiers in Immunology*, *14*, 1228142. https://doi.org/10.3389/fimmu.2023.1228142

Murchu, E., Marshall, L., Teljeur, C., Harrington, P., Hayes, C., Moran, P., & Ryan, M. (2022). Oral pre-exposure prophylaxis (PrEP) to prevent HIV: A systematic review and meta-analysis of clinical effectiveness, safety, adherence and risk compensation in all populations. *BMJ Open*, *12*(5), e048478. https://doi.org/10.1136/bmjopen-2020-048478

Nazi, N., & Ladomenou, F. (2018). Gastrointestinal manifestations of primary immune deficiencies in children. *International Reviews of Immunology*, 37(2), 111-118. https://doi.org/10.1080/08830185.2017.1365147

Neumaier, M., Giesler, S., Ast, V., Roemer, M., Voß, T.-D., Reinz, E., Costina, V., Schmelz, M., Nürnberg, E., Nittka, S., Leppä, A.-M., Rudolf, R., Trumpp, A., & Fuchs, T. (2023). Opsonization-independent antigen-specific recognition by myeloid phagocytes expressing monoclonal antibodies. *Science Advances*, 9(35), eadg1812. https://doi.org/10.1126/sciadv.adg1812

Nguyen, K., & Kohli, A. (2023, July 10). Latex allergy. In *Statpearls* [Internet]. StatPearls Publishing. https://www.ncbi.nlm.nih.gov/books/NBK545164/

Noli Truant, S., Redolfi, D. M., Sarratea, M. B., Malchiodi, E. L., & Fernández, M. M. (2022). Superantigens, a paradox of the immune response. *Toxins*, *14*(11), 800. https://doi.org/10.3390/toxins14110800

Novembre, E., Gelsomino, M., Liotti, L., Barni, S., Mori, F., Giovannini, M., Mastrorilli, C., Pecoraro, L., Saretta, F., Castagnoli, R., Arasi, S., Caminiti, L., Klain, A., & del Giudice, M. M. (2024). Fatal food anaphylaxis in adults and children. *Italian Journal of Pediatrics*, *50*(1), 40. https://doi.org/10.1186/s13052-024-01608-x

Ortiz, A. M., & Brenchley, J. M. (2024). Untangling the role of the microbiome across the stages of HIV disease. *Current Opinion in HIV and AIDS*, *19*(5), 221–227. https://doi.org/10.1097/coh.0000000000000870

Pahwa, R., Jialal, I., & Goyal, A. (2023, August 7). Chronic inflammation. In *StatPearls* [Internet]. StatPearls Publishing. https://www.ncbi.nlm.nih.gov/books/NBK493173/

Peng, X. P., Caballero-Oteyza, A., & Grimbacher, B. (2023). Common variable immunodeficiency: More pathways than roads to Rome. *Annual Review of Pathology: Mechanisms of Disease*, *18*(1), 283–310. https://doi.org/10.1146/annurev-pathmechdis-031521-024229

Preston, R. R., & Wilson, T. (2013). *Lippincott's illustrated reviews: Physiology*. Wolters Kluwer

Pollock, L., & Levison, J. (2023). 2023 updated guidelines on infant feeding and HIV in the United States: What are they and why have recommendations changed. *Topics in Antiviral Medicine*, 31(5), 576–586.

Qiu, K. (2024). The emerging roles and therapeutic implications of immunosenescence-mediated inflammaging in age-related hearing loss. *American Journal of Stem Cells*, *13*(2), 101–109. https://doi.org/10.62347/dtap3592

Quinn, J., Modell, V., Orange, J. S., & Modell, F. (2022). Growth in diagnosis and treatment of primary immunodeficiency within the global Jeffrey Modell Centers Network. *Allergy, Asthma & Clinical Immunology*, *18*(1), 19. https://doi.org/10.1186/s13223-022-00662-6

Ramphul, K., Patel, P., & Jamal, Z. (2023, August 28). Immunoglobulin. In *StatPearls* [Internet]. StatPearls Publishing. https://www.ncbi.nlm.nih.gov/books/NBK513460/

Rashid, N., Krakow, E. F., Yeh, A. C., Oshima, M. U., Onstad, L., Connelly-Smith, L., Vo, P., Mielcarek, M., & Lee, S. J. (2022). Late effects of severe acute graft-versus-host disease on quality of life, medical comorbidities, and survival. *Transplantation and Cellular Therapy*, *28*(12), 844.e1–844.e8. https://doi.org/10.1016/j.jtct.2022.08.027

Reggiani, F., L'Imperio, V., Calatroni, M., Pagni, F., & Sinico, R. A. (2023). Goodpasture syndrome and anti-glomerular basement membrane disease. *Clinical and Experimental Rheumatology*, *41*(4), 964–974. https://doi.org/10.55563/clinexprheumatol/tep3k5

Rhoades, R. A., & Bell, D. R. (2018). *Medical physiology* (5th ed.). Wolters Kluwer.

Rixe, N., & Tavarez, M. M. (2023, August 28). Serum sickness. In *StatPearls* [Internet]. StatPearls Publishing. https://www.ncbi.nlm.nih.gov/books/NBK538312/

Roifman, C. M., & Dalal, I. (2023, January 12). Transient hypogammaglobulinemia of infancy. In *UpToDate*. https://www.uptodate.com/contents/transient-hypogammaglobulinemia-of-infancy

Sauls, R. S., Taylor, B. N., & McCausland, C. (2023, May 1). Histology, T-cell lymphocyte. In *StatPearls* [Internet]. StatPearls Publishing. https://www.ncbi.nlm.nih.gov/books/NBK535433/

Seroogy, C. M. (2022, July 5). DiGeorge (22q11.2 deletion) syndrome: Epidemiology and pathogenesis. In *UpTo Date*. https://www.uptodate.com/contents/digeorge-22q11-2-deletion-syndrome-epidemiology-and-pathogenesis?search=DiGeorge+syndrome+incidence&source=search_result&selectedTitle=1~90&usage_type=default&display_rank=1

Sharifinejad, N., Azizi, G., Chavoshzadeh, Z., Mahdaviani, S. A., Alan, M. S., Tavakol, M., Sadri, H., Nabavi, M., Ebrahimi, S. S., Shirkani, A., Vosughi Motlagh, A., Safarirad, M., Aghamahdi, F., Nazari, F., Delavari, S., Jamee, M., Fayyaz, F., Samimisedeh, P., Matani, R., & Abolhassani, H. (2022). Autoimmunity in monogenic combined immune deficiencies with associated or syndromic features. *Frontiers in Immunology*, *13*, 1023127. https://doi.org/10.3389/fimmu.2022.1023127

Shirafkan, F., Hensel, L., & Rattay, K. (2024). Immune tolerance and the prevention of autoimmune diseases essentially depend on thymic tissue homeostasis. *Frontiers in Immunology*, *15*, 1339714. https://doi.org/10.3389/fimmu.2024.1339714

Sinnathamby, E. S., Issa, P. P., Roberts, L., Norwood, H., Malone, K., Vemulapalli, H., Ahmadzadeh, S., Cornett, E. M., Shekoohi, S., & Kaye, A. D. (2023). Hereditary angioedema: Diagnosis, clinical implications, and pathophysiology. *Advances in Therapy*, *40*(3), 814–827. https://doi.org/10.1007/s12325-022-02401-0

Smith, C. T., Wang, Z., & Lewis, J. S. (2024). Engineering antigen-presenting cells for immunotherapy of autoimmunity. *Advanced Drug Delivery Reviews*, *210*, 115329. https://doi.org/10.1016/j.addr.2024.115329

Song, Y., Li, J., & Wu, Y. (2024). Evolving understanding of autoimmune mechanisms and new therapeutic strategies of autoimmune disorders. *Signal Transduction and Targeted Therapy*, *9*(1), 263. https://doi.org/10.1038/s41392-024-01952-8

Soravipukuntorn, T., Putri, A., Sarasaen, K., Pisutsan, P., & Matsee, W. (2023). Vaccine-associated Arthus reaction. *Travel Medicine and Infectious Disease*, *55*, 102647. https://doi.org/10.1016/j.tmaid.2023.102647

Srisuwatchari, W., Kanchanaphoomi, K., Nawiboonwong, J., Thongngarm, T., & Sompornrattanaphan, M. (2023). Food-dependent exercise-induced anaphylaxis: A distinct form of food allergy—An updated review of diagnostic approaches and treatments. *Foods*, *12*(20), 3768. https://doi.org/10.3390/foods12203768

Stone, W. L., Burns, B., Zubair, M., & Basit, H. (2024, August 11). Pathology, inflammation. In *Statpearls* [Internet]. StatPearls Publishing. https://www.ncbi.nlm.nih.gov/books/NBK534820/

Sued, O., & Grosso, T. M. (2023). Pathophysiology of HIV and strategies to eliminate AIDS as a public health threat. In A. K. Dhara & A. K. Nayak (Eds.), *Viral infections and antiviral therapies* (pp. 339–376). Academic Press. https://doi.org/10.1016/b978-0-323-91814-5.00023-4

Swinkels, H. M., Gulick, P. G., Nguyen, A. D., & Samandari, T. (2024, July 27). HIV and AIDS. In *StatPearls* [Internet]. StatPearls Publishing. https://www.ncbi.nlm.nih.gov/books/NBK534860/

Tian, H., Xing, J., Tang, X., Chi, H., Sheng, X., & Zhan, W. (2022). Cluster of differentiation antigens: Essential roles in the identification of teleost fish T lymphocytes. *Marine Life Science & Technology*, *4*(3), 303–316. https://doi.org/10.1007/s42995-022-00136-z

Tigner, A. (2022, November 14). Histology, white blood cell. In *StatPearls* [Internet]. StatPearls Publishing. https://www.ncbi.nlm.nih.gov/books/NBK563148/

Tramontana, M., Hansel, K., Bianchi, L., Sensini, C., Malatesta, N., & Stingeni, L. (2023). Advancing the understanding of allergic contact dermatitis: From pathophysiology to novel therapeutic approaches. *Frontiers in Medicine*, *10*, 1184289. https://doi.org/10.3389/fmed.2023.1184289

U.S. Department of Health and Human Services. (2025, October 6). *Preventing perinatal transmission of HIV*. National Institutes of Health. https://hivinfo.nih.gov/understanding-hiv/fact-sheets/preventing-perinatal-transmission-hiv-during-pregnancy-and-childbirth

Vebr, M., Pomahačová, R., Sýkora, J., & Schwarz, J. (2023). A narrative review of cytokine networks: Pathophysiological and therapeutic implications for inflammatory bowel disease pathogenesis. *Biomedicines*, *11*(12), 3229. https://doi.org/10.3390/biomedicines11123229

Vosughimotlagh, A., Rasouli, S. E., Rafiemanesh, H., Safarirad, M., Sharifinejad, N., Madanipour, A., Dos Santos Vilela, M. M., Heropolitańska-Pliszka, E., & Azizi, G. (2023). Clinical manifestation for immunoglobulin a deficiency: A systematic review and meta-analysis. *Allergy, Asthma & Clinical Immunology*, *19*(1), 75. https://doi.org/10.1186/s13223-023-00826-y

Wang, R., Lan, C., Benlagha, K., Camara, N. O., Miller, H., Kubo, M., Heegaard, S., Lee, P., Yang, L., Forsman, H., Li, X., Zhai, Z., & Liu, C. (2024). The interaction of innate immune and adaptive immune system. *MedComm*, *5*(10), e714. https://doi.org/10.1002/mco2.714

Wang, Y., Dong, C., Han, Y., Gu, Z., & Sun, C. (2022). Immunosenescence, aging and successful aging. *Frontiers in Immunology*, *13*, 942796. https://doi.org/10.3389/fimmu.2022.942796

Watkins, B., & Qayed, M. (2023). Novel approaches to acute graft-versus-host disease prevention. *Hematology*, *2023*(1), 155–163. https://doi.org/10.1182/hematology.2023000426

World Health Organization. (2024, May 21). *Sexually transmitted infections (STIs)*. https://www.who.int/news-room/fact-sheets/detail/sexually-transmitted-infections-(stis)

Xiang, Y., Zhang, M., Jiang, D., Su, Q., & Shi, J. (2023). The role of inflammation in autoimmune disease: A therapeutic target. *Frontiers in Immunology*, *14*, 1267091. https://doi.org/10.3389/fimmu.2023.1267091

Yamada, T., & Takaoka, A. (2023). Innate immune recognition against SARS-COV-2. *Inflammation and Regeneration*, *43*(1), 7. https://doi.org/10.1186/s41232-023-00259-5

Yang, Q., Kennicott, K., Zhu, R., Kim, J., Wakefield, H., Studener, K., & Liang, Y. (2023). Sex hormone influence on female-biased autoimmune diseases hints at puberty as an important factor in pathogenesis. *Frontiers in Pediatrics*, *11*, 1051624. https://doi.org/10.3389/fped.2023.1051624

Zhang, Y., Liu, Y. Sun, J., Zhang, W., Guo, Z., & Ma, Q. (2023). Arachidonic acid metabolism in health and disease. *MedComm*, *4*(5), e363. https://doi.org/10.1002/mco2.363

CHAPTER 10

Mechanisms of Infectious Disease

Infectious Diseases

Infectious Disease Concepts
Agents of Infectious Disease

Mechanisms of Infection

Epidemiology of Infectious Diseases
Modes of Transmission
Infectious Sources
Clinical Manifestations
Disease Course
Site of Infection
Virulence Factors

Diagnosis and Treatment of Infectious Diseases

Diagnosis
Treatment

Global Infectious Diseases

Learning Objectives

After completing this chapter, the learner will be able to meet the following objectives:

1. Describe the roles of host, agent, and environment in infectious diseases, integrating key terms such as colonization, microflora, virulence, pathogens, and saprophytes.
2. Evaluate host–microorganism interactions by applying commensalism, mutualism, and parasitism.
3. Apply the infectious disease triad to assess disease emergence and progression.
4. Differentiate the various modes of infectious disease transmission and their implications for public health.
5. Interpret the stages of infectious disease in relation to pathogen progression and host response.
6. Assess factors influencing the severity of infectious diseases, including host immunity and pathogen characteristics.
7. Critique clinical manifestations of a dysregulated host defense response to infection, including sepsis and systemic inflammatory responses.
8. Compare diagnostic methods for infectious diseases, justifying their clinical applications.

All living organisms share two basic objectives in life: survival and reproduction. This principle applies equally to all members of the living world, including bacteria, viruses, fungi, and protozoa. To meet these objectives, organisms must extract essential nutrients for growth and proliferation from the environment. The human body hosts trillions of microorganisms, with the gastrointestinal (GI) tract being the most densely populated area, hosting over 300 different species of bacteria. The majority of gut microbiome is considered normal microflora, which refers to microorganisms that typically live in and on the human body without causing disease. Microbial diversity throughout the body, including the skin, respiratory tract, oral cavity, and genitourinary system, plays a significant role in immune response and is implicated in the development of immune-mediated diseases. Microbial imbalance (dysbiosis) has been linked to autoimmune diseases such as lupus and rheumatoid arthritis, as well as allergies and asthma (Ignacio et al., 2024). When pathogenic organisms surpass the barriers of host defenses (e.g., skin and mucous membranes), and the immune system is unable to eradicate them, they can produce harmful and potentially lethal consequences. The consequences of these invasions are collectively called **infectious diseases**.

Infectious Diseases

Infectious Disease Concepts

The study of infectious diseases is closely intertwined with the disciplines of microbiology, immunology, and epidemiology. Understanding the interactions between microorganisms and the human body is essential to recognizing how infectious diseases develop and spread. The **epidemiologic triangle** serves as a foundational model in epidemiology, illustrating the relationship between three key factors: the **agent** (the pathogen causing disease), the **host** (the organism harboring the pathogen), and the **environment** (external conditions that influence disease transmission and progression) (Fig. 10-1). When these factors align in a way that supports the pathogen, infection can occur.

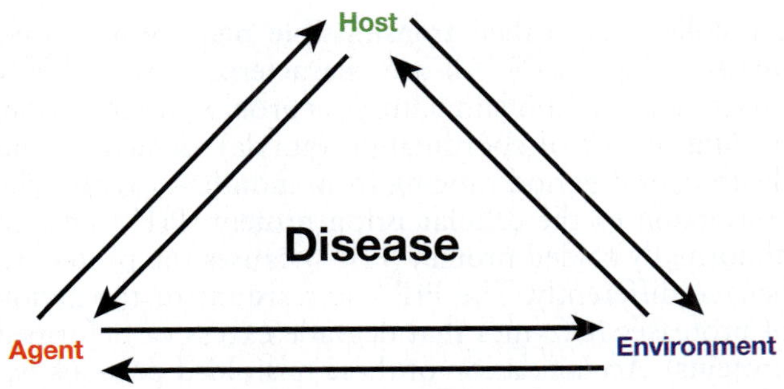

FIGURE 10-1. Triad of infectious disease model. Infectious diseases result from the interaction of an agent, a susceptible host, and environmental conditions that promote infection.

Any organism capable of supporting the nutritional and physical growth requirements of another is called a **host**. Occasionally, the terms **infection** and **colonization** are used interchangeably. However, the term infection describes the presence and multiplication within a host of another living organism, *with* subsequent injury to the host, whereas colonization describes the act of establishing a presence *without* necessarily causing harm.

One common misconception is that all interactions between microorganisms and humans are detrimental. The internal and external exposed surfaces of the human body are normally and harmlessly inhabited by a multitude of bacteria, collectively referred to as the normal **microflora**. Although the colonizing bacteria acquire nutrition, the host is not adversely affected by the relationship. This interaction is called **commensalism**, and the colonizing microorganisms are often referred to as **commensal flora**. The term **mutualism** is applied to an interaction in which both the microorganism and the host derive benefits from the interaction. For example, certain inhabitants of the human intestinal tract extract nutrients from the host and secrete essential vitamin by-products of metabolism (e.g., vitamin K) that are absorbed and used by the host. A **parasitic relationship** is one in which only the infecting organism benefits from the relationship and the host either gains nothing or sustains injury from the interaction. If the host sustains injury or pathologic damage, the process is called an **infectious disease**.

The severity of an infectious disease can range from mild to life-threatening. Severity depends on many variables, including the health of the host at the time of infection, the **virulence** (disease-producing potential) of the microorganism, and environmental conditions. Microorganisms capable of causing disease are called **pathogens**. Some microorganisms are highly virulent and frequently cause disease when a host is exposed to them. Table 10-1 includes a list of common pathogens that cause infectious disease in humans. While the microbial world is vast, with millions of species of bacteria, viruses, fungi, and protozoa, only a small fraction are **pathogenic** to humans. The majority of microorganisms are harmless or even beneficial, playing critical roles in ecosystems, nutrient cycling, and human health. Harmless microorganisms are called **saprophytes**, free-living organisms obtaining their growth from dead or decaying organic material in the environment. All microorganisms, even saprophytes and members of the normal **flora**, can be **opportunistic pathogens**, capable of producing an infectious disease when the health and immunity of the host are weakened by illness, malnutrition, or medical therapy.

Agents of Infectious Disease

The agents of infectious disease include prions, viruses, bacteria, fungi, parasites, and arthropod infestations.

Prions

Historically, microbiologists have assumed that all infectious agents possess a genome of either ribonucleic

TABLE 10-1 Common Pathogens

Pathogen	Structural Characteristics	Functional Characteristics	Treatment	Common Diseases
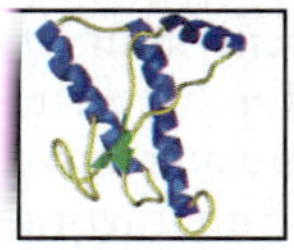 Prions	DNA/RNA and protein coat	Cannot reproduce outside of cells	Antivirals, which slow viral replication	Influenza, the common cold, measles, HIV/AIDS
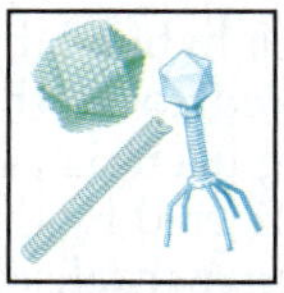 Viruses	Microscopic cell without nucleus	Common on keyboards, water fountains, toilets, etc.	Antibiotics, which slow bacterial reproduction	Strep throat, some sinus and lung infections, some food poisoning
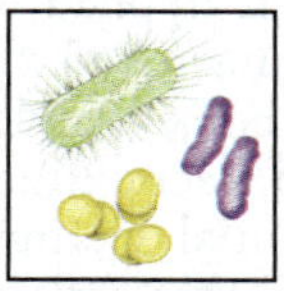 Bacteria	Microscopic, unicellular (yeasts) or multicellular (molds)	Usually infect body surfaces and openings	Antifungals, which destroy the cell walls	Athlete's foot, yeast infections
 Fungi	Microscopic, unicellular	Common in water supplies of developing countries	Antiprotozoal drugs, which interfere with protozoan metabolism	Malaria, sleeping sickness
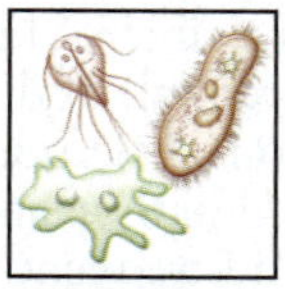 Protozoa	Multicellular	Prefer to live within body spaces and cells	Anthelmintics, which interfere with the worm's metabolism	Roundworms, tapeworms (helminths)
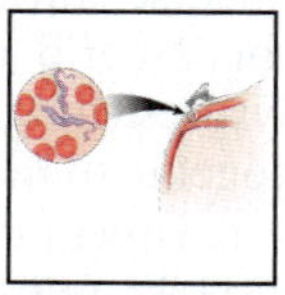 Worms	The protein (PrP) is found throughout the body; however, the PrP^{SC} in infectious materials is misfolded	Protein found in infected animals	Current research for effective treatment	Creutzfeldt–Jakob disease (associated with other neurodegenerative conditions)

Adapted with permission from McConnell, T. H., & Hull, K. L. (2011). *Human form, human function: Essentials of anatomy & physiology*. Lippincott Williams & Wilkins. Prion image from Knipe, D. M., & Howley, P. M. (2013). *Fields virology* (6th ed., p. 2426). Lippincott Williams & Wilkins; Figure 76-6.

acid (RNA) or deoxyribonucleic acid (DNA) that encodes for proteins and enzymes essential for replication and survival. However, the discovery of **prions** in 1982 challenged this theory, demonstrating that infectious agents without nucleic acids could transmit infection by self-propagation (Zerr et al., 2024). A number of prion-associated diseases have been identified, including Creutzfeldt–Jakob disease, multiple system atrophy, and kuru in humans. Animals are also affected, for example, bovine spongiform encephalopathy (or mad cow disease) in cattle (Zerr et al., 2024). The various prion-associated diseases produce very similar pathologic processes and symptoms in the hosts and are collectively called **transmissible neurodegenerative diseases** (Fig. 10-2). All are characterized by a slowly progressive, noninflammatory neuronal degeneration, leading to loss of coordination (ataxia), dementia, and death over a period ranging from months to years. The conversion of the cellular prion protein (PrP^{C}) into an abnormally folded protein (PrP^{SC}) causes the protein to behave differently. The PrP^{SC} is resistant to the action of proteases (enzymes that degrade excess or deformed proteins). Accumulation of these misfolded proteins becomes toxic to cells; however, as they aggregate, they become less toxic to the cell and can then be captured in plaques, tangles, or inclusion bodies (Giraldo, 2024).

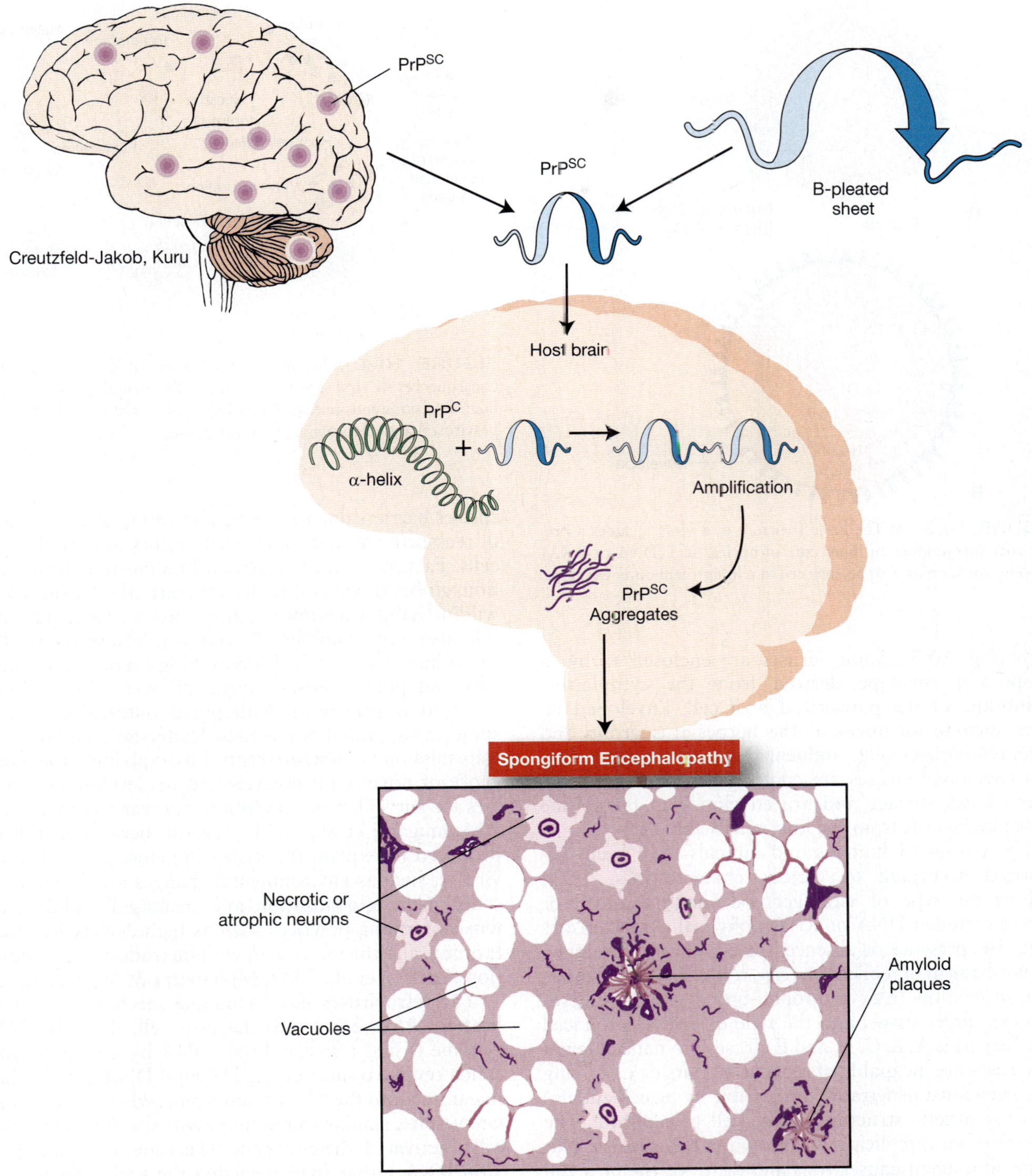

FIGURE 10-2. Molecular pathogenesis of prion disorders. (From Strayer D. S., & Rubin R. [Eds.]. [2015]. *Rubin's pathology: Clinicopathologic foundations of medicine* [7th ed., Figure 32.71, p. 1452]. Wolters Kluwer Health.)

Prion diseases are particularly challenging to manage due to the stability of PrP^{sc} which makes it highly resistant to treatment. Animal studies confirm that prions replicate, prompting research into how proteins can propagate without genetic material. PrP^{sc} is believed to aggregate into amyloid-like plaques in the brain and spread along neuronal axons, progressively damaging host neurons and leading to eventual incapacitation. In humans, transmission primarily occurs through consuming infected meat or receiving contaminated transplant organs or corneas (Crestini et al., 2022).

Viruses

Viruses are the smallest obligate intracellular pathogens. They have no organized cellular structures but instead consist of a protein coat, or **capsid**, surrounding a nucleic acid core, or genome, of RNA *or* DNA—never

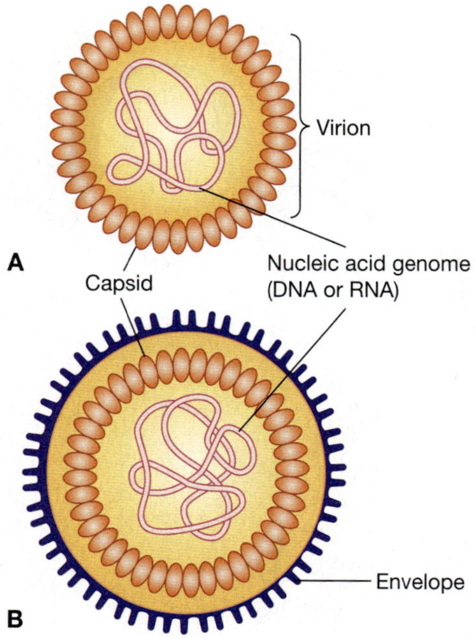

FIGURE 10-3. A. The basic structure of a virus includes a protein coat surrounding an inner core of nucleic acid (DNA or RNA). B. Some viruses may also be enclosed in a lipoprotein outer envelope.

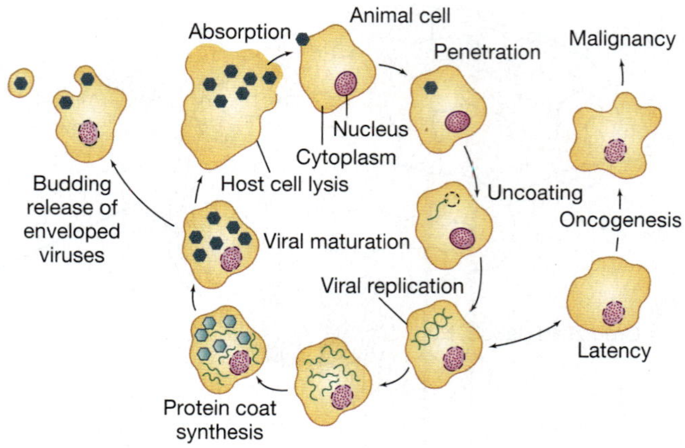

FIGURE 10-4. Schematic representation of the many possible consequences of viral infection of host cells, including cell lysis (poliovirus), continuous release of budding viral particles, or latency (herpesviruses) and oncogenesis (papovaviruses).

both (Fig. 10-3). Some viruses are enclosed within a lipoprotein envelope derived from the cytoplasmic membrane of the parasitized host cell. Enveloped viruses include members of the herpesvirus group and paramyxoviruses (e.g., influenza and poxviruses). Certain enveloped viruses are continuously shed from the infected cell surface and are enveloped in membrane buds pinched off from the host cell membrane.

The viruses of humans and animals have been categorized according to various characteristics. These include the type of viral genome (single-stranded or double-stranded DNA or RNA), physical characteristics (e.g., size, presence or absence of a membrane envelope), the mechanism of replication (e.g., retroviruses), the mode of transmission (e.g., arthropod-borne viruses, enteroviruses), target tissue, and the type of disease produced (e.g., hepatitis A, B, C, D, and E viruses), to name a few.

Viruses are incapable of replication outside of a living cell. They must penetrate a susceptible living cell and use the biosynthetic structure of the cell to replicate. The process of viral replication is shown in Figure 10-4. Not every viral agent causes lysis and death of the host cell during the course of replication. Some viruses enter the host cell where they remain in a latent, nonreplicating state for long periods without causing disease. The virus may undergo active replication and produce symptoms of disease months to years later. Members of the herpesvirus group and adenoviruses are examples of latent viruses. The resumption of the latent viral replication may produce symptoms of primary disease (e.g., genital herpes) or cause an entirely different symptomatology (e.g., Epstein–Barr virus) (Fig. 10-5).

Zoonotic viruses are viruses that originate in animal hosts and are capable of being transmitted to humans. Many novel and emerging viral infections arise through zoonotic spillover, a process in which a virus crosses species barriers due to genetic mutation, recombination, or reassortment that enhances its ability to infect human cells. Factors such as increased human–animal interaction, global travel and trade, agricultural intensification, wildlife habitat disruption, and climate change have accelerated opportunities for zoonotic transmission. Because humans often lack preexisting immunity to these newly adapted viruses, zoonotic spillover events can lead to rapid transmission, widespread outbreaks, and, in some cases, global pandemics. Understanding zoonotic transmission is therefore central to explaining the emergence of novel viral diseases and to developing strategies for surveillance, prevention, and early containment (Shanmugaraj et al., 2024). Several theories have been proposed to explain the increasing emergence of novel viruses, such as environmental changes and habitat encroachment, globalization and increased mobility, intensive farming practices such as high-density livestock farming, and the increase in wildlife trade and consumption (Carlson et al., 2022; Mohapatra & Menon, 2022).

The **retroviruses** have a unique mechanism of replication. After entry into the host cell, the viral RNA genome is first translated into DNA by a viral enzyme called **reverse transcriptase**. The viral DNA copy is then integrated into the host chromosome, where it exists in a latent state, similar to the herpesviruses. When the host cell is activated, the viral genome is transcribed into new viral RNA rather than reversing the entire process. In human immunodeficiency virus (HIV) infection, activation of $CD4^+$ T cells leads to the production of new virions, which are released by budding or cell–cell fusion. Additionally, direct lysis of infected $CD4^+$ cells contributes to immune suppression and a declining $CD4^+$ count (Li et al., 2022).

In addition to causing infectious diseases, certain viruses also can transform normal host cells into malignant cells during the replication cycle. This group of viruses is referred to as **oncogenic** viruses and includes certain retroviruses and DNA viruses, such as the herpesviruses, adenoviruses, and papovaviruses. **Human papillomaviruses (HPVs)**, members of the papovavirus family, cause cutaneous and genital warts, and several

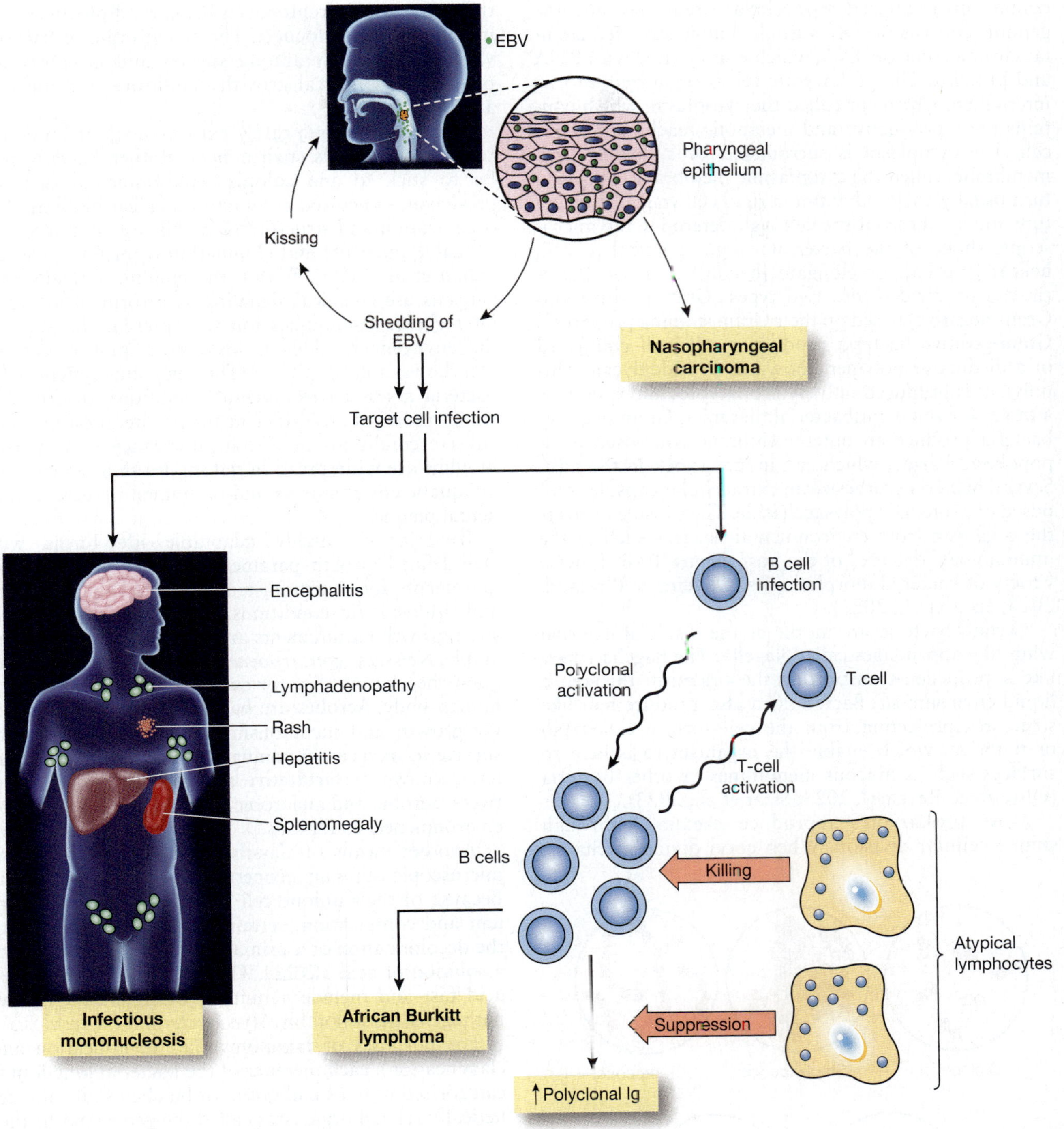

FIGURE 10-5. Role of Epstein–Barr virus (EBV) in infectious mononucleosis (IM), nasopharyngeal carcinoma, and Burkitt lymphoma. EBV invades and replicates within the salivary glands or pharyngeal epithelium and is shed into the saliva and respiratory secretions. Additionally, in some people, the virus transforms pharyngeal epithelial cells, which can cause nasopharyngeal carcinoma. Then in some people who are not immune from childhood exposure, EBV can cause IM. EBV can infect B lymphocytes and stimulate the production of atypical lymphocytes, which kill virally infected B cells and suppress immunoglobulin production. Some infected B cells can transform into malignant lymphocytes of Burkitt lymphoma. (From Strayer, D. S., & Rubin, R. [Eds.]. [2015]. *Rubin's pathology: Clinicopathologic foundations of medicine* [7th ed., p. 383]. Wolters Kluwer Health; Fig. 9-9.)

genotypes are associated with cervical cancer (Liu et al., 2024). The first vaccine (Gardasil) to prevent cervical cancer, precancerous genital lesions, genital warts, and anal and oropharyngeal cancers because of HPV was developed in 2006, and the vaccine coverage has been expanded to be effective against nine HPV types (6, 11, 16, 18, 31, 33, 45, 52, and 58) (Gallego et al., 2024).

Bacteria

Bacteria are autonomously replicating unicellular organisms known as **prokaryotes** because they lack an organized nucleus. Compared with nucleated eukaryotic cells, the bacterial cells are small and structurally primitive. They are the smallest of all living cells and contain no organized intracellular organelles, and the genome consists of only a single double-stranded circular chromosome of DNA, which is associated with RNA and proteins. The prokaryotic cell is organized into an internal compartment called the **cytoplasm**, which contains the reproductive and metabolic machinery of the cell. The cytoplasm is surrounded by a flexible lipid membrane, called the **cytoplasmic membrane**. This is in turn usually enclosed within a rigid cell wall. The structure and synthesis of the cell wall determine the microscopic shape of the bacterium (e.g., spherical [cocci], helical [spirilla], or elongate [bacilli]). Further, bacteria can be divided into two types (Gram-positive and Gram-negative) based on their Gram staining properties. **Gram-positive** bacteria produce a cell wall composed of a distinctive polymer known as **peptidoglycan**. This polymer is produced only by prokaryotes and is used as a target for some antibacterial therapies. **Gram-negative** bacteria produce an outer membrane composed of lipopolysaccharide, which can induce shock in the host. Several bacteria synthesize an extracellular capsule composed of protein or polysaccharide. The capsule protects the organism from environmental hazards such as the immunologic defenses of the host. Figure 10-6 shows a variety of bacterial morphologies (Oliveira & Reygaerl, 2023; Sizar et al., 2023).

Certain bacteria are motile as the result of external whip-like appendages called **flagella**. The flagella rotate like a propeller, transporting the organism through a liquid environment. Bacteria can also produce hair-like structures projecting from the cell surface called **pili** or **fimbriae**, which enable the organism to adhere to surfaces such as mucous membranes or other bacteria (Oliveira & Reygaerl, 2023; Sizar et al., 2023).

Most prokaryotes reproduce asexually through simple cellular division. When cocci divide in chains,

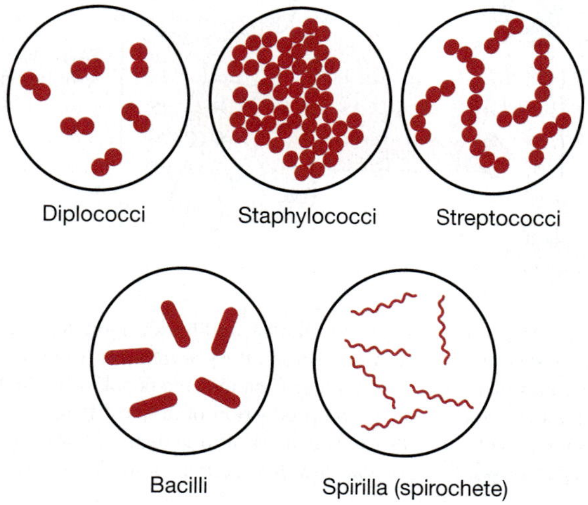

FIGURE 10-6. The variety of bacterial morphology. Examples of bacteria-related disease: Streptococci are Gram-positive aerobic organisms that cause skin infections such as impetigo, scarlet fever, pharyngitis, endocarditis, pneumonia, and potentially fatal toxic shock and sepsis. *Salmonella* and *Escherichia coli* are Gram-negative, rod-shaped bacteria that cause foodborne illnesses. Spirilla bacteria are Gram-negative bacteria that cause bacterial diarrhea and peptic ulcers. (From Houser H. J., & Sesser J. R. [2016]. *LWW's medical assisting exam review for CMA, RMA, and CMAS certification*. Wolters Kluwer.)

they are called **streptococci**; in pairs, **diplococci**; and in clusters, **staphylococci**. The growth rate of bacteria varies significantly among species and is highly dependent on physical growth conditions and nutrient availability.

In nature, bacteria rarely exist as single free-floating cells in an aqueous environment. Rather, bacteria prefer to stick to and colonize environmental surfaces, producing structured communities called **biofilms**. The organization and structure of biofilms permit access to available nutrients and elimination of metabolic waste (Zhao et al., 2023). Within the biofilm, individual organisms use chemical signaling as a form of primitive intercellular communication to represent the state of the environment. This is known as **quorum sensing** (Markowska et al., 2024). This signaling system helps bacteria assess environmental conditions, determining when resources are sufficient for proliferation or when adverse conditions necessitate dormancy or dispersal. Biofilms are widespread in nature, forming on surfaces in aquatic environments and on human tissues, such as dental plaque.

Bacteria are highly adaptable life forms with well-defined growth parameters, including specific requirements for nutrition, temperature, light, humidity, and atmospheric conditions. Bacteria with extremely strict growth requirements are called **fastidious**. For example, *Neisseria gonorrhoeae*, the bacterium that causes gonorrhea, cannot live for extended periods outside the human body. **Aerobes** are bacteria that require oxygen for growth and metabolism, while **anaerobes** cannot survive in oxygen-containing environments. Some bacteria, known as **facultative anaerobes**, can switch between aerobic and anaerobic metabolism depending on environmental conditions.

Another means of classifying bacteria according to microscopic staining properties is the **acid-fast stain**. Because of their unique cell membrane fatty acid content and composition, certain bacteria are resistant to the decolorization of a primary stain when treated with a solution of acid alcohol. These organisms are termed **acid fast** and include a number of significant human pathogens, most notably *Mycobacterium tuberculosis*.

For purposes of taxonomy (i.e., identification and classification), each member of the bacterial kingdom is categorized into a small group of biochemically and genetically related organisms called the **genus** and further subdivided into distinct individuals within the genus called **species**. The genus and species assignment of the organism is reflected in its name (e.g., *Staphylococcus* [genus] *aureus* [species]) (Oliveira & Reygaerl, 2023; Sizar et al., 2023).

Spirochetes

The **spirochetes** are a category of bacteria that are mentioned separately because of their unusual cellular morphology and distinctive mechanism of motility. The spirochetes are Gram-negative rods but are unique in that the cell's shape is helical and the length of the organism is many times its width. A series of filaments are wound about the cell wall and extend the entire length of the cell. These filaments propel the organism through an aqueous environment in a corkscrew motion.

Spirochetes are anaerobic organisms and comprise three genera: *Leptospira*, *Borrelia*, and *Treponema*. Each genus has saprophytic and pathogenic strains. The pathogenic leptospires infect a wide variety of wild and domestic animals. Infected animals shed the organisms into the environment through the urinary tract. Transmission to humans occurs by contact with infected animals or urine-contaminated surroundings (e.g., water, lakes, streams, and mud). Leptospirosis is the most common zoonotic disease. It is associated with high-risk occupational exposure (e.g., veterinarians) and, more recently, with adventure travel to tropical areas. Leptospires gain access to the host directly through mucous membranes or breaks in the skin and can produce a severe and potentially fatal illness called *Weil syndrome*. *Treponema* are responsible for syphilis (*Treponema pallidum*), a sexually transmitted disease. Pathogenic *Treponema* species are spread from person to person by direct contact. In contrast, the *Borrelia* are transmitted from infected animals to humans through the bite of an arthropod vector such as lice or ticks. Included in the genus *Borrelia* are the agents of relapsing fever (*Borrelia recurrentis*) and Lyme disease (*Borrelia burgdorferi*) (Coburn et al., 2022).

Mycoplasmas

The **mycoplasmas** are unicellular prokaryotes capable of independent replication. These organisms are less than one third the size of bacteria. The cell is composed of cytoplasm surrounded by a membrane, but unlike bacteria, the mycoplasmas do not produce a rigid peptidoglycan cell wall. As a consequence, the microscopic appearance of the cell is highly variable, ranging from coccoid forms to filaments, and the mycoplasmas are resistant to cell wall–inhibiting antibiotics, such as penicillins and cephalosporins. They are generally susceptible to tetracyclines and quinolones.

While up to 17 species of *Mycoplasma* have been identified, four are known to cause clinically significant infections (Hu et al., 2022). These include pneumonia (*Mycoplasma pneumoniae*), genital infections (*Mycoplasma hominis* and *Ureaplasma urealyticum*), maternally transmitted respiratory infections in infants with low birth weight (*U. urealyticum*), and potential complications during pregnancy. Genital mycoplasmas are sexually transmitted and infections transmitted during birth may persist into adulthood (Jensen et al., 2022).

KEY POINTS

Agents of Infectious Disease

- Infectious agents differ fundamentally in structure and metabolism (prions, viruses, bacteria, fungi, and parasites), which determines how they replicate, cause disease, and respond to therapy.
- Structural features such as cell walls, intracellular dependence, and metabolic pathways explain why antimicrobial treatments must be specific to the type of infectious agent.

Rickettsiaceae, Chlamydiaceae, Ehrlichia, and *Coxiella*

This interesting group of organisms combines the characteristics of viral and bacterial agents to produce disease in humans. All are obligate intracellular pathogens, like viruses, but produce a rigid peptidoglycan cell wall, reproduce asexually by cellular division, and contain RNA and DNA, similar to the bacteria.

The **Rickettsiaceae** family comprises obligate intracellular bacteria that rely on their host cells for essential nutrients and metabolites due to extensive genome reduction. Specifically, they lack the ability to synthesize various B vitamins and cofactors independently, necessitating their acquisition from the host. For instance, *Rickettsia* species cannot produce thiamine, riboflavin, or biotin and must import these directly from the host cell. These bacteria infect certain arthropods such as mites, fleas, ticks, and lice without causing disease (Schön et al., 2022). Transmission to humans occurs through the bite of an infected arthropod (the vector), leading to potentially serious diseases such as Rocky Mountain spotted fever (RMSF) and epidemic typhus. RMSF, caused by *Rickettsia rickettsii* and transmitted via tick bites, has increased in incidence over the past decade; however, advancements in early detection and treatment have reduced the mortality rate to below 0.5% (Schön et al., 2022).

The **Chlamydiaceae** are slightly smaller than the Rickettsiaceae and are structurally similar; however, they are transmitted directly between susceptible vertebrates without an intermediate arthropod vector. Transmission and replication of Chlamydiaceae occur through a defined life cycle. The infectious form, called an *elementary body*, attaches to and enters the host cell, where it transforms into a larger *reticulate body*. This undergoes active replication into multiple elementary bodies, which are then shed into the extracellular environment to initiate another infectious cycle. Transmission occurs by close person-to-person contact. *Chlamydia trachomatis* is transmitted sexually (it is a leading cause of sexually transmitted disease) and can cause conjunctivitis in newborns. *Chlamydophila pneumoniae* is transmitted via airborne droplets or spread through hands in contact with mucous membranes and causes atypical bacterial pneumonia (Jian et al., 2024).

Ehrlichia are also obligate intracellular organisms that resemble the Rickettsiaceae in structure and produce a variety of veterinary and human diseases, some of which have a tick vector. These organisms target host mononuclear and polymorphonuclear white blood cells to infect and, similar to the Chlamydiaceae, multiply in the cytoplasm of infected leukocytes within vacuoles called morulae. Unlike the Chlamydiaceae, however, these organisms do not have a defined life cycle and are dependent on the host cell for energy production. Human monocytic ehrlichiosis (now called human ehrlichiosis) is a disease caused by *Ehrlichia chaffeensis*. Clinical disease severity in ehrlichiosis can be life-threatening (Meyer et al., 2023). Manifestations include generalized malaise, anorexia, and nausea, fever, chills, headache, and body aches. Symptom onset occurs 1 to 4 weeks after a tick bite. A rash may occur in less than half of cases.

Decreases in white blood cells (leukopenia) and platelets (thrombocytopenia) often occur. Severe sequelae may include acute respiratory distress syndrome (ARDS), severe sepsis, and septic shock (which may lead to acute renal failure) as well as meningitis and meningoencephalitis. The disease is usually more severe in older adults and people with compromised immune function. Children under five have a higher fatality rate (Meyer et al., 2023).

The genus **Coxiella** contains only one species, *Coxiella burnetii*. Like its rickettsial counterparts, it is a Gram-negative intracellular organism that infects a variety of animals, including cattle, sheep, and goats. In humans, *Coxiella* infection produces a disease called *Q fever*, characterized by a nonspecific febrile illness often accompanied by headache, retro-orbital pain, chills, and mild pneumonia-like symptoms. The organism produces a highly resistant spore-like stage that is transmitted to humans when contaminated animal tissue is aerosolized (e.g., during meat processing) or by ingestion of contaminated milk. It can also be transmitted by exposure to infected animals (Celina & Cerný, 2022).

Fungi

The **fungi** are free-living, eukaryotic saprophytes found in every habitat on Earth. Some are members of the normal human microflora. Fortunately, few fungi are capable of causing diseases in humans, and most of these are incidental, self-limited infections of the skin and subcutaneous tissue. Serious fungal infections are rare and usually initiated through puncture wounds or inhalation. Despite their normally harmless nature, fungi can cause life-threatening opportunistic diseases when host defense capabilities have been disabled (Rokas, 2022).

The fungi can be separated into two groups, yeasts and molds, based on rudimentary differences in their morphology. The **yeasts** are single-celled organisms, approximately the size of red blood cells, which reproduce by a budding process. The buds separate from the parent cell and mature into identical daughter cells. **Molds** produce long, hollow, branching filaments called **hyphae**. A limited number of fungi are capable of growing as yeasts at one temperature and as molds at another. These organisms are called **dimorphic fungi** and include a number of human pathogens such as the agents of **blastomycosis** (*Blastomyces dermatitidis*), **histoplasmosis** (*Histoplasma capsulatum*), and **coccidioidomycosis** (*Coccidioides immitis*).

The appearance of a fungal colony tends to reflect its cellular composition. Colonies of yeast are generally smooth with a waxy or creamy texture. Molds tend to produce cottony or powdery colonies composed of mats of hyphae collectively called a **mycelium**. The mycelium can penetrate the growth surface or project above the colony like the roots and branches of a tree. Yeasts and molds produce a rigid cell wall layer that is chemically unrelated to the peptidoglycan of bacteria and is therefore not susceptible to the effects of penicillin-like antibiotics (Rokas, 2022).

Most fungi are capable of sexual or asexual reproduction. The former process involves the fusion of zygotes with the production of a recombinant zygospore. Asexual reproduction involves the formation of highly resistant spores called **conidia** or **sporangiospores**, which are borne by specialized structures that arise from the hyphae. Molds are identified in the laboratory by the characteristic microscopic appearance of the asexual fruiting structures and spores.

Like the bacterial pathogens of humans, fungi can produce disease in the human host only if they can grow at the temperature of the infected body site. For example, a number of fungal pathogens called **dermatophytes** are incapable of growing at core body temperature (37°C), and the infection is limited to the cooler cutaneous surfaces. Diseases caused by these organisms, including ringworm, athlete's foot, and jock itch—all examples of tinea—are collectively called **superficial mycoses**. Fungal infections can also be cutaneous, subcutaneous, deep-seated, and invasive infections. Systemic mycoses are serious fungal infections of deep tissues and, by definition, are caused by organisms capable of growth at 37°C. Yeasts such as *Candida albicans* are commensal flora of the skin, mucous membranes, and gastrointestinal tract and are capable of growth over a wider range of temperatures (Rokas, 2022). *Candida* is considered an opportunistic infection in immunocompromised people; however, it is a cause of infection in nonneutropenic people. *Candida* in the blood (candidemia) and in the abdomen (intra-abdominal candidiasis) are common causes of infection in the intensive care unit. In addition, aspergillosis is a lethal form of pneumonia. Intact immune mechanisms and competition for nutrients provided by the bacterial flora normally keep colonizing fungi in check. Alterations in either of these components by disease states or antibiotic therapy can upset the balance, permitting fungal overgrowth and setting the stage for opportunistic infections (Rokas, 2022).

Parasites

In a strict sense, any organism that derives benefits from its biologic relationship with another organism is a **parasite**. In the study of clinical microbiology, however, the term parasite has evolved to designate members of the animal kingdom that infect and cause disease in other animals and includes protozoa, helminths, and arthropods. Intestinal microbiota exert an immunoregulatory effect on the host's immune response in the setting of intestinal parasites.

Protozoa are unicellular animals with a complete complement of eukaryotic cellular machinery, including a well-defined nucleus and organelles. Reproduction may be sexual or asexual, and life cycles may be simple or complicated, with several maturation stages requiring more than one host for completion. Most are saprophytes, but a few have adapted to the accommodations of the human environment and produce a variety of diseases, including malaria, amoebic dysentery, and giardiasis (Tarannum et al., 2023). Protozoan infections can be passed directly from host to host, such as through sexual contact, indirectly through contaminated water or food, or by way of an arthropod vector. Direct or indirect transmission results from the ingestion of highly resistant cysts or spores that are shed in the feces of an infected host. When the cysts reach the intestine, they mature into vegetative forms called *trophozoites*, which are capable of asexual reproduction or cyst formation. Most trophozoites are motile by means of flagella, cilia, or amoeboid motion (Tarannum et al., 2023).

The **helminths** are a collection of worm-like parasites that include the nematodes or roundworms, cestodes or tapeworms, and trematodes or flukes. The helminths reproduce sexually within the definitive host, and some require an intermediate host for the development and maturation of offspring (Wu et al., 2022). Humans can serve as the definitive or intermediate host and, in certain diseases such as trichinosis, as both. Transmission of helminth diseases occurs primarily through the ingestion of fertilized eggs (ova) or the penetration of infectious larval stages through the skin—directly or with the aid of an arthropod vector. Helminth infections can involve many organ systems and sites, including the liver and lungs, urinary and intestinal tracts, circulatory and central nervous systems, and muscle. Although most helminth diseases have been eradicated from the United States, they are still a major health concern in developing nations (Wu et al., 2022).

The parasitic **arthropods** of humans and animals include the vectors of infectious diseases (e.g., ticks, mosquitoes, biting flies) and the **ectoparasites**. The ectoparasites infest external body surfaces and cause localized tissue damage or inflammation secondary to the bite or burrowing action of the arthropod. The most prominent human ectoparasites are mites (scabies), chiggers, lice (head, body, and pubic), and fleas (Cuthbert et al., 2023).

Transmission of ectoparasites occurs directly by contact with immature or mature forms of the arthropod or its eggs found on the infested host or the host's clothing, bedding, or grooming articles such as combs and brushes. Many of the ectoparasites are vectors of other infectious diseases, including endemic typhus and bubonic plague (fleas) and epidemic typhus (lice) (Cuthbert et al., 2023).

SUMMARY CONCEPTS

Infectious diseases are caused by a diverse group of agents that differ markedly in structure, replication, and interaction with the human host. These agents include prions, viruses, bacteria, fungi, parasites, and arthropod infestations, each of which causes disease through distinct mechanisms. Structural and metabolic differences among infectious agents determine how they spread, the tissues they infect, and the types of therapies required for treatment. Understanding these differences is essential for accurate diagnosis, effective therapy, and prevention of infectious disease.

Mechanisms of Infection

Epidemiology of Infectious Diseases

Epidemiology is the study of the patterns and determinants of health with the goal of controlling disease and health problems. Descriptive epidemiology focuses on the patterns of disease, and analytic epidemiology examines factors associated with disease. In order to interrupt or eliminate the spread of an infectious agent, factors related to the host, agent, and environment—the well-known triad of disease (see Fig. 10-1)—as well as modes of transmission must be considered. The term **incidence** is used to describe the number of new cases of an infectious disease that occur within a defined population (e.g., per 100,000 people) over an established period of time (e.g., monthly, quarterly, yearly). Disease **prevalence** indicates the number of active cases at any given time in a population. A disease is considered to be **endemic** in a particular geographic region if the incidence and prevalence are relatively stable. An **epidemic** describes an abrupt and unexpected increase in the incidence of disease over endemic rates. A **pandemic** refers to the spread of disease beyond continental boundaries. Rapid worldwide travel increases the risk of pandemic transmission of pathogenic microorganisms during outbreaks.

Modes of Transmission

Modes of transmission include direct and indirect mechanisms. The **portal of entry** refers to the process by which a pathogen enters the body, gains access to susceptible tissues, and causes disease. Among the potential modes of transmission are penetration, direct contact, ingestion, and inhalation. The portal of entry does not dictate the site of infection. Ingested pathogens may penetrate the intestinal mucosa, disseminate through the circulatory system, and cause diseases in other organs such as the lungs or the liver Regardless of the mechanism of entry, the transmission of infectious agents is directly related to the number of infectious agents absorbed by the host.

Penetration

Any disruption in the integrity of the body's surface barrier (**penetration**)—skin or mucous membranes—is a potential site for invasion of microorganisms. The break may be the result of an accidental injury causing abrasions, burns, or penetrating wounds; medical procedures such as surgery or catheterization; animal or arthropod bites; intravenous drug use; or a primary infectious process that produces surface lesions such as chickenpox or impetigo. Translocation of bacteria from the gastrointestinal tract may also occur.

Direct Contact

Some pathogens are transmitted directly (**direct contact**) from infected tissue or secretions to exposed, intact mucous membranes. This is especially true of certain sexually transmitted infections (STIs), such as gonorrhea, syphilis, chlamydia, and genital herpes, for which exposure of uninfected membranes to pathogens occurs during intimate contact.

The transmission of STIs is not limited to sexual contact. **Vertical transmission** of these agents, from mother to child, can occur across the placenta or during birth when the mucous membranes of the child contact infected vaginal secretions of the mother. When an infectious disease is transmitted from mother to child during gestation or birth, it is classified as a **congenital infection**. The most frequently observed congenital infections include toxoplasmosis (caused by the parasite *Toxoplasma gondii*), syphilis, rubella, cytomegalovirus infection, and herpes simplex virus (HSV) infections (often remembered as the **TORCH infections**, an abbreviation for Toxoplasmosis, Other, Rubella, Cytomegalovirus, Herpesviruses), varicella-zoster (chickenpox), parvovirus B19, group B streptococci (*Streptococcus agalactiae*), and HIV. Of these, cytomegalovirus is a common cause of congenital infection in the United States, occurring in up to 2% of all live births (Salomè et al., 2023).

Ingestion

The entry of pathogenic microorganisms or their toxic products through the oral cavity and gastrointestinal tract (**ingestion**) represents one of the more efficient means of disease transmission in humans. Many bacterial, viral, and parasitic infections, including cholera, typhoid fever, dysentery (amoebic and bacillary), food poisoning, traveler's diarrhea, cryptosporidiosis, and hepatitis A, are initiated through the ingestion of contaminated food and water. This mechanism of transmission necessitates that an infectious agent survive the low pH and enzyme activity of gastric secretions and the peristaltic action of the intestines in numbers sufficient to establish infection, deemed an **infectious dose**. Ingested pathogens also must compete successfully with the normal bacterial flora of the bowel for nutritional needs. People with reduced gastric acidity because of disease or medication are more susceptible to infection by this route because the number of ingested microorganisms surviving the gastric environment is greater.

Inhalation

The respiratory tract of healthy people is equipped with a multi-tiered defense system to prevent potential pathogens from entering the lungs. The surface of the respiratory tree is lined with a layer of mucus that is continuously swept up and away from the lungs and toward the mouth by the beating motion of ciliated epithelial cells. Humidification of inspired air increases the size of aerosolized particles, which are effectively filtered by the mucous membranes of the upper respiratory tract. Coughing also aids in the removal of particulate matter from the lower respiratory tract. Respiratory secretions contain antibodies and enzymes capable of inactivating infectious agents. Particulate matter and microorganisms that ultimately reach the lungs are cleared by phagocytic cells.

Despite this impressive array of protective mechanisms, a number of pathogens can invade the human body through the respiratory tract (**inhalation**), including agents of bacterial pneumonia (*Streptococcus pneumoniae*, *Legionella pneumophila*), meningitis (*Neisseria meningitidis*, *Haemophilus influenzae*), and tuberculosis, as well as the viruses responsible for measles, mumps, chickenpox, influenza, and the common cold. Defective pulmonary function or mucociliary clearance caused by noninfectious processes such as cystic fibrosis, emphysema, or smoking can increase the risk of inhalation-acquired diseases.

Concept Mastery Alert

Chickenpox is spread through the air.

KEY POINTS

Epidemiology of Infectious Diseases

- Epidemiology focuses on the incidence (number of new cases) and prevalence (number of active cases at any given time) of an infectious disease; the source of infection and its portal of entry, site of infection, and virulence factors of the infecting organism; and the signs and symptoms of the infection and its course.
- The ultimate goals of epidemiologic studies are the interruption of the spread of infectious diseases and their eradication.

Infectious Sources

The **source** of an infectious disease refers to the location, host, object, or substance from which the infectious agent was acquired: essentially the "who, what, where, and when" of disease transmission. The source may be **endogenous** (acquired from the host's own microbial flora, as would be the case in an opportunistic infection) or **exogenous** (acquired from sources in the external environment, such as water, food, soil, or air). The source of the infectious agent can also be another human being, as from a birthing parent to child during gestation (congenital infections), an inanimate object, an animal, or a biting arthropod (**vector**). Inanimate objects that carry an infectious agent are known as **fomites**. For example, rhinoviruses and many other nonenveloped viruses can be spread by contact with contaminated fomites such as handkerchiefs and toys. **Zoonoses** are a category of infectious diseases passed from other animal species to humans. Zoonoses account for a large percentage of emerging infectious diseases. Examples of zoonoses include cat-scratch disease, HIV, rabies, plague, and influenza. The spread of infectious diseases (such as Lyme disease or West Nile virus) through biting arthropod vectors is another route (Elsohaby & Villa, 2023).

Source can denote a place. For instance, infections that develop in people as a consequence of medical treatment are called **nosocomial** or **health care-associated infections (HAIs)**, and those that are acquired outside of health care facilities are called **community-acquired** (Gidey et al., 2023). The source may also pertain to the body substance that is the most likely vehicle for transmission, such as feces, blood, body fluids, respiratory secretions, and urine. Infections can be transmitted from person to person through shared inanimate objects (fomites) contaminated with infected body fluids. An example of this mechanism of transmission would include the spread of the HIV and hepatitis B virus through the use of shared syringes by intravenous drug users. Infection can also be spread through a complex combination of source, portal of entry, and vector. Source control is an important aspect of prevention and treatment.

Clinical Manifestations

The term **clinical manifestations** refers to the collection of signs and symptoms expressed by the host during the disease course. This is also known as the **clinical picture** or **disease presentation** and can be characteristic of any given infectious agent. In terms of pathophysiology, symptoms are the outward expression of the struggle between invading organisms and the retaliatory inflammatory and immune responses of the host. The symptoms of an infectious disease may be specific and reflect the site of infection (e.g., diarrhea, rash, convulsions, hemorrhage, and pneumonia). Conversely, symptoms such as fever, myalgia, headache, and lethargy are relatively nonspecific and can be shared by a number of diverse infectious diseases. The symptoms of a diseased host can be obvious, as in the case of chickenpox or measles. Other, covert symptoms, such as an increased white blood cell count, may require laboratory testing to detect. Accurate recognition and documentation of symptomatology can aid in the diagnosis of an infectious disease.

Disease Course

The course of any infectious disease can be divided into several distinguishable stages after the *point* when the potential pathogen enters the host. These stages are the incubation period, the prodromal stage, the acute stage, the convalescent stage, and the resolution stage (Fig. 10-7). The stages are based on the progression and intensity of the host's symptoms, which reflect the host's response to infection over time. The duration of each phase and the pattern of the overall illness can be specific for different pathogens, thereby aiding in the diagnosis of an infectious disease.

The **incubation period** is the phase during which the pathogen begins active replication without producing recognizable symptoms in the host. The incubation period may be short, as in the case of cholera (up to 24 hours), or prolonged, such as that of hepatitis B (up to 180 days) or HIV (months to years). The duration of the incubation period can be influenced by additional factors, including the general health of the host, the portal of entry, and the degree of the infectious dose of the pathogen.

The hallmark of the **prodromal stage** is the initial appearance of symptoms in the host, although the clinical presentation during this time may be only a vague sense of malaise. The host may experience mild fever, myalgia, headache, and fatigue. These are constitutional changes shared by a great number of disease processes. The duration of the prodromal stage can vary considerably from host to host.

The **acute stage** is the period during which the host experiences the maximum impact of the infectious process, corresponding to rapid proliferation and dissemination of the pathogen. During this phase, toxic by-products of microbial metabolism, cell lysis, and the immune response mounted by the host combine to produce tissue damage and inflammation. The symptoms of the host are pronounced and more specific than in the prodromal stage, usually typifying the pathogen and sites of involvement.

The **convalescent period** is characterized by the containment of infection, progressive elimination of the pathogen, repair of damaged tissue, and resolution of associated symptoms. Similar to the incubation period, the time required for complete convalescence may be days, weeks, or months, depending on the type of pathogen and the voracity of the host's immune response. The **resolution** is the total elimination of a pathogen from the body without residual signs or symptoms of disease. Sometimes, infections may lead to a **chronic** infectious state, or may progress to an **overwhelming infection**, such as septicemia, shock, or even death (Bullock & Benham, 2023).

Several notable exceptions to the classic presentation of an infectious process have been recognized. Chronic infectious diseases have a markedly protracted and sometimes irregular course. The host may experience symptoms of the infectious process continuously or sporadically for months or years without a convalescent phase. In contrast, **subclinical** or **subacute illness** progresses from infection to resolution without clinically apparent symptoms. A disease is called **insidious** if the prodromal phase is protracted; a **fulminant** illness is characterized by abrupt onset of symptoms with little or no **prodrome**.

Site of Infection

Inflammation of an anatomic location is usually designated by adding the suffix *-itis* to the name of the involved tissue (e.g., bronchitis, infection of the bronchi and bronchioles; encephalitis, brain infection; endocarditis, infection of the heart valves). These are general terms, however, and they apply equally to inflammation from infectious and noninfectious causes. The suffix

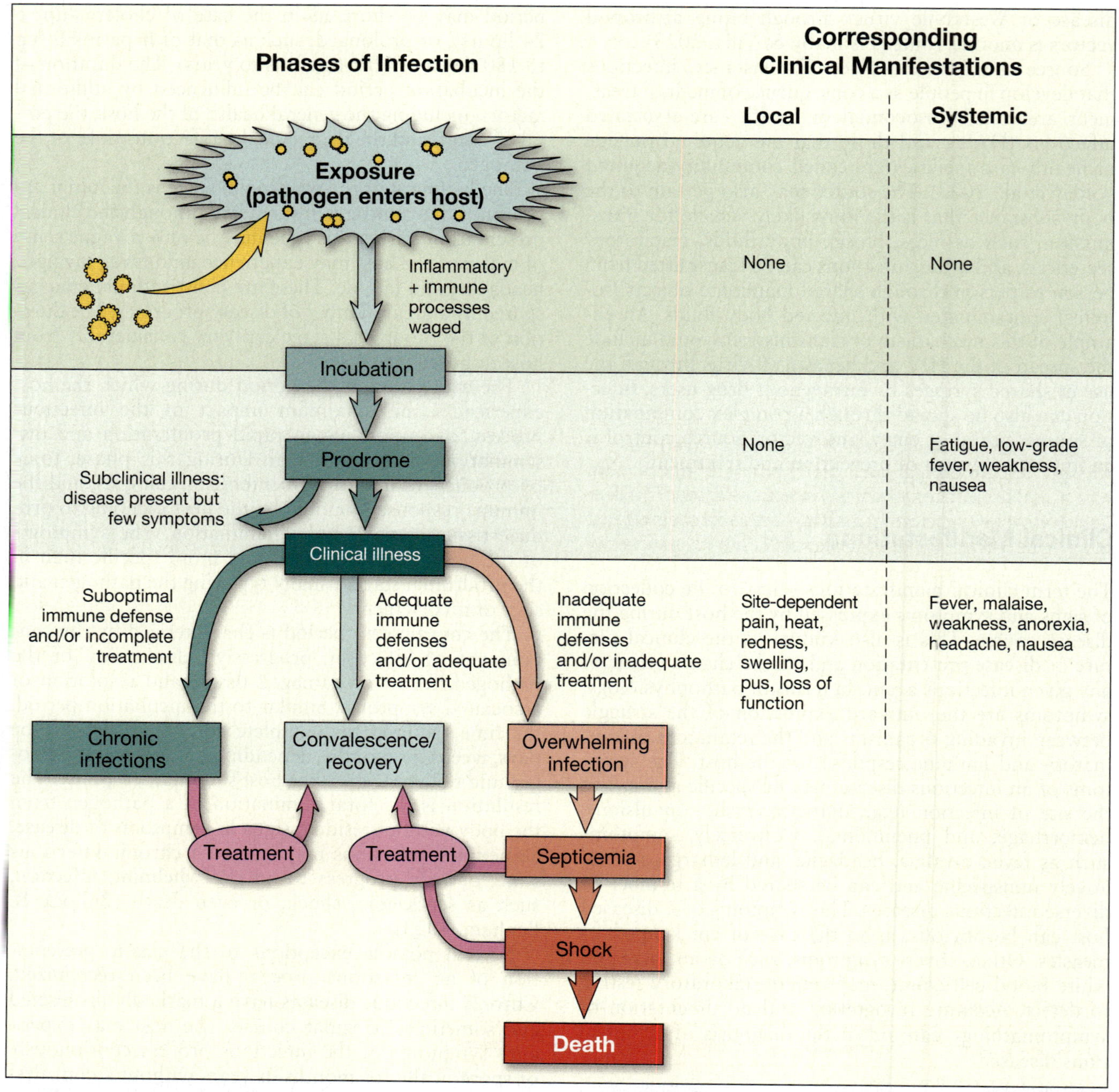

FIGURE 10-7. Phases of infection and corresponding clinical manifestations. (From Nath, J., Braun, C., & Anderson, C. [2022]. *Applied pathophysiology* [4th ed., Fig. 5-11]. Wolters Kluwer Health and Pharma.)

-emia is used to designate the presence of a substance in the blood (e.g., **bacteremia**, **viremia**, and **fungemia** describe the presence of these infectious agents in the bloodstream). The term **sepsis**, or **septicemia**, has been used to refer to the presence of microbial toxins in the blood (Bullock & Benham, 2023).

The type of pathogen, the portal of entry, and the competence of the host's immunologic defense system ultimately determine the site of an infectious disease. Many pathogenic microorganisms are restricted in their capacity to invade the human body. *M. pneumoniae*, influenza viruses, and *L. pneumophila* rarely cause disease outside the respiratory tract; infections caused by *N. gonorrhoeae* are generally confined to the genitourinary tract; and shigellosis and giardiasis seldom extend beyond the gastrointestinal tract. These are considered localized infectious diseases. The bacterium *Helicobacter pylori* is an extreme example of a site-specific pathogen. *H. pylori* is a significant cause of gastric ulcers but has not been implicated in disease processes elsewhere in the human body. Bacteria, such as *N. meningitidis*, *cause meningococcal disease*, a prominent pathogen of children and young adults; *Salmonella typhi*, the cause of typhoid fever; and *B. burgdorferi*, the agent of Lyme disease, tend to disseminate from the primary site of infection to involve other locations and organ systems. These are all examples of systemic pathogens disseminated throughout the body by the circulatory system.

S. aureus can lead to many different types of infection (e.g., pneumonia, urinary tract infection, endocarditis, **cellulitis**).

Virulence Factors

Virulence factors are substances or products generated by infectious agents that enhance their ability to cause disease. Although a large number of microbial products fit this description, they can be grouped generally into four categories: toxins, adhesion factors, evasive factors, and invasive factors (Table 10-2).

Toxins

Toxins are substances that alter or destroy the normal function of the host or host's cells. Toxin production is a trait chiefly monopolized by bacterial pathogens, although certain fungal and protozoan pathogens also elaborate substances toxic to humans. Bacterial toxins have a diverse spectrum of activity and exert their effects on a wide variety of host target cells. For classification purposes, however, the bacterial toxins can be divided into two main types: exotoxins and endotoxins.

Exotoxins

Exotoxins are proteins released from the bacterial cell during growth that may damage cells. Bacterial toxins have evolved several different strain-specific mechanisms to escape the immune system. **Neurotoxins**, **enterotoxins**, and **cytotoxins** are common terms used to describe exotoxins acting on neurons, the gastrointestinal system, and cells, respectively. Although these exotoxins were first described based on their activity, we now know that many are **superantigens**, capable of producing a massive and sometimes life-threatening immune and inflammatory response. Bacterial exotoxins enzymatically inactivate or modify key cellular constituents, leading to cell death or dysfunction. Diphtheria toxin, for example, inhibits cellular protein synthesis (Sheehan et al., 2022).

Endotoxins

In contrast to exotoxins, **endotoxins** do not contain protein, are not actively released from the bacterium during growth, and have no enzymatic activity. Rather, endotoxins are complex molecules composed of lipids and polysaccharides found in the cell wall of Gram-negative bacteria. Studies of different endotoxins have indicated that the lipid portion of the endotoxin confers the toxic properties of the molecule. Endotoxins are potent activators of a number of regulatory systems in humans. A small amount of endotoxin in the circulatory system (**endotoxemia**) can induce clotting, bleeding, inflammation, hypotension, and fever (Kellum & Ronco, 2023). The sum of the physiologic reactions to endotoxins is sometimes called **endotoxic shock**.

Adhesion Factors

No interaction between microorganisms and humans can progress to infection or disease if the pathogen is unable to attach to and colonize the host. The process of

TABLE 10-2 Examples of Virulence Factors Produced by Pathogenic Microorganisms

Factor	Category	Organism	Effect on Host
Cholera toxin	Exotoxin	*Vibrio cholerae* (bacterium)	Secretory diarrhea
Diphtheria toxin	Exotoxin	*Corynebacterium diphtheriae* (bacterium)	Inhibits protein synthesis
Lipopolysaccharide	Endotoxin	Many Gram-negative bacteria	Fever, hypotension, shock
Toxic shock toxin	Enterotoxin	*Staphylococcus aureus* (bacterium)	Rash, diarrhea, vomiting, hepatitis
Hemagglutinin	Adherence	Influenza virus	Establishment of infection
Pili	Adherence	*Neisseria gonorrhoeae* (bacterium)	Establishment of infection
Leukocidin	Evasive	*S. aureus*	Kills phagocytes
IgA protease	Evasive	*Haemophilus influenzae* (bacterium)	Inactivates antibody
Capsule	Evasive	*Cryptococcus neoformans* (yeast)	Prevents phagocytosis
Collagenase	Invasive	*Pseudomonas aeruginosa* (bacterium)	Penetration of tissue
Protease	Invasive	*Aspergillus* (mold)	Penetration of tissue
Phospholipase	Invasive	*Clostridium perfringens* (bacterium)	Penetration of tissue
Botulinum toxin	Exotoxin	*Clostridium botulinum* (bacterium)	Neuroparalysis, inhibits acetylcholine release
Pneumolysin	Exotoxin	*Streptococcus pneumoniae* (bacterium)	Inhibition of respiratory ciliated and phagocytic cell function

microbial attachment may be site specific (e.g., mucous membranes, skin surfaces), cell specific (e.g., T lymphocytes, respiratory epithelium, intestinal epithelium), or nonspecific (e.g., moist areas, charged surfaces). In any of these cases, adhesion requires a positive interaction between the surfaces of host cells and the infectious agent (Su et al., 2022).

The site to which microorganisms adhere is called a **receptor**, and the reciprocal molecule or substance that binds to the receptor is called a ligand or **adhesin**. Receptors may be proteins, carbohydrates, lipids, or complex molecules composed of all three. Similarly, ligands may be simple or complex molecules and, in some cases, highly specific structures. Ligands that bind to specific carbohydrates are called **lectins**. After initial attachment, a number of bacterial agents become embedded in a gelatinous matrix of polysaccharides called a **slime** or **mucous layer**. The slime layer serves two purposes: it anchors the agent firmly to host tissue surfaces, and it protects the agent from the immunologic defenses of the host (Su et al., 2022).

Many viral agents, including influenza, mumps, measles, and adenovirus, produce filamentous appendages or spikes called **hemagglutinins** that recognize carbohydrate receptors on the surfaces of specific cells in the upper respiratory tract of the host.

Evasive Factors

Pathogenic microorganisms enhance virulence by evading the host immune system. Extracellular polysaccharides (capsules, slime, and mucous layers) shield bacteria from phagocytosis by neutrophils and macrophages, as seen in *S. agalactiae*, *S. pneumoniae*, *N. meningitidis*, and *H. influenzae* type b (prior to vaccination). Some bacteria, fungi, and parasites evade immune cells by secreting leukocidin C toxins, which damage phagocyte membranes. Others, like *Salmonella*, *Listeria*, and *Legionella*, survive within phagocytes by neutralizing lysosomal enzymes. *H. pylori*, the cause of gastritis and gastric ulcers, produces urease, which converts gastric urea into ammonia, neutralizing stomach acid and enabling survival (Pandey et al., 2022).

Certain pathogens evade antibodies directly. *S. aureus* produces protein A, which binds immunoglobulin G (IgG) to prevent immune detection, and **coagulase**, which forms protective clots around the bacteria. *H. influenzae* and *N. gonorrhoeae* secrete IgA proteases, disabling mucosal immunity. *Borrelia* species, responsible for Lyme disease and relapsing fever, evade detection by altering surface antigens during infection (Pandey et al., 2022).

Invasive Factors

Pathogens produce invasive enzymes that degrade host tissues, facilitating infection. These include **phospholipases** (cell membrane destruction), **collagenases** and **elastases** (breakdown of connective tissue), **hyaluronidase** (disrupts intercellular matrixes), and **proteases** (targets structural proteins). The combined effects of these enzymes, toxins, and host immune responses contribute to tissue damage and disease progression (Singh et al., 2023).

SUMMARY CONCEPTS

Epidemiology is the study of factors, events, and circumstances that influence the transmission of disease. Incidence refers to the number of new cases of an infectious disease that occur in a defined population, and prevalence refers to the number of active cases that are present at any given time. Infectious diseases are considered endemic in a geographic area if the incidence and prevalence are expected and relatively stable. An epidemic refers to an abrupt and unexpected increase in the incidence of a disease over endemic rates, and a pandemic refers to the spread of disease beyond continental boundaries.

The ultimate goal of epidemiology and epidemiologic studies is to devise strategies to interrupt or eliminate the spread of infectious diseases. To accomplish this, infectious diseases are classified according to incidence, portal of entry, source, symptoms, disease course, site of infection, and virulence factors.

Diagnosis and Treatment of Infectious Diseases

Diagnosis

Regardless of the site of infection, the diagnosis of an infectious disease requires two criteria: the recovery of a probable pathogen or some evidence of its presence from the infected sites of a diseased host and accurate documentation of clinical signs and symptoms compatible with an infectious process. In the laboratory, the diagnosis of an infectious agent is accomplished using three basic techniques: culture, serology, and the detection of characteristic antigens, genomic sequences, or metabolites produced by the pathogen.

Culture

Culture refers to the growth of a microorganism outside of the body, usually on or in artificial growth media such as agar plates or broth. The specimen from the host is inoculated into broth or onto the surface of an agar plate, and the culture is placed in a controlled environment such as an incubator until the growth of microorganisms becomes detectable. In the case of a bacterial pathogen, identification is based on microscopic appearance and Gram stain reaction, shape, texture, and color (i.e., morphology) of the colonies and by a panel of biochemical reactions that fingerprint salient biochemical characteristics of the organism. Certain bacteria such as *Mycobacterium leprae*, the agent of leprosy, and *T. pallidum*, the syphilis spirochete, do not grow on artificial media and require additional methods of identification. Fungi and mycoplasmas are cultured in much the same way as bacteria but with more reliance on microscopic and colonial morphology for identification. Some fungi are very slow growing and may take weeks to identify by culture.

Chlamydiaceae, *Rickettsiaceae*, and all human viruses are obligate intracellular pathogens. As a result, the propagation of these agents in the laboratory requires the inoculation of eukaryotic cells grown in culture (cell cultures). A cell culture consists of a flask containing a single layer, or monolayer, of eukaryotic cells covering the bottom and overlaid with broth containing essential nutrients and growth factors. When a virus infects and replicates within cultured eukaryotic cells, it produces pathologic changes in the appearance of the cell called the **cytopathic effect (CPE)**. The CPE can be detected microscopically, and the pattern and extent of cellular destruction are often characteristics of a particular virus.

Although culture media have been developed for the growth of certain human-infecting protozoa and helminths in the laboratory, the diagnosis of parasitic infectious diseases has traditionally relied on microscopic or, in the case of worms, visible identification of organisms, cysts, or ova directly from infected patient specimens.

Serology

Serology is an indirect means of identifying infectious agents by measuring serum antibodies in the diseased host. A tentative diagnosis can be made if the antibody level, also called **antibody titer**, against a specific pathogen rises during the acute phase of the disease and falls during convalescence. Serologic identification of an infectious agent is not as accurate as culture, but it may be a useful adjunct, especially for the diagnosis of diseases caused by pathogens such as the hepatitis B virus that cannot be cultured. The measurement of antibody titers has another advantage in that specific antibody types, such as IgM and IgG, are produced by the host during different phases of an infectious process. IgM-specific antibodies generally rise and fall during the acute phase of the disease, whereas the synthesis of the IgG class of antibodies increases during the acute phase and remains elevated until or beyond resolution (Haselbeck et al., 2022).

Antigen detection combines elements of culture and serology while significantly speeding up diagnosis. This method uses purified antibodies to identify infectious agents in patient samples. Antibodies can come from immunized animals or hybridomas, which are created by fusing antibody-producing spleen cells with myeloma cells to generate monoclonal antibodies. These highly specific antibodies are labeled for detection using fluorescent dyes, enzymes, or particles like latex beads. Fluorescent labels allow visualization under a microscope, enzyme-labeled antibodies produce a color change, and particle-coated antibodies cause visible clumping in fluids like urine, serum, or cerebrospinal fluid. Advanced technology now enables the detection of multiple antigens at once using antibody-coated beads, fluorescence, and software analysis.

DNA and RNA Sequencing

Methods for identifying infectious agents through the detection of DNA or RNA sequences unique to a single agent have increasingly been used over the past decade. Several techniques have been devised to accomplish this goal, each having different degrees of sensitivity regarding the number of organisms that need to be present in a specimen for detection. The first of these methods is called **DNA probe hybridization**. Small fragments of DNA are cut from the genome of a specific pathogen and labeled with compounds (photoemitting chemicals or antigens) that allow detection. The labeled DNA probes are added to specimens from an infected host. If the pathogen is present, the probe attaches to the complementary strand of DNA on the genome of the infectious agent, permitting rapid diagnosis. The use of labeled probes has allowed visualization of particular agents within and around individual cells in histologic sections of a tissue.

A second and more sensitive method of DNA detection is called the **polymerase chain reaction (PCR)**. This method makes multiple copies of a specific DNA segment using primers, a specific pair of oligonucleotides, and a heat-stable DNA polymerase.

Real-time PCR uses the same principles as PCR but includes a fluorescence-labeled probe that specifically binds a target DNA sequence between the oligonucleotide primers. As the DNA is replicated by the DNA polymerase, the level of fluorescence in the reaction is measured. If fluorescence increases beyond a minimum threshold, the PCR is considered positive and indicates the presence of the target DNA in a specimen.

Many of the gene detection technologies have been adapted for quantitation of the target DNA or RNA in serum specimens of people infected with viruses such as HIV and hepatitis C. If the therapy is effective, viral replication is suppressed and the viral load (level of viral genome) in the peripheral blood is reduced. Conversely, if mutations in the viral genome lead to resistant strains or if the antiviral therapy is ineffective, viral replication continues and the person's viral load rises, indicating a need to change the therapeutic approach.

Molecular biology has revolutionized medical diagnostics. Using techniques such as PCR, laboratories now can detect as little as one virus or bacterium in a single specimen, allowing for the diagnosis of infections caused by microorganisms that are impossible or difficult to grow in culture. These methods have increased sensitivity while decreasing the time required to identify the etiologic agent of infectious disease. For example, using standard viral culture, it can take days to weeks to grow a virus and correlate the CPE with the virus. Using molecular biologic techniques, laboratories are able to complete the same work in less than an hour (Ishida et al., 2024).

KEY POINTS

Diagnosis and Treatment of Infectious Diseases

- The definitive diagnosis of an infectious disease requires recovery and identification of the infecting organism by microscopic identification of the agent in stains of specimens or sections of tissue, culture isolation and identification of the agent, demonstration of antibody- or cell-mediated immune responses to an infectious agent, or DNA or RNA identification of infectious agents.
- Treatment of infectious disease is aimed at eliminating the infectious organism and promoting recovery of the infected person. Treatment is provided by controlling/eradicating the infectious source through the use of antimicrobial agents, immunotherapy, and, when necessary, surgical intervention (e.g., abscess drainage).

Treatment

The goal of treatment for an infectious disease is complete removal of the pathogen from the host and the restoration of normal physiologic function to damaged tissues. Most infectious diseases of humans are self-limiting in that they require little or no medical therapy for a complete cure. When an infectious process overcomes the body's defenses, therapeutic intervention is essential. The choice of treatment may be medical through the use of antimicrobial agents; immunologic, with antibody preparations, vaccines, or substances that stimulate and improve the host's immune function; or surgical by removing infected tissues. The decision about which therapeutic modality or combination of therapies to use is based on the extent, urgency, and location of the disease process, the pathogen, and the availability of effective antimicrobial agents.

Antimicrobial Agents

It was not until the advent of World War II, after the introduction of sulfonamides and penicillin, that the development of antimicrobial compounds matured. Most antimicrobial compounds can be categorized roughly according to mechanism of anti-infective activity, chemical structure, and target pathogen (e.g., antibacterial, antiviral, antifungal, or antiparasitic agents).

Antibacterial Agents

Antibacterial agents are generally called **antibiotics**. Most antibiotics are actually produced by other microorganisms, primarily bacteria and fungi, as by-products of metabolism. Antibiotics usually are effective only against other prokaryotic organisms. An antibiotic is considered **bactericidal** if it causes irreversible and lethal damage to the bacterial pathogen and **bacteriostatic** if its inhibitory effects on bacterial growth are reversed when the agent is eliminated. Antibiotics can be classified into families of compounds with related chemical structure and activity (Table 10-3).

Not all antibiotics are effective against all pathogenic bacteria. Some agents are active primarily against Gram-negative bacteria, whereas others are more specific for Gram-positive organisms (e.g., vancomycin). Broad-spectrum antibiotics, such as newer-generation cephalosporins, are active against a wide range of Gram-positive and Gram-negative bacteria and are commonly used in serious infections when the causative organism has not yet been identified, such as in sepsis, severe pneumonia, or meningitis. In these situations, early empiric therapy with a broad-spectrum agent helps reduce morbidity and mortality while culture and sensitivity results are pending, after which therapy can be narrowed to target the identified pathogen. Members of the *Mycobacterium* genus, including *M. tuberculosis*, are extremely resistant to the effects of the major classes of antibiotics and require an entirely different spectrum of agents for therapy.

The four basic mechanisms of the antibiotic action are interference with a specific step in bacterial cell wall synthesis (e.g., penicillins, cephalosporins, glycopeptides, monobactams, carbapenems), inhibition of bacterial protein synthesis (e.g., aminoglycosides, macrolides, ketolides, tetracyclines, chloramphenicol, oxazolidinones, streptogramins, and rifampin), interruption of nucleic acid synthesis (e.g., fluoroquinolones, nalidixic acid), and interference with normal metabolism (e.g., sulfonamides, trimethoprim) (Berryhill et al., 2023).

Despite lack of antibiotic activity against eukaryotic cells, many agents cause unwanted or toxic side effects in humans, including allergic responses (penicillins, cephalosporins, sulfonamides, glycopeptides), hearing and kidney impairment (aminoglycosides), and liver or bone marrow toxicity (chloramphenicol, fluoroquinolones, vancomycin). Of greater concern is the increasing prevalence of bacteria resistant to the effects of antibiotics. The ways in which bacteria acquire resistance to antibiotics are becoming as numerous as the types of antibiotics. Bacterial resistance mechanisms include the production of enzymes that inactivate antibiotics, such as beta-lactamases, genetic mutations that alter antibiotic binding sites, alternative metabolic pathways that bypass antibiotic activity, and changes in the filtration qualities of the bacterial cell wall that prevent access of antibiotics to the target site in the organism. Antibiotic stewardship involves the judicious use of antimicrobial agents to help prevent the development of antibiotic resistance. Broad-spectrum antibiotics exert selective pressure on a wide range of bacteria, including normal flora, allowing resistant organisms to survive, proliferate, and potentially transfer resistance genes to other bacteria. When broad-spectrum antibiotics are required, therapy should be narrowed as soon as possible to targeted agents based on culture and sensitivity testing to

TABLE 10-3 Classification and Activity of Antibacterial Agents (Antibiotics)

Family	Example	Target Site	Side Effects
Penicillins	Ampicillin	Cell wall	Allergic reactions
Cephalosporins	Cephalexin	Cell wall	Allergic reactions
Monobactams	Aztreonam	Cell wall	Rash
Carbapenem	Imipenem	Cell wall	Nausea, diarrhea
Aminoglycosides	Tobramycin	Ribosomes (protein synthesis)	Hearing loss Nephrotoxicity
Tetracyclines	Doxycycline	Ribosomes (protein synthesis)	Gastrointestinal irritation Allergic reactions Teeth and bone dysplasia
Macrolides	Clarithromycin	Ribosomes (protein synthesis)	Colitis Allergic reactions
Glycopeptides	Vancomycin	Ribosomes (protein synthesis)	Allergic reactions Hearing loss Nephrotoxicity
Quinolones	Ciprofloxacin	DNA synthesis	Gastrointestinal irritation Tendon rupture
Miscellaneous	Chloramphenicol Rifampin Trimethoprim	Ribosomes (protein synthesis) Ribosomes (protein synthesis) Folic acid synthesis	Anemia Hepatotoxicity Allergic reactions Same as sulfonamides
Sulfonamides	Sulfadiazine	Folic acid synthesis	Allergic reactions Anemia Gastrointestinal irritation
Oxazolidinone	Linezolid	Ribosomes (protein synthesis)	Diarrhea, thrombocytopenia
Streptogramin	Quinupristin/dalfopristin	Ribosomes (protein synthesis)	Muscle and joint aches
Glycylcycline	Tigecycline	Ribosomes	Nausea, vomiting, diarrhea
Polymyxins	Colistin	Membrane	Confusion, visual disturbances, vertigo, kidney damage
Lipopeptide	Daptomycin	Membrane depolarization	Nausea, vomiting, constipation, diarrhea, headache

minimize unnecessary exposure and reduce the risk of resistance development (Darby et al., 2022).

Antiviral Agents

Until recently, few effective antiviral agents were available for treating human infections. The reason for this is host toxicity. Viral replication requires the use of eukaryotic host cell enzymes, and the drugs that effectively interrupt viral replication are likely to interfere with host cell reproduction as well. However, in response to the acquired immunodeficiency syndrome (AIDS) epidemic, the development of antiretroviral agents increased. Almost all antiviral compounds are synthetic, and with few exceptions, the primary target of antiviral compounds is viral RNA or DNA synthesis. During active viral replication, the nucleoside analogs inhibit the viral DNA polymerase, preventing duplication of the viral genome and spread of infectious viral progeny to other susceptible host cells. Similar to the specificity of antibiotics, antiviral agents may be active against RNA viruses only, DNA viruses only, or occasionally both. Another class of antiviral agents developed solely for the treatment of HIV infections is the **protease inhibitors** (e.g., indinavir, ritonavir, saquinavir, tipranavir, atazanavir, nelfinavir). These drugs inhibit an HIV-specific enzyme that is necessary for late maturation events in the virus life cycle (Du et al., 2024).

Although the treatment of viral infections with antimicrobial agents is a relatively recent endeavor, reports of viral mutations resulting in resistant strains are very common. This is especially troubling in the case of HIV, in which resistance to relatively new antiviral agents, including nucleoside analogs and protease inhibitors, has already been described, prompting the need for combination or alternating therapy with multiple antiretroviral agents (Du et al., 2024).

Antifungal Agents

The target *site* of the two most important families of antifungal agents is the cytoplasmic membranes of yeasts or molds. Fungal membranes differ from human cell membranes in that they contain the lipid ergosterol instead of cholesterol. The polyene family of antifungal compounds (e.g., amphotericin B, nystatin) preferentially binds to ergosterol and forms holes in the cytoplasmic membrane, causing leakage of the fungal cell contents and, eventually, lysis of the cell. Amphotericin B, due to the similarity to sterols in human cell membranes, is highly nephrotoxic. The azole class of drugs (e.g., fluconazole, itraconazole, voriconazole, posaconazole) inhibits the synthesis of ergosterol, thereby damaging the integrity of the fungal cytoplasmic membrane. Both types of drugs bind to a certain extent to the cholesterol component of host cell membranes and elicit a variety of toxic side effects in treated people.

A class of antifungal compounds called **echinocandins** inhibit the synthesis of a major cell wall polysaccharide found in many fungi, including *C. albicans*, *Aspergillus* species, and *Pneumocystitis jirovecii*. These inhibitors are available for the treatment of people with fungal infections, such as candidiasis or invasive aspergillosis, which are refractory to treatment with other antifungal agents (Szymański et al., 2022).

Antiparasitic Agents

Similar to other infectious diseases caused by eukaryotic microorganisms, treatment of parasitic illnesses is based on exploiting essential components of the parasite's metabolism or cellular anatomy that are not shared by the host. For example, antiprotozoal agents such as metronidazole and antimalarial drugs target metabolic pathways unique to protozoa, whereas antihelminthic agents such as albendazole and ivermectin interfere with neuromuscular function or microtubule formation in parasitic worms. Any relatedness between the parasite's target site and host cells increases the likelihood of toxic effects in the host. Resistance among human parasites to standard, effective therapy is a growing concern, as resistant strains often require more complex, expensive, and potentially toxic combination regimens (Picot et al., 2022).

Immunotherapy

Immunotherapy involves supplementing or stimulating the host's immune response so that the spread of a pathogen is limited or reversed. Several products are available for this purpose, including intravenous immunoglobulin (IVIG) and cytokines. IVIG is a pooled preparation of antibodies obtained from normal, healthy immune human donors. Hyperimmune immunoglobulin preparations contain high titers of antibodies against specific pathogens, including hepatitis B virus, cytomegalovirus, rabies, and varicella-zoster virus.

Cytokines are substances that stimulate white cell replication, phagocytosis, antibody production, and the induction of fever, inflammation, and tissue repair—all of which counteract infectious agents and hasten recovery. With the advent of genetic engineering and cloning, many cytokines, including interferons and interleukins, have been produced in the laboratory and are being evaluated experimentally as anti-infective agents. As research on cytokines advances, it is increasingly clear that some adverse reactions in infectious diseases stem from the body's own inflammatory response. Over the past 30 years, various experimental drugs targeting inflammatory cytokine pathways have been tested. However, no single-pathway blocker has received U.S. Food and Drug Administration (FDA) approval for treating sepsis.

One of the most efficient but often overlooked means of preventing infectious diseases is immunization. Proper and timely adherence to recommended vaccination schedules in children and booster immunizations in adults effectively reduces the senseless spread of vaccine-preventable illnesses such as measles, mumps, pertussis, and rubella, which still occur with alarming frequency. A resurgence in measles, which can cause serious long-term illness for children and adults, has been reported in the United States and globally. Complete elimination of measles through vaccination seemed possible in the 1990s; however, vaccine hesitancy due to misinformation about autism and other risks is likely to blame for the rising number of cases, according to the World Health Organization (WHO) (Parums, 2024).

Surgical Intervention

Before the discovery of antimicrobial agents, surgical removal of infected tissues, organs, or limbs was occasionally the only option available to prevent the demise of the infected host. Today, medical therapy with antibiotics and other anti-infective agents is an effective solution for most infectious diseases. However, surgical intervention is still an important option for cases in which the pathogen is resistant to available treatments. Surgical interventions may be used to hasten the recovery process by providing access to an infected site for antimicrobial agents (drainage of an abscess), cleaning the site (debridement), or removing infected organs or tissue (e.g., appendectomy). In some situations, surgery may be the only means of affecting a complete cure, as in the case of endocarditis resulting in an infected heart valve, in which the diseased valve must be replaced with a mechanical or biologic valve to restore normal function. In other situations, surgical containment of a rapidly progressing infectious process such as gas gangrene may be the only means of saving a person's life.

Long-Term Outcomes

Infectious disease may persist for prolonged periods (e.g., *Mycobacterium*) with few consequences until reactivated when the immune system begins to fail with advanced age or other forms of immunosuppression. Scientific advances have allowed for an infection with HIV, which was once a disease that would always progress to AIDS with a high risk of death from opportunistic infections, to become a chronic disease with successful pharmacologic management.

As the management of acute life-threatening infections such as sepsis has continued to improve, the number of people surviving sepsis during hospitalization has increased. Survivors of sepsis post discharge have very high morbidity, mortality, and rehospitalization rates (Neviere, 2022). Recurrent infections are a common reason for rehospitalization, and immune dysregulation (hyperinflammation and immunosuppression) is ongoing for a subset of patients for up to a year after sepsis. In addition, survivors of sepsis may experience cognitive impairment, psychological impairment (e.g., depression), functional impairment, a high risk of cardiovascular events, and decreased quality of life. More work is needed to understand the underlying long-term effects caused by sepsis and critical illness (Bullock & Benham, 2023).

SUMMARY CONCEPTS

The ultimate outcome of any interaction between microorganisms and the human host is decided by a complex and ever-changing set of variables that consider the overall health and physiologic function of the host and the virulence and infectious dose of the microbe. In many instances, disease is an inevitable consequence, but with continuing advances in science and technology, the majority of cases can now be eliminated or rapidly cured with appropriate therapy. It is the intent of those who study infectious diseases to understand thoroughly the pathogen, the disease course, the mechanisms of transmission, and the host response to infection. This knowledge will lead to the development of improved diagnostic techniques, revolutionary approaches to anti-infective therapy, and eradication or control of microscopic agents that cause frightening devastation and loss of life throughout the world.

Global Infectious Diseases

The 21st century has seen the emergence and rapid spread of novel infectious diseases, facilitated by globalization and increased travel. West Nile virus (WNV), first detected in the United States in 1999, is a mosquito-borne flavivirus that caused an outbreak in New York City, resulting in 56 cases and seven deaths. By 2002, it had spread to 44 states, causing over 3,000 cases and 201 deaths. Illness from WNV can range from mild febrile illness to severe meningoencephalitis. Prevention efforts focus on surveillance and mosquito control. Severe acute respiratory syndrome (SARS) emerged in late 2002 in Guangdong, China, and quickly spread internationally. The virus, highly transmissible through respiratory droplets, led to a WHO global alert and widespread surveillance. A flavivirus first identified in 1947, Zika virus gained global attention in 2015 when linked to congenital microcephaly. Primarily spread by mosquitoes, it can also be transmitted sexually. Many cases are mild or asymptomatic, making case counts difficult. Public health responses include vector control, testing, and prevention strategies (e.g., insect repellent, protective clothing).

First detected in Wuhan, China, around November 2019, COVID-19 was declared a pandemic by the WHO in March 2020. The novel coronavirus SARS-CoV-2 that causes COVID-19 led to worldwide travel bans, school and business shutdowns, "social distancing," and major strains on health care systems and economies. By December 2020, mRNA vaccines had been rapidly developed, received emergency authorization in the United States, and were being administered. Primarily spread through respiratory droplets and aerosols, typical symptoms of COVID-19 include fever and cough, with more severe illness causing severe respiratory distress and a range of chronic and debilitating symptoms.

The WHO and Centers for Disease Control and Prevention (CDC) provide updates on infectious disease outbreaks. The International Society for Infectious Diseases also operates ProMED-mail, an early warning system for disease outbreaks.

SUMMARY CONCEPTS

The challenges associated with maintaining health throughout a global community are becoming increasingly apparent. Aided by a global market and the ease of international travel, the past decade has witnessed the importation and emergence of a host of novel infectious diseases.

Integrating Clinical Decision Making

A 64-year-old woman, Mrs. Jensen, is admitted to a medical–surgical unit with fever, chills, malaise, and a productive cough. She reports that symptoms began 2 days ago with mild fatigue and headache and rapidly worsened overnight. Vital signs show a temperature of 38.9°C (102°F), heart rate of 108 beats/min, respiratory rate of 24 breaths/min, and blood pressure of 138/84 mm Hg. A chest radiograph reveals a right lower-lobe infiltrate. She has a history of chronic obstructive pulmonary disease (COPD) and recently completed a course of broad-spectrum antibiotics for a urinary tract infection.

1. Using the infectious disease triad, which factors most likely contributed to the development of this patient's infection?
2. Based on her symptom pattern, which stage of infectious disease is the patient most likely experiencing?

Biopsy results reveal invasive ductal carcinoma, grade II. Immunohistochemistry shows the tumor is estrogen receptor (ER)-positive and HER2/neu-negative. A sentinel lymph node biopsy identifies metastasis to one axillary lymph node. A staging workup determines the cancer is Stage IIA (T2 N1 M0). Mrs. Jensen expresses concern about why her fatigue has worsened and why she has been losing weight despite eating normally.

3. Which cancer-related systemic manifestation best explains her unintentional weight loss and fatigue?
4. Mrs. Jensen asks how the cancer could have already spread to a lymph node when the tumor is "not that big." Which explanation is most appropriate based on chapter concepts?

REFERENCES

Berryhill, B. A., Gil-Gil, T., Manuel, J. A., Smith, A. P., Margollis, E., Baquero, F., & Levin, B. R. (2023). What's the matter with mics: Bacterial Nutrition, limiting resources, and antibiotic pharmacodynamics. *Microbiology Spectrum*, *11*(3). https://doi.org/10.1128/spectrum.04091-22

Bullock, B., & Benham, M. D. (2023, May 21). Bacterial sepsis. In *StatPearls* [Internet]. StatPearls Publishing. https://www.ncbi.nlm.nih.gov/books/NBK537054/

Carlson, C. J., Albery, G. F., Merow, C., Trisos, C. H., Zipfel, C. M., Eskew, E. A., Olival, K. J., Ross, N., & Bansal, S. (2022). Climate change increases cross-species viral transmission risk. *Nature*, *607*(7919), 555–562. https://doi.org/10.1038/s41586-022-04788-w

Celina, S. S., & Cerný, J. (2022). *Coxiella burnetii* in ticks, livestock, pets and wildlife: A mini-review. *Frontiers in Veterinary Science*, *9*, 1068129. https://doi.org/10.3389/fvets.2022.1068129

Coburn, J., Garcia, B., Hu, L. T., Jewett, M. W., Kraiczy, P., Norris, S. J., & Skare, J. (2022). Lyme disease pathogenesis. *Current Issues in Molecular Biology*, *42*, 473–518. https://doi.org/10.21775/cimb.042.473

Crestini, A., Santilli, F., Martellucci, S., Carbone, E., Sorice, M., Piscopo, P., & Mattei, V. (2022). Prions and neurodegenerative diseases: A focus on Alzheimer's disease. *Journal of Alzheimer's Disease*, *85*(2), 503–518. https://doi.org/10.3233/jad-215171

Cuthbert, R. N., Darriet, F., Chabrerie, O., Lenoir, J., Courchamp, F., Claeys, C., Robert, V., Jourdain, F., Ulmer, R., Diagne, C., Ayala, D., Simard, F., Morand, S., & Renault, D. (2023). Invasive hematophagous arthropods and associated diseases in a changing world. *Parasites & Vectors*, *16*(1), 291. https://doi.org/10.1186/s13071-023-05887-x

Darby, E. M., Trampari, E., Siasat, P., Gaya, M. S., Alav, I., Webber, M. A., & Blair, J. M. (2022). Molecular mechanisms of antibiotic resistance revisited. *Nature Reviews Microbiology*, *21*(5), 280–295. https://doi.org/10.1038/s41579-022-00820-y

Du, R., Achi, J. G., Cui, Q., & Rong, L. (2024). Paving new roads toward the advancement of broad-spectrum antiviral agents. *Journal of Medical Virology*, *96*(1), e29369. https://doi.org/10.1002/jmv.29369

Elsohaby, I., & Villa, L. (2023). Zoonotic diseases: Understanding the risks and mitigating the threats. *BMC Veterinary Research*, *19*(1), 186. https://doi.org/10.1186/s12917-023-03736-8

Gallego, L. S., Parmar, M., & Dominguez, A. (2024, February 19). Human papilloma virus vaccine. In *StatPearls* [Internet]. StatPearls Publishing. https://www.ncbi.nlm.nih.gov/books/NBK562186/

Gidey, K., Gidey, M. T., Hailu, B. Y., Gebreamlak, Z. B., & Niriayo, Y. L. (2023). Clinical and economic burden of healthcare-associated infections: A prospective cohort study. *PLoS One*, *18*(2), e0282141. https://doi.org/10.1371/journal.pone.0282141

Giraldo, R. (2024). The emergence of bacterial prions. *PLoS Pathogens*, *20*(6), e1012253. https://doi.org/10.1371/journal.ppat.1012253

Haselbeck, A. H., Im, J., Prifti, K., Marks, F., Holm, M., & Zellweger, R. M. (2022). Serology as a tool to assess infectious disease landscapes and guide public health policy. *Pathogens*, *11*(7), 732. https://doi.org/10.3390/pathogens11070732

Hu, J., Ye, Y., Chen, X., Xiong, L., Xie, W., & Liu, P. (2022). Insight into the pathogenic mechanism of *Mycoplasma pneumoniae*. *Current Microbiology*, *80*(14). https://doi.org/10.1007/s00284-022-03103-0

Ignacio, A., Czyz, S., & McCoy, K. D. (2024). Early life microbiome influences on development of the mucosal innate immune system. *Seminars in Immunology*, *73*, 101885. https://doi.org/10.1016/j.smim.2024.101885

Ishida, C., Gupta, V., & Zubair, M. (2024, March 16). Molecular genetics testing. In *StatPearls* [Internet]. StatPearls Publishing. https://www.ncbi.nlm.nih.gov/books/NBK560712/

Jensen, J. S., Cusini, M., Gomberg, M., Moi, H., Wilson, J., & Unemo, M. (2022). 2021 European guideline on the management of *mycoplasma genitalium* infections. *Journal of the European Academy of Dermatology and Venereology*, *36*(5), 641–650. https://doi.org/10.1111/jdv.17972

Jian, H., Lu, W.-J., Chen, Z.-W., Liang, S.-Q., Yue, X.-L., Li, J., Zhang, J.-H., & Gong, X.-D. (2024). Prevalence and trends of *Chlamydia trachomatis* infection in female sex workers and men who have sex with men in China: A systematic review and meta-analysis. *BMC Public Health*, *24*(1), 1579. https://doi.org/10.1186/s12889-024-18804-3

Kellum, J. A., & Ronco, C. (2023). The role of endotoxin in Septic shock. *Critical Care*, *27*(1). https://doi.org/10.1186/s13054-023-04690-5

Li, G., Wang, Y., & De Clercq, E. (2022). Approved HIV reverse transcriptase inhibitors in the past decade. *Acta Pharmaceutica Sinica B*, *12*(4), 1567–1590. https://doi.org/10.1016/j.apsb.2021.11.009

Liu, M., Zhang, Y., Jian, Y., Gu, L., Zhang, D., Zhou, H., Wang, Y., & Xu, Z.-X. (2024). The regulations of telomerase reverse transcriptase (TERT) in cancer. *Cell Death & Disease*, *15*(1), 90. https://doi.org/10.1038/s41419-024-06454-7

Markowska, K., Szymanek-Majchrzak, K., Pituch, H., & Majewska, A. (2024). Understanding quorum-sensing and biofilm forming in anaerobic bacterial communities.

International Journal of Molecular Sciences, *25*(23), 12808. https://doi.org/10.3390/ijms252312808

Meyer, D. F., Moumène, A., & Rodrigues, V. (2023). Microbe profile: *Ehrlichia ruminantium*—Stealthy as it goes. *Microbiology*, *169*(11). https://doi.org/10.1099/mic.0.001415

Mohapatra, S., & Menon, N. G. (2022). Factors responsible for the emergence of novel viruses: An emphasis on SARS-COV-2. *Current Opinion in Environmental Science & Health*, *27*, 100358. https://doi.org/10.1016/j.coesh.2022.100358

Neviere, R. (2022). Sepsis syndromes in adults: Epidemiology, definitions, clinical presentation, diagnosis, and prognosis. *UpToDate*. https://www.uptodate.com/contents/sepsis-syndromes-in-adults-epidemiology-definitions-clinical-presentation-diagnosis-and-prognosis?search=sepsis%20survival%20during%20sepsis&source=search_result&selectedTitle=1~150&usage_type=default&display_rank=1

Oliveira, J., & Reygaerl, W. C. (2023, August 8). Gram-negative bacteria. In *StatPearls* [Internet]. StatPearls Publishing. https://www.ncbi.nlm.nih.gov/books/NBK538213/

Pandey, S., Kant, S., Khawary, M., & Tripathi, D. (2022). Macrophages in microbial pathogenesis: Commonalities of defense evasion mechanisms. *Infection and Immunity*, *90*(5). https://doi.org/10.1128/iai.00291-21

Parums, D. V. (2024). A review of the resurgence of measles, a vaccine-preventable disease, as current concerns contrast with past hopes for measles elimination. *Medical Science Monitor*, *30*, e944436. https://doi.org/10.12659/msm.944436

Picot, S., Beugnet, F., Leboucher, G., & Bienvenu, A.-L. (2022). Drug resistant parasites and fungi from a one-health perspective: A global concern that needs transdisciplinary stewardship programs. *One Health*, *14*, 100368. https://doi.org/10.1016/j.onehlt.2021.100368

Rokas, A. (2022). Evolution of the human pathogenic lifestyle in fungi. *Nature Microbiology*, *7*(5), 607–619. https://doi.org/10.1038/s41564-022-01112-0

Salomè, S., Corrado, F. R., Mazzarelli, L. L., Maruotti, G. M., Capasso, L., Blazquez-Gamero, D., & Raimondi, F. (2023). Congenital cytomegalovirus infection: The state of the art and future perspectives. *Frontiers in Pediatrics*, *11*, 1276912. https://doi.org/10.3389/fped.2023.1276912

Schön, M. E., Martijn, J., Vosseberg, J., Köstlbacher, S., & Ettema, T. J. (2022). The evolutionary origin of host association in the rickettsiales. *Nature Microbiology*, *7*(8), 1189–1199. https://doi.org/10.1038/s41564-022-01169-x

Shanmugaraj, B., Kothalam, R., & Mohamed Sheik, T. A. (2024). A brief overview on the threat of zoonotic viruses. *Microbes and Infectious Diseases*. https://doi.org/10.21608/mid.2024.294905.1975

Sheehan, J. R., Sadlier, C., & O'Brien, B. (2022). Bacterial endotoxins and exotoxins in intensive care medicine. *BJA Education*, *22*(6), 224–230. https://doi.org/10.1016/j.bjae.2022.01.003

Singh, V., Rai, R., Mathew, B. J., Chourasia, R., Singh, A. K., Kumar, A., & Chaurasiya, S. K. (2023). Phospholipase C: Underrated players in microbial infections. *Frontiers in Cellular and Infection Microbiology*, *13*, 1089374. https://doi.org/10.3389/fcimb.2023.1089374

Sizar, O., Unakal, C. G., & Leslie, S. W. (2023, May 30). Gram-positive bacteria. In *StatPearls* [Internet]. StatPearls Publishing. https://www.ncbi.nlm.nih.gov/books/NBK470553/

Su, Q., Zhang, L., Qi, Z., & Huang, B. (2022). The mechanism of inflammatory factors and soluble vascular cell adhesion molecule-1 regulated by nuclear transcription factor NF-κB in unstable angina pectoris. *Journal of Immunology Research*, *2022*, 1–8. https://doi.org/10.1155/2022/6137219

Szymański, M., Chmielewska, S., Czyżewska, U., Malinowska, M., & Tylicki, A. (2022). Echinocandins—Structure, mechanism of action and use in antifungal therapy. *Journal of Enzyme Inhibition and Medicinal Chemistry*, *37*(1), 876–894. https://doi.org/10.1080/14756366.2022.2050224

Tarannum, A., Rodríguez-Almonacid, C. C., Salazar-Bravo, J., & Karamysheva, Z. N. (2023). Molecular mechanisms of persistence in protozoan parasites. *Microorganisms*, *11*(9), 2248. https://doi.org/10.3390/microorganisms11092248

Wu, Y., Duffey, M., Alex, S. E., Suarez-Reyes, C., Clark, E. H., & Weatherhead, J. E. (2022). The role of Helminths in the development of non-communicable diseases. *Frontiers in Immunology*, *13*, 941977. https://doi.org/10.3389/fimmu.2022.941977

Zerr, I., Ladogana, A., Mead, S., Hermann, P., Forloni, G., & Appleby, B. S. (2024). Creutzfeldt–Jakob disease and other prion diseases. *Nature Reviews Disease Primers*, *10*(1), 14. https://doi.org/10.1038/s41572-024-00497-y

Zhao, A., Sun, J., & Liu, Y. (2023). Understanding bacterial biofilms: From definition to treatment strategies. *Frontiers in Cellular and Infection Microbiology*, *13*, 1137947. https://doi.org/10.3389/fcimb.2023.1137947

UNIT 4

Disorders of Skin Integrity and Function

CHAPTER 11

The Integumentary System

Structure and Function of the Skin

Skin Layers and Skin Cells
Skin Appendages
Functions of the Skin

Mechanisms of Tissue Healing

Tissue Regeneration
Connective Tissue Replacement

Manifestations of Skin Disorders

Lesions and Rashes
Pruritus
Dry Skin
Skin Variations

Primary Disorders of the Skin

Pigmentary Skin Disorders
Infectious Processes
Acne and Rosacea
Allergic and Hypersensitivity Dermatoses
Papulosquamous Dermatoses
Arthropod Infestations

Trauma

Skin Damage Caused by UV Radiation
Mechanical Trauma
Pressure Injuries
Thermal Injury
Biologic Trauma

Nevi and Skin Cancers

Nevi
Skin Cancer

Age-Related Skin Manifestations

Skin Manifestations of Infancy and Childhood
Skin Manifestations and Disorders in Older Adults

Learning Objectives

After completing this chapter, the learner will be able to meet the following objectives:

1. Describe the development of a keratinocyte from its origin in the stratum basale to its migration to the outer surface of the skin.
2. Differentiate the structure and functions of sebaceous glands, eccrine glands, apocrine glands, nails, and hair.
3. Discuss the sensory and immune functions of the skin.
4. Differentiate the regenerative properties of labile, stable, and permanent cell types within the skin.
5. Describe the phases of connective tissue healing and factors that impair the process.
6. Differentiate the following skin rashes and lesions—macule, patch, papule, plaque, nodule, tumor, wheal, vesicle, bulla, and pustule.
7. Identify two physiologic causes of pruritus and dry skin.
8. Describe the pathogenesis and treatment of acne vulgaris.
9. Distinguish between allergic/contact dermatitis, atopic/nummular eczema.
10. Define the term *papulosquamous* and differentiate the papulosquamous conditions of psoriasis, pityriasis rosea, and lichen planus.

11. Describe the pathogenesis, characteristics, diagnostic methods, and treatment of skin trauma related to UV radiation, mechanical forces, thermal injury, pressure injury, and biologic insult.
12. Differentiate between nevi and skin cancers.
13. Describe and differentiate the rashes produced by the following infectious childhood diseases: roseola infantum, rubeola, rubella, and varicella.
14. Describe physiologic changes of aging skin.

The skin, also called the **integumentum** or integumentary system, is one of the most versatile organs of the body, accounting for roughly 16% of the body's weight. The thickness of the skin can range from less than 0.5 mm (e.g., eyelids) to 5 mm (e.g., palms, soles) (Chanda & Singh, 2023). As the body's first line of defense, the skin is continuously subjected to potentially harmful environmental agents, including solid matter, liquids, gases, sunlight, and microorganisms. Although the skin may become bruised, lacerated, burned, or infected, it has remarkable properties that allow for a continuous cycle of shedding, healing, and cell regeneration.

The skin serves as the interface between the internal environment of the body and the surrounding external environment, and injury or disease of the skin is therefore easily observable. Skin disorders reflect the interaction between external environmental forces and the internal functioning of the body. Sunlight, insects, infectious microorganisms, chemicals, and physical agents all play a role in the pathogenesis of skin diseases. Skin alterations may represent primary disorders of the skin or may also be manifestations of systemic disease.

Structure and Function of the Skin

Skin Layers and Skin Cells

Skin structure varies in different parts of the body, including variations in the properties of the layers of the skin (such as the thickness of the layer, the distribution of sweat glands, and the number and size of hair follicles). Nevertheless, certain structural properties are common to the skin in all areas of the body.

The skin is composed of three layers:

1. Epidermis (outermost layer)
2. Dermis (middle layer)
3. Subcutaneous tissue (hypodermis)

The basement membrane is a thin layer that separates the epidermis from the dermis. The subcutaneous tissue, made up of loose connective and adipose tissues, anchors the skin to the body's underlying muscles and bones (Fig. 11-1).

KEY POINTS

Layers of the Skin

- The skin is composed of the epidermis, basement membrane, and dermis, each with distinct structural and functional roles.
- The epidermis is an avascular, keratinized stratified squamous epithelium that provides barrier protection and undergoes continuous renewal.
- The basement membrane anchors the epidermis to the dermis and regulates molecular exchange between the two layers.
- The dermis contains connective tissue, blood vessels, and nerve fibers that support, nourish, and innervate the epidermis.

Epidermis

The functions of the skin depend on the properties of its outermost layer, the epidermis, which also contains the various specialized structures including hair, nails, and glands (Lopez-Ojeda et al., 2022). Cells within the epidermis called keratinocytes produce a fibrous protein called *keratin* that is essential for the protective function of the skin. The epidermis also has three other types of cells that arise from its basal layer—melanocytes, Merkel cells, and Langerhans cells. Melanocytes produce a pigment called *melanin*, which is responsible for skin color, tanning, and protection against ultraviolet (UV) radiation. Merkel cells provide sensory information, and Langerhans cells have immune function. The epidermis contains openings for two types of glands—sweat glands (which produce watery secretions with electrolytes) and sebaceous glands, which produce an oily secretion called **sebum** (Lopez-Ojeda et al., 2022).

Keratinocytes

The **keratinocyte** is the major cell of the epidermis, comprising approximately 85% of the cells in this layer. Keratinocytes are active secretory cells that play an important role in the immunobiology of the skin by communicating with and regulating cells of the immune response and secreting cytokines and inflammatory mediators. The epidermis is composed of keratinized stratified squamous epithelial cells and consists of five distinct layers (or strata) which represent a progressive differentiation or maturation of the keratinocytes:

1. Stratum germinativum, or the basal layer
2. Stratum spinosum
3. Stratum granulosum
4. Stratum lucidum
5. Stratum corneum

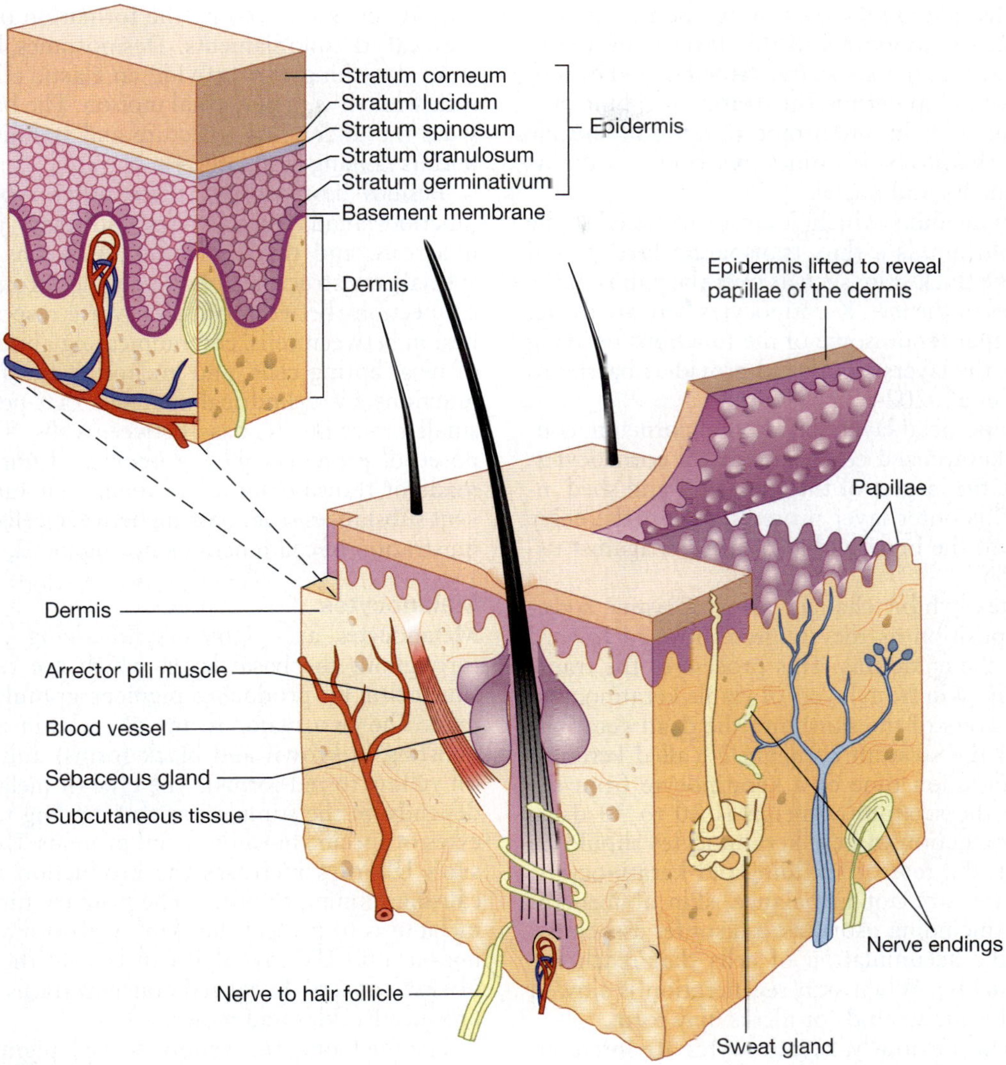

FIGURE 11-1. Three-dimensional view of the skin.

The deepest layer, the **stratum germinativum** or **stratum basale**, consists of a single layer of basal cells that are attached to the basal lamina. Keratinocytes are created in this layer through mitosis as immature cuboidal or columnar cells attached to the basement membrane. As new keratinocytes are produced, they migrate upward toward the skin surface to replace cells lost during normal skin shedding.

The next layer, the **stratum spinosum**, is the result of cell division in the stratum basale. The stratum spinosum is two to four layers thick, and its cells become differentiated as they migrate toward the surface of the epidermis (Fig. 11-2). Within this layer, the keratinocytes begin producing **keratin** and form a type of cell connection called **desmosomes** (see the description in Chapter 2 on normal cell physiology), which give them a "spiny" appearance on microscopic examination. For this reason, the cells of this layer are sometimes referred to as **prickle cells** (Yousef et al., 2024).

The **stratum granulosum** is only a few cells thick (varying between one and three cells). This layer consists

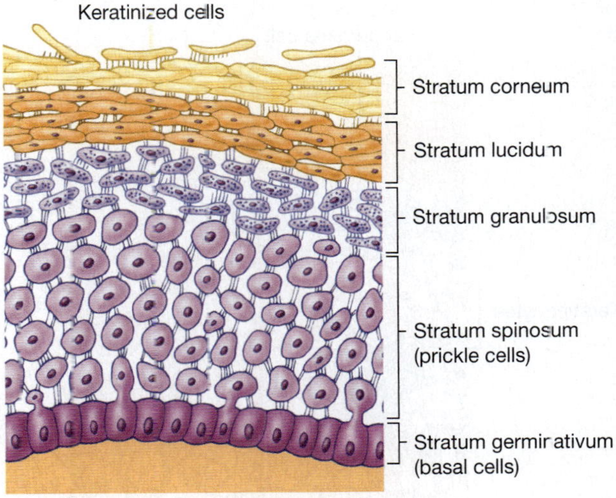

FIGURE 11-2. Epidermal cells. The basal cells undergo mitosis, producing keratinocytes that change their size and shape as they move upward, replacing cells that are lost during normal cell shedding.

of granular cells that are the most differentiated cells of the living skin. Keratinocytes in this layer continue to synthesize keratin and also secrete lamellar bodies into the next layer of the epidermis, the stratum lucidum, providing the skin with its important water-impermeable properties. In this layer, keratinocytes begin to die as they lose organelles and nuclei.

The **stratum lucidum**, which lies just superficial to the stratum granulosum, is a thin, transparent layer found primarily on the thick skin, such as over the palms of the hands and soles of the feet. Keratinocytes here are dying, flattened cells that retain some of the functions of living skin cells from the layers below and provide a barrier to water (Yousef et al., 2024).

The most superficial layer, the **stratum corneum**, consists of dead, keratinized cells, now called corneocytes. These cells are the largest of the epidermis and shed intermittently. This outer layer protects against the entry of microbes into the body and also protects against tissue dehydration.

Keratinocytes exhibit changes in cytoplasmic structure and composition as they migrate upward toward the surface of the epidermis. This process of the transformation of the skin from layers of viable keratinocytes (in the lower layers of the skin) into the dead keratinocytes found in the stratum corneum is called **keratinization**. The migration time of a keratinocyte from the basal layer to the stratum corneum is 20 to 30 days. The rate of production of new keratinocytes should be consistent with the rate of shedding old keratinocytes. When these rates are not in balance, skin abnormalities can occur (including psoriasis, a disorder associated with a scale-like accumulation of cells that reach the surface too quickly). When skin regeneration is slowed or impaired, chronic wounds or ulcers may form.

As mentioned previously, keratinocytes are interconnected by a form of cell connection called desmosomes that are characterized by the formation of fibrous bundles called **tonofilaments**. Desmosomes keep the cells from detaching and provide an elastic structure to the skin while it is in perpetual motion. The basal layer provides the underlying structure and stability for the epidermis (Zhang et al., 2024).

Besides desmosomes, three other types of cellular junctions bind keratinocytes—adherens junctions, gap junctions, and tight junctions. **Adherens junctions** are specialized structures that provide strong mechanical connections between cells. They are responsible for adhesion between cells, communicating about the presence of neighboring cells, and anchoring the skin cells. **Gap junctions** are cylindrical channels that permit ions and small molecules to pass between cells. They are composed of proteins called *connexins*. **Tight junctions** are made of transmembrane proteins that function to prevent substances from passing between cells. (Refer to the illustration of cell junctions in Chapter 2, Fig. 2-14.)

Melanocytes

Melanocytes are pigment-synthesizing cells scattered throughout the basal layer, which are responsible for skin color by producing pigment granules called **melanin**. The two major forms of melanin are **eumelanin** (existing in brown and black forms) and **pheomelanin** (in yellow to red forms). The type of melanin produced depends on the stimulation and binding to the melanocytes of specific hormones and proteins. Exposure to the sun's UV rays increases the production of eumelanin, causing tanning to occur. The primary function of such melanin is to protect the skin by absorbing and scattering harmful UV rays that can lead to the development of skin cancers. Localized concentrations of eumelanin produce freckles and moles.

Pheomelanin, the yellow to red pigment, is found in all humans, particularly concentrated in the lips,

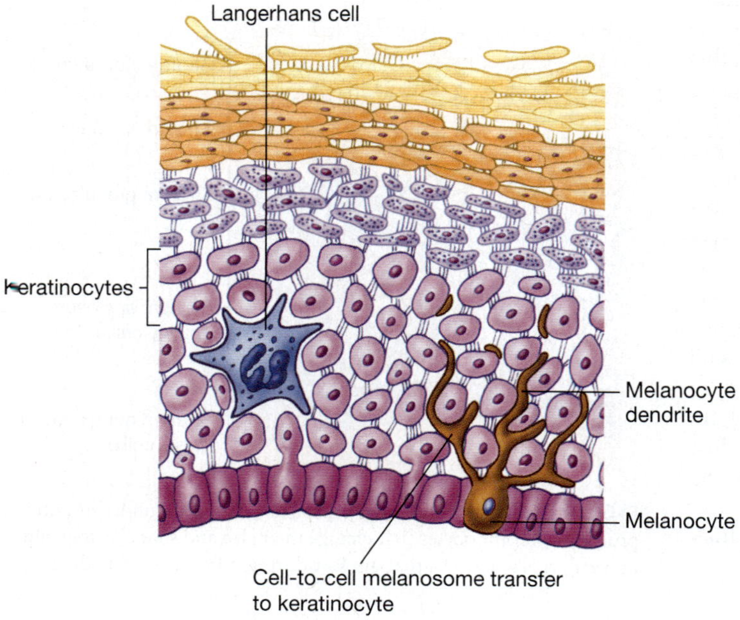

FIGURE 11-3. The melanocytes, which are located in the basal layer of the skin, produce melanin pigment granules that contribute to skin color. Melanocytes possess long, thread-like cytoplasmic extensions, called dendrites, that deliver melanosomes to neighboring keratinocytes. The dendrite tip containing the melanosome is engulfed by the keratinocyte, allowing transfer of melanin into the keratinocyte cytoplasm.

nipples, glans penis, and vulva, and in the hair (particularly red hair). Synthesis of melanin depends on the ability of the melanocytes to produce the enzyme **tyrosinase**, which converts the amino acid tyrosine to a precursor of melanin. A genetic lack of this enzyme results in a clinical condition called **albinism**, or lack of pigmentation in the skin, hair, and the iris of the eye. Within the melanocytes, tyrosinase is synthesized in the rough endoplasmic reticulum and then routed to membranous vesicles in the Golgi complex called **melanosomes**. Melanin is subsequently synthesized in the melanosomes. Once melanin is produced, the melanocyte packages the melanosomes and delivers them to the keratinocytes via long, branch-like extensions called dendrites. The dendrite tip containing the melanosome is engulfed by a nearby keratinocyte, and the melanin is transferred (Fig. 11-3).

The amount of melanin in the keratinocytes, rather than the number of melanocytes, determines a person's skin color. In dark-skinned people, *larger* melanin-containing melanosomes are produced and transferred to the keratinocyte, whereas in light-skinned people, *smaller* melanosomes are produced. All people, regardless of skin color, have relatively few or no melanocytes in the epidermis of the palms of the hands or the soles of the feet. Studies show that, starting around the age of 30, the number of melanocytes declines gradually by as much as 8% to 20% per decade, particularly in sun-protected skin. Though this occurs in all skin types, it may be more noticeable in those with light skin. Over time, skin may appear lighter, duller, or more uneven in pigmentation. This also contributes to hyperpigmented areas (age spots) due to localized melanin overproduction. A reduction in melanin production, combined with other age-related changes in the skin, increases susceptibility to UV damage and skin cancer. For example, those with albinism have a significantly increased risk (Kassang et al., 2025).

Merkel Cells

Merkel cells are specialized cells located in the stratum basale of the epidermis that have a clear cytoplasm. They are anchored to surrounding keratinocytes by desmosomes and are connected to afferent nerve endings, forming **Merkel disks**—sensory structures that help detect light touch and texture. Merkel cells are present in fewer numbers in the epidermis, with the greatest concentration in tactile areas such as the fingertips, lips, oral mucosa, and outer root sheath of hair follicles. While Merkel cell function remains under investigation, they are known to act as touch receptors and are possibly involved in metabolic support of their associated neurons, neuron development and regeneration after injury, and neurotransmission for autonomic nerves, blood vessels, and inflammatory cells (Bataille et al., 2022).

Langerhans Cells

Langerhans cells are scattered in the suprabasal layers of the epidermis, comprising only 3% to 5% of epidermal cells—far less than the keratinocytes. Langerhans cells are derived from precursor cells originating in the bone marrow that continuously repopulate the epidermis. On microscopic examination, Langerhans cells have a distinguishing structural characteristic called *Birbeck granules* (which often resemble tennis racquets). Functionally, Langerhans cells are a specialized form of dendritic cells with immune function. They recognize, capture, and process foreign antigens, then migrate to regional lymph nodes via the lymphatic system, where they can function as antigen-presenting cells to activate T lymphocytes and the adaptive immune processes (Fig. 11-4). While Langerhans cells are influenced by stress-related neuroimmune signals, they are not directly innervated. Both Langerhans cells and keratinocytes release cytokines that promote the activation and localization of T cells in the skin.

Basement Membrane

The **basement membrane** of the skin is a layer of intercellular and extracellular matrixes that serves

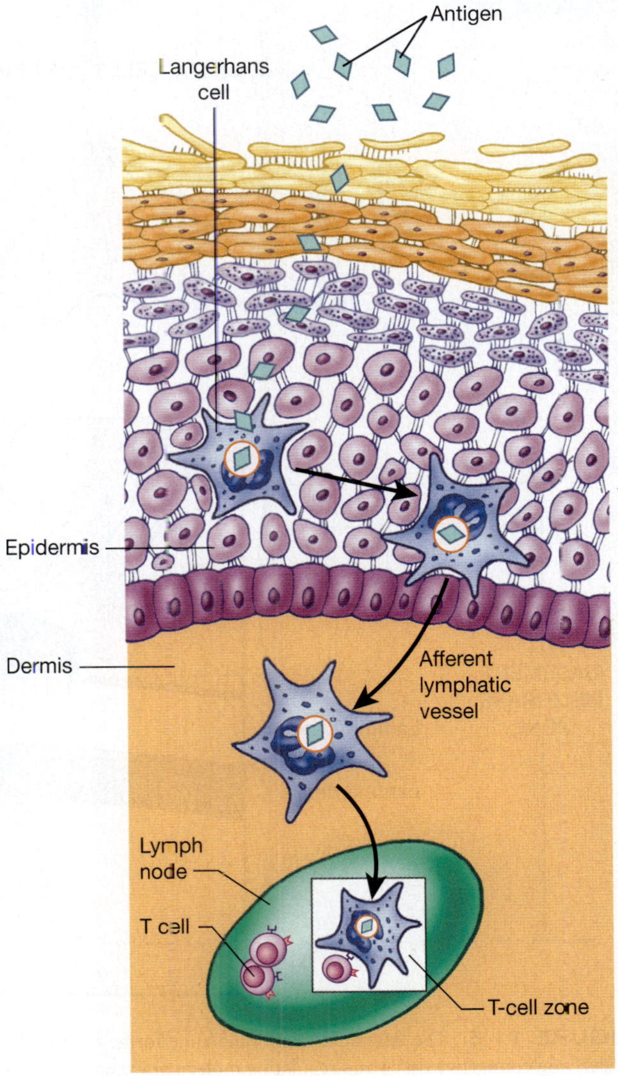

FIGURE 11-4. Langerhans cells.

as an interface between the dermis and the epidermis (Fig. 11-5). It separates the epithelium from the underlying connective tissue, it anchors the epithelium to the loose connective tissue underneath, and serves as a selective filter for molecules moving between the two layers (Roig-Rosello et al., 2024). This basement membrane is also a site of immunoglobulin and complement deposition, playing a key role in various skin diseases, particularly those that involve blister (bullous) formation.

Structurally, the basement membrane is composed of three distinct but interconnected layers. The **lamina lucida** is an electron-lucent region adjacent to the basal keratinocytes. It contains anchoring filaments and the glycoprotein laminin, which plays a vital role in organizing the matrix and promoting adhesion between cells and the underlying structures. Beneath this lies the **lamina densa**, a denser layer rich in type IV collagen and additional laminin, which together provide structural stability and facilitate strong dermal–epidermal attachment. These two layers—the lamina lucida and lamina densa—together comprise the basal lamina (Roig-Rosello et al., 2024). Below the basal lamina is the **lamina fibroreticularis**, which connects the basement membrane to the superficial dermis. This layer contains anchoring fibrils, primarily composed of type VII collagen, that insert into both the lamina densa and the dermis. It also includes elastic fiber bundles that help reinforce the mechanical connection between skin layers.

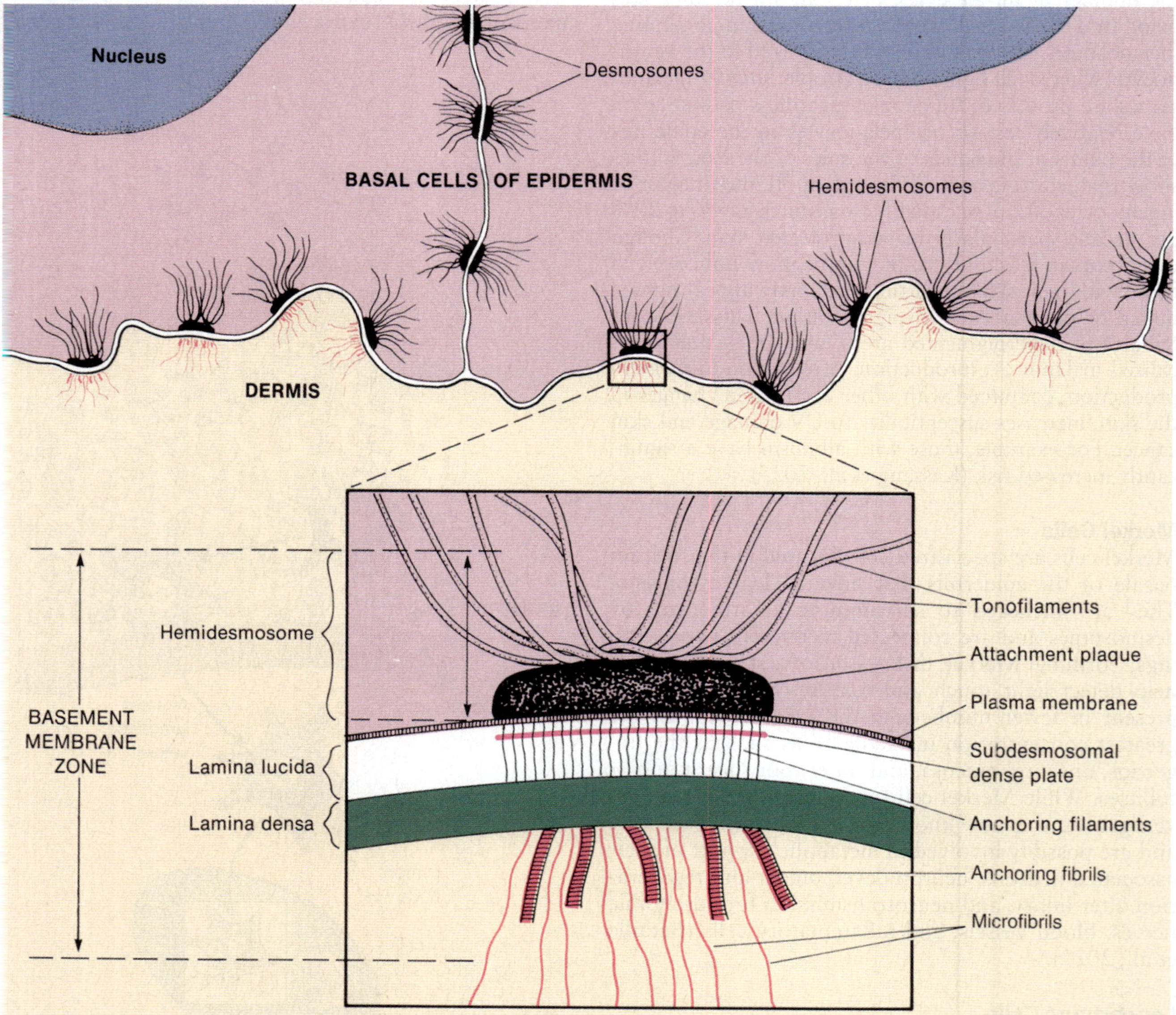

FIGURE 11-5. The basement membrane zone forms the interface between the epidermis and dermis, anchoring basal keratinocytes to the underlying connective tissue and regulating molecular exchange between skin layers. It includes the lamina lucida and lamina densa (basal lamina) and the underlying lamina fibroreticularis, with hemidesmosomes linking the keratin cytoskeleton to the extracellular matrix. (From Strayer D. E., & Rubin R. (Eds.). [2015]. *Rubin's pathology: Clinicopathologic foundations of medicine* [7th ed., p. 1224]. Wolters Kluwer: Fig. 28-7.)

At the cellular level, **hemidesmosomes** are specialized junctional structures located at the basal surface of keratinocytes. Structurally resembling half of a desmosome, hemidesmosomes link the intracellular keratin cytoskeleton to the extracellular basement membrane. They not only help anchor the epidermis to the dermis, but also serve in signal transmission between skin layers, contributing to both structural integrity and communication within the skin (Roig-Rosello et al., 2024).

With age, the basement membrane thins, becomes more fragile, and experiences fragmentation and reduced expression of key components such as type IV collagen and laminin. These structural changes weaken the adhesion between the epidermis and dermis, leading to increased skin fragility, reduced elasticity, and compromised barrier function (Roig-Rosello et al., 2024).

Dermis

The dermis is the connective tissue layer that separates the epidermis from the subcutaneous fat layer (see Fig. 11-1). It supports the epidermis and serves as its primary source of nutrition. The two layers of the dermis, the papillary dermis and the reticular dermis, are composed of cells, fibers, nerves, and blood vessels. Filling the space between cells and fibers in the skin is a gel-like, unstructured material called **ground substance**. The main component of the dermis is collagen, a group of fibrous proteins. The collagen is enmeshed in a ground substance called **hyaluronic acid**. Collagen fibers are loosely arranged in the papillary dermis but are tightly bundled in the reticular dermis.

The pilar (hair) and glandular structures are embedded in this layer and continue through the epidermis. In individuals with darker skin tones, the dermis tends to be more compact and denser, which may contribute to reduced wrinkling compared to individuals with lighter skin tones.

Papillary Dermis

The **papillary dermis** (pars papillaris) is a thin, superficial layer that lies adjacent to the epidermis. It consists of collagen fibers and ground substance. This layer is densely covered with conical projections called **dermal papillae** (see Fig. 11-1). The basal cells of the epidermis project into the papillary dermis, forming **rete ridges**. Microscopically, the junction between the epidermis and the dermis appears like undulating ridges and valleys. It is believed that the dense structure of the dermal papillae serves to minimize the separation of the dermis and the epidermis. Dermal papillae contain capillaries, end arterioles, and venules that nourish the epidermal layers of the skin. This layer of the dermis is richly vascularized. Lymph vessels and nerve tissue also are found in this layer (Iriyama et al., 2022).

Reticular Dermis

The **reticular dermis** (pars reticularis) is the thicker area of the dermis and forms the bulk of the dermal layer. The reticular dermis is characterized by a complex meshwork of three-dimensional collagen bundles interconnected with large elastic fibers and ground substance, a viscid gel that is rich in mucopolysaccharides. The collagen fibers are oriented parallel to the body's surface in any given area. Collagen bundles may be organized lengthwise, as on the abdomen, or in round clusters, as on the heel. The direction of surgical incisions is often determined by this organizational pattern (Brown & Krishnamurthy, 2022).

Dermal Cells

While both the papillary and reticular layers of the dermis share many common cellular components—such as fibroblasts, mast cells, macrophages, and dendritic cells—their relative abundance and functional roles can differ significantly. The papillary dermis is rich in capillaries and immune cells that participate in surveillance and early response to environmental insults. In contrast, the reticular dermis is structurally denser and hosts a more specialized population of cells that contribute to deeper immunologic and structural functions.

Immune Cells

The dermis houses a variety of immune cells that contribute to cutaneous defense, antigen recognition, and immune regulation. Among these are dermal dendritic cells, often referred to as **dermal dendrocytes**, which have phagocytic and antigen-presenting capabilities. These spindle-shaped cells are believed to play a key role in initiating immune responses by capturing antigens and presenting them to T cells. In addition to their immunologic functions, dermal dendrocytes are involved in processes such as wound healing, inflammation, and hemostasis (Lopez-Ojeda et al., 2022).

Macrophages also play a central role in the dermal immune environment. Acting as antigen-presenting cells, they interact with memory T cells, which are the predominant T-cell subtype in the dermis. These T cells are primed for rapid response and are particularly important in delayed-type hypersensitivity reactions, contributing to immune responses against previously encountered antigens.

Mast cells, positioned near blood vessels and nerve endings, are key players in IgE-mediated immediate hypersensitivity. Upon activation, they release histamine and other inflammatory mediators that contribute to allergic responses and vascular permeability. Their strategic location at the skin's interface with the external environment enables them to respond quickly to invading allergens or pathogens. **Fibroblasts**, while best known for producing collagen and maintaining the extracellular matrix, also participate in immune regulation. They secrete cytokines, chemokines, and growth factors that influence immune cell recruitment, activation, and tissue remodeling during inflammation and repair (Lopez-Ojeda et al., 2022).

Blood Vessels

The dermis contains an extensive vascular network that supports thermoregulation, nutrient delivery, and immune function. Blood supply to the skin is organized into two main vascular plexuses: one located at the junction of the dermis and subcutaneous tissue, and another at the interface between the papillary and reticular dermis.

From the upper plexus, capillary loops extend into the papillary dermis, supplying oxygen and nutrients to the overlying avascular epidermis via diffusion. This superficial capillary network is also responsible for the pink tone seen in light-colored skin, which reflects the amount of blood within these vessels (Brown & Krishnamurthy, 2022).

Venous drainage occurs through small veins that accompany the subcutaneous arteries, helping to return deoxygenated blood from the skin. The lymphatic vessels, which play a role in fluid balance and immune surveillance, are also confined to the dermis and are critical in helping to limit the spread of skin infections and inflammation.

In addition to its vascular plexuses, the skin contains numerous **arteriovenous anastomoses**, which allow blood to bypass capillary beds and flow directly from arteries to veins. These structures are particularly abundant in areas like the fingers, toes, ears, and face, and play a key role in thermoregulation. When the body needs to release heat, these anastomoses open, increasing blood flow to the skin surface; in cold environments, they constrict to conserve core body temperature (Brown & Krishnamurthy, 2022).

Innervation

The skin's innervation is extensive and complex, allowing it to function as a sensory interface between the body and the environment. Dermatomes are areas of skin mainly supplied by a single spinal nerve. Cervical, thoracic, lumbar, and sacral nerves each relay sensation, including pain, from a particular region of the skin to the brain. The dermis is richly supplied with sensory neurons as well as autonomic nerve fibers that regulate structures such as blood vessels, sweat glands, and **arrector pili muscles**—all of which are embedded within the dermis. The arrector pili muscles, which connect the dermis to hair follicles, are activated by the sympathetic nervous system, causing the familiar "goose bumps" when they contract in response to cold or emotional stimuli (Ständer & Schmelz, 2024).

Both the papillary and reticular layers of the dermis contain various types of sensory receptors that detect touch, pressure, temperature, and pain. The papillary dermis contains free nerve endings that function as **nociceptors** (pain receptors) and **thermoreceptors** (for detecting heat and cold). These unencapsulated receptors are critical for initiating rapid protective responses to potentially harmful stimuli (Ständer & Schmelz, 2024).

The reticular dermis contains larger, encapsulated **mechanoreceptors** specialized for detecting deeper and more sustained stimuli. Among the most prominent are the **Pacinian corpuscles**, which are widely distributed in both the dermis and subcutaneous tissue (Voiță-Mekereș, 2024). These large, onion-like structures consist of a central nerve ending surrounded by concentric layers of modified Schwann cells. Pacinian corpuscles are highly sensitive to vibration and gross pressure changes, and they adapt rapidly, responding primarily to dynamic rather than constant stimuli (Suazo et al., 2022).

Meissner corpuscles are mechanoreceptors located primarily in the papillary dermis of sensitive areas such as the fingertips, palms, soles, lips, tongue, face, and genitalia. These receptors are encapsulated, ovoid structures containing multiple nerve endings, and they are responsible for detecting light touch and texture. Like Pacinian corpuscles, Meissner corpuscles are rapidly adapting, responding mainly to changes in tactile stimulation (Suazo et al., 2022).

Ruffini corpuscles, found in the deep dermis, are slowly adapting mechanoreceptors that respond to sustained pressure, stretch, and joint movement. These small, oval receptors consist of expanded nerve endings branching from a single afferent fiber. They are believed to play a role in proprioception and may also contribute to sensing cold, although their exact role in thermosensation is still under investigation (Voița˘-Mekereș, 2024).

Most of the vascular tone in the dermis is regulated by the sympathetic nervous system, which controls vasodilation and vasoconstriction. Sweat glands are innervated by cholinergic fibers, but their activity is still under sympathetic control. Together, these neural networks ensure that the skin can respond appropriately to environmental and internal stimuli, playing a critical role in thermoregulation, sensation, and protective reflexes.

Subcutaneous Tissue

The subcutaneous tissue layer lies beneath the dermis and serves as a supporting layer rather than a true skin layer. It consists primarily of fat cells and connective tissue that lend structural support, provide insulation and assist with temperature regulation, and supply blood vessels and nerves to the superficial layers of the skin.

The subcutaneous layer has varying levels of thickness depending on its location. It is typically thinner over bony prominences and thicker in areas that cushion internal organs. When the skin is broken—especially over a bony prominence—pathogens can enter the underlying subcutaneous tissue. Macrophages and other immune cells present in this layer become activated to fight the infection. In this way, the subcutaneous layer contributes to the skin's immunologic function.

Skin Appendages

Skin appendages are a variety of other structures associated with the skin and include sweat glands, sebaceous glands, hair, and nails. The distribution and functions of the appendages vary.

Sweat Glands

The two types of sweat glands are eccrine and apocrine. **Eccrine glands** are simple tubular structures that originate in the dermis, open directly to the skin surface, and transport sweat to the outer skin surface to regulate body temperature. The skin has many eccrine glands (several million) which vary in density and are located over the entire body surface except the lips and part of the external genitalia. **Apocrine glands** are less numerous, larger, and located deep in the dermal layer. Apocrine glands open through a hair follicle (even though a hair may not be present) and are found primarily in the axillae and groin. Apocrine glands secrete an oily substance, which are sterile until mixed with bacteria on the skin surface, when they cause what is commonly known as "body odor."

Sebaceous Glands

The **sebaceous glands** are part of the **pilosebaceous unit** and are located over the entire skin surface except for the palms, soles, and sides of the feet. The **sebum** secreted by these glands is a mixture of lipids (including triglycerides, cholesterol, and wax) that lubricates the hair and skin. Sebum also prevents evaporation of moisture from the stratum corneum during cold weather, helping to conserve body heat. Sebum production is under the control of genetic and hormonal influences (Zouboulis et al., 2022). Sebaceous glands are relatively small and inactive until adolescence, when the rise in sex hormones causes them to enlarge and produce more sebum. The sebaceous glands are the structures that become inflamed in acne.

Hair

Hair originates from hair follicles in the dermis. Most hair follicles are associated with sebaceous glands, combining to form the pilosebaceous unit. The entire hair structure consists of the hair follicle, sebaceous gland, hair muscle (arrector pili), and, in some instances, an apocrine gland (Fig. 11-6). The hair is a keratinized structure that grows outward from the hair follicle. Growth of the hair is centered in the bulb (i.e., base) of the hair follicle, and the hair undergoes changes as it moves outward. These three cyclic phases are **anagen** (the growth phase), **catagen** (the atrophy phase), and **telogen** (the resting phase, or no growth). Humans naturally lose and regrow hair in cycles, and each hair follicle operates on its own schedule, not in sync with others. As a result, hair falls out at different times, rather than all at once. Hair is straight or curly based on the shape of the hair follicle—round follicles produce straight hair, while oval or flat follicles create curls. The distribution of keratin and disulfide bonds in the hair shaft also affects its shape, with uneven bonds causing the hair to bend and curl (Hoover et al., 2023).

A vascular network at the site of the follicular bulb nourishes and maintains the hair follicle. Melanocytes in the bulb transfer melanosomes to the cells of the bulb matrix in much the same way as in the skin and are therefore responsible for the color of the hair. Similar to the skin, large melanosomes are found in the hair of dark-skinned people. Aggregated and encapsulated melanosomes are found in light-skinned people. Red hair has spherical melanosomes, whereas gray hair is the result of a decreased number of melanosome-producing melanocytes. The arrector pili muscle, located deep to the sebaceous gland, provides a thermoregulatory function by contracting the skin to cause goose bumps, thereby reducing the skin surface area available for the dissipation of body heat (Hoover et al., 2023).

Nails

The **nails** (fingernails and toenails) are hardened keratinized plates that protect the ends of the fingers and toes and enhance dexterity. The nails grow out from a curved transverse groove called the **nail groove**. The floor of this groove, called the **nail matrix**, is the germinal region of the nail plate (Fig. 11-7). The underlying epidermis, attached to the nail plate, is called the **nail bed**. Like hair, nails are the end product of dead matrix cells that are pushed outward from the nail matrix. Unlike hair, nails grow continuously rather than cyclically, unless permanently damaged or diseased. The epithelium of the fold of the skin that surrounds the nail consists of the usual layers of the skin. The stratum corneum forms the **eponychium** or cuticle. The nearly transparent nail plate

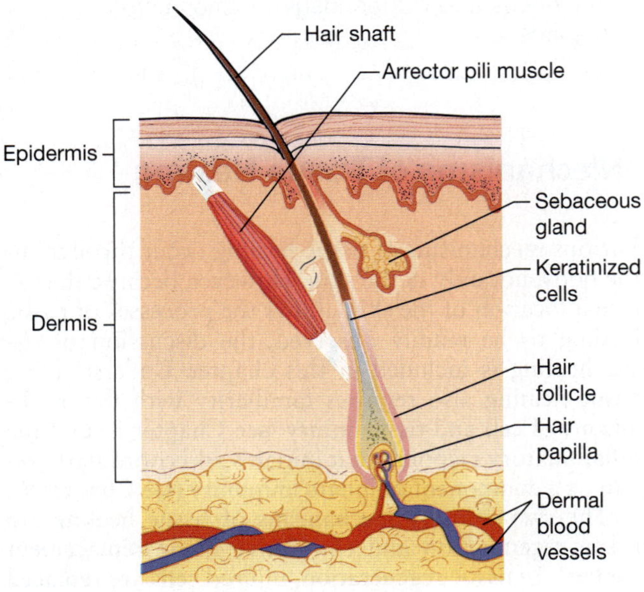

FIGURE 11-6. Parts of a hair follicle.

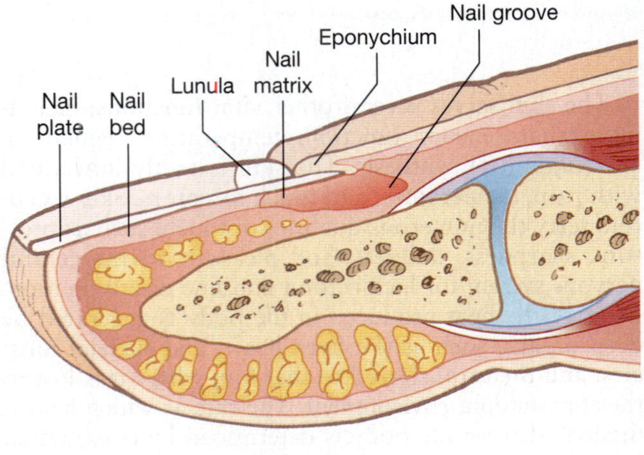

FIGURE 11-7. Parts of a fingernail.

provides a useful window for viewing the amount of oxygen in the blood, providing a view of the color of the blood in the dermal vessels. Changes or abnormalities of the nail can also serve to help diagnose skin or systemic diseases.

Functions of the Skin

The diversity of skin cells and their ability to work together provide many types of protection from the elements in the external environment. Microorganisms cannot easily penetrate the skin from the outside, and water loss is limited from the inside. The skin surface is covered with a thin lipid film containing bactericidal fatty acids that protect against the entry of harmful microorganisms, and the skin surface also harbors a constant flora of relatively harmless strains of microorganisms that protect against other, more virulent strains. The skin also plays an important role in immune regulation through skin-associated lymphoid tissues, including Langerhans cells, mast cells, and lymphocytes. Langerhans cells, the antigen-presenting cells of the epidermal skin, not only protect against harmful pathogens but also play an important role in the development of allergic skin conditions. As the antigen is phagocytized, it is evident on the Langerhans cell surface, and the cell moves to a regional lymph node where it interacts with T lymphocytes (Brown & Krishnamurthy, 2022).

KEY POINTS

Functions of the Skin

- The skin serves as a protective barrier against physical injury, pathogens, and fluid loss.
- The integumentary system plays a critical role in thermoregulation, sensation, immune defense, and vitamin D synthesis.
- Skin integrity is essential for maintaining homeostasis and preventing infection.

The skin serves several other vital functions, including somatosensory function, temperature regulation, and vitamin D synthesis. The skin is richly innervated with pain, temperature, and touch receptors. Skin receptors relay the numerous qualities of touch, such as pressure, sharpness, dullness, and pleasure, to the central nervous system for localization and fine discrimination. Most of the heat produced in the body is generated by deep organs, such as the liver, heart, and skeletal muscles, and then transferred to the skin, where it is lost to the surrounding environment. The rate at which heat is dissipated from the body is determined by constriction or dilation of the arterioles that supply blood to the skin and through evaporation of moisture and sweat from the skin surface. The skin also functions as an endocrine organ, in which 7-dehydrocholesterol, a substance normally found in epidermal cells, is converted to cholecalciferol (an inactive form of vitamin D) by UV rays from the sun. The skin is increasingly being understood as a complex and dynamic system involving neuroendocrine, immunologic, and cutaneous interactions.

SUMMARY CONCEPTS

The skin functions as a dynamic, multifunctional organ that protects the body from environmental injury, regulates temperature, provides sensory input, supports immune defense, and contributes to metabolic processes such as vitamin D synthesis. These functions are supported by the structural organization of the skin, including the epidermis, basement membrane, dermis, and associated appendages.

The epidermis is composed of specialized cell types, including keratinocytes, melanocytes, and immune cells, which contribute to barrier protection, pigmentation, and immune surveillance. The basement membrane anchors the epidermis to the dermis and plays a critical role in tissue integrity and selective molecular exchange. The dermis provides vascular, neural, and connective tissue support necessary for epidermal function.

Skin appendages include sweat glands, sebaceous glands, hair, and nails, each contributing to thermoregulation, lubrication, protection, and sensation. The pilosebaceous unit plays a key role in normal skin physiology and is central to disorders such as acne. Hormonal, genetic, and environmental influences affect appendage function across the lifespan.

Mechanisms of Tissue Healing

Various mechanisms of tissue healing occur throughout the body, not only in the skin. However, because the external location of the skin allows the processes of tissue healing to be readily observed, the discussion of tissue healing is included in this chapter. Understanding tissue healing also requires familiarity with the mechanisms of cell and tissue injury (see Chapter 3) and the inflammatory response that initiates and coordinates repair as a component of innate immunity (see Chapter 9).

The two primary mechanisms of tissue healing are tissue regeneration and connective tissue replacement (repair). In **tissue regeneration**, injured cells are replaced with newly formed cells of the same type, leaving minimal residual evidence of previous injury. The regenerated cells have the same structure and function of the original cells, allowing both structural integrity and functional integrity to be restored. In contrast, **connective tissue replacement** occurs when tissue injury is severe or persistent, or when the extracellular matrix (ECM) scaffold is damaged and regeneration alone cannot fully restore the tissue. Inflammatory processes clear necrotic tissue and cellular debris and release mediators that stimulate angiogenesis, fibroblast activation, and ECM deposition. Lost tissue is replaced with fibrous connective tissue, commonly referred to as **scar tissue**. Although scar tissue helps restore structural integrity, it generally cannot fully restore the specialized function of the tissue that was destroyed. As a result, connective tissue replacement represents a long-lasting structural change, even as scar remodeling continues over time. Both **tissue** regeneration and connective tissue replacement involve similar mechanisms of cell migration, proliferation, and differentiation, as well as interactions with the ECM (Ozgok Kangal & Regan, 2023).

Tissue Regeneration

Body organs are composed of two types of tissue: parenchymal and stromal. **Parenchymal** tissues contain the functioning cells of an organ or body part (e.g., hepatocytes, renal tubular cells). **Stromal** tissues consist of supporting connective tissues, blood vessels, ECM, and nerve fibers.

The capacity for tissue regeneration varies with tissue and cell type. Based on regenerative potential, body cells are classified as labile, stable, or permanent. **Labile cells** continue to divide and replicate throughout life, replacing cells that are continually lost. These include surface epithelial cells of the skin, oral cavity, vagina, and cervix; columnar epithelium of the gastrointestinal tract, uterus, and fallopian tubes; transitional epithelium of the urinary tract; and bone marrow cells. **Stable cells** normally stop dividing when growth is complete but retain the capacity to proliferate in response to injury (Ozgok Kangal & Regan, 2023). This group includes parenchymal cells of the liver and kidney, smooth muscle cells, and vascular endothelial cells. **Permanent** or **fixed cells**, such as neurons, skeletal muscle cells, and cardiac muscle cells, cannot undergo mitotic division. Once destroyed, these cells are replaced with fibrous scar tissue that lacks the functional characteristics of the original tissue (Ozgok Kangal & Regan, 2023).

Connective Tissue Replacement

Severe or persistent injury with damage to both parenchymal cells and the ECM results in tissue healing by connective tissue replacement rather than regeneration alone. This process involves the formation of granulation tissue followed by scar formation.

Granulation tissue is a glistening red, moist connective tissue composed of newly formed capillaries, proliferating fibroblasts, and residual inflammatory cells. Its development involves angiogenesis, fibrogenesis, and eventual maturation into scar tissue. **Angiogenesis** refers to the formation of new blood vessels from preexisting vessels. The newly formed capillaries often protrude from the wound surface as small red granules, giving granulation tissue its characteristic appearance. Over time, portions of the new capillary network differentiate into arterioles and venules (Alhajj & Goyal, 2022).

Fibrogenesis involves the influx of activated fibroblasts, which secrete ECM components including fibronectin, hyaluronic acid, proteoglycans, and collagen. Fibronectin and hyaluronic acid are deposited early in the healing process, while proteoglycans appear later. Because proteoglycans are hydrophilic, their accumulation contributes to wound edema. Initiation of collagen synthesis is a critical step in scar formation (Alhajj & Goyal, 2022).

Fibrous scar tissue develops on the granulation tissue framework of new vessels and loose ECM. This process occurs in two phases: (1) migration and proliferation of fibroblasts into the site of injury and (2) deposition of ECM by these cells. As healing progresses, fibroblast proliferation and neovascularization decline while collagen synthesis and deposition increase. Collagen accumulation is essential for the development of tensile strength at the healing site. Ultimately, granulation tissue evolves into a scar composed of largely inactive spindle-shaped fibroblasts, dense collagen fibers, fragments of elastic tissue, and other ECM components. Progressive vascular regression transforms the initially vascular granulation tissue into a pale, relatively avascular scar (Alhajj & Goyal, 2022).

Regulation of the Healing Process

Tissue healing is regulated by chemical mediators and growth factors that coordinate cellular activities and interactions with the extracellular matrix (Ozgok Kangal & Regan, 2023).

Chemical Mediators and Growth Factors

Chemical mediators and growth factors are released in a regulated sequence by cells involved in tissue regeneration and repair. Chemical mediators include interleukins (ILs), interferons, TNF-α, and arachidonic acid derivatives such as prostaglandins and leukotrienes, which participate in the inflammatory response (Choi et al., 2023). Growth factors are hormone-like molecules that bind to specific cell surface receptors and regulate processes involved in tissue healing. They control cell proliferation, differentiation, migration, and metabolism and also modulate the inflammatory response (dos Santos Leite et al., 2022).

Extracellular Matrix

The ECM is secreted locally and assembles into a network surrounding tissue cells. It consists of three major components: fibrous structural proteins (e.g., collagen and elastin), water-hydrated gels (e.g., proteoglycans and hyaluronic acid), and adhesive glycoproteins (e.g., fibronectin and laminin). The ECM provides mechanical support, facilitates cell adhesion, regulates cell growth and differentiation, and serves as a reservoir for regulatory molecules that control the healing process.

The ECM also provides the structural scaffold for tissue renewal. Even when cells retain regenerative capacity, restoration of normal tissue architecture depends on the integrity of the ECM. The basement membrane is particularly critical for regeneration. When the basement membrane is disrupted, cell proliferation may occur in a disorganized manner, resulting in structurally abnormal and functionally impaired tissue (Diller & Tabor, 2022).

A critical aspect of wound healing is the transition from granulation tissue to scar tissue, which involves changes in the ECM composition. During this transition, ECM components are degraded by proteases (enzymes) secreted locally by a variety of cells (fibroblasts, macrophages, neutrophils, synovial cells, and epithelial cells). Because unregulated protease activity can cause tissue damage, these enzymes are tightly controlled. Dysregulation of protease activity has been implicated in conditions such as cartilage degradation in arthritis, neuroinflammation in multiple sclerosis, and arterial stiffness leading to increased peripheral resistance (Diller & Tabor, 2022).

Healing by Primary and Secondary Intention

Depending on the extent of tissue loss, connective tissue healing occurs by **primary** or **secondary intention** (Fig. 11-8). Healing by primary intention occurs in small wounds with closely approximated edges, such as sutured surgical incisions. Healing by secondary intention occurs in wounds with extensive tissue loss, such as burns or large traumatic injuries, and is characterized by greater granulation tissue formation and scar deposition. Healing by secondary intention is slower and results in more prominent scarring. Wounds that become infected or experience wound edge separation may shift from primary to secondary intention healing.

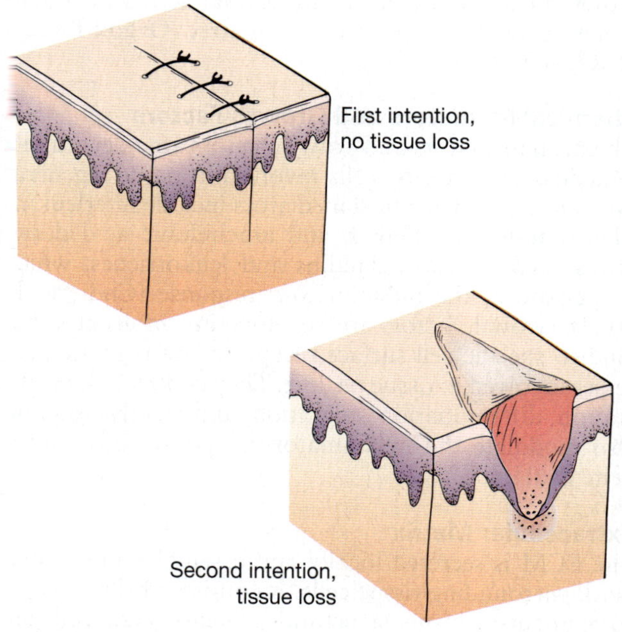

FIGURE 11-8. Healing of a skin wound by primary and secondary intention.

Phases of Connective Tissue Healing

Connective tissue healing is commonly divided into three phases: (1) the inflammatory phase, (2) the proliferative phase, and (3) the maturational or remodeling phase. The duration of these phases is relatively predictable in healing by primary intention but varies with the extent of injury and wound environment in healing by secondary intention.

Inflammatory Phase

The inflammatory phase of wound healing begins at the time of injury and prepares the wound environment for healing. It includes hemostasis and the vascular and cellular phases of inflammation (Wang et al., 2022). Hemostasis occurs immediately, with vasoconstriction and platelet aggregation leading to clot formation. This is followed by vasodilation and increased capillary permeability, allowing plasma proteins and blood cells to enter the injured area. In surface wounds, dehydration of the clot forms a protective scab.

The cellular phase involves migration of phagocytic white blood cells that digest and remove microorganisms, **fibrin**, necrotic tissue, and debris. Neutrophils are the first cells to arrive and typically disappear within several days. Macrophages appear within 24 hours and persist longer, performing phagocytosis and releasing growth factors that stimulate angiogenesis, fibroblast recruitment, and epithelial cell proliferation. Although wounds may heal in the absence of neutrophils, macrophages are essential for effective healing (Wang et al., 2022).

Proliferative Phase

The proliferative phase begins within 2 to 3 days of injury and may last several weeks. This phase focuses on the formation of granulation tissue and deposition of connective tissue to fill the wound space. Fibroblasts are the predominant cell type and are responsible for synthesizing collagen and other ECM components. Fibroblasts also produce growth factors that promote angiogenesis and endothelial cell proliferation and migration (Fernández-Guarino et al., 2023).

Fibroblasts and endothelial cells proliferate within 24 to 48 hours after injury, forming fragile granulation tissue that bleeds easily because of its dense capillary network. Wounds healing by secondary intention contain larger amounts of granulation tissue and necrotic debris. Newly formed blood vessels are highly permeable, allowing plasma proteins and white blood cells to leak into the wound site (Zanca et al., 2022).

The final component of the proliferative phase is **epithelialization**, in which epithelial cells migrate, proliferate, and differentiate to restore the surface layer. In primary intention healing, epithelialization may be complete within 24 to 48 hours (Zanca et al., 2022). In open wounds, epithelialization is delayed until a moist, vascular granulation tissue bed forms. Excessive granulation tissue, sometimes referred to as proud flesh, may impede epithelial migration and require surgical or chemical intervention (Zanca et al., 2022).

Remodeling Phase

The remodeling phase begins approximately 3 weeks after injury and may continue for 6 months or longer, depending on the extent of the wound. During this phase, collagen synthesis by fibroblasts occurs simultaneously with collagen degradation by collagenase enzymes, resulting in reorganization of scar tissue to improve tensile strength (Spielman et al., 2023). Despite remodeling, scar tissue rarely regains the full tensile strength of uninjured tissue.

Wounds healing by secondary intention also undergo contraction during the proliferative and remodeling phases, reducing wound size. While contraction may improve cosmetic outcomes, excessive contraction near joints or body openings can restrict movement and cause deformity. Scar tissue lacks normal elasticity and does not return to its original length when stretched (Spielman et al., 2023).

An abnormal form of connective tissue replacement is **keloid** formation, a fibroproliferative disorder characterized by excessive scar tissue that extends beyond the original wound boundaries (Fig. 11-9). Keloid formation has a genetic component and occurs more frequently in individuals with darker skin pigmentation.

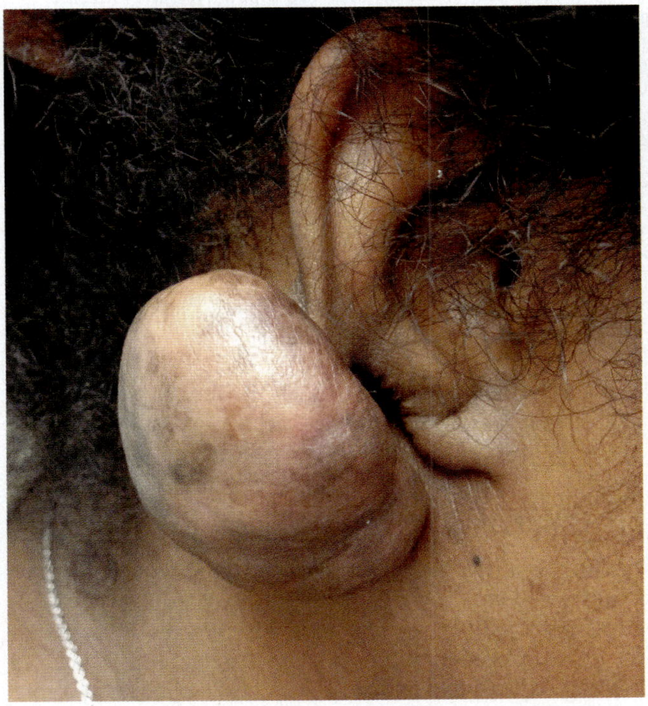

FIGURE 11-9. Clinical picture of a keloid on the right earlobe. The earlobe is a common site for keloid formation after ear piercing. (From Krakowski, A. C., & Shumaker, P. R. [2017]. *The scar book*. Wolters Kluwer: Fig. 5-3C.)

KEY POINTS

Healing by Tissue Regeneration and Connective Tissue Repair

- Tissue healing occurs through regeneration or connective tissue replacement, depending on the extent of injury and extracellular matrix integrity.
- Inflammation initiates and coordinates tissue repair but does not fully restore normal tissue structure.
- Effective wound healing requires coordinated cell migration, proliferation, angiogenesis, and extracellular matrix remodeling.

Factors That Influence Tissue Healing

Many local and systemic factors influence tissue healing. Among the causes of impaired tissue healing are malnutrition; impaired blood flow and oxygen delivery; impaired inflammatory and immune responses; infection, wound separation, and foreign bodies; and age effects. Specific disorders that slow tissue healing include diabetes, peripheral artery disease, venous insufficiency, and nutritional disorders.

Tissue healing requires adequate intake of protein, carbohydrates, fats, vitamins, and minerals. Protein is vital for collagen formation, fibroblast growth, angiogenesis, and tissue remodeling. Carbohydrates provide energy for white blood cells and spare protein for healing. Fats support cell membrane integrity and new cell growth. Vitamins A and C are especially important: vitamin C supports collagen synthesis, while vitamin A promotes epithelialization, capillary growth, and collagen production. B vitamins aid enzymatic functions in healing, and vitamin K helps prevent bleeding complications. Minerals like sodium, potassium, calcium, phosphorus, zinc, and copper support cell function; zinc specifically promotes cell proliferation and reepithelialization (Seth et al., 2024). Table 11-1 summarizes key nutrients along with their actions and major dietary sources.

Adequate blood flow delivers nutrients and removes waste, toxins, and debris. Conditions like arterial or venous disease, swelling, or trauma-related blood loss can impair circulation. Oxygen is essential for collagen synthesis, fibroblast activity, angiogenesis, and immune cell function. Hypoxia delays healing and increases infection risk (Wang et al., 2024).

Hyperbaric oxygen is a treatment that has demonstrated improved wound healing in multiple types of injuries. This therapy delivers 96% to 100% oxygen at greater than twice the normal atmospheric pressure at sea level. An increase in tissue oxygen tension by hyperbaric oxygen enhances wound healing by a number of mechanisms, including the increased killing of bacteria by neutrophils, impaired growth of anaerobic bacteria,

TABLE 11-1 Nutrients and Their Therapeutic Properties

Nutrient	Function	Sources
Calories	Supply energy, prevent weight loss, preserve lean body mass.	Carbohydrate, protein, and fat
Carbohydrates	Deliver energy to help spare protein from being used for energy; glucose supports cell growth, fibroblasts, and leukocytes.	Grains, fruits, legumes, vegetables, with complex carbohydrate the preferred source
Protein	Contains nitrogen, which is essential for wound healing; is a component of the immune system; supplies the binding material of skin, cartilage, and muscle.	Meats, fish, poultry, eggs, legumes, dairy
Fat	Most concentrated energy source, carries fat-soluble vitamins, provides insulation under the skin and padding of bony prominences, helps modulate inflammation and the immune response.	Meats, eggs, dairy, nuts, seeds, vegetable oils
Fluids	Solvent for minerals and vitamins, amino acids and glucose; help maintain body temperature; transport materials to cells and waste products from cells; maintain skin integrity.	Water, juices, beverages; fruits and vegetables contain ~95% water
Vitamin A	Protein synthesis, collagen formation, maintenance of epithelium, immune function. May delay healing in older adults on corticosteroids. UL 3,000 mcg; DRI age >70 years 700 mcg (females[a]), 900 mcg (males[a]).	Beef liver, dairy, dark green and yellow vegetables and fruits, especially carrots, sweet potatoes, broccoli, spinach, apricots
Vitamin C	Water-soluble vitamin essential for collagen formation; enhances activation of leukocytes and macrophages to the wound site; improves tensile strength; aids iron absorption.	Citrus fruits and juices, tomatoes, potatoes, broccoli
Vitamin E	Antioxidant important in fat metabolism, collagen synthesis, cell membrane stabilization.	Nuts, seeds, vegetable oils, sweet potatoes
Copper	Inorganic mineral; assists in the formation of red blood cells; responsible for collagen cross-linking and erythropoiesis. UL 10,000 mcg; DRI age >70 years 900 mcg.	Nuts, dried fruit, organ meats, beans, whole-grain cereal
Iron	Transports oxygen to living cells as a component of hemoglobin, important in collagen formation, creates energy in cells.	Heme iron: meats, poultry, fish. Nonheme iron: vegetables, grains, eggs, meat, fish
Zinc	Inorganic mineral; cofactor for collagen formation; metabolizes protein; assists in immune function; liberates vitamin A from the liver; interacts with platelets in blood clotting. Megadoses of zinc may inhibit healing and cause copper deficiency. UL 40 mg; DRI >70 years 8 mg (females[a]), 11 mg (males[a]).	Meats, liver, eggs, and seafood

DRI, dietary reference intake; UL, tolerable upper intake level.
[a]In this table, "males" refers to people assigned male at birth, and "females" refers to people assigned female at birth.
(Bernstein, M., & Munoz, N., 2020; National Kidney Foundation. 2000; National Kidney Foundation., 2003)

and the promotion of angiogenesis and fibroblast activity (Braswell, 2024).

The immune response (including inflammation) initiates healing of injured tissue and helps prevent infection. Impaired immune responses—which can be due to diabetes, corticosteroids, or disorders of phagocytosis—can delay healing. In diabetes, high glucose levels impair chemotaxis, phagocytosis, and small vessel function, leading to delayed healing and higher infection risk (Monika et al., 2022).

Infection disrupts healing by prolonging inflammation and reducing collagen and granulation tissue formation. Severe contamination of external wounds or compromised immunity can lead to infection. Wound edge separation (dehiscence), foreign bodies (including sutures), and mechanical stress also delay healing by promoting bacterial invasion and inflammation. Prompt suture removal helps minimize this risk (Marques et al., 2023).

Effects of Age on Tissue Healing

Tissue Healing in Neonates and Children

Children have a greater capacity for tissue repair than adults, but children may have deficiencies in some of the factors needed to ensure proper healing. A lack of healing capacity in children may be evidenced by more fragile electrolyte balance, sudden changes in temperature, and rapid spread of infection. The neonate and infant may have an immature immune system with no antigenic experience with organisms that contaminate wounds. The younger the child, the less developed the immune system (Gao et al., 2024).

Successful tissue healing also depends on adequate nutrition. Children need sufficient calories to maintain growth and wound healing. Premature infants are born with immature organ systems and minimal energy stores but high metabolic requirements, creating challenges for effective tissue healing.

Children with certain comorbidities such as diabetes and malabsorption problems will be at higher risk for complication with tissue healing. Likewise, these children will be more apt to develop a skin breakdown or pressure sore. The Braden Q Scale is used to assess children's skin breakdown and is designed specifically for use with children (Dufficy et al., 2022).

Tissue Healing in Older Adults

A number of structural and functional changes occur in aging skin, including a decrease in dermal thickness, a decline in collagen content, and a loss of elasticity. The observed changes in skin that occur with aging are complicated by the effects of sun exposure. Because the effects of sun exposure are cumulative, older adults show more changes in skin structure (Vu et al., 2022).

Tissue healing may be progressively impaired with aging. Older adults may have reduced collagen and fibroblast synthesis, impairment of the contraction and remodeling phase, and slower reepithelialization of open wounds. Although tissue healing may be delayed, most wounds heal, even in the debilitated older adult undergoing major surgical procedures.

Older adults may also be more vulnerable to chronic wounds (such as pressure, diabetic, and ischemic ulcers) compared to younger people, and these wounds heal more slowly. However, these wounds are more likely because of other disorders such as immobility, diabetes, or vascular disease, rather than aging (Vu et al., 2022).

SUMMARY CONCEPTS

Tissue healing occurs through two primary mechanisms: regeneration and connective tissue replacement. Regeneration restores injured tissue with cells of the same type, preserving normal structure and function, whereas connective tissue replacement restores structural integrity through scar formation when regeneration is not possible. The extent of injury and the integrity of the extracellular matrix determine which mechanism predominates.

Connective tissue healing progresses through coordinated inflammatory, proliferative, and remodeling phases. Inflammation initiates repair by removing necrotic tissue and activating key cellular responses. The proliferative phase involves angiogenesis, fibroblast proliferation, granulation tissue formation, and epithelialization. During the remodeling phase, collagen is reorganized to increase tensile strength, although repaired tissue rarely regains the full strength or function of uninjured tissue. Healing may occur by primary or secondary intention depending on the extent of tissue loss.

Tissue healing is tightly regulated by chemical mediators, growth factors, and interactions between cells and the extracellular matrix. Growth factors control cell migration, proliferation, differentiation, and matrix synthesis, while the extracellular matrix provides structural support, regulates cellular behavior, and serves as a scaffold for repair. Disruption of the extracellular matrix or basement membrane impairs organized healing.

Local and systemic factors—including nutrition, oxygenation, blood flow, immune function, infection, and mechanical stress—significantly influence healing outcomes. Age-related changes also affect tissue repair. Neonates and children generally have greater regenerative capacity but may be vulnerable due to immature immune and metabolic systems. Older adults experience delayed healing related to reduced collagen synthesis, impaired remodeling, and comorbid conditions, although most wounds ultimately heal with appropriate support.

Manifestations of Skin Disorders

No two skin disorders look exactly alike, nor do the same agents necessarily cause them. Excessive itching, infection, skin color, or the effects of self-treatment may further influence the appearance of many skin disorders. Nevertheless, most skin disorders have some common characteristics that can be used to describe them.

Superficial fungal infections involve keratinized tissues of the skin, hair, and nails and are most commonly caused by dermatophytes or yeasts. Dermatophyte infections (tinea) are classified by anatomic location and share common pathogenic mechanisms, while candidal infections result from overgrowth of normal flora. Host factors and immune responses influence disease severity and recurrence.

Lesions and Rashes

Rashes are temporary eruptions of the skin, such as those associated with childhood diseases, heat, diaper irritation, or allergy-induced reactions. The term **lesion** refers to a traumatic or pathologic loss of normal tissue continuity, structure, or function. Rashes and lesions may range in size from a fraction of a millimeter (e.g., the pinpoint spots of petechiae) to many centimeters (e.g., pressure ulcer). They may be **blanched** (white), **erythematous** (reddened), **hemorrhagic** or **purpuric** (containing blood), or **pigmented** (colored). Repeated rubbing and scratching can lead to **lichenification** (thickened, leathery, and roughened skin characterized by prominent markings) or **excoriation** (a raw, denuded area caused by breakage of the epidermis). Skin lesions may occur as primary lesions arising in previously normal skin, or they may develop as secondary lesions resulting from other disease conditions. Table 11-2 illustrates various types of skin lesions.

A **blister** is a vesicle or fluid-filled papule. Blisters of mechanical origin are caused by friction from repeated rubbing on a single area of the skin. Friction blisters most commonly occur on the palmar and plantar surfaces of the hands and feet where the skin is constantly exposed to mechanical trauma, such as from shoes and household tools and appliances. Blisters also develop in bullous skin disorders and from burns. Histologically, there is degeneration of the epidermal cells and a disruption of the intercellular junctions, causing the layers of the skin to separate. As a result, fluid accumulates and a visible "bleb" forms on the skin surface. Adhesive bandages and gauze can be used to protect friction

TABLE 11-2 Primary and Secondary Skin Lesions

Lesion	Description	Examples
Primary Lesions		
Macule, patch	Flat, nonpalpable skin color change (color may be brown, white, tan, purple, red) *Macule:* <1 cm; circumscribed border *Patch:* >1 cm; may have an irregular border	Freckles, flat moles, petechiae, rubella, vitiligo, port-wine stains, ecchymosis
Papule, plaque	Elevated, palpable, solid mass with a circumscribed border Plaque may be coalesced papules with flat top. *Papule:* <0.5 cm *Plaque:* >0.5 cm	*Papules:* Elevated nevi, warts, lichen planus *Plaques:* Psoriasis, actinic keratosis
Nodule, tumor	Elevated, palpable, solid mass that extends deeper into the dermis than does a papule *Nodule:* 0.5–2 cm; circumscribed *Tumor:* >1–2 cm; tumors do not always have sharp borders	*Nodules:* Lipoma, squamous cell carcinoma, poorly absorbed injection, dermatofibroma *Tumors:* Larger lipoma, carcinoma
Vesicle, bulla	Circumscribed, elevated, palpable mass containing serous fluid *Vesicle:* <0.5 cm *Bulla:* >0.5 cm	*Vesicles:* Herpes simplex/zoster, varicella, poison ivy, second-degree burn (blister) *Bulla:* Pemphigus, contact dermatitis, large burn blisters, poison ivy, bullous impetigo
Wheal	Elevated mass with transient borders; often irregular; size and color vary Caused by movement of serous fluid into the dermis; does not contain free fluid in a cavity (e.g., as a vesicle does)	Urticaria (hives), insect bites
Pustule	Pus-filled vesicle or bulla	Acne, impetigo, furuncles, carbuncles
Cyst	Encapsulated fluid-filled or semisolid mass in the subcutaneous tissue or dermis	Sebaceous cyst, epidermoid cysts
Secondary Lesions		
Erosion	Loss of superficial epidermis that does not extend to dermis; depressed, moist area	Ruptured vesicles, scratch marks
Ulcer	Skin loss extending past epidermis; necrotic tissue loss; bleeding and scarring possible	Stasis ulcer of venous insufficiency, pressure ulcer
Fissure	Linear crack in the skin that may extend to dermis	Chapped lips or hands, tinea pedis
Scales	Flakes secondary to desquamated, dead epithelium that may adhere to skin surface; color varies (silvery, white); texture varies (thick, fine)	Dandruff, psoriasis, dry skin, pityriasis rosea
Crust	Dried residue of serum, blood, or pus on skin surface Large, adherent crust is a scab	Residue left after vesicle rupture: impetigo, herpes, eczema

TABLE 11-2 Primary and Secondary Skin Lesions (*continued*)

Lesion	Description	Examples
Scar (cicatrix)	Skin mark left after healing of a wound or lesion; represents replacement by connective tissue of the injured tissue *Young scars:* Red or purple *Mature scars:* White or glistening	Healed wound or surgical incision
Keloid	Hypertrophied scar tissue secondary to excessive collagen formation during healing; elevated, irregular, red Greater incidence among African Americans	Keloid of ear piercing or surgical incision
Atrophy	Thin, dry, transparent appearance of the epidermis; loss of surface markings; secondary to loss of collagen and elastin; underlying vessels may be visible	Aged skin, arterial insufficiency
Lichenification	Thickening and roughening of the skin or accentuated skin markings that may be secondary to repeated rubbing, irritation, scratching	Contact dermatitis

(Hinkle & Cheever, 2018; Bickley, 2013; Weber & Kelley, 2014).

blisters and prevent further irritation and rubbing. A **callus** is a hyperkeratotic plaque of the skin caused by chronic pressure or friction. It represents hyperplasia of the dead, keratinized cells that make up the cornified or horny layer of the skin. Increased cohesion between cells results in hyperkeratosis and decreased skin shedding. **Corns** (helomas) are small, well-circumscribed, conical, keratinous thickenings of the skin. They usually appear on the toes from rubbing or ill-fitting shoes. The corn may be either hard (heloma durum) with a central hard, horny core or soft (heloma molle), as commonly seen between the toes. They may appear on the hands as an occupational hazard. The hard tissue at the center of the corn looks like a funnel with a broad top and a pointed bottom, hence the name "corn." Corns on the feet often are painful, whereas corns on the hands may be asymptomatic. Corns may be abraded or surgically removed, but will recur if the causative agent is not removed.

Pruritus

Pruritus, or the sensation of itch, is the most common symptom in dermatology and is considered an innate response capable of protecting the skin against irritants. In some people, the condition may be so severe that it interrupts sleep and the general quality of life. Chronic pruritic, lasting more than 6 weeks, can occur in common and rare skin diseases, having a high prevalence in global population. Although itching commonly occurs with skin disorders, it can also provide a valuable clue to internal disorders, such as chronic renal disease, diabetes, or biliary disease (Martins et al., 2023).

Pruritus is mediated by a complex interplay of inflammatory mediators, immune cells, skin cells, and neural networks. It involves both the peripheral and central nervous systems and begins in the upper skin layers when activated by pruritogens (itch-inducing substances). A pruritogen might come from immune cells (i.e., inflammation), external sources like allergens, or from the skin cells themselves. These pruritogens activate itch receptors on special nerve fibers called C-fibers, which are unmyelinated, meaning they transmit signals slowly. These fibers are distinct from those which elicit a pain response. There are two types of C-fiber itch pathways: histaminergic, which respond to histamine, as in an allergic reaction, and nonhistaminergic, which respond to other substances, like those present in chronic conditions. Once activated, the signal travels to the brain, where it is processed as itch, leading to the urge to scratch (Martins et al., 2023).

Advances have been made in understanding peripheral mediators (i.e., substances that cause itch) other than histamine. These include proteases, cytokines, and neuropeptides. Tryptase, an enzyme released by mast cells, may be an important itch mediator because it activates a specific receptor in the sensory nerves. Opioids operate centrally and peripherally in producing itch, whereas neuropeptides, such as substance P, induce itch by their effect on mast cells. Substances such as bradykinin and bile salts act locally to stimulate the itch sensation. Prostaglandins are modulators of the itch response, lowering the threshold for other mediators.

Scratching, the well-known response to itch, is a spinal reflex response that, to varying degrees, can be controlled by the person. Many types of itch are not easily localized or relieved by scratching. Excoriations and thickened papular areas develop at the site of repeated scratching or rubbing, and in some skin conditions, such as dry skin, scratching further activates itch sensations. Chronic forms of pruritus can severely affect the quality of a person's life.

Most treatment measures for pruritus are nonspecific. Measures such as using the entire hand to rub over large areas and keeping the fingernails trimmed often can relieve itch and prevent skin damage. Self-limited or seasonal cases of pruritus may respond to treatment measures such as moisturizing lotions, bath oils, and the use of humidifiers. Because vasodilation tends to increase itching, cold applications may provide relief. Topical corticosteroids may be helpful in some cases, such as itch related to allergy-mediated urticaria.

Given the recent advances in the science of pruritus, health care professionals have new, effective, and disease-specific antipruritic drugs available. The International Forum for the Study of Itch has developed a classification system dividing chronic pruritus into six major groups depending on its underlying cause: dermatologic, systemic, neurologic, psychiatric, multifactorial, or unknown origin (Müller et al., 2025).

Similar to pain scales, visual analog scales are being developed and used in the diagnosis and treatment of pruritus. These help assess intensity, duration, impact on sleep and daily function, and are useful for tracking response to treatment (Butler et al., 2024).

Dry Skin

Dry skin, also called **xerosis**, may be a natural occurrence, as in the drying of the skin associated with aging, or it may be symptomatic of an underlying systemic disease or skin disorder such as contact dermatitis or diabetes. People with diabetes often experience xerosis, especially on the extremities. Most cases of dry skin are caused by dehydration of the stratum corneum. The effects of aging on skin dryness include a change in the composition of sebaceous gland secretions and a decrease in the secretion of moisture from the sweat glands. Aging is also accompanied by a decrease in skin capillaries as well as a flattening of the dermal rete ridges, resulting in less surface area for exchange of fluids between the dermis, epidermis, and skin surface (Görög et al., 2022). Some medications, including antidepressants, antipsychotics, diuretics, antihypertensives, statins, hormonal therapies, chemotherapy, antirheumatic drugs, immunosuppressants, and retinoids, may lead to xerosis by reducing body water content, decreasing sweating and skin hydration, altering immune or hormonal balance, interfering with lipid synthesis necessary for the skin barrier, or accelerating cell turnover (Głuszak et al., 2023).

People with dry skin often experience severe pruritus and discomfort, most commonly of the extremities. Other commonly involved areas include the back, abdomen, and waist. Dry skin appears rough and scaly, and there may be increased wrinkles or lines. Skin drying also predisposes the skin to scratching, resulting in cracking, fissuring, and a number of other skin maladies.

Moisturizing agents are the cornerstone of treatment for dry skin. These agents exert their effects by repairing the skin barrier, increasing the water content of the skin, reducing transepidermal water loss, and restoring the lipid barrier's ability to attract, hold, and redistribute water.

Lotion or cream additives can include corticosteroids or mild anesthetics, such as camphor, menthol, lidocaine, or benzocaine. These agents work by suppressing itching while moisturizing the skin. Using room humidifiers and keeping room temperatures as low as possible to prevent water loss from the skin also may be helpful. Glycerine soaps, although popular and visually appealing, are drying and can exacerbate the symptoms.

Skin Variations

A condition common in people with dark skin is increased or reduced color. Areas of the skin may darken after injury, such as a cut or scrape, or after disease conditions such as acne. These darkened areas may take many months or years to fade. Areas of the skin may lighten because of decreased pigment or melanin, resulting in vitiligo.

Normal variations in skin structure and skin tones often make evaluation of dark skin difficult. The darker pigmentation can make skin pallor, cyanosis, and erythema more difficult to observe. Therefore, verbal histories must be relied on to assess skin changes. The verbal history should include the person's description of her or his normal skin tone. Changes in skin color, in particular hypopigmentation and hyperpigmentation, often accompany disorders of dark skin and are very important signs to observe when diagnosing skin conditions.

SUMMARY CONCEPTS

Skin lesions and rashes are the most common manifestations of skin disorders. Rashes are temporary skin eruptions. Lesions result from traumatic or pathologic loss of the normal continuity, structure, or function of the skin. Lesions may be vascular in origin. They may occur as primary lesions in previously normal skin or they may develop as secondary lesions resulting from primary lesions. Blisters, calluses, and corns result from rubbing, pressure, and frictional forces applied to the skin. Pruritus and dry skin are symptoms common to many skin disorders. Scratching because of pruritus can lead to excoriation, infection, and other complications. Normal variations in dark skin often make evaluation difficult and result in some disorders being overlooked. Changes in color, especially hypopigmentation or hyperpigmentation, often accompany the skin disorders of dark-skinned people.

Primary Disorders of the Skin

Primary skin disorders originate in the skin. They include pigmentary skin disorders, infectious processes, acne, rosacea, papulosquamous dermatoses, allergic disorders, and drug reactions, and arthropod infestations. Although most of these disorders are not life-threatening, they can affect the quality of life.

KEY POINTS

Primary Skin Disorders

- Skin disorders arise from a wide range of etiologies, including infectious, inflammatory, immune-mediated, traumatic, and neoplastic processes.
- Clinical manifestations of skin disease often reflect underlying disturbances in immune function, inflammation, or tissue repair.
- Accurate assessment of lesion type, distribution, and progression is essential for diagnosis and management.

Pigmentary Skin Disorders

Pigmentary skin disorders involve the melanocytes. In some cases, there is an absence of melanin production, as in vitiligo or albinism. In other cases, there is an increase in melanin or some other pigment, as in melasma. In either case, the emotional impact can cause much worry and anxiety.

Vitiligo

Vitiligo is a pigmentary problem of concern to darkly pigmented people of all races. It also affects white-skinned people, but not as often, and the effects usually are not as socially problematic. Vitiligo appears at any age. However, roughly half of the cases begin before the age of 20 years (Gandhi et al., 2022). Worldwide, it affects people of all races regardless of gender.

Pathophysiology

Vitiligo is a complex disease that results from the interaction of genetic components, metabolic factors linked to cellular oxidative stress, melanocyte adhesion to the epithelium, and both innate and adaptive immunity, all of which culminate in aggression against melanocytes. In vitiligo, melanocytes are more sensitive to oxidative damage, leading to increased pro-inflammatory protein expression and decreased expression of epithelial adhesion molecules. This sensitivity is believed to be primarily associated with genetic risk factors. As pro-inflammatory proteins signal the immune system, autoimmunity against melanocytes can occur. Additionally, as melanocytes lose their ability to adhere to surrounding cells, they can detach and become more susceptible to damage, sometimes exposing the autoantigens targeted by the immune system. Cytotoxic cells of the immune system can then locate and directly kill melanocytes. In some cases, vitiligo has reportedly been precipitated by emotional stress or physical trauma, such as sunburn (Marchioro et al., 2022). In addition, vitiligo is associated with several concurrent autoimmune, systemic, and dermatologic diseases such as thyroid disease, alopecia, diabetes, pernicious anemia, systemic lupus erythematosus, rheumatoid arthritis, Addison's disease, inflammatory bowel disease, psoriasis, and others (Rios-Duarte et al., 2023).

Clinical Manifestations

The classic manifestation of vitiligo is the sudden appearance of white patches on the skin. The lesion is a depigmented macule with definite smooth borders on the face, axillae, neck, or extremities. The patches vary in size from small macules to ones involving large skin surfaces. The large macular type is more common. Depigmented areas appear white, pale colored, or sometimes grayish-blue. The depigmented sites may have melanocytes that no longer produce melanin or may not have any functioning melanocytes or have very few. These areas sunburn easily, and they enlarge over time. Vitiligo often is asymptomatic, although pruritus may occur.

There are several types of vitiligo. Generalized vitiligo is characterized by white macules involving multiple parts of the body, most often in a symmetrical pattern with discrete borders (Fig. 11-10A). In acrofacial vitiligo, sites are usually limited to face, head, hands, and feet, with a distinctive depigmentation of the distal fingers and the borders of the mouth and eyes. In some cases, this progresses to generalized vitiligo. Vitiligo universalis is a rare presentation, and is the most extensive form of the disorder, generally occurring in adulthood. In these cases, depigmentation is almost universal, covering 80% to 90% of the body (Julien, 2023).

Treatment

Although there are many treatment regimens for vitiligo, none is curative. Self-tanning lotions, skin stains, and cosmetics are used for camouflage. Corticosteroids administered topically, intralesionally, and orally have

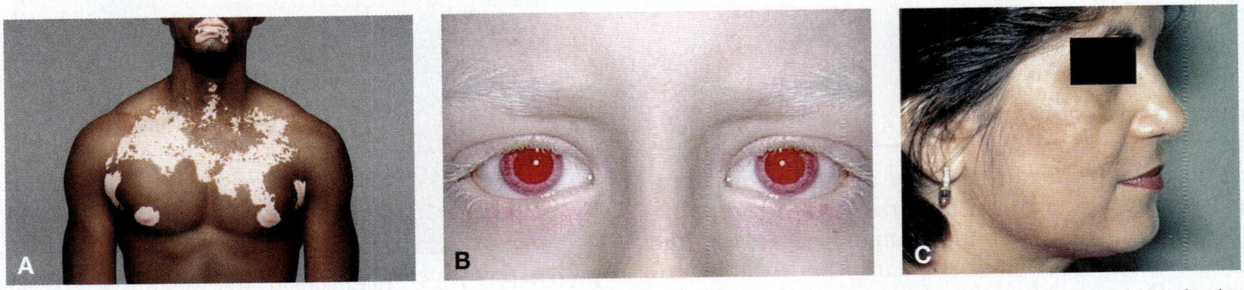

FIGURE 11-10. A. Vitiligo (LightField Studios/Shutterstock.com). B. Albinism (From Ferrier, D, R. (2013). *Biochemistry* (6th ed.). Wolters Kluwer Health/Lippincott Williams & Wilkins.). C. Melasma (From Goodheart, H., & Gonzalez, M. (2003.). *Goodheart's Photoguide of Common Skin Disorders*. (2nd ed.). (Fig. 14.10). Wolters Kluwer Health.)

been used successfully. Broadband (large area) and narrowband (focused) ultraviolet B (UVB) irradiation has also been used successfully in the treatment of vitiligo.

A variety of skin grafting techniques have been used in people unresponsive to other therapies. If extensive skin surfaces are involved, the treatment may be reversed, and the pigmented areas bleached to match the remainder of the skin color. A melanocytotoxic agent is used to remove the remaining melanocytes from skin areas. This process, which is called **depigmentation**, is permanent and irreversible.

Albinism

Albinism, a genetic disorder in which there is complete or partial congenital absence of pigment in the skin, hair, and eyes, is found in all races. Although there are over 10 different types of albinism, the most common type is recessively inherited oculocutaneous albinism, in which there is a normal number of melanocytes, but they have little to no tyrosinase, the enzyme needed for synthesis of melanin (Lasseaux et al., 2022). It affects the skin, hair, and eyes. People have pale or pink skin, white or yellow hair, and light-colored or sometimes pink eyes (Fig. 11-10B). People with albinism have ocular problems, such as extreme sensitivity to light, refractive errors, foveal hypoplasia, and nystagmus. There is no cure for albinism. Treatment efforts for people with albinism are aimed at reducing their risk of skin cancer through protection from solar radiation and screening for malignant skin changes (Lasseaux et al., 2022).

Melasma

Melasma (Fig. 11-10C) is a common disorder that affects sun-exposed areas, particularly the face, with bilateral distribution and irregular borders. It is characterized by darkened facial macules. It is common in all skin types but is most prominent in brown-skinned people from Asia, India, East and Southeast Asia, and South America. It occurs in men but is more common in women, particularly during pregnancy or while using oral contraceptives. It may or may not resolve after giving birth or discontinuing hormonal birth control. Melasma is exacerbated by sun exposure. Treatment measures are palliative, mostly consisting of limiting exposure to the sun and using sunscreen. Bleaching agents containing 2% to 4% hydroquinone are standard treatments. Tretinoin cream and azelaic acid have been useful in treating severe cases (Liu et al., 2023).

Infectious Processes

The skin is subject to invasion by a number of microorganisms, including fungi, bacteria, and viruses. Normally, the skin flora, sebum, immune responses, and other protective mechanisms guard the skin against infection. Depending on the virulence of the infecting agent and the competence of the host's resistance, infections may result.

Superficial Fungal Infections

Fungi are free-living, saprophytic, plant-like organisms, some of which are part of the normal skin flora. Fungal infections of the skin (mycoses) are traditionally classified as superficial or deep, based on the extent of tissue involvement (Chanyachailert et al., 2023). Superficial fungal infections are limited to keratinized tissues such as the epidermis, hair, and nails, whereas deep fungal infections extend into the dermis and subcutaneous tissue. Organisms that typically cause superficial infections may exhibit deeper tissue invasion in individuals who are immunocompromised.

The two major morphologic forms of fungi that cause human disease are yeasts and molds. Yeasts, such as *Candida albicans*, grow as single cells and reproduce asexually. Molds grow in long filaments called hyphae. Although thousands of fungal species exist, only a small proportion cause disease in humans (Chanyachailert et al., 2023).

Dermatophyte (Tinea) Infections

The most common superficial fungal infections are dermatophytoses, also referred to as tinea or ringworm infections (Fig. 11-11). Dermatophytes are a group of closely related molds capable of digesting keratin and therefore selectively infect keratinized tissues of the skin, hair, and nails. Dermatophytes are classified by their ecologic origin as anthropophilic (human), zoophilic (animal), or geophilic (soil) species (Chanyachailert et al., 2023). Common types of tinea infections are listed in Table 11-3.

Pathophysiology and Clinical Manifestations

Dermatophytes colonize the superficial layers of keratinized tissue and produce keratinolytic enzymes that enable invasion of dead keratin. This process results in superficial scaling of the skin, hair breakage, or nail disintegration, depending on the site of infection. Inflammatory responses to fungal antigens and exotoxins may cause erythema, vesicle formation, pruritus, and infiltration of inflammatory cells. In some individuals, dermatophyte infections also elicit allergic or immune-mediated responses (Chanyachailert et al., 2023).

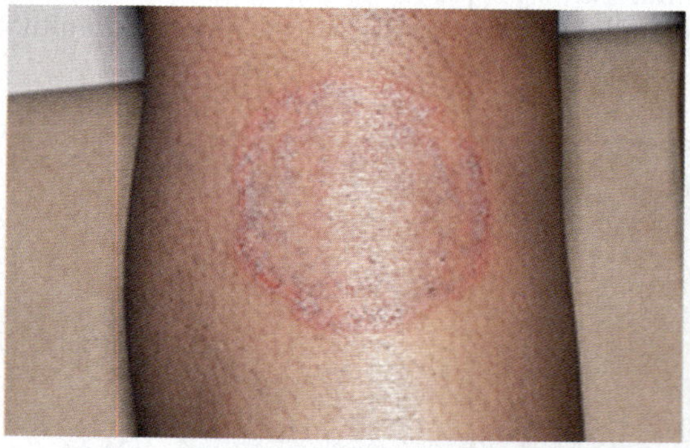

FIGURE 11-11. Tinea corporis (ringworm) is a dermatophyte skin infection that is depicted as an annular lesion with a raised border and a central clearing. (From Jensen S. [2015]. *Nursing health assessment: A best practice approach* [2nd ed., p. 276]. Wolters Kluwer.)

TABLE 11-3 Common Dermatophyte (Tinea) Infections

Clinical Name	Common Causative Organism	Body Areas Affected	Typical Appearance	Treatment
Tinea corporis	*Trichophyton rubrum, T. tonsurans, Microsporum canis*	Trunk, extremities, back, buttocks	Annular erythematous plaques with raised, scaly borders and central clearing	Topical antifungals; oral agents for extensive disease
Tinea faciale	*T. rubrum, T. mentagrophytes*	Face and neck	Annular or flat erythematous, scaling lesions	Topical antifungals; oral agents if refractory
Tinea capitis	*T. tonsurans, T. mentagrophytes, T. verrucosum, Microsporum spp.*	Scalp and hair shafts	Scaling patches with alopecia or broken hairs; inflammatory forms may cause kerion	Oral antifungals required
Tinea pedis	*T. rubrum, T. mentagrophytes*	Interdigital spaces, soles, sides of feet	Scaling, fissuring, maceration; pruritus, odor	Topical antifungals; oral agents for chronic or severe cases
Tinea manus	*T. rubrum, T. mentagrophytes*	Palms and fingers (usually unilateral)	Scaling, dryness, fissures; vesicles may occur	Topical antifungals; treat coexisting tinea pedis
Tinea cruris	*T. rubrum, Epidermophyton floccosum*	Groin and inner thighs	Well-demarcated erythematous plaques with scaling borders	Topical antifungals; oral agents if extensive
Tinea unguium	*T. rubrum, T. mentagrophytes*	Fingernails and toenails	Thickened, brittle, discolored nails (yellow, white, or brown) with subungual debris and possible nail plate separation (onycholysis)	Oral antifungals usually required

Dermatophyte infections (tinea) are superficial fungal infections caused by keratinophilic molds affecting skin, hair, and nails. Common clinical variants are based on the anatomic site involved and typical organisms (Chanyachailert et al., 2023).

Dermatophyte infections are classified according to the anatomic site involved, with characteristic clinical patterns and treatment considerations.

Special Dermatophyte Presentations

Tinea versicolor (pityriasis versicolor) is a superficial fungal infection caused by the dimorphic–lipophilic yeasts *Pityrosporum orbiculare* (round form) and *Pityrosporum ovale* (oval form) (Zanardelli et al., 2023). The organisms reside in the stratum corneum and hair follicles in sebaceous areas of the skin. Lesions appear as yellow, pink, or brown scaling patches on the trunk and upper extremities and do not tan with UV exposure (Fig. 11-12). Treatment includes selenium sulfide shampoo or topical azole antifungals; oral antifungal therapy may be required for extensive or recurrent disease (Zanardelli et al., 2023).

Tinea Incognito

Tinea incognito is an atypical dermatophyte infection that results from inappropriate treatment with topical corticosteroids, often following misdiagnosis as eczema or another inflammatory dermatosis (Zacharopoulou et al., 2024). Corticosteroid use suppresses inflammation and alters the typical appearance of tinea lesions, leading to delayed diagnosis. Lesions may present as thickened plaques with lichenification, papules, pustules, or nodules. Management includes discontinuation of topical corticosteroids and treatment with topical or systemic antifungal agents, depending on disease severity.

Dermatophytid Reaction

A dermatophytid reaction is a secondary, immunologically mediated skin eruption that occurs in some individuals with an active dermatophyte infection. The reaction represents a hypersensitivity response to fungal antigens rather than direct fungal invasion of the affected skin. It most commonly develops on the hands in response to tinea pedis and presents as pruritic vesicles with surrounding erythema on the palms and fingers. Less commonly, a generalized eruption of papules or vesicles may appear on the trunk or extremities and may resemble tinea corporis.

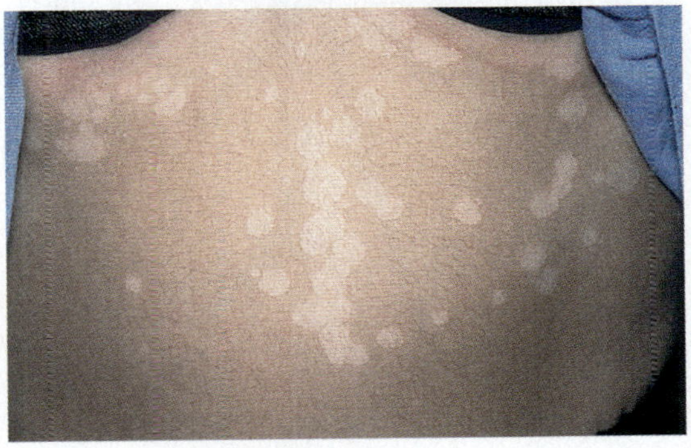

FIGURE 11-12. Tinea versicolor. (From Jensen S. [2015]. *Nursing health assessment: A best practice approach* [2nd ed., p. 276]. Wolters Kluwer.)

Because the dermatophytid reaction does not contain viable fungi, treatment is directed at the primary site of infection. The secondary eruption typically resolves without specific therapy once the underlying dermatophyte infection is successfully treated (Chanyachailert et al., 2023).

Candidal Infections

Candidiasis (moniliasis) is a fungal infection caused by *C. albicans* and occasionally by a few other *Candida* species. This yeast-like fungus is a normal inhabitant of the gastrointestinal tract, mouth, and vagina. The skin problems result from the release of irritating toxins on the skin surface. *C. albicans* is found almost always on the surface of the skin and rarely penetrates to the deeper layers. Some people are predisposed to candidal infections by conditions such as diabetes, antibiotic therapy, pregnancy, oral contraceptive use, poor nutrition, and immunosuppressive diseases. Oral candidiasis may be the first sign of infection with HIV.

C. albicans thrives in warm, moist, areas of the body where two skin surfaces touch or rub together (intertriginous areas) (Fig. 11-13). Common sites include deeper skin folds under the breasts, in the groin or on the thighs, or under an abdominal pannus. The rash is red with well-defined borders. Patches erode the epidermis, and there is scaling. Mild to severe itching and burning often accompany the infection. Severe forms of infection may involve pustules or vesiculopustules. In addition to microscopy, a candidal infection often can be differentiated from a tinea infection by the presence of satellite lesions. These satellite lesions are maculopapular and are found outside the clearly demarcated borders of the candidal infection. Satellite lesions often are diagnostic of diaper rash complicated by *Candida*. The appearance of candidal infections varies according to the site.

Diagnosis usually is based on microscopic examination of the skin or mucous membrane scrapings placed in a KOH solution. Treatment measures vary according to the location and may include topical and oral antifungal agents. Preventive measures such as wearing rubber gloves are encouraged for people with infections of the hands. Intertriginous areas often are separated with clean cotton cloth and allowed to air dry as a means of decreasing the macerating effects of heat and moisture. Topical and oral antifungal agents are used in treatment depending on the site and extent of involvement.

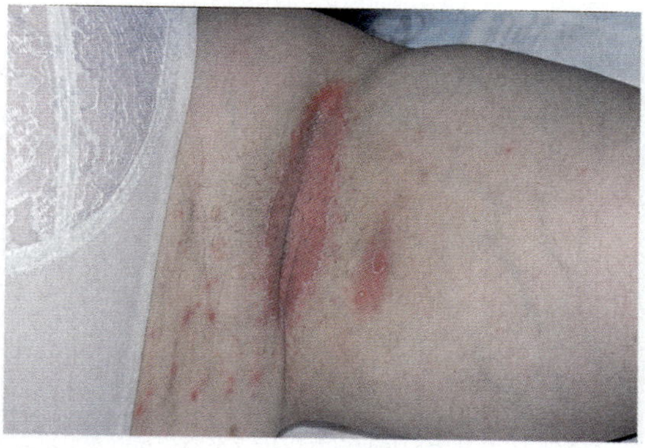

FIGURE 11-13. *Candida* in skin fold. (From Jensen S. [2015]. *Nursing health assessment: A best practice approach* [2nd ed., p. 275]. Wolters Kluwer.)

Diagnosis and Treatment

Diagnosis of superficial fungal infections is primarily done by microscopic examination of skin scrapings for fungal spores, the reproducing bodies of fungi. Potassium hydroxide (KOH) preparations are used to prepare slides of skin scrapings. KOH disintegrates human tissue and leaves behind the thread-like filaments or hyphae that grow from the fungal spores. Cultures also may be done using a dermatophyte test medium or a microculture slide that produces color changes and allows for direct microscopic identification. The Wood light (UV light) is another method that can assist with the diagnosis of tinea. Some types of fungi fluoresce yellow-green when the light is directed onto the affected area.

Superficial fungal infections may be treated with topical or systemic antifungal agents. Treatment usually follows diagnosis confirmed by KOH preparation or culture, particularly if a systemic agent is to be used. Topical agents, both prescription and over-the-counter preparations, are commonly used in the treatment of tinea infections. However, success often is limited because of the lengthy duration of treatment, poor compliance, and high rates of relapse at specific body sites (Reddy et al., 2022).

The oral systemic antifungal agents include griseofulvin, the azoles, and the allylamines. Griseofulvin is a fungicidal agent derived from a species of *Penicillium* that is used only in the treatment of dermatophytoses. It acts by binding to the keratin of newly forming skin, protecting the skin from new infection. The azoles are a group of synthetic antifungal drugs that act by inhibiting the fungal enzymes needed for the synthesis of ergosterol, which is an essential part of fungal cell membranes. The triazoles are used for the systemic treatment of fungal infections. Topical corticosteroids may be used in conjunction with antifungal agents to relieve itching and erythema secondary to inflammation. Development of resistance in fungal pathogens to the available drugs is an emerging clinical problem in antifungal therapy (Reddy et al., 2022).

Bacterial Infections

The skin is home to a diverse community of helpful or benign bacteria known as the skin microbiome. These microorganisms, which include bacteria, fungi, and even viruses, usually live harmlessly on the surface of the skin. Pathogenic bacterial skin infections can occur and are commonly classified as primary or secondary infections. Primary infections are superficial skin infections such as impetigo or ecthyma. Secondary infections consist of deeper cutaneous infections, such as infected ulcers. Diagnosis usually is based on cultures taken from the infected site. Treatment measures include antibiotic therapy and measures to promote comfort and prevent the spread of infection.

Impetigo

Impetigo is a common, superficial bacterial infection caused by staphylococci, group A beta-hemolytic streptococci, or both. Impetigo is common among infants and young children, although older children and adults occasionally contract the disease. Its occurrence is highest during warm summer months or in warm, moist climates (Neri et al., 2023) .

Impetigo initially appears as a small vesicle or pustule or as a large bulla on the face or elsewhere on the body. As the primary lesion ruptures, it leaves a denuded area that discharges a honey-colored serous liquid that hardens on the skin surface and dries as a honey-colored crust (Fig. 11-14). New vesicles erupt within hours. Pruritus often accompanies the lesions, and skin excoriations that result from scratching multiply the infection sites. Although a very low risk, a possible complication of untreated streptococcal impetigo is poststreptococcal glomerulonephritis. Topical mupirocin is effective in treating impetigo. If a larger area is involved or response to treatment is poor, a systemic antibiotic may be necessary (Neri et al., 2023) .

Another form of impetigo exists, **bullous impetigo**, which is usually caused by *Staphylococcus aureus*. Bullous impetigo is common among children. It is due to an epidermolytic toxin and is not generally contaminated by streptococci. Thin bullae that appear clear to cloudy erupt and coalesce. The bullae open, leaving the original bullous rim with central thin, flat, honey-colored crusts, or in some cases denuded areas. The face is often affected, but bullous impetigo may occur anywhere on the body. The treatment measures are the same as for nonbullous impetigo.

Cellulitis

Cellulitis is a deeper infection affecting the dermis and subcutaneous tissues. It is usually caused by group A beta-hemolytic streptococci or *S. aureus* but can be caused by bacteria specific to certain activities, such as fish handling, swimming in fresh or salt water, or animal bites or scratches (Boettler et al., 2022). Preexisting wounds (e.g., ulcers, erosions) and tinea pedis are often portals of entry. Legs are the most common sites, followed by the hands and pinnae of the ears, but cellulitis may be seen on many body parts. The lesion consists of an expanding red, swollen, tender plaque with an indefinite border (Fig. 11-15). Cellulitis is frequently accompanied by fever, erythema, heat, edema, and pain. Cellulitis often involves the lymph system, and, once compromised, repeat infections may impair lymphatic drainage, leading to chronically swollen legs, and eventually dermal fibrosis and lymphedema. Incorrectly treated, it may result in septicemia, nephritis, or death. Antibiotics are aimed at the invasive organisms and at the extent of the infection (Boettler et al., 2022).

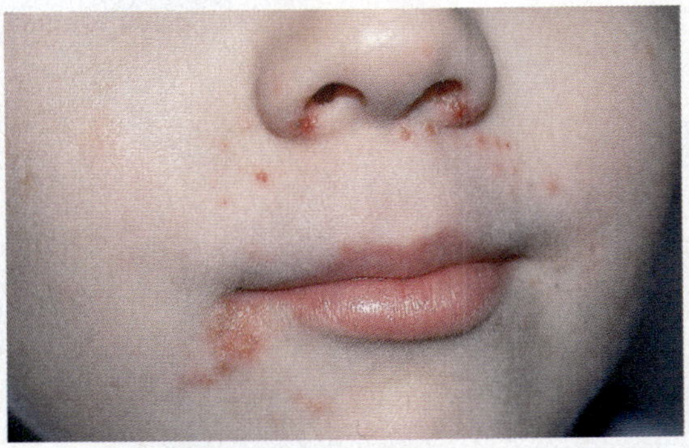

FIGURE 11-14. Impetigo. This highly contagious superficial skin infection commonly results from *Staphylococcus aureus* or group A beta-hemolytic streptococci. It is characterized by vesicles or bullae that eventually rupture and ooze serous fluid that forms the classic honey-colored crust. (From Jensen S. [2015]. *Nursing health assessment: A best practice approach* [2nd ed., p. 274]. Wolters Kluwer.)

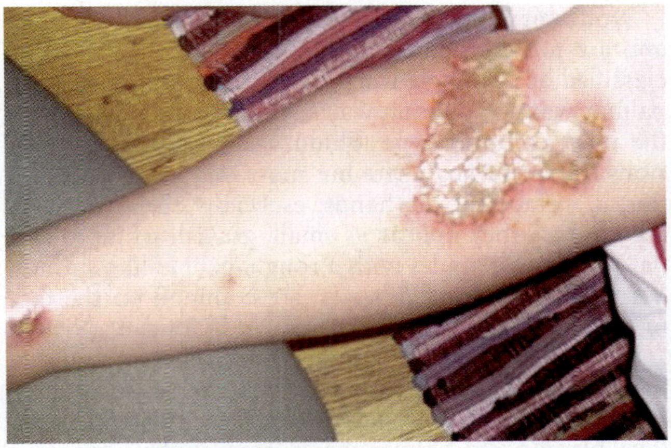

FIGURE 11-15. Cellulitis on leg infected with *Staphylococcus aureus* and *Pseudomonas*.

Viral Infections

Viruses are intracellular pathogens that rely on live cells of the host for reproduction. They have no organized cell structure but consist of a deoxyribonucleic acid (DNA) or ribonucleic acid core surrounded by a protein coat. The viruses seen in skin lesion disorders tend to be DNA-containing viruses. Viruses invade the keratinocyte, begin to reproduce, and cause cellular proliferation or cellular death. The rapid increase in viral skin diseases has been attributed to the use of corticosteroid drugs, which have immunosuppressive qualities, and to the use of antibiotics, which alter the bacterial flora of the skin. As the number of bacterial infections has decreased, there has been a proportional rise in viral skin diseases.

Verrucae

Verrucae, or warts, are common benign papillomas caused by the DNA-containing human papillomavirus (HPV). Transmission of HPV infection is largely by direct contact between people or by autoinoculation. Benign papillomas, warts represent an exaggeration of the normal skin structures with an irregular thickening of the stratum spinosum and greatly increased thickening of the stratum corneum. The classification of warts is based largely on morphology and location.

While warts may appear differently depending on their location, it is now understood that their clinical variations are influenced not only by the anatomical site but also by the specific type of HPV involved (Al Aboud & Nigam, 2023). Hundreds of HPV types exist; however, only a subset is known to cause warts in humans.

Nongenital warts often occur on the hands and feet and are not considered precancerous lesions. They are classified as common warts, flat warts, and plantar or palmar warts. Common warts, or **verrucae vulgaris**, are the most common type (Shimizu et al, 2023). The lesions can occur anywhere but most frequently occur on dorsal surfaces of the hands, especially the periungual area, where they appear as small, grayish-white to tan, flat to convex papules with a rough, pebble-like surface. Verrucae plana, or flat warts, are common on the face or dorsal surfaces of the hands (Al Aboud & Nigam, 2023). The warts are slightly elevated, flat, smooth, tan papules that are slightly larger than verrucae vulgaris (Fig. 11-16). **Verrucae plantaris** and **verrucae palmaris** (i.e., plantar and palmar warts, respectively) occur on the soles of the feet and palms of the hands, respectively. They appear as rough, scaly lesions that may reach 1 to 2 cm in diameter, coalesce, and be confused with ordinary calluses. HPV transmission usually occurs through breaks in skin integrity (Al Aboud & Nigam, 2023).

Genital warts, also referred to as anogenital warts (AGWs), are the most prevalent sexually transmitted viral infection in the United States. They are highly contagious through sexual contact. They often appear as raised pink, gray, or brown lesions that can be seen in cauliflower-shaped clusters and are most commonly located in the mons pubis, vulva, vagina, cervix, perineum, urethra, perianal area, anal canal, penis, and inner thighs (Kore & Anjankar, 2023) . They can often be diagnosed by visual inspection and biopsy. Complications of AGWs include an increased risk of cervical cancer and transmission of the virus from birthing parent to fetus during delivery (Kore & Anjankar, 2023).

Treatment is usually directed at inducing a "wart-free" period without producing scarring. Warts resolve spontaneously when immunity to the virus develops. The immune response, however, may be delayed for years. Because of their appearance or discomfort, people usually desire their removal, rather than waiting for immunity to develop. Removal is usually done by applying a keratolytic agent, such as salicylic acid gel or plaster, that breaks down the wart tissue, or by freezing with liquid nitrogen. Various types of laser surgery, electrosurgery, cryotherapy, immunotherapy, and antiviral therapy also have been successful in wart eradication.

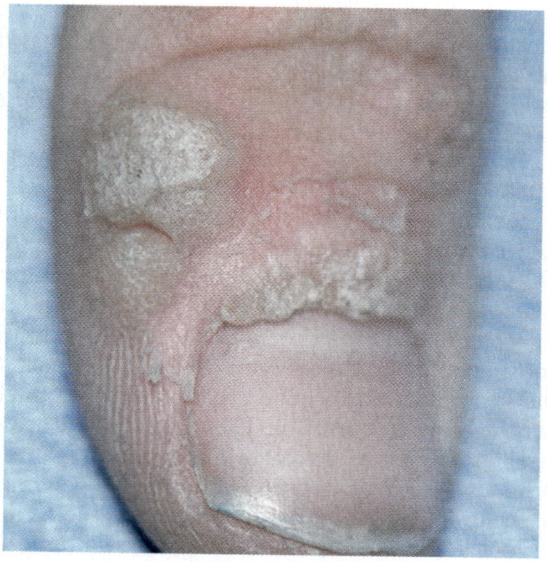

FIGURE 11-16. Common warts. (From Jensen S. [2015]. *Nursing health assessment: A best practice approach* [2nd ed., p. 273]. Wolters Kluwer.)

Herpes Simplex

Herpes simplex virus (HSV) infections of the skin and mucous membranes (i.e., cold sore or fever blister) are common. Two types of HSV infect humans: type 1 and type 2. HSV-1 is usually associated with oropharyngeal infections, and the organism is spread by respiratory droplets or by direct contact with infected saliva. HSV-1 may also be transmitted to other parts of the body through occupational hazards, such as skin contact athletics, dentistry, and medicine. Genital herpes usually is caused by HSV-2. HSV-1 genital infections and HSV-2 oral infections are becoming more common.

Infection with HSV-1 may present as a primary or recurrent infection. Primary HSV-1 symptoms include fever; sore throat; painful vesicles; and ulcers of the tongue, palate, gingiva, buccal mucosa, and lips. Primary infection results in the production of antibodies to the virus so that recurrent infections are more localized and less severe. After an initial infection, the herpesvirus persists in the trigeminal and other dorsal root ganglia in the latent state, periodically reactivating in recurrent infections. It may be that reactivation of a herpes infection occurs both in the dorsal root ganglion and locally, where it has been found to exist in the epidermis and other organs. The symptoms of a primary HSV-1 infection most often occur in young children (1 to 5 years of age). It is likely that many adults were exposed to HSV-1 during childhood and therefore have antibodies to the virus.

The recurrent lesions of HSV-1 usually begin with a burning or tingling sensation. Umbilicated vesicles and erythema follow and progress to pustules, ulcers, and crusts before healing (Fig. 11-17). Lesions are most

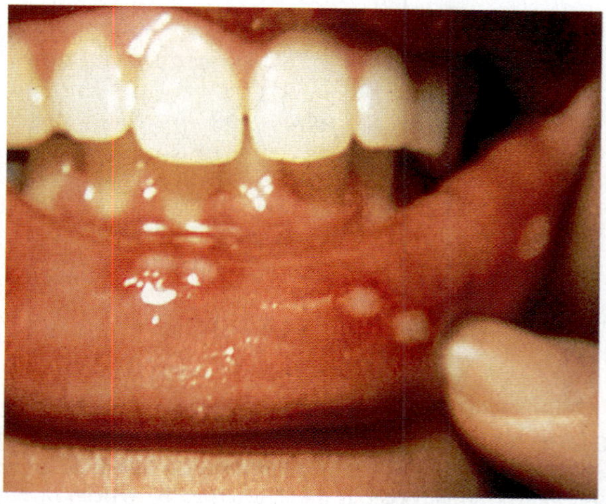

FIGURE 11-17. Herpes simplex 1 of the oral mucosa. (From Jensen S. [2015]. *Nursing health assessment: A best practice approach* [2nd ed., p. 407]. Wolters Kluwer.)

common on the lips, face, mouth, nasal septum, and nose. When a lesion is active, HSV-1 is shed, and there is risk of transmitting the virus to others. Pain is common, and healing takes place within 10 to 14 days. Precipitating factors may be stress, menses, or injury. In particular, UVB exposure seems to be a frequent trigger for recurrence. There is no cure for oropharyngeal herpes. Most treatment measures are palliative.

HSV-2 continues to be a common infection and is known to primarily cause genital lesions. Symptoms are similar to that of HSV-1, with painful ulcers, lymphadenopathy, and dysuria. Classical features are macular or papular skin and mucous membrane lesions progressing to vesicles and pustules, often lasting up to 3 weeks. Rarely are the ulcers painless. Systemic symptoms can also occur, including fever, headache, and malaise. A direct swab of the lesion or PCR testing can confirm the diagnosis, and while there is no cure for HSV, treatment with antiviral medications will typically lead to remission (Matthew Jr. & Sapra, 2024).

Herpes Zoster

Herpes zoster (shingles) is an acute, localized vesicular eruption distributed over a dermatomal segment of the skin (Fig. 11-18). It is caused by the same herpesvirus, varicella–zoster, which causes chickenpox, and is also referred to as herpes virus 3. It represents the reactivation of a latent varicella–zoster virus infection that was dormant in the sensory dorsal root ganglia since a primary childhood infection (Patil et al., 2022). During an episode of herpes zoster, the reactivated virus travels from the ganglia to the skin of the corresponding dermatome. Although herpes zoster is not as contagious as chickenpox, the reactivated virus can be transmitted to nonimmune contacts.

Herpes zoster can occur at any time during the lifespan but tends to happen in older adults more frequently. Other people at risk because of impaired T-cell-mediated immunity are those with conditions such as HIV infection and certain malignancies, chronic corticosteroid users, and those undergoing chemotherapy and radiation therapy.

The lesions of herpes zoster typically are preceded by a prodrome consisting of a burning pain, a tingling sensation, extreme sensitivity of the skin to touch, and pruritus along the affected dermatome (Fig.11-19). Among the dermatomes, the most frequently involved are the thoracic, cervical, trigeminal, and the lumbosacral. Prodromal symptoms may be present for 1 to 3 days or longer before the appearance of the rash (Patil et al., 2022). During this time, the pain may be mistaken for a number of other conditions, such as heart disease, pleurisy, musculoskeletal disorders, or gastrointestinal disorders.

The lesions appear as an eruption of vesicles with erythematous bases that are restricted to skin areas supplied by sensory neurons of a single or an associated

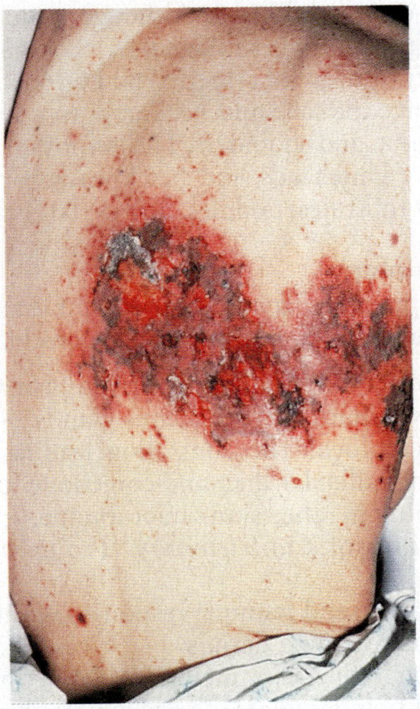

FIGURE 11-18. Shingles. An outbreak of shingles with the primary skin lesions following the path of the affected nerves. (From Nath, J. L. [2019]. *Programmed learning approach to medical terminology*. Wolters Kluwer.)

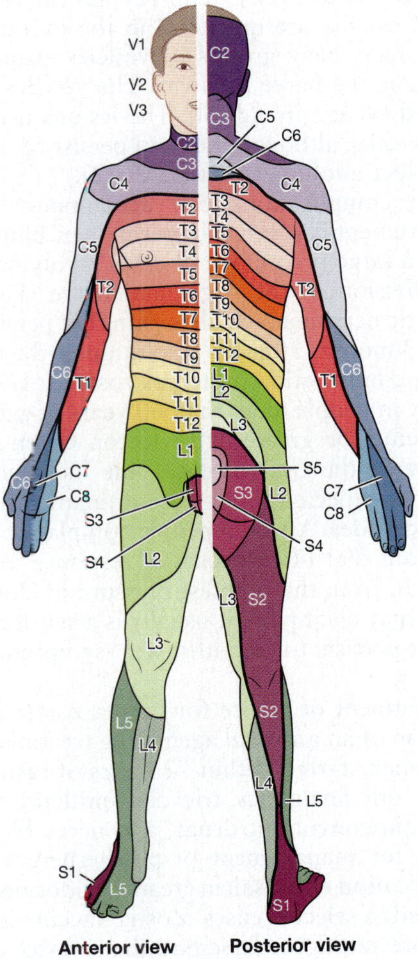

FIGURE 11-19. Anterior and posterior views of the dermatomes. (From Dudek, R. W., & Louis, T. [2015]. *High-yield gross anatomy*. Wolters Kluwer Health.)

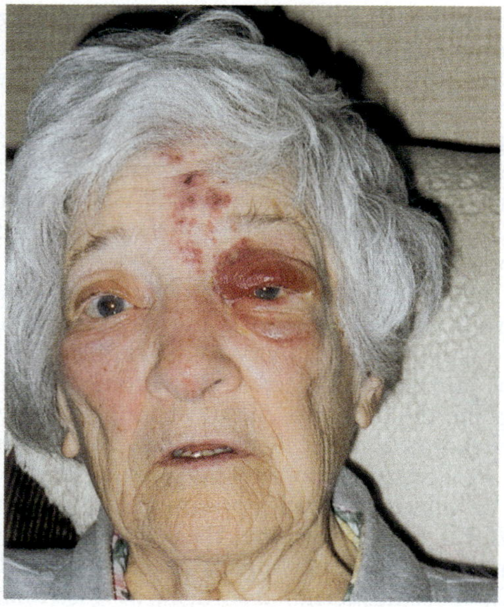

FIGURE 11-20 Herpes zoster ophthalmicus. Vesicular rash in the distribution of the ophthalmic branch (V1) of the trigeminal nerve.

group of dorsal root ganglia. In immunosuppressed people, the lesions may extend beyond the dermatome. Eruptions usually are unilateral in the thoracic region, trunk, or face. New groups of vesicles erupt for 3 to 5 days along the nerve pathway. The vesicles dry, form crusts, and eventually fall off. The lesions usually clear in 2 to 3 weeks, although they can persist up to 6 weeks in some older adults (Patil et al., 2022).

Serious complications can accompany eruptions. Eye involvement can result in permanent blindness and occurs in a large percentage of cases involving the ophthalmic division of the trigeminal nerve (Fig. 11-20). **Postherpetic neuralgia**, which is pain that persists longer than 1 to 3 months after the resolution of the rash, is an important complication of herpes zoster. It is seen most commonly in people older than 60 years of age, increasing age being the greatest risk factor. Given the aging population in the United States, the incidence of herpes zoster is expected to increase dramatically over the next two decades. Affected people complain of a sharp, burning pain that often occurs in response to nonnoxious stimuli. Even the slightest pressure of clothing and bedsheets may elicit pain. It usually is a self-limited condition that persists for months, with symptoms abating over time.

The treatment of choice for herpes zoster is the administration of an antiviral agent. The treatment is most effective when started within 72 hours of rash development. Narcotic analgesics, tricyclic antidepressants, gabapentin, anticonvulsant drugs, and nerve blocks have been used for management of postherpetic neuralgia. Local application of capsaicin cream or lidocaine patches may be used in selected cases. Zoster vaccine is effective in either preventing or lessening the severity of herpes zoster (Patil et al., 2022). This vaccine is highly recommended for people older than 50 years of age and anyone with high risk for herpes zoster.

Acne and Rosacea

Acne is a disorder of the pilosebaceous unit, involving the hair follicle and associated sebaceous gland. As described earlier in this chapter, sebaceous glands are hormonally responsive structures that produce sebum as part of normal skin physiology. In acne, normal pilosebaceous function becomes dysregulated, resulting in follicular obstruction, inflammation, and characteristic skin lesions.

Acne lesions are broadly classified into noninflammatory and inflammatory lesions. Noninflammatory lesions consist of **comedones** (whiteheads and blackheads). **Blackheads** are plugs of material that accumulate in sebaceous glands that open to the skin surface. The color of blackheads results from melanin that has moved into the sebaceous glands from adjoining epidermal cells. **Whiteheads** are pale, slightly elevated papules with no visible orifice. Inflammatory lesions consist of papules, pustules, nodules, and, in severe cases, cysts. These are believed to develop from the escape of sebum into the dermis and the irritating effects of the fatty acids contained in the sebum.

Two major clinical forms of acne occur at different stages of life: acne vulgaris typically affects adolescents and young adults, and acne conglobata is a severe, chronic form that develops later in life. Additional acneiform eruptions may occur in association with medications, occupational exposures, cosmetics, or other irritants, with management guided by the underlying cause and severity of disease.

Acne Vulgaris

Acne vulgaris is a chronic inflammatory disease of the pilosebaceous unit and is most common during adolescence and early adulthood. Although acne may begin earlier and persist longer in females, its overall incidence and severity are greater in males. Lesions most commonly involve the face and neck and, to a lesser extent, the back, chest, and shoulders. The lesions may consist of comedones (whiteheads and blackheads) or inflammatory lesions (pustules, nodules, and cysts) (Fig. 11-21).

Pathophysiology

The development of acne vulgaris is multifactorial and involves the interaction of several key mechanisms:

- Increased sebum production, driven primarily by androgen stimulation of sebaceous glands
- Abnormal follicular keratinization, leading to obstruction of the follicular duct and comedone formation
- Alterations in the skin microbiome, particularly proliferation of *Cutibacterium* (*Propionibacterium*) *acnes*
- Inflammatory and immune responses within the follicle and surrounding dermis
- Epigenetic influences, including DNA methylation, that modify inflammatory gene expression

Increased sebum production combined with follicular hyperkeratinization creates an environment conducive to *C. acnes* overgrowth. The bacteria metabolize

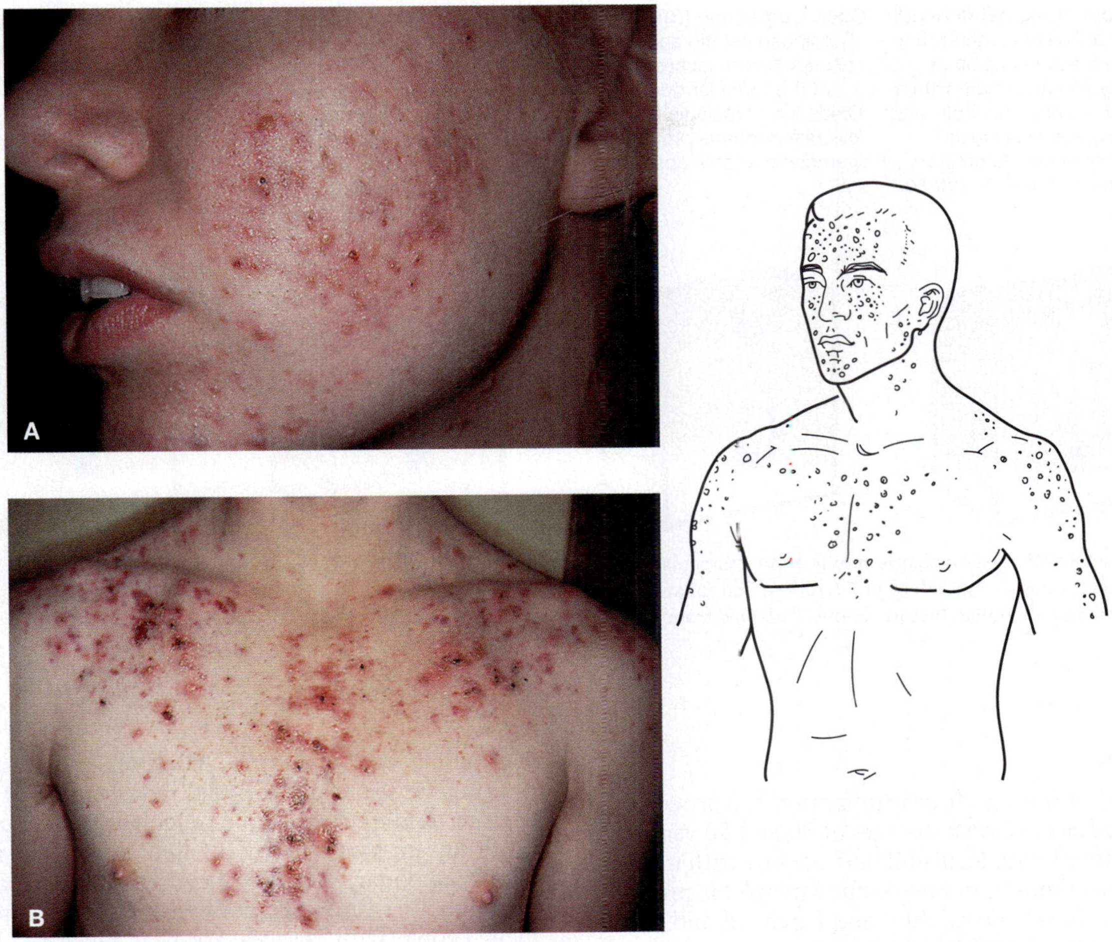

FIGURE 11-21 Pustular acne (**A**) and cystic acne (**B**). (From Jensen S. [2015]. *Nursing health assessment: A best practice approach* [2nd ed., p. 273]. Wolters Kluwer.)

sebum triglycerides into pro-inflammatory fatty acids, activating innate immune pathways and amplifying inflammation. Recent evidence suggests that *C. acnes* can form biofilms that protect bacteria from host immune defenses and antibiotic therapy, contributing to chronic or treatment-resistant acne (Dessinioti & Katsambas, 2024). Environmental and hormonal stressors may further modify gene expression through epigenetic mechanisms, intensifying inflammatory responses (Fig. 11-22) (Dessinioti & Katsambas, 2024).

Diagnosis and Treatment

The diagnosis of acne is based on history and physical examination, with lesion type, distribution, and severity guiding classification and management. Treatment goals include resolution of existing lesions, prevention of new lesions, and minimization of scarring. Gentle skin cleansing is recommended; excessive scrubbing may worsen inflammation and follicular injury.

Therapy is tailored to disease severity and may include topical and systemic agents that target different aspects of acne pathophysiology. Topical therapies, such as benzoyl peroxide, azelaic acid, retinoids, and antibiotics, are commonly used for mild to moderate disease. Systemic antibiotics, particularly tetracyclines, are used for more extensive or inflammatory acne. Oral isotretinoin is reserved for severe or refractory cases and can induce long-term remission by reducing sebum production, bacterial load, and inflammation, but its use is limited by significant adverse effects. Hormonal therapies may be effective in selected females but are not indicated for males. Additional treatments include procedural interventions such as laser therapy, cryotherapy, and intralesional corticosteroid injections (Vasam et al., 2023).

Acne Conglobata

Acne conglobata is a severe, chronic form of inflammatory acne that typically develops later in life (Ahmed et al., 2025). It is characterized by extensive comedones, nodules, abscesses, cysts, and interconnected sinus tracts, most commonly affecting the back, chest, buttocks, and shoulders. Lesions often produce purulent or serosanguinous drainage and heal with deep scarring, including keloid formation.

Systemic manifestations may include fever, leukocytosis, arthralgia, and elevated inflammatory markers. When these systemic features are present, the condition is referred to as acne fulminans. Management of acne conglobata often requires aggressive therapy, including oral retinoids, systemic antibiotics, corticosteroids, and surgical intervention when necessary (Ahmed et al., 2025).

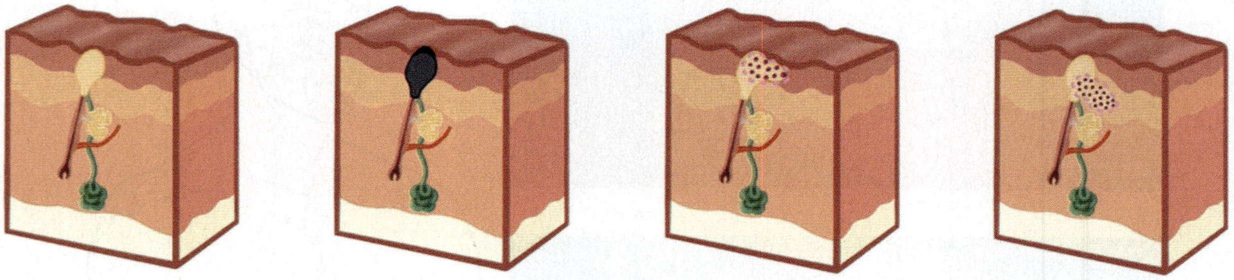

FIGURE 11-22. Acne vulgaris results from dysregulation of the pilosebaceous unit involving increased sebum production, abnormal follicular keratinization, microbial proliferation, and inflammation. Progressive obstruction and rupture of the follicle lead to characteristic noninflammatory and inflammatory lesions. (Adapted from Nelson, C. [2023]. *Dermatology*. [Fig. 2-78]. Wolters Kluwer Health.)

Rosacea

Rosacea is a complex chronic inflammatory process that occurs in adults between the ages of 30 and 50 years. It is easily confused with acne and may coexist with it. Rosacea is more common in fair-skinned people. It primarily affects the cheeks, nose, chin, and forehead and can be transient or persistent.

Etiology

The etiology of rosacea is poorly understood. Genetic factors, neurogenic and immune dysregulation, microorganisms, barrier function impairment, and inflammatory responses are all thought to play a role (Hu et al., 2022).

Types and Clinical Manifestations

Rosacea is classified into four types:

1. Erythematotelangiectatic (flushing and persistent central facial erythema)
2. Papulopustular (inflammatory)
3. Phymatous (thickening of the skin with irregular surface nodularities and enlargement)
4. Ocular (involving the eyes) (Geng et al., 2024)

In the early stage of rosacea development, there are repeated episodes of blushing. The blush eventually becomes a permanent dark red erythema on the nose and cheeks that sometimes extends to the forehead and chin. This stage often occurs before 20 years of age. Ocular problems occur in at least 50% of people with rosacea, which may lead to visual loss (Geng et al., 2024). Prominent symptoms include eyes that are itchy, burning, or dry; a gritty or foreign body sensation; and erythema and swelling of the eyelids. As the person ages, the erythema persists, and telangiectases with or without acne components develop. After years of affliction, acne rosacea may develop into an irregular bullous hyperplasia (thickening of the skin) of the nose, known as **rhinophyma**. The sebaceous follicles and openings of the nose enlarge, and the skin color changes to a purple-red, resulting in hypertrophy of the nose and impaired breathing (Geng et al., 2024). Although rosacea is more common in women, rhinophyma is more common in men. People with rosacea are heat sensitive. They are instructed to avoid vascular stimulating agents such as heat, sunlight, hot liquids, foods, and alcohol.

Treatment

Treatment measures are similar to those used for acne vulgaris. Topical metronidazole and azelaic acid have been effective. Topical antibiotics have been useful, as well as systemic antibiotics. Rhinophyma can be treated by a number of surgical methods, including electrosurgery, laser ablation, dermabrasion, cryosurgery, and excision.

Allergic and Hypersensitivity Dermatoses

Allergic and hypersensitivity dermatoses involve the inflammatory response to multiple exogenous and endogenous agents. The disorders, which are usually characterized by epidermal edema with separation of epidermal cells, include irritant contact dermatitis, allergic contact dermatitis, atopic and nummular eczema, urticaria, and drug-induced skin eruptions.

Contact and Allergic Dermatitis

Contact dermatitis is a common inflammation of the skin. There are two types of contact dermatitis: allergic and irritant contact dermatitis.

Allergic Contact Dermatitis

Allergic contact dermatitis results from a cell-mediated, type IV hypersensitivity response brought about by sensitization to an allergen such as the toxin in poison ivy (Tramontana et al., 2023). More than 2,000 allergens have been identified as capable of producing an inflammatory skin response. Crude forms of many naturally occurring substances are, in general, less allergenic than are alloys and synthetic products. Additives such as dyes and perfumes account for major sources of known allergens. Some of the common topical agents causing allergic rashes are antimicrobial agents (especially neomycin), antihistamines, local anesthetic agents (benzocaine), preservatives (e.g., parabens), and adhesive tape. Additional examples are poison ivy, poison oak, and metal alloys found in jewelry. Also of concern is the increased incidence of contact dermatitis from the heavy use of synthetic latex products, specifically latex gloves and condoms used to prevent communicable diseases.

Common causes of allergic contact dermatitis are para-phenylenediamine base (in hair dyes), nickel, balsam of Peru (perfume fragrance), thimerosal (preservative in cosmetics), neomycin sulfate, fragrance mix, formaldehyde (preservative in paper, paint, medications, fabrics), cobalt chloride (metal in medical products, hair dyes), rubber additives, and colophony (adhesives in fabric dressings) (Tramontana et al., 2023).

The lesions of allergic contact dermatitis range from a mild erythema with edema to vesicles or large bullae (Fig. 11-23). Secondary lesions from bacterial infection may occur. Lesions can occur almost anywhere on the body, and the many variations of eczema are often classified according to their location. The location and pattern often help in identifying causative agents. For example, the typical poison ivy lesion consists of vesicles or bullae in a linear pattern (from swiping the plant) on exposed areas. The vesicles and bullae break and weep, leaving an excoriated area (Tramontana et al., 2023).

Irritant Contact Dermatitis

Chemicals (soaps, detergents, organic solvents) that irritate the skin cause irritant contact dermatitis. It can occur from mechanical means such as rubbing, chemical irritants, or environmental irritants (e.g., plants and urine). In contrast to allergic contact dermatitis, no allergens can be identified (Patel & Nixon, 2022).

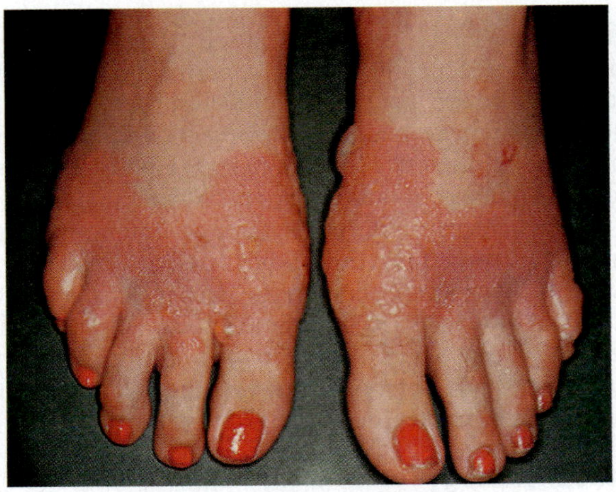

FIGURE 11-23. Contact dermatitis. (From Nicole, N. [2016]. *Dermatology nursing essentials* [Fig. 9-1B]. Wolters Kluwer.)

A history of atopic dermatitis, either in the past or concurrently, is a major risk for the development of irritant contact dermatitis. Four types of irritant contact dermatitis exist: subjective, acute, chronic, and chemical burns. Subjective cases have no clinical manifestation, but the person reports burning or stinging sensations when exposed to the irritant, and the effect can be reproduced. Acute episodes are often due to single exposures to the irritant. There may be dryness and erythema or edema, inflammation, and vesicles (Patel & Nixon, 2022).

Chronic irritant dermatitis results from continued exposure to the irritant. Even when the irritant is removed, the reaction may continue for several years. In addition to dryness and erythema, there may be scales, fissures, and vesicles.

Diagnosis and Treatment

With both allergic and irritant contact dermatitis, the location of the lesions is of great benefit in diagnosing the causative agent. **Patch testing**, in which a small amount of the suspected antigen is applied to the skin, is used to identify the allergens (Tramontana et al., 2023).

Treatment measures for both types of contact dermatitis are aimed at removing the source of the irritant or allergen. Minor cases are treated by washing the affected areas to remove further contamination by the irritant or allergen, applying antipruritic creams or lotions, and bandaging the exposed areas. Topical corticosteroids may be helpful in these cases. Systemic treatment regimens differ according to the type of irritant or allergen and the severity of the reaction. Moderate to extreme cases are treated with wet dressings, oral antihistamines, and systemic corticosteroids (Tramontana et al., 2023).

Atopic Dermatitis and Nummular Eczema

Atopic Dermatitis

Atopic dermatitis (atopic eczema) is an itchy, inflammatory skin disorder that is characterized by poorly defined erythema with edema, vesicles, and weeping at the acute stage and skin thickening (lichenification) in the chronic stage. Although often described as an immunoglobulin (Ig) E–mediated hypersensitivity (atopic) disease, not all patients have elevated IgE or identifiable allergens, leading experts to view it more as a primary skin barrier defect that may increase the risk of developing allergies (Stefanovic & Irvine, 2024). Up to 30% to 50% of children with atopic dermatitis may go on to develop asthma, allergic rhinitis, or food allergies, especially if their dermatitis begins early and is severe (Guttman-Yassky et al., 2025).

Atopic dermatitis presents differently at different ages (infantile and adult) and in people with different skin colors. Approximately 70% of cases of atopic allergy start in children younger than 5 years of age (Schuler et al., 2023). The infantile form of atopic dermatitis is characterized by vesicle formation, oozing, and crusting with excoriations (Guttman-Yassky et al., 2025). It

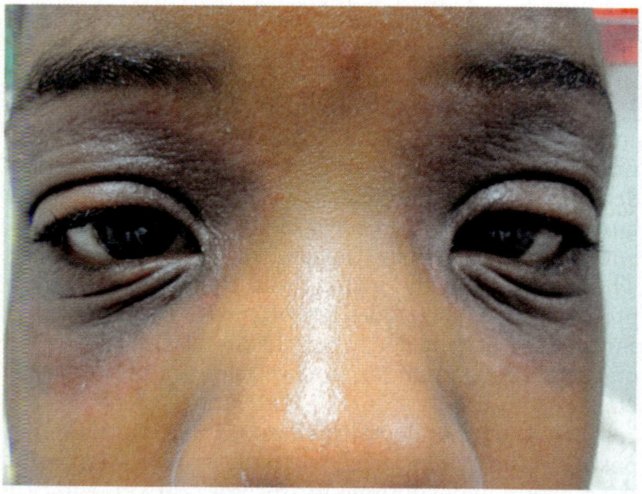

FIGURE 11-24. In atopic dermatitis, Dennie-Morgan folds are characteristic creases that extend from the inner to the outer canthus of the lower eyelid. Pronounced postinflammatory hyperpigmentation is often seen in people with dark skin pigmentation. (Reproduced with permission from Goodheart, H., & Gonzalez, M. (2015). *Goodheart's photoguide to common pediatric and adult skin disorders* [4th ed., Fig. 4-1], Wolters Kluwer Health and Pharma.)

usually begins on the cheeks and may progress to involve the scalp, arms, trunk, and legs. The skin of the cheeks may be paler, with extra creases under the eyes, called **Dennie-Morgan folds** (Fig. 11-24). The infantile form may become milder as the child ages, often disappearing by the age of 15 years. However, many people have resultant eczematous disorders and rhinitis symptoms throughout life (Schuler et al., 2023).

Adolescents and adults usually have dry, red patches affecting the face, neck, and upper trunk, but without the thickening and discrete demarcation associated with psoriasis. The bends of the elbows and knees are usually involved. In chronic cases, the skin is dry, leathery, and lichenified. People with dark skin may have a papular eruption and poorly demarcated hypopigmented patches on the cheeks and extremities. In people with black skin, pigmentation may be lost from lichenified skin. Acute flares may present with red patches that are weepy, shiny, or lichenified (i.e., thickened, with more prominent markings) and with plaques and papules. Itching may be severe and prolonged with both childhood and adult forms of atopic dermatitis. Secondary infections are common.

Treatment of atopic dermatitis is designed to target the underlying abnormalities: dryness, pruritus, infection, and inflammation. Underlying all treatment measures is a comprehensive education program regarding the cause of the disorder, treatment measures, and avoidance of temperature changes and stress to minimize vascular and sweat responses (Alenazi, 2023). Basic therapy begins with optimal skin care, addressing the skin barrier defect with continuous use of emollients and skin hydration, along with avoiding exposure to environmental irritants and foods that exacerbate symptoms. The person should bathe with warm water and mild soap. Bathing dries the skin, yet it is important to maintain a low level of microorganisms to prevent infection. A key feature of atopic dermatitis is severe dryness of the skin caused by dysfunction of the skin barrier with transepidermal water loss. This is accompanied by intense pruritus and inflammation. Application of moisturizers increases hydration of the skin (Alenazi, 2023).

Topical corticosteroids remain an important treatment for acute flare-ups but can cause local and systemic side effects (Lazar et al., 2024). Wet-wrap therapy, in which a wet dressing is applied over emollients in combination with topical antiseptics or topical corticosteroids, has been shown to be beneficial in some cases of severe atopic dermatitis. Secondary infection with *S. aureus* is common and usually treated with short courses of antibiotics. Short-term corticosteroids are also used during acute flare-ups in adults. Cyclosporine and azathioprine, both immunosuppressive agents, may also be used, keeping in mind their potentially harmful effects. Antihistamines are useful for their sedative effects and may be helpful during severe pruritus episodes. Phototherapy alone or in combination with corticosteroids during acute flares is often practiced, with beneficial results (Chu et al., 2024).

Nummular Eczema

The lesions of **nummular eczema** are coin-shaped (hence its other name, *discoid eczema*) papulovesicular patches mainly involving the arms and legs. Lichenification and secondary bacterial infections are common. It is not unusual for the initial lesions seemingly to heal, followed by a secondary outbreak of mirror-image lesions on the opposite side of the body. Nummular eczema is mostly chronic, with weeks to years between exacerbations. Exacerbations are more frequent in the cold winter months. The exact cause of nummular eczema is unknown, although many people have a history of atopy (allergy-related disorders), and there is heavy colonization of lesions with staphylococci. Ingestion of iodides and bromides usually aggravates the condition and should be avoided. Treatment is similar to that for other types of dermatitis. Frequent bathing and stress should be reduced, whereas environmental humidity should be increased. Topical emollients, corticosteroids, coal tar preparations, and UV light treatments may be prescribed as necessary.

Urticaria

Urticaria, or hives, are pale, raised, itchy papules or plaques that occur in the most superficial aspect of the dermis anywhere on the skin (Kolkhir et al., 2022). These small wheals blanch with pressure and vary in size from a few millimeters to centimeters (Fig. 11-25). They occur as either an immunologic reaction to an antigen in an IgE hypersensitivity response or a nonimmunologic reaction to something that is not known. Angioedema is when the swelling occurs in the deeper dermis and results in large wheals (Kolkhir et al., 2022). Occasionally, there may be swelling of the tongue and upper airways. Both urticaria and angioedema can range from an irritation to a life-threatening anaphylactic situation.

Pathophysiology

Urticaria can be acute or chronic. Numerous factors, both immunologic and nonimmunologic, can be involved in

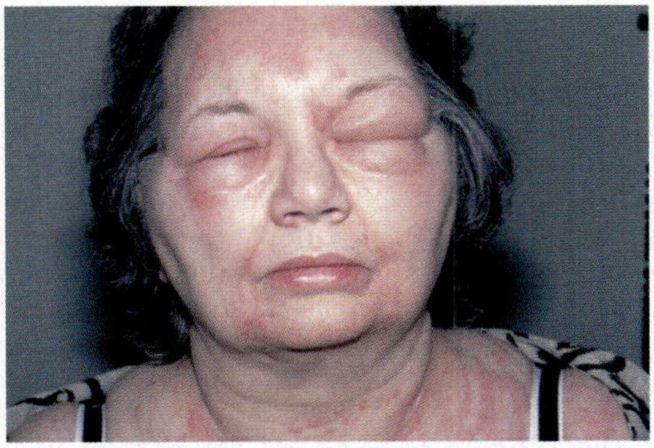

FIGURE 11-25. Urticaria, also called hives, are marked by the swelling of fluid that results from histamine release. (From Jensen, S. [2015]. *Nursing health assessment: A best practice approach* [2nd ed., p. 277]. Wolters Kluwer.)

its pathogenesis. The urticarial wheal results from liberation of histamine from mast cells and basophils. Histamine causes hyperpermeability of the microvessels of the skin and surrounding tissue, allowing fluid to leak into the tissues, causing edema and wheal formation.

The most common causes of acute urticaria are foods or drinks, medications (most notably penicillin and cephalosporin), insect stings, viral infections, dust mites, and exposure to pollens or chemicals. Food is the most common cause of acute urticaria in children.

Chronic urticaria affects primarily adults and is twice as common in women as in men. Usually, its cause cannot be determined despite extensive laboratory tests. It appears to be an autoimmune disorder in a substantial number of people. Approximately one half of people with chronic urticaria have circulating IgG antibodies, which trigger the release of histamine by mast cells. In rare cases, urticaria is a manifestation of underlying disease, such as certain cancers, collagen diseases, and hepatitis (Kolkhir et al., 2024). It is thought that there may be a connection between urticaria and having an autoimmune disease of the thyroid gland (Kolkhir et al., 2022). In addition, a genetic deficiency of a C1 (complement 1) inhibitor also can cause urticaria and angioedema.

The physical urticarias constitute another form of chronic urticaria. Physical urticarias are intermittent; usually last less than 2 hours; are produced by exercise, cold, sunlight, vibration, heat, or delayed pressure; have distinctive appearances and locations; and are seen most frequently in young adults (Kolkhir et al., 2022).

Diagnosis and Treatment

Appropriate challenge tests (e.g., application of an ice cube to the skin to initiate development of cold urticaria) are used to differentiate physical urticaria from chronic urticaria due to other causes.

Most types of urticaria are treated with second-generation antihistamines that block histamine type 1 (H_1) receptors. They control urticaria by inhibiting vasodilation and the escape of fluid into the surrounding tissues. They also relieve the pruritus. If the antihistamines are not effective, leukotriene receptor blockers are used (Kolkhir et al., 2022). Colloid-type (e.g., Aveeno) baths may be used as comfort measures. People who experience angioedema of the larynx and pharynx are strongly encouraged to carry an EpiPen. Oral corticosteroids may be used in the treatment of refractory urticaria.

Immune-Induced Skin Eruptions

Some immune-mediated conditions cause blistering skin lesions and detachment of the epidermis. Examples of this include **erythema multiforme (EM), Stevens-Johnson syndrome (SJS)**, and **toxic epidermal necrolysis (TEN)**. While they were once thought to exist on a severity spectrum and may appear similar in their skin findings, they differ significantly in etiology, severity, and treatment approach (Bennett Copp, 2024).

EM is most commonly triggered by infections—particularly HSV and *Mycoplasma pneumoniae*—and is not typically caused by medications (Kechichian et al., 2024). EM is categorized into two forms: EM minor and EM major. EM minor is usually self-limiting and characterized by the sudden appearance of target-like lesions, typically on the hands and feet, without mucosal involvement. EM major involves both the skin and mucous membranes but still tends to be associated with infections rather than drug reactions (Bennett Copp, 2024).

In contrast, SJS and TEN are severe, life-threatening reactions almost always triggered by medications. Common causative drugs include sulfonamides, anticonvulsants, NSAIDs, and allopurinol. These conditions are part of the same disease spectrum, differentiated primarily by the extent of skin detachment: SJS involves less than 10% of body surface area, TEN involves more than 30%, and SJS/TEN overlap falls between 10% and 30%. Both SJS and TEN result from a delayed-type hypersensitivity reaction that leads to widespread keratinocyte apoptosis and full-thickness necrosis of the epidermis (Lee et al., 2023). This epidermal separation is much deeper than the superficial peeling seen in other conditions, such as scarlet fever. As a result, affected individuals are at high risk for fluid loss, electrolyte imbalances, impaired thermoregulation, and infection.

Clinical Manifestations

Clinically, EM presents with characteristic target lesions—round, erythematous papules with concentric rings of color (Kechichian et al., 2024). These may evolve over hours to days and are often symmetrically distributed on the extremities. Mucosal involvement is absent in EM minor and limited in EM major (Fig. 11-26). In SJS and TEN, the condition typically begins with nonspecific symptoms such as fever, malaise, and sore throat, followed by the rapid onset of widespread erythema, bullae, and epidermal sloughing. The Nikolsky sign—skin detachment with lateral pressure—is usually positive. Mucous membranes, especially of the mouth, eyes, and genitals, are almost always affected, and ocular involvement may lead to blindness (Lee et al., 2023).

Treatment

Treatment varies depending on the condition and severity. EM minor is generally managed with symptomatic

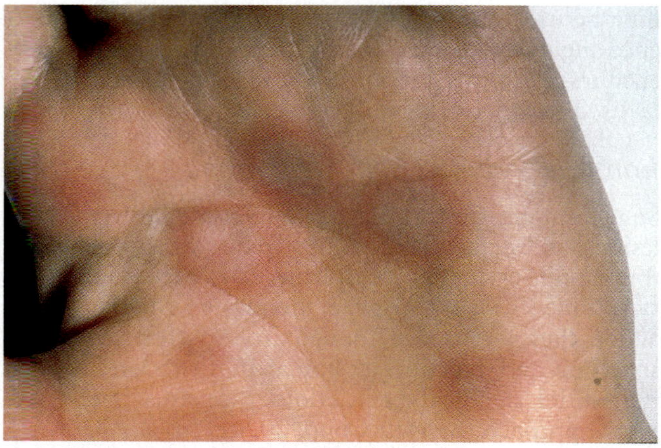

FIGURE 11-26. Erythema multiforme. Papules with an erythematous border and central clearing associated with erythema multiforme. (Reprinted with permission from Kyle, T., & Carman, S. [2016]. *Essentials of pediatric nursing* [3rd ed., Fig. 23.13]. Wolters Kluwer.)

therapies, such as antihistamines, topical corticosteroids, and antiviral agents for HSV-related cases. Recurrent EM may be prevented with suppressive antiviral therapy (Kechichian et al., 2024). In contrast, management of SJS and TEN requires immediate hospitalization, typically in a burn or intensive care unit (Lages Pereira et al., 2024). Treatment includes withdrawal of the offending drug, aggressive fluid and electrolyte replacement, wound care, pain management, respiratory support, and prevention of secondary infections (Lages Pereira et al., 2024). In some cases, immunomodulatory therapies such as intravenous immunoglobulin (IVIG) or cyclosporine may be used. Early recognition and intervention are critical for improving outcomes, particularly in SJS and TEN (Lee et al., 2023; Lages Pereira et al., 2024).

Papulosquamous Dermatoses

Papulosquamous dermatoses are a group of skin disorders characterized by scaling papules and plaques. Among the major papulosquamous diseases are psoriasis, pityriasis rosea, and lichen planus (LP).

Psoriasis

Psoriasis is a common, chronic immune-mediated inflammatory skin disorder characterized by circumscribed, red, thickened plaques with an overlying silvery-white scale. Psoriasis occurs worldwide, although the incidence is lower in warmer, sunnier climates. The average age of onset is in the third decade, and its prevalence increases with age (Schön & Wilsmann-Theis, 2023).

Pathophysiology

Psoriasis was once assumed to be primarily an epidermal keratinocyte issue but is now recognized as one of the most common immune-mediated disorders. Cytokines, dendritic cells, and other immune mediators contribute substantially to its pathogenesis. Both extrinsic and intrinsic factors play major roles in the disorder. Genetic predisposition is considered a key contributor, especially in those who develop the disease before the age of 40. Behavioral and environmental factors may also be involved. Localized trauma, stress, infections, smoking and alcohol use, obesity, and drugs are all known to cause or aggravate psoriasis. Exposure to the sun has also been recognized as a possible trigger or exacerbating factor (Branisteanu et al., 2022). Drugs that have been linked to psoriasis-like eruptions include beta blockers, lithium, and antimalarial medications. The disease, which can persist throughout life and become exacerbated at unpredictable times, is classified as a chronic ailment. A few cases, however, have been known to clear and not recur. There appears to be an association between psoriasis and arthritis.

Histologically, psoriasis is characterized by increased epidermal cell turnover with marked epidermal thickening, a process called **hyperkeratosis**. The granular layer (stratum granulosum) of the epidermis is thinned or absent, and neutrophils are found in the stratum corneum. There also is an accompanying thinning of the epidermal cell layer that overlies the tips of the dermal papillae (suprapapillary plate), and the blood vessels in the dermal papillae become tortuous and dilated. These capillary beds show permanent damage even when the disease is in remission or resolved. The close proximity of the vessels in the dermal papillae to the hyperkeratotic scale accounts for multiple, minute bleeding points that are seen when the scale is lifted.

Types of Psoriasis

There are several variants or types of psoriasis, including plaque-type psoriasis, guttate psoriasis, pustular psoriasis (localized and generalized), and erythrodermic psoriasis. *Plaque-type psoriasis* (**psoriasis vulgaris**), which is the most common type, is a chronic stationary form of psoriasis. The lesions may occur anywhere on the skin but most often involve the elbows, knees, and scalp (Fig. 11-27). The primary lesions are sharply demarcated, thick, red plaques with a silvery scale that vary in size and shape. In dark-skinned people, the plaques may appear purple. There may be excoriation,

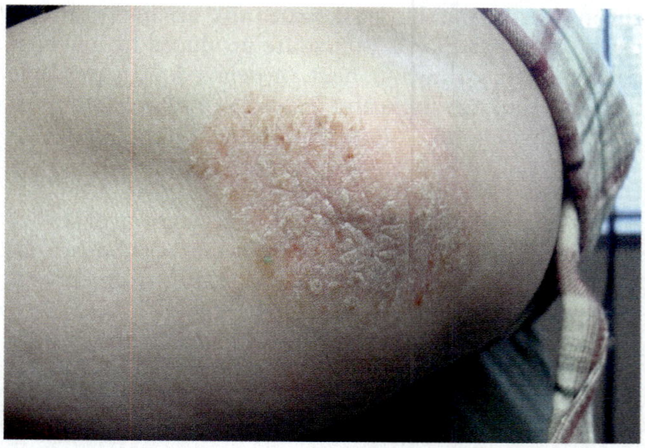

FIGURE 11-27. Silvery-white psoriasiform, well-demarcated plaque with imbricated scale on the elbow. (From Hall B. J., Hall J. C. [2017]. *Sauer's manual of skin diseases* [11th ed., Figure 16-1, p. 189]. Wolters Kluwer.)

thickening, or oozing from the lesions. A differential diagnostic finding is that the plaques bleed from minute points when removed, which is known as the *Auspitz sign*.

Guttate psoriasis occurs in children and young adults and is characterized by teardrop-shaped, pink to salmon, scaly lesions. Its lesions are usually limited to the upper trunk and extremities. This form of psoriasis is often brought on by a streptococcal infection. It generally responds to treatments such as topical corticosteroids, UVB phototherapy, antistreptococcal interventions, or systemic therapies, only to return if recurrent streptococcal infections occur (Leung et al., 2023). **Pustular psoriasis** is characterized by papules or plaques studded with pustules. Localized pustular psoriasis usually is limited to the palms of the hands and soles of the feet but can occur in other areas including the nails (Fig. 11-28). Generalized pustular psoriasis is a rare and life-threatening subtype characterized by more general involvement and may be associated with systemic symptoms such as fever, malaise, and diarrhea. The person may or may not have a preexisting psoriasis history. A large spectrum of genetic mutations has been implicated in the condition (Kodali et al., 2023).

Treatment

Psoriasis is a chronic immune-mediated condition with no known cure. The primary treatment goals are to reduce hyperproliferation, inflammation, and abnormal keratinocyte differentiation (Oon et al., 2024). Treatment options are categorized into topical therapies, phototherapy, systemic treatments, and biologic agents. Topical therapies include corticosteroids, vitamin D analogs (e.g., calcipotriene), salicylic acid, and retinoids (e.g., tazarotene). Older agents like coal tar and anthralin are used less commonly today. Phototherapy, particularly narrowband UVB, remains a mainstay for widespread disease. Systemic treatments like methotrexate, cyclosporine, and acitretin are options for moderate-to-severe disease (Cohen, 2024). Systemic corticosteroids are generally avoided due to the risk of flares. Biologics now play a central role, especially in moderate-to-severe cases or when joint involvement is present. These include agents targeting TNF-α, IL-17, IL-12/23, and IL-23 pathways (Wu et al., 2024).

Concept Mastery Alert

Phototherapy, methotrexate, corticosteroids, and cyclosporine are all systemic treatments for psoriasis. Keratolytic agents are topical treatments for psoriasis.

Pityriasis Rosea

Pityriasis rosea is a rash that primarily affects children and young adults and is more prevalent during spring and fall seasons. The origin of the rash is unknown but is hypothesized to be triggered by a viral infection. Human herpesvirus types 6 (HHV-6) and 7 (HHV-7) have been proposed as potential causes, but their role is unclear (Ciccarese et al., 2024). While cases often occur in clusters and among individuals in close contact, there is no conclusive evidence supporting person-to-person transmission. It may be an immune response to any number of agents (Litchman et al., 2024).

The characteristic lesion is an oval macule or papule with surrounding erythema (Fig. 11-29). The lesion spreads with central clearing, much like tinea corporis. The condition often begins with a *herald patch*, a single, large, scaly, pink or red lesion, typically appearing on the chest, back, or abdomen. However, there is not always a herald patch. Within 1 to 2 weeks, smaller oval-shaped lesions emerge on the trunk and proximal extremities, often following the skin's cleavage lines, creating a "Christmas tree" pattern. The extremities, face, and scalp may be involved, more so with children and people with dark skin. Mild to severe pruritus may occur. The disease is self-limiting and typically resolves within 6 to 8 weeks. Treatment measures are palliative and include topical steroids, antihistamines, and colloid baths. Systemic corticosteroids are generally not recommended due to potential exacerbation of the disease (Litchman et al., 2024).

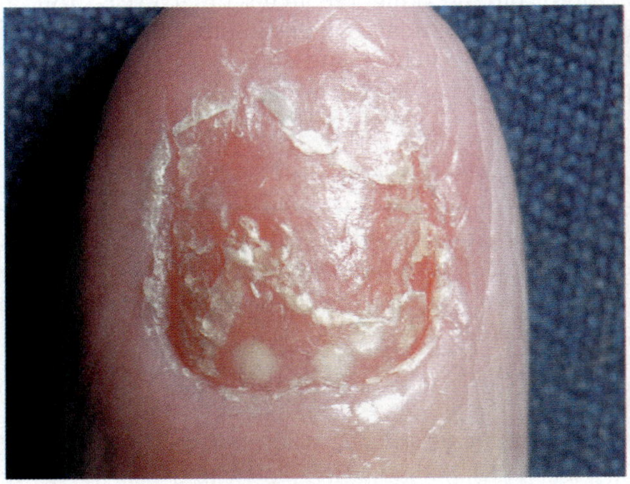

FIGURE 11-28. Pustular nail psoriasis. (From Hall, B. J., & Hall, J. C. [2017]. *Sauer's manual of skin diseases* [11th ed., p. 404]. Wolters Kluwer.)

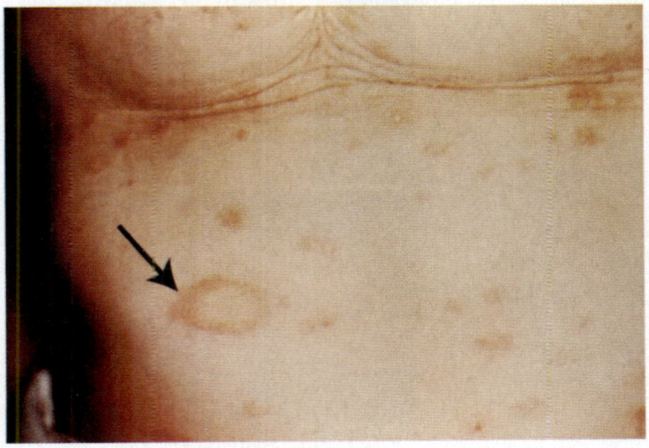

FIGURE 11-29. Pityriasis rosea. Note oval herald patch (*arrow*) on the abdomen as well as a more generalized rash. (From Centers for Disease Control and Prevention Public Health Image Library. [Online] Available: http://phil.cdc.gov/Phil/home.asp)

Lichen Planus

Lichen planus (LP) is a rare, chronic inflammatory skin disorder characterized by small (2 to 10 mm), flat-topped, violaceous papules with irregular, angulated borders (Tekin et al., 2024) (Fig. 11-30). It involves papular eruption of the skin and mucous membranes. There are variations in the pattern of lesions (e.g., annular or linear) and differences in the sites (e.g., mucous membranes, genitalia, nails, and scalp). The characteristic lesion is a purple, polygonal papule covered with a shiny, white, lace-like pattern (Tekin et al., 2024). The lesions appear most frequently on the wrists, ankles, and trunk of the body. Most people who have skin lesions also have oral lesions, appearing as milky white lacework on the buccal mucosa or tongue. Other mucosal surfaces, such as the genital, nasal, laryngeal, otic, gastric, and anal areas, may also be affected. As with psoriasis, LP lesions can develop on scratches or skin injuries and so can be secondary or primary lesions.

The etiology of LP is unknown, but it is believed to be an autoimmune response in which epithelial cells are recognized as foreign. The disorder involves the epidermal–dermal junction, with damage to the basal cell layer. Some cases of LP have been linked to hepatitis C or B virus infections. There is mounting evidence that LP has systemic associations, including glucose intolerance, cardiovascular disorders, autoimmune conditions, and dyslipidemia (Tekin et al., 2024).

Diagnosis is based on the clinical appearance of the lesions and the histopathologic findings from a punch biopsy. For most people, LP is a self-limited disease. Treatment measures include discontinuation of all medications, followed by treatment with topical corticosteroids and occlusive dressings. Some forms of LP are at a heightened risk for malignant transformation, so careful monitoring is important (Tekin et al., 2024).

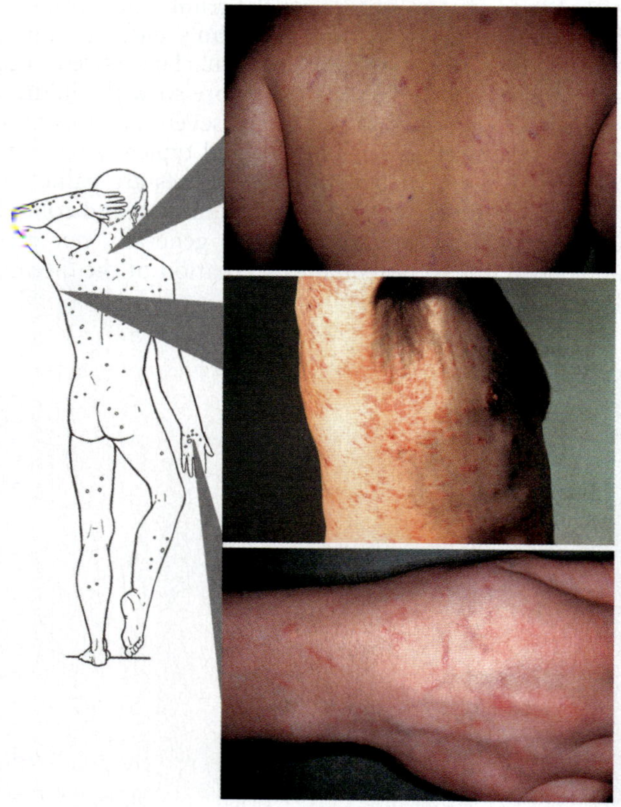

FIGURE 11-30. Lichen planus. (From Hall, B. J., & Hall, J. C. [2017]. *Sauer's manual of skin diseases* [10th ed., p. 171]. Wolters Kluwer.)

Lichen Simplex Chronicus

Lichen simplex chronicus (LSC) is a form of chronic localized pruritus with a secondary dermatitis. It is one of the most common types of chronic itch conditions, affecting approximately 10% of the general population (Ju et al., 2022). Although the specific etiology is unclear, a large percentage of people affected by LSC report an immediate family history of atopic dermatitis, asthma, and/or allergic rhinitis. Psychosocial stress has also been linked to LSC, with patients demonstrating a significantly higher prevalence of comorbidities such as clinical depression and anxiety. LSC often presents in high achievers with stressful, competitive lifestyles. Because LSC involves chronic itching and scratching driven by the nervous system, it is often referred to as a **neurodermatitis**; however, this term can be confusing because it is also used to describe other skin conditions with different causes and treatments (Ju et al., 2022).

As a secondary dermatitis, LSC is caused by repeated rubbing and scratching of an intractable itch leading to a thickening and scaling of the skin. People with the condition may have a single or, less frequently, multiple lesions. Because it is induced by habitual scratching, LSC is often found in areas of the body that are self-accessible, such as the nape of the neck, wrists, ankles, or anogenital regions. People can experience this dermatosis on the vulva and complain of distressing vulvar pruritus that worsens with constant itching. The condition usually begins as a small pruritic patch, which after a repetitive cycle of itching and scratching develops into a chronic dermatosis. Because of the chronic itching and scratching, excoriations and lichenification of the skin develop, often giving the appearance of tree bark. Treatment consists of identifying and treating any underlying disease, repairing the skin, reducing inflammation, and breaking the itch-scratch cycle. Topical emollients, steroids, and analgesics are often prescribed to decrease the itching and subsequent inflammatory process (Ju et al., 2022).

Arthropod Infestations

The skin is susceptible to a variety of disorders as a result of invasion or infestation by arthropods, including mites and lice. The type of rash or lesion depends on the causative agent.

Scabies

A mite, *Sarcoptes scabiei*, which burrows into the epidermis, causes **scabies**. After a female mite is impregnated, she burrows into the skin and lays two to three eggs each day for 4 or 5 weeks. The eggs hatch after 3 to

4 days, and the larvae migrate to the skin surface. At this point, they burrow into the skin only for food or protection. The larvae molt and become nymphs; they molt once more to become adults. After the new adult females are impregnated, the cycle is repeated. Scabies is transmitted by person-to-person contact, including sexual contact. It can also be transmitted to a lesser extent, by contact with mite-infested bedding, clothing, or furniture because the mite can survive outside of the host for 2 to 5 days. Scabies mites have the ability to modulate the host's immune response, and although both innate and acquired immune responses against the mites occur, this does not protect against reinfestation.

Types of Scabies

There are two types of scabies: classic scabies and Norwegian (crusted) scabies. *Classic scabies* is characterized by a small burrow (e.g., 2 mm) lesion that may be red to reddish-brown. Small vesicles may cover the burrows. The areas most commonly affected are the interdigital web of the fingers, flexor surface of the wrist, inner surface of the elbow, axilla, nipples, penis, belt line, and gluteal crease (Fig. 11-31). Pruritus is common and may result from the burrows, the fecal material of the mite, or both. Excoriations may develop from scratching, leaving the host vulnerable to secondary bacterial infections and severe skin lesions if left untreated. A second type of scabies is Norwegian or crusted scabies, a severe form that involves millions of mites. It differs from common scabies in the large number of mites living on the host and in crusting over of the infested region. More than half of patients with crusted scabies have identifiable immunocompromise (Uzun et al., 2024).

Diagnosis and Treatment

Diagnosis is done by skin scrapings. A positive diagnosis relies on the presence of mites, ova, or feces. Treatment is simple and typically curative. After bathing, permethrin, malathion, or other effective mite-killing agents are applied over the entire skin surface for 12 hours. Repeated applications may be recommended in certain cases, but one treatment usually is sufficient. Systemic treatment with ivermectin is considered in cases where topical treatment has not been effective, often in combination with topical therapy (Uzun et al., 2024).

Pediculosis

Pediculosis is the term for infestation with lice (genus *Pediculus*). Lice are gray, gray-brown, or red-brown,

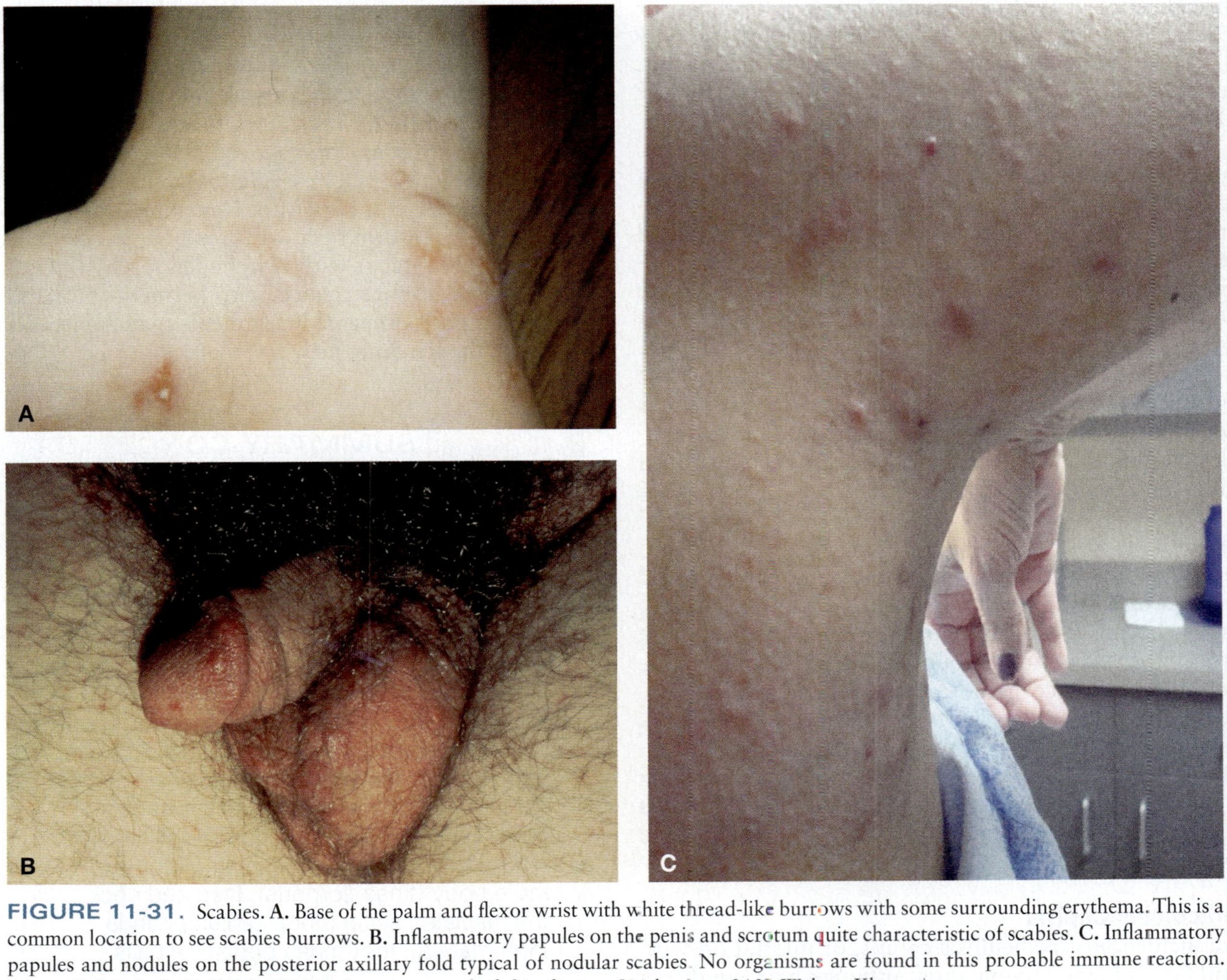

FIGURE 11-31. Scabies. **A.** Base of the palm and flexor wrist with white thread-like burrows with some surrounding erythema. This is a common location to see scabies burrows. **B.** Inflammatory papules on the penis and scrotum quite characteristic of scabies. **C.** Inflammatory papules and nodules on the posterior axillary fold typical of nodular scabies. No organisms are found in this probable immune reaction. (From Hall B. J., & Hall J. C. [2017]. *Sauer's manual of skin diseases* [11th ed., p. 210]. Wolters Kluwer.)

oval, wingless insects that live off the blood of humans and animals. Lice are host specific; lice that live on animals do not transfer to humans and vice versa. Lice also are host dependent; they cannot live apart from the host beyond a few hours.

Three types of lice affect humans: *Pediculus humanus corporis* (body lice), *Phthirus pubis* (pubic lice), and *Pediculus humanus capitis* (head lice) (Fu et al., 2022). Although these three types differ biologically, they have similar life cycles. The life cycle of a louse consists of a "nit" or unhatched egg, three molt stages, an adult reproductive stage, and death. Before adulthood, lice live off the host and are incapable of reproduction. After fertilization, the female louse lays her eggs along hair shafts. The nits appear pearl-gray to brown. Depending on the site, a female louse can lay between 150 and 300 nits in her life. The life span of a feeding louse is 30 to 50 days. Lice are equipped with stylets that pierce the skin. Their saliva contains an anticoagulant that prevents the host's blood from clotting while the louse is feeding. A louse takes up to 1 mL of blood during a feeding (Fu et al., 2022).

Pediculosis Corporis

Pediculosis corporis is infestation with *P. humanus corporis* or body lice. The lice are transferred chiefly through contact with an infested person, clothing, or bedding. The lice live in clothes fibers, coming out only to feed—usually at night, causing nocturnal pruritus. Unlike pubic and head lice, the body louse can survive 10 to 14 days without the host.

The typical lesion is a macule at the site of the bite. Papules and wheals may develop. The infestation is pruritic and evokes scratching that brings about a characteristic linear excoriation. Eczematous patches are found frequently. Secondary lesions may become scaly and hyperpigmented and leave scars. Areas typically affected are the shoulders, trunk, and buttocks. The presence of nits in the seams of clothes confirms a diagnosis of body lice.

Treatment measures consist of eradicating the louse and nits on the body and on clothing. If treatment is indicated, shampoos or topical preparations containing malathion or other pediculicides are recommended (Fu et al., 2022).

Pediculosis Pubis

Pediculosis pubis, the infestation known as crab or pubic lice, is a disease spread by intimate contact with someone harboring *P. pubis*. The lice prefer coarse hair, and nits are therefore usually found in the pubic area, where their bites produce itching and erythematous lesions. Occasionally, they may be found in sites of secondary sex characteristics, such as the beard or axillae (Fu et al., 2022). Symptoms include intense itching and irritation of the skin. Diagnosis is made on the basis of symptoms and microscopic examination. The treatment is the same as that for head lice.

Pediculosis Capitis

The incidence of pediculosis capitis, or infestation with head lice, is higher among girls, although hair length has not been indicated as a contributing factor. Infestations of head lice usually are confined to the nape of the neck and behind the ears. Less frequently, head lice are found on the beard, pubic areas, eyebrows, and body hair. Although head lice can be transmitted by sharing combs and hats, they usually are spread from hair shaft to hair shaft through close personal contact. A positive diagnosis depends on the presence of firmly attached nits or live adult lice on hair shafts. Pruritus and scratching of the head are the primary indicators that head lice may be present. The scalp may appear red and excoriated from scratching (Fig. 11-32). In severe cases, the hair becomes matted together in a crusty, foul-smelling "cap." An occasional morbilliform rash, which may be misdiagnosed as rubella, may occur with lymphadenopathy (Fu et al., 2022). Head lice are treated with permethrin or malathion shampoos. Repeated treatments may be needed to eliminate the hatching nits.

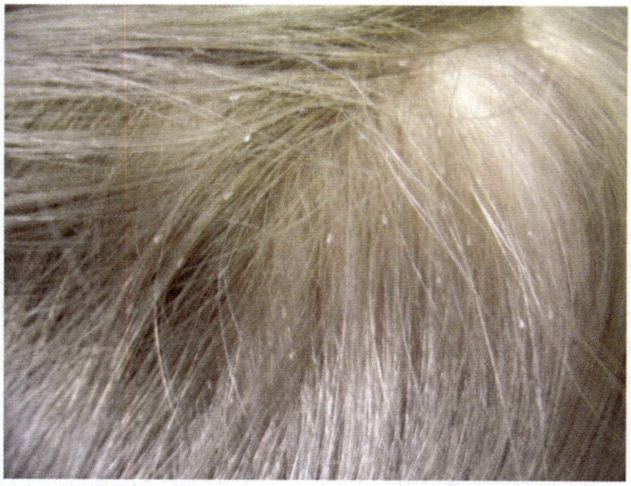

FIGURE 11-32. Pediculosis capitis (head lice). Lice are visible on hair shafts. (From Jensen S. [2015]. *Nursing health assessment: A best practice approach* [2nd ed., p. 278]. Wolters Kluwer.)

SUMMARY CONCEPTS

Primary disorders of the skin include pigmentary skin disorders, infectious processes, inflammatory conditions, immune disorders, allergic reactions, and arthropod infestations. Pigmentary skin disorders include vitiligo, albinism, and melasma. Although the causes of the disorders vary, all involve changes in the amount of melanin produced by the melanocytes. These disorders appear in people of every skin type and color, but manifestations vary.

Superficial fungal infections are called *dermatophytoses* and are commonly known as *tinea* or *ringworm*. Tinea can affect the whole body (tinea corporis), face and neck (tinea faciale), scalp (tinea capitis), hands (tinea manus), feet (tinea pedis), or nails (tinea unguium). The deep fungal infections invade the skin more deeply and go into living tissue and are also capable of involving other organs. Impetigo, which is caused by staphylococci or beta-hemolytic streptococci, is the most common superficial bacterial infection. Viruses are responsible for verrucae (warts), herpes simplex type 1 lesions (cold sores or fever blisters), and herpes zoster (shingles).

Noninfectious inflammatory skin conditions—such as acne, LP, psoriasis, and pityriasis rosea—are typically localized to the skin and often have no clearly defined external cause, but many involve immune system dysregulation. Allergic skin responses are linked to immune-mediated hypersensitivity reactions to specific allergens or substances. These include conditions such as contact dermatitis, atopic dermatitis, and drug-induced eruptions like EM, SJS, and TEN.

The skin is also subject to invasion or infestation by a number of arthropod species, including scabies, which is caused by a mite (*S. scabiei*), and pediculosis, which is caused by lice. There are three types of lice that affect humans: *P. humanus corporis* (body lice), *P. pubis* (pubic lice), and *P. humanus capitis* (head lice).

Trauma

Traumatic injury to the skin can be categorized based on the type of injury and mechanism of damage. The most widely recognized categories include radiation injuries, mechanical trauma, pressure injuries, thermal injuries, electrical injuries, chemical injuries, and biologic trauma.

Skin Damage Caused by UV Radiation

The skin is the protective shield against harmful UV rays from the sun. Skin cancers and other skin disorders such as early wrinkling and aging of the skin have been attributed to the damaging effects of sunlight (Salminen et al., 2022).

Sunlight is measured in wavelengths of nanometers (nm; one billionth of a meter) ranging from approximately 290 nm in the UV region up to approximately 2,500 nm in the infrared region. UV radiation (UVR) is divided into three types: UVC, UVB, and UVA. UVC has the shortest wavelengths and is blocked by the earth's ozone layer, so we are not typically exposed to it except from artificial sources, like germicidal lamps, that can damage the eyes and skin. UVB rays, commonly referred to as *sunburn rays,* can penetrate the epidermis, causing sunburn, DNA damage, photoaging (wrinkles, pigmentary changes, dryness, and loss of skin tone), and increased skin cancer risk (Salminen et al., 2022). UVA rays are 320 to 400 nm and can pass through window glass. They are further divided into short-wave UVAII (320 to 339 nm) and long-wave UVAI (340 to 400 nm). Once thought to be less damaging, UVA, particularly UVAII, is now recognized as a significant contributor to skin damage (Jin et al., 2022). Tanning beds and PUVA therapy use UVA, and repeated exposure can lead to effects similar to UVB, including photoaging and skin cancer risk (Salminen et al., 2022).

The acute effects of UVA and UVB are typically short-lived and reversible. They include erythema, increased pigmentation, and injury to the Langerhans cells and keratinocytes in the epidermis. These reactions differ depending on whether the inciting agent is UVA or UVB. For example, UVA-induced erythema occurs almost immediately after exposure, fades within 2 hours, and is primarily attributed to oxidative reactions affecting existing melanin and vasodilation, rather than to heat. In contrast, UVB-induced erythema has a delayed onset, typically peaking between 6 and 24 hours after exposure and fading over 1 to 2 days. This delayed response is a result of inflammatory processes and direct DNA damage caused by UVB (Jin et al., 2022).

Pigmentation or tanning due to UV exposure results from both UVA and UVB, although through slightly different mechanisms. UVA contributes to immediate pigment darkening by oxidizing existing melanin, while both UVA and UVB contribute to delayed tanning through stimulation of melanocyte activity. This includes increased melanin production, elongation of melanocyte dendrites, and transfer of melanin to keratinocytes. UVB is more effective at stimulating this protective tanning response, which provides some defense against future UV damage. In contrast, tanning caused by UVA exposure provides limited photoprotection.

Both UVA and UVB contribute to skin damage through the generation of reactive oxygen species and direct injury to cellular components. While UVB can contribute to photoaging, UVA is the primary driver due to its deeper penetration into the dermis, where it damages collagen and elastin fibers. This damage results in solar elastosis, characterized by the accumulation of abnormal elastic material in the upper dermis, epidermal thickening, and a loss of skin elasticity, ultimately leading to deep, persistent wrinkles. Proteins and DNA within skin cells are primary targets of UV damage due to their abundance and ability to absorb UVR. Furthermore, exposure to both UVA and UVB depletes Langerhans cells and impairs cutaneous immune function.

All forms of UVR are now recognized as carcinogenic. UVB causes direct DNA damage and mutations, while UVA contributes to indirect DNA damage through oxidative stress. Although UVA is less likely to cause sunburn, it is present throughout all daylight hours and all seasons, and its ability to penetrate more deeply into the skin allows it to damage basal keratinocytes—cells from which many skin cancers arise. In fact, UVA may play an even greater role in the development of certain types of skin cancer than previously recognized (Jin et al., 2022).

KEY POINTS

UVR and Thermal and Pressure Injuries

- The UV rays of sunlight have the potential for directly damaging skin cells, accelerating the effect of aging on the skin, and predisposing to the development of skin cancer.
- Thermal injury can damage skin and subcutaneous tissue and destroy the barrier function of the skin in terms of preventing the loss of body fluids and protecting against the entry of infectious organisms.

Drug-Induced Photosensitivity

Some drugs are classified as photosensitive drugs because they produce an exaggerated response to UVR when taken in combination with sun exposure. Examples include some of the anti-infective agents, antihistamines, antipsychotic agents, diuretics, hypoglycemic agents, and nonsteroidal anti-inflammatory drugs. Phototoxic reactions resemble an intense sunburn, occur soon after sun exposure, and do not involve the immune system. Less common photoallergic reactions, on the other hand, involve an immune response, present like eczema, and may spread beyond sun-exposed areas (Di Bartolomeo et al., 2022).

Stopping the drug and switching to a non-photosensitivity-inducing drug can generally manage drug-induced sun damage. It is also important to protect the skin from sun exposure during treatment. However, in rare cases, the photosensitivity can continue for months to years even after the medication has been discontinued.

Sunburn

Sunburn is caused by excessive exposure of the epidermal and dermal layers of the skin to UVR, resulting in an erythematous inflammatory reaction. Sunburn ranges from mild to severe. Mild sunburn consists of various degrees of skin redness. The burn can continue to develop for another 1 or 2 days, occasionally followed by peeling of the skin. Some peeling and itching may continue for several weeks. Inflammation, blistering, weakness, chills, fever, malaise, and pain often accompany severe forms of sunburn. Scaling and peeling follow any overexposure to sunlight. Dark skin also burns and may appear grayish or gray-black. Severe sunburns are those that cover large portions of the body with blisters or are accompanied by a high fever or intense pain.

Mild to moderate sunburns are treated with anti-inflammatory medications, such as aspirin or ibuprofen, until redness and pain subside. Cold compresses, cool baths, and application of a moisturizing cream, such as aloe, to affected skin help treat the symptoms. Blisters should be left intact to preserve the protective layer of the skin, hasten the healing process, and decrease the risk of infection. Extensive second- and third-degree burns may require hospitalization and specialized burn care techniques.

Preventing UVR Skin Damage

Sunscreens help protect the skin by either completely or partially blocking UVR from the sun or artificial sources. The two primary types of sunscreens are based on their mechanism of action. Chemical (organic) sunscreens absorb UVR and convert it into heat through chemical reactions in the skin. Physical (inorganic) sunscreens reflect or scatter UVR away from the skin surface. Some formulations also contain antioxidant additives—such as vitamins C and E or botanical extracts—which help mitigate oxidative stress and inflammation caused by UV exposure. These ingredients support but do not replace traditional UV filters.

Historically, para-aminobenzoic acid (PABA) was used as a chemical UVB blocker, but it is now largely excluded from modern sunscreen products due to its potential to cause allergic reactions and stain clothing. However, certain PABA derivatives may still be used and primarily offer UVB protection. Broad-spectrum sunscreens, which protect against both UVA and UVB rays, are recommended for optimal skin protection. Sunscreen should be selected based on an individual's skin type and tendency to burn rather than tan, and it should be applied generously and reapplied often, especially after swimming or sweating.

Sunless tanning products containing dihydroxyacetone (DHA) can create the appearance of a tan without UVR exposure. These products work by reacting with amino acids in the outermost layer of the skin, producing a temporary pigment change. This "tan" does not penetrate the living layers of the skin where melanocytes reside and does not stimulate melanocyte activity or trigger DNA damage, inflammation, or oxidative stress. While they come in various tones and formulations—including moisturizing creams, gels, or sprays—they do not offer sun protection unless they are combined with SPF-rated ingredients (Seidenberg et al., 2023).

Mechanical Trauma

Mechanical skin trauma encompasses various injuries resulting from external physical forces, including abrasions, lacerations, incisions, punctures, contusions, and avulsions. Each type has distinct characteristics, common causes, and specific treatment protocols. As discussed earlier in the chapter, wound healing for cutaneous injury is a highly coordinated process involving numerous cell types, all extensively mobilized to restore the injured tissue (Nagle et al., 2023).

Abrasions are superficial wounds that occur when the epidermis is scraped away due to friction against rough surfaces, such as in falls or sliding accidents. These injuries typically involve minimal bleeding and heal through reepithelialization, where new epithelial cells migrate to cover the wound. Most abrasions heal without scarring, but deeper abrasions extending into the dermis may result in scar formation. **Avulsions** involve the forcible tearing away of skin and underlying tissue, often resulting from severe accidents like motor vehicle collisions. These injuries are characterized by heavy bleeding and the exposure of underlying structures. Healing is complex and may involve surgical intervention to reattach or reconstruct the tissue. The process can be prolonged, with healing occurring by secondary or tertiary intention, often resulting in significant scarring (Nagle et al., 2023).

Lacerations are irregular, tear-like wounds caused by blunt trauma that overstretches the skin, leading to jagged edges. Common in accidents involving machinery or blunt objects, lacerations may bleed profusely. Healing involves the inflammatory phase, where neutrophils and macrophages remove debris and bacteria, followed by fibroblast activity that deposits collagen to repair the tissue. The healing time varies based on the wound's depth and severity, often taking several weeks. **Incisions** are clean, straight cuts typically inflicted by sharp objects like knives or during surgical procedures. These wounds often result in significant bleeding due to the precise severing of blood vessels. Healing by primary intention occurs when the wound edges are brought together, allowing for faster healing with minimal scarring. Surgical incisions generally heal in about 2 weeks, though more complex wounds may take longer. Research dating back over 200 years has focused on the association between scar formation and mechanical forces. Using concepts such as the orientation of underlying muscles and the development of wrinkles in the skin, guidelines have been developed to decrease scarring through minimizing anatomical tension across the surgical wound (Berry et al., 2023).

Puncture wounds are characterized by small, deep holes made by pointed objects such as nails or needles. While external bleeding may be minimal, these wounds can penetrate deep tissues, increasing the risk of infection. Healing occurs by secondary intention, and the wound may be left open to heal naturally, which can result in more noticeable scarring (Nagle et al., 2023).

Contusions, commonly known as bruises or **ecchymosis**, occur when blunt force trauma damages underlying blood vessels without breaking the skin, leading to discoloration and swelling. Healing involves the body's reabsorption of blood and fluids over time, typically resolving within a few days to weeks, depending on the severity (Nagle et al., 2023).

Pressure Injuries

Pressure injuries are ischemic lesions of the skin and underlying structures caused by unrelieved pressure that impairs the flow of blood and lymph. Pressure injuries are most likely to develop over a bony prominence such as the hips, heels, or sacrum, but they may occur anywhere on the body subject to external pressure, friction, or shearing forces. Several subpopulations are at particular risk, including people with spinal cord injuries, older adults with restricted activity or hip fractures, and critically ill patients. Contributing factors include immobility, incontinence, moisture, poor nutrition, and conditions such as diabetes that impair circulation and healing. The update to the Prevention and Treatment of Pressure Ulcers: Clinical Practice Guidelines is a collaborative product from the European Pressure Ulcer Advisory Panel, the Pan Pacific Pressure Injury Alliance, and the National Pressure Ulcer Advisory Panel (2025) that has proven successful in reducing the frequency of pressure injuries. Guidelines to prevent pressure injuries have led to the implementation of effective protocols that have reduced the incidence of pressure injuries (Kandula, 2025).

Mechanisms of Development

Multiple factors contribute to the development of pressure injuries, including comorbidities such as type 2 diabetes, pressure from positioning and body weight, moisture caused by sweating or incontinence, poor circulation, malnutrition, sensory impairment, and immobility (Aloweni et al., 2024).

External pressure, especially when sustained for 2 hours or more, can lead to ischemia and irreversible tissue damage. The risk is greater when pressure is concentrated over a small surface area, as in the case of bony prominences, where underlying tissue can be extensively damaged before skin breakdown becomes visible (Aloweni et al., 2024).

Shearing forces are caused by the sliding of one tissue layer over another with stretching and angulation of blood vessels, causing injury and thrombosis. Shear occurs when the skeleton moves but the skin remains fixed to an external surface, such as occurs with transfer from a stretcher to a bed or pulling a person up in bed. The same thing happens when the head of the bed is elevated, causing the torso to move toward the foot of the bed while friction and moisture cause the skin to remain fixed to the bed linens.

Friction contributes to pressure ulceration by damaging the skin at the epidermal–dermal interface. It occurs as people who are bedridden use their elbows and heels to aid in movement.

Moisture contributes to pressure ulcer formation by weakening the cell wall of individual skin cells and by changing the protective pH of the skin. This makes the skin more susceptible to pressure, shear, and friction injury (Aloweni et al., 2024).

Prevention

The prevention of pressure ulcers is preferable to their treatment. The Agency for Healthcare Research and Quality is firm in its conviction that using the Prevention of Pressure Ulcers Tool Kit will be effective in decreasing the number of decubitus ulcers (Agency for Healthcare Research and Quality, 2024).

Methods for preventing pressure ulcers include frequent position change, meticulous skin care, and frequent and careful observation to detect early signs of skin breakdown. Repositioning aids such as pillows, wedges, and others help to support and redistribute pressure. Pressure-relieving mattresses or overlays also help to distribute pressure more evenly. Efforts to decrease skin moisture can reduce maceration and injury. It is essential to keep the skin clean using gentle cleansers and to moisturize the skin to prevent dryness and cracking, especially for those who are incontinent of urine or feces. Food crumbs, intravenous tubing, and other debris in the bed can greatly increase local skin pressure points. Anemia and malnutrition contribute to tissue breakdown and delay healing after tissue injury has occurred (see Table 11-1). Adequate nutrition and hydration, in conjunction with nutritional supplements as necessary, can support wound healing (Pott et al., 2023).

Staging and Treatment

Pressure injuries are classified using staging criteria defined by the National Pressure Injury Advisory Panel (NPIAP) (Zaidi & Sharma, 2024) (Chart 11-1). Staging reflects the extent of tissue damage at the time of assessment and does not describe the healing process.

- Stage I is characterized by nonblanchable erythema of intact skin. Changes in skin temperature, consistency, or sensation may precede visible color changes.
- Stage II involves partial-thickness loss of skin with exposed dermis. The wound bed is viable, pink or red, and moist and may present as an intact or ruptured serum-filled blister. Slough, granulation tissue, and eschar are not present.
- Stage III represents full-thickness skin loss with visible adipose tissue. Granulation tissue and rolled wound edges (epibole) may be present. Fascia, muscle, tendon, ligament, cartilage, or bone are not exposed. The depth of tissue damage varies by anatomic location.
- Stage IV involves full-thickness skin and tissue loss with exposed or directly palpable fascia, muscle, tendon, ligament, cartilage, or bone. Slough or eschar may be present, and undermining or tunneling often occurs.
- Unstageable pressure injury refers to full-thickness skin and tissue loss in which the extent of damage cannot be confirmed because the wound base is obscured by slough or eschar.
- Deep tissue pressure injury (DTPI) is characterized by persistent, nonblanchable deep red, maroon, or purple discoloration of intact or nonintact skin, resulting from damage to underlying soft tissue from pressure and/or shear. DTPI may evolve rapidly to reveal deeper tissue injury (Zaidi & Sharma, 2024).

After skin breakdown has occurred, special treatment measures focus on preventing further ischemic damage, reducing bacterial contamination and infection, and promoting wound healing. Necrotic tissue delays healing and increases infection risk. Stage III pressure injuries with necrotic debris and most Stage IV pressure injuries require debridement. Advanced Stage IV injuries may require surgical intervention, including skin grafts or myocutaneous flap reconstruction.

CHART 11-1

STAGES OF PRESSURE INJURY

Deep Tissue Injury

A purple or maroon area of intact skin or a blood-filled blister due to damage of underlying tissue. Area can be painful, firm or mushy, warm, or cool. Can progress quickly and expose additional layers of tissue.

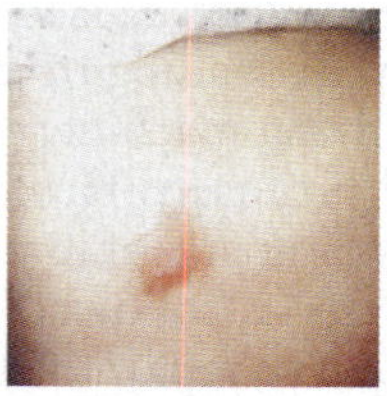

Stage 1

A persistent area of skin redness (without a break in the skin) that does not disappear when pressure is relieved. Usually over a bony prominence.

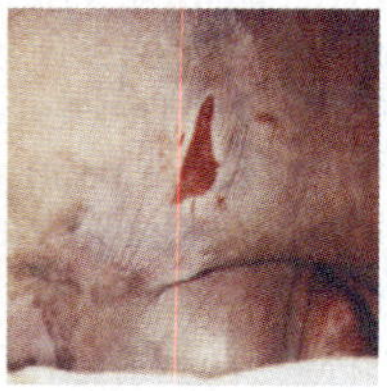

Stage 2

A partial-thickness loss of skin layers involving the epidermis that presents clinically as an intact or open/ruptured blister, or an open shallow crater.

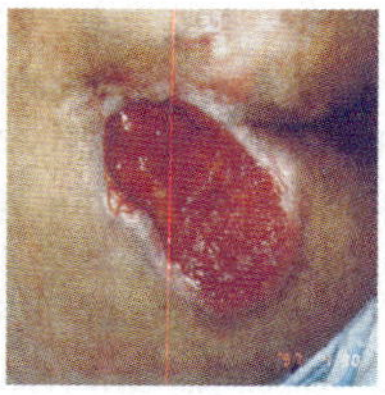

Stage 3

A full thickness of skin is lost extending through the epidermis and exposing the subcutaneous tissues; presents as a deep crater with or without tunneling and undermining of adjacent tissue.

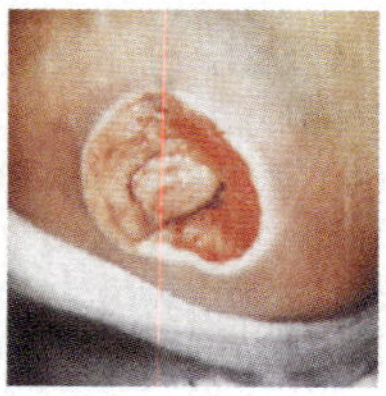

Stage 4

A full thickness of skin and subcutaneous tissue is lost, exposing muscle, bone, or both; presents as a deep crater that may include necrotic tissue, slough, or eschar. Tunneling and undermining often are present.

Unstageable

Full-thickness loss of tissue with base covered by slough and/or eschar. Stage cannot be determined until slough or eschar is removed to expose base and actual depth of wound.

Deep Tissue Pressure Injury

Localized area of nonblanchable deep red or purple discoloration with a dark wound bed or blood-filled blister due to intense or prolonged pressure or shearing force. Skin may be intact or nonintact.

Reprinted from Eliopoulos C. (2018). Skin care. In *Gerontological nursing* (9th ed., Box 27-1, p. 397). Wolters Kluwer, with permission.

SUMMARY CONCEPTS

Repeated exposure to UVR from the sun predisposes to sunburn, premature aging of the skin (wrinkling, solar elastosis, and irregularities in pigmentation), and skin cancer. Solar and artificial sources of UVR, such as from a tanning bed, contribute to the amount of radiation to which humans are exposed. Sunburn caused by excessive exposure to UVR is an erythematous inflammatory reaction, ranging from mild to severe. Photosensitive drugs can also produce an exaggerated response to UVR when they are taken in combination with sun exposure. Sunscreens are protective agents that work by either reflecting sunlight or preventing its absorption.

Mechanical skin trauma refers to damage caused by external physical forces that disrupt the integrity of the skin, often resulting in a variety of wound types with distinct presentations and healing pathways. Abrasions are superficial scrapes that heal primarily through reepithelialization. Lacerations are irregular tears often caused by blunt trauma that heal via granulation and collagen remodeling. Incisions are clean, sharp-edged wounds typically resulting from surgical or knife injuries that often heal by primary intention with minimal scarring. Puncture wounds are narrow and deep, posing a high risk of infection and healing by secondary intention due to their depth. Contusions, or bruises, involve subdermal bleeding without skin breakage and resolve as the body reabsorbs the pooled blood. Avulsions are severe injuries involving the tearing away of skin and soft tissue, often requiring surgical repair and extensive healing time. Each type of trauma engages the inflammatory and wound healing processes to varying degrees, influencing both the speed and quality of tissue recovery.

Pressure injuries are caused by ischemia of the skin and underlying tissues that results from external pressure that disrupts blood flow or shearing forces that cause stretching and injury to blood vessels. Pressure injuries are divided into stages according to the depth of tissue involvement. Preventing pressure ulcers is preferable to treating them. The goals of prevention should include identifying people at risk along with the specific factors placing them at risk, maintaining and improving tissue tolerance to pressure to prevent injury, and protecting against the adverse effects of external mechanical forces (i.e., pressure, friction, and shear).

Thermal Injury

Burns

Burn injuries represent a significant number of hospitalizations every year in the United States. The effects and complications of burns fully illustrate the essential function that the skin performs as it protects the body from the damaging elements in the environment while serving to maintain the constancy of the body's internal environment. The massive loss of skin tissue not only predisposes a person to invasion by microbes that are present in the environment but also allows for a substantial loss of body fluids, leading to interference with temperature regulation, challenges for the immune system, and excessive demands imposed on the metabolic and reparative processes that are needed to restore the body's interface with the environment (Żwierełło et al., 2023).

Burns are caused by a number of sources. Flame burns occur because of exposure to direct fire. Scald burns result from hot liquids spilled or poured on the skin surface. In a child, a scald burn may be indicative of child abuse. Chemical burns occur from industrial agents used in occupational sites. Electrical burns occur from contact with live electrical wires in fields or in the home. Electrical burns are usually more extensive because of internal tissue injury and the presence of entrance and exit wounds. Lightning, electromagnetic radiation, and ionizing radiation also can cause skin burns.

Classification of Burns

Burns are classified according to the depth of tissue involvement and the extent of total body surface area (TBSA) affected (Table 11-4). Burn depth is influenced by the temperature of the injuring agent and the duration of exposure.

First-Degree Burns

First-degree burns involve only the epidermis and are therefore classified as **superficial burns** (Żwierełło et al., 2023). The skin appears red or pink, dry, and painful, without blister formation. A mild sunburn is a common example. The skin retains its barrier function and typically heals within 3 to 10 days without scarring. Treatment is supportive and includes pain relief and adequate hydration. Extensive superficial burns in infants, older adults, or individuals receiving radiation therapy may require closer monitoring.

Second-Degree Burns

Second-degree burns involve the epidermis and a portion of the dermis and are classified as *partial-thickness burns* (Żwierełło et al., 2023).

Superficial partial-thickness burns affect the upper dermis and are characterized by moist, red skin with blister formation. The exposed dermis beneath blisters is pink or red and highly sensitive to touch, temperature, and air. These burns are painful and typically heal within 1 to 2 weeks with minimal scarring if infection is prevented. Intact blisters should generally be preserved when possible, as they provide a protective barrier and promote healing.

TABLE 11-4 Characteristics of Burns According to Depth

Causes	Skin Involvement	Clinical Manifestations	Wound Appearance	Recuperative Course and Treatment
First degree (superficial)				
Sunburn/low-intensity flash/superficial scald	Epidermis	Tingling Hyperesthesia (hypersensitivity) Pain soothed by cooling Peeling Itching	Reddened; blanches with pressure; dry Minimal or no edema Possible blisters	Complete recovery within a few days Oral pain medications, cool compresses, skin lubricants; topical antimicrobials not indicated
Second degree (partial thickness)				
Scalds/flash flame/contact	Epidermis and portion of dermis	Pain Hyperesthesia Sensitive to air currents	Blistered, mottled red base; disrupted epidermis; weeping surface Edema	Recovery in 2–3 weeks Some scarring and depigmentation; may require grafting
Third degree (full thickness)				
Flame/prolonged exposure to hot liquids/electric current/chemical/contact	Epidermis, dermis, subcutaneous tissue; may involve muscle	Insensate Shock Myoglobinuria (possible hemolysis) Possible contact points	Dry; pale white, red, brown, leathery, or charred Coagulated vessels may be visible Edema	Eschar may slough Grafting necessary Scarring and loss of contour and function
Fourth degree (includes fat, fascia, muscle, bone)				
Prolonged exposure or high-voltage electrical injury	Deep tissue, muscle, bone	Shock Myoglobinuria and possible hemolysis	Charred	Amputations likely Grafting not beneficial depending on severity

(Hinkle et al., 2022; American Burn Association., 2018).

Deep partial-thickness burns extend deeper into the dermis but do not destroy its entire thickness. Hair follicles and sweat glands may remain partially intact. These burns may appear mottled red or pale and are often less moist. Pain sensation may be diminished due to nerve injury. Healing typically occurs over several weeks and often results in scarring. Management focuses on preventing infection, maintaining hydration, and supporting reepithelialization (Żwierełło et al., 2023).

Third-Degree Burns

Third-degree burns involve **full-thickness** destruction of the epidermis and dermis, extending into the subcutaneous tissue (Żwierełło et al., 2023). The burned area may appear waxy white, yellow, tan, brown, deep red, or black and is typically dry, leathery, and nonpainful due to nerve destruction. Thrombosed vessels may be visible beneath the burned skin. Because all regenerative dermal elements are destroyed, healing requires surgical intervention such as skin grafting, particularly for burns larger than 1.5 in. Smaller burns may heal slowly from the margins but usually result in permanent scarring.

Fourth-Degree Burns

Fourth-degree burns extend beyond the skin and subcutaneous tissue to involve underlying muscle, tendon, or bone (Milner, 2024). These injuries are severe, often life-threatening, and require complex surgical management.

Extent of the Burn

In addition to burn depth, extent of injury is assessed by estimating the percentage of TBSA involved. The rule of nines divides the body into regions representing multiples of 9% to provide a rapid TBSA estimate (Moore et al., 2024) (Fig. 11-33). Other assessment tools may be used in children or in irregular burn patterns. Burn severity is influenced not only by TBSA and depth but also by patient age, burn location, associated injuries, and preexisting conditions. Burns involving the face, hands, feet, genitalia, or major joints; inhalation injuries; electrical or chemical burns; and burns accompanied by trauma or psychosocial concerns are considered more severe and often require hospitalization. Genital burns frequently necessitate inpatient management because edema may impair urinary function, and the location complicates infection control.

Systemic Complications

People with burns often experience multiple life-threatening complications such as hemodynamic instability, respiratory failure, infection, and even multiple-organ dysfunction. The magnitude of the response is

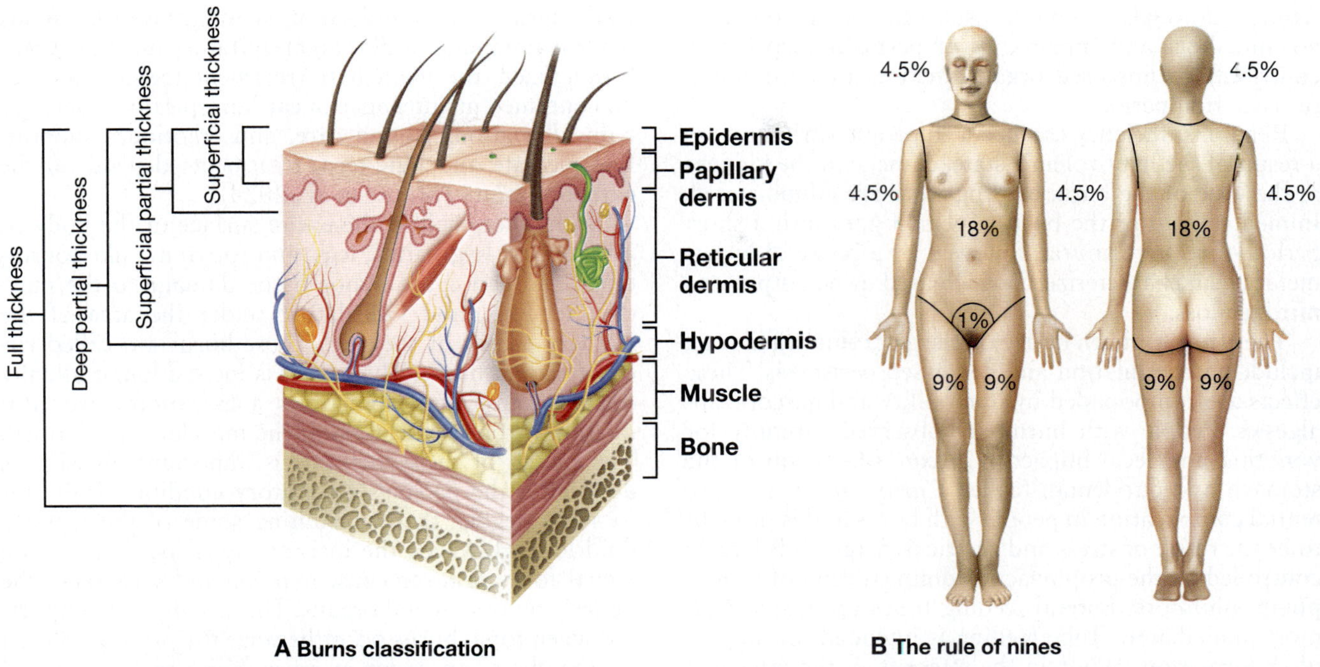

FIGURE 11-33. Classification of burns. Burns are classified according to thickness (A) and the surface area involved according to the rule of nines, where the numbers on the torso indicate the percentage of total body area (B). (From McConnell T.H., Hull K.L. (2010). *Human Form, Human Function* [North American Edition, Asset: 80209_c05_f11.eps], Wolters Kluwer Health and Pharma.)

proportional to the extent of injury, usually reaching a plateau when approximately 60% of the body is burned. In addition to loss of skin, people with burns often have associated injuries or illnesses. The treatment challenge is to provide immediate resuscitation efforts and long-term maintenance of physiologic function. Pain and emotional problems are additional challenges faced by people with burns.

Hemodynamic Instability

Hemodynamic instability begins almost immediately with injury to capillaries in the burned area and surrounding tissue. Fluid is lost from the vascular, interstitial, and cellular compartments. Because of a loss of vascular volume, people with major burns often present in the emergency department in a form of hypovolemic shock known as **burn shock**. Evidence suggests that the lactate serum level at admission can predict which people in burn shock are going to benefit from therapeutic plasma exchange (Mohan et al., 2023). Burn shock results in decreased cardiac output, increased peripheral vascular resistance, and impaired perfusion of vital organs. Electrical injuries that cause burns can produce cardiac arrhythmias that require immediate attention (Moore et al., 2024).

Respiratory System Dysfunction

Respiratory system dysfunction includes smoke inhalation and postburn lung injury. People who are trapped in a burning structure often inhale significant amounts of smoke, carbon monoxide, and other toxic fumes. Water-soluble gases, such as ammonia, sulfur dioxide, and chlorine that are found in smoke from burning plastics and rubber react with mucous membranes to form strong acids and alkalis that induce ulceration of the mucous membrane, bronchospasm, and edema. Lipid-soluble gases, such as nitrous oxide and hydrogen chloride, are transported to the lower airways, where they damage lung tissue. There also may be thermal injury to the respiratory passages. Manifestations of inhalation injury include hoarseness, drooling, an inability to handle secretions, hacking cough, and labored and shallow breathing. Serial blood gases show a fall in the partial pressure of arterial oxygen (PaO_2). Signs of mucosal injury and airway obstruction often are delayed for 24 to 48 hours after a burn. It is necessary to continually monitor the person for early signs of respiratory distress. Other pulmonary conditions, such as pneumonia, pulmonary embolism, or pneumothorax, may occur secondarily to the burn.

Hypermetabolic Responses

Hypermetabolic responses are due to increases in metabolic and nutritional requirements caused by the stress of burn injury. Secretion of stress-related hormones such as catecholamines and cortisol is increased in an effort to maintain homeostasis. Heat production is increased in an effort to balance heat losses from the burned area. Hypermetabolism, characterized by increased oxygen consumption, increased glucose use, and protein and fat wasting, is a characteristic response to burn trauma and infection. The hypermetabolic state peaks at approximately 7 to 17 days after the burn, and tissue breakdown diminishes as the wounds heal. Nutritional support is essential to recovery from burn injury. Enteral and parenteral hyperalimentation may be used during this time to deliver sufficient nutrients to prevent tissue breakdown and postburn weight loss (Moore et al., 2024).

Dysfunction of Other Organ Systems

Burns may result in impaired function of the kidneys, gastrointestinal tract, nervous system, and musculoskeletal tissues. Although the initial insult often is one of hypovolemic shock and impaired organ perfusion, sepsis may contribute to impaired organ function after the initial resuscitation period.

Renal insufficiency can occur in people with burns as a result of the hypovolemic state, damage to the kidneys at the time of the burn, or drugs that are administered. Immediately after the burn, a person goes into a short period of relative anuria, followed by a phase of hypermetabolism characterized by increased urine output and nitrogen loss.

The effects of burn injury on the gastrointestinal tract include gastric dilation and decreased peristalsis. These effects are compounded by immobility and narcotic analgesics. People with burns are observed carefully for vomiting and fecal impaction. Acute ulceration of the stomach and duodenum (called *Curling ulcer*) is a potential complication in people with burns and is thought to be the result of stress and gastric ischemia. It is largely controlled by the prophylactic administration of proton pump inhibitors. Enteral feeding tubes are inserted almost immediately. Tube feeding is intended to mitigate ulcer formation, maintain the integrity of the intestinal mucosa, and provide sufficient calories and protein for the hypermetabolic state (Moore et al., 2024).

Neurologic changes can occur from periods of hypoxia. Neurologic damage may result from head injuries, drug or alcohol abuse, carbon monoxide poisoning, fluid volume deficits, and hypovolemia. With an electrical burn, the brain or spine can be directly injured. The responses to neurologic damage may include confusion, memory loss, insomnia, lethargy, and combativeness.

Musculoskeletal effects include fractures that occur at the time of the accident, deep burns extending to the muscles and bone, hypertrophic scarring, and contractures. The hypermetabolic state increases tissue catabolism and produces severe protein and fat wasting.

Sepsis

Sepsis is a significant complication associated with the acute phase of burn injury. It may arise from the burn wound, pneumonia, urinary tract infection, infection elsewhere in the body, or the use of invasive procedures or monitoring devices. Immunologically, the skin is the body's first line of defense. When the skin is no longer intact, the body is open to bacterial infection. Destruction of the skin also prevents the delivery of cellular components of the immune system to the site of injury. There also is loss of normal protective skin flora and a shift to colonization by more pathogenic flora.

Emergency and Long-Term Treatment

Regardless of the type of burn, the first priority is to stop the fire and provide relief to the people affected. The heat source should be removed, and flames should be doused with water or smothered with a blanket. Active cooling removes the heat and prevents progression of the burn. Immediate submersion is more important than removal of clothing.

Depending on the depth and extent of the burn, medical treatment is necessary. Emergency care consists of resuscitation and stabilization with intravenous fluids while maintaining cardiac and respiratory function. Once hospitalized, the immediate treatment regimen focuses on continued maintenance of cardiorespiratory function, pain alleviation, wound care, and emotional support. Intermediate and long-term treatments depend on the extent of injury (Moore et al., 2024).

Burns that encircle the entire surface of the body or a body part (e.g., arms, legs, and torso) act like tourniquets and can cause major tissue damage to the muscles, tendons, and vasculature under the area of the leathery eschar of the skin. These burns are called **circumferential burns**. The eschar is incised longitudinally (escharotomy), and sometimes a fasciotomy (surgical incision through the fascia of the muscle) is performed. The timing of these incisions is important. Incision is done after the person's circulatory condition stabilizes to some degree, thereby limiting some of the massive fluid loss. However, the incisions must be done before eschar formation can cause hypoxia and necrosis of the underlying tissues and organs. This is extremely important when torso burns occur because the pressure placed on the chest can result in an inability to breathe and decreased blood return to the heart.

Systemic infection remains a leading cause of morbidity among people with extensive burns. Continuous microbiologic surveillance is necessary; protective isolation measures are often instituted. There is an increasing trend toward use of prophylactic antibiotic treatment in people with major burns.

Skin grafts are surgically implanted as soon as possible, often at the same time the burn tissue is excised, to promote new skin growth, limit fluid loss, and act as a dressing. Skin grafts can be permanent or temporary and split thickness or full thickness. Permanent skin grafts are used over newly excised tissue. Temporary skin grafts are used to cover a burned area until the tissue underneath it has healed. Various sources of skin grafts exist: **autograft** (skin obtained from the person's own body), **homograft** (skin obtained from another human being, alive or recently dead), and **heterograft** (skin obtained from another species, such as pigs).

Other treatment measures include positioning, splinting, and physical therapy to prevent contractures and maintain muscle tone. Because the normal body response to disuse is flexion, the contractures that occur with a burn are disfiguring and cause loss of limb or appendage use. Once the wounds have healed sufficiently, elastic pressure garments, sometimes for the full body, often are used to prevent hypertrophic scarring.

Hypothermia and Frostbite

Hypothermia is defined as a core body temperature below 35°C. Typically, hypothermia is described as mild, moderate, deep, or profound. Hypothermia is also defined by its duration: acute (a few hours), prolonged (several hours), or chronic. Therapeutic hypothermia has been used to reduce myocardial activity during heart surgery, and in some cases of stroke, trauma, or ischemic encephalopathy (Tveita & Sieck, 2022). However, when the skin and tissues are exposed to temperatures below the freezing point, frostbite can occur, leading to functional loss, chronic pain, and psychological trauma (Zaramo et al., 2022).

Frostbite can occur in individuals deployed in the military, living without proper shelter, required to work outdoors in the cold, or engaged in cold-weather recreational activities. When tissues are exposed to extreme cold, peripheral vasoconstriction occurs with intermittent cycles of vasodilation. As a result, blood is shunted from distal areas, leading to freezing of the feet, hands, lips, ears, and nose. Electrolyte and pH imbalances, cellular dehydration and lysis, and microvascular damage occur as a result of extracellular ice crystals which form in the tissue (Zaramo et al., 2022). When rewarmed, the reperfusion injury cascade is triggered due to free radicals and the production of histamines and other chemicals. This further exacerbates tissue ischemia and necrosis.

People with frostbite present with paresthesia, joint stiffness, clumsiness, and variable skin tones in the affected area. After rewarming, the skin may develop clear or yellow fluid blisters or hemorrhagic blisters (Zaramo et al., 2022). Once frostbite is identified, restrictive or wet clothing should be removed and the frostbitten area wrapped with dry gauze and immobilized. Rubbing and massaging should be avoided because they can cause further tissue injury. Applying dry heat can lead to burns due to decreased sensation in the affected areas.

Primary management of frostbite is rapid rewarming in water that is 40 to 42 degrees Celsius until the affected skin appears red/purple. If possible, an antiseptic solution is added to the rewarming bath to reduce bacterial load on the skin. Pain relief may be needed. If the damage is extensive or difficult to determine, X-rays or other imaging are used. In some cases, thrombolytic administration or surgery is needed to improve perfusion and salvage tissue (Zaramo et al., 2022).

SUMMARY CONCEPTS

Burns cause damage to skin structures, ranging from first-degree burns, which damage the epidermis, to third-degree full-thickness burns, which extend into the subcutaneous tissue and may involve muscle and bone. The extent of injury is determined by the thickness of the burn and the TBSA involved. In addition to skin involvement, burn injury can cause hemodynamic instability with hypovolemic shock, inhalation injury with respiratory involvement, a hypermetabolic state, organ dysfunction, immune suppression and sepsis, pain, and emotional trauma. Treatment methods vary with the severity of injury and include immediate resuscitation and maintenance of physiologic function, wound cleaning and debridement, application of antimicrobial agents and dressings, and skin grafting. Efforts are directed toward preventing or limiting disfigurement and disability.

Hypothermia is defined as a core body temperature below 35°C and can be classified by severity or duration. Frostbite, a severe complication of cold exposure, occurs when tissues freeze, leading to cell damage, microvascular injury, and potential tissue necrosis, especially in extremities. Management includes rapid rewarming, pain control, and sometimes advanced interventions like imaging or thrombolytics to restore perfusion and prevent permanent damage.

Biologic Trauma

Biologic trauma to the skin arises from interactions with living organisms that breach the skin barrier and introduce the potential for infection, inflammation, or systemic complications. This category of injury includes insect bites and stings, which may trigger localized allergic reactions or transmit vector-borne diseases; animal bites, which can result in deep tissue damage and bacterial contamination; and human bites, which pose a particularly high risk for infection due to the complex microbial flora of the human mouth. Unlike mechanical trauma, biologic trauma involves both physical injury and biologic exposure, requiring careful assessment of wound severity, pathogen risk, and appropriate prophylactic or therapeutic interventions. Understanding the unique characteristics of each type of biologic trauma is essential for effective clinical management and prevention of complications.

Insect Bites and Stings

Insect bites and stings are common forms of biologic skin trauma that result from the injection of saliva, venom, or other substances into the skin by organisms such as mosquitoes, bees, wasps, ants, fleas, and ticks. The skin's response to these injuries varies depending on the insect type and the individual's sensitivity. Typically, the bite or sting site exhibits localized erythema, swelling, warmth, and pruritus due to the inflammatory response triggered by histamine and other immune mediators. In most cases, symptoms are mild and self-limiting, resolving within hours to a few days. However, some individuals may develop more severe reactions, including large local reactions or systemic responses such as anaphylaxis, particularly in the case of bee or wasp stings (Goddard, 2022). Treatment focuses on symptom management and may include cleaning the area with soap and water, applying cold compresses, using antihistamines or topical corticosteroids to reduce itching and inflammation, and administering epinephrine in severe allergic reactions. In cases involving ticks, removal must be prompt and complete to reduce the risk of disease transmission, such as Lyme disease or Rocky Mountain spotted fever. Proper identification of the insect and close monitoring of symptoms are essential to guide appropriate treatment and prevent complications (Goddard, 2022).

Animal and Human Bites

Animal and human bites are particularly troublesome in terms of infection and require careful clinical evaluation. These injuries are not only mechanically disruptive to the skin but also introduce a complex mix of bacteria from the biter's oral flora, significantly increasing the risk of infection (Sen, 2023). The animal inflicting the bite, the location of the bite, and the type of injury are all important determinants of whether the wound becomes infected. Cat bites (30% to 50%) are more apt to become infected with *Pasteurella multocida* compared with human bites (Sethuraman, 2024). Dog bites, for unclear reasons, become infected only approximately 5% of the time and generally either with *P. multocida* or *Capnocytophaga canimorsus*. Bites inflicted by children are usually superficial and seldom become infected, whereas bites inflicted by adults have a much higher rate of infection. Puncture wounds are more likely to become infected than lacerations, probably because lacerations are easier to irrigate and debride. Due to the high risk of infection and potential for complications, animal and human bite wounds often require prompt prophylactic treatment, careful wound care, and in some cases, empiric antibiotic therapy (Żyluk, 2022).

Nevi and Skin Cancers

Nevi

Nevi, or moles, are common congenital or acquired tumors of the skin that are benign. Almost all adults have nevi, some in greater numbers than in others. Nevi can be pigmented or nonpigmented, flat or elevated, and hairy or nonhairy.

Nevocellular nevi are pigmented skin lesions resulting from proliferation of melanocytes in the epidermis or dermis (Frischhut et al., 2022). Nevocellular nevi are tan to deep brown, uniformly pigmented, small papules with well-defined, rounded borders (Fig. 11-34). They are formed initially by melanocytes with their long dendritic extensions that are normally interspersed among the basal keratinocytes. The melanocytes are transformed into round or oval melanin-containing cells that grow in nests or clusters along the dermal–epidermal junction. Because of their location, these lesions are called **junctional nevi** or active nevi. Eventually, most junctional nevi grow into the surrounding dermis as nests or cords of cells. **Compound nevi** contain epidermal and dermal components (Frischhut et al., 2022). In older lesions, the epidermal nests may disappear entirely, leaving a **dermal nevus**. Compound and dermal nevi usually are more elevated than junctional nevi.

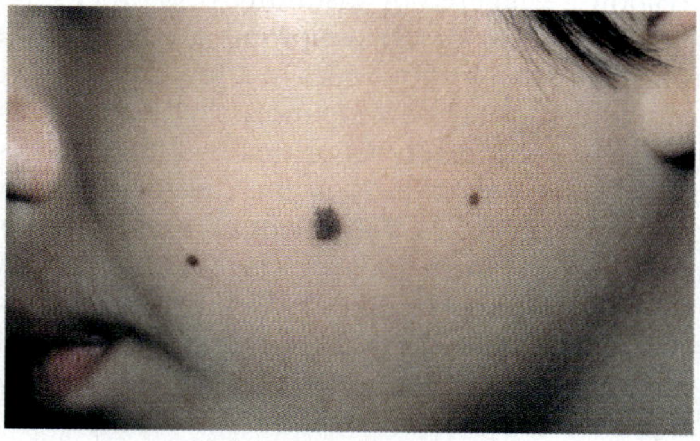

FIGURE 11-34. Normal nevi. (From Jensen S. [2015]. *Nursing health assessment: A best practice approach* [2nd ed., p. 279]. Wolters Kluwer.)

Because of the possibility of malignant transformation, any mole that undergoes change warrants immediate medical attention (Frischhut et al., 2022). The changes to observe and report are changes in size, thickness, or color, itching, and bleeding.

Skin Cancer

There has been an alarming increase in **skin cancers** over the past several decades. This increase has been attributed to increased sun exposure associated with social and lifestyle changes. The thinning of the ozone layer in the earth's stratosphere is thought to be another factor in this increased incidence. Society's emphasis on sun tanning also is implicated. People tend to have more leisure time and spend increasing amounts of time in the sun with uncovered skin (Roky et al., 2025).

Although the factors linking sun exposure to skin cancer are not completely understood, both total cumulative exposure and altered patterns of exposure are strongly implicated. Basal cell carcinoma (BCC) and squamous cell carcinoma (SCC) are often associated with total cumulative exposure to UVR. Thus, BCC and SCC occur more commonly on maximally sun-exposed parts of the body, such as on the face and back of the hands and forearms (Roky et al., 2025). Melanomas occur most commonly on areas of the body that are exposed to the sun intermittently, such as the back in men and the lower legs in women.

KEY POINTS

Skin Cancers

- The melanocytes, which protect against sunburn through increased production of melanin and sun tanning, are particularly vulnerable to the adverse effects of unprotected exposure to UV light. Malignant melanoma, which is a malignant tumor of melanocytes, is a rapidly progressive and metastatic form of skin cancer.
- BCC and SCC, which also reflect the effects of increased sun exposure, are less aggressive forms of skin cancer and are more easily cured.

Malignant Melanoma

Malignant melanoma is a malignant tumor of the melanocytes (Slominski et al., 2024). It is a rapidly progressing, metastatic form of cancer. The dramatic increase in the incidence of malignant melanoma over the past several decades has been credited to increased UVR exposure, including tanning beds. Public health screening measures, early diagnosis, increased knowledge of precursor lesions, and greater public knowledge of the disease may account for earlier intervention.

The risk is greatest in fair-skinned people, particularly those with blond or red hair who sunburn and freckle easily. Other risk factors include a family history of malignant melanoma, presence of marked freckling on the upper back, history of three or more blistering sunburns before 20 years of age, and presence of actinic keratoses. Still other significant risk factors for melanoma are atypical mole/dysplastic nevus syndrome, immunosuppression, and prior photochemotherapy (PUVA therapy).

Severe, blistering sunburns in early childhood and intermittent intense sun exposures contribute to increased susceptibility to melanoma in young and middle-aged adults. Roughly 90% of malignant melanomas in whites occur on sun-exposed skin. However, in darker-skinned people, melanomas often occur on non–sun-exposed areas, such as the mucous membranes and subungual, palmar, and plantar surfaces (Slominski et al., 2024).

Clinical Manifestations

Malignant melanomas differ in size and shape. Usually, they are slightly raised and black or brown. Borders are irregular and surfaces are uneven. Most seem to arise from preexisting nevi or new mole-like growths (Slominski et al., 2024).There may be surrounding erythema, inflammation, and tenderness. Periodically, melanomas ulcerate and bleed. Dark melanomas are often mottled with shades of red, blue, and white. These three colors represent three concurrent processes: melanoma growth (blue), inflammation and the body's attempt to localize and destroy the tumor (red), and scar tissue formation (white).

There are four types of melanomas, including superficial spreading, nodular, lentigo maligna, and acral lentiginous. **Superficial spreading melanoma** is characterized by a raised-edged nevus with lateral growth. It has a disorderly appearance in color and outline (Rauwerdink et al., 2022). This lesion tends to have a biphasic growth, horizontally and vertically. It typically ulcerates and bleeds with growth. These lesions account for two thirds of all melanomas and are most prevalent in people who sunburn easily and have intermittent sun exposure (Slominski et al., 2024). **Nodular melanomas** are raised, dome-shaped lesions that can occur anywhere on the body, but most frequently on the trunk, head, and neck. They are commonly a uniform blue-black color and tend to look like blood blisters. Nodular melanomas tend to rapidly invade the dermis from the start, with no apparent horizontal growth phase. **Lentigo maligna melanomas** are slow growing, flat nevi that occur primarily on sun-exposed areas of older adults (Rauwerdink et al., 2022). Untreated lentigo maligna tends to exhibit horizontal and radial growth for many years before it invades the dermis to become lentigo maligna melanoma. **Acral lentiginous melanoma** occurs primarily on the palms, soles, nail beds, and mucous membranes. This melanoma has the worst prognosis of all of the melanomas but is not frequently seen. It has the appearance of lentigo maligna.

Detection and Diagnosis

Early detection is critical with malignant melanoma. Regular self-examination of the entire skin surface in front of a well-lit mirror is an effective method for early detection. It requires that a person undress completely and examine all areas of the body using a full mirror, handheld mirror, and handheld hair dryer (to examine the scalp). An *ABCD* rule has been developed to aid in early diagnosis and timely treatment of malignant melanoma (Fig. 11-35). This acronym represents *a*symmetry, *b*order irregularity, *c*olor variegation, and *d*iameter greater than 6 mm (14 in or pencil eraser size). People should be taught to watch for these changes in existing nevi or for the development of new nevi, as well as for other alterations such as bleeding or itching.

Diagnosis of melanoma is confirmed through biopsy of a suspicious lesion. The American Joint Committee on Cancer (AJCC) Staging System, currently in its 8th edition, is used to stage melanoma, considering factors such as tumor thickness, ulceration, mitotic rate, and sentinel lymph node involvement (Garbe et al., 2025). The tumor is classified using the TNM system, where "T" refers to the tumor's size and depth, "N" to the involvement of nearby lymph nodes, and "M" to metastasis. The presence of ulceration and involvement of the sentinel lymph node often signals a poorer prognosis. The sentinel lymph node is the first regional lymph node to receive lymphatic drainage from the tumor site, and biopsy of this node helps determine the extent of spread. If melanoma cells are detected in the sentinel lymph node, further surgical procedures, including radical lymph node dissection, may be necessary.

Treatment

Treatment of melanoma typically begins with surgical excision of the tumor. The extent of excision depends on factors such as the depth of invasion and whether the melanoma has spread to nearby lymph nodes (Rutkowski et al., 2022). Sentinel lymph node biopsy plays a key role in determining whether lymph node dissection is needed. When melanoma progresses to more advanced stages, systemic treatments such as chemotherapy may be considered, though these are generally less effective in later stages. More recently, the development of immunotherapies, such as checkpoint inhibitors (e.g., pembrolizumab and nivolumab), and targeted therapies (e.g., BRAF inhibitors like vemurafenib), has significantly improved survival rates for patients with advanced melanoma (Mehta et al., 2025). Additionally, research into vaccines to prevent recurrence, especially in stages II and III, is ongoing and shows promise, although vaccines are not yet a routine part of treatment.

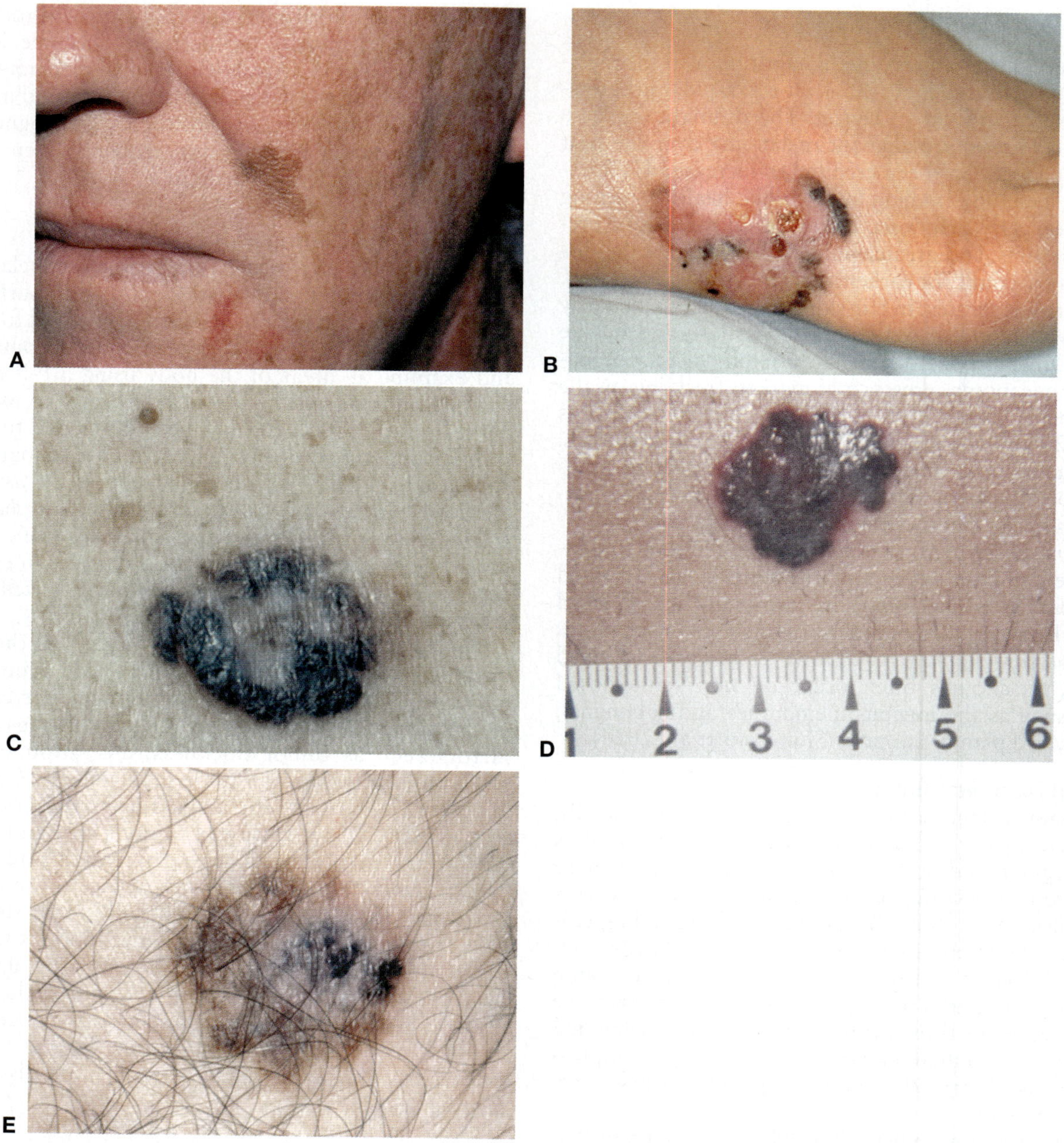

FIGURE 11-35. ABCDEs for melanoma assessment. **A.** *Asymmetry*—Does one half look like the other half? **B.** *Border irregularity*—Is the border ragged or notched? **C.** *Color*—Does the mole have a variety of shades or different colors? **D.** *Diameter*—Is the diameter greater than 6 mm (pencil eraser)? **E.** *Evolution*—Has the lesion evolved or changed over time? (From Jensen S. [2015]. *Nursing health assessment: A best practice approach* [2nd ed., p. 239]. Wolters Kluwer.)

Basal Cell Carcinoma

Basal cell carcinoma (BCC), the most common form of skin cancer, is primarily found in individuals with light skin, particularly those with a history of significant long-term sun exposure. Although the incidence of BCC has increased over the past several decades, people with dark skin are less commonly affected, although BCC can present with darker pigmentation, often leading to misdiagnosis as melanoma or other skin diseases (Hoellwerth et al., 2024). Of the 5.4 million skin cancer diagnoses annually in the United States, the majority are BCCs (American Cancer Society, 2024). BCC usually arises from basal keratinocytes in the epidermis, and it is primarily caused by UVR, particularly UVB, which induces DNA damage and triggers oncogenic changes in the basal layer of the skin (Hoellwerth et al., 2024).

BCCs are typically nonmetastasizing but can grow locally and invade surrounding tissues if left untreated. The most common histologic forms of BCC are nodular ulcerative and superficial, although aggressive forms, such as sclerosing, morpheaform, micronodular, and infiltrative BCC, can also occur, often leading to more severe local destruction. **Nodular BCC**, characterized by a pinkish translucent papule, is the most frequently diagnosed type and is often associated with telangiectatic vessels (Fig. 11-36). As the tumor enlarges, a central depression with an ulcerated area may form, surrounded

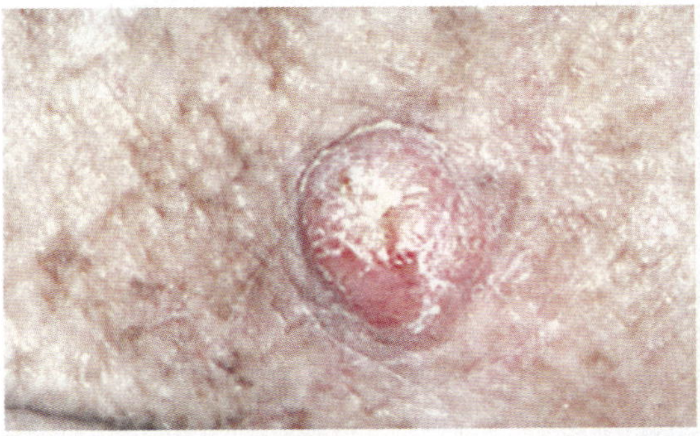

FIGURE 11-36. Basal cell carcinoma. The most frequent skin cancer. (From Jensen S. [2015]. *Nursing health assessment: A best practice approach* [2nd ed., p. 279]. Wolters Kluwer.)

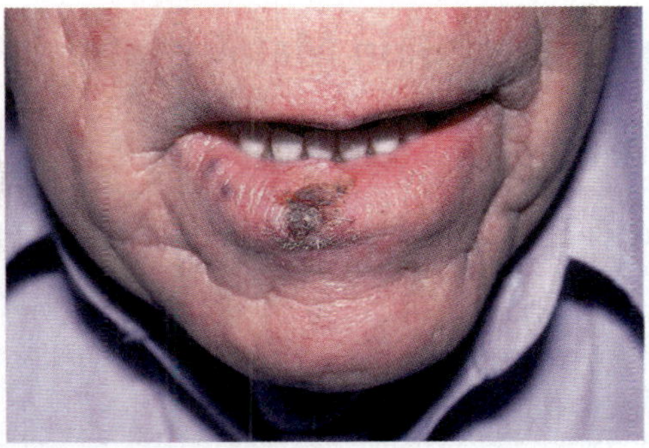

FIGURE 11-37. Squamous cell carcinoma. This is the second-most frequent skin cancer and generally is found on sun-exposed surfaces. (From Jensen S. [2015]. *Nursing health assessment: A best practice approach* [2nd ed., p. 280]. Wolters Kluwer.)

by a shiny, waxy border. **Superficial BCC**, which is less aggressive, typically presents as a flat erythematous plaque, commonly found on the chest or back. This form of BCC often mimics other skin conditions, making it more difficult to diagnose (Hoellwerth et al., 2024).

Although BCC rarely metastasizes via blood vessels or the lymphatic system, it can enlarge by direct extension, sometimes reaching significant sizes if untreated. Treatment of BCC is highly effective when detected early and includes options such as surgical excision, curettage with electrodesiccation, cryosurgery, and laser treatment. Emerging therapies, including immunetherapy, photodynamic therapy, and gene therapy, are being studied, but they are not yet standard practice (Hoellwerth et al., 2024). The goal of treatment is complete excision of the tumor while maintaining optimal functional and cosmetic outcomes. Follow-up care is important to monitor for potential recurrences, particularly in aggressive or large lesions (Hoellwerth et al., 2024).

Squamous Cell Carcinoma

SCCs are the second-most common malignant tumors of the outer epidermis and account for 10% to 20% of all skin cancers (Wysong, 2023). The increase in the incidence of SCCs is consistent with increased UVR exposure. There is also a strong occupational hazard link to the development of SCC. People exposed to arsenic (i.e., Bowen disease, which is also called SCC in situ), industrial tars, coal, and paraffin have an increased likelihood of contracting SCC. Men are twice as likely as women to have SCC. Dark-skinned people are rarely affected.

There are two types of SCC: intraepidermal and invasive. **Intraepidermal SCC** remains confined to the epidermis for a long time. However, at some unpredictable time, it penetrates the basement membrane into the dermis and metastasizes to the regional lymph nodes. SCC has a significant risk of metastasis in contrast to BCC. It then converts to **invasive SCC**. The invasive type can develop from intraepidermal carcinoma or from a premalignant lesion (e.g., actinic keratoses). It may be slow growing or fast growing with metastasis.

SCC is a red-scaling, keratotic, slightly elevated lesion with an irregular border, usually with a shallow chronic ulcer. The lesions usually lack the pearly rolled border and superficial telangiectases found on BCCs. Later, lesions grow outward, show large ulcerations, and have persistent crusts and raised, erythematous borders (Fig. 11-37). The SCC lesions occur on sun-exposed areas of the skin, particularly the nose, forehead, helix of the ear, lower lip, and back of the hand (Wysong, 2023).

In dark-skinned people, the lesions may appear as hyperpigmented nodules and occur more frequently on non–sun-exposed areas. Metastasis is more common with SCC than with BCC.

Treatment measures are aimed at the removal of all cancerous tissue using methods such as electrosurgery, excision surgery, chemosurgery, or radiation therapy. After treatment, the person is observed for the remainder of his or her life for signs of recurrence (Wysong, 2023).

SUMMARY CONCEPTS

Nevi or moles usually are benign. Because they may undergo cancerous transformation, any mole that undergoes a change warrants immediate medical attention. There has been an alarming increase in skin cancers over the past few decades. Repeated exposure to the UV rays of the sun has been implicated as the principal cause of skin cancer. Neoplasms of the skin include malignant melanoma, BCC, and SCC.

Malignant melanoma is a malignant tumor of the melanocytes. It is a rapidly progressing, metastatic form of cancer. Clinically, malignant melanoma of the skin usually is asymptomatic. The most important clinical sign is the change in size, shape, and color of pigmented skin lesions, such as moles. As a result of increased public awareness, melanomas are being diagnosed earlier, when they can be cured surgically. SCCs and BCCs are of epidermal origin.

BCCs are the most common form of skin cancer among people with light skin tones. They are slow-growing tumors that rarely metastasize. Intraepidermal SCC remains confined to the epidermis for a long time. Invasive SCC can develop from intraepidermal carcinoma or from premalignant lesions such as actinic keratoses.

Age-Related Skin Manifestations

Many skin problems occur more commonly in certain age groups. Because of aging changes, infants, children, and older adults tend to have different skin problems.

Skin Manifestations of Infancy and Childhood

Skin Disorders of Infancy

The skin of newborn infants is fragile and susceptible to damage. The bonding between the epidermis and dermis is not well established, which increases the risk of skin damage from tape or other adhesive products. Topical skin products should be used sparingly in infants because these products are easily absorbed through the developing skin. Acquired skin conditions relatively common in infancy include diaper dermatitis, prickly heat, and cradle cap.

Congenital Skin Lesions

Several congenital skin lesions, such as congenital dermal melanocytosis (previously referred to as Mongolian spots), nevi, and hemangiomas or other vascular lesions, may present during the newborn period or later in infancy. Pigmented birthmarks represent abnormal migration or proliferation of melanocytes. **Congenital dermal melanocytosis** *is* caused by selective pigmentation. These spots usually occur on the buttocks or sacral area and are seen commonly in people of Asian descent and in people with dark skin. **Congenital melanocytic nevi** are collections of melanocytes that may be present at birth or develop within the first year of life. They present as macular, papular, or plaque-like pigmented lesions of various shades of brown, with a black or blue focus. The texture of the lesions varies, and they may be with or without hair. They usually are found on the hands, shoulders, buttocks, entire arm, or trunk of the body. Some involve large areas of the body in garment-like manner. They usually grow proportionately with the child. Congenital melanocytic nevi are clinically significant because of their association with malignant melanoma.

Vascular birthmarks are cutaneous anomalies of angiogenesis and vascular development. **Hemangiomas of infancy** are generally benign vascular tumors produced by proliferation of vascular endothelial cells (Fig. 11-38). These small, red lesions are noticed shortly after birth. A small proportion of these lesions are present at birth, and the remainder develop within a few weeks of birth. Females are three times more likely to have hemangiomas than males (Xu & Zhao, 2022). Hemangiomas of infancy typically undergo an early period of proliferation during which they enlarge, followed by a period of slow involution in which growth is reversed until complete resolution, generally by 5 to 8 years of age (Xu & Zhao, 2022). Hemangiomas of infancy can occur anywhere on the body. However, when they occur in the airway, they can be life-threatening. Ulceration, the most frequent complication, can be painful and carries the risk of infection, hemorrhage, and scarring. A small percentage of hemangiomas of infancy develop complications, such as infection or ulceration. Some are located in anatomic regions associated with other anomalies, requiring careful monitoring and early intervention.

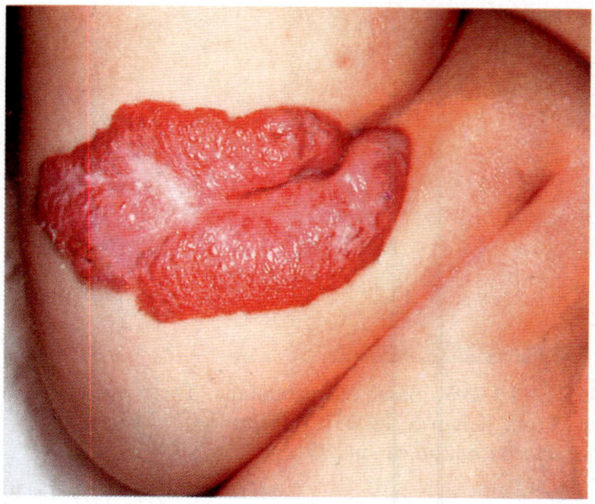

FIGURE 11-38. Hemangioma of infancy. (From Hall B. J., & Hall J. C. [2017]. *Sauer's manual of skin diseases* [11th ed., p. 494]. Wolters Kluwer.)

Port-wine stains (nevus flammeus) are pink or red patches that can occur anywhere on the body and are very noticeable (Fig. 11-39). They represent slow-growing capillary malformations that grow proportionately with the child and persist throughout life (Liu et al., 2022). There is progressive dilation of the dermal capillaries, which initially is confined to the superficial dermis near the epidermis, with gradual involvement of deeper dermal blood vessels, although the vascular response is most

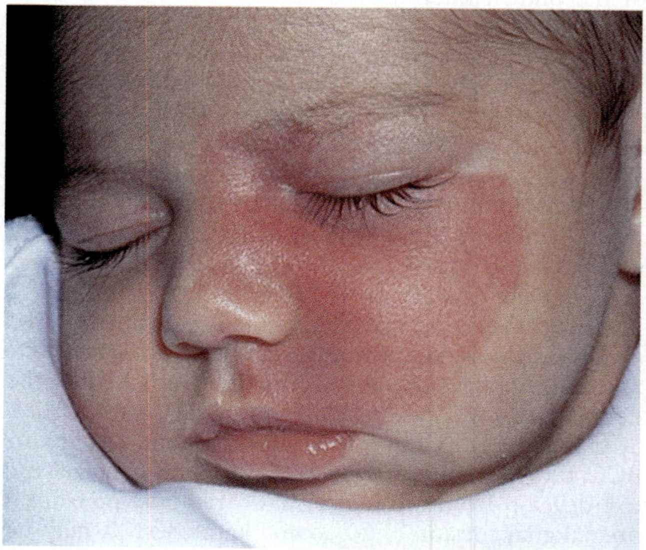

FIGURE 11-39. Port-wine stain (nevus flammeus). Port-wine stain in the typical location on the face. Note the sharp midline demarcation. (Image courtesy of Robert I. Rudolph, MD. From Goodheart, H. [2022]. *Goodheart's same-site differential diagnosis*. Wolters Kluwer.)

prominent in the upper dermis. Distribution of lesions on the face roughly corresponds to the sensory branches of the trigeminal nerve. The development of a port-wine stain may follow trauma. Port-wine stains usually are confined to the skin but may be associated with vascular malformations of the eye, resulting primarily in glaucoma, and other neurologic deficits (Sturge-Weber syndrome) (Liu et al., 2022). Laser surgery has revolutionized the treatment of port-wine stains.

Diaper Dermatitis

Irritant **diaper dermatitis**, or *diaper rash*, is a form of contact dermatitis that results from prolonged contact with a wet or soiled diaper. Wearing diapers causes an increase in skin wetness and pH because of ammonia from urine. Prolonged wetness leads to softening and maceration of the skin, making it more susceptible to damage by friction from the surface of the diaper and local irritants (Hertiš Petek et al., 2022). The contents of soiled diapers, if not changed frequently, can lead to contact dermatitis, bacterial infections, or other skin conditions. The proteases and lipases contained in feces are particularly irritating.

The appearance of diaper rash ranges from simple (i.e., widely distributed macules on the buttocks and anogenital areas) to severe (i.e., beefy, red, excoriated skin surfaces in the diaper area). Secondary infections with bacteria and yeasts are common; discomfort may be marked because of intense inflammation. Such conditions as contact dermatitis, seborrheic dermatitis, candidiasis, and atopic dermatitis should be considered when the eruption is persistent and recalcitrant to simple therapeutic measures (Hertiš Petek et al., 2022).

Diaper dermatitis often responds to simple measures, including frequent diaper changes with careful cleansing of the irritated area to remove all waste products. Exposing the irritated area to air is helpful. It has been shown that application of a barrier ointment after each diaper change is a valuable component of therapy.

Intractable and severe cases of diaper dermatitis should be seen by a health care provider for treatment of any secondary infections. Secondary candidal (i.e., yeast) or other skin manifestations discussed in this chapter may occur in the diaper area (Fig. 11-40). It is important to differentiate between normal diaper dermatitis and more serious skin problems (Hertiš Petek et al., 2022).

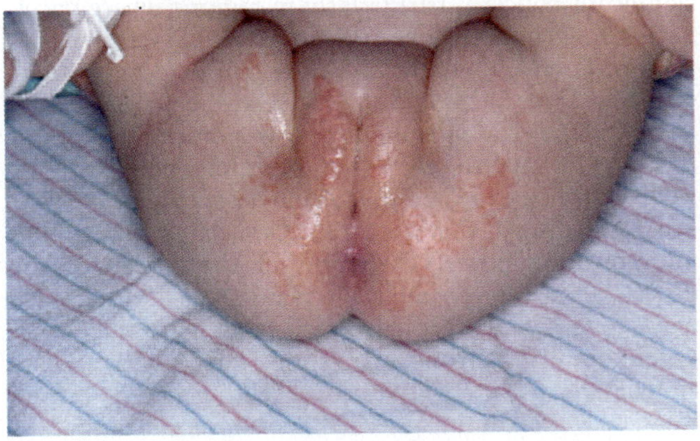

FIGURE 11-40. Superficial fungal infection. *Candida* diaper rash. (From Jensen S. [2015]. *Nursing health assessment: A best practice approach* [2nd ed., p. 847]. Wolters Kluwer.)

Prickly Heat

Prickly heat or **miliaria** results from constant **maceration** (softening and breakdown) of the skin because of prolonged exposure to a warm, humid environment. Maceration leads to mid-epidermal obstruction by blocking the eccrine glands and possible rupture of these sweat glands. It is possible that an infant could develop fatal hyperpyrexia if the eccrine glands are congenitally absent. Although commonly seen during infancy, prickly heat may occur at any age. Treatment includes removing excessive clothing, cooling the skin with warm water baths, drying the skin with powders, and avoiding hot, humid environments.

Cradle Cap

Cradle cap is a greasy crust or scale formation on the scalp. It usually is attributed to infrequent and inadequate washing of the scalp. Cradle cap is treated using a mild shampoo and gentle combing to remove the scales. Sometimes oil can be left on the head for minutes to several hours, softening the scales before scrubbing. Other emulsifying ointments or creams may be helpful in difficult cases. The scalp may need to be rubbed firmly to remove the buildup of keratinized cells. Recalcitrant cases need to be seen by a health care practitioner. Serious or chronic forms of seborrheic dermatitis may exist.

Skin Manifestations of Common Infectious Diseases

Infectious childhood diseases that produce rashes include exanthem subitum, erythema infectiosum, rubella, rubeola, varicella, and scarlet fever. Although these diseases are seen less frequently because of successful immunization programs and the use of antibiotics, they still occur.

Roseola Infantum

Roseola infantum (exanthem subitum or sixth disease) is a contagious disease caused by HHV-6. Because HHV-6 is the etiologic agent, the condition is often referred to as **sixth disease.** Primary HHV-6 infection occurs early in life. The majority of cases of roseola occur in children between 6 months and 4 years of age (Leung et al., 2024a). Transplacental antibodies likely protect most infants until 6 months of age. Roseola produces a characteristic maculopapular rash covering the trunk and spreading to the appendages (Fig. 11-41). The rash is preceded by a high fever (≤105°F) that occurs very suddenly, inflamed tympanic membranes, and cold-like symptoms, usually lasting 3 to 4 days. These symptoms improve at approximately the same time the rash appears. Because infants with roseola exhibit a unique constellation of symptoms over a short time, the infection may be confused with other childhood exanthems. Blood antibody titers may be taken to determine the actual diagnosis. In most cases, there are no long-term effects from this disease. Infants who spike high temperatures should be seen by their health care providers (Leung et al., 2024a).

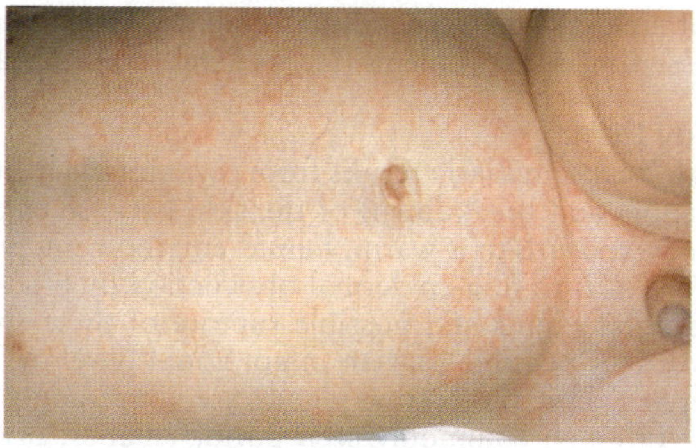

FIGURE 11-41. Roseola. This viral illness has a combination of 1- to 5-mm-diameter macules and papules with a surrounding area of pallor. (From Jensen S. [2015]. *Nursing health assessment: A best practice approach* [2nd ed., p. 275]. Wolters Kluwer.)

Erythema Infectiosum

Erythema infectiosum, commonly known as **fifth disease**, is a viral infection primarily affecting children. It is caused by parvovirus B19, a small DNA virus that typically spreads through respiratory droplets when an infected person coughs or sneezes. The disease is most prevalent in children between the ages of 5 and 14 years, although it can affect individuals of all ages. The characteristic symptom of erythema infectiosum is a bright red rash on the cheeks, often referred to as the "slapped cheek" appearance. This rash can spread to the arms, legs, and torso in a lacy or reticular pattern. The appearance of the rash is typically preceded by mild symptoms such as fever, headache, runny nose, and sore throat, which usually resolve before the rash fully develops (Leung et al., 2024b).

The incubation period for parvovirus B19 is typically 4 to 14 days. Once the rash appears, the individual is no longer considered contagious (Leung et al., 2024b). In addition to its cutaneous manifestations, erythema infectiosum can lead to other complications, particularly in individuals with compromised immune systems or underlying blood disorders, such as sickle cell disease. In these populations, the virus may affect red blood cell production, leading to transient aplastic crisis, a condition characterized by a temporary halt in red blood cell production. Pregnant people who contract parvovirus B19 are at risk of transmitting the virus to the fetus, which can lead to severe complications such as fetal hydrops, a life-threatening condition marked by the accumulation of fluid in the fetus.

Diagnosis of erythema infectiosum is usually clinical, based on the appearance of the rash and the presence of symptoms (Leung et al., 2024b). Laboratory testing, including detection of parvovirus B19-specific IgM and IgG antibodies, may be used in cases where the diagnosis is uncertain. Treatment is typically supportive, focusing on symptom management such as fever reduction and hydration. There is no specific antiviral treatment for erythema infectiosum, and the disease usually resolves on its own within 1 to 3 weeks. In most cases, erythema infectiosum is a mild and self-limiting illness, with long-lasting immunity following infection. However, it is important to note that individuals with weakened immune systems or certain underlying health conditions may require more intensive monitoring and care (Leung et al., 2024b).

Rubella

Rubella (also called 3-day measles or German measles) is caused by the rubella virus (a togavirus). It is characterized by a diffuse, punctate, macular rash that begins on the trunk and spreads to the arms and legs. Mild febrile states occur (usually <100°F). Postauricular, suboccipital, and cervical lymph node adenopathy is common. Cold-like symptoms usually accompany the disease in the form of cough, congestion, and **coryza** (nasal discharge) (Winter & Moss, 2022).

Rubella usually has no long-lasting sequelae. However, the transmission of the disease to pregnant people early in their gestation periods may result in congenital rubella syndrome. Among the clinical signs of congenital rubella syndrome are cataracts, microcephaly, intellectual disability, deafness, patent ductus arteriosus, glaucoma, purpura, and bone defects. Immunization is accomplished by live-virus injection and is generally 100% successful in immunizing children (Winter & Moss, 2022).

Rubeola

Rubeola (measles, hard measles, and 7-day measles) is an acute, highly communicable viral disease caused by a morbillivirus. The characteristic rash is macular and blotchy; sometimes the macules become confluent. The rubeola rash usually begins on the face and spreads to the appendages (Bedford & Elliman, 2024). There are several accompanying symptoms: a fever of 100°F or greater, **Koplik spots** (small, irregular red spots with a bluish-white speck in the center) on the buccal mucosa, and mild to severe photosensitivity. The person commonly has cold-like symptoms, general malaise, and myalgia. In severe cases, the macules may hemorrhage into the skin tissue or onto the outer body surface. This form is called **hemorrhagic measles**. The course of measles is more severe in infants, adults, and malnourished children. There may be severe complications, including otitis media, pneumonia, and encephalitis. Antibody titers are determined for a conclusive diagnosis of rubeola.

The resurgence of measles in recent years has raised significant concern, particularly in regions where vaccination rates have declined. In the United States, measles was declared eliminated in 2000, but outbreaks have occurred since then, largely due to decreasing vaccination rates in certain communities. Misinformation about the safety of the measles, mumps, and rubella (MMR) vaccine has contributed to vaccine hesitancy. These outbreaks highlight the importance of maintaining high immunization coverage to prevent the spread of the disease and protect vulnerable populations. Measles remains preventable through vaccination, with the MMR vaccine offering strong protection. The MMR vaccine is generally 97% effective in preventing measles when two doses are administered. However, recent outbreaks underscore the need for continued vigilance in ensuring high vaccination rates to maintain herd immunity (Bedford & Elliman, 2024).

Varicella

Varicella (chickenpox) is a common communicable childhood disease. It is caused by the varicella–zoster virus, which is also the agent in herpes zoster (shingles). The characteristic skin lesion occurs in three stages: macule, vesicle, and granular scab. The macular stage is characterized by development within hours of macules over the trunk, spreading to the limbs, buccal mucosa, scalp, axillae, upper respiratory tract, and conjunctiva (Borkowska et al., 2023). During the second stage, the macules form vesicles with depressed centers. The vesicles break open, and a scab forms during the third stage. Crops of lesions occur successively, so that all three forms of the lesion usually are visible by the third day of the illness.

Mild to extreme pruritus accompanies the lesions, which can lead to scratching and subsequent development of secondary bacterial infections. Chickenpox also is accompanied by cold-like symptoms, including cough, coryza, and sometimes photosensitivity. Mild febrile states usually occur, typically beginning 24 hours before lesion outbreak. Side effects, such as pneumonia, septic complications, and encephalitis, are rare (Borkowska et al., 2023).

Varicella in adults may be more severe, with a prolonged recovery rate and greater chances for development of varicella pneumonitis or encephalitis. Immunocompromised people may experience a chronic, painful form of the infection.

Scarlet Fever

Scarlet fever is an infectious disease caused by group A beta-hemolytic Streptococcus and most commonly occurs in children following streptococcal pharyngitis. The characteristic rash results from the production of erythrogenic exotoxins that act as superantigens, triggering a widespread inflammatory response. The rash typically appears 12 to 48 hours after the onset of fever and sore throat and is described as a diffuse, finely papular erythematous eruption with a "sandpaper" texture, beginning on the trunk and spreading to the extremities (Fig. 11-42).

Additional features include circumoral pallor, Pastia lines (linear erythema in skin folds), and a "strawberry tongue" caused by desquamation of the tongue's superficial epithelium. Desquamation of the skin, particularly on the hands and feet, may occur during recovery (Fig. 11-42). Diagnosis is based on clinical findings and confirmation of streptococcal infection. Treatment with appropriate antibiotics leads to rapid resolution of symptoms and prevents complications such as rheumatic fever and poststreptococcal glomerulonephritis (Pardo & Perera, 2023).

Skin Manifestations and Disorders in Older Adults

Older adults may experience a variety of age-related skin disorders and exacerbations of earlier skin problems. Aging skin is believed to involve a complex process of actinic (solar) damage, normal aging, and hormonal influences. Actinic changes primarily involve an increased occurrence of lesions on sun-exposed surfaces of the body.

Normal Age-Related Changes

Normal skin changes associated with aging are seen on areas of the body that have not been exposed to the sun. They include thinning of the dermis and the epidermis, diminution in subcutaneous tissue, a decrease in blood perfusion, and a decrease in the number of melanocytes, Langerhans cells, and Merkel cells (Shin et al., 2023). The keratinocytes shrink, but the number of dead keratinized cells at the surface increases. This results in less padding and thinner skin, with color and elasticity changes (Shin et al., 2023). The skin also loses its resistance to environmental and mechanical trauma. Tissue repair takes longer.

Aging may be accompanied by decreased growth of hair and nails, and permanent hair pigment loss may occur. Hormonally, there is less sebaceous gland activity,

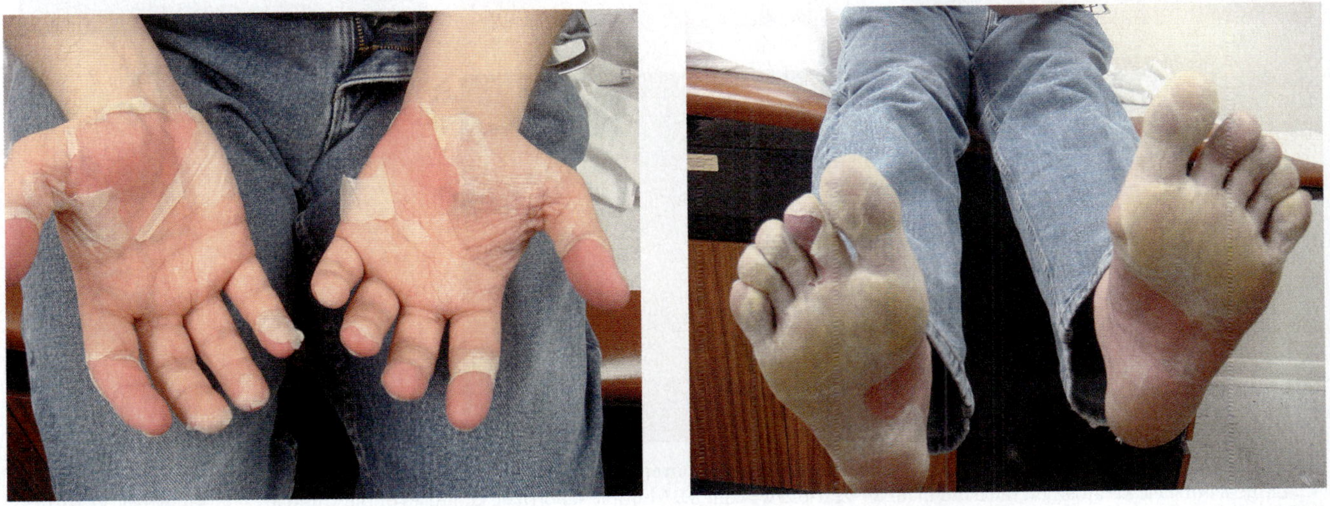

FIGURE 11-42. Desquamation seen with scarlet fever. (From Harpavat, S., & Nissim, S. [2015]. *Lippincott microcards: Microbiology flash cards* [4th ed.]. Wolters Kluwer.)

although the glands in the facial skin may increase in size. Hair growth reduction also may be hormonally influenced. Although the reason is poorly understood, and there is no underlying pathogenic process, the skin in most older adults becomes dry, rough, scaly, and itchy, referred to as **senile pruritus** (Chen et al., 2022). Itching and dryness become worse during the winter, when the need for home heating lowers humidity (Shin et al., 2023).

The aging of skin, however, is not just a manifestation of age itself. Most skin changes associated with older adults are the result of cumulative actinic or environmental damage. For example, the wrinkled, leathery look of aged skin, as well as odd scars and ecchymotic spots, is due to solar elastotic degenerative change (Shin et al., 2023).

Skin Lesions Common in Older Adults

The most common skin lesions in older adults are skin tags, keratoses, lentigines, and vascular lesions. Most are actinic manifestations, which means they occur as a result of exposure to sun and weather over the years.

Keratoses

A **keratosis** is a horny growth or an abnormal growth of the keratinocytes. A **seborrheic keratosis** (i.e., seborrheic wart) is a benign, sharply circumscribed, wart-like lesion that has a stuck-on appearance (Fig. 11-43). They vary in size up to several centimeters. They are usually round or oval, tan, brown, or black lesions. Less pigmented ones may appear yellow or pink. Keratoses can be found on the face or trunk, as a solitary lesion or sometimes by the hundreds. Seborrheic keratoses are benign, but they must be watched for changes in color, texture, or size, which may indicate malignant transformation.

Actinic keratoses are the most common premalignant skin lesions that develop on sun-exposed areas (Calzavara-Pinton et al., 2022). The lesions are usually less than 1 cm in diameter and appear as dry, brown, scaly areas, often with a reddish tinge. Actinic keratoses often are multiple and more easily felt than seen. They often are indistinguishable from SCC without biopsy. Actinic keratoses may accumulate dense scale on the surface of the skin and become hyperkeratotic (i.e., developing cutaneous growths of fingernail-type tissue that grow into horn-like appendages). This form is more prominent and palpable. Often, there is a weathered appearance to the surrounding skin. Slight changes, such as enlargement or ulceration, may indicate malignant transformation (Calzavara-Pinton et al., 2022). Actinic keratoses are SCCs confined to the epidermis. Actinic keratoses are removed with cryosurgery, electrodesiccation, or lasers. When surgery is not indicated, they are treated with topical chemotherapy agents, like 5-fluorouracil or imiquimod creams, which erode the lesions.

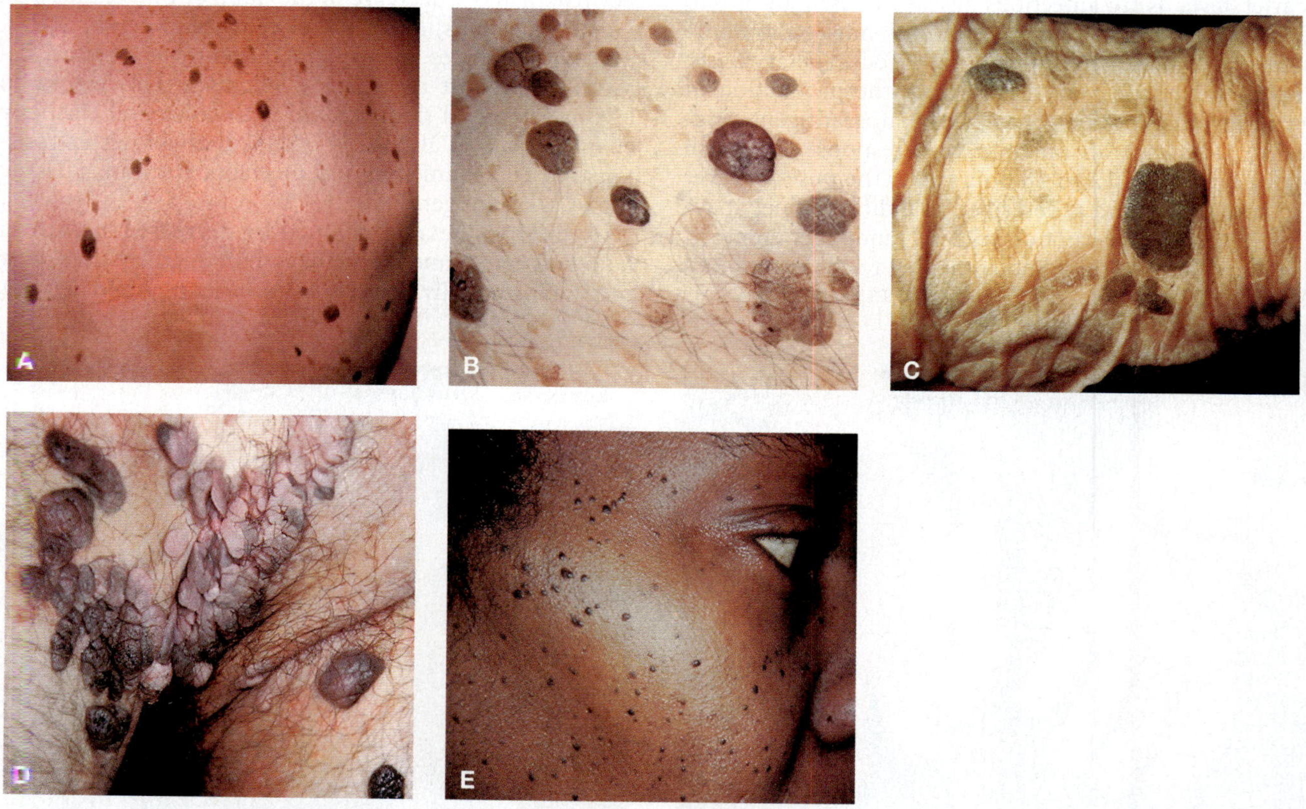

FIGURE 11-43. Seborrheic keratoses. **A.** Seborrheic keratoses over the back of a 71-year-old man. **B.** Seborrheic keratoses, close-up. **C.** Large seborrheic keratosis on the hand in an 84-year-old woman. **D.** Multiple seborrheic keratoses of the crural area. **E.** Seborrheic keratoses or dermatosis papulosa nigra on the face. (From, Hall B. J., & Hall J. C. [2018]. *Sauer's manual of skin diseases* [11th ed.]. Wolters Kluwer: Fig. 46-5.)

Lentigines

A **lentigo** is a well bordered, brown to black macule, usually less than 1 cm in diameter. **Solar lentigines** are tan to brown, benign spots on sun-exposed areas. Commonly referred to as *liver spots*, these lesions are considered risks for the development of skin cancers. Lentigines can be removed surgically (e.g., cryotherapy, laser therapy, and liquid nitrogen) (Kerob et al., 2024). Topical creams and lotions containing adapalene or tretinoin have been used. Successful treatment depends on avoiding sun exposure and consistently using sunscreen.

Lentigo maligna (i.e., Hutchinson freckle) is a slowly progressive (≤20 years) preneoplastic disorder of melanocytes. It occurs on sun-exposed areas, particularly the face. The lesion is a pigmented macule with a well-defined border and grows to 5 cm or sometimes larger. As it grows over the years, it may become slightly raised and wart-like. If untreated, a true malignant melanoma often develops (Karponis et al., 2023). Surgery, curettage, and cryotherapy have been effective in removing the lentigines. Careful monitoring for conversion to melanoma is important.

Vascular Lesions

Vascular lesions include angiomas, telangiectases, and venous lakes. **Cherry angiomas** are smooth, cherry-red or purple, dome-shaped papules that occur in nearly all people older than 30 years of age. They usually are found on the trunk and are generally benign unless there is a sudden appearance of many cherry angiomas. **Telangiectases** are single dilated blood vessels, capillaries, or terminal arteries that appear on areas exposed to sun or harsh weather, such as the cheeks and the nose. They occur individually or in clusters, measure 1 cm or less, are nonpalpable, and easily blanch. They can become large and disfiguring. Pulsed dye lasers have been effective in removing them. **Venous lakes** are small, dark blue, slightly raised papules that have a lake-like appearance. They occur on exposed body parts, particularly the backs of the hands, ears, and lips. They are smooth and compressible. Venous lakes can be removed by electrosurgery, laser therapy, or surgical excision if a person desires.

SUMMARY CONCEPTS

Some skin problems occur in specific age groups. Common in infants are diaper rash, prickly heat, and cradle cap. Infectious childhood diseases that are characterized by rashes include roseola infantum, rubella, rubeola, varicella, and scarlet fever.

With aging, there is thinning of the dermis and the epidermis, diminution in subcutaneous tissue, loss and thickening of blood vessels, and slowing of hair and nail growth. Dry skin is common among older adults, often becoming worse during the winter months. Among the skin lesions seen in older adults are skin tags, keratoses, lentigines, and vascular lesions.

Integrating Clinical Decision Making

A 72-year-old woman with limited mobility is admitted to a medical–surgical unit following a mild stroke. On admission, the nurse notes intact but fragile skin, mild erythema over the sacrum, and dryness with decreased elasticity. The patient reports minimal discomfort and denies pain. Vital signs are stable, and there are no signs of systemic infection.

1. Which pathophysiologic change best explains this patient's increased vulnerability to skin breakdown?
2. Why is the presence of localized erythema over the sacrum clinically significant at this stage?

Despite repositioning efforts, the patient develops a shallow open ulcer over the sacrum within several days. The wound base is moist with minimal granulation tissue, and surrounding skin appears warm. Laboratory results reveal mild hypoalbuminemia. The patient now reports increased tenderness at the site.

3. Which factor most directly contributes to delayed wound healing in this patient?
4. What pathophysiologic mechanism explains this patient's increased risk for wound infection?

REFERENCES

Agency for Healthcare Research and Quality. (2024, February). *Preventing pressure ulcers in hospitals*. Agency for Healthcare Research and Quality. https://www.ahrq.gov/patient-safety/settings/hospital/resource/pressureulcer/tool/index.html

Ahmed, I., Paul, L., & Chowdhury, N. (2025). Acne conglobata: Insights into severe nodulocystic acne and novel therapeutic approaches. *Saudi Journal of Medical and Pharmaceutical Sciences*, *11*(1), 14–18. https://doi.org/10.36348/sjmps.2025.v11i01.003

Al Aboud, A. M., & Nigam, P. K. (2023, August 14). Wart. In *StatPearls* [Internet]. https://www.ncbi.nlm.nih.gov/books/NBK431047/

Alenazi, S. D. (2023). Atopic dermatitis: A brief review of recent advances in management. *Dermatology Reports*, *15*(3), 9678. https://doi.org/10.4081/dr.2023.9678

Alhajj, M., & Goyal, A. (2022, October 24). Physiology, granulation tissue: Treatment & management: Point of care. In *StatPearls* [Internet]. https://www.statpearls.com/point-of-care/22397

Aloweni, F., Lim, S. H., Gunasegaran, N., Ostbye, T., Ang, S. Y., & Siow, K. C. (2024). Community-acquired pressure injuries: Prevalence, risk factors and effect of care bundles—An Integrative Review. *Journal of Clinical Nursing*, *33*(12), 4618–4634. https://doi.org/10.1111/jocn.17431

American Burn Association. (2018). *Advanced Burn Life Support (ABLS) course provider manual 2018*.

American Cancer Society. (2024). *Every cancer: Every life*. https://www.cancer.org

Bataille, A., Le Gall, C., Misery, L., & Talagas, M. (2022). Merkel cells are multimodal sensory cells: A review of study methods. *Cells*, *11*(23), 3827. https://doi.org/10.3390/cells11233827

Bedford, H., & Elliman, D. (2024). Measles rates are rising again. *BMJ*, *384*, q259. https://doi.org/10.1136/bmj.q259

Bennett Copp, L. (2024). Erythema multiforme. *Journal of the Dermatology Nurses' Association*, *16*(6), 224–227. https://doi.org/10.1097/jdn.0000000000000813

Bernstein, M., & Munoz, N. (2020). *Nutrition for the older adult* (3rd ed., Table 10-5); Jones & Barlett Learning. http://www.jblearning.com.

Berry, C. E., Downer, M., Morgan, A. G., Griffin, M., Liang, N. E., Kameni, L., Laufey Parker, J. B., Guo, J., Longaker, M. T., & Wan, D. C. (2023). The effects of mechanical force on fibroblast behavior in cutaneous injury. *Frontiers in Surgery*, *10*, 1167067. https://doi.org/10.3389/fsurg.2023.1167067

Bickley L. S. (2013). *Bates' guide to physical examination and history taking* (11th ed.). Lippincott Williams & Wilkins

Boettler, M. A., Kaffenberger, B. H., & Chung, C. G. (2022). Cellulitis: A review of current practice guidelines and differentiation from Pseudocellulitis. *American Journal of Clinical Dermatology*, *23*(2), 153–165. https://doi.org/10.1007/s40257-021-00659-8

Borkowska, A., Marosz, S., Marosz, K., Chilimoniuk, Z., Sobstyl, A., Dudziński, D., Chałupnik, A., Krupska, K., & Piecewicz-Szczęsna, H. (2023). Raising awareness about the importance of chickenpox vaccination in children. *Journal of Education, Health and Sport*, *19*(1), 119–128. https://doi.org/10.12775/jehs.2023.19.01.012

Branisteanu, D., Cojocaru, C., Diaconu, R., Porumb, E., Alexa, A., Nicolescu, A., Brihan, I., Bogdanici, C., Branisteanu, G., Dimitriu, A., Zemba, M., Anton, N., Toader, M., Grechin, A., & Branisteanu, D. (2022). Update on the ETIOPATHOGENESIS of psoriasis (review). *Experimental and Therapeutic Medicine*, *23*(3), 11124. https://doi.org/10.3892/etm.2022.11124

Braswell, C. (2024). Hyperbaric oxygen therapy. In N. J. Buote (Ed.), *Techniques in small animal wound management* (pp. 215–224). Wiley. https://doi.org/10.1002/9781119933861.ch13

Brown, T. M., & Krishnamurthy, K. (2022, November 14). Histology, dermis. In *StatPearls* [Internet]. https://www.ncbi.nlm.nih.gov/books/NBK535346/

Butler, D. C., Berger, T., Elmariah, S., Kim, B., Chisolm, S., Kwatra, S. G., Mollanazar, N., & Yosipovitch, G. (2024). Chronic pruritus. *JAMA*, *331*(24), 2114. https://doi.org/10.1001/jama.2024.4899

Calzavara-Pinton, P., Calzavara-Pinton, I., Rovati, C., & Rossi, M. (2022). Topical pharmacotherapy for actinic keratoses in older adults. *Drugs & Aging*, *39*(2), 143–152. https://doi.org/10.1007/s40266-022-00919-0

Chanda, A., & Singh, G. (2023). Skin. In *Mechanical Properties of Human Tissues* (pp. 13-23). Springer. https://doi.org/10.1007/978-981-99-2225-3_2

Chanyachailert, P., Leeyaphan, C., & Bunyaratavej, S. (2023). Cutaneous fungal infections caused by dermatophytes and non-dermatophytes: An updated comprehensive review of epidemiology, clinical presentations, and diagnostic testing. *Journal of Fungi*, *9*(6), 669. https://doi.org/10.3390/jof9060669

Chen, S., Zhou, F., & Xiong, Y. (2022). Prevalence and risk factors of senile pruritus: A systematic review and meta-analysis. *BMJ Open*, *12*(2), e051694. https://doi.org/10.1136/bmjopen-2021-051694

Choi, B., Lee, C., & Yu, J.-W. (2023). Distinctive role of inflammation in tissue repair and regeneration. *Archives of Pharmacal Research*, *46*(2), 78–89. https://doi.org/10.1007/s12272-023-01428-3

Chu, D. K., Schneider, L., Asiniwasis, R. N., Boguniewicz, M., De Benedetto, A., Ellison, K., Frazier, W. T., Greenhawt, M., Huynh, J., Kim, E., LeBovidge, J., Lind, M. L., Lio, P., Martin, S. A., O'Brien, M., Ong, P. Y., Silverberg, J. I., Spergel, J. M., Wang, J., … Chu, D. K. (2024). Atopic dermatitis (eczema) guidelines: 2023 American Academy of Allergy, asthma and Immunology/American College of Allergy, asthma and immunology joint task force on practice parameters grade– and Institute of Medicine–based recommendations. *Annals of Allergy, Asthma & Immunology*, *132*(3), 274–312. https://doi.org/10.1016/j.anai.2023.11.009

Ciccarese, G., Serviddio, G., & Drago, F. (2024). Pityriasis rosea and pityriasis rosea-like eruption: The distinction is relevant for diagnostic and prognostic reasons. *Journal of Family and Community Medicine*, *31*(1), 82–83. https://doi.org/10.4103/jfcm.jfcm_252_23

Cohen, J. M. (2024). Psoriasis: Contemporary and future therapies. *Dermatologic Clinics*, *42*(3), i. https://doi.org/10.1016/s0733-8635(24)00037-8

Dessinioti, C., & Katsambas, A. (2024). The microbiome and acne: Perspectives for treatment. *Dermatology and Therapy*, *14*(1), 31–44. https://doi.org/10.1007/s13555-023-01079-8

Di Bartolomeo, L., Irrera, N., Campo, G. M., Borgia, F., Motolese, A., Vaccaro, F., Squadrito, F., Altavilla, D., Condorelli, A. G., Motolese, A., & Vaccaro, M. (2022). Drug-induced photosensitivity: Clinical types of phototoxicity and photoallergy and pathogenetic mechanisms. *Frontiers in Allergy*, *3*, 876695. https://doi.org/10.3389/falgy.2022.876695

Diller, R. B., & Tabor, A. J. (2022). The role of the extracellular matrix (ECM) in wound healing: A review. *Biomimetics*, *7*(3), 87. https://doi.org/10.3390/biomimetics7030087

dos Santos Leite, C., César Pires, O., Henrique Avi, P., Luiza M. Soto, M., Ribeiro Martins, A., & Rocha, T. (2022). Molecular mediators involved in skin healing: A narrative review. *F1000Research*, *11*, 465. https://doi.org/10.12688/f1000research.111159.1

Dufficy, M., Takashima, M., Cunninghame, J., Griffin, B. R., McBride, C. A., August, D., & Ullman, A. J. (2022). Extravasation injury management for neonates and children: A systematic review and aggregated case series. *Journal of Hospital Medicine*, *17*(10), 832–842. https://doi.org/10.1002/jhm.12951

Fernández-Guarino, M., Hernández-Bule, M. L., & Bacci, S. (2023). Cellular and molecular processes in wound healing. *Biomedicines*, *11*(9), 2526. https://doi.org/10.3390/biomedicines11092526

Frischhut, N., Zelger, B., Andre, F., & Zelger, B. G. (2022). The spectrum of melanocytic Nevi and their clinical implications. *JDDG: Journal Der Deutschen Dermatologischen Gesellschaft*, *20*(4), 483–504. https://doi.org/10.1111/ddg.14776

Fu, Y.-T., Yao, C., Deng, Y.-P., Elsheikha, H. M., Shao, R., Zhu, X.-Q., & Liu, G.-H. (2022). Human Pediculosis, a global public health problem. *Infectious Diseases of Poverty*, *11*(1), 58. https://doi.org/10.1186/s40249-022-00986-w

Gandhi, K., Ezzedine, K., Anastassopoulos, K. P., Patel, R., Sikirica, V., Daniel, S. R., Napatalung, L., Yamaguchi, Y., Baik, R., & Pandya, A. G. (2022). Prevalence of vitiligo among adults in the United States. *JAMA Dermatology*, *158*(1), 43. https://doi.org/10.1001/jamadermatol.2021.4724

Gao, H., Li, Y., Jin, S., Zhai, W., Gao, Y., & Pu, L. (2024). Epidemiological characteristics and factors affecting healing in unintentional pediatric wounds. *Frontiers in Public Health*, *12*, 1352176. https://doi.org/10.3389/fpubh.2024.1352176

Garbe, C., Amaral, T., Peris, K., Hauschild, A., Arenberger, P., Basset-Seguin, N., Bastholt, L., Bataille, V., Brochez, L., del Marmol, V., Dréno, B., Eggermont, A. M. M., Fargnoli, M. C., Forsea, A.-M., Höller, C., Kaufmann, R., Kelleners-Smeets, N., Lallas, A., Lebbé, C., … Mandala, M. (2025). European consensus-based interdisciplinary guideline for melanoma. part 2: Treatment—Update 2024. *European Journal of Cancer*, *215*, 115153. https://doi.org/10.1016/j.ejca.2024.115153

Geng, R. S., Bourkas, A. N., Mufti, A., & Sibbald, R. G. (2024). Rosacea: Pathogenesis and therapeutic correlates. *Journal of Cutaneous Medicine and Surgery*, *28*(2), 178–189. https://doi.org/10.1177/12034754241229365

Głuszak, P., Winkel, K., Dzieciątkowska, M., Grzejda, M., Ignasiak, A., Kurzyca, J., & Piotrowski, I. (2023). Xerosis as the toxicity of novel anti-cancer therapies—Pathophysiology and management. *Forum Dermatologicum*, *9*(2), 50–55. https://doi.org/10.5603/fd.a2023.0004

Goddard, J. (2022). Arthropod bites or stings. In *Public health entomology* (pp. 273–281). CRC Press. https://doi.org/10.1201/9781003120087-22

Görög, A., Bánvölgyi, A., & Holló, P. (2022). Characteristics of the ageing skin, xerosis cutis and its complications. *Developments in Health Sciences*, *4*(4), 77–80. https://doi.org/10.1556/2066.2021.00051

Guttman-Yassky, E., Renert-Yuval, Y., & Brunner, P. M. (2025). Atopic dermatitis. *The Lancet*, *405*(10478), 583–596. https://doi.org/10.1016/s0140-6736(24)02519-4

Hertiš Petek, T., Petek, M., Petek, T., & Marčun Varda, N. (2022). Emerging links between microbiome composition and skin immunology in diaper dermatitis: A narrative review. *Children*, *9*(1), 112. https://doi.org/10.3390/children9010112

Hinkle J. L., & Cheever K. H. (2018). *Brunner and Suddarth's textbook of medical–surgical nursing* (14th ed., pp. 1798–1799). Wolters Kluwer

Hinkle, J. L., Cheever, K. H., & Overbaugh, K. (2022). *Brunner & Suddarth's textbook of medical–surgical nursing* (15th ed., Table 57-1). Wolters Kluwer.

Hoellwerth, M., Brandlmaier, M., & Koelblinger, P. (2024). Therapeutic approaches for advanced basal cell carcinoma: A comprehensive review. *Cancers*, *17*(1), 68. https://doi.org/10.3390/cancers17010068

Hoover, E., Flores, J. L., & Alhajj, M. (2023, July 30). Physiology, hair. In *StatPearls* [Internet]. https://www.ncbi.nlm.nih.gov/books/NBK499948/

Hu, X.-M., Li, Z.-X., Zhang, D.-Y., Yang, Y.-C., Zheng, S.-Y., Zhang, Q., Wan, X.-X., Li, J., Yang, R.-H., & Xiong, K. (2022). Current research and clinical trends in Rosacea Pathogenesis. *Heliyon*, *8*(10), e10874. https://doi.org/10.1016/j.heliyon.2022.e10874

Iriyama, S., Ogura, Y., Nishikawa, S., Hosoi, J., & Amano, S. (2022). Regeneration of collagen fibrils at the papillary dermis by reconstructing basement membrane at the dermal–epidermal junction. *Scientific Reports*, *12*(1), 795. https://doi.org/10.1038/s41598-022-04856-1

Jin, S.-G., Padron, F., & Pfeifer, G. P. (2022). UVA radiation, DNA damage, and melanoma. *ACS Omega*, *7*(37), 32936–32948. https://doi.org/10.1021/acsomega.2c04424

Ju, T., Vander Does, A., Mohsin, N., & Yosipovitch, G. (2022). Lichen simplex chronicus itch: An update. *Acta Dermato-Venereologica*, *102*, adv00796. https://doi.org/10.2340/actadv.v102.4367

Julien, S. (2023). Clinical features of Vitiligo and social impact on quality of life. *Dermatology Practical & Conceptual*, *13*(4S2), e2023312S. https://doi.org/10.5826/dpc.1304s2a312s

Kandula, U. R. (2025). Impact of multifaceted interventions on pressure injury prevention: A systematic review. *BMC Nursing*, *24*(1), 11. https://doi.org/10.1186/s12912-024-02558-9

Karponis, D., Stratigos, I. A., Joshy, J., Craig, P. J., Mistry, K., van Bodegraven, B., Venables, Z. C., & Levell, N. J. (2023). Lentigo maligna: A review. *Clinical and Experimental Dermatology*, *49*(3), 218–225. https://doi.org/10.1093/ced/llad394

Kassang, P., Akakpo, S. A., Teclessou, J. N., Gnosike, P., Lauressergues, E., Przybylski, C., Matel, L., Mahamadou, G., Mouhari-Toure, A., Kombate, K., Saka, B., Garrette, B., & Pitche, P. (2025). Skin cancers in people with albinism: An overview and review of literature. *International Journal of Dermatology*, *64*(11), 1986–1994. https://doi.org/10.1111/ijd.17719

Kechichian, E., Dupin, N., Wetter, D. A., Ortonne, N., Agbo-Godeau, S., & Chosidow, O. (2024). Erythema multiforme. *eClinicalMedicine*, *77*, 102909. https://doi.org/10.1016/j.eclinm.2024.102909

Kerob, D. K., Passeron, T., Dreno, B., Wei, L., Morita, A. A., Leok, C., Ly, F., Puig, S., Schalka, S., Kang, H. Y., & Lim, H. W. (2024). 54736 prevalence of solar lentigo, impact on quality of life and social stigmatization: Results of the first large international survey. *Journal of the American Academy of Dermatology*, *91*(3), AB286. https://doi.org/10.1016/j.jaad.2024.07.1137

Kodali, N., Blanchard, I., Kunamneni, S., & Lebwohl, M. G. (2023). Current management of generalized pustular psoriasis. *Experimental Dermatology*, *32*(8), 1204–1218. https://doi.org/10.1111/exd.14765

Kolkhir, P., Bonnekoh, H., Metz, M., & Maurer, M. (2024). Chronic spontaneous urticaria. *JAMA*, *332*(17), 1464. https://doi.org/10.1001/jama.2024.15568

Kolkhir, P., Giménez-Arnau, A. M., Kulthanan, K., Peter, J., Metz, M., & Maurer, M. (2022). Urticaria. *Nature Reviews Disease Primers*, *8*(1), 61. https://doi.org/10.1038/s41572-022-00389-z

Kore, V. B., & Anjankar, A. (2023). A comprehensive review of treatment approaches for cutaneous and genital warts. *Cureus*, *15*(10), e47685. https://doi.org/10.7759/cureus.47685

Lages Pereira, R., Oliveira Pereira, M., Ferreira, C., & Neves, I. (2024). Erythema multiforme major/Stevens-Johnson Syndrome: A diagnostic challenge. *Anales de Pediatría (English Edition)*, *101*(5), 361–363. https://doi.org/10.1016/j.anpede.2024.10.005

Lasseaux, E., Neveu, M. M., Fiore, M., Morice-Picard, F., & Arveiler, B. (2022). Albinism. *Clinical Ophthalmic Genetics and Genomics*, 393–402. https://doi.org/10.1016/b978-0-12-813944-8.00018-4

Lazar, M., Zhang, A. D., & Vashi, N. A. (2024). Topical treatments in atopic dermatitis: An expansive review. *Journal of Clinical Medicine*, *13*(8), 2185. https://doi.org/10.3390/jcm13082185

Lee, E. Y., Knox, C., & Phillips, E. J. (2023). Worldwide prevalence of antibiotic-associated Stevens-Johnson syndrome and toxic epidermal necrolysis. *JAMA Dermatology*, *159*(4), 384. https://doi.org/10.1001/jamadermatol.2022.6378

Leung, A. K., Barankin, B., Lam, J. M., & Leong, K. F. (2023). Childhood guttate psoriasis: An updated review. *Drugs in Context*, *12*, 1–20. https://doi.org/10.7573/dic.2023-8-2

Leung, A. K.-C., Lam, J. M.-C., Barankin, B., Leong, K. F., & Hon, K. L. (2024a). Roseola Infantum: An updated review. *Current Pediatric Reviews*, *20*(2), 119–128. https://doi.org/10.2174/1573396319666221118123844

Leung, A. K., Lam, J. M., Barankin, B., Leong, K. F., & Hon, K. L. (2024b). Erythema infectiosum: A narrative review. *Current Pediatric Reviews*, *20*(4), 462–471. https://doi.org/10.2174/1573396320666230428104619

Litchman, G., Le, J. K., Syed, H. A., & Nair, P. A. (2024, March 1). Pityriasis rosea. In *StatPearls* [Internet]. https://www.ncbi.nlm.nih.gov/books/NBK448091

Liu, L., Li, X., Zhao, Q., Yang, L., & Jiang, X. (2022). Pathogenesis of port-wine stains: Directions for future therapies. *International Journal of Molecular Sciences*, *23*(20), 12139. https://doi.org/10.3390/ijms232012139

Liu, W., Chen, Q., & Xia, Y. (2023). New mechanistic insights of Melasma. *Clinical, Cosmetic and Investigational Dermatology*, *16*, 429–442. https://doi.org/10.2147/ccid.s396272

Lopez-Ojeda, W., Pandey, A., Alhajj, M., & Oakley, A. M. (2022, October 17). Anatomy, skin (integument). In *StatPearls* [Internet]. https://www.ncbi.nlm.nih.gov/books/NBK441980/

Marchioro, H. Z., Silva de Castro, C. C., Fava, V. M., Sakiyama, P. H., Dellatorre, G., & Miot, H. A. (2022). Update on the pathogenesis of Vitiligo. *Anais Brasileiros de Dermatologia*, *97*(4), 478–490. https://doi.org/10.1016/j.abd.2021.09.008

Marques, R., de Lopes, M. V., Neves-Amado, J. D., Ramos, P. A., de Sá, L. O., da Oliveira, I. M., da Amado, J. M., de Vasconcelos, M. J., Salgado, P. M., & Alves, P. J. (2023). Integrating factors associated with complex wound healing into a mobile application: Findings from a cohort study. *International Wound Journal*, *21*(1), e14339. https://doi.org/10.1111/iwj.14339

Martins, M. S., Almeida, I. F., Cruz, M. T., & Sousa, E. (2023). Chronic pruritus: From pathophysiology to drug design. *Biochemical Pharmacology*, *212*, 115568. https://doi.org/10.1016/j.bcp.2023.115568

Matthew, J., Jr., & Sapra, A. (2024, March 13). Herpes simplex type 2. In *StatPearls* [Internet]. https://www.ncbi.nlm.nih.gov/books/NBK554427/

Mehta, A., Motavaf, M., Nebo, I., Luyten, S., Osei-Opare, K. D., & Gru, A. A. (2025). Advancements in melanoma treatment: A review of PD-1 inhibitors, T-Vec, mrna vaccines, and tumor-infiltrating lymphocyte therapy in an evolving landscape of immunotherapy. *Journal of Clinical Medicine*, *14*(4), 1200. https://doi.org/10.3390/jcm14041200

Miner, S. M. (2024). Classification of burn depth. *Eplasty, 24*, QA5. https://pmc.ncbi.nlm.nih.gov/articles/PMC10948199/pdf/eplasty-24-QA5.pdf

Mohan, P. B., Chittoria, R. K., Koliyath, S., Pathan, I., Thomas, N., Kerakada, N., Kedareswar, M., Koirala, D., Aishwarya, R., & Ahmed, F. M. (2023). Therapeutic plasma exchange therapy in burns. *Journal of Cutaneous and Aesthetic Surgery*, *16*(3), 259–261. https://doi.org/10.4103/jcas.jcas_173_21

Monika, P., Chandraprabha, M. N., Rangarajan, A., Waiker, P. V., & Chidambara Murthy, K. N. (2022). Challenges in healing wound: Role of complementary and alternative medicine. *Frontiers in Nutrition*, *8*, 791899. https://doi.org/10.3389/fnut.2021.791899

Moore, R. A., Popowicz, P., & Burns, B. (2024, February 12). Rule of nines. In *StatPearls* [Internet]. https://www.ncbi.nlm.nih.gov/books/NBK513287

Müller, S., Zeidler, C., Mess, C., Kahnert, S. M., Löwe, B., Weigel, A., Witte, F., Huck, V., Nguyen, L., Augustin, M., Frank, G., Agelopoulos, K., Wiegmann, H., Köchel, A., Conrad, R., Schneider, G., Schneider, S. W., Ständer, S., Hansen-Abeck, I., & Abeck, F. (2025). Patient needs and treatment goals in chronic atopic pruritus: Does eczema make a difference? *Acta Dermato-Venereologica*, *105*, adv42773. https://doi.org/10.2340/actadv.v105.42773

Nagle, S. M., Wilbraham, S. C., & Stevens, K. A. (2023, June 26). Wound assessment. In *StatPearls* [Internet]. https://www.ncbi.nlm.nih.gov/books/NBK482198/

National Kidney Foundation. (2000). KDOQI clinical practice guidelines for nutrition in chronic renal failure. *American Journal of Kidney Disease*, *35*(suppl 2), S1–S140

National Kidney Foundation. (2003). KDOQI clinical practice guidelines for bone metabolism and disease in chronic kidney disease. *American Journal of Kidney Disease*, *42*(suppl 3), S1–S201.

National Pressure Injury Advisory Panel, European Pressure Ulcer Advisory Panel, & Pan Pacific Pressure Injury Alliance. (2025). *Prevention and treatment of pressure ulcers/injuries: Clinical practice guideline* (4th ed., E. Haesler, Ed.). National Pressure Injury Advisory Panel, European Pressure Ulcer Advisory Panel, & Pan Pacific Pressure Injury Alliance.

Neri, I., Miraglia del Giudice, M., Novelli, A., Ruggiero, G., Pappagallo, G., & Galli, L. (2023). Ideal features of topical antibiotic therapy for the treatment of impetigo: An Italian expert consensus report. *Current Therapeutic Research*, *98*, 100690. https://doi.org/10.1016/j.curtheres.2022.100690

Oon, H. H., Tan, C., Aw, D. C., Chong, W.-S., Koh, H. Y., Leung, Y.-Y., Lim, K. S., Pan, J. Y., Tan, E. S.-T., Tan, K. W., Tham, S. N., Theng, C., & Wong, S.-N. (2024). 2023 guidelines on the management of psoriasis by the Dermatological Society of Singapore. *Annals of the Academy of Medicine, Singapore*, *53*(9), 562–577. https://doi.org/10.47102/annals-acadmedsg.2023367

Ozgok Kangal, M. K., & Regan, J.-P. (2023, May 1). Wound healing. In *StatPearls* [Internet]. https://www.ncbi.nlm.nih.gov/books/NBK535406/

Pardo, S., & Perera, T. B. (2023). Scarlet fever. In *StatPearls* [Internet]. StatPearls Publishing.

Patel, K., & Nixon, R. (2022). Irritant contact dermatitis—A review. *Current Dermatology Reports*, *11*(2), 41–51. https://doi.org/10.1007/s13671-021-00351-4

Patil, A., Goldust, M., & Wollina, U. (2022). Herpes zoster: A review of clinical manifestations and management. *Viruses*, *14*(2), 192. https://doi.org/10.3390/v14020192

Pott, F. S., Meier, M. J., Stocco, J. G., Petz, F. de, Roehrs, H., & Ziegelmann, P. K. (2023). Pressure injury prevention measures: Overview of Systematic Reviews. *Revista Da Escola de Enfermagem Da USP*, *57*, e20230039. https://doi.org/10.1590/1980-220x-reeusp-2023-0039en

Rauwerdink, D. J., van Doorn, R., van der Hage, J., Van den Eertwegh, A. J., Haanen, J. B., Aarts, M., Berkmortel, F., Blank, C. U., Boers-Sonderen, M. J., De Groot, J. W., Hospers, G. A., de Meza, M., Piersma, D., Van Rijn, R. S., Stevense, M., Van der Veldt, A., Vreugdenhil, G., Wouters, M. W., Suijkerbuijk, K., … Kapiteijn, E. (2022). Systemic therapy in advanced nodular melanoma versus superficial spreading melanoma: A nation-wide study of the Dutch Melanoma Treatment Registry. *Cancers*, *14*(22), 5694. https://doi.org/10.3390/cancers14225694

Reddy, G. K. K., Padmavathi, A. R., & Nancharaiah, Y. V. (2022). Fungal infections: Pathogenesis, antifungals and alternate treatment approaches. *Current Research in Microbial Sciences*, *3*, 100137. https://doi.org/10.1016/j.crmicr.2022.100137

Rios-Duarte, J. A., Sanchez-Zapata, M. J., & Silverberg, J. I. (2023). Association of vitiligo with multiple cutaneous and extra-cutaneous autoimmune diseases: A nationwide cross-sectional study. *Archives of Dermatological Research*, *315*(9), 2597–2603. https://doi.org/10.1007/s00403-023-02661-y

Roig-Rosello, E., Dayan, G., Bovio, S., Manissier, P., Errazuriz, E., & Rousselle, P. (2024). Dermal stiffness governs the topography of the epidermis and the underlying basement membrane in young and old human skin. *Aging Cell*, *23*(4), e14096. https://doi.org/10.1111/acel.14096

Roky, A. H., Islam, M. M., Ahasan, A. M., Mostaq, M. S., Mahmud, M. Z., Amin, M. N., & Mahmud, M. A. (2025). Overview of skin cancer types and prevalence rates across continents. *Cancer Pathogenesis and Therapy*, *3*(2), 89–100. https://doi.org/10.1016/j.cpt.2024.08.002

Rutkowski, P., Wysocki, P. J., Kozak, K., Nasierowska-Guttmejer, A., Jeziorski, A., Wysocki, W. M., Kalinka, E., Świtaj, T., Kamińska-Winciorek, G., Czarnecka, A. M., Koseła-Paterczyk, H., Cybulska-Stopa, B., Wiśniewski, P., Szumera-Ciećkiewicz, A., Zdzienicki, M., Ziobro, M., Fijuth, J., Kawecki, A., Tysarowski, A., … Krzakowski, M. (2022). Expert recommendations on diagnostic-therapeutic management of melanoma patients. *Oncology in Clinical Practice*, *18*(6), 357–392. https://doi.org/10.5603/ocp.2021.0042

Salminen, A., Kaarniranta, K., & Kauppinen, A. (2022). Photoaging: UV radiation-induced inflammation and immunosuppression accelerate the aging process in the skin. *Inflammation Research*, *71*(7–8), 817–831. https://doi.org/10.1007/s00011-022-01598-8

Schön, M. P., & Wilsmann-Theis, D. (2023). Current developments and perspectives in psoriasis. *JDDG: Journal Der Deutschen Dermatologischen Gesellschaft*, *21*(4), 363–372. https://doi.org/10.1111/ddg.15033

Schuler, C. F., Billi, A. C., Maverakis, E., Tsoi, L. C., & Gudjonsson, J. E. (2023). Novel insights into atopic dermatitis. *Journal of Allergy and Clinical Immunology*, *151*(5), 1145–1154. https://doi.org/10.1016/j.jaci.2022.10.023

Seidenberg, A. B., Julian, A. K., Hartman, A. M., & Holman, D. M. (2023). Sunless and indoor tanning among U.S. Non-Hispanic white women ages 18–49 years. *Journal of the Dermatology Nurses' Association*, *15*(3), 123–132. https://doi.org/10.1097/jdn.0000000000000736

Sen, C. K. (2023). Human wound and its burden: Updated 2022 compendium of estimates. *Advances in Wound Care*, *12*(12), 657–670. https://doi.org/10.1089/wound.2023.0150

Seth, I., Lim, B., Cevik, J., Gracias, D., Chua, M., Kenney, P. S., Rozen, W. M., & Cuomo, R. (2024). Impact of nutrition on skin wound healing and aesthetic outcomes: A comprehensive narrative review. *JPRAS Open*, *39*, 291–302. https://doi.org/10.1016/j.jpra.2024.01.006

Sethuraman, U. (2024). Animal bites. In *Pediatric care online*. American Academy of Pediatrics. https://doi.org/10.1542/aap.ppcqr.396130

Shimizu, A., Yamaguchi, R., & Kuriyama, Y. (2023). Recent advances in cutaneous HPV infection. *The Journal of Dermatology*, *50*(3), 290–298. https://doi.org/10.1111/1346-8138.16697

Shin, S. H., Lee, Y. H., Rho, N.-K., & Park, K. Y. (2023). Skin aging from mechanisms to interventions: Focusing on dermal aging. *Frontiers in Physiology*, *14*. https://doi.org/10.3389/fphys.2023.1195272

Slominski, R. M., Kim, T.-K., Janjetovic, Z., Brożyna, A. A., Podgorska, E., Dixon, K. M., Mason, R. S., Tuckey, R. C., Sharma, R., Crossman, D. K., Elmets, C., Raman, C., Jetten, A. M., Indra, A. K., & Slominski, A. T. (2024). Malignant melanoma: An overview, new perspectives, and vitamin D signaling. *Cancers*, *16*(12), 2262. https://doi.org/10.3390/cancers16122262

Spielman, A. F., Griffin, M. F., Parker, J., Cotterell, A. C., Wan, D. C., & Longaker, M. T. (2023). Beyond the SCAR: A basic science review of wound remodeling. *Advances in Wound Care*, *12*(2), 57–67. https://doi.org/10.1089/wound.2022.0049

Ständer, S., & Schmelz, M. (2024). Skin Innervation. *Journal of Investigative Dermatology*, *144*(8), 1716–1723. https://doi.org/10.1016/j.jid.2023.10.047

Stefanovic, N., & Irvine, A. D. (2024). Filaggrin and beyond. *Annals of Allergy, Asthma & Immunology*, *132*(2), 187–195. https://doi.org/10.1016/j.anai.2023.09.009

Suazo, I., Vega, J. A., García-Mesa, Y., García-Piqueras, J., García-Suárez, O., & Cobo, T. (2022). The lamellar cells of vertebrate Meissner and Pacinian corpuscles: Development, characterization, and functions. *Frontiers in Neuroscience*, *16*, 790130. https://doi.org/10.3389/fnins.2022.790130

Tekin, B., Xie, F., & Lehman, J. S. (2024). Lichen planus: What is new in diagnosis and treatment? *American Journal of Clinical Dermatology*, *25*(5), 735–764. https://doi.org/10.1007/s40257-024-00878-9

Tramontana, M., Hansel, K., Bianchi, L., Sensini, C., Malatesta, N., & Stingeni, L. (2023). Advancing the understanding of allergic contact dermatitis: From pathophysiology to novel therapeutic approaches. *Frontiers in Medicine*, *10*, 1184286. https://doi.org/10.3389/fmed.2023.1184289

Tveita, T., & Sieck, G. C. (2022). Physiological impact of hypothermia: The good, the bad, and the ugly. *Physiology*, *37*(2), 69–87. https://doi.org/10.1152/physiol.00025.2021

Uzun, S., Durdu, M., Yürekli, A., Mülayim, M. K., Akyol, M., Velipaşaoğlu, S., Harman, M., Taylan-Özkan, A., Şavk, E., Demir-Dora, D., Dönmez, L., Gazi, U., Aktaş, H., Aktürk, A., Demir, G., Göktay, F., Gürel, M. S., Gürok, N. G., Karadağ, A. S., ... Mumcuoğlu, K. Y. (2024). Clinical practice guidelines for the diagnosis and treatment of scabies. *International Journal of Dermatology*, *63*(12), 1642–1656. https://doi.org/10.1111/ijd.17327

Vasam, M., Korutla, S., & Bohara, R. A. (2023). Acne vulgaris: A review of the pathophysiology, treatment, and recent nanotechnology based advances. *Biochemistry and Biophysics Reports*, *36*, 101578. https://doi.org/10.1016/j.bbrep.2023.101578

Voiță-Mekereș, F. (2024). Assessment of the embryological origin, anatomical and histological structure of the skin. *Archives of Pharmacy Practice*, *15*(2), 69–74. https://doi.org/10.51847/swvik4kykx

Vu, R., Jin, S., Sun, P., Haensel, D., Nguyen, Q. H., Dragan, M., Kessenbrock, K., Nie, Q., & Dai, X. (2022). Wound healing in aged skin exhibits systems-level alterations in cellular composition and cell-cell communication. *Cell Reports*, *40*(5), 111155. https://doi.org/10.1016/j.celrep.2022.111155

Wang, Z., Qi, F., Luo, H., Xu, G., & Wang, D. (2022). Inflammatory microenvironment of skin wounds. *Frontiers in Immunology*, *13*, 789274. https://doi.org/10.3389/fimmu.2022.789274

Wang, M., Xu, C., Wang, D., Lu, J., Wang, A., & Zhou, Q. (2024). Analysis of current trends in angiogenesis research for wound healing: A bibliometric study from 2013 to 2023. *Heliyon*, *10*(12), e32311. https://doi.org/10.1016/j.heliyon.2024.e32311

Weber J. W., & Kelley J. (2014). *Health assessment in nursing* (5th ed.). Lippincott Williams & Wilkins.

Winter, A. K., & Moss, W. J. (2022). Rubella. *The Lancet*, *399* (10332), 1336–1346. https://doi.org/10.1016/s0140-6736(21)02691-x

Wu, B., Chen, Q., Cao, R., Zhu, L., & Zhu, H. (2024). Comparative effectiveness of combined biologic agents versus standard therapies in the treatment of plaque psoriasis: A retrospective analysis. *Frontiers in Medicine*, *11*, 1451069. https://doi.org/10.3389/fmed.2024.1451069

Wysong, A. (2023). Squamous-cell carcinoma of the skin. *New England Journal of Medicine*, *388*(24), 2262–2273. https://doi.org/10.1056/nejmra2206348

Xu, W., & Zhao, H. (2022). Management of infantile hemangiomas: Recent advances. *Frontiers in Oncology*, *12*, 1064048. https://doi.org/10.3389/fonc.2022.1064048

Yousef, H., Sharma, S., Fakoya, A. O., & Alhajj, M. (2024, June 8). Anatomy, skin (integument), epidermis. In *StatPearls* [Internet]. https://www.ncbi.nlm.nih.gov/books/NBK470464/

Zacharopoulou, A., Tsiogka, A., Tsimpidakis, A., Lamia, A., Koumaki, D., & Gregoriou, S. (2024). Tinea incognito: Challenges in diagnosis and management. *Journal of Clinical Medicine*, *13*(11), 3267. https://doi.org/10.3390/jcm13113267

Zaidi, S. R. H., & Sharma, S. (2024, January 3). Pressure ulcer. In *StatPearls* [Internet]. https://www.ncbi.nlm.nih.gov/books/NBK553107/

Zanardelli, M., Skobowiat, C., Kaliszuk, R., & Pietrzak, A. (2023). Tinea versicolor (pityriasis versicolor). In *European handbook of dermatological treatments* (pp. 1001–1008). Springer. https://doi.org/10.1007/978-3-031-15130-9_96

Zanca, A., Flegg, J. A., & Osborne, J. M. (2022). Push or pull? cell proliferation and migration during wound healing. *Frontiers in Systems Biology*, *2*, 876075. https://doi.org/10.3389/fsysb.2022.876075

Zaramo, T. Z., Green, J. K., & Janis, J. E. (2022). Practical review of the current management of frostbite injuries. *Plastic and Reconstructive Surgery—Global Open*, *10*(10), e4618. https://doi.org/10.1097/gox.0000000000004618

Zhang, P., Yang, J., Liu, X., Huang, C., Tao, Y., Shen, P., Bai, Z., Xiao, C., Zhou, L., Li, G., Zhang, L., Zhou, W., & Gao, Y. (2024). FBP1 orchestrates keratinocyte proliferation/differentiation and suppresses psoriasis through metabolic control of histone acetylation. *Cell Death & Disease*, *15*(6), 392. https://doi.org/10.1038/s41419-024-06706-6

Zouboulis, C. C., Coenye, T., He, L., Kabashima, K., Kobayashi, T., Niemann, C., Nomura, T., Oláh, A., Picardo, M., Quist, S. R., Sasano, H., Schneider, M. R., Törőcsik, D., & Wong, S. Y. (2022). Sebaceous immunobiology—Skin homeostasis, pathophysiology, coordination of innate immunity and inflammatory response and disease associations. *Frontiers in Immunology*, *13*, 1029818. https://doi.org/10.3389/fimmu.2022.1029818

Żwierełło, W., Piorun, K., Skórka-Majewicz, M., Maruszewska, A., Antoniewski, J., & Gutowska, I. (2023). Burns: Classification, Pathophysiology, and treatment: A Review. *International Journal of Molecular Sciences*, *24*(4), 3749. https://doi.org/10.3390/ijms24043749

Żyluk, A. (2022). Bite wounds to the hand—A review. *Polish Journal of Surgery*, *94*(5), 54–59. https://doi.org/10.5604/01.3001.0015.7673

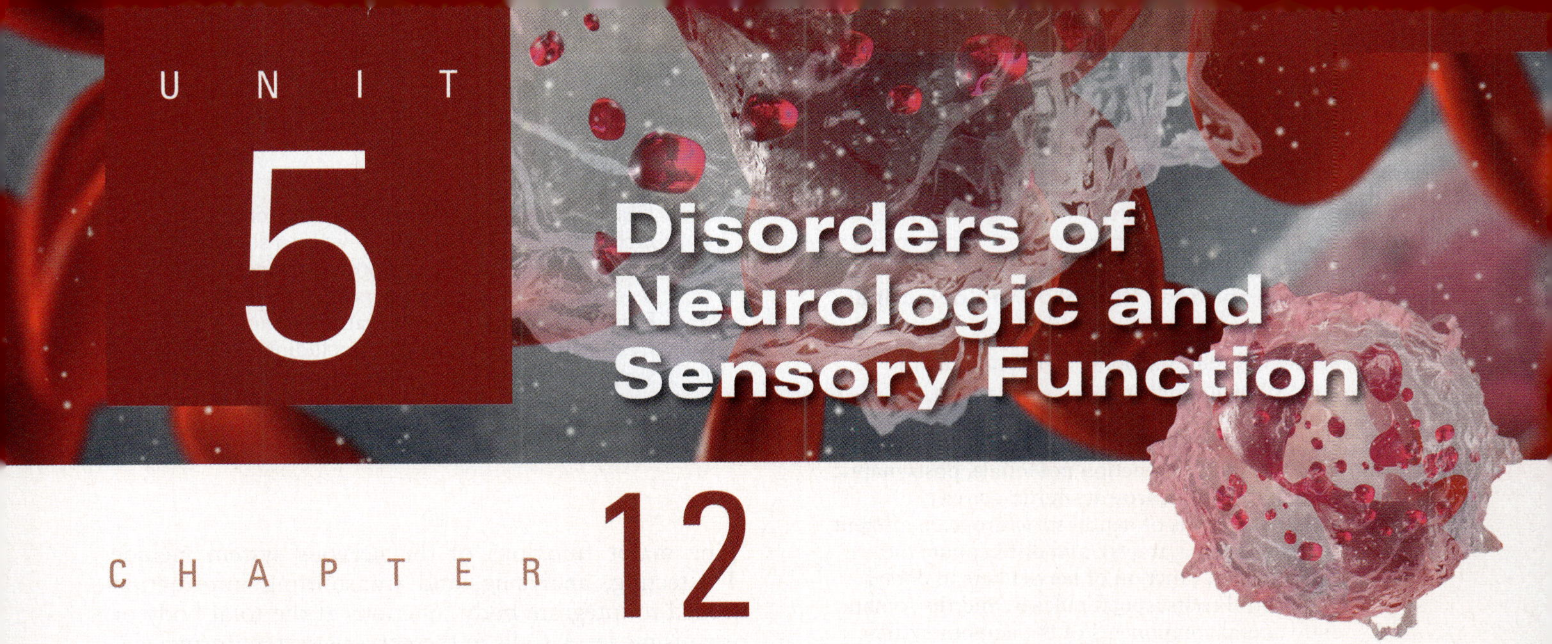

UNIT 5

Disorders of Neurologic and Sensory Function

CHAPTER 12

Disorders of Somatosensory Function, Pain, and Sleep

Cells of the Nervous System
- Neurons
- Neuroglial Cells
- Metabolic Requirements of Nervous Tissue

Neurophysiology
- Action Potentials and Excitability
- Synaptic Transmission
- Messenger Molecules

Developmental Organization of the Nervous System
- Embryonic Development
- Segmental Organization

Structure and Function of the Spinal Cord and Brain
- Spinal Cord
- The Brain

The Autonomic Nervous System
- Central Integrative Pathways
- Autonomic Neurotransmission
- ACh and Cholinergic Receptors

Organization and Control of Somatosensory Function
- Sensory Systems
- Sensory Modalities
- Clinical Assessment of Somatosensory Function

Pain
- Pain Theories
- Pain Mechanisms and Pathways
- Pain Receptors and Mediators
- Pain Threshold and Tolerance
- Types of Pain
- Assessment of Pain
- Management of Pain

Alterations in Pain Sensitivity and Special Types of Pain
- Alterations in Pain Sensitivity
- Special Types of Pain
- Headache and Associated Pain
- Pain in Children and Older Adults

Body Temperature Regulation
- Mechanisms of Heat Production
- Mechanisms of Heat Loss
- Increased Body Temperature
- Decreased Body Temperature

Sleep and Sleep–Wake Disorders
- Neurobiology of Sleep
- Circadian Rhythms
- Melatonin
- Sleep Disorders
- Sleep and Sleep Disorders in Children and Older Adults

Learning Objectives

After completing this chapter, the learner will be able to meet the following objectives:

1. Differentiate the functions of neurons and neuroglial cells, including differentiating the types of neuroglial cells.
2. Describe the structure, metabolic requirements, and electrochemical signaling mechanisms of neurons, including action potentials, postsynaptic potentials, and neurotransmitter activity.
3. Define key terms of neural structure (e.g., afferent, efferent, ganglia, tracts), and differentiate the structure and function of nerve fibers in dorsal and ventral roots, spinal reflexes, and the somatic and visceral components of the nervous system.
4. Identify and describe the major structures of the hindbrain, midbrain, forebrain, and cranial nerves, including their roles in sensory and motor integration.
5. Compare the somatic and autonomic nervous systems in terms of structure, function, neurotransmitters, and receptor activity, including distinctions between sympathetic and parasympathetic divisions.
6. Explain the organization of the somatosensory system, including the roles of first-, second-, and third-order neurons and dorsal root ganglion neuron characteristics.
7. Compare tactile, thermal, and proprioceptive sensory modalities based on receptors, stimuli, conduction pathways, and central processing mechanisms.
8. Describe pain perception, including differences in A-delta and C fibers, roles of ascending pain pathways, pain-modulating factors, and definitions of altered pain sensations (e.g., allodynia, hyperalgesia, paresthesias).
9. Discuss the causes, characteristics, and treatments of acute and chronic pain syndromes, including neuropathic pain, trigeminal neuralgia, postherpetic neuralgia, complex regional pain syndrome, and phantom limb pain.
10. Differentiate headache types (migraine, cluster, tension-type, and temporomandibular joint [TMJ]-related) in terms of etiology, clinical presentation, and treatment, and identify the most common cause of TMJ pain.
11. Describe age-related differences in pain perception, assessment, and management strategies for children and older adults.
12. Compare body core and skin temperature regulation and measurement, and describe the mechanisms of heat gain and loss (e.g., conduction, convection, radiation, evaporation).
13. Explain the physiology of fever and differentiate it from hyperthermia, including the manifestations of hypothermia (mild to severe) and the causes of heat loss in newborns and surgical patients.
14. Identify the major brain structures involved in sleep regulation and describe normal sleep stages, patterns, and physiologic changes during sleep.
15. Describe circadian rhythm sleep disorders, including non–24-hour sleep–wake disorder, jet lag, shift work sleep disorder, advanced and delayed sleep phase disorders.
16. Explain the causes, manifestations, diagnosis, and treatment of sleep disorders, including obstructive sleep apnea, insomnia (short-term and chronic), narcolepsy, and age-related sleep changes in children and older adults.

The major functions of the nervous system include detecting, analyzing, and transmitting information needed to integrate body functions at the total body or organismic level. Cells in the nervous system form a signaling network to sense what is happening (both in the outside world and within the body), process or analyze that information, and respond to these stimuli with voluntary movement or changes in involuntary processes (such as heart rate, respiratory rate, and more).

The nervous system has two components—the **central nervous system (CNS)** and the **peripheral nervous system (PNS)**. The CNS consists of the brain and spinal cord. The PNS consists of cranial nerves (CNs) originating from the brain and spinal nerves originating from the spinal cord.

Nerve tracts are categorized into two types of pathways: (1) **afferent** or **sensory pathways**, which bring *incoming* messages from the sensory nerve endings located in the peripheral parts of the body to the CNS for interpretation and processing; and (2) **efferent** or **motor pathways**, which take *outgoing* messages from the CNS to the periphery, with the goal of stimulating an effect in the periphery.

Cells of the Nervous System

Two classifications of cells compose the nervous system—neurons and neuroglial cells. **Neurons** are electrically excitable messenger cells that conduct the electrical and chemical impulses that are the primary function of the nervous system. **Neuroglial** cells are structurally supportive cells that protect the nervous system and provide various support functions for the neurons.

KEY POINTS

The Structural Organization of the Nervous System

- The nervous system is divided into two parts—the CNS, consisting of all the neural cells located within the brain and spinal cord (which are encased in the bony structures of the skull and spinal column), and the PNS, consisting of all the neural cells located outside the brain and spinal cord.

- The nervous system contains two major types of cells: neurons, which are the messenger cells of the nervous system, and neuroglial cells, which protect the nervous system and support the functions of the neurons.

Neurons

Neurons are the messenger cells of the nervous system. **Afferent (sensory)** neurons transmit information to the CNS, whereas **efferent (motor)** neurons carry information away from the CNS (Fig. 12-1). Interspersed between the afferent and efferent neurons is a network of interconnecting neurons (also called **interneurons** or **internuncial** neurons).

Neurons have three distinct parts—the cell body, the dendrites, and the axons. Neurons form functional connections (**synapses**) with other nerve cells, receptor cells, or effector cells.

The **cell body (soma)** of a neuron contains a nucleus with one or more distinct nucleoli and a well-developed rough endoplasmic reticulum. A neuron's nucleus has the same DNA and genetic code content present in other cells of the body. Its nucleolus produces ribonucleic acid (RNA) needed for protein synthesis. The cytoplasm contains large masses of ribosomes that are prominent in most neurons. These acidic RNA masses, which are involved in protein synthesis, stain as dark **Nissl bodies** with basic histologic stains (see Fig. 12-1).

Dendrites are branched extensions of the nerve cell body that receive afferent messages and conduct that information toward the cell body. The dendrites are the main source of information for the neuron. The dendrites and cell body are studded with synaptic terminals that allow communication with other neurons.

Axons are long processes that project from the cell body and carry efferent messages to the next neuron or to effector cells. Most neurons have only one axon. However, axons may have multiple branches that result in many axonal terminals. The axon of a neuron conducts nerve impulses from the cell body to its **synaptic terminal**. The axon also transports information in the form of an electrical current between the cell body and the synaptic terminals. The cell body of the neuron is equipped for a high level of metabolic activity because it must synthesize the cytoplasmic and membrane constituents required to maintain the function of the cell body, axon, and synaptic terminals. Axons can be very short (0.1 mm) or very long (3 m). Axon diameter can

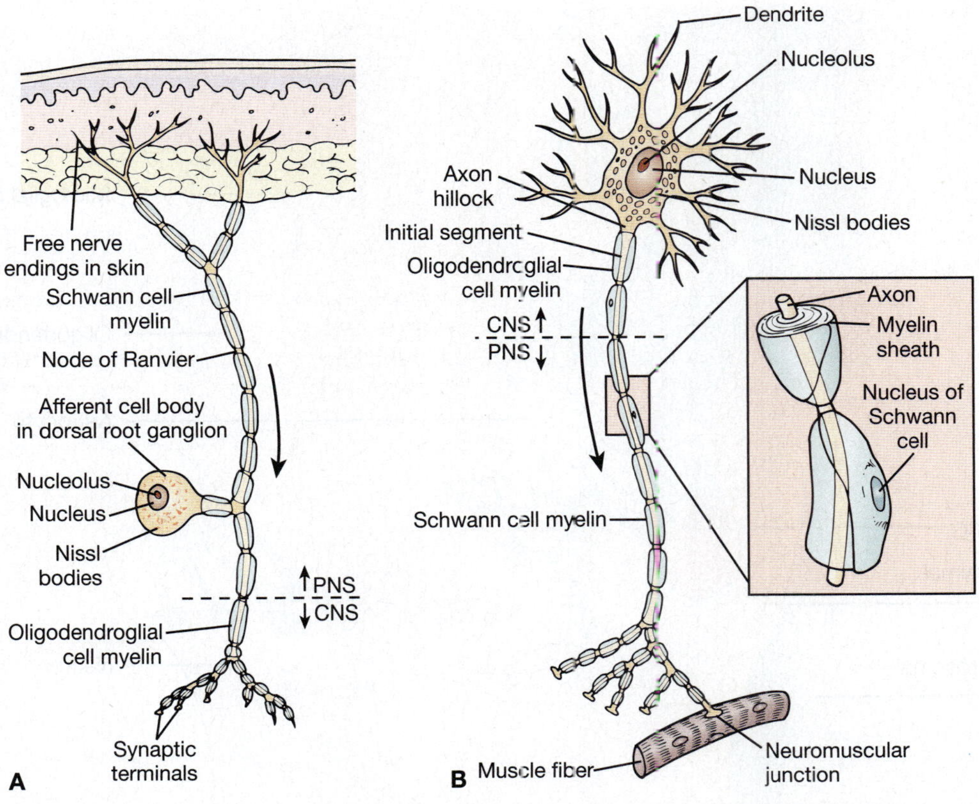

FIGURE 12-1. Afferent (**A**) and efferent (**B**) neurons, showing the soma or cell body, dendrites, and axon. *Arrows* indicate the direction for conduction of action potentials. CNS, central nervous system; PNS, peripheral nervous system.

vary depending on function, with large-diameter axons conducting impulses rapidly, and smaller-diameter axons conducting impulses slowly.

Transportation of cellular substances and electrical messages occurs primarily in the direction from the cell body to the axon terminals (anterograde transport), but also occurs to a lesser extent in the opposite direction (retrograde transport).

Two motor proteins (**kinesin** and **dynein**) are involved in the transport process. Kinesins transport their cargo anterograde toward the synapse. Dyneins transport their cargo retrograde toward the cell body.

Neuroglial Cells

The neuroglial cells of the nervous system provide structural and metabolic support and protection for neurons. Neuroglial cells segregate neurons into isolated metabolic compartments that are required for normal neural function.

Neuroglial Cells of the CNS

The neuroglial cells of the CNS are the oligodendrocytes, astrocytes, microglia, and ependymal cells (Fig. 12-2).

Oligodendrocytes produce the "foot-like" processes that extend from the cell body and wrap around the axons of some neurons to form a multilayered **myelin sheath** (Kettenmann & Verkhratsky, 2022). These insulated, myelinated neurons can transmit electrical impulses more rapidly than nonmyelinated neurons. Myelin has a high lipid content that gives myelinated nerves a whitish color; thus, the name **white matter** is given to the masses of myelinated nerve fibers in the spinal cord and brain. (**Gray matter**, in turn, primarily consists of somas, dendrites, unmyelinated axons, and other neuroglial cells.) Besides its role in increasing electrical conduction velocity, the myelin sheath is essential for the survival of larger neuronal processes, perhaps by the secretion of neurotrophic compounds. In some pathologic conditions (e.g., multiple sclerosis), the myelin sheath may degenerate or be destroyed. This leaves a section of the axonal process **demyelinated** (Kettenmann & Verkhratsky, 2022). Unless remyelination takes place, the axon eventually dies.

Astrocytes are the most numerous of neuroglial cells and are particularly prominent in the gray matter of the CNS. Astrocytes have a "star-like" shape with projections that surround capillaries in the brain and help to form the blood–brain barrier that regulates which substances can cross from the blood into the brain (Kettenmann & Verkhratsky, 2022). Astrocytes extend processes that occupy much of the intercellular space in the CNS and form functional connections between neurons, synapses, and capillary blood flow. They help maintain the extracellular environment by regulating potassium ion concentrations and removing excess potassium, which

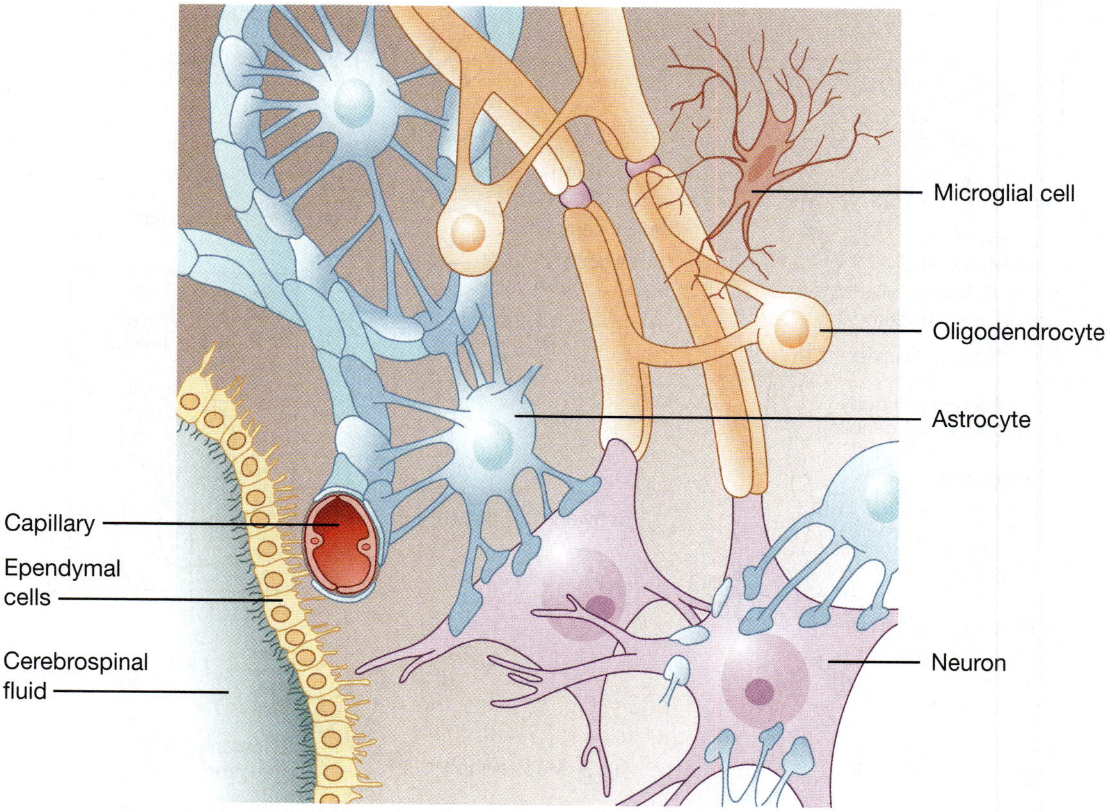

FIGURE 12-2. The supporting cells of the central nervous system (CNS). Diagrammatic view of relationships between the glial elements (astrocyte, oligodendrocyte, microglial cell, and ependymal cells), the capillaries, the cerebrospinal fluid, and the cell bodies of CNS neurons.

protects neuronal function. Astrocytes also take up neurotransmitters after synaptic release, contributing to the regulation of synaptic activity. In addition, they support neuronal metabolism by sensing changes in glucose and oxygen availability, supplying neurons with lactate as an energy source, and clearing metabolic waste products such as carbon dioxide, ammonia, reactive oxygen species, and neurotransmitter by-products (Lee et al., 2022). Following CNS injury, astrocytes play a central role in repair by proliferating and forming glial scar tissue through a process known as **gliosis**.

The **microglia** are small phagocytic cells that clean up debris after cellular damage, infection, or cell death.

The **ependymal cells** form the lining of the ventricular system. In some areas, these cells combine with a rich vascular network to form the **choroid plexus** where cerebrospinal fluid (CSF) is produced.

Neuroglial Cells of the PNS

Satellite and Schwann cells are the two types of neuroglial cells in the PNS. **Satellite cells** are flattened capsular cells that secrete a basement membrane to protect the cell body from diffusion of large molecules. A single layer of satellite cells separates each cell body.

Schwann cells are close relatives of satellite cells and produce myelin analogous to the oligodendrocyte of the CNS. Schwann cells surround the processes of larger afferent and efferent neurons. During myelination, the Schwann cell wraps around each nerve process several times (Fig. 12-3). Schwann cells line up along the neuronal process and form a discrete myelin segment. Successive Schwann cells are separated by short extracellular gaps, called the **nodes of Ranvier**, where the myelin is missing and voltage-gated sodium channels are concentrated. The nodes of Ranvier increase nerve conduction by allowing the impulse to jump from node to node in a process called **saltatory conduction**. In this way, the impulse can travel more rapidly than if it were to travel along the entire nerve process (Salzer et al., 2024). The short reaction time is especially important in peripheral nerves with long distances (sometimes 1 to 1.5 m) for conduction between the CNS and distal effector organs.

Each Schwann cell along a peripheral nerve is encased in a continuous tube of basement membrane, which is surrounded by a multilayered sheath of loose connective tissue known as the **endoneurium** (see Fig. 12-3). The endoneurial sheath, which is essential for the regeneration of peripheral nerves, provides a collagenous tube through which a regenerating axon can again reach its former target. The absence of endoneurial sheaths in the CNS is thought to be a major factor in the limited axonal regeneration of CNS nerves compared with those of the PNS (Salzer et al., 2024).

The endoneurial sheaths are combined with blood vessels into small bundles or clusters of nerves called **fascicles**. Another protective covering called the perineurium surrounds the fascicles. The heavy protective **epineurial sheath** of the peripheral nerve surrounds the fascicles. The protective layers that surround the peripheral nerve processes are continuous with the connective tissue

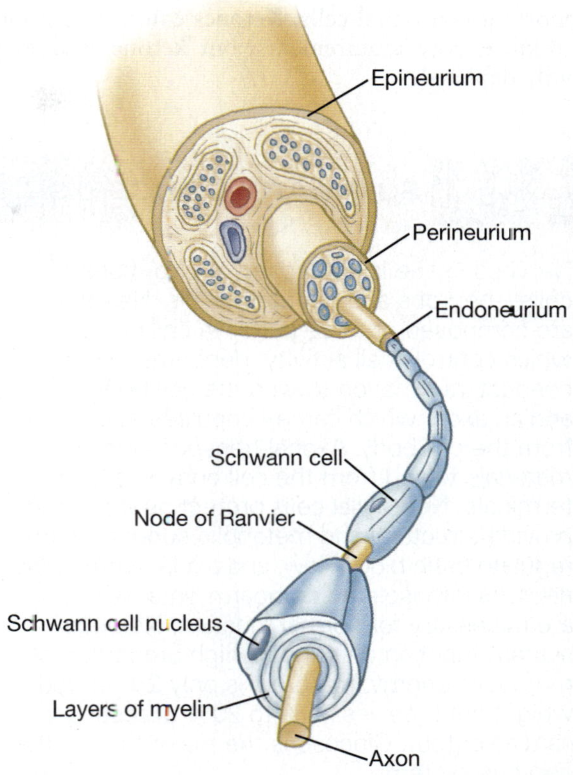

FIGURE 12-3. Section of a peripheral nerve containing both afferent (sensory) and efferent (motor) neurons. Schwann cells form a myelin sheath around the larger nerve fibers in the peripheral nervous system. Successive Schwann cells are separated by short extracellular fluid gaps called the *nodes of Ranvier*, where the myelin is missing and the voltage-gated sodium channels are concentrated.

coverings that surround sensory nerve endings and effector structures. The connective tissue layers also continue along the dorsal and ventral roots of the nerve to fuse with the meninges that surround the spinal cord and brain (Salzer et al., 2024).

Metabolic Requirements of Nervous Tissue

Nervous tissue has a high rate of metabolism. The brain receives 15% to 20% (about 750 mL/minute) of the total resting cardiac output and consumes 20% of the oxygen carried within the total cardiac output (Magistretti & Allaman, 2022). Despite the substantial energy requirements, the brain cannot store oxygen or effectively engage in anaerobic metabolism. Therefore, an interruption in blood flow or oxygen supply to the brain rapidly leads to clinical signs and symptoms. Unconsciousness occurs almost simultaneously with cardiac arrest, and brain cell death begins within 4 to 6 minutes. Interruption of blood flow also leads to accumulation of metabolic by-products that are toxic to neural tissue.

Glucose is the major fuel source for the nervous system, but because neurons cannot store glucose, they must rely on blood glucose or glycogen stores from the supporting neuroglial cells. Ketones can also temporarily fulfill energy requirements, but ketone sources are rapidly depleted.

SUMMARY CONCEPTS

Nervous tissue is composed of two types of cells—neurons and neuroglial cells. Neurons are composed of three parts—a cell body, which controls cell activity; dendrites, which conduct information toward the cell body; and an axon, which carries impulses away from the cell body. Axonal transport moves materials to and from the cell body and axon terminals. Neuroglial cells protect neurons and provide structural and metabolic support, help regulate brain blood flow, and aid in segregating neurons into isolated compartments, which are necessary for normal function. Nervous system function demands a high proportion of metabolic energy. The brain is only 2% of body weight but receives 15% to 20% of resting cardiac output. Glucose is the major fuel for the nervous system.

Neurophysiology

Action Potentials and Excitability

Neurons communicate through action potentials—rapid, transient changes in membrane potential that transmit information along axons by their frequency and pattern. The ionic basis of membrane potentials, threshold, depolarization, and repolarization is described in detail in Chapter 2. In neurons, excitability depends on how close the resting membrane potential is to threshold.

When threshold is reached, voltage-gated sodium (Na^+) channels open, producing rapid **depolarization**, followed by closure of Na^+ channels and opening of voltage-gated potassium (K^+) channels, which restores the membrane potential toward its resting state. During this sequence, neurons enter an absolute refractory period, during which a second action potential cannot occur, followed by a **relative refractory period**, during which a stronger-than-normal stimulus is required. These refractory periods limit firing frequency and ensure one-way propagation of impulses.

Action potentials propagate along axons as waves of depolarization. In unmyelinated axons, each adjacent segment of membrane must be activated in sequence. In myelinated axons, voltage-gated sodium channels are concentrated at the nodes of Ranvier, allowing action potentials to jump between nodes in a process called saltatory conduction. Myelination greatly increases conduction velocity by limiting ion leakage and preserving depolarization across internodal segments (Fig. 12-4).

Synaptic Transmission

Neurons communicate with other neurons and with effector cells, such as muscle fibers, at specialized junctions called **synapses**. Two types of synapses exist in the nervous system: electrical and chemical.

Electrical synapses allow direct passage of ions through **gap junctions**, enabling rapid, bidirectional signal transmission between adjacent cells (Serrano et al., 2022). **Chemical synapses**, the most common type, separate the presynaptic and postsynaptic membranes by a synaptic cleft. In these synapses, the presynaptic neuron releases neurotransmitters that diffuse across the cleft and bind to receptors on the postsynaptic membrane (Serrano et al., 2022).

Chemical synapses may be excitatory or inhibitory. **Excitatory postsynaptic potentials (EPSPs)** depolarize the postsynaptic membrane, increasing the likelihood of reaching threshold. **Inhibitory postsynaptic potentials (IPSPs)** hyperpolarize the membrane, decreasing the likelihood of firing (Stingl et al., 2024).

Each neuron receives input from many synapses distributed across its dendrites and cell body. Action potentials are initiated at the **axon hillock**, which has a lower threshold for activation than other regions of the neuron. Individual EPSPs are usually insufficient to trigger an action potential; instead, multiple EPSPs may combine through spatial summation (simultaneous inputs from different synapses) or temporal summation (rapidly repeated inputs from the same synapse). IPSPs can also summate with EPSPs, and the net effect of excitatory and inhibitory input determines whether threshold is reached and an action potential is generated. Through this process of synaptic integration, neurons function as complex decision-making units that regulate the timing and frequency of action potentials (Stingl et al., 2024).

Messenger Molecules

The function of the nervous system relies on chemical messengers. These messengers include the neurotransmitters, neuromodulators, and neurotrophic or nerve growth factors.

Neurotransmitters

Neurotransmitters are chemical substances that excite, inhibit, or modify neuron response. They include amino acids, neuropeptides, and monoamines. The **amino acids** glutamine, glycine, and gamma-aminobutyric acid (GABA) serve as neurotransmitters at most CNS synapses. GABA mediates most synaptic inhibition in the CNS. **Neuropeptides** are made up of two or more amino acids and include the endorphins and enkephalins, which are involved in pain sensation and perception.

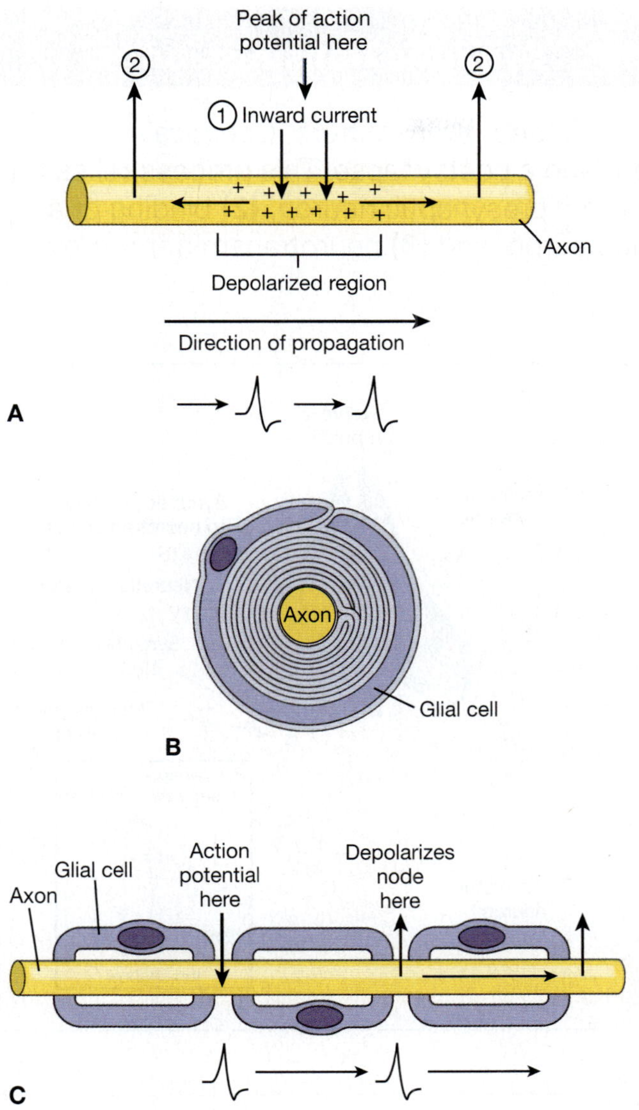

FIGURE 12-4. Propagation of an action potential along an axon. (A) An action potential travels along the axon as a wave of depolarization. In the region of activated voltage-gated sodium channels, current in the form of sodium ions flows into the axon, depolarizing it. The depolarization spreads along the axon both ahead of and behind the region of active sodium channels. Depolarization ahead of the action potential can activate voltage-gated channels in that region and reproduce an action potential there. This process continues along the axon. In an unmyelinated axon, the sodium channels of each continuous segment must be serially activated for the action potential to propagate. (B) Myelinated axons are wrapped by overlapping layers of the Schwann or oligodendroglial cell membrane forming the myelin sheath. Myelin limits ion flow through the underlying axon membrane. (C) Myelinated axons locate sodium channels in the gaps (nodes of Ranvier) between adjacent myelinated (internodal) segments. Depolarization at one node of Ranvier can spread over the entire internodal segment of the axon due to myelin's ability to limit the decrement of depolarization in that segment. The action potential occurs only at the nodes of Ranvier rather than having to be generated in each adjacent segment of axon, as is required in an unmyelinated axon. Myelination and the resulting longer distance between sodium channels allow the action potential to propagate at much faster velocity. (Reproduced with permission from Rhoades, R. A., & Bell, D. R. [Eds.]. [2012]. Action potential, synaptic transmission, and maintenance of nerve function. In *Medical physiology: Principles for clinical medicine* [4th ed.]. Wolters Kluwer Health and Pharma; Fig. 8.)

A **monoamine** is an **amine** molecule containing one amino group (NH_2). Serotonin, dopamine, norepinephrine, and epinephrine are monoamines synthesized from amino acids (Wu et al., 2022).

Neurotransmitters are synthesized in the cytoplasm of the axon terminal. The synthesis of transmitters may require one or more enzyme-catalyzed steps. After synthesis, neurotransmitter molecules are stored in the axon terminal in tiny, membrane-bound sacs called **synaptic vesicles.** These vesicles protect the neurotransmitters from enzyme destruction in the nerve terminal. There may be thousands of vesicles in a single terminal, each vesicle containing 10,000 to 100,000 transmitter molecules. The arrival of an impulse at a nerve terminal causes the vesicles to move to the cell membrane and release their transmitter molecules into the synaptic space.

Neurotransmitters exert their actions through specific proteins, called **receptors,** embedded in the postsynaptic membrane. The interaction between a transmitter and receptor results in a specific physiologic response (Wu et al., 2022). The action of a transmitter is determined by the type and location of the receptor to which it binds. Receptors are named according to the type of neurotransmitter with which they interact (e.g., a **cholinergic receptor** is a receptor that binds to acetylcholine [ACh]).

Rapid removal of a transmitter is necessary to maintain precise control of neural transmission. A released transmitter can undergo one of the following three processes:

1. It can be broken down into inactive substances by enzymes.
2. It can be taken back up into the presynaptic neuron in a process called **reuptake.**
3. It can diffuse into the intercellular fluid until its concentration is too low to influence postsynaptic excitability.

Neuromodulators

Other classes of messenger molecules, known as **neuromodulators,** may be released from axon terminals. Neuromodulators react with presynaptic or postsynaptic receptors to alter release of or response to neurotransmitters. Neuromodulators may act on postsynaptic receptors to produce longer-lasting changes in membrane excitability. This alters the action of neurotransmitters by enhancing or decreasing their effectiveness (Wu et al., 2022). By combining with autoreceptors on the presynaptic membrane, a transmitter can act as a neuromodulator to augment or inhibit further activity. In some nerves, a messenger molecule can have both transmitter and modulator functions.

Neurotrophic Factors

Neurotrophic or nerve growth factors are required to maintain the long-term survival of the postsynaptic cell and are secreted by axon terminals independent of action potentials (Li et al., 2022). Trophic factors from target cells that enter the axon and are necessary for the long-term survival of presynaptic neurons also have been demonstrated. Target cell-to-neuron trophic factors likely aid in establishing specific neural connections during normal embryonic development.

UNDERSTANDING ➔ Synaptic Transmission

Neurons communicate through chemical synapses via neurotransmitters. Chemical synapses consist of a presynapse, a synaptic cleft, and a postsynapse. This process relies on **(1)** synthesis and release of a neurotransmitter from a presynaptic neuron, **(2)** binding of a neurotransmitter to receptors on the postsynaptic neuron, and **(3)** neurotransmitter removal from the synapse.

1

Neurotransmitter Synthesis and Release. Neurotransmitters are synthesized in the presynaptic neuron and then stored in synaptic vesicles. Communication between the two neurons begins with a nerve impulse that stimulates the presynaptic neuron followed by movement of the synaptic vesicles to the cell membrane and release of neurotransmitter into the synaptic cleft.

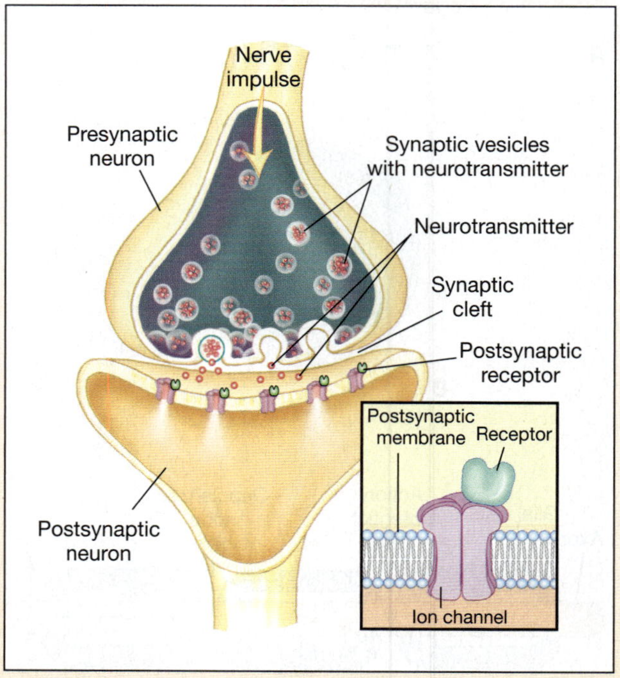

2

Receptor Binding. Once released from the presynaptic neuron, the neurotransmitter moves across the synaptic cleft and binds to receptors on the postsynaptic neuron. The action of a neurotransmitter is determined by the type of receptor to which it binds. Many presynaptic neurons also have receptors to which a neurotransmitter may bind. The presynaptic receptors function in a negative feedback manner to inhibit further release of the neurotransmitter.

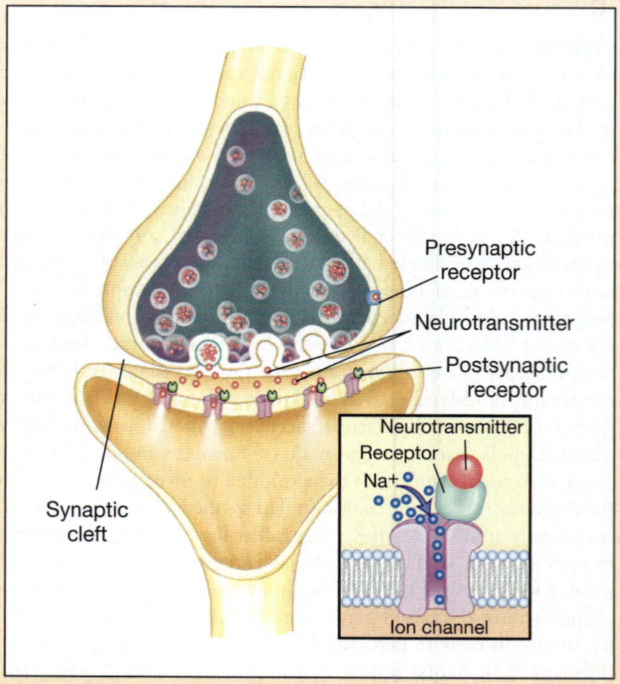

3

Neurotransmitter Removal. Precise control of synaptic function relies on the rapid removal of the neurotransmitter from the synapse. A released neurotransmitter can (1) be taken back up into the neuron in a process called reuptake, (2) diffuse out of the synaptic cleft, or (3) be broken down by enzymes.

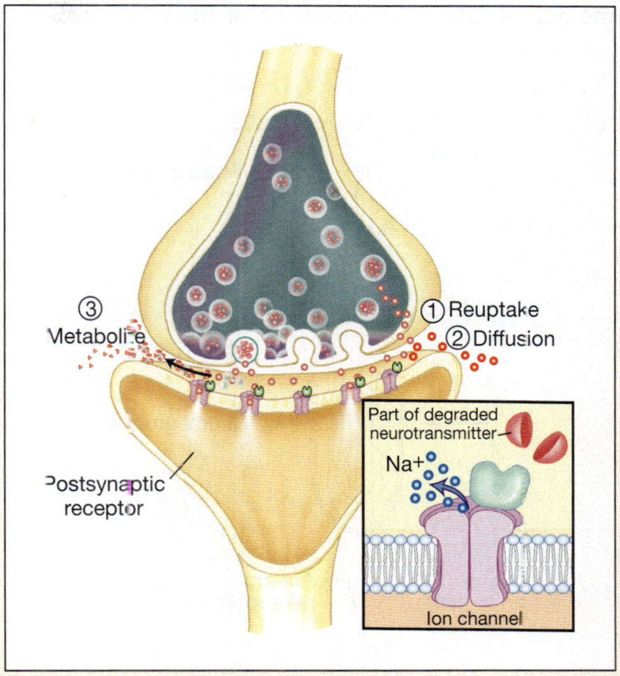

SUMMARY CONCEPTS

Neurons are characterized by the ability to communicate with other cells through electrical signals called *action potentials*. Neuron cell membranes contain ion channels responsible for generating and propagating action potentials. Voltage-dependent gates that open and close with changes in the membrane potential guard these channels. Action potentials are divided into three parts—the resting phase, during which the membrane is polarized but no electrical activity occurs; the depolarization phase when sodium channels open, allowing rapid inflow of the ions to generate an electrical impulse; and the repolarization phase, during which the membrane is permeable to potassium ions, allowing for the efflux of potassium ions and return to resting.

Synapses are structures that permit communication between neurons. Electrical synapses consist of gap junctions between adjacent cells that allow action potentials to move rapidly from one cell to another. Chemical synapses involve special presynaptic and postsynaptic structures separated by a synaptic cleft. They rely on chemical messengers, released from the presynaptic neuron that cross the synaptic cleft and then interact with receptors on the postsynaptic neuron.

Neurotransmitters are chemical messengers that control neural function. They selectively cause excitation or inhibition of action potentials. Three major types of neurotransmitters are known—amino acids, neuropeptides, and monoamines. Neurotransmitters interact with cell membrane receptors to produce either excitatory or inhibitory actions. Neuromodulators are chemical messengers that react with membrane receptors to produce slower and longer-acting changes in membrane permeability. Neurotrophic or growth factors, also released from presynaptic terminals, are required to maintain the long-term survival of postsynaptic neurons.

Developmental Organization of the Nervous System

The nervous system develops early in embryonic life and follows a hierarchical organization. More advanced functions are located in the forebrain, which controls the brainstem and spinal cord. Because higher functions are concentrated in the front (rostral) regions, they are also more vulnerable to damage—as seen in conditions like persistent vegetative state, where brainstem functions (like breathing) remain intact despite loss of higher brain activity (Sarnat & Flores-Sarnat, 2024).

Embryonic Development

By the third week of embryonic development, the ectoderm layer forms the neural plate, which folds to become the neural tube—the precursor of the CNS (Fig. 12-5). Closure of the neural tube begins in the middle and progresses toward both ends; failure of closure can lead to congenital disorders called neural tube defects. Neural crest cells, which migrate from the neural tube, form key parts of the PNS, including sensory and autonomic

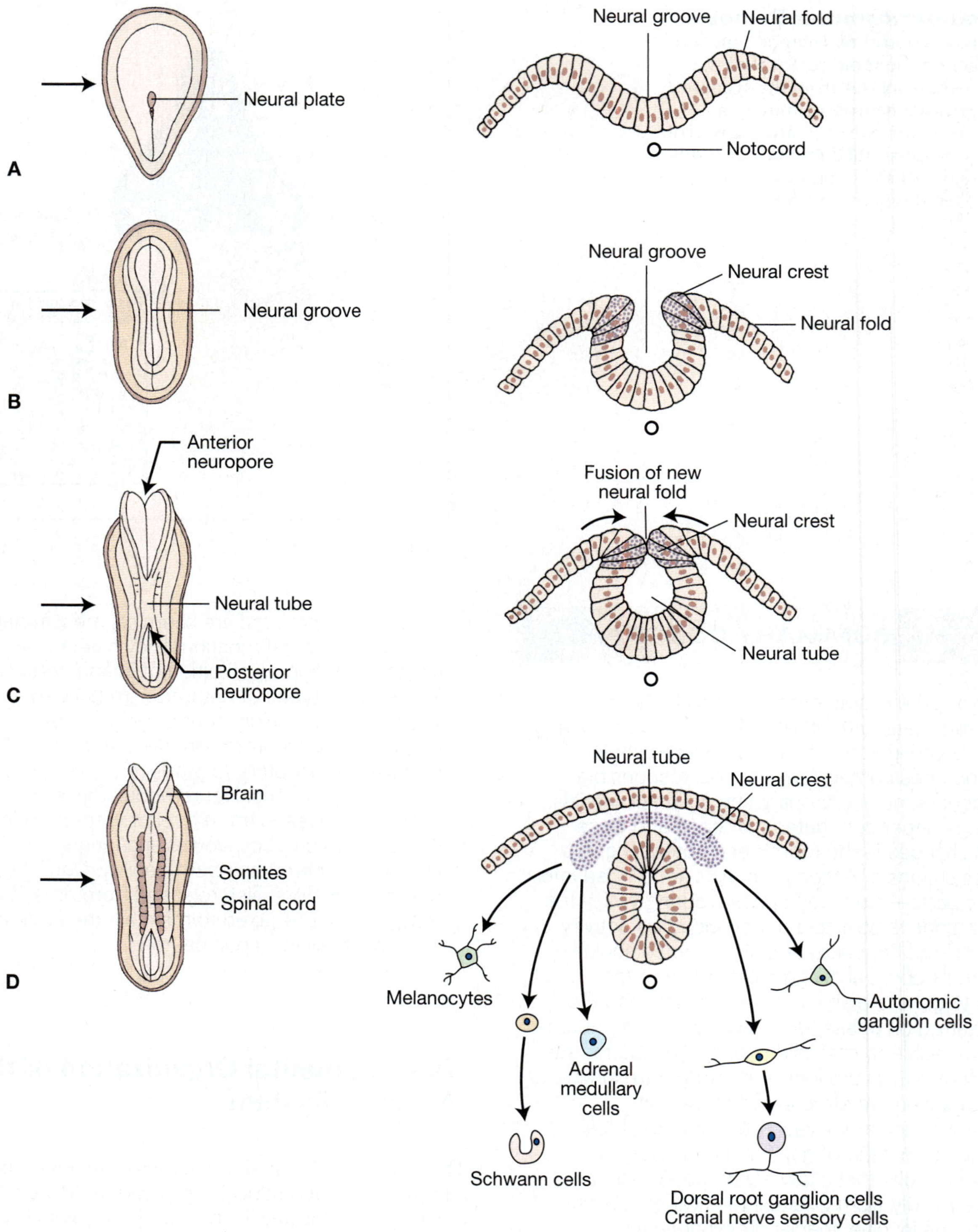

FIGURE 12-5. Early embryonic development of the central nervous system (at the third and fourth weeks of gestation), in which the neural plate (**A**), neural groove (**B**), and neural tube (**C**) are formed from the dorsal surface of the embryo. The left side of each panel depicts the developing embryo in a dorsal view, and the right side shows cross sections through the nervous system cut at the levels indicated by the arrows. Note also the cells formed from differentiated cells of the neural crest (**D**) (From Siegel, A., & Sapru, H. N. [2011]. *Essential neuroscience Allan Siegel*. Wolter's Kluwer.)

ganglia. As development continues, the cranial portion of the neural tube differentiates into three primary brain vesicles—the forebrain, midbrain, and hindbrain, which later subdivide to form the major structures of the brain.

Within the walls of the neural tube, cells proliferate and differentiate into distinct regions that establish the basic organization of the spinal cord. The dorsal (alar) plate forms motor neurons. These regions are shaped by developmental signaling gradients that guide neuronal identity and organization. The neural tube also differentiates into layered zones that later become the gray and white matter of the CNS. Together, these processes establish the structural and functional foundation of the nervous system (Sarnat & Flores-Sarnat, 2024).

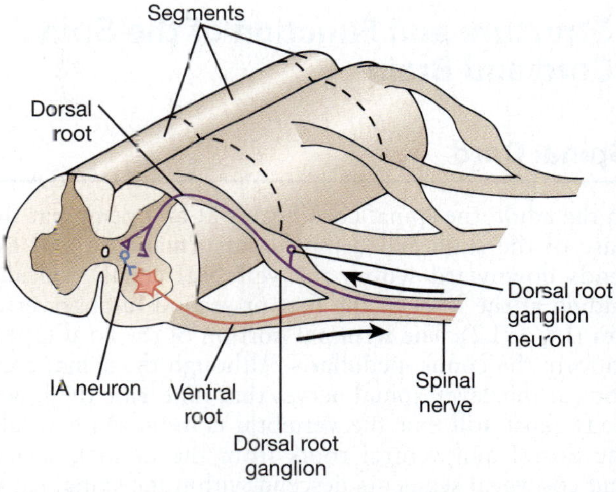

FIGURE 12-6. In this diagram of three segments of the spinal cord, three dorsal roots enter the dorsal lateral surface of the cord, and three ventral roots exit. The dorsal root ganglion contains dorsal root ganglion cells, whose axons bifurcate: one process enters the spinal cord in the dorsal root, and the other extends peripherally to supply the skin and muscle of the body. The ventral root is formed by axons from motoneurons in the spinal cord. IA, input association.

KEY POINTS

Developmental Organization of the Nervous System

- In the process of development, the basic organizational pattern is that of a longitudinal series of segments, each repeating the same basic fundamental organizational pattern: a body wall or soma containing the axial skeleton and a neural tube that develops into the nervous system.
- As the nervous system develops, it becomes segmented, with a repeating pattern of afferent neuron axons forming the dorsal roots of each succeeding segmental nerve and the exiting efferent neurons forming the ventral roots of each succeeding segmental nerve.

Segmental Organization

The nervous system is organized into repeating segments, a pattern established early in development and most clearly preserved in the spinal cord. Each segment is associated with paired dorsal and ventral roots that connect the CNS with the body (Fig. 12-6). Dorsal roots carry sensory (afferent) information into the CNS, while ventral roots transmit motor (efferent) commands to the muscles and glands (Rao et al., 2024).

This segmental arrangement allows sensory input and motor output to be organized by body region and supports rapid reflex activity as well as communication with higher brain centers. The PNS reflects this organization through 31 pairs of spinal nerves and 12 pairs of CNs, which together provide the structural framework for sensory perception, motor control, and autonomic regulation. The detailed internal structure of the spinal cord and the organization of its pathways are discussed in the following section.

SUMMARY CONCEPTS

The CNS develops from the embryonic ectoderm as a neural tube, which closes along the midline and gives rise to the brain and spinal cord. The hollow center of the neural tube becomes the ventricular system of the brain and the central canal of the spinal cord. Proper formation of the nervous system depends on tightly regulated developmental signaling, and disruptions in these processes can result in congenital abnormalities.

As the neural tube differentiates, a basic organizational pattern is established in which sensory structures develop dorsally and motor structures develop ventrally. Cells migrating from the neural tube, known as neural crest cells, form key components of the PNS, including sensory and autonomic ganglia. This early developmental pattern creates a segmental organization that links specific regions of the body with corresponding areas of the nervous system.

The structural and functional organization established during embryonic development is retained throughout life and provides the foundation for sensory processing, motor control, reflex activity, and communication between the spinal cord and brain. These principles underlie the anatomy and physiology of the spinal cord and brain discussed in the following section.

Structure and Function of the Spinal Cord and Brain

Spinal Cord

In the adult, the spinal cord begins at an opening at the base of the skull called the **foramen magnum** and extends downward within the vertebral canal, typically ending at the level of the first or second lumbar vertebra (L1 or L2). The terminal portion of the cord tapers to form the **conus medullaris.** Although the spinal cord ends at this level, spinal nerves that innervate the lower body must still exit the vertebral column. As a result, the dorsal and ventral roots from the lumbar, sacral, and coccygeal segments descend within the spinal canal before exiting at their corresponding vertebral levels, forming a bundle known as the **cauda equina.** A thin filament of connective tissue derived from the pia mater, the **filum terminale**, extends from the conus medullaris to anchor the spinal cord within the spinal canal (Harrow-Mortelliti et al., 2023).

On transverse section, the spinal cord has an oval shape, with centrally located gray matter surrounded by white matter (Fig. 12-7). The gray matter has a characteristic butterfly- or H-shaped appearance and contains neuronal cell bodies, dendrites, and synapses responsible for local processing and reflex activity. Some neurons within the gray matter extend axons out of the spinal cord through peripheral nerves to innervate skeletal muscle, autonomic ganglia, or other effector tissues. The surrounding white matter consists of ascending and descending axon tracts that transmit information between spinal segments and between the spinal cord and higher levels of the CNS, including the brainstem and cerebrum.

The projections of gray matter that form the H-shaped structure are called horns. The **dorsal horns** receive sensory (afferent) input entering the spinal cord

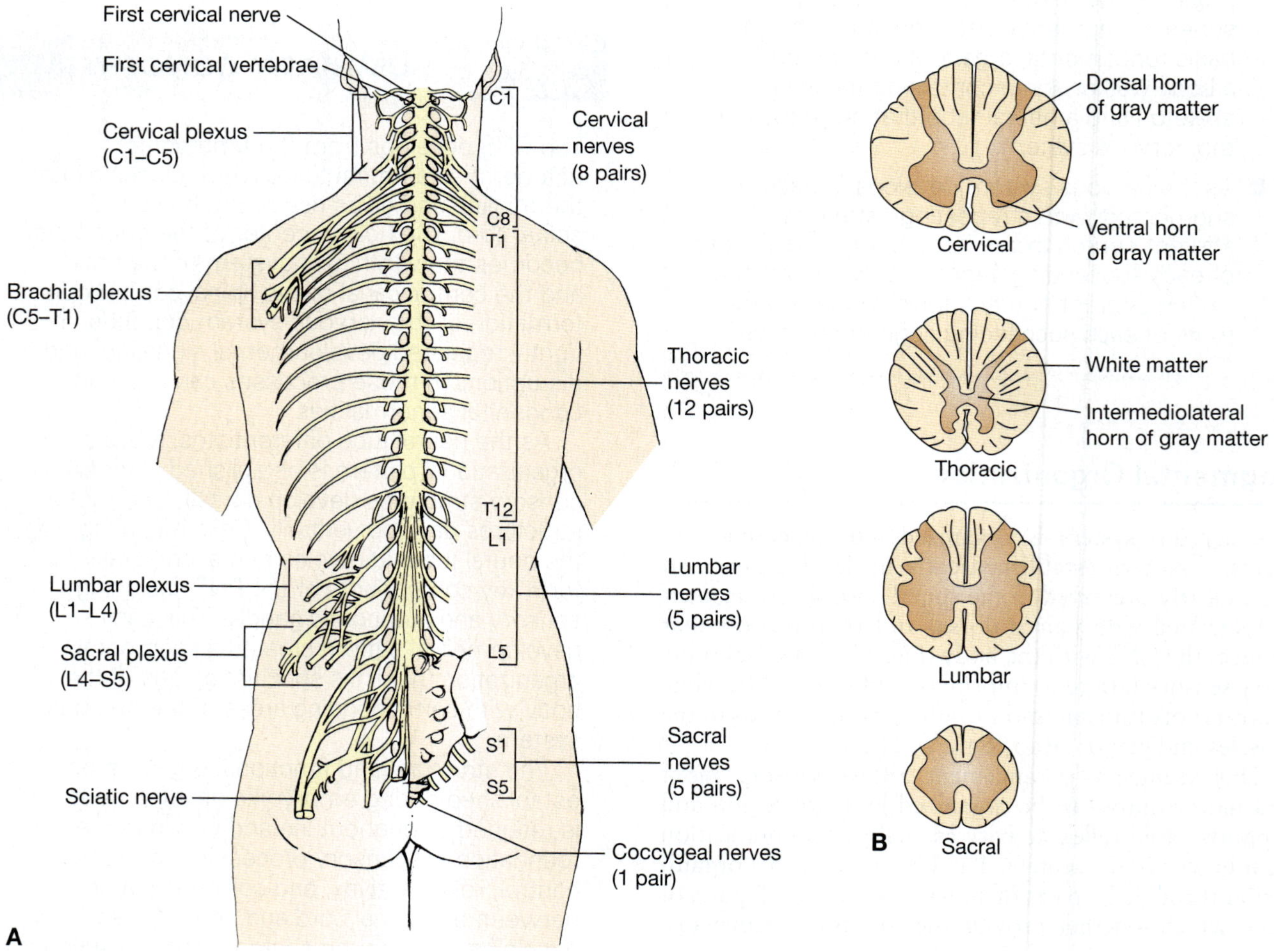

FIGURE 12-7. (**A**) Posterior view of the spinal cord, including portions of the major spinal nerves and some of the components of the major nerve plexuses. (**B**) Cross-sectional views of the spinal cord, showing regional variations in gray matter and increasing white matter as the cord ascends.

through the dorsal roots, whereas the **ventral horns** contain motor (efferent) neurons whose axons exit through the ventral roots to supply skeletal muscle. The intermediate gray matter surrounds the central canal, which contains CSF. In the thoracic region, this intermediate zone includes the intermediolateral columns, which contain autonomic neurons that contribute to sympathetic outflow (Harrow-Mortelliti et al., 2023).

Functionally, the spinal cord operates as a segmentally organized system that integrates sensory input and generates motor output. Sensory information entering through dorsal roots may be processed locally to produce reflex responses or transmitted to higher brain centers through ascending white matter pathways. Motor commands originating within the spinal cord or descending from the brain travel through ventral horn motor neurons to reach peripheral targets. This organization allows the spinal cord to mediate rapid, automatic responses while remaining under the modulatory control of the brain.

The amount of gray matter within each spinal segment reflects the volume of tissue it innervates. Enlargements are present in the cervical region (C5–T1), which supplies the upper limbs, and in the lumbosacral region, which supplies the lower limbs. In contrast, white matter increases progressively in the rostral direction because ascending sensory fibers from lower segments and descending motor fibers to lower segments accumulate as they travel toward or away from the brain.

The spinal cord and its roots are enclosed by protective connective tissue layers known as the **meninges**, which include the pia mater, arachnoid mater, and dura mater. The **pia mater** closely covers the surface of the spinal cord and contains blood vessels that supply the neural tissue (Fig. 12-8). Lateral extensions of the pia mater, called **denticulate ligaments**, anchor the spinal cord to the dura mater and help stabilize it within the vertebral canal. Surrounding the dura mater is the epidural space, which contains adipose tissue and blood vessels. Together, the vertebral column, meninges, and associated connective tissues provide protection and structural support for the spinal cord and nerve roots.

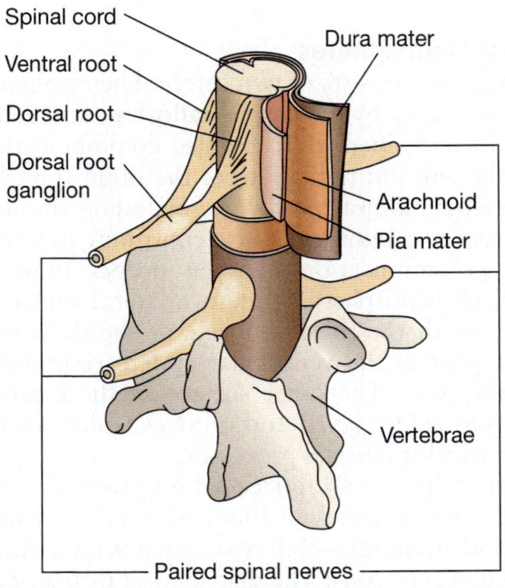

FIGURE 12-8. Spinal cord and meninges.

During early fetal development, the spinal cord extends the full length of the vertebral column, and spinal nerves exit near their segment of origin. As growth proceeds, the vertebral column elongates more rapidly than the spinal cord, creating a disparity between spinal cord segments and the vertebral levels at which their nerves exit. In the newborn, the spinal cord typically terminates at the level of L2 or L3; in adults, it usually ends near the inferior border of L1. The subarachnoid space, which contains CSF, extends to approximately the level of the second sacral vertebra, forming a reservoir known as the lumbar cistern. Because the spinal cord does not extend into this region, lumbar puncture is safely performed between the L3–L4 and L4–L5 vertebrae to obtain CSF.

Spinal Nerves

Thirty-one pairs of spinal nerves connect the spinal cord with the peripheral tissues: eight cervical, 12 thoracic, five lumbar, five sacral, and one coccygeal pair. Each spinal nerve is named according to the spinal cord segment from which it emerges. Cervical nerves C1 through C7 exit above their corresponding vertebrae, whereas C8 exits above the T1 vertebra; from that point downward, spinal nerves exit below their corresponding vertebrae. Spinal nerves are organized by region and supply predictable areas of the body, a pattern summarized in Table 12-1.

Each spinal nerve forms from the union of a dorsal root and a ventral root within the intervertebral foramen. The dorsal root contains axons of **sensory (afferent) neurons** whose cell bodies are located in the dorsal root ganglia. The ventral root contains axons of **motor (efferent) neurons** originating in the spinal cord. After the roots merge to form a mixed spinal nerve, the nerve divides into dorsal and ventral primary rami (Fig. 12-9). The dorsal primary ramus supplies the muscles and skin of the back, whereas the ventral primary ramus innervates the anterior body wall and the limbs. In the thoracic and upper lumbar regions, ventral rami also give rise to rami communicantes that carry sympathetic autonomic fibers (Harrow-Mortelliti et al., 2023).

Rather than traveling directly to their target tissues, many ventral primary rami interweave to form nerve plexuses—networks that redistribute nerve fibers before they reach peripheral structures. The major plexuses include the cervical, brachial, lumbar, and sacral plexuses, which give rise to peripheral nerves supplying the neck, upper limbs, trunk, and lower limbs.

Spinal Reflexes

A **reflex** is an involuntary, rapid motor response to a sensory stimulus. The basic reflex pathway includes a sensory (afferent) neuron, one or more interneurons within the CNS, and a motor (efferent) neuron. Reflexes

TABLE 12-1 Functional Organization of Spinal Nerve Segments

Spinal Region	Major Areas Innervated	Primary Functions
C1–C4	Neck, upper shoulders	Head/neck movement, posture
C5–T1	Upper limbs	Motor control, sensation, reflexes
T1–L2	Trunk, thoracic and abdominal organs	Posture, respiration, sympathetic outflow
L2–S1	Lower limbs	Locomotion, balance, reflexes
S2–S4	Pelvic organs, perineum	Bladder, bowel, sexual function

allow the spinal cord to generate immediate protective or postural responses without requiring conscious involvement of the brain.

The **withdrawal reflex** is a polysynaptic response to a potentially harmful stimulus, such as pain. Activation of sensory nociceptors leads to rapid flexion of the affected limb, withdrawing it from the stimulus (Fig. 12-10). This reflex is often accompanied by a crossed extensor response, in which the opposite limb extends to maintain balance and posture. Although mediated at the spinal level, information about the stimulus is simultaneously transmitted to higher brain centers.

The **myotatic reflex**, or **stretch reflex**, helps regulate muscle tone and maintain posture. Sensory receptors within muscles and tendons detect stretch and relay this information to the spinal cord, where it directly activates motor neurons supplying the same muscle. The **patellar reflex** is a common clinical example. Sensory input from these reflexes also ascends to the brain, contributing to proprioception—the conscious awareness of body position and movement.

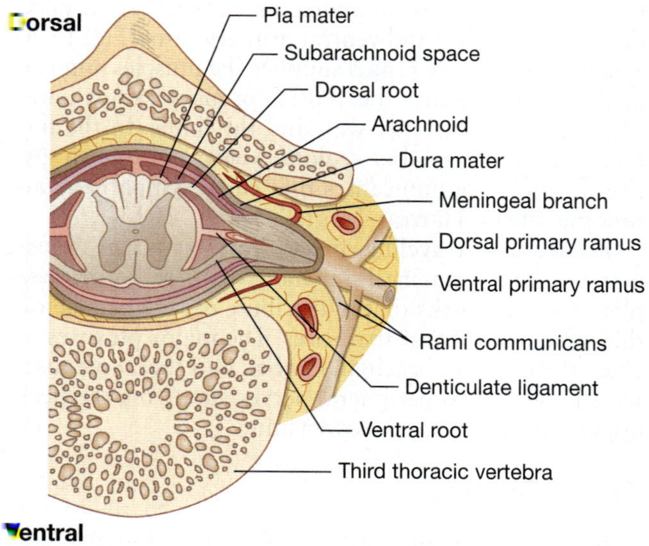

FIGURE 12-9. Cross section of vertebral column at the level of the third thoracic vertebra, showing the meninges, the spinal cord, and the origin of a spinal nerve and its branches or rami.

The Brain

Structurally and clinically, the brain is divided into three regions—the cerebrum, the cerebellum, and the brainstem. The cerebrum is the largest part, divided into left and right hemispheres and including the cortex and subcortical structures. The cerebellum lies posterior to the brainstem and is involved in coordination and balance. The brainstem connects the cerebrum with the spinal cord, includes the midbrain, pons, and medulla oblongata, and regulates vital life functions. Sometimes, the diencephalon, which sits between the cerebrum and brainstem and houses the thalamus and hypothalamus, is considered a separate region of the brain (Fig. 12-11).

Cerebrum

The **cerebrum** is the largest and most complex region of the brain, responsible for higher-order functions such as thought, memory, language, sensory perception, and voluntary motor activity. Divided into two hemispheres and further organized into distinct lobes, the cerebrum integrates input from multiple sources to support conscious awareness, decision making, and coordinated action.

Cerebral Hemispheres

The cerebrum consists of two cerebral hemispheres connected primarily by the **corpus callosum**, a large bundle of myelinated fibers that enables communication between the left and right sides of the brain (Fig. 12-12). Smaller commissural pathways, including the anterior and posterior commissures, also contribute to interhemispheric communication between deeper brain structures. Each hemisphere contains a lateral ventricle that connects with the third ventricle of the diencephalon, forming part of the ventricular system responsible for circulating CSF. The outer surface of the cerebrum is folded into ridges (gyri) and grooves (sulci), increasing surface area for cortical processing.

For descriptive and functional purposes, the cerebral cortex is divided into four lobes—frontal, parietal, temporal, and occipital—each associated with distinct but interrelated functions. The distribution of major motor, sensory, and association areas across the cerebral cortex

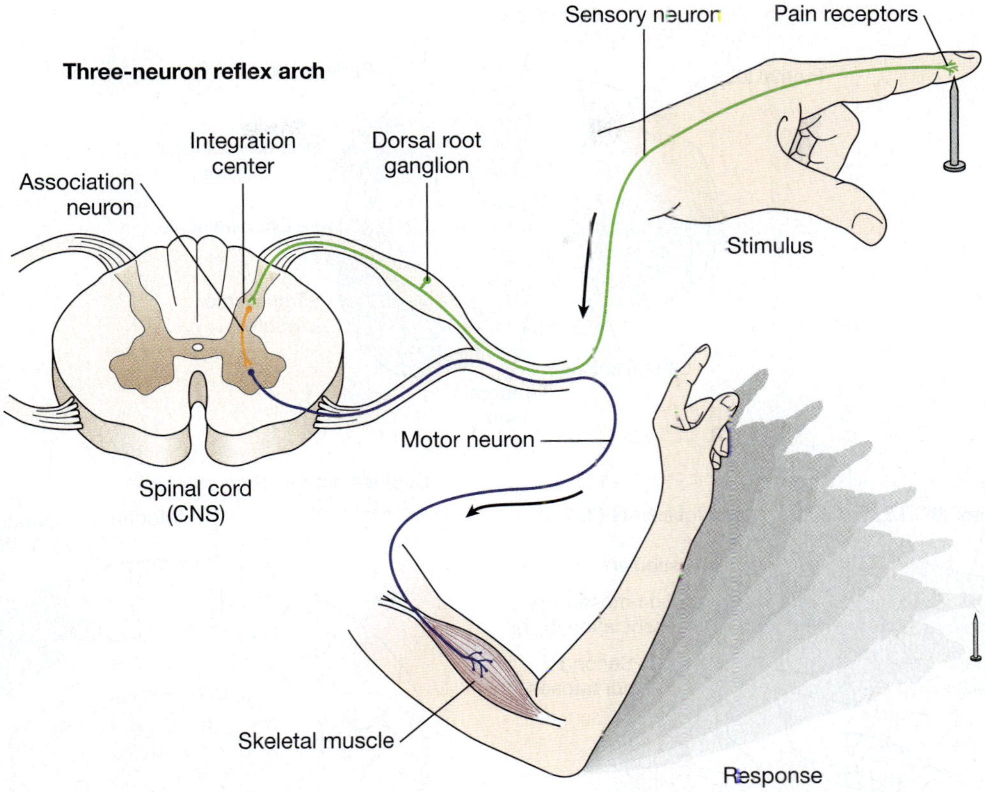

FIGURE 12-10. Diagram of withdrawal reflex, showing the essential elements in a spinal reflex arc—a receptor in a sensory neuron, an integration center with an association neuron, and an effector (skeletal muscle). CNS, central nervous system.

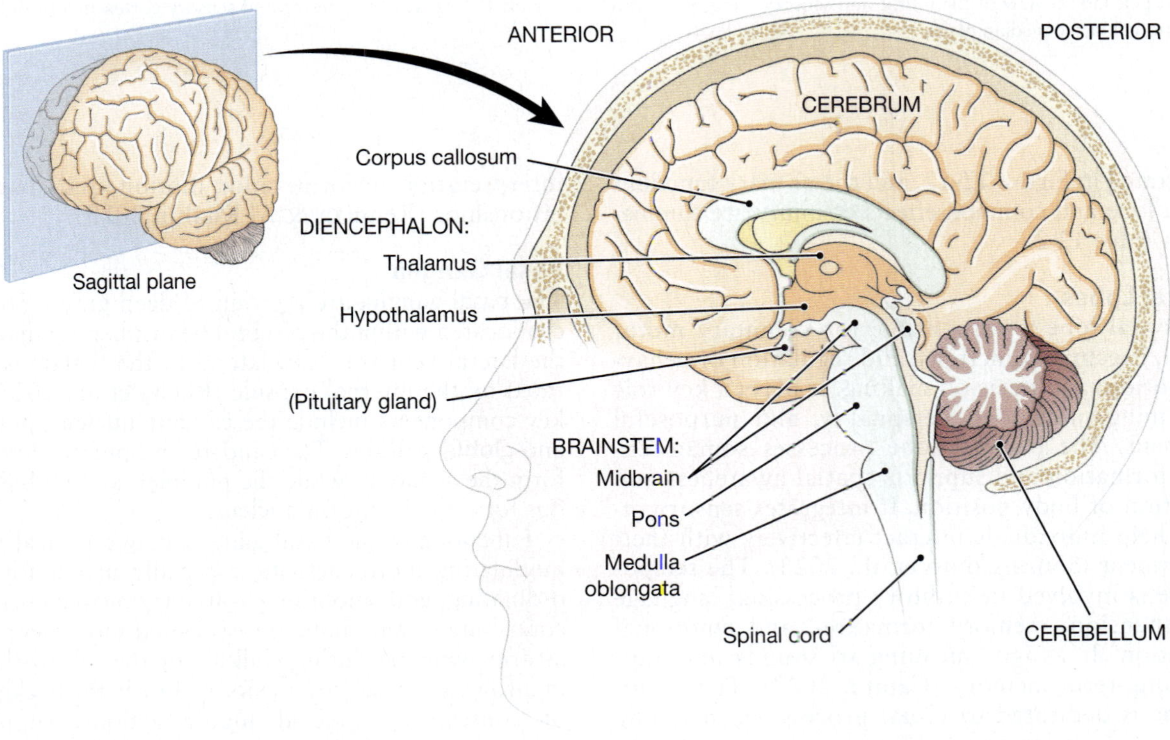

FIGURE 12-11. The four main divisions of the brain are the cerebrum, diencephalon, brainstem, and cerebellum.

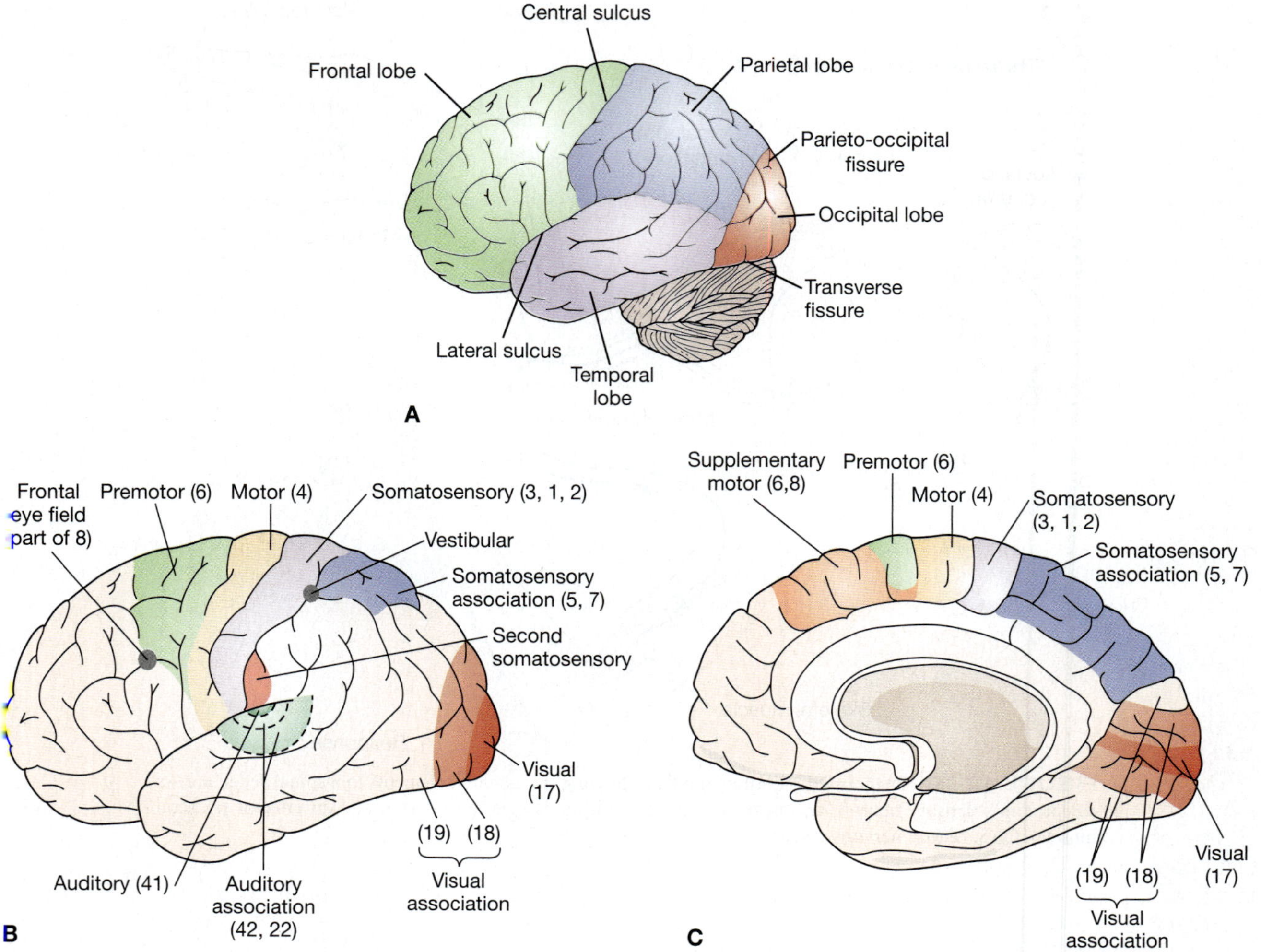

FIGURE 12-12. Cerebral hemispheres. (**A**) Lateral view of the cerebral hemispheres showing the frontal, parietal, occipital, and temporal lobes. (**B**) Left lateral view of the motor and sensory areas of the cerebral cortex. (**C**) Areas of the motor and sensory cortex in a brain that has been sectioned in the median plane.

s illustrated in Figure 12-12, and the primary functions of each lobe and common effects of injury are summarized in Table 12-2.

Cerebral Lobes

The **frontal lobe** is responsible for voluntary motor control, executive functions, and regulation of behavior, emotion, and decision making. It plays a key role in planning, judgment, personality, and purposeful movement. The **parietal lobe** processes somatosensory information and supports spatial awareness and perception of body position. It integrates sensory input to help individuals interact effectively with their environment (Souza-Couto et al., 2023). The **temporal lobe** is involved in auditory processing, language comprehension, memory formation, and emotional integration. It assigns meaning to sounds and supports long-term memory (Catani, 2022). The **occipital lobe** is dedicated to visual processing, including interpretation of form, color, motion, and spatial relationships (Rehman & Al Khalili, 2023).

Basal Ganglia

The **basal ganglia** are a group of deep gray matter nuclei located within the cerebral hemispheres, adjacent to the lateral ventricles and lateral to the thalamus, separated by the internal capsule (Rocha et al., 2023). The key components include the **caudate nucleus, putamen**, and **globus pallidus**. The caudate and putamen together form the **striatum**, while the putamen and globus pallidus form the **lentiform nucleus**.

Functionally, the basal ganglia play a critical role in modulating motor activity, especially in initiating, coordinating, and smoothing voluntary movements. They contribute to automatic or associated movements, such as arm swinging during walking or the follow-through in throwing. These movements operate in the background of consciously directed motor actions, supporting

TABLE 12-2 Functional Organization of the Cerebral Lobes

Cerebral Lobe	Representative Cortical Areas	Primary Functions	Common Effects of Injury
Frontal	Prefrontal cortex; precentral gyrus (primary motor cortex); premotor and supplementary motor areas	Executive function, judgment, planning, emotional and behavioral regulation; voluntary motor control and motor planning	Personality or behavior changes, impaired judgment or planning, contralateral weakness, apraxia
Parietal	Postcentral gyrus (primary somatosensory cortex); somatosensory association cortex	Processing and integration of somatosensory input; spatial awareness and perception of body position	Sensory loss, impaired spatial awareness, neglect, agnosia
Temporal	Primary auditory cortex; auditory association cortex; medial temporal regions	Auditory processing; language comprehension; memory formation and emotional integration	Difficulty understanding language, memory impairment, altered emotional responses
Occipital	Primary visual cortex; visual association areas	Visual perception and interpretation of form, color, motion, and spatial relationships	Visual field deficits, impaired object or face recognition

Representative cortical areas are provided as examples; functions of each cerebral lobe arise from integrated activity across multiple cortical regions.

efficiency and fluidity (Rocha et al., 2023). The basal ganglia interact with the motor cortex, premotor cortex, supplementary motor area, and thalamus through complex feedback circuits.

Damage or dysfunction of the basal ganglia can lead to movement disorders, such as Parkinson disease, Huntington disease, and certain forms of cerebral palsy, often characterized by either excessive involuntary movements or impaired movement initiation. Because of the contralateral control of motor pathways, damage to the basal ganglia on one side of the brain affects movement on the opposite side of the body. These involuntary movements typically disappear during sleep but can be severe enough in some conditions to disrupt the ability to fall asleep (Rocha et al., 2023).

Limbic System

The limbic system is a functional network of interconnected cortical and subcortical structures within the cerebrum, located primarily in the medial temporal lobe and surrounding the diencephalon. It includes key components such as the **hippocampus**, **amygdala**, **cingulate gyrus**, **parahippocampal gyrus**, and **septal nuclei**, as well as connections with the **hypothalamus** and **thalamus**, particularly the medial and intralaminar thalamic nuclei (Fig. 12-13).

The limbic system governs emotional processing, motivation, memory formation, and emotion-related behaviors (Torrico & Abdijadid, 2023). It plays a central role in attaching emotional significance to sensory experiences and memories. Stimulation of limbic structures can elicit strong emotional responses such as pleasure, fear, anxiety, or aggression, and it influences behaviors such as attack, defense, or emotional expression through speech. Its close connection with the hypothalamus also allows it to influence autonomic and endocrine responses associated with emotion.

Diencephalon

The **diencephalon** is a centrally located region of the brain positioned between the cerebral hemispheres and the midbrain. It surrounds the third ventricle, which separates its right and left halves, and consists of several major structures, including the thalamus, hypothalamus, and subthalamus. The epithalamus, which includes the pineal gland, is also part of the diencephalon but is not covered in detail here (Kadri, 2023). The optic nerves (CN II) and retina are considered outgrowths of the diencephalon, reflecting its early embryologic development. Functionally, the diencephalon serves as a

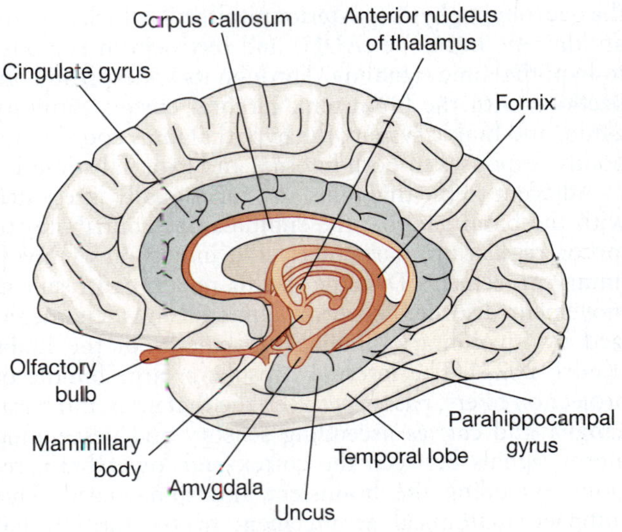

FIGURE 12-13. The limbic system includes the limbic cortex (cingulate gyrus, parahippocampal gyrus, uncus) and associated subcortical structures (thalamus, hypothalamus, amygdala).

crucial relay and integration center, linking the cerebral cortex with brainstem and subcortical structures and participating in sensory processing, motor coordination, autonomic regulation, and emotional behavior.

The thalamus comprises two large, egg-shaped masses of gray matter, one on each side of the third ventricle. It is subdivided into distinct nuclear groups, each serving as a relay station for sensory, motor, or associative information traveling to and from the cerebral cortex. Nearly all sensory input—including somatosensory, visual, auditory, and visceral stimuli—passes through specific thalamic nuclei before reaching the cerebral cortex. In addition to transmitting sensory signals, the thalamus participates in the modulation and integration of sensory information, including the preliminary processing of emotionally charged auditory input. It also plays a key role in motor control through two major feedback loops: one involving the cerebral cortex, pons, cerebellum, and thalamus, and another connecting the cortex, basal ganglia, and thalamus. These circuits help regulate movement precision and timing (Kadri, 2023).

Beyond its sensory and motor functions, the thalamus is involved in arousal and attention regulation through its connections with the ascending reticular activating system (ARAS). These connections help generate the cortical rhythms necessary for consciousness, alertness, and sleep–wake regulation (Kadri, 2023). The thalamus also maintains extensive reciprocal connections with the limbic system, contributing to the integration of emotional responses with sensory stimuli.

Located inferior to the thalamus, the hypothalamus forms the floor and part of the lateral walls of the third ventricle. It serves as the primary regulatory center for maintaining homeostasis through its control of autonomic, endocrine, and behavioral functions. The hypothalamus regulates critical physiologic variables such as body temperature, blood pressure, thirst, hunger, circadian rhythms, and hormonal secretion. It also contains the **neurohypophysis** (posterior pituitary), which releases antidiuretic hormone (ADH) and oxytocin in response to hypothalamic signaling. Through its widespread connections with the brainstem, cerebral cortex, pituitary gland, and limbic system, the hypothalamus coordinates bodily responses to both internal and external stimuli.

Adjacent to the thalamus and functionally integrated with the basal ganglia, the **subthalamus** contributes to motor regulation, particularly the inhibition of involuntary movement. Damage to this region can result in movement disorders such as hemiballismus, characterized by involuntary, flinging movements of the limbs (Kadri, 2023). The internal capsule, a large bundle of projection fibers, passes between the thalamus and basal ganglia and carries ascending sensory and descending motor signals between the cortex and lower brain regions, including the brainstem and spinal cord. This compact anatomical arrangement makes the internal capsule and diencephalon highly vulnerable to localized damage from stroke or mass effect, often resulting in profound sensory, motor, and cognitive impairments.

Brainstem

The **brainstem** is the stalk-like structure that connects the cerebrum with the spinal cord and serves as a critical relay center for sensory, motor, and autonomic pathways. It consists of three anatomically and functionally distinct regions: the **midbrain**, **pons**, and **medulla oblongata**. These three regions share a basic internal organization with the spinal cord but support more complex integrative functions.

The brainstem contains ascending sensory and descending motor tracts that transmit information between the cerebral cortex, cerebellum, and spinal cord. It also houses the nuclei for most of the CNs and integrates essential autonomic and reflexive functions, including respiration, cardiovascular regulation, swallowing, eye movements, facial expression, and arousal. Embedded throughout the brainstem is the reticular formation, a diffuse network of neurons involved in maintaining consciousness, regulating sleep–wake cycles, and coordinating vital autonomic reflexes.

Functionally, each brainstem region contributes to specific roles. The midbrain integrates visual and auditory reflexes, supports motor control, and plays a key role in arousal and eye movement coordination (Caminero & Cascella, 2024). The pons serves as a major relay between the cerebrum and cerebellum, contributes to respiratory patterning, and coordinates facial sensation and movement (Rahman & Tadi, 2023). The medulla oblongata contains critical centers that regulate breathing, heart rate, blood pressure, and protective reflexes such as swallowing and vomiting (Diek et al., 2022).

Because of its dense concentration of long tracts, CN nuclei, and autonomic centers, damage to the brainstem often produces characteristic combinations of motor, sensory, and CN deficits. The major functions of each brainstem region and the CNs associated with them are summarized in Table 12-3.

Cerebellum

The **cerebellum** is located in the posterior fossa of the skull, superior to the pons and beneath the occipital lobes of the cerebral hemispheres. It is separated from the cerebrum by a dural fold known as the **tentorium cerebelli**. Structurally, the cerebellum consists of a central midline region called the **vermis** and two large cerebellar hemispheres on either side. Its outer layer is composed of gray matter forming the cerebellar cortex, which overlays the white matter of the interior. Deep within the cerebellar white matter lie the deep cerebellar nuclei, which serve as major output centers of the cerebellum and send signals to the motor cortex and brainstem via thalamic and brainstem relays (Carey, 2024).

Functionally, the cerebellum plays a critical role in the coordination, timing, and precision of voluntary movement. It receives ongoing input from the motor cortex, which informs it of intended movement, and it continuously integrates this information with sensory feedback from multiple sources—including proprioceptors in muscles, tendons, and joints, as well

TABLE 12-3 Brainstem Regions, Major Functions, and Associated Cranial Nerves

Brainstem Region	Major Functions	Associated Cranial Nerves	Representative Clinical Associations
Midbrain	Visual and auditory reflexes; eye movement control; motor pathway relay; arousal	CN III (oculomotor), CN IV (trochlear)	Abnormal eye movements, ptosis, diplopia, impaired pupillary reflexes
Pons	Relay between cerebrum and cerebellum; facial sensation and movement; breathing modulation; arousal	CN V (trigeminal), CN VI (abducens), CN VII (facial), CN VIII (vestibulocochlear)[a]	Facial weakness or sensory loss, impaired eye abduction, hearing or balance disturbances
Medulla Oblongata	Cardiovascular and respiratory regulation; swallowing and protective reflexes; motor pathway decussation	CN IX (glossopharyngeal), CN X (vagus), CN XI (spinal accessory), CN XII (hypoglossal)	Dysphagia, hoarseness, tongue deviation, shoulder weakness, autonomic instability

Cranial nerves are listed according to their primary brainstem association; several nerves traverse or interact with adjacent regions.
[a]CN VIII enters the brainstem at the pontomedullary junction.

as indirect input from the vestibular system, somatosensory system, vision, and hearing (Carey, 2024). By comparing intended movement with actual movement, the cerebellum can make rapid, real-time adjustments to optimize the accuracy and smoothness of motion. This is particularly important during delicate or skilled motor tasks, such as writing, playing an instrument, or speaking.

One of the cerebellum's essential functions is its ability to dampen excessive or uncontrolled motion. As body parts move, momentum must be precisely regulated to allow for timely stopping or reversing of direction. The cerebellum achieves this by predicting the trajectory of a movement based on proprioceptive input, and by adjusting muscle tone accordingly. It can inhibit activity in agonist muscles while facilitating antagonist muscle activation as the body approaches a target position (Carey, 2024). This predictive regulation contributes to fluid, goal-directed movement and prevents overshooting or tremulous motion. The cerebellum's control extends across the entire body, influencing the limbs, trunk, head, eyes, and even the larynx, and damage to cerebellar structures can result in ataxia, intention tremor, dysmetria, and other movement coordination deficits.

Meninges

Inside the skull and vertebral column, the brain and spinal cord are loosely suspended and protected by several connective tissue sheaths called the meninges (Fig. 12-14). All surfaces of the spinal cord, brain, and segmental nerves are covered with a delicate connective tissue layer called the pia mater. Surface blood vessels and those that penetrate the brain and spinal cord are encased in this protective tissue layer. The second, very delicate, nonvascular, and waterproof layer, called the **arachnoid** mater, encloses the entire CNS. The CSF is contained in the subarachnoid space. Outside the arachnoid is a continuous sheath of strong connective tissue, the dura mater, which provides the major protection for the brain and spinal cord. The cranial dura mater often splits into two layers, with the outer layer serving as the periosteum of the inner surface of the skull (Betsholtz et al., 2024).

The inner layer of the dura mater forms two prominent infoldings that help support and compartmentalize the brain. The **falx cerebri** descends vertically in the longitudinal fissure, separating the two cerebral hemispheres. It attaches anteriorly to the crista galli of the ethmoid bone and posteriorly merges with the tentorium cerebelli. The **tentorium cerebelli** is a broad, crescent-shaped dural fold that extends horizontally, forming a supportive "tent" over the cerebellum and beneath the occipital lobes. It is anchored to the petrous portion of the temporal bones and the dorsum sellae of the sphenoid bone (Betsholtz et al., 2024). At the midline, an

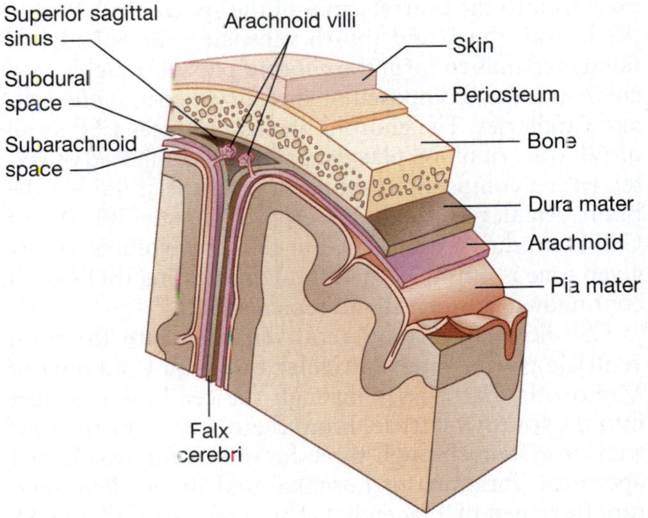

FIGURE 12-14. The cranial meninges. Arachnoid villi, shown within the superior sagittal sinus, are one site of cerebrospinal fluid absorption into the blood.

opening known as the **tentorial incisura** (notch) allows the midbrain to pass through, linking supratentorial and infratentorial compartments.

This anatomical arrangement creates a protective and stabilizing framework for the brain, separating the **supratentorial compartment**, which contains the cerebral hemispheres, from the **infratentorial compartment**, which houses the brainstem and cerebellum. These terms are commonly used in clinical neurology and neuroimaging to describe the location of lesions or pathologic processes.

Although the falx cerebri and tentorium cerebelli normally help protect the brain, they can become sites of secondary injury during trauma or increased intracranial pressure. Because these dural folds have rigid, sharp edges, expanding masses—such as tumors, hematomas, or edema—can force brain tissue against or through the tentorial notch, resulting in herniation syndromes. This may lead to compression or distortion of brain structures, particularly the midbrain, and often causes serious or irreversible neurologic deficits (Betsholtz et al., 2024).

Ventricular System and CSF

The **ventricular system** is a series of interconnected, fluid-filled cavities within the brain that circulate CSF. CSF provides both mechanical protection and a homeostatic environment for the brain and spinal cord. It cushions neural tissue against external forces, maintains a stable ionic composition in the extracellular fluid surrounding neurons and glial cells, and facilitates the diffusion of nutrients, electrolytes, and metabolic waste products (Atchley et al., 2022). Because the CSF also fills the subarachnoid space surrounding the CNS, it plays a vital role in dissipating physical forces applied to the skull or spine (Fig. 12-15).

The ventricles are lined by a thin layer of neuroglial cells known as the **ependymal epithelium**, which also extends into the central canal of the spinal cord. Within the lateral, third, and fourth ventricles, the ependymal lining expands to form the choroid plexus, a highly vascular structure composed of specialized ependymal cells and capillaries. The choroid plexus produces CSF as an ultrafiltrate of blood plasma, primarily composed of water, with a composition similar to interstitial fluid in the brain (Atchley et al., 2022). Approximately 500 mL of CSF is produced each day, but the total volume at any given time is only 125 to 150 mL, indicating that CSF is continuously absorbed and replenished.

CSF flows from the lateral ventricles into the third ventricle via the **interventricular foramina** (foramina of Monro). It then passes through the cerebral aqueduct into the fourth ventricle. From there, CSF exits the ventricular system through three foramina: the two **lateral apertures** (foramina of Luschka) and the **median aperture** (foramen of Magendie). These openings allow CSF to enter the subarachnoid space, where it circulates around the spinal cord dorsally, then moves back up toward the cranial cavity ventrally, surrounding and protecting the entire CNS (Atchley et al., 2022).

CSF is ultimately reabsorbed into the venous system along the superior sagittal sinus, primarily in the anterior and middle cranial fossae. Specialized projections of the arachnoid membrane, called **arachnoid villi**, protrude into the dural venous sinuses and function as one-way valves. These structures permit CSF to drain into the bloodstream when intracranial pressure exceeds venous pressure, typically maintaining CSF pressure in the range of 60 to 180 mm H_2O. If CSF pressure falls below approximately 50 mm H_2O, the villi collapse, preventing backflow of blood into the subarachnoid space. This pressure-dependent reabsorption mechanism maintains fluid balance and protects against fluctuations in intracranial pressure (Atchley et al., 2022).

Blood–Brain and CSF–Brain Barriers

Maintenance of a chemically stable environment is essential to the function of the brain. In most regions of the body, extracellular fluid undergoes small fluctuations in pH and concentrations of hormones, amino acids, and potassium ions during routine daily activities. Similar fluctuations in the brain would result in uncontrolled neural activity: substances such as amino acids act as neurotransmitters, and ions such as potassium influence neural firing threshold. Two barriers, the blood–brain barrier and the CSF–brain barrier, maintain the stable chemical environment of the brain. Only water, carbon dioxide, and oxygen enter the brain with relative ease; the transport of other substances between the brain and the blood is slower and more controlled.

The **blood–brain barrier** depends on unique characteristics of brain capillaries. Endothelial cells of brain capillaries are joined by continuous tight junctions. In addition, most brain capillaries are surrounded by a basement membrane and by the processes of astrocytes, one of the supporting cells of the brain (Fig. 12-16). The blood–brain barrier permits passage of essential substances while excluding unwanted materials. Reverse transport systems remove materials from the brain (Wu et al., 2023). Large molecules, such as proteins and peptides, are largely excluded from crossing the blood–brain barrier. Acute cerebral lesions, such as trauma and infection, increase the permeability of the blood–brain barrier and alter brain concentrations of proteins, water, and electrolytes.

The blood–brain barrier prevents many drugs from entering the brain. Most highly water-soluble compounds are excluded from the brain, especially molecules with high ionic charge. In contrast, many lipid-soluble molecules cross the blood–brain barrier with ease. Some drugs, like alcohol, nicotine, and heroin, are highly lipid-soluble and therefore enter the brain readily. Substances that enter the capillary endothelium may be converted by metabolic processes to a chemical form incapable of moving into the brain.

The cerebral capillaries are much more permeable at birth than in adulthood, and the blood–brain barrier develops during the early years of life. In severely

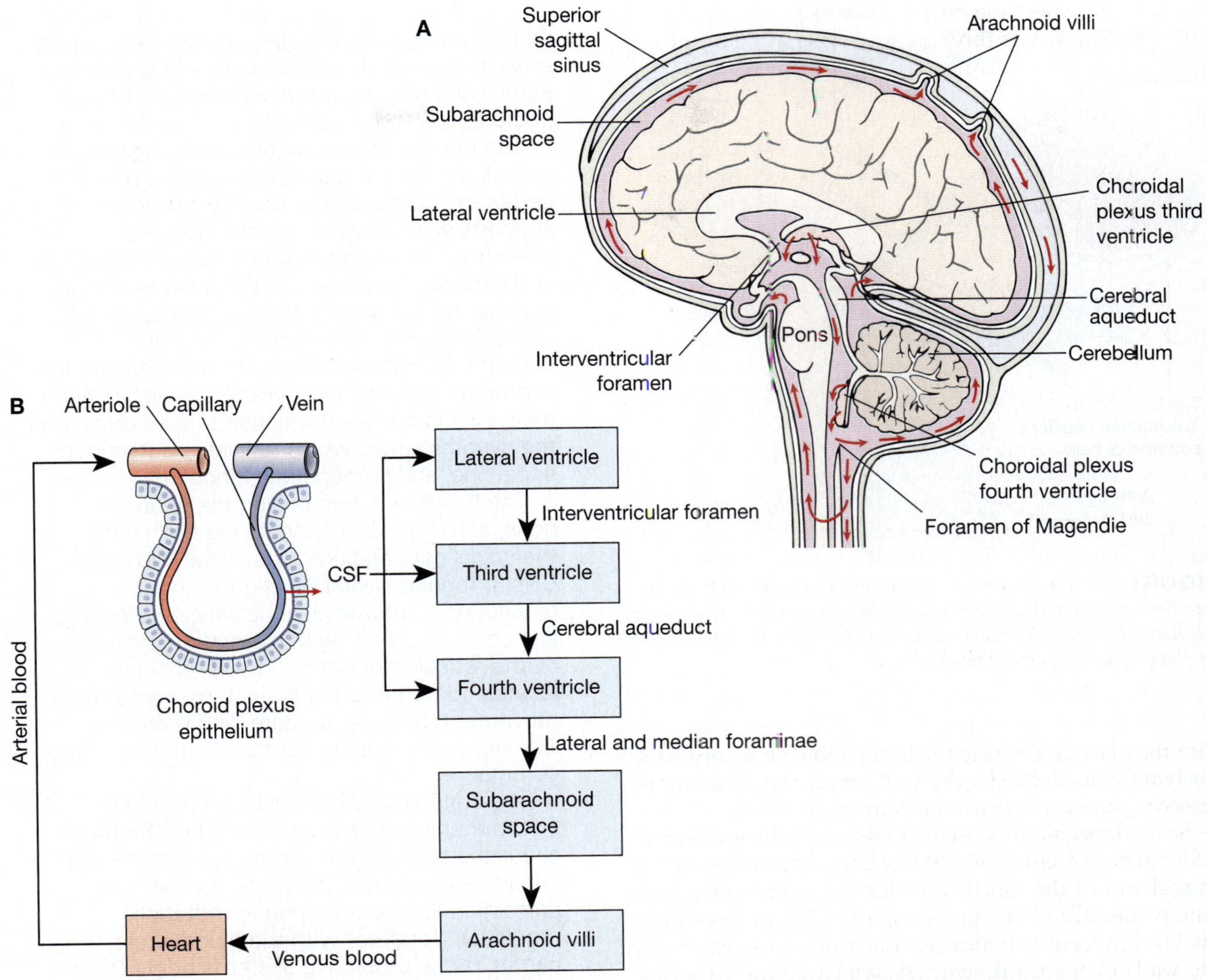

FIGURE 12-15. (A) The flow of cerebrospinal fluid (CSF) from the time of its formation from blood in the choroid plexuses until its return to the blood in the superior sagittal sinus. Plexuses in the lateral ventricles are not illustrated. (B) CSF is a blood filtrate produced by the choroid plexus epithelium that is found in each brain ventricle. The CSF from the lateral ventricles flows through the interventricular foramen (Monro) into the third ventricle. From the third ventricle, CSF is conveyed to the fourth ventricle via the cerebral aqueduct (Sylvius). Three openings, a midline foramen of Magendie and two lateral foramen (Luschka), pass the CSF into the subarachnoid space, where it is returned to the venous circulation through the arachnoid villi.

jaundiced infants, bilirubin can cross the immature blood–brain barrier, producing a type of brain damage called *kernicterus*. In adults, brain damage from kernicterus does not occur because the mature blood–brain barrier prevents bilirubin from entering the brain (Wu et al., 2023).

The ependymal cells covering the choroid plexus are linked together by tight junctions, forming a blood–CSF barrier between the blood plasma and CSF. Water is transported through choroid epithelial cells by osmosis (Zhao et al., 2022). Oxygen and carbon dioxide move into the CSF by diffusion, resulting in partial pressures roughly equal to those of plasma. The high sodium and low potassium of the CSF are actively regulated and kept relatively constant. Lipids and nonpeptide hormones diffuse through the barrier easily, but large molecules, such as proteins, peptides, many antibiotics, and other medications, do not normally get through. The choroid epithelium uses energy in the form of adenosine triphosphate (ATP) to actively secrete many components into the CSF, including proteins, sodium ions, and several micronutrients such as vitamins C and B_6 (pyridoxine) and folate (Zhao et al., 2022). Because the resultant CSF has a relatively high sodium content, the negatively charged chloride and bicarbonate diffuse into the CSF along an ionic gradient. The choroid cells also generate bicarbonate from carbon dioxide in the blood. This bicarbonate is important for regulating the pH of CSF.

Mechanisms exist that facilitate the transport of other molecules such as glucose without energy expenditure. Ammonia, a toxic metabolite of neuronal activity, is converted to glutamine by astrocytes. Glutamine moves by facilitated diffusion through the choroid epithelium

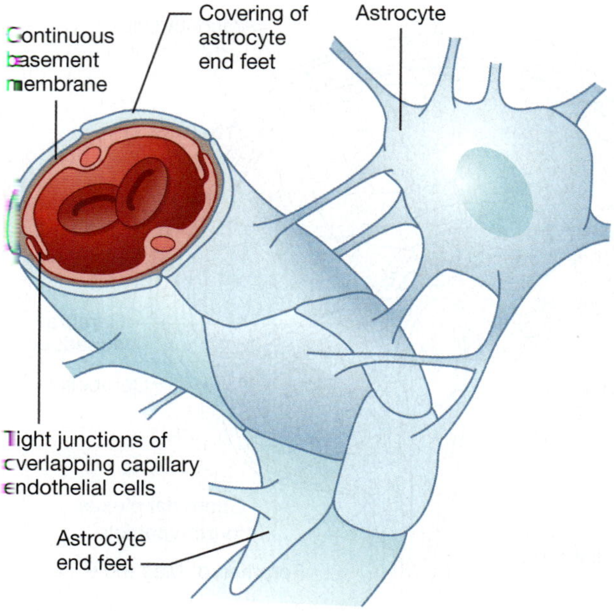

FIGURE 12-16. The three components of the blood–brain barrier: the astrocyte and astrocyte end feet that encircle the capillary, the capillary basement membrane, and the tight junctions that join the overlapping capillary endothelial cells.

into the plasma. Because the brain and spinal cord have no lymphatic channels, the CSF serves this function of removing toxic waste products from the CNS.

Several specific areas of the brain do not have a blood–CSF barrier (Zhao et al., 2022). One such area is at the caudal end of the fourth ventricle (i.e., area postrema), where specialized receptors for the CSF carbon dioxide level influence respiratory function. Another area is the walls of the third ventricle, which permit hypothalamic neurons to monitor blood glucose levels. Although most of the cells lining the third ventricle are ependymal cells, modified ependymal cells called **tanycytes** are also present. Processes of tanycytes extend through the glial lining of the third ventricle to terminate on blood vessels, neurons, or glial cells of the surrounding brain tissue (Kannangara et al., 2023).

SUMMARY CONCEPTS

The spinal cord occupies the upper portion of the vertebral canal in adults and serves as the primary pathway for communication between the brain and the body. Its internal organization includes gray matter, which contains sensory and motor neurons, and surrounding white matter, which carries ascending and descending tracts. Thirty-one pairs of spinal nerves connect the spinal cord to specific body regions through dorsal (sensory) and ventral (motor) roots. Spinal reflexes provide rapid, involuntary responses to stimuli and play an essential role in protection, posture, and motor control.

The brain is organized into major regions with distinct but integrated functions. The cerebrum, composed of two hemispheres, supports voluntary movement, sensory perception, language, vision, hearing, cognition, and behavior. Its surface is divided into frontal, parietal, temporal, and occipital lobes, each associated with characteristic functional domains. The diencephalon, located beneath the cerebrum, includes the thalamus, which relays sensory and motor information to the cortex, and the hypothalamus, which regulates autonomic, endocrine, and homeostatic functions.

The brainstem, comprising the midbrain, pons, and medulla, connects the brain with the spinal cord and contains nuclei for most CNs. It regulates vital functions such as respiration, cardiovascular activity, swallowing, and consciousness, with integration provided by the reticular formation. The cerebellum, located posterior to the brainstem, coordinates movement, balance, posture, and motor learning by integrating sensory input with motor commands.

The brain and spinal cord are protected by the meninges and cushioned by CSF that circulates through the ventricular system and subarachnoid space, providing mechanical protection and contributing to metabolic regulation. Together with the blood–brain barrier, these protective systems help maintain a stable environment essential for normal nervous system function.

The Autonomic Nervous System

The ability to maintain homeostasis and perform the activities of daily living in an ever-changing physical environment is largely controlled by the **autonomic nervous system (ANS)**. Unlike the somatic nervous system, which governs voluntary skeletal muscle activity, the ANS regulates involuntary visceral functions such as blood pressure and blood flow, body temperature, respiration, digestion, metabolism, and elimination. Autonomic activity is closely linked to emotional state, producing characteristic physiologic responses such as blushing, pallor, palpitations, clammy hands, and dry mouth. Techniques such as biofeedback and relaxation exercises can influence autonomic function by modifying these subconscious responses.

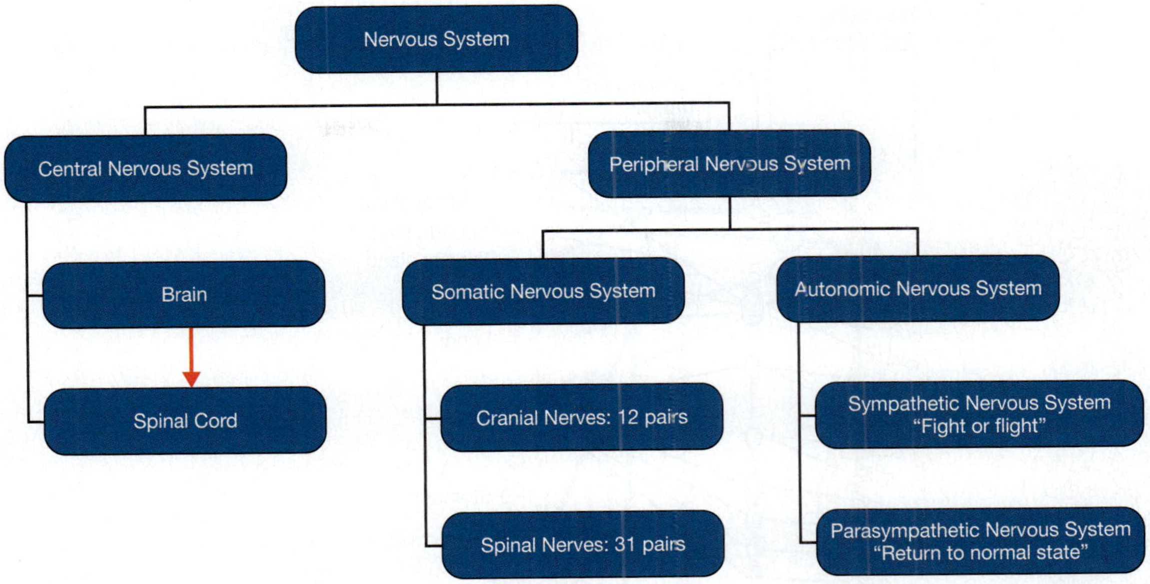

FIGURE 12-17. Divisions of the nervous system.

The ANS has components in both the CNS and PNS and is divided into two primary branches—the sympathetic and parasympathetic nervous systems—which often exert opposing effects on target organs. Many visceral functions are regulated through a balance between these divisions, although some, such as sweating and arteriolar tone, are controlled primarily or exclusively by the sympathetic nervous system (Fig. 12-17).

Central regulation of autonomic activity is provided primarily by the hypothalamus, which integrates input from the cerebral cortex, limbic system, brainstem, and spinal cord. Through its extensive connections, the hypothalamus coordinates autonomic, endocrine, and behavioral responses that maintain homeostasis and adapt physiologic function to emotional and environmental demands.

Autonomic motor output is conveyed through a two-neuron pathway consisting of a **preganglionic neuron** that originates in the CNS and a **postganglionic neuron** that innervates the target organ (Alshak & Das, 2023). The organization and functional effects of this pathway differ between the sympathetic and parasympathetic divisions (Fig. 12-18) (Quadt et al., 2022).

The **sympathetic nervous system** plays a critical role in regulating vascular tone, body temperature, and cardiovascular function and in preparing the body for physical or psychological stress. Through the combined actions of sympathetic nerves and the adrenal medulla (the sympathoadrenal system), sympathetic activation increases heart rate and blood pressure, mobilizes energy stores, dilates the pupils and bronchioles, and redistributes blood flow to vital organs such as the brain and skeletal muscles. Although traditionally described as "catabolic," the sympathetic system also contributes to normal homeostatic regulation under nonemergency conditions (Fig. 12-19).

In contrast, the **parasympathetic nervous system** supports energy conservation, digestion, and recovery—the so-called "rest-and-digest" response. Parasympathetic activity slows the heart rate, stimulates gastrointestinal motility and glandular secretion, promotes nutrient absorption and elimination, and supports reproductive function. Its effects are generally more localized and targeted than those of the sympathetic system (LeBouef et al., 2023).

Both divisions exhibit ongoing baseline activity, known as **autonomic tone**, which allows rapid increases or decreases in organ activity as physiologic demands change. Some structures, such as vascular smooth muscle, are innervated primarily by the sympathetic division, whereas others, such as the sinoatrial and atrioventricular nodes of the heart, receive dual innervation, with parasympathetic influence predominating at rest. Withdrawal of parasympathetic (vagal) tone increases heart rate, which may be further augmented by sympathetic activation (LeBouef et al., 2023). Table 12-4 summarizes the responses of selected effector organs to sympathetic and parasympathetic stimulation.

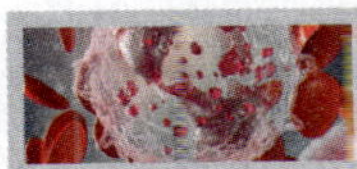

KEY POINTS

The Autonomic Nervous System

- The ANS is responsible for maintaining homeostatic functions of the body.
- The ANS has two divisions—sympathetic and parasympathetic. Although the two divisions function together, they are generally viewed as having opposite and antagonistic actions.

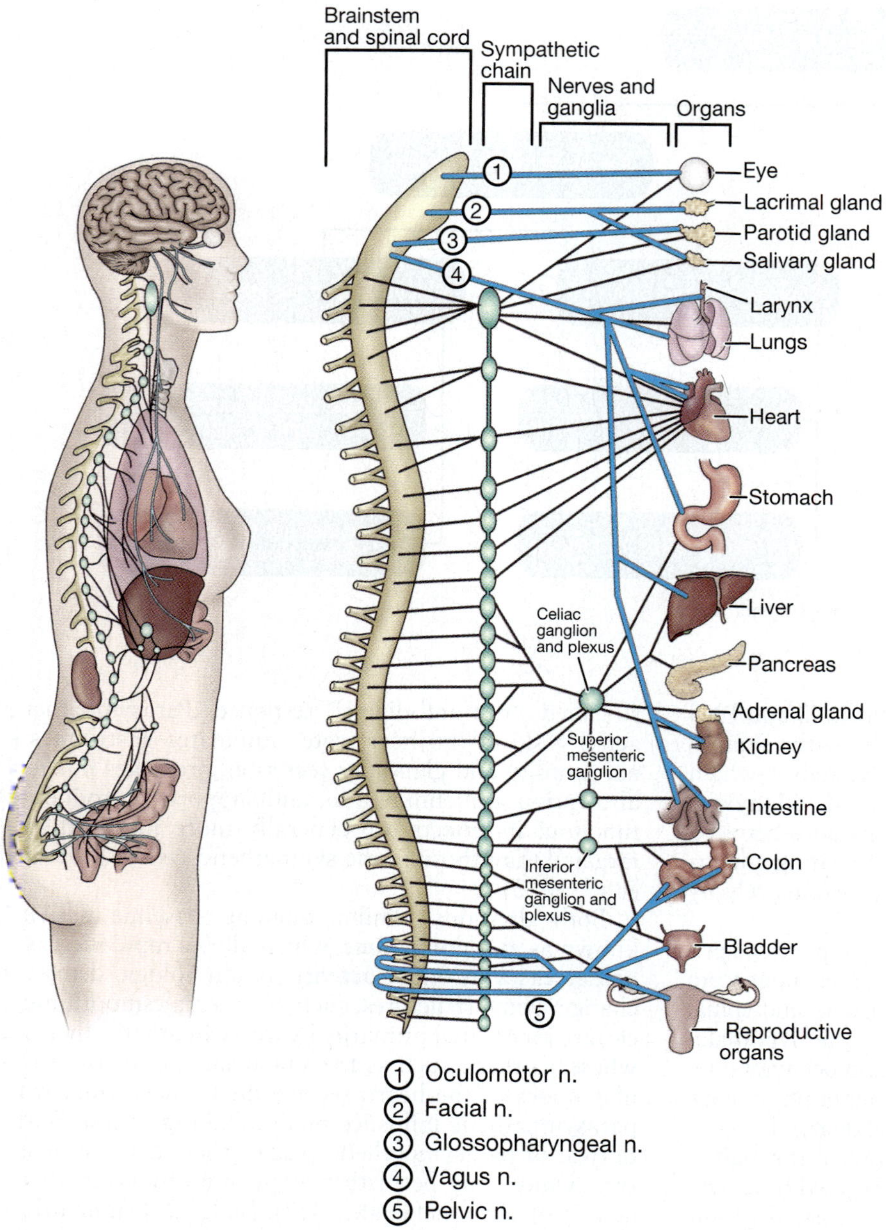

FIGURE 12-18. The anatomy of the autonomic nervous system. (From Hinkle, J. L., & Cheever, K. H. [2018]. *Brunner & Suddarth's textbook of medical-surgical nursing* [4th ed., p. 1954]. Lippincott Williams & Wilkins; Fig. 65-10.)

Central Integrative Pathways

Visceral sensory information travels alongside autonomic pathways and participates in reflex circuits within the spinal cord and brainstem. These circuits regulate cardiovascular, respiratory, gastrointestinal, and genitourinary function and allow rapid, automatic adjustment to internal and external stimuli.

Brainstem centers mediate essential reflexes such as changes in heart rate and respiration, while the hypothalamus provides higher-level integration and coordination of autonomic responses. Descending input from higher centers modulates spinal autonomic reflexes; loss of this control, such as after spinal cord injury, results in dysregulated autonomic activity, including abnormal sweating, vasomotor instability, and reflex bowel and bladder function (Jänig, 2022).

Autonomic Neurotransmission

The generation and transmission of impulses in the ANS occur in the same manner as in other neurons, with self-propagating action potentials and transmission of impulses across synapses and tissue junctions via transmitters. However, although somatic motor neurons divide into many branches, with each branch innervating a single muscle fiber, ANS postganglionic fibers form a diffuse neural plexus at the site of innervation (Johnson, 2024). Many smooth muscle fibers are connected by gap junctions. These small channels allow electrical signals to pass quickly from cell to cell to enable coordinated contraction across entire sheets of smooth muscle, such as in the gut or bladder wall. In these tissues, autonomic neurotransmitters are released near a limited number of muscle fibers, but the signal spreads to many

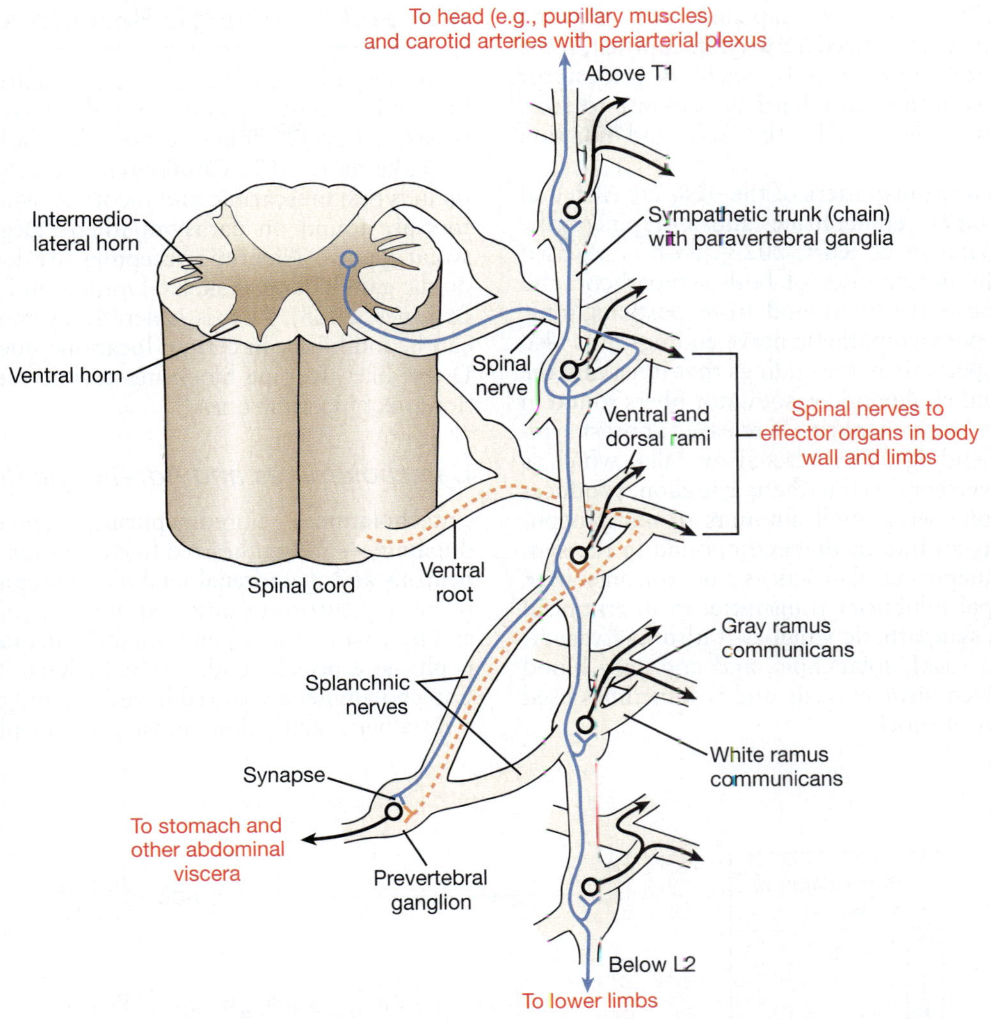

FIGURE 12-19. Sympathetic pathways. Sympathetic preganglionic fibers (*blue*) leave the spinal cord by way of the ventral root of the spinal nerves, enter the ventral primary rami, and pass through the white rami to the prevertebral or paravertebral ganglia of the sympathetic chain, where they synapse with postganglionic neurons (*black*). Other preganglionic neurons (*orange dotted lines*) travel directly to their destination in the various effector organs.

TABLE 12-4 Characteristics of the Sympathetic and Parasympathetic Nervous Systems

Characteristic	Sympathetic Outflow	Parasympathetic Outflow
Location of preganglionic cell bodies	T1–T12, L1, and L2	CNs: III, VII (intermedius), IX, and X; sacral segments 2, 3, and 4
Relative length of preganglionic fibers	Short—to paravertebral chain of ganglia or to aortic prevertebral ganglia	Long—to ganglion cells near or in the innervated organ
General function	Catabolic—mobilizes resources in anticipation of challenge for survival (preparation for "fight-or-flight" response)	Anabolic—concerned with conservation, renewal, and storage of resources
Nature of peripheral response	Generalized	Localized
Transmitter between preganglionic terminals and postganglionic neurons	ACh	ACh
Transmitter of postganglionic neuron	ACh (sweat glands and skeletal muscle vasodilator fibers), norepinephrine (most synapses), norepinephrine and epinephrine (secreted by adrenal gland)	ACh

ACh, acetylcholine; CN, cranial nerve.

neighboring cells through the gap junctions, allowing widespread and synchronized activity. In contrast, some individual smooth muscle cells, such as piloerector muscles in the skin that raise hairs in response to cold, are individually innervated by the ANS and function independently.

The main neurotransmitters of the ANS are ACh and the catecholamines, epinephrine and norepinephrine (Fig. 12-20) (Balaban & Kurt, 2023). ACh is released at all preganglionic synapses of both sympathetic and parasympathetic nerve fibers and from postganglionic synapses of all parasympathetic nerve endings. It is also released at sympathetic nerve endings that innervate the sweat glands and cholinergic vasodilator fibers found in skeletal muscle. Norepinephrine is released at most sympathetic nerve endings. The adrenal medulla, which is a modified prevertebral sympathetic ganglion, produces epinephrine along with small amounts of norepinephrine. Dopamine, an intermediate compound in the synthesis of norepinephrine, also acts as a neurotransmitter. It is the principal inhibitory transmitter of internuncial neurons in the sympathetic ganglia. It also has vasodilator effects on renal, splanchnic, and coronary blood vessels when given intravenously and is sometimes used in the treatment of shock.

ACh and Cholinergic Receptors

ACh is synthesized in cholinergic neurons from choline and acetyl-CoA and is rapidly broken down after release by acetylcholinesterase. The choline is recycled to make more ACh. **Cholinergic receptors** include two main types: muscarinic and nicotinic. **Muscarinic receptors** are found on parasympathetic target organs and sweat glands. **Nicotinic receptors** are located in autonomic ganglia and at skeletal muscle end plates (English & Jones, 2023). ACh is generally excitatory, though it can be inhibitory in certain locations, such as the heart. Drugs like atropine block muscarinic receptors but do not affect nicotinic ones.

Catecholamines and Adrenergic Receptors

Catecholamines—norepinephrine, epinephrine, and dopamine—are synthesized from tyrosine in sympathetic neurons and the adrenal medulla. Norepinephrine is the primary neurotransmitter at most sympathetic nerve endings, while the adrenal medulla mainly releases epinephrine, especially under stress (Balaban & Kurt, 2023). Catecholamines are stored in vesicles and released during sympathetic activation; most norepinephrine is taken

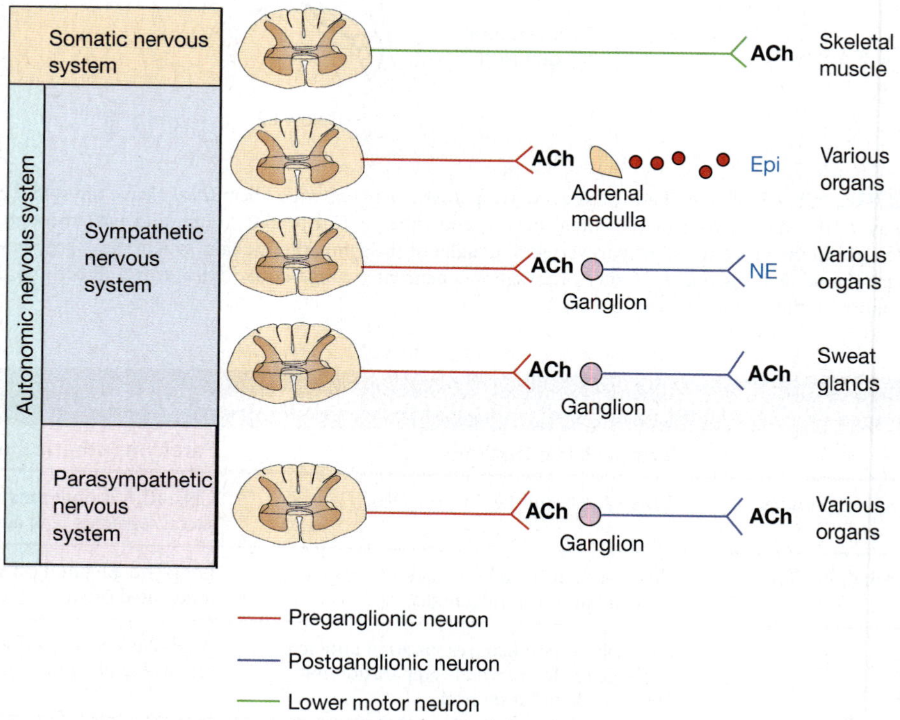

FIGURE 12-20. Comparison of neurotransmission in the somatic and autonomic nervous systems (ANS). In the somatic nervous system, all lower motor neurons release ACh as their neurotransmitter. In the ANS, both sympathetic and parasympathetic preganglionic neurons release ACh as their neurotransmitter. Parasympathetic postganglionic neurons release ACh at the site of organ innervation. Most postganglionic neurons of the sympathetic nervous system release norepinephrine (NE) at the site of organ innervation. The principal neurotransmitter released by the adrenal gland is epinephrine (Epi), which travels to the site of organ innervation through the bloodstream. The postganglionic neurons innervating the sweat gland are sympathetic fibers that use ACh as their neurotransmitter.

back up into the nerve terminal for reuse, while the rest is degraded by monoamine oxidase (MAO) or catechol-O-methyltransferase (COMT).

Adrenergic receptors include alpha$_1$, alpha$_2$, beta$_1$, and beta$_2$ subtypes, allowing the same neurotransmitter to produce different effects depending on receptor type and location. For example, alpha$_1$ receptors cause vasoconstriction, especially in the skin and kidneys, while beta$_2$ receptors cause bronchodilation and vasodilation in skeletal muscle. Beta$_1$ receptors are primarily found in the heart and increase heart rate and contractility. Alpha$_2$ receptors, mainly presynaptic, inhibit further norepinephrine release (English & Jones, 2023). This receptor diversity allows for targeted drug actions, such as beta blockers (beta$_1$ antagonists) or **sympathomimetic** agents that mimic the effects of endogenous catecholamines.

SUMMARY CONCEPTS

The ANS is an efferent system that regulates, adjusts, and coordinates visceral functions of the body and is divided into the sympathetic and parasympathetic systems. The outflow of the sympathetic and parasympathetic nervous systems follows a two-neuron pathway, which consists of a preganglionic neuron in the CNS and a postganglionic neuron outside the CNS. Sympathetic fibers leave the CNS at the thoracolumbar level, and the parasympathetic fibers leave at the craniosacral levels. The sympathetic and parasympathetic nervous systems can have opposing effects on visceral function—if one excites, the other inhibits. The hypothalamus serves as the major control center for most ANS functions; local reflex circuits relating visceral afferent (VA) and autonomic efferent activity are integrated in a hierarchic control system in the spinal cord and brainstem.

The main neurotransmitters for the ANS are ACh and the catecholamines, epinephrine and norepinephrine. ACh is the transmitter for all preganglionic neurons, for postganglionic parasympathetic neurons, and for selected postganglionic sympathetic neurons. The catecholamines are the neurotransmitters for most postganglionic sympathetic neurons. Neurotransmitters exert their target action through specialized cell surface receptors—cholinergic receptors bind ACh and adrenergic receptors bind the catecholamines. Cholinergic receptors are divided into nicotinic and muscarinic receptors, and adrenergic receptors are divided into alpha and beta receptors. Different receptors for the same transmitter result in differences in response to the same transmitter. This arrangement also permits the use of pharmacologic agents that act at specific receptor types.

Organization and Control of Somatosensory Function

The **somatosensory** system provides the CNS with information on touch, temperature, body position, and pain. Sensory neurons can be divided into three types that vary in distribution and the type of sensation detected: general somatic, special somatic, and general visceral. **General somatic afferent neurons** have branches distributed throughout the body with distinct types of receptors for sensations, including pain, touch, and temperature. **Special somatic afferent neurons** have receptors located primarily in muscles, tendons, and joints. These receptors sense position and movement of the body. **General visceral afferent neurons** have receptors on various visceral structures that sense fullness and discomfort (Tabot, 2022).

Sensory Systems

Sensory systems can be conceptualized as a serial succession of neurons consisting of first-, second-, and third-order neurons. **First-order neurons** transmit sensory information from the periphery to the CNS. **Second-order neurons** communicate with various reflex networks and sensory pathways in the spinal cord and travel directly to the thalamus. **Third-order neurons** relay information from the thalamus to the cerebral cortex (Fig. 12-21) (Tabot, 2022).

These three primary levels of neural integration provide the organizing framework of the somatosensory system:

- The sensory units, which contain the sensory receptors
- The ascending pathways
- The central processing centers in the thalamus and cerebral cortex

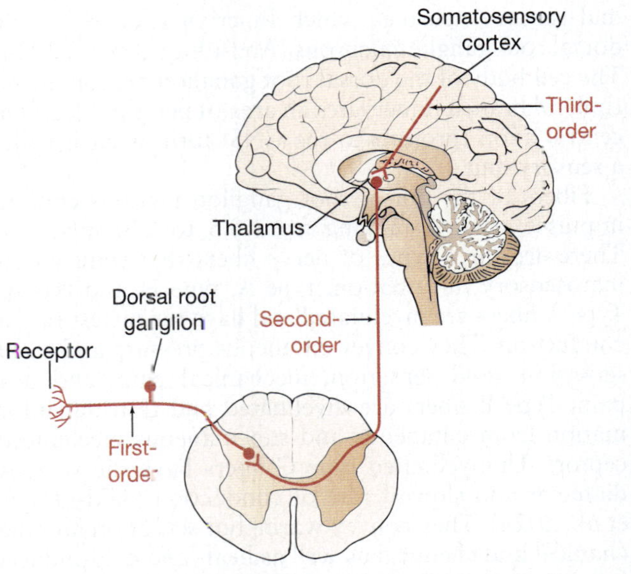

FIGURE 12-21. Arrangement of first-order, second-order, and third-order neurons of the somatosensory system.

Sensory information is usually relayed and processed in a cephalad (toward the head) direction by the three orders of neurons. Many interneurons process and modify the sensory information at the level of the second- and third-order neurons, and many more participate before movement responses occur. The number of participating neurons increases exponentially from the primary through the secondary and from the secondary through the tertiary levels.

KEY POINTS

The Somatosensory System

- The somatosensory system relays information about four major modalities: touch, temperature, body position, and pain.
- Somatosensory information is sequentially transmitted: *first-order* neurons transmit information from sensory receptors to dorsal horn neurons; *second-order CNS association neurons* communicate with reflex circuits and transmit information to the thalamus; and *third-order neurons* forward information from the thalamus to the sensory cortex.

The Sensory Unit

The somatosensory experience arises from information provided by receptors distributed throughout the body. These receptors monitor stimulus discrimination, tactile sensation, thermal sensation, and position sensation.

Somatosensory information from the limbs and trunk shares a common class of sensory neurons called **dorsal root ganglion neurons**. Somatosensory information from the face and cranial structures is transmitted by trigeminal sensory neurons, which function similarly to the dorsal root ganglion neurons (Abd-Elsayed et al., 2024). The cell body of the dorsal root ganglion neuron, its peripheral branch (innervates an area of periphery), and its central axon (projects to the CNS) form what is called a **sensory unit**.

Fibers of the dorsal root ganglion neurons conduct impulses at rates ranging from 0.5 to 120 m/second. There are three types of nerve fibers that transmit somatosensory information: type A, type B, and type C. Type A fibers are myelinated and have the fastest rate of conduction. They convey cutaneous pressure and touch sensation, cold sensation, mechanical pain, and heat pain. Type B fibers are myelinated and transmit information from cutaneous and subcutaneous mechanoreceptors. Unmyelinated type C fibers have the smallest diameter and slowest rate of conduction (Abd-Elsayed et al., 2024). They convey warm–hot sensation and mechanical and chemical as well as heat- and cold-induced pain sensation. A major problem in pain management is identifying the etiology of the pain. A neurometer can test the involvement of specific nerve fibers, allowing for a more comprehensive diagnosis of sensory function (Abd-Elsayed et al., 2024).

Dermatomal Pattern of Dorsal Root Innervation

The somatosensory innervation of the body and head retains the basic segmental organizational pattern established during embryonic development. Thirty-one paired spinal nerves provide sensory and motor innervation of the body wall, the limbs, and the viscera. Sensory input to each spinal cord segment is provided by sensory neurons with cell bodies in the dorsal root ganglia.

The region of the body wall that is supplied by a single pair of dorsal root ganglia is called a **dermatome**. These dorsal root ganglion–innervated strips occur in a regular sequence moving upward from the second coccygeal segment through the cervical segments, reflecting the basic segmental organization of the body and the nervous system (see Fig. 11-20). The CNs that innervate the head send axons to equivalent nuclei in the brainstem. Neighboring dermatomes overlap sufficiently so that a loss of one dorsal root or root ganglion results in reduced but not total loss of sensory innervation (Fig. 12-22). Dermatome maps can help in interpreting the level and extent of sensory deficits caused by segmental nerve and spinal cord damage and can assist in determining the most effective pain management plan (Zale & Mitsunaga, 2023).

Spinal Circuitry and Ascending Neural Pathways

When sensory information enters the spinal cord, the central processes of sensory neurons branch and distribute signals in multiple directions. Some branches participate in local spinal reflexes, producing rapid, automatic motor responses, while others ascend toward the brain for conscious perception and integration. Two major ascending sensory pathways transmit information from the spinal cord to higher centers: the discriminative (dorsal column–medial lemniscal) pathway and the anterolateral pathway (Fig. 12-23) (Mo, 2024). These pathways

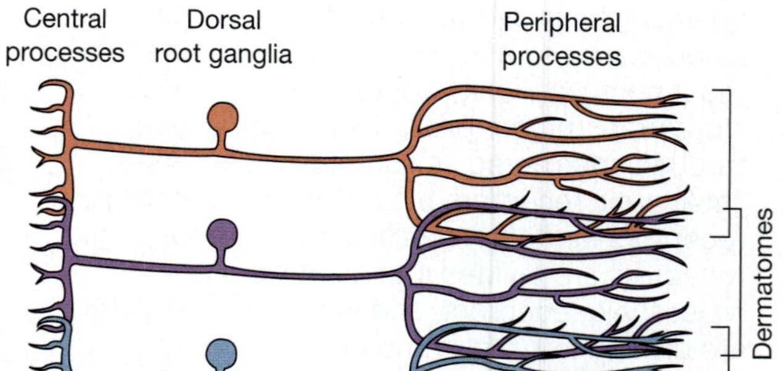

FIGURE 12-22. The dermatomes formed by the peripheral processes of adjacent spinal nerves overlap on the body surface. The central processes of these fibers also overlap in their spinal distribution.

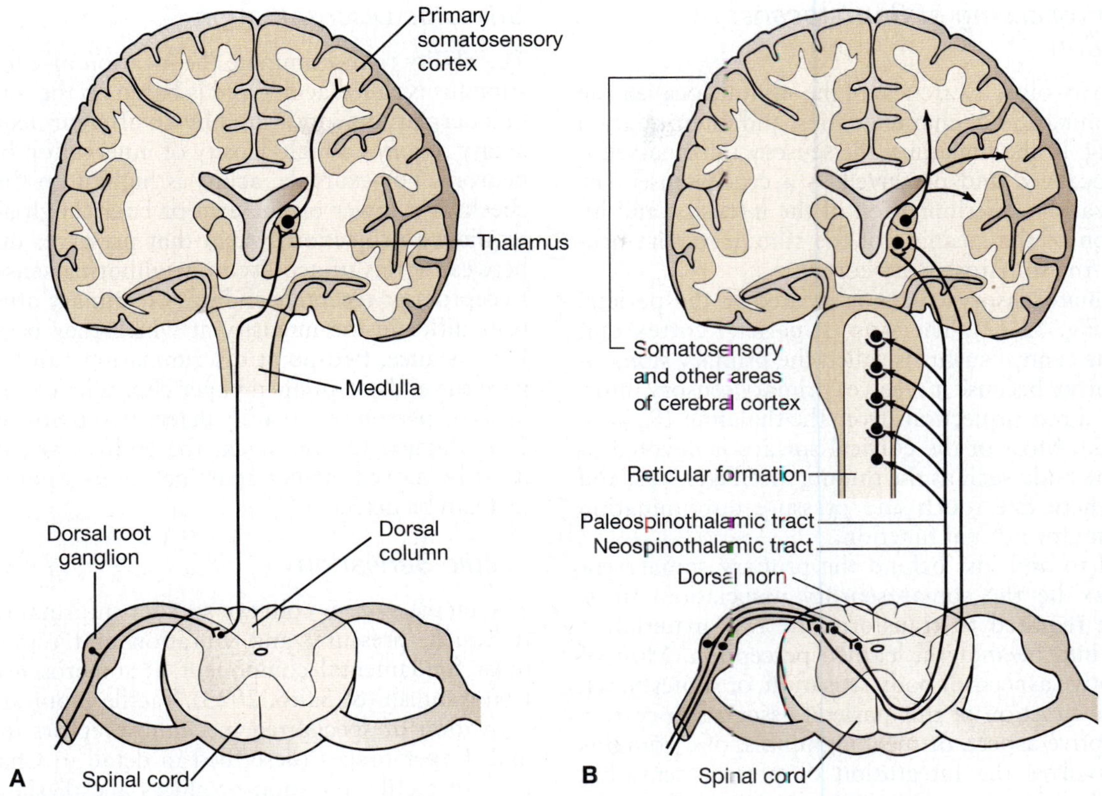

FIGURE 12-23. (A) Rapid-transmitting discriminative (dorsal column–medial lemniscal) pathway carrying axons mediating tactile sensation and proprioception. (B) Neospinothalamic and paleospinothalamic subdivisions of the anterolateral sensory pathway. The neurons of anterolateral pathways cross within the same segment as the cell body and ascend in the contralateral side of the spinal cord. The neospinothalamic tract travels mainly to thalamic nuclei that have third-order fibers projecting to the somatosensory cortex. The paleospinothalamic tract sends collaterals to the reticular formation and other structures, from which further fibers project to the thalamus.

differ in the types of sensory information they carry and in how that information is processed. Together, they allow sensory input to reach the brain for perception, contribute to arousal and alertness, and influence motor control. Having parallel pathways provides redundancy, ensuring that some sensory information can still reach the brain if one pathway is damaged.

The Discriminative Pathway

The discriminative pathway transmits sensory information rapidly and with high spatial precision. It carries sensations such as fine touch, vibration, and proprioception—information that requires accurate localization and detailed discrimination. Sensory signals ascend on the same side of the spinal cord in the dorsal columns and cross to the opposite side at the level of the medulla before continuing to the thalamus and primary somatosensory cortex (Fig. 12-23A).

This pathway supports the ability to precisely identify stimulus location, intensity, and quality. It is essential for higher-level perceptual functions such as stereognosis, the ability to recognize objects by touch alone. Damage to the cortical processing areas, even when the pathway itself is intact, can result in astereognosis, in which a person can describe sensory features but cannot identify the object.

The Anterolateral Pathway

The anterolateral pathways transmit sensory information that is less precisely localized and more strongly linked to protective and emotional responses. These pathways carry sensations such as pain, temperature, crude touch, and pressure. Fibers cross to the opposite side of the spinal cord shortly after entry and ascend toward the brain in the anterolateral columns (Fig. 12-23B) (Chen et al., 2024).

As these signals ascend, they project not only to the thalamus but also to the reticular formation and other brainstem structures. These connections contribute to arousal, alertness, and autonomic responses, such as increased heart rate, pupil dilation, and sweating, in response to strong or potentially harmful stimuli.

The anterolateral system has two functional subdivisions:

1. The **neospinothalamic tract** transmits faster, more localized pain sensations.
2. The **paleospinothalamic tract** conveys slower, diffuse pain and projects to limbic-related structures, contributing to the emotional and motivational aspects of sensory experience.

Together, these ascending pathways allow the nervous system to both precisely identify sensory stimuli and generate appropriate protective, emotional, and autonomic responses.

Central Processing of Somatosensory Information

Perception involves awareness of the stimuli, localization and discrimination of characteristics, and interpretation of meaning. In the thalamus, the sensory information is roughly localized and perceived as a crude sense. The full localization, discrimination of the intensity, and interpretation of the meaning of the stimuli require processing by the somatosensory cortex.

The **somatosensory cortex** is located in the parietal lobe (see Fig. 12-12). The strip of parietal cortex that borders the central sulcus is called the **primary somatosensory cortex** because it receives primary sensory information by direct projections from the thalamus (Raju & Tadi, 2022). Most of the cortical surface is devoted to areas of the body such as the thumb, forefinger, lips, and tongue, where fine touch and pressure discrimination are essential for normal function.

Parallel to and just behind the primary somatosensory cortex lie the somatosensory association areas, which are required to transform the raw material of sensation into meaningful learned perception. Most of the perceptive aspects of body sensation, or **somesthesia**, require the function of this parietal association cortex. The perceptive aspect, or meaningfulness, of a stimulus pattern involves the integration of present sensation with past learning.

Sensory Modalities

When sensory information from primary afferents reaches the thalamus and is relayed to specific regions of the cerebral cortex, it gives rise to subjective sensory experiences such as touch, temperature, or pain. These distinct types of input are referred to as **sensory modalities**. Although different modalities, such as warmth versus touch, are transmitted along separate neural pathways, their final interpretation occurs in cortical sensory areas of the forebrain, where the quality and meaning of each sensation are consciously perceived. The thalamus acts as a key relay and integration center, ensuring that modality-specific information is accurately directed to the appropriate region of the sensory cortex, yet the conscious experience of that sensation remains uniquely subjective.

The receptive endings of afferent neurons are sensitive to physical and chemical energy and are usually highly tuned to be differentially sensitive to low levels of a particular energy type. Stimulating the endings with an electric current or strong pressure also can result in action potentials. The amount of energy required, however, is much greater than it is for a change in temperature. Other afferent sensory terminals are most sensitive to slight indentations of the skin, and their signals are subjectively interpreted as touch. Cool versus warm, sharp versus dull pain, and delicate touch versus deep pressure are all based on different populations of afferent neurons or on central integration of simultaneous input from several differently tuned afferents.

Stimulus Discrimination

The ability to discriminate the location of a somesthetic stimulus is called acuity and is based on the sensory field in a dermatome innervated by an afferent neuron. **High acuity** requires a high density of innervation by afferent neurons. For example, acuity is highest on the lips and cheeks but lower on the arm or back. High acuity also requires a projection system that preserves distinctions between levels of activity in neighboring sensory fields. Receptors or receptive endings of primary afferent neurons differ in the intensity at which they begin to fire. For instance, two-point discrimination can be assessed with the ends of an open paper clip. When placed on the lips, the person will readily detect two points of contact 5 mm apart. On the back, the ends of the paper clip must be moved farther apart before two points of contact can be detected.

Tactile Sensation

The tactile system conveys sensory information related to touch, pressure, and vibration and represents the most fundamental component of somatosensory function (Ohnishi & Saito, 2023). Tactile input arises from activation of specialized mechanoreceptors in the skin and deeper tissues (described in detail in Chapter 11). Loss of tactile sensation produces anesthesia of the affected area and significantly impairs functional interaction with the environment. Tactile stimuli are detected by a variety of specialized receptors located in the skin and underlying tissues (Fig. 12-24).

Tactile sensory information enters the spinal cord through the dorsal roots of spinal nerves, where afferent fibers branch extensively. Some branches synapse locally within the spinal cord to support reflex activity, while others ascend to higher brain centers through the discriminative and anterolateral pathways (Mo, 2024).

Sensory input requiring rapid transmission, precise localization, and fine discrimination, such as vibration, fine touch, and proprioceptive information, is carried primarily by the discriminative pathway. In contrast, crude or poorly localized tactile sensations are conveyed through the anterolateral pathway. The presence of parallel pathways provides redundancy, ensuring that some tactile awareness is preserved even when one pathway is damaged.

The discriminative pathway ascends ipsilaterally in the dorsal columns of the spinal cord and crosses to the contralateral side at the level of the medulla before projecting to the thalamus and primary somatosensory cortex. This pathway supports complex perceptual abilities, including two-point discrimination and stereognosis. Damage to the parietal association cortex may impair object recognition despite preserved basic tactile sensation, a condition known as astereognosis.

The anterolateral pathway crosses within the spinal cord shortly after sensory input enters and ascends bilaterally through multisynaptic connections. In addition to projecting to the thalamus and somatosensory cortex, fibers of this pathway send collateral branches to

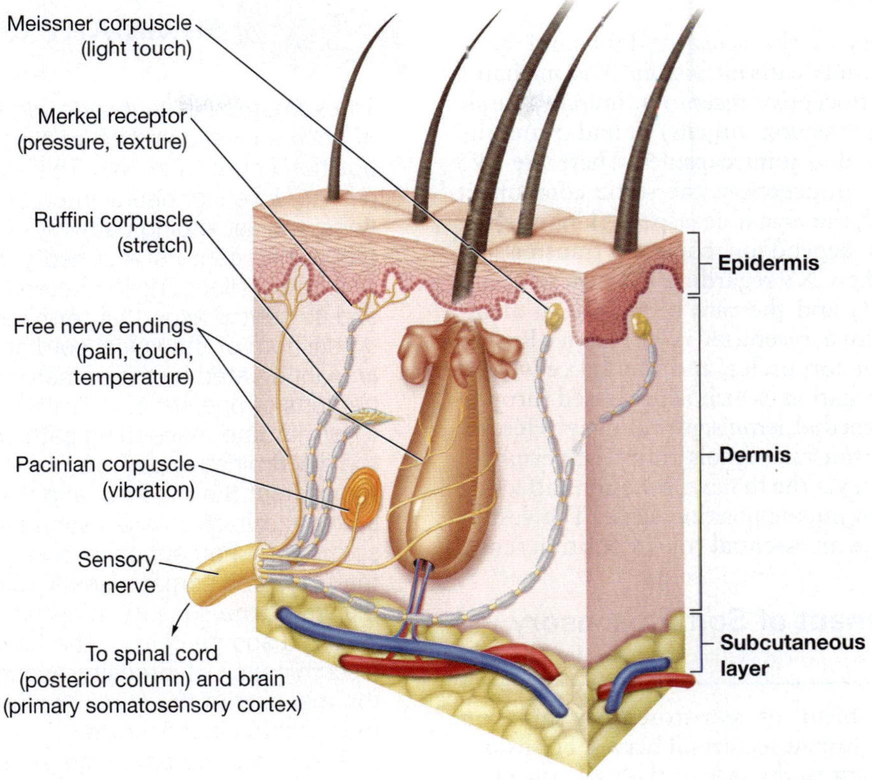

FIGURE 12-24. Skin receptors. Free nerve endings, modified nerve endings, and specialized receptor cells detect different forms of tactile stimulation, including touch, pressure, vibration, and skin deformation. (From McConnell, T. H., & Hull, K. L. [2011]. *Human form, human function: Essentials of anatomy & physiology*. Lippincott Williams & Wilkins.)

the reticular formation and other brainstem nuclei, contributing to arousal, alertness, and autonomic responses associated with strong tactile or noxious stimuli (Chen et al., 2024).

When the discriminative pathway is damaged, the anterolateral system may provide limited tactile awareness; however, sensation is poorly localized and requires stronger stimulation. Fine discriminative abilities, joint position sense, and vibratory sensation are typically lost under these conditions.

Thermal Sensation

Thermal sensation is discriminated by three types of receptors: cold, warmth, and pain. Cold and warmth receptors are located immediately under the skin at discrete points. In some areas, there are more cold receptors than warmth receptors (i.e., the lips have 15 to 25 cold receptors/cm^2, whereas a same-sized area of the finger has 3 to 5 cold receptors/cm^2) (Cramer et al., 2022). Warmth receptors respond proportionately to increases in skin temperature between 32°C and 48°C and cold receptors to temperatures between 10°C and 40°C. Thermal pain receptors are stimulated by extremes such as sensations of "freezing cold" (below 10°C) and "burning hot" (above 48°C) (Cramer et al., 2022). Thermal receptors respond rapidly to sudden changes in temperature and then adapt over the next few minutes. They do not adapt completely, but continue to respond to steady states of temperature. For example, the sensation of heat one feels upon entering a hot water tub or of cold upon going outside on a cold day is the initial response to a change in temperature, followed by an adaptation in which one gets accustomed to but still feels the heat or cold as the receptors have not adapted completely.

Thermal afferents, with receptive thermal endings in the skin, send their central axons into the spinal cord dorsal horn. Thermal signals are then processed by second-order input association neurons, which activate projection neurons whose axons cross contralaterally and ascend in the multisynaptic, slow-conducting anterolateral system to the opposite side of the brain. Thalamic and cortical somatosensory regions for temperature are mixed with tactile sensibility.

Conduction of thermal information through peripheral nerves is slow compared with the rapid tactile afferents of the discriminative system. If a foot is placed in hot water, the tactile sensation occurs in advance of the burning sensations and local withdrawal reflexes will act before excessive heat is perceived (Cramer et al., 2022). Local anesthetic agents block small-diameter afferents that carry thermal sensory information before they block large-diameter axons that carry discriminative touch information.

Position Sensation

Position sense refers to the sense of limb and body movement and position without vision. It is mediated by input from proprioceptive receptors (muscle spindle receptors and Golgi tendon organs) found primarily in muscles, tendons, and joint capsules. There are two submodalities of proprioception: the static component (limb position) and the dynamic aspect (**kinesthesia**). Both submodalities depend on constant transmission of information to the CNS regarding the degree of angulation of all joints and the rate of change in angulation. Stretch-sensitive receptors in the skin (Ruffini end organs, Pacinian corpuscles, and Merkel cells) also signal postural information, which is processed through the dorsal column–medial lemniscus pathway (Héroux et al., 2022). They transmit signals from the periphery to the cerebral cortex via the thalamus. Lesions affecting the posterior column impair position sense. The vestibular system also plays an essential role in position sense.

Clinical Assessment of Somatosensory Function

A neurologic assessment of somatosensory function often includes testing spinal segmental nerves. For example, pressing a pinpoint to the sole of the foot triggers a withdrawal reflex. If pain is perceived, it confirms the integrity of the afferent sensory terminals in the skin and the neural pathway through the peripheral nerves of the foot, leg, and thigh to the S1 dorsal root ganglion and into the spinal cord. This response also indicates that the somatosensory association neurons and reflex circuits within spinal cord segments L5 to S2 are intact. Additionally, the reflex confirms the functional status of lower motor neurons in the L4 to S1 ventral horn, their axons, and the neuromuscular junctions, as well as appropriate muscle tone and strength.

Testing is done at each segmental level, or dermatome, moving up from coccygeal through the high cervical levels to test the integrity of all spinal nerves. Similar dermatomes cover the face and scalp, and these, although innervated by CNs, are tested in the same manner.

A normal withdrawal reflex rules out disorders of the peripheral nerve, dorsal root, and ganglion, neuromuscular junction, and muscle. Reflex function indicates that many major descending CNS tracts are functioning within normal limits, and, if pinprick sensation and location are accurately reported, many ascending systems are functioning normally, as are basic intellect and speech.

Integrity of the discriminative dorsal column–medial lemniscus pathway versus the anterolateral tactile pathways is tested (with eyes closed) by brushing the skin with cotton, touching an area with one to two sharp points, touching corresponding body areas on each side concurrently or in random sequence, and passively bending the finger. If only the anterolateral pathway is functional, tactile threshold is markedly elevated, two-point discrimination and proprioception are missing, and the person has difficulty discriminating which side of the body received stimulation.

SUMMARY CONCEPTS

The somatosensory system provides awareness of body sensations such as touch, temperature, position sense, and pain. There are three primary levels of neural integration: the sensory units, the ascending pathways, and the central processing centers. A sensory unit consists of a dorsal root ganglion neuron, its receptors, and its central axon that terminates in the dorsal horn of the spinal cord or medulla. The area innervated by the somatosensory afferent neurons of one set of dorsal root ganglia is a dermatome. Ascending pathways include the discriminative pathway, which crosses at the base of the medulla, and the anterolateral pathway, which crosses soon after entering the spinal cord. Perception involves centers in the thalamus and somatosensory cortex. In the thalamus, the sensory information is crudely localized and perceived. The full localization, discrimination of intensity, and interpretation of the meaning of the stimuli require processing by the somatosensory cortex.

The tactile system relays sensations of touch, pressure, and vibration. It uses two anatomically separate pathways—the discriminative pathway and the anterolateral pathway—to relay touch information to the opposite side of the forebrain. Delicate touch, vibration, position, and movement use the discriminative pathway to reach the thalamus, where third-order relay occurs to the primary somatosensory strip of the parietal cortex. Crude tactile sensation is carried by the bilateral, slow-conducting anterolateral pathway. Temperature sensations are the result of stimulation of thermal receptors of sensory units projecting to the thalamus and cortex through the anterolateral system on the opposite side of the body. Proprioception is the sense of limb and body movement and position without using vision and is processed through the rapid-transmitting dorsal column–medial lemniscus pathway. Testing of the ipsilateral dorsal column (discriminative touch) system or the contralateral temperature projection system permits diagnostic analysis of the level and extent of damage in the somatosensory pathways.

Pain

The International Association for the Study of Pain defines pain as "an unpleasant sensory and emotional experience associated with, or resembling that associated with, actual or potential tissue damage (Canepa et al., 2024)." Upon perception of a pain stimulus, the person reacts by removing the trigger causing the noxious stimulation. Distress from pain is more heavily influenced by the reaction to pain than by actual pain intensity. Many factors can influence a person's reaction to pain, including anxiety, culture, sex, age, past experience, and expectations about pain relief.

When the perception of pain is severe, it can disrupt a person's behavior. Pain is a very common symptom for which people seek health care, with pain presenting as acute and chronic. Acute pain often results from injury, surgery, or invasive medical procedures. It also can be a presenting symptom of some infections. Chronic pain can be symptomatic of a wide range of health problems.

The experience of pain depends on both sensory perception and stimulation. Perception of pain can be heavily influenced by the endogenous analgesia system that modulates the sensation of pain (i.e., when injured soldiers do not perceive major injuries as painful until they leave the battlefield). Sensory stimulation refers to the processes by which a person experiences pain. Pain can be either nociceptive or neuropathic in origin (Nijs et al., 2023). The receptors for pain (nociceptors) are free nerve endings. When nociceptors are activated in response to actual or impending tissue injury, **nociceptive pain** is the consequence. **Neuropathic pain** arises from direct injury or dysfunction of the sensory axons of peripheral or central nerves (Liu & Kelliher, 2022). Tissue and nerve injury can result in a wide range of symptoms. These include pain from noninjurious stimuli to the skin (**allodynia**), extreme sensitivity to pain (**hyperalgesia**), and the absence of pain from stimuli that normally would be painful (**analgesia**) (Melvin et al., 2025). The latter, although not painful, can be extremely serious because the normally protective early warning system for tissue injury is absent. An example of analgesia would be the inability of a patient with diabetic to feel pain from stepping on a sharp object due to peripheral neuropathy.

Pain Theories

Historically, two early theories attempted to explain the physiologic basis of pain: specificity theory and pattern theory (Marchand, 2024). **Specificity theory** proposed that pain is a distinct sensory modality transmitted by dedicated receptors to the brain. **Pattern theory** suggested that pain arises from patterns of neural activity shared with other sensory modalities, with intensity and frequency of stimuli determining whether a sensation is interpreted as painful. While both theories contributed to understanding nociception, they do not fully explain individual pain experiences or chronic pain.

A more influential model, gate control theory, was introduced by Melzack and Wall in 1965 (Marchand, 2024; Melzack & Wall, 1965). It proposed that neural "gates" in the spinal cord modulate pain transmission by integrating input from different sensory fibers. According to this theory, tactile stimulation from large-diameter fibers can inhibit pain signals from smaller fibers, providing a rationale for why rubbing or touching a painful area may reduce discomfort. Although foundational, gate control theory is now recognized as incomplete, as it does not fully account for prolonged pain relief or the influence of psychological and cultural factors (Marchand, 2024).

To address these limitations, Melzack later introduced the **neuromatrix theory** of pain, which reflects current understanding of pain as a multidimensional experience shaped by the brain (Ambron, 2022). This theory posits that the brain contains a widespread network—the **body–self neuromatrix**—that integrates sensory, emotional, and cognitive inputs to generate a unique **neurosignature pattern**. This pattern determines how pain is experienced and expressed, even in the absence of physical injury, such as in chronic pain or phantom limb pain (Genoese et al., 2023).

The neuromatrix is shaped by:

- Somatosensory input
- Other sensory and contextual inputs
- Cognitive and emotional factors such as attention, expectation, culture, and personality
- Intrinsic neural inhibitory mechanisms
- Stress regulation systems

This theory supports growing evidence that pain is not merely a sensory event, but a dynamic interaction between biology, psychology, and environment. It also opens new areas of research, including the role of cortisol, estrogen, cytokines, and aging in chronic pain states.

Pain Mechanisms and Pathways

Pain usually is viewed in the context of injury (*nocere* is Latin for "to injure"). Nociceptive stimuli may cause tissue damage, and the withdrawal reflex is used to determine when a stimulus is nociceptive. Stimuli used include pressure from a sharp object, electric current, or heat or cold applied to skin. At low levels of intensity, these noxious stimuli activate nociceptors but are perceived as painful only when the intensity reaches a level where tissue damage may occur (Liu & Kelliher, 2022).

As previously discussed, nociceptive pathways are composed of first-, second-, and third-order neurons (Fig. 12-25). The receptive endings of first-order neurons detect stimuli that threaten the integrity of innervated tissues. Second-order neurons are located in the spinal cord and process nociceptive information. Third-order neurons project pain information to the brain. The thalamus and somatosensory cortex integrate and modulate pain as well as the person's subjective reaction to the experience.

Pain Receptors and Mediators

Structurally, the receptive endings of the peripheral pain fibers are free nerve endings and are widely distributed in the skin, dental pulp, periosteum, meninges, and some internal organs. They translate noxious stimuli into action potentials that are transmitted by a dorsal root ganglion to the dorsal horn of the spinal cord.

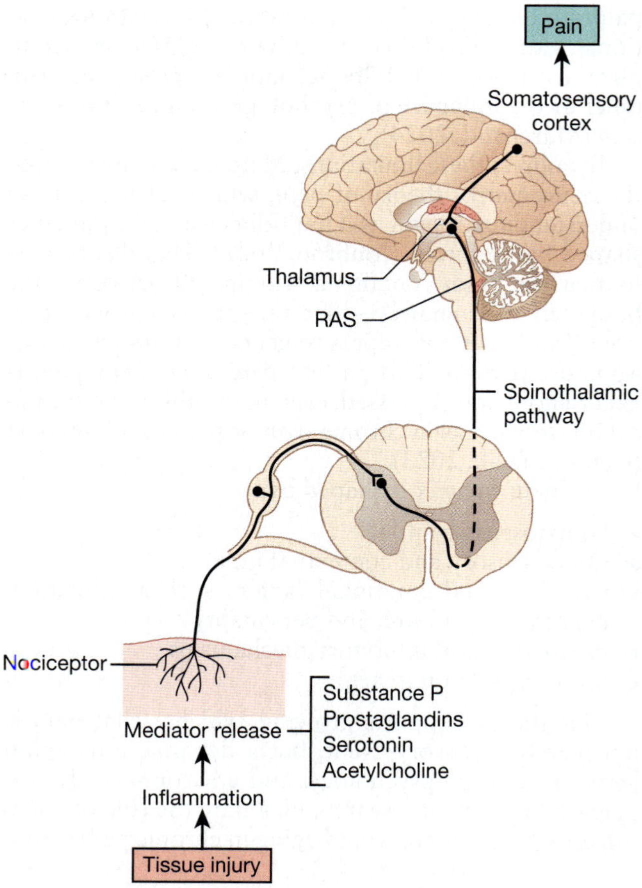

FIGURE 12-25. Mechanism of acute pain. Tissue injury leads to release of inflammatory mediators with subsequent nociceptor stimulation. Pain impulses are then transmitted to the dorsal horn of the spinal cord, where they make contact with second-order neurons that cross to the opposite side of the cord and ascend by the spinothalamic tract to the reticular activating system (RAS) and thalamus. The localization and meaning of pain occur at the level of the somatosensory cortex.

Nociceptive action potentials are transmitted through myelinated A fibers and unmyelinated C fibers. Pain conducted by A fibers (**fast pain**) is typically elicited by mechanical or thermal stimuli. C-fiber pain (**slow-wave pain**) is slower in onset and longer in duration and is elicited by chemical stimuli or persistent mechanical or thermal stimuli (Nikolenko et al., 2022). The slow postexcitatory potential generated in C fibers are responsible for central sensitization to chronic pain. Sensitization results in the clinical phenomena of hyperalgesia and allodynia.

Stimulation of Nociceptors

Some nociceptors respond to one type of stimuli and others (**polymodal receptors**) respond to all three types of stimuli (mechanical, thermal, and chemical) (Nikolenko et al., 2022). Mechanical stimuli can arise from pressure applied to skin, violent contraction, or extreme stretch of muscle. Temperature extremes can also stimulate nociceptors. Chemical stimuli can arise from tissue trauma, ischemia, and inflammation. Chemical mediators are released from injured and inflamed tissues and stimulate nociceptors or sensitize them to the effects of nociceptive stimuli. This perpetuates the inflammatory responses that lead to the release of chemical agents that act as nociceptive stimuli or incite neurogenic reflexes that increase the response to the stimuli (Nikolenko et al., 2022). ATP, ACh, and platelets sensitize nociceptors through chemical agents such as prostaglandins. Aspirin and other nonsteroidal anti-inflammatory drugs (NSAIDs) block prostaglandin synthesis and are effective in controlling pain.

Nociceptive stimulation activates C fibers to cause **neurogenic inflammation**, which produces vasodilation and increased release of chemical mediators to which nociceptors respond (Nikolenko et al., 2022). The C-fiber mechanism is thought to be mediated by a dorsal root neuron reflex that produces retrograde transport and release of chemical mediators, which causes increasing inflammation of peripheral tissues. This reflex has implications for persistent pain and hyperalgesia (Liu & Kelliher, 2022).

Mediators in the Spinal Cord

The transmission of impulses between the nociceptive neurons and the dorsal horn neurons is mediated by chemical neurotransmitters released from central nerve endings of nociceptive neurons. These neurotransmitters can be amino acids, amino acid derivatives, or low molecular weight peptides. The amino acid glutamate is a major excitatory transmitter released from central nerve endings of nociceptive neurons. Substance P, a neuropeptide, also is released in the dorsal horn by C fibers in response to nociceptive stimulation. While glutamate is confined to the synaptic terminal area, some neuropeptides can diffuse some distance because they are not inactivated by reuptake mechanisms. This may explain the excitability and unlocalized nature of many painful, persistent conditions. Neuropeptides appear to prolong and enhance the action of glutamate, and if released in large quantities or over extended periods, they can lead to secondary hyperalgesia in which second-order neurons are overly sensitive to low levels of noxious stimulation (Liu & Kelliher, 2022).

KEY POINTS

Pain Sensation

- The pathway for fast, sharply discriminated pain moves from the receptor to the spinal cord using myelinated A-delta fibers and from the spinal cord to thalamus using the neospinothalamic tract.
- The pathway for slow, continuously conducted pain is transmitted to the spinal cord using unmyelinated C fibers and from the spinal cord to the thalamus using the more circuitous and slower-conducting paleospinothalamic tract.

Spinal Cord Circuitry and Pathways

Pain signals enter the spinal cord through the dorsal roots, where first-order nociceptive fibers briefly ascend or descend one to two segments before synapsing with second-order neurons in the dorsal horn. Axons of these projection neurons cross to the opposite side through the anterior commissure and ascend within the anterolateral system to higher brain centers (Karcz et al., 2024).

Two functionally distinct pathways transmit pain information. The neospinothalamic pathway conducts rapidly and conveys sharp, well-localized pain. These fibers project to the thalamus and then to the contralateral primary somatosensory cortex, allowing precise identification of pain location and intensity. In contrast, the paleospinothalamic pathway conducts more slowly and carries diffuse, aching, or burning pain commonly associated with chronic or visceral conditions. These fibers project to multiple thalamic nuclei and limbic-related structures, contributing to the emotional and motivational aspects of pain perception (Karcz et al., 2024).

Collateral projections from the paleospinothalamic system travel to the reticular formation, enhancing arousal and alertness, and indirectly influence hypothalamic centers involved in autonomic responses such as increased heart rate and blood pressure. These connections help explain the widespread physiologic and behavioral responses often associated with painful stimuli.

Within the dorsal horn, second-order neurons include wide dynamic range (WDR) neurons, which respond to both nonpainful and painful stimuli, and nociceptive-specific neurons, which respond only to noxious input (Zhang et al., 2024). With repeated stimulation—particularly of unmyelinated C fibers—dorsal horn neurons may exhibit progressively increased firing, a phenomenon known as windup. This sensitization contributes to heightened pain perception and has important clinical implications, emphasizing the value of early and effective pain management to prevent persistent spinal cord hyperexcitability (Ji et al., 2022).

Brain Centers and Pain Perception

Injury information is carried from the spinal cord to brain centers in the thalamus where basic pain sensation occurs (Fig. 12-26). In the neospinothalamic system, interconnections between the lateral thalamus and somatosensory cortex add precision and meaning to pain sensation. The paleospinothalamic system projects from the intralaminar nuclei of the thalamus to large areas of limbic cortex and is associated with the mood-altering and attention-narrowing effects of pain. Magnetoencephalography has demonstrated cortical representation of pain: nociceptive A-delta afferent stimulation activates the contralateral primary somatosensory cortex, whereas C afferent stimulation activates the secondary somatosensory cortices and the anterior cingulate cortex.

Central Pathways for Pain Modulation

Descending neuroanatomical pathways originating in the midbrain and brainstem play a critical role in the modulation of ascending pain signals within the spinal cord.

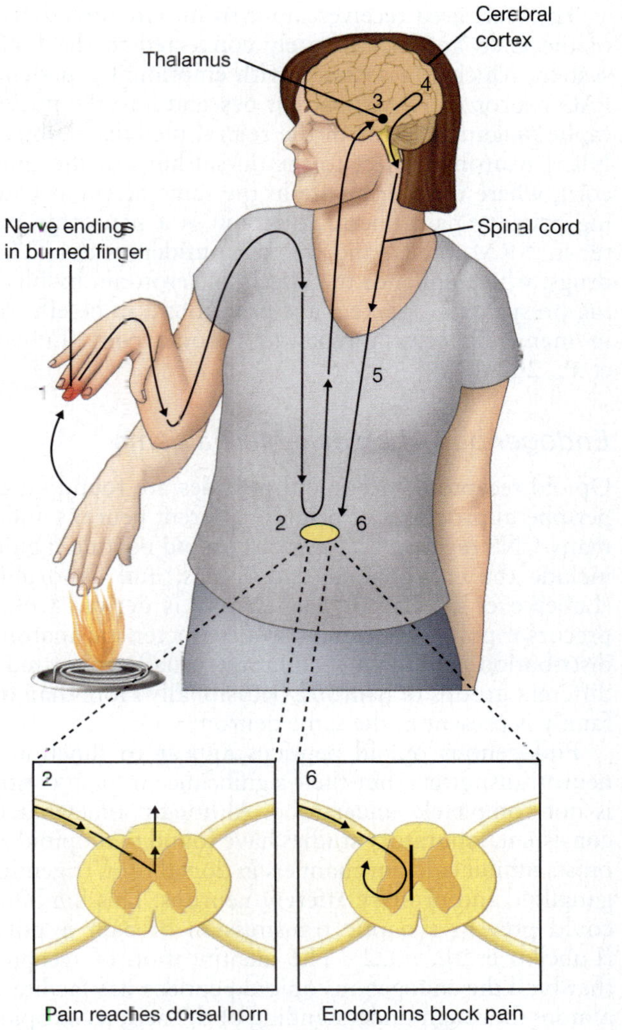

FIGURE 12-26. Pain transmission. (*1*) Pain begins as a message received by nerve endings, such as that found in a burnt finger. (*2*) The release of substance P, bradykinin, and prostaglandins sensitizes the nerve endings, which helps to transmit the pain from the site of injury toward the brain. (*3*) The pain signal then travels as an electrochemical impulse along the length of the nerve to the dorsal horn on the spinal cord, a region that receives signals from all over the body. (*4*) The spinal cord then sends the message to the thalamus, and then to the cortex. (*5*) Pain relief starts with signals from the brain that descend by way of the spinal cord, where (*6*) chemicals such as endorphins are released in the dorsal horn to diminish the pain message. (From Jensen, S. [2015]. *Nursing health assessment: A best practice approach* [2nd ed., p. 114]. Lippincott Williams & Wilkins; Fig. 6-1.)

A key region involved in this process is the **periaqueductal gray (PAG)** of the midbrain, which surrounds the cerebral aqueduct. Stimulation of the PAG has been shown to produce prolonged analgesia, indicating its central role in endogenous pain control. Subsequent studies revealed that opioid receptors are densely concentrated in the PAG and other related areas of the CNS where electrical stimulation can suppress pain (Lubejko et al., 2024). These findings support the role of the PAG as a major component of the brain's descending pain modulation system, often referred to as the **analgesia system**.

The PAG area receives input from widespread areas of the CNS and is intimately connected to the limbic system, which is associated with emotional experience. PAG neurons have axons that descend into the **nucleus raphe magnus (NRM)** of the rostral medulla. Axons of NRM neurons project to the dorsal horn of the spinal cord, where they terminate in the same layers as entering primary pain fibers. Serotonin is a neurotransmitter in NRM nuclei, and tricyclic antidepressant (TCA) drugs, which enhance the effects of serotonin by blocking presynaptic uptake, have been found to be effective in managing certain types of chronic pain (Lubejko et al., 2024).

Endogenous Analgesic Mechanisms

Opioid receptors and opioid peptides are found on the peripheral processes of primary afferent neurons and in many CNS regions. Endogenous opioid peptide families include the enkephalins, endorphins, and dynorphins (Lubejko et al., 2022). Each family is derived from a precursor polypeptide and has a characteristic anatomic distribution. Although each family usually is located in different groups of neurons, occasionally more than one family is present in the same neuron.

Endogenous opioid peptides appear to function as neurotransmitters, but their significance in pain control is not completely understood. Although somewhat inconsistent, laboratory studies have found that opioid agonists inhibit calcium channels in dorsal root, trigeminal ganglion, and primary afferent neurons. This inhibition could prevent synaptic transmission of pain impulses (Lubejko et al., 2022). The identification of receptors that bind the endogenous opioid peptides has facilitated a more thorough understanding of the actions of opioid drugs, such as morphine. It also has facilitated research into the development of newer preparations, including 24-hour-dispensing medications, dermal patches, and intravenous pumps that are self-administered according to perceived need.

Pain Threshold and Tolerance

Pain threshold and tolerance affect a person's response to a painful stimulus. **Pain threshold** is the point at which a stimulus is perceived as painful. **Pain tolerance** is the total pain experience of an individual, relating to how much pain stimuli an individual can bear before seeking treatment to reduce the painful experience. Pain tolerance can be related to the phenomenon of drug tolerance, with drug tolerance referring to the experience of a lesser response to a drug because of repeated drug administration (Liu & Kelliher, 2022). Although pain threshold can be quite similar among different people, pain tolerance is highly individualized. Pain tolerance is influenced by many different factors, including psychological, familial, cultural, and environmental factors. Separation and identification of these two aspects of pain threshold and pain tolerance pose fundamental challenges for pain management.

Types of Pain

Pain can be classified according to duration (acute or chronic), location (cutaneous or deep and visceral), and site of referral. Classification based on associated medical diagnosis (e.g., surgery, trauma, cancer) is also very useful in planning appropriate pain management interventions.

Acute and Chronic Pain

Pain research emphasizes differentiating acute and chronic pain. Diagnosis and therapy for each are distinctive; they differ in cause, function, mechanism, and psychological sequelae (Table 12-5). Traditionally, the distinction between acute and chronic pain relies on a single continuum of time. Some conditions, such as osteoarthritis exhibit dimensions of both acute and chronic pain.

Acute Pain

Acute pain is elicited by injury and activation of nociceptive stimuli at the site of local tissue damage. It is generally of short duration and resolves with resolution

TABLE 12-5 Characteristics of Acute and Chronic Pain

Characteristic	Acute Pain	Chronic Pain
Onset	Recent	Continuous or intermittent
Duration	<6 months	≥6 months
Autonomic responses	Consistent with sympathetic fight-or-flight response[a] Increased heart rate Increased stroke volume Increased blood pressure Increased pupillary dilation Increased muscle tension Decreased gut motility Decreased salivary flow (dry mouth)	Absence of autonomic responses
Psychological component	Associated anxiety	Increased irritability Associated depression Somatic preoccupation Withdrawal from outside interests Decreased strength of relationships
Other types of response		Decreased sleep Decreased libido Appetite changes

[a]Responses are approximately proportional to intensity of the stimulus.

of the pathology (Finnerup et al., 2022). Acute pain alerts a person to actual or impending tissue damage. The location, radiation, intensity, duration, and factors that aggravate or relieve pain provide essential diagnostic clues.

Interventions that alleviate pain usually relieve concomitant problems such as anxiety and musculoskeletal spasms. Inadequately treated pain can provoke responses that alter circulation and tissue metabolism and increase sympathetic activity. Inadequately treated acute pain tends to decrease mobility and respiratory movements and may complicate or delay recovery.

Chronic Pain

Chronic pain persists longer than might be reasonably expected after an inciting event. It is sustained by both pathologically and physically remote factors from the originating cause (Finnerup et al., 2022). Chronic pain can continue for years. It may be unrelenting and severe, as with metastatic bone pain, or continuous with or without periods of escalation, as with some forms of back pain. Recurring episodes of acute pain are particularly problematic because they have characteristics of both acute and chronic pain (as in sickle cell crisis or migraine headaches).

Chronic pain is a leading cause of disability. Unlike acute pain, chronic pain usually serves no physiologically useful function. It can, however, impose significant physiologic, psychological, familial, and economic stresses. Psychological and environmental influences may play an important role in the development of behaviors associated with chronic pain.

The biologic factors that influence chronic pain include peripheral, peripheral–central, and central mechanisms. Peripheral mechanisms result from persistent stimulation of nociceptors and are mostly involved with chronic musculoskeletal, visceral, and vascular disorders (Zimney et al., 2023). Peripheral–central mechanisms are related to abnormal function of the peripheral and central portions of the somatosensory system, such as those resulting from partial or complete loss of descending inhibitory pathways or spontaneous firing of regenerated nerve fibers (as with causalgia and phantom limb pain). Central pain mechanisms are associated with CNS disease or injury and characterized by burning, aching, and other abnormal sensations (as with thalamic lesions, spinal cord injury, surgical interruption of pain pathways, and multiple sclerosis) (Zimney et al., 2023).

People with chronic pain may not exhibit behaviors often associated with acute pain. As pain becomes prolonged and continuous, ANS responses decrease. Loss of appetite, sleep disturbances, and depression often are associated with chronic pain. Depression commonly is relieved once the pain is removed. The link between depression and decreased pain tolerance may be due to the manner by which both respond to changes in serotonergic and noradrenergic systems. TCAs and other medications with serotonergic and noradrenergic effects have been shown to relieve a variety of chronic pain syndromes (Meda et al., 2022).

Cutaneous and Deep Somatic Pain

Pain can be classified according to location. **Cutaneous pain** arises from superficial structures. It is a sharp pain with a burning quality that may be abrupt or slow in onset. It can be localized and may be distributed along the dermatomes. Because of an overlap of nerve fibers between the dermatomes, boundaries of pain frequently are not as clear-cut as dermatome diagrams indicate.

Deep somatic pain originates in deep body structures. It is more diffuse than cutaneous pain. Various stimuli, such as strong pressure on bone, muscle ischemia, and tissue damage, can produce deep somatic pain, which may radiate from the site of injury (as with a sprained ankle).

Visceral Pain

Visceral pain is one of the most common pains produced by disease. There is a low density of nociceptors in the viscera compared to the skin. There is functional divergence of visceral input within the CNS: many second-order neurons respond to a stimulus from a single VA. An important difference between surface pain and visceral pain is the type of damage that causes pain. Contractions, distention, or ischemia of visceral walls can induce severe pain. Visceral nociceptive afferents from the thorax and abdomen travel along the cranial and spinal nerve pathways of the ANS.

Referred Pain

Referred pain is perceived at a site different from its point of origin but innervated by the same spinal segment. It is hypothesized that visceral and somatic afferent neurons converge on the same dorsal horn projection neurons (Fig. 12-27), making it difficult for the brain to correctly identify the source of pain (Jin et al., 2023). Pain that originates in the abdominal or thoracic viscera is diffuse and poorly localized and often perceived at a site far from the affected area. For example, the pain associated with myocardial infarction commonly is referred to the left arm, neck, jaw, and chest.

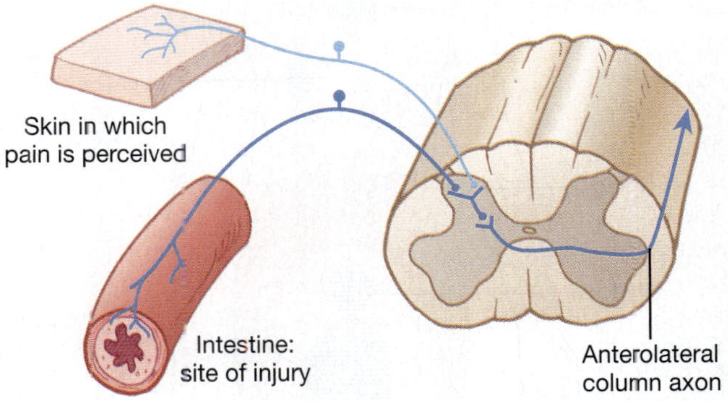

FIGURE 12-27. Convergence of cutaneous and visceral inputs onto the same second-order projection neuron in the dorsal horn of the spinal cord. Although virtually all visceral inputs converge with cutaneous inputs, most cutaneous inputs do not converge with other sensory inputs.

Referred pain may arise alone or concurrently with pain located at the origin of the noxious stimuli. This disconnect between pain location and painful stimuli location can make diagnosis difficult. Although the term *referred* usually is applied to pain that originates in the viscera and is experienced as if originating from the body wall, it may also be applied to pain that arises from somatic structures. Understanding pain referral is critical in diagnosing illness. The typical pattern of pain referral can be derived from our understanding that the afferent neurons from visceral or deep somatic tissue enter the spinal cord at the same level as the afferent neurons from the cutaneous areas to which the pain is referred (Fig. 12-28) (Jin et al., 2023).

Although the visceral pleura, pericardium, and peritoneum are said to be relatively free of pain fibers, the parietal pleura, pericardium, and peritoneum do react to nociceptive stimuli. Visceral inflammation can involve parietal and somatic structures, which may give rise to

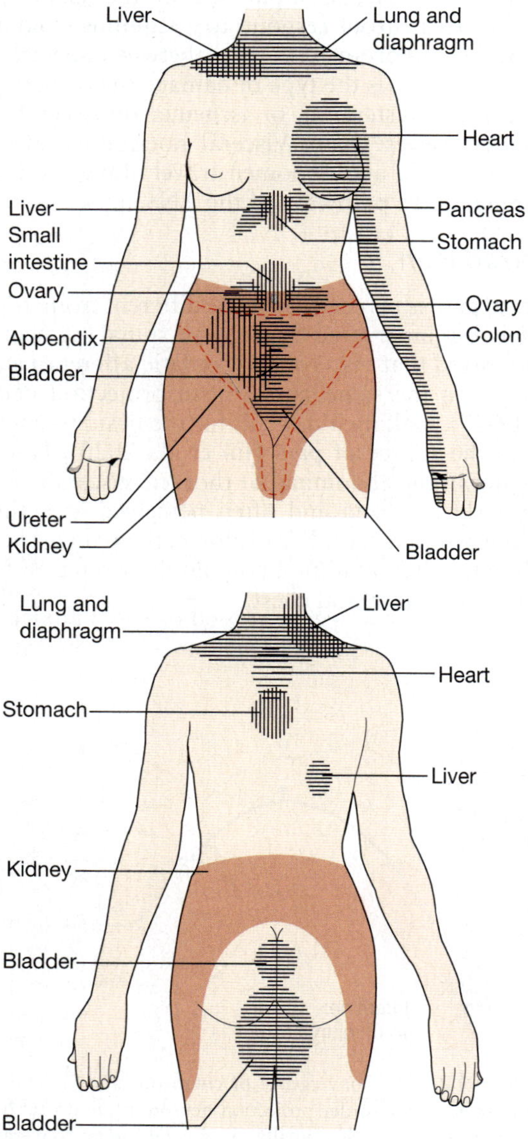

FIGURE 12-28. Areas of referred pain. (**Top**) Anterior view. (**Bottom**) Posterior view.

diffuse local or referred pain. For example, when the parietal peritoneum is irritated from appendicitis, it may give rise to pain in the lower right quadrant, evoking pain referred to the umbilical area.

Muscle spasm, or **guarding**, occurs when somatic structures are involved. Guarding is a protective reflex rigidity that may cause blood vessel compression and give rise to the pain of muscle ischemia, causing local and referred pain.

> **KEY POINTS**
>
> **Types of Pain**
>
> - Pain can be classified according to duration, location, and site of referral.
> - Acute pain is a self-limiting pain that lasts less than 6 months.
> - Chronic pain is persistent pain that lasts longer than 6 months, lacks the autonomic and somatic responses associated with acute pain, and is accompanied by loss of appetite, sleep disturbances, depression, and other debilitating responses.

Assessment of Pain

Careful assessment assists clinicians in diagnosing, managing, and relieving pain. Assessment includes such things as the nature, severity, location, and radiation of the pain. Eliminating the cause is preferable to simply treating the symptoms of pain. A history often provides information about triggering factors and the site of nociceptive stimuli. A pain history should include:

- Pain onset
- Description, localization, radiation, intensity, quality, and pattern of the pain
- Anything that relieves or exacerbates the pain
- The person's personal reaction to the pain

Various methods have been developed to quantify pain based on the person's report, including numeric pain intensity, visual analog, and verbal descriptor scales. Most pain questionnaires assess a single aspect of pain such as pain intensity. A **numeric pain intensity** scale asks people to select which number best represents the intensity of their pain, where 0 represents no pain and 10 represents the most intense pain imaginable. A **visual analog** scale is a straight line, often 10 cm in length, with a word description (e.g., "no pain" and "the most intense pain imaginable") at each of the ends of the line representing the continuum of pain intensity. The response can be quantified by measuring the line to determine the distance of the mark, measured in millimeters, from the "no pain" end of the line. **Verbal descriptor** scales consist of several numerically ranked choices of words such as none = 0, slight = 1, mild = 2, moderate = 3, and severe = 4. The word chosen is used to determine the numeric representation of pain severity on an ordinal scale.

Management of Pain

The therapeutic approaches to managing acute and chronic pain differ markedly. In acute pain, therapy is directed at providing pain relief by interrupting the nociceptive stimulus. Because the pain resolves as the injured tissues heal, long-term therapy usually is not needed. Chronic pain management is more complex and is based on multiple considerations, including life expectancy.

Managing Acute Pain

Acute pain should be proactively managed, with pain medication provided before pain perception becomes severe. This allows the person to be comfortable and to assume a greater role in directing their own care. Opioid medications mimic the endogenous opioid system within the body and can therefore be very effective at reducing acute pain. However, opioid medications can disrupt the body's normal chemical processes and produce a physiologic dependence. Usually, less medication is needed when the drug is given before the pain becomes severe and the pain pathways become sensitized. Because of the significant risks of developing physiologic dependence, a weaning strategy should be used whenever opioid medications are administered. Additionally, the use of nonopioid medications and nonpharmacologic interventions should be considered to minimize opioid administration.

Managing Chronic Pain

Management of chronic pain requires early attempts to prevent pain and adequate therapy for acute bouts of pain. Specific treatment depends on the cause of the pain, the natural history of the underlying health problem, and the life expectancy of the person. If the illness causing the pain cannot be cured, then noncurative methods of pain control become the cornerstone of treatment. Treatment methods can include neural blockade, electrical modalities (e.g., transcutaneous electrical nerve stimulation [TENS]), physical therapy, cognitive–behavioral interventions, and nonnarcotic and narcotic medications. Nonnarcotic medications such as TCAs, antiepileptic medications, and NSAIDs serve as useful adjuncts to opioids for the treatment of chronic pain. Chronic pain is best handled by a multidisciplinary team that includes specialists in areas such as anesthesiology, nursing, physical therapy, social services, and surgery. Cancer is a common cause of chronic pain, and the World Health Organization has created an analgesic ladder for cancer pain that assists clinicians in choosing the appropriate analgesic (Fallon et al., 2022).

Nonpharmacologic Pain Management

There are a number of nonpharmacologic methods of pain control that are often used with analgesics, including cognitive–behavioral interventions, physical agents, and electroanalgesia. Often these methods are used in addition to analgesics rather than as the only form of pain management.

Cognitive–Behavioral Interventions

Cognitive–behavioral interventions include relaxation, distraction, cognitive reappraisal, imagery, meditation, and biofeedback. If the person is having surgery or a painful procedure, it is ideal to teach these techniques before the pain begins. If the person is already in severe pain, the use of cognitive–behavioral interventions should be based on the person's ability to master the technique as well as his or her response to the intervention (Yang et al., 2022). Prescribed analgesics should not be denied to people because they appear to be coping with their pain without medication; however, prescribed analgesics should always be used with caution (particularly opioid analgesics). Appropriate assessment is needed to determine the level of pain and what other interventions may be needed.

Relaxation is one of the best-evaluated cognitive–behavioral approaches to pain relief. Relatively simple strategies, such as slow, rhythmic breathing and brief jaw relaxation procedures, have been successful in decreasing self-reported pain and analgesic use.

Distraction (i.e., focusing attention on stimuli other than painful stimuli or negative emotions) does not eliminate pain, but can make it more tolerable. It may serve as sensory shielding whereby attention to pain is sacrificed to pay attention to other stimuli. Examples include counting, repeating poems, and engaging in activities that require concentration. **Cognitive reappraisal** is a form of self-distraction or cognitive control in which people focus their attention on the positive aspects of the experience and away from their pain. Individuals using distraction may not appear to be in severe pain.

Imagery consists of using one's imagination to develop a mental picture. In pain management, therapeutic guided imagery (i.e., goal-directed imaging) is used. It can be used alone or in conjunction with other cognitive–behavioral interventions to develop sensory images that may decrease the perceived intensity of pain. Therapeutic guided imagery can also be used to lessen anxiety and reduce muscle tension. Also, **meditation** can be used but requires practice.

Biofeedback provides feedback to a person about the status of a body function (e.g., temperature, temporal artery pulsation, blood pressure, or muscle tension). It involves a process of learning designed to make the person aware of certain functions in order to modify them at a conscious level. Interest in biofeedback increased with the possibility of use modality in the management of migraine and tension headaches or for other pain that has a muscle tension component.

Physical Agents

Heat and cold are physical agents that are used to provide pain relief. The choice of physical agent depends on the type of pain being treated and, in many cases, personal preference. Heat dilates blood vessels and increases local blood flow. It can also influence transmission of pain impulses and increase collagen extensibility. Increased circulation can reduce the level of nociceptive stimulation by reducing local ischemia caused by muscle spasm or tension, increase removal of metabolites and inflammatory mediators that act as nociceptive stimuli, and help reduce swelling and relieve pressure on local nociceptive endings. The heat sensation is carried to the posterior horn of the spinal cord and may exert its effect by modulating pain transmission. It may also trigger the release of endogenous opioids. Heat also alters the viscosity of collagen fibers in ligaments, tendons, and joint structures so that they are more easily extended and can be stretched further before the nociceptive endings are stimulated. Thus, heat often is applied before therapy aimed at stretching joint structures and increasing range of motion. When excessive heat is used, the heat itself becomes a noxious stimulus, which results in actual or impending tissue damage and pain. In certain conditions, the use of heat is controversial, and in conditions where increased blood flow or metabolism would be detrimental, the use of heat is contraindicated.

Like heat, the application of cold may produce a dramatic reduction in pain. Cold exerts its effect through circulatory and neural mechanisms. The initial response to local application of cold is local vasoconstriction, followed by alternating periods of vasodilation and vasoconstriction during which the body determines a normal level of blood flow to prevent local tissue damage. Vasoconstriction is caused by local stimulation of sympathetic fibers and direct cooling of blood vessels, and **hyperemia** by local autoregulatory mechanisms. In acute injury, cold is used to produce vasoconstriction and prevent extravasation of blood into the tissues. Pain relief results from decreased swelling and decreased stimulation of nociceptive endings. The vasodilation that follows can be useful in removing substances that stimulate nociceptive endings.

Cold also can have a dramatic effect on pain that results from the spasm-induced accumulation of metabolites in muscle. Cold may reduce afferent activity reaching the posterior horn of the spinal cord by modulating sensory input. Cold is a noxious stimulus and may influence the release of endogenous opioids from the PAG. Cold packs should be flexible to conform to body parts easily, adequately wrapped to protect the skin, and applied for 15 to 20 minutes at a time.

Stimulus-Induced Analgesia

Stimulus-induced analgesia is one of the oldest known methods of pain relief. Electrical stimulation methods of pain relief include TENS, electrical acupuncture, and neurostimulation. TENS is the transmission of electrical energy across the surface of the skin to peripheral nerve fibers. TENS units are convenient, easily transported, and relatively economical to use.

The system usually consists of three parts: a pair of electrodes, lead wires, and a stimulator. The electrical stimulation is delivered in a pulsed waveform that can vary in amplitude, width, and rate. An understanding of physiologic pathways and pain mechanisms determines electrode placement. They may be placed on either side of a painful area, over an affected dermatome, over an affected peripheral nerve where it is most superficial, or over a nerve trunk (electrodes commonly are placed medial and lateral to the incision when treating postoperative pain).

There probably is no single explanation for the physiologic effects of TENS. TENS has the advantage that it is noninvasive, easily regulated by the person or health professional, and effective in some forms of acute and chronic pain. Its use can be taught before surgery, possibly reducing postoperative analgesic medication and preventing development of persistent pain.

Acupuncture

Acupuncture involves introducing needles into specific points on the surface of the body to relieve pain. Palpation is also sometimes used. Acupuncture is widely available in pain clinics despite the lack of large, high-quality, randomized studies on the effects of acupuncture.

Neurostimulation

Neurostimulation delivers low-voltage electrical stimulation to the spinal cord or targeted peripheral nerve to block the sensation of pain. Melzack and Wall (gate control theory) proposed that neurostimulation activates the body's pain-inhibiting system. For a totally implantable system, the power source (battery) and lead(s) are surgically implanted.

Pharmacologic Treatment

An analgesic drug acts on the nervous system to decrease or eliminate pain without inducing loss of consciousness. Analgesic drugs do not cure the underlying cause, but appropriate use may prevent acute pain from progressing to chronic pain. Analgesic drugs enable a person to achieve mobility after surgery, when exercises such as coughing and deep breathing may be required.

The ideal analgesic would be effective, would not cause either physiologic dependence or addictive behaviors, and would be inexpensive, produce minimal adverse effects and not affect the person's level of consciousness. Although long-term treatment with opioids can result in opioid tolerance and physical dependence, this should not be confused with addiction. The unique needs and circumstances presented by each person in pain must be addressed to achieve satisfactory pain management. The use of analgesics is only one aspect of a comprehensive pain management program for acute pain, and even more so with chronic pain.

Nonnarcotic Analgesics

Nonnarcotic oral analgesic medications include aspirin, other NSAIDs, and acetaminophen. Aspirin (acetylsalicylic acid) blocks transmission of pain impulses. It has antipyretic and anti-inflammatory properties. Aspirin and other NSAIDs inhibit the action of cyclooxygenase (COX) enzymes, which mediate biosynthesis of prostaglandins. NSAIDs also decrease the sensitivity of blood vessels to bradykinin and histamine, affect cytokine production by T lymphocytes, reverse vasodilation, and decrease the release of inflammatory mediators from granulocytes, mast cells, and basophils (DeVitis et al., 2022).

Acetaminophen is an alternative to NSAIDs. Although usually considered equivalent to aspirin as an analgesic and antipyretic agent, it lacks anti-inflammatory properties.

Opioid Analgesics

The term opioid, or narcotic, is used to refer to a group of medications, natural or synthetic, which have morphine-like actions (Reeves et al., 2022). The older term opiate was used to designate drugs derived from opium—morphine, codeine, and other semisynthetic congeners of morphine. Opioids are used for relief of short-term pain and for long-term use in conditions such as cancer pain. There is strong evidence that opioids given routinely before the pain starts or becomes extreme are far more effective than those administered in a sporadic manner. People treated in this manner seem to require fewer doses and are able to resume regular activities sooner.

Opioid analgesics are characterized by their interaction with opioid receptors, which modulate both the therapeutic effect of analgesia and the adverse side effects of respiratory depression, miosis, reduced gastrointestinal motility (causing constipation), feelings of well-being or euphoria, and physical dependence (Reeves et al., 2022). Mu receptors are found at presynaptic and postsynaptic sites in the spinal dorsal horn and in the ascending pathways of the brainstem, thalamus, and cortex as well as in the descending inhibitory system that modulates pain at the spinal cord. Their spinal location has been used clinically by injection, infusion, or by an implantable intrathecal device (pump), which provides regional anesthesia while minimizing the adverse side effects that occur with systemically administered drugs. Mu receptors are also found in peripheral sensory neurons after inflammation, which supports the clinical use of locally applied opioids (e.g., intraarticular instillation of opioids after knee surgery).

Adjuvant Analgesics

Adjuvant analgesics are medications not primarily developed for pain relief but that are effective in managing certain pain conditions, especially neuropathic and chronic pain. These include TCAs, anticonvulsants, and anxiolytic or neuroleptic agents (Birkinshaw et al., 2023). Research has shown that the body's pain modulation system includes both endorphin-sensitive and nonopioid pathways, supporting the use of centrally acting, nonopioid medications for pain relief (Marcianò et al., 2023).

Serotonin plays an important role in descending pain inhibition, and medications that increase serotonin availability can reduce pain perception. For example, TCAs such as amitriptyline work by inhibiting the reuptake of serotonin and norepinephrine and have proven effective in conditions like postherpetic neuralgia and fibromyalgia.

Certain antiepileptic drugs, including carbamazepine and gabapentin, reduce pain by suppressing spontaneous neuronal firing. These agents are particularly helpful in treating neuropathic pain syndromes such as diabetic neuropathy, trigeminal neuralgia, and complex regional pain syndrome (Birkinshaw et al., 2023). Additionally, corticosteroids may be used as adjuncts in pain management to reduce inflammation and decrease nociceptive input, especially in cases of tissue injury or nerve compression.

Surgical Intervention

If surgery removes the problem causing the pain, it can be curative. Surgery can also be used for symptom management. Surgery for severe, intractable pain of peripheral or central origin has met with some success. Surgery can remove the cause or block the transmission of intractable pain from phantom limb pain, severe neuralgia, inoperable cancer of certain types, and causalgia.

SUMMARY CONCEPTS

Pain is a complex phenomenon that is a symptom common to many illnesses. Pain is a highly individualized experience that is influenced by many factors, and it is difficult to measure. Scientifically, pain is viewed within the context of nociception. Nociceptors are receptive nerve endings that respond to noxious stimuli (mechanical, thermal, and chemical). Nociceptive neurons transmit impulses to dorsal horn neurons using chemical neurotransmitters. The neospinothalamic and paleospinothalamic pathways are used to transmit pain information to the brain. Several neuroanatomic pathways and endogenous opioid peptides modulate pain in the CNS.

Pain can be classified according to duration, location, and referral, as well as associated medical diagnoses. Acute pain is self-limiting and ends when the injured tissue heals, whereas chronic pain lasts much longer than the healing time for the underlying cause. Pain can arise from cutaneous, deep somatic, or visceral locations. Referred pain is perceived at a site different from its origin. Pain threshold, pain tolerance, and other factors affect a person's reaction to pain.

Treatment modalities for pain include the use of physiologic, cognitive, and behavioral measures; heat and cold; stimulation-induced analgesic methods; and pharmacologic agents. Even with chronic pain, the most effective approach is early treatment or prevention. Success in pain assessment and management is achieved with an interdisciplinary approach.

Alterations in Pain Sensitivity and Special Types of Pain

Alterations in Pain Sensitivity

Pain perception varies across individuals and body regions and can change with tissue injury or nerve dysfunction.

Mild irritation, hypoxia, or compression of a peripheral nerve can increase excitability of nociceptors or sensory neurons, producing increased sensitivity to sensation (hyperesthesia) or increased pain response (hyperalgesia). **Primary hyperalgesia** occurs at the site of tissue injury, whereas **secondary hyperalgesia** develops in surrounding, uninjured tissue and is often linked to peripheral sensitization and central amplification (including windup) (Melvin et al., 2025).

Altered pain processing may also cause abnormal sensations. **Paresthesias** are unpleasant or unusual sensations (e.g., tingling) that can occur spontaneously, often with nerve irritation. **Dysesthesia** refers to distorted, typically unpleasant somatic sensation that commonly accompanies partial sensory loss. **Hyperpathia** describes a pattern in which the pain threshold is raised, but once pain is triggered, repeated stimulation produces an exaggerated, prolonged, and often radiating response, frequently associated with peripheral nerve pathology.

In contrast, severe neurologic or tissue injury can reduce sensory function, causing diminished or absent sensation (e.g., **hypoesthesia/anesthesia** for touch, **hypoalgesia/analgesia** for pain). Rare congenital disorders may involve absent pain perception despite otherwise intact neural transmission or, alternatively, impaired transmission of nociceptive impulses. Loss of pain perception increases risk of unrecognized injury because pain no longer serves its protective role (Rodríguez-Blanque et al., 2024).

Allodynia is pain produced by a normally nonpainful stimulus. It may reflect increased responsiveness within the spinal cord (**central sensitization**) and/or reduced nociceptor activation thresholds (**peripheral sensitization**). Some individuals develop trigger points—localized areas where light stimulation produces disproportionate pain. **Myofascial trigger points** are tender foci within muscle that can refer pain to distant sites and contribute to chronic regional pain syndromes.

Table 12-6 summarizes common alterations in pain sensitivity and key distinguishing features.

TABLE 12-6 Common Alterations in Pain Sensitivity

Alteration	Definition/Key Feature	Typical Mechanism(s)	Clinical Significance
Hyperalgesia	Increased pain response to a normally painful stimulus	Peripheral sensitization (decreased nociceptor threshold); central sensitization; windup	Common at sites of tissue injury or inflammation
Primary hyperalgesia	Heightened pain sensitivity at the site of tissue damage	Local inflammatory mediators increase nociceptor excitability	Protective initially; may become maladaptive if prolonged
Secondary hyperalgesia	Pain sensitivity in surrounding, uninjured tissue	Central amplification within the spinal cord and brain	Suggests central sensitization
Hyperesthesia	Increased sensitivity to sensory stimulation (may or may not be painful)	Heightened excitability of sensory pathways	Often accompanies nerve irritation
Allodynia	Pain produced by a normally nonpainful stimulus (e.g., light touch)	Central sensitization and/or peripheral sensitization	Hallmark of neuropathic and chronic pain states
Hyperpathia	Elevated pain threshold with exaggerated, prolonged pain once triggered	Peripheral nerve pathology; abnormal central processing	Pain often explosive and radiating
Paresthesia	Abnormal sensation (e.g., tingling, "pins and needles") without stimulus	Spontaneous activity in sensory neurons	Common with nerve compression or irritation
Dysesthesia	Distorted, typically unpleasant sensory perception	Partial sensory loss with abnormal neural signaling	Often coexists with paresthesia
Hypoalgesia	Reduced sensitivity to painful stimuli	Damage to nociceptors or ascending pathways	Increases risk of unrecognized injury
Analgesia	Absence of pain perception	Failure of pain transmission or perception	Eliminates protective pain responses
Congenital indifference to pain	Pain signals transmitted but not consciously perceived	Central processing abnormality	High risk of repeated injury
Congenital insensitivity to pain	Pain signals not transmitted	Peripheral nerve defect	Severe injury risk beginning in childhood

(Lima Pessôa et al., 2024; Yoo, & Kim, 2024).

Special Types of Pain

Neuropathic Pain

Neuropathic pain arises from disease or injury affecting the somatosensory nervous system rather than from tissue damage alone. It is often suggested by pain that is disproportionate to findings, pain accompanied by sensory loss, or characteristic qualities such as burning, shooting, electric, or stabbing pain; symptoms may be persistent or intermittent and may include allodynia.

Neuropathic pain may be focal (e.g., entrapment, compression, neuralgia) or diffuse, as seen in metabolic or toxic neuropathies. It may also persist beyond expected tissue healing due to ongoing peripheral nerve dysfunction and maladaptive neural plasticity.

Treatment is directed toward addressing the underlying cause when possible and controlling the symptom. Management often requires stepwise trials and combinations of therapies, commonly using adjuvant analgesics (e.g., selected antidepressants and antiseizure medications), topical/local anesthetics, and nonpharmacologic interventions. Opioids may be used selectively in carefully monitored situations, balancing benefit with adverse effects and risk (Ahmadi et al., 2024).

Neuralgia

Neuralgia is characterized by severe, brief, often repetitive attacks of pain along the distribution of a spinal or CN and is frequently triggered by stimulation of the affected sensory territory. **Trigeminal neuralgia** (tic douloureux) is a common, severe neuralgia marked by sudden, stabbing facial pain in one or more branches of CN V, typically without sensory loss. It is often associated with focal demyelination affecting the trigeminal root or ganglion region (Ashina et al., 2024). **Postherpetic neuralgia** is chronic pain following herpes zoster (shingles), caused by reactivation of latent varicella-zoster virus in dorsal root ganglia. Risk increases with age and impaired cellular immunity (Tang et al., 2023). Pain may be constant (burning/aching), intermittent (shooting/stabbing), or stimulus-evoked (allodynia). Early antiviral therapy during acute shingles may reduce severity; subsequent management may include topical local anesthetics and adjuvant analgesics. First-line therapy commonly includes carbamazepine, with procedural or surgical options considered when medical therapy fails.

Phantom Limb Pain

Phantom limb pain is pain perceived in an amputated limb, ranging from tingling or squeezing to burning, cramping, or shooting pain. Symptoms may resolve or persist for years, reflecting contributions from peripheral nerve changes, spinal cord processing, and central mechanisms. Treatment is often multimodal and may include neuromodulation approaches and behavioral strategies (Schone et al., 2022).

> **SUMMARY CONCEPTS**
>
> Pain may occur without an adequate stimulus, may be exaggerated, or may be diminished or absent despite a painful stimulus. Common alterations include hyperalgesia, allodynia, hyperpathia, paresthesia/dysesthesia, and reduced sensation such as hypoalgesia or analgesia. Neuropathic pain results from disease or injury of the somatosensory nervous system and is often burning, shooting, or electric in quality, and may coexist with sensory deficits. Neuralgia produces brief, severe attacks of pain along a nerve distribution; examples include trigeminal neuralgia and postherpetic neuralgia. Phantom limb pain may follow amputation and reflects combined peripheral and central mechanisms.

Headache and Associated Pain

Headache is among the most common neurologic complaints, accounting for more than 18 million health care visits annually in the United States (Cohen et al., 2024). Although head and facial pain have distinguishing features, they share many mechanisms with other pain disorders.

Headaches are broadly classified as primary or secondary. **Primary headache disorders**, such as migraine, tension-type headache, cluster headache, and chronic daily headache (CDH), occur in the absence of identifiable structural disease. **Secondary headaches** result from underlying pathologic conditions, including meningitis, intracranial hemorrhage, tumors, vascular abnormalities, infection, or head trauma (Wang et al., 2023; Wijeratne et al., 2023).

Certain features raise concern for secondary headache and warrant prompt evaluation. These include sudden onset of severe headache, progressive worsening, headaches associated with neurologic deficits, or new-onset headache in individuals over 50 years of age or those with immunosuppression, malignancy, or pregnancy (Yang et al., 2024). Headaches that disrupt sleep or are precipitated by exertion also require further investigation. Table 12-6 summarizes distinguishing features of common primary headache disorders and red flags suggestive of secondary causes.

The diagnosis of headache disorders is based primarily on a thorough history and physical examination, with the goal of excluding secondary causes. Important historical factors include headache onset, frequency, duration, triggers (e.g., foods, alcohol, missed meals, medications, hormonal changes), associated symptoms, and response to treatment. A headache diary may be useful in identifying precipitating factors and patterns.

The International Headache Society developed the International Classification of Headache Disorders, 3rd edition (ICHD-3), to standardize diagnosis. This system categorizes headache disorders into (1) primary headaches, (2) secondary headaches, and (3) painful cranial neuropathies and other facial pains (Olesen, 2024).

Migraine Headache

Migraine is a common primary headache disorder with a strong familial tendency and a complex neurobiologic basis. It is now understood primarily as a disorder of abnormal sensory processing rather than a purely vascular phenomenon.

Activation of the trigeminovascular system plays a central role. Stimulation of trigeminal sensory fibers leads to release of neuropeptides, producing neurogenic inflammation and meningeal vasodilation. Premonitory symptoms such as fatigue, mood changes, and food cravings often precede headache onset, supporting a CNS origin. Hormonal fluctuations, particularly changes in estrogen levels, influence migraine expression in many individuals.

According to ICHD-3 criteria, migraine is classified as with or without aura. Aura consists of transient, fully reversible neurologic symptoms, most commonly visual, that typically precede headache onset (Olesen, 2024).

Cluster Headache

Cluster headache is an uncommon but severe primary headache disorder characterized by recurrent, stereotyped attacks separated by headache-free intervals. Attacks tend to occur in clusters over weeks or months and show a strong circadian and seasonal pattern. The pathophysiology involves activation of the trigeminovascular system and cranial parasympathetic reflexes, with hypothalamic dysfunction implicated in the timing and periodicity of attacks. Pain is typically unilateral and accompanied by prominent ipsilateral autonomic symptoms.

Tension-Type Headache

Tension-type headache is the most prevalent primary headache disorder and is usually mild to moderate in intensity. It is often associated with sustained muscle tension, stress, or anxiety and may coexist with or evolve from migraine. Unlike migraine, tension-type headache lacks prominent neurologic or autonomic features and is not worsened by routine physical activity. The mechanisms are multifactorial and may include peripheral muscle factors and central pain sensitization.

Chronic Daily Headache

The term **chronic daily headache (CDH)** describes headache disorders that occur on 15 or more days per month for at least 3 months. It encompasses several distinct entities, including chronic migraine, chronic tension-type headache, medication-overuse headache, and new daily persistent headache (Peng & Rozen, 2023). CDH often represents progression from episodic headache disorders and may be perpetuated by medication overuse, central sensitization, or altered pain modulation. Clinical presentation varies by subtype and frequently includes significant functional impairment and comorbid mood or sleep disorders.

Temporomandibular Joint Pain

Temporomandibular joint (TMJ) dysfunction is a common cause of head and facial pain and an important secondary contributor to chronic headache. It results from abnormal joint mechanics related to malocclusion, bruxism, or joint pathology. Pain is often referred and aggravated by jaw movement, chewing, or clenching. Management focuses on pain relief and correction of contributing mechanical factors. Key distinguishing clinical features, pathophysiologic mechanisms, and treatment approaches for common headache disorders are summarized in Table 12-7.

SUMMARY CONCEPTS

Head pain is a common disorder that is caused by several conditions. Some headaches represent primary disorders and others occur secondary to another disease state. Primary headache disorders include migraine headache, tension-type headache, cluster headache, and CDH. Although most causes of secondary headache are benign, some are indications of serious disorders such as meningitis, brain tumor, or cerebral aneurysm. TMJ syndrome is a major cause of headaches. It is usually caused by an imbalance in joint movement because of poor bite, teeth grinding, or joint problems such as inflammation, trauma, and degenerative changes.

Pain in Children and Older Adults

Pain is frequently underrecognized and undertreated in both children and older adults. Common obstacles to adequate pain management include concerns of analgesia on respiratory status and opioid addiction. Additional concerns for these populations include difficulty assessing the location and intensity of pain in cognitively immature or cognitively impaired individuals.

Pain in Children

Responsiveness to painful stimuli begins in the neonatal period. Pain pathways, cortical and subcortical centers, and neurochemical responses associated with pain transmission are functional by the last trimester of pregnancy. Neonates perceive pain as demonstrated by their integrated physiologic response to nociceptive stimuli. Dorsal horn neurons in neonates have a wider receptive field and lower excitatory threshold than those in older children (Kaplan et al., 2023).

Pain response evolves with the maturation of cognitive and developmental processes. Children feel pain,

TABLE 12-7 Primary Headache Disorders and Temporomandibular Joint-Related Head Pain

Headache Type	Typical Features	Key Pathophysiology	Distinguishing Clinical Clues	General Management Approach
Migraine Headache	Recurrent, unilateral or bilateral throbbing pain; moderate to severe; often accompanied by nausea, vomiting, photophobia, and phonophobia; may occur with or without aura	Abnormal sensory processing with activation of the trigeminovascular system; neuropeptide release causing neurogenic inflammation; central sensitization	Aura (visual, sensory, or speech) may precede pain; worsened by activity; family history common; hormonal influence in many patients	Acute: NSAIDs, triptans, antiemetics; Preventive: beta blockers, antiepileptics, antidepressants; lifestyle and trigger management
Cluster Headache	Severe, unilateral periorbital or temporal pain; rapid onset; lasts 15–180 minutes; occurs in clusters with remission periods	Trigeminovascular activation with hypothalamic dysfunction affecting circadian rhythm; parasympathetic overactivity	Ipsilateral autonomic symptoms (lacrimation, nasal congestion, ptosis, miosis); restlessness during attacks; strong male predominance	Acute: high-flow oxygen, triptans; Preventive: verapamil, corticosteroids, lithium
Tension-Type Headache	Dull, aching, bilateral "pressure" or tightness; mild to moderate intensity; not worsened by activity	Likely multifactorial: sustained muscle tension, stress, anxiety, and central pain sensitization	No nausea or focal neurologic symptoms; "hatband" distribution; often stress-related	Nonpharmacologic therapies (stress reduction, physical therapy, biofeedback); NSAIDs or acetaminophen
Chronic Daily Headache (CDH)	Headache ≥15 days/ month for ≥3 months; may resemble migraine or tension-type headache	Central sensitization, medication overuse, progression from episodic headache disorders	Often mixed features; associated with sleep disturbance, anxiety, depression; medication overuse common	Discontinue overused medications; preventive pharmacologic therapy; behavioral interventions
Temporomandibular Joint (TMJ)–Related Head Pain	Facial pain, headache, ear or neck pain; worsened by jaw movement or chewing	Abnormal joint mechanics, muscle spasm, inflammation, or bruxism	Jaw tenderness, clicking, or limited motion; pain reproduced with jaw movement	NSAIDs, muscle relaxants, dental correction, physical therapy

(Olesen, 2024).

accurately report pain, and remember pain. This is evidenced in children with cancer, whose distress during painful procedures increases over time without intervention, and in neonates who demonstrate withdrawal responses to a heel stick after repeated episodes.

Pain Assessment

Ongoing assessment of the presence of pain and response to treatment is essential. After children have learned to communicate through language, self-report is usually the most reliable estimate of pain. However, pain assessment in preverbal children should be assessed by evaluating ANS-mediated physiologic responses and behavioral cues, such as crying and grimacing. With children 8 years or older, numeric scales and word graphic scales can be used. With children 3 to 8 years of age, scales with faces of children or cartoon faces can be used to obtain a report of pain. Another supplementary strategy for assessing a child's pain is to use a body outline and ask the child to indicate where the pain is located. Care must be taken in assessing children's reports of pain, as they may be influenced by factors including age, anxiety and fear levels, and parental presence. Some physiologic measures, such as heart rate, are convenient to measure and respond rapidly to brief nociceptive stimuli, but they are nonspecific (Trottier et al., 2022). Relying on indicators of sympathetic nervous system activity and behaviors can also be problematic because they can be caused by things other than pain and they do not always accompany pain, particularly chronic pain.

Pain Management

Pain management in children falls into two categories: pharmacologic and nonpharmacologic. Pharmacologic interventions include many of the analgesics used in adults, which, if carefully administered and monitored, can be used safely and effectively in children and adolescents. It is critical to determine that the medication has been approved for use with children and that it is dosed according to weight and physiologic development (Trottier et al., 2022). Age-related differences in physiologic functioning affect drug action. Neonates and infants have decreased levels of the hepatic enzymes needed for metabolism of many analgesics. These hepatic enzymes increase to adult levels in the first few months of life. The renal excretion of drugs depends on renal blood flow, glomerular filtration rate, and tubular secretion, all of which are decreased in neonates, particularly premature neonates.

The guiding principle in pediatric pain management is to individualize treatment based on the child's pain intensity and underlying cause. The goal is to provide effective pain relief while minimizing opioid use and sedation. Scheduled dosing is often preferred over "as-needed" administration to maintain consistent drug levels and prevent pain recurrence (Trottier et al., 2022). However, because most analgesics are formulated for adults, accurate dose calculations and careful dilution are critical to avoid medication errors. Opioid medications should be used with caution, and a careful weaning schedule followed. Topical analgesics should be considered for some painful procedures. Nonnutritive sucking of a glucose solution has also been demonstrated to be an effective strategy for managing mild procedural pain in neonates (such as blood draws through heel sticks), particularly when used in combination with other nonpharmacologic interventions (Roué, 2024).

Nonpharmacologic techniques play a vital role in pediatric pain management by reducing both pain intensity and the need for medications. They can also help reduce anxiety and promote a sense of control. Developmentally appropriate methods include distraction (e.g., heat or cold application), imagery, positive self-talk, play therapy, modeling, and rehearsal. Ideally, these strategies should be taught in advance of painful procedures, when the child is calm, to increase effectiveness (Trottier et al., 2022). Engaging parents in the process further enhances success.

Pain in Older Adults

The prevalence of pain in the general population increases with age, perhaps related in part to the accumulation of various "wear and tear" injuries, such as osteoarthritis or residual tissue damage from previous injuries or illnesses. Some age-related differences may also be due to differences in willingness to report pain. Similar to the assessment of pain in younger patients, it is important for the provider to ask specific questions of older adults regarding their pain in order to elicit the correct information to best manage the pain (Dunford et al., 2022).

Pain Assessment

When possible, a person's report of pain is the gold standard, but behavioral signs of pain should also be considered. Accurately diagnosing pain in an individual with many health problems or a decline in cognitive function can be challenging. The Pain Assessment in Advanced Dementia (PAINAD) scale is among the most widely used and recommended tools for assessing pain in individuals with advanced dementia. PAINAD evaluates five behavioral indicators: breathing, negative vocalization, facial expression, body language, and consolability (Dunford et al., 2022).

Pain Management

When prescribing pain management in older patients, the cause of pain, concurrent therapies, the person's health (including renal and hepatic function, to assess for potential drug clearance problems), and mental status must all be considered. Risk of adverse medication events is higher in older populations, and nonpharmacologic options are usually less costly and cause fewer side effects.

Relaxation techniques, massage, and biofeedback may be useful nonpharmacologic interventions. Physical therapy and occupational therapy, including the use of braces or splints, changes in biomechanics, and exercise, have been shown to promote pain relief.

Although efficacy is important, cost and safety must also be considered. Safety issues that must be considered among older adults include changes in drug metabolism, disease comorbidity, and polypharmacy. Older adults may have physiologic changes that affect the pharmacokinetics of medications prescribed, including decreased blood flow to organs, delayed gastric motility, reduced kidney function, and decreased albumin related to poor nutrition (Konstandi & Johnson, 2023). Adding analgesics to a complex medication regimen is even more likely to cause drug interactions and complicate adherence in older adults. However, this should not preclude the appropriate use of analgesic drugs to achieve pain relief. Nonopioids are generally the first line of therapy for mild to moderate pain, and acetaminophen is usually the first choice because it is relatively safe for older adults. Opioids may be used for more severe pain and for palliative care (Dagnino & Campos, 2022). Adjuvant analgesics may also be effectively used for treatment of pain in older adults. An assessment tool to evaluate the level of pain and effectiveness of treatment is essential, along with monitoring for side effects.

SUMMARY CONCEPTS

Children experience and remember pain, with young verbal children able to accurately and reliably report pain. Recognition of this has changed the clinical practice of health professionals involved in the assessment of children's pain. Pharmacologic and nonpharmacologic pain management interventions have been shown to be effective in children. Nonpharmacologic techniques must be based on the developmental level of the child and are taught to both children and parents. For nonverbal children, physiologic and behavioral responses associated with pain must be assessed.

Pain is a common symptom in older adults. Assessment, diagnosis, and treatment of pain in older adults can be complicated. Older adults may be reluctant or cognitively unable to report their pain. Diagnosis and treatment can be complicated by comorbidities and age-related changes in cognitive and physiologic function.

Body Temperature Regulation

Most biochemical processes in the body are affected by changes in temperature. Metabolic processes speed up or slow down depending on whether the body temperature is rising or falling. **Core body temperature** is normally maintained within a range of 36.0°C to 37.5°C (97.0°F to 99.5°F) (Yousef et al., 2023). Within this range, there are individual differences. For example, core temperature increases approximately 0.5°C to 1.0°C during

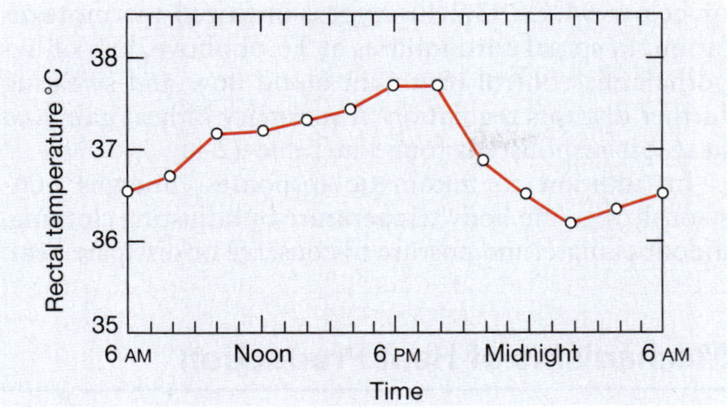

FIGURE 12-29. Normal diurnal variations in body temperature.

the postovulation phase of the menstrual cycle. There are diurnal variations: internal core temperatures reach their highest point between 3:00 and 6:00 p.m. and their lowest point between 3:00 and 6:00 a.m. (Fig. 12-29) (Munnilari et al., 2023).

Body temperature reflects the difference between heat production and heat loss and varies with exercise and environmental temperature. Exercise can increase metabolic heat production by 10-fold, and thermoregulatory responses such as sweating prevent body temperature from rising dangerously high (Yousef et al., 2023). Shivering increases metabolic heat production and can offset the increased heat loss resulting from cold ambient conditions. Properly protected and hydrated, the body can function in environmental conditions from −50°C (−58°F) to +50°C (122°F). The failure to adequately manage heat production and/or loss results in devastating consequences. Ice crystals can form in tissues exposed to very cold and damp ambient temperatures, and, at the other extreme, very high temperatures (+45°C [113°F]) cause proteins to coagulate and/or aggregate. As will be discussed later in this chapter, much smaller, systemic changes in body temperature can be equally devastating, leading to tissue damage, organ failure, coma, and even death.

KEY POINTS

Thermoregulation

- Core body temperature is a reflection of the balance between heat gain and heat loss by the body. Metabolic processes produce heat, which must be dissipated.
- The hypothalamus is the thermal control center for the body; it receives information from peripheral and central thermoreceptors and compares that information with its set point.
- An increase in core temperature results from vasoconstriction and shivering, and a decrease in temperature results from vasodilation and sweating.

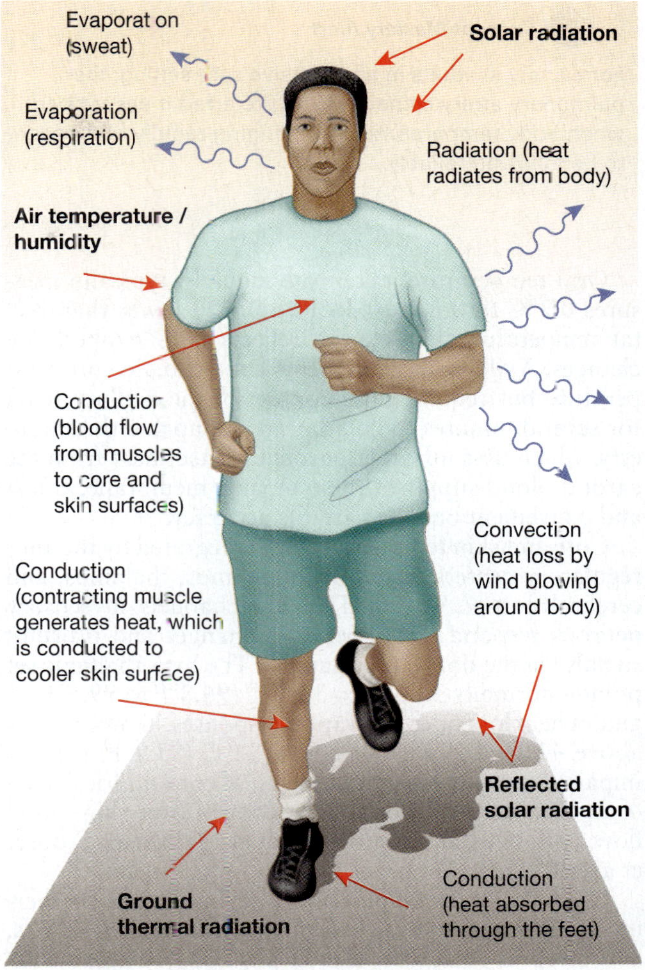

FIGURE 12-30. Heat gain and loss. Heat produced within working muscles is transferred to the body's core and skin. During exercise, body heat is dissipated into the surrounding environment by radiation, conduction, convection, and evaporation. Straight lines represent heat gain, and wavy lines indicate heat loss. (From Anderson, M. K. [2016]. *Foundations of athletic training*. Wolters Kluwer.)

Most of the body's heat is produced by the deeper core tissues, which are insulated from the environment and protected against heat loss by an outer shell of subcutaneous tissues and skin (Fig. 12-30). In a warm environment, blood flow is increased, allowing for greater dissipation of heat. In a cold environment, the vessels supplying blood flow to the skin and underlying tissues constrict, which helps to minimize the loss of core heat. The subcutaneous fat layer contributes to the insulation value of the outer shell because of its thickness and because it conducts heat only about one third as effectively as other tissues (Rahman & Jun, 2022).

Temperatures differ in various parts of the body. The rectal temperature is a measure of core temperature and is considered the most accurate parameter. Rectal temperatures usually range from 37.3°C (99.1°F) to 37.6°C (99.6°F). Core temperatures may also be obtained from the esophagus using a flexible thermometer or from a pulmonary artery catheter. Pulmonary artery and esophageal temperatures closely reflect the temperatures of the heart and thoracic organs.

Concept Mastery Alert

For acutely ill adults in an intensive care setting, the pulmonary artery catheter is the preferred measurement when body temperatures are changing rapidly and need to be followed reliably.

Oral temperature, taken sublingually, typically measures 0.2°C to 0.5°C (0.36°F to 0.9°F) lower than rectal temperature but closely reflects core temperature changes. Axillary measurements can estimate core temperature but require close contact of the axillary fossa for several minutes to be accurate. Tympanic thermometry, which uses infrared sensors to detect heat from the carotid blood supply at the tympanic membrane, is fast and convenient but has variable accuracy.

Core and skin temperatures are integrated by thermoregulatory centers in the hypothalamus, thalamus, and cerebral cortex. ThermoTRP ion channels in sensory neurons respond to temperature changes and transmit signals via the dorsal root ganglia. The hypothalamic set point—normally 36.0°C to 37.5°C (96.8°F to 99.5°F)—guides heat loss or conservation responses. Temperatures above 41°C (105.8°F) or below 34°C (93.2°F) suggest impaired thermoregulation. In spinal cord injuries at T6 or above, loss of hypothalamic control over skin blood flow and sweating further disrupts regulation (Yousef et al., 2023).

Core and skin temperatures are integrated by thermoregulatory centers in the hypothalamus, thalamus, and cerebral cortex (Yousef et al., 2023). ThermoTRP ion channels in sensory neurons respond to temperature changes and transmit signals via the dorsal root ganglia. The hypothalamic set point—normally 36.0°C to 37.5°C (96.8°F to 99.5°F)—guides heat loss or conservation responses. Temperatures above 41°C (105.8°F) or below 34°C (93.2°F) suggest impaired thermoregulation. In spinal cord injuries at T6 or above, loss of hypothalamic control over skin blood flow and sweating further disrupts regulation. A summary of heat gain and heat loss responses is found in Table 12-8.

In addition to automatic responses, humans consciously regulate body temperature by adjusting clothing, indoor climate, and posture to conserve or dissipate heat.

Mechanisms of Heat Production

Metabolism is the body's main source of heat production or thermogenesis. Many factors impact the metabolic rate, including:

- Metabolic rate of each cell
- Factors that may increase basal metabolic rate (BMR), such as muscle activity
- Extra metabolism caused by hormones, such as thyroxine, growth hormone, or testosterone
- Any extra metabolism caused by the sympathetic nervous system stimulation on cells
- Extra metabolism caused by increased cellular chemical activity
- Thermogenic effect of food digestion, absorption, or storage

There is a 0.55°C (1°F) increase in body temperature for every 7% increase in metabolism. The sympathetic neurotransmitters, epinephrine and norepinephrine, which are released when an increase in body temperature is needed, act at the cellular level to shift body metabolism to heat production (Lei et al., 2023). This may be why fever produces feelings of weakness and fatigue. Thyroid hormone increases cellular metabolism but usually requires several weeks to reach maximal effectiveness.

Fine involuntary actions such as shivering and chattering of the teeth can produce a threefold to fivefold

TABLE 12-8 Heat Gain and Heat Loss Responses Used in Regulation of Body Temperature

Heat Gain		Heat Loss	
Body Response	**Mechanism of Action**	**Body Response**	**Mechanism of Action**
Vasoconstriction of the superficial blood vessels	Confines blood flow to the inner core of the body, with the skin and subcutaneous tissues acting as insulation to prevent loss of core heat	Dilatation of the superficial blood vessels	Delivers blood containing core heat to the periphery where it is dissipated through radiation, conduction, and convection
Contraction of the pilomotor muscles that surround the hairs on the skin	Reduces the heat loss surface of the skin	Sweating	Increases heat loss through evaporation
Assumption of the huddle position with the extremities held close to the body	Reduces the area for heat loss		
Shivering	Increases heat production by the muscles		
Increased production of epinephrine	Increases the heat production associated with metabolism		
Increased production of thyroid hormone	Is a long-term mechanism that increases metabolism and heat production		

increase in body temperature. **Shivering** is initiated by impulses from the hypothalamus, resulting in an increase in body temperature and increased use of oxygen (Lei et al., 2023).

Shivering starts with a general increase in muscle tone, followed by oscillating rhythmic tremors involving the spinal-level reflex that controls muscle tone. Physical exertion increases body temperature. Muscles convert most of the energy in the fuels they consume into heat. With strenuous exercise, more than three fourths of the increased metabolism resulting from muscle activity appears as heat within the body; the remainder appears as mechanical work (Lei et al., 2023).

Mechanisms of Heat Loss

Most body heat is lost at the skin surface. Arteriovenous (AV) **anastomoses** beneath the skin act like radiators, allowing blood—and heat—to shift from arteries to veins. When these shunts open, heat is released; when closed, heat is conserved. AV blood flow is regulated by the sympathetic nervous system based on core and environmental temperature (Priego-Quesada, 2022). **Pilomotor** muscle contraction (goosebumps) also helps retain heat by reducing exposed surface area. Heat is lost through radiation, conduction, convection, evaporation, and to a lesser extent, through respiration, urine, and feces. Of these, only surface losses are under hypothalamic control.

Radiation

Radiation is the transfer of heat through air or a vacuum to cooler surroundings. At room temperature, a nude person loses about 60% of body heat via radiation. This mechanism only works when environmental temperature is lower than body temperature (Priego-Quesada, 2022).

Conduction

Conduction is the direct transfer of heat between molecules in contact. Body heat moves from the core to the skin via circulating blood and then to cooler surfaces, such as cooling blankets. Conversely, heat can be absorbed from hot surfaces, like warm water during a bath. Water, having a high specific heat, draws heat from the body more efficiently than air—making cold water immersion especially dangerous (Priego-Quesada, 2022). Blood volume influences conduction: it expands in heat to enhance cooling and contracts in cold, reducing heat loss.

Convection

Convection transfers heat via moving air currents. Normally, a warm air layer surrounds the body, but airflow replaces it with cooler air, increasing heat loss. The wind-chill factor reflects this effect by combining wind speed with ambient temperature.

Evaporation

Evaporation uses body heat to convert skin moisture to vapor. This includes insensible perspiration and sweat, with each gram of evaporated water dissipating about 0.58 calories of heat. Sweating is controlled by the sympathetic nervous system via ACh (unlike most sympathetic responses, which use catecholamines). Anticholinergic drugs, such as atropine, can impair heat loss by inhibiting sweating. When the air temperature exceeds skin temperature, evaporation becomes the body's only effective cooling mechanism (Priego-Quesada, 2022). Anything that blocks this process can lead to dangerous rises in core temperature.

SUMMARY CONCEPTS

Core body temperature is normally maintained within a range of 36.0°C to 37.5°C (97.0°F to 99.5°F). Core body and skin temperatures are sensed and integrated by thermoregulatory regions in the hypothalamus and other brain structures that function to modify heat production and heat loss. Metabolic processes that occur within deeper core structures (i.e., muscles and viscera) of the body produce most of the body's heat. Sympathetic neurotransmitters and thyroid hormone act at the cellular level to shift body metabolism to heat production. Shivering and chattering of the teeth use heat liberated from involuntary muscle movements to increase body temperature.
Most of the body's heat losses occur at the skin surface as heat from the blood moves through the skin and into the surrounding environment. Heat is lost from the skin through radiation, conduction, convection, and evaporation of perspiration and sweat. Contraction of the *pilomotor muscles* of the skin aids in heat conservation by reducing the surface area available for heat loss.

Increased Body Temperature

Fever and hyperthermia describe conditions in which body temperature is higher than the normal range. Fever is due to an upward displacement of the set point of the thermoregulatory center in the hypothalamus. In hyperthermia, the set point is unchanged, but the mechanisms that control body temperature are ineffective in maintaining body temperature within a normal range during situations when heat production outpaces the ability of the body to dissipate that heat.

Fever

Fever, or **pyrexia**, describes an elevation in body temperature that is caused by an upward displacement of the thermostatic set point of the hypothalamic thermoregulatory center. Temperature is one of the most frequent physiologic responses to be monitored during illness.

Mechanisms

Many proteins, breakdown products of proteins, and certain other substances released from bacterial cell membranes can cause the set point to rise. Fever is resolved when the condition that caused the increase is removed. Fevers that are regulated by the hypothalamus usually do not rise above 41°C (105.8°F). Temperatures above this level are usually the result of superimposed activity, such as convulsions, hyperthermic states, or direct impairment of the temperature control center.

Pyrogens are exogenous or endogenous substances that produce fever. **Exogenous pyrogens** are from outside the body and include bacterial products, bacterial toxins, or whole microorganisms. Noninfectious disorders such as myocardial infarction, pulmonary emboli, or the trauma of surgery may produce injured cells that incite the production of endogenous pyrogens. Malignant cells of leukemia and Hodgkin disease secrete chemical mediators that function as endogenous pyrogens. Exogenous pyrogens induce host cells to produce fever-producing mediators called **endogenous pyrogens** (Dantzer, 2022). When bacteria or breakdown products of bacteria are present in blood or tissues, phagocytic cells of the immune system engulf them, digest the bacterial products, and release pyrogenic cytokines into the bloodstream for transport to the hypothalamus, where they exert their action (Dantzer, 2022). These cytokines induce prostaglandin E_2 (PGE_2) (Fig. 12-31).

At this point, PGE_2 binds to receptors in the hypothalamus to induce increases in the thermostatic set point. The hypothalamus then initiates shivering and vasoconstriction that raise the body's core temperature to the new set point, and fever is established (Blomqvist, 2023). Prostaglandins are a common target of antipyretic medications.

In addition to their fever-producing actions, endogenous pyrogens mediate a number of other responses. For example, IL-1 and TNF-alpha are inflammatory mediators that produce other signs of inflammation such as leukocytosis, anorexia, and malaise.

A fever that has its origin in the CNS is sometimes referred to as a **neurogenic fever**. It is usually caused by damage to the hypothalamus because of CNS trauma, intracerebral bleeding, or an increase in intracranial pressure. Neurogenic fever is characterized by a high temperature that is resistant to antipyretic therapy and is not associated with sweating (Silveira et al., 2024).

Purpose

The purpose of fever is not completely understood, but it is a valuable index of health status. Fever below 40°C (104°F) is likely not harmful; in fact, animal studies demonstrate a survival advantage in infected members with fever compared with animals unable to produce a fever. Small elevations in temperature, such as those that occur with fever, enhance immune function by T lymphocyte proliferation (Balli et al., 2023). Many microbial agents that cause infection grow best at normal body temperatures, and their growth is inhibited by temperatures in the fever range.

A mild fever may be negative in many situations, such as in older adults, because it causes more demand for oxygen. For every elevated 1°C of temperature, the BMR increases by 7%, causing increased work for the heart. Fever can also produce confusion, tachycardia, and tachypnea. Cell damage can occur at temperatures greater than 42.2°C (108°F), and this can ultimately cause life-threatening acidosis, hypoxia, and hyperkalemia (Balli et al., 2023).

Patterns

The patterns of temperature change in people with fever vary (Fig. 12-32). An **intermittent fever** is one in which temperature returns to normal at least once every

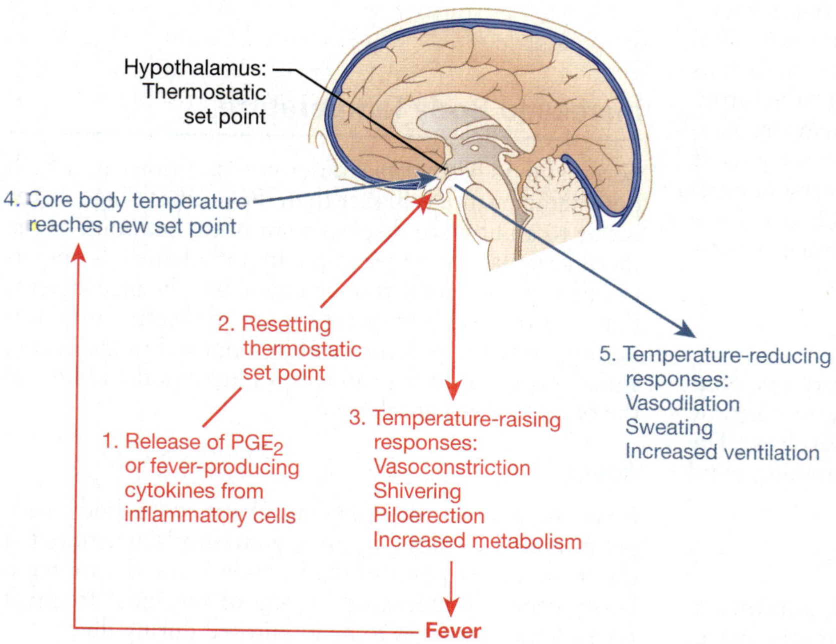

FIGURE 12-31. Mechanisms of fever. (*1*) Release of prostaglandin E_2 (PGE_2) or fever-producing cytokines from inflammatory cells; (*2*) resetting of the thermostatic set point in the hypothalamus to a higher level (prodrome); (*3*) generation of hypothalamus-mediated responses that raise body temperature (chill); (*4*) development of fever with elevation of body to new thermostatic set point; and (*5*) production of temperature-lowering responses (flush and defervescence) and return of body temperature to a lower level.

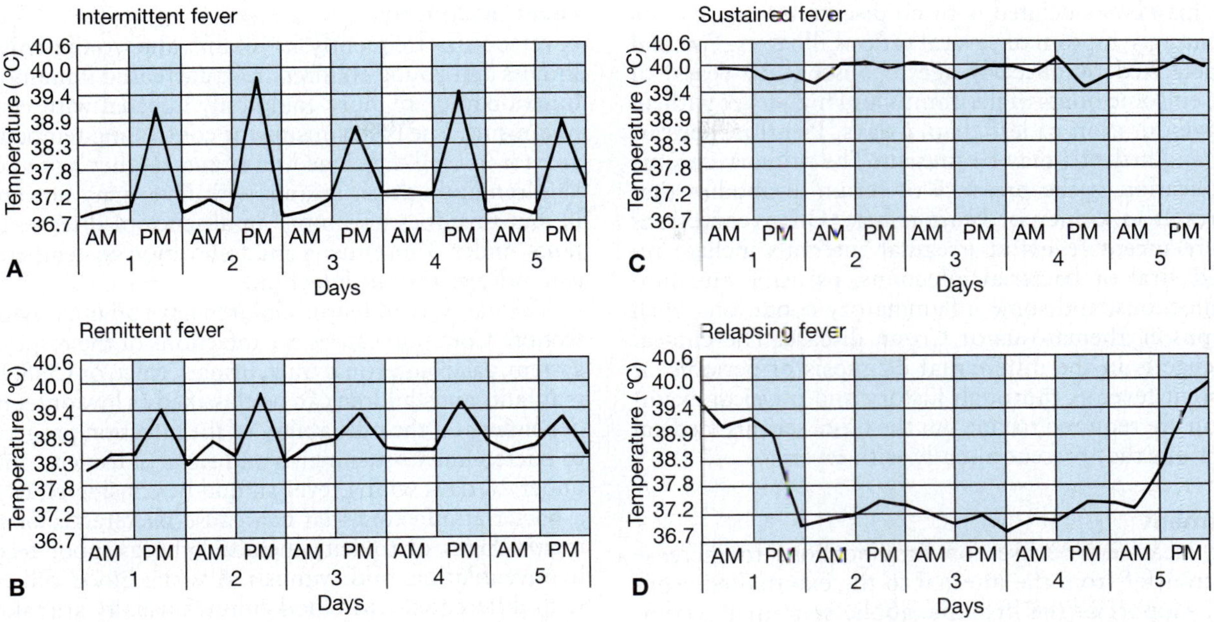

FIGURE 12-32. Schematic representation of fever patterns: (A) intermittent, (B) remittent, (C) sustained, and (D) recurrent or relapsing.

24 hours. In a **remittent fever**, the temperature does not return to normal and varies a few degrees in either direction. In a **sustained** or **continuous fever**, the temperature remains above normal with minimal variations (usually <0.55°C or 1°F). In **recurrent** or **relapsing fever**, there is one or more episodes of fever, each as long as several days, with one or more days of normal temperature between episodes.

Most people respond to an increase in temperature with an appropriate increase in heart rate. A rise in temperature unaccompanied by the anticipated change in heart rate can provide useful information about the cause of the fever: a heart rate slower than anticipated can occur with Legionnaire disease and drug fever and a heart rate more rapid than anticipated can be symptomatic of hyperthyroidism and pulmonary emboli.

Clinical Manifestations

The physiologic behaviors that occur during fever development are divided into four successive stages:

1. **Prodrome**: Nonspecific complaints such as mild headache and fatigue, general malaise, and fleeting aches and pains.
2. **Chill**: Sensation of being chilled; onset of generalized shaking (rigors), despite temperature rising; vasoconstriction and piloerection usually precede shivering; skin is pale; drive to conserve body heat; once body temperature reaches the new set point, shivering ceases and sensation of warmth develops.
3. **Flush**: Cutaneous vasodilation; skin becomes warm and flushed.
4. **Defervescence**: Initiation of sweating.

Not all people proceed through the four stages of fever development.

Common clinical manifestations of fever are anorexia, myalgia, arthralgia, and fatigue and are worsened when the temperature rises rapidly or exceeds 39.5°C (103.1°F). Respiration increases, and the heart rate usually is elevated. Dehydration occurs because of sweating and the increased vapor losses because of the rapid respiratory rate. Many fever symptoms are related to increases in metabolic rate and oxygen demands and to the use of body proteins as an energy source. Prolonged fever increases breakdown of endogenous fat stores, resulting in metabolic acidosis.

Headache is a common accompaniment of fever and is thought to result from the vasodilation of cerebral vessels occurring with fever. Delirium is possible when the temperature exceeds 40°C (104°F). Confusion and delirium may follow only moderate elevations in temperature in older adults. Pulmonary function may prove to be a limiting factor in the hypermetabolism that accompanies fever in older people. Confusion, incoordination, and agitation commonly reflect cerebral hypoxemia. Herpetic lesions, or fever blisters, which develop in some people during fever, are caused by a separate infection with the type 1 herpes simplex virus that established latency in the regional ganglia and is reactivated by a rise in body temperature.

Diagnosis

A prolonged fever for which the cause is difficult to ascertain is referred to as **fever of unknown origin (FUO)**. FUO is defined as a temperature elevation of 38.3°C (101°F) or higher that is present for 3 weeks or longer and includes 1 week of comprehensive diagnostic testing that does not identify a diagnosis (Wright et al., 2022). Causes of FUO include malignancies; infections such as human immunodeficiency virus, tuberculosis, or abscessed infections; and drug fever. Malignancies are important causes of FUO in older adults. Cirrhosis of the liver is another cause of FUO.

Recurrent or periodic fevers may occur at predictable intervals or without any discernible time pattern.

They may be associated with no discernible cause or as presenting symptom of several serious illnesses. Familial characterized by an early age of onset (<20 years) of acute episodic bouts of peritonitis and high fever with an average duration of less than 2 days. Pleuritis, pericarditis, and arthritis may be present. The primary chronic complication is the presence of serum antibodies that can result in kidney or heart failure. Other conditions with recurrent fevers at irregular intervals include repeated viral or bacterial infections, parasitic and fungal infections, and some inflammatory conditions, such as lupus erythematosus or Crohn disease. The clinical challenge is in the differential diagnosis of periodic or recurrent fever. A thorough history and physical examination are required to rule out the more serious medical conditions that present initially with fever.

Treatment

Fever treatment focuses on modifications to increase heat transfer from the internal to the external environment, support of the hypermetabolic state that accompanies fever, protection of vulnerable body organs and systems, and treatment of the cause of the fever. Because fever is a disease symptom, it suggests the need for diagnosis and treatment of the primary cause.

Environmental modifications facilitate heat transfer away from the body. Sponge baths with cool water or an alcohol solution can increase evaporative heat losses, but caution is necessary not to cool the person too quickly. More profound cooling can be accomplished through the use of forced air blankets or a cooling mattress. Care must be taken so that the cooling method does not produce vasoconstriction and shivering that decrease heat loss and increase heat production.

Adequate fluids and simple carbohydrates are needed to support the hypermetabolic state and prevent the tissue breakdown characteristic of fever. Replacement fluids are needed for sweating and insensible water losses from the lungs that accompany an increase in respiratory rate. Fluids are needed to maintain an adequate vascular volume for heat transport to the skin surface.

Antipyretic drugs, such as aspirin, ibuprofen, and acetaminophen, often are used to alleviate the discomforts of fever and protect vulnerable organs, such as the brain, from extreme elevations in body temperature. These drugs are thought to reset the set point of the temperature-regulating center in the hypothalamus to a lower level by blocking the activity of COX, an enzyme that is required for the conversion of arachidonic acid to PGE_2. As an example, acetaminophen reduces pain and fever by inhibiting central prostaglandin synthesis, especially PGE_2 in the hypothalamus. Unlike NSAIDs, its action is central, not peripheral, and does not significantly reduce inflammation. Routine administration of antipyretics may not decrease the duration of fever or illness. Because of the risk of Reye syndrome, the Centers for Disease Control and Prevention (CDC), the U.S. Food and Drug Administration (FDA), and the American Academy of Pediatrics Committee on Infectious Diseases advise against the use of aspirin and other salicylates in children with influenza or chickenpox.

Fever in Children

Fever occurs frequently in infants and young children. Infants and young children have decreased immunologic function and are more commonly infected with virulent organisms. The mechanisms for controlling temperature are not as well developed in infants as they are in older children and adults. Infants with fever may not appear ill, but this does not imply an absence of disease. In infants under 3 months, a mild elevation in temperature can indicate serious infection.

The majority of febrile children have an underlying infection. Common causes are infections of the respiratory system, gastrointestinal tract, urinary tract, or CNS. Fever in infants and children can be classified as low or high risk depending on the probability of the infection progressing to bacteremia or meningitis and signs of toxicity. Infants under 28 days with a fever should be considered to have a bacterial infection that can cause bacteremia or meningitis. Signs of toxicity include lethargy, poor feeding, hypoventilation, and cyanosis. A white blood cell count with differential and blood cultures usually are taken in high-risk infants and children to determine the cause of fever. A chest radiograph should be obtained in febrile infants under 3 months of age with at least one sign of a respiratory illness (Ward, 2024). Febrile children under 1 year and females between 1 and 2 years of age should be considered at risk for a urinary tract infection.

Treatment of a fever without a known source depends on the age of the child. High-risk infants and infants under 28 days are often hospitalized for evaluation of their fever and treatment (Ward, 2024).

Fever in Older Adults

In older adults, slight elevations in temperature may indicate serious infection or disease, most often caused by bacteria. Older adults often have a lower baseline temperature, and increases in temperature during an infection may fail to reach a level typically associated with significant fever. The circadian pattern of temperature variation is often altered in older adults. Fever in older adults increases the immunologic response, but it is generally weaker compared to younger people (Maini et al., 2024).

Older adults with serious infections may have an absent or blunted febrile response, perhaps due to disturbances in temperature sensing by the hypothalamic thermoregulatory center, alterations in endogenous pyrogen release, and the failure to elicit responses such as vasoconstriction of skin vessels, increased heat production, and shivering that increase body temperature.

Absence of fever may delay diagnosis and treatment. Therefore, it is important to perform a thorough history and physical examination focusing on other signs of infection and sepsis, including unexplained changes in functional capacity, mental status, strength, and weight loss (Maini et al., 2024).

Another factor that may delay recognition of fever in older adults is the method of temperature measurement. Rectal and tympanic membrane methods are likely more effective in detecting fever in older adults. This is because conditions such as mouth breathing, tongue tremors, and agitation often make it difficult to obtain accurate oral temperatures in older adults.

Hyperthermia

Hyperthermia is an increase in body temperature that occurs without a change in the set point of the hypothalamic thermoregulatory center. It occurs when the thermoregulatory mechanisms are overwhelmed by heat production, excessive environmental heat, or impaired dissipation of heat. It includes (in order of increasing severity) heat cramps, heat exhaustion, and heatstroke. Hyperthermia also may occur as the result of a drug reaction. Malignant hyperthermia describes a rare genetic disorder of anesthetic-related hyperthermia.

If muscle exertion is continued for long periods in warm weather, excessive heat loads are generated. Adequate circulatory function is essential for heat dissipation, so the older adults and those with cardiovascular disease are at increased risk for hyperthermia. Drugs that increase muscle tone and metabolism or reduce heat loss can impair thermoregulation. Infants and small children left in a closed car in hot weather are at risk for hyperthermia.

The best approach to heat-related disorders is prevention, primarily by avoiding activity in hot environments, increasing fluid intake, and wearing appropriate clothing. The ability to tolerate a hot environment depends on both temperature and humidity. High relative humidity retards heat loss through sweating and evaporation and decreases the body's cooling ability. The **heat index** is the temperature that the body senses when both the temperature and humidity are combined.

> **KEY POINTS**
>
> **Hyperthermia**
>
> - Hyperthermia is a pathologic increase in core body temperature without a change in the hypothalamic set point. The thermoregulatory center is overwhelmed by excess heat production, impaired heat loss, or excessive environmental heat.
> - Malignant hyperthermia is an autosomal dominant disorder in which an abnormal release of intracellular stores of calcium causes uncontrolled skeletal muscle contractions, resulting in a rapid increase in core body temperature. This usually is in response to an anesthetic.

Heat Cramps

Heat cramps are slow, painful, skeletal muscle cramps and spasms lasting 1 to 3 minutes. Muscles are tender, and the skin usually is moist. Cramping results from salt depletion when fluid losses from heavy sweating are replaced by water alone. Body temperature may be normal or slightly elevated. There almost always is a history of vigorous activity preceding the onset of symptoms.

Heat Exhaustion

Heat exhaustion is related to a gradual loss of salt and water, usually after prolonged exertion in a hot environment. Symptoms may include thirst, fatigue, nausea, oliguria, gastrointestinal flu-like symptoms, giddiness, and delirium. Hyperventilation may contribute to heat cramps and tetany by causing respiratory alkalosis. The skin is moist, rectal temperature is 37.8°C (100°F) to 40°C (104°F), and heart rate is elevated. Signs of heat cramps may accompany heat exhaustion.

Heatstroke

Heatstroke is a severe, life-threatening failure of thermoregulatory mechanisms resulting in excessive increases in body temperature—a core temperature greater than 40°C (104°F); hot, dry skin; absence of sweating; and possible CNS abnormalities such as delirium, convulsions, and loss of consciousness (Garcia et al., 2022). The risk of developing heatstroke in response to heat stress is increased in conditions (alcohol use disorder, obesity, diabetes, and chronic cardiac, renal, or mental disease) and with drugs that impair vasodilation and sweating (alcohol, anticholinergics, beta blockers, or TCAs).

The pathophysiology of heatstroke is thought to result from the effect of heat on body cells and release of cytokines from heat-stressed endothelial cells, leukocytes, and epithelial cells. Local and systemic inflammatory responses together may result in acute respiratory distress syndrome, acute renal failure, disseminated intravascular coagulation, and multiorgan disorders.

Heatstroke symptoms include tachycardia, hyperventilation, dizziness, weakness, nausea and vomiting, delirium, convulsions, and coma. The skin is hot and usually dry, and the pulse is initially strong. Blood pressure may be elevated, but hypotension develops as the condition progresses. As vascular collapse occurs, the skin becomes cool. Associated abnormalities include heart damage, blood coagulation disorders, potassium and sodium depletion, and liver damage (Garcia et al., 2022).

Treatment supports the function of vital organs while cooling procedures produce a rapid reduction in core temperature. Care must be taken that the cooling methods used do not produce vasoconstriction or shivering and thereby decrease the cooling rate or induce heat production.

Drug Fever

Drug fever is a fever coinciding with drug administration and disappearing after drug removal. Drugs can induce fever by interfering with heat dissipation, altering hypothalamic temperature regulation, acting as direct pyrogens, injuring tissues directly, or inducing an immune response.

The most common cause of drug fever is a **hypersensitivity reaction**, which develops after several weeks of exposure to the drug, cannot be explained by pharmacologic action, is unrelated to drug dose, disappears when the drug is stopped, and reappears when the drug is restarted. The fever pattern is spiking with a normal diurnal rhythm. People with drug fevers often experience other signs of hypersensitivity reactions, such as gastrointestinal discomfort and rashes.

Temperatures of 38.9°C to 40.0°C (101.8°F to 104.0°F) are common in drug fever. The person may be unaware of a fever, and absence of an increase in heart rate for the degree of temperature elevation is an important clue to diagnosis. A fever often precedes more serious effects of a drug reaction, so early recognition is important. Drug fever is suspected when temperature elevation is unexpected and occurs despite improvement in the condition for which the drug was prescribed.

Malignant Hyperthermia

Malignant hyperthermia is an autosomal dominant metabolic disorder in which heat generated by uncontrolled skeletal muscle contraction produces severe and potentially fatal hyperthermia. Muscle contraction is caused by abnormal release of intracellular calcium from the sarcoplasmic reticulum, which leads to a sustained hypermetabolic rate and loss of cellular integrity. Sustained hypermetabolism results in excess lactate production, high ATP consumption, increased oxygen consumption and carbon dioxide production, and elevated heat production (Cong et al., 2023).

Malignant hyperthermia is triggered by exposure to certain stresses or general anesthetic agents. The syndrome most frequently is associated with the halogenated anesthetic agents and the muscle relaxant succinylcholine. There are also various nonoperative precipitating factors, including trauma, exercise, environmental heat stress, and infection. The condition is dangerous in a young person who has a large muscle mass to generate heat.

An initial sign of the disorder during anesthesia is skeletal muscle rigidity. Cardiac arrhythmias and a hypermetabolic state follow in rapid sequence unless the triggering event is immediately discontinued. Treatment also includes measures to cool the body, cardiopulmonary support, and the administration of a muscle relaxant to block calcium release from the sarcoplasmic reticulum (Cong et al., 2023).

Neuroleptic Malignant Syndrome

Neuroleptic malignant syndrome is associated with neuroleptic (psychotropic) medications and may occur in 0.02% to 3.23% of people (Wijdicks & Ropper, 2024). Hyperthermia may result from alterations in the function of the hypothalamic thermoregulatory center. The syndrome usually has an explosive onset and is characterized by hyperthermia, muscle rigidity, alterations in consciousness, and ANS dysfunction. The hyperthermia is accompanied by tachycardia, cardiac dysrhythmias, labile blood pressure, dyspnea, and tachypnea (Wijdicks & Ropper, 2024).

Treatment for neuroleptic malignant syndrome includes the immediate discontinuation of the neuroleptic drug, measures to decrease body temperature, and treatment of dysrhythmias and other complications of the disorder. Bromocriptine (a dopamine agonist) and dantrolene (a muscle relaxant) may be used as part of the treatment regimen.

SUMMARY CONCEPTS

Fever and hyperthermia refer to an increase in body temperature outside the normal range. True fever is a disorder of thermoregulation with an upward displacement of the temperature control set point. In hyperthermia, the set point is unchanged, but the challenge to temperature regulation exceeds the thermoregulatory center's ability to control body temperature. Fever can be caused by microorganisms, trauma, and drugs or chemicals, all of which release endogenous pyrogens. The reactions that occur during fever consist of four stages: prodrome, chill, flush, and defervescence. Fever can follow intermittent, remittent, sustained, or recurrent patterns. The manifestations of fever are largely related to dehydration and an increased metabolic rate. Low-grade fever in high-risk infants or in older adults can indicate serious infection.

Fever treatment focuses on modifying the external environment, supporting the hypermetabolic state that accompanies fever, protecting body tissues, and treating the condition causing the fever.

Hyperthermia, which varies based on the degree of core temperature elevation and severity of cardiovascular and nervous system involvement, includes heat cramps, heat exhaustion, and heatstroke. Factors that contribute to hyperthermia development include prolonged exertion in a hot environment, disorders that compromise heat dissipation, and hypersensitivity drug reactions. Malignant hyperthermia is an autosomal dominant disorder that can produce a severe and potentially fatal increase in body temperature. The condition commonly is triggered by general anesthetic agents and muscle relaxants used during surgery. The neuroleptic malignant syndrome is associated with neuroleptic drug therapy and is thought to result from alterations in the function of the thermoregulatory center or from uncontrolled muscle contraction.

Decreased Body Temperature

Hypothermia

Hypothermia is a core temperature less than 35°C (95°F). Accidental hypothermia is a spontaneous decrease in core temperature, usually in a cold environment and associated with an acute problem but without a primary disorder of the temperature-regulating center. In children, the rapid cooling process may account for the high survival rate after cold water submersion.

Systemic hypothermia may result from exposure to prolonged cold. Because water conducts heat more readily than air, body temperature drops rapidly when the body is submerged in cold water or when clothing becomes wet. In people with altered homeostasis due to debility or disease, hypothermia may follow exposure to relatively small decreases in atmospheric temperature.

Many underlying conditions can contribute to the development of hypothermia. Malnutrition decreases the fuel available for heat generation, and loss of body fat decreases tissue insulation. Alcohol and sedative drugs dull mental awareness of cold temperatures and impair judgment. Alcohol also inhibits shivering. People with cardiovascular disease, cerebrovascular disease, spinal cord injury, and hypothyroidism also are predisposed to hypothermia.

Neonatal Hypothermia

Infants are particularly at risk for hypothermia. Relative to body weight, the body surface area of an infant is three times that of an adult, and in infants with low birth weight, the insulating layer of subcutaneous fat is thinner. The premature newborn is at greatest risk for heat loss and hypothermia (Dang et al., 2023). Under the usual delivery room conditions (20°C to 25°C [68°F to 77°F]), an infant's skin temperature falls approximately 0.3°C/minute and deep body temperature by approximately 0.1°C/minute. The unstable body temperature of a preterm infant can drop precipitously after delivery and is associated with an increase in morbidity and mortality.

The newborn infant has the ability for nonshivering thermogenesis, which occurs primarily in the liver, brown fat tissue, and brain (Dang et al., 2023). Brown fat has a high number of mitochondria and is located in the neck and upper back of newborns. It has the uncoupling protein UCP1 (thermogenin), which allows oxidation of fatty acids to produce heat. Extreme cold temperature stimulates a release of epinephrine and thyroid-stimulating hormone, which causes a release of the thyroid hormones T_3 and T_4. T_3 acts in the brown fat to release mitochondrial oxidation from phosphorylation, which causes more heat production (Dang et al., 2023).

Perioperative Hypothermia

Surgical procedures increase the risk for hypothermia, especially in people with low body fat mass, in those who are debilitated or intoxicated, and in older adults. Perioperative hypothermia is the result of a cold environment and impaired thermoregulatory mechanisms brought about by anesthetics and other drugs. For each 1°C temperature loss, there is a 7% decrease in metabolic demands by the body (Bjertnæs et al., 2022). General and regional anesthetics disrupt the body's thermoregulatory mechanisms. General anesthetic agents lower the metabolic rate and decrease vasoconstriction and shivering thresholds. Postanesthetic shivering is a common complication of modern anesthesia. Postanesthesia shivering is associated with a number of potentially dangerous sequelae, including increased oxygen consumption and carbon dioxide production, increased cardiorespiratory effort, and effects of increased catecholamine release. These effects can pose a problem for recovery in vulnerable populations.

Core temperature monitoring, accompanied by methods to maintain normal body temperature, should be part of routine inoperative monitoring. A form of active rewarming may be required. Preoperatively, people are assessed for infection; if one is found, surgery will be postponed (Hernández-Alcázar et al., 2024).

Clinical Manifestations

Hypothermia symptoms include poor coordination, amnesia, decreased respiratory rate, and irregular pulse. With mild hypothermia, intense shivering generates heat and raises sympathetic nervous system activity. Vasoconstriction can be profound, heart rate is accelerated, and stroke volume is increased. Blood pressure increases slightly, and hyperventilation is common. Urinary flow increases prior to a fall in temperature. Dehydration and increased hematocrit may develop within hours, augmented by an extracellular to intracellular water shift.

In moderate hypothermia, shivering gradually decreases and the muscles become rigid. Heart rate and stroke volume decrease and blood pressure and metabolic rate fall. Oxygen consumption and carbon dioxide production decrease. Decreased carbon dioxide decreases respiratory rate. Decreases in mentation, cough reflex, and respiratory tract secretions may lead to difficulty in clearing secretions and aspiration. A gradual decline in heart rate and cardiac output occurs as hypothermia progresses. Blood pressure initially rises and then gradually falls. There is an increased risk of dysrhythmia, and ventricular fibrillation is a major cause of death in hypothermia.

Carbohydrate metabolism and insulin activity are decreased resulting in hyperglycemia relative to the cooling. Cold-induced loss of cell membrane integrity allows intravascular fluids to move into the skin, giving it a puffy appearance. Acid–base disorders occur at temperatures below 25°C (77°F) unless adequate ventilation is maintained. Extracellular sodium and potassium concentrations decrease, and chloride levels increase. There is a temporary loss of plasma from the circulation along with increased blood viscosity due to trapping in the small vessels and skin.

Diagnosis and Treatment

Oral temperatures are inaccurate during hypothermia due to severe vasoconstriction and sluggish blood flow. Electronic thermometers with flexible probes are available for measuring rectal, bladder, and esophageal temperatures. A thermometer that registers 25°C (77°F) or an electrical thermistor probe is needed to monitor temperatures in hypothermia. Treatment consists of rewarming, support of vital functions, and prevention and treatment of complications.

Therapeutic Hypothermia

Controlled hypothermia may be used after brain injury or stroke and during certain surgeries to decrease inflammation and brain metabolism. It is helpful for people who have had cardiac arrest because of ventricular fibrillation, as measured by neurologic outcomes (Jung et al., 2022). Intraoperatively, people are kept hypothermic between 82.4°F and 89.6°F to decrease metabolic demands and prevent ischemic injury. There are, however, some potential complications of cold cardioplegia, such as ventricular dysrhythmias, decreased cerebral blood flow, and postoperative myocardial depression. After the surgery is complete, warmed blood is perfused to people who were hypothermic during surgery. Rewarming has to be performed slowly, and attempts to prevent shivering and severe vasoconstriction are made. If there is a bleeding problem postoperatively, restoration of body temperature needs to be done as quickly and as safely as possible. Using hypothermia in certain situations such as TBI, cardiac arrest, increased intracranial pressure, and spinal cord injury remains controversial.

Sleep and Sleep–Wake Disorders

Humans spend approximately one third of their life asleep. Defining sleep, describing what happens when we sleep, and explaining why we sleep is challenging. Of equal concern is an understanding of factors that interfere with sleep. For many people, the inability to engage in appropriate periods of normal, restful sleep seriously impairs their functioning.

Neurobiology of Sleep

Wakefulness is a time of mental activity and energy expenditure, and **sleep** is a period of inactivity and restoration of mental and physical function. Sleep may provide time for entering information acquired during wakefulness into memory and for reestablishing communication between various brain areas. Sleep also is a time when other body systems restore energy and repair tissues. Muscle activity and digestion decrease, and sympathetic nervous system activity is diminished. Production of many hormones correlates with the sleep–wake cycle, suggesting that growth and tissue repair may occur during sleep.

Neural Structures and Pathways

The reticular formation of the midbrain, pons, and brainstem monitors and modulates activity of various circuits controlling wakefulness. The thalamus and cerebral cortex function in tandem, with all sensory information relayed to the thalamus and then to the cerebral cortex. For example, visual impulses from the retina go to the thalamus and are then relayed to the visual cortex. The pathways between each sensory area of the thalamus and the cortex form two-way loops called the **thalamocortical system**. Thalamocortical communication is kept orderly by several neuronal control systems, including the midbrain reticular formation, which controls the level of background activity so external stimuli can be processed (Fig. 12-33A).

SUMMARY CONCEPTS

Hypothermia is a potentially life-threatening disorder in which the body's core temperature drops below 35°C (95°F). Accidental hypothermia can develop in otherwise healthy people in the course of accidental exposure and in older adults or disabled people with impaired perception of or response to cold. Alcoholism, cardiovascular disease, malnutrition, and hypothyroidism contribute to the risk of hypothermia. Hypothermia is also a common occurrence in newborn infants, particularly those born prematurely, and in people undergoing an operation. The greatest effect of hypothermia is a decrease in the metabolic rate, leading to a decrease in carbon dioxide production and respiratory rate. Clinical manifestations of hypothermia include poor coordination, stumbling, slurred speech, irrationality, poor judgment, amnesia, hallucinations, blueness and puffiness of the skin, dilation of the pupils, decreased respiratory rate, weak and irregular pulse, stupor, and coma. Treatment of hypothermia includes passive or active rewarming, support of vital functions, and the prevention and treatment of complications.

The Sleep–Wake Cycle

The **sleep–wake cycle** consists of a pattern of alternating wakefulness and sleep. Wakefulness is a state of being aware of the environment—receiving and responding to information, placing it into memory, and recalling and integrating experiences with previously stored memories. During wakefulness, the thalamocortical system and brainstem centers are active. Motor movements are possible by corticospinal circuits that travel through the brainstem. Sleep is a period of diminished consciousness from which a person can be aroused by sensory or other stimuli. It occurs in stages during which the brain remains active but does not effectively process sensory information. During sleep, a person does have inward conscious experiences such as dreams.

Brain Waves

Many of the advances in understanding the sleep–wake cycle are due to the ability to record brain waves via an electroencephalogram (EEG). Brain waves are alternating excitatory and inhibitory nerve activity in postsynaptic potentials in cortical neurons. As such, EEG measures the combined activity among many hundreds of neurons responding to a given stimulus.

Sleep Stages

The two types of sleep are **rapid eye movement (REM)** and **non-rapid eye movement (NREM)** sleep (Okechukwu, 2022). These alternate and are characterized by

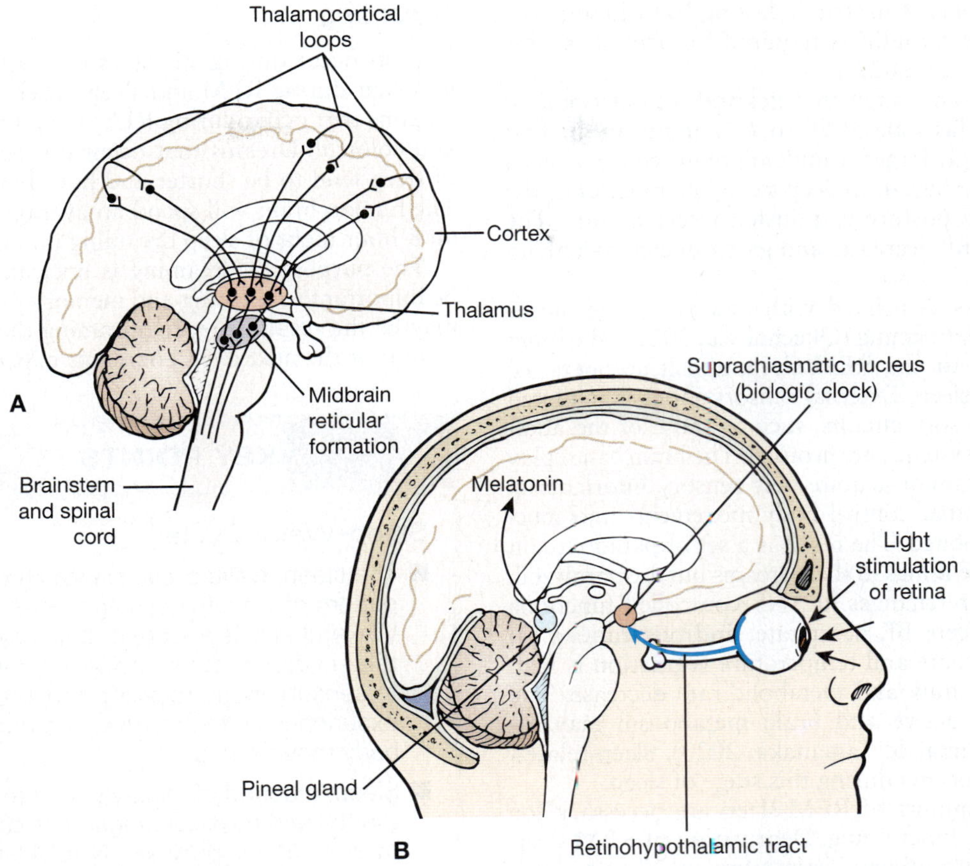

FIGURE 12-33. (A) Brain structures involved in sleep. (B) Location of the SCN (biologic clock) with input from the retina and its association with the pineal gland and melatonin production. SCN, suprachiasmatic nucleus.

differences in eye movements, muscle tone and body movements, heart rate and blood pressure (BP), breathing patterns, brain wave activity, and dreaming (Table 12-9). A complete sleep cycle takes about 90 to 110 minutes.

NREM sleep, or slow-wave sleep, is characterized by a relatively inactive yet regulating brain and a fully movable body. It accounts for about 80% of sleep. The brainstem coordinates activity between the spinal cord and various reflexes. NREM sleep normally is encountered when the person first becomes drowsy and is divided into four stages.

Stage 1 occurs at sleep onset and is a brief (1 to 7 minutes) transitional stage between wakefulness and true sleep. People can be easily aroused by touch or light noise and may experience sudden muscle contractions called hypnic jerks (Okechukwu, 2022). These contractions are often preceded by a sensation of falling. Stage 1 also serves as a transitional stage for repeated sleep cycles throughout the night. Stage 1 is usually shorter during the first third of sleeping and the longest during the last third of sleeping. A common sign of severely disrupted sleep is an increase or decrease in stage 1 sleep.

TABLE 12-9 Eye and Motor Movements, Vital Functions, and Cerebral Activity During Sleep

Sleep Stage	Eye Movements	Motor Movements	Heart Rate, Blood Pressure, and Respirations	Cerebral Activity
Stage 1	Slow, rolling movements	Moderate activity	Slows	Decreases
Stage 2	Slow, rolling movements	Moderate activity	Slows	Decreases
Stages 3 and 4	Slow, rolling movements	Moderate activity	Slows	Decreases
REM Sleep	Clusters of rapid eye movements	Suppressed with loss of muscle tone	Increases, variable	Increases

Stage 2 is deeper than stage 1, lasting 10 to 25 minutes. A more intense stimulus is required for arousal in this stage (Okechukwu, 2022).

Stage 3 lasts only a few minutes and is transitional to stage 4, which lasts about 20 to 40 minutes in the first cycle. Increasingly larger stimuli are required for arousal from stage 3 to stage 4. In deep sleep, the muscles of the body relax and posture is adjusted intermittently. The heart rate and BP decrease, and gastrointestinal activity is slowed.

REM sleep is associated with loss of muscle movements and vivid dreaming (Okechukwu, 2022). The brain is highly active during REM sleep, and it accounts for about 20% of sleep. External sensory input is inhibited and internal sensory circuits, such as those of the auditory and visual systems, are aroused. The brain can replay memories but cannot acquire new sensory information. Motor systems that control body movements and muscle tone are inhibited. The result is a set of paradoxes, in which people see things in their dreams but are paralyzed.

There also are changes in ANS–controlled functions during REM sleep: BP, heart rate, and respirations increase and fluctuate and temperature regulation is lost. Cerebral blood flow and metabolic rate decrease. The brain is highly active and brain metabolism may increase 20% (Mukai & Yamanaka, 2023). Sleep-related penile erection occurs during this stage of sleep.

Adequate amounts of REM sleep are necessary for normal daytime functioning. Deprivation of REM sleep is associated with anxiety, irritability, inability to concentrate, and, if severe, disturbed behavior (Mukai & Yamanaka, 2023).

There is a predictable pattern of shifting between sleep stages. At sleep onset, there is a stepwise descent from stage 1 to stage 4, followed by an abrupt ascent to the first REM episode. REM is short (1 to 5 minutes) in the first sleep cycle but becomes longer across the night. Stages 3 and 4 occupy less time in the second and subsequent cycles and disappear in later cycles as stage 2 expands. By morning, nearly all of the sleep cycle is stages 1 and 2 and REM (Mukai & Yamanaka, 2023; Okechukwu, 2022).

Breathing During Sleep

Stages 1 and 2 of NREM sleep are characterized by a cyclic waning and waxing of tidal volume and respiratory rate, which may include periods (5 to 15 seconds) of apnea. After sleep stabilizes during stages 3 and 4, breathing becomes more regular. Ventilation is 1 to 2 L/minute less than during quiet wakefulness, arterial carbon dioxide partial pressure (PCO_2) is 2 to 4 mm Hg greater, and arterial oxygen partial pressure (PO_2) is 3 to 9 mm Hg less (Ghibaudo et al., 2024). Involuntary respiratory control mechanisms are intact during NREM sleep, which is critically important to maintain ventilation.

During REM sleep, respirations become irregular, but not periodic, and may include short periods of apnea. REM sleep breathing has features of the voluntary control that integrates breathing with acts such as walking and swallowing, but their influence on breathing is diminished.

Dreaming

Dreams occur during all stages of sleep, but the majority occur during REM and sleep onset (stages 1 and 2). Dreams that occur during REM sleep tend to be bizarre and colorful. Dreams that occur during stages 1 and 2 of sleep tend to be shorter and have fewer associations. The human brain will spend an average of 4.8 hours of an 8-hour night of sleep dreaming (Simor et al., 2023).

The purpose of dreaming is unclear. Dreaming may be important to learning and memory processing. It also may be the result of reprogramming the CNS in preparation for the next day's conscious experiences.

KEY POINTS

Sleep–Wake Cycle

- The sleep–wake cycle is a synchronous pattern of wakefulness and sleep. Wakefulness is a state of being aware of the environment, receiving and responding to sensory input, recalling and integrating experiences into memory, and purposeful body movements.
- Sleep, a period of inactivity and restoration of mental and physical function, is characterized by alternations between NREM (slow-wave sleep) and REM (paradoxical) sleep.

Circadian Rhythms

Normally, sleep and wakefulness occur in a cyclic manner, integrated into the 24-hour light–dark solar day. The circadian time system provides a temporal organization for physiologic processes and behaviors as a means of promoting effective adaptation to the environment. This is expressed in regular cycles of sleep and waking and body functions such as temperature regulation and hormone secretion based on changes in the 24-hour light–dark solar day.

The light/dark environment that accounts for the circadian rhythm involves a widely distributed network in the brain and the periphery. Because the intrinsic cycle is longer than 24 hours, a daily resetting is necessary to synchronize with the environmental day. This process is called **entrainment** and is accomplished by exposure to the light–dark changes of the solar day.

The circadian clock is controlled by a small group of hypothalamic cells, the **suprachiasmatic nucleus (SCN)**, located above the optic chiasm and lateral to the third ventricle (Meyer et al., 2022). The SCN, which receives light–dark input from the retina, exhibits a rhythm of firing that is high during the day and low at night. Although light is the primary stimulus for resetting the circadian clock via the SCN, other stimuli such as locomotion, food availability, glucocorticoid levels, and temperature can reset the peripheral clock (Meyer et al.,

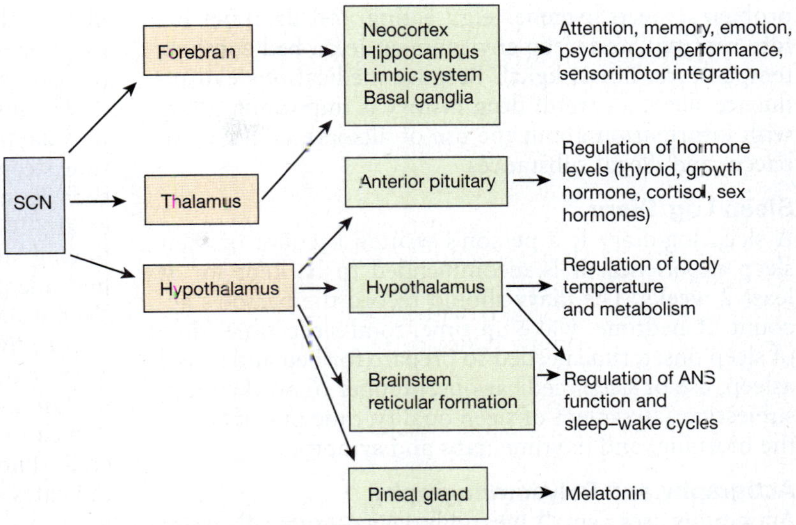

FIGURE 12-34. Projections from the SCN to the forebrain, thalamus, and hypothalamus. ANS, autonomic nervous system; SCN, suprachiasmatic nucleus.

2022). The major projections from the SCN are to the anterior pituitary, which provides diurnal regulation of growth hormone and cortisol secretion. Projections to hypothalamic centers change metabolism and body temperature. Projections to the brainstem reticular formation change ANS–regulated functions (Fig. 12-34).

Melatonin

The **pineal gland** synthesizes and releases melatonin at night under direct control of the SCN. Large numbers of melatonin receptors are present in the SCN, suggesting a feedback loop between the SCN and the pineal gland. Melatonin produces phase-shifting changes in the circadian rhythm, similar to those caused by light. There is recent interest in the use of melatonin in treatment of sleep disorders related to a shift in the circadian rhythm. Although synthetic preparations are available without prescription, their potency, purity, safety, and effectiveness cannot be ensured. Melatonin is not regulated by the FDA (Poza et al., 2022). A pharmacologic melatonin receptor agonist, ramelteon, is available also as a prescription drug.

SUMMARY CONCEPTS

Sleep is part of the sleep–wake cycle. It is a period of inactivity and restoration of mental and physical function. There are two types of sleep: REM and NREM. REM sleep is associated with REMs, loss of muscle movements, and vivid dreaming. External sensory input is inhibited, and internal sensory circuits such as those of the auditory and visual systems are aroused. NREM sleep is characterized by a relatively inactive, yet fully regulating brain and a fully movable body. It is divided into stages that reflect an increasing depth of sleep. Stage 1 is a transitional stage that occurs at sleep onset, during which a person is easily aroused. Stage 2 is a deeper sleep, lasting 10 to 25 minutes, during which EEG activity is interrupted by sleep spindles consisting of bursts of high-frequency waves. Stages 3 and 4 are deep sleep, during which the muscles of the body relax, the heart rate and BP decrease, and gastrointestinal activity is slowed.

Normally, sleep and wakefulness occur in a cyclic manner, called the circadian rhythm, and are integrated into the 24-hour day. The circadian clock is thought to be controlled by the SCN. The SCN, which receives light–dark input from the retina, exhibits a rhythm of neuronal firing that is high during the day and low during the night. Melatonin may help regulate the sleep–wake cycle.

Sleep Disorders

Sleep disorders include difficulties initiating or maintaining sleep, disruptions of circadian rhythms, abnormal movements or behaviors during sleep, breathing-related disturbances, and excessive daytime sleepiness. According to the ICSD-3, sleep disorders are grouped into six major categories (Chart 12-1).

Diagnostic Methods

Diagnosis of sleep disorders is based on an adequate sleep history and physical examination. A sleep diary or sleep log is helpful in describing sleep problems. In some cases, sleep laboratory studies may also be needed to arrive at an accurate diagnosis.

Sleep History

A sleep history is fundamental to identifying the nature of a sleep disorder. It should include the person's perception of the sleep problem, sleep schedule, problems with falling asleep and maintaining sleep, quality of sleep, daytime sleepiness and impact of the sleep disorder on daytime functioning, general emotional and physical problems, sleep hygiene (e.g., eating and drinking before retiring), and sleep environment (e.g., bed comfort, temperature, noise, light). Because medications can influence sleep, a careful drug history is important, along with information about the use of alcohol, caffeine, tobacco, and illegal substances.

Sleep Log/Diary

A sleep log/diary is a person's written account of their sleep experience. It is recommended to be kept for at least 2 weeks. The diary should record the person's account of bedtime, wake-up time, total sleep time, time of sleep onset, time needed to prepare for bed and to fall asleep, use of sleep medications, number of awakenings, subjective assessment of sleep quality, time out of bed in the morning, and daytime naps and symptoms.

Actigraphy and Polysomnography

Actigraphy uses a small, wearable device—typically worn on the wrist—to detect and record movement-based activity over extended periods. It is the most practical method for obtaining objective estimates of sleep duration and sleep efficiency in home or non-laboratory settings. While actigraphy does not directly measure sleep stages, it provides reliable data on sleep–wake patterns, especially over days to weeks (Kelly et al., 2022).

Polysomnography (PSG) is an overnight sleep study used to evaluate sleep architecture and identify sleep disorders. It involves the simultaneous recording of multiple physiologic signals during sleep. These include the EEG to monitor brain waves, the **electrooculogram (EOG)** to track eye movements by detecting the voltage difference between the retina and cornea, and the **electromyogram (EMG)** to assess muscle tone, typically recorded from the chin to detect changes across sleep stages, especially during REM sleep. A single-lead electrocardiogram (ECG) is used to assess heart rate and rhythm, and respiratory monitoring includes airflow sensors, chest and abdominal movement belts, and pulse oximetry, which measures oxygen saturation via a sensor on the finger or earlobe. This comprehensive data allows clinicians to identify sleep-related breathing disorders such as obstructive sleep apnea (OSA), as well as movement disorders, parasomnias, and abnormalities in sleep architecture.

The **multiple sleep latency test (MSLT)** is a standardized daytime assessment used to measure excessive daytime sleepiness and to assist in the diagnosis of disorders such as narcolepsy and idiopathic hypersomnia (Kelly et al., 2022). It is typically conducted on the day following an overnight PSG to confirm that the individual had adequate sleep and to rule out other contributing sleep disorders. During the MSLT, the individual is given four to five nap opportunities spaced 2 hours apart in a quiet, dark environment. For each nap, the time it takes to fall asleep—known as **sleep latency**—is recorded. A mean sleep latency of less than 8 minutes is considered abnormal, while a latency of less than 5 minutes indicates significant pathologic sleepiness. The test also monitors for sleep-onset rapid eye movement periods (SOREMPs), which are characteristic of narcolepsy (Kelly et al., 2022). By measuring how quickly and how often a person falls into REM sleep during the day, the MSLT provides valuable diagnostic information about the severity and nature of daytime sleepiness.

CHART 12-1

INTERNATIONAL CLASSIFICATION OF SLEEP–WAKE DISORDERS

- Insomnia disorders
- Sleep-related breathing disorders
- Central disorders of hypersomnolence
- Circadian rhythm sleep–wake disorders
- Parasomnias
- Sleep-related movement disorders

Adapted with permission from Sateia, M. J. (2014) International classification of sleep disorders-third edition: highlights and modifications. *Chest*. 2014;*146*(5):1387–1394.

Circadian Rhythm Sleep–Wake Disorders

Circadian rhythm sleep disorders occur when the timing of sleep is misaligned with the individual's internal circadian clock or with environmental light–dark cues. These disorders arise either from intrinsic circadian rhythm abnormalities or from externally imposed shifts in the sleep–wake schedule, such as travel across time zones or shift work (Sun & Chen, 2022).

Intrinsic circadian rhythm disorders include non-24-hour sleep–wake rhythm disorder (N24SWRD), irregular sleep–wake rhythm, delayed sleep–wake phase disorder, and advanced sleep–wake phase disorder. In contrast, jet lag disorder and shift work disorder result from acute or chronic disruption of normal circadian timing due to environmental demands.

Non-24-hour sleep–wake rhythm disorder (N24SWRD) is characterized by failure of the internal circadian clock to synchronize with the 24-hour day, leading to progressively shifting sleep times and symptoms of insomnia or excessive sleepiness. It is most common in individuals who are totally blind or who have lesions affecting the SCN. Treatment focuses on strengthening circadian cues through light exposure when possible and pharmacologic melatonin-based therapies (Sun & Chen, 2022).

Irregular sleep–wake rhythm disorder (ISWRD) involves a lack of a consolidated sleep period, with sleep fragmented into multiple short episodes across the day and night. Total sleep time may be normal, but timing is disorganized. This disorder is most often seen in individuals with neurodevelopmental or neurodegenerative conditions and is poorly responsive to sedative or stimulant medications. Management emphasizes daytime activity, structured routines, and light exposure.

Sleep phase disorders reflect stable but misaligned circadian timing. **Delayed sleep–wake phase disorder (DSWPD)** is characterized by difficulty falling asleep and awakening at socially acceptable times and is most common in adolescents and young adults. Advanced sleep–wake phase disorder (ASWPD) presents with early evening sleep onset and early morning awakening and is more common in older adults. Diagnosis relies on sleep history and sleep logs, and treatment focuses on behavioral schedule adjustment, light exposure, and, in some cases, melatonin (Futenma et al., 2023).

Acute circadian misalignment occurs with rapid time-zone travel and shift work. **Jet lag disorder** results from rapid travel across multiple time zones and produces transient insomnia, sleepiness, impaired performance, and gastrointestinal symptoms. Eastward travel is generally more difficult to adjust to than westward travel. Symptoms typically resolve within several days as circadian alignment is restored.

Shift work disorder is caused by chronic misalignment between work schedules and biologic sleep timing. Affected individuals experience insomnia, excessive sleepiness, impaired alertness, and increased risk of accidents. Full circadian adaptation is uncommon, and management focuses on optimizing sleep timing, environmental control, and strategic use of light, naps, and stimulants (Kontrick & Agarwal, 2024).

The distinguishing features, populations at risk, and management strategies for circadian rhythm sleep–wake disorders are summarized in Table 12-10.

Insomnia

Insomnia is the most common sleep disorder in the general population. It is diagnosed by difficulty initiating or maintaining sleep, despite adequate opportunity and circumstances, with resulting daytime consequences such as fatigue, sleepiness, irritability, or impaired concentration. About one third of adults report insomnia symptoms, and approximately 10% meet criteria for chronic insomnia (Morin & Jarrin, 2022). Risk factors include female sex, advancing age, and an anxiety-prone temperament. Insomnia often coexists with mental health, medical, or substance-related conditions but has an independent course that requires targeted treatment. Insomnia can be classified as chronic, short-term, or other types.

Chronic Insomnia Disorder

Chronic insomnia is diagnosed when sleep difficulties occur at least three times per week for at least 3 months and cause daytime impairment. It is frequently associated with medical conditions (e.g., chronic pain, immobility, heart failure, gastroesophageal reflux) and mental health disorders, especially mood and anxiety disorders (Riemann et al., 2023). Hormonal changes during pregnancy or perimenopause may also contribute. Comorbid sleep disorders such as restless legs syndrome (RLS) or sleep apnea may worsen sleep quality. Substances like caffeine, nicotine, stimulating antidepressants, recreational drugs, and alcohol can exacerbate insomnia; although alcohol may initially promote sleep, it leads to fragmentation and poor sleep quality. Withdrawal from alcohol or sedatives can also impair sleep.

Short-Term Insomnia Disorder

Short-term insomnia meets the same criteria as chronic insomnia but lasts less than 3 months. It is often triggered by identifiable emotional or physical stressors. Common contributors include changes in environment (e.g., travel, hospital stays), noise, light, temperature extremes, uncomfortable sleep surfaces, or irregular sleep

TABLE 12-10 Circadian Rhythm Sleep–Wake Disorders: Key Features and Management

Disorder	Core Circadian Problem	Typical Population	Key Clinical Features	Primary Management Strategies
Non–24-Hour Sleep–Wake Rhythm Disorder (N24SWD)	Failure to entrain to 24-hour day	Blind individuals; SCN lesions	Progressive delay in sleep onset; alternating insomnia and sleepiness	Light therapy (if possible), melatonin or melatonin receptor agonists
Irregular Sleep–Wake Rhythm Disorder (ISWR)	Loss of consolidated circadian rhythm	Neurodevelopmental or neurodegenerative disorders	Fragmented sleep across day and night	Structured routines, daytime activity, bright light exposure
Delayed Sleep–Wake Phase Disorder (DSWPD)	Circadian phase delay	Adolescents, young adults	Late sleep onset; difficulty awakening	Sleep hygiene, gradual phase advance, morning light, melatonin
Advanced Sleep–Wake Phase Disorder (ASWPD)	Circadian phase advance	Older adults	Early evening sleepiness; early awakening	Schedule adjustment, evening light exposure
Jet Lag Disorder	Acute circadian misalignment	Travelers crossing ≥3 time zones	Insomnia, daytime sleepiness, GI symptoms	Schedule adaptation, light exposure, melatonin, short-term hypnotics
Shift Work Disorder (SWD)	Chronic circadian misalignment	Night/rotating shift workers	Insomnia, excessive sleepiness, impaired alertness	Sleep timing optimization, controlled light exposure, naps, stimulants

Data from Liu, C., He, Z., Wu, Y., Liu, Y., Li, Z., Jia, Y., & Xiang, H. (2025). Sleep disorders: Pathogenesis and therapeutic interventions. *MedComm*, 6(3), e70130. https://doi.org/10.1002/mco2.70130

schedules due to jet lag or shift work. Life stressors such as being on call or undergoing significant personal changes are common causes (Riemann et al., 2023).

Diagnosis

Evaluation of insomnia begins with a comprehensive sleep history, including bedtime routines, sleep duration, nighttime awakenings, and daytime functioning. Input from a sleep partner may help identify snoring, unusual movements, or excessive daytime drowsiness. A sleep diary kept over 1 to 2 weeks can provide valuable insights. Clinicians should assess for contributing factors, including use of substances (e.g., caffeine, alcohol, medications), and medical or psychological conditions (Riemann et al., 2023). Objective tools like actigraphy or PSG may be used when another sleep disorder is suspected. PSG, although sensitive, is costly and may disrupt natural sleep patterns, limiting its utility in routine insomnia evaluation.

Treatment

Treatment of insomnia includes education on sleep hygiene, behavioral therapy, and cautious pharmacologic use. In short-term cases, improving sleep hygiene and using sedatives briefly may be sufficient. Behavioral approaches such as relaxation training, cognitive therapy, sleep restriction, and stimulus control are effective and considered first-line treatment. Sleep hygiene recommendations include maintaining consistent sleep and wake times, avoiding alcohol or caffeine before bedtime, and ensuring a quiet, comfortable sleep environment (Riemann et al., 2023).

Cognitive–behavioral therapy for insomnia (CBT-I) is the preferred treatment for adults. It addresses dysfunctional beliefs about sleep, limits time in bed to increase sleep efficiency, and reconditions the bedroom environment to promote sleep. For instance, individuals unable to fall asleep should leave the bed and engage in quiet activity until they feel sleepy again (Alimoradi et al., 2022).

Pharmacologic treatment may be used short-term (typically 4 to 5 weeks) or as a bridge while behavioral interventions take effect. Common agents include benzodiazepine receptor agonists such as zolpidem, zaleplon, and eszopiclone. Ramelteon, a melatonin receptor agonist, is FDA-approved for long-term use but may not be significantly more effective than placebo. Sedating antidepressants may be helpful, particularly when insomnia is associated with depression (Riemann et al., 2023). Antihistamines, such as diphenhydramine and doxylamine, are widely used but may cause next-day drowsiness, cognitive impairment, and anticholinergic effects. Over-the-counter melatonin is commonly used, though its effectiveness varies. Hypnotic medications carry risks of falls, fractures, and dependence, especially in older adults, and should be used with caution.

> **KEY POINTS**
>
> **Sleep Disorders**
>
> - Primary sleep disorders include insomnia (repeated difficulty with sleep initiation and duration and impaired daytime function), narcolepsy (characterized by excessive daytime sleepiness), breathing-related sleep disorder (disordered respirations during sleep), and circadian rhythm sleep disorder (misalignment between sleep pattern and societal norms).
> - The parasomnias, which are undesirable physical phenomena that occur almost exclusively during sleep or are exaggerated by sleep, include nightmares, sleepwalking, and sleep terrors.

Narcolepsy

Narcolepsy is a chronic neurologic disorder of central **hypersomnolence**, marked by excessive daytime sleepiness that persists for at least 3 months. It often begins in adolescence or early adulthood, with a peak incidence between ages 15 and 30. Daytime sleepiness may occur during sedentary or low-stimulation activities and may temporarily improve with movement (Gudka et al., 2022). Despite adequate or even prolonged nighttime sleep, individuals with narcolepsy rarely feel fully rested. Daytime sleep episodes typically last less than 30 minutes and may involve speech interruptions, memory lapses, or automatic, nonsensical behaviors. According to the ICSD-3, there are two primary subtypes. **Type 1 narcolepsy** is characterized by brief episodes of muscle weakness triggered by emotions (cataplexy) and low CSF hypocretin-1 levels. **Type 2 narcolepsy** presents without cataplexy and usually with normal hypocretin levels (Gudka et al., 2022).

Associated features may include sleep paralysis, **hypnagogic hallucinations**, and automatic behaviors. Sleep paralysis involves brief episodes of immobility at sleep onset or upon awakening (Gudka et al., 2022). Hypnagogic (at sleep onset) and hypnopompic (upon awakening) hallucinations are vivid and often visual or auditory, sometimes including tactile sensations.

Narcolepsy is strongly associated with dysregulation of REM sleep. Hallmark findings include SOREMPs, where REM sleep occurs within 15 minutes of sleep onset. REM-related phenomena such as cataplexy, hallucinations, and sleep paralysis reflect this disruption in REM sleep control (Gudka et al., 2022).

Pathophysiology

The precise cause of narcolepsy is unknown, but growing evidence supports a multifactorial origin involving genetics, autoimmune mechanisms, and neurochemical changes. A large majority of individuals with type 1 narcolepsy share a common genetic marker, indicating a genetic predisposition to the disorder. This association and the selective loss of hypocretin-producing neurons support an autoimmune hypothesis, potentially triggered by environmental factors such as infections (Gudka et al., 2022).

Hypocretin (orexin) is a neuropeptide produced in the lateral hypothalamus that regulates arousal and REM sleep. Type 1 narcolepsy is linked to hypocretin deficiency due to immune-mediated destruction of these neurons. Rare cases of narcolepsy may also result from structural brain lesions, trauma, or inflammation affecting the hypothalamus (Gudka et al., 2022).

Diagnosis and Treatment

Diagnosis typically requires both overnight PSG and a MSLT conducted the following day. PSG helps rule out other disorders like sleep apnea or periodic limb movement disorder (PLMD). In MSLT, diagnostic features include a mean sleep latency <8 minutes and ≥2 SOREMPs across five nap opportunities (Gudka et al., 2022).

There is no cure for narcolepsy, but treatment focuses on symptom control and improving quality of life. Education about sleep hygiene, maintaining regular sleep–wake schedules, and avoiding sleep deprivation is foundational. Brief scheduled naps (15 to 20 minutes) may help reduce daytime sleepiness but are usually not sufficient as monotherapy. Patients should be cautioned against drowsy driving or operating heavy machinery (Gudka et al., 2022).

Pharmacologic treatment focuses on stimulant medications such as methylphenidate, amphetamines, modafinil, and armodafinil, which are FDA-approved for treatment of narcolepsy. Sodium oxybate, a CNS depressant, is FDA-approved for treatment of cataplexy and excessive daytime sleepiness. TCAs and SSRIs can treat cataleptic attacks (Gudka et al., 2022).

Sleep-Related Movement Disorders

Spontaneous limb movements occur during normal sleep, with characteristic rates and patterns during certain stages of sleep. Many movement disorders occur during stage 2 NREM sleep. Among the abnormal motor disorders are PLMD and RLS.

Periodic Limb Movement Disorder

PLMD is characterized by episodes of repetitive large toe movement with flexion of the ankle, knee, and hip during sleep. It can occur in both legs, alternate between legs, or occur unilaterally and results in disrupted sleep quality and daytime functioning. It occurs most frequently during light sleep compared with deep sleep and REM sleep. The incidence of PLMD increases with age and frequently accompanies RLS. People with PLMD are often unaware of periodic limb movements, but their bed partners may report the symptoms.

The cause of PLMD is largely unknown. The movements mimic the Babinski reflex, suggesting removal of an excitatory influence over a subcortical inhibitory system allowing for facilitation of abnormal movements during sleep. There is also an autonomic response that accompanies the periodic leg movements. A rapid rise in heart rate and arterial BP is followed by bradycardia and return of BP to normal. PLMD is considered a diagnosis of exclusion, and diagnosis is facilitated with use of EMG recordings from tibialis anterior muscles. A person must experience both periodic leg movements in sleep and disruption of daytime functioning for diagnosis.

Restless Legs Syndrome

RLS is a sleep disorder characterized by an urge to move the limbs with or without sensations worsening at rest or inactivity, worsening in the evening or night, and improving with activity or movement. RLS can occur as a primary or secondary disorder. There is a high familial incidence of primary RLS, suggesting a genetic influence. Secondary causes of RLS include iron deficiency, neurologic disorders, pregnancy, uremia, and medications (Nanayakkara et al., 2023). Although prevalence increases with age, it has a variable age of onset and can occur in children. Approximately seven out of 10 people may experience the disorder in their lifetime.

Diagnosis of RLS is based on a history. Because RLS may be a symptom of iron deficiency, serum ferritin and iron saturation should be assessed. Sleep studies are not required since diagnosis is based on history and clinical findings.

Treatment varies depending on the severity of symptoms. Dopaminergic agents are the first-line drugs for most people with RLS (Nanayakkara et al., 2023). Although pharmacologic treatment is helpful, those with mild symptoms may not require medications. Deliberate manipulation of the muscles through ambulation, kicking movements, stretching, or massage may provide relief. Good sleep habits are important. Given the prevalence of iron deficiency, treatment of the deficiency may improve or resolve symptoms.

Sleep-Related Breathing Disorders

Sleep-disordered breathing (SDB) is associated with several conditions that result in altered respirations. These breathing disorders result in sleep deprivation and interfere with work, driving, and social activities. **Sleep apnea**, the most common SDB, is accompanied by daytime symptoms, often excessive sleepiness. Two types of sleep apnea are central and obstructive. **Central sleep apnea** is not common, and the etiology is unknown. It is associated with underlying pathologic conditions such as Cheyne–Stokes breathing or environmental causes such as high-altitude periodic breathing. It is characterized by a cessation or decrease in ventilatory effort during sleep and is usually associated with oxygen desaturation. **Obstructive sleep apnea (OSA) syndrome**, caused by upper airway obstruction and characterized by snoring, disrupted sleep, and excessive daytime sleepiness, is more common. Although airflow ceases, respiratory muscles continue to function. This is one of the features that distinguishes central sleep apnea from OSA. The majority of people with central sleep apnea also have some obstructive events (Lv et al., 2023).

Obstructive Sleep Apnea

Apnea is cessation of airflow through the nose and mouth for 10 seconds or longer. Apneic periods last for 10 to 30 seconds, and a person may have 300 to 500 apneic periods per night (Lv et al., 2023). Reduction in tidal volume due to decreased depth and rate of respiration (**hypopnea**) decreases arterial oxygen saturation. An adult may experience up to five events an hour without symptoms. The severity of symptoms increases as the number of events increases. Five or greater events per hour and reports of excessive daytime sleepiness are indicative of OSA.

Pathophysiology

A critical pathophysiologic feature of OSA is sleep-related partial or full collapse of the upper airway at the pharynx level (Lv et al., 2023). All skeletal muscles, except the diaphragm, have decreased tone during sleep, which is most pronounced during REM. Loss of muscle tone in the upper airways risks airway obstruction as negative airway pressure brings the vocal cords together, collapses the pharyngeal wall, and sucks the tongue into the throat (Fig. 12-35). Airway collapse is enhanced in conditions that cause upper airway narrowing or weakness of the throat muscles.

OSA risk factors include increasing age, positive family history, and obesity. Alcohol and other drugs that depress the CNS increase the severity of obstructive episodes. Large neck girth is highly predictive of sleep apnea. Neck circumferences greater than 40 cm are correlated with OSA, more so than body mass index (BMI) (Lv et al., 2023). People with endocrine disorders, namely, acromegaly, Cushing syndrome, hypothyroidism, and type 2 diabetes, are at higher risk. These hormonal imbalances lead to structural distortion of the airways that leads to obstruction.

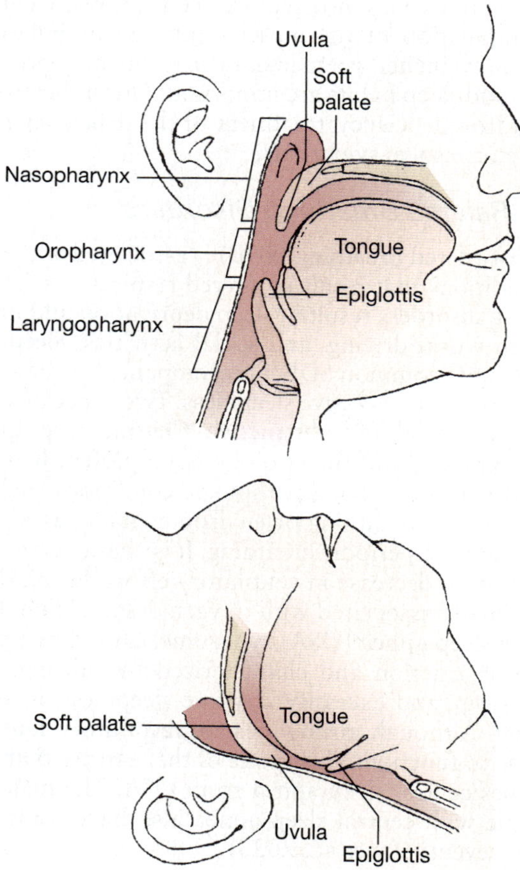

FIGURE 12-35. Principal mechanism of obstructive sleep apnea. When the person is awake (**top**), the airway is kept open by the activity of the pharyngeal musculature. During sleep (**bottom**), this activity is decreased, causing airway obstruction, most commonly in the area behind the uvula, soft palate, and posterior tongue.

Clinical Manifestations

OSA is characterized by loud snoring and labored breathing interrupted by periods of silence followed by apnea (Lv et al., 2023). Abnormal gross motor movements during sleep are common. In many cases, snoring precedes the onset of other signs of OSA by years. Common presenting symptoms are persistent and excessive daytime sleepiness and a history of snoring. Other symptoms include morning headache, memory and judgment problems, irritability, difficulty concentrating, and depression. People with OSA are likely to fall asleep at inappropriate times and have higher rates of accidents. Males may complain of impotence. In children, a decline in school performance may be the only indication of the problem.

Increased sympathetic activity can lead to an increased risk of cardiovascular disease (Lv et al., 2023). OSA is associated with sleep-related cardiac arrhythmias, hypertension, and heart failure. Frequent apneic periods may result in increased systemic and pulmonary BPs and decreases in PO_2 and increased PCO_2. Morning BP increases linearly with increasing apnea episodes. In severe cases, pulmonary hypertension, polycythemia, and cor pulmonale may develop (Chart 12-2).

Diagnosis

OSA is suspected from a history of snoring, disturbed sleep, and daytime sleepiness. A definitive diagnosis is accomplished with sleep studies using PSG (Lv et al., 2023). The procedure consists of EEG and EOG to determine sleep stages, monitoring airflow, an ECG to detect arrhythmias, methods to measure ventilatory effort, and pulse oximetry to detect changes in PO_2. An MSLT may be done to rule out narcolepsy. Portable sleep monitors

CHART 12-2

SIGNS AND SYMPTOMS OF OBSTRUCTIVE SLEEP APNEA

- Excessive daytime sleepiness
- Noisy snoring
- Observed apnea
- Insomnia
- Heartburn
- Nocturia
- Morning headaches
- Dry mouth
- Erectile dysfunction
- Hypertension

may be used in the home when PSG is not available or in cases of serious comorbidities (Lv et al., 2023).

Treatment

Treatment is determined by the severity of OSA. Behavioral measures, including weight loss, eliminating evening alcohol and sedatives, and proper bed positioning, may be sufficient for mild OSA. SDB events are often confined to the supine sleeping position, so training the person to sleep in the lateral position may help alleviate the problem.

Principle treatment for OSA is nasal or naso-oral CPAP (continuous positive airway pressure) at night (Lv et al., 2023). CPAP uses an occlusive nasal mask or a device that fits into the nares, an expiratory valve and tubing, and a blower system to generate positive pressure. The main difficulty with CPAP is adherence. Common complaints include mouth dryness, claustrophobia, and noise.

Oral or dental appliances that move the tongue forward and the mandible more anterior and forward may be an option for mild to moderate OSA who don't tolerate CPAP treatment. People who snore but do not have OSA may use these devices, which should be fitted by a dentist. Side effects include excessive salivation and TMJ discomfort.

Surgical procedures can correct airway obstruction, including nasal septoplasty (repair of nasal septum) and uvulopalatopharyngoplasty (excision of excess soft tissue on the palate, uvula, and posterior pharyngeal wall). Both of these procedures have limited success. Severe cases of sleep apnea may require a tracheostomy (i.e., surgical placement of a tube into the trachea to maintain an open airway). The tracheostomy tube is occluded during the day and opened during the night (Lv et al., 2023).

Obesity Hypoventilation Disorder

Obesity hypoventilation disorder is defined as a BMI greater than or equal to 30 kg/m^2, chronic hypoventilation leading to hypoxia and hypercapnia when awake, and hypoventilation that is not due to parenchymal lung or airway disease.

Parasomnias

Parasomnias are undesirable episodes that occur during sleep. They include nightmares, sleepwalking (somnambulism), and sleep terrors. Sleepwalking, sleep terrors, and bed-wetting may be considered normal at a certain age. They are less common in adults, potentially indicating other pathologic processes. For example, sleepwalking and sleep terrors may occur in people with poorly controlled cardiac insufficiency after myocardial infarction. Rarely, sleepwalking and sleep terrors may be the first sign of a slowly evolving brain tumor. Sleepwalking and sleep terrors may be triggered by disorders interacting with the sleep–wake cycle. Health problems such as a febrile illness may enhance NREM sleep nightmares, sleep terrors, and sleepwalking.

Nightmare Disorder

Nightmares are vivid and terrifying episodes in which the dreamer is abruptly awakened from sleep. There is difficulty returning to sleep. Most nightmares occur during REM sleep. Most REM-altering disorders and drugs affect dreaming (Delage et al., 2024).

Nightmares are a symptom of posttraumatic stress disorder (PTSD) and occur after frightening or highly emotional experiences. They are associated with disturbed sleep and daytime hyperarousability. People with PTSD report waking from dreams that relive trauma. Frequency of PTSD nightmares increases with severity of trauma and can persist for long periods after the traumatic experience.

Sleepwalking and Sleep Terrors

Sleepwalking and **sleep terrors** usually occur during stages 3 and 4 of NREM sleep. Because these stages are prolonged during the first third of the night, sleepwalking and sleep terrors usually occur during this time (Delage et al., 2024). Sleep terrors are characterized by sudden, loud, terrified screaming and prominent ANS activation. Sleepwalking is characterized by complex automatic behaviors, such as aimless wandering, furniture rearranging, and going outdoors. During a typical episode, the sleepwalker appears dazed and relatively unresponsive to communication. On awakening, there may be a brief period of confusion or disorientation, with no memory or only a vague awareness of what has happened. Sleep deprivation, sedatives, alterations in sleep schedule, and stress are associated with sleep terrors and sleepwalking in adults.

Diagnosis and treatment depend on age. Since most children outgrow the disorders, parents may simply need to be instructed in safety measures. Insufficient sleep may precipitate episodes of sleepwalking, and parents should ensure that the child gets enough sleep. In adults, a thorough medical, psychiatric, and sleep history should be done to eliminate other causes (Delage et al., 2024). Because sleepwalking can be dangerous, it is important that the environment be safe. No attempt should be made to interrupt the sleepwalking event because such efforts may be frightening.

Pharmacologic treatment of sleepwalking includes selective use of benzodiazepines or the TCA imipramine (Geldenhuys et al., 2022). In older adults, treatment focuses on reversing the underlying causes. Because medications are a frequent cause of delirium in older adults, a complete drug history should be done and medications that may be responsible must be eliminated.

SUMMARY CONCEPTS

Sleep disorders include circadian rhythm sleep disorders, insomnias, narcolepsy, sleep-related movement disorders, sleep apnea, and parasomnias. Alterations in circadian rhythm are related to intrinsic factors (N24SWRD, ISWR, ASPD, and DSPD) and acute shifts in the sleep–wake cycle. Insomnia is a subjective problem of insufficient sleep and impairment in daytime functioning despite adequate opportunity to sleep. It includes acute and chronic problems in falling asleep and maintaining sleep, or waking up too early with consequences such as fatigue, decreased concentration and memory, and impaired performance in social or work situations.

Narcolepsy is a disorder of daytime sleep attacks, hallucinations occurring at the onset of sleep, and sleep paralysis. Narcolepsy may occur with or without cataplexy. Among the movement disorders that occur during sleep are PLMD and RLS. PLMD is characterized by episodes of repetitive movement of the large toe with flexion of the ankle, knee, and hip during sleep, usually involving both legs. RLS is a neurologic disorder characterized by an irresistible urge to move the legs. It is usually worse during periods of inactivity and often interferes with sleep.

OSA is a serious, potentially life-threatening disorder characterized by brief periods of apnea or breathing cessation during sleep, loud snoring interrupted by periods of silence, and abnormal gross motor movements. It is accompanied by complaints of persistent daytime sleepiness, morning headache, memory problems, irritability, difficulty concentrating, and depression. OSA also is associated with sleep-related cardiac arrhythmias, hypertension, and heart failure. The parasomnias are undesirable physical phenomena that occur almost exclusively during sleep or are amplified by sleep. They include nightmares, sleepwalking, and sleep terrors.

Sleep and Sleep Disorders in Children and Older Adults

Sleep patterns change as the brain develops in the fetus and neonate, matures during adolescence and early adulthood, and begins to decline with aging.

Sleep and Sleep Disorders in Children

The first behavioral manifestations of sleep patterns occur between 28 and 30 weeks of gestation, when the movement of the fetus is interrupted by periods of quiet. At 32 weeks, periods of quiescence begin to occur at regular intervals, suggesting the beginnings of a sleep–wake cycle.

Newborns (0 to 2 months) sleep approximately 16 to 20 hours/day. Equally distributed over night and daytime, sleep periods generally last 1 to 4 hours interspersed with 1- to 2-hour periods of wakefulness. Initially, patterns are based on hunger. At 2 to 4 months of age, circadian rhythms are developed. Infants have three basic sleep states: active (REM-like; 50% of sleep), quiet (NREM-like), and intermediate (features of both). Although infants have some capacity to concentrate sleep in one part of the day, this must be developed in the weeks after birth. With development, the infant can concentrate sleep during the night and remain awake for longer periods during the day. As the cyclic structure progresses, the amount of time spent in REM sleep decreases. By 6 months of age, three distinct stages of NREM sleep occur.

Although sleep complaints are common among adults, children usually do not complain about sleep problems, although their parents might. The usual concerns of parents include irregular sleep habits, insufficient or too much sleep, nightmares, sleep terrors, sleepwalking, and bed-wetting. Complaints of excessive daytime sleepiness or sleep attacks not accounted for by an inadequate amount of sleep may be due to a more serious health or sleep problem. A careful sleep history, physical examination, and other diagnostic tests may be needed.

Sleep Terrors

Sleep terrors are marked by repeated episodes of awakening from stage 3 sleep. They usually occur during the first third of the night; most are brief, but they may last up to 40 minutes. Sleep terrors are most common in early childhood (Idir et al., 2022) The disorder gradually resolves, usually disappearing during adolescence. The course is variable, usually occurring at intervals of days or weeks. Typically, the child sits up abruptly in bed, appears frightened with signs of extreme anxiety, including dilated pupils, excessive perspiration, rapid breathing, and tachycardia. Until the agitation and confusion subside, efforts to help are futile. There usually is no memory of the episode. Occasionally, the child recounts a sense of terror, but there is only fragmentary recall of dreamlike images. Treatment consists primarily of educating and reassuring the family. The child should be assisted in settling down without awakening. The child must be protected if he or she gets up and walks about during the episodes.

Confusional Arousals

Confusional arousals affect 17.3% of children aged 3 to 13 years. They usually occur during the first third of the night. During these events, children present with marked confusion, slow and inappropriate responses to questions, and nonpurposeful activities. They do not express fear, terror, or panic (Idir et al., 2022). Children spontaneously return to sleep and have no recollection of the event. Recovery from sleep deprivation tends to increase the incidence of confusional arousals.

Sleepwalking

Sleepwalking, common between the ages of 5 and 12 years, involves repeated episodes of complex motor movements that lead to leaving the bed and walking without being conscious of the episode or remembering that it occurred (Idir et al., 2022). As with sleep terrors, it normally occurs in NREM sleep stages 3 and 4 during the first third of the sleep period.

An episode typically lasts from a few minutes to half an hour, during which the child sits up, makes purposeful movements, and then proceeds to semipurposeful movements such as walking around, dressing, or going to the bathroom. Often, they end up in the parent's bedroom. They are usually unresponsive to communication. Confusion and disorientation are typical, and on awakening, there is no memory. There may be extreme ANS activity such as tachycardia, rapid breathing, perspiration, and urination (Idir et al., 2022).

Sleepwalking is more frequent in children with a family history of sleepwalking. It may start at any age. Children who sleepwalk usually stop by the time they reach puberty. The primary concern is injury during an episode. Therefore, gates should be placed across stairs and windows and doors should be locked so the child cannot leave the house.

Sleep and Sleep Disorders in Older Adults

Sleep-related complaints are common among adults older than 65 years of age. It is often difficult to differentiate whether such complaints are a consequence of normal aging, a primary sleep disorder, or a medical illness. Therefore, when evaluating sleep in the older adult, it is important to determine if the patient's symptoms are consistent with normal aging, a primary sleep condition, or other issues of sleep impairment (medication effect, medical issues, or poor sleep hygiene) (Riemann et al., 2023). The consequences of chronic sleep problems in older adults can be considerable. Loss of sleep and use of sedating medications may lead to falls and accidents. Sleep-related disorders of breathing may have serious cardiovascular, pulmonary, and CNS effects.

There are a number of changes that occur in the sleep–wake cycle as a person ages. Older adults have repeated and frequent interruptions of sleep with longer periods of wakefulness and shorter duration of stages 3 and 4 and REM sleep. The deepest stages of NREM sleep frequently are reduced. Compared with younger people, adults in their seventies need 30 to 60 minutes less sleep than adults in their twenties (Riemann et al., 2023). They often take longer to fall asleep, awaken earlier, and have more nighttime arousals. Environmental influences, particularly auditory stimuli, often are more disruptive in older adults. With an increase in nighttime wakefulness, there is an increase in daytime fatigue and napping. An often-overlooked cause of nocturnal awakenings in the older adult population is nocturia.

Causes of sleep disorders in older adults include changes in sleep architecture, secondary sleep disturbances, primary sleep disorders, lack of exercise, and poor sleep habits (Riemann et al., 2023). Factors that predispose to secondary sleep disturbances include physical and mental illness, medication, and emotional stress. Medical illnesses contribute to sleep disorders in older adults including arthritic pain, respiratory problems, cardiac disease, and neurologic disorders. Nightmares and nighttime fears are common in older adults with Parkinson disease, particularly those receiving levodopa. Mental health disorders, such as depression, are a common cause of disturbed sleep. Primary sleep disorders such as sleep apnea, RLS, and PLMD also increase in old age. Many medications used to treat medical and psychiatric conditions have stimulating effects and interfere with sleep. These include some of the antidepressants, decongestants, bronchodilators, corticosteroids, and antihypertensives. Alcohol may be a sleep deterrent (Riemann et al., 2023). Sleep–wake problems may be compounded by inappropriate interventions initiated by the person, family, or health care providers.

Sleep is disturbed in disorders characterized by dementia. Nocturnal wandering, confusion, and delirium can occur despite normal daytime functioning. People with Alzheimer disease often have increased periods of nighttime awakening and daytime napping.

Diagnosis in older adults requires a comprehensive sleep history, inquiries about pain and anxiety or depression, review of current sleep hygiene practices, drug use history, spousal or bed partner reports, a comprehensive physical examination, and laboratory tests (Riemann et al., 2023). Interventions include education about good sleep habits. Development of a sleep ritual is essential. Treatment of a medical disorder and changes in medication regimens and timings can often improve sleep. Avoidance of alcohol and stimulants before bedtime and improving sleep hygiene may improve sleep. Although hypnotics can be used to treat transient insomnia, they often fail to provide long-term relief of chronic sleep disturbances.

SUMMARY CONCEPTS

Circadian rhythms and sleep patterns are established early in life. In the newborn, REM sleep occurs at sleep onset, and periods of sleep and awakening are distributed throughout the day. As the cyclic structure of the sleep–wake cycle progresses, the amount of time spent in REM sleep decreases. By the time the child is 6 months of age, three distinct stages of NREM sleep occur. At 9 months, 70% to 80% of infants sleep through the night and may nap at predictable times. Although sleep complaints are common among adults, children usually do not complain about sleep problems. The usual concerns of parents include irregular sleep habits, insufficient or too much sleep, nightmares sleep terrors, and sleepwalking.

The sleep–wake cycle changes that occur with aging are evidenced by more fragmented sleep and shorter duration of stages 3 and 4 sleep. Older adults also have more health problems that interrupt sleep, they are apt to be on medications that interfere with sleep, and they are more likely to have sleep disorders such as insomnia, RLS, and sleep-disordered breathing. Left uncorrected, sleep disorders in older adults affect the quality of life. Loss of sleep and use of sedating medications may lead to falls and accidents.

Integrating Clinical Decision Making

A 45-year-old woman presents to her primary care provider with headaches occurring nearly every day for the past 4 months. She describes the pain as a dull, bilateral pressure that feels like a "tight band" around her head. The headaches are mild to moderate in intensity and are not associated with nausea, photophobia, or neurologic symptoms. She reports increased work-related stress and poor sleep, noting difficulty falling asleep and frequent nighttime awakenings. Physical and neurologic examinations are normal.

1. Which headache type best explains this patient's presentation?
2. Which pain mechanism most likely contributes to the persistence of this patient's headaches?

At a follow-up visit 2 months later, the patient reports worsening fatigue, diffuse muscle aches, and feeling "cold all the time," even when others are comfortable. She notes that her headaches are now accompanied by increased daytime sleepiness and difficulty concentrating. Her partner reports loud snoring and occasional pauses in breathing during sleep. Her body temperature in clinic is 36.8°C (98.2°F), but she reports needing extra layers at home and during work hours.

3. Which physiologic mechanism best explains the patient's sensation of being cold despite a normal core temperature?
4. Which unifying pathophysiologic process best links this patient's headache progression, diffuse pain, temperature sensitivity, and excessive daytime sleepiness?

REFERENCES

Abd-Elsayed, A., Vardhan, S., Aggarwal, A., Vardhan, M., & Diwan, S. A. (2024). Mechanisms of action of dorsal root ganglion stimulation. *International Journal of Molecular Sciences*, *25*(7), 3591. https://doi.org/10.3390/ijms25073591

Ahmadi, R., Kuner, R., Weidner, N., Keßler, J., Bendszus, M., & Krieg, S. M. (2024). The diagnosis and treatment of neuropathic pain. *Deutsches Ärzteblatt International*, *121*, 825–832. https://doi.org/10.3238/arztebl.m2024.0215

Alimoradi, Z., Jafari, E., Broström, A., Ohayon, M. M., Lin, C.-Y., Griffiths, M. D., Blom, K., Jernelöv, S., Kaldo, V., & Pakpour, A. H. (2022). Effects of cognitive behavioral therapy for insomnia (CBT-I) on quality of life: A systematic review and meta-analysis. *Sleep Medicine Reviews*, *64*, 101646. https://doi.org/10.1016/j.smrv.2022.101646

Alshak, M. N., & Das, J. M. (2023, May 8). Neuroanatomy, sympathetic nervous system. In *StatPearls* [Internet]. StatPearls Publishing. https://www.ncbi.nlm.nih.gov/books/NBK542195/

Ambron, R. (Ed.). (2022). The brain and pain. In *The brain and pain: Breakthroughs in neuroscience* (pp. 153–167). Columbia University Press. https://doi.org/10.7312/ambr20486-012

Ashina, S., Robertson, C. E., Srikiatkhachorn, A., Di Stefano, G., Donnet, A., Hodaie, M., Obermann, M., Romero-Reyes, M., Park, Y. S., Cruccu, G., & Bendtsen, L. (2024). Trigeminal neuralgia. *Nature Reviews Disease Primers*, *10*(1), 39. https://doi.org/10.1038/s41572-024-00523-z

Atchley, T. J., Vukic, B., Vukic, M., & Walters, B. C. (2022). Review of cerebrospinal fluid physiology and dynamics: A call for medical education reform. *Neurosurgery*, *91*(1), 1–7. https://doi.org/10.1227/neu.0000000000002000

Balaban, Z., & Kurt, G. (2023). Neurotransmitters of autonomic nervous system. In M. E. Hernández-Aguilar & G. E. Aranda-Abreu (Eds.), *Physiology: Topics in autonomic nervous system*. https://doi.org/10.5772/intechopen.112007

Balli, S., Sharan, S., & Shumway, K. R. (2023, September 4). Physiology, fever. In *StatPearls* [Internet]. StatPearls Publishing. https://www.ncbi.nlm.nih.gov/books/NBK562334/

Betsholtz, C., Engelhardt, B., Koh, G. Y., McDonald, D. M., Proulx, S. T., & Siegenthaler, J. (2024). Advances and controversies in meningeal biology. *Nature Neuroscience*, *27*(11), 2056–2072. https://doi.org/10.1038/s41593-024-01701-8

Birkinshaw, H., Friedrich, C. M., Cole, P., Eccleston, C., Serfaty, M., Stewart, G., White, S., Moore, R. A., Phillippo, D., & Pincus, T. (2023). Antidepressants for pain management in adults with chronic pain: A network meta-analysis. *Cochrane Database of Systematic Reviews*, *2023*(5). https://doi.org/10.1002/14651858.cd014682.pub2

Bjertnæs, L. J., Næsheim, T. O., Reierth, E., Suborov, E. V., Kirov, M. Y., Lebedinskii, K. M., & Tveita, T. (2022). Physiological changes in subjects exposed to accidental hypothermia: An update. *Frontiers in Medicine*, *9*, 824395. https://doi.org/10.3389/fmed.2022.824395

Blomqvist, A. (2023). Prostaglandin E2 production by brain endothelial cells and the generation of fever. *DNA and Cell Biology*, *42*(3), 107–112. https://doi.org/10.1089/dna.2022.0662

Caminero, F., & Cascella, M. (2024, September 10). Neuroanatomy, mesencephalon midbrain. In *StatPearls* [Internet]. StatPearls Publishing. https://www.ncbi.nlm.nih.gov/sites/books/NBK551509/

Canepa, M. E., Raffini, L., & Ramenghi, L. A. (2024). Terminology matters: Is the International Association for the Study of pain definition of pain fully satisfactory for fetuses, neonates, and infants? *Frontiers in Pain Research*, *5*, 1369945. https://doi.org/10.3389/fpain.2024.1369945

Carey, M. R. (2024). The cerebellum. *Current Biology*, *34*(1), R7–R11. https://doi.org/10.1016/j.cub.2023.11.048

Catani, M. (2022). The connectional anatomy of the temporal lobe. *Handbook of Clinical Neurology*, *187*, 3–16. https://doi.org/10.1016/b978-0-12-823493-8.00001-8

Chen, H., Bleimeister, I. H., Nguyen, E. K., Li, J., Cui, A. Y., Stratton, H. J., Smith, K. M., Baccei, M. L., & Ross, S. E. (2024). The functional and anatomical characterization of three spinal output pathways of the anterolateral tract. *Cell Reports*, *43*(3), 113829. https://doi.org/10.1016/j.celrep.2024.113829

Cohen, F., Brooks, C. V., Sun, D., Buse, D. C., Reed, M. L., Fanning, K. M., & Lipton, R. B. (2024). Prevalence and burden of migraine in the United States: A systematic review. *Headache: The Journal of Head and Face Pain*, *64*(5), 516–532. https://doi.org/10.1111/head.14709

Cong, Z., Wan, T., Wang, J., Feng, L., Cao, C., Li, Z., Wang, X., Han, Y., Zhou, Y., Gao, Y., Zhang, J., Qu, Y., & Guo, X. (2023). Epidemiological and clinical features of malignant hyperthermia: A scoping review. *Clinical Genetics*, *105*(3), 233–242. https://doi.org/10.1111/cge.14475

Cramer, M. N., Gagnon, D., Laitano, O., & Crandall, C. G. (2022). Human temperature regulation under heat stress in health, disease, and injury. *Physiological Reviews*, *102*(4), 1907–1989. https://doi.org/10.1152/physrev.00047.2021

Dagnino, A. P., & Campos, M. M. (2022). Chronic pain in the elderly: Mechanisms and perspectives. *Frontiers in Human Neuroscience*, *16*, 736688. https://doi.org/10.3389/fnhum.2022.736688

Dang, R., Patel, A. I., Weng, Y., Schroeder, A. R., Lee, H. C., Aby, J., & Frymoyer, A. (2023). Incidence of neonatal hypothermia in the newborn nursery and associated factors. *JAMA Network Open*, *6*(8), e2331011. https://doi.org/10.1001/jamanetworkopen.2023.31011

Dantzer, R. (2022). Evolutionary aspects of infections: Inflammation and sickness behaviors. In J. Savitz & R. H. Yolken (Eds.), *Current topics in behavioral neurosciences* (*Vol. 61*, pp. 1–14). https://doi.org/10.1007/7854_2022_363

Delage, J.-P., Côté, J., Journault, W.-G., Lemyre, A., & Bastien, C. H. (2024). The relationships between insomnia, nightmares, and dreams: A systematic review. *Sleep Medicine Reviews*, *75*, 101931. https://doi.org/10.1016/j.smrv.2024.101931

DeVitis, J., Flom, E., Cooper-Roth, T., Davis, A., Krech, L., Fisk, C., Pounders, S., Kwazneski, D., Chapman, A., & Valdez, C. (2022). The nopioid project: A prospective observational feasibility study examining the implementation of a non-narcotic post-operative pain control regimen. *Surgical Endoscopy*, *36*(11), 8472–8480. https://doi.org/10.1007/s00464-022-09144-7

Diek, D., Smidt, M. P., & Mesman, S. (2022). Molecular organization and patterning of the medulla oblongata in health and disease. *International Journal of Molecular Sciences*, *23*(16), 9260. https://doi.org/10.3390/ijms23169260

Dunford, E., West, E., & Sampson, E. L. (2022). Psychometric evaluation of the pain assessment in advanced dementia scale in an acute general hospital setting. *International Journal of Geriatric Psychiatry*, *37*(12). https://doi.org/10.1002/gps.5830

El-Baba, R. M., & Schury, M. P. (2023, May 29). Neuroanatomy, frontal cortex. In *StatPearls* [Internet]. StatPearls Publishing. https://www.ncbi.nlm.nih.gov/books/NBK554483

English, B. A., & Jones, C. K. (2023). Cholinergic neurotransmission. In I. Biaggioni, K. Browning, G. Fink, J. Jordan, P. A. Low (Eds.), *Primer on the autonomic nervous system* (4th ed., pp. 67–71). Academic Press. https://doi.org/10.1016/b978-0-323-85492-4.00114-9

Fallon, M., Dierberger, K., Leng, M., Hall, P. S., Allende, S., Sabar, R., Verastegui, E., Gordon, D., Grant, L., Lee, R., McWillams, K., Murray, G. D., Norris, L., Reid, C., Sande, T. A., Caraceni, A., Kaasa, S., & Laird, B. J. A. (2022). An international, open-label, randomised trial comparing a two-step approach versus the standard three-step approach of the WHO analgesic ladder in patients with cancer. *Annals of Oncology*, *33*(12), 1296–1303. https://doi.org/10.1016/j.annonc.2022.08.083

Ferrara, M., De Gennaro, L., & Bertini, M. (2014). Classification of sleep disorders. In C. Espie & C. Pandi-Perumal (Eds.), *Sleep medicine textbook* (pp. 95–104). European Sleep Research Society.

Finnerup, N. B., Nikolajsen, L., & Rice, A. S. C. (2022). Transition from acute to chronic pain: A misleading concept? *Pain*, *163*(9), e985–e988. https://doi.org/10.1097/j.pain.0000000000002631

Futenma, K., Takaesu, Y., Komada, Y., Shimura, A., Okajima, I., Matsui, K., Tanioka, K., & Inoue, Y. (2023). Delayed sleep–wake phase disorder and its related sleep behaviors in the young generation. *Frontiers in Psychiatry*, *14*, 1174719. https://doi.org/10.3389/fpsyt.2023.1174719

Garcia, C. K., Renteria, L. I., Leite-Santos, G., Leon, L. R., & Laitano, O. (2022). Exertional heat stroke: Pathophysiology and risk factors. *BMJ Medicine*, *1*(1), e000239. https://doi.org/10.1136/bmjmed-2022-000239

Geldenhuys, C., van den Heuvel, L. L., Steyn, P., & Seedat, S. (2022). Pharmacological management of nightmares associated with posttraumatic stress disorder. *CNS Drugs*, *36*(7), 721–737. https://doi.org/10.1007/s40263-022-00929-x

Genoese, F. M., Harkey, M. S., & Baez, S. E. (2023). The neuromatrix theory of pain and transactional theory of stress and coping: Improving understanding of pain catastrophizing in individuals with ACL reconstruction and knee osteoarthritis. *International Journal of Athletic Therapy and Training*, *28*(2), 77–83. https://doi.org/10.1123/ijatt.2022-0074

Ghibaudo, V., Juventin, M., Buonviso, N., & Peter-Derex, L. (2024). The timing of sleep spindles is modulated by the respiratory cycle in humans. *Clinical Neurophysiology*, *166*, 252–261. https://doi.org/10.1016/j.clinph.2024.06.014

Gudka, S., Haynes, E., Scotney, J., Mukherjee, S., Frenkel, S., Sivam, S., Swieca, J., Chamula, K., Cunnington, D., & Saini, B. (2022). Narcolepsy: Comorbidities, complexities and future directions. *Sleep Medicine Reviews*, *65*, 101669. https://doi.org/10.1016/j.smrv.2022.101669

Harrow-Mortelliti, M., Jimsheleishvilli, G., & Reddy, V. (2023, March 17). Physiology, spinal cord. In *StatPearls* [Internet]. StatPearls Publishing. https://www.ncbi.nlm.nih.gov/books/NBK544267

Hernández-Alcázar, E. J., Ramírez-Tapia, Y., Cuevas-Hernández, A., & Salas-Palomino, I. (2024). Perioperative hypothermia: A systematic review. *Revista Medica Del Hospital General de Mexico*, *87*(2), 61–71. https://doi.org/10.24875/hgmx.23000071

Héroux, M. E., Butler, A. A., Robertson, L. S., Fisher, G., & Gandevia, S. C. (2022). Proprioception: A new look at an old concept. *Journal of Applied Physiology*, *132*(3), 811–814. https://doi.org/10.1152/japplphysiol.00809.2021

Idir, Y., Oudiette, D., & Arnulf, I. (2022). Sleepwalking, sleep terrors, sexsomnia and other disorders of arousal: The old and the new. *Journal of Sleep Research*, *31*(4), e13596. https://doi.org/10.1111/jsr.13596

Jänig, W. (Ed.). (2022). The final autonomic pathway and its analysis. In *The integrative action of the autonomic nervous system: Neurobiology of homeostasis* (pp. 73–85). Cambridge University Press.

Ji, D., Shi, Y., Yin, Y., Dong, S., Wang, Y., & Li, Y. (2022). Skin pain sensation under mechanical stimulus: Wind-up and ramp-off. *Journal of Applied Mechanics*, *89*(11), 111003. https://doi.org/10.1115/1.4055503

Jin, Q., Chang, Y., Lu, C., Chen, L., & Wang, Y. (2023). Referred pain: Characteristics, possible mechanisms, and clinical management. *Frontiers in Neurology*, *14*, 1104817. https://doi.org/10.3389/fneur.2023.1104817

Johnson, B. K. (2024). Physiology of the autonomic nervous system. In M. Argalious, E. Farag, & D. Sharma (Eds.), *Basic sciences in anesthesia* (pp. 377–386). Springer. https://doi.org/10.1007/978-3-031-60203-0_19

Jung, K. T., Bapat, A., Kim, Y.-K., Hucker, W. J., & Lee, K. (2022). Therapeutic hypothermia for acute myocardial infarction: A narrative review of evidence from Animal and clinical studies. *Korean Journal of Anesthesiology*, *75*(3), 216–230. https://doi.org/10.4097/kja.22156

Kadri, P. A. (2023). The diencephalon. In *The cartographic atlas of the brain* (pp. 239–292). Springer. https://doi.org/10.1007/978-3-031-38062-4_7

Kannangara, H., Cullen, L., Miyashita, S., Korkmaz, F., Macdonald, A., Gumerova, A., Witztum, R., Moldavski, O., Sims, S., Burgess, J., Frolinger, T., Latif, R., Ginzburg, Y.,

Lizneva, D., Goosens, K., Davies, T. F., Yuen, T., Zaidi, M., & Ryu, V. (2023). Emerging roles of brain tanycytes in regulating blood–hypothalamus barrier plasticity and energy homeostasis. *Annals of the New York Academy of Sciences*, *1525*(1), 61–69. https://doi.org/10.1111/nyas.15009

Kaplan, C. M., Schrepf, A., Boehnke, K. F., He, Y., Smith, T., Williams, D. A., Bergmans, R., Voepel-Lewis, T., Hassett, A. L., Harris, R. E., Clauw, D. J., Beltz, A. M., & Harte, S. E. (2023). Risk factors for the development of multisite pain in children. *The Clinical Journal of Pain*, *39*(11), 588–594. https://doi.org/10.1097/ajp.0000000000001148

Karcz, M., Abd-Elsayed, A., Chakravarthy, K., Mansoor, A., Strand, N., Malinowski, M., Latif, U., Dickerson, D., Suvar, T., Lubenow, T., Peskin, E., D'Souza, R., Cornidez, E., Dudas, A., Lam, C., Farrell M., II., Sim, G., Sebai, M., Garcia, R., ... Deer, T. (2024). Pathophysiology of pain and mechanisms of neuromodulation: A narrative review (a neuron project). *Journal of Pain Research*, *17*, 3757–3790. https://doi.org/10.2147/jpr.s475351

Kelly, M. R., Zeidler, M. R., DeCruz, S., Oldenkamp, C. L., Josephson, K. R., Mitchell, M. N., Littner, M., Ancoli-Israel, S., Badr, M. S., Alessi, C. A., & Martin, J. L. (2022). Actigraphy prior to multiple sleep latency test: Nighttime total sleep time predicts sleep-onset latency. *Journal of Clinical Sleep Medicine*, *18*(1), 161–170. https://doi.org/10.5664/jcsm.9528

Kettenmann, H., & Verkhratsky, A. (2022). Glial cells: Neuroglia. In D. W. Pfaff, N. D. Volkow, & J. L. Rubenstein (Eds.), *Neuroscience in the 21st century* (pp. 825–860). Springer. https://doi.org/10.1007/978-3-030-88832-9_19

Konstandi, M., & Johnson, E. O. (2023). Age-related modifications in CYP-dependent drug metabolism: Role of stress. *Frontiers in Endocrinology*, *14*, 1143835. https://doi.org/10.3389/fendo.2023.1143835

Kontrick, A. V., & Agarwal, G. (2024). Shift work, circadian misalignment, and health care worker well-being. *Psychiatric Annals*, *54*(1), e19–e23. https://doi.org/10.3928/00485713-20231130-03

LeBouef, T., Whited, L., & Yaker, Z. (2023, May 1). Physiology, autonomic nervous system. In *StatPearls* [Internet]. StatPearls Publishing. https://www.ncbi.nlm.nih.gov/sites/books/NBK538516/

Lee, H.-G., Wheeler, M. A., & Quintana, F. J. (2022). Function and therapeutic value of astrocytes in neurological diseases. *Nature Reviews Drug Discovery*, *21*(5), 339–358. https://doi.org/10.1038/s41573-022-00390-x

Lei, L., Shi, S., Wang, D., Meng, S., Dai, J.-G., Fu, S., & Hu, J. (2023). Recent advances in thermoregulatory clothing: Materials, mechanisms, and perspectives. *ACS Nano*, *17*(3), 1803–1830. https://doi.org/10.1021/acsnano.2c10279

Li, Y., Li, F., Qin, D., Chen, H., Wang, J., Wang, J., Song, S., Wang, C., Wang, Y., Liu, S., Gao, D., & Wang, Z.-H. (2022). The role of brain derived neurotrophic factor in central nervous system. *Frontiers in Aging Neuroscience*, *14*, 986443. https://doi.org/10.3389/fnagi.2022.986443

Lima Pessôa, B., Hauwanga, W. N., Thomas, A., Valentim, G., & McBenedict, B. (2024). A comprehensive narrative review of neuropathic pain: From pathophysiology to surgical treatment. *Cureus*, *16*(4), e58025. https://doi.org/10.7759/cureus.58025

Liu, S., & Kelliher, L. (2022). Physiology of pain—A narrative review on the pain pathway and its application in the pain management. *Digestive Medicine Research*, *5*, 56–56. https://doi.org/10.21037/dmr-21-100

Lubejko, S. T., Graham, R. D., Livrizzi, G., Schaefer, R., Banghart, M. R., & Creed, M. C. (2022). The role of endogenous opioid neuropeptides in neurostimulation-driven analgesia. *Frontiers in Systems Neuroscience*, *16*, 1044686. https://doi.org/10.3389/fnsys.2022.1044686

Lubejko, S. T., Livrizzi, G., Buczynski, S. A., Patel, J., Yung, J. C., Yaksh, T. L., & Banghart, M. R. (2024). Inputs to the locus coeruleus from the periaqueductal gray and rostroventral medulla shape opioid-mediated descending pain modulation. *Science Advances*, *10*(17). https://doi.org/10.1126/sciadv.adj9581

Lv, R., Liu, X., Zhang, Y., Dong, N., Wang, X., He, Y., Yue, H., & Yin, Q. (2023). Pathophysiological mechanisms and therapeutic approaches in obstructive sleep apnea syndrome. *Signal Transduction and Targeted Therapy*, *8*(1), 218. https://doi.org/10.1038/s41392-023-01496-3

Magistretti, P. J., & Allaman, I. (2022). Brain energy and metabolism. In D. W. Pfaff, N. D. Volkow, & J. L. Rubenstein (Eds.), *Neuroscience in the 21st century* (pp. 2197–2227). Springer. https://doi.org/10.1007/978-3-030-88832-9_56

Maini, A., Singh, A., Kaur, B., & Goel, A. (2024). Fever in older persons. *Journal of the Indian Academy of Geriatrics*, *20*(2), 81–84. https://doi.org/10.4103/jiag.jiag_3_24

Marchand, S. (2024). Theories of pain. In *The pain phenomenon* (pp. 105–122). Springer. https://doi.org/10.1007/978-3-031-56541-0_4

Marcianò, G., Vocca, C., Evangelista, M., Palleria, C., Muraca, L., Galati, C., Monea, F., Sportiello, L., De Sarro, G., Capuano, A., & Gallelli, L. (2023). The pharmacological treatment of chronic pain: From guidelines to daily clinical practice. *Pharmaceutics*, *15*(4), 1165. https://doi.org/10.3390/pharmaceutics15041165

Meda, R. T., Nuguru, S. P., Rachakonda, S., Sripathi, S., Khan, M. I., & Patel, N. (2022). Chronic pain-induced depression: A review of prevalence and management. *Cureus*, *14*(8), e28416. https://doi.org/10.7759/cureus.28416

Melvin, B., Wright, R., McNally, A., & Elmofty, D. (2025). Allodynia: A review article. *Current Pain and Headache Reports*, *29*(1), 49. https://doi.org/10.1007/s11916-025-01370-7

A more influential model, gate control theory, was introduced by Melzack and Wall in 1965 (Marchand, 2024, Melzack & Wall, 1965).

Meyer, N., Harvey, A. G., Lockley, S. W., & Dijk, D.-J. (2022). Circadian rhythms and disorders of the timing of sleep. *The Lancet*, *400*(10357), 1061–1078. https://doi.org/10.1016/s0140-6736(22)00877-7

Mo, C. (2024). General organization and parallel pathways in the somatosensory system. In W. M. Usrey & S. M. Sherman (Eds.), *The cerebral cortex and thalamus* (pp. 258–268). Oxford University Press.

Morin, C. M., & Jarrin, D. C. (2022). Epidemiology of insomnia. *Sleep Medicine Clinics*, *17*(2), 173–191. https://doi.org/10.1016/j.jsmc.2022.03.003

Mukai, Y., & Yamanaka, A. (2023). Functional roles of rem sleep. *Neuroscience Research*, *189*, 44–53. https://doi.org/10.1016/j.neures.2022.12.009

Munnilari, M., Bommasamudram, T., Easow, J., Tod, D., Varamenti, E., Edwards, B. J., Ravindrakumar, A., Gallagher, C., & Pullinger, S. A. (2023). Diurnal variation in variables related to cognitive performance: A systematic review. *Sleep and Breathing*, *28*(1), 495–510. https://doi.org/10.1007/s11325-023-02895-0

Nanayakkara, B., Di Michiel, J., & Yee, B. J. (2023). Restless legs syndrome. *Australian Journal of General Practice*, *52*(9), 615–621. https://doi.org/10.31128/ajgp-02-23-6722

Nijs, J., De Baets, L., & Hodges, P. (2023). Phenotyping nociceptive, neuropathic, and nociplastic pain: Who, how, & why? *Brazilian Journal of Physical Therapy*, *27*(4), 100537. https://doi.org/10.1016/j.bjpt.2023.100537

Nikolenko, V. N., Shelomentseva, E. M., Tsvetkova, M. M., Abdeeva, E. I., Giller, D. B., Babayeva, J. V., Achkasov, E. E.,

Gavryushova, L. V., & Sinelnikov, M. Y. (2022). Nociceptors: Their role in body's defenses, tissue specific variations and anatomical update. *Journal of Pain Research*, *15*, 867–877. https://doi.org/10.2147/jpr.s348324

Ohnishi, K., & Saito, Y. (2023). Quantification of force/tactile sensation. *IEEJ Journal of Industry Applications*, *12*(2), 125–130. https://doi.org/10.1541/ieejjia.22004546

Okechukwu, C. E. (2022). The neurophysiologic basis of the human sleep–wake cycle and the physiopathology of the circadian clock: A narrative review. *The Egyptian Journal of Neurology, Psychiatry and Neurosurgery*, *58*(1), 34. https://doi.org/10.1186/s41983-022-00468-8

Olesen, J. (2024). The international classification of headache disorders: History and future perspectives. *Cephalalgia*, *44*(1). https://doi.org/10.1177/03331024231214731

Peng, K.-P., & Rozen, T. D. (2023). Update in the understanding of new daily persistent headache. *Cephalalgia*, *43*(2). https://doi.org/10.1177/03331024221146314

Poza, J. J., Pujol, M., Ortega-Albás, J. J., & Romero, O. (2022). Melatonin in sleep disorders. *Neurología (English Edition)*, *37*(7), 575–585. https://doi.org/10.1016/j.nrleng.2018.08.004

Priego-Quesada, J. I. (2022). New advances in human thermophysiology. *Life*, *12*(8), 1261. https://doi.org/10.3390/life12081261

Quadt, L., Critchley, H., & Nagai, Y. (2022). Cognition, emotion, and the central autonomic network. *Autonomic Neuroscience*, *238*, 102948. https://doi.org/10.1016/j.autneu.2022.102948

Rahman, M., & Tadi, P. (2023, January 30). Neuroanatomy, pons. In *StatPearls* [Internet]. StatPearls Publishing. https://www.ncbi.nlm.nih.gov/books/NBK560589/

Rahman, S., & Jun, H. (2022). The adipose tissue macrophages central to adaptive thermoregulation. *Frontiers in Immunology*, *13*, 884126. https://doi.org/10.3389/fimmu.2022.884126

Raju, H., & Tadi, P. (2022, November 7). Neuroanatomy, somatosensory cortex. In *StatPearls* [Internet]. StatPearls Publishing. https://www.ncbi.nlm.nih.gov/books/NBK555915/

Rao, D. B., Pardo, I. D., Chang, J. H., Bolon, B., & Garman, R. H. (2024). Nervous system. In W. M. Haschek, C. G. Rousseaux, M. A. Wallig, B. Bolon, M. H. Boyle, M. J. Hoenerhoff, & B. W. Mahler (Eds.), *Haschek and Rousseaux' s handbook of toxicologic pathology* (4th ed., *Vol. 4*, pp. 633–738). Academic Press. https://doi.org/10.1016/b978-0-12-821046-8.00007-4

Reeves, K. C., Shah, N., Muñoz, B., & Atwood, B. K. (2022). Opioid receptor-mediated regulation of neurotransmission in the brain. *Frontiers in Molecular Neuroscience*, *15*, 919773. https://doi.org/10.3389/fnmol.2022.919773

Rehman, A., & Al Khalili, Y. (2023, July 24). Neuroanatomy, occipital lobe. In *StatPearls* [Internet]. StatPearls Publishing. https://www.ncbi.nlm.nih.gov/books/NBK544320/

Riemann, D., Espie, C. A., Altena, E., Arnardottir, E. S., Baglioni, C., Bassetti, C. L., Bastien, C., Berzina, N., Bjorvatn, B., Dikeos, D., Dolenc Groselj, L., Ellis, J. G., Garcia-Borreguero, D., Geoffroy, P. A., Gjerstad, M., Gonçalves, M., Hertenstein, E., Hoedlmoser, K., Hion, T., … Spiegelhalder, K. (2023). The European insomnia guideline: An update on the diagnosis and treatment of insomnia 2023. *Journal of Sleep Research*, *32*(6), e14035. https://doi.org/10.1111/jsr.14035

Rocha, G. S., Freire, M. A., Britto, A. M., Paiva, K. M., Oliveira, R. F., Fonseca, I. A., Araújo, D. P., Oliveira, L. C., Guzen, F. P., Morais, P. L., & Cavalcanti, J. R. (2023). Basal ganglia for beginners: The basic concepts you need to know and their role in movement control. *Frontiers in Systems Neuroscience*, *17*, 1242929. https://doi.org/10.3389/fnsys.2023.1242929

Rodríguez-Blanque, R., Nielsen, L. M., Piqueras-Sola, B., Sánchez-García, J. C., Cortés-Martín, C., Reinoso-Cobo, A., & Cortés-Martín, J. (2024). A systematic review of congenital insensitivity to pain, a rare disease. *Journal of Personalized Medicine*, *14*(6), 570. https://doi.org/10.3390/jpm14060570

Roué, J. M. (2024). Management and prevention of pain in neonates. In *UpToDate*. Wolters Kluwer. https://www.uptodate.com/contents/management-and-prevention-of-pain-in-neonates#H3728780471

Salzer, J., Feltri, M. L., & Jacob, C. (2024). Schwann cell development and myelination. *Cold Spring Harbor Perspectives in Biology*, *16*(9). https://doi.org/10.1101/cshperspect.a041360

Sarnat, H. B., & Flores-Sarnat, L. (2024). Neuroembryonic and fetal brain development: Relevance to fetal/neonatal neurological training. *Seminars in Fetal and Neonatal Medicine*, *29*(1), 101520. https://doi.org/10.1016/j.siny.2024.101520

Schone, H. R., Baker, C. I., Katz, J., Nikolajsen, L., Limakatso, K., Flor, H., & Makin, T. R. (2022). Making sense of phantom limb pain. *Journal of Neurology, Neurosurgery & Psychiatry*, *93*(8), 833–843. https://doi.org/10.1136/jnnp-2021-328428

Serrano, M. E. Kim, E., Petrinovic, M. M., Turkheimer, F., & Cash, D. (2022). Imaging synaptic density: The next holy grail of neuroscience? *Frontiers in Neuroscience*, *16*, 796129. https://doi.org/10.3389/fnins.2022.796129

Silveira, S. P., Pereira, C. U., & Dezena, R. A. (2024). The meaning of fever in traumatic brain injury. *JBNC—Jornal Brasileiro de Neurocirurgia*, *35*(4), 337–353. https://doi.org/10.22290/jbnc.2024.350403

Simor, P., Peigneux, P., & Bódizs, R. (2023). Sleep and dreaming in the light of reactive and predictive homeostasis. *Neuroscience & Biobehavioral Reviews*, *147*, 105104. https://doi.org/10.1016/j.neubiorev.2023.105104

Souza-Couto, D., Bretas, R., & Aversi-Ferreira, T. A. (2023). Neuropsychology of the parietal lobe: Luria's and contemporary conceptions. *Frontiers in Neuroscience*, *17*, 1226226. https://doi.org/10.3389/fnins.2023.1226226

Stingl, M., Draguhn, A., & Both, M. (2024). A dendrite is a dendrite is a dendrite? Dendritic signal integration beyond the "antenna" model. *Pflügers Archiv—European Journal of Physiology*, *477*(1), 9–16. https://doi.org/10.1007/s00424-024-03004-0

Sun, S.-Y., & Chen, G.-H. (2022). Treatment of circadian rhythm sleep–wake disorders. *Current Neuropharmacology*, *20*(6), 1022–1034. https://doi.org/10.2174/1570159x19666210907122933

Tabot, G. (2022). Somatosensory cortex: Organization. In D. Jaeger & R. Jung (Eds.), *Encyclopedia of computational neuroscience* (pp. 3180–3182). Springer. https://doi.org/10.1007/978-1-0716-1006-0_385

Tang, J., Zhang, Y., Liu, C., Zeng, A., & Song, L. (2023). Therapeutic strategies for postherpetic neuralgia: Mechanisms, treatments, and perspectives. *Current Pain and Headache Reports*, *27*(9), 307–319. https://doi.org/10.1007/s11916-023-01146-x

Torrico, T. J., & Abdijadid, S. (2023, July 17). Neuroanatomy, limbic system. In *StatPearls* [Internet]. StatPearls Publishing. https://www.ncbi.nlm.nih.gov/sites/books/NBK538491/

Trottier, E. D., Ali, S., Doré-Bergeron, M.-J., & Chauvin-Kimoff, L. (2022). Best practices in pain assessment and management for children. *Paediatrics & Child Health*, *27*(7), 429–437. https://doi.org/10.1093/pch/pxac048

Wang, Z., Yang, X., Zhao, B., & Li, W. (2023). Primary headache disorders: From pathophysiology to neurostimulation therapies. *Heliyon*, *9*(4), e14786. https://doi.org/10.1016/j.heliyon.2023.e14786

Ward, M. A. (2024). Fever in infants and children: Pathophysiology and management. In *UpToDate*. Wolters Kluwer. https://www.uptodate.com/contents/fever-in-infants-and-children-pathophysiology-and-management

Wijdicks, E. F. M., & Ropper, A. H. (2024). Neuroleptic malignant syndrome. *New England Journal of Medicine*, *391*(12), 1130–1138. https://doi.org/10.1056/nejmra2404606

Wijeratne, T., Wijeratne, C., Korajkic, N., Bird, S., Sales, C., & Riederer, F. (2023). Secondary headaches—Red and green flags and their significance for diagnostics. *eNeurologicalSci*, *32*, 100473. https://doi.org/10.1016/j.ensci.2023.100473

Wright, W. F., Mulders-Manders, C. M., Auwaerter, P. G., & Bleeker-Rovers, C. P. (2022). Fever of unknown origin (FUO)—A call for new research standards and updated clinical management. *The American Journal of Medicine*, *135*(2), 173–178. https://doi.org/10.1016/j.amjmed.2021.07.038

Wu, D., Chen, Q., Chen, X., Han, F., Chen, Z., & Wang, Y. (2023). The blood–brain barrier: Structure, regulation and drug delivery. *Signal Transduction and Targeted Therapy*, *8*(1), 217. https://doi.org/10.1038/s41392-023-01481-w

Wu, Z., Lin, D., & Li, Y. (2022). Pushing the frontiers: Tools for monitoring neurotransmitters and neuromodulators. *Nature Reviews Neuroscience*, *23*(5), 257–274. https://doi.org/10.1038/s41583-022-00577-6

Yang, J., Lo, W. L., Zheng, F., Cheng, X., Yu, Q., & Wang, C. (2022). Evaluation of cognitive behavioral therapy on improving pain, fear avoidance, and self-efficacy in patients with chronic low back pain: A systematic review and meta-analysis. *Pain Research and Management*, *2022*, 1–15. https://doi.org/10.1155/2022/4276175

Yang, L., Zhao, Y., Yi, L., & Tuo, H. (2024). Aneurysm, meningitis, and subarachnoid hemorrhage secondary to intracranial aspergillosis in an immunocompetent patient: A case description. *Quantitative Imaging in Medicine and Surgery*, *14*(3), 2713–2720. https://doi.org/10.21037/qims-23-1404

Yoo, Y.-M., & Kim, K.-H. (2024). Current understanding of nociplastic pain. *The Korean Journal of Pain*, *37*(2), 107–118. https://doi.org/10.3344/kjp.23326 on clinical characteristics and mechanisms of pain sensitivity alterations.

Yousef, H., Varacallo, M. A., & Ahangar, E. R. (2023, May 1). Physiology, thermal regulation. In *StatPearls* [Internet]. StatPearls Publishing. https://www.ncbi.nlm.nih.gov/books/NBK499843/

Zale, C., & Mitsunaga, K. (2023). Accuracy of dermatomes in the localization of lumbar disc Herniations for pre-operative planning: A systematic review. *Interdisciplinary Neurosurgery*, *32*, 101728. https://doi.org/10.1016/j.inat.2023.101728

Zhang, Z., Zheng, H., Yu, Q., & Jing, X. (2024). Understanding of spinal wide dynamic range neurons and their modulation on pathological pain. *Journal of Pain Research*, *17*, 441–457. https://doi.org/10.2147/jpr.s446803

Zhao, Y., Gan, L., Ren, L., Lin, Y., Ma, C., & Lin, X. (2022). Factors influencing the blood-brain barrier permeability. *Brain Research*, *1788*, 147937. https://doi.org/10.1016/j.brainres.2022.147937

Zimney, K., Van Bogaert, W., & Louw, A. (2023). The biology of chronic pain and its implications for pain neuroscience education: State of the art. *Journal of Clinical Medicine*, *12*(13), 4199. https://doi.org/10.3390/jcm12134199

CHAPTER 13

Disorders of Motor Function

Organization and Control of Motor Function

Organization of Movement
The Motor Unit
Spinal Reflexes
Motor Pathways
Assessment of Motor Function

Disorders of the Motor Unit

Skeletal Muscle Disorders
Disorders of the Neuromuscular Junction
Lower Motor Neuron Disorders
Disorders of Peripheral Nerve Function
Disorders of the Spine and Nerve Roots

Disorders of the Cerebellum and Basal Ganglia

Disorders of the Cerebellum
Disorders of the Basal Ganglia

Upper Motor Neuron Disorders

Amyotrophic Lateral Sclerosis
Multiple Sclerosis
Vertebral and Spinal Cord Injury
Functional Motor Disorders

Learning Objectives

After completing this chapter, the learner will be able to meet the following objectives:

1. Define a motor unit and explain how it controls skeletal muscle movement.
2. Differentiate the functions of the primary motor cortex, premotor cortex, and supplementary motor area.
3. Compare and contrast the effects of upper motor neuron (UMN) and lower motor neuron (LMN) lesions on spinal reflexes and muscle tone.
4. Define the peripheral nervous system and describe the structural and functional characteristics of peripheral nerves.
5. Distinguish between the causes and clinical manifestations of mononeuropathies and polyneuropathies.
6. Explain how cerebellar dysfunction contributes to vestibulocerebellar ataxia, decomposition of movement, and intention tremor.
7. Describe the functional organization of the basal ganglia and its communication pathways with the thalamus and cerebral cortex.
8. Correlate the pathologic changes in UMNs and LMNs in amyotrophic lateral sclerosis (ALS) with the resulting clinical manifestations.
9. Explain the role of demyelination and plaque formation in the pathophysiology of multiple sclerosis.
10. Analyze the effects of spinal cord injury on respiratory function, communication, autonomic regulation, cardiovascular performance, sensorimotor activity, and bowel, bladder, and sexual function.

Skeletal muscles are required for smooth, purposeful, and coordinated movement. Purposeless and disruptive movements can be as disabling as absence of movement. This chapter provides an introduction to the organization and control of motor function, followed by a discussion of disorders of motor function, including muscular dystrophy and disorders of the neuromuscular junction (NMJ), peripheral nerves, basal ganglia and cerebellum, and upper motor neurons (UMNs).

KEY POINTS

Motor Systems

- Motor systems depend on UMNs. UMNs originate in the motor cortex and project to the brainstem or spinal cord, where they directly or indirectly influence lower motor neurons (LMNs). LMNs originate in the spinal cord and project outward into the peripheral nervous system, where they stimulate muscles. Continuous sensory feedback from the contracting muscles is relayed back to the cerebellum, basal ganglia, and sensory cortex to refine movement. A functional NMJ is also essential, as it transmits signals from the nervous system to the muscles to produce contraction.
- The pyramidal motor system originating in the motor cortex provides control of delicate muscle movement, and the extrapyramidal system originating in the basal ganglia provides the background for the more crude supportive movement patterns.
- Efficient movement by the motor system relies on baseline muscle tone maintained by the stretch reflex and input from the vestibular system, which together provide stable postural support.

Organization and Control of Motor Function

Motor function requires both movement and maintenance of posture. The neuromuscular system includes motor units composed of a **motor neuron** and the muscle fibers it innervates; the spinal cord, which contains essential reflex circuits; and descending motor pathways originating from the brainstem, motor cortex, cerebellum, and basal ganglia (Yip et al., 2024).

Organization of Movement

Motor systems are organized in a functional hierarchy, with each level responsible for increasingly complex aspects of movement control (Fig. 13-1). At the lowest level, the spinal cord contains reflex circuits that coordinate motor units for basic and patterned movement. Above the spinal cord, the brainstem integrates postural control and locomotion. The cerebellum and basal ganglia serve as parallel systems that modify and refine motor commands, influencing brainstem and cortical activity. At the top of the hierarchy, the frontal cortex, particularly the prefrontal area, is responsible for goal-directed behavior, motor planning, and the intentional selection of actions.

The Spinal Cord

The spinal cord contains neuronal circuits that mediate reflexes and automatic rhythmic movements, such as those involved in locomotion. Similar reflex circuits for facial and oral functions are located in the brainstem. Most reflexes are **polysynaptic**, involving one or more **interneurons** between the sensory and motor neurons. These interneurons, along with motor neurons, also receive input from descending pathways. Supraspinal signals can modify reflex responses to peripheral stimuli and coordinate complex movements by acting through these spinal and brainstem interneurons (Rybak et al., 2024).

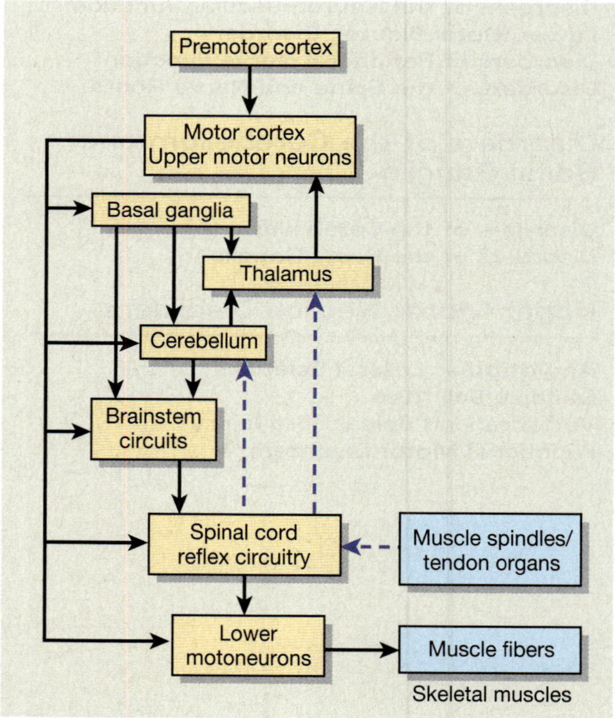

FIGURE 13-1. The motor control system. The final common pathway transmits all central nervous system commands to the skeletal muscles. This path is influenced by sensory input from the muscle spindles and tendon organs (*dashed lines*) and descending signals from the cerebral cortex and brainstem. The cerebellum and basal ganglia influence the motor function indirectly, using brainstem and cortical pathways.

The Brainstem

The brainstem gives rise to two major descending motor systems—the **medial** and **lateral pathways** (Fig. 13-2). The medial pathways, including the vestibulospinal, reticulospinal, and tectospinal tracts, are primarily involved in maintaining posture and balance. These tracts descend through the ipsilateral (same side) ventromedial columns of the spinal cord and terminate on interneurons that influence motor neurons controlling axial and proximal muscles involved in postural reflexes. Axial muscles are those located along the central axis of the body, such as the muscles of the neck and trunk, while proximal muscles are those closer to the center of the body, such as the shoulders and hips, both of which are essential for stabilizing posture and maintaining balance.

In contrast, the lateral brainstem pathways, such as the **rubrospinal tract**, are involved in goal-directed, voluntary movements. They descend in the **dorsolateral columns** of the spinal cord and terminate on interneurons that project to motor neurons controlling the distal muscles of the limbs. Together, these descending systems regulate the activity of extensor and flexor motor neurons to coordinate complex motor movements, such as walking and reaching (Inoue & Ueno, 2025).

The Motor Cortex

The **motor cortex** represents the highest level of motor control, responsible for initiating and regulating voluntary, intentional movement. Located in the posterior part of the frontal lobe, the motor cortex includes three major regions: the primary motor cortex, premotor cortex, and supplementary motor cortex. These areas control precise, skillful movements, especially those involving the distal flexor muscles of the limbs (such as the fingers and hands) and the muscles used in speech (Yip et al., 2024) (Fig. 13-3). These motor areas receive information directly from the thalamus and **somatosensory cortex** and indirectly from the cerebellum and basal ganglia, allowing for integration of sensory feedback and motor planning.

The **primary motor cortex** (the **motor strip**) is located on the anterior (rostral) side of the central sulcus. This region is the first level of descending control over voluntary movement, sending motor commands through descending pathways to the brainstem and spinal cord. Neurons in the primary motor cortex can be visualized as a **motor homunculus**—a distorted map of the body in which areas requiring fine motor control, such as the hands, face, and speech muscles, occupy a disproportionately large portion of cortical space

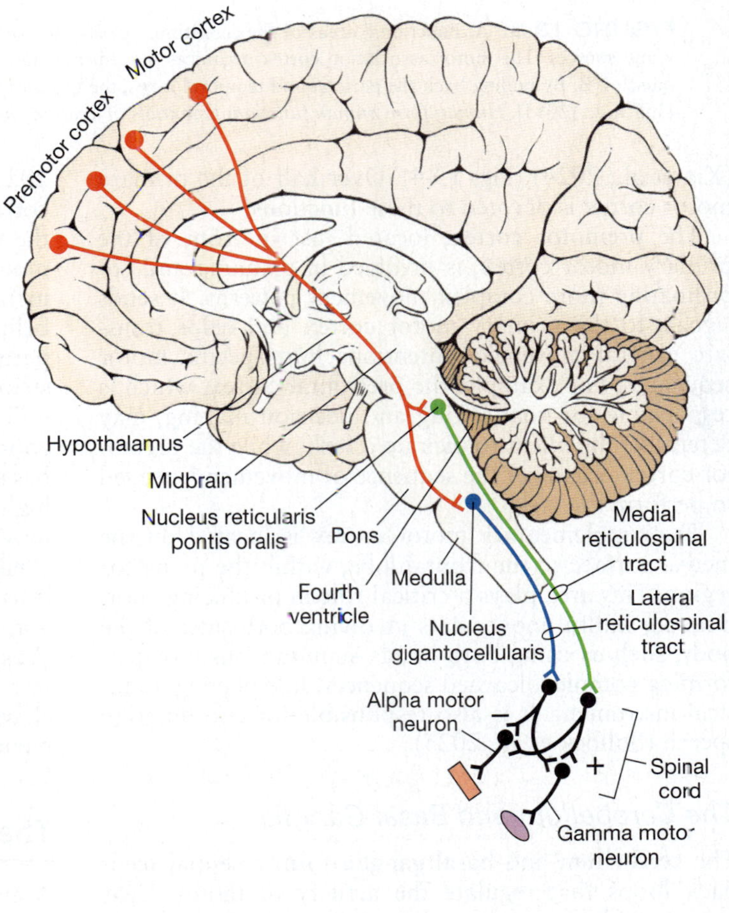

FIGURE 13-2. Descending motor pathways to the spinal cord from the pons and medulla. Note also that corticoreticular fibers from motor and premotor cortices modulate the activity of neurons of the reticular formation that give rise to the reticulospinal tracts. In turn, reticulospinal tracts modulate the activity of alpha and gamma motor neurons. Activation of the lateral reticulospinal tract inhibits spinal reflexes (−), and activation of the medial reticulospinal tract facilitates (+) spinal reflexes. (Reproduced with permission from Siegel, A., & Sapru, H. N. (2014). *Essential neuroscience* [3rd ed., Fig. 22-13, p. 417], Wolters Kluwer Health and Pharma.)

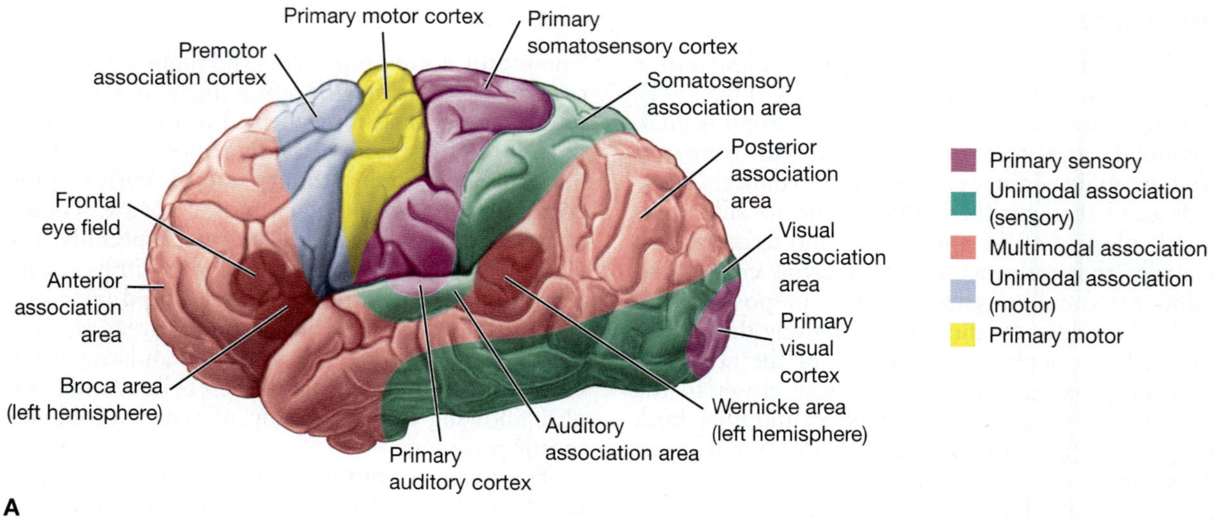

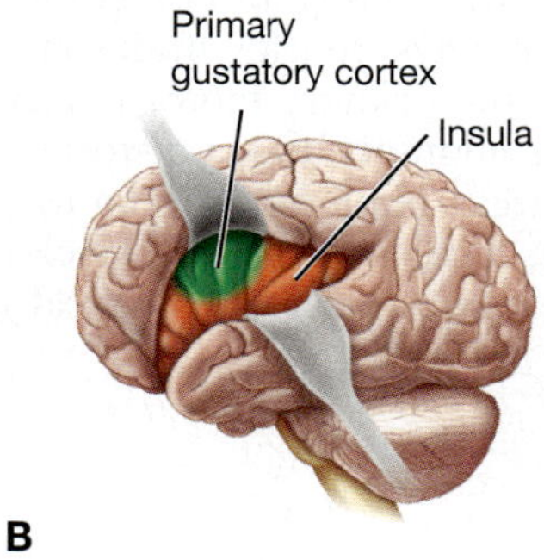

FIGURE 13-3. **A.** Functional areas of the cerebrum. Primary sensory areas of the cerebrum receive sensory information from many sources. The motor association cortex organizes movements, and the primary motor cortex sends commands to individual muscles. **B.** By pulling back the parietal and temporal lobes, the gustatory cortex and insula are visible. (From McConnell T. H., & Hull K. L. [2011]. *Human form human function: Essentials of anatomy and physiology* [p. 297]. Lippincott Williams & Wilkins.)

(Xia et al., 2024) (Fig. 13-4). Over half of the primary motor cortex is devoted to these functions.

The **premotor cortex**, located just in front of the primary motor cortex, is involved in planning and coordinating more complex movement patterns. It sends signals to the primary motor cortex and helps translate general movement intentions into specific motor sequences. For example, the **prefrontal cortex**, which is responsible for goal setting and decision making, may determine the intent to pick up a fork, while the premotor cortex organizes the sequence of movements needed to perform the task.

The **supplementary motor cortex** is located on the medial surface of the frontal lobe, within the premotor region. This area plays a critical role in producing coordinated, skillful movements involving both sides of the body, such as using both hands simultaneously or performing complex, learned sequences, like playing a musical instrument. It is also responsible for coordinating speech (Bullock et al., 2025).

The Cerebellum and Basal Ganglia

The **cerebellum** and **basal ganglia** form essential feedback loops that regulate the activity of motor areas in the cerebral cortex and brainstem (Yoshida et al., 2022). Both structures receive inputs from the cerebral cortex and send output back to the motor cortex via the thalamus, allowing for the fine-tuning of voluntary movement. Although they do not directly initiate movement or synapse with spinal motor neurons, the cerebellum and basal ganglia influence descending motor pathways by modulating activity in cortical and brainstem motor centers.

These systems are critical for producing smooth, coordinated movements and maintaining posture. The basal ganglia contribute to the fluidity and precision of highly skilled motor tasks by suppressing involuntary movement and stabilizing posture. In contrast, the cerebellum is involved in timing, coordination, and motor learning, continuously comparing intended movement with actual performance to make real-time adjustments (Yoshida et al., 2022). Damage to the cerebellum results in cerebellar ataxia (discussed in detail later), which is characterized by uncoordinated, inaccurate limb movements and balance impairments.

The Motor Unit

A **motor unit** consists of a single motor neuron and all the muscle fibers it innervates. When an action potential

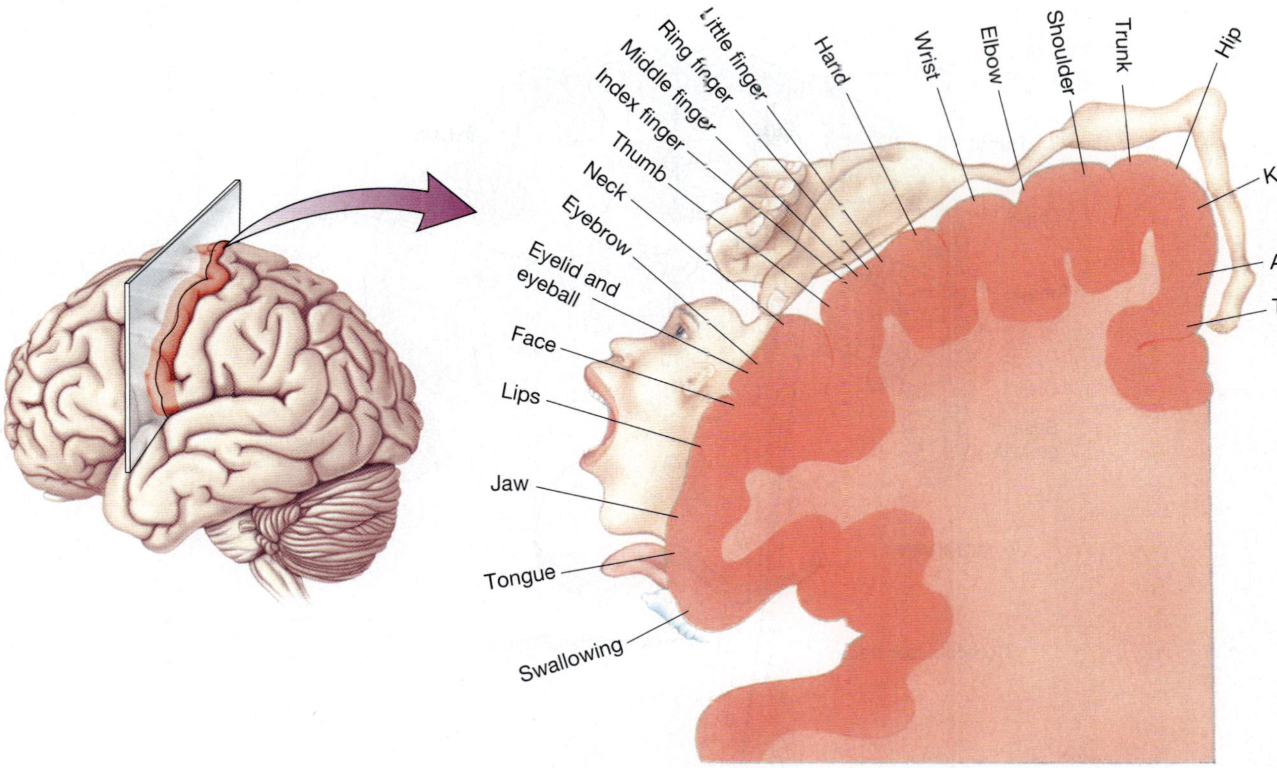

FIGURE 13-4. The motor homunculus. The functions are organized from head to toe on both the left and right sides, similar to a person who is hanging upside down. (From Jensen S. [2015]. *Nursing health assessment: A best practice approach* [p. 651]. Lippincott Williams & Wilkins.)

is generated in the motor neuron, it propagates to all muscle fibers within the unit, causing them to contract simultaneously (Mechtenberg & Schneider, 2023). This synchronized response allows the motor neuron and its associated muscle fibers to function as a single, coordinated unit—the fundamental unit of motor control.

Each motor neuron gives rise to multiple axon branches, allowing it to innervate numerous muscle fibers. The size of a motor unit depends on the functional demands of the muscle. Large motor units, which may innervate hundreds or thousands of fibers, are found in muscles responsible for gross motor movements (e.g., in the legs and trunk). In contrast, small motor units, containing only a few muscle fibers, are found in muscles that perform fine, precise movements, such as those in the hands, eyes, and tongue (Mechtenberg & Schneider, 2023).

The motor neurons that innervate skeletal muscle fibers are located in the ventral horn of the spinal cord and are classified as **lower motor neurons (LMNs)**. These LMNs receive input from **upper motor neurons (UMNs)**, which originate in the primary motor cortex and project down through descending tracts to the spinal cord. UMNs are entirely contained within the central nervous system (CNS) and serve to initiate, coordinate, and modulate the activity of LMNs (Fig. 13-5).

Spinal Reflexes

Reflexes are involuntary motor responses initiated by stimulation of peripheral sensory receptors. Some reflexes serve protective functions, such as withdrawing from painful stimuli, while others support coordinated movement and posture. Anatomically, a **reflex arc** includes an **afferent (sensory) neuron** that synapses either directly with an **effector (motor) neuron** or indirectly via an interneuron. Reflexes may be confined to a single spinal cord segment or involve multiple segments and even supraspinal structures.

The spinal cord contains extensive reflex circuitry that contributes to the coordination of movements, particularly locomotion. Some reflexes, such as withdrawal reflexes, remain functional as long as the spinal cord is intact, while others require modulation by the brain. The brain can facilitate or inhibit these reflexes and is informed of ongoing reflex activity through ascending sensory pathways.

The Stretch and Deep Tendon Reflexes

Effective skeletal muscle performance requires continuous regulation of muscle tone, defined as the resistance of muscle to passive stretch at rest. This regulation depends on proprioceptive input—sensory information about body position and movement that is processed independently of vision and integrated within the cerebellum and cerebral cortex (Morimoto et al., 2024).

Proprioceptive information relevant to motor control arises primarily from muscle spindles, which detect changes in muscle length and rate of stretch, and Golgi tendon organs, which detect muscle tension at the

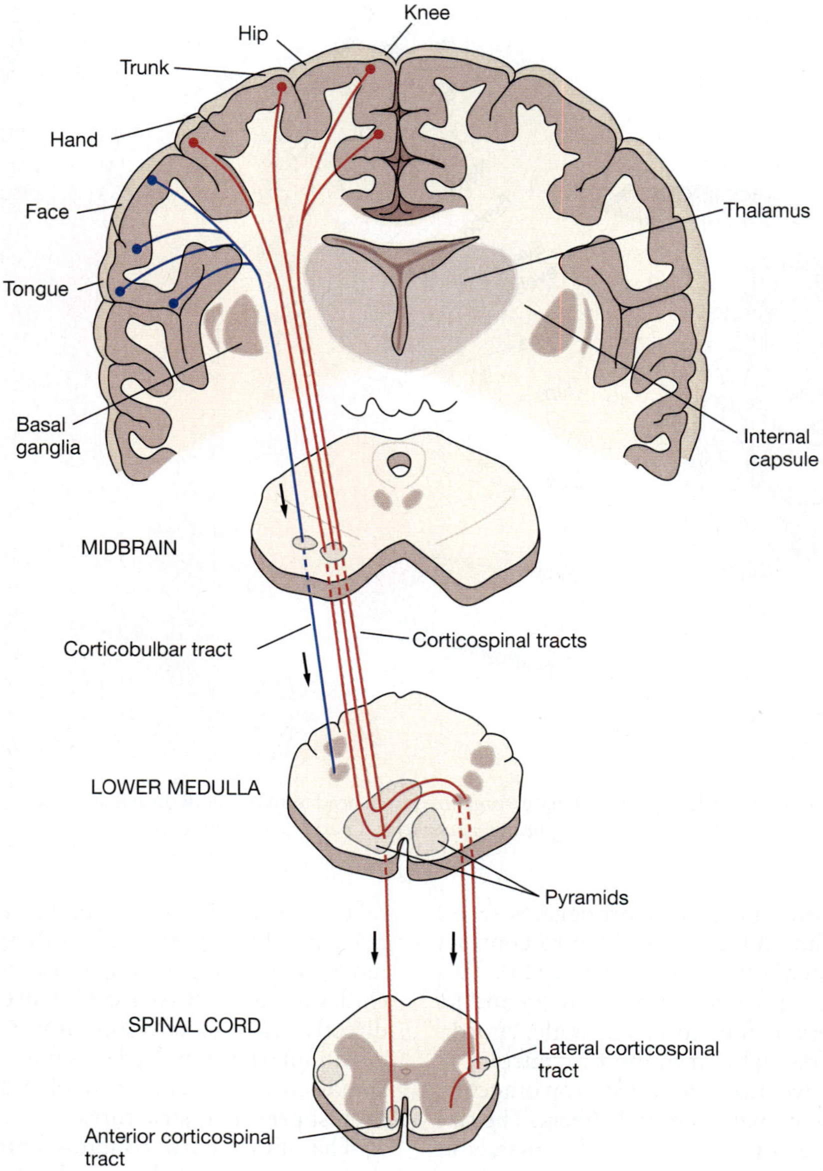

FIGURE 13-5. Motor pathways. Descending tracts carry motor and muscle information from the cortex to the cranial and peripheral nerves. (From Jensen S. [2015]. *Nursing health assessment: A best practice approach* [p. 651]. Lippincott Williams & Wilkins.)

muscle–tendon junction. Together, these receptors provide real-time feedback to the spinal cord and higher motor centers, supporting posture, coordinated movement, and tone regulation.

The **stretch reflex** is an automatic contraction of muscle fibers in response to muscle stretch and plays a central role in maintaining posture and baseline muscle tone. In clinical practice, this reflex is assessed through **deep tendon reflex (DTR)** testing, such as tapping the patellar tendon to elicit quadriceps contraction and knee extension. Evaluation of DTRs provides insight into the functional integrity of peripheral nerves, specific spinal cord segments, and descending motor pathways.

Alterations in reflex activity reflect underlying neurologic dysfunction. Hypoactive or absent reflexes may indicate peripheral nerve injury, NMJ disorders, or damage to anterior horn cells, whereas hyperactive reflexes suggest impaired descending inhibitory control, as seen with UMN lesions or corticospinal tract damage (Walkowski & Munakomi, 2022).

Motor Pathways

The primary motor cortex contains multiple layers of pyramidal-shaped output neurons that transmit signals to premotor and somatosensory areas on the same side of the cortex, send projections to the opposite hemisphere, and descend to subcortical structures such as the basal ganglia and thalamus.

The largest pyramidal neurons, located in layer V of the cortex, give rise to UMN axons that descend to the brainstem and spinal cord. These axons travel through the subcortical white matter, and internal capsule, and ventral pons, reaching the ventral surface of the medulla, where they form the **medullary pyramids**. At the junction of the medulla and spinal cord, approximately 90% of corticospinal axons **decussate** (cross the midline) to form the **lateral corticospinal tract**, which descends in the lateral white matter of the spinal cord and innervates motor neurons throughout its length. The remaining 10% of uncrossed fibers continue in the **ventral corticospinal tract**, primarily influencing cervical motor neurons, and most eventually cross at segmental levels to innervate contralateral (opposite side) LMNs (Paul et al., 2022).

Motor tracts are classified into pyramidal (direct) or extrapyramidal (indirect) pathways. The **pyramidal pathways** originate in the motor cortex and include corticospinal fibers, which project to the spinal cord, and corticobulbar fibers, which terminate in cranial nerve motor nuclei in the brainstem. The **extrapyramidal pathways** include fibers originating in the motor cortex and basal ganglia that project to brainstem motor centers such as the reticular formation. These pathways, including the **reticulospinal tract**, influence LMNs that innervate proximal and extensor muscles. Unlike the pyramidal tracts, these fibers do not cross over in the pyramids, which is why they are referred to as extrapyramidal (Paul et al., 2022). Disorders of the pyramidal tracts (e.g., stroke) are characterized by spasticity, hyperreflexia, and voluntary motor paralysis. Disorders of the extrapyramidal tracts (e.g., Parkinson disease [PD]) are associated with involuntary movements, rigidity, bradykinesia, and impaired postural control without paralysis.

Assessment of Motor Function

Assessing the motor system should include assessment of body position, involuntary movements, muscle characteristics (strength, size, and tone), spinal reflexes, and coordination.

Body Position and Involuntary Movements

Body position should be observed when moving and at rest. The rate, rhythm, location, and quality of movement are observed, and any involuntary movement is noted.

Muscle Characteristics

Muscle Strength

Testing muscle strength involves assessing the ability of each extremity to move against gravity and resistance. Weakness or impaired strength may result from abnormalities in the motor pathways, and evaluating the pattern and severity of weakness can help localize the lesion. **Paralysis** refers to a complete loss of voluntary movement, while **paresis** refers to a partial loss of strength or incomplete paralysis (Kuschel et al., 2022). The distribution of weakness provides clues to the site of injury:

- **Monoparesis** or **monoplegia**: Weakness or paralysis of one limb, often caused by focal UMN lesions affecting the pyramidal tract supplying that limb.
- **Hemiparesis** or **hemiplegia**: Involves both the upper and lower limbs on the same side of the body, usually due to unilateral damage to the cerebral cortex, internal capsule, or brainstem.
- **Paraparesis** or **paraplegia** (**diparesis** or **diplegia**): Involves both lower limbs (or sometimes both upper limbs), typically caused by bilateral spinal cord lesions or cerebral lesions in the medial motor cortex.
- **Tetraparesis** or **tetraplegia:** Involves all four limbs, commonly resulting from damage to the cervical spinal cord or widespread bilateral cerebral hemisphere lesions (Kuschel et al., 2022).

Weakness can also be classified based on whether it arises from upper or LMN lesions. UMN lesions typically affect the extensor muscles in the upper extremities and the flexor muscles in the lower extremities, often accompanied by increased tone and hyperreflexia. LMN or peripheral nerve disorders typically cause flaccid weakness, predominantly in the distal limb, and are often associated with muscle atrophy and hyporeflexia. In primary muscle disorders, weakness tends to affect the proximal muscles first, making activities like climbing stairs or lifting the arms difficult early in disease progression (Kuschel et al., 2022).

Muscle Size

Muscle size may help localize the lesion or provide helpful hints about the pathology. Muscular **atrophy**, or loss of bulk, usually results from LMN lesions or muscle diseases. **Hypertrophy** is an increase in muscle bulk with a proportionate increase in strength. **Pseudohypertrophy**, as with Duchenne muscular dystrophy (DMD), is an increase in bulk without an increase in strength.

Fasciculations are visible twitching movements of muscle fibers under the skin. They are caused by spontaneous contractions of all the muscle fibers in a motor unit because of hyperexcitability of the cell body and its motor neuron and suggest LMN disease.

Muscle Tone

Muscle tone is the normal state of muscle tension and can be palpated at rest and during passive stretching. The joints are put through the normal range of motion (flexion and extension) by the examiner. Disorders of skeletal muscle tone are characteristic of many nervous system lesions. Interruption of the stretch reflex pathway at any point from the peripheral nerve, NMJ, spinal cord, or corticospinal system can result in disturbances of muscle tone.

Muscle tone abnormalities may be described as **hypotonia** (less than normal), **flaccidity** (absent), or **hypertonia**, rigidity, spasticity, or **tetany** (all indicating higher-than-normal tone). Typically, UMN lesions produce increased tone, whereas LMN lesions produce decreased tone. Increased resistance that varies and is worse at the extremes of the range of motion is **spasticity**. Resistance that becomes worse throughout the range in both directions is **rigidity**. Decreased resistance suggests LMN disease or acute stages of spinal cord injury (SCI). Floppiness indicates hypotonic or flaccid muscles.

Spinal Reflex Activity

Testing DTRs (see "Understanding the Stretch Reflex and Muscle Tone") can provide information about the CNS status. Hyperactive reflexes suggest UMN disorder. **Clonus** is the rhythmic contraction and relaxation of a limb caused by suddenly stretching a muscle and maintaining it in the stretched position. It is seen in the hypertonia of spasticity associated with UMN lesions such as SCI. Hyporeflexia suggests an LMN lesion. The distribution of abnormality in the reflexes is also helpful in determining the location of the lesion. For example, hyperreflexia in both lower extremities would suggest a lesion in the spinal cord, whereas hyperreflexia on one side of the body would suggest a lesion in the UMN along the motor pathway.

Coordination of Movement

Muscle movement coordination requires four areas of the nervous system to function together: the motor system for muscle strength, the cerebellar system for rhythmic movement and steady posture, the vestibular system for posture and balance, and the sensory system for position sense.

In cerebellar disease, movements are slow, irregular, clumsy, unsteady, and inappropriately varying in their speed, force, and direction. **Dysdiadochokinesia** is the failure to accurately perform rapid alternating movements. **Ataxia** describes a wide-based, unsteady gait. **Dysmetria** describes inaccuracies of movements leading to a failure to reach a specified target (Joshua et al., 2022). A test for dysmetria is to have the person touch the examiner's finger and then alternately touch their finger. To test for position sense, ask the person to touch the examiner's finger with an outstretched arm and finger, first with the eyes open and then closed. Consistent deviation to one side, which is worse with the eyes closed, suggests cerebellar or vestibular disease.

Chorea (abnormal writhing movements), **dystonia** (abnormal, simultaneous contractions of agonist and antagonist muscles, leading to abnormal postures), **tremor** (rhythmic movements of a body part), **bradykinesia** (slowness of movements), and **myoclonus** (involuntary jerking) indicate abnormalities in the basal ganglia, although the exact localization may be difficult to determine (Stephen et al., 2023).

SUMMARY CONCEPTS

Motor function requires movement and maintenance of posture. The system consists of LMNs, located in the ventral horn of the spinal cord, and the group of muscle fibers it innervates; spinal cord circuitry and reflexes; and UMNs that project from the motor cortex to the opposite side of the medulla, where they cross the midline to form the lateral corticospinal tract in the spinal cord. The primary, premotor, and supplementary motor cortices provide voluntary control of motor function, which is directed by the motor cortex. The primary motor cortex is responsible for movement execution, the premotor cortex for generating a movement plan, and the supplementary motor cortex for rehearsing the motor sequences of a movement. Motor systems are organized in a functional hierarchy of the spinal cord, brainstem, and motor cortex, each with circuits that can contribute to the organization and regulation of complex motor responses.

Control of muscle function requires reflex circuitry that monitors the functional status of the muscle fibers on a moment-by-moment basis and the excitation of the muscle by LMNs in the spinal cord. The muscle spindles of the stretch reflex monitor and correct for changes in muscle length when extrafusal fibers are shortened or lengthened.

Assessments of muscle strength, size, tone, reflexes, patterns of motor movement, and posture allow for localization of disorders of motor function. Paresis (weakness) and paralysis (loss of muscle movement) reflect a loss of muscle strength. UMN lesions may produce spastic paralysis and LMN lesions, flaccid paralysis. Changes in muscle size are characterized by a loss of muscle mass (atrophy) or an increase in muscle mass (hypertrophy). Muscle tone is maintained through function of the spinal cord stretch reflex, and higher centers monitor and buffer UMN innervation of the LMNs. Hypotonia or flaccidity is a condition of less-than-normal muscle tone, and hypertonia or spasticity is a condition of excessive tone. Abnormal and uncoordinated movements and postures are suggestive of a cerebellar or basal ganglia pathologic process.

UNDERSTANDING → The Stretch Reflex and Muscle Tone

The stretch reflex can be divided into three steps: **(1)** activation of the stretch receptors, **(2)** integration of the reflex in the spinal cord, and **(3)** regulation of reflex sensitivity by higher centers in the brain. Testing the knee-jerk reflex provides a means of assessing that reflex.

1

Stretch Reflex Receptors. Skeletal muscle is composed of extrafusal fibers, which control muscle movement, and intrafusal fibers, which control muscle tone. Intrafusal fibers are encapsulated in sheaths, forming a spindle that runs parallel to extrafusal fibers. Intrafusal fibers are innervated by a large Ia sensory nerve fiber, which encircles the central noncontractile part of the fiber to form the annulospiral ending. Because the spindles are parallel to the extrafusal muscle fibers, stretching extrafusal fibers also stretches the spindle fibers and stimulates the receptive endings of the Ia afferent neuron.

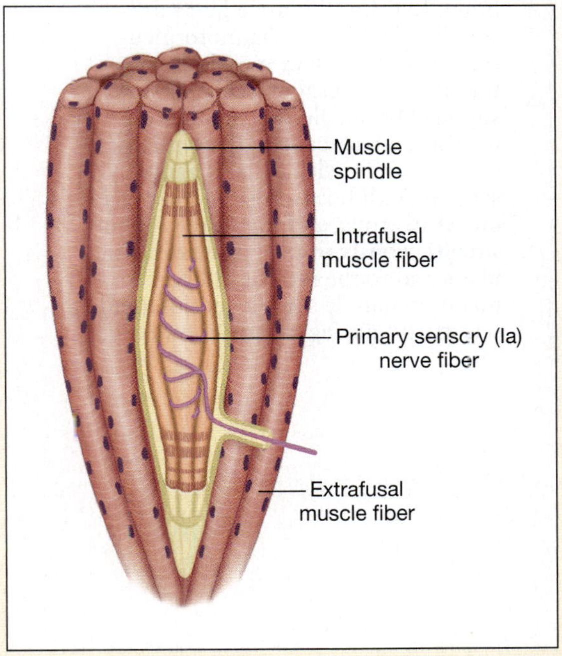

2

Spinal Reflex Centers. Afferent impulses from the Ia sensory fiber of the muscle spindle travel to the spinal cord, where they synapse with alpha motor neurons of the stretched muscle to form a monosynaptic reflex arc: one synapse separates the primary sensory input from the motor neuron output. The reflex muscle contraction that follows resists further stretching of the muscle. Simultaneously, impulses providing information about muscle length are transmitted to higher centers in the brain. The coordinated activity of all the monosynaptic reflexes supplying the extrafusal fibers in a skeletal muscle provides the muscle tone needed for organized movement.

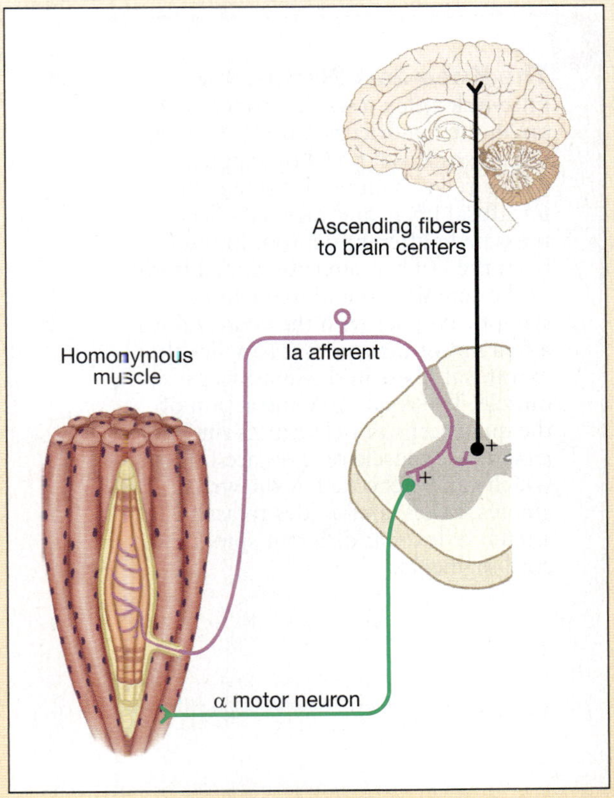

UNDERSTANDING ➔ The Stretch Reflex and Muscle Tone (*continued*)

3

Brain Center Connections. The sensitivity of a spinal reflex is adjusted by higher centers in the brain. Extrafusal muscle fibers are supplied by large alpha motor neurons, which produce muscle contraction. Intrafusal muscle fibers are supplied by smaller gamma motor neurons, which control the sensitivity of the stretch reflex. Motor pathways synapse with both alpha and gamma motor neurons, and impulses are sent simultaneously to the large extrafusal fibers and to the intrafusal fibers to maintain muscle spindle tension (and sensitivity) during muscle contraction.

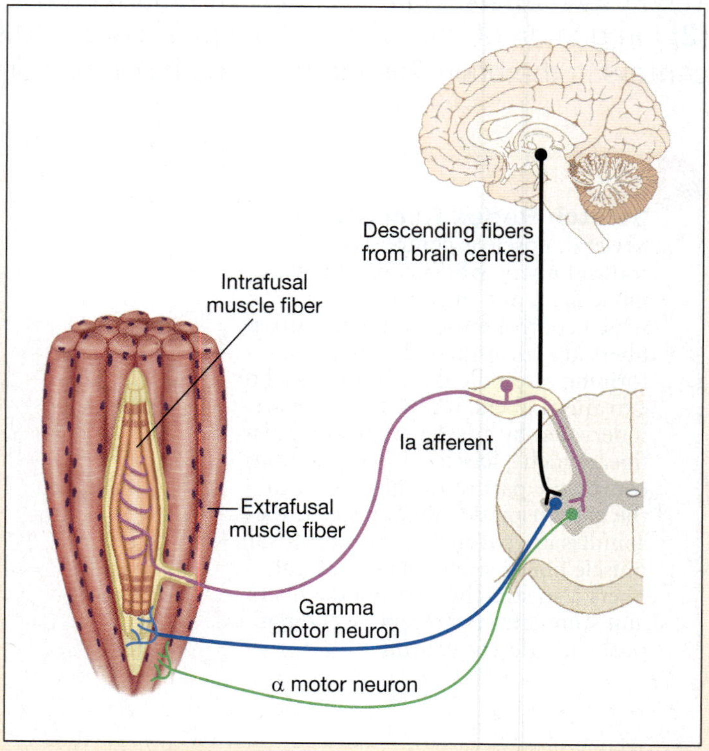

4

The Knee-Jerk Reflex. The knee-jerk reflex tests the stretch reflex arc in the quadriceps muscle. Stretching of extrafusal fibers by tapping with a reflex hammer lengthens the intrafusal fibers and increases firing of the type Ia afferent neuron. Impulses from the Ia fiber enter the dorsal horn of the spinal cord and make monosynaptic contact with the ventral horn alpha motor neuron that supplies the extrafusal fibers in the quadriceps muscle. The resultant contraction of the quadriceps muscle causes the knee jerk. These muscle reflexes are DTRs, which can be checked at the wrists, elbows, knees, and ankles to assess stretch reflexes at different spinal cord segments.

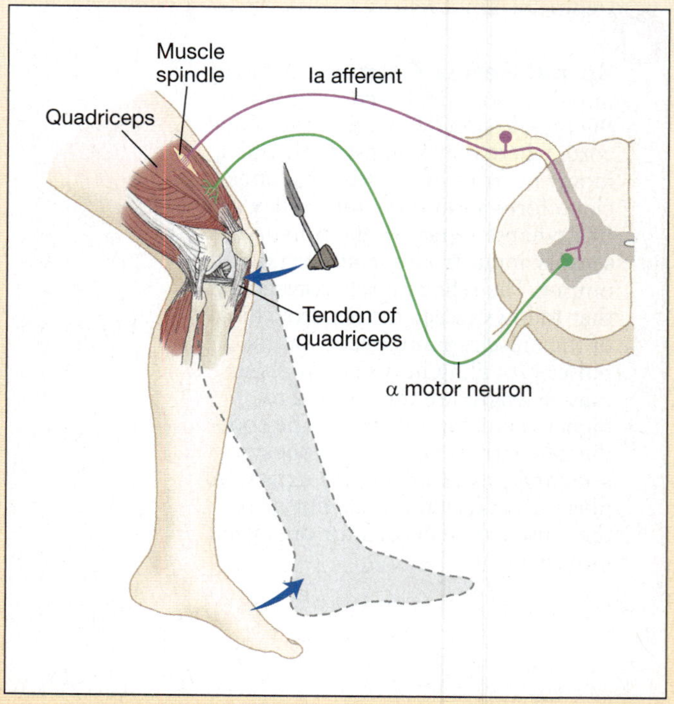

Disorders of the Motor Unit

Most motor unit diseases cause weakness and atrophy of skeletal muscles and vary depending on which component is primarily affected—the cell body of the motor neuron, its axon, the NMJ, or the muscle fibers. Disorders affecting the nerve cell body are often referred to as **lower motor neuron disorders**. Those affecting the nerve axon are referred to as **peripheral neuropathies**, and those affecting the muscle fibers are referred to as **myopathies**.

Skeletal Muscle Disorders

Muscle Atrophy

Maintenance of muscle strength depends on regular use, particularly movement against resistance. Reduced use results in muscle atrophy, which is a reduction in the diameter of the muscle fibers because of loss of protein filaments. When a normally innervated muscle is not used for long periods, the muscle cells shrink in diameter, and although the muscle cells do not die, they lose much of their contractile proteins and become weakened. This is **disuse atrophy**, and it occurs with conditions such as immobilization, stroke, and chronic illness. It is likely that not all skeletal muscle atrophy is the same, as different signaling pathways manage skeletal muscle protein turnover.

Extreme muscle atrophy is present in disorders that deprive muscles of innervation (**denervation atrophy**). During early embryonic development, skeletal muscle fibers must be innervated to mature and survive. Without this innervation, muscle cells do not mature and eventually die. Once innervated, a muscle fiber contracts only in response to signals from its associated neuron. If the neuron or its axon is damaged, the muscle may initially exhibit fibrillations. In contrast to fasciculations, fibrillations are not visible clinically and can be detected only by electromyography (EMG) (Li et al., 2023). The muscle begins to lose its contractile proteins and, after several months, if not reinnervated, is replaced by fibrous connective tissue, making rehabilitation difficult. Atrophy of denervation may be delayed by electrically stimulating the muscle periodically while waiting to determine if the damaged nerve fiber regenerates.

Muscular Dystrophy

Muscular dystrophy refers to a group of genetic disorders characterized by progressive deterioration of skeletal muscles involving cycles of muscle fiber necrosis, regeneration, and eventual replacement by fat and connective tissue—a process known as pseudohypertrophy. These are primary diseases of muscle, although some forms, particularly **Duchenne muscular dystrophy (DMD)**, can also affect cognitive function due to dystrophin deficiency in the brain. The muscle weakness is insidious in onset but is continually progressive, varying with the type of disorder.

Pathophysiology

DMD, the most common and severe form, is caused by mutations in the dystrophin gene on the X chromosome. Dystrophin, a large cytoplasmic protein on the inner surface of the muscle fiber (sarcolemma) membrane, stabilizes the muscle cell membrane during contraction. Abnormalities in the dystrophin-associated protein complex compromise sarcolemma integrity, especially with sustained contractions. This disrupted integrity leads to the increased fragility of dystrophic muscle, excessive influx of calcium ions, and release of soluble muscle enzymes such as creatine kinase into the serum. The degenerative process consists of necrosis of muscle fibers, accompanied by repair and regeneration, and progressive fibrosis. Degeneration eventually outpaces the regenerative capacity of the muscle, causing a gradual replacement of muscle fibers by fibrofatty connective tissue. The end stage is characterized by almost complete loss of skeletal muscle fibers, with relative sparing of intrafusal fibers of the muscle spindles (Roberts et al., 2023).

Clinical Manifestations

Signs of muscle weakness manifested by frequent falling usually become evident at 2 to 3 years of age. The postural muscles of the hips and shoulders are usually the first to be affected, followed by pseudohypertrophy of the calf muscles. Imbalances between agonist and antagonist muscles lead to abnormal postures and the development of contractures and joint immobility. Scoliosis is common. Function of distal muscles usually is preserved enough to continue to use eating utensils and a keyboard. Function of extraocular muscles also is well preserved, as is the function of smooth muscle controlling bladder and bowel activity. Incontinence is an uncommon and late event. Respiratory muscle involvement results in weak and ineffective cough, frequent respiratory infections, and decreasing respiratory reserve. Cardiac muscle is affected, and cardiomyopathy is a common feature of the disease. The severity of cardiac involvement does not necessarily correlate with skeletal muscle weakness and ranges from fatal cardiomyopathy to adequate cardiac function until the terminal stages of the disease. Death from respiratory and cardiac muscle involvement usually occurs in young adulthood.

Diagnosis

Diagnosis relies on clinical history, elevated serum creatine kinase, and genetic testing (e.g., polymerase chain reaction [PCR], multiplex ligation-dependent probe amplification [MLPA]). Muscle biopsy may confirm dystrophin absence. Cardiac and pulmonary function monitoring is essential. Carrier testing and prenatal diagnosis are available for at-risk families (Roberts et al., 2023).

Treatment

Although there is no cure, treatment focuses on preserving mobility and function, including physical therapy, corticosteroids, and respiratory support. New therapies such as exon-skipping drugs, gene therapy trials, and cardioprotective agents offer emerging hope for disease modification (Roberts et al., 2023).

Disorders of the Neuromuscular Junction

The NMJ is a specialized synapse between a motor neuron and a skeletal muscle fiber. It includes the axon terminal, synaptic cleft, and motor **end-plate** of the muscle membrane (Spillane et al., 2024). **Acetylcholine (ACh)** released from the motor neuron, binds to nicotinic ACh receptors (nAChRs) on the motor end plate, triggering muscle contraction. ACh is rapidly broken down by acetylcholinesterase (AChE), allowing repeated and finely controlled muscle contractions (Fig. 13-6) (Verschuuren et al., 2022).

Drug- and Toxin-Induced Disorders

Drugs and toxins can interfere with NMJ transmission by altering ACh release, breakdown, or receptor activity. Curare-type drugs block the ACh receptors, preventing depolarization and inducing muscle relaxation, and are useful in surgical anesthesia. AChE inhibitors, such as physostigmine and neostigmine, prolong Ach activity at the NMJ and are used to treat myasthenia gravis (Spillane et al., 2024).

Botulinum toxin, produced by *Clostridium botulinum*, causes paralysis by blocking ACh release at presynaptic terminals. Botulism may result from ingesting spores (especially in infants), foodborne exposure, or wound colonization. Infant botulism, often linked to honey ingestion, presents with constipation, hypotonia, poor feeding, and respiratory distress. Symptoms typically appear within 6 to 36 hours of exposure (Spillane et al., 2024).

Botulinum toxin is also used therapeutically for conditions such as blepharospasm, cervical dystonia, and spasticity. Injections are guided by EMG and require periodic repetition. Aminoglycoside antibiotics can inhibit ACh release and exacerbate preexisting NMJ disorders. Organophosphates, found in some insecticides and nerve agents, inhibit AChE and cause prolonged receptor stimulation and respiratory failure (Spillane et al., 2024).

Myasthenia Gravis

Myasthenia gravis is an autoimmune disorder in which antibodies target components of the NMJ, most commonly the AChR or muscle-specific tyrosine kinase (MuSK) (Fig. 13-6B) (Estephan et al., 2022). This results in impaired signal transmission due to receptor degradation, complement-mediated membrane damage, and structural disruption of the postsynaptic membrane. The disease has a bimodal distribution: younger females and older males are most affected.

Pathophysiology

Myasthenia gravis is caused by an autoimmune response targeting components of the NMJ, most commonly the nicotinic acetylcholine receptor (AChR). In some patients, antibodies are instead directed against MuSK or low-density lipoprotein receptor–related protein 4 (LRP4), both of which are essential for clustering AChRs at the motor end plate. The autoimmune response is believed to involve sensitized CD4+ T helper cells that stimulate B-cell production of pathogenic antibodies. These antibodies impair neuromuscular transmission through several mechanisms: direct blockade of AChR binding sites, cross-linking and internalization of AChRs, and complement-mediated destruction of the postsynaptic membrane (San & Jacob, 2023).

Thymic abnormalities—such as hyperplasia or thymoma—are present in approximately 70% of patients and may contribute to the breakdown of immune tolerance. The precise triggers of the autoimmune response are unknown, but genetic predisposition, thymic dysfunction, and molecular mimicry (e.g., from viral infections like Epstein-Barr virus [EBV]) are thought to play a role.

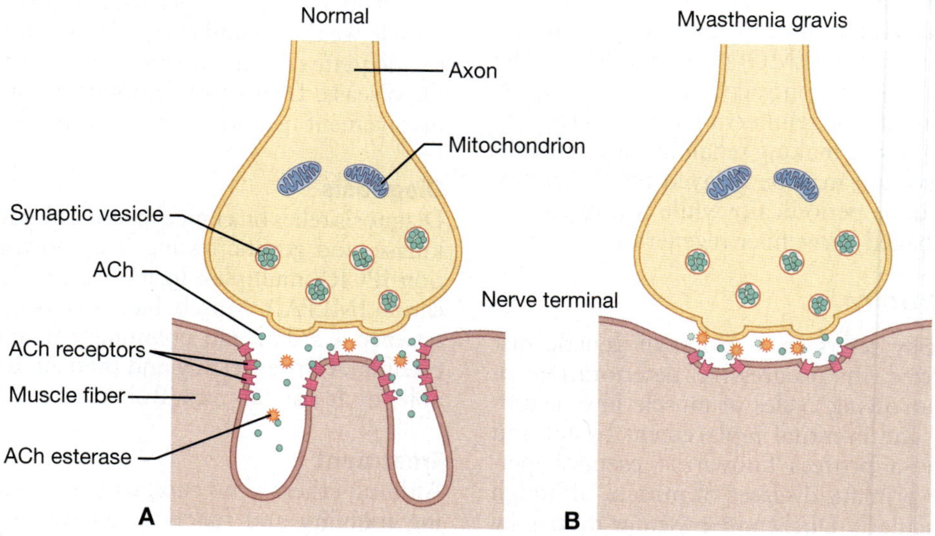

FIGURE 13-6. Neuromuscular junction. **A.** Acetylcholine (ACh) released from the motor neurons at the myoneural junction crosses the synaptic space to reach receptors that are concentrated in the folds of the end plate of the muscle fiber. Once released, ACh is rapidly broken down by the enzyme acetylcholinesterase (AChE). **B.** Decrease in ACh receptors in myasthenia gravis.

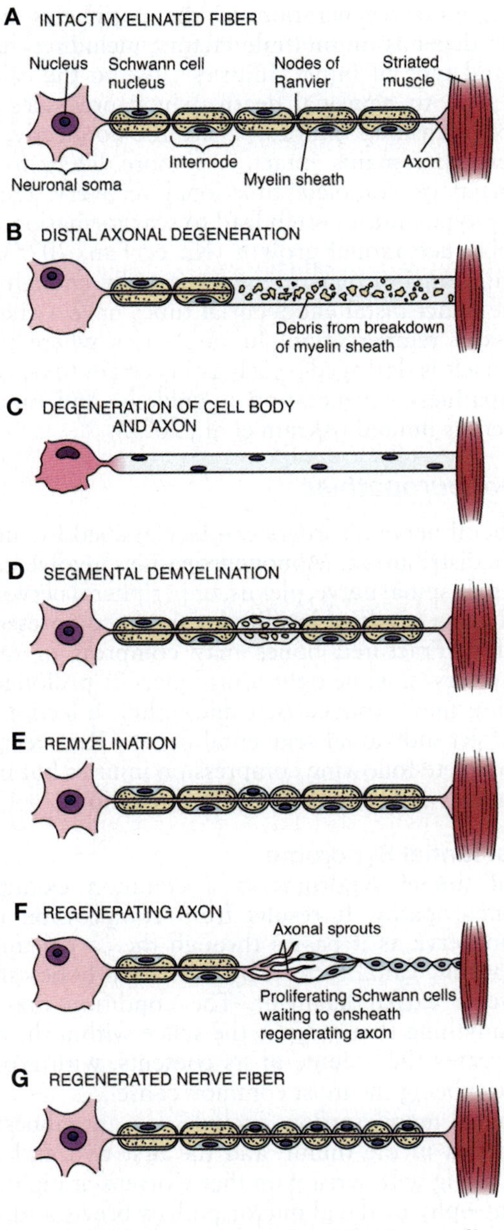

FIGURE 13-7. Basic responses of peripheral nerve fibers to injury. **A.** Intact myelinated fiber. The axon is insulated by the Schwann cell–derived myelin sheaths. **B.** Distal axonal degeneration. The distal axon has degenerated, and myelin sheaths associated with the distal axon have secondarily degenerated. The striated muscle shows denervation atrophy. **C.** Degeneration of cell body and axon. Degeneration involves the neuronal cell body and its entire axon. The myelin sheaths associated with the axon have also degenerated. **D.** Segmental demyelination. The myelin sheath associated with one Schwann cell has degenerated, leaving a segment of axon uncovered by myelin. The underlying axon remains intact. **E.** Remyelination. Proliferating Schwann cells cover the demyelinated segment of the axon and elaborate new myelin sheaths. The remyelinating Schwann cells have short internodal lengths. **F.** Regenerating axon. Regenerating axons sprout from the distal end of the disrupted axon. Ideally, the regenerating axons reinnervate the distal nerve stump, where they will be ensheathed and myelinated by Schwann cells of the distal stump. **G.** Regenerated nerve fiber. The regenerated portion of the axon is myelinated by Schwann cells with short internodal lengths. The striated muscle is reinnervated. (Reproduced with permission from Strayer, D. S., & Rubin, E. (2014). *Rubin's pathology* [7th ed., Fig. 31-28, p. 1403], Wolters Kluwer Health and Pharma.)

Clinical Manifestations

Symptoms include fluctuating muscle weakness and fatigue, especially in ocular, facial, bulbar, and proximal limb muscles. Ptosis and diplopia are common early signs. Weakness worsens with activity and improves with rest. **Myasthenic crisis** is a potentially life-threatening exacerbation that impairs respiratory function. Cholinergic crisis, caused by an AChE inhibitor overdose, presents with similar weakness due to continuous depolarization (Estephan et al., 2022).

Diagnosis and Treatment

Diagnosis involves clinical evaluation, AChE inhibitor testing (e.g., neostigmine), repetitive nerve stimulation, and single-fiber EMG. Serum antibody testing includes anti-AChR, anti-MuSK, and anti-LRP4 assays (Estephan et al., 2022). Chest imaging may reveal thymoma. Management includes AChE inhibitors (e.g., pyridostigmine), immunosuppressants (e.g., corticosteroids, azathioprine), thymectomy, plasmapheresis, and intravenous immunoglobulin (IVIG). Plasmapheresis and IVIG are used for an acute crisis or preoperative stabilization. Avoidance of exacerbating medications, such as aminoglycosides, is essential. Surgical removal of the thymus remains a controversial treatment option (Verschuuren et al., 2022).

Lower Motor Neuron Disorders

Lower motor neuron disorders are progressive neurologic conditions that selectively affect the anterior horn cells of the spinal cord and the motor nuclei of cranial nerves. One of the most well-characterized LMN disorders is **spinal muscular atrophy (SMA)**—a group of inherited neurodegenerative diseases characterized by the degeneration of alpha motor neurons, resulting in progressive muscle weakness and atrophy (Fortuna & Scrarù, 2025). SMA is most commonly caused by deletions or mutations in the survival motor neuron 1 (SMN1) gene, which lead to a deficiency of the SMN protein—essential for motor neuron survival. The condition is typically inherited in an autosomal recessive pattern. Depending on age of onset and severity, SMA is categorized into several clinical subtypes:

- **Type I (Werdnig-Hoffmann disease)**: The most severe form, with symptoms evident at birth or within the first few months of life, is characterized by profound hypotonia, weakness, and respiratory failure, often leading to death in infancy without intervention.
- **Type II**: Onset occurs between 6 and 18 months of age. Children can sit but are typically unable to stand or walk unaided.
- **Type III (Kugelberg-Welander disease)**: Patients with this milder form, with onset in late childhood or adolescence, may be able to walk independently but often lose mobility later in life.
- **Type IV**: Adult-onset SMA, a rare and mild form, generally presents with gradual proximal muscle weakness (Mercuri et al., 2022).

All forms of SMA involve progressive muscle weakness and atrophy, typically affecting proximal muscles more than distal muscles. Common symptoms include hypotonia, delayed motor milestones, difficulty swallowing or breathing, and in severe cases, respiratory failure. Diagnosis is confirmed through genetic testing that identifies mutations or deletions in the *SMN1* gene (Nishio et al., 2023). Treatment options now include FDA-approved disease-modifying therapies (DMTs) that increase SMN protein production or replace the faulty gene, with the greatest benefit seen when treatment begins early. Supportive care, including respiratory support, nutrition, and physical therapy, remains essential to optimize function and quality of life (Mercuri et al., 2022).

Disorders of Peripheral Nerve Function

A peripheral neuropathy refers to any primary disorder affecting the peripheral nerves, often resulting in muscle weakness, with or without atrophy, and accompanied by sensory disturbances such as numbness, tingling, or pain.

Compared with nerves in the CNS, peripheral nerves are structurally strong and resilient, thanks to their multiple layers of connective tissue sheathing. The **epineurium** is the outermost sheath, surrounding medium-to-large nerves. Inside the nerve, each fascicle (bundle of nerve fibers) is enclosed by the **perineurium**, and within each fascicle, individual nerve fibers are wrapped in the **endoneurium**. Within the endoneurial sheath are **Schwann cells**, the specialized glial cells of the peripheral nervous system responsible for producing myelin. Each Schwann cell myelinates a single segment of one axon, meaning that the full myelination of a single peripheral axon requires the coordinated function of many Schwann cells (Xu & Fan, 2025).

Peripheral Nerve Injury and Repair

Peripheral nerve disorders are typically classified based on their underlying pathophysiologic mechanism and the anatomic pattern of nerve involvement. The two main types of peripheral nerve injury are segmental demyelination and axonal degeneration. **Segmental demyelination** involves damage to the myelin sheath produced by Schwann cells, while the underlying axon remains initially intact. In contrast, **axonal degeneration** results from injury to the axon or its neuronal cell body, often leading to Wallerian degeneration and more severe, prolonged deficits (Fig. 13-7).

These disorders can also be classified according to the anatomic site of involvement. Peripheral nerve damage may affect a spinal nerve or nerve root (as seen in radiculopathies), a nerve plexus (plexopathies), a single peripheral nerve (mononeuropathy, such as carpal tunnel syndrome), or multiple peripheral nerves (polyneuropathy), which typically present in a symmetric, distal pattern—as in diabetic neuropathy or Guillain-Barré syndrome (GBS).

Successful regeneration in the peripheral nervous system depends on multiple factors, including the location and type of injury. Injuries close to the cell body often lead to neuronal death, which precludes regeneration. Crushing injuries, where the connective tissue framework remains intact, are more likely to result in partial or complete functional recovery. However, cutting-type injuries often lead to scar formation, which can obstruct axonal growth (Xu & Fan, 2025). Only axonal branches that regenerate rapidly enough to enter the intact distal endoneurial tubes have a chance of successful reinnervation. In rare cases where the cell body itself is damaged—such as in certain toxic or viral neuropathies—regeneration is unlikely, and functional recovery is limited (Akram et al., 2022).

Mononeuropathies

Peripheral nerve disorders can be classified by their anatomic distribution. **Mononeuropathies** involve damage to a single spinal nerve, plexus, or peripheral nerve trunk, usually as a result of localized trauma, compression, or infection. Fractured bones may compress or lacerate nearby nerves, while tight tourniquets or prolonged positioning may produce ischemic injury. Infections may also affect individual segmental nerves. Recovery is often complete following compression injuries but may be incomplete or faulty after nerve transection.

Carpal Tunnel Syndrome

Carpal tunnel syndrome is a common example of mononeuropathy. It results from compression of the median nerve as it passes through the carpal tunnel—an anatomic canal formed by the carpal bones and the transverse carpal ligament. The condition may arise from anything that reduces the space within the tunnel or increases the volume of its contents, with repetitive wrist use being the most common cause.

Clinical manifestations include pain, numbness, and paresthesia in the thumb and the first two and a half digits, along with wrist pain that worsens at night. Over time, atrophy of the abductor pollicis brevis and weakness in precision grip may occur, contributing to difficulty with fine motor tasks.

Diagnosis is based on sensory findings limited to the median nerve distribution and supported by a positive Tinel or Phalen sign. **Tinel sign** is a tingling sensation radiating into the palm elicited by light percussion over the median nerve at the wrist. The **Phalen maneuver** is performed by having the person hold the wrist in complete flexion for a minute. If numbness and paresthesia along the median nerve are reproduced or exaggerated, the test result is considered to be positive. EMG and nerve conduction studies can confirm the diagnosis and exclude other causes.

Treatment includes avoidance of movements that cause nerve compression, nighttime splinting, and anti-inflammatory medications. Measures to decrease causative repetitive movements should be initiated. When splinting is ineffective, corticosteroids may be injected into the carpal tunnel to reduce inflammation and swelling.

Surgical decompression by division of the transverse carpal ligament is indicated when conservative measures fail.

Polyneuropathies

Polyneuropathies involve demyelination or axonal degeneration of multiple peripheral nerves, typically in a symmetric, distal pattern. The longest axons are affected first, leading to a "stocking-glove" distribution of sensory loss, weakness, or both. When the autonomic nervous system is involved, symptoms may include orthostatic hypotension, constipation, and impotence. Polyneuropathies can result from immune mechanisms (e.g., GBS), toxic exposures (e.g., alcohol, heavy metals), or metabolic diseases (e.g., diabetes, uremia). Different causes affect axons of different diameters and neuron classes to different degrees.

Guillain-Barré Syndrome

Guillain-Barré syndrome (GBS) is an acute immune-mediated polyneuropathy that may present with pure motor involvement or a combination of motor and sensory nerve degeneration (Habib & Waheed, 2023). It is caused by infiltration of mononuclear cells, endoneurial edema, and segmented demyelination, particularly affecting the ventral spinal roots. A preceding viral or flu-like illness is reported in most cases. Approximately one third of affected individuals develop antibodies against nerve gangliosides, supporting the autoimmune hypothesis (Habib & Waheed, 2023).

Clinical manifestations include progressive, symmetric ascending muscle weakness, which may produce flaccid paralysis. Sensory symptoms such as paresthesia and numbness often accompany the motor deficits. A ventilator is required if paralysis involves respiratory muscles. Autonomic dysfunction is common and may present as postural hypotension, arrhythmia, facial flushing, urinary retention, and abnormalities of sweating. Pain is a common feature. In some cases, cranial nerves are involved, resulting in facial, oculomotor, or bulbar weakness. The clinical course varies widely, from mild weakness with spontaneous recovery to severe tetraplegia with prolonged ventilator dependence and delayed recovery (Habib & Waheed, 2023).

Treatment involves supportive care, with close monitoring of respiratory and autonomic function and prevention of complications such as pressure injuries and venous thromboembolism. Early initiation of plasmapheresis or high-dose IVIG therapy is most effective in shortening the disease course and improving outcomes (Habib & Waheed, 2023).

Disorders of the Spine and Nerve Roots

Back Pain

Low back pain is a highly prevalent condition, affecting approximately 70% of people at least once in their lifetime. It occurs equally in all sexes, with onset between the ages of 30 and 50 years (Zhou et al., 2024). Risk factors include heavy lifting, smoking, obesity, and depressive symptoms. Although acute low back pain typically resolves within 3 to 6 weeks, recurrences are common.

Back pain can result from musculoligamentous injury, age-related degeneration of intervertebral disks and facet joints, or nerve root compression. Common structural causes include disk herniation and spinal stenosis. Disk herniation refers to the displacement of the nucleus pulposus through the annulus fibrosus, typically due to trauma, repetitive strain, or age-related disk dehydration. In spinal stenosis, narrowing of the spinal canal, often due to degenerative hypertrophy, results in compression of the spinal cord or nerve roots (Zhou et al., 2024).

Diagnosis begins with a thorough history, physical, and neurologic examination. Imaging, such as magnetic resonance imaging (MRI) or computed tomography (CT), is not generally recommended early in the course of low back pain. The diagnostic challenge is to identify people who require further evaluation for more serious pathology.

First-line therapy often incorporates nonpharmacologic approaches such as heat therapy, massage, acupuncture, or spinal manipulation. In chronic cases, exercise, yoga, tai chi, and cognitive behavioral therapy (CBT) may be beneficial. Surgical intervention may be warranted in cases of persistent pain or neurologic deficit unresponsive to conservative treatment (Zhou et al., 2024).

Herniated Intervertebral Disk

Intervertebral disks serve as flexible shock absorbers in the spine, composed of a gelatinous center (**nucleus pulposus**) surrounded by a strong, fibrous **annulus fibrosus**. The nucleus pulposus can be squeezed out of place and herniate, a condition referred to as a **herniated, ruptured**, or **slipped disk** (Fig. 13-8A and B).

Pathophysiology

Herniation of the nucleus pulposus through the annulus can result from trauma, degenerative disk disease, or repetitive strain. The lumbar and cervical regions are most commonly affected due to their mobility. Lumbar herniations frequently occur at L4–L5 or L5–S1, while cervical herniations often involve C5–C6 or C6–C7. Most herniations are posterolateral, compressing adjacent spinal nerve roots (Awadalla et al., 2023). With age, the gelatinous center of the disk dries and loses elasticity, causing it to fray and tear. Degenerative processes such as osteoarthritis or ankylosing spondylitis predispose to malalignment of the vertebral column.

When the injury is in the lumbar area, only the nerve fibers of the cauda equina are involved. Because these elongated dorsal and ventral roots contain endoneurial tubes of connective tissue, regeneration of the nerve fibers is likely. Several weeks or months are required for full recovery because of the distance to the innervated muscles or skin of the lower limbs.

Clinical Manifestations

Symptoms are localized to the area of the body innervated by the nerve roots and include both motor and

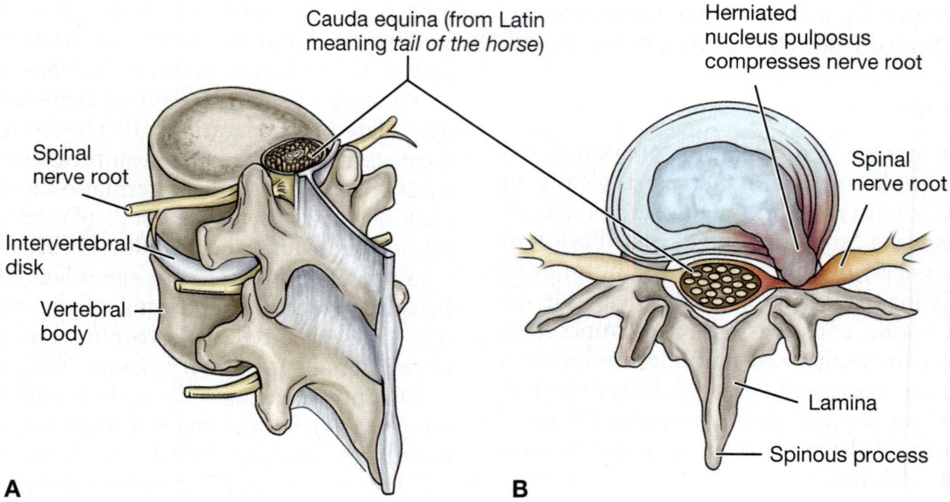

FIGURE 13-8. **A.** Normal lumbar spine vertebrae, intervertebral disks, and spinal nerve root. **B.** Ruptured vertebral disk. (From Hinkle J. L., & Cheever K. H. [2014]. *Brunner & Suddarth's textbook of medical-surgical nursing* [13th ed., p. 2074]. Lippincott Williams & Wilkins.)

sensory manifestations (Fig. 13-9). Pain is the first and most common symptom. The nerve roots of L4, L5, S1, S2, and S3 give rise to back pain that spreads down the back of the leg and over the sole of the foot. Pain may increase with normal activities such as coughing, straining, stooping, and walking (Awadalla et al., 2023). Motor weakness is uncommon but may occur. The most common sensory deficits from spinal nerve root compression are paresthesias and numbness, particularly in the leg and foot. A herniated disk must be differentiated from other causes of acute back pain. Involvement of the cauda equina can lead to symptoms such as saddle anesthesia, bladder or bowel dysfunction, and gait abnormalities, requiring urgent evaluation.

Diagnosis and Treatment

Diagnosis includes history and physical and neurologic examination. The straight-leg raise test is done in the supine position and is performed by passively raising the person's leg or by extending the knee while the person sits with both hip and knee flexed at 90 degrees. This test applies traction along the nerve root, which exacerbates pain if the nerve root is acutely inflamed. Normally, the leg can be raised about 90 degrees without causing discomfort in the hamstring muscles. The test is positive if pain is produced when the leg is raised to 60 degrees or less. Other methods include radiographs of the back, MRI, CT, and CT myelography.

Treatment usually consists of analgesic medications and education on how to protect the back and strengthen the back muscles (Du et al., 2025). Pain relief can be provided using nonsteroidal anti-inflammatory drugs, and short-term use of opioid pain medications may be required. Muscle relaxants may be used on a short-term basis.

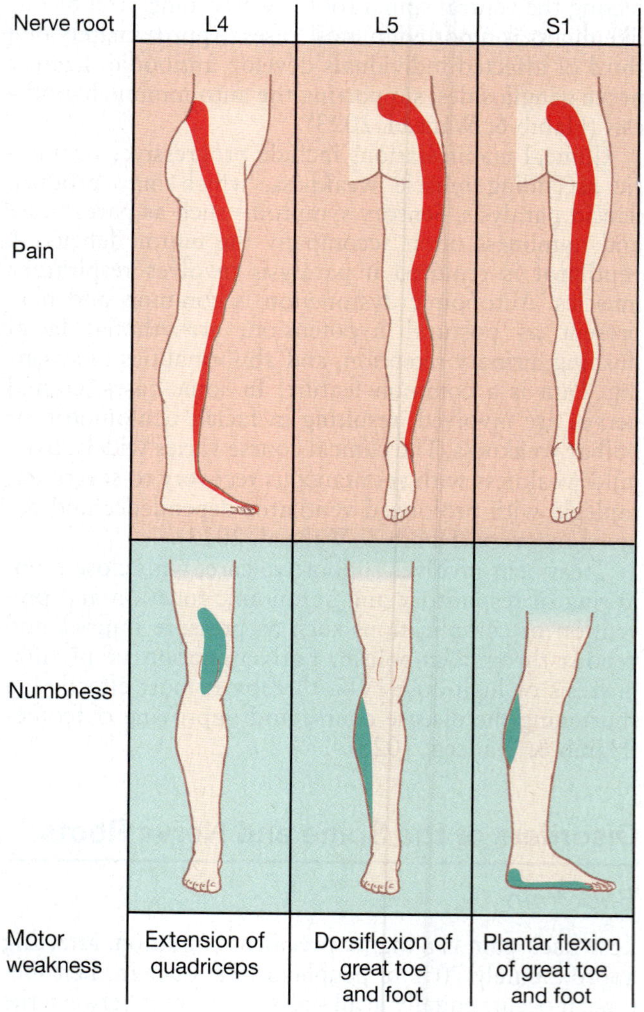

FIGURE 13-9. Dermatomes of the leg (L1 through S5) where pain and numbness would be experienced with spinal root irritation.

For initial treatment, guidelines suggest nonpharmacologic treatment, including superficial heat, massage, acupuncture, or spinal manipulation. Nonpharmacologic treatment of chronic low back pain may also include exercise, tai chi, yoga, progressive relaxation, CBT, or spinal manipulation (Du et al., 2025). Surgical treatment may be indicated if there is herniation, consistent pain, or neurologic deficit that has failed to respond to conservative therapy (Penchev et al., 2024).

Back Pain Emergencies

Although most cases of acute back pain are benign, a small subset may indicate serious conditions such as vascular emergencies, malignancy, spinal cord compression, or infection.

Clinical findings, commonly referred to as **red flags**, indicate the possibility of more serious disease include gradual onset of pain; age under 20 years or over 50 years; thoracic back pain; history of trauma, fever, chills, night sweats, immunosuppression, or malignancy; unintentional weight loss; bacteremia; and history of intravenous drug use.

Gradual onset of pain may indicate malignancy or infection. Back pain that begins before 20 years of age suggests congenital or developmental disorders, and new pain in people over 50 years of age may be due to an aortic aneurysm, malignancy, or compression fracture. Pain that is aggravated by lying down suggests malignancy or infection; pain that improves with sitting or slight flexion of the spine suggests the presence of spinal stenosis. Reports of neurologic symptoms such as paresthesia, motor weakness, urinary or fecal incontinence, or gait abnormalities require additional diagnostic testing to rule out spinal cord or cauda equina compression, which is a surgical emergency (Swadling et al., 2024).

SUMMARY CONCEPTS

The motor unit consists of the LMN, NMJ, and skeletal muscle that the nerve innervates. Disorders of the neuromuscular unit include muscular dystrophy and myasthenia gravis. Muscular dystrophy describes several disorders that produce progressive deterioration of skeletal muscle followed by fibrofatty tissue replacement. DMD is an X-linked inherited form transmitted by the female biologic parent to male offspring. Myasthenia gravis is a disorder of the NMJ resulting from a deficiency of functional AChR, which causes weakness of the skeletal muscles. Because the disease affects the NMJ, there is no loss of sensory function. The most common manifestations are weakness of the eye muscles, with ptosis and diplopia.

Peripheral nerve disorders involve motor and sensory neurons outside the CNS. Segmental demyelination involves the Schwann cell, while axonal degeneration involves the nerve axon or cell body. Peripheral nerve disorders include mononeuropathies that involve a single spinal nerve, plexus, or peripheral nerve, and polyneuropathies that involve demyelination or axonal degeneration of multiple peripheral nerves that lead to symmetric sensory, motor, or mixed sensorimotor deficits. Carpal tunnel syndrome, a mononeuropathy, is caused by compression of the median nerve that passes through the carpal tunnel in the wrist. GBS is a subacute polyneuropathy that causes progressive ascending motor, sensory, and autonomic nervous system manifestations. Respiratory involvement necessitates mechanical ventilation.

Acute back pain is commonly due to muscle strain; treatment focuses on improving activity tolerance. A herniated intervertebral disk is characterized by protrusion of the nucleus pulposus into the spinal canal with irritation or compression of the nerve root. Usually, herniation occurs at the lower levels of the lumbar and sacral (L4 or L5 to S1) and cervical (C6 to C7 and C5 to C6) regions of the spine. The symptoms of a herniated disk are localized to the area of the body innervated by the affected nerve roots and include pain and both motor and sensory signs.

Disorders of the Cerebellum and Basal Ganglia

Disorders of the Cerebellum

The cerebellum, located in the posterior fossa of the skull, is connected to the brainstem (pons, medulla, and midbrain) by three paired **cerebellar peduncles**. It plays a crucial role in coordinating rapid, precise motor activities such as running, typing, and talking. Loss of cerebellar function can result in severe incoordination, though paralysis does not occur, as the cerebellum modulates rather than initiates movement. Cerebellar disorders do not involve the pyramidal or extrapyramidal motor tracts directly and therefore do not cause paralysis or classic extrapyramidal movement disorders.

Cerebellar function is mediated by afferent and efferent pathways that integrate signals from across the nervous system. Major afferent input arises from the **corticopontocerebellar** tract, originating in the motor, premotor, and somatosensory cortices. Additional input comes from the basal ganglia, stretch receptors in muscles and joints, the vestibular system of the inner ear, and visual input from the eyes. The cerebellum sends efferent signals through three major pathways:

- **Vestibulocerebellar pathway:** Interacts with the brainstem vestibular nuclei to regulate posture and balance

- **Spinocerebellar pathway:** Coordinates distal limb movements, particularly of the hands and fingers
- **Cerebrocerebellar pathway:** Integrates with motor and sensory systems to coordinate sequential body and limb movements via feedback loops to the cortex

Cerebellum-Associated Movement Disorders

Disorders of the cerebellum fall into three main clinical categories: vestibulocerebellar dysfunction, cerebellar ataxia, and cerebellar tremor. These conditions typically affect the same side of the body as the cerebellar lesion and are caused by congenital malformations, vascular events, tumors, or demyelinating diseases such as multiple sclerosis (MS). Notably, the cerebellum's reliance on internal feedback means that visual monitoring cannot compensate for deficits. Impairments are present whether the eyes are open or closed.

Damage to vestibular-associated areas of the cerebellum can produce difficulty or inability to maintain a steady posture of the trunk. This unsteadiness of the trunk (**truncal ataxia**) can be so severe that standing is not possible. **Nystagmus**, a pattern of repetitive, conjugate eye movement, may also occur, making visual fixation and tasks like reading difficult, especially when the eyes are deviated toward the side of cerebellar damage.

Cerebellar ataxia is an intention tremor, occurring during purposeful movement rather than at rest. It is characterized by a decomposition of movement, with each component of a movement occurring separately instead of a smooth action. Clinical evaluation may include coordination tasks such as heel-to-shin, finger-to-nose, or tracing along a straight line. Ethanol affects cerebellar function, and people under the influence of alcohol often walk with a staggering and unsteady gait. MS, discussed later, is the most common cause of cerebellar ataxia. Acute postinfectious cerebellar ataxia can occur after a prior history of varicella in preschool children.

The cerebellum also plays a role in coordinating the motor components of speech (**dysarthria**) and swallowing (**dysphagia**). Cerebellar dysarthria presents as slow, slurred, and variably loud speech due to disrupted timing of respiratory, laryngeal, and oral muscle groups. Speech therapy can help individuals compensate using preserved musculature and pacing techniques.

Disorders of the Basal Ganglia

The basal ganglia regulate the initiation, scaling, and suppression of voluntary movement, particularly automated motor patterns and postural adjustments. Dysfunction of these circuits results in characteristic movement disorders marked by impaired movement initiation or excessive involuntary movement. Because the basal ganglia are part of the extrapyramidal system, these disorders produce abnormalities of movement and tone rather than true paralysis. The anatomic organization and functional roles of the basal ganglia are described in Chapter 12.

The basal ganglia interact with the motor cortex through a feedback loop involving the thalamus, modulating thalamocortical excitability. When unmodulated, this feedback loop can cause rigidity, tremors, and disordered movements. The striatum is the primary input center, integrating information from the cortex, while output nuclei (globus pallidus internus and substantia nigra pars reticulata) exert tonic inhibitory effects on the thalamus. Internal circuits, such as the direct (movement-facilitating) and indirect (movement-inhibiting) pathways, balance motor activity.

This cognitive control of motor activities determines within seconds which movement patterns will be needed. The caudate nucleus receives input from the association areas of the brain and plays a major role in the cognitive control of motor activity.

Basal Ganglia–Associated Movement Disorders

Disorders of the basal ganglia, summarized in Table 13-1, manifest as either:

- **Hypokinetic syndromes** (e.g., PD), due to overactivity of the indirect pathway; or
- **Hyperkinetic syndromes** (e.g., Huntington disease, chorea, ballismus), resulting from underactivity of the indirect pathway or loss of inhibitory control.

These movement disorders are characteristic of extrapyramidal dysfunction and differ fundamentally from pyramidal tract lesions, which impair voluntary motor execution.

Parkinson Disease

PD is a chronic, progressive neurodegenerative disorder characterized by the loss of dopaminergic neurons in the nigrostriatal pathway. This leads to dopamine deficiency in the striatum and an imbalance between excitatory cholinergic and inhibitory dopaminergic activity, resulting in combinations of tremor, rigidity, **akinesia**/bradykinesia, and postural changes. PD is an extrapyramidal disorder and does not cause paralysis; muscle strength is typically preserved despite marked rigidity and bradykinesia.

The clinical syndrome arising from degenerative changes in basal ganglia function is referred to as **parkinsonism**. PD is also known as **idiopathic parkinsonism**. Parkinsonism can also develop as a postencephalitic syndrome, a side effect of antipsychotic drugs that block dopamine receptors, a toxic reaction to a chemical agent, or an outcome of severe carbon monoxide poisoning. Symptoms of parkinsonism can occur with damage to the nigrostriatal pathway, as in cerebrovascular disease, brain tumors, repeated head trauma, or a degenerative neurologic disease.

The primary brain abnormality in PD is the degeneration of the pigmented nigrostriatal dopamine neurons (Fig. 13-10). Some residual nerve cells are atrophic, and few contain **Lewy bodies**, which are spherical, eosinophilic cytoplasmic inclusions. Lewy bodies are produced inside degenerated neurons in many people with PD or parkinsonism.

TABLE 13.1 Characteristics of Basal Ganglia–Associated Movement Disorders

Movement Disorder	Characteristics
Tremor	Involuntary, oscillating contractions of opposing muscle groups around a joint Usually fairly uniform in frequency and amplitude Can occur as resting tremors and postural tremors, which occur when the part is maintained in a stable position
Hypokinetic disorders	Slowness in initiating movement and reduced range and force of the movement (bradykinesia)
Chorea	Irregular wriggling and writhing movements Accentuated by movement and by environmental stimulation; they often interfere with normal movement patterns May be grimacing movements of the face, raising the eyebrows, rolling of the eyes, and curling, protrusion, withdrawal of the tongue In the limbs, the movements largely are distal. There may be piano playing–type movements with alternating extension and flexion of the fingers
Athetosis	Continuous, wormlike, twisting, and turning motions of the joints of a limb or the body
Ballismus	Violent, sweeping, flinging motions, especially of the limbs on one side of the body (hemiballismus)
Dystonia	Abnormal maintenance of a posture resulting from a twisting, turning movement of the limbs, neck, or trunk Often the result of simultaneous contraction of agonist and antagonist muscles Can result in grotesque and twisted postures
Dyskinesias	Bizarre wriggling and writhing movements Frequently involve the face, mouth, jaw, and tongue, causing grimacing, pursing of the lips, or protrusion of the tongue Limbs affected less often Tardive dyskinesia is an untoward reaction that can develop with long-term use of some antipsychotic medications

Pathophysiology

PD results from a combination of genetic and environmental factors. Pathogenic mechanisms include oxidative stress, mitochondrial dysfunction, and protein aggregation. Exposure to agricultural pesticides and rural well water has been linked to increased risk; while smoking and caffeine consumption are associated with reduced risk (Morris et al., 2024).

Genetic forms of PD may be autosomal dominant or recessive. Mutations in the alpha-synuclein and parkin genes are implicated. Lewy bodies, composed of alpha-synuclein, are the hallmark histologic finding in many forms of parkinsonism.

Clinical Manifestations

Tremor is the most visible manifestation of the disorder and affects mainly the hands and feet; head, neck, face, lips, and tongue; or jaw. It is characterized by rhythmic, alternating flexion and contraction movements (4 to 6 beats/min) that resemble rolling a pill between the thumb and forefinger (Shin et al., 2022). The tremor is initially unilateral, occurs when the limb is supported and at rest, and disappears with movement and sleep. The tremor eventually progresses bilaterally.

Rigidity is the resistance to movement of flexors and extensors throughout the full range of motion. It is most evident during passive joint movement and involves jerky, ratchet-like movements that require considerable energy to perform. Flexion contractures may develop due to rigidity. As with tremor, rigidity usually begins unilaterally but progresses bilaterally.

Bradykinesia is the slowness of initiating and performing movements and difficulty with sudden, unexpected stopping of voluntary movements. Unconscious associative movements occur in disconnected steps rather than in a smooth, coordinated manner. People with bradykinesia may freeze in place while walking and feel as if their feet are glued to the floor, especially when moving through a doorway or preparing to turn. When walking, they lean forward and take small, shuffling steps without swinging their arms, and have difficulty changing their stride. People with advanced-stage parkinsonism are at risk for falls, fluctuations in motor function, neuropsychiatric disorders, and sleep disorders. Emotional and voluntary facial movements become limited and slow with progression, and facial expression becomes stiff and masklike. There is loss of the blinking reflex and a failure to express emotion. The tongue, palate, and throat muscles become rigid, and the person may drool because of difficulty in moving and swallowing saliva. Speech becomes slow and monotonous, without modulation, and poorly articulated.

Because the basal ganglia also influence the autonomic nervous system, people with PD often have excessive and uncontrolled sweating, sebaceous gland secretion, and salivation. Autonomic symptoms, such as lacrimation, dysphagia, orthostatic hypotension, thermal regulation, constipation, impotence, and urinary incontinence, may be present, especially late in the disease (Shin et al., 2022).

Cognitive dysfunction may also be an important feature in PD. Severe dementia is seen in about 20% of people with PD. Deficits in visuospatial discrimination,

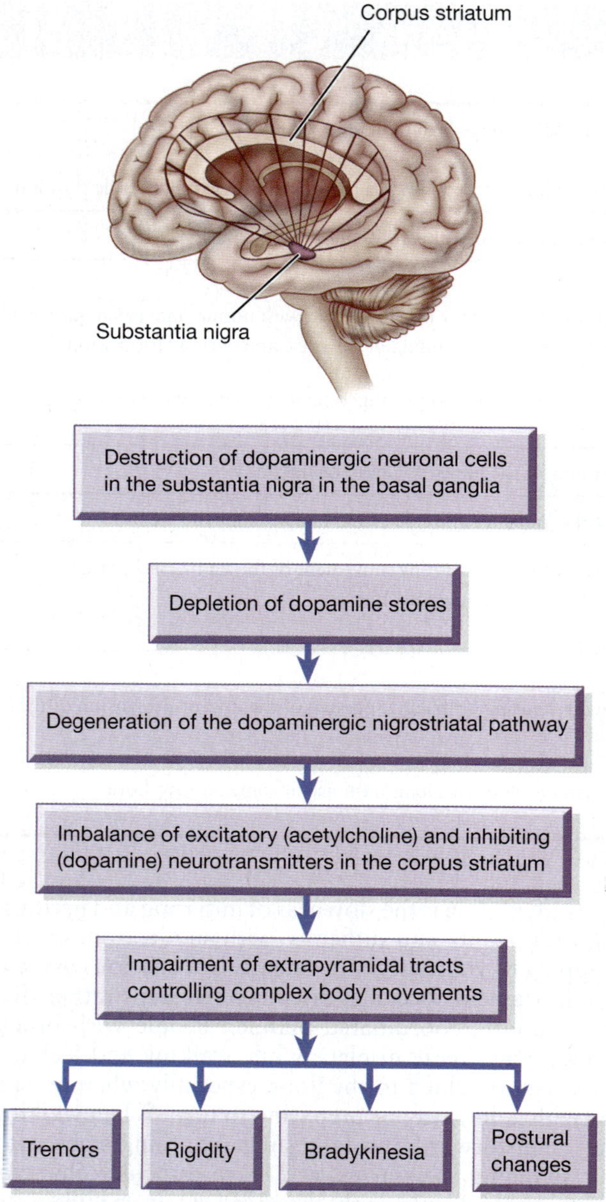

FIGURE 13-10. Pathophysiology of Parkinson disease. The nuclei in the substantia nigra project fibers to the corpus striatum. The nerve fibers carry dopamine to the corpus striatum. The loss of dopamine nerve cells from the brain's substantia nigra is thought to be responsible for the symptoms of parkinsonism. (From Hinkle J. L., & Cheever K. H. [2014]. *Brunner & Suddarth's textbook of medical-surgical nursing* [13th ed., p. 2063]. Lippincott Williams & Wilkins.)

frontal lobe executive function, and memory retrieval are typical of the cognitive dysfunction seen in people with PD. Deficits in executive functioning may be among the earliest signs of cognitive decline, as evidenced by difficulty in planning, starting, and carrying out tasks. Dementia is usually a late manifestation of the disease, and the rate of decline is slow compared with Alzheimer disease (Shin et al., 2022).

Diagnosis and Treatment

PD is primarily a clinical diagnosis, based on motor symptoms and response to dopaminergic therapy. Parkinsonism is the broader syndrome of motor symptoms that may result from other causes, including drug-induced, postencephalitic, vascular, or toxic damage. Conditions like progressive supranuclear palsy, striatonigral degeneration, and 1-methyl-4-phenyl-1,2,3,6-tetrahydropyridine (MPTP)-induced parkinsonism can mimic PD but do not respond to levodopa. Researchers have now developed a blood test analyzing ribonucleic acid (RNA) fragments and mitochondrial RNA to detect PD before symptom onset (Qi et al., 2023). Other novel diagnostic approaches include Wi-Fi-based gait analysis and AI-powered movement disorder assessments (Bai, 2023; Bhidayasiri & Goetz, 2024).

PD treatment is individualized and primarily aimed at managing symptoms, as there is currently no cure or therapy proven to halt disease progression. Nonpharmacologic interventions play an important role and include regular physical activity, physical and occupational therapy, speech therapy, nutritional support, and psychosocial interventions (Pardo-Moreno et al., 2023). Daily exercise can help maintain mobility, reduce rigidity, and improve balance, while speech therapy may assist with dysarthria and swallowing difficulties. Botulinum toxin injections are sometimes used to manage focal dystonias, such as eyelid spasms or limb contractures, that occur in PD.

Pharmacologic treatment focuses on correcting the dopaminergic–cholinergic imbalance within the basal ganglia. The cornerstone of therapy is levodopa, a dopamine precursor that crosses the blood–brain barrier and is converted to dopamine in the brain. It is typically administered in combination with carbidopa, a peripheral decarboxylase inhibitor, which prevents the premature conversion of levodopa outside the CNS, thereby increasing its bioavailability and reducing peripheral side effects. Levodopa remains the most effective agent for relieving motor symptoms, particularly bradykinesia and rigidity (Pardo-Moreno et al., 2023).

As the disease progresses, many patients experience motor fluctuations, known as the "on–off phenomenon," where the effectiveness of levodopa becomes inconsistent. To address these fluctuations, dopamine agonists such as pramipexole, ropinirole, or rotigotine may be used either alone in early disease or in combination with levodopa in more advanced stages. These agents directly stimulate dopamine receptors and can help smooth out motor performance. Other adjunctive medications include monoamine oxidase B (MAO-B) inhibitors, such as selegiline and rasagiline, which reduce the breakdown of dopamine, and catechol-O-methyltransferase (COMT) inhibitors, which prolong the action of levodopa by inhibiting its metabolism (Pardo-Moreno et al., 2023).

Anticholinergic medications may be used in younger individuals to reduce tremor, but their use is limited in older adults due to cognitive side effects, including confusion and hallucinations. In advanced cases, patients may also develop autonomic symptoms, sleep disturbances, and cognitive decline, which may require additional supportive treatments tailored to individual needs (Pardo-Moreno et al., 2023).

Surgical treatment for PD is limited to ablative procedures such as thalamotomy and pallidotomy, in which part of the thalamus or globus pallidus is destroyed using an electrical stimulator or supercooled tip of a metal probe. Brain mapping is done during the surgery to identify and prevent injury to sensory and motor tracts. Thalamotomy and pallidotomy are generally confined to one side of the brain because of adverse effects associated with bilateral lesioning procedures.

Deep brain stimulation (DBS), which involves implantation of electrodes into the subthalamic nuclei or the globus pallidus internus, delivers continuous electrical stimulation that is programmed manually and does not change in real time. Adaptive DBS is a next-generation technology that uses real-time feedback from brain signals to adjust the stimulation levels dynamically only when needed rather than deliver constant stimulation. By doing so, side effects such as dyskinesias are reduced (Neumann et al., 2023). Both methods are not curative but serve to increase the duration of the *on* periods, allowing for a reduction in medication dosages, and improved function.

SUMMARY CONCEPTS

Alterations in coordination and abnormal muscle movements result from disorders of the cerebellum and basal ganglia. The functions of the cerebellum, which are vital during rapid muscular movements, use afferent input from various sources, including the stretch receptors, proprioceptors, tactile receptors in the skin, visual input, and vestibular system. Cerebellar disorders include vestibulocerebellar dysfunction, cerebellar ataxia, and cerebellar tremor.

The basal ganglia organize basic movement patterns into complex patterns, contributing gracefulness to cortically initiated and controlled skilled movements. Basal ganglia disorders are characterized by involuntary movements, alterations in muscle tone, and disturbances in posture. These disorders include tremor, tics, hemiballismus, chorea, athetosis, dystonias, and dyskinesias.

Parkinsonism, a disorder of the basal ganglia, is characterized by destruction of the nigrostriatal pathway, with a subsequent reduction in striatal concentrations of dopamine. This results in an imbalance between the inhibition and excitation. PD is manifested by resting tremor, increased muscle tone and rigidity, slowness of movement, gait disturbances, and impaired autonomic postural responses. The disease usually is slowly progressive over several decades. The tremor often begins in one or both hands and then becomes generalized. Postural changes and gait disturbances continue to become more pronounced, resulting in significant disability.

Upper Motor Neuron Disorders

Upper motor neuron (UMN) disorders involve motor neurons that are entirely contained within the CNS. This includes neurons originating in the motor cortex and their axons, which descend through the brainstem and spinal cord to synapse on LMNs. Conditions affecting UMNs typically disrupt voluntary movement, often resulting in spasticity, hyperreflexia, and weakness without significant muscle atrophy. Examples of UMN disorders include amyotrophic lateral sclerosis (ALS), MS, and SCI. Functional neurological disorder (FND), though not a pure UMN disorder, FND often mimics UMN signs, such as weakness, spasticity, or abnormal gait. Unlike other UMN disorders, FND does not result from structural damage to the corticospinal tract or brain but instead is related to abnormal neural network functioning or communication. These conditions primarily affect the pyramidal motor system, distinguishing them from extrapyramidal disorders such as PD, in which paralysis does not occur.

Amyotrophic Lateral Sclerosis

Amyotrophic lateral sclerosis (ALS), also known as Lou Gehrig disease, is a progressive neurodegenerative disorder that primarily affects motor neurons in the brain and spinal cord. It typically presents in individuals in their 50s or 60s, with males affected slightly more often than females.

ALS affects the LMNs of the spinal cord, the motor nuclei of the brainstem and spinal cord, and the UMNs of the cerebral cortex. The disease is more extensive in the distal parts of the affected tracts rather than the proximal parts, suggesting that affected neurons first undergo degeneration at their distal terminals, and the disease proceeds until the parent nerve cell dies. A remarkable feature of ALS is that the entire sensory system, the regulatory mechanisms of control and coordination of movement, and the intellect remain intact. Neurons for ocular motility and parasympathetic neurons in the sacral spinal cord also are spared (Goutman et al., 2022a). However, up to half of individuals may exhibit cognitive or behavioral changes, often linked to frontotemporal dysfunction.

Death of LMNs leads to denervation, shrinkage of musculature, and muscle fiber atrophy (**amyotrophy**). The loss of nerve fibers in *lateral* columns of the white matter of the spinal cord and fibrillary gliosis impart a firmness or *sclerosis* to this CNS tissue.

Pathophysiology

The etiology of ALS is multifactorial, involving both genetic and environmental contributors. Approximately 10% of ALS cases are familial, with mutations in the C9orf72 gene accounting for the majority, followed by SOD1, TARDBP, and FUS. The remaining 90% are sporadic and likely arise from complex interactions between genetic susceptibility and environmental exposures, such as toxins or viral agents (Goutman et al., 2022a). Pathogenesis involves progressive degeneration of both upper and LMNs due to several converging mechanisms. These include protein misfolding and aggregation (notably TDP-43 inclusions in most cases), impaired RNA processing, mitochondrial dysfunction, oxidative stress, glutamate-mediated excitotoxicity, axonal transport deficits, and neuroinflammation. Although autoimmunity was previously considered, there is no consistent evidence supporting a primary immune-mediated cause. The disease typically begins with distal axonal degeneration and progresses proximally, ultimately leading to neuronal cell death and widespread motor dysfunction.

Clinical Manifestations

The symptoms of ALS may be due to UMN or LMN involvement. Manifestations of UMN lesions include weakness, spasticity or stiffness, and impaired fine motor control. Dysphagia, dysarthria, and dysphonia may result from brainstem LMN involvement or from dysfunction of UMNs descending to the brainstem. Manifestations of LMN lesions include fasciculations, weakness, muscle atrophy, and hyporeflexia (Goutman et al., 2022b). Muscle cramps involving the distal legs often are an early symptom. The most common clinical presentation is slowly progressive weakness and atrophy in distal muscles of one upper extremity, followed by regional spread of clinical weakness. Eventually, UMNs and LMNs involving multiple limbs and the head are affected. In more advanced stages, muscles of the palate, pharynx, tongue, neck, and shoulders are involved, causing impaired chewing, swallowing, and speech. Dysphagia with recurrent aspiration and weakness of the respiratory muscles produces the most significant acute complications of the disease. Death usually results from involvement of cranial nerves and respiratory musculature.

Treatment

Currently, there is no cure for ALS. Management is challenging and requires a multidisciplinary team. Management of symptoms, nutritional status, and respiratory muscle weakness allows people with ALS to live longer. Riluzole decreases glutamate accumulation and prolongs survival. Clinical trials focus on exercise programs, nutritional interventions, transplanted stem cells, and antisense therapy (Riva et al., 2024).

Multiple Sclerosis

MS is a chronic immune-mediated disorder characterized by inflammation, demyelination, and neurodegeneration within the CNS. It primarily affects young adults, with onset typically between ages 20 and 40 years, and is more common in females, with a 2 to 3:1 female-to-male ratio. Over 1 million people are estimated to be living with MS in the United States (National Multiple Sclerosis Society, 2025). The disease causes significant functional disability and varies widely in clinical presentation and course.

Pathophysiology

MS arises from a complex interaction between genetic predisposition and environmental triggers. The strongest genetic association is with the HLA-DRB1*15:01 allele (Woo et al., 2024). Environmental risk factors include low vitamin D levels, smoking, and prior infection with EBV, which has emerged as a leading potential trigger of the autoimmune process. MS is considered an autoimmune disorder in which autoreactive lymphocytes target CNS myelin, leading to demyelination, axonal damage, and gliosis. Characteristic lesions, or plaques, form in the white matter of the brain and spinal cord, especially in periventricular areas, the optic nerves, cerebellum, and brainstem (Woo et al., 2024) (Fig. 13-11). These lesions, represent the result of acute myelin breakdown. In an active plaque, there is evidence of ongoing myelin breakdown. The lesions contain small amounts of myelin basic proteins and increased amounts of proteolytic enzymes, macrophages, lymphocytes, and plasma cells.

Oligodendrocytes are reduced or absent in older, chronic MS lesions, reflecting irreversible damage and impaired remyelination. Lesions in the CNS, particularly in white matter tracts, may appear in different stages across the brain and spinal cord, including acute, subacute, and chronic plaques. MRI and histopathology support a two-stage development process: first, a small inflammatory lesion forms due to immune infiltration, followed by a phase of lesion expansion, demyelination, and gliosis. While it is clear that immune-mediated injury drives lesion formation, it remains uncertain whether the immune response is primarily directed against myelin components or the oligodendrocytes responsible for producing CNS myelin (Woo et al., 2024).

Clinical Manifestations and Course

MS presents with a wide range of clinical manifestations that reflect the location and extent of demyelination within the CNS. Symptoms often emerge in an acute or subacute fashion and may include paresthesias, optic neuritis, diplopia, muscle weakness, gait disturbances, spasticity, urinary dysfunction, vertigo, fatigue, and speech or swallowing difficulties. Fatigue is one of the most common and disabling symptoms, often unrelated to activity or depression (Marcus, 2022). Demyelination of the corticospinal tract can result in limb weakness and spasticity, while involvement of cerebellar and brainstem tracts contributes to ataxia, nystagmus, and dysarthria. Lesions in the optic nerve may lead to transient or permanent visual loss.

Cognitive changes such as impaired attention, memory dysfunction, slowed processing speed, and executive dysfunction are common, especially in later stages. Mood disturbances, including depression and anxiety, are prevalent and may be due to both psychosocial stress and underlying neuroinflammation (Marcus, 2022).

The clinical course of MS varies. The most common form is **relapsing–remitting MS (RRMS)**, characterized

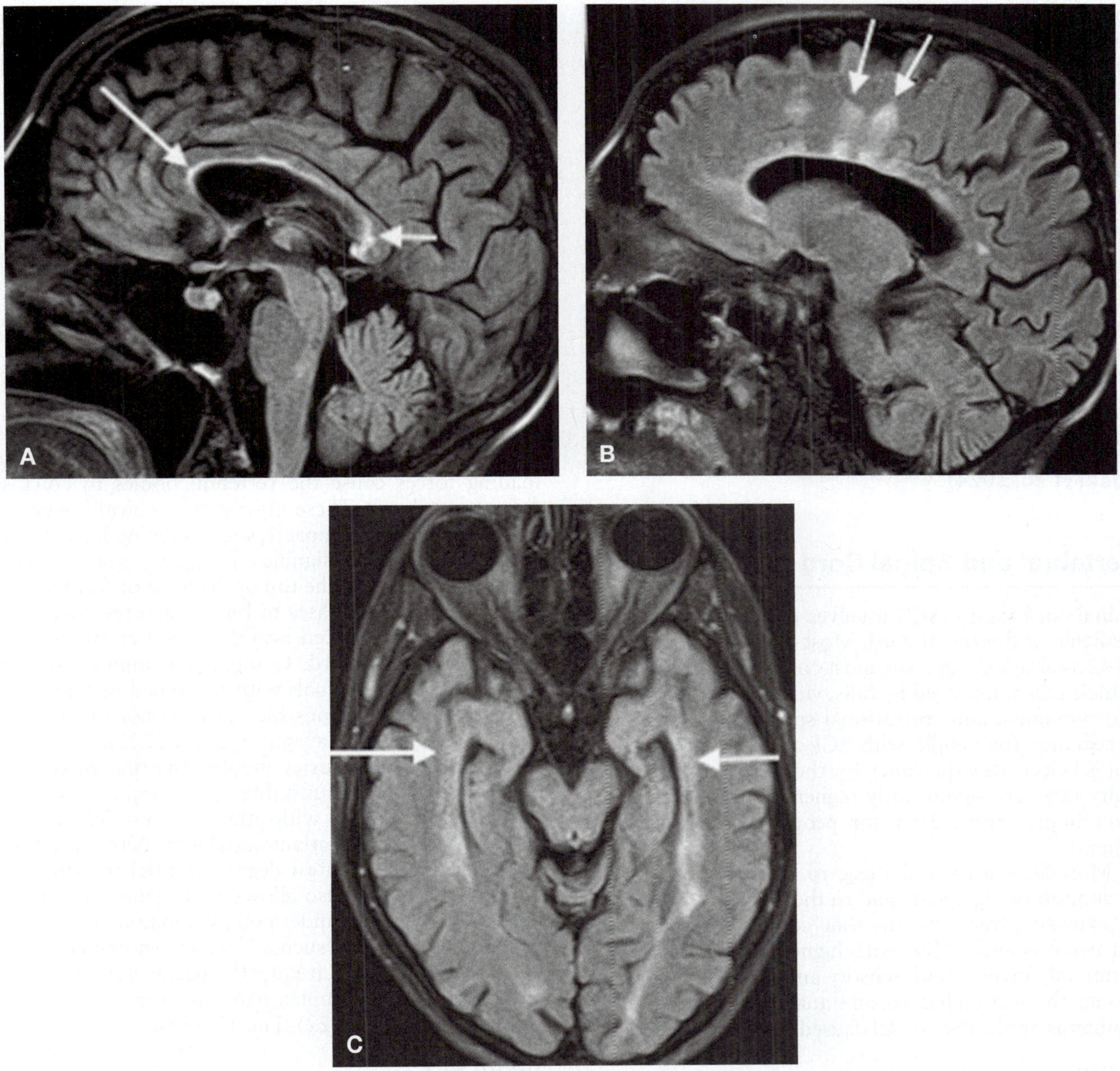

FIGURE 13-11. Multiple sclerosis. **A.** Sagittal FLAIR image shows increased signal in the corpus callosum at the callososeptal interface (*arrows*), typical of multiple sclerosis. **B.** Sagittal FLAIR image shows multiple finger-like flame-shaped lesions (*arrows*) oriented radially relative to the lateral ventricles, typical of demyelinating plaques in multiple sclerosis. **C.** Axial FLAIR image shows lesions in the periventricular white matter adjacent to the temporal horns of the lateral ventricles (*arrows*), typical of demyelination. This is not a common location for microvascular ischemic change. (Reproduced with permission from Farrell, T. A. (2019). *Radiology 101* [5th ed., Fig. 7-27, p. 291], Wolters Kluwer Health and Pharma.)

by episodes of new or worsening neurologic symptoms (relapses) followed by periods of partial or complete recovery (remission). Many individuals with RRMS eventually develop **secondary progressive MS (SPMS)**, marked by steady neurologic decline with or without relapses. **Primary progressive MS (PPMS)** involves gradual functional deterioration from onset without distinct relapses. MS subtypes are now further categorized based on disease activity (clinical or radiologic) and evidence of progression. Clinical progression typically results from cumulative damage to axons and neurons, and disease severity varies widely among individuals (Marcus, 2022).

Diagnosis and Treatment

A diagnosis of MS is made using the 2021 McDonald criteria, which require evidence of dissemination of lesions in space and time, obtained through clinical episodes, MRI findings, or cerebrospinal fluid (CSF) analysis. In patients with relapsing disease, this may involve two or more clinical attacks affecting different CNS regions, or one clinical event with supportive MRI or CSF findings. In cases of PPMS, diagnosis is based on 1 year of disease progression plus at least two of the following: (1) dissemination in space in the brain; (2) dissemination in space in the spinal cord; or (3) CSF-specific oligoclonal bands. The diagnostic process integrates clinical, radiographic, and laboratory data to allow early and accurate diagnosis (Jankowska et al., 2023).

MS treatment is tailored to disease severity and phenotype. Acute relapses are typically treated with corticosteroids or, in resistant cases, plasma exchange. Long-term management includes DMTs to reduce relapses and slow disease progression. First-line therapies include interferon beta, glatiramer acetate, and newer oral agents like dimethyl fumarate and teriflunomide (Haki et al., 2024). High-efficacy options, such as ocrelizumab, ofatumumab, alemtuzumab, and cladribine, are used in patients with active or progressive disease. Symptom management targets spasticity, fatigue, pain, bladder dysfunction, and mood disturbances. Physical therapy, healthy lifestyle habits, and patient education are critical components of care (Haki et al., 2024).

Vertebral and Spinal Cord Injury

Spinal cord injury (SCI) involves damage to the neural elements of the spinal cord. Most SCIs occur in the 29- to 42-year age group. The most common cause is motor vehicle crash, followed by falls, violence (primarily gunshot wounds), and recreational sporting activities. Life expectancy for people with SCI continues to increase, but is below life expectancy for those without SCI. Mortality rates are significantly higher during the first year after injury, particularly for people who are severely injured.

Most SCIs involve damage to the vertebral column or supporting ligaments and to the spinal cord. Because of extensive tract systems that connect sensory afferent neurons and LMNs with higher brain centers, SCIs commonly involve both sensory and motor function. Although this section focuses on traumatic SCI, much of the content is applicable to SCI caused by other disorders.

Injury to the Vertebral Column

Injuries to the vertebral column include fractures, dislocations, and subluxations. Vertebral **fractures** may involve any bony component, including the vertebral body, pedicles, laminae, or facets, often resulting in bone fragments that can compromise the spinal canal. **Dislocations** and **subluxations** refer to partial or complete displacement of vertebral bodies relative to one another, leading to misalignment of the spinal column. Such injuries often involve damage to supporting ligaments and may render the spine unstable. In cases of spinal instability, even minor movements can result in spinal cord compression or traction, potentially causing significant neural injury.

Most SCI injuries are caused by high-energy trauma that produces a combination of writhing, compressive, flexion, or extension forces. Flexion injuries (**hyperflexion**) occur when forward bending of the spinal column exceeds normal movement limits. Typical flexion injuries result when the head is struck from behind. Extension injuries (**hyperextension**) occur with excessive forced backward movement of the spine, such as falls where the chin or forehead strikes a surface, causing hyperextension of the neck (Lima et al., 2022).

Concept Mastery Alert

Injuries of flexion and extension occur more commonly in the cervical spine (C4 to C6) than in any other area. Limitations imposed by the ribs, spinous processes, and joint capsules in the thoracic and lumbar spine make this area less flexible and less susceptible to flexion and extension injuries than the cervical spine.

Compression injuries occur when vertical or axial loading forces cause the vertebral bodies to collapse, fracture, or burst. These injuries are typically seen following high-energy impacts, such as diving into shallow water or falls from significant heights, where force is transmitted through the top of the head or feet (Liebsch & Wilke, 2022). In cases of **burst fractures**, bone fragments may be displaced into the spinal canal, posing a risk to the spinal cord. Compression injuries are also more likely in individuals with weakened vertebrae due to underlying conditions such as osteoporosis or metastatic bone disease (Cavagnaro et al., 2022).

Axial rotation injuries involve twisting forces that can produce highly unstable spinal injuries, particularly when combined with other motions. The cervical spine—especially the atlantoaxial joint between C1 and C2—permits the greatest degree of axial rotation. The lumbosacral region also allows some degree of rotation and may be injured under complex loading conditions. Coupled movements, such as lateral bending combined with axial rotation, frequently occur during trauma and contribute to complex patterns of spinal instability (Liebsch & Wilke, 2022) (Fig. 13-12B).

Acute SCI

SCI involves damage to the neural elements of the spinal cord and can result from direct trauma (i.e., penetrating injuries) or indirect mechanisms, such as vertebral fractures, fracture–dislocations, or subluxations of the spine. These injuries may lead to spinal cord contusion, swelling, and disruption of blood flow, which can result in ischemia and infarction.

Complete transection of the spinal cord results in immediate loss of motor, sensory, reflex, and autonomic function below the level of injury (**spinal shock**). This is characterized by flaccid paralysis, absence of reflexes (**areflexia**), loss of somatic and visceral sensation, and dysfunction of bowel and bladder control. Loss of systemic sympathetic vasomotor tone may result in peripheral vasodilation, venous pooling, and hypotension. These changes can occur regardless of whether the injury results in upper or LMN dysfunction. Spinal shock may last from hours to weeks. If reflexes return by the time the person reaches the hospital, the neuromuscular

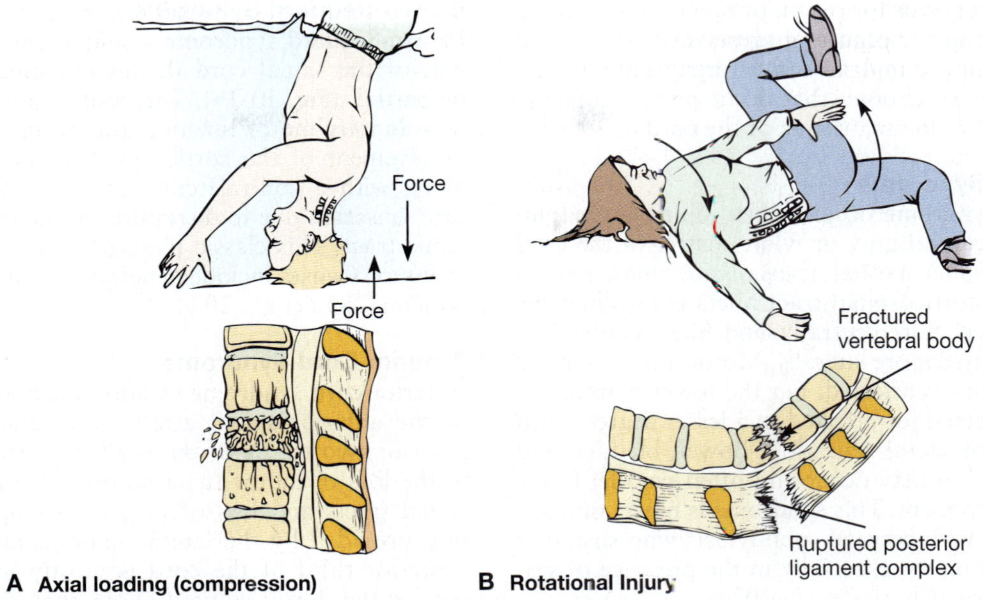

FIGURE 13-12. **A.** Compression vertebral fracture secondary to axial loading as occurs when a person falls from a height and lands on the buttocks. **B.** Rotational injury, in which there is concurrent fracture and tearing of the posterior ligamentous complex, is caused by extreme lateral flexion or twisting of the head or neck. (From Morton P. G., & Fontaine D. K. [2018]. *Critical care nursing: A holistic approach* [11th ed., p. 941]. Lippincott Williams & Wilkins.)

changes are likely reversible. Persistent loss of reflexes is associated with poorer outcomes. Injuries at or above the T6 level often result in more profound autonomic dysregulation, including hypotension and bradycardia.

Pathophysiology

The pathophysiology of acute SCI can be divided into two types: primary and secondary. **Primary neurologic injury** occurs at the moment of injury and is irreversible. It involves hemorrhage in the gray matter and edema in the white matter, leading to necrosis of neural tissue. This injury results from mechanical forces such as compression, stretching, or shearing, and may involve contusion, laceration, or transection of the spinal cord (Mensah et al., 2025).

Secondary neurologic injuries develop over hours to days, exacerbating neurologic damage. It involves vascular changes (e.g., ischemia, vasospasm, edema), the release of inflammatory and cytotoxic mediators, disruption of the blood–spinal cord barrier, and ongoing demyelination and neuronal necrosis (Mensah et al., 2025).

Treatment

Management of acute SCI aims to stabilize the spine, preserve spinal cord perfusion, minimize secondary injury, and promote early rehabilitation. All trauma patients are treated as having a potential cervical spine injury until ruled out with appropriate imaging. Immediate immobilization is essential to prevent further damage. In cervical injuries, traction may be used to restore alignment and relieve compression. Thoracic and lumbar injuries may be managed with bed rest or bracing. Penetrating injuries such as gunshot wounds may not require stabilization unless instability is present (American Association of Neurological Surgeons, & Congress of Neurological Surgeons, 2022).

Early surgical intervention is indicated for unstable spinal injuries to achieve internal stabilization, allowing early mobilization and reducing complications. Maintaining adequate oxygenation and mean arterial pressure is critical in the early phase to ensure spinal cord perfusion and prevent hypoxia-related damage (Pedro & Fehlings, 2022).

Types and Classification of SCI

The functional impairments resulting from SCI depend on both the neurologic level of injury and the extent of spinal cord involvement. Tetraplegia (previously called quadriplegia) refers to the partial or complete loss of motor and/or sensory function in the cervical segments of the spinal cord. It results in impairment of the arms, trunk, legs, and pelvic organs. Paraplegia involves motor and/or sensory impairment in the thoracic, lumbar, or sacral segments of the spinal cord. Arm function is preserved, but depending on the injury level, trunk, lower limb, and pelvic organ function may be affected. Paraplegia encompasses conus medullaris and cauda equina injuries.

Complete cord injuries may result from cord transection, extensive disruption of nerve fibers, or loss of blood supply to a segment, resulting in complete destruction of neural tissue. Complete injuries are defined by no preserved motor or sensory function in the sacral segments S4–S5, including absence of voluntary anal contraction and deep anal pressure. **Incomplete cord injuries** retain some degree of sensory or motor function below the neurologic level of injury, including sacral sparing. The prognosis for return of function is better in an incomplete injury because of preservation of axonal function. Incomplete injuries can be organized into certain patterns or *syndromes* that occur more frequently and reflect the predominant area of the cord involved.

Central Cord Syndrome

Central cord syndrome occurs when injury is predominantly in the central gray or white matter of the cord (Fig. 13-13). Some axonal transmission may remain intact because corticospinal tract fibers controlling the arms are located more centrally, and fibers controlling the legs are located more laterally. Motor function of the upper extremities is affected, but the lower extremities may not be affected (or affected to a lesser degree) with some sparing of sacral sensation. Bowel, bladder, and sexual dysfunction may occur and often parallel lower extremity involvement. This syndrome is most common in older adults with cervical spondylosis who sustain a hyperextension injury, especially in the presence of spinal canal stenosis (Charles et al., 2024).

Brown-Séquard Syndrome

Brown-Séquard syndrome results from damage to one half of the spinal cord (**hemisection**), either complete or partial. (Fig. 13-14). The effect is an ipsilateral loss of voluntary motor function and proprioception due to involvement of the corticospinal and dorsal columns, along with a contralateral loss of pain and temperature sensation due to disruption of the lateral spinothalamic tract. This classic pattern occurs below the level of injury. Causes include penetrating trauma, tumors, or ischemia (Sun et al., 2024).

Anterior Cord Syndrome

Anterior cord syndrome usually is caused by infarction of the anterior spinal artery or trauma affecting the anterior two thirds of the cord (Fig. 13-15). It results in the loss of motor function provided by the corticospinal tracts and loss of pain and temperature sensation provided by the lateral spinothalamic tracts. The posterior third of the cord is mostly unaffected, preserving the dorsal column axons that convey position,

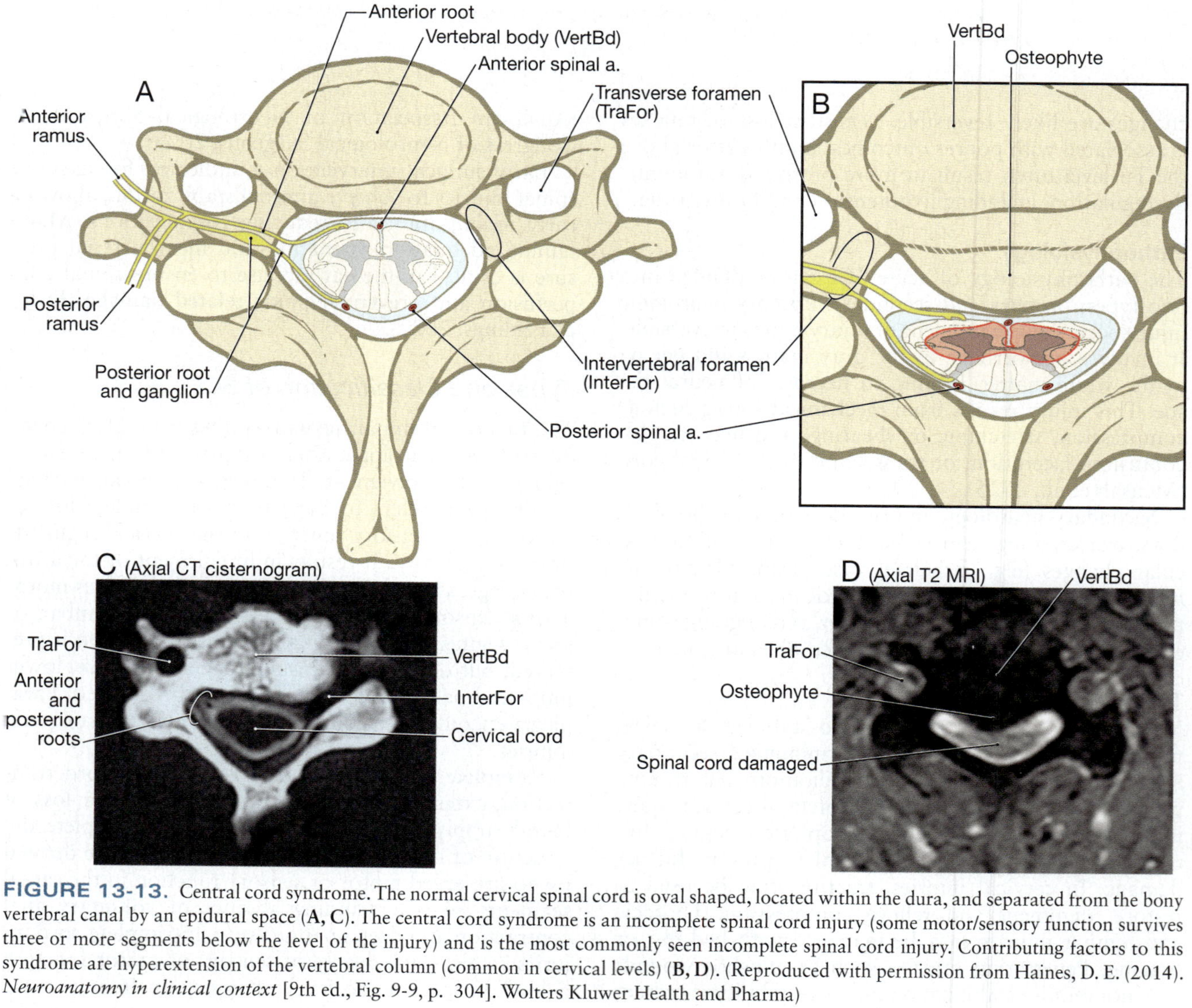

FIGURE 13-13. Central cord syndrome. The normal cervical spinal cord is oval shaped, located within the dura, and separated from the bony vertebral canal by an epidural space (**A, C**). The central cord syndrome is an incomplete spinal cord injury (some motor/sensory function survives three or more segments below the level of the injury) and is the most commonly seen incomplete spinal cord injury. Contributing factors to this syndrome are hyperextension of the vertebral column (common in cervical levels) (**B, D**). (Reproduced with permission from Haines, D. E. (2014). *Neuroanatomy in clinical context* [9th ed., Fig. 9-9, p. 304]. Wolters Kluwer Health and Pharma)

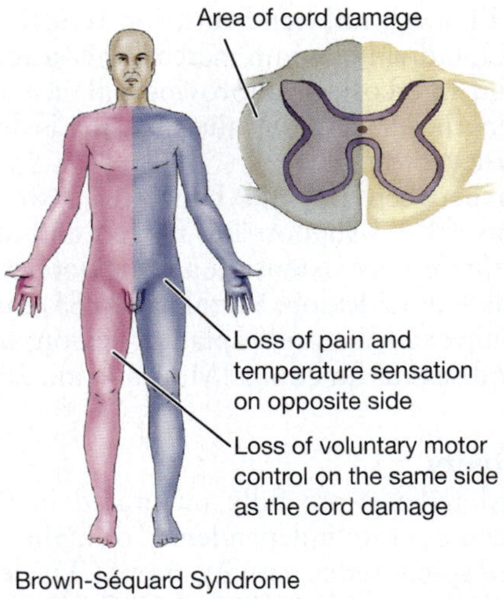

FIGURE 13-14. Brown-Séquard syndrome. (Adapted from Porth, C. M., & Matfin, G. [2009]. *Pathophysiology: Concepts of altered health states* [8th ed.]. Lippincott Williams & Wilkins: Ch 45, fig 4, pg 1191.)

vibration, and touch sensation. The prognosis for motor recovery is generally poor compared with other incomplete syndromes (Bulloch et al., 2022).

Conus Medullaris and Cauda Equina Syndromes

Conus medullaris syndrome involves damage to the sacral cord (conus medullaris) and adjacent lumbar nerve roots (Huang & Chang, 2023). Functional deficits result in flaccid bowel and bladder, altered sexual function, and possible lower extremity weakness. Sacral reflexes (e.g., bulbocavernosus) may be preserved if only the conus is affected. Motor function in the legs and feet may be impaired without significant sensory impairment. Cauda equina syndrome results from injury to the lumbosacral nerve roots within the spinal canal. This LMN injury presents with asymmetric flaccid paralysis, sensory impairment, diminished reflexes, and often severe, asymmetric radicular pain. It is a surgical emergency, and early decompression significantly improves outcomes (Huang & Chang, 2023).

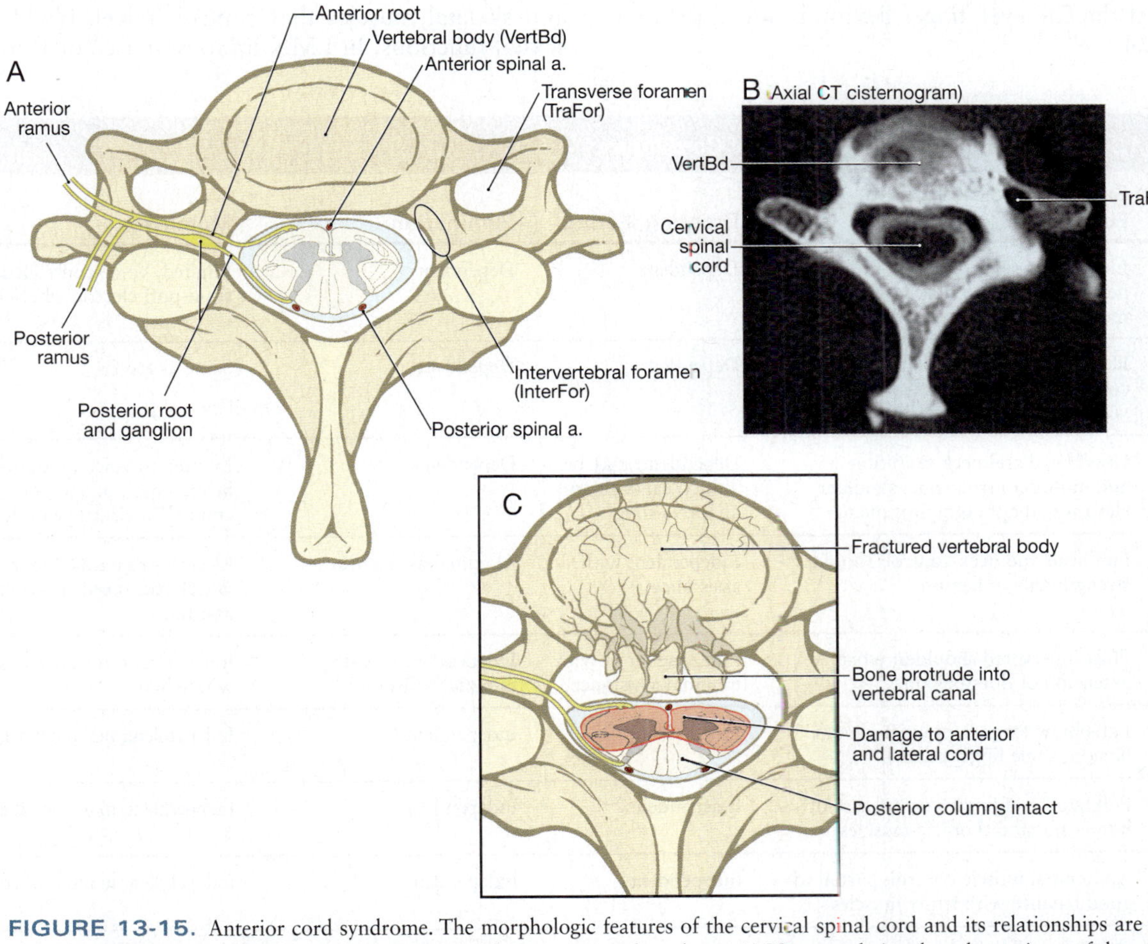

FIGURE 13-15. Anterior cord syndrome. The morphologic features of the cervical spinal cord and its relationships are described in Figure 9-9 and further shown here (**A, B**). The anterior cord syndrome (ACS) not only involves the territory of the anterior spinal artery but is more inclusive in that it involves all cord regions except the posterior columns. This is also classified as an incomplete spinal cord injury since there is surviving sensory function (discriminative touch, vibratory sense, proprioception in the posterior columns) below the level of the lesion; this is also called a dissociated sensory loss (loss of somatosensory, pain and thermal sense, but preservation of proprioception, below the level of the lesion). A common cause of ACS is vascular surgery, particularly that which may compromise branches of the aorta that ultimately serve the spinal cord. Precipitating events may also include anterior spinal cord compression pursuant to trauma resulting in intervertebral disc or bone fragments (from a fracture of a vertebral body) that impinge on the cord (**C**). (Reproduced with permission from Haines, D. E. (2018). *Neuroanatomy atlas in clinical context* [10th ed., Fig. 9-10, p. 305]. Wolters Kluwer Health and Pharma.)

Disruption of Somatosensory and Skeletal Muscle Function

Functional abilities after SCI are subject to degrees of somatosensory and skeletal muscle function loss and altered reflex activity based on level of injury and degree of cord involvement (Table 13-2).

Motor and Somatosensory Function

Motor function in cervical injuries ranges from complete dependence to independence with or without assistive devices. The functional levels of cervical injury are related to C5, C6, C7, or C8 innervation. At the C5 level, deltoid and biceps function is spared, allowing full head, neck, and diaphragm control with good shoulder strength and elbow flexion. At the C6 level, wrist dorsiflexion by the wrist extensors is functional, allowing tenodesis (natural bending and flexion of fingers when the wrist is extended and bent backward). Tenodesis can be used to pick up objects when finger movement is absent. A functional C7 injury allows full elbow flexion and extension, wrist plantar flexion, and some finger control. At the C8 level, finger flexion is added (Moura et al., 2024).

At the T1 level, full hand function returns. Between T1 and T12, individuals gain increasing control of trunk muscles and intercostals, improving balance and respiratory strength. The level of injury usually is determined by sensory-level testing.

Injuries between L1 and L5 affect lower extremity function. L1–L3 support hip flexion and adduction, L2–L5 facilitate knee extension and flexion, and L4–L5 provide ankle dorsiflexion. Sacral (S1 to S5) innervation allows for hip extension, ankle plantar flexion, and bowel, bladder, and sexual functions (Moura et al., 2024).

Reflex Activity

Spinal cord reflexes are fully integrated in the spinal cord and can operate independently of higher brain input. Altered spinal reflex activity after SCI is determined by the level of injury and whether UMNs or LMNs are affected. With UMN injuries at T12 and above, the cord reflexes remain intact, but communication pathways with higher centers are interrupted. This results in spasticity of involved skeletal muscle groups and of smooth and skeletal muscles that control bowel, bladder, and sexual functions. In LMN injuries at T12 or below, the

TABLE 13-2 Functional Abilities by Level of Cord Injury

Injury Level	Segmental Sensorimotor Function	Dressing, Eating	Elimination	Mobility[a]
C1	Little or no sensation or control of head and neck; no diaphragm control; requires continuous ventilation	Dependent	Dependent	Limited. Voice-controlled or sip-n-puff electric wheelchair
C2–C3	Head and neck sensation; some neck control; independent of mechanical ventilation for short periods	Dependent	Dependent	Same as for C1
C4	Good head and neck sensation and motor control; some shoulder elevation; diaphragm movement	Dependent; may be able to eat with an adaptive sling	Dependent	Limited to voice-, mouth-, head-, chin-, or shoulder-controlled electric wheelchair
C5	Full head and neck control; shoulder strength; elbow flexion	Independent with assistance	Maximal assistance	Electric or modified manual wheelchair; needs transfer assistance
C6	Fully innervated shoulder; wrist extension or dorsiflexion	Independent or with minimal assistance	Independent or with minimal assistance	Independent in transfers and wheelchair
C7–C8	Full elbow extension; wrist plantar flexion; some finger control	Independent	Independent	Independent; manual wheelchair
T1–T5	Full hand and finger control; use of intercostal and thoracic muscles	Independent	Independent	Independent; manual wheelchair
T6–T10	Abdominal muscle control; partial to good balance with trunk muscles	Independent	Independent	Independent; manual wheelchair
T11–L5	Hip flexors, hip abductors (L1–L3), knee extension (L2–L4), knee flexion, and ankle dorsiflexion (L4–L5)	Independent	Independent	Short distance to full ambulation with assistance
S1–S5	Full leg, foot, and ankle control; innervation of perineal muscles for bowel, bladder, and sexual functions (S2–S4)	Independent	Normal to impaired bowel and bladder function	Ambulate independently with or without assistance

[a]Assistance refers to adaptive.

reflex circuitry has been damaged at the level of the spinal cord or spinal nerve, resulting in decreased or absent reflex function. LMN injuries cause flaccid paralysis of involved skeletal muscle groups and of the smooth and skeletal muscles that control bowel, bladder, and sexual functions. However, injuries near the T12 level may result in mixed UMN and LMN deficits (Moura et al., 2024).

After spinal shock resolves, reflexes may return in UMN injuries, causing spasticity and involuntary spasms. These typically affect antigravity muscles such as arm flexors and leg extensors. Reflex spasms may be triggered by stretching, bladder infection, bowel impaction, pressure injuries, or other visceral stimuli. Because triggers vary between individuals, personalized assessment is essential.

While spasticity can help maintain muscle tone, venous return, and mobility, excessive or poorly controlled spasms may lead to skin breakdown, joint contractures, and safety concerns (Moura et al., 2024).

Respiratory Muscle Function

Ventilation requires innervation of expiratory and inspiratory muscles by the spinal cord. Segments C3 to C5 send signals via phrenic nerves to provide control of the diaphragm. Spinal segments T1 through T7 innervate the intercostal muscles, which elevate the rib cage and are needed for coughing and deep breathing. The major muscles of forced expiration and coughing are the abdominal muscles, which receive their innervation from levels T6 to T12 (Moura et al., 2024).

Although the ability to inhale and exhale may be preserved, functional deficits in ventilation are most apparent in the ability to oxygenate tissues, eliminate carbon dioxide, and mobilize secretions. Cord injuries involving C1 to C3 result in a lack of respiratory effort, and people who are affected require assisted ventilation. C3–C5 injuries preserve some diaphragm activity, though ventilation remains compromised due to intercostal dysfunction. Below C5, the ability to breathe and cough is progressively less impaired. Management includes respiratory muscle training and airway clearance strategies. Patients using ventilators may have difficulty speaking, necessitating communication tools (Moura et al., 2024).

Disruption of Autonomic Nervous System Function

SCI interrupts autonomic regulation below the level of injury. Cranial nerves remain intact, but spinal autonomic reflexes become disconnected from brainstem regulation. Reflexive autonomic function persists below the injury, but lacks integration from higher centers.

The higher the level of injury and the greater the surface area affected, the more profound the effects on circulation and thermoregulation (Moura et al., 2024). Injuries at or above T6 often impair sympathetic regulation, affecting blood pressure and temperature control. Below T6, enough sympathetic tone may be preserved for cardiovascular stability, though variability exists. With lower lumbar and sacral injuries, sympathetic function remains essentially unaltered.

Vasovagal Response

The **vagus nerve** (cranial nerve X), which is unaffected in SCI, normally exerts a continuous inhibitory effect on heart rate. Vagal stimulation that causes marked bradycardia is called the **vasovagal response**. In individuals with high-level injuries, exaggerated vagal responses (e.g., during suctioning or rapid position changes) may result in severe bradycardia or asystole. Preventive strategies include preoxygenation, slow positional changes, and having anticholinergic medications (e.g., atropine) readily available (Moura et al., 2024).

Autonomic Dysreflexia

Autonomic dysreflexia, also known as **autonomic hyperreflexia**, is a clinical emergency occurring in individuals with injuries at T6 or above. It involves a sudden, exaggerated sympathetic response triggered by stimuli such as bladder distension, bowel impaction, or skin irritation. Symptoms include severe hypertension, bradycardia, flushing and sweating above the injury, cool, pale skin below the injury, headache, nasal congestion, and anxiety (Balik & Šulla, 2022) (Fig. 13-16). It does not occur until spinal shock has resolved and autonomic reflexes return, most often within the first 6 months after injury. It is most unpredictable during the first year after injury but can occur throughout the person's lifetime. Treatment includes removing the triggering stimulus, elevating the head, loosening restrictive garments, and administering antihypertensive medications if needed. Preventing triggering stimuli is key to reducing recurrence.

Postural Hypotension

Seen in injuries at or above T4–T6, **postural hypotension** (also known as orthostatic hypotension) results from loss of sympathetic vasoconstriction, causing blood pooling in the lower body upon sitting or standing. Symptoms include dizziness, visual disturbances, and fainting. Prevention involves gradual position changes, compression garments, and adequate hydration.

Disruption of Bladder, Bowel, and Sexual Functions

Disruption of bladder, bowel, and sexual function is common after SCI and depends on the level and type of injury (Pavese & Kessler, 2023). Bladder dysfunction results from damage to the neural pathways connecting the bladder, spinal cord, and brain. In individuals with UMN injuries—those above the sacral cord (S2–S4)—reflex voiding may remain intact, but voluntary control is lost. This results in a condition known as spastic or reflex bladder, where individuals lack awareness of bladder filling and cannot consciously initiate or inhibit urination. In contrast, LMN injuries—at or below S2–S4—disrupt the reflex arc itself, leading to a flaccid or areflexic bladder. These individuals also lack awareness of bladder filling, but due to reduced tone and absent reflex activity, they are unable to void either voluntarily or involuntarily.

Bowel function is similarly affected. Individuals with injuries above the S2–S4 level typically retain reflexive defecation but lose voluntary control of the external

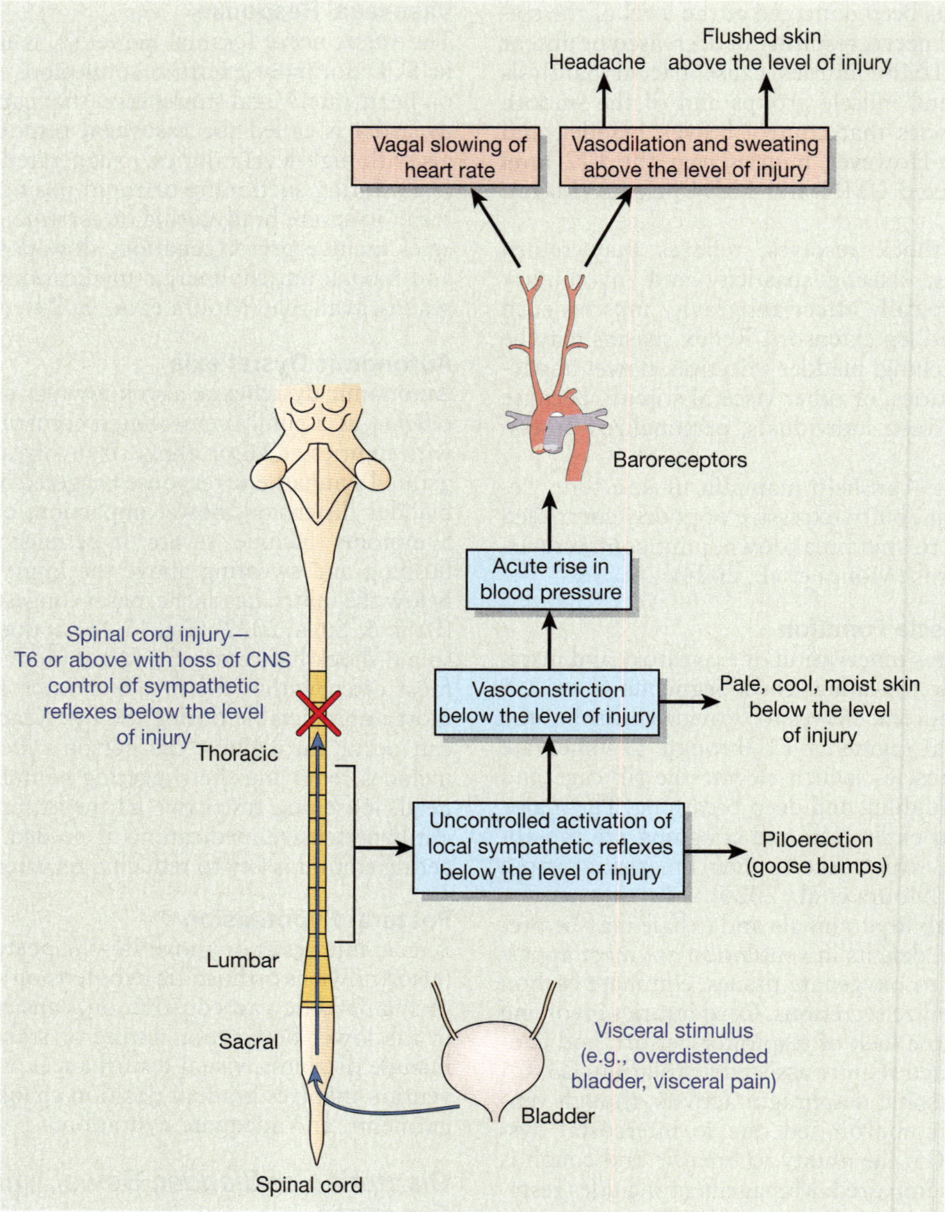

FIGURE 13-16. Mechanisms of autonomic dysreflexia.

anal sphincter, resulting in a spastic bowel pattern. Conversely, injuries at or below S2–S4 cause flaccid bowel dysfunction, in which peristaltic activity is insufficient for effective evacuation and anal sphincter tone is lost, often leading to incontinence or stool retention. Management strategies for both bladder and bowel dysfunction often involve scheduled voiding, digital stimulation, suppositories, and assistive medications or catheterization, tailored to the individual's reflex status (Pavese & Kessler, 2023).

Sexual function is also significantly influenced by the level of spinal injury. The spinal segments T11 to L2 mediate psychogenic responses (e.g., penile erection or vaginal lubrication) triggered by mental stimuli, while the sacral segments S2 to S4 control reflex responses initiated by direct physical touch. In individuals with injuries above T10, reflex sexual responses may be preserved, while psychogenic responses are impaired due to disruption of descending pathways. For those with injuries at or below T12, damage to the sacral reflex arc may result in loss of reflexive responses as well. Erectile function and orgasm do not necessarily correlate with fertility, which should be formally evaluated if desired. Menstruation may be temporarily disrupted for several months after injury, but fertility typically remains intact, and pregnancy is possible (Pavese & Kessler, 2023).

Disruption of Other Functions

Temperature Regulation

SCI disrupts communication between the hypothalamus and sympathetic effectors. Higher levels of injury produce greater disturbances in thermoregulation than injury at lower levels. In tetraplegia and high paraplegia, there are few defenses against temperature changes, and body temperature tends to assume the temperature of the external environment, a condition known as **poikilothermy**. People with lower-level injuries have various degrees of thermoregulation. Disturbances in thermoregulation are chronic and may cause continual loss of body heat (Fossey et al., 2022). Treatment consists of education on environmental precautions and appropriate clothing.

Deep Vein Thrombosis and Edema

SCI increases risk of deep vein thrombosis (DVT) and pulmonary embolism due to immobility, impaired venous return and vasomotor tone below the level of injury, and hypercoagulability (Shang et al., 2023). Because pain may be absent, regular inspection and screening with duplex ultrasound are essential.

Dependent edema is also common with SCI. Edema development is related to decreased peripheral vascular resistance, decreased muscle tone in the paralyzed limbs, and immobility, which causes increased venous pressure and abnormal pooling of blood in the abdomen, lower limbs, and upper extremities. Positioning to minimize gravitational forces or by using compression devices that encourage venous return usually relieves edema in the dependent body parts (Shang et al., 2023).

Skin Integrity

Loss of sensation and motor control, combined with autonomic dysfunction and circulatory changes, increases risk for pressure injuries. Significant factors associated with disruption of skin integrity are pressure, shearing forces, and localized trauma and irritation. Preventive strategies include regular repositioning, skin inspections, and pressure relief cushions and mattresses (Vecin & Gater, 2022). Skin breakdown is the most preventable of SCI complications.

Future Directions in Repair of the Injured Spinal Cord

Advancements in SCI research continue to focus on promoting functional recovery through a combination of regenerative, neuroprotective, and neuromodulatory strategies. One major area of investigation involves enhancing axonal regeneration using neurotrophic factors, such as brain-derived neurotrophic factor (BDNF) and glial cell line-derived neurotrophic factor (GDNF), which promote neuronal survival and growth. Researchers are also exploring molecules that inhibit the formation of glial scar tissue or neutralize inhibitory proteins like Nogo-A, which are known to prevent axonal extension after injury (Huang & Chang, 2023).

Another promising avenue involves the use of biomaterial scaffolds to bridge damaged areas of the spinal cord. These scaffolds are often engineered to release growth factors or support transplanted stem cells, encouraging axon guidance and remyelination (Chen et al., 2024). Stem cell–based therapies, including those using induced pluripotent stem cells (iPSCs) or neural progenitor cells, aim to replace lost neural tissue and create a more permissive environment for regeneration. Although clinical trials remain ongoing, early-phase studies have demonstrated safety and potential benefits in restoring sensory and motor function (Sugai et al., 2025).

Electrical neuromodulation is another emerging modality. Epidural spinal cord stimulation and brain–computer interfaces (BCIs) are being developed to restore voluntary movement or autonomic function by reestablishing neural communication across injured segments. These technologies have shown potential in restoring walking, bladder control, and hand function in some individuals with chronic SCI (Moran, 2022).

Although full anatomical repair remains elusive, these innovations highlight a shift toward multidisciplinary, combinatorial approaches. Even incremental improvements in motor or autonomic function can significantly enhance independence and quality of life for individuals with SCI. Ongoing research holds promise for future breakthroughs in personalized and restorative care.

Functional Motor Disorders

Functional motor disorders (FMDs) are a type of FND characterized by abnormal movements, weakness, or gait disturbances that are inconsistent with recognized neurologic disease. Common manifestations include tremor, dystonia, myoclonus, limb weakness, and episodes of nonepileptic seizures. While symptoms are real and can be profoundly disabling, they are not due to structural damage or neurodegeneration but instead arise from impaired functioning of the brain's motor control and perception systems. FMDs often present in neurology clinics and are among the most common causes of unexplained neurologic symptoms (Shojaei & Wilkins, 2023).

Pathophysiology

The etiology of FMDs is multifactorial and not fully understood. Historically labeled as "conversion disorders," FMDs were often associated with psychological distress. Current models recognize that while psychological factors such as trauma, stress, or mood disorders may play a role, they are neither necessary nor sufficient to explain all cases. Neurobiologic research has shown that individuals with FMD may have altered connectivity between regions involved in emotion regulation, attention, and motor planning. Functional neuroimaging studies suggest abnormal activation in areas such as the supplementary motor area, amygdala, and anterior cingulate cortex during voluntary movement tasks. A biopsychosocial framework is now widely adopted, emphasizing the interaction of biologic predispositions, psychological factors, and social influences (Park, 2024).

Diagnosis and Treatment

Assessment and diagnosis of FMDs rely heavily on clinical examination. Importantly, FMDs are positively diagnosed based on specific clinical signs that are inconsistent with known neurologic patterns. These may include Hoover's sign in functional leg weakness, entrainment of tremor, and inconsistency or variability in symptoms. Hoover's sign is performed by placing a hand under the heel of the "weak" leg while asking the patient to lift the opposite leg; involuntary downward pressure from the "weak" leg suggests functional, not true, weakness. It is critical to avoid a diagnosis of exclusion (Shojaei & Wilkins, 2023). Neurologic evaluation often includes neuroimaging and electrophysiologic testing to rule out structural or degenerative disease, but diagnosis is primarily clinical and should be explained to the patient with clarity and validation. Many patients experience relief in understanding that their condition is legitimate and treatable.

Treatment of FMDs is multidisciplinary and individualized. Education about the diagnosis is foundational and often therapeutic in itself. Physical and occupational therapy are cornerstones of treatment, with emphasis on retraining movement through distraction, goal-directed tasks, and re-engagement with normal function rather than focusing on impairment (Park, 2024). CBT is often beneficial, especially when coexisting anxiety, depression, or trauma is present. Emerging treatments include motor retraining delivered via virtual reality or specialized inpatient rehabilitation programs (Nielsen et al., 2024). While some individuals recover fully, others may experience persistent symptoms, making long-term support and a strong therapeutic alliance essential to care (Schneider et al., 2024).

SUMMARY CONCEPTS

ALS is a progressive, devastating disorder that selectively affects motor function. It affects LMNs in the spinal cord and UMNs in the brainstem and cerebral cortex. MS is a slowly progressive demyelinating disease of the CNS. The most common symptoms are paresthesias, optic neuritis, and motor weakness. The disease is usually characterized by exacerbations and remissions. Initially, near-normal function returns between exacerbations.

SCI is a disabling condition commonly caused by motor vehicle accidents, falls, and sports injuries. Dysfunctions of the nervous system after SCI comprise various degrees of sensorimotor loss and altered reflex activity based on the level of injury and extent of damage. The physical problems of SCI include spinal shock; ventilation and communication problems; autonomic nervous system dysfunction that predisposes to the vasovagal response, autonomic hyperreflexia, impaired body temperature regulation, and postural hypotension; impaired muscle pump and venous innervation leading to edema and risk for DVT; altered sensorimotor integrity that contributes to uncontrolled muscle spasms, altered pain responses, and threats to skin integrity; alterations in bowel and bladder elimination; and impaired sexual function.

FMDs are a subtype of functional neurologic disorders characterized by abnormal movements, weakness, or gait disturbances that are incongruent with known neurologic diseases. These disorders arise from disruptions in brain networks responsible for motor control, attention, and emotion regulation rather than from structural damage. Diagnosis is made clinically based on positive signs—such as Hoover's sign or symptom inconsistency—and not by exclusion. Effective management is multidisciplinary, with patient education, specialized physical therapy, and CBT serving as core treatments. While early intervention improves outcomes, some individuals experience persistent symptoms, highlighting the importance of prompt diagnosis and tailored rehabilitation.

Integrating Clinical Decision Making

A 64-year-old man presents to his primary care provider with a 6-month history of progressive difficulty with fine motor tasks, including buttoning shirts and writing. He reports stiffness in his right arm and leg and describes feeling "slow" when initiating movement. On examination, muscle strength is mildly reduced on the right, muscle tone is increased, and DTRs are brisk on the affected side. No sensory deficits are noted.

1. Based on the examination findings, which type of motor neuron involvement is most likely present, and which clinical findings support this conclusion?
2. Which motor pathways are most likely affected, and how does this explain the patient's difficulty initiating movement?

Over the next year, the patient develops a resting tremor in his right hand that improves with purposeful movement. His gait becomes shuffling, with reduced arm swing, and he has trouble stopping once he starts walking. Muscle tone is now described as rigid throughout the range of motion. Cognitive testing reveals mild difficulty with planning and task initiation.

3. Which motor control structure is now primarily implicated, and what key clinical features support this localization?
4. How does this disorder differ physiologically from cerebellar motor dysfunction, and which examination findings help distinguish between the two?

REFERENCES

Akram, R., Anwar, H., Javed, M. S., Rasul, A., Imran, A., Malik, S. A., Raza, C., Khan, I. U., Sajid, F., Iman, T., Sun, T., Han, H. S., & Hussain, G. (2022). Axonal regeneration: Underlying molecular mechanisms and potential therapeutic targets. *Biomedicines*, *10*(12), 3186. https://doi.org/10.3390/biomedicines10123186

American Association of Neurological Surgeons, & Congress of Neurological Surgeons. (2022). *Guidelines for the management of acute cervical spine and spinal cord injuries*. https://www.cns.org/guidelines/guidelines-management-acute-cervical-spine-spinal-cord-injuries

Awadalla, A. M., Aljulayfi, A. S., Alrowaili, A. R., Souror, H., Alowid, F., Mahdi, A. M., Hussain, R., Alzahrani, M., Alsamarh, A. N., Alkhaldi, E. A., & Alanazi, R. (2023). Management of lumbar disc herniation: A systematic review. *Cureus*, *15*(10), e47908. https://doi.org/10.7759/cureus.47908

Bai, Z. (2023). WIFI-based human identification of gait recognition in muti-scenario. *International Journal of Computer Science and Information Technology*, *1*(1), 1–9. https://doi.org/10.62051/ijcsit.v1n1.01

Balik, V., & Šulla, I. (2022). Autonomic dysreflexia following spinal cord injury. *Asian Journal of Neurosurgery*, *17*(02), 165–172. https://doi.org/10.1055/s-0042-1751080

Bhidayasiri, R., & Goetz, C. G. (2024). Embracing the promise of artificial intelligence to improve patient care in movement disorders. In R. Bhidayasiri, D. Truong, & E. Panyakaew (Eds.), Handbook of digital technologies in movement disorders (pp. 11–23). Elsevier. https://doi.org/10.1016/b978-0-323-99494-1.00015-0

Bulloch, L. R., Spector, L., & Patel, A. (2022). Acute traumatic myelopathy: Rethinking central cord syndrome. *Journal of the American Academy of Orthopaedic Surgeons*, *30*(23), 1099–1107. https://doi.org/10.5435/jaaos-d-22-00260

Bullock, L., Forseth, K. J., Woolnough, O., Rollo, P. S., & Tandon, N. (2025). Supplementary motor area in speech initiation: A large-scale intracranial EEG evaluation of stereotyped word articulation. *iScience*, *28*(1), 111531. https://doi.org/10.1016/j.isci.2024.111531

Cavagnaro, M. J., Tavolaro, C., Orenday-Barraza, J. M., Farhardi, D., Baaj, A. A., & Bransford, R. (2022). Burst fractures of the fifth lumbar vertebra: Case series and systematic review. *Journal of Clinical Neuroscience*, *103*, 163–171. https://doi.org/10.1016/j.jocn.2022.07.017

Charles, A. J., Andrade, K., Owolo, E., Barrett, C., Luo, E., Amakiri, I. C., Goodwin, C. R., & Erickson, M. M. (2024). Central cord syndrome: Mechanisms, clinical presentation, and management strategies. *Seminars in Spine Surgery*, *36*(2), 101101. https://doi.org/10.1016/j.semss.2024.101101

Chen, K., Yu, W., Zheng, G., Xu, Z., Yang, C., Wang, Y., Yue, Z., Yuan, W., Hu, B., & Chen, H. (2024). Biomaterial-based regenerative therapeutic strategies for Spinal Cord Injury. *NPG Asia Materials*, *16*(1), 5. https://doi.org/10.1038/s41427-023-00526-4

Du, S., Cui, Z., Peng, S., Wu, J., Xu, J., Mo, W., & Ye, J. (2025). Clinical efficacy of exercise therapy for lumbar disc herniation: A systematic review and meta-analysis of randomized controlled trials. *Frontiers in Medicine*, *12*. https://doi.org/10.3389/fmed.2025.1531637

Estephan, E. de, Baima, J. P., & Zambon, A. A. (2022). Myasthenia Gravis in clinical practice. *Arquivos de Neuro-Psiquiatria*, *80*(5 suppl 1), 257–265. https://doi.org/10.1590/0004-282x-anp-2022-s105

Fortuna, A., & Sorarù, G. (2025). Cervical lower motor neuron syndromes: A diagnostic challenge. *Journal of the Neurological Sciences*, *468*, 123357. https://doi.org/10.1016/j.jns.2024.123357

Fossey, M. P., Balthazaar, S. J., Squair, J. W., Williams, A. M., Poormasjedi-Meibod, M.-S., Nightingale, T. E., Erskine, E., Hayes, B., Ahmadian, M., Jackson, G. S., Hunter, D. V., Currie, K. D., Tsang, T. S., Walter, M., Little, J. P., Ramer, M. S., Krassioukov, A. V., & West, C. R. (2022). Spinal cord injury impairs cardiac function due to impaired bulbospinal sympathetic control. *Nature Communications*, *13*(1), 1382. https://doi.org/10.1038/s41467-022-29066-1

Goutman, S. A., Hardiman, O., Al-Chalabi, A., Chió, A., Savelieff, M. G., Kiernan, M. C., & Feldman, E. L. (2022a). Emerging insights into the complex genetics and pathophysiology of amyotrophic lateral sclerosis. *The Lancet Neurology*, *21*(5), 465–479. https://doi.org/10.1016/s1474-4422(21)00414-2

Goutman, S. A., Hardiman, O., Al-Chalabi, A., Chió, A., Savelieff, M. G., Kiernan, M. C., & Feldman, E. L. (2022b). Recent advances in the diagnosis and prognosis of amyotrophic lateral sclerosis. *The Lancet Neurology*, *21*(5), 480–493. https://doi.org/10.1016/s1474-4422(21)00465-8

Habib, A. A., & Waheed, W. (2023). Guillain-Barré syndrome. *Continuum: Lifelong Learning in Neurology*, *29*(5), 1327–1356. https://doi.org/10.1212/con.0000000000001289

Haki, M., AL-Biati, H. A., Al-Tameemi, Z. S., Ali, I. S., & Al-hussaniy, H. A. (2024). Review of multiple sclerosis: epidemiology, etiology, pathophysiology, and treatment. *Medicine*, *103*(8), e37297. https://doi.org/10.1097/md.0000000000037297

Huang, Y.-L., & Chang, S.-T. (2023). High-riding conus medullaris syndrome: A case report and literature review—Its comparison with cauda equina syndrome. *Tomography*, *9*(6), 1999–2005. https://doi.org/10.3390/tomography9060156

Inoue, T., & Ueno, M. (2025). The diversity and plasticity of descending motor pathways rewired after stroke and trauma in rodents. *Frontiers in Neural Circuits*, *19*, 1566562. https://doi.org/10.3389/fncir.2025.1566562

Jankowska, A., Chwojnicki, K., & Szurowska, E. (2023). The diagnosis of multiple sclerosis: What has changed in diagnostic criteria? *Polish Journal of Radiology*, *88*, 574–581. https://doi.org/10.5114/pjr.2023.133677

Joshua, A. M., Keswani, K. H., & Pai, R. (2022). Cerebellar dysfunction. In A. M. Joshua (Eds.), *Physiotherapy for adult neurological conditions* (pp. 371–422). Springer. https://doi.org/10.1007/978-981-19-0209-3_5

Kuschel, L. B., Sonnenburg, D., & Engel, T. (2022). Factors of muscle quality and determinants of muscle strength: A systematic literature review. *Healthcare*, *10*(10), 1937. https://doi.org/10.3390/healthcare10101937

Li, L., Huang, C., Pang, J., Huang, Y., Chen, X., & Chen, G. (2023). Advances in research on cell models for skeletal muscle atrophy. *Biomedicine & Pharmacotherapy*, *167*, 115517. https://doi.org/10.1016/j.biopha.2023.115517

Liebsch, C., & Wilke, H.-J. (2022). Which traumatic spinal injury creates which degree of instability? A systematic Quantitative Review. *The Spine Journal*, *22*(1), 136–156. https://doi.org/10.1016/j.spinee.2021.06.004

Lima, R., Monteiro, A., Salgado, A. J., Monteiro, S., & Silva, N. A. (2022). Pathophysiology and therapeutic approaches for Spinal Cord Injury. *International Journal of Molecular Sciences*, *23*(22), 13833. https://doi.org/10.3390/ijms232213833

Marcus, R. (2022). What is multiple sclerosis? *JAMA*, *328*(20), 2078. https://doi.org/10.1001/jama.2022.14236

Mechtenberg, M., & Schneider, A. (2023). A method for the estimation of a motor unit innervation zone center position evaluated with a computational SEMG model. *Frontiers in Neurorobotics*, *17*, 1179224. https://doi.org/10.3389/fnbot.2023.1179224

Mensah, E. O., Chalif, J. I., Johnston, B. R., Chalif, E., Parker, T., Izzy, S., He, Z., Saigal, R., Fehlings, M. G., & Lu, Y. (2025). Traumatic spinal cord injury: A review of the current state of art and future directions—What do we know and where are we going? *North American Spine Society Journal (NASSJ)*, *22*, 100601. https://doi.org/10.1016/j.xnsj.2025.100601

Mercuri, E., Sumner, C. J., Muntoni, F., Darras, B. T., & Finkel, R. S. (2022). Spinal muscular atrophy. *Nature Reviews Disease Primers*, *8*(1), 52. https://doi.org/10.1038/s41572-022-00380-8

Moran, M. (2022). Spinal cord neuromodulation restores trunk and leg function in 3 men with complete paralysis. *Neurology Today*, *22*(5), 12–13. https://doi.org/10.1097/01.nt.0000824504.96834.ec

Morimoto, T., Hirata, H., Watanabe, K., Kato, K., Otani, K., Mawatari, M., & Nikaido, T. (2024). The usefulness of deep tendon reflexes in the diagnosis of lumbar spine diseases: A narrative review. *Cureus*, *16*(3), e55772. https://doi.org/10.7759/cureus.55772

Morris, H. R., Spillantini, M. G., Sue, C. M., & Williams-Gray, C. H. (2024). The pathogenesis of Parkinson's disease. *The Lancet*, *403*(10423), 293–304. https://doi.org/10.1016/s0140-6736(23)01478-2

Moura, M. M., Monteiro, A., Salgado, A. J., Silva, N. A., & Monteiro, S. (2024). Disrupted autonomic pathways in spinal cord injury: Implications for the immune regulation. *Neurobiology of Disease*, *195*, 106500. https://doi.org/10.1016/j.nbd.2024.106500

National Multiple Sclerosis Society. (2025). *How many people live with multiple sclerosis?* https://www.nationalmssociety.org/understanding-ms/what-is-ms/who-gets-ms/how-many-people

Neumann, W., Gilron, R., Little, S., & Tinkhauser, G. (2023). Adaptive deep brain stimulation: From experimental evidence toward practical implementation. *Movement Disorders*, *38*(6), 937–948. https://doi.org/10.1002/mds.29415

Nielsen, G., Stone, J., Lee, T. C., Goldstein, L. H., Marston, L., Hunter, R. M., Carson, A., Holt, K., Marsden, J., Le Novere, M., Nazareth, I., Noble, H., Reuber, M., Strudwick, A.-M., Santana Suarez, B., Edwards, M. J., Beaves, E., Breen, D., Burness, C., ... Yogarajah, M. (2024). Specialist physiotherapy for functional motor disorder in England and Scotland (physio4fmd): A pragmatic, multicentre, phase 3 randomised controlled trial. *The Lancet Neurology*, *23*(7), 675–686. https://doi.org/10.1016/s1474-4422(24)00135-2

Nishio, H., Niba, E. T., Saito, T., Okamoto, K., Takeshima, Y., & Awano, H. (2023). Spinal muscular atrophy: The past, present, and future of diagnosis and treatment. *International Journal of Molecular Sciences*, *24*(15), 11939. https://doi.org/10.3390/ijms241511939

Pardo-Moreno, T., García-Morales, V., Suleiman-Martos, S., Rivas-Domínguez, A., Mohamed-Mohamed, H., Ramos-Rodríguez, J. J., Melguizo-Rodríguez, L., & González-Acedo, A. (2023). Current treatments and new, tentative therapies for Parkinson's disease. *Pharmaceutics*, *15*(3), 770. https://doi.org/10.3390/pharmaceutics15030770

Park, J. E. (2024). Functional movement disorders: Updates and clinical overview. *Journal of Movement Disorders*, *17*(3), 251–261. https://doi.org/10.14802/jmd.24126

Paul, T., Cieslak, M., Hensel, L., Wiemer, V. M., Grefkes, C., Grafton, S. T., Fink, G. R., & Volz, L. J. (2022). The role of corticospinal and extrapyramidal pathways in motor impairment after stroke. *Brain Communications*, *5*(1), fcac301. https://doi.org/10.1093/braincomms/fcac301

Pavese, C., & Kessler, T. M. (2023). Prediction of lower urinary tract, sexual, and bowel function, and autonomic dysreflexia after Spinal Cord Injury. *Biomedicines*, *11*(6), 1644. https://doi.org/10.3390/biomedicines11061644

Pedro, K. M., & Fehlings, M. G. (2022). Time is spine: What's over the Horizon. *Journal of Clinical Orthopaedics and Trauma*, *35*, 102043. https://doi.org/10.1016/j.jcot.2022.102043

Penchev, P., Ilyov, I. G., Todorov, T., Petrov, P.-P., & Traykov, P. (2024). Comprehensive analysis of treatment approaches for lumbar disc herniation: A systematic review. *Cureus*, *16*(8), e67899. https://doi.org/10.7759/cureus.67899

Qi, R., Sammler, E., Gonzalez-Hunt, C. P., Barraza, I., Pena, N., Rouanet, J. P., Naaldijk, Y., Goodson, S., Fuzzati, M., Blandini, F., Erickson, K. I., Weinstein, A. M., Lutz, M. W., Kwok, J. B., Halliday, G. M., Dzamko, N., Padmanabhan, S., Alcalay, R. N., Waters, C., ... Sanders, L. H. (2023). A blood-based marker of mitochondrial DNA damage in Parkinson's disease. *Science Translational Medicine*, *15*(711), eabo1557. https://doi.org/10.1126/scitranslmed.abo1557

Riva, N., Domi, T., Pozzi, L., Lunetta, C., Schito, P., Spinelli, E. G., Cabras, S., Matteoni, E., Consonni, M., Bella, E. D., Agosta, F., Filippi, M., Calvo, A., & Quattrini, A. (2024). Update on recent advances in amyotrophic lateral sclerosis. *Journal of Neurology*, *271*(7), 4693–4723. https://doi.org/10.1007/s00415-024-12435-9

Roberts, T. C., Wood, M. J., & Davies, K. E. (2023). Therapeutic approaches for Duchenne muscular dystrophy. *Nature Reviews Drug Discovery*, *22*(11), 917–934. https://doi.org/10.1038/s41573-023-00775-6

Rybak, I. A., Shevtsova, N. A., Markin, S. N., Prilutsky, B. I., & Frigon, A. (2024). Operation regimes of spinal circuits controlling locomotion and the role of supraspinal drives and sensory feedback. *eLife*, *13*, e98841. https://doi.org/10.7554/elife.98841

San, P. P., & Jacob, S. (2023). Role of complement in myasthenia gravis. *Frontiers in Neurology*, *14*, 1277596. https://doi.org/10.3389/fneur.2023.1277596

Schneider, T., Leemann, B., Nicastro, N., & Schnider, A. (2024). Long-term outcome of motor functional neurological disorder after rehabilitation. *Journal of Clinical Neurology*, *20*(5), 493. https://doi.org/10.3988/jcn.2023.0246

Shang, Z., Wanyan, P., Zhang, B., Wang, M., & Wang, X. (2023). Incidence and risk factors of deep vein thrombosis in patients with spinal cord injury: A systematic review with meta-analysis. *Frontiers in Cardiovascular Medicine*, *10*, 1153432. https://doi.org/10.3389/fcvm.2023.1153432

Shin, H.-W., Hong, S.-W., & Youn, Y. C. (2022). Clinical aspects of the differential diagnosis of Parkinson's disease and parkinsonism. *Journal of Clinical Neurology*, *18*(3), 259. https://doi.org/10.3988/jcn.2022.18.3.259

Shojaei, H., & Wilkins, T. (2023). Functional movement disorder; importance of proper diagnosis and treatment: A case report. *Journal of Orthopedic and Spine Trauma*, *9*(4), 185–188. https://doi.org/10.18502/jost.v9i4.13936

Spillane, J., Howard, R., Kullmann, D., & Logou, G. (2024). Disorders of the neuromuscular junction. *Neurology*, 561–574. https://doi.org/10.1002/9781119715672.ch17

Stephen, C. D., Simonyan, K., Ozelius, L., Breakefield, X. O., & Sharma, N. (2023). Dystonia. *Neurobiology of Brain Disorders*, 713–751. https://doi.org/10.1016/b978-0-323-85654-6.00003-4

Sugai, K., Nakamura, M., Okano, H., & Nagoshi, N. (2025). Stem cell therapies for spinal cord injury in humans: A review of recent clinical research. *Brain and Spine*, *5*, 104207. https://doi.org/10.1016/j.bas.2025.104207

Sun, H.-L., Hsieh, C.-T., & Huang, C.-T. (2024). Acute Brown-Séquard syndrome caused by cervical disc rupture. *Formosan Journal of Surgery*, *57*(5), 212–213. https://doi.org/10.1097/fs9.0000000000000143

Swadling, W., Shah, S., & Harker, R. (2024). Cauda equina syndrome. *Surgery (Oxford)*, *42*(6), 424–430. https://doi.org/10.1016/j.mpsur.2024.04.006

Vecin, N. M., & Gater, D. R. (2022). Pressure injuries and management after Spinal Cord Injury. *Journal of Personalized Medicine*, *12*(7), 1130. https://doi.org/10.3390/jpm12071130

Verschuuren, J. J., Palace, J., Murai, H., Tannemaat, M. R., Kaminski, H. J., & Bril, V. (2022). Advances and ongoing research in the treatment of autoimmune neuromuscular junction disorders. *The Lancet Neurology*, *21*(2), 189–202. https://doi.org/10.1016/s1474-4422(21)00463-4

Walkowski, A. D., & Munakomi, S. (2022, September 12). Monosynaptic Reflex. In *StatPearls* [Internet]. https://www.ncbi.nlm.nih.gov/books/NBK541028/

Woo, M. S., Engler, J. B., & Friese, M. A. (2024). The neuropathobiology of multiple sclerosis. *Nature Reviews Neuroscience*, *25*(7), 493–513. https://doi.org/10.1038/s41583-024-00823-z

Xia, X., Li, Y., Song, Y., Dong, Y., Chen, R., Zhang, J., & Tan, X. (2024). Modulation of intracortical circuits in primary motor cortex during automatic action tendencies. *Brain Structure and Function*, *229*(4), 909–918. https://doi.org/10.1007/s00429-024-02783-7

Xu, H., & Fan, Z. (2025). The role and mechanism of Schwann cells in the repair of peripheral nerve injury. *Cell and Tissue Research*, *400*(1), 81–95. https://doi.org/10.1007/s00441-025-03957-3

Yip, D. W., Awosika, A. O., & Lui, F. (2024, June 8). Physiology, motor cortical. In *StatPearls* [Internet]. https://www.ncbi.nlm.nih.gov/books/NBK542188/

Yoshida, J., Oñate, M., Khatami, L., Vera, J., Nadim, F., & Khodakhah, K. (2022). Cerebellar contributions to the basal ganglia influence motor coordination, reward processing, and movement vigor. *The Journal of Neuroscience*, *42*(45), 8406–8415. https://doi.org/10.1523/jneurosci.1535-22.2022

Zhou, T., Salman, D., & McGregor, A. H. (2024). Recent clinical practice guidelines for the management of low back pain: A global comparison. *BMC Musculoskeletal Disorders*, *25*(1), 344. https://doi.org/10.1186/s12891-024-07468-0

CHAPTER 14

Disorders of Brain Function

Learning Objectives

After completing this chapter, the learner will be able to meet the following objectives:

1. Differentiate levels of consciousness and their clinical characteristics.
2. Explain the interactions among determinants of intracranial pressure, types of cerebral edema, and compensatory mechanisms for these alterations.
3. Differentiate primary and secondary brain injuries, including focal versus diffuse injury patterns.
4. Describe different types of intracranial hematomas and the clinical significance of each.
5. Identify major vessels in cerebral circulation and explain mechanisms of cerebral blood flow autoregulation.
6. Compare the pathophysiology of ischemic and hemorrhagic stroke pathologies, including key diagnostic features.
7. Describe the pathophysiology of meningitis and encephalitis, including clinical manifestations.
8. Describe the pathophysiologic classifications of brain tumors and the associated clinical manifestations.
9. Explain the pathophysiology of seizures, including differentiating focal seizures from generalized seizure activity.
10. Describe the clinical manifestations and progression of seizures.

The brain is susceptible to injury from trauma, ischemia, infection, tumors, degenerative processes, and metabolic derangements. Brain injuries are categorized as *traumatic* or *nontraumatic* and are associated with changes in consciousness, cognition, motor, and sensory function.

Pathophysiology of Brain Injury

The brain is protected from external forces by the rigid skull and the cushioning **cerebrospinal fluid (CSF)**. Metabolic stability is maintained by various regulatory mechanisms—cellular mechanisms as well as vascular mechanisms, including the blood–brain barrier and vascular autoregulation to ensure adequate blood supply. However, even with these protective mechanisms, the brain remains vulnerable to disease and injury.

Manifestations of Brain Injury

Brain injury is manifested clinically by changes in the level of consciousness (LOC) and alterations in cognitive, motor, and sensory function. **Focal brain injury** refers to damage localized to a specific area of the brain that causes focal neurologic deficits that may or may not alter consciousness. **Global brain injury** is more widespread and usually results in altered LOC, ranging from inattention to stupor or coma.

The cerebral hemispheres are the most susceptible to damage. As structures in the diencephalon, midbrain, pons, and medulla are affected, signs related to pupillary and eye movement reflexes, motor function, and respiration become evident. This **rostral-to-caudal progression of injury** describes the directional spread or development of brain damage moving from rostral (anterior or frontal parts of the brain) to caudal (posterior or lower parts of the brain and "tail end" of the spinal cord) (Table 14-1) (Seth & Bayne, 2022). Hemodynamic and respiratory instability are the last signs to occur because their regulatory centers are low in the medulla.

TABLE 14-1 Rostral-to-Caudal Progression of Brain Lesions

Level of Brain Injury	Key Clinical Signs
Diencephalon	Impaired consciousness; small, reactive pupils; intact oculocephalic response; abnormal flexion posturing; Cheyne–Stokes respirations
Midbrain	Coma; fixed, midsize pupils; impaired oculocephalic response; central neurogenic hyperventilation; extension posturing
Pons	Coma; fixed, miotic (small) pupils; dysconjugate gaze; impaired oculovestibular response; loss of corneal reflex; hemiparesis/quadriparesis; extension posturing; apneustic respirations
Medulla	Coma, fixed pupils, flaccidity, loss of gag and cough reflexes, ataxic/apneic respirations

With progressive deterioration, neurologic function typically declines in a stepwise fashion. Similarly, during recovery, neurologic function may return gradually, with stepwise improvements in LOC. In cases of supratentorial lesions (i.e., located above the tentorial membrane, below the cerebral hemispheres, and above the cerebellum), deterioration follows the rostral-to-caudal pattern. The compensatory mechanisms are often initially maintained by the key structures of the brainstem that lie below the tentorium (infratentorial location), but progressive neurologic decompensation can then occur as autoregulation fails and cerebral perfusion declines. In contrast, infratentorial lesions that damage the critical brainstem mechanisms often cause an early and sometimes abrupt loss of consciousness without following the typical rostral-to-caudal progression of neurologic signs.

Altered Levels of Consciousness

A brain disorder can result in an altered LOC. **Consciousness** refers to the state of awareness of self and the environment and the ability to respond appropriately to stimuli. Consciousness consists of (1) arousal and wakefulness and (2) cognition (understanding and using knowledge). Arousal and wakefulness require the function of both cerebral hemispheres and an intact reticular activating system (RAS), while cognition is mediated by the cerebral cortex.

Anatomic and Physiologic Basis of Consciousness

The **reticular formation** constitutes the central core of the brainstem, extending from the medulla through the pons to the midbrain. It connects caudally with the spinal cord and rostrally with the subthalamus, hypothalamus, and thalamus (Fig. 14-1) (Seth & Bayne, 2022).

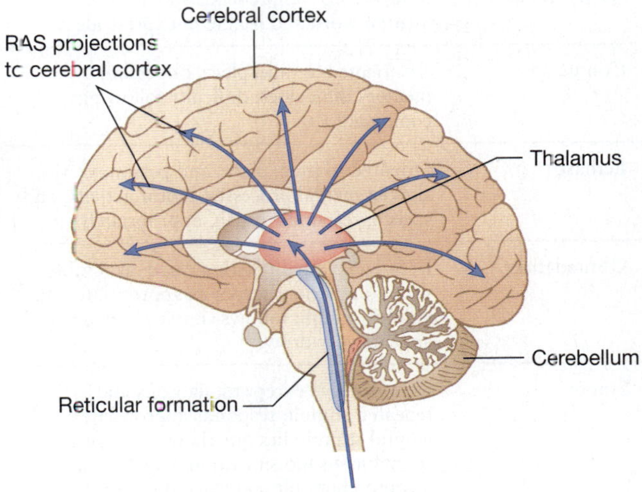

FIGURE 14-1. The brainstem reticular formation and reticular activating system (RAS). Ascending sensory tracts send axon collateral fibers to the reticular formation. These give rise to fibers synapsing in the nonspecific nuclei of the thalamus. From there, the nonspecific thalamic projections influence widespread areas of the cerebral cortex and limbic system.

Fibers from the RAS project to the cerebral cortex and play a critical role in maintaining wakefulness by activating cortical and subcortical structures, including the **hypothalamus** and limbic system. Without cortical activation, responsiveness to environmental stimuli diminishes, leading to reduced levels of consciousness.

The reticular formation also integrates autonomic and somatic functions, contributing to homeostatic regulation of cardiovascular, respiratory, and motor systems. Disruption of the ascending RAS—such as from brainstem lesions—or bilateral dysfunction of the cerebral hemispheres can result in impaired consciousness or coma. In contrast, unilateral cortical injuries (e.g., localized stroke) that spare the RAS usually do not impair consciousness (Seth & Bayne, 2022).

Levels of Consciousness

LOCs exist on a continuum ranging from full alertness to coma and include **confusion**, **lethargy**, **obtundation**, **stupor**, and **coma**. Early signs of declining consciousness include inattention, disorientation, and reduced responsiveness. In states such as **delirium**, individuals may fluctuate between agitation and lethargy. Further deterioration may lead to obtundation or stupor, where responses are minimal or only elicited by vigorous or painful stimuli (Seth & Bayne, 2022) (Table 14-2).

The **Glasgow Coma Scale (GCS)** is a widely used bedside tool for assessing consciousness in individuals with brain injury (Albin & Zafar, 2022) (Table 14-3). It assigns numeric scores based on eye opening, verbal response, and motor response, with the total score reflecting the best observed responses across all categories.

TABLE 14-2 Characteristics of Descending Levels of Consciousness

Level of Consciousness	Characteristics
Full consciousness	Awake, alert, and oriented to time, place, and person; comprehends spoken and written word and is able to express ideas
Confusion	Disoriented to time, place, or person; memory difficulties; difficulty following commands
Lethargy	Oriented to time, place, and person; very slow in mental processes, motor activity, and speech; responds to pain appropriately
Obtundation	Responds verbally with a word; arousable with stimulation; responds appropriately to painful stimuli; follows simple commands; appears very drowsy
Stupor	Unresponsive except to vigorous and repeated stimuli; responds appropriately to painful stimuli; lies quietly with minimal spontaneous movement; may have incomprehensible sounds and/or eye opening
Coma	Does not respond appropriately to stimuli; sleeplike state with eyes closed; does not make any verbal sounds

Data from Hickey, J. V. (2020). *The clinical practice of neurological and neurosurgical nursing* (8th ed., p. 160). Lippincott Williams & Wilkins.

TABLE 14-3 The Glasgow Coma Scale

Test	Score[a]
Eye Opening (E)	
Spontaneous	4
To speech	3
To painful stimuli	2
No response	1
Motor Response (M)	
Obeys commands	6
Localizes pain	5
Normal flexion (withdrawal)	4
Abnormal flexion (decorticate)	3
Extension (decerebrate)	2
No response	1
Verbal Response (V)	
Oriented	5
Confused conversation	4
Inappropriate words	3
Incomprehensible sounds	2
No response	1

[a]GCS score = E + M + V. Best possible score = 15; worst possible score = 3.
Data from Young, G. B. (2022). Stupor and coma in adults. In *UpToDate*. Retrieved February 28, 2022, from https://www.uptodate.com/contents/stupor-and-coma-in-adults?

KEY POINTS

Brain Injury and Levels of Consciousness

- Consciousness is a global function facilitated through a diffuse neural network that involves activity of both cerebral hemispheres and the RAS.
- Impaired consciousness reflects diffuse injury to both cerebral hemispheres simultaneously or the RAS at any level.
- In contrast, local brain injury causes focal neurologic deficits but does not disrupt consciousness.

Other Manifestations of Deteriorating Brain Function

Other clinical manifestations that reflect brain injury include alterations in pupil size and reaction to light, abnormal flexion or extension posturing, and altered patterns of respiration.

Pupillary Reflexes and Eye Movements

Although pupils may initially respond appropriately to light, they become nonreactive (fixed) and dilated as brain function deteriorates. Bilateral loss of the pupillary light reflex suggests a brainstem lesion, while unilateral loss suggests a lesion along the optic or oculomotor pathways. An abnormal **oculocephalic reflex** (doll's eye response) indicates brainstem injury (Fig. 14-2). The **oculovestibular reflex** (cold caloric testing) may also be used to assess eye movement response and brainstem function if no contraindications to this more invasive testing are present (Rauchman et al., 2023).

Abnormal Flexion and Extension Posturing

With early onset of unconsciousness, some purposeful movement occurs in response to pain. As the LOC deteriorates to the level of coma, these purposeful pain responses diminish. Abnormal postures can also emerge, signaling the level of neural injury. **Decorticate posturing** (flexion of the arms and wrists, adduction of the upper limbs, internal rotation, and extension of the lower limbs) indicates damage to the cerebral hemispheres or internal capsule (Fig. 14-3A). **Decerebrate posturing** (extension and pronation of the arms, extension of the legs, plantar flexion) reflects more severe injury involving the midbrain or upper brainstem (Fig. 14-3B). Both are associated with poor neurologic prognosis, with decerebrate posturing representing a more advanced stage of dysfunction (Rauchman et al., 2023).

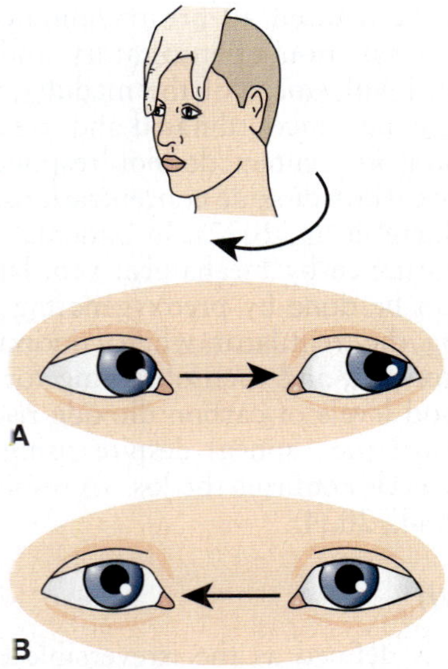

FIGURE 14-2. Doll's eye response. The oculocephalic reflex (*doll's eye response)* demonstrates the always-present vestibular static reflexes without forebrain interference or suppression. Severe damage to the forebrain or to the brainstem rostral to the pons often results in loss of rostral control of these static vestibular reflexes. If the person's head is moved from side to side or up and down, the eyes will move in conjugate gaze to the opposite side (**A**), much like those of a doll with counterweighted eyes. If the doll's eye phenomenon is observed, brainstem function at the level of the pons is considered intact (in a person who is comatose). In the person who is unconscious without intact brainstem function and vestibular static reflexes, the eyes stay in mid-position (fixed) or turn in the same direction (**B**) as the head is turned.

Respiratory Responses

Early respiratory changes reflecting brain injury include **Cheyne–Stokes breathing**, a crescendo–decrescendo cycle in which respirations begin deep and rapid, become progressively shallower, and pause altogether before the cycle begins again. Injury affecting the midbrain is associated with **central neurogenic hyperventilation**, in which

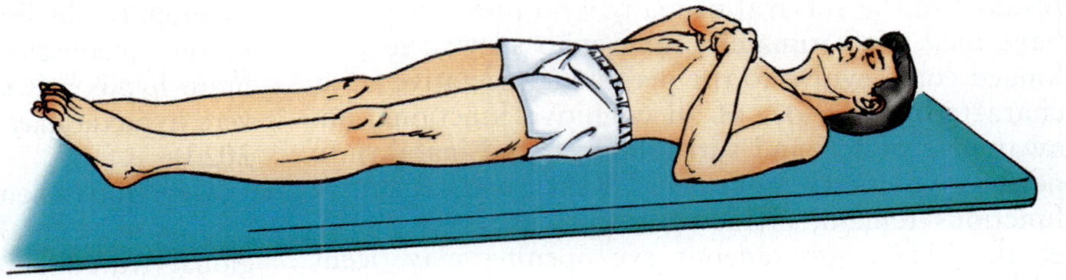

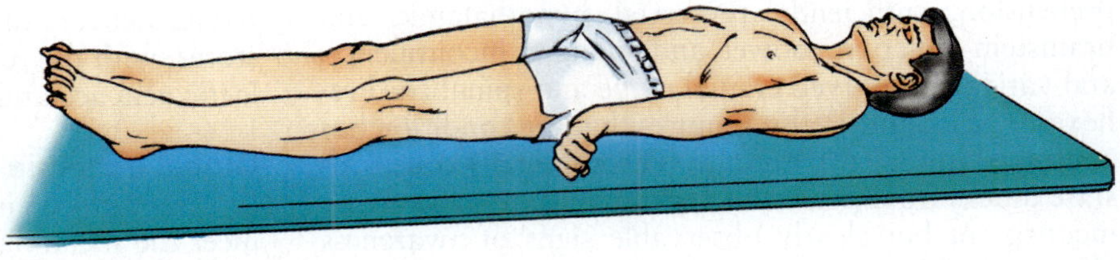

FIGURE 14-3. Abnormal posturing. (**A**) Decorticate posturing. In decorticate rigidity, the jaws are clenched and neck extended. The arms are adducted and stiffly extended at the elbows with the forearms pronated and the wrists and fingers flexed. (**B**) Decerebrate posturing. In decerebrate rigidity, the upper arms are held at the sides with elbows, wrists, and fingers flexed. The legs are extended and internally rotated. The feet are plantar flexed. (From Hickey J. V. [2014]. *The clinical practice of neurological and neurosurgical nursing* [7th ed., p. 173]. Lippincott Williams & Wilkins.)

respirations may exceed 40 breaths/minute because of uninhibited stimulation of inspiratory and expiratory centers. With involvement of the medulla, respirations become **ataxic** (i.e., uncoordinated and irregular). If the central respiratory centers do not respond appropriately to body carbon dioxide concentrations, **apnea** may occur (Goldman et al., 2022). In patients who require breathing assistance by mechanical ventilation, testing for apnea can be done by preoxygenating the patient, disconnecting the ventilator while continuing passive delivery of oxygen, and then observing for respiratory effort as blood levels of carbon dioxide rise. A lack of breathing effort (i.e., apnea) despite rising blood carbon dioxide levels confirms the loss of respiratory drive (Merchant et al., 2024).

Brain Death

Brain death is defined as the irreversible cessation of all brain activity, including the brainstem. Before declaring brain death, reversible causes of depressed brain activity must be ruled out, including drug intoxication, hypothermia, and metabolic disturbances (Greer et al., 2023).

The definition of brain death is continually reexamined. According to 2023 consensus guidelines from the American Academy of Neurology, brain death requires a known and irreversible cause of coma, absence of brainstem reflexes (i.e., pupillary, corneal, oculocephalic, oculovestibular, gag, and cough reflexes), no spontaneous respiratory effort during an apnea test, and clinical observations supported by ancillary tests if needed. These tests may include electroencephalography (EEG), cerebral angiography, radionuclide cerebral blood flow studies, transcranial Doppler, or somatosensory evoked potentials (Greer et al., 2023).

Persistent Vegetative State

Advances in the care of people with brain injury have resulted in the survival of many who previously may have died. Unfortunately, some who survive in prolonged coma evolve to the **persistent vegetative state**, characterized by loss of all cognitive functions, unawareness of self and surroundings, and inability to perform voluntary movements. Reflex and vegetative functions remain, including sleep–wake cycles (Yan et al., 2024). Spontaneous eye opening may occur without concurrent awareness, often confusing hopeful families.

Diagnosis of vegetative state includes absence of awareness of self and environment and inability to interact with others, absence of sustained or reproducible voluntary behavioral responses, lack of language comprehension, sufficiently preserved hypothalamic and brainstem function, bowel and bladder incontinence, and variably preserved cranial nerve and spinal cord reflexes. The diagnosis also requires that the condition has continued for at least 1 month. The **minimally conscious state** differs from persistent vegetative state by showing inconsistent but clearly observable signs of awareness (Yan et al., 2024).

Mechanisms of Brain Injury

Brain injury can be caused by a variety of mechanisms, including trauma, infection, tumors, stroke, metabolic derangements, and degenerative disorders. Brain damage involves several common pathways, including the effects of ischemia, excitatory amino acid injury, cerebral edema, and injury because of increased intracranial pressure (ICP). The mechanisms of injury are often interrelated.

Hypoxic and Ischemic Injury

The brain relies heavily on aerobic metabolism, consuming about 20% of the body's oxygen despite representing only 2% of body weight. This high demand for oxygen, delivered through 15% of the cardiac output, is needed to support glucose metabolism and adenosine triphosphate (ATP) production. Energy supply for the brain is provided mainly by ATP derived from glucose (Lacerte et al., 2023).

Hypoxia refers to reduced oxygen availability within body tissues. Tissue hypoxia can occur as a result of **hypoxemia**, which is a condition of decreased oxygen levels within the blood. Hypoxemia may result from lung pathophysiology (which disrupts the ability to oxygenate the blood) or from reduced atmospheric pressure, decreased environmental oxygen levels, carbon monoxide poisoning, or severe anemia (causing reduced ability to transport oxygen via hemoglobin). However, tissue hypoxia is also caused by **ischemia**, a condition of reduced or interrupted blood flow that impairs the delivery of oxygen and glucose to the tissues and the removal of metabolic waste products. Whether tissue hypoxia is caused by hypoxemia or ischemia, the mechanism of injury to cells is the same. (See Chapter 3 for a discussion of the mechanisms of hypoxic-ischemic cell injury.) Although neurons can briefly survive under hypoxic conditions via anaerobic metabolism, prolonged hypoxia can depress brain function, producing symptoms such as euphoria, listlessness, drowsiness, and impaired cognition. Unconsciousness and seizures may occur when brain hypoxia is sudden and severe. Conditions of severe hypoxia may also be called **anoxia** (Lacerte et al., 2023).

Cerebral ischemia can be focal (with regional disruption of cerebral blood supply, as occurs in stroke) or global (with disruption of blood flow to the entire brain, as in cardiac arrest or circulatory shock). In focal ischemia, some collateral circulation channels may be able to maintain blood flow to the borders of the ischemic region, which can support low levels of metabolic activity and preserve membrane integrity of cells within the ischemic region. However, the decreased perfusion may reduce delivery of glucose and lead to depletion of ATP stores, with the resulting anaerobic metabolism causing lactic acid accumulation (Baranovicova et al., 2023).

Global Ischemia

In severe **global ischemia**, blood flow is inadequate to meet the metabolic needs of the brain, causing loss of consciousness within seconds and permanent brain damage within minutes. ATP stores are depleted in under 5 minutes, primarily due to the high energy cost of maintaining ionic gradients across cell membranes. This leads to a cellular influx of sodium, causing cytotoxic edema and triggering a cascade of destructive enzymatic reactions. Even if circulation is restored, cell damage may continue as a result of the reperfusion injury phenomenon that introduces inflammatory mediators, free radicals, and excitatory amino acids (see Chapter 3). When occurring in the brain, this phenomenon is known as **cerebral ischemia-reperfusion injury (CIRI)** (Huang et al., 2023). The most vulnerable neurons are often found in the hippocampus (Sommer sector) and the cerebellar Purkinje cells. Patterns of damage from global ischemia may include **watershed infarcts** (Fig. 14-4), which occur at the borders of major cerebral artery territories during hypotension, and **laminar necrosis**, characterized by ischemia in the cortical gray matter, particularly in the third layer.

Clinical outcomes after global ischemia depend on the duration of impaired brain blood flow. Short periods may result in full recovery, while longer periods can lead to coma, abnormal posturing, lasting neurologic deficits, and even death. An important exception occurs in cases of cold-water submersion, particularly in children, where hypothermia significantly slows metabolism and reduces ischemic injury, occasionally allowing for full recovery even after extended periods without circulation. As a result, resuscitation should not be discontinued prematurely in patients with hypothermia (Gao & Jiang, 2024).

Treatment of global cerebral ischemia varies based on the underlying cause. General goals are restoring cerebral perfusion, optimizing oxygenation, and minimizing secondary injury. Mechanical ventilation and supplemental oxygen may be needed. Mild therapeutic hypothermia has shown benefits in selected patients, particularly post-cardiac arrest. Maintaining normoglycemia is essential, as both hyperglycemia and hypoglycemia worsen outcomes. Normovolemic hemodilution may be used to counteract microvascular sludging, although its efficacy varies (Gao & Jiang, 2024).

Excitotoxic Brain Injury

A key mechanism of neuronal damage in both ischemia and other neurologic insults is **excitotoxicity**. This refers to the overactivation of excitatory neurotransmitter receptors—primarily glutamate—resulting in excessive calcium influx through *N*-methyl-D-aspartate (NMDA) receptor–operated channels (Fig. 14-5). During ischemia, impaired glutamate reuptake and cellular injury lead to glutamate accumulation in the extracellular space. Excess glutamate triggers a **calcium cascade** that activates intracellular enzymes, promotes free radical production, damages mitochondria, and fragments DNA, ultimately leading to neuronal death. Excitotoxicity contributes not only to acute conditions such as stroke and trauma but also to chronic neurodegenerative diseases such as Huntington disease (Chen et al., 2022).

Excitotoxic injury may be reversible if excess glutamate is removed or blocked early in the cascade. The management of ischemic brain injury has evolved with the development of various therapeutic agents and strategies. Neuroprotective agents can interfere with multiple pathophysiologic processes, such as calcium overload, oxidative stress, inflammation, and excitotoxicity. Recent research has focused on compounds that act on multiple targets, have wide therapeutic time windows, and promote long-term recovery of neurobehavioral function. Agents such as calcium channel blockers, antioxidants, and NMDA receptor antagonists have shown promise in preclinical models (Mielecki & Salińska, 2024).

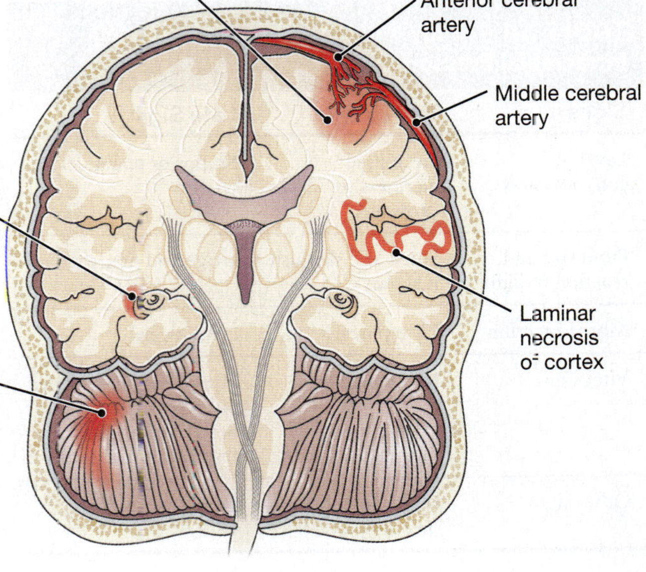

FIGURE 14-4. Consequences of global ischemia. A global insult induces lesions that reflect the vascular architecture (watershed infarcts, laminar necrosis) and the sensitivity of individual neuronal systems (pyramidal cells of the Sommer section, Purkinje cells). (Courtesy of Dimitri Karetnikov, artist.) (From Strayer D. S., & Rubin E. [Eds.]. [2015]. *Rubin's pathology: Clinicopathologic foundations of medicine* [p. 1427]. Lippincott Williams & Wilkins; Fig. 32-23.)

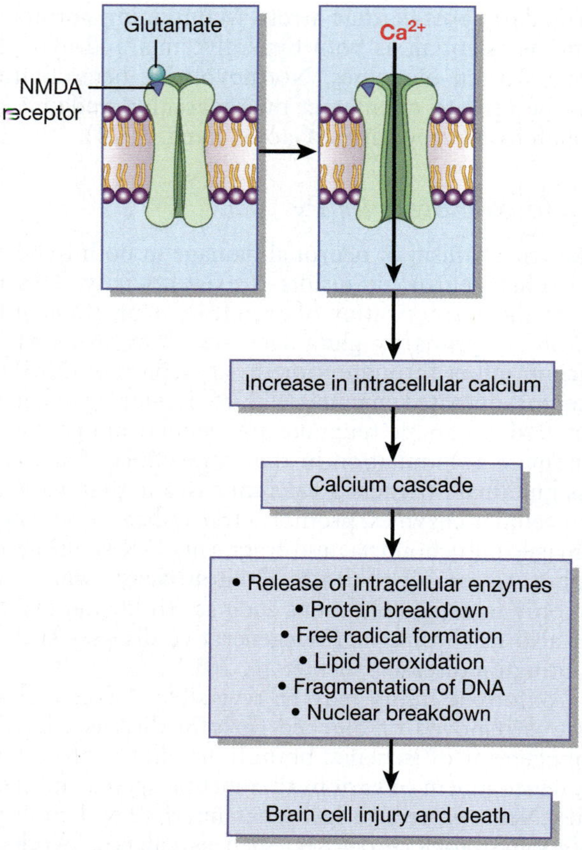

FIGURE 14-5. The role of the glutamate NMDA receptor in brain cell injury. DNA, deoxyribonucleic acid; NMDA, *N*-methyl-D-aspartate.

Increased Intracranial Pressure

The brain is housed within a rigid skull, making it vulnerable to damage from increases in **intracranial pressure (ICP)**. Elevated ICP can compromise cerebral blood flow, damage brain tissue, and displace intracranial structures, leading to herniation and neurologic deterioration (Table 14-4).

TABLE 14-4 Early and Late Signs of Increased Intracranial Pressure

Signs	Early Sign	Late Sign
Level of consciousness	Decreased alertness to drowsy	Stupor or coma
Pupil size and reaction to light	Small and sluggish reaction	Large and nonreactive
Motor function	Hemiparesis	Hemiplegia
Vital signs	No change	Hypertension, widened pulse pressure, bradycardia, abnormal respiratory patterns
Other signs	Headache, slurred speech	Vomiting

The cranial cavity contains approximately 80% brain tissue, 10% blood, and 10% CSF. These components exist in a dynamic equilibrium described by the **Monro–Kellie hypothesis**, which states that an increase in one component must be offset by a decrease in another to maintain a normal ICP—typically between 5 and 15 mm Hg in adults. Volume increases within the different compartments may result from cerebral edema, hemorrhage, tumors, vasodilation, impaired venous drainage, excess CSF production, or obstructed CSF flow (Hawryluk et al., 2022).

Initial compensatory responses to increased ICP include translocation of CSF to the spinal subarachnoid space and enhanced CSF reabsorption. Small adjustments in cerebral blood volume, mostly within the low-pressure venous system, also help adjust for volume changes. However, this adjustment capacity is limited, and after these compensatory mechanisms are exhausted, ICP rises rapidly with further increases in volume (Hawryluk et al., 2022). Autoregulatory responses also influence cerebral blood flow. Elevated levels of carbon dioxide in the plasma (measured as increased $PaCO_2$, as discussed in Chapter 5) cause vasodilation and increased blood flow to the brain, which may increase ICP. In contrast, decreased $PaCO_2$ levels (as occur with hyperventilation) cause vasoconstriction with reduced cerebral blood flow that may transiently reduce ICP. Therefore, hyperventilation may be used as a strategy to reduce ICP; however, hyperventilation should be used cautiously, as it can impair cerebral perfusion (Kareemi et al., 2023).

The brain's **compliance**—the ability to accommodate volume changes without a significant increase in pressure—is described by the following equation: $C = \Delta V/\Delta P$, or the ratio of change (Δ) in volume (V) to change in pressure (P). The impact of increases in blood, brain tissue, or CSF volumes on ICP varies among individuals and depends on factors such as the amount of increase in ICP, the effectiveness of compensatory mechanisms, and the degree of compliance of brain tissue. When compliance is high, ICP remains stable despite volume increases. As compliance decreases, ICP rises steeply. This relationship is often illustrated on a pressure–volume curve, where early stages show stable ICP despite volume changes, but later stages show rapid ICP elevation as compensatory mechanisms fail.

Cerebral perfusion pressure (CPP) is the difference between mean arterial pressure (MAP) and ICP (CPP = MAP − ICP). Normal CPP ranges from 70 to 100 mm Hg, with values below 40 mm Hg associated with ischemia and potential neuronal death. When ICP approaches or exceeds MAP, perfusion becomes inadequate, leading to cellular hypoxia and impaired brain function (Pelah et al., 2024).

One of the earliest and most reliable indicators of increased ICP is a progressive decline in LOC, which may advance from subtle confusion to stupor and coma. A GCS score of 8 or lower indicates severe impairment and is commonly associated with coma. Increasing ICP triggers the **Cushing reflex**, a physiologic response to ischemia of the vasomotor center of the brainstem, reflecting compensatory mechanisms to restore adequate CPP despite rising ICP. The Cushing reflex is characterized by the Cushing triad of irregular respirations, bradycardia, and widened pulse pressure (with increased systolic pressure and decreased diastolic pressure). These Cushing triad signs are a late sign of ICP (Dinallo & Waseem, 2023).

Brain Herniation

Brain herniation occurs when ICP in one area of the brain causes tissue to shift into a compartment of lower pressure, compressing vital structures. The brain is supported within the skull by rigid dural folds, including the falx cerebri and the tentorium cerebelli, which help maintain intracranial compartmentalization. The falx cerebri separates the cerebral hemispheres, while the tentorium cerebelli divides the supratentorial and infratentorial compartments. The **tentorial notch (or incisura)** is an opening that allows passage of the brainstem. Herniation through this notch or beneath the falx can compromise critical neural and vascular structures.

Different types of herniation syndromes are based on the area of the brain that has herniated and the structure under which it has been pushed. They are typically categorized as supratentorial or infratentorial herniations, based on whether they are located above or below the tentorium (Fig. 14-6).

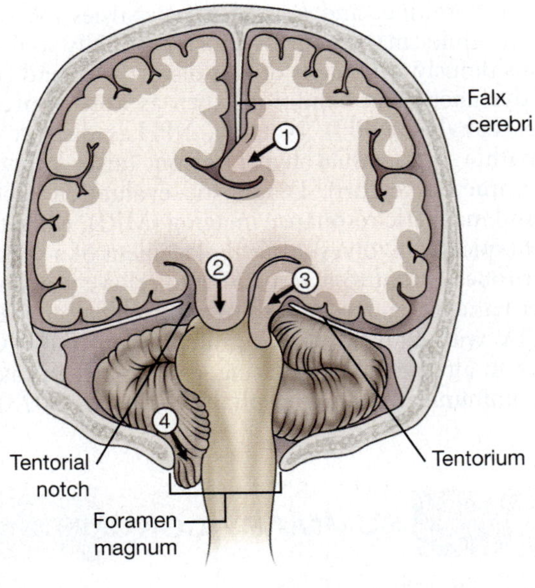

FIGURE 14-6. Major types of intracranial herniations. Supratentorial herniations (above the tentorium, a portion of dura mater that separates the cerebellum from the occipital lobes) include the following: (1) cingulate herniation under the falx cerebri, a fold of dura mater that separates the two cerebral hemispheres; (2) central (symmetrical) transtentorial herniation downward through the tentorial notch, an opening between the cerebellum and the brainstem; (3) uncal (portion of the temporal lobe) herniation laterally through the tentorial notch; and (4) infratentorial (below the tentorium) herniation of a portion of the cerebellum known as the cerebral tonsils through the foramen magnum.

TABLE 14-5 Key Structures and Clinical Signs of Cingulate, Central, and Uncal Herniations

Herniation Syndrome	Key Structures Involved	Key Clinical Signs
Cingulate	Anterior cerebral artery	Leg weakness
Central transtentorial	Reticular activating system	Altered level of consciousness
	Corticospinal tract	Decorticate posturing
		Rostral–caudal deterioration
Uncal	Cerebral peduncle	Hemiparesis
	Oculomotor nerve	Ipsilateral pupil dilation
	Posterior cerebral artery	Visual field loss
	Cerebellar tonsil	Respiratory arrest
	Respiratory center	

Supratentorial Herniations

Three major patterns of **supratentorial herniation** are cingulate, central transtentorial, and uncal transtentorial (Table 14-5). **Cingulate herniation** is generally the least severe. It involves medial displacement of the cingulate gyrus under the falx cerebri, which may compress cerebral blood vessels, causing ischemia and worsening ICP. Early signs may include unilateral or bilateral leg weakness due to involvement of the medial frontal lobes (Gürsoy & Çalli, 2022).

Central transtentorial herniation is more severe and involves downward displacement of the cerebral hemispheres, basal ganglia, diencephalon, and midbrain through the tentorial notch. Early clinical signs include altered mental status, small reactive pupils, and purposeful or semi-purposeful responses to painful stimuli. As herniation progresses, decorticate posturing, Cheyne–Stokes respirations, and mid-position fixed pupils may develop. Further deterioration leads to decerebrate posturing, hyperventilation, and ultimately loss of motor responses and respiratory control, reflecting irreversible damage to the midbrain and brainstem (Roy & Chakravarty, 2023).

Uncal transtentorial herniation involves displacement of the medial temporal lobe, including the uncus, through the tentorial notch into the posterior fossa. This form often compresses the oculomotor nerve (cranial nerve III), resulting in early ipsilateral pupillary dilation. Compression of the posterior cerebral artery and midbrain structures may follow, causing decreased consciousness and motor deficits. Initially, hemiparesis is typically contralateral to the lesion, but compression of the opposite cerebral peduncle can lead to ipsilateral hemiparesis, a phenomenon known as a false localizing sign (Gürsoy & Çalli, 2022). As uncal herniation progresses, signs include bilateral Babinski reflexes, decorticate and decerebrate posturing, fixed dilated pupils, flaccidity, and eventual respiratory arrest.

Infratentorial Herniation

Infratentorial herniation, which involves brain tissue shifting through the tentorial notch or the foramen magnum, is especially dangerous because it compresses brainstem centers that regulate vital cardiopulmonary functions. Upward herniation may obstruct the aqueduct of Sylvius, causing hydrocephalus and coma. Downward displacement of the cerebellar tonsils through the foramen magnum can compress the medulla, resulting in rapid cardiac and respiratory arrest. Herniation may also be triggered by lumbar puncture in a patient with elevated ICP if a pressure gradient leads to downward CSF displacement. Without prompt recognition and intervention, herniation progresses in a rostral-to-caudal pattern, leading to ischemia, hemorrhage, and irreversible brainstem damage (Gürsoy & Çalli, 2022).

Cerebral Edema

Cerebral edema is a pathologic increase in water content in the brain, leading to a rise in brain volume. Cerebral edema is classified into two primary types: vasogenic edema and cytotoxic edema.

Vasogenic Edema

Vasogenic edema results from a disruption of the blood–brain barrier, which allows proteins and fluid to leak into the extracellular space, particularly affecting the more compliant white matter. Vasogenic edema often occurs with brain tumors, prolonged ischemia, hemorrhage, traumatic brain injury (TBI), and central nervous system (CNS) infections. Clinical manifestations include focal neurologic deficits, altered consciousness, and increased ICP with a risk of brain herniation (Broocks et al., 2022).

Cytotoxic Edema

Cytotoxic edema involves swelling of brain cells themselves due to impaired sodium–potassium pump activity, often triggered by severe ischemia or hypoosmotic states such as water intoxication. The resulting intracellular accumulation of water and metabolic byproducts such as lactic acid leads to cell swelling, membrane rupture, and damage to surrounding tissue, contributing to stupor, coma, and, in some cases, cerebral infarction with tissue necrosis (Shang et al., 2024).

Treatment

Treatment of cerebral edema depends on the underlying cause and presence of elevated ICP. Glucocorticoids are effective in reducing localized vasogenic edema associated with tumors or abscesses but are ineffective in cytotoxic edema caused by infarction or hemorrhage. Osmotherapy using hypertonic saline or mannitol is commonly employed during acute phases to draw fluid out of the brain parenchyma, though its use must be carefully monitored to avoid complications such as rebound edema or electrolyte imbalance (Shang et al., 2024).

Hydrocephalus

Hydrocephalus refers to an abnormal accumulation of CSF within the ventricles of the brain, resulting in ventricular enlargement and increased intracranial volume. Hydrocephalus is classified as either noncommunicating (obstructive) or communicating.

Noncommunicating hydrocephalus occurs when a structural blockage prevents CSF from flowing through the ventricular system to the arachnoid villi. This type can be caused by congenital malformations, tumors, or inflammation leading to aqueductal stenosis, especially in infants (Brisman, 2023). **Communicating hydrocephalus** may be caused by impaired CSF absorption at the arachnoid villi (which may be caused by scarring, infection, or obstruction with blood or debris) or, rarely, by overproduction of CSF by choroid plexus tumors. In both communicating and noncommunicating hydrocephalus, ventricular dilation can compress the surrounding brain tissue and lead to effacing of sulci and thinning of white matter (Brisman, 2023).

Hydrocephalus occurring in infancy before cranial sutures close can lead to macrocephaly (enlarged head) and bulging fontanelles, which may be associated with delayed neurologic symptoms because ICP is temporarily reduced by the outward expansion of the brain tissues. However, if rising ICP causes damage to the infant's brain tissue, then neurologic complications will occur (such as seizures, motor deficits, or sensory alterations). In contrast, a rapid development of hydrocephalus in adults is associated with a more immediate presentation of symptoms of increased ICP (such as headache, nausea, vomiting, and cranial nerve palsies). A rise in ICP in adults may progress more gradually and present insidiously with signs of gait disturbance and cognitive dysfunction in conditions such as **normal-pressure hydrocephalus (NPH)**. Notably, NPH is distinct from **idiopathic intracranial hypertension** (also known as **pseudotumor cerebri**). Diagnostic evaluation includes CT and magnetic resonance imaging (MRI), while treatment typically involves surgical placement of a **ventriculoperitoneal shunt** to divert CSF and relieve pressure. In select patients, endoscopic third ventriculostomy (ETV) or ETV with choroid plexus cauterization (ETV+CPC) offers an alternative to shunting, particularly in cases of noncommunicating hydrocephalus (Brisman, 2023).

SUMMARY CONCEPTS

Brain injury is manifested by changes in the LOC and alterations in motor, sensory, and cognitive function. Consciousness is a state of awareness of self and environment, existing on a continuum from normal wakefulness and sleep to stupor and coma. In progressive brain injury, the onset of coma may follow a rostral-to-caudal progression, with changes in LOC, respiratory activity, pupillary and oculovestibular reflexes, and muscle tone occurring as the diencephalon through the medulla is affected.

Brain death is the irreversible loss of function of the brain, including loss of brainstem function. Diagnosis of brain death requires clinical evidence of absence of responsiveness, brainstem reflexes, and respiratory effort. The vegetative state is characterized by loss of all cognitive functions and the unawareness of self and surroundings, whereas reflex and vegetative functions remain intact.

Many factors can cause brain injury, but common pathways include brain hypoxia (decreased oxygenation of brain tissue) caused by either hypoxemia (low oxygen levels in the blood) or ischemia (decreased blood perfusion), accumulation of excitatory neurotransmitters, increased ICP, and cerebral edema. Whether caused by hypoxemia or ischemia, the presence of brain tissue hypoxia causes immediate damage to brain cells. Focal ischemia is restricted to a specific region of the brain and therefore causes localized brain injury, as with stroke. Global ischemia, as with cardiac arrest, occurs when blood flow to the entire brain is inadequate and causes global deficits such as altered mental status.

Traumatic Brain Injury

Although the skull affords protection to the CNS from external forces, injuries to the skull can also cause brain injury. External damage to the skull can result in an uneven internal bony surface that can cause traumatic damage to brain tissue (with swelling) or cause ischemia from vascular injuries. Additionally, rotational and shearing forces contribute to internal brain injuries (Maas et al., 2022). Skull fractures can compress sections of the nervous system or cause penetrating wounds. Radiologic imaging is often necessary to assess the extent of skull fractures associated with tissue damage, particularly to identify fractures at the skull base.

Traumatic brain injury (TBI) is a major cause of death and long-term disability in the United States. Although heart disease and cancer account for the highest overall mortality rates, TBI represents a substantial proportion of deaths due to unintentional injury, which is the leading cause of death among children, adolescents, and young adults. Falls are currently the leading cause of TBI overall, particularly among older adults. However, motor vehicle crashes—especially those involving pedestrians—remain a leading cause of fatal TBI in younger populations (CDC, 2024).

TBI can involve injury to the scalp, skull, meninges, or brain. A **linear skull fracture** is a break in the continuity of bone. A **comminuted skull fracture** consists of multiple fracture lines or splintering. When bone fragments are driven into brain tissue, the injury is classified as a **depressed skull fracture. Basilar skull fracture** involves the bones that form the base of the skull, with the ethmoid cribriform plate being particularly fragile. A frequent complication of basilar skull fractures is CSF leakage from the nose or ear, creating a potential entry point for infection of the meninges or brain tissue. Subconjunctival hemorrhage and periorbital ecchymosis (raccoon eyes) are common signs. Damage to cranial nerves I, II, III, VII, and VIII can also occur. Early prophylactic antibiotic use is no longer universally recommended unless signs of infection develop (Jung et al., 2024).

Primary and Secondary Brain Injuries

The effects of traumatic head injuries can be divided into primary and secondary injuries. **Primary brain injuries** occur at the moment of impact and include damage such as contusions, lacerations, hemorrhages (focal injuries), and concussions or diffuse axonal injury (diffuse injuries). **Secondary brain injuries** develop after the initial trauma and include complications such as brain swelling, infection, ischemia, and hypoxia. In cases of mechanical trauma, a **coup–contrecoup injury** may occur, in which the brain is bruised directly under the site of impact (coup) and at the opposite side (contrecoup) due to rebound (Fig. 14-7). Because the brain floats within CSF, sudden acceleration and deceleration forces during trauma can cause the brain to strike the rough internal surfaces of the skull, leading to tissue bruising, torn blood vessels, and hematoma formation (Maas et al., 2022).

The most common cause of secondary brain injury is ischemia, which can occur during resuscitation as a result of hypoxia and hypotension or from impaired cerebral blood flow regulation following trauma (Maas et al., 2022). Secondary injuries can worsen the damage initiated by the primary injury. In mild TBI, there may be momentary loss of consciousness without noticeable neurologic deficits, although subtle microscopic changes can occur even when routine imaging studies are normal (Freire et al., 2023). **Concussion**, a transient mechanical disturbance of brain function, typically resolves within 24 hours. However, mild symptoms, such as headache, irritability, insomnia, and poor concentration or memory, may persist for months in what is known as **postconcussion syndrome**. Emerging evidence suggests that postconcussion syndrome may involve not only psychological symptoms but also physiologic changes, including subtle neuroinflammation or structural alterations (Danielli et al., 2023). Memory loss can involve both **retrograde amnesia** (the inability to recall memories preceding the injury) and **anterograde amnesia** (the inability to make new memories following the injury), and the duration of amnesia often correlates with the severity of the brain injury. Postconcussion syndrome can significantly affect daily activities and the ability to return to work or school, with cognitive retraining, medications, or psychological support sometimes necessary.

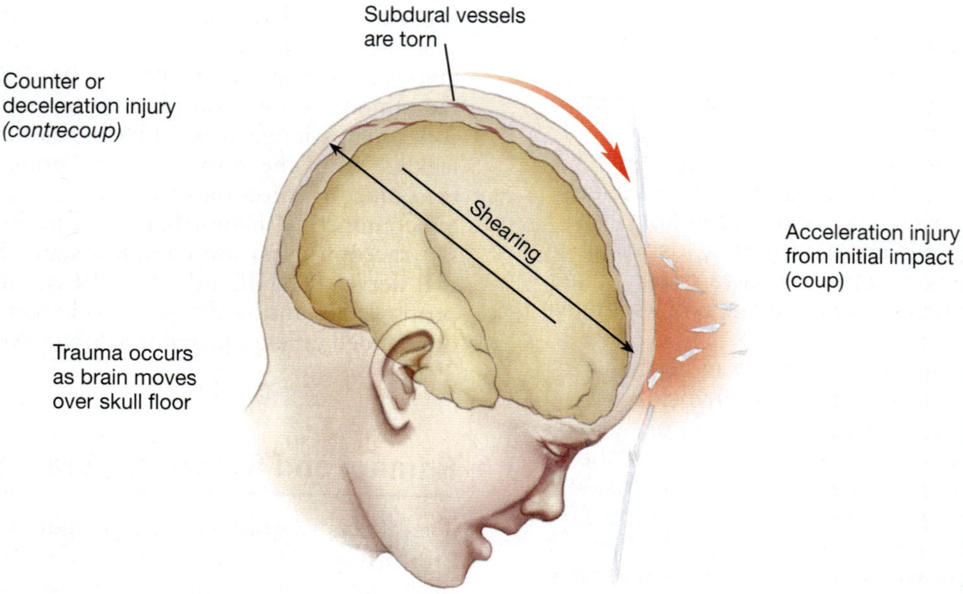

FIGURE 14-7. Mechanisms of coup–contrecoup injury. (From Bowden, V. B., & Greenberg, C. S. [2014]. *Children and their families* [3rd ed.]. Wolters Kluwer; Fig. 21-10.)

In **moderate brain injury**, small hemorrhages and brain tissue swelling are often present, with contusions commonly visible on CT scans. These injuries frequently occur along the rough, irregular inner surfaces of the frontal and temporal lobes, leading to cognitive deficits, motor impairments, and focal neurologic signs such as hemiparesis, aphasia, or cranial nerve palsies. Moderate injuries often involve a period of unconsciousness and varying degrees of neurologic dysfunction.

Severe brain injury involves extensive primary and secondary damage to brain structures. The primary injury is instantaneous and irreversible, resulting from shearing forces, diffuse axonal injury, disruption of blood vessels, and tissue damage (Freire et al., 2023). CT imaging often reveals intracerebral, subdural, epidural, and subarachnoid hemorrhages (SAHs). Severe brain injuries typically present with severe neurologic deficits such as coma, hemiplegia, and elevated ICP. These injuries are frequently accompanied by trauma to other parts of the body, such as the neck, extremities, chest, and abdomen.

Hematomas

Hematomas result from vascular injury and bleeding and can occur in several compartments, including the epidural, subdural, intracerebral, and subarachnoid spaces. Hematomas often coexist with other TBIs, such as contusions or diffuse axonal injury, which can complicate clinical outcomes.

Epidural Hematoma

Epidural hematomas are most commonly caused by head trauma associated with fracture of the temporal area of the skull. The hematoma forms between the inner table of the skull and the dura mater, typically due to a tear in an artery, most often the middle meningeal artery, usually in association with a skull fracture (Maas et al., 2022) (Fig. 14-8). Because bleeding is arterial in origin, rapid expansion of the hematoma can quickly compress the brain. Epidural hematoma is more common at younger ages because the dura mater is less

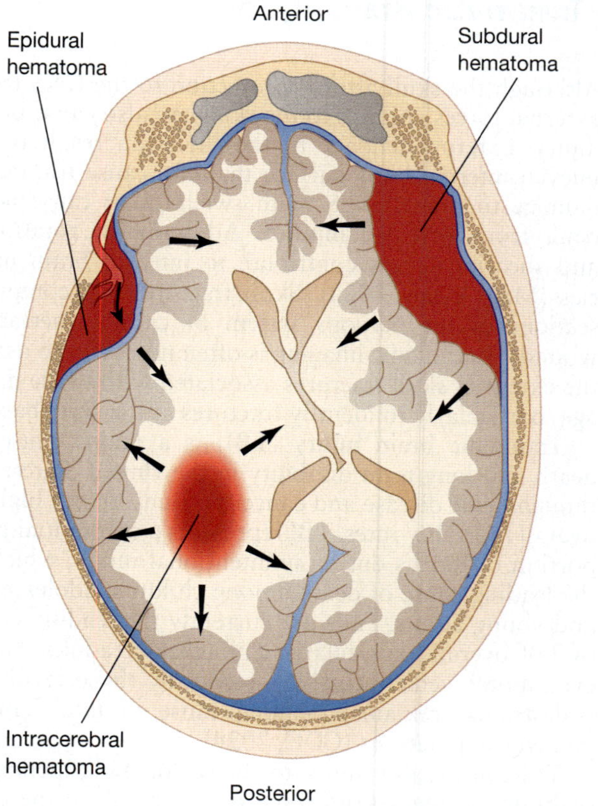

FIGURE 14-8. Location of epidural, subdural, and intracerebral hematomas.

firmly attached to the skull surface, allowing easier separation and expansion of the hematoma. Classically, a person with an epidural hematoma experiences a head injury followed by a brief loss of consciousness, a lucid interval during which consciousness is regained, and then rapid deterioration; however, the lucid interval may be absent, particularly in children or older adults. As the hematoma enlarges, signs of increased ICP may develop, including ipsilateral pupil dilation and contralateral hemiparesis due to uncal herniation. If the hematoma is surgically evacuated before significant deterioration, prognosis is excellent. Without timely intervention, epidural hematomas can cause herniation and death (Maas et al., 2022).

Subdural Hematoma

A **subdural hematoma** occurs between the dura and the arachnoid membranes, usually caused by tearing of small bridging veins that connect veins on the surface of the cortex to dural sinuses. These veins are particularly vulnerable to rupture when the brain moves suddenly within the skull. Because the bleeding is venous, subdural hematomas expand more slowly than epidural hematomas.

Subdural hematomas are classified based on the timing of symptom onset: acute (within 48 hours), subacute (2 to 14 days), or chronic (several weeks after injury). Acute subdural hematomas progress rapidly and have a high mortality rate due to severe secondary injury from cerebral edema and elevated ICP (Safdarian et al., 2023). Mortality is associated with uncontrolled ICP, delayed diagnosis, and delayed surgical evacuation. Clinically, acute subdural hematomas present similarly to epidural hematomas but typically lack a lucid interval. Subacute hematomas may initially improve clinically, followed by deterioration if the hematoma enlarges. Chronic subdural hematomas are more common in older adults and people with alcohol use disorder, in whom cerebral atrophy stretches and weakens the bridging veins. Small venous tears lead to gradual blood accumulation in the subdural space. Fibroblastic proliferation encapsulates the hematoma, and the high osmotic pressure of the encapsulated blood draws in fluid, causing the hematoma to expand. Symptoms of chronic subdural hematoma can include drowsiness, confusion, headache, and apathy. Treatment often involves minimally invasive burr hole drainage rather than large craniotomies, particularly in older adults (Kim & Lee, 2023). Advances in imaging, including MRI and multiplanar CT scans, improve detection of small or chronic hematomas (Maas et al., 2022).

Traumatic Intracerebral Hematomas

Traumatic intracerebral hematomas can be single or multiple and may occur in any area of the brain, although they are most common in the frontal or temporal lobes due to their proximity to bony prominences on the inner skull surface (Maas et al., 2022) (Fig. 14-9). They may develop directly from the initial shearing forces during trauma or evolve from the coalescence of contusions.

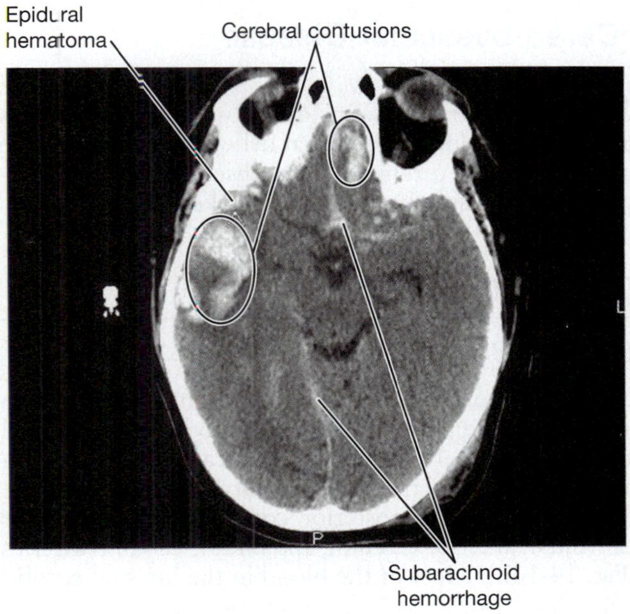

FIGURE 14-9. Computed tomography scan of the brain in traumatic brain imaging, showing hemorrhagic cerebral contusions in right temporal and bifrontal lobes, subarachnoid hemorrhage, and epidural hematoma.

Older adults and individuals with alcohol use disorder are at higher risk because of increased vascular fragility. Clinical manifestations depend on the size and location of the hematoma. Large hematomas, especially those in the temporal lobe, are dangerous because they can cause lateral herniation. Signs of increased ICP may be present if the hematoma occupies a significant volume. Treatment decisions are based on the patient's neurologic status and the size of the hematoma. Surgical evacuation is indicated for large hematomas causing clinical deterioration, while smaller hematomas in stable patients may be managed conservatively, with the possibility of spontaneous resolution (Maas et al., 2022).

SUMMARY CONCEPTS

The effects of TBI can be divided into primary and secondary injuries. Primary injuries result from direct impact, leading to skull fracture, concussion, or contusion. In secondary injuries, damage results from subsequent brain swelling; epidural, subdural, or intracerebral hematoma formation; infection; cerebral hypoxia; and ischemia. Even if there is no break in the skull, a blow to the head can cause severe and diffuse brain damage. Such closed injuries vary in severity and can be classified as focal or diffuse. Diffuse injuries include concussion and diffuse axonal injury. Focal injuries include contusion, laceration, and hemorrhage.

Cerebrovascular Disease

Cerebrovascular disease includes a number of disorders involving the blood vessels that deliver blood flow to the brain. Common cerebrovascular disorders include transient ischemic attacks (TIA) and stroke.

Cerebral Circulation

Cerebral Blood Vessels

Blood flow to the brain is supplied anteriorly by two internal carotid arteries and posteriorly by two vertebral arteries (Fig. 14-10A). The **internal carotid arteries**, terminal branches of the common carotid artery, give rise to the ophthalmic, posterior communicating, anterior choroidal, anterior cerebral, and middle cerebral arteries (Fig. 14-10B). Most of the blood in the internal carotid system is distributed through the anterior and middle cerebral arteries. The anterior cerebral arteries supply the medial frontal and parietal lobes, the anterior half of the thalamus, the corpus striatum, part of the corpus callosum, and the anterior limb of the internal capsule. The anterior choroidal artery supplies the genu and posterior limb of the internal capsule and medial globus pallidus. The middle cerebral artery passes laterally to supply the lateral basal ganglia, insula, and lateral cortical surfaces involved in fine motor control of the face and hand, language function, auditory processing, and somatosensory integration (Lavinio, 2022). As a direct continuation of the internal carotid artery, the middle cerebral artery is the most common site of embolic occlusion, often resulting in impairments in fine manipulative skills of the face and upper limbs, as well as receptive and expressive language dysfunction (Lavinio, 2022).

The **vertebral arteries** arise from the subclavian arteries, enter the foramina at the level of the sixth cervical vertebra, and ascend to unite and form the **basilar**

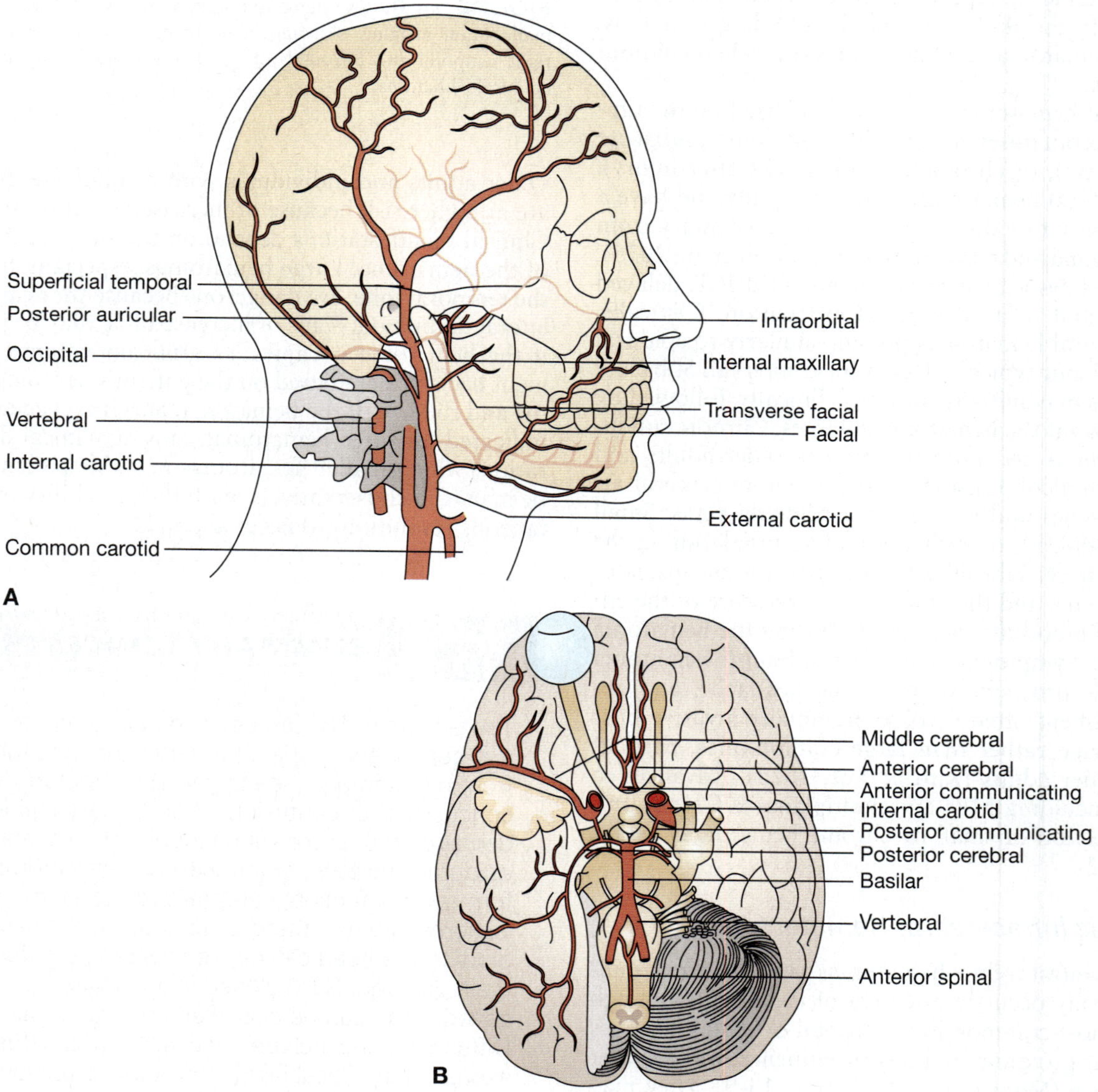

FIGURE 14-10. Cerebral circulation. (**A**) Branches of the right external carotid artery. The internal carotid artery ascends to the base of the brain. The right vertebral artery is also shown as it ascends through the transverse foramen of the cervical vertebrae. (**B**) The cerebral arterial circle (circle of Willis).

artery, which terminates in the posterior cerebral arteries. Branches of the basilar and vertebral arteries supply the medulla, pons, cerebellum, midbrain, and caudal part of the diencephalon. The posterior cerebral arteries provide circulation to the occipital lobes, inferior temporal lobes, and thalamus.

The distal branches of the internal carotid and vertebral arteries communicate at the base of the brain through the **circle of Willis**, an **anastomosis** of arteries that can provide collateral blood flow if a major vessel becomes occluded (see Fig. 14-10B). However, the circle of Willis is incomplete in approximately half of individuals, potentially limiting the effectiveness of collateral circulation (Feng et al., 2023).

Venous drainage of the brain occurs through deep and superficial cerebral veins that empty into the dural venous sinuses, ultimately draining via the internal jugular veins. Bridging veins, which travel through the subarachnoid space and dura mater to reach the dural sinuses, are particularly vulnerable to shearing injury, predisposing individuals, especially older adults and those on anticoagulation, to subdural hematomas. The intracranial venous system lacks valves; thus, venous flow is influenced by gravity and venous pressure gradients. Increases in intrathoracic pressure, such as during coughing or the Valsalva maneuver, can transmit elevated venous pressures back to the intracranial system (Lavinio, 2022).

Regulation of Cerebral Blood Flow

Blood flow to the brain is approximately 750 mL/minute or one sixth of the resting cardiac output. It is tightly regulated by local autoregulatory mechanisms that match regional blood flow to metabolic demand. Autoregulation maintains stable cerebral perfusion across a MAP of approximately 60 to 140 mm Hg, although in individuals with chronic hypertension or cerebrovascular disease, this range can shift upward and narrow (Srichawla & Garcia-Dominguez, 2024). If MAP falls below 60 mm Hg, cerebral blood flow becomes severely compromised; conversely, pressures above the upper limit risk overstretching cerebral vessels. Blood flow is also sensitive to chemical factors: elevations in carbon dioxide or hydrogen ion concentration potentiate vasodilation to increase perfusion, while profound acidosis can impair vasomotor control, rendering flow dependent on systemic blood pressure. Hypoxia also stimulates cerebral vasodilation, particularly when arterial oxygen tension (PaO_2) falls below 50 mm Hg. Together, these mechanisms ensure the brain receives adequate blood supply under varying physiologic conditions (Srichawla & Garcia-Dominguez, 2024).

Concept Mastery Alert

Decreased blood oxygen tension (PaO_2) and increased blood carbon dioxide tension ($PaCO_2$) stimulate cerebral vasodilation, leading to increased blood flow to the brain. This compensatory response aims to improve oxygen delivery to brain cells and remove excess carbon dioxide.

The deep cerebral blood vessels are primarily regulated by local autoregulatory mechanisms that adjust blood flow in response to metabolic needs. In contrast, the superficial and major cerebral arteries receive sympathetic innervation. Under normal circumstances, local autoregulation overrides the effects of sympathetic stimulation to maintain stable cerebral perfusion. However, sympathetic control becomes important when local mechanisms fail or when arterial pressures rise significantly, such as during strenuous exercise. In these situations, sympathetic stimulation constricts large and intermediate-sized superficial vessels to protect smaller, more vulnerable vessels from damage. Pathologically, sympathetic reflexes may trigger vasospasm of intermediate and large arteries, a phenomenon observed in certain types of brain injury, particularly following the rupture of a cerebral aneurysm.

Stroke

Stroke is an acute focal injury of brain tissue resulting from a vascular dysfunction or disruption of cerebral blood flow. When ischemic injury to cells results in cell death, this ischemic cell death is called an **infarct**. Stroke remains a leading cause of mortality and long-term disability, with many stroke survivors experiencing persistent neurologic impairments (Bushnell et al., 2024). The majority of strokes are ischemic, caused by a disruption of cerebral blood flow. A smaller percentage are hemorrhagic, caused by a ruptured blood vessel, with the majority being intracerebral hemorrhages and a smaller number **subarachnoid hemorrhages (SAHs)**. Hemorrhagic strokes generally have a higher fatality rate than ischemic strokes due to the greater severity of tissue damage (Bushnell et al., 2024).

Etiology

Risk factors for stroke include age, sex, race, prior stroke, and family history. Hypertension is a powerful independent risk factor, along with smoking, diabetes, hyperlipidemia, cardiac diseases such as atrial fibrillation, and hypercoagulable states. Incidence of stroke increases with age, although males have higher stroke rates earlier in life, while higher annual total stroke mortality occurs in females due to longer life expectancy. Cardiac sources of emboli significantly elevate stroke risk, associated with disorders such as atrial fibrillation, myocardial infarction, and valvular disease. The blood disorders of polycythemia and sickle cell disease also predispose individuals to cerebrovascular obstruction. Other risk factors include obesity, physical inactivity, heavy alcohol use, use of oral contraceptives, and recreational drug use (e.g., cocaine, amphetamines, heroin). Hormone replacement therapy has also been linked to increased stroke risk. Effective stroke prevention centers on early detection and management of modifiable risk factors, offering substantial benefits over treating consequences after a major event (Bushnell et al., 2024).

Ischemic Stroke

Ischemic strokes occur when cerebrovascular blood flow is obstructed through mechanisms such as thrombosis or embolism, atherosclerotic plaque, or arterial vascular spasm (Fig. 14-11). Stroke subtypes by mechanisms include large artery atherosclerotic thrombosis, small penetrating artery disease causing lacunar strokes, cardioembolic strokes, cryptogenic (undetermined cause) strokes, and other less common causes.

Ischemic Penumbra in Evolving Stroke

During an evolving ischemic stroke, a core region of infarcted, dead cells is surrounded by a **penumbra** (border zone) of hypoperfused but potentially viable tissue. Cells in the penumbra maintain structural integrity but have impaired function due to marginal blood flow. Salvaging these cells depends on timely reperfusion, limiting the spread of toxic substances from dying cells, and managing cerebral edema (Koukalova et al., 2024). If penumbra cells die, infarct volume expands, worsening neurologic outcomes.

Transient Ischemic Attacks

Transient ischemic attacks (TIAs) are brief, reversible episodes of neurologic dysfunction caused by temporary cerebral ischemia without infarction. TIAs share similar etiologic factors with ischemic stroke, including atherosclerosis and embolic sources. TIAs may provide a warning of impending stroke. There is a high risk of early stroke after TIA: 10% to 15% have a stroke within 3 months and half within 48 hours. Early diagnosis of TIA offers an opportunity to intervene and prevent permanent disability (Vinding et al., 2023).

Thrombotic Stroke

Thrombotic strokes are most often caused by atherosclerotic plaque rupture in cerebral arteries, typically at arterial bifurcations and in the larger vessels of the brain. Thrombosis can occlude the vessel locally or embolize distally (Johansen et al., 2023). These infarcts often affect the cortex, producing deficits such as aphasia, neglect, visual field loss, or transient monocular blindness (**amaurosis fugax**). Thrombotic strokes are more common in older adults and often coexist with coronary or peripheral artery disease.

Lacunar Stroke

Lacunar infarcts are small subcortical infarcts (1.5 to 4 mm) that occur in deep penetrating arteries, typically affecting the internal capsule, basal ganglia, or brainstem. These infarcts often heal into small cavities (lacunae) and are associated with pure motor hemiparesis, pure sensory strokes, or dysarthria. Unlike cortical strokes, they rarely cause aphasia or apraxia. CT or MRI may reveal multiple lacunae and white matter changes linked to vascular dementia (Zedde et al., 2023).

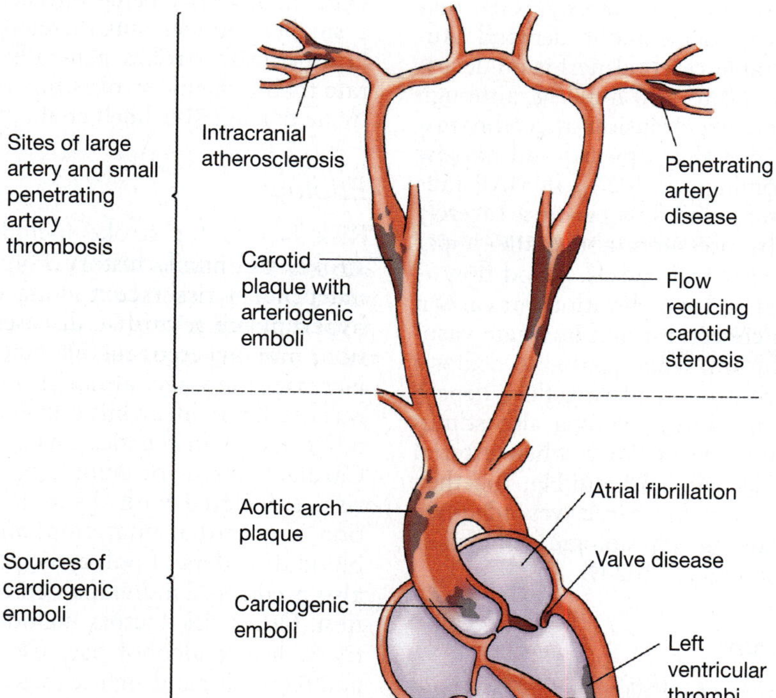

FIGURE 14-11. The most frequent sites of arterial and cardiac abnormalities causing ischemic stroke. (From Hickey, J. V. [2014]. *The clinical practice of neurological and neurosurgical nursing* [7th ed., p. 531]. Lippincott Williams & Wilkins.)

Embolic Stroke

Embolic strokes often arise from thrombi formed in the heart (e.g., atrial fibrillation, recent myocardial infarction (MI), ventricular aneurysms, endocarditis) or from atherosclerotic plaques in carotid arteries. Emboli lodge suddenly in cerebral arteries, most commonly the middle cerebral artery, causing an abrupt onset of focal neurologic deficits (Diener et al., 2022).

Hemorrhagic Stroke

Hemorrhagic strokes are often fatal and result from spontaneous rupture of a cerebral blood vessel, leading to intracerebral hemorrhage. Risk factors include hypertension, advancing age, and structural anomalies like aneurysms and arteriovenous malformations (AVMs). Hemorrhage causes local hematoma formation, cerebral edema, and secondary vessel spasm. Clinical onset is sudden, often during activity, and may include headache, vomiting, and rapid neurologic deterioration. Hemorrhages in the basal ganglia can cause contralateral hemiplegia and rapid progression to coma (Ohashi et al., 2023).

Aneurysmal Subarachnoid Hemorrhage

Aneurysmal SAH is a hemorrhagic stroke caused by the rupture of a cerebral aneurysm. Resulting bleeding into the subarachnoid space can flood into the basal cistern, ventricles, and spinal subarachnoid space. An aneurysm is a bulge at the site of localized weakness in the wall of an arterial vessel. Most cerebral aneurysms are small saccular aneurysms called **berry aneurysms** that occur in the anterior circulation and are found at bifurcations and other junctions of vessels, including the circle of Willis (Fig. 14-12). Risk factors include congenital vascular defects, hypertension, smoking, excessive alcohol intake, and genetic conditions such as polycystic kidney disease (Hoh et al., 2023).

Symptoms of cerebral aneurysms can be divided into two phases: those presenting before and those presenting after rupture and bleeding. Most small aneurysms are asymptomatic. Intact aneurysms are frequently found at autopsy as incidental findings. A small percentage of individuals with SAH have a history of atypical headaches occurring days to weeks before the hemorrhage, suggesting the presence of a small leak. These headaches are characterized by sudden onset, often accompanied by nausea, vomiting, and dizziness. Aneurysm rupture produces sudden, severe headache often described as "the worst headache of my life," and may be accompanied by collapse, nuchal rigidity, photophobia, and cranial nerve deficits (Hoh et al., 2023).

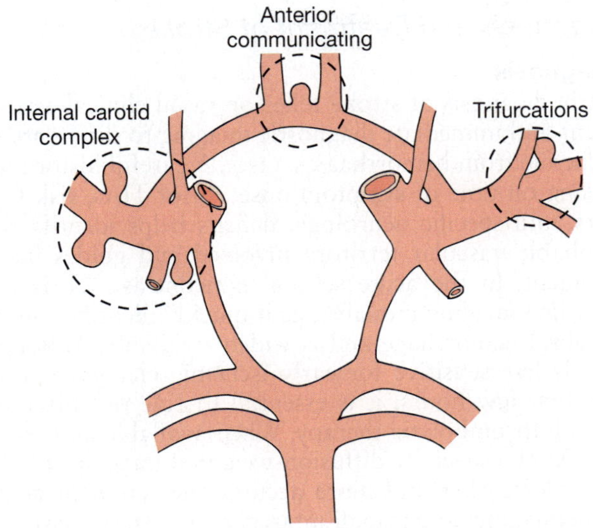

FIGURE 14-12. Common sites of berry aneurysms.

Diagnosis is made by noncontrast CT, lumbar puncture (if CT is negative but suspicion remains), and vascular imaging (computed tomography angiography [CTA], magnetic resonance angiography [MRA], or catheter angiography). Treatment includes surgical clipping or endovascular coiling to prevent rebleeding. Major complications are rebleeding, vasospasm (peaking at 7 days), hydrocephalus, and endocrine disturbances (Bushnell et al., 2024).

Arteriovenous Malformations

Arteriovenous malformations (AVMs) are congenital vascular anomalies characterized by the absence of a normal capillary bed, leading to direct high-pressure arterial-to-venous shunting. This abnormal flow predisposes the fragile venous channels to rupture, making AVMs a significant cause of hemorrhagic stroke, particularly in younger adults. AVMs often present before the age of 40 with symptoms such as seizures, headache, progressive neurologic deficits, or acute hemorrhage (Naranbhai & Pérez, 2023). Diagnosis is confirmed through cerebral angiography, which provides detailed visualization of the vascular anatomy. Treatment options to prevent hemorrhagic events include surgical excision, endovascular embolization, or stereotactic radiosurgery, depending on the size, location, and risk profile of the malformation.

Clinical Manifestations of Stroke

The specific manifestations of stroke or TIA are determined by the cerebral artery affected, the area of brain tissue supplied by the vessel, and the collateral circulation. Symptoms of stroke/TIA are sudden in onset, focal, and usually one sided. Symptoms are typically sudden and unilateral, including facial droop, arm weakness, slurred speech, unilateral numbness, vision loss, language disturbance, and imbalance. Carotid ischemia often causes aphasia or hemineglect, while vertebrobasilar ischemia can result in ataxia, diplopia, cranial nerve deficits, and altered consciousness (Siegel et al., 2022) (Table 14-6).

Stroke-Related Motor Deficits

Motor deficits are the most common deficits after a stroke, followed by language, sensory, and cognitive impairments. Damage to the corticospinal tract causes contralateral weakness, initially flaccid, evolving to spasticity and hyperreflexia. Flexor muscles of the upper limbs and extensor muscles of the lower limbs are preferentially affected, causing characteristic postures and gait

TABLE 14-6 Signs and Symptoms of Stroke by Involved Cerebral Artery

Cerebral Artery	Brain Area Involved	Signs and Symptoms[a]
Anterior cerebral	Infarction of the medial aspect of one frontal lobe if lesion is distal to communicating artery; bilateral frontal infarction if flow in other anterior cerebral artery is inadequate	Paralysis of contralateral foot or leg; impaired gait; paresis of contralateral arm; contralateral sensory loss over toes, foot, and leg; problems making decisions or performing acts voluntarily; lack of spontaneity; easily distracted; slowness of thought; aphasia depends on the hemisphere involved; urinary incontinence; cognitive and affective disorders
Middle cerebral	Massive infarction of most of lateral hemisphere and deeper structures of the frontal, parietal, and temporal lobes; internal capsule; basal ganglia	Contralateral hemiplegia (face and arm); contralateral sensory impairment; aphasia; homonymous hemianopia; altered consciousness (confusion to coma); inability to turn eyes toward paralyzed side; denial of paralyzed side or limb (hemiattention); possible acalculia, alexia, finger agnosia, and left–right confusion; vasomotor paresis and instability
Posterior cerebral	Occipital lobe; anterior and medial portion of temporal lobe	Homonymous hemianopia and other visual defects such as color blindness, loss of central vision, and visual hallucinations; memory deficits; perseveration (repeated performance of same verbal or motor response)
	Thalamus involvement	Loss of all sensory modalities, spontaneous pain, intentional tremor, mild hemiparesis, aphasia
	Cerebral peduncle involvement	Oculomotor nerve palsy with contralateral hemiplegia
Basilar and vertebral	Cerebellum and brainstem	Visual disturbances such as diplopia, dystaxia, vertigo, dysphagia, dysphonia

[a]Depend on the hemisphere involved and the adequacy of collaterals.

disturbances (Siegel et al., 2022). There is a tendency toward foot drop; outward rotation and **circumduction** of the leg with gait; flexion at the wrist, elbow, and fingers; lower facial paresis; slurred speech; Babinski sign; and dependent edema in the affected extremities. A slight corticospinal lesion may be indicated only by clumsiness in carrying out fine coordinated movements rather than obvious weakness. Recovery often involves rehabilitation with passive and active range-of-motion exercises to prevent contractures and maintain function.

Stroke-Related Dysarthria and Aphasia

Dysarthria results from impaired control of the muscles used in speech, leading to slurred articulation but intact language content. **Aphasia** encompasses varying inabilities to comprehend, integrate, and express language. Aphasia may be localized to the dominant cerebral cortex or thalamus. In children, language dominance can shift to the unaffected hemisphere, resulting in transient language deficits after a stroke. Middle cerebral artery stroke is the most common aphasia-producing stroke.

Expressive (nonfluent) aphasia, often due to damage to Broca's area, impairs verbal output but preserves comprehension. Receptive (fluent) aphasia, associated with damage to Wernicke's area, impairs comprehension and produces fluent but nonsensical speech. Other aphasic syndromes include anomic aphasia and conduction aphasia, the latter characterized by impaired repetition despite preserved fluency and comprehension (Siegel et al., 2022).

Stroke-Related Cognitive and Other Deficits

One distinct cognitive syndrome is **hemineglect** or hemi-inattention. Usually caused by strokes affecting the nondominant hemisphere, hemineglect is the inability to attend to and react to stimuli from the contralateral side. People may not visually track or reach out to the neglected side. They may neglect limbs, despite normal motor function, and may not shave, wash, or otherwise care for that side of the body. These individuals are unaware of this deficit (**anosognosia**). Other cognitive deficits include apraxia, agnosia, memory loss, behavioral syndromes, and depression. Sensory deficits (numbness, tingling, paresthesias, or distorted sensations such as dysesthesia and neuropathic pain) affect the body contralateral to the lesion (Siegel et al., 2022). Visual disturbances from stroke are diverse, but most common is hemianopia from a lesion of the optic radiations or monocular blindness from occlusion of the ipsilateral central retinal artery, a branch of the internal carotid.

Diagnosis and Treatment of Stroke

Diagnosis

Early diagnosis of stroke relies on rapid clinical assessment and immediate diagnostic imaging to differentiate ischemic from hemorrhagic causes. A careful history focusing on time of symptom onset, prior TIAs, risk factors, and specific neurologic deficits helps identify the probable vascular territory involved and guides management. In the acute setting, noncontrast CT is the first-line imaging modality, as it quickly identifies intracerebral hemorrhage and is widely available. Although CT is less sensitive for early ischemic changes within the first few hours, it is essential to rule out bleeding before thrombolytic therapy. When available and feasible, MRI, especially diffusion-weighted imaging (DWI), provides earlier and more accurate detection of acute ischemia, including small infarcts and posterior circulation strokes.

Advanced imaging with CT perfusion (CTP) or MR perfusion has become standard in many stroke centers, particularly to evaluate patients presenting beyond the traditional 4.5-hour window for thrombolysis. Perfusion imaging identifies salvageable brain tissue (ischemic penumbra) versus infarcted core, guiding eligibility for mechanical thrombectomy in an extended time window up to 24 hours after onset. Perfusion imaging is also critical in determining candidacy for more aggressive reperfusion strategies when the clinical examination and noncontrast CT findings are inconclusive (Bushnell et al., 2024).

Vascular imaging is essential to assess the presence and location of vessel occlusion, stenosis, or dissection. CTA and MRA are noninvasive techniques that allow visualization of both extracranial and intracranial vessels. CTA offers high sensitivity and specificity for large vessel occlusions (LVOs) and has become a routine part of acute stroke protocols. MRA is useful but can be less sensitive and slower to obtain than CTA, especially in emergent situations. Conventional catheter-based digital subtraction angiography (DSA) remains the gold standard for detailed vascular anatomy and intervention planning but is invasive and reserved for selected cases, particularly when endovascular treatment is being considered. Carotid duplex ultrasonography provides rapid, noninvasive bedside assessment of extracranial carotid disease, particularly in patients suspected of having large artery atherosclerotic stroke (Bushnell et al., 2024).

Timely and accurate imaging not only confirms the diagnosis but also stratifies patients for acute therapies such as intravenous thrombolysis and mechanical thrombectomy, which are highly time-sensitive interventions that can dramatically alter outcomes.

Treatment

Salvaging brain tissue, preventing secondary injury, and minimizing long-term disability are the treatment goals for acute stroke. Emergency stroke care is now centered at certified stroke centers, which are designated based on their capabilities (comprehensive stroke centers, primary stroke centers, thrombectomy-capable stroke centers, and acute stroke-ready hospitals).

Stroke care begins with immediate brain imaging to exclude hemorrhage and confirm vascular occlusion. For patients diagnosed with acute ischemic stroke, intravenous thrombolytic therapy with alteplase tissue plasminogen activator (tPA) remains the only FDA-approved medical treatment and should be administered within 4.5 hours of symptom onset in eligible patients (Bushnell et al., 2024). Tenecteplase, a newer thrombolytic agent administered as a single bolus, is increasingly used as an alternative to alteplase in some centers based on recent trials demonstrating noninferiority and ease of administration (Hendrix et al., 2024). Before thrombolysis, contraindications must be carefully screened, including uncontrolled hypertension, anticoagulant use, recent surgery, recent hemorrhage, and large established infarct on imaging.

Beyond thrombolysis, mechanical thrombectomy has revolutionized stroke care and is now the standard of care for patients with LVOs, such as those involving the internal carotid artery or proximal middle cerebral artery. Mechanical thrombectomy is ideally performed within 6 hours of symptom onset but may be performed up to 24 hours in selected patients with favorable perfusion imaging profiles, showing a mismatch between a small infarct core and a larger area of penumbra (Campbell, 2024). Thrombectomy can be performed with stent retrievers, aspiration devices, or a combination of endovascular techniques, and outcomes are significantly improved when successful reperfusion is achieved (Bushnell et al., 2024).

In addition to reperfusion therapies, acute stroke care focuses on supportive measures, including maintaining adequate oxygenation, blood pressure control within recommended parameters, glucose management, prevention of aspiration pneumonia, deep vein thrombosis prophylaxis, and early mobilization. Secondary stroke prevention must begin promptly. In ischemic stroke due to large artery atherosclerosis or small vessel disease, antiplatelet therapy (aspirin alone or dual antiplatelet therapy for a limited period) is initiated. For cardioembolic stroke due to atrial fibrillation or other high-risk cardiac sources, oral anticoagulation—preferably with direct oral anticoagulants (DOACs) such as apixaban or rivaroxaban rather than warfarin—is started after careful timing based on infarct size and hemorrhagic risk.

Long-term secondary prevention strategies focus on aggressive control of risk factors: lowering blood pressure (goal <130/80 mm Hg), managing diabetes, statin therapy to achieve low-density lipoprotein (LDL) cholesterol targets (<70 mg/dL in high-risk patients), smoking cessation, weight loss, increased physical activity, and moderation of alcohol consumption. In patients with symptomatic carotid stenosis, carotid endarterectomy or carotid artery stenting is recommended based on the degree of stenosis and surgical risk.

Early and comprehensive rehabilitation is crucial to maximize functional recovery after stroke. Multidisciplinary stroke rehabilitation should begin as soon as the patient is medically stable and involve physical therapy, occupational therapy, speech-language therapy, and cognitive rehabilitation as needed. Family education, psychosocial support, and secondary prevention counseling are integral components of poststroke care. Public education campaigns continue to emphasize the importance of recognizing stroke symptoms rapidly and activating emergency services, as early intervention is critical to preserving brain function and preventing disability.

SUMMARY CONCEPTS

A stroke is an acute focal neurologic injury caused by alteration of cerebrovascular blood flow. Stroke is a leading cause of death and disability. Ischemic stroke is the most common type, typically caused by obstruction of cerebrovascular blood flow by atherosclerotic plaque, thrombus, or emboli. Hemorrhagic stroke is less common but is associated with greater morbidity and mortality and is caused by the rupture of a blood vessel with bleeding into the brain.

One form of hemorrhagic stroke, known as aneurysmal SAH, results from a ruptured cerebral aneurysm. Presenting symptoms include severe headache, nuchal rigidity, photophobia, and nausea. Complications include rebleeding, vasospasm, and hydrocephalus.

AVMs are congenital abnormal communications between arterial and venous channels that result from failure in development of the capillary network in the embryonic brain. The vessels in the AVMs may enlarge to form a space-occupying lesion, become weak and predisposed to bleeding, and divert blood away from other parts of the brain; they can cause brain hemorrhage, seizures, headaches, and neurologic deficits.

The acute manifestations of stroke depend on the location of the blood vessel that is involved and can include motor, sensory, language, speech, and cognitive disorders. Early diagnosis and treatment with thrombolytic agents can prevent disabling brain injury from ischemic stroke. Treatment of long-term neurologic deficits from stroke is primarily symptomatic, involving the combined efforts of the health care team, the person who has had stroke, and the family.

Infections and Neoplasms

Infections

CNS infections are classified according to the structure involved: meninges (meningitis), brain parenchyma (encephalitis), spinal cord (myelitis), or both brain and spinal cord (encephalomyelitis). Infections also may be classified by the type of causative organism, including bacterial, viral, fungal, or other. In general, pathogens enter the CNS through the bloodstream (after crossing the blood–brain barrier), by direct invasion through skull fractures or penetrating injuries, or, less commonly, by contamination during surgery or lumbar puncture.

Meningitis

Meningitis is an inflammation of the pia mater, the arachnoid, and the CSF-filled subarachnoid space. Inflammation spreads rapidly because CSF circulates around the brain and spinal cord. Although most cases are caused by infection, chemical meningitis can also occur. Two primary types of acute infectious meningitis are acute purulent meningitis (usually bacterial) and acute lymphocytic meningitis (usually viral). Factors that influence disease severity include the virulence of the pathogen, host immune response, extent of brain edema, and potential for permanent neurologic sequelae. In April 2025, the World Health Organization published its first-ever global guidelines for meningitis diagnosis, treatment, and care, aiming to ensure timely diagnosis and treatment, as well as improve long-term care for those affected (World Health Organization, 2025).

Bacterial Meningitis

Most cases of **bacterial meningitis** are caused by *Streptococcus pneumoniae* (pneumococcus) or *Neisseria meningitidis* (meningococcus), although in neonates, group B streptococci are the most common pathogens (Subbarao et al., 2023). Other less frequent organisms include gram-negative bacilli and *Listeria monocytogenes*. Epidemics of meningococcal meningitis often occur among people living in close quarters. The very young and older adults are at greatest risk for pneumococcal meningitis. Risk factors associated with contracting meningitis include head trauma with basilar skull fracture, otitis media, sinusitis or mastoiditis, neurosurgical procedures, dermal sinus tracts, systemic sepsis, and immunocompromise.

In bacterial meningitis, the organisms replicate and undergo lysis in the CSF, releasing endotoxins or cell wall fragments that trigger a robust inflammatory response. Inflammatory mediators promote movement of pathogens, neutrophils, and albumin across the capillary wall into the CSF. As pathogens enter the subarachnoid space, they cause inflammation and the formation of a cloudy, purulent exudate. Thrombophlebitis of bridging veins and dural sinuses or occlusion of small arterioles may lead to vascular congestion, ischemia, and infarction (Subbarao et al., 2023). Thickened meninges and adhesions can develop, impinging on cranial nerves and causing cranial nerve palsies or obstructing CSF outflow, resulting in hydrocephalus.

Common symptoms of acute bacterial meningitis include fever and chills; headache; stiff neck; back, abdominal, and extremity pain; nausea; and vomiting. Seizures, cranial nerve palsies, and focal neurologic deficits may occur (Chekrouni et al., 2023). Meningococcal meningitis is often associated with a petechial rash, which can range from small pinpoint lesions to large ecchymoses or areas of skin gangrene. Other types of meningitis also may produce a petechial rash. People infected with *Haemophilus influenzae* or *S. pneumoniae* often present with altered mental status, while those with *N. meningitidis* infection may present with delirium or coma. The development of brain edema, hydrocephalus, or increased cerebral blood flow can elevate ICP. Meningeal signs, such as photophobia and nuchal rigidity, may be present. The **Kernig sign**, resistance to knee extension while the hip is flexed at a right angle, and the **Brudzinski sign**, flexion of the hips and knees in response to passive neck flexion, reflect stretching of inflamed meninges. Cranial nerve damage and hydrocephalus may occur as complications of pyogenic meningitis (Chekrouni et al., 2023).

Diagnosis is based on clinical history, physical examination, and laboratory findings. Lumbar puncture demonstrating cloudy, purulent CSF under increased pressure is key for diagnosis. The CSF typically shows large numbers of polymorphonuclear neutrophils (up to 90,000/mm^3), elevated protein content, and reduced glucose levels. Bacteria can be visualized and cultured, although prior antibiotic use can reduce culture sensitivity. In such cases, latex agglutination or polymerase chain reaction (PCR) testing for *N. meningitidis*, *H. influenzae*, and *Listeria* species can aid diagnosis. Multiplex PCR panels are increasingly used to rapidly identify bacterial and viral pathogens from CSF within hours. Because lumbar puncture may precipitate cerebral herniation in individuals with elevated ICP, brain imaging (typically CT) should precede lumbar puncture (LP) in people who are immunocompromised or have recent seizures, papilledema, or focal neurologic findings.

Management involves immediate initiation of empiric broad-spectrum antibiotics while awaiting diagnostic results (Subbarao et al., 2023). Delay in antimicrobial therapy is associated with worse outcomes. Initial treatment typically includes a third-generation cephalosporin, such as ceftriaxone, vancomycin, and ampicillin (to cover *Listeria* in older adults and neonates). Adjustment of antibiotics is driven by CSF cultures. Effective antibiotic treatment leads to pathogen lysis, which releases inflammatory mediators and can worsen blood–brain barrier dysfunction. Therefore, administration of a corticosteroid (usually dexamethasone) with or just before the first dose of antibiotics is recommended, particularly for pneumococcal meningitis (Subbarao et al., 2023). People exposed to someone with meningococcal meningitis should receive prophylactic antibiotics. Vaccination strategies have evolved: conjugate vaccines (MenACWY) are recommended for adolescents, military recruits, and college students, and MenB vaccines are recommended for certain high-risk groups (CDC, 2023; Subbarao et al., 2023).

Viral Meningitis

Viral meningitis presents similarly to bacterial meningitis but typically follows a milder course. CSF analysis shows lymphocytic predominance, moderate protein elevation, and normal glucose levels. Most cases are self-limiting and require only supportive treatment, although herpes simplex virus (HSV) type 2 infections are treated with intravenous acyclovir (Gundamraj & Hasbun, 2023). Enteroviruses, including coxsackievirus, poliovirus, and echovirus, are the most common causative agents. Others include Epstein–Barr virus, mumps virus, HSV, and West Nile virus. Although the specific virus is not always identified, advanced molecular assays, including PCR-based panels, are increasingly able to rapidly detect viral ribonucleic acid in CSF.

Encephalitis

Encephalitis is a generalized infection of the brain or spinal cord parenchyma, most commonly caused by a virus. Bacteria, fungi, and other organisms can also cause encephalitis, but viral etiologies predominate. Common modes of transmission include mosquito bites (arboviruses such as West Nile virus), bites from infected animals (rabies virus), and ingestion (poliovirus). In the United States, HSV and West Nile virus are the most common causes. Emerging viruses such as Powassan virus, a tick-borne pathogen, have also been increasingly recognized. Less commonly, encephalitis may follow exposure to toxic substances or vaccination with live-attenuated viruses such as measles and mumps vaccines (a rare complication) (Gundamraj & Hasbun, 2023).

Pathologically, encephalitis features local necrotizing hemorrhage that can progress to widespread cerebral edema and degeneration of nerve cell bodies. Histologic patterns vary depending on the virus; for example, poliovirus selectively destroys anterior horn motor neurons in the spinal cord. Clinically, encephalitis presents with fever, headache, nuchal rigidity, and neurologic disturbances such as lethargy, disorientation, seizures, focal neurologic signs, delirium, or coma. Diagnosis is based on clinical history, examination, and CSF analysis. PCR testing for HSV DNA in CSF is the standard for diagnosing HSV encephalitis, given the importance of early acyclovir treatment in reducing mortality and morbidity (Gundamraj & Hasbun, 2023).

Brain Tumors

Primary brain tumors account for approximately 2% of all cancer deaths. An estimated 25,400 new cases of brain and other nervous system cancers and about 18,600 related deaths occurred in 2024 (American Cancer Society, 2024). Metastases to the brain develop in approximately 10% to 15% of people with cancer. In children, primary brain tumors are second only to leukemia as the most common cancer and carry a mortality rate approaching 30% (Ostrom et al., 2023).

Types of Tumors

For most neoplasms, the term *malignant* describes the tumor's lack of cell differentiation, invasive nature, and ability to metastasize. However, in the brain, even tumors that appear histologically benign can cause death due to their critical location. Some benign tumors infiltrate normal brain tissue, making complete surgical removal difficult and increasing the risk of recurrence. Brain tumors are now classified based on both their histologic appearance and molecular features, according to the World Health Organization's 2021 classification system (Kurokawa et al., 2022). This system emphasizes the presence of genetic marker mutations, such as IDH mutations, and specific chromosomal losses, including a combined deletion of parts of chromosomes 1 and 19 (known as 1p/19q codeletion). Incorporating molecular features into classification helps better guide diagnosis, prognosis, and treatment decisions (Kurokawa et al., 2022).

Brain tumors are broadly divided into three categories: (1) primary intracranial tumors of neuroepithelial tissue (originating from brain cells); (2) primary tumors that originate within the skull but not from brain tissue itself, such as meningiomas; and (3) metastatic tumors from cancers elsewhere in the body. Astrocytic tumors, derived from astrocytes, are the most common primary brain tumors in adults, followed by primary CNS lymphomas.

Glial Tumors

Glial tumors arise from the supporting cells of the brain, including astrocytes and oligodendrocytes. Infiltrating astrocytic tumors account for about 80% of adult primary brain tumors, typically occurring in middle-aged adults. These tumors often affect the cerebral hemispheres but can also develop in the cerebellum, brainstem, or spinal cord. Astrocytomas are still graded by severity, from slow-growing (grade 2) to highly aggressive (grade 4), but they are now named according to modern classification criteria that include molecular features, such as "astrocytoma, IDH-mutant," and "glioblastoma, IDH-wildtype" (Kurokawa et al., 2022). Clinically, these tumors typically present with signs of increased ICP or with symptoms related to their specific location in the brain (Angom et al., 2023).

Pilocytic astrocytomas are slower-growing and are considered less aggressive. They usually occur in children and young adults and are commonly located in the cerebellum but may also involve the optic pathways or brainstem. When located in accessible areas, surgical removal is often curative (Angom et al., 2023).

Oligodendrogliomas are tumors of the oligodendrocytes and account for 5% to 20% of glial tumors. They are most common in middle-aged adults and are characterized histologically and molecularly by the presence of both IDH mutations and 1p/19q codeletion (Angom et al., 2023). Prognosis varies based on tumor grade, location, and molecular profile, but these tumors tend to respond better to chemotherapy than astrocytomas. Spontaneous hemorrhage within oligodendrogliomas is relatively common due to their fragile vasculature.

Ependymomas

Ependymomas arise from the single layer of epithelium that lines the ventricles and spinal canal. They are more common in children, typically involving the ventricular system, while in adults, they more often occur in the spinal cord. Ependymomas constitute about 12% of all adult CNS tumors (Angom et al., 2023). Clinical features depend on tumor location and may include hydrocephalus and signs of increased ICP when the ventricles are obstructed.

Meningiomas

Meningiomas develop from the meningothelial cells of the arachnoid membrane and are located outside the brain. They account for about 35% of primary brain tumors in adults, particularly in middle-aged and older individuals. Meningiomas are typically slow-growing, well circumscribed, and often highly vascular. They are usually benign and can be completely removed surgically unless they involve critical structures (Angom et al., 2023).

Primary CNS Lymphomas

Primary CNS lymphomas make up about 4% of all CNS tumors. They are most common in immunocompromised individuals and are often associated with Epstein–Barr virus infection. These tumors are typically deep, diffuse, and periventricular. Despite aggressive treatment with high-dose methotrexate-based chemotherapy, recurrence is common. Symptoms can include cognitive and behavioral changes, hemiparesis, aphasia, and visual field deficits (Ferreri et al., 2023).

Etiology

Several factors increase the risk of developing brain tumors. High-dose irradiation is associated with an increased risk of gliomas, meningiomas, and nerve sheath tumors. Immunosuppression, whether acquired or congenital, raises the risk of primary CNS lymphoma. Although occupational and environmental exposures have been investigated, clear evidence linking them to brain tumors remains lacking (Ferreri et al., 2023). Genetic syndromes such as neurofibromatosis types 1 and 2, Li–Fraumeni syndrome, tuberous sclerosis, von Hippel–Lindau syndrome, and Burkitt syndrome are known to increase brain tumor risk (van den Bent et al., 2023).

Clinical Manifestations

Brain tumors cause focal neurologic disturbances due to compression, invasion, disruption of, and induction of cerebral edema and increased ICP. Tumors can be intra-axial (within brain tissue) or extra-axial (outside brain tissue but within the skull). Rapidly growing intra-axial tumors tend to cause earlier and more severe symptoms, while extra-axial tumors like meningiomas may grow substantially before symptoms appear.

General symptoms include headache, nausea, vomiting, mental status changes, papilledema (optic disc swelling), visual disturbances, sensory or motor deficits, and seizures. Headaches typically worsen in the morning and may be exacerbated by coughing, bending, or changes in posture. Vomiting, often projectile, occurs with elevated ICP or brainstem involvement. Papilledema, leading to decreased visual acuity and visual field defects, may be the first noticeable sign prompting medical evaluation (van den Bent et al., 2023).

Behavioral changes such as irritability, apathy, forgetfulness, and depression are common. Focal neurologic signs depend on tumor location. Frontal lobe tumors may initially cause subtle cognitive changes, while temporal lobe tumors frequently present with seizures, olfactory hallucinations, or déjà vu sensations (van den Bent et al., 2023). Brainstem tumors may cause motor and sensory deficits involving both upper and lower motor neurons, and cerebellar tumors often cause gait ataxia.

Diagnosis and Treatment

MRI with gadolinium contrast remains the diagnostic tool of choice for brain tumors. Physical and neurologic examinations, visual field testing, and funduscopic examination can raise suspicion for a brain tumor and prompt imaging. Cerebral angiography helps map a tumor's blood supply before surgery. Positron emission tomography (PET) scans can provide information on tumor metabolism, aiding in treatment planning. Advanced imaging, such as MRA and CTA, can help differentiate tumors from vascular lesions (van den Bent et al., 2023).

Treatment generally involves a combination of surgery, radiation, and chemotherapy. Surgery is essential for diagnosis, tumor removal, and symptom relief. Stereotactic techniques, intraoperative MRI, and ultrasonic aspirators allow for more precise and safer resections. Intraoperative monitoring of evoked potentials can help preserve critical neurologic functions during surgery (van den Bent et al., 2023).

Radiation therapy remains a mainstay for malignant tumors and recurrent disease. Careful dosing minimizes damage to healthy brain tissue, but radiation is typically avoided in children younger than 2 years due to risks of developmental delay and secondary tumors.

Chemotherapy is used alongside surgery and radiation, especially for high-grade gliomas. Although the blood–brain barrier limits drug penetration, agents like temozolomide are standard therapy. Targeted therapies for specific molecular alterations and newer approaches such as tumor treating fields (TTF) for glioblastoma are increasingly integrated into treatment plans (van den Bent et al., 2023).

SUMMARY CONCEPTS

CNS infections may be classified according to the structures involved or the organism causing the infection. Damage may predispose individuals to hydrocephalus, seizures, or other neurologic defects.

Brain tumors account for 2% of all cancer deaths and are the second most common type of cancer in children. Tumors from other parts of the body often metastasize to the brain. Primary brain tumors can arise from any structure in the cranial cavity. Most begin in brain tissue, but the pituitary, the pineal region, and the meninges also are sites of tumor development. Brain tumors cause focal disturbances in brain function and increased ICP. The clinical manifestations of brain tumor depend on the size and location of the tumor. General signs and symptoms include headache, nausea, vomiting, mental changes, papilledema, visual disturbances, alterations in motor and sensory function, and seizures. Diagnostic tests include physical examination, visual field testing, funduscopic examination, CT scans, MRI studies, brain scans, and cerebral angiography. Treatment includes surgery, radiation therapy, and chemotherapy.

Seizure Disorders

A **seizure** refers to the abnormal movements, behavior, or both caused by an abnormal pattern of electrical discharge from neurons. A seizure is a discrete clinical event with associated symptoms that vary according to the site of the abnormal electrical discharge. Manifestations generally include sensory, motor, autonomic, or psychic phenomena (Asadi-Pooya et al., 2023). Seizures are commonly encountered in pediatric neurology; among adults, the incidence is exceeded only by cerebrovascular disorders. The first seizure episode typically occurs before 20 years of age. After age 20, seizures are more often associated with structural changes such as trauma, tumors, or stroke.

Seizures may occur during any serious illness or injury affecting the brain, including metabolic derangements, infections, tumors, drug use, vascular lesions, congenital malformations, and brain injury. A seizure is a single event of abnormal discharge that results in an abrupt, altered state of function. Epilepsy, by contrast, is a chronic disorder characterized by recurrent, unprovoked seizures (Asadi-Pooya et al., 2023).

KEY POINTS

Seizures

- Focal seizures begin in a specific area of the cerebral hemisphere. Focal seizures can occur without impairment of consciousness (aware) or with impaired consciousness (impaired awareness).
- Generalized seizures begin simultaneously in both cerebral hemispheres. They involve unconsciousness and varying bilateral degrees of symmetric motor responses without localization to one hemisphere. These seizures are divided into motor and nonmotor.

Etiology

Seizures may be caused by alterations in cell membrane permeability or ion distribution across cell membranes, decreased inhibition of neuronal activity, or structural changes that affect excitability. Neurotransmitter imbalances and specific genetic mutations, particularly those affecting ion channels (channelopathies), have also been implicated. Several epilepsy syndromes have been linked to inherited or **de novo genetic mutations** causing ion channel defects (Mangano et al., 2022).

Classification

The International League Against Epilepsy (ILAE) classifies epileptic seizures based on clinical features and EEG findings (Katyal, 2025) (Chart 14-1). The 2025 updated classification maintains four main seizure classes:

- Focal
- Generalized
- Unknown (whether focal or generalized)
- Unclassified

CHART 14-1

CLASSIFICATION OF SEIZURES

Focal

Classified by Consciousness

- Focal preserved consciousness seizure
- Focal impaired consciousness seizure
- Focal-to-bilateral tonic–clonic seizure

Descriptors (Basic Version)

- With observable manifestations
- Without observable manifestations

Unknown (Whether Focal or Generalized)

Classified by Consciousness

- Preserved consciousness
- Impaired consciousness
- Bilateral tonic–clonic seizure

Generalized

Absence Seizures

- Typical absence
- Atypical absence
- Myoclonic absence
- Eyelid myoclonia

Generalized Tonic–Clonic Seizure

- Myoclonic–tonic–clonic
- Absence-to-tonic–clonic

Other Generalized Seizures

- Behavior arrest
- Myoclonic
- Clonic
- Tonic
- Atonic
- Myoclonic–atonic
- Epileptic spasms
- Negative myoclonic

Unclassified

Not Classifiable due to Insufficient or Conflicting Information

(Beniczky et al., 2025).

The term "onset" is no longer included in the class names. Classification reflects the seizure network involved and guides diagnosis, prognosis, and treatment selection (Beniczky et al., 2025).

For focal seizures and seizures of unknown origin, consciousness is a classifier and is categorized as either preserved consciousness or impaired consciousness. Consciousness is operationally defined by assessing both awareness (recall) and responsiveness during the seizure. Seizures may also be described using clinical descriptors. In the basic version of the classification, seizures are categorized as occurring with or without observable manifestations. In expanded clinical descriptions, seizure semiology may be described chronologically (Beniczky et al., 2025).

Focal Seizures

Focal seizures arise within networks limited to one cerebral hemisphere. Clinical manifestations depend on the cortical region involved and may include motor, sensory, autonomic, cognitive, or emotional symptoms. They are classified according to the LOC.

Focal Seizures With Preserved Consciousness

When consciousness is preserved, the individual remains aware and responsive during the event. Symptoms reflect the cortical area involved. Motor cortex involvement produces contralateral movements; sensory cortex activation may cause paresthesias or visual disturbances. Autonomic features such as flushing, tachycardia, or gastrointestinal sensations may occur. An aura represents a focal seizure with preserved consciousness and may precede seizure spread (Beniczky et al., 2025).

Focal Seizures With Impaired Consciousness

Focal seizures with impaired consciousness involve altered responsiveness or awareness. They frequently arise from the temporal lobe and may include automatisms such as lip smacking, fumbling, or repetitive movements. Postictal confusion is common. Focal seizures may evolve into focal-to-bilateral tonic–clonic seizures if ictal activity spreads to involve both hemispheres.

Generalized Seizures

Generalized seizures originate within bilaterally distributed networks and typically produce immediate impairment of consciousness. Motor manifestations are usually bilateral and symmetric.

Absence Seizures

Absence seizures are characterized by brief episodes of impaired consciousness with sudden behavioral arrest and a blank stare. Absence seizures are most common in children. Subtypes are listed in Chart 14-1.

Generalized Tonic–Clonic Seizures

Generalized tonic–clonic seizures begin with tonic muscle contraction followed by rhythmic clonic jerking. Cyanosis, incontinence, and postictal unresponsiveness may occur. They are associated with increased morbidity and risk of sudden unexpected death in epilepsy (SUDEP).

Other Generalized Seizure Types

Other generalized seizure types are defined by characteristic motor patterns:

- Myoclonic seizures involve brief, shock-like muscle jerks.
- Clonic seizures consist of repetitive rhythmic jerking.
- Tonic seizures produce sustained muscle contraction.
- Atonic seizures cause sudden loss of muscle tone and may result in abrupt falls (Katyal, 2025).
- Myoclonic–atonic seizures combine brief jerks followed by loss of tone.
- Epileptic spasms involve brief flexion or extension movements of the trunk and proximal limbs.
- Negative myoclonic seizures produce brief interruptions of muscle activity, resulting in sudden lapses in posture.

Unknown (Whether Focal or Generalized) and Unclassified Seizures

The unknown classification is used when insufficient information is available to determine whether the seizure is focal or generalized. As additional clinical or EEG data become available, seizures may be reclassified. A seizure is considered unclassified when inadequate information exists to determine seizure type, but the clinician is confident that the event represents an epileptic seizure (Beniczky et al., 2025).

Diagnosis and Treatment

Diagnosis of a seizure disorder is based on a detailed clinical history and neurologic examination, including a description of the event and postictal symptoms. Laboratory testing helps exclude reversible causes such as electrolyte imbalances, metabolic disturbances, infection, or toxic exposures. MRI is used to identify structural abnormalities, such as cortical dysplasia or hippocampal sclerosis. EEG supports the clinical diagnosis, assists with seizure classification, and provides prognostic information (Varlı & Yılmaz, 2023).

Initial management focuses on protecting the individual during a seizure, maintaining airway and cerebral perfusion, and treating underlying causes. Long-term management aims to achieve seizure control with minimal adverse effects and minimal disruption to daily life. Individuals are advised to avoid high-risk activities, such as swimming alone or operating heavy machinery, until seizures are well controlled (Varlı & Yılmaz, 2023).

Antiseizure Medications

Pharmacologic therapy is tailored to seizure classification. Approximately two thirds of individuals achieve adequate seizure control with appropriately selected antiseizure medications (ASMs) (Rana et al., 2023). Most ASMs act by reducing neuronal excitability (i.e., sodium channel modulation), enhancing inhibitory neurotransmission (i.e., GABA [gamma-aminobutyric acid]-mediated effects), or reducing excitatory neurotransmission (e.g., glutamate modulation).

Monotherapy is preferred whenever possible to reduce adverse effects and drug interactions. Medication adherence is critical, as nonadherence is a common cause of breakthrough seizures.

Special considerations include use during pregnancy, as some ASMs carry teratogenic risk. Folic acid supplementation and careful medication selection are recommended for individuals of childbearing potential. Long-term ASM therapy may also affect bone metabolism and increase risk of decreased bone density (Rana et al., 2023).

Close coordination among health care providers is important when additional medications are prescribed to minimize interactions.

Surgical and Device-Based Therapy

Surgical intervention may be considered for individuals with epilepsy that is refractory to medical therapy. Candidates typically have a well-localized epileptogenic focus. Surgical approaches aim to remove or disconnect the seizure focus while preserving neurologic function. For selected individuals who are not surgical candidates, neuromodulation therapies such as vagus nerve stimulation (VNS) or responsive neurostimulation (RNS) may reduce seizure frequency (Culler & Jobst, 2022).

Psychogenic Nonepileptic Seizures

Psychogenic nonepileptic seizures (PNES) are paroxysmal events resembling epileptic seizures but without epileptiform EEG activity. Psychological factors, such as trauma or psychiatric illness, are major contributors. Typical features include gradual onset, side-to-side head movements, closed eyes during episodes, partial responsiveness, and rapid recovery. Diagnosis requires video EEG monitoring combined with psychological evaluation. Treatment addresses underlying psychological conditions, often through cognitive behavioral therapy (CBT). About 30% to 50% of individuals with PNES continue to experience episodes despite treatment (Beimer & LaFrance, 2022).

Status Epilepticus

Status epilepticus is a medical emergency characterized by continuous seizure activity lasting longer than 5 minutes or recurrent seizures without recovery between them. If not treated promptly, it may lead to respiratory failure, neuronal injury, or death.

Initial treatment includes life support and immediate administration of benzodiazepines (IV lorazepam or diazepam). If seizures persist, second-line therapy options include levetiracetam, fosphenytoin, or valproate. Prognosis depends on the underlying cause, the duration of seizures, and the rapidity of treatment initiation (Trinka & Leitinger, 2022).

Nonconvulsive Seizures

Nonconvulsive seizures (NCSs) are increasingly recognized in critically ill patients, especially in ICUs. About 10% to 30% of patients in a comatose state in ICU may experience NCSs. Clinical signs are subtle and may include eyelid twitching, facial movements, or gaze deviation. Diagnosis requires continuous EEG monitoring, often for at least 24 to 48 hours. NCS is associated with worse outcomes if unrecognized and untreated (Singh et al., 2022).

SUMMARY CONCEPTS

Seizures are caused by spontaneous, uncontrolled, paroxysmal, transitory discharges from cortical centers in the brain. Seizures may occur as a reversible symptom of another disease condition or as a recurrent condition called *epilepsy*. Focal seizures have local onset, beginning in one hemisphere. Generalized seizures involve both hemispheres and include unconsciousness and rapidly occurring, widespread, bilateral symmetric motor responses. They include minor motor seizures such as absence and akinetic seizures and major motor or grand mal seizures. Seizure control is the primary goal of treatment and is accomplished with anticonvulsant medications, which need to be monitored closely. Status epilepticus is a medical emergency and, if not promptly treated, may lead to respiratory failure and death. NCS are common in the ICU and cannot be detected without continuous EEG monitoring.

Integrating Clinical Decision Making

A 68-year-old man is brought to the emergency department after collapsing at home. His wife reports that he complained of a sudden severe headache and then became confused. On arrival, his blood pressure is 198/102 mm Hg. He is drowsy but arousable to verbal stimuli. Assessment findings include Glasgow Coma Scale (GCS) 12 (eye opening to speech [3], confused conversation [4], localizes pain [5]), pupils equal and reactive, right-sided facial droop, right arm weakness, and slurred speech. A noncontrast CT scan is ordered immediately.

1. Based on the patient's presentation, is this neurologic deficit more consistent with a focal or global brain injury? What pathophysiologic mechanism best explains his symptoms?
2. If this event represents an evolving ischemic stroke, what is the significance of the ischemic penumbra, and why is time critical in management?

Two hours later, the patient becomes increasingly somnolent. New findings include GCS now 8 (eye opening to pain, incomprehensible sounds, abnormal flexion), left pupil now dilated and sluggish, blood pressure 210/96 mm Hg, bradycardia (slow heart rate), and irregular respirations.

3. What complication is now occurring, and how does increased ICP alter cerebral perfusion?
4. How do cerebral edema and excitotoxic injury contribute to secondary brain injury in this patient?

REFERENCES

Albin, C. S., & Zafar, S. F. (2022). The coma exam. In C. S. Albin & S. F. Zafar (Eds.), *The acute neurology survival guide* (pp. 9–11). Springer. https://doi.org/10.1007/978-3-030-75732-8_3

American Cancer Society. (2024). *Cancer facts & figures 2024.* https://cancer.org

Angom, R. S., Nakka, N. M., & Bhattacharya, S. (2023). Advances in glioblastoma therapy: An update on current approaches. *Brain Sciences*, *13*(11), 1536. https://doi.org/10.3390/brainsci13111536

Asadi-Pooya, A. A., Brigo, F., Lattanzi, S., & Blumcke, I. (2023). Adult epilepsy. *The Lancet*, *402*(10399), 412–424. https://doi.org/10.1016/s0140-6736(23)01048-6

Baranovicova, E., Kalenska, D., Kaplan, P., Kovalska, M., Tatarkova, Z., & Lehotsky, J. (2023). Blood and brain metabolites after cerebral ischemia. *International Journal of Molecular Sciences*, *24*(24), 17302. https://doi.org/10.3390/ijms242417302

Beimer, N. J., & LaFrance, W. C. (2022). Evaluation and treatment of psychogenic nonepileptic seizures. *Neurologic Clinics*, *40*(4), 799–820. https://doi.org/10.1016/j.ncl.2022.03.017

Beniczky, S., Trinka, E., Wirrell, E., Abdulla, F., Al Baradie, R., Alonso Vanegas, M., Auvin, S., Singh, M. B., Blumenfeld, H., Bogacz Fressola, A., Caraballo, R., Carreno, M., Cendes, F., Charway, A., Cook, M., Craiu, D., Ezeala-Adikaibe, B., Frauscher, B., French, J., . . . Cross, J. H. (2025). Updated classification of epileptic seizures: Position paper of the International League Against Epilepsy. *Epilepsia*, *66*(6), 1804–1823. https://doi.org/10.1111/epi.18338

Brisman, M. H. (2023). Hydrocephalus. In *Put down the knife* (pp. 87–90). Springer. https://doi.org/10.1007/978-3-031-48499-5_9

Broocks, G., Minnerup, J., Kamalian, S., & Kemmling, A. (2022). Editorial: Mechanisms, measurement, and management of vasogenic edema after stroke. *Frontiers in Neurology*, *13*, 865078. https://doi.org/10.3389/fneur.2022.865078

Bushnell, C., Kernan, W. N., Sharrief, A. Z., Chaturvedi, S., Cole, J. W., Cornwell, W. K., Cosby-Gaither, C., Doyle, S., Goldstein, L. B., Lennon, O., Levine, D. A., Love, M., Miller, E., Nguyen-Huynh, M., Rasmussen-Winkler, J., Rexrode, K. M., Rosendale, N., Sarma, S., Shimbo, D., . . . Whelton, P. K. (2024). 2024 guideline for the primary prevention of stroke: A guideline from the American Heart Association/American Stroke Association. *Stroke*, *55*(12). https://doi.org/10.1161/str.0000000000000475

Campbell, B. C. (2024). Durable benefit of thrombectomy 6–24 h after stroke onset. *The Lancet Neurology*, *23*(9), 849–850. https://doi.org/10.1016/s1474-4422(24)00261-8

Centers for Disease Control and Prevention. (2023, November 16). *Meningococcal disease: Vaccination and prevention*. https://www.cdc.gov/meningococcal/vaccines/index.html

Centers for Disease Control and Prevention. (2024). *Traumatic brain injury & concussion: TBI Data*. U.S. Department of Health and Human Services. https://www.cdc.gov/traumatic-brain-injury/data-research/

Cerulli Irelli, E., Gesche, J., Schlabitz, S., Fortunato, F., Catania, C., Morano, A., Labate, A., Vorderwülbecke, B. J., Gambardella, A., Baykan, B., Holtkamp, M., Di Bonaventura, C., & Beier, C. P. (2023). Epilepsy with generalized tonic–clonic seizures alone: Electroclinical features and prognostic patterns. *Epilepsia*, *65*(1), 84–94. https://doi.org/10.1111/epi.17809

Chekrouni, N., Kroon, M., Drost, E. H., van Soest, T. M., Bijlsma, M. W., Brouwer, M. C., & van de Beek, D. (2023). Characteristics and prognostic factors of bacterial meningitis in the intensive care unit: A prospective nationwide cohort study. *Annals of Intensive Care*, *13*(1), 124. https://doi.org/10.1186/s13613-023-01218-6

Chen, J., Zhuang, Y., Zhang, Y., Liao, H., Liu, R., Cheng, J., & Wan, Q. (2022). A synthetic BBB-permeable tripeptide GCF confers neuroprotection by increasing glycine in the ischemic brain. *Frontiers in Pharmacology*, *13*, 956789. https://doi.org/10.3389/fphar.2022.950376

Culler, G. W., & Jobst, B. C. (2022). Surgical treatments for epilepsy. *Continuum: Lifelong Learning in Neurology*, *28*(2), 536–558. https://doi.org/10.1212/con.0000000000001106

Danielli, E., Simard, N., DeMatteo, C. A., Kumbhare, D., Ulmer, S., & Noseworthy, M. D. (2023). A review of brain regions and associated post-concussion symptoms. *Frontiers in Neurology*, *14*, 1136367. https://doi.org/10.3389/fneur.2023.1136367

Diener, H.-C., Easton, J. D., Hart, R. G., Kasner, S., Kamel, H., & Ntaios, G. (2022). Review and update of the concept of embolic stroke of undetermined source. *Nature Reviews Neurology*, *18*(8), 455–465. https://doi.org/10.1038/s41582-022-00663-4

Dinallo, S., & Waseem, M. (2023). Cushing reflex. In *StatPearls* [Internet]. StatPearls Publishing. https://www.ncbi.nlm.nih.gov/books/NBK549801/

Feng, L., Mao, H.-J., Zhang, D.-D., Zhu, Y.-C., & Han, F. (2023). Anatomical variations in the circle of Willis and the formation and rupture of intracranial aneurysms: A systematic review and meta-analysis. *Frontiers in Neurology*, *13*, 1098950. https://doi.org/10.3389/fneur.2022.1098950

Ferreri, A. J., Calimeri, T., Cwynarski, K., Dietrich, J., Grommes, C., Hoang-Xuan, K., Hu, L. S., Illerhaus, G., Nayak, L., Ponzoni, M., & Batchelor, T. T. (2023). Primary central nervous system lymphoma. *Nature Reviews Disease Primers*, *9*(1), 29. https://doi.org/10.1038/s41572-023-00439-0

Freire, M. A., Rocha, G. S., Bittencourt, L. O., Falcao, D., Lima, R. R., & Cavalcanti, J. R. (2023). Cellular and molecular pathophysiology of traumatic brain injury: What have we learned so far? *Biology*, *12*(8), 1139. https://doi.org/10.3390/biology12081139

Gao, H., & Jiang, H. (2024). Current status and controversies in the treatment of neonatal hypoxic-ischemic encephalopathy: A review. *Medicine*, *103*(31), e38993. https://doi.org/10.1097/md.0000000000038993

Goldman, M., Lucke-Wold, B., Katz, J., Dawoud, B., & Dagra, A. (2023). Respiratory patterns in neurological injury, pathophysiology, ventilation management, and future innovations: A systematic review. *Exploratory Research and Hypothesis in Medicine*, *8*(4), 338–349. https://doi.org/10.14218/erhm.2022.00081

Greer, D. M., Kirschen, M. P., Lewis, A., Gronseth, G. S., Rae-Grant, A., Ashwal, S., Babu, M. A., Bauer, D. F., Billinghurst, L., Corey, A., Partap, S., Rubin, M. A., Shutter, L., Takahashi, C., Tasker, R. C., Varelas, P. N., Wijdicks, E., Bennett, A., Wessels, S. R., & Halperin, J. J. (2023). Pediatric and adult brain death/death by neurologic criteria consensus guideline. *Neurology*, *101*(24), 1112–1132. https://doi.org/10.1212/wnl.0000000000207740

Gundamraj, V., & Hasbun, R. (2023). Viral meningitis and encephalitis: An update. *Current Opinion in Infectious Diseases*, *36*(3), 177–185. https://doi.org/10.1097/qco.0000000000000922

Gürsoy, M., & Çalli, C. (2022). Herniation syndromes. In M. Scaglione, C. Çalli, M. Muto, & S. Wirth (Eds.), *Medical radiology* (pp. 235–244). Springer. https://doi.org/10.1007/978-3-030-91047-1_9

Hawryluk, G. W., Citerio, G., Hutchinson, P., Kolias, A., Meyfroidt, G., Robba, C., Stocchetti, N., & Chesnut, R. (2022). Intracranial pressure: Current perspectives on physiology and monitoring. *Intensive Care Medicine*, *48*(10), 1471–1481. https://doi.org/10.1007/s00134-022-06786-y

Hendrix, P., Gross, B. A., Allahdadian, S., Sioutas, G. S., Koul, P., Tarbay, A. C., Lang, M. J., Srinivasan, V. M., Al-Bayati, A. R., Li, J., Noto, A., Nogueira, R. G., Burkhardt, J.-K., Zand, R., & Schirmer, C. M. (2024). Tenecteplase versus alteplase before stroke thrombectomy: Outcomes after system-wide transitions in Pennsylvania. *Journal of Neurology*, *271*(8), 5637–5641. https://doi.org/10.1007/s00415-024-12530-x

Hoh, B. L., Ko, N. U., Amin-Hanjani, S., Chou, S. H.-Y., Cruz-Flores, S., Dangayach, N. S., Derdeyn, C. P., Du, R., Hänggi, D., Hetts, S. W., Ifejika, N. L., Johnson, R., Keigher, K. M., Leslie-Mazwi, T. M., Lucke-Wold, B., Rabinstein, A. A., Robicsek, S. A., Stapleton, C. J., Suarez, J. I., . . . Welch, B. G. (2023). 2023 guideline for the management of patients with aneurysmal subarachnoid hemorrhage: A guideline from the American Heart Association/American Stroke Association. *Stroke*, *54*(7), e314–e370. https://doi.org/10.1161/str.0000000000000436

Huang, J., Chen, L., Yao, Z., Sun, X., Tong, X., & Dong, S. (2023). The role of mitochondrial dynamics in cerebral ischemia-reperfusion injury. *Biomedicine & Pharmacotherapy*, *162*, 114671. https://doi.org/10.1016/j.biopha.2023.114671

Johansen, M. C., Chen, J., Schneider, A. L. C., Carlson, J., Haight, T., Lakshminarayan, K., Patole, S., Gottesman, R. F., Coresh, J., & Koton, S. (2023). Association between ischemic stroke subtype and stroke severity: The atherosclerosis risk in communities study. *Neurology*, *101*(9), e913–e921. https://doi.org/10.1212/wnl.0000000000207535

Jung, G., Xavier, J., Reisert, H., Goynatsky, M., Keymakh, M., Buckner-Wolfson, E., Kim, T., Fatemi, R., Alavi, S. A., Pasuizaca, A., Shah, P., Liriano, G., & Kobets, A. J. (2024). Clinical features and management of skull base fractures in the pediatric population: A systematic review. *Children, 11*(5), 564. https://doi.org/10.3390/children11050564

Kareemi, H., Pratte, M., English, S., & Hendin, A. (2023). Initial diagnosis and management of acutely elevated intracranial pressure. *Journal of Intensive Care Medicine, 38*(7), 643–650. https://doi.org/10.1177/08850666231156589

Katyal, R. (2025). Classification and diagnosis of epilepsy. *Continuum: Lifelong Learning in Neurology, 31*(1), 14–37. https://doi.org/10.1212/con.0000000000001519

Kim, K. H., & Lee, Y. (2023). Medical management of chronic subdural hematoma. *Korean Journal of Neurotrauma, 19*(3), 288. https://doi.org/10.13004/kjnt.2023.19.e47

Koukalova, L., Chmelova, M., Amlerova, Z., & Vargova, L. (2024). Out of the core: The impact of focal ischemia in regions beyond the penumbra. *Frontiers in Cellular Neuroscience, 18*, 1336886. https://doi.org/10.3389/fncel.2024.1336886

Kurokawa, R., Kurokawa, M., Baba, A., Ota, Y., Pinarbasi, E., Camelo-Piragua, S., Capizzano, A. A., Liao, E., Srinivasan, A., & Moritani, T. (2022). Major changes in 2021 World Health Organization classification of central nervous system tumors. *RadioGraphics, 42*(5), 1474–1493. https://doi.org/10.1148/rg.210236

Lacerte, M., Mesfin, F. B., & Shapshak, A. H. (2023, January 27). Hypoxic brain injury. In *StatPearls* [Internet]. StatPearls Publishing. https://www.ncbi.nlm.nih.gov/sites/books/NBK537310

Lavinio, A. (2022). Cerebral circulation II: Pathophysiology and monitoring. *BJA Education, 22*(7), 282–288. https://doi.org/10.1016/j.bjae.2022.02.005

Maas, A. I., Menon, D. K., Manley, G. T., Abrams, M., Åkerlund, C., Andelic, N., Aries, M., Bashford, T., Bell, M. J., Bodien, Y. G., Brett, B. L., Büki, A., Chesnut, R. M., Citerio, G., Clark, D., Clasby, B., Cooper, D. J., Czeiter, E., Czosnyka, M., . . . Zemek, R. (2022). Traumatic brain injury: Progress and challenges in prevention, clinical care, and research. *The Lancet Neurology, 21*(11), 1004–1060. https://doi.org/10.1016/s1474-4422(22)00309-x

Mangano, G. D., Riva, A., Fontana, A., Salpietro, V., Mangano, G. R., Nobile, G., Orsini, A., Iacomino, M., Battini, R., Astrea, G., Striano, P., & Nardello, R. (2022). De novo GRIN2A variants associated with epilepsy and autism and literature review. *Epilepsy & Behavior, 129*, 108604. https://doi.org/10.1016/j.yebeh.2022.108604

Merchant, R. A., Ahmad, S. N., Haddix, B., Williamson, C. A., Jacobs, T. L., Singh, T. D., Nguyen, A. M., & Rajajee, V. (2024). Apnea testing on conventional mechanical ventilation during brain death evaluation. *Neurocritical Care, 41*(2), 426–433. https://doi.org/10.1007/s12028-024-01990-8

Mielecki, D., & Salińska, E. (2024). Group III metabotropic glutamate receptors: Guardians against excitotoxicity in ischemic brain injury, with implications for neonatal contexts. *Pharmacological Reports, 76*(6), 1199–1218. https://doi.org/10.1007/s43440-024-00651-z

Naranbhai, N., & Pérez, R. (2023). Management of brain arteriovenous malformations: A review. *Cureus, 15*(1), e34053. https://doi.org/10.7759/cureus.34053

Nascimento, F. A., Friedman, D., Peters, J. M., Bensalem-Owen, M. K., Cendes, F., Rampp, S., Wirrell, E., Blümcke, I., Tatum, W., & Beniczky, S. (2023). Focal epilepsies: Update on diagnosis and classification. *Epileptic Disorders, 25*(1), 1–17. https://doi.org/10.1002/epd2.20045

Ohashi, S. N., DeLong, J. H., Kozberg, M. G., Mazur-Hart, D. J., van Veluw, S. J., Alkayed, N. J., & Sansing, L. H. (2023). Role of inflammatory processes in hemorrhagic stroke. *Stroke, 54*(2), 605–619. https://doi.org/10.1161/strokeaha.122.037155

Ostrom, Q. T., Price, M., Neff, C., Cioffi, G., Waite, K. A., Kruchko, C., & Barnholtz-Sloan, J. S. (2023). CBTRUS statistical report: Primary brain and other central nervous system tumors diagnosed in the United States in 2016–2020. *Neuro-Oncology, 25*(Supplement_4), iv1–iv99. https://doi.org/10.1093/neuonc/noad149

Pelah, A. I., Czosnyka, M., Menacho, S., Nwachuku, E., & Hawryluk, G. W. (2024). Focal brain oxygen, blood flow, and intracranial pressure measurements in relation to optimal cerebral perfusion pressure. *Journal of Neurosurgery, 140*(5), 1423–1433. https://doi.org/10.3171/2023.8.jns231519

Rana, Z. S., Suman, R., Veleri, S., & Punnakkal, P. (2023). Mechanism of anti-seizure medications and emerging trends in epilepsy treatment. *International Journal of Drug Discovery and Pharmacology, 2*(2), 1–16. https://doi.org/10.53941/ijddp.2023.100001

Rauchman, S. H., Zubair, A., Jacob, B., Rauchman, D., Pinkhasov, A., Placantonakis, D. G., & Reiss, A. B. (2023). Traumatic brain injury: Mechanisms, manifestations, and visual sequelae. *Frontiers in Neuroscience, 17*, 1090672. https://doi.org/10.3389/fnins.2023.1090672

Roy, D., & Chakravarty, A. (2023). The kinetics of transtentorial brain herniation: Kernohan-Woltman notch phenomenon revisited. *Current Neurology and Neuroscience Reports, 23*(10), 571–580. https://doi.org/10.1007/s11910-023-01295-x

Safdarian, M., Trinka, E., Rahimi-Movaghar, V., Thomschewski, A., Aali, A., Abady, G. G., Abate, S. M., Abd-Allah, F., Abedi, A., Adane, D. E., Afzal, S., Ahinkorah, B. O., Ahmad, S., Ahmed, H., Amanat, N., Angappan, D., Arabloo, J., Aryannejad, A., Athari, S. S., . . . Zhang, Z.-J. (2023). Global, regional, and national burden of spinal cord injury, 1990–2019: A systematic analysis for the global burden of disease study 2019. *The Lancet Neurology, 22*(11), 1026–1047. https://doi.org/10.1016/s1474-4422(23)00287-9

Seth, A. K., & Bayne, T. (2022). Theories of consciousness. *Nature Reviews Neuroscience, 23*(7), 439–452. https://doi.org/10.1038/s41583-022-00587-4

Shang, P., Zheng, R., Wu, K., Yuan, C., & Pan, S. (2024). New insights on mechanisms and therapeutic targets of cerebral edema. *Current Neuropharmacology, 22*(14), 2330–2352. https://doi.org/10.2174/1570159x22666240528160237

Siegel, J. S., Shulman, G. L., & Corbetta, M. (2022). Mapping correlated neurological deficits after stroke to distributed brain networks. *Brain Structure and Function, 227*(9), 3173–3187. https://doi.org/10.1007/s00429-022-02525-7

Singh, J., Gopal, M., Amin, A., & Peng, J. (2022). Etiology and prognostic significance of ictal EEG patterns in patients with non-convulsive seizures. *Epileptic Disorders, 24*(1), 75–81. https://doi.org/10.1684/epd.2021.1363

Srichawla, B. S., & Garcia-Dominguez, M. A. (2024). Regional dynamic cerebral autoregulation across anterior and posterior circulatory territories: A detailed exploration and its clinical implications. *World Journal of Critical Care Medicine, 13*(4), 97149. https://doi.org/10.5492/wjccm.v13.i4.97149

Subbarao, S., Ribeiro, S., Campbell, H., Okike, I., Ramsay, M. E., & Ladhani, S. N. (2023). Trends in laboratory-confirmed bacterial meningitis (2012–2019): National observational study, England. *The Lancet Regional Health—Europe, 32*, 100692. https://doi.org/10.1016/j.lanepe.2023.100692

Trinka, E., & Leitinger, M. (2022). Management of status epilepticus, refractory status epilepticus, and super-refractory status epilepticus. *Continuum: Lifelong Learning in Neurology, 28*(2), 559–602. https://doi.org/10.1212/con.0000000000001103

van den Bent, M. J., Geurts, M., French, P. J., Smits, M., Capper, D., Bromberg, J. E., & Chang, S. M. (2023). Primary brain tumours in adults. *The Lancet*, *402*(10412), 1564–1579. https://doi.org/10.1016/s0140-6736(23)01054-1

Varlı, M., & Yılmaz, H. (2023). Multiple classification of EEG signals and epileptic seizure diagnosis with combined deep learning. *Journal of Computational Science*, *67*, 101943. https://doi.org/10.1016/j.jocs.2023.101943

Vinding, N. E., Butt, J. H., Lauridsen, M. D., Kristensen, S. L., Johnsen, S. P., Krøll, J., Graversen, P. L., Kruuse, C., Torp-Pedersen, C., Køber, L., & Fosbøl, E. L. (2023). Long-term incidence of ischemic stroke after transient ischemic attack: A nationwide study from 2014 to 2020. *Circulation*, *148*(13), 1000–1010. https://doi.org/10.1161/circulationaha.123.065446

World Health Organization. (2025). *WHO guidelines on meningitis diagnosis, treatment and care*. https://www.who.int/publications/i/item/9789240108042

Yan, D., Simei, L., Hongzhao, B., Hongyan, D., & Yuchao, D. (2024). Prognosis of patients with prolonged disorders of consciousness after brain injury: A longitudinal cohort study. *Frontiers in Public Health*, *12*, 1421779. https://doi.org/10.3389/fpubh.2024.1421779

Zedde, M., Napoli, M., Grisendi, I., Assenza, F., Moratti, C., Valzania, F., & Pascarella, R. (2023). Perfusion status in lacunar stroke: A pathophysiological issue. *Diagnostics*, *13*(12), 2003. https://doi.org/10.3390/diagnostics13122003

CHAPTER 15

Disorders of Thought, Emotion, and Memory

Learning Objectives

After completing this chapter, the learner will be able to meet the following objectives:

1. Explain the neurobiologic and genetic foundations of major mental health disorders, including the roles of neurotransmitters, structural brain changes, and heritable risk factors.
2. Describe the epigenetic mechanisms and endophenotypes associated with mental illness and analyze how these findings contribute to understanding complex disorders.
3. Analyze the stress–diathesis model as it relates to the onset and progression of mental illness, including the role of trauma and environmental stressors.
4. Differentiate the clinical and pathophysiologic features of schizophrenia, depressive disorders, bipolar disorders, anxiety disorders, and obsessive–compulsive and related disorders.
5. Identify the epidemiologic trends and risk factors for mood, anxiety, and psychotic disorders, including disparities in diagnosis, age of onset, and sex-based prevalence.
6. Apply current clinical knowledge and diagnostic criteria to differentiate between normal cognitive aging and neurocognitive disorders (NCD).
7. Evaluate the symptomatology and neuroimaging findings associated with NCDs, including Alzheimer disease, vascular NCDs, and frontotemporal degeneration.
8. Describe neurocognitive changes associated with human immunodeficiency virus infection, substance use disorders, and medications with psychiatric effects.

This chapter explores the pathophysiology of common disorders of thought, emotion, and memory. These conditions are formally classified in the *Diagnostic and Statistical Manual of Mental Disorders, Fifth Edition, Text Revision* (*DSM-5-TR*), which outlines diagnostic criteria for 298 distinct mental health conditions (First et al., 2022). Readers are encouraged to consult the *DSM-5-TR* for detailed diagnostic standards. With an estimated 23.1% of U.S. adults experiencing a mental health disorder each year, a foundational understanding of the underlying mechanisms and evidence-based treatment approaches is essential for effective clinical care (U.S. Department of Health and Human Services, 2025).

Understanding Mental Health Disorders

Mental health affects how well our brain and body function, how we handle stress, and how we relate to others. It also affects our ability to work and enjoy life. Importantly, studies have shown a significant overlap between physical and mental health conditions, particularly in those with a chronic illness. In people with one mental health disorder, such as substance use disorder (SUD), the incidence of another mental health disorder rises to almost 50% (Maruf et al., 2024).

The diagnosis of mental health disorders (also called psychiatric disorders) is made using the *DSM-5-TR* based on clusters of symptoms and behaviors that tend to occur together and form clinically recognizable syndromes. In parallel, the World Health Organization's *International Classification of Diseases*, currently in its 11th revision (*ICD-11*), is the international standard for health reporting and also includes diagnostic codes for mental health disorders. The *ICD-11* codes align closely with *DSM-5-TR* criteria, though some differences remain in structure and terminology (First et al., 2022). Mental health diagnoses rely primarily on clinical interviews and symptom criteria, which can be influenced by subjective interpretation within cultural and social norms. Neuroimaging, laboratory tests, and other diagnostics are often used to rule out neurologic, endocrine, or other conditions that may mimic psychiatric symptoms but are not diagnostic for the mental health disorder itself. **Psychopathology** refers to the study of psychiatric or mental health disorders.

Growing evidence indicates that mental health disorders can arise from a complex interaction of biologic, psychological, and environmental factors. Biologic influences include genetic predisposition, infections, toxin exposure, brain injuries, neurochemical imbalances, and poor nutrition. Psychological factors involve stressors across the lifespan, including early-life trauma such as the loss of a caregiver or emotional neglect, as well as significant stressors encountered during adulthood, such as severe trauma, chronic illness, or major life losses. Environmental factors may involve dysfunctional family dynamics, cultural and societal pressures, socioeconomic disadvantage, and exposure to substance misuse. In most cases, the development of psychiatric disorders reflects the cumulative effect of multiple interacting influences rather than a single cause.

The Role of Genetics and Epigenetics

Epigenetics refers to changes in gene expression that do not involve alterations to the underlying DNA sequence. These changes affect how genes are expressed without modifying the genotype itself and can be influenced by environmental exposures such as stress or trauma. **Endophenotypes** are heritable traits or biomarkers that serve as measurable components between a genetic predisposition and a clinical disorder. Studies of endophenotypes suggest that psychiatric disorders result from multiple interacting biologic pathways rather than single gene mutations (Grezenko et al., 2023).

The Stress–Diathesis Theory

The stress–diathesis theory proposes that mental health disorders result from the interaction between an individual's underlying vulnerability (diathesis) and exposure to environmental stressors. The diathesis may include genetic risk, neurobiologic differences, or early developmental factors, whereas stressors encompass psychological, social, or physical challenges that activate this vulnerability. Mental health disorders are more likely to develop when environmental stress exceeds an individual's capacity to adapt, particularly in those with a heightened biologic or psychological predisposition (Schantell et al., 2024).

Trauma across the lifespan, especially during childhood, is a potent environmental stressor within this model and is strongly associated with the development of mental health disorders (Schantell et al., 2024). **Adverse childhood experiences** (ACEs), including neglect, physical or sexual abuse, and household dysfunction, are linked to increased risk for depression, anxiety disorders, posttraumatic stress disorder (PTSD), SUDs, and suicidality. The cumulative burden of multiple ACEs further amplifies this risk, demonstrating a dose–response relationship between early adversity and later psychiatric morbidity (Benham, 2024).

From a neurobiologic perspective, chronic activation of the stress response system during sensitive developmental periods can lead to lasting changes in brain structure and function. Stress-related alterations in hypothalamic–pituitary–adrenal (HPA) axis regulation, neuroinflammation, and epigenetic mechanisms such as DNA methylation can affect genes involved in emotional regulation, threat perception, and stress reactivity. These changes increase vulnerability to mood, anxiety, and trauma-related disorders. Protective factors, including consistent parental nurturing and supportive social environments, may mitigate these effects, whereas their absence is associated with impaired emotional regulation, impulsivity, and maladaptive stress responses.

Information Processing and Neuroplasticity

Information processing in the brain occurs through a series of interconnected stages that allow sensory input to be detected, interpreted, stored, and used to guide behavior. These stages include sensory reception, attention and encoding, memory storage, retrieval and integration, and perception and response. Neural processing relies on distributed and synchronized oscillatory activity across multiple brain networks to support these functions.

Neuroplasticity, the brain's ability to reorganize its structure and function in response to experience, underlies learning, memory, cognition, emotion, language, and recovery from injury. Effective information processing depends on the coordinated activity of limbic, cortical, and subcortical structures. Dysregulation within these networks, such as overactivation of the amygdala in response to threat, can impair emotional regulation and memory processing (Appelbaum et al., 2022). In trauma, heightened amygdala activation strengthens emotional memory imprints while disrupting cortical integration, particularly through altered connections with the prefrontal cortex, which normally modulates emotion, attention, and decision making.

Perception occurs as sensory information is transformed into conscious awareness and meaning. Sensory input from the external environment is transmitted to the thalamus and then projected to primary sensory cortices and prefrontal association areas. The prefrontal association area plays a critical role in organizing information, tracking its storage in long-term memory, and retrieving and integrating past experiences with current sensory input to guide decision making. Conscious perception of sensory stimuli ultimately leads to behavioral responses. Trauma, brain injury, and neurodegenerative disorders can disrupt any stage of this finely tuned information processing system, resulting in altered perception, impaired cognition, and maladaptive behavioral responses (Appelbaum et al., 2022).

Neurochemicals and the Stress Response

Neurochemicals such as neurotransmitters and neurohormones mediate mood, behavior, and stress responses. These messenger substances are made of amino acids and include hormones in the endocrine system, neurotransmitters in the autonomic nervous system, immune cells, and neuropeptides. Genes are turned off and on by these messenger molecules, with more than 300 messenger molecules identified. Key neurotransmitters implicated in psychiatric disorders include dopamine (DA), serotonin (5-HT), norepinephrine (NE), gamma-aminobutyric acid (GABA), glutamate, and acetylcholine (ACh). Neurotransmission involves synthesis, release, receptor binding, and removal mechanisms, each of which can be a target for psychotropic medications (Ghallab & Elassal, 2024).

An outline of selected neurochemical response patterns in stress and potential psychiatric disorders is included in Table 15-1.

The HPA axis plays a central role in the body's stress response. Early-life trauma can dysregulate this system, resulting in long-term overproduction of corticotropin-releasing hormone (CRH) and increased vulnerability to anxiety, mood disorders, and cognitive impairment. Epigenetic mechanisms, including methylation of genes regulating glucocorticoid receptors, may underlie some of these enduring effects (Ghallab & Elassal, 2024).

Memory and Brain Structures

Memory is typically categorized as implicit or explicit and as immediate, recent, or remote. **Implicit memory** is largely unconscious and includes somatic, motor, emotional, and procedural memories. **Explicit memory** is involved with processing the factual knowledge of people, places, and things and their meanings. Immediate memory involves remembering information for a period of several seconds to minutes. Recent memory encompasses minutes to days, and long-term memory lasts for years.

Long-term memory involves structural changes at synapses and is supported by neural plasticity. Brain regions critical to memory include the hippocampus, amygdala, prefrontal cortex, and cerebellum (Hakamata et al., 2022). Memory is stored in neural networks across the brain, and these connections are linked together and organized around associated emotions, thoughts, images, and sensations. These interconnected biochemical and neuronal networks serve as templates for future experiences, depending on how the memory was perceived and stored in the brain. The pathways of neurons are shaped by experience and continually revised by new and ongoing experiences, depending on plasticity of the specific brain structure.

Behavior is altered by environmental cues processed through learning and memory. Learning changes the pattern of receptors in the information network. People with mental health disorders often exhibit not only dysfunction within specific cortical regions but also impairments in the neural circuits that support learning and memory processes, including attention, encoding, consolidation, and retrieval (Aprilia & Aminatun, 2022). Memory and thought are closely integrated processes, as effective thinking depends on the brain's ability to temporarily hold, retrieve, and manipulate stored information.

Thought processes involve a pattern of stimuli from many parts of the nervous system at the same time and in a definite sequence. Each thought requires simultaneous input from portions of the cerebral cortex, the thalamus, the limbic system, and the reticular formation in the brainstem. The prefrontal association cortex processes and integrates information from multiple brain regions and is essential for higher-order thought processes. This region supports working memory, a short-term, active memory system that temporarily holds and manipulates information needed for reasoning, planning, decision

TABLE 15-1 Neurochemicals and Possible Disorders of Thought, Emotion, and Memory

Neurochemicals	Proposed Action and Area of Alteration	Brain Region	Mental Health Disorder
Acetylcholine	Excitatory or inhibitory Learning and memory	Basal ganglia Motor cortex	NCDs
Dopamine	Involuntary motor movement Mood states Reward systems Judgment	Substantia nigra Ventral tegmental area of midbrain	Schizophrenia Mood disorders Anxiety disorders SUD NCDs
Norepinephrine and epinephrine	Learning and memory Reward systems	Sympathetic nervous system	Mood disorders Anxiety disorder
Serotonin	Appetite, sleep, and mood Hallucinations Pain perception	Raphe nucleus in the brainstem	Schizophrenia Mood disorders Anxiety disorders NCDs
Amino acids Gamma-aminobutyric acid, glutamate, aspartate, and glycine	Inhibits excitability of neurons	Throughout brain	Schizophrenia Mood disorders Anxiety disorders SUD NCDs
Corticotropin-releasing hormone	Activates fear behaviors Increases motor activity	Hypothalamic–pituitary–adrenal axis	Mood disorders
Cortisol	Mobilizes energy Increases arousal	Hypothalamus	Mood disorders
DHEA	Neuroprotective Positive mood effect	Hypothalamus	Mood disorders
Enkephalins	Nociception	Central nervous system	SUD

DHEA, dehydroepiandrosterone; NCD, neurocognitive disorder; SUD, substance use disorder.

making, and problem solving. Working memory allows an individual to maintain and simultaneously recall multiple pieces of information, linking immediate cognitive demands with stored long-term memories (Fig. 15-1).

One of the most important structures in the brain processing memory is the hippocampus. This brain structure is not fully developed until between 16 and 18 months of age. It is here, deep in the limbic brain, where information from the neocortex is processed, transmitted, and integrated. In trauma, overactivation of the amygdala disrupts hippocampal function, impeding the integration of traumatic memories into coherent narratives. This can result in fragmented, sensory-based memory traces or somatic recall without conscious awareness. The hippocampus, which supports memory consolidation and reality testing, is particularly vulnerable to chronic stress, with reduced volume observed in individuals exposed to prolonged trauma (Hakamata et al., 2022).

Another important structure with respect to memory is the cerebellum, the largest structure in the brain. The cerebellum is activated during information processing and **semantic memory**, which refers to the long-term storage of general knowledge, facts, concepts, and meanings independent of personal experience. The cerebellum is important in memory because it allows for attention to be shifted rapidly, accurately, smoothly, and efficiently. Figure 15-2 illustrates brain structures important for memory and information processing.

SUMMARY CONCEPTS

Because the brain integrates the processes of learning, memory, and emotions, symptoms may be somatic, cognitive, and/or emotional impairment or a combination of all these dimensions. People with mental health disorders and brain injuries often experience impairments in the neural circuits that support learning and memory, including attention, encoding, consolidation, and retrieval of information. These disruptions can significantly influence behavior and interfere with daily functioning, relationships, and work performance. Increased understanding of the complex interactions among brain regions involved in cognition, emotion, and memory supports the development of more effective psychotherapeutic interventions and the more targeted use of psychotropic medications.

Types of Mental Health Disorders

Schizophrenia

Schizophrenia is a chronic, debilitating, psychotic disorder that results in marked impairment in functioning (Velligan & Rao, 2023). Schizophrenia alters thoughts, feelings, perceptions, and behavior while interfering with the ability to filter and interpret environmental stimuli. The typical onset occurs between the ages of 16 and 30 years. Prevalence is higher in males during early and mid-adulthood but tends to equalize across sexes by 50 to 60 years of age. Proposed risk factors include childhood trauma, urban upbringing, early-life infections or inflammation, malnutrition, long-term cannabis use, vitamin D deficiency, older paternal age, prenatal famine, chronic amphetamine use, obstetric complications, migrant status, poverty, and other psychosocial stressors. Genetic vulnerability plays a substantial role; first-degree relatives of a person with schizophrenia have a 10-fold higher risk compared to the population (Velligan & Rao, 2023). People with schizophrenia have a higher lifetime

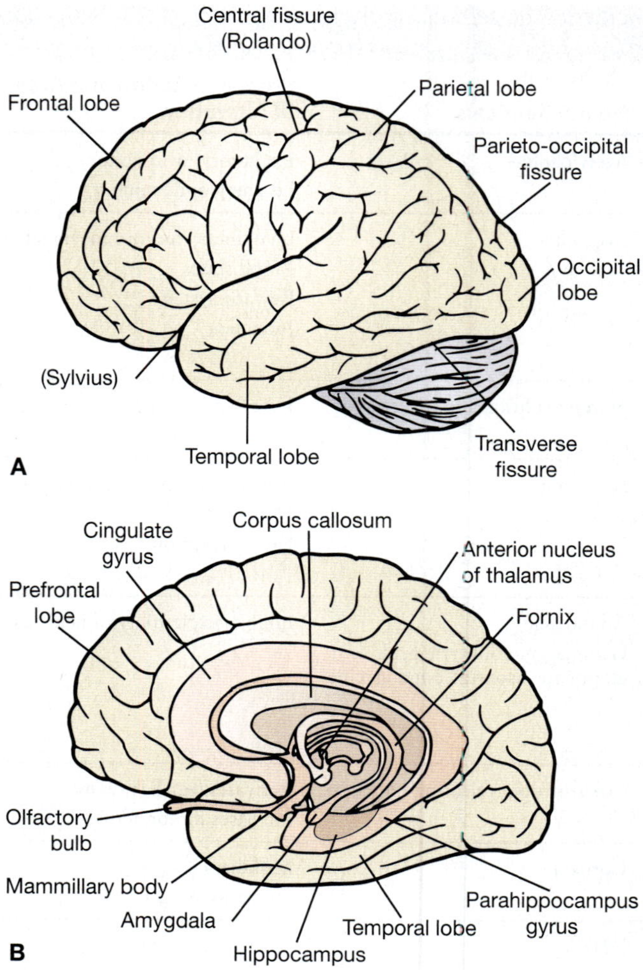

FIGURE 15-1. **A.** Lateral aspects of the cerebral hemispheres, including the frontal, temporal, parietal, and occipital lobes. **B.** The structure of the limbic cortex, which includes the limbic cortex (cingulate gyrus, parahippocampal gyrus, hippocampus) and associated subcortical structures (thalamus, hypothalamus, amygdala).

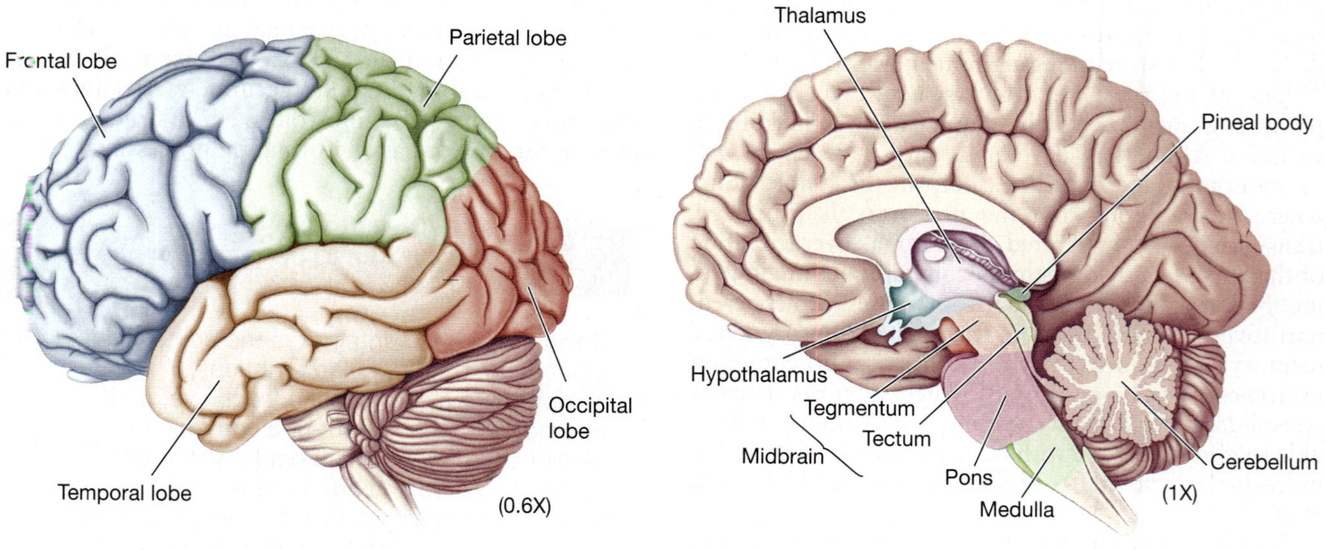

FIGURE 15-2. Lateral (*left*) and medial (*right*) surfaces of the brain. (From Bear M. F., Connors B. W., & Paradiso M. A. [2016]. *Neuroscience: Exploring the brain* [4th ed., pp. 223, 225]. Wolters Kluwer.)

incidence of suicide, with 18% to 55% attempting on one or more occasions (Mohammed et al., 2025).

Schizophrenia spectrum and other psychotic disorders are characterized by symptoms such as delusions, hallucinations, psychosis resulting in a break with reality, disorganized behaviors and speech, diminished emotional expression, impaired reasoning and problem solving, and social dysfunction. Diagnosis requires the presence of two or more of these psychotic symptoms, with at least one being delusions, hallucinations, or disorganized speech, persisting for at least 6 months, based on *DSM-5-TR* criteria.

Clinical Manifestations

The clinical features of schizophrenia are categorized into positive, negative, and cognitive symptoms (Faden & Citrome, 2023).

Positive symptoms reflect the presence of certain symptoms, including incomprehensible or disorganized speech, hallucinations, delusions, and grossly disorganized or catatonic behavior. Early in the illness, individuals may experience enhanced or distorted sensory perceptions, such as sounds seeming louder or colors appearing more vivid. This sensory overload, coupled with impaired filtering of external stimuli, often results in inappropriate or exaggerated responses to the environment (Faden & Citrome, 2023). Auditory **hallucinations**, often accusatory or threatening, are the most common sensory disturbances. Visual hallucinations may occur but are usually accompanied by auditory experiences. **Delusions** are fixed, false beliefs resistant to reason or contrary evidence, ranging from **paranoid ideations** (e.g., persecution or reference) to **grandiose delusions** involving inflated self-importance or magical thinking (Faden & Citrome, 2023). Examples of altered speech patterns reflecting positive schizophrenia symptoms are included in Table 15-2.

Negative symptoms reflect the absence or reduction of typical emotional and social functioning. These symptoms include flat affect, **alogia** (poverty of speech), **avolition** (lack of motivation), **anhedonia** (loss of pleasure), and social withdrawal (Table 15-3). Negative symptoms tend to be the most difficult to treat and can be persistent between acute psychotic episodes. Disorganized behavior, such as agitation, unpredictable aggression, inappropriate social conduct, or odd posturing, is also part of the negative symptom cluster (Faden & Citrome, 2023) (Table 15-4).

Cognitive symptoms include impaired attention, working memory deficits, and executive dysfunction.

Pathophysiology

The complete pathogenic mechanisms underlying schizophrenia are not fully understood, but multiple neuro transmitter and structural abnormalities are implicated. DA dysregulation remains one of the most long-standing theories, suggesting that decreased dopaminergic activity in the prefrontal cortex is linked to schizophrenia's negative symptoms, while increased dopaminergic activity in the mesolimbic system leads to positive symptoms (Mohammed et al., 2025). Other neurotransmitter changes, such as decreased glutamate activity through dysfunction of its *N*-methyl-D-aspartate (NMDA) receptor, play a role (Galińska-Skok & Waszkiewicz, 2022). Many symptoms of impaired cognition seen in schizophrenia are thought to be tied to deficits in GABA.

TABLE 15-2 Positive Symptoms of Schizophrenia Reflecting Altered Speech Patterns in Schizophrenia

Speech Pattern	Description
Neologisms	Using invented words
Derailment	Loose associations
Tangentiality	Inability to stick to the original point
Incoherence	Loss of logical connections
Word salad	Groups of disconnected words

TABLE 15-3 Negative Symptoms of Schizophrenia Reflecting Absence of Normal Social and Interpersonal Behaviors

Behavior	Description
Alogia	Tendency to speak very little
Avolition	Lack of motivation for goal-oriented activity
Apathy	Lack of interest or concern
Affective flattening	Lack of emotional expression
Inappropriate affect	Affect does not match the situation
Anhedonia	Inability to experience pleasure in things ordinarily pleasurable

TABLE 15-4 Negative Symptoms of Schizophrenia Reflecting Disorganized Behavior

Behavior	Description
Catatonic excitement	Hyperactive, purposeless activity with abnormal movements such as grimacing or posturing
Echopraxia	Imitation of another person's movement
Regressed behavior	Go back to behavior of another time
Stereotypy	Repetitive, idiosyncratic movements
Hypervigilance	Enhanced state of sensory stimulation
Waxy flexibility	Posture held in odd fixed position for extended periods of time

Lower production of this amino acid has been found in the dorsolateral prefrontal cortex and may be a consequence of messenger ribonucleic acid dysfunction (Buck et al., 2022). Emerging evidence highlights the role of neuroinflammation, oxidative stress, and abnormal synaptic pruning during adolescence. Structural brain imaging reveals findings such as enlarged lateral and third ventricles, reduced cortical gray matter, abnormal cortical thinning, reduced dendritic spine density, diminished neuronal content in the thalamus, and hippocampal volume reduction. These structural changes likely underlie the cognitive deficits and some negative symptoms seen in schizophrenia (Galińska-Skok & Waszkiewicz, 2022).

Treatment

Schizophrenia is a chronic illness typically marked by periods of remission and exacerbation. The goals of treatment are to induce remission, prevent relapse, and improve behavioral, cognitive, and psychosocial functioning, with the ultimate aim of recovery. Early intervention services, such as coordinated specialty care (CSC) programs for first-episode psychosis, have shown improved outcomes and are now considered standards of care. Treatment in the community setting is preferred when feasible. Hospitalization becomes necessary when individuals pose a danger to themselves or others, are unable to care for themselves, or refuse to eat or drink.

Pharmacologic treatment remains a cornerstone. Typical (first-generation) and atypical (second-generation) antipsychotics are effective in treating positive symptoms; negative and cognitive symptoms often respond better to atypical agents (Buck et al., 2022). Historically, antipsychotic medications have targeted DA dysregulation; however, new insights into additional pathophysiologic mechanisms have led to alternative treatments, including those that target muscarinic receptors in the brain (Mohammed et al., 2025). Long-acting injectable (LAI) antipsychotics are increasingly recommended to enhance medication adherence and reduce relapse rates.

Psychosocial interventions, including cognitive behavioral therapy for psychosis (CBTp), family psychoeducation, and supported employment and education programs, are important complements to pharmacologic therapy (Wei et al., 2022). Recovery is supported across four key dimensions defined by the Substance Abuse and Mental Health Services Administration (SAMHSA): health, home, purpose, and community. Family members also benefit from education and support in managing the illness and maintaining hope for long-term recovery (Thongsalab et al., 2023).

Mood Disorders

Mood disorders are among the most common mental health conditions, yet only about half of those who meet diagnostic criteria receive appropriate treatment. According to the *DSM-5-TR*, mood disorders encompass depressive and bipolar disorders (First et al., 2022). In the United States, the 12-month prevalence of mood disorders is estimated at 9.5%, with a significant portion of cases classified as severe. Prevalence is higher among individuals living near or below the poverty line and among women and young adults (National Institute of Mental Health, 2025).

Depressive Disorders

The *DSM-5-TR* identifies eight depressive disorders, including major depressive disorder (MDD), persistent depressive disorder (PDD), premenstrual dysphoric disorder (PMDD), disruptive mood dysregulation disorder (DMDD), and others related to substances or other medical conditions (First et al., 2022). Major depressive episodes (MDEs) affect an estimated 8.3% of U.S. adults annually, with higher rates in adolescents and increasing prevalence among young adults aged 18 to 25 years. Depression varies in severity and is frequently recurrent. The typical age of onset has shifted from mid-30s to earlier in adulthood (SAMHSA, 2023a). Depression in older adults may present with an element of confusion and often is left untreated. Late-onset depression occurring after 65 years of age can signal an early neurocognitive disorder (NCD) and should prompt comprehensive assessment.

Major Depressive Disorder

People with **major depressive disorder** (MDD) experience a persistent depressed mood or loss of interest in previously enjoyed activities. Diagnostic criteria include a minimum of five symptoms present most of the day, nearly every day, for at least 2 weeks. This may involve suicidal ideation, sleep disturbances, poor concentration, fatigue, and feelings of worthlessness that cause functional impairment. Subtypes of depression, such as melancholic, atypical, or psychotic, are distinguished by symptom patterns (American Psychiatric Association, 2022).

Persistent Depressive Disorders

Previously termed dysthymia, **persistent depressive disorder** (PDD) is a chronic, lower-grade depressive condition lasting at least 2 years (1 year in children/adolescents). Individuals often cycle between major and less severe depression and may present with poor appetite, sleep disruption, low energy, low self-esteem, poor concentration, and hopelessness (Walter et al., 2023). Though its etiology is idiopathic, contributing factors include genetic, environmental, and psychosocial stressors (Walter et al., 2023).

Premenstrual Dysphoric Disorder

Premenstrual dysphoric disorder (PMDD) is a hormone-related depressive disorder characterized by emotional and physical symptoms occurring in the luteal phase of the menstrual cycle. Symptoms may include irritability, mood swings, fatigue, interpersonal conflict, and loss of interest in activities. Unlike **premenstrual syndrome** (PMS), PMDD significantly disrupts daily functioning. Symptoms cease after menopause. The condition affects approximately 3% to 8% of menstruating individuals (Reilly et al., 2024).

Disruptive Mood Dysregulation Disorder

Disruptive mood dysregulation disorder (DMDD) is a childhood-onset depressive disorder characterized by chronic irritability, anger, and frequent temper outbursts occurring in children aged 6 to 18 years. Symptoms must persist for at least 12 months and occur in multiple settings. DMDD helps differentiate pediatric mood dysregulation from early-onset bipolar disorder, reducing diagnostic overuse of bipolar diagnoses in youth (Brænden et al., 2022).

Depressive Disorder Due to Another Medical Condition or Substances

Depressive symptoms may arise secondary to physical illnesses, notably cardiovascular, endocrine, or neurologic disease, and may also be associated with substance misuse. Depression worsens outcomes in comorbid physical conditions, such as post-myocardial infarction recovery, and is linked to increased mortality risk (Berk et al., 2023). Other medical conditions associated with depression include autoimmune conditions, infectious diseases, certain cancers, and nutritional deficiencies (Arnaud et al., 2022).

Pathophysiology

Current research supports a biopsychosocial model of depression. Biologic theories implicate chronic inflammation, HPA axis dysregulation, reduced brain-derived neurotrophic factor (BDNF), glutamatergic dysfunction, and vitamin D deficiency (Chow et al., 2022). Neuroimaging studies show hippocampal atrophy and altered limbic system connectivity in those with MDD, especially among those with early-life trauma. Low GABA and imbalances in 5-HT, DA, and NE are also observed. Emerging evidence suggests the gut–brain axis and immune pathways may contribute to symptom development (Harsanyi et al., 2022; Tan, 2023).

Treatment

Treatment of MDD typically involves a combination of pharmacologic and nonpharmacologic approaches. First-line pharmacologic treatments include antidepressants that enhance monoamine neurotransmission, particularly 5-HT and NE, such as selective serotonin reuptake inhibitors (SSRIs) and serotonin–norepinephrine reuptake inhibitors (SNRIs) (Marwaha et al., 2023). Older agents, including tricyclic antidepressants and monoamine oxidase inhibitors, are effective but are used less frequently due to adverse effects and dietary restrictions. For individuals with treatment-resistant depression or severe symptoms, other therapies may be considered. These include esketamine, electroconvulsive therapy (ECT), transcranial magnetic stimulation (TMS), and phototherapy in selected cases. Psychotherapy, particularly CBT and interpersonal therapy, is commonly used in combination with medication and is associated with improved outcomes. Together, these approaches aim to restore neurochemical balance, support neuroplasticity, and improve mood, cognition, and functional ability.

Ketamine has emerged as a rapid-acting treatment for MDD, particularly in individuals with treatment-resistant depression. Unlike traditional antidepressants that target monoamine neurotransmitters, ketamine acts primarily as an NMDA receptor antagonist, modulating the glutamatergic system and enhancing synaptic plasticity through mechanisms involving BDNF. Clinical use includes intravenous racemic ketamine and intranasal esketamine, the latter FDA-approved for treatment-resistant depression and shown to reduce symptoms and suicidal ideation within hours to days. Emerging forms such as slow-release oral ketamine have also shown promise in preventing relapse. Studies report response rates exceeding 55% in real-world settings, though side effects like dissociation and elevated blood pressure require administration in controlled settings. Long-term safety remains under investigation, but ketamine represents a significant advancement in depression treatment (Nikolin et al., 2023).

Bipolar Disorder

Bipolar disorder is characterized by mood episodes ranging from depression to mania or hypomania. The lifetime prevalence is approximately 2.5%, with a median onset age of 25 years. Though women may have more depressive symptoms, the prevalence is similar across sexes. Bipolar disorder often presents in adolescence but may remain undiagnosed for years (Nierenberg et al., 2023).

Clinical Manifestations

The four types of bipolar disorder are based on the severity and deviation from the euthymic or normal mood state (Nierenberg et al., 2023):

- Bipolar I disorder: At least one manic episode, often alternating with MDEs. Mania may impair functioning and include euphoria, irritability, grandiosity, and impulsivity.
- Bipolar II disorder: At least one hypomanic episode (≥4 days) and one MDE, without full manic episodes
- Cyclothymia: Chronic fluctuating mood disturbances with hypomanic and depressive symptoms for at least 2 years (1 year in youth), not meeting criteria for full episodes
- Rapid cycling: Four or more mood episodes (manic, hypomanic, or depressive) within 1 year

Pathophysiology

Bipolar disorder is linked to genetic vulnerability, neuroplasticity deficits, immune dysregulation, and abnormalities in the prefrontal cortex and limbic system. Shared mechanisms with schizophrenia, including alterations in DA, glutamate, and inflammatory pathways, are under investigation. Reduced gray matter and altered connectivity in the subgenual prefrontal cortex are consistently observed in familial cases (Nierenberg et al., 2023).

Treatment

Treatment includes mood stabilizers (i.e., lithium), antipsychotics, and certain anticonvulsants (i.e., valproate, lamotrigine). Antidepressants are used cautiously due to the risk of triggering mania. Psychosocial interventions, sleep regulation, and adherence to long-term therapy are critical to reducing recurrence and improving function (Nierenberg et al., 2023). Accelerated TMS has more recently seen success with both depression and treatment-resistant bipolar disorder. Following the Stanford Accelerated Intelligent Neuromodulation Therapy (SAINT) protocol, up to 50 sessions occur over the span of just 5 days. Research on the effectiveness of this treatment is ongoing (Konstantinou et al., 2021).

Anxiety Disorders

Anxiety disorders are characterized by excessive fear or anxiety that occurs in the absence of a precipitating potentially dangerous event, manifesting with physical, emotional, and behavioral symptoms. Anxiety disorders are the most prevalent class of mental health disorders, with a 12-month prevalence of 19.1% in the U.S. adult population and a lifetime prevalence over 30%. Women are significantly more likely than men to experience anxiety disorders. The *DSM-5-TR* classifies several distinct anxiety disorders, including generalized anxiety disorder (GAD), separation anxiety disorder (SAD), selective mutism, phobias, and panic disorder (First et al., 2022).

Generalized Anxiety Disorder

Generalized anxiety disorder (GAD) involves persistent and excessive worry about several events or activities that are difficult to control. The worry occurs more days than not for at least 6 months, causes functional impairment, and is associated with restlessness, fatigue, inability to concentrate, irritability, muscle tension, and sleep disturbances (First et al., 2022). It is commonly diagnosed in middle-aged adults and often co-occurs with depression. The etiology includes genetic vulnerability, dysfunctional thinking patterns, and heightened autonomic arousal.

Separation Anxiety Disorder

Separation anxiety disorder involves developmentally inappropriate fear or anxiety concerning separation from attachment figures. Symptoms may include distress at separation, fear of harm befalling loved ones, refusal to be alone, nightmares, and physical complaints. It often begins in childhood but may persist or emerge in adulthood (Namli et al., 2022).

Selective Mutism

Selective mutism is typically diagnosed in children and is characterized by consistent failure to speak in specific social settings despite speaking in other situations. The disturbance must last at least 1 month (not limited to the first month of school) and is not attributable to a communication disorder. Although the cause is unclear, genetic, temperamental, and environmental factors (such as social anxiety and parental overcontrol) are implicated (Panagopoulos et al., 2022).

Phobias

Phobias are intense, irrational fears of specific objects or situations that provoke immediate anxiety and lead to avoidance. Categories include animal, natural environment, blood–injection–injury, situational (traveling), and others. **Agoraphobia** is often associated with panic disorder and involves marked fear or avoidance of situations where escape might be difficult. **Social anxiety disorder** (social phobia) involves a fear of social situations where one may be scrutinized. It affects about 7% of U.S. adults and typically begins in adolescence (Samra et al., 2024).

Panic Disorder

Panic disorder is characterized by recurrent, unexpected panic attacks, abrupt surges of intense fear or discomfort that reach a peak within minutes. Symptoms include palpitations, sweating, trembling, chills or heat sensations, dizziness, tingling or numbness, derealization or depersonalization, chest or stomach pain, dyspnea, nausea, and fear of losing control or dying (Guan & Cao, 2023). Panic attacks can mimic serious medical conditions, often leading to emergency department visits. Onset typically occurs in late adolescence or early adulthood. Risk factors include early trauma, chronic stress, and separation anxiety in childhood.

Anxiety Disorder Due to Another Medical Condition or Substances

Anxiety may arise as a direct physiologic effect of substances (i.e., stimulants, cannabis, or alcohol withdrawal) or medications (i.e., corticosteroids, sympathomimetics) or from medical illnesses such as thyroid disorders, cardiovascular disease, respiratory conditions, or neurologic syndromes (Jaisoorya et al., 2022; Soraya et al., 2022). In these cases, diagnosis requires ruling out primary anxiety disorders.

Pathophysiology

Anxiety disorders involve dysregulation of multiple neurobiologic systems. Dysfunction in pathways associated with the major mediators of anxiety, GABA, NE, 5-HT, and DA has been implicated. Neuroimaging studies suggest hyperactivity of the amygdala and alterations in the prefrontal cortex and limbic system, particularly in panic and phobic disorders. The HPA axis and sympathetic nervous system also contribute to the stress response. Glutamate, the primary excitatory neurotransmitter, is increasingly recognized as playing a role in anxiety pathophysiology, particularly in generalized and panic disorders (Meaney et al., 2023). Researchers are investigating the possibility of blood testing to identify the presence of specific RNA and DNA markers associated with anxiety and to assist with diagnosis (Koskinen & Hovatta, 2023).

Treatment

Treatment for anxiety disorders typically involves a combination of psychotherapy and pharmacotherapy.

CBT remains the most evidence-based psychological intervention, particularly for GAD, social anxiety disorder, and panic disorder. First-line pharmacologic treatments include SSRIs, SNRIs, and buspirone. 5-HT partial agonist benzodiazepines are used cautiously as second-line agents due to dependency risk. In social anxiety disorder, SSRIs and MAO inhibitors are effective, but CBT may be equally or more beneficial. Newer treatment directions include glutamatergic modulators and neurostimulation techniques (Fagan & Baldwin, 2023; Guo et al., 2023).

Obsessive–Compulsive and Related Disorders

The *DSM-5-TR* classifies obsessive–compulsive and related disorders (OCRDs) as distinct from anxiety disorders. This category includes obsessive–compulsive disorder (OCD), body dysmorphic disorder (BDD), hoarding disorder, trichotillomania, and excoriation disorder (First et al., 2022).

Obsessive–Compulsive Disorder

Obsessive–compulsive disorder is characterized by the presence of intrusive, unwanted thoughts, urges, or images(obsessions); repetitive behaviors or mental acts that an individual feels driven to perform in response to an obsession or rigid rules (compulsions); or both. These symptoms are time-consuming and cause significant distress or impairment in daily functioning. The estimated lifetime prevalence of OCD among adults in the United States is 2.3% (Horwath & Weissman, 2022). In children, OCD may be underrecognized due to its presentation as behavioral outbursts, poor school performance, or apparent impulsivity, which may be mistaken for attention deficit disorders (Schuyler & Geller, 2023).

Body Dysmorphic Disorder

Body dysmorphic disorder (BDD) is a preoccupation with perceived defects or flaws in physical appearance that are not observable or appear slight to others. This preoccupation leads to significant emotional distress and social or occupational impairment. Individuals with BDD may engage in repetitive behaviors (e.g., mirror checking, excessive grooming) or mental acts (e.g., comparing their appearance with others). The disorder affects all genders and is frequently comorbid with OCD and depressive disorders (Jassi & Krebs, 2023).

Hoarding Disorder

Hoarding disorder involves persistent difficulty discarding or parting with possessions, regardless of their actual value. This behavior stems from a perceived need to save items and distress associated with discarding them. The result is accumulation that congests living areas and significantly impairs daily functioning or safety. Hoarding often leads to hazardous living conditions and can co-occur with depression or OCD (Tolin et al., 2025).

Trichotillomania and Excoriation Disorders

Trichotillomania (hair-pulling disorder) and **excoriation disorder** (skin-picking disorder) are body-focused repetitive behaviors classified under OCRDs. These conditions are characterized by recurrent pulling of one's hair or picking of the skin, resulting in hair loss or skin lesions, respectively. Individuals report tension before the act and relief afterward. Prevalence estimates for trichotillomania range from 0.5% to 2% (Lin et al., 2023).

Pathophysiology

The pathophysiology of OCRDs is multifactorial, involving genetic, environmental, and neurobiologic influences. Risk factors include perinatal events, psychosocial stressors, trauma, and autoimmune or inflammatory processes (Marazziti et al., 2023). Neuroimaging consistently points to dysfunction in the cortico-striato-thalamo-cortical (CSTC) circuit, especially in the orbitofrontal cortex, anterior cingulate cortex, and basal ganglia. Disrupted glutamate signaling has also emerged as a key contributor, with smaller white matter volume in dorsolateral prefrontal and cingulate cortices noted in some individuals (Huang et al., 2023).

Treatment

Treatment options for OCRDs include CBT, exposure and response prevention (ERP), and pharmacotherapy with SSRIs. In treatment-resistant cases, TMS and deep brain stimulation (DBS) have shown benefit. ECT is not commonly used unless there is comorbid severe depression (Singh et al., 2023).

Substance Use Disorders

The *DSM-5* and *DSM-5-TR* merged the previous categories of substance use and substance dependence into a single diagnosis: **substance use disorder** (SUD). SUD encompasses problematic use of substances such as alcohol, caffeine, cannabis, hallucinogens, inhalants, opioids, sedatives, stimulants, and tobacco. The 2022 National Survey on Drug Use and Health reported that approximately 16.5% of individuals aged 12 or older had a SUD in the past year, with nearly 40% also experiencing another co-occurring mental illness (SAMHSA, 2023b). Early onset of substance use, particularly before age 20, is associated with an increased risk of developing SUD due to its impact on brain development. SUD is marked by impaired control over substance use, increased time spent seeking or using substances, and continued use despite adverse physical, mental, or social consequences.

Pathophysiology

SUD arises from a complex interplay of genetic, biologic, environmental, and psychosocial factors. Heritability estimates for SUD reach as high as 50% (Koob et al., 2023). The central neurobiologic feature is the activation of the mesolimbic DA reward system, which reinforces drug-seeking behavior. Substances increase DA transmission in the nucleus accumbens, either by enhancing release (e.g., nicotine), blocking reuptake (e.g., cocaine), or activating specific receptors (e.g., opioids binding to mu-opioid receptors). Chronic alcohol use alters DA and glutamate signaling, leading to long-term changes in synaptic plasticity. Cocaine and amphetamines block the DA transporter, increasing synaptic DA, while opioids enhance GABAergic inhibition and modulate endogenous opioid systems (Koob et al., 2023).

Treatment

Treatment of SUD targets both the neurobiologic and behavioral components of addiction. It involves behavioral therapies, psychiatric support, and pharmacologic interventions tailored to the specific substance. Medications such as naltrexone (oral and extended release), acamprosate, and disulfiram are FDA-approved for alcohol use disorder. For opioid use disorder, treatment options include methadone, buprenorphine, and extended-release naltrexone. Treatment is often long-term, with relapse viewed as part of the chronic disease course. Stress, environmental triggers, and reexposure to the substance are common causes of relapse. Integrated care that addresses co-occurring mental health disorders is associated with improved outcomes (Koob et al., 2023).

SUMMARY CONCEPTS

The development of a mental health disorder depends on a multitude of factors, including cumulative and developmental trauma, social supports, attachment, and a person's neurobiologic and psychological profile. These factors create changes in the brain and in neural functioning. Recent research has deepened our understanding of how this complex interplay and genetics contribute to psychopathology. By identifying those who are vulnerable and at risk for developing psychopathology, clinicians can begin to frame interventions that strengthen resilience and maintain psychological well-being. The growing body of knowledge regarding the pathophysiology of mental health disorders continues to lead to evidence-based therapies for both prevention and enhancement of resilience.

Alterations of Memory and Cognition

Cognition refers to the mental processes involved in acquiring knowledge and understanding through thought, experience, and the senses. These processes include perception, memory, language, problem-solving, attention, executive function, and social cognition. The *DSM-5-TR* classifies cognitive impairment across six domains: complex attention, executive function, learning and memory, language, perceptual–motor function, and social cognition (First et al., 2022).

Cognitive Changes Associated With Normal Aging

Aging may be associated with subtle and gradual declines in certain cognitive functions, often described as **normal cognitive aging**. These age-related changes primarily affect processing speed, working memory, and the ability to learn new information. In contrast, vocabulary, factual knowledge, and long-term memory (especially semantic and procedural memory) typically remain stable. Executive function may show minimal decline, but these changes generally do not impair daily functioning. Differentiating normal aging from early signs of NCDs is essential for accurate diagnosis and intervention (Kirk, 2023). It is important to note that the aging experience is very individualized. Although these types of age-related changes can occur, they are neither inevitable nor universal. Memory problems related to normal aging tend to reflect a generalized decrease in the efficiency with which information is processed and retrieved. Memory of a past event can be based on retrieval that is accompanied by recollection of specific details or on the feeling that the event is old or new based on its familiarity. There is evidence that recollection is more dependent on the hippocampus, whereas familiarity is more dependent on the entorhinal cortex, and that healthy aging has greater effects on recollection than familiarity.

Neurocognitive Disorders

The *DSM-5-TR* uses the term **neurocognitive disorder** (NCD) to describe acquired and progressive declines in cognitive functioning that represent a significant departure from a previous level of performance. The term replaces "dementia" to emphasize the clinical features and to reduce stigma. NCDs are classified as either mild or major, depending on the degree of impairment and the impact on independence with activities of daily living. Diagnosis requires documented decline in one or more of the six cognitive domains. Major NCD significantly interferes with independence, while mild NCD reflects a modest decline without loss of independence. The *DSM-5-TR* also includes etiologic subtypes related to Alzheimer disease (AD), vascular disease, Lewy body disease (LBD), frontotemporal degeneration (FTD), traumatic brain injury (TBI), and others. Each subtype must meet general NCD criteria as well as specific diagnostic features related to the underlying condition (First et al., 2022).

Delirium

Delirium is an acute, often reversible disturbance in attention and awareness, developing over hours to days. It typically fluctuates during the day and includes cognitive deficits such as disorganized thinking, memory impairment, or altered perception. Risk factors include advanced age, baseline cognitive impairment, hospitalization, polypharmacy, infection, and sensory deprivation. Delirium is particularly common among hospitalized older adults, with recent studies estimating the presence of delirium in approximately 50% of hospitalized older adults (Al Farsi et al., 2023).

Neuroimaging studies such as MRI, positron emission tomography, and near-infrared spectroscopy correlate global atrophy, white matter changes, and disruptions in cerebral blood flow, oxygenation, metabolism, and connectivity to key pathologic processes associated with delirium. Electroencephalography demonstrates generalized slowing of normal background activity, with disruptions in functional connectivity among specific brain regions. Elevated serum biomarkers of inflammation suggest that dysregulated inflammatory processes and cellular metabolism, particularly in perioperative and sepsis-related delirium, play a significant role. Pathophysiology also involves disrupted cholinergic function and oxidative stress (Smith et al., 2024).

Management focuses on identifying and treating the underlying cause and providing supportive care. Pharmacologic agents can reduce delirium symptoms in some patients and may include antipsychotic medications, alpha-2 agonists, benzodiazepines, antidepressants, acetylcholinesterase inhibitors, melatonin, opioids, and antiemetics (Sadlonova et al., 2022).

Neurocognitive Disorder Due to Alzheimer Disease

Alzheimer disease (AD) is the most common cause of major NCD, accounting for 60% to 80% of cases (Tahami Monfared et al., 2022). It affects an estimated 6.9 million Americans aged 65 and older, and this number is projected to rise to nearly 13 million by 2050 without a medical breakthrough (Alzheimer's Association, 2024). Females are disproportionately affected, and age remains the strongest risk factor (BrightFocus Foundation, 2022).

Clinical Manifestations

AD presents with insidious onset and gradual progression, often beginning with short-term memory loss. Over time, symptoms may include language disturbances, impaired executive function, disorientation, and behavioral changes. The disease course typically lasts 8 to 12 years post-diagnosis (Tahami Monfared et al., 2022). Table 15-5 indicates the stages, manifestations, and cognitive domains affected by the progression of AD.

TABLE 15-5 Cognitive Domains Affected With Progression of Alzheimer Disease

Stage	Manifestations	Cognitive Domain Affected
Stage 1 No impairment	Forgetfulness	Memory
Stage 2 Very mild decline	Occasional short-term memory Occasional aphasia	Memory Language
Stage 3 Mild decline	STM, name recall Occasional aphasia Concentration issues	Memory Language Complex attention
Stage 4 Moderate decline	STM recall Episodic LTM recall Aphasia issues Difficulty completing multitasking steps	Memory Language Complex attention Executive function
Stage 5 Moderately severe decline	Disoriented to time and place More LTM deficits Difficulty dressing appropriately	Memory Language Attention Executive function Perceptual motor
Stage 6 Severe decline	Disoriented to person, time, place More profound episodic LTM deficits Reversed sleep pattern Loss of bladder and bowel control Enhancement of previously suppressed personality characteristics Paranoid delusions	Memory Language Attention Executive function Perceptual motor Social cognition
Stage 7 Very severe decline	Unresponsive Loss of motor control Abnormal reflexes Difficulty swallowing Death	Memory Language Attention Executive function Perceptual motor Social cognition

LTM, long-term memory; STM, short-term memory. Data from Smits, L., van Harten, A. C., Pijnenburg, Y. A., Koedam, E. L. G. E., Bouwman, F. H., Sistermans, N., Reuling, I. E. W., Smits, L. L., Scheltens, P., & van der Flier, W. M. (2015). Trajectories of cognitive decline in different types of dementia. *Psychological Medicine*, *45*(5), 1051–1059. https://doi.org/10.1017/S0033291714002153; Alzheimer's Association. (2016). 2016 Alzheimer's disease facts and figures. *Alzheimer's and Dementia*, *12*(4), 1–80. https://www.alz.org/documents_custom/2016-facts-and-figures.pdf; Sadock B., & Sadock V. (2014). *Synopsis of psychiatry* (11th ed.). Lippincott Williams & Wilkins.

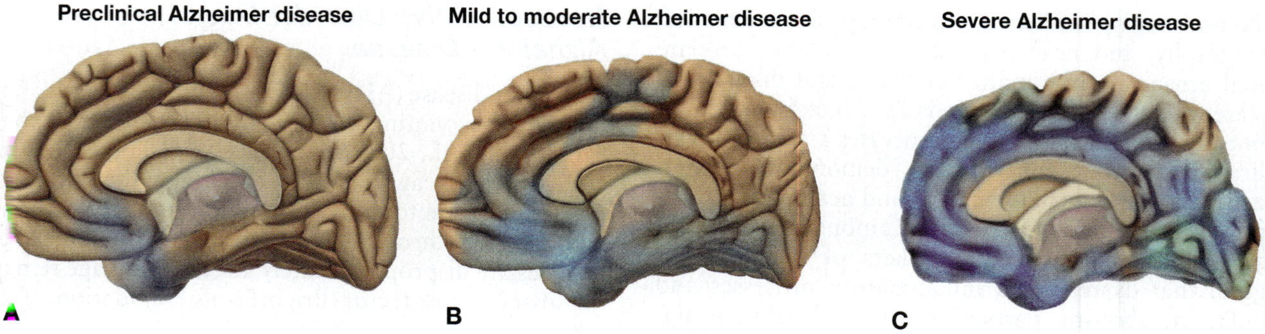

FIGURE 15-3. Brain involvement with Alzheimer disease (AD). A. During preclinical AD, subtle degenerative changes begin to occur, and the person develops mild cognitive impairment. B. In the mild-to-moderate stages of AD, pathologic changes affect the areas of the brain that control memory, language, and reasoning. C. In the severe stage of AD, pathologic changes cause significant atrophy in many areas. (Courtesy of the National Institute on Aging, National Institutes of Health.)

Pathophysiology

AD is characterized by progressive cortical atrophy, especially in the hippocampus, temporal, and parietal lobes. Hallmark pathologic features include extracellular amyloid beta plaques, intracellular neurofibrillary tangles composed of hyperphosphorylated tau protein, and widespread synaptic and neuronal loss. Progression of degenerative changes is illustrated in Figure 15-3. Pathogenic aspects of AD are not completely understood but are thought to be a combination of neurotransmission disruption, oxidative stress, neuroinflammation, and other factors (Tahami Monfared et al., 2022).

Neurotransmitter deficits, particularly of ACh, as well as altered glutamatergic signaling, contribute to cognitive decline. Genetic mutations in APP, PSEN1, and PSEN2 are linked to early-onset familial AD, while the APOE ε4 allele is the strongest known genetic risk factor for late-onset AD (Yang et al., 2023).

Histopathology, neuroimaging, and biomarker evidence (e.g., amyloid PET, CSF Aβ42/tau levels) are used for diagnosis. New blood-based biomarkers such as plasma p-tau217 are emerging for early detection (Pless et al., 2023).

Treatment

There is no curative treatment for AD. Medications such as cholinesterase inhibitors and NMDA receptor antagonists may slow progression and improve depression, agitation, or sleep disorders. Anti-amyloid monoclonal antibodies for early AD can be an option but require a risk–benefit evaluation. Nonpharmacologic interventions like personalized music, environmental structuring, and caregiver support are essential. Goals of care include preserving function, enhancing quality of life, and supporting caregivers through organizations like the Alzheimer's Association (Pless et al., 2023).

Vascular Neurocognitive Disorder

Vascular NCDs, previously termed multi-infarct dementia, account for approximately 10% of all NCD cases. They result from cerebrovascular injuries such as ischemic strokes, hemorrhages, or chronic small vessel disease. Damage to large vessels often leads to sudden cognitive changes, whereas small vessel disease typically causes a more gradual decline. Early cognitive impairments commonly affect attention, executive function, and motor skills. Depressive symptoms are also frequently observed. Risk factors include hypertension, diabetes, smoking, hyperlipidemia, and atrial fibrillation. Management focuses on controlling vascular risk factors to prevent further cognitive decline (Joseph et al., 2024).

Neurocognitive Disorder Due to Traumatic Brain Injury

NCD resulting from TBI arises due to long-term consequences of brain trauma. Symptoms can include memory deficits, attention problems, and executive dysfunction. The prevalence of such disorders is increasing, particularly among older adults. Management involves cognitive rehabilitation and addressing associated psychiatric symptoms (Mayer & Quinn, 2022).

Neurocognitive Disorder Due to Parkinson Disease

Approximately 10% to 80% of individuals with Parkinson disease (PD) develop cognitive impairments, often manifesting after age 70 and following motor symptoms like bradykinesia, tremor, and rigidity. Cognitive decline in PD typically affects executive function, attention, and visuospatial abilities. Treatment includes cholinesterase inhibitors and lifestyle interventions to manage symptoms (Rajaram Manoharan et al., 2024).

Neurocognitive Disorder With Lewy Bodies

LBD is characterized by the accumulation of alpha-synuclein proteins (Lewy bodies) in cortical neurons, leading to cognitive decline, visual hallucinations, fluctuating attention, and parkinsonian motor symptoms. LBD often presents earlier than AD and includes features like rapid eye movement (REM) sleep behavior disorder and mood disturbances. Treatment involves cholinesterase inhibitors, while antipsychotics should be used cautiously due to potential sensitivity (Li, 2024).

Frontotemporal Neurocognitive Disorder

Frontotemporal degeneration (FTD), originally known as Pick disease, involves progressive atrophy of the frontal and temporal lobes. It often presents before age 65 and has a strong familial component (Bourgeois et al., 2024).

There are two distinct clinical presentations indicating the symptoms of FTD:

- Behavior (more common)
  - Disinhibited and impulsive actions
  - Apathy
  - Inappropriate social behavior
  - Behavior that can be quite extreme and can be misdiagnosed as schizophrenia or psychotic depression
- Language (less common)
  - Disturbances in understanding
  - Disturbances in expression

Research has revealed that FTD shares genetic and pathologic mechanisms with amyotrophic lateral sclerosis (ALS). Structural neuroimaging is useful in differentiating FTD from other NCDs, typically revealing atrophy in the frontal and anterior temporal lobes. The disease follows a relentlessly progressive course, with death usually occurring within 6 to 11 years after onset, depending on the clinical subtype and genetic factors (Bourgeois et al., 2024).

Neurocognitive Disorder Due to Huntington Disease

Huntington disease (HD) is an inherited disorder caused by a mutation in the HTT gene, leading to neuronal degeneration in the basal ganglia. Symptoms usually appear in middle adulthood and include motor dysfunction (chorea), cognitive decline, and psychiatric disturbances. As the disease progresses, brain atrophy becomes more pronounced. There is no cure; treatment focuses on symptom management and supportive care (Sierra et al., 2023).

Neurocognitive Disorder Due to Human Immunodeficiency Virus Infection

Human immunodeficiency virus (HIV)-associated neurocognitive disorder (HAND) encompasses a range of cognitive impairments resulting from HIV infection. Symptoms include difficulties with attention, memory, and executive function, as well as mood disturbances. While the prevalence of severe NCD has decreased with antiretroviral therapy, milder forms remain common. Management includes optimizing HIV treatment and addressing cognitive symptoms (Zenebe et al., 2022).

Substance/Medication-Induced Neurocognitive Disorder

Substance or medication-induced NCDs occur when cognitive impairments persist beyond the period of acute intoxication or withdrawal. Chronic alcohol use is a common cause, leading to deficits in memory, executive function, and attention. Wernicke-Korsakoff syndrome, resulting from thiamine deficiency due to prolonged alcohol misuse, presents with confusion, ataxia, and memory disturbances. Treatment involves cessation of substance use, nutritional support, and cognitive rehabilitation (Ramalingam et al., 2023). Some medications also have side effects of neurocognitive dysfunction.

SUMMARY CONCEPTS

Cognition refers to all the processes by which sensory input is transformed, reduced, elaborated, stored, recovered, and used. It is important to differentiate cognitive changes that can occur related to normal aging processes from disorders of memory and cognition. Although cognitive and memory changes can occur with aging, they are not inevitable or universal.

NCDs are pathophysiologic syndromes of deterioration in cognitive function severe enough to interfere with activities of daily living, including social performance. NCD diagnosis is based on history; complete physical and neurologic examination; evaluation of cognitive, behavioral, and functional status; and laboratory and neuroimaging studies.

The major etiologies of progressive NCDs include AD, vascular NCD, FTD, HD, PD, and Lewy bodies. By far, the most common cause of NCD is AD, which is characterized by cortical atrophy with loss of neurons and the presence of neuritic plaques, granulovacuolar degeneration, and cerebrovascular deposits of amyloid. AD follows an insidious and progressive course that begins with memory impairment and terminates in an inability to recognize family or friends and the loss of control over bodily functions. Ischemic or hemorrhagic damage is associated with vascular NCD and FTD, with atrophy of the frontotemporal lobes. HD is a hereditary disorder characterized by chronic and progressive chorea, psychological changes, and neurocognitive dysfunction. LBD is related to the accumulation of α-synuclein proteins in cortical neurons. Other causes of NCD include HIV-associated encephalopathy, SUD (particularly Wernicke-Korsakoff syndrome associated with thiamine deficiency from chronic alcohol use), and neurocognitive dysfunction associated with certain medications.

Integrating Clinical Decision Making

A 58-year-old woman presents to her primary care provider accompanied by her spouse, who reports progressive changes over the past year. The patient has become increasingly withdrawn, reports persistent sadness and fatigue, and struggles with concentration and short-term memory. She frequently forgets recent conversations and misplaces objects but remains independent in activities of daily living. She denies hallucinations, delusions, or manic symptoms. Physical examination and routine laboratory testing are unremarkable.

1. Which pathophysiologic mechanism best explains the coexistence of mood symptoms and subjective cognitive impairment in this patient?
2. Which clinical feature most strongly supports a functional mental health disorder rather than a NCD at this stage?

Over the next 18 months, the patient's condition worsens. She repeatedly asks the same questions, becomes disoriented in unfamiliar environments, and requires assistance managing finances and medications. Her spouse reports subtle personality changes and impaired judgment. Neuropsychological testing reveals deficits in episodic memory and executive function. Brain imaging demonstrates hippocampal atrophy.

3. How does the progression of this patient's symptoms reflect a change in underlying pathophysiology?
4. Which principle best explains why early cognitive and emotional symptoms warrant close monitoring over time?

REFERENCES

Al Farsi, R. S., Al Alawi, A. M., Al Huraizi, A. R., Al-Saadi, T., Al-Hamadani, N., Al Zeedy, K., & Al-Maqbali, J. S. (2023). Delirium in medically hospitalized patients: Prevalence, recognition and risk factors: A prospective cohort study. *Journal of Clinical Medicine*, *12*(12), 3897. https://doi.org/10.3390/jcm12123897

Alzheimer's Association. (2016). 2016 Alzheimer's disease facts and figures. *Alzheimer's and Dementia*, 12(4), 1–80. https://www.alz.org/alzheimers-dementia/facts-figures

Alzheimer's Association. (2024). *Alzheimer's disease facts and figures*. https://www.alz.org/alzheimers-dementia/facts-figures

American Psychiatric Association. (2022). *Diagnostic and statistical manual of mental disorders* (5th ed., text rev.; DSM-5-TR). https://doi.org/10.1176/appi.books.9780890425787

Appelbaum, L. G., Shenasa, M. A., Stolz, L., & Daskalakis, Z. (2022). Synaptic plasticity and mental health: Methods, challenges and opportunities. *Neuropsychopharmacology*, *48*(1), 113–120. https://doi.org/10.1038/s41386-022-01370-w

Aprilia, A., & Aminatun, D. (2022). Investigating memory loss: How depression affects students' memory endurance. *Journal of English Language Teaching and Learning*, *3*(1), 1–11. https://doi.org/10.33365/jeltl.v3i1.1719

Arnaud, A. M., Brister, T. S., Duckworth, K., Foxworth, P., Fulwider, T., Suthoff, E. D., Werneburg, B., Aleksanderek, I., & Reinhart, M. L. (2022). Impact of major depressive disorder on comorbidities. *The Journal of Clinical Psychiatry*, *83*(6), 21r14328. https://doi.org/10.4088/jcp.21r14328

Benham, G. (2024). Adverse childhood experiences moderate the association between sensory processing sensitivity and depression. *Current Psychology*, *43*(43), 33141–33144. https://doi.org/10.1007/s12144-024-06847-z

Berk, M., Köhler-Forsberg, O., Turner, M., Penninx, B. W. J. H., Wrobel, A., Firth, J., Loughman, A., Reavley, N. J., McGrath, J. J., Momen, N. C., Plana-Ripoll, O., O'Neil, A., Siskind, D., Williams, L. J., Carvalho, A. F., Schmaal, L., Walker, A. J., Dean, O., Walder, K., … Marx, W. (2023). Comorbidity between major depressive disorder and physical diseases: A comprehensive review of epidemiology, mechanisms and management. *World Psychiatry*, *22*(3), 366–387. https://doi.org/10.1002/wps.21110

Bourgeois, J. A., Hategan, A., Hirsch, C. H., & Howarth, B. (2024). Major or mild frontotemporal neurocognitive disorder. In A. Hategan, J. A. Bourgeois, C. H. Hirsch, & C. Giroux (Eds.), *Geriatric psychiatry* (pp. 479–509). Springer. https://doi.org/10.1007/978-3-031-47802-4_19

Brænden, A., Zeiner, P., Coldevin, M., Stubberud, J., & Melinder, A. (2022). Underlying mechanisms of disruptive mood dysregulation disorder in children: A systematic review by means of research domain criteria. *JCPP Advances*, *2*(1), e12060. https://doi.org/10.1002/jcv2.12060

BrightFocus Foundation. (2022). *Alzheimer's disease: Facts & figures*. BrightFocus Foundation. https://www.brightfocus.org/alzheimers/facts-figures

Buck, S. A., Quincy Erickson-Oberg, M., Logan, R. W., & Freyberg, Z. (2022). Relevance of interactions between dopamine and glutamate neurotransmission in schizophrenia. *Molecular Psychiatry*, *27*(9), 3583–3591. https://doi.org/10.1038/s41380-022-01649-w

Chow, T. K., Bowie, C. R., Morton, M., Lalovic, A., McInerney, S. J., & Rizvi, S. J. (2022). Contributors of functional impairment in major depressive disorder: A biopsychosocial approach. *Current Behavioral Neuroscience Reports*, *9*(2), 59–72. https://doi.org/10.1007/s40473-022-00247-y

Faden, J., & Citrome, L. (2023). Schizophrenia: One name, many different manifestations. *Medical Clinics of North America*, *107*(1), 61–72. https://doi.org/10.1016/j.mcna.2022.05.005

Fagan, H. A., & Baldwin, D. S. (2023). Pharmacological treatment of generalised anxiety disorder: Current practice and future directions. *Expert Review of Neurotherapeutics*, *23*(6), 535–548. https://doi.org/10.1080/14737175.2023.2211767

First, M. B., Yousif, L. H., Clarke, D. E., Wang, P. S., Gogtay, N., & Appelbaum, P. S. (2022). DSM-5-TR: Overview of what's new and what's changed. *World Psychiatry*, *21*(2), 218–219. https://doi.org/10.1002/wps.20989

Galińska-Skok, B., & Waszkiewicz, N. (2022). Markers of schizophrenia—A critical narrative update. *Journal of Clinical Medicine*, *11*(14), 3964. https://doi.org/10.3390/jcm11143964

Ghallab, Y. K., & Elassal, O. S. (2024). Biochemical and neuropharmacology of psychiatric disorders. In W. Mohamed & F. Kobeissy (Eds.), *Nutritional neurosciences* (pp. 25–47). Springer. https://doi.org/10.1007/978-981-97-2681-3_2

Grezenko, H., Ekhator, C., Nwabugwu, N. U., Ganga, H., Affaf, M., Abdelaziz, A. M., Rehman, A., Shehryar, A., Abbasi, F. A., Bellegarde, S. B., & Khaliq, A. S. (2023). Epigenetics in neurological and psychiatric disorders: A comprehensive review of current understanding and future perspectives. *Cureus*, *15*(8), e43960. https://doi.org/10.7759/cureus.43960

Guan, X., & Cao, P. (2023). Brain mechanisms underlying panic attack and panic disorder. *Neuroscience Bulletin*, *40*(6), 795–814. https://doi.org/10.1007/s12264-023-01088-9

Guo, B., Zhang, M., Hao, W., Wang, Y., Zhang, T., & Liu, C. (2023). Neuroinflammation mechanisms of neuromodulation therapies for anxiety and depression. *Translational Psychiatry*, *13*(1), 5. https://doi.org/10.1038/s41398-022-02297-y

Hakamata, Y., Mizukami, S., Izawa, S., Okamura, H., Mihara, K., Marusak, H., Moriguchi, Y., Hori, H., Hanakawa, T., Inoue, Y., & Tagaya, H. (2022). Implicit and explicit emotional memory recall in anxiety and depression: Role of basolateral amygdala and cortisol-norepinephrine interaction. *Psychoneuroendocrinology*, *136*, 105598. https://doi.org/10.1016/j.psyneuen.2021.105598

Harsanyi, S., Kupcova, I., Danisovic, L., & Klein, M. (2022). Selected biomarkers of depression: What are the effects of cytokines and inflammation? *International Journal of Molecular Sciences*, *24*(1), 578. https://doi.org/10.3390/ijms24010578

Horwath, E., & Weissman, M. M. (2022). The epidemiology and cross-national presentation of obsessive–compulsive disorder. In S. E. Hyman (Ed.), *Obsessive–compulsive disorder and Tourette's syndrome: The science of mental health* (pp. 35–49). Taylor & Francis.

Huang, Y., Weng, Y., Lan, L., Zhu, C., Shen, T., Tang, W., & Lai, H.-Y. (2023). Insight in obsessive–compulsive disorder: Conception, clinical characteristics, neuroimaging, and treatment. *Psychoradiology*, *3*, kkad025. https://doi.org/10.1093/psyrad/kkad025

Jaisoorya, T. S., Bhaskarapillai, B., Manoj, L., Sunil Kumar, G., Gokul, G. R., & Thennarasu, K. (2022). Risk estimates of anxiety and depressive disorders among primary care patients with chronic medical illness—A Indian study. *Asian Journal of Psychiatry*, *74*, 103190. https://doi.org/10.1016/j.ajp.2022.103190

Jassi, A., & Krebs, G. (2023). Body dysmorphic disorder. *Psychiatric Clinics of North America*, *46*(1), 197–209. https://doi.org/10.1016/j.psc.2022.10.005

Joseph, M., Cameron-Carter, H., & Akinyemi, E. (2024). Major neurocognitive disorder due to vascular disease. In R. R. Tampi & D. J. Tampi (Eds.), *Treatment of psychiatric disorders among older adults* (pp. 17–25). Springer. https://doi.org/10.1007/978-3-031-55711-8_2

Kirk, A. (2023). Cognition in normal aging—A brief review. *Canadian Journal of Neurological Sciences/Journal Canadien Des Sciences Neurologiques*, *51*(2), 157–160. https://doi.org/10.1017/cjn.2023.259

Konstantinou, G., Hui, J., Ortiz, A., Kaster, T. S., Downar, J., Blumberger, D. M., & Daskalakis, Z. J. (2021). Repetitive transcranial magnetic stimulation (RTMS) in Bipolar disorder: A systematic review. *Bipolar Disorders*, *24*(1), 10–26. https://doi.org/10.1111/bdi.13099

Koob, G. F., Kandel, D. B., Baler, R. D., & Volkow, N. D. (2023). Neurobiology of addiction. In A. Tasman, M. B. Riba, R. D. Alarcón, C. A. Alfonso, S. Kanba, D. M. Ndetei, C. H. Ng, & T. G. Schulze (Eds.), *Tasman's psychiatry* (pp. 1–51). Springer. https://doi.org/10.1007/978-3-030-42825-9_29-1

Koskinen, M.-K., & Hovatta, I. (2023). Genetic insights into the neurobiology of anxiety. *Trends in Neurosciences*, *46*(4), 318–331. https://doi.org/10.1016/j.tins.2023.01.007

Li, M. G. (2024). Major neurocognitive disorders due to Lewy body disease. In R. R. Tampi & D. J. Tampi (Eds.), *Treatment of psychiatric disorders among older adults* (27–40). Springer. https://doi.org/10.1007/978-3-031-55711-8_3

Lin, A., Farhat, L. C., Flores, J. M., Levine, J. L. S., Fernandez, T. V., Bloch, M. H., & Olfson, E. (2023). Characteristics of trichotillomania and excoriation disorder across the lifespan. *Psychiatry Research*, *322*, 115120. https://doi.org/10.1016/j.psychres.2023.115120

Marazziti, D., Palermo, S., Arone, A., Massa, L., Parra, E., Simoncini, M., Martucci, L., Beatino, M. F., & Pozza, A. (2023). Obsessive–compulsive disorder, pandas, and Tourette Syndrome: Immuno-inflammatory disorders. In Y. K. Kim (Ed.), Neuroinflammation, *Gut–brain axis and immunity in neuropsychiatric disorders: Advances in experimental medicine and biology* (Vol. 141, pp. 275–300). https://doi.org/10.1007/978-981-19-7376-5_13

Maruf, M. M., Chowdhury, A., & Islam, M. R. (2024). Substance use and mental health conditions: Co-existence of dual problems in Bangladesh. In S. M. Y. Arafat (Ed.), *Mental health in Bangladesh* (pp. 101–127). Springer. https://doi.org/10.1007/978-981-97-0610-5_7

Marwaha, S., Palmer, E., Suppes, T., Cons, E., Young, A. H., & Upthegrove, R. (2023). Novel and emerging treatments for major depression. *The Lancet*, *401*(10371), 141–153. https://doi.org/10.1016/s0140-6736(22)02080-3

Mayer, A. R., & Quinn, D. K. (2022). Neuroimaging biomarkers of new-onset psychiatric disorders following traumatic brain injury. *Biological Psychiatry*, *91*(5), 459–469. https://doi.org/10.1016/j.biopsych.2021.06.005

Meaney, M. J., Liebowitz, M. R., & David Leonardo, E. (2023). Neurobiology of anxiety disorders. In A. Tasman, J. Kay, L. B. Lieberman, M. B. First, & M. B. Riba (Eds.), *Tasman's psychiatry* (5th ed., pp. 1–43). Springer. https://doi.org/10.1007/978-3-030-42825-9_84-1

Mohammed, H. E., Gomaa, M. A., Khalifa, Y. M., & Shawky, A. A. (2025). Does Karxt (xanomeline-trospium) represent a novel approach to schizophrenia management? A grade-assessed systematic review and meta-analysis of randomized controlled clinical trials. *BMC Psychiatry*, *25*(1), 309. https://doi.org/10.1186/s12888-025-06696-5

Namli, Z., Ozbay, A., & Tamam, L. (2022). Adult separation anxiety disorder: A review. *Current Approaches in Psychiatry*, *14*(1), 46–56. https://doi.org/10.18863/pgy.940071

National Institute of Mental Health. (2025). *Any mood disorder*. U.S. Department of Health and Human Services, National Institutes of Health. https://www.nimh.nih.gov/health/statistics/any-mood-disorder

Nierenberg, A. A., Agustini, B., Köhler-Forsberg, O., Cusin, C., Katz, D., Sylvia, L. G., Peters, A., & Berk, M. (2023). Diagnosis and treatment of bipolar disorder. *JAMA*, *330*(14), 1370. https://doi.org/10.1001/jama.2023.18588

Nikolin, S., Rodgers, A., Schwaab, A., Bahji, A., Zarate, C., Vazquez, G., & Loo, C. (2023). Ketamine for the treatment of major depression: A systematic review and meta-analysis. *eClinicalMedicine*, *62*, 102127. https://doi.org/10.1016/j.eclinm.2023.102127

Panagopoulos, D., Stranjalis, G., Gavra, M., Boviatsis, E., Korfias, S., Karydakis, P., & Themistocleous, M. (2022). The entity of cerebellar mutism syndrome: A narrative review centered on the etiology, diagnostics, prevention, and therapeutic options. *Children*, *10*(1), 83. https://doi.org/10.3390/children10010083

Pless, A., Ware, D., Saggu, S., Rehman, H., Morgan, J., & Wang, Q. (2023). Understanding neuropsychiatric symptoms in Alzheimer's disease: Challenges and advances in diagnosis and treatment. *Frontiers in Neuroscience*, *17*, 1263771. https://doi.org/10.3389/fnins.2023.1263771

Rajaram Manoharan, S. V., Walia, J., & Bozman, M. (2024). Major neurocognitive disorders due to Parkinson's disease. In R. R. Tampi & D. J. Tampi (Eds.), *Treatment of psychiatric disorders among older adults* (pp. 55–73). Springer. https://doi.org/10.1007/978-3-031-55711-8_5

Ramalingam, J., Mohan, A., & Sachdev, P. S. (2023). Neurocognitive disorders. In W. W. IsHak (Ed.), *Atlas of psychiatry* (pp. 407–435). Springer. https://doi.org/10.1007/978-3-031-15401-0_13

Reilly, T. J., Patel, S., Unachukwu, I. C., Knox, C.-L., Wilson, C. A., Craig, M. C., Schmalenberger, K. M., Eisenlohr-Moul, T. A., & Cullen, A. E. (2024). The prevalence of premenstrual dysphoric disorder: Systematic review and meta-analysis. *Journal of Affective Disorders*, *349*, 534–540. https://doi.org/10.1016/j.jad.2024.01.066

Sadlonova, M., Duque, L., Smith, D., Madva, E. N., Amonoo, H. L., Vogelsang, J., Staton, S. C., von Arnim, C. A. F., Huffman, J. C., & Celano, C. M. (2022). Pharmacologic treatment of delirium symptoms: A systematic review. *General Hospital Psychiatry*, *79*, 60–75. https://doi.org/10.1016/j.genhosppsych.2022.10.010

Sadock, B., & Sadock, V. (2014). *Synopsis of psychiatry* (11th ed.). Lippincott Williams & Wilkins.

Samra, C. K., Abdijadid, S., & Torrico, T. J. (2024, August 12). *Specific phobia*. In *StatPearls* [Internet]. https://www.ncbi.nlm.nih.gov/sites/books/NBK499923/

Schantell, M., Glesinger, R., Coutant, A. T., Okelberry, H. J., John, J. A., Dietz, S. M., Springer, S. D., Arif, Y., & Wilson, T. W. (2024). Stress and psychosocial distress scale with blunted oscillatory dynamics serving abstract reasoning. *Depression and Anxiety*, *2024*, 1–12. https://doi.org/10.1155/2024/4720803

Schuyler, M., & Geller, D. A. (2023). Childhood obsessive–compulsive disorder. *Psychiatric Clinics of North America*, *46*(1), 89–106. https://doi.org/10.1016/j.psc.2022.10.002

Sierra, L. A., Ullman, C. J., Baselga-Garriga, C., Pandeya, S. R., Frank, S. A., & Laganiere, S. (2023). Prevalence of neurocognitive disorder in Huntington's disease using the enroll-HD dataset. *Frontiers in Neurology*, *14*, 1198145. https://doi.org/10.3389/fneur.2023.1198145

Singh, A., Anjankar, V. P., & Sapkale, B. (2023). Obsessive–compulsive disorder (OCD): A comprehensive review of diagnosis, comorbidities, and treatment approaches. *Cureus*, *15*(2), e48960. https://doi.org/10.7759/cureus.48960

Smith, C. J., Hodge, D., Harrison, F. E., & Williams Roberson, S. (2024). The pathophysiology and biomarkers of delirium. *Seminars in Neurology*, *44*(06), 720–731. https://doi.org/10.1055/s-0044-1791666

Smits, L. L., van Harten, A. C., Pijnenburg, Y. A. L., Koedam, E. L. G. E., Bouwman, F. H., Sistermans, N., Reuling, I. E. W., Prins, N. D., Lemstra, A. W., Scheltens, P., & van der Flier, W. M. (2015). Trajectories of cognitive decline in different types of dementia. *Psychological Medicine, 45*(5), 1051–1059. https://doi.org/10.1017/S0033291714002153

Soraya, S., Mahdavi, M., Saeidi, M., Seddigh, R., Nooraeen, S., Sadri, M., & Najafabadi, A. J. (2022). Prevalence of anxiety disorders and its co-occurrence with substance use disorder: A clinical study. *Middle East Current Psychiatry*, *29*(1), 30. https://doi.org/10.1186/s43045-022-00197-x

Substance Abuse and Mental Health Services Administration. (2023a). *2022 National Survey on Drug Use and Health (NSDUH)*. U.S. Department of Health and Human Services. https://www.samhsa.gov/data/report/2023-nsduh-annual-national-report

Substance Abuse and Mental Health Services Administration. (2023b). *Key substance use and mental health indicators in the United States: Results from the 2022 National Survey on Drug Use and Health* (HHS Publication No. PEP23-07-01-006). https://www.samhsa.gov/data/

Tahami Monfared, A. A., Byrnes, M. J., White, L. A., & Zhang, Q. (2022). Alzheimer's disease: Epidemiology and clinical progression. *Neurology and Therapy*, *11*(2), 553–569. https://doi.org/10.1007/s40120-022-00338-8

Tan, H.-E. (2023). The microbiota–gut–brain axis in stress and depression. *Frontiers in Neuroscience*, *17*, 1151478. https://doi.org/10.3389/fnins.2023.1151478

Thongsalab, J., Yunibhand, J., & Uthis, P. (2023). Conceptualisation and definition of personal recovery among people with schizophrenia: Additionally review. *The Open Nursing Journal*, *17*(1), e230403. https://doi.org/10.2174/18744346-v17-e230403-2023-17

Tolin, D. F., Worden, B. L., & Levy, H. C. (2025). State of the science: Hoarding disorder and its treatment. *Behavior Therapy*, *56*(4), 667–679. https://doi.org/10.1016/j.beth.2025.03.002

U.S. Department of Health and Human Services. (2025). *Mental illness*. National Institute of Mental Health. https://www.nimh.nih.gov/health/statistics/mental-illness

Velligan, D. I., & Rao, S. (2023). The epidemiology and global burden of schizophrenia. *The Journal of Clinical Psychiatry*, *84*(1), MS21078COM5. https://doi.org/10.4088/jcp.ms21078com5

Walter, H. J., Abright, A. R., Bukstein, O. G., Diamond, J., Keable, H., Ripperger-Suhler, J., & Rockhill, C. (2023). Clinical practice guideline for the assessment and treatment of children and adolescents with major and persistent depressive disorders. *Journal of the American Academy of Child & Adolescent Psychiatry*, *62*(5), 479–502. https://doi.org/10.1016/j.jaac.2022.10.001

Wei, Y., Yan, V. K., Kang, W., Wong, I. C., Castle, D. J., Gao, L., Chui, C. S., Man, K. K., Hayes, J. F., Chang, W. C., & Chan, E. W. (2022). Association of long-acting injectable antipsychotics and oral antipsychotics with disease relapse, health care use, and adverse events among people with schizophrenia. *JAMA Network Open*, *5*(7), e2224163. https://doi.org/10.1001/jamanetworkopen.2022.24163

Yang, Z., Zou, Y., & Wang, L. (2023). Neurotransmitters in prevention and treatment of Alzheimer's disease. *International Journal of Molecular Sciences*, *24*(4), 3841. https://doi.org/10.3390/ijms24043841

Zenebe, Y., Necho, M., Yimam, W., & Akele, B. (2022). Worldwide occurrence of HIV-associated neurocognitive disorders and its associated factors: A systematic review and meta-analysis. *Frontiers in Psychiatry*, *13*, 814362. https://doi.org/10.3389/fpsyt.2022.814362

CHAPTER 16

Disorders of Vision, Hearing, and Vestibular Function

Learning Objectives

After completing this chapter, the learner will be able to meet the following objectives:

1. Describe the anatomy of the eye and related structures and the processing of visual information.
2. Describe structural and functional changes in refractive errors with attention to risk factors and visual consequences.
3. Describe the role of extraocular muscles and their innervation, and differentiate paralytic from nonparalytic strabismus and their visual consequences, including amblyopia.
4. Differentiate common disorders of the eyelids (e.g., ptosis, entropion, ectropion, blepharitis, hordeolum, and chalazion) and tear function by their causes, clinical features, and potential complications.
5. Classify conjunctival, uveal, and corneal pathologies according to etiology and relate treatments for these disorders.
6. Differentiate types of cataracts by their causes, clinical features, diagnoses, and treatments.
7. Relate aqueous humor dynamics to intraocular pressure and explain how imbalances contribute to the development of open-angle and angle-closure glaucoma.
8. Explain the visual consequences of color blindness, papilledema, diabetic retinopathy, retinal detachment, macular degeneration, and retinoblastoma, including their pathogenesis, clinical manifestations, and long-term effects.
9. Characterize visual field defects such as hemianopia, quadrantanopia, heteronymous, and homonymous hemianopia and relate them to lesions in the optic pathways, cortex, and association areas.

10. Describe the anatomy of the ear and related structures and the processing of auditory information.
11. Describe disorders of the external, middle, and inner ear.
12. Relate disorders of the central auditory pathways.
13. Differentiate conductive, sensorineural, and mixed hearing loss, including common causes, diagnostic clues, and implications for management.
14. Explain vestibular system function in balance and gaze stabilization and compare peripheral versus central vestibular disorders, including the pathophysiology, symptoms, diagnosis, and treatment of benign paroxysmal positional vertigo and Ménière disease.

The vision, hearing, and vestibular systems are essential for effective interaction with the external environment. Dysfunction of these systems is an important cause of developmental disabilities in children and also significantly reduces the capacity for independent functional status and quality of life in adults. This chapter presents an overview of the structure and function of each system, followed by a discussion of the pathophysiology of common disorders of each system.

The Visual System

The primary function of the eye is to convert light energy into nerve signals that can be transmitted to the cerebral cortex for interpretation of the message and determination of any effector actions that may be indicated in response to the optic sensory stimuli. Optically, the eye is similar to a camera. It contains a lens system that focuses light to form an image, a pupil that regulates light entry, and a retina that captures the image (similar to film or a digital sensor). The processing of visual signals (visual processing that provides meaning to the visual sensory input) involves not only the structures of the eye but also the optic nerve and visual nerve pathways, as well as the visual cortex and cerebral cortex areas of the brain. Because functional and structural alterations can affect any of these component parts, a wide variety of visual disorders exist.

When functioning normally, the two eyes each send separate signals to the brain; because of this, normal vision is **binocular vision**, in which the separate images from the two eyes are combined into a single stereoscopic (three-dimensional [3D]) image by the brain. This arrangement allows not only the perception of length/height and width but also the sensory perception of depth. When binocular vision is not functioning normally, visual depth perception is either impaired or absent. The development of full binocular and stereoscopic vision is a complex process that depends on both the neurologic function of the brain and the functioning of the extraocular muscles and cranial nerves (CN) III, IV, and VI to ensure conjugate movements of both eyes. These complex issues of binocular vision will be explored in greater depth later in the chapter when disorders of binocular vision and stereopsis are considered.

This section of the chapter is organized to first present an overview of normal visual structure and function, followed by a discussion of visual disorders that are primarily functional disorders (disorders of refraction, accommodation, and binocularity), and then present visual disorders that primarily originate from a structural cause, which then leads to functional visual effects.

Structure and Function of the Visual System

The interactive components of the visual system include the optic globe and related structures (i.e., the two eyes, the surrounding bony structures, eyelids, lacrimal glands and tear ducts, conjunctiva, cornea, iris, uvea, and extraocular muscles), the intraocular structures (the lens and retina), and the central neurologic optic pathways and visual cortex of the brain.

Three distinct layers form the outer wall of the **optic globe** (the "eyeball") (Fig. 16-1).

The outer layer of the eye, the **sclera**, is a tough, opaque, white fibrous tissue that serves as a protective layer for the globe. In the anterior (front) of the eye, the sclera transitions in the center into the transparent **cornea**. In the posterior (back) of the eye, the sclera transitions in the center into the dural sheath of the optic nerve.

The inner layer of the eye, the **retina**, is primarily located in the posterior and lateral parts of the eye, which are the areas to which light is reflected after entering through the pupil. The retina contains neurosensory tissue, including the photoreceptors that change the received light signals into neural signals, which are then transmitted to the visual cortex area in the posterior segment of the brain, where these neural visual signals are processed into visual images. The innermost surface of the retina, called the **fundus**, can be visualized through the pupil with an ophthalmoscope and includes important landmarks such as the **optic disc** and **macula**.

Retinal Structure and Organization

The microanatomy of the retina is essential to understanding both normal visual processing and retinal pathology. The retina functions to capture and process visual information and transmit it to the brain via the optic nerve. Structurally, it consists of two primary components: the inner neural retina, which contains the photoreceptors and associated neurons, and the outer retinal pigment epithelium (RPE), a melanin-containing layer supported by the choriocapillaris of the underlying choroid. The junction between the light-sensitive retina and the non–light-sensitive anterior retina is marked by the ora serrata. Bruch's membrane separates the RPE from the vascular choroid and facilitates metabolic exchange between these layers (Reichenbach & Bringmann, 2022).

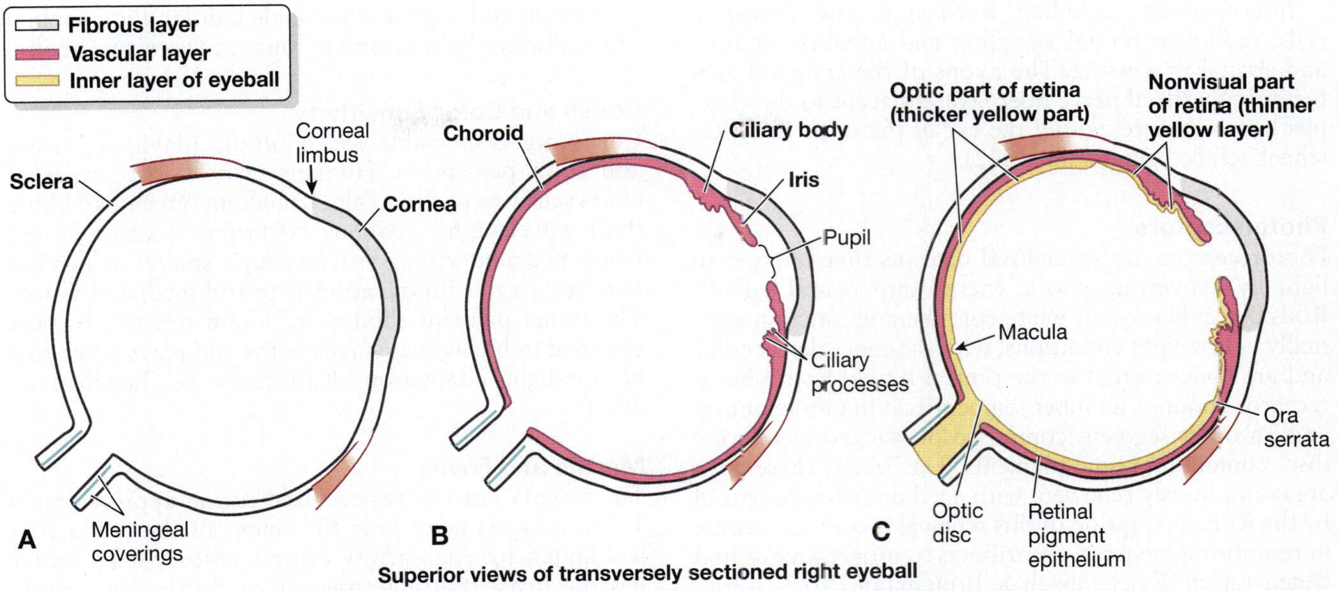

FIGURE 16-1. The layers of the eye. The wall of the eyeball is organized into three separate layers: (A) an outer fibrous layer, (B) a middle vascular layer, and (C) an inner photosensitive layer, the retina. (From Moore, K. L., Agur, A. M., & Dalley, A. F. [2015]. *Essential clinical anatomy* [5th ed., p. 522]. Wolters Kluwer/Lippincott Williams & Wilkins; Fig. 7-26.)

The Neural Retina

Functionally, the neural retina is organized into three primary neuronal layers: a posterior layer of photoreceptors (rods and cones), a middle layer of bipolar cells, and an inner layer of ganglion cells. Although histologically more complex, this three-layer organization reflects the directional flow of visual information. Light entering the eye passes through the transparent inner retinal layers before reaching the photoreceptors. A pattern of light falling on the retina stimulates a vast array of photoreceptors, which synapse with bipolar and other interneurons. Signals are then transmitted to ganglion cells, whose axons converge to form the optic nerve and relay visual information to specific regions of the brain and brain stem associated with vision (Fig. 16-2).

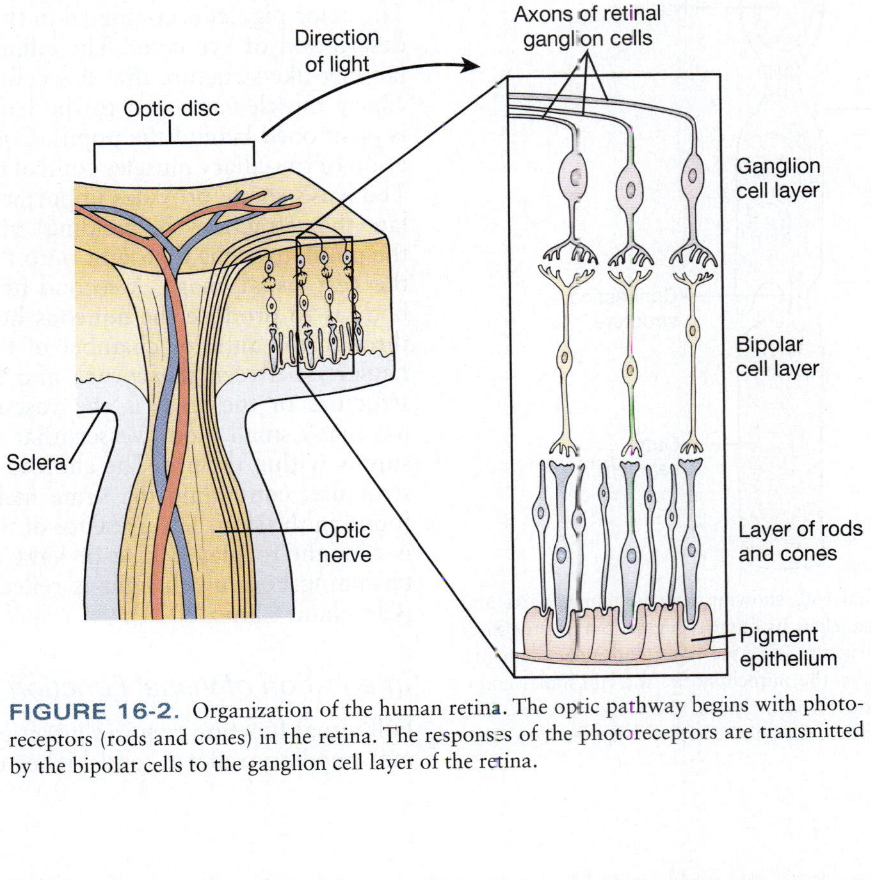

FIGURE 16-2. Organization of the human retina. The optic pathway begins with photoreceptors (rods and cones) in the retina. The responses of the photoreceptors are transmitted by the bipolar cells to the ganglion cell layer of the retina.

Interneurons, including horizontal and amacrine cells, modulate retinal signaling and enhance contrast and spatial processing. The axons of the ganglion cells form a superficial nerve fiber layer adjacent to the vitreous humor before exiting the eye at the optic disc (Reichenbach & Bringmann, 2022).

Photoreceptors

Photoreceptors are specialized neurons that respond to light by converting photic energy into neural signals. Rods detect black-and-white contrast and function optimally in low-light conditions, whereas cones detect color and are concentrated in the central retina. Each photoreceptor contains an inner segment rich in mitochondria and an outer segment composed of stacked membrane discs containing visual pigments (Fig. 16-3). These discs are continuously renewed, with aged discs phagocytized by the RPE. Disruption of this renewal process, as occurs in retinitis pigmentosa, contributes to progressive retinal degeneration (Reichenbach & Bringmann, 2022).

Rods

Rods provide high sensitivity in dim environments and are responsible for scotopic (night) vision. They are particularly responsive to motion but provide limited spatial resolution and no color discrimination. The convergence of multiple rod signals onto single bipolar and ganglion cells enhances light sensitivity but reduces visual acuity.

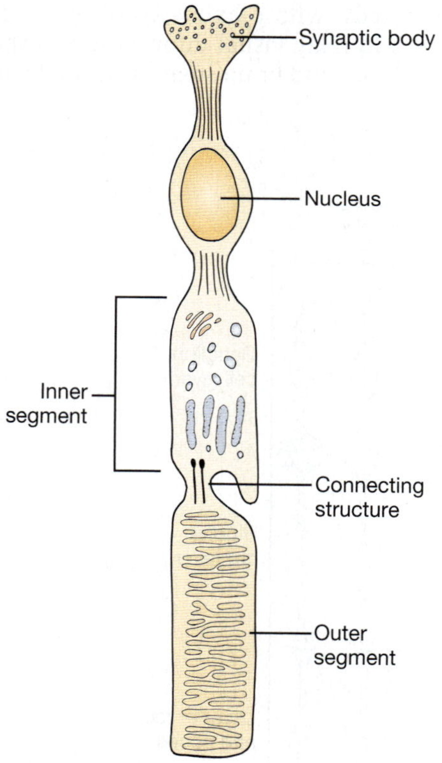

FIGURE 16-3. Retinal rod, showing its component parts and the distribution of its organelles. Its outer segment contains the discs (rods). The connecting structure joins the outer and inner segments. The inner segment contains the mitochondria, the ribosomal endoplasmic reticulum, the free ribosomes, and the Golgi saccules. The synaptic body is the site where the photoreceptor synapses with other nerve cells.

Cones and Color Sensitivity

Cones are responsible for photopic (daylight) vision and color perception. Humans possess three types of cones sensitive to short (blue), medium (green), and long (red) wavelengths, enabling trichromatic color vision. Cone-mediated vision provides high spatial acuity but requires greater illumination than rod-mediated vision. The visual pigment rhodopsin, found in rods, is most sensitive to blue-green wavelengths and plays a key role in low-light adaptation (Kawamura & Tachibanaki, 2022).

Macula and Fovea

The macula lutea is a specialized region approximately 1.5 mm in diameter near the center of the retina that is adapted for high-acuity central vision. At its center lies the fovea centralis (foveola), a depression densely packed with cones and devoid of overlying blood vessels to minimize light scattering (Fig. 16-4). This anatomic arrangement allows direct, unobstructed light access to the photoreceptors and supports detailed central vision and fine visual discrimination.

The middle layer of the eye, called the **uvea** (or **uveal tract**), is positioned between the sclera and retina. With that middle placement, the uvea plays vital roles in light absorption, adjustment of the lens, and providing nourishment to intraocular structures. The uveal tract has openings anteriorly for the pupil and posteriorly for the optic nerve (Gilger et al., 2022). The uvea is composed of three specialized structures: the iris, the ciliary body, and the choroid. The **iris** is a muscular ring surrounding the pupil that controls the size of the pupillary opening. The color pigments contained in the iris are used in the description of eye color. The **ciliary body** is a muscular ring-like structure that lies behind the iris, with the ciliary muscles attached to the lens of the eye (which is positioned behind the pupil). Contraction and relaxation of the ciliary muscles control the shape of the lens. The lens's shape provides important functions to regulate the refraction (or bending) of light rays entering the pupil, to focus that light onto the retina to produce the best visual image. A second function of the ciliary body is to produce the **aqueous humor** that circulates through the anterior chamber of the optic globe (particularly between the cornea and the lens). The third structure of the uvea is the vascular **choroid**, which has many small blood vessels that distribute the blood supply within the eye. The choroid is also a pigmented structure, containing the same melanin pigment as is found in the skin. The presence of this melanin pigment is thought to play a role in light absorption and determining how much light is reflected onto the retina (Cleveland Clinic, 2024).

Integration of Visual Function

Full visual function requires intact photoreception, normal pupillary reflexes, and higher cortical integration.

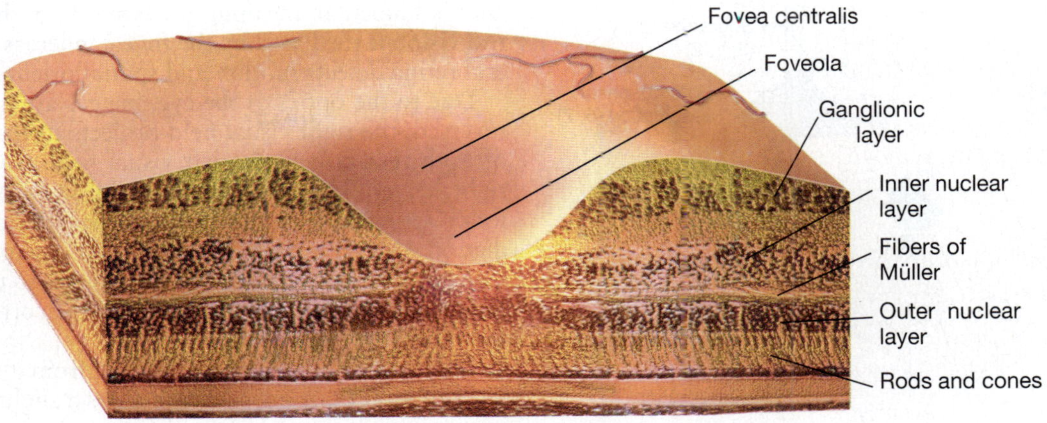

FIGURE 16-4. Macula lutea and fovea centralis. Cross-sectional view of the central retina showing the fovea centralis (foveola), a cone-dense region specialized for high-acuity vision. The absence of overlying retinal blood vessels allows direct light access to photoreceptors. Retinal layers, including ganglion cell, inner nuclear, and outer nuclear layers, are also illustrated. (Asset provided by Anatomical Chart Co.)

These processes depend on the integrity of the entire visual system, including the retinal circuitry and the neural pathways extending from the retina through the optic nerve to the visual cortex and associated brain regions.

Optic Pathways

Visual information is transmitted to the brain via the axons of retinal ganglion cells, which converge to form the optic nerve. Structurally, the optic nerve is considered a central nervous system (CNS) structure because it is surrounded by pia mater, cerebrospinal fluid (CSF), arachnoid mater, and dura mater. The nerve extends from the posterior aspect of the eye through the orbit and optic canal into the cranial cavity, where it reaches the optic chiasm (Mehra & Moshirfar, 2023) (Fig. 16-5).

At the optic chiasm, fibers from the nasal retina of each eye cross (decussate) to the opposite side, while temporal retinal fibers remain uncrossed. As a result, each optic tract carries visual information from the contralateral visual hemifield of both eyes. The optic tracts project to the lateral geniculate nucleus (LGN) of the thalamus, which relays signals to the primary visual cortex via the optic radiations.

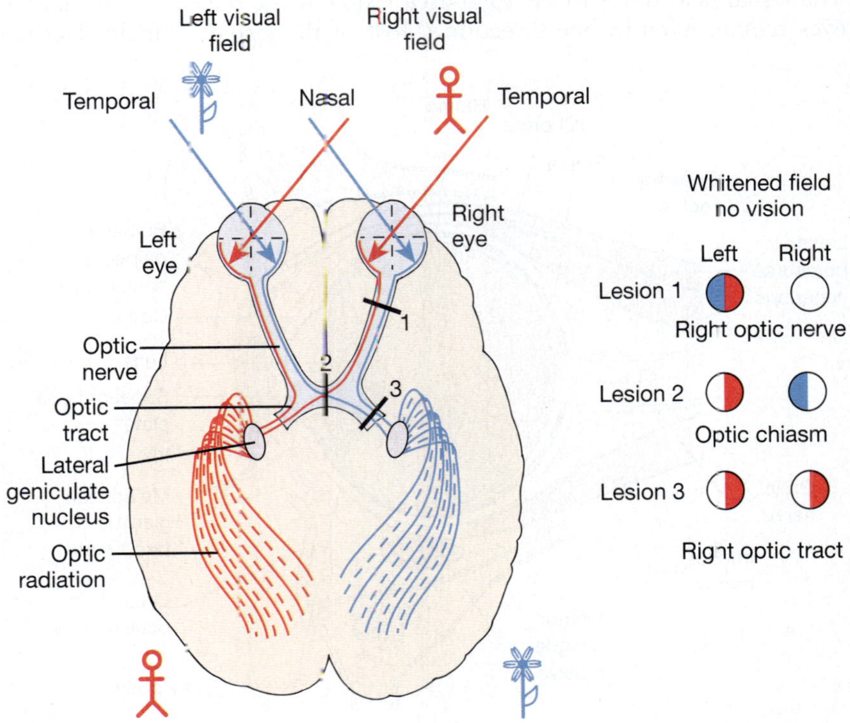

FIGURE 16-5. Diagram of optic pathways. The *red lines* indicate the right visual field and the *blue lines* the left visual field. Note the crossing of fibers from the medial half of each retina at the optic chiasm. Lesion 1 (right optic nerve) produces unilateral blindness. Lesion 2 (optic chiasm) may involve only those fibers that originate in the nasal half of each retina and cross to the opposite side in the optic chiasm; visual loss involves the temporal half of each field (bitemporal hemianopia). Lesion 3 (right optic tract) interrupts fibers (and vision) originating on the same side of both eyes (homonymous) with loss of vision from half of each field (hemianopia).

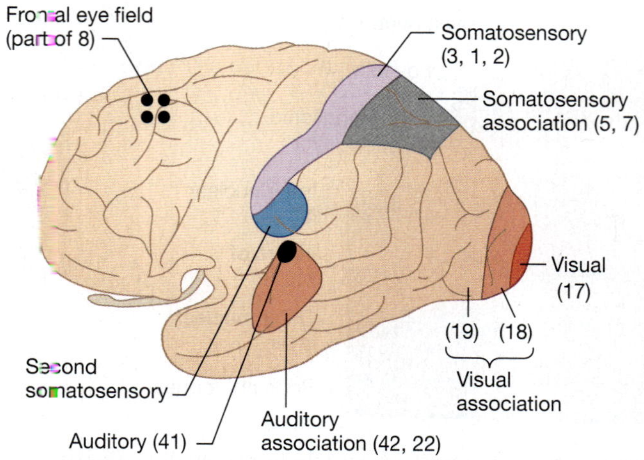

FIGURE 16-6. Lateral view of the cortex illustrating the location of the visual, visual association, auditory, and auditory association areas.

Visual Cortex

The primary visual cortex (Brodmann area 17) lies along the calcarine fissure of the occipital lobe and represents the first cortical site of visual processing (Fig. 16-6). It is surrounded by visual association cortices (areas 18 and 19), which integrate visual input to support object recognition, motion detection, color discrimination, and visual memory (Mehra & Moshirfar, 2023).

Neurons in the visual cortex are highly specialized and respond to specific visual features such as edges, orientation, color, and movement. The cortex is organized in a topographic manner, meaning discrete retinal regions map to specific cortical areas. Because of this precise organization, lesions produce predictable visual field deficits.

Visual Fields

The visual field refers to the total area visible while the eyes remain fixed in one direction. Most of the visual field is binocular, meaning it is seen by both eyes. Central vision is mediated by the fovea, whereas the peripheral retina detects motion and spatial orientation.

Due to the optics of the eye, images are inverted and reversed: the right visual field projects to the left halves of both retinas, and the left visual field projects to the right halves. The upper visual field projects to the inferior retina and travels through the inferior optic radiation (Meyer's loop) to the lower occipital cortex. Conversely, the lower visual field projects to the superior retina and reaches the upper occipital cortex through the superior optic radiation.

Because each eye views the world from a slightly different lateral position, each generates a slightly different image. This binocular disparity provides an important cue for 3D depth perception, particularly for objects within approximately 30 m (Cang et al., 2023). Beyond that range, depth perception relies more heavily on monocular cues.

Eyelids and Lacrimal Structures

The upper and lower eyelids, termed the **palpebrae**, are folds of skin containing muscle and a dense connective plate known as the **tarsus**, which provides structure and shape to the lid. The **canthus** refers to the angle where the upper and lower eyelids meet, either medially (medial canthus) or laterally (lateral canthus). Embedded within each tarsus are **meibomian glands**, which secrete lipids that are a major chemical component of tears (the tear film). These lipids within tears prevent rapid evaporation of tears and enable airtight eyelid closure. Eyelid movement is controlled by the **levator palpebrae superioris** (innervated by CN III), which raises the upper lid, and the **orbicularis oculi** (innervated by CN VII), which encircles the eye and closes the lids (Fig. 16-7).

The lacrimal system within each eye includes the major **lacrimal gland** (which secretes tears), the **puncta**,

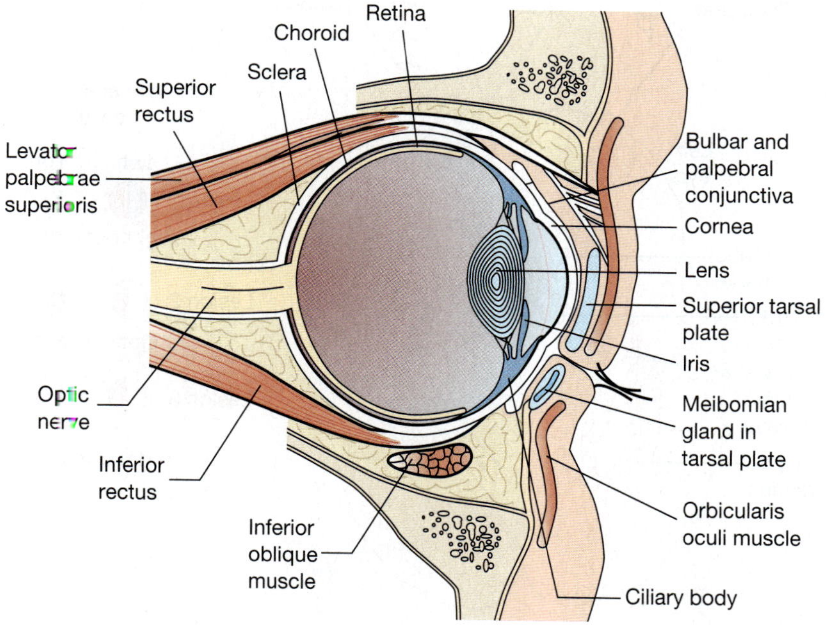

FIGURE 16-7. The eye and its appendages: anterior view.

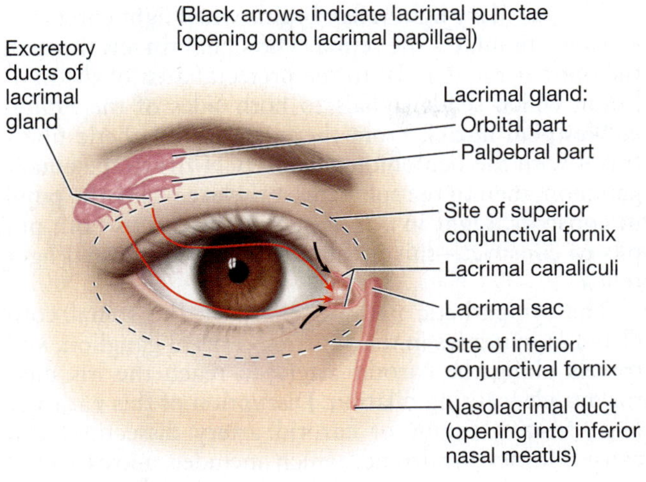

FIGURE 16-8. Lacrimal apparatus. Surface anatomy of the lacrimal apparatus. A *red shallow* reserve of tears forms the lacrimal lake (*red arrows*) in which the lacrimal caruncle is found. (From Tank, P. W., & Gest, T. R. [2008]. *Lippincott Williams & Wilkins atlas of anatomy* [Plate 7.78]. Wolters Kluwer.)

canaliculi (which collect tears), and the **nasolacrimal duct** (which drains tears into the nasal cavity). The lacrimal gland lies within the ocular orbit, superior and lateral to the eyeball (Fig. 16-8). Approximately 12 small ducts connect the lacrimal gland to the superior **conjunctival fornix**. Tears are composed primarily of water, electrolytes, proteins (including immunoglobulins), and the lipids secreted by the previously described meibomian glands of the eyelids. Tears maintain corneal hydration and provide nutrients to the cornea, flush debris away from the surface of the eyes, and provide immune protection via IgA, IgG, and lysozymes (Schaudig et al., 2024).

Conjunctiva and Cornea

The **conjunctiva** is a delicate mucous membrane that lines the anterior surface of the eyelids as the **palpebral conjunctiva** and also folds back over the anterior surface of the optic globe as the **ocular** or **bulbar conjunctiva**. The ocular conjunctiva covers only the sclera or white portion of the optic globe but does not cover the cornea. Although the conjunctiva provides some protection for the eye, its primary function is the production of lubricating mucus and tears that moisten and cleanse the eye.

At the anterior surface of the eye, the outer covering of the eyeball is modified to form the transparent, dome-shaped cornea, which protrudes slightly from its junction with the sclera (Fig. 16-9). The integrity and clarity of the cornea are essential for light entry into the eye.

The cornea has three primary layers:

1. An extremely thin outer epithelial layer, which is continuous with the bulbar conjunctiva
2. A middle layer called the substantia propria or stroma
3. An inner endothelial layer, which lies next to the aqueous humor of the anterior chamber

The three layers of the cornea are separated by two important basement membranes that help maintain structure and function: the **Bowman membrane**, which lies between the corneal epithelium and stroma, and the **Descemet membrane**, which lies between the corneal endothelium and stroma. The Bowman membrane does not regenerate; damage leads to scar formation. In contrast, the Descemet membrane can regenerate (Komninou et al., 2024).

The cornea is avascular and relies on diffusion from the aqueous humor, limbal blood vessels, and tear film for nutrition and hydration. The cornea is richly innervated by the ophthalmic branch of the trigeminal nerve (CN V), making even superficial injuries extremely painful. Disruption of corneal hydration, especially in the stroma, leads to opacification and loss of corneal transparency.

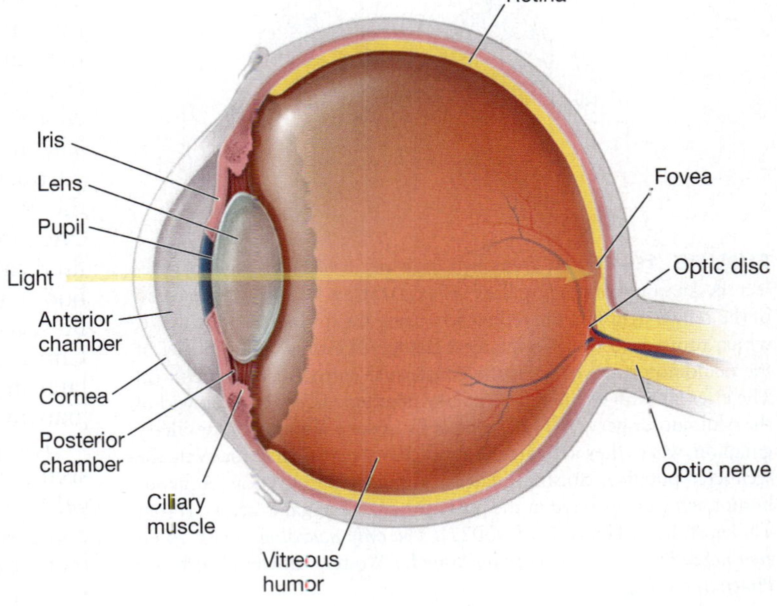

FIGURE 16-9. Structures of the eye. (From Nath, J., Braun, C., & Anderson, C. [2022]. *Applied pathophysiology* [4th ed.]. Wolters Kluwer Health and Pharma; Fig. 5.)

The Pupil and Pupillary Reflexes

Pupil size is controlled by the contraction or relaxation of two opposing muscles located in the iris: the **sphincter pupillae** and the **dilator pupillae**. These muscles are regulated by the autonomic nervous system. The parasympathetic system mediates pupillary constriction, while the sympathetic system controls pupillary dilation (Swaminathan & Panicker, 2024) (Fig. 16-10).

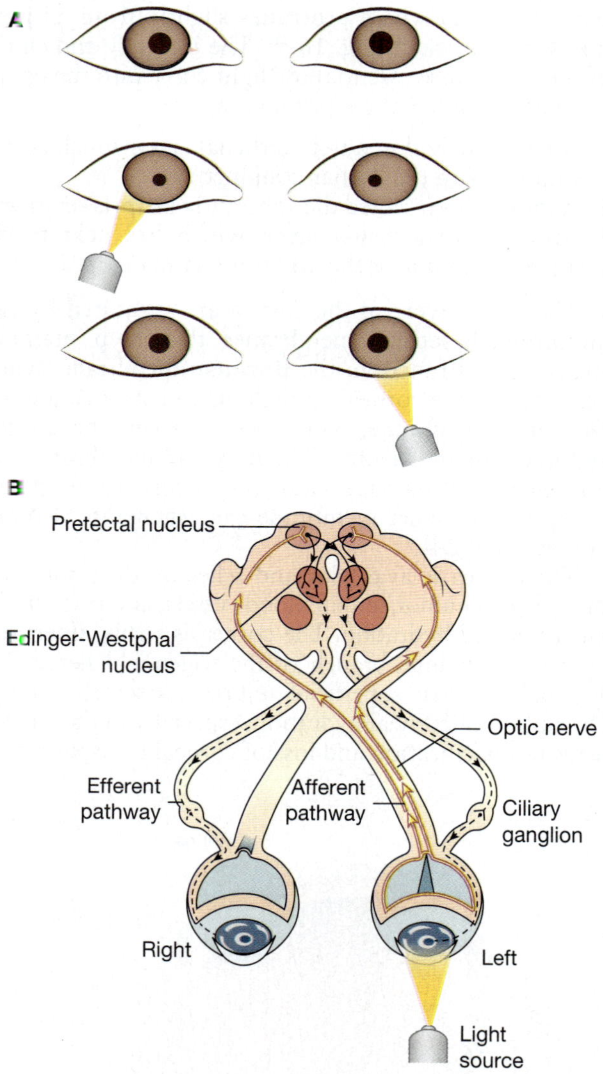

FIGURE 16-10. A. Demonstration of an afferent pupillary defect. B. Anatomy of the pupillary reflex pathway. (1) The afferent limb of the reflex: light hits the retina, activating the ipsilateral optic nerve, which projects to the two bilateral Edinger-Westphal (EW) nuclei of the oculomotor nerves (thus the consensual nature of the reflex). (2) The efferent limb of the reflex: parasympathetic fibers running within the oculomotor nerve (CN III) project from the EW nuclei to the ciliary ganglion, where they activate the short ciliary nerves that innervate the sphincter pupillae, causing bilateral pupillary constriction. Aqueous humor, which is secreted in the posterior chamber, gains access. (From Thaler, A. I., & Thaler, M. S. [2022]. *The only neurology book you'll ever need: Print + eBook with multimedia*. Wolters Kluwer Health and Pharma; unimage 6.)

The **pupillary light reflex** begins when light enters the eye and stimulates the retina. The signal travels through the optic nerve (CN II) to the pretectal area of the midbrain, which sends signals to both sides of the **Edinger-Westphal nuclei**. From there, parasympathetic fibers travel with the oculomotor nerve (CN III) to the ciliary ganglion, then to the sphincter muscle, causing the pupil to constrict. Light in one eye normally causes both pupils to constrict—this is the direct and consensual light reflex.

The sympathetic pathway starts in the spinal cord (T1–T2), synapses in the superior cervical ganglion, and travels along the carotid artery to reach the iris dilator muscle, causing dilation. Disruption of this pathway (e.g., from a tumor or carotid artery dissection) can cause Horner syndrome, which includes **miosis** (small pupil), **ptosis** (droopy eyelid), and **anhidrosis** (lack of sweating) (Swaminathan & Panicker, 2024).

Pupil testing is an important assessment of neurologic function that is performed in both routine exams and emergency settings. Light is shined into one eye while the person looks into the distance. Both pupils should quickly and equally constrict. An abnormal or absent response can help identify damage in the eye, optic nerve, or brain stem.

Various conditions can affect pupil size. For example, CN III damage causes a dilated pupil that does not react to light. Opiates cause pinpoint pupils, while atropine and other medications that block the parasympathetic system cause nonphysiological dilation (**mydriasis**). When a complete ophthalmic exam is performed, eyedrops that cause pupil dilation (or mydriasis) are often instilled to facilitate examining the retina. Drugs that cause pupil constriction (miosis) may be used to reduce intraocular pressure (IOP) in the disorder called glaucoma, which will be discussed later in the chapter (Swaminathan & Panicker, 2024).

The Lens, Aqueous Humor, and Vitreous Humor

The **lens** of the eye is an important optical structure that refracts the rays of light that enter the pupil and directs the light toward the retinal surface at the back of the eye. The lens lies behind the iris and is connected to the ciliary body (two of the three components of the uvea). The area in front of the lens is composed of two compartments called the **anterior chamber** (located between the cornea and the lens) and the **posterior chamber** (located between the iris and the lens). A thin water-based fluid called the aqueous humor (produced by the ciliary body) is continually circulating through these chambers, contributing to the maintenance of IOP (Cleveland Clinic, 2022). The regulation of IOP will be discussed later in this chapter in the section on the disorder called glaucoma.

The posterior portion of the eye (approximately five sixths of the intraocular volume) is filled with a clear, gel-like **vitreous humor** (or **vitreous body**), which is composed primarily of water, salts, glycoproteins, proteoglycans, and dispersed collagen fibrils. In addition to filling the posterior segment of the eye, the vitreous humor also adheres to the retina near the ora serrata and the optic disc (Popescu et al., 2023).

The lens is an avascular, transparent, biconvex structure, with the posterior surface more curved than the anterior. It is suspended behind the iris by fine radial fibers called **zonules**, which connect the lens capsule to the ciliary body (Fig. 16-11). The **lens capsule** and zonules act like a tension system. At rest, they maintain the lens in a flatter shape suited for distant vision, and when the ciliary muscle contracts, it reduces tension on the zonules, allowing the lens to adopt a more convex shape, increasing its refractive power for near vision.

When light passes from one medium to another, its velocity is decreased or increased, and the direction of light transmission is changed. This change in the direction of light rays is called **refraction**. When light rays pass through the center of a lens, their direction is not changed. However, other rays passing peripherally through a lens are bent (Fig. 16-11A). The refractive power of a lens is expressed in diopters, the distance (in meters) from its surface to the point at which the rays come into focus (i.e., focal length). In the eye, the greatest refraction occurs at the curved corneal surface, with additional refraction occurring at the interfaces between the aqueous humor, lens, and vitreous humor.

Eye Movements and Gaze

Conjugate eye movements maintain parallel optical axes and allow fixation on the same target. **Gaze** refers to sustained focus in a particular direction. Eye movements are classified into **smooth pursuit** (tracking moving objects), **saccadic** (rapid shifts between points), **vergence** (coordinated movement for near/far focus), optic tremor, and **reflexive** movements (such as the **vestibulo-ocular reflex** and **optokinetic nystagmus**). These movements are integrated into brain stem and cortical circuits and persist during sleep, during coma, and even in congenital blindness, underscoring their fundamental role in vision (Wibble et al., 2022).

Disorders of Refraction and Accommodation

Disorders of Refraction

A perfectly shaped optic globe and cornea (along with both a clear cornea and a clear lens that can readily alter lens shape) combine to produce optimal visual acuity. **Visual acuity** refers to the production of a sharp, clear image in focus at all points of the fundus of the retinal

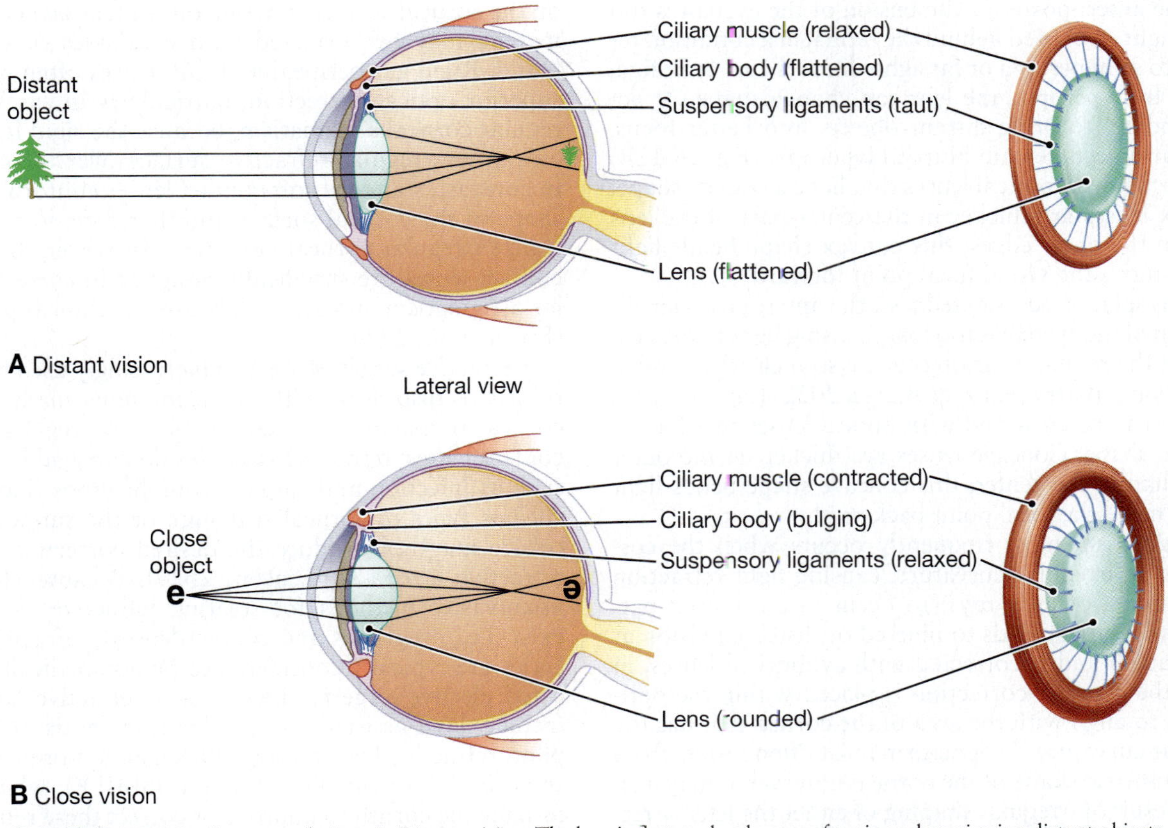

FIGURE 16-11. Accommodation. **A.** Distant vision. The lens is flattened to lessen refraction when viewing distant objects. **B.** Close vision. The lens is rounded to increase refraction when viewing close objects. When viewing a close object, the lens must become more rounded to focus light rays on the retina. (From Cohen, B. J., & Hull, K. L. [2015]. *Memmler's structure and function of the human body, SC* [11th ed.]. Wolters Kluwer Health and Pharma; Fig. 6.)

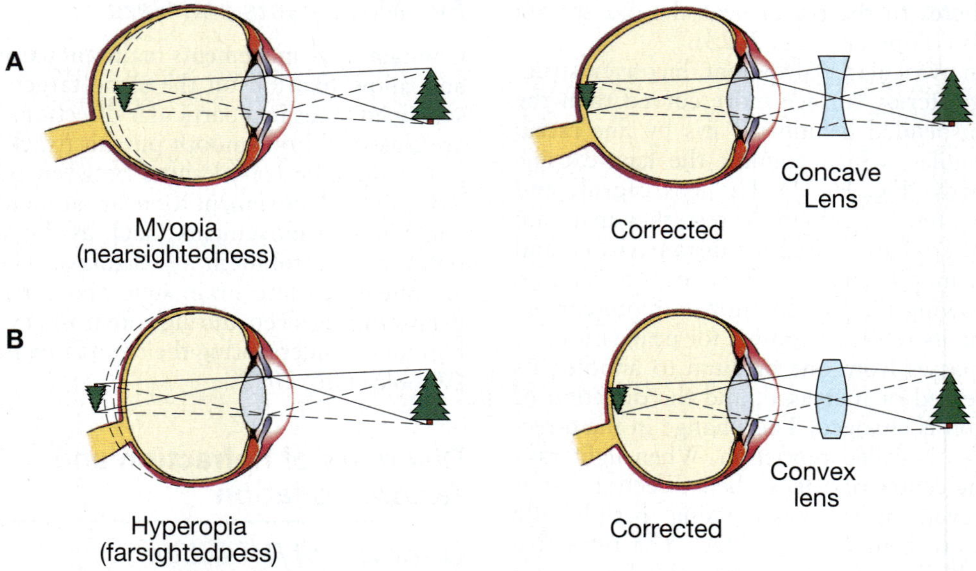

FIGURE 16-12. Errors of refraction. **A.** Myopia (nearsightedness). **B.** Hyperopia (farsightedness). A concave (inwardly curved) lens corrects for myopia; a convex (outwardly curved) lens corrects for hyperopia. (From Cohen, B. J., & DePetris, A. [2013]. *Medical terminology* [7th ed.]. Wolters Kluwer Health and Pharma; Fig. 13.)

surface. However, anatomical variations in the structure of the eyeball and cornea frequently cause refractive errors.

If the anteroposterior dimension of the eyeball is too short, light is focused behind the retina, in a condition referred to as **hyperopia** or farsightedness (Fauzi & Bunga, 2022). In hyperopia, the lens can change shape (or accommodate) to bring distant objects into better focus, but near objects remain blurry. Hyperopia (Fig. 16-12B) is corrected with optical lenses that have a convex shape. Convex lenses are thicker in the center part of the lens than on the outer edges; this convex shape bends light rays to move the visual focal point forward.

In **myopia**, or nearsightedness, the anteroposterior dimension of the eyeball is too long, causing light to focus in front of the retina. Near objects are seen clearly, but distant vision is blurry (Fauzi & Bunga, 2022) (Fig. 16-12A). Myopia can be corrected with optical lenses that have a concave shape. Concave lenses are thicker on the outer edges than in the center; this concave shape bends light rays to move the focal point backward.

Astigmatism most frequently occurs when the cornea has an irregular curvature, causing light refraction (the bending of light rays) to occur in an uneven pattern. Astigmatism leads to blurred or distorted vision at all distances and is corrected with cylindrical lenses, in which the cylinder correction is placed within the optical lens to align with the area of the cornea that has the irregular curvature. Astigmatism most often results from an asymmetric shape of the cornea; however, it may also be the result of irregular shaping of either the lens or retina (Zhang, Deng, et al., 2023; Zhang, Wu, et al., 2023).

The most common and least invasive method of correcting refractive disorders is the use of either eyeglasses or contact lenses (which are positioned directly on the corneal surface, floating on the tear layer). Astigmatism may be corrected with eyeglasses or contact lenses. Rigid gas permeable (RGP) lenses often provide superior optical correction, particularly in cases of irregular corneal astigmatism, because the rigid lens creates a new, regular refractive surface over the cornea. In contrast, standard soft contact lenses conform to the shape of the corneal surface and therefore do not neutralize irregular corneal curvature. However, toric soft contact lenses are specifically designed to correct regular astigmatism and are widely used in clinical practice (Efron et al., 2024).

Refractive surgeries are also increasingly used to treat refractive disorders, with small incisions made in the cornea to reshape it. In comparison to eyeglasses and contact lenses, refractive surgeries do carry added risks, such as infection and surgical complications (including various types of corneal scarring), or the surgical procedure may not produce the desired correction in the refractive error (Stephenson, 2024). Because effective noninvasive methods for treating refractive errors do exist (i.e., eyeglasses and contact lenses), refractive surgeries are typically considered to be nonmedically indicated, elective surgeries. Examples of refractive surgeries include laser-assisted in situ keratomileusis (LASIK), photorefractive keratectomy (PRK), and, more recently, small incision lenticule extraction (SMILE), which can reshape the cornea to improve or correct these refractive errors (Way et al., 2024).

Disorders of Accommodation

Accommodation is the process by which the lens changes its curvature to maintain the visual target in sharp focus on the retina. To adjust the focus to better view near objects, the accommodative process increases the curvature of the lens, ensuring that images remain sharp on the retina despite changes in viewing distance. This process involves several coordinated actions: the ciliary muscle contracts, reducing tension on the suspensory ligaments (zonules) and allowing the lens to become more convex; the pupils constrict (a response called miosis) to reduce optical aberrations and improve image clarity; and the eyes converge to align both visual axes on the near target. These three responses—lens thickening, pupillary constriction, and ocular convergence—are collectively known as the **near triad**. Parasympathetic fibers of the oculomotor nerve (CN III) control the contraction of the ciliary muscle (Motlagh & Geetha, 2022).

In far vision, the opposite occurs: the ciliary muscle relaxes, the lens flattens, and the pupils dilate to allow more light in and compensate for the reduced image size on the retina. Disruption of this system can lead to impaired accommodation. For example, cycloplegia refers to paralysis of the ciliary muscle, which prevents the lens from adjusting its shape for near vision and results in blurred close-up vision. This condition may be caused by certain medications, trauma, or nerve damage (Horwood & Waite, 2023). A common, age-related condition called **presbyopia** also impairs accommodation. With age, the lens becomes thicker and less elastic due to the accumulation of new outer lens fibers. Although lens fibers are not lost, this stiffening limits the lens's ability to change shape, resulting in diminished near focus. Presbyopia typically begins in middle age and is usually corrected with reading glasses or bifocal lenses (Motlagh & Geetha, 2022).

Binocular Vision Disorders

For optimal visual function, it is necessary that the two eyes focus simultaneously on the same fixation point, that the image of the object falls on symmetric areas of the fovea of each eye, and that the retinal and CNS visual mechanisms are functional. The combined function of these mechanisms allows an object to be imaged simultaneously on the fovea of both eyes and then perceived as a single, stereoscopic image (i.e., a single image with a 3D perception of depth). Strabismus and amblyopia are the two complex disorders that are most commonly associated with dysfunction of binocular vision. To understand these disorders, we need to first consider how eye movement is coordinated.

Extraocular Eye Muscles and Their Innervation

Three pairs of extraocular muscles—the superior and inferior recti, the medial and lateral recti, and the superior and inferior obliques—control the movements of each eye (Fig. 16-13). The four rectus muscles are named for their points of insertion on the sclera (medial, lateral, inferior, and superior), and the oblique muscles insert on the lateral posterior quadrant of the eyeball. This includes the superior oblique on the upper surface and the inferior oblique on the lower. Each muscle set is reciprocally innervated so that, when one muscle contracts, the opposing muscle relaxes. The medial and lateral recti move the eye side to side (adduction and abduction), while the superior and inferior recti control up and down eye movement (elevation and depression). The oblique muscles rotate the eye around its optic axis (intorsion and extorsion). A seventh muscle, the levator palpebrae superioris, elevates the upper lid (Adade & Das, 2023).

The extraocular muscles are innervated by three CNs. The abducens nerve (CN VI) innervates the lateral

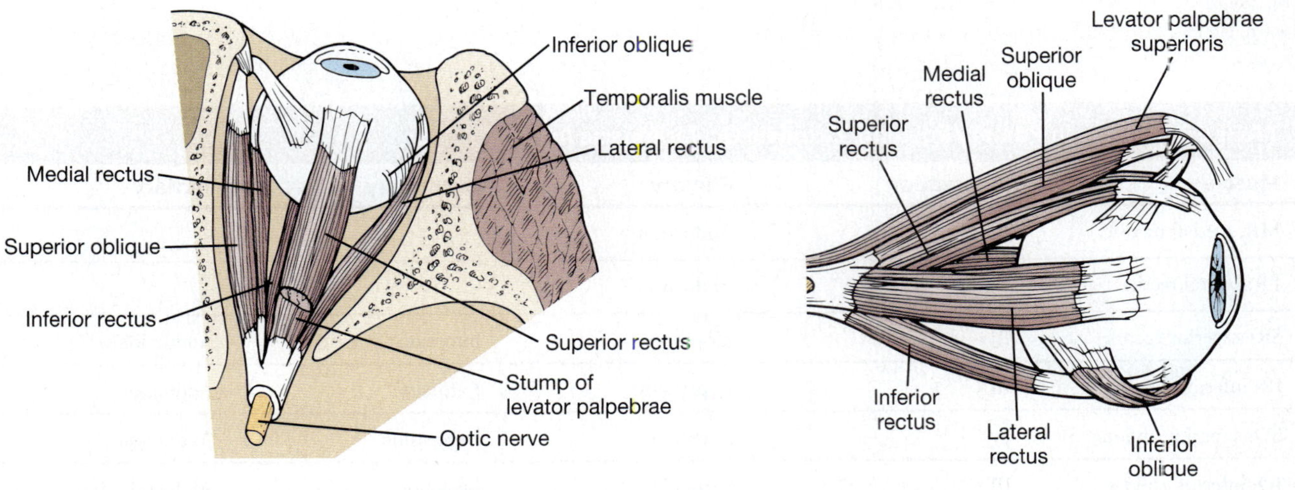

FIGURE 16-13. Extraocular muscles of the right eye.

rectus, the trochlear nerve (CN IV) innervates the superior oblique, and the oculomotor nerve (CN III) innervates the remaining four muscles (Table 16-1). The CN VI (abducens) nucleus, located in the caudal pons, controls lateral eye movement on the ipsilateral (same) side (abduction). Partial or complete damage to this nerve results in weakness or complete paralysis of the muscle. Medial gaze is normal, but the affected eye fails to rotate laterally with an attempted gaze toward the affected side, a condition called **medial strabismus**. The CN IV (trochlear) nucleus, located at the pons-midbrain junction, controls the contralateral or opposite side superior oblique muscle, which rotates the top of the globe inward toward the nose, a movement called **intorsion**. In combination with other muscles, it also contributes strength to the movement of the innervated eye downward and inward.

The CN III (oculomotor) nucleus, located in the midbrain, innervates the inferior rectus, superior rectus, inferior oblique, medial rectus, and levator palpebrae superioris. The medial rectus, superior rectus, and inferior rectus rotate the eye in the directions shown in Table 16-1. The action of the inferior rectus is antagonistic to that of the superior rectus. Because of its plane of attachment to the globe, the inferior oblique rotates the eye in the frontal plane (**torsion**), pulling the top of the eye laterally (**extorsion**). CN III also innervates the levator palpebrae superioris muscle, which elevates the upper eyelid and is involved in vertical gaze eye movements. As the eyes rotate upward, the upper eyelid is reflexively retracted, and in downward gaze, it is lowered, restricting exposure of the conjunctiva to air and reducing the effects of drying (Adade & Das, 2023).

Communication between the eye muscle nuclei of each side of the brain occurs via the posterior commissure and the **medial longitudinal fasciculus (MLF)**, which connects the midbrain and spinal cord. This system ensures reciprocal contraction and relaxation of paired eye muscles during movement. Lesions in the MLF, such as those caused by demyelinating disease or stroke, disrupt horizontal gaze coordination, resulting in **internuclear ophthalmoplegia**. Bilateral damage impairs lateral gaze in both directions (Sun et al., 2022).

Strabismus

Strabismus refers to any abnormality of eye coordination or alignment that results in the loss of binocular vision and depth perception. Strabismus is also sometimes called *crossed eyes* or *wall eyes* (and occasionally referred to by the much older name of "squint"). When the visual axes of the eyes fail to converge on the same target, **diplopia** (double vision) may result (Kraus & Kuwera, 2023). Strabismus may be a congenital condition but more frequently presents during early childhood (by the age of 6 years) as binocular vision function is developing. Early recognition and treatment of strabismus are important to promote optimal visual functioning and prevent vision loss.

In young children with strabismus, the developing visual system may adapt to ocular misalignment by suppressing input from one eye to avoid diplopia. This sensory adaptation prevents simultaneous bifoveal fusion and typically results in the loss of normal binocular vision and stereopsis; in some patterns (e.g., monofixation), a central suppression scotoma may coexist with preserved peripheral fusion. If suppression and fixation preference are persistent in one eye during the critical period of visual development, the deviating (nonfixating) eye is at risk for strabismic amblyopia (reduced best-corrected acuity from abnormal cortical development). By contrast, alternating fixation is generally associated with a lower risk of amblyopia because neither eye is consistently suppressed. In adults, new-onset strabismus typically produces diplopia, whereas long-standing childhood strabismus may be relatively free of diplopia due to established sensory adaptations (Kanukollu & Sood, 2023).

Strabismus may be classified by direction of deviation, muscle function, timing, or laterality (Table 16-2 and Fig. 16-14).

TABLE 16-1 Eye in Primary Position: Extrinsic Ocular Muscle Actions

Muscle[a]	Innervation	Primary	Secondary	Tertiary
MR: medial rectus	III	Adduction		
LR: lateral rectus	VI	Abduction		
SR: superior rectus	III	Elevation	Intorsion	Adduction
IR: inferior rectus	III	Depression	Extorsion	Adduction
SO: superior oblique	IV	Intorsion	Depression	Abduction
IO: inferior oblique	III	Extorsion	Elevation	Abduction

[a]In the schema of the functional roles of the six extraocular muscles, the major directional force applied by each muscle is indicated on the top. These muscles are arranged in functionally opposing pairs per eye and in parallel opposing pairs for conjugate movements of the two eyes. The Roman numerals indicate cranial nerve innervation: III (oculomotor), IV (trochlear), and VI (abducens).

TABLE 16-2 Classification of Strabismus

Classification Category	Term	Key Features	Clinical Significance
Direction of Deviation	Esotropia	Inward (medial) deviation	Most common in children
	Exotropia	Outward (lateral) deviation	Often intermittent early
	Hypertropia	Upward deviation	Often vertical muscle imbalance
	Hypotropia	Downward deviation	May indicate muscle paresis
	Cyclotropia	Torsional (rotational) deviation	Often associated with oblique muscle dysfunction
Muscle Function	Concomitant (Nonparalytic)	Equal deviation in all gaze directions; muscles structurally normal	Common in children; sensory adaptation possible
	Nonconcomitant (Paralytic)	Deviation varies with gaze; muscle paresis/paralysis present	Often neurologic etiology
Timing	Intermittent	Present only part of the time	Lower amblyopia risk
	Constant	Present continuously	Higher amblyopia risk if unilateral
Laterality	Monocular (Unilateral)	Same eye consistently deviates	Higher risk for amblyopia
	Alternating	Fixation alternates between eyes	Lower amblyopia risk

(American Academy of Ophthalmology, 2023; Kanukollu & Sood, 2023; Salmon, 2020)

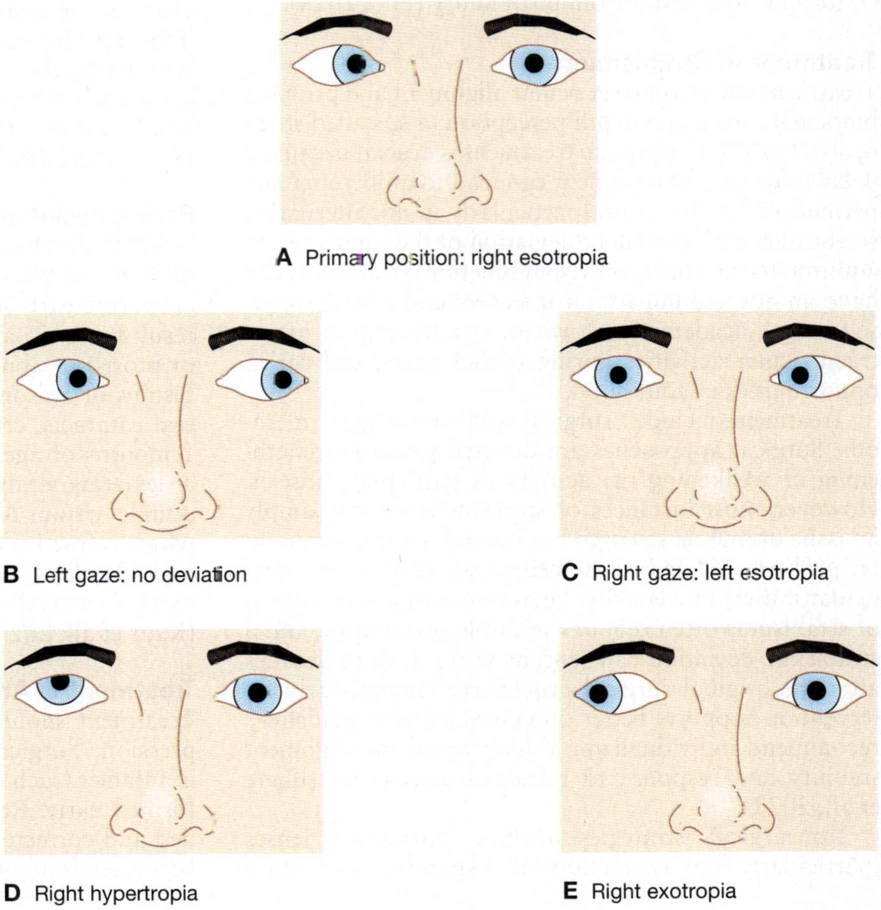

FIGURE 16-14. A–E. Paralytic strabismus associated with paralysis of the right lateral rectus muscle: (A) primary position with right esotropia of the eyes (looking straight ahead), (B) left gaze with no deviation, and (C) right gaze with left esotropia. D. Primary position of the eyes with weakness of the right inferior rectus and right hypertropia. E. Primary position of the eyes with weakness of the right medial rectus and right exotropia.

Nonparalytic Strabismus

Nonparalytic esotropia is the most common form of strabismus. The extraocular muscles are structurally normal, and the angle of deviation remains relatively consistent. Over time, compensation may lead to secondary muscle overactivity or underactivity. This condition may be infantile, accommodative, or mixed. Infantile esotropia, typically manifesting before 6 months of age, is associated with large-angle deviation but normal ocular movements. Many children with this form use each eye independently to fixate. Though the cause is unclear, there may be a genetic predisposition (Bilen, 2024).

Accommodative esotropia results from uncorrected hyperopia, where excessive focusing effort (accommodation) leads to excessive inward eye movement (convergence). Onset usually occurs between 18 months and 4 years. It can be monocular but can also alternate between eyes (Awadein et al., 2023).

Paralytic Strabismus

Paralytic strabismus is caused by paresis or paralysis of one or more extraocular muscles. When the unaffected eye fixates, the affected eye shows primary deviation. Conversely, when the affected eye fixates, the deviation in the unaffected eye is greater (secondary deviation) due to excessive innervational input needed to stabilize gaze. This condition is rare in children but more common in adults, often resulting from stroke, CN trauma, tumors, Graves disease, or myasthenia gravis. In infants, paralytic strabismus may result from birth injury (Jain, 2024).

Treatment of Strabismus

Treatment aims to correct ocular alignment and promote binocular vision and depth perception (also called stereopsis). Early and adequate treatment is crucial because a delay in or lack of treatment can lead to amblyopia and permanent loss of vision (particularly in nonalternating strabismus with persistent deviation of the same eye). In addition to the effects on visual function, strabismus can have an adverse impact on interpersonal relationships, self-image, academic performance, participation in extracurricular activities during school years, and career opportunities in adulthood.

Treatment includes surgical and nonsurgical methods. Surgical approaches are directed toward strengthening or weakening the activity of particular muscles. However, most instances of strabismus are not simply an issue of muscle strength but instead are neuromuscular problems related to the neurologic control of extraocular muscle movements. Therefore, surgical treatment of strabismus often requires multiple procedures, and a strabismic deviation can reoccur years or even decades after the original surgical procedure. Though early intervention supports better outcomes, current guidelines recommend individualizing timing based on alignment stability and response to refractive correction (Bhate et al., 2022).

Nonsurgical strategies include corrective lenses (particularly the correction of hyperopia to reduce accommodative strabismus), eyeglasses with prisms, occlusive patching, and vision therapy. Intermittent exotropia may be managed with patching, overminus lenses, and convergence training. Patching may assist in preventing visual suppression and is most effective in children under 3 years. Vision therapy involves structured exercises to improve fusion and convergence. If nonsurgical methods do not correct the strabismus, then surgery may be indicated. Unlike constant deviations, intermittent exotropia does not always require early surgery, as stereopsis may still develop with effective nonsurgical therapies (Kolomytskaya, 2024).

Botulinum toxin type A injections are an additional therapeutic option for temporary muscle paralysis. When injected into an overacting muscle, it allows the opposing muscle to reposition the eye, promoting realignment. Multiple treatments may be necessary to achieve lasting improvement (Bort-Martí et al., 2023).

Amblyopia

Amblyopia, sometimes called *lazy eye*, refers to a situation of abnormal visual development in infancy or early childhood in which the visual function between the two eyes is significantly different. In amblyopia, the deviation is typically unilateral, and the eye with the weaker visual function is the one that is deviated. This deviation results in diplopia, and because amblyopia presents in early childhood, the brain can suppress the vision of the deviating eye, which can lead to permanent loss of vision if the amblyopia is not corrected. Therefore, it is important for young children to have regular eye exams with particular assessment for deviation of the eyes because early detection and treatment can often reverse the amblyopic deviation and prevent permanent vision loss (Kaur et al., 2023).

Pathophysiology

Normal development of binocular vision relies on simultaneous binocular use of both foveae during a critical period early in life (birth to 5 years). Amblyopia can result from visual deprivation (e.g., congenital cataracts or ptosis) or abnormal binocular interaction (e.g., strabismus or anisometropia). In infants with dense unilateral cataracts, critical intervention should occur before 2 months of age. As previously discussed, the input of a deviating strabismic eye may be suppressed to avoid double vision. Anisometropia (which is a situation in which refractive differences exist between the two eyes) may also lead to suppression of vision in the eye with weaker vision despite the eyes being in proper alignment (Kaur et al., 2023).

Treatment of Amblyopia

Treatment should begin before age 6 to prevent suppression. Surgical correction of situations presenting in infancy (such as congenital cataracts) should be performed early. Refractive errors should also be identified and corrected promptly, as even young infants can be successfully fitted for eyeglasses. In certain forms of strabismus, alternate eye patching is sometimes done to encourage the use of both eyes. However, occlusion therapy must be carefully timed (2 to 5 hours/day), as excessive patching can lead to amblyopia in the better eye. Though amblyopia is unlikely to develop after age 8 or 9, recent research confirms that neuroplasticity persists into adolescence and adulthood. Newer therapies—such as perceptual learning programs, digital platforms, and virtual reality—can improve visual function and binocularity, even in older individuals (Kaur et al., 2023).

Eye Examination in Infants and Children

Early detection and prompt treatment of ocular disorders in children are essential to prevent amblyopia and lifelong visual impairment. The American Academy of Pediatrics (AAP), in collaboration with the American Association of Certified Orthoptists, the American Association for Pediatric Ophthalmology and Strabismus (AAPOS), and the American Academy of Ophthalmology (AAO), recommends that all newborns be screened in the nursery for structural ocular abnormalities and undergo **red reflex testing** to detect posterior segment abnormalities and visual axis opacities such as congenital cataracts or corneal opacity. An abnormal red reflex requires immediate referral to a pediatric eye specialist. Age-appropriate visual screenings should be conducted at all well-child visits to evaluate visual acuity, eye alignment, and ocular media clarity (Hutchinson et al., 2023).

SUMMARY CONCEPTS

Binocular vision depends on the coordinated action of the extraocular muscles, which are innervated by CNs III, IV, and VI, to move the eyes in all directions and rotate them around their optical axes. For normal visual function, both eyes must fixate on the same point so that the images can be fused by the brain. Binocular fusion is maintained through ocular motor reflexes that adjust eye orientation to ensure a single, unified image. Conjugate gaze refers to the coordinated movement of both eyes in the same direction, maintaining parallel optical axes during upward, downward, or lateral gaze.

Strabismus is a misalignment of the eyes with disruption of binocular coordination, resulting in diplopia (double vision). Types of strabismus include esotropia (inward deviation), exotropia (outward deviation), hypertropia (upward deviation), hypotropia (downward deviation), and cyclotropia (torsional deviation). Paralytic strabismus arises from CN palsy or muscle weakness, while nonparalytic strabismus typically involves normal muscle function but improper length, insertion, or control, often associated with accommodation disorders.

Amblyopia, or "lazy eye," is often related to an asymmetrical reduction in visual function due to abnormal visual development during infancy or early childhood. Amblyopia may result from inadequate stimulation of central visual pathways, commonly due to visual deprivation (e.g., cataracts), abnormal binocular function (e.g., strabismus), or asymmetric visual acuity (anisometropia) during a critical period of visual development.

Eyelid Disorders

Various types of eyelid disorders can occur, which may result in obstruction of the vision pathway as well as disruption of the protective functions of the eyelids.

Eyelid Weakness

Ptosis is the drooping of THE eyelid and may result from weakness or paralysis of the levator muscle or its innervation (Fig. 16-15). It can occur in neurologic conditions such as third nerve palsy or Horner syndrome. In contrast, weakness of the orbicularis oculi causes incomplete eyelid closure but does not cause ptosis (Shahzad & Siccardi, 2023).

Entropion, the inward turning of the lid margin, is often age-related (involutional) or caused by conjunctival scarring (Mehta, 2024). This malposition causes eyelashes to rub against the cornea, leading to irritation. **Ectropion**, or eversion of the lower lid margin, is also commonly seen with aging due to weakening of the orbicularis oculi or facial nerve palsy. It can result in excessive tearing and exposure-related irritation. Both conditions may be treated surgically or, in select cases, temporarily with botulinum toxin (Mehta, 2024).

Eyelid Inflammation

Blepharitis is a chronic inflammation of the eyelid margins and may be classified as anterior or posterior (Fig. 16-16). Anterior blepharitis often results from seborrheic dermatitis or *Staphylococcus aureus* colonization. Symptoms include lid redness, scaling, itching, and irritation. Treatment includes lid hygiene with warm compresses and gentle cleansing. It is important to prevent touching, rubbing, or wiping the affected eyes. If a bacterial infection is present, topical antibiotic ointments may be prescribed. Posterior blepharitis involves the meibomian glands and is frequently associated with rosacea. Gland orifice plugging, altered secretions, and foamy tears are characteristic. Management includes

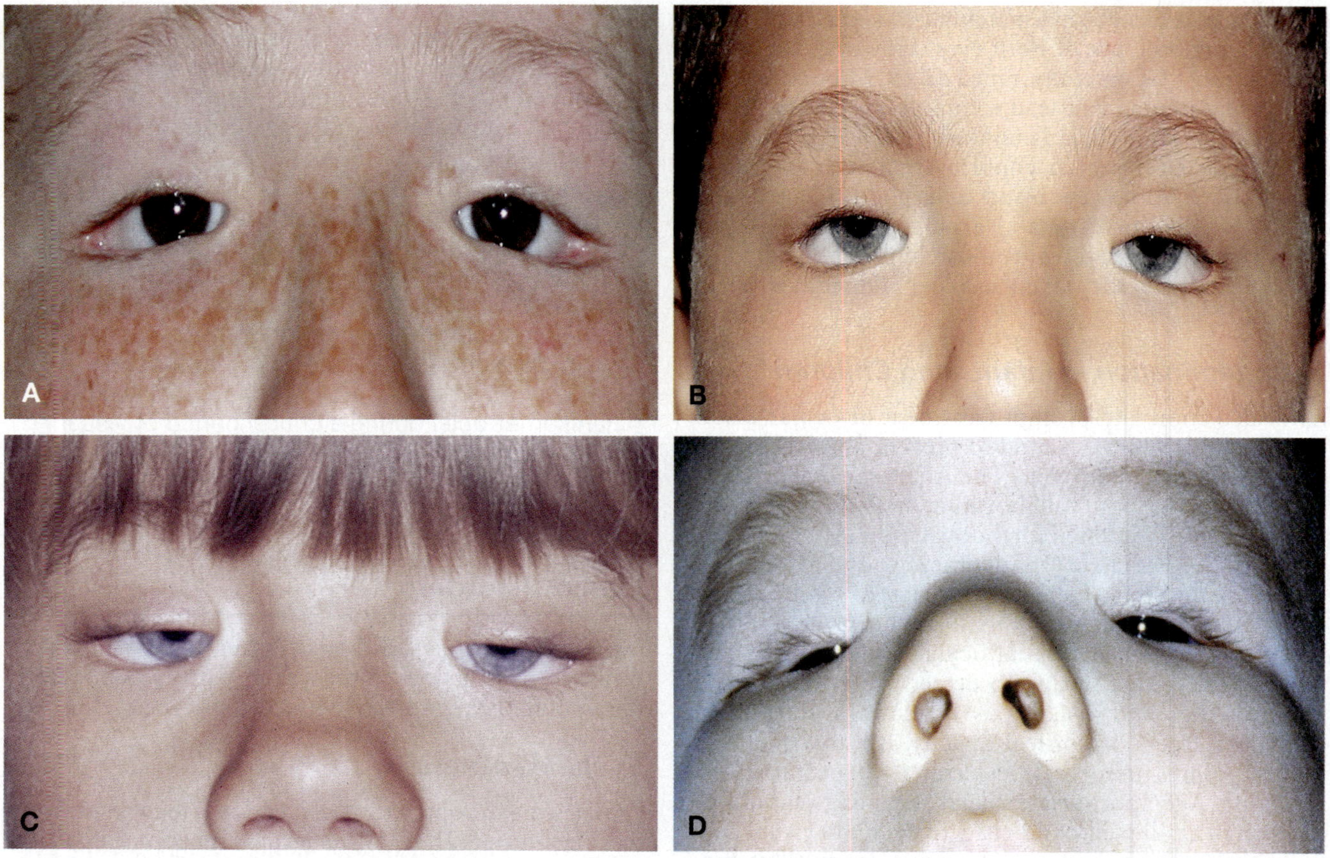

FIGURE 16-15. Variable degrees of ptosis in blepharophimosis syndrome. **A.** Moderate ptosis without obstruction of the visual axis. **B.** Moderate ptosis with bisection of the visual axis. **C.** Severe ptosis obstructing the visual axis. **D.** Severe profound ptosis completely obliterating the visual axis with the typical chin-up head position. (From Dutton, J., Proia, A., & Tawfik, H. [2022]. *Comprehensive textbook of eyelid disorders and diseases*. Wolters Kluwer Health and Pharma; Fig. 2.)

warm compresses, lid massage, and, in moderate-to-severe cases, oral antibiotics such as doxycycline (Eberhardt et al., 2024).

A **hordeolum**, or **stye**, is an acute infection of a meibomian gland or other eyelid structure, typically caused by *S. aureus*. It presents as a painful, red swelling on the lid margin. Treatment includes warm compresses, and if unresolved in 2 to 3 days, referral to ophthalmology is appropriate (Rupani, 2023). A **chalazion** is a chronic, noninfectious obstruction of a meibomian gland that presents as a painless, firm nodule on the tarsus. Initial management includes warm compresses, but persistent lesions may require incision and curettage or intralesional corticosteroids. Antibiotics are not indicated unless a secondary infection is suspected (Rupani, 2023).

Lacrimal Disorders

Lacrimal disorders are related to a deficiency of tear production or an abnormality in the composition of the tear layers. These disruptions of the protective tear layer can make the surface of the eye vulnerable to injury.

Dry Eye Disease

Dry eye disease (DED) is a multifactorial disorder characterized by a loss of homeostasis of the tear film and ocular surface inflammation. DED may be related to

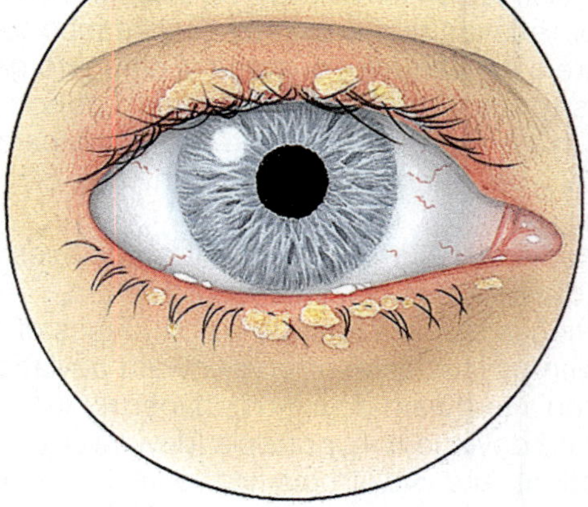

FIGURE 16-16. Blepharitis.

tear film instability, hyperosmolarity, inflammation, or neurosensory abnormalities (Mondal et al., 2023).

The tear film has three layers: a superficial lipid layer (produced from lipids secreted by the meibomian glands of the eyelids), an aqueous layer (from lacrimal glands), and a mucin layer (from conjunctival goblet cells). DED may be aqueous-deficient, often related to autoimmune diseases (e.g., Sjögren syndrome), or evaporative, commonly due to meibomian gland dysfunction, incomplete blinking, or eyelid malposition. Symptoms include dryness, burning, gritty sensation, redness, photophobia, and blurred vision. Treatment ranges from artificial tears to anti-inflammatory therapies, punctal plugs, or lid procedures, depending on severity (Mondal et al., 2023).

Dacryocystitis

Dacryocystitis is inflammation of the lacrimal sac secondary to nasolacrimal duct obstruction (dacryostenosis). It presents with tearing, mucopurulent discharge, and tenderness near the medial canthus. Treatment includes the application of warm compresses and antibiotic therapy. In infants, congenital nasolacrimal duct obstruction is common and often resolves spontaneously or with massage. Probing is reserved for persistent obstruction beyond 12 months (Chi et al., 2024).

SUMMARY CONCEPTS

Ptosis refers to drooping of the upper lid, which is most commonly caused by dysfunction of the levator palpebrae superioris muscle, often due to injury or impairment of CN III. Entropion refers to the inward turning of the eyelid margin, typically the lower eyelid, causing eyelashes to rub against the cornea, resulting in irritation. Ectropion, or eversion of the lower eyelid, is usually related to aging or facial nerve weakness and may lead to tearing and exposure-related corneal inflammation. Blepharitis, or inflammation of the eyelid margins, is the most common eyelid disorder. It may be anterior, involving the lashes and lid margins, and caused by a staphylococcal infection or seborrheic dermatitis, or posterior, involving the meibomian glands and often associated with rosacea.

Tears protect the cornea from drying, remove debris, and provide immune defense. Disorders that reduce tear production or disrupt tear distribution, such as meibomian gland dysfunction or incomplete blinking, may lead to DED, which predisposes the eye to corneal irritation and injury. Dacryocystitis is an infection of the lacrimal sac, typically secondary to nasolacrimal duct obstruction.

Conjunctival Disorders

Conjunctivitis, commonly referred to as "pink eye," is inflammation of the conjunctiva and represents one of the most common eye disorders (Jasim & Al-Jubory, 2024). It may result from bacterial or viral infection, allergens, environmental irritants, chemical exposure, or radiant energy. Clinical manifestations vary with etiology and may range from mild hyperemia (redness) and tearing to severe conjunctivitis with mucopurulent discharge. Symptoms commonly include a foreign body sensation, burning or itching, photophobia, and conjunctival injection. Watery discharge is typical of allergic or viral causes, while mucopurulent or purulent discharge suggests bacterial or fungal infection. **Papillary hypertrophy**, enlargement of small mounds on the palpebral conjunctiva, may develop in response to chronic irritation, with a cobblestone appearance typical in **allergic conjunctivitis** and the presence of red, velvety papillae more common in **bacterial conjunctivitis** (Jasim & Al-Jubory, 2024).

The diagnosis of conjunctivitis is usually clinical and based on patient history and physical examination. Routine cultures are not required for uncomplicated conjunctivitis but may be necessary in hyperacute, neonatal, chronic, or treatment-resistant cases. Eye redness caused by conjunctivitis typically involves dilation of peripheral conjunctival vessels and mild discomfort, whereas corneal lesions and acute angle-closure glaucoma produce more severe pain and pericorneal injection. Bilateral involvement is more common in viral and allergic conjunctivitis, while unilateral disease may indicate a localized irritant such as a foreign body or chemical (Jasim & Al-Jubory, 2024).

Allergic Conjunctivitis

Allergic conjunctivitis encompasses a range of immunoglobulin E (IgE)–mediated responses, the most common being seasonal allergic conjunctivitis (hay fever), triggered by airborne allergens like pollens. Symptoms typically include bilateral tearing, itching, redness, and sometimes lid swelling (Fig. 16-17). Treatment involves allergen avoidance, cool compresses, artificial tears, and the use of oral second-generation, nonsedating antihistamines or topical antihistamines and mast cell stabilizers (Labib & Chigbu, 2022).

Infectious Conjunctivitis

Infectious conjunctivitis may be caused by bacteria, viruses, gonorrhea, or chlamydia and can result from direct contact, autoinoculation, or systemic infections such as measles or varicella. Newborns may acquire conjunctivitis during passage through the birth canal. Most infectious conjunctivitis resolves spontaneously, but antibiotics may shorten the duration in bacterial cases.

Bacterial Conjunctivitis

Bacterial conjunctivitis may be acute, chronic, or hyperacute. **Acute bacterial conjunctivitis** commonly presents

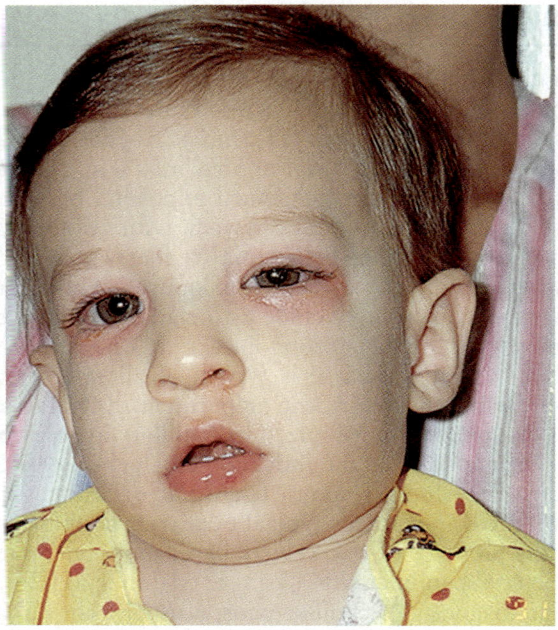

FIGURE 16-17. Allergic conjunctivitis—usually bilateral and common in people with ectopic (allergic) conditions; associated with slight watery discharge and itching of the eye. (From Fleisher, G. R., Ludwig, S., & Baskin, M. N. [2015]. *Atlas of pediatric emergency medicine*. Lippincott Williams & Wilkins; Fig. 15-3.)

with burning, tearing, and mucopurulent or purulent discharge. It often starts in one eye and spreads to the other within 24 to 48 hours. Common pathogens include *Streptococcus pneumoniae*, *S. aureus*, and *Haemophilus influenzae* in adults and *Moraxella catarrhalis* in children. Antibiotic drops may be used, particularly in pediatric cases when symptoms persist beyond 1 week (Padayachee et al., 2024).

Hyperacute conjunctivitis, most commonly caused by *Neisseria gonorrhoeae*, is a severe, sight-threatening infection with a sudden onset of copious yellow-green discharge, marked by conjunctival inflammation, eyelid swelling, and tender preauricular lymphadenopathy (Fig. 16-18). It requires immediate Gram stain, culture, and systemic antibiotic treatment due to the risk of corneal perforation. The condition is an ocular emergency and is often associated with concurrent genital infection. Gonococcal ophthalmia in newborns requires prompt systemic therapy (Padayachee et al., 2024)

Viral Conjunctivitis

Viral conjunctivitis, often caused by adenoviruses, presents with watery discharge, diffuse conjunctival hyperemia, and preauricular lymphadenopathy. It is frequently associated with upper respiratory tract infections and is highly contagious (Fig. 16-19). Outbreaks can occur in community settings, particularly where there is poor hygiene or contaminated swimming pools. Treatment is supportive and includes artificial tears and cold compresses. Topical antibiotics are not routinely recommended unless bacterial superinfection is suspected; topical antivirals are not used for adenoviral conjunctivitis (Muto et al., 2023).

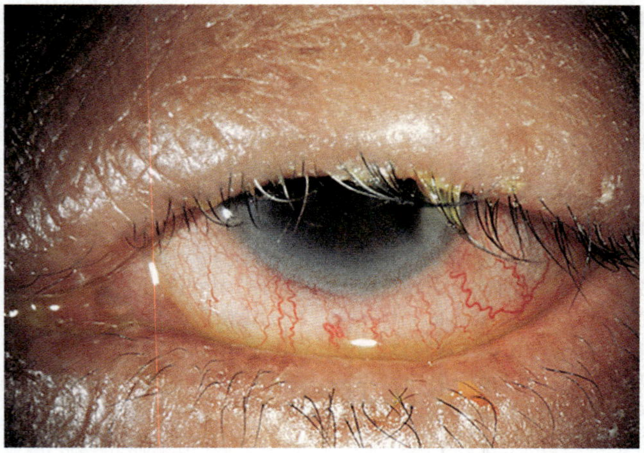

FIGURE 16-18. Bacterial conjunctivitis should be suspected if there is purulent (yellow or green) discharge, injected (red sclera), and numerous inflamed follicles. Occasional blurring is common but should not be painful, constant blurring, or photophobia. (From Tasman, W., & Jaeger, E. [2001]. *The Wills eye hospital atlas of clinical ophthalmology* [2nd ed.]. Lippincott Williams & Wilkins; Fig. 1-14.)

Chlamydial Conjunctivitis

Two major forms of **chlamydial conjunctivitis** are recognized. **Trachoma**, caused by *Chlamydia trachomatis* serotypes A to C, is the leading infectious cause of preventable blindness worldwide, though it is rare in developed countries. It is endemic in parts of Africa, Asia, and the Middle East and is managed globally under the WHO's SAFE strategy (Surgery, Antibiotics, Facial cleanliness, Environmental improvement) (Darville, 2025; World Health Organization, 2023). **Inclusion conjunctivitis**, associated with serotypes D to K, is a sexually transmitted infection that can be passed to newborns during vaginal delivery. It is also common in sexually active adolescents and adults. Treatment includes systemic

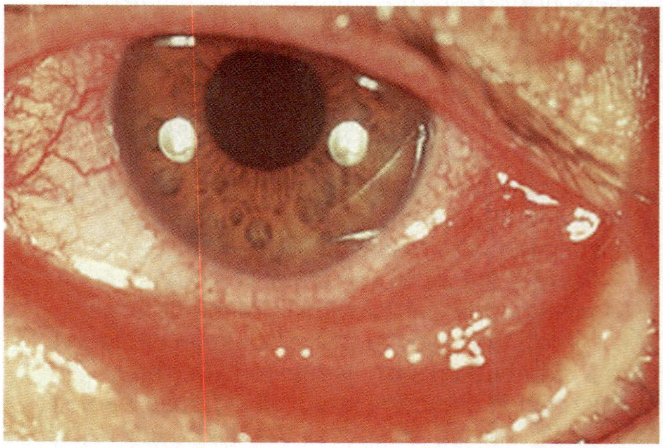

FIGURE 16-19. Viral conjunctivitis is most often associated with a watery discharge from the eye that may be accompanied by sinus congestion and rhinorrhea (runny nose), slightly injected (diffusely pink), and numerous follicles on the inferior conjunctiva. (From Jensen, S. [2018]. *Nursing health assessment: A best practice approach* [3rd ed., p. 344]. Lippincott Williams & Wilkins.)

azithromycin and management of sexual partners in accordance with current STI treatment guidelines (Darville, 2025).

Uveal Disorders

The primary types of uveal disorders are related to alterations of the uveal pigments and to inflammatory causes.

Albinism

Disorders of pigmentation, such as oculocutaneous **albinism**, affect melanin production in the uveal tract. In some forms of albinism, especially those involving tyrosinase deficiency, melanin is absent or reduced, resulting in light blue irises, hypopigmented retinas, and translucent sclerae (Ma et al., 2022). This lack of pigment allows excess light to scatter within the eye, overwhelming the photoreceptors, reducing visual acuity, and causing significant photophobia.

Uveitis

Uveitis refers to inflammation of the uveal tract and may be classified based on location: anterior, intermediate, posterior, or panuveitis (involving the entire tract). It can arise from infectious (viral, bacterial, fungal, or parasitic) or noninfectious (autoimmune, malignant, or idiopathic) causes. In high-income countries, noninfectious autoimmune uveitis is more common and often associated with systemic diseases such as ankylosing spondylitis, sarcoidosis, juvenile idiopathic arthritis, and Behçet disease (Ghadiri et al., 2023).

Infectious uveitis may result from herpes simplex, varicella-zoster, *Toxoplasma gondii*, *Mycobacterium tuberculosis*, *Treponema pallidum* (syphilis), and cytomegalovirus (CMV; particularly in immunocompromised patients). Parasitic infections involving the choroid, such as toxoplasmosis and histoplasmosis, can produce chorioretinitis with retinal scarring and visual loss.

Uveitis can threaten vision through complications such as retinal detachment, cystoid macular edema, glaucoma, or cataract formation. Management depends on the etiology and severity and may involve topical or systemic corticosteroids, immunosuppressants, or biologic agents like tumor necrosis factor-alpha (TNF-α) inhibitors for autoimmune forms. Prompt diagnosis and referral to an ophthalmologist are critical to prevent long-term visual impairment (Ghadiri et al., 2023).

Neoplastic involvement of the uveal tract, though rare, includes metastatic tumors—most commonly from breast, lung, or gastrointestinal malignancies—and primary uveal lymphoma, which may present insidiously and typically requires radiation therapy.

Corneal Disorders

Common disorders of the cornea include trauma, infection (keratitis), inflammatory responses, metabolic deposits, and degenerative age-related changes. Diagnosis involves history taking, slit-lamp examination, and fluorescein staining. In cases of suspected infection, cultures or polymerase chain reaction (PCR) testing may be performed. A digital imaging technique called confocal microscopy can aid in diagnosing rare infections like *Acanthamoeba* (Komninou et al., 2024).

Corneal Trauma

The integrity of the epithelium and the endothelium is necessary to keep the hydration of the cornea within a limited range. Corneal trauma can result from foreign bodies, contact lens overuse, or chemical exposure. Superficial epithelial abrasions heal quickly with scarring, while deeper stromal injuries are slower to heal and more prone to infection and permanent scarring. Contact lens overwear is a major cause of epithelial breakdown and hypoxic edema, leading to decreased acuity and rainbow halos (iridescent vision). Corneal edema from trauma or elevated IOP results in a dull, hazy appearance (Xu & Huang, 2024).

Keratitis

Keratitis, or inflammation of the cornea, can arise from infections (bacteria, viruses, fungi, or protozoa) or noninfectious causes such as trauma or exposure to chemicals or UV light. Symptoms include pain, photophobia, conjunctival hyperemia (redness), and corneal clouding. Contact lens wear, especially improper overnight use or exposure to contaminated water, is a major risk factor for infectious keratitis (Stapleton, 2023). Prompt medical attention is critical to prevent vision loss.

Herpes Simplex Keratitis

Herpes simplex virus (HSV) keratitis is the leading cause of corneal blindness globally (Stapleton, 2023). Most cases are caused by HSV type 1; HSV type 2 is more common in neonatal infections. The virus can lie dormant in the trigeminal ganglion and reactivate due to stress or immunosuppression. Lesions typically affect one eye and begin with irritation, tearing, and photophobia. Classic findings include dendritic (branching) epithelial ulcers seen with fluorescein stain. Epithelial infections often heal without scarring, but stromal keratitis can lead to opacification and vision loss. Treatment includes topical or oral antiviral therapy (e.g., acyclovir or valacyclovir). Topical corticosteroids may be used in stromal keratitis under specialist supervision but are contraindicated in epithelial disease (Musa et al., 2024).

Varicella-Zoster Ophthalmicus

Reactivation of the varicella zoster virus in the ophthalmic division of CN V causes herpes zoster ophthalmicus, seen in 10% to 25% of zoster cases. It presents with fever, malaise, and a vesicular rash over the forehead and periorbital region, often involving the tip of the nose (Hutchinson's sign). Ocular involvement may include conjunctivitis, keratitis, anterior uveitis, and elevated

IOP. Treatment includes high-dose oral antivirals, such as acyclovir or valacyclovir (Litt et al., 2024).

Acanthamoeba Keratitis

Acanthamoeba is a rare, serious protozoal infection associated with soft contact lenses, especially in the context of poor hygiene or contaminated water or soil exposure. *Acanthamoeba* keratitis is characterized by severe pain that is disproportionate to the clinical manifestations, redness of the eye, and photophobia. The disorder is commonly misdiagnosed as herpes keratitis or fungal keratitis. Diagnosis is confirmed by confocal microscopy, fluorescein stain, or culture/biopsy. To preserve vision, an immediate referral and treatment with topical anti-amoebic agents are essential (Zhang, Xu, et al., 2023).

Abnormal Corneal Deposits

Systemic metabolic disorders can lead to corneal deposition of abnormal substances. In hypercalcemia, calcium salts can precipitate in the cornea, producing a cloudy **band keratopathy**. Cystine crystals are deposited in cystinosis, cholesterol esters in hypercholesterolemia, and a golden ring of copper (i.e., Kayser-Fleischer ring) in Wilson disease (Panthagani et al., 2022). The use of pharmacologic agents, such as chloroquine, amiodarone, tamoxifen, and some nonsteroidal anti-inflammatory drugs, can also result in drug-induced corneal issues (Sahyoun et al., 2022).

Arcus senilis is a bilateral, benign, peripheral corneal lipid deposit that appears as a gray-white arc. It is common in aging and associated with hyperlipidemia but does not impair vision.

Corneal Dystrophies and Dysplasia

Corneal dystrophies are a group of genetically determined, noninflammatory disorders that affect one or more layers of the cornea. These conditions are typically bilateral, progressive, and not associated with systemic disease or environmental factors (Kannabiran et al., 2022). They are classified by the layer affected—epithelial, stromal, or endothelial—and vary in clinical presentation, severity, and age of onset. Common symptoms include blurred vision, recurrent corneal erosions, glare, and foreign body sensation, though some dystrophies remain asymptomatic until advanced stages.

One of the most common epithelial dystrophies is **epithelial basement membrane dystrophy (EBMD)**. It results from abnormal epithelial adhesion and is associated with recurrent corneal erosion. Stromal dystrophies include granular, lattice, and macular dystrophies, all characterized by the deposition of abnormal material within the stroma that impairs transparency. **Fuchs endothelial corneal dystrophy (FECD)**, the most prevalent endothelial dystrophy, typically affects older adults and involves progressive loss of endothelial cells, leading to corneal edema and vision loss. FECD is now recognized as having both sporadic and familial forms, with several associated TCF4 gene trinucleotide repeat expansions identified (Altamirano et al., 2024).

Diagnosis is based on slit-lamp examination, family history, and, in some cases, anterior segment optical coherence tomography (AS-OCT) or confocal microscopy. Genetic testing may aid in differentiating subtypes. Treatment depends on severity and symptoms. Mild disease may require only lubricating drops, while recurrent erosions may benefit from hypertonic saline, bandage contact lenses, or phototherapeutic keratectomy (PTK). Advanced dystrophies with significant vision loss—especially FECD—may require endothelial keratoplasty (e.g., DMEK or DSEK) (Kannabiran et al., 2022).

Corneal Transplantation

Over 40,000 corneal transplants are performed in the United States yearly (Musa et al., 2023). Transplants can be full-thickness (penetrating keratoplasty, PK) or layer-specific (e.g., Descemet's membrane endothelial keratoplasty [DMEK] or Descemet's stripping endothelial keratoplasty [DSEK]), which preserve more native tissue, reduce rejection risk, and allow faster recovery. Although corneal grafts are less prone to rejection than solid organ transplants, immune responses can still occur, especially in inflamed or vascularized corneas. Prompt recognition of rejection (e.g., redness, photophobia, graft haze) is critical for graft survival (Musa et al., 2023).

SUMMARY CONCEPTS

Conjunctivitis, also called *pink eye*, is inflammation of the conjunctiva and may result from bacterial or viral infection, allergens, chemical irritants, physical agents, or radiant energy. It is important to distinguish redness caused by conjunctivitis from similar symptoms seen in more serious eye disorders, such as acute glaucoma or corneal lesions.

Inflammation of the uveal tract (uveitis) may be caused by autoimmune disease, infection, or, less commonly, malignancy. It can affect any part of the uveal tract and often leads to complications such as retinal damage, glaucoma, or vision loss if not promptly treated.

Keratitis, or inflammation of the cornea, can be caused by infection, trauma, or improper contact lens use. It can also result from autoimmune disease or exposure to UV light. Involvement of the deeper stromal layer leads to healing by scar formation, resulting in permanent corneal opacities that impair light transmission and reduce visual acuity.

Cataracts

A **cataract** is an opacity of the lens that interferes with the transmission of light to the retina, resulting in visual impairment. Cataracts are the most common cause of age-related visual loss in the world, with more than half of Americans either having cataracts by the age of 80 (Cicinelli et al., 2023).

Causes and Types of Cataracts

Cataract formation is considered multifactorial, with aging being the most common cause. Other risk factors include genetics, metabolic disorders such as diabetes, long-term corticosteroid use, tobacco use, and excessive exposure to UVB radiation. Some cataracts are congenital (infantile), resulting from in utero infections (e.g., rubella), genetic syndromes, or maternal diabetes (Lenhart & Lambert, 2022). Others are traumatic, caused by direct injury, foreign bodies, or exposure to ionizing radiation. Foreign body injury that interrupts the lens capsule allows aqueous and vitreous humor to enter the lens and initiate cataract formation. Drug-induced cataracts have been linked to corticosteroids (systemic and inhaled), phenothiazines, amiodarone, and miotic agents like phospholine iodide. When such medications are prescribed, periodic eye exams are recommended to monitor for lens changes (Cicinelli et al., 2023).

Age-Related Cataracts

Age-related cataracts are the most common form and develop gradually with aging, causing age-related vision loss in the world. As new lens fibers are deposited in the outer cortex, the central nucleus becomes compressed and dehydrated. This process alters the biochemical properties of the lens: proteins become more insoluble, yellow pigment accumulates, and vacuoles may form. Protein aggregation and oxidative stress cause the lens to lose its transparency, leading to blurred vision, glare, and distortion (Yuan et al., 2022). Vision loss is typically progressive and bilateral.

Clinical Manifestations

The manifestations of cataracts depend on the extent of opacity and whether the defect is bilateral or unilateral. With the exception of traumatic or congenital cataracts, most cataracts are bilateral and symmetrical. Common complaints include difficulty with night vision, glare in bright light, halos around lights, and blurred or dimmed vision for both near and distant objects. Pupil dilation in dim light can sometimes temporarily improve vision by allowing light to pass through clearer parts of the lens (Cicinelli et al., 2023).

Diagnosis and Treatment

Diagnosis of cataracts is made by slit-lamp examination, visual acuity testing (i.e., Snellen chart), and direct or indirect ophthalmoscopy. Cataracts may appear as a cloudy area in the pupillary aperture or as opacities on the red reflex of the fundus. No medical treatments reverse cataracts. Conservative measures such as brighter lighting, magnification, or bifocals may help in the early stages. Definitive treatment involves surgical removal of the lens followed by intraocular lens (IOL) implantation (Cicinelli et al., 2023). The most common surgical technique is phacoemulsification, where the lens is fragmented with ultrasound and aspirated. Advances in monofocal, multifocal, toric, and extended depth-of-focus (EDOF) intraocular lens implants have significantly improved visual outcomes and reduced dependence on glasses (Megiddo-Barnir & Alió, 2023).

SUMMARY CONCEPTS

A cataract is a lens opacity. It can occur as a result of congenital influences, metabolic disturbances, infection, injury, and aging. The most common type of cataract is the senile cataract, which occurs with aging. The treatment for a totally opaque or mature cataract is surgical extraction. An intraocular lens implant may be inserted during the surgical procedure to replace the removed lens; otherwise, thick convex lenses or contact lenses are used to compensate for the loss of lens function.

Glaucoma

Glaucoma is now understood as a chronic, progressive optic neuropathy rather than merely a disease of elevated IOP. It is the leading cause of irreversible blindness worldwide. There are two major types of glaucoma: primary open-angle glaucoma (POAG) and primary angle-closure. POAG can occur even when IOP is within a normal range (10–21 mm Hg); however, elevated pressure remains a key risk factor. Primary angle-closure is less common overall but more prevalent in the East Asian and Inuit populations.

Control of Intraocular Pressure

Intraocular pressure is regulated primarily by the production and drainage of aqueous humor, which fills the anterior and posterior chambers of the eye. The aqueous humor is produced by the ciliary body, flows from the posterior chamber through the pupil into the anterior chamber, and exits via the trabecular meshwork at the iridocorneal angle into the canal of Schlemm, returning to the venous circulation (see Fig. 16-20A). The pressure of the aqueous humor is determined by the balance between production and outflow. Normally, aqueous production and drainage are balanced, maintaining IOP between approximately 10 and 21 mm Hg.

Tonometry is used to measure IOP. The most accurate device is the Goldmann applanation tonometer, which flattens a small area of the cornea. Noncontact (air-puff) tonometry is less accurate but is often used for screening.

Pathophysiology of Glaucoma

Glaucoma results from congenital or acquired abnormalities that impair aqueous humor outflow, leading to optic nerve damage. It is broadly classified as open-angle or angle-closure and as primary (no predisposing condition) or secondary (resulting from trauma, inflammation, or other diseases). In glaucoma, vision loss occurs due to retinal ganglion cell degeneration and optic nerve head damage. A healthy optic disc has a small depression in the center, called the **optic cup**, which typically occupies less than 30% of the total disc area. With increased IOP, loss of nerve tissue causes the cup to become larger. This progressive cupping of the optic disc, visible on ophthalmoscopic exam, reflects this damage. These changes often precede detectable visual field loss, making regular screening essential. Newer tools like OCT and scanning laser polarimetry can detect early retinal nerve fiber layer thinning before symptoms occur.

Primary Open-Angle Glaucoma

Primary open-angle glaucoma (POAG) is the most common form of glaucoma and is typically asymptomatic with slow progression. The condition is characterized by an abnormal increase in IOP that occurs without obstruction at the iridocorneal angle, hence the name *open-angle glaucoma*. Instead, increased pressures typically occur because of an abnormality of the trabecular meshwork that controls the flow of aqueous humor into the canal of Schlemm (see Fig. 16-20B). Elevated IOP is a common finding in open-angle glaucoma, but it is not the only diagnostic factor. Some people maintain a higher IOP without evidence of optic nerve damage or visual field loss. Conversely, in **normal-tension glaucoma**, optic nerve damage is present while IOPs are normal.

Pathophysiology

The etiology of POAG remains unclear. Major risk factors for this disorder include an age of 40 years or older, African descent, family history, myopia, and elevated IOP (Allison et al., 2024). Other risk factors include hypertension, type 2 diabetes, hyperthyroidism, sleep apnea, and prolonged corticosteroid use. A growing body of evidence has also positively correlated POAG with increased body mass index (Jung et al., 2023; Marshall et al., 2023).

Diagnosis

Diagnostic methods include applanation tonometry, visual field testing, and direct examination of the optic nerve head via ophthalmoscopy or OCT. Measurement of IOPs provides a means of assessing glaucoma risk. Because the condition is usually asymptomatic, people at risk for open-angle glaucoma should have regular direct ophthalmoscopic examinations of both eyes, concentrating on the optic disc. Optic disc changes are frequently noted before visual field defects become apparent (Yuksel Elgin et al., 2022). Periodic stereoscopic assessment of the optic disc by an eye care provider

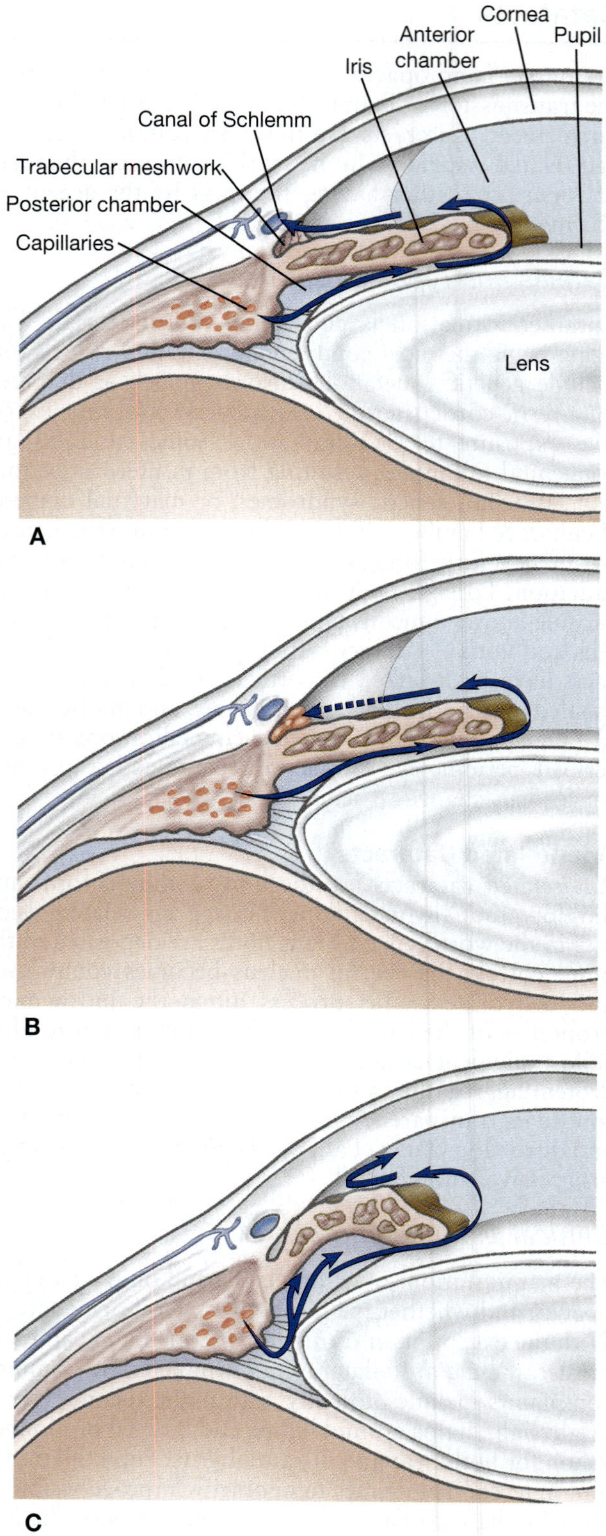

FIGURE 16-20. **A.** Normally, aqueous humor, which is secreted in the posterior chamber, gains access to the anterior chamber by flowing through the pupil. In the angle of the anterior chamber, it passes through the canal of Schlemm into the venous system. **B.** In open-angle glaucoma, the outflow of aqueous humor is obstructed at the trabecular meshwork. **C.** In angle-closure glaucoma, the aqueous humor encounters resistance to flow through the pupil. Increased pressure in the posterior chamber produces a forward bowing of the peripheral iris, so that the iris blocks the trabecular meshwork.

trained in the detection of glaucoma is strongly recommended for at-risk people.

Treatment

First-line treatment is usually pharmacologic and is aimed at lowering IOP. Topical medications include beta-adrenergic antagonists, prostaglandin analogs, alpha-adrenergic agonists, carbonic anhydrase inhibitors, and cholinergic agonists (Liu et al., 2022).

If medications fail, laser trabeculoplasty or surgical trabeculectomy may be indicated. Laser treatment improves outflow by inducing scarring that remodels the trabecular meshwork. In refractory cases, procedures to reduce aqueous production (e.g., cryotherapy or ultrasound) may be used (Lim, 2022).

Angle-Closure Glaucoma

Angle-closure glaucoma or **acute angle-closure attack** is caused by an inherited anatomic defect that narrows or closes the anterior chamber angle. This narrowing is often triggered by pupillary dilation, which causes the peripheral iris to block the trabecular meshwork, especially in eyes with shallow anterior chambers (see Fig. 16-7C) (Liang et al., 2024). It is seen more commonly in people of East Asian or Inuit descent and in people with hypermetropia (farsightedness). Aging-related lens thickening exacerbates this risk (Wang et al., 2023).

Clinical Manifestations

Symptoms of acute angle-closure glaucoma are related to sudden, intermittent increases in IOP. Administration of topical pharmacologic agents such as atropine drops and some systemic oral medications can cause pupillary dilation (**mydriasis**) and precipitate an acute episode of increased IOP in people with the potential for angle-closure glaucoma. Acute attacks may cause sudden eye pain, blurred or iridescent vision, halos around lights, redness, corneal edema, a fixed, mid-dilated pupil, and nausea or vomiting. These symptoms can mimic migraines but constitute an ophthalmic emergency (Wang, Guo, et al., 2024).

Because of the dangers of vision loss, those with narrow anterior chambers should be warned about the significance of blurred vision, halos, and ocular pain. Sometimes, decreased visual acuity and an unreactive pupil may be the only clues to angle-closure glaucoma in older adults.

Diagnosis and Treatment

The depth of the anterior chamber can be evaluated by shadow illumination or by a technique called **gonioscopy**. Acute management includes medications (e.g., topical beta-blockers, oral acetazolamide) to lower IOP. Definitive treatment involves laser peripheral iridotomy, which creates a bypass for aqueous humor. Since the defect is typically bilateral, prophylactic iridotomy in the unaffected eye is often recommended. Laser **iridoplasty** may be used adjunctively in cases where **iridotomy** is insufficient or not feasible (Xie, Li, et al., 2022).

Congenital and Infantile Glaucoma

Pediatric glaucomas include **congenital glaucoma** (present at birth) and **infantile glaucoma** (onset within the first 2–3 years of life). They may be primary (developmental abnormality) or secondary (related to other conditions).

Pathophysiology

Congenital glaucoma is associated with abnormal anterior chamber angle development, often due to mutation of specific genes that influence signaling pathways during eye development (Coviltir et al., 2025). In general, it has a much poorer prognosis than infantile glaucoma. Primary infantile glaucoma is typically bilateral and more common in males. Inherited forms may follow autosomal dominant or recessive patterns (Coviltir et al., 2025).

Clinical Manifestations and Treatment

The earliest symptoms of congenital or infantile glaucoma are excessive tearing and photophobia. Affected infants tend to be fussy, have poor eating habits, and rub their eyes frequently. Diffuse edema of the cornea usually occurs, giving the eye a grayish-white appearance. Chronic elevation of the IOP before the age of 3 years causes enlargement of the entire optic globe. Surgical intervention (e.g., goniotomy or trabeculotomy) is the mainstay of treatment and should be initiated early to preserve vision (Coviltir et al., 2025).

SUMMARY CONCEPTS

Glaucoma is a leading cause of blindness worldwide. It is characterized by conditions that cause an increase in IOP and that, if untreated, can lead to atrophy of the optic disc and progressive blindness. Glaucoma results from overproduction or impaired outflow of aqueous humor from the anterior chamber of the eye.

There are two types of glaucoma: open-angle and angle-closure. Open-angle glaucoma is caused by microscopic obstruction of the trabecular meshwork. It is usually asymptomatic, and considerable loss of the visual field often occurs before medical treatment is sought. Routine screening by applanation tonometry provides one of the best means for early detection of glaucoma before vision loss has occurred. Angle-closure glaucoma is caused by a narrow anterior chamber and blockage of the outflow channels at the angle formed by the iris and the cornea. This occurs when the iris becomes thickened during pupillary dilation. Congenital glaucoma is caused by a disorder in which the anterior chamber retains its fetal configuration, with aberrant trabecular meshwork extending to the root of the iris or being covered by a membrane. Early surgical treatment is necessary to prevent blindness.

Vitreous Disorders

With aging, trauma, or disease, the vitreous may undergo liquefaction and collapse, leading to clumping of its components and the appearance of mobile specks or shadows in the visual field, referred to as floaters. Posterior vitreous detachment (PVD) is common in older adults and may precipitate retinal tears or detachment in some cases. Proliferation of abnormal blood vessels, such as in diabetic retinopathy, can result in vitreous hemorrhage, further impairing vision (Popescu et al., 2023).

In a procedure called a **vitrectomy**, the removal and replacement of the vitreous with a balanced saline solution can restore sight in some people with vitreous opacities resulting from hemorrhage or vitreoretinal membrane formations that cause legal blindness. Using this procedure, a small probe with a cutting tip is used to remove the opaque vitreous and membranes. Recent advances include microincision vitrectomy surgery (MIVS), which uses smaller instruments (23-, 25-, or 27-gauge) to reduce complications and enhance recovery. However, vitrectomy is only effective if the underlying retina is viable (Muns et al., 2022).

Retinal Disorders

Retinal disorders include degenerative conditions such as retinitis pigmentosa, ischemic injury due to vascular disease, and mechanical separation of the retinal layers, known as retinal detachment. Age-related macular degeneration (AMD) and inherited malignancies like retinoblastoma also impair retinal function (Reichenbach & Bringmann, 2022). Because the retina lacks pain fibers, these conditions typically present without pain or redness, which can delay diagnosis.

Color Blindness

Color blindness is inherited as an X-linked deficiency of cone photoreceptors. The most common abnormality is red–green color blindness. Complete color blindness (achromatopsia) is rare. While there is no cure, assistive technologies such as color-filtering lenses may aid some individuals. Gene therapy and gene supplementation are being investigated as potential treatments for color blindness, particularly achromatopsia (Chan et al., 2023).

Retinitis Pigmentosa

Retinitis pigmentosa represents a group of hereditary diseases that cause slow degenerative changes in the retinal photoreceptors. It may be inherited in autosomal dominant, autosomal recessive, or X-linked patterns. Over 100 gene mutations have been identified. Patients typically experience night blindness and progressive peripheral visual field loss, eventually affecting central vision. Gene therapy for specific mutations has been FDA-approved and represents a major therapeutic advance (Nguyen et al., 2023).

Disorders of Retinal Blood Supply

The retina receives a dual blood supply: the choriocapillaris nourishes the outer retina, including the fovea, while the central retinal artery supplies the inner layers. Detachment of the retina from its blood supply—especially at the fovea—results in irreversible visual loss (Yuan et al., 2024). Vascular disorders of the retina include hypertensive and diabetic retinopathies, retinal artery or vein occlusions, and ischemic optic neuropathies. Prompt diagnosis and intervention are critical to preserving vision (Fig. 16-21).

> **KEY POINTS**
>
> **Disorders of the Retinal Blood Supply**
>
> - The blood supply for the retina is derived from the central retinal artery, which supplies blood flow to the entire inner retina, and from vessels in the choroid, which supply the rods and cones.
> - The retinopathies, which are disorders of the retinal vessels, interrupt blood flow to the visual receptors, leading to visual impairment.
> - Retinal detachment separates the visual receptors from the choroid, which provides their major blood supply.

The inner retina, including bipolar, horizontal, amacrine, and ganglion cells, is supplied by branches of the central retinal artery, a branch of the ophthalmic artery. This artery enters the globe through the optic disc and radiates across the retinal surface, except for the fovea centralis, which is avascular and relies solely on diffusion from the underlying choriocapillaris. Because the central retinal artery is an end artery with no collateral circulation, its occlusion results in immediate and irreversible ischemia of the inner retinal layers. Retinal veins parallel the arterial system and drain into the central retinal vein, which exits the back of the eye alongside the artery through the optic disc (Yuan et al., 2024).

Funduscopic examination of the eye with an ophthalmoscope allows direct visualization of retinal blood vessels and other aspects of the retina, offering valuable insight into systemic vascular and metabolic diseases (Fig. 16-22). Because the retina is a direct extension of the CNS, changes in the fundus often mirror those occurring in cerebral circulation. This noninvasive exam provides critical information for diagnosing conditions like hypertension, diabetes, and intracranial pressure abnormalities.

Ischemia of the retina can occur in systemic hypoperfusion states such as cardiopulmonary arrest. Survivors may experience permanent visual deficits due to retinal neuron damage. Transient ischemia can occur in carotid artery disease, producing **amaurosis fugax**, a brief, painless, monocular vision loss lasting 5 to 10 minutes. This may serve as a warning sign for an impending stroke (Abtahi et al., 2023).

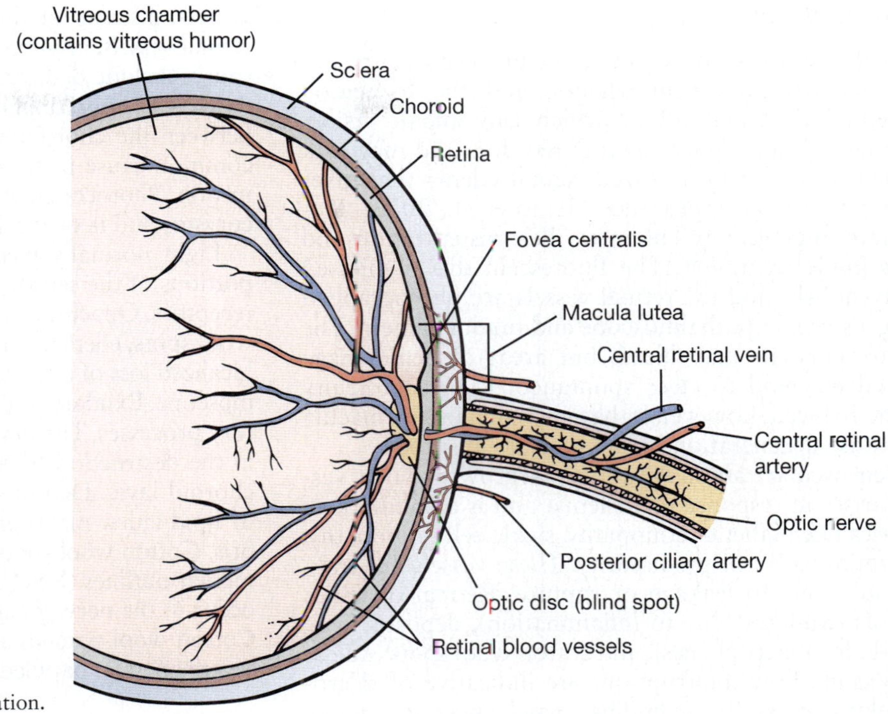

FIGURE 16-21. Retinal circulation.

Papilledema

Papilledema refers to optic disc swelling caused by increased intracranial pressure. The central retinal artery and vein pass through the rigid scleral opening at the optic disc, making them vulnerable to compression. Persistent pressure—such as from intracranial tumors, subdural hematomas, hydrocephalus, or malignant hypertension—impedes venous outflow, causing venous congestion and decreased arterial perfusion. As pressure builds, capillary permeability increases, leading to edema of the optic disc. On ophthalmoscopy, the disc appears swollen and blurred, often with hemorrhages, and visual function may eventually be compromised if the underlying cause is not addressed (Xie, Donaldson, et al., 2022) (Fig. 16-23).

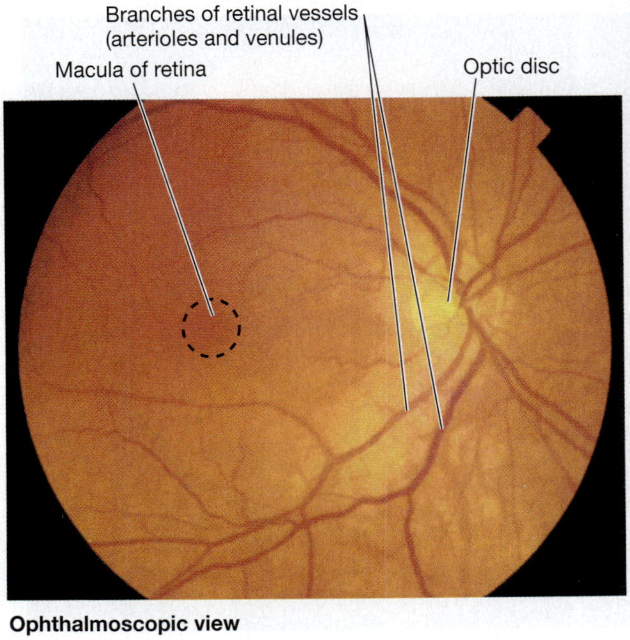

FIGURE 16-22. Funduscopic image of normal retina. (From Moore, K. L., Dalley, A. F., & Agur, A. M. R. [2018]. *Clinically oriented anatomy* [8th ed., p. 905]. Wolters Kluwer; Fig. 8-52.)

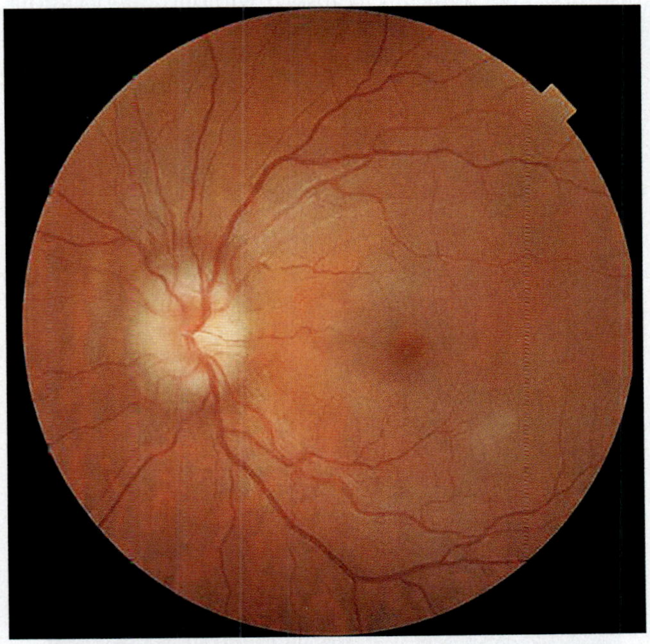

FIGURE 16-23. Papilledema. Chronically increased cerebrospinal fluid pressure can restrict blood flow to the optic nerve and interfere with axoplasmic flow, causing swelling of the optic nerve head, termed papilledema. Note the blurred optic disc margins and elevation of the retinal vessels as they pass over the swollen nerve head. (From Freddo, T. F., & Chaum, E. [2017]. *Anatomy of the eye and orbit*. Wolters Kluwer; Fig. 15-7.)

Retinopathies

Retinal vessel disorders can result in microaneurysms, neovascularization, hemorrhages, and the formation of retinal opacities, all of which can impair vision. **Microaneurysms** appear as tiny red dots and may leak plasma, resulting in localized retinal edema that gives the retina a hazy appearance (Terao et al., 2022). Fluorescein angiography enhances their visualization and helps guide treatment. The fluorescein dye is injected intravenously, and the retinal vessels are photographed using a special ophthalmoscope and fundus camera. The microaneurysms may bleed, but areas of hemorrhage and edema tend to clear spontaneously. Visual acuity can be reduced, however, if they encroach on the macula and cause degeneration before they are absorbed.

Neovascularization, the abnormal growth of new vessels, arises in response to ischemia and is a hallmark of diseases like diabetic retinopathy, sickle cell retinopathy, and retinopathy of prematurity. These vessels are fragile and prone to leakage or rupture. Retinal opacities such as exudates (due to inflammation), deposits (e.g., lipid-laden macrophages), and cotton wool spots (due to axoplasmic flow interruption) are indicative of microvascular damage. These findings may be seen in systemic diseases such as diabetes, severe anemia, or hypertensive crisis (Heath Jeffery & Chen, 2024).

Hemorrhage can be preretinal, intraretinal, or subretinal. **Preretinal hemorrhages** occur between the retina and the vitreous. These hemorrhages are usually large because the blood vessels are only loosely restricted; they may be associated with a subarachnoid or subdural hemorrhage and are usually regarded as a serious manifestation of the disorder. They typically reabsorb without complications unless they penetrate into the vitreous. **Intraretinal hemorrhages** occur because of abnormalities of the retinal vessels, diseases of the blood, increased pressure in the retinal vessels, or vitreous traction on the vessels. Systemic causes include diabetes mellitus, hypertension, and blood dyscrasias. **Subretinal hemorrhages** are those that develop between the choroid and pigment layer of the retina. A common cause of subretinal hemorrhage is neovascularization. Photocoagulation may be used to treat microaneurysms and neovascularization (Di Fazio et al., 2023).

Light normally passes through the transparent inner portions of the sensory retina before reaching the photoreceptors. **Opacities** such as hemorrhages, exudate, cotton wool spots, edema, and tissue proliferation can produce a localized loss of transparency observable with an ophthalmoscope. **Exudates** are opacities resulting from inflammatory processes. The development of exudates often results in the destruction of the underlying retinal pigment and choroid layer. **Deposits** are localized opacities consisting of lipid-laden macrophages or accumulated cellular debris. **Cotton wool spots** are retinal opacities with hazy, irregular outlines (Reichenbach & Bringmann, 2022). They occur in the nerve fiber layer and contain cell organelles. Cotton wool patches are associated with retinal trauma, severe anemia, papilledema, and diabetic retinopathy.

Diabetic Retinopathy

Diabetic retinopathy remains a leading cause of vision loss in adults aged 20 to 74. It occurs as a microvascular complication of chronic hyperglycemia and is classified into nonproliferative and proliferative forms.

Nonproliferative diabetic retinopathy (NPDR) is confined to the retina. It involves engorgement of the retinal veins, thickening of the capillary endothelial basement membrane, and development of capillary microaneurysms (Fig. 16-24A). Small intraretinal hemorrhages may develop, and microinfarcts may

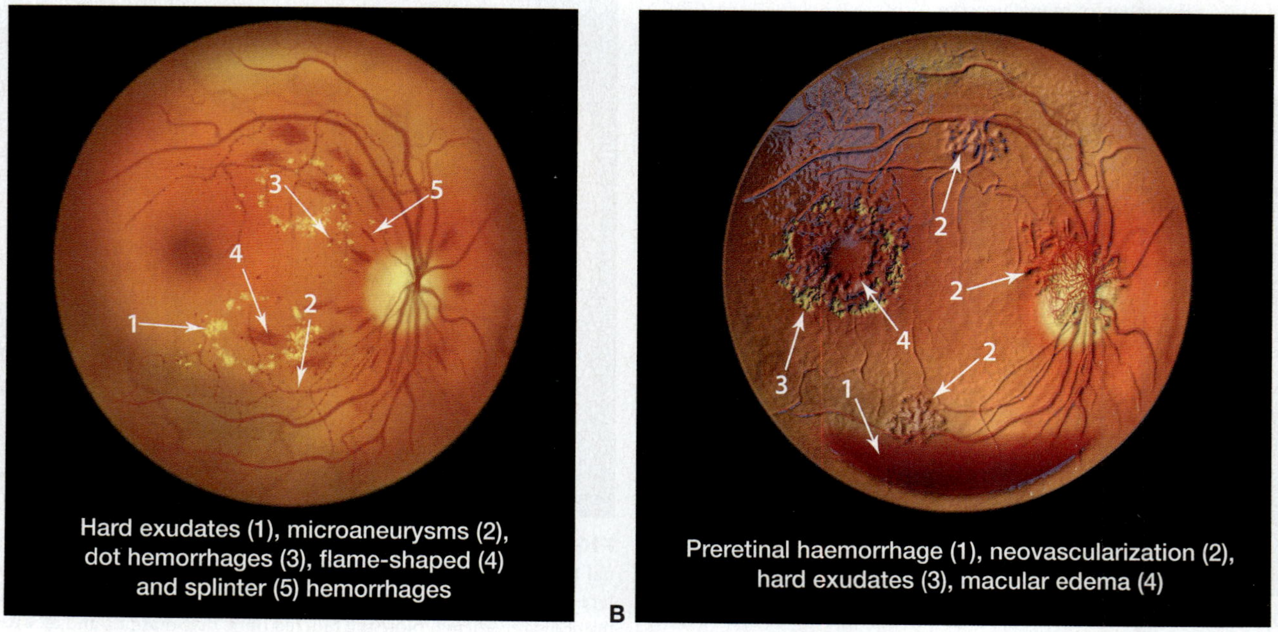

A B

FIGURE 16-24. A. Nonproliferative diabetic retinopathy; illustration showing retina with hard exudates, microaneurysms, dot hemorrhages, and flame-shaped and splinter retinal hemorrhages. B. Proliferative diabetic retinopathy; illustration showing preretinal hemorrhage as a horizontal blood level, neovascularization in the disc and other sites, macular edema, and hard exudates. (Kateryna Kon/Shutterstock.com.)

cause cotton wool spots and leakage of exudates. A sensation of glare (because of the scattering of light) is a common complaint. The most common cause of decreased vision in people with NPDR is macular edema. The edema is caused primarily by the breakdown of the inner blood–retina barrier at the level of the capillary endothelium, allowing leakage of fluid and plasma constituents into the surrounding retina (Yang et al., 2022).

Proliferative diabetic retinopathy (PDR) represents a more advanced stage involving neovascularization of the disc and retina (Fig. 16-24B). These fragile vessels may bleed into the vitreous or exert traction on the retina, resulting in retinal detachment. Because the early stages of PDR can be asymptomatic, regular screening is essential. The pathogenesis involves hyperglycemia-induced vascular endothelial dysfunction, basement membrane thickening, and inflammatory signaling. Hypertension and hyperlipidemia are also important risk factors and therapeutic targets, before bleeding occurs and obscures the view of the fundus or leads to fibrosis and retinal detachment (Yang et al., 2022).

Treatment options include laser photocoagulation, which reduces ischemic stimulus by destroying areas of hypoxic retina. In more advanced cases, intravitreal anti–vascular endothelial growth factor (VEGF) injections (e.g., ranibizumab, aflibercept) reduce neovascularization and edema. Vitrectomy is used when there is a nonclearing vitreous hemorrhage or tractional detachment. Tight control of blood glucose, blood pressure, and lipid levels is the most effective strategy for preventing progression (Tan & Wong, 2023).

Hypertensive Retinopathy

Chronic hypertension causes structural and functional changes in the retinal vasculature. In the early (vasoconstrictive) stage, autoregulatory vasospasm leads to arteriolar narrowing. Prolonged hypertension induces arteriolar wall thickening and reduced perfusion, while acute or severe elevations (e.g., malignant hypertension) disrupt the blood–retina barrier. Resulting changes include microaneurysms, hemorrhages, hard exudates, and cotton wool spots. Papilledema is a late and serious finding that signals dangerously high intracranial pressure or systemic hypertension (Cheung et al., 2022).

Evidence suggests that aggressive blood pressure control can reverse many of the retinal findings. Importantly, severe retinopathy is associated with an increased risk of stroke and cardiovascular mortality, even after adjusting for blood pressure, underscoring the need for systemic risk management in affected individuals (Cheung et al., 2022).

Retinal Detachment

Retinal detachment refers to the separation of the neurosensory retina from the underlying RPE, disrupting the metabolic support to photoreceptors (Fig. 16-25). This condition can lead to permanent vision loss if not promptly diagnosed and treated. The detachment typically occurs when fluid, usually from the liquefied vitreous, accumulates between these two layers due to a tear or traction on the retina (Lin et al., 2024).

Exudative (or serous) **retinal detachment** results from the accumulation of serous or hemorrhagic fluid in the

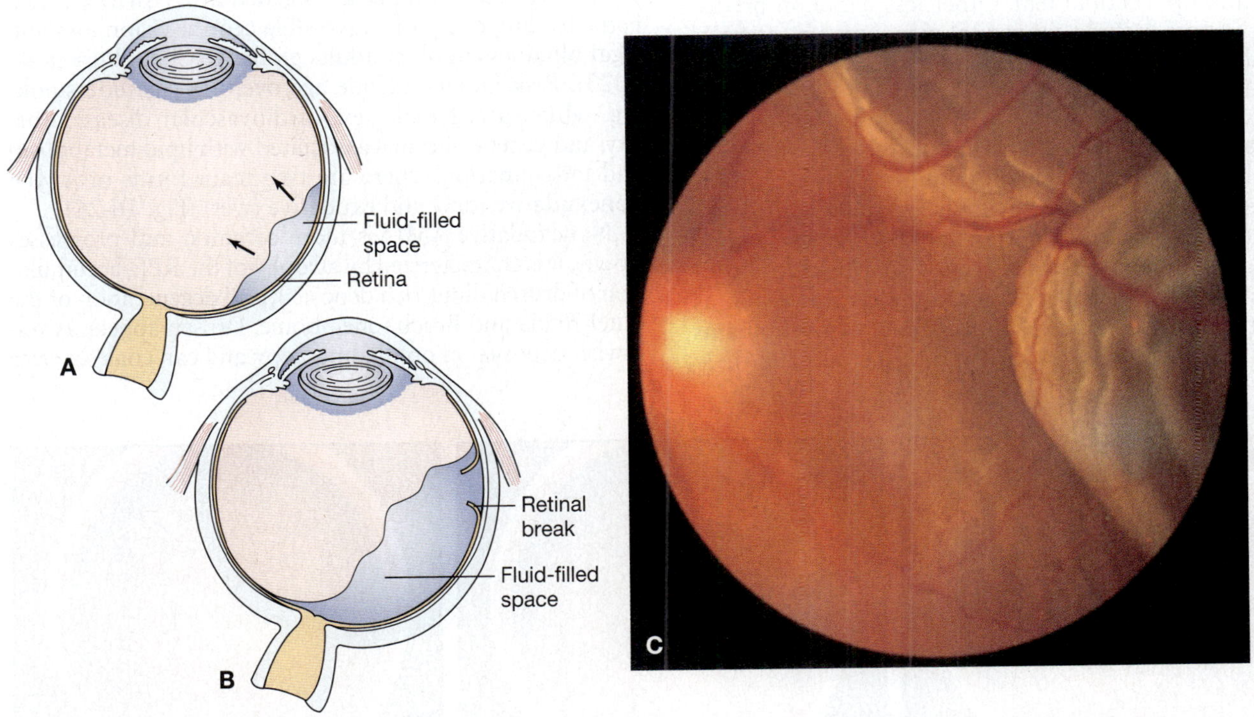

FIGURE 16-25. Retinal detachment. **A.** Changes in the vitreous structure cause it to shrink and separate from the retina, resulting in PVD; **B.** sustained fluid collection and tractional forces cause the retina to tear (rhegmatogenous retinal detachment). **C.** Ophthalmoscopic photograph of retinal detachment. (From Moore, K. L., Dalley, A. F., & Agur, A. M. R. [2018]. *Clinically oriented anatomy* [8th ed., p. 918]. Lippincott Williams & Wilkins; Fig. B8-25.)

subretinal space without a retinal tear. It is usually caused by systemic or local inflammatory disorders, hypertensive crisis, or choroidal tumors. Treatment is aimed at the underlying etiology, and vision typically recovers if the detachment resolves (Lin et al., 2024).

Traction retinal attachment occurs when fibrovascular membranes, often resulting from previous hemorrhage, infection, inflammation, or retinal vascular disease, exert mechanical pull on the retina. Common in conditions like PDR, these detachments require surgical intervention, typically vitrectomy with membrane peeling, and have a guarded visual prognosis (Lin et al., 2024).

Rhegmatogenous detachment (*rhegma* is the Greek for "rent" or "hole") is the most common type of retinal detachment and occurs when a full-thickness break in the retina allows liquefied vitreous humor to seep into the subretinal space. With aging, the vitreous body becomes more liquefied and prone to **posterior vitreous detachment**, which can lead to retinal tears (Quiroz-Reyes et al., 2024). Detachment of the neural retina from the retinal pigment layer separates the receptors from their major blood supply, the choroid (Fig. 16-25). If untreated, rhegmatogenous detachment can lead to irreversible photoreceptor loss and blindness in the affected area (Lin et al., 2024).

Pathophysiology

Risk factors for retinal detachment include advancing age, myopia, trauma, previous intraocular surgeries (i.e., cataract extraction), family history of detachment, and certain systemic or hereditary eye conditions. Approximately 25% of individuals aged 60 to 70 years experience a PVD, and approximately 10% to 15% go on to develop a retinal tear. Other less common predisposing factors include congenital glaucoma or cataracts and inherited vitreoretinal disorders (e.g., Stickler syndrome) (Lin et al., 2024).

Clinical Manifestations and Diagnosis

Retinal detachment is typically painless. Early symptoms include **photopsia** (flashing lights or sparks), floaters, and the perception of a curtain or shadow descending over part of the visual field. This visual field loss progresses from the periphery toward the central vision as the detachment enlarges. Central visual acuity remains intact if the macula is not involved (Lin et al., 2024).

Diagnosis is based on the patient's visual history and confirmed with dilated indirect ophthalmoscopy, which offers a panoramic view of the peripheral retina. A direct (handheld) ophthalmoscope may detect an altered red reflex, but this tool lacks the wide field of view necessary to reliably identify peripheral tears. In cases where media opacity obscures the fundus (e.g., vitreous hemorrhage), ocular ultrasonography (B-scan) is used (Yang et al., 2023).

Treatment

The main goal of treatment is to prevent progression and preserve visual function. Laser photocoagulation or cryotherapy is used to seal symptomatic retinal tears, forming chorioretinal adhesions that prevent fluid from entering the subretinal space. If detachment has occurred, surgical repair is required. Techniques include **pneumatic retinopexy**, injecting a gas bubble into the vitreous cavity to tamponade the retinal break; **scleral buckling**, placing an external silicone band to indent the globe and relieve vitreoretinal traction; and **pars plana vitrectomy**, removing the vitreous gel and reattaching the retina, often with gas or silicone oil tamponade (Dhoot et al., 2022). Outcomes are best when the detachment is detected early and before the macula is affected. Macula-on detachments have a much better prognosis than macula-off detachments, where central vision may be permanently affected even after successful repair.

Macular Degeneration

Macular degeneration involves progressive deterioration of the central portion of the retina (the **macula**), leading primarily to loss of central vision. The most common form is **age-related macular degeneration (AMD)**, which is the leading cause of irreversible central vision loss and legal blindness in older adults globally (Chaudhuri et al., 2023). Risk factors include age over 50, cigarette smoking, white race, female sex, cardiovascular disease, obesity, and genetic variants associated with lipid metabolism and inflammation. There are two main forms of AMD: **nonexudative** (dry) and exudative (wet) (Fig. 16-26).

Nonexudative AMD is more common and progresses slowly. It is characterized by atrophy of the RPE, accumulation of **drusen** (lipid-rich deposits), and degeneration of the outer retina and Bruch's membrane. Drusen appear as yellowish deposits on ophthalmoscopy and can coalesce over

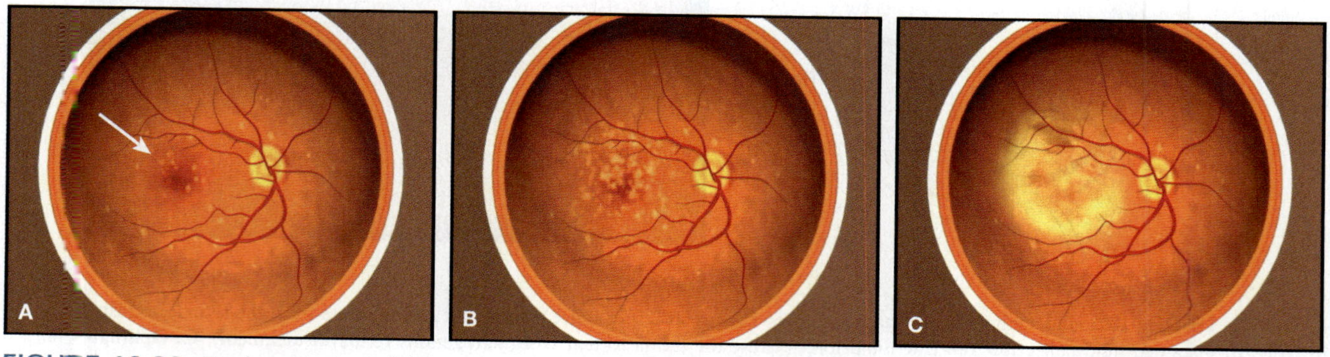

FIGURE 16-26. Funduscopic view of different states of AMD. **A.** Early intermediate AMD (*white arrow*), (**B**) intermediate AMD, and (**C**) advanced AMD with fibrosis. AMD, age-related macular degeneration. (From the National Eye Institute, National Institutes of Health.)

time. Many individuals with dry AMD retain functional vision, but a subset may progress to geographic atrophy, with significant central vision loss (Fernandes et al., 2022).

In contrast, **exudative AMD** is marked by the development of a choroidal neovascular membrane beneath the RPE. These fragile new vessels can leak fluid and blood into the subretinal space, disrupting the photoreceptors and leading to scar formation and irreversible vision loss. Patients may report metamorphopsia (distorted vision) or new central scotomas (blind spots). Early detection is crucial, and **Amsler grid testing** is often used for at-home screening of subtle vision changes (Fig. 16-27) (Fernandes et al., 2022).

Although some subretinal neovascular membranes may regress spontaneously, the natural course of exudative macular degeneration is toward irreversible loss of central vision. People with late-stage disease often find it difficult to see at long distances (e.g., while driving), do close work (e.g., reading), see faces clearly, or distinguish colors. However, they may not be severely incapacitated because peripheral retinal function usually remains intact. With the use of low-vision aids, many of them are able to continue many of their normal activities.

Diagnosis and Treatment

Ophthalmoscopy and OCT are essential for detecting drusen, retinal thinning, or fluid accumulation. OCT angiography and fluorescein angiography are useful in identifying choroidal neovascularization in wet AMD (Chen et al., 2023). For dry AMD, there is no approved curative therapy, but nutritional supplementation has shown benefit in slowing progression. The AREDS2 formula, which includes vitamin C, vitamin E, lutein, zeaxanthin, zinc, and copper, is recommended for individuals at intermediate or advanced risk and can reduce the progression of nonexudative AMD to exudative AMD. Smoking cessation is the most impactful modifiable risk factor for AMD prevention. Wet AMD is treated with intravitreal anti-VEGF therapy. These drugs have proven efficacy in reducing leakage, halting disease progression, and, in some cases, improving vision (Luu et al., 2022). Photodynamic therapy and thermal laser photocoagulation are now largely reserved for specific cases due to lower efficacy and higher complication rates. Sustained-delivery anti-VEGF implants (e.g., Susvimo) are emerging to reduce injection burden (Csaky et al., 2022).

Retinoblastoma

Retinoblastoma is the most common intraocular malignancy of childhood, occurring in about 1 in 15,000 to 20,000 live births. It is caused by mutations in both copies of the RB1 tumor suppressor gene on chromosome 13. Inherited (germline) mutations account for

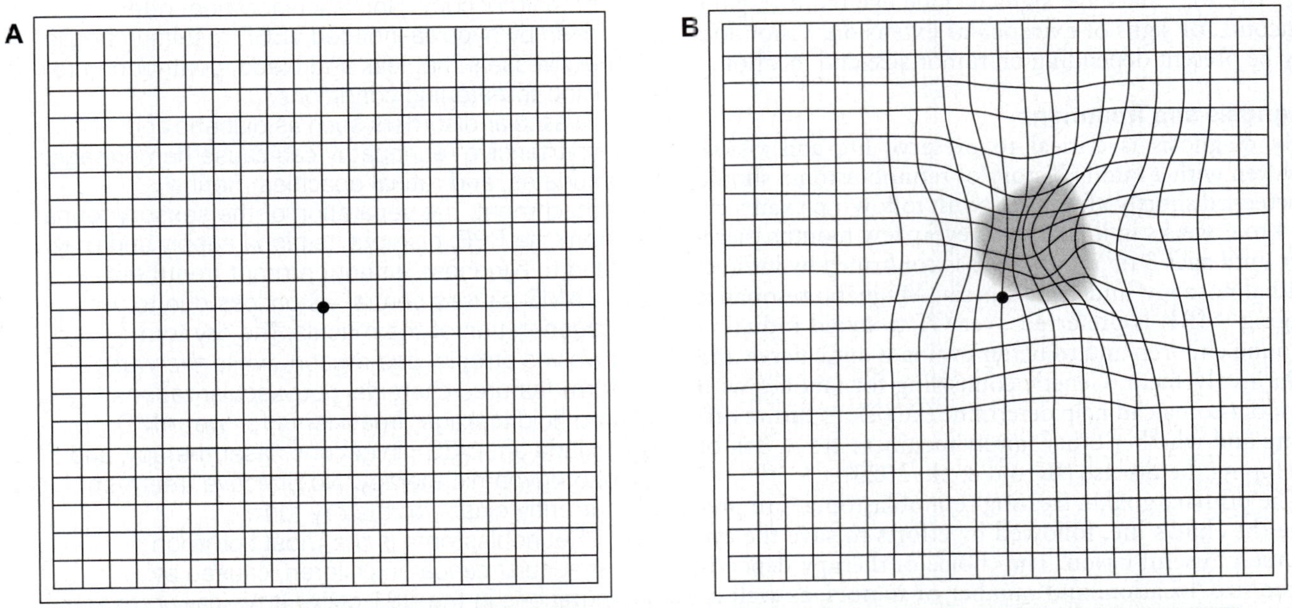

Instructions for Use

1. Tape this page at eye level where light is consistent and without glare.
2. Put on your reading glasses and cover one eye.
3. Fix your gaze on the center black dot.
4. Keeping your gaze fixed, try to see if any lines are distorted or missing.
5. Mark the defect on the chart.
6. TEST EACH EYE SEPARATELY.
7. If the distortion is new or has worsened, arrange to see your ophthalmologist at once.
8. **Always** keep the Amsler grid the **same distance** from your eyes each time you test.

FIGURE 16-27. **A.** People with age-related macular degeneration (AMD) use the Amsler grid to perform a simple daily test for sudden changes in their condition. **B.** This is what the Amsler grid might look like to someone with AMD. (**A**, Reprinted with permission from the American Macular Degeneration Foundation, 888-MACULAR, www.macular.org.)

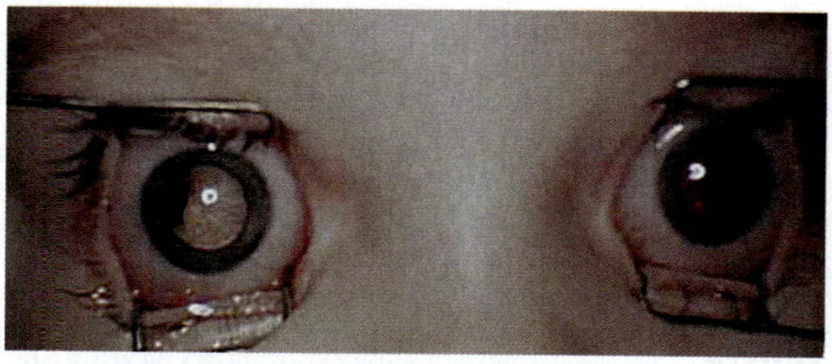

FIGURE 16-28. Retinoblastoma. The right pupil appears white (leukocoria) because of light reflecting off a large intraocular tumor (retinoblastoma) through a clear lens and cornea. Cataract and corneal opacification are features of only an advanced retinoblastoma that fills the entire eye. (From Husain, A. N., & Dehner, L. P. [2021]. *Stocker and Dehner's pediatric pathology* [5th ed.]. Lippincott Williams & Wilkins; Fig. 11-25.)

approximately 40% of cases and often result in bilateral tumors; sporadic cases are typically unilateral. The median age at diagnosis is 12 months for bilateral disease and 24 months for unilateral disease (Byroju et al., 2023).

Clinical Manifestations

The most frequent presenting sign is **leukocoria** (white pupillary reflex), often noted by a parent in photos. Strabismus is the second most common presenting feature (Fig. 16-28). Late-stage signs include eye redness, pain, glaucoma, or signs of extraocular extension. Vision loss may be present depending on tumor size and location.

Diagnosis and Treatment

Early diagnosis is critical to preserve life and vision. Children with a family history of retinoblastoma should be screened shortly after birth, with follow-up exams every 4 to 6 weeks in infancy and every few months thereafter until ages 3 to 5. Diagnosis is confirmed by indirect ophthalmoscopy under anesthesia. Magnetic resonance imaging (MRI) is preferred over CT to avoid radiation in young children and to better evaluate optic nerve and brain involvement. Genetic counseling for families with retinoblastoma can help determine the risk to future offspring and whether other family members are at risk of developing the disease (Byroju et al., 2023).

The primary goal in treating retinoblastoma is to preserve the child's life, followed by efforts to save the eye and retain useful vision. The choice of therapy depends on the size, location, and number of tumors, as well as whether the disease is unilateral or bilateral. For small or peripheral tumors, focal therapies such as laser photocoagulation, cryotherapy, or thermotherapy can be curative (Schaiquevich et al., 2022). Systemic chemotherapy (**chemoreduction**) is often used in bilateral or multifocal disease to shrink tumors, allowing subsequent focal treatment and sparing the eye. For advanced cases or those with vitreous seeding, intra-arterial chemotherapy, administered directly into the ophthalmic artery, and intravitreal chemotherapy are now widely used and have improved rates of globe preservation. In eyes with large tumors, no visual potential, or high risk of extraocular extension, enucleation (surgical removal of the eye) remains the standard. External beam radiation therapy has become less common due to the increased risk of secondary malignancies, particularly in patients with germline RB1 mutations. Advances in genetic testing and targeted delivery of chemotherapy have significantly improved survival and visual outcomes, especially in high-resource settings. Comprehensive management includes genetic counseling, screening of at-risk siblings, and long-term monitoring for secondary cancers in hereditary cases (Schaiquevich et al., 2022).

SUMMARY CONCEPTS

The neural retina lines the inner posterior two-thirds of the eye and is continuous with the optic nerve. It contains photoreceptors that convert light into neural signals, which are transmitted to the brain. Photoreceptor outer segments are routinely shed and phagocytized by the RPE; failure of this process, as in retinitis pigmentosa, leads to degeneration and vision loss.

The retina is nourished by two sources: the choriocapillaris, supplying the outer retina, and the central retinal artery, supplying the inner retina. Retinal blood vessels are visible with ophthalmoscopy. Neovascularization, often driven by hypoxia-induced VEGF, results in fragile new vessels that leak and bleed, contributing to vision-threatening conditions.

Vascular disorders such as diabetic and hypertensive retinopathy can cause hemorrhage, exudates, and retinal opacities. Retinal detachment, the separation of the sensory retina from the RPE, disrupts its blood supply and may lead to blindness without prompt treatment.

AMD causes central vision loss due to degeneration of the macula. The dry form involves atrophy and drusen, while the wet form features choroidal neovascularization and fluid leakage. Treatments for wet AMD include anti-VEGF injections, laser therapy, and photodynamic therapy. No effective treatment currently exists for the dry form.

Retinoblastoma is the most common intraocular cancer in children, caused by mutations in the RB1 gene. It typically presents before age 2, with leukocoria and strabismus as common signs. With modern treatments, including chemotherapy, focal therapies, and enucleation, survival rates exceed 95% in developed countries.

Visual Field Defects

Visual field defects are a key clinical tool for localizing lesions along the visual pathway and are typically evaluated using **automated perimetry**, though bedside

confrontation testing can provide useful screening information (Johnson et al., 2023). Common types of visual field loss include **anopia**, which refers to complete blindness in one eye, typically caused by optic nerve damage; **hemianopia**, or loss of half the visual field in one or both eyes; and **quadrantanopia**, which refers to loss of a quarter of the field. Hemianopias can be homonymous, involving the same side of the visual field in both eyes (e.g., right visual field loss in both eyes from a left-sided lesion), or heteronymous, involving opposite halves (e.g., bitemporal loss due to compression of the optic chiasm) (Saionz, Cavanaugh, et al., 2022). **Bitemporal heteronymous hemianopia** often results from pituitary tumors compressing the medial fibers of the optic nerves, which correspond to the nasal retinas and the outer visual fields. **Superior quadrantanopia**, sometimes called "pie in the sky," is typically due to temporal lobe lesions affecting the inferior optic radiation (Meyer's loop), whereas **inferior quadrantanopia** ("pie on the floor") is associated with parietal lobe lesions involving the superior optic radiation (Dumitrache et al., 2025).

Disorders of the Optic Pathways

Damage to the optic pathways can occur at various levels, each producing characteristic visual field deficits. Lesions of the optic nerve cause complete monocular blindness, while compression at the optic chiasm, commonly from a pituitary adenoma, leads to bitemporal hemianopia due to the loss of the decussating nasal fibers. Lesions posterior to the chiasm, including the optic tract, LGN, optic radiations, or primary visual cortex, result in homonymous hemianopia affecting the same visual field in both eyes. Partial lesions may lead to homonymous quadrantanopia, depending on which portion of the optic radiation is involved. Because the visual pathway is supplied by several critical blood vessels, including the ophthalmic, anterior and middle cerebral, and posterior cerebral arteries, vascular lesions are a major cause of visual field loss (Saionz, Cavanaugh, et al., 2022). Additional causes include trauma, tumors (such as gliomas or meningiomas), aneurysms (particularly of the circle of Willis), and demyelinating diseases like multiple sclerosis. Careful mapping of visual field loss is therefore essential in identifying the precise location and likely cause of optic pathway disruption.

Disorders of the Visual Cortex

Damage to the primary visual cortex causes visual field defects such as scotomata (blind spots) or hemianopia, depending on lesion size and location. Damage involving the occipital pole, which corresponds to central high-acuity vision, results in severe visual acuity loss and loss of pattern discrimination. Lesions in this region are permanent and not correctable with glasses (Pelak, 2025).

Cortical blindness refers to bilateral destruction of the primary visual cortex. Although conscious vision is lost, subcortical reflexes such as blinking to bright lights or pupillary reflexes may persist. When the visual association cortices (areas 18 and 19) are damaged but the primary cortex is spared, the result is **visual agnosia**, the inability to recognize objects despite intact vision. Individuals may describe shapes or colors but cannot identify familiar objects unless aided by other sensory input (e.g., touch or sound) (Saionz, Busza, et al., 2022).

Testing of Visual Fields

Confrontation testing is a useful clinical method to screen for gross visual field defects. In this method, the examiner compares their own visual field to the patient's by presenting fingers or a moving object in different quadrants. More precise evaluation is performed with automated perimetry, which systematically measures sensitivity across the visual field (Johnson et al., 2023). Visual evoked potentials (VEPs) and functional MRI can also be used to assess cortical processing of visual stimuli, particularly in nonverbal patients or when structural imaging is inconclusive.

SUMMARY CONCEPTS

Visual information is carried to the brain by the axons of the retinal ganglion cells that form the optic nerve. The two optic nerves meet and fuse in the optic chiasm. The axons of each nasal retina cross in the chiasm and join the uncrossed fibers of the temporal retina of the opposite eye to form the optic tracts. The fibers of each optic tract then synapse in the LGN and, from there, travel by way of the optic radiations to the primary visual cortex in the calcarine area of the occipital lobe. Damage to the optic pathways or visual cortex results in characteristic visual field defects, which can be evaluated through visual field testing. Perimetry, an objective method for mapping the sensitivity of the visual field, helps detect the presence, size, and shape of defects such as scotomata. Lesions in the visual association cortex may lead to visual agnosia—the inability to recognize objects despite intact vision.

The Auditory System

The auditory and vestibular systems both have key structural components located within the ear, which is anatomically divided into the external, middle, and inner ear. The outer and middle ear structures transmit sound as vibrations, while the inner ear converts sound vibrations into neural signals. The vestibular apparatus, which plays important roles in balance, is also located in the inner ear; therefore, vestibular dysfunction can lead to challenges with maintaining balance and can increase fall risk. Although the auditory and vestibular systems are highly interconnected, this section of the chapter will focus primarily on auditory function and hearing disorders. The final section of the chapter will address issues of vestibular function and vestibular disorders.

Structure and Function of the Auditory System

The external ear includes the **auricle** (or pinna) and the **external acoustic meatus,** also known as the ear canal (Fig. 16-29A). The auricle is composed of cartilage covered by thin skin and fine hairs. Its funnel-like shape helps collect and concentrate sound, particularly high-frequency vibrations, into the external auditory canal. The rim, or helix, is thicker, and the fleshy earlobe lacks surrounding cartilage. The external acoustic meatus, or ear canal, is approximately 2.5 cm long in adults and is shorter in infants and young children, requiring care during otoscopic examination. The canal is lined with a thin layer of skin that contains sebaceous and ceruminous glands. These glands produce **cerumen**, or earwax, which plays a protective role by trapping debris, repelling water, and exerting antimicrobial effects (Byczynski et al., 2024).

Sensory innervation of the external ear is provided by several CNs. The trigeminal nerve (CN V) innervates the anterior portion of the auricle and canal, while the facial (CN VII), glossopharyngeal (CN IX), and vagus (CN X) nerves supply the posterior auricle and deeper canal. Due to vagal innervation, insertion of an otoscope may occasionally trigger coughing or, rarely, vomiting.

The **tympanic membrane**, which separates the external ear from the middle ear, is a thin, semitransparent structure approximately 8 to 10 mm in diameter. It is covered externally by skin and internally by the middle ear mucosa. Sound waves entering the ear canal cause the membrane to vibrate, transmitting energy to the ossicles of the middle ear. When viewed through an otoscope, the membrane appears pearly gray and slightly concave, with its apex at the **umbo**. Disorders that affect the function of the external ear include impacted cerumen, inflammation (i.e., otitis externa [OE]), or drainage from the external ear (otorrhea) (Byczynski et al., 2024). Both the middle ear and inner ear have a complex microanatomy, with damage or altered function of these small structures being strongly linked to the development of hearing disorders originating in the middle ear and inner ear. Therefore, this complex microanatomy

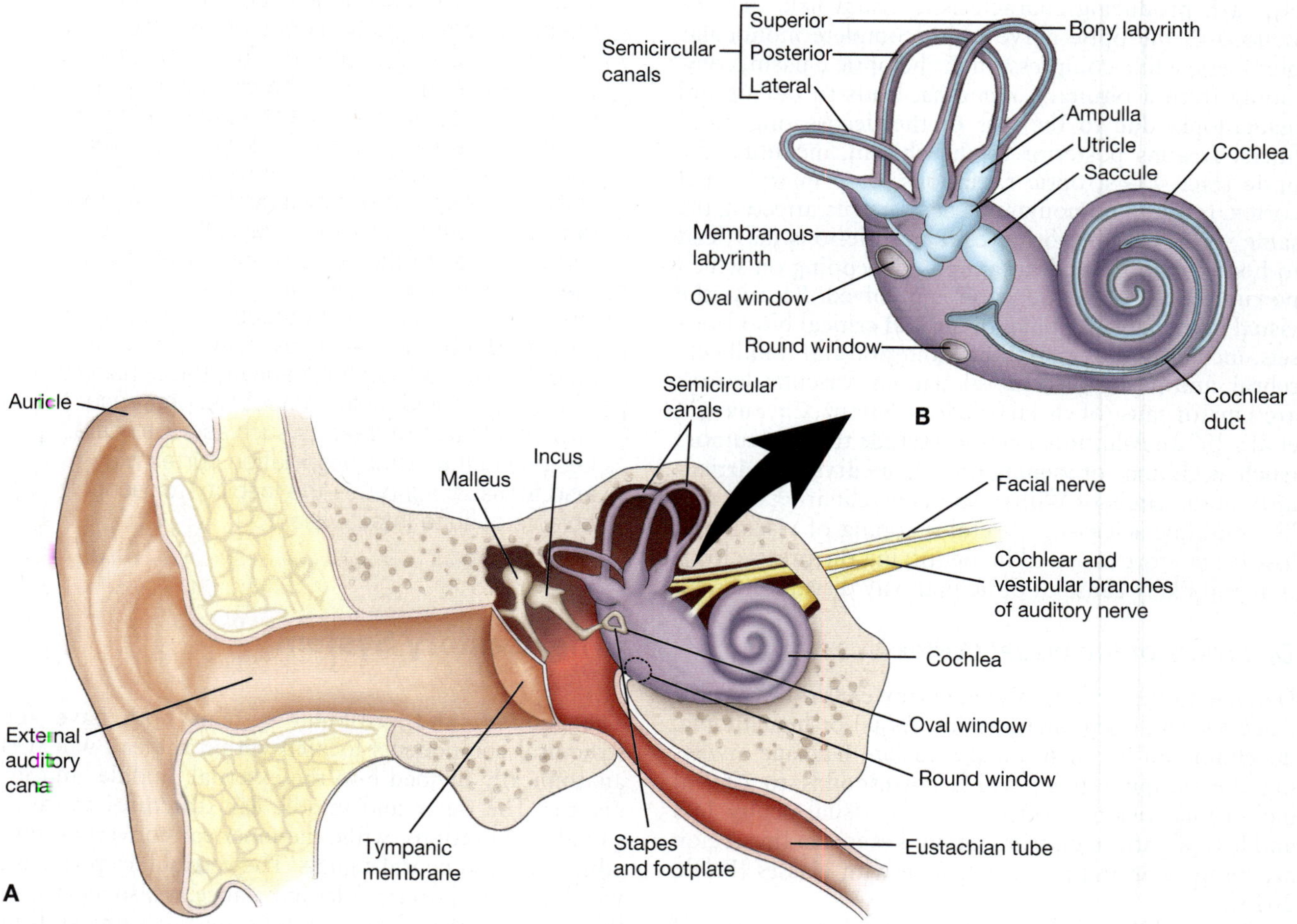

FIGURE 16-29. External, middle, and internal subdivisions of the ear. **A.** Anatomy of the external and middle ear. **B.** Anatomy of the inner ear. (From Jensen, S. [2019]. *Nursing health assessment* [3rd ed., p. 351]. Wolters Kluwer; Fig. 14-2.)

will be presented in the sections on middle ear disorders and inner ear disorders.

Anatomy and Function of the Middle Ear and Eustachian Tube

The middle ear is an air-filled cavity within the temporal bone that houses three small bones called **ossicles:** the **malleus (hammer), incus (anvil),** and **stapes (stirrup)** (see Fig. 16-29A). The middle ear begins at the tympanic membrane, a thin, semitransparent structure that separates it from the external auditory canal. Under normal conditions, the tympanic membrane appears pearly gray and translucent, with visible peripheral blood vessels. It is attached to the temporal bone by a fibrous rim known as the **annulus** and is pulled slightly inward by the **malleus**, creating a concave shape that produces a characteristic cone of light under otoscopic examination (Fallon & Remenschneider, 2025).

The translucent nature of the membrane allows visualization of middle ear structures such as the umbo, the tip of the malleus that meets the membrane, the **manubrium**, and the short process of the malleus. Sound waves transmitted through the external auditory canal vibrate the tympanic membrane, and these vibrations are relayed via the ossicles to the inner ear. The **stapes**, the smallest bone in the body, rests against the oval window, transmitting mechanical energy into fluid motion within the **cochlea.** Inferior to the oval window is the round window, which acts as a pressure release valve, bulging outward when inner ear fluid pressure increases.

The middle ear communicates with the nasopharynx through the **eustachian tube**, which is normally collapsed and opens during swallowing, yawning, or forced maneuvers to equalize pressure. This tube is lined with mucosa continuous with the nasopharynx and is supported by cartilage and muscle. It plays a critical role in protecting the middle ear, ventilating it, and draining secretions into the nasopharynx (Fallon & Remenschneider, 2025).

The eustachian tube extends from the anterior wall of the middle ear to the lateral wall of the nasopharynx and serves three essential functions:

1. Equalization of pressure on both sides of the tympanic membrane
2. Protection of the middle ear from excessively loud sounds, abrupt changes in pressure, and nasopharyngeal secretions
3. Drainage of middle ear secretions into the nasopharynx

The nasopharyngeal entrance to the eustachian tube is closed at rest and opens during swallowing or yawning via contraction of the tensor veli palatini and levator veli palatini muscles. These muscles are innervated by the trigeminal (CN V) and vagus (CN X) nerves. This pressure equalization helps maintain normal hearing and prevents tympanic membrane rupture during barometric changes, such as during flight. The eustachian tube is lined with a mucous membrane that continues into the pharynx, making it vulnerable to infectious organisms traveling through the nasopharynx (Fallon & Remenschneider, 2025).

Structure and Function of the Inner Ear

The inner ear is composed of intricate channels that facilitate both hearing and balance. Structurally, it includes an outer **bony labyrinth**, housed in the otic capsule of the petrous portion of the temporal bone, and an inner **membranous labyrinth.** The membranous labyrinth is suspended within the bony labyrinth and consists of interconnected sacs and ducts, including the semicircular ducts. The bony labyrinth, measuring under 1.5 cm in diameter, comprises three major components: the cochlea, vestibule, and semicircular canals (Fig. 16-29B). The cochlea contains the sensory apparatus for hearing, while the semicircular ducts, utricle, and saccule house the receptors for balance and spatial orientation. The vestibule, an egg-shaped cavity situated between the cochlea and semicircular canals, contains the utricle and saccule. It also houses the oval window, where the base of the stapes delivers mechanical vibrations to the inner ear fluids (Sasan et al., 2025).

Cochlear Structure and Function

The **cochlea** is a spiral-shaped cavity that begins at the vestibule and winds around a central core of spongy bone called the **modiolus**, which contains blood vessels and the cochlear nerve. Within the cochlea are three fluid-filled tubes arranged side by side:

1. The **scala vestibuli**
2. The **scala media**
3. The **scala tympani**

The **vestibular (Reissner) membrane** separates the scala vestibuli and scala media, and the basilar membrane separates the scala media from the scala tympani (Fig. 16-30).

Two distinct fluids fill the cochlea. **Perilymph,** located in the scala vestibuli and scala tympani, resembles extracellular fluid and is high in sodium and low in potassium. **Endolymph,** produced by the stria vascularis and contained within the scala media, is high in potassium and low in sodium. The stria vascularis generates the endocochlear potential (~+80 mV) through active ion transport mechanisms that maintain this ionic gradient. This electrochemical environment sensitizes the hair cells and enhances their responsiveness to even subtle mechanical stimulation. Outer hair cells amplify basilar membrane motion through electromotility, fine-tuning auditory sensitivity, and frequency discrimination (Sasan et al., 2025).

Sound Transmission and Pitch Recognition

Sound is a mechanical pressure wave transmitted through the air and, within the inner ear, through fluid. Vibrations of the stapes at the oval window transmit

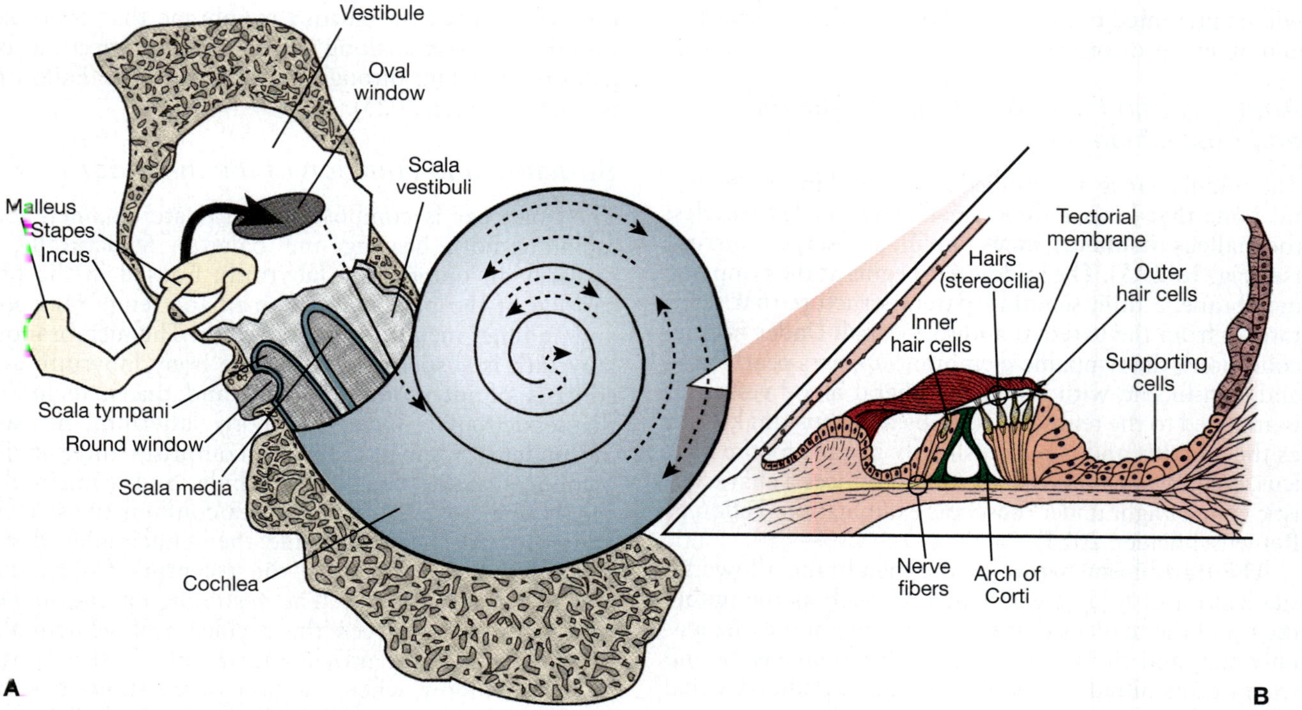

FIGURE 16-30. The cochlea and the organ of Corti. **A.** The pea-sized, snail-shaped cochlea is a coiled system and the hearing portion of the inner ear. **B.** An enlargement of a cross-section of the organ of Corti, showing the relationships among the hair cells and the membranes. Hair cells in the organ of Corti transduce fluid movement into neural signals. (From Rhoades, R. A., & Bell, D. A. [2018]. *Medical physiology* [5th ed., p. 72]. Wolters Kluwer; Fig. 4-18.)

pressure waves into the perilymph of the scala vestibuli. These waves travel along the length of the cochlea and create pressure differentials that displace the basilar membrane.

The basilar membrane varies in stiffness along its length, being narrow and stiff at the base and wider and more flexible at the apex. High-frequency sounds maximally stimulate the base, whereas low-frequency sounds stimulate the apex, a spatial arrangement known as **tonotopic organization**. This mapping forms the basis of pitch discrimination.

Rising on the basilar membrane is the spiral **organ of Corti**, which contains rows of inner and outer mechanosensitive **hair cells** (Sasan et al., 2025) (see Fig. 16-30B). The stereocilia of these cells project into the potassium-rich endolymph and interact with the overlying tectorial membrane. Basilar membrane displacement causes deflection of the stereocilia, opening mechanically gated ion channels and initiating receptor potentials. Damage or loss of hair cells in specific cochlear regions results in frequency-specific hearing loss (Sasan et al., 2025).

Neural Pathways

Signals from the hair cells in the organ of Corti are transmitted via neurons in the spiral ganglion, which form the cochlear division of the vestibulocochlear or auditory nerve (CN VIII). These fibers project to the cochlear nuclei in the caudal pons. From there, impulses ascend bilaterally to the inferior colliculus (located in the midbrain), the medial geniculate nucleus of the thalamus, and ultimately to the primary auditory cortex (area 41) in the superior temporal gyrus and insula (Lesicko & Geffen, 2022) (Fig. 16-31).

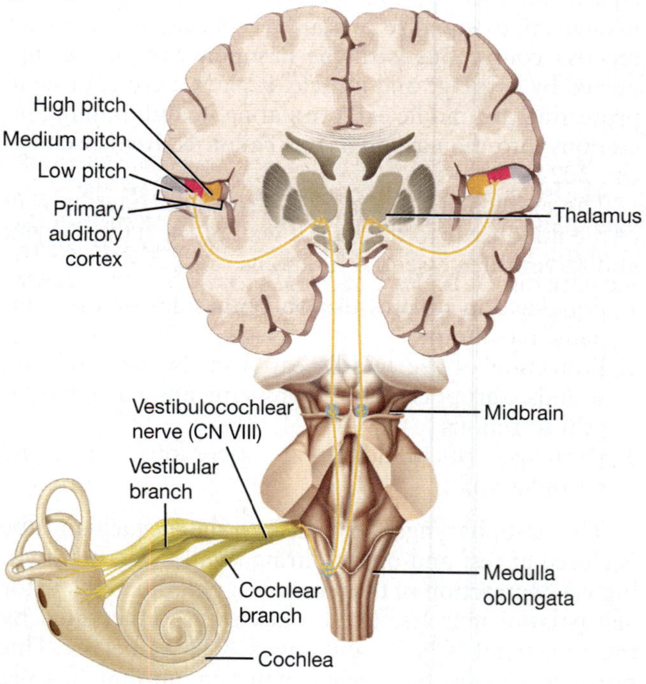

FIGURE 16-31. Auditory pathway. Signals from the left cochlea travel to the primary auditory cortex in both hemispheres. (From McConnell, T. H., & Hull, K. L. [2019]. *Human form, human function* [North American ed.]. Wolters Kluwer Health and Pharma; Fig. 11.)

SUMMARY CONCEPTS

Hearing is a specialized sense that relies on the vibration of sound waves as its external stimulus. The auditory system receives these sound waves, distinguishes their frequencies and intensities, translates them into nerve impulses, and transmits the impulses to the CNS for interpretation. Anatomically, the system includes the outer ear, middle ear, and inner ear, along with the auditory pathways and auditory cortex. The middle ear is a small, air-filled cavity within the temporal bone, connected to the nasopharynx by the eustachian tube, which helps equalize pressure between the middle ear and the external atmosphere. The inner ear contains the sensory receptors essential for hearing and balance.

This area and its corresponding higher-order thalamic nuclei are required for high-acuity loudness discrimination and precise discrimination of pitch. Surrounding auditory association areas (areas 42 and 22) process higher-order sound perception and auditory gnosis. **Wernicke's area**, typically in the dominant hemisphere, integrates auditory input with language comprehension (Lesicko & Geffen, 2022).

External Ear Disorders

Disorders that alter the function of the external ear are often related to impacted cerumen and inflammation.

Impacted Cerumen

Cerumen (ear wax) is a protective substance secreted by the sebaceous and ceruminous glands of the skin that lines the external ear canal. While cerumen helps to clean, lubricate, and defend the ear from pathogens, accumulation can lead to impaction. This may cause conductive hearing loss, pain, itching, a sensation of fullness, tinnitus, or dizziness.

Cerumen accumulation without impaction (ceruminosis) typically causes no symptoms. However, discomfort may develop if the wax hardens and contacts the tympanic membrane or irritates the canal. Symptoms can include itching, pain, and a sensation of fullness. If the canal becomes completely blocked, additional signs may include conductive hearing loss, vertigo, and tinnitus (ringing in the ears) (Tolan et al., 2024).

Routine removal of cerumen is not recommended unless visualization of the tympanic membrane is required or the patient is symptomatic. Treatment options include manual removal with a curette, irrigation with warm water, or the use of ceruminolytic agents to soften the wax. Care must be taken to avoid irrigation in individuals with tympanic membrane perforation, pressure-equalizing tubes, prior ear surgery, or a high risk of infection (e.g., patients with diabetes mellitus, immunocompromised status, or head and neck radiation), as these populations are more vulnerable to complications such as malignant OE (Naples, 2022).

Otitis Externa

Otitis externa (OE), also referred to as swimmer's ear, is an inflammation of the external auditory canal that can result from infection, irritation, or an allergic response. It is more common in warm, humid climates and frequently affects children between the ages of 7 and 12. OE can be acute or chronic, with varying degrees of severity.

Predisposing factors include frequent swimming, minor trauma from cotton swabs or scratching, occlusive devices such as hearing aids or earbuds, and skin conditions such as eczema or seborrhea. More than 90% of acute cases are bacterial, most often caused by *Pseudomonas aeruginosa* or *S. aureus*. Fungal infections (e.g., *Aspergillus* or *Candida*) are less common and typically arise after prolonged topical antibiotic use or in tropical environments.

Symptoms of OE include itching, redness, swelling, pain with manipulation of the auricle, otorrhea (watery or purulent discharge), and temporary hearing loss due to canal narrowing. Inflammation of the pinna and canal makes ear movement particularly painful. Treatment typically involves topical eardrops containing antibiotics, often in combination with corticosteroids to reduce inflammation. In cases of fungal OE, antifungal drops are used. Patients are advised to avoid water exposure, refrain from inserting objects into the ear canal, and protect the ear from further irritation during the healing process (Jackson & Geer, 2023).

Middle Ear and Eustachian Tube Disorders

Because of the insertion of the eustachian tube in the middle ear, eustachian tube dysfunction often causes altered function of the middle ear. Therefore, both of these disorders will be considered together in this section of the chapter.

Eustachian Tube Dysfunction

Dysfunction of the eustachian tube may occur due to abnormal patency or obstruction. Abnormally patent tubes fail to close completely, allowing nasopharyngeal air and secretions to enter the middle ear, especially during crying or nose blowing. This is more common in infants and young children whose eustachian tubes are shorter, wider, and more horizontal than those of adults, making reflux and infection more likely.

Obstruction may be functional or mechanical. Functional obstruction is associated with reduced cartilage rigidity, poor muscle function, or craniofacial abnormalities (e.g., cleft palate) that impair tube opening. Mechanical obstruction may arise from mucosal swelling during viral infections or allergies, adenoidal hypertrophy, or

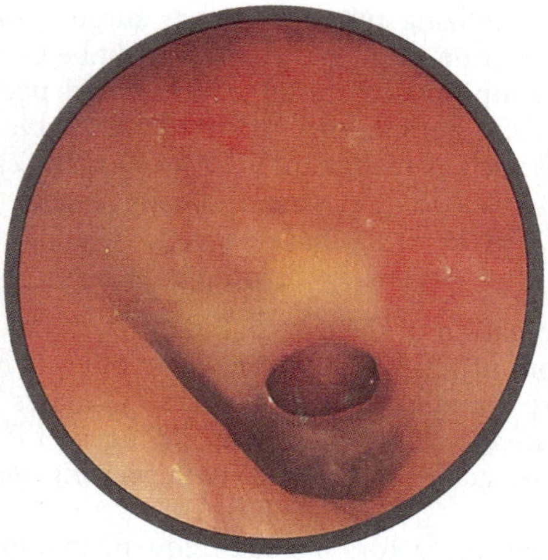

FIGURE 16-32. Perforation of the tympanic membrane. (From Bickley, L. S. [2021]. *Bates' guide to physical examination and history taking* [13th ed., p. 416]. Wolters Kluwer; Table 13-3.)

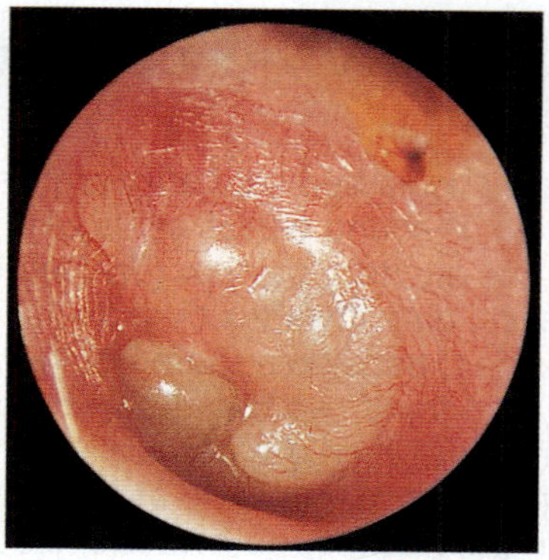

FIGURE 16-33. Acute otitis media. (From Weber, J. R., & Kelley, J. H. [2022]. *Nursing health assessment* [7th ed.]. Wolters Kluwer; unnumbered figure in Abnormal Findings 17-2.)

tumors compressing the tube externally. Obstruction causes middle ear air absorption, negative pressure, and transudation of fluid, predisposing individuals to otitis media (OM). Research continues to evaluate the effectiveness of both nonsurgical and surgical treatments for eustachian tube obstruction, including consideration of balloon eustachian tuboplasty, which dilates the eustachian tube with a balloon (Swords et al., 2025).

Barotrauma

Barotrauma refers to pain or injury in the ear caused by rapid changes in air pressure, such as during airplane descent or diving. If the eustachian tube is blocked by infection, swelling, or inflammation from a common cold or allergy, air is prevented from moving in and out of the middle ear, and pressure cannot equalize. Symptoms include ear pain, hearing loss, and a feeling of fullness. In severe cases, the tympanic membrane may rupture, with visible bleeding or bruising (Fig. 16-32). Barotrauma may also occur with blast injuries or trauma, and complications may include vertigo, nystagmus, or CSF leak, warranting immediate otolaryngology referral (Wu & Kozin, 2024).

Initial treatment includes decongestants, autoinflation techniques (swallowing, yawning, or chewing gum), and nasal corticosteroids in some cases. However, topical decongestants should be used sparingly and only for the short term, as prolonged use may worsen symptoms. Tympanic membrane perforations should be evaluated for associated injury to adjacent structures, and surgical repair may be necessary (Wu & Kozin, 2024).

Otitis Media

Otitis media (OM) is the term used to refer to all inflammatory conditions of the middle ear, regardless of etiology. **Acute otitis media (AOM)** is typically caused by bacterial or viral infection, whereas **otitis media with effusion (OME)** involves evidence of fluid accumulation in the middle ear, but with no signs of infection (Fig. 16-33). AOM presents with an acute onset of otalgia, fever, irritability, and frequently follows an upper respiratory infection. OME may be asymptomatic or associated with hearing loss, fullness, or intermittent pain but lacks signs of acute infection (El Feghaly et al., 2023).

Risk Factors

Although AOM may occur in any age group, it primarily affects children between 3 months and 3 years of age. Risk factors include daycare attendance, household smoking, bottle feeding, supine feeding, male gender, lack of immunization, family history, craniofacial anomalies, and obesity. Breastfeeding reduces risk by promoting upright feeding and transferring protective antibodies. The immaturity of the eustachian tube in infants promotes reflux and microbial migration into the middle ear.

Pathophysiology

AOM often begins with a viral upper respiratory infection, after which bacteria such as *S. pneumoniae*, *H. influenzae*, *M. catarrhalis*, or Group A *Streptococcus* proliferate in the middle ear. Widespread vaccination (e.g., PCV13) has shifted bacterial prevalence, making nontypeable *H. influenzae* more common (El Feghaly et al., 2023).

Clinical Manifestations

AOM is characterized by the following:

- Acute otalgia or ear pulling
- Fever (>39°C)
- Irritability or sleep disturbance
- Otorrhea
- Hearing loss
- Middle ear effusion (MME) and inflammation

OME presents with the following:

- Pain or pressure in the ear
- Hearing loss
- Diminished tympanic membrane mobility
- Visible air–fluid level or bubbles
- Often no fever or pain

Many cases of OME resolve spontaneously, but some experience recurrent OME. Persistent middle ear fluid from OME results in decreased motility of the tympanic membrane and serves as a barrier to sound conduction.

Diagnosis

Distinguishing between AOM and OME is often straightforward but may be complicated by overlapping features or progression from one condition to the other. Differentiating the two is increasingly important due to concerns about antimicrobial resistance and the need to avoid unnecessary antibiotic use (El Feghaly et al., 2023).

Both AOM and OME are associated with MME, which can be detected using otoscopic or pneumatic otoscopic techniques. Otoscopic signs of MME may include two or more of the following:

- White or yellow appearance of the tympanic membrane (seen in either AOM or OME)
- Amber coloration of the tympanic membrane (typically seen in OME)
- Opacification of the tympanic membrane other than scarring
- Decreased or absent motility of the tympanic membrane, often evaluated by pneumatic otoscopy

In OME, the tympanic membrane often appears cloudy with reduced mobility, and an air–fluid level or bubbles may be visible in the middle ear space. These cases are typically afebrile and asymptomatic or associated with mild hearing loss or intermittent discomfort (Ikeda et al., 2022).

A definitive diagnosis of AOM requires all of the following:

- History of acute onset of signs and symptoms (e.g., otalgia, fever, irritability)
- Confirmed MME, demonstrated by bulging of the tympanic membrane, limited or absent mobility, presence of an air–fluid level behind the tympanic membrane, or otorrhea
- Signs and symptoms of middle ear inflammation, such as erythema of the tympanic membrane or reported ear pain

Pneumatic otoscopy is the preferred diagnostic tool, as it allows the examiner to assess tympanic membrane mobility by introducing air into the canal. Reduced or absent membrane movement supports the diagnosis of AOM or chronic effusion. **Tympanometry** may also be used to detect effusion or abnormal middle ear pressure. In select cases, **tympanocentesis**—a needle puncture of the tympanic membrane—may be performed to relieve pressure or obtain fluid for culture and sensitivity, especially in recurrent or treatment-resistant infections (Ikeda et al., 2022).

Treatment

Most cases of AOM resolve without antibiotics. Current guidelines recommend watchful waiting for select children with mild symptoms, especially those over 2 years of age. Pain management with acetaminophen or ibuprofen is essential. Antibiotics (e.g., amoxicillin) are indicated in severe cases or in children under 6 months.

OME generally resolves within 3 weeks to 3 months. Management includes observation, hearing assessment, and monitoring for speech delays in at-risk children. Decongestants, antihistamines, and nasal steroids are not recommended for OME (Ikeda et al., 2022).

Complications of Otitis Media

The complications of OM include temporary conductive hearing loss, adhesive OM, cholesteatoma, mastoiditis, and, rarely, intracranial spread. Most hearing loss is reversible, but recurrent OME in young children may impact speech and cognitive development (Jamal et al., 2022).

Cholesteatoma is a benign but destructive growth of keratinizing epithelium in the middle ear or mastoid, often due to chronic infections or tympanic membrane retraction. It appears pearly white and causes hearing loss and painless otorrhea. Treatment is surgical (Angeli & Chang, 2025).

Mastoiditis results from infection of the mastoid air cells. Though rare today, it remains serious and requires urgent surgical referral. Symptoms include fever and persistent AOM, otalgia, and swelling behind the ear. Intracranial complications, though rare, include meningitis, brain abscess, lateral sinus thrombosis, and labyrinthitis, especially in chronic or untreated infections (Bridwell et al., 2024).

Otosclerosis

Otosclerosis is a hereditary condition of abnormal bone remodeling in the otic capsule, most often affecting the stapes. New spongy bone forms around the oval window, immobilizing the stapes and causing progressive conductive hearing loss. It typically appears in young adulthood, is more common in Caucasian females, and may progress during pregnancy (Bălaşa Vîrzob et al., 2023).

In some cases, pressure on the vestibulocochlear nerve results in tinnitus, sensorineural hearing loss, or vertigo. Bone conduction is often preserved, allowing patients to use telephones while struggling with in-person conversations.

Treatment includes hearing aids, sodium fluoride (for bone stabilization), and surgical intervention. A **stapedectomy** or **stapedotomy** replaces or bypasses the immobilized stapes to restore hearing, with high success rates (Bălaşa Vîrzob et al., 2023).

Inner Ear Disorders of Hearing Function

The inner ear has important functions in both hearing and balance. Inner ear disorders that primarily affect hearing will be discussed in this section of the chapter. Disorders of the inner ear that primarily affect balance will be discussed in the final section of the chapter on the vestibular system. However, because the inner ear has important regulatory functions for both hearing and balance, some individuals with inner ear disorders may experience problems with both hearing and balance.

Tinnitus

Tinnitus (from the Latin word *tinniere*, meaning "to ring") is the perception of abnormal ear or head noises that are not produced by an external stimulus. It affects 10% to 15% of the population and may be intermittent or constant, unilateral or bilateral, and high- or low-pitched. Though commonly associated with aging and noise exposure, it may also occur in younger individuals (Jarach et al., 2022).

For clinical purposes, tinnitus is subdivided into objective and subjective tinnitus. **Objective tinnitus** is rare and potentially audible to another observer, often due to vascular turbulence (e.g., arterial **bruits**) or neuromuscular conditions, usually pulsatile (Langguth et al., 2024).

Subjective tinnitus is far more common and is perceived only by the individual and not linked to external sound. It is often associated with noise-induced hearing loss, presbycusis (discussed below), hypertension and vascular disease, cochlear inflammation or infection, head trauma, or ototoxic medications.

Pathophysiology

The exact mechanisms of subjective tinnitus are not fully understood but may include abnormal spontaneous activity in auditory hair cells, cochlear deafferentation, central gain enhancement in the auditory cortex, disruption in signal processing, or auditory–limbic network dysregulation (Langguth et al., 2024).

Diagnosis and Treatment

Diagnosis is based on subjective symptom description, audiologic testing, and evaluation of contributing factors (e.g., ototoxic medications, noise exposure, vascular disease). MRI may be indicated for unilateral or pulsatile tinnitus to rule out tumors such as vestibular schwannoma (Mazurek et al., 2022).

Treatment measures include the elimination of triggers such as ototoxic drugs, excessive caffeine, alcohol, and certain foods, such as those containing monosodium glutamate (MSG) or tyramine. Sound therapy, which involves the use of white noise generators or tinnitus-masking devices, may be used to mask or inhibit the tinnitus. Often, hearing aids can be helpful for those with hearing loss. Cognitive behavioral therapy is now considered a first-line intervention for chronic tinnitus, while tinnitus retraining therapy (TRT) combines counseling with sound therapy to habituate the auditory system. Emerging neuromodulation techniques include bimodal stimulation (e.g., sound plus trigeminal nerve stimulation) and repetitive transcranial magnetic stimulation (rTMS). Surgical intervention (i.e., cochlear nerve section) is rarely used and only for severely debilitating cases (Mazurek et al., 2022).

Inflammation and Immune Dysfunction of the Inner Ear

Autoimmune and autoinflammatory conditions that affect the inner ear can lead to symptoms such as hearing loss, balance disturbances, vertigo, and tinnitus. These disorders are often underdiagnosed due to their varied presentations, potential for long-term damage, and the lack of specific laboratory markers. Several autoimmune diseases—such as systemic lupus erythematosus, rheumatoid arthritis, and Sjögren syndrome—are associated with immune-related damage to auditory structures, resulting in inner ear dysfunction (Athanasopoulos et al., 2024). Although the exact mechanisms remain under investigation, inflammation, immune-mediated tissue damage, and vascular involvement are believed to play key roles in auditory impairment.

Accurate diagnosis requires a collaborative, multidisciplinary approach that includes clinical evaluation, hearing tests, and imaging studies. Management focuses on reducing inflammation and modulating immune activity using corticosteroids, immunosuppressants, and biologic therapies. In cases of significant hearing loss, hearing aids or cochlear implants may be necessary. Because treatment response varies among individuals, care plans should be tailored to each patient's needs (Athanasopoulos et al., 2024).

Disorders of the Central Auditory Pathways

The auditory pathways involve bilateral communication at multiple levels of the brain stem and cortex. Because of this redundancy, focal lesions such as strokes, tumors, or abscesses rarely cause complete hearing loss; rather, they may produce only a mild reduction in auditory acuity on the side opposite the lesion. However, for speech comprehension, lateralized function is essential. On the dominant side—typically the left—the medial and dorsal portions of the auditory association cortex, known as Wernicke's area, play a central role in language understanding. Damage to this region results in **auditory receptive aphasia**, a condition in which a person can speak intelligibly and read normally but is unable to understand spoken language (Wani, 2024).

Tumors or seizure foci affecting the primary auditory cortex can cause abnormal sound perceptions such as roaring, clicking, or ringing—sometimes described as auditory hallucinations. Focal seizures originating near the auditory cortex are often preceded by an aural aura, such as the perception of a sound. Bilateral damage to the auditory association cortex can result in **auditory agnosia**, in which the individual is unable to recognize or interpret familiar sounds (Miceli & Caccia, 2023). If the dominant hemisphere is affected, speech recognition may be impaired, leading to **receptive aphasia**.

Hearing Loss

Hearing is a complex sensory function that allows for the detection of sound waves and their interpretation by the CNS. The human ear is most sensitive to sound frequencies between 1,000 and 3,000 Hz. Sound waves are characterized by both frequency (pitch) and intensity (loudness). The pitch of a sound is determined by the number of cycles per second, measured in hertz (Hz), whereas intensity is measured in decibels (dB), with a 10-fold increase in sound pressure equaling one bel. Because the bel is too large a unit for practical use, the dB, or one tenth of a bel, is commonly used (Moore et al., 2022).

Hearing loss is categorized by how loud a sound must be before a person can detect it, measured in dB. The severity is classified as mild (26 to 40 dB), moderate (41 to 55 dB), moderately severe (56 to 70 dB), severe (71 to 90 dB), and profound (91 dB or greater in adults, or 70 dB or greater in children). These ranges indicate the softest sounds a person is unable to hear; for example, someone with moderate hearing loss typically cannot hear any sound below 41 dB. The term "hard of hearing" generally refers to adults who have hearing loss greater than 20 to 25 dB, or children with loss greater than 15 dB. More than 48 million Americans experience some degree of hearing loss. It may be classified as conductive (involving the outer or middle ear), sensorineural (affecting the inner ear or auditory nerve), or mixed (a combination of both). Hearing loss can be congenital (present at birth) or acquired and may occur suddenly or progressively. It may also be partial or complete, and reversible or irreversible, depending on the underlying cause (Akşit & Akdaş, 2024). Chart 16-1 summarizes common causes of conductive and sensorineural hearing loss.

CHART 16-1

COMMON CAUSES OF CONDUCTIVE AND SENSORINEURAL HEARING LOSS

Conductive Hearing Loss

- External ear conditions
  - Impacted earwax or foreign body
  - Otitis externa
- Middle ear conditions
  - Trauma
  - Otitis media (acute and with effusion)
  - Otosclerosis
  - Tumors

Sensorineural Hearing Loss

- Trauma
  - Head injury
  - Noise
- Infections (e.g., inner ear infections, CNS infections)
- Degenerative conditions
  - Presbycusis
- Vascular
  - Atherosclerosis
  - Sudden deafness
- Ototoxic drugs (e.g., aminoglycosides, salicylates, loop diuretics)
- Tumors
  - Vestibular schwannoma (acoustic neuroma)
  - Meningioma
  - Metastatic tumors
- Idiopathic
  - Ménière disease

Mixed Conductive and Sensorineural Hearing Loss

- Middle ear conditions
  - Barotrauma
  - Cholesteatoma
  - Otosclerosis
- Temporal bone fracture

KEY POINTS

Hearing Loss

- Hearing is a sensory function that incorporates the sound-transmitting properties of the external ear canal, the eardrum that separates the external and middle ear, the bony ossicles of the middle ear, the sensory receptors of the cochlea in the inner ear, the neural pathways of the vestibulocochlear or auditory nerve, and the primary auditory and auditory association cortices.
- Hearing loss can be caused by conductive disorders; auditory stimuli are not transmitted properly through the structures of the ear to the sensory receptors in the inner ear. Hearing loss can also be caused by sensorineural disorders that affect the inner ear, auditory nerve, or auditory pathways. Mixed hearing loss is a combination of conductive and sensorineural disorders.

Conductive Hearing Loss

Conductive hearing loss occurs when sound waves are not adequately transmitted through the external or middle ear to the cochlea. Temporary causes include impacted cerumen in the outer ear, MME, or the presence of a foreign body, such as pieces of cotton or an insect. More permanent causes include thickening or perforation of the tympanic membrane and diseases affecting the ossicles, such as otosclerosis or Paget disease. Conditions of the external ear that may lead to conductive hearing loss include OE and cerumen impaction, while middle ear causes include OM (AOM or OME), trauma, tumors, and ossicular chain disruption (Kleinjung & Londero, 2024).

Sensorineural Hearing Loss

Sensorineural hearing loss, also called perceptive hearing loss, results from damage to the inner ear structures, cochlear nerve, or central auditory pathways of the brain. In this form of hearing loss, sound waves are conducted to the inner ear, but the conversion or transmission of sound into neural impulses is impaired. This type of hearing loss is often irreversible and typically affects higher frequencies. Common causes include chronic noise exposure, presbycusis, genetic mutations, intrauterine infections such as maternal rubella, and developmental malformations. Genetic hearing loss may be syndromic or nonsyndromic, and it may be present before (prelingual) or after (postlingual) speech development (Kleinjung & Londero, 2024).

Other causes include injury to the inner ear (such as with traumatic injury), tumors (such as vestibular schwannomas and meningiomas), vascular events (including hemorrhage or thrombosis), and CNS infections (such as meningitis). Sudden sensorineural hearing loss can occur due to viral infections of the inner ear, vascular compromise, or rupture of inner ear membranes, sometimes following tympanotomy. Environmental noise exposure—especially above 100 to 120 dB—can damage the organ of Corti, resulting in permanent loss. This is a particular concern in industrial settings and among musicians. Protective hearing devices are critical in such environments.

Sensorineural hearing loss may also result from ototoxic drugs, including aminoglycosides, cisplatin, loop diuretics, antimalarials, and salicylates. These agents can cause temporary or permanent damage, typically beginning with tinnitus. The risk of ototoxicity is increased in people with impaired renal function or those receiving multiple ototoxic drugs (Kleinjung & Londero, 2024).

Pathophysiology

The etiology of sensorineural hearing loss includes genetic abnormalities, intrauterine or perinatal infections, trauma, neoplasms, vascular conditions, ototoxic medications, and prolonged exposure to excessive noise. Genetic causes may involve single-gene mutations or complex multifactorial patterns. Acquired causes, such as infections and drug exposures, are also significant. For example, aminoglycoside antibiotics and chemotherapeutic agents, such as cisplatin, have well-documented ototoxic potential. Noise-induced hearing loss remains a widespread occupational hazard, and unprotected exposure to high-decibel environments can cause permanent cochlear damage (Kleinjung & Londero, 2024).

Diagnosis

A comprehensive assessment begins with a history of otologic symptoms, noise exposure, medication use, and family history. Physical examination may reveal signs such as cerumen impaction, tympanic membrane abnormalities, or otorrhea. Audiometric testing is the gold standard for diagnosing hearing loss. Tuning fork tests help differentiate conductive from sensorineural loss. In the Weber test, sound lateralizes to the affected side in conductive loss and to the unaffected side in sensorineural loss. The Rinne test compares air and bone conduction; bone conduction is greater in conductive loss, whereas air conduction remains greater in sensorineural loss (Li et al., 2022).

An audioscope combines an otoscope and a screening audiometer and can identify individuals who require further evaluation. Formal audiograms measure hearing thresholds across frequencies and are performed by audiologists using calibrated equipment. Auditory brain stem response (ABR) testing evaluates the neural transmission of sound through the brain stem and is useful for identifying retrocochlear pathology, particularly in children or individuals unable to complete standard audiometry. Imaging studies, including MRI and CT scans, are used to evaluate structural causes such as tumors or temporal bone abnormalities (Li et al., 2022).

Treatment

Treatment depends on the underlying cause. For conductive hearing loss, interventions may include the removal of cerumen, treatment of infections, or surgical correction of structural abnormalities. Hearing aids are beneficial for many individuals with both conductive and sensorineural loss. Cochlear implants are indicated for those with profound bilateral sensorineural hearing loss not responsive to hearing aids. These devices directly stimulate the auditory nerve, bypassing damaged cochlear structures. Early implants had a single electrode, but modern implants use multielectrode arrays to enhance speech recognition. Many recipients can understand speech with the help of lipreading, and some can communicate by phone with captioning devices (Lye et al., 2023).

Social support, patient education, and environmental modifications such as face-to-face communication and assistive listening devices are essential components of hearing rehabilitation. Additional aids include flashing alarms, captioned telephones, and trained service animals (Lye et al., 2023).

Hearing Loss in Infants and Children

Even mild or unilateral hearing loss can affect language development in children. An estimated 1 to 3 out of every 1,000 newborns have a permanent hearing loss, with even higher rates in neonatal intensive care unit (NICU) graduates. Congenital causes include genetic mutations and infections such as CMV, which is now the most common cause of congenital sensorineural hearing loss (Singh & Gaidhane, 2022). Postnatal causes include bacterial meningitis, with *S. pneumoniae* being the most common pathogen responsible for sensorineural loss beyond the neonatal period. Other causes include trauma, ototoxic drugs, and intrauterine exposures (Choe et al., 2023).

The AAP and the Joint Committee on Infant Hearing (JCIH) recommend universal newborn hearing screening before 1 month of age and intervention by 6 months of age. Children with risk factors for delayed-onset hearing loss require ongoing audiologic monitoring. Once diagnosed, a comprehensive developmental and speech/language evaluation is essential to guide early intervention (Kemaloğlu, 2024).

Hearing Loss in Older Adults

Presbycusis refers to age-related sensorineural hearing loss and affects up to two-thirds of adults over age 70. It is typically bilateral, progressive, and most pronounced in the high frequencies. Individuals with presbycusis often report that they can hear speech but struggle to understand it, especially in noisy environments. Central auditory processing also declines, resulting in impaired sound localization and slower processing of complex acoustic information. High-frequency sounds such as alarms, timers, or warning beeps may be inaudible or unrecognizable, posing safety risks (Garefis, 2025).

Because of their high prevalence and impact on quality of life, annual screening for hearing loss is recommended in older adults. A simple question such as "Do you have a hearing problem?" can serve as an effective screening tool. Audiometry confirms the diagnosis. Management includes hearing aids, lip reading, assistive technologies, and cochlear implants for those with profound loss. Given the association between hearing loss, social isolation, and depression in older adults, early diagnosis and treatment are essential (Garefis, 2025).

SUMMARY CONCEPTS

Hearing loss may be conductive, sensorineural, or mixed. Conductive hearing loss results from impaired transmission of sound from the outer or middle ear to the inner ear, while sensorineural loss involves damage to the cochlea, auditory nerve, or central auditory pathways. Sensorineural hearing loss can stem from genetic mutations, congenital infections, trauma, tumors, vascular events, or exposure to ototoxic drugs. In children, hearing loss can significantly impair language and cognitive development. In older adults, age-related hearing loss (presbycusis) is common and often affects high-frequency hearing, leading to communication difficulties, social withdrawal, and reduced quality of life. Treatment options include hearing aids, assistive listening devices, and, in cases of profound sensorineural loss, cochlear implants.

The Vestibular System

The vestibular system involves complex interactions among structures in the inner ear and the CNS. Proper functioning of the vestibular system contributes to balance and spatial orientation in the environment.

Structure and Function of the Vestibular System and Vestibular Reflexes

By about 24 weeks of gestational age, the vestibular system achieves near-adult form and size, although some structures, such as the semicircular canals, continue to mature postnatally (Mescioglu et al., 2024). Located in the inner ear, the vestibular system is primarily responsible for balance and includes the peripheral vestibular apparatus and its extensive CNS connections. These connections contribute to postural orientation, perception of motion, and reflex control. Beyond maintaining posture and balance, the vestibular system integrates visual input from the eyes and proprioceptive input from peripheral nerves through the spinal cord (da Costa Monsanto et al., 2023). Disorders of the vestibular system are characterized by vertigo, nystagmus, tinnitus, nausea, vomiting, and autonomic manifestations. Although symptoms can be distressing, few vestibular disorders are life-threatening (Table 16-3).

Peripheral Vestibular Apparatus

The peripheral vestibular apparatus is contained within the bony labyrinth of the inner ear and includes two primary chambers: the bony labyrinth filled with perilymph and the membranous labyrinth filled with endolymph fluid. The membranous labyrinth contains three semicircular canals and two otolithic organs (the utricle and saccule). These five structures in each ear supply sensory information to coordinate head and eye movement (Ince et al., 2024).

The **semicircular canals**—anterior (superior), posterior (inferior), and lateral (horizontal)—are oriented at roughly right angles to one another and detect angular or rotational movements of the head. Each canal contains an enlarged area at one end called the **ampulla**, which houses the **crista ampullaris**, a ridge of sensory epithelium covered with hair cells. These hair cells extend into a gelatinous structure known as the **cupula**. When the head rotates, endolymph within the semicircular ducts lags behind due to inertia, causing displacement of the cupula and deflection of the hair cells. This mechanical deformation alters the firing rate of the primary afferent neurons of the vestibular nerve, depending on the direction of movement. Hair cell orientation within each canal ensures that angular acceleration in one direction

TABLE 16-3 Common Disorders Affecting the Vestibular System

Type of Disorder	Pathology
Acoustic neuroma	A noncancerous growth or tumor on the vestibulocochlear nerve
Benign paroxysmal positional vertigo	Disorder of otoliths
Ménière disease	Dislodgement of otoliths that participate in the receptor function of the vestibular system
Motion sickness	Repeated stimulation of the vestibular system, such as during car, air, and boat travel
Labyrinthitis	Acute viral or bacterial infection of the vestibular pathways
Vestibular migraine	Dizziness or vertigo occurs with or without headache; related to the neurotransmitter serotonin

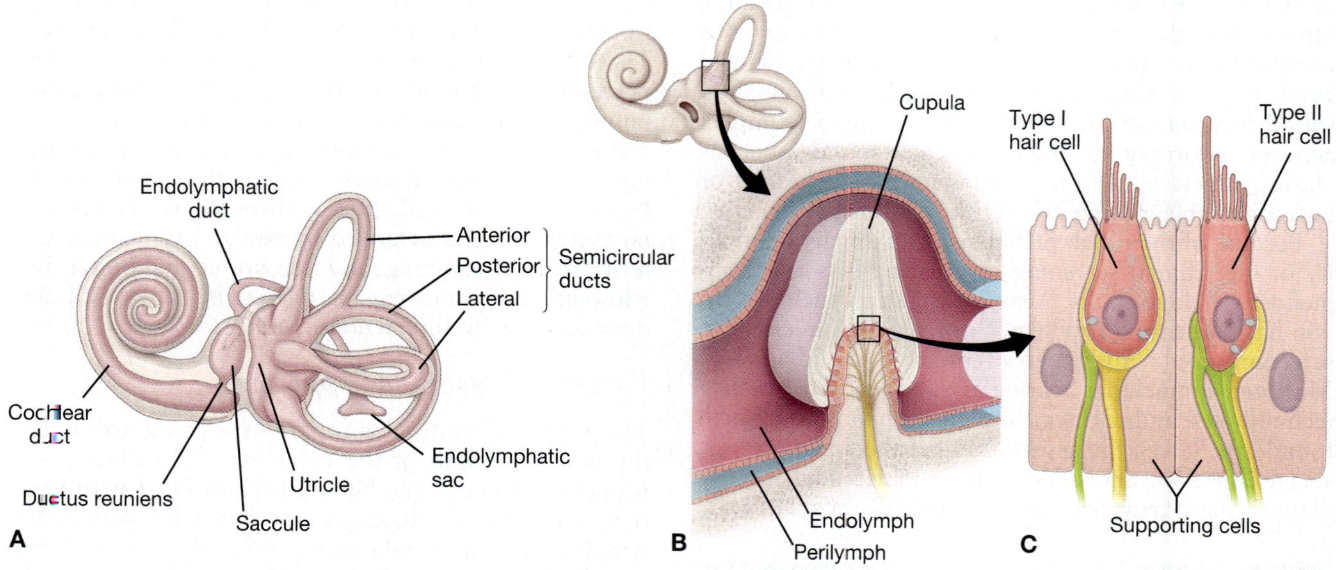

FIGURE 16-34. **A.** The osseous and membranous labyrinth of the left ear showing the utricle and saccule with their maculae and three semicircular canals and their ampullae. **B.** Location of the crista ampullaris and its connection to the vestibular branch of CN VIII. **C.** The location of the cupula and the movement of hair cells of the crista ampullaris with head movement. (From Pawlina, W., & Ross, M. H. [2020]. *Histology: A text and atlas* [8th ed., p. 988]. Wolters Kluwer; Fig. 25-8C; From Pawlina, W., & Ross, M. H. [2020]. *Histology: A text and atlas* [8th ed., p. 992]. Wolters Kluwer; Fig. 25-12B; From Pawlina, W., & Ross, M. H. [2020]. *Histology: A text and atlas* [8th ed., p. 992]. Wolters Kluwer; Fig. 25-12C.)

increases neural activity, while acceleration in the opposite direction decreases it (Fig. 16-34).

The utricle and saccule, which are sensitive to linear acceleration and gravitational forces, contain specialized sensory regions called **maculae**. Each macula consists of hair cells embedded in a gelatinous otolithic membrane, which is studded with calcium carbonate crystals called **otoliths**. The added weight and inertia of the otoliths enhance the membrane's response to changes in head position. Movement or tilting of the head causes the otolithic membrane to shift relative to the underlying hair cells, leading to the deflection of the stereocilia and a change in receptor potential. Each hair cell has one large kinocilium and multiple shorter stereocilia; deflection toward the kinocilium results in depolarization, while deflection away causes hyperpolarization. The utricle primarily detects horizontal acceleration, while the saccule responds to vertical movement (Ince et al., 2024). Together, these structures provide continuous feedback about the position and motion of the head relative to gravity and linear forces, contributing to the maintenance of balance and postural control (Fig. 16-35).

Neural Pathways

The response to body imbalance, such as stumbling, must be fast and reflexive. Afferent vestibular information is transmitted via the superior and inferior divisions of the vestibular nerve to the vestibular nuclei in the brain stem and the cerebellum. The vestibular nuclei integrate visual, proprioceptive, and vestibular inputs and send motor commands to CNs III, IV, and VI for eye movements, and through vestibulospinal tracts to postural muscles in the neck, limbs, and trunk. The **vestibulo-ocular reflex (VOR)** maintains visual fixation during head movement, while vestibulospinal reflexes stabilize

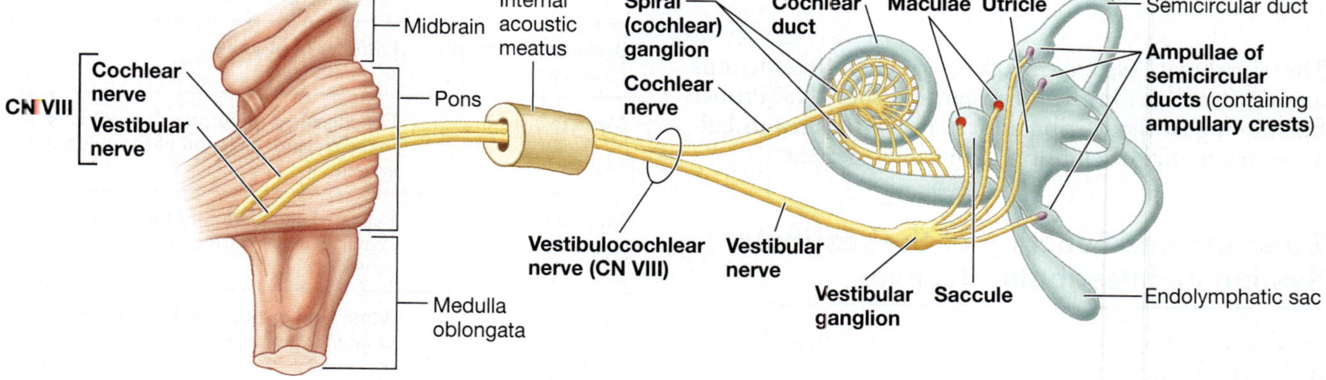

FIGURE 16-35. Vestibulocochlear nerve (CN VIII). (From Agur, A. M. R., & Dalley, A. F. [2019]. Moore's essential clinical anatomy [6th ed., p. 586]. Wolters Kluwer; Fig. 8-78).

posture. Projections to the thalamus and cerebral cortex support conscious awareness of spatial orientation, and connections to the chemoreceptor trigger zone may contribute to nausea and vomiting (Migliaccio, 2022).

Nystagmus

Nystagmus is an involuntary rhythmic eye movement that may be physiologic or pathologic. The VOR causes slow compensatory eye movement opposite the direction of head movement, followed by a rapid saccade in the direction of the head, creating the characteristic slow-fast pattern of nystagmus. This reflex can be demonstrated by holding a pencil vertically in front of the eyes and moving it from side to side through a 10-degree arc at a rate of approximately five times per second. At this rate of motion, the pencil appears blurred because a different and more complex reflex cannot compensate quickly enough. However, if the pencil is maintained in a stable position and the head is moved back and forth at the same rate, the image of the pencil is clearly defined. The eye movements are the same in both cases. The reason that the pencil image remains clear in the second situation is that the VOR keeps the image of the pencil on the retinal fovea. When compensatory VOR carries the conjugate eye rotations to their physical limit, a very rapid conjugate movement moves the eyes in the direction of head movement to a new fixation point, followed by a slow VOR as the head continues to rotate past the new fixation point (Rosengren et al., 2022).

Nystagmus is classified based on the direction of eye movement, which may be horizontal (side-to-side), vertical (up-and-down), rotary or torsional (circular), or mixed. During continuous head rotation, the endolymph within the semicircular ducts eventually moves at the same speed as the head due to friction with the canal walls. As a result, the hair cells in the ampulla stop being stimulated, and nystagmus subsides as the eyes adopt a stable position. However, when the head suddenly stops, the endolymph continues to move briefly because of inertia, bending the hair cells in the opposite direction. This causes nystagmus to reappear, but now in the direction opposite to the original rotation (Rosengren et al., 2022).

Pathologic nystagmus, which occurs without head movement or visual input, is often more noticeable when a person is fatigued and may be influenced by psychological factors. When caused by a CNS lesion rather than a problem in the vestibular end organ or vestibulocochlear nerve, pathologic nystagmus is usually not accompanied by vertigo. If vertigo is present, it tends to be mild. Nystagmus can be evaluated using tests such as rotational stimulation or caloric testing, which provoke the reflex by altering fluid movement in the inner ear (Kamermans et al., 2023).

Vertigo

Disorders of vestibular function are characterized by a condition called **vertigo**, in which an illusion of motion occurs. Persons with vertigo frequently describe a sensation of spinning or tilting. **Objective vertigo** is the sensation of being stationary while the environment is in motion, whereas **subjective vertigo** refers to a sensation of being in motion while the environment is stationary. Vertigo differs from light-headedness, faintness, or syncope, and is considered more of a spinning of oneself or the surroundings.

Vertigo can result from central or peripheral vestibular disorders. Most cases result from a peripheral vestibular source rather than a central source. Vertigo because of peripheral vestibular disorders tends to be severe in intensity and episodic or brief in duration. In contrast, vertigo because of central vestibular causes tends to be mild, constant, and chronic in duration (Filippopulos et al., 2022).

Motion Sickness

Motion sickness is a normal physiologic response to repetitive vestibular stimulation, such as during car, air, or sea travel. Symptoms include vertigo, nausea, vomiting, sweating, and autonomic signs like hypotension and tachycardia. Symptoms result from mismatched sensory inputs. They can usually be mitigated by supplying visual signals that more closely match the motion signals being supplied to the vestibular system (Keshavarz & Golding, 2022). An example of this might be staring at the line of the horizon while standing on a boat that is moving with the waves. Anti-motion sickness drugs may also be used to reduce or relieve the symptoms. These drugs work by suppressing the activity of the vestibular system.

Disorders of Peripheral Vestibular Function

Peripheral vestibular dysfunction arises from disruption of endolymph dynamics or damage to vestibular structures. Damage to the vestibular system can occur as an adverse effect of certain drugs or from allergic reactions to foods. The aminoglycosides (e.g., streptomycin, gentamicin) have a specific toxic affinity for the vestibular portion of the inner ear. Alcohol can cause transient episodes of vertigo.

Severe irritation or damage to the vestibular end organs or nerves results in severe balance disorders reflected by instability of posture, ataxia, and falling, accompanied by vertigo. With irritation, falling is away from the affected side. With destruction, it is toward the affected side. Adaptation to asymmetric stimulation occurs within a few days, after which the signs and symptoms diminish and eventually are lost. After adaptation to the loss of vestibular input from one side, the loss of function of the opposite vestibular apparatus produces signs and symptoms identical to those resulting from unilateral rather than bilateral loss. Within weeks, adaptation is again sufficient for movement and even for driving a car. Such a person relies heavily on visual and proprioceptive input from muscle and joint sensors and has severe orientation difficulty in the dark, particularly when moving over uneven areas (Wang, Zhang, et al., 2024).

Benign Paroxysmal Positional Vertigo

Benign paroxysmal positional vertigo (BPPV) is the most common cause of pathologic vertigo, typically affecting individuals over the age of 40. It is characterized by sudden, brief periods of vertigo, usually lasting less than 1 minute, that are precipitated by a change in head position. Commonly, individuals report symptoms when rolling over in bed, rising from bed, bending forward, or looking upward. These episodes may also be provoked by rapid head movements such as those experienced on amusement park rides (Imai & Inohara, 2022). BPPV typically follows head trauma or Ménière disease (discussed below).

BPPV is attributed to dislodged otoliths (calcium carbonate crystals) from the utricle entering the posterior semicircular canal, where their movement within the endolymph causes inappropriate stimulation of the hair cells, leading to vertigo and nystagmus. A short latency typically precedes the vertigo, reflecting the time needed for endolymph movement to stimulate hair cell deflection. Symptoms often diminish with repeated head movements, possibly due to the redistribution of the debris away from the ampulla.

Diagnosis involves positional maneuvers, such as the Dix-Hallpike test, which elicit vertigo and nystagmus. Treatment may involve medications to control nausea during acute episodes, but repositioning techniques like the Epley maneuver are the primary approach. These canalith repositioning maneuvers are designed to guide the otoliths back to the utricle, alleviating symptoms in most patients (Imai & Inohara, 2022).

Acute Vestibular Neuronitis

Acute vestibular neuronitis (also called vestibular neuritis) is a self-limited condition caused by inflammation of the vestibular nerve. It presents with a sudden onset of severe vertigo, nausea, and vomiting that can last for several days. Importantly, it is not associated with hearing loss or other neurological deficits. Many affected individuals report a viral upper respiratory infection 1 to 2 weeks before symptom onset, supporting a presumed viral etiology. It usually resolves in 1 to 3 weeks. In some cases, the condition may recur intermittently over months or years, though recurrence is unpredictable (Bae et al., 2022).

Ménière Disease

Ménière disease is an episodic disorder of the inner ear caused by excessive accumulation of endolymph in the membranous labyrinth—a condition known as **endolymphatic hydrops**. The classic symptom triad includes fluctuating sensorineural hearing loss, episodic vertigo, and tinnitus. Additional symptoms include aural fullness and autonomic signs such as pallor, sweating, nausea, and vomiting. The vertigo episodes are typically severe and disabling, often requiring individuals to lie still with minimal head movement. Early in the disease, hearing loss may resolve between episodes, but with disease progression, permanent hearing impairment may develop. Ménière disease usually starts unilaterally but may become bilateral over time (Rizk et al., 2022).

Pathophysiology

The precise cause remains unknown. Proposed mechanisms include impaired endolymph resorption, increased production, or blockage of outflow pathways. Ménière disease may be idiopathic or associated with infections, trauma, autoimmune conditions, or ototoxic drugs. A viral injury to the endolymphatic sac has been proposed in idiopathic cases. Regardless of the cause, Ménière disease is considered a chronic inflammatory disorder with a multifactorial origin (Frejo & Lopez-Escamez, 2022).

Clinical Manifestations

Patients often report recurrent episodes of severe rotary vertigo accompanied by unilateral tinnitus and hearing fluctuations. The vertigo may last from 20 minutes to several hours and is often followed by imbalance and fatigue. Symptoms tend to remit spontaneously but recur unpredictably. Rotary nystagmus and postural instability are common during attacks. Bilateral hearing evaluation is crucial, as early disease may go unnoticed if only one ear is affected (Rizk et al., 2022).

Diagnosis and Treatment

Diagnosis of Ménière disease is based on audiometry, vestibular testing (e.g., videonystagmography [VNG]), and clinical history. Electrocochleography or imaging may help rule out other causes. Glycerol or urea testing may transiently improve hearing and support the diagnosis of hydrops. Treatment aims to reduce endolymphatic volume and includes dietary sodium restriction, diuretics (e.g., hydrochlorothiazide or furosemide), corticosteroids, and vestibular suppressants like prochlorperazine or diazepam (Rizk et al., 2022). Surgical options include endolymphatic sac decompression, vestibular nerve section, or intratympanic gentamicin ablation in refractory cases.

Disorders of Central Vestibular Function

Vertigo of central origin arises from lesions in the cerebellum or brain stem, including ischemic strokes, demyelinating diseases like multiple sclerosis, and tumors compressing the fourth ventricle. Central vertigo is often accompanied by neurological signs such as diplopia, dysarthria, ataxia, or facial weakness. Nystagmus from central lesions tends to be nonfatiguing, may occur in any direction, may change direction over time, and is not suppressed by visual fixation. It can severely affect visual tracking and balance, causing significant functional impairment (Ernst et al., 2024).

Diagnosis and Treatment of Vestibular Disorders

Diagnostic Tests

Vestibular disorders are primarily diagnosed through clinical history, physical examination, and specialized vestibular testing. Key components of the neurologic exam include gait, coordination, and oculomotor testing. Positional maneuvers help distinguish peripheral from central causes (Ernst et al., 2024).

Romberg Test

The Romberg test assesses static balance. With eyes closed, individuals with vestibular deficits exhibit increased sway or fall toward the affected side. Interpretation requires intact proprioception and motor control.

Videonystagmography

Videonystagmography (VNG) has largely replaced electronystagmography (ENG) and uses infrared video to measure eye movements during positional and caloric stimulation. It provides data on the direction, amplitude, and latency of nystagmus. Caloric testing involves stimulating each ear with warm and cold air to induce endolymphatic flow and assess vestibular responsiveness (Malik et al., 2025).

Other Tests

The rotational chair test evaluates vestibular function under controlled motion in the absence of visual input. MRI with contrast is used to evaluate for central lesions such as tumors or demyelination. In peripheral causes, nystagmus is typically horizontal with a torsional component and beats away from the affected side. The Dix-Hallpike test remains the gold standard for diagnosing BPPV. In contrast, vertigo from central causes is often gradual in onset and may lack nystagmus (Pérez-Fernández & Ramos-Macías, 2023).

Treatment

Pharmacologic Methods

Pharmacologic treatment is often used for acute symptom relief. Antihistamines (e.g., meclizine), anticholinergics (e.g., scopolamine), benzodiazepines (e.g., lorazepam), and antiemetics (e.g., ondansetron) are commonly prescribed. These agents help reduce nausea and vestibular sensitivity but should be used cautiously due to sedative effects and the potential for dependency (Pérez-Fernández & Ramos-Macías, 2023).

Vestibular Rehabilitation Exercises

Vestibular rehabilitation therapy (VRT) is a highly effective nonpharmacologic intervention for persistent vestibular dysfunction. It involves tailored exercises that promote central compensation for balance disorders, including habituation, gaze stabilization, and balance training. VRT is particularly beneficial for patients with BPPV, vestibular neuritis, or chronic unilateral vestibulopathy (Zhang et al., 2022).

SUMMARY CONCEPTS

The vestibular system plays an essential role in the equilibrium sense, which is closely integrated with the visual and proprioceptive (position) senses. Receptors in the semicircular canals, utricle, and saccule of the vestibular system, located in the inner ear, respond to changes in linear and angular acceleration of the head. The vestibular nerve fibers travel in CN VIII to the vestibular nuclei at the junction of the medulla and pons; some fibers pass through the nuclei to the cerebellum. Cerebellar connections are necessary for temporally smooth, coordinated movements during ongoing head movements, tilt, and angular acceleration. The vestibular nuclei also connect with the nuclei of the oculomotor (CN III), trochlear (CN IV), and abducens (CN VI) nerves that control eye movement. Nystagmus is a term used to describe vestibular-controlled eye movements that occur in response to angular and rotational movements of the head. The vestibulospinal tract, which provides for the control of muscle tone in the axial muscles, including those of the back, provides support for maintaining balance. Neurons of the vestibular nuclei also project to the thalamus, to the temporal cortex, and to the somatosensory area of the parietal cortex. The thalamic and cortical projections provide the basis for the subjective experiences of position in space and of rotation and vertigo.

Vertigo, an illusory sensation of motion of either oneself or one's surroundings, tinnitus, and hearing loss are common manifestations of vestibular dysfunction, as are autonomic manifestations such as perspiration, nausea, and vomiting. Common disorders of the vestibular system include motion sickness, BPPV, and Ménière disease.

BPPV is a condition believed to be caused by free-floating particles in the posterior semicircular canal. It presents as a sudden onset of dizziness or vertigo that is provoked by certain changes in head position. Ménière disease, which is caused by an overaccumulation of endolymph, is characterized by severe, disabling episodes of tinnitus, feelings of ear fullness, and violent rotary vertigo. The diagnosis of vestibular disorders is based on a description of the symptoms, a history of trauma or exposure to agents destructive to vestibular structures, and tests of eye movements (i.e., nystagmus) and muscle control of balance and equilibrium. Among the methods used in the treatment of the vertigo that accompanies vestibular disorders are habituation exercises and antivertigo drugs. These drugs act by diminishing the excitability of neurons in the vestibular nucleus.

Integrating Clinical Decision Making

Mr. H., a 72-year-old man, presents to his primary care provider reporting gradual difficulty seeing clearly when reading and increasing problems understanding conversations in crowded restaurants. He states, "I can hear people talking, but I can't always make out what they're saying." He denies ear pain, drainage, or acute visual changes. Ophthalmologic evaluation reveals progressive lens opacity. Audiometry demonstrates bilateral high-frequency hearing loss.

1. Based on the findings, what visual disorder is most consistent with this patient's symptoms, and what structural change is responsible for his decreased vision?
2. What type of hearing loss is most consistent with this patient's audiometric findings, and what is the underlying pathophysiologic mechanism?

Six months later, Mr. H. returns with new symptoms. He reports episodic spinning sensations lasting less than a minute when turning over in bed. The episodes are triggered by head position changes and are sometimes accompanied by nausea. He denies hearing loss progression, tinnitus, or neurologic weakness. Physical examination reveals positional nystagmus during head movement testing.

3. Based on the symptom pattern and duration, which vestibular disorder is most likely responsible for this patient's vertigo?
4. What feature of this case helps differentiate a peripheral vestibular disorder such as BPPV from a central vestibular disorder?

REFERENCES

American Academy of Ophthalmology. (2023). Basic and Clinical Science Course: Pediatric Ophthalmology and Strabismus (Section 6). AAO.

Abtahi, S.-H., Nourinia, R., Mazloumi, M., Nouri, H., Arevalo, J. F., & Ahmadieh, H. (2023). Retinal ischemic cascade: New insights into the pathophysiology and imaging findings. *Survey of Ophthalmology*, *68*(3), 380–387. https://doi.org/10.1016/j.survophthal.2022.11.009

Adade, S., & Das, V. E. (2023). Investigation of selective innervation of extraocular muscle compartments. *Investigative Opthalmology & Visual Science*, *64*(2), 24. https://doi.org/10.1167/iovs.64.2.24

Akşit, A. M., & Akdaş, F. (2024). Basic definition, classification, and characteristics of hearing loss. In M. T. Kalcioglu, N. Bayar Muluk, & H. A. Jenkins (Eds.), *Otology updates: Comprehensive ENT* (pp. 171–187). Springer. https://doi.org/10.1007/978-3-031-76173-7_9

Allison, K., Morabito, K. A., Appelbaum, J., Deangelis, M., & Patel, D. (2024). Primary open angle glaucoma: Where are we today? *EC Ophthalmology*, *15*(3), 1–15.

Altamirano, F., Ortiz-Morales, G., O'Connor-Cordova, M. A., Sancén-Herrera, J. P., Zavala, J., & Valdez-Garcia, J. E. (2024). Fuchs endothelial corneal dystrophy: An updated review. *International Ophthalmology*, *44*(1), 61. https://doi.org/10.1007/s10792-024-02994-1

Angeli, S. I., & Chang, K. W. (2025). Principles of cholesteatoma management. *Otolaryngologic Clinics of North America*, *58*(1), 41–50. https://doi.org/10.1016/j.otc.2024.08.002

Athanasopoulos, M., Samara, P., & Athanasopoulos, I. (2024). Decoding the impact of autoinflammatory/autoimmune diseases on inner ear harmony and hearing loss. *Exploration of Immunology*, *4*, 73–89. https://doi.org/10.37349/ei.2024.00129

Awadein, A., Gouda, J., Elhilali, H., & Arnoldi, K. (2023). Convergence excess esotropia: Review. *Journal of Binocular Vision and Ocular Motility*, *73*(4), 131–159. https://doi.org/10.1080/2576117x.2023.2261155

Bae, C. H., Na, H. G., & Choi, Y. S. (2022). Current diagnosis and treatment of vestibular neuritis: A narrative review. *Journal of Yeungnam Medical Science*, *39*(2), 81–88. https://doi.org/10.12701/yujm.2021.01228

Bălaşa Vîrzob, C. R., Cloşca, R. M., Poenaru, M., Morar, R., Balica, N. C., Sarău, C. A., Ioniţă, I., & Baderca, F. (2023). Otosclerosis under the magnifying glass. *Romanian Journal of Morphology and Embryology*, *64*(2), 189–197. https://doi.org/10.47162/rjme.64.2.09

Bhate, M., Flaherty, M., & Martin, F. J. (2022). Timing of surgery in essential infantile esotropia—What more do we know since the turn of the century? *Indian Journal of Ophthalmology*, *70*(2), 386–395. https://doi.org/10.4103/ijo.ijo_1129_21

Bilen, R. (2024). Non-paralytic strabismus and management in pediatric population. In S. Ç. Dülger (Ed.), *Strabismus, Neuro-ophthalmological Disorders, and Management in the Pediatric Population* (pp. 9–18). MediHealth Academy.

Bort-Martí, A. R., Rowe, F. J., Ruiz Sifre, L., Ng, S. M., Bort-Martí, S., & Ruiz Garcia, V. (2023). Botulinum toxin for the treatment of strabismus. *Cochrane Database of Systematic Reviews*, *3*(3), CD006499. https://doi.org/10.1002/14651858.cd006499.pub5

Bridwell, R. E., Koyfman, A., & Long, B. (2024). High risk and low prevalence diseases: Acute mastoiditis. *The American Journal of Emergency Medicine*, *79*, 63–69. https://doi.org/10.1016/j.ajem.2024.02.009

Byczynski, G., Vanneste, S., & Møller, A. R. (2024). Anatomy and physiology of the auditory system. In W. Schlee, B. Langguth, D. De Ridder, S. Vanneste, T. Kleinjung, & A. R. Møller (Eds.), *Textbook of tinnitus* (pp. 101–114). Springer. https://doi.org/10.1007/978-3-031-35647-6_9

Byroju, V. V., Nadukkandy, A. S., Cordani, M., & Kumar, L. D. (2023). Retinoblastoma: Present scenario and future challenges. *Cell Communication and Signaling*, *21*(1), 226. https://doi.org/10.1186/s12964-023-01223-z

Cang, J., Fu, J., & Tanabe, S. (2023). Neural circuits for binocular vision: Ocular dominance, interocular matching, and disparity selectivity. *Frontiers in Neural Circuits*, *17*, 1084027. https://doi.org/10.3389/fncir.2023.1084027

Chan, C., Seitz, B., & Käsmann-Kellner, B. (2023). Morphological and functional aspects and quality of life in patients with Achromatopsia. *Journal of Personalized Medicine*, *13*(7), 1106. https://doi.org/10.3390/jpm13071106

Chaudhuri, M., Hassan, Y., Bakka Vemana, P. P., Bellary Pattanashetty, M. S., Abdin, Z. U., & Siddiqui, H. F. (2023). Age-related macular degeneration: An exponentially emerging imminent threat of visual impairment and irreversible blindness. *Cureus*, *15*(5), e39624. https://doi.org/10.7759/cureus.39624

Chen, S., Abu-Qamar, O., Kar, D., Messinger, J. D., Hwang, Y., Moult, E. M., Lin, J., Baumal, C. R., Witkin, A., Liang, M. C., Waheed, N. K., Curcio, C. A., & Fujimoto, J. G. (2023). Ultrahigh resolution OCT markers of normal aging and early age-related macular degeneration. *Ophthalmology Science*, *3*(3), 100277. https://doi.org/10.1016/j.xops.2023.100277

Cheung, C. Y., Biousse, V., Keane, P. A., Schiffrin, E. L., & Wong, T. Y. (2022). Hypertensive eye disease. *Nature Reviews Disease Primers*, *8*(1), 14. https://doi.org/10.1038/s41572-022-00342-0

Chi, Y.-C., Lin, C.-C., & Chiu, T.-Y. (2024). Microbiology and antimicrobial susceptibility in adult dacryocystitis. *Clinical Ophthalmology*, *18*, 575–582. https://doi.org/10.2147/opth.s452707

Choe, G., Park, S.-K., & Kim, B. J. (2023). Hearing loss in neonates and infants. *Clinical and Experimental Pediatrics*, *66*(9), 369–376. https://doi.org/10.3345/cep.2022.01011

Cicinelli, M. V., Buchan, J. C., Nicholson, M., Varadaraj, V., & Khanna, R. C. (2023). Cataracts. *The Lancet*, *401*(10374), 377–389. https://doi.org/10.1016/s0140-6736(22)01839-6

Cleveland Clinic. (2022). *Aqueous humor and vitreous humor*. https://my.clevelandclinic.org/health/body/24611-aqueous-humor-vitreous-humor

Cleveland Clinic. (2024). *Uvea*. https://my.clevelandclinic.org/health/body/uvea

Coviltir, V., Marinescu, M. C., Urse, B. M., & Burcel, M. G. (2025). Primary congenital and childhood glaucoma—A complex clinical picture and surgical management. *Diagnostics*, *15*(3), 308. https://doi.org/10.3390/diagnostics15030308

Csaky, K., Curcio, C. A., Mullins, R. F., Rosenfeld, P. J., Fujimoto, J., Rohrer, B., Ribeiro, R., Malek, G., Waheed, N., Guymer, R., Hageman, G. S., Chen, H., & Csete, M. (2022). New approaches to the treatment of age-related macular degeneration (AMD). *Experimental Eye Research*, *221*, 109134. https://doi.org/10.1016/j.exer.2022.109134

da Costa Monsanto, R., Pauna, H. F., & Cureoglu, S. (2023). The anatomy of the vestibular system. In B. T. Crane, L. Lustig, & C. de Souza (Eds.), *Disorders of the vestibular system* (pp. 1–11). Springer. https://doi.org/10.1007/978-3-031-40524-2_1

Darville, T. (2025). Chlamydia infections. In Y. A. Maldonado, V. Nizet, & J. O. Klein (Eds.), *Remington and Klein's infectious diseases of the fetus and newborn infant* (9th ed., pp. 495–500.e1). Elsevier. https://doi.org/10.1016/b978-0-323-79525-8.00029-9

Dhoot, A. S., Popovic, M. M., Nichani, P. A. H., Eshtiaghi, A., Mihalache, A., Sayal, A. P., Yu, H., Wykoff, C. C., Kertes, P. J., & Muni, R. H. (2022). Pars plana vitrectomy versus scleral buckle: A comprehensive meta-analysis of 15,947 eyes. *Survey of Ophthalmology*, *67*(4), 932–949. https://doi.org/10.1016/j.survophthal.2021.12.005

Di Fazio, N., Delogu, G., Morena, D., Cipolloni, L., Scopetti, M., Mazzilli, S., Frati, P., & Fineschi, V. (2023). New insights into the diagnosis and age determination of retinal hemorrhages from abusive head trauma: A systematic review. *Diagnostics*, *13*(10), 1722. https://doi.org/10.3390/diagnostics13101722

Dumitrache, M., Lascu, R., Burcea, M., & Cioboată, M. (2025). Hemianopsia. *Ophthalmology Research*, *8*(1), 1–6. https://doi.org/10.33425/2639-9482.1042

Eberhardt, M., Rammohan, G., & Zeppieri, M. (2024, January 9). Blepharitis. In *StatPearls* [Internet]. StatPearls Publishing. https://www.ncbi.nlm.nih.gov/sites/books/NBK459305/?report=classic

Efron, N., Morgan, P. B., Woods, C. A., Jones, D., Jones, L., & Nichols, J. J. (2024). International trends in prescribing toric soft contact lenses to correct astigmatism (2000–2023): An update. *Contact Lens and Anterior Eye*, *47*(5), 102276. https://doi.org/10.10.1016/j.clae.2024.102276

El Feghaly, R. E., Nedved, A., Katz, S. E., & Frost, H. M. (2023). New insights into the treatment of acute otitis media. *Expert Review of Anti-Infective Therapy*, *21*(5), 523–534. https://doi.org/10.1080/14787210.2023.2206565

Ernst, A., Basta, D., & Jahn, K. (2024). Central vestibular disorders. In *Vestibular therapy and rehabilitation* (pp. 71–80). Springer. https://doi.org/10.1007/978-3-031-64318-7_4

Fallon, K., & Remenschneider, A. (2025). Understanding eustachian tube dysfunction. *JAMA Otolaryngology–Head & Neck Surgery*, *151*(1), 89. https://doi.org/10.1001/jamaoto.2024.3474

Fauzi, L., & Bunga, T. (2022). Basic concept of ophthalmology and visual disorder. *Sriwijaya Journal of Ophthalmology*, *5*(1), 178–189. https://doi.org/10.37275/sjo.v5i1.67

Fernandes, A. R., Zielińska, A., Sanchez-Lopez, E., dos Santos, T., Garcia, M. L., Silva, A. M., Karczewski, J., & Souto, E. B. (2022). Exudative versus nonexudative age-related macular degeneration: Physiopathology and treatment options. *International Journal of Molecular Sciences*, *23*(5), 2592. https://doi.org/10.3390/ijms23052592

Filippopulos, F. M., Strobl, R., Belanovic, B., Dunker, K., Grill, E., Brandt, T., Zwergal, A., & Huppert, D. (2022). Validation of a comprehensive diagnostic algorithm for patients with acute vertigo and dizziness. *European Journal of Neurology*, *29*(10), 3092–3101. https://doi.org/10.1111/ene.15448

Frejo, L., & Lopez-Escamez, J. A. (2022). Cytokines and inflammation in Meniere disease. *Clinical and Experimental Otorhinolaryngology*, *15*(1), 49–59. https://doi.org/10.21053/ceo.2021.00920

Garefis, K. (2025). Presbycusis. In N. Tsetsos, M. Stavrakas, & K. Garefis (Eds.), *Otolaryngology study guide* (pp. 87–90). Springer. https://doi.org/10.1007/978-3-031-77374-7_21

Ghadiri, N., Reekie, I. R., Gordon, I., Safi, S., Lingham, G., Evans, J. R., & Keel, S. (2023). Systematic review of clinical practice guidelines for uveitis. *BMJ Open Ophthalmology*, *8*(1), e001091. https://doi.org/10.1136/bmjophth-2022-001091

Gilger, B. C., Degroote, R., & Deeg, C. (2022). Diseases of the uvea, uveitis, and recurrent uveitis. In B. C. Gilger (Ed.), *Equine ophthalmology* (pp. 441–498). Wiley. https://doi.org/10.1002/9781119782285.ch6

Heath Jeffery, R. C., & Chen, F. K. (2024). Macular neovascularization in inherited retinal diseases: A review. *Survey of Ophthalmology*, *69*(1), 1–23. https://doi.org/10.1016/j.survophthal.2023.07.007

Horwood, A. M., & Waite, P. (2023). Using evidence-based psychological approaches to accommodation anomalies. *Strabismus*, *31*(1), 45–54. https://doi.org/10.1080/09273972.2023.2171070

Hutchinson, A. K., Morse, C. L., Hercinovic, A., Cruz, O. A., Sprunger, D. T., Repka, M. X., Lambert, S. R., & Wallace, D. K. (2023). Pediatric eye evaluations preferred practice pattern. *Ophthalmology*, *130*(3), P222–P270. https://doi.org/10.1016/j.ophtha.2022.10.030

Ikeda, R., Hidaka, H., Ito, M., Kamide, Y., Kuroki, H., Nakano, A., Yoshida, H., Takahashi, H., Iino, Y., Harabuchi, Y., & Kobayashi, H. (2022). Pharmacotherapy focusing on for the management of otitis media with effusion in children: Systematic review and meta-analysis. *Auris Nasus Larynx*, *49*(5), 748–754. https://doi.org/10.1016/j.anl.2022.03.017

Imai, T., & Inohara, H. (2022). Benign paroxysmal positional vertigo. *Auris Nasus Larynx*, *49*(5), 737–747. https://doi.org/10.1016/j.anl.2022.03.012

Ince, D. T., Bayar Muluk, N., & Cingi, C. (2024). Peripheral and central vestibular system anatomy. In M. T. Kalcioglu, N. Bayar Muluk, & H. A. Jenkins (Eds.), *Neurotology updates: Comprehensive ENT* (pp. 3–10). Springer. https://doi.org/10.1007/978-3-031-77370-9_1

Jackson, E. A., & Geer, K. (2023). Acute otitis externa: Rapid evidence review. *American Family Physician*, *107*(2), 145–151.

Jain, S. (2024). Paralytic strabismus. In *Simplifying strabismus* (pp. 89–115). Springer. https://doi.org/10.1007/978-3-031-46997-8_7

Jamal, A., Alsabea, A., & Tarakmeh, M. (2022). Effect of ear infections on hearing ability: A narrative review on the complications of otitis media. *Cureus*, *14*(7), e27400. https://doi.org/10.7759/cureus.27400

Jarach, C. M., Lugo, A., Scala, M., van den Brandt, P. A., Cederroth, C. R., Odone, A., Garavello, W., Schlee, W., Langguth, B., & Gallus, S. (2022). Global prevalence and incidence of tinnitus. *JAMA Neurology*, *79*(9), 888. https://doi.org/10.1001/jamaneurol.2022.2189

Jasim, H. Z., & Al-Jubory, M. (2024). Understanding conjunctivitis: Symptoms, causes, and treatment. *Scholars Journal of Applied Medical Sciences*, *12*(03), 255–258. https://doi.org/10.36347/sjams.2024.v12i03.007

Johnson, C., Sayed, A., McSoley, J., Durbin, M., Kashem, R., Nicklin, A., Lopez, V., Mijares, G., Chen, M., Shaheen, A., Segarra, S., Rady, N., Duque, C. A., Opoku-Baah, C., & Abou Shousha, M. (2023). Comparison of visual field test measurements with a novel approach on a wearable headset to standard automated perimetry. *Journal of Glaucoma*, *32*(8), 647–657. https://doi.org/10.1097/ijg.0000000000002238

Jung, Y., Kim, G. N., Oh, E. B., Ohn, K., & Moon, J. I. (2023). Metabolic Health, obesity, and intraocular pressure. *Journal of Clinical Medicine*, *12*(5), 2066. https://doi.org/10.3390/jcm12052066

Kamermans, M., Winkelman, B. H., Hölzel, M.-B., Howlett, M. H., Kamermans, W., Simonsz, H. J., & de Zeeuw, C. I. (2023). A retinal origin of nystagmus—A perspective. *Frontiers in Ophthalmology*, *3*, 1186280. https://doi.org/10.3389/fopht.2023.1186280

Kannabiran, C., Chaurasia, S., Ramappa, M., & Mootha, V. V. (2022). Update on the genetics of corneal endothelial dystrophies. *Indian Journal of Ophthalmology*, *70*(7), 2239–2248. https://doi.org/10.4103/ijo.ijo_992_22

Kanukollu, V. M., & Sood, G. (2023). Strabismus. In StatPearls. StatPearls Publishing. https://www.ncbi.nlm.nih.gov/books/NBK560782/

Kaur, S., Sharda, S., Aggarwal, H., & Dadeya, S. (2023). Comprehensive review of amblyopia: Types and management. *Indian Journal of Ophthalmology*, *71*(7), 2677–2686. https://doi.org/10.4103/ijo.ijo_338_23

Kawamura, S., & Tachibanaki, S. (2022). Molecular bases of rod and cone differences. *Progress in Retinal and Eye Research*, *90*, 101040. https://doi.org/10.1016/j.preteyeres.2021.101040

Kemaloğlu, Y. K. (2024). Newborn hearing screening. In M. T. Kalcioglu, N. Bayar Muluk, & H. A. Jenkins (Eds.), *Otology updates: Comprehensive ENT* (pp. 719–742). Springer. https://doi.org/10.1007/978-3-031-76173-7_39

Keshavarz, B., & Golding, J. F. (2022). Motion sickness: Current concepts and management. *Current Opinion in Neurology*, *35*(1), 107–112. https://doi.org/10.1097/WCO.0000000000001018

Kleinjung, T., & Londero, A. (2024). Conductive and sensorineural hearing loss. In W. Schlee, B. Langguth, D. De Ridder, S. Vanneste, T. Kleinjung, & A. R. Møller (Eds.), *Textbook of tinnitus* (pp. 385–398). Springer. https://doi.org/10.1007/978-3-031-35647-6_32

Kolomytskaya, A. (2024). Non-surgical strabismus treatment. In I. Mravicic & M. A. Pjano (Eds.), *Treatment of eye motility disorders*. IntechOpen. https://doi.org/10.5772/intechopen.1003986

Komninou, M. A., Seiler, T. G., & Enzmann, V. (2024). Corneal biomechanics and diagnostics: A review. *International Ophthalmology*, *44*(1), 132. https://doi.org/10.1007/s10792-024-03057-1

Kraus, C., & Kuwera, E. (2023). What is strabismus? *JAMA*, *329*(10), 856. https://doi.org/10.1001/jama.2023.0052

Labib, B. A., & Chigbu, D. I. (2022). Therapeutic targets in allergic conjunctivitis. *Pharmaceuticals*, *15*(5), 547. https://doi.org/10.3390/ph15050547

Langguth, B., de Ridder, D., Schlee, W., & Kleinjung, T. (2024). Tinnitus: Clinical insights in its pathophysiology-A perspective. *Journal of the Association for Research in Otolaryngology*, *25*(3), 249–258. https://doi.org/10.1007/s10162-024-00939-0

Lenhart, P. D., & Lambert, S. R. (2022). Current management of infantile cataracts. *Survey of Ophthalmology*, *67*(5), 1476–1505. https://doi.org/10.1016/j.survophthal.2022.03.005

Lesicko, A. M. H., & Geffen, M. N. (2022). Diverse functions of the auditory cortico-collicular pathway. *Hearing Research*, *425*, 108488. https://doi.org/10.1016/j.heares.2022.108488

Li, M. M., Tayoun, A. A., DiStefano, M., Pandya, A., Rehm, H. L., Robin, N. H., Schaefer, A. M., & Yoshinaga-Itano, C. (2022). Clinical evaluation and etiologic diagnosis of hearing loss: A clinical practice resource of the American College of Medical Genetics and Genomics (ACMG). *Genetics in Medicine*, *24*(7), 1392–1406. https://doi.org/10.1016/j.gim.2022.03.018

Liang, Y. J., Wang, Y. Y., Rong, S. S., Chen, Z. J., Chen, S. Y., Tham, J. A., Chan, P. P., Yam, J. C., Wiggs, J. L., Pang, C. P., Tham, C. C., & Chen, L. J. (2024). Genetic associations of primary angle-closure disease. *JAMA Ophthalmology*, *142*(5), 437. https://doi.org/10.1001/jamaophthalmol.2024.0363

Lim, R. (2022). The surgical management of glaucoma: A review. *Clinical & Experimental Ophthalmology*, *50*(2), 213–231. https://doi.org/10.1111/ceo.14028

Lin, J. B., Narayanan, R., Philippakis, E., Yonekawa, Y., & Apte, R. S. (2024). Retinal detachment. *Nature Reviews Disease Primers*, *10*(1), 18. https://doi.org/10.1038/s41572-024-00501-5

Litt, J., Cunningham, A. L., Arnalich-Montiel, F., & Parikh, R. (2024). Herpes zoster ophthalmicus: Presentation, complications, treatment, and prevention. *Infectious Diseases and Therapy*, *13*(7), 1439–1459. https://doi.org/10.1007/s40121-024-00990-7

Liu, P., Wang, F., Song, Y., Wang, M., & Zhang, X. (2022). Current situation and progress of drugs for reducing intraocular pressure. *Therapeutic Advances in Chronic Disease*, *13*, 20406223221140392. https://doi.org/10.1177/20406223221140392

Luu, K. T., Seal, J., Green, M., Winskill, C., & Attar, M. (2022). Effect of anti-VEGF therapy on the disease progression of neovascular age-related macular degeneration: A systematic review and model-based meta-analysis. *The Journal of Clinical Pharmacology*, *62*(5), 594–608. https://doi.org/10.1002/jcph.2002

Lye, J., Delaney, D. S., Leith, F. K., Sardesai, V. S., McLenachan, S., Chen, F. K., Atlas, M. D., & Wong, E. Y. (2023). Recent therapeutic progress and future perspectives for the treatment of hearing loss. *Biomedicines*, *11*(12), 3347. https://doi.org/10.3390/biomedicines11123347

Ma, E. Z., Zhou, A. E., Hoegler, K. M., & Khachemoune, A. (2022). Oculocutaneous albinism: Epidemiology, genetics, skin manifestation, and psychosocial issues. *Archives of Dermatological Research*, *315*(2), 107–116. https://doi.org/10.1007/s00403-022-02335-1

Malik, M. R., Kumar, K., Kalaiah, M. K., Ravi, R., Shastri, U., & Kumar, D. (2025). Navigating trends in research related to vestibular function tests through Scientometrics. *European Archives of Oto-Rhino-Laryngology*, *282*, 2833–2842. https://doi.org/10.1007/s00405-024-09187-7

Marshall, H., Berry, E. C., Torres, S. D., Mullany, S., Schmidt, J., Thomson, D., Nguyen, T. T., Knight, L. S., Hollitt, G., Qassim, A., Kolovos, A., Ridge, B., Schulz, A., Lake, S., Mills, R. A., Agar, A., Galanopoulos, A., Landers, J., Healey, P. R., … Craig, J. E. (2023). Association between body mass index and primary open angle glaucoma in three cohorts. *American Journal of Ophthalmology*, *245*, 126–133. https://doi.org/10.1016/j.ajo.2022.08.006

Mazurek, B., Hesse, G., Dobel, C., Kratzsch, V., Lahmann, C., & Sattel, H. (2022). Clinical practice guideline: Chronic tinnitus—Diagnosis and treatment. *Deutsches Ärzteblatt International*, *119*, 219–225. https://doi.org/10.3238/arztebl.m2022.0135

Megiddo-Barnir, E., & Alió, J. L. (2023). Latest development in extended depth-of-focus intraocular lenses: An update. *Asia-Pacific Journal of Ophthalmology*, *12*(1), 58–79. https://doi.org/10.1097/apo.0000000000000590

Mehra, D., & Moshirfar, M. (2023, July 24). Neuroanatomy, optic tract. In *StatPearls* [Internet]. StatPearls Publishing. https://www.ncbi.nlm.nih.gov/books/NBK549840/

Mehta, A. (2024). Ectropion and entropion. In A. Gupta & P. Tahiliani (Eds.), *Oculoplastic and orbit casebook: Current practices in ophthalmology* (pp. 37–56). Springer. https://doi.org/10.1007/978-981-97-0593-1_4

Mescioglu, A., Cingi, C., & Bayar Muluk, N. (2024). Vestibular system embryology. In M. T. Kalcioglu, N. Bayar Muluk, & H. A. Jenkins (Eds.), *Neurotology updates: Comprehensive ENT* (pp. 11–16). Springer. https://doi.org/10.1007/978-3-031-77370-9_2

Miceli, G., & Caccia, A. (2023). The auditory agnosias: A short review of neurofunctional evidence. *Current Neurology and Neuroscience Reports*, *23*(11), 671–679. https://doi.org/10.1007/s11910-023-01302-1

Migliaccio, A. (2022). Peripheral vestibular signal processing. In D. Jaeger & R. Jung (Eds.), *Encyclopedia of computational neuroscience* (pp. 2719–2722). Springer. https://doi.org/10.1007/978-1-0716-1006-0_5

Mondal, H., Kim, H.-J., Mohanto, N., & Jee, J.-P. (2023). A review on dry eye disease treatment: Recent progress, diagnostics, and future perspectives. *Pharmaceutics*, *15*(3), 990. https://doi.org/10.3390/pharmaceutics15030990

Moore, B. C., Lowe, D. A., & Cox, G. (2022). Guidelines for diagnosing and quantifying noise-induced hearing loss. *Trends in Hearing*, *26*, 23312165221093156. https://doi.org/10.1177/23312165221093156

Motlagh, M., & Geetha, R. (2022, November 15). Physiology, accommodation. In *StatPearls* [Internet]. StatPearls Publishing. https://www.ncbi.nlm.nih.gov/books/NBK542189/

Muns, S. M., Villegas, V. M., Murray, T. G., Latiff, A., & Gold, A. S. (2022). Clinical outcomes of combined phacoemulsification with intraocular lens placement and microincision vitrectomy in adult vitreoretinal disease. *Journal of VitreoRetinal Diseases*, *7*(1), 27–32. https://doi.org/10.1177/24741264221118185

Musa, M., Enaholo, E., Aluyi-Osa, G., Atuanya, G. N., Spadea, L., Salati, C., & Zeppieri, M. (2024). Herpes simplex keratitis: A brief clinical overview. *World Journal of Virology*, *13*(1), 89934. https://doi.org/10.5501/wjv.v13.i1.89934

Musa, M., Zeppieri, M., Enaholo, E. S., Chukwuyem, E., & Salati, C. (2023). An overview of corneal transplantation in the past decade. *Clinics and Practice*, *13*(1), 264–279. https://doi.org/10.3390/clinpract13010024

Muto, T., Imaizumi, S., & Kamoi, K. (2023). Viral conjunctivitis. *Viruses*, *15*(3), 676. https://doi.org/10.3390/v15030676

Naples, J. G. (2022). Understanding ear wax (cerumen) and ear cleanings. *JAMA Otolaryngology–Head & Neck Surgery*, *148*(4), 388. https://doi.org/10.1001/jamaoto.2021.4283

Nguyen, X.-T.-A., Moekotte, L., Plomp, A. S., Bergen, A. A., van Genderen, M. M., & Boon, C. J. (2023). Retinitis pigmentosa: Current clinical management and emerging therapies. *International Journal of Molecular Sciences*, *24*(8), 7481. https://doi.org/10.3390/ijms24087481

Padayachee, N., Vagiri, R., & Bangalee, V. (2024). Clearing the Blur: A microbial menace in focus—Understanding bacterial conjunctivitis. *SA Pharmaceutical Journal*, *91*(2), 29–32. https://doi.org/10.36303/sapj.0375

Panthagani, J., MacDonald, T., Bruynseels, A., Madathilethu, S. C., & Jenyon, T. (2022). Deposition keratopathy. *British Journal of Hospital Medicine*, *83*(7), 1–13. https://doi.org/10.12968/hmed.2021.0237

Pelak, V. S. (2025). Disorders of higher-order visual function. *CONTINUUM: Lifelong Learning in Neurology*, *31*(2), 543–565. https://doi.org/10.1212/con.0000000000001555

Pérez-Fernández, N., & Ramos-Macías, A. (2023). Recent advances in the diagnosis and treatment of vestibular disorders. *Journal of Clinical Medicine*, *12*(16), 5281. https://doi.org/10.3390/jcm12165281

Popescu, S.-I., Munteanu, M., Patoni, C., Musat, A. M., Dragoescu, V., Cernat, C.-C., Popescu, M.-N., & Musat, O. (2023). Role of the vitreous in retinal pathology: A narrative review. *Cureus*, *15*(8), e43990. https://doi.org/10.7759/cureus.43990

Quiroz-Reyes, M. A., Babar, Z.-U.-D., Hussain, R., Loh, Z. C., Quiroz-Gonzalez, E. A., Quiroz-Gonzalez, M. A., & Lima-Gomez, V. (2024). Management, risk factors and treatment outcomes of rhegmatogenous retinal detachment associated with giant retinal tears: Scoping review. *International Journal of Retina and Vitreous*, *10*(1), 35. https://doi.org/10.1186/s40942-024-00552-6

Reichenbach, A., & Bringmann, A. (2022). Retina: Neuroanatomy and physiology. In D. W. Pfaff, N. D. Volkow, & J. L. Rubenstein (Eds.), *Neuroscience in the 21st century* (pp. 955–1027). Springer. https://doi.org/10.1007/978-3-030-88832-9_22

Rizk, H. G., Mehta, N. K., Qureshi, U., Yuen, E., Zhang, K., Nkrumah, Y., Lambert, P. R., Liu, Y. F., McRackan, T. R., Nguyen, S. A., & Meyer, T. A. (2022). Pathogenesis and etiology of Ménière disease. *JAMA Otolaryngology–Head & Neck Surgery*, *148*(4), 360. https://doi.org/10.1001/jamaoto.2021.4282

Rosengren, S. M., Young, A. S., Taylor, R. L., & Welgampola, M. S. (2022). Vestibular function testing in the 21st Century: Video head impulse test, vestibular evoked myogenic potential, video nystagmography; which tests will provide answers? *Current Opinion in Neurology*, *35*(1), 64–74. https://doi.org/10.1097/wco.0000000000001023

Rupani, S. R. (2023). Hordeolum and chalazion. *JAAPA*, *36*(6), 43–44. https://doi.org/10.1097/01.jaa.0000931468 68794.aa

Salmon, J. F. (2020). Kanski's Clinical Ophthalmology: A Systematic Approach (9th ed.). Elsevier.

Sahyoun, J.-Y., Sabeti, S., & Robert, M.-C. (2022). Drug-induced corneal deposits: An up-to-date review. *BMJ Open Ophthalmology*, *7*(1), e000943. https://doi.org/10.1136/bmjophth-2021-000943

Saionz, E. L., Busza, A., & Huxlin, K. R. (2022). Rehabilitation of visual perception in cortical blindness. In A. Quartarone, M. F. Ghilardi, & F. Boller (Eds.), *Handbook of clinical neurology (Vol. 184)*, 357–373. Elsevier. https://doi.org/10.1016/b978-0-12-819410-2.00030-8

Saionz, E. L., Cavanaugh, M. R., Johnson, B. A., Harrington, D., Aguirre, G. K., & Huxlin, K. R. (2022). The Natural history of homonymous hemianopia revisited. *medRxiv*. https://doi.org/10.1101/2022.10.06.22280668

Sasan, J. S., Suri, S., & Sarma, K. (2025). Normal structure and function of ears. In T. Rana (Ed.), *Common ear diseases in dogs: Diagnosis and management* (pp. 14–30). Bentham Science Publishers.

Schaiquevich, P., Francis, J. H., Cancela, M. B., Carcaboso, A. M., Chantada, G. L., & Abramson, D. H. (2022). Treatment of retinoblastoma: What is the latest and what is the future. *Frontiers in Oncology*, *12*, 822330. https://doi.org/10.3389/fonc.2022.822330

Schaudig, U., Shams, P., & Ducasse, A. (2024). Anatomy and physiology of the lacrimal system. In F. M. Quaranta Leoni, D. H. Verity, & D. Paridaens (Eds.), *Oculoplastic, lacrimal and orbital surgery* (pp. 535–549). Springer. https://doi.org/10.1007/978-3-031-39634-2_37

Shahzad, B., & Siccardi, M. A. (2023, August 8). Ptosis. In *StatPearls* [Internet]. StatPearls Publishing. https://www.ncbi.nlm.nih.gov/books/NBK546705/

Singh, G., & Gaidhane, A. (2022). A review of sensorineural hearing loss in congenital cytomegalovirus infection. *Cureus*, *14*(10), e30703. https://doi.org/10.7759/cureus.30703

Stapleton, F. (2023). The epidemiology of infectious keratitis. *The Ocular Surface*, *28*, 351–363. https://doi.org/10.1016/j.jtos.2021.08.007

Stephenson, M. (2024). Managing refractive surgery complications. *Review of Ophthalmology*. https://www.reviewofophthalmology.com/article/managing-refractive-surgery-complications

Sun, F., Li, J., Bu, Y., Dou, Z., & Qin, Y. (2022). "Nine syndromes" involving bilateral medial longitudinal fasciculus caused by cerebral hemorrhage. *Acta Neurologica Belgica*, *123*(2), 663–665. https://doi.org/10.1007/s13760-022-01942-z

Sunyer-Grau, B., Quevedo, L., Rodríguez-Vallejo, M., & Argilés, M. (2023). Comitant strabismus etiology: Extraocular Muscle integrity and central nervous system involvement—A narrative review. *Graefe's Archive for Clinical and Experimental Ophthalmology*, *261*(7), 1781–1792. https://doi.org/10.1007/s00417-022-05935-9

Swaminathan, M., & Panicker, G. J. (2024). The pupil and pupillary reflexes. In T. Das & P. Satgunam (Eds.), *Ophthalmic diagnostics* (pp. 79–86). Springer. https://doi.org/10.1007/978-981-97-0138-4_7

Swords, C., Smith, M. E., Patel, A., Norman, G., Llewellyn, A., & Tysome, J. R. (2025). Balloon dilatation of the eustachian tube for obstructive eustachian tube dysfunction in adults. *Cochrane Database of Systematic Reviews*, *2*(2), CD013429. https://doi.org/10.1002/14651858.cd013429.pub2

Tan, T.-E., & Wong, T. Y. (2023). Diabetic retinopathy: Looking forward to 2030. *Frontiers in Endocrinology*, *13*, 1077669. https://doi.org/10.3389/fendo.2022.1077669

Terao, R., Fujino, R., & Ahmed, T. (2022). Risk factors and treatment strategy for retinal vascular occlusive diseases. *Journal of Clinical Medicine*, *11*(21), 6340. https://doi.org/10.3390/jcm11216340

Tolan, M. M., Choi, J. S., Tibesar, M. T., & Adams, M. E. (2024). Cerumen impaction: Prevalence and associated factors in the United States population. *Laryngoscope Investigative Otolaryngology*, *9*(2), e1228. https://doi.org/10.1002/lio2.1228

Wang, J., Zhang, Y., Yang, H., Tian, E., Guo, Z., Chen, J., Qiao, C., Jiang, H., Guo, J., Zhou, Z., Luo, Q., Shi, S., Yao, Lu, Y., & Zhang, S. (2024). Advanced progress of vestibular compensation in vestibular neural networks. *CNS Neuroscience & Therapeutics*, *30*(9), e70037. https://doi.org/10.1111/cns.70037

Wang, Y., Dong, X.-X., Hou, X.-W., & Pan, C.-W. (2023). Risk factors for primary angle-closure glaucoma: A systematic review and meta-analysis of 45 studies. *Optometry and Vision Science*, *100*(9), 606–613. https://doi.org/10.1097/opx.0000000000002050

Wang, Y., Guo, Y., Zhang, Y., Huang, S., & Zhong, Y. (2024). Differences and similarities between primary open angle glaucoma and primary angle-closure glaucoma. *Eye and Brain*, *16*, 39–54. https://doi.org/10.2147/eb.s472920

Wani, P. D. (2024). From sound to meaning: Navigating Wernicke's area in language processing. *Cureus*, *16*(9), e69833. https://doi.org/10.7759/cureus.69833

Way, C., Elghobaier, M. G., & Nanavaty, M. A. (2024). Transepithelial photorefractive keratectomy—Review. *Vision*, *8*(1), 16. https://doi.org/10.3390/vision8010016

Wibble, T., Pansell, T., Grillner, S., & Pérez-Fernández, J. (2022). Conserved subcortical processing in visuo-vestibular gaze control. *Nature Communications*, *13*(1), 4699. https://doi.org/10.1038/s41467-022-32379-w

World Health Organization. (2023). *WHO Alliance for the Global Elimination of Trachoma: Progress report on elimination of trachoma, 2022*. https://www.who.int/publications/i/item/who-wer9828-297-313

Wu, M. J., & Kozin, E. D. (2024). Medical and surgical management of Otic Barotrauma. In E. D. Kozin (Ed.), *Otologic and lateral skull base trauma* (pp. 149–157). Elsevier. https://doi.org/10.1016/b978-0-323-87482-3.00010-7

Xie, J., Li, W., & Han, B. (2022). The treatment of primary angle-closure glaucoma with cataract: A systematic review and meta-analysis of randomized controlled trials. *Ophthalmology and Therapy*, *12*(2), 675–689. https://doi.org/10.1007/s40123-022-00639-z

Xie, J. S., Donaldson, L., & Margolin, E. (2022). Papilledema: A review of etiology, pathophysiology, diagnosis, and management. *Survey of Ophthalmology*, *67*(4), 1135–1159. https://doi.org/10.1016/j.survophthal.2021.11.007

Xu, R., & Huang, B. (2024). Corneal trauma. In H. Yan (Ed.), *Ocular trauma* (pp. 7–18). Springer. https://doi.org/10.1007/978-981-97-6556-0_2

Yang, Q.-H., Liu, A.-Q., Qu, Y.-X., Zhang, H.-T., Chen, B., Li, Y., Jia, L., & Wang, L.-Q. (2023). Application of immersion B-scan ultrasonography in diagnosis of complex retinal detachment, persistent hyperplastic primary vitreous and intraocular tumors. *International Journal of Ophthalmology*, *16*(3), 388–395. https://doi.org/10.18240/ijo.2023.03.09

Yang, Z., Tan, T.-E., Shao, Y., Wong, T. Y., & Li, X. (2022). Classification of diabetic retinopathy: Past, present and future. *Frontiers in Endocrinology*, *13*. https://doi.org/10.3389/fendo.2022.1079217

Yuan, S., Wolk, A., & Larsson, S. C. (2022). Metabolic and lifestyle factors in relation to senile cataract: A mendelian randomization study. *Scientific Reports*, *12*(1), 409. https://doi.org/10.1038/s41598-021-04515-x

Yuan, Y., Dong, M., Wen, S., Yuan, X., & Zhou, L. (2024). Retinal microcirculation: A window into systemic circulation and metabolic disease. *Experimental Eye Research*, *242*, 109885. https://doi.org/10.1016/j.exer.2024.109885

Yuksel Elgin, C., Chen, D., & Al-Aswad, L. A. (2022). Ophthalmic Imaging for the diagnosis and monitoring of glaucoma: A Review. *Clinical & Experimental Ophthalmology*, *50*(2), 183–197. https://doi.org/10.1111/ceo.14044

Zhang, H., Deng, Y., Li, Z., & Tang, J. (2023). Update of research progress on small incision lenticule extraction (smile) lenticule reuse. *Clinical Ophthalmology*, *17*, 1423–1431. https://doi.org/10.2147/opth.s409014

Zhang, J., Wu, Y., Sharma, B., Gupta, R., Jawla, S., & Bullimore, M. A. (2023). Epidemiology and burden of astigmatism: A systematic literature review. *Optometry and Vision Science*, *100*, 218–231. https://doi.org/10.1097/opx.0000000000001998

Zhang, S., Liu, D., Tian, E., Wang, J., Guo, Z., & Kong, W. (2022). Central vestibular dysfunction: Don't forget vestibular rehabilitation. *Expert Review of Neurotherapeutics*, *22*(8), 669–680. https://doi.org/10.1080/14737175.2022.2106129

Zhang, Y., Xu, X., Wei, Z., Cao, K., Zhang, Z., & Liang, Q. (2023). The global epidemiology and clinical diagnosis of Acanthamoeba keratitis. *Journal of Infection and Public Health*, *16*(6), 841–852. https://doi.org/10.1016/j.jiph.2023.03.020

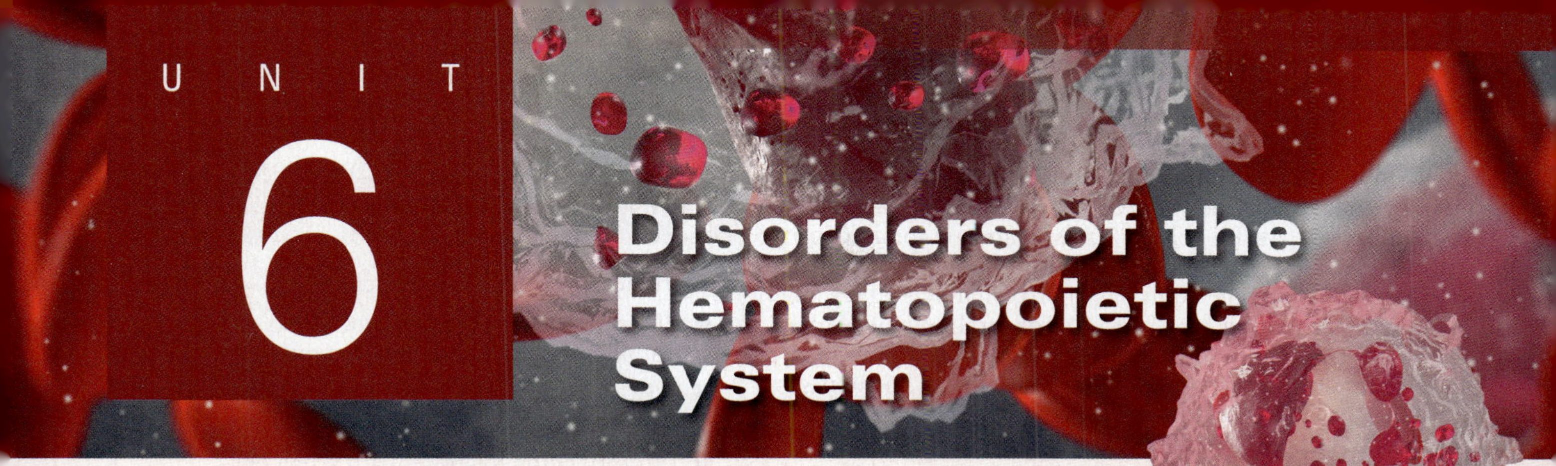

UNIT 6 Disorders of the Hematopoietic System

CHAPTER 17

Essentials of Blood Composition and Hematopoiesis

Blood Composition and Formation of Blood Cells

Plasma
Blood Cells
Formation of Blood Cells (Hematopoiesis)

Diagnostic Evaluation

Complete Blood Count
Erythrocyte Sedimentation Rate
Bone Marrow Aspiration and Biopsy

Learning Objectives

After completing this chapter, the learner will be able to meet the following objectives:

1. Analyze the composition and physiologic functions of blood plasma, including its role in nutrient transport, immune response, and homeostasis.
2. Understand the function and lifespan of blood cells.
3. Trace the process of hematopoiesis, from hematopoietic stem cell differentiation to mature blood cell formation, and assess the regulatory mechanisms governing this process.
4. Analyze the roles of cytokines, growth factors, and bone marrow microenvironments in the differentiation and maturation of blood cells.
5. Compare diagnostic tests used to assess laboratory values for red blood cells, white blood cells, and thrombocytes and evaluate their clinical utility in diagnosing hematologic disorders.

Blood is a specialized connective tissue composed of cellular elements—erythrocytes (red blood cells), leukocytes (white blood cells), and thrombocytes (platelets)—suspended in an extracellular fluid called **plasma**. An average adult has approximately 5 to 6 L of blood (accounting for 7% to 8% of total body weight). Blood continually circulates throughout the vascular system and transports oxygen, nutrients, hormones, waste products, and immune components to and from cells and tissues (Mathew et al., 2023).

Blood Composition and Formation of Blood Cells

Blood is composed of several distinct components that can be readily identified in the laboratory. When a blood specimen is spun in a centrifuge, it separates into clearly defined layers based on density (Fig. 17-1).

The bottom layer, comprising approximately 42% to 47% of the total blood volume, contains the erythrocytes (red blood cells [RBCs]), which settle to the bottom of the tube because of their larger size and mass. Just above the RBC layer and comprising about 1% of the volume is a thin, white or gray layer known as the **buffy coat**, which is composed of leukocytes (white blood cells [WBCs]) and platelets (thrombocytes). The top layer is plasma, a translucent, yellowish fluid that accounts for approximately 55% of the total blood volume (Mathew et al., 2023).

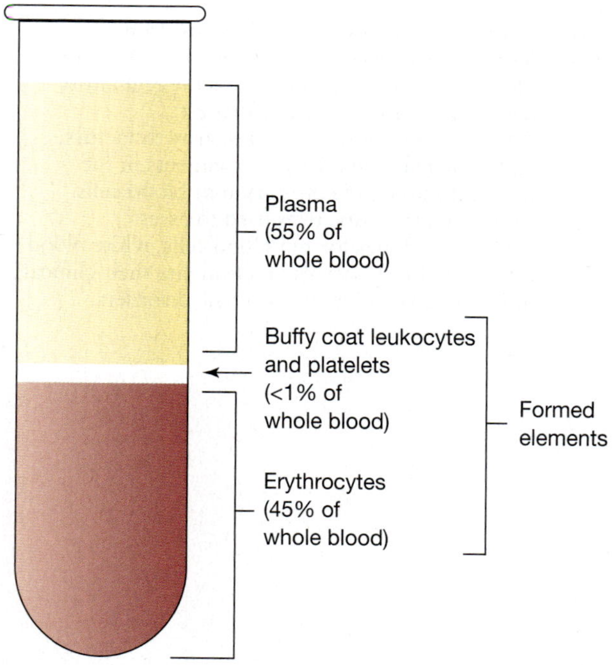

FIGURE 17-1. Layering of blood components in an anticoagulated and centrifuged blood sample.

KEY POINTS

Composition of the Blood

- RBCs are the most abundant blood cells and transport oxygen and carbon dioxide.
- WBCs play key roles in immunity and inflammation.
- Thrombocytes (platelets) are small cell fragments involved in the process of hemostasis and coagulation, which are important to prevent blood loss when a blood vessel is injured.

Plasma

Plasma is the liquid component of blood. By weight, it is composed of approximately 90% water, 7% proteins (primarily albumin, globulins, and fibrinogen), and 3% other solutes, including electrolytes, nutrients, hormones, and metabolic wastes. Plasma functions as a transport medium for glucose, lipids, hormones, metabolic products such as blood urea nitrogen (BUN), and other essential substances. Plasma also plays a key role in electrolyte and acid–base balance and contributes to thermoregulation due to the high heat capacity of water (Mathew et al., 2023).

Plasma is the natural fluid component of blood that is present in vivo in the blood vessels of the body, whereas **serum** is produced in vitro in the clinical laboratory as the fluid component of a blood specimen that remains after the blood has been allowed to clot. Plasma and serum differ in their protein composition, a distinction that is discussed further in the next section.

Plasma Proteins

Plasma proteins are the most abundant solutes in plasma and are primarily synthesized by the liver. These proteins differentiate plasma from interstitial fluid and serve many physiologic functions. Plasma proteins are too large to pass through the pores of the capillary wall; therefore, they remain in the blood vessels, contributing to plasma osmotic pressure and maintenance of blood volume.

Albumin is the most abundant plasma protein, representing approximately 54% of all plasma proteins. In addition to the primary role of albumin in generating capillary osmotic pressure, it also acts as a carrier for hormones, drugs, and other substances and as a blood buffer.

Globulins are "globe-shaped" proteins that comprise approximately 38% of all plasma proteins. **Alpha globulins** transport bilirubin and steroids, **beta globulins** transport iron and copper, and **gamma globulins** are the **immunoglobulins** or antibodies critical to immune defense.

Fibrinogen makes up approximately 7% of the plasma proteins and is essential to coagulation (the formation of a fibrin blood clot). At the end point of the coagulation cascade, the circulating fibrinogen proteins are converted into insoluble strands called **fibrin**. These sticky fibrin strands form a meshwork that traps RBCs, forming the fibrin blood clot. Fibrinogen and clotting factors are contained in plasma. When an in vitro blood sample has been allowed to clot, serum is the fluid that remains after the removal of fibrinogen (Mathew et al., 2023). That is, serum is plasma without fibrinogen.

The distinction between plasma and serum becomes relevant when collecting blood specimens for lab tests. It is important to understand whether the test requires a serum or plasma sample. Blood samples for tests that are done on plasma (e.g., complete blood count [CBC] or coagulation profile) must be collected in a tube that contains an anticoagulant to prevent the blood sample from clotting. Blood samples for tests that are done on serum (e.g., electrolytes and glucose) must be collected in a tube that allows a blood clot to form. The color of the tube's stopper indicates the type of additive it contains.

A variety of proteins comprise the remaining 1% of the plasma proteins. These include hormones, enzymes, complement proteins, and lipid carriers.

Blood Cells

The formed elements in the blood—RBCs, WBCs, and thrombocytes (platelets)—originate from hematopoietic stem cells in the bone marrow and serve essential roles in oxygen transport, immune defense, and hemostasis. Although often referred to as blood cells, only WBCs are complete cells with nuclei and organelles. RBCs lack a nucleus and organelles, and platelets are small, membrane-bound fragments of larger cells (Betts et al., 2022) (Fig. 17-2). Most blood cells do not divide; therefore, they must be continually renewed by cellular division in the bone marrow. Table A-2 in Appendix A lists the normal values for the blood cells.

Erythrocytes

The **erythrocytes**, or RBCs, are the most numerous of the formed elements. These small, biconcave discs have a flexible membrane and a large surface area, allowing them to bend easily and navigate the narrowest capillaries. Their primary function is to transport oxygen to body tissues via the oxygen-binding protein hemoglobin, which gives blood its red color. RBCs also contribute to carbon dioxide transport and help regulate acid–base balance. Each RBC has a lifespan of about 120 days, after which it is removed by macrophages in the spleen and liver. The bone marrow must continually produce new RBCs to replace those that are lost or degraded (Betts et al., 2022).

Leukocytes

The **leukocytes**, or WBCs, are much larger than RBCs, typically 10 to 12 μm in diameter, but make up only about 1% of the total blood volume. They originate in the bone marrow and circulate through both the blood

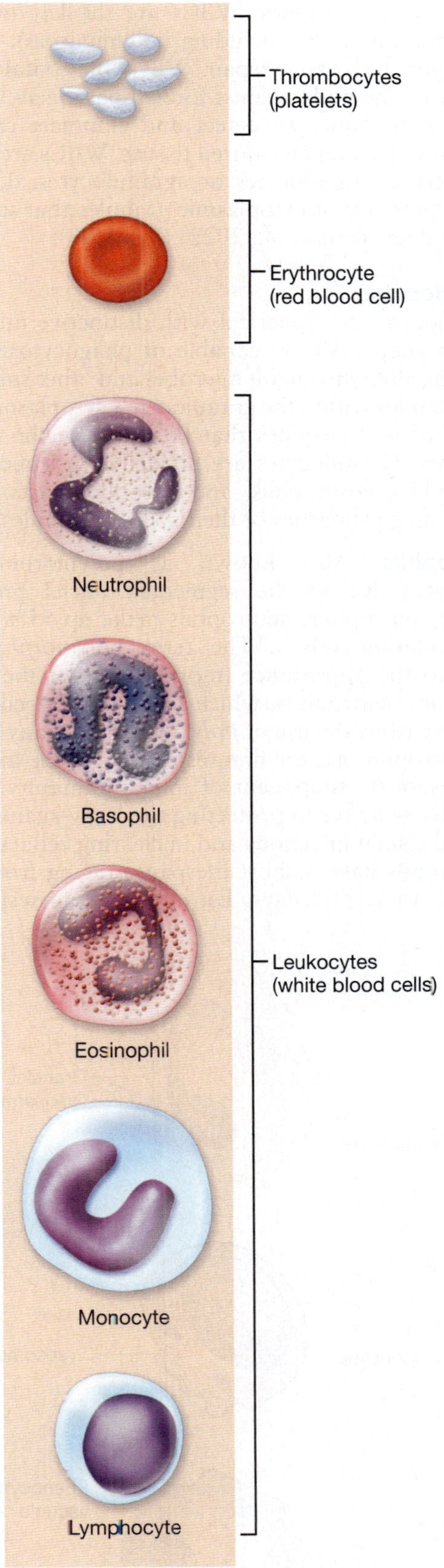

FIGURE 17-2. Formed elements of blood. Three types of cells make up the formed elements of blood: thrombocytes (platelets), erythrocytes (red blood cells [RBCs]), and leukocytes (white blood cells [WBCs]). (Reproduced with permission from Kronenberger, J. (2016). *Lippincott Williams & Wilkins' clinical medical assisting* (5th ed., Fig. 27-1]. Wolters Kluwer Health and Pharma.)

and lymphatic systems. WBCs are the key mediators of innate immunity (including inflammation), adaptive immunity, and tissue repair. WBCs play vital roles in protecting the body against foreign pathogens and providing surveillance to detect and eliminate cancerous cells, as well as repair injured tissues. WBCs are broadly classified as granulocytes or agranulocytes, depending on the presence of cytoplasmic granules that stain with certain dyes (Betts et al., 2022) (Fig. 17-3).

Granulocytes

Granulocytes are spherical with distinctive nuclei that vary in shape. All are capable of phagocytosis, giving them the ability to engulf microbes and other substances. The granules within the granulocyte's cytoplasm contain chemicals and enzymes that break down the engulfed microbes. Granulocytes are divided into three types—neutrophils, eosinophils, and basophils—according to the staining properties of their specific granules.

Neutrophils. Also known as **polymorphonuclear leukocytes** due to the segmented nuclei present in mature neutrophils, neutrophils make up 55% to 65% of circulating WBCs. The term *polymorphonuclear* refers to the appearance (morphology) of the nucleus in mature neutrophils, which has a multilobed nuclear structure (thus the use of *poly*, meaning "many").

Neutrophils are the first responders of the inflammatory response component of innate immunity and are particularly active in protecting the body against bacterial and fungal infections and in clearing cellular debris. Neutrophils have a short lifespan, ranging from about 5 hours to several days. During an acute response to infection by pathogens such as bacteria, the bone marrow releases a large number of mature segmented neutrophils into the blood (which can be measured in the WBC differential component of the CBC as a rise in the percentage of segmented neutrophils).

When reserves of the mature segmented neutrophils are depleted, as occurs in severe infections, the bone marrow often begins releasing immature forms of neutrophils called **band cells** into the circulation. These immature neutrophils are called "band cells" because the nucleus does not yet have the polymorphonuclear segmented form that is characteristic of mature neutrophils. Figure 17-4 illustrates the developmental stages of the neutrophil, including the different appearance of the banded shape of the nucleus in the immature neutrophils as compared with the segmented nucleus of the mature neutrophils (Betts et al., 2022).

A rise in the percentage of immature neutrophils in the bloodstream is measured as a rise in the banded neutrophil component of the WBC differential of the CBC. Circulating blood should normally have very few banded neutrophils. Therefore, when interpreting the results of the WBC differential in the CBC, a rise in the segmented neutrophils indicates the likelihood of an acute inflammatory response (often because of bacterial infection), while a rise in *both* the segmented *and* banded neutrophils indicates a more severe condition.

Eosinophils. About 1% to 3% of WBCs are eosinophils, which have bilobed (two-lobed) nuclei and large granules. Although they circulate in the blood, eosinophils are primarily tissue-resident cells. Eosinophils are involved in responses to parasitic infections, allergic reactions,

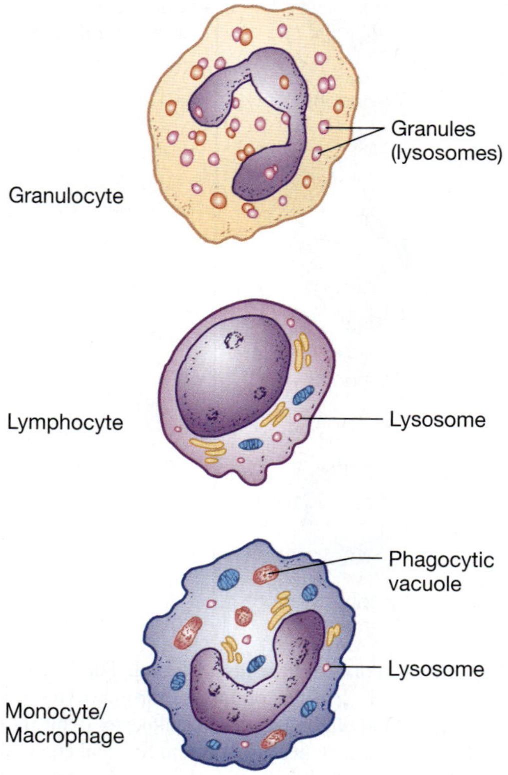

FIGURE 17-3. White blood cells.

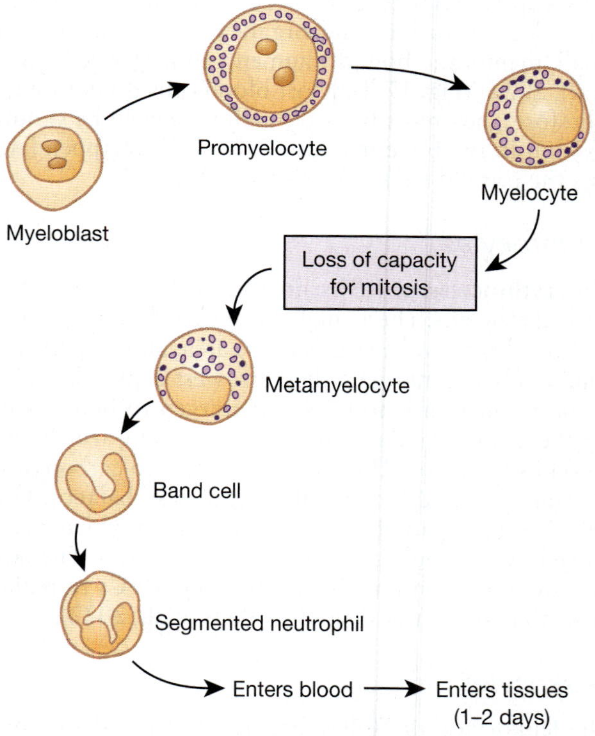

FIGURE 17-4. Developmental stages of the neutrophil, which begins its development in the bone marrow as a myeloblast.

and chronic immune conditions such as asthma. In allergic conditions, eosinophils release histaminase and other enzymes to dampen inflammation (Betts et al., 2022).

Basophils. The least numerous of the WBCs, basophils account for only 0.3% to 0.5% of the total WBCs. Basophils are similar in size to other granulocytes and contain granules filled with histamine, heparin (an anticoagulant), and other inflammatory mediators. Basophils are involved in hypersensitivity reactions and function similarly to mast cells in allergic responses.

Agranulocytes

Agranulocytes, also known as **mononuclear leukocytes**, are distinguished from polymorphonuclear granulocytes by their finer granules and their single-lobed nucleus. Agranulocytes are divided into two types: lymphocytes and monocytes.

Lymphocytes. About 20% to 30% of circulating WBCs are lymphocytes, which serve as central components of the immune system. Lymphocytes travel between the blood and lymphatic organs and can persist in the body from hours to years (Betts et al., 2022).

Monocytes. The largest WBCs, monocytes account for 3% to 8% of the total count. Monocytes have abundant cytoplasm and a kidney-shaped nucleus. Monocytes circulate in the blood for about 1 to 3 days before migrating into tissues, where they differentiate into tissue-based **macrophages**. Depending on the location, macrophages are also known by other specific names, such as histiocytes (in connective tissue), microglial cells (in the brain), or Kupffer cells (in the liver). Monocytes and macrophages together form the mononuclear phagocyte system, also called the reticuloendothelial system (Betts et al., 2022). These cells are potent phagocytes that can engulf large pathogens and cell debris and also function as antigen-presenting cells to activate lymphocytes. Monocytes also have a key role in chronic inflammation. Therefore, a rise in the monocyte level in the WBC differential may indicate the presence of a chronic inflammatory condition and may be useful in monitoring response to therapy for chronic inflammation.

Thrombocytes

Thrombocytes, or platelets, are small, anucleate cytoplasmic fragments derived from larger precursor cells, called megakaryocytes, in the bone marrow. Platelets circulate in the blood and play an essential role in hemostasis (stopping the flow of blood) by adhering to damaged blood vessel walls, forming platelet plugs, and releasing chemicals from intracellular granules to activate the coagulation cascade. Although platelets have a plasma membrane and intracellular granules, they lack a nucleus and cannot replicate. However, platelets have many mitochondria for ATP production because of the high energy requirements for their many activities. The lifespan of platelets is approximately 7 to 10 days, after which they are removed by phagocytes in the spleen (Betts et al., 2022). The roles of platelets in hemostasis and coagulation will be discussed further in Chapter 18.

Formation of Blood Cells (Hematopoiesis)

Hematopoiesis (from the Greek *haima*, "blood," and *poiesis*, "making") refers to the production of blood cells. It begins in the yolk sac during the second to third week of embryonic development, where primitive hematopoiesis gives rise to early blood cell precursors. Around weeks 6 to 8 of gestation, hematopoiesis transitions to the fetal liver and spleen, which serve as the main sites of blood cell production through mid-gestation. By approximately 28 weeks of gestation, the bone marrow begins to take over this function, becoming the dominant site of hematopoiesis by the time of birth. In children, hematopoiesis occurs primarily in the marrow of long bones, such as the femur and tibia. In adults, it is largely restricted to the flat bones of the axial skeleton, including the pelvis, sternum, and ribs (Lee et al., 2023).

Medullary and Extramedullary Hematopoiesis

Medullary hematopoiesis refers to the normal process of blood cell production within the bone marrow. The bone marrow contains three main types of cells involved in this process: stem cells that can make new blood cells throughout life, early parent (progenitor) cells that are starting to specialize, and mature blood cells that are ready to function. In children, **red marrow**—which actively makes blood cells—is found in most bones. As people grow older, much of this red marrow is replaced with **yellow marrow**, which is made mostly of fat and does not produce blood cells. In adults, active blood cell production mainly takes place in the flat bones of the pelvis, ribs, and sternum. However, if the body needs more blood cells—such as in cases of severe blood loss or certain types of anemia—some of the yellow marrow can change back to red marrow and start making blood cells again (Lee et al., 2023).

Extramedullary hematopoiesis is the production of blood cells outside of the bone marrow. This happens in places like the liver and spleen, which normally stop making blood cells before birth. However, these organs retain the ability to make blood cells and can restart the process if the bone marrow is damaged or can't keep up with the body's needs (Gupta et al., 2022). This can occur in diseases such as myelofibrosis, where the bone marrow becomes scarred and cannot function properly.

Blood Cell Precursors

All blood cells originate from **pluripotent hematopoietic stem cells** located in the bone marrow (Fig. 17-5). These stem cells have the unique ability to self-renew and to differentiate into multiple cell types. They give rise to progenitor cells of the erythroid (red cells), myeloid (monocytes and granulocytes), lymphoid (B and T lymphocytes), and megakaryocytic (platelet-producing) lineages. The progression from stem cell to mature blood cell involves multiple stages of differentiation. Initially, stem cells give rise to multipotent progenitors, which then commit to specific lineages (Hernández-Barrientos

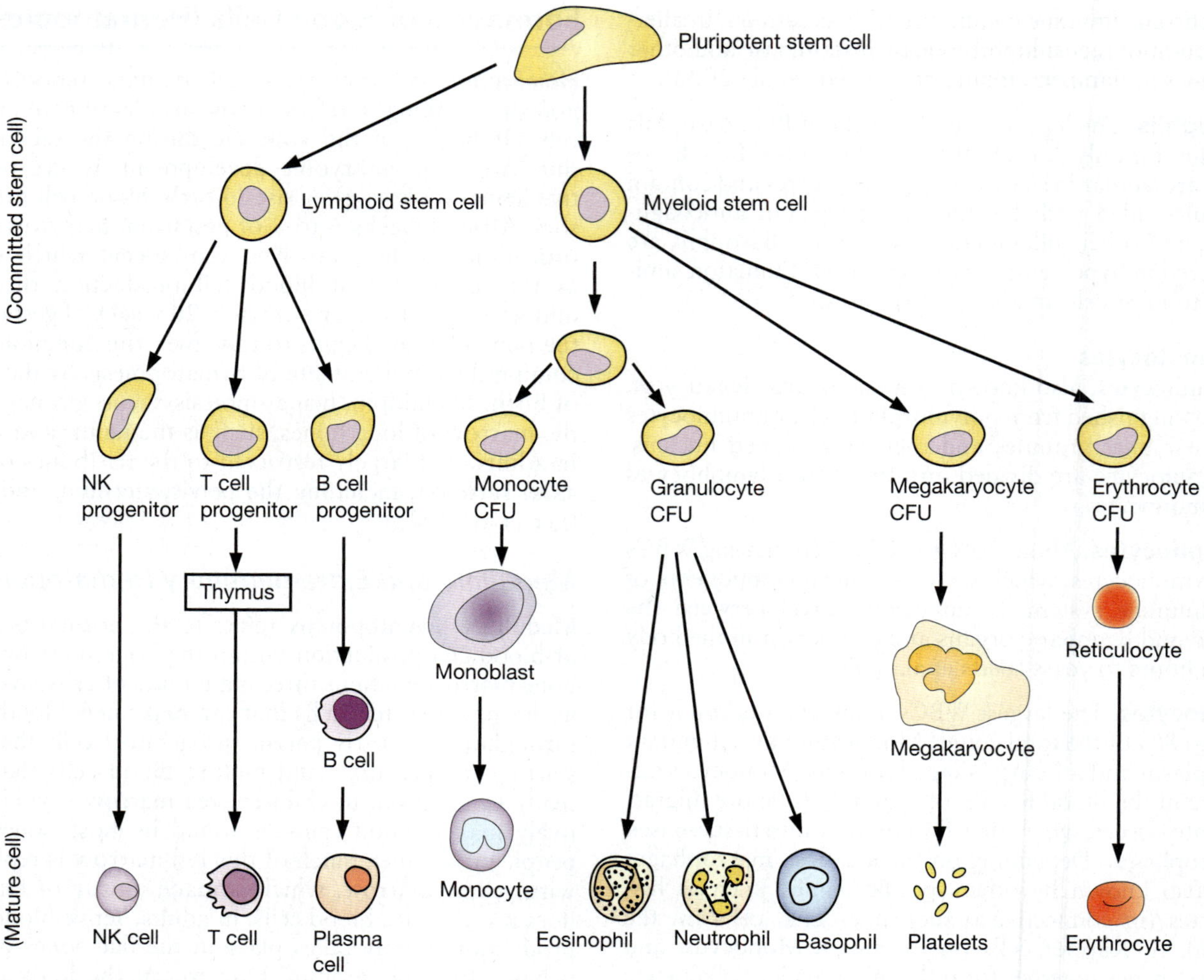

FIGURE 17-5. Major maturational stages of blood cells. CFU, colony-forming unit; NK, natural killer.

et al., 2023). These committed progenitors, also called colony-forming units (CFUs), have limited self-renewal capacity but retain the ability to differentiate into specific types of blood cells. Hematopoiesis is tightly regulated through the interaction of intrinsic genetic regulators and extrinsic signals from the bone marrow microenvironment.

KEY POINTS

Hematopoiesis

- WBCs are formed from hematopoietic stem cells that differentiate into committed progenitor cells, which in turn develop into the myelogenous and lymphocytic lineages needed for the formation of the different blood cell types.
- The growth and reproduction of the different stem cells are controlled by colony-stimulating factors (CSFs) and other cytokines and chemical mediators.

Regulation of Hematopoiesis

Under normal conditions, the numbers and total mass of each type of circulating blood cell remain relatively constant. This balance is achieved through dynamic regulation by hematopoietic cytokines and growth factors. These signaling molecules, including erythropoietin, granulocyte CSF (G-CSF), interleukins, and thrombopoietin, play a crucial role in stimulating the proliferation, differentiation, and survival of progenitor cells. Feedback mechanisms adjust the production rates of various blood cell types according to the physiologic needs of the body, such as in response to infection, hypoxia, or bleeding (Morganti et al., 2022).

Disorders of Hematopoietic Stem Cells

Disorders of hematopoiesis arise when there are problems with the production, regulation, or function of blood cells. These problems can affect one or multiple blood cell lines and may involve too few or too many cells being produced. In general, disorders can be grouped into two broad categories: those involving insufficient production and those involving excessive or abnormal production.

Myeloproliferative diseases are characterized by an excessive number of cells in the bone marrow and elevated blood cell counts. Unregulated overproduction of the red cell mass is termed polycythemia. Thrombocytosis occurs when the bone marrow produces too many thrombocytes (platelets). Leukemias represent a spectrum of diseases characterized by an abnormal proliferation of WBCs.

Many of these conditions can be life-threatening, but advances in treatment—especially hematopoietic stem cell transplantation (HSCT)—have improved outcomes (Gómez-Almaguer et al., 2022). Stem cells collected from bone marrow, peripheral blood, or umbilical cord blood can help restore normal blood cell production in people with marrow failure or blood cancers. Researchers are also exploring gene editing technologies, such as CRISPR, to correct inherited disorders and improve transplant success (Chavez et al., 2022).

SUMMARY CONCEPTS

Blood is composed of plasma, plasma proteins, formed elements, and substances such as hormones, enzymes, electrolytes, and by-products of cellular waste. The formed elements of blood include erythrocytes (RBCs), leukocytes (WBCs), and thrombocytes (platelets). Each has a relatively short lifespan and must be continuously replaced. All blood cells arise from pluripotent stem cells located in the bone marrow. The pluripotent stem cells, in turn, differentiate into unipotential CFUs, which are the progenitors for each of the blood cell types. Blood cell production is largely regulated by chemical messengers called cytokines (interleukins, interferons, and others) and growth factors (CSFs).

Diagnostic Evaluation

Blood tests are essential tools for assessing the function and composition of the blood. They provide information about the blood's oxygen-carrying capacity (RBCs), the presence of infection or inflammation (WBCs), and the ability to clot (platelets). Blood specimens may be collected through capillary skin puncture, venipuncture (the most common method), or, less commonly, arterial puncture (typically reserved for arterial blood gas analysis). Bone marrow aspiration may also be performed when a more detailed evaluation of blood cell production is needed. Each collection method requires specific protocols to ensure accurate results and prevent contamination or clotting (Brihi & Pathak, 2024).

Complete Blood Count

The CBC is one of the most frequently ordered laboratory tests. It provides detailed information on the number and characteristics of RBCs, WBCs, and thrombocytes (platelets) per microliter of blood. RBC-related indices—mean corpuscular volume (MCV), mean corpuscular hemoglobin (MCH), and mean corpuscular hemoglobin concentration (MCHC)—help identify and classify anemias based on RBC size and hemoglobin content. For example, a low MCV suggests microcytic anemia, while low MCH and MCHC suggest hypochromia, both commonly seen in iron deficiency anemia. The RBC distribution width (RDW) is another valuable index that reflects the variability in RBC size and is particularly useful for differentiating between causes of anemia, such as iron deficiency and thalassemia (Brihi & Pathak, 2024).

The WBC differential measures the percentage of each type of WBC (e.g., neutrophils, lymphocytes, monocytes, eosinophils, and basophils). Changes in these proportions help guide diagnosis. For instance, an increase in neutrophils often indicates a bacterial infection, while a rise in eosinophils may indicate an allergic reaction or a parasitic infection. The presence of immature WBCs, such as band neutrophils or blast cells, can indicate more severe or systemic disease and may prompt further evaluation (Brihi & Pathak, 2024).

Erythrocyte Sedimentation Rate

The erythrocyte sedimentation rate (ESR) is a nonspecific test used to detect inflammation. The ESR measures the rate at which RBCs settle to the bottom of a vertical test tube over the course of 1 hour. During the acute phase response of the inflammatory response (discussed in Chapter 9), many inflammatory proteins are produced and circulate in the blood, increasing the quantity of plasma proteins. This increase in plasma proteins causes the RBCs to aggregate together into clumps with a greater density than individual RBCs, which causes the RBCs to settle (or sediment) to the bottom of the test tube more quickly. Therefore, inflammatory conditions cause RBCs to clump and fall more quickly, leading to a higher ESR. Normal ESR values are generally up to 15 mm/hour in males and 20 mm/hour in females, although levels can be slightly higher in older adults.

While the ESR is still used in the monitoring of chronic inflammatory diseases such as rheumatoid arthritis, it has largely been supplemented in many clinical settings by more specific markers like C-reactive protein (CRP) (Tishkowski & Zubair, 2023). CRP is an acute phase reactant produced by the liver in response to inflammation. Blood levels of CRP rise and fall more rapidly than ESR, making CRP a more sensitive indicator of acute inflammatory activity.

Bone Marrow Aspiration and Biopsy

When blood tests suggest abnormal or inadequate blood cell production, direct evaluation of the bone marrow may be necessary. Bone marrow aspiration involves inserting a specialized needle into the marrow cavity—typically the posterior iliac crest in patients older than 12 to 18 months—to withdraw liquid marrow for analysis. This aspirate is examined microscopically to assess the proportions of developing red and white cell lines (e.g., erythroid-to-myeloid ratio), detect abnormal cells, evaluate iron stores, and perform specialized tests such as flow cytometry and molecular genetic studies, particularly when leukemia or other malignancies are suspected (Lewis & Pozdnyakova, 2024).

Bone marrow biopsy, which often accompanies aspiration, involves removing a small core of solid marrow tissue. This sample allows pathologists to assess the overall structure and cellularity of the marrow, the ratio of hematopoietic tissue to fat, and the presence of fibrosis, abnormal plasma cells, granulomas, or malignant infiltration. While both procedures are generally safe, there is a small risk of bleeding, especially in individuals with low platelet counts or bleeding disorders. Together, aspiration and biopsy provide a comprehensive view of bone marrow health and are critical in diagnosing many hematologic diseases (Lewis & Pozdnyakova, 2024).

SUMMARY CONCEPTS

Diagnostic tests of the blood include CBC, ESR, CRP, and bone marrow aspiration and biopsy. The CBC measures the number and characteristics of RBCs, WBCs, and platelets. The ESR is a nonspecific test used to detect the presence of inflammation. CRP detects acute inflammation. Bone marrow aspiration involves collecting the liquid portion of marrow to assess cellular morphology and perform a differential cell count. A bone marrow biopsy removes a core of solid marrow tissue, allowing evaluation of overall cellularity, detection of focal lesions, and assessment of the extent of any underlying pathologic processes.

Integrating Clinical Decision Making

A 28-year-old woman presents to the clinic with complaints of frequent nosebleeds, prolonged bleeding after brushing her teeth, and easy bruising over the past several weeks. She reports no recent trauma. Vital signs are stable. Physical examination reveals scattered petechiae on her lower extremities. Laboratory results are as follows: hemoglobin 12.8 g/dL (normal), WBC count 6,500/mcL (normal), platelets 38,000/mcL (low), MCV normal, MCH normal, MCHC normal, ESR mildly elevated, CRP normal.

1. Which blood cell lineage is primarily affected, and what does this suggest about the level of hematopoietic dysfunction?
2. Why do normal RBC indices and WBC counts help narrow the location of the underlying problem?

Two weeks later, the patient returns with worsening fatigue and pallor. She now reports increased bruising and frequent infections. Repeat laboratory results are as follows: hemoglobin 8.9 g/dL (low), WBC count 2,900/mcL (low), platelets 25,000/mcL (very low), reticulocyte count low, ESR normal, and CRP normal. Bone marrow aspiration and biopsy reveal markedly decreased cellularity with fatty infiltration.

3. What does the progression from isolated thrombocytopenia to pancytopenia indicate about the underlying hematopoietic process?
4. How do bone marrow biopsy findings help distinguish peripheral destruction from impaired production?

REFERENCES

Betts, J. G., Young, K. A., Wise, J. A., Johnson, E., Poe, B., Kruse, D. H., Korol, O., Johnson, J. E., Womble, M., & DeSaix, P. (2022, April 20). *An overview of blood*. OpenStax. https://openstax.org/books/anatomy-and-physiology-2e/pages/18-1-an-overview-of-blood

Brihi, J. E., & Pathak, S. (2024, June 8). Normal and abnormal complete blood count with differential. In *StatPearls* [Internet]. https://www.ncbi.nlm.nih.gov/books/NBK604207/

Chavez, M., Chen, X., Finn, P. B., & Qi, L. S. (2022). Advances in CRISPR therapeutics. *Nature Reviews Nephrology*, *19*(1), 9–22. https://doi.org/10.1038/s41581-022-00636-2

Gómez-Almaguer, D., Gómez-De León, A., Colunga-Pedraza, P. R., Cantú-Rodríguez, O. G., Gutierrez-Aguirre, C. H., & Ruíz-Arguelles, G. (2022). Outpatient allogeneic hematopoietic stem-cell transplantation: A review. *Therapeutic Advances in Hematology*, *13*, 20406207221080739. https://doi.org/10.1177/20406207221080739

Gupta, S., Krishnan, A. S., Singh, J., Gupta, A., & Gupta, M. (2022). Clinicopathological characteristics and management of extramedullary hematopoiesis: A review. *Pediatric Hematology Oncology Journal*, *7*(4), 182–186. https://doi.org/10.1016/j.phoj.2022.11.001

Hernández-Barrientos, D., Pelayo, R., & Mayani, H. (2023). The hematopoietic microenvironment: A network of niches for the development of all blood cell lineages. *Journal of Leukocyte Biology*, *114*(5), 404–420. https://doi.org/10.1093/jleuko/qiad075

Lee, S.-J., Jung, C., Oh, J. E., Kim, S., Lee, S., Lee, J. Y., & Yoon, Y. (2023). Generation of red blood cells from human pluripotent stem cells—An update. *Cells*, *12*(11), 1554. https://doi.org/10.3390/cells12111554

Lewis, J. E., & Pozdnyakova, O. (2024). Advances in bone marrow evaluation. *Clinics in Laboratory Medicine*, *44*(3), 431–440. https://doi.org/10.1016/j.cll.2024.04.005

Mathew, J., Varacallo, M. A., & Sankar, P. (2023, April 24). Physiology, blood plasma. In *StatPearls* [Internet]. https://www.ncbi.nlm.nih.gov/books/NBK531504/

Morganti, C., Cabezas-Wallscheid, N., & Ito, K. (2022). Metabolic regulation of hematopoietic stem cells. *HemaSphere*, *6*(7), e740. https://doi.org/10.1097/hs9.0000000000000740

Tishkowski, K., & Zubair, M. (2023, April 23). Erythrocyte sedimentation rate. In *StatPearls* [Internet]. https://www.ncbi.nlm.nih.gov/books/NBK557485/

CHAPTER 18

Disorders of Hemostasis and Red Blood Cells

Mechanisms of Hemostasis

Vascular Constriction
Formation of the Platelet Plug
Blood Coagulation
Clot Retraction
Clot Dissolution

Hypercoagulable States

Hypercoagulability Associated With Increased Platelet Function
Hypercoagulability Associated With Increased Clotting Activity

Bleeding Disorders

Bleeding Associated With Platelet Disorders
Bleeding Associated With Coagulation Factor Deficiencies
Bleeding Associated With Vascular Disorders
Disseminated Intravascular Coagulation

RBC Structure and Function

Hemoglobin Structure and Oxygen Transport
Iron Metabolism and Hemoglobin Synthesis
RBC Production
RBC Destruction and Recycling
Metabolism and Oxidative Stress in RBCs
Laboratory Evaluation of RBCs

Blood Types and Transfusion Therapy

ABO Blood Groups
Rh Types
Blood Transfusion Reactions

Anemia

Blood Loss Anemia
Hemolytic Anemias
Anemias of Deficient RBC Production

Polycythemia

Absolute Polycythemia: Primary
Absolute Polycythemia: Secondary

Age-Related Changes in RBCs

RBC Changes in the Neonate
RBC Changes in Older Adults

Learning Objectives

After completing this chapter, the learner will be able to meet the following objectives:

1. Describe the stages of hemostasis, including vessel vasoconstriction, platelet plug formation, activation of the coagulation cascade, clot retraction and stabilization, and clot dissolution.
2. Differentiate the processes of coagulation and fibrinolysis, including the importance of balance in these opposing processes.
3. Compare normal clotting processes with abnormal clotting conditions.
4. Identify causes and effects of increased platelet function and clotting activity.
5. Differentiate between drug-induced and idiopathic thrombocytopenia, including their manifestations.
6. Identify three common coagulation factor defects and their causes.

7. Compare the pathophysiologic mechanisms that cause abnormal bleeding in hemophilia A, hemophilia B, and von Willebrand disease.
8. Describe how vascular disorders affect hemostasis.
9. Describe the pathophysiologic mechanisms, clinical manifestations, and lab test evaluation of acute disseminated intravascular coagulation.
10. Discuss the role of iron in hemoglobin formation and oxygen transport.
11. Describe bilirubin formation, transport, elimination, and related conditions.
12. Explain and interpret lab studies of red blood cell structure and function, including red blood cell count, reticulocyte count, hemoglobin, hematocrit, mean corpuscular volume, and mean corpuscular hemoglobin concentration.
13. Differentiate red cell antigens and antibodies in ABO and Rh blood typing, and discuss the pathophysiology of blood type incompatibilities.
14. Identify signs, symptoms, and mechanisms of blood transfusion reactions and anemia.
15. Differentiate the pathophysiology, clinical manifestations, and general treatment approaches for the following hemoglobinopathies: hereditary spherocytosis, thalassemia, and sickle cell disease.
16. Differentiate the pathophysiology of primary causes of anemia, including aplastic anemia, iron-deficiency anemia, folic acid anemia, vitamin B_{12}–deficiency anemia, pernicious anemia, and anemia of chronic disease.
17. Differentiate the pathophysiology of relative polycythemia, primary absolute polycythemia (polycythemia vera), and secondary absolute polycythemia (compensatory polycythemia).
18. Identify and describe common age-related red blood cell disorders.

Hemostasis refers to the physiologic process that stops blood flow at the site of vascular injury. This process is tightly regulated by a complex interplay of activators and inhibitors that maintain blood in a fluid state under normal conditions while allowing for rapid clot formation when vascular integrity is compromised. Hemostasis is considered normal when it effectively seals a damaged vessel to prevent excessive blood loss. It becomes abnormal when it leads to either the inappropriate formation of clots within the vascular system (thrombosis) or an inadequate clotting response to injury, resulting in prolonged or excessive bleeding. Disorders of hemostasis are therefore broadly classified into two categories characterized by either excessive clot formation or impaired clotting ability (Mussbacher et al., 2024).

Mechanisms of Hemostasis

Hemostasis is divided into well-coordinated stages: (1) vascular constriction, (2) formation of the platelet plug, (3) blood coagulation, (4) clot retraction, and (5) clot dissolution. Together, these mechanisms ensure that bleeding is quickly controlled while maintaining blood fluidity elsewhere in the circulation. During hemostasis, hairlike fibrin strands form a mesh that binds aggregated platelets together, creating the structural foundation of the blood clot. In the presence of fibrin, plasma becomes gel-like and traps red blood cells (RBCs) and other formed elements. Hemostasis is considered complete when fibrous tissue grows into the clot and permanently seals the break in the vessel wall.

Vascular Constriction

The first step in hemostasis is vascular constriction, which is a brief, reflexive narrowing of the blood vessel that reduces blood flow to the injured area. This response typically lasts for minutes to hours and is triggered by endothelial injury. Both neural reflexes and local mediators contribute to vasoconstriction. Among these, thromboxane A_2 (TXA_2), a prostaglandin released by activated platelets, and serotonin play important roles. The most potent vasoconstrictor identified to date is endothelin-1, produced by endothelial cells. Conversely, prostacyclin, another endothelial-derived prostaglandin, acts as a vasodilator and inhibits platelet aggregation in surrounding uninjured tissue, maintaining localized control of the hemostatic response (Mussbacher et al., 2024).

Formation of the Platelet Plug

Small vascular injuries are often sealed by a **platelet plug**, a temporary patch formed by activated platelets. Platelets, or **thrombocytes**, arise from **megakaryocytes** in the bone marrow and have a lifespan of 8 to 12 days before being cleared by macrophages. A normal platelet count ranges from 150,000 to 400,000 per microliter (mcL) of blood. Platelet production is primarily regulated by **thrombopoietin**, a hormone produced by the liver, kidneys, smooth muscle, and bone marrow that stimulates megakaryocyte maturation (Mussbacher et al., 2024).

Although platelets are cell fragments that do not contain a nucleus (i.e., platelets are anuclear cell fragments), platelets do contain mitochondria, enzymes capable of producing adenosine triphosphate (ATP) and adenosine diphosphate (ADP), and cellular metabolic processes for synthesizing prostaglandins such as TXA_2. Synthesis of TXA_2 occurs in activated platelets as part of the cyclooxygenase-1 (COX-1) pathway, which is clinically significant because it provides a target for antiplatelet

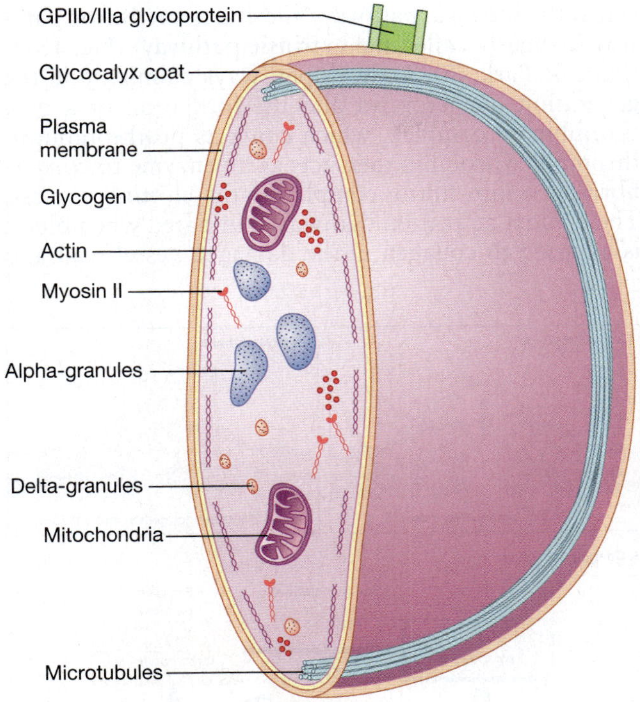

FIGURE 18-1. Platelet structure.

drugs such as aspirin. TXA_2 promotes platelet aggregation and vasoconstriction, making its synthesis critical for effective hemostasis. The platelet membrane is coated with glycoproteins (GPs), glycosaminoglycans, and coagulation proteins (Fig. 18-1). Of particular importance is GPIIb/IIIa, which binds fibrinogen and facilitates platelet-to-platelet linkage. The structural integrity of the platelet is maintained by microtubules and contractile proteins such as actin and myosin (Mussbacher et al., 2024).

Platelets contain two types of storage granules, alpha- and delta-granules (dense granules), that release mediators essential for hemostasis. The alpha-granules express P-selectin, an adhesive molecule, and contain fibrinogen, von Willebrand factor (vWF), fibronectin, clotting factors V and VIII, platelet factor 4, platelet-derived growth factor (PDGF), transforming growth factor-alpha (TGF-α), and thrombospondin. These components contribute to both clot formation and tissue repair. Dense granules store ADP and ATP, ionized calcium, histamine, serotonin, and epinephrine, which support vasoconstriction and platelet aggregation (Mussbacher et al., 2024).

Platelet plug formation occurs in three phases: activation, adhesion, and aggregation. When platelets encounter a damaged vessel wall, they become activated, changing from smooth disks to spiny spheres and exposing surface receptors. Adhesion is mediated by vWF, which is produced by endothelial cells of blood vessels and circulates in plasma bound to clotting factor VIII. At injury sites, vWF binds to exposed collagen and connects to platelet receptors, anchoring platelets to the vessel wall (Mussbacher et al., 2024).

Platelet aggregation follows adhesion and is amplified by the release of ADP and TXA_2 from platelet granules. ADP promotes further platelet recruitment and activation, while TXA_2 serves as a potent stimulus for aggregation. ADP exerts its effect by binding to the $P2Y_{12}$ receptor on the platelet surface, which is essential for amplifying and stabilizing platelet aggregation (McMichael, 2022). The combined actions of ADP and TXA_2 lead to the expansion of the enlarging platelet aggregate, which becomes the primary hemostatic plug.

The GP coat of the platelet membrane interacts with the endothelium, allowing platelets to adhere selectively to sites of vascular injury while avoiding contact with intact endothelium. The GPIIb/IIIa complex plays a critical role in linking platelets via fibrinogen bridges. Individuals with deficiencies in platelets or vWF are prone to defective plug formation and bleeding. In addition to sealing vascular injuries, platelets support normal vascular health by releasing growth factors that maintain endothelial and arterial smooth muscle cell integrity (McMichael, 2022). Most platelet disorders result in localized, superficial bleeding, such as petechiae (observable as small "pinpoint" areas of purple discoloration in skin) or mucosal hemorrhages.

Platelet inhibitors are important pharmacologic agents that work at different points in the adhesion–activation–aggregation progression. They are widely used to prevent thrombosis in patients at risk for myocardial infarction, stroke, or peripheral artery disease. Aspirin, a COX-1 inhibitor, suppresses the synthesis of TXA_2, thereby reducing platelet activation. Thienopyridines, such as clopidogrel and ticlopidine, inhibit the $P2Y_{12}$ ADP receptor, blocking a separate pathway essential for platelet aggregation. Unlike aspirin, these agents do not affect prostaglandin synthesis in general, which preserves the protective functions of prostaglandins in other important functions, such as maintaining gastric mucosal integrity and regulating renal blood flow. Newer platelet-inhibiting agents exist that also target the $P2Y_{12}$ receptor but offer reversible inhibition and faster onset of action (McMichael, 2022).

KEY POINTS

Hemostasis

- Hemostasis is the orderly, stepwise process for stopping bleeding that involves vascular constriction, formation of a platelet plug, blood coagulation, and development of a fibrin clot.
- The blood clotting process requires the coordinated activity of platelets (produced

in the bone marrow), vWF (produced by vessel endothelial cells), and clotting factors (synthesized in the liver, with some clotting factors requiring vitamin K for synthesis).

- Platelet plug formation involves platelet activation, adhesion, and aggregation at sites of vascular injury. This process is mediated by vWF, GPIIb/IIIa receptors, ADP, and TXA_2.
- Platelets contribute not only to clot formation but also to vessel repair through the release of growth factors such as PDGF and TGF-alpha.

Blood Coagulation

The coagulation cascade is an essential component of the hemostatic process. It is a tightly regulated, stepwise mechanism that results in the conversion of the soluble plasma protein fibrinogen into insoluble fibrin strands. These strands create a meshwork that stabilizes the platelet plug and binds together various blood components to form a clot (Yong & Toh, 2023).

Numerous substances either promote clotting (procoagulants) or inhibit it (anticoagulants), collectively regulating the coagulation process. Coagulation factors primarily consist of specific proteins designated by Roman numerals. These factors circulate in inactive forms and become sequentially activated through a cascade effect that amplifies the signal initiated by the vessel injury, ensuring a rapid but controlled clotting response. Because inactive factors are always present in the blood, the system is poised for quick action but is protected from overactivation by regulatory mechanisms. Abnormal bleeding or thrombosis can result from deficiencies, defects, or inappropriate activation of one or more coagulation factors.

Most coagulation factors are synthesized in the liver. Vitamin K is necessary for the hepatic synthesis of four vitamin K–dependent factors: II (prothrombin), VII, IX, and X, as well as the anticoagulant proteins C and S. Deficiency of vitamin K or severe liver dysfunction impairs the production of these proteins and results in bleeding tendency. Calcium ions (factor IV) are required in all but the first two steps of the coagulation cascade (Yong & Toh, 2023). The body usually maintains sufficient calcium for these reactions, but calcium must be removed or bound to prevent coagulation of blood samples. For example, citrate and ethylenediaminetetraacetic acid are added to stored blood and laboratory samples, respectively, to bind to calcium (or chelate calcium) and prevent clot formation.

Coagulation is initiated through two overlapping pathways: the **contact activation pathway** (formally called the **intrinsic pathway**) and the **tissue factor pathway** (formerly called the **extrinsic pathway**) (Fig. 18-2) (Park & Park, 2024). Both pathways culminate in the generation of factor Xa and the formation of a prothrombinase complex, which converts prothrombin to thrombin. Thrombin then acts as an enzyme to convert fibrinogen into fibrin, completing the clotting process. The contact activation pathway is initiated when blood is exposed to collagen in the damaged vessel wall and

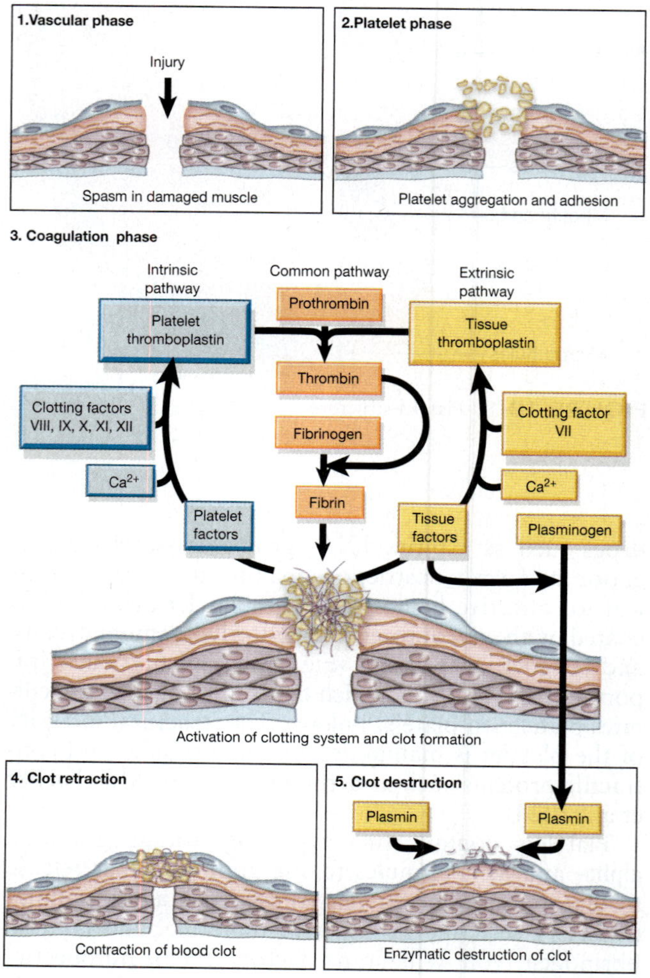

FIGURE 18-2. Hemostasis. When the endothelial surface of a blood vessel is injured, several processes occur. In primary hemostasis, platelets within the circulation are attracted to the exposed layer of collagen at the site of injury. They adhere to the site of injury, releasing factors that stimulate other platelets to the site of injury, releasing factors that stimulate other factors to aggregate at the site, and forming an unstable platelet plug. In secondary hemostasis, based on the type of stimulus, one of two clotting pathways is initiated—the contact activation (intrinsic) or tissue factor (extrinsic) pathway—and the clotting factors within that pathway are activated. The end result from either pathway is the conversion of prothrombin to thrombin. Thrombin is necessary for fibrinogen to be converted into fibrin, the stabilizing protein that anchors the fragile platelet plug to the site of injury to prevent further bleeding and permit the injured vessel or site to heal. (From Hinkle, J. L., Cheever, K. H., & Overbaugh, K. J. [2022]. *Brunner & Suddarth's textbook of medical-surgical nursing* [15th ed., p. 891]. Lippincott Williams & Wilkins; Fig. 28-3.)

proceeds relatively slowly (1 to 6 minutes). The tissue factor pathway is triggered rapidly (within 15 seconds) by trauma to the vessel or surrounding tissue and the release of tissue factor (thromboplastin) from subendothelial cells. Both pathways are required for effective hemostasis, and multiple points of cross-talk exist between them. Although both are activated when blood exits the vascular system, bleeding caused by deficiencies in the contact activation pathway is often more severe than defects in the tissue factor pathway. Figure 18-3 depicts the roles of the major clotting factors in these pathways.

While the classical coagulation cascade is a helpful way to understand the sequence of clotting factor activation, current understanding also includes the **cell-based model**, which emphasizes how coagulation happens on the surfaces of cells in the body—especially tissue factor–bearing cells and activated platelets. This model divides coagulation into three overlapping phases: **initiation**, **amplification**, and **propagation**. During initiation, tissue factor on subendothelial cells binds factor VIIa to start thrombin generation. In amplification, small amounts of thrombin activate platelets and cofactors like factors V and VIII. In propagation, a large "thrombin burst" occurs on platelet surfaces, rapidly converting fibrinogen to fibrin (Park & Park, 2024; Yong & Toh, 2023). Although the remainder of this section uses the classical cascade model to describe key factors and anticoagulants, both models work together to explain how blood clotting occurs in the body.

Several natural anticoagulants modulate coagulation and prevent uncontrolled thrombus formation. Antithrombin (AT) III is a plasma protein that inactivates several coagulation enzymes, including thrombin and factor Xa. Its action is greatly enhanced by binding to heparin, a naturally occurring glycosaminoglycan released by mast cells (a type of tissue-based immune cell, discussed previously in Chapter 9) and also used therapeutically. Exogenous (clinically administered) heparin induces a conformational change in AT III, accelerating the inactivation of clotting enzymes and suppressing the formation of fibrin (Yong & Toh, 2023).

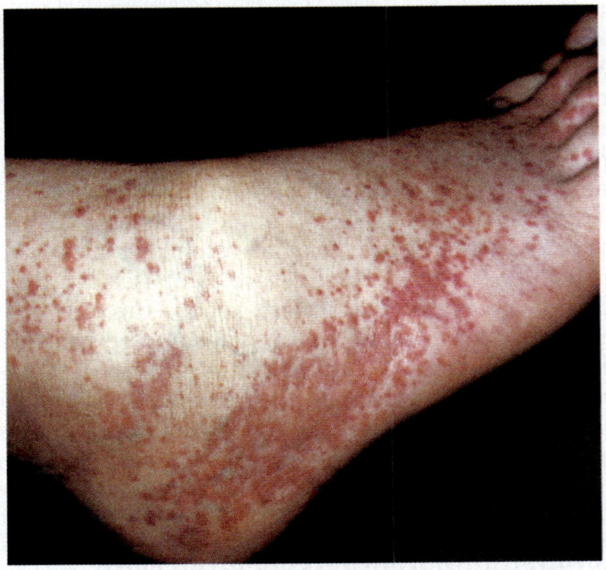

FIGURE 18-3. Clinically mild cutaneous vasculitis with palpable purpura and petechiae. (From Hall, J. C., & Hall, B. J. [2017]. *Sauer's manual of skin diseases* [11th ed., p. 176]. Lippincott Williams & Wilkins.)

Protein C, synthesized in the liver, is a vitamin K–dependent plasma protein that functions as an anticoagulant by inactivating factors Va and VIIIa. Activated protein C resistance, most commonly caused by the factor V Leiden mutation, impairs this inactivation process and increases the risk of venous thromboembolism (VTE) (Martin & Cushman, 2025). Deficiency may be inherited or acquired due to liver failure, vitamin K deficiency, or malignancy (Stojanovski & Di Cera, 2022). Females with factor V Leiden are at especially high risk for VTE and pregnancy-related complications, including preeclampsia, fetal loss, and placental abruption (Martin & Cushman, 2025).

Protein S, another vitamin K–dependent plasma protein, acts as a cofactor to enhance the activity of protein C. A deficiency of protein S, whether inherited or acquired (e.g., due to autoimmune disease, liver disease, or oral contraceptive use), also increases the risk of thrombosis.

Anticoagulant drugs are used to prevent and treat thromboembolic disorders. Warfarin inhibits the synthesis of vitamin K–dependent clotting factors by interfering with vitamin K recycling in the liver. Heparin, administered intravenously or subcutaneously, enhances the action of AT III and rapidly inactivates thrombin and factor Xa. More recently, direct oral anticoagulants (DOACs) have become preferred agents for many indications (Stojanovski & Di Cera, 2022). These drugs directly inhibit factor Xa or thrombin and are associated with more predictable pharmacokinetics and fewer dietary interactions compared to warfarin.

Inflammation, Immunity, and Coagulation

Coagulation is closely linked to the immune and inflammatory responses, forming what is now understood as **immunothrombosis**. In response to infection or injury, inflammatory cytokines such as interleukin (IL)-6 and tumor necrosis factor-alpha (TNF-α) can activate endothelial cells and promote the expression of tissue factor, initiating coagulation. Simultaneously, thrombin and other coagulation proteins can influence immune cell activity and enhance inflammation. This bidirectional relationship is especially evident in conditions such as sepsis, autoimmune disease, and COVID-19, where widespread inflammation can trigger excessive clotting (disseminated intravascular coagulation [DIC]) and contribute to organ damage. Understanding this interplay helps explain why inflammation and thrombosis often occur together in acute and chronic illness (Yong & Toh, 2023).

Clot Retraction

Clot retraction typically occurs within 20 to 60 minutes after a clot has formed and plays an important role in hemostasis. During this process, the clot contracts, helping to pull the edges of the damaged vessel together and expel serum from the clot. Platelets are central to this process; through their cytoskeletal proteins, particularly actin and myosin, they generate the contractile forces necessary for retraction. Adequate numbers of functional platelets are required, and impaired clot retraction is commonly observed in conditions associated with low platelet count (thrombocytopenia) or platelet dysfunction. Clot retraction also contributes to wound healing by stabilizing the initial hemostatic plug (Guilbeau & Majumder, 2023).

Clot Dissolution

The dissolution of a clot, or **fibrinolysis**, begins shortly after clot formation to restore normal blood flow and allow for tissue repair. Like clot formation, fibrinolysis is a carefully regulated, stepwise process controlled by both activators and inhibitors. The key enzyme involved is plasmin, which is formed from the inactive precursor plasminogen (Risman et al., 2023). Plasminogen is normally present in plasma and is converted into plasmin by plasminogen activators, primarily tissue-type plasminogen activator (tPA) and urokinase-type plasminogen activator (uPA). These activators are produced by the vascular endothelium, liver, and kidneys and are released in response to various stimuli such as physical activity, vascular occlusion, elevated body temperature, and some pharmacologic agents.

Once activated, plasmin digests the fibrin meshwork of the clot and can also degrade several clotting factors, including fibrinogen, factor V, factor VIII, prothrombin (factor II), and factor XII. The activity of plasmin is tightly controlled to prevent excessive clot breakdown. Alpha$_2$-antiplasmin (also known as alpha$_2$-plasmin inhibitor), a circulating protein, rapidly inactivates plasmin that escapes the local site of the clot, ensuring that fibrinolysis remains a localized event (Risman et al., 2023).

The balance between plasminogen activators and their inhibitors is essential. The most significant physiologic inhibitor is plasminogen activator inhibitor-1 (PAI-1), which is synthesized by endothelial cells and the liver. Elevated levels of PAI-1 are associated with an increased risk of deep vein thrombosis, myocardial infarction, and coronary artery disease. Altered fibrinolytic activity may also occur in chronic liver disease, due to impaired synthesis of both activators and inhibitors.

In clinical practice, recombinant forms of tPA—alteplase, reteplase, and tenecteplase—are used as thrombolytic agents in the treatment of acute ischemic stroke, acute myocardial infarction, and pulmonary embolism. These agents mimic the action of endogenous tPA by promoting the conversion of plasminogen to plasmin, facilitating rapid clot breakdown and revascularization of occluded vessels (Risman et al., 2023).

SUMMARY CONCEPTS

Hemostasis is the physiologic process that stops blood loss following vascular injury while maintaining blood fluidity within intact vessels. It occurs in a coordinated sequence of five overlapping stages: vascular vasoconstriction; primary hemostasis, involving platelet adhesion, activation, and formation of the platelet plug; secondary hemostasis, in which activation of the coagulation cascade leads to conversion of fibrinogen to insoluble fibrin that stabilizes the platelet plug; clot retraction and stabilization; and fibrinolysis, during which plasmin degrades fibrin and restores vessel patency as healing progresses.

Blood coagulation requires the stepwise activation of clotting factors through the intrinsic and extrinsic pathways, which converge on the common pathway. These processes are tightly regulated by endogenous activators and inhibitors. Effective hemostasis depends on a careful balance between coagulation and fibrinolysis so that clots form rapidly when needed but are removed once vascular integrity is restored.

Hypercoagulable States

Hypercoagulability refers to an exaggerated state of hemostasis, with increased risks of thrombus formation and blood vessel occlusion (Senst et al., 2023). The two general categories of hypercoagulable states are increased platelet function and accelerated coagulation, including increased coagulation cascade activity, decreased blood flow causing intravascular coagulation, and decreased anticoagulant or fibrinolytic processes. Chart 18-1 lists conditions commonly associated with hypercoagulable states. Arterial thrombi, typically related to turbulent blood flow, are composed largely of platelet aggregates. In contrast, venous thrombi often result from stasis of flow and are composed primarily of fibrin, RBCs, and activated clotting factors (Senst et al., 2023). These distinctions are important in understanding the pathophysiology of thromboembolic disease and guiding appropriate prevention and treatment strategies.

Hypercoagulability Associated With Increased Platelet Function

Hypercoagulability due to increased platelet function promotes platelet adhesion, the formation of platelet-rich clots, and disrupted blood flow. Contributing factors

UNDERSTANDING ➔ Hemostasis

Hemostasis is the physiologic process that prevents blood loss following vascular injury while maintaining blood fluidity within intact vessels. It occurs in a coordinated sequence of five overlapping stages:

1. Vascular vasoconstriction
2. Primary hemostasis: formation of the platelet plug
3. Secondary hemostasis: activation of the coagulation cascade and fibrin formation
4. Clot retraction and stabilization
5. Fibrinolysis (clot dissolution)

These stages involve complex interactions among vascular endothelium, platelets, plasma coagulation factors, protein cofactors, calcium ions, and regulatory proteins circulating in the blood or released locally at the site of injury.

1

Vascular Vasoconstriction. Immediately after vessel injury, vascular smooth muscle in the vessel wall contracts, reducing blood flow to the area. This response is mediated by local myogenic spasm, neural reflexes, and vasoactive substances such as TXA_2 released from activated platelets.

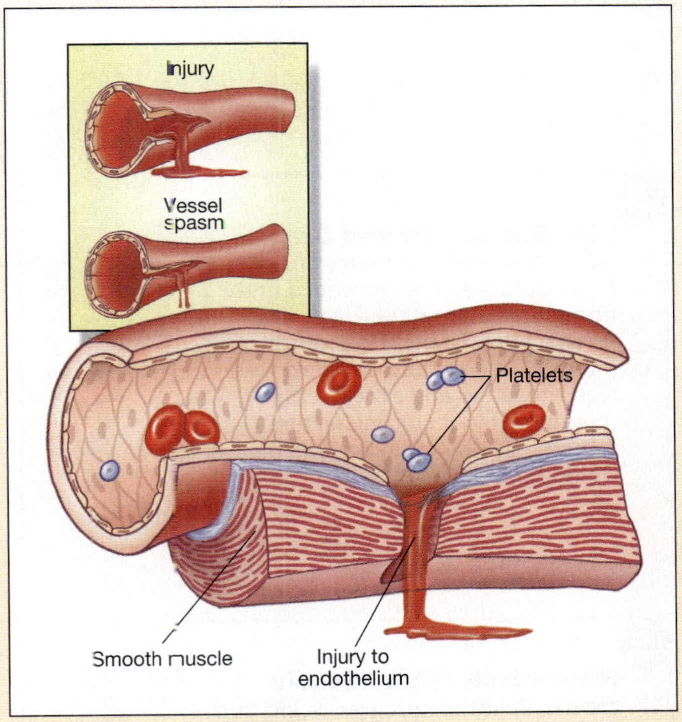

2

Primary Hemostasis: Formation of the Platelet Plug. Within seconds of injury, subendothelial collagen is exposed. vWF, released from endothelial cells and platelets, binds to collagen and to platelet surface receptors, promoting platelet adhesion. Adherent platelets become activated and release ADP and TXA_2, which recruit and activate additional platelets. This results in platelet aggregation and formation of a temporary platelet plug at the site of injury.

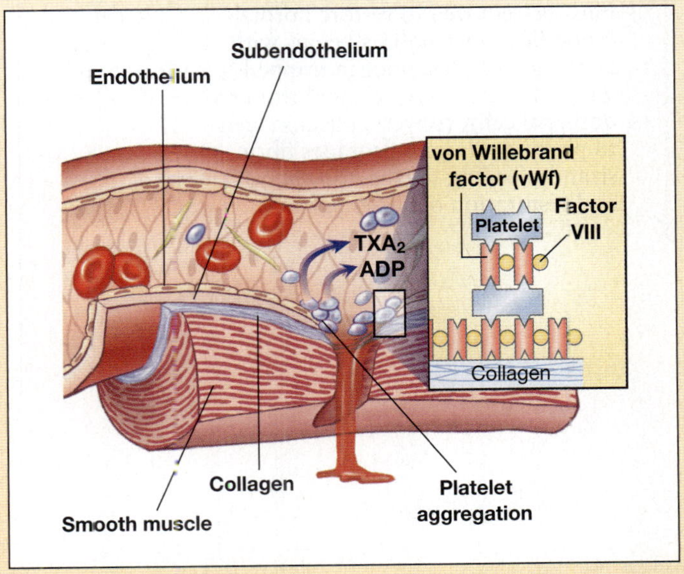

(continued)

UNDERSTANDING → Hemostasis (continued)

3 **Secondary Hemostasis: Activation of the Coagulation Cascade and Fibrin Formation.** Secondary hemostasis reinforces the platelet plug through activation of the coagulation cascade. Coagulation may be initiated by the intrinsic (contact activation) pathway and by the extrinsic (tissue factor) pathway. Both pathways converge on the common pathway, resulting in the conversion of fibrinogen into insoluble fibrin. Fibrin strands form a meshwork that stabilizes the platelet plug and create a more durable clot.

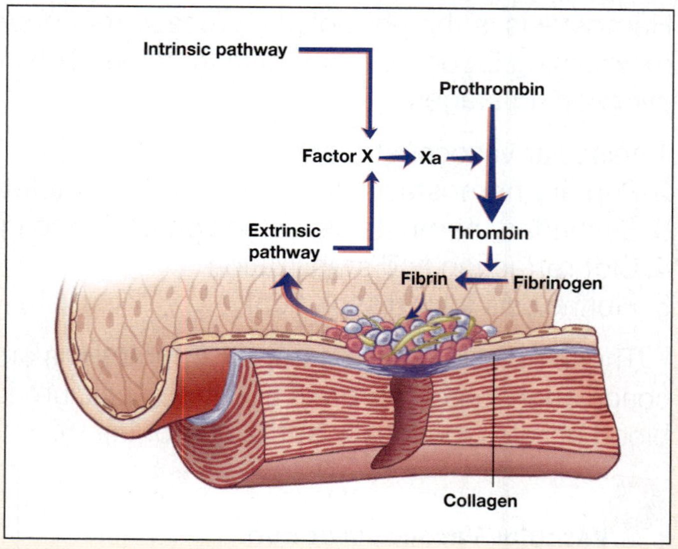

4 **Clot Retraction and Stabilization.** Within minutes of clot formation, platelets embedded in the fibrin mesh contract through actin–myosin interactions. This contraction pulls the edges of the damaged vessel closer together and expels serum (plasma without clotting factors), resulting in clot shrinkage and increased stability.

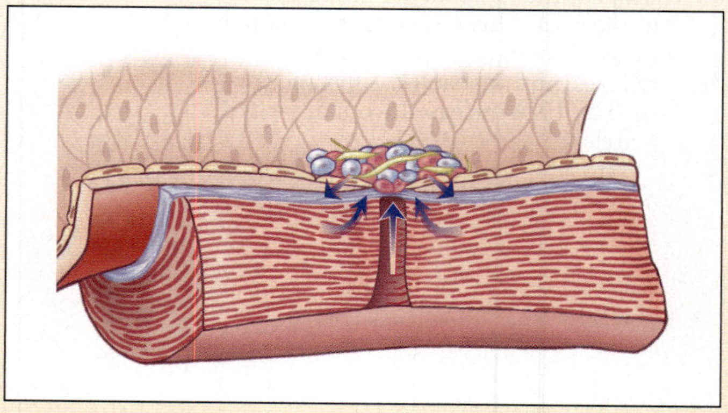

5 **Fibrinolysis (Clot Dissolution).** As healing progresses, the clot must be removed to restore normal blood flow. Fibrinolysis begins with activation of plasminogen trapped within the clot. tPA, released from endothelial cells, converts plasminogen to plasmin. Plasmin degrades fibrin strands, leading to clot dissolution and restoration of vessel patency.

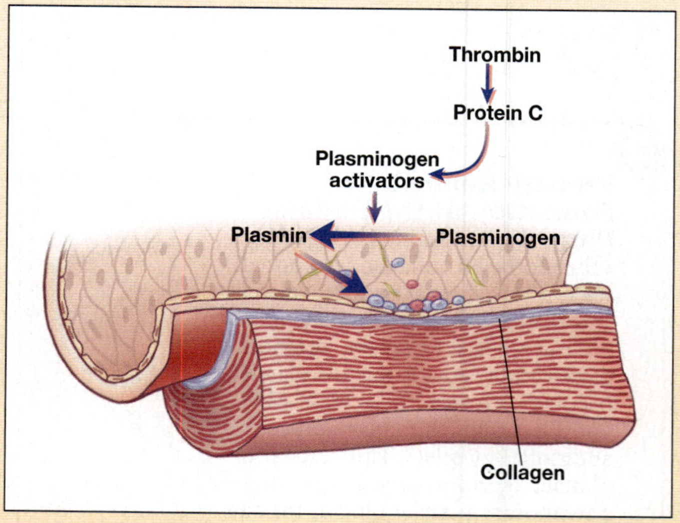

CHART 18-1

CONDITIONS ASSOCIATED WITH HYPERCOAGULABLE STATES

Increased Platelet Function

Atherosclerosis

Diabetes mellitus

Smoking

Elevated blood lipid and cholesterol levels

Increased platelet levels (essential thrombocythemia, thrombocytosis)

Chronic inflammation

Enhanced Coagulation

Pregnancy and the puerperium (the childbirth and postpartum period)

Use of oral contraceptives or hormone replacement therapy

Malignancy (especially adenocarcinomas)

Postsurgical state

Trauma

Sepsis/systemic inflammation

Disseminated intravascular coagulation (DIC)

Reduced Blood Flow or Venous Stasis

Immobility

Congestive heart failure

Obesity

Varicose veins or venous insufficiency

Inherited Thrombophilias

Factor V Leiden mutation

Prothrombin G20210A mutation

Protein C or S deficiency

Antithrombin III deficiency

Hyperhomocysteinemia

include endothelial injury, turbulent blood flow, and heightened platelet sensitivity to aggregating agents. Atherosclerotic plaques damage the vascular endothelium and disturb blood flow, encouraging platelet adherence. Platelets that adhere to the vessel wall release growth factors that stimulate smooth muscle proliferation, contributing to the development of atherosclerosis. Risk factors such as smoking, elevated blood lipids and cholesterol, hypertension, hemodynamic stress, and diabetes exacerbate vessel injury and increase the likelihood of thrombosis (Senst et al., 2023).

KEY POINTS

Thrombocytosis Versus Thrombophilia

- Thrombocytosis refers specifically to an increased number of circulating thrombocytes (platelets). This increased platelet count is associated with an increased risk of clot formation because of the clot-promoting actions of platelets.
- Thrombophilia refers to any condition associated with increased thrombus formation. Thrombophilia conditions can result from a variety of pathophysiologic causes, both inherited and acquired.

Thrombocytosis

Thrombocytosis describes elevations in the platelet count above 1,000,000/mcL. It may be secondary (reactive) to another condition or primary (essential) due to a myeloproliferative neoplasm (Rokkam et al., 2024).

Pathophysiology

Platelet production is regulated by thrombopoietin, which binds to receptors on megakaryocytes and platelets. Most circulating thrombopoietin is bound to platelets in a feedback loop that helps maintain homeostasis. **Reactive thrombocytosis** occurs when tissue injury, infection, inflammation, malignancy, or surgery increases cytokines such as IL-6, which stimulates hepatic thrombopoietin production. In these cases, the elevated platelet count is often transient and asymptomatic (Rokkam et al., 2024).

In contrast, essential thrombocythemia is a chronic myeloproliferative disorder characterized by sustained megakaryocyte proliferation and increased platelet production, often due to Janus kinase 2 (JAK2), calreticulin (CALR), or myeloproliferative leukemia virus (MPL) mutations. Although thrombopoietin levels may remain normal, altered receptor function results in elevated levels of free thrombopoietin and increased megakaryocyte sensitivity. Platelet dysfunction is common and contributes to both thrombosis and hemorrhage (Kuipers et al., 2023).

Clinical Manifestations and Treatment

Thrombotic events in essential thrombocythemia include deep vein thrombosis, pulmonary embolism, and portal or hepatic vein thrombosis. Some individuals experience erythromelalgia, a painful throbbing and burning in the extremities due to platelet-rich microvascular occlusions (Kuipers et al., 2023). Typically, the disorder is characterized by long asymptomatic periods punctuated by occasional thrombotic episodes and hemorrhagic crises, both of which occur in people with very high platelet counts. People with high risk may benefit from cytoreductive therapy (e.g., hydroxyurea) to reduce platelet count. Low-dose aspirin is effective for symptom relief and thrombosis prevention in many patients (Rokkam et al., 2024).

KEY POINTS

Hypercoagulable States

- Arterial thrombi are associated with conditions that produce turbulent blood flow and platelet adherence.
- Venous thrombi are associated with conditions that cause stasis of blood flow with increased concentrations of coagulation factors.

Hypercoagulability Associated With Increased Clotting Activity

Increased clotting activity can result from inherited or acquired conditions that tip the balance toward coagulation, primarily either by enhancing procoagulant factor activity or by impairing natural anticoagulants. Impaired fibrinolysis can also result in excessive blood clots. These disorders often lead to VTE, including deep vein thrombosis and pulmonary embolism.

Inherited Disorders

Factor V Leiden is the most common inherited thrombophilia, particularly in individuals of European ancestry (Martin & Cushman, 2025). It is characterized by a single point mutation of the gene for factor V. Although transmitted through an autosomal dominant inheritance mechanism, there is reduced penetrance of expression of the altered gene, meaning that not all people who carry the mutation will express the abnormal coagulation pattern. However, in people who express the disorder, the abnormal factor V Leiden protein is resistant to binding with activated protein C, an anticoagulant protein. Without this binding to the anticoagulant, the inactivation of factor V does not occur normally, thus promoting thrombin generation and excessive clot formation (Albagoush et al., 2023).

Prothrombin gene mutation (G20210A) leads to elevated prothrombin levels and increased thrombotic risk (Wu et al., 2024). Deficiencies of AT, protein C, or protein S reduce natural anticoagulant activity and predispose to unregulated thrombin formation. Most individuals with inherited thrombophilia remain asymptomatic without additional acquired risk factors (e.g., immobility, surgery, pregnancy). Homozygosity (inheriting two identical copies of a gene mutation—one from each parent) or compound heterozygosity (inheriting two different mutations that both affect coagulation) increases risk significantly (Baniamer et al., 2024).

Acquired Disorders

Common acquired risk factors for thrombosis include prolonged immobilization, surgery, malignancy, pregnancy, obesity, smoking, oral contraceptive use, and hormone replacement therapy. Venous stasis, particularly during hospitalization or the postpartum period, allows activated clotting factors to accumulate, while inflammation promotes endothelial activation and tissue factor expression. Heart failure and hyperviscosity syndromes, in which the blood is thicker than normal (e.g., polycythemia vera, sickle cell disease), further increase thrombotic risk by impairing flow and inducing vascular injury (Tiede et al., 2022).

Pregnancy is a naturally hypercoagulable state due to increased levels of clotting factors, decreased fibrinolysis, and reduced protein S levels. The risk persists into the puerperium (childbirth and postpartum period), particularly when compounded by reduced mobility.

Cancer-associated thrombosis is especially important. Tumors may release procoagulant factors (e.g., tissue factor–bearing microparticles), and chemotherapy, immobility, and central venous catheters further increase the risk. An occult malignancy (i.e., a malignancy that has not previously been detected) is identified in up to 25% of patients presenting with unprovoked VTE (Tiede et al., 2022).

COVID-19 is another cause of hypercoagulability, with COVID-associated coagulopathy marked by endothelial dysfunction, cytokine storm, and microvascular thrombosis, necessitating prophylactic anticoagulation in hospitalized patients (Wada et al., 2023).

Given the significant morbidity and mortality associated with VTE, prophylaxis is a priority. The American College of Chest Physicians guidelines recommend risk stratification (e.g., using the Caprini score) to guide use of low-molecular-weight heparin, unfractionated heparin, or mechanical prophylaxis (Hillegass et al., 2022).

Antiphospholipid Syndrome

Antiphospholipid syndrome (APS) is an autoimmune disorder marked by the presence of antiphospholipid antibodies (aPLs)—including lupus anticoagulant, anticardiolipin antibodies, and anti–beta$_2$-GPI—that promote a hypercoagulable state. APS may occur as a primary disorder or secondary to autoimmune conditions, most commonly systemic lupus erythematosus (Knight et al., 2023).

Pathophysiology

The pathogenesis of APS involves autoantibody-mediated activation of endothelial cells, platelets, and the complement system. These effects result in enhanced thrombin generation and impaired fibrinolysis. Genetic and environmental "second hits" such as infection, trauma, or surgery may precipitate clinical events (Knight et al., 2023).

Clinical Manifestations

APS is characterized by recurrent arterial and venous thromboses, pregnancy morbidity (e.g., recurrent fetal loss, preeclampsia, placental insufficiency), thrombocytopenia, and valvular heart disease. Venous thrombosis, particularly in the lower extremities, occurs in up to 50% of cases and frequently leads to pulmonary embolism. Arterial events include stroke and transient ischemic attacks, as well as coronary and retinal artery thromboses. **Catastrophic APS (CAPS)** is a rare, life-threatening variant marked by simultaneous multiorgan thrombosis and high mortality (Knight et al., 2023).

Diagnosis requires meeting the revised Sapporo (Sydney) criteria, which include one or more clinical events (vascular thrombosis or pregnancy morbidity) and persistent aPLs measured on two occasions at least 12 weeks apart (Knight et al., 2023).

Treatment

APS management includes anticoagulation with heparin (administered by nonoral routes, for example, subcutaneous injection or intravenous infusion) followed by long-term oral administration of the anticoagulant drug warfarin, especially after thrombotic events. A newer class of drugs called DOACs that are more easily managed and typically have fewer side effects than warfarin may be considered in patients at low risk but are generally avoided in high-risk APS with triple positivity (positive for all three aPLs). Low-dose aspirin may be used for primary prevention in people at high risk. Additional management strategies include smoking cessation, avoiding estrogen-based therapies, and addressing modifiable cardiovascular risk factors. Immunosuppression may be considered in refractory or catastrophic cases (Knight et al., 2023).

SUMMARY CONCEPTS

Hypercoagulability is a condition of excessive clotting that contributes to thrombus formation. It results from conditions that foster increased platelet numbers or function or accelerated activity of the coagulation system. Thrombocytosis, an elevation in the platelet count, can occur as a reactive process (secondary thrombocytosis) or as an essential process (primary thrombocytosis). Increased platelet function usually results from disorders such as atherosclerosis that damage the vascular endothelium and disturb blood flow or from conditions such as smoking that increase sensitivity of platelets to factors that promote adhesiveness and aggregation.

Factors that cause accelerated activity of the coagulation system include blood flow stasis, resulting in an accumulation of coagulation factors, and alterations in the components of the coagulation system (i.e., an increase in procoagulation factors, decrease in anticoagulation factors, or decrease in fibrinolytic activity). The APS, an acquired venous and arterial clotting disorder, manifests as a primary disorder or can be a secondary disorder associated with systemic lupus erythematosus. It is associated with aPLs, which promote thrombosis that can affect many organs.

Bleeding Disorders

Bleeding disorders can result from disruptions at any point of the process of hemostasis. Causes of bleeding disorders include abnormalities in platelet number or function, coagulation factor deficiencies, excessive fibrinolysis, and structural or inflammatory damage to blood vessels. Bleeding can be spontaneous or triggered by trauma, medical procedures, or coexisting illnesses.

Bleeding Associated With Platelet Disorders

Bleeding as a result of platelet disorders reflects either a decreased number of platelets (thrombocytopenia) or impaired platelet function (thrombocytopathia) (McGuinn & Bussel, 2022). Spontaneous bleeding most often involves small vessels of the mucous membranes and skin. Common sites include the nose, mouth, gastrointestinal tract, and uterus. Cutaneous bleeding is typically seen as pinpoint hemorrhages (petechiae) and purple areas of bruising (purpura), particularly in dependent areas where the capillary pressure is higher (Fig. 18-4). Petechiae occur almost exclusively in conditions of platelet deficiency. Severe thrombocytopenia may also cause intracranial bleeding, though this is rare (McGuinn & Bussel, 2022).

Thrombocytopenia

Thrombocytopenia refers to a reduction in circulating platelet count to below 150,000/mcL (Gauer & Whitaker, 2022). The risk of bleeding rises substantially when platelet counts fall below 50,000/mcL, and spontaneous bleeding becomes more likely when levels drop below 10,000/mcL. Causes include decreased platelet production (as may occur with conditions of disrupted bone marrow function, such as aplastic anemia, leukemia, chemotherapy, radiation), increased platelet sequestration (e.g., splenomegaly), and reduced platelet survival (e.g., immune-mediated destruction or mechanical injury). Infections such as human immunodeficiency virus (HIV) or cytomegalovirus (CMV) may suppress megakaryocyte production. An enlarged spleen can sequester up to 90% of circulating platelets, and splenectomy may be required in severe hypersplenic thrombocytopenia.

Platelets may be destroyed by antibodies directed at membrane GPs (e.g., GPIIb/IIIa, GPIb/IX), either in autoimmune disorders or following transfusion or pregnancy. Nonimmune causes include mechanical destruction (e.g., prosthetic valves, malignant hypertension) and excessive consumption in conditions like **disseminated intravascular coagulation (DIC)** or **thrombotic thrombocytopenic purpura (TTP)** (Gauer & Whitaker, 2022).

Drug-Induced Thrombocytopenia

Over 100 medications, including antibiotics, aspirin, and statins, are associated with **drug-induced thrombocytopenia (DITP)**. These drugs promote antibody formation against platelet–drug complexes, leading to situations

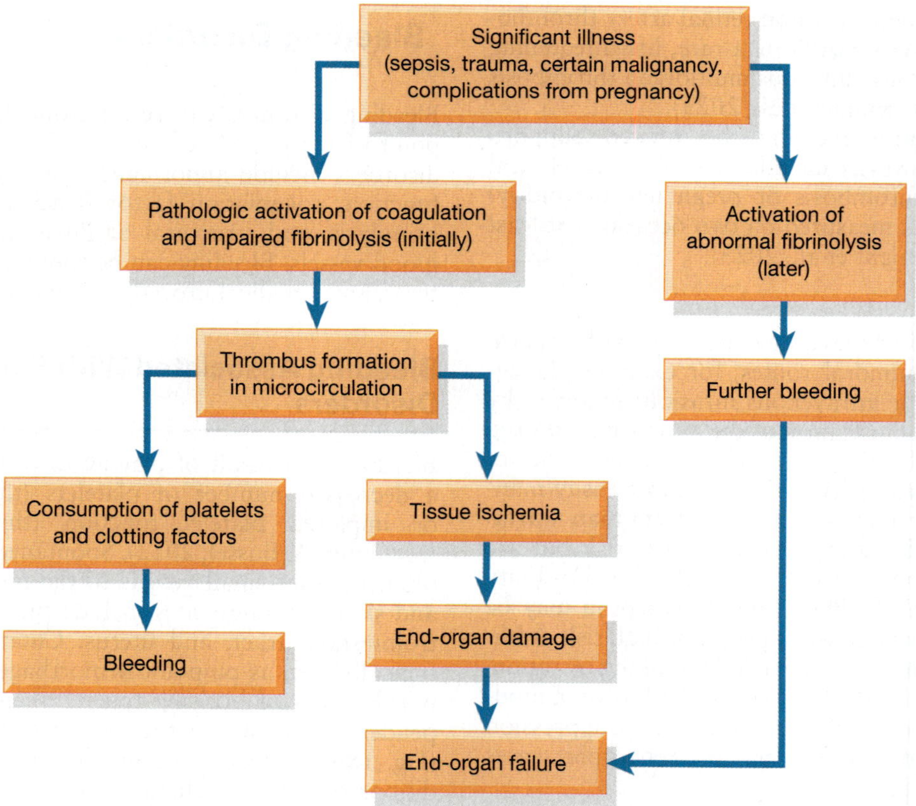

FIGURE 18-4. Pathophysiology of disseminated intravascular coagulation. (From Hinkle, J. L., & Cheever, K. H. [2020]. *Brunner & Suddarth's textbook of medical-surgical nursing* [15th ed., Fig. 29-7]. Wolters Kluwer.)

such as complement-mediated platelet destruction or increased platelet consumption, which decreases platelet availability. Platelet counts typically fall rapidly within days of drug exposure and recover upon discontinuation (Schofield et al., 2022).

Heparin-Induced Thrombocytopenia

Heparin-induced thrombocytopenia (HIT) is a particular type of DITP that is a serious complication of heparin therapy. A mild thrombocytopenia may occur in up to 10% of patients within 2 to 5 days, but 1% to 5% develop life-threatening thrombotic complications within 1 to 2 weeks. HIT results from antibodies directed against a heparin–platelet factor 4 complex, which activates platelets and promotes abnormal platelet aggregation (with platelet consumption and decreased platelet count) and increased risk of thrombosis. Immediate discontinuation of heparin is required, and treatment with nonheparin anticoagulants such as argatroban or fondaparinux is recommended (Ng et al., 2024).

Immune Thrombocytopenic Purpura

Immune thrombocytopenic purpura (ITP) is an autoimmune condition marked by platelet antibody formation and destruction. It occurs in both children and adults, more frequently in females aged 30 to 59 years and those over 60. ITP is classified by duration: newly diagnosed (less than 3 months), persistent (3 to 12 months), and chronic (greater than 12 months). Secondary ITP may be triggered by chronic infections such as *Helicobacter pylori*, hepatitis C, or HIV (Madkhali, 2024).

Antibodies target platelet GPs, leading to destruction in the spleen. Plasma thrombopoietin levels remain inappropriately low. CD4+ T-cell and regulatory T-cell dysfunction contributes to pathogenesis. Symptoms include bruising, mucosal bleeding, and menorrhagia. Splenomegaly may occur. Diagnosis is based on exclusion and thrombocytopenia less than 30,000/mcL. Corticosteroids are first-line therapy. Second-line options include intravenous immunoglobulin (IVIG), rituximab, and thrombopoietin receptor agonists like romiplostim and eltrombopag (Madkhali, 2024).

Thrombotic Thrombocytopenic Purpura

Thrombotic thrombocytopenic purpura (TTP) is a rare thrombotic microangiopathy (pathology of the small blood vessels) presenting with thrombocytopenia, microangiopathic hemolytic anemia (associated with hemolysis, or breakdown, of RBCs), fever, renal dysfunction, and neurologic symptoms. TTP is caused by the deficiency of ADAMTS13, a protease that cleaves vWF multimers. Without cleavage, ultra-large vWF multimers promote platelet aggregation and occlusion of small vessels. Most cases are acquired; triggers include infections, autoimmune disease, pregnancy, and medications (Kubo & Matsumoto, 2023).

TTP has a high fatality rate without treatment. Plasma exchange with fresh frozen plasma is the standard of care. Caplacizumab, an anti-vWF nanobody, is now U.S. Food and Drug Administration (FDA)-approved and improves outcomes when combined with immunosuppression (Kubo & Matsumoto, 2023).

Impaired Platelet Function

Platelet dysfunction may be inherited (e.g., von Willebrand disease, in which reduced amounts of vWF disrupt formation of the platelet plug) or acquired through disease (e.g., uremia, a severe form of kidney failure), surgery, or drugs (e.g., aspirin). Aspirin irreversibly acetylates COX-1, impairing TXA_2 production. In uremia, unexcreted metabolites interfere with platelet aggregation. Desmopressin, a synthetic form of arginine vasopressin (antidiuretic hormone [ADH]), or dialysis may be used to treat uremia-associated platelet dysfunction (Mussbacher et al., 2024). Chart 18-2 lists drugs that impair platelet function and drugs that can cause bleeding by impairing the activity of other parts of the coagulation system.

CHART 18-2

DRUGS THAT MAY PREDISPOSE TO BLEEDING[a]

Interference With Platelet Production or Function

Antiplatelet Agents

Aspirin and salicylates (irreversible inhibition of COX-1)

NSAIDs (reversible COX inhibition)

Clopidogrel (ADP receptor inhibitors)

Dipyridamole (phosphodiesterase inhibitor)

Drugs Associated With Thrombocytopenia or Bone Marrow Suppression

Heparin (immune-mediated platelet destruction)

Chemotherapy agents (suppress megakaryocyte and platelet production)

Antibiotics such as penicillin and the cephalosporins (may induce immune thrombocytopenia)

Carbamazepine (drug-induced thrombocytopenia)

Colchicine (bone marrow suppression in high doses)

Gold salts (rare myelosuppression)

Quinine derivatives (triggers of immune thrombocytopenia)

Acetazolamide (rare link to thrombocytopenia)

Interference With Coagulation Cascade

Anticoagulants

Warfarin (inhibits vitamin K–dependent clotting factors)

Heparin (enhances antithrombin III; inhibits thrombin and factor Xa)

Low-molecular-weight heparins (e.g., enoxaparin; inhibits factor Xa)

Direct oral anticoagulants (inhibit thrombin and/or factor Xa)

Drugs That Potentiate Anticoagulant Effects

Amiodarone (inhibits hepatic metabolism of warfarin)

Anabolic steroids (rare interference with clotting factor synthesis)

Decrease in Vitamin K Levels

Broad-spectrum antibiotics (suppress gut flora that synthesize vitamin K)

Clofibrate (decrease vitamin K levels or interfere with metabolism)

Cholestyramine (binds fat-soluble vitamins, reducing absorption)

[a]This list is not intended to be inclusive.
ADP, adenosine diphosphate; COX, cyclooxygenase; NSAID, nonsteroidal anti-inflammatory drug.

KEY POINTS

Bleeding Disorders

- Disorders of platelet plug formation include a decrease in platelet numbers because of inadequate platelet production (bone marrow dysfunction), excess platelet destruction (which causes thrombocytopenia), abnormal platelet function (thrombocytopathia), or defects in vWF.
- Impairment of the coagulation stage of hemostasis is caused by a deficiency in one or more of the clotting factors.
- Disorders of blood vessel integrity result from structurally weak vessels or vessel damage because of inflammation and immune mechanisms.

Bleeding Associated With Coagulation Factor Deficiencies

Coagulation factor deficiencies may be inherited or acquired and typically result in prolonged bleeding (due to delayed clotting), large hematomas, or joint hemorrhage after trauma or surgery.

Inherited Disorders

Von Willebrand disease and hemophilia A and B are the most common inherited bleeding disorders. vWF is essential for platelet adhesion and factor VIII stability (Seidizadeh et al., 2024). Hemophilia A (factor VIII deficiency) and hemophilia B (factor IX deficiency) are both caused by mutations of genes on the X chromosome and are transmitted via X-linked recessive transmission; however, hemophilia can also result from new mutations. Hemophilia A is the more frequently occurring form, present in 1 in 5,000 live male births; hemophilia B occurs in 1 in 30,000 live male births. Severity is classified by residual factor activity: mild (6% to 40%), moderate (1% to 5%), and severe (less than 1%) (Mehta & Reddivari, 2023).

Von Willebrand Disease

Von Willebrand disease is classified into three main types (Seidizadeh et al., 2024):

- Type 1: mild, autosomal dominant, reduced vWF levels (about 70% of cases)
- Type 2: qualitative vWF defects, also autosomal dominant
- Type 3: rare, severe autosomal recessive deficiency

Clinical manifestations include spontaneous bleeding from the nose, mouth, and gastrointestinal tract; excessive menstrual flow; and a prolonged bleeding time in the presence of a normal platelet count. Most cases (i.e., types 1 and 2) are mild and require no treatment, and many people with the disorder are diagnosed when surgery or dental extraction results in prolonged bleeding. In severe cases (i.e., type 3), life-threatening gastrointestinal bleeding and joint hemorrhage may be similar to that seen in hemophilia (Seidizadeh et al., 2024). Desmopressin is used for mild disease; vWF concentrate is used in severe cases.

Hemophilia A

Hemophilia A is an X-linked recessive disorder that primarily affects males. Although it is a hereditary disorder, 30% of newly diagnosed cases have no family history of the disorder, suggesting that it has arisen as a new mutation in the factor VIII gene (Cho et al., 2022). Approximately 90% of people with hemophilia produce insufficient quantities of the factor, and 10% produce a defective form. Mild or moderate forms of the disease often go undetected unless there is a local lesion or trauma. In severe hemophilia, bleeding usually occurs in childhood (e.g., it may be noticed at the time of circumcision) and is spontaneous and severe, often occurring several times a month (Cho et al., 2022).

Characteristically, bleeding occurs in soft tissues, the gastrointestinal tract, and the hip, knee, elbow, and ankle joints. Spontaneous joint bleeding (hemarthrosis) usually begins when a child starts to walk. Often, a target joint is prone to repeated bleeding. Bleeding causes inflammation of the synovium, with acute pain and swelling. Without proper treatment, chronic bleeding and inflammation result in joint fibrosis, contractures, and deformity.

Prevention of trauma is important in people with hemophilia. Aspirin and other nonsteroidal anti-inflammatory drugs (NSAIDs) that affect platelet function should be avoided. Available treatments include recombinant factor VIII and gene therapy (e.g., valoctocogene roxaparvovec), which was approved in 2022 for adults with severe hemophilia A and no inhibitors (Cho et al., 2022).

Acquired Disorders

The liver synthesizes most clotting factors, including those dependent on vitamin K (II, VII, IX, X). In liver disease, synthesis of these clotting factors is reduced, and bleeding may result. Of the coagulation factors synthesized in the liver, factors II, VII, IX, and X and prothrombin are vitamin K dependent. In vitamin K deficiency, the liver produces the clotting factor but in an inactive form (Pishko & Doshi, 2022). Vitamin K is a fat-soluble vitamin that is continuously being synthesized by intestinal bacteria. This means that a deficiency in vitamin K is not likely to occur unless intestinal synthesis is interrupted or absorption of the vitamin is impaired. Vitamin K deficiency can occur in the newborn infant before the establishment of the intestinal flora. It can also occur as a result of treatment with broad-spectrum antibiotics that destroy intestinal flora. Because vitamin K is fat soluble, its absorption requires bile salts. Vitamin K deficiency may result from impaired fat absorption caused by liver or gallbladder disease (Pishko & Doshi, 2022).

Bleeding Associated With Vascular Disorders

Nonthrombocytopenic purpura occurs in vascular disorders that involve fragile or damaged vessel walls, most often because of inflammation or immune responses. These disorders are predominantly characterized by easy bruising and the spontaneous appearance of petechiae and purpura of the skin and mucous membranes. In people with bleeding disorders caused by vascular defects, the platelet count and tests for coagulation factors are normal (Kuter, 2025).

Among the vascular disorders that cause bleeding are hereditary hemorrhagic telangiectasia, characterized by thin-walled, dilated capillaries and arterioles; vitamin C deficiency (i.e., scurvy), resulting in poor collagen synthesis, failure of the endothelial cells to be cemented together properly, and a fragile vascular wall; Cushing disease, causing protein wasting and loss of vessel tissue support because of excess cortisol; and senile purpura (i.e., bruising in older adults), caused by impaired collagen synthesis in the aging process (Al-Samkari & Eng, 2022; Viteri-Noël et al., 2022). Vascular defects also occur in the course of DIC or as a result of microthrombi and corticosteroid therapy.

Disseminated Intravascular Coagulation

Disseminated intravascular coagulation (DIC) is a paradoxical condition involving simultaneous widespread (disseminated) and abnormal intravascular clotting, which uses up the clotting factors and leads to abnormal and widespread bleeding, which can quickly become life-threatening. DIC appears to be triggered by systemic activation of the coagulation cascade, often in response to infection, trauma, cancer, or obstetric complications (Gong et al., 2025). Unregulated thrombin generation leads to excessive fibrin formation and microvascular thrombosis. As platelets and clotting factors are consumed, the ability to form stable clots is impaired, and bleeding ensues. Concurrent activation of fibrinolysis releases fibrin degradation products (FDPs), which further impair coagulation because of their anticoagulant activity (Fig. 18-4).

There is no single diagnostic test for DIC. Diagnosis is based on characteristic laboratory findings, including elevated D-dimer levels, prolonged clotting times, thrombocytopenia, and decreased fibrinogen. D-Dimer is an FDP that indicates significant clot formation and breakdown. In healthy individuals without abnormal coagulation, D-dimer levels are very low.

Pathophysiology

DIC can be initiated through the tissue factor pathway (extrinsic), the contact activation pathway (intrinsic), or both (Gong et al., 2025). Tissue factor pathway activation occurs when tissue factor is expressed on damaged endothelium or released from tissues, often in the setting of obstetric complications, malignancy, trauma, or bacterial sepsis. Contact activation pathway activation results from endothelial damage, triggering factor XII, and the kallikrein–kinin system. This may occur in response to viral infections, immune-mediated injury, hypothermia, or blood stasis.

Importantly, systemic inflammation plays a central role in DIC. Cytokines such as TNF and IL-1 amplify coagulation by upregulating tissue factor expression and suppressing natural anticoagulants like antithrombin and the protein C system. Thrombomodulin, an endothelial GP that modulates thrombin activity, is downregulated during inflammation, further exacerbating coagulopathy (Gong et al., 2025).

DIC is a common complication of obstetric disorders, including placental abruption, amniotic fluid embolism, and intrauterine fetal demise—conditions that release large amounts of tissue factor. HELLP syndrome is a rare but serious pregnancy complication characterized by *h*emolysis (destruction of RBCs), *e*levated *l*iver enzymes, and *l*ow *p*latelet count. It typically arises in the third trimester but can also occur postpartum (Adorno et al., 2022). Sepsis, especially due to gram-negative bacteria, initiates DIC by combining cytokine release, endotoxin-mediated injury, and tissue factor expression. These conditions often coexist with hypoxia, shock, and acidosis, which worsen endothelial injury and coagulopathy. Chart 18-3 summarizes conditions associated with DIC (Gong et al., 2025).

CHART 18-3

CONDITIONS COMMONLY ASSOCIATED WITH DIC

Obstetric Conditions
- Abruptio placentae
- Retained products of conception
- Preeclampsia and eclampsia
- HELLP syndrome
- Amniotic fluid embolism

Malignancies
- Metastatic solid tumors
- Acute promyelocytic leukemia
- Other leukemias and lymphomas

Severe Infections
- Acute bacterial infections (e.g., meningococcal meningitis)
- Acute viral infections
- Rickettsial infections (e.g., Rocky Mountain spotted fever)
- Parasitic infections (e.g., malaria)

Shock States
- Septic shock
- Severe hypovolemic shock
- Cardiogenic shock

Major Trauma and Systemic Injury
- Burns
- Crush injuries or massive trauma
- Surgery involving extracorporeal circulation
- Snake bite
- Heat stroke
- Surgery involving extracorporeal circulation (e.g., cardiopulmonary bypass)

Hematologic and Transfusion-Related Conditions
- Hemolytic transfusion reactions
- Severe immune thrombocytopenia or microangiopathic hemolytic anemias
- Liver failure (impaired clearance of clotting factors and FDPs)

DIC, disseminated intravascular coagulation; HELLP, *h*emolysis (destruction of red blood cells), *e*levated *l*iver enzymes, and *l*ow *p*latelet count.

Clinical Manifestations

Although DIC involves both clotting and fibrinolysis, the clinical presentation often reflects hemorrhagic complications. Patients may develop petechiae, purpura, ecchymosis, bleeding from venipuncture sites, or more severe hemorrhage.

Uncontrolled postpartum hemorrhage may signal obstetric DIC. Microvascular thrombi can obstruct perfusion and cause ischemic injury to vital organs including the kidneys, lungs, brain, and heart. As RBCs pass through narrowed vessels, they may fragment, resulting in microangiopathic hemolytic anemia, with laboratory findings of schistocytes and elevated lactate dehydrogenase. Advanced DIC may cause renal failure, respiratory distress, convulsions, or coma (Gong et al., 2025).

Treatment

Management of DIC centers on treating the underlying cause (e.g., sepsis, malignancy, obstetric event) and supporting the coagulation system. Blood products, such as fresh frozen plasma, platelets, and cryoprecipitate, may be administered to replenish consumed clotting components. In selected cases where thrombosis predominates and bleeding is not severe, low-dose heparin may be considered under close monitoring. Future therapies may target cytokine signaling or endothelial dysfunction as adjuncts in managing DIC (Gong et al., 2025).

SUMMARY CONCEPTS

Bleeding disorders or impaired blood coagulation can result from abnormalities in any of the major components of hemostasis: platelets, coagulation factors, fibrinolysis, or blood vessel integrity. A reduced number of circulating platelets (thrombocytopenia) may be the result of decreased bone marrow production, excessive sequestration in the spleen, or immune-mediated destruction. Impaired platelet function (thrombocytopathia) can be inherited (e.g., von Willebrand disease) or acquired through drugs or systemic conditions such as uremia in kidney failure.

Deficiencies in coagulation factors may also cause bleeding and can result from inherited disorders (such as hemophilia A, hemophilia B, and von Willebrand disease) or from acquired conditions (including liver disease and vitamin K deficiency). Bleeding may also arise from structurally weakened blood vessels due to impaired synthesis of vascular components, as occurs with vitamin C deficiency, excessive cortisol levels (e.g., in Cushing disease), or aging. Genetic conditions such as hereditary hemorrhagic telangiectasia and damage from microthrombi may also compromise vascular integrity.

DIC is a complex condition characterized by both widespread formation of clots within blood vessels and simultaneous bleeding. DIC begins with abnormal systemic activation of the coagulation cascade, leading to the generation of microthrombi that obstruct vessels and cause tissue ischemia. As coagulation factors and platelets are consumed, the capacity for normal clot formation is exhausted, resulting in severe hemorrhage.

RBC Structure and Function

While disorders like DIC highlight the critical role of platelets, clotting factors, and vascular integrity in maintaining hemostasis, RBCs are equally essential to circulatory function. Indirectly, RBCs influence clotting by affecting the physical properties of blood clots (e.g., size, density, and stability). They also impact flow properties of the blood (rheology) by influencing its viscosity and ability to deform and move through narrow capillaries. In addition to their role in hemostasis, RBCs serve as the body's primary means of oxygen transport to the tissues and play important roles in carbon dioxide transport and buffering. See Chapter 7 for a discussion of the roles of RBCs in carbon dioxide transport and buffering. The ability of RBCs to perform the critical function of oxygen transport depends on their unique structure and metabolic features, as well as the presence of adequate amounts of properly structured hemoglobin molecules.

Although the lungs facilitate gas exchange with the external environment, it is the **hemoglobin** molecule within RBCs that binds and transports most of the oxygen to body tissues (with a smaller amount of oxygen also dissolved in plasma). RBCs also carry carbon dioxide and contribute to maintaining acid–base balance (see Chapter 7). Erythrocytes vastly outnumber the other formed elements of the blood (white blood cells [WBCs] and platelets), with estimates that the blood has from 500 to 1,000 times more RBCs than WBCs.

The mature RBC is a nonnucleated, biconcave disk that maximizes oxygen transport capacity in two ways: (1) the biconcave shape provides a large surface area for gas diffusion, and (2) the thin membrane allows rapid gas exchange between the cell interior and surrounding plasma (Barbalato & Pillarisetty, 2022) (Fig. 18-5). Another feature critical to RBC function is membrane flexibility. RBCs must deform to pass through narrow capillaries and reach peripheral tissues. This flexibility is maintained by a cytoskeletal network composed of fibrous proteins, particularly **spectrin**. Spectrin binds to ankyrin, which anchors the cytoskeleton to integral membrane proteins (Barbalato & Pillarisetty, 2022). This flexible biconcave structure provides RBCs with both elasticity and mechanical stability (Fig. 18-6).

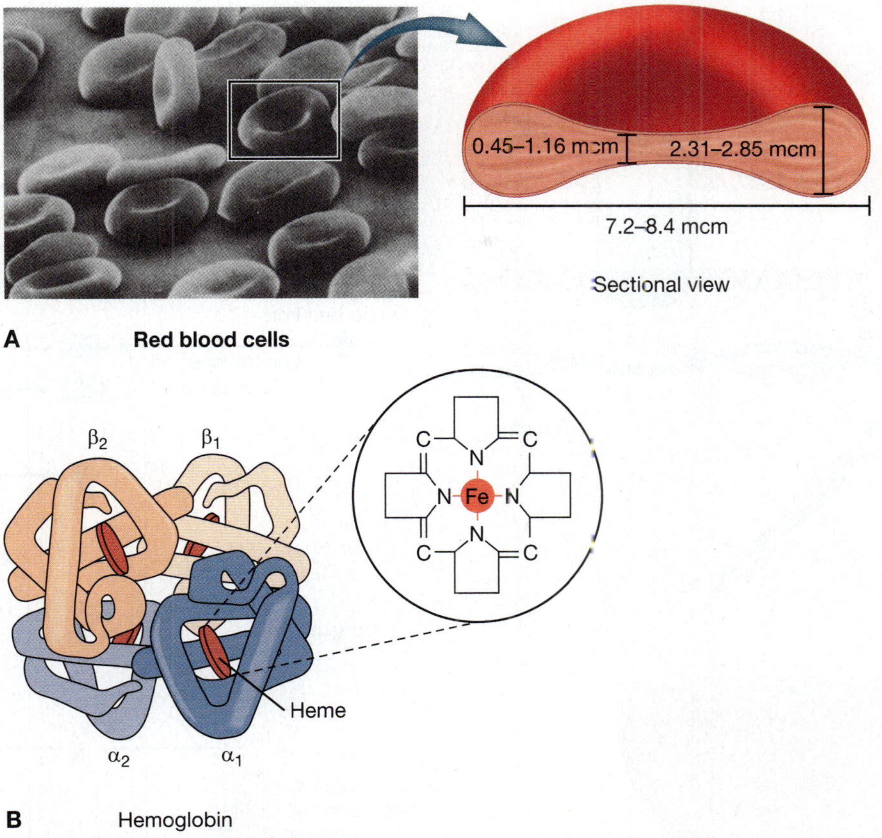

FIGURE 18-5. Physical characteristics of red blood cells. (**A**) RBCs are biconcave disks without nuclei. (**B**) Hemoglobin molecule showing the four iron (Fe)-containing heme subunits and their structure. (From Pawlina, W. [2016]. *Histology: A text and atlas: With correlated cell and molecular biology* [pp. 273, 276]. Wolters Kluwer.)

Hemoglobin Structure and Oxygen Transport

Because oxygen is poorly soluble in plasma, approximately 95% to 98% is carried bound to hemoglobin. Each globe-shaped hemoglobin molecule is composed of four polypeptide chains—two alpha- and two beta-chains. Each chain surrounds a central heme unit with an iron atom in the center. Therefore, each hemoglobin molecule has four heme units, in addition to the four protein chains (Fig. 18-5B). These heme units serve as the binding site for oxygen molecules, so each hemoglobin molecule with four heme units can bind up to four oxygen molecules (Barbalato & Pillarisetty, 2022). When each of the four heme molecules has an oxygen molecule bound to it, then the hemoglobin molecule carries four oxygen units and is described as "fully saturated."

Hemoglobin is a natural pigment that appears bright red when oxygenated and bluish when deoxygenated. Hemoglobin synthesis is genetically regulated, with mutations at any of five globin gene loci capable of producing abnormal hemoglobin variants—over 550 have been identified to date. Two normal types of hemoglobin are found in humans: adult hemoglobin (HbA) and fetal hemoglobin (HbF). HbA consists of two alpha- and two beta-chains, whereas HbF contains two gamma-chains in place of the beta-chains. HbF has a higher affinity for oxygen, a property that enhances oxygen transfer from maternal to fetal circulation. After birth, HbF is gradually replaced by HbA, typically within 6 months (Barbalato & Pillarisetty, 2022).

KEY POINTS

Red Blood Cells

- RBCs transport oxygen from the lungs to the tissues, facilitated by the iron-containing hemoglobin molecule.
- RBCs have a lifespan of about 120 days and are broken down in the spleen; the degradation products, including iron and amino acids, are recycled.

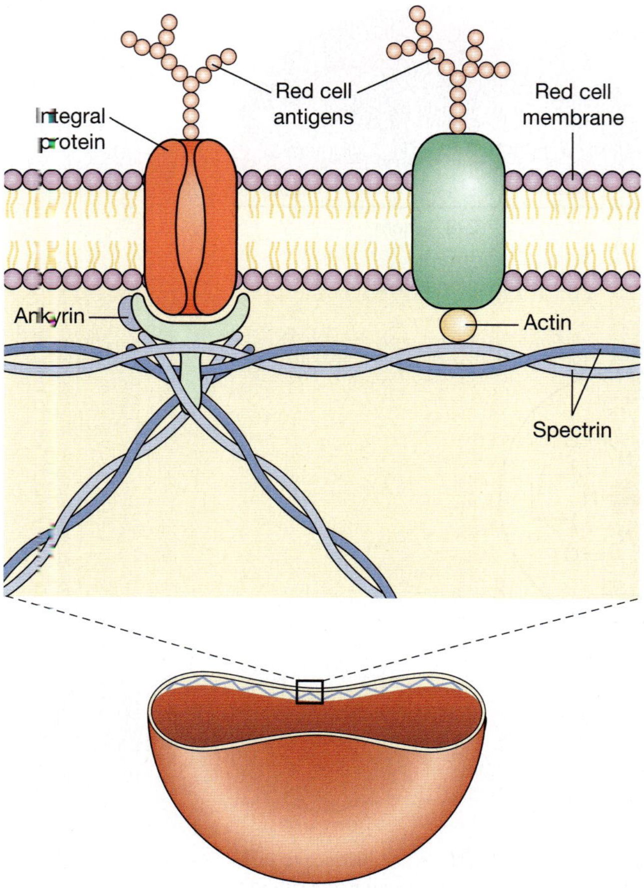

FIGURE 18-6. Cross-sectional side view of the biconcave structure of the red blood cell and diagram showing the cytoskeleton and flexible network of spectrin proteins that attach to the ankyrin protein, a transmembrane protein that resides on the inner surface of the membrane and is anchored to an integral protein that spans the membrane.

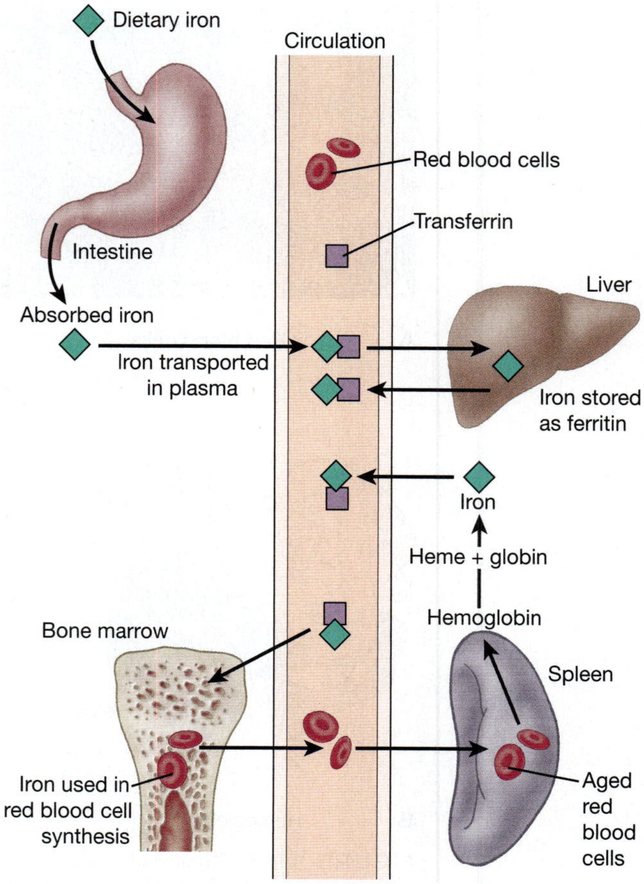

FIGURE 18-7. Diagrammatic representation of the iron cycle, including its absorption from the gastrointestinal tract, transport in the circulation, storage in the liver, recycling from aged red cells destroyed in the spleen, and use in the bone marrow synthesis of red blood cells.

Iron Metabolism and Hemoglobin Synthesis

Hemoglobin production is tightly linked to iron availability. In iron deficiency, RBCs contain less hemoglobin and may become small and pale. The human body contains approximately 2 g of iron in females and up to 6 g in males (Dutt et al., 2022). About 80% of this iron is incorporated into hemoglobin, with smaller amounts stored in myoglobin, cytochromes, and enzymes. The remainder is stored in the bone marrow, liver, spleen, and other tissues. Iron is lost through sloughing of intestinal epithelial cells and through menstruation.

Most of the iron used in new hemoglobin synthesis comes from recycling iron in aged RBCs, which are broken down in the spleen. This recycled iron reenters the circulation and is delivered to the bone marrow for reuse. Dietary iron—especially from meat—also contributes to the body's supply and is absorbed primarily in the duodenum (Fig. 18-7). When iron is absorbed, it binds to **apotransferrin** to form **transferrin**, which circulates in plasma and delivers iron to cells, including developing RBCs in the marrow. Iron not immediately needed is stored as **ferritin**, a protein–iron complex in the liver and other tissues. Serum ferritin levels are commonly used as a clinical indicator of total body iron stores. Transferrin also facilitates iron uptake by erythroid precursors via transferrin receptors on their membranes (Dutt et al., 2022).

RBC Production

Erythropoiesis is the process of RBC production. In early childhood, nearly all bones participate in RBC production. By adulthood, this function is limited primarily to the membranous bones, including the vertebrae, sternum, ribs, and pelvis, with red marrow in the long bones replaced by fatty yellow marrow (Barbalato & Pillarisetty, 2022).

RBCs are derived from **erythroblasts**, which arise from pluripotent hematopoietic stem cells in the bone marrow (Fig. 18-8). These precursors divide and mature, progressively accumulating hemoglobin and losing their nuclei and organelles. The final immature form, the reticulocyte, enters circulation and completes maturation within 24 to 48 hours. The entire process from stem cell to mature RBC takes about 1 week. Normally,

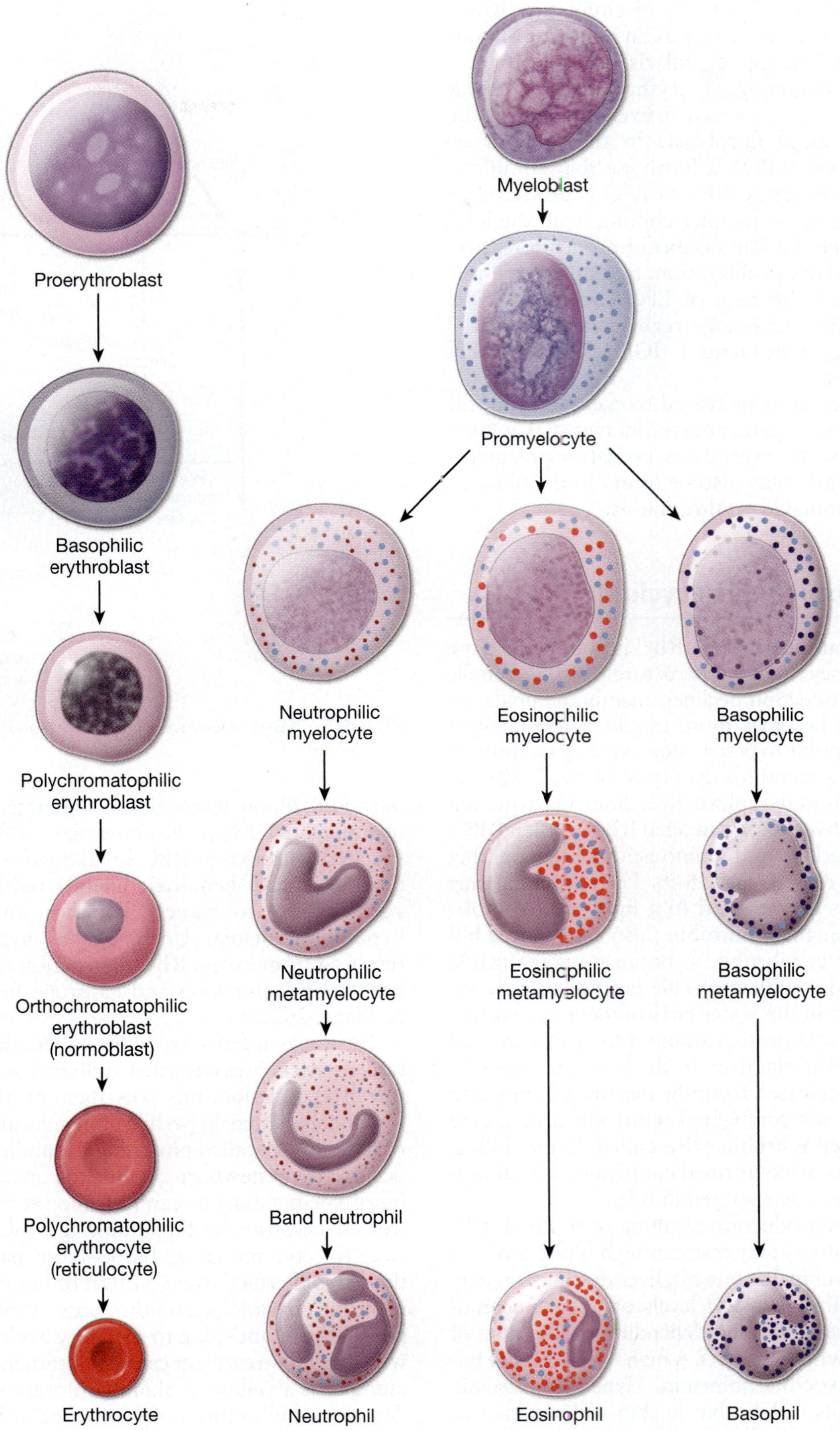

FIGURE 18-8. Stages of erythrocytic and granular leukocytic differentiation. Shown here are normal human bone marrow cells as they would typically appear in a smear. (From Pawlina, W., & Ross, M. H. [2018]. *Histology: A text and atlas* [8th ed., p. 316]. Wolters Kluwer; Fig. 10.22.)

reticulocytes comprise about 1% of circulating RBCs, and the reticulocyte count serves as an indicator of bone marrow activity (Barbalato & Pillarisetty, 2022).

The primary regulator of erythropoiesis is tissue oxygen demand. When oxygen delivery is insufficient, peritubular interstitial fibroblasts in the kidneys secrete **erythropoietin (EPO)**, a hormone that stimulates RBC production. Roughly 90% of EPO is produced by the kidneys, with the remainder coming from the liver. EPO primarily acts on late erythroid progenitors, promoting their survival, proliferation, and differentiation. In renal failure, the absence of EPO can result in severe anemia. Other early-stage regulators include IL-3 and insulin-like growth factor 1 (IGF-1) (Barbalato & Pillarisetty, 2022).

In cases of anemia or increased oxygen demand, the number of circulating reticulocytes increases as a compensatory response. In severe cases, immature precursors such as erythroblasts may also be found in the blood, a sign of highly stimulated erythropoiesis.

RBC Destruction and Recycling

The typical lifespan of a mature RBC is about 120 days. As RBCs age, they undergo structural and metabolic changes—ATP production declines, membrane lipids are lost, and the cell becomes more fragile. These changes make RBCs susceptible to destruction as they pass through the spleen's narrow sinusoids (Koury & Blanc, 2022).

Phagocytic cells in the spleen, liver, bone marrow, and lymph nodes remove old or damaged RBCs. When RBCs are destroyed, the iron and amino acids of hemoglobin are salvaged and reused (Fig. 18-9). The remaining part of the heme units is converted to a lipid-soluble molecule called **unconjugated bilirubin** (also called "free bilirubin" or "indirect bilirubin"). Because unconjugated bilirubin is a lipid-soluble molecule (and therefore cannot freely dissolve in the water environment of plasma), it binds to the plasma protein **albumin** to be transported through the blood to the liver. In the liver, the unconjugated bilirubin is released from the plasma albumin and then is bound to (or conjugated with) glucuronic acid to form **conjugated bilirubin** (also called "direct bilirubin"). Because this newly formed conjugated bilirubin is water-soluble, it can be excreted in bile.

Excess bilirubin production resulting from rapid RBC destruction (hemolysis) may result in high blood levels of unconjugated bilirubin. In contrast, liver dysfunction may be associated with high blood levels of either unconjugated or conjugated bilirubin, depending on the type of pathophysiology within the liver. A high blood level of bilirubin is called **hyperbilirubinemia**. Hyperbilirubinemia can lead to deposits of bilirubin in skin and soft tissues, which causes a yellowish discoloration called **jaundice**.

If RBC destruction occurs within the circulation—as in hemolytic anemia—free hemoglobin is released into the plasma. This released hemoglobin can bind to haptoglobin and other proteins, but when binding capacity is exceeded, hemoglobinemia and hemoglobinuria may result. Increased RBC destruction can also cause

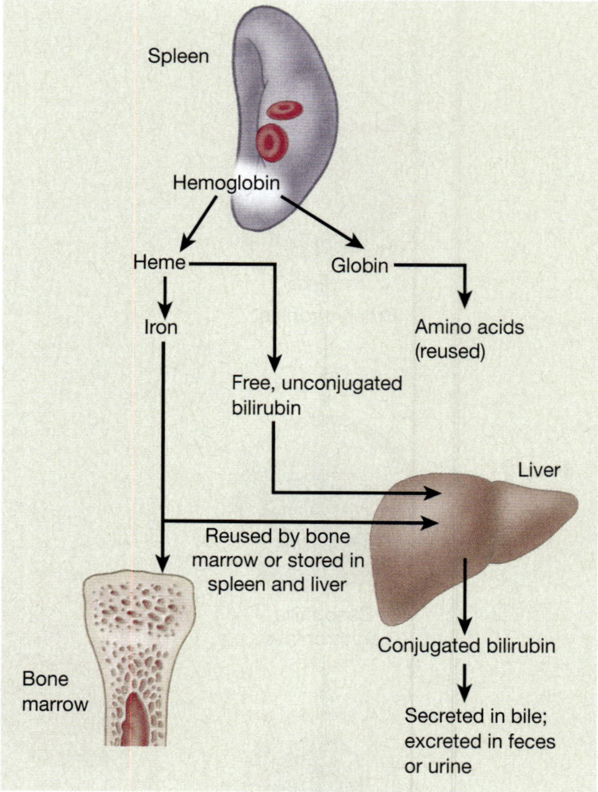

FIGURE 18-9. Destruction of red blood cells and fate of hemoglobin.

increased blood levels of unconjugated bilirubin (i.e., unconjugated hyperbilirubinemia). RBC disorders associated with excess RBC breakdown typically cause a combination of hemolytic anemia (with decreased oxygen delivery to tissues), jaundice, and unconjugated hyperbilirubinemia. Unconjugated hyperbilirubinemia resulting from excess RBC destruction can contribute to both liver dysfunction and gallstone formation (Koury & Blanc, 2022).

Newborn infants typically experience an increased rate of RBC breakdown. Combined with their immature liver function, this puts them at an increased risk for unconjugated hyperbilirubinemia and jaundice. Although this so-called physiologic jaundice is an expected occurrence in newborn infants, the unconjugated hyperbilirubinemia must be carefully monitored and promptly treated because the fat-soluble unconjugated bilirubin can cross the immature blood–brain barrier, increasing the risk of kernicterus, a pattern of brain damage. Treatment for physiologic jaundice often initially involves exposing the infant's skin to specific wavelengths of blue or white light (a treatment called phototherapy). Recall that jaundice is a yellowish skin discoloration resulting from deposits of bilirubin in the skin and soft tissues. When skin deposits of lipid-soluble unconjugated bilirubin are exposed to these specific wavelengths of light, the unconjugated bilirubin is transformed into a different chemical isomer that is water-soluble and can be excreted through the urine and feces. Phototherapy treatment does not conjugate the bilirubin (because the bilirubin is not joined with glucuronic acid); instead, the unconjugated

TABLE 18-1 Standard Laboratory Values for Red Blood Cells

Test	Normal Values	Significance
Red Blood Cell (RBC) Count		Number of RBCs in the blood
Male	4.2–5.4 × 10^6/mcL	
Female	3.6–5.0 × 10^6/mcL	
Reticulocytes	1.0%–1.5% of total RBC	Rate of RBC production
Hemoglobin		Hemoglobin content of the blood
Male	14–16.5 g/dL	
Female	12–15 g/dL	
Hematocrit		Volume of RBCs in 100 mL of blood
Male	40%–50%	
Female	37%–47%	
Mean Corpuscular Volume (MCV)	85–100 fL	RBC size
Mean Corpuscular Hemoglobin Concentration (MCHC)	31–35 g/dL	Concentration of hemoglobin in the RBC
Mean Corpuscular Hemoglobin (MCH)	27–34 pg/cell	RBC mass

bilirubin is transformed into a slightly different chemical form that is water-soluble instead of lipid-soluble.

Metabolism and Oxidative Stress in RBCs

Because RBCs lack mitochondria, ATP for cellular energy needs is produced entirely through anaerobic glycolysis. A 2,3-bisphosphoglycerate (2,3-BPG) molecule forms as a byproduct of glycolysis, binds to hemoglobin, and lowers its affinity for oxygen, thereby promoting oxygen release in peripheral tissues (Orrico et al., 2023). 2,3-BPG levels rise in response to chronic hypoxia, such as in high-altitude living or chronic lung disease (Obeagu et al., 2024).

Certain drugs and toxins can oxidize hemoglobin into methemoglobin, which cannot bind oxygen effectively. In high concentrations, methemoglobin causes pseudocyanosis and hypoxia (Orrico et al., 2023). Individuals with a hereditary deficiency in glucose-6-phosphate dehydrogenase (G6PD) are especially vulnerable to oxidative damage. G6PD deficiency—common among Black males—can result in hemolytic anemia when exposed to oxidative stress from infections, medications, or foods (Obeagu et al., 2024).

Laboratory Evaluation of RBCs

RBC function and morphology are assessed through various blood tests (Table 18-1). A complete blood count (CBC) includes RBC count, hemoglobin volume, and hematocrit percentage, reflecting the percentage of blood volume made up of RBCs. Because hematocrit is a percentage, changes in plasma volume will alter the value, even if the total RBC volume stays the same. As such,

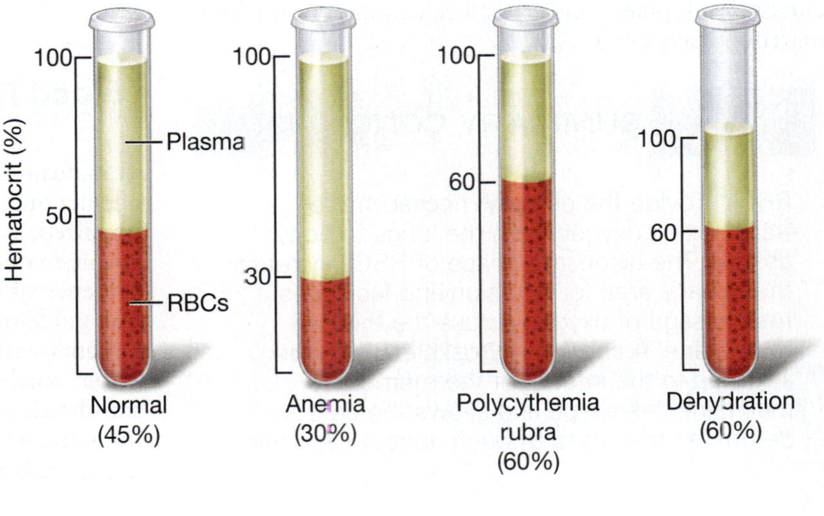

FIGURE 18-10. The hematocrit tests the volume percentage of red cells in whole blood. The tube on the left shows a normal hematocrit. Abnormal hematocrit results can indicate disease (two middle tubes) or simply dehydration (far right tube). (Reprinted with permission from McConnell, T., & Hull, K. [2011]. *Human form, human function.* Lippincott Williams & Wilkins.)

hematocrit rises with dehydration and falls with fluid overload (Navya et al., 2022) (Fig. 18-10). The CBC also includes a reticulocyte count, expressed as a percentage. Reticulocyte percentage is normally very low, because immature reticulocytes are transforming into mature RBCs.

The CBC also includes measures of RBC characteristics called the RBC indices, which provide information about their size and hemoglobin content. These measures are particularly useful in determining the cause of anemia, a pathologic condition associated with decreased RBC count, hematocrit, and/or hemoglobin. (The pathophysiology of anemia will be discussed later in this chapter.)

The **mean corpuscular volume (MCV)** is a measure of the average (arithmetic mean) volume of the RBCs in a blood sample. Thus, the MCV reflects the average size of the RBCs, with a normal MCV indicating that the RBC size is normocytic. A decreased MCV indicates that the RBCs are smaller than normal, or microcytic. In contrast, an increased MCV indicates that RBCs are larger than normal, or macrocytic.

The **mean corpuscular hemoglobin concentration (MCHC)** reflects the average (arithmetic mean) hemoglobin concentration within the RBCs in the blood sample. A decreased MCHC indicates that the average hemoglobin content of the RBCs in the sample is lower than normal. Because iron is an essential element of hemoglobin, iron deficiency results in a decreased hemoglobin content within RBCs and therefore a decreased MCHC. Iron is a metallic chemical element that gives RBCs their color. The term *chromic*, meaning "color," is used as a descriptor of the iron content of RBCs. **Normochromic** indicates RBCs of normal color, with a normal MCHC. When MCHC is decreased, indicating low hemoglobin concentration, these pale RBCs are described as **hypochromic**.

Mean corpuscular hemoglobin (MCH) is a measure of the average (arithmetic mean) mass of hemoglobin per cell, but the MCH is less clinically useful than the MCHC (Navya et al., 2022).

A blood smear is a visual assessment of a thin layer of a blood sample performed in the clinical laboratory to provide a qualitative assessment of RBC size, shape, and color, as well as to assess for the presence of abnormal or immature cells. If abnormalities are noted, bone marrow aspiration—usually from the iliac crest or sternum—may be performed to assess erythroid precursor development and overall cell content of the bone marrow (Navya et al., 2022).

SUMMARY CONCEPTS

RBCs provide the primary mechanism for transporting oxygen from the lungs to body tissues. The biconcave shape of RBCs increases the surface area for diffusion and facilitates the passage of oxygen across the thin cell membrane. A complex cytoskeletal network attached to the interior of the membrane maintains this shape and allows the cells to deform as they pass through narrow capillaries. Each RBC contains hemoglobin, a globe-shaped molecule composed of four polypeptide chains and a central heme unit. Each heme unit contains one iron atom that can reversibly bind to oxygen. RBCs are derived from stem cells in the bone marrow; some RBCs are released into circulation in an immature form called reticulocytes. These circulating reticulocytes then complete maturation into erythrocytes. RBC production is regulated by EPO, a hormone secreted primarily by the kidneys in response to decreased oxygen in the renal blood perfusion.

The RBC lifespan is approximately 120 days. Aging or damaged RBCs are removed by phagocytic cells in the spleen, liver, bone marrow, and lymph nodes. During this process, the heme portion of hemoglobin is converted to lipid-soluble unconjugated bilirubin, which is insoluble in the water-based plasma and therefore must be transported through the blood bound to the plasma protein albumin. When the unconjugated bilirubin reaches the liver, it is released from albumin, and the liver conjugates the bilirubin to glucuronic acid, creating conjugated bilirubin, a water-soluble form that can then be excreted in bile.

Because RBCs do not have mitochondria, their ATP production occurs through anaerobic glycolysis. A byproduct of glycolysis, 2,3-DPG, facilitates oxygen delivery during hypoxic conditions by lowering hemoglobin's affinity for oxygen.

In the clinical laboratory, automated counters are used to measure RBC structure and function through various tests. A stained blood smear provides additional information about RBC size, color, shape, and presence of immature or abnormal cells. When blood smear findings are abnormal or inconclusive, bone marrow examination may be necessary to assess erythropoietic function.

Blood Types and Transfusion Therapy

Transfusions of whole blood or RBCs are used to treat anemia only when tissue oxygen delivery is significantly impaired, as evidenced by severely reduced hemoglobin and hematocrit levels, symptoms of hypoxia, or other evidence of decreased oxygen utilization. Current clinical guidelines for adults recommend transfusion for patients with hemoglobin levels below 7 g/dL in most stable medical and surgical settings, though higher thresholds (e.g., 8 g/dL or higher) may be appropriate for patients with cardiovascular disease, acute bleeding, or other risk factors. Acute, massive blood loss is typically treated with whole blood or component therapy that restores volume and oxygen-carrying capacity. Most cases of anemia are treated with transfusions of packed RBCs, which selectively replace only the deficient RBCs and not the other components of blood (Lv et al., 2023).

Several blood components used for transfusion are prepared and stored under specific conditions and have unique uses (Table 18-2). RBCs are typically used for anemia, while platelets, plasma, and cryoprecipitate have specialized indications. Blood components for transfusion are derived principally from voluntary blood donors. Autologous transfusion (use of one's own stored blood) is an option for elective surgeries and reduces the risk of alloimmunization or disease transmission (Lv et al., 2023).

TABLE 18-2 Blood and Blood Components Commonly Used in Transfusion Therapy

Component	Composition	Indications and Considerations
Whole blood	Cells and plasma, hematocrit about 40%	Volume replacement and oxygen-carrying capacity; usually used only in significant bleeding (>25% blood volume lost)
PRBCs	RBCs with little plasma (hematocrit about 75%); some platelets and WBCs remain.	↑ RBC mass; symptomatic anemia: ▪ Platelets within the unit are not functional. ▪ WBCs within the unit may cause reaction and are not functional.
Platelets—random	Platelets (5.5×10^{10} platelets/unit), plasma; some RBCs, WBCs	Bleeding because of severe ↓ platelets Prevent bleeding when platelets <5,000–10,000/mm^3 Survival ↓ in presence of fever, chills, infection Repeated treatment leads to ↓ survival because of alloimmunization.
Platelets—single donor	Platelets (3×10^{11} platelets/unit) 1 unit is equivalent to 6–8 units of random platelets.	Used for repeated treatment: ▪ ↓ alloimmunization risk by limiting exposure to multiple donors
Plasma	Plasma; all coagulation factors Complement	Bleeding in people with coagulation factor deficiencies; plasmapheresis
Granulocytes	Neutrophils (>1×10^{10}/unit); some lymphocytes, RBCs, and platelets will remain within the unit.	Severe neutropenia in selected people; controversial
Lymphocytes	Lymphocytes (number varies)	Stimulate graft-vs.-host disease effect
Cryoprecipitate	Fibrinogen ≥150 mg/bag, AHF (VIII:C) 80–110 units/bag, von Willebrand factor; fibronectin	von Willebrand disease Hypofibrinogenemia Hemophilia A
AHF	Factor VIII	Hemophilia A
Factor IX concentrate	Factor IX	Hemophilia B (Christmas disease)
Factor IX complex	Factors II, VII, IX, X	Hereditary factor VII, IX, and X deficiency; hemophilia A with factor VII inhibitors
Albumin	Albumin 5%, 25%	Hypoproteinemia; burns; volume expansion by 5% to ↑ blood volume; 25% leads to ↓ hematocrit
IV gamma globulin	Immunoglobulin G antibodies	Hypogammaglobulinemia (in CLL, recurrent infections); ITP; primary immunodeficiency states
Antithrombin III concentrate (AT III)	AT III (trace amounts of other plasma proteins)	AT III deficiency with or at risk for thrombosis

The composition of each type of blood component is described as well as the most common indications for using a given blood component. RBCs, platelets, and fresh frozen plasma are the most commonly used blood products. When transfusing these blood products, it is important to realize that the individual product is always "contaminated" with very small amounts of other blood products (e.g., WBCs mixed in a unit of platelets). This contamination can cause some difficulties, particularly isosensitization, in certain people.
↑, increased; ↓, decreased; AHF, antihemophilic factor; CLL, chronic lymphocytic leukemia; ITP, idiopathic thrombocytopenic purpura; IV, intravenous; PRBCs, packed red blood cells; RBCs, red blood cells; WBCs, white blood cells.
(Hinkle & Cheever, 2018; American Red Cross, 2015; Dzieczkowski & Anderson, 2015).

ABO Blood Groups

Before transfusion, donor and recipient blood must be tested for ABO and Rh compatibility. The ABO system includes four major blood types (A, B, AB, and O), determined by the presence of A and/or B antigens on the surface of RBCs. People who have neither A nor B antigens are classified as having type O blood. Those with A antigens are classified as having type A blood; those with B antigens as having type B blood; and those with A and B antigens as having type AB blood (Fig. 18-11). In the United States, types O and A are the most common.

ABO antibodies predictably develop in the plasma of people whose RBCs do not contain the corresponding surface antigen. Therefore, people with type A antigens on their RBCs develop type B antibodies, people with type B antigens develop type A antibodies, people with type O blood develop *both* type A and type B antibodies, and people with type AB blood develop *neither* A nor B antibodies. The ABO antibodies are usually not present at birth but begin to develop at 3 to 6 months of age and reach maximum levels between the ages of 5 and 10 years (Lv et al., 2023).

Rh Types

In 1940, Karl Landsteiner and Alexander Wiener conducted experiments in which they injected RBCs from Rhesus monkeys into rabbits. The rabbits produced antibodies that, when tested against human blood, reacted with the RBCs of approximately 85% of people. This led researchers to believe that humans shared an antigen with the Rhesus monkey, and they named it the **Rh factor**. Although it was later discovered that the human antigen is not identical to the one in monkeys, the Rh term persisted and is still used to describe this important human blood group system, which includes over 50 antigens (Rosenkrans et al., 2023). Of these, the D antigen is the most clinically significant. The rabbit antibodies that cross-reacted with most human RBCs were later found to be specific to this D antigen. Therefore, individuals born with the D antigen are classified as Rh-positive, while those without it are Rh-negative.

Unlike ABO antibodies, people do not naturally produce antibodies against the D antigen. Instead, D antibodies form only if an Rh-negative person is exposed to Rh-positive blood, such as through transfusion or pregnancy. Once sensitized, a person may experience a delayed but serious immune reaction upon reexposure. A classic example is an Rh-negative pregnant person carrying an Rh-positive fetus: the first pregnancy is usually unaffected, but if the pregnant person becomes sensitized during delivery, their immune system may attack the RBCs of a subsequent Rh-positive fetus, potentially leading to hemolytic disease of the newborn (HDN) (Rosenkrans et al., 2023). This is why Rho(D) immune globulin is given to Rh-negative pregnant people—to prevent sensitization by clearing fetal Rh-positive cells from the maternal circulation before the immune system can react.

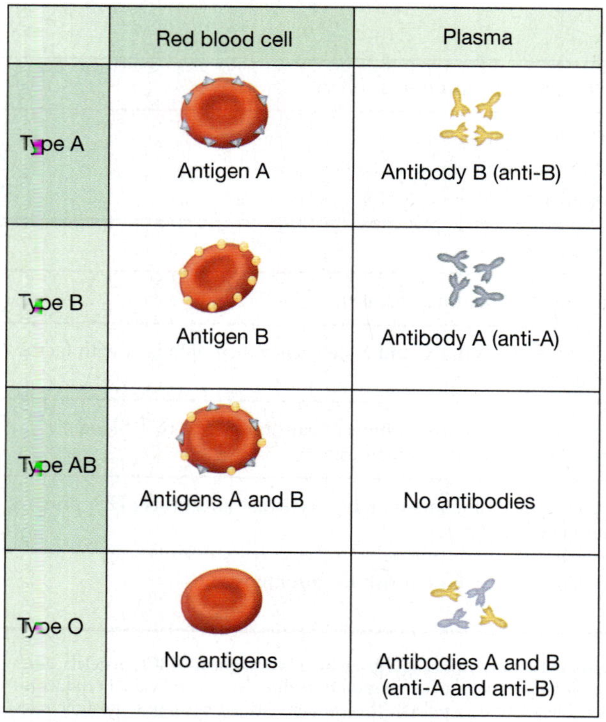

FIGURE 18-11. The ABO blood grouping system. (Reprinted with permission from Wingerd, B. [2013]. *Human body* [3rd ed.]. Wolters Kluwer Health and Pharma; Ch 11, Fig. 13.)

Blood Transfusion Reactions

Blood transfusions have become a well-established therapeutic approach since the ABO classification was introduced into clinical practice. However, the seriousness of blood transfusion reactions prompts the need for extreme caution. **Crossmatching** ensures that the donor and recipient blood are compatible by mixing donor RBCs with recipient serum and observing for agglutination. ABO and Rh typing, antibody screening, and crossmatching reduce the risk of transfusion reactions (Lv et al., 2023).

Most transfusion reactions result from administrative errors or misidentification, so care must be taken to identify correctly the recipient and the transfusion source. Additionally, the recipient should be monitored closely before and during the transfusion for signs of adverse transfusion reactions (Gomez et al., 2023). These reactions are classified based on their onset (acute or delayed), etiology (immune or nonimmune), and specific type of reaction (Suddock & Crookston, 2023) (Table 18-3).

Transfusion reactions may be immune or nonimmune in nature. **Immune-mediated reactions** occur when antibodies in the recipient's blood—either naturally occurring (e.g., anti-A, anti-B) or formed after prior exposure (alloantibodies)—react to antigens on transfused blood cells. These can result in reactions ranging from febrile nonhemolytic and mild allergic responses to acute hemolytic or anaphylactic reactions. In some cases,

TABLE 18-3 Classification of Blood Transfusion Reactions

Reaction Type	Onset	Key Signs/Symptoms	Likely Cause	Notes
Febrile Nonhemolytic Transfusion Reaction (FNHTR)	During or ≤4 hours posttransfusion	≥1°C (1.8°F) rise in temp, chills/rigors	Recipient antibodies reacting to donor white blood cells or cytokines	Most common; benign but uncomfortable
Allergic Reaction	During or ≤4 hours posttransfusion	Urticaria, pruritus, flushing	Mild immune reaction to plasma proteins	Often resolves with antihistamines
Anaphylactic Reaction	Within minutes of transfusion	Hypotension, bronchospasm, angioedema	Severe immune response to Immunoglobulin A or other plasma proteins	Stop transfusion immediately; treat with epinephrine
Acute Hemolytic Transfusion Reaction (AHTR)	During or ≤24 hours posttransfusion	Fever, chills, back pain, hypotension, hemoglobinuria	ABO incompatibility; intravascular hemolysis	Medical emergency; confirm with positive direct antiglobulin test and labs
Delayed Hemolytic Reaction (DHTR)	1–28 days posttransfusion	↓Hemoglobin b, jaundice, mild fever	Alloantibody response to red blood cell antigen	May have no symptoms; requires antibody ID
Transfusion-Associated Circulatory Overload (TACO)	≤6 hours posttransfusion	Dyspnea, hypertension, pulmonary edema	Volume overload	More common in elderly, congestive heart failure, renal failure
Transfusion-Related Acute Lung Injury (TRALI)	≤6 hours posttransfusion	Hypoxemia, bilateral infiltrates, no signs of fluid overload	Donor antibodies or bioactive lipids	Leading cause of transfusion-related death
Hypotensive Reaction	During or ≤1 hour posttransfusion	Sudden blood pressure drop (≥30 mm Hg, systolic ≤80)	Bradykinin accumulation, often in angiotensin-converting enzyme inhibitor users	Rapid improvement after stopping transfusion
Septic Reaction	Any time during or after transfusion	Fever, chills, hypotension, shock	Bacterial contamination of product	Gram-negative organisms most common
Graft-vs.-Host Disease (TA-GvHD)	2–6 weeks posttransfusion	Rash, diarrhea, liver failure, pancytopenia	Donor lymphocytes attacking recipient tissues	Rare; usually fatal; prevent with irradiation
Posttransfusion Purpura (PTP)	5–10 days posttransfusion	Severe thrombocytopenia, bleeding	Alloantibody to platelet antigen (HPA)	Treat with intravenous immunoglobulin; avoid further transfusions if possible

Source: Centers for Disease Control and Prevention. (2025). *NHSN biovigilance component hemovigilance module surveillance protocol* (Version 2.9). U.S. Department of Health and Human Services. *https://www.cdc.gov/nhsn/pdfs/biovigilance/bv-hv-protocol-current.pdf*

antibodies from the donor may trigger reactions, such as transfusion-related acute lung injury (TRALI).

Nonimmune reactions are typically caused by physical or infectious properties of the transfused product. For example, bacterial contamination can lead to septic transfusion reactions, often due to improper donor site disinfection, bacteria in the donor's blood, or mishandling of the product. Other nonimmune complications include transfusion-associated circulatory overload (TACO) and hypothermia from rapid infusion of cold products (Suddock & Crookston, 2023).

Acute Hemolytic Transfusion Reactions

Acute hemolytic transfusion reaction (AHTR) occurs when recipient antibodies attack donor RBCs, usually due to ABO incompatibility. Even as little as 10 mL of transfused blood can trigger hemolysis, leading to fever, chills, flank pain, and hemoglobinuria (Gomez et al., 2023). Hemoglobin released from the hemolyzed donor RBCs is filtered in the glomeruli of the kidneys. Because of the adverse effects of the filtered hemoglobin on renal tubular flow, two possible complications of an AHTR are oliguria and renal failure. In addition to other testing, a urine specimen should be examined for the presence of hemoglobin, urobilinogen, and RBCs (Gomez et al., 2023).

Delayed Hemolytic Transfusion Reactions

Delayed hemolytic transfusion reactions (DHTRs) may occur 1 to 2 weeks after transfusion and are caused by undetected antibodies in the recipient's serum. Symptoms include a gradual decline in hemoglobin and mild jaundice; however, recipients may have no symptoms (Gomez et al., 2023).

Febrile Reactions

Febrile nonhemolytic reactions are caused by recipient antibodies to donor leukocytes and present as fever and chills, typically about 2 hours after the transfusion begins. Antipyretics are used to treat this reaction. Use of leukocyte-reduced blood can prevent recurrence (Gomez et al., 2023).

Allergic Reactions

Allergic reactions occur in 1% to 3% of people receiving blood transfusions and are the most common reactions. They are caused by antibodies against donor proteins, specifically immunoglobulin (Ig)A, C4, and haptoglobin. Allergic reactions may range from a mild rash with itching to life-threatening anaphylactic reactions (bronchospasm, hypotension, and shock). Anaphylaxis often occurs in IgA-deficient recipients. Mild reactions can be relieved with antihistamines. Anaphylaxis treatment includes epinephrine, antihistamines, and glucocorticoids (Gomez et al., 2023).

Transfusion-Related Acute Lung Injury

Transfusion-related acute lung injury (TRALI) results from donor antileukocyte antibodies causing noncardiogenic pulmonary edema, hypotension, and hypoxemia. It typically presents within 6 hours of transfusion and is a leading cause of transfusion-related death despite reduced incidence due to preventive donor screening. Treatment is supportive (Yu & Lian, 2023).

Transfusion-Associated Circulatory Overload

Transfusion-associated circulatory overload (TACO) most commonly occurs in individuals who cannot tolerate rapid or large-volume transfusions. Risk is highest in older adults or those with cardiac or renal impairment. TACO presents with hypertension, dyspnea, and pulmonary edema. Treatment involves diuretics to reduce overload and supplemental oxygen to meet oxygen demand. Maintaining an upright position can help manage **orthopnea** and prevent worsening pulmonary edema related to gravity-related fluid shifts (Gomez et al., 2023).

SUMMARY CONCEPTS

Transfusion therapy provides an effective method for replacement of RBCs and other blood components. RBCs have surface antigens, and reciprocal antibodies are found in the plasma. Four major ABO blood types are determined by the presence or absence of two RBC antigens—A and B. The D antigen determines the Rh-positive type; the absence of the D antigen determines the Rh-negative type. ABO and Rh types must be determined in recipient and donor blood before transfusion to ensure compatibility.

In addition to ensuring compatibility, health care providers must be vigilant for potential transfusion reactions. These reactions may be immune-mediated, such as acute hemolytic, febrile nonhemolytic, or allergic responses, or nonimmune, such as TACO, or bacterial contamination. Prompt recognition and management of these reactions are critical to patient safety.

Anemia

Anemia refers to an abnormally low number of circulating RBCs, decreased hemoglobin concentration, or both, leading to reduced oxygen-carrying capacity. In most cases, anemia is not a disease itself but a manifestation of an underlying condition. However, there are some genetic forms of anemia. The four main causes of anemia include: (1) acute or chronic blood loss, (2) increased RBC destruction (hemolysis), (3) impaired RBC production due to nutritional deficiencies, and (4) bone marrow failure (Hussien et al., 2023).

The effects of anemia can be grouped into three categories (Hussien et al., 2023):

1. Impaired oxygen transport and resulting compensatory responses
2. Altered RBC indices and morphology
3. Signs and symptoms associated with the pathologic process that is causing the anemia

Clinical manifestations depend on the severity and duration of anemia and the individual's health status. Common symptoms include fatigue, pallor, dyspnea, tachycardia, and sometimes angina or systolic murmurs. Cerebral hypoxia may cause headaches, faintness, and visual disturbances. In cases of hemolytic anemia, jaundice may result from hyperbilirubinemia. Aplastic anemia, which is associated with bone marrow failure, may also present with petechiae and purpura due to associated thrombocytopenia (Hussien et al., 2023).

Laboratory evaluation includes RBC count, hemoglobin, hematocrit, reticulocyte count, and RBC indices such as MCV, MCHC, and morphology assessments via peripheral smear (Hussien et al., 2023) (Fig. 18-12).

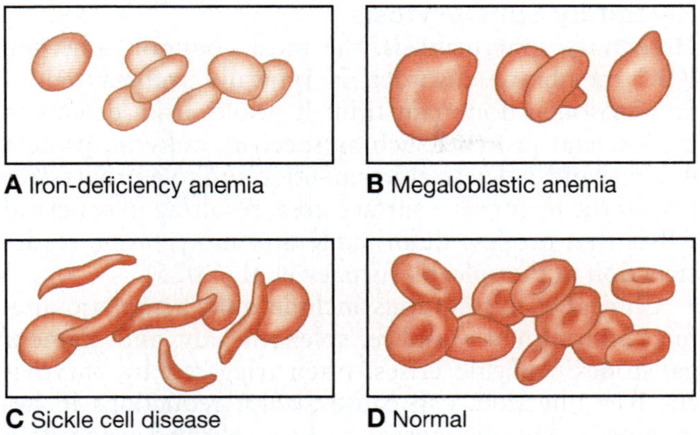

FIGURE 18-12. Red blood cell characteristics seen in different types of anemia: (**A**) microcytic and hypochromic red cells, characteristic of iron-deficiency anemia; (**B**) macrocytic and misshaped red blood cells, characteristic of megaloblastic anemia; (**C**) abnormally shaped red blood cells seen in sickle cell disease; and (**D**) normocytic and normochromic red blood cells, as a comparison.

KEY POINTS

Anemia

- Anemia, which is a deficiency of RBCs, hemoglobin, or both, results from excessive bleeding, increased RBC destruction (hemolysis), production of defective RBCs, or production of insufficient numbers of RBCs.
- Blood loss anemia is characterized by loss of iron-containing RBCs from the body; hemolytic anemia involves destruction of RBCs in the body with iron being retained.

Blood Loss Anemia

The clinical and RBC manifestations associated with blood loss anemia vary depending on the rate and location of the hemorrhage. Acute blood loss can lead to hypovolemic shock and circulatory collapse if intravascular volume declines rapidly. In contrast, with more slowly developing blood loss, up to 50% of RBC volume may be lost before overt symptoms emerge, especially when bleeding is internal or chronic in nature. The amount of RBC volume lost may reach 50% without the occurrence of signs and symptoms (Tvedten, 2022).

The immediate effects of acute blood loss are largely due to volume depletion. A drop in hemoglobin, hematocrit, and RBC count typically becomes evident after hemodilution, which occurs as interstitial fluid moves into the vascular compartment. Initially, RBCs appear normocytic and normochromic. Hypoxia resulting from blood loss triggers EPO release from the kidneys, stimulating the bone marrow to increase production of erythroid progenitors. An elevated reticulocyte count is an early laboratory marker of this compensatory response.

Chronic blood loss usually does not alter intravascular volume but results in iron-deficiency anemia after iron stores are depleted. Common causes include gastrointestinal bleeding, heavy menstrual bleeding, and other low-grade but persistent sources of loss. Because of compensatory mechanisms, clinical symptoms may not appear until hemoglobin levels fall below 8 g/dL. The resulting anemia is characterized by microcytic, hypochromic RBCs due to insufficient hemoglobin synthesis (Tvedten, 2022) (see Fig. 18-13).

Hemolytic Anemias

Hemolytic anemias are characterized by:

- The premature destruction of RBCs
- The retention in the body of iron and other products of hemoglobin breakdown
- An increase in erythropoiesis as a compensatory response

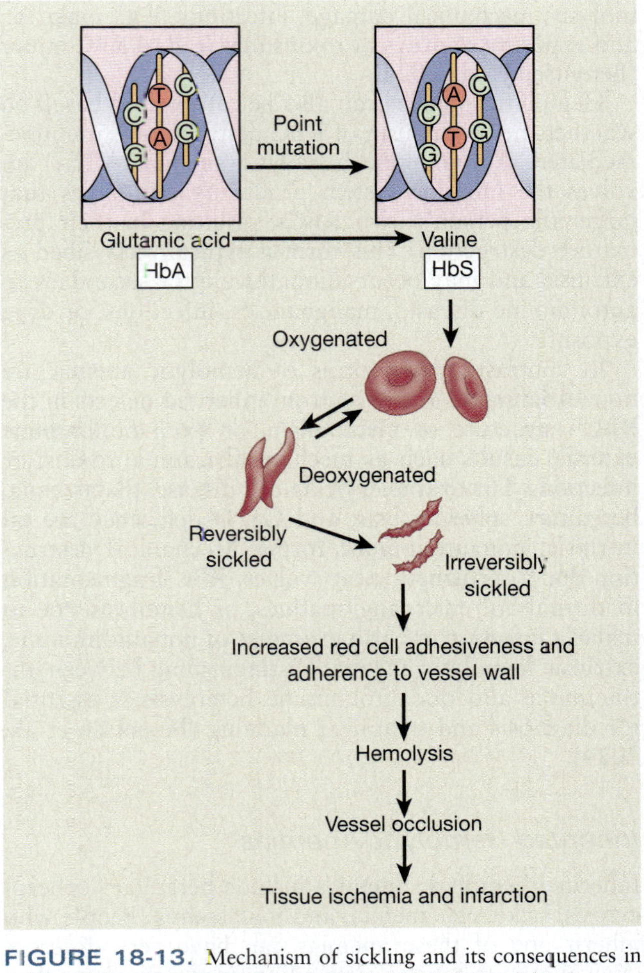

FIGURE 18-13. Mechanism of sickling and its consequences in sickle cell disease. HbA, adult hemoglobin; HbS, hemoglobin S.

Most hemolytic anemias present with normocytic, normochromic RBCs. Due to shortened RBC lifespan, the bone marrow becomes hyperactive, often evident by an increased number of circulating reticulocytes. Common clinical manifestations include fatigue, pallor, jaundice, splenomegaly, and signs of impaired oxygen delivery.

Hemolysis can occur intravascularly or extravascularly. **Intravascular hemolysis**, although less common, is typically caused by complement-mediated lysis in transfusion reactions, mechanical trauma (e.g., prosthetic heart valves), or toxins. It leads to hemoglobinemia, hemoglobinuria, jaundice, and hemosiderinuria. **Extravascular hemolysis** occurs primarily in the spleen, where rigid or deformed RBCs are sequestered and phagocytized by macrophages. It is characterized by anemia, jaundice, and splenomegaly, without hemoglobinuria (Berentsen et al., 2024).

Hemolytic anemias are also classified as intrinsic (due to defects within RBCs) or extrinsic (due to external factors). **Intrinsic** causes include RBC membrane disorders, hemoglobinopathies (e.g., sickle cell disease, thalassemias), and inherited enzyme deficiencies (e.g., G6PD deficiency). These conditions are typically inherited and result in RBC destruction due to structural or metabolic abnormalities. **Extrinsic** causes include autoimmune hemolysis, mechanical damage, infections (e.g., malaria), and exposure to drugs or toxins that lead to RBC injury (Berentsen et al., 2024).

Hemolytic anemias can also be categorized based on whether the mechanism of RBC destruction is immune-mediated. **Autoimmune hemolytic anemia (AIHA)** involves the immune system producing antibodies that target the person's own RBCs, resulting in their premature destruction. This form is typically classified as extrinsic and may occur idiopathically or secondary to autoimmune diseases, malignancies, infections, or drug exposure.

In contrast, many forms of hemolytic anemia are nonautoimmune and arise from inherited defects in the RBC's structure or metabolism, or from nonimmune external insults such as mechanical trauma, toxins, or infections. For example, sickle cell disease, thalassemia, hereditary spherocytosis, and G6PD deficiency are all intrinsic, nonautoimmune forms. Mechanical destruction due to prosthetic heart valves, RBC fragmentation in thrombotic microangiopathies, or hemolysis due to malaria infection are also examples of nonautoimmune, extrinsic hemolytic anemia. Distinguishing between autoimmune and nonautoimmune hemolysis is essential for diagnosis and treatment planning (Berentsen et al., 2024).

Inherited Hemolytic Anemias

Inherited hemolytic anemias include hereditary spherocytosis, sickle cell anemia, and thalassemia. People who inherit one of these anemias can have very different clinical manifestations, depending on the genotype they have. In fact, a person could be acutely ill or may have little to no clinical manifestations.

Hereditary Spherocytosis

Hereditary spherocytosis, the most common inherited RBC membrane disorder, is typically transmitted as an autosomal dominant trait. It results from defects in cytoskeletal proteins such as spectrin, ankyrin, protein 4.2, or band 3. These abnormalities lead to a progressive loss of the membrane surface area, resulting in spherical RBCs that are less deformable and more prone to destruction in the spleen (Turpaev et al., 2025).

Clinical manifestations include mild hemolytic anemia, intermittent jaundice, splenomegaly, and pigment gallstones. Aplastic crises, often triggered by parvovirus B19 infection, can cause abrupt reductions in hemoglobin. The diagnosis can be confirmed using flow cytometry with eosin-5′-maleimide (EMA) binding or by osmotic fragility testing. Treatment typically involves splenectomy to reduce hemolysis, with transfusions used during crises (Turpaev et al., 2025).

Sickle Cell Disease

Sickle cell disease is an autosomal recessive disorder caused by a point mutation in the beta-globin gene that results in substitution of valine for glutamic acid, producing hemoglobin S (HbS). When deoxygenated, HbS polymerizes, distorting RBCs into a sickle shape. This deformation is initially reversible, but repeated sickling causes permanent membrane damage (Kavanagh et al., 2022).

There are two major consequences of RBC sickling—chronic hemolytic anemia and blood vessel occlusion. Premature destruction of RBCs because of the rigid, nondeformable membrane occurs in the spleen, causing hemolysis and anemia from a decrease in RBC numbers. Vessel occlusion is a complex process involving an interaction among the sickled cells, endothelial cells, leukocytes, platelets, and other plasma proteins. Factors associated with sickling and vessel occlusion include cold, stress, physical exertion, infection, and illnesses that cause hypoxia, dehydration, or acidosis. The rate of HbS polymerization is affected by the concentration of hemoglobin in the cell. Dehydration increases the hemoglobin concentration and contributes to polymerization and resulting sickling. Acidosis reduces the affinity of hemoglobin for oxygen, resulting in more deoxygenated hemoglobin and increased sickling (Fig. 18-13) (Kavanagh et al., 2022).

The disease manifests as chronic hemolytic anemia and episodic vaso-occlusion, which together cause many of the severe complications seen in sickle cell disease. Vaso-occlusion results from the obstruction of small blood vessels by sickled RBCs, leading to tissue ischemia and acute pain episodes that can affect almost any part of the body. Common sites include the abdomen, chest, bones, and joints, with multiple regions often involved simultaneously (Fig. 18-14). Recurrent infarctions from sluggish blood flow can lead to cumulative damage in the liver, spleen, heart, kidneys, retina, and other organs. Acute chest syndrome, one of the most serious complications, results from pulmonary vessel occlusion and is characterized by sudden chest pain, cough due to infiltrates, and respiratory distress with dyspnea.

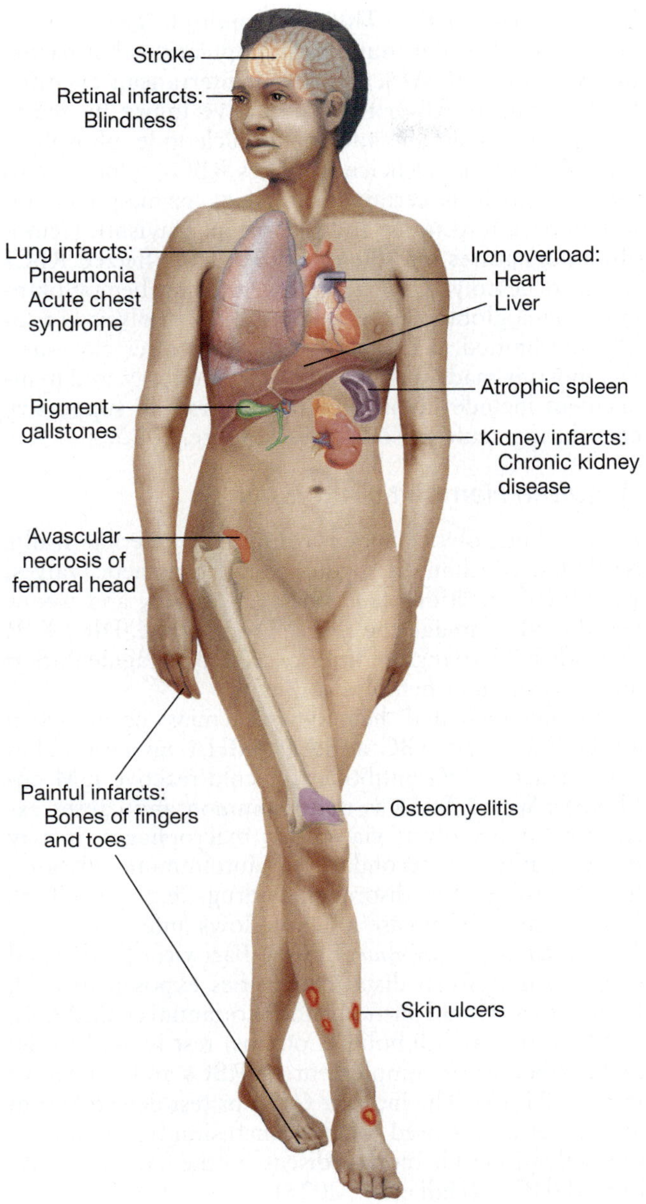

FIGURE 18-14. Clinical manifestations of sickle cell disease.

It is a leading cause of death in individuals with sickle cell disease (Kavanagh et al., 2022).

The spleen is especially vulnerable due to its naturally low oxygen tension and slow blood flow. RBCs traveling through the spleen readily sickle, leading to repeated ischemic episodes that begin in early childhood. Although often asymptomatic at first, this congestion causes progressive splenic injury and ultimately functional asplenia. As a result, people with sickle cell disease are at increased risk for life-threatening infections by encapsulated organisms such as *Streptococcus pneumoniae*, *Haemophilus influenzae* type b, and *Klebsiella* species. Because neonates and young children rely heavily on splenic clearance of these pathogens—before their immune systems have developed antibodies to polysaccharide capsules—the loss of splenic function significantly increases early-life vulnerability (Kavanagh et al., 2022).

Additional complications include painful bone crises due to marrow infarcts, growth retardation in children, and increased susceptibility to osteomyelitis. Neurologic events, such as transient ischemic attacks or cerebral hemorrhage, may precede full stroke, which occurs in approximately one-quarter of affected individuals.

Diagnosis may be initially suggested by newborn screening tests, but a positive newborn screen must be confirmed by testing with hemoglobin electrophoresis or high-performance liquid chromatography (HPLC). Management includes hydroxyurea to increase levels of HbF, a hemoglobin form that is more resistant to sickling, and newer agents such as voxelotor and crizanlizumab. Preventive care includes immunizations, penicillin prophylaxis in young children, and chronic transfusion for selected high-risk patients. Stem cell transplantation offers a potential cure for eligible individuals (Brandow & Liem, 2022).

Thalassemias

Thalassemias are a group of inherited disorders of hemoglobin synthesis characterized by a reduced or absent production of alpha (α) or beta (β) globin chains, which are necessary components of HbA. The resulting imbalance leads to defective hemoglobin production, RBC precursors that are poorly formed, and premature destruction of RBCs in the bone marrow or circulation.

These disorders are inherited through Mendelian patterns and vary in severity depending on whether one or both genes in a globin chain pair are affected. Individuals who are heterozygous for a mutation (thalassemia trait) typically have a mild, asymptomatic form of the disease, while homozygous individuals often develop severe, transfusion-dependent anemia. Thalassemias are highly prevalent in regions with historic endemic malaria, including countries in the Mediterranean, Asia, and Africa.

Two main pathophysiologic mechanisms contribute to the anemia seen in thalassemias: (1) hypochromia and microcytosis due to deficient hemoglobin production, and (2) accumulation of the unpaired globin chains, which precipitate within developing erythroid cells, disrupt maturation, and lead to membrane damage and ineffective erythropoiesis.

In beta-thalassemias, deficient beta-globin synthesis leads to an excess of unpaired alpha chains. These alpha chains are unstable and form precipitates (Heinz bodies) in RBC precursors, damaging the cell membrane and causing apoptosis in the marrow (ineffective erythropoiesis). The severity of the disease depends on whether one or both beta-globin genes are affected (Sanchez-Villalobos et al., 2022). **Thalassemia minor** (trait) involves a single defective beta gene and typically causes mild anemia that does not require treatment. **Thalassemia major** (Cooley anemia) involves mutations in both beta-globin genes and presents within the first year of life, as HbF production declines and HbA synthesis fails. Affected infants develop severe anemia, failure to thrive, pallor, and hepatosplenomegaly.

Without treatment, beta-thalassemia major leads to massive bone marrow expansion, causing characteristic skeletal deformities, including frontal bossing and maxillary overgrowth. There is also increased extramedullary hematopoiesis, leading to hepatosplenomegaly. Osteopenia or osteoporosis increases fracture risk, and growth retardation is common in untreated children.

Iron overload is a major complication, arising from both chronic transfusions and increased gastrointestinal iron absorption driven by ineffective erythropoiesis and suppressed hepcidin levels. Excess iron accumulates in the liver, heart, and endocrine glands, contributing to morbidity and mortality (Sanchez-Villalobos et al., 2022).

Treatment includes regular transfusions to maintain hemoglobin levels above 9 to 10 g/dL, which improves growth and suppresses extramedullary hematopoiesis. Iron chelation therapy (e.g., deferasirox or deferoxamine) is essential to prevent organ damage from iron overload. Hematopoietic stem cell transplantation (HSCT) is potentially curative, especially in younger patients without iron-related complications. Gene therapy approaches are also emerging as curative options for select patients (Sanchez-Villalobos et al., 2022).

Alpha-thalassemias result from deletions of one or more of the four genes that code for alpha-globin chains. The clinical severity directly correlates with the number of gene deletions (Songdej & Fucharoen, 2022):

- **Silent carrier state** (one gene deletion) is asymptomatic.
- **Alpha-thalassemia trait** (two gene deletions) causes mild hypochromic, microcytic anemia.
- **Hemoglobin H (HbH) disease** (three gene deletions) results in moderately severe chronic hemolytic anemia. In this condition, unpaired beta-chains form unstable tetramers (HbH) that precipitate in older RBCs. It is especially common in Southeast Asian populations. Affected individuals may require transfusions during illness or physiologic stress.
- The most severe form of thalassemia (four gene deletions) is characterized by **hydrops fetalis**, massive fetal swelling that is almost always fatal. (Other fetal disorders can also cause hydrops fetalis, in particular those with severe Rh incompatibility or severe congestive heart failure.) This severe four-deletion form of thalassemia results in the formation of hemoglobin Bart (Hb Bart), which is composed of gamma-chain tetramers and has an extremely high oxygen affinity, rendering it ineffective for tissue oxygenation. Affected fetuses typically die in utero or shortly after birth from severe hypoxia and heart failure.

Management of HbH disease includes folic acid supplementation and transfusions as needed. In hydrops fetalis, prenatal diagnosis and early intervention (in rare cases, intrauterine transfusion) may be considered, although prognosis remains poor (Songdej & Fucharoen, 2022).

Inherited Enzyme Defects

The most common inherited enzyme defect resulting in hemolytic anemia is a deficiency of G6PD. The gene that determines this enzyme is located on the X chromosome, and the defect is expressed only in males and homozygous females. There are multiple genetic variants of this disorder found in all populations but particularly those with African and Mediterranean ancestry. G6PD protects RBCs from oxidative injury by maintaining nicotinamide adenine dinucleotide phosphate (NADPH) levels. Deficiency makes RBCs vulnerable to oxidants such as certain drugs (e.g., primaquine, sulfonamides), infections, and fava beans (favism). Hemoglobin denatures into Heinz bodies, and affected RBCs undergo hemolysis in the spleen, causing hemoglobinemia, hemoglobinuria, and jaundice. Hemolysis is usually self-limited, occurring 2 to 3 days after exposure. Diagnosis is made with a G6PD enzyme assay, and management includes avoidance of triggers and supportive care during acute episodes (Pes & Dore, 2022).

Acquired Hemolytic Anemias

Acquired hemolytic anemias result from external insults to RBCs. Mechanical trauma (e.g., prosthetic valves, vasculitis), infections (e.g., malaria), burns, and toxins can directly damage the red cell membrane. DIC, TTP, and other microangiopathies cause RBC fragmentation and intravascular hemolysis.

Immune-mediated hemolytic anemias occur when antibodies target RBC antigens. AIHA involves either warm-reactive IgG antibodies or cold-reactive IgM antibodies. Warm AIHA is more common and causes extravascular hemolysis via splenic macrophages. It may be idiopathic or secondary to autoimmune diseases, lymphoproliferative disorders, or drugs (e.g., penicillin). Cold agglutinin disease often follows infections (e.g., *Mycoplasma pneumoniae*, Epstein-Barr virus [EBV]) and causes hemolysis in distal extremities exposed to cold, leading to Raynaud phenomenon (Loriamini et al., 2024).

The direct antiglobulin (Coombs) test is used to detect antibodies or complement on RBCs and is positive in most AIHAs. The indirect Coombs test detects serum antibodies and is used for pretransfusion testing and in the evaluation of hemolytic disease of the fetus and newborn (HDFN) (Hall et al., 2025).

Anemias of Deficient RBC Production

Anemia due to deficient RBC production occurs when the bone marrow fails to produce an adequate number of erythrocytes. This may result from a deficiency of essential nutrients required for hemoglobin synthesis (e.g., iron) or DNA synthesis (e.g., vitamin B_{12} or folic acid), or from bone marrow failure itself due to toxic, infiltrative, or idiopathic causes.

Iron-Deficiency Anemia

Iron-deficiency anemia is the most common form of anemia worldwide and affects individuals across all age groups. It results from dietary deficiency, chronic blood loss, or increased iron demands. Iron is an essential component of heme in hemoglobin, and its deficiency leads to impaired hemoglobin synthesis and reduced oxygen-carrying capacity (Warner & Kamran, 2023).

Pathophysiology

The body maintains iron balance primarily through gastrointestinal absorption, as there is no regulated excretory pathway. Although about 20 mg of iron is supplied daily in a typical Western diet, only 1 to 2 mg is absorbed to compensate for small daily losses in the gastrointestinal tract, skin, and urine. Iron from animal sources (heme iron) is more readily absorbed than nonheme iron from plant sources. Iron recycling occurs via macrophages when senescent RBCs are degraded; however, chronic blood loss may outpace the body's ability to recycle iron (Warner & Kamran, 2023).

In adults in resource-abundant countries, the most common cause of iron deficiency is chronic blood loss, particularly from gastrointestinal sources such as ulcers, malignancies, vascular lesions, or hemorrhoids. Menstruation and pregnancy significantly increase iron demands. In infants and young children, rapid growth increases iron requirements. Infants fed cow's milk, which is low in absorbable iron, are especially at risk. Iron deficiency in early infancy may also be due to low maternal iron stores during pregnancy (Warner & Kamran, 2023).

Clinical Manifestations

Symptoms of iron-deficiency anemia relate to impaired oxygen transport. Common manifestations include fatigue, dyspnea, palpitations, and tachycardia. Pica—a craving for nonnutritive substances such as ice or clay—may occur. Physical findings can include koilonychia (spoon-shaped nails), glossitis (smooth tongue), angular stomatitis (sores at the corners of the mouth), and, in severe cases, dysphagia due to esophageal web formation (Plummer-Vinson syndrome) (Binet & Delorme, 2024).

Diagnosis and Treatment

Diagnosis is confirmed by low hemoglobin and hematocrit, microcytic and hypochromic RBCs, low serum ferritin, low serum iron, and increased total iron-binding capacity. Soluble transferrin receptor levels may be elevated and are useful in distinguishing iron deficiency from anemia of chronic inflammation. Inflammation may falsely elevate ferritin levels, masking iron deficiency.

Prevention strategies include avoiding cow's milk in infants under 1 year, iron supplementation beginning at 4 to 6 months in breastfed/chestfed infants, and use of iron-fortified formulas and cereals. Treatment focuses on addressing the underlying cause of blood loss, increasing dietary intake of iron-rich foods, and administering iron supplements, most commonly oral ferrous sulfate. Iron stores typically normalize after several months of therapy (Warner & Kamran, 2023).

Megaloblastic Anemias

Megaloblastic anemias are characterized by impaired DNA synthesis, resulting in enlarged but immature RBCs (MCV >100 fL). The two most common causes are deficiencies in vitamin B_{12} (cobalamin) and folate (folic acid). These anemias develop slowly, and symptoms may not become evident until the disease is advanced.

Vitamin B_{12} Deficiency Anemia

Vitamin B_{12} is required for DNA synthesis and nuclear maturation in RBC development. It also plays a role in myelin formation through methylation reactions; deficiency can therefore cause neurologic dysfunction (Silverstein et al., 2022).

Vitamin B_{12} is found exclusively in animal-derived foods. Deficiency is rare in individuals with omnivorous diets but may occur with vegan diets or malabsorption. Absorption requires binding to intrinsic factor, a protein secreted by gastric parietal cells, and uptake in the distal ileum. Deficiency typically develops slowly due to large hepatic stores (1,000 to 5,000 mcg), even when intake is low (Silverstein et al., 2022).

Pernicious anemia is the most common cause of B_{12} deficiency in older adults and results from autoimmune destruction of gastric parietal cells, leading to intrinsic factor deficiency. Other causes include gastrectomy, ileal resection, inflammatory bowel disease, chronic use of proton pump inhibitors or metformin, and fish tapeworm infection (*Diphyllobothrium latum*) (Esposito et al., 2022).

Symptoms include moderate-to-severe anemia, mild jaundice, glossitis, and neurologic changes due to demyelination of the dorsal and lateral spinal cord tracts. Patients may report paresthesias, loss of vibratory and positional senses, spastic ataxia, or cognitive disturbances, including memory loss and dementia. These neurologic changes can precede hematologic signs (Silverstein et al., 2022).

Vitamin B_{12} deficiency is confirmed by low serum B12 levels, elevated methylmalonic acid, and elevated homocysteine. Diagnosis of pernicious anemia is supported by detection of anti-intrinsic factor or anti-parietal cell antibodies. Treatment requires lifelong supplementation—either high-dose oral (≥1,000 mcg/day), intranasal, or parenteral (intramuscular [IM]) vitamin B_{12}, depending on the cause and severity of malabsorption (Silverstein et al., 2022).

Folic Acid Deficiency Anemia

Folic acid (folate) is essential for DNA synthesis and RBC maturation. Deficiency causes a megaloblastic anemia similar to that of vitamin B_{12} deficiency, though without neurologic symptoms (Depuis et al., 2022).

Folate is found in green leafy vegetables, fruits, and meats, but is destroyed by cooking. Fortified cereals and grains are a primary source in the United States. Diets low in carbohydrates may reduce folate intake despite fortification efforts.

Because folate stores are relatively small, deficiency may develop within months. The most common causes of folic acid deficiency are malnutrition or dietary lack of folic acid, especially in older adults. Alcohol suppresses folate absorption and impairs enterohepatic recirculation, so people with chronic alcohol intake are at greater risk. Malabsorption of folic acid may also be due to syndromes such as celiac disease or other intestinal disorders. In neoplastic disease, tumor cells compete for folate, and deficiency is common. Methotrexate, a folic acid analog used in the treatment of cancer, can also impair the action of folic acid by blocking its conversion to the active form.

Because pregnancy increases the need for folic acid by 5- to 10-fold, deficiency is common. Poor dietary habits, anorexia, and nausea are other reasons for folic acid deficiency during pregnancy. An association has been established between folate deficiency and neural tube defects (e.g., spina bifida, anencephaly) of the fetus; therefore, supplementation with at least 0.4 mg daily is recommended for all people with childbearing potential (Depuis et al., 2022).

Aplastic Anemia

Aplastic anemia is a life-threatening disorder caused by failure of the bone marrow to produce all three blood cell lines (pancytopenia): RBCs, WBCs, and platelets. Pure RBC aplasia, in which only the RBCs are affected, rarely occurs. Anemia results from the failure of the marrow to replace senescent RBCs that are destroyed and leave the circulation, although the cells that remain are normocytic and normochromic (Onishi, 2024).

Pathophysiology

Causes include exposure to high doses of radiation, certain chemicals (e.g., benzene), drugs (e.g., chloramphenicol, chemotherapy agents), viral infections (hepatitis, EBV, HIV), and autoimmune disorders. Aplastic anemia caused by exposure to chemical agents may be an idiosyncratic reaction because it affects only certain susceptible people. It typically occurs weeks after a drug is initiated but can occur earlier. Such reactions are often severe and sometimes irreversible and fatal (Onishi, 2024). In many cases, no cause is identified (idiopathic aplastic anemia). Idiopathic forms often respond to immunosuppressive therapy, suggesting an immune-mediated mechanism.

Clinical Manifestations

The onset of aplastic anemia may be insidious or it may strike with suddenness and great severity. It can occur at any age. The initial presenting symptoms include weakness, fatigability, and pallor caused by anemia. Petechiae (i.e., small, punctate skin hemorrhages) and ecchymoses (i.e., bruises) often occur on the skin, and bleeding from the nose, gums, vagina, or gastrointestinal tract may occur because of decreased platelet levels. The decrease in the number of neutrophils increases susceptibility to infection (Onishi, 2024).

Diagnosis and Treatment

Diagnosis is based on CBC findings of pancytopenia and normocytic anemia. Bone marrow biopsy typically shows hypocellular marrow with fatty infiltration. Treatment includes discontinuation of causative agents, supportive care, HSCT (preferred in younger patients), or immunosuppressive therapy with antithymocyte globulin and cyclosporine. Eltrombopag, a thrombopoietin receptor agonist, has shown benefit in some patients (Onishi, 2024).

Anemia of Chronic Disease

Anemia of chronic disease (ACD), also called anemia of inflammation, occurs with chronic infections, autoimmune conditions, malignancy, or chronic kidney disease (CKD). It results from impaired erythropoiesis, shortened RBC survival, and iron sequestration (Gerber, 2025). In CKD, reduced EPO synthesis by the kidneys is a major cause. Uremic toxins and retained nitrogenous wastes further suppress marrow activity. Blood loss during dialysis and reduced RBC lifespan also contribute. Elevated levels of hepcidin, a liver-derived peptide, are central to the pathogenesis. Hepcidin inhibits iron release from macrophages and reduces intestinal absorption, limiting iron availability for erythropoiesis (Gerber, 2025).

Anemia of critical illness is also common in intensive care settings and reflects a combination of suppressed EPO production, inflammation, and frequent phlebotomy. Treatment for ACD focuses on managing the underlying disease, minimizing blood loss, administering erythropoiesis-stimulating agents (ESAs), and providing iron supplementation if needed. Current guidelines recommend maintaining hemoglobin levels below 12 g/dL during ESA therapy to minimize thrombotic risks (Gerber, 2025).

SUMMARY CONCEPTS

Anemia is a condition of an abnormally low number of circulating RBCs, decreased hemoglobin level, or both. With the exception of genetic causes, anemia is not a disease but a manifestation of a disease process or alteration in body function. Clinical manifestations are associated with impaired oxygen transport; alterations in RBC number, hemoglobin content, and cell structure; and signs and symptoms of the underlying process causing anemia.

Anemia can result from excessive blood loss, RBC destruction because of hemolysis, or deficient hemoglobin or RBC production. Blood loss anemia can be either acute or chronic. With bleeding, iron and other components of the erythrocyte are lost from the body. Hemolytic anemia is characterized by the premature destruction of RBCs, with retention in the body of iron and the other products of RBC destruction. Hemolytic anemia can be caused by defects in the RBC membrane, hemoglobinopathies (sickle cell disease or thalassemia), or inherited enzyme defects (G6PD deficiency). Acquired forms of hemolytic anemia are caused by agents extrinsic to the RBC, such as drugs, bacterial and other toxins, antibodies, and physical trauma. Iron-deficiency anemia, which is characterized by decreased hemoglobin synthesis, can result from dietary deficiency, loss of iron through bleeding, or increased demands for RBC production. Vitamin B_{12} and folic acid deficiencies impair RBC production by interfering with DNA synthesis. Aplastic anemia is caused by bone marrow suppression and usually results in a reduction of WBCs and platelets, as well as RBCs. Chronic conditions such as inflammatory disorders (e.g., rheumatoid arthritis), malignancies, and CKD contribute to anemia by increasing levels of inflammatory cytokines and hepcidin, which impair iron metabolism, suppress EPO production, and inhibit the bone marrow's response to EPO.

Concept Mastery Alert

Symptoms associated with polycythemia vera include headache, hearing difficulty, dusky red appearance, and cyanosis of the lips, fingernails, and mucous membranes. Possible complications associated with the increased number of RBCs include blood clots because of increased blood thickness, enlarged spleen associated with work to remove extra RBCs, hypertension because of increased viscosity and increased oxygen consumption, and chest pain because of oxygen-rich blood not reaching organs, especially the heart.

Polycythemia

Polycythemia refers to an abnormally elevated RBC volume, typically reflected by a hemoglobin greater than 16.5 g/dL in males and greater than 16 g/dL in females, or hematocrit greater than 49% in males and greater than 48% in females, according to current World Health Organization (WHO) criteria (Khoury et al., 2022). A hematocrit above 60% increases blood viscosity significantly and can lead to cardiovascular complications such as thrombosis, hypoxia, or vascular obstruction. Polycythemia is classified as relative *or* absolute, depending on the underlying cause (Tremblay et al., 2025). **Relative polycythemia** results from a reduction in plasma volume without an actual increase in RBC volume. This condition, sometimes referred to as stress polycythemia or Gaisböck syndrome, may occur due to dehydration, diuretic use, or gastrointestinal fluid loss. Management involves restoring plasma volume through appropriate fluid replacement.

Absolute Polycythemia: Primary

Primary polycythemia, or **polycythemia vera**, is a chronic myeloproliferative neoplasm characterized by an autonomous increase in RBC production, often accompanied by elevated WBCs and platelets. It is strongly associated with a *JAK2* gene mutation, found in greater than 95% of polycythemia vera cases (Tefferi & Barbui, 2023). Clinical manifestations are related to hyperviscosity, thrombosis, and expanded blood volume.

Common symptoms include headache, dizziness, visual disturbances, tinnitus, pruritus (especially after bathing), ruddy complexion (plethora), and splenomegaly. The risk of both thrombosis and hemorrhage is increased due to dysfunctional platelets and elevated cell counts. Because of the increased concentration of blood cells, the person may experience itching and pain in the fingers or toes, and the hypermetabolism may induce night sweats and weight loss. Management focuses on reducing thrombotic risk and controlling hematocrit levels, typically with periodic phlebotomy, low-dose aspirin, and cytoreductive therapy (e.g., hydroxyurea or interferon-alpha) in high-risk patients (Tefferi & Barbui, 2023).

Absolute Polycythemia: Secondary

Secondary polycythemia results from increased EPO production, typically as a physiologic response to chronic hypoxia. Common causes include high-altitude residence, chronic obstructive pulmonary disease (COPD), obstructive sleep apnea, and cyanotic heart disease. Inhabitants of high-altitude regions (e.g., 14,000 to 17,000 ft) may naturally develop higher RBC counts as an adaptive mechanism (Babakhanlou et al., 2023).

Other causes of secondary polycythemia include EPO-secreting tumors (e.g., renal cell carcinoma, hepatocellular carcinoma) and certain renal disorders (e.g., renal cysts or hydronephrosis) that reduce renal oxygenation and stimulate EPO release. Treatment targets the underlying cause, such as oxygen supplementation in patients with chronic lung disease, which may also alleviate pulmonary hypertension and delay the onset of cor pulmonale (Babakhanlou et al., 2023).

SUMMARY CONCEPTS

Polycythemia is a condition in which the RBC volume is increased. It can present as relative or absolute. Relative polycythemia results from a loss of vascular fluid and is corrected by replacing the fluid. Absolute polycythemia is further classified as a primary or secondary disorder. Absolute primary polycythemia, or polycythemia vera, is a proliferative disease of the bone marrow with an absolute increase in total RBC volume, often accompanied by elevated WBC and platelet counts. Absolute secondary polycythemia results from increased EPO levels caused by hypoxic conditions such as chronic heart and lung disease. Many of the manifestations of polycythemia are related to increased blood volume and viscosity that lead to hypertension and stagnation of blood flow.

Age-Related Changes in RBCs

RBC Changes in the Neonate

At birth, RBC characteristics reflect the transition from the relatively hypoxic uterus with oxygen supplied by the placenta to the higher oxygen extrauterine environment as the lungs inflate and the oxygen supply shifts to the lungs (Table 18-4). Hemoglobin concentrations and RBC volume are both higher in newborn infants, reflecting the higher erythropoietic activity needed in utero to provide adequate oxygen uptake and delivery in the lower oxygen uterine environment. Toward the end of the first postnatal week, hemoglobin concentration and RBC volume both begin to decline, gradually falling to a minimum value at approximately 2 months postnatal age. This physiologic decline results from a combination of reduced EPO production and the relatively short lifespan of neonatal RBCs (50 to 70 days). Another postnatal adaptation is the gradual conversion from HbF to HbA. HbF is necessary for intrauterine survival because of its higher oxygen affinity, which facilitates better oxygen uptake to promote normal fetal oxygenation in the relatively hypoxic intrauterine environment (German & Juul, 2023). The conversion from HbF to HbA is also typically completed by approximately 2 months postnatal age.

Newborn infants who are small for gestational age due to intrauterine growth restriction, infants who experienced intrauterine hypoxia, or infants of birthing parents with diabetes or who smoked during pregnancy often have elevated total hemoglobin and HbF concentrations, with delayed transition to HbA.

A physiologic anemia of infancy may develop by 6 to 8 weeks of age in term infants. It is usually asymptomatic and not responsive to nutritional interventions. In preterm infants, a more pronounced anemia may occur (anemia of prematurity), related to immature EPO response and frequent blood loss due to lab testing. Hemoglobin levels may decline to 7 to 10 g/dL by 6 weeks of age. Clinical signs include pallor, poor weight gain, tachycardia, apnea, and decreased activity. Infants born before 32 to 33 weeks' gestation are at higher risk (German & Juul, 2023).

Anemia at birth is not physiologic and may indicate conditions such as HDN, congenital hemorrhage, or umbilical cord bleeding. Severe cases may require transfusion (German & Juul, 2023).

TABLE 18-4 Red Blood Cell Values for Children

Test	Specimen	Reference Range
Erythrocyte count (RBC)	Cord blood	3.9–5.5 millions of cells/mm^3
	1–3 days (capillary)	4.0–6.6 millions of cells/mm^3
	1 week	3.9–6.3 millions of cells/mm^3
	2 weeks	3.6–6.2 millions of cells/mm^3
	1 month	3.0–5.4 millions of cells/mm^3
	2 months	2.7–4.9 millions of cells/mm^3
	3–6 months	3.1–4.5 millions of cells/mm^3
	0.5–2 years	3.7–5.3 millions of cells/mm^3
	2–6 years	3.9–5.3 millions of cells/mm^3
	6–12 years	4.0–5.2 millions of cells/mm^3
	12–18 years (male) 12–18 years (female)	4.3–5.2 millions of cells/mm^3 4.1–5.1 millions of cells/mm^3
Hematocrit	1 day (capillary)	48%–69% PRC[a]
	2 days	48%–75% PRC
	3 days	44%–72% PRC
	2 months	28%–42% PRC
	6–12 years	35%–45% PRC
	12–18 years (male) 12–18 years (female)	37%–49% 36%–46% PRC
Hemoglobin	1–3 days (capillary)	14.5–22.2 g/dL
	2 months	9.0–14.0 g/dL
	6–12 years	11.5–15.5 g/dL
	12–18 years (male) 12–18 years (female)	13.0–16.0 g/dL 12.0–16.0 g/dL

[a]PRC, percent packed red blood cells (RBCs) (volume red cells/volume whole blood cells × 100).Adapted from Bowden, V. R., & Greenberg, C. S. (2014). *Children and their families: The continuum of care* (3rd ed., pp. 1656, 1658–1659). Lippincott Williams & Wilkins, Appendix D Reference Ranges for Laboratory Tests, with permission.

Hyperbilirubinemia in the Neonate

Hyperbilirubinemia is common in neonates. It is usually a benign and self-limited physiologic jaundice, resulting from the combination of increased RBC turnover (with release of unconjugated bilirubin from RBCs) and immature hepatic conjugation mechanisms. It typically presents as a mild unconjugated hyperbilirubinemia on days 2 to 3 of life in term infants and resolves by day 7 to 10. In preterm infants, it may appear later and persist longer (Jiang et al., 2023). Earlier presentation of hyperbilirubinemia, higher levels of unconjugated bilirubin in the blood, or the presence of conjugated hyperbilirubinemia are all concerning signs of a serious pathologic condition, instead of a physiologic jaundice.

Bilirubin levels rise as a result of accelerated RBC breakdown and the liver's immature ability to conjugate bilirubin. Additional contributing factors may include ingestion of inhibitory substances in human milk, hypoxia, acidosis, infection, or genetic variants (e.g., G6PD deficiency, Gilbert syndrome) (Jiang et al., 2023).

When serum bilirubin becomes significantly elevated in the neonate, a serious neurologic condition called **kernicterus** (bilirubin-induced neurologic dysfunction) can develop. Because unconjugated bilirubin is lipid-soluble, it can cross the immature blood–brain barrier and deposit in brain tissue, particularly the basal ganglia. Risk factors for bilirubin neurotoxicity include prematurity, sepsis, asphyxia, and hypoalbuminemia, which increase the likelihood of bilirubin entering the central nervous system (Bhutani et al., 2023). Early signs include lethargy and poor feeding; severe cases may progress to seizures, hearing loss, cerebral palsy, or death.

Neonatal hyperbilirubinemia most commonly results from increased RBC turnover combined with immature hepatic conjugation. Contributing causes include HDN, hypoxia, infection, acidosis, and breastfeeding-related mechanisms. Breast milk jaundice typically appears after the first week of life and may persist for several weeks. It is thought that certain fatty acids and other factors in breast milk inhibit bilirubin conjugation and increase intestinal reabsorption of bilirubin. Temporary interruption of breastfeeding for 3 to 4 days results in a decline in bilirubin levels, after which breastfeeding can be safely resumed.

Less common causes of neonatal hyperbilirubinemia include bowel obstruction, biliary atresia, and intrinsic liver disease. The presence of conjugated hyperbilirubinemia suggests underlying hepatobiliary pathology and requires prompt evaluation.

Treatment of unconjugated hyperbilirubinemia includes phototherapy, which converts bilirubin into water-soluble isomers that can be excreted without hepatic conjugation. Exchange transfusion is reserved for severe or rapidly rising bilirubin levels or early signs of neurologic involvement.

Hemolytic Disease of the Newborn

HDN, or erythroblastosis fetalis, occurs when maternal antibodies cross the placenta and destroy fetal RBCs. The most common cause is Rh incompatibility: a pregnant person who is Rh-negative sensitized to Rh-positive fetal RBCs produces anti-D antibodies, which then attack RBCs in a subsequent Rh-positive fetus (De Winter et al., 2022).

Affected fetuses may develop anemia, hepatosplenomegaly, and hydrops fetalis due to liver dysfunction and hypoalbuminemia. Unconjugated hyperbilirubinemia in these infants can lead to kernicterus.

HDN is prevented by maternal administration of Rh immune globulin (RhIg) at 28 weeks' gestation and within 72 hours of delivery (and within 72 hours of any procedures involving risk for potential fetomaternal hemorrhage). Maternal administration of RhIg prevents maternal sensitization to fetal Rh antigens. If Rh sensitization occurs, then RhIg is no longer effective. Treatment of affected neonates includes exchange transfusion with Rh-negative blood and phototherapy for treatment of unconjugated hyperbilirubinemia (De Winter et al., 2022).

RBC Changes in Older Adults

Anemia becomes more common with advancing age and is associated with higher morbidity and mortality in older adults. The prevalence is highest in males over 85 years. Many older adults maintain adequate hemoglobin and hematocrit levels, but the capacity for RBC regeneration is diminished, especially under stress (Yadav et al., 2024).

With aging, hematopoietic activity becomes concentrated in the axial skeleton, and erythroid progenitor cell numbers decline. Chronic inflammatory states in older adults (e.g., CKD, cancer, autoimmune conditions) are associated with ACD due to increased inflammatory cytokines that interfere with EPO signaling.

Other contributors to anemia in older adults include iron deficiency (often from gastrointestinal blood loss), vitamin B_{12} or folate deficiency, and myelodysplastic syndromes. Diagnostic testing includes CBC, reticulocyte count, peripheral smear, and testing for nutrient deficiencies and occult gastrointestinal blood loss. Treatment focuses on correcting underlying causes. Use of ESAs in chronic disease remains controversial due to cardiovascular risks, and current guidelines recommend cautious use in selected cases (Yadav et al., 2024).

SUMMARY CONCEPTS

Hemoglobin levels and RBC volume are both higher at birth, reflecting the need for enhanced oxygen uptake in the relatively hypoxic intrauterine environment. By the end of the first postnatal week, hemoglobin and RBC levels begin to decline, reaching a minimum value at approximately 2 months of age. During the early neonatal period, there is also a shift from the HbF, with a higher affinity for oxygen, to HbA, which has a lower oxygen affinity better suited to the higher blood oxygen supply provided after the inflation of the infant's lungs at birth.

Many newborn infants develop physiologic jaundice during the first week of life due to the combination of increased RBC breakdown and the immature liver with a limited ability to conjugate bilirubin. If blood levels of unconjugated, lipid-soluble bilirubin become too high, it may cross the immature neonatal blood–brain barrier, causing toxic neurologic damage (kernicterus). Treatment approaches to prevent kernicterus depend on how high the blood levels of unconjugated bilirubin are, with possible treatments including phototherapy, exchange transfusion, or both. HDN occurs in Rh-positive infants born to Rh-negative birthing parents who have been sensitized to Rh antigen. Maternal anti-Rh antibodies cross the placenta and destroy fetal RBCs, leading to profound anemia (with risk of heart failure and hydrops fetalis) and hyperbilirubinemia (with risk of kernicterus). Administration of RhIg to pregnant people who are Rh-negative within 72 hours of delivery or procedures that may expose the maternal circulation to fetal antibodies can prevent maternal sensitization.

Anemia is an increasingly common health problem in older adults and is expected to become a greater challenge as the population ages. Although many older adults maintain hemoglobin and hematocrit within the normal range, the ability to replace RBCs in response to stress (e.g., bleeding or illness) often declines with age. This reduced regenerative capacity contributes to the high prevalence of anemia in older adults, which is most often caused by chronic disease, blood loss, malignancy, or infection.

Integrating Clinical Decision Making

A 22-year-old woman presents to the clinic with complaints of frequent nosebleeds, easy bruising, and heavy menstrual bleeding since adolescence. She states that minor cuts "bleed longer than expected." She denies joint swelling, deep muscle bleeding, or spontaneous hemarthrosis. She reports that her mother has similar bleeding symptoms. Laboratory results: platelets 240,000/μL (normal), prothrombin time (PT) normal, activated partial thromboplastin time (aPTT) slightly prolonged, bleeding time prolonged.

1. Based on the patient's history and laboratory findings, which phase of hemostasis is most likely impaired?
2. Based on the laboratory findings and clinical history, what is the most likely diagnosis, and how does it disrupt normal hemostasis?

Five years later, this patient presents to the emergency department after delivery of her first child. She develops significant postpartum hemorrhage requiring blood transfusion. She reports fatigue, dizziness, and shortness of breath with minimal exertion. Laboratory results: hemoglobin 8.1 g/dL (low), hematocrit: 24% (decreased), reticulocyte count elevated, MCV 90 fL (normal), MCHC normal.

3. What type of anemia is present, and how do the laboratory findings support this diagnosis?
4. How does this patient's bleeding disorder contribute to the development of anemia?

REFERENCES

Adorno, M., Maher-Griffiths, C., & Grush Abadie, H. R. (2022). HELLP syndrome. *Critical Care Nursing Clinics of North America*, *34*(3), 277–288. https://doi.org/10.1016/j.cnc.2022.04.009

Albagoush, S. A., Koya, S., Chakraborty, R. K., & Schmidt, A. E. (2023, April 8). Factor V Leiden mutation. In *StatPearls* [Internet]. StatPearls Publishing. https://www.ncbi.nlm.nih.gov/books/NBK534802/

Al-Samkari, H., & Eng, W. (2022). A precision medicine approach to hereditary hemorrhagic telangiectasia and complex vascular anomalies. *Journal of Thrombosis and Haemostasis*, *20*(5), 1077–1088. https://doi.org/10.1111/jth.15715

American Red Cross. (2015). *Blood components* [Online]. Retrieved September 14, 2015, from www.redcrossblood.org/learn-about-blood/ blood components

Babakhanlou, R., Verstovsek, S., Pemmaraju, N., & Rojas-Hernandez, C. M. (2023). Secondary erythrocytosis. *Expert Review of Hematology*, *16*(4), 245–251. https://doi.org/10.1080/17474086.2023.2192475

Baniamer, A. Z., Hamdan, A. M., AlGhzawi, M. R., Alfaqeh, M. T., Yaseen, S. Y., Alshtawi, S. M., Alomush, H. Y., & Olimat, R. M. (2024). Understanding inherited bleeding disorders: Genetic mutations in blood coagulation factors and regulatory proteins. *Journal of Hematology and Oncology Research*, *4*(4), 1–23. https://doi.org/10.14302/issn.2372-6601.jhor-24-5108

Barbalato, L., & Pillarisetty, L. S. (2022, November 14). Histology, red blood cell. In *StatPearls* [Internet]. StatPearls Publishing. https://www.ncbi.nlm.nih.gov/books/NBK539702/

Berentsen, S., Frederiksen, H., & Fattizzo, B. (2024). Autoimmune hemolytic anemia. In M. E. Gershwin, G. C. Tsokos, & B. Diamond (Eds.), *The Rose and Mackay textbook of autoimmune diseases* (pp. 427–447). https://doi.org/10.1016/b978-0-443-23947-2.00024-2

Bhutani, V. K., Vidavalur, R., & Wong, R. J. (2023). Advances to diminish global newborn kernicterus mortality. *Journal of Perinatology*, *44*(4), 493–500. https://doi.org/10.1038/s41372-023-01862-7

Binet, Q., & Delorme, A. (2024). Plummer-Vinson syndrome. *New England Journal of Medicine*, *390*(7), 652–652. https://doi.org/10.1056/nejmicm2309721

Brandow, A. M., & Liem, R. I. (2022). Advances in the diagnosis and treatment of sickle cell disease. *Journal of Hematology & Oncology*, *15*(1), 20. https://doi.org/10.1186/s13045-022-01237-z

Cho, S., Perry, A. M., Cheng, A. M., Wang, C., & Rico, J. F. (2022). Advances in hemophilia a management. *Advances in Pediatrics*, *69*(1), 133–147. https://doi.org/10.1016/j.yapd.2022.03.009

De Winter, D. P., Hulzebos, C., Van 't Oever, R. M., De Haas, M., Verweij, E., & Lopriore, E. (2022). History and current standard of postnatal management in hemolytic disease of the fetus and newborn. *European Journal of Pediatrics*, *182*(2), 489–500. https://doi.org/10.1007/s00431-022-04724-0

Depuis, Z., Gatineau-Sailliant, S., Ketelslegers, O., Minon, J.-M., Seghaye, M.-C., Vasbien, M., & Dresse, M.-F. (2022).

Pancytopenia due to vitamin B_{12} and folic acid deficiency—A case report. *Pediatric Reports*, *14*(1), 106–114. https://doi.org/10.3390/pediatric14010016

Dutt, S., Hamza, I., & Bartnikas, T. B. (2022). Molecular mechanisms of iron and heme metabolism. *Annual Review of Nutrition*, *42*(1), 311–335. https://doi.org/10.1146/annurev-nutr-062320-112625

American Red Cross. (2015). Blood components [Online]. Retrieved September 14, 2015, from www.redcrossblood.org/learn-about-blood/blood components

Esposito, G., Dottori, L., Pivetta, G., Ligato, I., Dilaghi, E., & Lahner, E. (2022). Pernicious anemia: The hematological presentation of a multifaceted disorder caused by cobalamin deficiency. *Nutrients*, *14*(8), 1672. https://doi.org/10.3390/nu14081672

Gauer, R. L., & Whitaker, D. J. (2022). Thrombocytopenia: Evaluation and management. *American Family Physician*, *106*(3), 288–298.

Gerber, G. F. (2025, March). *Anemia of chronic disease—Hematology and oncology*. Merck Manual Professional Edition. https://www.merckmanuals.com/professional/hematology-and-oncology/anemias-caused-by-deficient-erythropoiesis/anemia-of-chronic-disease

German, K. R., & Juul, S. E. (2023). Neonatal anemia. *Current Pediatric Reviews*, *19*(4), 388–394. https://doi.org/10.2174/1573396319666221121140627

Gomez, M., Aggarwal, P., Calderon Martinez, E., Escamilla, D., Padilla, E., Ramirez, M., Cornejo, C., Quijano, B., Perez, V., Blanco Montecino, R., Sisalema, G., & Robles, P. (2023). An overview of the identification, prevention, and management of immunological reactions to blood transfusion. *Journal of Cardiology & Cardiovascular Therapy*, *18*(3), 1–8. https://doi.org/10.19080/jocct.2023.18.555989

Gong, F., Zheng, X., Zhao, S., Liu, H., Chen, E., Xie, R., Li, R., & Chen, Y. (2025). Disseminated intravascular coagulation: Cause, molecular mechanism, diagnosis, and therapy. *MedComm*, *6*(2), e70058. https://doi.org/10.1002/mco2.70058

Guilbeau, A., & Majumder, R. (2023). Systemic review of clot retraction modulators. *International Journal of Molecular Sciences*, *24*(13), 10602. https://doi.org/10.3390/ijms241310602

Hall, V., Avulakunta, I. D., & Vadakekut, E. S. (2025, January 22). *Hemolytic disease of the fetus and newborn*. National Center for Biotechnology Information. https://pubmed.ncbi.nlm.nih.gov/32491355/

Hillegass, E., Lukaszewicz, K., & Puthoff, M. (2022). Role of physical therapists in the management of individuals at risk for or diagnosed with venous thromboembolism: Evidence-based clinical practice guideline 2022. *Physical Therapy*, *102*(8), pzac057. https://doi.org/10.1093/ptj/pzac057

Hinkle, J. L., & Cheever, K. H. (2018). *Brunner & Suddarth's textbook of medical-surgical nursing* (14th ed., p. 915). Wolters Kluwer, Table 32-4

Hussien, R. S., Jabuk, S. I., Altaee, Z. M., & Al-Maamori, A. M. (2023). Review of anemia: Types and causes. *European Journal of Research Development and Sustainability*, *4*(7), 3.

Jiang, N., Qian, L., Lin, G., Zhang, Y., Hong, S., Sun, B., Wang, H., Huang, M., Wang, J., & Jiang, Q. (2023). Maternal blood parameters and risk of neonatal pathological jaundice: A retrospective study. *Scientific Reports*, *13*(1), 2627. https://doi.org/10.1038/s41598-023-28254-3

Kavanagh, P. L., Fasipe, T. A., & Wun, T. (2022). Sickle cell disease. *JAMA*, *328*(1), 57. https://doi.org/10.1001/jama.2022.10233

Khoury, J. D., Solary, E., Abla, O., Akkari, Y., Alaggio, R., Apperley, J. F., Bejar, R., Berti, E., Busque, L., Chan, J. K., Chen, W., Chen, X., Chng, W.-J., Choi, J. K., Colmenero, I., Coupland, S. E., Cross, N. C., De Jong, D., Elghetany, M. T., . . . Hochhaus, A. (2022). The 5th edition of the World Health Organization classification of Haematolymphoid tumours: Myeloid and histiocytic/dendritic neoplasms. *Leukemia*, *36*(7), 1703–1719. https://doi.org/10.1038/s41375-022-01613-1

Knight, J. S., Branch, D. W., & Ortel, T. L. (2023). Antiphospholipid syndrome: Advances in diagnosis, pathogenesis, and management. *BMJ*, *380*, e069717. https://doi.org/10.1136/bmj-2021-069717

Koury, M. J., & Blanc, L. (2022). Red blood cell production and kinetics. In T. L. Simon, E. A. Gehrie, J. McCullough, J. D. Roback, & E. L. Snyder (Eds.), *Rossi's principles of transfusion medicine* (pp. 131–142). Wiley. https://doi.org/10.1002/9781119719809.ch13

Kubo, M., & Matsumoto, M. (2023). Frontiers in pathophysiology and management of thrombotic thrombocytopenic purpura. *International Journal of Hematology*, *117*, 331–340. https://doi.org/10.1007/s12185-023-03552-8

Kuipers, R. S., Kok, L., Virmani, R., & Tefferi, A. (2023). Essential thrombocytosis: Diagnosis, differential diagnosis, complications and treatment considerations of relevance for a cardiologist. *Netherlands Heart Journal*, *31*, 371–378. https://doi.org/10.1007/s12471-023-01757-4

Kuter, D. J. (2025, February). *Overview of vascular bleeding disorders—Hematology and oncology*. Merck Manual Professional Edition. https://www.merckmanuals.com/professional/hematology-and-oncology/bleeding-due-to-abnormal-blood-vessels/overview-of-vascular-bleeding-disorders

Loriamini, M., Cserti-Gazdewich, C., & Branch, D. R. (2024). Autoimmune hemolytic anemias: Classifications, pathophysiology, diagnoses and management. *International Journal of Molecular Sciences*, *25*(8), 4296. https://doi.org/10.3390/ijms25084296

Lv, Y.-J., Liang, X.-H., & Wu, Y.-P. (2023). Clinical application of ABO blood typing. *Technology and Health Care*, *31*(4), 1375–1383. https://doi.org/10.3233/thc-220659

Madkhali, M. A. (2024). Recent advances in the management of immune thrombocytopenic purpura (ITP): A comprehensive review. *Medicine*, *103*(3), e36095. https://doi.org/10.1097/md.0000000000036936

Martin, K. A., & Cushman, M. (2025). Factor v Leiden. *JAMA*, 333(22), 2013–2014. https://doi.org/10.1001/jama.2025.2420

McGuinn, C., & Bussel, J. B. (2022). Disorders of platelets. *Lanzkowsky's Manual of Pediatric Hematology and Oncology*, 237–285. https://doi.org/10.1016/b978-0-12-821671-2.00016-7

McMichael, M. A. (2022). Overview of hemostasis. In M. B. Brooks, K. E. Harr, D. M. Seelig, J. Wardrop, & D. J. Weiss (Eds.), *Schalm's veterinary hematology* (pp. 763–786). Wiley. https://doi.org/10.1002/9781119500537.ch87

Mehta, P., & Reddivari A. K. R. (2023, June 5). Hemophilia. In *StatPearls* [Internet]. StatPearls Publishing. https://www.ncbi.nlm.nih.gov/books/NBK551607/

Mussbacher, M., Kral-Pointner, J. B., Salzmann, M., Schrottmaier, W. C., & Assinger, A. (2024). Mechanisms of hemostasis: Contributions of platelets, coagulation factors, and the vessel wall. *Learning Materials in Biosciences*, 167–203. https://doi.org/10.1007/978-3-031-64591-4_8

MyHematology. (2025). *D-dimer test*. https://myhematology.com/lab-protocols/d-dimer-test/

Navya, K. T., Prasad, K., & Singh, B. M. (2022). Analysis of red blood cells from peripheral blood smear images for anemia detection: A methodological review. *Medical & Biological Engineering & Computing*, *60*(9), 2445–2462. https://doi.org/10.1007/s11517-022-02614-z

Ng, J. Y., D'Souza, M., Hutani, F., & Choi, P. (2024). Management of heparin-induced thrombocytopenia: A contemporary review. *Journal of Clinical Medicine*, *13*(16), 4686. https://doi.org/10.3390/jcm13164686

Obeagu, E. I., Igwe, M. C., & Obeagu, G. U. (2024). Oxidative stress's impact on red blood cells: Unveiling implications for health and disease. *Medicine*, *103*(9), e37360. https://doi.org/10.1097/md.0000000000037360

Onishi, Y. (2024). Aplastic anemia: History and recent developments in diagnosis and treatment. *International Journal of Hematology*, *119*(3), 217–219. https://doi.org/10.1007/s12185-024-03715-1

Orrico, F., Laurance, S., Lopez, A. C., Lefevre, S. D., Thomson, L., Möller, M. N., & Ostuni, M. A. (2023). Oxidative stress in healthy and pathological red blood cells. *Biomolecules*, *13*(8), 1262. https://doi.org/10.3390/biom13081262

Park, S., & Park, J. K. (2024). Back to basics: The coagulation pathway. *Blood Research*, *59*(1), 35. https://doi.org/10.1007/s44313-024-00040-8

Pes, G. M., & Dore, M. P. (2022). Acquired glucose-6-phosphate dehydrogenase deficiency. *Journal of Clinical Medicine*, *11*(22), 6689. https://doi.org/10.3390/jcm11226689

Pishko, A. M., & Doshi, B. S. (2022). Acquired hemophilia A: Current guidance and experience from clinical practice. *Journal of Blood Medicine*, *13*, 255–265. https://doi.org/10.2147/jbm.s284804

Risman, R. A., Kirby, N. C., Bannish, B. E., Hudson, N. E., & Tutwiler, V. (2023). Fibrinolysis: An illustrated review. *Research and Practice in Thrombosis and Haemostasis*, *7*(2), 100081. https://doi.org/10.1016/j.rpth.2023.100081

Rokkam, V. R., Kotagiri, R., & Killeen, R. B. (2024, August 6). Secondary thrombocytosis. In *StatPearls* [Internet]. StatPearls Publishing. https://www.ncbi.nlm.nih.gov/books/NBK560810/

Rosenkrans, D., Doyal, A., & Zubair, M. (2023, August 2). Rh blood group system. In *StatPearls* [Internet]. StatPearls Publishing. https://www.ncbi.nlm.nih.gov/books/NBK594252

Sanchez-Villalobos, M., Blanquer, M., Moraleda, J. M., Salido, E. J., & Perez-Oliva, A. B. (2022). New insights into pathophysiology of β-thalassemia. *Frontiers in Medicine*, *9*. https://doi.org/10.3389/fmed.2022.880752

Schofield, J., Hosseinzadeh, S., Burton, K., Pavord, S., Dutt, T., Doree, C., Lim, W. Y., & Desborough, M. J. (2022). Drug-induced thrombotic thrombocytopenic purpura: A systematic review and review of European and North American pharmacovigilance data. *British Journal of Haematology*, *201*(4), 766–773. https://doi.org/10.1111/bjh.18577

Seidizadeh, O., Eikenboom, J. C., Denis, C. V., Flood, V. H., James, P., Lenting, P. J., Baronciani, L., O'Donnell, J. S., Lillicrap, D., & Peyvandi, F. (2024). Von Willebrand disease. *Nature Reviews Disease Primers*, *10*(1), 51. https://doi.org/10.1038/s41572-024-00536-8

Senst, B., Jan, A., Basit, H., & Tadi, P. (2023, August 22). Hypercoagulability. In *StatPearls* [Internet]. StatPearls Publishing. https://www.ncbi.nlm.nih.gov/sites/books/NBK538251/

Silverstein, W. K., Cheung, M. C., & Lin, Y. (2022). Vitamin B_{12} deficiency. *Canadian Medical Association Journal*, *194*(24), E843. https://doi.org/10.1503/cmaj.220306

Songdej, D., & Fucharoen, S. (2022). Alpha-thalassemia: Diversity of clinical phenotypes and update on the treatment. *Thalassemia Reports*, *12*(4), 157–172. https://doi.org/10.3390/thalassrep12040020

Stojanovski, B. M., & Di Cera, E. (2022). Comparative sequence analysis of vitamin k-dependent coagulation factors. *Journal of Thrombosis and Haemostasis*, *20*(12), 2837–2849. https://doi.org/10.1111/jth.15897

Suddock, J. T., & Crookston, K. P. (2023, August 8). Transfusion reactions. In *StatPearls* [Internet]. StatPearls Publishing. https://www.ncbi.nlm.nih.gov/books/NBK482202

Tefferi, A., & Barbui, T. (2023). Polycythemia vera: 2024 update on diagnosis, risk-stratification, and Management. *American Journal of Hematology*, *98*(9), 1465–1487. https://doi.org/10.1002/ajh.27002

Tiede, A., Zieger, B., & Lisman, T. (2022). Acquired bleeding disorders. *Haemophilia*, *28*(S4), 68–76. https://doi.org/10.1111/hae.14548

Tremblay, D., Kremyanskaya, M., Mascarenhas, J., & Hoffman, R. (2025). Diagnosis and treatment of polycythemia vera. *JAMA*, *333*(2), 153. https://doi.org/10.1001/jama.2024.20377

Turpaev, K., Bovt, E., Shakhidzhanov, S., Sinauridze, E., Smetanina, N., Koleva, L., Kushnir, N., Suvorova, A., & Ataullakhanov, F. (2025). An overview of hereditary spherocytosis and the curative effects of splenectomy. *Frontiers in Physiology*, *16*, 1497588. https://doi.org/10.3389/fphys.2025.1497588

Tvedten, H. (2022). Classification and laboratory evaluation of anemia. In M. B. Brooks, K. E. Harr, D. M. Seelig, K. J. Wardrop, & D. J. Weiss (Eds.), *Schalm's veterinary hematology* (pp. 198–208). Wiley. https://doi.org/10.1002/9781119500537.ch25

Viteri-Noël, A., González-García, A., Patier, J. L., Fabregate, M., Bara-Ledesma, N., López-Rodríguez, M., Gómez del Olmo, V., & Manzano, L. (2022). Hereditary hemorrhagic telangiectasia: Genetics, pathophysiology, diagnosis, and management. *Journal of Clinical Medicine*, *11*(17), 5245. https://doi.org/10.3390/jcm11175245

Wada, H., Shiraki, K., Shimpo, H., Shimaoka, M., Iba, T., & Suzuki-Inoue, K. (2023). Thrombotic mechanism involving platelet activation, hypercoagulability and hypofibrinolysis in coronavirus disease 2019. *International Journal of Molecular Sciences*, *24*(9), 7975. https://doi.org/10.3390/ijms24097975

Warner, M. J., & Kamran, M. T. (2023, August 7). Iron deficiency anemia. In *StatPearls* [Internet]. StatPearls Publishing. https://www.ncbi.nlm.nih.gov/books/NBK448065/

Wu, X., Li, L., Lu, Z., Hu, X., Lu, Y., Liu, Y., Xu, G., Ding, Q., Wang, X., Wu, W., Jin, P., & Dai, J. (2024). Heterozygous prothrombin mutation-associated thrombophilia. *Thrombosis and Haemostasis*, *125*(01), 69–81. https://doi.org/10.1055/a-2350-8338

Yadav, S., Deepika, & Maurya, P. K. (2024). A systematic review of red blood cells biomarkers in human aging. *The Journals of Gerontology, Series A: Biological Sciences and Medical Sciences*, *79*(4), glae004. https://doi.org/10.1093/gerona/glae004

Yong, J., & Toh, C.-H. (2023). Rethinking coagulation: From enzymatic cascade and cell-based reactions to a convergent model involving innate immune activation. *Blood*, *142*(25), 2133–2145. https://doi.org/10.1182/blood.2023021166

Yu, Y., & Lian, Z. (2023). Update on transfusion-related acute lung injury: An overview of its pathogenesis and management. *Frontiers in Immunology*, *14*, 1175387. https://doi.org/10.3389/fimmu.2023.1175387

CHAPTER 19

Disorders of White Blood Cells and Lymphoid Tissues

White Blood Cells and Lymphoid Tissues

Bone Marrow and Development of White Blood Cells
Lymphoid Tissues

Nonneoplastic Disorders of White Blood Cells

Leukopenia, Neutropenia, and Agranulocytosis
Leukocytosis
Infectious Mononucleosis

Neoplastic Disorders of Lymphoid and Hematopoietic Origin

Malignant Lymphomas
Leukemias
Plasma Cell Dyscrasias

Learning Objectives

After completing this chapter, the learner will be able to meet the following objectives:

1. Differentiate among the five major types of white blood cells (neutrophils, eosinophils, basophils, monocytes, and lymphocytes), including their origins, functions, roles in immune defense, and classification as granulocytes or agranulocytes.
2. Describe the development of white blood cells from pluripotent stem cells in the bone marrow to become mature functioning cells.
3. Explain the general structural organization and functional roles of lymphoid tissues (thymus, lymphatic vessels, lymph nodes, spleen, and the mucosal-associated lymphoid tissues).
4. Describe how B and T lymphocytes mature in the thymus and function within the lymphatic tissues.
5. Differentiate the pathophysiology of leukopenia, neutropenia, granulocytopenia, leukocytosis, and aplastic anemia.
6. Describe the pathophysiology of neutropenia, including how it reduces immune response effectiveness, and differentiate the causes of neutropenia (infection-related, drug-induced, and autoimmune mechanisms).
7. Describe the pathophysiology of different types of leukocytosis, including reactive neutrophilia, eosinophilia, basophilia, monocytosis, and lymphocytosis.
8. Describe the etiology, pathophysiology, and clinical features of infectious mononucleosis.
9. Compare the pathophysiologic mechanisms, clinical presentation, and progression of the three primary types of hematologic malignancies (leukemias, lymphomas, and plasma cell dyscrasias).
10. Discuss how chromosomal abnormalities (e.g., translocations, deletions) and dysregulated gene expression can contribute to the development of hematologic malignancies.
11. Differentiate the pathophysiology and primary clinical manifestations between Hodgkin and non-Hodgkin lymphomas.

12. Differentiate the pathophysiology and primary clinical manifestations of the four primary types of leukemias (acute lymphoid leukemia, acute myeloid leukemia, chronic lymphoid leukemia, and chronic myeloid leukemia).
13. Discuss the general pathophysiology of plasma cell dyscrasias, using multiple myeloma as the prototype.
14. Discuss current strategies for the diagnosis and treatment of neoplastic white blood cell disorders, including targeted therapies, transplantation, and supportive care.
15. Apply an understanding of white blood cell disorders to interpret common laboratory findings and clinical scenarios related to infection, immune suppression, and malignancy.

As key components of the innate and adaptive immune responses, the **white blood cells (WBCs) (leukocytes)** and **lymphoid tissues** have important functions in protecting and defending the body against injury from foreign pathogens (see Chapter 9). This chapter focuses on nonimmune disorders of WBCs, particularly on disorders of WBC production and lymphoid function.

WBC disorders include a wide variety of conditions, including deficiency states such as **leukopenia** (decreased leukocyte number) and **proliferative disorders** (abnormal increase in leukocyte production). Proliferative disorders may be either reactive, as occurs with infection, or neoplastic, as occurs with malignant lymphomas and leukemia. **Nonneoplastic** and **neoplastic disorders** of WBCs and lymphoid tissues will be presented.

White Blood Cells and Lymphoid Tissues

WBCs and the active immune cells of the lymphoid system are produced in the bone marrow through the process of **hematopoiesis** (see Chapter 17).

Bone Marrow and Development of White Blood Cells

All blood cells, including red blood cells (RBCs), WBCs, and platelets, arise from a small population of pluripotent hematopoietic stem cells within the bone marrow through the process of hematopoiesis (Fig. 19-1). These stem cells possess the capacity for self-renewal and differentiation into all blood cell lineages. Hematopoiesis is highly regulated and occurs continuously throughout life to maintain adequate circulating blood cell levels (Li et al., 2024).

The first division of the pluripotent stem cell produces two major multipotent progenitor lines: the **myeloid** stem cell line and the **lymphoid** stem cell line. These progenitor cells undergo successive stages of differentiation to form committed unipotent precursors for each blood cell type. The processes by which these cells develop are referred to as **myelopoiesis** (production of myeloid cells) and **lymphopoiesis** (production of lymphoid cells) (Li et al., 2024).

The five major types of WBCs are neutrophils, eosinophils, basophils, monocytes, and lymphocytes. They may be grouped into two broad categories based on cytoplasmic characteristics:

- Granulocytes: neutrophils, eosinophils, and basophils
- Agranulocytes: monocytes and lymphocytes

Granulocytes and monocytes arise from the myeloid stem cell line, whereas lymphocytes originate from the lymphoid stem cell line.

Myeloid Lineage

Neutrophils, eosinophils, basophils, and monocytes develop in the bone marrow through progressive stages of maturation. Immature neutrophils (band forms) are typically retained in the bone marrow until fully mature segmented neutrophils are released into circulation (Fig. 19-2). Earlier precursor cells, such as promyelocytes and myelocytes, normally remain in the marrow; their presence in peripheral blood may indicate increased marrow stimulation or pathologic conditions.

Monocytes circulate briefly before migrating into tissues, where they differentiate into macrophages. These tissue-based cells are highly phagocytic and play key roles in innate immunity and antigen presentation to the adaptive immune system.

Lymphoid Lineage

Lymphocytes include T lymphocytes (T cells), B lymphocytes (B cells), and natural killer (NK) cells. T cells leave the bone marrow and complete maturation in the thymus. They differentiate into

- $CD4^+$ helper T cells, which coordinate and regulate adaptive immune responses and
- $CD8^+$ cytotoxic T cells, which destroy infected or malignant cells (Li et al., 2024).

B cells complete maturation in the bone marrow. When activated, they differentiate into plasma cells that produce immunoglobulins (Ig) (antibodies), mediating the humoral phase of adaptive immunity (Li et al., 2024).

NK cells are large granular lymphocytes of lymphoid origin that function primarily in innate immunity. Unlike T and B cells, NK cells do not require prior antigen sensitization and can directly lyse virally infected or malignant cells (Li et al., 2024).

Regulation of Leukopoiesis

Leukopoiesis, the production of WBCs, is regulated by hematopoietic growth factors—glycoproteins that promote stem cell proliferation, colony formation, and

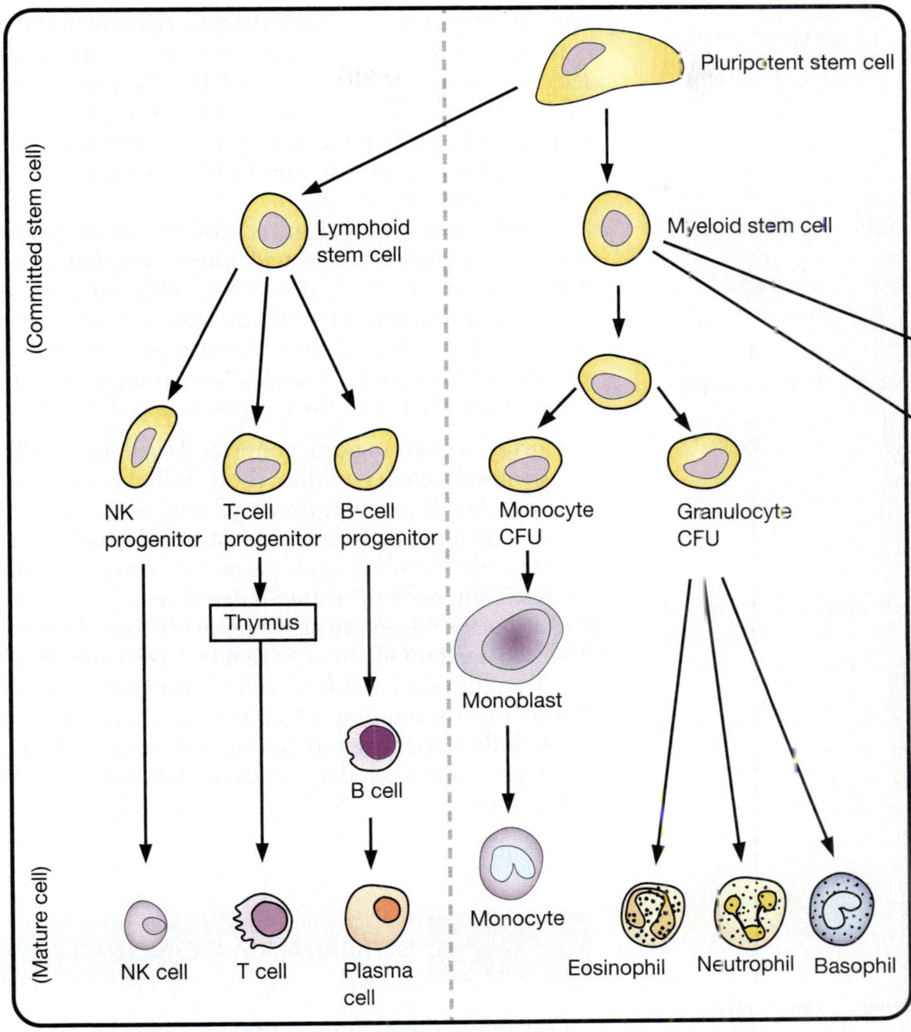

FIGURE 19-1. Major developmental stages of blood cells. NK, natural killer cell.

differentiation within the bone marrow. These growth factors function at multiple levels and may

1. stimulate early multipotent progenitor cells,
2. promote differentiation along specific cell lineages, and
3. enhance survival and functional maturation of developing cells.

Examples include **erythropoietin (EPO)**, which stimulates RBC production, **granulocyte colony-stimulating factor (G-CSF)**, which promotes neutrophil production, and **granulocyte–macrophage colony-stimulating factor (GM-CSF)**, which stimulates granulocyte and monocyte production.

Cytokines, including interleukins (e.g., IL-1, IL-4, IL-6), interferons, and tumor necrosis factors, act synergistically to regulate hematopoiesis and coordinate immune responses (Park & Soff, 2022). Clinically, hematopoietic growth factors are used to treat bone marrow suppression, chemotherapy-induced neutropenia, congenital marrow failure syndromes, and certain hematologic malignancies.

KEY POINTS

Development of White Blood Cells

- WBCs form from hematopoietic stem cells that differentiate into committed progenitor cells, which, in turn, develop into the myelocytic and lymphocytic lineages needed for the formation of the different types of WBCs.
- The WBC lifespan is relatively short, so constant renewal is necessary to maintain normal blood levels. Any conditions that decrease the availability of stem cells or hematopoietic growth factors cause a decrease in WBCs.

Lymphoid Tissues

The body's **lymphatic system** consists of lymphatic vessels and organized lymphoid tissues, including the lymph nodes, thymus, and spleen (Fig. 19-3). These structures

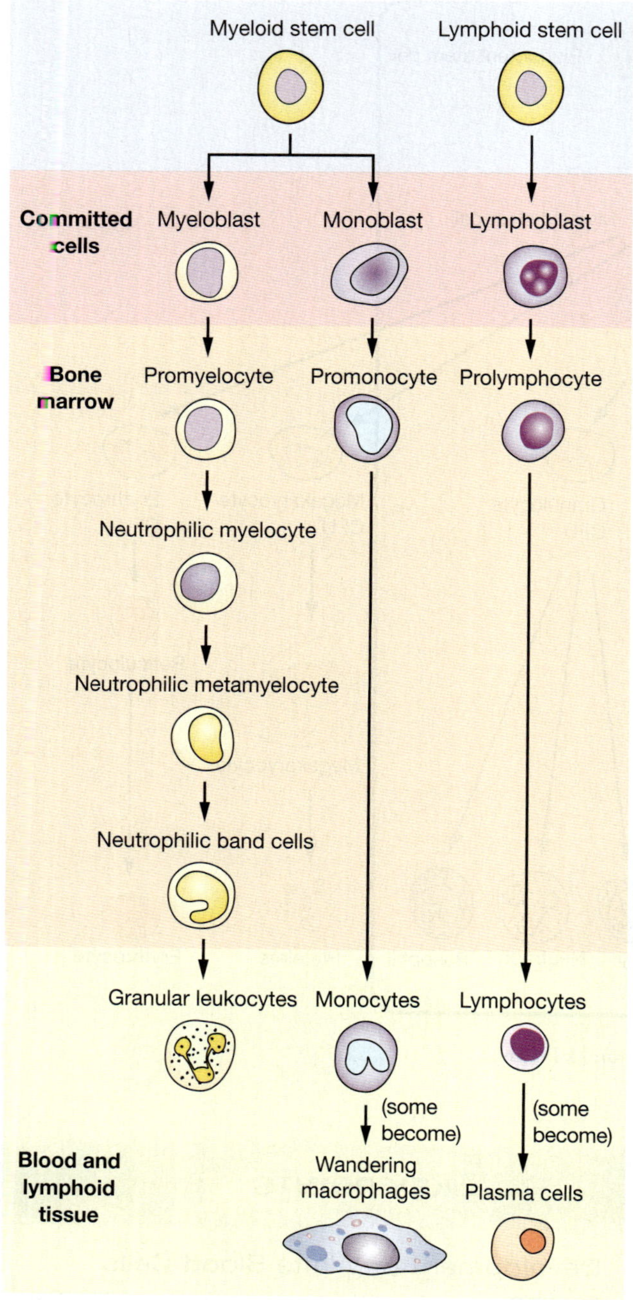

FIGURE 19-2. Leukocytes originate from multipotential stem cells in the bone marrow. Granular leukocytes (neutrophils, eosinophils, and basophils) have their origin in the myeloid stem cells and develop through a sequence involving myeloblasts. Monocytes, like granulocytes, are progeny of the myeloid stem cell line but develop along a pathway involving monoblasts. Only lymphocytes originate from the lymphoid stem cell line. They develop through a sequence involving lymphoblasts and are released from the bone marrow as prolymphocytes, which undergo further differentiation in the lymphoid organs.

serve as sites where lymphocytes mature, reside, encounter antigens, and initiate immune responses. B cells complete maturation in the bone marrow and then migrate to secondary lymphoid tissues such as lymph nodes and the spleen. There, upon antigen stimulation, they proliferate and differentiate into plasma cells that produce antibodies as part of the humoral phase of the adaptive immune response. T-cell precursors originate in the bone marrow and migrate to the thymus, where they undergo selection and maturation into $CD4^+$ helper T cells or $CD8^+$ cytotoxic T cells. After maturation, T cells populate peripheral lymphoid organs, where they encounter antigens and proliferate during immune activation (Chapman & Chi, 2022).

Lymph nodes are organized collections of lymphoid tissue strategically positioned along lymphatic vessels (Ozulumba et al., 2023) (Fig. 19-4). They function as filtration and immune surveillance sites and are common locations for both primary hematologic malignancies and metastatic spread from nonhematologic cancers.

The **parenchyma** of the lymph node is divided into:

- **Cortex** (outer region) contains B-cell–rich follicles. Germinal centers within these follicles are sites of active B-cell proliferation and selection and contain large dividing cells (centroblasts) and smaller centrocytes. Surrounding each germinal center is a mantle zone composed of resting naïve B cells.
- **Paracortex** (deep cortical region) is located between the cortex and medulla, is rich in T cells and dendritic cells, and plays a critical role in antigen presentation and T-cell activation (Ozulumba et al., 2023).
- **Medulla** (inner region) contains plasma cells, macrophages, and medullary sinuses that facilitate lymph filtration.

SUMMARY CONCEPTS

Leukocyte development begins in the bone marrow with two major progenitor lines: myeloid stem cells that give rise to granulocytes and monocytes and lymphoid stem cells that give rise to lymphocytes. Immature precursor cells, often called blast cells, undergo multiple stages of maturation before becoming fully developed granulocytes, monocytes, or lymphocytes. These stages are often clinically important in the diagnosis and classification of WBC disorders.

The lymphatic system is composed of a network of lymphatic vessels, lymph nodes, and lymphoid tissues, where B and T cells complete their differentiation and participate in immune surveillance. Lymph nodes are the typical sites of origin for lymphoma and a common route of metastatic spread of nonhematologic malignancies. The cortex contains distinct regions for B cells and T cells. The B-cell areas include primary follicles, which are immunologically inactive, and secondary follicles with germinal centers that support active B-cell proliferation. The paracortex, located between the cortex and medulla, is rich in T cells and plays a key role in antigen presentation and T-cell activation.

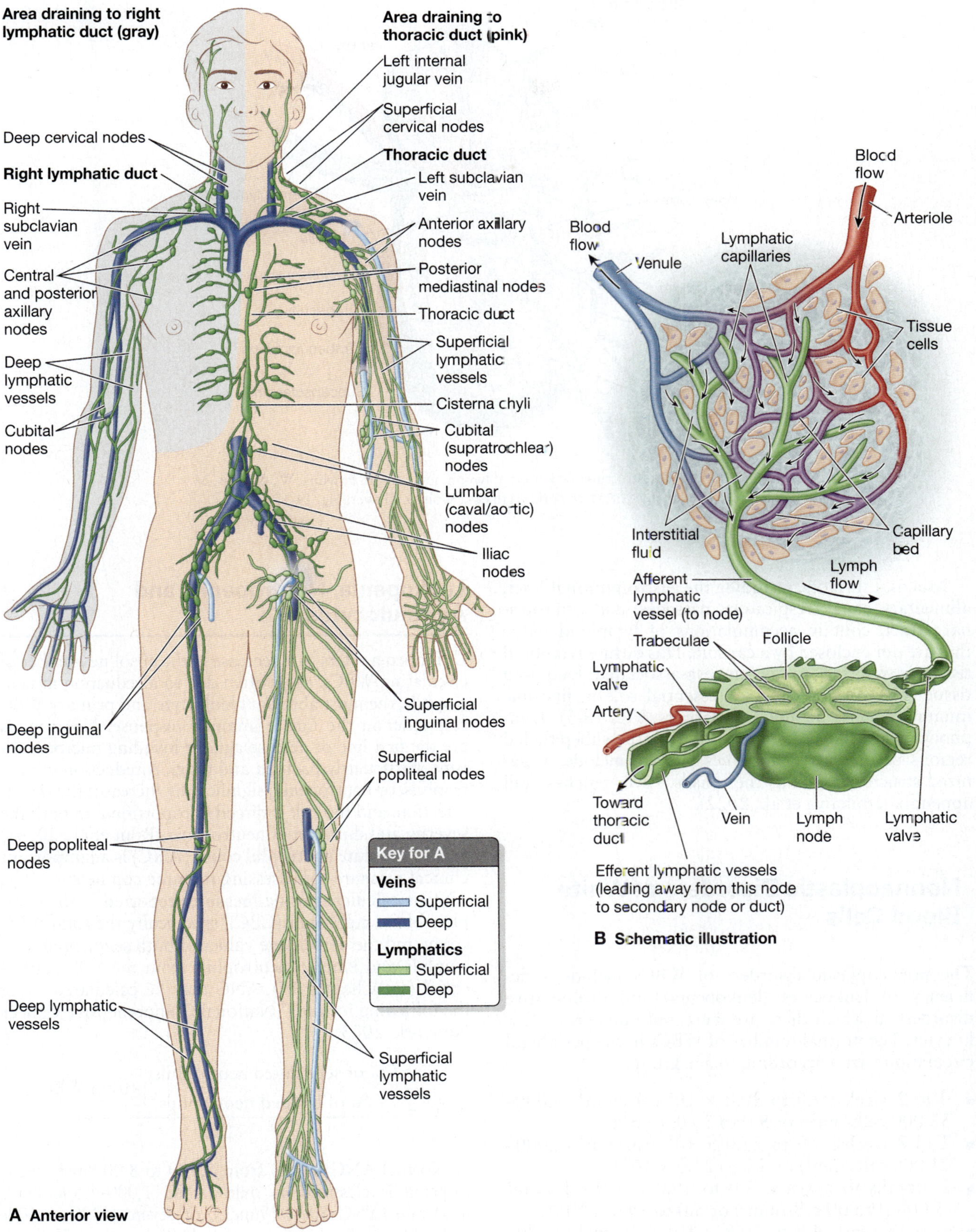

FIGURE 19-3. Lymphatic system. **A.** The right lymphatic duct drains lymph from the right side of the head and neck and the right upper limbs (shaded). The thoracic duct drains the remainder of the body. Deep lymphatic vessels are shown on the right, and superficial lymphatic vessels are shown on the left. **B.** Lymph flows from the extracellular spaces through a lymph node. Small black arrows indicate the flow of interstitial fluid out of blood capillaries into the lymphatic capillaries. (From Agur, A. M., & Dalley, A. F. [2019]. *Moore's Essential clinical anatomy* [6th ed., p. 27]. Wolters Kluwer/Lippincott Williams & Wilkins; Fig. 1-18.)

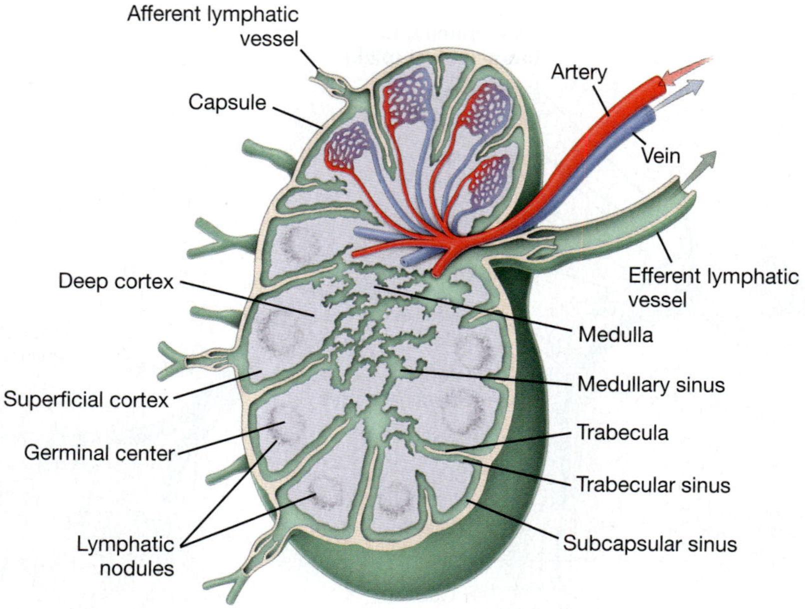

FIGURE 19-4. Structures of a normal lymph node. (From Pawlina, W., & Ross, M. H. [2020]. *Histology: A text and atlas* [8th ed.]. Wolters Kluwer; Fig. 14-17A.)

Mucosal surfaces, including the gastrointestinal tract, alimentary canal, respiratory passages, and genitourinary tract, contain accumulations of lymphoid tissue that are not enclosed by a capsule. This diffuse lymphoid tissue is referred to as **mucosa-associated lymphoid tissue (MALT)** and plays an essential role in first-line immune defense at mucosal barriers (Fig. 19-5). Lymphocytes in MALT are located within the subepithelial regions of mucous membranes. MALT includes organized structures such as the tonsils, Peyer patches, and appendix (Ishikawa et al., 2022).

Nonneoplastic Disorders of White Blood Cells

The nonneoplastic disorders of WBCs include a deficiency of leukocytes (leukopenia) and proliferative disorders in which there are increased numbers of leukocytes. The normal number of WBCs in the peripheral circulation varies according to age group:

- 0 to 2 weeks: 9.0 to 30.0 × 10^3 cells/mm^3 (9,000–30,000 cells/mm^3) or 9.0 to 30.0 × 10^9/L
- 2 to 8 weeks: 5.0 to 21.0 × 10^3 cells/mm^3 (5,000–21,000 cells/mm^3) or 5.0 to 21.0 × 10^9/L
- 2 months to 6 years: 5.0 to 19.0 × 10^3 cells/mm^3 (5,000–19,000 cells/mm^3) or 5.0 to 19.0 × 10^9/L
- 6 to 18 years: 4.8 to 10.8 × 10^3 cells/mm^3 (4,800–10,800 cells/mm^3) or 4.8 to 10.8 × 10^9/L
- Adults: 4.5–10.5 × 10^3 cells/mm^3 (4,500–10,500 cells/mm^3) or 4.5 to 10.5 × 10^9/L (Fischbach et al., 2022)

Leukopenia, Neutropenia, and Agranulocytosis

Leukopenia refers to a decrease in the absolute number of circulating WBCs, most often due to a reduction in neutrophils, the most abundant leukocyte and primary WBC responder in the innate immune response. Neutrophils are the first line of defense against invading microorganisms, particularly bacteria and fungi. A reduction in neutrophils, or **neutropenia**, significantly increases the risk of infection, and the risk is directly proportional to both the severity and duration of neutropenia (Rout et al., 2024).

The **absolute neutrophil count (ANC)** is an important clinical measure for assessing immune competence. The ANC is calculated using measures reported in the complete blood cell count (CBC), specifically the total WBC count and the percentage values of both segmented neutrophils and banded neutrophils from the WBC differential (see Chapter 17). ANC may be calculated using the following formula (National Comprehensive Cancer Network, 2023):

$$\text{ANC} = \frac{\begin{pmatrix}\text{\% of segmented neutrophils} \\ + \text{ \% of banded neutrophils}\end{pmatrix} \times \text{total WBC}}{100}$$

Normal ANC ranges from 1,500 to 8,000/mcL. Neutropenia is classified as mild (ANC 1,000–1,500/mcL), moderate (ANC 500–999/mcL), or severe (ANC < 500/mcL). Hospitalized patients with ANC less than 500/mcL are typically placed on neutropenic precautions to reduce exposure to environmental pathogens (Rout et al., 2024). **Agranulocytosis** ("absence of granulocytes") is the most severe form of neutropenia and is defined as an ANC

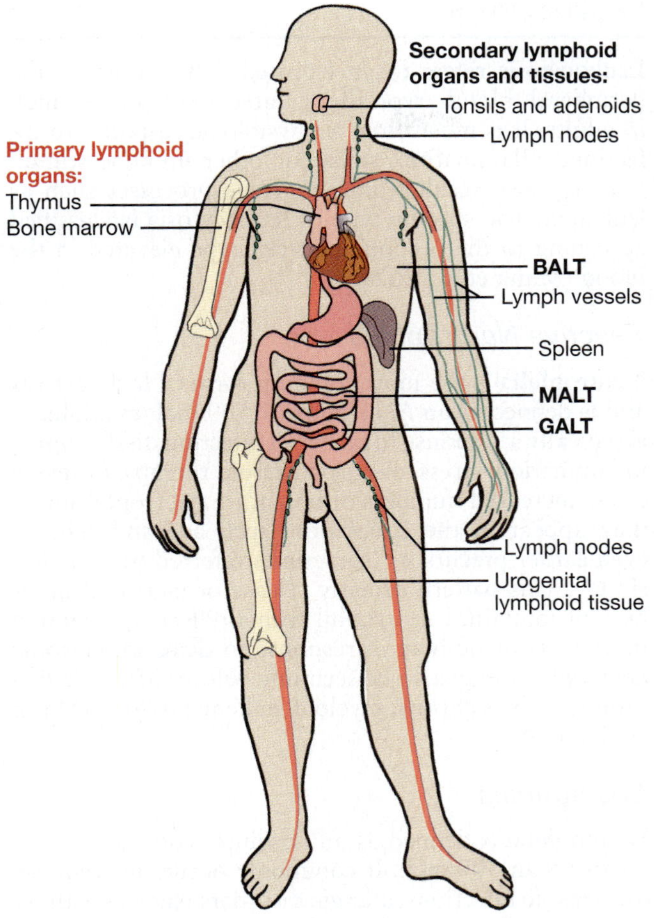

FIGURE 19-5. Leukocytes are special cells of the adaptive immune system called lymphocytes. The thymus and bone marrow are primary sites of lymphocyte maturation. Lymph nodes, tonsils, the spleen, and lymphoid tissues of the lung, gut, and urogenital tract are secondary lymphoid organs. BALT, bronchus-associated lymphoid tissue; GALT, gut-associated lymphoid tissue; MALT, mucosa-associated lymphoid tissue. This type of lymphoid tissue protects the body's entry points. (From Rhoades, R. A., & Bell, D. R. [2022]. *Medical Physiology* [6th ed., p. 219]. Wolters Kluwer/Lippincott Williams & Wilkins; Fig. 10-1).

less than 100/mcL. In agranulocytosis, there may be a near-total absence of granulocytes in the bone marrow (Sedhai et al., 2023).

Neutropenia may result from decreased production, increased destruction, or abnormal distribution of neutrophils. It may be congenital (inherited) or acquired (secondary to infection, autoimmunity, or drug toxicity) (Rout et al., 2024).

Congenital Neutropenia

Congenital neutropenias are rare inherited disorders of granulopoiesis, most often resulting from mutations in genes regulating neutrophil production. Approximately half of all cases involve mutations in the ELANE gene, which encodes neutrophil elastase and leads to premature apoptosis of myeloid precursors. Other implicated genes include HAX1, G6PC3, and WAS (Dobrewa et al., 2024).

Congenital neutropenia includes two major subtypes. **Severe congenital neutropenia (SCN)**, typically diagnosed in infants younger than 6 months of age and characterized by persistent ANC levels below 500/mcL, presents with life-threatening bacterial or fungal infections. **Kostmann syndrome**, a severe autosomal recessive form of SCN, involves HAX1 mutations and is associated with mitochondrial dysfunction. Up to 20% of individuals with SCN develop acute myeloid leukemia (AML) over time (Wang et al., 2022).

Cyclic neutropenia is an autosomal dominant disorder characterized by oscillations in neutrophil levels every 21 days, alternating between normal and markedly reduced counts. It is often discovered in early childhood and is associated with recurrent fever, oral ulcers, or other mucosal infections. Symptoms typically improve with age, though some adults may develop chronic neutropenia (Zergham et al., 2023).

Acquired Neutropenia

Acquired neutropenia may result from autoimmune processes, infections, drug exposure, hematologic malignancies, radiotherapy, or nutritional deficiencies (Chart 19-1).

Autoimmune Neutropenia

Autoimmune neutropenia occurs when autoantibodies target neutrophil-specific antigens or bone marrow progenitors. The autoimmune forms of neutropenia may be classified as primary (i.e., those not associated with other detectable pathologic processes) or secondary (i.e., those associated with another disease condition) (Fioredda et al., 2022).

Primary autoimmune neutropenia is a rare disorder of infancy and early childhood marked by moderate-to-severe neutropenia. The condition is usually benign,

CHART 19-1

PRINCIPAL CAUSES OF NEUTROPENIA

Congenital

- Alloimmune neonatal neutropenia (transfer of maternal antibodies)
- Cyclic neutropenia
- Severe congenital neutropenia (Kostmann syndrome)

Acquired

Autoimmune

- Primary (rare, usually occurs in children and runs a benign course)
- Secondary (associated with autoimmune diseases)

Infection-related

Drug-related

- Radiotherapy to the bone marrow

Hematologic malignancies

with mild-to-moderate infections in children, and resolves spontaneously. The disorder is rare in adults.

Secondary autoimmune neutropenia is more common in adults and is frequently associated with systemic autoimmune disorders, including rheumatoid arthritis (RA). In systemic lupus erythematosus (SLE), neutropenia results from a combination of autoantibody-mediated destruction, increased apoptosis, and reduced marrow output.

Infection-Related Neutropenia

Neutropenia may follow viral, bacterial, rickettsial, or parasitic infections, with viral infections (e.g., Epstein-Barr virus [EBV], cytomegalovirus [CMV], influenza) being the most common cause. Mechanisms include bone marrow suppression, neutrophil consumption, and splenic sequestration. In HIV/AIDS, neutropenia results from direct viral suppression of myelopoiesis, opportunistic infections, and the myelosuppressive effects of antiretroviral therapy (Keck et al., 2022).

Drug-Related Neutropenia

Drug-induced neutropenia is attributed to a number of drugs, especially those used in the treatment of cancer. Other known contributors are antithyroid drugs, antibiotics, antiepileptics, biologic therapies, and chimeric antigen receptor (CAR) T-cell therapies. Risk factors include older age, high tumor burden, poor nutrition, and prior hematologic dysfunction. **Idiosyncratic reactions** (those that cannot be attributed to allergy) may involve immune-mediated destruction or direct toxicity to myeloid precursors and usually resolve upon discontinuation of the offending agent (Coates, 2025).

Febrile Neutropenia

Febrile neutropenia (FN) is a medical emergency defined as having an oral temperature over 38.3°C and an ANC less than 500/mcL, or expected to fall below 500/mcL within 48 hours. FN is a common complication of chemotherapy, associated with high morbidity and mortality, particularly from gram-negative bacterial infections. Fungal and viral pathogens may also contribute to prolonged cases. FN limits the use of cytotoxic drugs and often requires empiric broad-spectrum antibiotics (Contejean et al., 2023). Risk stratification tools such as the Multinational Association for Supportive Care in Cancer (MASCC) or Clinical Index of Stable Febrile Neutropenia (CISNE) scores are used to guide inpatient versus outpatient management (Erdem et al., 2022).

Clinical Manifestations and Management

Early signs of neutropenia-related infection may include low-grade fever, oral ulcerations, sore throat, skin lesions, and diarrhea. However, in severe neutropenia, classic signs of inflammation may be absent due to impaired neutrophil-mediated responses. Symptoms can escalate rapidly to sepsis or septic shock if not promptly treated.

When ANC falls below 250/mcL, the risk of overwhelming infection is extreme. Neutropenic precautions, colony-stimulating factors (e.g., G-CSF), antimicrobial prophylaxis, and dose adjustments in chemotherapy are key management strategies (Contejean et al., 2023).

Leukocytosis

Leukocytosis refers to an elevated WBC count in the peripheral blood, typically greater than 11,000/mcL in adults. It is most often a physiologic response to infection, inflammation, stress, or other immune stimuli but may also result from neoplastic processes such as leukemia. The specific type of leukocytosis is classified according to the predominant cell type elevated in the blood (Mank et al., 2024).

Reactive Neutrophilia

Neutrophilia is the most common form of leukocytosis and is defined as an ANC above 7,500/mcL in adults. It is typically a response to bacterial infection, tissue injury, inflammation, stress, or corticosteroid therapy. In severe cases, increased numbers of immature neutrophil forms may appear in the circulation, such as band cells or even earlier precursors (sometimes referred to as a "left shift"). This pattern of early release of increased numbers of immature neutrophil forms reflects accelerated bone marrow activity in response to demand. Chronic neutrophilia may also be seen in myeloproliferative disorders, such as chronic myeloid leukemia (CML) (Mank et al., 2024).

Eosinophilia

Eosinophilia is defined as an absolute eosinophil count greater than 500/mcL. It commonly occurs in response to parasitic infections, allergic disorders (such as asthma and atopic dermatitis), certain malignancies, and autoimmune diseases. Persistent eosinophilia may lead to tissue infiltration and damage, particularly in the heart, lungs, and gastrointestinal tract (Mank et al., 2024).

Basophilia

Basophilia is rare and most often associated with chronic myeloproliferative neoplasms, particularly CML. It may also occur in hypersensitivity reactions, chronic inflammation, or endocrine disorders such as hypothyroidism. Basophils contain histamine and other inflammatory mediators that contribute to the pathophysiologic response in allergic conditions (Mank et al., 2024).

Monocytosis

Monocytosis refers to an absolute monocyte count greater than 1,000/mcL. It may be observed in chronic infections (e.g., tuberculosis, infective endocarditis), inflammatory conditions (e.g., inflammatory bowel disease), and recovery phases of acute infections. Monocytosis is also a feature of certain hematologic malignancies, such as chronic myelomonocytic leukemia (CMML) (Mank et al., 2024).

Lymphocytosis

Lymphocytosis is defined as an absolute lymphocyte count greater than 4,000/mcL in adults and is commonly seen in viral infections, including infectious mononucleosis, CMV, and viral hepatitis. It can also occur in chronic lymphocytic leukemia (CLL) and other lymphoproliferative disorders. **Reactive lymphocytes**—atypical cells with abundant cytoplasm and irregular nuclei—are commonly seen in viral illnesses (Mank et al., 2024).

Infectious Mononucleosis

Infectious mononucleosis is a self-limiting lymphoproliferative disorder primarily caused by the EBV, a member of the herpesvirus family (Fig. 19-6) (Leung et al., 2024). A minority of cases, particularly in older adults or immunocompromised individuals, are caused by CMV. EBV infection occurs most commonly in adolescents and young adults. Once infected, individuals carry latent EBV within memory B cells for life, with periodic asymptomatic viral shedding in the oropharynx.

Clinical Course

The onset of infectious mononucleosis is typically insidious, with an incubation period of approximately 4 to 6 weeks. A prodromal phase often precedes clinical symptoms and includes malaise, anorexia, and chills. This is followed by the hallmark triad of fever, pharyngitis, and lymphadenopathy, most prominent in the cervical, axillary, and inguinal lymph nodes. In some individuals, the illness presents abruptly with a high-grade fever (Leung et al., 2024).

Palatal petechiae and **pharyngeal erythema** or **exudate** may be observed in cases with a sore throat. A generalized maculopapular rash develops in about 5% to 15% of individuals and is particularly common in those treated with aminopenicillins (e.g., ampicillin or amoxicillin), even in the absence of drug allergies.

Complications

Splenomegaly occurs in approximately 50% to 60% of patients. Though rare, splenic rupture (fewer than 0.5% of cases) is a serious and potentially fatal complication. Hepatitis with mild transaminase elevation is common and typically self-limited. Other rare complications include myocarditis, encephalitis, Guillain-Barré syndrome, airway obstruction due to tonsillar hypertrophy, and autoimmune hemolytic anemia (Leung et al., 2024). Patients with X-linked lymphoproliferative (XLP) disease are at high risk for life-threatening EBV-related complications and require special management.

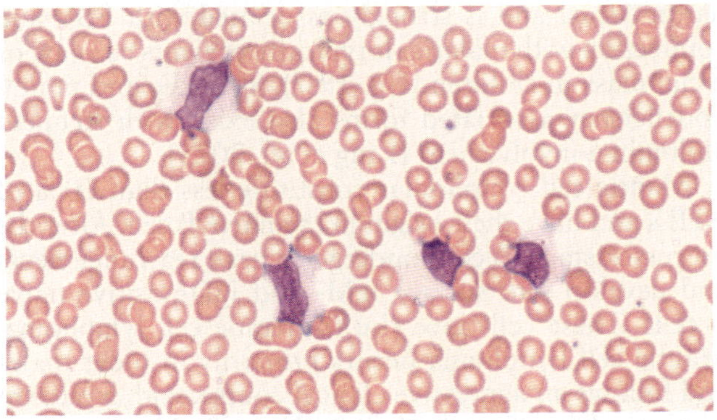

FIGURE 19-6. Photomicrograph of a peripheral blood smear showing atypical lymphocytes in a patient with infectious mononucleosis caused by the Epstein-Barr virus. (David A. Litman/Shutterstock.com)

Diagnosis and Management

Diagnostic tests include the **monospot test** (heterophile antibody test), which is highly specific for EBV but can yield false-negative results in the first week of illness. More sensitive and specific diagnosis can be achieved with EBV-specific serology: detection of viral capsid antigen (VCA) IgM, viral capsid antigen (VCA) IgG, and Epstein-Barr nuclear antigen (EBNA) antibodies helps confirm the stage of infection.

Treatment is supportive, including rest, hydration, antipyretics, and analgesics. Glucocorticoids may be used in severe cases (e.g., airway obstruction or severe thrombocytopenia), though their routine use is not recommended. Most patients recover within 2 to 4 weeks, but fatigue and malaise may persist for several months (Leung et al., 2024).

SUMMARY CONCEPTS

Neutropenia is a significant nonneoplastic WBC disorder marked by a reduction in the absolute number of neutrophils, which impairs the body's ability to fight bacterial and fungal infections. It may be congenital, as in cyclic neutropenia—with periodic drops in neutrophil levels—or in SCN (Kostmann syndrome), which predisposes individuals to recurrent infections. Acquired neutropenia is more common and can result from immunologic destruction, bone marrow suppression due to malignancy or radiation, infection-related utilization or redistribution of neutrophils, and drug-induced injury, particularly from chemotherapeutic agents. The risk of life-threatening infection increases significantly when the ANC falls below 500/mcL.

Leukocytosis refers to an elevated WBC count, most often as a reactive response to infection, inflammation, tissue injury, or physiologic stress. It is classified based on the predominant WBC type: neutrophilia occurs in acute bacterial infections and stress responses; eosinophilia is associated with allergic conditions and parasitic infections; basophilia may be seen in myeloproliferative disorders; monocytosis occurs in chronic infections and autoimmune conditions; and lymphocytosis is common in viral infections such as infectious mononucleosis. Although often benign and self-limited, leukocytosis requires clinical correlation to rule out hematologic malignancy when persistent or unexplained.

Infectious mononucleosis is a self-limiting lymphoproliferative illness most commonly caused by EBV, typically affecting adolescents and young adults. Transmitted through saliva, the virus targets B cells and leads to a clinical triad of fever, sore throat, and generalized lymphadenopathy. Laboratory findings include atypical lymphocytosis and positive heterophile antibody or EBV-specific serology. The illness typically resolves within 2 to 4 weeks, although fatigue may persist longer. Treatment is supportive, with corticosteroids reserved for severe complications such as airway obstruction or hemolytic anemia.

Neoplastic Disorders of Lymphoid and Hematopoietic Origin

Neoplastic disorders of lymphoid and hematopoietic origin represent a major category of WBC disorders, encompassing both lymphoid and plasma cell neoplasms. These malignancies can arise from B, T, or NK cells and span various developmental stages of lymphocytes. The primary categories include **non-Hodgkin lymphomas (NHLs)**, **Hodgkin lymphoma (HL)**, **lymphoid leukemias**, and **plasma cell neoplasms**. The clinical manifestations of these disorders are largely influenced by the cell of origin and the genetic and molecular events underlying malignant transformation. Due to the mobility of blood and lymphoid cells, these neoplasms often present as disseminated diseases from the time of diagnosis.

Malignant Lymphomas

Malignant lymphomas are a diverse group of solid tumors derived from lymphoid tissues, with marked variability in molecular features, clinical behavior, prognosis, and treatment response. In 2024, the American Cancer Society estimated approximately 80,620 new cases of NHL and 20,140 related deaths in the United States. HL, although less common, accounted for about 8,600 new cases and 920 deaths. NHL is also responsible for approximately 5% of all childhood cancers under the age of 14, while HL represents around 3%, most commonly diagnosed in adolescents and young adults (American Cancer Society, 2024).

Non-Hodgkin Lymphomas

NHLs comprise a biologically and clinically heterogeneous group of malignancies arising from B, T, or NK cells. NHLs account for approximately 4% of all newly diagnosed cancers in the United States. The incidence of NHL increased substantially beginning in the 1970s before stabilizing in recent years. Differences in incidence patterns are observed across age groups, geographic regions, and specific lymphoma subtypes (American Cancer Society, 2024). NHLs originate from lymphocytes at various developmental stages and may be influenced by pathogens such as EBV, human T-cell lymphotropic virus type 1 (HTLV-1), *Helicobacter pylori*, and hepatitis C virus, depending on the subtype.

NHL classification is based on a combination of morphology, immunophenotype, genetic alterations, and clinical features, following recent updates from the fifth edition of the World Health Organization (WHO) Classification of Haematolymphoid Tumours and the International Consensus Classification (Li, 2022). Diagnosis and treatment planning rely on precise subtype identification and disease staging using systems such as the Ann Arbor classification.

Mature B-Cell Lymphomas

B-cell lymphomas are the most common NHL subtype, with tumors typically arising from germinal center B cells or activated B cells. Major subtypes include follicular lymphoma, diffuse large B-cell lymphoma (DLBCL), Burkitt lymphoma, mantle cell lymphoma, and marginal zone lymphoma (MZL) (Silkenstedt et al., 2024).

Follicular lymphoma is derived from germinal center B cells and is characterized by a mixture of centroblasts and centrocytes. These are generally indolent, presenting with painless lymphadenopathy and involving lymph nodes, bone marrow, spleen, and other extranodal sites. Long-term prognosis is favorable, though transformation to DLBCL occurs in about one-third of cases. The risk for secondary malignancies is elevated in older adults and those treated with radiation (Friedberg, 2023).

DLBCL is an aggressive and heterogeneous subtype originating from germinal center or post–germinal center B cells. It is the most common subtype of NHL in adults, with peak incidence between 60 and 70 years of age. DLBCL often presents with rapidly enlarging nodal or extranodal masses, systemic symptoms, and potential central nervous system (CNS) involvement. EBV and HIV are implicated in some cases. If untreated, DLBCL is rapidly fatal, but it is generally responsive to combination immunochemotherapy (e.g., rituximab, cyclophosphamide, doxorubicin, vincristine, and prednisone (R-CHOP) (Barraclough et al., 2023).

Burkitt lymphoma is a highly aggressive germinal center B-cell tumor. The endemic form is seen in sub-Saharan Africa and is strongly associated with EBV and coinfection with malaria. It typically presents as a jaw or facial mass in children (Fig. 19-7). Sporadic and immunodeficiency-associated forms also exist, with frequent abdominal involvement (Fang et al., 2025).

Mantle cell lymphomas constitute less than 10% of NHLs and have their origin in the naive B cell. After the precursor stage, B cells undergo Ig gene rearrangements and develop into surface IgM- and IgD-positive naive B cells. These cells give rise to mantle cell lymphoma. Mantle cell lymphoma occurs primarily in older males and follows an aggressive clinical course, with a median survival of 3 to 5 years (Jain & Wang, 2022).

Marginal zone lymphoma (MZL) refers to related forms of NHL that affect B cells: MALT lymphoma,

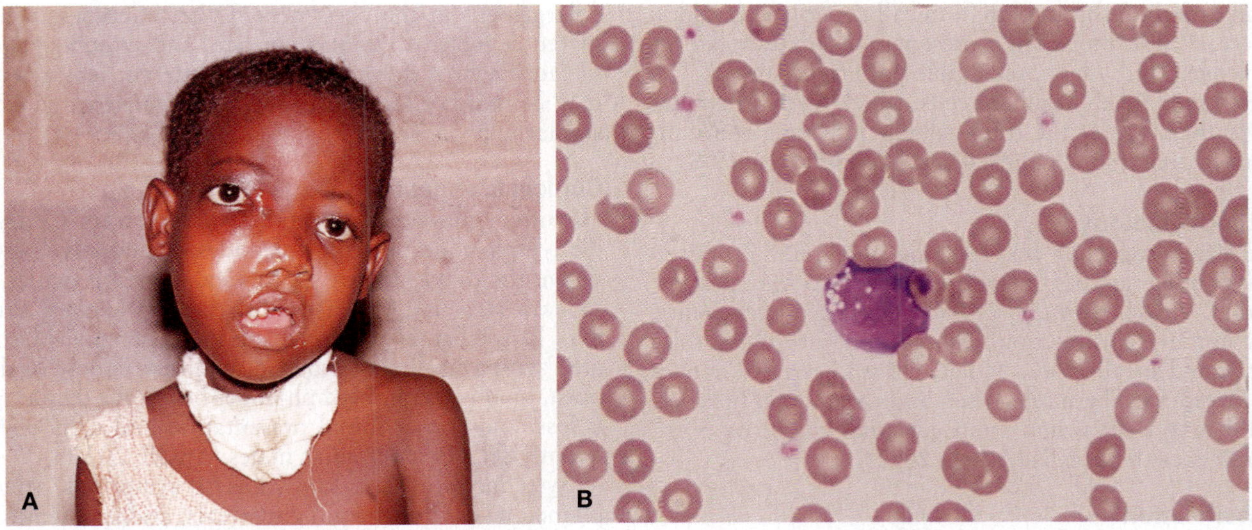

FIGURE 19-7. Burkitt lymphoma. **A.** A tumor of the jaw distorts the child's face. **B** A peripheral blood smear showing cytopenia and one lymphoma cell with basophilic cytoplasm and numerous cytoplasmic vacuoles. (**A.** From Rubin, R., & Strayer, D. E. [Eds.]. [2015]. *Rubin's pathology: Clinicopathologic foundations of medicine* [7th ed., p. 1149]. Lippincott Williams & Wilkins, Fig. 26-64A; **B.** From Medeiros, L. J. [2022]. *Ioachim's lymph node pathology* [5th ed.]. Wolters Kluwer; Fig. 78-7A.)

nodal MZL, and splenic MZL. MALT lymphomas involve late-stage memory B cells that reside in the marginal zone or outermost compartment of the lymph node follicle. They tend to remain localized for prolonged periods and follow an indolent course (Cheah & Seymour, 2023). MALT develops in epithelial tissues of the gastrointestinal and respiratory tracts and remains localized. Prolonged inflammation promotes continued mutations. These additional mutations allow the tumor to become antigen-independent and metastasize.

Clinical Manifestations

The clinical presentation of NHL varies depending on the subtype, location, and aggressiveness. Indolent lymphomas often present with painless, slowly enlarging lymphadenopathy that may be localized or generalized. At diagnosis, the disease is typically disseminated, with frequent bone marrow involvement. Some patients remain stable for years, while others eventually progress to aggressive disease.

In contrast, aggressive lymphomas such as DLBCL and Burkitt lymphoma present with rapidly enlarging lymph nodes or extranodal masses and systemic "B" symptoms, including fever, night sweats, and unexplained weight loss. These lymphomas are often associated with immune dysfunction, particularly hypogammaglobulinemia, leading to recurrent infections. Due to their high proliferation rate, aggressive NHLs are typically sensitive to chemotherapy and radiotherapy.

Diagnosis and Treatment

Diagnosis of NHL requires excisional lymph node biopsy, followed by histopathologic examination and immunophenotyping to determine lineage and clonality. Additional molecular testing, such as fluorescence in situ hybridization (FISH) and next-generation sequencing (NGS), is now routinely used to identify chromosomal rearrangements (e.g., MYC, BCL2, BCL6) and genetic mutations that inform both classification and treatment strategies.

Treatment selection is based on histologic subtype, disease stage, clinical risk factors, and patient comorbidities. Indolent lymphomas may be managed with observation or single-agent immunotherapy, while aggressive subtypes require combination chemotherapy and targeted immunotherapy, which have significantly improved outcomes for patients with relapsed or refractory disease (Huang et al., 2023).

> **KEY POINTS**
>
> **Malignant Lymphomas**
>
> - The lymphomas represent malignancies that arise in the peripheral lymphoid tissues.
> - NHLs represent a group of heterogeneous lymphocytic cancers that are multicentric in origin and spread to various tissues throughout the body, including the bone marrow.

Hodgkin Lymphoma

HL is a specialized form of lymphoma defined by the presence of an abnormal cell called the **Reed-Sternberg cell**, a large, atypical, mononuclear or multinucleated cell that originates from B cells. It occurs more frequently in two separate age groups: early adulthood (15 to 40 years) and older adulthood (55 years or older) (Ansell, 2022).

HL differs from NHL in several respects. It typically arises in a single lymph node or chain of nodes, spreading in an orderly fashion to anatomically contiguous nodes, whereas NHL more often presents with extranodal involvement and a less predictable pattern of spread. The presence of Reed-Sternberg cells, which often constitute fewer than 1% of the total cellular infiltrate, is a hallmark feature and is required for diagnosis (Fig. 19-8).

Pathophysiology

The exact cause of HL remains uncertain. Proposed contributing factors include exposure to carcinogens, certain viruses (notably EBV), genetic susceptibility, and immune dysfunction, though none are universally implicated in all cases. Molecular studies have shown that Reed-Sternberg cells often harbor mutated Ig genes, confirming their origin from germinal center or post–germinal center B cells (Ansell, 2022).

Classification

The WHO classifies HL into two major categories: nodular lymphocyte-predominant Hodgkin lymphoma (NLPHL) and classic Hodgkin lymphoma (cHL) (Li, 2022). NLPHL is much less common and tends to grow slowly. It usually appears in a limited number of lymph nodes and is more likely to be localized when first diagnosed. This type is characterized by large abnormal cells known as "popcorn cells" because of their appearance under the microscope. These cells are different from the Reed-Sternberg cells seen in cHL and often respond well to treatment, with a high long-term survival rate.

The more common type, cHL, includes four subtypes based on how the lymphoma cells appear under the microscope and how the disease behaves. The most frequent subtype is nodular sclerosis, which often affects young adults and typically presents with lymph node enlargement in the chest area. Other subtypes include mixed cellularity, lymphocyte-rich, and lymphocyte-depleted. Each of these has slightly different features and may be more or less aggressive, but all are treated using similar approaches.

Clinical Manifestations

HL often presents with painless enlargement of a single lymph node or group of nodes, commonly located above the diaphragm (e.g., cervical, supraclavicular, or axillary regions). Mediastinal masses are common and may be incidentally detected on chest imaging. Associated symptoms include chest discomfort, cough, or dyspnea. Involvement of lymph nodes below the diaphragm is less common at initial presentation and is more frequently seen in older adult males (Ansell, 2022).

Systemic symptoms known as "B symptoms" (unexplained fever, drenching night sweats, and unintentional weight loss) are present in a subset of patients and have prognostic significance. Other findings may include fatigue, anemia, pruritus, and intermittent fevers. As the disease progresses, HL may involve extranodal organs, including the liver, spleen, lungs, gastrointestinal tract, and occasionally the CNS (Fig. 19-9). The proliferation of malignant cells disrupts normal immune function, leading to impaired cell-mediated immunity, increased susceptibility to infections, and anergy or failure to react to skin tests such as tuberculin (Ansell, 2022).

Diagnosis and Treatment

Diagnosis of HL requires histopathologic identification of Reed-Sternberg cells in a lymph node biopsy. Immunohistochemistry is used to confirm the characteristic phenotype (CD30+, often CD15+). Modern staging

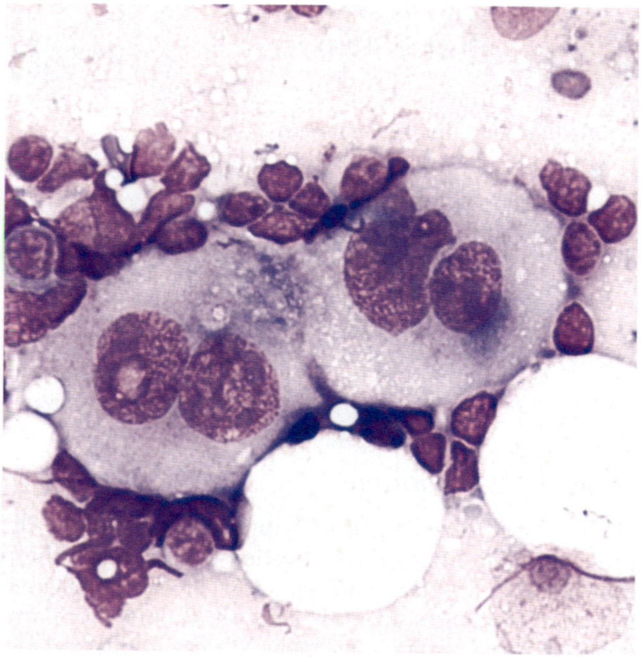

FIGURE 19-8. Microscopic image of touch prep cytology smear of a lymph node in a patient with Hodgkin disease (lymphoma), showing Reed-Sternberg cells (binucleated cells with prominent nucleoli). (David A. Litman/Shutterstock.com)

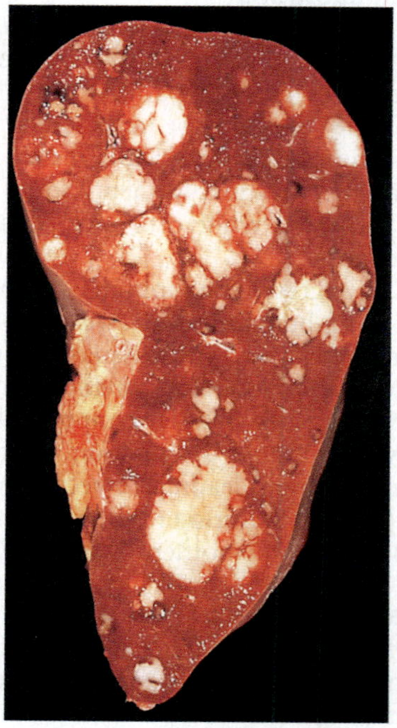

FIGURE 19-9. Hodgkin lymphoma. Irregularly sized and distributed nodules are characteristic of Hodgkin lymphoma in the spleen. (From Longacre, T. A. [2023]. *Mills and Sternberg's diagnostic surgical pathology* [7th ed.]. Wolters Kluwer; Fig. 18-22.)

employs FDG-PET/CT scanning, which has replaced older techniques such as bipedal lymphangiography due to its superior sensitivity for detecting metabolically active disease. Bone marrow biopsy is performed selectively in cases with suspected marrow involvement or advanced disease. Staging is based on the number and location of lymph nodes involved, the presence of disease above or below the diaphragm, and involvement of extralymphatic organs such as bone marrow, liver, or lungs (Ullah et al., 2023).

Treatment decisions and prognosis are directly linked to disease stage. Standard first-line treatment for cHL includes combination chemotherapy with or without involved-site radiotherapy (ISRT). In relapsed or refractory cases, an anti-CD30 antibody–drug conjugate and immune checkpoint inhibitors are now widely used.

The prognosis for HL is excellent, especially in early-stage disease, with 5-year survival rates of 94% to 96%. Even advanced-stage HL is often highly treatable with appropriate therapy (Ullah et al., 2023).

Leukemias

Leukemias are malignant neoplasms of hematopoietic precursor cells characterized by the diffuse replacement of bone marrow with unregulated, proliferating, immature neoplastic cells. These leukemic cells typically spill into the peripheral blood and may infiltrate other organs such as the liver, spleen, lymph nodes, and CNS, resulting in organomegaly and systemic symptoms. The term "leukemia," meaning "white blood," was first introduced by Rudolf Virchow to describe the abnormal predominance of WBC over RBCs in affected individuals (Lichtman, 2008).

In the United States, approximately 60,440 new cases of leukemia and 23,710 related deaths were estimated for 2024. Leukemia remains the most common cancer in children, with acute lymphoblastic leukemia (ALL) accounting for the majority of pediatric cases. However, leukemia is diagnosed roughly 10 times more often in adults, particularly in forms such as AML, CLL, and CML (American Cancer Society, 2024).

Classification

Leukemias are classified by both the lineage of the malignant cells (lymphoid or myeloid) and the clinical course (acute or chronic). The location and timing of the malignant cellular transformation within the WBC development process influence whether the leukemia will be acute or chronic and myeloid or lymphoid (Fig. 19-10).

Acute leukemias include ALL and AML, whereas chronic leukemias include CLL and CML (Li, 2022). Mixed phenotype acute leukemias (MPALs) represent a rare category that exhibits features of both myeloid and lymphoid lineages. WHO classification incorporates genetic, molecular, and immunophenotypic features. Lymphoid leukemias involve immature lymphocytes and often infiltrate lymphoid organs and the CNS. Myeloid leukemias disrupt the maturation of granulocytes, erythrocytes, and platelets by affecting myeloid stem cells in the bone marrow.

Pathophysiology

The exact causes of leukemia remain incompletely understood. Risk factors include exposure to ionizing radiation, benzene, and certain chemotherapy agents, as well as congenital disorders such as Down syndrome, neurofibromatosis, and Fanconi anemia. Some leukemias occur as secondary malignancies following treatment for other cancers, including HL. Familial clustering and congenital predisposition suggest a genetic component.

Molecular studies have revealed that leukemias frequently result from chromosomal abnormalities such as translocations, deletions, or inversions that disrupt genes critical for hematopoietic regulation. Over 50% of leukemias show recurrent cytogenetic alterations. For instance, the Philadelphia chromosome (t[9;22]) creates a BCR::ABL1 fusion gene that drives oncogenesis in nearly all cases of CML and in some cases of ALL. The discovery of these abnormalities has enabled targeted therapies and improved prognostication (Li, 2022). Figure 19-11 compares a normal blood smear to one with leukemia.

Acute Leukemias

Acute leukemias are cancers of the hematopoietic progenitor cells, with the malignant transformation occurring earlier in the cellular differentiation process (see Fig. 19-10). Acute leukemias usually have a sudden onset, with signs and symptoms related to depressed bone marrow function (Table 19-1). The two types of acute leukemia are **acute lymphoid leukemia (ALL)** and **AML**. ALL occurs most frequently in children, accounting for three in four cases of childhood leukemia. However, about one third of cases of ALL occur in adults, and most of the deaths from the disease occur in adults (about four of five). AML is mainly a disease of older adults, but it is also seen in children and young adults. In children and adolescents, AML accounts for one in four cases of leukemia (Thiele et al., 2022).

ALL encompasses a group of neoplasms composed of precursor B (pre-B) or T (pre-T) cells referred to as **lymphoblasts** (Fig. 19-12). Approximately 90% of people with ALL have numeric and structural changes in the chromosomes of their leukemic cells. These include hyperploidy (i.e., more than 50 chromosomes), polyploidy (i.e., three or more sets of chromosomes), and chromosomal translocations and deletions. Many of these chromosomal aberrations serve to dysregulate the expression and function of transcription factors required for normal hematopoietic cell development.

The AMLs are a diverse group of neoplasms affecting myeloid precursor cells in the bone marrow. Most are associated with acquired genetic alterations that inhibit terminal myeloid differentiation. As a result, normal marrow elements are replaced by an accumulation of relatively undifferentiated blast cells, leading to the suppression of the remaining progenitor cells and resulting in anemia, neutropenia, and thrombocytopenia. Specific

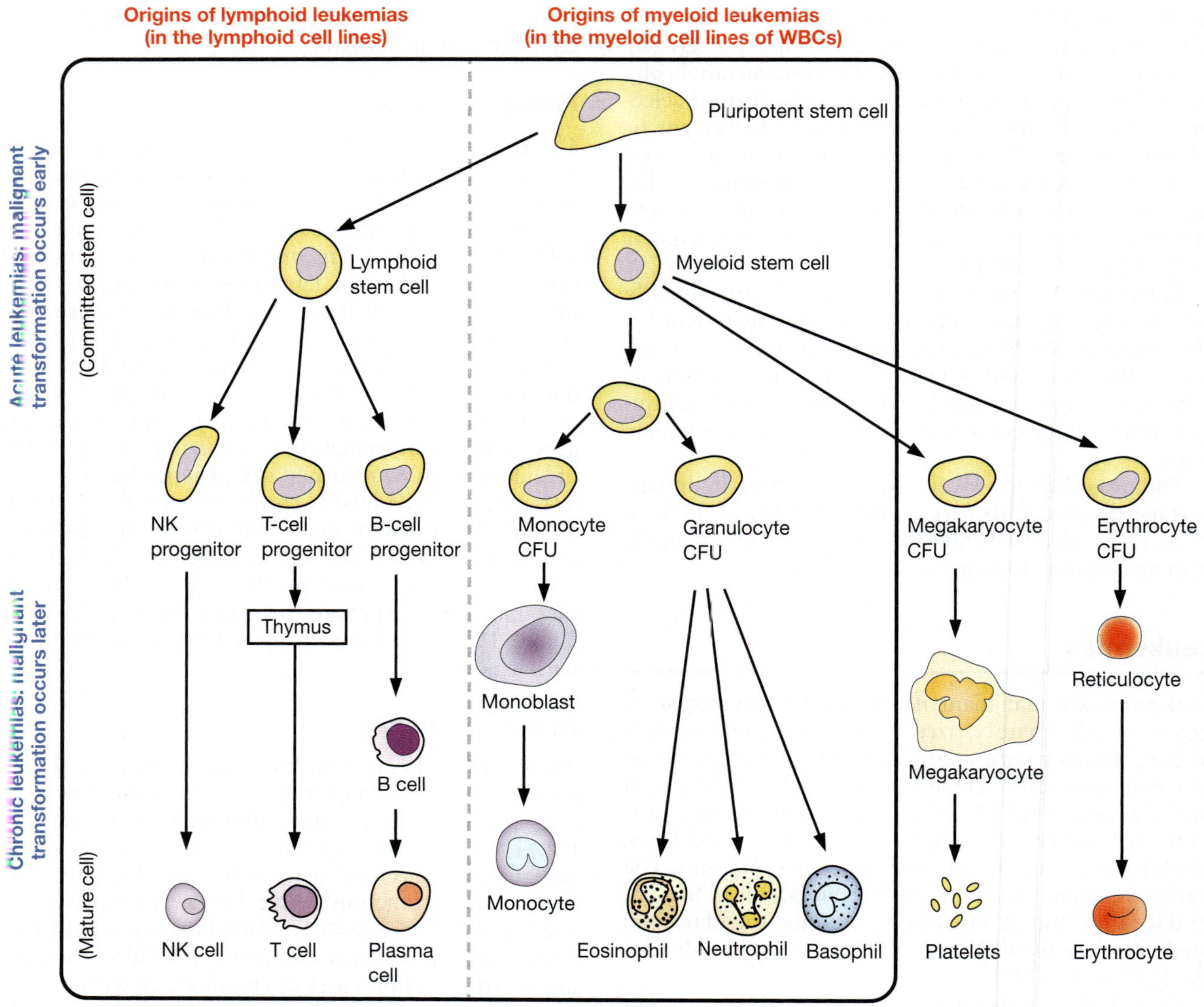

FIGURE 19-10. Origins of malignant cellular mutations in the different types of leukemias. Note the different locations of the malignant transformation in the acute versus chronic leukemias, with malignant transformation occurring early in the line of differentiation for the acute leukemias and occurring later in cells that are more well differentiated in the chronic leukemias. Also note the different origins of the malignancy in the lymphoid versus myeloid leukemias. For the lymphoid leukemias, the malignancy arises in the lymphoid cell line. For the myeloid leukemias, the malignancy arises in the myeloid cell line.

chromosomal abnormalities, including translocations, are seen in a large number of AMLs.

Clinical Manifestations

Although ALL and AML are distinct disorders, they typically present with similar clinical features. Both are characterized by an abrupt onset of symptoms, including fatigue resulting from anemia; low-grade fever, night sweats, and weight loss resulting from the rapid proliferation and hypermetabolism of the leukemic cells; bleeding caused by a decreased platelet count; and bone pain and tenderness because of bone marrow expansion (Thiele et al., 2022). Infection results from neutropenia, with the risk of infection rising steeply as the neutrophil count falls below 500 cells/mcL. Generalized lymphadenopathy, splenomegaly, and hepatomegaly caused by the infiltration of leukemic cells occur in all acute leukemias but are more common in ALL.

In addition to the common manifestations of acute leukemia (i.e., fatigue, weight loss, fever, easy bruising), infiltration of malignant cells in the skin, gums, and other soft tissues is particularly common in the monocytic form of AML. The leukemic cells may also cross the blood–brain barrier and establish a sanctuary in the CNS. CNS involvement is more common in ALL than in AML and is more common in children than in adults. Signs and symptoms of CNS involvement include cranial nerve palsies, headache, nausea, vomiting, papilledema, and, occasionally, seizures and coma (Thiele et al., 2022).

A life-threatening complication called **leukostasis** may occur when blast counts exceed 100,000/mcL, leading to increased blood viscosity and vascular obstruction in the lungs or brain. **Hyperuricemia** due to rapid cell turnover can result in renal complications, managed with rasburicase. Tumor lysis syndrome, another risk during

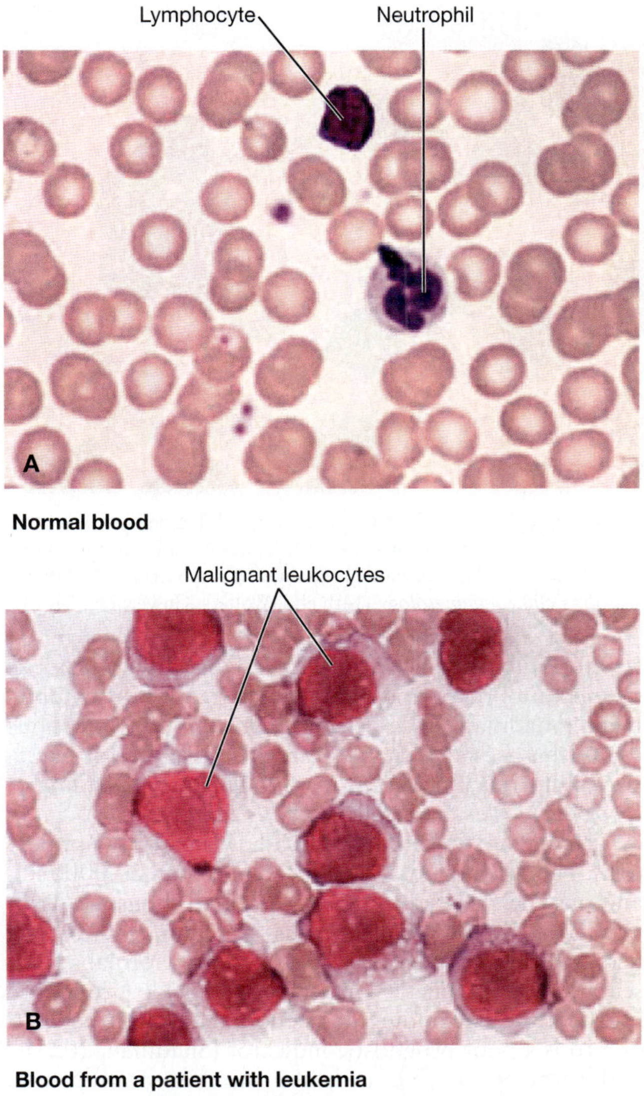

FIGURE 19-11. Leukemia. **A.** Normal blood with normal neutrophils and lymphocytes. **B.** Blood from a person with leukemia illustrating numerous abnormal leukocytes. (From McConnell, T. H., & Hull, K. L. [2011]. *Human form, human function: Essentials of anatomy & physiology* [p. 386]. Lippincott Williams & Wilkins.)

TABLE 19-1 Clinical Manifestations of Leukemia and Their Pathologic Basis[a]

Clinical Manifestations	Pathologic Basis
Bone marrow depression	Physical and metabolic encroachment of leukemia cells on normal hematopoiesis
Malaise, easy fatigability	Anemia
Fever	Infection or increased metabolism by neoplastic cells
Bleeding Petechiae Ecchymosis Gingival bleeding Epistaxis	Decreased thrombocytes
Bone pain and tenderness upon palpation	Subperiosteal bone infiltration, bone marrow expansion, and bone resorption
Headache, nausea, vomiting, papilledema, cranial nerve palsies, seizures, coma	Leukemic infiltration of the central nervous system
Abdominal discomfort	Generalized lymphadenopathy, hepatomegaly, splenomegaly due to leukemic cell infiltration
Increased vulnerability to infections	Immaturity of the white cells and ineffective immune function
Hematologic abnormalities Anemia Thrombocytopenia	Physical and metabolic encroachment of leukemia cells on red blood cells and thrombocyte precursors
Hyperuricemia and other metabolic disorders	Abnormal proliferation and metabolism of leukemia cells

[a]Manifestations vary with the type of leukemia.

treatment, may lead to electrolyte imbalances and acute kidney injury (Kondala & Samal, 2024).

Diagnosis and Treatment

The diagnosis of acute leukemia requires blood and bone marrow examination demonstrating a predominance of blast cells. **Immunophenotyping** via flow cytometry helps determine lineage (B-cell acute lymphoblastic leukemia (B-ALL) T-cell acute lymphoblastic leukemia (T-ALL)), while cytogenetic and molecular testing guide prognosis and treatment. Bone marrow biopsy provides further information on disease extent and morphology. In ALL, staging includes a lumbar puncture to assess CNS involvement. Minimal residual disease (MRD) assessment has become a critical prognostic tool in both ALL and AML. Imaging studies that include CT scans of the chest, abdomen, and pelvis may also be obtained to identify additional sites of disease (Saeed et al., 2022).

Treatment of acute leukemia typically involves multiple phases: induction (to achieve remission), consolidation (to eliminate residual disease), and maintenance (to sustain remission, especially in ALL). Prognosis depends heavily on age, cytogenetics, and treatment response. Novel therapies include CAR T-cell therapy, especially for relapsed/refractory B-cell ALL, and targeted therapies like FLT3 or IDH inhibitors for specific AML subtypes (Sheykhhasan et al., 2022).

Stem cell transplantation may be considered for individuals who relapse or have high-risk features. Because of increased treatment-related risks, transplantation is generally limited to patients under 60 years of age.

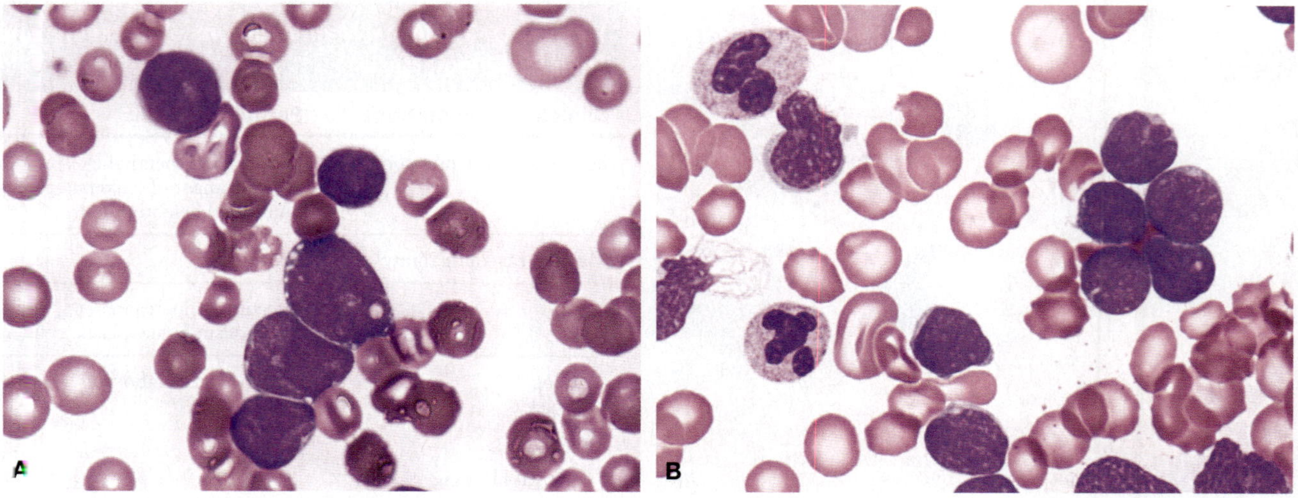

FIGURE 19-12. Acute lymphoblastic leukemia with blasts containing scant, agranular cytoplasm. The morphologic features are not specific and may also be present in minimally differentiated acute myeloid leukemia. Part (**A**) is from a case of B-lymphoblastic leukemia, not otherwise specified, whereas part (**B**) is from T-lymphoblastic leukemia, both showing similar morphologic changes. (From Greer, J. P., Arber, D. A., Glader, B. E., List, A. F., Means, R. T., & Rodgers, G. M. [2019]. *Wintrobe's clinical hematology* [14th ed.]. Wolters Kluwer; Fig. 74-5.)

Chronic Leukemias

In contrast to acute leukemias, **chronic leukemias** are malignancies involving the proliferation of more fully differentiated myeloid and lymphoid cells. In these chronic leukemias, the malignant cellular transformation occurs later in the WBC differentiation process (see Fig. 19-10). The two major types of chronic leukemia are CLL and CML.

Chronic Lymphocytic Leukemia

CLL is a clonal malignancy of B cells and the most common adult leukemia in the Western world. Some people with CLL survive for many years without therapy and eventually succumb to unrelated diseases, whereas others have a rapidly fatal disease despite aggressive therapy (Shadman, 2023). Diagnosis is based on the presence of a high lymphocyte count (often greater than 20,000/mcL) with immunophenotyping to confirm lineage. Prognosis is influenced by cytogenetic markers such as del(17p) or TP53 mutations, which are associated with poor outcomes.

The clinical signs and symptoms of CLL are largely related to the progressive infiltration of the bone marrow and lymphoid tissues by neoplastic lymphocytes and to secondary immunologic defects. People with the indolent form of CLL are often asymptomatic at the time of diagnosis, and lymphocytosis is noted on a CBC obtained for another, unrelated disorder. As the disease progresses, lymph nodes gradually increase in size, and new nodes are involved, sometimes in unusual areas such as the scalp, orbit, pharynx, pleura, gastrointestinal tract, liver, prostate, and gonads. Individuals with an aggressive form of CLL experience a more rapid sequence of clinical deterioration characterized by increasing lymphadenopathy, hepatosplenomegaly, fever, abdominal pain, weight loss, progressive anemia, and thrombocytopenia, with a rapid rise in lymphocyte count.

Hypogammaglobulinemia is common in CLL, especially in people with advanced disease. An increased susceptibility to infection reflects an inability to produce specific antibodies and abnormal activation of complement (Shadman, 2023). The most common infectious organisms are those that require opsonization for bacterial killing, such as *Streptococcus pneumoniae*, *Staphylococcus aureus*, and *Haemophilus influenzae*.

The diagnostic hallmark of CLL is isolated lymphocytosis. The WBC count is usually greater than 20,000/mcL and may be elevated to several hundred thousand. Usually, 75% to 98% of the cells are lymphocytes. The hematocrit and platelet counts are usually normal at presentation. Cytogenetic studies may provide prognostic information. The finding of deletion of chromosome 17p or 11q is a poor prognostic indicator (Shadman, 2023).

Treatment of CLL is based on risk stratification. Low-risk patients may be observed, while those with progressive or symptomatic disease may receive BTK inhibitors (e.g., ibrutinib, acalabrutinib), BCL-2 inhibitors (e.g., venetoclax), or chemoimmunotherapy. Stem cell transplantation may be considered in younger patients with high risk or refractory disease (Shadman, 2023).

Chronic Myelogenous Leukemia

CML arises from a pluripotent hematopoietic stem cell and is defined by the presence of the BCR::ABL1 fusion gene (**Philadelphia chromosome**). The disease course is divided into three phases: chronic (indolent), accelerated (progressive), and blast crisis (resembling acute leukemia) (Senapati et al., 2022).

The onset of the chronic phase is usually slow, with nonspecific symptoms such as weakness and weight loss. The most characteristic laboratory finding at the time of presentation is leukocytosis with immature granulocyte cell types in the peripheral blood. Anemia and, eventually, thrombocytopenia develop. Anemia causes weakness, easy fatigability, and exertional dyspnea. Splenomegaly is often present at the time of diagnosis; hepatomegaly is less common; and lymphadenopathy is relatively uncommon.

The accelerated phase of CML is characterized by enlargement of the spleen and progressive symptoms. Splenomegaly often causes a feeling of abdominal fullness and discomfort. An increase in basophil count and more immature cells in the blood or bone marrow confirms transformation to the accelerated phase. During this phase, constitutional symptoms such as low-grade fever, night sweats, bone pain, and weight loss develop because of the rapid proliferation and hypermetabolism of the leukemic cells. Bleeding and easy bruising may arise from dysfunctional platelets. Generally, the accelerated phase is short (6 to 12 months) (Senapati et al., 2022).

The terminal blast crisis phase of CML represents evolution to acute leukemia and is characterized by an increasing number of myeloid precursors, especially blast cells, in the blood. Splenomegaly may increase significantly. Isolated infiltrates of leukemic cells can involve the skin, lymph nodes, bones, and CNS. With very high blast counts (>100,000 cells/mcL), symptoms of leukostasis may occur (Kantarjian et al., 2024).

A diagnostic feature of CML is an elevated WBC count, with a median count of 150,000/mcL at the time of diagnosis although, in some cases, it is only modestly increased. The hallmark of the disease is the presence of the *BCR-ABL* gene product, which can be detected in the peripheral blood. This is best done using the polymerase chain reaction (PCR). Bone marrow examination is not usually necessary for diagnosis but is useful for prognosis and detecting additional chromosomal abnormalities.

The goals of treatment for CML include a hematologic response characterized by normalized blood counts and eradication of the BCR::ABL1-positive clone. Treatment aims to achieve hematologic, cytogenetic, and molecular remission. Tyrosine kinase inhibitors (TKIs), such as imatinib, dasatinib, and nilotinib, are standard first-line therapies and have transformed CML into a manageable chronic condition. Allogeneic stem cell transplantation remains the only curative option but is typically reserved for patients who fail TKI therapy or progress to blast crisis (Senapati et al., 2022).

KEY POINTS

Leukemias

- HL is a group of cancers characterized by Reed-Sternberg cells that begins as a malignancy in a single lymph node and then spreads to contiguous lymph nodes.
- Leukemias are malignant neoplasms arising from the transformation of a single blood cell line derived from hematopoietic stem cells.
- Because leukemic cells are immature and poorly differentiated, they proliferate rapidly, have a long lifespan, do not function normally, interfere with the maturation of normal blood cells, circulate in the bloodstream, cross the blood–brain barrier, and infiltrate many body organs.

Plasma Cell Dyscrasias

Plasma cell dyscrasias are a group of disorders characterized by the clonal proliferation of Ig-secreting plasma cells. This expansion results in the overproduction of a single monoclonal Ig (referred to as an M protein) or its fragments, which are detectable in the blood or urine. The spectrum of plasma cell dyscrasias includes multiple myeloma, solitary plasmacytoma, monoclonal gammopathy of undetermined significance (MGUS), smoldering multiple myeloma (SMM), primary amyloid light-chain (AL) amyloidosis, and lymphoplasmacytic lymphoma. These disorders vary in clinical severity, from asymptomatic premalignant states to aggressive and systemic malignancies.

Monoclonal Gammopathy of Undetermined Significance

Monoclonal gammopathy of undetermined significance (MGUS) is a common premalignant condition characterized by the presence of serum monoclonal Ig (M protein) at a concentration of less than 3 g/dL, fewer than 10% clonal plasma cells in the bone marrow, and the absence of end-organ damage or myeloma-defining events (MDEs) (Kaur et al., 2023).

MGUS is typically asymptomatic but carries a long-term risk of progression to multiple myeloma, AL amyloidosis, or other lymphoproliferative disorders at an average annual rate of approximately 1%. The pathogenesis of MGUS suggests that an initial oncogenic event leads to clonal expansion, with additional genetic alterations required for transformation into symptomatic disease (Kaur et al., 2023).

Multiple Myeloma

Multiple myeloma is a B-cell malignancy of terminally differentiated plasma cells, typically affecting individuals over the age of 60, with a median age of 71 years at diagnosis. Risk factors include chronic immune stimulation, autoimmune disorders, and exposure to ionizing radiation, herbicides (e.g., dioxin), and Agent Orange. The disease is often preceded by MGUS or smoldering myeloma and is characterized by clonal plasma cell proliferation in the bone marrow, leading to bone destruction, immune dysfunction, and systemic organ damage.

Pathophysiology

Multiple myeloma is characterized by the proliferation of malignant plasma cells in the bone marrow and osteolytic bone lesions throughout the skeletal system (Fig. 19-13). The pathogenesis of multiple myeloma involves chromosomal abnormalities, most commonly translocations involving the Ig heavy chain (IgH) locus on chromosome 14q32, deletions of chromosome 13q, and deletions or mutations in TP53. The disease also involves complex interactions within the bone marrow microenvironment, including angiogenesis, suppression of normal immune surveillance, and production of cytokines such as interleukin-6 (IL-6), which promotes myeloma cell survival and proliferation. Other key growth factors include IL-10, interferon-alpha, vascular

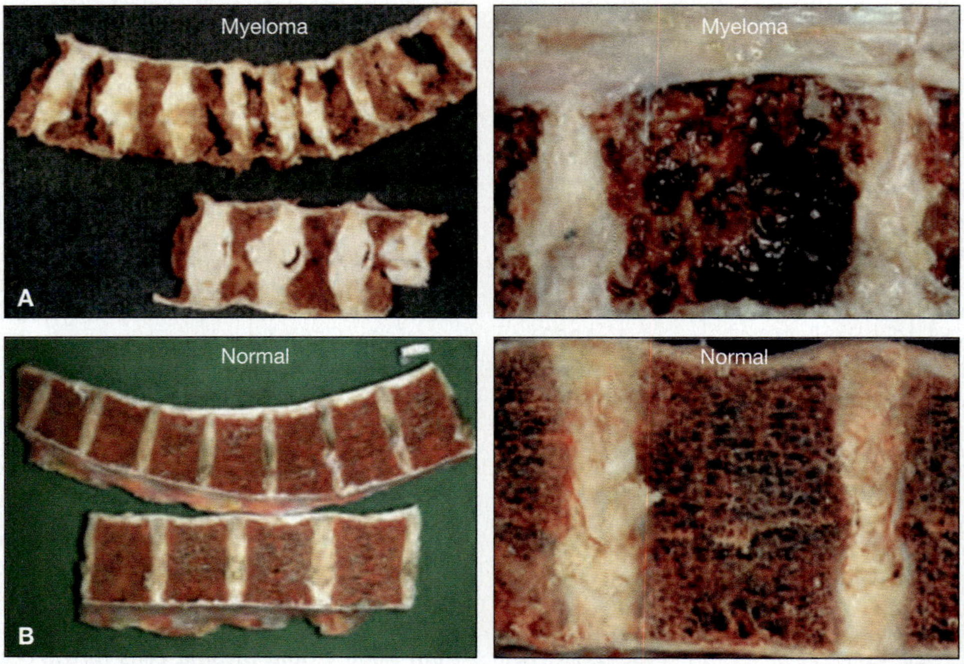

FIGURE 19-13. Gross appearance of sagittal views of the cervical spine in a patient with myeloma (**A**) and a normal specimen (**B**). Note the multiple wedge compressions and punched-out hemorrhagic lesions in the myeloma specimen. (From Weskler, B., Schechter, G. P., & Ely, S. A. [2018]. *Wintrobe's atlas of clinical hematology* [2nd ed.]. Wolters Kluwer; Fig. 10-17.)

endothelial growth factor (VEGF), and G-CSF. Receptor activator of nuclear factor κB ligand (RANKL) produced by osteoblasts plays a central role in the development of osteolytic bone lesions. In recent years, B-cell maturation antigen (BCMA) has emerged as a major therapeutic target in multiple myeloma (Silberstein et al., 2022).

Clinical Manifestations

The most prominent clinical features of multiple myeloma involve the bones and bone marrow. Excessive osteoclast activation leads to bone pain, pathologic fractures, and hypercalcemia (Fig. 19-14). The accumulation of monoclonal Igs (typically IgG in 60% of cases or IgA in 20%–25%) or light chains (Bence Jones proteins) can lead to renal dysfunction and hyperviscosity (Cowan et al., 2022). The suppression of normal Ig production, known as **immune paresis**, contributes to recurrent bacterial infections (Raje et al., 2022). Myeloma cells may also form **plasmacytomas** in bone or soft tissue, most commonly in the gastrointestinal tract, causing localized pain and mass effect. Neurologic complications may result from peripheral neuropathy or spinal cord compression. Other systemic manifestations include fatigue, weight loss, anemia, and renal insufficiency, which occurs in approximately half of all patients (Silberstein et al., 2022).

Diagnosis and Treatment

Diagnosis of multiple myeloma is based on clinical evaluation, laboratory testing, and imaging. The International Myeloma Working Group (IMWG) defines multiple myeloma as the presence of at least 10% clonal plasma cells in the bone marrow or biopsy-proven plasmacytoma,

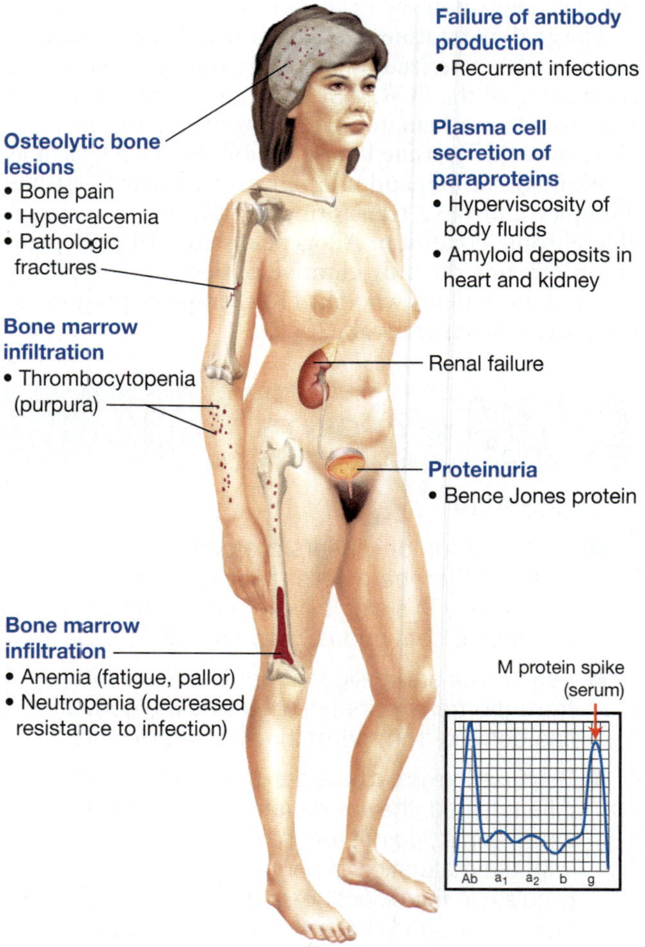

FIGURE 19-14. Clinical features of multiple myeloma.

plus one or more MDEs: hypercalcemia, renal insufficiency, anemia, bone lesions (CRAB criteria), or biomarkers such as at least 60% clonal plasma cells in the marrow, an involved/uninvolved free light chain ratio of at least 100, or more than 1 focal lesion on MRI (Kumar et al., 2023). Laboratory findings commonly include elevated erythrocyte sedimentation rate (ESR), anemia, hypercalcemia, renal dysfunction, and the presence of an M-spike on serum protein electrophoresis or Bence Jones proteinuria (Cowan et al., 2022).

Treatment has evolved significantly. For transplant-eligible patients, triplet or quadruplet induction therapy is typically followed by autologous stem cell transplantation (ASCT) and maintenance therapy. For those ineligible for transplant, similar drug regimens are used without ASCT. In relapsed or refractory disease, anti-BCMA therapies such as CAR T-cell and bispecific antibodies (e.g., teclistamab) offer promising outcomes. Allogeneic transplantation is reserved for select patients due to high treatment-related risks, although non-myeloablative or "mini-transplants" may allow for graft-versus-myeloma effects with reduced toxicity (Cowan et al., 2022).

SUMMARY CONCEPTS

The lymphomas (NHL and HL) represent malignant neoplasms of cells native to lymphoid tissue that have their origin in the secondary lymphoid structures, such as the lymph nodes and MALTs. NHLs are a group of neoplastic disorders that originate in the lymphoid tissues, usually the lymph nodes. The NHLs are multicentric in origin and spread early to various lymphoid tissues throughout the body, especially the liver, spleen, and bone marrow. HL is characterized by painless and progressive enlargement of a single node or group of nodes. It is believed to originate in one area of the lymphatic system and, if unchecked, spreads throughout the lymphatic network.

Leukemias are malignant neoplasms of the hematopoietic precursor cells that originate in the bone marrow. They are classified according to cell type (i.e., lymphocytic or myelocytic) and whether the disease is acute or chronic. The lymphocytic leukemias involve immature lymphocytes and their progenitors that originate in the bone marrow but infiltrate the spleen, lymph nodes, CNS, and other tissues. The myelogenous leukemias involve the pluripotent myeloid stem cells in the bone marrow and interfere with the maturation of all blood cells, including granulocytes, erythrocytes, and thrombocytes.

The acute leukemias (ALL, which primarily affect children, and AML, which primarily affects adults) have a sudden onset with symptoms of depressed bone marrow function (anemia, fatigue, bleeding, and infections), bone pain, and generalized lymphadenopathy, splenomegaly, and hepatomegaly. The chronic leukemias, which largely affect adults, have a more insidious onset. CLL often has the most favorable clinical course, with many persons living long enough to die of other, unrelated causes. The course of CML is slow and progressive, with transformation to a course resembling that of AML.

Multiple myeloma is a plasma cell dyscrasia characterized by the expansion of a single clone of Ig-producing plasma cells and a resultant increase in serum levels of a single monoclonal Ig or its fragments. The main sites involved in multiple myeloma are the bones and bone marrow. In addition to the abnormal proliferation of marrow plasma cells, there is proliferation and activation of osteoclasts, leading to bone resorption and destruction, and predisposing the patient to an increased risk of pathologic fractures and the development of hypercalcemia. Paraproteins secreted by the plasma cells may cause hyperviscosity of body fluids and may break down into amyloid, a proteinaceous substance deposited between cells that can cause heart failure and neuropathy. Bone marrow involvement leads to an increased risk of infection because of suppressed humoral and cell-mediated immunity and anemia caused by impaired red cell production.

Integrating Clinical Decision Making

A 62-year-old man undergoing combination chemotherapy for DLBCL presents to the emergency department with fever (38.6°C), malaise, and a sore throat. He reports that he completed his last chemotherapy cycle 8 days ago. Laboratory findings are total WBC count 1.2 × 10³/mcL, segmented neutrophils 20%, and bands 5%. He appears fatigued but has minimal redness or swelling in the throat despite significant discomfort.

1. Using the laboratory data provided, calculate this patient's ANC. How would this level be classified, and why is this clinically significant?
2. What is the most likely cause of this patient's neutropenia, and what pathophysiologic mechanism explains it?

The patient stabilizes with broad-spectrum antibiotics and G-CSF support. Three months later, he returns with progressive fatigue, unintentional weight loss, night sweats, and enlarged cervical and supraclavicular lymph nodes without pain. Laboratory findings are WBCs 18,500/mcL, lymphocytes 65%, hemoglobin 10.2 g/dL, and platelets 110,000/mcL. Excisional lymph node biopsy reveals Reed-Sternberg cells.

3. Based on the biopsy findings, what is the most likely diagnosis, and how does this disorder differ pathophysiologically from NHL?
4. How does HL impair immune function, and why might this patient be at increased risk for infection?

REFERENCES

American Cancer Society. (2024). *Cancer Facts and Statistics*. https://www.cancer.org/research/cancer-facts-statistics.html

Ansell, S. M. (2022). Hodgkin lymphoma: 2023 update on diagnosis, risk-stratification, and Management. *American Journal of Hematology*, *97*(11), 1478–1488. https://doi.org/10.1002/ajh.26717

Barraclough, A., Hawkes, E., Sehn, L. H., & Smith, S. M. (2023). Diffuse large B-cell lymphoma. *Hematological Oncology*, *42*(6), e3202. https://doi.org/10.1002/hon.3202

Chapman, N. M., & Chi, H. (2022). Metabolic adaptation of lymphocytes in immunity and disease. *Immunity*, *55*(1), 14–30. https://doi.org/10.1016/j.immuni.2021.12.012

Cheah, C. Y., & Seymour, J. F. (2023). Marginal zone lymphoma: 2023 update on diagnosis and management. *American Journal of Hematology*, *98*(10), 1645–1657. https://doi.org/10.1002/ajh.27058

Coates, T. D. (2025, April). Drug-induced neutropenia and agranulocytosis. *UpToDate*. https://www.uptodate.com/contents/drug-induced-neutropenia-and-agranulocytosis

Contejean, A., Maillard, A., Canouï, E., Kernéis, S., Fantin, B., Bouscary, D., Parize, P., Garcia-Vidal, C., & Charlier, C. (2023). Advances in antibacterial treatment of adults with high-risk febrile neutropenia. *Journal of Antimicrobial Chemotherapy*, *78*(9), 2109–2120. https://doi.org/10.1093/jac/dkad166

Cowan, A. J., Green, D. J., Kwok, M., Lee, S., Coffey, D. G., Holmberg, L. A., Tuazon, S., Gopal, A. K., & Libby, E. N. (2022). Diagnosis and management of multiple myeloma. *JAMA*, *327*(5), 464. https://doi.org/10.1001/jama.2022.0003

Dobrewa, W., Bielska, M., Bąbol-Pokora, K., Janczar, S., & Młynarski, W. (2024). Congenital neutropenia: From lab bench to clinic bedside and back. *Mutation Research—Reviews in Mutation Research*, *793*, 108476. https://doi.org/10.1016/j.mrrev.2023.108476

Erdem, A. B., Sarcan, E., Kayipmaz, A., & Kavalci, C. (2022). Clinical comparison of MASCC and CISNE scores in neutropenic febrile patients in the emergency department. *Phoenix Medical Journal*, *4*(1), 32–36. https://doi.org/10.38175/phnx.1061520

Fang, H., Wang, W., & Medeiros, L. J. (2025). Burkitt lymphoma. *Human Pathology*, *156*, 105703. https://doi.org/10.1016/j.humpath.2024.105703

Fioredda, F., Dufour, C., Höglund, P., Papadaki, H. A., & Palmblad, J. (2022). Autoimmune neutropenias: Update on clinical and biological features in children and adults. *HemaSphere*, 7(1), e814. https://doi.org/10.1097/hs9.0000000000000814

Fischbach, F. T., Fischbach, M. A., & Stout, K. (2022). *Fischbach's a manual of laboratory and diagnostic tests*. Wolters Kluwers.

Friedberg, J. W. (2023). Update on follicular lymphoma. *Hematological Oncology*, *41*(S1), 43–47. https://doi.org/10.1002/hon.3138

Huang, Z., Chavda, V. P., Bezbaruah, R., Dhamne, H., Yang, D.-H., & Zhao, H.-B. (2023). CAR T-cell therapy for the management of mantle cell lymphoma. *Molecular Cancer*, *22*(1), 67. https://doi.org/10.1186/s12943-023-01755-5

Ishikawa, E., Nakamura, M., Satou, A., Shimada, K., & Nakamura, S. (2022). Mucosa-associated lymphoid tissue (MALT) lymphoma in the gastrointestinal tract in the modern era. Cancers, 14(2), 446. https://doi.org/10.3390/cancers14020446

Jain, P., & Wang, M. L. (2022). Mantle cell lymphoma in 2022—A comprehensive update on molecular pathogenesis, risk stratification, clinical approach, and current and novel treatments. *American Journal of Hematology*, *97*(5), 638–656. https://doi.org/10.1002/ajh.26523

Kantarjian, H., Jabbour, E., & O'Brien, S. (2024). Chronic myelogenous leukemia. In D. Provan & H. M. Lazarus (Eds.), *Molecular hematology* (5th ed., pp. 83–97). John Wiley & Sons. https://doi.org/10.1002/9781394180486.ch6

Kaur, J., Valisekka, S. S., Hameed, M., Bandi, P. S., Varma, S., Onwughalu, C. J., Ibrahim, H., & Mongia, H. (2023). Monoclonal gammopathy of undetermined significance: A comprehensive review. *Clinical Lymphoma Myeloma and Leukemia*, *23*(5), e195–e212. https://doi.org/10.1016/j.clml.2023.02.004

Keck, J. M., Wingler, M. J., Cretella, D. A., Vijayvargiya, P., Wagner, J. L., Barber, K. E., Jhaveri, T. A., & Stover, K. R. (2022). Approach to fever in patients with neutropenia: A review of diagnosis and management. *Therapeutic Advances in Infectious Disease*, *9*, 20499361221138346. https://doi.org/10.1177/20499361221138346

Kondala, S., & Samal, S. (2024). Leukostasis: A comprehensive overview. In S. B. Mishra (Eds.), *Critical care hematology* (pp. 247–254). Springer. https://doi.org/10.1007/978-981-97-5565-3_20

Kumar, S. K., Callander, N. S., Adekola, K., Anderson, L. D., Baljevic, M., Baz, R., Campagnaro, E., Castillo, J. J., Costello, C., D'Angelo, C., Devarakonda, S., Elsedawy, N., Garfall, A., Godby, K., Hillengass, J., Holmberg, L., Htut, M., Huff, C. A., Hultcrantz, M., … Snedeker, J. (2023). Multiple myeloma, version 2.2024, NCCN clinical practice guidelines in oncology. *Journal of the National Comprehensive Cancer Network*, *21*(12), 1281–1301. https://doi.org/10.6004/jnccn.2023.0061

Leung, A. K. C., Lam, J. M., & Barankin, B. (2024). Infectious mononucleosis: An updated review. *Current Pediatric Reviews*, *20*(3), 305–322. https://doi.org/10.2174/1573396320666230801091558

Li, H., Côté, P., Kuoch, M., Ezike, J., Frenis, K., Afanassiev, A., Greenstreet, L., Tanaka-Yano, M., Tarantino, G., Zhang, S., Whangbo, J., Butty, V. L., Moiso, E., Falchetti, M., Lu, K., Connelly, G. G., Morris, V., Wang, D., Chen, A. F., … Rowe, R. G. (2024). The dynamics of hematopoiesis over the human lifespan. *Nature Methods*, *22*(2), 422–434. https://doi.org/10.1038/s41592-024-02495-0

Li, W. (2022). *The 5th edition of the World Health Organization classification of hematolymphoid tumors* (pp. 1–21). Exon Publications.

Lichtman, M. A. (2008). The history of leukemia—From 1845 to 2000. *Blood Cells, Molecules & Diseases*, *40*(1), 89–97.

Mank, V., Brown, K., & Azhar, W. (2024, April 21). Leukocytosis. In *StatPearls* [Internet]. StatPearls Publishing. https://www.ncbi.nlm.nih.gov/books/NBK560882/

National Comprehensive Cancer Network. (2023). *NCCN clinical practice guidelines in oncology: Prevention and treatment of cancer-related infections (Version 2.2023)*. https://www.nccn.org

Ozulumba, T., Montalbine, A. N., Ortiz-Cárdenas, J. E., & Pompano, R. R. (2023). New tools for immunologists: Models of lymph node function from cells to tissues. Frontiers in Immunology, 14. https://doi.org/10.3389/fimmu.2023.1183286

Park, S., & Soff, G. A. (2022). Hematopoietic growth factors. In American Society of Hematology Self-Assessment Program, Chapter 4. essay, American Society of Hematology. https://doi.org/10.1182/ashsap8.chapter04.

Raje, N. S., Anaissie, E., Kumar, S. K., Lonial, S., Martin, T., Gertz, M. A., Krishnan, A., Hari, P., Ludwig, H., O'Donnell, E., Yee, A., Kaufman, J. L., Cohen, A. D., Garderet, L., Wechalekar, A. F., Terpos, E., Khatry, N., Niesvizky, R., Yi, Q., … Munshi, N. C. (2022). Consensus guidelines and recommendations for infection prevention in multiple myeloma: A report from the International Myeloma Working Group. *The Lancet Haematology*, *9*(2), e143–e161. https://doi.org/10.1016/s2352-3026(21)00283-0

Rout, P., Zito, P. M., & Reynolds, S. B. (2024, June 7). Neutropenia. In *StatPearls* [Internet]. StatPearls Publishing. https://www.ncbi.nlm.nih.gov/books/NBK507702/

Saeed, A., Shoukat, S., Shehzad, K., Ahmad, I., Eshmawi, A. A., Amin, A. H., & Tag-Eldin, E. (2022). A deep learning-based approach for the diagnosis of acute lymphoblastic leukemia. *Electronics*, *11*(19), 3168. https://doi.org/10.3390/electronics11193168

Sedhai, Y. R., Gupta, V., & Lamichhane, A. (2023, May 23). Agranulocytosis. In *StatPearls* [Internet]. StatPearls Publishing. https://www.ncbi.nlm.nih.gov/books/NBK559275/

Senapati, J., Jabbour, E., Kantarjian, H., & Short, N. J. (2022). Pathogenesis and management of accelerated and blast phases of chronic myeloid leukemia. *Leukemia*, *37*(1), 5–17. https://doi.org/10.1038/s41375-022-01736-5

Shadman, M. (2023). Diagnosis and treatment of chronic lymphocytic leukemia. *JAMA*, *329*(11), 918. https://doi.org/10.1001/jama.2023.1946

Sheykhhasan, M., Manoochehri, H., & Dama, P. (2022). Use of car T-cell for acute lymphoblastic leukemia (ALL) treatment: A review study. *Cancer Gene Therapy*, *29*(8–9), 1080–1096. https://doi.org/10.1038/s41417-021-00418-1

Silberstein, J., Tuchman, S., & Grant, S. J. (2022). What is multiple myeloma? *JAMA*, *327*(5), 497. https://doi.org/10.1001/jama.2021.25306

Silkenstedt, E., Salles, G., Campo, E., & Dreyling, M. (2024). B-cell non-Hodgkin lymphomas. *The Lancet*, *403*(10438), 1791–1807. https://doi.org/10.1016/s0140-6736(23)02705-8

Thiele, J., Kvasnicka, H. M., Orazi, A., Gianelli, U., Gangat, N., Vannucchi, A. M., Barbui, T., Arber, D. A., & Tefferi, A. (2022). The international consensus classification of myeloid neoplasms and acute leukemias: Myeloproliferative neoplasms. *American Journal of Hematology*, *98*(1), 166–179. https://doi.org/10.1002/ajh.26751

Ullah, F., Dima, D., Omar, N., Ogbue, O., & Ahmed, S. (2023). Advances in the treatment of Hodgkin lymphoma: Current and future approaches. *Frontiers in Oncology*, *13*, 1067289. https://doi.org/10.3389/fonc.2023.1067289

Wang, J., Zhang, H., Wang, Y., Liang, L., & Yang, Z. (2022). Severe congenital neutropenia caused by Elane Gene Mutation: A case report and literature review. *Medicine*, *101*(44), e31357. https://doi.org/10.1097/md.0000000000031357

Zergham, A. S., Acharya, U., & Mukkamalla, S. K. R. (2023). Cyclic neutropenia(Archived). In *StatPearls* [Internet]. StatPearls Publishing. https://www.ncbi.nlm.nih.gov/books/NBK557396/

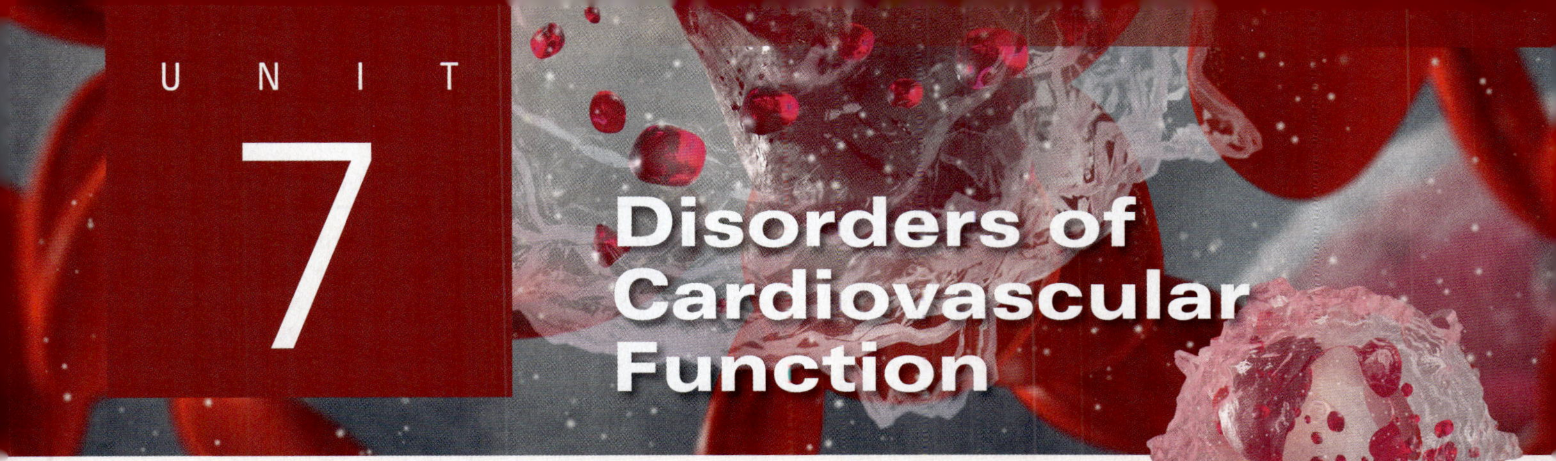

UNIT 7

Disorders of Cardiovascular Function

CHAPTER 20

Disorders of Blood Flow and Blood Pressure Regulation

The Heart and Circulatory System
The Cardiac Cycle
Regulation of Cardiac Function
Organization of the Circulatory System
Principles of Circulatory Function
Blood Vessel Structure and Microcirculation
Systemic Circulation and Control of Blood Flow
Arterial System
Venous System
Local and Humoral Control of Blood Flow

Neural Control of Circulatory Function

ANS Regulation
Central Nervous System Responses

Regulation of Systemic Arterial Blood Pressure

Mechanisms of Blood Pressure Regulation

Disorders of Systemic Arterial Blood Flow

Dyslipidemia
Atherosclerosis
Vasculitis
COVID-19-Related Vasculitis
Arterial Disease of the Extremities
Acute Arterial Occlusion
Peripheral Artery Disease (Atherosclerotic Occlusive Disease)
Thromboangiitis Obliterans (Buerger Disease)
Raynaud Disease and Phenomenon
Aneurysms
Aortic Aneurysms
Aortic Dissection

Disorders of Systemic Venous Circulation

Varicose Veins
Chronic Venous Insufficiency
Venous Thrombosis

Disorders of Blood Pressure Regulation

Hypertension
Orthostatic Hypotension

Learning Objectives

After completing this chapter, the learner will be able to meet the following objectives:

1. Describe the structural components and functions of the pericardium, myocardium, endocardium, heart valves, and fibrous skeleton of the heart.
2. Define preload and afterload, and explain how venous return, cardiac contractility, and heart rate influence cardiac output.

3. Explain the regulation of blood pressure using the relationship between cardiac output and peripheral vascular resistance, including the roles of systolic, diastolic, mean arterial, and pulse pressures.
4. Compare the structure and function of arteries, veins, and capillaries, and describe how vessel characteristics (compliance, radius, length, cross-sectional area, viscosity) affect blood flow and hemodynamics.
5. Describe the distribution and function of blood flow in the systemic and pulmonary circulations to explain the relationship between blood volume and pressure in arteries, veins, and capillaries.
6. Explain the structure and function of the microcirculation and capillaries, including the forces that govern fluid exchange between capillaries and interstitial spaces.
7. Describe the roles of the sympathetic and parasympathetic nervous systems, baroreceptors, chemoreceptors, and central nervous system in the neural regulation of circulatory function.
8. Define autoregulation and differentiate between the mechanisms of short-term and long-term regulation of blood flow and blood pressure.
9. Describe the functions of endothelial cells and vascular smooth muscle, including their roles in vascular repair and the pathogenesis of endothelial dysfunction.
10. Explain the pathogenesis and clinical consequences of atherosclerosis, vasculitis, and aneurysmal disease, including distinctions between aortic aneurysms and dissections.
11. Describe the mechanisms of venous return from the lower extremities and relate impaired return to the development of varicose veins, venous insufficiency, stasis dermatitis, and venous ulcers.
12. Identify the four most common causes of lower leg ulcers and explain how chronic venous disorders contribute to their development.
13. Compare hypertension and orthostatic hypotension, including diagnostic criteria, associated risk factors, and physiological responses to postural change.
14. Explain how hypertension contributes to target-organ damage, the organs most commonly affected, the types of hypertension in pregnancy, and the underlying pathophysiologic changes.

The cardiovascular system is responsible for delivering oxygen and nutrients required for cellular metabolism to tissues and for transporting metabolic waste products to organs of elimination, including the kidneys, liver, and gastrointestinal tract. In addition to sustaining cellular function, the circulatory system distributes electrolytes and hormones essential for homeostasis and helps regulate body temperature by transferring heat from the core to the periphery.

Effective tissue perfusion depends on coordinated cardiac function, vascular integrity, and precise regulation of blood flow and blood pressure. Disruption of any of these mechanisms can lead to significant alterations in systemic or local perfusion, forming the basis of many common and life-threatening cardiovascular disorders.

The Heart and Circulatory System

The heart is a four-chambered muscular pump approximately the size of a fist. It beats about 70 times a minute and moves over 1,800 gallons of blood daily. Situated within the mediastinal space of the thoracic cavity, the heart is enclosed in a loose-fitting sac called the **pericardium**. The broader side (base) faces upward, and the tip (apex) points downward, forward, and to the left. The heart is positioned obliquely—the right side of the heart is almost fully in front of the left (Fig. 20-1). The **point of maximum impulse (PMI)** is felt against the chest wall between the fifth and sixth ribs, below the nipple, and approximately 3 in to the left of the midline (Hernandez et al., 2022).

The heart wall consists of three layers: the **epicardium** (visceral pericardium) lines the outer surface; the **myocardium** or muscle layer, is responsible for contraction; and the smooth **endocardium** lines the chambers of the heart (Fig. 20-2). A fibrous skeleton supports the cardiac valves and provides structural integrity. The interatrial and interventricular septa divide the heart into right and left sides. Each side contains a thin-walled atrium that receives blood from the venous circulation and a thick-walled ventricle that pumps blood from the heart into the arterial vessels. The increased thickness of the muscle within the left ventricular wall results from the additional work this ventricle performs in moving oxygenated blood to the extremities.

Pericardium

The pericardium is a fibroserous sac that holds the heart in a fixed position, limits acute chamber dilation, and provides mechanical protection and a barrier to infection (Hernandez et al., 2022). It consists of a tough, outer fibrous layer attached to the great vessels of the heart, the sternum, and the diaphragm, and an inner serous layer composed of a visceral layer and a parietal layer. The visceral layer (epicardium) covers the heart and great vessels, while the parietal layer lines the fibrous pericardium (see Fig. 20-2). Between the visceral and parietal layers is the **pericardial cavity**, a potential space containing 30 to 50 mL of serous fluid. This fluid lubricant minimizes friction as the heart contracts and relaxes against surrounding structures.

Myocardium

The myocardium includes the muscular walls of the atria and ventricles. Like skeletal muscle, cardiac muscle is striated and organized into sarcomeres. However, unlike skeletal muscle, cardiac muscle cells are shorter, branched, and rich in mitochondria, enabling continuous aerobic energy production.

Cardiac muscle contractions are involuntary and longer in duration than those of skeletal muscle. Cardiac muscle cells are arranged as an interconnecting latticework connected by intercalated disks, which contain gap junctions that allow for the rapid propagation of electrical impulses (Fig. 20-3). Thus, when one cell is excited, the impulse travels rapidly so that the heart

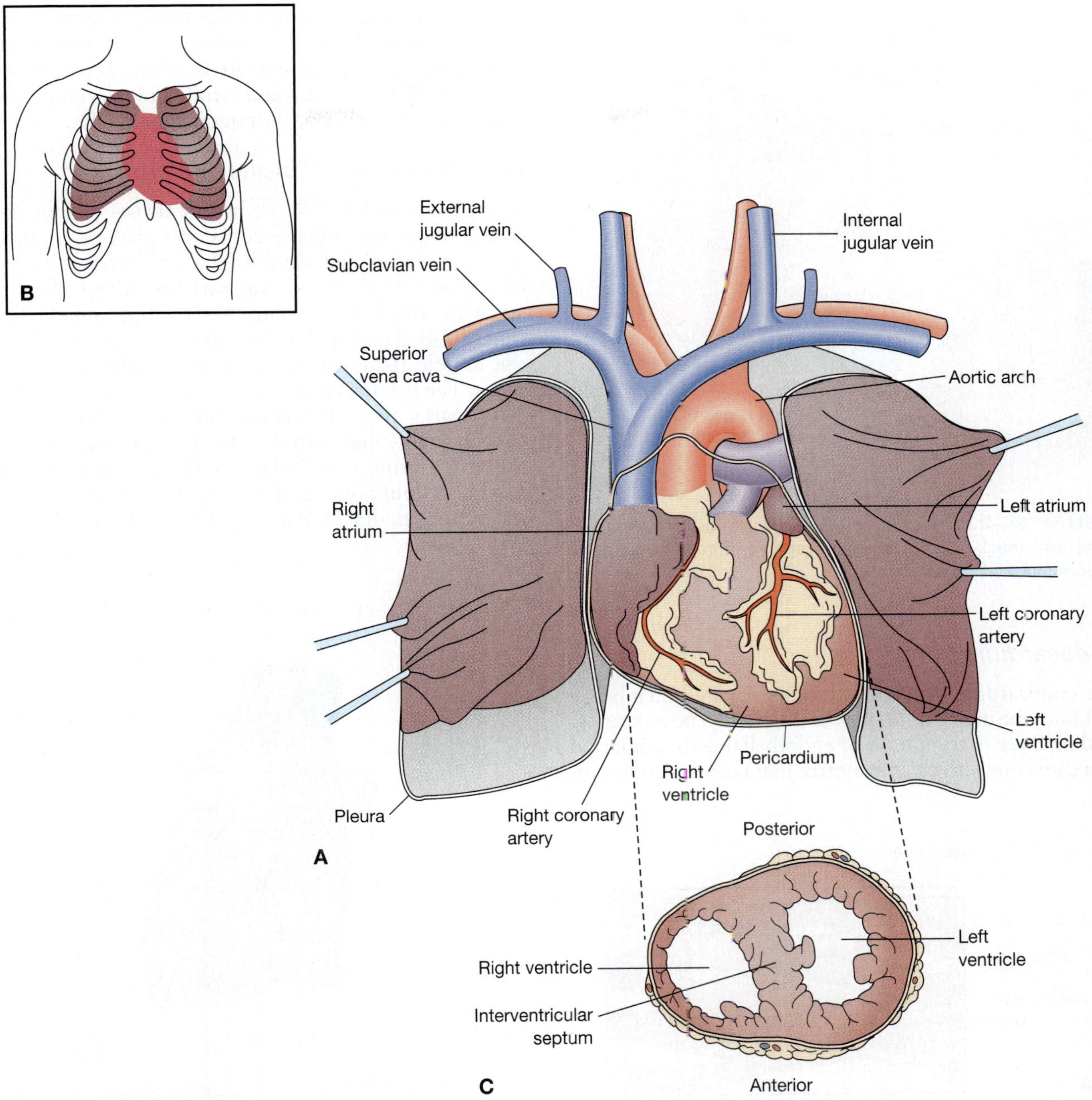

FIGURE 20-1. **A.** Anterior view of the heart, lungs, and great vessels (note that the lungs, which normally fold over part of the heart's anterior, have been pulled back). **B.** The heart in relation to the sternum, ribs, and lungs. **C.** Cross section of the heart showing the increased thickness of the left ventricle compared with the right.

beats as a single unit, or **syncytium**. The heart muscle has two syncytia—atrial and ventricular. The atrial syncytium constitutes the walls of the atria, and ventricular syncytium constitutes the walls of the ventricles. This allows the atria to contract prior to the ventricles, which is required for proper heart function, allowing time for ventricular filling before ventricular contraction (Hernandez et al., 2022).

The actin and myosin filaments within cardiac muscle cells slide along one another during muscle contraction. A number of important proteins regulate actin–myosin binding, and calcium ions are required to facilitate the opening of the myosin binding site on the actin molecule. The key proteins of the calcium-mediated contraction include tropomyosin and the troponin complex (troponin T, troponin I, and troponin C). Because these intracellular proteins are released when cardiac muscle cells are injured, measurement of serum levels of the cardiac forms of troponin T and troponin I is used in diagnosis of myocardial ischemia.

Cardiac muscle cells have a less well-defined sarcoplasmic reticulum for storing calcium than skeletal muscle cells; therefore, myocardial contraction relies heavily on an influx of extracellular calcium ions.

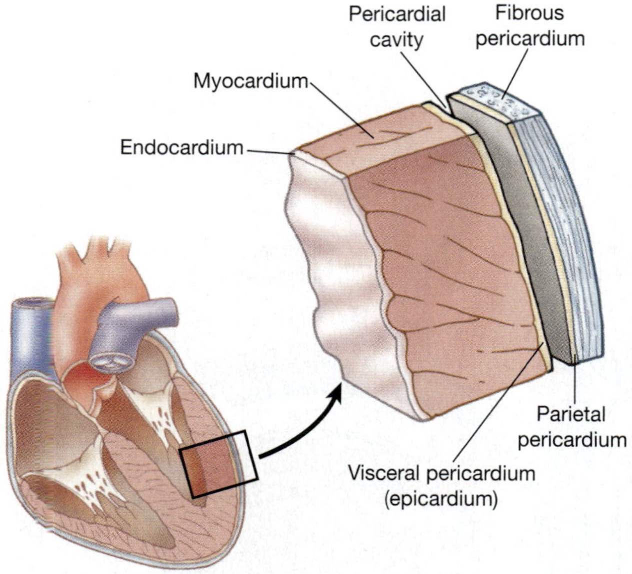

FIGURE 20-2. Layers of the heart showing the visceral pericardium, pericardial cavity, parietal pericardium, fibrous pericardium, myocardium, and endocardium.

Endocardium

The endocardium is a smooth, three-layered membrane that lines the internal surfaces of the heart. The innermost cardiac layer is composed of endothelial cells supported by a thin connective tissue matrix that is continuous with the vascular endothelium of the blood vessels entering and leaving the heart. The middle layer is composed of dense connective tissue with elastic fibers. The outer layer merges with the myocardium and contains small blood vessels and branches of the conduction system.

Heart Valves and Fibrous Skeleton

The fibrous skeleton of the heart consists of four interconnecting rings of dense connective tissue that anchor the heart valves and separate the atria from the ventricles. These rings provide support for valve leaflets and serve as attachment points for cardiac muscle fibers (Fig. 20-4). The tops of the valve rings are attached to the muscle tissue of the atria, pulmonary trunks, and aorta. The bottoms are attached to the ventricular walls. The heart's two **atrioventricular (AV) valves**, the **tricuspid** (right) and **mitral** (left), prevent backflow into the atria during ventricular systole. The two **semilunar valves**, the **pulmonic** and **aortic**, prevent backflow into the ventricles during diastole (Hernandez et al., 2022) (Fig. 20-5).

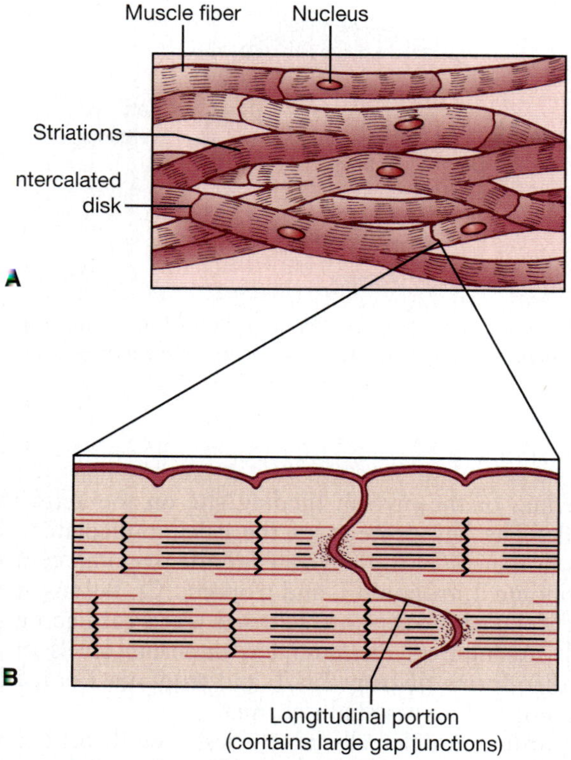

FIGURE 20-3. **A.** Cardiac muscle fibers showing their branching structure. **B.** Area indicated where cell junctions lie in the intercalated disks.

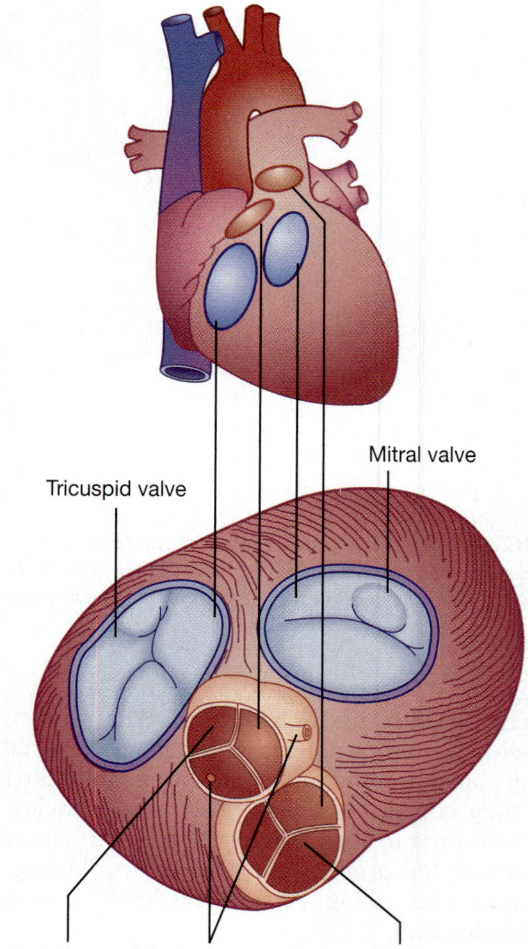

FIGURE 20-4. Fibrous skeleton of the heart, which forms the four interconnecting valve rings and support for attachment of the valves and insertion of cardiac muscle.

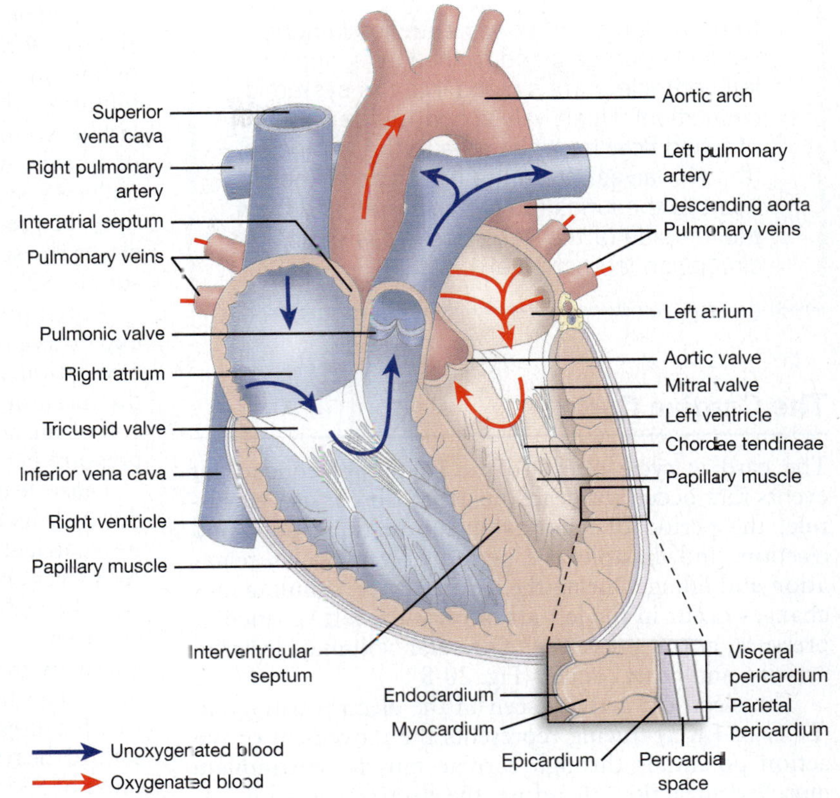

FIGURE 20-5. Structures of the heart. *Arrows* show the course of blood flow through the heart chambers. (From Hinkle, J., & Cheever, K. [2018]. *Brunner and Suddarth's textbook of medical-surgical nursing* [14th ed., p. 685]. Wolters Kluwer; Fig. 25-1.)

The AV valves are supported by **chordae tendineae** and **papillary muscles**, which prevent valve prolapse during systole by applying tension just before the rise in ventricular pressure (Fig. 20-6). The semilunar valves each have three cusps attached to the fibrous valve rings. As blood begins to flow backward during diastole, it fills the cusps, promoting valve closure. The **pulmonic valve** regulates outflow from the right ventricle into the pulmonary trunk, and the **aortic valve** controls blood flow from the left ventricle into the aorta. Behind the cusps of the aortic valve lie the **sinuses of Valsalva**, which generate eddy currents that help keep the valve leaflets away from the openings of the coronary arteries, ensuring uninterrupted coronary blood flow (Fig. 20-7).

Because there are no valves at the point where blood enters the atria from the vena cavae or pulmonary veins, elevated atrial pressure can cause backflow into these veins. This mechanism underlies jugular venous distension in right-sided heart failure and pulmonary congestion in left-sided failure (Hernandez et al., 2022).

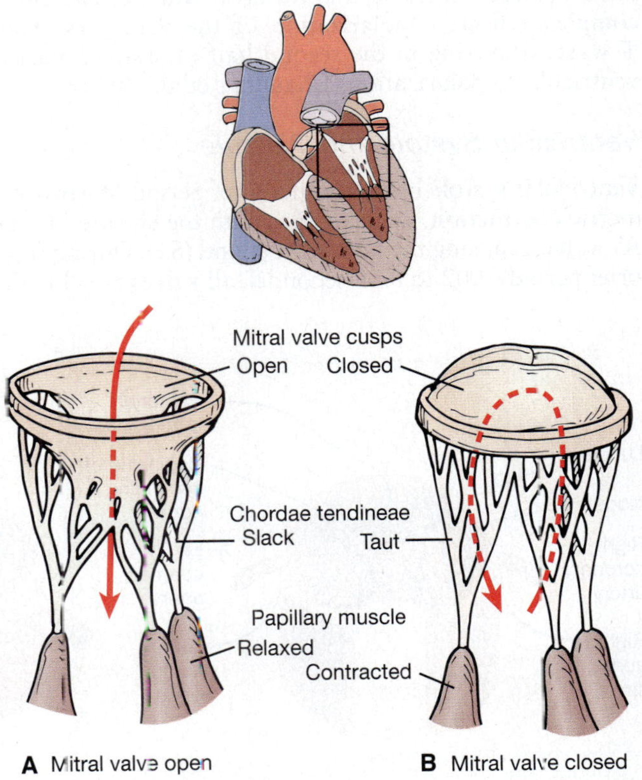

FIGURE 20-6. The mitral (atrioventricular) valve showing the papillary muscles and chordae tendineae. **A.** The open mitral valve with relaxed papillary muscles and slack chordae tendineae. **B.** The closed mitral valve with contracted papillary muscles and taut chordae tendineae that prevent the valve cusps from everting into the atria.

KEY POINTS

The Heart

- The heart is a four-chambered pump with two atria (the right atrium receives blood returning to the heart from the systemic circulation, and the left atrium receives oxygenated blood from the lungs) and two ventricles (a right ventricle pumps blood to the lungs, and a left ventricle pumps blood into the systemic circulation). Heart valves control the direction of blood flow from the atria to the ventricles (the AV valves), from the right side of the heart to the lungs (pulmonic valve), and from the left side of the heart to the systemic circulation (aortic valve).

The Cardiac Cycle

The **cardiac cycle** refers to the rhythmic sequence of events that occur with each heartbeat. It consists of **systole**, the period of ventricular contraction and blood ejection, and **diastole**, the period of ventricular relaxation and filling. During the cardiac cycle, simultaneous changes occur in the left atrial pressure, left ventricular pressure, aortic pressure, ventricular volume, electrical activity, and heart sounds (Fig. 20-8).

The electrical activity seen in the **electrocardiogram (ECG or EKG)** tracing represents the movement of the action potentials through cardiac muscle to stimulate muscle contraction; therefore, the electrical activity precedes mechanical contraction. The **P wave** of the EKG represents depolarization of the sinoatrial (SA) node, the atrial conduction tissue, and the atrial muscle. The **QRS complex** reflects depolarization of the ventricles. The **T wave**, occurring in the second half of systole, marks ventricular repolarization (Chaudhry et al., 2022).

Ventricular Systole and Diastole

Ventricular systole begins with a brief period of **isovolumetric contraction**, which begins with the closure of the AV valves, causing the first heart sound (S1). During this brief period (0.02 to 0.03 seconds), all valves are closed, and ventricular pressure rises sharply without volume change. When ventricular pressure exceeds aortic and pulmonary arterial pressure, the semilunar valves open, initiating the **ejection phase**. Approximately 60% of stroke volume (SV) is ejected during the first quarter of systole, with the remaining 40% ejected more gradually. As systole ends, ventricular relaxation causes a drop in pressure. Blood briefly flows backward, which closes the semilunar valves, producing the second heart sound (S2).

Aortic pressure rises during early systole due to elastic expansion, then falls as blood moves into the peripheral circulation. A notch in the aortic pressure tracing, called the **incisura**, marks aortic valve closure. The elastic recoil of the aorta during diastole helps maintain systemic pressure between heartbeats (Chaudhry et al., 2022).

Diastole includes the isovolumetric relaxation period, during which both semilunar and AV valves are closed. As ventricular pressure falls below atrial pressure, the AV valves open, and blood flows passively from the atria into the ventricles (see Fig. 20-8). Most ventricular filling occurs during the first third of diastole (**rapid filling phase**), with minimal filling occurring during the middle third. The final third is marked by atrial contraction, which causes 20% of ventricular filling. In some people, a third heart sound (S3) may be present. The specific cause of S3 is not fully understood, but it may be related to blood flow into an overdistended ventricle (as may occur in heart failure) or to the diameter of the mitral valve opening. A fourth heart sound (S4) may also be noted during atrial contraction in cases of reduced ventricular compliance, or "stiff" ventricles (Dornbush & Turnquest, 2023).

During diastole, ventricular volume increases to approximately 120 mL (**end-diastolic volume**). At the end of systole, 40 to 50 mL of blood (**end-systolic volume**) remains in the ventricles (see Fig. 20-8). The difference between end-diastolic and end-systolic volumes is the **stroke volume (SV)**. The **ejection fraction (EF)**, normally 55% to 70% (American Heart Association, 2025),

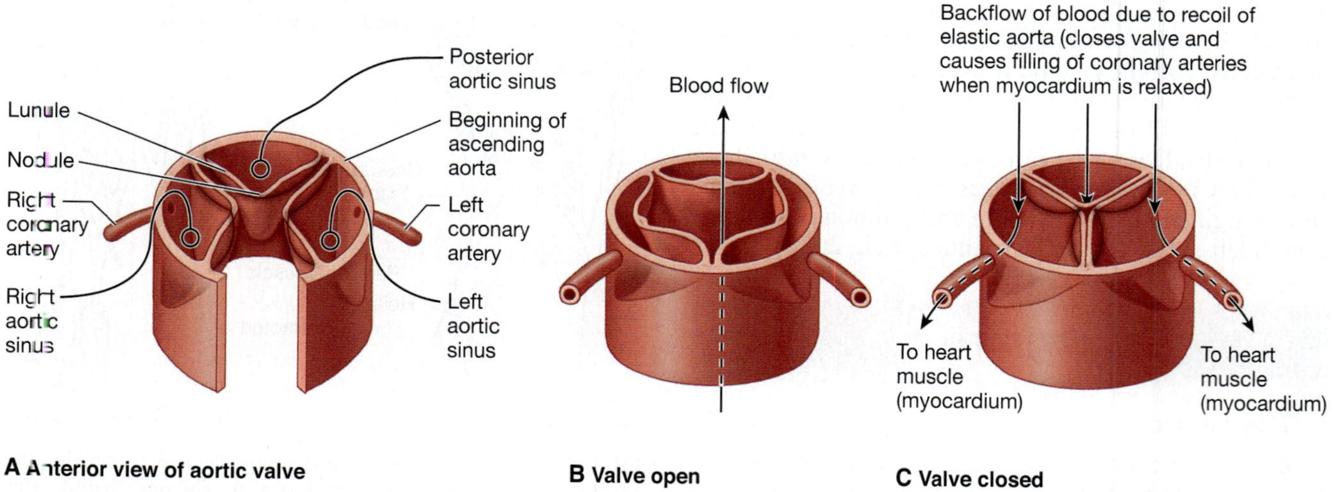

FIGURE 20-7. Aortic valve, aortic sinuses, and coronary arteries. **A.** Like the pulmonary valve, the aortic valve has three semilunar cusps: right, posterior, and left. **B.** Blood ejected from the left ventricle forces the cusps apart. **C.** When the valve closes, the nodules and lunules meet in the center. (From Dalley, A. F., & Agur, A. M. R. [2021]. *Clinically oriented anatomy* [9th ed., p. 373]. Wolters Kluwer; Fig. 4-58.)

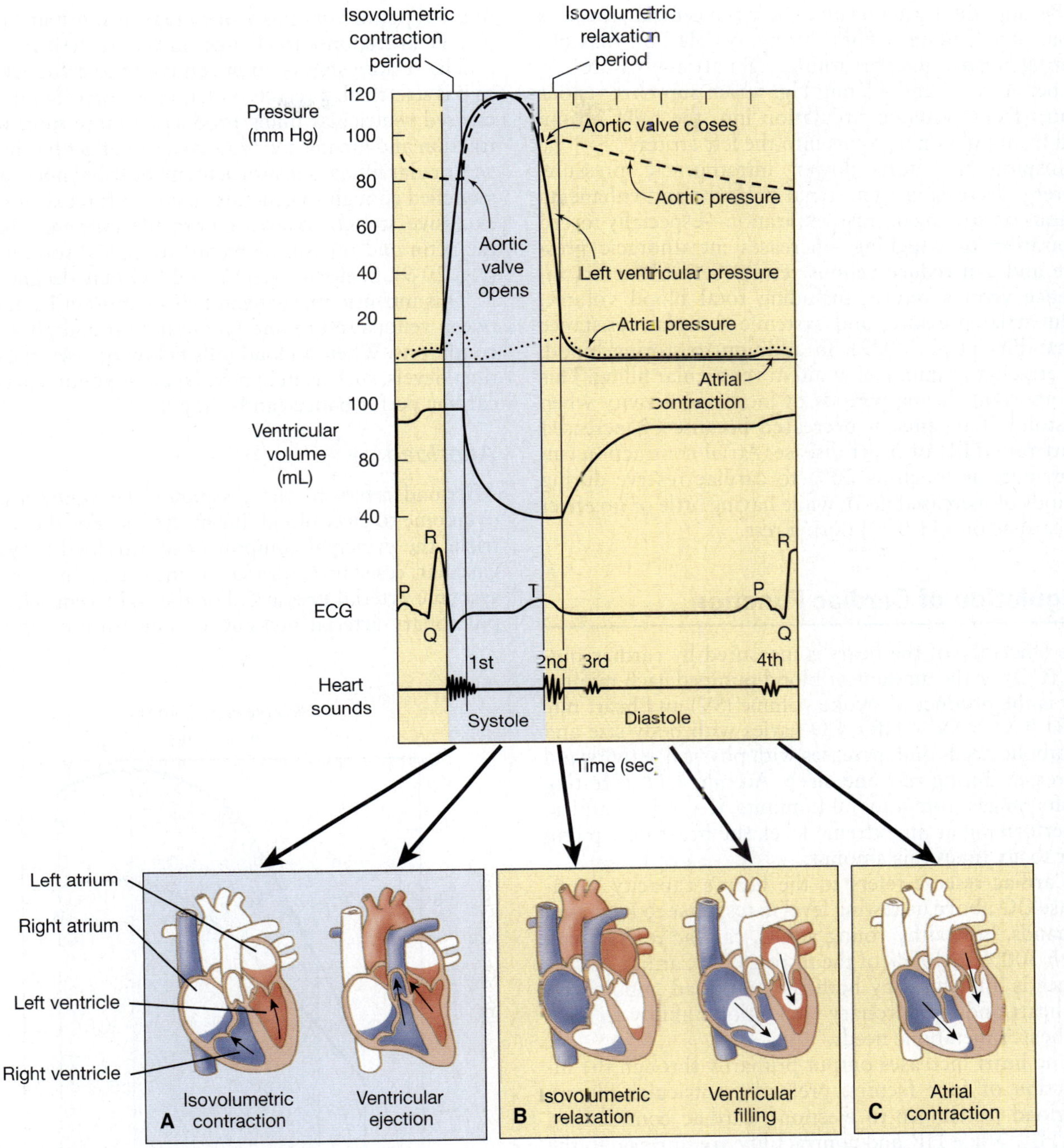

FIGURE 20-8. (**Top**) Events in the left side of the heart showing changes in aortic pressure, left ventricular pressure, atrial pressure, left ventricular volume, the electrocardiogram (ECG), and heart sounds during the cardiac cycle. (**Bottom**) Position of the atrioventricular and semilunar valves during (**A**) isovolumetric contraction and ventricular ejection, (**B**) isovolumetric relaxation and ventricular filling, and (**C**) atrial contraction.

represents the SV divided by the end-diastolic volume and is the percentage of end-diastolic volume ejected during systole. EF is commonly measured via echocardiography and is a key indicator of ventricular function (Chaudhry et al., 2022).

Atrial Filling and Contraction

There are three atrial pressure waves. The ***a wave*** occurs in the last part of diastole and is caused by atrial contraction. The ***c wave*** occurs as the ventricles contract and represents the increased ventricular pressure causing AV valves to bulge into the atria. The ***v wave*** occurs toward the end of systole and results from a slow buildup of atrial pressure as blood flows into the atria while the AV valves are closed. Right atrial pressure waves are transmitted to internal jugular veins as pulsations, which can be observed visually and may be used to assess right heart function (MSD Manual Professional Version, 2025).

Because there are no valves between central veins and atria, atrial filling occurs during systole and diastole. During normal quiet breathing, right atrial pressure varies between −2 and +2 mm Hg, which supports venous return from systemic circulation into the right atrium and from pulmonary veins into the left atrium.

Inspiratory efforts lower intrathoracic pressure, thereby decreasing right atrial pressure and enhancing venous return. In contrast, expiration—especially forced expiration or coughing—increases intrathoracic pressure and can reduce venous return. Several factors influence venous return, including total blood volume, right atrial pressure, and systemic vascular resistance (Chaudhry et al., 2022). In addition to storing blood, the atria act as pumps that aid in ventricular filling. This is important during periods of increased activity when diastolic filling time is decreased because of increased heart rate (HR) or heart disease. Atrial contraction can contribute as much as 20% to cardiac reserve during periods of increased need, while having little or no effect on cardiac output (CO) during rest.

Regulation of Cardiac Function

The efficiency of the heart is measured by **cardiac output (CO)** or the amount of blood pumped each minute. CO is the product of stroke volume (SV) and **heart rate (HR)** (CO = SV × HR). CO varies with body size and metabolic needs and increases with physical activity and decreases during rest and sleep. Average CO in resting adults ranges from 4 to 6.0 L/minute. If a trained athlete is performing at an extreme level, the heart may pump four to six times this amount.

Cardiac reserve refers to the heart's capacity to increase CO above its resting level in response to increased demands. In healthy young adults, cardiac reserve may reach 300% to 400% of the resting CO. Cardiac performance is influenced by both the workload imposed on the heart and the coronary circulation's ability to meet the heart's metabolic needs.

The heart increases output primarily through the interaction of four factors: preload (ventricular filling), afterload (resistance to ejection), cardiac contractility, and HR. While HR and contractility are intrinsic to the heart—modulated by autonomic and hormonal inputs—preload and afterload depend on the interplay between the heart and the vascular system. Together, these factors determine CO and are themselves influenced by hemodynamic conditions (Chaudhry et al., 2022).

Preload

Preload refers to the degree of ventricular stretch at the end of diastole and is determined primarily by venous return and end-diastolic volume. It reflects the initial length of myocardial fibers just before contraction.

The **Frank-Starling mechanism** describes the relationship between ventricular filling and the force of contraction (Han et al., 2022). As end-diastolic volume increases, myocardial fibers stretch, improving actin–myosin interaction and generating a stronger contraction—up to an optimal point. This allows the heart to automatically adjust SV in response to changes in venous return.

The relationship is often compared to a rubber band: as it is stretched, it recoils with greater force. Similarly, increased ventricular filling produces a more forceful contraction and greater SV. However, this effect has limits. If ventricular filling is insufficient, myocardial fibers are not stretched enough to generate maximal force. Conversely, excessive stretch reduces contractile efficiency because the actin and myosin filaments are pulled too far apart (Fig. 20-9). In either case, SV and CO may decline.

This intrinsic mechanism helps maintain balance between venous return and CO under normal physiologic conditions. When preload falls below or rises above optimal levels, such as in hypovolemia or volume overload, cardiac performance can be impaired.

Afterload

Afterload refers to the resistance the ventricles must overcome to eject blood during systole. For the left ventricle, the principal component of afterload is systemic vascular resistance, primarily measured as the mean systemic arterial pressure. For the right ventricle, mean pulmonary arterial pressure is a measure of afterload.

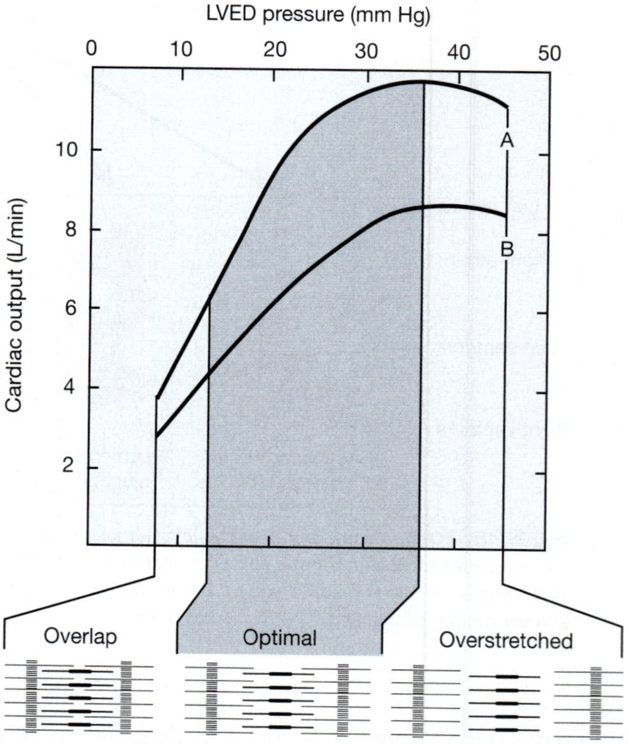

FIGURE 20-9. The Frank-Starling ventricular function curve in a normal heart. (**Top**) An increase in left ventricular end-diastolic (LVED) pressure produces an increase in cardiac output (*curve B*) by means of the Frank-Starling mechanism. The maximum force of contraction and increased stroke volume are achieved when diastolic filling causes the muscle fibers to be stretched about two and one half times their resting length. In *curve A*, an increase in cardiac contractility produces an increase in cardiac output without a change in LVED volume and pressure. (**Bottom**) Stretching of the actin and myosin filaments at the different LVED filling pressures.

Atherosclerosis or other conditions that either narrow the diameter of arteries or reduce the elasticity of arteries are common causes of increased afterload associated with increased systemic mean arterial pressure.

However, some intracardiac conditions or problems associated with narrowing of the initial part of the aorta may also increase afterload without being associated with increased mean systemic arterial pressure. For example, aortic stenosis is a narrowing of the aortic valve. This narrowed aortic valve significantly increases left ventricular afterload because the left ventricle may need to generate very high intracardiac systolic pressures (perhaps exceeding 300 mm Hg in severe cases) to force blood through a narrowed aortic valve. However, the systemic arterial pressure (on the other side of the narrowed aortic valve) may be normal or even below normal. Chronically elevated afterload increases myocardial workload and can contribute to ventricular hypertrophy and eventual dysfunction (LaCombe et al., 2023).

Cardiac Contractility

Cardiac contractility refers to the intrinsic ability of the heart muscle to change the force of contraction without changing the resting (diastolic) length of the muscle fibers (i.e., independent of the influences of preload on contractility). Contractility is determined by the innate biochemical properties of the actin and myosin filaments within myocardial cells and is also strongly influenced by the availability of intracellular calcium ions to initiate the actin and myosin coupling (Szedlak et al., 2023). **Inotropy** refers to the intrinsic contractile ability of cardiac muscle.

Inotropic influences modify the contractile state independent of the Frank-Starling mechanism (see Fig. 20-9, top curve). Inotropic changes shift the Frank-Starling curve upward or downward (reflecting enhanced or diminished contractile performance) without changes in left ventricular end-diastolic volume or pressure. Examples of positive inotropic influences include sympathetic nervous system (SNS) stimulation or medications that increase sympathetic activity (e.g., beta-agonists), which enhance contractility by increasing calcium influx. Negative inotropic factors, such as hypoxia or myocardial ischemia, impair contractility by disrupting the production of adenosine triphosphate (ATP) needed to provide energy for muscle contraction.

Heart Rate

HR directly influences CO by determining how frequently the heart ejects blood. At rest, a typical HR of 75 beats per minute yields a cardiac cycle duration of approximately 0.8 seconds (0.3 seconds in systole and 0.5 seconds in diastole). As HR increases, the time spent in diastole shortens disproportionately more than systolic time, reducing the time available for ventricular filling. Factors that influence HR are called **chronotropic influences**, with a positive chronotropic influence causing increased HR and negative chronotropic influence causing decreased HR. Although moderate HR increases can improve CO (as with increased HR during exercise), an excessively rapid HR may impair the filling of the heart with blood, which decreases both SV and CO. Impaired diastolic filling may occur in situations of very high sympathetic activity (causing high HR with normal electrical pattern) and in cardiac rhythm abnormalities with abnormal electrical patterns but a very high HR (such as **ventricular tachycardia**). This highlights the importance of maintaining an optimal HR range to balance frequency of contraction with adequate ventricular filling (Szedlak et al., 2023).

SUMMARY CONCEPTS

The heart is a four-chambered muscular pump that lies in a pericardial sac within the mediastinal space of the intrathoracic cavity. The heart wall is composed of an outer epicardium, myocardium, and an inner endocardium. Four heart valves control the direction of blood flow.

The cardiac cycle is divided into two parts: systole, during which the ventricles contract and blood is ejected, and diastole, during which the ventricles relax and blood fills the heart. SV (approximately 70 mL) represents the difference between the end-diastolic volume (120 mL) and the end-systolic volume (40 to 50 mL). The electrical activity of the heart precedes the mechanical events of the cardiac cycle. Heart sounds reflect the closing of heart valves. Atrial contraction occurs during the last third of diastole. Although the main function of the atria is to store blood, atrial contraction increases CO during periods of increased activity when filling time is reduced or in disease conditions in which ventricular filling is impaired.

The heart's ability to increase output depends on the interactions among preload (the filling of the ventricles, which also determines the degree of stretch of the actin and myosin fibers), afterload (resistance to ejection of blood from the heart), cardiac contractility (the innate contractile strength of the muscle), and HR (the frequency with which blood is ejected). The maximum force of cardiac contraction occurs when an increase in preload stretches muscle fibers of the heart to approximately 2.5 times their resting length (Frank-Starling mechanism).

Organization of the Circulatory System

The circulatory system consists of the heart, which pumps blood; the arterial system, which distributes oxygenated blood to the tissues; the venous system, which collects deoxygenated blood from the tissues and returns it to the heart; and the capillaries, where exchange of gases, nutrients, and wastes takes place. This closed system

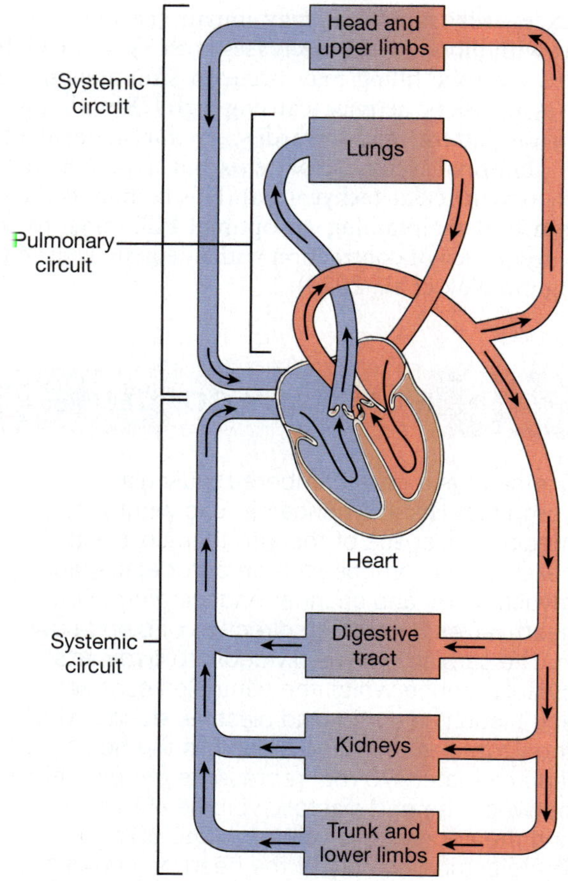

FIGURE 20-10. Systemic and pulmonary circulations. The right side of the heart pumps blood to the lungs, and the left side of the heart pumps blood to the systemic circulation.

is divided into two parts: the low-pressure pulmonary circulation, linking circulation and gas exchange in the lungs, and the high-pressure systemic circulation, providing oxygen and nutrients to the tissues (Fig. 20-10).

Pulmonary Circulation and Systemic Circulations

Pulmonary circulation moves blood through the lungs for gas exchange. It consists of the right side of the heart, pulmonary arteries, pulmonary capillaries, and pulmonary veins. Because deoxygenated blood returns to the right side of the heart, the pulmonary arteries are the only arteries in the body that carry deoxygenated blood, and the pulmonary veins are the only veins that carry oxygenated blood. Because the air-filled alveoli of the lungs provide little resistance to blood flow, pulmonary circulation is a low-pressure, low-resistance circuit, which allows blood to move slowly through the lungs to better facilitate gas exchange.

Systemic circulation supplies oxygenated blood to all other tissues of the body. It consists of the left side of the heart, the aorta and its branches, the arterioles, the capillaries (which perfuse the brain and peripheral tissues), and the systemic venous system, including the systemic venules and veins, which all flow into the superior and inferior vena cava that connect to the right atrium. Systemic circulation operates under higher pressure and involves a more complex vascular tree with greater resistance, particularly due to the effects of gravity.

As discussed earlier, the heart functions as two coordinated pumps—right and left—each composed of an atrium and a ventricle. The atria serve as reservoirs for venous return and assist ventricular filling, while the ventricles act as the primary ejection chambers. Coordinated opening and closing of unidirectional inlet and outlet valves ensure that blood flows in only one direction through the heart. Although the cardiovascular system operates as a closed loop, the volume of blood ejected by each ventricle may vary slightly from beat to beat due to changes in venous return. These variations are buffered by the storage capacity of the venous system, preventing immediate circulatory imbalance. However, if venous storage capacity is exceeded, blood may accumulate, as seen in conditions like heart failure (Chaudhry et al., 2022).

Volume and Pressure Distribution

Effective circulation depends on having sufficient total blood volume and an appropriate pressure gradient to drive flow. Blood volume varies by age and body size—approximately 85 to 90 mL/kg in neonates and 70 to 75 mL/kg in adults. In a healthy adult at rest, about 60% to 70% of total blood volume is contained within the systemic venules and veins, 10% to 15% in the systemic arteries and arterioles, 5% in the capillaries, 8% to 10% in the pulmonary circulation, and 7% to 8% within the heart. Arteries and arterioles have thick, elastic walls and sustain the highest pressures in the circulatory system. Arterioles are the primary resistance vessels, regulating pressure and flow via smooth muscle contraction. Capillaries, in contrast, are thin-walled and highly branched, facilitating the exchange of gases and nutrients, but contain only a small portion of circulating volume. The venules and veins, which hold most of the blood volume, are high-compliance vessels. They collect blood from the capillaries and return it to the heart under low pressure, serving as a critical blood reservoir.

SUMMARY CONCEPTS

The circulatory system is a transport system that circulates nutrients and other materials to the tissues and removes waste products. The heart pumps blood throughout the system, and blood vessels are the tubes through which blood flows. The arterial system carries blood from the heart to the tissues, and veins carry it back to the heart. The cardiovascular system is a closed system. The systemic circulation (which involves the left side of the heart) provides blood flow for all the tissues. The right side of the heart provides blood flow for the pulmonary circulation. Blood moves along a pressure gradient, moving from the high-pressure arterial system to the low-pressure venous system. In the circulatory system, pressure is inversely related to volume. The pressure on the arterial side, which contains only one sixth of the blood volume, is much greater than the pressure on the venous side of the circulation, which contains approximately two thirds of the blood.

The systemic arterial circulation contains only one-sixth of total blood volume but maintains the highest pressure, whereas the venous system holds most of the blood at a much lower pressure. The pressure difference—approximately 84 mm Hg in systemic circulation—drives blood flow through the vascular system (Fig. 20-11). The pulmonary circulation has a similar arterial–venous pressure gradient, though the absolute pressures are lower. Because the pulmonary circuit contains a smaller volume of blood, volume shifts have a greater proportional effect. For example, an acute increase in intrathoracic pressure (e.g., during positive-pressure ventilation) can shift up to 250 mL of blood from the pulmonary to systemic circulation. Body position also affects blood distribution. In the supine (recumbent) position, about 25% to 30% of blood volume resides in the central circulation. Upon standing, gravity displaces this volume into the lower extremities, a shift that requires compensation by the autonomic nervous system (ANS) to maintain venous return and blood pressure (Chaudhry et al., 2022).

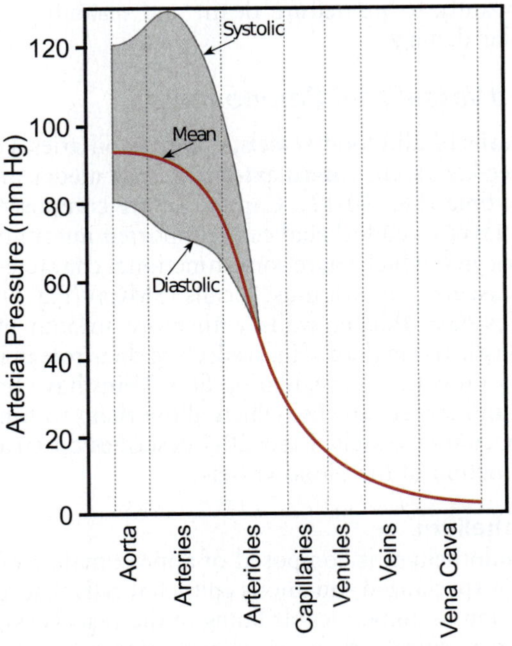

FIGURE 20-11. Distribution of pressure in the systemic circulation. The red curve represents mean, whereas the gray band shows systolic and diastolic pressure found in arterial vessels. The greatest drop in mean pressure occurs across small arteries and arterioles. (From Klabunde, R. E. [2022]. *Cardiovascular physiology concepts* [3rd ed., p. 101]. Lippincott Williams & Wilkins; Fig. 5-2.)

Principles of Circulatory Function

Hemodynamics refers to the principles that govern blood movement through the circulatory system. Key concepts include flow, pressure, resistance, and vessel compliance. These factors interact to regulate tissue perfusion and determine how cardiovascular disorders disrupt normal circulation (Faber & Stouffer, 2025).

Blood Flow

Blood flow depends on a pressure gradient—moving from areas of higher to lower pressure. **Resistance**, or opposition to flow, is mainly determined by vessel diameter and blood viscosity. A 1-unit *decrease* in a vessel's radius causes a fourfold *increase* in vascular resistance. Therefore, when a blood vessel constricts even slightly, resistance increases sharply (by a factor of four) and flow decreases significantly. This ability to regulate vessel diameter is crucial in controlling blood supply to different organs.

The arrangement of blood vessels also affects resistance. Vessels in series create higher resistance, whereas parallel pathways, like those seen in capillary networks, reduce resistance and allow tissues to regulate their own perfusion independently.

Resistance and Viscosity

Resistance is influenced by friction between blood and the vessel wall, as well as by the viscosity of blood itself. Blood viscosity increases with a higher proportion of red blood cells (RBCs) (increased hematocrit), which can reduce flow. In contrast, anemia (with decreased hematocrit) reduces viscosity and may lead to turbulent flow, contributing to symptoms like functional heart murmurs. Blood also becomes more viscous at lower temperatures, which can affect tissue perfusion in cold environments (Faber & Stouffer, 2025).

Velocity and Cross-Sectional Area

Blood flow must be maintained throughout circulation, but the velocity of blood differs in various vessels. Velocity is inversely related to the cross-sectional area of the vessel segment. Blood moves fastest in the aorta and large arteries and slowest in the capillaries—where the total cross-sectional area is highest—because, although the diameter of each individual capillary is small, there are many capillaries. This slower flow in the capillaries provides time for the exchange of oxygen, nutrients, and waste products between blood and tissues (Faber & Stouffer, 2025).

Laminar and Turbulent Flow

Under normal conditions, blood flows in **laminar** layers, with the fastest movement in the center of the vessel and slower movement near the walls. This smooth flow minimizes energy loss and promotes efficient circulation (Zhou et al., 2023a).

Turbulent flow occurs when this pattern is disrupted—often due to high velocity, changes in vessel diameter, obstructions, or decreased blood viscosity. Turbulent flow is less efficient and requires more pressure to maintain. It can create audible vibrations, such as murmurs heard over narrowed heart valves or abnormal vessel structures (Zhou et al., 2023a).

Wall Tension and Vessel Radius

The tension in a vessel wall reflects the force needed to oppose internal pressure. As vessel radius increases, more wall tension is required to contain the pressure. This principle is especially relevant in conditions such as aneurysms, where increasing vessel size leads to higher wall tension and an increased risk of rupture. Wall thickness also affects tension. In chronic hypertension, blood vessels adapt by thickening their walls, which helps reduce tension but may also stiffen the vessels, reducing compliance (Satish & Tadi, 2023).

If pressure within a small vessel drops too low, the wall tension may no longer be sufficient to keep it open—this is known as the **critical closing pressure**. In states such as **circulatory shock**, where blood volume and pressure are severely reduced, many small vessels collapse. This contributes to poor tissue perfusion and makes it difficult to insert intravenous lines, as peripheral veins become difficult to access (Satish & Tadi, 2023).

Distention and Compliance

Distention refers to the stretching or expansion of a vessel wall in response to pressure, whereas **distensibility** refers to the capacity of a blood vessel to stretch or expand in response to an increase in pressure. **Compliance**, on the other hand, describes the change in volume a vessel can accommodate for a given change in pressure. Together, these properties determine how flexible a vessel is and how well it can adjust to fluctuating volumes of blood.

Veins are the most distensible and compliant vessels in the circulatory system. They can accommodate large increases in blood volume with relatively small increases in pressure, which makes them ideal reservoirs. Vein compliance is approximately 24 times greater than that of the corresponding arteries because veins are both more distensible and able to hold larger volumes (Satish & Tadi, 2023).

SUMMARY CONCEPTS

Blood flow through the circulatory system is governed by pressure gradients, vessel diameter, blood viscosity, and resistance. A 1-unit decrease in vessel radius results in a fourfold increase in resistance to blood flow and causes a significant decrease in the rate of blood flow. Flow is fastest in large arteries and slowest in capillaries, where the increased cross-sectional area allows time for nutrient and gas exchange. Laminar flow is the normal, efficient pattern of blood movement, while turbulent flow, which may occur with high velocity or structural abnormalities, requires more energy and can produce audible murmurs. Wall tension increases with vessel radius and intravascular pressure, contributing to the risk of rupture in conditions like aneurysms. When pressure falls below a critical threshold, small vessels may collapse, as seen in circulatory shock. Finally, veins are highly compliant and distensible, enabling them to store and mobilize blood as needed to support CO and maintain vascular homeostasis.

Blood Vessel Structure and Microcirculation

Blood flow requires a system of patent blood vessels and adequate perfusion pressure. Structural disorders of arteries and arterioles decrease blood flow to the tissues, impairing the delivery of oxygen and nutrients and leading to the accumulation of metabolic waste (Gao, 2022). Venous structural disorders interfere with blood outflow from capillary beds, resulting in the trapping of fluid and waste products in the tissues. Blood pressure is highly variable and must be tightly regulated to ensure adequate perfusion. Constant blood flow to vital organs such as the heart, brain, and kidneys is essential for survival. While a critical drop in blood pressure (hypotension) can cause immediate, life-threatening conditions, chronic elevation (hypertension) contributes significantly to premature death and disability due to vascular damage.

Blood Vessel Wall Components

The walls of all blood vessels, except capillaries, consist of three layers: the **tunica externa**, **tunica media**, and **tunica intima** (Fig. 20-12). Capillaries are composed of a single layer of endothelial cells supported intermittently by **pericytes**, which share some functional characteristics with vascular smooth muscle cells (SMCs) (Fig. 20-13). Arteries have thicker walls with more smooth muscle and elastic tissue than veins, reflecting their role in maintaining pressure and regulating flow. Veins have thinner walls and larger lumens, which allow them to function as capacitance vessels. Table 20-1 describes the structure and function of the blood vessels.

Endothelium

The **endothelium** is composed of approximately 60,000 miles of specialized squamous epithelial cells that form a continuous, semipermeable lining of the vascular system. It plays a critical role in vascular homeostasis by mediating the transfer of substances across the vascular wall, supporting platelet adhesion and blood clotting, modulating blood flow and vascular resistance, metabolizing hormones, regulating immune and inflammatory responses, and producing factors that influence cell growth,

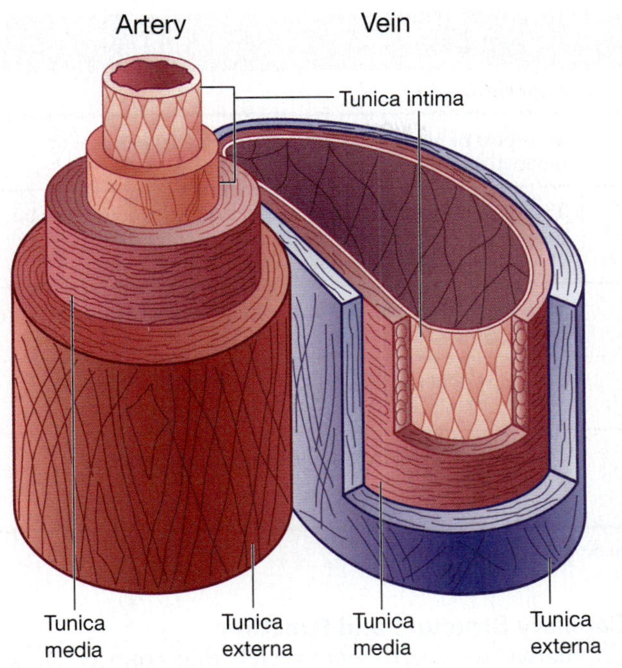

FIGURE 20-12. Medium-sized artery and vein showing the relative thicknesses of the three layers.

particularly of SMCs. Endothelial cells respond to various stimuli—including inflammation, hemodynamic stress, lipid exposure, and hypoxia—through structural and functional changes termed endothelial dysfunction (Gao, 2022). Dysfunctional endothelial cells may secrete proinflammatory and vasoactive substances and influence the contractility of underlying SMCs by producing relaxing factors, such as nitric oxide (NO), and contracting factors, such as **endothelin**.

Vascular Smooth Muscle Cells

Vascular smooth muscle cells (**SMCs**) are located primarily in the tunica media of arteries, arterioles, and veins, where they provide structural support and regulate vessel diameter. These cells are responsible for vasoconstriction and vasodilation, processes that adjust blood flow and pressure in response to physiological demands. In addition to their contractile role, SMCs synthesize extracellular matrix components such as collagen and elastin and release cytokines and growth factors that influence the vessel's structural integrity. In response to vascular injury or stress, SMCs may migrate into the intima and proliferate, contributing to vascular remodeling and disease processes like atherosclerosis. Their behavior is influenced by both stimulatory factors

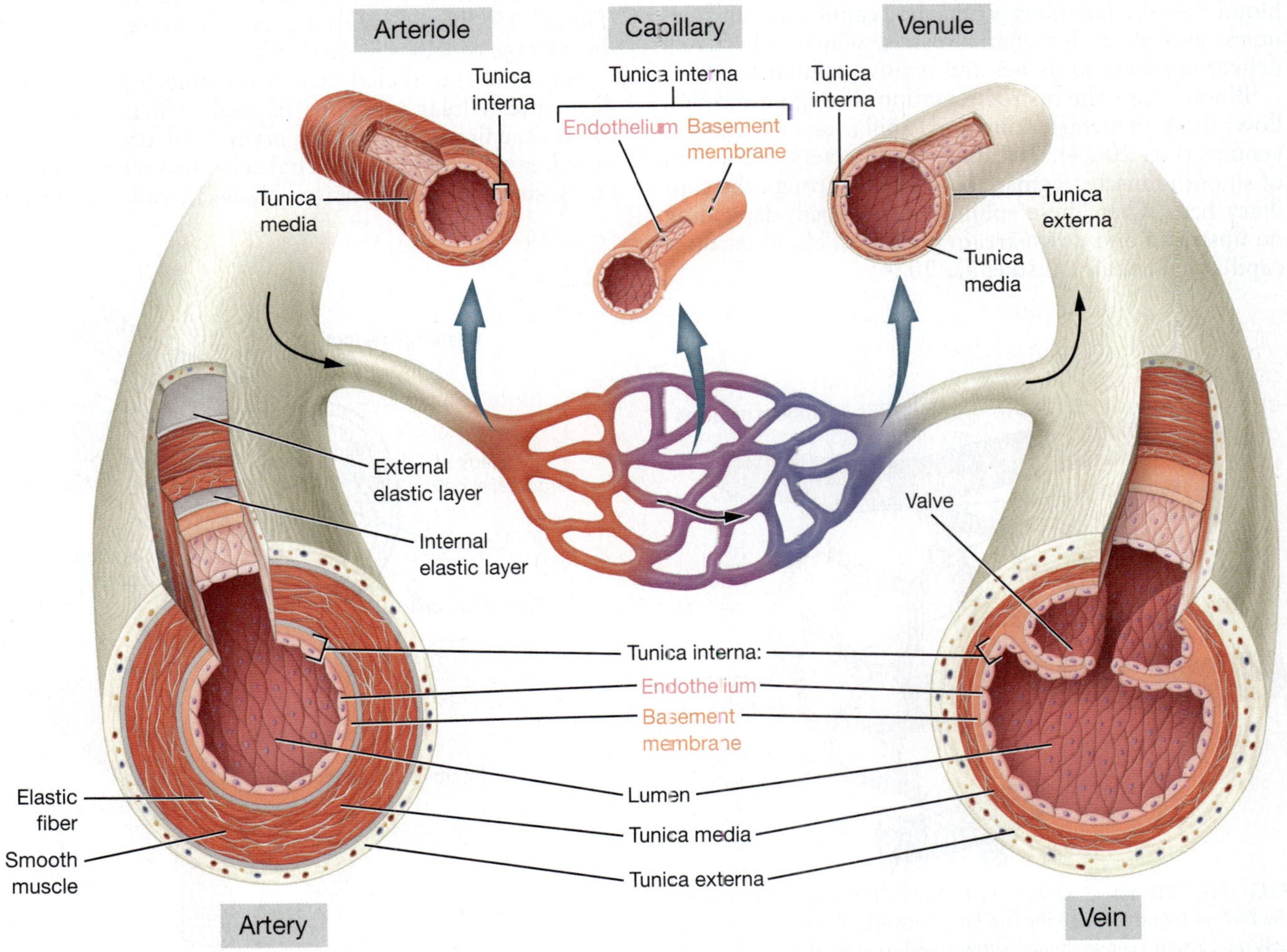

FIGURE 20-13. Blood vessels—microanatomy of the artery, vein, and capillary beds. (From McConnell, T. H., & Hull, K. L. [2011]. *Human form, human function: Essentials of anatomy & physiology* [p. 433]. Wolters Kluwer/Lippincott Williams & Wilkins; Fig. 11-12.)

TABLE 20-1 Structure and Function of the Blood Vessels

Vessel	Structure	Function
Artery	Three-layered wall with thick tunica media, which gives it the properties of contractility and elasticity	Transport of blood away from the heart, maintenance of blood pressure
Arteriole	Three-layered wall, with much thinner layers and smaller lumen than in arteries	Transport of blood away from the heart, helps control blood pressure by regulation of peripheral resistance through vasoconstriction and vasodilation
Capillary	Microscopic size with single-layered wall of endothelium	Thin walls permit the exchange of materials between the blood and interstitial fluid
Venule	Three-layered wall with very thin layers, which gradually enlarge as they near the heart	Transport of blood from capillary beds toward the heart
Vein	Three-layered wall, with thinner tunica media and larger lumen than in arteries. Includes internal valves to aid in the unidirectional flow of blood toward the heart	Transport of blood from venules toward the heart

From Wingerd, B. (2014). *The human body: Concepts of anatomy and physiology*. Lippincott Williams & Wilkins.

(e.g., platelet-derived growth factor, thrombin) and inhibitory mediators (e.g., NO, prostacyclin) (Gao, 2022).

Structure and Function of the Microcirculation

Microcirculation refers to the functions of the smallest blood vessels, including arterioles, capillaries, and venules, as well as lymphatic vessels, which collectively deliver nutrients to tissues and remove cellular waste.

Blood enters the microcirculation through arterioles, flows through metarterioles and capillaries, and exits via venules (Fig. 20-14). Precapillary sphincters, composed of smooth muscle, regulate blood flow through the capillary bed. When these sphincters are open, depending on upstream and downstream pressures, blood perfuses capillary channels (Aksu et al., 2024).

Capillary Structure and Function

Capillaries are microscopic vessels that connect the arterial and venous systems. The human body contains an estimated 10 billion capillaries, offering a total surface area of 500 to 700 m^2. Capillary walls consist of a single endothelial cell layer and a basement membrane (Fig. 20-15). These vessels are narrow enough to permit the passage of RBCs in single file.

Adjacent endothelial cells are connected by water-filled intercellular junctions through which water and solutes can flow. Additionally, many capillaries are *fenestrated*, in which the endothelial cells themselves contain many small fenestrations (or "holes"), called *capillary*

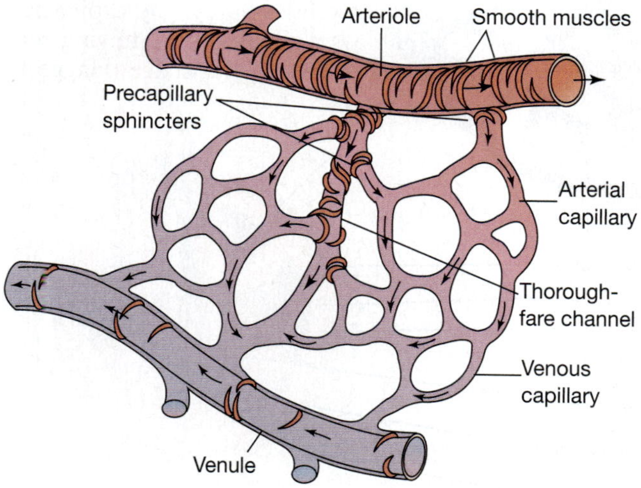

FIGURE 20-14. Capillary bed. Precapillary sphincters control the flow of blood through the capillary network. Thoroughfare channels (*i.e.*, arteriovenous shunts) allow blood to move directly from the arteriole into the venule without moving through nutrient channels of the capillary.

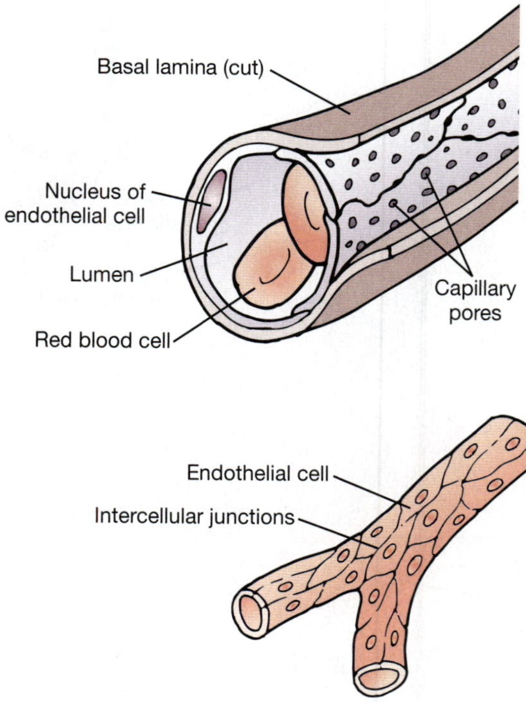

FIGURE 20-15. Endothelial cells and intercellular junctions in a section of the capillary.

pores. The presence of endothelial pores in these fenestrated capillaries greatly increases capillary permeability (Godwin et al., 2023).

Capillary permeability varies by organ: tight junctions in the brain form the blood–brain barrier, while larger intercellular junctions in the liver promote ease of exchange of proteins and waste. Structures such as the glomeruli of the kidney contain fenestrated capillaries that allow filtration of small molecules without compromising barrier integrity (Aksu et al., 2024).

The proximity of capillaries to tissue cells supports efficient exchange of gases, nutrients, and waste. This exchange occurs within the **interstitium**, a collagen- and elastin-supported space filled with proteoglycan gel that holds interstitial fluid and facilitates its distribution. Gas exchange occurs via diffusion, with lipid-soluble substances passing through endothelial cells and water-soluble substances moving between cells or through aquaporins. Larger molecules and cells may cross via pinocytosis.

Control of Blood Flow in the Microcirculation

Nutrient flow describes the passage of blood through capillary channels designed for exchange of nutrients and metabolites. In some areas, blood flow bypasses the capillary bed, moving through an **arteriovenous shunt**, which directly connects an arteriole and a venule. This type of blood flow is called **non-nutrient flow** because it does not allow for nutrient exchange. Non-nutrient channels are common in the skin and are important for heat exchange and temperature regulation. Capillary flow is regulated by arteriolar and venular tone and the activity of precapillary sphincters in response to local metabolic and neurohumoral signals (Aksu et al., 2024).

Capillary–Interstitial Fluid Exchange

The exchange of fluid between capillaries and the interstitium is governed by hydrostatic and osmotic forces, as well as capillary wall permeability. **Filtration** refers to the net fluid movement out of the capillaries, while absorption is the movement of fluid back into the capillaries. Hydrostatic pressure within capillaries (determined by the fluid pressure of the blood) pushes fluid into the interstitial space, while **colloidal osmotic pressure**, generated primarily by plasma proteins, draws fluid back into the capillaries. Permeability of the endothelial barrier and lymphatic drainage also influence the fluid balance (Haggerty & Nirmalan, 2022) (Fig. 20-16).

Hydrostatic Forces

Capillary hydrostatic pressure is the principal force driving fluid filtration. It is influenced by both arterial and venous blood pressures, although venous pressure has a greater effect. For example, venous congestion caused by heart failure or thrombosis significantly increases capillary hydrostatic pressure, promoting fluid leakage into tissues. Gravity also affects hydrostatic pressure, increasing it in the lower extremities when standing. Interstitial hydrostatic pressure, typically near zero or slightly negative, has a minor effect on filtration (Haggerty & Nirmalan, 2022).

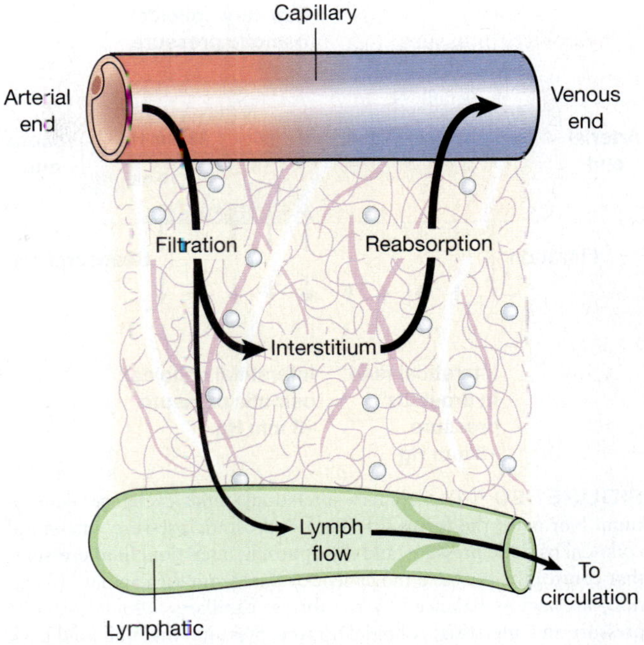

FIGURE 20-16. Capillary filtration and lymph flow. Fluid is filtered out of the capillary and into the interstitium at the arterial end of the capillary. Most of the fluid is reabsorbed at the venous end of the capillary, with the rest of the fluid entering the terminal lymphatics for return to the circulation.

Osmotic Forces

The primary osmotic force opposing capillary filtration is the capillary colloidal osmotic pressure exerted by plasma proteins, which is typically around 28 mm Hg. The plasma proteins—chiefly albumin—are too large to pass through the intercellular junctions and capillary pores to exit the capillary; therefore, these plasma proteins within the capillary act as a reabsorptive force to draw fluid into the capillary from the interstitium. Inflammation or capillary injury can increase capillary permeability, allowing proteins to leak into the interstitium, where those interstitial proteins then exert opposing osmotic forces to draw fluid out of the capillaries. The lymphatic system plays a vital role in removing proteins that leak out into the interstitial space (Haggerty & Nirmalan, 2022).

Balance of Hydrostatic and Osmotic Forces

The dynamic equilibrium of capillary filtration and absorption is maintained through a balance of hydrostatic and osmotic forces, collectively known as **Starling forces** (Fig. 20-17). At the arterial end of the capillary, filtration predominates due to higher hydrostatic pressure, while reabsorption is favored at the venous end due to higher capillary colloidal osmotic pressure. Minor imbalances result in a net filtration of fluid out of capillaries, with that excess interstitial fluid normally returned to the circulation via the lymphatic system (Haggerty & Nirmalan, 2022).

The Lymphatic System

The **lymphatic system** is an accessory route for returning fluid and proteins from the interstitial space to the

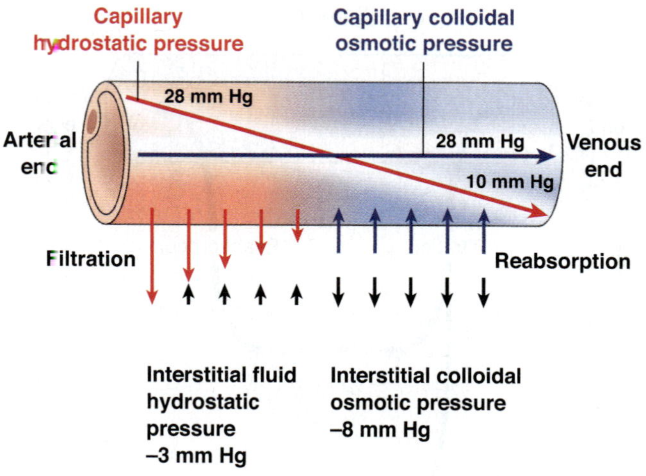

FIGURE 20-17. Capillary–interstitial fluid exchange equilibrium. Normally, the forces (capillary hydrostatic pressure, interstitial colloidal osmotic pressure, and the opposing interstitial fluid pressure) that control the outward movement of fluid from the capillary (filtration) are almost balanced by the forces (capillary colloidal osmotic pressure and interstitial colloidal osmotic pressure) that pull fluid back into the capillary (reabsorption).

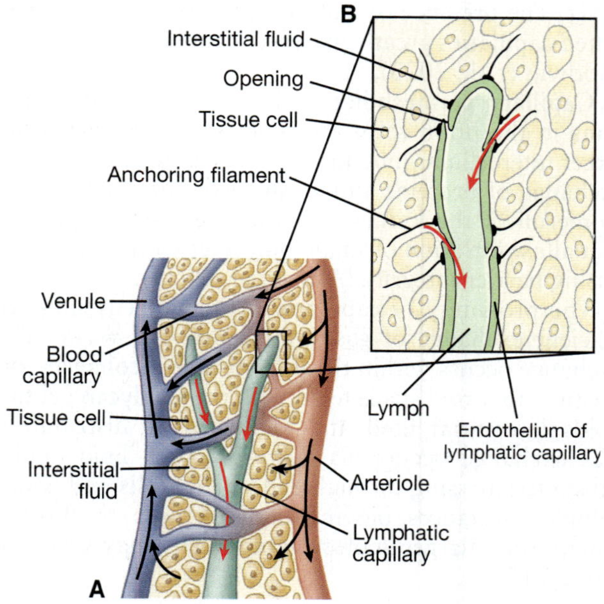

FIGURE 20-18. **A.** Location of the lymphatic capillary. Fluid from the arterial side of the capillary bed moves into the interstitial spaces and is reabsorbed in the venous side of the capillary bed. **B.** Details of the lymphatic capillary with its anchoring filaments and overlapping edges that serve as valves and can be pushed open, allowing the inflow of interstitial fluid and its suspended particles.

circulatory system. It serves nearly all body tissues except cartilage, bone, epithelium, and the central nervous system (CNS), which have alternative drainage pathways. Lymph transports plasma proteins, osmotically active particles, and absorbed nutrients from the gastrointestinal tract (especially fats). The lymphatics also play a role in immune surveillance by filtering lymph through lymph nodes. Lymphatic obstruction, such as that caused by malignancy or surgical removal of lymph nodes, can lead to lymphedema.

Lymphatic vessels structurally resemble veins and travel alongside arteries and veins. Terminal lymphatic vessels are thin-walled and lined by endothelium with loose junctions that allow large molecules and fluid to enter, particularly under edematous conditions (Fig. 20-18). Lymphatic vessels drain into progressively larger channels that empty into the thoracic duct, which in turn drain into the subclavian and internal jugular veins (Fig. 20-19). The average lymph flow rate is approximately 2 to 3 L/day. Lymphatic vessels exhibit intimal, medial, and adventitial layers. The media contains smooth muscle that contracts rhythmically to propel lymph, supported by external compression from surrounding muscle and pulsations of nearby arteries. The combined activity of lymphatic pumps and interstitial fluid pressure determines the rate of lymphatic return, which averages about 120 mL/hour (Haggerty & Nirmalan, 2022).

SUMMARY CONCEPTS

Exchange of fluids between the vascular compartment and the interstitial spaces occurs at the capillary level. Capillary hydrostatic pressure pushes fluid out of the capillaries, and capillary colloidal osmotic pressure exerted by the plasma proteins pulls fluid back into the capillaries. Albumin, which is the smallest and most abundant plasma protein, provides the major osmotic force for the return of fluid to the vascular compartment. Normally, slightly more fluid leaves the capillary bed than can be reabsorbed. This excess fluid is returned to circulation via lymphatic channels.

Systemic Circulation and Control of Blood Flow

Blood vessels are dynamic, contractile structures that adjust their diameter to regulate blood pressure and perfusion across tissues. Organs such as the brain, heart, and kidneys require steady blood flow, whereas tissues like skeletal muscle and skin experience varying demands based on activity, temperature, and systemic conditions.

Blood Vessels

The functional behavior of arteries, arterioles, and veins reflects their structural differences. Arterioles act as resistance vessels, adjusting their tone to regulate blood pressure and flow into the microcirculation. Veins, with their high compliance and larger lumens, serve as blood

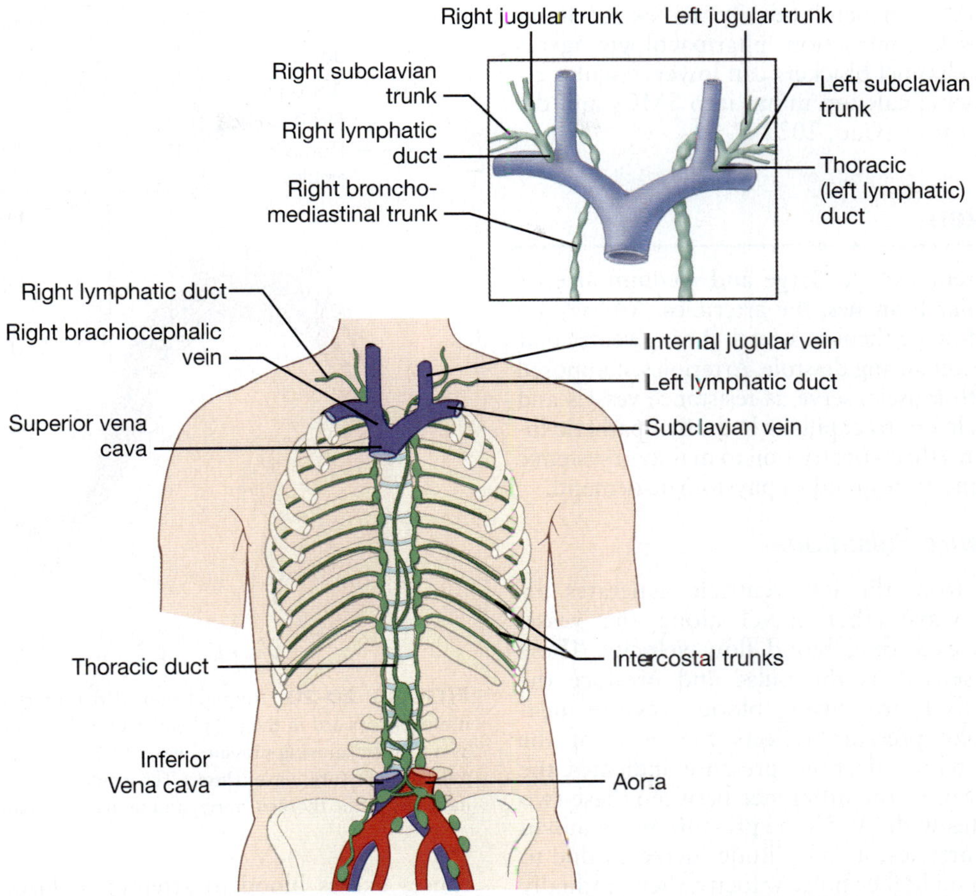

FIGURE 20-19. Lymphatic system showing the thoracic duct and position of the left and right lymphatic ducts (**inset**).

reservoirs that return blood to the heart under low pressure. Effective venous return depends on pressure gradients, skeletal muscle contractions, and properly functioning venous valves—particularly in the extremities. Capillaries play a vital role in the exchange of gases, nutrients, and waste and are regulated upstream by arteriolar tone and downstream by pressure within the veins. Arteriolar and venular adjustments help ensure that each tissue receives appropriate perfusion based on its metabolic needs (Satish & Tadi, 2023).

Vascular Smooth Muscle

The contractile behavior of vascular smooth muscle is central to the regulation of vascular resistance and arterial blood pressure. SMCs contract and relax in response to a range of signals, including neural, hormonal, and local metabolic factors. SNS stimulation promotes vasoconstriction via activation of alpha-adrenergic receptors, increasing resistance and reducing blood flow. In certain vascular beds (e.g., skeletal muscle), beta-adrenergic stimulation causes vasodilation. SMCs also respond to local tissue conditions, such as hypoxia, hypercapnia, and acidosis, which promote vasodilation through mechanisms including the release of endothelial-derived

KEY POINTS

The Vascular System and Control of Blood Flow

- The vascular system consists of the arterial system (a high-pressure system delivering blood to tissues), the venous system (a low-pressure system that collects blood from the capillaries), and the capillaries. These vessels function in the delivery of oxygen and nutrients and in the removal of wastes from the tissues.
- Local control of blood flow is regulated by mechanisms that match blood flow to the metabolic needs of the tissue. Over the short term, tissues autoregulate flow through the synthesis of vasodilators and vasoconstrictors derived from the tissue, smooth muscle, or endothelial cells. Over the long term, blood flow is regulated by creation of collateral circulation.

NO. Because SMCs depend heavily on extracellular calcium for muscle contraction, pharmacologic agents such as calcium channel blockers can lower vascular resistance by reducing calcium influx into SMCs and decreasing vascular tone (Gao, 2022).

Arterial System

The arterial system includes large and medium arteries and their muscular branches, the arterioles. Arteries are highly elastic, allowing them to stretch during ventricular systole and to recoil during diastole. Arterioles, composed mainly of smooth muscle, serve as resistance vessels and control blood delivery to capillary beds. Sympathetic innervation regulates their constriction to maintain systemic blood pressure and to respond to physiologic demand.

Arterial Pressure Pulsations

Blood ejection from the left ventricle generates arterial pressure waves that travel along the vessel walls at speeds exceeding blood flow velocity. These pulsations are sensed as the pulse and produce the Korotkoff sounds heard during blood pressure measurement. Systolic pressure reflects the peak of the pressure wave, while diastolic pressure indicates the nadir. Pulse pressure—the difference between these two values—correlates with SV. As the pressure wave moves into peripheral arteries, its amplitude increases due to wave reflection and higher pulse velocity, then gradually dampens in arterioles and disappears in capillaries. The damping of pressure pulse is caused by the vessel's resistance and ability to distend. Although pressure pulses are not usually transmitted to the capillaries, they may occur, for example, when injury results in a throbbing sensation. In this case, extreme dilation of small vessels in the injured area produces reduced damping of the pressure pulse. Capillary pulsations also occur in conditions that cause exaggeration of aortic pressure pulses, such as aortic regurgitation (backflow of blood through the aortic valve) or patent ductus arteriosus (an abnormal connection between the aorta and main pulmonary artery). In pathological states such as peripheral artery disease, transmission of the pressure wave is altered and may produce diminished peripheral pulses (Chaudhry et al., 2022) (Fig. 20-20).

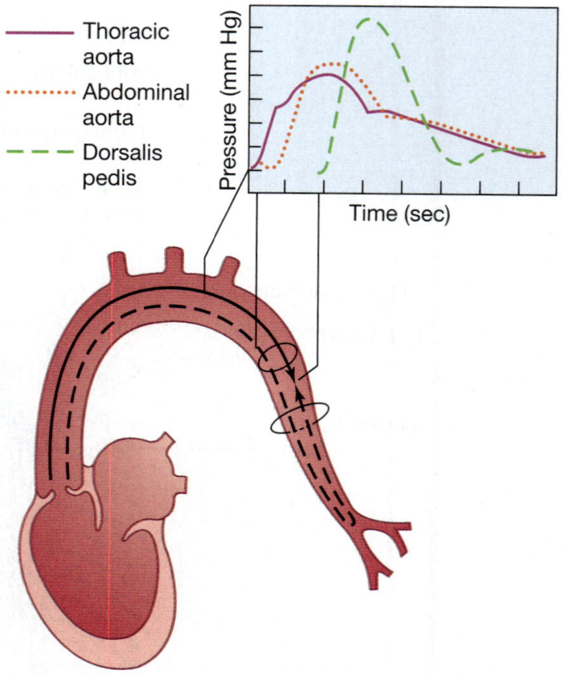

FIGURE 20-20. Amplification of the arterial pressure wave as it moves forward in the peripheral arteries. This amplification occurs as a forward-moving pressure wave merges with a backward-moving reflected pressure wave. (**Inset**) The amplitude of the pressure pulse increases in the thoracic aorta, abdominal aorta, and dorsalis pedis.

Venous System

The venous system is a low-pressure system. Venules collect blood from the capillaries, and veins transport blood to the right heart. Therefore, the pressure in the right atrium is the **central venous pressure**. Right atrial pressure is regulated by the ability of the right ventricle to pump blood into the lungs and the tendency of blood to flow from peripheral veins into the atrium. Normal right atrial pressure is 0 mm Hg (equal to atmospheric pressure). It can increase to 20 to 30 mm Hg in conditions such as right heart failure and transfusion of blood at a rate that greatly increases total blood volume and causes excess blood to attempt to flow into the heart (Persichini et al., 2022).

Veins and venules are thin-walled, distensible, collapsible vessels. Veins are capable of enlarging and storing large quantities of blood. Although thin-walled, veins are muscular, which allows them to accommodate varying amounts of blood. Veins are innervated by the SNS. When blood is lost, veins constrict to maintain intravascular volume.

Valves in the extremity veins prevent retrograde flow (Fig. 20-21), and skeletal muscle contractions assist forward movement—known as the muscle pump. In contrast, thoracic and abdominal veins rely on pressure gradients created by respiration.

Because the venous system is a low-pressure system, blood flow must oppose the effects of gravity. In a standing person, the weight of the blood in the vascular column causes an increase of 1 mm Hg in pressure for every 13.6 mm below the level of the heart. Without valves and skeletal muscle action, venous pressure in the feet would be +90 mm Hg in a standing adult (Persichini et al., 2022).

Local and Humoral Control of Blood Flow

Tissue perfusion is tightly regulated to match local metabolic needs. Short-term mechanisms include autoregulation of arteriolar tone, while long-term mechanisms involve vascular remodeling and angiogenesis. Neural control influences systemic blood pressure and CO to support local mechanisms (Chaudhry et al., 2022).

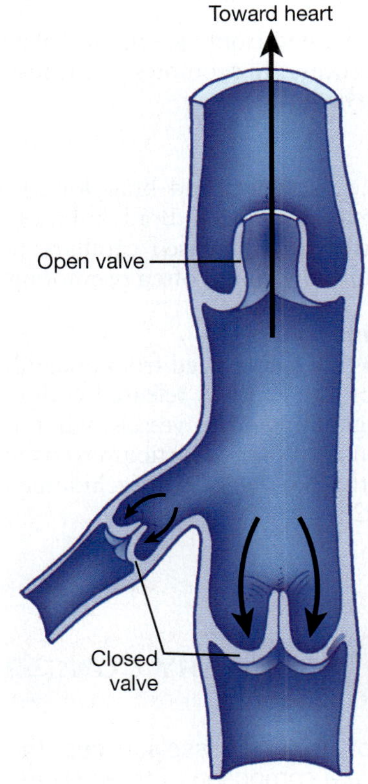

FIGURE 20-21. Portion of a femoral vein opened, to show the valves. The direction of flow is upward. Backward flow closes the valve.

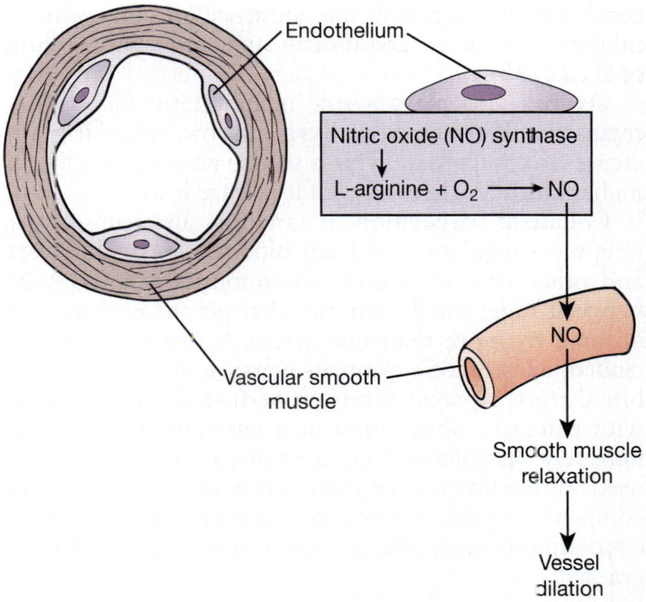

FIGURE 20-22. Function of nitric oxide in smooth muscle relaxation.

Short-Term Autoregulation

Local control of blood flow is governed by the nutritional needs of the tissue, and blood flow to the heart, brain, and kidneys remains relatively constant despite blood pressure variations. The ability to maintain constant changes in perfusion pressure is **autoregulation** and is mediated by changes in vessel tone resulting from changes in flow or by local tissue factors, such as lack of oxygen or accumulation of metabolites. Changes in systemic arterial pressure (e.g., hypotension in circulatory shock) lead to autoregulation in organs to ensure blood flow and oxygen delivery (Rolnick et al., 2023).

Reactive Hyperemia

Reactive hyperemia describes the transient increase in blood flow following a brief period of ischemia. An increase in blood flow with increased activity, such as exercise, is **functional hyperemia**. When the blood supply to an area has been occluded and then restored, local blood flow increases within seconds to restore metabolic equilibrium. The transient redness seen after leaning on a hard surface is an example of reactive hyperemia. Local control mechanisms rely on continuous flow from the main arteries, so hyperemia cannot occur when arteries supplying the capillaries are narrowed. For example, if a major coronary artery becomes occluded, opening channels supplied by that vessel cannot restore blood flow (Coccarelli & Nelson, 2023).

Endothelial Control of Vascular Function

Endothelial cells modulate vascular tone by releasing vasoactive substances. Intact endothelium produces NO, which relaxes vascular smooth muscle. Normal endothelium maintains a continuous release of NO, which is formed from L-arginine and oxygen via NO synthase (Fig. 20-22). NO production can be stimulated by a variety of endothelial agonists, including acetylcholine, bradykinin, histamine, and thrombin. Shear stress on the endothelium (from increased blood flow or blood pressure) also stimulates NO production and vessel relaxation. NO inhibits platelet aggregation and secretion of platelet contents, many of which cause vasoconstriction. NO is released into the vessel lumen (to inactivate platelets) and away from the lumen (to relax smooth muscle) and protects against both thrombosis and vasoconstriction. Nitroglycerin is used in the treatment of angina by causing release of NO in vascular smooth muscle of the target tissues (Zhou et al., 2023b).

Endothelium also produces a number of vasoconstrictor substances, including angiotensin II, vasoconstrictor prostaglandins, and endothelin-1. Endothelin-1 is present in all endothelial cells, and just a small amount can cause vasoconstriction. After a blood vessel is damaged, local endothelin is released to vasoconstrict the vessel and prevent extensive bleeding.

Long-Term Regulation of Blood Flow

Long-term regulation of blood flow involves adjustment of vascular density and collateral circulation. Persistent hypoxia or increased metabolic activity promotes angiogenesis, mediated by growth factors such as vascular endothelial growth factor (VEGF) and fibroblast growth factor (FGF). Vessels can also regress under low-demand conditions or through the influence of angiogenesis inhibitors, such as angiostatin and endostatin (Zhou et al., 2023b).

Oxygen also plays a role in long-term blood flow regulation. If atmospheric oxygen is low, vascularity increases to compensate. This is seen in animals that live in higher altitude where oxygen levels are low.

Collateral circulation is another mechanism for long-term regulation of local blood flow. In the heart and other vital structures, anastomotic channels exist between some smaller arteries that permit perfusion of an area by more than one artery. If one artery is occluded, anastomotic channels increase in size, allowing blood from a patent artery to perfuse the area. People with extensive obstruction of a coronary blood vessel may rely on collateral circulation to meet the oxygen needs of the myocardial tissue. As with other long-term compensatory mechanisms, the recruitment of collateral circulation is most efficient when obstruction to flow is gradual.

Humoral Control of Vascular Function

Humoral control of blood flow involves the effects of vasodilator and vasoconstrictor substances. Some are formed by glands and transported throughout the circulation. Others are formed in local tissues and aid in the local control of blood flow. Humoral factors include norepinephrine and epinephrine, angiotensin II, histamine, serotonin, bradykinin, and prostaglandins (Ma et al., 2023).

Norepinephrine and Epinephrine

Norepinephrine is a powerful vasoconstrictor hormone. **Epinephrine** is less so and, in some tissues (e.g., skeletal muscle), causes mild vasodilation. Stimulation of the SNS during stress or exercise causes local constriction of veins and arterioles because of the release of norepinephrine from sympathetic nerve endings. Sympathetic stimulation also causes the adrenal medulla to secrete norepinephrine and epinephrine into the blood. These then circulate in the blood, causing direct sympathetic stimulation of blood vessels in all parts of the body.

Angiotensin II

Angiotensin II, a powerful vasoconstrictor, is produced as a part of the renin–angiotensin–aldosterone system (RAAS) and normally acts on arterioles to increase peripheral vascular resistance (PVR), thereby increasing arterial blood pressure.

Histamine

Histamine, released from mast cells and basophils in injured tissue, causes arteriolar dilation and increases capillary permeability. This allows leakage of fluid and plasma proteins into tissues. In certain tissues, the activity of mast cells is mediated by the SNS, which, when withdrawn, allows mast cells to release histamine.

Serotonin

Serotonin is liberated from aggregating platelets during the clotting process. It promotes vasoconstriction and contributes to hemostasis.

Bradykinin

The **kinins** (i.e., kallidins and bradykinin) are derived from the globulin kininogen. Bradykinin causes intense dilation of arterioles, increased capillary permeability, and constriction of venules, often promoting pain.

Prostaglandins

Prostaglandins are synthesized from **arachidonic acid** in the cell membrane, which is released with tissue injury. E-type prostaglandins dilate vessels, while F-type prostaglandins constrict them. Corticosteroids inhibit prostaglandin synthesis by blocking arachidonic acid release (Ma et al., 2023).

SUMMARY CONCEPTS

The walls of all blood vessels, except the capillaries, are composed of three layers—tunica externa, tunica media, and tunica intima—which vary with vessel function. Arteries are thick-walled vessels with large amounts of elastic fibers. The walls of the arterioles, which control blood pressure, have large amounts of smooth muscle. Veins are thin-walled, distensible, and collapsible vessels. Venous flow returns blood to the heart. It is a low-pressure system and relies on valves and muscle pumps to offset the effects of gravity.

The delivery of blood to the tissues of the body depends on pressure pulses generated by the intermittent ejection of blood from the left ventricle into the distensible aorta and large arteries of the arterial system. The arteries' ability to distend and their resistance to flow reduce pressure pulsations so that constant blood flow occurs by the time blood reaches the capillaries.

Mechanisms to control local blood flow ensure the adequate delivery of blood to the capillaries in the microcirculation, where exchange of cellular nutrients and wastes occurs. Local control is governed largely by tissue needs and is regulated by local factors such as lack of oxygen and accumulation of metabolites. Reactive hyperemia is a local increase in blood flow that occurs after temporary occlusion of blood flow. It is a compensatory mechanism that decreases oxygen debt of deprived tissues. Long-term regulation of blood flow includes angiogenesis, VEGF, FGF, and angiotensin, which increase tissue vascularity, where angiostatin and endostatin dissolve blood vessels. Collateral circulation improves local blood flow. NO and humoral factors contribute to regulation of blood flow.

Neural Control of Circulatory Function

The neural control centers for cardiac and vascular function are located in the medulla oblongata, particularly within the reticular formation. Three distinct groups of medullary cardiovascular neurons modulate autonomic output. The two **vasomotor centers** govern sympathetic stimulation to the heart and blood vessels, while the **cardioinhibitory center** regulates parasympathetic (vagal) outflow to the heart. These centers receive continuous input from higher brain regions and peripheral sensors, including arterial baroreceptors and chemoreceptors, which monitor blood pressure and blood gas levels (Hafez & Chang, 2025).

ANS Regulation

The **autonomic nervous system (ANS)** regulates circulatory function via sympathetic and parasympathetic divisions. The **vagus nerve**, originating from the medulla, slows the HR through the release of acetylcholine. In contrast, sympathetic fibers originating from thoracic spinal cord segments increase HR, conduction velocity, and myocardial contractility. These fibers innervate the SA node, AV node, and myocardium (Hafez & Chang, 2025).

Autonomic Regulation of Cardiac Function

Parasympathetic innervation of the heart is mediated by the vagus nerve, with fibers originating from the vagal nuclei in the medulla. These fibers travel to the heart and primarily influence the SA node, reducing HR through the release of acetylcholine. The effect of vagal activity is largely limited to slowing the HR. In contrast, sympathetic outflow arises from the reticular formation and exits the thoracic spinal cord, where preganglionic fibers synapse with postganglionic neurons. These sympathetic fibers innervate the SA node, AV node, and myocardial muscle, increasing HR, conduction velocity, and contractile force (Hafez & Chang, 2025).

Autonomic Regulation of Vascular Function

The **sympathetic nervous system** is the primary regulator of vascular smooth muscle tone. Preganglionic sympathetic fibers that control vascular function originate in the vasomotor center, travel down the spinal cord, and exit from thoracic and lumbar segments. Under resting conditions, sympathetic neurons maintain vessels in a state of tonic constriction, providing baseline vascular resistance. Increasing sympathetic activity narrows vessels in regions such as the skin, gastrointestinal tract, and kidneys, while beta-adrenergic vasodilation in skeletal muscle supports increased perfusion during exercise. The parasympathetic system has minimal influence on blood vessel tone (Hafez & Chang, 2025).

Autonomic Neurotransmitters

The ANS exerts its effects through specific neurotransmitters. Parasympathetic postganglionic neurons release acetylcholine, while sympathetic postganglionic neurons primarily release norepinephrine. The adrenal medulla also secretes epinephrine into the bloodstream, amplifying sympathetic responses. In some pathways, dopamine functions as a neurotransmitter, particularly in renal and mesenteric vascular beds (Karim et al., 2023).

Central Nervous System Responses

The CNS regulates cerebral perfusion and responds to severe drops in systemic blood pressure. In the CNS ischemic response, decreased perfusion of the vasomotor center triggers intense sympathetic activation, which can raise arterial pressure dramatically for several minutes. This emergency response activates when systolic pressure falls below 60 mm Hg and is most effective in the 15 to 20 mm Hg range. If brain perfusion is not restored, vasomotor center failure may follow. The **Cushing reflex** is another protective mechanism, triggered when rising intracranial pressure compromises cerebral blood flow. It causes a transient rise in systemic blood pressure in an attempt to preserve cerebral perfusion. If this fails, vasomotor tone is lost, and blood pressure drops precipitously (Wijdicks, 2022).

SUMMARY CONCEPTS

Neural control centers for the regulation of cardiac function and blood pressure are located in the reticular formation of the lower pons and medulla of the brain stem, where the integration and modulation of ANS responses occur. These brain stem centers receive information from many areas of the nervous system, including the hypothalamus. The parasympathetic and SNSs innervate the heart. The parasympathetic nervous system functions in regulating HR through the vagus nerve, with increased vagal activity slowing the HR. The SNS has an excitatory influence on HR and contractility and serves as the final common pathway for controlling the smooth muscle tone of the blood vessels.

Regulation of Systemic Arterial Blood Pressure

Blood pressure rises during systole as the left ventricle contracts and falls during diastole as the heart relaxes. The arterial pressure waveform (Fig. 20-23) reflects these dynamics, with a rapid upstroke in pressure occurring during early systole, followed by a slower rise to peak systolic pressure. The end of systole is marked by closure of the aortic valve, producing a brief deflection in the pressure waveform known as the dicrotic notch (previously described). Diastolic pressure then declines as blood flows into the peripheral circulation (Wolff et al., 2022).

The systolic pressure, ideally less than 120 mm Hg, reflects peak pressure during ventricular contraction, while the diastolic pressure, ideally less than 80 mm Hg, reflects the nadir of pressure during relaxation (Fig. 20-23). The difference between these values is the pulse pressure, typically around 40 mm Hg in healthy adults. The two major determinants of pulse pressure are SV and the compliance (or distensibility) of the arterial system. Arterial compliance depends on both the elastic properties of the large arteries and the resistance offered by smaller vessels. **Mean arterial pressure (MAP)**, which is 90 to 100 mm Hg in adults, is the average pressure in the arterial system during ventricular contraction and relaxation. MAP is an indicator of overall tissue perfusion and is 60% of diastolic pressure and 40% of systolic pressure. **Peripheral vascular resistance (PVR)** reflects changes in arteriole radius and viscosity of the blood. Arterioles are referred to as *resistance vessels*: they constrict or relax to control resistance to outflow of blood into the capillaries. The body maintains blood pressure by (a) adjusting CO to compensate for changes in PVR and (b) adjusting PVR to compensate for CO changes (Wolff et al., 2022).

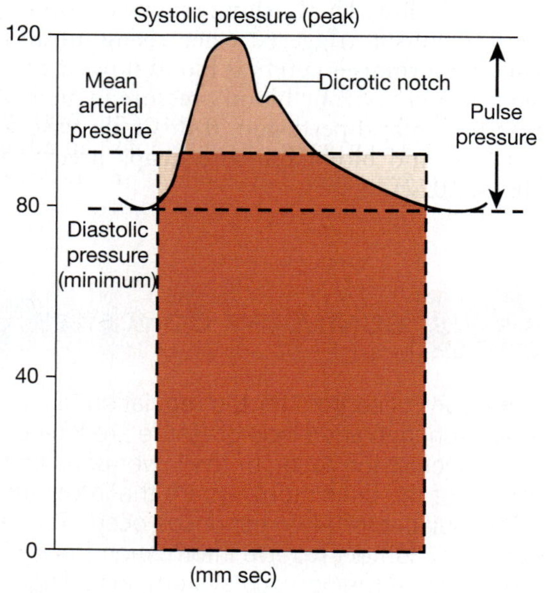

FIGURE 20-23. Intra-arterial pressure tracing made from the brachial artery. Pulse pressure is the difference between systolic and diastolic pressure. The darker area represents the mean arterial pressure, which can be calculated using the formula: mean arterial pressure = diastolic pressure + pulse pressure/3.

MAP is not a simple average of systolic and diastolic pressure because diastole lasts longer. A common estimation formula is:

$$MAP = [SBP + (2 \times DBP)] \div 3$$

MAP is also related to CO and PVR, as described by the equation:

$$MAP = CO \times PVR.$$

Mechanisms of Blood Pressure Regulation

Because most tissues rely on a steady perfusion pressure to meet metabolic needs, systemic arterial pressure must be maintained within a narrow range. Regulation occurs via both acute and long-term mechanisms (Fig. 20-24).

Acute Regulation

Acute regulation of blood pressure (over seconds to minutes) is necessary to correct temporary imbalances and during life-threatening situations. Acute blood pressure control relies primarily on neural and humoral mechanisms, with neural mechanisms producing the most rapid response.

Neural Mechanisms

Neural regulation of blood pressure is coordinated through autonomic pathways that adjust HR, cardiac contractility, and vascular tone in response to sensory input. Parasympathetic output is transmitted via the vagus nerve and slows the HR, while sympathetic output increases HR, contractility, and vasoconstriction of arterioles, thereby increasing PVR.

Baroreceptors, located in the carotid sinus and aortic arch, monitor changes in arterial wall stretch (Fig. 20-25). A drop in blood pressure reduces baroreceptor firing, which triggers increased sympathetic and decreased parasympathetic activity. The result is vasoconstriction, tachycardia, and enhanced CO, all of which restore pressure to baseline. Chemoreceptors, also located in the

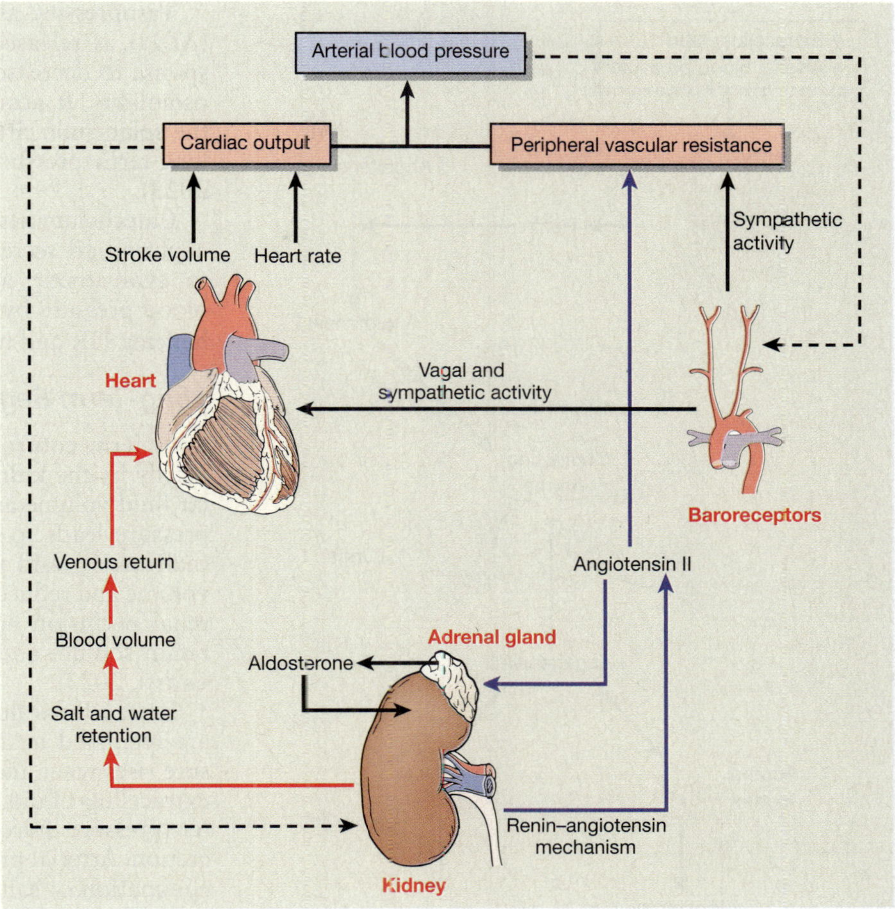

FIGURE 20-24. Mechanisms of blood pressure regulation. The *solid lines* represent the mechanisms for renal and baroreceptor control of blood pressure through changes in CO and PVR. The *dashed lines* represent the stimulus for regulation of blood pressure by the baroreceptors and the kidneys. CO, cardiac output; PVR, peripheral vascular resistance.

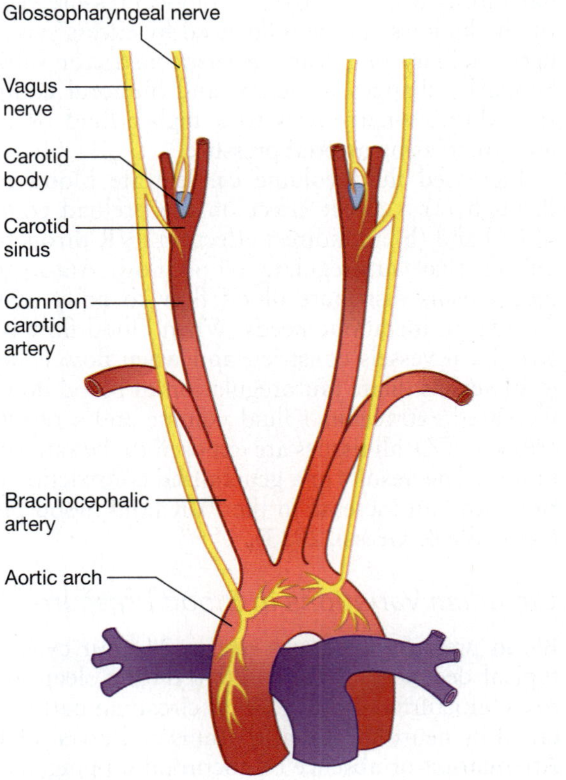

FIGURE 20-25. Location and innervation of the aortic arch and carotid sinus baroreceptors and carotid body chemoreceptors.

carotid and aortic bodies, primarily regulate respiration but contribute to blood pressure regulation when oxygen levels fall or carbon dioxide/hydrogen ion levels rise. These changes activate sympathetic vasoconstriction to preserve perfusion of vital organs (Wolff et al., 2022).

Higher brain centers, including the hypothalamus, influence autonomic output in response to external stimuli such as stress, pain, and temperature. These inputs are less reflexive but play a significant role in adjusting cardiovascular responses under environmental or emotional stressors.

Humoral Mechanisms

Humoral mechanisms that contribute to blood pressure regulation include the **renin–angiotensin–aldosterone system (RAAS)**, vasopressin, and epinephrine/norepinephrine. These substances acutely regulate blood pressure by altering vascular tone. Norepinephrine/epinephrine modifies blood pressure by increasing HR and cardiac contractility (Seravalle & Grassi, 2023).

Renin is an enzyme that is synthesized, stored, and released by kidney juxtaglomerular cells. Renin release occurs with increased SNS activity or decreased blood pressure, extracellular fluid volume, or extracellular sodium concentration. Most renin leaves the kidney. In the bloodstream, it converts an inactive circulating plasma protein, **angiotensinogen**, to angiotensin I (Fig. 20-26). **Angiotensin-converting enzyme (ACE)**,

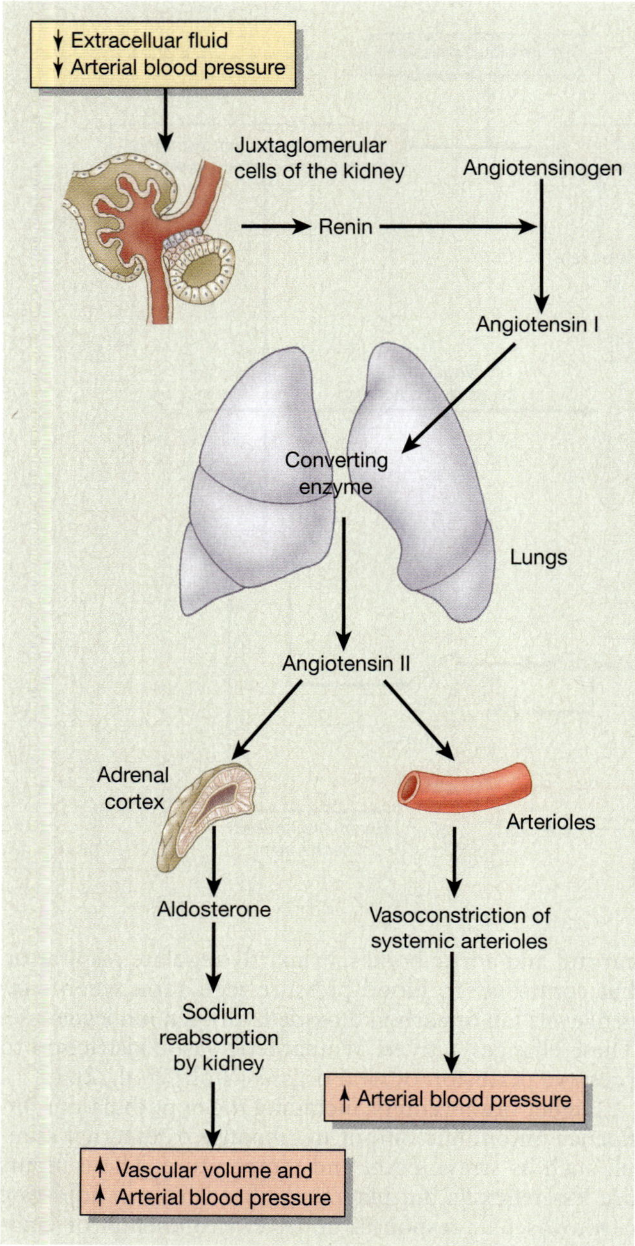

FIGURE 20-26. Control of blood pressure by the renin–angiotensin–aldosterone system. Renin enzymatically converts the plasma protein angiotensinogen to angiotensin I; angiotensin-converting enzyme in the lung converts angiotensin I to angiotensin II; and angiotensin II produces vasoconstriction and increases salt and water retention through direct action on the kidney and through increased aldosterone secretion by the adrenal cortex.

produced in lung endothelium, converts angiotensin I to angiotensin II. Angiotensin II is a potent vasoconstrictor and also stimulates aldosterone secretion by the adrenal cortex, which promotes sodium and water retention, increasing blood volume and pressure. While angiotensin II has a half-life of several minutes, renin persists for 30 minutes to 1 hour, leading to production of additional angiotensin II during this time (Seravalle & Grassi, 2023).

Vasopressin, also known as antidiuretic hormone (ADH), is released from the posterior pituitary in response to decreased blood volume or increased plasma osmolality. It acts as a vasoconstrictor, particularly in the splanchnic circulation, though it is less effective for long-term pressure maintenance (Seravalle & Grassi, 2023).

Catecholamines, including epinephrine and norepinephrine, are secreted by the adrenal medulla in response to sympathetic activation. These hormones increase blood pressure by stimulating vasoconstriction and enhancing HR and myocardial contractility.

Long-Term Regulation

Long-term control of blood pressure is governed primarily by the kidneys through regulation of extracellular fluid volume and sodium balance. Increased arterial pressure leads to enhanced renal excretion of sodium (natriuresis) and water (diuresis), which lowers blood volume and reduces blood pressure. Conversely, reduced renal perfusion activates mechanisms (e.g., RAAS) to retain sodium and water, raising pressure (Seravalle & Grassi, 2023).

Extracellular fluid volume and arterial blood pressure are regulated near an equilibrium point. Arterial pressure rises when increased water and salt intake increase extracellular fluid. This increases the rate of kidney water (pressure diuresis) and salt (pressure natriuresis) excretion. Arterial pressure can be increased by (a) shifting elimination of salt and water to a higher pressure level and (b) changing the fluid level at which diuresis and natriuresis occur. Long-term blood pressure regulation by the kidneys can be influenced by excess sympathetic nerve activity or release of vasoconstrictor substances. Similarly, changes in neural and humoral control can shift diuresis–natriuresis to a higher fluid or pressure level, increasing arterial pressure.

Increased fluid volume can elevate blood pressure through (a) a direct effect on the preload component of CO and (b) an indirect effect on PVR through mechanisms that autoregulate blood flow. Autoregulatory mechanisms distribute blood flow to body tissues according to metabolic needs. When blood flow is excessive, local vessels constrict, and when flow is deficient, local vessels dilate (autoregulation of blood flow). With increased extracellular fluid volume and a resultant increase in CO, all tissues are exposed to the same increase in flow. This results in a generalized constriction of arterioles and an increase in the PVR (and blood pressure) (Seravalle & Grassi, 2023).

Circadian Variations in Blood Pressure

Blood pressure fluctuates over a 24-hour cycle, with a typical decline of 10% to 20% during sleep—referred to as "nocturnal dipping." This circadian pattern is governed by neurohormonal rhythms and physical activity. Attenuation or absence of nocturnal dipping, as seen in individuals with obstructive sleep apnea (OSA) or shortened sleep duration, is associated with increased cardiovascular risk.

UNDERSTANDING ➔ Determinants of Blood Pressure

Arterial blood pressure moves blood through the arterial system. It is determined by factors including blood volume, elasticity of blood vessels, CO, and PVR.

1

Arterial Blood Pressure. The highest arterial pressure is systolic pressure (coinciding with ventricular contraction), and the lowest is diastolic pressure (coinciding with relaxation). Arterioles regulate blood distribution to capillary beds. Because arteries are compliant and arterioles provide high resistance to flow, the arterial system converts pulsatile flow into a steady, nonpulsating flow through the capillaries. As blood exits capillary beds, the low-pressure venous system collects blood and returns it to the heart, maintaining the diastolic filling pressure needed for adequate CO.

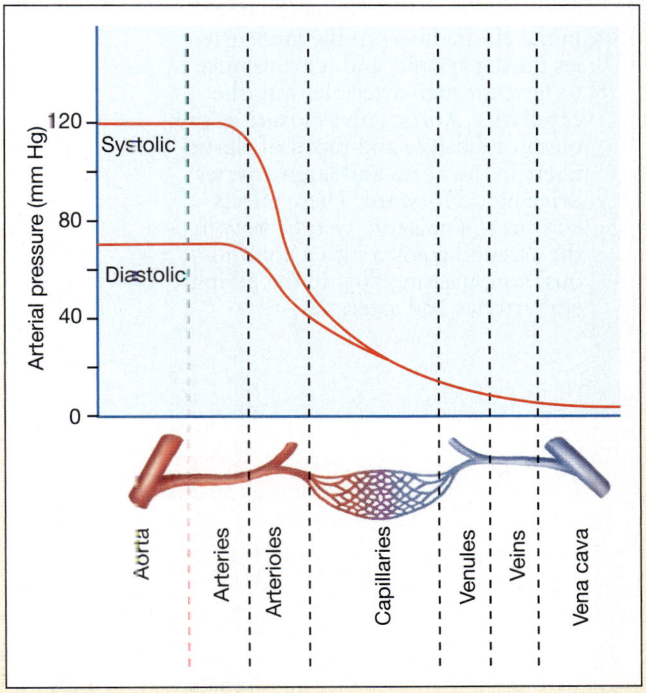

2

Systolic Pressure. Systolic blood pressure reflects the (a) volume of blood (SV) ejected from the ventricles with each beat; (b) rate and force of blood ejection; and (c) elasticity, or compliance, of the aorta and large arteries. Blood ejected during systole does not move directly through circulation. Instead, a substantial fraction of SV is stored in large arteries. Because these vessels walls are elastic, they can stretch to accommodate a large volume without a significant change in pressure. Systolic pressure often increases with age as the aorta and large arteries lose elasticity.

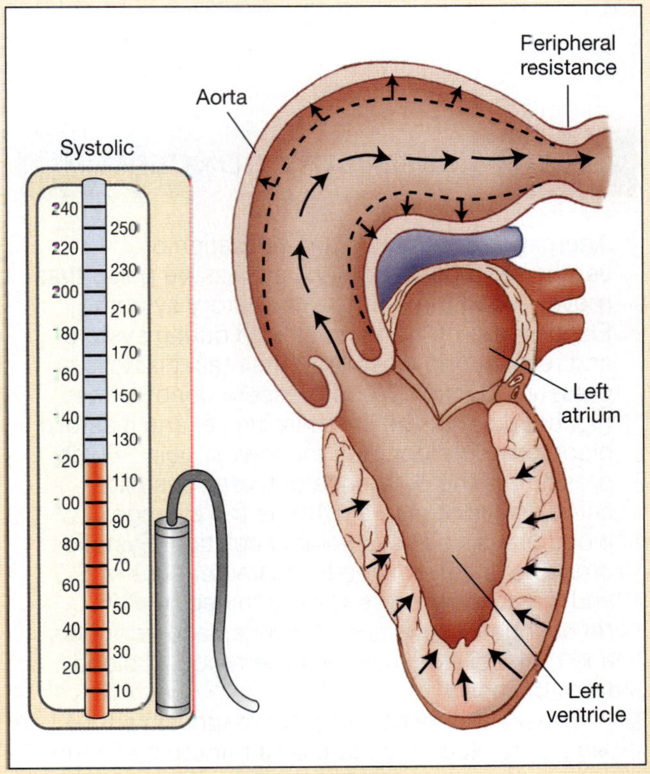

UNDERSTANDING ➔ Determinants of Blood Pressure (*continued*)

3

Diastolic Pressure. Diastolic blood pressure reflects the (a) closure of the aortic valve, (b) energy stored in the elastic fibers of the large arteries during systole, and (c) resistance to flow through arterioles into the capillaries. Aortic valve closure at the onset of diastole and recoil of elastic fibers in the aorta and large arteries drive blood forward. These effects convert the pulsatile systolic flow in the ascending aorta into a continuous, nonpulsating flow in the peripheral arteries and arterioles.

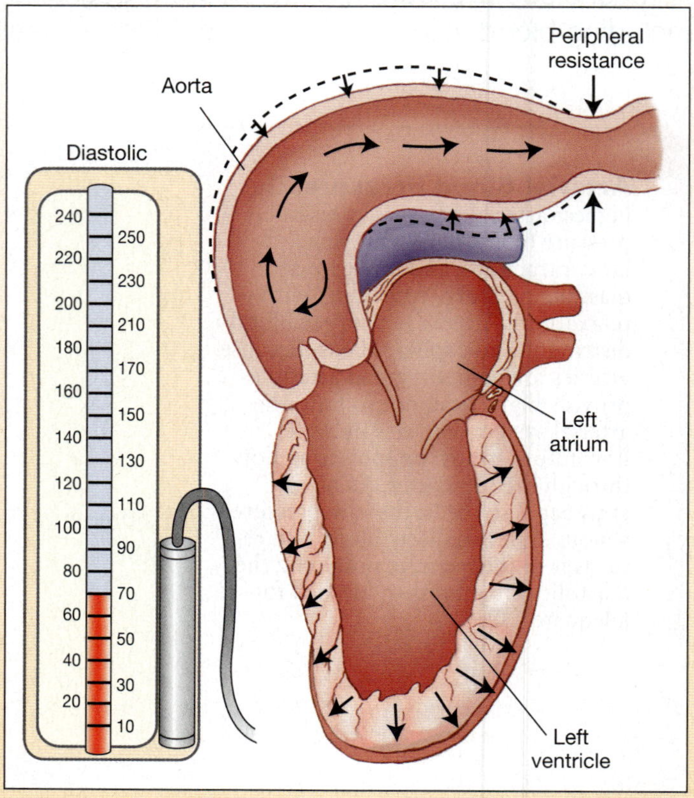

SUMMARY CONCEPTS

Alternating contraction and relaxation of ventricular muscle produce a pressure pulse that moves blood through the circulatory system. Elastic walls of the aorta stretch during systole and relax during diastole to maintain diastolic pressure. Systolic blood pressure denotes the highest point of the pressure pulse, and diastolic blood pressure denotes the lowest point. Pulse pressure is the difference between systolic and diastolic pressure. MAP is the average blood pressure in systemic circulation. Systolic pressure is determined by characteristics of SV, and diastolic pressure is determined by PVR, reflecting the condition of arteries and arterioles and their abilities to accept the runoff of blood from the aorta.

The acute mechanisms are responsible for regulating blood pressure on a minute-by-minute or hour-by-hour basis during activities such as physical exercise and changes in body position. They rely mainly on neural and humoral mechanisms. Long-term mechanisms are largely vested in the kidneys and the regulation of extracellular fluid volume.

Disorders of Systemic Arterial Blood Flow

Large, elastic arteries (e.g., aorta) primarily serve as conductance vessels, while medium-sized muscular arteries contain circular and spiral layers of SMCs. These contract and relax to control blood distribution. Small arteries and arterioles regulate capillary perfusion. Each vessel type is susceptible to distinct pathologies.

The clinical impact of disrupted arterial blood flow depends on both the location and the severity. **Ischemia** occurs when blood flow fails to meet tissue oxygen requirements. Infarction refers to irreversible tissue death resulting from prolonged ischemia due to arterial or venous occlusion.

KEY POINTS

Disorders of Systemic Arterial Blood Flow

- Atherosclerosis is a progressive disease characterized by formation of fibrofatty plaques in the intima of large- and medium-sized vessels. Major risk factors are hypercholesterolemia and inflammation.
- Vasculitis is an inflammation of the blood vessel wall, resulting in tissue injury and necrosis. Arteries, capillaries, and veins may be affected. The inflammatory process may be initiated by direct injury, infectious agents, or immune processes.
- Aneurysms are an abnormal, localized dilatation of an artery because of a weakness in the vessel wall. As they increase in size, the tension in the vessel wall increases, and it may rupture. The increased size of the vessel may also exert pressure on adjacent structures.

Dyslipidemia

Dyslipidemia is an imbalance of circulating lipids, primarily triglycerides, phospholipids, and cholesterol. Triglycerides are used in energy metabolism; phospholipids contribute structurally to cell membranes, lipoproteins, blood-clotting components, and the myelin sheath. Cholesterol is a precursor for steroid hormones, bile acids, and essential membrane components.

Classification of Lipoproteins

Cholesterol and **triglycerides** combine with water-soluble proteins called **apoproteins** in order to travel through the plasma, forming a transport molecule called a **lipoprotein** (Fig. 20-27). Lipoproteins transport cholesterol and triglycerides to various tissues for energy utilization, lipid deposition, steroid hormone production, and bile acid formation.

Lipoproteins are classified into five types according to their densities: chylomicrons, **very-low-density lipoprotein (VLDL)**, **intermediate-density lipoprotein (IDL)**, **low-density lipoprotein (LDL)**, and **high-density lipoprotein (HDL)**. VLDLs carry large amounts of triglycerides, which have a lower density than cholesterol, and lesser amounts of cholesterol. LDL is the main carrier of cholesterol, whereas HDL is 50% protein (Fig. 20-28) (Bhargava et al., 2022).Various classes and subtypes of apoproteins have been identified, including

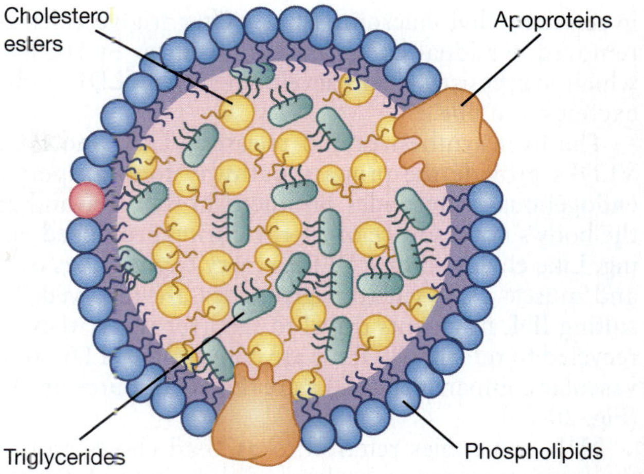

FIGURE 20-27. General structure of a lipoprotein. The cholesterol esters and triglycerides are located in the hydrophobic core of the macromolecule, surrounded by phospholipids and apoproteins.

apolipoprotein (apoprotein B), which combines with lipids and promotes plaque formation in atherosclerosis.

The small intestine and liver are the sites of lipoprotein synthesis. **Chylomicrons** are the largest lipoprotein molecules and are synthesized in the wall of the small intestine. Chylomicrons are involved in the transport of dietary triglycerides and cholesterol absorbed from the gastrointestinal tract and transfer triglycerides to adipose and skeletal muscle cells. Cholesterol remains

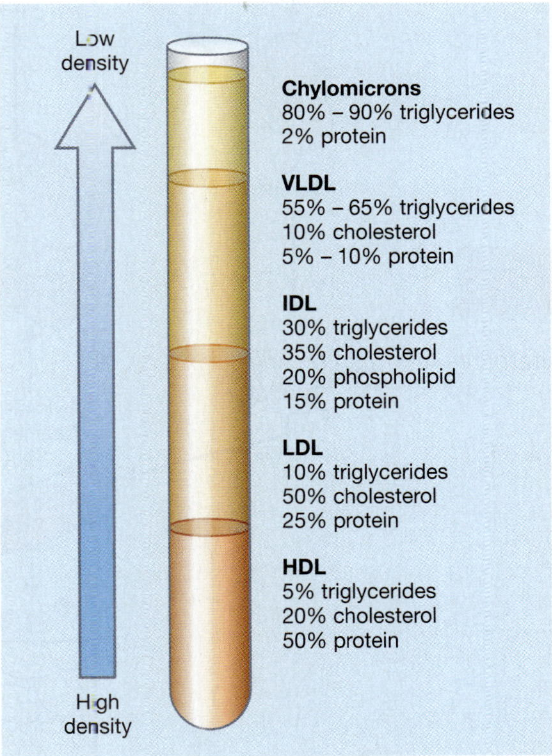

FIGURE 20-28. Lipoproteins are named based on their protein content, which is measured in density. Because fats are less dense than proteins, as the proportion of triglycerides decreases, the density increases. HLD, high-density lipoprotein; LDL, low-density lipoprotein; VLDL, very-low-density lipoprotein.

in remnant chylomicron particles after triglycerides are removed. Residual cholesterol is taken up by the liver, which synthesizes it for development of VLDL and/or excretes it in bile.

The liver synthesizes and releases VLDL and HDL. VLDLs provide the primary pathway for transport of endogenous triglycerides produced in the liver and are the body's main source of energy during prolonged fasting. Like chylomicrons, VLDLs carry triglycerides to fat and muscle cells, where triglycerides are removed. Resulting IDL fragments travel to the liver where they are recycled to reform VLDL or are converted to LDL in the vascular compartment. IDLs are the main source of LDL (Fig. 20-29).

LDL, sometimes referred to as "bad cholesterol," is the primary transport molecule for cholesterol. Seventy percent of LDL is removed from circulation through the LDL receptor–mediated pathway, and the remainder is removed by the scavenger pathway. Seventy-five percent of LDL receptors are located on hepatocytes. LDL receptor–mediated removal involves binding of LDL to cell surface receptors, followed by *endocytosis*. The endocytic vesicles fuse with lysosomes and the LDL molecule is enzymatically degraded, releasing free cholesterol into the cellular cytoplasm (Bhargava et al., 2022). Nonhepatic tissues also use the LDL receptor–mediated pathway to obtain cholesterol for membrane and hormone synthesis. These tissues can control cholesterol intake by adding or removing LDL receptors.

The scavenger pathway of LDL removal involves ingestion by phagocytic monocytes and macrophages, which have receptors that bind oxidized or chemically modified LDL. The amount of LDL removed is related to plasma cholesterol level. When LDL receptors are decreased or when levels exceed receptor availability, LDL removed by scavenger cells increases. Uptake of LDL by macrophages in the arterial wall can lead to atherosclerosis.

HDL facilitates reverse transport of cholesterol (carrying cholesterol from peripheral tissues back to the liver, where it is secreted into the bile). For this reason, it is often referred to as "good cholesterol." Exercise

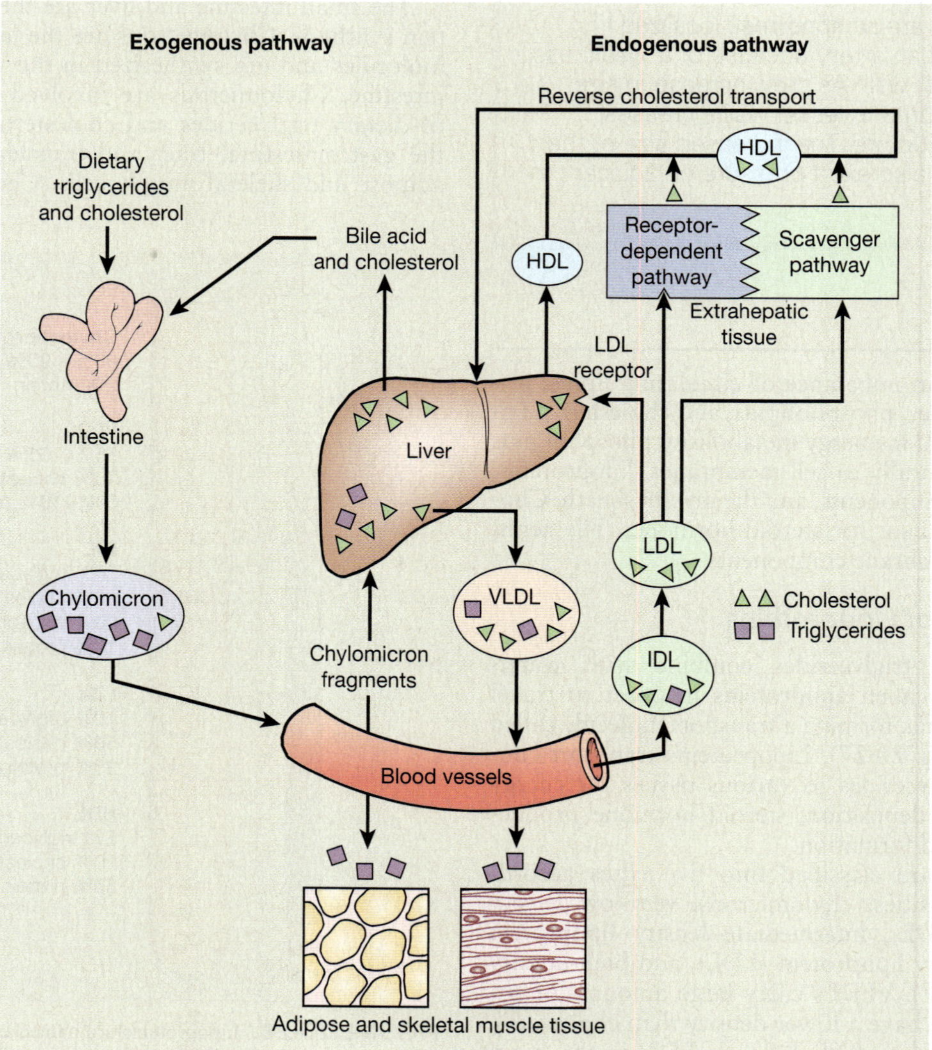

FIGURE 20-29. Schematic representation of the exogenous and endogenous pathways for triglyceride and cholesterol transport. HLD, high-density lipoprotein; LDL, low-density lipoprotein; VLDL, very-low-density lipoprotein.

and certain lipid medications increase HDL levels, while smoking, metabolic syndrome, and excess alcohol consumption are associated with lower levels of HDL (Bhargava et al., 2022).

Pathophysiology

Serum cholesterol and lipid levels may be elevated due to increases in any lipoprotein type. Dyslipidemia is commonly characterized by elevated triglycerides, elevated total cholesterol, increased LDL cholesterol, and decreased HDL cholesterol. It can be classified based on the underlying cause—primary (genetic) or secondary (acquired)—and according to the predominant lipoprotein abnormality. Factors that can contribute to elevated lipid levels include genetic mutations, nutritional intake, comorbid metabolic diseases, and certain medications.

Primary Dyslipidemia

Primary dyslipidemia is caused by inherited disorders of lipoprotein metabolism and occurs independently of other health problems or behaviors. Genetic defects may affect synthesis or structure of apolipoproteins, availability or function of lipid receptors, or enzymatic pathways involved in lipid transport and metabolism (Jacobsen et al., 2024).

Familial hypercholesterolemia is an autosomal dominant disorder resulting from a mutation in the gene encoding the LDL receptor. Since most circulating cholesterol is cleared through receptor-dependent mechanisms, individuals with this condition have significantly elevated plasma LDL levels. With the heterozygous form, LDL levels average around 350 mg/dL. Cholesterol deposits, known as xanthomas, may develop along tendons, and premature atherosclerosis is common (Fig. 20-30). In homozygous familial hypercholesterolemia, LDL levels may reach or exceed 1,000 mg/dL. These individuals often develop atherosclerotic lesions and cardiovascular complications in early childhood and require early pharmacologic intervention. Other inherited disorders may involve mutations in apolipoprotein genes (e.g., ApoB, ApoE) or in enzymes like lipoprotein lipase.

Secondary Dyslipidemia

Secondary dyslipidemia occurs in association with other health conditions, behaviors, or external influences that alter lipid metabolism. Common causes include dietary factors, obesity, metabolic syndrome, type 2 diabetes, systemic disease, and certain medications (Jacobsen et al., 2024).

Dyslipidemia associated with obesity typically consists of elevated triglycerides, elevated LDL cholesterol, and decreased HDL cholesterol. Adipose tissue is metabolically active, secreting proinflammatory adipokines and increasing free fatty acid flux to the liver. These changes lead to hepatic overproduction of VLDL and a shift toward atherogenic lipid profiles (↑ triglycerides, ↑ LDL, ↓ HDL).

Type 2 diabetes is characterized by the development of a state of insulin resistance that contributes to increased hepatic lipogenesis, delayed clearance of VLDL and chylomicrons, and dysregulation of HDL synthesis.

Other systemic disorders that can elevate lipids include hypothyroidism, nephrotic syndrome, and cholestatic liver disease. Certain drugs, such as beta-blockers, thiazide diuretics, glucocorticoids, oral estrogens, and protease inhibitors used in HIV treatment, are known to raise lipid levels or alter lipoprotein composition.

Nutritional management is essential in secondary dyslipidemia. Recommended dietary patterns include an increased intake of fruits, vegetables, whole grains, legumes, fish, and low-fat dairy, with a reduction in red meat, processed foods, and added sugars—consistent with the DASH (Dietary Approaches to Stop Hypertension) and Mediterranean diets.

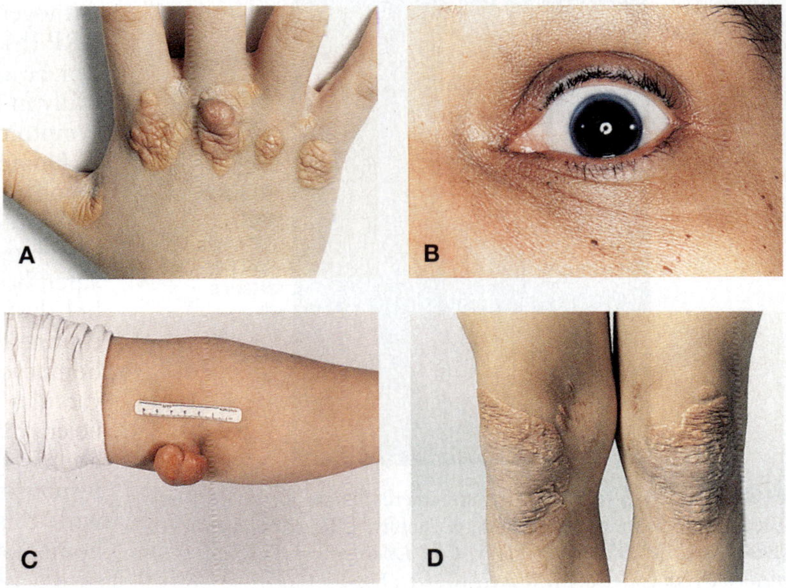

FIGURE 20-30. Xanthomas in the skin and tendons (**A, C, D**). Arcus lipoides represents the deposition of lipids in the peripheral cornea (**B**). (From Strayer, D., Rubin, R., Saffitz, J. E., & Schiller, A. L. [Eds.]. [2015]. *Rubin's pathology: Clinicopathologic foundations of medicine* [7th ed., p. 600]. Wolters Kluwer; Fig. 26-24.)

Metabolic syndrome, a cluster of cardiovascular risk factors, often accompanies secondary dyslipidemia. It is diagnosed by the presence of three or more of the following:

- Elevated fasting blood glucose or treatment for diabetes
- Elevated blood pressure or antihypertensive therapy
- Abdominal obesity (waist circumference above country-specific norms)
- Elevated triglycerides or reduced HDL cholesterol (or treatment for dyslipidemia) (Jacobsen et al., 2024)

Addressing secondary dyslipidemia requires both treatment of the underlying condition and modification of lifestyle factors to improve lipid profiles and reduce long-term cardiovascular risk.

Atherosclerosis

Atherosclerosis is a chronic inflammatory process that leads to the development of fibrofatty plaques in the large- and medium-sized arteries (Fig. 20-31).

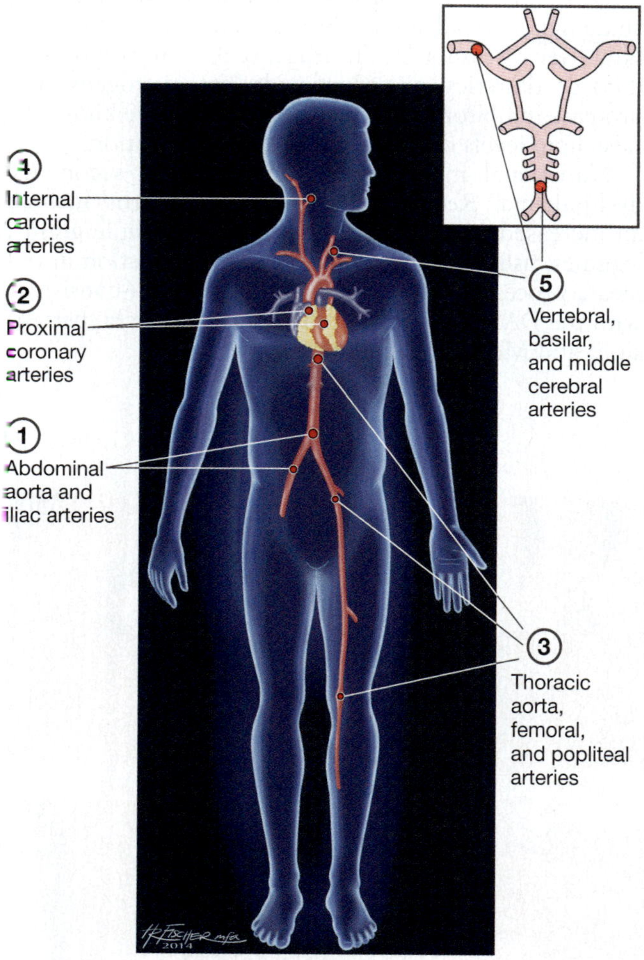

FIGURE 20-31. Sites of severe atherosclerosis in order of frequency. (From Strayer, D., Rubin, R., Saffitz, J. E., & Schiller, A. L. [Eds.]. [2015]. *Rubin's pathology: Clinicopathologic foundations of medicine* [7th ed., p. 594]. Wolters Kluwer; Fig. 16-17.)

Etiology and Risk Factors

The major risk factor for atherosclerosis is **hypercholesterolemia**, particularly elevations in LDL levels. Hypercholesterolemia is one of several modifiable risk factors that can be addressed through dietary and lifestyle changes and, when necessary, medications. Other contributing risk factors include increasing age, family history of heart disease, and male sex. Genetically determined alterations in lipoprotein and cholesterol metabolism also increase susceptibility to atherosclerosis. Males have a higher risk of developing atherosclerotic coronary vascular disease than premenopausal females. However, after menopause, the incidence of atherosclerosis-related diseases increases, and the frequency of myocardial infarction among sexes tends to equalize (Fegers-Wustrow et al., 2022).

Cigarette smoking, obesity (particularly visceral fat accumulation), hypertension, and diabetes are additional major risk factors. Toxins from cigarette smoke damage endothelial cells, contributing to the development of atherosclerotic plaques. Smoking one pack of cigarettes or more per day significantly increases the risk of endothelial injury, but cessation reduces cardiovascular risk substantially, often within a few years (Tsao et al., 2023).

Both hypertension and diabetes independently increase the risk for atherosclerosis. When these conditions co-occur, they produce a multiplicative effect, markedly elevating cardiovascular risk. The addition of hyperlipidemia to this combination further compounds the risk for adverse cardiovascular events. While exact figures vary, the cumulative burden of these comorbidities is associated with a significantly higher likelihood of developing atherosclerotic disease.

Additional factors associated with an increased risk for atherosclerosis include physical inactivity, chronic psychological stress, elevated blood levels of C-reactive protein (CRP), and serum homocysteine. CRP is an acute-phase reactant produced during systemic inflammation and has been detected in some atherosclerotic plaques, supporting the role of inflammation in the pathogenesis of atherosclerosis. The high-sensitivity CRP (hs-CRP) test detects small elevations in CRP and can be used as a marker of cardiovascular risk, especially in individuals with intermediate risk and no overt symptoms (Fegers-Wustrow et al., 2022).

Homocysteine is an amino acid derived from the metabolism of dietary methionine, which is found in animal protein. Its metabolism depends on adequate levels of folate, vitamin B_6, vitamin B_{12}, and riboflavin. Elevated homocysteine levels are associated with endothelial dysfunction and prothrombotic activity. However, routine screening or vitamin supplementation to lower homocysteine is not currently recommended for cardiovascular disease prevention unless a specific vitamin deficiency is identified. A rare autosomal recessive disorder, homocystinuria, involves a genetic defect in the enzyme responsible for metabolizing homocysteine. Individuals with this condition exhibit markedly elevated serum homocysteine levels and are at high risk for early-onset severe atherosclerosis (Mangione et al., 2022).

Pathophysiology

The development of atherosclerosis is a progressive process involving distinct types of arterial wall lesions. The three broad categories traditionally associated with atherosclerosis are the **fatty streak**, **fibrous atheromatous plaque**, and **complicated lesion**. However, further histologic classifications identify **intermediate lesions**, **atheromas**, and **fibroatheromas** as transitional stages in this progression (see Fig. 20-32). The fibrous plaque and complicated lesion are primarily responsible for the clinically significant consequences of the disease (Luca et al., 2023).

Fatty streaks are the earliest visible lesions. They appear as thin, flat, yellow discolorations in the intima that may become slightly elevated as they lengthen. Histologically, fatty streaks consist of lipid-laden macrophages and SMCs, known as *foam cells*. These lesions are commonly found in children and young adults regardless of geographic location, sex, or race. While some fatty streaks may remain static or regress, others may evolve into more advanced lesions in the presence of risk factors such as hyperlipidemia, smoking, and hypertension (Luca et al., 2023).

As atherosclerosis progresses, fatty streaks can develop into intermediate lesions, marked by small extracellular lipid pools in the intima. These lesions may further evolve into an atheroma, which features a well-defined core of extracellular lipid beneath the endothelium. Over time, SMCs migrate from the media to the intima and produce extracellular matrix components, forming a fibroatheroma. This lesion is characterized by a central lipid core covered by a fibrous cap composed of collagen and SMCs. Fibroatheromas may encroach on the arterial lumen, limiting blood flow and increasing the risk of ischemia.

The progression of these lesions is closely linked to endothelial injury, which is widely recognized as an initiating event in atherogenesis. Damage to the endothelium may occur due to hemodynamic stress, toxins from cigarette smoke, or elevated levels of LDL cholesterol. Sites of turbulent blood flow, such as arterial branch points, are especially vulnerable. Once the endothelium is compromised, circulating monocytes adhere to the injury site, migrate into the intima, and differentiate into macrophages. These macrophages ingest and oxidize lipoproteins, especially LDL, forming oxidized LDL,

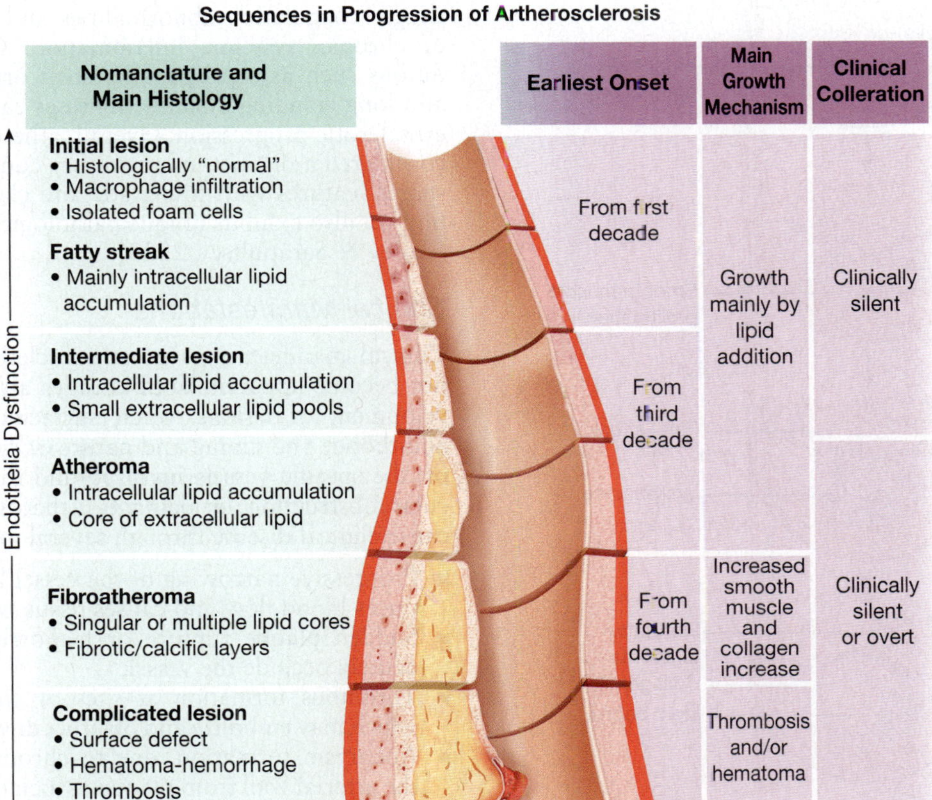

FIGURE 20-32. Atherosclerosis progression. This illustrates the beginning of atherosclerosis from the initial lesion to the intermediate lesion to the final complicated lesion and plaque formation. (From Houston, M. C. [2020]. *Personal and precision integrative cardiovascular medicine*. Wolters Kluwer.)

which is cytotoxic and promotes further endothelial dysfunction and inflammation (Luca et al., 2023).

Activated macrophages release free radicals that oxidize LDL and secrete cytokines and growth factors that perpetuate inflammation. They also ingest oxidized LDL to form additional foam cells. As foam cells die, their lipid contents accumulate extracellularly, contributing to the growing lipid core. The resulting inflammatory infiltrate, lipid core, and thinning fibrous cap collectively form what is known as a vulnerable plaque. These plaques are at risk of rupture, particularly at their "shoulders," where the fibrous cap is thinnest and mechanical stress is greatest (Fig. 20-33). Plaque rupture can trigger thrombosis, which may acutely occlude the vessel and lead to infarction of downstream tissues (Popa-Fotea et al., 2023).

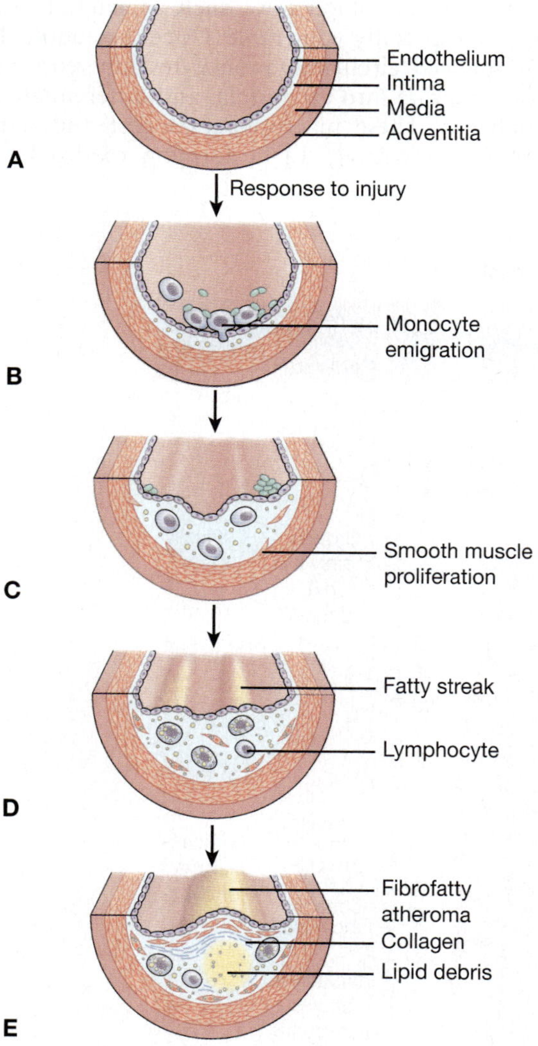

FIGURE 20-33. (**A, B**) Atherosclerosis begins as monocytes and lipids enter the intima of an injured vessel. Smooth muscle cells proliferate within the vessel wall (**C**), contributing to the development of fatty accumulations and atheroma (**D**). As the plaque enlarges, the vessel narrows and blood flow decreases (**E**). The plaque may rupture and a thrombus might form, obstructing blood flow. (From Rubin, R., Strayer, D. S., Saffitz, J. E., & Rubin, E. [Eds.]. [2020]. *Rubin's pathology: Mechanisms of human disease* [8th ed., p. 602]. Wolters Kluwer; Fig. 16-12.)

Advanced, complicated lesions may contain surface defects such as ulceration, intraplaque hemorrhage, and dense scar tissue. Thrombosis is the most serious complication and is often the direct cause of acute clinical events such as myocardial infarction and ischemic stroke. Additionally, extensive plaque formation can weaken the arterial wall, leading to the development of aneurysms.

Although multiple risk factors for atherosclerosis have been identified, the precise mechanisms underlying the transition from early to advanced lesions remain complex and incompletely understood. The widely accepted response-to-injury hypothesis proposes that chronic endothelial injury—initiated and perpetuated by lipids, hypertension, smoking, and other insults—sets in motion a cascade of inflammatory and proliferative responses that drive the development of atherosclerotic plaques (Tsao et al., 2023).

Multiple factors can initiate and sustain the inflammatory processes involved in atherosclerosis. These include age-related changes in the vascular endothelium, metabolic disturbances, autoimmune mechanisms, and in some cases, damage caused by infections. Serious complications of atherosclerosis—such as cardiogenic shock and major strokes—are frequently linked to episodes of acute, systemic inflammation. In the lower extremities, critical ischemia caused by advanced atherosclerosis can trigger coagulation abnormalities and promote a state of chronic, systemic inflammation. Conversely, conditions such as sepsis, multisystem organ dysfunction, and long-standing systemic illnesses can accelerate atherosclerotic progression. Overall, atherosclerosis can be considered a distinct inflammatory condition—one that shares features with low-grade and classical inflammation yet also exhibits unique pathological characteristics (Gusev & Sarapultsev, 2023).

Clinical Manifestations

Clinical manifestations of atherosclerosis typically do not become apparent until decades after the initial development of lesions, often surfacing in mid-to-late adulthood. The timing and nature of symptoms depend on the specific vessels involved and the degree of vascular obstruction or damage. Atherosclerotic plaques cause clinical disease through several mechanisms:

- Progressive narrowing of the vessel lumen, which reduces blood flow and causes tissue ischemia;
- Sudden plaque rupture or hemorrhage, which can acutely occlude the vessel;
- Thrombus formation at sites of endothelial injury, which may embolize and obstruct downstream vessels;
- Aneurysm formation, due to chronic weakening of the arterial wall from plaque-associated inflammation and structural degradation (Sujayeva & Kravchenko, 2022).

In large arteries, such as the aorta, the most important complications include thrombus formation and aneurysm development. In medium-sized arteries, including the coronary and cerebral arteries, ischemia and infarction due to acute or chronic vessel occlusion are more common.

UNDERSTANDING → The Development of Atherosclerosis

Atherosclerosis is characterized by the development of atheromatous lesions within the intimal lining of the large- and medium-sized arteries that protrude into and can eventually obstruct blood flow. The development of atherosclerotic lesions is a progressive process involving (a) endothelial cell injury, (b) migration of inflammatory cells, (c) SMC proliferation and lipid deposition, and (d) gradual development of the atheromatous plaque with a lipid core.

1 Endothelial Cell Injury. The vascular endothelium consists of a single layer of cells with cell-to-cell attachments that protect subendothelial layers from interacting with blood components. Smoking, elevated LDL levels, immune mechanisms, and mechanical stress associated with hypertension share the potential for causing endothelial injury, with adhesion of monocytes and platelets.

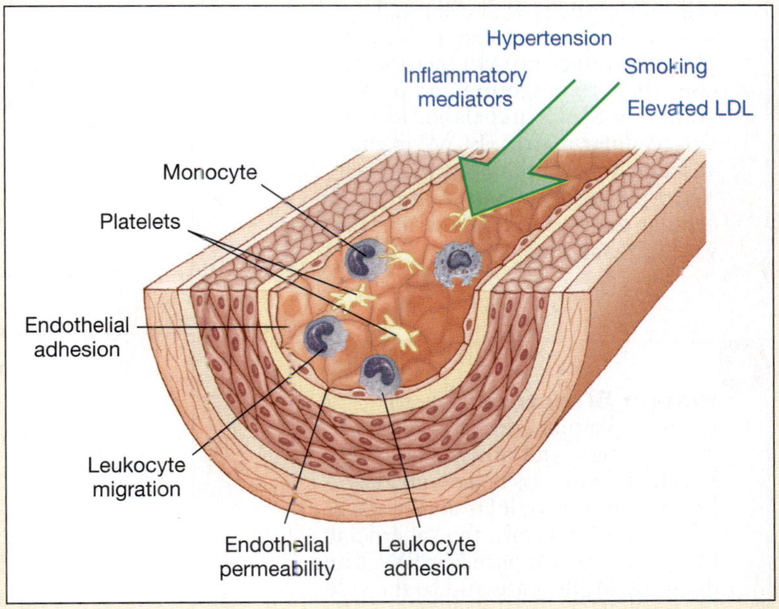

2 Migration of Inflammatory Cells. Early in the development of atherosclerotic lesions, endothelial cells express selective adhesion molecules that bind monocytes and other inflammatory cells that initiate atherosclerotic lesions. After monocytes adhere to the endothelium, they migrate between the endothelial cells to localize in the intima of the vascular wall. Monocytes then transform into macrophages, which engulf lipoproteins, particularly LDL. Activated macrophages become *foam cells* when they release toxic oxygen species that oxidize the engulfed LDL.

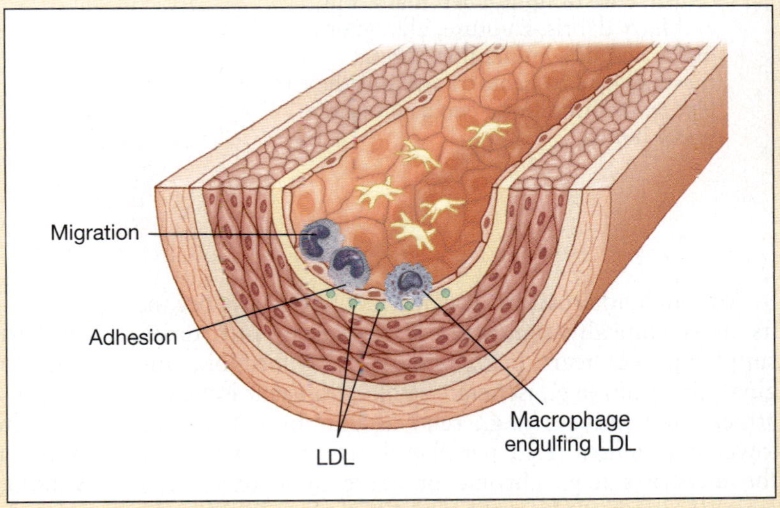

UNDERSTANDING → The Development of Atherosclerosis (*continued*)

3

Lipid Accumulation and SMC Proliferation. The recruitment of monocytes and their transformation into foam cells is protective because it removes excess lipids from circulation. However, accumulation of foam cells in the vessel wall eventually leads to lesion progression. Macrophages produce growth factors that contribute to migration and proliferation of SMCs and elaboration of extracellular matrix (ECM) in the vascular wall. Ultimately, foam cell macrophages die, depositing necrotic cellular debris and lipids within the vascular wall.

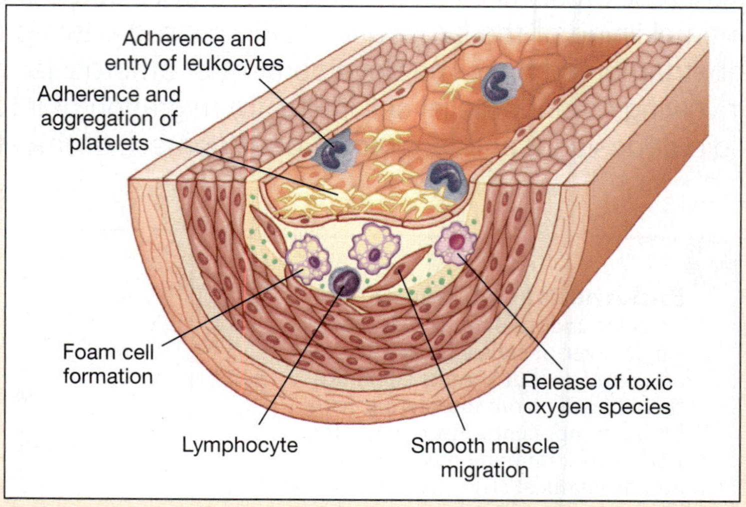

4

Plaque Structure. Atherosclerotic plaques consist of SMCs, macrophages, and other leukocytes; ECM, including collagen and elastic fibers; and intracellular and extracellular lipids. Typically, the superficial fibrous cap is composed of SMCs and dense ECM. Beneath and to the side of the fibrous cap is the "shoulder" consisting of macrophages, SMCs, and lymphocytes. Below the cap is a central core of lipid-laden foam cells and fatty debris. Rupture, ulceration, or erosion of a vulnerable fibrous cap may lead to hemorrhage into the plaque or thrombotic occlusion of the vessel lumen.

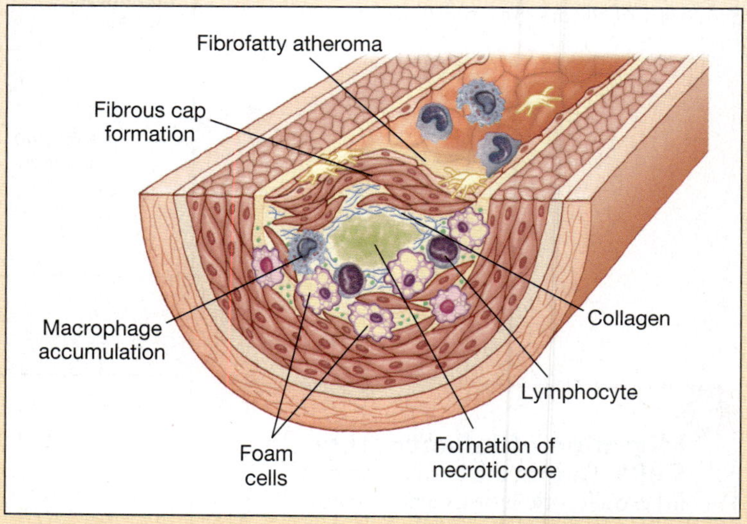

Although atherosclerosis can affect nearly any organ, its most clinically significant effects occur in arteries supplying the heart (e.g., myocardial infarction, angina), the brain (e.g., ischemic stroke, transient ischemic attack), the kidneys (e.g., renovascular hypertension), lower extremities (e.g., peripheral artery disease), and the intestines (e.g., chronic or acute mesenteric ischemia) (Sujayeva & Kravchenko, 2022) (Fig. 20-34).

Vasculitis

The **vasculitides** are a diverse group of disorders characterized by inflammation and necrosis of blood vessel walls. These conditions can affect arteries, arterioles, capillaries, venules, and veins, and they often involve both endothelial cells and vascular SMCs. **Vasculitis** may be a primary disease process or may occur secondary to infections, autoimmune diseases (such as systemic lupus erythematosus), malignancy, or drug reactions. Although the terms vasculitis, angiitis, and arteritis are sometimes used interchangeably, the specific vessel type and size involved often define the clinical pattern and prognosis (Seitz et al., 2022).

Common systemic symptoms include fever, malaise, myalgia, and arthralgia, reflecting the underlying inflammatory nature of the disease. Vascular injury can be triggered by immune mechanisms, infectious agents,

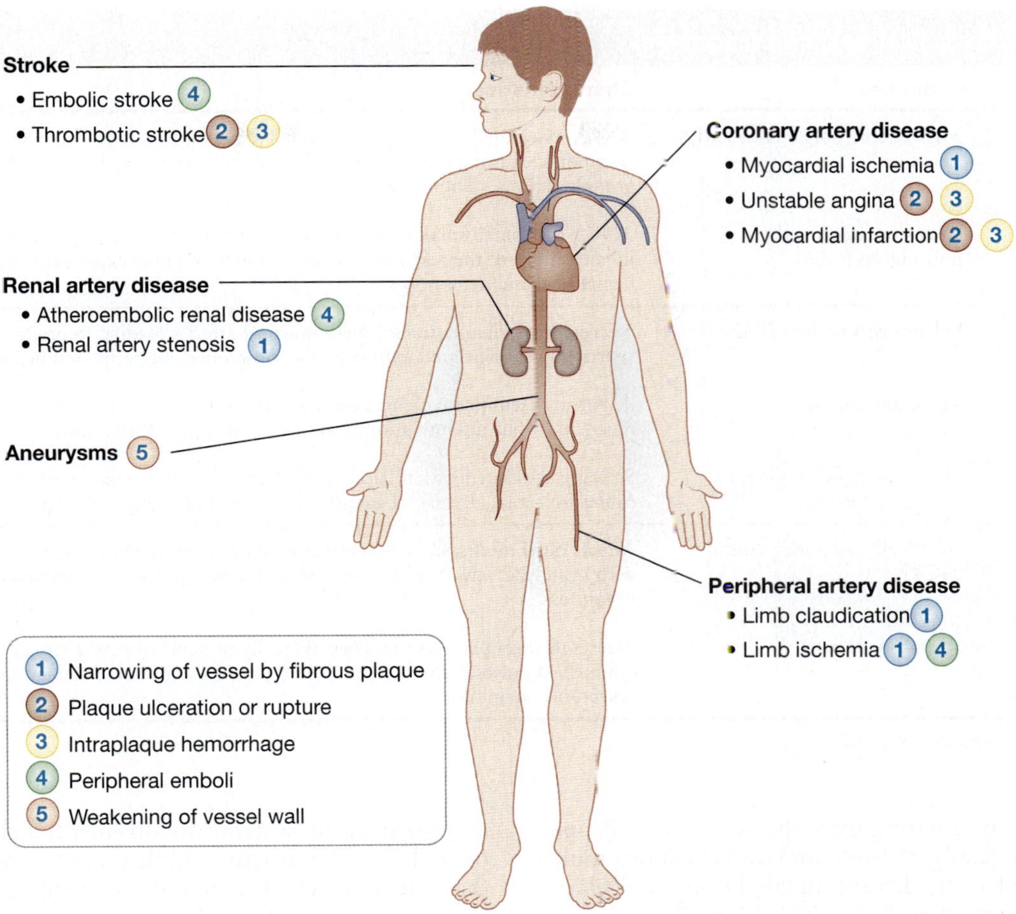

FIGURE 20-34. Clinical sequelae of atherosclerosis. Complications of atherosclerosis arise from the mechanisms listed in the figure. (From Lilly, L. S. [2016]. *Pathophysiology of heart disease: A collaborative project of medical students and faculty* [Fig. 5-9]. Wolters Kluwer.)

physical trauma, toxins, or environmental exposures. In some cases, vessel inflammation progresses to necrosis and impaired perfusion, leading to tissue ischemia or infarction.

Some small vessel vasculitides are associated with antineutrophil cytoplasmic antibodies (ANCAs)—autoantibodies directed against proteins in the cytoplasm of neutrophils. These ANCAs are implicated in the pathogenesis of several vasculitic disorders and may contribute to endothelial injury and inflammation. Measurement of serum ANCA titers is useful both diagnostically and for monitoring disease activity in ANCA-associated vasculitides (AAVs).

The vasculitides are commonly classified by the size of the predominant vessels involved—small, medium, or large vessels—as outlined by the Chapel Hill Consensus Conference (CHCC) 2012 nomenclature, which remains the widely accepted standard (see Table 20-2) (Ecclestone & Watts, 2023).

Small vessel vasculitides include immune complex–mediated diseases such as **IgA vasculitis** (formerly Henoch-Schönlein purpura) and **cryoglobulinemic vasculitis**, as well as AAVs like **microscopic polyangiitis**, **granulomatosis with polyangiitis** (GPA; formerly Wegener granulomatosis), and **eosinophilic granulomatosis with polyangiitis** (EGPA; formerly Churg-Strauss syndrome). These often involve the skin, kidneys, and lungs and may be idiopathic or associated with systemic diseases or medications. Many immune complex–mediated types are considered type III hypersensitivity reactions (Seitz et al., 2022).

Medium-sized vessel vasculitides primarily affect muscular arteries that supply major organ systems. Diseases in this category include **polyarteritis nodosa**, **Kawasaki disease**, and **thromboangiitis obliterans** (Buerger disease). They often lead to ischemia and infarction in affected tissues (Seitz et al., 2022).

Large vessel vasculitides involve major elastic arteries, such as the aorta and its primary branches. Examples include **giant cell arteritis (GCA)** and **Takayasu arteritis**. Although polymyalgia rheumatica (PMR) is not a vasculitis, it often coexists with GCA and shares overlapping clinical features.

Giant Cell Temporal Arteritis

Giant cell arteritis (GCA)—also known as temporal arteritis—is the most common form of large vessel vasculitis, typically affecting adults over 50 years of age. It involves chronic granulomatous inflammation of medium- and large-sized arteries, especially branches of the external carotid artery, such as the temporal artery, as

TABLE 20-2 Classification of the Vasculitides

Group	Examples	Characteristics
Small vessel vasculitis	Microscopic polyangiitis (MPA)	ANCA-associated small vessel vasculitis affecting capillaries, venules, arterioles; commonly causes glomerulonephritis and pulmonary capillaritis without granulomatous inflammation.
	Granulomatosis with polyangiitis (GPA)	ANCA-associated small vessel vasculitis featuring necrotizing granulomatous inflammation of the respiratory tract and kidneys; may cause sinusitis, nasal ulcers, hematuria, and hemoptysis.
Medium-sized vessel vasculitis	Polyarteritis nodosa (PAN)	Necrotizing inflammation of medium-sized arteries leading to organ ischemia; spares lungs; associated with systemic symptoms and peripheral neuropathy.
	Kawasaki disease	Pediatric vasculitis involving coronary arteries; presents with fever, conjunctivitis, mucocutaneous inflammation, and risk of aneurysm formation.
	Thromboangiitis obliterans (Buerger disease)	Strongly associated with tobacco use; affects small and medium arteries in extremities; causes ischemia, ulcers, and gangrene, especially in young males who smoke
Large vessel vasculitis	Giant cell (temporal) arteritis (GCA)	Affects older adults; involves extracranial branches of the carotid artery; presents with headache, jaw claudication, vision changes, and scalp tenderness; risk of vision loss.
	Takayasu arteritis	Affects the aorta and its branches; typically presents in young females with diminished pulses, blood pressure discrepancies, and limb claudication; systemic symptoms common.

(Robson et al., 2022; Suppiah et al., 2022)

well as arteries originating from the aortic arch (Pepper, 2023). Histologically, the inflammation includes multinucleated giant cells, disruption of the internal elastic lamina, and focal necrosis of the vessel wall.

GCA presents insidiously in many cases, though some individuals experience a sudden onset of headache, tenderness over the temporal artery, facial pain, blurred vision or diplopia, and scalp tenderness. On examination, the affected artery may be swollen, red, or pulseless. Visual symptoms may signal ischemia of the optic nerve and require urgent treatment to prevent permanent vision loss. Up to 50% of patients with GCA also exhibit signs of PMR, including proximal muscle pain and stiffness. A small proportion of individuals—up to 10%—develop thoracic aortic aneurysms due to chronic inflammation of the aortic wall (Pepper, 2023).

COVID-19-Related Vasculitis

SARS-CoV-2, the virus responsible for COVID-19, has been associated with a range of vascular inflammatory responses that resemble vasculitis but are immunologically distinct from classic primary vasculitides. In adults with severe COVID-19 pneumonia, a form of **pulmonary intravascular coagulopathy (PIC)** has been described (Giryes et al., 2022). This condition involves widespread microvascular thrombosis within the lungs, characterized by immune-mediated clots rich in neutrophils and platelets but low in fibrin, distinguishing it from disseminated intravascular coagulation (DIC). Unlike DIC, these patients may present with relatively normal fibrinogen and D-dimer levels. PIC is often accompanied by systemic involvement, including microthrombi in other organs and thrombotic strokes, though the extent to which cerebral vasculitis contributes remains uncertain. The underlying mechanism appears to be an exaggerated immune response to viral antigens, potentially involving endothelial activation, cytokine storm, and neutrophil extracellular trap (NET) formation, rather than direct viral infection of the vessel wall.

A milder form of vascular involvement has been reported primarily in children and adolescents with mild or asymptomatic COVID-19 infections (Batu et al., 2022). This form, often referred to as "COVID toes," resembles leukocytoclastic vasculitis and presents as erythematous or violaceous lesions on the toes and fingers. These lesions are typically self-limited and occur without systemic symptoms or significant pulmonary involvement, likely representing localized immune-mediated injury to the skin's microvasculature.

A third and more severe postinfectious syndrome, known as **multisystem inflammatory syndrome in children (MIS-C)**, has been identified in some children weeks after recovering from acute COVID-19. MIS-C is characterized by systemic inflammation and features that overlap with KT and toxic shock syndrome, including fever, mucocutaneous inflammation, gastrointestinal symptoms, and cardiac involvement such as ventricular dysfunction and elevated inflammatory markers. However, unlike KT, coronary artery aneurysms are less common and typically mild and transient. MIS-C is believed to result from a dysregulated immune response rather than active viral replication, and it typically responds well to anti-inflammatory treatment regimens, including intravenous immunoglobulin (IVIG) and corticosteroids (Fridman et al., 2023).

Arterial Disease of the Extremities

Peripheral vascular disorders involve compromised blood flow in the extremities. Similar to coronary and cerebrovascular diseases, these disorders can lead to ischemia, pain, functional impairment, and, in severe cases, infarction and tissue necrosis.

Acute Arterial Occlusion

Acute arterial occlusion is a sudden interruption of arterial blood flow to an organ or extremity, most commonly caused by embolism or thrombosis. Less commonly, trauma or iatrogenic causes, such as arterial injury from catheterization, may result in acute occlusion. Immediate recognition and intervention are critical to prevent irreversible tissue damage (Smith & Lillie, 2023).

Pathophysiology

An **embolus** is a mobile intravascular mass, typically a thrombus fragment, that travels through the bloodstream until it lodges in a vessel too small to pass through, leading to abrupt occlusion. Most emboli originate from the heart, especially in individuals with atrial fibrillation, valvular heart disease (including mechanical prosthetic valves), myocardial infarction, or infective endocarditis. Other less common embolic sources include fat emboli from long bone fractures, air emboli from trauma or central line complications, or amniotic fluid emboli, a rare obstetric emergency (Smith & Lillie, 2023).

A **thrombus**, in contrast, is a blood clot that forms in situ within a vessel. In the arterial system, thrombosis is often associated with rupture of an atherosclerotic plaque, leading to platelet aggregation and thrombus formation that gradually or suddenly obstructs the vessel lumen (Smith & Lillie, 2023).

Clinical Manifestations

The clinical presentation of acute arterial occlusion is typically sudden and dramatic. Symptoms depend on the location and size of the affected artery, as well as the adequacy of collateral circulation. Emboli commonly lodge at arterial bifurcations, such as the aortoiliac, femoral, or popliteal arteries. The classic presentation is described by the "seven Ps": sudden onset (pistol-shot pain), pallor, polar (coldness), pulselessness, pain, paresthesia (numbness or tingling), and paralysis. These symptoms reflect the abrupt loss of arterial perfusion. A distinct line may be visible between well-perfused tissue and ischemic tissue below the site of occlusion. If blood flow is not quickly restored, cyanosis, mottling, and progressive loss of sensory, motor, and reflex function can occur. Without prompt intervention, tissue necrosis and gangrene may develop, potentially resulting in limb loss (Smith & Lillie, 2023).

Diagnosis and Treatment

Diagnosis of acute arterial occlusion is primarily clinical, involving inspection of the affected limb, assessment for absent or diminished distal pulses, and evaluation of skin temperature and color. Handheld Doppler devices are commonly used to detect blood flow when pulses are not palpable. Additional diagnostic tools such as ankle-brachial index (ABI), duplex ultrasonography, and advanced imaging (e.g., computed tomography angiography [CTA] or magnetic resonance (MR) angiography) can help confirm the location and severity of the occlusion and guide treatment planning (Cimminiello & Molteni, 2025). Rapid restoration of perfusion to prevent irreversible tissue damage is needed. Surgical embolectomy or thrombectomy may be used for large-vessel occlusions, with intravenous heparin is used to prevent further clot propagation. Supportive care includes protecting the affected limb from cold exposure, pressure, and trauma (Cimminiello & Molteni, 2025).

Peripheral Artery Disease (Atherosclerotic Occlusive Disease)

Peripheral artery disease (PAD) is a manifestation of systemic atherosclerosis and most commonly affects the arteries of the lower extremities, particularly the superficial femoral and popliteal arteries. When more distal disease is present, the tibial, peroneal, and pedal arteries are typically involved. PAD becomes more prevalent with advancing age, and it is a strong marker of an increased risk of cardiovascular and cerebrovascular disease (Shamaki et al., 2022).

Etiology

The risk factors for PAD are nearly identical to those for atherosclerosis in other vascular beds. Cigarette smoking is the most potent modifiable risk factor and is strongly associated with both the progression of atherosclerotic lesions and the development of ischemic symptoms. Diabetes is another major contributor, often associated with more distal and multivessel involvement, and tends to cause rapidly progressive and diffuse disease. Other contributing factors include hypertension, hyperlipidemia, chronic kidney disease, and a family history of atherosclerotic disease (Horváth et al., 2022).

Clinical Manifestations

PAD is typically insidious in onset, with symptoms developing gradually as arterial narrowing progresses. Intermittent claudication, characterized by reproducible leg pain with walking that is relieved by rest, is the hallmark symptom of early disease. Pain most often occurs in the calf, reflecting ischemia in the muscles with the highest oxygen demand during ambulation (e.g., the gastrocnemius). Some patients may describe numbness, fatigue, or a burning ache rather than sharp pain. Symptoms may not appear during activities that use different muscle groups, such as cycling or swimming.

As the disease advances, signs of chronic ischemia may develop, including skin and subcutaneous atrophy, hair loss, brittle toenails, muscle wasting, and coolness of the foot. Diminished or absent pedal and popliteal pulses are common. When the leg is elevated, it may become pale, and when placed in a dependent position, it may become ruborous (deep red) due to reactive hyperemia and increased gravitational perfusion. In critical limb ischemia, where blood flow is insufficient to support basic metabolic needs, patients may experience rest pain, often worse at night and relieved by dependency. Ulceration and gangrene may occur if perfusion is not restored (Shamaki et al., 2022).

Diagnosis

Diagnosis is based on a combination of clinical assessment and noninvasive vascular testing. Physical examination findings include atrophic skin changes, dependent rubor, coolness, and diminished pulses. The **ankle-brachial index (ABI)** is the first-line diagnostic test. An ABI <0.90 is diagnostic of PAD, with lower values correlating with more severe disease. In some cases, toe-brachial index (TBI) is used, especially in individuals with calcified, noncompressible arteries (e.g., patients with diabetes or chronic kidney disease). Duplex Doppler ultrasonography helps localize and quantify flow-limiting stenosis. More advanced imaging such as CTA, MR angiography, or invasive catheter-based angiography may be required in cases being evaluated for revascularization (Golledge, 2022).

Management goals in PAD are twofold: (1) reduce cardiovascular morbidity and mortality, and (2) alleviate symptoms and improve limb outcomes. Education related to modifiable risk factors is essential: this includes smoking cessation, blood pressure control, lipid-lowering therapy (typically with statins), glycemic control in diabetes, and antiplatelet therapy to reduce thrombotic events. Supervised exercise therapy and limb protection strategies are important, as tissues affected by PAD are prone to injury and slow to heal (Golledge, 2022).

Thromboangiitis Obliterans (Buerger Disease)

Thromboangiitis obliterans, or **Buerger disease**, is a segmental, inflammatory, and thrombotic vasculitis that primarily affects small- and medium-sized arteries and veins, typically in the distal extremities (especially the plantar, digital, and tibial vessels). Though primarily arterial, the inflammatory process often involves adjacent veins and peripheral nerves, contributing to pain and tissue damage. It primarily affects younger males under the age of 45, especially those who are heavy tobacco users. Although rare, it is increasingly being reported in females, especially with rising global smoking rates (Qaja et al., 2023).

Pathophysiology

The exact cause of Buerger disease remains unknown, but tobacco exposure, including cigarette smoking and smokeless tobacco, is strongly implicated in both disease initiation and progression. Genetic susceptibility has been proposed, as higher prevalence has been reported in certain geographic and ethnic populations, particularly in the Middle East and South and Southeast Asia. However, tobacco exposure remains the primary risk factor. The prevailing theory is that tobacco components trigger endothelial injury and autoimmune hypersensitivity, leading to nonatherosclerotic, inflammatory thrombus formation in affected vessels. Symptoms generally resolve or stabilize with complete cessation of tobacco use (Qaja et al., 2023).

Clinical Manifestations

Distal limb ischemia is the hallmark of Buerger disease. The earliest symptom is typically intermittent claudication in the arch of the foot or lower leg. As disease progresses, patients may experience rest pain, increased cold sensitivity, diminished or absent peripheral pulses, and cyanosis in the dependent position. The affected skin may appear thin and shiny, with hair loss, brittle nails, and malnourished tissues. In advanced cases, ischemic ulcers and gangrene may develop, particularly in the toes or fingers, potentially leading to digit or limb amputation if revascularization is not possible (Qaja et al., 2023).

Diagnosis

Diagnosis is primarily clinical, based on symptoms, age of onset, smoking history, and exclusion of autoimmune, hypercoagulable, or embolic conditions. Angiography (CT or conventional) often shows "corkscrew collaterals" and segmental occlusion in distal vessels. Laboratory testing is typically nonspecific. Complete cessation of all tobacco products is the only intervention proven to alter the disease course (Qaja et al., 2023).

Raynaud Disease and Phenomenon

Raynaud disease and **Raynaud phenomenon** are vasospastic disorders affecting the small arteries and arterioles in the fingers and toes, resulting in episodic digital ischemia. However, other sites such as the nipples may also be affected, particularly in people who are lactating, causing severe burning pain, pallor, and color changes that mimic infection or latch problems (Deniz & Kural, 2023). Raynaud disease is the primary, idiopathic form, while Raynaud phenomenon is secondary to underlying conditions, such as connective tissue diseases or occupational trauma. The condition affects approximately 3% to 5% of the population and is significantly more common in females than in males (Flavahan et al., 2025).

Pathophysiology

Raynaud attacks are precipitated by cold exposure or emotional stress, which trigger exaggerated sympathetic vasoconstriction of the digital arteries. In primary

Raynaud disease, the exact mechanism remains unclear, but there is no associated tissue injury or structural vascular disease (Nawaz et al., 2022). In contrast, secondary Raynaud phenomenon is associated with underlying pathologic conditions, such as systemic sclerosis (scleroderma), systemic lupus erythematosus, rheumatoid arthritis, thoracic outlet syndrome, or occupational trauma (e.g., use of vibrating tools). Vessel wall damage and endothelial dysfunction in these conditions lead to more severe and persistent vasospasm (Flavahan et al., 2025).

Clinical Manifestations

The hallmark clinical feature is triphasic color change in the digits—pallor (white), followed by cyanosis (blue), and then hyperemia (red)—during and after vasospastic episodes (Fig. 20-35). These color changes are often accompanied by coldness, numbness, tingling, or burning pain. In primary Raynaud, symptoms are usually symmetric and confined to the fingers (especially the distal phalanges), with no tissue loss. In secondary Raynaud, symptoms may be asymmetric, more severe, and associated with trophic changes, such as brittle nails, thickened skin, and in severe cases, ulceration or fingertip gangrene. Progression to permanent tissue damage is more common in secondary forms (Flavahan et al., 2025).

Diagnosis

Diagnosis is clinical and based on a history of vasospastic episodes and physical findings. Nailfold capillaroscopy and serologic testing are useful for identifying underlying autoimmune causes in secondary Raynaud. Education includes avoiding triggers, especially cold exposure and smoking, and protecting the extremities from trauma. Calcium channel blockers are first-line pharmacologic therapy. Management of the underlying disorder is essential in secondary Raynaud (Nawaz et al., 2022).

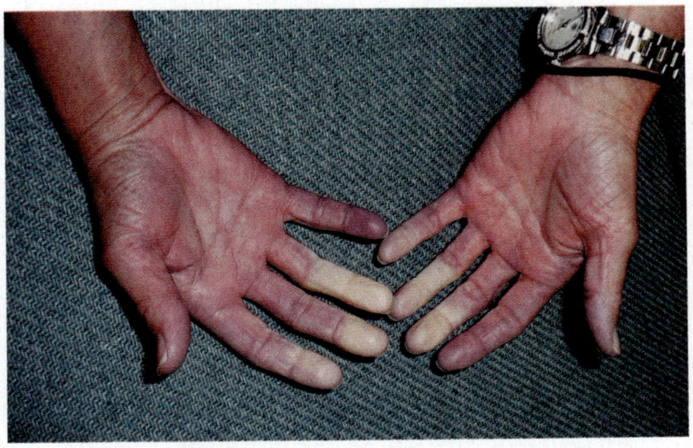

FIGURE 20-35. Raynaud attack in a 47-year-old woman shows various stages of pallor, cyanosis, and rubor. (From Rubin, R., Strayer, D. S., Saffitz, J. E., & Rubin, E. [Eds.]. [2020]. *Rubin's pathology: Mechanisms of human disease* [8th ed., p. 618]. Wolters Kluwer; Fig. 16-32.)

Aneurysms

An **aneurysm** is an abnormal, localized dilation of a blood vessel due to weakening of the vessel wall. Aneurysms can occur in both arteries and veins but are most commonly seen in the aorta. They may be classified based on their cause, location, or morphologic features (e.g., saccular vs. fusiform).

A **true aneurysm** is bounded by all three layers of the vessel wall and involves the full circumference or part of the vessel. In contrast, a **false aneurysm** (or pseudoaneurysm) occurs when a vessel wall injury allows blood to escape into surrounding tissue, forming a contained hematoma bound only by the outer layers of the vessel or surrounding connective tissue.

A **berry aneurysm** (Fig. 20-36A) is a true aneurysm that consists of a small, spherical dilation of the vessel at a bifurcation. It is typically found at arterial bifurcations in the circle of Willis. A **fusiform aneurysm** (Fig. 20-36C) is a true aneurysm that involves the entire circumference of the vessel with gradual and progressive vessel dilation. These vary in diameter and length and may involve ascending and transverse portions of the thoracic aorta or may extend over large segments of the abdominal aorta.

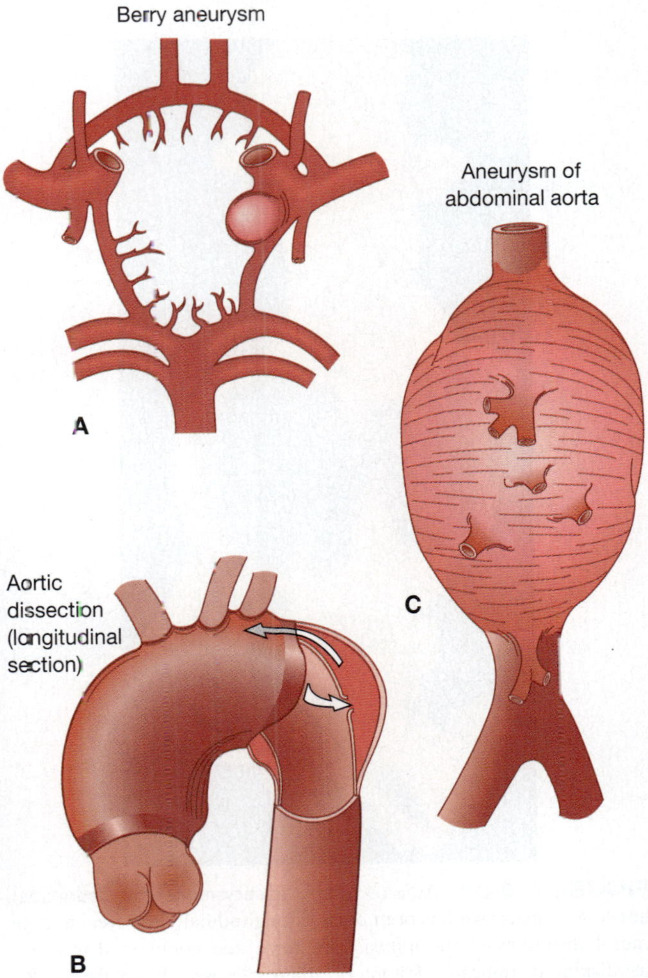

FIGURE 20-36. Three forms of aneurysms: (**A**) berry aneurysm in the circle of Willis, (**B**) aortic dissection, and (**C**) fusiform-type aneurysm of the abdominal aorta.

A **saccular aneurysm** is a true aneurysm that involves only part of the vessel circumference and appears as a sac-like outpouching. A **dissecting aneurysm** (Fig. 20-36B) is a false aneurysm that results from an intimal tear allowing blood to enter and separate the layers of the vessel wall. A dissecting aneurysm in the aorta (aortic dissection) is a life-threatening condition.

Aneurysms may be caused by congenital defects, trauma, infections (e.g., mycotic aneurysms), connective tissue disorders, and atherosclerosis. Once formed, aneurysms tend to grow over time as wall tension increases, following Laplace's law: wall tension = pressure × radius. Enlargement raises the risk of rupture, which may be fatal. Even without rupture, aneurysms can compress adjacent structures or cause thromboembolism.

Aortic Aneurysms

Aortic aneurysms may develop in any segment of the aorta, and multiple areas of aneurysm may occur along the aorta. Common causes include atherosclerosis (Fig. 20-37), medial degeneration, and genetic connective tissue disorders (e.g., Marfan syndrome, Loeys-Dietz syndrome). Risk factors include male sex, age >65 years, hypertension, and tobacco use. Abdominal aortic aneurysms (AAAs) are much more common than thoracic aneurysms, especially in people over 65 years of age who smoke.

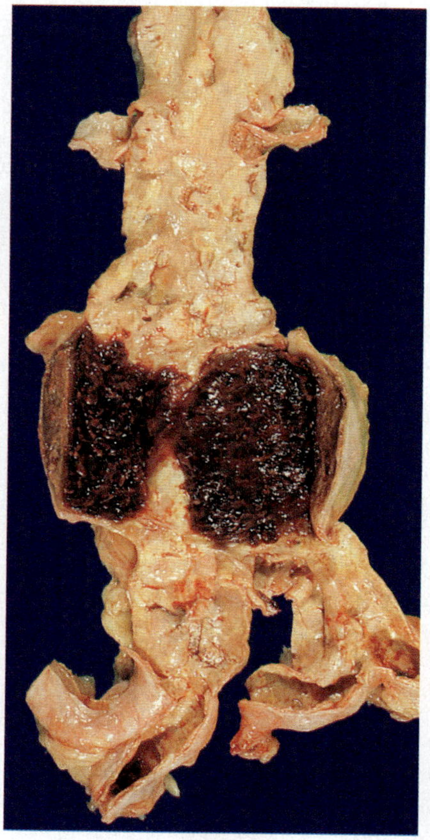

FIGURE 20-37. Atherosclerotic aneurysm of the abdominal aorta. The aneurysm has been opened longitudinally to reveal a large mural thrombus in the lumen. The aorta and common iliac arteries display complicated lesions of atherosclerosis. (From Rubin, R., Strayer, D. S., Saffitz, J. E., & Rubin, E. [Eds.]. [2020]. *Rubin's pathology: Mechanisms of human disease* [8th ed., p. 625]. Wolters Kluwer; Fig. 16-41.)

Clinical Manifestations

Aortic aneurysms are often asymptomatic and may be discovered incidentally during diagnostic workup for other conditions; however, the first evidence of an aortic aneurysm may actually be aortic rupture. Thoracic aortic aneurysms may cause chest, neck, or back pain, dyspnea, cough, hoarseness (from recurrent laryngeal nerve compression), or dysphagia due to esophageal compression. Because the aorta and vena cava are located near each other, a large aortic aneurysm may compress the vena cava and cause superior vena cava (SVC) syndrome SVC syndrome can cause facial and neck edema, and in severe cases may cause severe and life-threatening blockage of vascular drainage from the head and neck area.

AAAs typically occur infrarenally, between the renal arteries and the iliac bifurcation. Aortic enlargement is considered aneurysmal when the aortic diameter exceeds 3.0 cm, and the risk of rupture increases significantly when the diameter exceeds 5.0 to 5.5 cm. Some patients report a pulsatile abdominal mass or mild abdominal/back discomfort. Larger aneurysms may compress lumbar nerves, cause vertebral erosion, or result in thrombus formation and distal embolization, leading to peripheral ischemia.

Diagnosis

Ultrasound is the first-line tool for screening and surveillance of AAAs. CTA and magnetic resonance imaging (MRI) offer detailed imaging and are used for preoperative planning. Screening is recommended in men aged 65 to 75 who have ever smoked. Surgical repair is indicated for aneurysms over 5.5 cm in diameter, those with a rapid expansion over 0.5 cm in 6 months, and those that are symptomatic.

Aortic Dissection

An **aortic dissection** is an acute, life-threatening condition caused by a tear in the intimal layer of the aorta, allowing blood to enter the media and create a false lumen. It is most common in males aged 40 to 70 years, particularly those with hypertension or connective tissue disorders (e.g., Marfan, Ehlers-Danlos). Additional causes include congenital defects of the aortic valve (bicuspid or unicuspid valve structures), aortic coarctation (narrowing near the arch of the aorta), pregnancy, and trauma. Iatrogenic dissections may occur after cardiac surgery or catheterization (Zhou et al., 2022).

Aortic dissections are classified using two main systems: anatomic classification and chronologic classification. The most widely used anatomic system is the Stanford classification, which divides dissections into type A and type B. Type A dissections involve the ascending aorta, regardless of whether the dissection extends beyond the aortic arch or into the descending aorta. These are the most dangerous and typically require emergency surgical intervention due to the high risk of complications such as aortic rupture, cardiac tamponade, or aortic valve involvement (Fig. 20-38). In contrast, type B dissections do not involve the ascending aorta and usually begin distal to the origin of the left subclavian artery. Type B dissections may be managed medically unless complications such as rupture, malperfusion, or persistent pain occur, in which case endovascular repair may be necessary (Carrel et al., 2023).

Aortic dissections are also classified by time of onset. Acute dissections are those that occur within 14 days of symptom onset, while chronic dissections are defined as those that persist or are diagnosed more than 14 days after the initial event. Acute dissections carry a much higher risk of morbidity and mortality and often require more urgent intervention. This time-based classification is useful in guiding prognosis and treatment planning (Carrel et al., 2023).

Clinical Manifestations

Dissections typically present with sudden, severe chest or back pain, often described as tearing or ripping. Type A dissections may cause anterior chest pain, while type B dissections more often cause back or abdominal pain. Other findings include asymmetric blood pressures, pulse deficits, syncope, neurologic deficits, or heart failure if the dissection involves the aortic valve. Involvement of spinal or cerebral vessels may result in paralysis, hemiplegia, or stroke (Carrel et al., 2023).

Diagnosis

The diagnosis of aortic dissection relies on clinical suspicion—especially in patients with sudden, severe, tearing chest or back pain—and is confirmed through imaging, most commonly with CTA due to its speed and accuracy. MRI and transesophageal echocardiography (TEE) are also effective, particularly in stable or intraoperative settings. Type A dissections, involving the ascending aorta, typically require urgent surgical repair with graft placement, whereas uncomplicated type B dissections, confined to the descending aorta, are usually managed medically to reduce aortic wall stress. Complicated type B dissections—those with rupture, organ

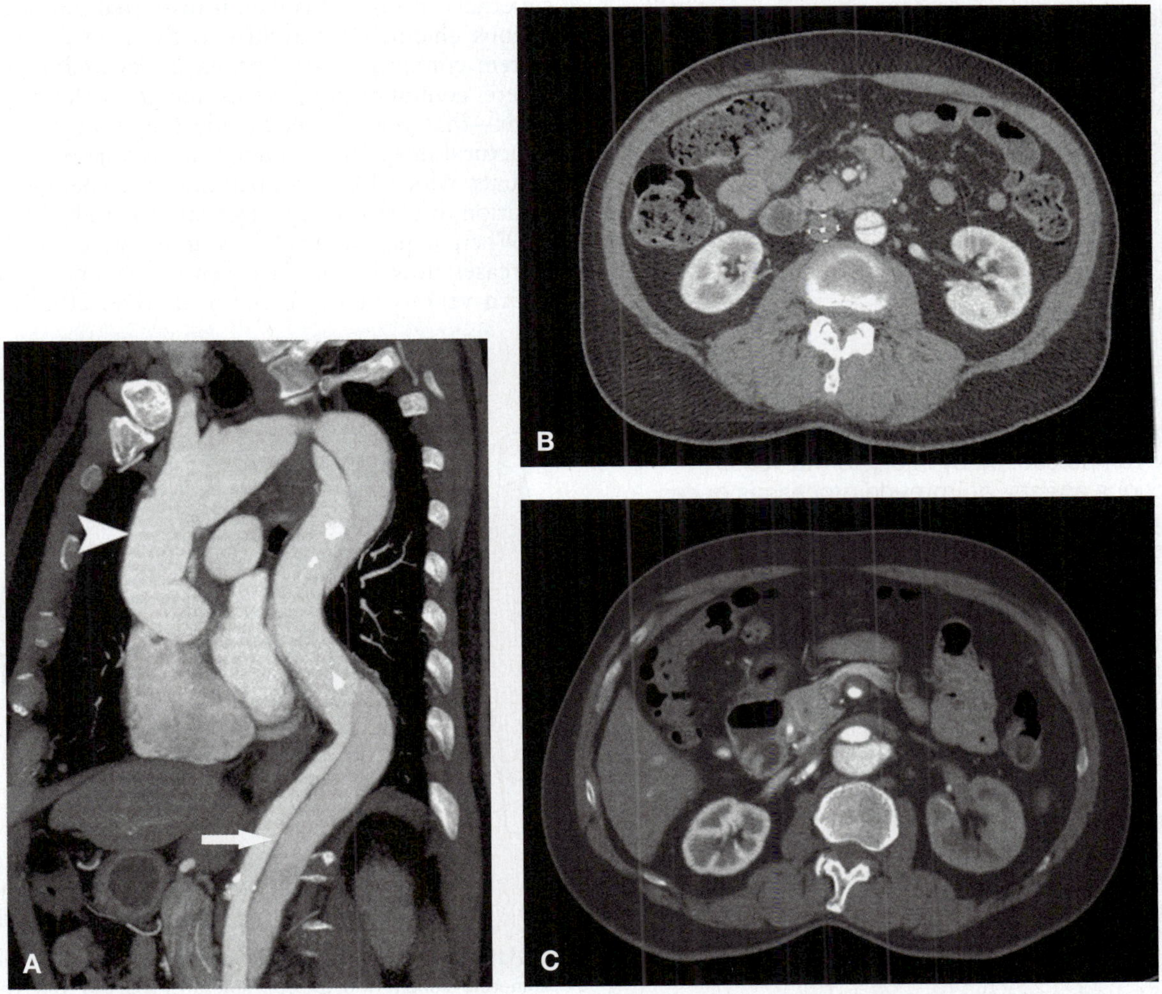

FIGURE 20-38. Type A aortic dissection. **A.** Sagittal oblique CT reformat of the thoracic aorta shows a type. A dissection after placement of an interposition graft (*arrowhead*) in the ascending aorta. The dissection flap (*arrow*) extends inferiorly to the common iliac arteries (not seen). **B.** Axial CT showing aortic dissection involving the abdominal aorta with equal perfusion to both kidneys. **C.** Different patient, axial CT showing aortic dissection involving the abdominal aorta with the left renal ischemia. (From Farrell, T. A. [2020]. *Radiology 101: The basics and fundamentals of imaging* [Fig. 2-102]. Wolters Kluwer.)

malperfusion, or refractory pain—may require endovascular repair. Regardless of type, long-term management includes strict blood pressure control and imaging surveillance to monitor for progression or complications (Hameed et al., 2023).

SUMMARY CONCEPTS

Lesions of the arterial system exert their effects through ischemia or impaired blood flow. There are two types of arterial disorders: diseases such as atherosclerosis, vasculitis, and peripheral arterial disease that obstruct flow and disorders such as aneurysms that weaken the vessel wall.

Cholesterol relies on lipoproteins for transport in the blood. LDLs, which are atherogenic, carry cholesterol to peripheral tissues. HDLs, which are protective, remove cholesterol from tissues and carry it back to the liver for disposal. LDL receptors play a major role in removing cholesterol from the blood; people with reduced numbers of receptors are at higher risk for development of atherosclerosis.

Atherosclerosis affects large- and medium-sized arteries. It has an insidious onset, and its lesions are usually far advanced before symptoms appear. Although the mechanisms of atherosclerosis are uncertain, risk factors include heredity, sex, and age, and factors such as smoking, high blood pressure, high serum cholesterol levels, diabetes, obesity, and inflammation.

The vasculitides are a group of vascular disorders characterized by vasculitis or inflammation and necrosis of the blood vessels. They can be caused by injury to the vessel, infectious agents, or immune processes or can occur secondary to other disease states such as systemic lupus erythematosus.

Occlusive disorders interrupt arterial flow of blood and interfere with delivery of oxygen and nutrients to the tissues. Occlusion of flow can result from a thrombus, an emboli, vessel compression, vasospasm, or structural changes in the vessel. Peripheral arterial diseases affect blood vessels outside the heart and thorax. They include Raynaud disease or phenomenon and thromboangiitis obliterans (Buerger disease).

Aneurysms are localized areas of vessel dilation caused by weakness of the arterial wall. A berry aneurysm, often found in the circle of Willis, consists of a small, spherical vessel dilation. Fusiform and saccular aneurysms, often found in the thoracic and abdominal aorta, are characterized by gradual and progressive enlargement of the aorta. They can involve part of the vessel circumference (saccular) or extend to involve the entire circumference of the vessel (fusiform). A dissecting aneurysm is an acute, life-threatening condition. It involves hemorrhage into the vessel wall with longitudinal tearing (dissection) of the vessel wall to form a blood-filled channel. The most serious consequence of aneurysms is rupture.

Disorders of Systemic Venous Circulation

Veins are low-pressure, thin-walled vessels that rely on the action of skeletal muscle pumps and changes in abdominal and intrathoracic pressure to return blood to the heart. The venous system in the legs consists of the superficial veins (e.g., the great and small saphenous veins) and the deep venous channels. Perforating, or communicating, veins connect these two systems. Blood from the skin and subcutaneous tissues collects in the superficial veins and is then transported into the deeper venous channels for return to the heart. The venous system contains valves—primarily located at junctions where communicating veins merge with larger deep veins—that prevent retrograde flow. The number and structural integrity of venous valves vary between individuals, which likely contributes to the familial predisposition to varicose veins (Krizanova et al., 2023).

When a person walks, contraction of leg muscles increases flow in the deep venous channels and helps return venous blood to the heart (Fig. 20-39). This is

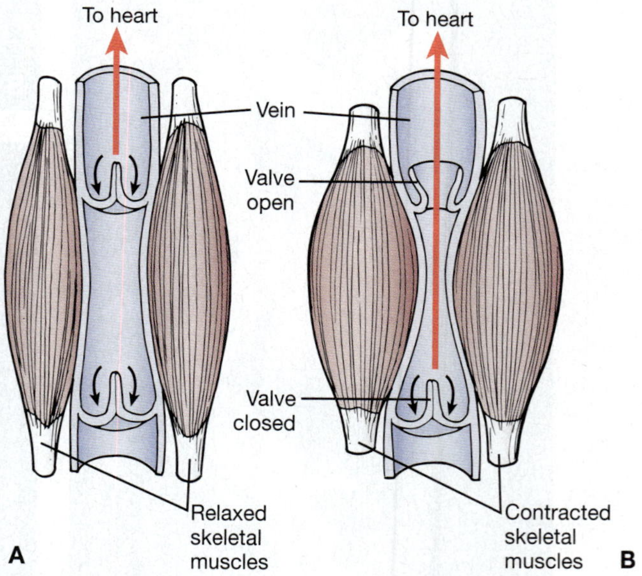

FIGURE 20-39. The skeletal muscle pumps and their function in promoting blood flow in the deep and superficial calf vessels of the leg. (**A**) Muscle relaxation: communicating valves open, allowing blood to flow from superficial veins into deep veins. (**B**) Muscle contraction: valves in the communicating channels close to prevent backward blood flow into the superficial system, as blood in the deep veins is moved forward by contracting muscles.

referred to as the **skeletal muscle pump**. During muscle contraction, valves in the communicating veins close to prevent backward flow of blood into the superficial system. During muscle relaxation, these valves open, allowing blood to flow from the superficial veins into the deep veins. Although the venous system can serve as a reservoir for blood, this same capacity also makes it vulnerable to stasis and venous insufficiency.

KEY POINTS

Disorders of the Venous Circulation

- Veins are thin-walled, distensible vessels that collect blood from tissues and return it to the heart. The venous system is a low-pressure system that relies on pumping of skeletal muscles to move blood forward and the presence of venous valves to prevent retrograde flow.
- Disorders of the venous system produce congestion of the affected tissues and predispose to clot formation because of stagnation of flow and activation of the clotting system.

Varicose Veins

Varicose veins are dilated, tortuous veins of the lower extremities that are common in the general population and may lead to chronic venous insufficiency (CVI) (Fig. 20-40). Primary varicose veins originate in the superficial saphenous veins, *whereas* secondary varicose veins result from impaired flow in the deep venous channels. Approximately 80% to 90% of lower extremity venous return occurs through the deep channels. Secondary varicose veins most commonly arise from deep vein thrombosis (DVT), although other causes include congenital or acquired arteriovenous (AV) fistulas, venous malformations, and compression of abdominal veins by pregnancy or tumors. Varicose veins are more common in females between 30 and 50 years of age and in those with a family history of venous disease. Additional risk factors include obesity, pregnancy, and occupations that involve prolonged standing (Aslam et al., 2022).

Pathophysiology

Prolonged standing increases venous pressure and causes dilation and stretching of the vessel walls. This gravitational force is exacerbated when individuals stand for extended periods without using their leg muscles

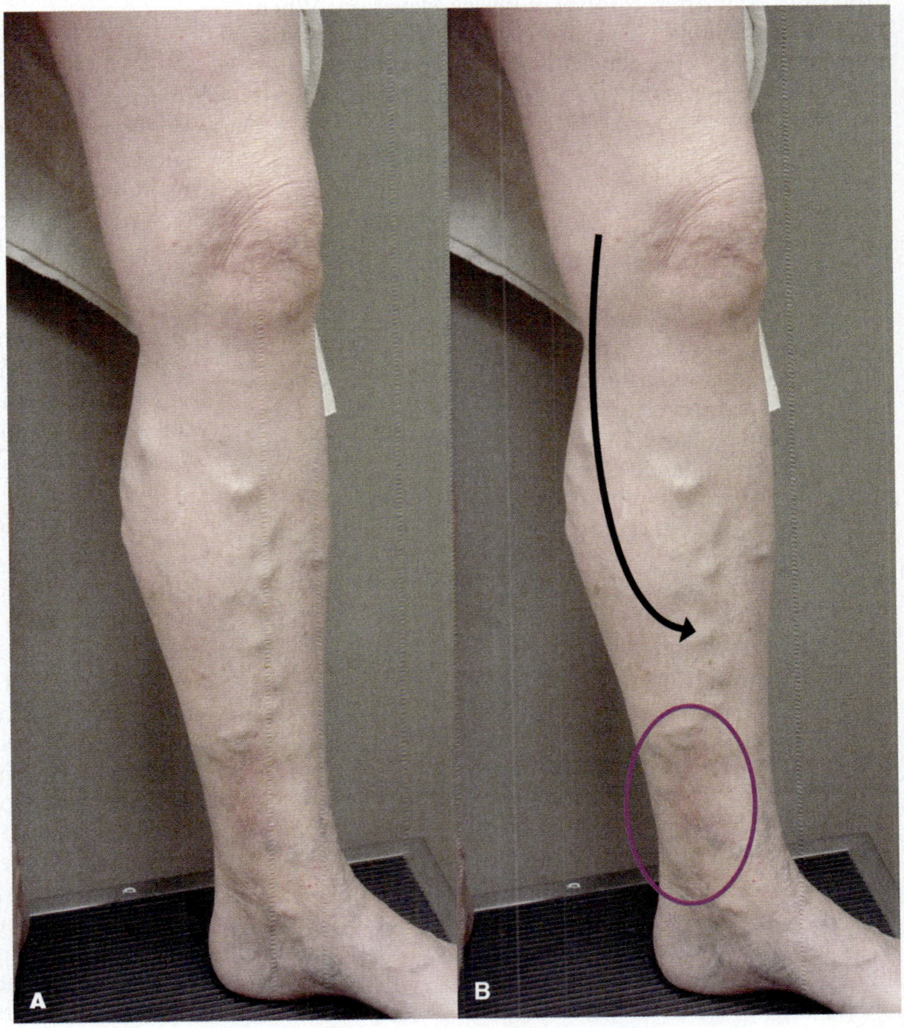

FIGURE 20-40. **A.** Varicose veins often occur when the proximal saphenous vein becomes incompetent and there is reflux down the saphenous vein and into the tributaries. **B.** This reflux causes visible varicosities and even pigmentation in the "gaiter" zone at the level of the ankle, which is circled in purple. (From Rubin, R., Strayer, D. S., Saffitz, J. E., & Rubin, E. [Eds.]. [2020]. *Rubin's pathology: Mechanisms of human disease* [8th ed., p. 628]. Wolters Kluwer; Fig. 16-44.)

to pump blood back to the heart. Since there are no valves in the inferior vena cava or common iliac veins, blood from the lower body must be supported by valves in the external iliac or femoral veins. Increased intra-abdominal pressure—such as during pregnancy, obesity, or heavy lifting—places additional stress on these valves. Pregnancy may also promote varicose vein formation through the action of progesterone, which relaxes vascular smooth muscle and contributes to venous dilation and valvular incompetence (Aslam et al., 2022).

Over time, exposure to high venous pressures can cause venous valves to become incompetent, allowing reflux of blood that leads to further dilation and valve failure in adjacent segments. Superficial veins, which are supported only by subcutaneous tissue and fascia, are particularly vulnerable. In contrast, deep veins benefit from the support of surrounding muscle and connective tissue. Obesity can weaken the support structures of the superficial veins, thereby increasing the risk of varicosities.

Clinical Manifestations

Symptoms of primary varicose veins vary widely. If varicose veins are associated with intermittent venous insufficiency, many individuals report aching, heaviness, or fatigue in the lower extremities, especially after prolonged standing. Edema is also common with venous insufficiency and often resolves with leg elevation. When the communicating veins are incompetent, symptoms tend to be more pronounced and may progress to signs of CVI, including skin changes and ulceration (Ghosh et al., 2021).

Diagnosis

Diagnosis is typically based on a combination of patient history and physical examination. Duplex ultrasonography is the diagnostic standard for assessing venous structure and valve function. Venography is rarely used today due to its invasive nature (Whiteley, 2022).

Once venous dilation and valvular incompetence have developed, reversal is unlikely. Prevention focuses on minimizing venous hypertension through weight reduction and avoidance of prolonged standing or heavy lifting. Graduated compression stockings improve venous return and reduce symptoms by exerting external pressure on superficial veins. Stockings should be professionally fitted and applied before standing, when venous pressure is lowest (Whiteley, 2022).

Sclerotherapy and thermal ablation using laser are first-line interventions (Hitchman et al., 2022).

Chronic Venous Insufficiency

Venous insufficiency refers to the pathophysiologic state in which persistent venous hypertension leads to structural and functional alterations in the venous system of the lower extremities (Krizanova et al., 2023). It is often a consequence of valve incompetence, venous obstruction, impaired skeletal muscle pump activity, inflammation, and endothelial dysfunction (Krizanova et al., 2023).

Pathophysiology

CVI is typically caused by one or more of the following: increased hydrostatic pressure (e.g., prolonged standing), valve failure, DVT, muscle pump dysfunction, or venous outflow obstruction. When valve incompetence is present, blood refluxes and leads to venous pooling and increased pressure, particularly in the superficial and perforating veins. This increased venous pressure is transmitted to the microcirculation of the skin and subcutaneous tissues, impairing perfusion and tissue viability (Krizanova et al., 2023).

Clinical Manifestations

Clinical signs of CVI include lower extremity edema, skin changes, and ulceration. Tissue congestion and impaired lymphatic drainage can lead to progressive sclerosis of lymph channels and darker skin pigmentation due to hemosiderin deposition. Chronic inflammation and subcutaneous fat necrosis cause the skin to atrophy and thin. In advanced disease, patients may experience stiff ankles and reduced calf muscle mass and strength. Stasis dermatitis, characterized by thin, desquamative, hyperpigmented skin and venous ulcers typically located near the medial malleolus, may develop. These ulcers are often shallow, exudative, and difficult to heal. Compression therapy with properly fitted elastic or inelastic bandages is the mainstay of treatment (Krizanova et al., 2023).

Venous Thrombosis

Venous thrombosis is the formation of a blood clot (thrombus) in a vein and may occur in superficial or deep veins. **Superficial venous thrombosis (SVT)** can present with localized pain, erythema, and tenderness and occasionally leads to complications such as DVT or pulmonary embolism (PE). **Deep vein thrombosis (DVT)** is more serious and can result in PE, recurrent thrombosis, or CVI. Most thrombi develop in the calf veins—especially in the soleal sinuses or gastrocnemius veins—and may propagate proximally if left untreated (Navarrete et al., 2022).

Pathophysiology

Venous thrombosis is most often explained by **Virchow's triad**: venous stasis, endothelial injury, and hypercoagulability (Fig. 20-41). Immobilization, surgery, spinal cord injury, heart failure, and long-distance travel are major contributors to stasis. Hypercoagulable states can be inherited (e.g., factor V Leiden, prothrombin gene mutation) or acquired (e.g., malignancy, antiphospholipid syndrome, hormone therapy, or dehydration). Oral contraceptives and hormone replacement therapy increase coagulability and predispose to venous thrombosis, a risk that is further increased with smoking cigarettes. Certain cancers are associated with increased clotting tendencies, although the reason for this is largely unknown. When body fluid is lost due to injury or disease, resulting hemoconcentration concentrates clotting factors. Other important risk factors include antiphospholipid syndrome

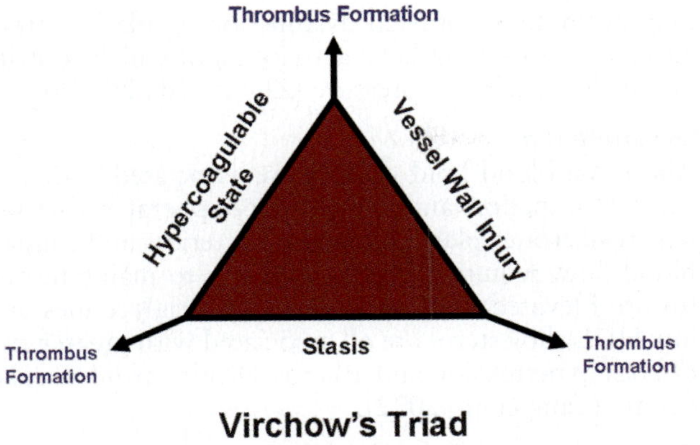

FIGURE 20-41. The Virchow triad of thrombus formation. (From Zierler, R. E., & Dawson, D. L. [2016]. *Strandness's duplex scanning in vascular disorders*. Wolters Kluwer.)

and myeloproliferative disorders. Vessel wall injury may result from surgery, trauma, or central venous catheters (Navarrete et al., 2022).

Clinical Manifestations

Many people with venous thrombosis are asymptomatic, likely due to incomplete occlusion of the vein or the presence of collateral circulation. Common signs and symptoms are related to the inflammatory process, including pain, swelling, and deep muscle tenderness. Fever, general malaise, and elevations in the white blood cell count and erythrocyte sedimentation rate are accompanying indications of inflammation. There may be tenderness and pain along the vein. Iliofemoral DVT causes the most extensive swelling and pain. SVT usually causes localized erythema and tenderness along the affected superficial vein (Navarrete et al., 2022).

Diagnosis

Duplex ultrasonography is the preferred diagnostic modality, and D-dimer testing is useful in patients with low pretest probability. Routine use of venography is now rare. Preventive strategies include early ambulation after surgery, leg exercises, properly fitted compression stockings, and sequential compression devices in high-risk patients. Oral anticoagulants are now first-line therapy for most patients with DVT; however, initial anticoagulation may still begin with low-molecular-weight heparin or fondaparinux (Saposnik et al., 2024).

SUMMARY CONCEPTS

The storage function of the venous system renders it susceptible to venous insufficiency, stasis, and thrombus formation. Varicose veins occur with prolonged distention and stretching of the superficial veins owing to venous insufficiency. Varicosities can arise because of defects in the superficial veins (i.e., primary varicose veins) or because of impaired blood flow in the deep venous channels (i.e., secondary varicose veins). Venous insufficiency reflects chronic venous stasis resulting from valvular incompetence. It is associated with stasis dermatitis and stasis or venous ulcers. Venous thrombosis is the presence of thrombus in a vein and the accompanying inflammatory response in the vessel wall. It is associated with vessel injury, stasis of venous flow, and hypercoagulability states. Thrombi can develop in superficial or deep veins. Thrombus formation in deep veins is a precursor to venous insufficiency and embolus formation.

Disorders of Blood Pressure Regulation

Blood pressure must be tightly regulated to ensure adequate tissue perfusion and to prevent damage to blood vessels. When blood pressure is too low, tissue perfusion becomes insufficient, impairing the delivery of oxygen and nutrients and the removal of metabolic waste. When blood pressure is too high, the delicate endothelial lining of blood vessels is at risk of injury, increasing the likelihood of atherosclerosis, vascular rupture, and target-organ damage (Hall et al., 2024).

Hypertension

Hypertension is defined as a sustained elevation of arterial blood pressure. It is a major risk factor for cardiovascular disease and a leading global contributor to morbidity and mortality (Hall et al., 2024). Special populations that require additional considerations for the diagnosis and management of hypertension include pregnant people, children and adolescents, and older adults.

Pathophysiology

Hypertension is broadly categorized as either primary (essential) hypertension or secondary hypertension. Primary hypertension refers to elevated blood pressure without a clearly identifiable underlying cause and accounts for approximately 90% to 95% of cases. Secondary hypertension results from an identifiable medical condition and may be curable or manageable with targeted treatment (Hall et al., 2024).

Nonmodifiable Risk Factors for Primary Hypertension

Nonmodifiable risk factors include age, sex, race, family history, and genetic predisposition.

Age
The risk increases with age. Although congenital problems and renal disease are key causes of secondary hypertension in children, primary hypertension has historically been rare in children. However, primary hypertension has become more prevalent in children because of rising rates of obesity and metabolic syndrome in pediatric populations. In older adults, vascular changes such as arterial stiffening contribute to isolated systolic hypertension. In addition, renal sodium excretion efficiency declines with age, leading to salt retention and elevated blood pressure (Masenga & Kirabo, 2023).

Sex and Race
In the United States, hypertension is more common and tends to be more severe among Black individuals, often presenting at a younger age. Although the overall prevalence is higher in males than in females during early adulthood, females experience an increased incidence later in life, particularly after menopause. Sex- and race-based disparities in outcomes also persist, with greater risks of complications among Black populations (Azizi et al., 2022).

Family History and Genetics
Hypertension often clusters in families, with heritability estimates as high as 50%. Despite identification of numerous genetic loci, individual variants contribute minimally to overall disease burden. Environmental and epigenetic factors play important roles in modulating risk (Mani, 2024).

Modifiable Risk Factors for Primary Hypertension
Modifiable risk factors include diet, physical inactivity, obesity, dyslipidemia, alcohol use, tobacco use, and impaired glucose regulation. These behaviors contribute to altered vascular tone, endothelial dysfunction, overactivation of the SNS, and dysregulation of the RAAS (Masenga & Kirabo, 2023).

Dietary Factors
Salt sensitivity varies among individuals. In those who are salt-sensitive, high sodium intake can lead to fluid retention and elevated blood pressure due to impaired pressure natriuresis—the kidney's ability to excrete sodium in response to increased blood pressure. Clinical guidelines recommend reducing sodium intake, especially for individuals with or at risk for hypertension.

Beyond sodium, overall dietary composition plays a key role in blood pressure regulation. Diets high in saturated fats and cholesterol contribute to the development of dyslipidemia and vascular inflammation, both of which are associated with hypertension (Aljuraiban et al., 2024). The dietary inflammatory index (DII) is a validated tool that quantifies the inflammatory potential of an individual's diet. Higher DII scores are associated with elevated levels of inflammatory biomarkers such as CRP, interleukin-6 (IL-6), and tumor necrosis factor-alpha (TNF-α). Emerging evidence suggests that diet-induced inflammation—rather than any single nutrient—may be a critical mediator linking certain dietary patterns to hypertension. Proinflammatory diets may promote endothelial dysfunction, oxidative stress, and increased sympathetic activity, all of which contribute to elevated blood pressure (Zhou et al., 2023b).

Dyslipidemia
Abnormal blood lipid profiles are associated with vascular dysfunction and increased peripheral resistance. Atherosclerotic plaques narrow arteries and impair blood flow, requiring higher pressures to maintain perfusion. Elevated LDL cholesterol and triglycerides and low HDL cholesterol are all associated with greater risk of both hypertension and atherosclerotic cardiovascular disease (Tang et al., 2022).

Tobacco Use
Smoking is an established independent risk factor for atherosclerotic cardiovascular disease. Although it has not been conclusively identified as a direct cause of primary hypertension, smoking contributes to endothelial dysfunction, increased arterial stiffness, and SNS activation, all of which may exacerbate blood pressure elevations in predisposed individuals. These effects extend to other forms of tobacco use, including smokeless tobacco and vaping (Gao et al., 2023).

Alcohol Consumption
Excessive alcohol intake is strongly associated with increased blood pressure and is estimated to contribute to approximately 10% of hypertension cases in the general population. The hypertensive effect of alcohol appears to be dose-dependent and is more pronounced in males. Chronic high alcohol consumption promotes increased sympathetic activity, altered baroreceptor sensitivity, and endothelial dysfunction. In contrast, low-to-moderate alcohol intake (up to one drink per day for females and two for males) has been associated with modest cardioprotective effects, though its benefits remain controversial and do not justify alcohol use as a therapeutic strategy (Gao et al., 2023).

Physical Inactivity
A sedentary lifestyle is a well-established modifiable risk factor for hypertension. Regular aerobic physical activity improves vascular endothelial function, reduces sympathetic tone, enhances insulin sensitivity, and lowers resting blood pressure. Higher cardiorespiratory fitness levels are associated with lower cardiovascular risk, independent of body weight or composition (Müller et al., 2023).

Obesity
Excess adiposity, particularly central or visceral obesity, is closely linked with the development of hypertension. Weight loss of as little as 4.5 kg (10 lb) can lead to meaningful reductions in blood pressure among individuals who are overweight. Waist-to-hip ratio is a useful clinical marker of fat distribution, with central obesity conferring greater cardiometabolic risk than peripheral fat deposition. Visceral adipose tissue promotes insulin resistance, systemic inflammation, dyslipidemia, and RAAS activation. Leptin, an adipokine elevated in obesity, increases sympathetic activity and may contribute to hypertension through CNS mechanisms. Elevated

levels of circulating free fatty acids in obesity also stimulate the SNS (El Meouchy et al., 2022).

Insulin Resistance and Metabolic Abnormalities

Hypertension commonly coexists with insulin resistance, glucose intolerance, and dyslipidemia, collectively termed metabolic syndrome. These interrelated abnormalities contribute to endothelial dysfunction, increased sodium reabsorption, sympathetic activation, and vascular remodeling. Hypertension is also frequently present in individuals with type 2 diabetes and may accelerate end-organ damage when combined with hyperglycemia (Stanciu et al., 2023).

Obstructive Sleep Apnea

OSA is a significant secondary contributor to elevated blood pressure and may also exacerbate primary hypertension. Repeated episodes of apnea and hypoxia lead to SNS activation, oxidative stress, and impaired nocturnal dipping of blood pressure. These effects contribute to sustained hypertension, particularly resistant hypertension. Effective treatment of OSA with continuous positive airway pressure (CPAP) has been shown to modestly lower blood pressure in affected individuals (Cabrini et al., 2023).

Secondary Hypertension

Secondary hypertension results from an underlying pathological condition or exogenous substance. It is more common in individuals under 30 or over 50 years of age and may be reversible with appropriate treatment. Common causes include renal disease, adrenal disorders, vascular anomalies, endocrine dysfunction, and medications or substances such as oral contraceptives, sympathomimetic agents, cocaine, amphetamines, erythropoietin, and licorice root (Zhang et al., 2022).

Renal Hypertension

Renal disease is the most common cause of secondary hypertension. Both acute and chronic kidney disorders impair sodium and water excretion, leading to volume overload. Renovascular hypertension, a subtype caused by reduced renal blood flow, activates the RAAS. This results in elevated angiotensin II and aldosterone levels, which promote vasoconstriction and sodium retention (Textor & Taler, 2024).

Two major types of renovascular disease are atherosclerosis of the proximal renal artery and fibromuscular dysplasia, a noninflammatory vascular disease that affects the renal arteries and branch vessels. Atherosclerotic stenosis of the renal artery is seen often in older adults, particularly with comorbidities for atherosclerosis. Fibromuscular dysplasia is common in females and in younger age groups, particularly 30- to 50-year age range. Pathogenic mechanisms are uncertain; however, the incidence increases with environmental factors such as smoking (Textor & Taler, 2024).

Disorders of Adrenocortical Hormones

Excess production of adrenocortical hormones, including aldosterone and cortisol, leads to sodium retention and volume expansion. Primary hyperaldosteronism and Cushing syndrome are notable causes (de Freminville et al., 2023).

Pheochromocytoma

This rare catecholamine-secreting tumor of adrenal chromaffin tissue can lead to episodic or sustained severe hypertension and life-threatening hypertensive crises (Goemann & Maia, 2023).

Coarctation of the Aorta

This congenital narrowing of the aortic arch leads to increased resistance and upper-body hypertension. Surgical correction is often curative.

Oral Contraceptives

Estrogen-containing contraceptives may elevate blood pressure in some users due to volume expansion and increased RAAS activity. The effect is usually reversible upon discontinuation, though normalization may take several weeks (Zakiyah et al., 2025).

Clinical Manifestations of Hypertension

Primary hypertension is often asymptomatic, earning its label as a "silent killer." When symptoms occur, they are typically related to damage to organs that are especially sensitive to elevated blood pressure, such as the heart, kidneys, eyes, and brain. This target-organ damage varies markedly among people with similar levels of hypertension. Secondary hypertension may also present with signs and symptoms of the underlying disorder. However, those people may also demonstrate clinical manifestations related to the primary disease process that is causing the secondary hypertension.

Target-Organ Damage

Sustained high blood pressure damages vascular endothelium, increases afterload on the heart, and accelerates atherosclerosis. Target-organ damage particularly affects organs that are highly vascular or dependent on adequate blood supply for appropriate function (Chart 20-1).

Hypertension promotes plaque formation and rupture and therefore predisposes individuals to coronary heart disease, heart failure, stroke, and PAD (Bress et al., 2024).

Elevated blood pressure increases the workload of the left ventricle by increasing the pressure against which the heart must pump as it ejects blood into the systemic circulation. Over time, the left ventricular wall remodels and hypertrophies to compensate for the increased pressure work. This increases the risk for coronary heart disease, cardiac dysrhythmias, sudden death, and congestive heart failure.

Chronic hypertension leads to nephrosclerosis, a common cause of chronic kidney disease. The resulting glomerular hypoperfusion causes glomerulosclerosis and tubulointerstitial fibrosis. Endothelial dysfunction resulting from high glomerular pressures also plays an important role in accelerating the course of other types of kidney disease, particularly diabetic nephropathy (Bress et al., 2024).

White matter changes in the brain due to small vessel disease are common in long-standing hypertension and are associated with cognitive decline. Although antihypertensive therapy may reduce the progression of white matter changes, existing lesions are largely irreversible.

CHART 20-1

CONSEQUENCES OF TARGET-ORGAN DAMAGE IN HYPERTENSION

Heart

- Coronary artery disease (angina, myocardial infarction)
- Left ventricular hypertrophy (heart failure)
- Arrhythmias (e.g., atrial fibrillation)

Brain

- Ischemic stroke; ischemic attack
- Intracerebral hemorrhage
- Vascular cognitive impairment

Kidneys

- Hypertensive nephropathy—chronic kidney disease; end-stage renal disease

Vascular

- Peripheral arterial disease
- Aortic aneurysm and dissection

Eyes

- Hypertensive retinopathy—vision impairment or loss

Sexual Dysfunction

- Erectile dysfunction or decreased libido

(Bress, 2024)

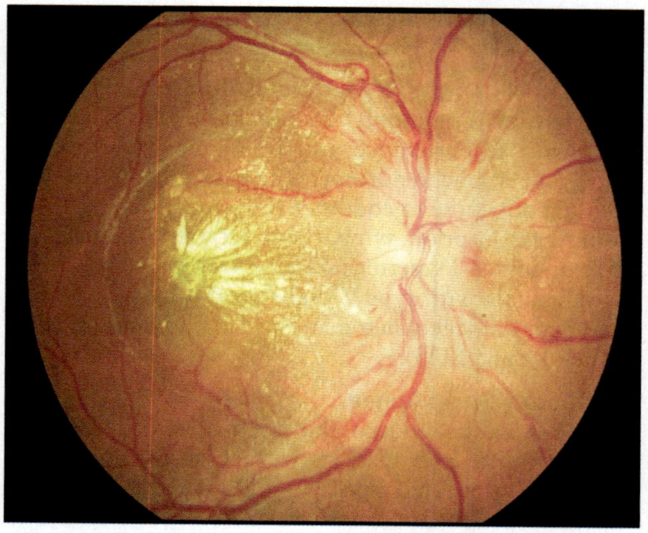

FIGURE 20-42. Hypertensive retinopathy. Various abnormalities develop within the retina with hypertension. The commonly associated arteriolosclerosis affects the appearance of the retinal microvasculature. Light reflected from the thickened arteriolar walls mimics silver or copper wire. Blood flow through the retinal venules is not well visualized at the sites of arteriolar–venular crossings. This effect is caused by a thickening of the venular wall rather than to an impediment to blood flow caused by compression; the column of blood proximal to the compression is not wider than the part distal to the crossing. Impaired axoplasmic flow within the nerve fiber layer, caused by ischemia, results in swollen axons with cytoplasmic bodies. Such structures resemble cotton on funduscopy ("cotton-wool spots"). Hemorrhages are common in the retina, and exudates frequently form a star around the macula. (From Rubin, R., Strayer, D. S., Saffitz, J. E., & Rubin, E. [Eds.]. [2020]. *Rubin's pathology: Mechanisms of human disease* [8th ed., p. 1546]. Wolters Kluwer; Fig. 33-8.)

Hypertensive retinopathy affects the retina through a series of microvascular changes. The eye will initially have increased vasomotor tone, which causes generalized arteriolar narrowing. As hypertension persists, arteriosclerotic changes include media wall hyperplasia, intimal thickening, and hyaline degeneration, which can lead to more severe AV nicking and eventual blindness (Fig. 20-42). Acute increases in blood pressure can lead to hemorrhages, microaneurysms, and hard exudates. Eyes need to be evaluated regularly in person with hypertension to prevent extensive damage (Bress et al., 2024).

Hypertensive Emergency

Rarely, people with hypertension develop an accelerated and potentially fatal form of hypertension called a **hypertensive emergency**, characterized by sudden elevations in blood pressure (>180/120 mm Hg) complicated by acute or worsening target-organ damage. This may include stroke, myocardial ischemia, encephalopathy, or retinal hemorrhage. It is critical that emergent interventions be implemented to return blood pressure to safe levels and prevent permanent organ dysfunction or death (Boulestreau et al., 2022).

Diagnosis and Treatment

Hypertension is diagnosed by sequential blood pressure measurements that indicate a consistent elevation of pressure meeting diagnostic thresholds. Recent clinical management guidelines for adults in the United States are presented in Table 20-3 (Ebinger et al., 2024).

Education related to lifestyle modification, including dietary improvements (e.g., DASH diet or Mediterranean diet), reduced sodium intake, regular physical activity, moderation of alcohol, smoking cessation, and weight loss, is indicated. Pharmacologic therapy is indicated for those with stage 2 hypertension or those with cardiovascular risk factors. Clinical management of secondary hypertension is directed at the primary disease.

High Blood Pressure in Pregnancy

Hypertensive disorders complicate 5% to 10% of pregnancies and are a leading cause of maternal and fetal morbidity. These disorders include chronic hypertension, gestational hypertension, preeclampsia–eclampsia, and chronic hypertension with superimposed preeclampsia (Cífková, 2023).

TABLE 20-3 American Heart Association Blood Pressure Categories

Blood Pressure Category	Systolic mm Hg (Top/Upper Number)		Diastolic mm Hg (Bottom/Lower Number)
Normal	<120	and	<80
Elevated	120–129	and	<80
Stage 1 Hypertension	130–139	or	80–89
Stage 2 Hypertension	≥140	or	≥90
Severe Hypertension	>180	and/or	>120
Hypertensive Emergency	>180	and/or	>120

Modified from American Heart Association, Inc. (2025). *Blood pressure categories.* http://heart.org/bplevels

Preeclampsia–Eclampsia

Preeclampsia is a multisystem disorder defined by new-onset hypertension (≥140/90 mm Hg) after 20 weeks' gestation accompanied by proteinuria or evidence of systemic involvement (e.g., thrombocytopenia, impaired liver or renal function, cerebral or visual disturbances, or pulmonary edema). Eclampsia refers to seizures in a pregnant person with preeclampsia. The pathophysiology involves abnormal placental development, leading to widespread endothelial dysfunction. HELLP syndrome—Hemolysis, Elevated Liver enzymes, and Low Platelet count—is a severe variant (Gardikioti et al., 2022).

Gestational Hypertension

Gestational hypertension is characterized by elevation of blood pressure occurring after 20 weeks' gestation, without evidence of proteinuria or clinical manifestations of preeclampsia. Blood pressure often normalizes after delivery; however, occurrence of gestational hypertension may be a risk factor for later development of chronic hypertension (Cífková, 2023).

High Blood Pressure in Children and Adolescents

Increasing prevalence of hypertension among children and adolescents may be due in part to increasing obesity and other lifestyle factors, such as decreased physical activity and increased intake of high-calorie and high-salt foods. Secondary hypertension remains common in young children, especially those with renal, cardiac, or endocrine disorders (Litwin, 2023).

Blood pressure classifications for children under 13 are based on sex-, age-, and height-specific percentiles. Hypertension is defined as BP ≥95th percentile on three occasions. For adolescents aged ≥13, the adult definition of ≥130/80 mm Hg applies.

High Blood Pressure in Older Adults

Aging is associated with arterial stiffening, reduced baroreceptor sensitivity, increased PVR, and impaired renal sodium handling. These changes result in elevated systolic pressure, widened pulse pressure, and isolated systolic hypertension. Vascular remodeling and decreased compliance of large arteries contribute to increased afterload and cardiovascular risk (Egan et al., 2023).

Orthostatic Hypotension

Orthostatic (postural) hypotension is defined as a sustained reduction in systolic blood pressure of at least 20 mm Hg or in diastolic blood pressure of at least 10 mm Hg within 3 minutes of standing (Wieling et al., 2022). Symptoms may include dizziness, lightheadedness, blurred vision, weakness, fatigue, palpitations, or syncope. It is important to assess both blood pressure changes and the presence of symptoms, as some cases may present later than the initial 3-minute window, particularly in older adults.

Pathophysiology

When transitioning from a supine to a standing position, approximately 500 to 700 mL of blood shifts to the lower extremities and splanchnic circulation, decreasing venous return, central blood volume, and arterial pressure. Normal compensation involves immediate activation of cardiovascular reflexes, particularly the baroreceptor response, which triggers increased HR, vasoconstriction, and activation of neurohumoral systems such as the RAAS, vasopressin release, and sympathetic stimulation. Failure of these compensatory mechanisms leads to decreased cerebral perfusion and the characteristic symptoms of orthostatic hypotension.

Muscle activity in the legs (e.g., postural sway or leg crossing) also assists in venous return by promoting the muscle pump mechanism. Any condition that impairs these regulatory systems—such as reduced blood volume, autonomic dysfunction, or deconditioning—can lead to orthostatic hypotension (Wieling et al., 2022).

Risk Factors and Causes

Orthostatic hypotension has multiple contributing factors that often interact. It is more common in older adults and may result from reduced blood volume, immobility, medications, or autonomic dysfunction.

Effects of Aging

Older adults are particularly susceptible to orthostatic hypotension due to impaired baroreceptor sensitivity, vascular stiffness, and a diminished ability to increase HR or vasoconstrict in response to postural changes. Age-related degeneration of autonomic reflexes further limits the ability to compensate for sudden shifts in position. As a result, symptoms such as dizziness, weakness, unsteadiness, or even syncope may occur with only minor drops in blood pressure. Because cerebral perfusion in older adults is highly dependent on systolic pressure, even slight reductions in pressure can cause symptoms, particularly in those with underlying cerebrovascular disease. These symptoms significantly increase the risk of falls and related injuries in the older population (Srinivas et al., 2024).

Reduced Blood Volume

Orthostatic hypotension is frequently an early clinical sign of reduced blood volume or fluid deficit. While CO may be adequate in the supine position, it often declines with upright posture due to inadequate venous return. Common causes of volume depletion include overuse of diuretics, excessive sweating, vomiting, diarrhea, and blood loss. Dehydration from febrile illness or insufficient fluid intake can also contribute, particularly in older adults or those with cognitive impairment. Recognizing hypovolemia as a contributing factor is essential, as correction through fluid and electrolyte replacement may resolve symptoms without further intervention (Wieling et al., 2022).

Bed Rest and Impaired Mobility

Extended periods of bed rest, especially in hospitalized or sedentary individuals, lead to a measurable decrease in plasma volume and a decline in venous tone. These changes reduce the effectiveness of the baroreceptor response and the skeletal muscle pump, both of which are essential for maintaining blood pressure upon standing. After only a few days of immobility, patients may begin to show signs of deconditioning, with more profound vascular and muscular tone loss occurring over 1 to 2 weeks. As a result, orthostatic hypotension may develop or worsen during recovery from illness or injury, particularly in older adults and patients with frailty or a critical illness (Wieling et al., 2022).

Drug-Induced Hypotension

Numerous medications can cause or exacerbate orthostatic hypotension by interfering with normal autonomic or vascular function (Ren et al., 2025). Antihypertensive agents such as alpha-adrenergic blockers, beta-blockers, calcium channel blockers, and diuretics are common culprits. Psychotropic medications, including tricyclic antidepressants, antipsychotics, and sedative-hypnotics, can also impair sympathetic tone or lower blood pressure directly. When orthostatic hypotension causes significant symptoms such as lightheadedness or syncope, dosage adjustments, medication substitutions, or discontinuation may be necessary to reduce the risk of falls or injury.

Disorders of the ANS

Autonomic failure is a major cause of chronic orthostatic hypotension. Conditions such as diabetic autonomic neuropathy, multiple system atrophy, pure autonomic failure, and Parkinson disease interfere with sympathetic output and the body's ability to regulate vascular tone and HR during postural changes. In patients with spinal cord injury, especially at or above the thoracic level, disruption of sympathetic pathways can prevent normal vasoconstrictive responses, leading to pooling of blood in the lower extremities and insufficient cerebral perfusion. These individuals may experience recurrent episodes of hypotension, often requiring both nonpharmacologic and pharmacologic treatment strategies (Shibao et al., 2024).

Diagnosis

Orthostatic hypotension is diagnosed by measuring blood pressure and HR after the patient has been supine for at least 5 minutes and then at 3 minutes after standing. A drop in systolic blood pressure of ≥20 mm Hg or in diastolic blood pressure of ≥10 mm Hg confirms the diagnosis. Continuous or 24-hour ambulatory blood pressure monitoring may be useful in evaluating intermittent symptoms or assessing blood pressure variability during daily activities such as meals, exertion, or prolonged standing. Clinical evaluation should include a full medical history, medication review, and assessment for symptoms of autonomic dysfunction, such as gastrointestinal motility issues, erectile dysfunction, or urinary incontinence. In frail or high-risk patients, orthostatic testing should be performed with caution and supervision to prevent injury in the event of syncope or near-syncope (Wieling et al., 2022).

Patient education should include encouraging gradual position changes, elevating the head of the bed, increasing fluid and salt intake (unless contraindicated), wearing compression garments, and performing physical counter-maneuvers such as leg crossing or toe-raising before standing. Avoidance of triggers such as excessive heat, alcohol, and large carbohydrate-rich meals may also help (Wieling et al., 2022).

SUMMARY CONCEPTS

Hypertension is one of the most common cardiovascular disorders. It may occur as a primary disorder or as a symptom of some other disease. Incidence of primary hypertension increases with age, is seen more frequently among Black individuals, and may be associated with a family history of high blood pressure, metabolic syndrome, obesity, and increased sodium intake. Causes of secondary hypertension include kidney disease and adrenal cortical disorders, which increase sodium and water retention; pheochromocytomas, which increase catecholamine levels; and coarctation of the aorta, which produces an increase in blood flow and systolic blood pressure in the arms and a decrease in blood flow and systolic pressure in the legs. Uncontrolled hypertension increases the risk of heart disease, renal complications, retinopathy, and stroke.

Hypertension occurring during pregnancy includes preeclampsia–eclampsia, chronic hypertension, chronic hypertension with superimposed preeclampsia, and gestational hypertension. Preeclampsia–eclampsia is a life-threatening complication that is thought to be related to the placenta and widespread endothelial dysfunction. Gestational hypertension is a new-onset finding of increased blood pressure after 20 weeks' gestation, without signs of preeclampsia.

Hypertension in children and adolescents is increasing, partly as a result of increased childhood obesity and lifestyle factors such as inactivity and increased intake of high-calorie and high-salt foods. Hypertension is a common pathophysiologic condition in older adults.

Orthostatic hypotension is an abnormal decrease in systolic and diastolic blood pressures that occurs on assumption of the upright position, causing dizziness and syncope. Among the factors that contribute to its occurrence are decreased fluid volume, medications, aging, defective function of the ANS, and immobility. Diagnosis relies on blood pressure measurements in the supine and upright positions and a history of symptomatology, medication use, and disease conditions that contribute to a postural drop in blood pressure. Treatment includes correcting the reversible causes and compensating for the disorder and preventing falls and injuries.

Integrating Clinical Decision Making

Mr. R., a 58-year-old man, presents to his primary care provider for an annual exam. He reports increasing fatigue and occasional headaches but denies chest pain. His blood pressure is 168/94 mm Hg on two separate readings. Laboratory studies reveal elevated LDL cholesterol. He has a 30-year history of smoking. On examination, peripheral pulses are palpable but slightly diminished in the lower extremities. The provider explains that sustained elevation in blood pressure increases strain on the vascular system and can lead to long-term organ damage.

1. Using the relationship between CO and PVR, explain why Mr. R.'s blood pressure is elevated. Which component is most likely contributing to his increased blood pressure, and why?
2. Explain how chronic hypertension can lead to target-organ damage. Identify two organs at highest risk and describe the pathophysiologic mechanisms involved.

Six months later, Mr. R. reports new symptoms: calf pain when walking that resolves with rest and a small, painful ulcer on the lateral aspect of his lower leg that has been slow to heal. On examination, the lower extremity is cool with diminished pulses. The ulcer has well-defined edges and minimal drainage.

3. Based on the clinical presentation, what is the most likely underlying vascular disorder contributing to his symptoms? Explain the pathophysiologic mechanism.
4. Differentiate Mr. R.'s arterial ulcer from a venous ulcer in terms of underlying mechanism and clinical characteristics.

REFERENCES

Aksu, U., Yavuz-Aksu, B., & Goswami, N. (2024). Microcirculation: Current perspective in diagnostics, imaging, and clinical applications. *Journal of Clinical Medicine*, *13*(22), 6762. https://doi.org/10.3390/jcm13226762

Aljuraiban, G. S., Gibson, R., Chan, D. S. M., Van Horn, L., & Chan, Q. (2024). The role of diet in the prevention of hypertension and management of blood pressure: An umbrella review of meta-analyses of interventional and observational studies. *Advances in Nutrition*, *15*(1), 100123. https://doi.org/10.1016/j.advnut.2023.09.011

American Heart Association. (2025). *Ejection fraction heart failure measurement*. https://www.heart.org/en/health-topics/heart-failure/diagnosing-heart-failure/ejection-fraction-heart-failure-measurement

Aslam, M. R., Muhammad Asif, H., Ahmad, K., Jabbar, S., Hayee, A., Sagheer, M. S., Rehman, J., Jr., Khalid, S., Hashmi, A. S., Rajpoot, S. R., & Sharif, A. (2022). Global impact and contributing factors in varicose vein disease development. *SAGE Open Medicine*, *10*. https://doi.org/10.1177/20503121221118992

Azizi, Z., Alipour, P., Raparelli, V., Norris, C. M., & Pilote, L. (2022). The role of sex and gender in hypertension. *Journal of Human Hypertension*, *37*(8), 589–595. https://doi.org/10.1038/s41371-022-00789-4

Batu, E. D., Sener, S., & Ozen, S. (2022). Covid-19 associated pediatric vasculitis: A systematic review and detailed analysis of the pathogenesis. *Seminars in Arthritis and Rheumatism*, *55*, 152047. https://doi.org/10.1016/j.semarthrit.2022.152047

Bhargava, S., de la Puente-Secades, S., Schurgers, L., & Jankowski, J. (2022). Lipids and lipoproteins in cardiovascular diseases: A classification. *Trends in Endocrinology & Metabolism*, *33*(6), 409–423. https://doi.org/10.1016/j.tem.2022.02.001

Boulestreau, R., van den Born, B. H., Lip, G. Y., & Gupta, A. (2022). Malignant hypertension: Current perspectives and challenges. *Journal of the American Heart Association*, *11*(7). https://doi.org/10.1161/jaha.121.023397

Bress, A. P., Anderson, T. S., Flack, J. M., Ghazi, L., Hall, M. E., Laffer, C. L., Still, C. H., Taler, S. J., Zachrison, K. S., & Chang, T. I. (2024). The management of elevated blood pressure in the acute care setting: A scientific statement from the American Heart Association. *Hypertension*, *81*(8). https://doi.org/10.1161/hyp.0000000000000238

Cabrini, M. L., Macedo, T. A., Castro, E., de Barros, S., Azam, I., Pio-Abreu, A., Silva, G. V., Lorenzi-Filho, G., Bortolotto, L. A., & Drager, L. F. (2023). Obstructive sleep apnea and hypertension-mediated organ damage in nonresistant and resistant hypertension. *Hypertension Research*, *46*(8), 2033–2043. https://doi.org/10.1038/s41440-023-01320-z

Carrel, T., Sundt, T. M., von Kodolitsch, Y., & Czerny, M. (2023). Acute aortic dissection. *The Lancet*, *401*(10378), 773–788. https://doi.org/10.1016/s0140-6736(22)01970-5

Chaudhry, R., Miao, J. H., & Rehman, A. (2022). Physiology, cardiovascular. In *StatPearls* [Internet]. StatPearls Publishing. https://www.ncbi.nlm.nih.gov/books/NBK493197/

Cífková, R. (2023). Hypertension in pregnancy: A diagnostic and therapeutic overview. *High Blood Pressure & Cardiovascular Prevention*, *30*(4), 289–303. https://doi.org/10.1007/s40292-023-00582-5

Cimminiello, C., & Molteni, M. (2025). The new ESC 2024 guidelines on the management of peripheral arterial and aortic diseases: Lights and shadows. *European Journal of Internal Medicine*, *131*, 1–2. https://doi.org/10.1016/j.ejim.2024.10.025

Coccarelli, A., & Nelson, M. D. (2023). Modeling reactive hyperemia to better understand and assess microvascular function: A review of Techniques. *Annals of Biomedical Engineering*, *51*(3), 479–492. https://doi.org/10.1007/s10439-022-03134-5

de Freminville, J.-B., Amar, L., Azizi, M., & Mallart-Riancho, J. (2023). Endocrine causes of hypertension: Literature review and practical approach. *Hypertension Research*, *46*(12), 2679–2692. https://doi.org/10.1038/s41440-023-01461-1

Deniz, S., & Kural, B. (2023). Nipple vasospasm of nursing mothers. *Breastfeeding Medicine*, *18*(6), 494–498. https://doi.org/10.1089/bfm.2023.0024

Dornbush, S., & Turnquest, A. E. (2023, July 17). Physiology, heart sounds. In: *StatPearls* [Internet]. StatPearls Publishing. https://www.ncbi.nlm.nih.gov/books/NBK541010/

Ebinger, J., Yang, E., & Vemu, P. L. (2024, February 5). *2023 ESH hypertension guideline update: Bringing US closer together across the pond*. American College of Cardiology. https://www.acc.org/Latest-in-Cardiology/Articles/2024/02/05/11/43/2023-ESH-Hypertension-Guideline-Update

Ecclestone, T., & Watts, R. A. (2023). Classification and epidemiology of vasculitis: Emerging concepts. *Best Practice & Research Clinical Rheumatology*, *37*(1), 101845. https://doi.org/10.1016/j.berh.2023.101845

Egan, B. M., Mattix-Kramer, H. J., Basile, J. N., & Sutherland, S. E. (2023). Managing hypertension in older adults. *Current Hypertension Reports*, *26*(4), 157–167. https://doi.org/10.1007/s11906-023-01289-7

El Meouchy, P., Wahoud, M., Allam, S., Chedid, R., Karam, W., & Karam, S. (2022). Hypertension related to obesity: Pathogenesis, characteristics and factors for control. *International Journal of Molecular Sciences*, *23*(20), 12305. https://doi.org/10.3390/ijms232012305

Faber, J. E., & Stouffer, G. A. (2025). Introduction to basic hemodynamic principles. In G. A. Stouffer & J. L. Klein (Eds.), *Cardiovascular hemodynamics for the clinician* (pp. 1–16). https://doi.org/10.1002/9781394239368.ch1

Fegers-Wustrow, I., Gianos, E., Halle, M., & Yang, E. (2022). Comparison of American and European guidelines for primary prevention of cardiovascular disease: JACC guideline comparison. *Journal of the American College of Cardiology*, *79*(13), 1304–1313. https://doi.org/10.1016/j.jacc.2022.02.001

Flavahan, N. A., Herrick, A. L., & Wigley, F. M. (Eds.). (2025). *Raynaud's phenomenon: From pathogenesis to management* (2nd ed.). Springer International Publishing.

Fridman, M. D., Tsoukas, P., Jeewa, A., Yeung, R. S. M., Gamulka, B. D., & McCrindle, B. W. (2023). Differentiation of COVID-19–associated multisystem inflammatory syndrome from Kawasaki disease with the use of cardiac biomarkers. *Canadian Journal of Cardiology*, *39*(6), 815–823. https://doi.org/10.1016/j.cjca.2022.11.012

Gao, N., Liu, T., Wang, Y., Chen, M., Yu, L., Fu, C., & Xu, K. (2023). Assessing the association between smoking and hypertension: Smoking status, type of tobacco products, and interaction with alcohol consumption. *Frontiers in Cardiovascular Medicine*, *10*, 1027988. https://doi.org/10.3389/fcvm.2023.1027988

Gao, Y. (2022). Architecture of the blood vessels. In *Biology of Vascular Smooth Muscle* (pp. 3–17). Springer. https://doi.org/10.1007/978-981-19-7122-8_1

Gardikioti, A., Venou, T.-M., Gavriilaki, E., Vetsiou, E., Mavrikou, I., Dinas, K., Daniilidis, A., & Vlachaki, E. (2022). Molecular advances in preeclampsia and Hellp syndrome. *International Journal of Molecular Sciences*, *23*(7), 3851. https://doi.org/10.3390/ijms23073851

Ghosh, S. K., Al Mamun, A., & Majumder, A. (2021). Clinical presentation of varicose veins. *Indian Journal of Surgery*, *85*(S1), 7–14. https://doi.org/10.1007/s12262-021-02946-4

Giryes, S., Bragazzi, N. L., Bridgewood, C., De Marco, G., & McGonagle, D. (2022). Covid-19 vasculitis and vasculopathy-distinct immunopathology emerging from the close juxtaposition of type II pneumocytes and pulmonary endothelial cells. *Seminars in Immunopathology*, *44*(3), 375–390. https://doi.org/10.1007/s00281-022-00928-6

Godwin, L., Tariq, M. A., & Crane, J. S. (2023, April 24). Histology, capillary. In *StatPearls* [Internet]. StatPearls Publishing. https://www.ncbi.nlm.nih.gov/books/NBK546578/

Goemann, I. M., & Maia, A. L. (2023). Pheochromocytomas and hypertension. In J. M. Pappachan & C. J. Fernandez *(Eds.)*, *Endocrine hypertension* (pp. 149–164). Academic Press.

Golledge, J. (2022). Update on the pathophysiology and medical treatment of peripheral artery disease. *Nature Reviews Cardiology*, *19*(7), 456–474. https://doi.org/10.1038/s41569-021-00663-9

Gusev, E., & Sarapultsev, A. (2023). Atherosclerosis and inflammation: Insights from the theory of general pathological processes. *International Journal of Molecular Sciences*, *24*(9), 7910. https://doi.org/10.3390/ijms24097910

Hafez, O. A., & Chang, R. B. (2025). Regulation of cardiac function by the autonomic nervous system. *Physiology*, *40*(3), 258–270. https://doi.org/10.1152/physiol.00018.2024

Haggerty, A., & Nirmalan, M. (2022). Capillary dynamics, interstitial fluid and the lymphatic system. *Anaesthesia & Intensive Care Medicine*, *23*(2), 130–137. https://doi.org/10.1016/j.mpaic.2021.10.016

Hall, J. E., Omoto, A. C. M., Wang, Z., Mouton, A., Li, X., & Hall, M. E. (2024). Pathophysiology of hypertension. In G. L. Bakris, M. J. Sorrentino, & L. J. Laffin (Eds.), *Hypertension* (4th ed., pp. 71–86). Elsevier. https://doi.org/10.1016/b978-0-323-88369-6.00005-0

Hameed, I., Cifu, A. S., & Vallabhajosyula, P. (2023). Management of thoracic aortic dissection. *JAMA*, *329*(9), 756. https://doi.org/10.1001/jama.2023.0265

Han, J., Taberner, A. J., Loiselle, D. S., & Tran, K. (2022). Cardiac efficiency and starling's law of the heart. *The Journal of Physiology*, *600*(19), 4265–4285. https://doi.org/10.1113/jp283632

Hernandez, A., Anderson, R. H., & Spicer, D. E. (2022). Anatomy and functionality of the heart. In M. Vives & A. Hernandez (Eds.), *Cardiac anesthesia and postoperative care in the 21st century* (pp. 3–20). Springer. https://doi.org/10.1007/978-3-030-79721-8_1

Hitchman, L. H., Mohamed, A., Smith, G. E., Pymer, S., Chetter, I. C., Forsyth, J., & Carradice, D. (2022). Provision of nice-recommended varicose vein treatment in the NHS. *British Journal of Surgery*, *110*(2), 225–232. https://doi.org/10.1093/bjs/znac392

Horváth, L., Németh, N., Fehér, G., Kívés, Z., Endrei, D., & Boncz, I. (2022). Epidemiology of peripheral artery disease: Narrative review. *Life*, *12*(7), 1041. https://doi.org/10.3390/life12071041

Jacobsen, A. P., Whelton, S. P., Blumenthal, R. S., & Mcevoy, J. W. (2024). Dyslipidemia. In G. L. Bakris, M. J. Sorrentino, & L. J. Laffin (Eds.), *Hypertension* (4th ed., pp. 476–488). Elsevier. https://doi.org/10.1016/b978-0-323-88369-6.00042-6

Karim, S., Chahal, A., Khanji, M. Y., Petersen, S. E., & Somers, V. K. (2023). Autonomic cardiovascular control in health and disease. *Comprehensive Physiology*, *13*(2), 4493–4511. https://doi.org/10.1002/j.2040-4603.2023.tb00257.x

Krizanova, O., Penesova, A., Hokynkova, A., Pokorna, A., Samadian, A., & Babula, P. (2023). Chronic venous insufficiency and venous leg ulcers: Aetiology, on the pathophysiology-based treatment. *International Wound Journal*, *21*(2), e14405. https://doi.org/10.1111/iwj.14405

LaCombe, P., Lappin, S. L., & Tariq, M. A. (2023, April 24). Physiology, afterload reduction. In *StatPearls* [Internet]. StatPearls Publishing. https://www.ncbi.nlm.nih.gov/sites/books/NBK493174/

Litwin, M. (2023). Pathophysiology of primary hypertension in children and adolescents. *Pediatric Nephrology*, *39*(6), 1725–1737. https://doi.org/10.1007/s00467-023-06142-2

Luca, A. C., David, S. G., David, A. G., Țarcă, V., Pădureț, I.-A., Mîndru, D. E., Roșu, S. T., Roșu, E. V., Adumitrăchioaiei, H., Bernic, J., Cojocaru, E., & Țarcă, E. (2023). Atherosclerosis from newborn to adult—Epidemiology, pathological aspects, and risk factors. *Life*, *13*(10), 2056. https://doi.org/10.3390/life13102056

Ma, J., Li, Y., Yang, X., Liu, K., Zhang, X., Zuo, X., Ye, R., Wang, Z., Shi, R., Meng, Q., & Chen, X. (2023). Signaling pathways in vascular function and hypertension: Molecular mechanisms and therapeutic interventions. *Signal Transduction and Targeted Therapy*, *8*(1), 168. https://doi.org/10.1038/s41392-023-01430-7

Mangione, C. M., Barry, M. J., Nicholson, W. K., Cabana, M., Chelmow, D., Coker, T. R., Davis, E. M., Donahue, K. E., Doubeni, C. A., Jaén, C. R., Kubik, M., Li, L., Ogedegbe, G., Pbert, L., Ruiz, J. M., Stevermer, J., & Wong, J. B. (2022). Vitamin, mineral, and multivitamin supplementation to prevent cardiovascular disease and cancer. *JAMA*, *327*(23), 2326. https://doi.org/10.1001/jama.2022.8970

Mani, A. (2024). Update in genetic and epigenetic causes of hypertension. *Cellular and Molecular Life Sciences*, *81*(1), 201. https://doi.org/10.1007/s00018-024-05220-4

Masenga, S. K., & Kirabo, A. (2023). Hypertensive heart disease: Risk factors, complications and mechanisms. *Frontiers in Cardiovascular Medicine*, *10*, 1205475. https://doi.org/10.3389/fcvm.2023.1205475

MSD Manual Professional Version. (2025). *Diagram of the cardiac cycle, showing pressure curves of the cardiac chambers, heart sounds, jugular pulse wave, and the ECG*. Merck & Co. https://www.msdmanuals.com/professional/multimedia/image/diagram-of-the-cardiac-cycle-showing-pressure-curves-of-the-cardiac-chambers-heart-sounds-jugular-pulse-wave-and-the-ecg

Müller, P., Lechner, K., Halle, M., & Braun-Dullaeus, R. (2023). Physical activity and arterial hypertension. *Deutsche Zeitschrift Für Sportmedizin/German Journal of Sports Medicine*, *74*(3), 74–79. https://doi.org/10.5960/dzsm.2023.560

Navarrete, S., Solar, C., Tapia, R., Pereira, J., Fuentes, E., & Palomo, I. (2022). Pathophysiology of deep vein thrombosis. *Clinical and Experimental Medicine*, *23*(3), 645–654. https://doi.org/10.1007/s10238-022-00829-w

Nawaz, I., Nawaz, Y., Nawaz, E., Manan, M. R., & Mahmood, A. (2022). Raynaud's phenomenon: Reviewing the pathophysiology and management strategies. *Cureus*, *14*(1), e21681. https://doi.org/10.7759/cureus.21681

Pepper, K. (2023). Giant cell arteritis. *Postgraduate Medicine*, *135*(Suppl 1), 22–32. https://doi.org/10.1080/00325481.2023.2190288

Persichini, R., Lai, C., Teboul, J.-L., Adda, I., Guérin, L., & Monnet, X. (2022). Venous return and mean systemic filling pressure: Physiology and clinical applications. *Critical Care*, *26*(1), 150. https://doi.org/10.1186/s13054-022-04024-x

Popa-Fotea, N.-M., Ferdoschi, C.-E., & Micheu, M.-M. (2023). Molecular and cellular mechanisms of inflammation in atherosclerosis. *Frontiers in Cardiovascular Medicine*, *10*, 1200341. https://doi.org/10.3389/fcvm.2023.1200341

Qaja, E., Hashmi, M. F., & Muco, E. (2023, February 19). Buerger disease. In *StatPearls* [Internet]. StatPearls Publishing. https://www.ncbi.nlm.nih.gov/books/NBK430858/

Ren, G., Chi, X., Huang, P., Zhang, J., Ding, Y., Guo, L., Shang, Q., & Ma, X. (2025). Risk assessment of the top 50 drugs associated with drug-induced orthostatic hypotension: A disproportionality analysis of the FAERS and Jader databases. *Scientific Reports*, *15*(1), 10359. https://doi.org/10.1038/s41598-025-95021-x

Robson, J. C., Grayson, P. C., Ponte, C., Suppiah, R., Craven, A., Judge, A., Khalid, S., Hutchings, A., Watts, R. A., Merkel, P. A., Luqmani, R. A., Gatenby, P., Hill, C., Ranganathan, D., Kronbichler, A., Blockmans, D., Barra, L., Carette, S., Pagnoux, C., . . . Sreih, A. (2022). 2022 American College of Rheumatology/European Alliance of Associations for Rheumatology classification criteria for granulomatosis with polyangiitis. Annals of the Rheumatic Diseases, 81(3), 315–320. https://doi.org/10.1136/annrheumdis-2021-221795

Rolnick, N., Licameli, N., Moghaddam, M., Marquette, L., Walter, J., Fedorko, B., & Werner, T. (2023). Correction: Autoregulated and non-autoregulated blood flow restriction on acute arterial stiffness. *International Journal of Sports Medicine*, *46*(11), e4. https://doi.org/10.1055/a-2197-7700

Saposnik, G., Bushnell, C., Coutinho, J. M., Field, T. S., Furie, K. L., Galadanci, N., Kam, W., Kirkham, F. C., McNair, N. D., Singhal, A. B., Thijs, V., & Yang, V. X. D. (2024). Diagnosis and management of cerebral venous thrombosis: A scientific statement from the American Heart Association. *Stroke*, *55*(3). https://doi.org/10.1161/str.0000000000000456

Satish, M., & Tadi, P. (2023). Physiology, vascular. In *StatPearls* [Internet]. StatPearls Publishing. https://www.ncbi.nlm.nih.gov/books/NBK542252/

Seitz, L., Seitz, P., Pop, R., & Lötscher, F. (2022). Spectrum of large and medium vessel vasculitis in adults: Primary vasculitides, arthritides, connective tissue, and fibroinflammatory diseases. *Current Rheumatology Reports*, *24*(11), 352–370. https://doi.org/10.1007/s11926-022-01086-2

Seravalle, G., & Grassi, G. (2023). Renin–angiotensin–aldosterone system and blood pressure regulation. *Endocrine Hypertension*, 63–75. https://doi.org/10.1016/b978-0-323-96120-2.00002-9

Shamaki, G. R., Markson, F., Soji-Ayoade, D., Agwuegbo, C. C., Bamgbose, M. O., & Tamunoinemi, B.-M. (2022). Peripheral artery disease: A comprehensive updated review. *Current Problems in Cardiology*, *47*(11), 101082. https://doi.org/10.1016/j.cpcardiol.2021.101082

Shibao, C. A., Juraschek, S. P., & Biaggioni, I. (2024). Autonomic dysfunction and orthostatic hypotension. In G. L. Bakris, M. J. Sorrentino, & L. J. Laffin (Eds.), *Hypertension* (4th ed., pp. 466–475). Elsevier.

Smith, D. A., & Lillie, C. J. (2023, January 2). Acute arterial occlusion. In *StatPearls* [Internet]. StatPearls Publishing. https://www.ncbi.nlm.nih.gov/books/NBK441851

Srinivas, V., Choubey, U., Kapparath, S., Shaik, T., Singh, B., Mahmood, R., Garg, N., Aggarwal, P., & Jain, R. (2024). Age-related orthostatic hypotension: A comprehensive analysis of prevalence, mechanisms, and management in the geriatric population. *Cardiology in Review*, *33*(6), 556–566. https://doi.org/10.1097/crd.0000000000000636

Stanciu, S., Rusu, E., Miricescu, D., Radu, A. C., Axinia, B., Vrabie, A. M., Ionescu, R., Jinga, M., & Sirbu, C. A. (2023). Links between metabolic syndrome and hypertension: The relationship with the current antidiabetic drugs. *Metabolites*, *13*(1), 87. https://doi.org/10.3390/metabo13010087

Sujayeva, V., & Kravchenko, G. (2022). Dyslipidemia and the clinical manifestations of atherosclerosis in the elderly. *Atherosclerosis*, *355*, 195. https://doi.org/10.1016/j.atherosclerosis.2022.06.791

Szedlak, P., Steele, D. S., & Hopkins, P. M. (2023). Cardiac muscle physiology. *BJA Education*, *23*(9), 350–357. https://doi.org/10.1016/j.bjae.2023.05.004

Tang, N., Ma, J., Tao, R., Chen, Z., Yang, Y., He, Q., Lv, Y., Lan, Z., & Zhou, J. (2022). The effects of the interaction between BMI and dyslipidemia on hypertension in adults. *Scientific Reports*, *12*(1), 927. https://doi.org/10.1038/s41598-022-04968-8

Textor, S. C., & Taler, S. J. (2024). Renovascular hypertension and ischemic nephropathy. In G. L. Bakris, M. J. Sorrentino, & L. J. Laffin (Eds.), *Hypertension* (4th ed., pp. 161–173). Elsevier. https://doi.org/10.1016/b978-0-323-88369-6.00013-x

Tsao, C. W., Aday, A. W., Almarzooq, Z. I., Anderson, C. A. M., Arora, P., Avery, C. L., Baker-Smith, C. M., Beaton, A. Z., Boehme, A. K., Buxton, A. E., Commodore-Mensah, Y., Elkind, M. S. V., Evenson, K. R., Eze-Nliam, C., Fugar, S., Generoso, G., Heard, D. G., Hiremath, S., Ho, J. E., . . . Martin, S. S. (2023). Heart disease and stroke statistics—2023 update: A report from the American Heart Association. *Circulation*, *147*(8). https://doi.org/10.1161/cir.0000000000001123

Whiteley, M. S. (2022). Current best practice in the management of varicose veins. *Clinical, Cosmetic and Investigational Dermatology*, *15*, 567–583. https://doi.org/10.2147/ccid.s294990

Wieling, W., Kaufmann, H., Claydon, V. E., van Wijnen, V. K., Harms, M. P., Juraschek, S. P., & Thijs, R. D. (2022). Diagnosis and treatment of orthostatic hypotension. *The Lancet Neurology*, *21*(8), 735–746. https://doi.org/10.1016/s1474-4422(22)00169-7

Wijdicks, E. F. (2022). The cushing reflex before cushing. *Neurocritical Care*. https://doi.org/10.1007/s12028-022-01620-1

Wolff, C. B., Green, D. W., Paton, J. F., & Collier, D. J. (2022). New understanding of circulatory blood flow and arterial blood pressure mechanisms. *Cardiovascular Research*, *118*(4), e29–e31. https://doi.org/10.1093/cvr/cvab363

Zakiyah, N., Suciati, A., Afina, C. A., & Alfian, S. D. (2025). The use of oral contraceptives and the risks of developing prehypertension and hypertension in women of reproductive age: Findings from a population-based survey in Indonesia. *BMC Public Health*, *25*(1), 1524. https://doi.org/10.1186/s12889-025-22686-4

Zhang, M., Wong, H. S., Malakar, R. D., & Puar, T. H. (2022). Secondary causes of hypertension: An overview. In C. V. S. Ram, B. W. J. Teo, & G. S. Wander (Eds.), *Updates in hypertension and cardiovascular protection* (pp. 197–207). Springer. https://doi.org/10.1007/978-3-030-95734-6_15

Zhou, H. L., Jiang, X. Z., & Ventikos, Y. (2023a). Role of blood flow in endothelial functionality: A review. *Frontiers in Cell and Developmental Biology*, *11*, 1259280. https://doi.org/10.3389/fcell.2023.1259280

Zhou, N., Xie, Z.-P., Liu, Q., Xu, Y., Dai, S.-C., Lu, J., Weng, J.-Y., & Wu, L.-D. (2023b). The dietary inflammatory index and its association with the prevalence of hypertension: A cross-sectional study. *Frontiers in Immunology*, *13*, 1097228. https://doi.org/10.3389/fimmu.2022.1097228

Zhou, Z., Cecchi, A. C., Prakash, S. K., & Milewicz, D. M. (2022). Risk factors for thoracic aortic dissection. *Genes*, *13*(10), 1814. https://doi.org/10.3390/genes13101814

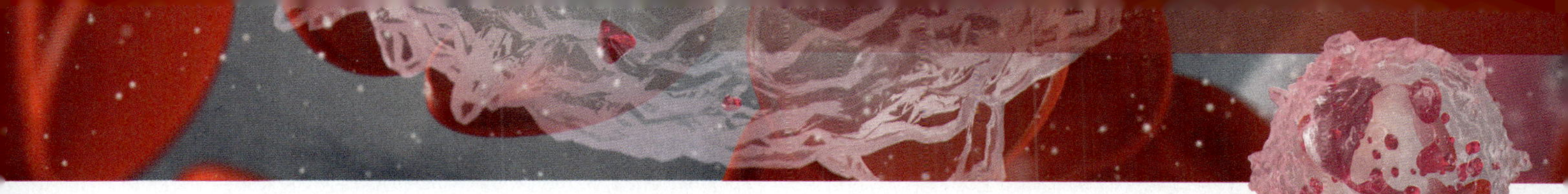

CHAPTER 21

Disorders of Cardiac Function and Shock

Learning Objectives

After completing this chapter, the learner will be able to meet the following objectives:

1. Describe the structure and function of the pericardium and explain the clinical manifestations and complications of acute and chronic pericardial disorders.
2. Explain the physiologic relationship between pleural effusion and cardiac tamponade and their impact on cardiac function.
3. Illustrate coronary circulation to determine how imbalances between myocardial oxygen supply and demand contribute to ischemia and acute coronary syndromes.
4. Differentiate among chronic stable angina, unstable angina, NSTEMI, and STEMI based on pathophysiology, ECG findings, serum biomarkers, and symptomatology.
5. Classify the major types of cardiomyopathy (hypertrophic, dilated, arrhythmogenic right ventricular, and inflammatory forms) to

evaluate their impact on mechanical and electrical heart function.
6. Describe the underlying conditions that contribute to secondary forms of cardiomyopathy.
7. Distinguish between infective endocarditis and rheumatic fever in terms of pathophysiology, extracardiac manifestations, and prevention strategies.
8. Explain how valvular heart disease alters hemodynamic function, including the effects of stenotic and regurgitant lesions of the mitral and aortic valves.
9. Analyze compensatory mechanisms in heart failure (Frank-Starling mechanism, neurohormonal responses, and myocardial remodeling) and their adaptive and maladaptive roles.
10. Differentiate between the forms of heart failure (systolic vs. diastolic, left-sided vs. right-sided, high-output vs. low-output) by pathophysiology and clinical presentation.
11. Describe the clinical features, diagnosis, and management of acute heart failure syndromes and chronic heart failure across the lifespan, with special considerations for pediatric and older adult populations.
12. Describe the pathophysiology of congenital heart disease, including the roles and closure of the foramen ovale and ductus arteriosus.
13. Explain the clinical features and progression of Kawasaki disease and heart failure in infants and children.
14. Compare the pathophysiology, clinical features, and complications of the major shock types: cardiogenic, hypovolemic, obstructive, and distributive.

The heart and circulatory system can be affected by a wide range of structural, functional, infectious, and inflammatory disorders that impair the heart's ability to pump blood and the blood vessels' ability to circulate blood effectively. Cardiac pathophysiology can involve all parts of the heart, including the protective pericardial sac, the heart muscle or coronary arteries, and the endocardial layer and cardiac valves. Cardiac disorders can occur at any age and may result from a variety of causes, including congenital malformations, infections, autoimmune reactions, degenerative changes, or chronic stress on the cardiovascular system. When the heart can no longer pump blood efficiently to meet the body's metabolic demands, heart failure (HF) may occur—whether in infants, adults, or older individuals. The ability to circulate blood can also be impaired by a variety of pathophysiologic causes, with a state of severe circulatory failure commonly referred to as "shock." In circulatory shock, tissue perfusion becomes critically compromised, and multisystem organ failure often occurs. Although cardiovascular disease, HF, and circulatory shock are often discussed together, they refer to distinctly different pathophysiologic processes. Cardiovascular disease typically involves coronary artery dysfunction that impairs myocardial contractility. HF is the failure of the heart as a pump. Circulatory shock is the failure of the transport function of the blood vessels. Understanding these disorders and their interactions is essential to recognizing the causes and consequences of impaired cardiac and circulatory function across the lifespan.

A wide range of structural and inflammatory conditions can impair the heart's ability to function effectively. These include diseases of the pericardium, coronary artery disease (CAD) and its complications, such as acute coronary syndromes (ACS); cardiomyopathies; infectious and immunologic conditions, including myocarditis and rheumatic heart disease (RHD); and disorders of the cardiac valves. While these disorders may present with diverse clinical features, many share underlying mechanisms such as ischemia, inflammation, fibrosis, or autoimmune injury. Left unrecognized or untreated, they can lead to progressive cardiac dysfunction and ultimately HF, which is explored in the following section.

Disorders of the Pericardium

The **pericardium** is the fluid-filled sac that surrounds the heart and great blood vessels. Pericardial disorders may occur in isolation or as a result of systemic disease, trauma, infection, or surgery. These conditions include acute pericarditis, pericardial effusion, cardiac tamponade, and constrictive pericarditis, each of which can impair cardiac function by restricting the heart's ability to fill or contract effectively (Cremer et al., 2024).

Acute Pericarditis

Acute pericarditis is defined as inflammation of the pericardium lasting less than 2 weeks. It may be idiopathic or arise from a variety of systemic conditions. Viral infections, particularly with coxsackievirus, echovirus, or other enteroviruses, are the most common causes. Pericarditis has also been reported following infection with SARS-CoV-2, the virus responsible for COVID-19. Although more commonly associated with myocardial injury or arrhythmias, COVID-19-related pericarditis may occur during acute infection or as part of the post-acute sequelae of COVID-19 (long COVID), often weeks after initial symptom resolution (Dini et al., 2023). Other etiologies include bacterial or mycobacterial infections, systemic autoimmune diseases (e.g., lupus, rheumatoid arthritis), post–myocardial infarction (MI) syndromes, uremia, neoplastic invasion, radiation, chest trauma, certain medications, and extension of infection or inflammation from adjacent thoracic structures (Cremer et al., 2024).

Inflammation increases capillary permeability, allowing plasma proteins to escape into the pericardial cavity, leading to fibrinous exudate formation. This may resolve with healing or progress to fibrous adhesions between pericardial layers. The superficial myocardium and adjacent pleura may also become inflamed (Fig. 21-1) (Cremer et al., 2024).

Clinical Manifestations

The classic triad includes pleuritic chest pain, a pericardial friction rub, and characteristic electrocardiographic (ECG) changes. Chest pain is typically sharp, abrupt in onset, and localized to the precordium, though it may radiate to the neck, shoulders, or back. Pain is often positional, worsened by lying flat, and relieved by sitting up and leaning forward. It is critical to differentiate this from other causes of chest pain, such as acute MI or pulmonary embolism (PE) (Prepoudis et al., 2022).

Diagnosis

Diagnosis is based on clinical presentation, ECG, echocardiography, and laboratory markers of inflammation. A **pericardial friction rub**, a scratchy, leathery sound heard with the diaphragm of the stethoscope, is best heard at end-expiration with the patient leaning forward (Cremer et al., 2024). The ECG typically shows widespread ST-segment elevation and PR-segment depression in the early stages, followed by normalization and then T-wave inversion before eventual resolution. Inflammatory markers such as C-reactive protein (CRP), erythrocyte sedimentation rate (ESR), and white blood cell count are often elevated (Prepoudis et al., 2022).

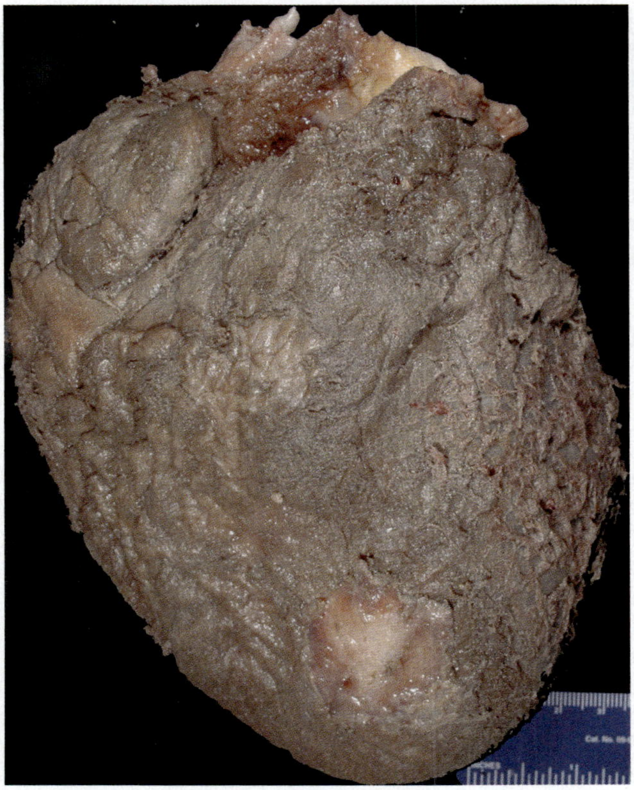

FIGURE 21-1. Chronic fibrinous pericarditis. The epicardial surface is shaggy, with a brown exudate. (From Burke, A. P., Aubry, M.-C., Maleszewski, J., Alexiev, B., & Tavora, F. [2016]. *Practical thoracic pathology*. Wolters Kluwer; Fig. 167-1A.)

Pericardial Effusion and Cardiac Tamponade

Pericardial effusion refers to the accumulation of fluid in the pericardial space. While small effusions may be asymptomatic, larger or rapidly accumulating effusions can increase intrapericardial pressure and interfere with cardiac filling. Causes include pericarditis, malignancy, trauma, surgery, myocardial rupture, and aortic dissection (Hoit, 2023).

Pathophysiology

The hemodynamic impact of a effusion depends on the volume of fluid, the rate of accumulation, and the compliance of the pericardium. Slow accumulation allows pericardial stretching and accommodation of large volumes, whereas rapid accumulation of even 200 mL may cause life-threatening **cardiac tamponade**—a state in which elevated pericardial pressure restricts diastolic filling, reducing stroke volume (SV) and cardiac output (CO) (Fig. 21-2) (Hoit, 2023).

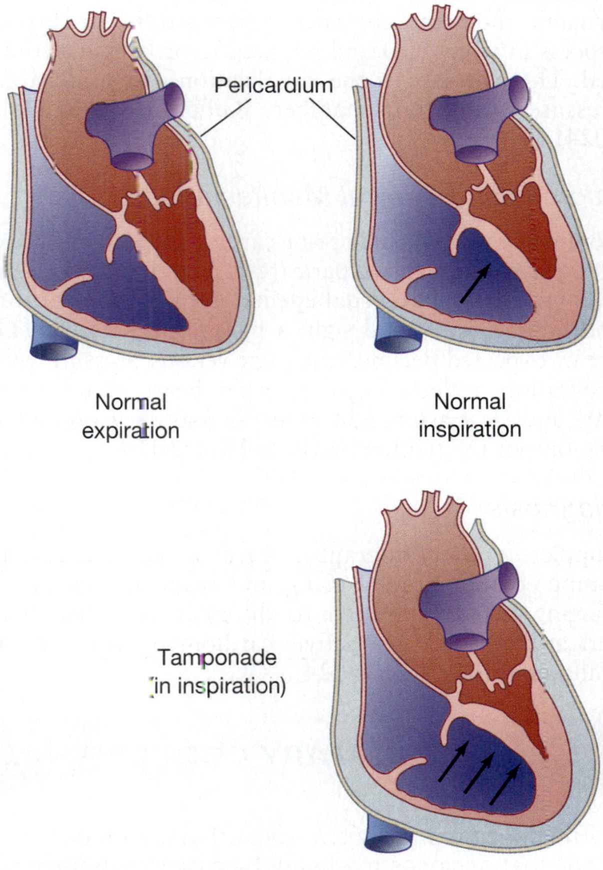

FIGURE 21-2. Effects of respiration and cardiac tamponade on ventricular filling and cardiac output. During inspiration, venous flow into the right heart increases, causing the interventricular septum to bulge into the left ventricle (LV). This produces a decrease in LV volume, with a subsequent decrease in stroke volume output. In cardiac tamponade, the fluid in the pericardial sac produces further compression of the LV, causing an exaggeration of the normal inspiratory decrease in stroke volume and systolic blood pressure.

Clinical Manifestations

Tamponade results in hypotension, tachycardia, elevated jugular venous pressure, muffled heart sounds, and signs of shock. One key diagnostic finding is pulsus paradoxus, an exaggerated drop (>10 mm Hg) in systolic blood pressure (BP) during inspiration due to decreased left ventricular filling. Other signs include narrowed pulse pressure and diminished heart sounds (Yamani et al., 2022).

Diagnosis

Echocardiography is the most useful diagnostic tool to detect and quantify effusion. ECG may show low-voltage QRS complexes or nonspecific T-wave changes. Pulsus paradoxus can be detected clinically or measured invasively. Chest x-ray may show an enlarged cardiac silhouette in large effusions (Yamani et al., 2022).

Constrictive Pericarditis

In constrictive pericarditis, chronic inflammation leads to fibrous thickening and calcification of the pericardium, restricting diastolic filling. Unlike tamponade, which is dynamic and acute, constrictive pericarditis is a chronic process in which CO and reserve are progressively limited. The hallmark is the equalization of end-diastolic pressures in all four chambers (Gillombardo & Hoit, 2024).

Etiology and Clinical Manifestations

Common causes include prior cardiac surgery, radiation therapy, and unresolved pericardial infection. Early signs may include ascites, pedal edema, dyspnea on exertion, and fatigue. Kussmaul sign, a paradoxical rise or failure of expected decline in jugular venous pressure with inspiration, reflects impaired right heart filling. Over time, muscle wasting and cachexia may develop due to low-output HF (Gillombardo & Hoit, 2024).

Diagnosis

Doppler echocardiography, cardiac catheterization, computed tomography (CT), and magnetic resonance imaging (MRI) are used to differentiate constrictive pericarditis from restrictive cardiomyopathy (RCM) (Gillombardo & Hoit, 2024).

SUMMARY CONCEPTS

The pericardium is a two-layered membranous sac that encloses the heart, helping to maintain its position, prevent overfilling, and limit the spread of infection. Disorders include acute and chronic pericarditis, pericardial effusion with or without cardiac tamponade, and constrictive or effusive–constrictive pericarditis. A major clinical concern in pericardial disease is the potential for cardiac chamber compression, which can impair filling and output.

Acute pericarditis typically presents with chest pain, a pericardial friction rub, and ECG changes. Recurrent pericarditis is often linked to autoimmune processes. Pericardial effusion may increase intracardiac pressure and compromise venous return, depending on the volume, rate of accumulation, and pericardial compliance. Cardiac tamponade is a life-threatening condition resulting from rapid or excessive fluid buildup in the pericardial sac. In constrictive pericarditis, fibrotic scar tissue forms between pericardial layers, progressively limiting diastolic filling and CO.

Coronary Artery Disease

Coronary artery disease (CAD) refers to impaired coronary blood flow, most commonly caused by atherosclerosis. CAD can lead to myocardial ischemia and angina, MI, arrhythmias, conduction disturbances, HF, and sudden cardiac death (SCD). Although the mortality of CAD has declined in the last several decades, it remains the leading cause of death in the United States and presents a significant economic burden (Duggan et al., 2022).

Major risk factors for CAD include cigarette smoking, hypertension, elevated total and low-density lipoprotein (LDL) cholesterol, low high-density lipoprotein (HDL) cholesterol, diabetes, obesity—especially central adiposity—physical inactivity, advancing age, and metabolic syndrome. These factors contribute to the development and progression of atherosclerotic plaques, which narrow coronary arteries and compromise myocardial perfusion.

Coronary Circulation

The Coronary Arteries

Two main coronary arteries arise from the coronary sinus just above the aortic valve: the **left main coronary artery (LMCA)** and the **right coronary artery (RCA)** (Fig. 21-3). The LMCA branches into the left anterior descending (LAD) and circumflex branches. The **left anterior descending (LAD) branch** travels through the interventricular groove, supplying the anterior left ventricle (LV) wall, the anterior two thirds of the interventricular septum, and the anterior papillary muscle. The **left circumflex (LCx) branch** follows the atrioventricular (AV) groove, supplying the lateral LV wall (Shahjehan et al., 2024).

The right coronary artery (RCA) lies in the right AV groove, supplies most of the right ventricle, the inferior and posterior aspects of the LV, and the conduction system, including the sinoatrial (SA) and AV nodes.

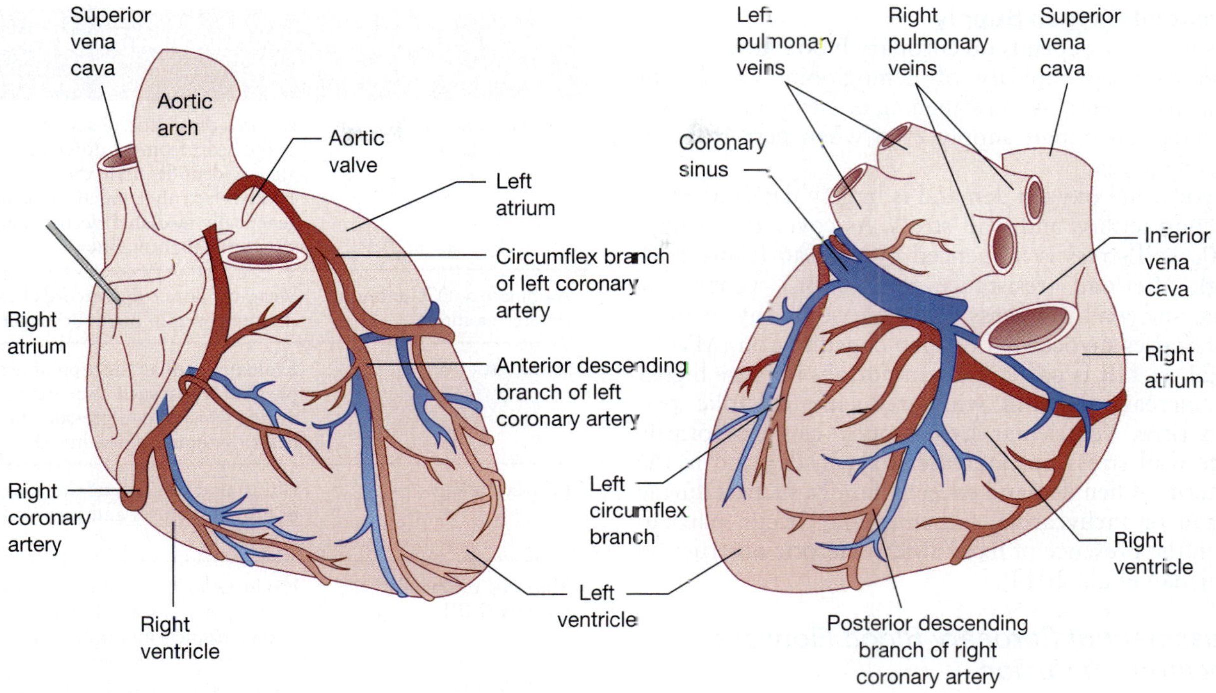

FIGURE 21-3. Coronary arteries and some of the coronary sinus veins.

In right-dominant circulation, present in about 80% of people, the RCA also gives rise to the **posterior descending artery**, which supplies the posterior interventricular septum. In left-dominant circulation, this role is assumed by the LCx artery.

Large epicardial arteries lie on the heart's surface and give rise to penetrating intramyocardial branches that form an extensive subendocardial plexus. Anastomotic channels connect small branches, and with the gradual occlusion of major vessels, collateral circulation may develop. These collateral vessels can help maintain perfusion, often delaying symptoms of ischemia until CAD is advanced (Shahjehan et al., 2024).

Coronary blood flow is regulated by physical, neural, and metabolic mechanisms. Perfusion depends on aortic pressure, which drives diastolic coronary filling, and on myocardial metabolic demands. During systole, intramyocardial vessels are compressed, especially in the subendocardium. In addition, the openings to the coronary arteries are located in the root of the aorta and are covered during systole by the open aortic valve flaps. Thus, most coronary perfusion occurs during diastole; however, most oxygen utilization occurs during systole when the cardiac muscle is contracting. An intracellular molecule called myoglobin, which is present in muscle cells (including cardiac muscle cells), serves as an intracellular storage molecule in a manner similar to hemoglobin in red blood cells. Myoglobin stores oxygen during diastole and then releases oxygen during systole when it is needed to provide energy for muscle contraction. When cardiac muscle cells are injured, intracellular myoglobin is released into the bloodstream. Serum myoglobin levels were historically used as a cardiac biomarker to assess myocardial injury. However, myoglobin has a short half-life in the serum and is also released from other tissues; therefore, newer blood tests now provide more sensitive and specific biomarkers of myocardial injury (Basit & Huecker, 2023).

Autonomic input modifies heart rate (HR), contractility, and vascular tone. Increased myocardial work—such as during exercise or stress—raises oxygen demand, prompting vasodilation of coronary vessels. Metabolites like potassium, CO_2, lactic acid, and especially adenosine mediate this local vasodilation. Adenosine, released from myocardial cells during hypoxia or increased workload, is a particularly potent vasodilator.

Endothelial cells also play a key role in regulating coronary tone. They release nitric oxide (NO), prostacyclin, and endothelium-derived hyperpolarizing factor, all of which promote vasodilation. NO is the primary mediator and is stimulated by shear stress, platelet aggregation, thrombin, and inflammatory mediators. Conversely, the endothelium also produces vasoconstrictors such as endothelins, contributing to dynamic changes in vascular resistance (Shahjehan et al., 2024).

Myocardial Oxygen Supply and Demand

At rest, the myocardium extracts approximately 75% of the oxygen delivered by coronary blood flow. Therefore, any increase in oxygen demand must be met by increasing blood flow. If supply is inadequate, myocardial ischemia may result, potentially progressing to injury and death of myocardial cells (therefore impairing the contractility of the heart muscle). Myocardial ischemia may be "silent," with the person not noticing any symptoms, but many people experience fatigue, and some experience angina pectoris—a type of chest discomfort caused by myocardial ischemia.

Myocardial Oxygen Supply

Oxygen supply depends on coronary blood flow and the oxygen-carrying capacity of hemoglobin. Conditions such as hypoxemia, severe anemia, or carbon monoxide poisoning can impair supply even when perfusion appears adequate.

Myocardial oxygen demand is largely determined by HR, contractility, and wall stress. As covered in Chapter 20, wall stress is influenced by preload (ventricular filling), afterload (resistance to ejection), ventricular radius, and wall thickness. An increase in any of these factors raises myocardial oxygen consumption (MVO_2) (Fig. 21-4). HR is particularly important because higher rates increase demand while reducing diastolic perfusion time. Ventricular hypertrophy can temporarily reduce wall stress but increases oxygen demand in the long term. When demand exceeds supply, such as during exertion or tachycardia, ischemia may occur, particularly in the presence of fixed atherosclerotic obstruction (Shahjehan et al., 2024).

Assessment of Coronary Blood Flow and Myocardial Perfusion

Several diagnostic methods are used to evaluate coronary blood flow and myocardial perfusion, including but not limited to ECG, stress testing, echocardiography, cardiac MRI and CT, nuclear imaging, and cardiac catheterization with coronary angiography (Table 21-1).

TABLE 21-1 Assessment of Coronary Blood Flow and Myocardial Perfusion

Electrocardiography (ECG) 12 lead	Records the electrical activity of the heart from 12 different angles; identifies arrhythmias, drug effects, electrolyte imbalances, and genetically mediated electrical or structural abnormalities.
Ambulatory ECG monitor (Holter monitor)	Wearable device that records heart rhythms over 24 hours or longer.
Stress test	Evaluates cardiac function under physical stress, such as exercise, during which blood pressure and heart rhythms are monitored.
Echocardiology	Ultrasound waves generate images of heart structures and surrounding tissues.
Magnetic resonance imaging (MRI)	Produces high-resolution images of cardiac anatomy and function using strong magnets and radio waves.
Computed tomography (CT) scan	Obtains cross-sectional views of the heart; produces detailed images of coronary arteries with or without contrast media.
Nuclear imaging	Uses radionuclides to assess myocardial perfusion and function.
Cardiac catheterization with coronary angiography	Invasive procedure that allows direct assessment of intracardiac pressures, chamber function, and coronary artery anatomy; involves the passage of a flexible catheter into the great vessels and chambers of the heart; a radiographic contrast medium can better visualize moving structures.

Coronary Atherosclerosis and the Pathophysiology of CAD

Atherosclerosis is the leading cause of CAD. Coronary atherosclerosis may affect one or more major epicardial arteries or their branches. Clinically significant lesions tend to form in the proximal segments of the LAD and circumflex arteries and along the length of the RCA (Stone et al., 2023).

CAD is generally categorized into two broad clinical syndromes: ACS and chronic ischemic heart disease. ACS includes a spectrum of acute myocardial ischemic events—such as unstable angina (UA) and MI—that result from sudden plaque disruption and thrombosis. In contrast, chronic ischemic heart disease involves recurrent, transient episodes of myocardial ischemia, often due to stable atherosclerotic narrowing and/or coronary vasospasm.

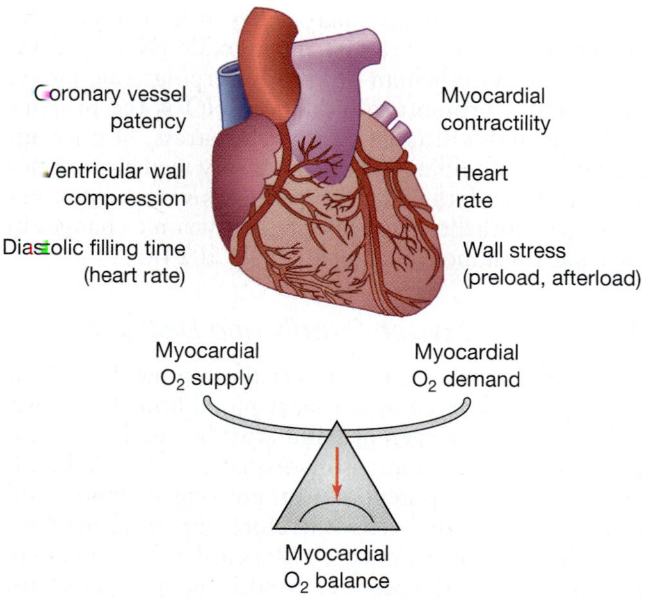

FIGURE 21-4. Myocardial oxygen (O_2) balance is determined by factors that affect myocardial O_2 supply and myocardial O_2 demand (MVO_2).

Stable Versus Unstable Plaque

Atherosclerotic plaques are broadly classified as either stable (fixed) or unstable (vulnerable). Stable plaques progressively narrow the arterial lumen and contribute to predictable ischemic symptoms such as stable angina. In contrast, unstable plaques are prone to rupture, triggering acute thrombus formation and potentially leading to UA, MI, or SCD (Stone et al., 2023).

The vulnerability of a plaque depends on several histologic features, including the size of the lipid-rich core, the thickness and integrity of the fibrous cap, the presence of inflammation, and relatively smaller amounts of stabilizing smooth muscle cells. Plaques with thin fibrous caps overlying large lipid cores are particularly susceptible to rupture (Fig. 21-5).

While some plaque ruptures occur spontaneously, others are provoked by hemodynamic forces such as increased BP, HR, and contractility—particularly during periods of heightened sympathetic activity. These events most commonly occur in the early morning hours, reflecting physiologic surges in vascular tone and BP that can increase mechanical stress on vulnerable plaques (Stone et al., 2023).

Thrombosis and Vessel Occlusion

Plaque disruption initiates a cascade of platelet activation and **thrombosis**. Exposure of the lipid core and underlying tissue factor to circulating blood activates the coagulation cascade, resulting in local thrombin generation and fibrin deposition. Macrophages, smooth muscle cells, and foam cells in the disrupted plaque contribute to a prothrombotic microenvironment.

Platelets adhere to the damaged endothelium and release substances—including adenosine diphosphate (ADP), thromboxane A_2, and thrombin—that promote further platelet aggregation. Glycoprotein IIb/IIIa receptors on the platelet surface are activated, enabling fibrinogen to bind and cross-link platelets, forming a thrombus (Kinoshita et al., 2024).

The composition of the thrombus differs depending on the clinical syndrome. In UA, thrombi tend to be white and platelet-rich, partially obstructing blood flow. In MI, thrombi are typically red and fibrin- and erythrocyte-rich and often result in complete occlusion of the affected coronary artery (Kinoshita et al., 2024).

Acute Coronary Syndrome

ACS encompasses a spectrum of clinical presentations that include **unstable angina (UA)**, **non–ST-segment elevation myocardial infarction (NSTEMI)**, and **ST-segment elevation myocardial infarction (STEMI)**. People without ST-segment elevation on ECG typically have subtotal or intermittent thrombotic occlusion of a coronary artery, while those with ST-segment elevation usually exhibit complete coronary occlusion on angiography. Historically, STEMIs were referred to as Q-wave infarctions and NSTEMIs as non–Q-wave infarctions, but not all STEMIs develop pathologic Q waves, and some NSTEMIs may do so later. As such, the Q-wave classification is no longer preferred (Bergmark et al., 2022).

ECG Changes

ECG abnormalities in ACS include T-wave inversion, ST-segment elevation or depression, and abnormal Q-wave formation. These changes depend on the timing, severity, and location of myocardial ischemia. The earliest changes typically involve repolarization abnormalities, represented by T-wave inversion or hyperacute T-wave elevation. Acute myocardial injury alters the resting membrane potential and shortens the duration

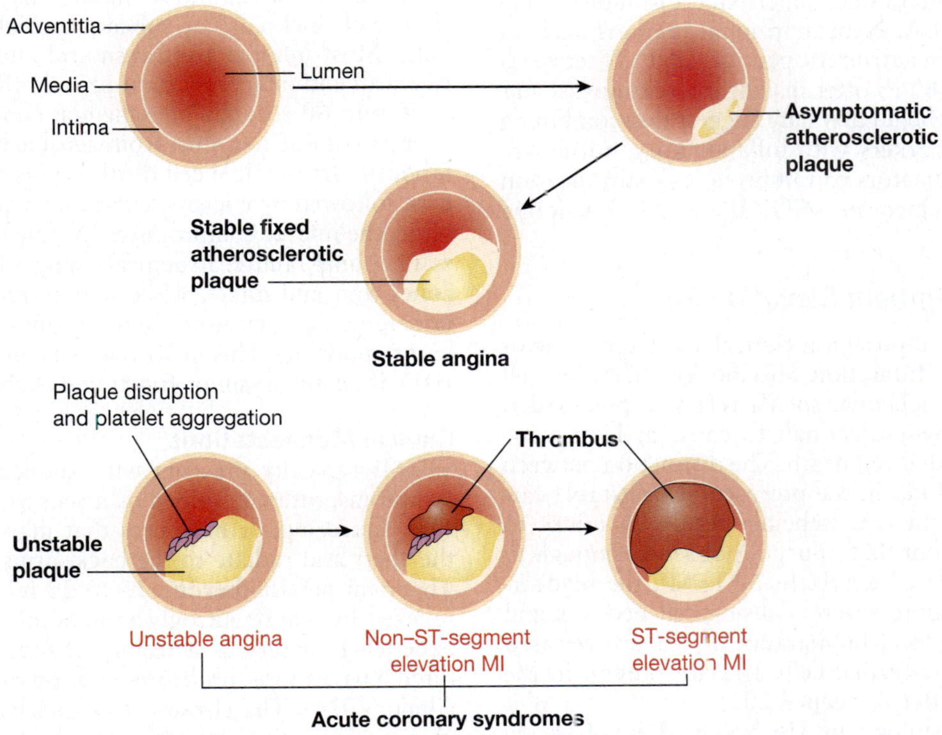

FIGURE 21-5. Atherosclerotic plaque: stable fixed atherosclerotic plaque in stable angina and unstable plaque with plaque disruption and platelet aggregation in the ACS. ACS, acute coronary syndrome; MI, myocardial infarction.

of the action potential, creating voltage gradients between ischemic and nonischemic tissue. This generates a current of injury reflected as ST-segment deviation. In transmural injury, the ST segment elevates as the vector shifts toward the epicardium; in subendocardial injury, the ST segment is depressed as the vector shifts toward the endocardial surface. Abnormal Q waves and R-wave loss develop when necrotic tissue ceases to generate electrical impulses (Bergmark et al., 2022).

Serum Biomarkers

Although ECG findings guide immediate management of ACS, **serum biomarkers** are essential for diagnosing the specific type of ACS and for risk stratification. Cardiac-specific **troponins**—troponin I (TnI) and troponin T (TnT)—and **creatine kinase-MB (CK-MB)** are the primary biomarkers used. As myocardial cells become necrotic, intracellular proteins diffuse into the bloodstream. High-sensitivity cardiac troponin (hs-cTn) assays are now preferred for their early detection capabilities and high specificity for myocardial injury. TnI and TnT levels rise within 3 hours of symptom onset and remain elevated for 7 to 10 days, making them useful for both early and late diagnosis. CK-MB levels rise within 4 to 8 hours and normalize within 2 to 3 days, making them useful for detecting reinfarction (Katsioupa et al., 2023).

Beyond troponins and CK-MB, newer biomarkers are being investigated to enhance the ability to predict how ACS is likely to progress and what the patient's outcomes might be. High-sensitivity CRP (hs-CRP) and IL-6 levels capture the inflammatory component of atherosclerotic plaque destabilization. Oxidative stress markers (e.g., glutathione, superoxide dismutase) may help distinguish UA. Neurohormonal markers such as copeptin and brain natriuretic peptide (BNP)/N-terminal proBNP (NT-proBNP) offer insight into cardiovascular stress and remodeling. Early data suggest that combining cardiac-specific markers with inflammatory, hormonal, and oxidative indicators can improve risk stratification and guide management in NSTEMI and UA (Katsioupa et al., 2023).

UA/Non–ST-Segment Elevation MI

UA and NSTEMI represent a clinical spectrum of myocardial ischemia. **Infarction** specifically refers to cell death caused by ischemia, so MI refers to myocardial ischemia that is severe enough to cause at least some degree of myocardial cell death. The distinction between UA and NSTEMI lies in the presence of detectable cardiac biomarkers. In UA, ischemia results in injury to myocardial cells, but that injury is not severe enough to cause myocardial cell death. In NSTEMI, the myocardial ischemia is more severe, causing cell necrosis and death (MI); therefore, biomarkers of MI are released from the dead myocardial cells and are present in the bloodstream (Shaffer & Leeper, 2025).

The pathophysiology of UA/NSTEMI involves (1) disruption of an unstable plaque or erosion with partial thrombosis; (2) coronary obstruction from vasospasm, dysfunction, or adrenergic stimuli; (3) severe luminal narrowing; (4) inflammatory activation; and (5) ischemia caused by oxygen supply–demand mismatch, such as in fever or hypotension. Inflammatory cytokines weaken the fibrous cap, increasing vulnerability to rupture. Symptoms are persistent and severe and must meet at least one of the following criteria: (1) occur at rest for at least 20 minutes, (2) be new-onset and severe, or (3) be more frequent, severe, or prolonged than prior episodes.

UA/NSTEMI is classified as class I (new-onset severe angina), class II (angina at rest in the past month but not within 48 hours), and class III (angina at rest within 48 hours). ECG may reveal ST-segment depression or transient elevation and T-wave abnormalities. The magnitude of ST deviation correlates with ischemia severity and prognosis (Shaffer & Leeper, 2025).

ST-Segment Elevation MI

Both NSTEMI and STEMI are forms of acute MI (also referred to as **heart attack**). STEMI is the more severe form and results from ischemic necrosis of myocardial tissue due to complete coronary artery occlusion, typically from a ruptured atherosclerotic plaque. Infarct location is determined by the affected coronary artery (Fig. 21-6). Approximately 30% to 40% involve the RCA, 40% to 50% involve the LAD artery, and 15% to 20% involve the LCx artery (Akbar & Mountfort, 2024).

Pathophysiology

The extent of infarction is influenced by occlusion location and duration, the volume of myocardium perfused, collateral circulation, myocardial oxygen demand, and systemic hemodynamics. Infarcts may be **transmural** (full wall thickness) or **subendocardial** (inner third to half). Most infarcts are transmural and involve the LV free wall and interventricular septum (Fig. 21-7).

Within 60 seconds of ischemia, contractile function is impaired due to a shift from aerobic to anaerobic metabolism. Irreversible cell death begins at 20 to 40 minutes, followed by microvascular injury within an hour. If large, the infarct compromises LV function and may result in pump failure. Structural changes follow: infarcted zones thin and dilate, while noninfarcted myocardium undergoes compensatory hypertrophy—termed ventricular remodeling. This process may be maladaptive, especially if an aneurysm or functional decline occurs.

Clinical Manifestations

STEMI typically presents with sudden, severe angina symptoms, often described as a sensation of pain, pressure, squeezing, or heaviness that may be primarily in the chest and radiate to the back, arms, jaw, and teeth. This pain persists beyond 15 to 20 minutes and is unrelieved by rest or nitroglycerin. Some people may also experience angina as a feeling of indigestion. Females often have a more subtle presentation than males (Mayo Clinic, 2024). The classes of angina include stable angina, which is predictable and relieved with rest, and UA, which is unpredictable and can occur at rest. A variant, also known as Prinzmetal angina, is due to coronary artery spasms and is often nocturnal. Microvascular angina (MVA) involves chest pain due to alterations in

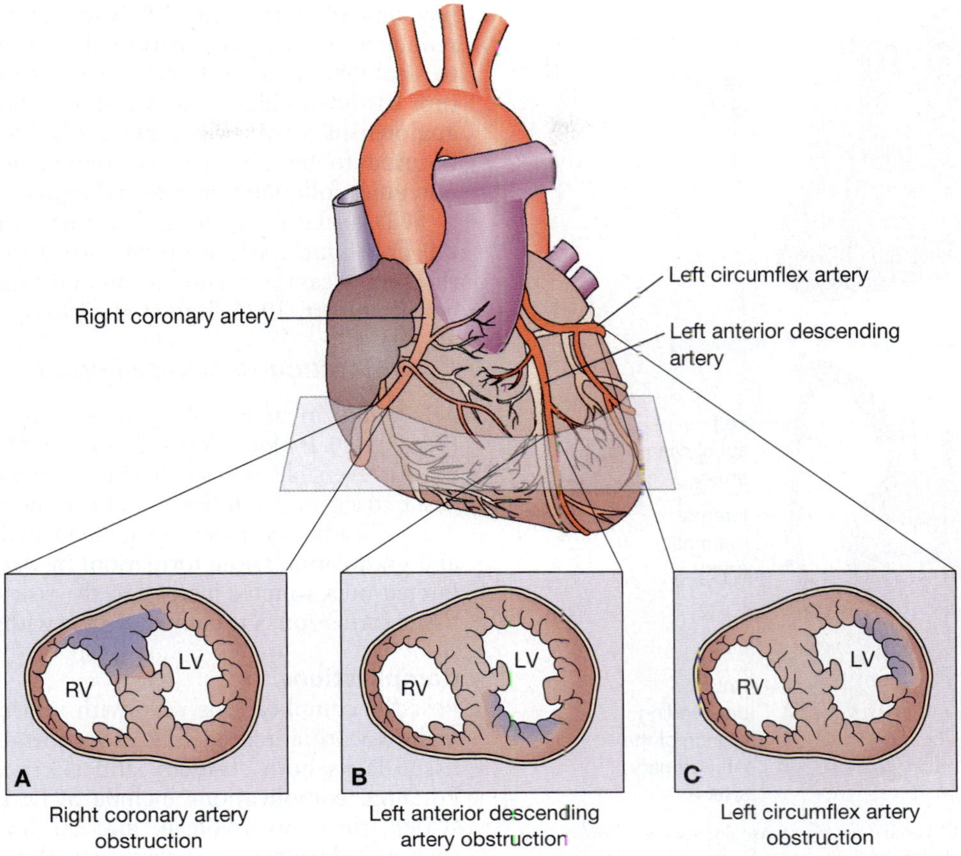

FIGURE 21-6. Areas of the heart affected by occlusion of the (A) right coronary artery, (B) left anterior descending coronary artery, and (C) left circumflex coronary artery. LV, left ventricle; RV, right ventricle.

the heart's smaller vessels that supply the heart muscle. Refractory angina is chronic chest pain that is unresponsive to treatment. Females and older adults may present with atypical symptoms such as dyspnea or fatigue.

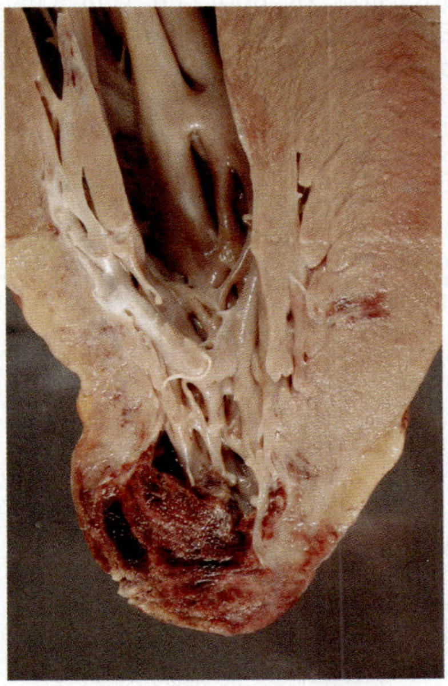

FIGURE 21-7. Acute infarction, with aneurysm and rupture. A high magnification shows the transmural infarct with acute thinning of the ventricle. (From Burke, A. P., Aubry, M.-C., Maleszewski, J., Alexiev, B., & Tavora, F. [2016]. *Practical thoracic pathology*. Wolters Kluwer; Fig. 151-13B.)

Gastrointestinal (GI) symptoms (nausea, vomiting, epigastric distress) are also common. Additional signs include pallor, diaphoresis, tachycardia, hypotension, cough with frothy sputum, and a sense of impending doom.

Treatment

Reperfusion is critical and includes balloon angioplasty, stenting, atherectomy, and thrombectomy. Revascularization of the affected myocardium can be accomplished by surgically creating an alternate route for blood flow using a vessel graft (e.g., a saphenous vein or internal mammary artery) to bypass the site of coronary occlusion and restore perfusion distal to the blockage (Fig. 21-8). **Balloon percutaneous transluminal coronary angioplasty (PTCA)** dilates a stenotic atherosclerotic plaque with an inflatable balloon (Fig. 21-9). Stent placement is commonly performed in conjunction with angioplasty to maintain vessel patency and reduce the risk of reocclusion. Atherectomy involves mechanical removal or modification of atherosclerotic plaque, whereas thrombectomy removes intraluminal thrombus to improve coronary blood flow.

Pharmacologic therapy is an essential component of ACS management and is initiated as early as possible. Antiplatelet agents (e.g., aspirin and $P2Y_{12}$ inhibitors) reduce platelet aggregation and thrombus formation. Anticoagulants are used to prevent further clot propagation. Nitrates promote coronary vasodilation and reduce myocardial oxygen demand, while beta-adrenergic

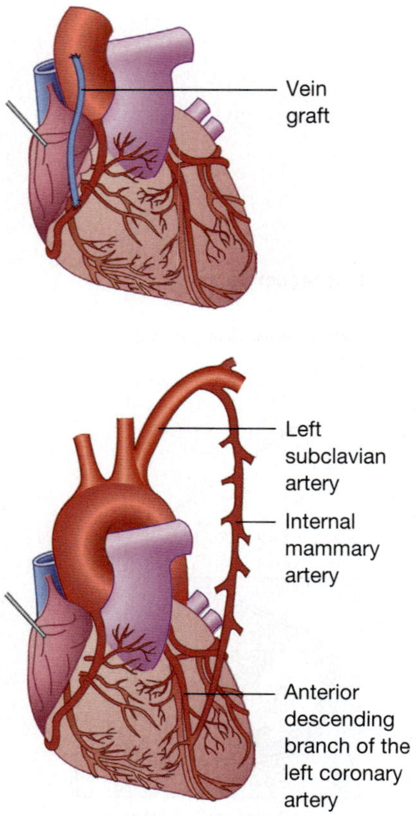

FIGURE 21-8. Coronary artery revascularization. (**Top**) Saphenous vein bypass graft. The vein segment is sutured to the ascending aorta and the right coronary artery at a point distal to the occluding lesion. (**Bottom**) Mammary artery bypass graft. The mammary artery is anastomosed to the anterior descending left coronary artery, bypassing the obstructing lesion.

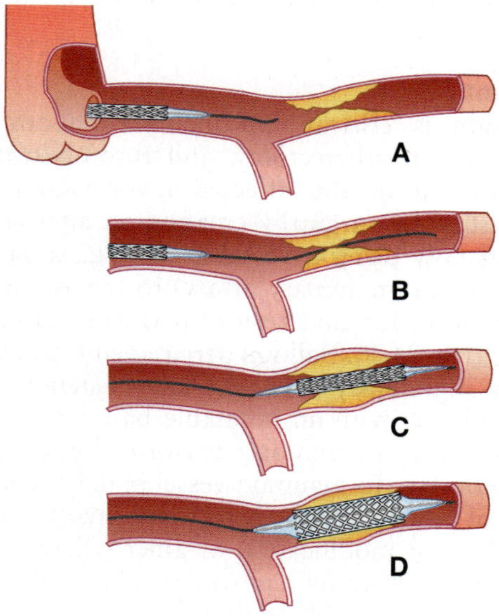

FIGURE 21-9. Balloon-expandable stent insertion. **A.** Insertion of a guide catheter with a collapsed balloon-expandable stent mounted over a guidewire into a coronary artery. **B.** Advancement of the guidewire across the coronary lesion. **C.** Positioning of the balloon-expandable stent across the lesion. **D.** Balloon inflation with expansion of the stent. Once the stent is expanded, the balloon system is removed.

blockers decrease HR, BP, and contractility, thereby reducing myocardial workload. Statins are initiated to stabilize atherosclerotic plaques and reduce future cardiovascular risk. Additional therapies, such as angiotensin-converting enzyme (ACE) inhibitors, may be used to limit ventricular remodeling and improve outcomes following myocardial injury.

SCD, usually due to arrhythmias, can occur within the first hour. Early hospital arrival improves survival through access to resuscitation and reperfusion (Akbar & Mountfort, 2024; Rao et al., 2025).

Postinfarction Recovery Period

MI results in zones of necrosis, injury, and ischemia (Fig. 21-10). If blood flow is restored within 20 to 40 minutes, irreversible cell death may be prevented. Necrotic tissue triggers an inflammatory response within 2 to 3 days, leading to macrophage-mediated debris removal and granulation tissue formation. By days 4 to 7, the infarcted area softens, increasing the risk of rupture. Scar tissue formation is usually complete within 6 to 7 weeks.

Complications

Post-MI complications vary with infarct size, location, and myocardial remodeling. Noncontractile fibrous scar tissue lacks both elasticity and electrical conductivity. Potential complications include SCD, HF, pericarditis, stroke, thromboembolism, and mechanical anomalies such as ventricular aneurysm, septal rupture, or papillary muscle rupture.

Arrhythmias are common and may result from reentry circuits, electrolyte disturbances, or autonomic dysfunction (Rao et al., 2025).

Early pericarditis typically occurs within 2 to 3 days post-MI, while Dressler syndrome, a late autoimmune pericarditis, can present weeks later. Stroke risk is elevated in older adults and those with atrial fibrillation (AF), hypertension, or poor left ventricular function. Mechanical complications, such as free wall rupture or acute mitral regurgitation, may require urgent surgical correction (Fig. 21-11).

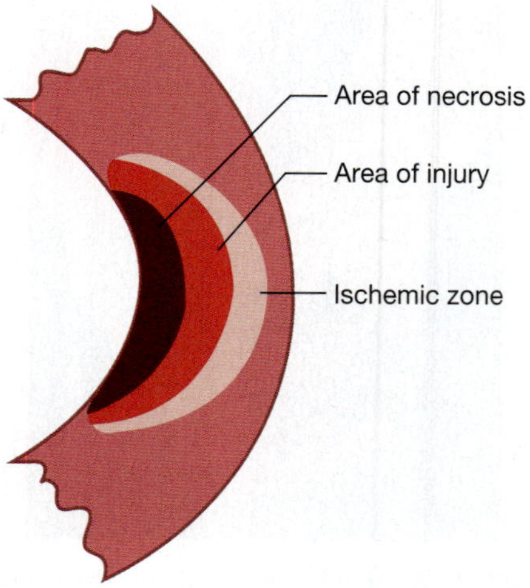

FIGURE 21-10. Areas of tissue damage after myocardial infarction.

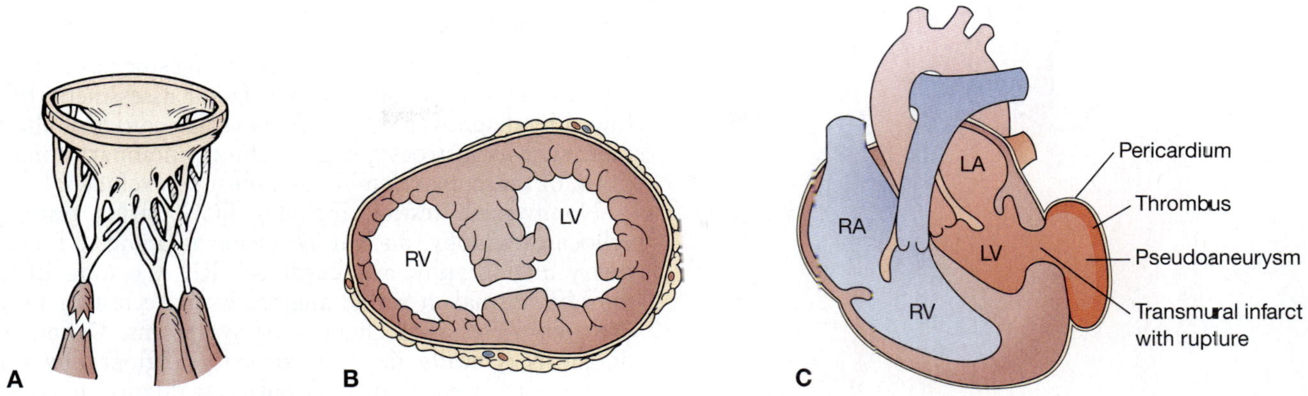

FIGURE 21-11. Acute mechanical complications of myocardial infarction. **A.** Papillary muscle rupture. **B.** Interventricular septum rupture. **C.** Rupture of the free wall of the LV with pseudoaneurysm formation. LA, left atrium; LV, left ventricle; RA, right atrium; RV, right ventricle.

Left ventricular aneurysm develops in up to 10% of hospitalized MI deaths, most commonly after anterior infarction (Fig. 21-12). While rupture is rare, aneurysms may lead to arrhythmias or thromboembolism and may require resection (Rao et al., 2025).

Cardiac rehabilitation is recommended for all patients following ACS. It includes supervised exercise training, nutritional counseling, smoking cessation support, psychosocial evaluation, and education (Rao et al., 2025).

Chronic Ischemic Heart Disease

Myocardial ischemia occurs when coronary blood flow is insufficient to meet the metabolic demands of the myocardium. Most commonly, the chronic form of myocardial ischemia results from atherosclerotic obstruction of the coronary arteries, but vasospasm can also be a contributing or initiating factor. The main types of chronic ischemic CAD include chronic stable angina, silent myocardial ischemia, variant angina, chest pain with normal coronary angiography (MVA), and ischemic cardiomyopathy (Stone et al., 2023).

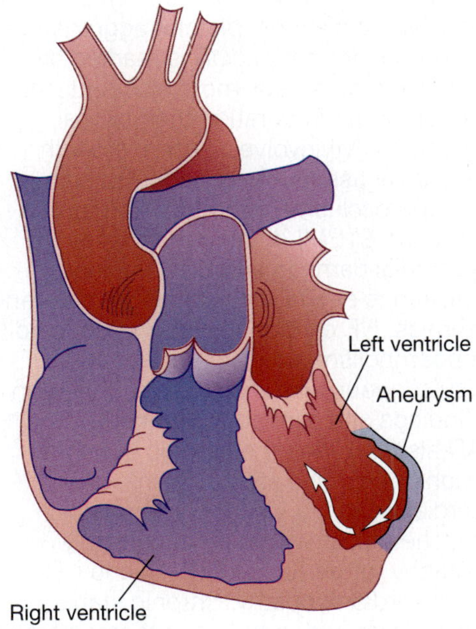

FIGURE 21-12. Paradoxical movement of a left ventricular aneurysm during systole.

Stable Angina

Chronic stable angina is caused by a fixed coronary obstruction that limits blood flow relative to myocardial demand. It is the first manifestation of ischemic heart disease in approximately half of individuals with CAD. While most people with stable angina have underlying atherosclerosis, some with extensive disease may not experience angina, possibly due to a sedentary lifestyle, well-developed collateral circulation, or altered pain perception. In some cases, MI occurs without any prior anginal symptoms (Montone et al., 2024).

Angina pectoris in CAD is typically triggered by increased myocardial oxygen demand from exertion, emotional stress, or exposure to cold. The pain is usually described as constricting, squeezing, or suffocating and is located in the substernal or precordial area, often radiating to the left shoulder, arm, jaw, neck, or back (Fig. 21-13). It is usually steady and short-lived, with intensity peaking at onset and resolution. Differential diagnoses include musculoskeletal pain or GI discomfort.

Chronic stable angina is generally relieved within minutes by rest or nitroglycerin. Delayed relief beyond 5 to 10 minutes may indicate nonischemic or severe ischemic causes. New-onset angina, angina at rest, or angina that increases in severity or duration should be evaluated immediately as possible ACS (Montone et al., 2024).

Silent Myocardial Ischemia

Silent myocardial ischemia refers to episodes of ischemia that occur without chest pain or other anginal symptoms. It may affect asymptomatic individuals with no known CAD, those with prior infarction, or individuals with known angina. Potential causes include short ischemic duration, altered pain thresholds, or autonomic neuropathy, particularly in people with diabetes. A significant proportion of STEMIs in older adults are also clinically silent (Theofilis et al., 2024).

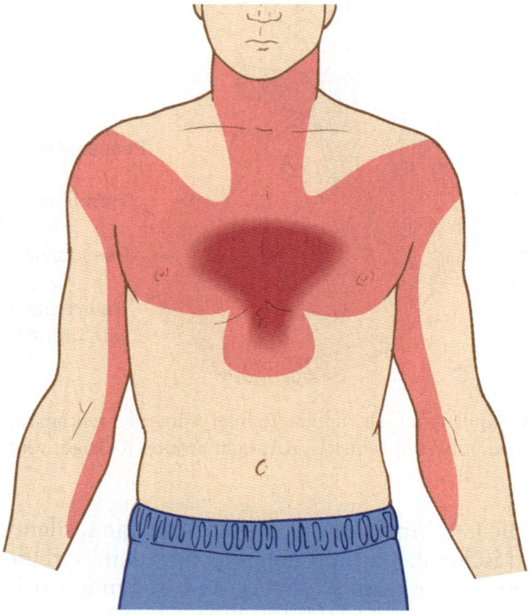

FIGURE 21-13. Areas of pain due to angina.

Variant (Vasospastic) Angina

Also known as **Prinzmetal** or **vasospastic angina**, **variant angina** is caused by transient coronary artery spasm. Contributing mechanisms include endothelial dysfunction, heightened sympathetic activity, calcium channel dysregulation in vascular smooth muscle, and impaired NO synthesis. It is associated with hyperreactive vasculature and may occur in individuals with migraine headaches or Raynaud phenomenon.

Variant angina often occurs at rest, especially during nighttime or early morning hours (midnight to 8 a.m.). It may be accompanied by transient ST-segment elevation, T-wave abnormalities, and serious arrhythmias. Severe episodes with arrhythmias increase the risk of SCD (Jenkins et al., 2024).

Chest Pain With Normal Coronary Angiography

Exercise-induced chest pain in the absence of obstructive CAD is now recognized as part of **ischemia with non-obstructive coronary arteries (INOCA)**. A common cause is **microvascular angina (MVA)**, previously termed "cardiac syndrome X." MVA results from dysfunction in the coronary microcirculation due to structural remodeling, endothelial dysfunction, or abnormal vasomotor tone. It is more common in females and is frequently underdiagnosed without advanced testing. Diagnostic criteria include evidence of myocardial ischemia and impaired microvascular function, such as reduced coronary flow reserve (CFR) or elevated index of microvascular resistance (IMR). Noninvasive imaging modalities like PET or stress cardiac MRI and invasive techniques using guidewire-based measurements aid in detection. Though coronary angiograms appear normal, MVA is associated with increased cardiovascular events and reduced quality of life. Early identification and targeted management can improve outcomes (Spione et al., 2022).

Diagnosis

Diagnosis of chronic ischemic syndromes begins with a detailed clinical history and risk factor assessment, followed by diagnostic testing. Noncardiac causes of chest pain, such as gastroesophageal reflux, pulmonary conditions, or musculoskeletal issues, must be excluded.

Noninvasive testing includes ECG, stress testing, echocardiography, nuclear perfusion imaging, CT coronary angiography, and cardiac MRI. A resting ECG may be normal in stable angina. Exercise testing may provoke ST-segment changes or symptoms. Definitive diagnosis typically requires coronary angiography via cardiac catheterization. Laboratory evaluation may reveal metabolic abnormalities, such as dyslipidemia, insulin resistance, or glucose intolerance. Troponin and other MI biomarkers are usually normal in stable angina (Bhandari et al., 2023). Smoking cessation, stress reduction, a regular exercise program, limiting dietary intake of cholesterol and saturated fats, weight reduction if obesity is present, and avoidance of cold that produces vasoconstriction can reduce symptoms.

SUMMARY CONCEPTS

CAD is a disorder characterized by impaired coronary blood flow, most often due to atherosclerosis. Myocardial ischemia develops when there is an imbalance between myocardial oxygen supply and demand, which may manifest as either chronic ischemic heart disease or ACS. Diagnostic methods for evaluating CAD include ECG, exercise stress testing, nuclear imaging, cardiac CT or MRI, and invasive coronary angiography via cardiac catheterization.

ACS encompasses UA, NSTEMI, and STEMI. These syndromes arise from unstable atherosclerotic plaques, platelet aggregation, and thrombus formation. UA is marked by anginal pain that is new, more frequent, more severe, or longer in duration than typical stable angina. MI involves ischemic death of myocardial tissue, typically due to plaque rupture and occlusive thrombus formation. NSTEMI and STEMI differ in the extent of myocardial damage and ECG findings. Complications of STEMI include life-threatening arrhythmias, HF, cardiogenic shock, pericarditis, thromboembolism, cardiac rupture, and ventricular aneurysm. Diagnosis is based on ECG findings and cardiac biomarkers.

CAD also includes the chronic ischemic conditions of chronic stable angina, silent myocardial ischemia, variant (vasospastic) angina, chest pain with normal coronary angiography (often termed MVA), and ischemic cardiomyopathy. Chronic stable angina is typically due to fixed atherosclerotic obstruction and is provoked by increased myocardial demand, with relief provided by rest or nitroglycerin. Variant angina is caused by coronary artery vasospasm and often occurs at rest. Silent myocardial ischemia and ischemic cardiomyopathy may occur without typical anginal symptoms, particularly in individuals with diabetes or prior infarction.

Cardiomyopathies

Cardiomyopathies are a diverse group of myocardial disorders characterized by mechanical and/or electrical dysfunction, often associated with inappropriate ventricular hypertrophy or dilatation. These conditions may arise from a variety of causes, many of which are genetic. Cardiomyopathies can be confined to the heart or may occur as part of generalized systemic diseases, frequently leading to progressive HF, life-threatening arrhythmias, or SCD.

Cardiomyopathies are commonly divided into primary and secondary forms. **Primary cardiomyopathies** are intrinsic to the myocardium and are not the result of other cardiovascular conditions. In contrast, **secondary cardiomyopathies** result from systemic diseases that affect the heart, such as amyloidosis, sarcoidosis, or endocrine disorders. Regardless of type, these conditions typically affect either the heart's pumping ability (mechanical dysfunction) or its rhythm and conduction (electrical dysfunction), with significant clinical consequences.

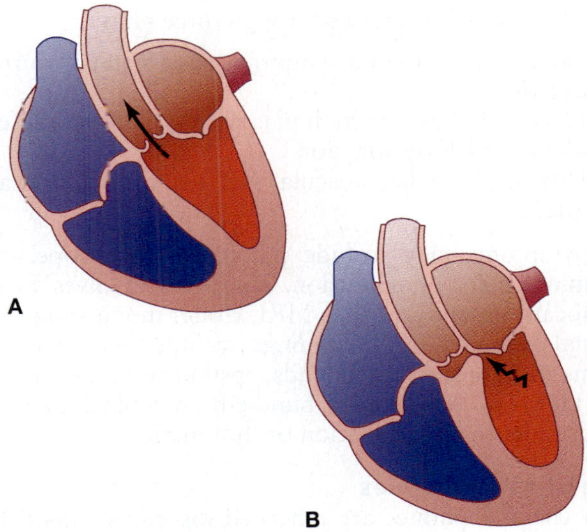

FIGURE 21-14. Vertical section of the heart showing (A) a normal heart and (B) a heart with HCM in which disproportionate thickening of the interventricular septum causes intermittent left ventricular outflow obstruction. HCM, hypertrophic cardiomyopathy.

Primary Cardiomyopathies

Primary cardiomyopathies are classified as genetic, mixed (genetic and nongenetic), or acquired, based on their etiology. **Genetic cardiomyopathies** include hypertrophic cardiomyopathy (HCM), arrhythmogenic right ventricular (RV) cardiomyopathy (ARVC), left ventricular noncompaction cardiomyopathy, inherited conduction system disorders, and ion channelopathies. **Mixed cardiomyopathies,** such as dilated cardiomyopathy (DCM), may arise from both genetic and acquired factors. **Acquired cardiomyopathies** include those resulting from inflammation (e.g., myocarditis), stress (takotsubo cardiomyopathy), or pregnancy (peripartum cardiomyopathy [PPCM]). When the underlying cause is unknown, the condition is referred to as idiopathic cardiomyopathy.

Genetic Cardiomyopathies

Hypertrophic Cardiomyopathy

Hypertrophic cardiomyopathy (HCM) is characterized by unexplained left ventricular hypertrophy, often with disproportionate thickening of the interventricular septum, abnormal diastolic filling, arrhythmias, and, in some cases, dynamic LV outflow tract obstruction (Fig. 21-14). It affects approximately 1 in 500 individuals and is the most common cause of SCD in young athletes. The risk of SCD appears to be genetically mediated, and implantable cardioverter–defibrillators (ICDs) can be lifesaving. Complications may include AF, stroke, and progression to HF (Maron, Wang, et al., 2022).

HCM is inherited in an autosomal dominant pattern, most commonly caused by mutations in genes encoding sarcomeric contractile proteins. Histologic findings include myocyte hypertrophy, myofibrillar disarray, and interstitial fibrosis. Although inherited, HCM may present in childhood, adolescence, or adulthood.

Pathophysiologic features include reduced LV chamber size, poor ventricular compliance, impaired diastolic filling, mitral regurgitation, and, in approximately 25% of cases, dynamic obstruction of the LV outflow tract. Clinical manifestations are often asymptomatic but may include dyspnea, angina, syncope, exercise intolerance, or palpitations. Myocardial ischemia may occur even in the absence of CAD due to increased muscle mass and reduced perfusion reserve (Maron, Wang, et al., 2022).

Diagnosis is primarily made using echocardiography, which reveals nondilated LV hypertrophy without other causative cardiac or systemic disease. ECG is abnormal in 95% of cases, often showing LV hypertrophy. Cardiac MRI can define the location and extent of hypertrophy, while genetic testing can identify causative mutations when available (Maron, Desai, et al., 2022).

Arrhythmogenic Right Ventricular Cardiomyopathy/Dysplasia

Arrhythmogenic right ventricular cardiomyopathy (ARVC) is a genetic cardiomyopathy characterized by fibrofatty replacement of the RV myocardium, leading to right-sided HF and ventricular arrhythmias, particularly exercise-induced ventricular tachycardia. It is the second most common cause of SCD in young athletes, with an incidence of 1 in 2,000 to 1 in 5,000. The condition is often inherited as an autosomal dominant trait, though recessive forms also exist (Krahn, Wilde, et al., 2022).

The disease progresses through three phases:

1. Concealed phase: no symptoms, risk for SCD during exertion
2. Electrical phase: arrhythmias with symptoms and evidence of RV dysfunction
3. Diffuse phase: biventricular HF (Krahn, Wilde, et al., 2022)

Symptoms may include palpitations, syncope, abdominal pain, or confusion. Diagnosis involves ECG, echocardiography, cardiac MRI, Holter monitoring, and signal-averaged ECG. Findings include T-wave inversions in right precordial leads, epsilon waves, ventricular tachycardia with a left bundle-branch block pattern, and evidence of RV dilation or dysfunction.

Ion Channelopathies

Ion channelopathies are inherited disorders caused by mutations in genes that encode cardiac ion channels responsible for regulating the flow of ions such as sodium, potassium, or calcium across myocardial cell membranes. These mutations can disrupt the heart's electrical activity, predisposing individuals to life-threatening arrhythmias and SCD, often in the absence of structural heart disease. Common cardiac ion channelopathies include **long QT syndrome (LQTS)**, **short QT syndrome (SQTS)**, **Brugada syndrome**, and **catecholaminergic polymorphic ventricular tachycardia (CPVT)**.

LQTS and SQTS result from mutations in potassium or sodium channel genes that alter repolarization. LQTS is characterized on ECG by a prolonged QT interval and may lead to a specific form of polymorphic ventricular tachycardia called **torsade de pointes**, which can cause syncope or SCD (Krahn, Laksman, et al., 2022). In contrast, SQTS is associated with abnormally short QT intervals (typically <330 ms), increasing the risk of atrial and ventricular arrhythmias, including ventricular fibrillation and sudden death (Lee & Scheinman, 2023).

Brugada syndrome is another inherited channelopathy associated with SCD, particularly in young males of Southeast Asian descent. It is often identified by characteristic ECG findings, including right bundle-branch block and ST-segment elevation in the right precordial leads (V1–V3). SCD in Brugada syndrome typically occurs during rest or sleep (Krahn, Behr, et al., 2022).

CPVT is a severe hereditary arrhythmia syndrome seen predominantly in children and young adults. It is triggered by physical exertion or emotional stress and results from mutations affecting calcium-handling proteins within the sarcoplasmic reticulum. This condition causes abnormal calcium release during adrenergic stimulation, leading to bidirectional or polymorphic ventricular tachycardia, syncope, or sudden death in young individuals with structurally normal hearts (Aggarwal et al., 2024).

Diagnosis of ion channelopathies relies on ECG findings, family history, and sometimes genetic testing.

Mixed (Genetic and Nongenetic) Cardiomyopathies

Mixed cardiomyopathies involve both genetic predispositions and acquired factors, resulting in structural and functional myocardial changes. The two most recognized types are **dilated cardiomyopathy (DCM)** and **restrictive cardiomyopathy (RCM)**.

Dilated Cardiomyopathy

DCM is a common cause of HF and the leading indication for heart transplantation. It is characterized by progressive ventricular dilation, thinning of the ventricular wall, and impaired systolic function. Approximately 20% to 35% of cases are familial, most often inherited in an autosomal dominant pattern, although autosomal recessive, X-linked, and mitochondrial inheritance patterns have also been reported. Other causes include viral or bacterial infections, toxic exposures such as alcohol and chemotherapeutic agents, autoimmune conditions, heavy metal poisoning, and nutritional deficiencies (Heymans et al., 2023). In many cases, no clear cause is identified, and the condition is classified as idiopathic.

Histologic examination typically reveals a combination of atrophic and hypertrophic myocardial fibers, interstitial fibrosis, and degenerative changes, particularly in the subendocardial region (Fig. 21-15). Scattered inflammatory cell infiltrates may also be present. Clinically, individuals often present with symptoms of HF, including dyspnea on exertion, orthopnea, fatigue, and reduced exercise tolerance. As the condition progresses, ejection fraction may fall below 25%, leading to more severe symptoms and complications such as secondary mitral regurgitation, intracardiac thrombus formation, and systemic embolization. Arrhythmias are common and may contribute to SCD (Heymans et al., 2023).

Patients are advised to avoid cardiotoxins such as alcohol and to engage in activity as tolerated (Heymans et al., 2023).

Restrictive Cardiomyopathy

RCM is a rare myocardial disorder characterized by excessive rigidity of the ventricular walls, which impairs ventricular filling, while systolic function remains relatively preserved, at least in the early stages. RCM can be idiopathic or secondary to systemic diseases such as

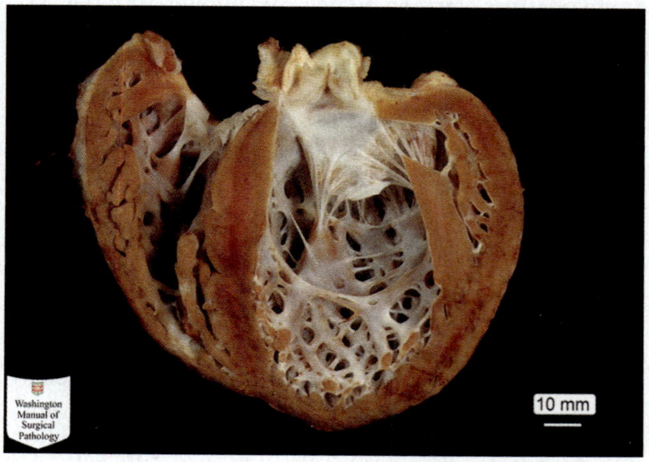

FIGURE 21-15. Dilated cardiomyopathy. Hypertrophy of the heart with normal or reduced wall thickness and marked dilation of all chambers. (From Pfeifer, J. D., Dehner, L. P., & Humphrey, P. A. [2019]. *The Washington manual of surgical pathology* [3rd ed., Fig. 9-12]. Lippincott Williams & Wilkins.)

amyloidosis, sarcoidosis, radiation-induced myocardial fibrosis, hemochromatosis, or metastatic tumors. Genetic forms have also been reported. Clinically, RCM presents with signs and symptoms of diastolic HF, including exertional dyspnea, paroxysmal nocturnal dyspnea (PND), orthopnea, peripheral edema, hepatomegaly, ascites, and fatigue. Unlike other cardiomyopathies, cardiomegaly is usually absent unless there is biatrial enlargement. Diagnosis can be challenging and often requires advanced imaging, biopsy, and exclusion of constrictive pericarditis (Rapezzi et al., 2022).

Acquired Cardiomyopathies

Acquired cardiomyopathies develop secondary to identifiable external or systemic factors that directly affect myocardial structure or function. Unlike genetic or mixed forms, acquired types often arise in response to inflammation, hormonal changes, or acute physiologic stress. These conditions can lead to transient or chronic ventricular dysfunction and may mimic other forms of cardiomyopathy. This section discusses three clinically important acquired cardiomyopathies: inflammatory cardiomyopathy, PPCM, and stress-induced (takotsubo) cardiomyopathy.

Myocarditis (Inflammatory Cardiomyopathy)

Myocarditis is an inflammatory disease of the myocardium that can present with a wide spectrum of clinical manifestations, ranging from no symptoms or mild viral symptoms to fulminant HF, arrhythmias, or SCD (Basso, 2022). The most common cause is viral infection, particularly with enteroviruses such as coxsackievirus B, although adenovirus, parvovirus B19, HIV, and other pathogens have been implicated. Noninfectious causes include bacterial or fungal infections, drug hypersensitivity reactions, and autoimmune diseases such as systemic lupus erythematosus. In individuals with HIV/AIDS, myocarditis is a frequent finding, although the underlying cause may be either the virus itself or secondary infections. Both myocarditis and pericarditis have also been reported with COVID-19 infections (Fairweather et al., 2023), and myocarditis has been observed as a rare but significant vaccine-related complication of the COVID-19 mRNA vaccine, particularly occurring in young males under 40 years of age (Knudsen & Prasad, 2023).

The pathogenesis of viral myocarditis is typically described in three phases: an initial acute viral infection, followed by immune activation against viral antigens, and, in some cases, ongoing myocardial injury resulting in ventricular remodeling and DCM. Inflammatory responses triggered during phases one and two can lead to tissue damage mediated by leukocytes, lymphocytes, and macrophages, with associated interstitial edema, focal myocyte necrosis, and replacement fibrosis. Clinical presentation varies widely and may include viral prodrome symptoms such as fever, chills, myalgias, nausea, or arthralgias occurring up to 6 weeks prior to cardiac symptoms. Others may present with acute or progressive HF without prior systemic illness. Embolic events may occur due to a procoagulant state combined with decreased myocardial contractility. ECG findings may include ST-segment or T-wave abnormalities, AV block, or even complete heart block. Cardiac biomarkers such as TnI and TnT may be elevated, and imaging may show regional wall motion abnormalities despite normal coronary arteries (Basso, 2022).

Diagnosis is confirmed by endomyocardial biopsy when indicated, although sensitivity is limited. Additional diagnostic tools include echocardiography, cardiac MRI, and immunohistochemical staining. Many cases of myocarditis are mild and self-limited, requiring only supportive care, including rest, oxygen therapy, and treatment of underlying infections (Basso, 2022).

Peripartum Cardiomyopathy

Peripartum cardiomyopathy (**PPCM**) is a rare form of DCM that occurs during the last month of pregnancy or within the first 5 months postpartum. It is more common in older adults, multiparous individuals, and those with multiple gestations, preeclampsia, or prior use of tocolytic therapy. The exact etiology is unknown, but proposed mechanisms include inflammatory or autoimmune responses, nutritional deficiencies, genetic predisposition, and abnormal angiogenic signaling. Some affected individuals exhibit myocardial inflammation or fibrosis on biopsy, suggesting immune-mediated myocardial injury (Carlson et al., 2023).

PPCM typically presents with symptoms of HF, such as dyspnea, orthopnea, palpitations, and peripheral edema. Diagnosis can be challenging, as these symptoms overlap with normal physiologic changes of pregnancy. Diagnostic criteria include HF onset during the last month of pregnancy or within 5 months after delivery, no identifiable cause for the HF, and evidence of left ventricular systolic dysfunction. Prognosis is variable—approximately half of those affected experience complete recovery of cardiac function, while the remainder may develop chronic HF or die from complications (Carlson et al., 2023).

Stress (Takotsubo) Cardiomyopathy

Stress cardiomyopathy, also known as **takotsubo cardiomyopathy** or "broken heart syndrome," is a transient and reversible form of left ventricular dysfunction triggered by acute emotional or physical stress. It occurs most often in postmenopausal people and mimics ACS, presenting with chest pain and ST-segment elevation, but without obstructive CAD on angiography. Imaging typically shows apical ballooning of the LV with preserved or hyperkinetic contraction of the basal segments. The underlying mechanism is thought to involve a surge in catecholamines, leading to myocardial stunning, microvascular dysfunction, or direct myocyte injury (Matta & Carrié, 2023).

Despite its dramatic presentation, stress cardiomyopathy usually resolves within days to weeks with supportive care (Matta & Carrié, 2023).

Secondary Cardiomyopathies

Secondary cardiomyopathy refers to myocardial dysfunction that arises in association with a broader systemic or multisystem disorder (Chart 21-1). In these cases, the heart muscle is not primarily affected in isolation but is involved as part of a wider disease process.

Various systemic conditions can affect the myocardium either by promoting the extracellular accumulation of abnormal substances—such as in amyloidosis—or by causing intracellular accumulation of metabolic or storage products, as seen in conditions like hemochromatosis and certain glycogen storage diseases (Kundnani et al., 2025).

There are numerous disorders that can lead to clinical features consistent with DCM, with some sources estimating nearly 100 potential causes. Among them, alcoholic cardiomyopathy is the most common identifiable cause of secondary DCM in the United States and Europe (Shaaban et al., 2023). Chronic alcohol use exerts direct toxic effects on cardiac myocytes and impairs mitochondrial function, leading to progressive ventricular dilation and systolic dysfunction.

Several chemotherapeutic agents are also well known for their cardiotoxic effects. For example, anthracyclines can cause dose-dependent, often irreversible cardiomyopathy through mechanisms involving oxidative stress and mitochondrial damage. Cyclophosphamide, another commonly used chemotherapeutic agent, has a different cardiotoxic profile; at high doses, it can cause acute hemorrhagic myocarditis due to direct vascular injury and capillary leak, resulting in myocardial edema and hemorrhage. These examples underscore the importance of recognizing secondary cardiomyopathy as a diverse and clinically significant group of myocardial disorders, often requiring disease-specific evaluation and management strategies (Mir et al., 2023).

Ischemic Cardiomyopathy

Ischemic cardiomyopathy refers to myocardial dysfunction due to CAD, often resulting from multiple infarctions or chronic ischemia. It may present as HF without a known history of MI or CAD. Although some cases may improve with revascularization, the prognosis is generally poor when extensive myocardial damage is present (Bhandari et al., 2023).

CHART 21-1

CONDITIONS ASSOCIATED WITH SECONDARY CARDIOMYOPATHIES[a]

Autoimmune and Inflammatory Disorders

- Systemic lupus erythematosus (SLE)
- Rheumatoid arthritis
- Scleroderma (systemic sclerosis)
- Polyarteritis nodosa
- Dermatomyositis and polymyositis
- Inflammatory bowel disease (rare, myocarditis-related)

Endocrine Disorders

- Acromegaly
- Diabetes (diabetic cardiomyopathy)
- Hypothyroidism and hyperthyroidism
- Hyperparathyroidism
- Cushing syndrome
- Addison disease (rare)

Metabolic and Storage Disorders

- Glycogen storage disease (e.g., Pompe disease)
- Mucopolysaccharidoses
- Hemochromatosis
- Amyloidosis (transthyretin amyloidosis [ATTR] and amyloid light-chain amyloidosis [AL])
- Fabry disease
- Gaucher disease

Infiltrative and Fibrotic Disorders

- Amyloidosis
- Sarcoidosis
- Radiation-induced myocardial fibrosis

Neuromuscular and Neurologic Disorders

- Friedreich ataxia
- Duchenne and Becker muscular dystrophies
- Neurofibromatosis (rare; typically indirect effects)
- Myotonic dystrophy

Nutritional Deficiencies

- Thiamine deficiency (wet beriberi)
- Selenium deficiency
- Carnitine deficiency
- Protein–energy malnutrition (**kwashiorkor**)

Toxins and Drugs

- Alcohol and its metabolites
- Immune checkpoint inhibitors (e.g., nivolumab, pembrolizumab—myocarditis risk)
- Cocaine and other sympathomimetics
- Arsenic and other heavy metals (e.g., lead, cobalt)
- Cancer chemotherapeutic agents (anthracyclines [doxorubicin, daunorubicin], cyclophosphamide)
- Catecholamine excess (e.g., pheochromocytoma, stress cardiomyopathy)
- Inhalants (e.g., hydrocarbons, glue sniffing)

Infectious Causes

- Viral myocarditis (e.g., coxsackievirus B, adenovirus, parvovirus B19, HIV)
- Bacterial myocarditis (e.g., diphtheria, Lyme disease)
- Fungal and parasitic infections (e.g., Chagas disease from *Trypanosoma cruzi*)

[a]Not intended to be inclusive.
(Kundani et al., 2025)

SUMMARY CONCEPTS

Cardiomyopathies encompass both mechanical and electrical dysfunction of the myocardium and are classified as either primary or secondary, depending on whether the cause is intrinsic to the heart or due to systemic disease. Regardless of the classification, cardiomyopathies often present with symptoms related to HF and carry a risk for SCD.

Primary cardiomyopathies are those in which the heart is the principal site of pathology. They are further divided into genetic, mixed, or acquired types. Genetic forms include HCM, ARVC, left ventricular noncompaction cardiomyopathy, inherited conduction system disorders, and ion channelopathies. Mixed cardiomyopathies, such as DCM, have both genetic and acquired contributors. Acquired forms include those caused by inflammation (e.g., myocarditis), stress (takotsubo cardiomyopathy), and pregnancy (PPCM). In many instances, no clear cause is identified, and the cardiomyopathy is termed idiopathic.

Secondary cardiomyopathies occur when myocardial dysfunction arises as part of a broader systemic (multiorgan) disorder. These include cardiomyopathies associated with metabolic conditions such as diabetes, neuromuscular diseases such as muscular dystrophies, autoimmune disorders, exposure to toxins or drugs (e.g., alcohol, chemotherapeutic agents, radiation), and various infiltrative or storage diseases. In these cases, cardiac involvement is typically one manifestation of a more generalized disease process.

Infectious and Immunologic Disorders

Infective Endocarditis

Infective endocarditis (IE) is a serious and potentially life-threatening infection of the inner surface of the heart, most commonly affecting the heart valves and mural endocardium. It is characterized by microbial invasion leading to the formation of bulky, friable vegetations and progressive destruction of cardiac tissue (Delgado et al., 2023).

Common predisposing conditions include mitral valve prolapse (MVP), congenital heart disease (CHD), prosthetic heart valves, and intracardiac devices such as pacemakers or defibrillators. Host risk factors include neutropenia, immunodeficiency, malignancy, immunosuppressive therapy, diabetes, and alcohol or intravenous (IV) drug use. Infections associated with prosthetic valves and implanted devices are often health care–associated, particularly in high-income countries (Baddour et al., 2024; López et al., 2024).

IE can present with variable onset and severity. The older classification into acute and subacute–chronic forms is still occasionally used, with acute forms typically involving *Staphylococcus aureus* in otherwise healthy individuals (especially those who use IV drugs) and subacute forms involving organisms such as *Viridans streptococci* in people with preexisting valvular disease. However, modern classification more commonly focuses on factors such as native versus prosthetic valve involvement, community- versus health care–acquired infections, and microbiologic etiology (Delgado et al., 2023).

Pathophysiology

S. aureus is the leading cause of IE, especially in people who use IV drugs and those with health care–associated infections. Other important pathogens include *Streptococcus* species (especially the viridans group), *Enterococcus*, coagulase-negative staphylococci (e.g., *Staphylococcus epidermidis*, associated with prosthetic valves and devices), and members of the *Haemophilus*, *Aggregatibacter*, *Cardiobacterium*, *Eikenella*, and *Kingella* (HACEK) group. Less commonly, IE can be caused by fungi or fastidious organisms such as *Bartonella* or *Coxiella burnetii* (Delgado et al., 2023; López et al., 2024).

Infection results from microbial seeding of the bloodstream, often via a dental or surgical procedure, injection of contaminated substances, or entry through skin, mucosal, or GI sources. Endothelial injury promotes thrombus formation along the valve or endocardial surface (Fig. 21-16). Bacteremia can then lead to microbial colonization of these thrombi, triggering inflammation and immune activation. Vegetations, composed of fibrin, platelets, microorganisms, and inflammatory debris, enlarge over time and become friable and embolic (Delgado et al., 2023).

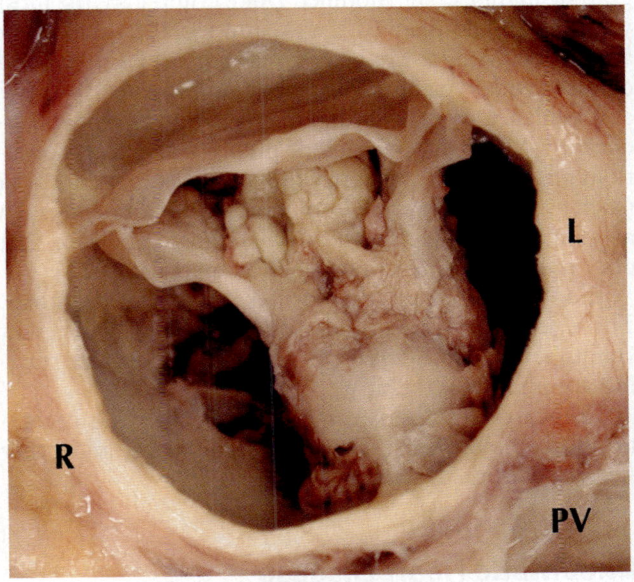

FIGURE 21-16. Infectious endocarditis, aortic valve. Note the large vegetation in the orifice as well as the vegetation obscuring the commissure between the left (L) and right (R) sinuses of Valsalva. The pulmonary valve (PV) is partially seen. (From Burke, A. P., Aubry, M.-C., Maleszewski, J., Alexiev, B., & Tavora, F. [2016]. *Practical thoracic pathology*. Lippincott Williams & Wilkins; Fig. 177-1.)

Vegetative lesions typically form on the mitral and aortic valves, though the tricuspid valve may be involved in IV drug users. These lesions may be large and loosely attached, causing valvular destruction, regurgitation, ring abscesses, conduction abnormalities (e.g., heart block), pericarditis, or even valve perforation. Vegetations can also cause systemic effects. Embolic fragments may travel to the brain, lungs, kidneys, or skin, causing infarction, abscesses, petechiae, or systemic embolic events. Circulating antigens may trigger immune-mediated phenomena, including glomerulonephritis, arthritis, and vasculitic skin changes (Delgado et al., 2023; López et al., 2024).

Clinical Manifestations

The incubation period is typically less than 2 weeks, though *Candida* infections may have a longer latency of up to 5 months. Early symptoms include fever, chills, malaise, and signs of systemic infection. A new or changing heart murmur may develop, and embolic manifestations may appear in the skin, kidneys, brain, or lungs (López et al., 2024).

Diagnosis

In acute IE, fever is typically high and abrupt, whereas subacute cases may present with low-grade fever, fatigue, anorexia, weight loss, or splenomegaly. Petechiae may occur in the conjunctiva, mucosa, or extremities. Splinter hemorrhages, Osler nodes, Janeway lesions, and Roth spots are classic peripheral stigmata. Cough, dyspnea, chest pain, arthralgias, or flank pain may reflect embolic complications. Congestive HF may result from valvular damage or myocardial involvement, and renal dysfunction may stem from emboli or drug toxicity (Sebastian et al., 2022).

The diagnosis of IE is based on a combination of clinical presentation, blood culture results, and echocardiographic findings. The modified Duke criteria are the most widely accepted diagnostic tool and include both major and minor criteria. Major criteria involve positive blood cultures with typical microorganisms consistent with IE and evidence of endocardial involvement on echocardiography. Minor criteria include predisposing heart conditions or IV drug use, fever over 38°C, vascular phenomena (such as arterial emboli), immunologic phenomena (such as glomerulonephritis), and microbiologic evidence that does not meet major criteria (Sebastian et al., 2022).

Blood cultures are the cornerstone of IE diagnosis. Three separate sets should be obtained from different venipuncture sites within the first 24 hours before starting antimicrobial therapy.

Echocardiography is essential for identifying vegetations, abscesses, prosthetic valve dehiscence, and other signs of endocardial involvement.

Rheumatic Heart Disease

Rheumatic fever (RF) and **rheumatic heart disease (RHD)** are sequelae of an immune-mediated response to group A beta-hemolytic streptococcal (GAS) pharyngitis. RF can cause chronic valvular heart disease and eventually lead to HF. Although rare in high-income countries due to early treatment of strep throat, RF and RHD remain major global health concerns in low-resource settings (Karthikeyan et al., 2024).

Pathophysiology

The precise pathogenesis is not fully understood, but symptoms typically develop 1 to 3 weeks after untreated GAS pharyngitis. Cross-reactive immune responses to streptococcal antigens are thought to target cardiac and connective tissues. Although only a small proportion of individuals with untreated strep throat develop RF, the risk of recurrence after an initial episode is significantly higher (Rwebembera et al., 2022).

Clinical Manifestations

RF may be acute, recurrent, or chronic. The acute phase involves inflammation of the heart, joints, skin, and nervous system. The hallmark lesion is the Aschoff body, an area of fibrinoid necrosis surrounded by T cells, plasma cells, and macrophages. The chronic phase is marked by fibrosis and scarring of heart valves, particularly the mitral valve, leading to stenosis or regurgitation.

Symptoms of acute RF often follow a sore throat and include fever, fatigue, swollen glands, headache, and abdominal pain. The major Jones criteria include the following (Pulle et al., 2024):

- Carditis
- Polyarthritis
- Chorea (Sydenham chorea)
- Erythema marginatum
- Subcutaneous nodules

Minor criteria include fever, arthralgia, elevated ESR or CRP, and leukocytosis. A diagnosis of RF requires two major criteria, or one major and two minor, plus evidence of a recent GAS infection (Rwebembera et al., 2022).

Polyarthritis

Polyarthritis is the most frequent initial symptom, affecting large joints in a migratory pattern. It responds dramatically to salicylates and typically resolves without permanent damage.

Carditis

Carditis may involve the endocardium, myocardium, or pericardium, but valvular involvement causes the most lasting harm. The mitral and aortic valves are most commonly affected, with early signs of regurgitation and late-stage stenosis. Valves may become fibrotic, with fused commissures and shortened chordae tendineae (Dougherty et al., 2023).

Subcutaneous Nodules, Erythema Marginatum, and Sydenham Chorea

Subcutaneous nodules are a less common but characteristic manifestation of acute RF, typically appearing in individuals with moderate-to-severe carditis. These nodules are firm, painless, and freely movable, usually located over extensor surfaces such as the wrists, elbows, knees, and ankles. They range in size from approximately 0.5 to 2 cm and tend to occur in clusters. Although not usually tender or inflammatory in appearance, their presence is strongly associated with significant cardiac involvement and often coincides with other major manifestations of RF, such as polyarthritis or erythema marginatum. Subcutaneous nodules typically resolve without treatment and do not leave lasting damage, but their identification can support a diagnosis of RF when using the Jones criteria (Dougherty et al., 2023).

Diagnosis

There are no definitive lab tests for RF. Diagnosis relies on clinical signs and the revised Jones criteria, which are stratified by risk level. Serologic tests (e.g., ASO titer, anti-DNase B) help confirm recent GAS infection. Echocardiography with Doppler is valuable for detecting subclinical carditis and assessing valve function but is not included in the original Jones criteria (Dougherty et al., 2023).

SUMMARY CONCEPTS

IE involves the invasion of the endocardium by pathogens that produce friable vegetative lesions on the heart valves or endocardial surface. The loose organization of these lesions allows organisms and embolic fragments to disseminate throughout the systemic circulation, potentially causing widespread complications. While various organisms can be responsible, staphylococci have become the leading cause of IE.

RF, which follows an antecedent GAS throat infection, remains an important cause of heart disease globally. Its most serious and disabling effects result from damage to the heart valves, particularly the mitral and aortic valves. Because no single sign, symptom, or laboratory test is pathognomonic for acute RF, diagnosis is based on the Jones criteria, which include a combination of major and minor clinical findings along with evidence of recent GAS infection. Prevention efforts focus on timely antibiotic treatment of streptococcal pharyngitis and ongoing secondary prophylaxis to reduce the risk of recurrence.

Valvular Heart Disease

Hemodynamic Derangements

The heart valves ensure unidirectional blood flow through the cardiac chambers. Dysfunction of these valves may arise from congenital abnormalities, trauma, ischemic injury, degenerative changes, or inflammation. The mitral and aortic valves, both located on the high-pressure left side of the heart, are the most commonly affected. In contrast, pulmonary and tricuspid valve disorders are less frequent due to the lower pressures of the right heart (Aluru et al., 2022).

Heart valves are composed of thin, flexible, endothelium-covered fibrous tissue anchored to fibrous rings. While the base of each leaflet contains capillaries and smooth muscle, the upper portion remains avascular. Inflammatory or mechanical injury to the leaflets can disrupt their structure and impair closure, leading to fibrosis and scarring that cause leaflet stiffening, retraction, and fusion. These changes result in two principal types of valvular dysfunction: **stenosis**, which narrows the valve opening and impedes forward flow, and **regurgitation** (or **insufficiency**), which allows backward flow of blood when the valve should be closed (Fig. 21-17). Valvular stenosis typically presents with symptoms only when the narrowing is severe enough to significantly obstruct the normal increase in CO during exertion. Regurgitation increases volume load in the affected chamber, raising pressures and triggering compensatory remodeling. Disorders in valve flow and heart chamber size for mitral and aortic valve disorders are illustrated in Figure 21-18.

Valvular disease often produces murmurs due to turbulent blood flow. Echocardiography remains the gold standard for evaluating valve structure and function. Doppler echocardiography quantifies pressure gradients and regurgitant volumes, while color flow imaging visually demonstrates abnormal flow patterns. Transesophageal echocardiography improves image resolution and is especially valuable when transthoracic views are limited or for evaluating prosthetic valves (Aluru et al., 2022).

Mitral Valve Disorders

The **mitral valve** consists of two leaflets anchored to papillary muscles via the chordae tendineae. These structures prevent prolapse of the leaflets into the left atrium during ventricular systole, a period during which the valve is exposed to high left ventricular pressure.

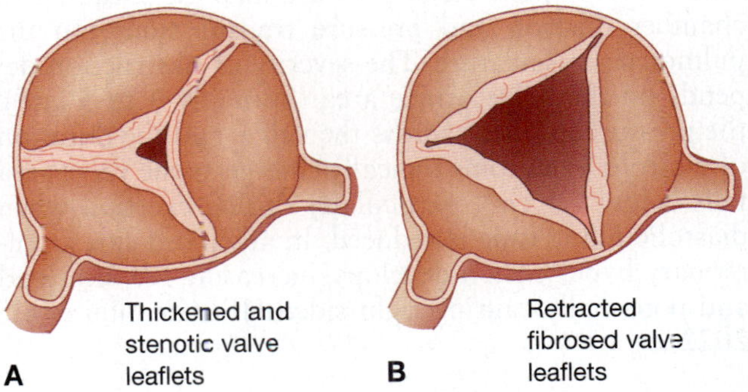

FIGURE 21-17. Disease of the aortic valve as viewed from the aorta. A. Stenosis of the valve opening. B. An incompetent or regurgitant valve that is unable to close completely.

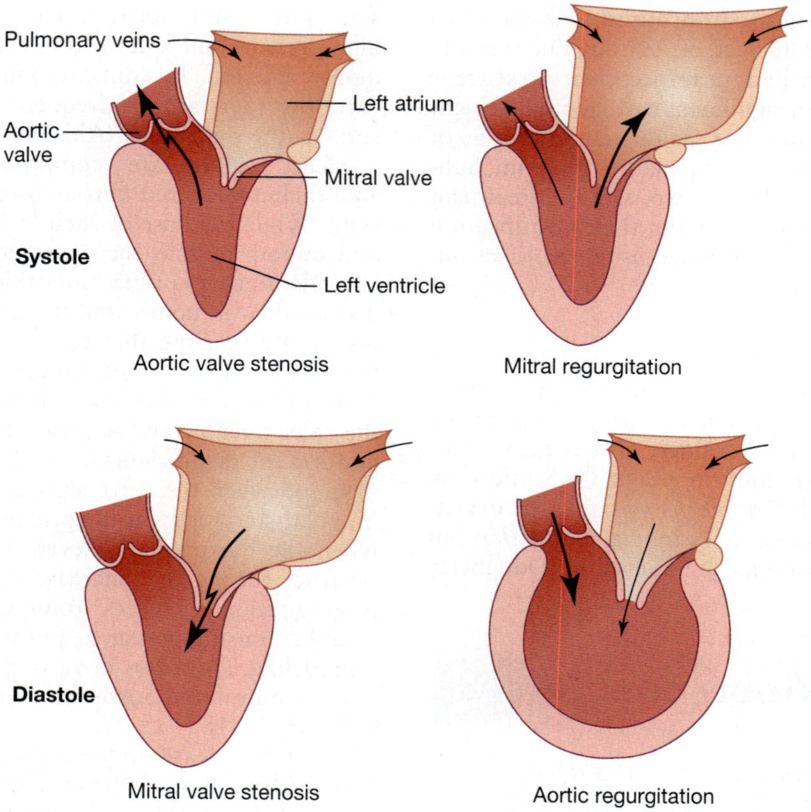

FIGURE 21-18. Alterations in hemodynamic function that accompany aortic valve stenosis, mitral valve regurgitation, mitral valve stenosis, and aortic valve regurgitation. The *thin arrows* indicate the direction of normal flow, and the *thick arrows* indicate the direction of abnormal flow.

Mitral Stenosis

Mitral stenosis is characterized by impaired opening of the mitral valve during diastole, resulting in restricted blood flow from the left atrium to the LV. Globally, the most common cause is RHD, a sequela of RF. In developed countries, cases may also arise from age-related annular calcification or congenital malformations. The condition often progresses slowly and may remain without symptoms for years before accelerating in later life (Giannini et al., 2022).

Pathophysiology

Mitral stenosis results from fibrotic thickening and fusion of the valve cusps and chordae tendineae. As the valve narrows, left atrial pressure increases, leading to chamber dilation and pressure transmission into the pulmonary vasculature. The severity of obstruction depends on the valve orifice area (normally 4 to 5 cm^2), the pressure gradient across the valve, and the duration of diastole. Symptoms typically emerge as the valve area falls below 1.5 cm^2, particularly during exertion when diastolic filling time is reduced. In advanced cases, pulmonary hypertension develops, increasing RV afterload and potentially causing right-sided HF (Giannini et al., 2022).

Clinical Manifestations

Symptoms correlate with the degree of obstruction and include dyspnea on exertion, orthopnea, PND, fatigue, and reduced exercise tolerance. Left atrial enlargement predisposes individuals to AF, which occurs in 30% to 40% of symptomatic individuals and significantly increases the risk of thromboembolic stroke. Additional findings may include palpitations, chest discomfort, and weakness (Giannini et al., 2022).

Diagnosis

A low-pitched, rumbling diastolic murmur best heard at the apex is characteristic. Diagnosis is confirmed by transthoracic or transesophageal echocardiography with Doppler imaging, which provides information on valve anatomy, pressure gradients, and pulmonary pressures (Galusko, Ionescu, et al., 2022).

Mitral Regurgitation

Mitral regurgitation occurs when the mitral valve fails to close completely during systole, allowing blood to leak backward into the left atrium. The resulting SV is divided between forward output into the aorta and backward flow into the atrium.

Pathophysiology

Causes include RHD, papillary muscle rupture (often post-MI), IE, chordae tendineae rupture, and annular dilation secondary to left ventricular enlargement. MVP is the most common cause in developed countries. Acute severe regurgitation presents abruptly, often due to papillary muscle dysfunction or chordal rupture, and can rapidly lead to pulmonary edema and hemodynamic instability. Chronic regurgitation develops gradually, allowing compensatory mechanisms such as left atrial and ventricular dilation to accommodate increased volume and maintain forward output (Hennessey et al., 2022).

Clinical Manifestations

Chronic mitral regurgitation is often well tolerated initially. Symptoms, when present, reflect left-sided HF and include exertional dyspnea, orthopnea, and PND. A hyperdynamic LV impulse, pansystolic murmur at the apex, and signs of AF may be observed (Hennessey et al., 2022).

Diagnosis

Doppler echocardiography assesses regurgitation severity, LV and atrial size, and ejection fraction.

Functional Mitral Regurgitation

In addition to primary mitral regurgitation caused by structural leaflet or chordal abnormalities, **functional mitral regurgitation (FMR)** may occur in the setting of left ventricular dilation or dysfunction. In FMR, the valve leaflets are structurally normal but fail to close properly due to annular dilation and altered ventricular geometry. This is commonly seen in patients with ischemic heart disease or DCM (Faletra et al., 2025).

Mitral Valve Prolapse

Mitral valve prolapse (MVP) affects 1% to 2.5% of the population and is more common in females. It may have an autosomal dominant inheritance and is associated with connective tissue disorders such as Marfan syndrome and osteogenesis imperfecta.

Pathophysiology

The condition is characterized by **myxomatous degeneration** of the valve leaflets, causing them to become enlarged and floppy. During systole, they bulge (prolapse) into the left atrium. Stress from leaflet motion may lead to secondary fibrosis or contribute to mitral regurgitation (Fig. 21-19) (Delwarde et al., 2023).

Clinical Manifestations and Diagnosis

Most individuals with MVP have no symptoms. When present, symptoms include atypical chest pain, palpitations, fatigue, anxiety, or lightheadedness. Auscultatory findings range from none to midsystolic clicks and late systolic murmurs. Diagnosis is confirmed via 2D and Doppler echocardiography (Delwarde et al., 2023).

Aortic Valve Disorders

The **aortic valve** consists of three thick cusps without chordae tendineae (see Fig. 21-17). The coronary artery orifices lie just behind the valve, and coronary perfusion depends on diastolic aortic pressure. During systole, high-velocity forward flow reduces lateral pressure, especially in aortic stenosis, impairing coronary perfusion (Delwarde et al., 2023).

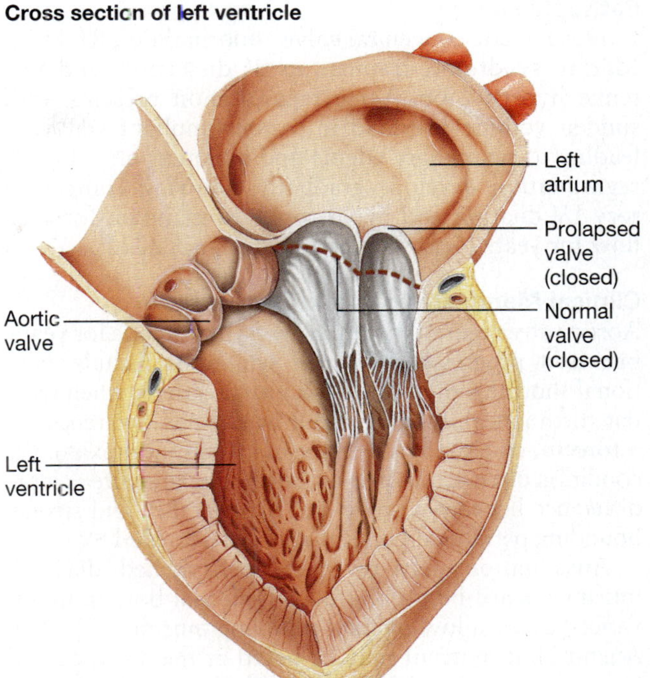

FIGURE 21-19. Valve position in mitral valve prolapse. This cross-section of the left ventricle shows the position of the valve during prolapse. (From Licensed Nursing Assistants, LNA 2015_01_February, mitral_valve_prolapse.)

Aortic Valve Stenosis

Aortic stenosis increases resistance to left ventricular outflow during systole (see Fig. 21-18). Congenital malformations (e.g., bicuspid aortic valve) or degenerative calcific changes are the main causes. The incidence of acquired aortic stenosis increases with age, ranging from 0.2% in those aged 50 to 59 to 9.8% among people aged 80 to 89 years (Rana, 2022).

Pathophysiology

Progressive calcification and fibrosis reduce cusp mobility, narrowing the valve orifice. This condition shares risk factors with CAD, including hyperlipidemia and inflammation. Aortic sclerosis, a precursor to stenosis, features leaflet thickening without obstruction. As stenosis progresses, left ventricular pressure rises, leading to concentric hypertrophy and preserved ejection fraction—until late in the disease, when the ventricle can no longer compensate (Rana, 2022).

Diagnosis

Auscultation reveals a crescendo–decrescendo systolic murmur. Symptoms such as exertional dyspnea, angina, and syncope suggest advanced disease. Echocardiography is essential to assess valve anatomy, gradients, and LV function and to guide the timing of intervention.

Aortic Valve Regurgitation

Aortic valve regurgitation occurs when an incompetent aortic valve allows blood to flow back into the LV during diastole, causing volume overload (see Fig. 21-18).

Pathophysiology

Causes include congenital valve abnormalities, RHD, IE, Marfan syndrome, trauma, aortic dissection, and systemic hypertension. Acute regurgitation presents with sudden volume overload in a noncompliant ventricle, leading to pulmonary edema and hypotension. Chronic regurgitation develops gradually, allowing compensatory LV dilation and hypertrophy to maintain forward flow for years (Galusko, Thornton, et al., 2022).

Clinical Manifestations and Diagnosis

Aortic valve regurgitation may be asymptomatic for years, but as it progresses, common symptoms include exertional shortness of breath, difficulty breathing when lying flat (orthopnea), fatigue, and a heightened awareness of a forceful or pounding heartbeat. On physical exam, the condition often produces a widened pulse pressure (a large difference between systolic and diastolic BP) and strong, bounding peripheral pulses due to the increased SV.

Auscultation may reveal a high-pitched diastolic murmur heard best along the left sternal border. In advanced cases, a low-pitched rumbling murmur called an Austin Flint murmur may be heard at the apex, caused by regurgitant flow interfering with the mitral valve.

Certain classic physical signs—such as a rapidly rising and collapsing pulse (Corrigan pulse), visible pulsations in the nail beds (Quincke pulse), or head bobbing with each heartbeat (de Musset sign)—reflect the large volume of blood being ejected from the heart with each contraction, followed by rapid runoff back into the LV (Galusko, Thornton, et al., 2022).

SUMMARY CONCEPTS

Valvular heart disease results from structural or functional abnormalities of the heart valves caused by congenital anomalies, trauma, ischemic heart disease, degenerative changes, or inflammation. RHD remains a common cause worldwide. These disorders impair unidirectional blood flow and place an increased workload on affected cardiac chambers. In stenotic valve lesions, narrowing of the valve orifice obstructs forward flow, requiring the upstream chamber to generate higher pressures to maintain output. In regurgitant lesions, incomplete valve closure allows backward flow of blood, increasing the volume load on the affected chamber. Both types of anomalies create turbulent blood flow, which often produces characteristic murmurs detectable by cardiac auscultation.

Heart Failure and Circulatory Shock

Adequate tissue perfusion relies on both the heart's ability to generate sufficient CO and the ability of the circulation to effectively transport the blood pumped out of the heart to the tissues and then return the blood to the heart. HF and circulatory shock are distinct clinical syndromes that represent the failure of the two main components of the cardiovascular system (the heart and blood vessels) to meet the body's metabolic demands. Despite differences in their underlying causes and pathophysiologic mechanisms, both HF and circulatory shock trigger similar compensatory responses aimed at maintaining adequate perfusion.

Heart Failure in Adults

HF results from structural or functional impairment of ventricular filling or ejection of blood. It leads to insufficient CO to meet the body's metabolic demands, often accompanied by pulmonary or systemic congestion. Although HF may occur at any age, it is most prevalent in older adults and continues to rise in incidence, despite declines in other cardiovascular diseases.

Numerous cardiac conditions can lead to HF, including CAD, hypertension, DCM, and valvular heart disease. Many of these processes develop gradually, allowing for early identification and intervention to delay or prevent the onset of symptomatic HF (Heidenreich et al., 2022).

The American College of Cardiology (ACC) and American Heart Association (AHA) classify HF into four progressive stages:

1. Stage A: At risk for HF but without structural heart disease or symptoms
2. Stage B: Structural heart disease but no symptoms
3. Stage C: Structural disease with current or prior symptoms
4. Stage D: Advanced HF with symptoms at rest despite maximal medical therapy (Heidenreich et al., 2022)

This staging system emphasizes the progressive nature of HF and the potential to modify risk with timely treatment.

Pathophysiology

The heart's ability to meet increased demands through elevated CO is known as cardiac reserve. In individuals with HF, this reserve is often exhausted at rest, such that even mild exertion may produce dyspnea and fatigue. Reduced CO and elevated ventricular pressures trigger compensatory mechanisms that aim to preserve perfusion but eventually contribute to cardiac remodeling and worsening dysfunction (Tsigkas et al., 2022).

Control of Cardiac Performance and Output

The ability of the heart to meet the metabolic needs of the body depends on effective regulation of **cardiac output (CO)**, which is determined by **heart rate (HR)** and **stroke volume (SV)**. This relationship is commonly expressed as CO = HR × SV. HR is primarily controlled by autonomic input from the sympathetic and parasympathetic nervous systems. SV, in turn, is influenced by preload, afterload, and myocardial contractility—all of which were introduced in detail in the earlier chapter on cardiovascular performance. In HF, the interplay among these factors becomes maladaptive, contributing to disease progression (Tsigkas et al., 2022).

Preload, Afterload, and Contractility in Heart Failure

As discussed in Chapter 20, **preload** refers to the ventricular filling volume at the end of diastole and is typically increased in HF due to fluid retention and venous congestion. Initially, greater preload enhances SV through the Frank-Starling mechanism. However, sustained volume overload leads to ventricular dilation, elevated wall tension, and worsening pump performance.

Afterload, the resistance the heart must overcome to eject blood, is often elevated in conditions like systemic hypertension or aortic stenosis. Chronic increases in afterload raise myocardial oxygen demand, reduce SV, and impair forward flow. In left-sided HF, elevated systemic vascular resistance (SVR) further burdens the failing ventricle.

Myocardial contractility (inotropy) is the intrinsic ability of cardiac muscle to generate force and change the contractile strength in response to the workload. Inotropic state can be modified by sympathetic stimulation, circulating catecholamines, and pharmacologic agents such as digitalis or beta-agonists (Tsigkas et al., 2022).

Cellular Basis of Contractility in Heart Failure

Cardiac muscle contraction relies on the regulated movement of calcium ions (Ca^{2+}) and the interaction between actin and myosin filaments within muscle cells. The process begins when an action potential travels along the cardiac cell membrane and into the T-tubules, triggering the release of Ca^{2+} from the sarcoplasmic reticulum—the cell's internal calcium store. This calcium binds to regulatory proteins on the actin filaments, initiating cross-bridge cycling with myosin and resulting in muscle cell contraction. In addition to intracellular release, calcium also enters the cell from the extracellular fluid through L-type calcium channels, a process enhanced by beta-adrenergic stimulation and the secondary messenger cyclic 3′,5′-adenosine monophosphate (cAMP) (Pipilas et al., 2023) (Fig. 21-20).

In HF, this finely tuned process becomes disrupted. Impaired calcium handling leads to reduced contractility and delayed relaxation of the heart muscle. These abnormalities contribute to the hallmark symptoms of HF, including reduced CO and exercise intolerance. Medications such as beta-blockers help by dampening excessive sympathetic stimulation and improving calcium regulation over time. Although calcium channel blockers (e.g., verapamil, diltiazem) are not typically used in systolic HF due to their negative inotropic effects, they may be beneficial in specific conditions such as HCM or rate control in AF.

During relaxation, calcium must be removed from the cytoplasm to allow the muscle to reset for the next contraction. This is accomplished by adenosine triphosphate (ATP)–dependent calcium pumps in the sarcoplasmic reticulum and by the sodium–calcium exchanger (NCX) on the cell membrane. Drugs like digitalis improve contractility by inhibiting the sodium–potassium ATPase, leading to increased intracellular sodium, which in turn reduces calcium extrusion through the NCX. This results in greater intracellular calcium availability during systole, improving the force of contraction. However, digitalis must be used cautiously, as it can increase the risk of arrhythmias if calcium levels become excessive (Pipilas et al., 2023).

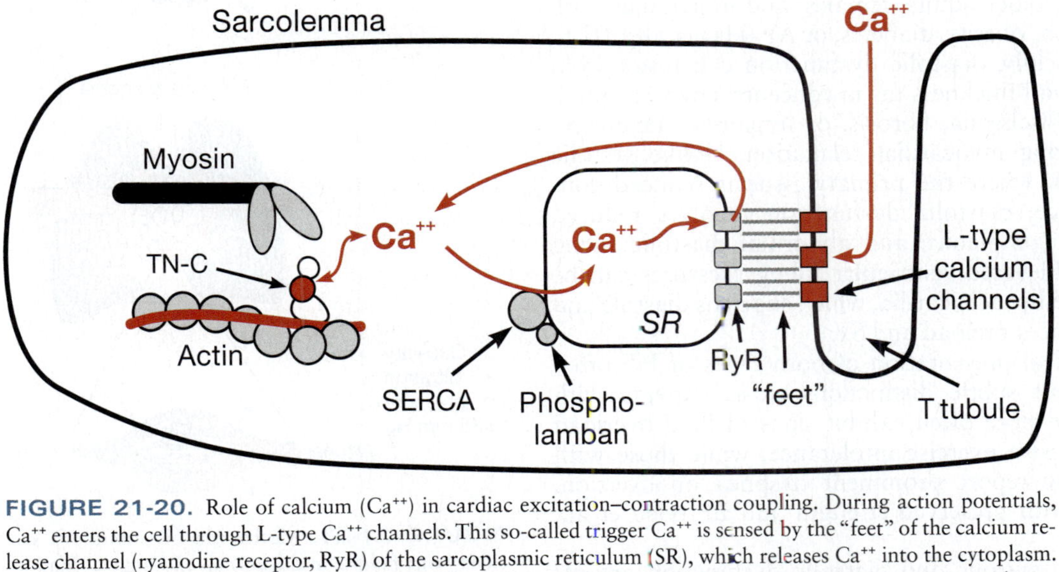

FIGURE 21-20. Role of calcium (Ca^{++}) in cardiac excitation–contraction coupling. During action potentials, Ca^{++} enters the cell through L-type Ca^{++} channels. This so-called trigger Ca^{++} is sensed by the "feet" of the calcium release channel (ryanodine receptor, RyR) of the sarcoplasmic reticulum (SR), which releases Ca^{++} into the cytoplasm. This Ca^{++} binds to troponin C (TN-C), inducing a conformational change in the troponin–tropomyosin complex so that the movement of the troponin–tropomyosin complex exposes a myosin-binding site on actin, leading to ATP hydrolysis and movement of actin relative to myosin. Ca^{++} is resequestered into the SR by an ATP-dependent Ca^{++} pump, sarcoendoplasmic reticulum calcium ATPase (SERCA), that is inhibited by phospholamban. Not shown are Ca^{++} pumps that remove Ca^{++} from the cell. (From Klabunde, R. E. [2022]. *Cardiovascular physiology concepts* [3rd ed., p. 11]. Wolters Kluwer Health; Fig. 2-3.)

Systolic Versus Diastolic Dysfunction

HF is often classified based on the nature of the underlying ventricular dysfunction. In **systolic dysfunction**, also referred to as **HF with reduced ejection fraction (HFrEF)**, the heart's ability to contract is impaired, typically due to myocardial injury or dysfunction. In **diastolic dysfunction**, or **HF with preserved ejection fraction (HFpEF)**, the heart contracts normally but has difficulty relaxing and filling properly during diastole. Many patients have features of both, and understanding these patterns is key to recognizing and treating the full spectrum of HF syndromes (Jin et al., 2022).

With systolic dysfunction, myocardial contractility is diminished due to damage from conditions such as MI, cardiomyopathy, myocarditis, or chronic pressure overload (e.g., hypertension or valvular stenosis). The reduced ejection fraction in systolic HF means a significantly smaller proportion of the blood within the ventricle is ejected with each beat. As a result, end-diastolic volume increases, leading to ventricular dilation, elevated wall stress, and a progressive decline in pumping efficiency. Over time, this volume overload contributes to elevated left atrial pressure, pulmonary venous congestion, and symptoms such as exertional dyspnea, orthopnea, and fatigue (Wybraniec et al., 2022).

In contrast, diastolic dysfunction is characterized by a near-normal ejection fraction (≥50%) but impaired ventricular relaxation and compliance. The ventricle is stiff or hypertrophied, which limits its ability to fill adequately during diastole, especially during increased demand, such as exercise. For any given volume, pressures within the ventricle rise, backing up into the left atrium and pulmonary veins. This leads to similar symptoms as HFrEF, including dyspnea and exercise intolerance, despite preserved contractile function. HFpEF now accounts for over half of all cases of HF and is particularly common in older adults, females, and individuals with hypertension, obesity, diabetes, or AF (Hsu et al., 2022).

Mechanically, diastolic dysfunction can result from increased wall thickness (as in concentric hypertrophy), myocardial ischemia, fibrosis, or impaired calcium reuptake during myocardial relaxation. Unlike systolic dysfunction, where the primary issue is reduced contractile force, diastolic dysfunction involves reduced ventricular compliance and abnormal diastolic filling dynamics. Elevated ventricular filling pressures can be exacerbated by tachycardia, which shortens diastole and further reduces preload and SV.

The clinical presentation of both types of HF often overlaps, but subtle distinctions exist. Patients with HFrEF may more often exhibit signs of fluid overload and progressive exercise intolerance, while those with HFpEF may report prominent dyspnea on exertion, especially with preserved strength and BP (Hsu et al., 2022).

Although systolic and diastolic dysfunction are often discussed separately, many patients, especially those with long-standing disease or complex comorbidities, demonstrate mixed features. The current movement toward universal classification systems, such as those developed by the ACC and AHA, acknowledges this overlap while guiding clinicians in diagnosis and management (Heidenreich et al., 2022).

Right Versus Left Ventricular Dysfunction

HF is also categorized based on whether the right or LV is primarily affected, although chronic or advanced HF typically involves both. While the LV is more commonly the initial site of dysfunction due to systemic hypertension or ischemic injury, right-sided failure often develops later as a consequence of increased pulmonary pressures or secondary strain.

In **left ventricular dysfunction**, the heart is unable to effectively pump blood from the low-pressure pulmonary circulation into the high-pressure systemic arterial circulation. This results in reduced CO and backup of blood into the left atrium and pulmonary veins. When the pressure in the pulmonary capillaries exceeds capillary osmotic pressure, intravascular fluid shifts into the interstitium of the lung, resulting in pulmonary congestion and edema (Fig. 21-21). This manifests clinically

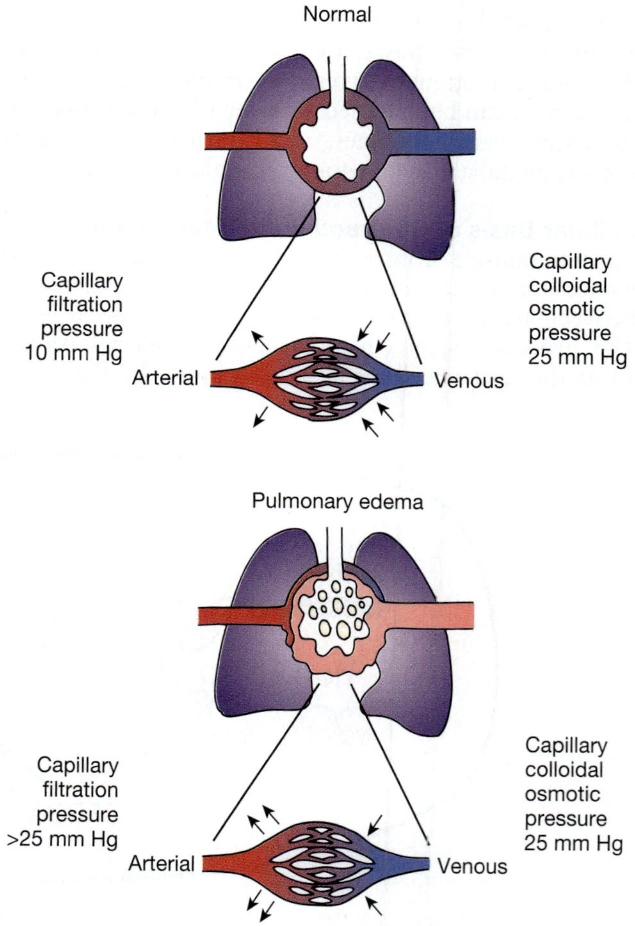

FIGURE 21-21. Mechanism of respiratory symptoms in left-sided heart failure. In the normal exchange of fluid in the pulmonary capillaries (**Top**), the capillary filtration pressure that moves fluid out of the capillary into the lung is less than the capillary colloidal osmotic pressure that pulls fluid back into the capillary. The development of pulmonary edema (**Bottom**) occurs when the capillary filtration pressure exceeds the capillary colloidal osmotic pressure that pulls fluid back into the capillary.

as exertional dyspnea, orthopnea (shortness of breath when lying flat), PND, and fatigue. Over time, chronic elevation of pulmonary venous pressure may lead to pulmonary hypertension, increasing the workload of the right ventricle (Heidenreich et al., 2022).

The most common causes of left ventricular dysfunction are hypertension and acute MI. Left ventricular HF and pulmonary congestion can develop very rapidly in people with acute MI. Even when the infarcted area is small, there may be a surrounding area of ischemic tissue. Stenosis or regurgitation of the aortic or mitral valve also creates the level of left-sided backflow that results in pulmonary congestion.

Right ventricular (RV) dysfunction impairs the movement of deoxygenated blood from the systemic venous circulation into the pulmonary arteries (Houston et al., 2023). As a result, venous return backs up into the systemic circulation, leading to jugular venous distention, hepatomegaly, ascites, splenomegaly, and peripheral edema, particularly in the lower extremities or dependent areas such as the sacrum (Fig. 21-22). Additional symptoms may include anorexia, early satiety, and abdominal discomfort due to GI venous congestion.

The most common cause of RV failure is left-sided HF, as sustained pulmonary congestion increases the pressure against which the right ventricle must pump. However, isolated RV dysfunction may occur due to conditions such as chronic lung disease (cor pulmonale), PE, pulmonary valve disease, or RV infarction. When both ventricles are affected, patients may present with features of biventricular failure, including severe exercise intolerance, widespread edema, and hypotension (Houston et al., 2023).

High-Output Versus Low-Output Failure

HF is most commonly associated with low-output states, in which the heart's pumping ability is impaired due to myocardial dysfunction or increased afterload. However, a less common form—high-output HF—occurs when CO is elevated but still inadequate to meet the body's metabolic demands.

In **low-output HF**, conditions such as ischemic heart disease, DCM, valvular disorders, or long-standing hypertension reduce effective perfusion. These patients often exhibit cool, pale, or cyanotic extremities, narrow pulse pressure, and signs of sympathetic overactivation. Perfusion to vital organs is reduced, and neurohormonal mechanisms become activated to compensate (Shams et al., 2025).

By contrast, **high-output HF** can occur in settings where CO is increased in response to systemic metabolic demands. Common causes include severe anemia, thyrotoxicosis, arteriovenous fistulas, beriberi (thiamine deficiency), and Paget disease of bone. In these cases, the heart may have normal or even supranormal systolic function, but the vascular system's demand for oxygen and nutrients outpaces supply. Patients may present with warm extremities, wide pulse pressure, and signs of volume overload (Shafi et al., 2025).

Regardless of type, persistent high cardiac workload and neurohormonal activation in high-output states may eventually lead to ventricular remodeling and systolic dysfunction, merging into a more classic pattern of HF.

Compensatory Mechanisms in Heart Failure

To preserve perfusion in the face of declining cardiac function, the body activates several compensatory

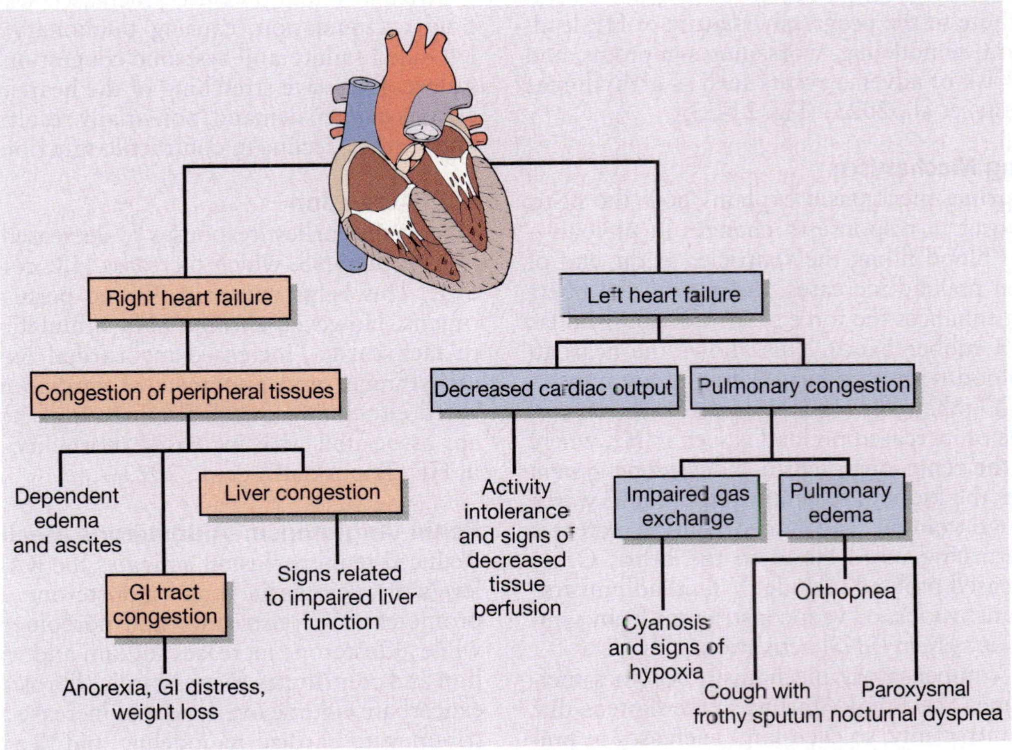

FIGURE 21-22. Manifestations of left- and right-sided heart failure. GI, gastrointestinal.

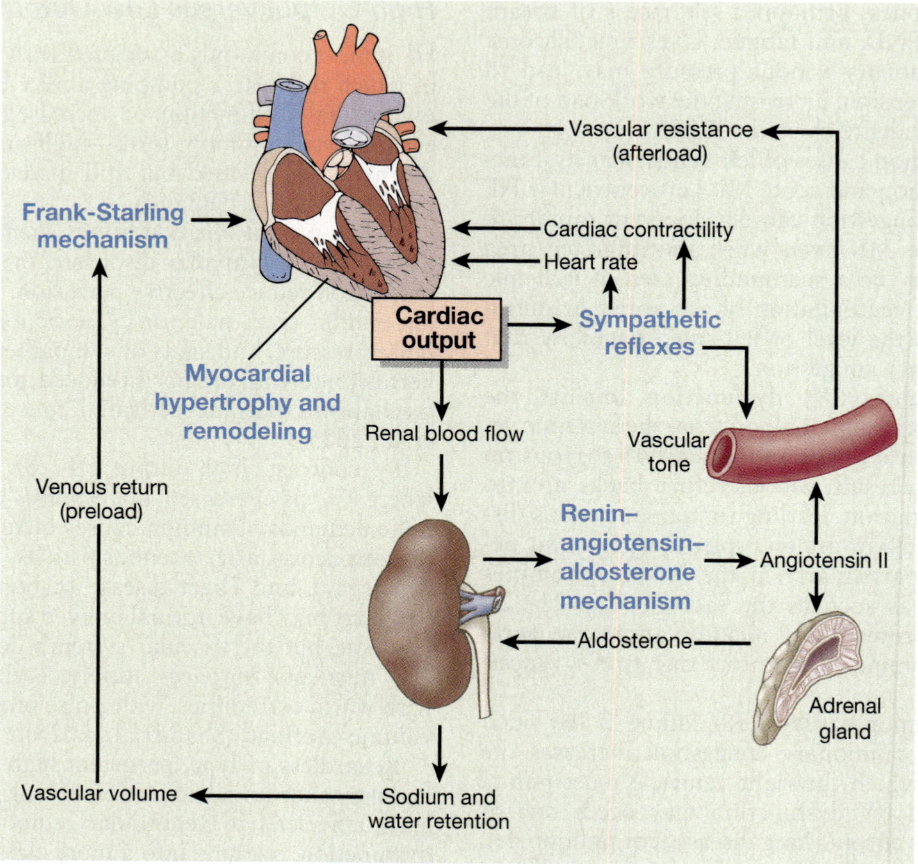

FIGURE 21-23. Compensatory mechanisms in heart failure. The Frank-Starling mechanism, sympathetic reflexes, renin–angiotensin–aldosterone mechanism, and myocardial hypertrophy function in maintaining cardiac output for the failing heart.

mechanisms. Initially beneficial, these responses ultimately contribute to the progressive nature of HF, leading to structural remodeling, worsening symptoms, and an increasing risk of adverse events such as arrhythmias and SCD (Shams et al., 2025) (Fig. 21-23).

Frank-Starling Mechanism

The **Frank-Starling mechanism** explains how the heart adjusts its output in response to changes in preload—the volume of blood filling the ventricles at the end of diastole. When preload increases, the myocardial fibers stretch, which enhances the force of contraction (similar to stretching a rubber band). This allows the heart to pump more blood with each beat, helping to temporarily maintain CO (Shams et al., 2025).

An example of increased preload is seen in HF, where activation of the renin–angiotensin–aldosterone system (RAAS) causes the kidneys to retain sodium and water, expanding blood volume. This added volume increases preload by returning more blood to the heart. Other causes of increased preload include IV fluid administration, blood transfusions, or venoconstriction from sympathetic nervous system (SNS) activation.

In HF, this compensatory mechanism becomes ineffective over time. The Frank-Starling curve flattens due to impaired contractility, so even large increases in preload no longer improve SV. Instead, they lead to elevated ventricular filling pressures, increased wall tension, and fluid accumulation, causing pulmonary congestion in left-sided failure and systemic congestion in right-sided failure. Excessive stretching of the heart muscle also increases oxygen demand, potentially resulting in ischemia and further decline in contractile function (Fig. 21-24).

SNS Activation

One of the earliest responses to decreased CO is activation of the SNS, which increases HR, contractility, and SVR. This helps maintain BP and perfusion to critical organs. However, chronic SNS stimulation contributes to tachycardia, increased myocardial oxygen demand, arrhythmias, and apoptosis of cardiac myocytes. Elevated circulating catecholamines (e.g., norepinephrine) are associated with increased morbidity and mortality in HF (Triposkiadis et al., 2023).

Renin–Angiotensin–Aldosterone Mechanism

Reduced renal perfusion activates the RAAS, increasing levels of angiotensin II and aldosterone. Angiotensin II promotes vasoconstriction and norepinephrine release, while aldosterone increases sodium and water reabsorption and contributes to myocardial fibrosis. These effects exacerbate volume overload and increase afterload, contributing to cardiac remodeling and decreased ventricular compliance. RAAS also promotes inflammation,

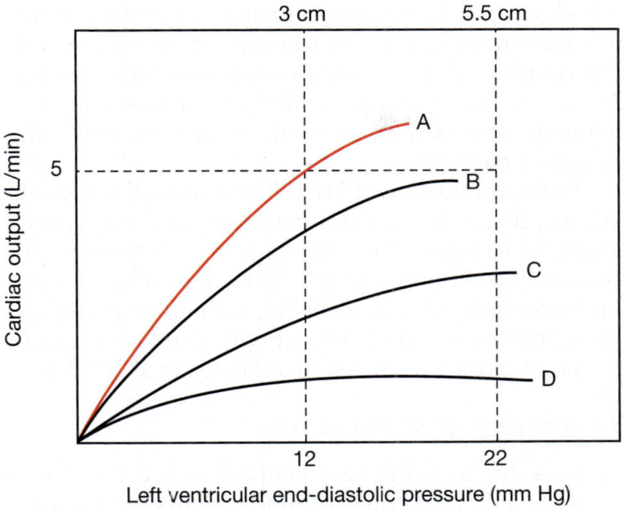

FIGURE 21-24. Left ventricular function curves. *Curve A:* Normal function curve, with a normal cardiac output (CO) and optimal left ventricular end-diastolic (LVED) filling pressure. *Curve B:* Compensated heart failure with normal CO at higher LVED pressures. *Curve C:* Decompensated heart failure with a decrease in CO and elevated LVED, with eventual elevation of pulmonary capillary pressure and development of pulmonary congestion. *Curve D:* Cardiogenic shock, with an extreme decrease in CO and marked increase in LVED pressures.

oxidative stress, and endothelial dysfunction. Pharmacologic blockade of this pathway (e.g., ACE inhibitors, angiotensin receptor blockers [ARBs], and aldosterone antagonists) improves symptoms and survival in HFrEF (Pharm et al., 2024).

Natriuretic Peptides

In response to ventricular stretch and fluid overload, the heart releases **atrial natriuretic peptide (ANP)** and **BNP** or **B-type natriuretic peptide**. These peptides promote natriuresis, diuresis, vasodilation, and inhibition of the RAAS and SNS. BNP levels correlate with HF severity and are used diagnostically (e.g., NT-proBNP assay) to support diagnosis and monitor therapy. However, levels may be affected by age, renal function, obesity, and certain medications. While beneficial, the effects of natriuretic peptides are often insufficient to counterbalance the dominant neurohormonal systems in HF (Sangaralingham et al., 2022).

Endothelins and Inflammatory Mediators

Inflammatory mediators such as TNF-alpha, IL-1beta, and IL-6 contribute to the pathogenesis of HF by promoting myocyte apoptosis, negative inotropy, cardiac cachexia, and fibrotic remodeling. These cytokines also interact with neurohormonal systems, sustaining RAAS and SNS activation. Endothelin-1, a potent vasoactive peptide produced by vascular endothelial cells, contributes to increased vascular tone, oxidative stress, and maladaptive remodeling. It also acts as a proinflammatory mediator by activating NF-κB signaling and upregulating adhesion molecules that promote leukocyte infiltration. Inflammatory signaling is particularly relevant in HFpEF, where cytokines like IL-6 are implicated in myocardial stiffness, metabolic dysregulation, and fibroblast activation. While broad anti-inflammatory therapies have shown limited success, selective cytokine inhibition remains an area of ongoing research (Roman-Pepine et al., 2025).

Myocardial Hypertrophy and Remodeling

One of the heart's primary long-term responses to increased workload is **myocardial hypertrophy**. Initially a compensatory adaptation, hypertrophy helps sustain CO under conditions of pressure or volume overload. However, chronic hypertrophy often becomes maladaptive, contributing to further dysfunction and progression of HF. **Myocardial remodeling** refers to the structural and functional changes that occur in the myocardium in response to injury or sustained stress. These changes include alterations in ventricular size and shape, myocyte structure, and the extracellular matrix (Caturano et al., 2022).

The myocardium is composed of contractile cells (myocytes) and noncontractile support cells, including fibroblasts, macrophages, vascular smooth muscle, and endothelial cells. While myocytes can only respond to stress by increasing in size (not number), nonmyocyte proliferation—particularly of fibroblasts—can promote collagen deposition, fibrosis, and increased ventricular stiffness. This stiffening impairs relaxation and diastolic filling while also disrupting electrical conduction, a phenomenon known as **cardiac dyssynchrony**, which can worsen systolic performance.

Hypertrophy can occur in different patterns depending on the type of hemodynamic stress (Fig. 21-25). **Concentric hypertrophy** develops in response to pressure overload, as seen in hypertension or aortic stenosis. In this

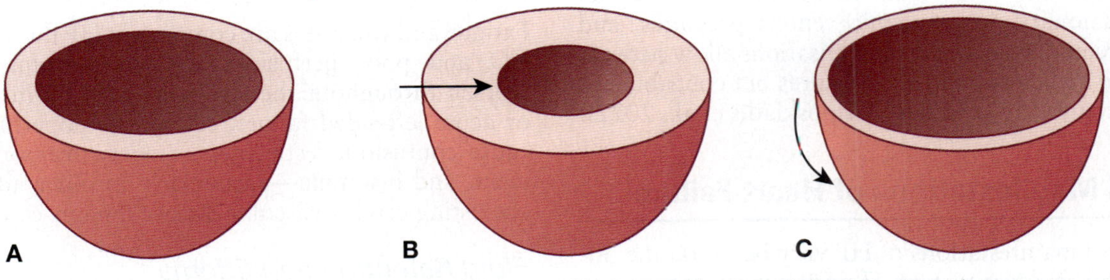

FIGURE 21-25. Different types of myocardial hypertrophy. **A.** Normal symmetric hypertrophy with proportionate increases in myocardial wall thickness and length. **B.** Concentric hypertrophy with a disproportionate increase in wall thickness. C. Eccentric hypertrophy with a disproportionate decrease in wall thickness and ventricular dilation.

form, myocytes increase in width due to the replication of contractile proteins in parallel, leading to thickened ventricular walls without chamber dilation. Although concentric hypertrophy may temporarily preserve systolic function, it eventually reduces compliance and contributes to diastolic dysfunction and myocardial ischemia due to impaired coronary perfusion (Caturano et al., 2022).

In contrast, **eccentric hypertrophy** results from volume overload, as seen in valvular regurgitation or DCM. In this case, myocytes elongate due to serial replication of contractile units, leading to chamber dilation and a relative thinning of the ventricular wall. This pattern increases wall tension, promotes further dilation, and impairs both systolic and diastolic function over time. Ultimately, both forms of hypertrophy may coexist or progress into one another, depending on the underlying pathology.

Pathologic hypertrophy is driven by mechanical stress, neurohormonal signaling (e.g., angiotensin II, aldosterone, catecholamines), and inflammatory cytokines. These stimuli activate signaling pathways that promote not only myocyte growth but also fibrosis, apoptosis, and mitochondrial dysfunction. Over time, these maladaptive changes impair contractility, reduce ventricular efficiency, and accelerate the clinical progression of HF (Caturano et al., 2022).

Acute Heart Failure Syndromes

Acute HF syndrome (AHFS), also referred to as **acute decompensated HF (ADHF)**, is defined as gradual or rapid changes in HF signs and symptoms that require urgent medical intervention (Harrington et al., 2022). Symptoms are most often due to pulmonary congestion resulting from elevated LV filling pressures, with or without reduced CO. AHFS commonly presents in emergency departments, and chronic HF is the most frequent underlying cause.

AHFS typically presents in one of three ways: (1) acute decompensation of chronic HF with systolic or diastolic dysfunction that responds to treatment (accounting for approximately 80% of cases), (2) new-onset acute HF triggered by a precipitating event such as MI or arrhythmia, or (3) progressive, end-stage HF that is refractory to standard treatment. The physiologic response tends to be more dramatic in new-onset AHFS and subtler in patients with chronic HF due to long-standing compensatory adaptations (Harrington et al., 2022).

In chronic HF, neurohormonal activation—particularly of the RAAS and SNS—leads to volume overload, elevated pulmonary and systemic venous pressures, and vascular remodeling. These compensations allow patients to tolerate higher pulmonary pressures but contribute to disease progression over time (Triposkiadis et al., 2022).

Clinical Manifestations of Heart Failure

The clinical manifestations of HF vary based on the underlying cause, severity, type of dysfunction (systolic vs. diastolic), and whether the condition develops acutely or progressively. Individuals with previously stable HF may develop decompensation triggered by factors such as infection, emotional or physical stress, uncontrolled hypertension, dietary sodium excess, or fluid overload. Despite having a serious underlying disease, many individuals remain asymptomatic if they strictly follow treatment regimens.

The manifestations of HF reflect impaired myocardial contractility, reduced renal perfusion, and the systemic effects of compensatory mechanisms. Common symptoms include dyspnea, fatigue, limited exercise tolerance, fluid retention, edema, cachexia, malnutrition, and cyanosis. Severe cases may present with diaphoresis, tachycardia, or altered mental status (Shams et al., 2025).

Respiratory Manifestations

Dyspnea due to pulmonary congestion is a hallmark of left-sided HF. Exertional dyspnea occurs with activity, while orthopnea—shortness of breath when lying flat—results from the redistribution of fluid from the lower extremities to the pulmonary circulation. PND is characterized by sudden episodes of breathlessness during sleep, often relieved by sitting upright. A chronic, dry cough that worsens in the supine position and bronchospasm from mucosal congestion (cardiac asthma) may also occur (Shams et al., 2025).

Cheyne–Stokes Respiration

Cheyne–Stokes respiration is a cyclical pattern of breathing marked by gradual increases and decreases in tidal volume followed by periods of apnea. It is an independent risk factor for worsening HF. During sleep, this pattern disrupts deep sleep and may contribute to poor functional outcomes. Nocturnal oxygen and positive airway pressure therapies can improve sleep quality, exercise tolerance, and cognitive function.

Acute Pulmonary Edema

Acute pulmonary edema is a life-threatening complication in which fluid accumulates in the alveoli due to increased capillary hydrostatic pressure. This leads to impaired gas exchange, reduced lung compliance, and severe hypoxemia. Patients may present sitting upright, gasping for air, with cool, clammy skin, cyanosis, and frothy, blood-tinged sputum. Auscultation reveals fine crackles progressing to coarse rales as fluid accumulates. If untreated, hypoxia leads to confusion, stupor, and death (Shams et al., 2025).

Fatigue, Weakness, and Mental Confusion

Fatigue and weakness are common in HF due to reduced CO and poor perfusion. These symptoms typically worsen throughout the day with activity. In advanced or acute left-sided failure, cerebral hypoperfusion may cause confusion, restlessness, anxiety, memory impairment, and insomnia—particularly in older adults with coexisting cerebrovascular disease (Shams et al., 2025).

Fluid Retention and Edema

Right-sided HF often leads to systemic venous congestion, while left-sided HF causes pulmonary venous hypertension. Increased hydrostatic pressure promotes sodium and water retention and leads to peripheral edema. Early in the disease course, patients may report nocturia due to improved renal perfusion when supine. Oliguria and renal dysfunction occur as CO worsens. Fluid may accumulate in the pleural space (hydrothorax) or peritoneal cavity (ascites), reflecting right HF and chronic systemic venous hypertension (Shams et al., 2025).

Cachexia and Malnutrition

Cardiac cachexia is characterized by unintended weight loss, muscle wasting, and malnutrition in individuals with end-stage HF. Contributing factors include anorexia, depression, hepatic and GI congestion impairing digestion and absorption, and elevated proinflammatory cytokines such as TNF-alpha and IL-6. Cachexia is associated with a poor prognosis (Shams et al., 2025).

Cyanosis

Cyanosis, a bluish discoloration of the skin and mucous membranes, results from increased levels of desaturated hemoglobin. Central cyanosis stems from arterial hypoxemia due to impaired gas exchange, while peripheral cyanosis reflects poor perfusion and oxygen extraction in the extremities. Central cyanosis is best observed in the lips and mucous membranes. Both right- and left-sided HF can contribute (Shams et al., 2025).

Arrhythmias and SCD

AF is the most common **arrhythmia** in HF, leading to reduced CO and hemodynamic instability. Ventricular arrhythmias—particularly ventricular tachycardia and fibrillation—are the leading causes of SCD in patients with reduced ejection fraction. SCD may occur within an hour of symptom onset (Shams et al., 2025).

Diagnosis of Heart Failure

HF diagnosis involves identifying the underlying cause, evaluating cardiac function, and assessing symptom severity and risk factors. The Framingham criteria are often used to support a clinical diagnosis, requiring at least two major or one major and two minor criteria based on symptoms, signs, and objective findings (Dehghan et al., 2024).

Once diagnosed, the New York Heart Association (NYHA) functional classification is used to grade severity based on physical activity limitations—from class I (no symptoms) to class IV (symptoms at rest). This system helps guide treatment and monitor disease progression (Stamp et al., 2022).

Clinical evaluation includes a detailed history (e.g., dyspnea, fatigue, edema, weight gain, nocturia) and physical exam findings (e.g., jugular venous distention, pulmonary rales, S3 heart sound, peripheral edema). Risk assessment includes evaluating contributing factors such as hypertension, diabetes, ischemic heart disease, and prior MI.

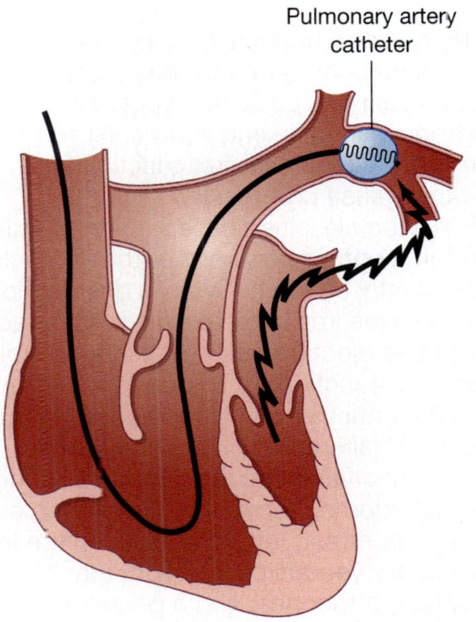

FIGURE 21-26. Balloon-tipped pulmonary artery catheter positioned in a small pulmonary vessel. The PCWP, which reflects the left ventricular diastolic pressure, is measured with the balloon inflated. PCWP, pulmonary capillary wedge pressure.

Laboratory testing may show anemia, electrolyte disturbances, renal or hepatic dysfunction, and elevated biomarkers such as BNP or NT-proBNP, which support diagnosis and risk stratification.

Diagnostic tools include chest radiography, ECG, and echocardiography, which is the primary imaging modality for assessing ventricular size and function, valve status, and ejection fraction. Advanced imaging (e.g., cardiac MRI) may be used for tissue characterization or unclear diagnoses. In acute or critically ill patients, invasive hemodynamic monitoring may be needed. Ventricular volume pressures are obtained using a balloon-tipped pulmonary artery catheter, which is wedged in a small pulmonary vessel to monitor pulmonary capillary wedge pressure (PCWP), reflecting left ventricular filling pressures (Fig. 21-26). Intra-arterial BP monitoring is achieved using a small catheter inserted into a peripheral artery. The catheter is connected to a pressure transducer, measuring beat-by-beat BP (McDonagh et al., 2022).

SUMMARY CONCEPTS

HF occurs when the heart is unable to pump sufficient blood to meet the metabolic demands of body tissues or can do so only at elevated filling pressures. The pathophysiology reflects a complex interplay between reduced CO and compensatory mechanisms that attempt to preserve perfusion and cardiac reserve, including activation of the Frank-Starling mechanism, increased SNS activity, stimulation of the RAAS, secretion of NPs, and upregulation of endothelins. Chronic activation of these mechanisms contributes to maladaptive structural changes such as myocardial hypertrophy, fibrosis, and ventricular remodeling, which further impair cardiac function and promote disease progression.

HF may be classified based on the nature of the functional impairment or the ventricle predominantly affected. Systolic dysfunction, or HFrEF, involves impaired ventricular contractility and reduced ejection of blood during systole. Diastolic dysfunction, or HFpEF, results from impaired ventricular relaxation and filling during diastole. RV failure is typically associated with systemic venous congestion, including peripheral edema, hepatic engorgement, and ascites. In contrast, left ventricular failure leads to pulmonary venous congestion, manifesting as dyspnea, orthopnea, and a persistent nonproductive cough.

HF may present as a chronic condition with gradually worsening symptoms or as an acute decompensated episode. ADHF, previously referred to as AHFS, involves a sudden or progressive worsening of symptoms requiring urgent intervention. ADHF often results from elevated left ventricular filling pressures and pulmonary congestion, with or without a CO decline.

The clinical manifestations of HF are diverse and reflect impaired tissue perfusion, fluid retention, and neurohormonal activation. Common signs and symptoms include fatigue, reduced exercise tolerance, dyspnea, nocturia, dependent edema, cyanosis, GI discomfort, weight loss, and signs of increased sympathetic activity such as tachycardia and diaphoresis. In right-sided HF, systemic venous congestion predominates, while left-sided failure is marked by pulmonary symptoms.

HF diagnosis focuses on determining the underlying cause and assessing the extent and severity of cardiac dysfunction. Diagnostic approaches include clinical evaluation, measurement of natriuretic peptides (BNP or NT-proBNP), imaging such as echocardiography, and laboratory testing.

Heart Disease in Infants and Children

Embryonic Development of the Heart

The heart is the first functioning organ in the embryo, beginning to beat by the third week of gestation. Cardiac development occurs primarily between the third and eighth weeks. The early heart forms as two endothelial tubes that fuse and elongate, forming a primitive heart tube that undergoes looping and septation (Fig. 21-27). Malrotation during this stage can cause positional abnormalities such as dextroposition (Mathew & Bordoni, 2023).

By the fourth week, endocardial cushions form and contribute to the division of the AV canal and the development of the mitral and tricuspid valves. Partitioning of the atria and ventricles is completed by the end of the seventh week. The atrial septum forms through the interaction of two membranes (septum primum and septum secundum), with the foramen ovale forming a functional channel between the atria that normally closes shortly after birth. Outflow tract development involves spiraling and septation of the truncus arteriosus, separating systemic and pulmonary circulations. Errors in this process may lead to conditions such as transposition of the great arteries (TGAs). The ductus arteriosus, which connects the pulmonary artery to the aorta in fetal life, typically closes after birth (Mathew & Bordoni, 2023).

Fetal and Perinatal Circulation

Fetal circulation is different both anatomically and physiologically from postnatal circulation. Before birth, oxygenation of blood occurs through the placenta; after birth, it occurs through the lungs. Because placental blood has a lower oxygen content, fetal hemoglobin has a higher affinity for oxygen to allow more efficient oxygen uptake and delivery. The fetal lungs are filled with amniotic fluid, and the fetal pulmonary vascular beds are vasoconstricted because of a heightened hypoxic stimulus for vasoconstriction. As a result, the fetal pulmonary vascular beds are a high-resistance pathway, with minimal blood flow through the fetal lungs.

In fetal circulation, blood enters from the placenta through the umbilical vein and returns to the placenta through the two umbilical arteries (Fig. 21-28). The highest level of oxygen and nutrients is in the entering placental blood; therefore, three fetal vascular structures, called **fetal shunts**, direct the blood to maximize the delivery of oxygen and nutrients.

The first fetal shunt is the **ductus venosus**, which lies across the liver and directs the majority of the entering placental blood from the umbilical vein directly into the inferior vena cava, bypassing the hepatic circulation. The fetal liver does not need a strong blood supply because the placenta is performing the functions that would be done by the liver.

From the inferior vena cava, blood flows into the RA, where the majority of the blood moves through the next fetal shunt, the **foramen ovale**, located in the septum between the RA and LA, directing the blood directly into the LA (bypassing the fluid-filled and vasoconstricted lungs). Blood then enters the LV and is ejected into the ascending aorta, where most of the blood is directed through the large arteries branching from the arch of the aorta to perfuse the head and upper extremities. Thus, the majority of the blood with the highest level of oxygen and nutrients is directed quickly toward the brain and upper body, with some of this blood with

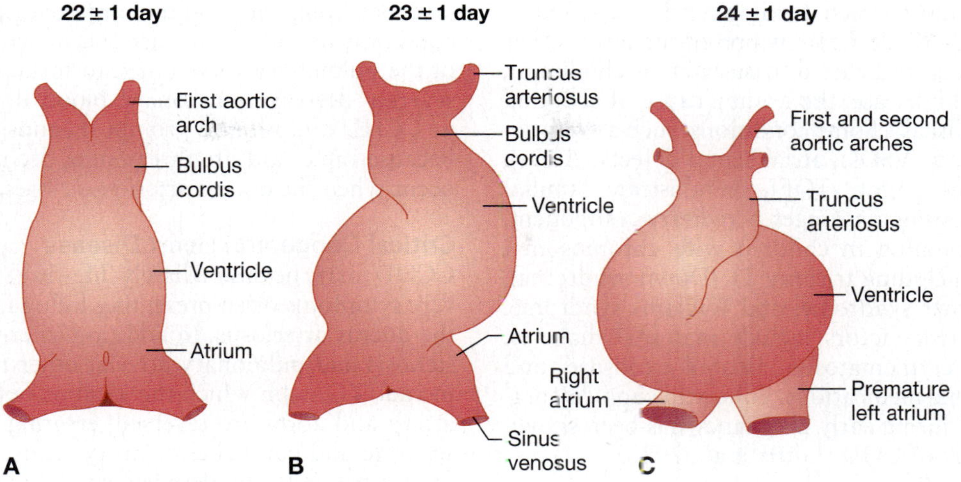

FIGURE 21-27. Ventral view of the developing heart. **A.** Fusion of the heart tubes to form a single tube; it is at this stage that the heart begins to beat. **B.** Cardiac looping, in which the heart begins to bend ventrally and to the right, bringing the primitive ventricle leftward and in continuity with the sinus venosus (future left and right atria), with the future right ventricle being shifted rightward and in continuity with the bulbus cordis (future aorta and pulmonary artery), and (C) folding is complete.

higher oxygen and nutrients also continuing through the descending aorta to perfuse the developing internal organs and lower body (Marty & Lui, 2023; Remien & Majmundar, 2023).

Simultaneously, venous blood returning from the head and upper extremities returns to the right side of the heart through the superior vena cava, where it continues into the RV and blends with the blood that did not go through the foramen ovale. This blood is ejected into the pulmonary artery, where the third fetal shunt, the **ductus arteriosus**, is located. The ductus arteriosus connects the main pulmonary artery and the initial segment of the descending aorta (part of the aortic arch). Because of the high resistance in the pulmonary vascular beds, most of the blood is shunted from the pulmonary artery through the ductus arteriosus into the descending aorta (bypassing the lungs). Some blood flows through branches off the aorta to perfuse the developing internal organs and lower body, while the blood that remains in the aorta returns to the placenta through the umbilical arteries that connect to the lower abdominal aorta (Marty & Lui, 2023; Remien & Majmundar, 2023).

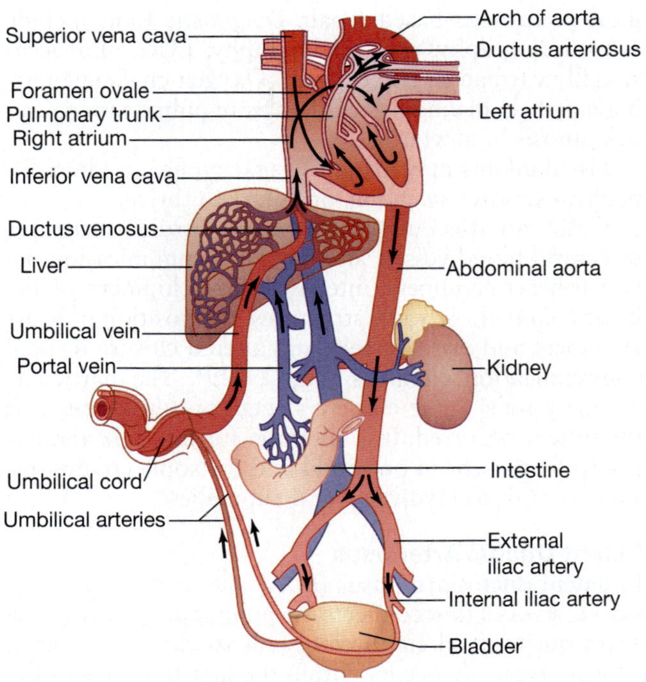

FIGURE 21-28. Fetal circulation.

At birth, the newborn takes its first breaths, expanding the lungs and causing the blood oxygen levels to rise and the pulmonary vascular resistance to decrease. This activity reverses the pressure gradients between the heart chambers and great vessels. As a result, the foramen ovale functionally closes due to increased left atrial pressure, and the ductus arteriosus constricts in response to rising oxygen levels and decreasing prostaglandins (Mathew & Bordoni, 2023).

Over the first few weeks of life, the three fetal shunts typically undergo anatomical closure, completing the transition to normal postnatal circulation. However, in cases of prematurity, hypoxia, or CHD, this transition can be delayed, increasing the risk of persistent pulmonary hypertension of the newborn (PPHN) and other circulatory complications.

Congenital Heart Disease

Congenital heart disease (CHD) refers to structural abnormalities of the heart or great vessels present at birth. CHD affects approximately 1 in 100 live births (Stallings et al., 2022). The origin of CHD is not fully understood but is multifactorial, influenced by both genetic and environmental factors. Advances in diagnostic imaging, interventional procedures, and surgical techniques have significantly improved survival and long-term outcomes, with most affected children now expected to reach adulthood. While CHD is present at birth, other children may acquire heart disease later in childhood, such as Kawasaki disease, the leading cause of acquired pediatric heart disease. Some conditions, such as ventricular septal defects (VSDs), atrial septal defects (ASDs), and tetralogy of Fallot (TOF), demonstrate familial clustering, suggesting a stronger hereditary component. CHD is also common in children with chromosomal abnormalities, including trisomy 21 (Down syndrome), trisomy 18, Turner syndrome, and Williams syndrome. Environmental risk factors include maternal diabetes, systemic lupus erythematosus, alcohol exposure, and certain teratogenic medications. Folic acid supplementation before and during early pregnancy has been shown to reduce the risk of CHD (Lotto et al., 2022).

Pathophysiology

CHD produces effects mainly through abnormal shunting of blood, production of cyanosis and tissue hypoxia, disruption of pulmonary blood flow, and critical congenital heart disease (CCHD).

Abnormal Shunting of Blood

CHD creates abnormal connections between heart chambers or vessels, resulting in blood shunting from one side of the circulation to the other. The direction of the shunt, either left-to-right or right-to-left, depends on the nature of the anomaly and the relative pressures in the heart chambers. In **left-to-right shunts,** such as those seen in ventricular or ASDs, oxygenated blood from the left side of the heart flows back into the right side and reenters the pulmonary circulation. These can lead to volume overload in the lungs but typically do not cause cyanosis and are referred to as **acyanotic.** In contrast, **right-to-left shunts** occur when deoxygenated blood bypasses the lungs and enters the systemic circulation, resulting in systemic hypoxemia and cyanosis. This pattern is characteristic of cyanotic defects such as TOF and TGAs. The severity of symptoms depends on the size of the shunt, the extent of mixing between oxygenated and deoxygenated blood, and the ability of the pulmonary vasculature to accommodate altered flow patterns (Lotto et al., 2022).

Pulmonary Blood Flow Disruption

CHD-related anomalies may cause *increased* pulmonary blood flow, which can lead to pulmonary edema and damage the pulmonary vasculature over time. If not treated and resolved, this pulmonary vascular damage may result in vascular remodeling, delayed involution of pulmonary smooth muscle, and eventual pulmonary hypertension. In certain cases, pulmonary artery banding is used as a temporary measure to restrict excessive flow and protect the lungs until definitive surgical repair can be performed (Lotto et al., 2022).

In contrast, other CHD anomalies cause *decreased* pulmonary blood flow, which may result in early cyanosis and hypoxia. Anomalies that decrease pulmonary blood flow are typically associated with some type of structural blockage of the right pulmonary outflow tract (such as congenital pulmonary stenosis or the severe condition of pulmonary atresia, in which the opening of the pulmonary valve failed to form). Anomalies that severely decrease pulmonary blood flow are classified as CCHD and require prompt diagnosis and treatment because rapid and life-threatening decompensation will occur when the ductus arteriosus closes.

Critical Congenital Heart Disease

CCHD may be immediately life-threatening, with severe symptoms often presenting following the closure of the ductus arteriosus. In addition to critical pulmonary stenosis and pulmonary atresia, other forms of CCHD include TGAs (in which the locations of the pulmonary artery and aorta are reversed, creating two completely separate and parallel circulatory tracts, with no mixing of oxygenated and deoxygenated blood) and an underdeveloped LV that does not have sufficient muscle strength to perfuse the body. An underdeveloped LV is also called hypoplastic left heart syndrome (HLHS) and single-ventricle anatomy. Because of the severe, life-threatening nature of CCHD, a simple screening procedure was originally endorsed by the American Academy of Pediatrics in 2011, with recent updated screening guidelines issued in 2025 (Oster et al., 2025). CCHD screening is recommended for all newborn infants to proactively identify critical cases so that prompt treatment can be initiated. Screening is performed using pulse oximetry with probes positioned at two sites—one preductal and one postductal—and assessing for a difference in oxygen saturation between the two sites.

Manifestations

CHD may be detected prenatally via fetal echocardiography or postnatally based on cyanosis, respiratory distress, poor feeding, or heart murmurs. Some minor lesions resolve spontaneously, while others require surgical or catheter-based repair. Diagnostic tools include echocardiography, chest radiography, ECG, and occasionally cardiac catheterization. Oxygen challenge testing may help distinguish cardiac from pulmonary causes of cyanosis in newborns.

HF in infants may manifest as tachypnea, feeding difficulty, excessive sweating, or failure to thrive.

CHD can affect almost any of the cardiac structures or central blood vessels and include communication between heart chambers, interrupted development of the heart chambers or valve structures, malposition of heart chambers and great vessels, and altered closure of fetal communication channels (Fig. 21-29). The particular anomaly reflects the embryo's stage of development at the time it occurred. It is common for multiple anomalies to be present in one child and for some conditions, such as TOF, to involve several anomalies.

Patent Ductus Arteriosus

In **patent ductus arteriosus (PDA),** the fetal ductus arteriosus, a vessel that connects the pulmonary artery to the aorta during fetal circulation, fails to close after birth. Closure typically occurs within the first few days of life in full-term infants, triggered by rising oxygen levels

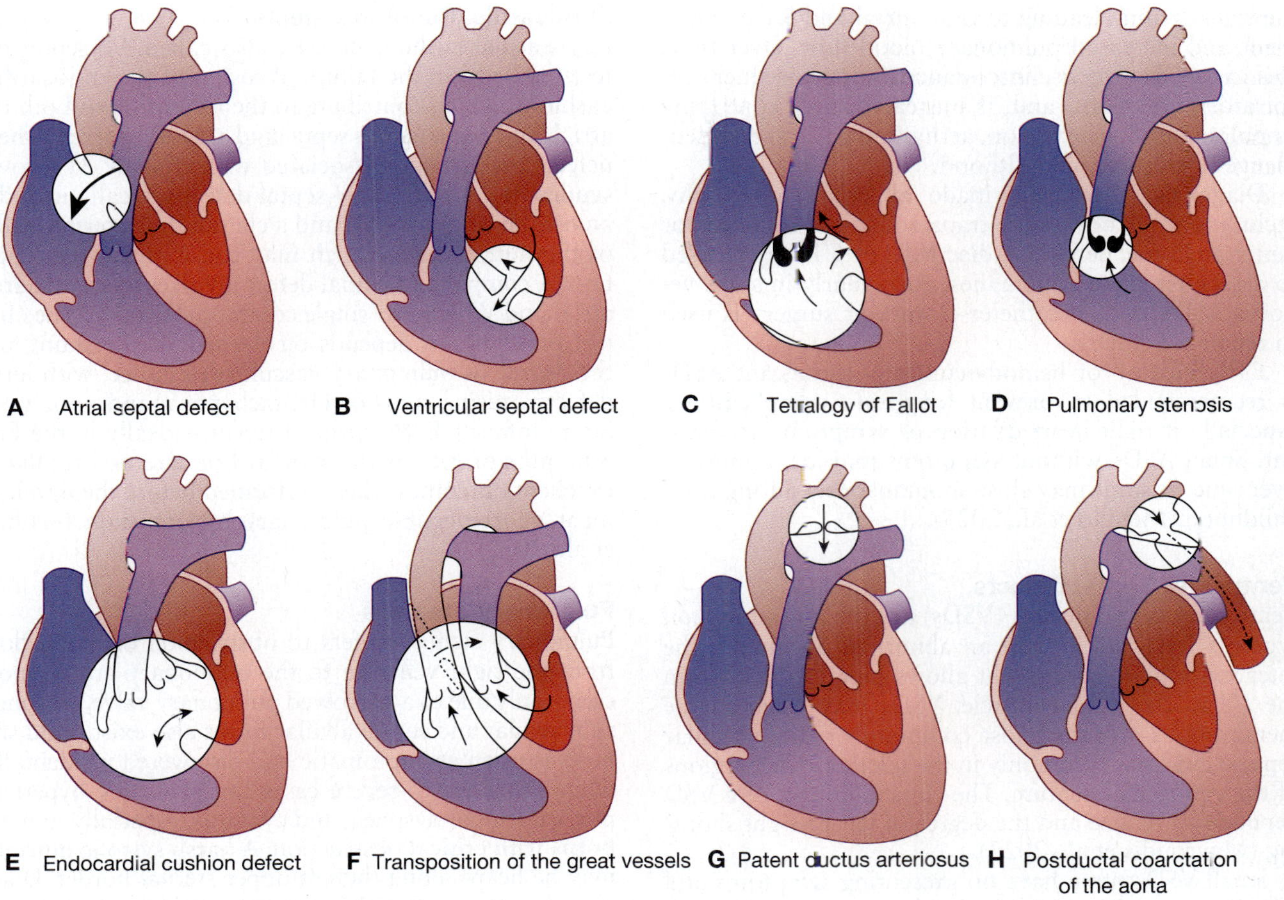

FIGURE 21-29. Congenital heart defects. A. Atrial septal defect. Blood is shunted from left to right. B. Ventricular septal defect. Blood is usually shunted from left to right. C. Tetralogy of Fallot. This involves a ventricular septal defect, dextroposition of the aorta, right ventricular outflow obstruction, and right ventricular hypertrophy. Blood is shunted from right to left. D. Pulmonary stenosis, with decreased pulmonary blood flow and right ventricular hypertrophy. E. Endocardial cushion defects. Blood flows between the chambers of the heart. F. Transposition of the great vessels. The pulmonary artery is attached to the left side of the heart, and the aorta is attached to the right side. G. Patent ductus arteriosus. The high-pressure blood of the aorta is shunted back to the pulmonary artery. H. Postductal coarctation of the aorta.

and decreased circulating prostaglandins. PDA is more common in premature infants, in whom delayed closure is influenced by immature smooth muscle and altered prostaglandin metabolism. When the ductus remains open, it allows left-to-right shunting of blood from the aorta into the pulmonary circulation, leading to pulmonary overcirculation, increased work of breathing, and eventually CHF if left untreated (Erdeve et al., 2022).

Clinical signs may include tachypnea, poor feeding, failure to thrive, and a characteristic continuous "machinery" murmur heard best at the left upper sternal border. A widened pulse pressure and bounding pulses may also be present due to diastolic runoff into the pulmonary circulation. Echocardiography with color Doppler imaging is the primary tool for confirming the diagnosis and assessing the hemodynamic impact of the shunt.

Current American Academy of Pediatrics recommendations include a supportive approach of "watchful expectancy" for nonhemodynamically significant PDAs while watching for a delayed spontaneous ductal closure (Ambalavanan et al., 2025). For hemodynamically significant PDAs, medical closure may be considered. The ductus arteriosus may be intentionally kept open after birth to ensure systemic and pulmonary blood flow for select ductal-dependent lesions.

Atrial Septal Defects

ASDs are characterized by a persistent opening in the atrial septum that allows abnormal communication between the left and right atria. The most common type is the secundum ASD, located in the region of the fossa ovalis. Less common types include primum ASDs, which are associated with AV septal defects, and sinus venosus ASDs, which are typically located near the superior vena cava and may be associated with anomalous pulmonary venous return (Menillo et al., 2025).

Most ASDs have no presenting symptoms during infancy and early childhood and may be detected incidentally during routine physical examinations or imaging. A characteristic finding is a fixed split of the second heart sound, caused by prolonged RV systole due to increased volume load. Larger ASDs result in a left-to-right shunt, where oxygenated blood from the left atrium flows into the right atrium, leading to right atrial and RV enlargement and increased pulmonary blood flow. Over time, this can cause exercise intolerance, fatigue, frequent respiratory infections, and, if untreated, may contribute to pulmonary hypertension, arrhythmias, or even Eisenmenger syndrome in adulthood.

Diagnosis is typically made by echocardiography, including transthoracic or transesophageal imaging for better anatomic detail. Cardiac MRI or CT may be used to assess associated anomalies, particularly in sinus venosus ASDs. A transcatheter closure or surgery is used to repair the ASD.

Early closure of hemodynamically significant ASDs is recommended to prevent long-term complications, especially if right heart dilation or symptoms are present. Small ASDs without symptoms may be monitored over time, as some may close spontaneously during early childhood (Menillo et al., 2025).

Ventricular Septal Defects

Ventricular septal defects (VSDs) are the most common type of CHD and involve an abnormal opening in the interventricular septum that allows blood to flow from the LV to the right ventricle. VSDs may occur in the membranous septum (most common) or the muscular septum, and less commonly in the inlet or outlet regions of the ventricular septum. The clinical impact of a VSD depends on its size and the degree of left-to-right shunting (Mavroudis et al., 2023).

Small VSDs often have no presenting symptoms and may be detected incidentally by the presence of a harsh holosystolic murmur at the lower left sternal border. These defects may close spontaneously, particularly during early childhood. In contrast, moderate to large VSDs allow significant left-to-right shunting, resulting in increased pulmonary blood flow, volume overload of the left heart, and symptoms of HF such as tachypnea, poor feeding, failure to thrive, and recurrent respiratory infections. If left uncorrected, prolonged exposure to high pulmonary pressures can lead to irreversible pulmonary vascular remodeling and the development of Eisenmenger syndrome, in which the shunt reverses direction and causes systemic cyanosis.

Diagnosis is typically made using echocardiography, which visualizes the defect and quantifies shunt severity. Chest radiography may show cardiomegaly and increased pulmonary vascular markings in larger shunts. Cardiac catheterization is sometimes used to evaluate pulmonary vascular resistance when surgical timing is uncertain (Mavroudis et al., 2023).

Medical management of symptomatic infants includes diuretics, afterload reduction, and nutritional support to optimize growth. Surgical repair with a patch closure is indicated for large or hemodynamically significant defects, particularly if there is evidence of failure to thrive or pulmonary hypertension. In some cases, especially for muscular VSDs, transcatheter closure may be an alternative. Early intervention, ideally before 6 to 12 months of age for large VSDs, helps prevent irreversible pulmonary vascular disease and long-term complications (Mavroudis et al., 2023).

Endocardial Cushion Defects

Endocardial cushion defects, also called AV septal defects, arise from the failure of fusion of the endocardial cushions, which contribute to the formation of both the atrial and ventricular septa and the AV valves. These defects are strongly associated with trisomy 21 (Down syndrome). A partial AV septal defect typically includes an ostium primum ASD and a cleft in the anterior leaflet of the mitral valve, which may cause mitral regurgitation. A complete AV canal defect involves a large, shared atrial and VSD and a single common AV valve. The clinical presentation depends on the size of the shunt and the degree of pulmonary vascular resistance, with large defects causing signs of HF, tachypnea, and poor feeding in infancy. Early surgical repair—ideally in the first 6 months of life—is the standard of care and results in excellent outcomes when performed before the development of irreversible pulmonary hypertension (Feulner et al., 2022).

Pulmonary Stenosis

Pulmonary stenosis refers to obstruction of blood flow from the right ventricle to the pulmonary artery, most commonly due to a narrowed pulmonary valve, although subvalvular and supravalvular forms also exist. Mild stenosis is often asymptomatic and discovered incidentally, while moderate-to-severe cases can cause RV hypertrophy, exertional dyspnea, and cyanosis, especially in newborns with critical obstruction. A harsh systolic murmur may be heard along the left upper sternal border. Diagnosis is confirmed with echocardiography, which evaluates valve structure, gradient severity, and RV function. Lifelong follow-up is recommended, as restenosis or progressive valve dysfunction can occur (Pang et al., 2024).

Tetralogy of Fallot

TOF is the most common cyanotic CHD and is defined by four key features: a VSD, RV outflow tract obstruction (often subvalvular pulmonary stenosis), an overriding aorta (receiving blood from both ventricles), and RV hypertrophy. The degree of pulmonary obstruction largely determines the severity of cyanosis, which may worsen during crying or feeding, leading to hypercyanotic "tet spells." These spells can be relieved by squatting or knee–chest positioning, which increases SVR and reduces right-to-left shunting. Management may begin with palliative procedures (e.g., Blalock–Taussig shunt or balloon dilation) in symptomatic neonates, followed by complete surgical repair, typically involving closure of the VSD and relief of RV outflow obstruction. Long-term follow-up is essential due to the risk of arrhythmias, RV dilation, and pulmonary valve insufficiency in adulthood (Pass & Cohen, 2024).

Transposition of the Great Arteries

In complete **transposition of the great arteries** (TGAs), the aorta arises from the right ventricle and the pulmonary artery from the LV, resulting in parallel, rather than series, circulations. Without an adequate connection between the systemic and pulmonary circuits—such as a PDA, ASD, or VSD—oxygenated and deoxygenated blood do not mix, and the condition is incompatible with life. Neonates often present with cyanosis unresponsive to oxygen therapy. Emergency management includes prostaglandin E1 infusion to maintain ductal patency and balloon atrial septostomy to promote interatrial mixing. The arterial switch operation (Jatene procedure), in which the great arteries are surgically reattached to the correct ventricles, is performed.

Coarctation of the Aorta

Coarctation of the aorta is a congenital narrowing of the aortic arch, usually just distal to the origin of the left subclavian artery at the juxtaductal region. This narrowing leads to increased pressure in the upper extremities and reduced perfusion to the lower body, resulting in differential BPs and pulses between the arms and legs. Severe forms may present in infancy with poor perfusion, HF, or shock once the ductus arteriosus closes. In older children, it may be detected by hypertension, headaches, or leg fatigue. Diagnosis is confirmed with echocardiography, CT angiography, or MRI. Lifelong monitoring is essential due to the risk of residual hypertension, recoarctation, and aortic aneurysm formation (Backer et al., 2023).

Functional Single-Ventricle Anatomy

Certain complex cases of CHD result in only one functional ventricle capable of supporting the systemic circulation (Fig. 21-30). Examples include HLHS and tricuspid atresia. These defects are typically ductal-dependent and lead to systemic desaturation, volume overload, and early-onset HF. Because biventricular repair is not possible, procedures to reroute systemic venous return directly to the pulmonary arteries, bypassing the heart, are needed. Cardiac transplantation may also be necessary. Long-term complications include arrhythmias, protein-losing enteropathy, thromboembolism, and progressive ventricular failure, requiring lifelong cardiology follow-up and surveillance (Schneider et al., 2023).

Adults With CHD

Improvements in pediatric cardiac care have led to a growing population of adults with repaired or palliated CHD. These individuals require lifelong surveillance due to risks of arrhythmia, HF, residual lesions, endocarditis, and complications related to pregnancy or surgery. Psychosocial challenges, including employment and insurability, also merit attention in this population (Dellborg, 2024).

Kawasaki Disease

Kawasaki disease is an acute systemic vasculitis of unknown etiology, most common in children under age 5. It presents with prolonged fever, conjunctivitis, rash, oral changes, extremity swelling, and cervical lymphadenopathy. Coronary artery involvement occurs in 15% to 25% of cases and may lead to aneurysms or MI.

Diagnosis is clinical, supported by imaging (e.g., echocardiography). IV immunoglobulin and high-dose aspirin are used during the acute phase to reduce coronary complications. Aspirin is continued at lower doses for its antiplatelet effects. Follow-up depends on the extent of coronary involvement. Kawasaki disease should be differentiated from multisystem inflammatory syndrome in children (MIS-C), a similar post-COVID inflammatory syndrome in children (Dionne & Newburger, 2025) (Fig. 21-31).

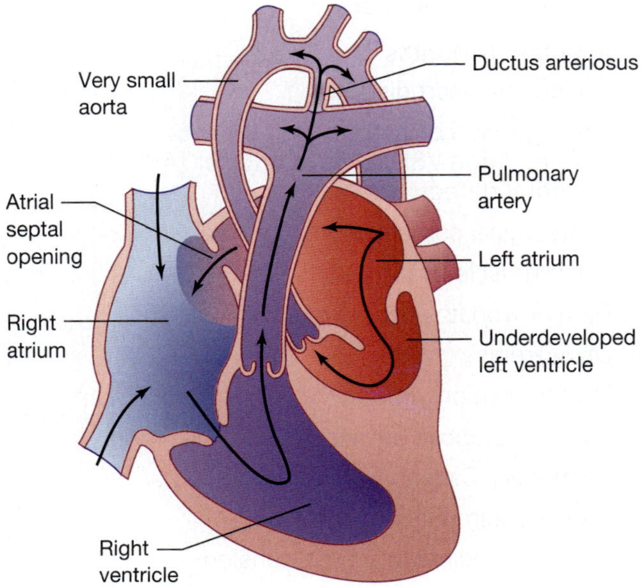

FIGURE 21-30. Functional single-ventricle anatomy with an underdeveloped left ventricle (LV) and small ascending aorta. Because of the markedly decreased LV compliance, most of the pulmonary venous blood returning to the left atrium shunts left to right at the atrial level. Pulmonary arterial blood flows into the pulmonary arteries as well as right to left across a patent ductus arteriosus into the aorta.

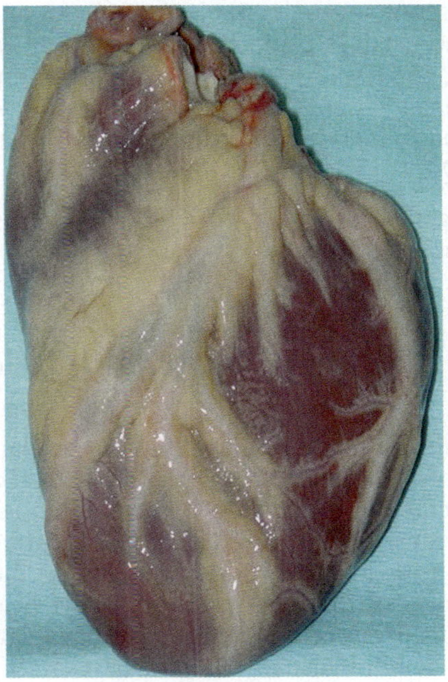

FIGURE 21-31. Kawasaki disease. The heart from this 4-year-old is enlarged, has excessive fat deposition, and shows thick, dilated coronary arteries. (From Husain, A. N., Stocker, J. T., & Dehner, L. P. [2015]. *Stocker and Dehner's pediatric pathology* [4th ed.]. Wolters Kluwer; Fig. 13-30.)

SUMMARY CONCEPTS

CHD arises during fetal cardiac development, which occurs primarily between the third and eighth weeks of gestation. The specific type of CHD reflects the stage of development at the time of the causative insult. A variety of factors may contribute, including genetic and chromosomal abnormalities, maternal infections, and environmental exposures such as medications or radiation. In many cases, the exact cause remains unknown. CHD is relatively common and represents the leading cause of death from birth-related structural abnormalities.

CHD may range from no symptoms to life-threatening, depending on the nature and severity. CHD may cause shunting—abnormal blood flow between the right and left sides of the heart. Left-to-right shunts increase the volume load on the right heart and pulmonary circulation, while right-to-left shunts allow deoxygenated blood to enter systemic circulation, causing cyanosis. The direction and magnitude of the shunt depend on the location and size of the defect and the relative pressures in the systemic and pulmonary circuits. CHD is commonly categorized as cyanotic or acyanotic and may require medical management, surgical repair, or staged palliative procedures based on severity.

Kawasaki disease is an acute febrile illness of early childhood that affects multiple organ systems, including the skin, mucous membranes, eyes, joints, lymph nodes, and cardiovascular system. It is the leading cause of acquired heart disease in young children and may result in coronary artery aneurysms, which can lead to long-term complications such as MI or SCD.

Heart Failure in Infants and Children

As in adults, HF in infants and children results from the inability of the heart to maintain the CO required to sustain metabolic demands. Structural CHD is the most common cause of HF in children. Surgical correction may itself contribute to HF as a result of intraoperative manipulation of the heart or resection of heart tissue, which alters pressure, flow, and resistance relationships. This type of HF is usually acute and resolves once the effects of surgery subside. Cardiomyopathy is another important cause of HF in children and may result from genetic or inherited conditions, infectious agents such as viruses, exposure to drugs or toxins, or inflammatory conditions such as Kawasaki disease.

Chart 21-2 lists some of the more common causes of HF in children, including CHD, cardiomyopathy, and inflammatory heart disorders (Bogle et al., 2023).

CHART 21-2

CAUSES OF HEART FAILURE IN CHILDREN

Newborn Period (Birth to 1 Month)

Congenital heart disease (structural)
HLHS
Critical aortic stenosis
Coarctation of the aorta
Large left-to-right shunts (VSD, PDA)
TGA
Total anomalous pulmonary venous return (TAPVR)
Secondary myocardial dysfunction
Perinatal asphyxia
Sepsis
Hypoglycemia
Severe anemia
Inborn errors of metabolism
PPHN
Neonatal myocarditis
Large arteriovenous malformations (e.g., vein of Galen malformation)

Infants 1–6 Months

Congenital heart disease
Undiagnosed or progressing defects (e.g., large VSD, atrioventricular [AV] septal defect, PDA)
Postsurgical complications
Heart muscle dysfunction
Cardiomyopathy and myocardial disease
Myocarditis
Dilated cardiomyopathy
Inborn metabolic or mitochondrial disorders
Pulmonary Causes
Bronchopulmonary dysplasia
Persistent pulmonary hypertension
Severe systemic infections (e.g., sepsis)
Severe anemia
Tachyarrhythmias (e.g., supraventricular tachycardia)

Toddlers, Children, and Adolescents

Dilated or hypertrophic cardiomyopathy (genetic or idiopathic)

Viral myocarditis

Rheumatic heart disease

Kawasaki disease (with coronary involvement)

Infective endocarditis

Systemic and Secondary Causes

Sepsis or systemic inflammatory conditions

Chronic renal disease (fluid overload, hypertension)

Sickle cell disease

Severe anemia

Thyrotoxicosis

Uncontrolled hypertension

Arrhythmias (especially sustained tachyarrhythmias)

Obesity-related cardiomyopathy

Substance/toxin-induced cardiomyopathy (e.g., drugs, chemotherapy)

Clinical Manifestations

Many of the signs and symptoms of HF in infants and children are similar to those seen in adults. However, in children, overt symptoms often occur late in the disease process. Breathlessness, tachypnea, and tachycardia—often perceived as palpitations—are the most common symptoms. Other symptoms include fatigue, exercise intolerance, cough, anorexia, and abdominal pain. Subtle indicators of cardiorespiratory distress may include a change in behavior or responsiveness, such as irritability or lethargy. SNS activation may result in peripheral vasoconstriction and diaphoresis. Decreased renal perfusion often leads to reduced urine output despite adequate fluid intake (Bogle et al., 2023).

When RV function is impaired, systemic venous congestion develops. Hepatomegaly from hepatic congestion is often one of the earliest signs of right-sided HF in infants and children. However, dependent edema and ascites are rarely seen unless central venous pressure (CVP) is markedly elevated. Jugular venous distention is difficult to detect in infants. A third heart sound, or gallop rhythm, is frequently present and results from the rapid filling of a noncompliant ventricle, although it can be difficult to discern at the high HRs typical of infants and young children.

Pulmonary manifestations are common. Most children develop interstitial rather than alveolar pulmonary edema, which reduces lung compliance and increases the work of breathing, resulting in tachypnea and greater respiratory effort. Older children may use accessory muscles, while infants may show head bobbing and nasal flaring. Signs of respiratory distress are often the first indication of HF in infants and young children and may be mistaken for bronchiolitis or lower respiratory tract infection. Infants may grunt with expiration, an instinctive action that increases end-expiratory pressure to prevent small airway collapse and atelectasis. Pulmonary crackles are uncommon in HF and may suggest a concurrent respiratory infection. Wheezing can occur in the presence of large left-to-right shunts (Bogle et al., 2023).

Feeding difficulties are a hallmark of infants with HF. Tachypnea, fatigue, and diaphoresis—particularly over the head and neck—often increase during feeding. These infants typically have poor weight gain due to high energy expenditure and low caloric intake. Infants may also experience recurrent lower respiratory tract infections due to pulmonary congestion and compromised immune function. Peripheral perfusion is usually diminished, with cool extremities, an elevated HR, and an increased respiratory rate.

Diagnosis

HF diagnosis in infants and children is based on clinical signs and symptoms, chest radiographic findings, ECG, and echocardiography to evaluate cardiac structure and function. Additional testing includes arterial blood gases to assess for intracardiac shunting or ventilation–perfusion mismatch, as well as laboratory studies to evaluate for anemia, electrolyte imbalances, or infection. Measurement of serum biomarkers such as BNP or NT-proBNP may assist in assessing severity and guiding management (Bogle et al., 2023).

Interventions to improve cardiac function and eliminate excess fluid volume while minimizing oxygen demand and supporting oxygen delivery are provided. Whenever possible, the underlying cause is corrected.

The child's developmental and physiologic needs guide interventions, which are similar to those used in adults. Myocardial contractility is enhanced with inotropic agents (e.g., digoxin), and agents to reduce preload (e.g., diuretics) and afterload (e.g., vasodilators) are used (Bogle et al., 2023).

Most children are more comfortable in a semi-upright position; infants may benefit from being placed in an infant seat. Activity should be encouraged within the limitations imposed by the cardiac condition. Small, frequent feedings are generally better tolerated than larger ones, and severely ill infants may require tube feeding to meet energy demands.

Heart Failure in Older Adults

HF is largely a disease of aging. It is one of the most common causes of disability in older adults and is the leading cause of hospitalization and discharge diagnoses among adults older than 65 years in the United States and Canada. Among the factors contributing to the increasing number of older adults with HF are improved therapies for ischemic and hypertensive heart disease. Advances in the treatment of other chronic conditions have also contributed to longer life expectancy, thereby increasing the prevalence of HF in this population (Liu & Lampert, 2022).

CAD, hypertension, arrhythmias, and valvular heart disease—particularly aortic stenosis and mitral regurgitation—are common causes of HF in older adults. In contrast to middle-aged individuals, for whom systolic dysfunction is often the primary driver, older adults more commonly experience HFpEF. In fact, preserved LV function is observed in 40% to 80% of older adults with HF. With aging, impaired ventricular relaxation and reduced myocardial compliance lead to elevated LV diastolic pressures with relatively small increases in volume. This pressure increase is transmitted to the left atrium and pulmonary circulation, predisposing to pulmonary congestion and symptoms of HF. While diastolic HF accounts for fewer than 10% of cases in adults under 60, it accounts for more than 50% of cases in adults over 75 (Liu & Lampert, 2022).

Several age-related cardiovascular changes contribute to the development of HF in older adults. First, reduced beta-adrenergic responsiveness limits the heart's ability to increase HR and contractility under stress. Second, progressive vascular stiffness leads to increased systolic BP, which promotes LV hypertrophy and impairs diastolic filling. Third, the myocardium itself becomes stiffer and less compliant, leading to reduced ventricular filling and elevated atrial pressures. These changes increase the risk of AF due to atrial stretch. Finally, mitochondrial function declines with age; while resting ATP production may remain adequate, older myocardial cells may be unable to meet the increased energy demands during stress or illness (Liu & Lampert, 2022).

Clinical Manifestations

In older adults, HF symptoms may be nonspecific or masked by other chronic health conditions. Early symptoms such as nocturia or nocturnal incontinence may be misattributed to benign prostatic hyperplasia or age-related bladder changes. Lower extremity edema may be assumed to result from venous insufficiency or immobility. Impaired GI perfusion can cause anorexia and lead to unintentional weight loss and loss of lean body mass, which may be masked by concurrent fluid retention.

Classic symptoms such as exertional dyspnea, orthopnea, and reduced exercise tolerance remain key indicators of HF but may be underrecognized in older adults with a sedentary lifestyle. In place of dyspnea, restlessness, or subtle behavioral changes may be more prominent. Physical signs like elevated jugular venous pressure, hepatic congestion, an S3 gallop, and pulmonary crackles occur less frequently in older adults, especially in those with diastolic HF, where right-sided symptoms often appear late and a third heart sound may be absent (Liu & Lampert, 2022).

Instead, older adults may present with cognitive symptoms such as impaired short-term memory, reduced attention, and poor decision making. Depression is also common and may share overlapping symptoms with HF, including fatigue, sleep disturbances, and cognitive decline (Chart 21-3).

CHART 21-3

MANIFESTATIONS OF HEART FAILURE IN OLDER ADULTS

Symptoms

- Dyspnea on exertion
- Orthopnea and PND
- Nocturia or nocturnal incontinence
- Fatigue
- Cognitive impairment (e.g., problem solving, decision making)
- Confusion or acute delirium
- Depression
- Sleep disturbances (including insomnia or waking short of breath)
- History of falls or generalized weakness
- Loss of appetite or early satiety

Signs

- Dependent edema (ankle edema when sitting up and sacral edema when supine)
- Pulmonary crackles (often a late finding)
- Tachycardia or irregular rhythm (e.g., atrial fibrillation)
- Jugular venous distention (if assessable)
- Cool extremities, weak pulses, delayed capillary refill
- Weight changes (fluid overload or cachexia)

During periods of stability, older adults may appear relatively symptom-free if they adhere to their treatment regimen. However, acute decompensation can be triggered by seemingly minor events such as diet (e.g., excess sodium intake), infection, or emotional stress. Failure to seek timely medical care during early exacerbation often leads to more serious complications and hospitalization (Liu & Lampert, 2022).

Diagnosis

Diagnosing HF in older adults requires a thorough history and physical examination, supported by chest radiography, ECG, and echocardiography. Diagnostic accuracy may be challenged by the subtlety of symptoms. Dyspnea may be perceived as a normal part of aging or attributed to comorbid conditions such as deconditioning, anemia, or chronic pulmonary disease. Similarly, ankle edema is common in sedentary older adults for reasons unrelated to HF. Age-related changes in pharmacokinetics and increased sensitivity to adverse effects are important in planning care for this population. Bed rest should be limited as it can lead to rapid deconditioning, orthostatic hypotension, and thromboembolic complications.

SUMMARY CONCEPTS

The underlying mechanisms of HF in children and older adults are similar to those in younger adults, involving impaired CO and compensatory responses. However, the causes and clinical manifestations vary with age. In children, HF most commonly occurs during infancy or in the immediate postoperative period following cardiac surgery. It may result from congenital or acquired heart disease and is often characterized by fatigue, exercise intolerance, cough, anorexia, abdominal pain, and poor growth. Treatment focuses on correcting the underlying cause whenever possible. For congenital anomalies that are surgically correctable, medical management is typically required both before and after surgery. In cases where surgery is not feasible, medical therapy alone is used.

In older adults, age-related changes in cardiovascular function contribute to the development of HF, particularly HFpEF. However, these changes alone are not sufficient to cause HF. Clinical manifestations in older adults often differ from those in younger individuals and may be obscured by coexisting health conditions, making diagnosis more challenging. Because older adults are more vulnerable to adverse drug reactions, medication dosages must be carefully tailored and monitored.

Circulatory Failure (Shock)

Circulatory shock is an acute, life-threatening condition characterized by the failure of the circulatory system to deliver adequate oxygen and nutrients to peripheral tissues and organs, resulting in cellular hypoxia and impaired metabolism. Although hypotension and signs of hypoperfusion are commonly present, shock can occur even when vital signs appear normal, particularly in its early stages. Shock is not a single disease but a complex clinical syndrome that may develop as a result of diverse underlying conditions. It is typically classified by its primary cause: impaired cardiac function (cardiogenic shock), reduced intravascular volume (hypovolemic shock), excessive vasodilation with abnormal distribution of blood flow (distributive shock), or obstruction of blood flow within the cardiovascular system (obstructive shock) (Chart 21-4; Fig. 21-32).

CHART 21-4

CLASSIFICATION OF CIRCULATORY SHOCK

Cardiogenic

Myocardial damage (myocardial infarction, contusion)

Sustained arrhythmias (e.g., ventricular tachycardia or fibrillation)

Acute valve dysfunction (e.g., papillary muscle rupture, endocarditis)

Ventricular septal rupture or defect

Cardiomyopathy (e.g., dilated, stress-induced)

Cardiac surgery complications

Hypovolemic

Loss of whole blood (e.g., trauma, gastrointestinal bleeding)

Loss of plasma (e.g., burns, pancreatitis)

Loss of extracellular fluid (e.g., severe dehydration, vomiting, diarrhea, third spacing)

Obstructive

Inability of the heart to fill properly (cardiac tamponade, constrictive pericarditis)

Obstruction to outflow from the heart (PE, intracardiac tumor, tension pneumothorax, dissecting aortic aneurysm, severe aortic stenosis, abdominal compartment syndrome)

Distributive

Loss of sympathetic vasomotor tone, often from spinal cord injury (neurogenic shock)

Presence of vasodilating substances in the blood due to systemic allergic reaction and histamine release (anaphylactic shock)

Presence of overwhelming infection and inflammatory mediators (septic shock)

Bacterial exotoxins (toxic shock syndromes)

Endocrine Shock (Less Common but Recognized)

Acute adrenal insufficiency (e.g., Addisonian crisis)

Myxedema coma

Thyroid storm

Pathophysiology

Circulatory shock is defined by inadequate tissue perfusion that results in cellular hypoxia and energy failure. Hypoperfusion leads to insufficient delivery of oxygen

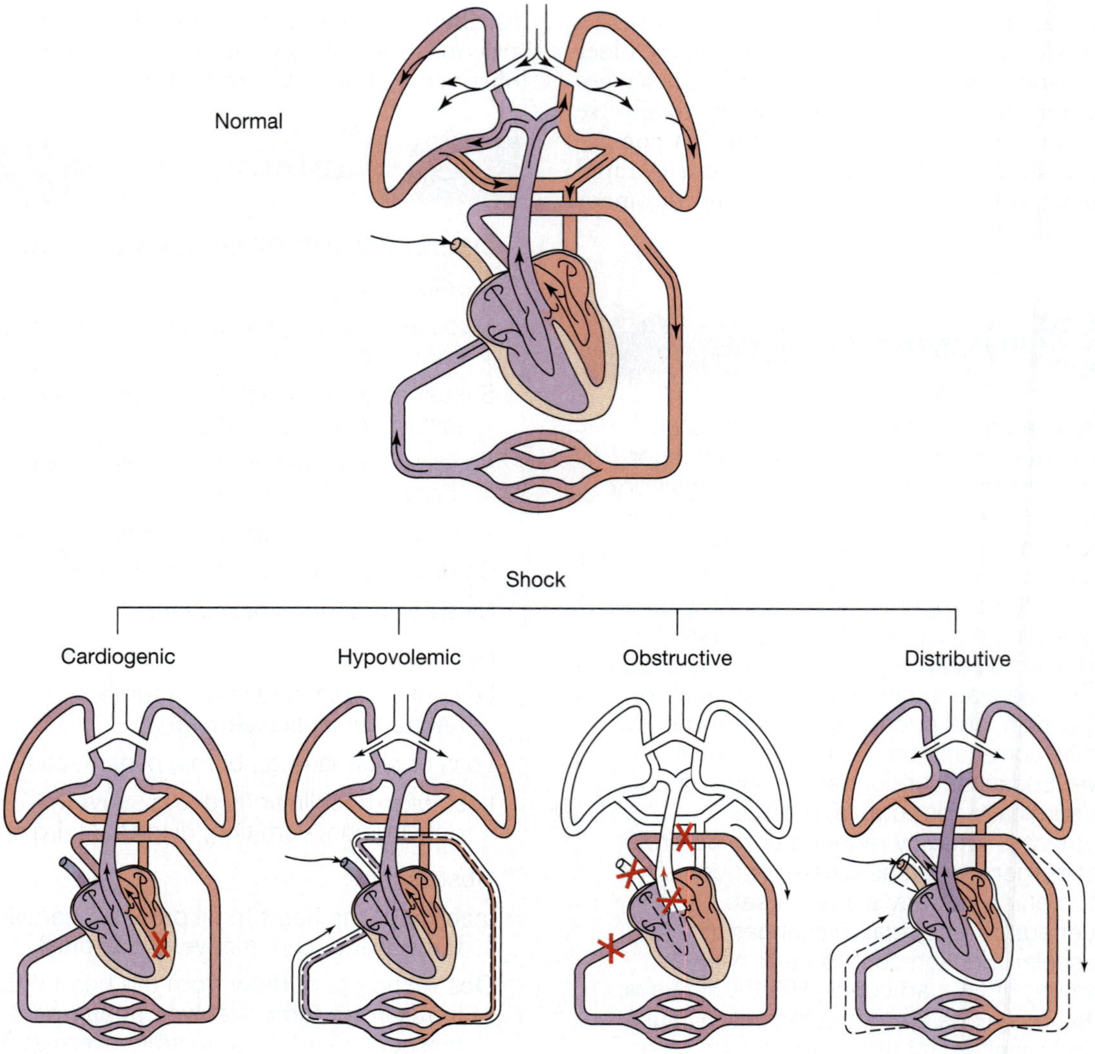

FIGURE 21-32. Types of shock.

and nutrients to meet cellular demands, impairing normal cellular metabolism. In the early stages, the body initiates compensatory mechanisms to maintain perfusion to vital organs, but if the underlying cause is not corrected, these mechanisms ultimately fail and contribute to the progression of shock and multiorgan dysfunction (Blumlein & Griffiths, 2022).

The most immediate compensatory responses include activation of the SNS and the RAAS. These responses aim to maintain CO and BP. Sympathetic activation results in the release of catecholamines (epinephrine and norepinephrine), which stimulate alpha- and beta-adrenergic receptors. Alpha$_1$-receptor activation causes peripheral vasoconstriction, increasing SVR. Beta$_1$-receptor stimulation increases HR and myocardial contractility, while beta$_2$-receptor stimulation promotes vasodilation in skeletal muscle beds and bronchodilation. Simultaneously, RAAS activation increases angiotensin II (a potent vasoconstrictor) and aldosterone, which promotes sodium and water retention, expanding intravascular volume.

These compensatory mechanisms are initially adaptive but become maladaptive over time. Prolonged vasoconstriction reduces tissue perfusion, exacerbating cellular hypoxia. As oxygen delivery declines, cells shift from aerobic to anaerobic metabolism. Under anaerobic conditions, pyruvate (produced from glycolysis) is converted into lactic acid rather than entering the mitochondria for aerobic metabolism. Anaerobic glycolysis yields significantly less ATP than oxidative phosphorylation, resulting in energy depletion and intracellular acidosis due to lactic acid accumulation (Blumlein & Griffiths, 2022).

As shock persists, critical cellular functions begin to fail (Fig. 21-33). The energy deficit impairs the sodium–potassium ATPase pump, leading to sodium and water accumulation within cells and potassium loss. Cellular swelling, increased membrane permeability, and dysfunction of mitochondria ensue. Lysosomal membranes may rupture, releasing degradative enzymes that further damage intracellular structures. Cell death follows, with the release of intracellular contents triggering

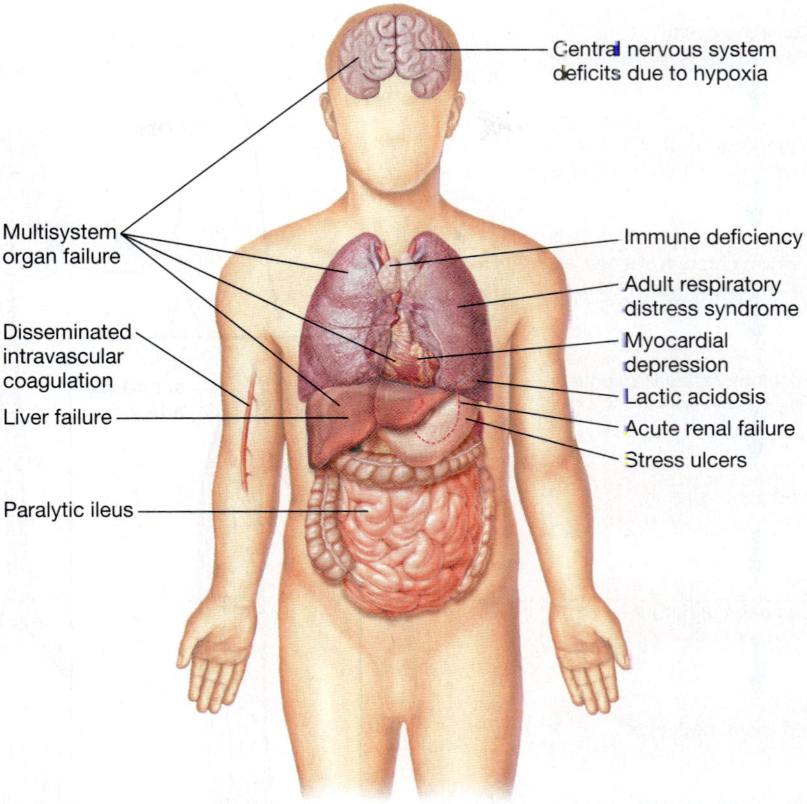

FIGURE 21-33. Multiple body systems work together to maintain blood flow and provide oxygen to all body tissues, including the cardiovascular, pulmonary, nervous, and endocrine systems. When the patient is in shock, the cells don't receive enough oxygen or other energy sources. As such, they have to find other methods to create energy that aren't as efficient and produce more waste products. Shock is a good example of a hemodynamic state that is commonly associated with changing and evolving clinical stability, necessitating different treatment. Shock describes a group of circulatory syndromes, all of which result in generalized cellular hypoxia. (From January 2014 Lippincott Professional Development. Lippincott Williams & Wilkins, 2014. LPD_2014_01_January, nshk1s04b.jpg.)

inflammatory pathways, including activation of the arachidonic acid cascade and production of reactive oxygen species (ROS). These mediators promote systemic inflammation and microvascular injury, further worsening tissue perfusion and organ function.

Ultimately, shock exerts its most profound effects at the cellular and microvascular levels. The extent and duration of shock determine the degree of organ dysfunction and the likelihood of irreversible injury (Fig. 21-34). Early identification and timely intervention are critical to prevent progression to decompensated or irreversible shock (Blumlein & Griffiths, 2022).

Cardiogenic Shock

Cardiogenic shock occurs when the heart fails to pump blood effectively enough to meet the body's metabolic demands. It is characterized by decreased CO, hypotension, hypoperfusion, and signs of tissue hypoxia, despite adequate intravascular volume. Cardiogenic shock can arise acutely from MI, myocardial contusion, sustained arrhythmias, or complications of cardiac surgery. It may also develop as a late manifestation of chronic conditions such as advanced CAD or cardiomyopathy (Krychtiuk et al., 2022).

Pathophysiology

The most common cause of cardiogenic shock is extensive LV damage from an acute MI, often compounded by prior infarction. The loss of functional myocardium reduces SV and CO, compromising tissue perfusion. Contributing factors include decreased myocardial contractility, increased afterload (due to vasoconstriction), and excessive preload (from volume accumulation in the ventricle) (Krychtiuk et al., 2022).

SNS activation and the RAAS exacerbate the problem. Norepinephrine-mediated vasoconstriction increases SVR and afterload. RAAS activation promotes vasoconstriction via angiotensin II and fluid retention via aldosterone, increasing preload. The combination of elevated preload and afterload worsens LV function and impairs CO further.

As ventricular pressures rise, coronary perfusion becomes compromised—particularly during diastole—due

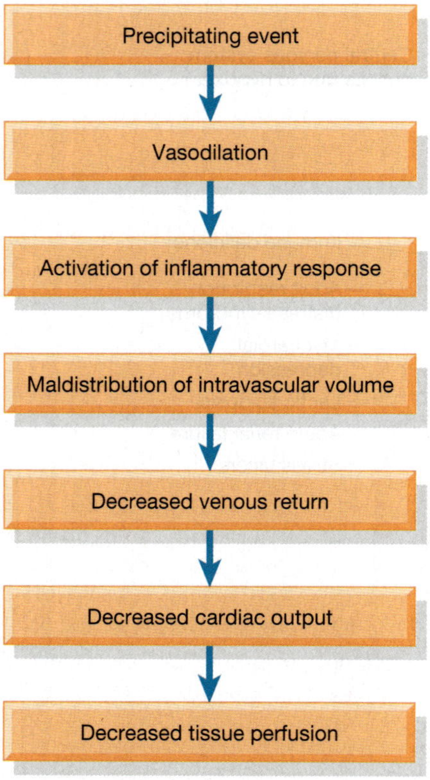

FIGURE 21-34. Pathophysiologic sequence of events in circulatory shock. (Hinkle, J. L., & Cheever, K. H. [2014]. *Brunner & Suddarth's textbook of medical-surgical nursing*. Wolters Kluwer Health/Lippincott Williams & Wilkins.)

to reduced coronary driving pressure and increased wall tension. This imbalance between oxygen supply and demand can lead to worsening myocardial ischemia. In severe or prolonged cases, systemic inflammation may develop, reflected by leukocytosis, elevated CRP, and fever, signaling a systemic inflammatory response syndrome (SIRS) (Krychtiuk et al., 2022).

Clinical Manifestations

Cardiogenic shock typically presents with signs of systemic hypoperfusion. Hypotension is common, though a preshock state with normal BP may occur. Cyanosis of the lips, nail beds, and skin reflects reduced capillary flow and increased oxygen extraction. Mean arterial pressure (MAP) and systolic BP are reduced due to low SV, with a narrow pulse pressure and relatively preserved diastolic pressure from vasoconstriction. Other manifestations include oliguria, due to reduced renal perfusion and aldosterone-mediated sodium retention, elevated CVP and PCWP reflecting increased preload, and neurologic changes, such as confusion or reduced consciousness, from cerebral hypoperfusion (Lüsebrink et al., 2024). Improving CO, reducing myocardial workload and oxygen demand, enhancing coronary perfusion, and preventing complications such as pulmonary edema and arrhythmias are key strategies when managing care. The intra-aortic balloon pump (IABP) may be needed to augment diastolic coronary perfusion

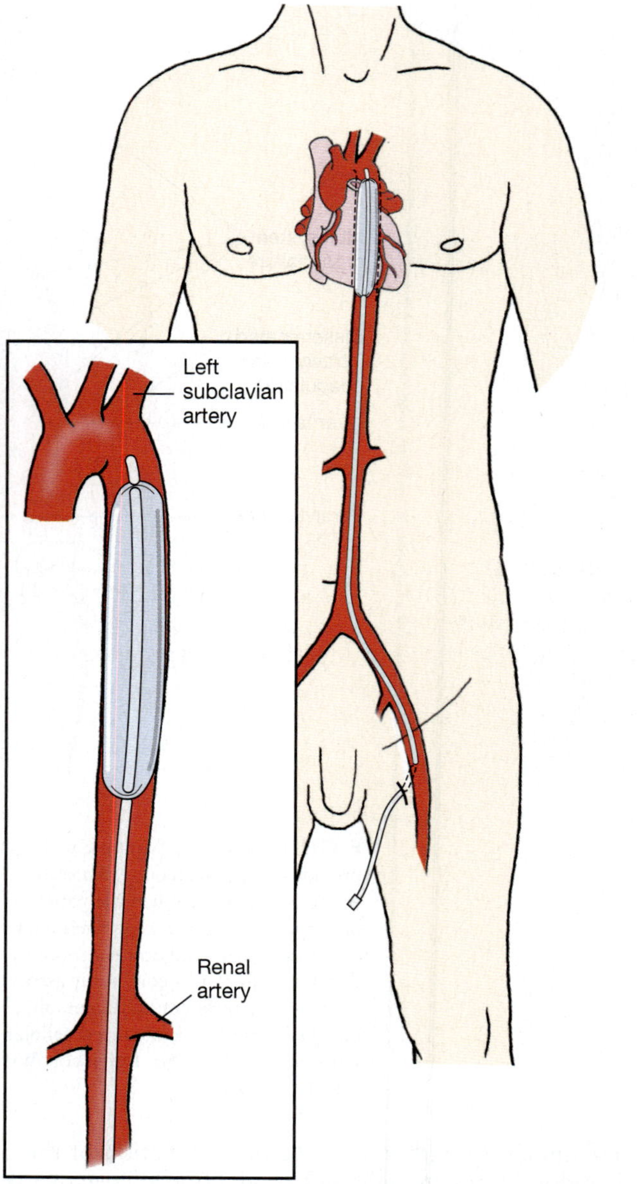

FIGURE 21-35. Proper position of the balloon catheter illustrating percutaneous insertion. (From Morton P. G., Fontaine D. K. [2018]. *Critical care nursing: A holistic approach* [11th ed., p. 293]. J. B. Lippincott; Fig. 18-18.)

and reduce afterload. It inflates during diastole to push blood toward the coronary arteries and deflates before systole to decrease resistance to left ventricular ejection (Fig. 21-35).

Hypovolemic Shock

In **hypovolemic shock**, a significant loss of intravascular volume results in inadequate filling of the vascular compartment and insufficient tissue perfusion. It typically occurs with an acute loss of 15% to 20% or more of circulating blood volume. This volume depletion may result from external loss of whole blood (e.g., trauma, GI bleeding), plasma (e.g., severe burns), or extracellular fluid (e.g., vomiting, diarrhea, dehydration). Internal hemorrhage or third-space fluid shifts, such as in pancreatitis or bowel obstruction, can also reduce effective circulating volume and contribute to hypovolemic shock (Ballas & Roberts, 2024).

Pathophysiology

In the early stages of hypovolemic shock, the body can compensate for modest blood loss. Experimental data show that loss of up to 10% of total blood volume typically does not cause significant changes in CO or arterial BP. As volume loss progresses to 15% to 25%, SV begins to decline due to reduced preload (Ballas & Roberts, 2024).

To maintain MAP, the body activates compensatory mechanisms, primarily driven by the SNS. This results in a reflex increase in HR (tachycardia) and vasoconstriction, which raises SVR. Diastolic pressure rises, and pulse pressure narrows, a classic early sign of hypovolemia. Because MAP = CO × SVR, the rise in SVR helps preserve MAP temporarily, even as CO falls.

Crucially, tissue hypoperfusion may develop before hypotension is clinically evident, especially in younger, healthier individuals with strong compensatory responses. Once blood loss exceeds approximately 30% to 40%, compensatory mechanisms fail, and there is a rapid decline in both CO and arterial pressure, leading to hemodynamic collapse and multiorgan failure if not promptly reversed (Ballas & Roberts, 2024).

Compensatory Mechanisms

The body rapidly activates compensatory mechanisms in response to volume loss (Fig. 21-36). Within seconds, sympathetic stimulation triggers tachycardia, increased myocardial contractility, and peripheral vasoconstriction. These responses help maintain perfusion to vital organs and mobilize blood stored in large abdominal veins and the liver. Approximately 350 mL of blood can be redistributed from hepatic reserves during shock.

Blood flow to the brain and heart is initially preserved due to selective sparing of cerebral and coronary vasculature, provided MAP remains above 70 mm Hg. In parallel, mechanisms aimed at restoring intravascular volume are activated. Reduced capillary hydrostatic pressure draws fluid from the interstitial space into the vasculature. The kidneys conserve sodium and water in response to reduced renal perfusion, activating the RAAS and stimulating antidiuretic hormone (ADH) (vasopressin) release. ADH increases renal water reabsorption and causes vasoconstriction. Thirst is also stimulated, particularly with blood volume reductions of 10% to 15% (Ballas & Roberts, 2024).

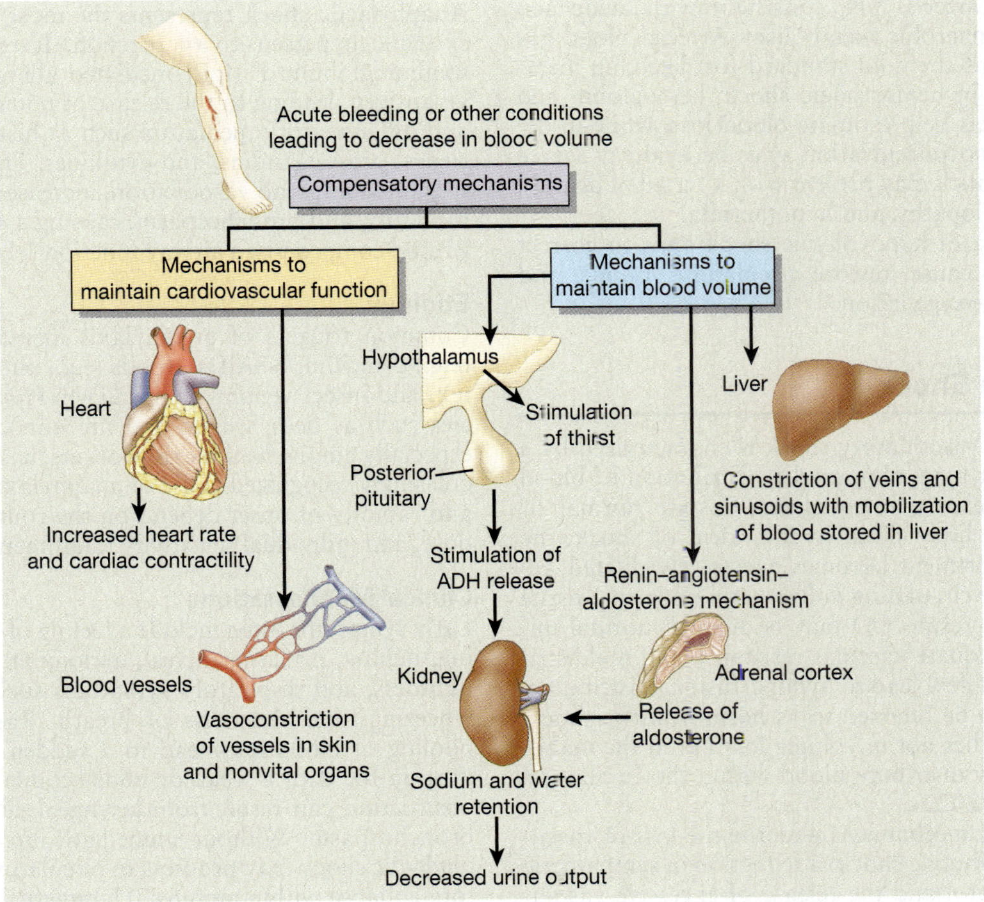

FIGURE 21-36. Compensatory mechanisms used to maintain circulatory function and blood volume in hypovolemic shock. ADH, antidiuretic hormone.

As shock progresses, vasoconstriction intensifies, especially in vessels serving the skin, skeletal muscles, kidneys, and abdominal organs. This further limits blood flow and promotes anaerobic metabolism, resulting in lactate production and cellular injury.

Clinical Manifestations

Signs and symptoms of hypovolemic shock vary with severity but primarily reflect inadequate tissue perfusion and sympathetic overactivation. Early signs include tachycardia, thirst, cool and clammy skin, and restlessness. As perfusion declines, systolic BP drops, pulse pressure narrows, and the pulse becomes weak and thready. Respirations become rapid and deep as the body attempts to compensate for metabolic acidosis. Hemodynamic monitoring may show decreased CVP and collapsing peripheral veins in severe cases.

Urine output declines rapidly due to decreased renal perfusion. Oliguria, defined as less than 20 mL/hour, indicates inadequate renal blood flow. Continuous urine output monitoring is essential for assessing circulatory status and response to therapy.

Skin changes such as pallor and mottling occur with worsening perfusion, especially in hemorrhagic shock. Neurologic signs progress from anxiety and agitation to confusion, lethargy, and eventually coma, as cerebral perfusion diminishes (Ballas & Roberts, 2024).

Laboratory indicators include rising serum lactate and declining arterial pH, consistent with lactic acidosis due to anaerobic metabolism. Arterial blood gas analysis remains the gold standard for detecting metabolic acidosis. In hemorrhagic shock, hemoglobin and hematocrit levels help estimate blood loss, while in dehydration, hemoconcentration may be evident. Severe hypovolemic shock may present with a "triad of death": acidosis, coagulopathy, and hypothermia.

Management of hypovolemic shock aims to correct the underlying cause, restore circulatory volume, and improve tissue oxygenation.

Distributive Shock

Distributive or **vasodilatory shock** is characterized by a loss of vascular tone, abnormal redistribution of blood volume, and relative hypovolemia despite normal or increased total body fluid. In this form of shock, the vascular compartment becomes excessively dilated, reducing effective circulating volume and impairing tissue perfusion. As a result, CO may be high or normal initially, but inadequate vascular resistance and maldistribution of blood flow lead to hypoperfusion. Distributive shock may also be referred to as **normovolemic shock**, as the problem lies not in volume loss but in the inability to effectively distribute blood within the circulation (Kashani et al., 2022).

Two primary mechanisms underlie the loss of vascular tone in distributive shock: a reduction in sympathetic vasomotor control and the release of excessive vasodilatory substances. In some cases, severe and prolonged hypotension, such as in late-stage hemorrhagic shock, can cause secondary vessel dysfunction and mimic features of distributive shock. The three major forms of distributive shock are neurogenic, anaphylactic, and septic shock. All share the pathophysiologic hallmark of vasodilation and impaired vascular regulation (Kashani et al., 2022).

Neurogenic Shock

Neurogenic shock results from a disruption in sympathetic control of vascular tone, usually due to injury or dysfunction involving the vasomotor center in the brainstem or interruption of sympathetic outflow. It may occur with spinal cord injury, particularly above the midthoracic region, or as a result of brain injury, spinal anesthesia, general anesthesia, or the effects of central nervous system depressant drugs. Hypoxia or hypoglycemia affecting the medulla can also precipitate neurogenic shock. Unlike other types of shock, neurogenic shock may present with bradycardia due to unopposed parasympathetic activity and warm, dry skin due to vasodilation, rather than cool, clammy extremities.

This type of shock is relatively rare and often transient. The term "spinal shock" is sometimes used inappropriately to describe neurogenic shock but more accurately refers to the transient loss of spinal reflexes following spinal cord injury (Ahmed & Bose, 2024).

Anaphylactic Shock

Anaphylactic shock represents the most severe form of systemic hypersensitivity reaction. It results from an immunoglobulin E (IgE)–mediated allergic response to an antigen, leading to the release of potent vasodilatory and inflammatory mediators such as histamine, leukotrienes, prostaglandins, and cytokines. These substances trigger widespread vasodilation, increased capillary permeability, and bronchospasm, causing a sudden drop in BP and compromised airway function (Hammett, 2024).

Etiology

Common triggers of anaphylaxis include medications (e.g., penicillin, NSAIDs), foods (e.g., nuts, shellfish), latex, and insect venoms (particularly *Hymenoptera* species such as bees, wasps, and fire ants). Latex allergy, especially among health care workers, has become an increasingly recognized cause of anaphylaxis. The severity and rapidity of onset depend on the route of exposure, dose, and individual sensitivity (Hammett, 2024).

Clinical Manifestations

Early symptoms often include a feeling of warmth, flushing, itching, urticaria (hives), abdominal cramps, chest tightness, and respiratory symptoms such as coughing, wheezing, and shortness of breath. Rapid peripheral pooling of blood may lead to a sudden and profound drop in BP, with a weak or undetectable pulse. Airway obstruction can result from laryngeal edema or severe bronchospasm. Without immediate intervention, anaphylactic shock may progress to circulatory and respiratory collapse within minutes (Hammett, 2024).

Removal of the antigen, if possible (e.g., applying ice to an insect sting), airway management, and cardiovascular support are initiated along with epinephrine as the first-line treatment. The patient should be placed supine to promote venous return, as assuming a sitting or upright position can worsen hypotension and has been associated with sudden death in severe anaphylaxis (Hammett, 2024).

Prevention

Preventing anaphylactic reactions is crucial. Individuals with known allergies should avoid known triggers, wear medical alert identification, and carry epinephrine autoinjectors (e.g., EpiPen) at all times (Hammett, 2024).

Sepsis and Septic Shock

Septic shock is the most common form of vasodilatory (distributive) shock and results from a systemic, dysregulated host response to infection, leading to life-threatening organ dysfunction and circulatory collapse. It is a subtype of sepsis, a major cause of morbidity and mortality worldwide. According to the Sepsis-3 consensus definition, **sepsis** is defined as "life-threatening organ dysfunction caused by a dysregulated host response to infection" (Adelman et al., 2023).

Organ dysfunction is typically identified by an acute increase of greater than or equal to 2 points in the Sequential (Sepsis-related) Organ Failure Assessment (SOFA) score, which assesses the function of six organ systems: respiratory, cardiovascular, hepatic, coagulation, renal, and neurologic. Each organ system is scored from 0 (normal) to 4 (most abnormal), with higher total scores indicating more severe organ failure and an increased risk of death (Pölkki et al., 2022).

Septic shock is defined as a subset of sepsis in which underlying circulatory and cellular/metabolic abnormalities are profound enough to substantially increase mortality. Diagnostic criteria include persistent hypotension requiring vasopressors to maintain MAP greater than or equal to greater than or equal to 65 mm Hg and serum lactate greater than 2 mmol/L, despite adequate fluid resuscitation (Adelman et al., 2023).

An estimated 1.5 million cases of sepsis occur in the United States annually, with more than 250,000 deaths. The rising incidence is attributed to increased awareness, aging populations, antimicrobial resistance, immunosuppression, and the growing use of invasive medical procedures. However, early recognition and evidence-based treatment have improved survival rates (La Via et al., 2024).

Pathophysiology

Sepsis is initiated by infection and the systemic response (Fig. 21-37). Cellular activation results in the release of mediators such as cytokines, neutrophils, and monocytes. The complement system is activated, and coagulation occurs. Systemic inflammation causes overactivation of the coagulation pathway, leading to microvascular thrombi, impaired organ perfusion, and organ dysfunction. These changes contribute to disseminated intravascular coagulation (DIC) in severe cases. The innate immune system produces local and systemic inflammation, fever, leukocyte activation, vasodilation, increased vascular permeability, and microvascular injury (Adelman et al., 2023). A hallmark of septic shock is systemic vasodilation, reduced vascular resistance, and hypotension. Additionally, increased capillary permeability leads to third spacing and relative hypovolemia.

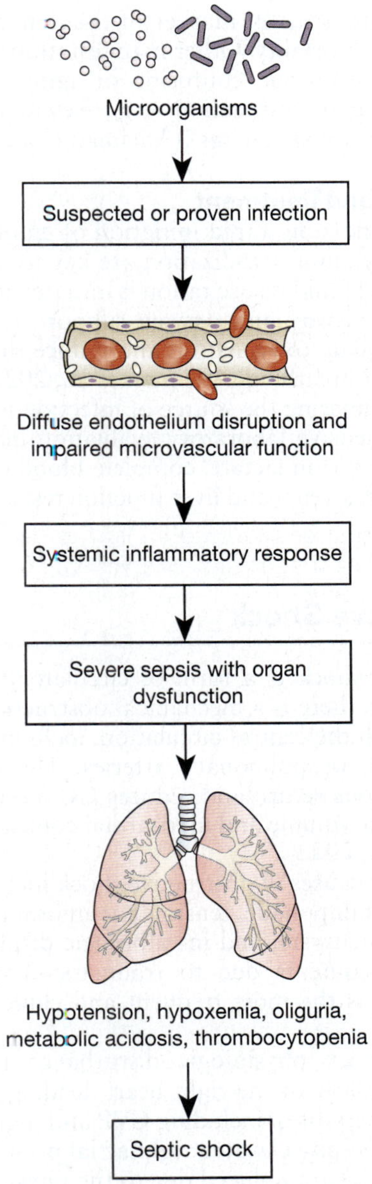

FIGURE 21-37. Pathogenic mechanisms leading to infection and septic shock.

Clinical Manifestations

Sepsis and septic shock typically present with fever, tachycardia, tachypnea, altered mental status, and hypotension. Unlike other forms of shock, septic shock often features low SVR and warm, flushed skin in its early stages due to peripheral vasodilation. As shock progresses, the skin may become cool and mottled.

Capillary leak and vasodilation lead to relative hypovolemia, while increased metabolic demand and impaired oxygen delivery result in lactic acidosis. Elevated serum lactate is a key marker of tissue hypoxia and a predictor of mortality. Other manifestations include decreased urine output, confusion or agitation, and evidence of organ dysfunction (e.g., elevated creatinine, bilirubin, or transaminases) (Adelman et al., 2023).

Diagnosis and Treatment

Early identification, rapid initiation of empiric therapy, and hemodynamic stabilization are key to the management of care. Fluid resuscitation is initiated immediately, along with airway and oxygen support as needed, to ensure adequate oxygenation and reduce the metabolic workload of breathing (Adelman et al., 2023). Identifying and eliminating the source of infection is essential.

Comprehensive laboratory evaluation includes measurement of serum lactate, complete blood count, coagulation profile, renal and liver function tests, and arterial blood gases.

Obstructive Shock

Obstructive shock is a form of circulatory shock that occurs when there is a mechanical obstruction of blood flow through the central circulation, including the great veins, heart, or pulmonary arteries. The obstruction impairs venous return and reduces CO, despite normal intravascular volume and myocardial contractility (Zotzmann et al., 2022).

Common causes of obstructive shock include massive PE, cardiac tamponade, tension pneumothorax, dissecting aortic aneurysm, and intrathoracic displacement of abdominal contents due to traumatic diaphragmatic rupture. PE is the most frequent and clinically significant cause.

The primary physiologic disturbance is impaired filling or outflow of the right heart, leading to elevated right-sided pressures, including CVP and jugular venous distention. Despite elevated right atrial pressure, venous return and CO are reduced due to the physical obstruction. Clinical manifestations may mimic right-sided HF, including hypotension, distended neck veins, and muffled heart sounds (especially in tamponade).

Rapid identification and relief of the underlying cause are priorities (Zotzmann et al., 2022).

Complications of Shock

Severe or prolonged shock can result in widespread damage to multiple body systems, often with fatal consequences. Five major complications of shock include pulmonary injury, acute renal failure, GI ulceration, DIC, and multiple organ dysfunction syndrome (MODS). Pulmonary injury, including acute respiratory distress syndrome (ARDS), arises from increased capillary permeability and inflammation. Acute renal failure results from sustained hypoperfusion and ischemic injury to the kidneys. GI ulceration may develop due to stress-related mucosal damage and impaired perfusion of the GI tract. DIC is a serious disorder characterized by widespread activation of the coagulation system, leading to both microvascular thrombosis and bleeding. MODS involves the progressive failure of two or more organ systems and reflects the culmination of systemic inflammation, hypoxia, and cellular injury. These complications underscore the importance of early recognition and aggressive treatment of shock to minimize long-term morbidity and mortality (Koya & Paul, 2023).

Acute Lung Injury/Acute Respiratory Distress Syndrome

Acute lung injury (ALI) and **acute respiratory distress syndrome (ARDS)** are potentially life-threatening forms of pulmonary dysfunction that may be either a cause or consequence of shock. ARDS is the more severe manifestation of ALI and is clinically distinguished for research and management purposes.

ALI/ARDS typically presents with the sudden onset of severe dyspnea, usually 12 to 48 hours after an inciting event such as sepsis, trauma, or aspiration. Respiratory rate and effort increase, and arterial blood gas analysis reveals severe hypoxemia that is often refractory to supplemental oxygen. This is due to impaired ventilation–perfusion matching and reduced diffusion of gases across thickened alveolar–capillary membranes (Tejiram et al., 2023).

According to the Berlin definition, ARDS is diagnosed when all the following criteria are met: (1) respiratory symptoms begin within 1 week of a known clinical insult or show new/worsening symptoms; (2) chest imaging reveals bilateral opacities not fully explained by effusion, collapse, or nodules; (3) respiratory failure is not fully explained by cardiac failure or fluid overload; and (4) hypoxemia is present, with severity based on the PaO_2/FiO_2 ratio (Hanley et al., 2022).

Optimizing oxygenation while minimizing further lung injury is key. Mechanical ventilation with low tidal volumes and positive end-expiratory pressure (PEEP) is used along with supplemental oxygen to correct hypoxemia. Nosocomial pneumonia, deep vein thrombosis (DVT), and GI bleeding are common complications and require appropriate prophylactic strategies (Tejiram et al., 2023).

Acute Renal Failure

The kidneys, particularly the renal tubules, are highly susceptible to ischemic injury. Acute renal failure, more precisely termed acute kidney injury (AKI), is a significant contributor to mortality in patients with severe shock. Most cases are due to prolonged hypoperfusion, with acute tubular necrosis (ATN) being the most common form. Although ATN is often reversible, recovery may take weeks to months (Wu et al., 2022).

Continuous monitoring of urine output is essential in assessing renal perfusion during shock. Serum creatinine and blood urea nitrogen (BUN) levels are also tracked to monitor renal function. In septic shock, inflammatory mediators act as vasoconstrictors and contribute to microvascular clotting, further impairing renal blood flow and promoting the onset of AKI.

GI Complications

The GI tract is particularly vulnerable to hypoperfusion during shock, leading to a range of complications. Splanchnic vasoconstriction reduces mucosal blood flow, contributing to ischemia, ulceration, and impaired tolerance of enteral nutrition. Patients may experience anorexia, nausea, or vomiting, and stress-related mucosal damage of the stomach or duodenum can occur within hours of the insult. GI bleeding may present days later, often without warning (Klanovicz et al., 2022).

Poor mucosal perfusion may allow translocation of gut bacteria into the bloodstream, contributing to systemic infection and worsening shock. Reperfusion following ischemia can further damage the mucosa through the generation of oxygen-free radicals, and the protective glycoprotein mucus barrier may be reduced. Prophylactic therapy with histamine-2 receptor antagonists, proton pump inhibitors, or sucralfate is often used to prevent stress ulcers. Nasogastric decompression may reduce hydrogen ion accumulation, and early enteral feeding may reduce GI bleeding risk. Severe upper GI bleeding is treated with IV proton pump inhibitors (Klanovicz et al., 2022).

Disseminated Intravascular Coagulation

DIC is a serious complication of systemic inflammation and shock, particularly sepsis, and involves widespread activation of coagulation pathways. This leads to the formation of fibrin clots and occlusion of small- and medium-sized vessels. Simultaneously, natural anticoagulant pathways are suppressed, and fibrinolysis is impaired (Iba et al., 2023).

Clinically, DIC can present with both thrombotic and hemorrhagic manifestations. Platelet and clotting factor consumption increases bleeding risk, while fibrin deposition contributes to organ ischemia and failure. In sepsis, DIC occurs in up to 30% to 50% of patients and is mediated by inflammatory cytokines such as TNF-alpha and IL-1. Whether DIC is a direct predictor of poor outcomes or a marker of disease severity remains unclear.

Treating the underlying cause, such as infection in sepsis, is key, along with supportive measures. Platelet and coagulation factor replacement is indicated in bleeding patients, and low-dose heparin may be used selectively in cases dominated by thrombotic complications (Iba et al., 2023).

Multiple Organ Dysfunction Syndrome

Multiple organ dysfunction syndrome (MODS) is defined as progressive dysfunction of two or more organ systems in a patient with acute illness, such that homeostasis cannot be maintained without medical intervention. It is a leading cause of death in patients with critical illness, particularly in the setting of septic shock (Jacobi, 2022).

MODS most commonly affects the lungs, kidneys, liver, heart, and central nervous system. Mortality rates increase with the number of failing organs and are especially high when failure involves the brain, lungs, liver, or kidneys. The pathogenesis of MODS is not fully understood but likely involves a combination of systemic inflammation, endothelial dysfunction, impaired oxygen delivery, and apoptotic dysregulation. Endotoxins and cytokines released in sepsis play a central role, and impaired resolution of inflammation further contributes to organ injury.

Major risk factors for MODS include severe infection, prolonged hypotension, hepatic dysfunction, bowel ischemia, advanced age, alcohol use, and severe trauma. Management remains largely supportive and centers on maintaining organ function, minimizing further injury, and treating the underlying cause (Jacobi, 2022).

SUMMARY CONCEPTS

Circulatory shock is an acute emergency in which body tissues are deprived of oxygen and cellular nutrients or are unable to use these materials in their metabolic processes. Circulatory shock may develop because the heart is unable to adequately pump blood through the circulatory system (cardiogenic shock), there is insufficient blood in the circulatory system (hypovolemic shock), there is a maldistribution of blood due to abnormalities in vascular resistance (distributive shock), or blood flow or venous return is obstructed (obstructive shock). Three types of shock share the basic circulatory pattern of distributive shock: neurogenic shock, anaphylactic shock, and septic shock. Septic shock, which is the most common of the three types, is associated with a severe, overwhelming inflammatory response and has a high mortality rate.

The manifestations of hypovolemic shock, which serve as a prototype for circulatory shock, are related to low peripheral blood flow and excessive sympathetic stimulation. The low peripheral blood flow produces thirst, changes in skin temperature, decreased BP, increased HR, decreased venous pressure, decreased urine output, and changes in the sensorium. The intense vasoconstriction that serves to maintain blood flow to the heart and brain causes a decrease in tissue perfusion, impaired cellular metabolism, liberation of lactic acid, and, eventually, cell death. Whether the shock is irreversible or the person will survive is determined largely by changes that occur at the cellular level.

The complications of shock result from the deprivation of blood flow to vital organs or systems, such as the lungs, kidneys, GI tract, and blood coagulation system. Shock can cause or be accompanied by ALI/ARDS, which is characterized by changes in the permeability of the alveolar–capillary membrane, with the development of interstitial edema and severe hypoxemia that does not respond to oxygen therapy. The renal tubules are particularly vulnerable to ischemia, and acute renal failure is an important complication of shock. GI ischemia may lead to GI bleeding and increased vascular permeability to intestinal bacteria, which can cause further sepsis and shock. DIC is characterized by the formation of small clots in the circulation. It is thought to be caused by inappropriate activation of the coagulation cascade because of toxins or other products released as a result of the shock state. Multiple organ failure, perhaps the most ominous complication of shock, rapidly depletes the body's ability to compensate and recover from a shock state.

Integrating Clinical Decision Making

A 68-year-old male presents to the emergency department with worsening shortness of breath over the past week. He reports difficulty breathing when lying flat and has been sleeping in a recliner. He also notes fatigue and swelling in his ankles. On assessment, he is tachycardic with mild hypertension, has bilateral crackles in the lungs, and +2 pitting edema in the lower extremities.

1. Based on this patient's presentation, what type of cardiac dysfunction is most likely occurring, and what underlying pathophysiologic process is responsible?
2. What compensatory mechanisms are activated in this patient, and how do they initially help but ultimately worsen HF?

Several hours later, the patient becomes acutely hypotensive and confused. His skin is cool and clammy, his urine output has decreased, and his oxygen saturation is falling despite supplemental oxygen. Laboratory results show elevated lactate levels.

3. What complication has most likely developed, and what is the underlying pathophysiologic mechanism?
4. Explain how the body's compensatory mechanisms in shock contribute to disease progression if the underlying cause is not corrected.

REFERENCES

Adelman, M. W., Septimus, E. J., & Arias, C. A. (2023). The accuracy of infection diagnoses among patients meeting sepsis-3 criteria in the emergency department. *Clinical Infectious Diseases*, *77*(2), 327–327. https://doi.org/10.1093/cid/ciad240

Aggarwal, A., Stolear, A., Alam, M. M., Vardhan, S., Dulgher, M., Jang, S.-J., & Zarich, S. W. (2024). Catecholaminergic polymorphic ventricular tachycardia: Clinical characteristics, diagnostic evaluation and therapeutic strategies. *Journal of Clinical Medicine*, *13*(6), 1781. https://doi.org/10.3390/jcm13061781

Ahmed, A., & Bose, P. (2024). Neurogenic shock in ICU. *Journal of Nepalese Society of Critical Care Medicine*, *2*(3), 14–19. https://doi.org/10.3126/jnsccm.v2i3.71539

Akbar, H., & Mountfort, S. (2024, October 6). Acute ST-segment elevation myocardial infarction (STEMI). In *StatPearls* [Internet]. StatPearls Publishing. https://www.ncbi.nlm.nih.gov/books/NBK532281/

Aluru, J. S., Barsouk, A., Saginala, K., Rawla, P., & Barsouk, A. (2022). Valvular heart disease epidemiology. *Medical Sciences*, *10*(2), 32. https://doi.org/10.3390/medsci10020032

Ambalavanan, N., Aucott, S. W., Salavitabar, A., et al; American Academy of Pediatrics, Committee on Fetus and Newborn and Section on Cardiology and Cardiac Surgery. (2025). Patent ductus arteriosus in preterm infants. *Pediatrics*, *155*(5), e2025071425. https://doi.org/10.1542/peds.2025-071425

Backer, C. L., Dearani, J. A., & Mavroudis, C. (2023). Coarctation of the aorta. In C. Mavroudis & C. L. Backer (Eds.), *Pediatric cardiac surgery* (pp. 249–277). Wiley. https://doi.org/10.1002/9781119282327.ch13

Baddour, L. M., Esquer Garrigos, Z., Rizwan Sohail, M., Havers-Borgersen, E., Krahn, A. D., Chu, V. H., Radke, C. S., Avari-Silva, J., El-Chami, M. F., Miro, J. M., & DeSimone, D. C. (2024). Update on cardiovascular implantable electronic device infections and their prevention, diagnosis, and management: A scientific statement from the American Heart Association. *Circulation*, *149*(2). https://doi.org/10.1161/cir.0000000000001187

Ballas, J., & Roberts, S. (2024). Hypovolemic shock. In L. D. Pacheco, J. P. Phelan, T. L. Halscott, L. A. Moroz, A. J. Vaught, A. F. Saad, & A. A. Shamshirsaz (Eds.), *Critical care obstetrics* (pp. 585–602). Wiley. https://doi.org/10.1002/9781119820260.ch35

Basit, H., & Huecker, M. R. (2023, August 14). Myocardial infarction serum markers. In *StatPearls* [Internet]. StatPearls Publishing. https://www.ncbi.nlm.nih.gov/books/NBK532966/

Basso, C. (2022). Myocarditis. *New England Journal of Medicine*, *387*(16), 1488–1500. https://doi.org/10.1056/nejmra2114478

Bergmark, B. A., Mathenge, N., Merlini, P. A., Lawrence-Wright, M. B., & Giugliano, R. P. (2022). Acute coronary syndromes. *The Lancet*, *399*(10332), 1347–1358. https://doi.org/10.1016/s0140-6736(21)02391-6

Bhandari, B., Masood, W., & Quintanilla Rodriguez, B. S. (2023, July 31). Ischemic cardiomyopathy. In *StatPearls* [Internet]. StatPearls Publishing. https://www.ncbi.nlm.nih.gov/sites/books/NBK537301/

Blumlein, D., & Griffiths, I. (2022). Shock: Aetiology, pathophysiology and management. *British Journal of Nursing*, *31*(8), 422–428. https://doi.org/10.12968/bjon.2022.31.8.422

Bogle, C., Colan, S. D., Miyamoto, S. D., Choudhry, S., Baez-Hernandez, N., Brickler, M. M., Feingold, B., Lal, A. K., Lee, T. M., Canter, C. E., & Lipshultz, S. E. (2023). Treatment strategies for cardiomyopathy in children: A scientific statement from the American Heart Association. *Circulation*, *148*(2), 174–195. https://doi.org/10.1161/cir.0000000000001151

Carlson, S., Schultz, J., Ramu, B., & Davis, M. B. (2023). Peripartum cardiomyopathy: Risks diagnosis and management. *Journal of Multidisciplinary Healthcare*, *16*, 1249–1258. https://doi.org/10.2147/jmdh.s372747

Caturano, A., Vetrano, E., Galiero, R., Salvatore, T., Docimo, G., Epifani, R., Alfano, M., Sardu, C., Marfella, R., Rinaldi, L., & Sasso, F. C. (2022). Cardiac hypertrophy: From pathophysiological mechanisms to heart failure development. *Reviews in Cardiovascular Medicine*, *23*(5), 165. https://doi.org/10.31083/j.rcm2305165

Cremer, P. C., Klein, A. L., & Imazio, M. (2024). Diagnosis, risk stratification, and treatment of pericarditis. *JAMA*, *332*(13), 1090. https://doi.org/10.1001/jama.2024.12935

Dehghan, A., Jahangiry, L., Khezri, R., Jafari, A., Pezeshki, B., Rezaei, F., & Aune, D. (2024). Framingham risk scores for determination the 10-year risk of cardiovascular disease in participants with and without the metabolic syndrome: Results of the FASA Persian Cohort Study. *BMC Endocrine Disorders*, *24*(1), 95. https://doi.org/10.1186/s12902-024-01621-5

Delgado, V., Ajmone Marsan, N., de Waha, S., Bonaros, N., Brida, M., Burri, H., Caselli, S., Doenst, T., Ederhy, S., Erba, P. A., Foldager, D., Fosbøl, E. L., Kovac, J., Mestres, C. A., Miller, O. I., Miro, J. M., Pazdernik, M., Pizzi, M. N., Quintana, E., . . . Zeppenfeld, K. (2023). 2023 ESC guidelines for the management of endocarditis. *European Heart Journal*, *44*(39), 3948–4042. https://doi.org/10.1093/eurheartj/ehad193

Dellborg, M. (2024). Adult congenital heart disease. *Circulation*, *149*(18), 1397–1399. https://doi.org/10.1161/circulationaha.123.066983

Delwarde, C., Capoulade, R., Mérot, J., Le Scouarnec, S., Bouatia-Naji, N., Yu, M., Huttin, O., Selton-Suty, C., Sellal, J.-M., Piriou, N., Schott, J.-J., Dina, C., & Le Tourneau, T. (2023). Genetics and pathophysiology of mitral valve prolapse. *Frontiers in Cardiovascular Medicine*, *10*, 1077788. https://doi.org/10.3389/fcvm.2023.1077788

Dini, F. L., Baldini, U., Bytyçi, I., Pugliese, N. R., Bajraktari, G., & Henein, M. Y. (2023). Acute pericarditis as a major clinical manifestation of long covid-19 syndrome. *International Journal of Cardiology*, *374*, 129–134. https://doi.org/10.1016/j.ijcard.2022.12.019

Dionne, A., & Newburger, J. W. (2025). Kawasaki disease. In E. P. Walsh, J. E. Mayer, S. A. Teele, & D. W. Brown (Eds.), *Nadas' pediatric cardiology* (3rd ed., pp. 567–580). Elsevier. https://doi.org/10.1016/b978-1-4557-0599-3.00055-7

Dougherty, S., Okello, E., Mwangi, J., & Kumar, R. K. (2023). Rheumatic heart disease. *Journal of the American College of Cardiology*, *81*(1), 81–94. https://doi.org/10.1016/j.jacc.2022.09.050

Duggan, J. P., Peters, A. S., Trachiotis, G. D., & Antevil, J. L. (2022). Epidemiology of coronary artery disease. *Surgical Clinics of North America*, *102*(3), 499–516. https://doi.org/10.1016/j.suc.2022.01.007

Erdeve, O., Okulu, E., Singh, Y., Sindelar, R., Oncel, M. Y., Terrin, G., Boscarino, G., Bulbul, A., Sallmon, H., Atasay, B., Ovali, F., & Clyman, R. I. (2022). An update on patent ductus arteriosus and what is coming next. *Turkish Archives of Pediatrics*, *57*(2), 118–131. https://doi.org/10.5152/turkarchpediatr.2022.21361

Fairweather, D., Beetler, D. J., Di Florio, D. N., Musigk, N., Heidecker, B., & Cooper, L.T., Jr. (2023). COVID-19, myocarditis and pericarditis. *Circulation Research*, *132*, (10), 1302–1319. https://doi.org/10.1161/CIRCRESAHA.123.32187

Faletra, F. F., La Franca, E., Mulè, M., Carvelli, A., Parisi, F., Di Stefano, G., Borrello, R. L., Nuzzi, V., Manca, P., & Cipriani, M. (2025). Functional mitral valve regurgitation, pathophysiology, leaflet remodeling, and the role of Imaging. *Echocardiography*,*42*(3),e70101.https://doi.org/10.1111/echo.70101

Feulner, L., van Vliet, P. P., Puceat, M., & Andelfinger, G. (2022). Endocardial regulation of cardiac development. *Journal of Cardiovascular Development and Disease*, *9*(5), 122. https://doi.org/10.3390/jcdd9050122

Galusko, V., Ionescu, A., Edwards, A., Sekar, B., Wong, K., Patel, K., Lloyd, G., Ricci, F., & Khanji, M. Y. (2022). Management of mitral stenosis: A systematic review of clinical practice guidelines and recommendations. *European Heart Journal—Quality of Care and Clinical Outcomes*, *8*(6), 602–618. https://doi.org/10.1093/ehjqcco/qcab083

Galusko, V., Thornton, G., Jozsa, C., Sekar, B., Aktuerk, D., Treibel, T. A., Petersen, S. E., Ionescu, A., Ricci, F., & Khanji, M. Y. (2022). Aortic regurgitation management: A systematic review of clinical practice guidelines and recommendations. *European Heart Journal—Quality of Care and Clinical Outcomes*, *8*(2), 113–126. https://doi.org/10.1093/ehjqcco/qcac001

Giannini, C., Mazzola, M., Pugliese, N. R., & Petronio, A. S. (2022). Mitral valve stenosis in the current era: A changing landscape. *Journal of Cardiovascular Medicine*, *23*(11), 701–709. https://doi.org/10.2459/jcm.0000000000001384

Gillombardo, C. B., & Hoit, B. D. (2024). Constrictive pericarditis in the New Millennium. *Journal of Cardiology*, *83*(4), 219–227. https://doi.org/10.1016/j.jjcc.2023.09.003

Hammett, E. (2024). Anaphylactic shock and acute allergic reaction. *BDJ Team*, *11*(7), 292–297. https://doi.org/10.1038/s41407-024-2718-8

Hanley, C., Giacomini, C., Brennan, A., McNicholas, B., & Laffey, J. G. (2022). Insights regarding the Berlin definition of Ards from prospective observational studies. *Seminars in Respiratory and Critical Care Medicine*, *43*(03), 379–389. https://doi.org/10.1055/s-0042-1744306

Harrington, J., Jones, W. S., Udell, J. A., Hannan, K., Bhatt, D. L., Anker, S. D., Petrie, M. C., Vedin, O., Butler, J., & Hernandez, A. F. (2022). Acute decompensated heart failure in the setting of acute coronary syndrome. *JACC: Heart Failure*, *10*(6), 404–414. https://doi.org/10.1016/j.jchf.2022.02.008

Heidenreich, P. A., Bozkurt, B., Aguilar, D., Allen, L. A., Byun, J. J., Colvin, M. M., Deswal, A., Drazner, M. H., Dunlay, S. M., Evers, L. R., Fang, J. C., Fedson, S. E., Fonarow, G. C., Hayek, S. S., Hernandez, A. F., Khazanie, P., Kittleson, M. M., Lee, C. S., Link, M. S., . . . Yancy, C. W. (2022). 2022 AHA/ACC/HFSA guideline for the management of heart failure: A report of the American College of Cardiology/American Heart Association Joint Committee on clinical practice guidelines. *Circulation*, *145*(18). https://doi.org/10.1161/cir.0000000000001063

Hennessey, B., Sabatovicz, N., & Del Trigo, M. (2022). Acute ischaemic mitral valve regurgitation. *Journal of Clinical Medicine*, *11*(19), 5526. https://doi.org/10.3390/jcm11195526

Heymans, S., Lakdawala, N. K., Tschöpe, C., & Klingel, K. (2023). Dilated cardiomyopathy: Causes, mechanisms, and current and future treatment approaches. *The Lancet*, *402*(10406), 998–1011. https://doi.org/10.1016/s0140-6736(23)01241-2

Hoit, B. D. (2023). Pericardial effusion and cardiac tamponade pathophysiology and new approaches to treatment. *Current Cardiology Reports*, *25*(9), 1003–1014. https://doi.org/10.1007/s11886-023-01920-8

Houston, B. A., Brittain, E. L., & Tedford, R. J. (2023). Right ventricular failure. *New England Journal of Medicine*, *388*(12), 1111–1125. https://doi.org/10.1056/nejmra2207410

Hsu, S., Fang, J. C., & Borlaug, B. A. (2022). Hemodynamics for the heart failure clinician: A state-of-the-art review. *Journal of Cardiac Failure*, *28*(1), 133–148. https://doi.org/10.1016/j.cardfail.2021.07.012

Iba, T., Helms, J., Connors, J. M., & Levy, J. H. (2023). The pathophysiology, diagnosis, and management of sepsis-associated disseminated intravascular coagulation. *Journal of Intensive Care*, *11*(1), 24. https://doi.org/10.1186/s40560-023-00672-5

Jacobi, J. (2022). The pathophysiology of sepsis—2021 update: Part 2, organ dysfunction and assessment. *American Journal of Health-System Pharmacy*, *79*(6), 424–436. https://doi.org/10.1093/ajhp/zxab393

Jenkins, K., Pompei, G., Ganzorig, N., Brown, S., Beltrame, J., & Kunadian, V. (2024). Vasospastic angina: A review on diagnostic approach and management. *Therapeutic Advances in Cardiovascular Disease*, *18*. https://doi.org/10.1177/17539447241230400

Jin, X., Nauta, J. F., Hung, C.-L., Ouwerkerk, W., Teng, T.-H. K., Voors, A. A., Lam, C. S. P., & van Melle, J. P. (2022). Left atrial structure and function in heart failure with reduced (HFREF) versus preserved ejection fraction (HFPEF): Systematic review and meta-analysis. *Heart Failure Reviews*, *27*(5), 1933–1955. https://doi.org/10.1007/s10741-021-10204-8

Karthikeyan, G., Ntsekhe, M., Islam, S., Rangarajan, S., Avezum, A., Benz, A., Cabral, T. T., Changsheng, M., Chillo, P., Gonzalez-Hermosillo, J. A., Gitura, B., Damasceno, A., Dans, A. M., Davletov, K., Elghamrawy, A., ElSayed, A., Fana, G. T., Gondwe, L., Haileamlak, A., . . . Gwini, R. (2024). Mortality and morbidity in adults with rheumatic heart disease. *JAMA*, *332*(2), 133. https://doi.org/10.1001/jama.2024.8258

Kashani, K., Omer, T., & Shaw, A. D. (2022). The intensivist's perspective of shock, volume management, and hemodynamic monitoring. *Clinical Journal of the American Society of Nephrology*, *17*(5), 706–716. https://doi.org/10.2215/cjn.14191021

Katsioupa, M., Kourampi, I., Oikonomou, E., Tsigkou, V., Theofilis, P., Charalambous, G., Marinos, G., Gialamas, I., Zisimos, K., Anastasiou, A., Katsianos, E., Kalogeras, K., Katsarou, O., Vavuranakis, M., Siasos, G., & Tousoulis, D. (2023). Novel biomarkers and their role in the diagnosis and prognosis of acute coronary syndrome. *Life*, *13*(10), 1992. https://doi.org/10.3390/life13101992

Kinoshita, D., Suzuki, K., Fujimoto, D., Niida, T., Usui, E., Minami, Y., Dey, D., Lee, H., McNulty, I., Ako, J., Ferencik, M., Kakuta, T., & Jang, I.-K. (2024). Relationship between plaque burden and plaque vulnerability: Acute coronary syndromes versus chronic coronary syndrome. *Journal of Cardiovascular Computed Tomography*, *18*(6), 559–566. https://doi.org/10.1016/j.jcct.2024.09.002

Klanovicz, T. M., Franzosi, O. S., Nunes, D. S., Loss, S. H., Batassini, É., Turra, E. E., Teixeira, C., & Vieira, S. R. (2022). Acute gastrointestinal failure is associated with worse hemodynamic and perfusion parameters over 48 h after admission in patients with SEPTIC SHOCK: Retrospective cohort study. *Nutrition in Clinical Practice*, *38*(3), 617–627. https://doi.org/10.1002/ncp.10928

Knudsen, B., & Prasad, V. (2023). COVID-19 vaccine induced myocarditis in young males: A systematic review. *European Journal of Clinical Investigation*, *53*(4), e13947. https://doi.org/10.1111/eci.13947

Koya, H. H., & Paul, M. (2023, July 24). Shock. In *StatPearls* [Internet]. StatPearls Publishing. https://www.ncbi.nlm.nih.gov/books/NBK531492/

Krahn, A. D., Behr, E. R., Hamilton, R., Probst, V., Laksman, Z., & Han, H.-C. (2022). Brugada syndrome. *JACC: Clinical Electrophysiology*, *8*(3), 386–405. https://doi.org/10.1016/j.jacep.2021.12.001

Krahn, A. D., Laksman, Z., Sy, R. W., Postema, P. G., Ackerman, M. J., Wilde, A. A. M., & Han, H.-C. (2022). Congenital long QT syndrome. *JACC: Clinical Electrophysiology*, *8*(5), 687–706. https://doi.org/10.1016/j.jacep.2022.02.017

Krahn, A. D., Wilde, A. A. M., Calkins, H., La Gerche, A., Cadrin-Tourigny, J., Roberts, J. D., & Han, H.-C. (2022). Arrhythmogenic right ventricular cardiomyopathy. *JACC: Clinical Electrophysiology*, *8*(4), 533–553. https://doi.org/10.1016/j.jacep.2021.12.002

Krychtiuk, K. A., Vrints, C., Wojta, J., Huber, K., & Speidl, W. S. (2022). Basic mechanisms in cardiogenic shock: Part 1—Definition and pathophysiology. *European Heart Journal. Acute Cardiovascular Care*, *11*(4), 356–365. https://doi.org/10.1093/ehjacc/zuac021

Kundnani, N. R., Di Luca, F., Meche, V., Sharma, A., Popa, M.-D., Nicula-Neagu, M., Voinescu, O. R., Iacob, M., Duda-Seiman, D.-M., & Dragan, S. R. (2025). Revisiting secondary dilative cardiomyopathy. *International Journal of Molecular Sciences*, *26*(9), 4181. https://doi.org/10.3390/ijms26094181

La Via, L., Sangiorgio, G., Stefani, S., Marino, A., Nunnari, G., Cocuzza, S., La Mantia, I., Cacopardo, B., Stracquadanio, S., Spampinato, S., Lavalle, S., & Maniaci, A. (2024). The global burden of sepsis and Septic shock. *Epidemiologia*, *5*(3), 456–478. https://doi.org/10.3390/epidemiologia5030032

Lee, C.-H., & Scheinman, M. M. (2023). "Short" also matters. *Heart Rhythm*, *20*(8), 1197–1198. https://doi.org/10.1016/j.hrthm.2023.02.026

Liu, E., & Lampert, B. C. (2022). Heart failure in older adults: Medical management and advanced therapies. *Geriatrics*, *7*(2), 36. https://doi.org/10.3390/geriatrics7020036

López, J., Olmos, C., & Fernández-Hidalgo, N. (2024). New developments in infective endocarditis. *Revista Española de Cardiología (English Edition)*, *77*(9), 779–787. https://doi.org/10.1016/j.rec.2024.03.016

Lotto, R., Nicholson, C., & Kucia, A. M. (2022). Congenital heart disease. In A. M. Kucia & I. D. Jones (Eds.), *Cardiac care: A practical guide for nurses* (2nd ed., pp. 372–398). https://doi.org/10.1002/9781119117810.ch24

Maron, B. A., Wang, R.-S., Carnethon, M. R., Rowin, E. J., Loscalzo, J., Maron, B. J., & Maron, M. S. (2022). What causes hypertrophic cardiomyopathy? *The American Journal of Cardiology*, *179*, 74–82. https://doi.org/10.1016/j.amjcard.2022.06.017

Maron, B. J., Desai, M. Y., Nishimura, R. A., Spirito, P., Rakowski, H., Towbin, J. A., Rowin, E. J., Maron, M. S., & Sherrid, M. V. (2022). Diagnosis and evaluation of hypertrophic cardiomyopathy. *Journal of the American College of Cardiology*, *79*(4), 372–389. https://doi.org/10.1016/j.jacc.2021.12.002

Marty, M., & Lui, F. (2023, May 1). Embryology, fetal circulation. In *StatPearls* [Internet]. StatPearls Publishing. https://www.ncbi.nlm.nih.gov/books/NBK537149/

Mathew, P., & Bordoni, B. (2023, August 14). Embryology, heart. In *StatPearls* [Internet]. StatPearls Publishing. https://www.ncbi.nlm.nih.gov/books/NBK537313/

Matta, A. G., & Carrié, D. (2023). Epidemiology, pathophysiology, diagnosis, and principles of management of takotsubo cardiomyopathy: A review. *Medical Science Monitor*, *29*, e939020. https://doi.org/10.12659/msm.939020

Mavroudis, C., Backer, C. L., & Anderson, R. H. (2023). Ventricular septal defect. In C. Mavroudis & C. L. Backer (Eds.), *Pediatric cardiac surgery* (5th ed., pp. 317–360). Wiley. https://doi.org/10.1002/9781119282327.ch16

Mayo Clinic. (2024). *Angina*. https://www.mayoclinic.org/diseases-conditions/angina/symptoms-causes/syc-20369373

McDonagh, T. A., Metra, M., Adamo, M., Gardner, R. S., Baumbach, A., Böhm, M., Burri, H., Butler, J., Čelutkienė, J., Chioncel, O., Cleland, J. G. F., Coats, A. J. S., Crespo-Leiro, M. G., Farmakis, D., Gilard, M., Heymans, S., Hoes, A. W., Jaarsma, T., Jankowska, E. A., . . . Kathrine Skibelund, A. (2022). 2021 ESC guidelines for the diagnosis and treatment of acute and chronic heart failure. *European Journal of Heart Failure*, *24*(1), 4–131. https://doi.org/10.1002/ejhf.2333

Menillo, A. M., Pearson-Shaver, A. L., & Alahmadi, M. H. (2025, January 21). Atrial septal defect. In *StatPearls* [Internet]. StatPearls Publishing. https://www.ncbi.nlm.nih.gov/sites/books/NBK535440/

Mir, A., Badi, Y., Bugazia, S., Nourelden, A. Z., Fathallah, A. H., Ragab, K. M., Alsillak, M., Elsayed, S. M., Hagrass, A. I., Bawek, S., Kalot, M., & Brumberger, Z. L. (2023). Efficacy and safety of cardioprotective drugs in chemotherapy-induced cardiotoxicity: An updated systematic review & network meta-analysis. *Cardio-Oncology*, *9*(1), 10. https://doi.org/10.1186/s40959-023-00159-0

Montone, R. A., Rinaldi, R., Niccoli, G., Andò, G., Gragnano, F., Piccolo, R., Pelliccia, F., Moscarella, E., Zimarino, M., Fabris, E., de Rosa, S., Calabrò, P., Porto, I., Burzotta, F., Grigioni, F., Barbato, E., Chieffo, A., Capodanno, D., Al-Lamee, R., . . . Crea, F. (2024). Optimizing management of stable angina. *Journal of the American College of Cardiology*, *84*(8), 744–760. https://doi.org/10.1016/j.jacc.2024.06.015

Oster, M. E., Pinto, N. M., Pramanik, A. K., Markowsky, A., Schwartz, B. N., Kemper, A. R., Hom, L. A., Martin, G. R., & Section on Cardiology and Cardiac Surgery, Section on Hospital Medicine, Committee on Fetus and Newborn. (2025). Newborn screening for critical congenital heart disease: A new algorithm and other updated recommendations: Clinical report. *Pediatrics*, *155*(1), e2024069667. https://doi.org/10.1542/peds.2024-069667

Pang, C., Wang, Y., Shen, J., Yang, L., Li, Y., & Pan, W. (2024). Echocardiographic characteristics and clinical outcomes in fetuses with pulmonary stenosis or pulmonary atresia with intact ventricular septum. *Pediatrics & Neonatology*, *65*(4), 328–335. https://doi.org/10.1016/j.pedneo.2023.05.010

Pass, R. H., & Cohen, J. (2024). Tetralogy of fallot. In R. H. Anderson, C. L. Backer, S. Berger, N. A. Blom, R. J. Holzer, & J. D. Robinson (Eds.), *Pediatric cardiology* (pp. 1727–1749). Springer. https://doi.org/10.1007/978-3-031-07563-6_55

Pharm, D. M., Varghese, T. P., & B, T. (2024). Unraveling the complex pathophysiology of heart failure: Insights into the role of renin-angiotensin-aldosterone system (RAAS) and Sympathetic Nervous System (SNS). *Current Problems in Cardiology*, *49*(4), 102411. https://doi.org/10.1016/j.cpcardiol.2024.102411

Pipilas, D. C., Hanley, A., Singh, J. P., & Mela, T. (2023). Cardiac contractility modulation for heart failure: Current and future directions. *Journal of the Society for Cardiovascular Angiography & Interventions*, 2(6), 101176. https://doi.org/10.1016/j.jscai.2023.101176

Pölkki, A., Pekkarinen, P. T., Takala, J., Selander, T., & Reinikainen, M. (2022). Association of Sequential Organ Failure Assessment (SOFA) components with mortality. *Acta Anaesthesiologica Scandinavica*, *66*(6), 731–741. https://doi.org/10.1111/aas.14067

Prepoudis, A., Koechlin, L., Nestelberger, T., Boeddinghaus, J., Lopez-Ayala, P., Wussler, D., Zimmermann, T., Rubini Giménez, M., Strebel, I., Puelacher, C., Shrestha, S., Keller, D. I., Christ, M., Gualandro, D. M., Twerenbold, R., Martinez-Nadal, G., Lopez-Barbeito, B., Miro, O., & Mueller, C. (2022). Incidence, clinical presentation, management, and outcome of acute pericarditis and myopericarditis. *European Heart Journal. Acute Cardiovascular Care*, *11*(2), 137–147. https://doi.org/10.1093/ehjacc/zuab108

Pulle, J., Ndagire, E., Atala, J., Fall, N., Okello, E., Oyella, L. M., Rwebembera, J., Sable, C., Parks, T., Sarnacki, R., Nakitto, M., de Loizaga, S. R., Wirth, S., Carapetis, J., & Beaton, A. (2024). Specificity of the modified jones criteria. *Pediatrics*, *153*(3), e2023062624. https://doi.org/10.1542/peds.2023-062624

Rana, M. (2022). Aortic valve stenosis: Diagnostic approaches and recommendations of the 2021 ESC/EACTS guidelines for the management of valvular heart disease—A review of the literature. *Cardiology and Cardiovascular Medicine*, 6(3), 315–324. https://doi.org/10.26502/fccm.92920267

Rao, S. V., O'Donoghue, M. L., Ruel, M., Rab, T., Tamis-Holland, J. E., Alexander, J. H., Baber, U., Baker, H., Cohen, M. G., Cruz-Ruiz, M., Davis, L. L., de Lemos, J. A., DeWald, T. A., Elgendy, I. Y., Feldman, D. N., Goyal, A., Isiadinso, I., Menon, V., Morrow, D. A., . . . Welt, F. (2025). 2025 ACC/AHA/ACEP/NAEMSP/SCAI guideline for the management of patients with acute coronary syndromes. *Journal of the American College of Cardiology*, *85*(22), 2135–2237. https://doi.org/10.1016/j.jacc.2024.11.009

Rapezzi, C., Aimo, A., Barison, A., Emdin, M., Porcari, A., Linhart, A., Keren, A., Merlo, M., & Sinagra, G. (2022). Restrictive cardiomyopathy: Definition and diagnosis. *European Heart Journal*, *43*(45), 4679–4693. https://doi.org/10.1093/eurheartj/ehac543

Remien, K., & Majmundar, S. H. (2023, April 26). Physiology, fetal circulation. In *StatPearls* [Internet]. StatPearls Publishing. https://www.ncbi.nlm.nih.gov/books/NBK539710/

Roman-Pepine, D., Serban, A. M., Capras, R.-D., Cismaru, C. M., & Filip, A. G. (2025). A comprehensive review: Unraveling the role of inflammation in the etiology of heart failure. *Heart Failure Reviews*, *30*, 931–954. https://doi.org/10.1007/s10741-025-10519-w

Rwebembera, J., Nascimento, B. R., Minja, N. W., de Loizaga, S., Aliku, T., dos Santos, L. P., Galdino, B. F., Corte, L. S., Silva, V. R., Chang, A. Y., Dutra, W. O., Nunes, M. C., & Beaton, A. Z. (2022). Recent advances in the rheumatic fever and rheumatic heart disease continuum. *Pathogens*, *11*(2), 179. https://doi.org/10.3390/pathogens11020179

Sangaralingham, S. J., Kuhn, M., Cannone, V., Chen, H. H., & Burnett, J. C. (2022). Natriuretic peptide pathways in heart failure: Further therapeutic possibilities. *Cardiovascular Research*, *118*(18), 3416–3433. https://doi.org/10.1093/cvr/cvac125

Schneider, K., Tseng, S. Y., & Divanovic, A. (2023). Fetal functionally single-ventricle. In R. d. Abdulla, S. Berger, C. Backer, R. Anderson, R. Holzer, N. Blom, & J. Robinson (Eds.), *Pediatric cardiology* (pp. 1–35). Springer. https://doi.org/10.1007/978-3-030-42937-9_24-1

Sebastian, S. A., Co, E. L., Mehendale, M., Sudan, S., Manchanda, K., & Khan, S. (2022). Challenges and updates in the diagnosis and treatment of infective endocarditis. *Current Problems in Cardiology*, *47*(9), 101267. https://doi.org/10.1016/j.cpcardiol.2022.101267

Shaaban, A., Vindhyal, M. R., Pendela, V. S., & Gangwani, M. K. (2023, August 8). Alcoholic cardiomyopathy. In *StatPearls* [Internet]. StatPearls Publishing. https://www.ncbi.nlm.nih.gov/books/NBK513322/

Shaffer, R., & Leeper, B. B. (2025). Acute coronary syndromes: Unstable angina and Non–ST-segment elevation myocardial infarction. *AACN Advanced Critical Care*, *36*(2), 212–216. https://doi.org/10.4037/aacnacc2025310

Shafi, I., Harmouch, K. M., Prakash, P., Kahe, F., Ramappa, P., & Afonso, L. (2025). Unmasking high-output heart failure: Beyond conventional paradigms. *Cardiology in Review*. https://doi.org/10.1097/crd.0000000000000846

Shahjehan, R. D., Bhutta, B. S., & Sharma, S. (2024, October 9). Coronary artery disease. In *StatPearls* [Internet]. StatPearls Publishing. https://www.ncbi.nlm.nih.gov/sites/books/NBK564304/

Shams, P., Chhabra, L., & Malik, A. (2025, February 26). Heart failure (congestive heart failure). *StatPearls* [Internet]. StatPearls Publishing. https://www.ncbi.nlm.nih.gov/books/NBK430873/

Spione, F., Arevalos, V., Gabani, R., Sabaté, M., & Brugaletta, S. (2022). Coronary microvascular angina: A state-of-the-art review. *Frontiers in Cardiovascular Medicine*, *9*, 800918. https://doi.org/10.3389/fcvm.2022.800918

Stallings, E. B., Isenburg, J. L., Aggarwal, D., Lupo, P. J., Oster, M. E., Shephard, H., Liberman, R. F., Kirby, R. S., Nestoridi, E., Hansen, B., Shan, X., Navarro Sanchez, M. L.,

Boyce, A., & Heinke, D. (2022). Prevalence of critical congenital heart defects and selected co-occurring congenital anomalies, 2014–2018: A U.S. population-based study. *Birth Defects Research*, *114*(2), 45–56. https://doi.org/10.1002/bdr2.1980

Stamp, K. D., Prasun, M. A., McCoy, T. P., & Rathman, L. (2022). Providers' accuracy in decision-making with assessing NYHA functional class of patients with heart failure after use of a classification guide. *Heart & Lung*, *54*, 85–94. https://doi.org/10.1016/j.hrtlng.2022.03.017

Stone, P. H., Libby, P., & Boden, W. E. (2023). Fundamental pathobiology of coronary atherosclerosis and clinical implications for chronic ischemic heart disease management—The plaque hypothesis. *JAMA Cardiology*, *8*(2), 192. https://doi.org/10.1001/jamacardio.2022.3926

Tejiram, S., Tranchina, S. P., Travis, T. E., & Shupp, J. W. (2023). The first 24 hours. *Surgical Clinics of North America*, *103*(3), 403–413. https://doi.org/10.1016/j.suc.2023.02.002

Theofilis, P., Antonopoulos, A., Sagris, M., Papanikolaou, A., Oikonomou, E., Tsioufis, K., & Tousoulis, D. (2024). Silent myocardial ischemia: From pathophysiology to diagnosis and treatment. *Biomedicines*, *12*(2), 259. https://doi.org/10.3390/biomedicines12020259

Triposkiadis, F., Briasoulis, A., Kitai, T., Magouliotis, D., Athanasiou, T., Skoularigis, J., & Xanthopoulos, A. (2023). The sympathetic nervous system in heart failure revisited. *Heart Failure Reviews*, *29*(2), 355–365. https://doi.org/10.1007/s10741-023-10345-y

Triposkiadis, F., Xanthopoulos, A., Parissis, J., Butler, J., & Farmakis, D. (2022). Pathogenesis of chronic heart failure: Cardiovascular Aging, risk factors, comorbidities, and disease modifiers. *Heart Failure Reviews*, *27*(1), 337–344. https://doi.org/10.1007/s10741-020-09987-z

Tsigkas, G., Apostolos, A., Despotopoulos, S., Vasilagkos, G., Kallergis, E., Leventopoulos, G., Mplani, V., & Davlouros, P. (2022). Heart failure and atrial fibrillation: New concepts in pathophysiology, management, and future directions. *Heart Failure Reviews*, *27*(4), 1201–1210. https://doi.org/10.1007/s10741-021-10133-6

Wu, Z., Deng, J., Zhou, H., Tan, W., Lin, L., & Yang, J. (2022). Programmed cell death in sepsis associated acute kidney injury. *Frontiers in Medicine*, *9*, 883028. https://doi.org/10.3389/fmed.2022.883028

Wybraniec, M. T., Orszulak, M., Męcka, K., & Mizia-Stec, K. (2022). Heart failure with improved ejection fraction: Insight into the variable nature of left ventricular systolic function. *International Journal of Environmental Research and Public Health*, *19*(21), 14400. https://doi.org/10.3390/ijerph192114400

Yamani, N., Abbasi, A., Almas, T., Mookadam, F., & Unzek, S. (2022). Diagnosis, treatment, and management of pericardial effusion—Review. *Annals of Medicine & Surgery*, *80*. https://doi.org/10.1016/j.amsu.2022.104142

Zotzmann, V., Rottmann, F. A., Müller-Pelzer, K., Bode, C., Wengenmayer, T., & Staudacher, D. L. (2022). Obstructive shock, from diagnosis to treatment. *Reviews in Cardiovascular Medicine*, *23*(7). https://doi.org/10.31083/j.rcm2307248

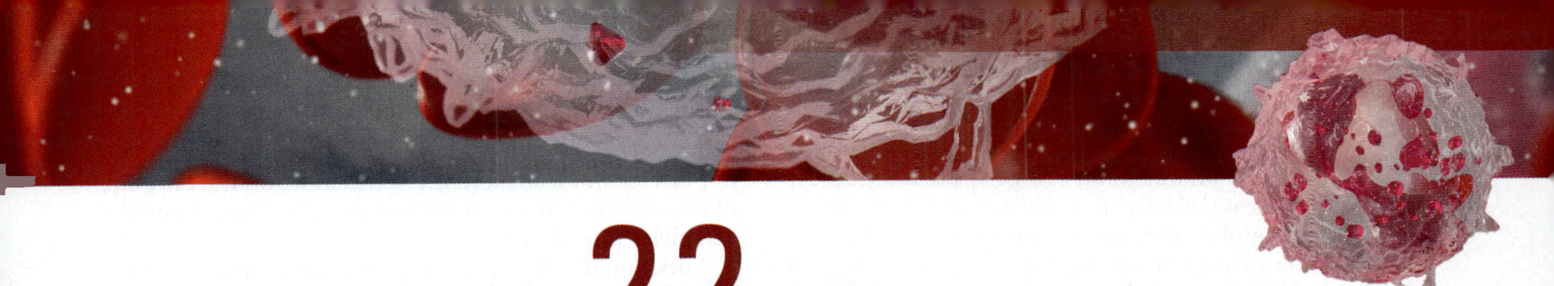

CHAPTER 22

Disorders of Cardiac Conduction and Rhythm

Cardiac Conduction System

Action Potentials
ECG and Other Diagnostic Methods

Disorders of Cardiac Rhythm and Conduction

Mechanisms of Arrhythmias and Conduction Disorders
Rhythm Disorders
Conduction Disorders

Treatment of Rhythm and Conduction Disorders

Pharmacologic Management
Electrical Interventions
Ablation and Surgical Interventions

Learning Objectives

After completing this chapter, the learner will be able to meet the following objectives:

1. Describe the structure and function of the cardiac conduction system, including the role of the sinoatrial node, atrioventricular (AV) node, bundle branches, and Purkinje fibers.
2. Explain the phases of the cardiac action potential in fast- and slow-response tissues and their relevance to rhythm generation.
3. Interpret the components of a normal electrocardiogram (ECG) tracing and correlate waveforms with phases of cardiac conduction.
4. Differentiate between normal sinus rhythm and sinus node arrhythmias, including bradycardia, tachycardia, and sick sinus syndrome.
5. Identify the mechanisms and clinical significance of ectopic pacemakers, reentry phenomena, and other causes of arrhythmias.
6. Compare the origin, ECG characteristics, and clinical consequences of atrial arrhythmias, including premature atrial contractions (PACs), atrial flutter, and atrial fibrillation.
7. Describe the pathophysiology, presentation, and ECG findings of junctional and ventricular arrhythmias, including premature ventricular contractions (PVCs), ventricular tachycardia, and ventricular fibrillation.
8. Distinguish between first-, second- (Mobitz I and II), and third-degree AV blocks based on ECG interpretation and conduction abnormalities.
9. Compare inherited arrhythmia syndromes (e.g., long QT, short QT, Brugada, and catecholaminergic polymorphic ventricular tachycardia) by their genetic basis and clinical features.
10. Compare the common treatments for arrhythmias.

The heart has a unique ability to generate and rapidly conduct its own electrical impulses, or action potentials. These impulses initiate the contraction of myocardial fibers, ensuring coordinated and effective pumping of blood. The electrical activity of the heart also produces weak currents that can be detected on the surface of the body using electrocardiography (ECG). Disorders of impulse formation (rhythm disorders) and impulse propagation (conduction disorders) can range from benign arrhythmias with no symptoms to life-threatening conditions that impair cardiac output or cause sudden cardiac death.

Cardiac Conduction System

In certain regions of the heart, myocardial cells are modified to form the specialized components of the cardiac conduction system. These cells possess two key properties: **automaticity**, the ability to spontaneously generate electrical impulses, and **conductivity**, the ability to rapidly transmit those impulses throughout the heart. The conduction system is essential for maintaining the rhythmic and coordinated pumping action of the heart. **Pacemaker cells**, such as those in the **sinoatrial (SA) node**, generate impulses at a faster rate than other cardiac cells, and conduction fibers transmit these impulses more efficiently than surrounding myocardial tissue (Dahal, 2023). These properties allow the conduction system to regulate the timing and sequence of cardiac contraction.

The specialized excitatory and conduction system of the heart includes the SA node, where the normal rhythmic impulse is generated; the internodal pathways that conduct impulses through the atria; the **atrioventricular (AV) node** and **bundle of His**, which transmit the impulse from the atria to the ventricles; and the **Purkinje fibers**, which conduct impulses rapidly throughout the ventricles (Fig. 22-1).

Functionally, the heart has two conduction systems: one governing atrial activity and the other controlling ventricular activity. The atrial conduction system begins with the SA node, the natural pacemaker of the heart. It typically fires at an intrinsic rate of 60 to 100 beats/min. The SA node is a spindle-shaped strip of specialized muscle tissue, approximately 10 to 20 mm in length and 2 to 3 mm wide, located in the posterior wall of the right atrium just below the opening of the superior vena cava and less than 1 mm from the epicardial surface. Impulses generated in the SA node travel through the atria toward the AV node. Atrial depolarization progresses in an inferior, leftward, and somewhat posterior direction, with the right atrium depolarizing slightly before the left. Three internodal pathways—the anterior (Bachmann), middle (Wenckebach), and posterior (Thorel)—transmit impulses from the SA node to the AV node. Although these tracts are anatomically variable and not always distinctly identifiable, they contribute to synchronized atrial conduction (Dahal, 2023).

The **AV junction** connects the atrial and ventricular conduction systems and permits one-way conduction of impulses from the atria to the ventricles. The AV node is a compact, ovoid structure measuring approximately 1 mm × 3 mm × 5 mm. It is located beneath the right atrial endocardium, anterior to the coronary sinus and superior to the septal leaflet of the tricuspid valve. Importantly, the fibrous skeleton of the heart separates the atrial and ventricular myocardium, preventing direct conduction of electrical impulses, except through the AV node (Dahal, 2023).

The AV node is functionally divided into three regions:

- The AN or transitional region, located between the atria and the rest of the AV node

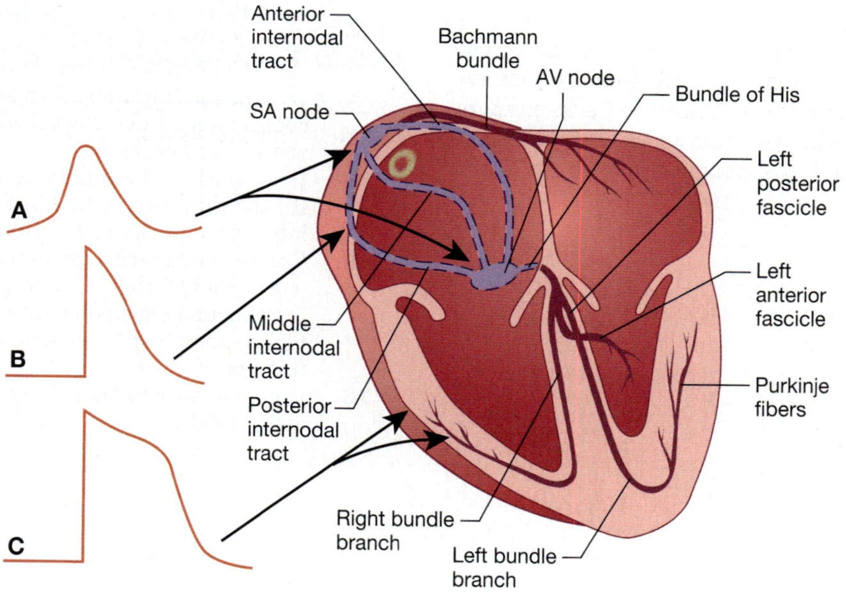

FIGURE 22-1. Conduction system of the heart and action potentials. (*A*) Action potential of sinoatrial (SA) and atrioventricular (AV) nodes; (*B*) atrial muscle action potential; and (*C*) action potential of ventricular muscle and Purkinje fibers.

- The N or mid-node region, which is the core of the node
- The NH region, where nodal fibers transition into the bundle of His (Dahal, 2023)

In the AN region, atrial fibers connect with small transitional junctional fibers. Conduction velocity in the AN and N regions is slow (approximately half that of normal myocardial cells), causing a physiologic delay in impulse transmission. A further delay occurs as the impulse travels through the NH region into the bundle of His. This delay allows time for the atria to complete contraction and empty blood into the ventricles before ventricular contraction begins.

The bundle of His (also known as the AV bundle) is the only normal electrical connection between the atria and ventricles. It penetrates the fibrous tissue separating the atria and ventricles, then rapidly bifurcates into the right and left bundle branches. The bundle branches course through the interventricular septum and further divide into Purkinje fibers, which deliver impulses to the subendocardial surfaces of both ventricles. The left bundle branch divides into anterior and posterior fascicles, and all branches extend toward the papillary muscles and ventricular myocardium (Dahal, 2023).

The **Purkinje system** contains large, rapidly conducting fibers that allow near-simultaneous depolarization of the ventricles within approximately 0.03 seconds. This rapid conduction is essential for efficient ventricular contraction and ejection of blood from the heart. The bundle of His lies near the fibrous rings of the aortic and mitral valves, making it susceptible to inflammatory or calcific damage, which may disrupt conduction. Fortunately, the bundle receives blood supply from both anterior and posterior descending coronary arteries, providing some protection from ischemia.

The AV nodal fibers, when not stimulated, discharge at an intrinsic rate of 40 to 60 times per minute, and the Purkinje fibers discharge at 15 to 40 times per minute. Although the AV node and Purkinje system have the ability to control the rhythm of the heart, they do not normally do so because the discharge rate of the SA node is considerably faster. Each time the SA node discharges, its impulses are conducted into the AV node and Purkinje fibers, causing them to fire. The AV node can assume the pacemaker function of the heart, should the SA node fail to discharge, and the Purkinje system can assume the pacemaker function of the ventricles, should the AV node fail to conduct impulses from the atria to the ventricles. Under these circumstances, the heart rate reflects the intrinsic firing rate of the prevailing structures (Dahal, 2023).

KEY POINTS

Cardiac Conduction System

- Normally, impulses are generated in the SA node, which has the fastest rate of firing and travel through the AV node to the Purkinje system in the ventricles.

Action Potentials

An **action potential** is the rapid change in membrane potential that allows cardiac cells to transmit electrical impulses. This change is driven by the flow of ions across the cell membrane through specific ion channels, mainly sodium (Na^+), potassium (K^+), and calcium (Ca^{2+}). Abnormalities in these channels, known as channelopathies, are increasingly recognized as causes of certain arrhythmias and conduction disorders (Dahal, 2023).

Action potentials can be divided into three phases:

1. Resting or unexcited state
2. Depolarization
3. Repolarization

In the **resting state**, the membrane potential is typically between −60 and −90 mV. The inside of the cell is more negatively charged than the outside, primarily due to selective permeability to K^+ and impermeability to Na^+. K^+ ions diffuse out of the cell, maintaining this negative interior voltage (Fig. 22-2A). During **depolarization**, the membrane suddenly becomes permeable to Na^+, which rushes into the cell. This causes the interior to become positively charged relative to the exterior, reversing the membrane polarity (Fig. 22-2B). **Repolarization** is the return to the resting state. This occurs as K^+ exits the cell and Na^+ influx stops, restoring the negative interior. The Na^+/K^+ ATPase pump actively restores ionic balance by pumping Na^+ out and K^+ back in (Fig. 22-2C) (Dahal, 2023).

Action Potential Phases

The cardiac action potential is divided into five distinct phases, each representing specific changes in membrane ion permeability and electrical activity:

1. Phase 0—upstroke or rapid depolarization
2. Phase 1—rapid repolarization period
3. Phase 2—plateau
4. Phase 3—final, rapid repolarization period
5. Phase 4—diastolic depolarization (Fig. 22-3)

Cardiac muscle has three types of membrane ion channels that contribute to the voltage changes that

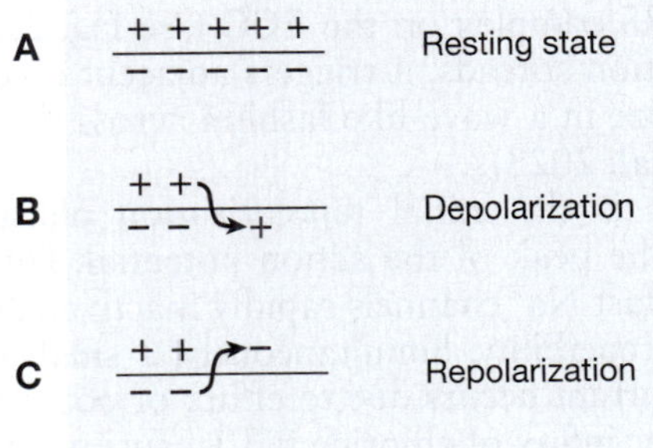

FIGURE 22-2. The flow of charge during impulse generation in excitable tissue. During the resting state (**A**), opposite charges are separated by the cell membrane. Depolarization (**B**) represents the flow of charge across the membrane, and repolarization (**C**) denotes the return of the membrane potential to its resting state.

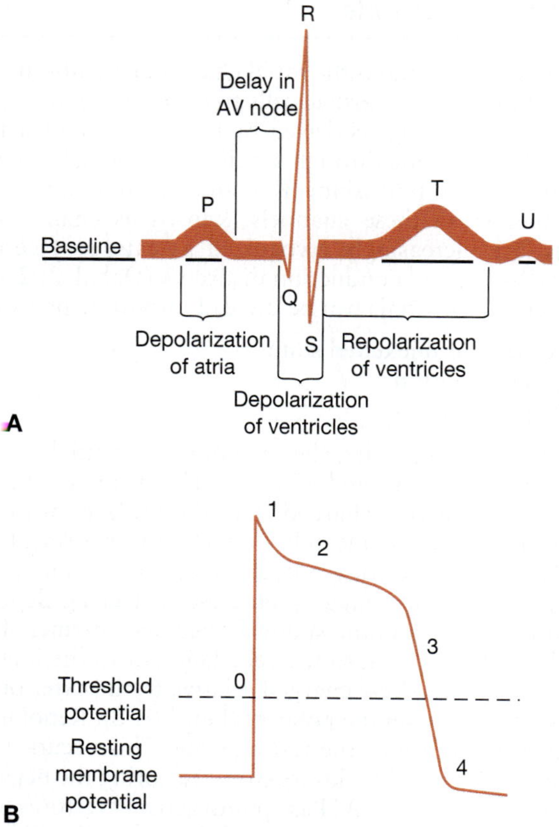

FIGURE 22-3. Relation between (A) the electrocardiogram and (B) phases of the ventricular action potential. Phase 0—upstroke or rapid depolarization; phase 1—rapid repolarization period; phase 2—plateau; phase 3—final, rapid repolarization period; phase 4—diastolic depolarization. AV, atrioventricular.

occur during the different phases of the cardiac action potential. They are the fast Na^+ channels, slow calcium (Ca^{++}) channels, and K^+ channels (Dahal, 2023).

Phase 0, known as the rapid depolarization phase, begins when voltage-gated fast sodium (Na^+) channels open in response to a threshold-level stimulus. This results in a rapid influx of Na^+ ions into the cell, shifting the membrane potential from approximately −90 mV to +20 mV. This sudden change produces a steep upstroke on the action potential curve and is responsible for the QRS complex on the ECG (see Fig. 22-3A). As depolarization spreads, it triggers adjacent cardiac cells to depolarize in a wave-like fashion across the myocardium (Dahal, 2023).

Phase 1 is the initial repolarization phase, which occurs at the peak of the action potential. During this phase, the fast Na^+ channels rapidly inactivate, reducing sodium permeability. Simultaneously, a small transient outward current occurs due to efflux of potassium (K^+) and a minor influx of chloride (Cl^-), causing a slight decline in the membrane potential toward 0 mV. This sets the stage for the next plateau phase (Dahal, 2023).

Phase 2, or the plateau phase, is a hallmark of cardiac muscle action potentials and contributes to the prolonged duration of cardiac contraction. During this phase, membrane permeability to K^+ remains low, while slow L-type calcium (Ca^{2+}) channels open, allowing Ca^{2+} to enter the cell. This inward movement of Ca^{2+} helps sustain depolarization and triggers calcium-induced calcium release from the sarcoplasmic reticulum, which is essential for myocardial contraction. The balance between Ca^{2+} influx and minimal K^+ efflux maintains a relatively stable membrane potential during this phase. The plateau phase corresponds to the ST segment on the ECG (Dahal, 2023).

Phase 3 represents rapid repolarization, during which Ca^{2+} channels close and K^+ permeability significantly increases. As K^+ exits the cell, the membrane potential returns toward its negative resting state. This phase corresponds to the T wave on the ECG. The restoration of the resting membrane potential is aided by ion channel activity and the Na^+/K^+ ATPase pump, which actively moves Na^+ out of and K^+ into the cell, reestablishing the normal ionic gradients (Dahal, 2023).

Phase 4 is the resting membrane potential phase, during which the cell remains polarized at approximately −90 mV. The membrane is relatively impermeable to Na^+ and Ca^{2+}, but selectively permeable to K^+, which helps maintain the electrical stability of the resting state. In pacemaker cells, this phase also includes spontaneous depolarization due to the gradual influx of Na^+ and Ca^{2+}, giving rise to automaticity and regular initiation of action potentials. Phase 4 corresponds to diastole, the period of cardiac relaxation (Dahal, 2023).

Fast and Slow Responses

There are two primary types of action potentials in the heart—the fast response and slow response—which differ in their ionic mechanisms, conduction velocities, and physiologic roles. The **fast response** occurs in the working myocardial cells of the atria, ventricles, and the Purkinje fibers (Fig. 22-4A). It is initiated by the opening of voltage-gated fast sodium (Na^+) channels, which rapidly depolarize the membrane and allow for quick transmission of the electrical impulse (Dahal, 2023). These fast-response cells exhibit a stable resting membrane potential and conduct impulses at high velocities, typically ranging from 0.5 to 5.0 m/second. This rapid conduction is critical for the coordinated contraction of large myocardial regions and ensures efficient pumping of blood from the heart.

In contrast, the **slow response** is characteristic of the pacemaker cells located in the SA node and the AV node (Fig. 22-4B). Unlike fast-response cells, pacemaker cells do not maintain a stable resting membrane potential. Instead, they undergo spontaneous phase 4 depolarization, in which the membrane gradually becomes more positive due to a slow inward leak of Na^+ and Ca^{2+} ions through specialized ion channels. Once the threshold potential is reached, an action potential is triggered, primarily mediated by slow L-type calcium (Ca^{2+}) channels rather than fast Na^+ channels. This spontaneous depolarization allows pacemaker cells to automatically initiate electrical impulses without external stimulation, making them essential for maintaining heart rhythm (Wei et al., 2023).

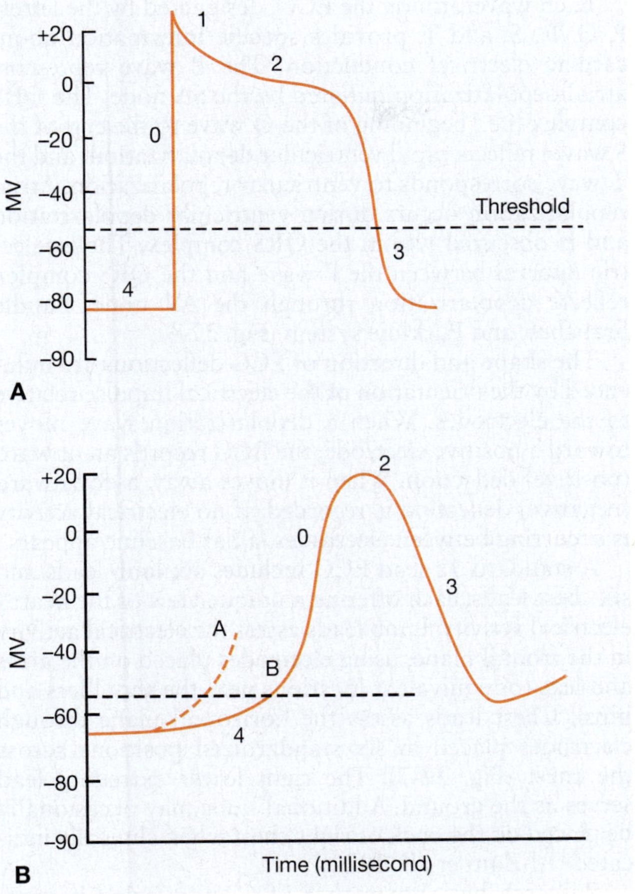

FIGURE 22-4. Changes in action potential recorded from a fast response in cardiac muscle cell (A) and from a slow response recorded in the sinoatrial and atrioventricular nodes (B). The phases of the action potential are identified by numbers: phase 4, resting membrane potential; phase 0, depolarization; phase 1, brief period of repolarization; phase 2, plateau; and phase 3, repolarization. The slow response is characterized by a slow, spontaneous rise in the phase 4 membrane potential to threshold levels; it has a lesser amplitude and shorter duration than the fast response. Increased automaticity (*A*) occurs when the rate of phase 4 depolarization is increased.

The rate of pacemaker cell discharge is influenced by the slope of phase 4 depolarization (see Fig. 22-3B). Sympathetic stimulation from the catecholamines epinephrine and norepinephrine increases the slope of phase 4, thereby accelerating heart rate. In contrast, parasympathetic stimulation, primarily through acetylcholine, decreases the slope, resulting in a slower heart rate. Under certain pathologic conditions—such as severe coronary artery disease or ischemia—regions of myocardium that normally exhibit fast-response behavior can shift to slow-response conduction. This may result in abnormal impulse generation, producing ectopic pacemaker activity and increasing the risk of arrhythmias (Wei et al., 2023).

Absolute and Relative Refractory Periods

The rhythmic pumping action of the heart requires alternating periods of excitability and rest. During the

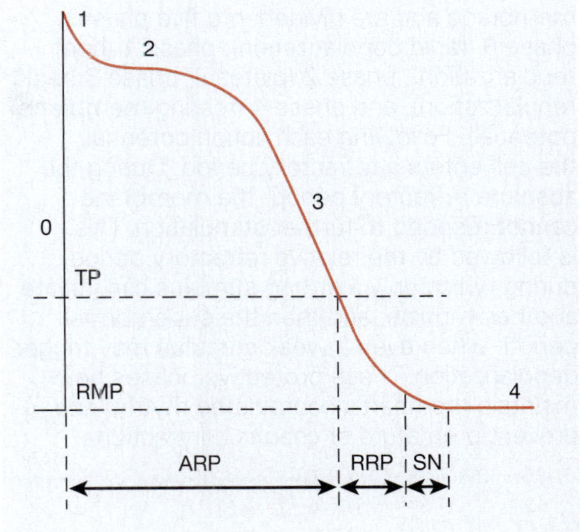

FIGURE 22-5. Diagram of an action potential of a ventricular muscle cell, showing the threshold potential (TP), resting membrane potential (RMP), absolute refractory period (ARP), relative refractory period (RRP), and supernormal (SN) period. Phase 1—rapid repolarization period; phase 2—plateau; phase 3—final, rapid repolarization period; phase 4—diastolic depolarization.

absolute refractory period, the cell cannot respond to any stimulus, regardless of strength. This includes phases 0, 1, 2, and part of 3 and acts as a protective mechanism against premature beats (Fig. 22-5). The **relative refractory period** begins when the membrane potential repolarizes past the threshold but has not fully returned to baseline. During this time, a stronger-than-normal stimulus may trigger a response. Following this is the **supernormal period**, a brief window at the end of phase 3 and beginning of phase 4, during which even a weak stimulus may provoke depolarization. This period is particularly vulnerable to the development of arrhythmias (Wei et al., 2023).

SUMMARY CONCEPTS

The rhythmic contraction and relaxation of the heart depend on the specialized cells of the cardiac conduction system. The SA node possesses the fastest rate of impulse generation, a property known as automaticity, and functions as the heart's natural pacemaker. Impulses travel from the SA node, through the atria, to the AV node, and to the bundle of His and Purkinje fibers, which rapidly distribute the signal throughout the ventricles. The AV node serves as the only normal electrical connection between the atria and ventricles; if AV conduction is blocked, the atria and ventricles may contract independently.

Cardiac action potentials reflect the sequential movement of ions across the cell membrane and are divided into five phases: phase 0 (rapid depolarization), phase 1 (brief repolarization), phase 2 (plateau), phase 3 (rapid repolarization), and phase 4 (resting membrane potential). Following each action potential, the cell enters a refractory period. During the absolute refractory period, the membrane cannot respond to further stimulation. This is followed by the relative refractory period, during which only a strong stimulus can initiate another impulse, and then the supernormal period, when even a weak stimulus may trigger depolarization. These protective phases help maintain the heart's coordinated rhythm and prevent premature or chaotic contractions.

ECG and Other Diagnostic Methods

The diagnosis of cardiac rhythm and conduction disorders is typically made based on findings from a surface ECG, Holter monitor, or an implantable loop recorder. Additional insight into conduction abnormalities and arrhythmias can be gained through exercise stress testing and electrophysiologic studies.

The **electrocardiogram (ECG)** is a graphic recording of the heart's electrical activity. As electrical impulses generated by the heart spread through the body, they reach the skin surface, where they are detected by electrodes, amplified, and recorded. The resulting tracing reflects the sequence of depolarization and repolarization in different regions of the heart.

Each waveform on the ECG, designated by the letters P, Q, R, S, and T, provides specific information about cardiac electrical conduction. The **P wave** represents atrial depolarization initiated by the SA node. The **QRS complex** (i.e., beginning of the Q wave to the end of the S wave) reflects rapid ventricular depolarization; and the **T wave** corresponds to ventricular repolarization. Atrial repolarization occurs during ventricular depolarization and is obscured within the QRS complex. The isoelectric interval between the P wave and the QRS complex reflects depolarization through the AV node, bundle branches, and Purkinje system (Fig. 22-6).

The shape and direction of ECG deflections are influenced by the orientation of the electrical impulse relative to the electrodes. When a depolarization wave moves toward a positive electrode, the ECG records an upward (positive) deflection. When it moves away, a downward (negative) deflection is recorded. If no electrical activity is occurring between electrodes, a flat baseline appears.

A standard 12-lead ECG includes six limb leads and six chest leads, each offering a unique view of the heart's electrical activity. Limb leads assess the electrical activity in the frontal plane, using electrodes placed on the arms and legs (or equivalent locations near the shoulders and hips). Chest leads assess the horizontal plane through electrodes placed in six standardized positions across the chest (Fig. 22-7). The right lower extremity lead serves as the ground. Additional leads may occasionally be placed on the back or right chest when clinically indicated (Al-Zaiti et al., 2022).

Research has shown that ECG monitoring is more sensitive than symptom reporting for identifying transient myocardial ischemia and early complications. To guide appropriate use of hospital ECG monitoring, the

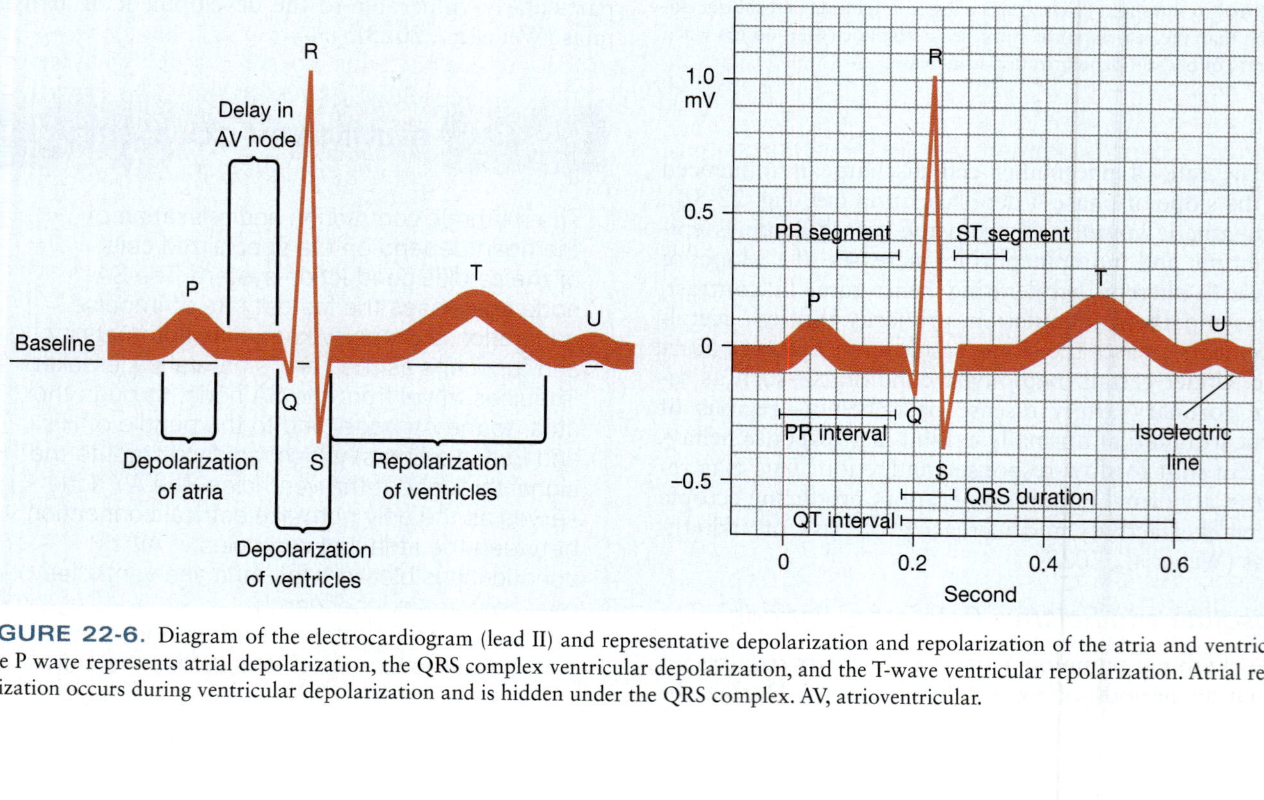

FIGURE 22-6. Diagram of the electrocardiogram (lead II) and representative depolarization and repolarization of the atria and ventricles. The P wave represents atrial depolarization, the QRS complex ventricular depolarization, and the T-wave ventricular repolarization. Atrial repolarization occurs during ventricular depolarization and is hidden under the QRS complex. AV, atrioventricular.

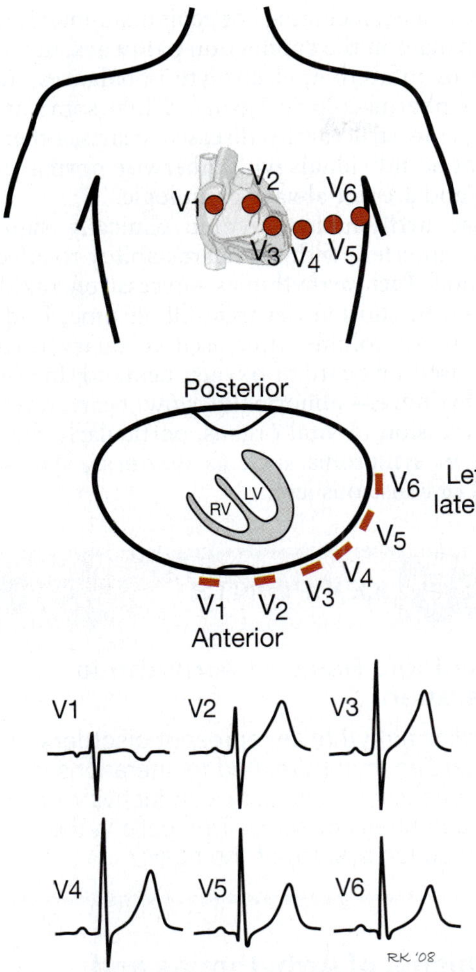

FIGURE 22-7. Placement of the six precordial chest leads and the normal appearance of the electrocardiogram recording for leads V_1–V_6. These electrodes record electrical activity in the horizontal plane, which is perpendicular to the frontal plane of the limb leads. (From Klabunde, R. E. [2012]. *Cardiovascular physiology concepts* [2nd ed., p. 35]. Wolters Kluwer; Fig. 2-20.)

American Heart Association has classified patients into three categories:

- Class I—Monitoring is essential and clearly indicated.
- Class II—Monitoring may be beneficial but is not required for all patients.
- Class III—Monitoring is not indicated due to low clinical risk (Holm et al., 2024).

Surface ECG

A **resting surface ECG** captures the heart's electrical activity at a single point in time while the patient is at rest. It is a noninvasive and widely available tool that serves as the first-line diagnostic test for rhythm and conduction abnormalities. However, it is limited to detecting only events that occur during the brief period of monitoring. While the procedure itself is risk-free, misinterpretation of the results can lead to incorrect diagnosis and treatment (Al-Zaiti et al., 2022).

Holter ECG Monitoring

Holter monitor provides extended ECG recording over 24 to 48 hours while the individual goes about normal daily activities. A small portable monitor records two or three leads continuously. Patients are typically instructed to maintain a diary of symptoms or activities to correlate with ECG events. Most devices include an event marker button that the patient can press when experiencing symptoms. Newer systems may detect arrhythmias automatically or allow patient-activated recording during symptoms. This method is especially useful for identifying intermittent rhythm disturbances not captured during a standard ECG (Bala et al., 2023).

In addition to standard Holter monitors, wearable **ECG patch monitors** are now available and can be worn continuously for up to 14 days. These wireless adhesive devices transmit data via a smartphone or paired mobile device or are returned to the provider for postwear analysis. Because they are compact, leadless, and waterproof, they allow for a more comfortable and unobtrusive experience, improving patient adherence while increasing the likelihood of capturing transient arrhythmias

Implantable Loop ECG Recorder

When symptoms are infrequent and not captured by Holter or event monitoring, an **implantable loop recorder** may be used. Implanted under the skin in the upper left chest, the device continuously monitors and stores ECG data and can remain in place for up to 3 years. It can be programmed to automatically detect events or store patient-activated recordings. Loop recorders are useful for evaluating unexplained syncope, intermittent arrhythmias, antiarrhythmic drug efficacy, QT prolongation, pauses, and heart rate variability (Spooner et al., 2025).

Exercise Stress Testing

Exercise stress testing evaluates the heart's response to graded physical activity, typically performed using a treadmill or stationary bicycle. It measures heart rate, blood pressure, respiratory rate, ECG changes, and symptoms in response to exercise. This test is particularly useful for identifying exercise-induced myocardial ischemia, abnormal hemodynamic responses, or arrhythmias triggered by exertion. A **stress echocardiogram** may be added to assess regional wall motion and perfusion during stress, helping to localize areas of reduced blood flow (Vilcant & Zeltser, 2023).

For individuals who are unable to exercise, a **pharmacologic** or **nuclear stress test** may be used. This method involves the administration of drugs such as dobutamine, which increases heart rate and contractility, or vasodilators like adenosine or regadenoson, which mimic the effects of exercise by increasing blood flow in healthy coronary arteries more than in diseased ones. Radionuclide imaging agents are then used with single photon emission computed tomography (SPECT) or positron emission tomography (PET) imaging to visualize areas of reduced myocardial perfusion, identifying regions at risk for ischemia or infarction.

Electrophysiologic Studies

Electrophysiologic studies (EPS) are invasive procedures used to evaluate and manage complex arrhythmias. Catheters with electrodes are inserted into the right side of the heart to record intracardiac ECGs and stimulate cardiac tissue under controlled conditions. EPS helps determine a person's susceptibility to arrhythmias, assess unexplained syncope when surface or ambulatory ECG is nondiagnostic, distinguish supraventricular from ventricular arrhythmias, and locate arrhythmogenic foci for ablation therapy or implantation of antitachycardia devices.

EPS procedures typically do not require access to the left side of the heart, so the risk of serious complications, such as myocardial infarction (MI), stroke, or systemic embolism, is lower than with other invasive cardiac studies. However, when catheter ablation is performed, the risk of venous thrombosis or pulmonary embolism increases (Scott et al., 2023).

SUMMARY CONCEPTS

The ECG is the primary tool for monitoring the heart's electrical activity and diagnosing cardiac rhythm and conduction disorders. A standard 12-lead ECG, comprising six limb leads and six chest leads, offers multiple views of the heart's electrical forces from different body surface positions. This noninvasive test allows for the detection of arrhythmias and early recognition of ischemic changes, particularly in individuals with acute coronary syndromes.

Diagnosis typically begins with surface ECG recordings, which may be supplemented by additional techniques. Holter monitor provides continuous ECG data for up to 48 hours and is often used to evaluate intermittent symptoms. ECG patch monitors can be worn continuously for up to 14 days. Loop recorders, which can be implanted under the skin, allow long-term monitoring, up to 3 years, for identifying infrequent arrhythmias. Exercise stress testing evaluates the heart's response to physical activity. For more detailed evaluation, electrophysiologic studies involve the insertion of electrode catheters into the heart via a peripheral vein to record intracardiac activity and provoke arrhythmias under controlled conditions.

Disorders of Cardiac Rhythm and Conduction

Disorders of the cardiac conduction system are broadly classified into two categories: rhythm disorders and conduction disorders. These disturbances may arise from a variety of causes, including congenital anomalies, degenerative changes in the conduction pathways, myocardial ischemia or infarction, electrolyte imbalances, and the effects of pharmacologic agents. While some arrhythmias occur in structurally diseased hearts, others may be present in individuals with otherwise normal cardiac function and are not always pathologic.

Cardiac arrhythmias become clinically significant when they interfere with the heart's ability to effectively pump blood. **Tachyarrhythmias**—excessively rapid heart rhythms—can shorten diastolic filling time, leading to reduced stroke volume, decreased coronary perfusion, and increased myocardial oxygen demand. In contrast, **bradyarrhythmias**—abnormally slow heart rates—can impair perfusion to vital organs, particularly the brain, resulting in symptoms such as dizziness, syncope, or even loss of consciousness.

KEY POINTS

Physiologic Basis of Arrhythmia Generation

- Cardiac arrhythmias represent disorders of cardiac rhythm related to alterations in automaticity, excitability, conductivity, or refractoriness of specialized cells in the conduction system of the heart.

Mechanisms of Arrhythmias and Conduction Disorders

The generation of both normal and abnormal cardiac rhythm depends on four fundamental properties of specialized conduction system cells: automaticity, excitability, conductivity, and refractoriness. Disturbances in any of these properties can lead to arrhythmia or conduction abnormalities (Barrio-Lopez & Almendral, 2024).

Automaticity refers to the ability of certain cardiac cells to spontaneously initiate an impulse without external stimulation. The SA node typically serves as the heart's pacemaker due to its rapid inherent discharge rate of 60 to 100 beats/min. If the SA node fires too slowly or fails to conduct properly, other components of the conduction system with pacemaker capability—such as the atrial fibers, AV node, bundle of His, or Purkinje fibers—may assume control. These alternative pacemaker sites have slower intrinsic firing rates: approximately 40 to 60 beats/min in the AV node and 15 to 40 beats/min in the Purkinje system. Even when the SA node is functioning normally, other regions may acquire abnormal automaticity under conditions such as hypoxia, electrolyte disturbances, ischemia, chamber hypertrophy, or drug exposure, potentially initiating ectopic impulses (Barrio-Lopez & Almendral, 2024).

An **ectopic pacemaker** is an excitable focus outside of the SA node that initiates an impulse. When this occurs, it may produce a premature contraction—a beat that arises early and does not follow the normal conduction pathway. These premature beats are typically not associated with a coordinated mechanical contraction and may render the heart refractory to subsequent normal impulses. While they can occur harmlessly in healthy individuals in response to stress or stimulants (e.g., caffeine), they may trigger more serious arrhythmias in those with underlying heart disease (Barrio-Lopez & Almendral, 2024).

Excitability is the ability of cardiac cells to respond to an electrical impulse and generate an action potential. This property is impaired in myocardial tissue that has been damaged or replaced by scar tissue, limiting the heart's ability to conduct impulses effectively.

Conductivity refers to the ability of the heart to transmit impulses through the conduction system, and **refractoriness** reflects the period during which it cannot respond to a new stimulus, typically because it has not yet repolarized. Alterations in either conductivity or refractoriness can promote arrhythmia formation (Barrio-Lopez & Almendral, 2024).

One of the most important mechanisms underlying arrhythmias, particularly tachyarrhythmias, is **reentry**. Normally, an electrical impulse travels through the conduction system in a single direction and dies out after depolarizing surrounding tissue, which becomes temporarily refractory. Reentry occurs when an impulse reactivates areas of the myocardium that have recovered excitability, creating a self-sustaining circuit. This requires the presence of a unidirectional conduction block and areas of slowed conduction, often initiated by a premature beat (Fig. 22-8).

Reentry can occur at various levels of the conduction system. It may involve large circuits, encompassing components such as the AV node or entire atrial tissue, or microscopic circuits involving localized tissue heterogeneity. Conditions that contribute to reentry include ischemia, infarction, and electrolyte imbalances, particularly hyperkalemia. There are three primary types of reentry: anatomic reentry, functional reentry, and spiral reentry (Barrio-Lopez & Almendral, 2024).

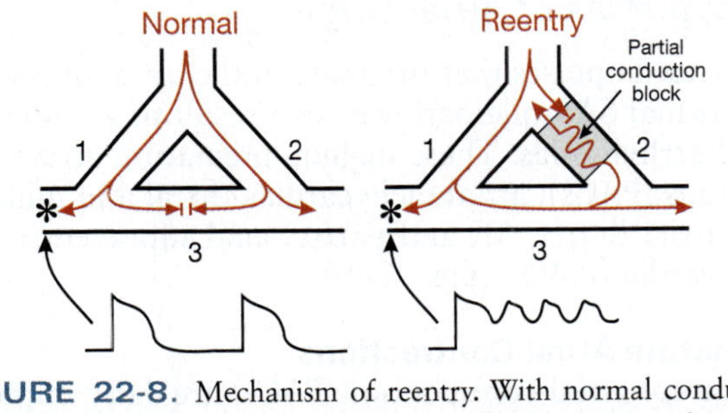

FIGURE 22-8. Mechanism of reentry. With normal conduction of action potentials, impulses traveling down branches *1* and *2* cancel out each other in branch *3*. Reentry can occur if branch 2 has impaired conduction and blocks orthograde impulses but slowly conducts retrograde impulses. If a retrograde impulse emerging from branch 2 reaches excitable tissue (after the effective refractory period, but before the next normal impulse), a premature action potential can be conducted down branch *1*. If this occurs with successive action potentials, tachycardia occurs. (From Klabunde, R. E. [2012]. *Cardiovascular physiology concepts* [2nd ed., p. 24]. Wolters Kluwer; Fig. 2-11.)

Anatomic reentry involves a fixed anatomic structure around which the impulse circulates. Examples include AV nodal reentrant tachycardia (AVNRT), atrial flutter, Wolff-Parkinson-White syndrome (WPWS), and some forms of ventricular tachycardia (VT). Functional reentry occurs due to differences in conduction velocity and refractory periods between adjacent fibers, which allow an impulse to reenter tissue in the absence of a fixed obstacle. Spiral reentry, often seen in atrial fibrillation (AF), involves a circulating impulse that breaks from the regular conduction pathway and rotates erratically through the atrial myocardium, resulting in disorganized electrical activity and ineffective contraction (Barrio-Lopez & Almendral, 2024).

Rhythm Disorders

Normal sinus rhythm (NSR) is a pattern of 60 to 100 beats/min characterized on the ECG by a P wave preceding every QRS complex and relatively consistent R-R intervals over time (Fig. 22-9A). A normal P wave morphology and a PR interval between 0.12 and 0.20 seconds suggest that the impulse originated in the SA node, confirming that the atrial activation is occurring through the normal conduction pathways. NSR has long been considered the standard rhythm of

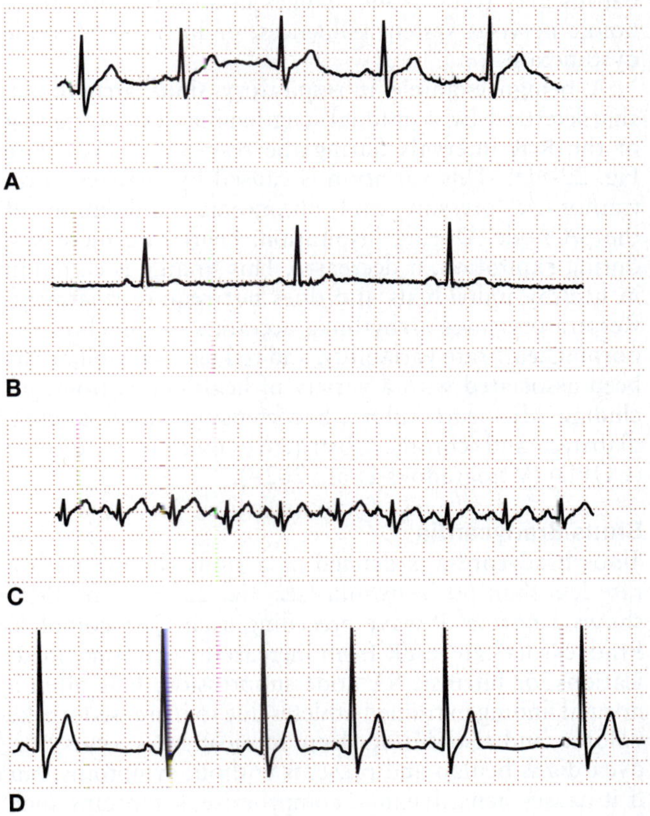

FIGURE 22-9. Electrocardiographic tracings of rhythms originating in the sinus node. **A.** Normal sinus rhythm (60 to 100 beats/minute). **B.** Sinus bradycardia (<60 beats/minute). **C.** Sinus tachycardia (>100 beats/minute). **D.** Respiratory sinus arrhythmia, characterized by gradual lengthening and shortening of R-R intervals.

a healthy heart, serving as the baseline against which other rhythm disturbances are identified.

Most cardiac arrhythmias occur as a result of structural myocardial disease but can also be seen as a response to both genetic and environmental risk factors, as well as altered epigenetic regulation. Additionally, the role of inflammation in the development of cardiac arrhythmia has become increasingly apparent, as evidenced by the elevation of serum inflammatory proteins in these patients. For example, the emergence of cardiac arrhythmias in patients with COVID-19 has been attributed to inflammatory cytokines that have a direct effect on cardiac function (Kingma et al., 2023). A pathologic link between cardiac dysfunction and dietary disorders such as obesity and type 2 diabetes has also been suggested. Under normal circumstances, the heart utilizes free fatty acids as an energy source; however, when intake exceeds storage capacity, an increased vulnerability to sustained or even fatal arrhythmias is seen.

Disorders of cardiac rhythm include sinus node arrhythmias, those of atrial origin, junctional arrhythmias, ventricular arrhythmias, long QT syndrome (LQTS), torsades de pointes, and inherited rhythm disorders (Kingma et al., 2023).

Sinus Node Arrhythmias

Alterations in the function of the SA node can lead to changes in heart rate or rhythm. These rhythm disturbances may result from changes in automaticity, autonomic nervous system influences, or intrinsic SA node dysfunction.

A benign example is **respiratory sinus arrhythmia**, characterized by a gradual lengthening and shortening of the R-R intervals during the respiratory cycle (see Fig. 22-9D). This variation is caused by changes in intrathoracic pressure and autonomic modulation of the SA node. During inspiration, heart rate increases; during expiration, it decreases. This finding is common in healthy individuals and does not require treatment. Respiratory sinus arrhythmia accounts for much of the normal heart rate variability, and reduced variability has been associated with a variety of health conditions, including MI, heart failure, hypertension, stable angina, diabetes, and chronic obstructive pulmonary disease (COPD) (Vinogradova et al., 2024).

Sinus Bradycardia

Sinus bradycardia is defined as a sinus rhythm with a rate less than 60 beats/min (see Fig. 22-9B). The ECG shows a normal P wave preceding each QRS complex. Bradycardia can result from increased vagal tone, medications, or intrinsic SA node suppression. It is often a normal finding in trained athletes due to increased stroke volume, and also during sleep. In most cases, sinus bradycardia is benign and presents without symptoms, but if it causes hemodynamic compromise, symptoms such as dizziness and fatigue may occur (Kawji, 2022).

Sinus Pause or Arrest

Sinus arrest occurs when the SA node temporarily fails to generate an impulse, resulting in a pause in rhythm and an irregular pulse. If the impulse also fails to reach the AV node, an escape rhythm may develop from a lower pacemaker site. Sinus pauses typically last approximately 2 to 3 seconds; however, instances of prolonged pauses surpassing 10 seconds may lead to dizziness, syncope, dyspnea on exertion, angina, or other arrhythmias (Tubb & Koshy, 2024). Causes include SA node disease, digitalis toxicity, stroke, MI, myocarditis, sleep apnea, electrolyte imbalances (e.g., hyperkalemia, hypokalemia), and medications such as quinidine and lidocaine.

Sinus Tachycardia

Sinus tachycardia is a rhythm that originates in the SA node but occurs at a rate greater than 100 beats/min (see Fig. 22-9C). A normal P wave and PR interval should precede each QRS complex. The mechanism involves enhanced automaticity, usually due to sympathetic stimulation or vagal withdrawal. It is a normal physiologic response to exercise, pain, anxiety, fever, blood loss, and other stressors. Pathologic causes include heart failure, MI, and hyperthyroidism. Medications such as atropine, isoproterenol, epinephrine, and quinidine can also induce sinus tachycardia (Mayuga et al., 2022).

Sick Sinus Syndrome

Sick sinus syndrome (SSS) is a term used to describe a group of arrhythmias caused by dysfunction of the SA node or its connections to the surrounding atrial tissue. It is most commonly due to fibrosis, ischemia, degeneration, or inflammatory changes affecting the SA node, its arterial supply, or surrounding autonomic nerves. Occlusion of the sinus node artery may also contribute. SSS may occur idiopathically or in association with coronary artery disease, collagen vascular diseases, infections, or certain medications. In children, it is often linked to congenital heart anomalies, especially following corrective cardiac surgery (Liu et al., 2023).

The most frequent symptoms of SSS are lightheadedness, dizziness, and syncope, usually related to bradyarrhythmias. Palpitations may also occur and are generally due to tachyarrhythmias associated with the syndrome (Liu et al., 2023).

Arrhythmias of Atrial Origin

Electrical impulses that originate in the atria, outside of the normal SA node pathway, can result in a variety of atrial arrhythmias. These include premature atrial contractions (PACs), atrial tachycardias (focal and multifocal), atrial flutter, AF, and paroxysmal supraventricular tachycardia (PSVT) (Fig. 22-10).

Premature Atrial Contractions

Premature atrial contractions (PACs) are early impulses that originate in the atrial conduction pathways or myocardial cells and occur before the next expected SA node discharge. The ectopic impulse is typically conducted to the ventricles and often transmitted retrograde to the SA node, interrupting the timing of the next sinus beat and producing a compensatory pause. The configuration of the P wave varies depending on the site of origin. PACs are commonly seen in healthy individuals and may be

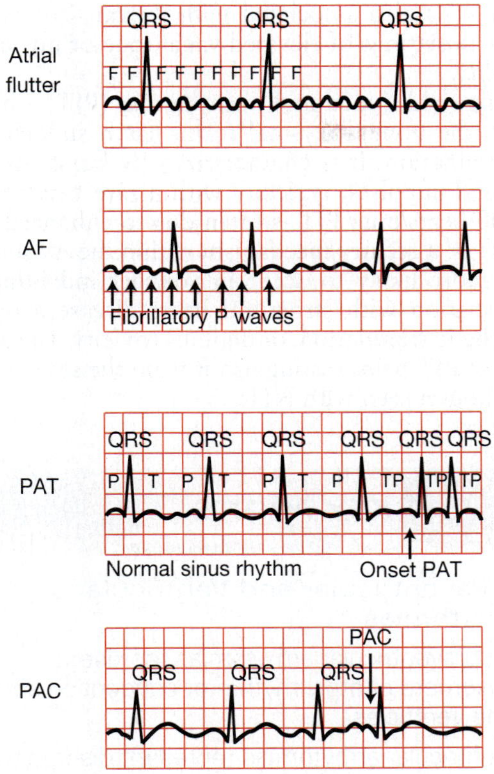

FIGURE 22-10. Electrocardiographic tracings of atrial arrhythmias. Atrial flutter (*first tracing*) is characterized by the atrial flutter (*F*) waves occurring at a rate of 240 to 450 beats/minute. The ventricular rate remains regular because of the conduction of every sixth atrial contraction. Atrial fibrillation (AF) (*second tracing*) has grossly disorganized atrial electrical activity that is irregular with respect to rate and rhythm. The ventricular response is irregular, and no distinct *P* waves are visible. The *third tracing* illustrates paroxysmal atrial tachycardia (PAT), preceded by a normal sinus rhythm. The *fourth tracing* illustrates premature atrial contractions (PACs).

triggered by stress, caffeine, tobacco, or alcohol. They are also associated with MI, digitalis toxicity, hypoxia, and electrolyte disturbances, particularly hypokalemia and hypomagnesemia. Although usually benign, frequent PACs may increase the risk of AF in some individuals (Guichard et al., 2022).

Atrial Tachycardia

Atrial tachycardia may originate from a single ectopic focus (focal) or multiple foci (multifocal) within the atria. In **multifocal atrial tachycardia (MAT)**, P wave morphology varies due to different sites of origin, resulting in an irregular rhythm with rates typically above 100 beats/min. It is most commonly seen in older adults with COPD, hypoxia, or electrolyte abnormalities. **Focal atrial tachycardia (FAT)**, by contrast, is usually a regular rhythm with rates between 100 and 250 beats/min and is often associated with mitral valve disease, rheumatic heart disease, acute MI, COPD, hypokalemia, digitalis toxicity, or the use of stimulants such as caffeine or alcohol (Liwanag & Willoughby, 2023).

Atrial Flutter and Fibrillation

Atrial flutter is a rapid, organized atrial rhythm usually caused by a macro-reentrant circuit, most often located in the right atrium. Two forms exist: typical (type I) and atypical (type II). Typical atrial flutter involves a reentrant loop around the tricuspid annulus. It is entrainable, meaning the rhythm can be temporarily reset or interrupted by electrical pacing. Atrial rates in typical flutter range from 240 to 340 beats/min and produce a classic sawtooth pattern of flutter waves, best seen in leads AVF, V1, and V5. The ventricular response is variable and depends on AV node conduction properties; QRS complexes may be normal or abnormal depending on conduction aberrancy (Valeri et al., 2022).

Atypical flutter (type II) refers to any atrial flutter not using the typical right atrial circuit. It often arises in the left atrium, particularly in individuals with prior atrial surgery, ablation, or scarring. Atypical flutter lacks the sawtooth flutter wave pattern and is generally non-entrainable, making it more difficult to diagnose and treat. Mapping and ablation often require more advanced electrophysiologic techniques.

Atrial flutter is more common in individuals with structural heart disease, especially children and young adults who have undergone corrective surgery for congenital heart anomalies. It may also occur in adults with ischemic heart disease, heart failure, or valvular disease.

Atrial fibrillation (AF) is a chaotic and disorganized atrial rhythm characterized by rapid atrial activation at rates between 400 and 600 beats/min, resulting in a loss of coordinated atrial contraction. The ECG shows absent P waves, replaced by fibrillatory (f) waves, and a completely irregular ventricular response due to random conduction through the AV node. Ventricular rates typically range from 80 to 180 beats/min. Because not all beats result in a palpable pulse, the difference between the apical and radial pulse rates is called the pulse deficit (Elliott et al., 2023).

AF is categorized into three clinical patterns: paroxysmal, persistent, and permanent. Paroxysmal AF self-terminates and lasts no longer than 7 days, whereas persistent AF lasts greater than 7 days and typically requires intervention such as a cardioversion. AF is classified as permanent when attempts to terminate are failed and the person remains in AF (Elliott et al., 2023).

AF may be found in individuals without structural heart disease (the so-called "lone AF"), but is more commonly associated with coronary artery disease, hypertension, mitral valve disease, pericarditis, heart failure, digitalis toxicity, and hyperthyroidism. Spontaneous reversion to sinus rhythm is common within the first 24 hours of onset in many patients. The Global Burden of Disease (GBD) 2021 study identified six risk factors associated with both AF and atrial flutter: high body mass index (BMI), elevated systolic blood pressure, smoking, excessive alcohol consumption, high-sodium diet, and lead exposure (Cheng et al., 2024).

AF is the most common chronic arrhythmia, with prevalence increasing with age and occurring more frequently in males than in females. Clinical manifestations range from palpitations and fatigue to more severe symptoms such as dyspnea, dizziness, or pulmonary edema. In older adults, symptoms may be nonspecific.

A major concern with AF is thrombus formation, particularly in the left atrial appendage, leading to increased risk of embolism and stroke.

Management of AF includes rate control, rhythm control, and stroke prevention. Rate control is often achieved using beta-blockers, calcium channel blockers, or digoxin. Rhythm control may involve antiarrhythmic medications or cardioversion (electrical or pharmacologic). Anticoagulation is recommended based on stroke risk stratification using the CHA_2DS_2-VASc score, with agents such as warfarin or direct oral anticoagulants (DOACs) used to prevent embolic events (Elliott et al., 2023).

Paroxysmal Supraventricular Tachycardia

Paroxysmal supraventricular tachycardia (PSVT) refers to a group of tachyarrhythmias that originate above the bundle of His, typically with sudden onset and termination. Heart rates usually range from 140 to 240 beats/min and remain regular, regardless of activity level or positional change. Most individuals have no symptoms aside from awareness of a rapid heartbeat, although some may experience dyspnea, especially if episodes are prolonged.

The most common mechanism of PSVT is reentry, particularly AVNRT or AV reciprocating tachycardia (AVRT), as seen in WPWS. Treatment options include vagal maneuvers (Valsalva maneuver) (Nasir et al., 2023).

Junctional Arrhythmias

When the SA node fails to initiate an impulse or conduction is delayed, the AV node or nearby junctional tissue can assume pacemaker responsibility. The resulting junctional rhythm typically has an intrinsic rate of 40 to 60 beats/min and may be either transient or sustained. Junctional rhythms originate in the region of the AV node or the proximal bundle of His, and because they arise lower in the conduction system, the normal atrial depolarization pattern is often altered.

P waves in junctional rhythms may appear before, after, or buried within the QRS complex, depending on the site and direction of impulse conduction. When retrograde atrial activation occurs, the P wave may be inverted and appear after the QRS complex.

In some cases, junctional tissue acts as an ectopic pacemaker, producing premature junctional complexes (PJCs). These early beats may or may not be conducted to the ventricles and are sometimes associated with compensatory pauses (Tchou et al., 2023).

Nonparoxysmal junctional tachycardia (NJT) refers to a rhythm of gradual onset and termination, usually occurring when the dominant pacemaker slows down, allowing the junctional tissue to take over. The ventricular rate typically ranges from 70 to 130 beats/min, but it may be faster. Although less common than paroxysmal forms, this type of tachycardia can present similarly to atrial tachycardia in terms of clinical impact.

NJT is most often observed in individuals with underlying cardiac disease, such as inferior wall MI, myocarditis, or postoperative states following open heart surgery. It is also associated with digitalis toxicity, especially in settings of elevated vagal tone or myocardial irritability.

Paroxysmal junctional tachycardia (PJT), in contrast to the nonparoxysmal form, has a sudden onset and termination. It is characterized by bursts of rapid junctional impulses, typically with a rate between 140 and 200 beats/min. PJT is often due to enhanced automaticity or a reentry mechanism within the AV junction and is more likely to occur in younger individuals or in association with structural heart disease, excessive sympathetic stimulation, or digitalis toxicity. The abrupt nature of PJT helps distinguish it from the slower, more gradual onset seen with NJT.

> **KEY POINTS**
>
> **Supraventricular and Ventricular Arrhythmias**
>
> - Supraventricular arrhythmias represent disorders of atrial rhythm or conduction above the ventricles.
> - Ventricular arrhythmias represent disorders of ventricular rhythm or conduction and can be life-threatening.

Ventricular Arrhythmias

The junctional fibers of the AV node connect with the bundle of His, which divides into the right and left bundle branches. These branches travel along the interventricular septum and further subdivide into the Purkinje fibers, which spread across the ventricular walls to facilitate coordinated contraction (see Fig. 22-1). Disruption of conduction through one of the bundle branches results in a bundle branch block (BBB). While BBB does not typically alter heart rhythm, it delays ventricular depolarization. This causes the ventricles to depolarize sequentially rather than simultaneously, resulting in a widened QRS complex (>0.12 seconds). The left bundle branch further bifurcates into anterior and posterior fascicles, and blocks in these fascicles are referred to as fascicular blocks.

Arrhythmias that originate in the ventricular conduction system or muscle are generally considered more serious than atrial arrhythmias because they can compromise cardiac output and increase the risk of sudden cardiac death.

Premature Ventricular Contractions

A **premature ventricular contraction (PVC)** is an early depolarization that originates in the ventricular myocardium rather than from the SA node. It occurs before the next expected normal beat and is followed by a compensatory pause as the ventricle resets its rhythm (Fig. 22-11). Because ventricular filling is often incomplete, PVCs may produce a diminished or absent pulse.

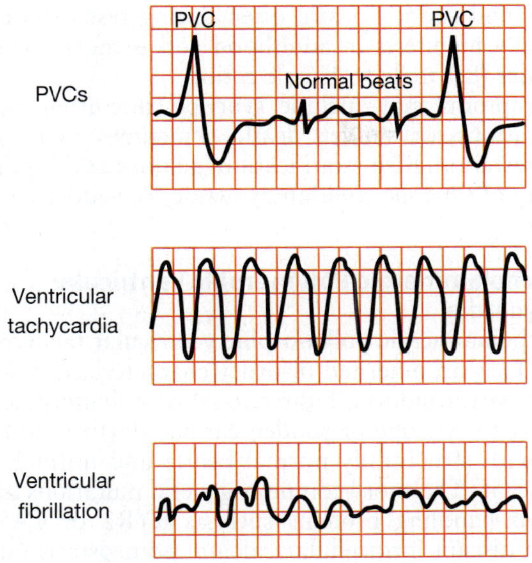

FIGURE 22-11. Electrocardiographic (ECG) tracings of ventricular arrhythmias. Premature ventricular contractions (PVCs) (*top tracing*) originate from an ectopic focus in the ventricles, causing a distortion of the QRS complex. Because the ventricle usually cannot repolarize sufficiently to respond to the next impulse that arises in the sinoatrial node, a PVC is frequently followed by a compensatory pause. Ventricular tachycardia (*middle tracing*) is characterized by a rapid ventricular rate of 70 to 250 beats/minute and the absence of P waves. In ventricular fibrillation (*bottom tracing*), there are no regular or effective ventricular contractions, and the ECG tracing is totally disorganized.

In healthy individuals, isolated PVCs are typically benign and without symptoms. However, frequent PVCs, especially in the setting of structural heart disease, may be a marker for increased risk of more serious arrhythmias (Raizada et al., 2025).

PVCs are more common in the setting of myocardial ischemia or infarction, ventricular hypertrophy, electrolyte imbalances (e.g., hypokalemia, hypomagnesemia), stimulant use, increased sympathetic tone, or certain medications (including digitalis). A specific pattern known as ventricular bigeminy occurs when each normal beat is followed by a PVC. This pattern is commonly associated with digitalis toxicity or underlying cardiac disease.

When frequent or multifocal PVCs occur in diseased hearts, they may increase the risk for more dangerous ventricular arrhythmias, such as VT or ventricular fibrillation (VF) (Raizada et al., 2025).

Ventricular Tachycardia

Ventricular tachycardia is a rhythm originating distal to the bundle of His, usually from ectopic foci in the ventricular myocardium or Purkinje system. It is characterized by a ventricular rate of 100 to 250 beats/min and may have either a sudden or gradual onset. The ECG typically shows wide, tall, and abnormal-looking QRS complexes lasting longer than 0.12 seconds (see Fig. 22-11). QRS complexes can have a consistent shape and duration (**monomorphic VT**) or can vary from beat to beat (**polymorphic VT**).

VT may be sustained (lasting ≥30 seconds or requiring intervention) or nonsustained (self-terminating within 30 seconds). Sustained VT can cause significant hemodynamic instability, as rapid ventricular rates impair diastolic filling, reduce cardiac output, and may progress to VF if untreated (Whitaker et al., 2023).

Ventricular Flutter and Fibrillation

Ventricular flutter and VF are life-threatening arrhythmias characterized by severe disruption of normal electrical activity in the ventricles. These rhythms require immediate medical intervention (Ludhwani et al., 2023).

Ventricular flutter is an intermediate rhythm often seen as a transition between VT and VF. The ECG shows a sine-wave pattern without distinct QRS complexes, with rates ranging from 150 to 300 beats/min. It is rarely sustained and typically progresses quickly to VF.

Ventricular fibrillation involves chaotic, disorganized electrical activity within the ventricles, resulting in quivering without coordinated contraction. The ECG shows no identifiable P waves, QRS complexes, or T waves, and the rhythm appears as erratic, low-amplitude oscillations (see Fig. 22-11). VF results in immediate loss of cardiac output, absent pulses, and no audible heart sounds.

LQTS and Torsades de Pointes

Long QT syndrome (LQTS) is a disorder of ventricular repolarization characterized by prolongation of the QT interval on the ECG. It increases the risk for a specific type of polymorphic VT called torsades de pointes, which may progress to VF and result in sudden cardiac death (Hauwanga et al., 2024).

Torsades de pointes ("twisting of the points") refers to a tachyarrhythmia in which the QRS complexes appear to rotate around the isoelectric baseline, varying in amplitude, morphology, and polarity. The heart rate typically ranges from 100 to 180 beats/min but may accelerate to 200–300 beats/min (Fig. 22-12). This rhythm is highly unstable and may spontaneously terminate or rapidly deteriorate into VF (Tsuji et al., 2024).

LQTS is categorized as either congenital (inherited) or acquired. The acquired form of LQTS arises from various clinical conditions and external exposures that interfere with ion channel function or prolong repolarization. Common causes include electrolyte disturbances (especially hypokalemia, hypomagnesemia, and hypocalcemia), bradycardia, MI, subarachnoid hemorrhage, autonomic neuropathy, and nutritional deficiencies such as those seen with protein-sparing fasting. Drug-induced QT prolongation is among the most significant contributors to acquired LQTS (Hauwanga et al., 2024).

A wide range of medications can prolong the QT interval. These include antiarrhythmic agents (e.g., quinidine, sotalol, amiodarone), macrolide antibiotics (e.g., erythromycin), fluoroquinolones, antipsychotics (e.g., haloperidol, ziprasidone), tricyclic antidepressants, methadone, and other agents such as verapamil and digitalis. The risk increases with polypharmacy, underlying cardiac disease, or concurrent electrolyte imbalances. A corrected QT interval (QTc) greater than 440 ms

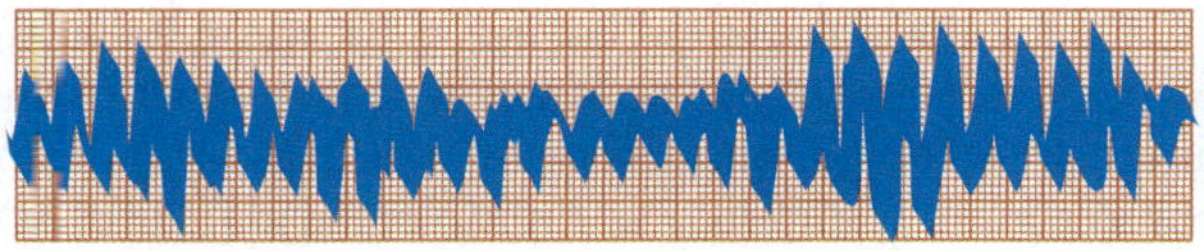

FIGURE 22-12. Torsades de pointes. (From Morton, P. G., & Fontaine, D. K. [2018]. *Critical care nursing: A holistic approach* [11th ed., p. 227]. Wolters Kluwer; Fig. 17-27B.)

in males or 460 ms in females is typically considered prolonged and warrants further evaluation (Hauwanga et al., 2024). In VF, immediate defibrillation is required (Tsuji et al., 2024).

Inherited Arrhythmias

For many years, sudden cardiac death in individuals without structural heart disease was labeled as idiopathic VF. Many of these cases are now recognized as inherited channelopathies—genetically determined disorders caused by mutations in genes encoding ion channel proteins that regulate the electrical activity of the heart. These inherited arrhythmogenic conditions can disrupt repolarization or depolarization, predisposing individuals to ventricular arrhythmias and sudden cardiac death, often in young people with previously normal ECGs and no apparent heart disease. Well-characterized syndromes include congenital LQTS, short QT syndrome (SQTS), Brugada syndrome, and catecholaminergic polymorphic ventricular tachycardia (CPVT).

Congenital LQTS

Congenital LQTS is a genetically inherited disorder characterized by QT prolongation, abnormal T-wave morphology, and a heightened risk for torsades de pointes and sudden cardiac death, particularly during exertion or emotional stress. To date, over a dozen LQTS-susceptibility genes have been identified, with the most common involving potassium and sodium channel mutations (e.g., KCNQ1, KCNH2, SCN5A). Clinical expression can vary widely, from individuals without symptoms to those experiencing recurrent syncope or cardiac arrest (Krahn, Laksman, et al., 2022).

Short QT Syndrome

Short QT Syndrome (SQTS) is a rare autosomal dominant channelopathy characterized by a QT interval less than 330 ms, tall, peaked T waves, and increased risk of atrial and ventricular arrhythmias, including sudden cardiac death. Mutations typically involve potassium channel genes that accelerate repolarization. SQTS may be asymptomatic or present with syncope, palpitations, or cardiac arrest. Diagnosis is based on QT interval duration, clinical history, and family history (Giladi et al., 2025).

Brugada Syndrome

Brugada syndrome is an inherited arrhythmogenic disorder linked to SCN5A mutations affecting cardiac sodium channels. It presents with a characteristic ECG pattern—coved-type ST-segment elevation in leads V1–V3 with or without right BBB—and an increased risk of VF and sudden death, often during rest or sleep. It typically manifests in adulthood and is more common in males (8:1 male-to-female ratio).

Symptoms may include syncope, nocturnal agonal respirations, or sudden death, sometimes as the first manifestation. Risk stratification includes ECG findings, history of syncope, and family history of sudden cardiac death.

Catecholaminergic Polymorphic Ventricular Tachycardia

Catecholaminergic polymorphic ventricular tachycardia (CPVT) is an inherited disorder characterized by exercise or stress-induced bidirectional or polymorphic VT, leading to syncope or sudden cardiac death in individuals with structurally normal hearts and normal resting ECGs. The most common genetic mutations affect calcium-handling proteins such as RYR2 or CASQ2, which disrupt intracellular calcium homeostasis during sympathetic stimulation. RYR2 mutations also affect stellate ganglia neuron function and cardiac innervation, leading some researchers to redefine CPVT as a neurocardiac disorder (O'Reilly et al., 2025).

The hallmark of CPVT is ventricular ectopy that worsens with increased catecholamines, such as during exercise or emotional stress. Diagnosis often requires exercise stress testing or genetic analysis. Genetic counseling is essential for affected families (Abbas et al., 2022).

Conduction Disorders

Cardiac conduction disorders arise when the electrical impulses that coordinate heart rhythm are delayed or blocked anywhere along the conduction pathway. These disorders may be congenital or acquired and are typically classified based on their location—either within the AV node, the His–Purkinje system, or the bundle branches. Common etiologies include fibrosis or sclerosis of conduction tissue, ischemic heart disease, medications, electrolyte imbalances, and inflammatory or infiltrative diseases. Although some conduction abnormalities are benign and without symptoms, others can lead to bradyarrhythmias, syncope, or sudden cardiac death, requiring permanent pacing or other interventions.

AV Blocks

AV blocks refer to delayed or failed conduction of atrial impulses to the ventricles. These may occur at the level of the AV node, the bundle of His, or more distally in the Purkinje system. They are typically classified into first-degree, second-degree (Mobitz types I and II), and third-degree (complete) AV blocks.

First-Degree AV Block

First-degree AV block is defined by a PR interval greater than 0.20 seconds on ECG. All atrial impulses are conducted to the ventricles, and the atrial and ventricular rhythms remain regular. This type of block often reflects slowed conduction through the AV node or His–Purkinje system and may be caused by increased vagal tone, ischemia, myocarditis, electrolyte disturbances, or medications (e.g., beta-blockers, calcium channel blockers, digoxin). It typically has no symptoms and does not require treatment, but ongoing surveillance is recommended (Kashou et al., 2024) (Fig. 22-13).

Second-Degree AV Block

Second-degree AV block is characterized by intermittent failure of conduction of atrial impulses to the ventricles. This block is subdivided into two types: Mobitz type I (Wenckebach) and Mobitz type II, which differ in both mechanism and clinical significance. In **Mobitz type I**, there is progressive lengthening of the PR interval with each successive beat until a P wave fails to conduct, resulting in a dropped QRS complex. This type of block typically occurs at the level of the AV node and is most often seen in the setting of increased vagal tone or inferior MI, particularly with concomitant right ventricular involvement. It is usually transient and without symptoms, and treatment is rarely necessary (Kashou et al., 2024).

In contrast, **Mobitz type II** is characterized by intermittent, nonconducted P waves without prior PR interval prolongation—meaning the PR intervals of conducted beats remain constant until a beat is unexpectedly dropped. This pattern reflects a more distal conduction abnormality, typically within the His–Purkinje system, and is often associated with anterior MI, structural heart disease, or degenerative fibrosis of the conduction system. Mobitz type II is considered unstable, as it may progress suddenly to complete heart block and is associated with a higher mortality risk. As a result, temporary or permanent pacemaker placement is usually indicated for Mobitz type II block, even in the absence of symptoms (Kashou et al., 2024).

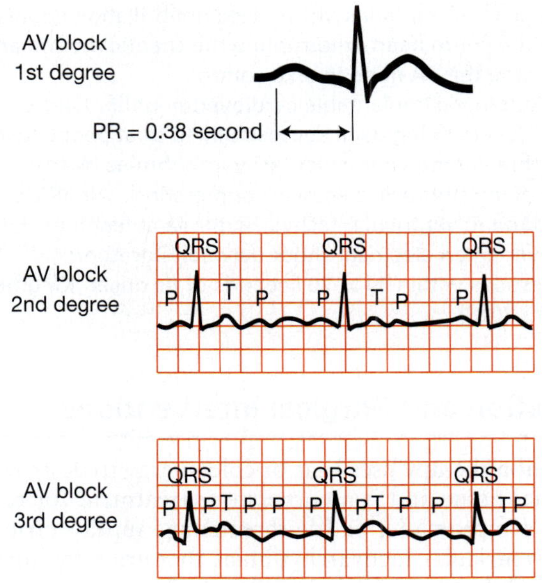

FIGURE 22-13. Electrocardiographic changes that occur with alterations in atrioventricular (AV) node conduction. The *top tracing* shows the prolongation of the PR interval, which is characteristic of first-degree AV block. The *middle tracing* illustrates Mobitz type II second-degree AV block, in which the conduction of one or more P waves is blocked. In third-degree AV block (*bottom tracing*), impulses conducted through the AV node are completely blocked, and the atria and ventricles develop their own rates of impulse generation.

Third-Degree AV Block

Third-degree AV block occurs when no atrial impulses are conducted to the ventricles. Atrial and ventricular activity is dissociated, with the ventricles driven by a junctional or ventricular escape rhythm. The ventricular rate is typically slow (30 to 40 beats/min), resulting in reduced cardiac output.

Common causes include fibrosis, MI, infiltrative disease, surgery, or congenital disorders. Symptoms include syncope, dizziness, fatigue, and, in severe cases, Stokes-Adams attacks. A permanent pacemaker is indicated (Kashou et al., 2024).

Bundle Branch Blocks

Bundle branch blocks (BBBs) occur when there is impaired conduction along the right or left bundle branches, resulting in delayed ventricular depolarization. Although often without symptoms, BBBs may signify underlying cardiac pathology or contribute to abnormal ventricular contraction patterns.

Right bundle branch block (RBBB) delays depolarization of the right ventricle, resulting in an rSR′ pattern in V1 and a wide S wave in leads I and V6. It may be transient or permanent and can be seen in structurally normal hearts or associated with pulmonary embolism, cor pulmonale, right ventricular hypertrophy, or ischemic heart disease (Harkness & Hicks, 2023).

Left bundle branch block (LBBB) causes delayed activation of the left ventricle, producing a broad, notched R wave in leads I, aVL, V5, and V6 and the absence of Q waves in lateral leads. LBBB is more often pathologic and may indicate coronary artery disease, cardiomyopathy, or hypertension. New-onset LBBB in the setting of chest pain should raise suspicion for acute MI. LBBB complicates ECG interpretation and may necessitate further evaluation, such as echocardiography or cardiac MRI (Treger et al., 2024).

Bifascicular and **trifascicular blocks** involve combinations of RBBB with left anterior or posterior fascicular block (bifascicular), or alternating bundle/fascicular blocks plus AV block (trifascicular). They often suggest diffuse conduction system disease and may progress to complete heart block, warranting pacemaker evaluation (Mittal, 2023).

Wolff-Parkinson-White Syndrome

WPWS is a type of preexcitation syndrome caused by an accessory conduction pathway (bundle of Kent) that bypasses the AV node, allowing early depolarization of the ventricles. This pathway can predispose to reentrant tachyarrhythmias, including atrioventricular reentrant tachycardia (AVRT) and AF with rapid ventricular response. ECG findings in WPWS include a short PR interval (<120 ms), a delta wave (slurred upstroke of QRS), and a widened QRS complex.

Symptoms range from palpitations to syncope or sudden cardiac death, especially during rapid AF. WPWS may have no symptoms and be discovered incidentally or may manifest in childhood or young adulthood. Management depends on the risk of arrhythmia (Kelepouri et al., 2023).

SUMMARY CONCEPTS

Cardiac rhythm and conduction disorders result from abnormalities in impulse generation, impulse conduction, or both. These disorders may be benign or life-threatening and can arise from a wide range of causes, including ischemia, infarction, electrolyte imbalances, medications, genetic mutations, and structural heart disease. Rhythm disorders include those originating in the sinus node, atria, AV junction, and ventricles and may present as bradyarrhythmias or tachyarrhythmias. Conduction disorders include AV blocks, BBBs, and accessory pathway syndromes such as WPWS.

Mechanisms underlying these abnormalities often involve altered automaticity, excitability, conductivity, or refractoriness. Reentry—a process in which an impulse reactivates previously depolarized tissue—plays a major role in many tachyarrhythmias. Inherited arrhythmogenic syndromes, including LQTS and SQTS, Brugada syndrome, and CPVT, are linked to ion channel mutations and can lead to sudden cardiac death even in structurally normal hearts.

Diagnosis typically involves ECG, with supplemental testing including Holter monitoring, exercise stress testing, or invasive electrophysiologic studies.

Treatment of Rhythm and Conduction Disorders

The treatment of cardiac rhythm and conduction disorders focuses on three primary goals: correcting the underlying cause, controlling the arrhythmia, and preventing recurrence or life-threatening complications. In some cases, simple measures such as correcting electrolyte imbalances or discontinuing a causative medication (e.g., digoxin) may be sufficient. More serious or persistent rhythm disturbances may require pharmacologic therapy, electrical interventions, or invasive procedures.

Pharmacologic Management

Antiarrhythmic medications modify impulse generation and conduction in cardiac tissue by altering ion channel function, automaticity, and refractory periods. These drugs are classified into four major groups (Class I–IV) based on their primary mechanism of action on the cardiac action potential. Additional agents, such as adenosine and cardiac glycosides, also play important roles in arrhythmia management but are categorized separately (Kingma et al., 2023).

Electrical Interventions

Electrical therapies are employed in both acute and chronic settings to correct conduction disturbances, bradyarrhythmias, and tachyarrhythmias.

Cardiac Pacemaker

A **pacemaker** is an implanted device that provides timed electrical impulses to stimulate myocardial contraction. Indications include symptomatic bradycardia, high-grade AV block, and chronotropic incompetence (Kingma et al., 2023).

Synchronized Cardioversion and Defibrillation

Synchronized cardioversion is used to terminate tachyarrhythmias (e.g., AF, atrial flutter, supraventricular tachycardia) by delivering an electrical shock timed with the R wave, minimizing the risk of inducing VF. **Defibrillation** delivers a nonsynchronized, high-energy shock to depolarize the myocardium, typically used in life-threatening rhythms such as VF or pulseless VT. Both techniques aim to interrupt disorganized electrical activity, allowing the SA node to regain control of cardiac rhythm (Kingma et al., 2023).

Concept Mastery Alert

The electricity in nonsynchronized defibrillation depolarizes the entire heart, interrupting the chaotic rhythm and allowing the SA node to take control.

Automatic implantable cardioverter–defibrillators (AICDs) are being used successfully to treat people with life-threatening ventricular tachyarrhythmias by the use of intrathoracic electrical countershock. All AICDs respond to ventricular tachyarrhythmia at fast rates by delivering an electrical shock between intrathoracic electrodes within 10 to 20 seconds of its onset (Kingma et al., 2023).

Ablation and Surgical Interventions

Ablation therapy uses heat or cold energy to destroy abnormal tissue and is a cornerstone treatment for recurrent, symptomatic, or life-threatening supraventricular and ventricular tachyarrhythmias that are refractory to medical therapy.

For people with structural heart disease or in whom catheter ablation has failed, surgical options may be considered. These surgical interventions are generally reserved for individuals with drug-refractory arrhythmias, arrhythmias associated with underlying structural heart disease, or those who already have coexisting indications for cardiac surgery (Kingma et al., 2023).

SUMMARY CONCEPTS

Arrhythmias and conduction disorders are treated using both pharmacologic and nonpharmacologic interventions. Antiarrhythmic drugs modify the formation and conduction of cardiac impulses and are categorized by their effects on ion channels and autonomic regulation. Electrical interventions include temporary or permanent pacemakers for bradyarrhythmias, synchronized cardioversion for atrial arrhythmias, and defibrillation for life-threatening ventricular arrhythmias. Ablation therapy is used to interrupt abnormal electrical circuits and restore normal conduction. In selected cases, surgical approaches—including endocardial resection, ventriculotomy, or coronary artery bypass grafting—may be used to restore effective rhythm control or improve myocardial perfusion.

Integrating Clinical Decision Making

A 72-year-old male presents to the clinic with complaints of intermittent dizziness and fatigue over the past several weeks. He reports feeling "lightheaded" when standing and had one near-syncopal episode. His medications include a beta-blocker for hypertension. Vital signs reveal a heart rate of 48 beats/min. An ECG shows a regular rhythm with a P wave preceding each QRS complex and a prolonged PR interval of 0.24 seconds.

1. Based on the ECG findings and clinical presentation, what type of conduction abnormality is most likely present, and what is the underlying pathophysiology?
2. Why is this patient's condition typically considered benign, and under what circumstances would intervention be necessary?

Two days later, the same patient returns to the emergency department after a syncopal episode. His ECG now shows intermittent nonconducted P waves without prior PR interval prolongation. The ventricular rate is irregular and slower than before. Shortly after arrival, his rhythm deteriorates further, and the ECG demonstrates complete dissociation between P waves and QRS complexes, with a ventricular rate of 32 beats/min.

3. What progression in conduction abnormality has occurred, and what is the key difference between the earlier and current findings?
4. What is the most appropriate next step in management, and why is this intervention necessary?

REFERENCES

Abbas, M., Miles, C., & Behr, E. (2022). Catecholaminergic polymorphic ventricular tachycardia. *Arrhythmia & Electrophysiology Review*, *11*, e20. https://doi.org/10.15420/aer.2022.09

Al-Zaiti, S., Macleod, R., Dam, P. V., Smith, S. W., & Birnbaum, Y. (2022). Emerging ECG methods for acute coronary syndrome detection: Recommendations & future opportunities. *Journal of Electrocardiology*, *74*, 65–72. https://doi.org/10.1016/j.jelectrocard.2022.08.003

Bala, S., Mirza, M. A., Mavoori, A., Bandaru, R. K., Kampally, M., Agarwal, S., & Chormalle, R. (2023). Comparative study on the quality of electrocardiogram and arrhythmia detection using wireless ambulatory Vigo SmartHeart Holter and conventional Holter. *MRIMS Journal of Health Sciences*, *12*(3), 166–170. https://doi.org/10.4103/mjhs.mjhs_148_22

Barrio-Lopez, T., & Almendral, J. (2024). Mechanisms of cardiac arrhythmias. In A. Martínez-Rubio, J. Tamargo, & G. A. Dan (Eds.), *Antiarrhythmic drugs* (pp. 1–21). Springer. https://doi.org/10.1007/978-3-031-74046-6_1

Cheng, S., He, J., Han, Y., Han, S., Li, P., Liao, H., & Guo, J. (2024). Global burden of atrial fibrillation/atrial flutter and its attributable risk factors from 1990 to 2021. *Europace*, *26*(7), euae195. https://doi.org/10.1093/europace/euae195

Dahal, P. (2023, August 3). *Cardiovascular system physiology: Cardiac conduction*. Microbe Notes. https://microbenotes.com/cardiovascular-system-physiology/

Elliott, A. D., Middeldorp, M. E., Van Gelder, I. C., Albert, C. M., & Sanders, P. (2023). Epidemiology and modifiable risk factors for atrial fibrillation. *Nature Reviews Cardiology*, *20*(6), 404–417. https://doi.org/10.1038/s41569-022-00820-8

Giladi, M., Chorin, O., Piccirillo, S., Prass, E., Reznik Wolf, H., Shamash, J., Haimovich, A., Barel, O., Viskin, D., Frydman, S., Rosso, R., Banai, S., Viskin, S., & Chorin, E. (2025). A gain-of-function SLC4A3 mutation causes short-QT syndrome: From molecular analysis to novel diagnostic testing. *JACC: Clinical Electrophysiology*, *11*(7). https://doi.org/10.1016/j.jacep.2025.03.027

Guichard, J.-B., Guasch, E., Roche, F., Da Costa, A., & Mont, L. (2022). Premature atrial contractions: A predictor of atrial fibrillation and a relevant marker of atrial cardiomyopathy. *Frontiers in Physiology*, *13*, 971691. https://doi.org/10.3389/fphys.2022.971691

Harkness, W. T., & Hicks, M. (2023, August 8). Right bundle branch block. In *StatPearls* [Internet]. StatPearls Publishing. https://www.ncbi.nlm.nih.gov/books/NBK507872/

Hauwanga, W. N., Yau, R. C., Goh, K. S., Castro Ceron, J. I., Alphonse, B., Singh, G., Elamin, S., Jamched, V., Abraham, A. A., Purvil, J., Devan, J. N., Valentim, G., McBenedict, B., Lima Pessôa, B., & Mesquita, E. T. (2024). Management of long QT syndrome: A systematic review. *Cureus*, *16*(6), e62592. https://doi.org/10.7759/cureus.62592

Holm, M. S., Fålun, N., Pettersen, T. R., Bendz, B., Nilsen, R. M., Langørgen, J., Larsen, A. I., Sørensen, M. L., Sandau, K. E., & Norekvål, T. M. (2024). Appropriateness and outcomes of hospitalized patients telemetry monitored for cardiac arrhythmias in accordance with the American Heart Association Practice Standards–A multicenter study. *Heart & Lung*, *68*, 217–226. https://doi.org/10.1016/j.hrtlng.2024.07.005

Kashou, A. H., Chhabra, L., Ahmed, I., Nguyen, T., & Goyal, A. (2024, February 12). Atrioventricular block. In *StatPearls*

[Internet]. StatPearls Publishing. https://www.ncbi.nlm.nih.gov/books/NBK459147/

Kawji, M. M. (2022). Symptomatic bradycardia. *JAMA Internal Medicine*, *182*(10), 1107. https://doi.org/10.1001/jamainternmed.2022.3674

Tchou, P., Nemer, D., Saliba, W., Varma, N., Aziz, P., Patel, A., Nakagawa, H., Kanj, M., Hussein, A., Bhargava, M., & Wazni, O. (2023). Junctional tachycardia. JACC: Clinical Electrophysiology, 9(3), 425–441. https://doi.org/10.1016/j.jacep.2022.10.040 Kingma, J., Simard, C., & Drolet, B. (2023). Overview of cardiac arrhythmias and treatment strategies. *Pharmaceuticals*, *16*(6), 844. https://doi.org/10.3390/ph16060844

Krahn, A. D., Behr, E. R., Hamilton, R., Probst, V., Laksman, Z., & Han, H.-C. (2022). Brugada syndrome. *JACC: Clinical Electrophysiology*, *8*(3), 386–405. https://doi.org/10.1016/j.jacep.2021.12.001

Liu, Y., Zheng, Y., Tse, G., Bazoukis, G., Letsas, K., Goudis, C., Korantzopoulos, P., Li, G., & Liu, T. (2023). Association between sick sinus syndrome and atrial fibrillation: A systematic review and meta-analysis. *International Journal of Cardiology*, *381*, 20–36. https://doi.org/10.1016/j.ijcard.2023.03.066

Liwanag, M., & Willoughby, C. (2023, June 26). Atrial tachycardia. In *StatPearls* [Internet]. StatPearls Publishing. https://www.ncbi.nlm.nih.gov/books/NBK542235/

Ludhwani, D., Jagtap, M., & Goyal, A. (2023, August 8). Ventricular fibrillation. In *StatPearls* [Internet]. StatPearls Publishing. https://www.ncbi.nlm.nih.gov/books/NBK537120/

Mayuga, K. A., Fedorowski, A., Ricci, F., Gopinathannair, R., Dukes, J. W., Gibbons, C., Hanna, P., Sorajja, D., Chung, M., Benditt, D., Sheldon, R., Ayache, M. B., AbouAssi, H., Shivkumar, K., Grubb, B. P., Hamdan, M. H., Stavrakis, S., Singh, T., Goldberger, J. J., . . . Olshansky, B. (2022). Sinus tachycardia: A multidisciplinary expert focused review. *Circulation: Arrhythmia and Electrophysiology*, *15*(9). https://doi.org/10.1161/circep.121.007960

Mittal, S. (2023). Multifascicular blocks (delayed conduction in more than one fascicle). In *Insights into electrocardiograms with MCQs* (pp. 439–451). Springer. https://doi.org/10.1007/978-981-99-0127-2_29

Nasir, M., Sturts, A., & Sturts, A. (2023). Common types of supraventricular tachycardia: Diagnosis and management. *American Family Physician*, *107*(6), 631–641.

O'Reilly, M., Verkerk, A., & Remme, C. A. (2025). Redefining Catecholaminergic Polymorphic Ventricular Tachycardia (CPVT) as a Neurocardiac Condition. *bioRxiv*. https://doi.org/10.1101/2025.01.27.635037

Raizada, A., Parikh, M. A., Mihatov, N., Frishman, W. H., & Peterson, S. J. (2025). The significance of premature ventricular contractions in the normal heart. *Cardiology in Review*. https://doi.org/10.1097/crd.0000000000000895

Scott, M., Baykaner, T., Bunch, T. J., Piccini, J. P., Russo, A. M., Tzou, W. S., Zeitler, E. P., & Steinberg, B. A. (2023). Contemporary trends in cardiac electrophysiology procedures in the United States, and impact of a global pandemic. *Heart Rhythm* O^2, *4*(3), 193–199. https://doi.org/10.1016/j.hroo.2022.12.005

Spooner, M. T., Messé, S. R., Chaturvedi, S., Do, M. M., Gluckman, T. J., Han, J. K., Russo, A. M., Saxonhouse, S. J., & Wiggins, N. B. (2025). 2024 ACC expert consensus decision pathway on practical approaches for arrhythmia monitoring after stroke. *Journal of the American College of Cardiology*, *85*(6), 657–681. https://doi.org/10.1016/j.jacc.2024.10.100

Tchou, P., Nemer, D., Saliba, W., Varma, N., Aziz, P., Patel, A., Nakagawa, H., Kanj, M., Hussein, A., Bhargava, M., & Wazni, O. (2023). Junctional tachycardia. JACC: Clinical Electrophysiology, 9(3), 425–441. https://doi.org/10.1016/j.jacep.2022.10.040

Treger, J. S., Allaw, A. B., Razminia, P., Roy, D., Gampa, A., Rao, S., Beaser, A. D., Yeshwant, S., Aziz, Z., Ozcan, C., & Upadhyay, G. A. (2024). A revised definition of left bundle branch block using time to notch in lead I. *JAMA Cardiology*, *9*(5), 449. https://doi.org/10.1001/jamacardio.2024.0265

Tsuji, Y., Yamazaki, M., Shimojo, M., Yanagisawa, S., Inden, Y., & Murohara, T. (2024). Mechanisms of torsades de pointes: An update. *Frontiers in Cardiovascular Medicine*, *11*, 1363848. https://doi.org/10.3389/fcvm.2024.1363848

Tubb, K. & Koshy, S. (2024). A case to cause pause. Gulf Coast Division GME Research Symposium 2024. 41. https://scholarlycommons.hcahealthcare.com/gulfcoast2024/41

Valeri, Y., Bagliani, G., Compagnucci, P., Volpato, G., Cipolletta, L., Parisi, Q., Misiani, A., Fogante, M., Molini, S., Dello Russo, A., & Casella, M. (2022). Pathophysiology of typical atrial flutter. *Cardiac Electrophysiology Clinics*, *14*(3), 401–409. https://doi.org/10.1016/j.ccep.2022.05.003

Vilcant, V., & Zeltser, R. (2023, June 20). Treadmill stress testing. In *StatPearls* [Internet]. StatPearls Publishing. https://www.ncbi.nlm.nih.gov/books/NBK499903/

Vinogradova, O. L., Borovik, A. S., Zhedyaev, R. Y., & Tarasova, O. S. (2024). Respiratory sinus arrhythmia: Physiological mechanisms and relationship with systemic blood pressure fluctuations. *Human Physiology*, *50*(3), 276–284. https://doi.org/10.1134/s0362119724700749

Wei, X., Richards, J. R., & Yohannan, S. (2023, April 17). Physiology, cardiac repolarization dispersion and reserve. In *StatPearls* [Internet]. StatPearls Publishing. https://www.ncbi.nlm.nih.gov/books/NBK537194/

Whitaker, J., Wright, M. J., & Tedrow, U. (2023). Diagnosis and management of ventricular tachycardia. *Clinical Medicine*, *23*(5), 442–448. https://doi.org/10.7861/clinmed.2023-23.5.cardio3

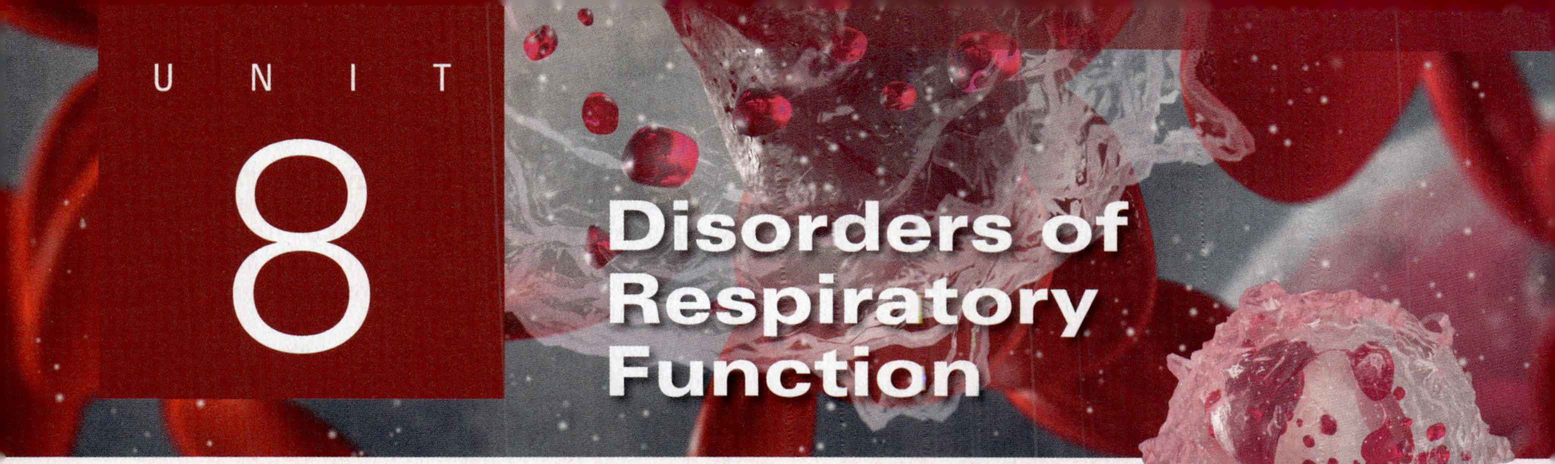

UNIT 8 Disorders of Respiratory Function

CHAPTER 23

Disorders of Ventilation and Gas Exchange

Learning Objectives

After completing this chapter, the learner will be able to meet the following objectives:

1. Differentiate between the conducting airways and the respiratory airways based on structure and function.
2. Trace the flow of air through the respiratory system, from the nasal passages and oropharynx to the alveolar gas-exchange surfaces.
3. Compare the roles of the bronchial and pulmonary circulations in supporting lung function.
4. Describe the basic properties of gases in relation to their partial pressures and their pressures in relation to volume and temperature.
5. Compare intrathoracic, intrapleural, and intra-alveolar pressures and how they change during the respiratory cycle.
6. Describe the common pulmonary volumes and capacities, including inspiratory reserve, expiratory reserve, vital capacity, residual lung volume, and $FEV_{1.0}$.

7. Differentiate between pulmonary ventilation and alveolar ventilation and their roles in gas exchange.
8. Explain the importance of ventilation–perfusion (V/Q) matching and how mismatches lead to impaired gas exchange.
9. Distinguish between physiologic dead space and intrapulmonary shunting, including their clinical significance.
10. Interpret the oxygen–hemoglobin dissociation curve and the physiologic significance of right and left shifts.
11. Compare neural control of respiratory muscle activity with intrinsic control of cardiac muscle contraction.
12. Describe the neural pathways involved in the cough reflex, from receptor stimulation to airway clearance.
13. Identify common causes of dyspnea and the physiologic mechanisms that contribute to its perception.
14. Differentiate among the primary mechanisms underlying disorders of ventilation and diffusion.
15. Compare the pathophysiology, causes, and clinical manifestations of hypoxemia and hypercapnia.

The primary function of the respiratory system, which includes the airways, lungs, and associated structures, is gas exchange. This process involves the transfer of oxygen from inhaled air into the blood and the elimination of carbon dioxide from the blood into the atmosphere. In addition to facilitating gas exchange, the lungs serve as a critical component of the body's host defense system, forming a protective barrier between the external environment and internal tissues and participating in innate and adaptive immune responses. The lungs also perform important metabolic functions, including the synthesis, activation, and inactivation of various biologically active substances such as angiotensin I and prostaglandins.

This chapter provides a foundation for understanding respiratory structure and function. It begins by reviewing the anatomy of the airways, lungs, and pulmonary vasculature, and progresses through the mechanics of breathing, ventilation, and perfusion dynamics, diffusion of gases, and oxygen and carbon dioxide transport in the blood. Exploration of the neural and chemical control of breathing and functional disturbances such as hypoxemia, hypercapnia, and sleep-related breathing disorders are integrated.

Structural Organization of the Respiratory System

The respiratory system consists of the air passages, the two lungs, and the blood and lymphatic vessels that flow through the lungs. It also includes the musculoskeletal structures that are active in ventilation, including the diaphragm (the principal muscle of respiration), intercostal muscles, and the bony thorax. Together, these components enable the movement of air in and out of the lungs, which is necessary for effective gas exchange (Haddad & Sharma, 2023).

The two lungs are soft, spongy, cone-shaped organs located side by side in the thoracic cavity (Fig. 23-1). The lungs are separated by the mediastinum, a central compartment within the thoracic cavity that contains the heart, major blood vessels, lymphatic structures, nerves, the thymus gland, and the esophagus. The upper portion of each lung, located just beneath the clavicle, is called the apex; the lower portion, which rests on the diaphragm, is called the base. Each lung is divided into lobes: the right lung has three lobes, and the left lung has two lobes due to the space occupied by the heart.

Functionally, the respiratory system can be divided into two parts: the **conducting airways**, through which air moves as it passes between the atmosphere and the lungs, and the **respiratory tissues** of the lungs, where gas exchange takes place (Haddad & Sharma, 2023).

KEY POINTS

Conducting and Respiratory Airways

- Respiration requires ventilation (movement of gases into and out of the lungs), perfusion (movement of blood through the pulmonary blood vessels), and diffusion (movement of gases between the alveoli in the respiratory airways and the blood).
- Ventilation occurs in the conducting airways, including the nasopharynx and oropharynx, larynx, and tracheobronchial tree. Air travels through these passages, but no gas exchange takes place in these structures.
- Gas exchange only occurs in the alveolar components of the respiratory airways, where gases diffuse across the alveolar–capillary membranes.

Conducting Airways

The conducting airways include the nasal passages, mouth, pharynx, larynx, trachea, bronchi, and bronchioles (see Fig. 23-1). These airways serve not only as conduits for airflow but also play an important role to filter, warm, and humidify inspired air. Heat is transferred from the richly vascularized airway walls, while mucus and cilia (the **mucociliary blanket**) trap and clear foreign particles, moving them upward toward the oropharynx via coordinated ciliary action. This defense mechanism can be impaired by low humidity, tobacco smoke, or respiratory infections. Cigarette smoke,

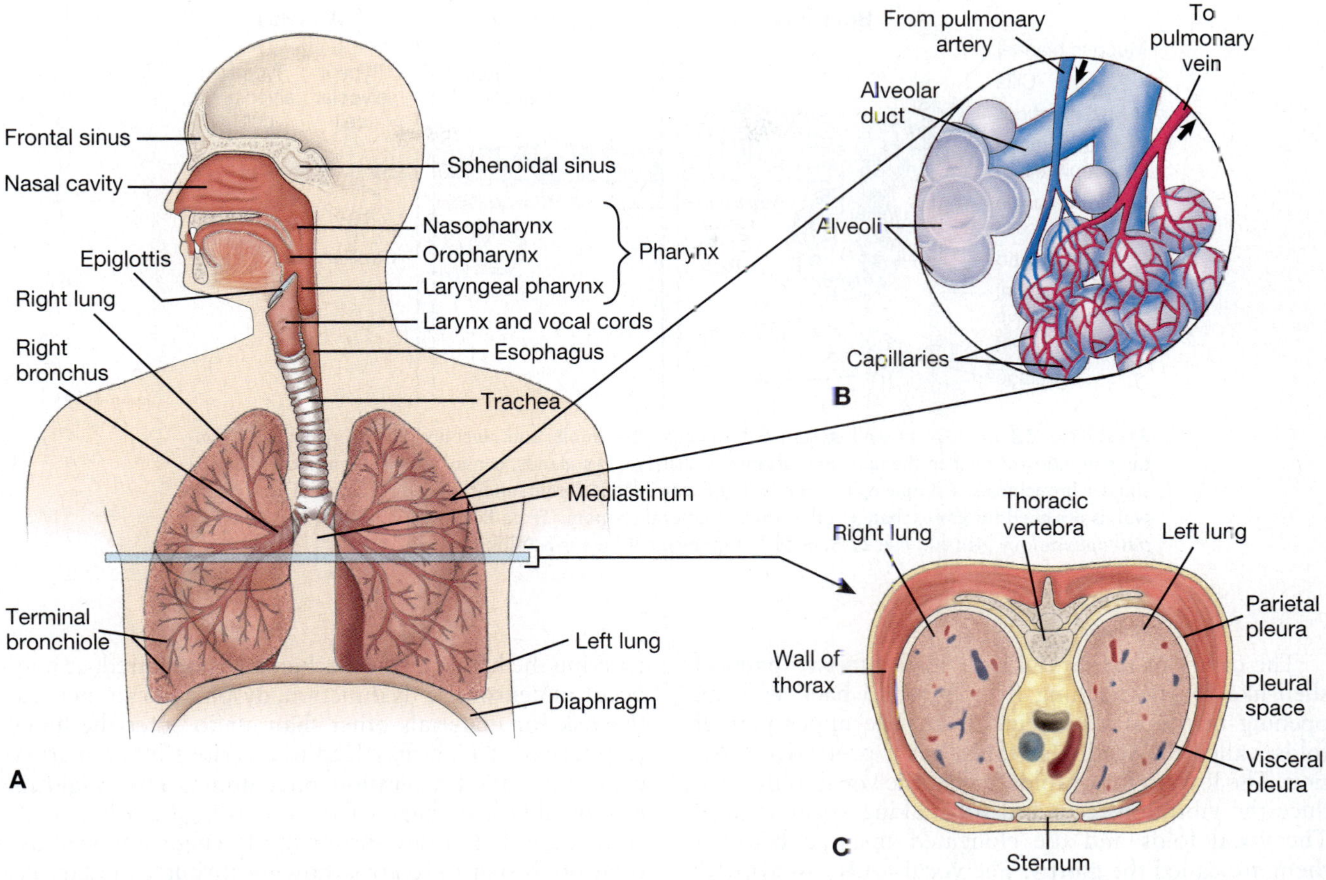

FIGURE 23-1. The respiratory system. **A.** Upper respiratory structures and the structures of the thorax. **B.** Alveoli. **C.** A horizontal cross section of the lungs. (From Hinkle, J. L., & Cheever, K. H. [2018]. *Brunner & Suddarth's textbook of medical-surgical nursing* [14th ed., Fig. 20-3, p. 482]. Wolters Kluwer.)

in particular, paralyzes cilia, increasing susceptibility to chronic bronchitis and emphysema.

Airway patency is supported by a combination of cartilage, smooth muscle, and connective tissue. Most conducting airways are lined by ciliated pseudostratified columnar epithelium interspersed with goblet cells, mucus-secreting glands, and serous glands that release fluid containing antimicrobial enzymes. The epithelial lining transitions from pseudostratified in larger airways to cuboidal in the bronchioles and squamous in the alveoli (Haddad & Sharma, 2023; Fig. 23-2).

Moisture is essential for maintaining mucociliary function. Inspired air is humidified as it travels through the airways, with the capacity of the air to contain moisture without condensation increasing as the temperature rises. Because air in the alveoli is maintained at body temperature, the alveoli contain significantly more moisture than atmospheric air. This difference creates a gradient for insensible water loss to the environment. Fever and increased respiratory rate exacerbate this water loss, increasing the risk for impaired airway clearance due to thickened secretions and reduced ciliary function, as well as dehydration in vulnerable populations (such as children and people with fluid volume deficits).

Nasopharyngeal Airways

The nose is the preferred route for air entry into the respiratory tract during normal breathing conditions. As air passes through the nasal passages, it is filtered by coarse hairs and warmed and humidified by mucous membranes with a rich network of small blood vessels.

The mouth provides an alternate route for air entry when nasal passages are obstructed or rapid airflow is needed. The **oropharynx**, which lies behind the soft palate and above the epiglottis, is the shared passageway for food and air. Obstruction of this area can abruptly stop airflow. In unconscious individuals, loss of neuromuscular tone may cause the tongue to fall backward and obstruct the airway, particularly when supine. Trauma, infection, allergic reactions, or foreign bodies can also lead to upper airway obstruction (Haddad & Sharma, 2023).

Larynx

The **larynx** connects the oropharynx to the trachea (located between the upper airways and lungs) and functions to both protect the lower airways and produce vocal sounds (**phonation**). The cartilaginous framework surrounding the larynx prevents its collapse during inspiration.

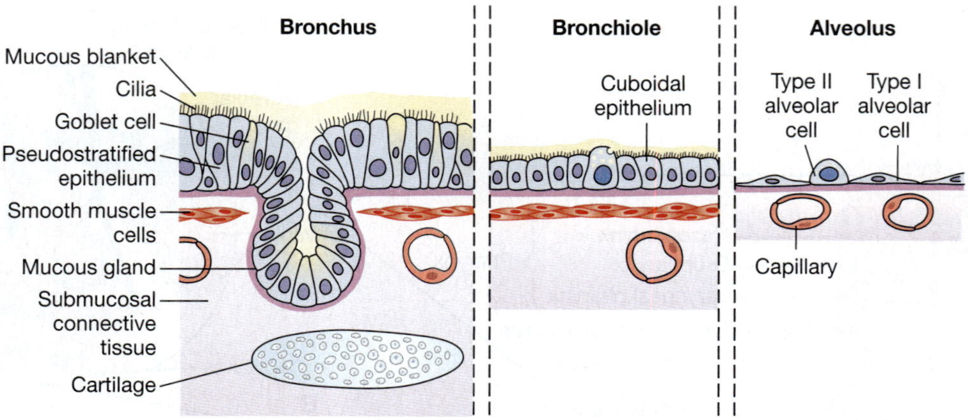

FIGURE 23-2. Airway wall structure: bronchus, bronchiole, and alveolus. The bronchial wall contains pseudostratified epithelium, smooth muscle cells, mucus glands, connective tissue, and cartilage. In smaller bronchioles, a simple epithelium is found, cartilage is absent, and the wall is thinner. The alveolar wall is designed for gas exchange rather than structural support. (From Porth, C. M. [2015]. *Essentials of pathophysiology* [4th ed., Fig. 21-6, p. 517]. Lippincott Williams & Wilkins.)

The cavity of the larynx is divided into two pairs of shelf-like folds stretching from front to back with an opening in the midline (Fig. 23-3). The upper pair of folds, called the **vestibular folds,** has a protective function. The lower pair of folds, called the **vocal folds,** produce the vibrations required for making vocal sounds. The vocal folds and the elongated opening between them are called the **glottis**. The vocal folds can also act as a sphincter, closing off the airway during activities such as coughing or preventing foreign substances from entering the lungs. If this mechanism is impaired, as may occur in neurologic dysfunction, **dysphagia** can increase the risk for materials other than air to enter the lungs (aspiration), which may lead to a serious inflammatory condition called **aspiration pneumonia**. The **epiglottis** is a flexible leaf-shaped flap of cartilage covered with epithelium that closes during swallowing to prevent aspiration. When only air is flowing through the larynx, the inlet of the larynx is open, and the free edges of the epiglottis point upward. During swallowing, the larynx

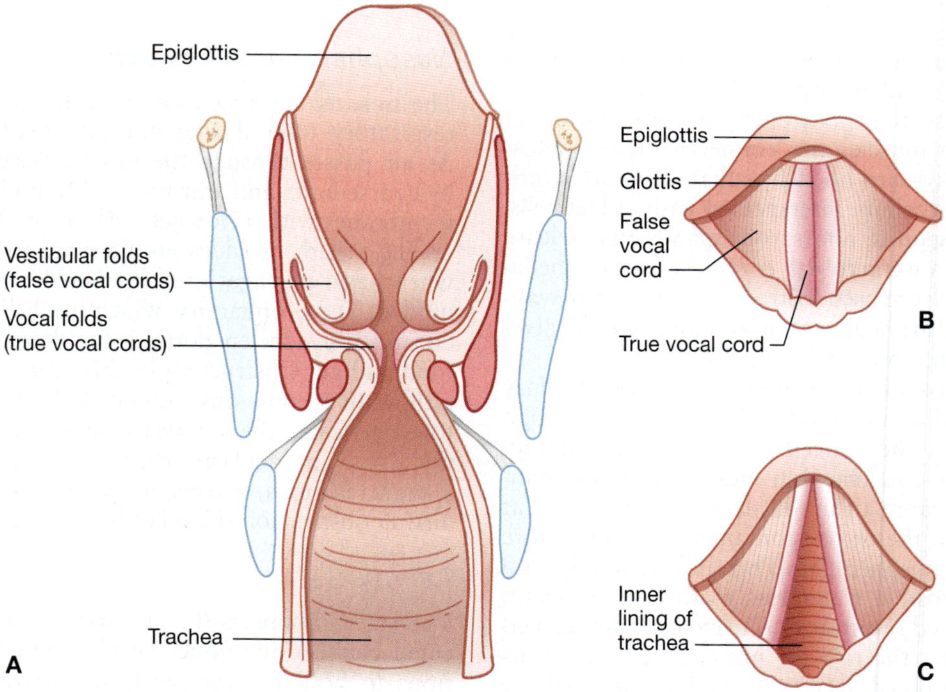

FIGURE 23-3. **A.** Coronal section showing the position of the epiglottis, the vestibular folds (false vocal cords), vocal folds (true vocal cords), and glottis. **B.** Vocal cords viewed from above with the glottis closed and (**C**) with glottis open.

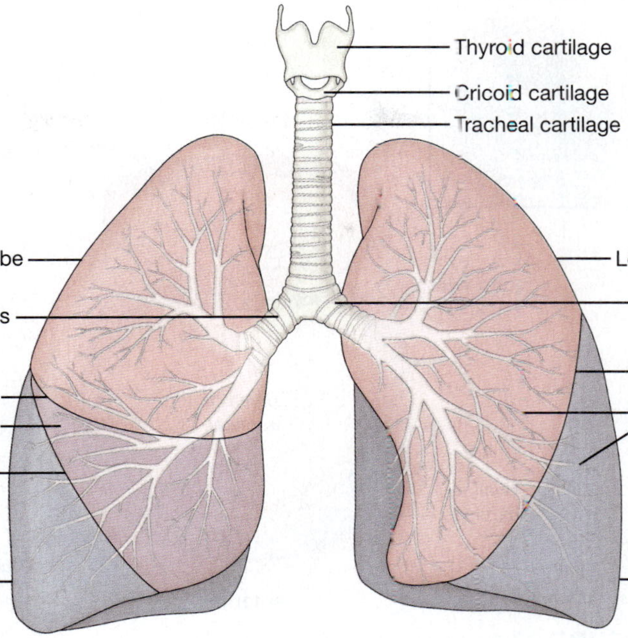

FIGURE 23-4. Anterior view of the lungs. The lungs consist of five lobes. The right lung has three lobes (upper, middle, and lower); the left has two lobes (upper and lower). The lobes are further subdivided into fissures. The bronchial tree, another lung structure, inflates with air to fill the lobes. (From Hinkle, J. L., & Cheever, K. H. [2018]. *Brunner & Suddarth's textbook of medical-surgical nursing* [14th ed., Fig. 20-4, p. 483]. Wolters Kluwer.)

is pulled superiorly and the free edges of the epiglottis move downward to cover the larynx, thus routing liquids and foods into the esophagus (Haddad & Sharma, 2023).

Tracheobronchial Tree

The **tracheobronchial tree** includes the trachea, bronchi, and bronchioles, which together form a branching system of airways. There are approximately 23 levels of branching from the trachea to the respiratory airways and alveoli, where gas exchange takes place (Fig. 23-4).

The **trachea**, or windpipe, is a flexible tube supported by C-shaped rings of hyaline cartilage that prevent airway collapse when thoracic pressure becomes negative during inspiration. The open ends of the cartilage face posteriorly toward the esophagus, allowing for its expansion during swallowing (Fig. 23-5).

The trachea extends downward from the larynx and divides to form the right and left main or primary bronchi. The **carina** is a ridge of cartilage at this point of bifurcation (Fig. 23-6). The mucosa of the carina is highly sensitive, and contact with this region by a foreign object triggers coughing. The structure of the primary bronchi is similar to the trachea in that these airways are lined with a mucosal surface and supported by cartilaginous rings (Haddad & Sharma, 2023). Each primary bronchus, accompanied by the pulmonary arteries, veins, and lymph vessels, enters the lung through a slit called the **hilum**.

On entering the lungs, each primary bronchus divides into secondary, or lobar, bronchi that supply each of the lobes of the lung—three in the right lung and two in the left (see Fig. 23-6). These secondary lobar bronchi then branch into segmental bronchi that lead to bronchopulmonary segments—10 on the right, nine on the left. These segments are often the focus of localized pathology such as pneumonia or atelectasis.

As airways continue to branch, cartilage is gradually replaced by smooth muscle and elastic tissue. In the smaller bronchi, cartilage takes the shape of irregular plates rather than rings; by the bronchioles, the cartilage disappears entirely. Terminal bronchioles, the smallest conducting airways, rely on smooth muscle and elastic recoil to maintain patency. **Bronchospasm**—constriction of smooth muscle—can narrow these airways and limit airflow, as seen in asthma. The surrounding elastic fibers help hold the airway open to support airway patency during breathing (Haddad & Sharma, 2023).

Respiratory Bronchioles and Pulmonary Lobules

Gas exchange occurs within the **respiratory acini**, which are located within the **pulmonary lobules**. Each lobule is supplied by a bronchiole that branches into clusters of alveoli, where gas exchange takes place. Deoxygenated blood is delivered to the pulmonary capillaries surrounding the alveoli via branches of the pulmonary artery, and oxygenated blood is carried away through the pulmonary veins (Fig. 23-7). Lymphatic vessels are also present around the lobule and help clear excess interstitial fluid, plasma proteins, and particulate matter.

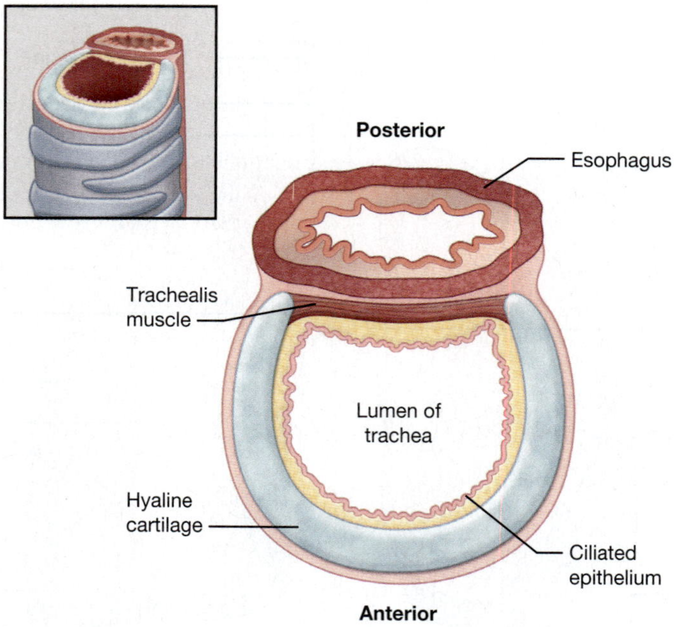

FIGURE 23-5. Cross section of the trachea illustrating its relationship to the esophagus, the position of the supporting hyaline cartilage rings in its wall, and the trachealis muscle connecting the free ends of the cartilage rings.

As mentioned above, respiratory bronchioles are lined with simple cuboidal epithelium rather than the ciliated pseudostratified columnar epithelium found in larger bronchi. These bronchioles also lack the cartilaginous rings that support larger airways. Instead, they are embedded in an elastic, sponge-like connective tissue that helps maintain airway patency through radial traction, the outward pulling force exerted by surrounding elastic fibers that keeps the airways open during breathing. Disruption of this elastic support, such as in emphysema, can lead to airway collapse during exhalation and impaired ventilation (Haddad & Sharma, 2023).

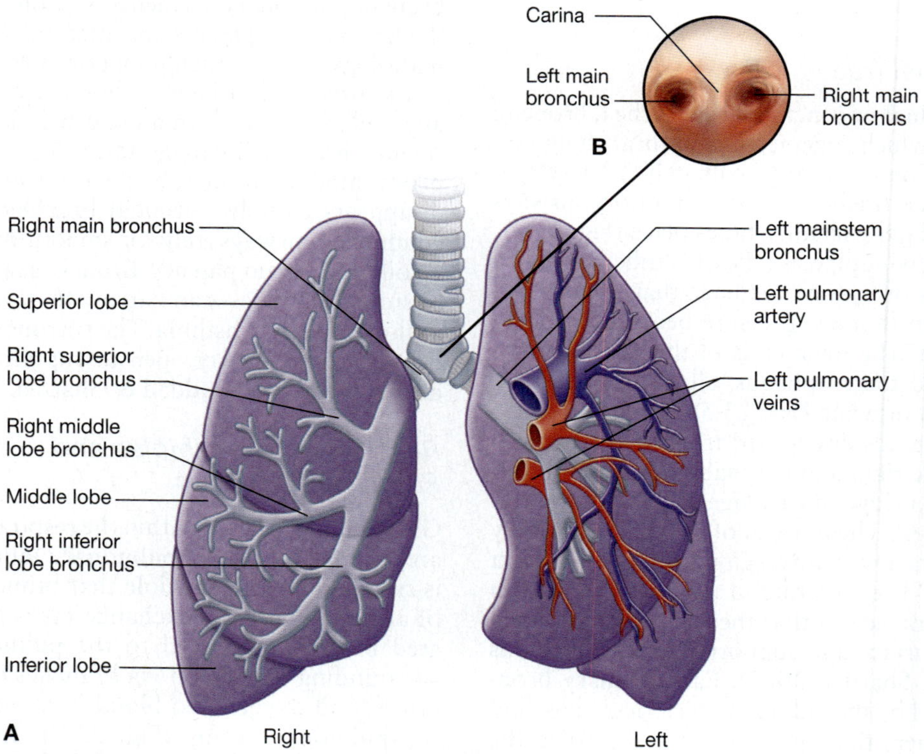

FIGURE 23-6. A. Anterior view of respiratory structures, including the lobes of the lung, the larynx, trachea, and the main bronchi on the left and the main pulmonary artery and vein on the right. **B.** The carina is located at the bifurcation of the right and left mainstem bronchi.

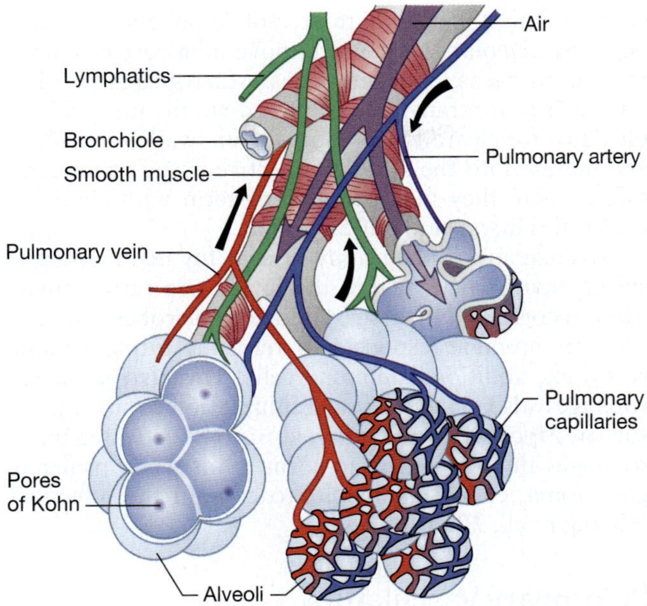

FIGURE 23-7. Lobule of the lung showing the bronchial smooth muscle fibers, pulmonary blood vessels, and lymphatics.

Alveoli

The **alveoli** are the terminal air spaces of the respiratory tract and the actual sites of gas exchange between the air and the blood (see Fig. 23-7). Gas exchange can only occur through alveoli. The alveolar sacs are cup-shaped, thin-walled structures that are separated from each other by thin alveolar septa. A single network of capillaries branches throughout the septa, surrounding the alveoli and exposing them to air on all alveolar surfaces. There are approximately 300 million alveoli in the adult lung, with a total surface area of approximately 50 to 100 square meters. Unlike bronchioles, which are discrete tubes, alveoli form a continuous network of interconnected airspaces. Openings known as **pores of Kohn** connect the clusters of alveoli to permit collateral ventilation between adjacent alveoli, helping to equalize pressure and minimize collapse in isolated regions of the lung (Haddad & Sharma, 2023).

The alveolar epithelium is composed of two types of epithelial cells: type I and type II alveolar cells (Fig. 23-8; Tao et al., 2023). The alveoli also contain brush cells and macrophages. The brush cells, which are few in number, are thought to act as receptors that monitor the air quality of the lungs. The macrophages, which are present in both the alveolar lumen and the septum of the alveoli, function to remove offending material from the lung.

Type I Alveolar Cells

Type I alveolar cells (type I pneumocytes) are thin, squamous epithelial cells that cover approximately 95% of the alveolar surface area. Their broad, flattened shape and minimal cytoplasm provide an optimal barrier for gas diffusion. These cells are joined by tight (occluding) junctions, forming an effective barrier between alveolar

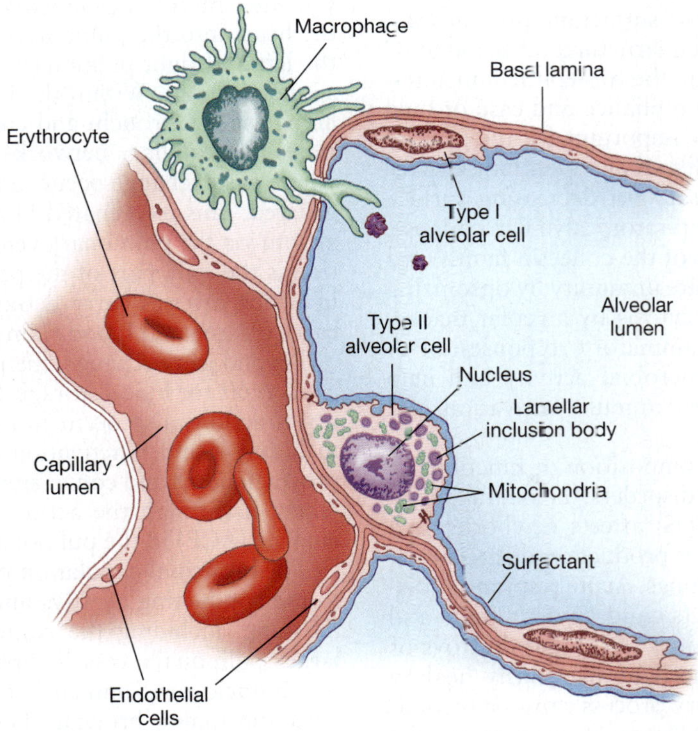

FIGURE 23-8. Schematic illustration of type I and type II alveolar cells and their relationship to the alveoli and pulmonary capillaries. Type I alveolar cells constitute most of the alveolar surface. Type II alveolar cells, which produce surfactant, are located at the corners between adjacent alveoli. Also shown are the endothelial cells, which line the pulmonary capillaries, and an alveolar macrophage.

air and the interstitial capillaries. Type I cells are not capable of mitosis; however, injured type I cells can be replaced by a progenitor function of the type II cells.

Type II Alveolar Cells

Type II alveolar cells (type II pneumocytes) are cuboidal epithelial cells that are as numerous as type I cells but occupy only about 5% of the alveolar surface area. Type II alveolar cells are metabolically active and serve four primary functions: (1) the synthesis, secretion, and recycling of pulmonary surfactant; (2) helping to regulate the transepithelial movement of water across alveoli, through the barrier function of the surfactant layer; (3) secreting proteins that assist with immune defense; and (4) acting as progenitor cells capable of differentiating into type I cells during lung repair (Brandt & Mandiga, 2023).

Pulmonary **surfactant** is a complex mixture of phospholipids, neutral lipids, and proteins that is synthesized in the type II alveolar cells. Type II alveolar cells are rich in mitochondria and are metabolically active. The apical cytoplasm of type II cells contains stacks of parallel membrane sheets or lamellae, called the *lamellar bodies*. All of the components of surfactant are synthesized by the alveolar type II cells and then stored as preformed units in the lamellar bodies. Secretion of surfactant occurs by exocytosis. The major route of clearance of surfactant within the lung is through reuptake and then either it is reused or degraded by the type II cells.

The surfactant molecules produced by the type II alveolar cells reduce the surface tension at the air–epithelium interface and modulate the immune functions of the lung. There are four types of surfactant protein (SP), each with a different molecular structure: SP-B and SP-C reduce the surface tension at the air–epithelium interface, which increases lung compliance and ease of lung inflation. SP-B is particularly important for the generation of the surface-reducing film that makes lung expansion possible. SP-C is necessary for decreasing surface tension and stopping end-expiratory alveolar collapse. SP-A and SP-D are members of the collectin family and contribute to pulmonary innate immunity by opsonizing pathogens, enhancing phagocytosis by alveolar macrophages, and modulating inflammatory responses. SP-A and SP-D have direct antimicrobial activity and help regulate the balance between immune activation and resolution (Tao et al., 2023).

Alterations in surfactant composition or function are implicated in various lung disorders. **Neonatal respiratory distress syndrome (RDS)** affects newborns as a result of inadequate surfactant production due to developmental immaturity of the lungs. **Acute respiratory distress syndrome (ARDS)** affects children and adults and is caused by an acute lung injury (ALI) that destroys or deactivates surfactant produced by previously healthy lungs. In ARDS, the lung injury process causes a secondary surfactant deficiency. SP-D can be used to predict problems with ALI and ARDS.

Alveolar Macrophages

Alveolar macrophages are present both within the alveolar airspace and the connective tissue of the alveolar septa. Within the alveoli, these mobile phagocytes scavenge the alveolar surface to remove inhaled particulate matter, allergens, and pathogens. Macrophages loaded with debris are transported upward via the mucociliary escalator for clearance by coughing or swallowing. Others migrate into the septal connective tissue or interstitium, where they may persist long-term with engulfed material (Huang et al., 2023).

Alveolar macrophages are crucial for maintaining a sterile environment within the lower respiratory tract. They recognize and destroy inhaled microbes and coordinate immune responses by releasing cytokines and recruiting additional immune cells. The alveolar macrophages also phagocytose insoluble infectious agents such as *Mycobacterium tuberculosis*. The activated macrophages then aggregate to form a fibrin-encapsulated granuloma, called a **tubercle**, to contain the infection (Huang et al., 2023).

Pulmonary Vasculature and Lymphatic Supply

Pulmonary and Bronchial Circulations

The lungs are supplied by two distinct but interconnected vascular systems: the pulmonary circulation and the bronchial circulation.

The **pulmonary circulation** arises from the pulmonary artery and provides the blood supply for the gas exchange function of the lungs (see Fig. 23-7). Deoxygenated blood is pumped from the right ventricle of the heart into the pulmonary artery, which divides into the left and right pulmonary arteries to enter the corresponding lungs. Within the lungs, these arteries branch alongside the bronchi and continue to divide into arterioles and capillary networks that surround the alveoli, where gas exchange occurs and the blood becomes oxygenated. This oxygenated blood then returns to the left atrium via the pulmonary veins. The pulmonary circulation is the only part of the postnatal circulatory system in which arteries carry deoxygenated blood and veins carry oxygenated blood (Jain et al., 2023).

Beyond gas exchange, the pulmonary vessels serve as a reservoir for blood storage. Some regulatory biochemical functions also occur in the pulmonary vasculature, including rapid inactivation of bradykinin and many prostaglandins and conversion of angiotensin I to angiotensin II through the action of angiotensin-converting enzyme (ACE) in the pulmonary vascular endothelium.

The **bronchial circulation** provides oxygenated blood to the conducting airways and supporting structures of the lung, including the connective tissue, pleura, and larger pulmonary vessels. Bronchial arteries arise from the thoracic aorta and enter the lung at the hilum along with the major bronchi. The bronchial arteries then branch in parallel with the bronchial airways to distribute oxygen and nutrients to lung tissue that does not participate directly in gas exchange.

Although the bronchial veins drain some of this blood into the systemic venous system (via the azygos and hemiazygos veins and into the vena cava), a significant portion of bronchial venous blood empties into the pulmonary veins. This introduces a small amount of deoxygenated blood into the oxygen-rich pulmonary venous return, creating a physiologic shunt that slightly lowers the oxygen content of systemic arterial blood.

Unlike the pulmonary circulation, the bronchial circulation can undergo angiogenesis, forming new vessels in response to injury or obstruction. This ability allows for the development of collateral circulation that can help preserve lung tissue viability in conditions such as pulmonary embolism, where perfusion through the pulmonary arteries is compromised (Jain et al., 2023).

Lymphatic Circulation

The lungs also have an extensive lymphatic drainage system that parallels their dual blood supply (Trivedi & Reed, 2023). This pulmonary lymphatic system plays a vital role in maintaining fluid balance, clearing particulate matter, and supporting immune surveillance. The pulmonary lymphatic system has two subdivisions. The superficial (subpleural) lymphatic vessels, located in the connective tissue of the visceral pleura, drain the peripheral lung surfaces. The deep lymphatic vessels accompany the pulmonary arteries, veins, and bronchial tree and extend as far as the level of the respiratory bronchioles (see Fig. 23-7).

These two lymphatic subsystems are richly interconnected and ultimately converge at the hilar lymph nodes located at the base of each lung. From there, lymph drains into larger thoracic lymphatic channels and eventually into the systemic venous circulation. Particulate matter entering the lung is partly removed through these lymphatic channels, as are the plasma proteins that have escaped from the pulmonary capillaries and excess interstitial fluid. Removing excess interstitial fluid and proteins is particularly important in keeping the lungs dry and preventing fluid accumulation in the pulmonary interstitial spaces and pleural cavity (Trivedi & Reed, 2023).

Mucociliary Clearance and Airway Defense

The respiratory system has several coordinated defense mechanisms that protect against inhaled pathogens, particulates, and environmental toxins. Among the most important is the mucociliary clearance system, a key component of innate immunity that operates primarily in the conducting airways (Rogers et al., 2022).

Within these airways, mucus produced by goblet cells and submucosal glands forms a protective layer that traps inhaled particles and microorganisms. Coordinated, rhythmic beating of cilia propels this mucus upward toward the pharynx, where it can be swallowed or expectorated. This process, often referred to as the mucociliary escalator, helps prevent debris and microbes from reaching the distal airways and alveoli, thereby contributing to the relative sterility of the lower respiratory tract.

Effective mucociliary function depends on adequate hydration, normal body temperature, and intact ciliary activity. Exposure to dry air, tobacco smoke, hypoxia, or respiratory infections can impair ciliary motility or alter mucus properties, reducing clearance and increasing the risk of infection and inflammation (Rogers et al., 2022).

Additional defense mechanisms extend beyond the conducting airways and include:

- Alveolar macrophages phagocytose pathogens and particulate matter that reach the alveoli.
- Surfactant proteins (SP-A and SP-D) enhance immune recognition and clearance of pathogens.
- Secretory immunoglobulin A (IgA), present in airway secretions, helps neutralize pathogens before they penetrate deeper tissues.

Together, these mechanisms provide a multilayered defense system that protects the respiratory tract while preserving efficient gas exchange.

Innervation

The lungs are innervated by the autonomic nervous system, including both the sympathetic and parasympathetic divisions. These autonomic pathways regulate airway smooth muscle tone, vascular tone, and glandular secretion. Although breathing can be voluntarily modified for short periods, this control is mediated by somatic motor nerves to the respiratory muscles (i.e., the diaphragm and intercostal muscles), not the lung tissue itself. The lungs do not contain motor nerves; rather, sensory (pain) fibers are present primarily in the pleura (Su et al., 2022).

Parasympathetic innervation, carried by the vagus nerve (cranial nerve X), predominates in the resting lung and maintains a baseline level of airway smooth muscle constriction. Parasympathetic stimulation results in bronchoconstriction and increased mucus secretion. Preganglionic fibers arise from the vagal nuclei in the medulla, travel within the vagus nerve, and synapse in ganglia located near the airways and pulmonary vessels. Postganglionic fibers then innervate airway smooth muscle, submucosal glands, and goblet cells. These neurons are cholinergic, releasing acetylcholine, which acts on muscarinic receptors to produce their effects. Parasympathetic influence is greatest in the larger airways and diminishes distally.

Sympathetic innervation originates from cell bodies in the thoracic spinal cord and paravertebral sympathetic ganglia. Sympathetic stimulation results in bronchodilation, vasoconstriction, and inhibition of glandular secretion. The principal neurotransmitters are norepinephrine (released locally) and epinephrine (primarily from the adrenal medulla). These catecholamines act on beta-2 adrenergic receptors in the airway smooth muscle, promoting relaxation and increased airflow, a mechanism that underlies the action of beta-2 agonist bronchodilators (Su et al., 2022).

Pleura

The **pleura** is a thin, transparent, double-layered serous membrane that surrounds the lungs and lines the thoracic cavity (Fig. 23-9). The outer parietal layer lines

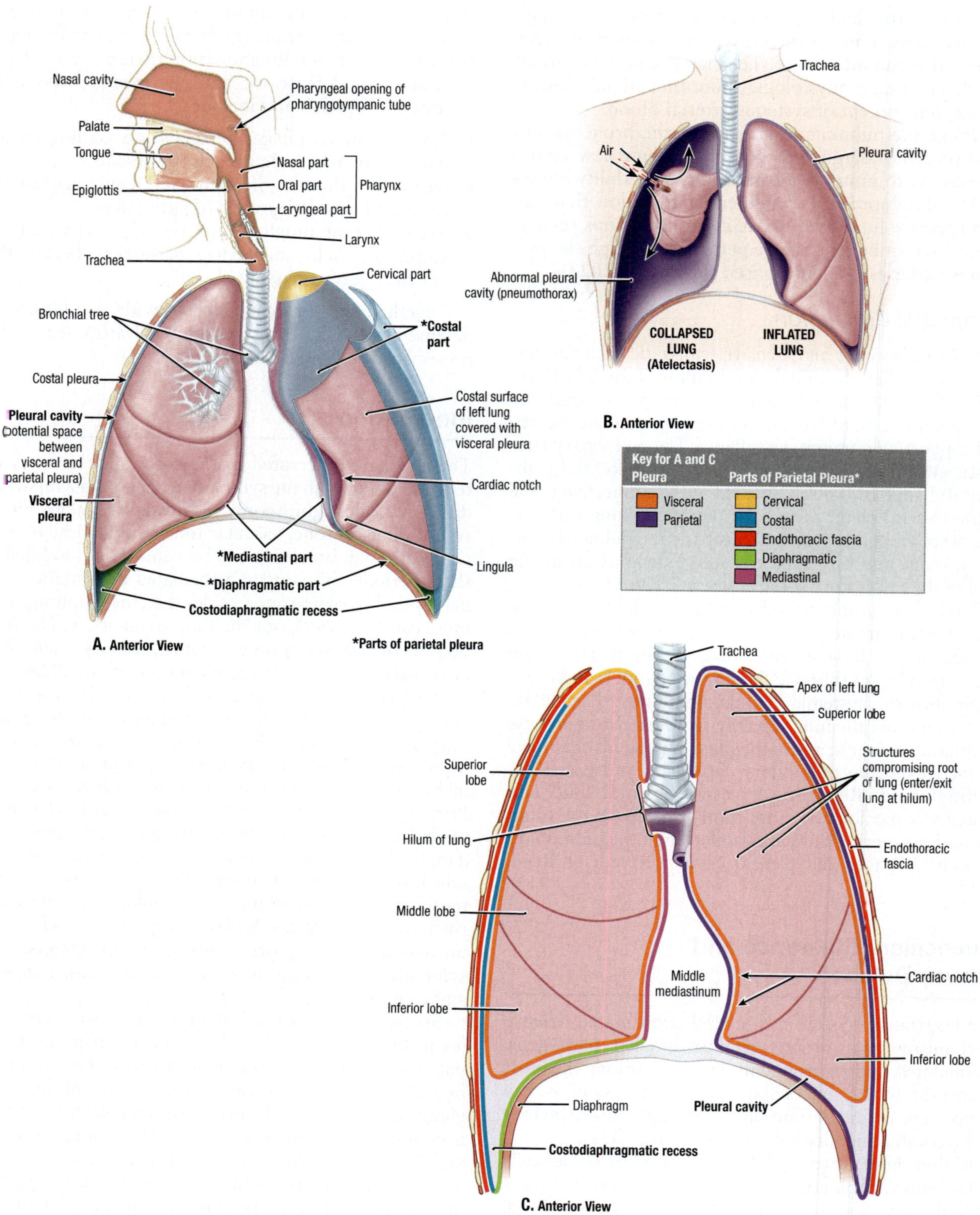

FIGURE 23-9. Respiratory system and pleura. **A.** Overview. **B.** Pleural cavity and pleura. **C.** Diagrammatic section through the heart and lungs with pulmonary vessels and tracheobronchial tree. The lungs invaginate a continuous membranous pleural sac; the visceral (pulmonary) pleura covers the lungs, and the parietal pleura lines the thoracic cavity; the visceral and parietal pleurae are continuous around the root of the lung. The parietal pleura can be divided regionally into the **costal**, diaphragmatic, mediastinal, and cervical parts; note the costodiaphragmatic recess. The pleural cavity is potential space between the visceral and parietal pleurae that contains a thin layer of fluid. If a sufficient amount of air enters the pleural cavity, the surface tension adhering visceral to parietal pleura (lung to thoracic wall) is broken, and the lung collapses (atelectasis) because of its inherent elasticity (elastic recoil). When a lung collapses, the pleural cavity—normally a potential space—becomes a real space (**B**) and may contain air (pneumothorax), blood (hemothorax), and so on. (From Agur, A. M. R., & Dalley, A. F. [2017]. *Grant's atlas of anatomy* [14th ed., Fig. 3.27, p. 220]. Lippincott Williams & Wilkins.)

the chest wall, diaphragm, and mediastinum, while the visceral pleura adheres directly to the lung surface, covering all lobes and fissures. The two layers are continuous at the hilum, where the major bronchi, pulmonary vessels, and nerves enter and exit the lungs (Haddad & Sharma, 2023).

The pleural space is one of the transcellular compartments of the extracellular space, separated from the interstitial space and capillaries by a layer of cells. Accumulation of excess fluid within transcellular spaces is more difficult to return to the circulation because the fluid must pass through the cell layer (i.e., transcellular movement). A small amount of serous fluid is normally present in the pleural space, between the parietal and visceral pleura. This small fluid volume serves as a lubricant, allowing the pleural surfaces to slide smoothly over one another during breathing, while also creating surface tension that keeps the lungs tightly held against the chest wall. This mechanical coupling enables lung expansion with thoracic movement and helps maintain negative intrapleural pressure.

Although the volume of fluid in the transcellular pleural space is normally minimal, excess pleural fluid or exudate can accumulate in some disease states. **Pleural effusion** refers to an abnormal accumulation of fluid in the pleural cavity that can impair lung expansion and cause dyspnea. Because pain fibers are present in the parietal pleura, inflammation of the pleura (**pleuritis**) is associated with characteristic pleuritic chest pain, typically experienced as a sharp pain associated with inspiration (Haddad & Sharma, 2023).

SUMMARY CONCEPTS

The respiratory system involves the lungs, air passages, pulmonary circulation, and respiratory muscles working together to facilitate gas exchange. Functionally, the ventilatory components consist of the conducting airways, through which air moves in and out of the lungs, and the respiratory tissues, where gas exchange occurs. The conducting airways include the nasal passages, mouth, nasopharynx, larynx, trachea, bronchi, and bronchioles. As air passes through these structures, it is warmed, humidified, and filtered. A layer of mucus traps inhaled particles, and coordinated ciliary motion propels the mucus upward toward the pharynx during mucociliary clearance, a key defense against infection. The respiratory tissues include the terminal respiratory bronchioles and the alveoli connected to those terminal bronchioles. Gas exchange can only occur in the alveoli.

In addition to gas exchange, the pulmonary vasculature also performs biochemical actions, inactivating vasoactive substances such as bradykinin and converting angiotensin I to angiotensin II, and serving as a reservoir for blood.

Lobules, the functional units of the lung and site of gas exchange, are composed of the respiratory bronchioles, alveoli, and surrounding pulmonary capillaries. Gas exchange occurs across the alveolar–capillary interface, where oxygen diffuses into the blood and carbon dioxide diffuses into the alveoli, where it can be exhaled from the body. The alveolar epithelium consists of type I alveolar cells, which are thin squamous cells across which gases diffuse, and type II alveolar cells, which produce pulmonary surfactant, assist with providing a barrier to transepithelial fluid movement, have some protective immune function, and can serve as progenitor cells for the replacement of injured type I alveolar cells. Different types of surfactant proteins have been identified (including SP-B, SP-C, SP-A, and SP-D), with different proteins exerting specialized effects to reduce surface tension, modulate immune responses, and clear pathogens.

The lungs have a dual blood supply: the pulmonary circulation delivers deoxygenated blood from the right heart and returns oxygenated blood to the left atrium, and the bronchial circulation supplies oxygenated blood to the conducting airways and supporting structures. The pulmonary lymphatic system has two components: a superficial network in the visceral pleura and a deeper network paralleling the bronchi and blood vessels. These lymphatic systems help remove excess fluid, plasma proteins, and particulate matter, protecting against pathogens and preventing abnormal fluid accumulation in the interstitial spaces and alveoli.

Autonomic nervous system innervation of the lungs is provided through both the sympathetic and parasympathetic nervous systems. Parasympathetic stimulation (primarily through the vagus nerve) promotes bronchoconstriction and increased secretions; sympathetic stimulation causes bronchodilation and reduced secretions. Only minimal voluntary motor control of breathing can be exerted to temporarily adjust the rate and depth of breathing.

The lungs are enclosed by a thin, double-layered serous membrane called the pleura. The parietal pleura lines the chest wall and diaphragm; the visceral pleura covers the lung surface. A thin film of serous fluid between the two layers allows the pleural surfaces to slide smoothly over each other during respiration while maintaining close contact between the lungs and chest wall. The pleural cavity is a transcellular potential space that can expand with fluid in some pathologic conditions, resulting in pleural effusion. In pleural effusion, the excess accumulation of fluid within the pleural space presses inward against the lung tissues and impairs alveolar inflation. Lung tissues do not contain pain fibers, although pleural tissues co.

Exchange of Gases Between the Atmosphere and the Lungs

Basic Properties of Gases

Atmospheric air is a mixture of gases, primarily nitrogen and oxygen. Together, these gases exert a combined pressure called the **atmospheric (barometric) pressure.** At sea level, this pressure is equivalent to one atmosphere. In respiratory physiology, respiratory pressures are typically referenced in relation to atmospheric pressure, with atmospheric pressure defined as zero. A pressure above or below atmospheric pressure is noted with a positive or negative sign, respectively (Farrell & Curley, 2024).

Each gas in a mixture exerts its own **partial pressure**, which reflects how much that gas contributes to the total pressure. The partial pressure of a particular gas is related to the concentration of that specific gas within the total mixture of gases. For example, oxygen typically makes up about 21% of atmospheric air; therefore, the partial pressure of oxygen accounts for about one-fifth of the total pressure in atmospheric air. These partial pressures are important because gas exchange in the lungs is driven by differences in the partial pressures of oxygen and carbon dioxide between alveolar air and the blood. Each gas flows down its own pressure gradient from an area of high pressure to an area of low pressure.

Chart 23-1 defines common abbreviations used for blood oxygen values.

Ventilation and the Mechanics of Breathing

Ventilation is the process of moving gases into and out of the lungs. Ventilation requires a system of open airways and thoracic pressure changes generated by the contractions of the diaphragm and respiratory muscles changing the pressure in the thorax. Thoracic pressure becomes more negative with respiratory muscle contraction and expansion of the thorax. This negative pressure pulls air into the airways to expand the lungs. With expiration and the passive relaxation of the respiratory muscles, the thoracic pressure becomes more positive, and the exhaled gases move out of the airways to be eliminated from the body. The ease with which air moves in and out of the lungs and how well the alveoli inflate and deflate are determined by lung elasticity and compliance, which together influence tissue resistance within the lungs, and by factors of airway resistance (Farrell & Curley, 2024).

Airway resistance refers to the ease with which gases can move through the airways. Airway resistance is primarily determined by the radius of the airway; a one-unit decrease in radius results in a fourfold increase in resistance to airflow. In other words, a one-unit decrease in airway radius makes it four times more difficult to move gas through that airway. Many common pathophysiologic changes can decrease the airway radius and therefore increase airway resistance. The most common alterations that decrease airway radius are airway edema and increased mucus production (both common in inflammatory conditions of the airway) and the contraction of the bands of smooth muscle that surround the terminal bronchioles (called bronchoconstriction).

Tissue resistance refers to the ease of inflation and deflation of the alveoli. Tissue resistance is altered by pathophysiologic conditions that impact the function of the non-airway tissues of the lungs, particularly the alveoli and the interstitial tissues. The balance of compliance and elastance determines tissue resistance. **Compliance** refers to the ease of inflation, particularly of the alveoli. Surfactant deficiency is an example of a pathophysiologic condition that reduces compliance. **Elastance** refers to how well the tissues recoil or snap back into place after they have been stretched. Elastic fibers in the interstitial tissues surrounding the alveoli are a primary determinant of lung tissue elasticity. Emphysema is an example of a pathophysiologic condition that reduces elastance. A major pathophysiologic factor in emphysema is the destruction of both alveolar tissue and the surrounding interstitial elastic fibers, reducing elastic recoil and causing hyperexpansion of the alveoli, characterized by enlarged alveoli with air trapping.

CHART 23-1

BLOOD OXYGENATION ABBREVIATIONS

P: Partial pressure within a sample of gas (PO_2)

Pa: Partial pressure within a sample of blood; a—arterial blood (PaO_2)

Pv: Partial pressure within a sample of blood; v—venous blood (PvO_2)

Pc: Capillary blood (PcO_2)

PC: Carbon dioxide (CO_2) measured

PCO_2: Partial pressure of carbon dioxide

$PaCO_2$: Partial pressure of carbon dioxide in arterial blood

$PvCO_2$: Carbon dioxide pressure in venous blood

$PcCO_2$: Carbon dioxide pressure in capillary blood

KEY POINTS

Ventilation and Gas Exchange

- Ventilation refers to the movement of gases into and out of the lungs through a system of open airways, with gases moving downward along their individual pressure gradients.
- During inspiration, air is drawn into the lungs as the respiratory muscles cause the thoracic

pressure to become more negative and expand the chest cavity. During expiration, air moves out of the lungs as the chest muscles passively recoil, the thoracic pressure becomes more positive, and the chest cavity becomes smaller.

- Airway resistance—the ease with which air is moved into and out of the lung—is strongly influenced by decreases in the radius of the airways, with a one-unit decrease in the radius causing a fourfold increase in flow resistance.
- Tissue resistance—the ease with which the lungs can be inflated—is determined by the interaction of compliance and elastance.

Respiratory Pressures

Several pressures influence ventilation. **Alveolar (intrapulmonary) pressure** is the pressure within the airways and alveoli, where gases are in communication with atmospheric pressure (Fig. 23-10; Desai & Moustarah, 2022). When the glottis is open and air is not moving into or out of the lungs, as occurs just before inspiration or expiration, this pressure is zero, or equal to atmospheric pressure (Farrell & Curley, 2024).

Intrapleural pressure, found in the thin pleural cavity between the lung and chest wall, is normally negative relative to alveolar pressure. This negative pressure helps keep the lungs expanded (Desai & Moustarah, 2022).

The lungs and the chest wall have elastic properties, each pulling in the opposite direction. The opposing forces of the chest wall and lungs create a pull against the visceral and parietal layers of the pleura, causing the negative pressure normally found in the pleural cavity. During inspiration, the elastic recoil of the lungs increases, causing intrapleural pressure to become more negative than during expiration. Without the negative intrapleural pressure holding the lungs against the chest wall, their elastic recoil properties would cause them to collapse. Although intrapleural pressure is negative in relation to alveolar pressure, it may become positive in relation to atmospheric pressure (e.g., during forced expiration and coughing). The **transpulmonary** (*trans* = "across") **pressure** is the difference between the alveolar and intrapleural pressures and reflects the force required to keep the lungs open.

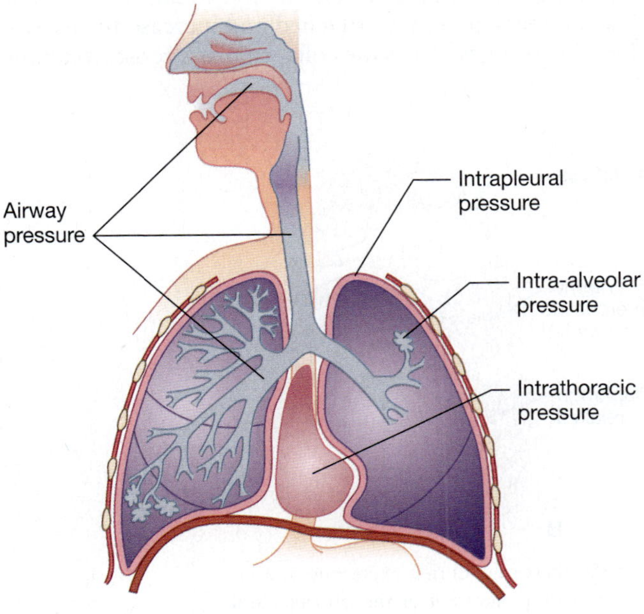

FIGURE 23-10. Partitioning of respiratory pressures.

The **intrathoracic pressure** is the pressure in the thoracic cavity. It is equal to the intrapleural pressure and is the pressure to which the lungs, heart, and great vessels are exposed. Forced expiration against a closed glottis, such as occurs during defecation and the Valsalva maneuver, produces marked increases in intrathoracic pressure and impedes venous return to the right atrium (Farrell & Curley, 2024).

Chest Cage and Respiratory Muscles

The lungs are enclosed, along with the heart, great vessels, and esophagus, within a closed chest cavity formed by the ribs, diaphragm, and intercostal muscles. The chest cavity is a closed compartment bounded on the top by the neck muscles and at the bottom by the diaphragm. The outer walls of the chest cavity are formed by 12 pairs of ribs, the sternum, the thoracic vertebrae, and the intercostal muscles that lie between the ribs. Mechanically, the act of breathing depends on the fact that the chest cavity is a closed compartment, with the trachea providing the only opening to the external atmosphere (Farrell & Curley, 2024).

Ventilation consists of inspiration and expiration. During **inspiration**, the size of the chest cavity increases, the intrathoracic pressure becomes more negative, and air is drawn into the lungs. **Expiration**, normally a passive recoil, occurs as the elastic components of the chest wall and lung structures that were stretched during inspiration recoil, causing the size of the chest cavity to decrease and the pressure in the chest cavity to increase.

The **diaphragm** is the principal muscle of inspiration. When the diaphragm contracts, the abdominal contents are forced downward and the chest expands from top to bottom (Fig. 23-11). With normal breathing, the diaphragm moves approximately 1 cm, but this can be increased to 10 cm on forced inspiration. The diaphragm is innervated by the phrenic nerve roots, which arise from the cervical level of the spinal cord, mainly from C4 but also from C3 and C5. People who sustain spinal cord injury above C3 lose the function of the diaphragm and require mechanical ventilation. Paralysis of one side of the diaphragm causes the chest to move up on that side rather than down during inspiration because of the negative pressure in the chest. This is called **paradoxical movement** (Farrell & Curley, 2024).

The external intercostal muscles, which also aid in inspiration, connect to the adjacent ribs and slope downward and forward (Fig. 23-12). When they contract, they raise the ribs and rotate them slightly so that the sternum is pushed forward. This enlarges the chest from side to side

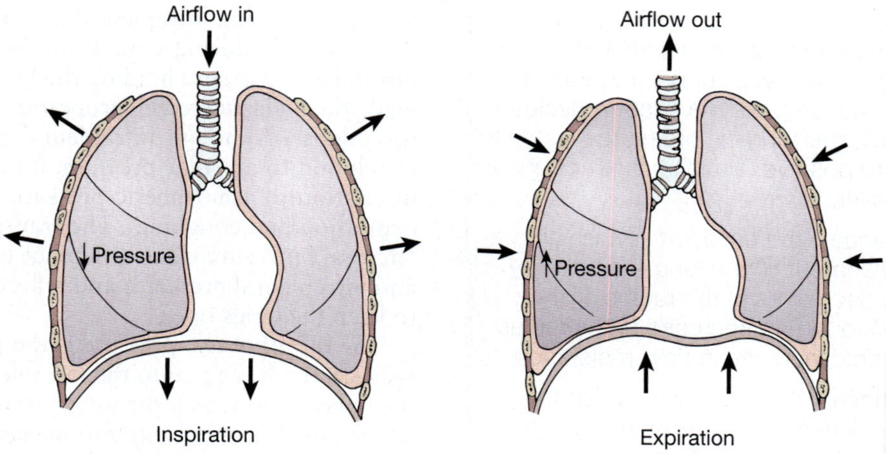

FIGURE 23-11. Movement of the diaphragm and changes in chest volume and pressure during inspiration and expiration. During inspiration, contraction of the diaphragm and expansion of the chest cavity produce a decrease in intrathoracic pressure, causing air to move into the lungs. During expiration, relaxation of the diaphragm and chest cavity produces an increase in intrathoracic pressure, causing air to move out of the lungs.

and from front to back. The intercostal muscles receive their innervation from nerves that exit the central nervous system at the thoracic level of the spinal cord. Paralysis of these muscles usually does not have a serious effect on respiration because of the effectiveness of the diaphragm.

The accessory muscles of inspiration, including the scalene and sternocleidomastoid muscles, are recruited during labored breathing. The scalene muscles elevate the first two ribs, and the sternocleidomastoid muscles raise the sternum to increase the size of the chest cavity. These muscles contribute little to quiet breathing but contract vigorously during exercise. For the accessory muscles to assist in ventilation, they must be stabilized in some way. For example, people with bronchial asthma often brace their arms against a firm object during an attack as a means of stabilizing their shoulders so that the attached accessory muscles can exert their full effect on ventilation. The head commonly is bent backward so that the scalene and sternocleidomastoid muscles can elevate the ribs more effectively (Farrell & Curley, 2024).

Lung Compliance

Lung compliance refers to the ease with which the lungs can be inflated. High compliance means the lungs expand easily; low compliance means more effort is required. It takes more pressure to move the same amount of air into a noncompliant lung than it does into a compliant one (Desai & Moustarah, 2022).

Lung compliance is determined by the elastin and collagen fibers of the lung, its water content, and surface tension. It also depends on the compliance of the thoracic, or chest, cage. Diseases like pulmonary fibrosis reduce compliance by stiffening lung tissue. Conversely, in emphysema, lung tissues lose elastic recoil, making them easy to inflate but hard to deflate.

Elastin and Collagen Fibers

Lung tissue is made up of elastin and collagen fibers. The elastin fibers are easily stretched and increase the ease of lung inflation, whereas the collagen fibers resist stretching

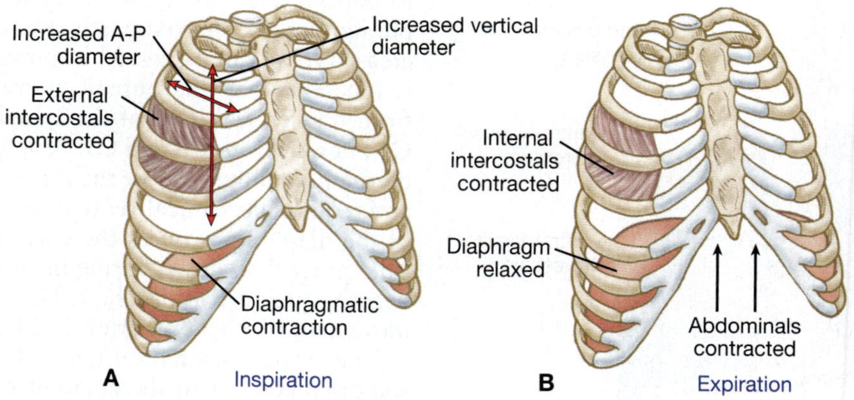

FIGURE 23-12. Expansion and contraction of the chest cage during expiration and inspiration demonstrating especially diaphragmatic contraction, elevation of the rib cage, and function of the (**A**) external and (**B**) internal intercostals. A-P, anterior–posterior.

and make lung inflation more difficult. In lung diseases such as interstitial lung disease and pulmonary fibrosis, the lungs become stiff and noncompliant as the elastin fibers are replaced by scar tissue. Fluid buildup, such as pulmonary edema, can also temporarily reduce compliance.

Elastic recoil describes the ability of the elastic components of the lung to recoil to their original position after having been stretched. Overstretching lung tissues, as occurs with emphysema, causes the elastic components of the lung to lose their recoil, making the lung easier to inflate but more difficult to deflate because of its inability to recoil (Desai & Moustarah, 2022).

Surface Tension

Surface tension refers to the cohesive force between liquid molecules at the interface between a liquid and a gas. In the lungs, this gas-fluid interface occurs within the alveoli, which are lined by a thin layer of surfactant and surrounded by interstitial fluid. The water molecules in the interstitial fluid tend to be pulled inward more strongly when they are attracted to the gas molecules in the alveolar, creating a surface tension that pulls the alveolar walls inward. This force makes the alveoli resistant to expansion and promotes collapse, particularly at low lung volumes (Desai & Moustarah, 2022). The thin layer of surfactant lining the alveoli is critical to reduce this surface tension and allow the alveoli to remain inflated.

To better understand the significance of surface tension, it helps to consider the alveoli as tiny spherical structures. The smaller the radius of the alveolus, the greater the inward pressure generated by surface tension. This relationship is described by the law of Laplace, which, in simplified terms, states that the pressure required to keep a sphere (like an alveolus) open increases as its radius decreases (Fig. 23-13). This means that smaller alveoli are at greater risk of collapsing than larger ones, and without a counteracting mechanism, air would tend to flow from small alveoli into larger ones, leading to unequal ventilation and impaired gas exchange.

The body prevents this by producing pulmonary surfactant, which lines the inside of the alveoli. Surfactant molecules have one part that is hydrophilic (water-attracting), binding to the fluid within the alveoli that has passed through the alveolar cells from the interstitial space. The hydrophobic (water-repelling) part of the surfactant molecule is drawn to the gas side of the interface and therefore faces the air inside the alveoli. These molecular properties reduce the strong attraction between water molecules, making it easier for the alveoli to inflate. The surfactant protein SP-B has particularly strong effects to lower alveolar surface tension and improve alveolar inflation. The surfactant layer also helps keep the interior portions of the alveoli dry by serving as a water barrier to prevent fluid from leaking into the interstitial space. In patients recovering from surgery or confined to bed rest, shallow breathing may reduce both the volume of air entry into the alveoli and the efficiency

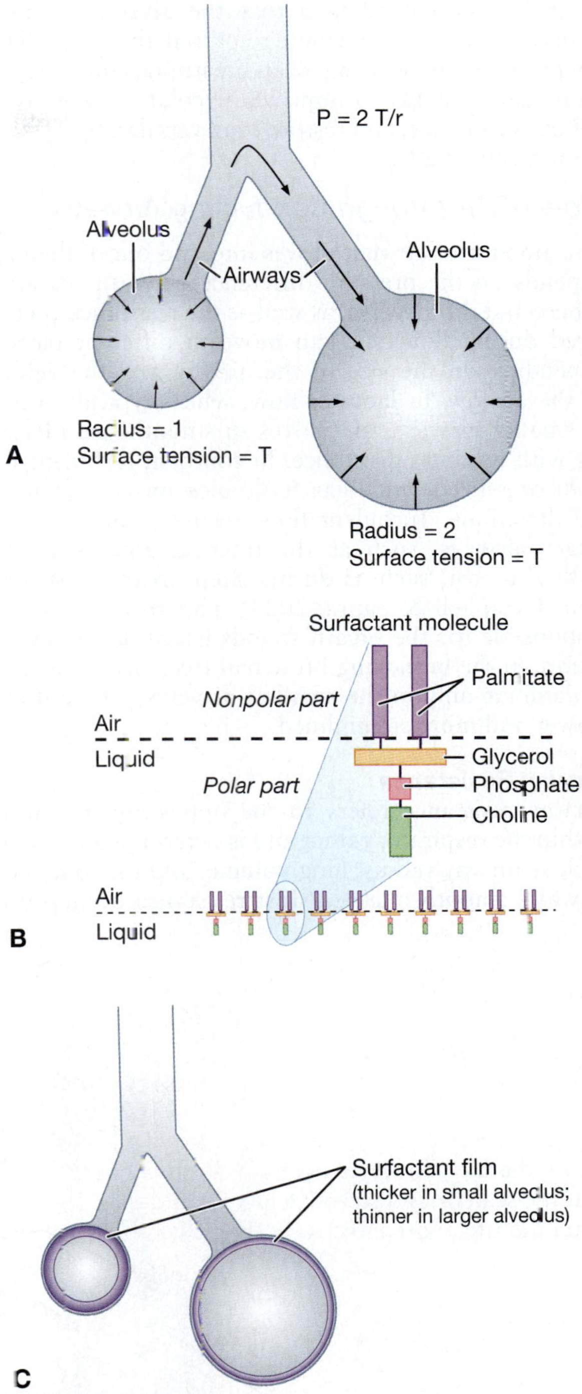

FIGURE 23-13. A. The effect of the surface tension (forces generated at the fluid–air interface) and radius on the pressure and movement of gases in the alveolar structures. According to the law of Laplace ($P = 2\ T/r$, P = pressure, T = tension, r = radius), the pressure generated within the sphere is inversely proportional to the radius. Air moves from the alveolus with a small radius and higher pressure to the alveolus with the larger radius and lower pressure. **B.** Surfactant molecules, showing their hydrophilic heads attached to the fluid lining of the alveolus and their hydrophobic tails oriented toward the air interface. **C.** The surfactant molecules form a monolayer (shaded in blue) that disrupts the intermolecular forces and lowers the surface tension more in the smaller alveolus with its higher concentration of surfactant than in the larger alveolus with the lower concentration.

of surfactant spreading across the alveolar surfaces, both of which can contribute to partial alveolar collapse (**atelectasis**). Encouraging deep breathing, coughing, and mobilization helps to improve alveolar volume, redistribute surfactant, and restore even ventilation (Desai & Moustarah, 2022).

Flow of Air through Conducting Airways

The amount of air that moves into and out of the lungs depends on the pressure difference between the atmosphere and the airways, as well as the resistance encountered during flow. Air can move in different patterns depending on the size of the airway and the velocity of the airflow. In **laminar flow**, which typically occurs in smaller airways, air moves in smooth, parallel layers with minimal resistance. In contrast, **turbulent flow** is disorganized, with gas molecules moving in multiple directions. Turbulent flow occurs primarily in the larger airways, such as the trachea, especially when airflow is fast, such as during deep breathing or exertion (Campbell & Sapra, 2023). This turbulent flow is responsible for the breath sounds heard during auscultation. In the branching bronchial tree, airflow tends to be laminar only in the smallest airways, where flow is slower and more streamlined.

Airway Resistance

Airway resistance refers to the opposition to airflow within the respiratory tract and is determined by factors such as airway radius, lung volume, and the tone of the airway's smooth muscle. Most resistance occurs in the medium-sized bronchi, even though smaller airways like bronchioles are narrower. This is because the small airways are arranged in parallel and contribute less overall resistance. However, diseases such as asthma, chronic bronchitis, and emphysema often affect the small airways and can cause significant resistance to airflow.

Airway resistance is typically lower during inspiration than during expiration. As the lungs expand, surrounding tissues pull the airways open, reducing resistance. As the lungs deflate during expiration, the airways narrow slightly, increasing resistance. This explains why individuals with obstructive airway diseases often have more difficulty exhaling than inhaling. Resistance is also influenced by the autonomic nervous system input: parasympathetic stimulation causes bronchoconstriction and increased mucus production, while sympathetic stimulation causes bronchodilation and decreased secretions. These mechanisms play a key role in respiratory function and in the therapeutic effects of medications such as inhaled bronchodilators (Campbell & Sapra, 2023).

Airway Compression During Forced Expiration

During normal breathing, airway resistance stays relatively stable. But during forced expiration (e.g., coughing or vigorous exercise), high intrathoracic pressures can compress small airways that lack cartilage, temporarily limiting airflow and trapping air in the lungs (Fig. 23-14).

In obstructive disorders such as emphysema, this airway compression may occur even during quiet

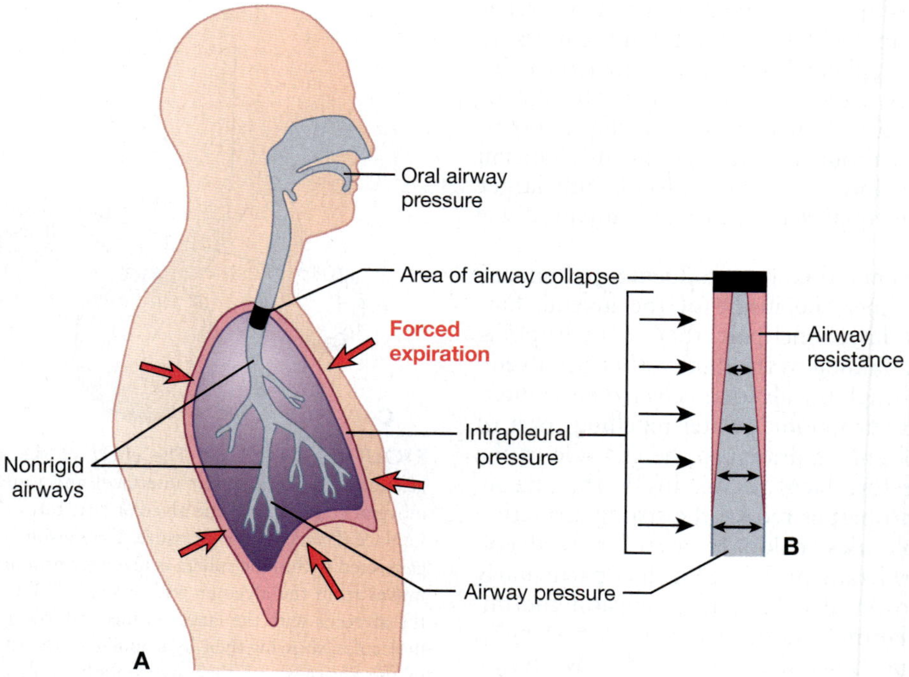

FIGURE 23-14. Mechanism that limits maximal expiratory flow rate. **A.** Airway patency and airflow in the nonrigid airways of the lungs rely on a transpulmonary pressure gradient in which airway pressure is greater than intrapleural pressure. **B.** Airway resistance normally produces a drop in airway pressure as air moves out of the lungs. The increased intrapleural pressure that occurs with forced expiration produces airway collapse in the nonrigid airways at the point where intrapleural pressure exceeds airway pressure.

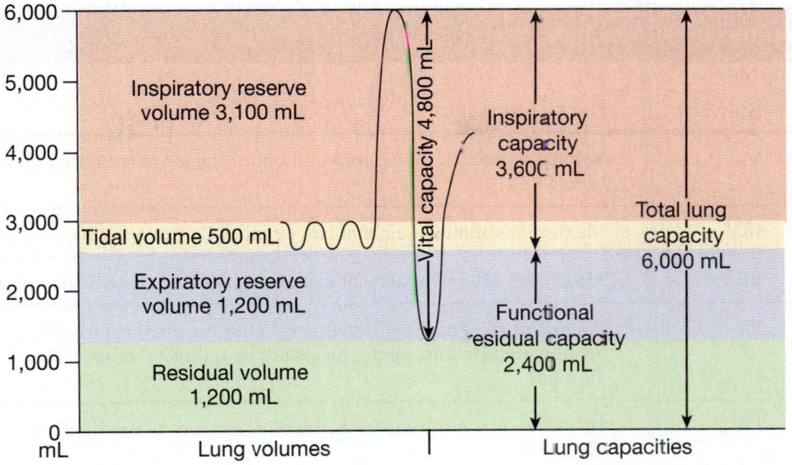

FIGURE 23-15. Tracings of respiratory volumes (*left*) and lung capacities (*right*) as they would appear if made using a spirometer. The tidal volume (*yellow*) represents the amount of air inhaled and exhaled during normal breathing; the inspiratory reserve volume (*pink*), the maximal amount of air in excess of the tidal volume that can be forcefully inhaled; the maximal expiratory reserve (*blue*), the maximal amount of air that can be exhaled in excess of the tidal volume; and the residual volume (*green*), the air that continues to remain in the lung after maximal expiratory effort. The inspiratory capacity represents the sum of the inspiratory reserve volume and the tidal volume; the functional residual capacity, the sum of the maximal expiratory reserve and residual volumes; and the total lung capacity, the sum of all the volumes.

breathing, contributing to air trapping and the sensation of breathlessness. Patients often adapt by breathing through pursed lips to slow expiration and maintain airway pressure (Campbell & Sapra, 2023).

Lung Volumes

Lung volumes, or the amount of air movement during ventilation, can be subdivided into various components: **tidal volume (V_T)**, **inspiratory reserve volume (IRV)**, **expiratory reserve volume (ERV)**, and **residual volume (RV)** (Fig. 23-15; Delgado & Bajaj, 2023). The *tidal volume* is the amount of air inhaled or exhaled with a normal breath—approximately 500 mL in an average adult and 3 to 5 mL/kg in children—though it varies with age, sex, body position, and activity level. The IRV is the additional air that can be inhaled beyond a normal breath, and the ERV is the additional air that can be exhaled beyond a normal breath. RV, about 1,200 mL, is the air that remains in the lungs after maximal exhalation and may increase with age due to air trapping (Delgado & Bajaj, 2023). These lung volumes may be measured using a **spirometer** or more comprehensive **pulmonary function testing**.

Lung capacities are combinations of these volumes. **Vital capacity (VC)** includes IRV, V_T, and ERV and represents the total air exhaled after a maximal inhalation. **Inspiratory capacity (IC)** combines V_T and IRV and reflects the total air a person can inhale starting from a normal exhalation. **Functional residual capacity (FRC)**, the sum of ERV and RV, is the air left in the lungs after a normal exhalation. **Total lung capacity (TLC)** is the sum of all lung volumes. Notably, RV cannot be measured by spirometry and requires indirect techniques such as helium dilution, nitrogen washout, or body plethysmography (Delgado & Bajaj, 2023). These values are summarized in Table 23-1.

Pulmonary Function Studies

While lung volumes and capacities are static measures, pulmonary function studies assess dynamic ventilation assessment techniques, including spirometry. Pulmonary function studies are critical in evaluating respiratory health and include tests such as maximum voluntary ventilation, forced vital capacity (FVC), forced expiratory volumes (FEVs), flow rates, and forced inspiratory flow rates (Table 23-2). Pulmonary function testing is used for diagnosing respiratory conditions, assessing surgical or anesthesia risk, evaluating unexplained respiratory symptoms, and providing documentation for legal or insurance purposes (Haynes, 2025).

The **maximum voluntary ventilation** measures the volume of air that a person can move into and out of the lungs during maximum effort lasting for 12 to 15 seconds. This measurement is usually converted to liters per minute. The **forced vital capacity (FVC)** involves full inspiration to TLC followed by forceful maximal expiration. Obstruction of airways produces an FVC that is lower than that observed with more slowly performed VC measurements. The **forced expiratory volume (FEV)** is the expiratory volume achieved in a given time period. The $FEV_{1.0}$ is the FEV that can be exhaled in 1 second. The $FEV_{1.0}$ is frequently expressed as a percentage of the FVC. The $FEV_{1.0}$ and FVC are used in the diagnosis of obstructive lung disorders (Haynes, 2025).

The **forced inspiratory vital flow (FIF)** measures the respiratory response during rapid maximal inspiration. Calculation of airflow during the middle half of

TABLE 23-1 Lung Volumes and Capacities

Measurement	Symbol	Description	Approximate Volume
Tidal volume	V_T	Volume of air that moves into and out of the lungs with each normal breath	500 mL
Inspiratory reserve volume	IRV	Maximum volume of air that can be inhaled after a normal inspiration.	3,000 mL
Expiratory reserve volume	ERV	Maximum volume of air that can be exhaled after a normal expiration	1,100 mL
Residual volume	RV	Volume of air remaining in the lungs after maximal expiration; cannot be measured by spirometry; measured by indirect methods (e.g., helium dilution)	1,200 mL
Functional residual capacity	FRC	Volume of air remaining in the lungs at the end of a normal expiration (ERV + RV)	2,300 mL
Inspiratory capacity	IC	Maximum volume of air that can be inspired after a normal expiration (VT + IRV)	3,500 mL
Vital capacity	VC	Maximum amount of air that can be exhaled forcefully after maximal inspiration (VT + IRV + ERV)	4,600 mL
Total lung capacity	TLC	Total volume of air in the lungs after maximal inspiration (sum of all lung volumes); about 20%–25% lower in females	5,800 mL

inspiration ($FIF_{25\%-75\%}$) relative to the forced midexpiratory flow rate ($FEF_{25\%-75\%}$) is used as a measure of respiratory muscle dysfunction because inspiratory flow depends more on effort than expiration does.

Efficiency and the Work of Breathing

The **minute volume**, or total ventilation per minute, reflects the body's metabolic needs and is calculated by multiplying V_T by the respiratory rate. In a healthy adult, this equates to about 6,000 mL/min (500 mL × 12 breaths/min). Efficient breathing optimally balances tidal volume and respiratory rate to meet oxygen demands while minimizing the physical work of breathing (WOB) (Haynes, 2025).

Work of breathing (WOB) is influenced by both airway resistance and tissue resistance (including both lung compliance and elastance). Individuals with stiff, noncompliant lungs expend more effort to expand their lungs and typically breathe with smaller tidal volumes at a higher rate to maintain minute ventilation. Conversely, individuals with obstructive airway diseases can more easily expand their lungs but must exert greater effort to

TABLE 23-2 Pulmonary Function Tests

Test	Symbol	Description
Maximal voluntary ventilation	MVV	Maximum volume of air that can be inhaled and exhaled within a specific time period during voluntary effort
Forced vital capacity	FVC	Maximum volume of air that can be rapidly and forcefully exhaled after full inspiration; volume is plotted against time
Forced expiratory volume (1 second)	$FEV_{1.0}$	Volume of air exhaled during the first second of the FVC maneuver
$FEV_{1.0}$ as a percentage of FVC	$FEV_{1.0}/FVC\%$	Proportion of FVC exhaled in the first second, expressed as a percentage; used to assess the presence and severity of airway obstruction
Forced midexpiratory flow rate	$FEF_{25\%-75\%}$	Average flow rate during the middle half of the FVC maneuver; calculated as the slope between 25% and 75% of the expired volume on the volume–time curve
Forced inspiratory flow rate	$FIF_{25\%-75\%}$	Average inspiratory flow rate during the middle half of inspiration; calculated from the slope between 25% and 75% of the inspired volume on a volume–pressure tracing

By convention, all the lung volumes and rates of flow are expressed in terms of body temperature and pressure and saturated with water vapor, which allows for a comparison of the pulmonary function data from laboratories with different ambient temperatures and altitudes.

move air through narrowed airways. To conserve energy and optimize oxygen exchange, they may adopt a slower respiratory rate with deeper breaths.

SUMMARY CONCEPTS

The air in the alveoli contains a mixture of gases, including nitrogen, oxygen, carbon dioxide, and water vapor. With the exception of water vapor, each gas exerts a pressure determined by the atmospheric pressure and its concentration in the mixture. Water vapor pressure is affected by temperature but not by atmospheric pressure. Air moves into the lungs along a pressure gradient. Intrapulmonary (or alveolar) pressure is the pressure inside the airways and alveoli of the lungs. Pleural pressure is the pressure in the pleural cavity. Intrathoracic pressure is the pressure in the thoracic cavity.

Breathing is the movement of gases between the atmosphere and the lungs. It requires a system of open airways and pressure changes resulting from the action of the respiratory muscles changing the volume of the chest cage. The diaphragm is the principal muscle of inspiration, assisted by the external intercostal muscles. The scalene and sternocleidomastoid muscles elevate the ribs and act as accessory muscles for inspiration. Expiration is largely passive, aided by the elastic recoil of the respiratory muscles that were stretched during inspiration. When needed, the abdominal and internal intercostal muscles can be used to increase expiratory effort.

Lung compliance describes the ease with which the lungs can be inflated. The elastic and collagen fibers of the lung, water content, surface tension of the alveoli, and compliance of the chest wall determine lung compliance. Lung compliance also reflects the surface tension at the air–epithelium interface of the alveoli. Surfactant molecules, produced by type II alveolar cells, reduce the surface tension in the lungs and thereby increase lung compliance.

Airflow into and out of the lungs depends on the pressure difference between the lungs and the atmosphere and is inversely related to airway resistance. Resistance is greatest in the medium-sized bronchi and lowest in smaller bronchioles and varies based on airflow patterns (laminar vs. turbulent).

Lung volumes and capacities quantify the air exchanged during normal and forced breathing. Tidal volume (V_T) reflects air movement during a normal breath. IRV and ERV represent the additional air that can be inhaled or exhaled beyond normal tidal breathing. RV is the air that remains in the lungs after maximal exhalation. Lung capacities, such as VC and minute volume, combine multiple volumes and provide important insight into lung function and ventilatory efficiency.

Exchange and Transport of Gases

Pulmonary gas exchange involves three interconnected processes:

- Ventilation—airflow into and out of the alveoli
- Perfusion—blood flow through adjacent pulmonary capillaries
- Diffusion—gas movement across the alveolar–capillary membrane

Efficient gas exchange requires that well-ventilated alveoli are closely matched with perfused capillaries (Fig. 23-16).

Ventilation

There are two types of ventilation: **pulmonary ventilation** refers to the total exchange of gases between the atmosphere and the lungs, and **alveolar ventilation** refers to the exchange of gases within the alveoli. Ventilation is influenced by body position, lung volume, and cardiopulmonary health (Farrell & Curley, 2024).

Distribution of Ventilation

The distribution of ventilation between the apex and base of the lung varies with body position and the effects of gravity on intrapleural pressure (Fig. 23-17). In the upright (seated or standing) position, gravity pulls the lungs downward, creating a more negative intrapleural pressure at the apex compared to the base. This causes the alveoli at the apex to be more fully expanded at rest than those at the base. However, these more expanded

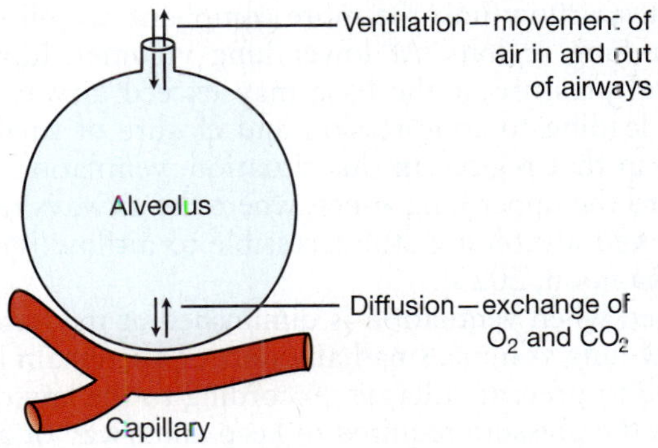

FIGURE 23-16. Primary lung functions: ventilation and diffusion. (From Morton, P. G., & Fontaine, D. K. [2018]. *Critical care nursing: A holistic approach* [11th ed., Fig. 25-1, p. 449]). Lippincott Williams & Wilkins.)

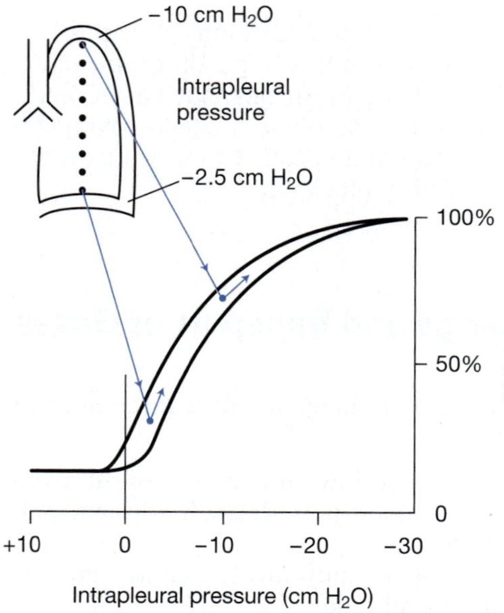

FIGURE 23-17. Explanation of the regional differences in ventilation down the lung. Because of the weight of the lung, the **intrapleural pressure** is less negative at the base than at the apex. As a consequence, the basal lung is relatively compressed in its resting state but expands more on inspiration than does the apex. (From West, J. B. [2016]. *Respiratory physiology: The essentials* [10th ed., Fig. 7.8, p. 118]. Lippincott Williams & Wilkins.)

alveoli are less compliant and less capable of further expansion during inspiration. In contrast, the alveoli at the base are smaller and more compliant, allowing them to expand more during inspiration and receive a greater proportion of inspired air. A similar pattern occurs in the supine position, where the posterior (dependent) parts of the lungs are better ventilated than the anterior (nondependent) parts. In the lateral (side-lying) position, ventilation is greatest in the lung that is in the dependent position (closer to the bed or ground), due to the gravitational effects on lung expansion and pleural pressure (Powers & Dhamoon, 2023).

Lung volume also significantly influences ventilation distribution. Lung compliance, defined as the change in volume for a given change in pressure, is lower in fully expanded alveoli and higher in partially inflated alveoli. During deep inspiration, airway expansion facilitates airflow into the more compliant alveoli in the lower lung regions. At lower lung volumes, however, pleural pressure at the base may exceed airway pressure, leading to compression and closure of small airways in that region. In this situation, ventilation shifts toward the upper lung zones, where the airways remain open and alveoli are still accessible to airflow (Powers & Dhamoon, 2023).

Even when ventilation is diminished at the base due to low lung volume, small amounts of air remain in the alveoli to prevent collapse. According to the law of Laplace, the pressure required to keep an airway or alveolus open is inversely proportional to its radius, meaning that smaller airways close first. This leads to some degree of air trapping, particularly in the lower lung regions. In older adults and individuals with lung conditions such as emphysema, loss of elastic recoil reduces the negative intrapleural pressure needed to keep small airways open. As a result, airway closure may occur even at normal expiratory volumes rather than only during deep expiration, increasing air trapping and contributing to a higher RV (Powers & Dhamoon, 2023).

Dead Space

Dead space refers to the air that must be moved with each breath but does not participate in gas exchange. The movement of air through dead space contributes to the WOB but not to gas exchange. There are two types of dead space: anatomic dead space contained in the conducting airways and alveolar dead space contained in the respiratory portion of the lung.

The volume of anatomic airway dead space is fixed at approximately 150 to 200 mL, depending on body size. It constitutes air contained in the nose, pharynx, trachea, and bronchi. The creation of a tracheostomy (surgical opening in the trachea) decreases anatomic dead space ventilation because air does not have to move through the nasal and oral airways. Alveolar dead space, normally about 5 to 10 mL, constitutes alveolar air that does not participate in gas exchange. When alveoli are ventilated but not perfused, alveolar dead space contributes to ventilation–perfusion (V/Q) mismatch.

The **physiologic dead space** includes the anatomic dead space plus alveolar dead space. In people with normal respiratory function, physiologic dead space is about the same as anatomic dead space. Only in lung disease does physiologic dead space increase. Alveolar ventilation is equal to the minute ventilation minus the physiologic dead space ventilation (Powers & Dhamoon, 2023).

KEY POINTS

Matching of Ventilation and Perfusion

- Exchange of gases between the air in the alveoli and the blood in pulmonary capillaries requires a matching of ventilation and perfusion.
- Dead space refers to the volume of air that is moved with each breath but does not participate in gas exchange. Anatomic dead space is that contained in the conducting airways, which normally do not participate in gas exchange. Alveolar dead space results from alveoli that are ventilated but not perfused.

Perfusion

Pulmonary **perfusion** delivers blood to the gas exchange areas of the lungs and serves additional functions: filtering small thromboemboli and acting as a reservoir for the left heart (Powers & Dhamoon, 2023).

The gas exchange function of the lungs requires a continuous flow of blood through the respiratory portion of the lungs. Deoxygenated blood enters the lung through the pulmonary artery, which has its origin in the right side of the heart and enters the lung at each hilum, along with the right and left main bronchi. The pulmonary arteries branch in a manner similar to that of the airways. The small pulmonary arteries accompany the bronchi as they move down the lobules and branch to supply the capillary network that surrounds the alveoli (see Fig. 23-7). The oxygenated capillary blood is collected in the small pulmonary veins of the lobules. It then moves to the larger veins to be collected in the four large pulmonary veins that empty into the left atrium.

The pulmonary blood vessels are thinner, more compliant, and offer less resistance to flow than those in the systemic circulation. In addition, pulmonary circulation is a low-pressure (22/8 mm Hg) and low-resistance compared to systemic circulation, allowing it to accommodate changes in blood volume without causing congestion. The volume in the pulmonary circulation is approximately 500 mL, with approximately 100 mL of this volume located in the pulmonary capillary bed. When the input of blood from the right heart and output of blood to the left heart are equal, pulmonary blood flow remains constant. Small differences between input and output can result in large changes in pulmonary volume if the differences continue for many heartbeats. The movement of blood through the pulmonary capillary bed requires that the mean pulmonary arterial pressure be greater than the mean pulmonary venous pressure. Pulmonary venous pressure increases in left-sided heart failure, allowing blood to accumulate in the pulmonary capillary bed and cause pulmonary edema (Powers & Dhamoon, 2023).

Distribution of Blood Flow

In a similar manner to ventilation, blood flow is affected by gravity and body position. In the upright position, the distance of the upper apices of the lung above the level of the heart may exceed the perfusion capabilities of the mean pulmonary arterial pressure (~12 mm Hg). Therefore, blood flow in the upper part of the lungs is less than that in the base or bottom part of the lungs. In the supine position, the lungs and the heart are at the same level, and blood flow to the apices and base of the lungs becomes more uniform. In this position, blood flow to the posterior, or dependent, portions (e.g., bottom of the lung when lying on the side) exceeds flow in the anterior, or nondependent, portions of the lungs (Hopkins & Stickland, 2023).

Hypoxia-Induced Pulmonary Vasoconstriction

The blood vessels in the pulmonary circulation are highly sensitive to alveolar oxygen levels and undergo marked vasoconstriction when exposed to hypoxia. The precise mechanism for this response is unclear. When alveolar oxygen levels drop below 60 mm Hg, marked pulmonary arterial vasoconstriction may occur. At very low oxygen levels, the local flow may be almost abolished. In regional hypoxia, which occurs with atelectasis, vasoconstriction is localized to a specific region of the lung. In this case, vasoconstriction has the effect of directing blood flow away from the hypoxic regions of the lungs. When alveolar hypoxia no longer exists, blood flow is restored (Archer et al., 2024).

Generalized hypoxia, which occurs at high altitudes and in people with chronic hypoxia due to lung disease, causes vasoconstriction throughout the lung. Prolonged hypoxia can lead to pulmonary hypertension and increased workload on the right heart, causing cor pulmonale. A low blood pH produces a similar effect, particularly when alveolar hypoxia is present (e.g., during circulatory shock; Archer et al., 2024).

Shunt

A **shunt** refers to blood moving from the right to left side of circulation without oxygenation. In an **anatomic shunt**, blood moves from the venous to the arterial side of the circulation without moving through the lungs. Anatomic intracardiac shunting of blood occurs with congenital heart diseases. In a **physiologic shunt**, blood flows through portions of the lung that are perfused but not adequately ventilated, resulting in incomplete oxygenation of the blood. Physiologic shunting most commonly occurs in conditions such as pneumonia, atelectasis, or other lung diseases that impair ventilation, as well as in heart failure that disrupts pulmonary blood flow (Slobod et al., 2022).

Mismatching of Ventilation and Perfusion

The gas exchange properties of the lung depend on matching ventilation and perfusion, ensuring that appropriate amounts of air and blood are delivered to the respiratory portion of the lungs. This relationship is described by the V/Q ratio (Fig. 23-18). A disruption of this relationship is referred to as V/Q mismatch, which occurs when ventilation (airflow) and perfusion (blood flow) are not appropriately matched within the lungs.

In the healthy lung, ventilation and perfusion are well matched, resulting in a V/Q ratio of approximately 1:1. Under these conditions, an appropriate amount of air reaches the alveoli for each unit of blood flowing through the pulmonary capillaries, allowing efficient gas exchange.

In conditions associated with a low V/Q ratio, perfusion exceeds ventilation. These shunt-like states occur when blood flows through areas of the lung that are perfused but not adequately ventilated, resulting in incomplete oxygenation. This is commonly seen in disorders that obstruct or impair airflow to the distal airways, such as pneumonia, atelectasis, tumors, or mucus plugging (Slobod et al., 2022).

In contrast, a high V/Q ratio occurs when ventilation exceeds perfusion. In these dead space conditions, alveoli are ventilated but receive insufficient blood flow for gas exchange. This is characteristic of disorders that impair pulmonary blood flow, including pulmonary embolism, pulmonary infarction, and cardiogenic shock.

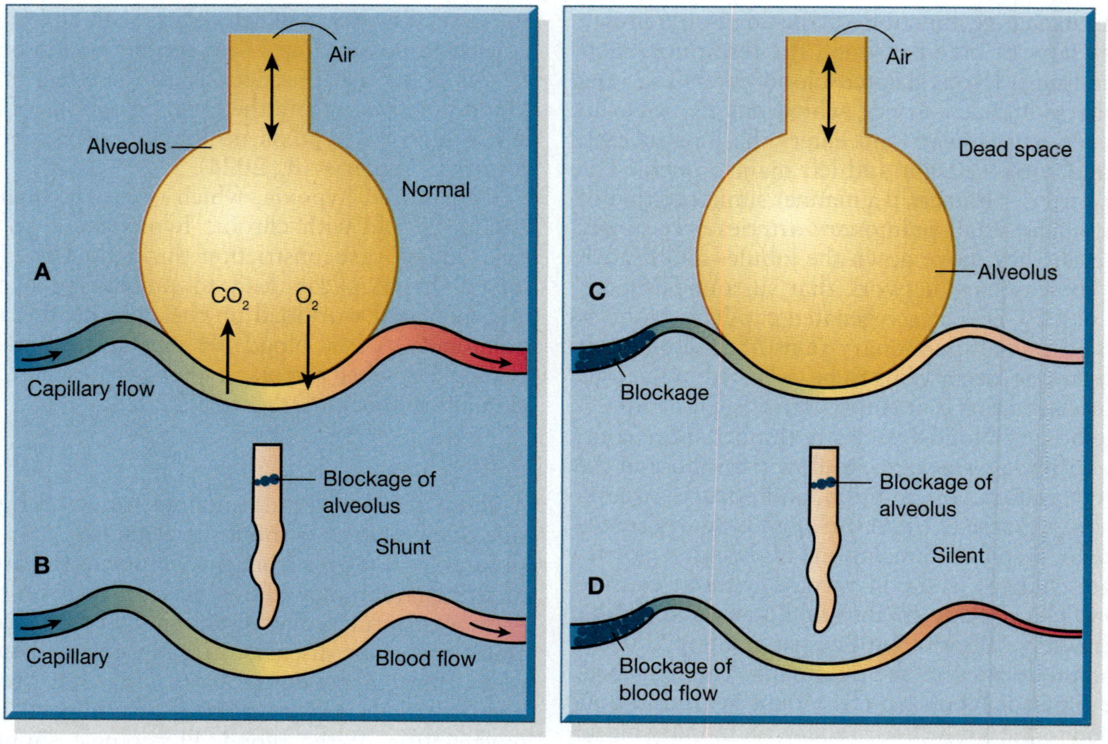

FIGURE 23-18. Ventilation–perfusion ratios. Normal ratio (**A**). In the healthy lung, a given amount of blood passes an alveolus and is matched with an equal amount of gas. The ratio is 1:1 (ventilation matches perfusion). Low ventilation–perfusion ratios: shunts (**B**). Low ventilation–perfusion states may be called shunt-producing disorders. When perfusion exceeds ventilation, a shunt exists. Blood bypasses the alveoli without gas exchange occurring. This is seen with obstruction of the distal airways, such as with pneumonia, atelectasis, tumor, or a mucous plug. High ventilation–perfusion ratios: dead space (**C**). When ventilation exceeds perfusion, dead space results. The alveoli do not have an adequate blood supply for gas exchange to occur. This is characteristic of a variety of disorders, including pulmonary emboli, pulmonary infarction, and cardiogenic shock. Silent unit (**D**). In the absence of both ventilation and perfusion or with limited ventilation and perfusion, a condition known as a silent unit occurs. This is seen with pneumothorax and severe acute respiratory distress syndrome. (From Hinkle, J. L., & Cheever, K. H. [2018]. *Brunner & Suddarth's textbook of medical-surgical nursing* [14th ed., figures in Chart 20-2, p. 486]. Lippincott Williams & Wilkins.)

In some conditions, both ventilation and perfusion are severely reduced or absent, resulting in a silent unit in which little to no gas exchange occurs. This may be seen in disorders such as pneumothorax or severe ARDS.

The arterial blood leaving the pulmonary circulation reflects a mixture of blood from normally ventilated and perfused regions as well as areas affected by low or high V/Q ratios. Many pulmonary disorders involve a combination of these abnormalities. In chronic obstructive pulmonary disease (COPD), for example, ventilation may be impaired in some regions of the lung while perfusion is reduced in others, resulting in significant V/Q mismatch (Slobod et al., 2022).

Diffusion

Diffusion occurs in the alveoli only and refers to the movement of gases across the alveolar–capillary membrane, which is composed of four layers: surfactant, alveolar epithelium, interstitium, and microvascular endothelium.

Several factors influence the diffusion of gases in the lung. The administration of high concentrations of oxygen increases the difference in partial pressure between the two sides of the membrane and increases the diffusion of the gas. Diseases that destroy lung tissue or increase the thickness of the alveolar–capillary interface or increase the thickness of the pulmonary interstitial space adversely influence the diffusing capacity of the lungs (Powers, 2023).

The removal of one lung, for example, reduces the diffusing capacity by one half. The thickness of the alveolar–capillary membrane and the distance for diffusion are increased in people with pulmonary edema or pneumonia. The characteristics of the gas and its molecular weight and solubility constitute the diffusion coefficient and determine how rapidly a gas diffuses through the respiratory membranes. For example, carbon dioxide diffuses 20 times more rapidly than oxygen because of its greater solubility in the respiratory membranes.

The diffusing capacity provides a measure of the rate of gas transfer in the lungs per partial pressure gradient. Because the initial alveolar–capillary difference for oxygen cannot be measured, carbon monoxide (CO) is used to determine the diffusing capacity (Powers, 2023).

Oxygen and Carbon Dioxide Transport

Although the lungs are responsible for gas exchange with the external environment, it is the blood that transports oxygen and carbon dioxide between the lungs and body tissues. These gases are carried both as gases dissolved directly in the plasma and inside the red blood cells (RBCs) bound to the hemoglobin molecule. In addition, carbon dioxide is chemically converted to bicarbonate in the RBC and transported in the plasma in the form of the bicarbonate ion (Patel et al., 2023).

Molecules of oxygen and carbon dioxide dissolved in the plasma exert partial pressures, in the same manner as in the gaseous state. In clinical practice, **arterial blood gases (ABGs)** are measured to assess the partial pressure of oxygen in the arterial blood (PaO_2) and the partial pressure of carbon dioxide ($PaCO_2$) in the arterial blood. In some clinical circumstances where obtaining an arterial blood sample is not feasible, blood gases may be performed on a sample of venous blood or capillary blood, with the CO_2 pressures having similar normal values, but O_2 pressures varying based on the type of blood sample. The values of the partial pressures of blood gases provide insight into the effectiveness of the lungs in oxygenating the blood and removing carbon dioxide.

Concept Mastery Alert

Arterial blood is preferentially used for measuring blood gases because it best reflects the gas exchange function of the lungs. Venous blood, in contrast, is less frequently used because venous levels of oxygen and carbon dioxide also reflect the metabolic demands of the tissues. However, testing of capillary blood gas samples or venous blood gas samples is routinely used in some special populations, particularly in pediatrics (where arterial blood sampling has higher risks) and with cord blood samples.

Normally, ABG values closely match the partial pressures of gases in the alveoli. Clinically, PaO_2 and $PaCO_2$ (with a lowercase "a") refer specifically to arterial values, while PAO_2 and $PACO_2$ (with an uppercase "A") refer to alveolar gas pressures. Table 23-3 shows normal ABG values.

TABLE 23-3 Arterial Blood Gas Ranges

Parameter	Range
pH = acid or base	7.35–7.45
PCO_2 = partial pressure of carbon dioxide	35–45 mm Hg
HCO_3^- = bicarbonate	22–26 mEq/L
PO_2 = partial pressure of oxygen	80–100 mm Hg

Oxygen Transport

Oxygen is transported in two primary forms: bound to hemoglobin and dissolved in plasma. Hemoglobin transports approximately 98% to 99% of oxygen in the blood, making it the primary transport form for oxygen. The remaining 1% to 2% of oxygen is dissolved in plasma. Importantly, only the oxygen dissolved in plasma can diffuse through the capillary wall, through the interstitial space, and across cell membranes to be used for cellular metabolic processes. The total oxygen content of blood (measured in mL per 100 mL, or mL/dL) includes both the oxygen in plasma and the oxygen bound to hemoglobin (Patel et al., 2023).

Hemoglobin Transport

Hemoglobin is a highly efficient and reversible carrier of oxygen. When oxygen binds to hemoglobin, the complex is known as **oxyhemoglobin**; when oxygen is released, the hemoglobin is referred to as **deoxygenated hemoglobin** or **reduced hemoglobin**. Each gram of fully saturated hemoglobin can carry about 1.34 mL of oxygen, so a person with a hemoglobin level of 14 g/dL carries approximately 18.8 mL of oxygen per 100 mL of blood.

In the lungs, oxygen diffuses across the alveolar–capillary interface through the plasma and into the RBCs, where oxygen binds with the heme sites of the hemoglobin molecules. Under normal conditions, this binding is rapid and nearly complete, even with a fast heart rate. Blood leaving the left side of the heart typically has a hemoglobin saturation of 95% to 97%. As blood circulates and delivers oxygen to tissues, saturation falls to about 75% in mixed venous blood returning to the right heart (Patel et al., 2023).

Binding Affinity of Hemoglobin for Oxygen

The effectiveness of hemoglobin as an oxygen transporter depends on its **affinity**—its tendency to bind oxygen in the lungs and release it in the tissues. Oxygen that remains bound to hemoglobin cannot be used by cells, so this ability for oxygen to dissociate from the hemoglobin molecule is critical.

Each hemoglobin molecule has four iron-containing heme groups, allowing it to bind up to four oxygen molecules. Binding occurs cooperatively, meaning the binding of each oxygen molecule increases the likelihood that additional molecules will bind. Similarly, as one molecule of oxygen is released, the molecule becomes more likely to release the next. This dynamic alters hemoglobin's affinity based on its saturation level (Patel et al., 2023).

The affinity of hemoglobin for oxygen is also influenced by pH, carbon dioxide concentration, temperature, and 2,3-bisphosphoglycerate (2,3-BPG), a compound found in RBCs. Hemoglobin binds oxygen more tightly in conditions of high pH (alkalosis), low CO_2, and low temperature, and releases it more readily under low pH (acidosis), high CO_2, or fever—conditions typically found in metabolically active tissues. Increased levels of 2,3-BPG (formerly called 2,3-DPG), such as during exercise, chronic hypoxia, or high altitude, enhance the release of oxygen from hemoglobin at the tissue level.

The amount of hemoglobin-bound oxygen is determined by the concentration of hemoglobin (in g/dL), the oxygen-binding capacity of hemoglobin (1.34 mL O_2/g hemoglobin), and the percentage saturation of the hemoglobin. The dissolved oxygen content is the product of the oxygen solubility (0.0003 mL O_2/dL) times the PaO_2. Thus, someone with anemia may have a normal PaO_2 and hemoglobin saturation level but decreased total oxygen content because of the lower amount of hemoglobin for binding oxygen.

The Oxygen Dissociation Curve

The relationship between arterial oxygen partial pressure (PaO_2) and hemoglobin saturation is represented by the **oxygen–hemoglobin dissociation curve** (Fig. 23-19). The x-axis of the graph shows the PaO_2, and the y-axis shows hemoglobin saturation (%), with a secondary vertical axis displaying total oxygen content.

The S-shaped curve has a flat upper portion, where oxygen binds to hemoglobin in the lungs, and a steep lower portion, where oxygen is offloaded to the tissues. The steep slope between 60 and 40 mm Hg allows large amounts of oxygen to be released with only small drops in PaO_2, ensuring efficient tissue oxygenation (Patel et al., 2023).

Hemoglobin acts as a physiologic reserve system that adjusts oxygen delivery to meet tissue needs based on metabolic conditions. In order to effectively function as a physiologic reserve system, the affinity of hemoglobin for oxygen must dynamically change in response to changing metabolic needs of the tissues. This change is represented by a shift to the right or left in the dissociation curve (see Fig. 23-19B). A rightward shift indicates reduced affinity, favoring oxygen release. A right shift occurs with increased temperature, acidosis, elevated $PaCO_2$, increased 2,3-BPG, or high altitude. A leftward shift indicates increased affinity, favoring oxygen retention. A left shift occurs with alkalosis, hypothermia, decreased $PaCO_2$, or decreased 2,3-BPG. These shifts are quantified by the P50 value—the PaO_2 at which hemoglobin is 50% saturated. A normal P50 is about 26 mm Hg. A rightward shift raises the P50 (e.g., 39 mm Hg), while a leftward shift lowers it (e.g., 20 mm Hg) (Patel et al., 2023).

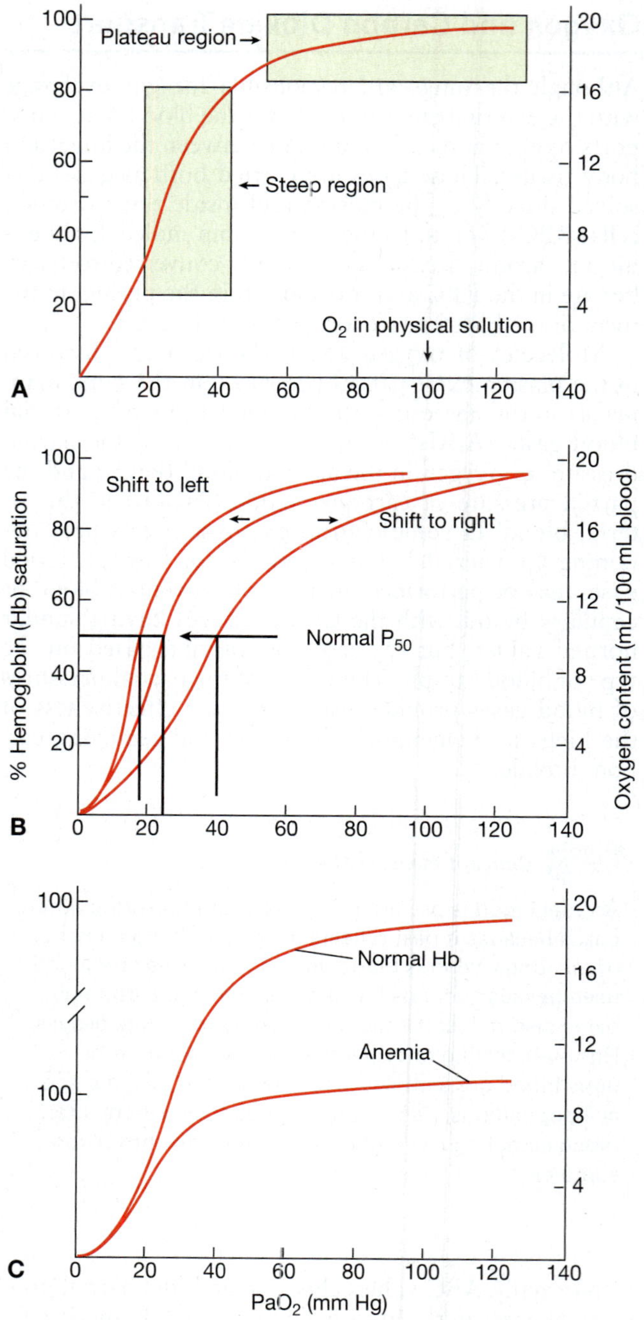

FIGURE 23-19. Oxygen–hemoglobin (Hb) dissociation curve. **A.** Left-boxed area represents the steep portion of the curve where oxygen is released from Hb to the tissues, and the top-boxed area the plateau of the curve where oxygen is loaded onto Hb in the lung. **B.** The effect of body temperature, arterial PCO_2, and pH on Hb affinity for oxygen as indicated by a shift in the curve and position of the P_{50}. A shift of the curve to the right because of an increase in temperature or PCO_2 or decreased pH favors release of oxygen to the tissues. A decrease in temperature or PCO_2 or increase in pH shifts the curve to the left and has the opposite effect. The P_{50} is the partial pressure of oxygen required to saturate 50% of Hb with oxygen. **C.** Effect of anemia on the oxygen-carrying capacity of blood. The Hb can be completely saturated, but the oxygen content of the blood is reduced.

Carbon Dioxide Transport

Carbon dioxide is transported in the blood in three forms: dissolved in plasma (~10%), attached to hemoglobin (~20%), and as bicarbonate ions (~70%).

As cells produce CO_2 during metabolism, it diffuses into capillaries. Due to its high solubility (about 20 times greater than oxygen), dissolved CO_2 plays a larger role in plasma transport.

Most CO_2 enters RBCs, where it reacts with water to form carbonic acid (H_2CO_3), catalyzed by the enzyme carbonic anhydrase. Carbonic acid quickly dissociates into bicarbonate (HCO_3^-) and hydrogen ions (H^+). Hemoglobin buffers the H^+, and bicarbonate exits the RBC in exchange for chloride (Cl^-), a process called the chloride shift. This results in higher chloride and water content in venous RBCs compared to arterial RBCs.

CO_2 also binds directly to hemoglobin to form carbaminohemoglobin, a reversible reaction influenced by hemoglobin's acid–base status. In the tissues, as oxygen is released, hemoglobin binds CO_2 more readily. In

UNDERSTANDING ➔ Oxygen Transport

1

Alveoli-to-Capillary Transfer. In the lung, O_2 moves from the alveoli to the pulmonary capillaries as a dissolved gas. Its movement occurs along a pressure gradient. Oxygen moves from the alveoli, where the partial pressure of O_2 is approximately 100 mm Hg, to the venous end of the pulmonary capillaries with their lesser O_2 concentration and lower PvO_2. The dissolved O_2 moves rapidly between the alveoli and the pulmonary capillaries, such that the PvO_2 within the venous ends of the pulmonary capillaries are almost, if not exactly, the same as that in the alveoli. Recall that in the pulmonary blood vessels, the pulmonary veins return oxygenated blood to the left side of the heart.

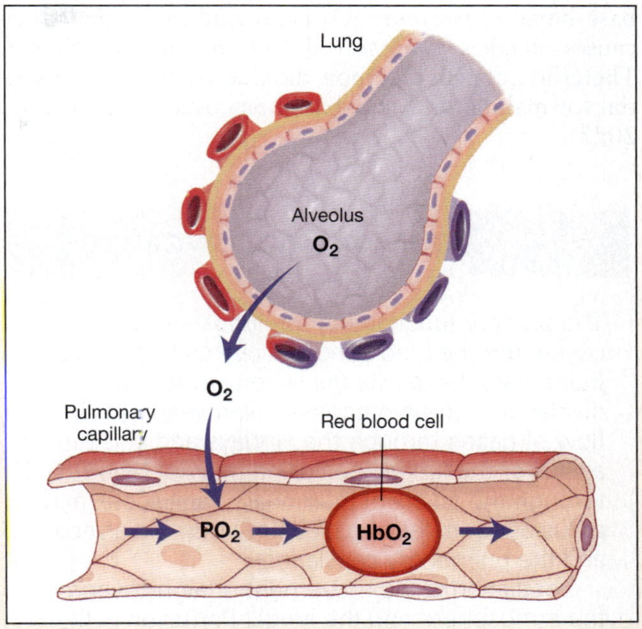

2

Hemoglobin Binding and Transport. Oxygen, which is relatively insoluble in plasma, relies on hemoglobin for transport in the blood. Once oxygen has diffused into the pulmonary capillary, it moves rapidly into the RBCs and reversibly binds to hemoglobin to form HbO_2. The hemoglobin molecule contains four heme units, each capable of attaching an oxygen molecule. Hemoglobin is 100% saturated when all four units are occupied and is usually about 97% saturated in the systemic arterial blood. The capacity of the blood to carry O_2 is dependent both on hemoglobin levels and the ability of the lungs to oxygenate the hemoglobin.

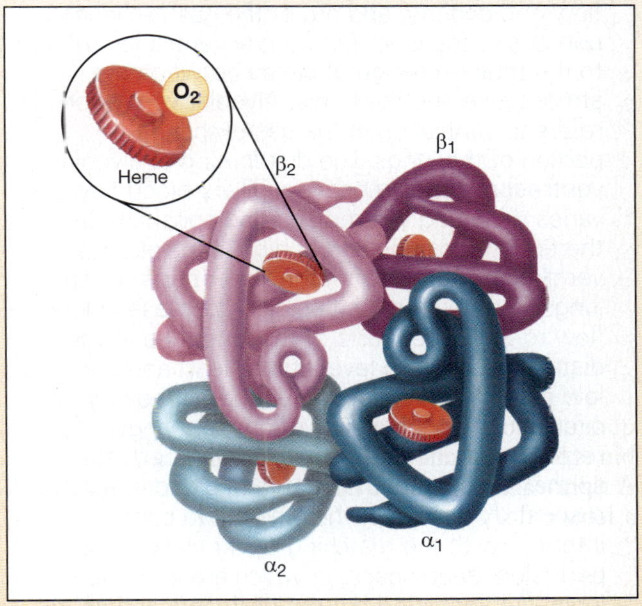

3

Oxygen Dissociation in the Tissues. The dissociation or release of O_2 from hemoglobin occurs in the capillaries of the systemic circulation, where the cells of the body tissues need oxygen delivery. As oxygen dissociates from hemoglobin, the oxygen first dissolves in the plasma and then moves into the tissues. The affinity of hemoglobin for O_2 is influenced by the carbon dioxide pressure of the plasma and by the pH, temperature, and 2,3-BPG, a by-product of glycolysis in RBCs. Under conditions of high metabolic demand, in which the CO_2 pressure of the plasma is increased and the pH is decreased, the binding affinity of hemoglobin is decreased. During decreased metabolic demand, when the blood CO_2 pressure is decreased and the pH is increased, the affinity is increased.

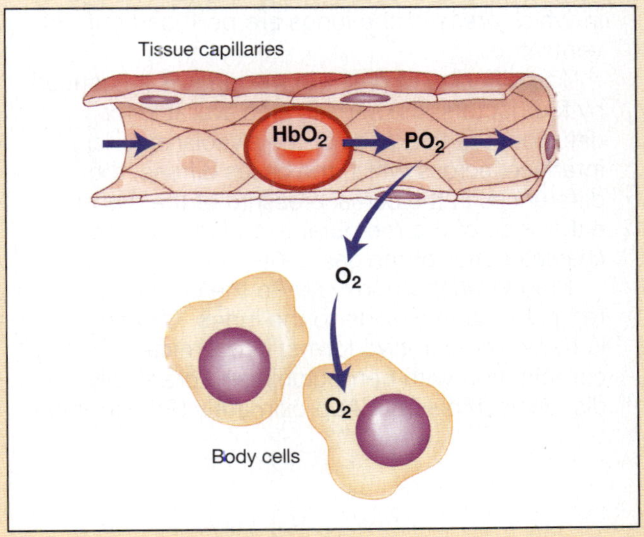

the lungs, where oxygen binds to hemoglobin, CO_2 is displaced and exhaled. This reciprocal relationship is known as the **Haldane effect.**

The amount of CO_2 in the blood also influences acid–base balance, because CO_2 is an acid molecule, which causes changes in dissolved CO_2 to alter blood pH. Therefore, effective carbon dioxide transport is essential for maintaining acid–base homeostasis (Patel et al., 2023).

SUMMARY CONCEPTS

The primary functions of the lungs are to oxygenate the blood and remove carbon dioxide. Pulmonary gas exchange is conventionally divided into three processes: ventilation (bulk flow of gases through the airways and into the alveoli of the lungs), perfusion (flow of blood through the adjacent pulmonary capillaries), and diffusion (transfer of gases between the alveoli and the pulmonary capillaries).

Ventilation is the movement of air between the atmosphere and the lungs. Perfusion is the flow of blood into and out of the gas exchange portions of the lung. Pulmonary ventilation refers to the total exchange of gases between the atmosphere and the lungs. Alveolar ventilation refers to ventilation in the gas exchange portion of the lungs. The distribution of alveolar ventilation and pulmonary capillary blood flow varies with lung volume and body position. In the upright position and at high lung volumes, ventilation is greatest in the lower parts of the lungs. The upright position also decreases blood flow to the upper parts of the lung, due to the distance above the level of the heart and the low mean arterial pressure in the pulmonary circulation. The efficiency of gas exchange requires matching of ventilation and perfusion so that equal amounts of air and blood enter the respiratory portion of the lungs. Two conditions interfere with the matching of ventilation and perfusion: dead space, in which areas of the lungs are ventilated but not perfused, and shunt, in which areas of the lungs are perfused but not ventilated.

The diffusion of gases in the lungs is influenced by four factors: the surface area available for diffusion; the thickness of the alveolar–capillary interface, across which the gases diffuse; the differences in the partial pressure of the gas on either side of the membrane; and the diffusion characteristics of the gas.

Blood transports oxygen to the cells and returns carbon dioxide to the lungs. Oxygen is transported in two forms: in chemical combination with hemoglobin and physically dissolved in plasma. Approximately 98% to 99% of oxygen is transported bound to hemoglobin, an efficient oxygen carrier. The oxygen–hemoglobin dissociation curve describes the relationship between the oxygen dissolved in the plasma of arterial blood (PaO_2) and the percentage of oxygen bound to hemoglobin (O_2 saturation). Carbon dioxide is carried in three forms: bound to hemoglobin (30%), dissolved in plasma (10%), and converted within RBCs to bicarbonate and then carried as bicarbonate ions in plasma (60%).

Control of Breathing

Unlike the heart, which has intrinsic automaticity and can generate action potentials independent of nervous system stimulation, the muscles responsible for breathing require continuous input from the autonomic nervous system. The diaphragm, intercostal muscles, sternocleidomastoid, and accessory muscles of respiration are activated through signals originating in neurons in the medulla and pons areas of the brain stem. These CNS neurons are collectively referred to as the respiratory center (Fig. 23-20) (Chourpiliadis & Bhardwaj, 2022).

Respiratory Center

The **respiratory center** is composed of two dense, bilateral groups of neurons that initiate and regulate the rate and depth of breathing. The **dorsal respiratory group (DRG)** is primarily responsible for inspiration. It drives the phrenic nerves, which stimulate the diaphragm, and helps coordinate input from lung and airway receptors. The **ventral respiratory group (VRG)** includes both inspiratory and expiratory neurons and controls the spinal motor neurons that activate the intercostal and abdominal muscles during active breathing.

Breathing rhythm is also influenced by input from two additional regions in the pons: the apneustic center and the pneumotaxic center. The **apneustic center** promotes and prolongs inspiration, while the **pneumotaxic center** inhibits inspiration and helps regulate respiratory rate and depth. Damage to the connection between these centers, such as from brain injury, can result in abnormal breathing patterns, such as prolonged inspiratory gasps followed by brief exhalations (Chourpiliadis & Bhardwaj, 2022).

Neural signals from the respiratory centers descend through the ventrolateral columns of the spinal cord, with separate tracts for inspiration, expiration, and respiratory reflexes such as coughing and hiccuping. Integration of these impulses occurs at the spinal cord level, enabling reflex responses and voluntary control of breathing.

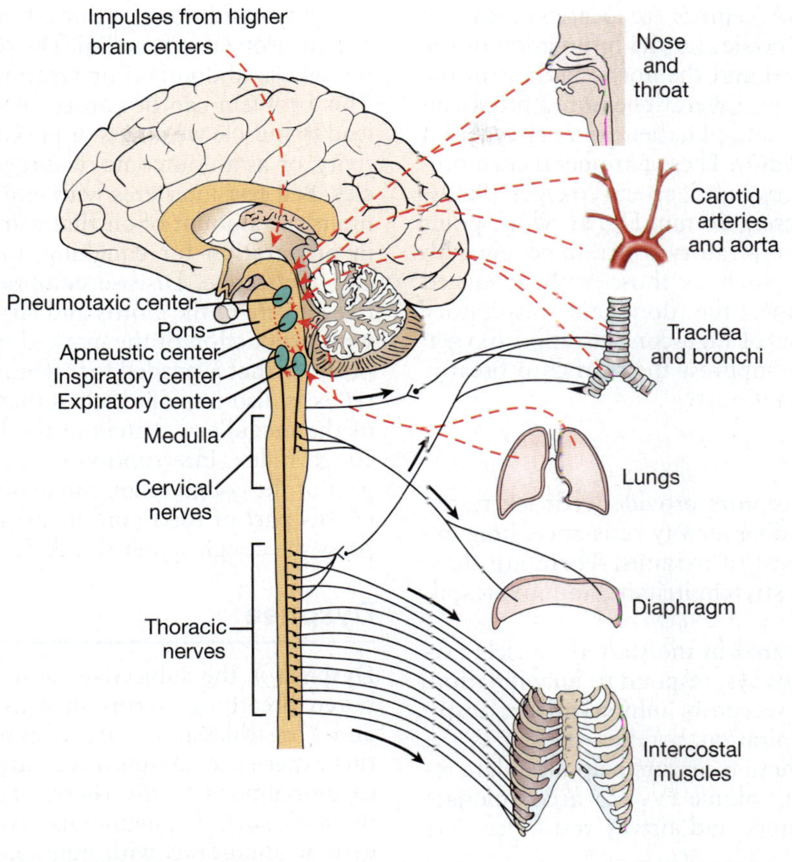

FIGURE 23-20. Schematic representation of activity in the respiratory center. Impulses traveling over afferent neurons (*dashed lines*) communicate with central neurons, which activate efferent neurons that supply the muscles of respiration. Respiratory movements can be altered by a variety of stimuli.

Regulation of Breathing

Breathing is regulated by both involuntary autonomic control and voluntary motor control. The involuntary control of ventilation is driven by sensory input from chemoreceptors and lung receptors, which monitor oxygen, carbon dioxide, pH, airway resistance, and lung inflation. This system adjusts ventilation to meet the body's changing metabolic demands.

Voluntary control allows integration of breathing with purposeful actions such as speaking, singing, or breath holding. These behaviors originate in the motor and premotor cortex, temporarily overriding the involuntary control. Afferent input from the cerebral cortex, limbic system (emotion), and hypothalamus (temperature and pain regulation) can also modulate breathing. Vagal afferents from lung and airway receptors also project to the dorsal respiratory center, contributing to ongoing ventilatory regulation (Chourpiliadis & Bhardwaj, 2022).

Chemoreceptors

Tissue needs for oxygen delivery and the removal of carbon dioxide are regulated by **chemoreceptors** that monitor blood levels of these gases. Input from these sensors is transmitted to the respiratory center, and ventilation is adjusted to maintain the ABGs within a normal range (Guyenet & Bayliss, 2022).

There are two types of chemoreceptors: central and peripheral. The most important chemoreceptors for sensing changes in the $PaCO_2$ of the blood are the **central chemoreceptors**, which are located in the CNS near the medullary respiratory center and respond primarily to changes in the hydrogen ion concentration (pH) of the surrounding brain extracellular fluid. Because the blood–brain barrier is permeable to CO_2 but not to bicarbonate or H^+, an increase in blood $PaCO_2$ allows CO_2 to diffuse into the cerebrospinal fluid (CSF), where it reacts with water to form carbonic acid (H_2CO_3). This rapidly dissociates into H^+ and HCO_3^-, increasing local acidity and stimulating the central chemoreceptors. These central chemoreceptors respond rapidly to short-term elevations in $PaCO_2$, triggering an increase in ventilation within about a minute. However, if elevated $PaCO_2$ levels persist, this CNS response diminishes—a phenomenon particularly relevant in COPD, where sustained CO_2 retention leads to CO_2 insensitivity by these central chemoreceptors. In such cases, control of respiratory rate and depth becomes more dependent on the peripheral chemoreceptor response to hypoxia (Guyenet & Bayliss, 2022).

The **peripheral chemoreceptors** are located outside of the CNS, in the carotid bodies (at the bifurcation of the common carotid arteries) and the aortic bodies (in the aortic arch). While the peripheral chemoreceptors can detect changes in $PaCO_2$ and pH, their primary function is to sense decreases in PaO_2. These peripheral chemoreceptors are minimally active until arterial oxygen (PaO_2) drops below approximately 60 mm Hg, at which point they strongly stimulate respiratory effort. In people with chronic CO_2 retention, such as those with advanced COPD, hypoxia becomes the dominant respiratory stimulus. Administration of high-concentration oxygen in these individuals can suppress their drive to breathe and must be managed cautiously.

Lung Receptors

Lung and chest wall receptors provide feedback to the respiratory center regarding airway resistance, lung expansion, and the presence of irritants. There are three types of lung receptors: stretch, irritant, and juxtacapillary receptors.

Stretch receptors, located in the smooth muscle layers of the conducting airways, respond to lung inflation. When activated, these receptors inhibit further inspiration and promote expiration, a reflex known as the Hering-Breuer reflex. These receptors help modulate respiratory rate and tidal volume (V_T) to accommodate changes in lung compliance and airway resistance (Xia et al., 2024).

The **irritant receptors** are found between epithelial cells in the airways and respond to harmful stimuli such as cigarette smoke, dust, cold air, and chemical irritants. Their stimulation triggers bronchoconstriction and rapid, shallow breathing, likely as a protective mechanism. They may also contribute to periodic sighs or yawns that help recruit collapsed alveoli and could play a role in asthma-related bronchospasm (Bergren, 2024).

The **juxtacapillary** or **J receptors**, located in the alveolar walls near pulmonary capillaries, are thought to sense increased interstitial pressure or pulmonary congestion. Activation of J receptors may produce **tachypnea** (rapid, shallow breathing) in conditions like pulmonary edema, pneumonia, or pulmonary embolism (Bergren, 2024).

Cough Reflex

The **cough reflex** is a neurally mediated defense mechanism that clears the airways of secretions and foreign substances. It is initiated by irritant receptors in the trachea and large bronchi, which are highly sensitive to mechanical and chemical stimuli. Afferent signals travel via the vagus nerve to the medullary cough center, which coordinates the motor response.

A typical cough involves a deep inhalation of up to 2.5 L, followed by glottal closure and forceful contraction of the abdominal and expiratory muscles. This raises intrathoracic pressure dramatically ($\geq$100 mm Hg). Rapid opening of the glottis releases this pressure, producing the explosive airflow characteristic of coughing (Lu & Cao, 2023).

Many conditions can interfere with the cough reflex and its protective function. The reflex is impaired in people whose abdominal or respiratory muscles are weak. This problem can be caused by disease conditions that lead to muscle weakness or paralysis, by prolonged inactivity, or as an outcome of surgery involving these muscles. Bed rest interferes with expansion of the chest and limits the amount of air that can be taken into the lungs in preparation for coughing, making the cough weak and ineffective. Disease conditions that prevent effective closure of the glottis and laryngeal muscles interfere with production of the marked increase in intrathoracic pressure that is needed for effective coughing. The cough reflex is also impaired when there is depressed function of the medullary centers in the brain that integrate the cough reflex. Interruption of the central integration aspect of the cough reflex can arise as the result of disease of this part of the brain or the action of drugs that depress the cough center (Lu & Cao, 2023).

Dyspnea

Dyspnea is the subjective sensation of difficulty or labored breathing. Terms such as "shortness of breath" and "breathlessness" are commonly used to describe this experience. Dyspnea is a cardinal symptom in many cardiopulmonary disorders, including primary lung diseases, such as pneumonia, asthma, and emphysema; cardiac conditions with pulmonary congestion, such as left-sided heart failure; and neuromuscular disorders that impair respiratory muscle function, such as myasthenia gravis or muscular dystrophy (Gao et al., 2024). Some individuals experience exercise-induced dyspnea, also referred to as exercise-induced bronchoconstriction, which occurs only during or after physical activity.

The cause of dyspnea is not fully understood, but four mechanisms have been proposed. Dyspnea may be attributed to the stimulation of lung receptors by bronchial smooth muscle contraction, stretch of the bronchial wall, pulmonary congestion, or conditions that decrease lung compliance. A mismatch between respiratory effort and actual muscle performance, which is sensed centrally, may also contribute to the dyspneic sensation. Another proposed mechanism is a reduction in ventilatory capacity or breathing reserve, particularly when the breathing reserve falls below 65% to 75%. Stimulation of muscle and joint receptors in the respiratory musculature may occur due to a discrepancy in the tension generated by these muscles and the V_T that results. These receptors, once stimulated, transmit signals that bring about an awareness of the breathing discrepancy.

Like other subjective symptoms, such as fatigue and pain, dyspnea is difficult to quantify because it relies on a person's perception of the problem. The most common method of assessment is a self-reported evaluation of daily activity levels at which breathing becomes uncomfortable. Tools such as the visual analog scale (VAS) are used to quantify the severity of dyspnea during activities like walking, with endpoints labeled from "no difficulty" to "severe difficulty."

Treatment of dyspnea depends on its cause. Interventions may include oxygen therapy, medications to improve cardiac or pulmonary function, breathing retraining, anxiety reduction strategies, and energy conservation techniques to improve the person's quality of life (Gao et al., 2024).

Disordered Breathing

Disordered breathing refers to abnormal patterns or control of ventilation that disrupt the normal balance of oxygen intake and carbon dioxide elimination. These disruptions may arise from structural airway obstruction, impaired neural respiratory drive, or altered responsiveness to blood gas levels. Although disordered breathing can occur during wakefulness, many forms are most pronounced during sleep, when normal physiologic changes reduce respiratory muscle tone and ventilatory drive. The most common and clinically important types include sleep-disordered breathing (SDB) and obesity hypoventilation syndrome (OHS), both of which can lead to chronic hypoxemia, hypercapnia, and cardiopulmonary complications if not properly managed.

Sleep-Disordered Breathing

Sleep-disordered breathing (SDB) encompasses a spectrum of conditions characterized by abnormal respiratory patterns during sleep. These disorders range from primary snoring to more serious forms such as **obstructive sleep apnea (OSA)**, **central sleep apnea (CSA)**, and sleep-related hypoventilation. Sleep is a vulnerable state for respiration, with natural reductions in ventilatory drive and muscle tone, especially during rapid eye movement (REM) sleep. These physiologic changes can unmask or worsen underlying breathing abnormalities.

OSA is the most common form of SDB. It is caused by recurrent episodes of upper airway collapse during sleep, which obstruct airflow despite continued respiratory effort. Each episode results in transient hypoxemia, hypercapnia, and arousal from sleep. Risk factors for OSA include obesity, male sex, older age, enlarged tonsils or adenoids, craniofacial abnormalities, and nasal obstruction. Clinically, OSA presents with loud snoring, witnessed apneas, restless sleep, morning headaches, and excessive daytime sleepiness. Long-term consequences include systemic hypertension, insulin resistance, cardiovascular disease, and neurocognitive impairment (Lv et al., 2023).

CSA differs from OSA in that it is caused by reduced or absent respiratory drive from the brain, rather than physical airway obstruction. CSA is often associated with heart failure, stroke, opioid use, or high-altitude exposure. The most common form is **Cheyne–Stokes respiration**, marked by cyclical waxing and waning of tidal volume with intermittent apnea. CSA typically presents with fragmented sleep and daytime fatigue but without the loud snoring seen in OSA. It may occur alone or in combination with OSA (complex sleep apnea) (Regn, 2023).

SDB is typically diagnosed using polysomnography, which records apneic episodes, oxygen desaturation, and sleep architecture. Treatment depends on the type of SDB and may include positive airway pressure (PAP) therapy, oral appliances, or addressing underlying conditions such as heart failure or opioid use.

Obesity Hypoventilation Syndrome

Obesity hypoventilation syndrome (OHS) is a distinct disorder characterized by chronic hypoventilation ($PaCO_2$ $\geq$45 mm Hg during wakefulness) in individuals with a body mass index of 30 kg/m^2 or greater, in the absence of other known causes of alveolar hypoventilation. It is also known as Pickwickian syndrome.

The pathophysiology of OHS is multifactorial. Obesity contributes to decreased chest wall compliance, increased WOB, and reduced lung volumes. Additionally, many patients have a blunted ventilatory response to hypercapnia and hypoxemia, potentially due to altered chemoreceptor sensitivity. Approximately 90% of patients with OHS also have coexisting OSA, further compounding nocturnal hypoventilation (Orozco González et al., 2024).

Clinical features include daytime sleepiness, morning headaches, exertional dyspnea, fatigue, and signs of pulmonary hypertension or right heart failure (cor pulmonale). ABG testing often reveals both chronic respiratory acidosis and hypoxemia. OHS is associated with high morbidity and mortality if untreated.

Diagnosis typically requires both ABG testing (showing elevated $PaCO_2$) and sleep studies to evaluate for coexisting sleep apnea. Management focuses on PAP therapy (often bilevel PAP), weight loss, and treatment of associated cardiopulmonary comorbidities. Some patients may require supplemental oxygen, although this must be administered cautiously to avoid suppressing ventilatory drive. Prompt recognition and treatment of OHS are critical, as untreated cases are at increased risk for acute-on-chronic respiratory failure, hospitalization, and mortality (Orozco González et al., 2024).

SUMMARY CONCEPTS

The respiratory system requires continuous input from the nervous system. Movement of the diaphragm, intercostal muscles, and other respiratory muscles is controlled by neurons of the respiratory center in the pons and medulla. The control of breathing has involuntary and voluntary components. Involuntary regulation is controlled by two types of receptors: lung receptors protect respiratory structures, and chemoreceptors monitor the gas exchange function of the lungs by sensing changes in blood levels of carbon dioxide, oxygen, and pH. There are three types of lung receptors: stretch receptors monitor lung inflation; irritant receptors protect against the damaging effects of toxic inhalants; and J receptors are thought to sense lung congestion. There are two groups of chemoreceptors: central chemoreceptors are the most important in sensing changes in carbon dioxide levels, and peripheral chemoreceptors sense arterial blood oxygen levels.

Voluntary respiratory control is needed for integrating breathing and actions such as speaking, blowing, and singing. These acts, which are initiated by the motor and premotor cortex, cause temporary suspension of automatic breathing. The cough reflex is one of the respiratory tract's primary defenses against the accumulation of secretions and the entry of irritating and destructive substances. Dyspnea is a subjective sensation of difficulty in breathing seen in cardiac, pulmonary, and neuromuscular disorders that affect the respiratory muscles.

Disordered breathing patterns can arise from abnormalities in respiratory drive or upper airway patency, particularly during sleep. Conditions such as OSA, CSA, and OHS disrupt normal ventilatory control and gas exchange, often leading to intermittent or sustained hypoxemia and hypercapnia. These disorders highlight the importance of intact neuromuscular and central nervous system regulation in maintaining effective breathing, particularly during vulnerable states like sleep.

Physiologic Effects of Ventilation and Diffusion Disorders

Disorders of ventilation and diffusion impair the ability of the respiratory system to maintain adequate oxygenation and carbon dioxide elimination. These disturbances most commonly result in hypoxemia (decreased arterial oxygen levels), hypercapnia (elevated arterial carbon dioxide levels), or both (Powers & Dhamoon, 2023). The underlying mechanisms include abnormalities in ventilation, diffusion, and V/Q matching, as described in the preceding sections.

Hypoxemia

Hypoxemia refers to a reduction in the partial pressure of oxygen in arterial blood (PaO_2 <95 mm Hg). It may result from several mechanisms, including hypoventilation, diffusion impairment, shunting, low inspired oxygen levels, and V/Q mismatch. Among these, V/Q mismatch is the most common cause in clinical practice.

Etiology and Pathogenesis

In V/Q mismatch, some regions of the lung are inadequately ventilated relative to perfusion, while others are ventilated but poorly perfused, resulting in inefficient gas exchange. Blood from these regions mixes in the pulmonary circulation, lowering the overall oxygen content of arterial blood. Diffusion impairment may further contribute in conditions that alter the alveolar–capillary membrane, such as interstitial lung disease. Hypoventilation reduces alveolar oxygen delivery and may compound these effects (Kallet et al., 2022).

Clinical Manifestations

The clinical manifestations of hypoxemia depend on its severity and rate of onset. Early signs may include dyspnea, tachypnea, restlessness, anxiety, and impaired concentration. As hypoxemia worsens, patients may develop confusion, decreased level of consciousness, and signs of organ dysfunction, particularly involving the brain and heart.

Cyanosis is a bluish discoloration of the skin and mucous membranes caused by elevated levels of deoxygenated hemoglobin (>5 g/dL) in capillary blood. It is most noticeable in the lips, nail beds, ears, and cheeks, but may be difficult to detect in people with darker skin tones or increased skin thickness. Cyanosis is a late sign of hypoxemia and may not be present in all cases.

Two types of cyanosis are recognized. **Central cyanosis** is evident in the mucous membranes (e.g., tongue and lips) and indicates systemic arterial desaturation. **Peripheral cyanosis** occurs in the extremities and on the tip of the nose or ears and results from sluggish circulation and increased oxygen extraction at the tissue level. Notably, individuals with anemia may not exhibit cyanosis due to low hemoglobin levels despite severe hypoxemia, whereas those with polycythemia may appear cyanotic without being truly hypoxic.

Clubbing, a painless enlargement of the distal fingers or toes with loss of the normal nail angle (>180°), is often seen in chronic hypoxemic conditions such as COPD. It may reflect long-term changes in vascular and tissue oxygenation (Fig. 23-21).

Diagnosis

Diagnosis of hypoxemia is based on clinical assessment and objective measurement of blood oxygen levels. The gold standard is ABG analysis, which provides direct measurements of PaO_2, $PaCO_2$, and blood pH. **Pulse oximetry** offers a noninvasive, continuous estimate of arterial oxygen saturation (SpO_2). The **pulse oximeter** (Fig. 23-22), uses plethysmography and spectrophotometry to analyze the absorption of red and infrared light by oxygenated and deoxygenated hemoglobin. Normal SpO_2 values range from 90% to 100%. Sensors can be applied to various body sites, including the finger, toe, ear, forehead, or palm (in infants). The pulse oximeter has several limitations. It is unable to distinguish between oxygen-carrying hemoglobin and carbon monoxide–carrying hemoglobin and cannot detect methemoglobinemia, a condition in which hemoglobin is oxidized and unable to bind oxygen (Kallet et al., 2022). Despite these limitations, it is a valuable tool for real-time monitoring in clinical settings.

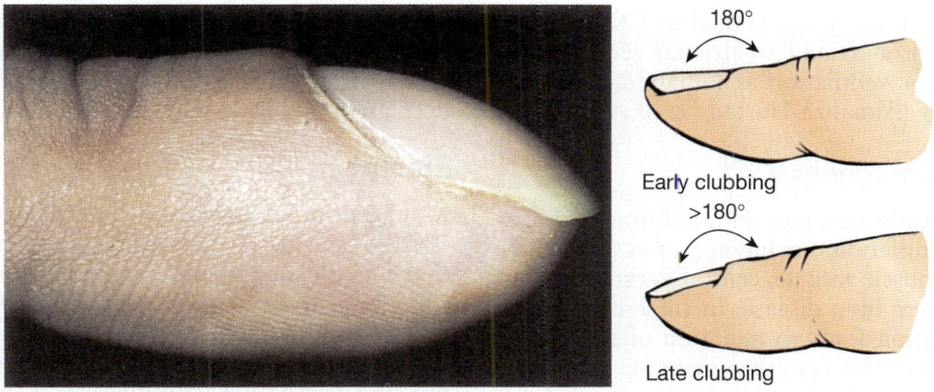

FIGURE 23-21. Clubbing. The angle between the nail plate and the proximal nail fold increases to 180 degrees or greater. (From Morton, P. G., & Fontaine, D. K. [2018]. *Critical care nursing: A holistic approach* [11th ed., Fig. 24.2, p. 434]. Lippincott Williams & Wilkins.)

Another useful measure is the **PaO_2/FiO_2 ratio (PF ratio)**, which evaluates the efficiency of oxygen diffusion across the alveolar–capillary membrane. This ratio is especially important for assessing the severity of ALI or ARDS and monitoring response to therapy, regardless of the oxygen delivery method.

Treatment

Treatment of hypoxemia is directed toward both correcting the underlying cause and improving oxygen diffusion. Supplemental oxygen is the primary intervention and may be delivered by nasal cannula, mask, or administered directly via an endotracheal or tracheostomy tube in people who are mechanically ventilated. The goal is to increase the alveolar–capillary oxygen gradient and ensure adequate tissue oxygenation while avoiding oxygen toxicity or suppression of ventilatory drive in susceptible individuals (e.g., those with chronic CO_2 retention; Kallet et al., 2022).

Hypercapnia

Hypercapnia refers to an elevated level of carbon dioxide (CO_2) in arterial blood. It is defined by an increase in the partial pressure of CO_2 in the arterial blood ($PaCO_2$), which reflects the balance between carbon dioxide production and its removal through alveolar ventilation.

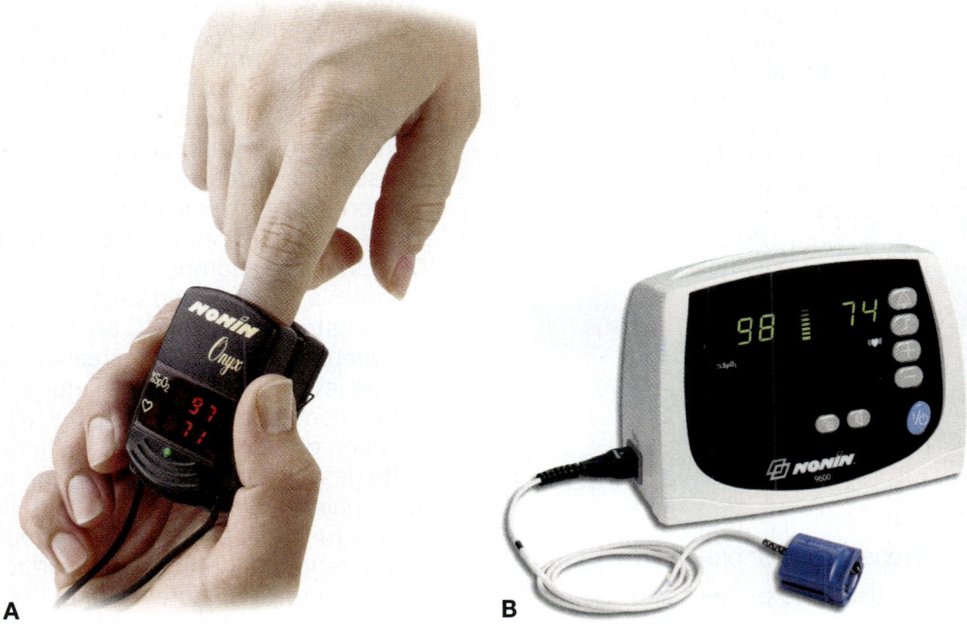

A B

FIGURE 23-22. Measuring blood oxygenation with pulse oximetry reduces the need for invasive procedures, such as drawing blood for analysis of oxygen levels. **A.** Self-contained digital fingertip pulse oximeter, which incorporates the sensor and the display into one unit. **B.** Tabletop model with sensor attached. Memory permits tracking heart rate and oxygen saturation over time. (From Hinkle, J. L., & Cheever, K. H. [2018]. *Brunner & Suddarth's textbook of medical-surgical nursing* [14th ed., Fig. 20-12, p. 503]. Lippincott Williams & Wilkins.)

$PaCO_2$ levels are directly proportional to CO_2 production and inversely proportional to alveolar ventilation—meaning that when ventilation is impaired, CO_2 can accumulate rapidly (Almanza-Hurtado et al., 2022).

Etiology and Pathogenesis

Hypercapnia typically develops in conditions that reduce effective ventilation, including airway obstruction, respiratory muscle fatigue, central nervous system depression, or severe lung disease. In these conditions, inadequate ventilation leads to retention of carbon dioxide in the blood. The resulting increase in carbon dioxide levels leads to the formation of carbonic acid, producing respiratory acidosis.

In acute hypercapnia, the rapid rise in $PaCO_2$ can result in significant acid–base disturbance. In chronic conditions, such as COPD, partial renal compensation may occur through increased bicarbonate retention, helping to buffer the acidosis.

Clinical Manifestations and Diagnosis

Hypercapnia impacts multiple organ systems by altering acid–base balance and exerting direct effects on renal, neurologic, and cardiovascular function. As $PaCO_2$ increases, respiratory acidosis develops due to the formation of carbonic acid. The kidneys compensate by retaining bicarbonate (HCO_3^-), partially restoring blood pH. If compensation is adequate, the pH may remain in the normal range, masking the severity of CO_2 retention. When compensation fails or $PaCO_2$ rises acutely, symptoms emerge (Almanza-Hurtado et al., 2022). Individuals may develop signs of increased WOB and hypoxemia (Chart 23-2).

Chronic hypercapnia may go unnoticed for some time, particularly in people with long-standing lung disease such as COPD. These individuals may adapt to elevated $PaCO_2$ levels and show few symptoms until levels rise dramatically or are accompanied by hypoxemia. In such cases, lethargy, confusion, headache, and altered mental status may occur, sometimes progressing to CO_2 narcosis or coma if untreated.

CHART 23-2

SYMPTOMS OF WORK OF BREATHING

- Shortness of breath
- Diaphoresis
- Pursed-lip breathing
- Tachypnea or bradypnea/irregular breathing rhythm
- Use of accessory muscles (e.g., neck and intercostals)
- Tachycardia
- Abdominal paradoxical breathing
- Cyanosis

Diagnosis of hypercapnia is based on clinical findings, ABG analysis, and arterial pH measurement. ABGs reveal an elevated $PaCO_2$, often with a corresponding decrease in pH in acute cases.

Treatment

Management of hypercapnia focuses on reducing the WOB, restoring adequate alveolar ventilation, and addressing the underlying cause. In chronic conditions, supportive strategies aim to prevent respiratory muscle fatigue and improve gas exchange efficiency. Noninvasive ventilatory support includes nocturnal negative pressure ventilation, continuous positive airway pressure (CPAP), or bilevel positive airway pressure (BiPAP). These can reduce the burden on fatigued respiratory muscles and improve nighttime gas exchange in patients with chronic lung or chest wall disorders. Respiratory muscle retraining programs, including techniques that improve muscle strength and endurance, may enhance exercise tolerance and delay respiratory fatigue. In cases of acute or severe hypercapnia, or in patients with altered mental status or hemodynamic instability, invasive mechanical ventilation may be required. Early recognition and appropriate ventilatory support are key to preventing respiratory failure, minimizing complications, and improving outcomes in patients with hypercapnia (Almanza-Hurtado et al., 2022).

SUMMARY CONCEPTS

Hypoxemia refers to a decrease in arterial blood oxygen levels that results in a decrease in tissue oxygenation. Hypoxemia can occur as the result of hypoventilation, diffusion impairment, shunt, and V/Q impairment. Acute hypoxemia is manifested by increased respiratory effort (increased respiratory and heart rates, use of accessory muscles, pursed-lip breathing, and diaphoresis), cyanosis, and impaired sensory and neurologic function, also referred to as WOB. The body compensates for chronic hypoxemia by increased ventilation, pulmonary vasoconstriction, and RBC production.

Hypercapnia refers to increased carbon dioxide levels. In the clinical setting, four factors contribute to hypercapnia: alterations in carbon dioxide production, disturbance in the gas exchange function of the lungs, abnormalities in chest wall and respiratory muscle function, and changes in neural control of respiration. Alterations in respiratory function or rate decrease minute volume, which is the most common cause of hypercapnia. The manifestations of hypercapnia include decreased pH (respiratory acidosis); vasodilation of blood vessels, including those in the brain; and depression of CNS function.

Integrating Clinical Decision Making

A 68-year-old male presents to the emergency department with shortness of breath, productive cough, and fever for 3 days. On assessment, he is tachypneic with a respiratory rate of 28 breaths/min, SpO_2 is 88% on room air, and lung auscultation reveals crackles in the right lower lobe. Chest imaging confirms right lower lobe pneumonia. ABG results: PaO_2 60 mm Hg, $PaCO_2$ 38 mm Hg, and pH 7.43.

1. What is the most likely mechanism causing this patient's hypoxemia?
   - A. Increased alveolar dead space
   - B. Ventilation–perfusion (V/Q) mismatch (low V/Q)
   - C. Decreased oxygen affinity of hemoglobin
   - D. Increased diffusion capacity
2. Why is this patient's $PaCO_2$ still within normal range despite hypoxemia?

Despite initial treatment, the patient becomes increasingly fatigued. He now appears drowsy and is using accessory muscles to breathe. Repeat ABG shows PaO_2 55 mm Hg, $PaCO_2$ 55 mm Hg, and pH: 7.30.

3. What is the primary pathophysiologic change now occurring?
   - A. Improved ventilation with persistent diffusion impairment
   - B. Development of hypercapnia due to hypoventilation
   - C. Increased dead space ventilation
   - D. Left shift of the oxygen–hemoglobin dissociation curve
4. Which clinical finding best explains the patient's declining mental status?

REFERENCES

Almanza-Hurtado, A., Polanco Guerra, C., Martínez-Ávila, M. C., Borré-Naranjo, D., Rodríguez-Yanez, T., & Dueñas-Castell, C. (2022). Hypercapnia from physiology to practice. *International Journal of Clinical Practice*, *2022*, 2635616. https://doi.org/10.1155/2022/2635616

Archer, S. L., Dunham-Snary, K. J., Bentley, R. E. T., Alizadeh, E., & Weir, E. K. (2024). Hypoxic pulmonary vasoconstriction: An important component of the homeostatic oxygen sensing system. *Physiological Research*, *73*(S2), S493–S510. https://doi.org/10.33549/physiolres.935431

Bergren, D. R. (2024). Pulmonary reflex effects on airway smooth muscle and ventilation. In D. K. Agrawal & R. G. Townley (Eds.), *Airway smooth muscle* (pp. 181–227). CRC Press.

Brandt, J. P., & Mandiga, P. (2023, August 28). Histology, alveolar cells. In *StatPearls* [Internet]. StatPearls Publishing. https://www.ncbi.nlm.nih.gov/books/NBK557542/

Campbell, M., & Sapra, A. (2023, April 24). Physiology, airflow resistance. In *StatPearls* [Internet]. StatPearls Publishing. https://www.ncbi.nlm.nih.gov/books/NBK554401/

Chourpiliadis, C., & Bhardwaj, A. (2022, September 12). Physiology, respiratory rate. In *StatPearls* [Internet]. StatPearls Publishing. https://www.ncbi.nlm.nih.gov/sites/books/NBK537306/

Delgado, B. J., & Bajaj, T. (2023, July 24). Physiology, lung capacity. In *StatPearls* [Internet]. StatPearls Publishing. https://www.ncbi.nlm.nih.gov/books/NBK541029/

Desai, J. P., & Moustarah, F. (2022, September 12). Pulmonary compliance. In *StatPearls* [Internet]. StatPearls Publishing. https://www.ncbi.nlm.nih.gov/books/NBK538324

Farrell, S., & Curley, G. F. (2024). Respiration: Ventilation. *Anaesthesia & Intensive Care Medicine*, *25*(2), 117–122 https://doi.org/10.1016/j.mpaic.2023.10.008

Gao, B., Wang, S., & Jiang, S. (2024). The occurrence mechanism, assessment, and non-pharmacological treatment of dyspnea. *Medical Review*, *4*(5), 395–412. https://doi.org/10.1515/mr-2024-0005

Guyenet, P. G., & Bayliss, D. A. (2022). Central respiratory chemoreception. *Handbook of Clinical Neurology*, *188*, 37–72. https://doi.org/10.1016/b978-0-323-91534-2.00007-2

Kallet, R. H., Branson, R. D., & Lipnick, M. S. (2022). Respiratory drive, dyspnea, and silent hypoxemia: A physiological review in the context of COVID-19. *Respiratory Care*, *67*(10), 1343–1360. https://doi.org/10.4187/respcare.10075

Haddad, M., & Sharma, S. (2023, July 20). Physiology, lung. In *StatPearls* [Internet]. StatPearls Publishing. https://www.ncbi.nlm.nih.gov/books/NBK545177/

Haynes, J. M. (2025). Year in review: Pulmonary function testing. *Respiratory Care*, *70*(8), 1033–1044. https://doi.org/10.1089/respcare.13066

Hopkins, S. R., & Stickland, M. K. (2023). The pulmonary vasculature. *Seminars in Respiratory and Critical Care Medicine*, *44*(5), 538–554. https://doi.org/10.1055/s-0043-1770059

Huang, X., Cao, M., & Xiao, Y. (2023). Alveolar macrophages in pulmonary alveolar proteinosis: Origin, function, and therapeutic strategies. *Frontiers in Immunology*, *14*, 1195988. https://doi.org/10.3389/fimmu.2023.1195988

Jain, V., Bhardwaj, A., & Bordes, S. J. (2023, May 1). Physiology, pulmonary circulatory system. In *StatPearls* [Internet]. StatPearls Publishing. https://www.ncbi.nlm.nih.gov/books/NBK525948/

Lu, H., & Cao, P. (2023). Neural mechanisms underlying the coughing reflex. *Neuroscience Bulletin*, *39*(12), 1823–1839. https://doi.org/10.1007/s12264-023-01104-y

Lv, R., Liu, X., Zhang, Y., Dong, N., Wang, X., He, Y., Yue, H., & Yin, Q. (2023). Pathophysiological mechanisms and therapeutic approaches in obstructive sleep apnea syndrome. *Signal Transduction and Targeted Therapy*, *8*(1), 218. https://doi.org/10.1038/s41392-023-01496-3

Orozco González, B. N., Rodriguez Plascencia, N., Palma Zapata, J. A., Llamas Domínguez, A. E., Rodríguez González, J. S., Diaz, J. M., Ponce Muñoz, M., & Ponce-Campos, S. D. (2024). Obesity hypoventilation syndrome, literature review. *Sleep Advances*, *5*(1), zpae033. https://doi.org/10.1093/sleepadvances/zpae033

Patel, S., Mohiuddin, S. S., & Jose, A. (2023, March 27). Physiology, oxygen transport and carbon dioxide dissociation curve. In *StatPearls* [Internet]. StatPearls Publishing. https://www.ncbi.nlm.nih.gov/sites/books/NBK539815/

Powers, K. A., & Dhamoon, A. S. (2023, January 23). Physiology, pulmonary ventilation and perfusion. In *StatPearls* [Internet]. StatPearls Publishing. https://www.ncbi.nlm.nih.gov/sites/books/NBK539907/

Regn, D. D., Davis, A. H., Smith, W. D., Blasser, C. J., & Ford, C. M. (2023). Central sleep apnea in adults: Diagnosis and treatment.

Federal Practitioner, *40*(3), 78–86. https://doi.org/10.12788/fp.0367

Rogers, T. D., Button, B., Kelada, S. N. P., Ostrowski, L. E., Livraghi-Butrico, A., Gutay, M. I., Esther, C. R., & Grubb, B. R. (2022). Regional differences in mucociliary clearance in the upper and lower airways. *Frontiers in Physiology*, *13*, 842592. https://doi.org/10.3389/fphys.2022.842592

Slobod, D., Damia, A., Leali, M., Spinelli, E., & Mauri, T. (2022). Pathophysiology and clinical meaning of ventilation-perfusion mismatch in the acute respiratory distress syndrome. *Biology (Basel)*, *12*(1), 67. https://doi.org/10.3390/biology12010067

Su, Y., Barr, J., Jaquish, A., Xu, J., Verheyden, J. M., & Sun, X. (2022). Identification of lung innervating sensory neurons and their target specificity. *American Journal of Physiology-Lung Cellular and Molecular Physiology*, *322*(1), L50–L63. https://doi.org/10.1152/ajplung.00376.2021

Tao, H., Xu, Y., & Zhang, S. (2023). The role of macrophages and alveolar epithelial cells in the development of ARDS. *Inflammation*, *46*(1), 47–55. https://doi.org/10.1007/s10753-022-01726-w

Trivedi, A., & Reed, H. O. (2023). The lymphatic vasculature in lung function and respiratory disease. *Frontiers in Medicine*, *10*, 1118583. https://doi.org/10.3389/fmed.2023.1118583

Xia, T., Pan, Z., Wan, H., Li, Y., Mao, G., Zhao, J., Zhang, F., & Pan, S. (2024). Mechanisms of mechanical stimulation in the development of respiratory system diseases. *American Journal of Physiology-Lung Cellular and Molecular Physiology*, *327*(5), L724–L739. https://doi.org/10.1152/ajplung.00122.2024

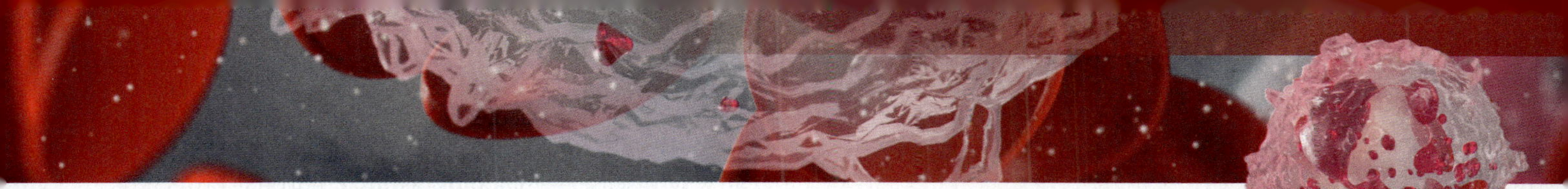

CHAPTER 24

Etiologic and Structural Disorders of the Respiratory System

Respiratory Tract Infections

The Common Cold
Rhinosinusitis
Influenza
COVID-19 (SARS-CoV-2)
Pneumonias
Tuberculosis
Fungal Infections

Cancer of the Lung

Histologic Subtypes and Pathogenesis
Clinical Manifestations
Diagnosis and Treatment

Respiratory Disorders in Children

Lung Development
Manifestations of Respiratory Disorders or Infection in the Infant or Young Child
Respiratory Disorders in the Neonate
Respiratory Infections in Children

Disorders of Lung Inflation

Disorders of the Pleura
Atelectasis

Obstructive Airway Disorders

Asthma
Chronic Obstructive Pulmonary Disease
Bronchiectasis
Cystic Fibrosis

Chronic Interstitial (Restrictive) Lung Diseases

Etiology and Pathogenesis of ILDs
Clinical Manifestations
Diagnosis and Treatment
Occupational and Environmental ILDs
Drug-Induced Interstitial Lung Disease
Sarcoidosis

Disorders of the Pulmonary Circulation

Pulmonary Embolism
Pulmonary Hypertension
Cor Pulmonale

Acute Respiratory Disorders

Acute Respiratory Distress Syndrome
Acute Respiratory Failure

Learning Objectives

After completing this chapter, the learner will be able to meet the following objectives:

1. Differentiate community-acquired, hospital-acquired, and immunocompromised host pneumonias based on common pathogens, clinical manifestations, and outcomes.
2. Explain the immunologic features of *Mycobacterium tuberculosis*, and compare the pathophysiology of primary and reactivated tuberculosis.
3. Compare small cell and non–small cell lung cancers in terms of histologic features, prognosis, and treatment strategies.
4. Identify common paraneoplastic syndromes associated with lung cancer and explain their pathophysiologic basis.
5. Describe the role of pulmonary surfactant in neonatal lung function and the pathogenesis

of respiratory distress syndrome and bronchopulmonary dysplasia.
6. Recognize early signs of respiratory distress and impending respiratory failure in infants and young children.
7. Differentiate transudative, exudative, chylous, and hemorrhagic pleural effusions based on their causes, fluid characteristics, and clinical manifestations.
8. Compare spontaneous, secondary, and tension pneumothoraces in terms of pathogenesis, clinical presentation, and urgency of treatment.
9. Describe the causes of pleuritis and distinguish pleural pain from other types of chest pain based on its characteristics.
10. Explain how genetic predisposition, immune dysregulation, and environmental triggers interact in the development of asthma.
11. Differentiate chronic bronchitis and emphysema in terms of their underlying pathology, symptoms, and progression.
12. Describe the genetic defect responsible for cystic fibrosis and how it contributes to the disease's respiratory manifestations.
13. Compare obstructive and interstitial lung diseases in terms of their pathophysiology, clinical presentation, and long-term effects.
14. Explain the causes and consequences of pulmonary vascular disorders, including pulmonary embolism, pulmonary hypertension, and cor pulmonale.
15. Describe the pathophysiology and clinical manifestations of acute respiratory distress syndrome (ARDS) and acute respiratory failure, including principles of treatment.

Respiratory disorders are among the most common causes of illness, hospitalization, and mortality across the lifespan. These disorders range from self-limited infections such as the common cold to life-threatening conditions such as acute respiratory distress syndrome (ARDS) and lung cancer. Upper and lower respiratory tract infections—including rhinosinusitis, influenza, pneumonia, tuberculosis (TB), and fungal infections—remain leading causes of morbidity and, in some populations, mortality. Pneumonia is a major cause of death in older adults and immunocompromised people, and TB continues to pose significant global health challenges, particularly with rising rates of multidrug-resistant strains.

Lung cancer is the most lethal cancer worldwide, with high mortality due to its often late diagnosis and aggressive progression. In children, respiratory disorders are particularly common and account for a large proportion of pediatric health care visits. Neonates and premature infants are vulnerable to serious respiratory conditions such as respiratory distress syndrome (RDS) and bronchopulmonary dysplasia (BPD), while infections such as bronchiolitis and croup are common in infancy and early childhood.

Structural and functional disorders of the lungs also contribute significantly to chronic illness. Obstructive airway diseases—including asthma, chronic bronchitis, emphysema, bronchiectasis, and cystic fibrosis (CF)—are characterized by airflow limitation and inflammation. Restrictive lung diseases, such as interstitial lung disease (ILD) and sarcoidosis, involve scarring and stiffening of lung tissue, which impair ventilation and gas exchange.

Disorders of lung inflation, such as pleural effusion, pneumothorax, and atelectasis, may result from trauma, infection, or underlying disease. Vascular conditions, including pulmonary embolism, pulmonary hypertension, and cor pulmonale, disrupt pulmonary circulation and can lead to acute or chronic right-sided heart failure. Finally, acute respiratory disorders like ARDS and respiratory failure require rapid recognition and treatment to prevent progression and improve outcomes.

This chapter explores the diverse etiologies, pathophysiologic mechanisms, clinical manifestations, and treatments of infectious, structural, inflammatory, neoplastic, and acute disorders of the respiratory system. Particular attention is given to vulnerable populations such as infants, older adults, and those with chronic illness or immunosuppression.

Respiratory Tract Infections

The respiratory tract is susceptible to infections caused by a variety of microorganisms. These infections may involve the upper respiratory tract (nose, oropharynx, and larynx), the lower respiratory tract (lower airways and lungs), or both. The signs and symptoms vary depending on the structures affected, the severity of the infection, and the person's age and overall health.

Viruses are the most frequent cause of respiratory tract infections, ranging from mild upper airway illnesses to severe, life-threatening lower respiratory tract diseases. Viral infections can damage the bronchial epithelium, impair mucociliary clearance, obstruct airways, and increase the risk of secondary bacterial infections. Each virus has a distinct pattern of respiratory tract involvement. For example, severe acute respiratory syndrome coronavirus 2 (SARS-CoV-2), the virus responsible for COVID-19, can affect both the upper and lower airways and is capable of triggering ARDS in severe cases (Cilloniz et al., 2022). People with weakened immune defenses are particularly vulnerable to developing serious complications related to viral respiratory infections, including impaired ventilation and gas exchange.

In addition to viruses, bacteria, mycobacteria, fungi, and opportunistic organisms contribute to respiratory infections. These infections often cause significant morbidity and, in vulnerable populations, high mortality. Early recognition, appropriate treatment, and in some cases, prevention through vaccination are essential to reducing the burden of respiratory infectious disease.

This section focuses on the common cold, rhinosinusitis, influenza, COVID-19, pneumonia, TB, fungal infections of the lung, and acute respiratory infections in children.

The Common Cold

The common cold, the most frequent upper respiratory tract infection, is a viral illness affecting primarily the nose and throat. Many adults experience three to four colds per year, while school-age children may have six to eight episodes annually.

Etiology and Pathogenesis

The common cold can be caused by several different viruses. Rhinoviruses are the most frequent cause, but others include parainfluenza viruses, respiratory syncytial virus (RSV), human metapneumovirus, adenoviruses, and several coronaviruses that are genetically distinct from SARS-CoV-2. In children, human bocavirus may also contribute to respiratory symptoms, often in conjunction with other viruses. The season, individual immune status, and prior exposure influence the type and severity of illness. For example, rhinovirus infections peak in early fall and late spring, while RSV and influenza viruses are more common in winter and spring. RSV and parainfluenza viruses tend to cause more severe illness in infants and young children. In older adults, colds may present with fewer symptoms but still impact function and well-being (Eccles, 2023).

Cold viruses spread primarily through direct contact, especially via contaminated fingers touching the eyes or nose. Aerosol transmission is possible but less efficient. Children are a major reservoir due to close contact in schools and daycare. The average incubation period is about 2 days, and symptoms usually resolve within 7 to 10 days (Eccles, 2023).

Clinical Manifestations

Symptoms often begin with a sensation of dryness or scratchiness in the nasopharynx, followed by nasal congestion, watery rhinorrhea, and tearing. The mucosa becomes red and swollen, and postnasal drip can lead to sore throat and hoarseness. Additional symptoms may include malaise, headache, and, in some cases, low-grade fever or chills. Viral shedding may begin shortly before symptom onset and can continue for several days (Eccles, 2023).

Treatment

In healthy people, the common cold is a self-limited illness requiring only supportive care. Treatment focuses on relieving symptoms with rest, fluids, and antipyretics. Antibiotics are ineffective and discouraged. Over-the-counter antihistamines and decongestants may offer modest relief, particularly in the early stages, but do not shorten illness duration (De Sutter et al., 2022). Vitamin C has also shown the ability to reduce the severity of cold symptoms but demonstrates little effect on their overall duration (Hemilä & Chalker, 2023).

Rhinosinusitis

Rhinosinusitis refers to inflammation involving the nasal and paranasal sinuses. The paranasal sinuses are air-filled cavities that develop from outpouchings of the nasal epithelium during fetal development. These spaces become lined with ciliated respiratory epithelium and expand into the surrounding facial bones to form the major sinuses: frontal, ethmoid, maxillary, and sphenoidal (Fig. 24-1A). Each sinus communicates with the nasal cavity through narrow channels known as ostia. The anterior ethmoid, frontal, and maxillary sinuses drain

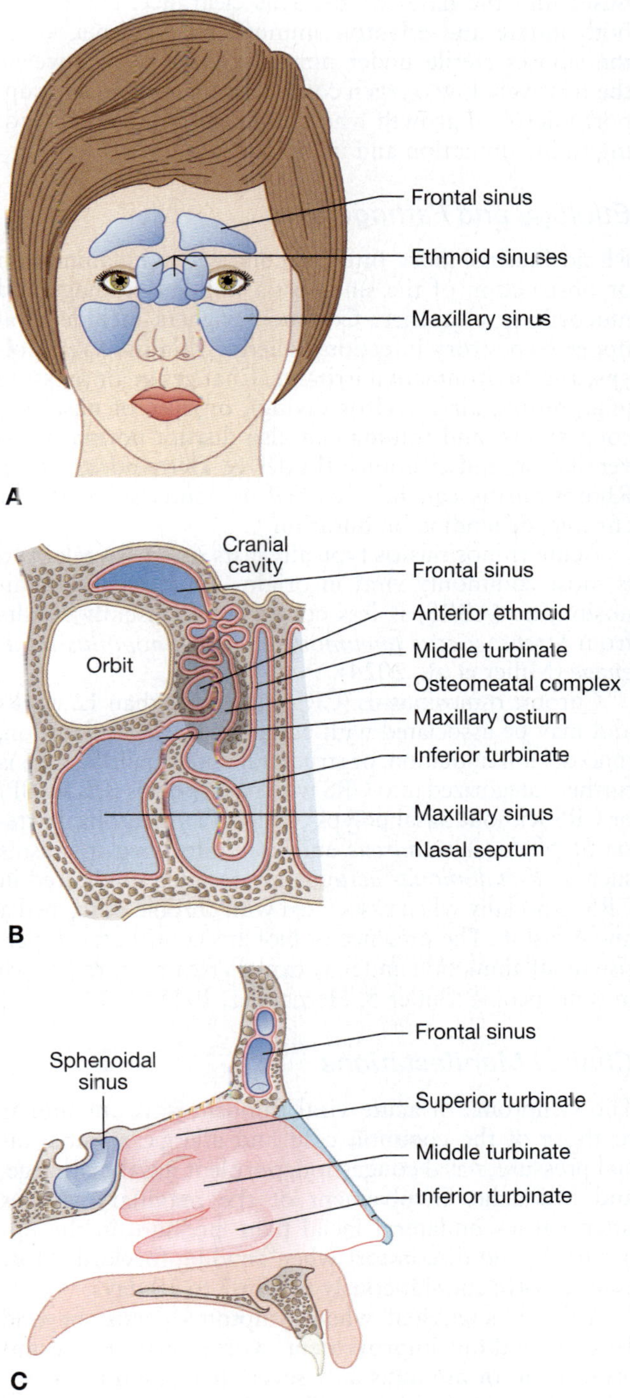

FIGURE 24-1. Paranasal sinuses. **A.** Frontal view showing the frontal, ethmoid, and maxillary sinuses. **B.** Cross section of nasal cavity (*anterior view*). The *shaded area* is the osteomeatal complex, which is the final common pathway for drainage of the anterior ethmoid, frontal, and maxillary sinuses. **C.** Lateral wall, left nasal cavity showing the frontal sphenoidal sinuses and the superior, middle, and inferior turbinates.

into the middle meatus via the ostiomeatal complex (Fig. 24-1B), a critical area for mucous drainage. Blockage in this region can lead to secondary inflammation or infection. The sphenoidal sinuses drain into the sphenoethmoid recess located at the top of the nasal cavity (Fig. 24-1C) (Butler & Hernandez, 2025).

An active mucociliary clearance mechanism helps move fluid and trapped microorganisms from the sinuses into the nasal cavity. This clearance, along with both innate and adaptive immune mechanisms, keeps the sinuses sterile under normal conditions. However, the relatively low oxygen content of the sinuses can support microbial growth when drainage is impaired, leading to inflammation and infection.

Etiology and Pathogenesis

Rhinosinusitis most often occurs when inflammation or obstruction of the sinus ostia impairs drainage and mucociliary clearance. Common triggers include viral upper respiratory infections, allergic rhinitis, nasal polyps, and environmental irritants. Changes in air pressure (e.g., during air travel or diving), overuse of nasal decongestants, and trauma can also disrupt normal sinus ventilation and clearance (Butler & Hernandez, 2025). Rhinosinusitis can be classified as acute, subacute, or chronic, depending on duration.

Acute rhinosinusitis typically lasts up to 4 weeks and is most commonly viral in origin. Acute bacterial rhinosinusitis (ABRS) is less common and usually results from *Streptococcus pneumoniae* or *Haemophilus influenzae* (Miller et al., 2024).

Chronic rhinosinusitis (CRS) lasts more than 12 weeks and may be associated with bacterial or fungal infection, mucosal inflammation, or structural abnormalities. CRS is further categorized into CRS with nasal polyps (CRSwNP) or CRS without nasal polyps (CRSsNP). Anaerobic bacteria, *Staphylococcus aureus*, and biofilm-forming organisms such as *Pseudomonas aeruginosa* are often implicated in CRS, especially when associated with chronic otitis media and effusion. The presence of biofilms contributes to persistent inflammation and may explain treatment resistance in some people (Butler & Hernandez, 2025).

Clinical Manifestations

The symptoms of acute viral rhinosinusitis are similar to those of the common cold and allergic rhinitis: facial pressure, nasal congestion, purulent nasal discharge, and headache. Involvement of the maxillary sinuses often causes unilateral facial pain, pressure in the upper teeth, and discomfort when bending forward. Most cases resolve spontaneously within 7 to 10 days.

ABRS is suggested when symptoms persist beyond 10 days without improvement, worsen after initial improvement, or are unusually severe (e.g., high fever, purulent discharge, facial swelling). Immunocompromised people may present atypically, with fever of unknown origin, rhinorrhea, or facial swelling, and may lack clear signs of localized inflammation.

In CRS, symptoms may include prolonged nasal congestion, facial pressure, postnasal drip, and a dull headache. These symptoms often fluctuate in severity and may be punctuated by acute exacerbations. Chronic inflammation can lead to irreversible mucosal changes and may impair olfactory function (Butler & Hernandez, 2025).

Diagnosis and Treatment

Rhinosinusitis is typically diagnosed based on clinical history and physical examination. Key features include purulent nasal discharge, sinus tenderness, and symptoms that worsen with bending forward, coughing, or sneezing. Differentiating viral from bacterial causes can be difficult in the early stages. Imaging, such as computed tomography (CT) scans, may be used in chronic or complicated cases (Miller et al., 2024).

Treatment of acute viral rhinosinusitis is supportive and includes rest, hydration, nasal saline irrigation, and intranasal corticosteroids. Antibiotic therapy for ABRS should be reserved for patients with persistent, worsening, or severe symptoms. First-line antibiotic treatment includes amoxicillin-clavulanate; doxycycline may be used in patients who are allergic to penicillin. Macrolides and trimethoprim-sulfamethoxazole (TMP-SMX) are not recommended due to resistance. For CRS, treatment includes intranasal corticosteroids, saline irrigation, and long-term antibiotic therapy if bacterial infection is confirmed. Nasal corticosteroids are particularly helpful in cases with nasal polyps. In refractory cases, newer therapies such as biologics (e.g., dupilumab) may be considered for CRSwNP (Fokkens et al., 2023). Nonpharmacologic measures, including saline nasal sprays, humidification, and nasal irrigation, are widely recommended. Surgical correction of anatomic obstructions, such as deviated septum or obstructive polyps, may be necessary for persistent or recurrent cases (Miller et al., 2024).

Complications

Due to the close anatomic relationship between the sinuses, the brain, and the orbits, rhinosinusitis can result in serious complications. Intracranial complications, including meningitis, epidural abscess, and subdural empyema, most commonly arise from infections of the frontal and ethmoid sinuses. Orbital complications may include preseptal cellulitis, orbital cellulitis, and subperiosteal or orbital abscesses. Warning signs of complications include facial swelling, proptosis (eye protrusion), restricted or painful eye movement, visual changes, and altered mental status. These require urgent evaluation and treatment (Miller et al., 2024).

Influenza

Influenza is a major cause of seasonal respiratory illness and remains one of the most important contributors to acute upper respiratory tract infections worldwide. While infection rates are highest in children and young adults, the greatest burden of severe illness and mortality occurs among older adults, people with chronic health conditions, and those who are immunocompromised (Liang, 2023).

Etiology and Pathogenesis

Influenza viruses belong to the Orthomyxoviridae family and are characterized by a segmented, single-stranded RNA genome. Three types of influenza viruses affect humans: A, B, and C, with influenza A being the most clinically significant due to its ability to infect multiple species (including birds and mammals) and undergo frequent genetic changes. Influenza A viruses are further classified by two surface glycoproteins—hemagglutinin (HA) and neuraminidase (NA)—which determine subtype (e.g., H1N1, H3N2). HA mediates viral entry into respiratory epithelial cells, and NA facilitates viral release and spread (Maurer et al., 2025).

Antigenic drift, or small genetic mutations, leads to new virus strains that can partially evade immunity and cause seasonal epidemics. More rarely, **antigenic shift**, a major reassortment of viral genes, can give rise to pandemic influenza, as occurred with H1N1 in 2009. Influenza B contributes significantly to seasonal epidemics but undergoes less antigenic change. Influenza C causes only mild, cold-like symptoms and is not included in seasonal vaccines (Maurer et al., 2025).

Influenza is highly contagious, spreading primarily through inhalation of respiratory droplets and, to a lesser extent, contact with contaminated surfaces. Most infected people develop symptoms that increase transmissibility. The incubation period ranges from 1 to 4 days (average 2), and viral shedding typically begins 24 hours before symptom onset and continues for up to 7 days, or longer in children and immunocompromised people.

Once inhaled, the virus targets and destroys the mucus-secreting and ciliated epithelial cells in the upper airways. This cellular injury leads to impaired mucociliary clearance and leakage of fluid, producing rhinorrhea. If the infection extends to the lower respiratory tract, it can result in diffuse epithelial damage, alveolar shedding, and increased risk of secondary bacterial infection (Liang, 2023).

Clinical Manifestations

Influenza A and B infections typically present with a sudden onset of fever, chills, malaise, muscle aches, headache, sore throat, and a dry, nonproductive cough. One distinguishing feature of influenza is the abrupt onset of profound fatigue or malaise, sometimes occurring within minutes. Nasal congestion and watery rhinorrhea are also common. In healthy people, symptoms typically peak by days 3 to 5 and resolve within 7 to 10 days.

In older adults or people with comorbid conditions, complications may occur. **Primary influenza viral pneumonia** presents with rapid symptom progression, hypoxemia, and potential respiratory failure. It may lead to diffuse pulmonary fibrosis in survivors. **Secondary bacterial pneumonia**, typically caused by *S. pneumoniae*, *S. aureus*, *H. influenzae*, or *Moraxella catarrhalis*, often presents with symptom recurrence after initial improvement. Other complications may include sinusitis, otitis media, bronchitis, and, in children, croup. Rare complications include parotitis, bacterial tracheitis, and Reye syndrome (a rare condition in children linked to aspirin use). Influenza may also trigger exacerbations of underlying chronic diseases such as asthma, chronic obstructive pulmonary disease (COPD), or congestive heart failure.

Diagnosis and Treatment

During flu season, diagnosis is often clinical, based on abrupt onset of symptoms. In high-risk patients, or when precise diagnosis is important, rapid molecular assays or polymerase chain reaction (PCR) testing can confirm the virus type and guide treatment.

Antiviral therapy is most effective when started within 48 hours of symptom onset. These agents can shorten symptom duration, reduce viral shedding, and prevent complications, particularly in high-risk groups (Kumari et al., 2023). Supportive care includes hydration, rest, fever management, and over-the-counter medications for symptom relief.

Influenza Immunization

Annual vaccination is the primary strategy for influenza prevention. The Centers for Disease Control and Prevention (CDC) recommends influenza vaccination for all people aged 6 months and older unless contraindicated. Vaccines are reformulated each year based on predicted circulating strains and typically include two influenza A subtypes (e.g., H1N1 and H3N2) and two influenza B lineages (quadrivalent formulation).

For adults 65 years and older, high-dose, adjuvanted, or recombinant vaccines are preferred to elicit stronger immune responses. Immunization reduces the risk of infection, severe disease, hospitalization, and death (Grohskopf et al., 2024).

Avian Influenza (Bird Flu)

Avian influenza refers to infection by avian-origin influenza A viruses such as H5N1, H7N9, and H9N2. These viruses are naturally found in wild birds and poultry. Human infection is rare and usually associated with direct contact with infected animals or contaminated environments. When transmitted to humans, avian influenza can cause severe pneumonia, conjunctivitis, ARDS, and high mortality. While limited human-to-human transmission has occurred, there is ongoing concern that genetic reassortment could enable more widespread transmission and trigger a future pandemic (Adlhoch et al., 2023).

There is no widely available human vaccine against avian influenza. Standard rapid influenza tests may not reliably detect avian strains.

Swine-Origin Influenza (H1N1)

In 2009, a novel influenza A H1N1 virus of swine origin caused a global pandemic. This strain spread widely, particularly among young adults, and caused severe disease in some high-risk groups including pregnant people. Clinical symptoms were similar to seasonal influenza.

Since 2010, the H1N1 virus has become a routine component of seasonal influenza vaccines, and the strain is no longer considered pandemic. Immunization against H1N1 is included in all quadrivalent influenza vaccines (Verma & Kumar, 2023).

COVID-19 (SARS-CoV-2)

COVID-19 is a disease caused by SARS-CoV-2. The global pandemic began in December 2019 in Wuhan, China. Since then, COVID-19 has caused hundreds of millions of confirmed infections worldwide and millions of deaths, making it one of the most significant infectious disease outbreaks in modern history. Although the acute public health emergency has ended in many regions, COVID-19 continues to contribute to morbidity and mortality globally, particularly among older adults, immunocompromised people, and those with chronic health conditions (World Health Organization [WHO], 2025).

In the United States, COVID-19 has resulted in substantial illness, hospitalization, and death. Because reporting practices have evolved over time and many jurisdictions have reduced routine case surveillance, current estimates are derived from a combination of public health reporting systems, hospitalization data, and vital statistics records (CDC, 2025a).

Risk Factors

While anyone can contract COVID-19, the risk of severe illness is higher in adults over the age of 60, people with cancer or chronic health conditions (e.g., cardiovascular disease, diabetes, chronic kidney disease, obesity), people who are immunocompromised, and pregnant people. Chart 24-1 outlines recognized risk factors for severe disease in adults. In children under 17 years, risk factors are similar and include asthma, congenital heart disease, sickle cell disease, and neurologic or developmental conditions. The risk of complications increases in children with poorly controlled chronic conditions or immunosuppression (Tazerji et al., 2022).

CHART 24-1

RISK FACTORS FOR COVID-19 INFECTION

- Active cancer
- Chronic kidney disease
- Chronic liver disease
- Chronic lung diseases (e.g., COPD, asthma, interstitial lung disease)
- Cystic fibrosis
- Dementia or other neurologic condition
- Diabetes (type 1 or type 2)
- Disabilities (intellectual, developmental, physical)
- Cardiovascular disease (e.g., heart failure, coronary artery disease)
- HIV infection
- Immunocompromised states (e.g., from illness or medication)
- Mental health conditions (e.g., depression, schizophrenia)
- Overweight and obesity
- Physical inactivity
- Pregnancy
- Hemoglobin disorders (e.g., sickle cell disease, thalassemia)
- Current or former smoking
- Solid organ or blood stem cell transplant
- Stroke or other cerebrovascular disease
- Substance use disorders
- Tuberculosis (active or history of)

Etiology and Pathogenesis

SARS-CoV-2 is a highly contagious virus transmitted primarily via respiratory droplets and aerosols when an infected person talks, coughs, sneezes, or breathes. People are most infectious in the late incubation phase, even before symptoms begin, due to high viral loads (Hernandez Acosta et al., 2022).

The virus enters human cells by binding to the angiotensin-converting enzyme 2 (ACE2) receptor on epithelial cells, primarily in the nasopharynx and upper airways. Entry is facilitated by the host cell enzyme TMPRSS2, which helps the viral spike protein fuse with the host membrane. After entry, the virus releases its RNA and begins replication. COVID-19 progresses through three overlapping phases (Fig. 24-2). During the **incubation phase**, the virus replicates asymptomatically in the upper airways, with people often unaware they are infected. As the infection advances to the **symptomatic phase**, immune system activation leads to the appearance of symptoms such as fever, cough, and fatigue. In some people, particularly those with high viral loads or compromised immune responses, the illness may progress to a **pulmonary phase**. In this stage, the virus is aspirated into the lower respiratory tract, resulting in lung inflammation, impaired gas exchange, and respiratory compromise.

The body's response depends on the balance between viral replication and interferon (IFN) activity. SARS-CoV-2 interferes with type I and type III IFN production, which delays innate immune responses and promotes viral spread. A robust early IFN response is associated with viral clearance, while a delayed or blunted IFN response can lead to rapid replication, immune overactivation, and lung injury (Hernandez Acosta et al., 2022).

In the lungs, macrophage recruitment drives inflammation. These immune cells express ACE2 and other proteins that allow further viral fusion while releasing

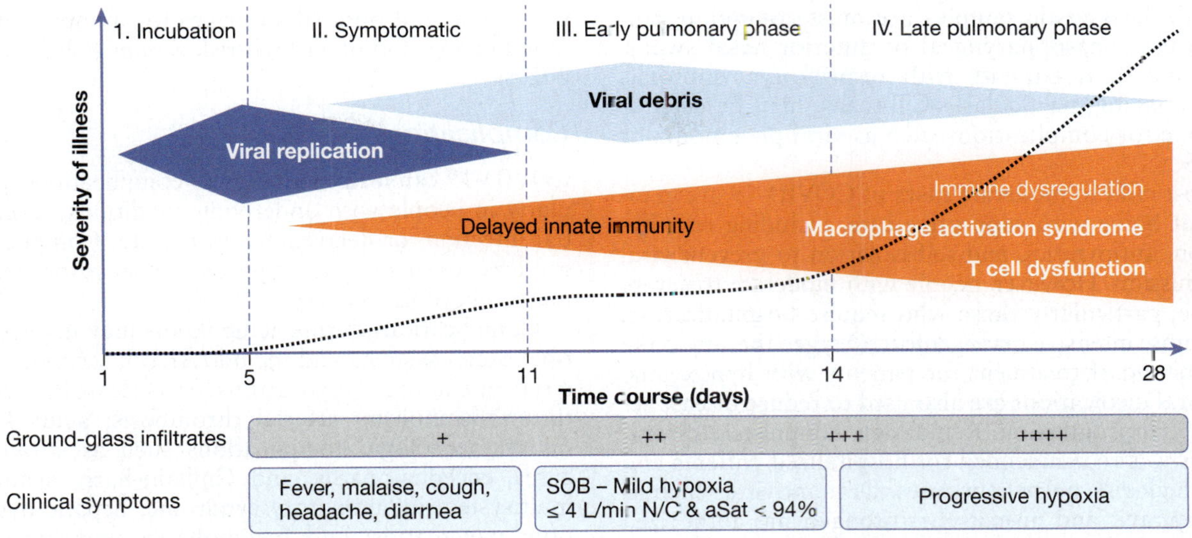

FIGURE 24-2. Clinical stages of COVID-19. (From Marik, P. E., Iglesias, J., Varon, J., & Kory, P. [2021]. A scoping review of the pathophysiology of COVID-19. *International Journal of Immunopathology and Pharmacology, 35*, 1–16. https://journals.sagepub.com/doi/pdf/10.1177/20587384211048026)

TABLE 24-1 Clinical Manifestations of COVID-19

Clinical Manifestations in Adults	Clinical Manifestations in Children
Fever	Fever
Nonproductive cough	Cough
Shortness of breath	Respiratory distress
Sore throat	Sore throat
Fatigue	Fatigue
Myalgias and arthralgias	Abdominal pain
Nasal congestion and rhinorrhea	Nasal symptoms, upper airway infections
Nausea/vomiting	Nausea and vomiting
Diarrhea	Diarrhea
Chest pain/tightness	Crepitations, pneumonia
Palpitations	Tachycardia (on admission)
Arrhythmias	Tachypnea (on admission)
Acute kidney injury	Pharyngeal erythema
Headache	Sputum production
Confusion/delirium	Respiratory failure
Ocular symptoms	Hypoxemia
Rash or urticaria	
Pancytopenia	
Low testosterone	
Low sperm count	
Anosmia (loss of smell)	
Ageusia (loss of taste)	

proinflammatory cytokines that contribute to alveolar damage and impaired gas exchange. Although viral RNA can be detected for weeks, replication-competent virus is rarely found beyond 10 to 14 days in immunocompetent people.

Severe COVID-19 is often the result of exaggerated immune activation, not an inability to clear the virus. Persistent inflammation, cytokine release, and endothelial injury contribute to complications including ARDS, thrombosis, and multisystem involvement (Hernandez Acosta et al., 2022).

Clinical Manifestations

COVID-19 produces a wide spectrum of symptoms, ranging from no symptoms or mild illness to critical multisystem failure. Symptoms typically appear 2 to 14 days after exposure. In adults, the most common symptoms include fever, cough, shortness of breath, fatigue, loss of taste or smell, muscle aches, headache, and gastrointestinal symptoms such as nausea or diarrhea (Hernandez Acosta et al., 2022).

In children, presentations vary widely. Many have no symptoms or are only mildly ill. Unlike adults, fever and cough are not always present, and gastrointestinal symptoms may be more prominent. Rarely, children may develop **multisystem inflammatory syndrome in children (MIS-C)** (Hernandez Acosta et al., 2022). Table 24-1 compares typical clinical features of COVID-19 in adults and children.

Diagnosis and Treatment

Diagnosis of COVID-19 is based on a combination of clinical suspicion, history of exposure to confirmed cases, and laboratory confirmation. Nucleic acid amplification tests (NAATs), such as reverse transcription polymerase chain reaction (RT-PCR), remain the gold standard due to their high sensitivity and ability to detect viral RNA in respiratory specimens. Rapid antigen tests offer a convenient and timely alternative, especially when viral load is high—typically within the first 5 to 7 days of symptom onset (Chavda et al., 2022). These tests are widely used for screening purposes and home-based testing, though they are less sensitive than

NAATs. Diagnostic samples are most commonly collected using nasopharyngeal or anterior nasal swabs. In hospitalized patients with respiratory symptoms, chest imaging, particularly CT scans, may be used to evaluate for complications such as viral pneumonia or ARDS.

Most mild to moderate cases of COVID-19 are managed at home with supportive care, including rest, hydration, antipyretics, and self-isolation to prevent viral transmission. However, people with moderate to severe disease, particularly those who require hospitalization, need more intensive management. Oxygen therapy is the cornerstone of treatment for patients with hypoxemia. Antiviral medications are also used to reduce disease severity and progression. Remdesivir, administered intravenously, is recommended for hospitalized patients and some high-risk outpatient cases. Oral antivirals such as molnupiravir and nirmatrelvir/ritonavir are authorized for early outpatient use in people at high risk of disease progression (Chavda et al., 2022).

For patients with severe or worsening symptoms, anti-inflammatory treatments play a critical role. Dexamethasone is widely used in patients who require supplemental oxygen, while interleukin-6 (IL-6) receptor blockers (e.g., tocilizumab) or JAK inhibitors may be administered in select cases with evidence of cytokine-driven inflammation. Additional supportive measures, including anticoagulation and the management of comorbid conditions, are important components of inpatient care.

COVID-19 Immunization

Since 2020, multiple vaccines have been developed and distributed globally. As of 2023, over 13 billion doses have been administered worldwide. The most widely used vaccines utilize mRNA-based technology, although additional vaccine platforms, including protein subunit and viral vector vaccines, have been developed and continue to evolve to address emerging variants.

Initial vaccine prioritization focused on health care workers, people aged 60 and older, people with high-risk medical conditions, and pregnant people (Chavda et al., 2022). Recommendations from the CDC continue to evolve as new evidence emerges. Current CDC guidance recommends COVID-19 vaccination for people 6 months of age and older, using a shared clinical decision-making approach for many populations. This includes infants and young children younger than 6 years of age. Vaccine selection, dosing schedules, and the need for additional doses depend on age, immune status, prior vaccination history, and circulating variants (CDC, 2025b).

Booster doses or updated seasonal formulations may be recommended to improve protection against currently circulating strains. Immunization does not completely prevent infection but significantly reduces the risk of severe illness, hospitalization, and death. Vaccination may also decrease transmission and is particularly important for protecting vulnerable populations.

Ongoing research continues to evaluate vaccine effectiveness against emerging variants, durability of immune protection, and optimal strategies for immunocompromised people and other high-risk groups (Chavda et al., 2022).

Complications

COVID-19 can lead to a range of complications, particularly in people with underlying conditions, severe initial infection, or delayed access to care. Complications can arise during the acute phase or persist for weeks to months beyond recovery.

Complications during acute illness may involve multiple organ systems and include ARDS; secondary bacterial pneumonia; myocarditis or pericarditis; venous thromboembolism; arterial thrombosis; acute kidney injury; neurologic complications such as stroke, seizures, encephalopathy, and Guillain-Barré syndrome; multisystem inflammatory syndrome; hepatic dysfunction; pancreatitis; and metabolic decompensation in people with diabetes or other chronic conditions. Hospitalized people, especially those requiring mechanical ventilation or prolonged intensive care unit (ICU) care, are also at risk for critical illness myopathy, delirium, and post–intensive care syndrome (PICS) (Greenhalgh et al., 2024).

Long COVID

Post-acute sequelae of SARS-CoV-2 infection (PASC), commonly known as long COVID or post-COVID-19 condition (PCC), is a chronic condition that typically begins within 3 months of the initial infection and persists for at least 2 to 3 months (CDC, 2025c; WHO, 2025b).

Long COVID can produce a wide range of persistent symptoms that vary in severity and duration. Common manifestations include fatigue, cognitive dysfunction ("brain fog"), shortness of breath, chest pain, persistent cough, headache, sleep disturbances, and muscle or joint pain. Some individuals also experience palpitations, dizziness, gastrointestinal symptoms, or persistent changes in smell or taste (Greenhalgh et al., 2024).

The mechanisms responsible for long COVID are not fully understood. Proposed contributors include persistent immune dysregulation, ongoing inflammation, residual viral particles, autonomic nervous system dysfunction, and microvascular injury. In some individuals, COVID-19 may also unmask previously unrecognized disease.

Several factors have been associated with an increased risk of developing long COVID, including severe acute illness, hospitalization, underlying chronic conditions, and repeated SARS-CoV-2 infections (Greenhalgh et al., 2024).

There is currently no single diagnostic test for long COVID. Diagnosis is based on a history of SARS-CoV-2 infection, persistent symptoms, and exclusion of alternative causes. Management is individualized and focuses on symptom control, rehabilitation, and supportive care. Patient education, activity pacing, and treatment of specific manifestations such as respiratory, cognitive, cardiovascular, or autonomic symptoms are important components of care. Vaccination may reduce the risk of developing long COVID and may improve symptoms in some affected individuals (Greenhalgh et al., 2024).

Pneumonias

Pneumonia refers to inflammation of the parenchymal structures of the lower respiratory tract, particularly the alveoli and surrounding tissues. Pneumonia remains a significant global health concern and continues to be a leading cause of hospitalization and death from infectious disease, particularly among older adults and people with chronic conditions. Although infectious agents are the most common cause of pneumonia, noninfectious causes such as aspiration of gastric contents or inhalation of toxic substances can also result in severe lung inflammation (Obianyo et al., 2025).

Widespread antibiotic use has reduced mortality from bacterial pneumonias; however, the spectrum of causative organisms continues to evolve. There has been a decline in *S. pneumoniae* infections due to vaccination, while infections caused by fungal and viral pathogens have become more common, particularly in immunocompromised people. These trends are influenced by aging populations, increased use of immunosuppressive medications, and emerging antimicrobial resistance (Obianyo et al., 2025).

Pneumonias may be classified by the setting in which they occur (community or hospital acquired), by the type of infectious agent (typical or atypical), and by the distribution of the infection (lobar or bronchopneumonia). Classification by setting is clinically useful due to differing patterns of pathogens and antimicrobial resistance (Long et al., 2022).

Pneumonias classified according to the type of infectious agent include **typical pneumonias**, caused by bacteria that multiply extracellularly in the alveoli and cause inflammation and exudation of fluid into the air-filled spaces of the alveoli (Fig. 24-3A), and **atypical pneumonias**, which are caused by viral and *Mycoplasma* infections that involve the alveolar septum and the interstitium of the lung (Fig. 24-3B). Atypical pneumonias tend to produce more subtle symptoms and physical findings than bacterial pneumonia (Georgakopoulou et al., 2024).

When pneumonia is associated with accumulation of infectious products and alveolar collapse (consolidation) in a part or all of a lung lobe, it is classified as **lobar pneumonia** (Fig. 24-4), whereas **bronchopneumonia** signifies a patchy consolidation involving more than one lobe (Fig. 24-5) (Cook et al., 2022). A comparison is provided in Figure 24-6.

Community-Acquired Pneumonia

Community-acquired pneumonia (CAP) refers to infections contracted outside health care facilities or diagnosed within 48 hours of hospital admission in people who have not recently resided in a long-term care facility. CAP can be caused by bacteria or viruses. *S. pneumoniae* remains the most common bacterial cause across age groups. Other bacterial agents include *H. influenzae*, *S. aureus*, and Gram-negative bacilli such as *Klebsiella* and *Escherichia coli*. Atypical bacterial pathogens such as *Mycoplasma pneumoniae*, *Chlamydia pneumoniae*, and *Legionella* species are also recognized, as are respiratory viruses including influenza virus, RSV, parainfluenza virus, and adenovirus (File & Ramirez, 2023).

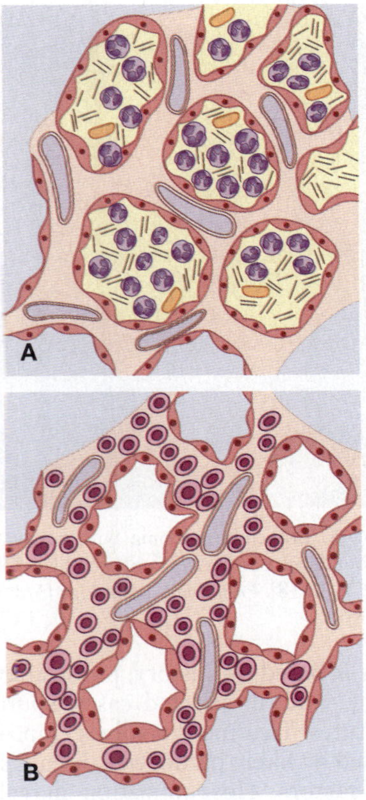

FIGURE 24-3. Location of inflammatory processes in (**A**) typical and (**B**) atypical forms of pneumonia.

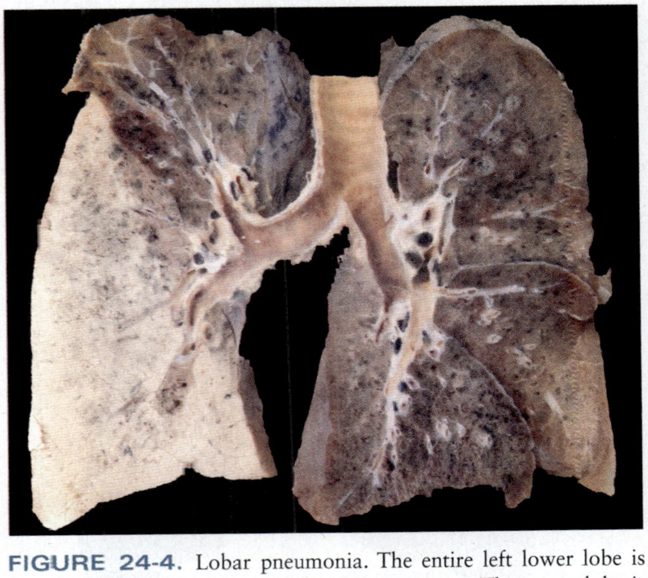

FIGURE 24-4. Lobar pneumonia. The entire left lower lobe is consolidated and in the stage of *red* hepatization. The upper lobe is normally expanded (From Strayer D. S., Rubin R. [Eds.]. [2015]. *Rubin's pathology: Clinicopathologic foundations of medicine* [7th ed., Fig. 18-11, p. 687]. Lippincott Williams & Wilkins.)

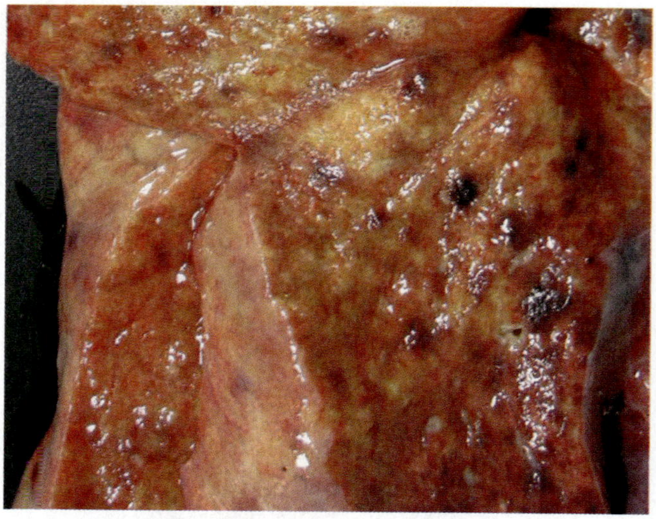

FIGURE 24-5. Bronchopneumonia with patchy pneumonia at different stages of development, as manifested by differences in color. (From Cagle, P. T. [2018]. *Pulmonary pathology* [3rd ed., Fig. 121.7]. Wolters Kluwer.)

Diagnosis is based on history, physical examination, chest imaging, and, in selected cases, sputum cultures or blood cultures. Treatment involves empiric antibiotic therapy guided by likely pathogens, disease severity, and patient risk factors. Hospitalization may be required for severe cases or in people with comorbidities (File & Ramirez, 2023).

Hospital-Acquired Pneumonia

Hospital-acquired pneumonia (HAP) refers to pneumonia that develops 48 hours or more after hospital admission and was not incubating at the time of admission. It is the second most common hospital-acquired infection and carries a high mortality rate, particularly among critically ill patients. Mechanical ventilation increases the risk of **ventilator-associated pneumonia (VAP)**, a severe subset of HAP (Miron et al., 2024).

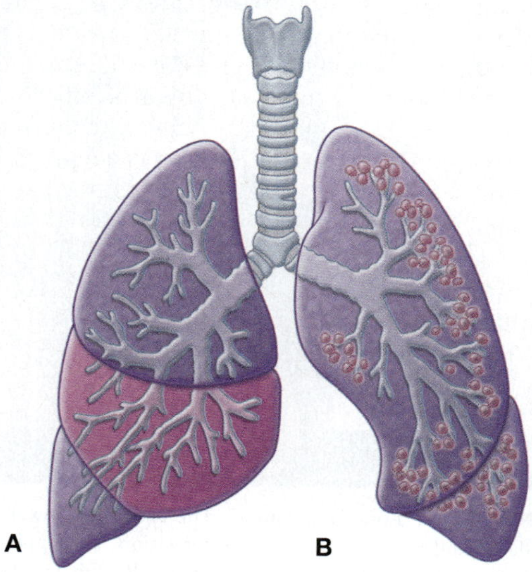

FIGURE 24-6. Distribution of lung involvement in (**A**) lobar pneumonia and (**B**) bronchopneumonia.

HAP is often caused by antibiotic-resistant Gram-negative organisms such as *P. aeruginosa*, *Enterobacter* species, *Klebsiella* species, and *E. coli*, as well as methicillin-resistant *Staphylococcus aureus* (MRSA). Treatment requires broad-spectrum empiric antibiotics tailored to local resistance patterns and narrowed based on microbiologic results when available (Miron et al., 2024).

Pneumonia in Immunocompromised People

Pneumonia poses a particular risk for people with compromised immune systems, including those with congenital or acquired immunodeficiencies, transplant recipients, people undergoing chemotherapy, and people on long-term immunosuppressive therapy. The type of immune defect influences the pathogens involved. Bacterial infections are more common in people with humoral deficiencies, while viral, fungal, and protozoal infections are more common in people with impaired cellular immunity or neutropenia (Chean et al., 2024).

The clinical presentation may be atypical or insidious, especially for viral or fungal pathogens. Diagnosis relies on imaging, microbiologic testing, and often bronchoalveolar lavage or biopsy. Treatment depends on the suspected pathogen and typically requires prolonged and sometimes combination antimicrobial therapy (Chean et al., 2024).

Acute Bacterial (Typical) Pneumonias

Typical bacterial pneumonia results from colonization and infection of the lower respiratory tract, most often following microaspiration from the upper airway. Risk factors include impaired cough or mucociliary function, smoking, viral infection, chronic illness, or antibiotic use that disrupts normal flora (Table 24-2). Typical pathogens cause alveolar inflammation, exudate formation, and consolidation seen on imaging. Clinical presentation includes abrupt onset of fever, chills, productive cough, pleuritic chest pain, and dyspnea.

Antibiotic treatment is essential and should be started promptly after diagnosis. Severity of disease, patient age, and comorbid conditions guide decisions about hospitalization and therapy (Pahal et al., 2023).

Pneumococcal Pneumonia

S. pneumoniae is the leading cause of typical community-acquired bacterial pneumonia, referred to as **pneumococcal pneumonia**. It is a Gram-positive diplococcus with a polysaccharide capsule that impairs phagocytosis and enhances virulence. Infections typically occur following disruption of host defenses and are common among people with asplenia, chronic illnesses, or immunosuppression (Ochoa-Gondar et al., 2023).

The pathogenesis of pneumococcal pneumonia includes four histopathologic stages: (1) edema with protein-rich fluid and bacterial proliferation; (2) red hepatization marked by neutrophilic infiltration and alveolar hemorrhage; (3) gray hepatization as macrophages remove debris; and (4) resolution with restoration of normal lung architecture (Ochoa-Gondar et al., 2023).

TABLE 24-2 Respiratory Defense Mechanisms and Conditions That Impair Their Effectiveness

Defense Mechanism	Function	Factors That Impair Effectiveness
Glottic and cough reflexes	Protect against aspiration into tracheobronchial tree	Loss of cough reflex because of stroke or neural lesion, neuromuscular disease, abdominal or chest surgery, depression of the cough reflex because of sedation or anesthesia, presence of a nasogastric tube (tends to cause adaptation of afferent receptors)
Mucociliary blanket	Removes secretions, microorganisms, and particles from the respiratory tract	Smoking, viral diseases, chilling, inhalation of irritating gases
Phagocytic and bactericidal action of alveolar macrophages	Removes microorganisms and foreign particles from the lung	Tobacco smoke, chilling, alcohol, oxygen intoxication
Immune defenses (immunoglobulin [IgA] and IgG and cell-mediated immunity)	Destroy microorganisms	Congenital and acquired immunodeficiency states

The signs and symptoms of pneumococcal pneumonia vary widely depending on the age and health status of the infected person. In previously healthy people, the onset is usually sudden and characterized by malaise, severe shaking chills, and fever. During the initial or congestive stage, coughing brings up watery sputum, and breath sounds are limited with fine crackles. As the disease progresses, the character of the sputum changes; it may be blood tinged or rust colored to purulent. Pleuritic pain, a sharp pain that is more severe with respiratory movements, is common. Older adults may present atypically, sometimes only with confusion or functional decline. Diagnosis is made clinically with confirmation by chest radiography; sputum or blood cultures may be used in severe cases (Ochoa-Gondar et al., 2023).

Treatment includes antibiotics active against *S. pneumoniae*. Resistance to macrolides and other agents has increased, underscoring the importance of susceptibility testing. Prevention strategies include pneumococcal vaccination, with current guidelines recommending conjugate (PCV15 or PCV20), polysaccharide (PPSV23), or both vaccines for older adults, immunocompromised people, and those with chronic conditions. Pediatric pneumococcal vaccines have significantly reduced invasive disease in children and conferred herd immunity benefits in adults (Morimoto & Masuda, 2025).

Legionnaire Disease

Legionnaire disease is a form of atypical pneumonia caused by *Legionella pneumophila*, a Gram-negative organism found in aquatic systems such as air conditioning units and water tanks. Infection results from inhalation of contaminated aerosols. Person-to-person transmission is not documented. Risk factors include smoking, chronic lung disease, and immunosuppression.

Clinical features include high fever, dry cough, dyspnea, confusion, diarrhea, hyponatremia, and evidence of pneumonia on imaging. Diagnosis may require urinary antigen testing, PCR, or culture on specialized media. Treatment includes antibiotics such as macrolides or fluoroquinolones (Viasus et al., 2022).

Primary Atypical Pneumonia

Atypical pneumonias, caused by *M. pneumoniae*, *C. pneumoniae*, viruses, or less commonly fungi and protozoa, typically affect younger populations and may present with milder symptoms than bacterial pneumonia. Pathologically, these infections involve the alveolar septa and interstitium rather than alveolar spaces, leading to less consolidation on imaging (Georgakopoulou et al., 2024).

Clinical manifestations include headache, low-grade fever, malaise, dry cough, and mild respiratory symptoms. The white blood cell count may be only modestly elevated. Diagnosis is often clinical, supported by chest imaging. Most cases are self-limited, but antibiotics such as macrolides or doxycycline may be used for suspected *Mycoplasma* or *Chlamydia* infection.

Tuberculosis

TB remains one of the leading causes of illness and death from infectious diseases worldwide. Despite long-standing availability of effective treatments, TB continues to pose a significant global health challenge due to its widespread prevalence, persistent transmission in high-risk populations, and growing concerns about drug resistance. While incidence has declined in many resource-abundant countries, TB remains a public health concern, particularly among vulnerable groups such as people with compromised immune systems, people in congregate living settings, and those from regions where TB is endemic. Latent TB infection is also common and serves as a reservoir for future disease, emphasizing the importance of screening, prevention, and sustained public health efforts (Bagcchi, 2023).

M. tuberculosis is a slender, rod-shaped aerobic bacillus characterized by a lipid-rich, acid-fast cell wall that enables survival in calcified granulomas and necrotic tissue. Its predilection for the upper lobes of the lung reflects its oxygen dependence. Although other species such as *Mycobacterium avium–intracellulare* can cause disease, especially in immunocompromised hosts, *M. tuberculosis* remains the primary pathogen worldwide (Bagcchi, 2023).

KEY POINTS

Tuberculosis

- TB is an infectious disease caused by *M. tuberculosis*, a rod-shaped, aerobic bacterium that is resistant to destruction and can persist in necrotic and calcified lesions for prolonged periods and remain capable of reinstating growth.
- A positive tuberculin skin test results from a cell-mediated immune response and implies that a person has been infected with *M. tuberculosis* and has mounted a cell-mediated immune response. It does not mean that the person has active TB.

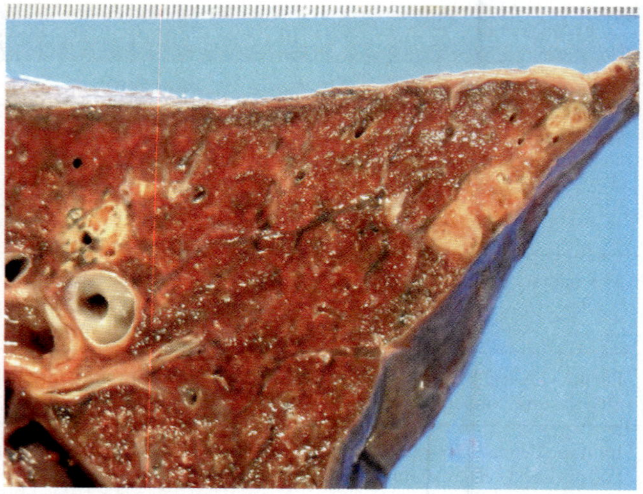

FIGURE 24-7. Primary tuberculosis. The Ghon complex is a pleural-based granuloma with a granulomatous hilar node in the same lobe. (From Burke, A. P., Aubry, M.-C., Maleszewski, J., Alexiev, B., & Tavora, F. [2016]. *Practical thoracic pathology* [Fig. 40.1]. Wolters Kluwer.)

Pathogenesis

The pathogenesis of TB in a previously unexposed immunocompetent person is centered on the development of a cell-mediated immune response that confers resistance to the organism and the development of tissue hypersensitivity to the tubercular antigens. The destructive features of the disease, such as caseating necrosis and cavitation, result from the hypersensitivity immune response rather than the destructive capabilities of the tubercle bacillus (Gill et al., 2022).

Inhaled droplet nuclei pass down the bronchial tree without settling on the epithelium and are deposited in the alveoli. Soon after entering the lung, the bacilli are phagocytosed by alveolar macrophages but resist killing, apparently because cell wall lipids of *M. tuberculosis* block fusion of phagosomes and lysosomes. Although the macrophages that first ingest *M. tuberculosis* cannot kill the organisms, they initiate a cell-mediated immune response that eventually contains the infection. As the tubercle bacilli multiply, the infected macrophages degrade the mycobacteria and present their antigens to T lymphocytes. The sensitized T lymphocytes, in turn, stimulate the macrophages to increase their concentration of lytic enzymes and ability to kill the mycobacteria. When released, these lytic enzymes also damage lung tissue. The development of a population of activated T lymphocytes and related development of activated macrophages capable of ingesting and destroying the bacilli constitutes the cell-mediated immune response, a process that takes about 3 to 6 weeks to become effective (Gill et al., 2022).

In people with intact cell-mediated immunity, the cell-mediated immune response results in the development of a gray-white, circumscribed granulomatous lesion, called a *Ghon focus*, that contains the tubercle bacilli, modified macrophages, and other immune cells. When the number of organisms is high, the hypersensitivity reaction produces significant tissue necrosis, causing the central portion of the Ghon focus to undergo soft, caseous (cheese-like) necrosis. During this same period, tubercle bacilli, free or inside macrophages, drain along the lymph channels to the tracheobronchial lymph nodes of the affected lung, and there evoke the formation of caseous granulomas. The combination of the primary lung lesion and lymph node granulomas is called a *Ghon complex* (Fig. 24-7). The Ghon complex eventually heals, undergoing shrinkage, fibrous scarring, and calcification, the latter visible radiographically (Gill et al., 2022). However, small numbers of organisms may remain viable for years. Later, if immune mechanisms decline or fail, latent TB infection has the potential to develop into secondary TB.

Clinical Manifestations

Primary TB

Primary TB develops in previously unexposed and therefore unsensitized people. It is typically initiated as a result of inhaling droplet nuclei that contain the tubercle bacillus. Most people with primary TB go on to develop latent infection, in which T lymphocytes and macrophages surround the organism in granulomas that limit their spread. People with latent TB do not have active disease and cannot transmit the organism to others (Gill et al., 2022).

In a small percentage of newly infected people, the immune response is inadequate. These people go on to develop progressive primary TB with continued destruction of lung tissue and spread to multiple sites within the lung. People infected with human immunodeficiency virus (HIV) and others with disorders of cell-mediated immunity are more likely to develop progressive TB if they become infected. In those who develop progressive disease, the symptoms are usually insidious and nonspecific, with fever, weight loss, fatigue, and night sweats. Sometimes the onset of symptoms is abrupt, with high fever, pleuritis, and lymphadenitis. As the disease spreads, the organism gains access to the sputum, allowing the person to infect others (Gill et al., 2022).

Primary Progressive TB

Primary progressive TB represents either reinfection from inhaled droplet nuclei or reactivation of a previously healed primary lesion (Fig. 24-8). It often occurs in situations of impaired body defense mechanisms. The partial immunity that follows primary TB affords protection against reinfection and, to some extent, aids in localizing the disease should reactivation occur. In primary progressive TB, the cell-mediated hypersensitivity reaction can be an aggravating factor, as evidenced by the frequency of cavitation and bronchial dissemination. In severe cases, the cavities may rapidly coalesce and become enlarged in diameter (Fig. 24-9). Pleural effusion and tuberculous **empyema** are common as the disease progresses.

People with early primary progressive TB commonly present with low-grade fevers, fatigue, and weight loss. A cough initially is dry but later becomes productive with purulent and sometimes blood-tinged sputum. Dyspnea and orthopnea develop as the disease advances to late primary progressive TB. Also, night sweats, anemia, and rales on lung auscultation are evident as the disease progresses (Gill et al., 2022).

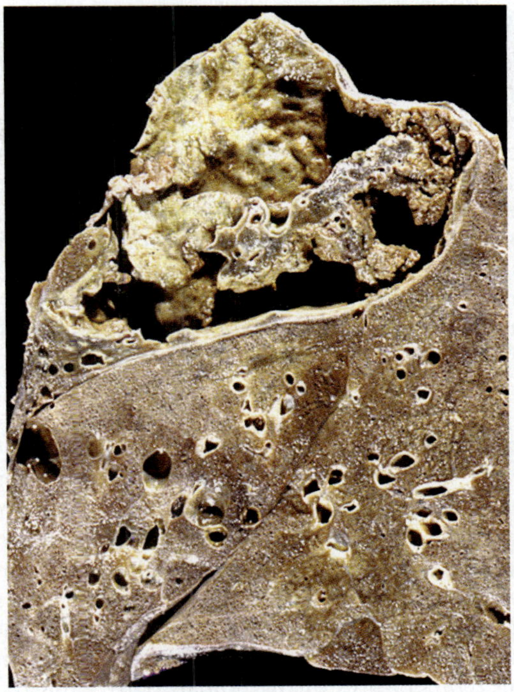

FIGURE 24-9. Gross figure of reactivated tuberculosis with the formation of a necrotic cavity involving the entire upper lobe. (From Cagle, P. T., Allen, T. C., Barrios, R., Bedrossian, C., Haque, A. K., Laga, A. C., Ostrowski, M. L., & Zander, D. S. [2005]. *Color atlas and text of pulmonary pathology*. Wolters Kluwer.)

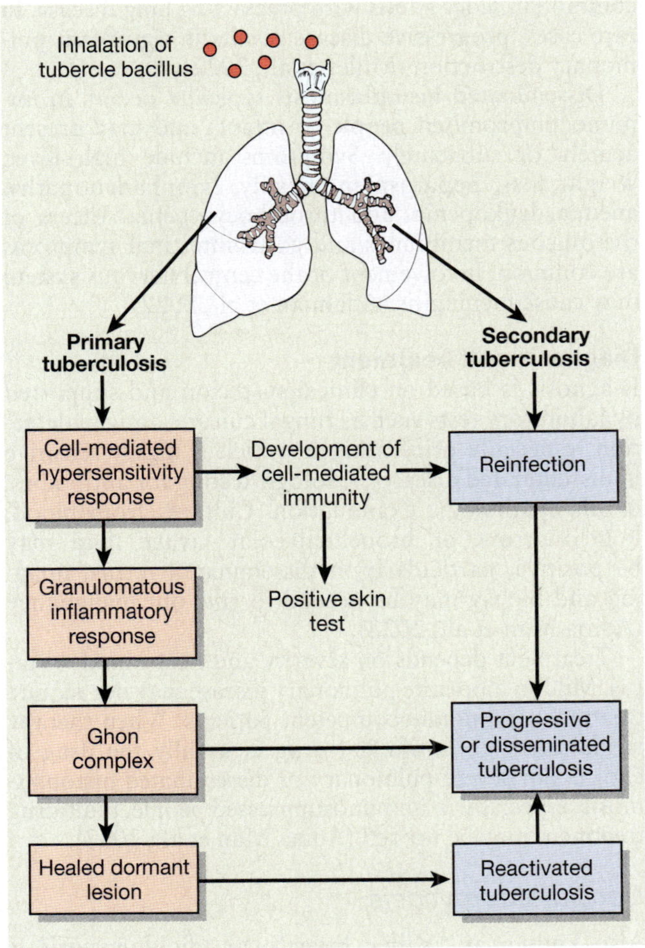

FIGURE 24-8. Pathogenesis of tuberculosis infection.

Diagnosis and Treatment

Diagnosis begins with tuberculin skin testing (TST) or IFN-γ release assays (IGRAs), which are particularly useful in BCG-vaccinated people and settings with high latent TB prevalence. NAATs are now recommended as the initial diagnostic test for pulmonary and extrapulmonary TB in both adults and children, with simultaneous detection of rifampin resistance. Culture and drug-susceptibility testing remain essential for definitive diagnosis and treatment planning (Kontsevaya et al., 2024).

Treatment of active TB requires a multidrug regimen. Standard therapy for drug-susceptible TB includes isoniazid, rifampin, pyrazinamide, and ethambutol. Recent guidance supports a 4-month regimen containing both rifapentine and moxifloxacin for treatment of uncomplicated disease in children and adolescents (Saukkonen et al., 2025).

Multidrug-resistant (MDR) or rifampin-resistant TB (RR-TB) accounts for a significant number of cases globally. Shorter, all-oral 6-month regimens (e.g., BPaLM or BPaL: bedaquiline, pretomanid, linezolid ± moxifloxacin) are recommended for eligible patients, including adolescents and pregnant people (Gill et al., 2022).

Preventive Therapy and Vaccination

People with latent TB infection, particularly those with recent exposure or immunosuppressive conditions, are offered prophylactic treatment to prevent progression to active disease. Regimens include isoniazid, rifampin, or rifapentine-based protocols. The BCG vaccine, recommended in high-burden countries, offers protection against severe forms of TB in newborns and children but is not used routinely in low-incidence settings due to variable efficacy and interference with TST interpretation. Several novel TB vaccines (e.g., M72/AS01E) are under phase III development (Vasiliu et al., 2024).

Fungal Infections

Fungi include organisms such as yeasts and molds. Yeasts are unicellular, round, or oval organisms that reproduce by budding, while molds are multicellular organisms that grow as filamentous hyphae and reproduce via spore formation. Some fungi are dimorphic, existing as molds in the environment but transforming into yeasts in the warmer temperatures of the human body. Fungal infections, or mycoses, are traditionally classified by the depth of tissue involvement: superficial, cutaneous, subcutaneous, or systemic (deep) mycoses. The superficial, cutaneous, and subcutaneous forms primarily affect the skin, hair, and nails, while systemic mycoses involve deeper structures such as the lungs and other internal organs and can be life-threatening (Niederman & Torres, 2022).

Systemic fungal infections are often caused by environmental dimorphic fungi acquired through inhalation of airborne spores. These fungi are endemic to specific geographic regions and include *Histoplasma capsulatum*, *Coccidioides immitis* and *Coccidioides posadasii*, and *Blastomyces dermatitidis*. In most cases, infection is associated with no symptoms or results in mild, self-limited respiratory illness. However, severe or disseminated disease can develop, especially in people with immunosuppression, heavy environmental exposure, or underlying chronic illness (Niederman & Torres, 2022).

Cell-mediated immunity plays a central role in the host's defense against fungal infections. Unlike bacteria, most pathogenic fungi do not produce toxins. Instead, disease results from the host's delayed-type hypersensitivity response to fungal antigens. Granulomatous inflammation, consisting of macrophages, lymphocytes, and multinucleated giant cells, often develops at the site of infection and may undergo necrosis and calcification similar to that seen in TB. Immunocompromised people, including those with HIV/acquired immunodeficiency syndrome (AIDS), cancer, or organ transplants, are at heightened risk for progressive or disseminated fungal infections (Lionakis et al., 2023).

Histoplasmosis

Histoplasmosis is caused by the dimorphic fungus *H. capsulatum*, which is endemic to the Ohio and Mississippi River valleys, with increasing reports in other regions due to climate and land use changes. The organism thrives in soil enriched with bird or bat droppings, particularly in areas such as caves, chicken coops, or old buildings (Barros et al., 2023).

Etiology and Pathogenesis

Infection occurs through inhalation of fungal spores that become airborne when contaminated soil or dust is disturbed. Once inside the alveoli, the spores convert to the yeast form and are engulfed by alveolar macrophages. The organisms may disseminate via the lymphatics and bloodstream during the early stages of infection, before adaptive immunity is established. Within 2 to 3 weeks, cell-mediated immunity typically develops, allowing most immunocompetent hosts to control the infection (Barros et al., 2023).

Clinical Manifestations

The majority of infections show no symptoms or cause mild flu-like symptoms. The incubation period is typically 1 to 4 weeks. Primary pulmonary histoplasmosis is often self-limited and includes fever, dry cough, myalgias, and arthralgias. Occasionally, erythema nodosum or erythema multiforme appears. Chest imaging may show focal or diffuse infiltrates. Healed granulomas may calcify and appear as incidental findings on radiographs (Barros et al., 2023).

Chronic pulmonary histoplasmosis can mimic reactivation TB, with upper lobe infiltrates, cavitation, productive cough, weight loss, and night sweats. It is more common in older adults with preexisting lung disease. In rare cases, progressive disease results in significant pulmonary destruction (Miller et al., 2022).

Disseminated histoplasmosis typically occurs in immunocompromised people or infants and may present acutely or subacutely. Symptoms include high fever, weight loss, hepatosplenomegaly, lymphadenopathy, anemia, leukopenia, and thrombocytopenia. Ulcers of the mucous membranes and gastrointestinal symptoms are common. Involvement of the central nervous system may cause meningitis (Adamian et al., 2022).

Diagnosis and Treatment

Diagnosis is based on clinical suspicion and supported by laboratory tests such as fungal culture, antigen detection (especially urine antigen, which is highly sensitive in disseminated disease), serologic testing for antibodies, or histopathologic examination. Cultures from blood, bone marrow, or bronchoalveolar lavage fluid may be positive, particularly in disseminated forms. Imaging and biopsy may be needed to rule out malignancy (Adina Man et al., 2023).

Treatment depends on severity and host immune status. Mild to moderate pulmonary disease may not require treatment in immunocompetent patients. When therapy is indicated, an antifungal drug is usually the drug of choice. For severe pulmonary or disseminated histoplasmosis, especially in immunosuppressed people, multidrug treatment may be needed (Adina Man et al., 2023).

Coccidioidomycosis

Also known as "Valley Fever," **coccidioidomycosis** is caused by *C. immitis* and *C. posadasii*. It is endemic to arid regions of the southwestern United States, including California, Arizona, New Mexico, Nevada, and Texas, and parts of Central and South America. Infection occurs after inhalation of airborne arthroconidia (fungal spores), often following dust storms or soil disruption (Williams & Chiller, 2022).

Etiology and Pathogenesis

The spores transform into spherules within the host lungs, releasing endospores that provoke a granulomatous inflammatory response. The mechanisms resemble those of histoplasmosis, including the potential for dissemination in susceptible people.

Clinical Manifestations

Most infections present with no symptoms or only mild symptoms. Primary coccidioidomycosis usually presents with nonspecific respiratory symptoms such as fever, cough, chest pain, and fatigue, 1 to 4 weeks after exposure. Extrapulmonary symptoms may include erythema nodosum or erythema multiforme, sometimes associated with arthralgias ("desert rheumatism"). These immune-mediated skin and joint symptoms are associated with a strong immune response and a lower risk of dissemination (Williams & Chiller, 2022).

Disseminated coccidioidomycosis may involve the skin, bones, joints, lymph nodes, liver, spleen, adrenal glands, or meninges. Meningitis is the most feared complication and a leading cause of mortality. Risk factors for dissemination include immunosuppression, HIV infection, pregnancy (especially the third trimester), diabetes, and certain racial and ethnic groups, including Black and Filipino people.

Diagnosis and Treatment

Diagnosis requires direct identification of the organism via sputum, tissue biopsy, or serologic testing for immunoglobulin M (IgM) and IgG antibodies. Imaging studies may suggest infection but are not definitive. Antifungal treatment is generally reserved for people with moderate to severe illness or those at increased risk of dissemination (Williams & Chiller, 2022).

Blastomycosis

Blastomycosis is a systemic fungal infection caused by *B. dermatitidis*, found in moist soil rich in organic matter, particularly in areas surrounding the Ohio and Mississippi River valleys, Great Lakes, and parts of the southeastern United States. Cases are increasingly reported in other regions, including southern Canada (Zhou et al., 2025).

Etiology and Pathogenesis

Infection occurs via inhalation of airborne spores, which transform into the yeast form in the lungs. The yeast can elicit a pyogranulomatous response and spread to extrapulmonary sites, particularly the skin, bones, and genitourinary tract.

Clinical Manifestations

Pulmonary blastomycosis often mimics bacterial pneumonia or histoplasmosis, with fever, cough (often productive and purulent), chest pain, and muscle aches. Severe disease may progress to ARDS. Unlike histoplasmosis, productive cough and purulent sputum are more typical.

Extrapulmonary disease occurs in approximately 25% to 40% of cases and may involve the skin (ulcerative or verrucous lesions), bones, or prostate gland. Skin lesions may be the first manifestation of disseminated infection (Zhou et al., 2025).

Diagnosis and Treatment

Diagnosis is confirmed by culture or histopathology, which reveals large, broad-based budding yeast. Fungal cultures may take several weeks to grow, but molecular diagnostics such as DNA probes and urine antigen tests (cross-reactive with histoplasma) are improving early detection. Biopsy of suspicious lesions may be required.

Treatment of the progressive or disseminated form of the disease includes the use of the antifungal drug, itraconazole. Amphotericin B is recommended for immunosuppressed people. Most people with blastomycosis are identified and treated before the development of overwhelming or fatal disease (Zhou et al., 2025).

SUMMARY CONCEPTS

The most common cause of respiratory illness, respiratory infections include the common cold, influenza, pneumonias, TB, and fungal infections. The common cold occurs more frequently than any other respiratory infection. The fingers are the usual source of transmission; the most common portals of entry are the nasal mucosa and the conjunctiva of the eye. The influenza virus causes three syndromes: an uncomplicated rhinotracheitis, a respiratory viral infection followed by a bacterial infection, and viral pneumonia. Its contagiousness results from the ability of the virus to mutate and form subtypes against which the population is unprotected.

COVID-19 ranges in severity from no symptoms to life-threatening pneumonia and ARDS. It is primarily transmitted through respiratory droplets and aerosols. A subset of people develop long COVID, marked by persistent symptoms such as fatigue, dyspnea, and cognitive difficulties weeks or months after even a mild initial acute infection.

Pneumonia is an infection of the parenchymal tissues of the lung. Loss of the cough reflex, damage to the ciliated endothelium that lines the respiratory tract, or impaired immune defenses predispose people to pneumonia. Pneumonia can be classified according to setting (community- or hospital-acquired), type of organism (typical or atypical), and location (lobar pneumonia or bronchopneumonia).

People with compromised immune function constitute a special concern. CAP involves infections from organisms that are present more often in the community than in the hospital or nursing home, the most common being *S. pneumoniae*. Hospital-acquired (nosocomial) pneumonia is defined as a lower respiratory tract infection occurring 48 hours or more after admission and is the second most common hospital-acquired infection. Acute typical pneumonias, including *S. pneumoniae* and *L. pneumophila* pneumonia, are caused by organisms that multiply extracellularly in the alveoli and cause inflammation and transudation of fluid into the air-filled spaces of the alveoli. Atypical pneumonias are caused by a variety of agents, including *M. pneumoniae* and viruses that invade the alveolar septum and interstitium of the lung.

TB is a chronic respiratory infection caused by *M. tuberculosis* and spread by minute, invisible droplet nuclei. TB remains a significant global health concern, particularly among vulnerable populations, including those with compromised immune function or living in congregate settings. The tubercle bacillus incites granulomatous inflammation. The destructiveness of the disease results from the cell-mediated hypersensitivity response that the bacillus evokes. Cell-mediated immunity and hypersensitivity reactions contribute to the evolution of the disease. TB treatment has been complicated by the emergence of drug-resistant forms of the disease.

Infections caused by the fungi *H. capsulatum* (histoplasmosis), *C. immitis* (coccidioidomycosis), and *B. dermatitidis* (blastomycosis) produce pulmonary manifestations that resemble TB. These infections are common but seldom serious unless they produce progressive destruction of lung tissue or disseminate to organs and tissues outside the lungs.

Cancer of the Lung

Lung cancer remains the leading cause of cancer-related death among all sexes in the United States, despite a steady decline in smoking rates over the past 30 years and improvements in early detection and treatment. The average age at diagnosis is 70. Although overall incidence is decreasing, recent increases in smoking among teens and rising rates of smoking and lung cancer among Native American and Alaska Native populations raise concerns about future trends (Kratzer et al., 2024).

Cigarette smoking accounts for more than 80% of lung cancer cases. The risk increases with both the duration and intensity of smoking, but smoking cessation at any age can reduce that risk. Industrial exposures—particularly to asbestos—also contribute to lung cancer risk. Workers exposed to asbestos have a significantly higher incidence of lung cancer, and the combined effect of asbestos and tobacco smoke is especially harmful. In addition to environmental and occupational exposures, there is evidence of a familial predisposition to lung cancer. Genetic factors may play a role, particularly when combined with smoking. Notably, lung cancer also occurs in people who have never smoked, including those exposed to secondhand smoke and even those with no known exposure.

The 5-year survival rate for lung cancer remains low, at approximately 18% overall. For males, survival ranges from 7% to 12%, and for females, from 8% to 14%, depending on factors such as stage at diagnosis and access to care (Kratzer et al., 2024).

Histologic Subtypes and Pathogenesis

Approximately 95% of primary lung tumors are bronchogenic carcinomas arising from the epithelial lining of the respiratory tract. The remaining 5% include carcinoid (well-differentiated neuroendocrine) tumors, bronchial gland tumors, sarcomas, and lymphomas. The lungs are also a common site for metastases from other primary cancers (Zou et al., 2022).

Lung cancers are typically aggressive, locally invasive, and prone to early metastasis. They often begin as small mucosal lesions in the bronchi and may form intraluminal masses, invade bronchial mucosa and connective tissue, or grow as bulky peripheral masses that infiltrate surrounding structures. Larger tumors may undergo central necrosis or hemorrhage and can invade the pleura, chest wall, or mediastinum. Some lung cancers, especially those with neuroendocrine differentiation, produce bioactive substances that cause paraneoplastic syndromes with endocrine, neurologic, or immunologic effects (Koloutsou et al., 2025).

Lung cancers are broadly classified into:

- Small cell lung carcinoma (SCLC) (~15% of cases)
- Non–small cell lung carcinoma (NSCLC) (~85% of cases), which includes:
  - Adenocarcinoma
  - Squamous cell carcinoma
  - Large cell carcinoma

A subset of tumors shows neuroendocrine differentiation, including both small cell lung cancer and large cell neuroendocrine carcinoma (LCNEC)—a distinct, high-grade tumor with features overlapping both NSCLC and SCLC. Advances in molecular diagnostics have enhanced classification and support targeted therapies based on genetic alterations (e.g., EGFR, ALK, KRAS, ROS1) (Koloutsou et al., 2025).

Small Cell Lung Cancers

Small cell lung cancers (SCLCs) are composed of small, round-to-oval cells with scant cytoplasm and neuroendocrine features. Electron microscopy often reveals neurosecretory granules, and tumors may secrete ectopic hormones such as ACTH or ADH, contributing to paraneoplastic syndromes. SCLC has the strongest correlation with tobacco smoking and is rare in nonsmokers (Megyesfalvi et al., 2023).

SCLC is characterized by rapid growth, early dissemination, and frequent brain metastasis. It is rarely suitable for surgical resection. Common paraneoplastic syndromes include syndrome of inappropriate antidiuretic hormone (SIADH), Cushing syndrome (due to ectopic ACTH production), and Lambert-Eaton myasthenic syndrome (Megyesfalvi et al., 2023).

Non–Small Cell Lung Cancers

Non–small cell lung cancers (NSCLCs) include adenocarcinoma, squamous cell carcinoma, and large cell carcinoma. These tumors are typically slower growing than SCLCs and more likely to be diagnosed at earlier stages when surgical treatment is feasible. Like SCLCs, NSCLCs can produce paraneoplastic syndromes (Zhou et al., 2025).

Adenocarcinoma

Adenocarcinoma is currently the most common subtype of lung cancer in the United States, particularly among females and nonsmokers. These tumors usually originate in the peripheral lung fields, often in areas of prior scarring (Fig. 24-10). While less strongly associated with smoking than other subtypes, certain forms (e.g., invasive mucinous adenocarcinoma) have smoking-related links. Prognosis is highly dependent on molecular features (Myers & Wallen, 2023).

Squamous Cell Carcinoma

Most common in males with a history of smoking, **squamous cell carcinoma** typically arises in the central airways. It may be detected early via sputum cytology and tends to remain localized longer before metastasizing. These tumors frequently invade the hilum and mediastinum and may be associated with hypercalcemia due to parathyroid hormone–related peptide (PTHrP) secretion (Lau et al., 2022; Fig. 24-11).

FIGURE 24-10. This appearance of peripheral lung adenocarcinoma with a central anthracotic scar is the type of lesion formerly regarded as "scar cancer." It is now understood that the central fibrosis is the result of alveolar collapse and fibroplasia secondary to tumor growth. (From Cagle, P. T., & Allen, T. [2010]. *Advances in surgical pathology: Lung cancer* [Fig. 29.1]. Wolters Kluwer.)

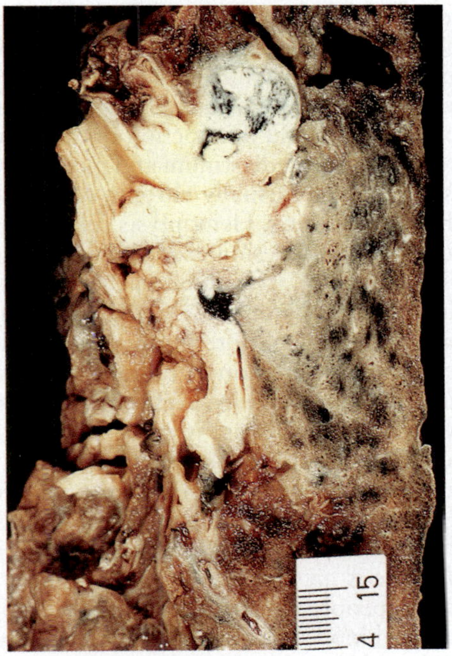

FIGURE 24-11. Squamous cell carcinoma of a major bronchus growing into the main bronchus, invading the peribronchial soft tissue and lung parenchyma, and directly disseminating to lymph nodes. (From Longacre, T. A. [2022]. *Mills and Sternberg's diagnostic surgical pathology* [7th ed., Fig. 26.9]. Wolters Kluwer.)

Large Cell Carcinoma

Large cell carcinoma is a poorly differentiated NSCLC composed of large, polygonal cells that lack the defining features of squamous cell carcinoma or adenocarcinoma. It is typically located peripherally and invades subsegmental bronchi or larger airways. These tumors are aggressive, prone to early metastasis, and associated with poor prognosis. The diagnosis is often made by exclusion following histologic and immunohistochemical evaluation (Yang et al., 2022).

Clinical Manifestations

Lung cancer symptoms fall into three categories:

1. Local symptoms (due to tumor in the lung or bronchi)
2. Metastatic symptoms (due to spread to distant organs)
3. Paraneoplastic syndromes (endocrine, neurologic, or rheumatologic)

As with other cancers, lung cancer can cause nonspecific symptoms, such as anorexia and weight loss. Because its symptoms are similar to those associated with smoking and chronic bronchitis, they are often disregarded. Metastases are frequently present at diagnosis, with common sites including the brain, bone, liver, and adrenal glands (Midthun, 2022).

Many of the manifestations of lung cancers result from local irritation and obstruction of the airways and from invasion of the mediastinum and pleural space. The earliest symptoms are usually chronic cough, shortness of breath, and wheezing. Hemoptysis (blood in the sputum) occurs when the lesion erodes blood vessels. Pain receptors in the chest are limited to the parietal pleura, mediastinum, larger blood vessels, and peribronchial afferent vagal fibers. Dull, intermittent, poorly localized retrosternal pain is common in tumors that involve the mediastinum. Pain becomes persistent, localized, and more severe when the disease invades the pleura.

Tumors that invade the mediastinum may cause hoarseness because of the involvement of the recurrent laryngeal nerve and cause difficulty in swallowing because of compression of the esophagus. **Superior vena cava syndrome** is an uncommon complication that occurs in some people with mediastinal involvement. Interruption of blood flow in this vessel usually results from compression by the tumor or involved lymph nodes. The disorder can interfere with venous drainage from the head, neck, and chest wall. Tumors adjacent to the visceral pleura often insidiously produce pleural effusion. This effusion can compress the lung and cause atelectasis and dyspnea (Midthun, 2022).

Diagnosis and Treatment

The diagnosis of lung cancer is based on a combination of clinical evaluation, imaging studies, and tissue sampling. Common imaging modalities include chest radiography, CT, positron emission tomography combined with CT (PET-CT), and MRI. Tissue diagnosis may be obtained through bronchoscopy, sputum cytology, CT-guided percutaneous needle biopsy, or endobronchial ultrasound–guided transbronchial needle aspiration (EBUS-TBNA). Once a diagnosis is confirmed, molecular testing is essential, particularly for NSCLC. Testing for mutations or alterations in genes such as EGFR, ALK, ROS1, BRAF, and expression of PD-L1 helps guide targeted therapies and immunotherapy decisions (Kim et al., 2022).

Staging is a critical part of the diagnostic process and guides treatment planning. NSCLC is staged using the International Tumor, Node, Metastasis (TNM) system, which evaluates tumor size and extent, lymph node involvement, and distant metastases. In contrast, SCLC is typically staged as either limited stage—confined to one hemithorax and regional lymph nodes—or extensive stage—indicating spread beyond the hemithorax or to distant organs (Kim et al., 2022).

Treatment varies based on cancer type and stage. For NSCLC, early-stage disease is typically treated with surgical resection, with or without adjuvant chemotherapy or radiation. Locally advanced NSCLC often requires a combination of chemotherapy and radiation, and in select cases, targeted therapy based on molecular profiling. Advanced or metastatic NSCLC may be treated with immunotherapy, targeted agents for specific mutations, and/or systemic chemotherapy (Alduais et al., 2023).

For SCLC, treatment is generally not surgical due to early metastasis. Limited-stage SCLC is typically managed with concurrent chemotherapy and thoracic radiation therapy, and prophylactic cranial irradiation (PCI) is often recommended to reduce the risk of brain metastases. Extensive-stage SCLC is treated with systemic chemotherapy. Recent advances, including the addition of immunotherapy, have demonstrated improved outcomes in extensive-stage disease (Petty & Paz-Ares, 2023).

Management of Lung Cancer in Older Adults

Because the majority of people diagnosed with lung cancer are over the age of 65, tailored management strategies for older adults are essential. However, evidence guiding treatment in this population remains limited, primarily due to the underrepresentation of older adults in clinical trials and a lack of age-stratified analyses. Current best practices emphasize that treatment decisions should be based on physiologic age rather than chronological age. A comprehensive geriatric assessment is recommended to evaluate functional status, comorbidities, nutritional and cognitive status, psychological well-being, social support, and potential polypharmacy risks (Stieglitz et al., 2025).

Surgical resection remains the treatment of choice for older adults with stage I to III NSCLC who are surgical candidates. Curative surgery is often feasible and should not be withheld solely based on age. For those who are not candidates for surgery, radiation therapy may be delivered with curative intent or used palliatively to relieve cancer-related symptoms.

Systemic therapy decisions in older adults should consider overall performance status, renal and hepatic function, and hematologic parameters. Older adults with good functional status can often tolerate standard chemotherapy regimens for limited-stage disease or combination chemotherapy for extensive-stage disease. However, some may require dose modifications or may be unable to complete full treatment courses. Newer treatment options, including immunotherapy, are increasingly used in this population and may offer improved outcomes with potentially better tolerability. Ultimately, individualized treatment plans should balance efficacy, safety, and the patient's goals of care (Stieglitz et al., 2025).

SUMMARY CONCEPTS

Cancer of the lung is a leading cause of death worldwide. Cigarette smoking is implicated in the majority of cases, and the risk among people who smoke increases with the duration of smoking and the number of cigarettes smoked per day. Industrial hazards, such as exposure to asbestos, also increase the risk of lung cancer. Because lung cancer develops insidiously, it is often far advanced before it is diagnosed and therefore has a poor 5-year survival rate. Carcinoma, which accounts for 95% of all primary lung cancers, can be subdivided currently into four major categories: squamous cell carcinoma, adenocarcinoma, large cell carcinoma, and small cell carcinoma. For purposes of staging and treatment, lung cancer is divided into SCLC and NSCLC. The main reason for this is that almost all SCLCs have metastasized at the time of diagnosis.

The manifestations of lung cancer can be attributed to the involvement of the lung and adjacent structures; the effects of local spread and metastasis; and paraneoplastic syndromes involving endocrine, neurologic, and hematologic dysfunction. As with other cancers, lung cancer causes nonspecific symptoms such as anorexia and weight loss. Treatment includes surgery, irradiation, and chemotherapy. The current increase in lung cancer among people 65 years and older has required a rethinking of the treatment strategies for this age group, with the trend being to base treatment on physiologic rather than chronologic age.

Respiratory Disorders in Children

Acute respiratory diseases are the most common cause of illness in infancy and childhood (Zebua et al., 2023). This section focuses on the developmental basis for lung disorders in children, respiratory disorders in neonates, and respiratory infections in children.

Lung Development

The lungs are among the last organ systems to mature before birth, and their immaturity contributes significantly to morbidity in premature infants. Lung development occurs in five stages: the embryonic, pseudoglandular, canalicular, saccular, and alveolar periods. By 17 weeks of gestation, most structural elements of the lung are present except the gas exchange surfaces, which begin forming during the canalicular stage. During the saccular period (weeks 27 to 35), alveolar ducts and sacs develop and surfactant production increases. During the alveolar period (late fetal to early childhood), alveoli mature and multiply, continuing well into early childhood. At birth, only 12% to 16% of adult alveoli are present; rapid alveolar proliferation occurs during the first year of life (McDonald, 2024).

Development of Breathing in the Fetus and Neonate

In utero, fetal lungs secrete fluid that supports alveolar growth. At birth, this fluid is expelled or reabsorbed to allow air entry. Effective ventilation requires coordination between the diaphragm, intercostal muscles, and upper airway structures. In neonates, immature intercostal muscles and a compliant chest wall contribute to the paradoxical inward movement of the chest during inspiration, especially during active sleep. In neonates with healthy lungs, minimal inspiratory pressure is needed to inflate the lungs after spontaneous breathing is established. However, the first breaths require much higher inspiratory pressures to clear the lungs of the fetal fluid and adequately inflate the alveoli. Some neonates can experience spontaneous pneumothorax due to the high inspiratory pressures they must exert during the initial breaths. Respiratory disease of the neonate reduces lung compliance and increases the work of breathing (WOB), with substernal, suprasternal, subcostal, and intercostal retractions often present due to the combination of the increased WOB and the very compliant chest wall (McDonald, 2024).

Airway Resistance

The airways of infants and small children are much smaller and narrower than those of older children or adults, making infants highly vulnerable to airway obstruction from mucus, edema, or inflammation. Neonates are obligatory nose breathers and may not spontaneously shift to open-mouth breathing if the nasal passages are obstructed. Therefore, nasal obstruction in a neonate can increase airway resistance and WOB or even completely obstruct the airway. Infants experiencing respiratory distress will often demonstrate nasal flaring and expiratory grunting (in addition to chest retractions). Nasal flaring expands the nasal passages to reduce airway resistance. Expiratory grunting results from the infant exhaling against a partially closed glottis, which generates a positive end-expiratory pressure within the lungs to assist with keeping alveoli inflated. Normally, the extrathoracic airways in the infant narrow during inspiration and widen during expiration, and the intrathoracic airways widen during inspiration and narrow during expiration. This occurs because the pressure inside the extrathoracic airways reflects the intrapleural pressures that are generated during breathing, whereas the pressure outside the airways is similar to atmospheric pressure. However, these patterns can change markedly with obstruction or disease (Trachsel et al., 2022).

Lung Volumes and Gas Exchange

Infants maintain a relatively high **functional residual capacity (FRC)**—the air remaining in the lungs after expiration—due to rapid respiratory rates and shorter expiratory time. This elevated end-expiratory volume helps stabilize the airways, absorb lung fluid, and improve gas exchange. During active sleep, the tone of the upper airway muscles is reduced. Therefore, the time spent in expiration is shorter, and the intercostal activity that stabilizes the chest wall is less. This results in a lower end-expiratory volume and less optimal gas exchange (Trachsel et al., 2022).

Control of Ventilation

After birth, the transition from fetal oxygenation through the placenta to postnatal oxygenation through the neonatal lungs causes a marked increase in arterial blood oxygen levels if the neonatal lungs are healthy. This large increase in postnatal arterial oxygen levels effectively silences the responsiveness of the central and peripheral chemoreceptors of the neonate for several days after birth, which results in a transient delayed ventilatory response to hypoxia. Over time, the chemoreceptors reset to respond to the higher postnatal oxygen levels. In preterm infants, the central nervous system and brain are not yet fully developed, leading to immature neurologic control, including immaturity of the central respiratory centers. This neurologic immaturity results in **apnea of prematurity**, in which the infant experiences repeated pauses in breathing because of the immature central respiratory centers. The pauses can last 20 seconds or longer and often require gentle tactile stimulation to prompt the infant to begin breathing again. Apnea of prematurity is often treated by pharmacologic administration of caffeine, a CNS stimulant, until the infant's neurologic system matures to the level of a term newborn infant. Term newborn infants also normally experience less pronounced **periodic breathing** with pauses lasting less than 20 seconds and spontaneously reversed by the infant (Trachsel et al., 2022).

Manifestations of Respiratory Disorders or Infection in the Infant or Young Child

Most respiratory disorders in the infant or young child produce a decrease in lung compliance or an increase in airway resistance manifested by changes in breathing patterns, rib cage distortion (retractions), audible sounds, and use of accessory muscles.

Children with pulmonary pathology that restricts inhalation (such as may occur with lower respiratory infections) breathe at faster rates, and their respiratory excursions are shallow. Young children may also demonstrate the same types of expiratory grunting as are common in neonates with lung disorders. An expiratory grunt is common, as the child tries to raise the end-expiratory pressure and thus prolong the period of oxygen and carbon dioxide exchange across the alveolar–capillary interface. Children experiencing upper airway obstruction (extrathoracic), such as in croup, will often exhibit prolonged inspiration, nasal flaring, and inspiratory stridor—a harsh, crowing sound caused by turbulent airflow. Retractions may also be prominent in young children who still have flexible ribcages, due to the effort needed to overcome obstruction and airway collapse.

Lower airway obstruction (intrathoracic), such as in bronchiolitis or asthma, results in prolonged expiration and wheezing, as narrowed airways collapse during forced expiration. Accessory abdominal muscles are often recruited to assist expiration, and rib cage retractions may be observed (Fig. 24-12). Air trapping and elevated intrapleural pressures contribute to the increased WOB in these conditions (Kaler et al., 2023).

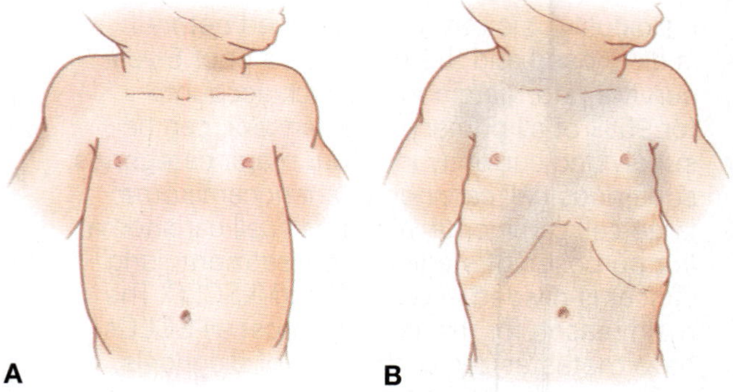

FIGURE 24-12. A. Normal inspiratory appearance of the chest during unobstructed breathing in the neonate. B. Sternal and intercostal retractions during obstructed breathing in the neonate.

Respiratory Disorders in the Neonate

The transition to oxygenation and ventilation through the neonatal lungs requires adequate neonatal production of pulmonary surfactant, coordinated function of the CNS and respiratory muscles, and the successful inflation of the neonatal lungs and establishment of appropriately functioning postnatal pulmonary and systemic circulations. Respiratory disorders develop in infants who are born prematurely or who have other problems that impair these critical transitions.

Cesarean birth is associated with a higher risk of respiratory problems in newborns, typically related to retained fluid in the lungs because the infant did not experience the thoracic compression during the passage through the birth canal (Yeganegi et al., 2024). The most common serious respiratory conditions that affect neonates are RDS of the newborn and BPD.

RDS of the Newborn

RDS, also known as hyaline membrane disease (HMD), is a common cause of respiratory illness in preterm infants. RDS is the result of pulmonary immaturity that causes a developmental deficiency of surfactant production from the type II alveolar cells. Surfactant is a complex phospholipid and protein complex that acts to reduce the surface tension in alveoli. Without adequate surfactant production, alveoli cannot inflate properly, producing a condition of widespread alveolar collapse, called atelectasis, which impairs gas exchange and leads to progressive respiratory failure (Fig. 24-13).

Etiology and Pathogenesis

The type II alveolar cells that produce surfactant do not begin to mature until approximately the 25th to 28th weeks of gestation. Consequently, many premature infants are born with poorly functioning type II alveolar cells and have difficulty producing adequate amounts of surfactant. Surfactant synthesis is influenced by several hormones, including insulin and cortisol. Insulin tends to

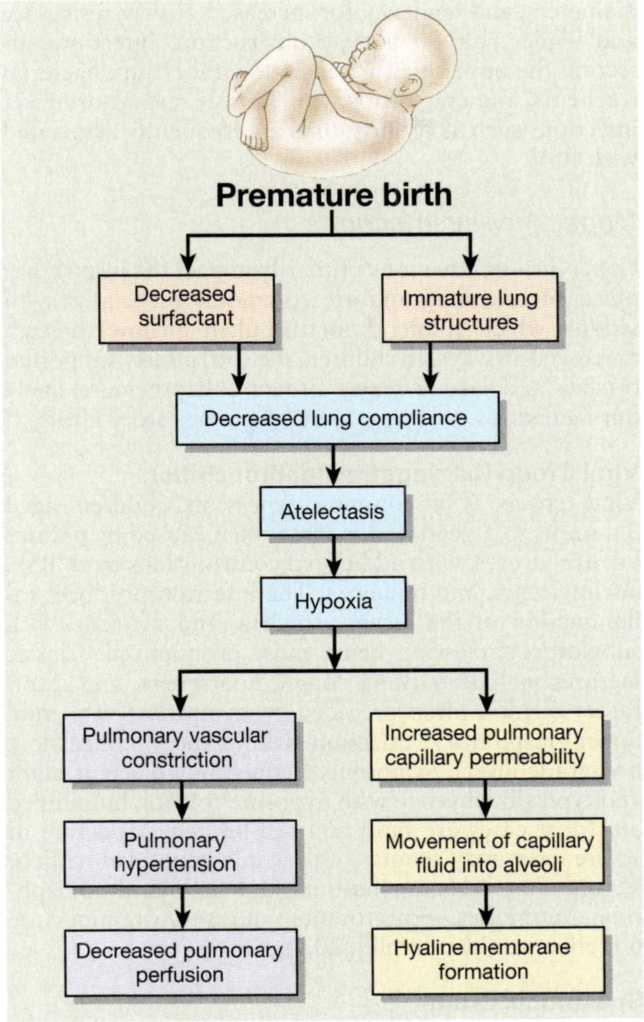

FIGURE 24-13. Pathogenesis of RDS in the infant. RDS, respiratory distress syndrome.

inhibit surfactant production; this explains why infants of birthing parents with insulin-dependent diabetes are at increased risk for the development of RDS. Cortisol can accelerate maturation of type II cells and formation of surfactant. Premature infants born by cesarean birth are thought to be at higher risk for the development of RDS because they are not subjected to the stress of vaginal delivery and do not experience the associated rise in cortisol.

Surfactant reduces the surface tension in the alveoli, thereby equalizing the retractive forces in the large and small alveoli and reducing the amount of pressure needed to inflate and hold the alveoli open. Without surfactant, the large alveoli remain inflated, whereas the small alveoli become difficult to inflate. With a surfactant deficiency, the lungs collapse between breaths, greatly increasing the WOB required for each breath. The airless portions of the lungs become stiff and noncompliant. A hyaline (noncellular) membrane forms inside the alveoli, as protein- and fibrin-rich fluids are pulled into the alveolar spaces. The fibrin–hyaline membrane constitutes a barrier to gas exchange, leading to hypoxemia and carbon dioxide retention, a condition that further impairs surfactant production.

Clinical Manifestations

Infants with RDS typically present with signs of respiratory distress within the first 24 hours of birth. Central cyanosis is a prominent sign. Breathing becomes more difficult, and retractions occur as the infant's soft chest wall is pulled in as the diaphragm descends. Grunting sounds accompany expiration. As the tidal volume drops because of atelectasis, the respiration rate increases (usually 60 to 120 breaths/min) in an effort to maintain normal minute ventilation. Fatigue may develop rapidly because of the increased WOB. The stiff lungs of infants with RDS also increase the resistance to blood flow in the pulmonary circulation. As a result, a hemodynamically significant patent ductus arteriosus may develop in infants with RDS.

Diagnosis and Treatment

RDS is diagnosed by clinical evidence of respiratory distress confirmed by chest x-ray demonstrating the characteristic "ground glass" appearance that reflects the widespread alveolar collapse throughout all lung fields caused by the surfactant deficiency. The treatment approach is respiratory support (initially with supplemental oxygen and progressive to gentle noninvasive positive-pressure support, only if needed to maintain adequate oxygenation), with prompt administration of exogenous surfactant. After completion of extensive clinical trials, neonatal surfactant preparations have been widely available for use since the early 2000s. Surfactant is typically instilled directly into the lungs via an endotracheal tube or a thin catheter; however, neonatal care strategies are continuing to shift away from the use of invasive mechanical ventilation strategies requiring endotracheal intubation, in favor of gentle noninvasive ventilation approaches, such as continuous positive airway pressure using nasal prongs or mask devices. With this shift away from mechanical ventilation of neonates, less invasive routes for surfactant administration are being explored, including administration via nebulizer or instillation via laryngeal mask airway (Mohammadi et al., 2025).

Surfactant administration results in an immediate improvement in lung compliance and rapid inflation of the alveoli. Surfactant is administered during the first 48 to 72 hours of extrauterine life. After that time, the type II alveolar cells rapidly develop and are typically capable of surfactant production by approximately 72 hours after birth. However, surfactant administration only addresses the problem of the surfactant deficiency. If the infant was born significantly preterm, then the lung structures are still underdeveloped despite the onset of surfactant production. Therefore, extremely preterm infants may still require supplemental oxygen or positive-pressure ventilatory support for weeks, as the infant grows and their lung structures continue to develop and mature.

Bronchopulmonary Dysplasia

BPD is a chronic lung disorder that develops in preterm infants who require prolonged mechanical ventilation or supplemental oxygen therapy. The diagnosis of BPD is continually evolving with advances in care strategies. Classic diagnostic criteria based on the continued need for oxygen or ventilatory support at 36 weeks postmenstrual age were revised in 2018, with different criteria proposed in 2019. Research is ongoing to compare the effectiveness of the three different criteria for predicting long-term outcomes (Li et al., 2025).

Etiology and Pathogenesis

BPD is thought to result from a combination of lung immaturity and direct injury to lung tissue due primarily to factors such as barotrauma and volutrauma associated with mechanical ventilation, and oxidative stress associated with the administration of high oxygen concentrations. An exaggerated inflammatory response with increased numbers of proinflammatory cytokines is a common pathophysiologic factor that contributes to the disruption of normal alveolar and vascular development and the production of pathologic chronic lung changes (Dankhara et al., 2023; Enzer et al., 2024; Sahni & Mowes, 2023). These pathologic lung changes are dysplastic and fibrotic changes to the bronchopulmonary tissues, consistent with producing a pattern of COPD.

Clinical Manifestations

BPD is characterized by chronic respiratory distress, persistent hypoxemia, reduced lung compliance, increased airway resistance, and severe expiratory flow limitation. There is a mismatch of ventilation and perfusion with the development of hypoxemia and hypercapnia. Pulmonary vascular resistance may be increased, and pulmonary hypertension and right-sided heart failure (cor pulmonale) may develop. Infants and children with BPD may develop a barrel chest, tachycardia, rapid and shallow breathing, chest retractions, cough, and poor weight gain. Clubbing of the fingers may occur in children with severe disease. Hepatomegaly and periorbital edema may develop in infants with right heart failure (Dankhara et al., 2023; Sahni & Mowes, 2023).

Treatment

Treatment includes gentle approaches to respiratory support, with weaning from mechanical ventilation to noninvasive methods as soon as possible, along with carefully titrated use of supplemental oxygen and meticulous fluid and nutritional management. Inhaled bronchodilators (delivered by nebulizer), diuretics, and corticosteroids (inhaled or systemic) may also be used. Long-term follow-up is essential, as children with BPD often experience persistent airway hyperreactivity, obstructive lung disease, or exercise intolerance that may persist into adolescence or adulthood (Enzer et al., 2024; Sahni & Mowes, 2023).

Respiratory Infections in Children

Respiratory tract infections are among the most common illnesses in infants and young children. While often self-limiting, they can occasionally become serious due to children's immature immune systems, small airway diameters, and tendency for increased airway resistance and higher risk for airway obstruction. Infections affecting the upper airways include viral croup, bacterial tracheitis, and epiglottitis, while lower respiratory tract infections such as bronchiolitis are frequently associated with RSV.

Upper Airway Infections

Upper airway infections primarily impact the inspiratory phase of breathing and are commonly associated with stridor, which results from turbulent airflow through narrowed airways. In children, the soft, poorly supported trachea and larynx make airway collapse more likely during distress or crying, increasing inspiratory effort.

Viral Croup (Laryngotracheobronchitis)

Viral croup is a common illness in children aged 3 months to 5 years and is most often caused by parainfluenza viruses, with additional contributions from RSV, adenoviruses, and influenza. The infection produces inflammation of the larynx, trachea, and bronchi, with subglottic narrowing being most pronounced. Classic features include barking cough, hoarseness, and inspiratory stridor, often preceded by symptoms of a mild upper respiratory infection (rhinorrhea, congestion, low-grade fever). Symptoms frequently worsen at night and typically improve with exposure to cool, humidified air. Most cases are mild and self-limited. Moderate to severe cases may require oral or intramuscular corticosteroids (e.g., dexamethasone) and nebulized epinephrine. Antibiotics, expectorants, and antihistamines are not effective (Nejashmikj, 2024).

Spasmodic Croup

Spasmodic croup resembles viral croup but occurs suddenly at night, often without fever or preceding viral symptoms. While it can be triggered by infectious organisms, it is thought to be allergic or hyperreactive in origin and tends to run in families and appear in children with a history of asthma or other hypersensitivities. Spasmodic croup is most common in children younger than age 6 years, usually between the ages of 3 months and 3 years, and tends to recur over several nights. Symptoms typically resolve within a few hours, especially with humidified or cold air exposure (Nejashmikj, 2024).

Bacterial Tracheitis

Bacterial tracheitis is a rare but serious condition that may follow viral croup and is most commonly caused by *S. aureus* (Moreira et al., 2024). It leads to thick, purulent secretions and airway obstruction. Children may initially resemble those with viral croup but worsen over time and appear more toxic and rapidly deteriorate over a period of 2 to 10 hours. Unlike croup, bacterial tracheitis requires antibiotics and may necessitate airway management, including intubation, to prevent respiratory failure (Sharma, 2023b).

Epiglottitis

Once commonly caused by *Haemophilus influenzae* type b (Hib), widespread vaccination has shifted the primary pathogens of **epiglottitis** to *Streptococcus pyogenes*, *S. pneumoniae*, and *S. aureus*. Epiglottitis is a medical emergency characterized by the sudden onset of high fever, sore throat, drooling, muffled voice, inspiratory stridor, and severe anxiety. Affected children often assume a tripod position (sitting up, mouth open, chin forward). Airway obstruction can occur rapidly. Direct throat examination should be avoided unless emergency airway support is available. Immediate endotracheal intubation or tracheostomy is often necessary, along with intravenous (IV) antibiotics (Sharma, 2023b).

If epiglottitis is suspected, the caregiver should keep the child calm and decrease anxiety. The child should never be forced to lie down because this causes the epiglottis to fall backward and may lead to complete airway obstruction. Examination of the throat with a tongue blade or other instrument may cause cardiopulmonary arrest and should be done only by medical personnel experienced in intubation of small children. It is also unwise to attempt any procedure, such as drawing blood, which would heighten the child's anxiety, because this also could precipitate airway spasm and cause death. Recovery from epiglottitis is usually rapid and uneventful after an adequate airway has been established and appropriate antibiotic therapy initiated (Sharma, 2023b).

Lower Airway Infections

Lower airway infections are marked by air trapping, wheezing, and prolonged expiration, often due to inflammation, bronchospasm, and edema of small airways.

RSV and Acute Bronchiolitis

Respiratory syncytial virus (RSV) is the leading cause of acute **bronchiolitis**, a common lower respiratory tract infection in infants and young children. RSV infects the bronchiolar epithelium, leading to inflammation, necrosis, mucus production, and obstruction of the small airways, which impairs gas exchange and causes air trapping. While other pathogens—including parainfluenza virus, adenoviruses, and *M. pneumoniae*—can cause bronchiolitis, RSV accounts for the majority of cases, particularly in children under 2 years of age (Dalziel et al., 2022).

Bronchiolitis typically begins with symptoms of an upper respiratory infection, such as rhinorrhea and congestion, followed within a few days by wheezing, coughing, tachypnea, retractions, and feeding difficulties. In more severe cases, hypoxemia, hypercapnia, and signs of respiratory distress may occur. Infants may present with cyanosis, pallor, irritability, poor feeding, or diminished breath sounds. The illness is usually most severe during the first 72 hours of lower airway involvement. The characteristics of epiglottitis, croup, and bronchiolitis are described in Table 24-3.

Treatment is primarily supportive, including hydration, oxygen supplementation if oxygen saturation falls below 90%, and close monitoring for respiratory decompensation. Routine use of bronchodilators or corticosteroids is not recommended, though a trial may be considered in select cases. Antibiotics are not effective unless a secondary bacterial infection is suspected.

Prevention is especially important in high-risk infants, such as those born prematurely or with chronic lung or congenital heart disease. These children may be eligible for palivizumab, a monoclonal antibody administered monthly during RSV season for prophylaxis. Rigorous hand hygiene and infection control practices are essential to limit transmission (Gatt et al., 2023).

TABLE 24-3 Characteristics of Epiglottitis, Croup, and Bronchiolitis in Young Children

Characteristics	Epiglottitis	Croup	Bronchiolitis
Common causative agent	*Haemophilus influenzae* type B bacterium	Mainly parainfluenza virus	Respiratory syncytial virus
Most commonly affected age group	2–7 years (peak 3–5 years)	3 months to 5 years	<2 years (most severe in infants younger than 6 months)
Onset and preceding history	Sudden onset	Usually follows symptoms of a cold	Preceded by stuffy nose and other signs
Prominent features	Child appears very sick and toxic. Sits with mouth open and chin thrust forward Low-pitched stridor, difficulty swallowing, fever, drooling, anxiety Danger of airway obstruction and asphyxia	Stridor and a wet, barking cough Usually occurs at night Relieved by exposure to cold or moist air	Breathlessness, rapid, shallow breathing, wheezing, cough, and retractions of the lower ribs and sternum during inspiration
Usual treatment	Hospitalization Intubation or tracheotomy Treatment with an appropriate antibiotic	Mist tent or nebulization if not relieved by exposure to air or moist air Oxygen	Supportive treatment, possibly nebulization therapy or intubation, depending on the situation

CHART 24-2

SIGNS OF RESPIRATORY DISTRESS AND IMPENDING RESPIRATORY FAILURE IN THE INFANT AND YOUNG CHILD

Severe increase in respiratory effort, including severe retractions or grunting, decreased chest movement

Cyanosis that is not relieved by administration of oxygen (40%)

Heart rate of 150 beats/min or greater and increasing bradycardia

Very rapid breathing (60 breaths/min in the newborn to 6 months or above 30 breaths/min in children aged 6 months to 2 years)

Very depressed breathing (20 breaths/min or below)

Retractions of the supraclavicular area, sternum, epigastrium, and intercostal spaces

Extreme anxiety and agitation

Fatigue

Signs of Impending Respiratory Failure

Respiratory distress in infants and young children can develop suddenly and progress rapidly. Children are especially vulnerable to airway obstruction due to small airway diameter and chest wall compliance. Signs of impending respiratory failure include tachypnea, nasal flaring, use of accessory muscles, grunting, intercostal or suprasternal retractions, cyanosis, and altered mental status (e.g., listlessness or agitation). Diminished or absent breath sounds are an ominous sign and require immediate evaluation and intervention (Yadav & Lee, 2023). The signs and symptoms of impending respiratory failure are listed in Chart 24-2.

SUMMARY CONCEPTS

The lungs are the last major organ system to mature during fetal development, making respiratory immaturity a major contributor to morbidity and mortality in premature infants. By 25 to 28 weeks of gestation, a minimally adequate number of terminal air sacs are present to support extrauterine survival with appropriate postnatal respiratory support. Surfactant production may not yet be adequate, so surfactant deficiency is common in preterm infants. Lung maturation continues after birth, with alveoli increasing in number until approximately age 8, when the adult total of about 300 million alveoli is reached.

Infants and young children are at higher risk for respiratory disorders due to their smaller airways, flexible ribcage, and developing lungs. Children with restrictive lung disease typically exhibit rapid, shallow breathing and may use expiratory grunting to increase end-expiratory pressure to maintain alveolar inflation. Obstruction of the extrathoracic airways produces inspiratory stridor; intrathoracic obstruction is associated with expiratory wheezing. RDS of the newborn is a condition of widespread alveolar collapse caused by a developmental deficiency of pulmonary surfactant. RDS can occur in term newborn infants, but is more common in preterm infants. BPD is a chronic lung disease that occurs in infants who require prolonged mechanical ventilation. BPD is caused by an exaggerated inflammatory response triggered by damage to lung tissue by factors such as barotrauma, volutrauma, and oxygen toxicity. BPD is a leading cause of chronic pulmonary disease in children.

Acute respiratory infections are the most frequent illnesses of childhood, accounting for about half of all illnesses in children under 5 years of age. The narrow airways of infants and young children make them more vulnerable to serious complications from infections that might cause only mild symptoms in adults. Notable infections include viral croup, bacterial tracheitis, epiglottitis, and bronchiolitis. Epiglottitis, in particular, is a life-threatening infection that may lead to complete airway obstruction and asphyxia without prompt intervention.

Disorders of Lung Inflation

Air entering through the airways inflates the lung, and the negative pressure in the pleural cavity keeps the lung from collapsing. Disorders of lung inflation are caused by conditions that obstruct the airways, compress the lungs, or result in lung collapse. Lung compression can occur due to an accumulation of fluid in the intrapleural space; collapse may involve an entire lung, as in pneumothorax, or a segment of the lung, as in atelectasis caused by airway obstruction.

Disorders of the Pleura

The **pleura** is a thin, double-layered serous membrane that encases the lungs (Fig. 24-14). The pressure in the pleural cavity is negative relative to atmospheric pressure, helping to hold the lungs against the chest wall and prevent collapse. Disorders of the pleura include pleural effusion, hemothorax, pneumothorax, and pleural inflammation.

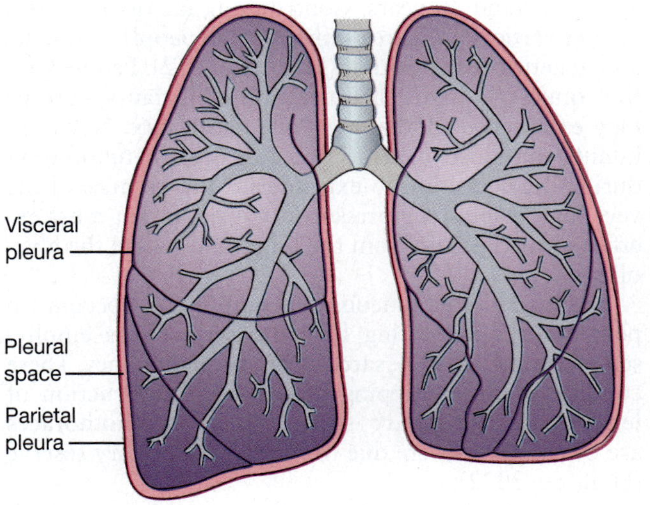

FIGURE 24-14. The relationship between the parietal and visceral pleurae and the pleural space, which is the site of fluid accumulation in pleural effusions.

Pleural Effusion

Pleural effusion is an abnormal accumulation of fluid in the pleural cavity. It occurs when the rate of fluid formation exceeds the rate of removal or when fluid from a nearby area abnormally enters the pleural space (such as blood, lymphatic fluid, or excess pulmonary interstitial fluid).

Etiology and Pathogenesis

Under normal circumstances, pleural fluid enters the pleural space from capillaries in the parietal pleura and is drained through parietal lymphatics. Additional sources include the interstitial space of the lung via the visceral pleura and, in some cases, the peritoneal cavity through diaphragmatic pores. Pleural effusion may result from increased fluid production, impaired lymphatic drainage, or both (Krishna et al., 2024).

The type of fluid that accumulates helps determine the underlying cause. A **transudate**, also called a **hydrothorax**, is a clear serous fluid typically caused by systemic conditions that alter hydrostatic or oncotic pressures, such as congestive heart failure (the most common overall cause), nephrotic syndrome, or cirrhosis. In contrast, an **exudate** is a protein-rich fluid that results from local inflammation or malignancy. Light's criteria are commonly used to distinguish between transudative and exudative effusions by comparing pleural and serum protein and lactate dehydrogenase (LDH) levels. Elevated LDH and protein in the pleural fluid are indicative of an exudative process (Krishna et al., 2024).

Exudative effusions often result from bacterial pneumonia, malignancy, viral infections, or pulmonary embolism. **Parapneumonic effusions**, which are associated with pneumonia or lung abscess, are among the most common. A serious subtype of parapneumonic effusion is **empyema**, in which the pleural space becomes infected and fills with purulent material composed of white blood cells, protein, glucose, and cellular debris. Empyema may arise from direct extension of pneumonia, abscess rupture, subdiaphragmatic infection, or penetrating chest trauma.

Another specialized type of effusion is **chylothorax**, the accumulation of lymphatic fluid (chyle) rich in triglycerides and chylomicrons. Chylothorax results from disruption or obstruction of the thoracic duct, most often due to trauma, inflammation, or malignancy. In neonates, it typically stems from congenital malformations of the lymphatic system; in adults, it may be a complication of thoracic surgery or central venous catheterization (Bhatnagar et al., 2024).

A **hemothorax** is a type of pleural effusion in which blood collects in the pleural space. It most often occurs due to blunt or penetrating chest trauma, thoracic surgery, ruptured blood vessels (e.g., aortic dissection), or malignancy. Small hemothoraces may be self-limiting, but moderate to large accumulations require prompt chest tube drainage to prevent complications. A serious potential consequence is **fibrothorax**, in which fibrous adhesions and calcifications restrict lung expansion (Rösch, 2023).

Clinical Manifestations

The symptoms of pleural effusion vary depending on the underlying cause, the volume of fluid, and the rate of accumulation. Most effusions cause dyspnea due to mechanical lung compression, and clinical examination often reveals dullness to percussion, decreased breath sounds, and reduced chest wall movement on the affected side. Hypoxemia may occur due to ventilation–perfusion ($\dot{V}/\dot{Q}$) mismatch, though it typically improves with supplemental oxygen. If the pleural membranes are inflamed, as in exudative effusions or empyema, patients may experience pleuritic chest pain that worsens with breathing. Large effusions may cause persistent chest discomfort or a sensation of pressure. In empyema, systemic signs of infection such as fever and leukocytosis are common (Krishna et al., 2024). In hemothorax, symptoms may also include tachycardia, hypotension, and signs of hypovolemic shock when blood loss is significant. Because blood accumulates rapidly, symptoms often begin abruptly and may progress quickly (Rösch, 2023).

Diagnosis and Treatment

Diagnosis is based on chest radiography, chest ultrasound, and CT. Bedside thoracic ultrasound is increasingly used for detecting small effusions and for guiding thoracentesis. Thoracentesis—aspiration of pleural fluid—may be performed for both diagnostic and therapeutic purposes. Laboratory analysis of pleural fluid includes measurement of LDH, protein, glucose, pH, cell count, and cytology to identify the type and cause of effusion (Shen-Wagner et al., 2023).

Treatment is tailored to the underlying etiology and severity of the effusion. Transudative effusions typically resolve with treatment of the underlying condition. Exudative and symptomatic effusions may require drainage. Empyema and hemothorax almost always require chest tube placement to evacuate fluid and reexpand the lung.

Recurrent malignant effusions may be managed with pleurodesis using sclerosing agents like talc or doxycycline to adhere the pleural layers and prevent reaccumulation (Rösch, 2023). In cases of loculated empyema or persistent bleeding, surgical intervention, including video-assisted thoracoscopic surgery (VATS), may be necessary (Krishna et al., 2024).

Pneumothorax

Pneumothorax is the presence of air in the pleural space. Large pleural air accumulations create an inward pressure that can lead to partial or complete collapse of the lung on the affected side and may also shift the location of both the trachea and the heart. Pneumothorax impairs ventilation and may compromise cardiac function, especially in cases of tension pneumothorax (Iqbal & Hallifax, 2023).

Etiology and Pathogenesis

Pneumothorax can arise spontaneously, result from trauma, or develop as a complication of medical procedures. A tension pneumothorax is a life-threatening variant characterized by increasing intrapleural pressure that compresses mediastinal structures.

Spontaneous Pneumothorax. Spontaneous pneumothorax occurs without obvious trauma and is often due to the rupture of a subpleural bleb or blister on the lung surface, allowing air to leak into the pleural cavity. Air continues to accumulate until the pressure gradient equilibrates or the defect seals (Fig. 24-15). Spontaneous pneumothoraces can be divided into primary and secondary pneumothoraces. Primary pneumothorax occurs in otherwise healthy people, whereas secondary pneumothorax occurs in people with underlying lung disease.

In **primary spontaneous pneumothorax**, the blebs are usually located at the top of the lungs. The condition is seen most often in tall boys and young men between the ages of 10 and 30 years. Contributing factors include a greater vertical pressure gradient in tall people, smoking, and genetic predisposition (Hallifax, 2022). People with the connective tissue disorder called Marfan syndrome may experience spontaneous pneumothorax. Newborn infants may also develop spontaneous pneumothorax during the transition to extrauterine life because of the very high inspiratory pressures that the infant must exert to clear the fluid from the lungs and inflate the alveoli with air.

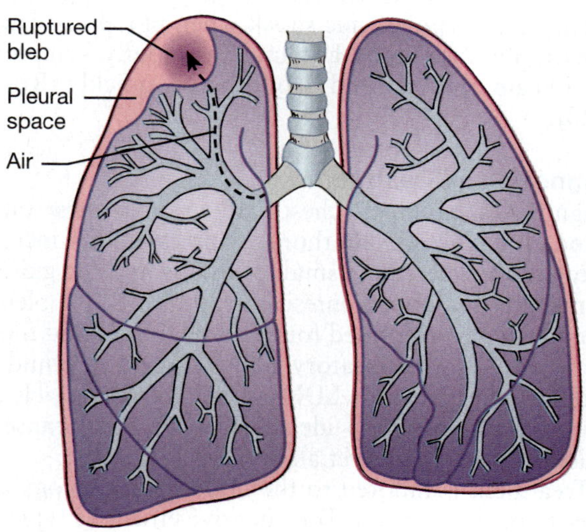

FIGURE 24-15. Mechanism for the development of spontaneous pneumothorax, in which an air-filled bleb on the surface of the lung ruptures, allowing atmospheric air from the airways to enter the pleural space.

Secondary spontaneous pneumothorax occurs in people with preexisting lung disease such as emphysema, asthma, CF, TB, sarcoidosis, or malignancy. These conditions cause trapping of gases and destruction of lung tissue. Secondary spontaneous pneumothoraces are often more severe due to limited pulmonary reserve (Hallifax, 2022).

A rare subtype is **catamenial pneumothorax**, which is associated with menstruation and typically affects females aged 30 to 40 years with a history of thoracic endometriosis. It most often involves the right lung and occurs within 72 hours of the onset of menses (Damps-Konstańska et al., 2024).

Traumatic Pneumothorax. Traumatic pneumothorax results from penetrating or blunt chest injury, often involving rib fractures that puncture the pleura. It can also accompany injuries to the trachea, bronchi, or esophagus, and may occur during resuscitation, central line placement, positive-pressure ventilation, or thoracic needle procedures. Hemothorax often coexists in these scenarios (Beyer et al., 2025).

Tension Pneumothorax. Tension pneumothorax develops when air enters the pleural space on inspiration but cannot escape during expiration. If a tension pneumothorax occurs with an external chest injury, the tissue is injured in a manner that creates a one-way valve mechanism. As intrathoracic pressure rapidly increases, the affected lung collapses first, and then the intrathoracic pressure extends inward and can cause a mediastinal shift and compress the contralateral lung, heart, and great vessels. This causes a decrease in venous return, reduced cardiac output, and potentially fatal cardiopulmonary collapse (Fig. 24-16). Tension pneumothorax most commonly arises from trauma or barotrauma in mechanically ventilated patients, with the air leaking from the ruptured alveoli, and there is no external opening for the air to leave the chest (Bischin et al., 2022).

Clinical Manifestations

Symptoms depend on the size of the pneumothorax and the amount of intrathoracic pressure produced. In spontaneous pneumothorax, there may be a sudden onset of ipsilateral chest pain, tachypnea, dyspnea, and decreased or absent breath sounds, particularly on only one side of the chest. Hyperresonance to percussion and lagging chest wall movement may be observed on the affected side. The manifestations of pneumothorax depend on its size and the integrity of the underlying lung. Asymmetry of the chest may occur because of the air being trapped in the pleural cavity on the affected side.

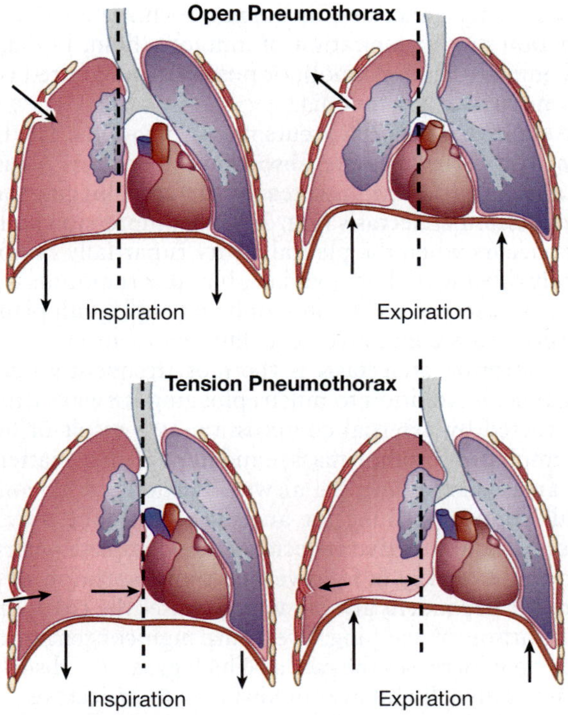

FIGURE 24-16. Open or communicating pneumothorax (**A**) and tension pneumothorax (**B**). In an open pneumothorax, air enters the chest during inspiration and exits during expiration. There may be a slight inflation of the affected lung because of a decrease in pressure as air moves out of the chest. In tension pneumothorax, air can enter but not leave the chest. As the pressure in the chest increases, the heart and great vessels are compressed, and the mediastinal structures are shifted toward the opposite side of the chest. The trachea is pushed from its normal midline position toward the opposite side of the chest, and the unaffected lung is compressed.

This asymmetry may be evidenced during inspiration as a lag in the movement of the affected side, with inspiration delayed until the unaffected lung reaches the same level of pressure as the lung with the air trapped in the pleural space.

In cases of tension pneumothorax, respiratory distress and central cyanosis develop rapidly. The mediastinum may shift to the contralateral side, which can be assessed by tracheal deviation on physical examination. Jugular venous distention may be present due to impaired venous return, and subcutaneous emphysema can occur, as air dissects through soft tissue. Cardiovascular compromise is signaled by bradycardia, hypotension, and signs of shock. Tension pneumothorax is an emergent situation that quickly becomes life-threatening—the pleural air must be rapidly evacuated so that the lungs can reexpand and cardiovascular function can normalize (Iqbal & Hallifax, 2023). Without immediate intervention, the increased thoracic pressure will further impair both cardiac and pulmonary function, resulting in severe hypoxemia and hypotension, which often leads to respiratory and cardiac arrest.

Diagnosis and Treatment

Diagnosis is typically suspected based on the clinical assessment findings, with bedside ultrasound increasingly used for rapid detection and confirmation made via chest radiograph or CT. It is essential that diagnostic tests be done rapidly, particularly if there is a high risk of tension pneumothorax. Pulse oximetry and arterial blood gases help evaluate oxygenation status.

Treatment depends on severity. Small spontaneous pneumothoraces may resolve without intervention (Hallifax, 2022). Moderate or large pneumothoraces require needle aspiration or chest tube insertion with one-way valve drainage or suction. Tension pneumothorax is a medical emergency requiring immediate decompression using a large-bore needle (typically at the second intercostal space, midclavicular line) or by immediate chest tube placement to allow lung reexpansion. Sucking chest wounds should be sealed with a three-sided occlusive dressing to prevent air entry while allowing air to escape (Iqbal & Hallifax, 2023).

KEY POINTS

Disorders of Lung Inflation

- The pleura encases the lungs and is made up of two layers, which create the pleural cavity where pathology is often caused by air getting into the space, which is called a pneumothorax, or blood in the pleural space, which would cause a hemothorax.
- Atelectasis is a partial expansion of the lung, which is caused by obstruction or compression of lung tissue.

Pleuritis

Pleuritis, also known as pleurisy, refers to inflammation of the pleural membranes. It frequently occurs as a complication of respiratory infections, such as viral or bacterial pneumonia, that extend to involve the pleura (Neilly et al., 2025).

Clinical Manifestations

The hallmark symptom of pleuritis is sharp, localized chest pain, which is usually unilateral and of sudden onset. The pain worsens with deep breathing, coughing, or movement, due to increased friction between the inflamed pleural surfaces. When inflammation affects the central portion of the diaphragm, pain may be referred to the shoulder, as the phrenic nerve also innervates that region. To minimize discomfort, patients often take shallow breaths, leading to reduced tidal volume and a more rapid respiratory rate to maintain minute ventilation. Reflex splinting of the chest wall may occur, with reduced movement on the affected side (Neilly et al., 2025).

It is important to differentiate pleural pain from pain produced by other conditions, such as musculoskeletal strain of chest muscles, bronchial irritation, and myocardial disease. Musculoskeletal pain may occur as a result of frequent, forceful coughing and is usually bilaterally located in the inferior portions of the rib cage, where the abdominal muscles insert into the anterior rib cage. Movements associated with the contraction of the abdominal muscles make it worse. The pain associated with irritation of the bronchi is usually substernal and dull in character rather than sharp; it is often described as tightening. This type of pain is made worse with coughing but is not affected by deep breathing. Myocardial discomfort or pain is usually located in the substernal area and is not affected by respiratory movements.

Diagnosis and Treatment

Diagnosis is based on history, physical examination, and exclusion of other causes of chest pain. Pleural friction rubs may be audible on auscultation. Treatment targets the underlying cause (e.g., antibiotics for infection) and includes nonsteroidal anti-inflammatory drugs (NSAIDs) or analgesics for pain relief (Neilly et al., 2025).

Atelectasis

Atelectasis refers to the incomplete expansion of alveoli or collapse of previously expanded alveoli. Depending on the cause, atelectasis may involve a few alveoli, a lung segment, a lobe, or all of the lung tissue (Fig. 24-17). Atelectasis results in impaired gas exchange, typically with both hypoxemia and hypercapnia (Sharma, 2023a).

Etiology and Pathogenesis

Atelectasis may be either congenital (primary) or acquired (secondary). Primary atelectasis of the newborn implies that the lung has never been inflated. It is seen most frequently in premature and high-risk infants who either do not initiate spontaneous breathing or who have surfactant deficiency or some other congenital pulmonary condition that prevents alveolar expansion. A secondary form of atelectasis can occur in infants who have established respiration and subsequently experienced impairment of lung expansion. Among the causes of secondary atelectasis in the newborn are airway obstruction due to aspiration of amniotic fluid, blood, or meconium (the fetal stool), or postnatally acquired conditions such as pneumonia.

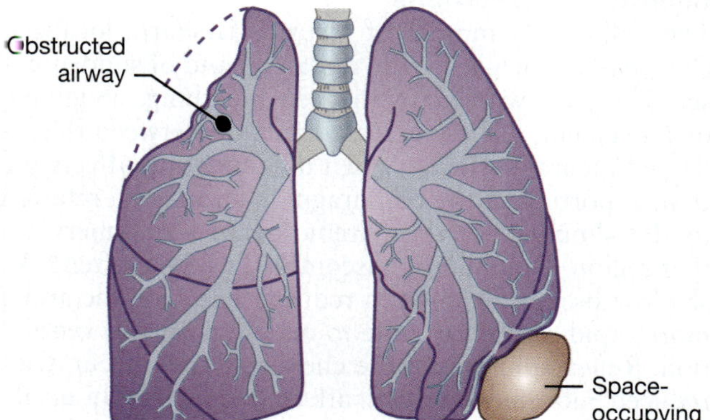

FIGURE 24-17. Atelectasis caused by airway obstruction and absorption of air from the involved lung area (*left*) and by compression of lung tissue (*right*).

Acquired atelectasis occurs mainly in adults. The two most common types are **absorption atelectasis** (caused by airway obstruction, often by mucus plugging) and **compression atelectasis** (Fig. 24-8). Compression atelectasis occurs when the pleural cavity is partially or completely filled with fluid, exudate, blood, a tumor mass, or air. It is observed most commonly in people with pleural effusion from congestive heart failure or cancer.

Absorption atelectasis is the most frequently occurring type. In addition to mucus plugging, airways can be obstructed by external compression as a result of fluid accumulations, tumor mass, exudate, or other matter in the area surrounding the airway. Portions of alveoli, a small segment of lung, or an entire lung lobe may be involved in absorptive atelectasis. The complete obstruction of an airway is followed by the absorption of air from the dependent alveoli, which causes the collapse of that portion of the lung. Breathing high concentrations of oxygen increases the rate at which gases are absorbed from the alveoli and also predisposes to atelectasis. The danger of absorption atelectasis increases after surgery, due to the increased risk of airway obstruction related to the effects of anesthetic agents to thicken secretions and to decreased movement and shallow breathing related to postoperative pain or discomfort. Administration of narcotics or anesthesia, pain, and immobility tends to promote retention of viscid bronchial secretions and can cause airway obstruction. The encouragement of coughing and deep breathing, frequent change of position, adequate hydration, and early ambulation decrease the likelihood of atelectasis developing.

Clinical Manifestations

The clinical presentation of atelectasis depends on the extent of lung involvement. Common signs and symptoms include tachypnea, dyspnea, tachycardia, cyanosis, diminished breath sounds, reduced chest expansion, and intercostal retractions over the affected area. In severe cases, respiratory distress may be pronounced. When a large portion of the lung collapses, there may be a mediastinal or tracheal shift. This shift is typically toward the affected side in obstructive atelectasis and away from the affected side in compression atelectasis (Sharma, 2023a).

Diagnosis and Treatment

Diagnosis is based on clinical findings and confirmed with chest radiographs or CT, which can also help localize the site and cause of obstruction. Treatment is directed at resolving the underlying cause and promoting lung reexpansion. This may include suctioning or bronchoscopy to relieve airway obstruction, or drainage of pleural effusions to relieve compression. Supportive measures include early ambulation, deep breathing exercises, incentive spirometry, and chest physiotherapy. Oxygen therapy is often required to correct hypoxemia. In selected cases, minimally invasive bronchoscopic techniques can serve both diagnostic and therapeutic purposes, particularly when mucus plugs or endobronchial lesions are involved (Sharma, 2023a).

SUMMARY CONCEPTS

Disorders of the pleura include pleural effusion, hemothorax, pneumothorax, and pleuritis. Pleural effusion refers to the abnormal accumulation of fluid in the pleural cavity. The fluid may be a transudate (i.e., hydrothorax), exudate (i.e., parapneumonic effusion, empyema), or chyle from the lymphatic vessels (i.e., chylothorax). Hemothorax refers to the presence of blood in the pleural cavity. Pain is a common symptom of conditions that produce pleuritis or inflammation of the pleura. Characteristically, the pain is unilateral, abrupt in onset, and exaggerated by respiratory movements. Pneumothorax refers to an accumulation of air in the pleural cavity that causes partial or complete collapse of the lung. Pneumothorax can result from rupture of an air-filled bleb on the lung surface or from penetrating or nonpenetrating injuries. A tension pneumothorax is a life-threatening event in which air progressively accumulates in the thorax, collapsing the lung on the injured side and progressively shifting the mediastinum to the opposite side of the thorax, producing severe cardiac and respiratory impairment.

Atelectasis refers to an incomplete expansion of the lung. Primary atelectasis occurs most often in premature and high-risk infants. Acquired atelectasis occurs mainly in adults and is caused most commonly by a mucus plug in the airway or by external compression by fluid, tumor mass, exudate, or other matter in the area surrounding the airway.

Obstructive Airway Disorders

Obstructive airway disorders are characterized by conditions that limit expiratory airflow, making it difficult to exhale fully. Obstructive disorders are forms of chronic lung disease, with most obstructive disorders being progressive in nature, including chronic bronchitis, emphysema, and CF. Asthma is a unique type of obstructive lung disorder because, although it is a chronic disease, the airway obstruction is intermittent and symptoms can often be completely reversed for long periods if effectively managed.

KEY POINTS

Airway Disorders

- Changes in airway patency involve changes in airway diameter due to bronchial smooth muscle hyperreactivity or changes in bronchial wall structure, injury to the mucosal lining of the airways, or excess respiratory tract secretions.
- Bronchial asthma is a chronic disorder of the airways that causes episodes of airway obstruction due to bronchial smooth muscle hyperreactivity and airway inflammation. The episodes are usually reversible.
- COPD is a group of disorders that cause chronic and recurrent obstruction of the pulmonary airways. These disorders can affect patency of the bronchial structures (chronic bronchitis) or the gas-diffusing airspaces distal to the terminal bronchioles (emphysema) or a combination of both.

Asthma

Asthma is a heterogeneous, chronic disorder of the airways characterized by episodes of airway obstruction, bronchial hyperresponsiveness, inflammation, and, in some people, structural airway remodeling. Asthma affects millions of children and adults worldwide and remains a leading cause of hospitalizations, missed school and workdays, and decreased quality of life. With increasing longevity, the prevalence of asthma in older adults is also rising (Mosnaim, 2023).

The strongest known risk factor for developing asthma is a genetic predisposition to immunoglobulin E (IgE)–mediated hypersensitivity responses to environmental allergens. Additional risk factors include family history of asthma or allergies, antenatal exposure to tobacco smoke and air pollution, early-life respiratory infections, and environmental exposures such as dust mites and mold. Asthma severity and control are influenced by a complex interplay of genetic predisposition, age of onset, coexisting conditions such as gastroesophageal reflux disease (GERD), and degree of exposure to specific triggers including allergens, tobacco smoke, and respiratory pathogens (Mosnaim, 2023).

Etiology and Pathogenesis

The primary characteristic of asthma is an exaggerated bronchial hyperresponsiveness to a variety of stimuli, resulting from chronic inflammation and immune dysregulation. The airways of people with asthma typically show infiltration with eosinophils, mast cells, T lymphocytes (particularly type 2 helper T cells [Th2 or T2H]), and other inflammatory mediators. In allergic asthma, T2H cells produce cytokines such as IL-4, IL-5, and

IL-13 that promote IgE production, eosinophil recruitment, and mucus hypersecretion.

Environmental and genetic factors influence the preferential differentiation toward a proinflammatory T2H response. Tumor necrosis factor-alpha (TNF-α) and other cytokines further amplify airway inflammation, contribute to epithelial damage, and play roles in airway remodeling. Mast cells release histamine, prostaglandin D2, leukotrienes, and other mediators that induce bronchoconstriction, vasodilation, and increased vascular permeability (Mosnaim, 2023).

Viral respiratory infections, particularly in early childhood, are associated with both exacerbation and possible initiation of asthma. These infections may prime the airways toward a heightened T2H response and IgE production. Eosinophils, in particular, contribute to airway injury through the release of cytotoxic proteins and leukotrienes, while neutrophils may predominate in severe or refractory asthma and during exacerbations.

Airway remodeling—characterized by smooth muscle hypertrophy, subepithelial fibrosis, and increased mucus gland mass—may occur over time in people with poorly controlled asthma, leading to more persistent airflow limitation and reduced responsiveness to bronchodilators (Mosnaim, 2023).

A distinct subtype of asthma, aspirin-exacerbated respiratory disease (AERD), occurs in people with a clinical triad of asthma, nasal polyposis, and sensitivity to aspirin or other NSAIDs. This reaction is linked to altered arachidonic acid metabolism and overproduction of leukotrienes following COX-1 inhibition (Laidlaw & Boyce, 2023).

Although allergic responses are frequently associated with asthma, not all asthma is allergic asthma. Many people with asthma do not have allergies, and their asthma symptoms are instead triggered by a variety of nonallergic stimuli. Asthma symptoms may also be triggered by exercise (exercise-induced bronchoconstriction), changes in weather, strong emotions, or hormonal fluctuations. Emotional stress can contribute to bronchospasm via vagal pathways, and premenstrual asthma may be related to altered β-adrenergic responsiveness modulated by female sex hormones (Mosnaim, 2023).

Clinical Manifestations

Asthma is characterized by intermittent episodes of wheezing, breathlessness, chest tightness, and coughing, particularly at night or in the early morning. These symptoms vary in frequency and intensity and may occur spontaneously or be triggered by allergens, irritants, infections, exercise, or emotional stress.

During an asthma attack, bronchospasm, mucosal edema, and mucus plugging narrow the airways, particularly during expiration. Mild attacks may involve chest tightness, wheezing, and an increased respiratory rate. More severe attacks are associated with the use of accessory muscles, audible wheezing, air trapping, and decreased breath sounds. In extreme cases, airflow may be so limited that wheezing is absent (a silent chest), marking impending respiratory failure.

Pulmonary function tests during an acute attack typically show reduced forced expiratory volume in 1 second (FEV_1), reduced peak expiratory flow (PEF), and prolonged expiration. A PEF below 50% of the predicted or personal best value signals a severe exacerbation requiring urgent care. Air trapping can lead to lung hyperinflation, increased WOB, and V/Q mismatch, which may cause hypoxemia, hypercapnia, and right heart strain (Mosnaim, 2023).

Diagnosis and Treatment

Diagnosis of asthma is based on clinical history, physical examination, and objective measures of lung function. Spirometry is used to confirm airflow limitation and demonstrate reversibility following bronchodilator administration. Key spirometric indicators include FEV_1, forced vital capacity (FVC), and FEV_1/FVC ratio. A significant increase in FEV_1 after bronchodilator use (typically ≥12% and ≥200 mL) supports the diagnosis of reversible airway obstruction (Reddel et al., 2022).

Airway hyperresponsiveness may be further evaluated using bronchoprovocation testing with methacholine, exercise, or exposure to cold air. PEF meters, while not diagnostic, are useful for monitoring day-to-day variability in lung function and for identifying early signs of worsening control. Establishing a "personal best" PEF value provides a reference point for individualized asthma action plans.

The National Asthma Education and Prevention Program (NAEPP) recommends a stepwise approach to asthma management, in which treatment is adjusted based on the level of symptom control and the risk of future exacerbations. Asthma management includes both long-term controller medications to reduce airway inflammation and prevent symptoms, and quick-relief medications to address acute bronchoconstriction. The goal is to achieve and maintain control while minimizing medication-related adverse effects (Reddel et al., 2022). Table 24-4 summarizes the NAEPP classification of asthma severity, which is used to guide initial treatment decisions before therapy is initiated. Once treatment has begun, ongoing management is based on the level of asthma control (e.g., well controlled, not well controlled, very poorly controlled) rather than initial severity classification (National Asthma Education and Prevention Program, 2007).

Controller medications form the foundation of long-term asthma management. Inhaled corticosteroids (ICS) are the first-line treatment for persistent asthma and are effective at reducing inflammation and preventing exacerbations. For people with moderate to severe asthma, a combination of ICS with long-acting β_2-agonists (LABAs) is commonly used. It is important to note that LABAs should never be used without an accompanying ICS due to the risk of serious adverse outcomes. Leukotriene receptor antagonists, such as montelukast, may be used as monotherapy in mild asthma or as add-on therapy in more severe cases. In people with severe eosinophilic or allergic asthma that remains uncontrolled despite standard therapy, biologic agents—such as omalizumab (anti-IgE), mepolizumab

TABLE 24-4 Classification of Asthma Severity (Adults and Children ≥12 Years of Age)[a]

Severity	Symptoms	Nighttime Symptoms/ Interference	Lung Function	Exacerbations Requiring Oral Systemic Corticosteroids
Intermittent	Symptoms ≤2 days/ week; asymptomatic between episodes	Nighttime awakenings ≤ 2 times/month; no interference with normal activity	FEV_1 ≥80% predicted; FEV_1/FVC normal	0–1/year
Mild persistent	Symptoms >2 days/ week but not daily; minor limitation in activity	Nighttime awakenings three to four times/month; minor interference with activity	FEV_1 ≥80% predicted; FEV_1/FVC normal	>2/year
Moderate persistent	Daily symptoms; daily use of short-acting β_2-agonist; some limitation in activity	Nighttime awakenings >1 time/week but not nightly	FEV_1 60%–80% predicted; FEV_1/FVC reduced (~5%)	>2/year
Severe persistent	Symptoms throughout the day; extremely limited physical activity	Nighttime awakenings often nightly	FEV_1 <60% predicted; FEV_1/FVC reduced (>5%)	>2/year

[a]Age-specific classification criteria for children younger than 12 years are available from the National Heart, Lung, and Blood Institute (NHLBI) asthma guidelines: https://www.nhlbi.nih.gov.
National Asthma Education and Prevention Program. (2007). *Expert Panel Report 3: Guidelines for the diagnosis and management of asthma*. National Heart, Lung, and Blood Institute.

and benralizumab (anti-IL-5), and dupilumab (anti-IL-4 receptor)—may be indicated to target specific inflammatory pathways (Reddel et al., 2022).

Quick-relief or **rescue medications** are used to alleviate acute symptoms and prevent exacerbation progression. Short-acting β_2-agonists (SABAs), such as albuterol, are the most commonly used rescue agents and provide rapid bronchodilation. For people aged 12 years and older with moderate to severe persistent asthma, the NAEPP guidelines endorse the use of single maintenance and reliever therapy (SMART), which utilizes a combination ICS-formoterol inhaler for both daily maintenance and as-needed symptom relief. This approach is associated with reduced exacerbation rates and lower cumulative corticosteroid exposure. Anticholinergic agents, such as ipratropium bromide, may be used as adjunctive therapy during acute exacerbations, especially in emergency department or inpatient settings.

Supportive nonpharmacologic strategies are also essential to effective asthma management. These include annual influenza vaccination, appropriate COVID-19 vaccination, and environmental modifications to reduce exposure to known triggers, such as dust mites, animal dander, mold, and tobacco smoke. Identification and treatment of comorbid conditions—including allergic rhinitis, CRS, obesity, and GERD—can improve symptom control. In some patients with allergic asthma, particularly those with clear evidence of allergen sensitization and exposure, allergen immunotherapy may be considered to reduce long-term sensitivity (Reddel et al., 2022).

Severe or Refractory Asthma

Approximately 5% of people have severe asthma that remains uncontrolled despite high-dose ICS-LABA therapy (Thomas et al., 2022). These patients often require biologic therapies and close monitoring. Risk factors include poor adherence, ongoing exposure to triggers, comorbidities, genetic factors, and altered responses to standard medications.

Frequent reliance on rescue inhalers can mask underlying disease severity and delay recognition of worsening symptoms. A lack of timely intervention during an acute exacerbation is a known contributor to asthma-related morbidity and mortality. Patients with severe asthma benefit from frequent follow-up, personalized asthma action plans, and careful assessment for biologic eligibility or referral to specialty care (Thomas et al., 2022).

Asthma in Older Adults

Asthma in older adults presents unique diagnostic and management challenges. Age-related changes in lung mechanics, immune response, and inflammatory phenotype can alter disease presentation. Older adults are more likely to have comorbidities such as COPD, cardiovascular disease, and GERD, which may complicate diagnosis or contribute to persistent dyspnea.

Asthma is often underdiagnosed in this population, as symptoms may be misattributed to deconditioning, heart failure, or other chronic illnesses. In older adults, careful use of spirometry, attention to medication side effects (especially corticosteroids and β_2-agonists), and coordination with geriatric care principles are essential to optimal management (Khosa et al., 2023).

Asthma in Children

Asthma is the most common chronic illness in childhood and a leading cause of pediatric hospital admissions and school absenteeism. Symptoms may begin at any age, often manifesting as recurrent wheezing in infancy or early childhood. Diagnosis is based on clinical history, including frequency and triggers of wheezing, response to bronchodilators, and evidence of variable airflow obstruction (Shipp et al., 2023).

IgE-mediated allergic responses and viral respiratory infections are major contributors to childhood asthma. Environmental factors—such as exposure to tobacco smoke, pet dander, indoor allergens, and air pollution—play a critical role in both the development and severity of asthma in children. Common symptoms in young children include nocturnal coughing, tachypnea, retractions, reduced activity, and in some cases, diminished appetite or feeding difficulties. Severe exacerbations may develop rapidly and, in younger children, may present without obvious wheezing.

The NAEPP recommends an age-appropriate stepwise approach to treatment, with ICS as the preferred controller therapy for persistent asthma in children of all ages. In children under 5 years, daily low-dose ICS or intermittent high-dose ICS during viral respiratory illness may be considered based on symptom pattern and risk. In children aged 5 to 11 years, low- to medium-dose ICS remains first-line, with step-up to ICS-LABA combination therapy or addition of leukotriene receptor antagonists if control is inadequate. Education for caregivers, environmental control, and monitoring of growth and medication side effects are central components of pediatric asthma care (Shipp et al., 2023).

Chronic Obstructive Pulmonary Disease

COPD is characterized by persistent and progressive airflow limitation associated with chronic inflammatory responses to harmful particles or gases, most commonly from cigarette smoke. COPD remains one of the leading causes of morbidity and mortality worldwide and is a major public health burden. In the United States, millions are affected by COPD, with females now representing a growing proportion of those diagnosed. It ranks as one of the top causes of death, following heart disease, cancer, and unintentional injury (Guo et al., 2022).

The primary cause of COPD is long-term cigarette smoking, responsible for approximately 80% of related deaths. Additional risk factors include occupational exposure to dusts and chemicals, indoor and outdoor air pollution, a personal or family history of asthma or airway hyperresponsiveness, and a rare inherited deficiency of α_1-antitrypsin (AAT). Symptoms often develop insidiously and are frequently unrecognized until the disease has progressed. Any person with chronic cough, sputum production, dyspnea, and exposure to risk factors should be evaluated for COPD. Early detection and smoking cessation may help delay or reduce disease progression, although airflow limitation is typically not fully reversible (Guo et al., 2022).

Etiology and Pathogenesis

The pathophysiology of COPD involves multiple mechanisms that contribute to airflow limitation, including inflammation and fibrosis of the bronchial wall, hypertrophy of the submucosal glands, hypersecretion of mucus, and loss of alveolar structure and elastic recoil. These changes result in narrowed airways, impaired gas exchange, air trapping, and collapse of small airways during expiration. Chronic inflammation leads to structural remodeling and contributes to mismatched ventilation and perfusion, resulting in progressive respiratory dysfunction.

COPD encompasses two commonly overlapping conditions: chronic bronchitis, marked by excessive mucus production and small airway obstruction; and emphysema, characterized by destruction of alveolar walls and enlargement of distal airspaces. Although traditionally viewed as separate entities, most people with COPD have features of both (Guo et al., 2022).

Chronic Bronchitis

Chronic bronchitis is defined clinically by a productive cough lasting at least 3 months over two consecutive years, in the absence of another identifiable cause. It is most often associated with smoking and recurrent respiratory infections and is more common in middle-aged men. The earliest pathologic change is mucus hypersecretion in the large airways, due to hypertrophy of the submucosal glands. Over time, this extends to the smaller airways, with goblet cell hyperplasia, mucus plugging, chronic inflammation, and fibrosis of the bronchiolar walls, contributing significantly to airflow obstruction.

Infections with viruses or bacteria are common in chronic bronchitis, often as a consequence rather than a cause of airway changes. These exacerbations contribute to symptom worsening and accelerate disease progression. Over time, chronic bronchitis is associated with increasing frequency of exacerbations, more severe sputum production, and progressive dyspnea (Choi et al., 2022).

Emphysema

Emphysema is defined by abnormal, permanent enlargement of the airspaces distal to the terminal bronchioles, accompanied by destruction of alveolar walls and capillary beds, without obvious fibrosis. The loss of alveolar surface area impairs gas exchange, while destruction of elastic fibers reduces lung recoil, making it harder to expel air during expiration. The result is air trapping and lung hyperinflation, increasing total lung capacity (TLC) and FRC (Shima et al., 2023).

Emphysema develops from an imbalance between proteases and antiproteases in the lung. Normally, enzymes like neutrophil elastase are kept in check by antiproteases such as α_1-antitrypsin. In smokers, chronic inflammation increases protease activity and decreases antiprotease availability, leading to tissue destruction (Fig. 24-18). People with inherited AAT deficiency are especially vulnerable to early-onset emphysema, often diagnosed before age 40. AAT deficiency is inherited in an autosomal codominant pattern and can be diagnosed through serum testing. Augmentation therapy with exogenous AAT is available for eligible people.

Two major patterns of emphysema are recognized. Centriacinar (centrilobular) emphysema, the most common type, affects the respiratory bronchioles in the

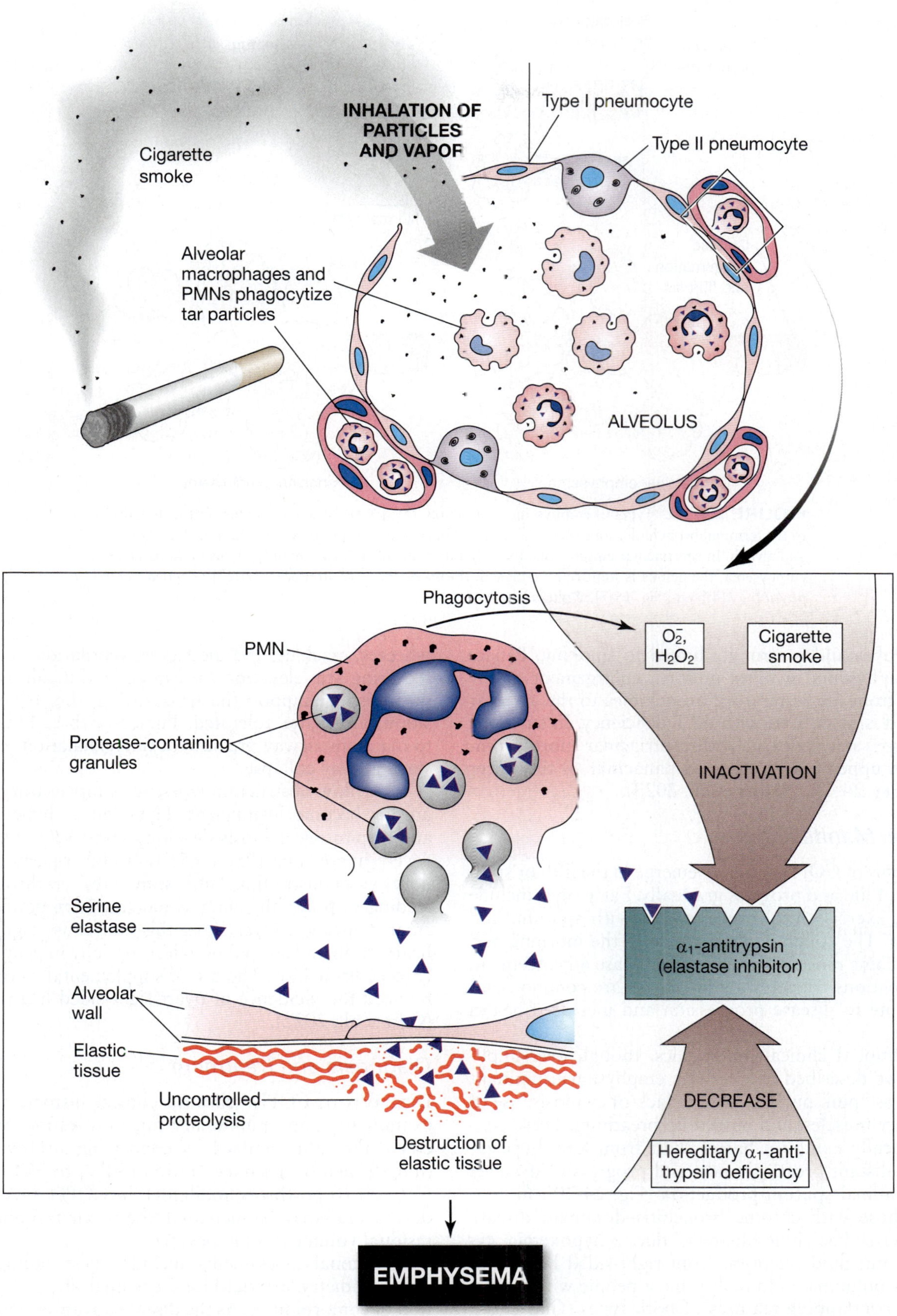

FIGURE 24-18. The proteolysis–antiproteolysis theory of the pathogenesis of emphysema. Cigarette (tobacco) smoking is closely related to the development of emphysema. Some products in tobacco smoke induce an inflammatory reaction. The serine elastase in polymorphonuclear leukocytes, a particularly potent elastolytic agent, injures the elastic tissue of the lung. Normally, this enzyme activity is inhibited by α_1-antitrypsin (AAT), but tobacco smoke, directly or through the generation of free radicals, inactivates AAT (protease inhibitor). (From Strayer, D., Saffitz, J., & Rubin, R. (Eds.) (2020). *Rubin's pathology: Clinicopathologic foundations of medicine* [8th ed., Fig. 18-42, p. 723]. Lippincott Williams & Wilkins.)

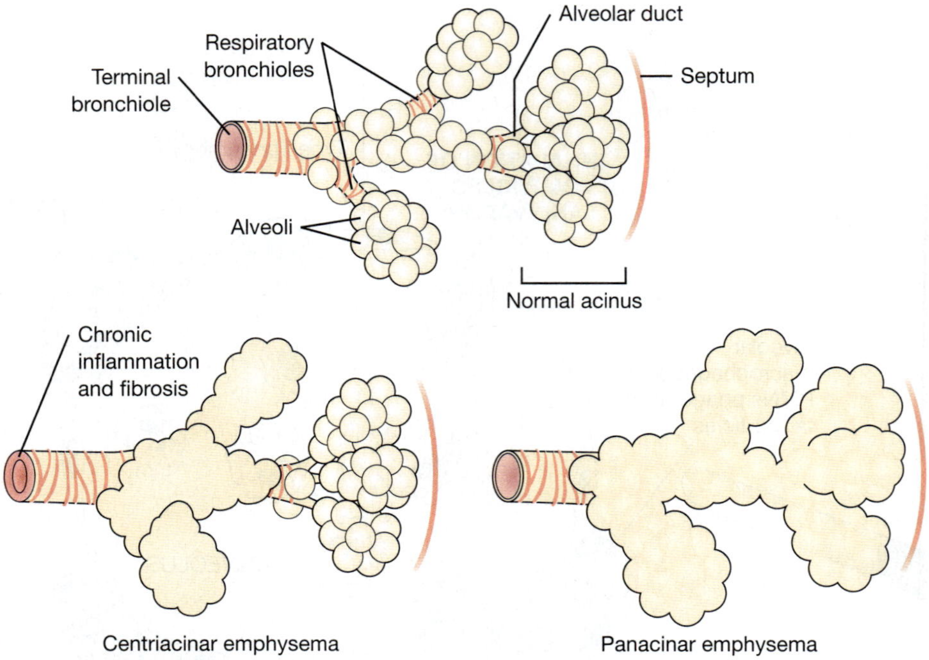

FIGURE 24-19. Types of emphysema. The acinus, the gas-exchanging structure of the lung distal to the terminal bronchiole, consists of the terminal bronchiole, respiratory bronchioles, alveolar ducts, and alveoli. In centriacinar emphysema, the respiratory bronchioles are mainly involved. In panacinar emphysema, the acinus is uniformly damaged. (From Nath, J., & Braun, C. [2022]. *Applied pathophysiology* [4th ed., Fig. 15-7]. Wolters Kluwer.)

upper lobes and is strongly linked to smoking. Panacinar emphysema involves uniform enlargement of the alveoli from the respiratory bronchioles to the alveolar sacs and is associated with AAT deficiency. In smokers, both types may coexist, with centriacinar more prominent in upper lung zones and panacinar in the lower lobes (Fig. 24-19) (Shima et al., 2023).

Clinical Manifestations

Symptoms of COPD typically emerge in the fifth or sixth decade of life and progress gradually. Early signs include fatigue, exercise intolerance, cough with sputum, and dyspnea. The cough is often worse in the morning and may become more persistent with disease advancement. Exacerbations triggered by infections are common and contribute to disease progression and increased health care use.

Traditional clinical mnemonics, though oversimplified, have described people with emphysema-dominant disease as "pink puffers," due to lack of cyanosis, use of accessory muscles, and pursed-lip breathing. These people typically exhibit a barrel chest from lung hyperinflation, distant breath sounds, and progressive dyspnea with minimal sputum production (Fig. 24-20). In contrast, those with chronic bronchitis–dominant disease are described as "blue bloaters," due to hypoxemia, cyanosis, and fluid retention from right-sided heart failure (cor pulmonale). In reality, most people with COPD exhibit overlapping features of both types (Guo et al., 2022).

Respiratory impairment in COPD is primarily expiratory, leading to prolonged expiration, expiratory wheezes, crackles, and ineffective ventilation. Activities requiring arm elevation are especially difficult, whereas postures that support the arms, such as the "tripod" position, are better tolerated. Pursed-lip breathing helps to maintain airway pressure during exhalation and prevents airway collapse.

As airflow obstruction worsens, compensatory mechanisms become insufficient. Hypoxemia, hypercapnia, and respiratory acidosis develop due to V/Q mismatch. Severe hypoxemia (PaO_2 <55 mm Hg) triggers pulmonary vasoconstriction and stimulates erythropoiesis, leading to polycythemia and increased pulmonary vascular resistance. Over time, this can cause right-sided heart strain and cor pulmonale, especially in people with chronic bronchitis. The use of supplemental oxygen has reduced the incidence of overt right-sided heart failure (Guo et al., 2022).

Diagnosis and Treatment

Diagnosis of COPD relies on clinical history, physical examination, and pulmonary function testing. Spirometry is the gold standard for confirming airflow limitation, defined by a reduced ratio of FEV_1 to FVC (FEV_1/FVC <0.70 postbronchodilator). In COPD, FEV_1 is reduced, TLC may be increased due to air trapping, and residual volume (RV) is elevated.

Additional assessments include chest radiography, pulse oximetry, arterial blood gas analysis, and evaluation of comorbidities. As the disease advances, tests such as the 6-minute walk test, hemoglobin saturation, and nutritional status provide insight into overall disease impact and help guide treatment decisions. AAT testing

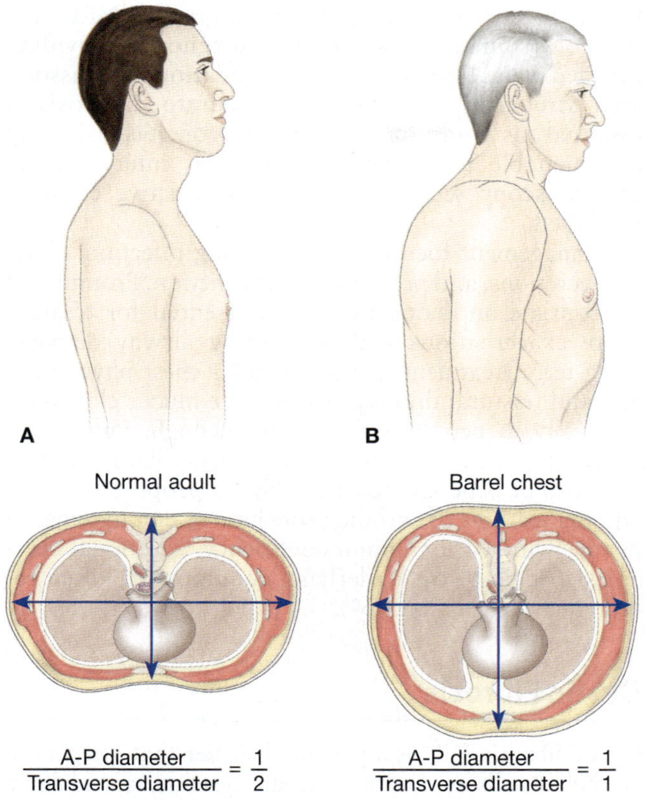

FIGURE 24-20. Characteristics of normal chest wall and chest wall in emphysema. **A.** The normal chest wall and its cross section. **B.** The barrel-shaped chest of emphysema and its cross section. A-P, anterior–posterior. (From Hinkle, J. L., Cheever, K. H., & Overbaugh, K. J. [2022]. *Brunner & Suddarth's textbook of medical-surgical nursing* [15th ed., Fig. 20-3, p. 606]. Lippincott Williams & Wilkins.)

is indicated in all people diagnosed with COPD under the age of 45 or with a family history suggestive of deficiency (Kahnert et al., 2023).

Management of COPD is stage-dependent and involves a multidisciplinary approach that includes pharmacologic treatment, lifestyle modification, pulmonary rehabilitation, and, when appropriate, oxygen therapy. Smoking cessation is the most important intervention and the only one proven to slow disease progression. Comprehensive education and psychosocial support for both the patient and family are also essential.

Avoidance of irritants such as tobacco smoke and air pollution is critical. During colder seasons, face masks may help prevent bronchospasm triggered by cold air. Annual influenza and pneumococcal vaccinations are strongly recommended to reduce the risk of respiratory infections, which can be life-threatening in advanced COPD.

Pulmonary rehabilitation programs improve exercise capacity and quality of life. These programs emphasize breathing techniques, physical reconditioning, and energy conservation strategies. Breathing exercises, particularly those that restore diaphragmatic function and reduce accessory muscle use, are beneficial (Kahnert et al., 2023).

Pharmacologic treatment includes bronchodilators and anti-inflammatory agents. Inhaled β_2-agonists (short-acting and long-acting) are central to symptom relief. Anticholinergic agents such as tiotropium improve airflow by inhibiting parasympathetic bronchoconstriction. For some patients, ICS may be added, particularly if exacerbations are frequent or if asthma-COPD overlap is suspected. Combination inhalers are commonly used for moderate to severe disease.

Oxygen therapy is indicated in patients with chronic hypoxemia (PaO_2 ≤55 mm Hg or oxygen saturation ≤88%). Low-flow oxygen administered continuously (1 to 2 L/min) improves survival, reduces pulmonary hypertension, and enhances quality of life. The goal is to maintain oxygen saturation between 88% and 92%. Caution is required in oxygen administration because excessive correction of hypoxemia may suppress the hypoxic drive to breathe in some people, leading to CO_2 retention (Kahnert et al., 2023).

Bronchiectasis

Bronchiectasis is an uncommon form of COPD characterized by permanent dilation of the bronchi and bronchioles due to destruction of the muscular and elastic components of the bronchial walls. This destruction results from a self-perpetuating cycle of infection, inflammation, and airway remodeling (Fig. 24-21). Bronchiectasis is considered a secondary condition, often arising from repeated or severe respiratory infections. Historically, it was a common sequela of necrotizing bacterial pneumonias and infections such as measles, pertussis, influenza, and TB. However, widespread immunization and effective antimicrobial therapies have significantly reduced its incidence in high-resource countries. Today, bronchiectasis is more frequently observed in people with CF and other chronic pulmonary conditions, especially as survival improves (Nigro et al., 2024).

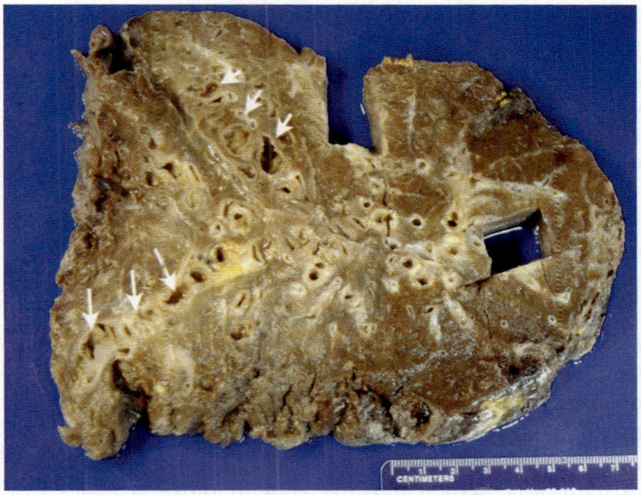

FIGURE 24-21. Bronchiectasis, explanted lung. There is diffuse airway dilatation, without significant consolidation. The bronchi are tortuous and focally extend to near the pleural surface (*arrows*). The patient suffered diffuse airway injury following inhalation of smoke in a house fire. (From Burke, A. P., Aubry, M.-C., Maleszewski, J., Alexiev, B., & Tavora, F. [2016]. *Practical thoracic pathology* [Fig. 31-3]. Wolters Kluwer.)

Etiology and Pathogenesis

The underlying causes of bronchiectasis involve a combination of mucus obstruction and chronic infection, both of which contribute to irreversible damage of the bronchial walls. The sequence may vary—obstruction may precede infection, or recurrent infection may lead to mucus stasis and airway damage—but the result is airway dilation and architectural distortion. Bronchiectasis is classified morphologically based on the appearance of the dilated airways: saccular, cylindrical, or varicose. **Saccular bronchiectasis** is the most severe form, affecting the proximal third to fourth generations of bronchi, which become markedly dilated and end in blind sacs, often with associated distal lung collapse and fibrosis. **Cylindrical bronchiectasis** involves uniform, moderate dilation of the sixth to eighth bronchial generations and is associated with milder symptoms. **Varicose bronchiectasis** involves the second through eighth bronchial branches and creates airways with an irregular, beaded appearance resembling varicose veins.

Bronchiectasis may be either focal or diffuse. Focal bronchiectasis typically results from localized obstruction, such as a tumor, aspirated foreign body, or mucus plug, that impairs clearance of secretions, leading to infection and damage within a specific lung segment or lobe. In contrast, diffuse bronchiectasis generally affects both lungs and is often seen in people with systemic or genetic conditions that impair host defense mechanisms. These include CF, which disrupts mucociliary clearance; primary ciliary dyskinesia; congenital or acquired immunodeficiency disorders; prior severe lung infections such as TB or fungal pneumonias; and toxic inhalation injuries. Diffuse disease most commonly involves the lower lobes due to gravitational drainage patterns and airway anatomy (Nigro et al., 2024).

Clinical Manifestations

Bronchiectasis produces several pathophysiologic changes that significantly impair respiratory function, including atelectasis, small airway obstruction, and chronic bronchitis. The hallmark clinical features include recurrent lower respiratory tract infections, a persistent, productive cough, and copious amounts of foul-smelling, purulent sputum. Hemoptysis is common due to inflamed and fragile bronchial vessels. Many people experience systemic symptoms such as weight loss, fatigue, and anemia due to chronic inflammation and infection.

Symptoms of bronchiectasis overlap with other forms of COPD, particularly chronic bronchitis and emphysema. As the disease progresses, people often develop dyspnea, cyanosis, and signs of chronic hypoxia. A distinguishing clinical feature of bronchiectasis—less common in other obstructive lung diseases—is digital clubbing, which may be seen in more advanced or long-standing cases (Nigro et al., 2024).

Diagnosis and Treatment

Diagnosis is based on a combination of clinical history, physical examination, and imaging studies. Chest radiography may suggest bronchiectasis in advanced cases, but high-resolution computed tomography (HRCT) is the gold standard for definitive diagnosis, providing detailed visualization of airway dilation and associated structural abnormalities. Accurate diagnosis is essential, as some forms of focal bronchiectasis may be amenable to surgical resection or interventional bronchoscopy when a localized obstructive cause is identified.

Management focuses on controlling infection, clearing secretions, and preserving lung function. Prompt and appropriate antibiotic therapy is essential for treating acute exacerbations and minimizing airway damage. Long-term treatment includes regular chest physiotherapy and postural drainage to enhance mucus clearance, especially in people with impaired cough. Pulmonary rehabilitation, vaccination, and bronchodilator therapy may also be beneficial, particularly for people with overlapping features of chronic bronchitis or emphysema. In people with CF or immunodeficiency, additional therapies specific to the underlying condition are often required (Nigro et al., 2024).

Cystic Fibrosis

Cystic fibrosis (CF) is a genetic disorder that affects the epithelial cells of multiple organ systems, particularly the respiratory, gastrointestinal, and reproductive tracts. It is the most common life-limiting autosomal recessive disease in people of Northern European descent and remains a leading cause of severe chronic respiratory disease in children. As of 2025, approximately 40,000 people in the United States and more than 160,000 worldwide live with CF. In the United States, newborn screening is universal, and more than 10 million people are asymptomatic carriers of a pathogenic cystic fibrosis transmembrane conductance regulator (CFTR) variant (Ong & Ramsey, 2023).

Etiology and Pathogenesis

CF is caused by mutations in the CFTR gene located on chromosome 7. This gene encodes a chloride channel responsible for regulating the transport of chloride and bicarbonate across epithelial cell membranes. Mutations in CFTR lead to impaired chloride secretion and enhanced sodium and water reabsorption, resulting in dehydrated, thickened mucus that obstructs exocrine ducts and airways (Fig. 24-22). Over 2,000 CFTR mutations have been identified, though only a subset causes clinically significant disease. The most common mutation is F508del, which leads to defective protein folding and trafficking. People with at least one copy of this mutation typically have a more severe disease phenotype.

The impaired ion transport caused by CFTR dysfunction affects many organ systems. In the lungs, viscous mucus leads to impaired mucociliary clearance, chronic bronchial obstruction, and recurrent infections, especially with pathogens such as *P. aeruginosa*. Over time, chronic inflammation and infection result in bronchiectasis and progressive lung function decline. In the

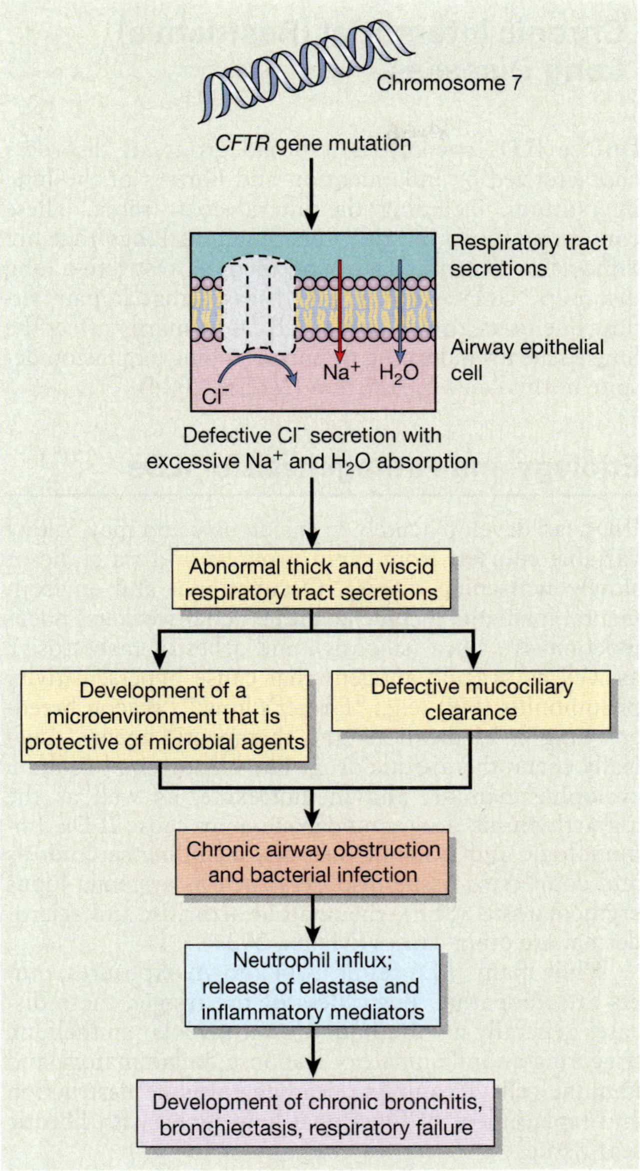

FIGURE 24-22. Pathogenesis of cystic fibrosis (CS).

pancreas, obstruction of exocrine ducts leads to enzyme insufficiency, malabsorption, steatorrhea, and malnutrition. CF also causes elevated sodium and chloride levels in sweat, a hallmark of the disease and the basis for the classic sweat chloride test used in diagnosis. Other common complications include nasal polyps, sinus infections, cholelithiasis, pancreatitis, and congenital absence of the vas deferens, which results in male infertility due to obstructed sperm transport. Additionally, about 30% of adults with CF develop CF-related diabetes, a distinct form of diabetes with features of both type 1 and type 2 (Ong & Ramsey, 2023).

Clinical Manifestations

The pulmonary manifestations of CF are often the most serious and are responsible for most disease-related morbidity and mortality. Chronic bronchiolitis and bronchitis are early findings, progressing to bronchiectasis with ongoing inflammation and airway remodeling. Thick, sticky secretions and impaired clearance promote colonization by a narrow range of pathogens, most notably *P. aeruginosa*. Chronic infection and inflammation cause progressive airway damage, respiratory insufficiency, and eventual respiratory failure.

Gastrointestinal involvement varies in severity. In infants, meconium ileus may present as a life-threatening intestinal obstruction. In older children and adults, pancreatic insufficiency leads to poor weight gain, vitamin deficiencies, abdominal pain, and frequent, bulky stools. Hepatobiliary complications and distal intestinal obstruction syndrome (DIOS) may occur in some people (Ong & Ramsey, 2023).

Diagnosis and Treatment

Early diagnosis is essential for initiating appropriate treatment and slowing disease progression. Newborn screening includes measurement of immunoreactive trypsinogen (IRT), followed by confirmatory testing. A diagnosis of CF is confirmed by a positive sweat chloride test (typically >60 mmol/L), identification of two pathogenic CFTR mutations, or abnormal CFTR functional testing. In older people with atypical symptoms, diagnosis may be delayed, especially in milder or nonclassic cases.

Treatment for CF has advanced significantly with the development of CFTR modulator therapies, which target the underlying defect in CFTR protein production and function. These therapies are now approved for the majority of people with CF and have demonstrated substantial improvements in lung function, nutritional status, and quality of life, while reducing the frequency of pulmonary exacerbations. Other CFTRs are used depending on the patient's specific mutation profile (Ong & Ramsey, 2023).

Comprehensive CF care also includes airway clearance therapies, such as chest physiotherapy, mucolytics (e.g., dornase alfa), inhaled antibiotics, bronchodilators, and anti-inflammatory agents. Pulmonary rehabilitation is beneficial for maintaining physical function and improving quality of life.

Nutritional support is a cornerstone of management. People with pancreatic insufficiency require pancreatic enzyme replacement therapy (PERT) and fat-soluble vitamin supplementation. A high-calorie, high-protein diet is typically needed to meet increased energy demands and support growth and lung function.

Advanced CF may lead to end-stage lung disease, at which point lung transplantation may be considered. Although not curative, transplantation can prolong survival and improve quality of life for eligible people.

Prognosis and Research

The prognosis of CF has dramatically improved in recent decades. Median survival has surpassed 50 years in countries with comprehensive CF care, and the outlook continues to improve with widespread access to modulator therapies. Ongoing research efforts are focused on extending CFTR modulation to people with rare mutations, developing gene editing and replacement therapies, and further understanding CF-related comorbidities (Ong & Ramsey, 2023).

SUMMARY CONCEPTS

Obstructive lung disorders are characterized by airway narrowing and limitation of expiratory airflow. These conditions include asthma; COPD, which encompasses chronic bronchitis, emphysema, and in some cases bronchiectasis; and CF.

Asthma is a chronic inflammatory airway disorder marked by intermittent episodes of airway hyperresponsiveness, reversible airway obstruction, and in some people, airway remodeling. Immune responses involving type 2 helper (T2H) cells, IgE-producing B cells, mast cells, and eosinophils play a central role in allergic asthma. Both genetic predisposition and environmental exposures contribute to disease onset. The nonallergic form of asthma may be triggered by intrinsic factors (such as stress and hormonal changes), exercise, and nonallergen irritants (such as smoke or strong odors).

COPD refers to a group of progressive obstructive lung diseases that cause persistent airflow limitation and is primarily associated with cigarette smoking. Chronic bronchitis involves inflammation and mucus hypersecretion in the bronchi, diagnosed clinically by a productive cough lasting at least 3 months for 2 consecutive years. Emphysema is characterized by destruction of alveolar walls and loss of lung elasticity, leading to air trapping and hyperinflation. Bronchiectasis, though less common, may occur as a component of COPD or as a distinct condition marked by permanent bronchial dilation, recurrent infections, and destruction of bronchial walls. Over time, all forms of COPD may lead to V/Q mismatching, hypoxemia, and hypercapnia.

CF is an autosomal recessive genetic disorder caused by mutations in the CFTR gene, which impairs chloride transport across epithelial cells. This results in thick, dehydrated secretions affecting the lungs, pancreas, and other exocrine organs. CF is associated with chronic lung disease, pancreatic insufficiency, and elevated sweat chloride levels. Recurrent infections, particularly with *P. aeruginosa*, and progressive lung damage are common. Advancements in CFTR modulator therapies have significantly improved outcomes and life expectancy.

Chronic Interstitial (Restrictive) Lung Diseases

Diffuse ILDs encompass a broad group of disorders characterized by inflammation and fibrosis of the lung interstitium, including the interalveolar septa. These conditions result in stiff, noncompliant lungs that are difficult to expand, classifying them as restrictive lung disorders. Unlike obstructive diseases that impair airflow due to narrowed airways, ILDs primarily affect the lung tissue itself, leading to impaired lung expansion despite normal airway function (Maher, 2024).

Etiology and Pathogenesis of ILDs

ILDs can develop acutely or insidiously and may follow variable courses, from rapid progression to a static or slowly worsening disease. Occupational and environmental inhalants include coal dust (coal workers' pneumoconiosis), silica (silicosis), and asbestos (asbestosis), as well as organic antigens that cause hypersensitivity pneumonitis (HP) (e.g., "farmer's lung," "pigeon breeder's lung"). Medications and therapeutic agents, especially chemotherapeutic drugs like bleomycin, busulfan, cyclophosphamide, and methotrexate, as well as the antiarrhythmic drug amiodarone, may cause ILDs. Immunologic and systemic diseases, including sarcoidosis and connective tissue disorders such as systemic lupus erythematosus (SLE), rheumatoid arthritis, and scleroderma, are other causes (Maher, 2024).

While many ILDs result from known exposures, others are idiopathic. Regardless of the trigger, these diseases generally involve injury to the alveolar epithelium, triggering an inflammatory response. Inflammatory and immune cells accumulate, leading to tissue destruction and replacement of functional lung tissue with fibrotic scar tissue.

The location of fibrosis within the acinus can influence physiologic impact. Some ILDs predominantly affect the distal alveoli, reducing lung volumes and diffusion capacity (restrictive physiology), while others affect peribronchiolar interstitium, potentially causing airflow obstruction without reducing volumes. Many ILDs also involve small airways and pulmonary vasculature.

Clinical Manifestations

ILDs typically present with symptoms consistent with restrictive lung disease. Dyspnea on exertion is often the earliest symptom and progresses insidiously. Tachypnea, cyanosis (especially in advanced disease), and a nonproductive cough are common. Wheezing and overt airway obstruction are generally absent. Clubbing of the fingers and toes may develop with disease progression.

Patients often breathe with a rapid respiratory rate and small tidal volume—a pattern that minimizes the WOB in stiff lungs. Lung volumes, including vital capacity (VC) and TLC, are reduced. The FEV_1 may be normal or slightly reduced, but the FEV_1/FVC ratio is typically preserved or even increased—unlike in obstructive lung diseases.

Early in the disease course, resting arterial blood gases may be normal, but exertional hypoxemia is common. In advanced stages, resting hypoxemia, hypercapnia, and respiratory acidosis may develop. Impaired gas exchange results from thickening of the alveolar–capillary membrane and intrapulmonary shunting (Maher, 2024).

Diagnosis and Treatment

Diagnosis involves a thorough personal and occupational history to identify potential exposures. Imaging studies, especially high-resolution CT, are essential for identifying characteristic patterns of fibrosis or inflammation. Serial imaging may help track progression. A surgical lung biopsy may be necessary for definitive diagnosis and histologic classification.

Treatment focuses on four primary goals: identifying and removing the causative agent, suppressing the inflammatory response, preventing further progression, and providing supportive care. Corticosteroids and immunosuppressive agents are commonly used. In later stages, oxygen therapy and infection prevention strategies are essential. In severe or refractory cases, lung transplantation may be the only effective intervention (Maher, 2024).

KEY POINTS

Interstitial Lung Diseases

- ILDs result from inflammatory conditions that affect the interalveolar structures of the lung and produce lung fibrosis and a stiff lung.
- A stiff and noncompliant lung is difficult to inflate, increasing the WOB and causing decreased exercise tolerance due to hypoxemia.
- Because of the increased effort needed for lung expansion, people with ILD tend to take small but more frequent breaths.

Occupational and Environmental ILDs

Occupational and environmental ILDs arise from prolonged exposure to inhaled substances that damage the lung parenchyma, resulting in inflammation and fibrosis. These diseases are typically categorized into pneumoconioses and HP, with some overlap in presentation (Lee et al., 2022).

Pneumoconioses are a group of ILDs caused by the inhalation of inorganic mineral dusts, most commonly in occupational settings such as mining, construction, shipbuilding, and manufacturing. Silicosis occurs in people exposed to crystalline silica, including sandblasters, foundry workers, and miners. Coal workers' pneumoconiosis, often called "black lung," results from the inhalation of coal dust and is marked by progressive fibrotic changes in the lungs. Asbestosis develops after prolonged exposure to asbestos fibers, historically used in insulation, shipbuilding, and construction materials; in addition to interstitial fibrosis, asbestos exposure is associated with pleural disease and malignancies such as mesothelioma. Berylliosis is linked to inhalation of beryllium dust or fumes, particularly in aerospace, electronics, and nuclear manufacturing industries. Talc pneumoconiosis is seen in talc miners and millers, in people who abuse talc-containing drugs intravenously, and in infants or children who accidentally inhale talcum powder.

Key factors influencing disease development include particle size, chemical composition, duration of exposure, and host susceptibility. Clearance of inhaled particles depends on alveolar macrophages, which transport particles toward the mucociliary escalator or lymphatics. This clearance is impaired by smoking, alcohol use, and certain immune responses. In silicosis, silica particles directly damage macrophages, increasing susceptibility to infections like TB due to impaired immune defense (Su et al., 2023).

Hypersensitivity Pneumonitis

HP, formerly known as extrinsic allergic alveolitis, is an ILD caused by a heightened immune response to repeated inhalation of organic dusts or occupational antigens. Unlike asthma, which primarily affects the airways, HP involves inflammation of the alveoli. Common occupational forms of HP include farmer's lung, caused by exposure to moldy hay containing thermophilic actinomycetes; pigeon breeder's lung, resulting from inhalation of bird serum proteins, feathers, or droppings; bagassosis, associated with moldy sugar cane; and humidifier lung, which develops from exposure to mold-contaminated water reservoirs in humidifiers or air conditioning systems. If exposure to the offending antigen persists, HP can progress to chronic inflammation and pulmonary fibrosis. Therefore, early recognition and prompt elimination of the source are essential to prevent irreversible lung damage (Calaras et al., 2024).

Drug-Induced Interstitial Lung Disease

A variety of medications can cause drug-induced interstitial lung disease (DI-ILD), either through direct toxicity or by triggering immune-mediated inflammatory responses in the lung. Some of the most well-known culprits are cytotoxic chemotherapy agents, such as bleomycin, busulfan, methotrexate, and cyclophosphamide, which can damage the alveolar epithelium and initiate fibrotic changes. Another notable example is amiodarone, a widely used antiarrhythmic drug that accumulates in lung tissue and can lead to a dose-dependent pneumonitis, particularly at doses exceeding 400 mg/day. The manifestations of DI-ILD may be acute or chronic and range from mild infiltrates to severe pulmonary fibrosis. Early recognition of the offending drug and discontinuation of its use are critical to preventing further lung injury. In some cases, corticosteroids may be used to reduce inflammation and support recovery (Spagnolo et al., 2022).

Sarcoidosis

Sarcoidosis is a systemic inflammatory disorder characterized by the formation of noncaseating granulomas in affected tissues, most commonly in the lungs and lymphatic system. A defining feature of sarcoidosis is that these granulomas form in the absence of known infectious or environmental agents capable of inducing granulomatous inflammation. Although the disease can occur at any age, it most frequently affects people between 10 and 40 years old (Rossides et al., 2023).

Etiology and Pathogenesis

The hallmark of sarcoidosis is the noncaseating granuloma, a structured collection of macrophages that does not exhibit the necrotic center ("caseation") typically seen in granulomas caused by infections such as TB or histoplasmosis. These granulomas often contain multinucleated giant cells and are frequently accompanied by alveolitis, or inflammation of the alveolar spaces. The exact cause of sarcoidosis remains unknown, though it is hypothesized to result from an exaggerated immune response in genetically predisposed people following exposure to an unidentified environmental trigger. Despite increasing knowledge of associated genetic and immunologic factors, no specific causative agent has been identified (Rossides et al., 2023).

Clinical Manifestations

Sarcoidosis presents with highly variable manifestations and an unpredictable clinical course, potentially affecting nearly any organ system. Pulmonary involvement is most common, and routine chest radiographs often reveal findings in asymptomatic people. The most frequent symptoms include dyspnea, nonproductive cough, chest discomfort, and constitutional signs such as fever, fatigue, weight loss, and myalgia. Extrapulmonary involvement may include anterior uveitis (eye inflammation), skin lesions (papules or plaques), and symptoms involving the nervous system, liver, heart, or hematologic system. Approximately one third of people experience progressive disease, while others may go through periods of remission, which may be spontaneous or corticosteroid-induced. Sarcoidosis is believed to involve dysregulated immune function, with an elevated CD4+/CD8+ lymphocyte ratio and increased production of proinflammatory cytokines (Rossides et al., 2023).

Diagnosis and Treatment

The diagnosis of sarcoidosis is based on clinical history, physical examination, exclusion of other granulomatous diseases, and histologic confirmation of noncaseating granulomas, often obtained through biopsy. Chest radiography is commonly used, although the role of high-resolution CT or MRI in routine diagnosis remains debated. Treatment focuses on suppressing the granulomatous inflammatory response and managing symptoms or organ-specific complications. Corticosteroids are the first-line treatment when intervention is required, though some cases do not require therapy and resolve spontaneously (Belperio et al., 2022).

SUMMARY CONCEPTS

ILDs are a diverse group of disorders marked by fibrosis and reduced lung compliance, leading to stiff, noncompliant lungs. They include occupational and environmental lung diseases as well as granulomatous conditions such as sarcoidosis. ILDs are thought to begin with inflammation in the alveoli that extends into the interstitial tissue, ultimately disrupting the normal architecture of the lung. In contrast to COPD, which primarily affects the airways, ILDs target the supporting connective tissue—including collagen and elastic fibers—located between the airways and pulmonary vasculature. These changes result in decreased lung volumes, reduced diffusing capacity, and varying degrees of hypoxemia. Because the lungs are less compliant, people with ILD typically adopt a rapid, shallow breathing pattern to maintain minute ventilation while minimizing the WOB.

Disorders of the Pulmonary Circulation

As blood flows through the pulmonary capillaries, oxygen is taken up and carbon dioxide is released, a process that relies on the close matching of ventilation (airflow) and perfusion (blood flow). Disruption in this balance can impair gas exchange and lead to serious clinical consequences. This section focuses on two major disorders of the pulmonary circulation: pulmonary embolism, which results from obstruction of blood flow, and pulmonary hypertension, which involves elevated pressure within the pulmonary arteries.

KEY POINTS

Disorders of the Pulmonary Circulation

- Pulmonary thromboemboli are blood clots that originate in the systemic venous system and become lodged in a pulmonary blood vessel as they move from the right heart into and through the pulmonary circulation.

- Pulmonary hypertension is an elevated pulmonary arterial pressure. It may arise as a primary disorder of the pulmonary arteries, in which an abnormal thickening of the vessel wall increases the resistance to blood flow, or as a secondary disorder due to chronic lung disorders or environmental conditions that produce hypoxemia and a resultant constriction of small pulmonary arteries, cardiac disorders that increase pulmonary venous pressure, or thromboembolic disorders that occlude pulmonary blood vessels.

Pulmonary Embolism

Pulmonary embolism (PE) occurs when a substance obstructs a branch of the pulmonary artery, reducing or blocking blood flow to lung tissue (Fig. 24-23). Most commonly, this substance is a thrombus, but emboli may also consist of air (e.g., from IV infusion), fat (e.g., from long bone fractures), amniotic fluid (e.g., after membrane rupture during labor), or tumor fragments. PE is a potentially life-threatening condition, especially in the setting of malignancy or hemodynamic compromise (Freund et al., 2022).

Etiology and Pathogenesis

Most pulmonary emboli originate from thrombi in the deep veins of the lower extremities (deep vein thrombosis [DVT]). These thrombi may form silently and become clinically apparent only after embolization. The effects of PE result from both mechanical obstruction and the release of vasoactive substances that cause reflex bronchoconstriction, hypoxemia, and hemodynamic changes.

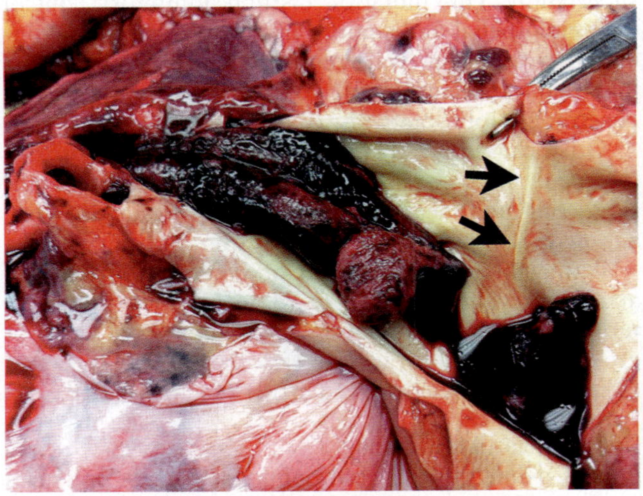

FIGURE 24-23. Pulmonary embolism, gross. There is occlusion of the right and left pulmonary arteries at the junction of the pulmonary trunk. The arrows point to the flow divider. (From Burke, A. P., Aubry, M.-C., Maleszewski, J., Alexiev, B., & Tavora, F. [2016]. *Practical thoracic pathology* [Fig. 65-1A]. Wolters Kluwer.)

Among the physiologic factors that contribute to venous thrombosis is Virchow triad, which consists of venous stasis, venous endothelial injury, and hypercoagulability states. The thrombophilias (e.g., antithrombin III deficiency, protein C and S deficiencies, factor V Leiden mutation) are a group of inherited disorders affecting coagulation that make a person prone to the development of venous thromboemboli. Venous stasis and venous endothelial injury can result from prolonged bed rest, trauma, surgery, childbirth, fractures of the hip and femur, myocardial infarction and congestive heart failure, and spinal cord injury. People undergoing orthopedic surgery and gynecologic cancer surgery are at particular risk, as are immobilized people. Hypercoagulability is related to various factors. Cancer cells can produce thrombin and synthesize procoagulation factors, increasing the risk for thromboembolism. Use of oral contraceptives, pregnancy, and hormone replacement therapy are thought to increase the resistance to endogenous anticoagulants (Freund et al., 2022).

Clinical Manifestations

Symptoms depend on the size and location of the embolus and the patient's baseline cardiopulmonary status. Common symptoms include dyspnea, pleuritic chest pain, tachypnea, and tachycardia. Hypoxemia is common, and arterial blood gases often reveal a widened alveolar-arterial oxygen gradient. Small emboli that become lodged in the peripheral branches of the pulmonary artery may go unrecognized unless the person is compromised, such as occurs in the older adults or the acutely ill. Repeated small emboli gradually reduce the size of the pulmonary capillary bed, resulting in pulmonary hypertension. People with moderate-sized emboli often present with breathlessness accompanied by pleuritic pain, apprehension, slight fever, and cough productive of blood-streaked sputum. Tachycardia often occurs to compensate for decreased oxygenation, and the breathing pattern is rapid and shallow. People with massive emboli usually present with sudden collapse, crushing substernal chest pain, shock, and sometimes loss of consciousness. The pulse is rapid and weak, the blood pressure is low, the neck veins are distended, and the skin is cyanotic and diaphoretic. Massive pulmonary emboli are often fatal (Freund et al., 2022).

Diagnosis and Treatment

The diagnosis of PE is based on clinical suspicion supported by imaging and laboratory testing. D-dimer is a highly sensitive but nonspecific blood test that helps rule out PE in patients with a low pretest probability. In most clinical settings, computed tomography pulmonary angiography (CTPA) is considered the first-line imaging study, as it provides direct visualization of emboli in the pulmonary arteries. V/Q scanning remains useful in patients who cannot receive iodinated contrast, such as those with contrast allergy or renal impairment, and is most valuable when results are clearly normal or highly suggestive of PE. Lower-extremity duplex ultrasonography is commonly used to detect DVT, which is the primary source of emboli. Echocardiography may reveal right ventricular strain in cases of large or massive PE but is not diagnostic (Westafer et al., 2023). Pulmonary angiography, although historically considered the gold standard, is now rarely used due to its invasive nature. Additional markers, such as cardiac troponin and B-type natriuretic peptide (BNP), may be elevated in high-risk patients due to right ventricular stress and can help assess prognosis.

Treatment

Treatment of PE focuses on preventing further thrombus formation, maintaining cardiopulmonary function, and reducing the risk of recurrence or death. Anticoagulation is the cornerstone of therapy, with initial options including low-molecular-weight heparin (LMWH), fondaparinux, or direct oral anticoagulants (DOACs) such as rivaroxaban or apixaban. Warfarin may be used for long-term anticoagulation in selected patients but is less favored initially due to its slower onset and need for monitoring. Thrombolytic therapy, such as tissue plasminogen activator (tPA), is reserved for patients with massive PE and hemodynamic instability. For patients who cannot receive anticoagulation or who experience recurrent emboli despite treatment, an inferior vena cava (IVC) filter may be placed to prevent further embolization. Supportive care, including supplemental oxygen and careful fluid management, is essential, particularly in cases of large or symptomatic emboli. Prevention is critical and involves early mobilization after surgery or illness, mechanical methods such as compression stockings or pneumatic devices, and pharmacologic anticoagulation in high-risk people (Westafer et al., 2023).

Pulmonary Hypertension

The pulmonary circulation is a low-pressure, low-resistance system designed to accommodate varying volumes of blood from the right heart and facilitate gas exchange. The main pulmonary arteries and their branches are thin-walled, compliant vessels. The distal pulmonary arterioles are also thin and capable of dilation or constriction in response to vasoactive mediators released from endothelial cells, neurohumoral influences, flow velocity, oxygen tension, and alveolar ventilation.

Pulmonary hypertension refers to an abnormal elevation in pressure within the pulmonary arterial system. This pressure increase may be acute or chronic and results from a variety of cardiopulmonary or systemic conditions (Johnson et al., 2023).

Etiology and Pathogenesis

Multiple factors contribute to the development of pulmonary hypertension. These include narrowing or obliteration of pulmonary vessels (reducing total cross-sectional area), loss of capillaries from fibrotic destruction of alveoli, vasoconstriction in response to hypoxia, or increased inflow to the pulmonary circuit without compensatory vascular remodeling. Alternatively, PH may develop due to elevated left-sided heart pressures that are transmitted back into the pulmonary vasculature.

Pulmonary hypertension may originate from vascular changes within the pulmonary arteries—classified as pulmonary arterial hypertension (PAH)—or may occur secondarily due to heart or lung disease, chronic thromboembolic events, or systemic conditions (Johnson et al., 2023).

Pulmonary Arterial Hypertension

PAH is a progressive condition characterized by remodeling of the small pulmonary arteries, including smooth muscle hypertrophy, intimal fibrosis, in situ thrombosis, and eventual obliteration of vascular lumens. These changes increase pulmonary vascular resistance, which can lead to right heart failure and death if untreated. Pulmonary hypertension is classified into five groups based on underlying etiology:

- Group I: PAH (e.g., idiopathic, heritable, drug-induced, connective tissue diseases)
- Group II: Pulmonary hypertension due to left heart disease (e.g., heart failure, valvular disease)
- Group III: Pulmonary hypertension associated with chronic lung diseases and hypoxemia (e.g., COPD, ILD, sleep apnea)
- Group IV: Chronic thromboembolic pulmonary hypertension (CTEPH)
- Group V: Pulmonary hypertension with unclear or multifactorial mechanisms (Kularatne et al., 2024).

Etiology and Pathogenesis

The familial form of PAH is most commonly associated with mutations in the *BMPR2* gene, which encodes a receptor in the transforming growth factor-β (TGF-β) superfamily. This mutation disrupts inhibitory control over endothelial and smooth muscle proliferation, contributing to vessel wall remodeling. Familial PAH is inherited in an autosomal dominant pattern with low penetrance (Johnson et al., 2023).

Other causes of PAH include connective tissue diseases (especially scleroderma), HIV infection, portal hypertension, congenital heart disease, certain drugs and toxins, and persistent pulmonary hypertension of the newborn.

Pathogenic mechanisms include reduced nitric oxide and prostacyclin levels, increased endothelin-1, enhanced serotonin transporter expression, and elevated levels of growth factors like vascular endothelial growth factor (VEGF) and platelet-derived growth factor (PDGF).

Clinical Manifestations

PAH is defined by elevated pulmonary artery pressures (mean pulmonary artery pressure >20 mm Hg at rest and pulmonary vascular resistance ≥3 Wood units) in the setting of normal left heart pressures.

Symptoms of PAH often begin subtly and worsen over time. Early signs include dyspnea on exertion, fatigue, and decreased exercise tolerance. As the disease progresses, patients may develop chest pain, syncope, peripheral edema, and other signs of right heart failure, such as hepatomegaly and jugular venous distention (Johnson et al., 2023).

Diagnosis and Treatment

Diagnosis of PAH requires confirmation by right heart catheterization, which measures pulmonary artery pressure, wedge pressure, and resistance. Noninvasive studies such as echocardiography, electrocardiography, and chest imaging are often used as initial screening tools. PAH is diagnosed after the exclusion of secondary causes and confirmation of precapillary hypertension.

Treatment consists of measures to improve right heart function as a means of reducing fatigue and peripheral edema. Supplemental oxygen may be used to increase exercise tolerance. Pathway-specific pharmacologic therapies that act on the prostacyclin, endothelin, and nitric oxide signaling pathways may be used. Combination therapy is often used, and oxygen, diuretics, and anticoagulation may be indicated in select patients. Lung transplantation remains a last-line option for people with refractory disease despite maximal medical therapy (Ruopp & Cockrill, 2022).

Secondary Pulmonary Hypertension

Although pulmonary hypertension may occur as a primary vascular disorder, it more commonly develops secondary to other conditions, particularly those involving the heart, lungs, or pulmonary vasculature. Common contributing conditions include COPD, ILD, obstructive sleep apnea, left-sided heart failure, valvular heart disease, and chronic pulmonary thromboembolism.

Etiology and Pathogenesis

Chronic hypoxemia is a major contributor to pulmonary vasoconstriction in lung diseases such as COPD or ILD. Unlike systemic vessels, pulmonary arterioles constrict in response to low oxygen tension. This hypoxic vasoconstriction serves to redirect blood flow away from poorly ventilated alveoli, but widespread hypoxemia—as seen in advanced lung disease—leads to global pulmonary vasoconstriction and sustained hypertension. This can also occur at high altitudes or during sleep-disordered breathing (e.g., obstructive sleep apnea).

PH may also arise from elevated left-sided heart pressures, as seen in mitral valve disease or left ventricular diastolic dysfunction, where elevated left atrial pressure is transmitted backward into the pulmonary vasculature. Chronic elevation leads to structural changes in small pulmonary vessels, including medial hypertrophy and intimal thickening, that sustain pulmonary hypertension even if the original cause is addressed (Johnson et al., 2023).

Another cause is CTEPH, in which residual thromboemboli from prior PE obstruct the pulmonary vascular bed. This persistent vascular obstruction leads to increased resistance and pressure. CTEPH is often treatable with pulmonary endarterectomy, a surgical procedure to remove obstructing clots (Yang et al., 2023).

Clinical Manifestations, Diagnosis, and Treatment

The clinical presentation of secondary pulmonary hypertension often reflects both the elevated pulmonary artery pressure and the underlying disease. Common symptoms include exertional dyspnea, fatigue, and signs of right heart failure (Johnson et al., 2023).

Diagnosis involves evaluation with echocardiography, Doppler ultrasonography, chest imaging, and ultimately right heart catheterization if indicated. Treatment focuses on managing the underlying cause, such as oxygen supplementation for hypoxemia, ventilatory support for sleep apnea, diuretics for volume overload, or valve repair for left-sided heart disease. In select cases, vasodilator therapy or surgical intervention (e.g., endarterectomy in CTEPH) may be appropriate (Yang et al., 2023).

Cor Pulmonale

Cor pulmonale refers to right ventricular enlargement and eventual right-sided heart failure that results from pulmonary hypertension secondary to diseases of the lungs or pulmonary vasculature. Chronic hypoxic lung diseases, such as COPD and ILD, are the most common causes. Persistent elevation in pulmonary artery pressures increases the workload of the right ventricle, leading initially to right ventricular hypertrophy and eventually to right ventricular failure (Fig. 24-24) (Garrison et al., 2023).

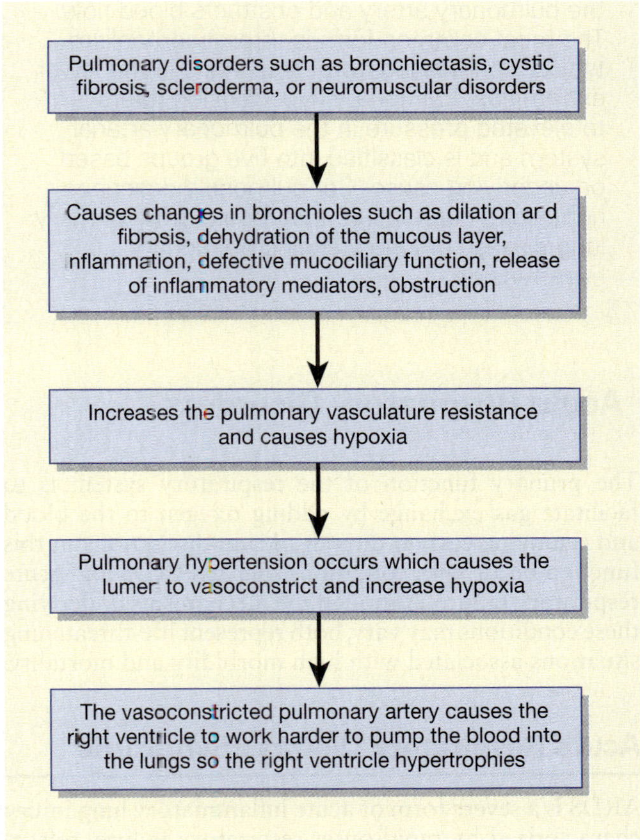

FIGURE 24-24. Pathogenesis of cor pulmonale.

The clinical manifestations of cor pulmonale include a combination of symptoms from the underlying pulmonary condition and signs of right-sided heart failure. These may include jugular venous distention, hepatomegaly, ascites, and peripheral edema. Respiratory symptoms often include shortness of breath, exertional dyspnea, and a productive cough, which may worsen during periods of decompensation. Plethora, cyanosis, and warm, moist skin can be observed in patients with chronic hypoxemia and secondary polycythemia, while carbon dioxide retention in advanced disease may lead to drowsiness or altered mental status.

Management of cor pulmonale focuses on treating the underlying lung disease and supporting right heart function. Long-term, low-flow oxygen therapy may help reduce pulmonary vasoconstriction and limit the development of secondary polycythemia in patients with severe hypoxemia. Other interventions include diuretics to manage volume overload, cautious use of vasodilators, and treatment of respiratory infections or exacerbations of the primary lung disease. Prevention and early management of pulmonary hypertension are key to reducing the risk of cor pulmonale progression (Garrison et al., 2023).

SUMMARY CONCEPTS

Pulmonary vascular disorders include PE and pulmonary hypertension. PE occurs when a blood-borne substance—such as a thrombus, air, fat, or amniotic fluid—lodges in a branch of the pulmonary artery and obstructs blood flow. The most common form is thromboembolism, typically originating from deep veins in the lower extremities. Pulmonary hypertension refers to elevated pressure in the pulmonary arterial system and is classified into five groups based on underlying cause. Cor pulmonale describes right-sided heart failure that results from primary lung disease or long-standing pulmonary hypertension.

Acute Respiratory Disorders

The primary function of the respiratory system is to facilitate gas exchange by adding oxygen to the blood and removing carbon dioxide. Acute disruptions in this function occur with conditions such as ARDS and acute respiratory failure. Although the mechanisms underlying these conditions may vary, both represent life-threatening situations associated with high morbidity and mortality.

Acute Respiratory Distress Syndrome

ARDS is a severe form of acute inflammatory lung injury characterized by rapid-onset respiratory failure, refractory hypoxemia, and diffuse pulmonary infiltrates not caused by cardiac dysfunction or fluid overload. ARDS often results from direct lung injuries such as aspiration or pneumonia, or indirect injuries such as sepsis, pancreatitis, trauma, or massive transfusion. It is marked by increased permeability of the alveolar–capillary membrane, leading to noncardiogenic pulmonary edema and impaired oxygenation (Wick et al., 2024).

All cases of ARDS share similar pathologic features, including diffuse alveolar epithelial injury and inflammatory damage to the pulmonary capillary endothelium. These injuries increase capillary permeability, allowing fluid, plasma proteins, and blood cells to leak into the alveolar spaces and interstitium. The resulting alveolar flooding, combined with the loss of surfactant and the formation of hyaline membranes, severely impairs gas exchange and lung compliance. As the disease progresses, the lungs become stiff and difficult to inflate, requiring increased WOB and often leading to respiratory failure. Intrapulmonary shunting of blood occurs as alveoli collapse or fill with fluid, causing severe hypoxemia that is often unresponsive to high concentrations of supplemental oxygen. If the epithelial injury is extensive, disorganized repair and fibrosis may follow, contributing to long-term respiratory dysfunction (Wick et al., 2024).

Etiology and Pathogenesis

Although a number of conditions may lead to acute lung injury (ALI)/ARDS, they all produce similar pathologic lung changes that include diffuse epithelial cell injury with increased permeability of the alveolar–capillary membrane (Fig. 24-25). The increased permeability permits fluid, plasma proteins, and blood cells to move out of the vascular compartment into the interstitium and alveoli of the lung. Diffuse alveolar cell damage leads to accumulation of fluid, surfactant inactivation, and formation of a hyaline membrane that is impervious to gas exchange. As the disease progresses, the WOB becomes greatly increased as the lungs stiffen and become more difficult to inflate. There is increased intrapulmonary shunting of blood, impaired gas exchange, and refractory hypoxemia despite high supplemental oxygen therapy. Gas exchange is further compromised by alveolar collapse resulting from abnormalities in surfactant production. When injury to the alveolar epithelium is severe, disorganized epithelial repair may lead to fibrosis (Fig. 24-26). (Wick et al., 2024). Chart 24-3 provides a list of conditions in which ARDS can develop.

Clinical Manifestations and Diagnosis

Clinically, ARDS is characterized by the sudden onset of respiratory distress, usually within 12 to 18 hours of the inciting event. Common findings include dyspnea, tachypnea, cyanosis, crackles on auscultation, and signs of respiratory failure. Chest radiography typically reveals diffuse bilateral pulmonary infiltrates. A key diagnostic criterion is the PaO_2/FiO_2 (PF) ratio, which helps classify ARDS severity based on the Berlin definition: mild ARDS is indicated by a PF ratio of 200 to 300 mm Hg, moderate by a ratio of 100 to 200 mm Hg,

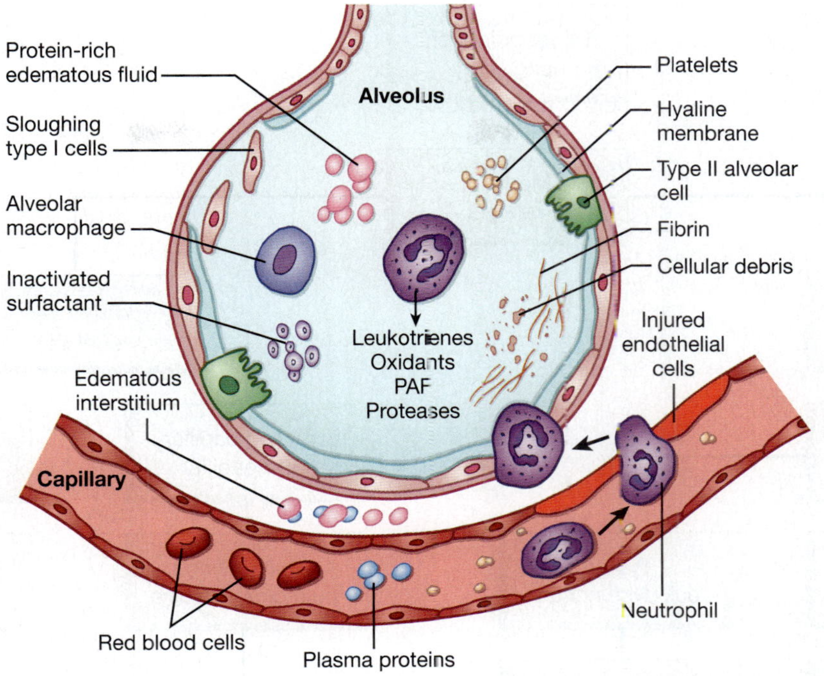

FIGURE 24-25. The mechanism of lung changes in acute respiratory distress syndrome. Injury and increased permeability of the alveolar capillary membrane allow fluid, protein, cellular debris, platelets, and blood cells to move out of the vascular compartment and enter the interstitium and alveoli. Activated neutrophils release a variety of products that damage the alveolar cells and lead to edema, surfactant inactivation, and formation of a hyaline membrane. PAF, platelet-activating factor.

and severe by a ratio less than 100 mm Hg. These findings must be present within 1 week of a known clinical insult and cannot be fully explained by cardiac failure or fluid overload (Grotberg et al., 2023).

Treatment

Management of ARDS focuses on supportive care and prevention of further lung injury. The primary goals are to ensure adequate oxygenation of vital organs, treat the underlying condition, and minimize complications such as venous thromboembolism, aspiration, and nosocomial infections. Mechanical ventilation using lung-protective strategies—particularly low tidal volume ventilation (6 mL/kg of predicted body weight) and optimal positive end-expiratory pressure (PEEP)—is the cornerstone of treatment. In moderate to severe cases, prone positioning may improve oxygenation. Fluid management is typically conservative, and in refractory cases, additional therapies such as neuromuscular blockade, inhaled vasodilators, or extracorporeal membrane oxygenation (ECMO) may be considered (Grotberg et al., 2023).

Acute Respiratory Failure

Acute respiratory failure refers to the inability of the respiratory system to adequately oxygenate the blood and/or eliminate carbon dioxide. It is not a specific disease but rather a clinical condition that can arise from various disorders affecting pulmonary function, ventilatory mechanics, or gas exchange. It may develop suddenly in previously healthy people due to acute illnesses such as pneumonia or trauma, or it may occur as a complication of chronic respiratory or neuromuscular disease (Villgran et al., 2022).

Respiratory failure is conventionally classified into two types. Hypoxemic respiratory failure (Type I) is characterized by a failure of the gas exchange function of the lungs, resulting in inadequate oxygenation (PaO_2 <60 mm Hg). Hypercapnic/hypoxemic respiratory failure (type II) results from alveolar hypoventilation, leading to elevated carbon dioxide levels ($PaCO_2$ >50 mm Hg) and variable degrees of hypoxemia. These categories are not mutually exclusive; many patients experience a combination of impaired ventilation and diffusion abnormalities (Villgran et al., 2022).

Etiology and Pathogenesis

Hypoxemic respiratory failure is most often caused by conditions that result in V/Q mismatch or impaired diffusion of oxygen across the alveolar–capillary membrane. V/Q mismatch occurs when areas of the lung are ventilated but not adequately perfused (as in PE), or perfused but poorly ventilated (as in atelectasis, pneumonia, or severe COPD). This mismatch impairs oxygen uptake and may lead to significant hypoxemia with minimal or no hypercapnia. In many cases, the hypoxemia can be partially corrected with supplemental oxygen. However,

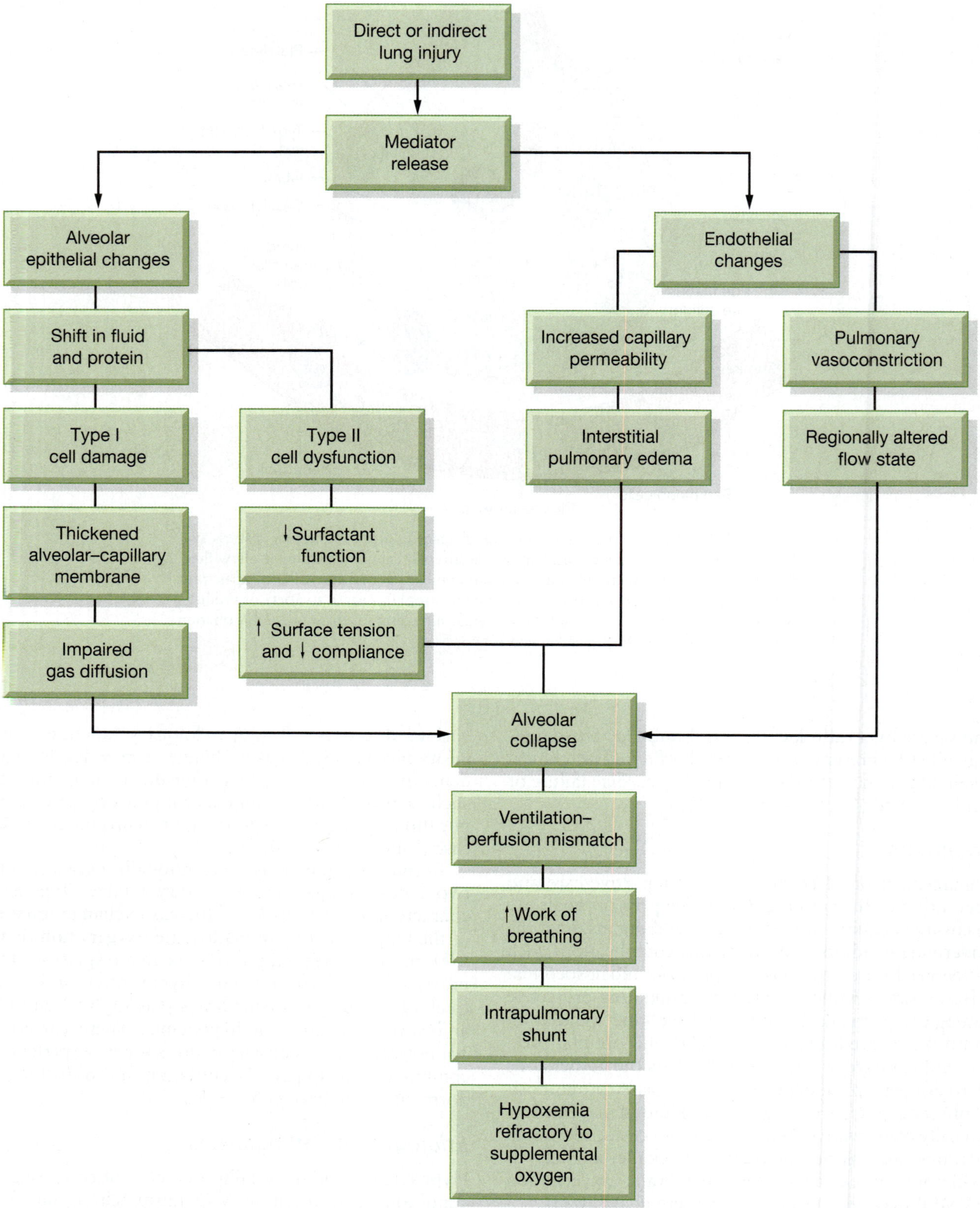

FIGURE 24-26. Pathophysiologic cascade is initiated by an injury resulting in mediator release. The multiple effects result in changes to the alveoli, vascular tissue, and bronchi. The ultimate effect is ventilation–perfusion mismatching and refractory hypoxemia. (From Morton P. G., Fontaine D. K. [2018]. *Critical care nursing: A holistic approach* [11th ed., Fig. 27-2, p. 522]. Lippincott Williams & Wilkins.)

CHART 24-3

CONDITIONS IN WHICH ARDS CAN DEVELOP[a]

Aspiration

Near drowning

Aspiration of gastric contents

Drugs, Toxins, and Therapeutic Agents

Free-base cocaine smoking

Heroin

Inhaled gases (e.g., smoke, ammonia)

Breathing high concentrations of oxygen

Radiation

Infections

Septicemia

Trauma and Shock

Burns

Fat embolism

Chest trauma

Disseminated Intravascular Coagulation

Multiple blood transfusions

[a]This list is not intended to be all-inclusive.

CHART 24-4

CAUSES OF RESPIRATORY FAILURE[a]

Hypoxemic Respiratory Failure

Chronic obstructive pulmonary disease

Interstitial (restrictive) lung disease

Severe pneumonia

Atelectasis

Hypercapnic/Hypoxemic Respiratory Failure

Upper airway obstruction

- Infection (e.g., epiglottitis)
- Laryngospasm
- Tumors

Weakness or paralysis of the respiratory muscles

Brain injury

Drug overdose

Guillain-Barré syndrome

Muscular dystrophy

Spinal cord injury

Chest wall injury

Impaired Diffusion

Pulmonary edema

ALI/ARDS

[a]This list is not intended to be all-inclusive.

when the mismatch is severe, high oxygen concentrations may not be sufficient, and additional interventions may be required.

Impaired diffusion describes a condition in which the movement of oxygen from alveolar air to pulmonary capillary blood is impeded, most commonly due to thickening of the alveolar membrane or decreased surface area for gas exchange. Conditions such as ILD, ARDS, pulmonary edema, and pneumonia can produce this effect. Because carbon dioxide diffuses more readily than oxygen, hypercapnia is less likely to occur with diffusion impairment unless the condition is advanced. Hypoxemia resulting from diffusion defects often responds to high concentrations of oxygen, which increase the alveolar-to-capillary gradient (Villgran et al., 2022).

Hypercapnic respiratory failure results from hypoventilation and the inability to remove CO_2 from the bloodstream. Causes include depression of the respiratory drive (e.g., due to sedative overdose or brain injury), neuromuscular disorders (e.g., Guillain-Barré syndrome, muscular dystrophy), spinal cord injury, or conditions affecting the chest wall and respiratory muscles. It can also result from severe exacerbations of chronic lung diseases such as COPD. In hypoventilation, the volume of fresh air entering the alveoli is reduced, leading to CO_2 retention and often secondary hypoxemia. A rise in $PaCO_2$ is directly proportional to the reduction in ventilation, and this parameter is useful in diagnosing ventilatory failure. Hypoxemia caused by hypoventilation typically responds well to supplemental oxygen (Villgran et al., 2022). Causes of respiratory failure are summarized in Chart 24-4.

Clinical Manifestations and Diagnosis

The clinical presentation of acute respiratory failure varies depending on the underlying cause but typically includes signs of hypoxemia and/or hypercapnia. Diagnostic thresholds are often defined by an arterial PaO_2 less than 60 mm Hg and/or a $PaCO_2$ greater than 50 mm Hg in a person without chronic abnormalities in blood gases (in particular, the patient is not in a state of chronic compensated respiratory acidosis). However, these values should be interpreted alongside the patient's clinical status. Signs of hypoxemia include tachypnea, cyanosis, restlessness, confusion, anxiety, delirium, and tachycardia. Severe or prolonged hypoxemia may lead to arrhythmias, pulmonary hypertension, right ventricular failure, convulsions, or brain injury. In advanced cases, hypotension and bradycardia may signal the failure of compensatory mechanisms (Lagina & Valley, 2024).

Hypercapnia primarily causes respiratory acidosis and has widespread systemic effects. It depresses cardiac contractility, reduces respiratory muscle strength, and causes vasodilation. Elevated $PaCO_2$ increases cerebral blood flow, which may result in headache, elevated intracranial pressure, and papilledema. Skin may appear flushed and warm. Neurologic signs include drowsiness, disorientation, and, in severe cases, coma—sometimes referred to as carbon dioxide narcosis. As $PaCO_2$ levels rise, patients may develop air hunger, rapid breathing, and ultimately lethargy.

Treatment

Treatment of acute respiratory failure involves addressing the underlying condition and supporting respiratory function. Interventions may include oxygen therapy, noninvasive ventilation (e.g., CPAP or BiPAP), or mechanical ventilation in more severe cases. Additional treatments depend on the etiology and may include bronchodilators, corticosteroids, mucolytics, antibiotics, or diuretics. Preventive strategies to reduce complications such as aspiration, thrombosis, and hospital-acquired infections are also essential. The primary goal of treatment is to restore adequate oxygenation and ventilation while minimizing the risks associated with invasive interventions (Lagina & Valley, 2024).

SUMMARY CONCEPTS

The hallmark of ALI and ARDS is a profound inflammatory response that targets the lungs and often extends systemically. In some cases, ARDS represents not the initial injury but a pulmonary manifestation of multiorgan failure related to systemic capillary leak syndrome. The acute inflammatory cascade leads to damage and dysfunction of the alveolar–capillary membrane, resulting in interstitial and alveolar edema, surfactant inactivation, increased surface tension, and collapse of alveolar structures. These changes produce stiff, noncompliant lungs with impaired gas exchange and severe hypoxemia that is refractory to oxygen therapy.

Acute respiratory failure occurs when the lungs are unable to provide adequate oxygenation (hypoxemic respiratory failure) or cannot effectively eliminate carbon dioxide (hypercapnic/hypoxemic respiratory failure). It may develop suddenly in people with previously normal lungs or complicate existing pulmonary or neuromuscular disorders. Management focuses on treating the underlying cause, maintaining adequate gas exchange, and providing supportive care. When alveolar ventilation is insufficient to maintain appropriate PaO_2 or $PaCO_2$ levels—whether due to pulmonary pathology or neurologic compromise—mechanical ventilation may be necessary. However, ventilator-induced lung injury (VILI) is a serious complication of mechanical ventilation. Barotrauma and shear stress, caused by high ventilatory pressures and repetitive alveolar collapse, can worsen lung injury. Lung-protective ventilation strategies aim to minimize these effects by improving lung compliance and reducing alveolar overdistention and cyclic collapse.

Integrating Clinical Decision Making

A 62-year-old male presents to the clinic with a chronic productive cough, progressive shortness of breath, and fatigue. He reports a 40-pack-year smoking history. Over the past week, he has developed increased sputum production, low-grade fever, and worsening dyspnea. On examination, he has wheezing, prolonged expiration, and crackles at the lung bases. Oxygen saturation is 91% on room air.

1. Based on this patient's history and presentation, what underlying chronic respiratory condition is most likely, and how does its pathophysiology explain his symptoms?
2. What additional condition is likely contributing to this patient's acute worsening, and what structural changes occur in the lungs as a result?

Over the next 48 hours, the patient's respiratory status declines. He becomes increasingly dyspneic and confused. Oxygen saturation drops to 85% despite supplemental oxygen. Arterial blood gases reveal elevated $PaCO_2$. A chest CT shows areas of airway obstruction with mucus plugging and hyperinflation, along with worsening infiltrates.

3. What type of respiratory failure is this patient developing, and what is the underlying pathophysiologic mechanism?
4. How does this patient's underlying obstructive lung disease differ from interstitial (restrictive) lung disease in terms of pathophysiology and clinical presentation?

REFERENCES

Adamian, C. M., de Lima Mota, M. A., Martins, A. A., Aragão, M. C., Carvalho, M. S., Meneses, G. C., da Silva Júnior, G. B., Leitão, T. D., & De Francesco Daher, E. (2022). Progressive disseminated histoplasmosis in HIV-positive patients. *International Journal of STD & AIDS*, *33*(6), 544–553. https://doi.org/10.1177/09564624221076605

Adina Man, M., Adina Todea, D., Ştefania Motoc, N., & Rajnoveanu, R. M. (2023). Histoplasmosis: An overview treatment of histoplasmosis. In *Histoplasmosis—A comprehensive study of epidemiology, pathogenesis, diagnosis, and treatment*. IntechOpen. https://doi.org/10.5772/intechopen.110365

Adlhoch, C., Fusaro, A., Gonzales, J. L., Kuiken, T., Marangon, S., Mirinaviciute, G., Niqueux, É., Stahl, K., Staubach, C., Terregino, C., Broglia, A., & Baldinelli, F. (2023). Avian influenza overview December 2022–March 2023. *EFSA Journal*, *21*(3), e07917. https://doi.org/10.2903/j.efsa.2023.7917

Alduais, Y., Zhang, H., Fan, F., Chen, J., & Chen, B. (2023). Non-small cell lung cancer (NSCLC): A review of risk factors, diagnosis, and treatment. *Medicine*, *102*(8), e32899. https://doi.org/10.1097/MD.0000000000032899

Bagcchi, S. (2023). Who's global tuberculosis report 2022. *The Lancet Microbe*, *4*(1), e20. https://doi.org/10.1016/s2666-5247(22)00359-7

Barros, N., Wheat, J. L., & Hage, C. (2023). Pulmonary histoplasmosis: A clinical update. *Journal of Fungi*, *9*(2), 236. https://doi.org/10.3390/jof9020236

Belperio, J. A., Shaikh, F., Abtin, F. G., Fishbein, M. C., Weigt, S. S., Saggar, R., & Lynch, J. P. (2022). Diagnosis and treatment of pulmonary sarcoidosis: A review. *JAMA*, *327*(9), 856–867. https://doi.org/10.1001/jama.2022.1570

Beyer, C. A., Ruf, A. C., Alshawi, A. B., & Cannon, J. W. (2025). Management of traumatic pneumothorax and hemothorax. *Current Problems in Surgery*, *63*, 101707. https://doi.org/10.1016/j.cpsurg.2024.101707

Bhatnagar, M., Fisher, A., Ramsaroop, S., Carter, A., & Pippard, B. (2024). Chylothorax: Pathophysiology, diagnosis, and management—A comprehensive review. *Journal of Thoracic Disease*, *16*(2), 1645–1661. https://doi.org/10.21037/jtd-23-1636

Bischin, A. M., Manning, H. L., & Feller-Kopman, D. (2022). Lung story short: Differing physiology of tension pneumothorax in spontaneously breathing and mechanically ventilated patients. *Annals of the American Thoracic Society*, *19*(10), 1760–1763. https://doi.org/10.1513/AnnalsATS.202203-188CC

Butler, F. M., & Hernandez, D. R. (2025). Acute rhinosinusitis: Rapid evidence review. *American Family Physician*, *111*(1), 47–53.

Calaras, D., David, A., Vasarmidi, E., Antoniou, K., & Corlateanu, A. (2024). Hypersensitivity pneumonitis: Challenges of a complex disease. *Canadian Respiratory Journal*, *2024*, 4919951. https://doi.org/10.1155/2024/4919951

Centers for Disease Control and Prevention. (2025a). *COVID data tracker*. https://covid.cdc.gov/covid-data-tracker/

Centers for Disease Control and Prevention. (2025b). *Interim clinical considerations for use of COVID-19 vaccines in the United States*. https://www.cdc.gov/covid/hcp/vaccine-considerations/routine-guidance.html

Centers for Disease Control and Prevention. (2025c). *Long COVID Basics*. Accessed on 8/24/2025 at https://www.cdc.gov/long-covid/about/index.html

Chavda, V. P., Vuppu, S., Mishra, T., Kamaraj, S., Patel, A. B., Sharma, N., & Chen, Z. S. (2022). Recent review of COVID-19 management: Diagnosis, treatment and vaccination. *Pharmacological Reports*, *74*(6), 1120–1148. https://doi.org/10.1007/s43440-022-00425-5

Chean, D., Windsor, C., Lafarge, A., Dupont, T., Nakaa, S., Whiting, L., Joseph, A., Lemiale, V., & Azoulay, E. (2024). Severe community-acquired pneumonia in immunocompromised patients. *Seminars in Respiratory and Critical Care Medicine*, *45*(02), 255–265. https://doi.org/10.1055/s-0043-1778137

Choi, J. Y., Yoon, H. K., Lee, S. Y., Kim, J. W., Choi, H. S., Kim, Y. I., Jung, K. S., Yoo, K. H., Kim, W. J., & Rhee, C. K. (2022). Comparison of clinical characteristics between chronic bronchitis and non-chronic bronchitis in patients with chronic obstructive pulmonary disease. *BMC Pulmonary Medicine*, *22*(1), 69. https://doi.org/10.1186/s12890-022-01854-x

Cilloniz, C., Luna, C. M., Hurtado, J. C., Marcos, M. Á., & Torres, A. (2022). Respiratory viruses: Their importance and lessons learned from COVID-19. *European Respiratory Review*, *31*(166), 220051. https://doi.org/10.1183/16000617.0051-2022

Cook, A. E., Garrana, S. H., Martínez-Jiménez, S., & Rosado-de-Christenson, M. L. (2022). Imaging patterns of pneumonia. *Seminars in Roentgenology*, *57*(1), 18–29. https://doi.org/10.1053/j.ro.2021.10.005

Dalziel, S. R., Haskell, L., O'Brien, S., Borland, M. L., Plint, A. C., Babl, F. E., & Oakley, E. (2022). Bronchiolitis. *The Lancet*, *400*(10349), 392–406. https://doi.org/10.1016/s0140-6736(22)01016-9

Damps-Konstańska, I., Szukalska, A., Janowiak, P., & Jassem, E. (2024). Catamenial pneumothorax—Still an unveiled disease. *Medicina*, *60*(12), 2029. https://doi.org/10.3390/medicina60122029

Dankhara, N., Holla, I., Ramarao, S., & Kalikkot Thekkeveedu, R. (2023). Bronchopulmonary dysplasia: Pathogenesis and pathophysiology. *Journal of Clinical Medicine*, *12*(13), 4207. https://doi.org/10.3390/jcm12134207

De Sutter, A. I., Eriksson, L., & van Driel, M. L. (2022). Oral antihistamine-decongestant-analgesic combinations for the common cold. *Cochrane Database of Systematic Reviews*, *1*(1), CD004976. https://doi.org/10.1002/14651858.CD004976.pub4

Eccles, R. (2023). Common cold. *Frontiers in Allergy*, *4*, 1224988. https://doi.org/10.3389/falgy.2023.1224988

Enzer, K. G., Baker, C. D., & Wisniewski, B. L. (2024). Bronchopulmonary dysplasia. *Clinics in Chest Medicine*, *45*(3), 639–650. https://doi.org/10.1016/j.ccm.2024.03.007

File, T. M., & Ramirez, J. A. (2023). Community-acquired pneumonia. *The New England Journal of Medicine*, *389*(7), 632–641. https://doi.org/10.1056/NEJMcp2303286

Fokkens, W. J., Viskens, A. S., Backer, V., Conti, D., De Corso, E., Gevaert, P., Scadding, G. K., Wagemann, M., Bernal-Sprekelsen, M., Chaker, A., Heffler, E., Han, J. K., Van Staeyen, E., Hopkins, C., Mullol, J., Peters, A., Reitsma, S., Senior, B. A., & Hellings, P. W. (2023). EPOS/EUFOREA update on indication and evaluation of biologics in chronic rhinosinusitis with nasal polyps 2023. *Rhinology*, *61*(3), 194–202. https://doi.org/10.4193/Rhin22.489

Freund, Y., Cohen-Aubart, F., & Bloom, B. (2022). Acute pulmonary embolism. *JAMA*, *328*(13), 1336–1345. https://doi.org/10.1001/jama.2022.16815

Garrison, D. M., Memon, J., & Pendela, V. S. (2023, August 8). *Cor pulmonale*. In *StatPearls* [Internet]. StatPearls Publishing. https://www.ncbi.nlm.nih.gov/books/NBK430739/

Gatt, D., Martin, I., AlFouzan, R., & Moraes, T. J. (2023). Prevention and treatment strategies for respiratory syncytial virus (RSV). *Pathogens*, *12*(2), 154. https://doi.org/10.3390/pathogens12020154

Georgakopoulou, V. E., Lempesis, I. G., Sklapani, P., Trakas, N., & Spandidos, D. A. (2024). Exploring the pathogenetic mechanisms of mycoplasma pneumoniae (review). *Experimental and Therapeutic Medicine*, *28*(1), 271. https://doi.org/10.3892/etm.2024.12559

Gill, C. M., Dolan, L., Piggott, L. M., & McLaughlin, A. M. (2022). New developments in tuberculosis diagnosis and treatment. *Breathe*, *18*(1), 210149. https://doi.org/10.1183/20734735.0149-2021

Greenhalgh, T., Sivan, M., Perlowski, A., & Nikolich, J. (2024). Long Covid: A clinical update. *The Lancet*, *404*(10453), 707–724. https://doi.org/10.1016/s0140-6736(24)01136-x

Grohskopf, L. A., Ferdinands, J. M., Blanton, L. H., Broder, K. R., & Loehr, J. (2024). Prevention and control of seasonal influenza with vaccines: Recommendations of the advisory committee on immunization practices—United states, 2024–25 influenza season. *MMWR. Recommendations and Reports*, *73*(5), 1–25. https://doi.org/10.15585/mmwr.rr7305a1

Grotberg, J. C., Reynolds, D., & Kraft, B. D. (2023). Management of severe acute respiratory distress syndrome: A primer. *Critical Care*, 27(1), 289. https://doi.org/10.1186/s13054-023-04572-w

Guo, P., Li, R., Piao, T. H., Wang, C. L., Wu, X. L., & Cai, H. Y. (2022). Pathological mechanism and targeted drugs of COPD. *International Journal of Chronic Obstructive Pulmonary Disease*, 17, 1565–1575. https://doi.org/10.2147/COPD.S366126

Hallifax, R. (2022). Aetiology of primary spontaneous pneumothorax. *Journal of Clinical Medicine*, *11*(3), 490. https://doi.org/10.3390/jcm11030490

Hemilä, H., & Chalker, E. (2023). Vitamin c reduces the severity of common colds: A meta-analysis. *BMC Public Health*, *23*(1), 2468. https://doi.org/10.1186/s12889-023-17229-8

Hernandez Acosta, R. A., Esquer Garrigos, Z., Marcelin, J. R., & Vijayvargiya, P. (2022). Covid-19 pathogenesis and clinical manifestations. *Infectious Disease Clinics of North America*, *36*(2), 231–249. https://doi.org/10.1016/j.idc.2022.01.003

Iqbal, B., & Hallifax, R. (2023). Pneumothorax. *Medicine*, *51*(12), 888–892. https://doi.org/10.1016/j.mpmed.2023.09.003

Johnson, S., Sommer, N., Cox-Flaherty, K., Weissmann, N., Ventetuolo, C. E., & Maron, B. A. (2023). Pulmonary hypertension: A contemporary review. *American Journal of Respiratory and Critical Care Medicine*, *208*(5), 528–548. https://doi.org/10.1164/rccm.202302-0327SO

Kahnert, K., Jörres, R. A., Behr, J., & Welte, T. (2023). The diagnosis and treatment of COPD and its comorbidities. *Deutsches Arzteblatt International*, *120*(25), 434–444. https://doi.org/10.3238/arztebl.m2023.027

Kaler, J., Hussain, A., Patel, K., Hernandez, T., & Ray, S. (2023). Respiratory syncytial virus: A comprehensive review of transmission, pathophysiology, and manifestation. *Cureus*, *15*(3), e36342. https://doi.org/10.7759/cureus.36342

Khosa, J. K., Louie, S., Lobo Moreno, P., Abramov, D., Rogstad, K., Alismail, A., Matus, M. J., & Tan, L. D. (2023). Asthma care in the elderly: Practical guidance and challenges for clinical management—A framework of 5 "PS.". *Journal of Asthma and Allergy*, *16*, 33–43. https://doi.org/10.2147/JAA.S293081

Kim, J., Lee, H., & Huang, B. W. (2022). Lung cancer: Diagnosis, treatment principles, and screening. *American Family Physician*, *105*(5), 487–494.

Koloutsou, M. E., Soura, M., Andreikos, D., Spandidos, D., Yavropoulou, M., & Georgakopoulou, V. (2025). Endocrine paraneoplastic syndromes in lung cancer: A call for clinical vigilance (review). *Molecular and Clinical Oncology*, *22*(4), 36. https://doi.org/10.3892/mco.2025.2831

Kontsevaya, I., Cabibbe, A. M., Cirillo, D. M., DiNardo, A. R., Frahm, N., Gillespie, S. H., Holtzman, D., Meiwes, L., Petruccioli, E., Reimann, M., Ruhwald, M., Sabiiti, W., Saluzzo, F., Tagliani, E., & Goletti, D. (2024). Update on the diagnosis of tuberculosis. *Clinical Microbiology and Infection*, *30*(9), 1115–1122. https://doi.org/10.1016/j.cmi.2023.07.014

Kratzer, T. B., Bandi, P., Freedman, N. D., Smith, R. A., Travis, W. D., Jemal, A., & Siegel, R. L. (2024). Lung cancer statistics, 2023. *Cancer*, *130*(8), 1330–1348. https://doi.org/10.1002/cncr.35128

Krishna, R., Antoine, M. H., Alahmadi, M. H., & Rudrappa, M. (2024, August 31). *Pleural effusion*. National Center for Biotechnology Information. https://www.ncbi.nlm.nih.gov/books/NBK448189/

Kularatne, M., Gerges, C., Jevnikar, M., Humbert, M., & Montani, D. (2024). Updated clinical classification and hemodynamic definitions of pulmonary hypertension and its clinical implications. *Journal of Cardiovascular Development and Disease*, *11*(3), 78. https://doi.org/10.3390/jcdd11030078

Kumari, R., Sharma, S. D., Kumar, A., Ende, Z., Mishina, M., Wang, Y., Falls, Z., Samudrala, R., Pohl, J., Knight, P. R., & Sambhara, S. (2023). Antiviral approaches against influenza virus. *Clinical Microbiology Reviews*, *36*(1), e0004022. https://doi.org/10.1128/cmr.00040-22

Lagina, M., & Valley, T. S. (2024). Diagnosis and management of acute respiratory failure. *Critical Care Clinics*, *40*(2), 235–253. https://doi.org/10.1016/j.ccc.2024.01.002

Laidlaw, T. M., & Boyce, J. A. (2023). Updates on immune mechanisms in aspirin-exacerbated respiratory disease. *The Journal of Allergy and Clinical Immunology*, *151*(2), 301–309. https://doi.org/10.1016/j.jaci.2022.08.021

Lau, S. C. M., Pan, Y., Velcheti, V., & Wong, K. K. (2022). Squamous cell lung cancer: Current landscape and future therapeutic options. *Cancer Cell*, *40*(11), 1279–1293. https://doi.org/10.1016/j.ccell.2022.09.018

Lee, C. T., Feary, J., & Johannson, K. A. (2022). Environmental and occupational exposures in interstitial lung disease. *Current Opinion in Pulmonary Medicine*, *28*(5), 414–420. https://doi.org/10.1097/MCP.0000000000000894

Li, R., Wang, X., Wu, Y., Bu, Q., Guo, J., Liu, D., Wang, Y., Zhang, X., Zhu, C., & Kang, W. (2025, August 10). Comparative analysis of three bronchopulmonary dysplasia diagnostic criteria in predicting longterm neurodevelopmental outcomes in preterm infants. *Scientific Reports*, *15*(1), 29276. https://doi.org/10.1038/s41598-025-15043-3

Liang, Y. (2023). Pathogenicity and virulence of influenza. *Virulence*, *14*(1), 2223057. https://doi.org/10.1080/21505594.2023.2223057

Lionakis, M. S., Drummond, R. A., & Hohl, T. M. (2023). Immune responses to human fungal pathogens and therapeutic prospects. *Nature Reviews Immunology*, *23*(7), 433–452. https://doi.org/10.1038/s41577-022-00826-w

Long, M. E., Mallampalli, R. K., & Horowitz, J. C. (2022). Pathogenesis of pneumonia and acute lung injury. *Clinical Science*, *136*(10), 747–769. https://doi.org/10.1042/CS20210879

Maher, T. M. (2024). Interstitial lung disease: A review. *JAMA*, *331*(19), 1655–1665. https://doi.org/10.1001/jama.2024.3669

Maurer, D. P., Vu, M., & Schmidt, A. G. (2025). Antigenic drift expands influenza viral escape pathways from recalled humoral immunity. *Immunity*, *58*(3), 716–727.e6. https://doi.org/10.1016/j.immuni.2025.02.006

McDonald, J. A. (2024). *Lung growth and development*. CRC Press. https://doi.org/10.1201/9781003574026

Megyesfalvi, Z., Gay, C. M., Popper, H., Pirker, R., Ostoros, G., Heeke, S., Lang, C., Hoetzenecker, K., Schwendenwein, A., Boettiger, K., Bunn, P. A., Renyi-Vamos, F., Schelch, K., Prosch, H., Byers, L. A., Hirsch, F. R., & Dome, B. (2023). Clinical insights into small cell lung cancer: Tumor heterogeneity, diagnosis, therapy, and future directions. *CA: A Cancer Journal for Clinicians*, *73*(6), 620–652. https://doi.org/10.3322/caac.21785

Midthun, D. E. (2022). Clinical manifestations of lung cancer. In T. W. Post (Ed.), *Uptodate*. UpToDate.

Miller, A. C., Arakkal, A. T., Koeneman, S. H., Cavanaugh, J. E., Thompson, G. R., Baddley, J. W., & Polgreen, P. M. (2022). Frequency and duration of, and risk factors for, diagnostic delays associated with histoplasmosis. *Journal of Fungi*, *8*(5), 438. https://doi.org/10.3390/jof8050438

Miller, J. M., Binnicker, M. J., Campbell, S., Carroll, K. C., Chapin, K. C., Gonzalez, M. D., Harrington, A., Jerris, R. C., Kehl, S. C., Leal, S. M., Patel, R., Pritt, B. S., Richter, S. S., Robinson-Dunn, B., Snyder, J. W., Telford, S., Theel, E. S., Thomson, R. B., Weinstein, M. P., & Yao, J. D. (2024). Guide to utilization of the microbiology laboratory for diagnosis of infectious diseases: 2024 update by the Infectious Diseases Society of America (IDSA) and the American Society for Microbiology (ASM). *Clinical Infectious Diseases*, ciae104. https://doi.org/10.1093/cid/ciae104

Miron, M., Blaj, M., Ristescu, A. I., Iosep, G., Avădanei, A. N., Iosep, D. G., Crișan-Dabija, R., Ciocan, A., Perțea, M., Manciuc, C. D., Luca, T., Grigorescu, C., & Luca, M. C. (2024). Hospital-acquired pneumonia and ventilator-associated pneumonia: A literature review. *Microorganisms*, *12*(1), 213. https://doi.org/10.3390/microorganisms12010213

Mohammadi, A., De Luca, D., & Gauda, E. B. (2025). Characteristics, triggers, treatments, and experimental models of neonatal acute respiratory distress syndrome. *American Journal of Physiology-Lung Cellular and Molecular Physiology*, *328*(4), L512–L525. https://doi.org/10.1152/ajplung.00312.2024

Moreira, M., Ferreira, P. R., Sarmento, A., & Cardoso, A. L. (2024). Bacterial tracheitis: A new presentation of a well-known disease. *Cureus*, *16*(7), e63697. https://doi.org/10.7759/cureus.63697

Morimoto, K., & Masuda, S. (2025). Pneumococcal vaccines for prevention of adult pneumonia. *Respiratory Investigation*, *63*(1), 96–101. https://doi.org/10.1016/j.resinv.2024.12.007

Mosnaim, G. (2023). Asthma in adults. *The New England Journal of Medicine*, *389*(11), 1023–1031. https://doi.org/10.1056/NEJMcp2304871

Myers, D. J., & Wallen, J. M. (2023). *Lung adenocarcinoma*. In *StatPearls* [Internet]. StatPearls Publishing. https://www.ncbi.nlm.nih.gov/books/NBK519578/

National Asthma Education and Prevention Program. (2007). *Expert panel report 3: Guidelines for the diagnosis and management of asthma*. National Heart, Lung, and Blood Institute. https://doi.org/10.1016/j.hlc.2006.10.022

Neilly, M. D., Dick, C., & Blyth, K. G. (2025). Non-specific pleuritis: An update. *Current Pulmonology Reports*, *14*(1), 7. https://doi.org/10.1007/s13665-025-00371-6

Nejashmikj, V. R. (2024). Croup in children and risk factors. *Prilozi (makedonska Akademija Na Naukite I Umetnostite. Oddelenie Za Medicinski Nauki)*, *45*(3), 67–76. https://doi.org/10.2478/prilozi-2024-0024

Niederman, M. S., & Torres, A. (2022). Respiratory infections. *European Respiratory Review*, *31*(166), 220150. https://doi.org/10.1183/16000617.0150-2022

Nigro, M., Laska, I. F., Traversi, L., Simonetta, E., & Polverino, E. (2024). Epidemiology of bronchiectasis. *European Respiratory Review: An Official Journal of the European Respiratory Society*, *33*(174), 240091. https://doi.org/10.1183/16000617.0091-2024

Obianyo, C. M., Muoghalu, N., Adjei, E. M., Njoku, A. N., Okoro, N. L., Sulaiman, O. B., Nwabuokei, I. M., & Barrah, V. U. (2025). Trends and disparities in pneumonia-related mortality in the U.S. population: A nationwide analysis using the CDC WONDER data. *Cureus*, *17*(5), e83371. https://doi.org/10.7759/cureus.83371

Ochoa-Gondar, O., Torras-Vives, V., de Diego-Cabanes, C., Satué-Gracia, E. M., Vila-Rovira, A., Forcadell-Perisa, M. J., Ribas-Seguí, D., Rodríguez-Casado, C., & Vila-Córcoles, A. (2023). Incidence and risk factors of pneumococcal pneumonia in adults: A population-based study. *BMC Pulmonary Medicine*, *23*(1), 200. https://doi.org/10.1186/s12890-023-02497-2

Ong, T., & Ramsey, B. W. (2023). Cystic fibrosis. *JAMA*, *329*(21), 1859–1871. https://doi.org/10.1001/jama.2023.8120

Pahal, P., Rajasurya, V., & Sharma, S. (2023, July 31). Typical bacterial pneumonia. In *StatPearls* [Internet]. StatPearls Publishing.

Petty, W. J., & Paz-Ares, L. (2023). Emerging strategies for the treatment of small cell lung cancer. *JAMA Oncology*, *9*(3), 419–429. https://doi.org/10.1001/jamaoncol.2022.5631

Reddel, H. K., Bateman, E. D., Schatz, M., Krishnan, J. A., & Cloutier, M. M. (2022). A practical guide to implementing SMART in asthma management. *The Journal of Allergy and Clinical Immunology: in Practice*, *10*(1 Suppl.), S31–S38. https://doi.org/10.1016/j.jaip.2021.10.011

Rösch, R. M. (2023). From diagnosis to therapy: The acute traumatic hemothorax—An orientation for young surgeons. *Innovative Surgical Sciences*, *8*(4), 221–226. https://doi.org/10.1515/iss-2023-0062

Rossides, M., Darlington, P., Kullberg, S., & Arkema, E. V. (2023). Sarcoidosis: Epidemiology and clinical insights. *Journal of Internal Medicine*, *293*(6), 668–680. https://doi.org/10.1111/joim.13629

Ruopp, N. F., & Cockrill, B. A. (2022). Diagnosis and treatment of pulmonary arterial hypertension. *JAMA*, *327*(14), 1379–1391. https://doi.org/10.1001/jama.2022.4402

Sahni, M., & Mowes, A. K. (2023). *Bronchopulmonary dysplasia*. In *StatPearls* [Internet]. StatPearls Publishing. https://www.ncbi.nlm.nih.gov/books/NBK539879/

Saukkonen, J. J., Duarte, R., Munsiff, S. S., Winston, C. A., Mammen, M. J., Abubakar, I., Acuña-Villaorduña, C., Barry, P. M., Bastos, M. L., Carr, W., Chami, H., Chen, L. L., Chorba, T., Daley, C. L., Garcia-Prats, A. J., Holland, K., Konstantinidis, I., Lipman, M., Battista Migliori, G., ... Nahid, P. (2025). Updates on the treatment of drug-susceptible and drug-resistant tuberculosis: An official ATS/CDC/ERS/IDSA clinical practice guideline. *American Journal of Respiratory and Critical Care Medicine*, *211*(1), 15–33. https://doi.org/10.1164/rccm.202410-2096ST

Sharma, G. D. (2023a). Atelectasis. In *Pediatric pulmonology* (2nd ed.). American Academy of Pediatrics. https://doi.org/10.1542/9781610026536-25

Sharma, G. D. (2023b). Croup, epiglottitis, and bacterial tracheitis. In *Pediatric pulmonology* (2nd ed.). American Academy of Pediatrics. https://doi.org/10.1542/9781610026536-16

Shen-Wagner, J., Gamble, C., & MacGilvray, P. (2023). Pleural effusion: Diagnostic approach in adults. *American Family Physician*, *108*(5), 464–475.

Shima, H., Tanabe, N., Oguma, A., Shimizu, K., Kaji, S., Terada, K., Oguma, T., Kubo, T., Suzuki, M., Makita, H., Sato, A., Nishimura, M., Sato, S., Konno, S., & Hirai, T. (2023). Subtyping emphysematous COPD by respiratory volume change distributions on CT. *Thorax*, *78*(4), 344–353. https://doi.org/10.1136/thoraxjnl-2021-218288

Shipp, C. L., Gergen, P. J., Gern, J. E., Matsui, E. C., & Guilbert, T W. (2023). Asthma management in children. *The Journal of Allergy and Clinical Immunology: In Practice*, *11*(1), 9–18. https://doi.org/10.1016/j.jaip.2022.10.031

Spagnolo, P., Bonniaud, P., Rossi, G., Sverzellati, N., & Cottin, V. (2022). Drug-induced interstitial lung disease. *The European Respiratory Journal*, *60*(4), 2102776. https://doi.org/10.1183/13993003.02776-2021

Stieglitz, S., Goede, V., & Schlesinger, A. (2025). Management of lung cancer in older adults. *Zeitschrift Für Gerontologie Und Geriatrie*, *58*(2), 103–108. https://doi.org/10.1007/s00391-025-02412-w

Su, X., Kong, X., Yu, X., & Zhang, X. (2023). Incidence and influencing factors of occupational pneumoconiosis: A systematic review and meta-analysis. *BMJ Open*, *13*(3), e065114. https://doi.org/10.1136/bmjopen-2022-065114

Tazerji, S. S., Shahabinejad, F., Tokasi, M., Rad, M. A., Khan, M. S., Safdar, M., Filipiak, K. J., Szarpak, L., Dzieciatkowski, T., Jurgiel, J., Duarte, P. M. E., Rahman, Md. T., Sobur, Md. A., Islam, Md. S., Ahmed, A., Shaheen, M. N. F., Shehata, A. A., Gharieb, R., Fawzy, M., ... Rodriguez-Morales, A. J. (2022). Global data analysis and risk factors associated with morbidity and mortality of

COVID-19. *Gene Reports*, *26*, 101505. https://doi.org/10.1016/j.genrep.2022.101505

Thomas, D., McDonald, V. M., Pavord, I. D., & Gibson, P. G. (2022). Asthma remission: What is it and how can it be achieved? *European Respiratory Journal*, *60*(5), 2102583. https://doi.org/10.1183/13993003.02583-2021

Trachsel, D., Erb, T. O., Hammer, J., & von Ungern-Sternberg, B. S. (2022). Developmental respiratory physiology. *Paediatric Anaesthesia*, *32*(2), 108–117. https://doi.org/10.1111/pan.14362

Vasiliu, A., Martinez, L., Gupta, R. K., Hamada, Y., Ness, T., Kay, A., Bonnet, M., Sester, M., Kaufmann, S. H. E., Lange, C., & Mandalakas, A. M. (2024). Tuberculosis prevention: Current strategies and future directions. *Clinical Microbiology and Infection*, *30*(9), 1123–1130. https://doi.org/10.1016/j.cmi.2023.10.023

Verma, P., & Kumar, U. (2023). Swine flu—An overview. In *Viral, parasitic, bacterial, and fungal infections* (pp. 137–140). Elsevier. https://doi.org/10.1016/b978-0-323-85730-7.00012-6

Viasus, D., Gaia, V., Manzur-Barbur, C., & Carratalà, J. (2022). Legionnaires' disease: Update on diagnosis and treatment. *Infectious Diseases and Therapy*, *11*(3), 973–986. https://doi.org/10.1007/s40121-022-00635-7

Villgran, V. D., Lyons, C., Nasrullah, A., Abalos, C. C., Bihler, E., & Alhajhusain, A. (2022). Acute respiratory failure. *Critical Care Nursing Quarterly*, *45*(3), 233–247. https://doi.org/10.1097/CNQ.0000000000000408

Wessafer, L. M., Long, B., & Gottlieb, M. (2023). Managing pulmonary embolism. *Annals of Emergency Medicine*, *82*(3), 394–402. https://doi.org/10.1016/j.annemergmed.2023.01.019

Wick, K. D., Ware, L. B., & Matthay, M. A. (2024). Acute respiratory distress syndrome. *BMJ (Clinical Research Ed.)*, *387*, e076612. https://doi.org/10.1136/bmj-2023-076612

Williams, S. L., & Chiller, T. (2022). Update on the epidemiology, diagnosis, and treatment of coccidioidomycosis. *Journal of Fungi*, *8*(7), 666. https://doi.org/10.3390/jof8070666

World Health Organization. (2025a). *WHO Coronavirus (COVID-19)* dashboard. https://data.who.int/dashboards/covid19

World Health Organization. (2025b). *Post-COVID-19 condition (Long COVID)*. Accessed on 8/24/2025 at https://www.who.int/news-room/fact-sheets/detail/post-covid-19-condition-(long-covid)

Yadav, S., & Lee, B. (2023, July 25). Neonatal respiratory distress syndrome. *StatPearls* [Internet]. https://www.ncbi.nlm.nih.gov/books/NBK560779/

Yang, L., Fan, Y., & Lu, H. (2022). Pulmonary large cell neuroendocrine carcinoma. *Pathology and Oncology Research*, *28*, 1610730. https://doi.org/10.3389/pore.2022.1610730

Yang, J., Madani, M. M., Mahmud, E., & Kim, N. H. (2023). Evaluation and management of chronic thromboembolic pulmonary hypertension. *Chest*, *164*(2), 490–502. https://doi.org/10.1016/j.chest.2023.03.029

Yeganegi, M., Bahrami, R., Azizi, S., Marzbanrad, Z., Hajizadeh, N., Mirjalili, S. R., Saeida-Ardekani, M., Lookzadeh, M. H., Alijanpour, K., Aghasipour, M., Golshan-Tafti, M., Noorishadkam, M., & Neamatzadeh, H. (2024). Caesarean section and respiratory system disorders in newborns. *European Journal of Obstetrics & Gynecology and Reproductive Biology: X*, *23*, 100336. https://doi.org/10.1016/j.eurox.2024.100336

Zebua, D., Alfionita, I., Lawa, Y., Siregar, D., & Harefa, L. (2023). Acute respiratory infection and its associated factors among children under five years. *Enfermería Clínica*, *33*(Suppl. 1), S50–S54. https://doi.org/10.1016/j.enfcli.2023.01.010

Zhou, S., Kauffman, C. A., & Miceli, M. H. (2025). Blastomycosis. *Infectious Disease Clinics of North America*, *39*(1), 163–181. https://doi.org/10.1016/j.idc.2024.11.010

Zou, K., Sun, P., Huang, H., Zhuo, H., Qie, R., Xie, Y., Luo, J., Li, N., Li, J., He, J., Aschebrook-Kilfoy, B., & Zhang, Y. (2022). Etiology of lung cancer: Evidence from epidemiologic studies. *Journal of the National Cancer Center*, *2*(4), 216–225. https://doi.org/10.1016/j.jncc.2022.09.004

UNIT 9

Disorders of Renal Function

CHAPTER 25

Foundations of Renal Structure, Function, and Development

Learning Objectives

After completing this chapter, the learner will be able to meet the following objectives:

1. Explain the basic structure and function of the nephron and its role in regulating extracellular fluid volume, electrolyte balance, and acid–base homeostasis.
2. Describe the mechanisms that regulate renal blood flow and glomerular filtration and why adequate renal perfusion is essential for kidney function.
3. Discuss how the kidney concentrates or dilutes urine, including the role of the countercurrent mechanism and antidiuretic hormone (ADH).
4. Interpret the clinical significance of urine specific gravity, serum creatinine, and blood urea nitrogen (BUN) in assessing renal function.
5. Define glomerular filtration rate (GFR) and explain its importance as an indicator of renal function.
6. Describe the endocrine functions of the kidney, including regulation of blood pressure, erythropoiesis, and vitamin D activation.
7. Identify key diagnostic tests used to evaluate renal structure and function, including urinalysis, imaging studies, and renal function tests.
8. Differentiate between the terms agenesis, hypoplasia, and dysplasia, and describe how each affects renal development.
9. Describe common congenital anomalies of kidney structure, form, and position, including their embryologic basis and clinical implications.
10. Compare the inheritance patterns, pathophysiology, and clinical features of autosomal dominant and autosomal

recessive polycystic kidney disease (ADPKD and ARPKD).
11 Explain the features of nephronophthisis–medullary cystic disease complex and simple/acquired renal cysts, including their clinical significance.

The kidneys are remarkable organs. Each is smaller than a person's fist, but in a single day, the two organs process approximately 22% to 25% of the cardiac output—with renal blood flow (RBF) of approximately 1,100 mL per minute. A primary function of the kidneys is to filter the blood, selectively reabsorbing molecules needed for normal body function while excreting unneeded molecules and waste products in the urine. In addition, the kidneys perform both excretory and endocrine functions to regulate fluid and electrolyte balance, acid–base status, blood volume, erythropoiesis, and calcium metabolism.

Kidney Structure and Function

Gross Structure and Location

The kidneys are paired, bean-shaped organs that lie outside the peritoneal cavity in the posterior upper abdomen. One kidney lies on each side of the vertebral column at the level of the 12th thoracic to the 3rd lumbar vertebrae (Fig. 25-1). The right kidney is typically situated lower than the left because of the position of the liver. In the adult, each kidney is approximately 10 to 12 cm long, 5 to 7 cm wide, with depth of 3 to 5 cm, and weighs approximately 120 to 200 g. The medial border of each kidney is indented with a deep fissure called the **hilum**, where blood vessels and nerves enter and leave the kidney. The ureters, which connect the kidneys with the bladder, also exit the kidney at the hilum (Soriano et al., 2023).

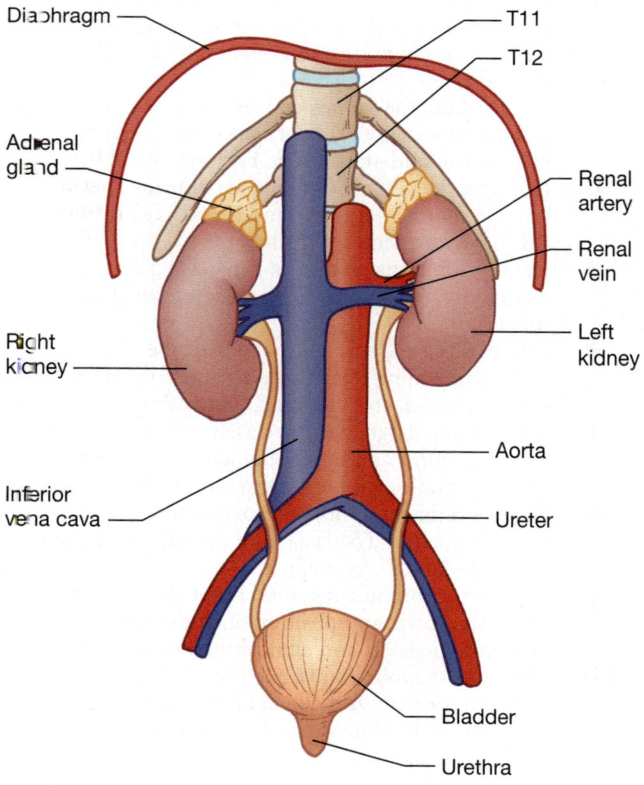

FIGURE 25-1. Kidneys, ureters, and bladder. (The right kidney is usually lower than the left.)

Each kidney is enclosed by a two-layered fibrous capsule and surrounded by a thick layer composed of several types of adipose tissue, particularly at its poles and borders. This fatty tissue cushions the kidneys from mechanical trauma and helps anchor them in place by supporting the attached vessels and fascia. The immediate area in which the kidneys are located is called the **retroperitoneum**. Although the kidneys are relatively well protected within the retroperitoneal space, they can still be injured by blunt trauma to the flanks or by compression between the lower ribs and the iliac crest. Because they lie outside the **peritoneal** cavity, kidney injuries are less likely to cause peritonitis than injuries to intraperitoneal organs such as the liver or spleen (Soriano et al., 2023).

The kidneys have a multilobular structure with each lobe composed of **nephrons**, which are the functional units of the kidney. Each kidney contains approximately 1,000,000 nephrons. Each nephron has a vascular **glomerulus** (the location where blood filtration occurs, producing the initial glomerular tubular filtrate that will become urine) as well as a peritubular capillary system surrounding a system of **renal tubules**. The selective reabsorption and secretion of substances occur between the renal tubules and peritubular capillaries to create the final composition of the urine. Most of the mass of the kidneys is composed of the renal tubule structures, with the vascular structures a much smaller but critical component. Between the renal tubules and the vascular structures of the kidneys is an area of interstitial tissue that composes less than 10% of the kidney mass. This renal interstitium contains various types of interstitial cells (including fibroblasts and immune cells), which secrete the fluids and molecules that compose the renal extracellular matrix (Eaton & Pooler, 2023).

On longitudinal section, each kidney can be divided into two main regions: an outer cortex and an inner medulla (Fig. 25-2). The renal **cortex**, reddish brown in color, contains the **glomeruli**, convoluted tubules, portions of straight tubules, collecting tubules, and an extensive network of blood vessels. The renal **medulla** consists of lighter-colored, cone-shaped structures called renal **pyramids**, which contain the loops of Henle, collecting ducts, and vasa recta—structures essential to the concentration of urine. Each pyramid is oriented with its base toward the cortex and its apex (called a **renal papilla**) pointing toward the hilum. The apices of all pyramids, referred to as the **renal papillae**, are perforated by the openings of collecting ducts, forming an area known as the **area cribrosa**. These ducts drain newly formed urine into minor calyces, which join to form major calyces and ultimately converge into the renal pelvis, a funnel-shaped structure that channels urine into the ureter (Soriano et al., 2023).

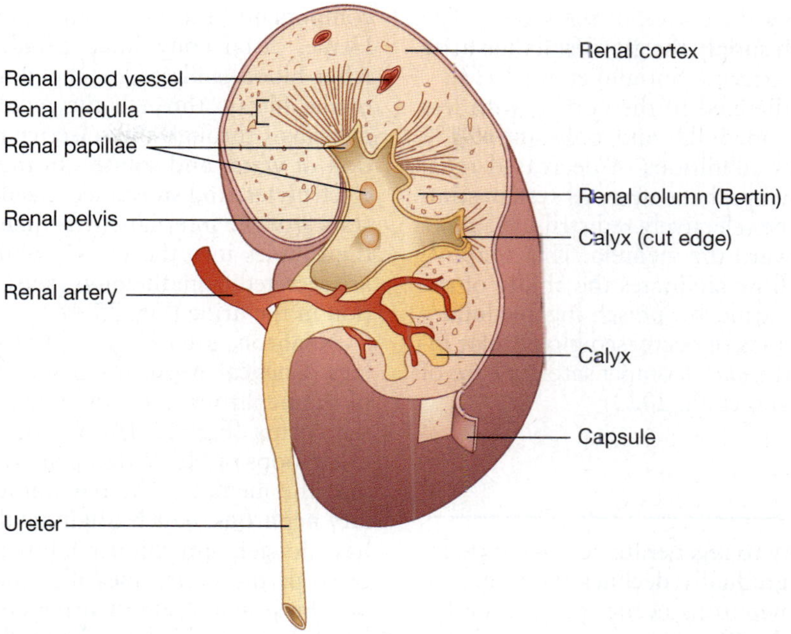

FIGURE 25-2. Internal structure of the kidney.

Renal Blood Supply

Approximately 20% to 25% of the total cardiac output is directed to the highly vascular kidneys, with this very high blood flow reflecting the critical filtration role of the kidneys. RBF is delivered through a pair of renal arteries that branch from the abdominal aorta to supply each kidney. After the renal artery enters the hilum of the kidney, the renal artery divides into five segmental branches. Within the renal parenchyma, each segmental artery gives rise to several interlobar arteries, which run along the renal columns between the pyramids toward the cortex (Fig. 25-3). At the corticomedullary junction, each interlobar artery branches into an arcuate artery, which arches along the base of each pyramid. Small intralobular (or cortical radiate) arteries radiate from the

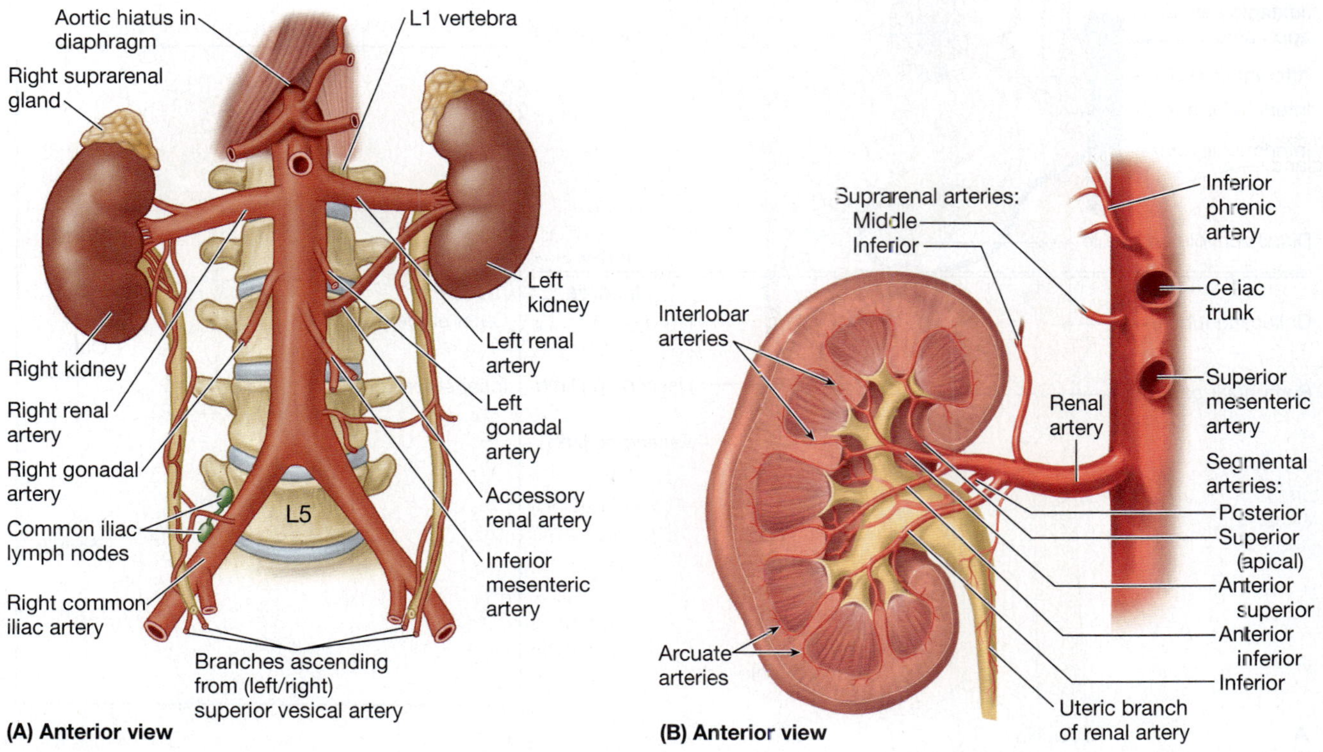

FIGURE 25-3. Arterial supply of kidneys and ureters. **A.** Renal arteries. The abdominal aorta lies anterior to the L1–L4 vertebral bodies, usually immediately to the left of the midline. An accessory left renal artery is present. **B.** Internal distribution of the renal artery. (From Dalley II, A. F., & Agur, A. M. [2022]. *Moore's clinically oriented anatomy* [9th ed., Fig. 5-84]. Wolters Kluwer.)

arcuate arteries to supply the cortex of the kidney. The afferent arterioles, which supply the glomeruli then arise from these intralobular arteries (Soriano et al., 2023).

Most of the RBF is directed to the cortex, with less than 10% reaching the medulla, and only about 1% reaching the papillae. In conditions of decreased renal perfusion or increased sympathetic nervous system stimulation, blood flow can be selectively redistributed away from the cortex and toward the medulla. This adaptive redistribution of blood flow facilitates the ability of the kidneys to concentrate urine by preserving medullary perfusion, even in situations of decreased glomerular filtration, such as during the early compensatory phase of circulatory shock. (Soriano et al., 2023).

The Nephron

The kidney has no ability to regenerate nephrons; therefore, nephron number gradually declines with age. An estimated 10% loss of nephrons occurs per decade beginning at approximately 40 years of age, though the exact rate of nephron decline varies with health status (Balzer et al., 2022).

Each nephron consists of capillary structures (the glomerulus and peritubular capillaries) and tubular components (the proximal convoluted tubule, loop of Henle, distal convoluted tubule, and collecting duct). After blood is filtered at the glomerulus, the processing of the filtrate through the renal tubules promotes homeostasis through the selective reabsorption and secretion of water and solutes. In these renal tubules, water, electrolytes, and substances needed to maintain the constancy of the internal environment are reabsorbed from the tubules into the blood, while unneeded substances are secreted from the blood into the tubules for elimination in the urine (Fig. 25-4A).

Nephrons are categorized as cortical or juxtamedullary. **Cortical nephrons** make up approximately 85% of the nephrons and originate in the superficial part of the cortex (Fig. 25-4B). Cortical nephrons have short, thick loops of Henle that penetrate only a short distance into the medulla. The remaining 15% are **juxtamedullary nephrons,** which originate deeper in the cortex and have longer, and thinner loops of Henle that penetrate through the entire medulla. Juxtamedullary nephrons are the primary site of urine concentration and play a key role in establishing the medullary osmotic gradient (Balzer et al., 2022).

Each nephron has two capillary systems: the glomerulus and the peritubular capillary network (see Fig. 25-4A). The glomerulus is a unique, high-pressure capillary

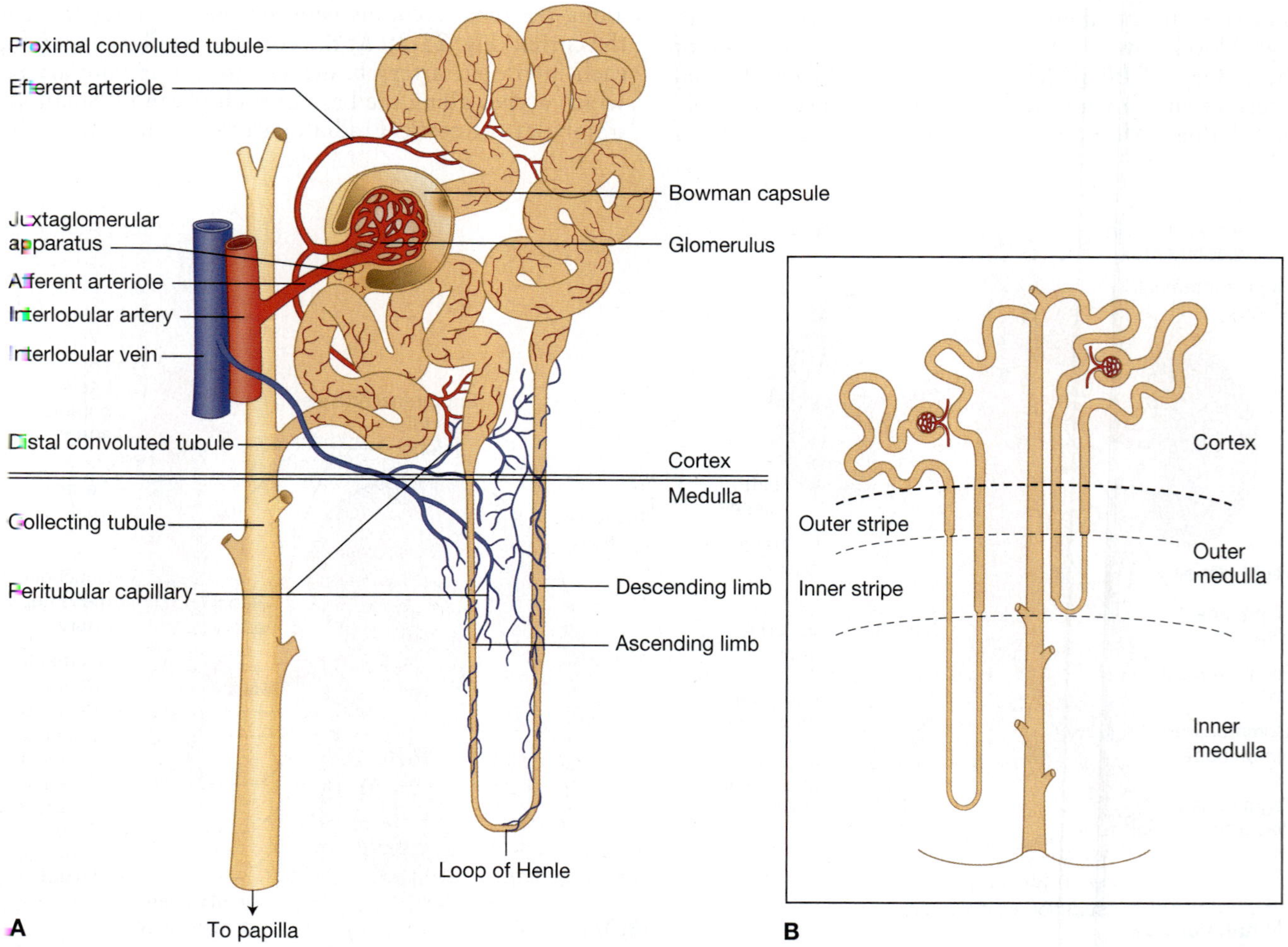

FIGURE 25-4. **A.** Nephron showing the glomerular and tubular structures along with the blood supply. **B.** Comparison of differences in location of tubular structures of the cortical and juxtamedullary nephrons.

filtration system that is located between two arterioles, the afferent arteriole and the efferent arteriole. The afferent arteriole is wider than the efferent arteriole, which causes the efferent arteriole to function as a high-resistance system. This higher resistance to capillary outflow from the glomerulus causes the hydrostatic pressure in the glomerular capillary bed to remain elevated (at approximately 55 mm Hg), promoting filtration of fluid and small solutes into the Bowman capsule (Soriano et al., 2023).

After exiting the glomerulus, the efferent arteriole gives rise to the **peritubular capillaries**, a low-pressure network that surrounds all portions of the renal tubule. The low resistance peritubular capillary networks promote optimal flow conditions for reabsorption of water and solutes into the blood. The efferent arterioles that flow into the juxtamedullary nephrons transform into long, thin-walled vessels called the **vasa recta**, which parallel the loops of Henle and facilitate solute exchange critical to urine concentration. Blood from the peritubular capillaries and vasa recta eventually drains into the renal venous system and then returns to the inferior vena cava (Soriano et al., 2023).

KEY POINTS

The Nephron

- The nephron, which is the functional unit of the kidney, is composed of both vascular components (the glomerulus and peritubular capillaries) and tubular components. Fluid and solutes are filtered from the glomerular capillaries into the tubular structures, in which urine is formed for elimination from the body.
- In the tubular portion of the nephron, substances needed by the body are reabsorbed into the peritubular capillaries, whereas unneeded substances are secreted from the peritubular capillaries into the urinary filtrate.

The Glomerulus

The **glomerulus** consists of a compact tuft of capillaries encased in a thin, double-walled epithelial structure called **Bowman capsule**. Blood flows into the glomerular capillaries via the afferent arteriole, then flows out into the efferent arteriole, which leads into the peritubular capillaries. Fluid and small solutes in the plasma are filtered across the glomerular capillary membrane into a fluid-filled space in Bowman capsule, called **Bowman space**. The portion of plasma filtered into this space is called the **filtrate**. The combined structure of the glomerular capillaries and the surrounding epithelial capsule is collectively referred to as the **renal corpuscle** (Fig. 25-5A) (Murray & Paolini, 2023).

The glomerular capillary membrane is composed of three layers: the capillary endothelial layer, the basement membrane, and the capsular epithelial layer (Fig. 25-5B).

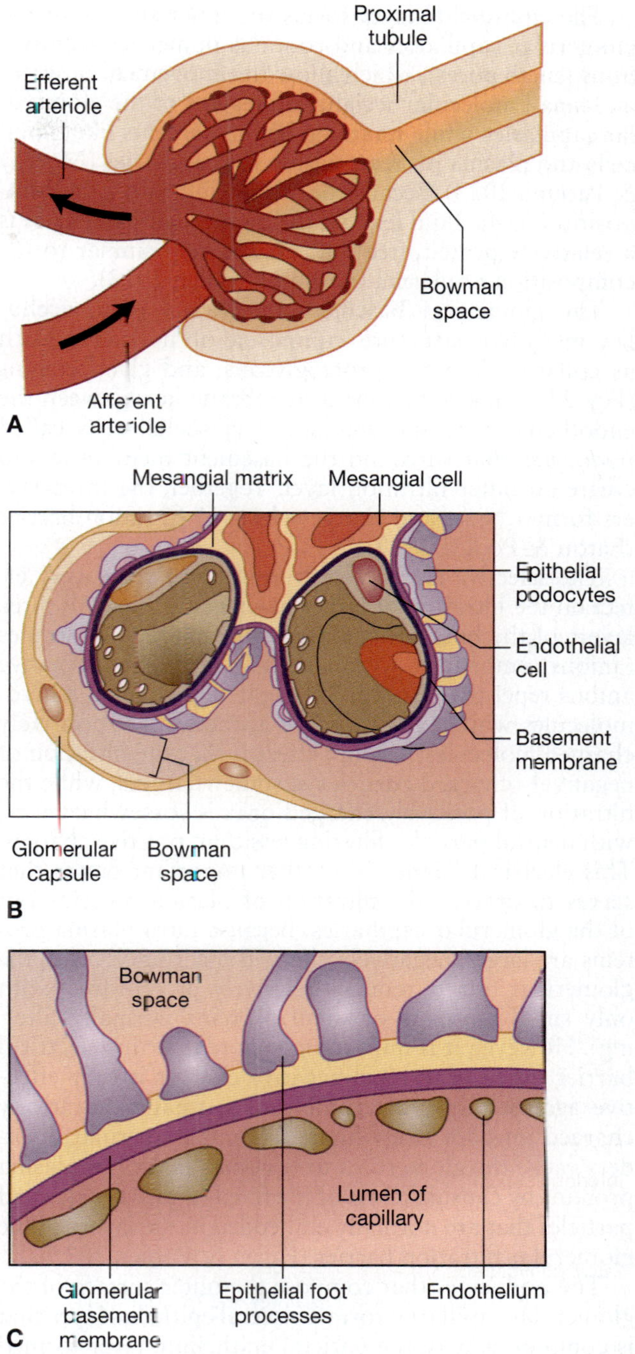

FIGURE 25-5. Renal corpuscle. **A.** Structures of the glomerulus. **B.** Cross section of the glomerular membrane showing the position of the endothelium, basement membrane, and epithelial foot processes. **C.** Position of the mesangial cells in relation to the capillary loops and Bowman capsule.

Together, they form an effective filtration barrier that regulates the composition of the glomerular filtrate. Damage to any of the three components of this barrier causes abnormal leakage of substances into the filtrate, which then pass into the urine. When the glomerular filtration barrier is functioning normally, the glomerular filtrate is essentially protein-free. Therefore, the presence of proteins in the urine (proteinuria) indicates the likelihood of glomerular disease (Eaton & Pooler, 2023).

The **endothelial layer** forms the inner surface of the glomerular capillaries and contains numerous **fenestrations** (small pores), which allow free movement of water and small molecular weight solutes out of the glomerular capillaries while retaining larger elements like blood cells and plasma proteins within the capillaries (Murray & Paolini, 2023). Because of this free filtration, the composition of the fluid leaving the glomerular capillaries is a relatively protein-free fluid that is very similar to the composition of plasma (Eaton & Pooler, 2023).

The glomerular **basement membrane** is an acellular, mesh-like structure composed of molecules such as collagen, laminin, proteoglycans, and glycoproteins (Fig. 25-5C). The basement membrane lies between the endothelial cells and specialized epithelial cells called *podocytes* that surround the basement membrane and create an outer filtration layer. Together, the three layers form a "size- and charge-selective" filtration barrier (Eaton & Pooler, 2023).

The selective electrical filtration has a regulatory effect on the filtration of larger macromolecules. All three layers of the barrier have negatively charged molecules (anions) embedded within them. These fixed negative anions repel the filtration of negatively charged macromolecules while exerting some attraction for positively charged molecules. The net effect is that the filtration of negatively charged particles is somewhat less, while the filtration of positively charged ones is somewhat more, with neutral particles filtering less than positive charges. This electrical barrier is another important factor that serves to prevent the filtration of plasma proteins out of the glomerular capillaries. Because most plasma proteins are larger, negatively charged macromolecules, the glomerular filtrate remains relatively protein-free (with only small amounts of small proteins normally filtering). However, it is important to note that this electrical barrier function to repel negative charges is only effective against larger macromolecules; smaller negatively charged ions are freely filtered. Some glomerular disorders cause the glomerulus to become "leaky" to plasma proteins by causing a loss of the fixed negatively charged particles that are normally embedded in the layers of the glomerular filtration barrier (Eaton & Pooler, 2023).

The podocytes that compose the outer surface of the glomerular capillaries form a **visceral epithelial layer** that is continuous with the **parietal epithelium layer** formed by Bowman capsule. Each podocyte has a central cell body with numerous foot-like extensions called *pedicels* or *foot processes* that wrap around the basement membrane layer of the capillaries. The pedicels interdigitate with pedicels from neighboring podocytes, creating narrow filtration slits, or *slit pores,* through which the glomerular filtrate passes. These slit pores are bridged by thin diaphragms that further refine the size and charge selectivity of the glomerular filtration barrier (Eaton & Pooler, 2023).

Another important component of the glomerulus is the **mesangium**. In areas where the basement membrane and capsular epithelium do not fully surround each glomerular capillary, mesangial cells occupy the intercapillary spaces. These mesangial cells provide structural support, secrete extracellular matrix similar to the basement membrane, and possess phagocytic activity to clear macromolecules and immune complexes. Mesangial cells also respond to vasoactive substances (e.g., angiotensin II) to help regulate glomerular capillary flow through contraction. In healthy glomeruli, the mesangial area is narrow, but mesangial cell proliferation and matrix expansion are prominent in many forms of glomerular disease (Murray & Paolini, 2023).

Tubular Components of the Nephron

The tubular portion of the nephron is divided into four main segments:

1. The **proximal convoluted tubule**, a highly coiled segment, which drains Bowman capsule
2. The **loop of Henle**, a thin U-shaped structure with descending and ascending limbs
3. A second coiled segment called the **distal convoluted tubule**
4. The **collecting tubule** (or **duct**), which receives filtrate from multiple nephrons

The filtrate formed in Bowman space passes sequentially through each of these tubular segments before reaching the renal pelvis and then ultimately draining into the ureter (Gallardo & Vio, 2022).

The proximal convoluted tubule extends from Bowman capsule and dips into the medulla to form the descending limb of the loop of Henle. The tubule then turns back toward the cortex as the ascending limb, which thickens and becomes the distal convoluted tubule near the glomerulus. The distal tubule begins at the juxtaglomerular apparatus and has two regions: the **diluting segment** and the **late distal tubule**, which merges with the collecting duct. The collecting duct is also divided into two segments: the **cortical collecting tubule** and the **inner medullary collecting tubule** (Gallardo & Vio, 2022).

The nephron tubule is lined throughout with a single layer of epithelial cells supported by a basement membrane. The structure of these epithelial cells varies by segment, corresponding to the primary function of that tubular region. The cells of the proximal tubule are densely packed with mitochondria and have a brush border (formed by microvilli), enabling high-capacity reabsorption and active transport of solutes. Cells of the thin descending and ascending limbs have fewer mitochondria and lack a brush border, reflecting their role in passive water and solute movement. Distal tubule and collecting duct cells include both principal cells, which regulate sodium and water balance under the influence of aldosterone and ADH, and intercalated cells, which participate in acid–base regulation (Madrazzo-Ibarra & Vaitla, 2023).

Each segment of the nephron contributes uniquely to the kidney's role in maintaining fluid, electrolyte, and acid–base homeostasis. Disruption of any segment by injury, toxins, or disease can impair renal function and lead to characteristic clinical syndromes.

Urine Formation

Urine formation involves (a) the filtration of blood through the glomerulus to form an **ultrafiltrate** and (b) the tubular reabsorption of electrolytes and nutrients needed to maintain the constancy of the internal environment while eliminating waste materials (Kingston et al., 2024).

Glomerular Filtration

Urine formation begins with the filtration of essentially protein-free plasma through the glomerular capillaries into the Bowman space. The movement of fluid through the glomerular capillaries is regulated by the same forces that regulate fluid movement across all capillary beds: the opposing hydrostatic and colloid osmotic pressures within the capillaries versus in the interstitial space and capillary permeability. The glomerular filtrate has a chemical composition similar to plasma, but the filtrate is essentially protein-free because large molecules do not readily pass through the glomerular filtration barrier. The normal glomerular filtration rate (GFR) is approximately 125 mL/minute, or 180 L/day, although values may vary with age, sex, and health status (Kingston et al., 2024).

The unique location of the glomerulus between two arterioles promotes a high-pressure filtration system. The hydrostatic filtration pressure within glomerular capillaries averages approximately 60 mm Hg, which is two to three times higher than that in most other capillary beds. GFR is primarily regulated by constriction or dilation of the afferent and efferent arterioles. Constriction of the efferent arteriole increases resistance to *outflow* from the glomeruli, which increases both the glomerular pressure and GFR. Constriction of the afferent arteriole causes a reduction in the rate of blood flow entering the glomerulus, which decreases both glomerular filtration pressure and GFR. Both the afferent and efferent arterioles are innervated by the sympathetic nervous system and respond to vasoactive hormones, such as angiotensin II. In contrast to the higher capillary hydrostatic pressures in the glomerular capillary beds, the hydrostatic pressures in the peritubular capillary beds are very low. This contrast leads to a net outward filtration force in the glomerular capillaries and a net inward reabsorptive force in the peritubular capillaries (Eaton & Pooler, 2023).

Tubular Reabsorption and Secretion

From Bowman capsule, the glomerular filtrate moves into the tubular segments of the nephron. As the filtrate passes through the various tubular segments, the chemical composition is modified by processes of tubular reabsorption (from the filtrate into peritubular capillaries) and tubular secretion (from capillaries into the filtrate) (Kingston et al., 2024) (Fig. 25-6).

The basic mechanisms of transport across tubular epithelial cell membranes are similar to those of other cell membranes in the body (including both active and passive transport mechanisms). Water and urea are passively absorbed along concentration gradients. Sodium (Na^+), potassium (K^+), chloride (Cl^-), calcium (Ca^{2+}), and phosphate ions, as well as urate, glucose, and amino acids, are reabsorbed across the tubular epithelial cells and into the blood using primary or secondary active transport mechanisms. Some substances, such as hydrogen (H^+), K^+, and urate ions, are secreted from the blood, across the tubular epithelial cells, and into the tubular filtrate. Under normal conditions, only approximately 1 mL of the 125 mL of glomerular filtrate formed each minute is excreted as urine. The other 124 mL of filtrate are reabsorbed in the tubules, which results in an average urine output for adults of approximately 60 mL/hour.

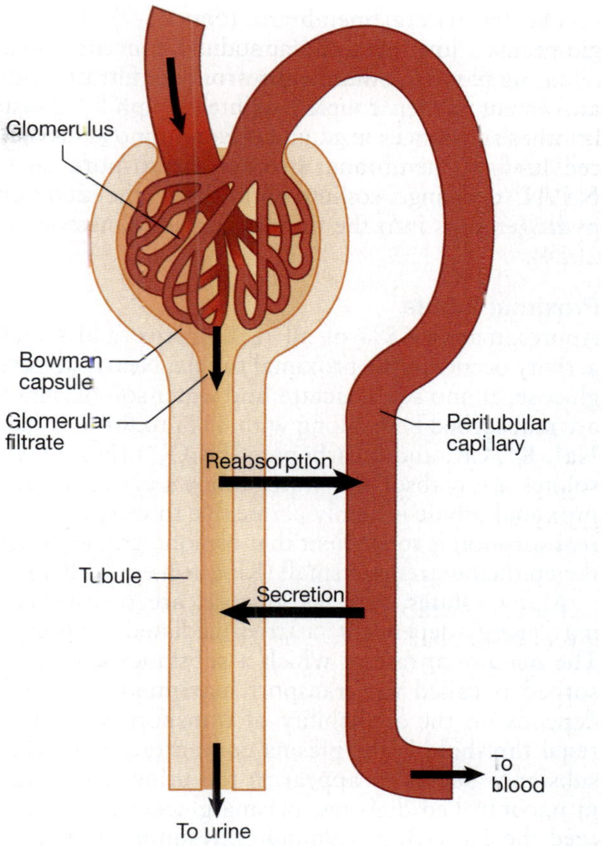

FIGURE 25-6. Reabsorption and secretion of substances between the renal tubules and peritubular capillaries.

Renal tubular epithelial cells have two membrane surfaces: the **luminal membrane** (facing the tubular lumen) and the **basolateral membrane** (facing the interstitial space and capillaries). Many substances move passively across the luminal membrane along their concentration gradients, but others require facilitated or active transport across the basolateral membrane into the interstitial fluid and, eventually, into the peritubular capillaries.

The majority of renal energy expenditure supports active sodium reabsorption, often coupled with the transport of other solutes such as glucose and amino acids. This is known as **secondary active transport** (cotransport), which relies on the Na^+/K^+-ATPase pump on the basolateral membrane (Fig. 25-7). This pump maintains a low intracellular sodium concentration, facilitating passive sodium entry from the filtrate. Sodium movement is then coupled with the "uphill" transport of other substances (e.g., glucose or amino acids) across the luminal membrane. In **countertransport**, such as Na^+/H^+ exchange, sodium entry drives the secretion of hydrogen ions into the tubular lumen (Kingston et al., 2024).

Proximal Tubule

Approximately 65% of all reabsorptive and secretory activity occurs in the proximal tubule. Nearly all filtered glucose, amino acids, lactate, and water-soluble vitamins are reabsorbed here, along with 65% to 80% of filtered Na^+, K^+, Cl^-, and bicarbonate (HCO_3^-) (Fig. 25-8). As solutes are reabsorbed, water follows via osmosis. The proximal tubule is highly permeable to water, and water reabsorption is so efficient that osmotic gradients across the epithelium remain small (Kingston et al., 2024).

Many solutes, such as glucose, are reabsorbed using energy-dependent carrier-mediated **cotransport**. The maximum rate at which a substance can be reabsorbed is called the **transport maximum (Tm)**, which depends on the availability of transport proteins. The **renal threshold** is the plasma concentration at which a substance begins to appear in the urine. For example, in uncontrolled diabetes, plasma glucose levels can exceed the Tm (~320 mg/minute), resulting in glucosuria (Kingston et al., 2024).

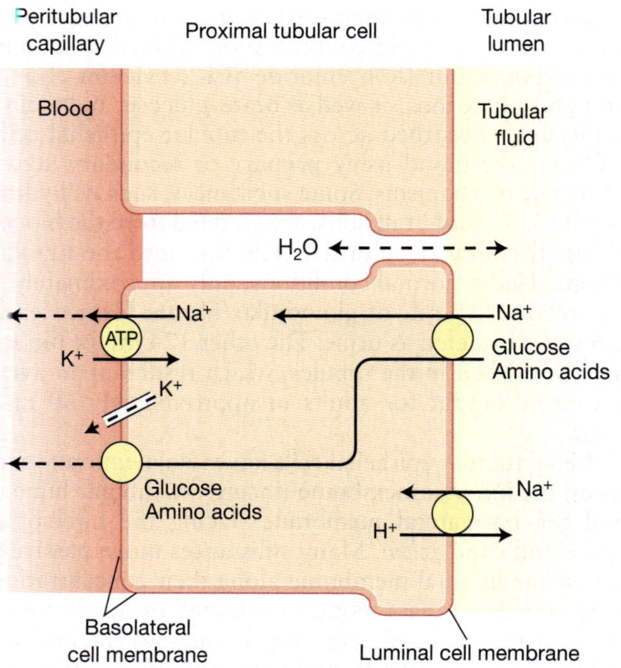

FIGURE 25-7. Mechanism for secondary active transport or cotransport of glucose and amino acids in the proximal tubule. The energy-dependent sodium–potassium pump on the basolateral surface of the cell maintains a low intracellular gradient that facilitates the downhill movement of sodium and glucose or amino acids (cotransport) from the tubular lumen into the tubular cell and then into the peritubular capillary. ATP, adenosine triphosphate.

In addition to reabsorption, the proximal tubule secretes organic anions and cations, including endogenous waste products (e.g., urate, oxalate) and exogenous substances (e.g., drugs or toxins). Many of these are protein-bound and not filtered at the glomerulus, so secretion in the proximal tubule plays a critical role in their elimination.

The Loop of Henle

The loop of Henle has an essential role in regulating urine concentration. It does this by establishing a high concentration of osmotically active particles in the interstitium surrounding the medullary collecting tubules, and the action of antidiuretic hormone (ADH) to promote water reabsorption then occurs in downstream segments of the nephron (Marcoux et al., 2022).

The loop of Henle is divided into three segments—the thin descending limb, which is highly permeable to water and moderately permeable to solutes, the thin ascending limb, which is impermeable to water but allows passive solute movement, and the thick ascending limb, which is impermeable to water and contains an active $Na^+/K^+/2Cl^-$ cotransporter (Fig. 25-9).

In the descending limb, water is drawn out into the increasingly hypertonic medullary interstitium, concentrating the filtrate. The filtrate reaches its highest osmolality (~1,200 mOsm/kg) at the loop's bend. As it ascends, solutes are reabsorbed but water remains, so the filtrate becomes more dilute—often reaching ~100 mOsm/kg before entering the distal tubule. This segment is often called the diluting segment.

In the thick ascending limb, 20% to 25% of filtered Na^+, K^+, and Cl^- are reabsorbed via the $Na^+/K^+/2Cl^-$ cotransporter, which depends on the Na^+/K^+-ATPase pump on the basolateral membrane. The resulting electrical gradient also favors passive reabsorption of Ca^{2+} and Mg^{2+}. This segment is the site of action for loop diuretics (e.g., furosemide), which inhibit the cotransporter and significantly increase diuresis (Marcoux et al., 2022).

Distal and Collecting Tubules

Like the thick ascending limb, the early distal convoluted tubule is relatively impermeable to water. Sodium and chloride are reabsorbed via a Na^+/Cl^+ cotransporter, accounting for another ~5% of filtered sodium. Unlike earlier segments, Ca^{2+} is reabsorbed here through active mechanisms, regulated by parathyroid hormone (PTH) and active vitamin D (calcitriol) (McMahon et al., 2024).

The late distal tubule and the cortical collecting duct are the primary sites of aldosterone action. Although these segments are responsible for reabsorbing only about 2% to 5% of the filtered sodium load, they play a disproportionately important role in fine-tuning sodium balance and regulating potassium secretion. When the body has a potassium excess, the amount of potassium secreted at this site may exceed the amount filtered by the glomerulus (McMahon et al., 2024).

The distal nephron contains two functionally distinct cell types. Principal cells mediate the reabsorption of sodium and the secretion of potassium under

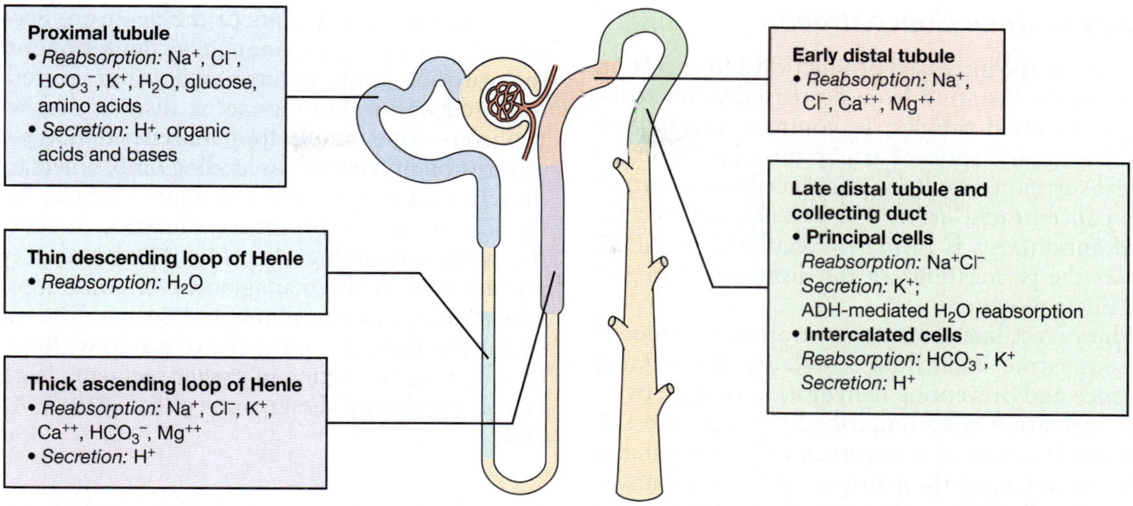

FIGURE 25-8. Sites of tubular water (H_2O), glucose, amino acids, Na^+ (sodium), Cl^- (chloride), HCO_3^- (bicarbonate), K^+ (potassium), Ca^{2+} (calcium), and Mg^{2+} (magnesium) reabsorption, and organic acids and bases, H^+ (hydrogen), and K^+ secretion. ADH, antidiuretic hormone.

the influence of aldosterone. Intercalated cells, on the other hand, are involved in acid–base regulation by reabsorbing bicarbonate and potassium and secreting hydrogen ions (Fig. 25-10). Aldosterone stimulates sodium reabsorption in principal cells by increasing the number and activity of apical sodium channels and basolateral Na^+/K^+-ATPase pumps. As sodium moves from the tubular fluid into the interstitial space and peritubular capillaries, potassium moves in the opposite direction—from the peritubular capillaries into the tubular fluid—facilitating its excretion. Meanwhile, hydrogen ion secretion by intercalated cells contributes to the maintenance of acid–base homeostasis. These late distal and collecting segments, together with the medullary collecting duct, ultimately determine the final composition and volume of urine, especially under the influence of ADH (McMahon et al., 2024).

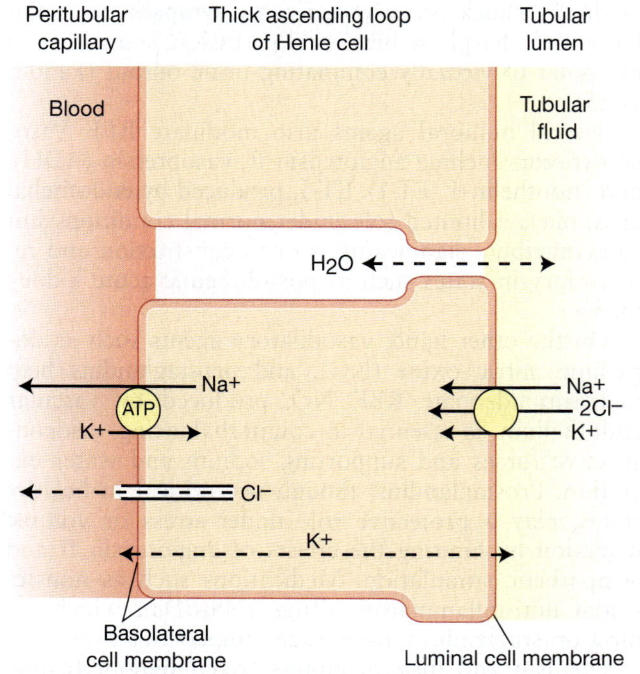

FIGURE 25-9. Sodium, chloride, and potassium reabsorption in the thick segment of the loop of Henle. ATP, adenosine triphosphate.

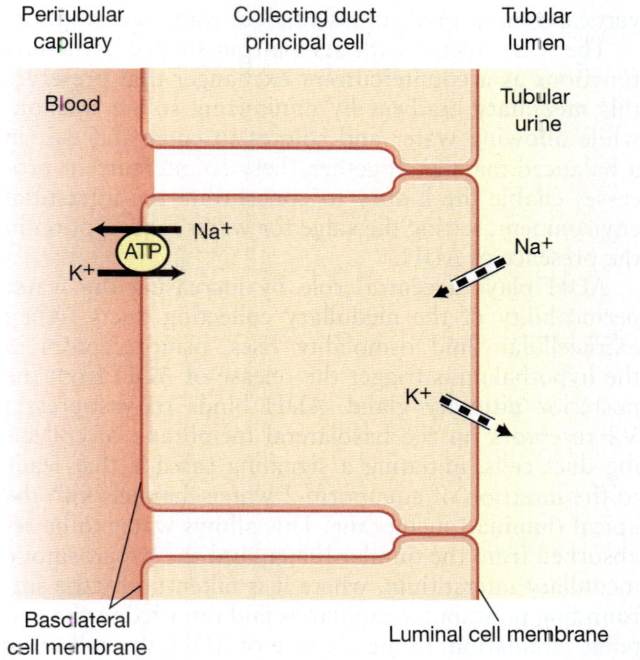

FIGURE 25-10. Mechanism of sodium reabsorption and potassium secretion by principal cells of the late distal and collecting tubules. Aldosterone exerts its action by increasing the activity of the Na^+/K^+–ATPase pump that transports sodium outward through the basolateral membrane of the cell and into the blood at the same time it pumps potassium into the cell. Aldosterone also increases the permeability of the luminal membrane for potassium. ATPase, adenosine triphosphatase.

Regulation of Urine Concentration

Diuresis refers to the increased production and excretion of urine, typically resulting from decreased water reabsorption in the renal tubules. In contrast, **antidiuresis** describes the conservation of water through increased tubular reabsorption, resulting in reduced urine output and more concentrated urine. The balance between diuresis and antidiuresis is primarily regulated by ADH, which alters the permeability of the distal nephron and collecting ducts to water.

The kidneys regulate urine concentration in response to changes in extracellular fluid osmolality, maintaining water balance and preventing dehydration or fluid overload. This regulation is accomplished through two key processes: the creation of a hyperosmotic environment in the renal medulla and the action of ADH (also known as vasopressin), which controls water permeability in the distal nephron and collecting ducts (Chen et al., 2023).

Approximately one fifth of nephrons are juxtamedullary nephrons, which have long loops of Henle that extend deep into the medulla, along with specialized blood vessels called the vasa recta. These structures work together in a countercurrent mechanism that helps establish and maintain a high concentration of osmotically active solutes, primarily sodium and urea, in the interstitial fluid of the inner medulla. In the loop of Henle, the descending limb is permeable to water but not to solutes, while the ascending limb is impermeable to water and actively transports sodium and chloride out of the tubule. This differential permeability, combined with the opposing flow in adjacent structures, allows for the generation of a vertical osmotic gradient essential for water reabsorption.

The vasa recta, with its hairpin-shaped structure, functions as a countercurrent exchanger that preserves this medullary gradient by minimizing solute washout while allowing water and solutes to enter and exit in a balanced manner. Together, these countercurrent processes enable the kidney to concentrate the interstitial environment, setting the stage for water reabsorption in the presence of ADH.

ADH plays a central role by increasing the water permeability of the medullary collecting ducts. When extracellular fluid osmolality rises, osmoreceptors in the hypothalamus trigger the release of ADH from the posterior pituitary gland. ADH binds to vasopressin V2 receptors on the basolateral membrane of collecting duct cells, initiating a signaling cascade that leads to the insertion of aquaporin-2 water channels into the apical (luminal) membrane. This allows water to be reabsorbed from the tubular lumen into the hyperosmotic medullary interstitium, where it is taken up by the surrounding peritubular capillaries and returned to the systemic circulation. In the absence of ADH, the collecting ducts remain relatively impermeable to water, resulting in the excretion of dilute urine (Chen et al., 2023). In this way, ADH promotes antidiuresis by conserving water, whereas its absence results in diuresis.

Action of Diuretics

Diuretics are medications that increase urine output (diuresis) by reducing the reabsorption of sodium and water in specific segments of the nephron. Because water follows sodium osmotically, inhibition of sodium reabsorption leads to increased water excretion. Different classes of diuretics act at distinct sites within the nephron—for example, loop diuretics inhibit sodium reabsorption in the thick ascending limb, whereas thiazide diuretics act in the distal convoluted tubule. By altering tubular transport processes, diuretics directly oppose the water-conserving effects of ADH and play an important role in the management of conditions such as hypertension, heart failure, and edema. The magnitude of diuresis depends on the site of action within the nephron, with agents acting in earlier segments (e.g., loop of Henle) producing the greatest effect (Bell & Mandalia, 2022).

Regulation of RBF

In healthy adults, the kidneys receive approximately 1,000 to 1,300 mL of blood per minute—20% to 25% of cardiac output. This high rate of renal perfusion is needed because the primary function of the kidneys is filtration and waste removal, rather than because of the metabolic needs of the renal tissue itself. RBF and GFR are tightly regulated by both intrinsic and extrinsic mechanisms that help maintain stable function despite fluctuations in systemic blood pressure (Savedchuk et al., 2023).

Neural and Humoral Control Mechanisms

The kidneys are extensively innervated by the sympathetic nervous system. Increased sympathetic activity causes vasoconstriction of both afferent and efferent arterioles, reducing RBF and GFR. In extreme cases, such as during shock or trauma, intense sympathetic stimulation can sharply reduce renal perfusion, sometimes to the point of virtually eliminating urine output (Pandit, 2025).

Several humoral agents also modulate RBF. Vasoconstrictors include angiotensin II, vasopressin (ADH), and endothelin-1 (ET-1). ET-1, produced by endothelial cells, plays a limited role under normal conditions but can contribute significantly to vasoconstriction and renal injury in states such as post-ischemic acute kidney injury.

On the other hand, vasodilatory agents such as dopamine, nitric oxide (NO), and prostaglandins help maintain adequate RBF. NO, produced by vascular endothelium, is essential in counterbalancing vasoconstrictive forces and supporting sodium and water excretion. Prostaglandins, though not critical in healthy states, play a protective role under stress or volume depletion by limiting the effects of angiotensin II and sympathetic stimulation. Medications such as nonsteroidal anti-inflammatory drugs (NSAIDs), which inhibit prostaglandin synthesis, can impair this protective mechanism and may precipitate renal hypoperfusion, especially in patients with underlying kidney disease or hypertension (Pandit, 2025).

UNDERSTANDING → How the Kidney Concentrates Urine

The osmolality of body fluids relies heavily on the ability of the kidney to produce dilute or concentrated urine. Urine concentration depends on three factors: (1) the osmolality of interstitial fluids in the urine-concentrating part of the kidney, (2) ADH, and (3) the action of ADH on the cells in the collecting tubules of the kidney.

1

Osmolality. In approximately one fifth of the juxtamedullary nephrons, the loops of Henle and special hairpin-shaped capillaries called the *vasa recta* descend into the medullary portion of the kidney to form a countercurrent system—a set of parallel passages in which the contents flow in opposite directions. The countercurrent design serves to increase the osmolality in this part of the kidney by promoting the exchange of solutes between the adjacent descending and ascending loops of Henle and between the descending and ascending sections of the vasa recta. Because of these exchange processes, a high concentration of osmotically active particles collects in the interstitium surrounding the collecting tubules, where the ADH-mediated reabsorption of water takes place.

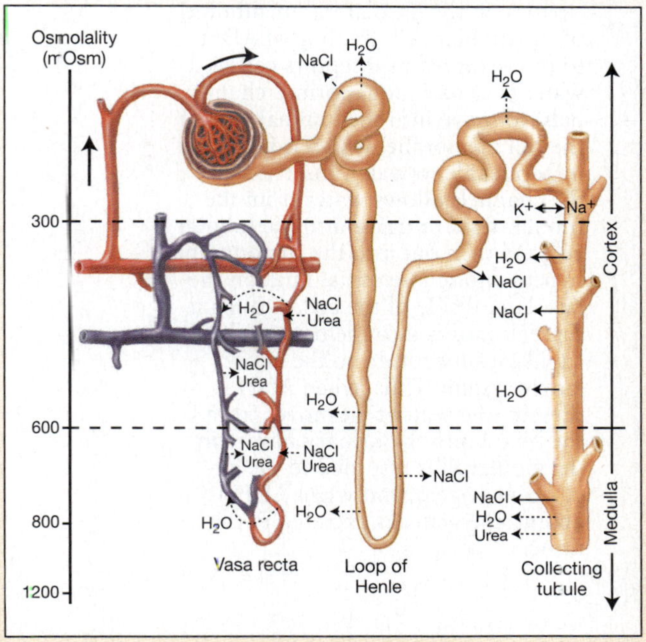

2

Antidiuretic Hormone. ADH, which regulates the ability of the kidneys to concentrate urine, is synthesized by neurons in the hypothalamus and transported down their axons to the posterior pituitary gland and then released into the circulation. One of the main stimuli for synthesis and release of ADH is an increase in serum osmolality. ADH release is also controlled by cardiovascular reflexes that respond to changes in blood pressure or blood volume.

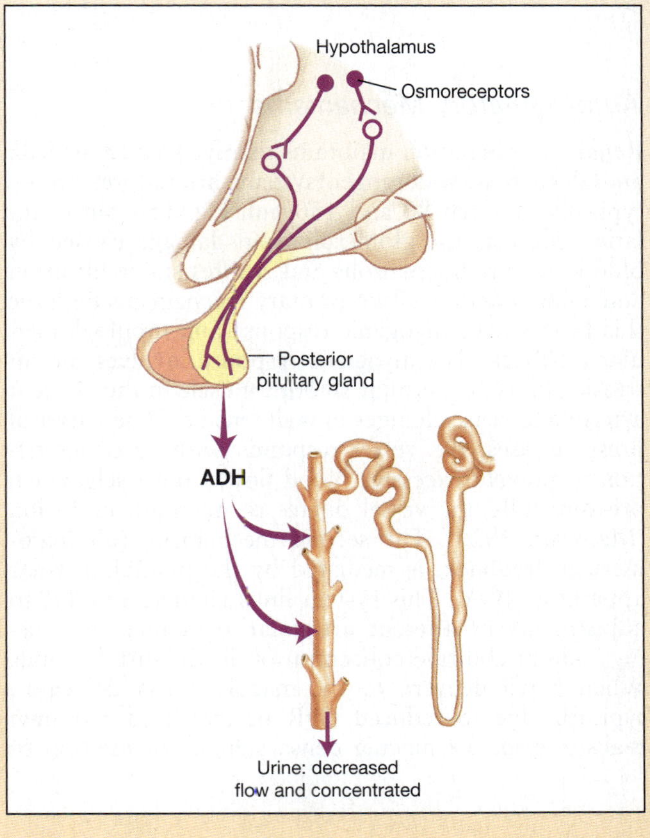

UNDERSTANDING ➔ How the Kidney Concentrates Urine (*continued*)

3

Action of ADH. ADH, also known as vasopressin, acts at the level of the collecting tubule to increase water absorption. It exerts its action by binding to vasopressin receptors on the basolateral membrane of the tubular cell. Binding of ADH to the vasopressin receptors causes water channels (aquaporin-2 channels) to move into the luminal side of the cell membrane, which is normally impermeable to water. Insertion of the channels allows water from the tubular fluid to move into the tubular cell and then out into the surrounding hyperosmotic interstitial fluid on the basolateral side of the cell, and from there, it moves into the peritubular capillaries for return to the circulatory system. Thus, when ADH is present, the water that moves from the blood into the urinary filtrate in the glomeruli is returned to the circulatory system, and when ADH is absent, the water is excreted in the urine.

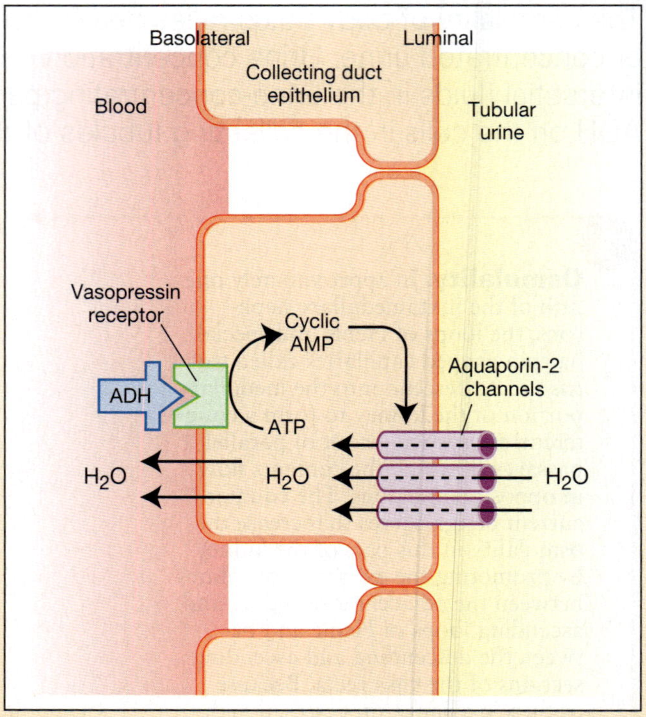

Autoregulatory Mechanisms

Renal autoregulation maintains relatively constant RBF and GFR across a wide range of systemic arterial pressures—typically between 80 and 180 mm Hg. This autoregulation protects the glomeruli from damage caused by blood pressure fluctuations and ensures stable filtration and solute handling. Two primary mechanisms underlie this process: the myogenic response and tubuloglomerular feedback. The **myogenic response** involves the intrinsic ability of vascular smooth muscle in the afferent arteriole to sense changes in wall tension. When arterial pressure rises, the vessel responds with vasoconstriction to prevent excessive blood flow. Conversely, when pressure falls, the vessel dilates to maintain perfusion (Mansour, 2023). The second mechanism, **tubuloglomerular feedback**, is mediated by the juxtaglomerular apparatus (JGA). This system links changes in GFR to adjustments in afferent arteriolar resistance by sensing sodium chloride concentration in the distal tubule. When NaCl delivery to the macula densa decreases, typically due to reduced GFR or increased proximal reabsorption, the macula densa signals for dilation of the afferent arteriole and stimulates renin release from juxtaglomerular cells. These combined responses help restore GFR and maintain homeostasis of fluid and electrolyte balance (Savedchuk et al., 2023).

The Juxtaglomerular Complex

The juxtaglomerular complex, more commonly referred to as the JGA, is a specialized feedback structure that links changes in GFR to adjustments in RBF. It is located at the point where the distal convoluted tubule passes between the afferent and efferent arterioles of the same nephron (Fig. 25-11). Within the distal tubule, the **macula densa**—a group of densely packed epithelial cells—monitors the concentration of sodium chloride in the tubular filtrate. In the adjacent afferent arteriole, modified smooth muscle cells known as **juxtaglomerular (granular) cells** function as secretory cells that store and release the enzyme renin. These two cell types, along with extraglomerular mesangial cells, comprise the JGA and facilitate communication between tubular flow and vascular tone (Savedchuk et al., 2023).

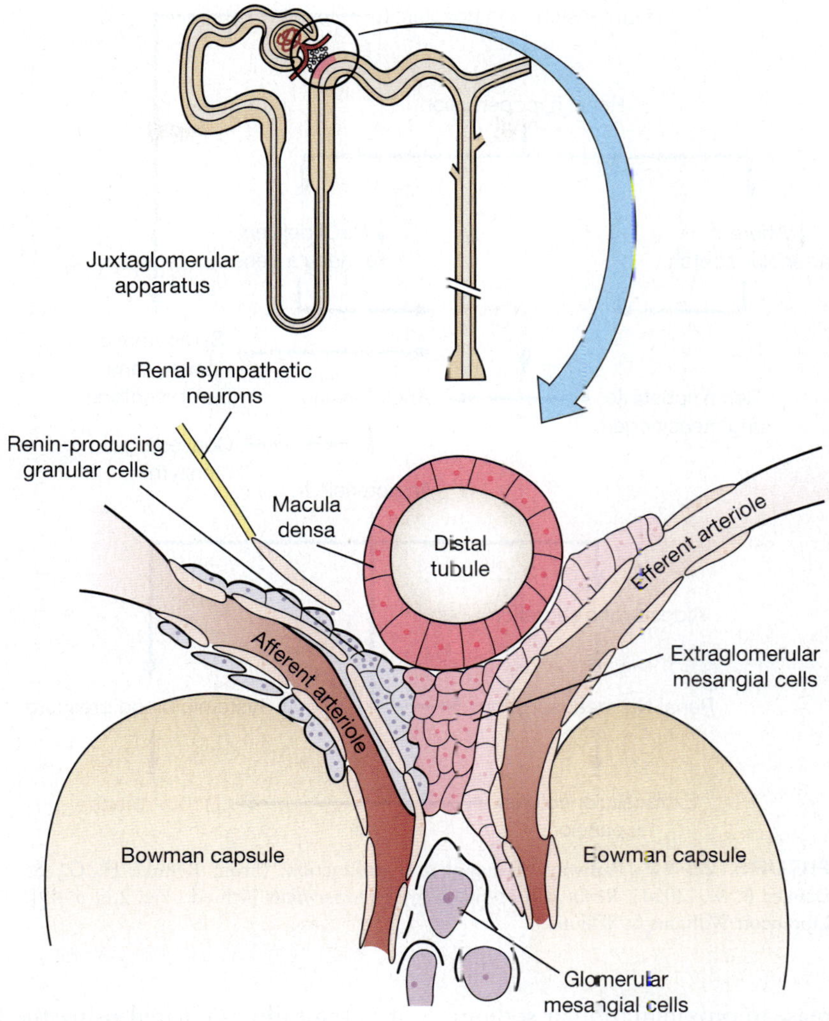

FIGURE 25-11. Juxtaglomerular apparatus and macula densa in tubuloglomerular feedback. The juxtaglomerular apparatus and macula densa cells at the beginning of the distal tubule are in close proximity. Chloride delivery is sensed by the N^+–K^+–$2Cl^-$ cotransporter in the thick ascending limb, and feedback regulates GFR. Renin release is also regulated at this site. GFR, glomerular filtration rate. (From Rennke H. G., & Denker B. M. [2014]. *Renal pathophysiology: The essentials* [4th ed., Fig. 1.9, p. 21]. Lippincott Williams & Wilkins.)

When GFR decreases, tubular flow slows, allowing more sodium and chloride to be reabsorbed in the loop of Henle. This leads to a reduced sodium chloride concentration reaching the macula densa, which in turn triggers two coordinated responses: vasodilation of the afferent arteriole to increase glomerular hydrostatic pressure, and release of renin from the juxtaglomerular cells. Renin initiates the renin–angiotensin–aldosterone system (RAAS) (Fig. 25-12) by converting angiotensinogen to angiotensin I, which is then converted to angiotensin II. Angiotensin II constricts the efferent arteriole, further increasing glomerular pressure to support GFR (Mansour, 2023). It also enhances sodium reabsorption directly in the proximal tubule and indirectly via stimulation of aldosterone secretion, which increases sodium uptake in the distal nephron. Because of its strategic location and dual sensing roles, the JGA plays a critical part in maintaining both glomerular filtration and systemic blood pressure (Savedchuk et al., 2023).

Effect of Increased Protein and Glucose Load

RBF and GFR, though stable under most conditions, increase following ingestion of a high-protein meal or during hyperglycemia. Within 1 to 2 hours of consuming a protein-rich meal, RBF may increase by 20% to 30%. This is thought to result from enhanced sodium and amino acid reabsorption in the proximal tubule, which decreases sodium chloride delivery to the macula densa. The resulting tubuloglomerular feedback leads to afferent arteriole dilation and increased GFR.

A similar mechanism may explain the elevated GFR observed in early diabetes mellitus, with high glucose

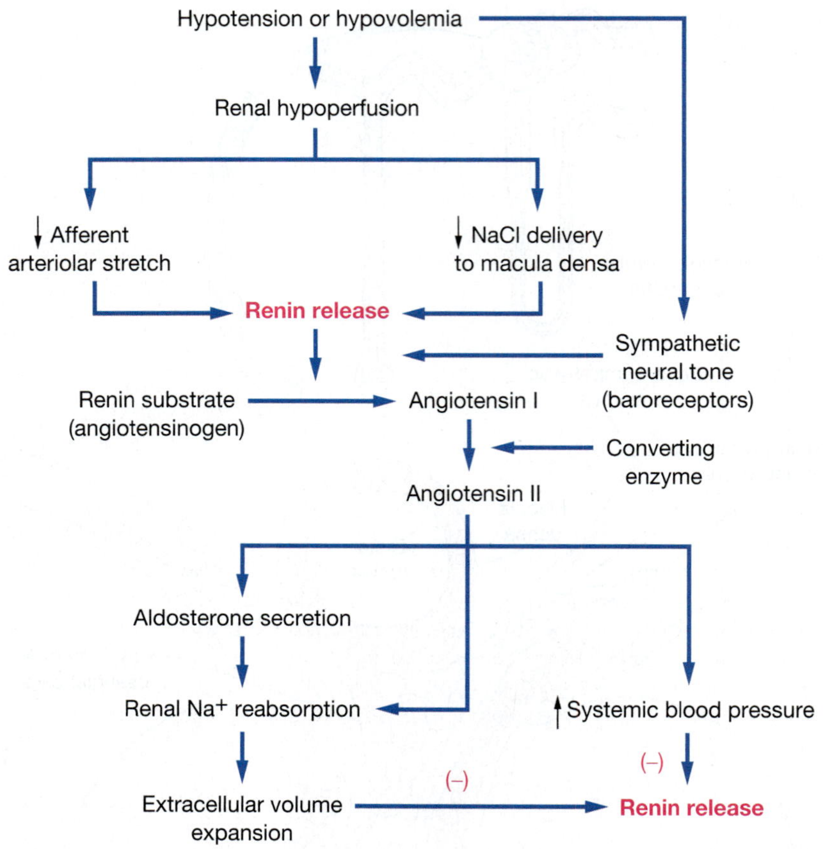

FIGURE 25-12. Pathway of angiotensin production. (From Rennke H. G., & Denker B. M. [2014]. *Renal pathophysiology: The essentials* [4th ed., Fig. 2.6, p. 49]. Lippincott Williams & Wilkins.)

levels leading to an increase in proximal tubular sodium reabsorption via sodium-glucose cotransporters. The reduced sodium delivery to the macula densa initiates feedback responses that raise RBF and GFR, a phenomenon known as **glomerular hyperfiltration**, which may contribute to long-term kidney damage if uncorrected (Heyman et al., 2022; Yang & Xu, 2022).

Elimination Functions of the Kidney

The kidneys play a vital role in maintaining internal homeostasis by eliminating water, metabolic waste products, excess electrolytes, and exogenous substances from the blood. These excretory functions are tightly regulated by filtration, reabsorption, secretion, and selective transport processes along the nephron (Ogobuiro & Tuma, 2023).

Renal Clearance

Renal clearance refers to the volume of plasma from which a particular substance is completely removed by the kidneys per unit of time. Clearance is determined by the substance's ability to be freely filtered at the glomerulus, along with its degree of reabsorption or secretion by the renal tubules (Thompson & Joy, 2022). It is typically calculated using the formula: (urine concentration × urine flow rate) ÷ plasma concentration, with results expressed in mL/min. Each substance has a unique clearance value, which provides insight into renal handling and can be used to estimate GFR or tubular function (Thompson & Joy, 2022).

Regulation of Electrolytes

The elimination of electrolytes, particularly sodium (Na^+) and potassium (K^+) is regulated by GFR and hormones that modulate tubular reabsorption and secretion. Aldosterone, secreted by the adrenal cortex, promotes Na^+ reabsorption and K^+ secretion in the distal tubule and collecting duct. In response to aldosterone, nearly all sodium in the distal tubular fluid is reabsorbed, leading to very low urinary sodium concentrations. In the absence of aldosterone, little sodium is reabsorbed distally, allowing urinary sodium losses to increase significantly—up to 40 g/day under extreme conditions (Deabes & Essa, 2024).

Potassium is freely filtered at the glomerulus, and although some is reabsorbed in the proximal tubule and loop of Henle, significant regulation of potassium occurs in the distal nephron. Aldosterone stimulates K^+ secretion into the tubular fluid in the distal tubule and collecting duct. Because dietary potassium intake often exceeds the glomerular filtration of potassium, active secretion is essential to promote adequate K^+ elimination. In conditions of aldosterone deficiency, such as Addison disease, K^+ secretion is impaired, leading to potassium retention and potential hyperkalemia.

In addition to aldosterone, natriuretic peptides, primarily **atrial natriuretic peptide (ANP)**, contribute to the regulation of sodium and water balance. Released by atrial myocytes in response to increased stretch, ANP promotes natriuresis (elimination of sodium through the urine) and diuresis by inhibiting sodium and water reabsorption in the collecting ducts and suppressing renin release. This negative feedback loop reduces extracellular volume and preload, helping to maintain cardiovascular homeostasis (Deabes & Essa, 2024).

Regulation of pH

The kidneys contribute to the maintenance of acid–base balance by conserving bicarbonate (HCO_3^-) and excreting hydrogen ions (H^+). Most urinary H^+ is secreted by tubular epithelial cells. However, excreting free H^+ is limited by the minimal achievable urine pH of 4.4 to 4.5. To excrete larger amounts of acid, H^+ combines with urinary buffers such as bicarbonate, phosphate, and ammonia.

In the primary carbonic acid buffering system, HCO_3^- in the filtrate binds H^+ to form carbonic acid, which dissociates into CO_2 and H_2O. This CO_2 diffuses into tubular cells where CO_2 combines with intracellular H_20 under the influence of the enzyme carbonic anhydrase, leading to the regeneration of additional HCO_3^-. In the phosphate buffer system, phosphate ions bind H^+ in the tubular fluid and are excreted as titratable phosphoric acid. The third buffering system involves ammonia, produced by the deamination of glutamine in tubular cells. Ammonia diffuses into the tubular lumen, where it combines with H^+ to form ammonium (NH_4^+), which is excreted in the urine (Muñoz, 2022).

> **KEY POINTS**
>
> **The Functions of the Kidney**
>
> - The kidney regulates the composition and pH of body fluids through the reabsorption and elimination or conservation of water and substances, particularly the electrolytes Na^+, K^+, H^+, Cl^-, and HCO_3^-.
> - The kidney regulates the osmolality of the extracellular fluid through the action of ADH.
> - The kidney plays a central role in blood pressure regulation through the influences of the RAAS and ANP mechanisms on Na^+ and water elimination.

pH-Dependent Elimination of Organic Ions

The proximal tubules actively secrete a wide variety of organic anions and cations, including both endogenous waste products (e.g., uric acid, bile acids) and exogenous compounds (e.g., penicillin, salicylates). Many organic anions compete for a common transport system, which means that elevated levels of one substance can inhibit the secretion of others. This mechanism enables the kidneys to eliminate a broad range of medications and environmental toxins. Similar transporters exist for organic cations (Gantsova et al., 2024).

Uric Acid Elimination

Uric acid is an end product of purine metabolism that is eliminated primarily through the kidneys. It is freely filtered, then both reabsorbed and secreted in the proximal tubule. Under normal conditions, reabsorption predominates, so only a portion of filtered uric acid is excreted. The balance between secretion and reabsorption is homeostatically regulated to maintain a constant plasma level, but in many individuals with hyperuricemia, uric acid underexcretion contributes more than overproduction. Elevated serum uric acid can lead to gout or uric acid nephrolithiasis (Takata & Isomoto, 2026).

Urea Elimination

Urea is formed in the liver as the main nitrogenous waste product of protein metabolism, then is eliminated entirely by the kidneys. Healthy adults typically excrete 25 to 30 g of urea per day. **Blood urea nitrogen (BUN)** levels rise with increased protein intake, excessive tissue breakdown, or gastrointestinal (GI) bleeding. In GI bleeding, intestinal bacteria break down the amino acids from blood proteins (including hemoglobin) to form ammonia, which is then absorbed into the portal venous circulation and transported to the liver for conversion into urea before release into the bloodstream. During dehydration or reduced GFR, urea reabsorption increases due to slower filtrate transit time, leading to elevated BUN. Conversely, when GFR is high, less urea is reabsorbed and more is excreted (Lin, 2023).

Drug Elimination

Drugs that are not bound to plasma proteins are filtered in the glomerulus and then eliminated by the kidneys. Some drugs compete with uric acid for the same anion transport systems in the proximal tubule; therefore, administration of those drugs (such as aspirin, probenecid, and sulfinpyrazone) can raise serum uric acid levels and exacerbate gout. Additionally, thiazide and loop diuretics may contribute to hyperuricemia by reducing extracellular fluid volume, thereby enhancing uric acid reabsorption in the proximal tubule. These interactions are important considerations in pharmacotherapy, especially in patients with renal disease or gout (Thompson & Joy, 2022).

Endocrine Functions of the Kidney

In addition to regulating fluid, electrolyte, and acid–base balance, the kidneys function as endocrine organs by producing hormones and hormone-like mediators that exert effects at distant target sites. Major endocrine functions of the kidney include:

- Assisting with regulation of blood pressure through the RAAS
- Stimulating red blood cell production through synthesis of erythropoietin (EPO)
- Supporting calcium and phosphate homeostasis by activating vitamin D

The Renin–Angiotensin–Aldosterone System

The RAAS plays an important role in both short- and long-term regulation of blood pressure, as well as in the maintenance of fluid volume and electrolyte balance. Renin is an enzyme that is synthesized by and stored in the juxtaglomerular cells located near the afferent arteriole of the kidney. Renin is secreted in response to decreased renal perfusion pressure, decreased sodium chloride delivery to the macula densa, or sympathetic nervous system stimulation. Renin itself has no direct effect on blood pressure; instead, it catalyzes the conversion of a circulating plasma protein called **angiotensinogen** to angiotensin I, which is a mild vasoconstrictor. Angiotensin I leaves the kidneys and enters the circulation. As it circulates through the lungs, angiotensin-converting enzyme (ACE) converts it to angiotensin II, a potent vasoconstrictor that also acts directly on the kidneys to decrease salt and water excretion. Both mechanisms have relatively short periods of action.

Angiotensin II also stimulates the adrenal cortex to secrete aldosterone, which then circulates back to the kidneys, where aldosterone triggers an increase in sodium reabsorption and potassium elimination in the distal nephron. This osmotic action of the sodium molecule causes water to be reabsorbed along with the sodium, contributing to increased blood volume and sustained blood pressure elevation. Angiotensin II also constricts the efferent arteriole, helping to maintain glomerular filtration pressure when renal perfusion is compromised (Triebel & Castrop, 2024).

Erythropoietin

Erythropoietin (EPO) is a glycoprotein hormone produced primarily by specialized fibroblasts in the interstitium of the renal cortex in response to tissue hypoxia in the kidneys (which can be caused by conditions such as anemia, chronic lung disease, or the lower oxygen content of air in locations with higher altitude). EPO acts on the bone marrow to promote erythropoiesis (RBC production), which increases the RBC content of the blood to enhance the oxygen-carrying capacity (Dahl et al., 2022). People with chronic kidney disease often experience anemia due to decreased EPO secretion.

Vitamin D Activation

The kidneys activate vitamin D, a molecule with important hormone-like effects, to enhance intestinal absorption of calcium and phosphate, promote bone mineralization, and exert minor effects on renal calcium reabsorption. More recent evidence indicates additional actions related to cardiovascular protection and glucose homeostasis, as well as anti-inflammatory and antiproliferative effects (Zappulo et al., 2022).

Vitamin D enters the body in two primary forms: cholecalciferol (D_3), which is synthesized in the skin upon exposure to ultraviolet light, and ergocalciferol (D_2), which is ingested from dietary sources. Both forms are initially converted in the liver to 25-hydroxyvitamin D and then undergo a second conversion in the kidneys to the biologically active form, 1,25-dihydroxyvitamin D (calcitriol), by the enzyme 1α-hydroxylase.

Chronic renal function impairment limits vitamin D activation, leading to disruptions in calcium and phosphate homeostasis and contributing to renal osteodystrophy. Therefore, patients with chronic kidney disease often require supplementation with active vitamin D analogs, such as calcitriol or paricalcitol, to maintain bone health and suppress secondary hyperparathyroidism (Zappulo et al., 2022).

Tests of Renal Function

The function of the kidneys is to filter the blood, selectively reabsorb those substances that are needed to maintain the constancy of body fluids, and excrete metabolic wastes. Because of these critical functions, analysis of urine and blood can provide important information about the adequacy of renal function. Additional tests such as imaging, endoscopy, and biopsy can also provide important information about structural or functional abnormalities.

Urine Tests

Urine is a clear, amber fluid composed of approximately 95% water and 5% dissolved solutes. Under normal conditions, healthy kidneys produce about 1.5 L of urine per day. Normal urine contains metabolic wastes, with minimal to no plasma proteins, blood cells, or glucose. Urine samples may be obtained from a single void or as part of a 24-hour collection. First-morning voids are ideal for protein and specific gravity tests. Specimens should be fresh, as prolonged standing can lead to red blood cell lysis, degradation of casts, and bacterial proliferation (Gounden et al., 2024) (Table 25-1).

Casts are molds of the distal nephron lumen, which have a cylindrical structure. A gel-like substance called *Tamm–Horsfall mucoprotein*, which is formed in the tubular epithelium, is the major protein constituent of urinary casts. Casts composed of this gel, but devoid of cells, are called *hyaline casts* and tend to develop in conditions such as a high protein concentration if the urine (as occurs in nephrotic syndrome), high urine osmolality, and low urine pH. When cells or granular material become embedded within the protein gel, other types of casts, such as red cell or granular casts, may form and may indicate renal disease (eClinPath.com, 2025).

Proteinuria (protein in the urine) may indicate glomerular dysfunction with leakage of protein or dysfunction of tubular reabsorption of protein. Because of

TABLE 25-1 Normal Values for Routine Urinalysis

General Characteristics and Measurements	Chemical Determinations	Microscopic Examination of Sediment
Color: yellow to amber	Glucose: negative	Casts none to rare hyaline: 0–1/lpf)
Appearance: clear to slightly hazy	Ketones: negative	Red blood cells: 0–2/hpf
Specific gravity: 1.005–1.030 with normal fluid intake	Blood: negative	Crystals: None
pH: 4.5–8.0; average 5.0–6.5	Protein: negative	White blood cells: 0–5/hpf
Volume: 600–2,500 mL/24 hour; average volume 1,200mL/24 hour	Bilirubin: negative	Epithelial cells: few
	Urobilinogen: 0.2–1.0 mg/dL	hyaline casts 0–1/1pf (low-power field)
	Nitrate: negative	
	Leukocyte esterase: negative	

(Fischbach, F. T., 2021)

the glomerular capillary filtration barrier, less than 150 mg/L of protein is excreted in the urine over 24 hours in a healthy adult. Protein reagent dipsticks are widely used for screening, but more precise measurement may require 24-hour urine collection or **urine protein-to-creatinine ratio (UPCR)** (Gounden et al., 2024).

Albumin, the smallest plasma protein, is more readily filtered than larger proteins. Small increases in urinary albumin, previously called microalbuminuria, are now referred to as **moderately increased albuminuria** and are often early indicators of glomerular damage (White, 2024). The preferred method of detection is the **urine albumin-to-creatinine ratio (UACR)** from a spot urine sample. The quantitative UACR test is preferred initially for adults at high risk for kidney disease due to its precision and convenience. Values greater than 30 mg/day (or >30 mg/g creatinine) are considered abnormal (National Kidney Foundation, 2025).

Specific gravity is a measure of urine concentration and can reflect both hydration status and renal function. In adults with healthy kidneys and a normal fluid intake, values typically range from 1.010 to 1.025. Highly concentrated urine may reach a specific gravity of 1.030 or higher, while dilute urine may approach 1.000. With impaired renal concentrating ability (e.g., in chronic kidney disease), values often fall between 1.006 and 1.010. **Urine osmolality**, a more precise measure of solute concentration, normally shows a urine-to-serum osmolality ratio of around 3:1. A low ratio suggests impaired concentrating ability (Gounden et al., 2024).

Glomerular Filtration Rate

Creatinine, a waste product of muscle metabolism, is freely filtered at the glomerulus, not reabsorbed, and only minimally secreted by the tubules. As a result, serum creatinine concentration corresponds with GFR in an *inverse* relationship (i.e., as GFR decreases, serum creatinine levels increase).

A related lab measure, **creatinine clearance (CrCl)** can be calculated from blood and timed urine samples using the formula: $C = (U \times V) / P$, where C = clearance (mL/min), U = urine creatinine concentration (mg/dL), V = urine volume per minute, and P = plasma creatinine concentration (mg/dL) (Gounden et al., 2024). CrCl is a measure of how well the kidneys clear creatinine in the urine and, therefore, has a *direct* relationship with GFR (i.e., as GFR decreases, CrCl also decreases).

Normal creatinine clearance is approximately 115 to 125 mL/min, adjusted for body surface area. Although CrCl remains a valid measure, most laboratories now provide an **estimated GFR (eGFR)** as part of routine metabolic panels. eGFR is calculated from serum creatinine using validated equations that reflect estimates of muscle content (since creatinine is produced from muscle). As eGFR calculation equations have been refined, it has become the primary clinical indicator of GFR (with CrCl measures done much less frequently). The eGFR also has a direct relationship with GFR (i.e., as GFR decreases, eGFR also decreases).

An additional biologic measure of renal function is cystatin C, a low molecular weight protein produced at a constant rate by all nucleated cells. The cystatin C test provides an alternative method of estimating GFR in situations where serum creatinine measures are less clinically useful, particularly in individuals with extreme muscle mass, dietary variation, or poor nutritional status. Equations that combine creatinine and cystatin C provide the most accurate eGFR assessments across diverse populations (Gounden et al., 2024).

Blood Tests

Blood tests can also provide valuable information about the kidney's ability to remove metabolic wastes and maintain normal electrolyte and pH levels in the blood. Normal blood values are listed in Table 25-2. Serum levels of K^+, phosphate, BUN, and creatinine increase with renal dysfunction, while serum pH, Ca^{2+}, and HCO_3^- levels decrease.

Serum Creatinine

Serum creatinine typically ranges from 0.6 to 1.0 mg/dL in females, and from 0.7 to 1.3 mg/dL in males, depending on muscle mass. With age-related decline in GFR and muscle mass, creatinine levels may remain in the normal range despite reduced renal function. If the serum creatinine value doubles, this typically corresponds with an approximate 50% decline in GFR. At values above 10 mg/dL, roughly 90% of kidney function may be lost. (Gounden et al., 2024).

TABLE 25-2 Normal Blood Chemistry Levels (Adult)

Substance	Normal Value[a]
BUN	6–20 mg/dL
Creatinine	0.9–1.3 mg/dL (males) 0.6–1.1 mg/dL (females)
Sodium	136–145 mEq/L
Chloride	96–106 mEq/L
Potassium	3.5–5.2 mEq/L
Carbon dioxide	23–3 mEq/L
Calcium	8.5–10.9 mg/dL
Phosphate	2.7–4.5 mg/dL
Uric acid	3.4–7.0 mg/dL (200–416 μmol/L) (males) 2.4–6.0 mg/dL (140–360 μmol/L) (females)
pH	7.35–7.45

BUN, blood urea nitrogen.
[a]Values may vary among laboratories, depending on the method of analysis used.
(Fischbach, F. T., 2021)

Blood Urea Nitrogen

BUN is less specific than creatinine as it is influenced by dietary protein, hydration, and gastrointestinal bleeding. The **BUN-to-creatinine ratio**, normally around 10:1, may rise above 15:1 in prerenal states (e.g., dehydration, heart failure) or fall below 10:1 in liver disease or chronic dialysis (Gounden et al., 2024).

Imaging and Diagnostic Tests

Cystoscopy involves inserting a flexible cystoscope through the urethra to directly visualize the bladder and lower urinary tract. Cystoscopy allows for biopsy and minor surgical interventions, so it can be used to diagnose or treat conditions such as urethral strictures, bladder tumors, or stones. **Ureteroscopy**, which uses a smaller, flexible scope that can be advanced higher into the urinary tract, enables visualization and treatment of lesions or stones in the ureters and renal pelvis.

Renal ultrasound provides real-time imaging of the kidneys and urinary tract. It is commonly used to assess hydronephrosis, renal cysts, abscesses, and other structural abnormalities. Ultrasound guidance is also essential for procedures such as renal biopsy or percutaneous nephrostomy (Raza & Zubair, 2024).

Plain abdominal radiography, often referred to as a KUB (kidneys, ureters, and bladder) x-ray, can reveal calcifications, stones, or gross structural anomalies. **Intravenous urography (IVP)**, though less commonly used today, can assess urinary tract anatomy and function. **Computed tomography (CT)** is a first-line tool for detecting renal masses, trauma, stones, or hemorrhage (Jaiswal et al., 2022). **Magnetic resonance imaging (MRI)** offers high-resolution images of soft tissues and is useful for evaluating tumors, vascular lesions, and retroperitoneal pathology (Zhou et al., 2023).

Radionuclide imaging uses radiotracers to evaluate renal perfusion, filtration, and function. It plays a key role in assessing transplant viability, estimating differential kidney function, and identifying obstructive uropathies.

Diuretic scintigraphy utilizes single-photon (SPECT) and positron-emitting (PET) radiotracers to assess renal dynamics. These advanced techniques provide split-renal function parameters such as GFR, effective renal plasma flow, and tubular activity. In addition to measuring renal function, diuretic scintigraphy can assess pathophysiologic changes in the renal parenchyma, including inflammation, renovascular hypertension mediated by angiotensin II receptor activation, mitochondrial dysfunction from acute or chronic kidney injury, and differentiation of indeterminate renal masses.

Renal angiography is an invasive technique that involves injecting contrast dye into the renal arteries to visualize vascular anatomy. It is primarily used to detect renal artery stenosis, vascular malformations, or trauma-related vascular injuries (Werner et al., 2022).

SUMMARY CONCEPTS

Urinalysis and blood tests that measure serum pH, electrolytes, and metabolic by-products provide essential information about kidney function. Urine specific gravity reflects the kidneys' ability to concentrate urine. Chemical dipstick tests of urine, 24-hour urine collections, and albumin-to-creatinine ratios are used to detect abnormal filtering of albumin in the glomeruli or impaired tubular reabsorption. Creatinine, a product of muscle creatine metabolism, is freely filtered at the glomeruli and not significantly reabsorbed, with only minimal tubular secretion. For this reason, serum creatinine levels are widely used to estimate GFR. Urea, a by-product of protein metabolism, is excreted entirely by the kidneys. BUN correlates with GFR but is also influenced by dietary protein intake, hydration, and gastrointestinal bleeding.

Cystoscopy and ureteroscopy allow direct visualization of the urethra, bladder, and ureters. Ultrasonography is a noninvasive method used to assess kidney size and detect structural abnormalities. Radiologic studies such as excretory urography, CT scans, and MRI can evaluate the renal calyces, pelvis, ureters, and bladder. Radionuclide imaging assesses renal perfusion and function and is particularly useful for evaluating transplants. Renal angiography is reserved for assessing renal artery stenosis or vascular damage.

Congenital and Inherited Disorders of the Kidneys

Disorders of kidney development and structure are broadly classified as congenital (present at birth, whether inherited or not) or inherited (passed down through genetic mutations). Some conditions overlap both categories—for example, genetic cystic diseases may be congenital in presentation but inherited in origin. Understanding these conditions is essential for early diagnosis, appropriate treatment, and genetic counseling. These conditions can vary widely in severity, from mild anomalies that remain asymptomatic to life-threatening disorders that cause renal failure in infancy, childhood, or later in adulthood. Some anomalies are detectable before birth through prenatal imaging, while others may remain silent until adulthood.

Fetal Kidney Development and Functional Maturation

Kidney development begins early in gestation, with fetal urine production starting by the 13th week of gestation. Fetal urine is excreted into the amniotic cavity, where it is the main component of amniotic fluid. The amount of amniotic fluid is therefore a critical indicator of fetal renal function. Low levels of amniotic fluid, known as **oligohydramnios**, may indicate severe renal anomalies, such as bilateral renal agenesis or urinary tract obstruction. Fetal urinary tract anomalies often co-occur with other fetal developmental problems, particularly pulmonary hypoplasia and limb deformities (Holland et al., 2025).

The fetal kidneys can be visualized by ultrasound as early as 12 weeks of gestation, allowing many structural abnormalities to be identified before birth. The ability to detect these disorders prenatally has improved outcomes through early monitoring, intervention planning, and postnatal management.

Congenital Disorders of the Kidneys

Congenital anomalies of the kidneys are among the most common structural abnormalities detected in utero. Abnormalities of shape and position—such as horseshoe kidney or an ectopic kidney—are the most frequent. Less common, but clinically significant, congenital disorders involve a reduction in renal mass (e.g., renal agenesis or hypoplasia) or a disruption in normal renal architecture, as seen in dysplastic kidneys.

Congenital abnormalities of the kidney and urinary tract (CAKUT) account for approximately 50% of end-stage renal disease (ESRD) in children and around 7% of ESRD in adults (Barakat & Butler, 2024). Recent genetic research has revealed that single-gene mutations with high penetrance play a more prominent role in the development of these disorders than previously recognized. These findings have enhanced our understanding of the molecular mechanisms underlying both isolated and syndromic forms of congenital renal disease (Sawaf et al., 2023).

Agenesis and Hypoplasia

Renal agenesis is a congenital condition in which one or both kidneys fail to develop during embryogenesis. Bilateral renal agenesis is incompatible with life, resulting in stillbirth or death shortly after birth. Unilateral agenesis, in contrast, may go undetected for years, as the remaining kidney typically undergoes compensatory hypertrophy and is able to maintain normal renal function (Sepulveda et al., 2025).

Newborns with bilateral renal agenesis frequently exhibit characteristic facial features collectively referred to as **Potter sequence**, resulting from prolonged oligohydramnios. Without sufficient amniotic fluid, external uterine pressure may distort fetal growth. Features may include widely spaced eyes with epicanthic folds, low-set ears, a beaked nose, a receding chin, and limb deformities (Kirschen et al., 2024).

Renal hypoplasia refers to the underdevelopment of one or both kidneys, characterized by reduced size and a lower-than-normal number of nephrons. Like renal agenesis, renal hypoplasia often affects only one kidney. When both kidneys are involved, progressive renal insufficiency may occur. In some cases, the remaining nephrons enlarge to compensate for reduced nephron number, which can lead to increased glomerular workload and long-term risk of renal dysfunction (Nakhate et al., 2022).

Renal Dysplasia

Renal dysplasia results from abnormal differentiation of kidney tissue during embryonic development. It is characterized by poorly developed or disorganized nephrons, undifferentiated tubular structures surrounded by primitive mesenchyme, and may include smooth muscle or cartilage. Cysts of varying size may replace normal parenchyma, and this is referred to as cystic renal dysplasia. The estimated prevalence is about 1 in 4,300 pregnancies. One or both kidneys may be affected, and the dysplastic kidney may be enlarged or hypoplastic. Renal dysplasia is frequently associated with urinary tract malformations, especially obstructive uropathy (Zhang et al., 2025).

A **multicystic dysplastic kidney** is a nonfunctional organ composed entirely of noncommunicating cysts. It typically lacks normal renal structure and may present as a palpable abdominal mass in the newborn. In most cases, the contralateral kidney is functional, and prognosis is excellent. The dysplastic kidney may involute over time or be surgically removed if symptomatic. Bilateral dysplasia, however, results in oligohydramnios and is associated with Potter sequence, pulmonary hypoplasia, and renal failure (Al-Khyari, 2024).

Alterations in Kidney Position and Form

During fetal development, the kidneys may fail to ascend properly, resulting in ectopic kidneys, which lie outside their usual retroperitoneal position. A kidney may be located in the pelvis, near the iliac crest, or rarely in the thoracic cavity. Abnormal positioning may lead to kinking of the ureters or urinary obstruction, increasing the risk of infection or hydronephrosis. Many ectopic kidneys are discovered incidentally on imaging (Köksoy et al., 2024).

The most common fusion anomaly, occurring in approximately 1 in 500 births, is the horseshoe kidney (Fig. 25-13). In this condition, the lower poles of the two kidneys are fused, forming a continuous, U-shaped structure that crosses the midline anterior to the great vessels. Horseshoe kidneys are usually asymptomatic but are associated with a higher risk of urinary tract obstruction, nephrolithiasis, vesicoureteral reflux, and infection. Most cases are diagnosed incidentally and require intervention only if complications occur (Humphries et al., 2023).

Inherited Cystic Kidney Diseases

The inherited cystic kidney diseases are caused by mutations in single genes and follow Mendelian patterns of inheritance. These conditions include **autosomal dominant polycystic kidney disease (ADPKD), autosomal recessive polycystic kidney disease (ARPKD)**, and **nephronophthisis–medullary cystic disease complex**. While cysts may also form later in life due to aging or acquired conditions, the inherited forms are typically detected earlier and involve more extensive renal and systemic effects.

Polycystic kidney diseases are characterized by fluid-filled sacs originating from tubular structures within the nephron. These cysts vary in size and number and may be confined to the kidneys or appear in other organs such as the liver or pancreas. In ADPKD, large cysts develop from various segments of the nephron and gradually lose their connection to the tubular system (Chebib et al., 2025). In contrast, ARPKD involves small, elongated cysts that remain connected to the collecting ducts. Acquired forms of cystic disease most often affect individuals with chronic kidney disease or those receiving long-term dialysis.

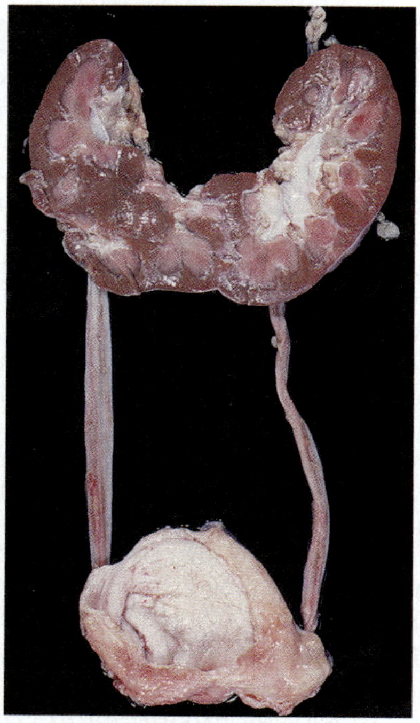

FIGURE 25-13. Horseshoe kidney with fused lower poles. (From Husain, A. N., & Dehner, L. P. [2021]. *Stocker and Dehner's pediatric pathology* [5th ed., Fig. 17.3]. Wolters Kluwer.)

Autosomal Dominant Polycystic Kidney Disease

ADPKD is the most common inherited form of cystic kidney disease and can affect multiple organ systems. Cyst formation leads to progressive kidney enlargement and eventual decline in renal function. Cysts may also be found in the liver and other abdominal organs, and the disease is a known cause of chronic kidney disease requiring renal replacement therapy (Chebib et al., 2025).

Recent studies have identified several gene mutations associated with ADPKD, most commonly in PKD1 and PKD2, and more rarely in GANAB. The proteins encoded by these genes are expressed in the primary cilia of renal tubular epithelial cells. These cilia play roles in sensing fluid flow and regulating tubular cell growth, apoptosis, and differentiation. Disruption of these pathways contributes to abnormal cell proliferation and fluid secretion, which drive cyst formation (Chebib et al., 2025).

Etiology and Pathogenesis

Cysts in ADPKD typically arise from isolated segments of renal tubules due to changes in epithelial cell behavior and basement membrane integrity. The epithelial lining of these cysts is often hyperproliferative and structurally abnormal, promoting dilation and expansion. Although only a small percentage of nephrons initially form cysts, local inflammation, apoptosis, and fibrosis contribute to progressive tissue damage and loss of renal function. Disease severity may vary depending on which gene is mutated, with certain mutations associated with more rapid progression (Chebib et al., 2025).

Clinical Manifestations

In early stages, ADPKD is often asymptomatic and discovered incidentally. Over time, individuals may experience flank or abdominal pain related to enlarging cysts, gross hematuria from intracystic bleeding, urinary tract infections, and hypertension due to altered renal perfusion and activation of the renin–angiotensin–aldosterone system. The kidneys often become palpably enlarged and distorted by cysts that may grow to several centimeters. Extrarenal manifestations can include hepatic cysts, mitral valve prolapse, and intracranial aneurysms. Cerebral aneurysms are a particularly serious complication and may warrant screening in individuals with a family history of hemorrhagic stroke or known vascular malformations (Chebib et al., 2025).

Diagnosis and Treatment

Total kidney volume (TKV) is a more reliable indicator of disease progression than serum creatinine in the early stages of ADPKD. Imaging techniques, particularly ultrasonography, are used to detect renal cysts and screen family members. CT may offer higher resolution for small or early cysts. Genetic testing may be considered when imaging is inconclusive or when evaluating potential living kidney donors.

Management of ADPKD is largely supportive and focused on slowing disease progression, controlling blood pressure, preventing infections, and managing pain. Lifestyle modifications, such as sodium restriction, adequate hydration, and avoidance of nephrotoxic medications, are recommended. Pain may be managed with a stepwise approach ranging from conservative therapy to surgical intervention. Dialysis or transplantation may eventually be required in cases of advanced renal failure. Some individuals may experience cyst development in association with prolonged dialysis, even in the absence of ADPKD (Chebib et al., 2025).

Autosomal Recessive Polycystic Kidney Disease

ARPKD is a rare condition that presents in infancy or early childhood and involves cystic dilation of the collecting ducts. Unlike ADPKD, the kidneys in ARPKD maintain a smooth surface despite internal cystic changes. ARPKD is caused by mutations in the PKHD1 gene, which encodes fibrocystin, a protein expressed in the kidneys, liver, and pancreas that is thought to regulate epithelial cell adhesion and proliferation (Burgmaier et al., 2023).

Clinical Manifestations

Affected infants often present with bilateral abdominal masses, impaired kidney function, and varying degrees of liver involvement. Enlarged kidneys may limit lung development, leading to respiratory distress and pulmonary hypoplasia. Hypertension is common in early infancy and may be severe. In some cases, signs of oligohydramnios, such as Potter facies are present. Although perinatal mortality is high in severe cases, some children survive beyond infancy and later develop complications related to chronic kidney disease and congenital hepatic fibrosis (Burgmaier et al., 2023).

Treatment

Management of ARPKD includes supportive care and aggressive respiratory support during the neonatal period. Advancements in neonatal intensive care and renal replacement therapy have improved long-term outcomes. Children who survive the early critical phase may require ongoing treatment for kidney dysfunction, portal hypertension, and growth delays (Burgmaier et al., 2023).

Nephronophthisis–Medullary Cystic Disease Complex

This group of inherited disorders typically begins in childhood or adolescence and results in progressive tubulointerstitial fibrosis and renal failure. Affected kidneys are usually small and shrunken with cysts near the corticomedullary junction. The initial damage affects the distal tubules and basement membrane, eventually leading to widespread tubular atrophy and cortical scarring (Wolf et al., 2024).

Early symptoms include excessive urination, thirst, and enuresis due to impaired urine-concentrating ability. Additional features may include salt wasting, growth retardation, and anemia. Depending on the genetic subtype, the age of onset and progression to renal failure vary. Some forms are associated with syndromic features such as retinitis pigmentosa, cerebellar ataxia, liver fibrosis, or skeletal abnormalities (Wolf et al., 2024).

Simple and Acquired Renal Cysts

Simple renal cysts are commonly found in older adults and are usually asymptomatic. These cysts are generally small, unilateral, and non-obstructive, although they can occasionally cause discomfort, hematuria, or hypertension. When imaging findings are unclear, simple cysts must be differentiated from renal malignancies.

In people with advanced chronic kidney disease, particularly those on long-term dialysis, acquired renal cysts are common. These cysts may occasionally bleed or become infected, and although typically benign, they can serve as sites for neoplastic transformation. Periodic imaging may be warranted to monitor for complications in affected individuals (Zhu et al., 2022).

SUMMARY CONCEPTS

Approximately 10% of infants are born with potentially significant malformations of the urinary system. These congenital abnormalities range from complete absence of kidney development (bilateral renal agenesis) to underdevelopment of one kidney (renal hypoplasia). Renal dysplasia results from abnormal differentiation of renal structures during embryogenesis and may involve the presence of nonfunctioning cystic tissue. A multicystic kidney is one in which functional tissue is replaced by noncommunicating cysts, leading to loss of renal function. Another common developmental anomaly is the horseshoe kidney, where fusion of the upper or lower poles of the two kidneys results in a U-shaped configuration.

Renal cystic disease is characterized by dilation of tubular structures and the formation of cysts, which may be solitary or multiple. PKD is an inherited form of renal cystic disease and may follow either autosomal dominant or autosomal recessive patterns. The autosomal dominant form (ADPKD) causes the development of numerous fluid-filled cysts within the tubular structures of both kidneys and carries a risk of progression to chronic kidney failure. It is also associated with hypertension, cardiovascular abnormalities, cerebral aneurysms, and cysts in other organs such as the liver and pancreas. In contrast, the autosomal recessive form (ARPKD) typically presents in infancy and is marked by cystic dilation of the collecting ducts, often leading to early and severe renal dysfunction. The nephronophthisis–medullary cystic disease complex represents a group of inherited disorders with onset in childhood that involve cyst formation in the medullary region of the kidney, tubular atrophy, and progression to renal failure. Finally, simple renal cysts, which are usually benign and asymptomatic, are most frequently seen in adults over 50 years of age and may occur as single or multiple lesions.

Integrating Clinical Decision Making

A 52-year-old male presents to the clinic with complaints of fatigue and decreased urine output over the past 2 days. He reports taking high doses of ibuprofen for back pain. Vital signs reveal mild hypotension. Laboratory results show elevated serum creatinine, elevated BUN, and decreased urine output. The provider is concerned about decreased renal perfusion and its effect on kidney function.

1. Explain how decreased renal perfusion affects GFR, and identify the role of the afferent and efferent arterioles in this process.
2. Explain why the use of NSAIDs (e.g., ibuprofen) can worsen renal function in this patient.

The patient's condition worsens over the next 48 hours. He develops fluid retention, and laboratory findings now include increased serum creatinine, elevated BUN, and urine specific gravity of 1.008. Further evaluation reveals impaired urine-concentrating ability.

3. Explain the significance of the patient's urine specific gravity and what it indicates about renal function.
4. Explain how ADH and the countercurrent mechanism normally allow the kidney to concentrate urine, and why this may be impaired in this patient.

REFERENCES

Al-Ehyari, A. K. M. (2024). *Multicystic dysplastic kidney*. Radiopaedia.org. https://doi.org/10.53347/rid-197976

Balzer, M. S., Rohacs, T., & Susztak, K. (2022). How many cell types are in the kidney and what do they do? *Annual Review of Physiology*, *84*(1), 507–531. https://doi.org/10.1146/annurev-physiol-052521-121841

Barakat, A. J., & Butler, M. G. (2024). Genetics of anomalies of the kidney and urinary tract with congenital heart disease: A review. *Clinical Genetics*, *106*(6), 667–678. https://doi.org/10.1111/cge.14615

Bell, R., & Mandalia, R. (2022). Diuretics and the kidney. *BJA Education*, *22*(6), 216–223. https://doi.org/10.1016/j.bjae.2022.02.003

Burgmaier, K., Broekaert, I. J., & Liebau, M. C. (2023). Autosomal recessive polycystic kidney disease: Diagnosis, prognosis, and management. *Advances in Kidney Disease and Health*, *30*(5), 468–476. https://doi.org/10.1053/j.akdh.2023.01.005

Chebib, F. T., Hanna, C., Harris, P. C., Torres, V. E., & Dahl, N. K. (2025). Autosomal dominant polycystic kidney disease. *JAMA*, *333*(19), 1708–1719. https://doi.org/10.1001/jama.2025.0310

Chen, J. S., Al Khalili, Y., & Sabir, S. (2023, May 1). Physiology, osmoregulation and excretion. In S. Sabir & Y. Al Khalili (Eds.), *StatPearls* [Internet]. StatPearls Publishing. https://www.ncbi.nlm.nih.gov/books/NBK541108/

Dahl, S. L., Bapst, A. M., Khodo, S. N., Scholz, C. C., & Wenger, R. H. (2022). Fount, fate, features, and function of renal erythropoietin-producing cells. *Pflügers Archiv—European Journal of Physiology*, *474*(8), 783–797. https://doi.org/10.1007/s00424-022-02714-7

Deabes, A. A., & Essa, A. (2024). Fluid and electrolyte imbalance in renal dysfunction. *Anaesthesia & Intensive Care Medicine*, *25*(5), 316–319. https://doi.org/10.1016/j.mpaic.2024.03.006

Eaton, D. C., & Pooler, J. P. (2023). *Vander's renal physiology* (10th ed.). McGraw Hill.

EClinPath.com. (2025). *Urinalysis, casts*. Cornell University. Retrieved August 23, 2025, from https://eclinpath.com/urinalysis/casts/

Fischbach, F. T. (2021). *A manual of laboratory and diagnostic tests* (11th ed.). Wolters Kluwer Health.

Gallardo, P. A., & Vio, C. P. (2022). Functional anatomy of the kidney. In *Renal physiology and hydrosaline metabolism* (pp. 7–28). Springer International Publishing. https://doi.org/10.1007/978-3-031-10256-1_2

Gantsova, E., Serova, O., Vishnyakova, P., Deyev, I., Elchaninov, A., & Fatkhudinov, T. (2024). Mechanisms and physiological relevance of acid-base exchange in functional units of the kidney. *PeerJ*, *12*, e17316. https://doi.org/10.7717/peerj.17316

Gounden, V., Jialal, I., & Bhatt, H. (2024, July 27). *Renal function tests*. In *StatPearls* [Internet]. StatPearls Publishing. https://www.ncbi.nlm.nih.gov/sites/books/NBK507821/

Heyman, S. N., Raz, I., Dwyer, J. P., Weinberg Sibony, R., Lewis, J. B., & Abassi, Z. (2022). Diabetic proteinuria revisited: Updated physiologic perspectives. *Cells*, *11*(18), 2917. https://doi.org/10.3390/cells11182917

Holland, B., Slagle, C. L., & Starr, M. C. (2025). Renal physiology: From fetus to newborn and beyond. *Advances in Pediatrics*, *72*(1), 143–156. https://doi.org/10.1016/j.yapd.2025.03.004

Humphries, A., Speroni, S., Eden, K., Nolan, M., Gilbert, C., & McNamara, J. (2023). Horseshoe kidney: Morphologic features, embryologic and genetic etiologies, and surgical implications. *Clinical Anatomy*, *36*(8), 1081–1088. https://doi.org/10.1002/ca.24018

Jaiswal, P., Shrestha, S., Dwa, Y., Maharjan, D., & Sherpa, N. T. (2022). CT KUB evaluation of suspected urolithiasis. *Journal of Patan Academy of Health Sciences*, *9*(1), 58–64. https://doi.org/10.3126/jpahs.v9i1.43895

Kingston, J., Khan, S., & Moinuddin, Z. (2024). Function of the nephron and the formation of urine. *Anaesthesia & Intensive Care Medicine*, *25*(5), 339–343. https://doi.org/10.1016/j.mpaic.2024.03.012

Kirschen, G. W., Blakemore, K., Al-Kouatly, H. B., Fridkis, G., Baschat, A., Gearhart, J., & Jelin, A. C. (2024). The genetic etiologies of bilateral renal agenesis. *Prenatal Diagnosis*, *44*(2), 205–221. https://doi.org/10.1002/pd.6516

Köksoy, A. Y., Bako, D., & Çahin, M. K. (2024). Understanding ectopic kidneys: Insights from a single-center study. *The Journal of Current Pediatrics*, *22*(3), 150–157. https://doi.org/10.4274/jcp.2024.88896

Lin, W. (2023). Clinical significance of serum creatinine, urea nitrogen and uric acid levels in patients with chronic renal failure. *International Journal of Biology and Life Sciences*, *3*(3), 19–26. https://doi.org/10.54097/ijbls.v3i3.04

Madrazo-Ibarra, A., & Vaitla, P. (2023). Histology, nephron. In *StatPearls* [Internet]. StatPearls Publishing. https://www.ncbi.nlm.nih.gov/sites/books/NBK554411/

Mansour, A. S. (2023). Autoregulation: Mediators and renin–angiotensin system in diseases and treatments. *Future Journal of Pharmaceutical Sciences*, *9*(1), 30. https://doi.org/10.1186/s43094-023-00482-4

Marcoux, A., Tremblay, L. E., Slimani, S., Fiola, M., Mac-Way, F., Haydock, L., Garneau, A. P., & Isenring, P. (2022). Anatomophysiology of the Henle's loop: Emphasis on the thick ascending limb. *Comprehensive Physiology*, *12*(1), 3119–3139. https://doi.org/10.1002/j.2040-4603.2022.tb00204.x

McMahon, R. S., Bashir, K., & Penfold, D. (2024, May 1). Anatomy, abdomen and pelvis: Kidney collecting ducts. In *StatPearls* [Internet]. StatPearls Publishing. https://www.ncbi.nlm.nih.gov/books/NBK549766/

Muñoz, R. (2022). Renal regulation of acid-base metabolism. In *Renal tubular acidosis in children* (pp. 25–43). Springer International Publishing. https://doi.org/10.1007/978-3-030-91940-5_2

Murray, I. V., & Paolini, M. A. (2023, April 17). Histology, kidney and glomerulus. In *StatPearls* [Internet]. StatPearls Publishing. https://www.ncbi.nlm.nih.gov/books/NBK554544

Nakhate, M., Bande, V., Mishra, M., & Kumar, R. (2022). Renal hypoplasia: Case literature review. *International Journal of Anatomy and Research*, *10*(1), 8269–8274. https://doi.org/10.16965/ijar.2021.203

National Kidney Foundation. (2025). *Urine albumin-creatinine ratio (uACR)*. National Kidney Foundation. https://www.kidney.org/kidney-topics/urine-albumin-creatinine-ratio-uacr#:~:text=Quantitative%20urine%20albumin%2Dcreatinine%20ratio%20(uACR)%20This%20test,routine%20health%20check%20using%20the%20dipstick%20method

Ogobuiro, I., & Tuma, F. (2023). *Physiology, renal*. In *Statpearls* [Internet]. StatPearls Publishing. https://www.ncbi.nlm.nih.gov/books/NBK538339/

Pandit, J. J. (2025). Neurological and humoral control of blood pressure. *Anaesthesia & Intensive Care Medicine*, *26*(2), 122–126. https://doi.org/10.1016/j.mpaic.2024.11.003

Raza, A., & Zubair, J. (2024). Diagnostic accuracy of transabdominal ultrasonography in urolithiasis, keeping CT KUB as gold standard. *Journal of Biological and Allied Health Sciences*, *4*, 3–6. https://doi.org/10.56536/jbahs.v4i.18

Savedchuk, S., Phachu, D., Shankar, M., Sparks, M. A., & Harrison-Bernard, L. M. (2023). Targeting glomerular hemodynamics for kidney protection. *Advances in Kidney Disease and Health*, *30*(2), 71–84. https://doi.org/10.1053/j.akdh.2022.12.003

Sawaf, H., Gudura, T. T., Dorobisz, S., Sandy, D., Wang, X., & Bobart, S. A. (2023). Genetic susceptibility to chronic kidney disease: Links, risks and management. *International Journal of Nephrology and Renovascular Disease*, *16*, 1–15. https://doi.org/10.2147/IJNRD.S363041

Sepulveda, W., Wong, A. E., Tonni, G., Grisolia, G., & Ranzini, A. C. (2025). Unilateral renal agenesis: Prenatal diagnosis and postnatal issues. *Diagnostics*, *15*(13), 1572 https://doi.org/10.3390/diagnostics15131572

Soriano, R. M., Leslie, S. W., & Penfold, D. (2023, July 24). *Anatomy, abdomen and pelvis: Kidneys*. In *Statpearls* [Internet]. StatPearls Publishing. https://www.ncbi.nlm.nih.gov/books/NBK482385/

Takata, T., & Isomoto, H. (2026). Back to the physiology: Renal tubular handling of uric acid and emerging strategies for managing hyperuricemia. *Internal Medicine*, *65*(4), 520–525. https://doi.org/10.2169/internalmedicine.5926-25

Thompson, L. E., & Joy, M. S. (2022). Endogenous markers of kidney function and renal drug clearance processes of filtration, secretion, and reabsorption. *Current Opinion in Toxicology*, *31*, 100344. https://doi.org/10.1016/j.cotox.2022.03.005

Triebel, H., & Castrop, H. (2024). The renin angiotensin aldosterone system. *Pflügers Archiv—European Journal of Physiology*, *476*(5), 705–713. https://doi.org/10.1007/s00424-024-02908-1

Werner, R. A., Pomper, M. G., Buck, A. K., Rowe, S. P., & Higuchi, T. (2022). SPECT and PET radiotracers in renal imaging. *Seminars in Nuclear Medicine*, *52*(4), 406–418. https://doi.org/10.1053/j.semnuclmed.2021.12.003

White, W. B. (2024). *Urine albumin-creatinine ratio (uACR)*. National Kidney Foundation. https://www.kidney.org/kidney-topics/urine-albumin-creatinine-ratio-uacr#:~:text=Quantitative%20urine%20albumin%2Dcreatinine%20ratio%20(uACR)%20This%20test,routine%20health%20check%20using%20the%20dipstick%20method

Wolf, M. T., Bonsib, S. M., Larsen, C. P., & Hildebrandt, F. (2024). Nephronophthisis: A pathological and genetic perspective. *Pediatric Nephrology*, *39*(7), 1977–2000. https://doi.org/10.1007/s00467-023-06174-8

Yang, Y., & Xu, G. (2022). Update on pathogenesis of glomerular hyperfiltration in early diabetic kidney disease. *Frontiers in Endocrinology*, *13*, 872918. https://doi.org/10.3389/fendo.2022.872918

Zappulo, F., Cappuccilli, M., Cingolani, A., Scrivo, A., Chiocchini, A. L., Nunzio, M. D., Donadei, C., Napoli, M., Tondolo, F., Cianciolo, G., & La Manna, G. (2022). Vitamin D and the kidney: Two players, one console. *International Journal of Molecular Sciences*, *23*(16), 9135. https://doi.org/10.3390/ijms23169135

Zhang, L., Yang, C., Liu, X., He, D., Lin, T., Zhang, Y., Wei, G., & Zhang, D. (2025). Renal dysplasia development and chronic kidney disease. *Pediatric Research*, *98*(4), 1212–1222. https://doi.org/10.1038/s41390-025-03950-0

Zhou, H., Si, Y., Sun, J., Deng, J., Yang, L., Tang, Y., & Qin, W. (2023). Effectiveness of functional magnetic resonance imaging for early identification of chronic kidney disease: A systematic review and network meta-analysis. *European Journal of Radiology*, *160*, 110694. https://doi.org/10.1016/j.ejrad.2023.110694

Zhu, M., Chu, X., & Liu, C. (2022). Effects of renal cysts on renal function. *Archives of Iranian Medicine*, *25*(3), 155–160. https://doi.org/10.34172/aim.2022.26

CHAPTER 26

Primary and Acquired Renal Disorders

Obstructive Disorders

Mechanisms of Renal Damage
Hydronephrosis and Hydroureter
Renal Calculi

Disorders of Glomerular Function

Etiology and Pathogenesis of Glomerular Injury
Types of Glomerular Disease
Glomerular Lesions Associated With Systemic Disease

Tubulointerstitial Disorders

Renal Tubular Acidosis
Pyelonephritis
Drug-Related Nephropathies

Malignant Tumors of the Kidney

Wilms Tumor
Renal Cell Carcinoma

Learning Objectives

After completing this chapter, the learner will be able to meet the following objectives:

1. Identify common causes of urinary tract obstruction with their potential consequences.
2. Relate hydronephrosis to the pathophysiology of urinary tract obstruction.
3. Explain the processes of urine supersaturation, nucleation, and inhibitor deficiency in the formation of kidney stones.
4. Differentiate the immune and non-immune mechanisms responsible for glomerular injury, including immune complex deposition, antibody-mediated injury, complement activation, metabolic stress, and hereditary conditions.
5. Use descriptive terms—proliferation, sclerosis, membranous, diffuse, focal, segmental, and mesangial—to explain structural changes in glomerulonephritis.
6. Compare the clinical features of nephritic syndromes, rapidly progressive glomerulonephritis, nephrotic syndrome, isolated urinary abnormalities, and chronic glomerulonephritis.
7. Describe the cellular and molecular mechanisms underlying diabetic glomerulosclerosis and hypertensive nephrosclerosis.
8. Contrast the functional defects in proximal and distal renal tubular acidosis.
9. Explain the pathogenesis and clinical consequences of acute and chronic pyelonephritis.
10. Characterize Wilms tumor in terms of epidemiology, genetic/oncogenic origins, clinical manifestations, and treatment.
11. Identify risk factors for renal cell carcinoma, describe its manifestations, and explain factors contributing to poor long-term survival.
12. Integrate knowledge of obstructive, infectious, glomerular, tubular, and neoplastic disorders to explain how diverse renal pathologies can contribute to chronic kidney disease and end-stage kidney disease.

Renal disorders represent a major source of morbidity worldwide, contributing to substantial health care utilization, emergency visits, and missed work across populations. Early disease often develops without noticeable symptoms, leading to delays in diagnosis (Levin et al., 2023). Renal disorders may arise as primary conditions within the kidney or as secondary complications of systemic diseases such as hypertension, diabetes, and systemic lupus erythematosus (SLE). This chapter focuses on obstructive renal disorders, glomerular diseases, tubulointerstitial disorders, and malignant tumors of the kidney.

Obstructive Disorders

Urinary obstruction can occur in people of any age and can involve any level of the urinary tract, from the kidneys to the urethra (Fig. 26-1). Obstruction may be sudden or insidious in onset, partial or complete in degree, and unilateral or bilateral in distribution (Nørregaard et al., 2023). The causes of urinary tract obstructions are summarized in Table 26-1.

Obstructive uropathy is usually classified according to site, degree, and duration of obstruction. The upper urinary tract consists of the kidneys and ureters, while the bladder and urethra are termed the lower urinary tract. Consequently, lower urinary tract infections (UTIs) are located in the urethra or bladder. The condition causing the obstruction may lead to complete or partial occlusion of urine outflow. Acute obstruction (lasting less than a few days) is most often caused by renal calculi, blood clots, or ureteral edema. Chronic obstruction develops gradually and may result from congenital ureterovesical abnormalities, ureteral strictures, or prostatic disease (Nørregaard et al., 2023). Acute urinary tract obstruction can cause acute kidney injury (AKI). Because many causes of acute obstruction are reversible, prompt recognition is critical. When untreated, kidney obstructions may ultimately result in kidney failure (Pérez-Aizpurua et al., 2024).

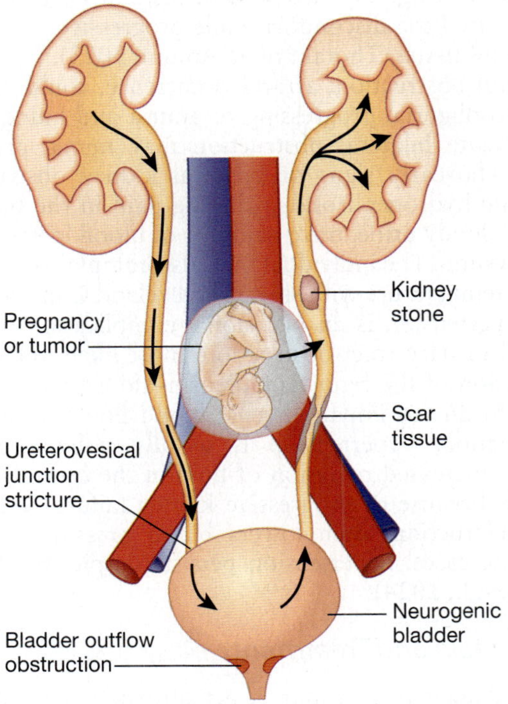

FIGURE 26-1. Locations and causes of urinary tract obstruction.

TABLE 26-1 Causes of Urinary Tract Obstruction

Level of Obstruction	Cause
Renal pelvis	Renal calculi Papillary necrosis (e.g., diabetes, sickle cell disease, analgesic nephropathy)
Ureter	Renal calculi Pregnancy Tumors that compress the ureter Ureteral stricture Congenital disorders of the ureterovesical or ureteropelvic junction Retroperitoneal fibrosis
Bladder and urethra	Bladder cancer Neurogenic bladder Bladder stones Benign prostatic hyperplasia (BPH) or prostate cancer Urethral strictures Congenital urethral anomalies Pelvic organ prolapse (in females)

BPH, benign prostatic hyperplasia.

Mechanisms of Renal Damage

The destructive effects of urinary obstruction depend on both the degree and duration of the obstruction. The two most damaging consequences are:

1. Stasis of urine, which predisposes to infection and stone formation
2. Progressive dilation of the renal collecting ducts and renal tubular structures (hydronephrosis), which causes destruction and atrophy of renal parenchymal tissue (Thotakura & Anjum, 2023)

A common complication of urinary tract obstruction is infection. Urinary stasis promotes bacterial growth, and once established, infection is often difficult to eradicate. Urea-splitting organisms such as *Proteus* or *Klebsiella* increase ammonia production and raise urine pH, creating conditions favorable for the formation of large struvite stones. Calcium salts also precipitate more readily in stagnant alkaline urine, further increasing stone risk.

If urinary tract obstruction is severe or complete, urine accumulates in the renal pelvis and calyces, creating increased hydrostatic pressure in those collecting regions. Elevated intrapelvic pressure can be transmitted back through the collecting ducts to compress renal vasculature and cause renal ischemia. Early functional alterations are largely tubular, reflected by impaired urine-concentrating ability. Only later does the glomerular filtration rate (GFR) decline (Pérez-Aizpurua et al., 2024).

Hydronephrosis and Hydroureter

Hydronephrosis refers to dilation of the renal pelvis and calyces with urine, which increases the hydrostatic pressure in the renal pelvis. This increased hydrostatic pressure pushes outward, damaging the renal parenchymal tissues and leading to progressive tissue damage and atrophy of renal parenchymal tissue. The degree of hydronephrosis depends on the location, severity, and duration of the urinary tract obstruction. In advanced cases, the accumulating pressure within the renal pelvis transforms the kidney into a thin-walled cystic structure with extensive parenchymal atrophy, destruction of renal pyramids, and severe thinning of the renal cortex (Fig. 26-2). The condition is usually unilateral on the side with the obstruction (Thotakura & Anjum, 2023). Bilateral hydronephrosis is rarer but could occur if a congenital malformation affects both ureterovesical junctions or if a severe obstruction is located below the ureterovesical junction (such as with a large bladder tumor or a severe urethral obstruction). When obstruction affects urine flow from the distal ureter, pressure dilates the ureter, producing a condition called **hydroureter** (Fig. 26-3). Bilateral hydroureter may develop as a complication of bladder outflow obstruction because of prostatic hyperplasia (Nørregaard et al., 2023).

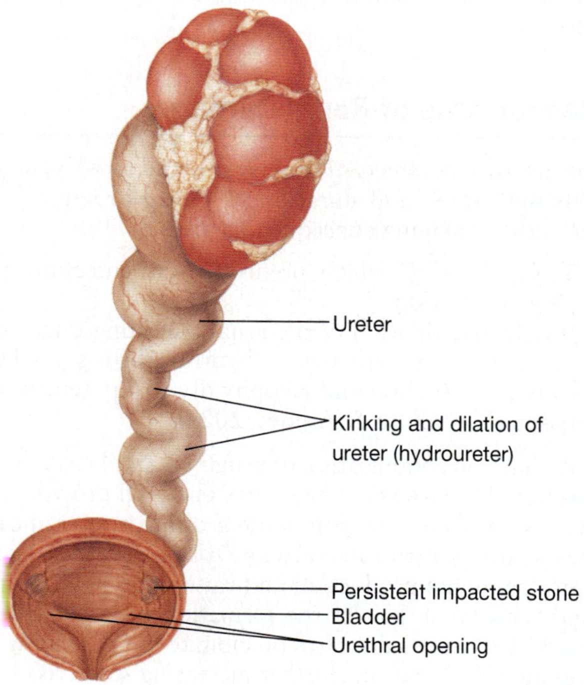

FIGURE 26-2. Hydronephrosis. Obstruction of the ureter causes pressure to build, resulting in hydroureter and hydronephrosis. (Nath, J. L. [2023]. *Applied pathophysiology: A conceptual approach*. Wolters Kluwer; Chapter 18, Fig. 18-6. Courtesy of Anatomical Chart Company.)

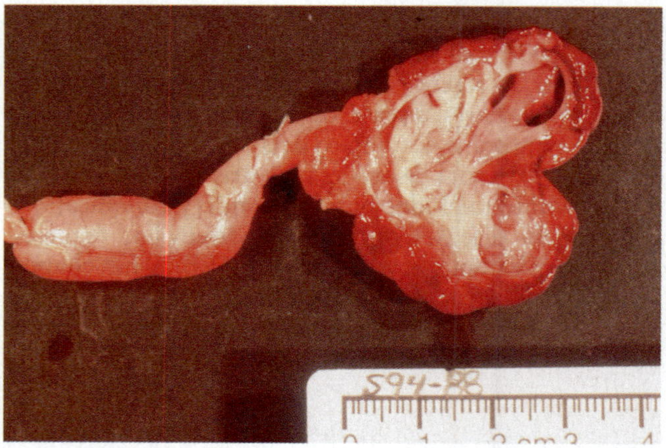

FIGURE 26-3. Obstructive renal dysplasia associated with hydroureter and pelvic hydronephrosis. (Jennette, J. C., & Heptinstall, R. H. [2007]. *Heptinstall pathology of the kidney*. Lippincott Williams & Wilkins; Chapter 57, Fig. 26-57.)

Clinical Manifestations

The manifestations of urinary obstruction depend on the location of the obstruction, its cause, and how rapidly the obstruction develops. Most early symptoms result from the underlying pathologic process. Urinary tract obstruction should be suspected in individuals with recurrent UTIs.

Unilateral hydronephrosis may present without symptoms for longer periods if the contralateral kidney continues to function normally. However, unilateral obstruction can also present acutely, as frequently occurs when a kidney stone moves into the ureter and causes ureteral obstruction. Causes such as ureteropelvic junction narrowing may have a more insidious presentation and cause little discomfort while progressively destroying renal tissue (Thotakura & Anjum, 2023). Complete bilateral obstruction, a rarer occurrence, could rapidly lead to oliguria, progressing to anuria and kidney failure. Acute bilateral obstruction may mimic prerenal AKI. The early signs of bilateral kidney obstruction indicate hydronephrosis, including pain in the back or flank, cloudy urine, trace amounts of blood in the urine, and dysuria. The individual may also complain of an elevated temperature with shivers (Cleveland Clinic, 2023).

Hypertension is an occasional complication of unilateral urinary tract obstruction, most likely related to activation of the renin–angiotensin–aldosterone system (RAAS) due to impaired renal blood flow. In bilateral obstruction, hypertension is usually volume-related, due to increased retention of fluid in the central blood vessels because of progressive kidney failure. Relief of the obstruction often lowers blood pressure though, in some cases, hypertension persists despite resolution (Luo et al., 2024).

Diagnosis and Treatment

Early diagnosis of urinary tract obstruction is important because obstruction is usually treatable, and delayed treatment may lead to irreversible kidney damage. Diagnostic methods vary with presentation. Ultrasonography remains the most useful initial noninvasive test. Non-contrast computed tomography (CT) is the gold standard for detecting urinary calculi, while CT or MR urography can provide detailed functional and anatomic evaluation (Gupta et al., 2023). Urinalysis and other laboratory studies can provide useful information to evaluate renal function and detect infection.

Treatment of urinary tract obstruction depends on the cause and severity of the obstruction. Options include stone removal (through lithotripsy, or using endoscopic or percutaneous procedures), surgical correction of structural defects, and placement of ureteral stents or nephrostomy tubes to relieve obstruction. Prevention and management of secondary infection due to urinary stasis are also important (Akram et al., 2024).

Renal Calculi

The most common cause of upper urinary tract obstruction is **renal calculi**. Although it is possible for stones to form at any point along the urinary tract, the majority originate in the kidneys. Renal calculi, or kidney stones, are among the most common urologic disorders, along with UTIs and prostate disorders. Kidney stones are polycrystalline aggregates composed of substances normally excreted in the urine.

Etiology and Pathogenesis

The etiology of kidney stone formation is multifactorial, involving complex interactions among metabolic, structural, infectious, and environmental factors. Contributing influences include elevated urinary levels of stone-forming components, anatomic abnormalities that alter urine flow, endocrine or metabolic conditions, dietary intake and intestinal absorption, and UTIs (Tamborino et al., 2024).

Three conditions are necessary for stone formation: a supersaturated urine (in which the concentration of stone-forming solutes exceeds solubility), a nidus or nucleus for crystal aggregation, and a deficiency of natural inhibitors that normally prevent crystallization (Kachkoul et al., 2023).

Supersaturation of the urine with stone-forming constituents (such as calcium salts, uric acid, magnesium ammonium phosphate, or cystine) is related to urinary pH, solute concentration, ionic strength, and the formation of chemical complexes within the urinary filtrate. The greater the concentration of two ions, the more likely they are to precipitate to form chemical complexes. Urine pH is a strong influence on the type of stone formation, with acidic urine promoting the formation of uric acid and cystine stones and alkaline urine promoting struvite and calcium stones (Tamborino et al., 2024).

In addition to supersaturation, stone growth requires a **nidus**, or nucleus, around which the stone forms. In supersaturated urine, crystal formation typically begins with small clusters such as calcium oxalate. Most of these clusters disperse due to weak cohesive forces, but some persist and enlarge into stable nuclei. Once established, these nuclei can grow at lower levels of supersaturation. **Randall plaque** (subepithelial deposits of calcium phosphate in renal papillae) also serves as a surface on which calcium oxalate crystals can adhere and expand (Leslie et al., 2024).

Despite frequent episodes of urinary supersaturation, many individuals never develop stones. This protective effect is largely attributed to natural inhibitors of crystallization, including citrate and magnesium. Citrate is the most important inhibitor, as it binds calcium and reduces crystal aggregation. Low urinary citrate (hypocitraturia) is a major risk factor for calcium stone formation.

> **KEY POINTS**
>
> **Kidney Stones**
>
> - Stones require a nidus to form and a urinary environment that supports continued crystallization of stone components.
> - The development of kidney stones is influenced by the concentration of stone components in the urine, the ability of the stone components to complex and form stones, and the presence of substances that inhibit stone formation.

Types of Stones

The four major types of kidney stones are calcium stones, magnesium ammonium phosphate stones (also called struvite stones), uric acid stones, and cystine stones (Kachkoul et al., 2023). The causes and treatment measures for each of these types of renal stones are described in Table 26-2. Most kidney stones (75% to 80%) are calcium-based, typically calcium oxalate, calcium phosphate, or a combination of both.

One of the highest risk factors for **calcium stone** formation is dehydration, typically from not drinking enough fluids or, less commonly, from excessive sweating. High dietary intake of sodium, sugar, protein, or foods high in oxalates can also increase the risk of calcium stone formation. Although seemingly counterintuitive, a diet *low* in calcium can *increase* the likelihood of calcium stone formation. This is because dietary calcium binds with dietary oxalates in the gastrointestinal tract to decrease the oxalates absorbed into the body and filtered through the kidneys (National Kidney Foundation, 2025a).

However, pathologic conditions that increase the amount of calcium in the blood and urine can increase the likelihood of calcium stone formation, including excessive bone resorption caused by immobility, bone disease, hyperparathyroidism, renal tubular acidosis (RTA), malabsorption, and dietary excesses of calcium. Hypocitraturia is also an important risk factor for calcium

TABLE 26-2 Composition, Contributing Factors, and Treatment of Kidney Stones

Type of Stone	Contributing Factors	Treatment
Calcium (oxalate and phosphate)	Hypercalcemia, hypercalciuria (idiopathic, high sodium intake) Immobilization or bone disease Hyperparathyroidism Vitamin D excess Milk-alkali syndrome Renal tubular acidosis Hyperoxaluria (intestinal malabsorption, bariatric surgery, inflammatory bowel disease [IBD]) Hypocitraturia Low fluid intake	Treatment of underlying conditions Increased fluid intake Thiazide diuretics (for hypercalciuria) Potassium citrate (for hypocitraturia) Dietary modification (reduce sodium, moderate animal protein, restrict high-oxalate foods)
Magnesium ammonium phosphate (struvite)	Urease-producing urinary tract infections (e.g., *Proteus*, *Klebsiella*, *Pseudomonas*); alkaline urine (pH >7)	Eradication of infection Complete stone removal Preventive antibiotics (in recurrent cases) Acetohydroxamic acid (urease inhibitor, selected cases)
Uric acid (urate)	Gout Hyperuricemia or hyperuricosuria High purine diet Obesity and metabolic syndrome Acidic urine (pH <5.5) Low urine volume	Increased fluid intake Potassium citrate or other alkali therapy to alkalinize urine (goal pH 6.0–6.5) Allopurinol for hyperuricosuria or gout Dietary purine restriction
Cystine	Cystinuria (autosomal recessive defect in renal cystine transport) Low urine volume	High fluid intake (≥3–4 L/day) Potassium citrate to alkalinize urine Sodium restriction Thiol-binding drugs (e.g., tiopronin, penicillamine) for refractory cases

IBD, Inflammatory bowel disease.

stone formation, as citrate can inhibit calcium crystallization. Emerging research indicates that some calcium oxalate stones may harbor bacteria, but infection is not considered a primary cause (Kachkoul et al., 2023).

Magnesium ammonium phosphate stones, also called **struvite stones**, form only in alkaline urine (pH >7.0) and require the presence of urease-producing bacteria such as *Proteus* or *Klebsiella*. Urease hydrolyzes urea into ammonia and carbon dioxide, raising urinary pH and promoting the precipitation of magnesium ammonium phosphate (Halinski et al., 2022). As the bacterial count grows, struvite stones enlarge and can fill the entire renal pelvis, forming stones that are called **staghorn calculi** because of their shape (Fig. 26-4). These infections are difficult to eradicate, and the stones are rarely passed spontaneously, typically requiring extracorporeal shock wave lithotripsy (ESWL) or ureteroscopic or surgical removal.

Uric acid stones account for approximately 8% to 10% of cases and are strongly associated with gout, obesity, metabolic syndrome, and persistently acidic urine. They may also contribute to calcium oxalate stone formation by acting as a nidus. Unlike radiopaque calcium stones, uric acid stones are radiolucent on plain x-rays but visible on CT or ultrasound. Uric acid stones form most readily in acidic urine (pH <5.5) (Johnson et al., 2023). Treatment focuses on urine alkalinization with

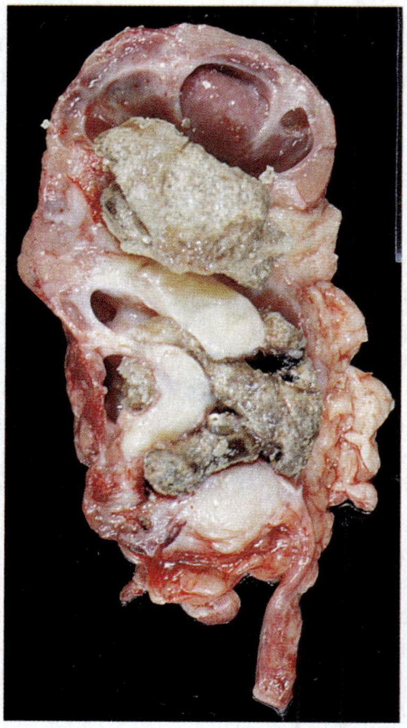

FIGURE 26-4. Staghorn stones. The kidney shows hydronephrosis and stones that are casts of the dilated calyces. (From Rubin, R., & Strayer, D. [Eds.]. [2015]. *Rubin's pathology: Clinicopathologic foundations of medicine* [7th ed., p. 951]. Wolters Kluwer Health; Fig. 22-82.)

potassium citrate or other alkali salts to maintain a pH of 6.0 to 6.5, which can both prevent and dissolve uric acid stones (Kachkoul et al., 2023).

Cystine stones account for 1% to 3% of all stones but represent a disproportionate number of childhood calculi. They occur in cystinuria, an autosomal recessive disorder of renal cystine transport, leading to high urinary cystine concentrations. Unlike struvite stones, infection is not typically involved (Grases et al., 2024).

Clinical Manifestations

Kidney stones typically present without symptoms while in the kidney but can cause acute symptoms if the stone moves into the ureter and creates an obstruction. Hematuria (either gross/visible blood or microscopic blood) is common when kidney stones move into the ureter (Patti & Leslie, 2024). Two characteristic acute symptom presentations occur:

- **Renal colic**: Episodes of renal colic present with acute, severe, and intermittent pain or cramping and are triggered by sudden obstruction and stretching of the ureter. Stones 1 to 5 mm in diameter are most likely to produce this pain. It typically originates in the flank and radiates to the lower abdomen, bladder, perineum, or scrotum. Associated symptoms include nausea, vomiting, diaphoresis, and restlessness (Leslie et al., 2024). Because of the shared neurologic innervation of the urinary tract and digestive tract, vomiting in renal colic may be severe and refractory (Patti & Leslie, 2024).
- **Noncolicky pain**: Dull, deep, and variable flank or back pain caused by gradual distention of the renal pelvis or calyces may worsen with increased fluid intake (Leslie et al., 2024).

Diagnosis and Treatment

Diagnosis begins with history, clinical presentation, and urinalysis to detect hematuria, infection, crystals, and pH abnormalities. Calcium stones, cystine stones, and struvite stones are all radiopaque and can often be visualized by plain radiograph, but uric acid stones are radiolucent and not typically visible by plain x-ray (Silverstone, 2025). Non-contrast CT is the gold standard for detecting stones and assessing size and location. Ultrasound is highly sensitive for hydronephrosis and is preferred in children or during pregnancy. CT or MR urography has replaced intravenous pyelography (IVP) for functional imaging when needed (Gupta et al., 2023).

The treatment of acute renal colic is primarily supportive, focusing on pain control (often with nonsteroidal anti-inflammatory drugs [NSAIDs]) and hydration, with antiemetics if needed for the treatment of refractory vomiting. Antibiotics are indicated if an infection is present. Most stones <5 mm pass spontaneously. Straining urine to recover the stone for analysis is essential for tailoring long-term prevention (Akram et al., 2024).

When stones do not pass or are too large to pass, minimally invasive procedures are used, including ureteroscopic removal, percutaneous nephrolithotomy, or ESWL. Open surgical procedures are rarely required.

Prevention of recurrence is a major treatment goal and depends on stone type and risk factors. Strategies include adequate hydration, dietary sodium and protein restriction, high-oxalate food restriction, and adequate dietary calcium intake. Because oxalates are abundant in plant foods, eliminating all sources of oxalates is not feasible or recommended, but foods with very high oxalate content should be limited, including almonds, spinach, rhubarb, potatoes with skin, wheat bran and wheat berries, navy beans, beets, cocoa powder, and Swiss chard (National Kidney Foundation, 2025a, 2025b).

For people with recurrent kidney stones, a key preventive intervention is adequate hydration to minimize urine stasis and reduce the likelihood of mineral crystallization and stone formation. Fluid intake should be increased to achieve an output of 2,000 to 2,500 mL of urine daily. Any type of fluid intake is acceptable, but water is the preferred hydration source, while sugary drinks and fruit juices should be limited. Some types of tea are higher in oxalate, so unsweetened tea should be limited for people who tend to form calcium oxalate stones. Higher coffee intake has been associated with reduced stone formation (Leslie et al., 2024; National Kidney Foundation, 2025a; Patti & Leslie, 2024).

Potassium citrate supplementation is a common preventive measure to prevent the recurrence of calcium stones (Tamborino et al., 2024). Other preventive approaches include thiazide diuretics (to reduce urinary calcium in hypercalciuria) and allopurinol (to lower uric acid levels in people who form uric acid or hyperuricosuria calcium stones). Urine alkalinization can prevent the recurrence of uric acid and cystine stones, and potassium citrate can be an effective agent to alkalinize urine (Akram et al., 2024).

SUMMARY CONCEPTS

Obstruction of urine flow can occur at any level of the urinary tract and may result from congenital abnormalities, pregnancy, infection and inflammation, kidney stones, neurologic dysfunction, or prostatic enlargement. Regardless of the cause, obstruction leads to urinary stasis, which increases the risk of infection and stone formation and can cause progressive dilation of the collecting system and renal tubules, ultimately causing renal atrophy. Hydronephrosis is the urine-filled dilation of the renal pelvis and calyces with associated atrophy of renal tissue. Unilateral hydronephrosis may remain silent because the contralateral kidney maintains function, and it is often detected incidentally on imaging.

Kidney stones are a major cause of upper urinary tract obstruction. Calcium stones (oxalate and phosphate) are associated with urinary stasis and increased urinary levels of calcium oxalate and/or calcium phosphate.

Magnesium ammonium phosphate stones (struvite stones) are associated with UTIs. Uric acid stones are related to elevated uric acid levels. Cystine stones are seen in cystinuria. A major goal of treatment for people who have passed kidney stones or have had them removed is to identify stone composition and prevent recurrence. Treatment measures depend on stone type and include adequate fluid intake to prevent urine saturation, dietary modification to decrease the intake of stone-forming constituents, treatment of UTIs, measures to change urine pH, and diuretics that decrease the calcium concentration of urine.

Disorders of Glomerular Function

Glomerulonephritis (GN) refers to a diverse group of inflammatory processes that damage glomerular structures and remains an important cause of chronic kidney disease (CKD) and kidney failure worldwide. In the United States, GN accounts for roughly 10% to 15% of CKD and end-stage kidney disease (ESKD) cases. Globally, GN remains one of the most common causes of ESKD, particularly in younger adults and in under-resourced countries. GN may be classified as a primary disorder, in which the glomerular abnormality is the sole disease, or a secondary disorder, in which glomerular injury occurs as part of a systemic disorder such as hypertension, SLE, vasculitis, infections, or diabetes (Kazi & Hashmi, 2023).

Etiology and Pathogenesis of Glomerular Injury

GN caused by damage to the glomeruli is often due to an overactive immune system (American Kidney Foundation, 2025). The immune system's impact on GN ranges from bacterial (streptococcal infection) and viral infections (chickenpox) to cancer, vasculitis such as pauci-immune disease, parasitic infections (malaria), and autoimmune diseases such as lupus and Goodpasture (American Kidney Foundation, 2025; O'Brien, 2025). Microbial antigens bind to the glomerular basement membrane (GBM), activating the alternate complement pathway and interacting with circulating antibodies, resulting in glomerular damage. The immune system causes damage by producing antibodies that combine with antigens traveling through the bloodstream, causing local inflammation that damages the glomeruli. Autoantibodies can also directly attack the GBM, as seen in Goodpasture syndrome, causing kidney damage (Mayo Clinic, 2024) (Fig. 26-5).

Non-immune mechanisms of glomerular injury include chronic hyperglycemia in diabetes, hemodynamic stress from chronic hypertension, and toxic exposures to drugs or chemicals. In addition, hereditary disorders, though less common, are also clinically important causes of GN. An example of a hereditary mechanism is Alport syndrome, caused by mutations in type IV collagen, which leads to progressive hereditary glomerulopathy and is associated with hearing and ocular abnormalities, as well as a high risk of kidney failure (Gregorio et al., 2023).

Cellular and Structural Changes

Regardless of the mechanism involved, glomerular injury produces a limited number of characteristic microscopic changes that help define disease subtypes. **Proliferative (hypercellular) lesions** result from increased numbers of intrinsic glomerular cells (endothelial or mesangial) and infiltrating leukocytes. Severe proliferative injury may produce crescents, accumulations of proliferating epithelial cells and leukocytes in Bowman space, which are characteristic of rapidly progressive glomerulonephritis (RPGN). Membranous changes are marked by **basement membrane thickening**, often due to immune complex deposition or matrix expansion. **Sclerosis** represents increased extracellular matrix in mesangial or capillary wall regions, while fibrosis denotes chronic scarring with collagen deposition (Li et al., 2022).

Glomerular damage can be distributed in several patterns. A diffuse lesion involves all glomeruli and all glomerular regions, whereas a focal lesion affects only some glomeruli. A segmental lesion involves only part of an individual glomerulus, while a mesangial lesion is confined to mesangial regions. These descriptive terms remain central to histopathologic classification and carry clinical significance because the extent and location of damage often correlate with disease severity and prognosis (Kronbichler et al., 2023).

Types of Glomerular Disease

Glomerular diseases are often categorized based on clinical manifestations:

1. Nephritic syndromes
2. Rapidly progressive (crescentic) GN
3. Nephrotic syndrome
4. Isolated hematuria and/or proteinuria (urinary abnormalities without other symptoms)
5. Chronic GN (progressive CKD due to glomerular disease) (Keskinyan et al., 2023)

Nephritic syndromes typically result from a proliferative inflammatory response within the glomeruli, whereas nephrotic syndrome reflects increased glomerular permeability with heavy proteinuria. Many glomerular diseases produce overlapping nephritic and nephrotic features, making renal biopsy the gold standard for establishing a definitive diagnosis (Hashmi & Pandey, 2023).

Acute Nephritic Syndrome

Acute nephritic syndrome is the clinical manifestation of acute glomerular inflammation. It is characterized by

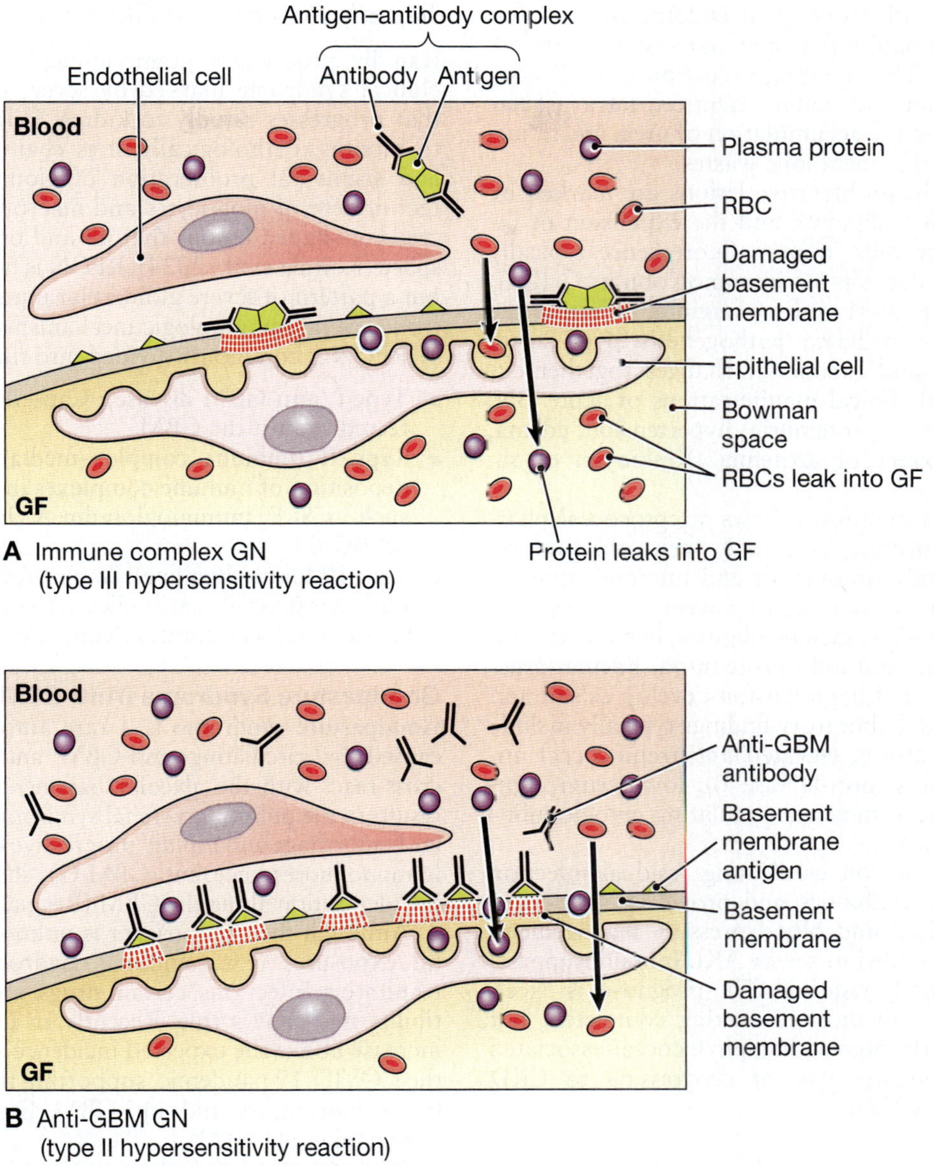

FIGURE 26-5. Autoimmune reactions in glomerulonephritis. **A.** Immune complexes formed elsewhere circulate in the blood and are deposited on the glomerular basement membrane (GBM). **B.** Antibodies circulating in the blood attach to native antigens in the GBM. GF, glomerular filtrate; GN, glomerulonephritis; RBC, red blood cell. (From McConnell, T. H. [2014]. *Nature of disease* [2nd ed.]. Wolters Kluwer; Fig. 15-19.)

the abrupt onset of hematuria (microscopic or gross, often with red blood cell casts), variable proteinuria, decreased GFR, oliguria, and signs of impaired renal function. Inflammatory injury narrows or occludes the glomerular capillary lumen and disrupts the filtration barrier, allowing red blood cells to leak into the urine while hemodynamic changes further reduce GFR. Sodium and water retention result in extracellular fluid accumulation, hypertension, and edema.

Acute nephritic syndrome is a common presentation of most proliferative GN, including crescentic or RPGN or those resulting from systemic diseases (i.e., proliferative lupus GN). It is most often, however, associated with postinfectious glomerulonephritis (PIGN) (Hashmi & Pandey, 2023).

Acute PIGN

Acute postinfectious glomerulonephritis (PIGN) most classically follows infection with nephritogenic strains of group A beta-hemolytic streptococci, though it may also occur after infections with *Staphylococcus aureus*, various viruses (e.g., hepatitis, mumps, varicella), and parasites. It remains most common in children aged 3 to 12 years but can occur at any age, with adults more likely to have severe or persistent disease (Duong & Reidy, 2022).

In acute PIGN, immune complex formation and deposition within the glomerulus activate the complement system, leading to the recruitment of neutrophils, lymphocytes, and monocytes, as well as the proliferation of mesangial and endothelial cells. These processes produce diffuse glomerular enlargement and hypercellularity, with swelling of endothelial cells and interstitial inflammation that may narrow or obliterate capillary lumens. The resulting reduction in GFR contributes to sodium and water retention, intravascular fluid overload, and the accumulation of urea, creatinine, potassium, and other metabolic wastes.

Microscopically, proliferative lesions are marked by the infiltration of leukocytes and the expansion of intrinsic glomerular cells. Immunofluorescence typically reveals granular deposits of immunoglobulin G (IgG) and C3 along the GBM and mesangium, reflecting the immune complex–mediated pathogenesis (Fig. 26-6). These structural and functional changes together explain the cardinal clinical manifestations of acute GN, including hematuria, proteinuria, hypertension, edema, and variable degrees of azotemia (Keskinyan et al., 2023).

The classic presentation follows streptococcal pharyngitis or skin infection by 1 to 2 weeks, the time required for antibody production and immune complex formation. This can occur up to 5 weeks after Strep A pharyngitis. Early signs include oliguria, hematuria with cola-colored urine, and mild proteinuria. Edema (especially periorbital) and hypertension develop as salt and water are retained. Laboratory findings typically include microscopic hematuria, elevated antistreptococcal antibody (ASO) titers (anti-DNase B), low serum complement (C3), and sometimes circulating cryoglobulins (Miller et al., 2022).

Treatment focuses on eradicating residual infection with appropriate antibiotics and providing supportive care, including fluid and blood pressure management. Dialysis may be needed in severe AKI. Immunosuppressive therapy is rarely required. The prognosis is excellent in children, with most recovering completely, but adults—particularly those with staphylococcal-associated disease—are at greater risk of progressing to CKD (Duong & Reidy, 2022).

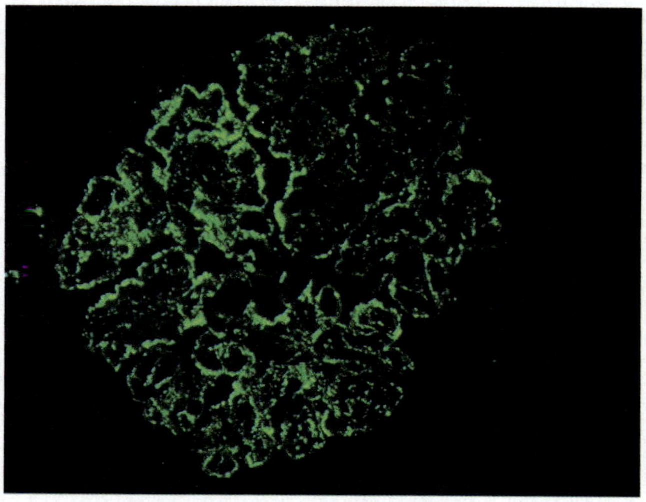

FIGURE 26-6. Immunofluorescence picture of postinfectious (poststreptococcal) glomerulonephritis. There are generalized, lumpy-bumpy, granular glomerular capillary walls and mesangial deposits (anti-C3; ×400). (From Longacre, T. A. [2022]. *Mills and Sternberg's diagnostic surgical pathology* [7th ed.]. Wolters Kluwer; Fig. 41-5.)

Rapidly Progressive Glomerulonephritis

Rapidly progressive glomerulonephritis (RPGN) is a clinical syndrome marked by severe glomerular injury that progresses rapidly to kidney failure within weeks to months. Pathologically, it is characterized by focal and segmental proliferation of glomerular cells with recruitment of monocytes and macrophages, leading to crescent-shaped lesions that fill and obliterate Bowman space (Koirala et al., 2024). RPGN is not a single disease but a pattern of severe glomerular injury that may result from several immunologic mechanisms.

RPGN is commonly divided into three groups:

- **Type I (anti-GBM disease)**: Caused by antibodies directed against the GBM
- **Type II (immune complex–mediated)**: Due to the deposition of immune complexes in systemic diseases such as SLE, immunoglobulin A (IgA) nephropathy, or PIGN
- **Type III (pauci-immune)**: Associated with antineutrophil cytoplasmic antibodies (ANCAs) and systemic small-vessel vasculitides (Koirala et al., 2024)

Goodpasture Syndrome (Anti-GBM Disease)

Goodpasture syndrome is a rare autoimmune disorder caused by circulating anti-GBM antibodies that also cross-react with the alveolar basement membrane. This results in the pulmonary–renal syndrome of diffuse alveolar hemorrhage and rapidly progressive kidney failure. On immunofluorescence, anti-GBM GN shows diffuse, linear IgG deposition along the GBM (Reggiani et al., 2023).

Although the exact trigger is unknown, environmental exposures (e.g., smoking, hydrocarbon solvents), respiratory infections, certain drugs, and genetic susceptibility may play a role. Recently, in London, a fivefold increase above the expected incidence was noted during the COVID-19 pandemic, supporting the association between lung injury and anti-GBM disease development (Reggiani et al., 2023).

In most cases, clinical presentation includes features of RPGN, including urinary sediment with proteinuria and oliguria. About half will also experience dyspnea and/or hemoptysis. Definitive diagnosis is made with the detection of the anti-GBM antibodies in either serum or tissue, as well as diffuse linear staining of GBMs for IgG (Fig. 26-7). Because most cases present with severe disease, prompt and aggressive treatment is recommended. Treatment consists of **plasmapheresis** to remove circulating antibodies, combined with immunosuppressive therapy (corticosteroids and cyclophosphamide) to suppress new antibody formation (Reggiani et al., 2023).

Antineutrophil Cytoplasmic Antibody (ANCA)-Associated Vasculitis

ANCA-associated vasculitides (AAV) represent the most common cause of RPGN today, particularly in adults, and remain among the most lethal forms of autoimmune inflammatory disease. AAVs are characterized by inflammation of small to medium-sized blood vessels caused by circulating autoantibodies that target proteins

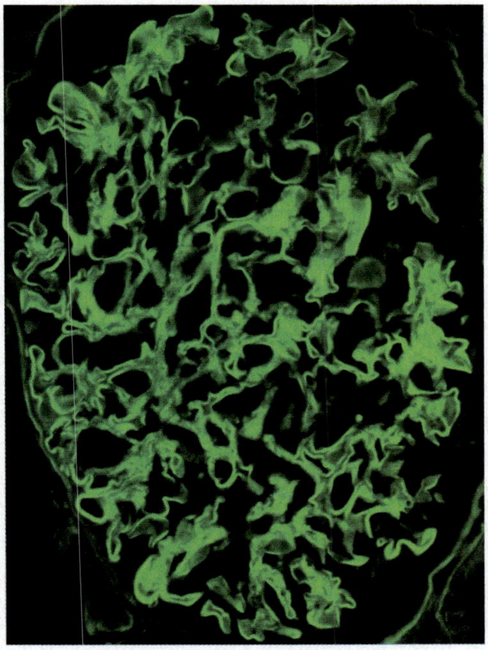

FIGURE 26-7. Immunofluorescence microscopy patterns of glomerular staining for immunoglobulin G (IgG) that are indicative of anti-GBM glomerulonephritis. Note the linear staining of anti-GBM disease compared with the granular staining of immune complex disease and the scanty background staining of pauci-immune disease (FITC anti-IgG). FITC, fluorescein isothiocyanate; GBM, glomerular basement membrane. (From Jennette, J. C., D'Agati, V. D., Olson, J. L., & Silva, F. G. [2022]. *Heptinstall's pathology of the kidney* [7th ed.]. Wolters Kluwer; Fig. 15-3A.)

within the neutrophils. These ANCAs are specifically directed against either myeloperoxidase (MPO-ANCA, p-ANCA) or proteinase-3 (PR3-ANCA, c-ANCA). They are each considered to be a pauci-immune GN because immunofluorescence typically shows little or no immune deposition.

Three main disease phenotypes fall under the AAV umbrella. **Granulomatosis with polyangiitis (GPA)** is characterized by respiratory tract inflammation and granulomas (collections of immune cells); however, it can also affect the kidneys and other organs. **Microscopic polyangiitis (MPA)** primarily affects small blood vessels in the kidneys and lungs. **Eosinophilic granulomatosis with polyangiitis** (EGPA—formerly Churg-Strauss) is associated with increased levels of eosinophils, blood vessel inflammation, and asthma (Chevet et al., 2022).

Exposure to silica dust, farming, chronic nasal *S. aureus* carriage, and smoking have been associated with an increased risk of developing AAV, particularly in genetically susceptible people (Chevet et al., 2022). These disorders often present with systemic small-vessel vasculitis (e.g., pulmonary infiltrates, sinus disease, neuropathy, or purpura) in addition to rapidly progressive kidney failure. Treatment involves corticosteroids plus rituximab or cyclophosphamide, with plasma exchange reserved for severe pulmonary–renal syndromes. Early recognition and treatment are critical for preserving renal function (Kronbichler et al., 2024).

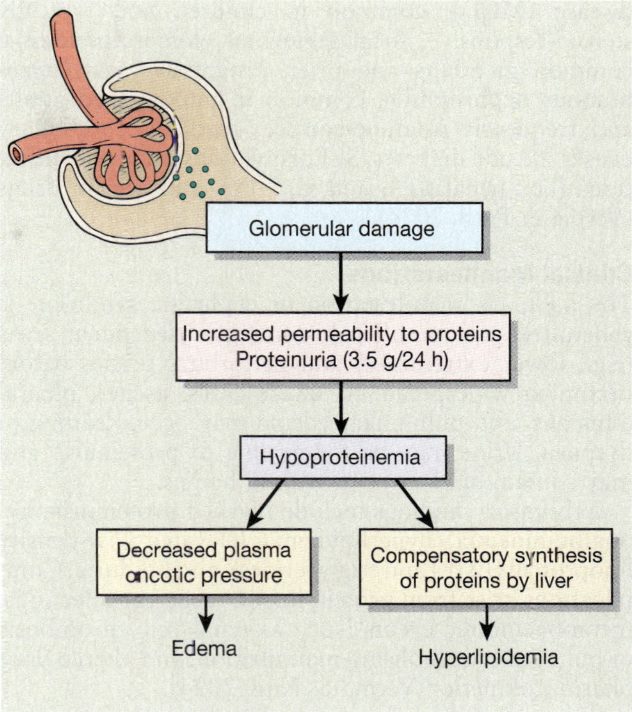

FIGURE 26-8. Pathophysiology of the nephrotic syndrome.

Nephrotic Syndrome

Nephrotic syndrome is a clinical constellation rather than a single disease. It is defined by massive proteinuria (>3.5 g/day), hypoalbuminemia (<3 g/dL), generalized edema, hyperlipidemia, and lipiduria (fatty casts or oval fat bodies in urine). The syndrome reflects increased glomerular permeability leading to excessive protein loss in the urine (Fig. 26-8) (Ponticelli & Moroni, 2023).

Pathogenesis and Etiology

Damage to the GBM and podocytes increases membrane permeability, allowing large amounts of protein, particularly albumin, to escape into the urine. The resulting hypoalbuminemia decreases plasma oncotic pressure, which promotes fluid movement into the interstitial space and leads to generalized edema. Secondary mechanisms, including sodium and water retention due to activation of the RAAS and the sympathetic nervous system, further aggravate edema (Ponticelli & Moroni, 2023).

The protein losses extend beyond albumin. Loss of immunoglobulins and complement factors increases susceptibility to infection, while loss of anticoagulant proteins (such as antithrombin III) predisposes patients to thrombosis. Hormone- and drug-binding proteins are also lost, potentially altering circulating hormone levels and drug metabolism. Hyperlipidemia occurs as the liver increases lipoprotein synthesis in response to hypoalbuminemia, predisposing patients to atherosclerosis (Ponticelli & Moroni, 2023).

Causes of nephrotic syndrome can be primary (idiopathic) glomerular disorders or secondary to systemic diseases. Primary causes include **minimal change**

disease (MCD), common in children and typically steroid-responsive; **focal segmental glomerulosclerosis**, common in adults and often progressive; and **membranous nephropathy**, common in middle-aged adults and frequently immune-complex-mediated. Secondary causes include diabetes, SLE, amyloidosis, chronic infections (i.e., hepatitis B and C, HIV), and certain drugs (Verma & Patil, 2024).

Clinical Manifestations

The hallmark manifestation of nephrotic syndrome is generalized edema, often beginning in dependent areas (e.g., lower extremities) and periorbital tissues before becoming widespread. In severe cases, ascites, pleural effusions, and pulmonary edema may occur, leading to dyspnea. Urine may be foamy due to proteinuria and may contain lipid casts or oval fat bodies.

Laboratory findings include marked proteinuria, hypoalbuminemia, hyperlipidemia (elevated low-density lipoprotein [LDL] and triglycerides), and lipiduria. Complications arise from protein losses: recurrent infections, thromboembolic events (such as renal vein thrombosis or pulmonary embolism), malnutrition, and altered drug pharmacokinetics (Verma & Patil, 2024).

Diagnosis and Treatment

Diagnosis is based on the clinical features of edema and supporting laboratory findings (proteinuria >3.5 g/day, hypoalbuminemia, hyperlipidemia, lipiduria). Renal biopsy is often performed to determine the underlying cause, particularly in adults, as this guides therapy and prognosis.

Treatment includes both supportive measures and cause-specific therapy. General management focuses on edema control with sodium restriction, diuretics, and, in severe cases, fluid management or albumin infusion. Statins may be used for hyperlipidemia, and anticoagulation may be required if thrombotic events occur. Immunizations and infection precautions are important given increased susceptibility to bacterial infections. Cause-specific therapy depends on the underlying etiology and may include corticosteroids, immunosuppressants, or glycemic control (Verma & Patil, 2024).

KEY POINTS

Glomerular Disorders

- Glomerular disorders disrupt the semipermeable properties of the glomerular capillary membrane, which normally allow water and small solutes to pass into the urine filtrate while preventing the loss of blood cells and plasma proteins.
- Nephritic syndromes result from inflammatory injury to the glomeruli, leading to a reduced GFR, hematuria, oliguria, fluid retention, hypertension, and accumulation of nitrogenous wastes.
- Nephrotic syndrome results from increased glomerular permeability, causing massive proteinuria and subsequent hypoalbuminemia, edema, lipid abnormalities, and hypercoagulability.

Isolated Hematuria or Proteinuria

Some glomerular disorders present with mild illness, often without symptoms and detected only during routine screening. Findings may include isolated hematuria, proteinuria, or both, sometimes accompanied by a reduced GFR. While some of these disorders resolve spontaneously, others may slowly progress to CKD and kidney failure. Important causes include IgA nephropathy and IgA vasculitis (IgAV) nephritis (formerly Henoch-Schönlein purpura nephritis) (Kang, 2022).

IgA Nephropathy

IgA nephropathy, also called Berger disease, is the most common form of primary GN worldwide. It typically affects adolescents and young adults (most often males) and is especially common in Asian populations. The disorder is caused by the deposition of IgA-containing immune complexes in the mesangium, leading to inflammation and glomerular injury (Stamellou et al., 2023).

Many patients present without symptoms and are diagnosed when hematuria or proteinuria is found on urinalysis. Others experience episodes of gross hematuria, often occurring shortly after upper respiratory or gastrointestinal infections. The clinical course is variable: some individuals have only a single episode, while others experience recurrent hematuria and gradual progression to proteinuria, hypertension, and kidney dysfunction over decades.

Diagnosis requires a kidney biopsy, which demonstrates mesangial IgA deposits on immunofluorescence. Supportive therapy with angiotensin-converting enzyme (ACE) inhibitors or angiotensin receptor blockers (ARBs) is used to reduce proteinuria and protect kidney function. Corticosteroids or other immunosuppressive agents may be considered in progressive cases, though no single treatment reliably alters the long-term course (Stamellou et al., 2023).

IgA Vasculitis

IgA vasculitis (IgAV) (formerly Henoch-Schönlein purpura) is a non-granulomatous systemic vasculitis characterized by neutrophil infiltration of small blood vessels and the deposit of predominantly IgA immune complexes in the endothelium of vessels located in the skin, synovial membrane, urinary system, and intestines. IgAV is the most common systemic vasculitis in childhood and is clinically manifested as a purpuric rash (typically on the lower extremities), accompanied by arthritis or arthralgia, abdominal pain, and renal involvement similar to IgA nephropathy. Incidence is higher in the fall and winter months (Sestan & Jelusic, 2023).

Renal manifestations range from mild hematuria and proteinuria to more severe nephritic or nephrotic presentations. Most children recover fully within weeks, but some, especially older children and adults, may develop persistent kidney disease or, rarely, progress to end-stage renal disease (ESKD).

There are no universally accepted diagnostic criteria or routine biomarkers for IgAV or IgAV nephritis. In practice, classification relies on the European League Against Rheumatism (EULAR), Paediatric Rheumatology International Trials Organization (PRINTO), and Paediatric Rheumatology European Society (PRES) criteria, which demonstrate high sensitivity (100%) and specificity (87%) for distinguishing IgAV from other vasculitides. The mandatory feature is palpable purpura, accompanied by at least one of the following: diffuse abdominal pain, arthritis/arthralgia, renal involvement (hematuria or proteinuria), or biopsy-proven IgA deposition in skin, gastrointestinal, or renal tissue. Skin biopsy is not required in typical cases but may be indicated when lesions are atypical or severe to exclude alternative diagnoses (Sestan & Jelusic, 2023).

Corticosteroids are effective in reducing abdominal and joint pain and may shorten the duration of systemic symptoms, though their ability to prevent renal complications is uncertain. Supportive management and monitoring of renal function are essential, as ongoing or recurrent renal involvement carries a risk for long-term impairment (Sestan & Jelusic, 2023).

Hereditary Nephritis (Alport Syndrome)

Alport syndrome is an inherited disorder caused by mutations in type IV collagen genes that disrupt the structure of the GBM. The condition typically presents with persistent hematuria and progresses over time to proteinuria, declining renal function, and eventual kidney failure in many affected individuals (Chavez et al., 2024).

About 80% to 85% of cases are X-linked (COL4A5 mutations), with males affected more severely than females. The remainder are due to autosomal recessive or, less commonly, autosomal dominant inheritance (COL4A3 and COL4A4 mutations). In X-linked Alport syndrome, affected males usually develop progressive kidney disease and reach ESKD in early to middle adulthood, though progression may occur earlier. Female carriers often have only hematuria or mild proteinuria, but some develop significant renal impairment (Chavez et al., 2024).

Clinical Manifestations

The earliest and most consistent feature is microscopic hematuria, often detected during childhood. Over time, proteinuria develops, and many progress to CKD. Sensorineural hearing loss is common, typically bilateral, and presents in adolescence or early adulthood. Ocular findings include anterior lenticonus (conical deformation of the lens), perimacular "dot-and-fleck" retinopathy, and posterior subcapsular cataracts (Chavez et al., 2024).

Diagnosis and Treatment

Diagnosis is suspected in families with multiple cases of hematuria, kidney disease, or hearing loss. It may be confirmed with genetic testing or, when necessary, a kidney biopsy showing characteristic GBM changes (thickening, thinning, and splitting on electron microscopy).

There is no curative therapy. ACE inhibitors or ARBs are recommended early to reduce proteinuria and delay the progression of kidney disease. Hearing aids and ophthalmologic management address extrarenal manifestations. Kidney transplantation is an option for ESKD; however, a small subset of patients may develop anti-GBM disease post-transplant (Chavez et al., 2024).

Chronic Glomerulonephritis

Chronic glomerulonephritis is not a single disease but rather the common outcome of many forms of glomerular injury that progress to CKD. While some types of acute GN, such as poststreptococcal GN, resolve completely, others advance slowly to chronic disease. In some people, the initial acute illness is unrecognized or there are no symptoms, and they present later with progressive kidney impairment (Kazi & Hashmi, 2023).

Histologically, chronic GN is characterized by small, shrunken kidneys with extensive glomerulosclerosis, tubular atrophy, and interstitial fibrosis. The clinical course is usually insidious, with the gradual development of proteinuria, hypertension, and declining renal function over the years. Many patients are not diagnosed until their kidney disease is advanced.

Diagnosis relies on urinalysis (proteinuria, hematuria), renal function testing (estimated GFR [eGFR], creatinine), and imaging or biopsy when needed. Treatment is directed at slowing CKD progression with renin–angiotensin system blockade (ACE inhibitors or ARBs), strict blood pressure control, and management of complications such as anemia, bone disease, and dyslipidemia. In advanced stages, renal replacement therapy with dialysis or kidney transplantation becomes necessary (Kazi & Hashmi, 2023).

Glomerular Lesions Associated With Systemic Disease

Many systemic disorders cause secondary glomerular injury. The most clinically significant are SLE, diabetes, and hypertension, which together account for a major proportion of CKD worldwide.

SLE Glomerulonephritis

Renal involvement occurs in up to 85% of people with SLE and is more common in women, particularly women of color. The underlying mechanism is immune complex deposition within the glomeruli, triggered by dysregulated B-cell autoantibody production and T-cell abnormalities (Lichtnekert & Anders, 2024).

Clinical Manifestations

Presentation ranges from isolated hematuria or proteinuria to nephritic or nephrotic syndromes and progressive kidney failure. The extent of inflammation depends on the site of immune complex deposition: mesangial deposits cause milder disease, whereas subendothelial deposits provoke more significant inflammation.

The revised International Society of Nephrology/Renal Pathology Society (ISN/RPS) classification system categorizes lupus nephritis into six classes: Class I (minimal mesangial), Class II (mesangial proliferative), Class III (focal proliferative), Class IV (diffuse proliferative), Class V (membranous), and Class VI (advanced sclerosing). Classes III and IV are generally associated with the greatest inflammatory activity and carry the highest risk for progression to chronic kidney disease (Lichtnekert & Anders, 2024).

Diagnosis and Treatment

All patients with SLE require regular urinalysis to detect renal involvement. Kidney biopsy is used to confirm the diagnosis and guide therapy. Treatment depends on class: classes I–II often require no immunosuppressive therapy; classes III–IV require corticosteroids plus immunosuppressants such as mycophenolate mofetil or cyclophosphamide. Class V may require similar therapy if nephrotic syndrome is present. Supportive therapy with ACE inhibitors or ARBs is recommended for proteinuria and BP control. Newer agents (belimumab, rituximab, voclosporin) may be used in refractory disease (Lichtnekert & Anders, 2024).

Diabetic Glomerulosclerosis

Diabetic nephropathy is the leading cause of CKD and ESKD in Western countries. It occurs in both type 1 and type 2 diabetes, with a higher prevalence in Black, Native American, and Asian populations (Kim et al., 2023).

Pathophysiology

Diabetic glomerulosclerosis is the most characteristic lesion of diabetic kidney disease and primarily affects the glomeruli. One of the earliest and most common findings is widespread thickening of the GBM, which can occur even before proteinuria is detected. This is followed by expansion of the mesangial matrix, sometimes with mild proliferation of mesangial cells. As the disease advances, the enlarged mesangium gradually encroaches on the capillary lumen, reducing the surface area available for filtration and impairing kidney function. In some cases, a distinctive nodular form known as Kimmelstiel-Wilson nodular glomerulosclerosis develops, marked by rounded deposits of hyaline material in the mesangial regions. Over time, both diffuse and nodular sclerosis can lead to near-complete obliteration of glomeruli and progressive loss of renal function (Jha et al., 2024).

The mechanisms driving these changes are thought to include both metabolic and hemodynamic factors. Chronic hyperglycemia leads to abnormal synthesis and accumulation of basement membrane and mesangial components, partly due to the incorporation of glucose into noncellular structures and the accumulation of advanced glycation end products (AGEs). In addition, elevated blood glucose increases intraglomerular pressure and filtration rate, a process mediated in part by angiotensin II, which enlarges glomerular capillary pores and increases protein leakage. The resulting proteinuria requires increased reabsorption of proteins by tubular cells, promoting inflammation, oxidative stress, and ultimately nephron damage. Collectively, these structural and functional changes—GBM thickening, mesangial expansion, sclerosis, and nodular lesions—explain the progression of diabetic kidney disease from silent injury to chronic kidney failure (Jha et al., 2024).

Clinical Manifestations and Treatment

The earliest sign is often microalbuminuria (30 to 300 mg/day), which may be reversible with tight glycemic and BP control. Persistent albuminuria, hypertension, and declining GFR follow, progressing to ESKD if untreated. Management includes glucose control to maintain the HbA1c <7%, blood pressure control with ACE inhibitors or ARBs, SGLT2 inhibitors, and GLP-1 receptor agonists, which slow CKD progression and reduce cardiovascular risk, and lifestyle measures such as smoking cessation, weight management, and lipid control (Kim et al., 2023).

Hypertensive Glomerular Disease

Chronic hypertension causes vascular and glomerular injury, collectively known as nephrosclerosis. This condition is particularly prevalent among African Americans, who also face the greatest risk of progression to ESKD. The kidney changes are typically bilateral, and the organs may appear reduced in size due to chronic ischemic injury. Histologically, hypertensive nephrosclerosis is characterized by thickening and hyalinization of small arteries and arterioles, narrowing of vascular lumens, and scarring of the glomeruli. These vascular changes reduce blood flow to the nephrons, leading to glomerular ischemia, tubular atrophy, and interstitial fibrosis (Koubar et al., 2023).

Clinically, hypertensive nephrosclerosis often remains silent in its early stages. It may first be detected by mild, usually non-nephrotic proteinuria, reduced concentrating ability, or a slowly progressive decline in renal function. Overt signs of CKD, such as elevated serum creatinine, anemia, or hypertension that becomes increasingly difficult to control, may only appear in more advanced stages.

Progression is generally slow, but the risk of kidney failure is increased in Black patients or patients with severe or poorly controlled hypertension or diabetes. Prevention and management center on strict blood pressure control, which is the most effective measure to slow disease progression. ACE inhibitors and ARBs are preferred because of their renal protective effects, particularly in patients with concurrent proteinuria. Lifestyle interventions such as sodium restriction, weight management, and smoking cessation further contribute to risk reduction (Koubar et al., 2023).

SUMMARY CONCEPTS

GN refers to inflammatory and immune-mediated disorders that affect the glomeruli. It is the second leading cause of kidney failure worldwide and ranks third, after diabetes and hypertension, as a cause of CKD in the United States. Glomerular disease may occur as a primary condition, limited to the kidneys, or as a secondary manifestation of systemic disorders such as SLE, diabetes, or hypertension. Most forms of primary and many secondary glomerular diseases have an immune origin.

The clinical syndromes of glomerular disease are classically grouped into five categories: nephritic syndromes, RPGN, nephrotic syndrome, isolated urinary abnormalities (hematuria, proteinuria), and chronic GN. Nephritic syndromes are defined by glomerular inflammation with hematuria, red cell casts, reduced GFR, oliguria, azotemia, and hypertension. Nephrotic syndrome reflects increased glomerular permeability and is characterized by massive proteinuria, hypoalbuminemia, edema, hyperlipidemia, and lipiduria. Isolated hematuria and proteinuria may remain unrecognized for years, while chronic GN represents the progressive outcome of various glomerular injuries.

Tubulointerstitial Disorders

Tubulointerstitial disorders involve injury to the renal tubules and surrounding interstitial tissue. They can be acute, presenting with interstitial edema and sudden loss of tubular function (as in acute pyelonephritis [APN] or drug-induced hypersensitivity), or chronic, characterized by interstitial fibrosis, tubular atrophy, and slow progression to kidney disease. Because the tubules play a key role in electrolyte and acid–base balance, early manifestations often include polyuria, nocturia, impaired urine concentration, and metabolic acidosis (Sahutoglu & Perazella, 2025).

Renal Tubular Acidosis

Renal tubular acidosis (RTA) refers to a group of disorders in which the kidneys fail to appropriately reabsorb bicarbonate or excrete hydrogen ions, resulting in chronic metabolic acidosis. RTA may lead to complications such as bone demineralization, kidney stones, and growth retardation in children.

The three major types are as follows:

- **Proximal (type 2) RTA**: Due to impaired bicarbonate reabsorption in the proximal tubule
- **Distal (type 1) RTA**: Due to impaired hydrogen ion secretion in the distal nephron
- **Hyperkalemic (type 4) RTA**: Due to aldosterone deficiency or resistance, with impaired sodium reabsorption and reduced hydrogen and potassium secretion (Kunchur et al., 2024).

Proximal (Type 2) RTA

Proximal RTA occurs when the proximal tubule cannot effectively reabsorb filtered bicarbonate. This results in urinary bicarbonate wasting until plasma bicarbonate stabilizes at a lower-than-normal level (generally >15 mEq/L, so acidosis is usually mild to moderate. Sodium loss in the urine triggers activation of aldosterone, promoting potassium loss and leading to hypokalemia (Medeiros et al., 2022).

Proximal RTA may occur as an isolated hereditary or acquired defect, but more often it is part of Fanconi syndrome, a generalized proximal tubular dysfunction. In Fanconi syndrome, bicarbonate wasting is accompanied by impaired reabsorption of glucose, amino acids, phosphate, and uric acid. Affected children often develop growth retardation, rickets/osteomalacia, and vitamin D abnormalities in addition to acidosis (Medeiros et al., 2022).

Diagnosis is based on laboratory evidence of metabolic acidosis with low plasma bicarbonate, hypokalemia, and urine studies showing inappropriate bicarbonate loss. Treatment includes oral alkali therapy (bicarbonate or citrate), often at higher doses than in distal RTA because much of the replacement is lost in the urine. Potassium supplements are typically required because alkali therapy increases urinary potassium losses. Children require careful correction of acidosis to prevent growth failure, along with vitamin D and phosphate supplementation when bone disease is present. Adults may also require alkali therapy but generally have milder disease (Medeiros et al., 2022).

Distal (Type 1) RTA

Distal RTA originates in the distal tubule and collecting duct, where hydrogen ions are normally secreted and urine is acidified. A defect in this process results in the inability to lower urine pH appropriately, leading to chronic metabolic acidosis (Wagner et al., 2023).

Distal RTA results from impaired H^+ secretion in the distal nephron. Because H^+ secretion is linked to sodium reabsorption, the defect leads to sodium bicarbonate loss in the urine, extracellular volume contraction, and compensatory aldosterone activation. This, in turn, promotes potassium wasting and hypokalemia. Chronic acidosis is buffered by bone, resulting in calcium release, hypercalciuria, bone demineralization, nephrocalcinosis, and nephrolithiasis. Distal RTA may occur as a hereditary disorder or be acquired from autoimmune diseases (e.g., Sjögren syndrome, rheumatoid arthritis), chronic interstitial nephritis, or nephrotoxic drugs (Wagner et al., 2023).

Patients present with hyperchloremic metabolic acidosis, hypokalemia, polyuria, and an inability to acidify the urine (urine pH >5.5). Long-standing acidosis may cause osteomalacia or rickets, bone pain, impaired growth in children, kidney stones, and nephrocalcinosis.

Diagnosis is based on clinical lab evidence of metabolic acidosis with a normal anion gap, hypokalemia, and failure of urine pH to fall below 5.5 despite systemic acidosis. Long-term treatment consists of alkali supplementation (bicarbonate or potassium citrate) to correct acidosis, reduce bone and kidney complications, and normalize potassium levels. Children require higher doses to support bone growth. Potassium citrate is often preferred when recurrent kidney stones are present (Wagner et al., 2023).

Hyperkalemic (Type 4) RTA

Type 4 RTA is caused by aldosterone deficiency or resistance to its effects in the distal nephron. Aldosterone normally promotes sodium reabsorption in exchange for potassium and hydrogen ion secretion. When aldosterone is absent or its action is impaired, there is reduced potassium and hydrogen ion excretion, leading to hyperkalemia and metabolic acidosis (Lagunas-Muñoz & Muñoz, 2022).

Causes include primary adrenal insufficiency (Addison disease), hyporeninemic hypoaldosteronism, tubulointerstitial kidney disease, and drugs that interfere with the RAAS, such as ACE inhibitors, ARBs, potassium-sparing diuretics, NSAIDs, and calcineurin inhibitors.

Type 4 RTA typically presents with mild, non-anion gap (hyperchloremic) metabolic acidosis and persistent hyperkalemia. Unlike proximal or distal RTA, patients usually do not develop nephrolithiasis, nephrocalcinosis, or severe bone disease. Symptoms are often related to hyperkalemia (muscle weakness, arrhythmia risk) rather than acidosis itself.

Diagnosis is based on laboratory findings of hyperkalemia, metabolic acidosis, and relatively preserved GFR (i.e., not explained solely by advanced kidney failure). Plasma renin and aldosterone measurements may help identify hypoaldosteronism. Treatment depends on the underlying cause and may include discontinuation of the offending medications, dietary potassium restriction, mineralocorticoid replacement, loop or thiazide diuretics, or oral alkali (bicarbonate) therapy (Lagunas-Muñoz & Muñoz, 2022).

Pyelonephritis

Pyelonephritis refers to infection of the renal pelvis and parenchyma. It may occur in an acute form, usually due to ascending infection from the lower urinary tract, or in a chronic form, often related to reflux or obstructive abnormalities.

Acute Pyelonephritis

Acute pyelonephritis (APN) is an upper UTI involving the renal parenchyma and pelvis. Risk is increased in conditions that impair host defenses or urine flow, including diabetes, urinary obstruction, catheterization or instrumentation, pregnancy, and vesicoureteral reflux. A severe complication is papillary necrosis, especially in people with diabetes or obstruction.

Etiology

Most cases are caused by gram-negative bacteria, particularly *Escherichia coli*. Other pathogens include *Proteus*, *Klebsiella*, *Enterobacter*, and *Pseudomonas*. In rare cases, *S. aureus* may reach the kidney via the bloodstream. Immunocompromised individuals may develop atypical infections, including fungal (e.g., *Candida*). Risk factors for cystitis, which predispose one to APN, include sexual activity or a new sexual partner, personal or maternal history of UTIs, spermicide exposure, genetic predisposition, and diabetes. Factors that disrupt urinary function will also increase risk, including vesicoureteral reflux, renal calculi, congenital urinary tract anomalies, altered bladder function, pregnancy, or mechanical obstruction.

Clinical Manifestations

Typical features include abrupt onset of fever, chills, flank or costovertebral angle pain, and lower urinary tract symptoms (dysuria, frequency, urgency). Nausea, vomiting, and abdominal pain are also common. Palpation or percussion of the flank often elicits tenderness (Smith et al., 2022).

Diagnosis and Treatment

In the majority of patients, uncomplicated APN is diagnosed clinically and responds well to treatment with appropriate antibiotics. Some patients have a higher risk of developing complications from UTIs. These include individuals with a history of pyelonephritis, poor response to treatment for lower UTIs, diabetes, prior renal surgery, advanced age, pregnancy, structural abnormalities of the urinary tract, renal transplant recipients, and those who are immunocompromised. Delayed diagnosis can also increase the risk, sometimes leading to acute renal abscess formation. In such high-risk cases, imaging is often required, with contrast-enhanced CT urography or magnetic resonance imaging (MRI) commonly used to evaluate the extent of disease (Smith et al., 2022).

APN is treated with appropriate antimicrobial therapy, guided by urine culture and sensitivity testing. Many patients improve within 48 to 72 hours of therapy. Uncomplicated cases may be treated with 7 to 10 days of antibiotics, while complicated cases may require hospitalization, intravenous therapy, and longer treatment courses. Supportive management includes hydration and pain control (Smith et al., 2022).

Chronic Pyelonephritis

Chronic pyelonephritis is a progressive renal disorder marked by scarring, deformation, and atrophy of renal calyces and the renal pelvis (Fig. 26-9). It typically develops as a consequence of recurrent or persistent kidney infections superimposed on underlying structural abnormalities such as vesicoureteral reflux or obstructive uropathy. Reflux nephropathy, most often caused by congenital vesicoureteral reflux in children, is the most common cause, but obstruction from stones, strictures, or prostatic disease may also contribute. The condition is often patchy, with irregular cortical scars that correspond to areas of prior infection and reflux (Tolmasov & Shukurov, 2025).

Clinical Manifestations

Chronic pyelonephritis may present insidiously, sometimes with few acute symptoms, or as a history of

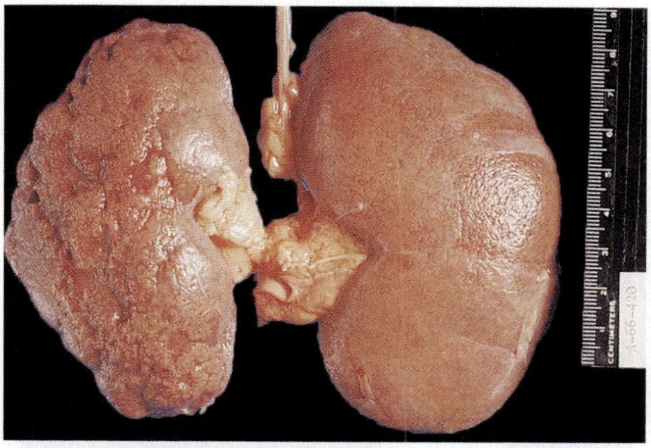

FIGURE 26-9. Chronic pyelonephritis in an adult. Irregular, coarse, depressed scars on the cortical surface of the left kidney are easily appreciated with the capsule stripped. (From Jennette, J. C., D'Agati, V. D., Olson, J. L., & Silva, F. G. [2022]. *Heptinstall's pathology of the kidney* [7th ed.]. Wolters Kluwer; Fig. 24-16.)

recurrent acute infections. As tubular structures become progressively damaged, patients may develop impaired concentrating ability, leading to polyuria and nocturia. Low-grade proteinuria is common, and hypertension often emerges, further accelerating renal injury. In advanced disease, progressive scarring and tubular atrophy result in reduced kidney size and can ultimately cause CKD and end-stage kidney failure (Tolmasov & Shukurov, 2025).

Diagnosis and Management

Diagnosis is based on a combination of history, laboratory findings, and imaging studies. Ultrasound or CT imaging may reveal small, irregular kidneys with areas of cortical thinning and scarring. Urinalysis may show mild proteinuria, pyuria, or bacteriuria. Management focuses on preventing further infections, correcting underlying reflux or obstruction, and controlling hypertension to slow disease progression (Tolmasov & Shukurov, 2025).

Drug-Related Nephropathies

Drug-related nephropathies are functional or structural kidney disorders that occur following exposure to medications or toxins. The kidneys are highly vulnerable because of their large blood flow, high filtration pressure, and active role in drug metabolism. Susceptibility to nephrotoxicity varies with age, hydration status, baseline renal function, blood pressure, and urinary pH. Older adults are particularly at risk due to age-related decline in renal reserve and the increased likelihood of polypharmacy. The danger of kidney injury is also greater when multiple nephrotoxic drugs are administered simultaneously (Sharma & Singh, 2023).

The mechanisms of drug-induced kidney injury are diverse. Some drugs reduce renal blood flow, impairing perfusion and filtration; examples include NSAIDs, radiocontrast agents, and calcineurin inhibitors such as cyclosporine and tacrolimus. Other agents can form crystals that obstruct the renal tubules, such as sulfonamides, high doses of vitamin C that produce oxalate, and certain antiviral drugs, including acyclovir and indinavir. Direct tubular toxicity is another pathway of injury, seen with aminoglycoside antibiotics, amphotericin B, cisplatin, and some newer chemotherapy agents. In addition, many drugs produce hypersensitivity reactions leading to acute interstitial nephritis. This form of injury was once associated primarily with sulfonamides but is now most often linked to beta-lactam antibiotics, proton pump inhibitors, NSAIDs, and diuretics (Sharma & Singh, 2023).

The clinical manifestations of drug-related nephropathies depend on the mechanism of injury. AKI with rising serum creatinine, changes in urine output, or electrolyte disturbances may be the first sign. In acute interstitial nephritis, patients may present with fever, rash, eosinophilia, hematuria, and mild proteinuria, with approximately half of cases progressing to acute kidney failure. Chronic drug exposure can lead to tubulointerstitial nephritis, fibrosis, and progressive renal insufficiency. NSAID-related nephrotoxicity can produce a wide spectrum of disorders, ranging from acute hemodynamic failure due to prostaglandin inhibition to chronic interstitial nephritis and papillary necrosis (Sharma & Singh, 2023).

Diagnosis of drug-related nephropathies relies on the recognition of recent drug exposure in combination with laboratory findings of renal dysfunction. In selected cases, a kidney biopsy may be performed to confirm interstitial nephritis or to clarify the mechanism of injury. Treatment focuses on discontinuing the offending drug, ensuring adequate hydration, and providing supportive management of renal dysfunction. Corticosteroids may be beneficial in severe or persistent cases of drug-induced interstitial nephritis, although their role remains individualized. Preventive strategies are essential, including adjusting drug doses for renal function, avoiding the combination of multiple nephrotoxic drugs, and ensuring adequate hydration before procedures that require radiocontrast agents (Sharma & Singh, 2023).

SUMMARY CONCEPTS

Tubulointerstitial diseases involve injury to the renal tubules and surrounding interstitium, often disrupting essential functions such as urine concentration, acid–base balance, and electrolyte regulation. These disorders include RTA, acute and chronic pyelonephritis, and drug-induced nephropathies. RTA encompasses systemic acidosis caused by tubular defects in bicarbonate reabsorption or hydrogen ion secretion, which may be proximal, distal, or due to aldosterone resistance. Pyelonephritis, an infection of the renal parenchyma and pelvis, may present acutely—most often from ascending lower UTIs—or progress to a chronic, scarring condition associated with reflux or obstruction. Drug-related nephropathies commonly result from direct tubular toxicity, reduced renal blood flow, crystal formation, or hypersensitivity reactions, with older adults particularly vulnerable. Collectively, tubulointerstitial disorders represent important causes of renal dysfunction that can range from reversible injury to progressive CKD.

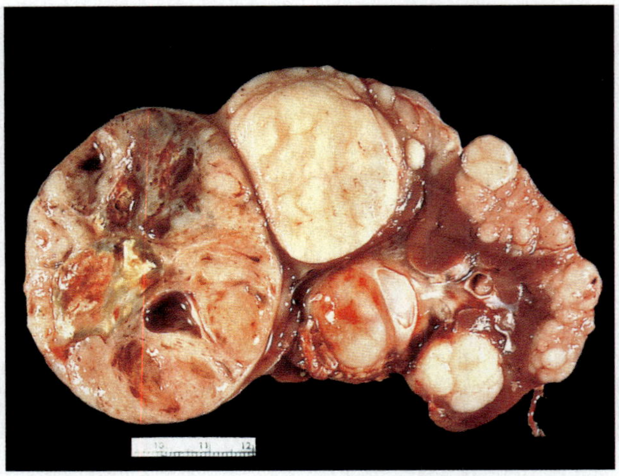

FIGURE 26-10. Multicentric Wilms tumor. (From Longacre, T. A. [2022]. *Mills and Sternberg's diagnostic surgical pathology* [7th ed.]. Wolters Kluwer; Fig. 43-7.)

Malignant Tumors of the Kidney

There are two major groups of malignant tumors of the kidney: embryonic kidney tumors, most notably Wilms tumor, which occurs during childhood, and renal cell carcinoma (RCC), which occurs in adults.

Wilms Tumor

Wilms tumor, or **nephroblastoma**, is the most common malignant kidney tumor in children. It typically presents before the age of 5 years, with the majority of diagnoses occurring before the age of 3 years. The tumor may occur in one or both kidneys, with bilateral involvement in approximately 5% of sporadic cases and up to 20% of familial cases. Histologically, Wilms tumor is composed of blastemal, stromal, and epithelial elements that resemble normal fetal tissue. An important feature of Wilms tumor is its frequent association with congenital anomalies such as aniridia (absence of the iris), hemihypertrophy, and other abnormalities of the genitourinary tract. Several chromosomal abnormalities have been implicated, particularly mutations in the WT1 gene located on chromosome 11, which encodes a transcription factor critical for normal kidney development. Although genetic and epigenetic alterations are recognized, they explain only a small percentage of cases (Neagu et al., 2025).

Wilms tumor usually presents as a solitary, well-demarcated, and sometimes encapsulated renal mass, often growing large enough to distort kidney structure (Fig. 26-10). The tumors are typically staged using the National Wilms Tumor Study Group classification:

- Stage I tumors are limited to the kidney and can be excised with the capsular surface intact.
- Stage II tumors extend into the renal capsule but remain resectable.
- Stage III tumors extend into the abdomen but not beyond.
- Stage IV tumors metastasize hematogenously, most commonly to the lungs.
- Stage V tumors involve both kidneys at diagnosis (Balis et al., 2025).

The most common presenting sign is a large, abdominal mass, without other symptoms, which may be discovered incidentally by a caregiver. Hypertension, abdominal pain, vomiting, or hematuria may also occur.

Treatment typically includes nephrectomy with careful handling to avoid rupture of the tumor capsule, followed by chemotherapy and, in some cases, radiation therapy. Prognosis is strongly influenced by stage, histology, and molecular features at the time of diagnosis. With modern therapy, the 5-year survival rate approaches 90%, though outcomes are poorer for children with diffuse anaplasia or advanced disease (Neagu et al., 2025).

Renal Cell Carcinoma

RCC is the most common malignant tumor of the kidney in adults, accounting for approximately 90% of all primary renal cancers. The incidence peaks in the sixth and seventh decades of life, and the increased use of imaging studies such as ultrasonography, CT, and MRI has led to earlier and more frequent detection. RCC typically arises from the renal tubular epithelium and demonstrates considerable variation in histology, molecular changes, and clinical behavior (Young et al., 2024).

Etiology and Pathogenesis

The exact cause of RCC remains unclear, but several epidemiologic risk factors have been identified. Cigarette smoking is the most consistently established risk factor, and obesity, particularly in females, is also strongly associated. In addition, individuals with acquired cystic kidney disease secondary to chronic renal insufficiency are at increased risk. Several subtypes of RCC are now recognized, reflecting differences in cellular origin and molecular alterations. Clear-cell carcinoma, which accounts for 70% to 75% of cases, arises from proximal tubular epithelial cells, typically shows deletions of chromosome 3p, and is often aggressive (Fig. 26-11). Papillary RCC

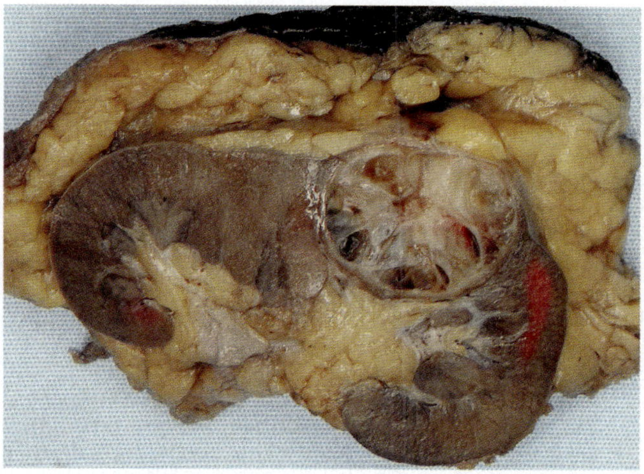

FIGURE 26-11. Clear-cell papillary renal cell carcinoma (RCC) may form solid or cystic tumors that are not necessarily golden-yellow–like clear-cell RCC. This mass forms a solid and cystic lesion with white areas that slightly bulge beyond the contour of the kidney. (From Wobker, S. E., & Williamson, S. R. [2021]. *Atlas of genitourinary pathology*. Wolters Kluwer; Fig. 3-82.)

accounts for 10% to 15% of cases, tends to be multifocal or bilateral, and is associated with trisomies 7, 16, and 17. Chromophobe RCC represents about 5% of cases, usually arising from intercalated cells of the collecting ducts and generally carrying a better prognosis. Collecting duct carcinomas are rare, highly aggressive tumors that arise in the renal medulla, often affecting younger patients (Young et al., 2024).

Clinical Manifestations

RCC is often clinically silent during its early stages, with symptoms typically appearing only once the disease is advanced. The classic triad of hematuria, flank pain, and a palpable flank mass occurs in only a minority of patients, but hematuria—either gross or microscopic—is the most common presenting feature and an important diagnostic clue. Other nonspecific symptoms, such as weight loss, fever, or paraneoplastic syndromes (e.g., erythrocytosis due to erythropoietin secretion, hypercalcemia, or hypertension), may also occur. Because of the widespread use of imaging for unrelated conditions, many renal tumors are now detected incidentally before symptoms develop (Young et al., 2024).

Diagnosis and Treatment

Diagnosis of RCC is suspected in the presence of hematuria or an abdominal mass and is confirmed through imaging studies such as CT or ultrasonography. MRI is particularly useful when tumor extension into the renal vein or inferior vena cava is suspected. RCC is staged using the American Joint Committee on Cancer (AJCC) tumor–node–metastasis (TNM) system, which guides treatment and prognosis (Ganeshan et al., 2023).

Surgical resection remains the cornerstone of treatment. Radical nephrectomy with lymph node dissection is the standard for localized disease, while nephron-sparing surgery (partial nephrectomy) is increasingly performed, particularly for small or bilateral tumors. For advanced or metastatic RCC, systemic therapies have significantly evolved. Traditional chemotherapy and radiation are largely ineffective, but targeted therapies such as tyrosine kinase inhibitors (e.g., sunitinib, pazopanib), vascular endothelial growth factor (VEGF) inhibitors, and mechanistic target of rapamycin (mTOR) inhibitors have improved outcomes. More recently, immune checkpoint inhibitors (e.g., nivolumab, pembrolizumab, ipilimumab) have become standard in the management of advanced disease, often used alone or in combination with targeted therapy. Prognosis is highly dependent on the stage at diagnosis, histologic subtype, and response to systemic therapy (Young et al., 2024).

SUMMARY CONCEPTS

There are two major groups of renal neoplasms: embryonic kidney tumors, such as Wilms tumor, which occur in childhood, and RCC, which occurs in adults. Wilms tumor is one of the most common malignant tumors in children, typically presenting with a large abdominal mass and, in some cases, hypertension. Treatment involves surgery combined with chemotherapy and, occasionally, radiation therapy. With modern multimodal therapy, the long-term survival rate for Wilms tumor is approximately 90%.

Renal cancers account for about 3% of all malignancies, with peak incidence in the sixth and seventh decades of life. RCC represents 80% to 90% of kidney tumors and is characterized by a lack of early warning signs, diverse clinical manifestations, and resistance to conventional chemotherapy and radiation therapy. Increasing use of imaging studies has led to more frequent incidental detection of renal tumors in individuals without symptoms. Diagnosis typically involves ultrasonography, CT, or MRI. Surgical resection remains the treatment of choice, with prognosis strongly influenced by the stage at diagnosis. The 5-year survival rate approaches 90% for tumors confined to the renal capsule but decreases substantially in the presence of metastatic disease.

Integrating Clinical Decision Making

A 46-year-old male presents to the emergency department with the sudden onset of severe right flank pain radiating to the groin. He is restless, nauseated, and reports difficulty finding a comfortable position. He notes dark urine earlier in the day. His past history includes hypertension and low fluid intake due to a busy work schedule. Vital signs show

BP 148/92 mm Hg, HR 102 bpm, and temperature 99.1°F. Urinalysis reveals microscopic hematuria. A CT scan shows a 4 mm stone in the right ureter with mild hydronephrosis.

1. What is the most likely pathophysiologic mechanism causing this patient's acute symptoms?
2. Which three conditions are necessary for kidney stone formation in this patient?

Two weeks later, the patient returns with persistent fatigue, facial puffiness, and decreased urine output. He reports a recent sore throat that resolved without treatment. BP is 162/96 mm Hg. Urinalysis reveals hematuria, mild proteinuria, and red blood cell (RBC) casts. Labs show elevated creatinine and low C3 complement levels.

3. What is the most likely diagnosis, and what underlying mechanism is responsible?
4. How do the clinical features of nephritic syndrome in this patient differ from those of nephrotic syndrome?

REFERENCES

Akram, M., Jahrreiss, V., Skolarikos, A., Geraghty, R., Tzelves, L., Emilliani, E., Davis, N. F., & Somani, B. K. (2024). Urological guidelines for kidney stones: Overview and comprehensive update. *Journal of Clinical Medicine*, *13*(4), 1114. https://doi.org/10.3390/jcm13041114

American Kidney Foundation. (2025). *Glomerulonephritis (glomerular disease)*. https://www.kidneyfund.org/all-about-kidneys/other-kidney-diseases/glomerulonephritis-glomerular-disease#what-is-glomerulonephritis

Balis, F., Green, D. M., Armstrong, A., Aye, J., Benedetti, D., Brown, B., Brown, E., Cook, S., Desai, A., Dhillon, J., Fair, D., Geynisman, D. M., Hiniker, S., Horst, K., Jasty-Rao, R., Just, M., Kieran, K., Lin, C., MacEwan, I., … Sliker, B. (2025). Wilms tumor, version 2.2025, NCCN clinical practice guidelines in oncology. *Journal of the National Comprehensive Cancer Network*, *23*(8), 319–342. https://doi.org/10.6004/jnccn.2025.0037

Chavez, E., Goncalves, S., Rheault, M. N., & Fornoni, A. (2024). Alport syndrome. *Advances in Kidney Disease and Health*, *31*(3), 170–179. https://doi.org/10.1053/j.akdh.2024.02.004

Chevet, B., Cornec, D., Casal Moura, M., Cornec-Le Gall, E., Fervenza, F. C., Warrington, K. J., Specks, U., & Berti, A. (2022). Diagnosing and treating ANCA-associated vasculitis: An updated review for clinical practice. *Rheumatology*, *62*(5), 1787–1803. https://doi.org/10.1093/rheumatology/keac623

Cleveland Clinic. (2023). *Hydronephrosis*. https://my.clevelandclinic.org/health/diseases/15417-hydronephrosis

Duong, M. D., & Reidy, K. J. (2022). Acute postinfectious glomerulonephritis. *Pediatric Clinics of North America*, *69*(6), 1051–1078. https://doi.org/10.1016/j.pcl.2022.08.001

Ganeshan, D., Khatri, G., Ali, N., Avery, R., Caserta, M. P., Chang, S. D., De Leon, A. D., Gupta, R. T., Lyshchik, A., Michalski, J., Nicola, R., Pierorazio, P. M., Purysko, A. S., Smith, A. D., Taffel, M. T., & Nikolaidis, P. (2023). ACR Appropriateness Criteria® staging of renal cell carcinoma: 2022 update. *Journal of the American College of Radiology*, *20*(5), S246–S264. https://doi.org/10.1016/j.jacr.2023.02.008

Grases, F., Tomàs Nadal, F., Julià Florit, F., & Costa-Bauza, A. (2024). Cystine renal calculi: New aspects related to their formation and development. *Journal of Clinical Medicine*, *13*(10), 2837. https://doi.org/10.3390/jcm13102837

Gregorio, V. D., Caparali, E. B., Shojaei, A., Ricardo, S., & Barua, M. (2023). Alport syndrome: Clinical spectrum and therapeutic advances. *Kidney Medicine*, *5*(5), 100631. https://doi.org/10.1016/j.xkme.2023.100631

Gupta, R. T., Kalisz, K., Khatri, G., Caserta, M. P., Catanzano, T. M., Chang, S. D., De Leon, A. D., Gore, J. L., Nicola, R., Prabhakar, A. M., Savage, S. J., Shah, K. P., Surabhi, V. R., Taffel, M. T., Valente, J. H., Yoo, D. C., & Nikolaidis, P. (2023). ACR appropriateness criteria® acute onset flank pain-suspicion of stone disease (urolithiasis). *Journal of the American College of Radiology*, *20*(11), S315–S328. https://doi.org/10.1016/j.jacr.2023.08.020

Halinski, A., Bhatti, K. H., Boeri, L., Cloutier, J., Davidoff, K., Elqady, A., Fryad, G., Gadelmoula, M., Hui, H., Petkova, K., Popov, E., Rawa, B., Saltirov, I., Spivacow, F. R., Hameed, B. M., Arkusz, K., Trinchieri, A., & Buchholz, N. (2022). Spectrum of bacterial pathogens from urinary infections associated with struvite and metabolic stones. *Diagnostics*, *13*(1), 80. https://doi.org/10.3390/diagnostics13010080

Hashmi, M. S., & Pandey, J. (2023, August 8). Nephritic syndrome. In *StatPearls* [Internet]. StatPearls Publishing. https://www.ncbi.nlm.nih.gov/books/NBK562240/

Jha, R., Lopez-Trevino, S., Kankanamalage, H. R., & Jha, J. C. (2024). Diabetes and renal complications: An overview on pathophysiology, biomarkers and therapeutic interventions. *Biomedicines*, *12*(5), 1098. https://doi.org/10.3390/biomedicines12051098

Johnson, R. J., Sanchez Lozada, L. G., Lanaspa, M. A., Piani, F., & Borghi, C. (2023). Uric acid and chronic kidney disease: Still more to do. *Kidney International Reports*, *8*(2), 229–239. https://doi.org/10.1016/j.ekir.2022.11.016

Kachkoul, R., Benjelloun Touimi, G., El Mouhri, G., El Habbani, R., & Lahrichi, A. (2023). Pathophysiological aspects of renal stone formation and stone types. *Notulae Scientia Biologicae*, *15*(1), 11462. https://doi.org/10.55779/nsb15111462

Kang, E. (2022). Asymptomatic hematuria and proteinuria. In *Radiology illustrated: Nutcracker phenomenon and nutcracker syndrome* (pp. 267–276). Springer. https://doi.org/10.1007/978-981-16-6218-8_16

Kazi, A. M., & Hashmi, M. F. (2023, June 26). Glomerulonephritis. In *StatPearls* [Internet]. StatPearls Publishing. https://www.ncbi.nlm.nih.gov/books/NBK560644/

Keskinyan, V. S., Lattanza, B., & Reid-Adam, J. (2023). Glomerulonephritis. *Pediatrics in Review*, *44*(9), 498–512. https://doi.org/10.1542/pir.2021-005259

Kim, Y. H., Saha, M. K., Hu, Y., Kumar, S., Poulton, C. J., Hogan, S. L., Nachman, P., Jennette, J. C., Nast, C. C., & Mottl, A. K. (2023). Impact of diabetic lesions on pathology, treatment, and outcomes of glomerular diseases. *KIDNEY360*, *4*(10), 1445–1453. https://doi.org/10.34067/kid.0000000000000247

Koirala, A., Sharma, P. D., Jhaveri, K. D., Jain, K., & Geetha, D. (2024). Rapidly progressive glomerulonephritis. *Advances in Kidney Disease and Health*, *31*(6), 485–495. https://doi.org/10.1053/j.akdh.2024.08.006

Koubar, S. H., Garcia-Rivera, A., Mohamed, M. M., Hall, J. E., Hall, M. E., & Hassanein, M. (2023). Underlying mechanisms and treatment of hypertension in glomerular diseases. *Current Hypertension Reports*, *26*(3), 119–130. https://doi.org/10.1007/s11906-023-01287-9

Kronbichler, A., Bajema, I., Geetha, D., & Säemann, M. (2023). Novel aspects in the pathophysiology and diagnosis of glomerular diseases. *Annals of the Rheumatic Diseases*, *82*(5), 585–593. https://doi.org/10.1136/ard-2022-222495

Kronbichler, A., Bajema, I. M., Bruchfeld, A., Mastroianni Kirsztajn, G., & Stone, J. H. (2024). Diagnosis and management of ANCA-associated vasculitis. *The Lancet*, *403*(10427), 683–698. https://doi.org/10.1016/s0140-6736(23)01736-1

Kunchur, M. G., Mauch, T. J., Parkanzky, M., & Rahilly, L. J. (2024). A review of renal tubular acidosis. *Journal of Veterinary Emergency and Critical Care*, *34*(4), 325–355. https://doi.org/10.1111/vec.13407

Lagunas-Muñoz, J., & Muñoz, R. (2022). Hyperkalemic renal tubular acidosis (RTA type IV). In R. Muñoz (Ed.), *Renal tubular acidosis in children* (pp. 125–142). Springer. https://doi.org/10.1007/978-3-030-91940-5_10

Leslie, S. W., Murphy, P. B., & Sajjad, H. (2024, April 20). Renal calculi, nephrolithiasis. In *StatPearls* [Internet]. StatPearls Publishing. https://www.ncbi.nlm.nih.gov/books/NBK442014/

Levin, A., Okpechi, I. G., Caskey, F. J., Yang, C.-W., Tonelli, M., & Jha, V. (2023). Perspectives on early detection of chronic kidney disease: The facts, the questions, and a proposed framework for 2023 and beyond. *Kidney International*, *103*(6), 1004–1008. https://doi.org/10.1016/j.kint.2023.03.009

Li, Y., Yu, X., Zhang, W., Lv, J., Lan, P., Wang, Z., Sun, J., Xie, L., Lu, W., Feng, X., Jiang, H., & Zhang, Y. (2022). Epidemiological characteristics and pathological changes of primary glomerular diseases. *PLoS One*, *17*(8), e0272237. https://doi.org/10.1371/journal.pone.0272237

Lichtnekert, J., & Anders, H.-J. (2024). Lupus nephritis-related chronic kidney disease. *Nature Reviews Rheumatology*, *20*(11), 699–711. https://doi.org/10.1038/s41584-024-01158-w

Luo, R., Yang, K. T., Wang, F., Zheng, H., & Yang, T. (2024). Collecting duct pro(renin) receptor contributes to unilateral ureteral obstruction–induced kidney injury via activation of the intrarenal RAS. *Hypertension*, *81*(10), 2152–2161. https://doi.org/10.1161/hypertensionaha.123.21740

Mayo Clinic. (2024). *Glomerulonephritis*. https://www.mayoclinic.org/diseases-conditions/glomerulonephritis/symptoms-causes/syc-20355705

Medeiros, M., Guadarrama, O., & Muñoz, R. (2022). Proximal renal tubular acidosis (type II). In R. Muñoz (Eds), *Renal tubular acidosis in children* (pp. 101–109). Springer. https://doi.org/10.1007/978-3-030-91940-5_8

Miller, K. M., Van Beneden, C., McDonald, M., Hla, T. K., Wong, W., Pedgrift, H., Kaslow, D. C., Cherian, T., Carapetis, J. R., Scheel, A., Seale, A., Bowen, A. C., Moore, H. C., Lamagni, T., & Rodriguez-Iturbe, B. (2022). Standardization of epidemiological surveillance of acute poststreptococcal glomerulonephritis. *Open Forum Infectious Diseases*, *9*(Supplement_1), S57–S64. https://doi.org/10.1093/ofid/ofac346

National Kidney Foundation. (2025a). *Calcium kidney stones*. https://www.kidney.org/kidney-topics/calcium-kidney-stones

National Kidney Foundation. (2025b). *Kidney stone diet plan and prevention*. https://www.kidney.org/kidney-topics/kidney-stone-diet-plan-and-prevention

Neagu, M. C., David, V. L., Iacob, E. R., Chiriac, S. D., Muntean, F. L., & Boia, E. S. (2025). Wilms' tumor: A review of clinical characteristics, treatment advances, and research opportunities. *Medicina*, *61*(3), 491. https://doi.org/10.3390/medicina61030491

Nørregaard, R., Mutsaers, H. A., Frøkiær, J., & Kwon, T.-H. (2023). Obstructive nephropathy and molecular pathophysiology of renal interstitial fibrosis. *Physiological Reviews*, *103*(4), 2847–2892. https://doi.org/10.1152/physrev.00027.2022

O'Brien, F. (2025). *Postinfectious glomerulonephritis (PIGN)*. MSD Manual. https://www.msdmanuals.com/professional/genitourinary-disorders/glomerular-disorders/postinfectious-glomerulonephritis-pign

Patti, L., & Leslie, S. W. (2024). Acute renal colic. In *StatPearls* [Internet]. StatPearls Publishing. Updated December 23, 2024. https://www.ncbi.nlm.nih.gov/books/NBK431091/

Pérez-Aizpurua, X., Benavente, R. C., Serrano, G. B., Peral, J. M., Mañas, B. G. J., Jaumot, J. T., Blanco, J. R., Ospina, F. O., & Gonzalez-Enguita, C. (2024). Obstructive uropathy: Overview of the pathogenesis, etiology and management of a prevalent cause of acute kidney injury. *World Journal of Nephrology*, *13*(2), 93322. https://doi.org/10.5527/wjn.v13.i2.93322

Ponticelli, C., & Moroni, G. (2023). Nephrotic syndrome: Pathophysiology and consequences. *Journal of Nephrology*, *36*(8), 2179–2190. https://doi.org/10.1007/s40620-023-01697-7

Reggiani, F., L'Imperio, V., Calatroni, M., Pagni, F., & Sinico, R. A. (2023). Goodpasture syndrome and anti-glomerular basement membrane disease. *Clinical and Experimental Rheumatology*, *41*(4), 964–974. https://doi.org/10.55563/clinexprheumatol/tep3k5

Romagnani, P., Kitching, A. R., Leung, N., & Anders, H.-J. (2023). The five types of glomerulonephritis classified by pathogenesis, activity and chronicity (GN-AC). *Nephrology, Dialysis, Transplantation*, *38*(2), ii3–ii10. https://doi.org/10.1093/ndt/gfad067

Sahutoglu, T., & Perazella, M. A. (2025). Update on acute tubulointerstitial nephritis: Clinical features, immunologic insights, and diagnostic and treatment approaches. *Kidney International Reports*, *10*(6), 1643–1656. https://doi.org/10.1016/j.ekir.2025.03.050

Sestan, M., & Jelusic, M. (2023). Diagnostic and management strategies of IgA vasculitis nephritis/Henoch-Schönlein purpura nephritis in pediatric patients: Current perspectives. *Pediatric Health, Medicine and Therapeutics*, *14*, 89–98. https://doi.org/10.2147/phmt.s379862

Sharma, V., & Singh, T. G. (2023). Drug induced nephrotoxicity-A mechanistic approach. *Molecular Biology Reports*, *50*(8), 6975–6986. https://doi.org/10.1007/s11033-023-08573-4

Silverstone, L. (2025). *Urolithiasis*. Radiopaedia. https://radiopaedia.org/articles/urolithiasis

Smith, A. D., Nikolaidis, P., Khatri, G., Chong, S. T., De Leon, A. D., Ganeshan, D., Gore, J. L., Gupta, R. T., Kwun, R., Lyshchik, A., Nicola, R., Purysko, A. S., Savage, S. J., Taffel, M. T., Yoo, D. C., Delaney, E. W., & Lockhart, M. E. (2022). ACR Appropriateness Criteria® acute pyelonephritis: 2022 update. *Journal of the American College of Radiology*, *19*(11), S224–S239. https://doi.org/10.1016/j.jacr.2022.09.017

Stamellou, E., Seikrit, C., Tang, S. C., Boor, P., Tesař, V., Floege, J., Barratt, J., & Kramann, R. (2023). IgA nephropathy. *Nature Reviews Disease Primers*, *9*(1), 67. https://doi.org/10.1038/s41572-023-00476-9

Tamborino, F., Cicchetti, R., Mascitti, M., Litterio, G., Orsini, A., Ferretti, S., Basconi, M., De Palma, A., Ferro, M., Marchioni, M., & Schips, L. (2024). Pathophysiology and main molecular mechanisms of urinary stone formation and recurrence. *International Journal of Molecular Sciences*, *25*(5), 3075. https://doi.org/10.3390/ijms25053075

Thotakura, R., & Anjum, F. (2023, April 27). Hydronephrosis and hydroureter. In *StatPearls* [Internet]. StatPearls Publishing. https://www.ncbi.nlm.nih.gov/books/NBK563217

Tolmasov, R. T., & Shukurov, U. M. O. (2025). Modern treatment methods of kidney structure and chronic pyelonephritis. *American Journal of Pediatric Medicine and Health Sciences*, *3*(4), 264–271.

Verma, P. R., & Patil, P. (2024). Nephrotic syndrome: A review. *Cureus*, *16*(2), e53923. https://doi.org/10.7759/cureus.53923

Wagner, C. A., Unwin, R., Lopez-Garcia, S. C., Kleta, R., Bockenhauer, D., & Walsh, S. (2023). The pathophysiology of distal renal tubular acidosis. *Nature Reviews Nephrology*, *19*(6), 384–400. https://doi.org/10.1038/s41581-023-00699-9

Young, M., Jackson-Spence, F., Beltran, L., Day, E., Suarez, C., Bex, A., Powles, T., & Szabados, B. (2024). Renal cell carcinoma. *The Lancet*, *404*(10451), 476–491. https://doi.org/10.1016/s0140-6736(24)00917-6

CHAPTER 27

Acute Kidney Injury, Chronic Kidney Disease, and Lower Urinary Tract Dysfunction

Acute Kidney Injury

- Types of AKI
- Clinical Course of AKI
- Diagnosis and Treatment

Chronic Kidney Disease

- Guideline Evolution
- Classification of CKD
- Assessment of GFR and Other Indicators of Renal Function
- Clinical Manifestations
- Treatment

CKD in Children and Older Adults

- CKD in Children
- CKD in Older Adults

Disorders of the Bladder and Lower Urinary Tract

Urinary Tract Infections

- Etiology and Pathogenesis
- Clinical Manifestations
- Diagnosis and Treatment
- Infections in Special Populations

Control of Urine Elimination

- Bladder Structure
- Neural Control of Bladder Function
- Diagnostic Methods of Evaluating Bladder Structure and Function

Alterations in Bladder Function

- Lower Urinary Tract Obstruction and Stasis
- Neurogenic Bladder Disorders
- Urinary Incontinence

Cancer of the Bladder

- Etiology and Pathophysiology
- Clinical Manifestations
- Diagnosis, Staging, and Treatment

Learning Objectives

After completing this chapter, the learner will be able to meet the following objectives:

1. Describe acute kidney injury (AKI) in terms of common causes, treatment strategies, and potential outcomes.
2. Differentiate prerenal, intrarenal, and postrenal AKI based on mechanisms of development, clinical manifestations, and laboratory findings.
3. Identify the most common causes of chronic kidney disease (CKD) in adults.
4. Explain the physiologic mechanisms underlying complications of CKD, including alterations in fluid and electrolyte balance and disorders affecting skeletal, hematologic, cardiovascular, immune, neurologic, integumentary, and reproductive systems.
5. Explain the basis for altered drug metabolism and adverse drug reactions in people with CKD.
6. Describe possible complications of kidney transplantation, including immunologic rejection, infection, and medication-related effects.
7. List causes of CKD in children and describe unique challenges failure, including growth and developmental concerns.
8. Explain why CKD is more common in older adults and describe strategies to prevent or delay its progression in this population.
9. Trace the neural pathways regulating bladder function, including ascending sensory and descending motor connections between the detrusor muscle, external urinary sphincter, spinal cord, pontine micturition center, and cerebral cortex.

10. Identify and describe at least three urodynamic studies used to evaluate bladder function.
11. Describe causes of urinary tract obstruction and compensatory changes in bladder structure and function.
12. Differentiate spastic bladder storage dysfunction from flaccid bladder emptying dysfunction based on lesion level and pathophysiologic effects on bladder control.
13. Define urinary incontinence and differentiate between stress incontinence, urge/overactive bladder, and overflow incontinence.
14. Discuss urothelial carcinoma (bladder cancer), differentiating superficial (non–muscle invasive) from invasive disease in terms of bladder wall involvement, risk of progression, treatment options, and prognosis.
15. Identify the most common presenting sign of bladder cancer and describe its diagnostic significance.

Kidney failure is the inability of the kidneys to adequately remove metabolic wastes, regulate electrolytes and fluids, and maintain acid–base balance. It may result from primary renal disease, systemic illness, or urologic abnormalities. Acute kidney injury (AKI) develops suddenly and is often reversible if recognized early, whereas chronic kidney disease (CKD) represents a gradual, permanent loss of nephrons that progresses over years. Because of the kidneys' functional reserve, symptoms of CKD usually appear only after significant nephron loss, making it a major public health issue.

Disorders of the lower urinary tract are also common and clinically important. Urinary tract infections (UTIs) affect people across the lifespan and require special consideration in children, pregnant people, and older adults. Structural or neurologic abnormalities of the bladder may cause problems with storage or emptying, including incontinence and neurogenic bladder disorders, while bladder cancer remains one of the most significant urologic malignancies.

Together, kidney failure, CKD, and lower urinary tract disorders form a spectrum of conditions that impair renal and urologic health. Recognizing their causes, manifestations, and treatments is critical for effective management and improved patient outcomes.

Acute Kidney Injury

AKI is a rapid decline in renal function that develops within hours to days. It leads to accumulation of nitrogenous waste products and disruption of fluid, electrolyte, and acid–base balance. Unlike CKD, AKI is often reversible if the underlying cause is corrected before permanent damage occurs (Goyal et al., 2023).

AKI is a major complication in hospitalized patients, particularly in intensive care settings, where mortality rates range from 15% to 60%. Despite advances in dialysis and renal replacement therapies, overall survival has not improved significantly in recent decades. This is partly due to the increasing age of affected patients and the frequent association of AKI with sepsis, hypovolemia, drug toxicity, and cardiogenic shock (Turgut et al., 2023).

The most consistent indicators of AKI are **azotemia**—elevated levels of urea nitrogen, uric acid, and creatinine—and a reduction in the glomerular filtration rate (GFR). As kidney function declines, the ability to excrete waste and maintain fluid and electrolyte homeostasis becomes impaired (Goyal et al., 2023).

KEY POINTS

Acute Kidney Injury

- AKI is caused by conditions that produce an acute shutdown in renal function.
- It can result from decreased blood flow to the kidney (prerenal AKI), disorders that disrupt the structures in the kidney (intrarenal AKI), or disorders that interfere with the elimination of urine from the kidney (postrenal AKI).
- AKI, although it causes an accumulation of products normally cleared by the kidney, is a potentially reversible process if the factors causing the condition can be corrected.

Types of AKI

AKI can result from a variety of mechanisms, including reduced renal perfusion, ischemic or toxic injury to renal tubules, and obstruction of urinary outflow. These causes of AKI are traditionally classified as prerenal, intrarenal, and postrenal (Fig. 27-1). Collectively, prerenal

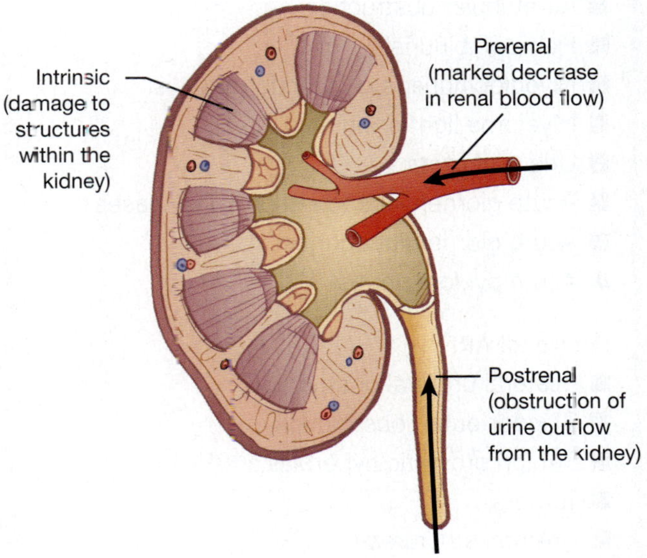

FIGURE 27-1. Types of acute kidney injury.

and intrarenal causes account for 80% to 95% of AKI patients (Goyal et al., 2023). Causes of AKI within these categories are summarized in Chart 27-1.

Prerenal AKI

Prerenal AKI, the most common form of AKI, results from a marked reduction in renal blood flow. It is usually reversible if recognized early and corrected before ischemic injury occurs. Causes include profound volume depletion (hemorrhage, dehydration, gastrointestinal (GI) losses, or burn-related fluid loss), impaired cardiac output (heart failure, cardiogenic shock), and systemic vasodilation with reduced effective circulating volume (sepsis, anaphylaxis). Older adults are particularly vulnerable due to their higher prevalence of vascular disease and predisposition to hypovolemia (Molitoris, 2022).

Several medications and vasoactive agents may precipitate prerenal AKI by altering renal autoregulation or inducing intrarenal vasoconstriction. Examples include calcineurin inhibitors (cyclosporine, tacrolimus), radiocontrast agents, and nonsteroidal anti-inflammatory drugs (NSAIDs). Drugs such as angiotensin-converting enzyme (ACE) inhibitors or angiotensin receptor blockers (ARBs) can further impair renal compensatory mechanisms, especially when combined with diuretics or underlying renovascular disease (Molitoris, 2022).

Under normal conditions, the kidneys receive 20% to 25% of the cardiac output, allowing for adequate waste excretion and fluid–electrolyte regulation. The kidneys can tolerate moderate reductions in blood flow, but when perfusion falls below approximately 20% to 25% of normal, oxygen delivery is insufficient and ischemic tubular injury develops. Because tubular epithelial cells have a high metabolic demand, they are particularly vulnerable. If hypoperfusion persists, prerenal AKI may progress to ischemic acute tubular injury (ATI), a form of intrinsic AKI associated with high morbidity and mortality (Molitoris, 2022).

Clinically, prerenal AKI is marked by oliguria and a disproportionate rise in blood urea nitrogen (BUN) compared with creatinine. The BUN-to-creatinine ratio typically increases above 20:1, reflecting enhanced reabsorption of urea during low-flow states while creatinine remains excreted. A fractional excretion of sodium (FeNa) less than 1% supports a prerenal process, indicating intact tubular function with appropriate sodium retention in response to reduced perfusion (Molitoris, 2022).

CHART 27-1

CAUSES OF ACUTE KIDNEY INJURY

Prerenal AKI

- Hypovolemia
- Hemorrhage
- Dehydration
- Gastrointestinal fluid losses
- Burn-related fluid losses
- Decreased vascular filling
- Anaphylactic shock
- Septic shock
- Heart failure and cardiogenic shock
- Sepsis, vasoactive mediators, certain drugs, and diagnostic agents reducing renal perfusion
- Renal artery stenosis/occlusion

Intrarenal (Intrinsic) AKI

- Acute tubular necrosis (ischemic or nephrotoxic)
- Prolonged renal ischemia
- Nephrotoxic drugs, heavy metals, and organic solvents
- Intratubular obstruction
- Hemoglobinuria
- Myoglobinuria (e.g., rhabdomyolysis)
- Myeloma light chain
- Uric acid casts
- Acute glomerular and interstitial diseases
- Acute glomerulonephritis
- Acute pyelonephritis

Postrenal AKI

- Bilateral ureteral obstruction
- Bladder outlet obstruction
- Benign prostatic hyperplasia (BPH)
- Tumors
- Urethral strictures

Intrarenal AKI

Intrarenal (intrinsic) AKI results from injury to structures within the kidney itself, including the glomeruli, vasculature, tubules, and interstitium. The most common causes are ischemia following prerenal AKI, exposure to nephrotoxins, and intratubular obstruction. Acute glomerulonephritis and acute pyelonephritis are also important intrarenal causes. Pathophysiologic mechanisms include intrarenal vasoconstriction, altered glomerular pressures, changes in capillary permeability, increased tubular hydrostatic pressure, and back leak of filtrate into the interstitium (Devarajan, 2023).

Acute Tubular Injury or Necrosis

Acute tubular injury (ATI) (historically called acute tubular necrosis [ATN]) is the most frequent cause of intrinsic AKI. It is characterized by damage to tubular epithelial cells, leading to acute suppression of renal function. ATI may be ischemic, toxic, or obstructive in origin (Fig. 27-2; Tenzi et al., 2022).

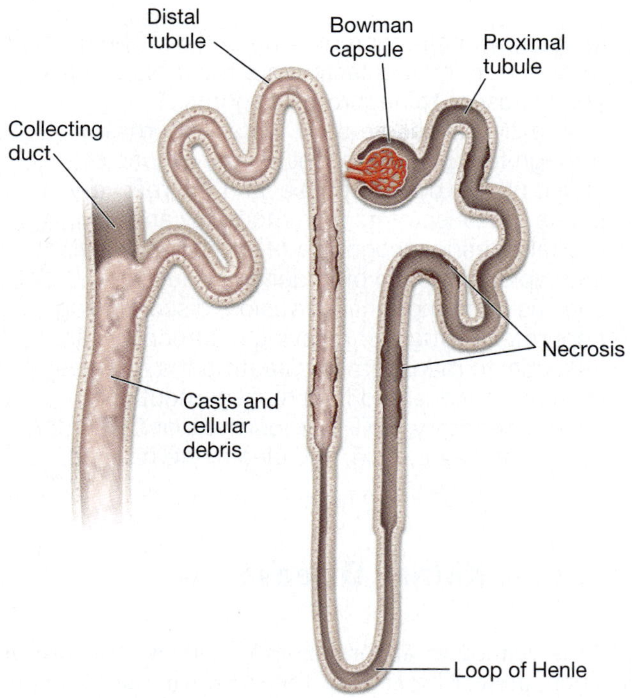

FIGURE 27-2. Acute tubular necrosis. Casts and cellular debris are shed into the tubular lumen in both ischemic necrosis and nephrotoxic injury. (From Nath, J., & Braun, C. (2002). *Applied pathophysiology* [4th ed]. Wolters Kluwer Health/Lippincott Williams & Wilkins; Fig. 18-4.)

Ischemic ATI most often occurs in people undergoing major surgery, trauma, severe hypovolemia, burns, or sepsis. Sepsis contributes both by producing systemic vasodilation and by releasing toxins that sensitize tubular cells to ischemic injury. Trauma and burns may also cause rhabdomyolysis and myoglobinuria, compounding renal damage. Unlike prerenal AKI, GFR does not improve promptly after restoration of blood flow once ischemic ATI has developed (Kwiatkowska et al., 2023).

Nephrotoxic ATI is caused by exposure to drugs and chemicals that injure tubular cells through vasoconstriction, direct toxicity, or intratubular precipitation. The kidney is especially vulnerable because of its high blood flow and ability to concentrate toxins. Common agents include aminoglycosides (gentamicin, tobramycin), vancomycin, cisplatin, amphotericin B, and radiocontrast media. The risk of contrast-associated AKI is greatest in older adults and people with preexisting kidney disease, diabetes, or volume depletion (Krishnan et al., 2024).

Obstructive ATI occurs when intratubular precipitation of substances blocks urine flow. Causes include hemoglobinuria from hemolysis, myoglobinuria from rhabdomyolysis, uric acid casts in tumor lysis syndrome, and light chain casts in multiple myeloma. Both myoglobin and hemoglobin can discolor urine (tea-colored to red brown), while urinalysis may reveal muddy brown granular casts (ATI), red blood cell casts (glomerulonephritis), or white blood cell casts with pyuria (tubulointerstitial nephritis) (Pérez-Aizpurua et al., 2024).

Postrenal AKI

Postrenal AKI results from obstruction of urine outflow anywhere along the urinary tract. Causes include ureteral obstruction (e.g., stones, strictures), bladder outlet obstruction (e.g., tumors, neurogenic bladder), and urethral obstruction, most commonly due to benign prostatic hyperplasia (BPH). Pelvic malignancies such as prostate, cervical, or colorectal cancer may also compress the ureters (Goyal et al., 2023).

In otherwise healthy kidneys, bilateral obstruction is usually required to produce AKI. However, unilateral obstruction can cause kidney failure in individuals with a solitary kidney or preexisting kidney disease. Obstruction increases retrograde pressure within the urinary tract, which is transmitted to the nephrons, reducing glomerular filtration and ultimately damaging renal structures.

The treatment of postrenal AKI is directed at relieving the obstruction and restoring urine flow before permanent nephron loss occurs. Prognosis depends on the cause, duration, and severity of the obstruction as well as the timeliness of intervention (Turgut et al., 2023).

Clinical Course of AKI

Regardless of the underlying cause, the clinical progression of AKI often follows four characteristic phases:

1. Onset Phase—Lasts hours to days and spans from the initial insult (ischemia, toxin exposure, or obstruction) to the development of tubular injury.
2. Oliguric (or Anuric) Phase—Typically lasts 1 to 2 weeks. Marked by decreased GFR and urine output (<400 mL/day in oliguria), leading to retention of urea, creatinine, potassium, and phosphate. Clinical consequences include fluid overload, edema, pulmonary congestion, and hypertension. Neurologic manifestations of uremia may progress from irritability and confusion to seizures, coma, and death. Hyperkalemia (>6 to 6.5 mEq/L) may produce electrocardiogram (ECG) changes and muscle weakness.
3. Diuretic Phase—Occurs as tubular function begins to recover. Urine output increases, sometimes up to several liters per day. Because tubular reabsorptive capacity remains impaired, large losses of sodium, potassium, and water may occur, placing patients at risk for dehydration and electrolyte disturbances. During this phase, BUN and creatinine may remain elevated despite rising urine output.
4. Recovery Phase—Tubular function and concentrating ability gradually improve. Fluid and electrolyte balance normalizes, and BUN and creatinine values return toward baseline. Recovery may take weeks to months, and some individuals are left with residual chronic kidney impairment (Kung & Chou, 2023).

Diagnosis and Treatment

Because of the high morbidity and mortality associated with AKI, prevention and early recognition are essential. People at greatest risk include those with preexisting kidney disease, diabetes, advanced age, or exposure to nephrotoxic agents such as NSAIDs, aminoglycosides, and radiocontrast media. Careful monitoring of urine output is critical, as oliguria often provides the earliest clinical clue (Kung & Chou, 2023).

Diagnostic evaluation includes urinalysis, which may reveal proteinuria, hemoglobinuria, or casts that suggest the underlying cause (e.g., muddy brown granular casts in tubular injury, red blood cell casts in glomerulonephritis). Measurement of urine osmolality, urinary sodium, and fractional excretion of sodium (FENa) helps distinguish prerenal states from intrinsic tubular injury, although results may be unreliable in patients on diuretics, with sepsis, or with CKD. In such cases, fractional excretion of urea (FEUrea) can provide additional information. Conventional serum markers such as creatinine and BUN remain widely used but are late indicators of kidney dysfunction and can be influenced by age, muscle mass, diet, and comorbidities. Newer biomarkers, including neutrophil gelatinase–associated lipocalin (NGAL), cystatin C, and kidney injury molecule-1 (KIM-1), show promise for earlier detection, though their clinical role is still evolving (Kung & Chou, 2023).

Treatment focuses on correcting the underlying cause of AKI, such as restoring renal perfusion, relieving obstruction, or discontinuing nephrotoxic medications. Fluid management is carefully individualized to maintain euvolemia, avoid fluid overload, and correct electrolyte imbalances. Preventing secondary complications, especially infections and metabolic derangements, is essential to improving outcomes.

When conservative measures fail to control nitrogenous waste accumulation or electrolyte and fluid balance, renal replacement therapy (RRT) is indicated. Hemodialysis and continuous renal replacement therapy (CRRT) are both effective. CRRT is particularly useful in critically ill patients with hemodynamic instability and allows for gradual solute and fluid removal, but it requires continuous monitoring and anticoagulation. While CRRT improves tolerance, it has not been shown to provide a mortality advantage over intermittent dialysis (Kung & Chou, 2023).

SUMMARY CONCEPTS

AKI is an acute, often reversible decline in kidney function that results in decreased GFR, accumulation of nitrogenous wastes in the blood (azotemia), and disturbances in fluid, electrolyte, and acid–base balance. AKI is a common complication in seriously ill patients, especially those in intensive care units, and carries a high mortality rate.

Causes of AKI are classified into three categories: prerenal, due to impaired renal blood flow; intrarenal (intrinsic), resulting from damage to kidney structures such as the tubules, glomeruli, or interstitium; and postrenal, caused by obstruction of urine outflow. The most frequent underlying factors are ischemia, sepsis, and exposure to nephrotoxic agents.

The clinical course of AKI often progresses through four phases: onset phase, oliguric or anuric phase, diuretic phase, and the recovery phase. Because of its high morbidity and mortality, early recognition of at-risk individuals and rapid correction of underlying causes—such as restoring renal perfusion, discontinuing nephrotoxic drugs, or relieving obstruction—are essential to management. Treatment strategies include individualized fluid management and, when necessary, RRT (hemodialysis or CRRT) for control of waste, fluid, and electrolyte balance.

Chronic Kidney Disease

CKD is defined as abnormalities of kidney structure or function, present for at least 3 months, with health implications. It represents a major global health problem that affects people across all ages, races, and socioeconomic groups. Its prevalence continues to rise alongside diabetes, hypertension, and obesity, which are the leading causes of CKD. In the United States, approximately 37 million adults—about 15% of the population—are estimated to have CKD, although the majority remain undiagnosed (Centers for Disease Control and Prevention [CDC], 2024). Millions more are considered at risk because of metabolic disease, cardiovascular disease (CVD), or older age.

Guideline Evolution

Because CKD is common and closely associated with other chronic diseases, standardized staging criteria are important for diagnosis, treatment, and outcome prediction. The National Kidney Foundation's Kidney Disease Outcomes Quality Initiative (KDOQI) first introduced a widely adopted CKD classification system based on GFR in 2002 (Levey et al., 2005). The Kidney Disease: Improving Global Outcomes (KDIGO) organization later expanded this framework by incorporating markers of kidney damage, such as albuminuria, and promoting a cause, GFR, albuminuria (CGA) approach that better predicts disease progression and complications (Stevens et al., 2024). KDIGO also established international consensus criteria for acute kidney injury (AKI), creating a standardized approach to the classification and management of kidney disease across the continuum of care (Stevens et al., 2024).

Classification of CKD

Diagnostic criteria for CKD include either a sustained reduction in GFR to below 60 mL/min/1.73 m^2 or evidence of kidney damage, such as albuminuria, abnormal urine sediment, or structural abnormalities on imaging. The current KDIGO classification integrates three components—cause, GFR category, and albuminuria category (the CGA system)—which together provide a more comprehensive staging approach and better prediction of complications and progression (Stevens et al., 2024).

GFR categories range from G1 (normal or high function, ≥90 mL/min/1.73 m^2) to G5 (kidney failure, <15 mL/min/1.73 m^2 or the need for dialysis or transplantation). Importantly, G1 and G2 are only considered CKD when other markers of kidney damage are present, since mildly reduced GFR may reflect normal aging. Albuminuria is staged separately (A1 to A3), with higher levels strongly associated with faster progression and increased risk of complications (KDIGO CKD Work Group, 2024; Ortiz et al., 2025).

Kidney failure is defined as either a GFR below 15 mL/min/1.73 m^2 or the need for RRT. Although the term *end-stage renal disease (ESRD)* is still used in U.S. Medicare policy, KDIGO and other international organizations increasingly prefer *kidney failure* to avoid confusion (Ortiz et al., 2025).

Regardless of the underlying cause, CKD represents a progressive and permanent loss of functioning nephrons, with gradual impairment of filtration, tubular function, and endocrine activity of the kidney (Fig. 27-3). As nephrons are destroyed, the remaining ones undergo hypertrophy and hyperfiltration, temporarily preserving kidney function. Over time, however, this adaptive response accelerates further injury and decline. Because of these compensatory mechanisms, symptoms of CKD often do not appear until the disease is advanced. The rate of progression varies widely, ranging from months to many years, depending on the underlying cause, comorbidities, and the effectiveness of interventions to slow decline (Borg et al., 2023).

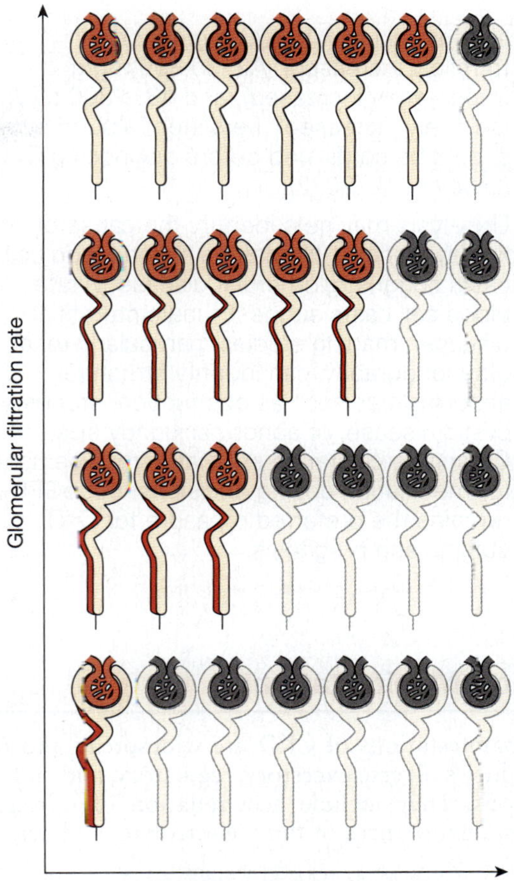

FIGURE 27-3. Relation of renal function and nephron mass. Each kidney contains about 1 million tiny nephrons. A proportional relation exists between the number of nephrons affected by a disease process and the resulting glomerular filtration rate.

KEY POINTS

Chronic Kidney Disease

- CKD represents the progressive decline in kidney function because of the permanent loss of nephrons.
- CKD can result from a number of conditions, including diabetes, hypertension, glomerulonephritis, and other kidney diseases.
- The GFR is considered the best measure of kidney function.

Assessment of GFR and Other Indicators of Renal Function

GFR is the best overall index of kidney function. In practice, GFR is estimated from serum markers rather than directly measured. Contemporary guidance recommends the race-free CKD-EPI 2021 creatinine equation (eGFRcr) for routine reporting; when greater accuracy is needed—particularly when eGFRcr is 45 to 59 mL/min/1.73 m^2 and albuminuria is less than 30 mg/g—confirmation with the combined creatinine–cystatin C equation (eGFRcr-cys) is advised. Laboratories are encouraged to report estimated GFR (eGFR) without a race coefficient, and clinicians can access NKF/NIDDK eGFR calculators based on these equations (Fu et al., 2024; Chart 27-2).

CHART 27-2

ASSESSMENT OF KIDNEY FUNCTION IN CLINICAL PRACTICE

- Estimated glomerular filtration rate (eGFR) is calculated from serum creatinine. Urine albumin-to-creatinine ratio (UACR) measures albumin in the urine and is used with eGFR to classify and stage CKD (American Kidney Fund, 2025).
- Albuminuria is an important marker of kidney damage and prognosis. KDIGO classifies

albuminuria as A1: <30 mg/g (normal to mildly increased); A2: 30-300 mg/g (moderately increased); and A3: >300 mg/g (severely increased). Persistent albuminuria should be confirmed before diagnosing CKD (Levey et al., 2022).

- Urinalysis may help identify the cause of kidney disease. Hematuria or red blood cell casts suggest glomerular disease. White blood cell casts suggest tubulointerstitial disease. Imaging studies, particularly renal ultrasonography, can identify structural abnormalities such as obstruction, stones, cystic disease, or abnormal kidney size. Creatinine clearance estimates may be used for medication dosing decisions, but eGFR remains the preferred measure for CKD staging and prognosis.

Clinical Manifestations

The manifestations of CKD are widespread and reflect the kidney's diverse excretory, regulatory, and endocrine functions. They include accumulation of nitrogenous wastes; disturbances of fluid, electrolyte, and acid–base balance; mineral and skeletal disorders; anemia and coagulation abnormalities; hypertension and cardiovascular complications; GI and neurologic dysfunction; disorders of skin integrity; and impaired immune function (Fig. 27-4). The severity and timing of these complications depend largely on the degree of kidney function remaining, usually expressed by eGFR, and on coexisting comorbidities. Many abnormalities appear well before kidney failure is reached (Kushner et al., 2024).

Accumulation of Nitrogenous Wastes

One of the earliest detectable changes in CKD is the accumulation of nitrogenous wastes in the blood, known as azotemia. Urea is often the first metabolite to rise, and BUN levels, normally about 7 to 20 mg/dL, progressively increase as CKD advances (Kushnirenko et al., 2023). In severe uremia, BUN may reach several hundred milligrams per deciliter if untreated. Creatinine, a by-product of muscle metabolism, is freely filtered by the glomerulus and minimally reabsorbed, making it a useful indicator of kidney function. Because creatinine production is relatively constant, serum creatinine is widely used to estimate GFR; however, it is influenced by factors such as muscle mass, age, sex, and diet. For this reason, modern practice relies on validated equations such as the CKD-EPI 2021 equation, sometimes in combination with cystatin C, to provide a more accurate estimation of kidney function (Kushnirenko et al., 2023).

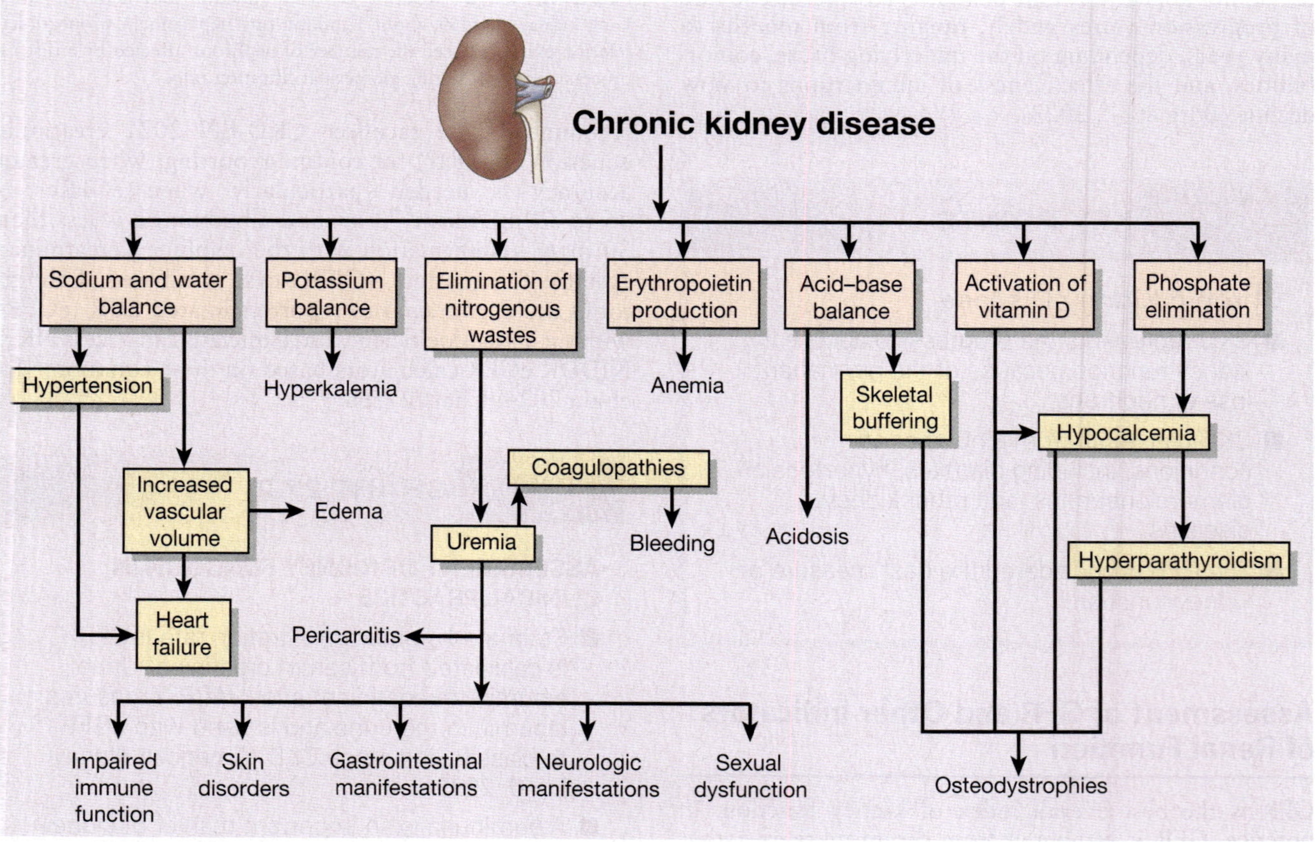

FIGURE 27-4. Mechanisms and manifestations of chronic kidney disease.

The clinical syndrome of advanced CKD is termed **uremia**, meaning "urine in the blood." Unlike azotemia, which refers simply to elevated nitrogenous waste levels, uremia encompasses the systemic manifestations of kidney failure. These include disturbances of fluid and electrolyte regulation, impaired endocrine functions such as erythropoietin (EPO) and vitamin D production, and the toxic effects of retained solutes on nearly every organ system. Early symptoms of uremia are often nonspecific—fatigue, weakness, nausea, and loss of appetite. As the disease progresses, more severe manifestations develop, including vomiting, pruritus, peripheral neuropathy, cognitive changes, and uremic encephalopathy. Without intervention with dialysis or kidney transplantation, progressive uremia ultimately leads to coma and death (Clementi & Virzì, 2022).

Fluid, Electrolyte, and Acid–Base Disorders

The kidneys regulate extracellular fluid volume through control of sodium and water excretion. In CKD, this ability becomes impaired, predisposing patients to either fluid overload or, less commonly, volume depletion. Early in the disease, a diminished capacity to concentrate or dilute urine leads to polyuria with isosthenuria, in which urine osmolality approximates plasma (specific gravity 1.008 to 1.012). As kidney function declines, sodium regulation becomes less adaptive. Patients may poorly tolerate sudden changes in sodium intake, with risks of both hyponatremia and hypernatremia. In advanced CKD, tubular sodium reabsorption is impaired, leading to salt wasting, though most patients require sodium restriction to control hypertension, proteinuria, and volume overload (Swift et al., 2022).

Potassium homeostasis is usually maintained until later stages of CKD through increased tubular secretion and enhanced GI excretion. Nevertheless, hyperkalemia may occur earlier in patients with diabetes, metabolic acidosis, tissue breakdown, or those receiving renin–angiotensin–aldosterone system (RAAS) inhibitors, potassium-sparing diuretics, or potassium supplements. Management typically includes dietary potassium restriction when eGFR falls below 30 mL/min/1.73 m^2 or when hyperkalemia develops (Mehmood et al., 2022).

The kidneys also regulate systemic acid–base balance by excreting hydrogen ions and generating bicarbonate. With progressive nephron loss, these mechanisms are impaired, resulting in metabolic acidosis. Serum bicarbonate levels often stabilize in the low-normal range due to buffering by bone, but this contributes to skeletal disease and muscle wasting. Persistent serum bicarbonate below 22 mmol/L is associated with faster CKD progression and higher mortality, and treatment with oral bicarbonate is recommended (Nagami & Kraut, 2024).

Disorders of Calcium and Phosphorus Metabolism and Bone Disease

Disruption of mineral metabolism begins early in CKD and contributes to the syndrome known as **CKD–Mineral and Bone Disorder** (CKD-MBD). Impaired phosphate excretion leads to hyperphosphatemia, which suppresses serum calcium and stimulates parathyroid hormone (PTH) secretion (Marando et al., 2024). At the same time, reduced renal production of calcitriol decreases calcium absorption from the gut and removes a negative regulator of PTH synthesis. These abnormalities together drive secondary hyperparathyroidism (Sridharan, 2023).

CKD-MBD includes both bone disease (renal osteodystrophy) and extra-skeletal complications such as vascular and soft-tissue calcification (Vardhan & Hutchison, 2023). Bone disease may present as high-turnover states, such as **osteitis fibrosa cystica** caused by secondary hyperparathyroidism, or as low-turnover states, including **osteomalacia** and adynamic bone disease. **Osteitis fibrosa** is characterized by excessive osteoclast and osteoblast activity with defective mineralization, while adynamic bone disease reflects oversuppression of PTH and is increasingly common, particularly in patients with diabetes and those treated with high calcium loads or calcimimetics. Both forms are associated with bone pain, muscle weakness, and fracture risk (Sridharan, 2023).

Management of CKD-MBD aims to correct hyperphosphatemia and hypocalcemia, suppress excess PTH while avoiding oversuppression, and minimize vascular calcification. Approaches include dietary phosphate restriction, non-calcium phosphate binders, activated vitamin D analogs, and calcimimetics such as cinacalcet. KDIGO guidelines emphasize monitoring trends rather than single laboratory values and tailoring therapy to the stage of disease and patient risk profile (Sridharan, 2023).

Hematologic Disorders

Anemia

Chronic anemia (often defined clinically as hemoglobin <13.0 g/dL in adult males and <12.0 g/dL in adult females) is common in CKD and becomes more prevalent as GFR declines. The risk of anemia is higher among people with diabetes and some racial/ethnic groups. Evaluation is recommended once eGFR is less than 60 mL/min/1.73 m^2, with assessment of hemoglobin and iron status (ferritin, transferrin saturation [TSAT]). Anemia in CKD is multifactorial: reduced EPO production, functional or absolute iron deficiency, inflammation, chronic blood loss (including from dialysis), hemolysis, and bone marrow suppression by uremic toxins all contribute (Badura et al., 2024). Management begins with correction of reversible causes, especially iron deficiency, using oral or intravenous iron depending on patient preference, tolerance, and efficacy; iron is generally withheld at very high ferritin or TSAT levels. If anemia persists, erythropoiesis-stimulating agents (ESAs) are considered, typically when Hb is less than 10 g/dL, using the lowest effective dose to limit transfusions and avoiding normalization of hemoglobin (most patients are maintained around 10 to 11.5 g/dL). Recently, oral hypoxia-inducible factor prolyl-hydroxylase inhibitors (HIF-PHIs) have been approved in the United States for adults on dialysis, offering an alternative to ESAs in that setting. These treat anemia in CKD by stabilizing HIF proteins, which increase EPO production and improve the body's ability to use iron to make red blood cells (Macdougall, 2024).

Coagulopathies

People with CKD experience both bleeding and thrombotic complications. Platelet number is usually normal, but uremic platelet dysfunction (impaired adhesion/aggregation, altered signaling, endothelial mediators) drives mucocutaneous bleeding (epistaxis, menorrhagia, GI bleeding) and easy bruising (Brook et al., 2024). At the same time, inflammation, endothelial dysfunction, and coagulation pathway changes raise thrombotic risk. Dialysis improves but does not fully normalize hemostasis. For urgent procedures or active uremic bleeding, desmopressin (DDAVP) can transiently improve platelet function; other supportive measures are used on a case-by-case basis (Jones et al., 2024).

Cardiovascular Disorders

CVD is the leading cause of morbidity and mortality in CKD. Risk rises with declining eGFR and increasing albuminuria and is especially pronounced in patients receiving dialysis, in whom cardiovascular mortality has been reported at roughly 10 to 20 times that of the general population despite recent improvements in survival (Shah et al., 2024).

Hypertension

Hypertension is common early in CKD and reflects multiple mechanisms, including sodium and water retention, increased peripheral vascular resistance, renin–angiotensin–aldosterone system activation, sympathetic overactivity, and vascular stiffness. Early identification and treatment slow CKD progression and reduce CVD events. Current guidance recommends a target systolic blood pressure of less than 120 mm Hg using standardized office measurements when tolerated, together with dietary sodium restriction, and first-line ACE inhibitor or ARB—particularly in albuminuric CKD. For cardiorenal risk reduction beyond BP control, SGLT2 inhibitors are recommended across a broad CKD population (with and without diabetes, within eGFR limits), and finerenone is suggested for adults with T2D, albuminuria, and preserved potassium, despite maximized RAAS blockade. Many patients require combination therapy (Georgianos & Agarwal, 2023).

Heart Disease

CKD is associated with left ventricular hypertrophy (LVH), myocardial ischemia, arrhythmias, and heart failure with either reduced or preserved ejection fraction. Contributors include chronic pressure and volume overload (hypertension, extracellular fluid expansion, high-flow AV access), anemia, inflammation/uremic toxins, and CKD–MBD with vascular calcification (Yamada & Nakano, 2023). For atherosclerotic risk reduction, statin therapy is recommended for most adults aged 50 years and older with CKD not on dialysis; antiplatelet therapy is used for secondary prevention when indicated. Intensive medical therapy is appropriate for stable ischemic heart disease, reserving early invasive strategies for acute or refractory cases (Matsushita et al., 2022).

Pericarditis

Pericarditis is now uncommon but remains an important complication in advanced CKD. Uremic pericarditis typically occurs before dialysis initiation or within the first weeks; dialysis-associated pericarditis usually reflects inadequate dialysis. Symptoms mirror other acute pericarditis (pleuritic chest pain, friction rub) and may progress to large effusions or tamponade. Initiation or intensification of hemodialysis is first-line therapy; anti-inflammatory drugs or corticosteroids are considered if response is incomplete, and urgent pericardiocentesis is indicated for tamponade or persistent large effusions (Rosen & Valeri, 2023).

GI Disorders

Anorexia, dysgeusia (often a metallic or ammonia taste), early-morning nausea, and vomiting are common in uremia. Mechanisms are multifactorial and include uremic toxin accumulation, low-grade inflammation, delayed gastric emptying (especially with diabetes), and changes in gut microbiota; hydrolysis of urea by intestinal flora contributes to uremic fetor and may irritate mucosa but is not the sole cause of symptoms. Mucosal ulceration and bleeding can occur, driven in part by uremic platelet dysfunction and angiodysplasia. Hiccups are frequent in advanced uremia. Symptoms typically improve with dietary optimization and after initiation or intensification of dialysis, and they usually resolve following kidney transplantation (Biruete et al., 2024).

Neuromuscular Disorders

CKD affects both the peripheral and central nervous systems (CNS). A distal, symmetric sensorimotor polyneuropathy is common—more pronounced in the lower limbs—and relates to axonal injury from uremic toxins, metabolic derangements, and comorbid diabetes. Restless legs syndrome is frequent in CKD and dialysis populations (reported in a substantial minority of patients) and presents with creeping or prickling discomfort at rest that improves with movement; iron deficiency, poor sleep, and neuropathy contribute (Arnold & Krishnan, 2023).

Central manifestations ("uremic encephalopathy") range from impaired attention, slowed cognition, and sleep disturbance to confusion and, in severe untreated uremia, delirium or seizures. Findings generally correlate with more advanced kidney failure and improve after dialysis initiation or kidney transplantation. Motor signs such as tremulousness, gait instability, and **asterixis** (flapping with sustained wrist extension) reflect metabolic encephalopathy. Seizures can occur in severe uremia or with rapid osmotic shifts (e.g., dialysis disequilibrium) but are not inherently "preterminal" when recognized and treated (Arnold & Krishnan, 2023).

Altered Immune Function

Infection remains a leading cause of morbidity and mortality in CKD, particularly in advanced stages and among dialysis patients. Uremia and chronic inflammation impair both innate and adaptive immunity. Neutrophil dysfunction, impaired antigen presentation, and alterations in T-cell and B-cell responses have all been described. The acute inflammatory response and delayed-type hypersensitivity reactions are often blunted, which can mask typical signs of infection. Although humoral responses to vaccines may be preserved, seroconversion rates are reduced, especially for hepatitis B and COVID-19 vaccines, and booster doses or higher-dose formulations may be required. Disruption of skin and mucosal barriers, frequent vascular access, and urinary tract interventions also increase infection risk. People with CKD may not consistently mount fever or leukocytosis, complicating diagnosis and delaying treatment (Yang et al., 2025).

Disorders of Skin Integrity

Skin manifestations are common. Pallor from anemia and a sallow or gray–brown hue from urochrome retention are characteristic. Xerosis (dry skin) results from reduced sweat and sebaceous gland function and contributes to pruritus. Pruritus is highly prevalent, particularly in dialysis patients, and is now recognized as part of CKD-associated pruritus, a multifactorial condition linked to disordered mineral metabolism, systemic inflammation, neuropathic changes, and xerosis—not just phosphate crystal deposition. Excoriations from scratching increase infection risk. Bruising is common due to platelet dysfunction and anticoagulant use during dialysis. In untreated advanced kidney failure, "uremic frost" (cutaneous urea crystal deposition) may rarely occur. Nails may become thin, brittle, or display "half-and-half" (Lindsay) nails (Fig. 27-5; Arriaga Escamilla et al., 2024).

Sexual Dysfunction

Sexual dysfunction is frequent in all sexes with CKD and results from a combination of physiologic, psychological, and treatment-related factors. Contributing mechanisms include uremic toxin accumulation, hormonal imbalances (e.g., decreased testosterone in males, altered gonadotropins and prolactin in all sexes), neuropathy, anemia, fatigue, comorbidities (notably diabetes and CVD), depression, and adverse medication effects (antihypertensives, antidepressants) (Sansone et al., 2022).

Erectile dysfunction is highly prevalent and often associated with low testosterone, elevated prolactin, vascular disease, and anemia. Phosphodiesterase-5 inhibitors (e.g., sildenafil) have demonstrated efficacy and safety in many patients on dialysis, though cardiovascular status must be considered (Fu et al., 2024).

In females, sexual dysfunction manifests as hypofertility, menstrual irregularities, decreased lubrication, and reduced libido. Hormonal changes, depression, and vascular disease contribute. Fertility typically improves after successful kidney transplantation (Corbett et al., 2024).

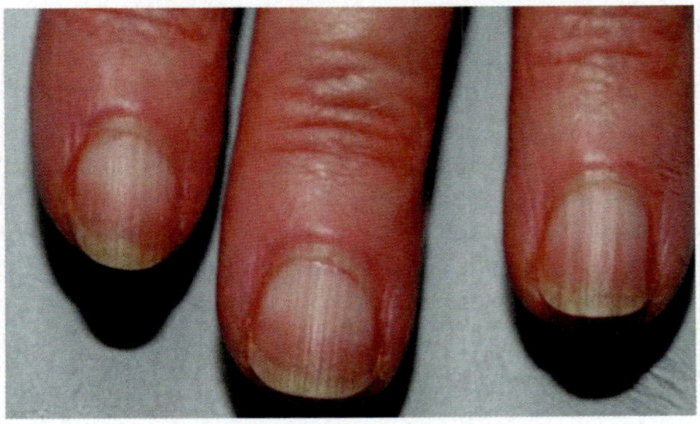

FIGURE 27-5. Lindsay (half-and-half) nails. A proximal pale nail bed with a sharply demarcated distal red-brown band, often seen in individuals with chronic kidney disease. (Image courtesy of Robert I. Rudolph, MD. From Goodheart HP, Gonzalez ME. Goodheart's Same-Site Differential Diagnosis: Dermatology for the Primary Health Care Provider. 2nd ed. Fig. 15-26. Wolters Kluwer; 2022.)

Elimination of Drugs

The kidneys play a central role in the clearance of many medications and their metabolites. In CKD, impaired renal function alters drug absorption, distribution, metabolism, and elimination, requiring careful adjustment of therapy (Awdishu et al., 2025). For example, phosphate-binding antacids used to control mineral imbalance can reduce the absorption of certain drugs. Hypoalbuminemia, common in CKD, decreases protein binding and increases the proportion of free, pharmacologically active drug, raising the risk of toxicity.

Impaired metabolic pathways in uremia also contribute to altered drug handling. For instance, insulin clearance is reduced as kidney function declines, so insulin requirements may fall in patients with diabetes and advanced CKD. Decreased renal elimination can lead to accumulation of drugs and toxic metabolites, necessitating dose adjustments or the use of renally adjusted dosing guidelines. Certain medications should be avoided due to their electrolyte or nitrogen content—for example, potassium-containing penicillin preparations, magnesium-based antacids, or nephrotoxic agents such as nitrofurantoin. Over-the-counter medications, including NSAIDs and many herbal supplements, should be used with extreme caution or avoided entirely in people with CKD because of their potential to worsen renal function or interfere with prescribed therapies (Awdishu et al., 2025).

Treatment

Goals of CKD management include slowing the loss of nephrons, reducing cardiovascular risk, and initiating RRT (dialysis or transplant) when indicated.

Measures to Slow Progression of the Disorder

The progression of CKD can often be slowed when underlying causes and modifiable risk factors are addressed. Preventing additional kidney injury is of high importance. For example, UTIs should be treated quickly, and medications that are toxic to the kidneys, such as some pain relievers (NSAIDs), should be avoided (ElSayed et al., 2024).

Blood pressure control is also an important strategy. High blood pressure increases the pressure inside the glomeruli, which accelerates nephron damage and protein loss in the urine. Medications such as ACE inhibitors and ARBs are especially helpful because they not only lower blood pressure but also reduce proteinuria and protect kidney structure. Current guidelines suggest keeping systolic blood pressure below 120 mm Hg when possible, since tighter control is linked to slower disease progression (ElSayed et al., 2024).

Another major advance is the use of SGLT2 inhibitors, a class of diabetes drugs that also protect the kidneys. These medications reduce the risk of kidney failure and cardiovascular complications even in people without diabetes, as long as kidney function is not too severely reduced. In addition, finerenone, a nonsteroidal mineralocorticoid receptor antagonist, may be used in people with diabetes and albuminuria to further reduce cardiovascular and kidney risk (Agarwal et al., 2025).

Lifestyle changes can also affect kidney health. Limiting sodium intake (less than 2 g/day) helps reduce blood pressure and fluid retention. Protein intake is usually moderated (around 0.8 g/kg/day) because excessive protein can increase glomerular workload, though adjustments are made depending on age, nutritional status, and comorbidities. Smoking is another important factor: nicotine contributes to both acute and chronic kidney damage, and quitting smoking is one of the most effective lifestyle measures for slowing CKD.

Other complications can also worsen kidney damage if left uncorrected. For instance, metabolic acidosis accelerates muscle breakdown and bone disease and is associated with faster progression of CKD. Treating metabolic acidosis with bicarbonate therapy to buffer the excess acid has been shown to improve outcomes, with bicarbonate administration indicated when serum bicarbonate levels are below about 18 mEq/L. Likewise, careful management of potassium levels allows patients to continue using protective medications without risking dangerous hyperkalemia (ElSayed et al., 2024).

Dialysis and Transplantation

When kidney function falls to the point that waste products, electrolytes, or fluid imbalances become life-threatening, RRT is required. The two major options are dialysis and transplantation. Dialysis provides life-sustaining treatment for people who are not candidates for transplantation or who are waiting for a donor kidney. Transplantation, when possible, generally offers the best long-term outcomes, but it is limited by organ availability and patient health factors (Zhao, 2023).

Hemodialysis

Hemodialysis uses an artificial kidney (dialyzer) to filter the blood. Blood is removed from the body through a vascular access, circulated through a dialyzer, and then returned. Inside the dialyzer, blood flows through thousands of tiny hollow fibers with semipermeable walls. On the other side of these membranes is a specially prepared solution called dialysate (Agarwal & Anjum, 2026).

Diffusion, osmosis, and ultrafiltration drive the exchange: Waste products and excess electrolytes move from the blood into the dialysate, while needed substances such as bicarbonate can be added to the blood. Fluid removal occurs as water follows osmotic and pressure gradients. Treatments are typically performed three times a week in outpatient centers, though home hemodialysis is increasingly available (Agarwal & Anjum, 2026; Fig. 27-6).

Peritoneal Dialysis

In peritoneal dialysis, the body's own peritoneal membrane acts as the dialyzing filter. A catheter is surgically placed into the peritoneal cavity, and a sterile dialysate is infused into the peritoneal catheter. As the dialyzing solution dwells in the peritoneal cavity, metabolic wastes and extra fluid move from the blood vessels of the peritoneal lining into the dialysate. After a specified dwell time, the peritoneal fluid is drained and replaced with fresh dialyzing solution. Glucose in the dialysate helps to osmotically draw out excess water (Fig. 27-7; Sachdeva et al., 2023).

Peritoneal dialysis offers more independence and can be performed at home, but it requires strict infection prevention practices because of the implanted peritoneal catheter (Zhao, 2023).

Transplantation

Kidney transplantation is considered the treatment of choice for many individuals with end-stage kidney disease. Successful transplantation can restore nearly normal kidney function, improve quality of life, and reduce long-term cardiovascular complications compared with dialysis.

Donor kidneys may come from deceased donors, living relatives, or unrelated but compatible living donors. Outcomes depend on factors such as the health of the recipient, the degree of tissue compatibility, and how well the immune response of the recipient is managed with immunosuppressive therapy. Long-term graft survival has improved significantly with modern immunosuppressive drugs, but challenges remain, including organ shortage and the risks of infection and malignancy from chronic immunosuppression (Knechtle & Marson, 2024).

Dietary Management

Nutrition plays a central role in the treatment of CKD. Because the kidneys are no longer able to eliminate metabolic wastes effectively, dietary strategies aim to reduce the buildup of toxic byproducts while still meeting the body's nutritional and energy needs. Dietary recommendations vary depending on the stage of CKD, whether dialysis is being done, and whether a person has received a kidney transplant. Diets for CKD can be challenging to follow due to strict restrictions on protein, fluids, and electrolytes, but dietary adherence is essential to controlling symptoms and minimizing complications. Even after successful transplantation, some dietary restrictions may remain because of the side effects of immunosuppressive medications (Queau & Elliott, 2023).

Protein

Protein is one of the most important dietary considerations in CKD. When proteins are broken down, nitrogenous wastes are produced; in kidney disease, these accumulate and contribute to uremic symptoms. For individuals with advanced CKD who are not yet on

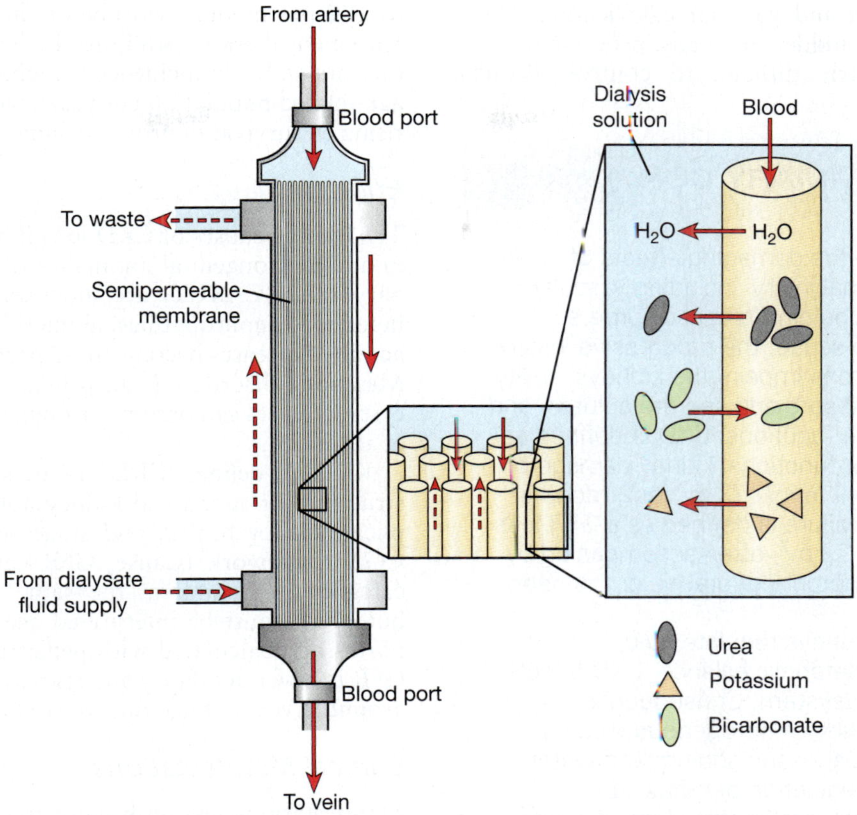

FIGURE 27-6. Schematic diagram of a hemodialysis system. The blood compartment and dialysis solution compartment are separated by a semipermeable membrane. This membrane is porous enough to allow all the constituents, except the plasma proteins and blood cells, to diffuse between the two compartments.

dialysis, protein restriction can help slow disease progression and reduce uremic symptoms. After dialysis is initiated, protein intake usually needs to be increased because dialysis removes amino acids and proteins from the blood (Joshi et al., 2023).

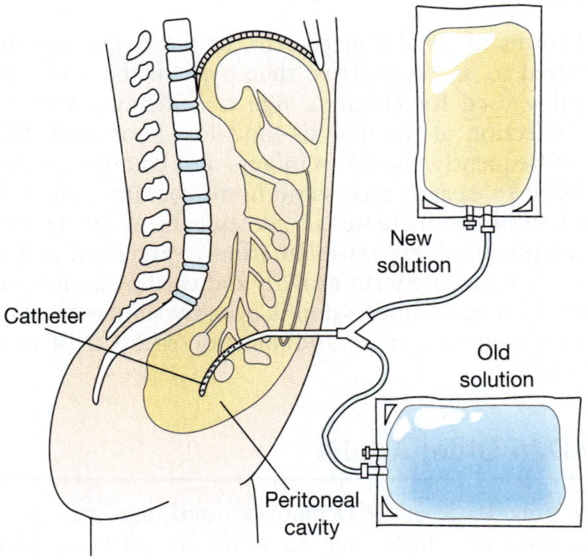

FIGURE 27-7. Peritoneal dialysis. A semipermeable membrane, richly supplied with small blood vessels, lines the peritoneal cavity. With dialysate dwelling in the peritoneal cavity, waste products diffuse from the network of blood vessels into the dialysate.

Carbohydrates, Fat, and Calories

Adequate calories—primarily from carbohydrates and fats—are necessary to prevent the body from breaking down its own protein stores for energy. Without sufficient calories, protein restriction becomes counterproductive, as body tissues are catabolized to provide energy. In peritoneal dialysis, an additional source of calories comes from glucose absorbed through the dialysis solution, which can sometimes contribute to unintended weight gain (Queau & Elliott, 2023).

Fluid and Electrolytes

Fluid and electrolyte management is another cornerstone of treatment. Because the kidneys can no longer regulate sodium and water balance effectively, individuals may need to restrict both. Excess intake can lead to fluid overload, hypertension, and edema, while inadequate intake can contribute to hypotension and worsening kidney perfusion. Fluid allowances are typically individualized, often based on urine output plus insensible water loss (Burnier, 2022).

Electrolyte restrictions are also critical. Potassium must be carefully managed, as hyperkalemia can cause life-threatening cardiac arrhythmias. Most patients on hemodialysis require potassium restriction, while those on continuous ambulatory peritoneal dialysis (CAPD) often tolerate or even require additional potassium. Phosphorus intake is also restricted because retention contributes to MBDs in CKD, including secondary hyperparathyroidism and vascular calcification. However, phosphorus is hidden in many processed foods, making it particularly difficult to control (Burnier, 2022).

SUMMARY CONCEPTS

CKD results from the damaging effects of many forms of renal injury, including vascular, glomerular, and tubulointerstitial disorders. Regardless of the cause, the progressive loss of functioning nephrons impairs the kidneys' ability to filter blood, reabsorb and secrete solutes, and perform endocrine functions. CKD is defined as either structural or functional kidney damage or a GFR below 60 mL/min/1.73 m^2 for 3 months or longer. Kidney failure is defined as a GFR less than 15 mL/min/1.73 m^2, often accompanied by the signs and symptoms of uremia or the need for RRT.

Because the kidneys regulate fluid, electrolyte, and metabolic balance, CKD affects nearly every body system. Consequences include accumulation of nitrogenous wastes (azotemia), disturbances in sodium and water balance, and dysregulation of potassium, phosphate, calcium, and magnesium. Patients often develop skeletal disorders, anemia, CVD, neurologic disturbances, GI dysfunction, immune alterations, and skin changes.

Treatment strategies fall into two categories: conservative management and RRT. Conservative measures aim to slow the progression of nephron loss and manage complications. Key strategies include blood pressure control, glycemic management in diabetes, and avoidance of nephrotoxic agents. Activated vitamin D can be used to improve calcium absorption and control secondary hyperparathyroidism, and ESAs are used to treat anemia associated with reduced erythropoietin production. When kidney function declines to the point of advanced uremia or life-threatening electrolyte disturbances, RRT with dialysis or kidney transplantation becomes necessary.

CKD in Children and Older Adults

Although the spectrum of CKD among children and older adults is similar to that of adults, several unique issues affecting these groups warrant further discussion.

CKD in Children

Pediatric CKD is uncommon but clinically significant. Contemporary registry studies suggest a prevalence on the order of tens of cases per million children (≈30 to 100 per million) worldwide. In contrast, kidney replacement therapy (KRT) for end-stage disease remains rare but stable in incidence (roughly 5 to 12 per million age-related population per year), with prevalence slowly rising as survival improves (Raina et al., 2025).

Etiology

The leading causes of CKD in children differ from those in adults. Congenital anomalies of the kidney and urinary tract (CAKUT) are most common, followed by hereditary nephropathies; glomerulonephritis and other acquired diseases become more prominent after age five. Metabolic disorders (e.g., primary hyperoxaluria) and cystic diseases can present throughout childhood (Iatridi et al., 2025).

KDIGO defines CKD as persistent (≥3 months) structural or functional kidney abnormalities with implications for health, and stages the disease with the CGA framework (Cause, GFR category, Albuminuria category). In children, the same framework is used, but eGFR must be interpreted against age-appropriate norms and calculated with pediatric equations; normal GFR is lower in infancy and rises toward adult values by around 2 years of age (Iatridi et al., 2025).

Clinical Manifestations

Manifestations vary with cause and stage. Prominent pediatric features include growth failure, delayed puberty, bone abnormalities (CKD-MBD), and psychosocial impacts. Renal osteodystrophy is often more pronounced in children, with high-turnover disease common from secondary hyperparathyroidism; skeletal pain, weakness, fractures, and limb deformities can occur. Cardiovascular involvement, particularly LVH, is frequent in children with advanced CKD or on dialysis and requires surveillance (Cirillo et al., 2023).

Treatment

All forms of renal replacement, or more appropriately referred to as "supportive therapy," can be safely and reliably used for children. Age is a defining factor in the selection of the dialysis modality. Peritoneal dialysis is frequently chosen in infants and younger children (related to ease of access and home therapy), while hemodialysis use increases in adolescents. When feasible, preemptive kidney transplantation is preferred and offers the best long-term growth and cardiovascular outcomes; immunosuppression is broadly similar to adults but tailored for growth and infection risk (Cirillo et al., 2023).

CKD in Older Adults

The prevalence of CKD increases with age, and nearly one third of adults over 65 years are affected. Many older adults are also living with other chronic illnesses, so kidney disease often develops alongside CVD, diabetes, or musculoskeletal disorders. Age-related changes in kidney structure and function, such as gradual decline in GFR and reduced ability to respond to stressors, influence both how CKD presents and how it progresses (Chesnaye et al., 2024).

Etiology and Diagnosis

In older adults, CKD most often develops as a result of long-standing hypertension or diabetes. Unlike in children or younger adults, congenital anomalies are rare causes. Age-related loss of muscle mass can complicate diagnosis because serum creatinine levels may appear normal even when kidney function is reduced. For this reason, clinicians rely on eGFR rather than creatinine alone, and newer methods of calculation may include markers like cystatin C to improve accuracy. Importantly, protein in the urine (albuminuria) is not a normal consequence of aging and should be taken as a sign of kidney damage and cardiovascular risk (Chesnaye et al., 2024).

Clinical Manifestations

Signs and symptoms of CKD in older adults are often subtle or masked by other conditions. For example, swelling, shortness of breath, or changes in blood pressure may be attributed to heart failure rather than kidney dysfunction. Neurologic changes, fatigue, and bone problems may also appear gradually and overlap with other age-related conditions. Because of this, it is important to be alert to changes in fluid balance, cognition, or mobility that may signal worsening kidney disease.

Treatment

According to the KDIGO 2024 CKD guideline, treatment in older adults should be based on the same principles applied to younger individuals but adapted to the physiologic changes and comorbidities of aging. Interventions should be individualized to reflect the degree of kidney impairment, the risk of progression, and the presence of other chronic diseases. Age alone is not a contraindication to any therapy, including transplantation, but treatment goals often differ. In many cases, improving quality of life and maintaining functional status take precedence over aggressive disease modification (Merchant & Ling, 2023).

For some older adults, conservative management—focused on blood pressure control, glycemic management if diabetes is present, and avoidance of nephrotoxins—may be the most appropriate approach. The KDIGO guideline emphasizes the importance of individualized blood pressure targets: although a systolic blood pressure below 120 mm Hg is recommended when tolerated, frailty, fall risk, and comorbidities may necessitate higher targets. Similarly, lipid and glycemic targets should balance cardiovascular benefit with the risk of adverse events in this population (Merchant & Ling, 2023).

RRT is an option for older adults with advanced disease, but it requires careful consideration of risks, benefits, and patient values. Both hemodialysis and peritoneal dialysis are feasible, and neither modality has consistently demonstrated superiority in terms of survival for this age group. The Korean Society of Geriatric Nephrology recommends that modality selection be guided by comorbidity burden, functional status, and patient preference. In very frail individuals or those with severe comorbidities, supportive care without dialysis may be appropriate. KDIGO emphasizes that conservative kidney management should be considered a valid treatment pathway and not simply the absence of intervention.

Kidney transplantation remains the treatment of choice for suitable candidates, and KDIGO underscores that age alone should not exclude a person from evaluation. However, limited life expectancy, frailty, or high surgical risk may affect eligibility. In all cases, shared decision making between the patient, family, and health care team is essential to align treatment strategies with personal goals of care (Merchant & Ling, 2023).

SUMMARY CONCEPTS

Approximately 1% of individuals with CKD are children. The most common causes in this age group include congenital malformations such as renal dysplasia or obstructive uropathy, inherited disorders like polycystic kidney disease, acquired conditions such as glomerulonephritis, and rare metabolic syndromes (e.g., hyperoxaluria). Children with CKD face unique challenges, including impaired growth, delayed sexual maturation, and more severe bone disease compared with adults. Although all forms of RRT are feasible in children, approaches such as continuous cyclic or nightly intermittent peritoneal dialysis, as well as early transplantation, are preferred because they better support growth and development.

In older adults, CKD is increasingly common due to both age-related decline in kidney function and the high prevalence of comorbidities such as diabetes, hypertension, and CVD. A reduced GFR in older adults reflects both normal physiologic aging and disease-related nephron loss, which increases susceptibility to nephrotoxic medications and AKD. Current KDIGO guidelines recommend using the same diagnostic and risk stratification criteria in older adults as in younger populations, while carefully considering the individual's comorbidities, functional status, and overall goals of care. Renal replacement therapies, including dialysis and transplantation, can be appropriate in older adults if they are expected to improve quality of life; however, the decision should be individualized and guided by shared decision making.

Disorders of the Bladder and Lower Urinary Tract

The kidneys are the central regulators of filtration and homeostasis, but effective elimination of waste depends equally on the integrity of the bladder and lower urinary tract. Disorders affecting these structures are common across the lifespan and can cause significant morbidity, even when kidney function itself remains intact. Infections of the urinary tract, functional or anatomic obstruction, neurogenic disturbances, and problems with continence represent frequent reasons for clinical evaluation and treatment.

Whereas kidney diseases are often defined by changes in GFR and nephron integrity, bladder and lower urinary tract disorders are typically characterized by alterations in urine storage, elimination, or defense against infection. Because these structures are closely interconnected, disturbances at the level of the bladder or urethra can predispose individuals to recurrent infection, obstructive injury, and, in some cases, secondary kidney damage.

Disturbances of the bladder and lower urinary tract encompass a wide range of conditions, from infections and obstruction to neurologic and functional disorders of elimination. These problems are not only common but also carry significant implications for overall health, predisposing individuals to recurrent infections, renal injury, and a reduced quality of life when continence and normal elimination are impaired.

Urinary Tract Infections

Urinary tract infections (UTIs) are among the most common bacterial infections encountered in clinical practice. They encompass several distinct conditions, including asymptomatic bacteriuria (ASB), infections with symptoms present, lower UTIs such as cystitis, and upper UTIs such as pyelonephritis. Because of their potential to cause renal damage, upper tract infections are considered more serious than lower tract infections. Acute pyelonephritis involves infection of the renal parenchyma and renal pelvis and, if not promptly treated, can progress to sepsis, renal abscesses, chronic pyelonephritis, or CKD. UTIs now account for more than 8 million ambulatory (office-based) visits annually in the United States (Park et al., 2024).

KEY POINTS

Urinary Tract Infections

- Infection is facilitated by host conditions that disrupt washout of the agent from the urinary tract through urine flow, change the protective properties of the mucin lining of the urinary tract, disrupt the protective function of the normal bacterial flora, or impair the function of the immune system.
- Virulence of the agent is derived from its ability to gain access to and thrive in the environment, adhere to the tissues of the lower or upper urinary tract, evade the destructive effects of the host's immune system, and develop resistance to antimicrobial agents.

Etiology and Pathogenesis

Most uncomplicated lower UTIs are caused by *Escherichia coli*, whereas complicated UTIs involve a broader range of pathogens, including *Klebsiella pneumoniae*, *Enterococcus faecalis*, *Enterococcus faecium*, *Enterobacter species*, *Proteus mirabilis*, and *Pseudomonas aeruginosa*. The majority of infections occur by the ascending route, with bacteria entering through the urethra. Hematogenous spread is rare but may occur in immunocompromised individuals and neonates. Although the distal urethra is colonized by microorganisms, urine within the bladder and kidneys is normally free of significant bacterial growth due to the washout phenomenon, in which voiding flushes organisms from the urinary tract (Timm et al., 2025).

When infection develops, it is usually from bacteria that have colonized the periurethral, vaginal, or perianal regions. Risk factors that facilitate colonization and infection include a history of previous UTI, sexual activity with a new partner, and alterations in the vaginal flora, such as those occurring with estrogen deficiency in postmenopausal people.

UTIs are also more common in individuals with urinary tract obstruction, vesicoureteral reflux (VUR), or neurogenic disorders that impair bladder emptying. Prostatic disease also contributes to increased risk. Instrumentation and urinary catheterization are the leading predisposing factors for health care-associated UTIs, as they bypass normal host defenses and permit biofilm formation on catheter surfaces. Older adults and those with diabetes are at heightened risk, the latter group being especially susceptible to complications such as pyelonephritis and to fungal infections, particularly those caused by *Candida* species (Timm et al., 2025).

Host–Agent Interactions

Certain individuals are predisposed to UTIs, reflecting complex interactions between host defenses and microbial virulence. UTIs are far more common in females than in males. Each year in the United States, up to 10% of females develop a UTI with symptoms, and as many as 60% experience at least one during their lifetime (Izadyar et al., 2025). Young, sexually active females are at particularly high risk. In males, the longer urethra and the antibacterial properties of prostatic fluid, which contains immunoglobulins (IgA and IgG) and antimicrobial peptides, provide protection against ascending infection. When UTIs occur in males, they are often complicated and may present with acute prostatitis. In older males, benign prostatic hypertrophy frequently results in urinary obstruction and increases infection risk (Al Lawati et al., 2024). Older adults with indwelling urinary catheters are especially vulnerable, as catheter-associated biofilms promote bacterial growth and antimicrobial resistance. Immunosenescence in older adults further reduces host defenses, making close monitoring essential (Chesnaye et al., 2024).

Host Defenses

The development of a UTI reflects the balance between host defenses and pathogen virulence. Key protective mechanisms include:

- The washout phenomenon, whereby voiding flushes bacteria from the bladder and urethra
- The bladder mucosa, which acts as a barrier to bacterial invasion
- The immune response, including secretory IgA and phagocytic leukocytes (Kuhn et al., 2023)

Peristalsis of the ureters further assists urine flow and helps prevent retrograde infection. In females, the periurethral flora—particularly Lactobacillus species—provides defense against colonization by uropathogens. Disruption of this flora, such as by antibiotics or decreased estrogen during menopause, increases susceptibility to infection. In males, prostatic secretions add additional antimicrobial protection (Sorić Hosman et al., 2022).

Pathogen Virulence

Not all bacteria are capable of causing infection in the urinary tract; only those with specialized virulence traits can adhere, colonize, and evade host defenses. Uropathogenic *Escherichia coli* (UPEC) is the primary cause of community-acquired UTIs (Zagaglia et al., 2022). These organisms express fimbriae (e.g., type 1 fimbriae, P fimbriae) that facilitate adherence to uroepithelial cells, enabling colonization despite urinary washout. UPEC also produces hemolysin, siderophores for iron acquisition, and biofilms that enhance persistence. Certain serotypes are more often associated with severe disease, such as pyelonephritis. Together, these virulence mechanisms explain the recurrent and sometimes complicated course of UTI.

Obstruction and Reflux

Obstruction and reflux are important contributing factors in the development of UTIs. Under normal conditions, microorganisms that enter the bladder are eliminated during voiding. When outflow is obstructed, however, urine remains in the bladder, providing a medium for bacterial growth and persistence. Residual urine volume is strongly associated with bacteriuria and recurrence after treatment. Bladder distention also increases intravesical pressure, compressing blood vessels in the bladder wall and impairing local urothelial defenses (Kamei & Fujimura, 2023).

Obstruction leading to urinary stasis may be anatomic or functional. Anatomic causes include urinary tract stones, prostatic hyperplasia, pregnancy, and congenital malformations of the ureterovesical junction. Functional causes include neurogenic bladder, infrequent voiding, and disorders of detrusor muscle activity. In children, constipation can further impede bladder emptying by compressing the bladder outlet (Kamei & Fujimura, 2023).

Reflux mechanisms can also introduce bacteria into the urinary tract. **Urethrovesical reflux** may occur when increases in intra-abdominal pressure during activities such as coughing or squatting force urine into the urethra, followed by retrograde flow back into the bladder as the pressure decreases. Because the urethral orifice is often colonized, this process can carry bacteria into the bladder (Hari et al., 2024).

A second and more clinically significant reflux mechanism is **vesicoureteral reflux (VUR)**, which occurs when urine flows backward from the bladder into the ureters. Normally, the distal ureter courses obliquely through the bladder wall, creating a one-way flap-valve mechanism that prevents reflux during voiding (Hari et al., 2024; Fig. 27-8). In VUR, often due to congenital

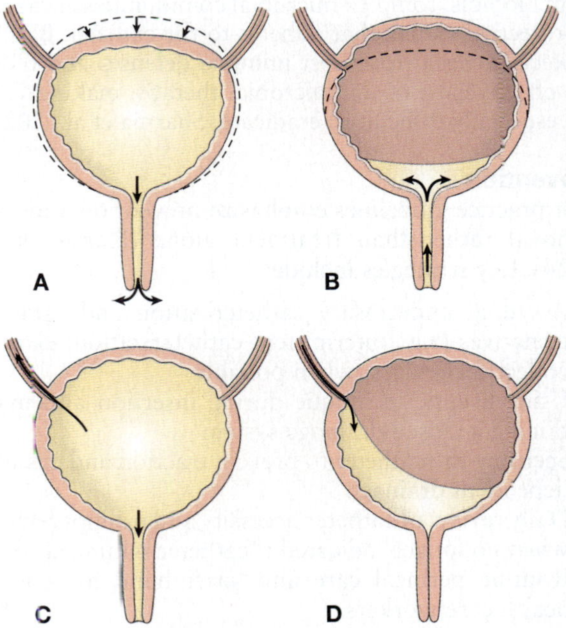

FIGURE 27-8. Mechanisms of urethrovesical and ureterovesical reflux may cause urinary tract infection. Urethrovesical reflux: With coughing and straining, bladder pressure rises, which may force urine from the bladder into the urethra. **A.** When bladder pressure returns to normal, the urine flows back to the bladder (**B**), which introduces bacteria from the urethra to the bladder. Ureterovesical reflux: With failure of the ureterovesical valve, urine moves up the ureters during voiding (**C**) and flows into the bladder when voiding stops (**D**). This prevents complete emptying of the bladder. It also leads to urinary stasis and contamination of the ureters with bacteria-laden urine. (Reproduced with permission from Hinkle, J. L., & Cheever, K. H. [Eds.]. [2021]. Management of patients with urinary disorders. In *Brunner & Suddarth's textbook of medical-surgical nursing* [Vol. 2]. Wolters Kluwer Health and Pharma; Fig. 1.)

anomalies of the ureterovesical junction, this protective mechanism is defective, allowing retrograde urine flow. VUR is most commonly identified in children with recurrent UTIs and may predispose to pyelonephritis and renal scarring, especially in high-grade cases. In adults, VUR can occur secondary to bladder outlet obstruction from conditions such as prostatic enlargement, with increased bladder volume and pressure overcoming the valve mechanism. VUR is classified from grade I to V, with higher grades associated with greater ureteral dilation, increased risk of pyelonephritis, and potential for renal scarring. Lower-grade reflux often resolves spontaneously, whereas higher grades may require medical or surgical management (Hari et al., 2024).

Catheter-Associated Urinary Tract Infections (CAUTIs)

Urinary catheters are flexible tubes, typically made of silicone, latex, or other polymers, inserted through the urethra into the bladder to drain urine. Although sometimes medically necessary, they are a major risk factor for health care-associated infections. CAUTIs are the most common health care-associated infection worldwide and are particularly frequent in hospitalized patients (Sharma et al., 2025).

Bacteria can ascend along the catheter surface and form biofilms, complex microbial communities encased in a protective matrix that adheres to the catheter. Biofilms protect bacteria from host immune defenses and reduce the effectiveness of antimicrobial therapy, making CAUTIs especially difficult to eradicate (Sharma et al., 2025).

Prevention

Best practice guidelines emphasize prevention and early removal rather than treatment alone (Plando et al., 2024). Key strategies include:

- Avoiding unnecessary catheterization and using alternatives (e.g., intermittent catheterization, external collection devices) when possible
- Using aseptic technique during insertion and maintaining a closed drainage system
- Securing the catheter to prevent traction and ensuring dependent drainage
- Daily review of catheter necessity and prompt removal when no longer indicated ("catheter minimization")
- Routine perineal care and strict hand hygiene for health care workers

Unlike older recommendations, routine daily antiseptic cleansing of the periurethral area is no longer required, as it has not been shown to reduce CAUTI rates. Maintaining a sterile closed system and minimizing catheter duration are the most effective preventive measures (Plando et al., 2024).

Clinical Manifestations

The clinical presentation of UTI depends on whether the infection is limited to the lower urinary tract (**cystitis**) or extends to the upper tract. Most CAUTIs are ASB, but when symptoms are present, they often present as cystitis with urinary frequency, urgency, suprapubic discomfort, and dysuria. Urine may appear cloudy or malodorous. Fever is uncommon in uncomplicated cystitis but may occur in CAUTI (Mancuso et al., 2023).

Children may present with nonspecific findings such as irritability, poor feeding, or fever, but older children often show localized symptoms similar to adults. Older adults frequently have atypical presentations, including confusion, delirium, or functional decline, rather than classic urinary symptoms (Lu et al., 2022).

Upper UTIs, such as pyelonephritis, involve the renal parenchyma and pelvis. They are less common but more serious, typically occurring in individuals with obstruction, reflux, or comorbidities such as diabetes (Mancuso et al., 2023). The pathophysiology, manifestations, and complications of pyelonephritis are addressed in detail in Chapter 26; here, it is referenced only to distinguish upper tract infections from cystitis.

Diagnosis and Treatment

Diagnosis is based on clinical symptoms and urine testing. Urinalysis and urine culture remain central. The traditional threshold of greater than or equal to 100,000 CFU/mL (10^5) in a clean-catch specimen is still widely used, but current evidence recognizes that lower counts ($\geq 10^3$ CFU/mL in females with symptoms, $\geq 10^2$ to 10^3 in males or catheterized patients) can be significant. Pyuria, defined as greater than or equal to 5 to 10 white blood cells per high-power field, indicates an inflammatory response but can also be seen in ASB. Dipstick testing for nitrites (from nitrate-reducing bacteria) and leukocyte esterase (from activated leukocytes) provides rapid screening. Imaging such as ultrasound or computed tomography (CT) is reserved for complicated or recurrent infections to detect obstruction or anatomic abnormalities (Patel et al., 2022).

In catheterized patients, ASB is almost universal and should not prompt urine culture or treatment unless specific exceptions apply (e.g., pregnancy or prior to certain urologic procedures). CAUTI prevention guidelines emphasize avoiding unnecessary urine cultures in individuals without symptoms, since positive results frequently lead to inappropriate antibiotic use and antimicrobial resistance (Said et al., 2024).

CAUTIs with symptoms require antimicrobial therapy tailored to urine culture results and local resistance patterns. Empiric therapy typically covers gram-negative bacilli such as *E. coli*, *Klebsiella*, and *Pseudomonas*. Removal or replacement of the catheter is essential to successful treatment (Said et al., 2024).

Acute uncomplicated cystitis in otherwise healthy females (not catheter-related) is effectively treated with short-course antibiotics. Treatment duration depends upon the antibiotic prescribed, most commonly trimethoprim-sulfamethoxazole (3 days), nitrofurantoin (5 days), and occasionally a single dose of fosfomycin. Fluoroquinolones are no longer recommended as first-line therapy for uncomplicated cystitis due to resistance concerns and adverse effects (Zare et al., 2022).

Chronic or complicated UTIs often require longer treatment courses and evaluation for underlying conditions such as obstruction, reflux, or prostatic disease.

Recurrent UTI

Recurrent lower UTIs are those that recur after appropriate treatment. They may result from bacterial persistence or reinfection. Persistence occurs when the original infectious source, such as an indwelling catheter, bladder stone, or anatomic abnormality, is not eradicated. This type usually resolves with removal of the source. Reinfection occurs when a new infection develops with the same or a different organism after eradication of the original bacteria. Reinfection is the most common mechanism of recurrent UTI (Zare et al., 2022).

A well-recognized pattern of reinfection is recurrent postcoital UTI in females, in which sexual activity facilitates the introduction of bacteria into the urinary tract. Preventive measures include voiding soon after intercourse, maintaining adequate hydration, and avoiding spermicides that alter protective vaginal flora. In those with frequent recurrences, antibiotic prophylaxis may be considered. Two common approaches are continuous low-dose prophylaxis, taken daily for several months, or postcoital prophylaxis, in which a single antibiotic dose is taken after intercourse.

Both regimens significantly reduce recurrence rates, though their use should be weighed against the risks of antimicrobial resistance and adverse effects. For postmenopausal people, topical vaginal estrogen may reduce recurrence risk by restoring normal vaginal flora. Nonantibiotic prophylactic measures such as cranberry products or D-mannose have been studied, though evidence remains mixed, and they are generally considered adjunctive rather than primary strategies (Kwok et al., 2022).

Infections in Special Populations

UTIs affect individuals across the lifespan, but certain populations face unique risks, presentations, and outcomes. Infants, children, pregnant people, and older adults are especially vulnerable due to developmental, physiologic, or age-related changes that predispose them to infection or complications. In infants, UTIs occur more often in males during the first few months of life, while beyond infancy, they are more common in females. Pregnant people experience increased susceptibility due to hormonal and mechanical changes in the urinary tract. Older adults often present with atypical or nonspecific symptoms, and underlying comorbidities and frequent catheter use complicate their risk. Because of these distinctive features, UTIs in these populations warrant special consideration in both diagnosis and management.

Urinary Tract Infections in Pregnant People

Pregnancy significantly increases the risk of UTI due to normal anatomic and physiologic changes in the urinary tract. Dilation of the renal calyces, pelvis, and ureters begins in the first trimester and becomes most pronounced in the third. These changes, combined with reduced ureteral peristalsis from progesterone-mediated smooth muscle relaxation and mechanical compression by the enlarging uterus, result in urinary stasis. The bladder also shifts upward into the abdominal cavity, further altering normal urinary dynamics (Ansaldi & Martinez de Tejada Weber, 2023).

ASB is of particular concern in pregnancy. It is defined as two consecutive clean-catch urine specimens with greater than or equal to 100,000 CFU/mL of the same organism or a single catheterized specimen with greater than or equal to 100 CFU/mL. Without treatment, ASB may progress to cystitis with symptoms or pyelonephritis. Pyelonephritis during pregnancy is associated with maternal complications such as sepsis and anemia, as well as obstetric complications including preterm labor, preterm delivery, and low birth weight (Stephens et al., 2022).

Evidence indicates that many UTIs with symptoms in pregnancy represent progression of preexisting ASB. Therefore, universal screening for ASB with a urine culture early in prenatal care (typically at 12 to 16 weeks of gestation) is recommended. Treatment of ASB in pregnancy significantly reduces the risk of pyelonephritis and adverse pregnancy outcomes. Routine rescreening later in pregnancy is generally not required unless bacteriuria was previously identified (Abde et al., 2024).

UTIs in Children

UTIs occur more frequently in males during the first 3 months of life, but after infancy, they are far more common in females due to anatomic factors and urethral contamination from fecal flora. Children at higher risk include premature infants discharged from neonatal intensive care units, those with systemic or immunologic disease, children with structural abnormalities such as neurogenic bladder or VUR, and those with a family history of urinary tract anomalies or recurrent UTI (Lu et al., 2022).

ASB is relatively common in school-aged females. Although it may persist, prognosis is excellent in the absence of structural or functional abnormalities. Current evidence indicates that ASB in children should not be treated, as antimicrobial therapy does not reduce the risk of infection with symptoms and may contribute to resistance (Lu et al., 2022).

UTIs in children often involve the upper tract (pyelonephritis), and because renal development is incomplete, these infections may result in renal scarring, hypertension, and eventual CKD. The risk of scarring is greatest in children with high-grade VUR or obstruction, recurrent febrile UTIs, or delayed treatment (Mattoo & Mohammad, 2022).

Clinical Manifestations

The presentation of pediatric UTIs differs significantly from that of adults and varies with age. Neonates may have bacteremia and present with nonspecific signs such as fever, hypothermia, apnea, poor perfusion, abdominal distention, diarrhea, vomiting, lethargy, or irritability. Infants and toddlers often present with fever, vomiting, poor feeding, diarrhea, foul-smelling urine, abdominal pain, or failure to thrive. Older children are more likely to exhibit classic lower tract symptoms including frequency, dysuria, enuresis, and suprapubic discomfort.

Fever without an obvious source is a common presentation of UTI in infants and young children and should prompt evaluation. Delayed recognition of febrile UTI increases the risk of renal scarring, yet studies indicate that delayed diagnosis remains common in practice (Lu et al., 2022).

Diagnosis and Treatment

Diagnosis requires a combination of history, physical examination, and laboratory testing. Urinalysis may show pyuria, bacteriuria, hematuria, or proteinuria, but a properly collected urine culture is essential for diagnosis. Catheterization or suprapubic aspiration is recommended in infants and young children where a clean-catch specimen is not feasible (Autore et al., 2022).

Imaging is not required for every child after the first UTI. Current guidelines recommend renal and bladder ultrasound in infants younger than 24 months following their first febrile UTI, while older children are typically imaged only if they have recurrent UTIs, poor treatment response, or atypical features (Autore et al., 2022). Voiding cystourethrogram (VCUG) is reserved for children with abnormal ultrasound findings or those who develop recurrent febrile UTIs. Treatment depends on the severity of illness, the child's age, and the presence of risk factors. Infants younger than 2 months or any child who appears toxic should be hospitalized for intravenous antibiotics and close monitoring, whereas stable older infants and children with febrile UTI can often be managed with oral antibiotics as the initial therapy. The usual duration of therapy ranges from 7 to 14 days, and the choice of antibiotic should be guided by local resistance patterns. Follow-up urine cultures are not routinely recommended unless symptoms persist or recur. Circumcision has been shown to reduce the risk of UTI in male infants, and those with intact foreskin remain at the highest risk during the first year of life (Wahyudi et al., 2023).

UTIs in Older Adults

UTIs are among the most common infections in older adults, second only to respiratory tract infections such as pneumonia. They account for a significant proportion of bacterial infections in both community-dwelling older adults and those residing in long-term care facilities. However, ASB is extremely prevalent in this age group, affecting up to 25% of older females and as many as half of nursing home residents, and does not require treatment unless specific indications are present (Nelson et al., 2024).

Normal age-related changes in immune function, coupled with common comorbidities, increase susceptibility to UTI. Predisposing factors include impaired bladder emptying due to immobility or neurogenic bladder, bladder outlet obstruction from prostatic hyperplasia or stones, urinary retention and ischemia, constipation, postmenopausal vaginal atrophy with loss of protective lactobacilli, and diminished bactericidal activity of urine and prostatic secretions. Recurrent instrumentation of the urinary tract further increases risk. A prior history of UTI is also an important predictor of recurrence in older adults (Nelson et al., 2024).

The clinical presentation of UTI in older adults is often variable and atypical. Some individuals never develop symptoms, while others develop lower tract symptoms such as frequency, urgency, or incontinence—though these may also be baseline findings in the absence of infection. Older adults may also present with vague or nonspecific symptoms such as anorexia, fatigue, weakness, or confusion. Importantly, changes in mental status or functional decline alone should not be used to diagnose UTI without supporting urinary or systemic symptoms. Classic features of upper tract infection, including fever, chills, and flank pain, may be absent or blunted, and sometimes infection is not recognized until it is advanced (Nelson et al., 2024).

SUMMARY CONCEPTS

UTIs are the second most common type of bacterial infection encountered by health care professionals. They range from ASB to severe infections of the kidney that may result in renal scarring, hypertension, and eventual CKD. Susceptibility is determined by the balance between host defenses and pathogen virulence. Important host defenses include the washout phenomenon of voiding, the urothelial glycosaminoglycan barrier, and local immune mechanisms such as secretory IgA and phagocytic activity. Pathogen virulence is enhanced by features such as fimbriae that facilitate adherence to uroepithelial cells, lipopolysaccharides that elicit strong inflammatory responses, and hemolysins and siderophores that lyse host cells and capture iron for bacterial metabolism and growth.

Most UTIs develop through an ascending pathway, beginning with colonization of the urethra and bladder. A number of factors interact to increase susceptibility, including urinary tract obstruction, urine stasis and reflux, pregnancy-related physiologic changes, age-related alterations in the urinary tract, impaired immune function, and the virulence characteristics of the infecting organism. Catheter use and urinary tract instrumentation are major contributors to health care–associated UTIs. Across all patient populations, appropriate recognition of risk factors, prevention strategies, and timely treatment are essential to reducing recurrence, limiting complications, and preventing long-term kidney damage.

Control of Urine Elimination

Bladder Structure

The urinary bladder is a freely movable, retroperitoneal organ that rests on the pelvic floor just posterior to the pubic symphysis. It has two main parts: the body, where urine collects, and the neck, a funnel-shaped extension that connects to the urethra. In males, the bladder neck empties into the prostatic urethra, with the prostate gland encircling its proximal portion. In females, the bladder lies anterior to the vagina and uterus (Shermadou et al., 2023).

Urine enters the bladder from the kidneys via the **ureters**. The interior bladder wall contains openings for both ureters and the **urethra**, forming a smooth triangular area called the **trigone** (Fig. 27-9). Although no true valves exist at the ureteral orifices, rising bladder pressure compresses the distal ureters against the bladder wall, thereby preventing reflux of urine into the ureters.

The bladder wall has four layers. The outer serosal layer covers the superior surface and is continuous with the peritoneum. Beneath this lies the detrusor muscle, a network of interlaced smooth muscle fibers responsible for bladder contraction during micturition. The third layer is submucosal connective tissue, and the innermost lining is the urothelium, a transitional epithelium that is impermeable to water and electrolytes. This epithelial barrier is essential, as urine composition often differs markedly from plasma. The urothelium is several layers thick in the empty bladder but can flatten and unfold to accommodate expansion as the bladder fills (Shermadou et al., 2023).

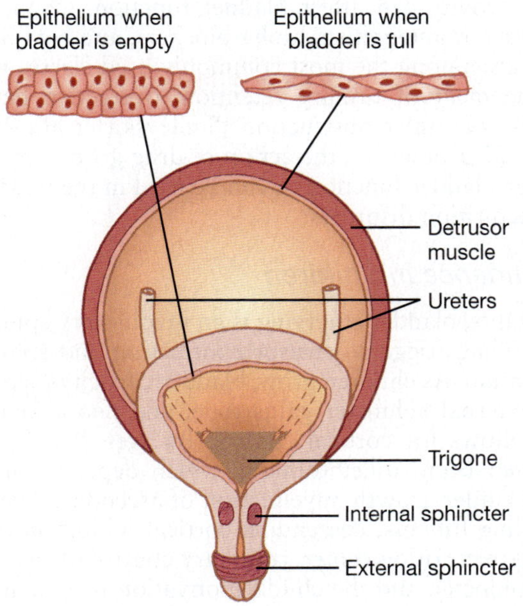

FIGURE 27-9. Diagram of the bladder, showing the detrusor muscle, ureters, trigone area, and urethral orifice. Note the flattening of epithelial cells when the bladder is full and the wall is stretched when the bladder is empty.

The **detrusor muscle** is the principal muscle of micturition. Its contraction expels urine, while the bladder neck acts as a functional internal sphincter through a continuation of detrusor fibers. In females, the urethra measures about 4 cm, compared with 20 cm in males, and therefore offers less resistance to urinary flow. Surrounding the urethra distal to the bladder base is the external urethral sphincter, a circular band of striated muscle under voluntary control via the pudendal nerve. This sphincter provides reserve continence when bladder pressure is high and allows voluntary interruption of voiding. Additional support from the skeletal muscles of the pelvic floor further contributes to bladder control and continence (Shermadou et al., 2023).

Neural Control of Bladder Function

Normal bladder function requires coordinated interaction between the autonomic and somatic nervous systems. The parasympathetic system (S2 to S4) contracts the detrusor muscle and promotes bladder emptying, while the sympathetic system (T10 to L2) facilitates urine storage by relaxing the detrusor and contracting the bladder neck and urethra. The somatic system, via the pudendal nerve, provides voluntary control of the external urethral sphincter and pelvic floor muscles. These functions are integrated through three major levels of neural control: the spinal cord reflex centers, the pontine micturition center (PMC), and higher cortical and subcortical centers (Shermadou et al., 2023).

Spinal Cord Centers

Reflex control of bladder activity arises from the sacral (S2 to S4) and thoracolumbar (T11 to L2) spinal segments (Fig. 27-10). Parasympathetic motor neurons in the sacral cord innervate the detrusor muscle via the pelvic nerves, while motor neurons in the same region control the external sphincter through the pudendal nerve under voluntary influence from the motor cortex. The bladder neck and trigone region receive sympathetic innervation from thoracolumbar outflow through the hypogastric nerves. Sensory input from stretch receptors in the bladder wall travels via the pelvic nerves, while the pudendal nerves transmit information from the sphincter and pelvic floor, and the hypogastric nerves carry sensory input from the trigone (Shermadou et al., 2023).

Pontine Micturition Center

The PMC, also known as Barrington nucleus, coordinates detrusor and sphincter activity by integrating ascending signals from the spinal cord and descending signals from the forebrain. During bladder filling, afferent signals from stretch receptors ascend to the PMC, which integrates them with cortical input concerning behavioral appropriateness. When voiding is permitted, the PMC simultaneously activates detrusor contraction and inhibits the external sphincter to allow coordinated

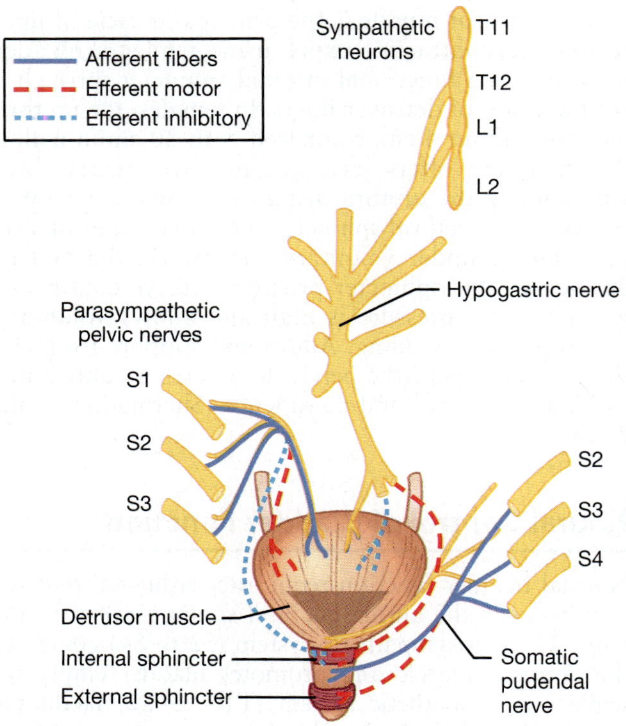

FIGURE 27-10. Nerve supply to the bladder and the urethra.

urination. Loss of PMC control, as in spinal cord injury above the sacral level, leads to involuntary bladder contractions without sphincter relaxation—a condition known as detrusor–sphincter dyssynergia (Shermadou et al., 2023).

Cortical and Subcortical Centers

Higher brain centers provide conscious and unconscious control of bladder function. The medial frontal cortex and anterior cingulate cortex are important for voluntary initiation and inhibition of urination, while the basal ganglia modulate the timing of detrusor contraction and facilitate complete bladder emptying. These centers allow urination to be postponed until socially appropriate and ensure that voiding occurs in a coordinated manner. Dysfunction at this level, as seen in dementia, stroke, or Parkinson disease, often results in incontinence or abnormal voiding patterns (Shermadou et al., 2023).

Micturition and Maintenance of Continence

Continence requires the bladder to act as a low-pressure storage reservoir in which intravesical pressure remains lower than urethral pressure during filling. Normally, bladder pressures are maintained well below 40 cm H_2O; sustained detrusor leak point pressures above this level are associated with VUR and risk of upper tract damage. In contrast, urethral sphincter pressures typically remain higher (45 to 65 cm H_2O) during filling, providing a barrier against leakage until voiding is voluntarily initiated (Mattos & Favorito, 2025).

Micturition (bladder emptying) is a coordinated event involving both sensory signaling of bladder fullness and motor control of detrusor contraction and sphincter relaxation. In adults, the first sensation of bladder filling occurs at approximately 150 to 250 mL, while a strong urge is perceived at 400 to 500 mL. During voiding, the detrusor muscle contracts, the ureteral orifices are compressed to prevent reflux, and the bladder neck widens. At the same time, resistance at the internal sphincter decreases and the external sphincter relaxes, permitting urine to flow (Mattos & Favorito, 2025).

Pharmacology of Micturition

The autonomic nervous system (ANS) regulates both bladder filling and emptying. Parasympathetic innervation, mediated by acetylcholine, activates muscarinic receptors on the detrusor muscle. Among these, M3 receptors directly stimulate detrusor contraction, while M2 receptors support this process indirectly by inhibiting sympathetically mediated relaxation. Nicotinic receptors are present at synapses between pre- and postganglionic neurons, and at neuromuscular junctions of the external sphincter and pelvic floor (Smilevska et al., 2025).

Sympathetic input allows for storage by relaxing the detrusor and contracting the bladder outlet. The bladder contains beta-3 adrenergic receptors (more than beta-2), activation of which produces detrusor relaxation and increases bladder capacity—a mechanism targeted by the beta-3 agonist mirabegron. Alpha-1 adrenergic receptors in the trigone, bladder neck, and internal sphincter cause outlet contraction, aiding continence and preventing retrograde flow during male ejaculation. Sympathetic activity is suppressed when the micturition reflex is triggered.

Because of these mechanisms, many drugs that alter ANS activity can affect bladder function. Cholinergic agonists or antagonists, alpha-blockers, and beta-3 agonists are among the most commonly used classes in the management of urinary retention, overactive bladder (OAB), or outlet obstruction (Smilevska et al., 2025). Table 27-1 describes the action of drug groups that can impair bladder function or can be used in the treatment of micturition disorders.

Continence in Children

In infants, bladder emptying is an involuntary spinal reflex: filling triggers detrusor contraction and sphincter relaxation. As children grow, bladder capacity increases, the external sphincter gains tone, and neural maturation allows for cortical control. By ages 2 to 3, most children begin toilet training, which depends on normal bladder growth, myelination of ascending afferents signaling fullness, descending cortical inhibition of the sacral micturition center, voluntary control of the external sphincter, and the child's motivation to remain dry. Females typically achieve continence earlier than males, reflecting both developmental and anatomic differences (Chandra & Merchant, 2022).

TABLE 27-1 Action of Drug Groups on Bladder Function

Function	Drug Groups	Mechanism of Action
Detrusor Muscle		
Increased tone and contraction (treatment)	Cholinergic agonists (e.g., bethanechol)	Stimulate muscarinic (M3) receptors in detrusor muscle → enhance contraction (used to treat urinary retention)
Promote relaxation during filling (treatment)	Beta-3 adrenergic agonists (e.g., mirabegron, vibegron)	Stimulate beta-3 receptors → relax detrusor muscle → ↑ bladder capacity (used for overactive bladder)
Decrease tone / inhibit detrusor overactivity (treatment)	Anticholinergic drugs (e.g., oxybutynin, solifenacin)	Block muscarinic (M3) receptors → reduce involuntary detrusor contractions (used for overactive bladder)
Impair contraction (adverse effect)	Calcium channel blockers	Inhibit calcium influx in smooth muscle → weaken detrusor contraction → may cause urinary retention
Internal Bladder Sphincter		
Increase tone (treatment)	Alpha-1 adrenergic agonists (e.g., midodrine)	Activate alpha-1 receptors → contract smooth muscle of the internal sphincter (used in stress incontinence, less common)
Decrease tone (treatment)	Alpha-1 adrenergic blockers (e.g., tamsulosin, alfuzosin, doxazosin)	Block alpha-1 receptors → relax smooth muscle of bladder neck and proximal urethra → improve urine flow in BPH/outlet obstruction
External Sphincter		
Decrease tone (treatment or adverse effect depending on context)	**Skeletal muscle relaxants** (e.g., diazepam, baclofen)	Reduce tone of striated external sphincter by acting at spinal cord level or interfering with calcium handling in muscle fibers (can aid sphincter dyssynergia, but may impair continence if excessive)

KEY POINTS

Bladder Function

- The control of the storage and emptying functions of the bladder involves both the involuntary (ANS) and voluntary (somatic nervous system) control.
- The striated muscles in the external sphincter and pelvic floor, which are innervated by the somatic nervous system, provide for the voluntary control of urination and maintenance of continence.

Diagnostic Methods of Evaluating Bladder Structure and Function

Bladder structure and function can be assessed by multiple methods. Reports of urinary frequency, hesitancy, straining, weak or interrupted stream, and urgency may suggest impaired bladder emptying or outflow obstruction. Palpation and percussion can detect marked bladder distention, but they are not reliable for estimating postvoid residual (PVR) volume in modern practice.

Physical Examination

Measurement of PVR urine volume provides valuable information about bladder emptying. Today, this is most accurately obtained by ultrasonographic bladder scanning, which has largely replaced catheterization except in select cases. A PVR of less than 50 mL generally indicates adequate emptying, while values greater than 200 mL suggest significant urinary retention. Intermediate values (50 to 200 mL) may be normal in some circumstances, particularly in older adults, but may also indicate incomplete emptying (Lim & Yang, 2024).

Pelvic examination in females can be used to assess perineal skin condition, pelvic floor muscle tone, atrophy, pelvic organ prolapse, or masses that may impair bladder function. Rectal examination is valuable for evaluating sphincter tone, perineal sensation, fecal impaction, rectal masses, and, in males, prostate contour and size.

Laboratory and Radiologic Studies

Urinalysis and urine culture are essential for excluding infection, and serum creatinine or eGFR may be obtained to assess renal function if obstruction is suspected. Radiologic studies such as ultrasound or CT imaging may be indicated when hydronephrosis, bladder stones, or masses are suspected (Yao & Simoes, 2023).

Ultrasonographic Bladder Scan

The bladder scan provides a noninvasive method for estimating bladder volume and PVR. This device uses ultrasonic reflections to differentiate the bladder from surrounding tissue and can be used to determine the need for catheterization, evaluate suspected urinary retention, or guide timed voiding or catheterization programs (Yao & Simoes, 2023).

Urodynamic Studies

Urodynamic studies are specialized tests used to evaluate complex voiding problems, neurogenic bladder, or refractory lower urinary tract symptoms. They assess bladder storage, contractility, urethral resistance, and pelvic floor activity. These studies are not routinely indicated for uncomplicated urinary incontinence (UI) but provide critical information in selected patients (Yao & Simoes, 2023).

Uroflowmetry

Uroflowmetry measures the flow rate of urine (mL/min) during voiding. The test electronically records the weight or volume of urine over time, producing a flow curve that reflects urinary tract function (Yao & Simoes, 2023).

Cystometry

Cystometry measures bladder pressure during filling and voiding. It provides information on bladder capacity, sensation, detrusor stability, ability to sustain contraction, and inhibitory control. It is useful for diagnosing OAB, detrusor underactivity, and impaired compliance (Yao & Simoes, 2023).

Urethral Pressure Profile

The urethral pressure profile evaluates intraluminal pressure changes along the urethra at rest, providing insight into urethral sphincter function and smooth muscle activity (Yao & Simoes, 2023).

Sphincter EMG

Sphincter electromyography (EMG) assesses the activity of the striated muscles of the external sphincter and pelvic floor. Surface, catheter-based, or plug electrodes are commonly used in clinical practice, while needle electrodes are reserved for specialized studies (Yao & Simoes, 2023).

SUMMARY CONCEPTS

Although the kidneys form urine and regulate body fluids, the bladder serves as the reservoir that stores urine and controls its elimination. Micturition is governed by the peripheral ANS, under modulation from higher neurologic centers. The parasympathetic nervous system (S2 to S4) controls contraction of the detrusor muscle and relaxation of the internal sphincter via the pelvic nerve. Sympathetic efferents (T11 to L2) produce relaxation of the detrusor muscle through beta-adrenergic activity and contraction of the internal sphincter and bladder neck via alpha-1 adrenergic activity. Skeletal muscle in the external sphincter and pelvic floor is supplied by the pudendal nerve (S2 to S4), providing voluntary control of continence. The PMC coordinates detrusor and sphincter activity, while cortical centers permit conscious initiation or inhibition of urination, enabling socially appropriate voiding.

Bladder structure and function can be evaluated using physical examination, laboratory and radiologic studies, and specialized urodynamic testing. These studies assess bladder, urethral, and abdominal pressure changes; urine flow characteristics; and the activity of the external sphincter and pelvic floor muscles. Noninvasive tools such as ultrasonographic bladder scanning are now the standard for assessing PVR urine, while comprehensive urodynamic studies are reserved for complex or refractory voiding disorders.

Alterations in Bladder Function

Alterations in bladder function include urinary obstruction with retention or stasis of urine and UI with involuntary urine loss. Although they have opposite effects on voiding, both may result from similar underlying mechanisms, including structural changes in the bladder, urethra, or surrounding organs, as well as impairment of neurologic control of bladder function.

Lower Urinary Tract Obstruction and Stasis

Urinary tract obstructions are classified by cause (congenital or acquired), degree (partial or complete), duration (acute or chronic), and level (upper or lower urinary tract). In lower urinary tract obstruction and stasis, urine production is normal, but outflow is impaired, causing retention in the bladder. This condition carries serious consequences because it predisposes to VUR, recurrent infection, and potential renal damage (Capone et al., 2022).

Congenital causes include meatal stenosis in males, urethral narrowing just inside the meatus in females, and neurogenic dysfunction due to sacral nerve damage in spina bifida or myelomeningocele (Brockwell et al., 2024). Acquired causes are more common: In males, BPH is the leading cause of urethral obstruction. In all sexes, strictures from sexually transmitted infections (e.g., gonorrhea, chlamydia) or long-term catheter use can narrow the urethra. Other causes include bladder or pelvic tumors, pelvic organ prolapse in females, secondary invasion from adjacent malignancies, and extrinsic compression from constipation or fecal impaction (Wilson et al., 2022).

Compensatory and Decompensatory Changes

Bladder outflow obstruction elicits both compensatory and decompensatory changes. In the compensatory phase, the bladder wall hypertrophies, and hypersensitivity to stretch receptor input develops. This can manifest as urgency, frequency, and, occasionally, urge incontinence. The bladder surface becomes trabeculated as hypertrophied muscle fibers replace the smooth wall. Between these ridges, small mucosal pockets (**cellules**) form and may deepen into diverticula, which lack contractile tissue and contribute to urinary stasis and recurrent infection (Fig. 27-11). Hypertrophy of the trigone and interureteric ridge increases back pressure on the ureters, leading to hydroureters and eventually hydronephrosis (Wilson et al., 2022).

As obstruction persists, compensatory mechanisms fail. Detrusor contractions shorten and weaken, resulting in high residual urine volumes. Symptoms include frequency, hesitancy, straining, weak stream, and incomplete emptying. In advanced decompensation, the bladder becomes overstretched and may retain 1,000 to 3,000 mL of urine. At this point, the detrusor loses contractile power, and overflow incontinence ensues. Chronic high residual volumes increase the risk of recurrent UTIs and progressive renal impairment (Jhang et al., 2022).

The signs of outflow obstruction and urine retention are summarized in Chart 27-3.

Treatment of Lower Urinary Tract Obstruction

The immediate treatment of lower urinary tract obstruction and urinary stasis is directed toward relief of bladder distention, most commonly achieved through urinary catheterization. In cases of acute urinary retention, a urethral or suprapubic catheter may be placed to decompress the bladder. Contributing factors such as constipation or fecal impaction should also be addressed promptly, as they may exacerbate obstruction (Arlandis et al., 2022).

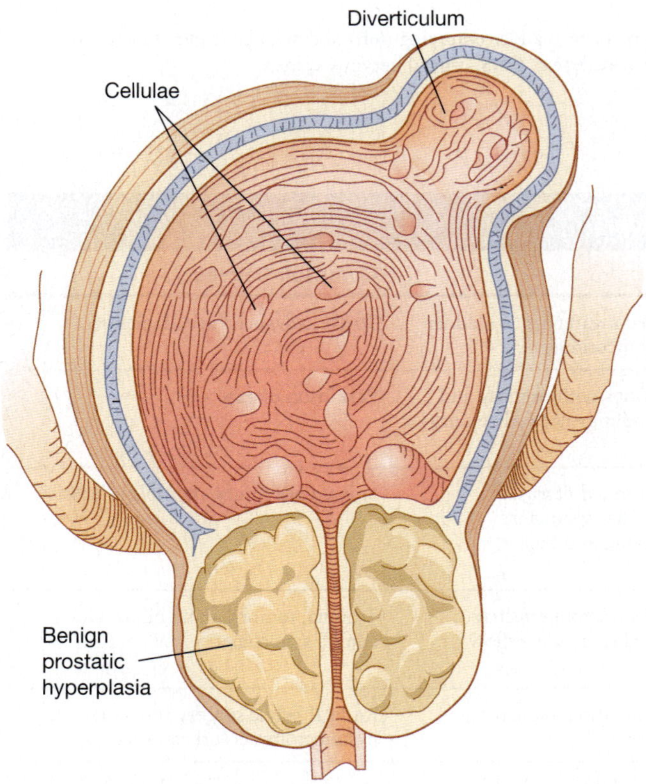

FIGURE 27-11. Destructive changes of the bladder wall with development of diverticulum caused by benign prostatic hypertrophy.

CHART 27-3

SIGNS OF OUTFLOW OBSTRUCTIONS AND URINE RETENTION

Bladder distention
Hesitancy
Straining when initiating urination
Small and weak stream
Frequency
Feeling of incomplete bladder emptying
Overflow incontinence
Recurrent urinary tract infections

Long-term treatment is directed at correcting the underlying cause of obstruction. Management strategies may include pharmacologic therapy (e.g., alpha-1 adrenergic blockers or 5-alpha-reductase inhibitors for BPH), removal of urethral strictures or bladder neck obstruction, treatment of pelvic masses, or surgical interventions such as transurethral resection of the prostate (TURP), urethral dilation, or repair of congenital anomalies (Sandhu et al., 2024). For some patients, particularly those with neurogenic bladder dysfunction, intermittent catheterization or surgical diversion procedures may be required (Arlandis et al., 2022).

Neurogenic Bladder Disorders

The urinary bladder is unique in being an autonomically innervated visceral organ that is also under CNS control. Neural regulation of bladder function can be disrupted at multiple levels, including the peripheral nerves connecting the bladder to the sacral micturition center, the ascending and descending tracts of the spinal cord, the PMC, or the cortical centers that mediate voluntary control of urination (Fig. 27-12; Marra et al., 2023).

Neurogenic bladder disorders are typically manifested as either failure to store urine (spastic or hyperreflexic bladder dysfunction) or failure to empty urine (flaccid or areflexic bladder dysfunction). Spastic bladder dysfunction usually results from neurologic lesions above the level of the sacral micturition reflexes, whereas flaccid bladder dysfunction occurs with lesions at the level of the sacral reflexes or involving peripheral nerves. Disruption of sphincter control can also interfere with micturition. Some neurologic disorders, such as stroke and Parkinson disease, may impair both storage and emptying functions (Marra et al., 2023). Table 27-2 describes the characteristics of neurogenic bladder according to the level of the lesion.

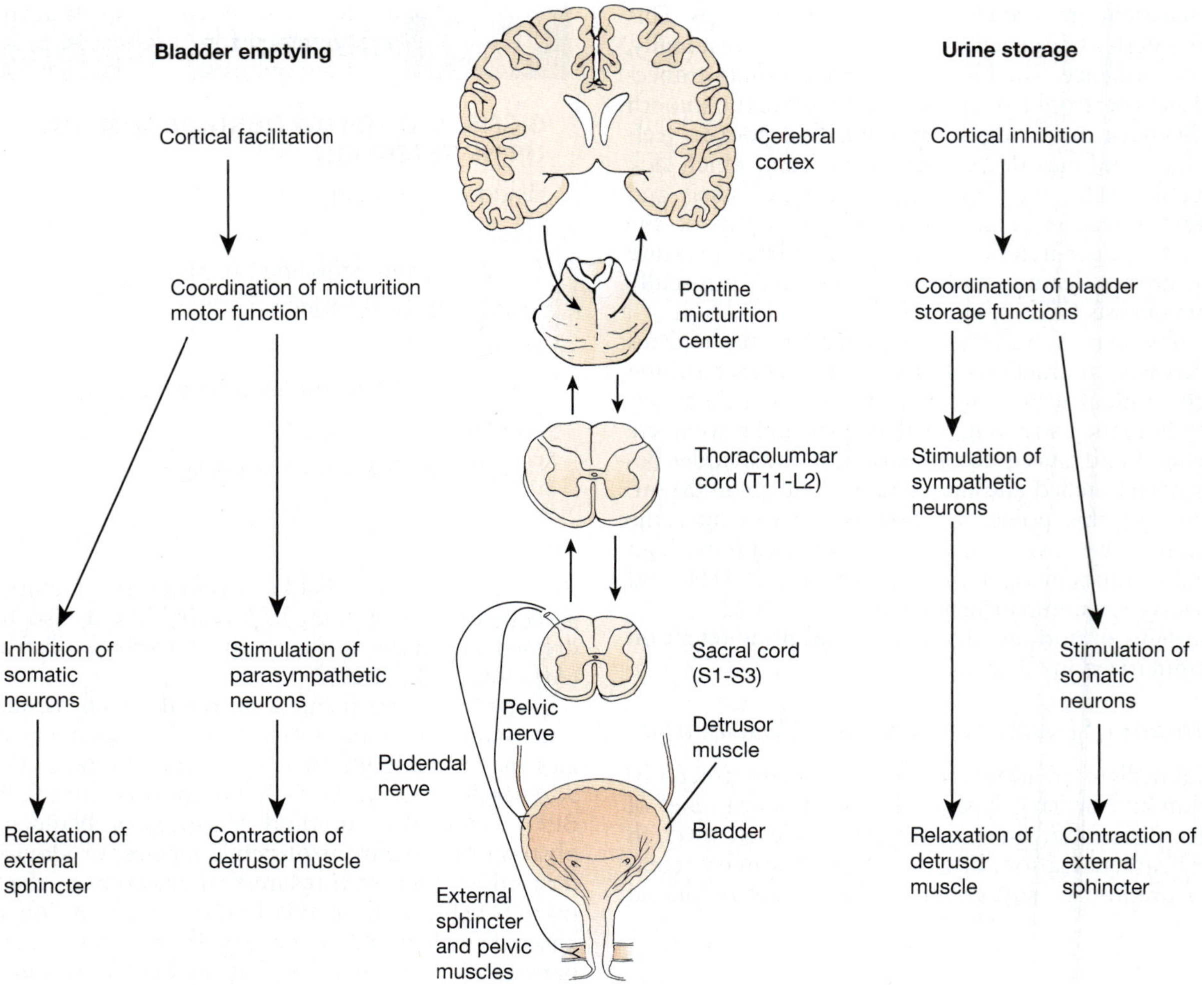

FIGURE 27-12. Pathways and CNS centers involved in the control of bladder emptying (**left**) and storage (**right**) functions. Efferent pathways for micturition (**left**) and urine storage (**right**) are also shown. CNS, central nervous system.

TABLE 27-2 Types and Characteristics of Neurogenic Bladder

Level of Lesion	Change in Bladder Function	Common Causes
Cerebral cortex (sensory/motor) or corticospinal tract	Loss of voluntary control and impaired awareness of bladder filling → urgency, frequency, and urge incontinence	Stroke, advanced age, dementia
Basal ganglia or extrapyramidal tract	Sudden involuntary detrusor contractions with urgency and incontinence; contractions are brief and may not fully empty bladder	Parkinson disease
Pontine micturition center or spinal cord tracts	Detrusor–sphincter dyssynergia: uninhibited detrusor contractions at low volumes with external sphincter contraction, causing incomplete emptying and high intravesical pressures	Spinal cord injury, multiple sclerosis
Sacral cord (S2–S4) or sacral nerve roots	Areflexic (flaccid) bladder: bladder fills without effective contraction; external sphincter tone reduced → overflow incontinence and retention	Trauma, tumors, spina bifida, cauda equina syndrome
Pelvic nerve injury	Impaired detrusor and sphincter coordination → increased intravesical pressure, incomplete emptying	Radical pelvic surgery (prostatectomy, hysterectomy, colorectal surgery)
Peripheral autonomic/sensory neuropathies	Loss of bladder sensation → overfilling, large residual volumes, silent retention, risk of infection and reflux	Diabetic neuropathy, advanced multiple sclerosis

Spastic Bladder: Failure to Store Urine

Failure to store urine results from conditions that cause reflex bladder spasm and decreased bladder capacity. It is commonly associated with partial or complete disruption of supraspinal input above the sacral reflex center. The degree of spasticity and dysfunction depends on the level and extent of neurologic injury. Common causes include spinal cord injury, herniated intervertebral disk, vascular lesions, tumors, and myelitis. Stroke, multiple sclerosis, and brain tumors are additional causes of spastic bladder dysfunction (Kumar & Biswas, 2022).

Bladder Dysfunction Caused by Spinal Cord Injury

Immediately following spinal cord injury, spinal shock occurs, during which the bladder becomes atonic and unresponsive. After this acute phase, the micturition reflex shifts from a long-tract reflex to a segmental reflex. Because the sacral reflex arc remains intact, bladder filling stimulates frequent, involuntary detrusor contractions, resulting in a small-capacity, hyperactive bladder. These contractions are often high-pressure and short in duration, causing interrupted, involuntary, or incomplete voiding (Perez et al., 2022).

Spinal cord lesions also cause dilation of the internal sphincter and spasticity of the external sphincter and perineal muscles, leading to outflow resistance and incomplete bladder emptying. Hypertrophy of the trigone may develop, predisposing to VUR and renal damage.

Cervical spinal cord injuries may be complicated by autonomic dysreflexia, a potentially life-threatening syndrome characterized by severe hypertension, bradycardia, and diaphoresis, often triggered by bladder overdistention or catheter manipulation (Perez et al., 2022).

Uninhibited Neurogenic Bladder

A milder form of reflex neurogenic bladder, sometimes referred to as **uninhibited bladder**, may develop after stroke, in early multiple sclerosis, or with cortical/pyramidal tract lesions. In this disorder, sacral reflexes and sensation are preserved, and urine stream remains normal without residual volume. However, bladder capacity is reduced because of increased detrusor tone and spasticity (Pelliccioni et al., 2023).

Detrusor–Sphincter Dyssynergia

Lesions that impair communication between the PMC and the sacral spinal cord may disrupt the normal coordination between detrusor contraction and sphincter relaxation. This condition, termed **detrusor–sphincter dyssynergia**, is characterized by inappropriate sphincter contraction during voiding, which elevates intravesical pressures and predisposes to VUR, hydronephrosis, and progressive kidney injury (Pereira & Debugne, 2022).

Treatment of Spastic Bladder

Treatment of spastic bladder aims to reduce detrusor overactivity and promote safe bladder emptying. Antimuscarinic agents (e.g., oxybutynin, solifenacin) and beta-3 adrenergic agonists (e.g., mirabegron) are commonly used to decrease detrusor hyperactivity and increase bladder capacity. Intermittent catheterization is the preferred method of bladder emptying, with chronic indwelling catheters reserved for select cases. In refractory situations, surgical options such as sphincterotomy, urethral stenting, or botulinum toxin injection into the detrusor muscle may be considered (Kumar & Biswas, 2022).

KEY POINTS

Neurogenic Bladder Disorders

- Spastic bladder dysfunction results from lesions above the sacral cord, where loss of higher CNS control allows the sacral micturition reflex to function autonomously and cause involuntary contractions.
- Flaccid bladder dysfunction results from damage to the sacral cord or peripheral nerves, disrupting the reflex arc needed for detrusor contraction and leading to impaired bladder emptying.

Flaccid Bladder: Failure to Empty Urine

Failure to empty the bladder may result from flaccid bladder dysfunction, peripheral neuropathies that interrupt afferent or efferent pathways between the bladder and spinal cord, or conditions that impair relaxation of the external sphincter (see Fig. 27-10).

Flaccid Bladder Dysfunction

Detrusor areflexia, or flaccid neurogenic bladder, occurs when lesions damage the sacral micturition center, cauda equina, or sacral nerves supplying the bladder. The loss of reflex activity produces detrusor atony, impaired sensation of bladder filling, and ineffective contractions, leading to large residual volumes. Sphincter and perineal muscle tone are also diminished. Voluntary urination is absent, though bladder emptying may be partially achieved by straining or suprapubic pressure. Causes include trauma, tumors, and congenital anomalies such as spina bifida and meningomyelocele (Sam et al., 2023).

Bladder Dysfunction Caused by Peripheral Neuropathies

Peripheral neuropathies affecting the pelvic, pudendal, or hypogastric nerves can disrupt sensory, motor, or combined pathways for micturition. The most common acquired cause is diabetic autonomic neuropathy (diabetic cystopathy), which typically begins with impaired bladder sensation and progresses to detrusor underactivity. Patients may present with hesitancy, weak stream, straining, dribbling, and incomplete emptying. Complications include urinary stasis, infection, VUR, and renal impairment—particularly concerning in individuals with kidney disease related to diabetes. Management includes scheduled voiding every 3 to 4 hours, use of abdominal compression to assist bladder emptying, and intermittent catheterization when necessary (Mozafarpour et al., 2022).

Nonrelaxing External Sphincter

Another condition that impairs bladder function is failure of the external urethral sphincter to adequately relax during micturition, sometimes termed dysfunctional voiding. This functional outlet obstruction may be related to delayed maturation of detrusor–sphincter coordination, developmental regression, psychomotor disorders, or behavioral factors. Psychological conditions such as anxiety or depression may also contribute. Local irritation, such as vaginitis, perineal inflammation, or urethral irritation, can trigger reflexive sphincter spasm via afferent pudendal nerve input. In males, chronic prostatitis can similarly interfere with sphincter relaxation. The result is increased outlet resistance, incomplete bladder emptying, and secondary bladder dysfunction (Chen & Kuo, 2023).

Treatment of Neurogenic Bladder Disorders

The goals of treatment for neurogenic bladder disorders are to prevent bladder overdistention, UTIs, and kidney damage while minimizing the social and psychological impact of incontinence or retention. Management is individualized according to the type and level of neurologic lesion, health history, fluid intake, voiding patterns, comorbidities, and findings from urodynamic studies. Treatment strategies include catheterization, bladder retraining, pharmacologic therapy, and surgical or device-based interventions (Kumar & Biswas, 2022).

Catheterization

Clean intermittent catheterization (CIC) is the preferred method of managing chronic urinary retention, as it effectively empties the bladder while reducing infection and complication risks compared with indwelling catheters. Indwelling catheters are reserved for patients unable to self-catheterize or with refractory problems. Catheterization may also be used on a temporary basis to relieve acute bladder distention (Kumar & Biswas, 2022).

Bladder Retraining

Bladder retraining programs are tailored to the specific disorder and may involve monitoring and adjusting fluid intake, scheduled voiding, and postural techniques that facilitate micturition. Pelvic floor physiotherapy and biofeedback can be particularly useful in individuals with detrusor–sphincter dyssynergia or functional sphincter disorders. Adequate but not excessive fluid intake is emphasized to prevent infection and avoid bladder overdistention, especially at night (Zucco et al., 2024).

Pharmacologic Manipulation

Pharmacologic therapy is used to modify detrusor activity, adjust sphincter tone, or both, depending on the underlying dysfunction. Antimuscarinic agents such as oxybutynin, tolterodine, and solifenacin remain first-line options for spastic bladder because they reduce involuntary detrusor contractions and increase bladder capacity. More recently, beta-3 adrenergic agonists such as mirabegron and vibegron have been introduced; these agents promote detrusor relaxation during filling and can be used alone or in combination with antimuscarinics (Pereira e Silva, 2025). For refractory detrusor overactivity, intravesical botulinum toxin A injections have become a widely accepted therapy, offering significant improvement in bladder control (Chen & Kuo, 2023). In contrast, cholinergic agonists such as bethanechol may be used in select cases of flaccid bladder to enhance detrusor contractility, although their use is limited due to modest efficacy and side effects. Muscle relaxants, including diazepam and baclofen, are sometimes employed to reduce external sphincter spasticity, particularly in cases of detrusor–sphincter dyssynergia (Pereira e Silva, 2025).

Surgical Procedures

When conservative methods fail, surgical or device-based interventions may be considered. Options include sphincterotomy, bladder neck or sphincter reconstruction, and urinary diversion procedures such as ileal conduit. Bladder augmentation may be used for low-capacity bladders. Modern approaches also include sacral neuromodulation and percutaneous tibial nerve stimulation, which provide minimally invasive modulation of bladder reflexes and have demonstrated efficacy in refractory cases. Research into implantable electrodes and advanced neuroprosthetic devices continues to expand future treatment possibilities (DeWitt-Foy & Elliott, 2022).

Urinary Incontinence

UI is defined as the complaint of any involuntary loss of urine. It is a common condition across the lifespan but is especially prevalent in older adults, affecting females about twice as often as males. The prevalence increases with age, contributing to decreased quality of life, social isolation, and higher risk of institutionalization.

UI may occur without the person's awareness or despite conscious recognition and unsuccessful attempts to prevent leakage. Several major types of incontinence have been identified, based on underlying mechanisms: stress urinary incontinence (SUI), urgency urinary incontinence (UUI, often associated with OAB), overflow incontinence, and functional incontinence. Many individuals, especially older females, experience mixed incontinence, in which stress and urgency symptoms coexist. Table 27-3 summarizes the characteristics of stress incontinence, OAB/urge incontinence, overflow incontinence, and functional incontinence.

Stress Incontinence

SUI is the involuntary leakage of urine during activities that increase intra-abdominal pressure, such as coughing, laughing, sneezing, or exercise (Yang et al., 2022). It most commonly results from pelvic floor muscle

TABLE 27-3 Types and Characteristics of Urinary Incontinence

Type	Characteristics
Stress urinary incontinence (SUI)	Involuntary urine leakage associated with increases in intra-abdominal pressure (e.g., coughing, sneezing, laughing, exercise) due to weakened pelvic support or urethral sphincter incompetence
Urgency urinary incontinence (UUI, often associated with OAB)	Sudden, compelling urge to void accompanied by involuntary urine leakage, usually related to detrusor overactivity; often occurs with urinary frequency and nocturia
Overflow incontinence	Leakage of urine due to incomplete bladder emptying and overdistention, typically when intravesical pressure exceeds urethral resistance in the absence of effective detrusor contraction
Functional incontinence	Urine leakage that occurs because of cognitive impairment, mobility limitations, or environmental barriers preventing timely toileting, despite normal lower urinary tract function
Mixed incontinence	Combination of stress and urgency symptoms, commonly seen in older females

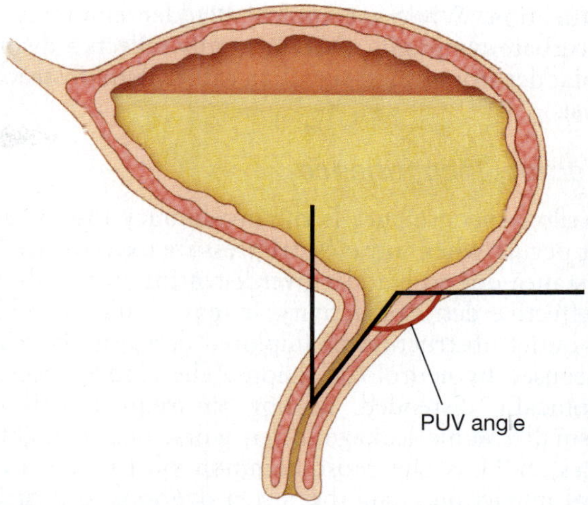

FIGURE 27-13. Normal 90- to 100-degree posterior urethrovesical (PUV) angle. In the presence of a normal PUV angle, sudden changes in intra-abdominal pressure are transmitted optimally to all sides of the proximal urethra, ensuring that intraurethral pressure remains higher than intravesical pressure. Loss of the PUV angle results in displacement of the vesicle neck to the most dependent portion of the bladder, preventing the equal transmission of sudden increases in intra-abdominal pressure.

weakness and urethral hypermobility, which impair support of the urethrovesical junction. With more severe SUI, even minor increases in bladder pressure can cause urine loss (Wójcik et al., 2023).

In females, the reduction in pelvic muscle tone from aging, childbirth, or pelvic surgery can weaken support structures and flatten the posterior urethrovesical angle, predisposing to leakage during strain (Fig. 27-13). Another contributing factor is intrinsic sphincter deficiency (ISD), a condition in which the urethral sphincter fails to provide adequate closure pressure. ISD may be congenital (e.g., with epispadias or meningomyelocele) or acquired (e.g., after trauma, irradiation, or surgery) (Yang et al., 2022).

In males, stress incontinence most often occurs after prostate surgery, especially radical prostatectomy, which can compromise sphincter function. Less commonly, neurologic dysfunction involving the bladder neck, pelvic nerves, or pudendal nerves may contribute (Koch & Kaufman, 2022).

OAB /Urge Incontinence

Overactive bladder (OAB) is defined by the International Continence Society as "urgency, usually accompanied by frequency and nocturia, with or without UUI, in the absence of infection or other pathology" (Cameron et al., 2024). Urge incontinence refers specifically to the involuntary leakage of urine associated with urgency. Importantly, OAB can occur with or without incontinence. Prevalence estimates range from 12% to 17% of adults worldwide, with increasing frequency in older populations (Chess-Williams & Sellers, 2023).

OAB symptoms are thought to result from involuntary detrusor contractions during bladder filling, occurring without infection or structural disease. Three main mechanisms are considered:

- **Neurogenic:** Damage to central inhibitory pathways may reduce cortical control of bladder reflexes, resulting in uncontrolled contractions. Conditions such as stroke, Parkinson disease, and multiple sclerosis are common causes. Increased sensitization of afferent pathways may also heighten bladder sensation.
- **Myogenic:** Alterations in detrusor smooth muscle, such as partial denervation from chronic bladder outlet obstruction or age-related remodeling, may cause hyperexcitability and spontaneous contractions.
- **Urothelial/afferent signaling abnormalities:** Increased release of ATP and acetylcholine from the urothelium and heightened sensory nerve responsiveness are thought to amplify urgency sensations (Chess-Williams & Sellers, 2023).

The physiology of OAB is not limited to the bladder. Recent studies indicate that local inflammatory responses within the bladder can trigger similar responses within the CNS, leading to central inflammation within the brain. This is referred to as the "bladder-brain axis" (Chess-Williams & Sellers, 2023). Conversely, shared pathophysiologies between metabolic syndrome and OAB syndrome have been identified (Hsu et al., 2022).

Clinical expression of OAB is often worsened by comorbid conditions such as BPH, diabetes, or pelvic floor dysfunction. While incomplete bladder emptying can exacerbate symptoms, OAB primarily reflects a disorder of bladder storage and signaling rather than obstruction alone.

Overflow Incontinence

Overflow incontinence is the involuntary loss of urine that occurs when intravesical pressure exceeds urethral resistance due to bladder overdistention in the absence of effective detrusor activity. It may result from bladder outlet obstruction or impaired detrusor contractility caused by neurologic lesions. The bladder becomes chronically distended, leading to frequent dribbling or small-volume leakage, often worsening at night. In males, BPH is the most common obstructive cause. Fecal impaction is another often overlooked contributor, as a large rectal bolus can compress the urethra. Diabetic neuropathy and spinal cord injury are additional causes of impaired emptying and overflow leakage. Overflow urinary continence is the only type of UI, which is considered physically dangerous, as it can lead to permanent bladder damage and kidney failure (Leslie et al., 2024).

Functional Incontinence

Functional incontinence is caused by barriers outside the urinary tract that prevent timely toileting despite intact bladder and urethral function. It often affects older adults who have impaired mobility, vision, dexterity, or cognition, or who are in unfamiliar surroundings. Common contributors include diuretic use leading to rapid bladder filling, sedative medications that blunt awareness of bladder signals, and physical barriers such as clothing or limited access to toileting. Cognitive impairment, such as dementia or delirium, is also a frequent cause (Leslie et al., 2024).

Mixed Incontinence

Mixed urinary incontinence (MUI) refers to the presence of both stress and urge components, often seen in females, particularly with aging or after childbirth. Symptoms include leakage with exertion combined with urgency and frequency (Harris et al., 2024). Many health conditions are associated with MUI, including skin, perineal, and vaginal infections, as well as an increased risk of falls resulting from excess trips to the bathroom.

Transient or Secondary Causes of Incontinence

Incontinence may also occur as a transient phenomenon that is reversible if the underlying cause is treated. Common contributors include delirium, UTI, atrophic vaginitis or urethritis, medications (e.g., sedatives, diuretics, anticholinergics), psychological factors, excess urine production, restricted mobility, and stool impaction. Long-term causes of decreased bladder compliance, such as radiation therapy, radical pelvic surgery, or interstitial cystitis, can also reduce bladder storage capacity and contribute to incontinence (Leslie et al., 2024).

Diagnosis

UI is a symptom with multiple potential causes, requiring careful evaluation. Diagnosis begins with a thorough history, physical examination, urinalysis to exclude infection, and review of contributing medical conditions and medications. A voiding diary helps characterize frequency, timing, and triggers of leakage (Cameron et al., 2024). Estimation of PVR volume, preferably with ultrasound, is recommended in all patients. Provocative stress testing aids in identifying stress incontinence. Urodynamic studies are reserved for refractory, complex, or surgical cases to clarify detrusor activity, bladder pressures, and outlet function (Trowbridge & Hoover, 2022).

Treatment

Management is guided by the type of incontinence, comorbidities, and patient preference, and usually begins with conservative measures before moving to medications or surgery (Cameron et al., 2024).

Behavioral Measures

Behavioral therapies are first-line across all types and include fluid management, bladder training, timed and prompted voiding, pelvic floor muscle exercises (Kegels), and toileting assistance for those with cognitive or mobility impairments (Wójcik et al., 2023). Bladder retraining and biofeedback techniques seek to reestablish cortical control over bladder function by having the person ignore urgency and respond only to cortical signals during waking hours. Toileting assistance techniques are caregiver-dependent techniques used to treat people with cognitive and motor dysfunction (Steenstrup et al., 2022). Weight loss, smoking cessation, bowel management, and biofeedback training can improve outcomes (Trowbridge & Hoover, 2022).

Pharmacologic Treatment

Drug therapy targets the underlying pathophysiology. In stress incontinence, medications play a limited role, though duloxetine has shown benefit in females outside the United States. For OAB/urge incontinence, first-line options include antimuscarinic drugs and beta-3 adrenergic agonists, used alone or in combination; botulinum toxin injections may help in refractory cases. Overflow incontinence is treated by relieving obstruction, often with alpha-blockers or 5-alpha-reductase inhibitors with prostatic enlargement (Wójcik et al., 2023; see Table 27-1).

Surgical Treatment of Stress Incontinence

Surgery is considered for stress incontinence unresponsive to conservative and pharmacologic treatment (Trowbridge & Hoover, 2022). Mid-urethral sling procedures are the gold standard for females, while artificial urinary sphincters are commonly used in males with sphincter deficiency, especially after prostate surgery. Bulking agent injections are a minimally invasive alternative but often require repeat procedures (Przydacz et al., 2025).

Device-Based Management

Noncatheter devices may be used in select patients. In males, penile clamps can temporarily occlude the urethra, though regular removal is required to prevent complications. In females, intravaginal support devices can provide compression of the urethra. Surgically implanted artificial sphincters, consisting of an inflatable cuff and control mechanism, offer durable continence in appropriately selected patients (Wójcik et al., 2023).

KEY POINTS

Incontinence

- UI is the involuntary loss of urine that results when bladder pressure exceeds urethral closure pressure (urge/OAB and overflow incontinence), when sphincter or pelvic floor weakness reduces outlet resistance (stress incontinence), when both mechanisms coexist (mixed incontinence), or when cognitive or physical limitations prevent timely toileting despite intact bladder and sphincter function (functional incontinence).

Special Needs of Older Adults

UI is a common problem in older adults of all sexes. It contributes to social isolation, predisposes to infections and skin breakdown, and is a frequent reason for institutionalization. The economic and social costs are substantial.

Multiple factors contribute to incontinence in older adults, some of which are modifiable. With aging, bladder capacity declines and urethral closing pressure is reduced. Detrusor muscle function also diminishes, leading to weaker bladder contractions, impaired emptying, and larger PVR volumes. Urge incontinence is the most frequent type of incontinence in older males, and detrusor overactivity is present in about half of these cases. The urge to urinate typically arises suddenly, without warning, and is accompanied by uncontrolled detrusor contractions (Harris et al., 2024).

Other contributors include immobility, neurologic disorders, cognitive changes, and limited access to toileting facilities. Older adults often experience nocturia and may struggle to reach the toilet in time due to arthritis, vision impairment, or unfamiliar environments.

Medications for unrelated health conditions can further impair bladder function. Potent diuretics may provoke urge incontinence, especially in older adults with reduced bladder capacity. Sedatives, tranquilizers, and hypnotics can diminish conscious inhibition of voiding. Limited fluid intake predisposes to constipation and urinary stasis, which may cause overflow incontinence or bladder irritability (Harris et al., 2024).

Diagnosis and Treatment

As with younger individuals, incontinence in older adults requires a thorough history and physical examination to determine the cause. A voiding diary can provide objective information on frequency, volume, and leakage episodes, while a detailed medication history is essential, given the role of pharmaceuticals in bladder dysfunction.

A useful mnemonic for identifying potentially reversible causes is **DIAPPERS**: **D**ementia, **I**nfection (urinary or vaginal), **A**trophic vaginitis, **P**harmaceuticals, **P**sychological causes, **E**ndocrine disorders (such as diabetes), **R**estricted mobility, and **S**tool impaction. These transient factors should be addressed before moving to long-term treatment strategies (Shamout & Campeau, 2022).

Management may involve environmental modifications to make toileting more accessible, habit training with scheduled voiding every 2 to 4 hours, and pelvic floor muscle training when feasible. Dietary adjustments to prevent constipation, along with adequate fluid intake, are important to reduce urinary stasis and the risk of infection (SIC et al., 2024).

SUMMARY CONCEPTS

Alterations in bladder function include urinary obstruction with retention of urine, neurogenic bladder, and UI. Urine retention occurs when the outflow of urine is obstructed by urethral narrowing or impaired bladder innervation. Persistent obstruction leads to bladder irritability, detrusor hypertrophy, trabeculae and diverticula formation, hydroureter, and potentially kidney failure.

Neurogenic bladder results from the disruption of bladder innervation. Spastic bladder dysfunction occurs when lesions are above the sacral micturition reflex center, leading to impaired bladder filling and involuntary contractions. Flaccid bladder dysfunction results from lesions at the sacral level or peripheral nerves, causing failure to empty. A third type involves a nonrelaxing external sphincter, which obstructs coordinated voiding.

UI is the involuntary loss of urine in amounts sufficient to cause a problem. Major forms include stress incontinence, OAB/urge incontinence, and overflow incontinence. Functional incontinence occurs when external factors, such as immobility, cognitive impairment, or environmental barriers, prevent timely toileting.

Diagnosis involves a thorough history, physical examination, laboratory studies, and when needed, urodynamic testing. Treatment depends on the underlying cause and may include relieving obstruction, behavioral therapies, pharmacologic agents that target detrusor activity or sphincter tone, surgical procedures, noncatheter device measures, or catheterization and collection devices.

UI is especially prevalent in older adults, where age-related changes, comorbidities, and polypharmacy contribute to risk. The mnemonic D APPERS summarizes potentially reversible causes that should be addressed before long-term management is initiated.

Cancer of the Bladder

Bladder cancer is the most common malignancy of the urinary tract. It occurs more often in males than in females and is most frequently diagnosed in older adults (Jubber et al., 2023).

The majority of bladder cancers arise from the transitional epithelium (urothelium) lining the bladder and are classified as urothelial carcinomas. These range from low-grade, noninvasive tumors that recur frequently but rarely progress, to high-grade tumors that invade the bladder wall and metastasize. Less common types include squamous cell carcinoma, which is generally invasive; adenocarcinoma, which is highly metastatic; and small cell carcinoma, which is rare but aggressive (Jubber et al., 2023).

Etiology and Pathophysiology

The exact cause of bladder cancer is not fully understood, but it is strongly associated with environmental exposures. Carcinogens excreted and stored in the bladder, such as aromatic amines used in dye, rubber, textile, paint, chemical, and petroleum industries, are significant risk factors. Cigarette smoking is the single greatest risk factor, with a strong dose–response relationship. Chronic bladder irritation from infections or stones also increases risk (Halaseh et al., 2022).

Clinical Manifestations

The most common presenting sign is painless hematuria, which may be gross or microscopic and often intermittent. Irritative voiding symptoms such as frequency, urgency, and dysuria can also occur but are less common. Because hematuria may be sporadic, diagnosis is sometimes delayed. In advanced cases, ureteral invasion can cause obstructive uropathy and infection, while dissemination of disease may lead to systemic complications. Prognosis is closely linked to tumor grade and stage at diagnosis (Halaseh et al., 2022).

Diagnosis, Staging, and Treatment

Evaluation begins with a detailed history and physical examination, with special attention to hematuria in patients with risk factors such as tobacco use or chemical exposures. Diagnostic studies include urine cytology, cystoscopy with biopsy, and imaging (ultrasonography, CT, magnetic resonance imaging [MRI]) to assess tumor stage and spread. Flow cytometry and molecular testing may be used for detection and monitoring (Awiwi & Vikram, 2022).

Treatment depends on tumor stage and patient factors. Non–muscle-invasive bladder cancers are typically managed with transurethral resection followed by intravesical therapy such as bacillus Calmette-Guérin (BCG) or chemotherapy to reduce recurrence. Larger or recurrent superficial tumors may also be treated with electrocautery or segmental resection. Muscle-invasive disease often requires radical cystectomy with pelvic lymph node dissection; this usually includes removal of the prostate and seminal vesicles or resection of the uterus and part of the vaginal wall. Urinary diversion or creation of a neobladder is required following cystectomy. Systemic chemotherapy and immunotherapy are options for advanced or metastatic disease (Lopez-Beltran et al., 2024).

SUMMARY CONCEPTS

Bladder cancer, most commonly urothelial carcinoma, is the most frequent malignancy of the urinary tract. It is broadly classified into low-grade noninvasive tumors, which often recur but rarely progress, and high-grade invasive tumors, which are associated with metastasis and a worse prognosis. Although the exact cause is unknown, carcinogens excreted in the urine, particularly those related to tobacco smoke and occupational exposures, are important risk factors. The most frequent presenting sign is painless hematuria, which may be microscopic or gross.

Diagnosis and treatment depend on tumor grade and stage. Management may include transurethral surgical removal of the tumor, radiation therapy, and systemic chemotherapy or immunotherapy for advanced disease. For many patients with non–muscle-invasive cancer, chemotherapeutic or immunotherapeutic agents such as BCG can be instilled directly into the bladder to reduce recurrence, thereby minimizing the side effects of systemic therapy.

REFERENCES

Abde, M., Weis, N., Kjærbye-Thygesen, A., & Moseholm, E. (2024). Association between asymptomatic bacteriuria in pregnancy and adverse pregnancy- and births outcomes. A systematic review. *European Journal of Obstetrics & Gynecology and Reproductive Biology*, *302*, 116–124. https://doi.org/10.1016/j.ejogrb.2024.09.001

Agarwal, A., & Anjum, F. (2026, February 15). Hemodialysis. In *StatPearls* [Internet]. StatPearls Publishing. https://www.ncbi.nlm.nih.gov/books/NBK563296/

Agarwal, R., Green, J. B., Heerspink, H. J. L., Mann, J. F. E., McGill, J. B., Mottl, A. K., Rosenstock, J., Rossing, P., Vaduganathan, M., Brinker, M., Edfors, R., Li, N.,

Scheerer, M. F., Scott, C., & Nangaku, M. (2025). Finerenone with empagliflozin in chronic kidney disease and type 2 diabetes. *New England Journal of Medicine*, *393*(6), 533–543. https://doi.org/10.1056/nejmoa2410659

Al Lawati, H., Blair, B. M., & Larnard, J. (2024). Urinary tract infections: Core curriculum 2024. *American Journal of Kidney Diseases*, *83*(1), 90–100. https://doi.org/10.1053/j.ajkd.2023.08.009

American Kidney Fund. (2025). *Stages of kidney disease (CKD)*. https://www.kidneyfund.org/all-about-kidneys/stages-kidney-disease

Ansaldi, Y., & Martinez de Tejada Weber, B. (2023). Urinary tract infections in pregnancy. *Clinical Microbiology and Infection*, *29*(10), 1249–1253. https://doi.org/10.1016/j.cmi.2022.08.015

Arlandis, S., Bø, K., Cobussen-Boekhorst, H., Costantini, E., de Heide, M., Farag, F., Groen, J., Karavitakis, M., Lapitan, M. C., Manso, M., Arteaga, S. M., Nambiar, A. K., Riogh, A. N. A., O'Connor, E., Omar, M. I., Peyronnet, B., Phé, V., Sakalis, V. I., Sihra, N. H., … Harding, C. K. (2022). European Association of Urology guidelines on the management of female non-neurogenic lower urinary tract symptoms. Part 2: Underactive bladder, bladder outlet obstruction, and nocturia. *European Urology*, *82*(1), 60–70. https://doi.org/10.1016/j.eururo.2022.01.044

Arnold, R., & Krishnan, A. V. (2023). Neuropathy and other neurological problems in chronic kidney disease. In M. Arıcı (Ed.), *Management of chronic kidney disease* (pp. 417–427). Springer International Publishing. https://doi.org/10.1007/978-3-031-42045-0_28

Arriaga Escamilla, D., Lakhani, A., Antony, S., Salazar Villegas, K. N., Gupta, M., Ramnath, P., Murillo Pineda, M. I., Bedor, A., Banegas, D., & Calderon Martinez, E. (2024). Dermatological manifestations in patients with chronic kidney disease: A review. *Cureus*, *16*(1), e52253. https://doi.org/10.7759/cureus.52253

Autore, G., Bernardi, L., La Scola, C., Ghidini, F., Marchetti, F., Pasini, A., Pierantoni, L., Castellini, C., Gatti, C., Malaventura, C., Pelusi, G., Antodaro, F., Bergomi, A., Mazzini, F., Parente, G., Pillon, R., Cusenza, F., Biasucci, G., De Fanti, A., … The Uti-Ped-Er Study Group. (2022). Management of pediatric urinary tract infections: A Delphi study. *Antibiotics*, *11*(8), 1122. https://doi.org/10.3390/antibiotics11081122

Awdishu, L., Maxson, R., Gratt, C., Rubenzik, T., & Battistella, M. (2025). KDIGO 2024 clinical practice guideline on evaluation and management of chronic kidney disease: A primer on what pharmacists need to know. *American Journal of Health-System Pharmacy*, *82*(12), 660–671. https://doi.org/10.1093/ajhp/zxaf044

Awiwi, M. O., & Vikram, R. (2022). Radiologic diagnosis and staging of bladder cancer: An update. *Journal of Computer Assisted Tomography*, *46*(4), 530–544. https://doi.org/10.1097/RCT.0000000000001322

Badura, K., Janc, J., Wąsik, J., Gnitecki, S., Skwira, S., Młynarska, E., Rysz, J., & Franczyk, B. (2024). Anemia of chronic kidney disease—A narrative review of its pathophysiology, diagnosis, and management. *Biomedicines*, *12*(6), 1191. https://doi.org/10.3390/biomedicines12061191

Biruete, A., Shin, A., Kistler, B. M., & Moe, S. M. (2024). Feeling gutted in chronic kidney disease (CKD): Gastrointestinal disorders and therapies to improve gastrointestinal health in individuals CKD, including those undergoing dialysis. *Seminars in Dialysis*, *37*(4), 334–349. https://doi.org/10.1111/sdi.13030

Borg, R., Carlson, N., Søndergaard, J., & Persson, F. (2023). The growing challenge of chronic kidney disease: An overview of current knowledge. *International Journal of Nephrology*, *2023*, 9609266. https://doi.org/10.1155/2023/9609266

Brockwell, M., Hergenrother, S., Satariano, M., Shah, R., & Raina, R. (2024). Pathophysiology of congenital anomalies of the kidney and urinary tract: A comprehensive review. *Cells*, *13*(22), 1866. https://doi.org/10.3390/cells13221866

Brook, R., Wang, J., Barit, D., Ho, P., & Lim, H. Y. (2024). Spontaneous bleeding in chronic kidney disease: Global coagulation assays may predict bleeding risk. *Research and Practice in Thrombosis and Haemostasis*, *8*(5), 102520. https://doi.org/10.1016/j.rpth.2024.102520

Burnier, M., Sr. (2022). Nutritional management of sodium, chloride, and water in kidney disease and kidney failure. In J. D. Kopple, S. G. Massry, K. Kalantar-Zadeh, & D. P. Fouque (Eds.), *Nutritional management of renal disease* (4th ed., pp. 313–328). Elsevier. https://doi.org/10.1016/b978-0-12-818540-7.00038-0

Cameron, A. P., Chung, D. E., Dielubanza, E. J., Enemchukwu, E., Ginsberg, D. A., Helfand, B. T., Linder, B. J., Reynolds, W. S., Rovner, E. S., Souter, L., Suskind, A. M., Takacs, E., Welk, B., & Smith, A. L. (2024). The AUA/SUFU guideline on the diagnosis and treatment of idiopathic overactive bladder. *The Journal of Urology*, *212*(1), 11–20. https://doi.org/10.1097/JU.0000000000003985

Capone, V., Persico, N., Berrettini, A., Decramer, S., De Marco, E. A., De Palma, D., Familiari, A., Feitz, W., Herthelius, M., Kazlauskas, V., Liebau, M., Manzoni, G., Maternik, M., Mosiello, G., Schanstra, J. P., Vande Walle, J., Wühl, E., Ylinen, E., Zurowska, A., … Montini, G. (2022). Definition, diagnosis and management of fetal lower urinary tract obstruction: Consensus of the ERKNet CAKUT-Obstructive Uropathy Work Group. *Nature Reviews Urology*, *19*(5), 295–303. https://doi.org/10.1038/s41585-022-00563-8

Centers for Disease Control and Prevention. (2024). *Chronic kidney disease in the United States, 2024*. U.S. Department of Health & Human Services. https://www.cdc.gov/kidney-disease/php/data-research/index.html

Chandra, M., & Merchant, K. (2022). Voiding disorders in children. *Current Treatment Options in Pediatrics*, *8*(2), 19–37. https://doi.org/10.1007/s40746-022-00236-z

Chen, S.-F., & Kuo, H.-C. (2023). Urethral sphincter botulinum toxin A injection for non-spinal cord injured patients with voiding dysfunction without anatomical obstructions: Which patients benefit most? *Toxins*, *15*(2), 87. https://doi.org/10.3390/toxins15020087

Chesnaye, N. C., Ortiz, A., Zoccali, C., Stel, V. S., & Jager, K. J. (2024). The impact of population ageing on the burden of chronic kidney disease. *Nature Reviews Nephrology*, *20*(9), 569–585. https://doi.org/10.1038/s41581-024-00863-9

Chess-Williams, R., & Sellers, D. J. (2023). Pathophysiological mechanisms involved in overactive bladder/detrusor overactivity. *Current Bladder Dysfunction Reports*, *18*(2), 79–88. https://doi.org/10.1007/s11884-023-00690-x

Cirillo, L., De Chiara, L., Innocenti, S., Errichiello, C., Romagnani, P., & Becherucci, F. (2023). Chronic kidney disease in children: An update. *Clinical Kidney Journal*, *16*(10), 1600–1611. https://doi.org/10.1093/ckj/sfad097

Clementi, A., & Virzì, G. M. (2022). Novel clinical updates in uremia. *Journal of Clinical Medicine*, *11*(13), 3791. https://doi.org/10.3390/jcm11133791

Corbett, K. S., Chang, D. H., Riehl-Tonn, V. J., Ahmed, S. B., Rao, N., Kamar, F., & Dumanski, S. M. (2024). Sexual activity, function, and satisfaction in reproductive-aged females living with chronic kidney disease. *Healthcare*, *12*(17), 1728. https://doi.org/10.3390/healthcare12171728

Devarajan, P. (2023). Pathogenesis of intrinsic acute kidney injury. *Current Opinion in Pediatrics*, *35*(2), 234–238. https://doi.org/10.1097/MOP.0000000000001215

DeWitt-Foy, M. E., & Elliott, S. P. (2022). Neurogenic bladder: Assessment and operative management. *The Urologic Clinics* of North America, 49(3), 519–532. https://doi.org/10.1016/j.ucl.2022.04.010

ElSayed, N. A., Aleppo, G., Bannuru, R. R., Bruemmer, D., Collins, B. S., Ekhlaspour, L., Hilliard, M. E., Johnson, E. L., Khunti, K., Lingvay, I., Matfin, G., McCoy, R. G., Perry, M. L., Pilla, S. J., Polsky, S., Prahalad, P., Pratley, R. E., Segal, A. R., Seley, J. J., ... Gabbay, R. A. (2024). 11. Chronic kidney disease and risk management: *Standards of Care in Diabetes—2024. Diabetes Care*, *47*(Suppl. 1), S219–S230. https://doi.org/10.2337/dc24-S011

Erstad, B. L. (2024). Recommended methods of drug dosing adjustment for patients with renal impairment. *The Annals of Pharmacotherapy*, *58*(9), 972–977. https://doi.org/10.1177/10600280231217098

Fu, E. L., Levey, A. S., Coresh, J., Grams, M. E., Faucon, A. L., Elinder, C. G., Dekker, F. W., Delanaye, P., Inker, L. A., & Carrero, J. J. (2024). Accuracy of GFR estimating equations based on creatinine, cystatin C or both in routine care. *Nephrology Dialysis Transplantation*, *39*(4), 694–706. https://doi.org/10.1093/ndt/gfad219

Fu, R., He, P., Hong, W., Liang, Y., Wang, W., Yuan, S., & Liu, L. (2024). Male sexual dysfunction in patients with chronic kidney disease: A cross-sectional study. *Scientific Reports*, *14*(1), 9207. https://doi.org/10.1038/s41598-024-59844-4

Georgianos, P. I., & Agarwal, R. (2023). Hypertension in chronic kidney disease—Treatment standard 2023. *Nephrology Dialysis Transplantation*, *38*(12), 2694–2703. https://doi.org/10.1093/ndt/gfad118

Goyal, A., Bashir, K., Hashmi, M. F., & Daneshpajouhnejad, P. (2023, November 25). Acute kidney injury. In *Statpearls* [Internet]. StatPearls Publishing. https://www.ncbi.nlm.nih.gov/books/NBK441896/

Halaseh, S. A., Halaseh, S., Alali, Y., Ashour, M. E., & Alharayzah, M. J. (2022). A review of the etiology and epidemiology of Bladder cancer: All you need to know. *Cureus*, *14*(7), e27330. https://doi.org/10.7759/cureus.27330

Hari, P., Meena, J., Kumar, M., Sinha, A., Thergaonkar, R. W., Iyengar, A., Khandelwal, P., Ekambaram, S., Pais, P., Sharma, J., Kanitkar, M., Bagga, A., Agarwal, I., Bajpai, M., Banerjee, S., Jana, M., Kalra, S., Kumar, R., Krishan, A., ... Vasudev, A. (2024). Evidence-based clinical practice guideline for management of urinary tract infection and primary vesicoureteric reflux. *Pediatric Nephrology*, *39*(5), 1639–1668. https://doi.org/10.1007/s00467-023-06173-9

Harris, S., Riggs, J., & Leslie, S. (2024, June 8). Mixed urinary incontinence: Treatment & management: Point of care. In *StatPearls* [Internet]. StatPearls Publishing. https://www.statpearls.com/point-of-care/25209

Hsu, L.-N., Hu, J.-C., Chen, P.-Y., Lee, W.-C., & Chuang, Y.-C. (2022). Metabolic syndrome and overactive bladder syndrome may share common pathophysiologies. *Biomedicines*, *10*(8), 1957. https://doi.org/10.3390/biomedicines10081957

Iatridi, F., Carrero, J. J., Cornec-Le Gall, E., Kanbay, M., Luyckx, V., Shroff, R., & Ferro, C. J. (2025). KDIGO 2024 clinical practice guideline for the evaluation and management of chronic kidney disease in children and adults: A commentary from the European Renal Best Practice (ERBP). *Nephrology, Dialysis, Transplantation*, *40*(2), 273–282. https://doi.org/10.1093/ndt/gfae209

Izadyar, N., Cacheiro, A., & Chang, O. H. (2025). Patient experience and healthcare access among women with recurrent urinary tract infections. *Neurourology and Urodynamics*, *44*(6), 1264–1270. https://doi.org/10.1002/nau.70092

Jhang, J.-F., Jiang, Y.-H., Hsu, Y.-H., Ho, H.-C., & Kuo, H.-C. (2022). Pathogenesis evidence from human and animal models of detrusor underactivity. *Tzu Chi Medical Journal*, *34*(3), 287–296. https://doi.org/10.4103/tcmj.tcmj_284_20

Jones, A., Swan, D., Lisman, T., Barnes, G. D., & Thachil, J. (2024). Anticoagulation in chronic kidney disease: Current status and future perspectives. *Journal of Thrombosis and Haemostasis*, *22*(2), 323–336. https://doi.org/10.1016/j.jtha.2023.09.020

Joshi, S., Kalantar-Zadeh, K., Chauveau, P., & Carrero, J. J. (2023). Risks and benefits of different dietary patterns in CKD. *American Journal of Kidney Diseases*, *81*(3), 352–360. https://doi.org/10.1053/j.ajkd.2022.08.013

Jubber, I., Ong, S., Bukavina, L., Black, P. C., Compérat, E., Kamat, A. M., Kiemeney, L., Lawrentschuk, N., Lerner, S. P., Meeks, J. J., Moch, H., Necchi, A., Panebianco, V., Sridhar, S. S., Znaor, A., Catto, J. W. F., & Cumberbatch, M. G. (2023). Epidemiology of bladder cancer in 2023: A systematic review of risk factors. *European Urology*, *84*(2), 176–190. https://doi.org/10.1016/j.eururo.2023.03.029

Kamei, J., & Fujimura, T. (2023). Urinary tract infection in patients with lower urinary tract dysfunction. *Journal of Infection and Chemotherapy*, *29*(8), 744–748. https://doi.org/10.1016/j.jiac.2023.04.019

Kidney Disease: Improving Global Outcomes (KDIGO) CKD Work Group. (2024). KDIGO 2024 clinical practice guideline for the evaluation and management of chronic kidney disease. *Kidney International*, *105*(4S), S1–S150. https://kdigo.org/wp-content/uploads/2024/03/KDIGO-2024-CKD-Guideline.pdf

Knechtle, S. J., & Marson, L. P. (Eds.). (2024). *Kidney transplantation-e-book: Principles and practice*. Elsevier Health Sciences.

Koch, G. E., & Kaufman, M. R. (2022). Male stress urinary incontinence. *The Urologic Clinics of North America*, *49*(3), 403–418. https://doi.org/10.1016/j.ucl.2022.04.005

Krishnan, N., Moledina, D. G., & Perazella, M. A. (2024). Toxic nephropathies of the tubulointerstitium: Core curriculum 2024. *American Journal of Kidney Diseases*, *83*(5), 659–676. https://doi.org/10.1053/j.ajkd.2023.09.017

Kuhn, H. W., Hreha, T. N., & Hunstad, D. A. (2023). Immune defenses in the urinary tract. *Trends in Immunology*, *44*(9), 701–711. https://doi.org/10.1016/j.it.2023.07.001

Kumar, S. J., & Biswas, D. A. (2022). Anatomical aspects of neurogenic bladder and the approach in its management: A narrative review. *Cureus*, *14*(11), e31165. https://doi.org/10.7759/cureus.31165

Kung, C.-W., & Chou, Y.-H. (2023). Acute kidney disease: An overview of the epidemiology, pathophysiology, and management. *Kidney Research and Clinical Practice*, *42*(6), 686–699. https://doi.org/10.23876/j.krcp.23.001

Kushner, P. R., DeMeis, J., Stevens, P., Gjurovic, A. M., Malvolti, E., & Tangri, N. (2024). Patient and clinician perspectives: To create a better future for chronic kidney disease, we need to talk about our kidneys. *Advances in Therapy*, *41*(4), 1318–1324. https://doi.org/10.1007/s12325-024-02794-0

Kushnirenko, S. V., Savytska, L. N., Bevzenko, T. B., Rotova, S. O., Lysianska, O. Y., & Kushnirenko, O. V. (2023). Correction of azotemia in patients with chronic kidney disease. *Kidneys*, *12*(4), 192–197. https://doi.org/10.22141/2307-1257.12.4.2023.428

Kwiatkowska, E., Kwiatkowski, S., Dziedziejko, V., Tomasiewicz, I., & Domański, L. (2023). Renal microcirculation injury as the main cause of ischemic acute kidney injury development. *Biology*, *12*(2), 327. https://doi.org/10.3390/biology12020327

Kwok, M., McGeorge, S., Mayer-Coverdale, J., Graves, B., Paterson, D. L., Harris, P. N. A., Esler, R., Dowling, C., Britton, S., & Roberts, M. J. (2022). Guideline of guidelines: Management of recurrent urinary tract infections in women. *BJU International*, *130*(S3), 11–22. https://doi.org/10.1111/bju.15756

Leslie, S. W., Puckett, Y., & Tran, L. N. (2024, August 11). Urinary incontinence. In *StatPearls* [Internet]. StatPearls Publishing. https://www.ncbi.nlm.nih.gov/books/NBK559095

Levey, A. S., Eckardt, K. U., Tsukamoto, Y., Levin, A., Coresh, J., Rossert, J., De Zeeuw, D., Hostetter, T. H., Lameire, N., & Eknoyan, G. (2005). Definition and classification of chronic kidney disease: A position statement from Kidney Disease: Improving Global Outcomes (KDIGO). *Kidney International*, *67*(6), 2089–2100. https://doi.org/10.1111/j.1523-1755.2005.00365.x

Levey, A. S., Grams, M. E., & Inker, L. A. (2022). Uses of GFR and albuminuria level in acute and chronic kidney disease. *New England Journal of Medicine*, *386*(22), 2120–2128. https://doi.org/10.1056/NEJMra2201153

Lim, L. Y., & Yang, S. S. (2024). Normal postvoid residual urine in healthy adults. *Neurourology and Urodynamics*, *43*(1), 81–87. https://doi.org/10.1002/nau.25294

Lopez-Beltran, A., Cookson, M. S., Guercio, B. J., & Cheng, L. (2024). Advances in diagnosis and treatment of bladder cancer. *BMJ (Clinical Research Ed.)*, *384*, e076743. https://doi.org/10.1136/bmj-2023-076743

Lu, J., Liu, X., Wei, Y., Yu, C., Zhao, J., Wang, L., Hu, Y., Wei, G., & Wu, S. (2022). Clinical and microbial etiology characteristics in pediatric urinary tract infection. *Frontiers in Pediatrics*, *10*, 844797. https://doi.org/10.3389/fped.2022.844797

Macdougall, I. C. (2024). Anaemia in CKD—Treatment standard. *Nephrology Dialysis Transplantation*, *39*(5), 770–777. https://doi.org/10.1093/ndt/gfad250

Mancuso, G., Midiri, A., Gerace, E., Marra, M., Zummo, S., & Biondo, C. (2023). Urinary tract infections: The current scenario and future prospects. *Pathogens*, *12*(4), 623. https://doi.org/10.3390/pathogens12040623

Marando, M., Tamburello, A., Salera, D., Di Lullo, L., & Bellasi, A. (2024). Phosphorous metabolism and manipulation in chronic kidney disease. *Nephrology*, *29*(12), 791–800. https://doi.org/10.1111/nep.14407

Marra, J. M., de Castro Vieira, P. V., de Senna Migueletto, A. M., de Oliveira, L. F. A., de Souza, E. C. F., & Marquini, G. V. (2023). Neurogenic disorders and the lower urinary tract dysfunction: Proposed approach for the gynecologist. *Reproductive Sciences*, *30*(7), 2087–2091. https://doi.org/10.1007/s43032-023-01213-z

Matsushita, K., Ballew, S. H., Wang, A. Y.-M., Kalyesubula, R., Schaeffner, E., & Agarwal, R. (2022). Epidemiology and risk of cardiovascular disease in populations with chronic kidney disease. *Nature Reviews Nephrology*, *18*(11), 696–707. https://doi.org/10.1038/s41581-022-00616-6

Mattoo, T. K., & Mohammad, D. (2022). Primary vesicoureteral reflux and renal scarring. *Pediatric Clinics of North America*, *69*(6), 1115–1129. https://doi.org/10.1016/j.pcl.2022.07.007

Mattos, R. C., & Favorito, L. A. (2025). Neurophysiology of micturition: A narrative review on preventing mismanagement. *International Brazilian Journal of Urology*, *51*(3), e20259907. https://doi.org/10.1590/S1677-5538.IBJU.2025.9907

Mehmood, H. R., Khan, Z., Jahangir, H. M. S., Hussain, A., Elahi, A., & Askari, S. M. H. (2022). Assessment of serum biochemical derangements and associated risk factors of chronic kidney disease. *Journal of Taibah University Medical Sciences*, *17*(3), 376–383. https://doi.org/10.1016/j.jtumed.2021.09.009

Merchant, A. A., & Ling, E. (2023). An approach to treating older adults with chronic kidney disease. *Canadian Medical Association Journal*, *195*(17), E612–E618. https://doi.org/10.1503/cmaj.221427

Molitoris, B. A. (2022). Low-flow acute kidney injury: The pathophysiology of prerenal azotemia, abdominal compartment syndrome, and obstructive uropathy. *Clinical Journal of the American Society of Nephrology*, *17*(7), 1039–1049. https://doi.org/10.2215/CJN.15341121

Mozafarpour, S., Chen, A., Paredes Mogica, J. A., Nwaoha, N., Farhad, K., Morrison, S. M., & De, E. J. (2022). Urodynamic autonomic bladder dysfunction in women with complex chronic pelvic pain is associated with small fiber polyneuropathy. *Neurourology and Urodynamics*, *41*(1), 482–489. https://doi.org/10.1002/nau.24858

Nagami, G. T., & Kraut, J. A. (2024). The role of the endocrine system in the regulation of acid–base balance by the kidney and the progression of chronic kidney disease. *International Journal of Molecular Sciences*, *25*(4), 2420. https://doi.org/10.3390/ijms25042420

Nelson, Z., Aslan, A. T., Beahm, N. P., Blyth, M., Cappiello, M., Casaus, D., Dominguez, F., Egbert, S., Hanretty, A., Khadem, T., Olney, K., Abdul-Azim, A., Aggrey, G., Anderson, D. T., Barosa, M., Bosco, M., Chahine, E. B., Chowdhury, S., Christensen, A., … Mena Lora, A. J. (2024). Guidelines for the prevention, diagnosis, and management of urinary tract infections in pediatrics and adults. *JAMA Network Open*, *7*(11), e2444495. https://doi.org/10.1001/jamanetworkopen.2024.44495

Ortiz, A., Arreola Guerra, J. M., Chan, J. C. N., Jha, V., Kramer, H., Nicholas, S. B., Pavkov, M. E., Wanner, C., Wong, L. P., Cheung, M., King, J. M., Grams, M. E., Jadoul, M., Tuttle, K. R., Alieri, E., Ashuntantang, G., Bjornstad, P., Chong, K., Correa-Rotter, R., … Wang, A. Y. M. (2025). Preventing chronic kidney disease and maintaining kidney health: Conclusions from a kidney disease: Improving global outcomes (KDIGO) controversies conference. *Kidney International*, *108*(4), 555–571. https://doi.org/10.1016/j.kint.2025.04.005

Park, J., Torosis, M., Kim, J. H., & Ackerman, A. L. (2024). U.S. primary care physician perceptions on barriers to providing guideline-driven care for UTI and recurrent UTI: A qualitative study. *BMC Primary Care*, *25*(1), 234. https://doi.org/10.1186/s12875-024-02477-3

Patel, R., Polage, C. R., Dien Bard, J., May, L., Lee, F. M., Fabre, V., Hayden, M. K., Doernberg, S. D. B., Haake, D. A., Trautner, B. W., Grigoryan, L., Tsalik, E. L., & Hanson, K. E. (2022). Envisioning future urinary tract infection diagnostics. *Clinical Infectious Diseases*, *74*(7), 1284–1292. https://doi.org/10.1093/cid/ciab749

Pelliccioni, G., Castellani, D., Rocchi, C., Cameriere, V., Sabbatini, D., & Pelliccioni, P. (2023). Pathophysiology, clinical presentation and management of neurogenic bladder. In G. Micieli, M. Hilz, & P. Cortelli (Eds.), *Autonomic disorders in clinical practice* (pp. 257–282). Springer International Publishing. https://doi.org/10.1007/978-3-031-43036-7_12

Pereira e Silva, R. (2025). Conservative pharmacological treatment. In C. R. Chapple & A. J. Wein (Eds.), *Primer on urology* (pp. 551–564). Springer Nature. https://doi.org/10.1007/978-3-031-55405-6_38

Pereira, J. A., & Debugne, T. (2022). Evaluation methods of detrusor sphincter dyssynergia in spinal cord injury patients: A literature review. *Uro*, *2*(2), 122–133. https://doi.org/10.3390/uro2020015

Pérez-Aizpurua, X., Cabello Benavente, R., Bueno Serrano, G., Alcázar Peral, J. M. A., Gómez-Jordana Mañas, B., Tufet I Jaumot, J., Ruiz de Castroviejo Blanco, J. N., Osorio Ospina, F., & Gonzalez-Enguita, C. (2024). Obstructive uropathy: Overview of the pathogenesis, etiology and management of a prevalent cause of acute kidney injury. *World Journal of Nephrology*, *13*(2), 93322. https://doi.org/10.5527/wjn.v13.i2.93322

Perez, N. E., Godbole, N. P., Amin, K., Syan, R., & Gater, D. R. (2022). Neurogenic bladder physiology, pathogenesis, and management after spinal cord injury. *Journal of Personalized Medicine*, *12*(6), 968. https://doi.org/10.3390/jpm12060968

Plando, R., Obaid, L., Al Baker, A. S., Khan, O., Solatorio, M., De Leon, B. J., Tabasin, V. M., & Obsioma, R. A. (2024). Prevention and control of catheter-associated urinary tract infection

(CAUTI): A patient safety and quality improvement project. *Cureus*, *16*(10), e72105. https://doi.org/10.7759/cureus.72105

Przydacz, M., Russo, G. I., Linder, B. J., & Goldman, H. B. (2025). Bulking agents in male stress incontinence. *European Urology Focus*, *11*(2), 198–200. https://doi.org/10.1016/j.euf.2025.03.010

Queau, Y., & Elliott, D. A. (2023). Nutritional management of kidney disease. In A. J. Fascetti, S. J. Delaney, J. A. Larsen, & C. Villaverde (Eds.), *Applied veterinary clinical nutrition* (pp. 384–411). Wiley. https://doi.org/10.1002/9781119375241.ch15

Raina, M., Shah, R., Hu, J., Pember, B., Cahill, T., Bunchman, T., Yap, H. K., & McCulloch, M. (2025). The global health burden of pediatric chronic kidney disease: An analysis of the global burden of disease database from 1990 to 2021. *PLoS One*, *20*(5), e0323257. https://doi.org/10.1371/journal.pone.0323257

Rosen, R. J., & Valeri, A. M. (2023). Management of patients with kidney failure and pericarditis. *Clinical Journal of the American Society of Nephrology*, *18*(2), 270–272. https://doi.org/10.2215/CJN.07470622

Sachdeva, B., Aeddula, N. R., & Zulfiqar, H. (2023, August 8). Peritoneal dialysis. In *StatPearls* [Internet]. StatPearls Publishing. https://www.ncbi.nlm.nih.gov/books/NBK532979/

Saac, M., Kung, V., Beck, A., Buehrle, D., Nagaro, K., Snyder, G., & Martin, E. (2024). A stepwise diagnostic stewardship approach to reduce unnecessary urine cultures, asymptomatic bacteriuria, and CAUTI rate. *Antimicrobial Stewardship & Healthcare Epidemiology*, *4*(S1), s79–s80. https://doi.org/10.1017/ash.2024.213

Sam, P., LaGrange, C. A., & Nassereddin, A. (2023, August 8). Anatomy, abdomen and pelvis: Bladder detrusor muscle. In *StatPearls* [Internet]. StatPearls Publishing. https://www.ncbi.nlm.nih.gov/books/NBK482181/

Sandhu, J. S., Bixler, B. R., Dahm, P., Goueli, R., Kirkby, E., Stoffel, J. T., & Wilt, T. J. (2024). Management of lower urinary tract symptoms attributed to benign prostatic hyperplasia (BPH): AUA guideline amendment 2023. *The Journal of Urology*, *211*(1), 11–19. https://doi.org/10.1097/JU.0000000000003698

Sansone, A., Reisman, Y., & Jannini, E. A. (2022). Relationship between hyperuricemia with deposition and sexual dysfunction in males and females. *Journal of Endocrinological Investigation*, *45*(4), 691–703. https://doi.org/10.1007/s40618-021-01719-w

Shah, S., Weinhandl, E., Gupta, N., Leonard, A. C., Christianson, A. L., & Thakar, C. V. (2024). Cardiovascular outcomes in patients on home hemodialysis and peritoneal dialysis. *Kidney360*, *5*(2), 205–215. https://doi.org/10.34067/KID.0000000000000360

Shamout, S., & Campeau, L. (2022). Incontinence in older adults. In R. M. Caplan, O. Beauchet, H. Bergman, S. Gauthier, P. Gold, A. Fuks, & J. Morais (Eds.), *The Care of the Older Person* (pp. 194–200). RMC Publishing, LLC.

Sharma, M., Ghimire, R., Pant, S., Neupane, S., Sharma, D., Bhatt, C. P., & Jha, B. (2025). A study on prevalence, risk factors, biofilm formation and antimicrobial resistance of uropathogens in catheter associated urinary tract infections (CAUTI) in a tertiary care hospital. *Nepal Medical Journal*, *8*(1), 62–67. https://doi.org/10.37080/nmj.256

Shermadou, E. S., Leslie, S. W., & Rahman, S. (2023, July 24). Anatomy, abdomen and pelvis: Bladder. In *StatPearls* [Internet]. StatPearls Publishing. https://www.ncbi.nlm.nih.gov/books/NBK531465/

So, T. K., Cherian, S. A., Vargese, S. S., McArthur, A., & Lizarondo, L. (2024). Pelvic floor muscle training for urinary incontinence in older adults: A best practice implementation project. *JBI Evidence Implementation*, *22*(3), 242–249. https://doi.org/10.1097/xeb.0000000000000432

Smilevska, R., Rajendran, S., & Hadley, G. (2025). The physiology and pharmacology of the lower urinary tract. *Surgery (Oxford)*, *43*(6), 370–377. https://doi.org/10.1016/j.mpsur.2025.03.013

Sorić Hosman, I., Cvitković Roić, A., & Lamot, L. (2022). A systematic review of the (un)known host immune response biomarkers for predicting recurrence of urinary tract infection. *Frontiers in Medicine*, *9*, 931717. https://doi.org/10.3389/fmed.2022.931717

Sridharan, K. (2023). Chronic kidney disease mineral and bone disorder: A guide for general practice. *Australian Journal of General Practice*, *52*(1–2), 52–57. https://doi.org/10.31128/ajgp-03-22-6365

Steenstrup, B., Lopes, F., Cornu, J. N., & Gilliaux, M. (2022). Cognitive-behavioral therapy and urge urinary incontinence in women. A systematic review. *International Urogynecology Journal*, *33*(5), 1091–1101. https://doi.org/10.1007/s00192-021-04989-3

Stephens, A. J., Baker, A., Barton, J. R., Chauhan, S. P., & Sibai, B. M. (2022). Clinical findings predictive of maternal adverse outcomes with pyelonephritis. *American Journal of Obstetrics & Gynecology MFM*, *4*(2), 100558. https://doi.org/10.1016/j.ajogmf.2021.100558

Stevens, P. E., Ahmed, S. B., Carrero, J. J., Foster, B., Francis, A., Hall, R. K., Herrington, W. G., Hill, G., Inker, L. A., Kazancıoğlu, R., Lamb, E., Lin, P., Madero, M., McIntyre, N., Morrow, K., Roberts, G., Sabanayagam, D., Schaeffner, E., Shlipak, M., … Levin, A. (2024). KDIGO 2024 clinical practice guideline for the evaluation and management of chronic kidney disease. *Kidney International*, *105*(4), S117–S314. https://doi.org/10.1016/j.kint.2023.10.018

Swift, S. L., Drexler, Y., Sotres-Alvarez, D., Raij, L., Llabre, M. M., Schneiderman, N., Horn, L. V., Lash, J. P., Mossavar-Rahmani, Y., & Elfassy, T. (2022). Associations of sodium and potassium intake with chronic kidney disease in a prospective cohort study: Findings from the Hispanic Community Health Study/Study of Latinos, 2008–2017. *BMC Nephrology*, *23*(1), 133. https://doi.org/10.1186/s12882-022-02754-2

Tenzi, J., Hurtado, J., Nin, N., Rodriguez, F., Molina, C., & Aunchayna, M. (2022). Renal histopathology in critically ill patients with septic acute kidney injury (S-AKI). *Journal of Critical Care*, *68*, 38–41. https://doi.org/10.1016/j.jcrc.2021.11.013

Timm, M. R., Russell, S. K., & Hultgren, S. J. (2025). Urinary tract infections: Pathogenesis, host susceptibility and emerging therapeutics. *Nature Reviews Microbiology*, *23*(2), 72–86. https://doi.org/10.1038/s41579-024-01092-4

Trowbridge, E. R., & Hoover, E. F. (2022). Evaluation and treatment of urinary incontinence in women. *Gastroenterology Clinics of North America*, *51*(1), 157–175. https://doi.org/10.1016/j.gtc.2021.10.010

Turgut, F., Awad, A., & Abdel-Rahman, E. (2023). Acute kidney injury: Medical causes and pathogenesis. *Journal of Clinical Medicine*, *12*(1), 375. https://doi.org/10.3390/jcm12010375

Vardhan, A., & Hutchison, A. J. (2023). Calcium, phosphate, and renal osteodystrophy. In R. Khanna & R. T. Krediet (Eds.), *Nolph and Gokal's textbook of peritoneal dialysis* (pp. 1–37). Springer International Publishing. https://doi.org/10.1007/978-3-319-90760-4_22-1

Wahyudi, I., Raharja, P. A., Situmorang, G. R., & Rodjani, A. (2023). Circumcision reduces urinary tract infection in children with antenatal hydronephrosis: Systematic review and meta-analysis. *Journal of Pediatric Urology*, *19*(1), 66–74. https://doi.org/10.1016/j.jpurol.2022.10.029

Wilson, J., Farrow, E., & Holden, C. (2022). Urinary tract obstruction. *InnovAiT: Education and Inspiration for General Practice*, *15*(5), 265–271. https://doi.org/10.1177/17557380221080781

Wójcik, M., Placek, K., Goździewicz, T., Plagens-Rotman, K., Merks, P., Mizgier, M., Luwański, D., Pisarska-Krawczyk, M., Kędzia, W., & Jarząbek-Bielecka, G. (2023). The application of physiotherapy in urinary incontinence. *Clinical and Experimental Obstetrics & Gynecology*, *50*(1), 7. https://doi.org/10.31083/j.ceog5001007

Yamada, S., & Nakano, T. (2023). Role of chronic kidney disease (CKD)–mineral and Bone Disorder (MBD) in the pathogenesis of cardiovascular disease in CKD. *Journal of Atherosclerosis and Thrombosis*, *30*(8), 835–850. https://doi.org/10.5551/jat.RV22006

Yang, X., Wang, X., Gao, Z., Li, L., Lin, H., Wang, H., Zhou, H., Tian, D., Zhang, Q., & Shen, J. (2022). The anatomical pathogenesis of stress urinary incontinence in women. *Medicina*, *59*(1), 5. https://doi.org/10.3390/medicina59010005

Yang, Z., Chen, X., Pi, M., Tang, Y., Lam, R. K., Yang, C., Peng, Y., Hou, H., Liu, X., Lindholm, B., Lu, F., & Su, G. (2025). Infection and immunodeficiency in patients with chronic kidney disease: Current evidence and potential preventive strategies of Chinese medicine. *Integrative Medicine in Nephrology and Andrology*, *12*(2), e24-00028. https://doi.org/10.1097/imna-d-24-00028

Yao, M., & Simoes, A. (2023, August 14). Urodynamic testing and interpretation. In *StatPearls* [Internet]. StatPearls Publishing. https://www.ncbi.nlm.nih.gov/books/NBK562310

Zagaglia, C., Ammendolia, M. G., Maurizi, L., Nicoletti, M., & Longhi, C. (2022). Urinary tract infections caused by uropathogenic Escherichia coli strains—New strategies for an old pathogen. *Microorganisms*, *10*(7), 1425. https://doi.org/10.3390/microorganisms10071425

Zare, M., Vehreschild, M. J. G. T., & Wagenlehner, F. (2022). Management of uncomplicated recurrent urinary tract infections. *BJU International*, *129*(6), 668–678. https://doi.org/10.1111/bju.15630

Zhao, Y. (2023). Comparison of the effect of hemodialysis and peritoneal dialysis in the treatment of end-stage renal disease. *Pakistan Journal of Medical Sciences*, *39*(6), 1562–1567. https://doi.org/10.12669/pjms.39.6.8056

Zucco, G. M., Andretta, E., & Hummel, T. (2024). Strategies to improve bladder control: A preliminary case study. *Healthcare*, *12*(18), 1855. https://doi.org/10.3390/healthcare12181855

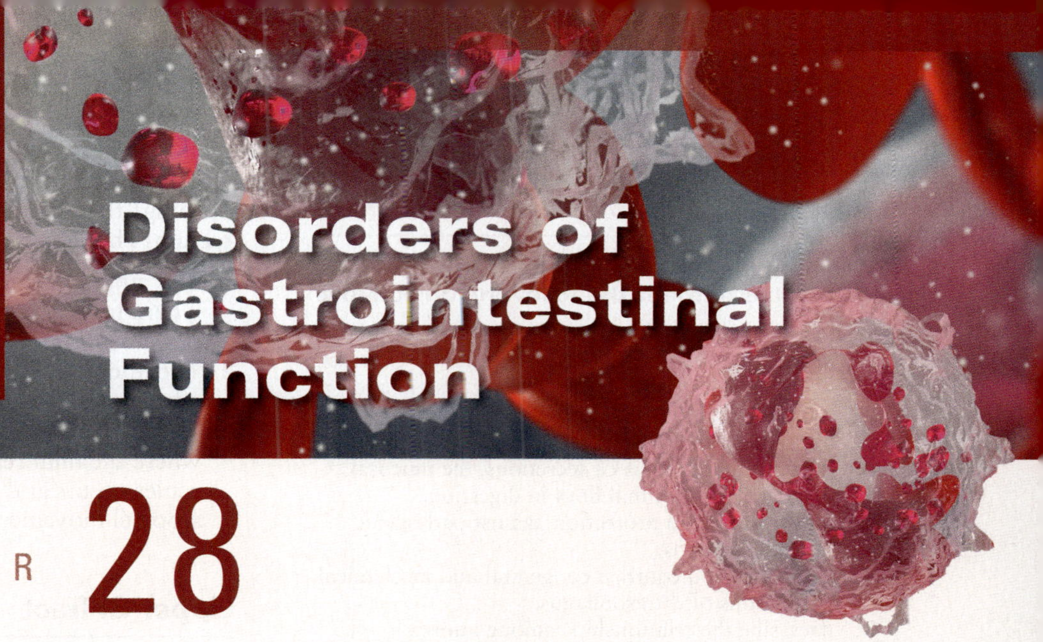

UNIT 10

Disorders of Gastrointestinal Function

CHAPTER 28

Disorders of Gastrointestinal Function

Structure and Function of the GI Tract

Upper GI Tract
Middle GI Tract
Lower GI Tract

Motility

Esophageal and Gastric Motility
Small Intestinal Motility
Colonic Motility and Defecation

GI Hormones

GI Secretions

Salivary Secretions
Gastric Secretions
Intestinal Secretions

GI Microbiome

Digestion and Absorption

Carbohydrate Absorption
Fat Absorption
Protein Absorption

Common Manifestations of GI Disorders: Anorexia, Nausea, and Vomiting

Anorexia
Nausea
Retching and Vomiting

Disorders of the Esophagus

Congenital Anomalies
Dysphagia
Esophageal Diverticulum
Tears (Mallory-Weiss Syndrome)
Hiatal Hernia
Gastroesophageal Reflux
Cancer of the Esophagus

Disorders of the Stomach

Disruptions of the Gastric Mucosal Barrier
Gastritis
Peptic Ulcer Disease
Cancer of the Stomach

Disorders of the Small and Large Intestines

Irritable Bowel Syndrome
Inflammatory Bowel Disease
Infectious Enterocolitis
Diverticular Disease
Appendicitis
Alterations in Intestinal Motility
Alterations in Intestinal Absorption
Intestinal Neoplasms

Learning Objectives

After completing this chapter, the learner will be able to meet the following objectives:

1. Explain the primary anatomical structures of the upper, middle, and lower gastrointestinal (GI) tract.
2. Compare the actions of the enteric system and autonomic nervous system as they relate to the motility of the GI tract.
3. Describe the role of GI secretions, the mucosal barrier, and intestinal flora in digestion, absorption, and protection against pathogenic microorganisms.
4. Compare and contrast congenital and mechanical alterations of the esophagus.
5. Describe the relationships among anorexia, nausea, retching, and vomiting.
6. Examine the etiology, clinical manifestations, and diagnosis and treatment for gastroesophageal reflux and associated reflux disorders.
7. Compare cancers of the GI system in terms of etiology, signs and symptoms, and diagnosis and treatment.
8. Differentiate between the causes, clinical presentation, and treatment of gastritis and peptic ulcers.
9. Compare and contrast common intestinal disorders, including irritable bowel syndrome, Crohn disease, ulcerative colitis, infectious enterocolitis, diverticular disease, and appendicitis.
10. Describe the etiologic factors associated with disorders of intestinal motility.
11. Examine the causes of intestinal obstruction and the relationship to peritonitis.
12. Explain the significance of conditions that lead to malabsorption.

Gastrointestinal (GI) disorders do not receive the same publicity in the health-related media as heart disease, cancer, and cerebrovascular disease. However, the impact of GI diseases on the US population and health care system is substantial. In the United States, colorectal cancer is the third leading cause of cancer in all sexes. Increased screening and reduced lifestyle risk factors have led to a drop in the rate of colorectal cancer each year, especially in older adults, but rates in adults younger than 55 years have increased by 1% to 2% (American Cancer Society [ACS], 2024a).

Structure and Function of the GI Tract

The major physiologic functions of the GI tract are to digest food and absorb nutrients into the bloodstream. Wastes are collected and eliminated, vitamins are synthesized, and enzymes and hormones are produced. The endocrine functions of the GI tract include both producing and responding to hormones that regulate appetite as well as the intake, use, and storage of nutrients.

The GI tract is a long tube with a lumen (or internal opening) that begins at the esophagus and ends at the rectum. The GI tract can be divided into three parts:

1. The upper part (mouth, esophagus, and stomach), where food enters and initial digestive processes take place
2. The middle portion (duodenum, jejunum, and ileum), where most digestive and absorptive processes occur
3. The lower segment (cecum, colon, and rectum), where the final reabsorption of water and other molecules occurs and waste is stored before evacuation as a bowel movement (Fig. 28-1).

Upper GI Tract

The mouth forms the entryway for food to pass into the GI tract. It contains the teeth (used in the mastication of food), tongue, and other structures needed to direct food toward the pharyngeal structures and esophagus. The mouth also receives the saliva produced by the salivary glands. Saliva moistens and lubricates food to enable swallowing and contains enzymes that begin the digestion of lipids and starches.

Esophagus

The **esophagus** is a straight tube, about 25 cm (10 in) in length, that lies behind the trachea and connects the oropharynx with the stomach. The esophagus has smooth muscle layers that create peristaltic movements to move food toward the stomach. In addition, mucosal and submucosal glands secrete mucus that protects the esophageal surface and helps lubricate food.

Sphincters are located at each end of the esophagus. The **upper esophageal sphincter** consists of a circular layer of striated muscle that minimizes air entry into the esophagus and stomach during breathing. The **lower esophageal sphincter** is approximately 3 cm above the junction with the stomach. It normally remains tonically constricted, in contrast to the midportion of the esophagus, which normally remains relaxed (Hall & Hall, 2025).

Stomach

The **stomach** is a pouch-like structure in the upper left of the abdomen that serves as a temporary food storage reservoir while digestion continues. It is divided into several regions, including the fundus, body, and pyloric region, which connects to the small intestine. The pyloric sphincter regulates the rate of gastric emptying and helps prevent the backflow of intestinal contents. Figure 28-2 depicts the structures of the stomach.

Middle GI Tract

The small intestine forms the middle portion of the digestive tract and consists of three subdivisions—the **duodenum, jejunum,** and **ileum**. The duodenum is approximately 25 cm (10 in) long, connecting the stomach to the jejunum and receiving secretions from the liver, gallbladder, and

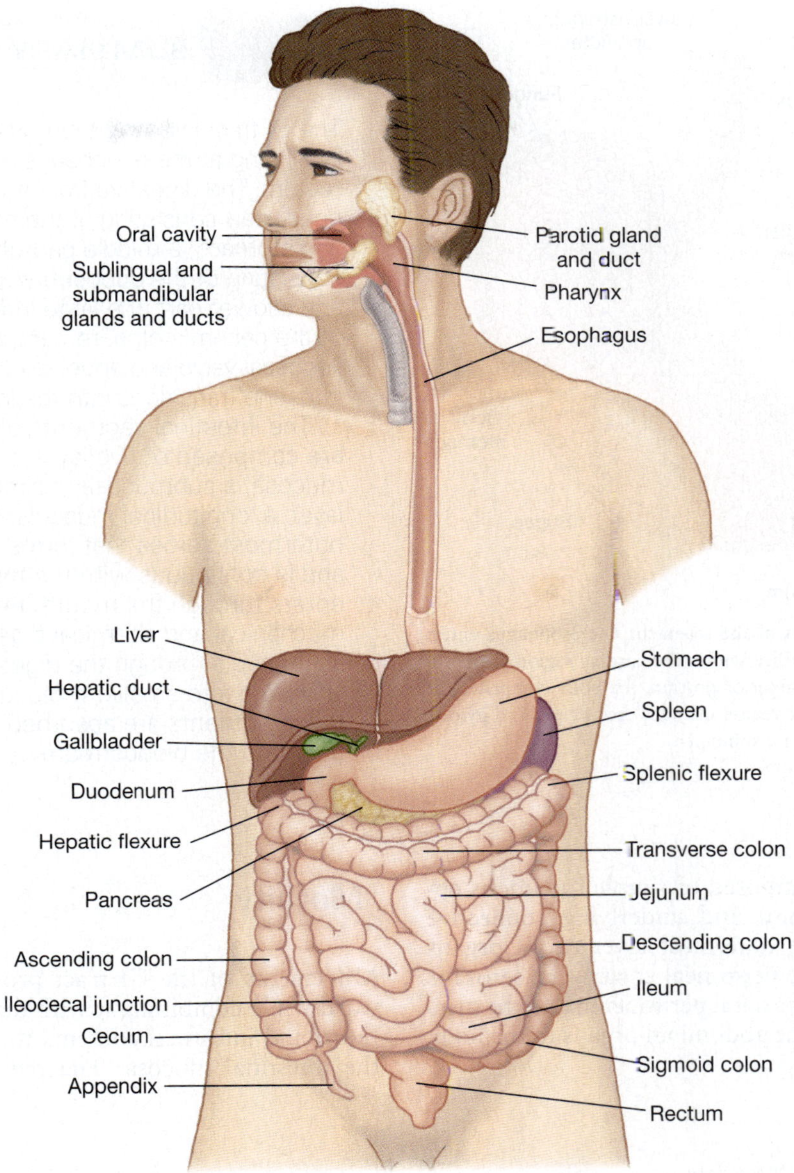

FIGURE 28-1. The digestive system.

pancreas through the common bile duct and main pancreatic duct. The jejunum and ileum, with a combined length of approximately 3 m (9 ft), are where most digestion and absorption occur (Tortora & Derrickson, 2021).

Lower GI Tract

The **large intestine** forms the lower GI tract and is approximately 1.5 m (4.5 to 5 ft) long and 6 to 7 cm (2.4 to 2.8 in) in diameter (Tortora & Derrickson, 2021). It is divided into the **cecum**, **colon**, **rectum**, and **anal canal**. The cecum is a blind pouch that projects down at the junction of the ileum and colon. The **ileocecal valve** lies at the connection between the ileum and cecum and prevents the return of feces from the cecum into the small intestine. The **appendix** arises from the cecum approximately 2.5 cm (1 in) from the ileocecal valve. The colon is further divided into *ascending*, *transverse*, *descending*, and *sigmoid* portions. The rectum serves as the final storage location for feces before a bowel movement expels the feces through the anal canal, which is surrounded by a sphincter muscle under voluntary nervous system control (see Fig. 28-1). The walls of the small and large intestines consist of five layers (Fig. 28-3):

1. An *inner mucosal layer* secretes digestive enzymes and substances that break down food and produces mucus that lubricates and protects the inner surface of the GI tract (Hoehn et al., 2024).
2. A *submucosal layer* is composed of connective and adipose tissue, blood vessels, nerves, and structures that secrete digestive enzymes.
3. A *circular muscularis layer* of smooth muscle contracts to prevent food from traveling backward and assists with peristaltic forward movements.
4. A *longitudinal muscle layer* works with the circular muscularis layer to produce a coordinated contraction called **peristalsis**, which propels food through the GI tract.

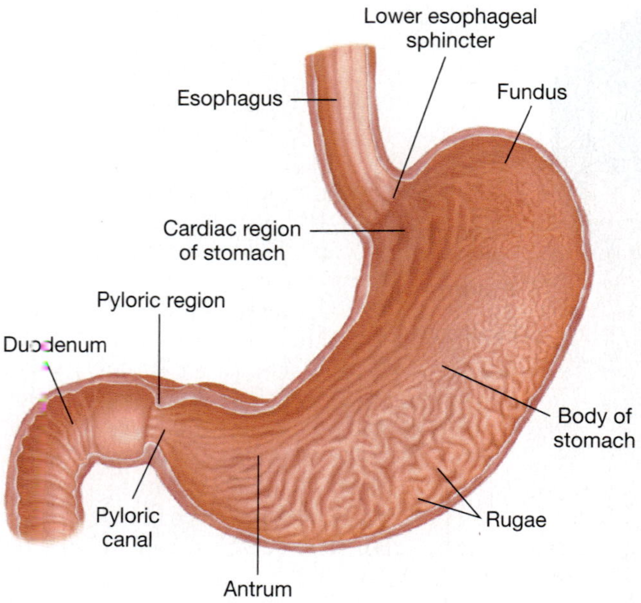

FIGURE 28-2. Structures of the stomach. The esophagus enters the stomach at the cardiac orifice within the cardiac region. The fundus forms the dome-shaped superior portion, the body comprises the central region, and the pyloric region includes the antrum and pyloric canal, which leads to the pyloric sphincter.

SUMMARY CONCEPTS

The GI tract is a long tube, with a lumen beginning at the esophagus and ending at the rectum. The digestive tract can be divided into an upper part consisting of the mouth, esophagus, and stomach; a middle part (the small intestine) consisting of the duodenum, jejunum, and ileum; and a lower part (the large intestine) consisting of the cecum, colon, rectum, and anal canal. The ileocecal valve and appendix sit where the small intestine transitions into the large intestine.

The intestinal segments of the GI tract are composed of five layers: an innermost mucosa, a submucosa, a circular muscular layer, a longitudinal muscular layer, and an outermost serosa that forms the peritoneum and is continuous with the mesentery. Food enters through the mouth, then undergoes both mechanical and chemical digestive processes as it travels through the digestive tract. As food is broken into smaller molecular components, these nutrients are absorbed through the GI tract into the bloodstream.

5. A serosal layer is composed of simple squamous epithelium (mesothelium) and underlying connective tissue and forms the outermost layer of GI organs suspended within the peritoneal cavity. The serosa is continuous with the parietal peritoneum and the mesenteries that attach the abdominal organs to the body wall (Pawlina, 2024).

Motility

Movements of the GI tract propel ingested food forward while combining it with digestive enzymes, secretions, and intestinal contents to facilitate contact with the intestinal mucosa. The regulation of GI motility

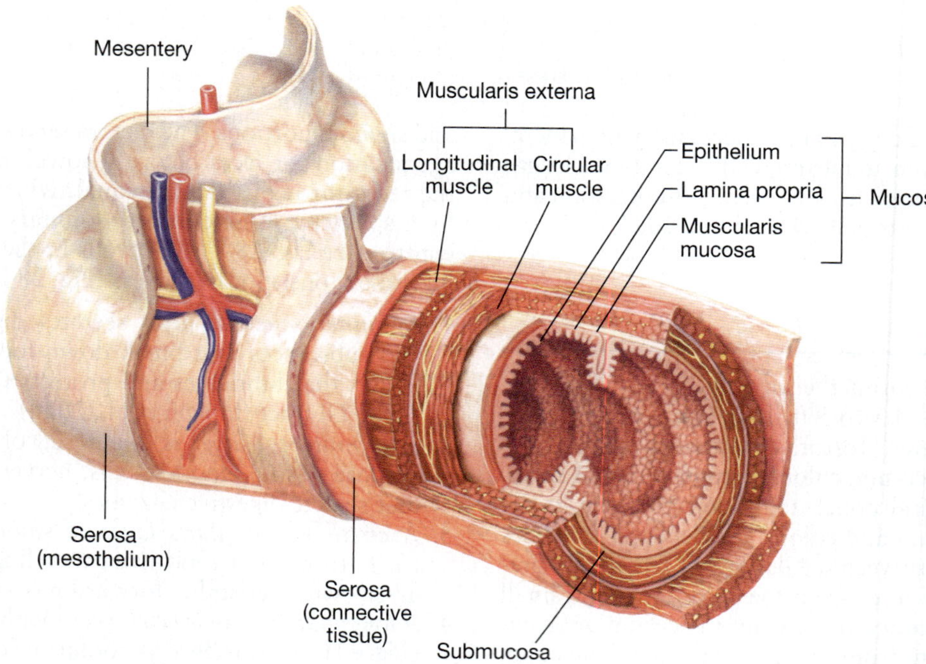

FIGURE 28-3. Transverse section of the digestive system.

results from an interplay of input from the enteric nervous system, the autonomic nervous system (ANS), and the intrinsic pacemaker activity of intestinal smooth muscle cells.

The GI tract's **enteric nervous system** is composed of myenteric and submucosal plexuses. It controls movements along the length of the GI tract and within each segment of the intestine. The submucosal plexus also helps control GI secretion and local blood flow.

The GI tract is also innervated by the parasympathetic and sympathetic branches of the ANS. Parasympathetic stimulation (primarily through the vagus nerve) causes a general increase in both GI motility and secretory activity, while stimulation of the sympathetic nerves that run between the spinal cord and the GI tract produces a decrease in motility and secretory activity.

Esophageal and Gastric Motility

As food enters the esophagus and stretches its walls, both local reflexes and central autonomic reflexes initiate two types of peristaltic movements. Primary peristalsis is controlled by the swallowing center in the brain stem and begins when food enters the esophagus. Secondary peristalsis is partially mediated by smooth muscle fibers in the esophagus and occurs when primary peristalsis is inadequate to move food through the esophagus. The stomach serves as a food storage reservoir and can expand and contract in size in response to the amount of food or gas within it (U.S. Digestive Health, 2022).

Gastric motility causes the churning and mixing of solid foods and regulates the emptying of the gastric contents, or **chyme**, into the duodenum. The **pyloric sphincter** prevents the backflow of gastric contents, allowing chyme to flow into the duodenum at a rate matching the ability of the duodenum to accept the chyme flow.

The emptying of the stomach is regulated by hormonal and neural mechanisms (Koeppen & Stanton, 2023). The hormones **cholecystokinin (CCK)** and **glucose-dependent insulinotropic polypeptide (GIP)** are released in response to the pH, osmolality, and fatty acid composition of the chyme (Hasler, 2022).

Small Intestinal Motility

The **small intestine** is the major site for the digestion and absorption of food. Its movements are both mixing and propulsive, combining chyme with digestive enzymes from the pancreas and bile from the liver while also promoting adequate exposure of chyme to the intestinal mucosal surface, where absorption occurs.

Colonic Motility and Defecation

The storage function of the colon requires different movement patterns from those in the small intestine, with the intestinal contents changing to a more formed state as water reabsorption begins. Colonic motility patterns continue the mixing to promote adequate exposure of the fecal mass to the colonic intestinal surface for absorption but also move fecal contents forward as a unit. Mass movements last approximately 30 seconds, followed by a 2- to 3-minute period of relaxation, after which another contraction occurs. A series of mass movements lasts only for 10 to 30 minutes and may occur only several times a day. These mass bowel movements normally initiate the evacuation of feces through the rectum and anal canal (defecation). The normal colonic transit time is 24 to 48 hours, and normal stool is composed of 75% water and 25% solid matter (Hall, 2025).

Defecation is controlled by the action of two sphincters—the internal and external anal sphincters. The internal sphincter is several centimeters long, a circular smooth muscle that lies inside the anus. The external sphincter is composed of striated voluntary muscle and surrounds the internal sphincter. The external sphincter is controlled by nerve fibers that are part of the somatic nervous system and are therefore under voluntary control. Distention of the rectal wall by fecal contents initiates reflex peristaltic waves that spread through the descending colon, sigmoid colon, and rectum. When the nerve endings in the rectum are stimulated, peristaltic movements and relaxation of the internal sphincter also occur.

To prevent involuntary defecation from occurring, the external anal sphincter is under the conscious control of the cerebral cortex. As afferent impulses signal the presence of a distended rectum, nerve messages are transmitted to the cortex via the spinal cord. If defecation is inappropriate, the cerebral cortex initiates impulses that constrict the external sphincter and inhibit efferent parasympathetic activity. Normally, the afferent impulses in this reflex loop fatigue easily, and the urge to defecate soon ceases. At a more convenient time, contraction of the abdominal muscles compresses the contents in the large bowel, reinitiating afferent impulses to the spinal cord.

SUMMARY CONCEPTS

Motility of the GI tract propels food products and fluids along its length from the mouth to the anus. The activity of GI smooth muscle is self-propagating and can continue without input from the nervous system. However, a network of intramural neurons that receive input from the ANS and local receptors that monitor wall stretch and the chemical composition of luminal contents regulate the rate and strength of contractions. Parasympathetic innervation increases GI motility and is transmitted through the vagus nerve. Sympathetic stimulation enhances sphincter function and reduces motility.

GI Hormones

The GI tract is the largest endocrine organ in the body. It produces hormones involved in both endocrine and paracrine regulation. **Endocrine regulation** is the release of a hormonal molecule into the bloodstream by an originating cell for the purpose of creating an effect in cells in a distant location. In contrast, **paracrine regulation** is a local event, occurring when a signaling molecule reaches a nearby target cell by simply crossing a cell membrane.

Among the hormones produced by the GI tract are **gastrin**, **ghrelin**, **secretin**, CCK, and **incretin hormones** (Albrechtsen & Rehfeld, 2021). These hormones influence appetite, GI motility, enzyme activity, electrolyte levels, and the secretion and actions of other hormones such as growth hormone, insulin, and glucagon. A variety of factors stimulate the release of GI hormones, including pH, the quantity and type of macronutrient intake, nervous stimulation, and a deficit or excess of the present hormone level. The GI tract hormones and their functions are summarized in Table 28.1.

The stomach is the source of two important GI hormones: gastrin and ghrelin. G cells, located predominantly in the antrum of the stomach, produce gastrin. The primary function of gastrin is the stimulation of gastric acid secretion. Ghrelin is another peptide hormone synthesized and secreted by gastric cells. It is the only identified gastric hormone that stimulates appetite. Plasma ghrelin levels peak prior to meal onset and correlate with perceived hunger and subsequent meal size. After eating, ghrelin levels decrease, with the degree of reduction being proportional to the amount of food ingested (Smith & Moran, 2021). Ghrelin is a key regulator of meal initiation, stimulating a cascade of events to prepare the body for an impending meal. Furthermore, ghrelin contributes to the regulation of body weight by potently stimulating growth hormone secretion from the pituitary, increasing adiposity, and reducing energy expenditure. Ghrelin has also been shown to be involved in reward processes, mood, memory and learning, and stress response, while peripheral functions span gastric motility, glucose homeostasis, immune function, cardiac output, and bone formation (Smith & Moran, 2021).

The intestine produces secretin, CCK, and incretin hormones. Secretin release is stimulated by the entry of acidic chyme into the small intestine, causing the intestinal pH to decrease. Secretin release inhibits gastric acid secretion and stimulates the pancreas to secrete bicarbonate, which decreases acidity and raises the pH (Del Valle & Todisco, 2022). The primary function of CCK, released in response to intraluminal nutrients, is to stimulate pancreatic enzyme secretion. It potentiates the action of secretin (increasing the pancreatic bicarbonate response), stimulates biliary secretion of fluid and bicarbonate, and regulates gallbladder contraction and gastric emptying (Smith & Moran, 2021). Several gut-derived hormones have an incretin effect, meaning they increase insulin release after an oral glucose load. One such hormone, GLP-1, has received increased attention due to its ability to slow gastric emptying, create a sense of fullness, decrease appetite, and lower weight (Chao et al., 2023).

GI Secretions

Throughout the GI tract, secretory glands serve two basic functions: the production of mucus to lubricate and

TABLE 28-1 Selected Gastrointestinal Hormones and Their Actions

Hormone	Site of Secretion	Stimulus for Secretion	Action
Cholecystokinin	Duodenum, jejunum	Products of protein digestion and long-chain fatty acids	Stimulates contraction of gallbladder and secretion of pancreatic enzymes; slows gastric emptying; inhibits food intake.
Gastrin	Antrum of stomach, duodenum	Vagal stimulation; epinephrine; neutral amino acids; calcium-containing foods such as milk; alcohol Secretion inhibited by acid content of stomach antrum (pH < 2.5)	Stimulates secretion of gastric acid and pepsinogen; increases gastric blood flow; stimulates gastric smooth muscle contractions; stimulates growth of gastric and intestinal mucosal cells.
Ghrelin	Fundus of stomach	Nutritional (fasting) and hormonal (decreased levels of growth hormone)	Stimulates secretion of growth hormone; acts as an appetite-stimulating signal from stomach when an increase in metabolic efficiency is necessary.
Glucagon-like peptide 1	Distal small intestine	High-carbohydrate meal	Augments insulin release; suppresses glucagon release; slows gastric emptying; decreases appetite and body weight.
Glucose-dependent insulinotropic polypeptide	Small intestine, mainly jejunum	High-carbohydrate meal	Augments insulin release.
Secretin	Duodenum	Acid pH or chyme entering duodenum (pH < 3.0)	

protect the mucosal layer of the GI tract wall and the secretion of fluids and enzymes to aid in the digestion and absorption of nutrients.

Salivary Secretions

The salivary glands consist of the parotid, submaxillary, sublingual, and buccal glands. Saliva has three functions. The first is protection and lubrication. Saliva is rich in mucus, which protects the oral mucosa and coats the food as it passes through the mouth, pharynx, and esophagus. The second function of saliva is its protective antimicrobial action. Saliva cleans the mouth and contains the enzyme lysozyme, which has antibacterial action. Third, saliva contains ptyalin and amylase, which initiate the digestion of dietary starches. The ANS primarily regulates secretions from the salivary glands. Parasympathetic stimulation increases flow, and sympathetic stimulation decreases flow. The dry mouth that accompanies anxiety attests to the effects of sympathetic activity on salivary secretions.

Gastric Secretions

Mucus-secreting epithelial cells line the luminal surface and gastric pits of the stomach and serve as a protective barrier for the entire surface of the stomach (Fig. 28-4). In addition, the stomach mucosa has several other types of cells that secrete substances necessary for digestion. These include the parietal (or oxyntic) cells, chief cells, and G cells.

Parietal cells secrete hydrochloric acid (HCl) and intrinsic factor. The two major functions of gastric acid are to chemically break down and disinfect ingested food. Intrinsic factor is necessary for the absorption of vitamin B_{12} (Binder, 2021). The **chief cells** secrete pepsinogen, which is converted rapidly to pepsin when exposed to the low pH of the gastric juices. **Pepsin** is an enzyme that breaks down proteins. **G cells** secrete gastrin, which stimulates the production of stomach acid (Binder, 2021).

Intestinal Secretions

The small intestine secretes digestive juices and receives secretions from the liver and pancreas. **Brunner glands** secrete large amounts of alkaline mucus that protect the duodenum from the acid content in the gastric chyme and from the action of the digestive enzymes (DiGregorio & Sharma, 2023).

The large intestine usually secretes only mucus. ANS activity strongly influences mucous production in the bowel, as in other parts of the digestive tract. During intense parasympathetic stimulation, mucous secretion may increase to the point that the stool contains large amounts of obvious mucus. Although the bowel normally does not secrete water or electrolytes (Keely et al., 2022), these substances are lost in large quantities when the bowel becomes irritated or inflamed.

GI Microbiome

The gut is the natural habitat of a large and diverse bacterial community that plays a major role in the digestive function of the GI tract. The major functions of the gut

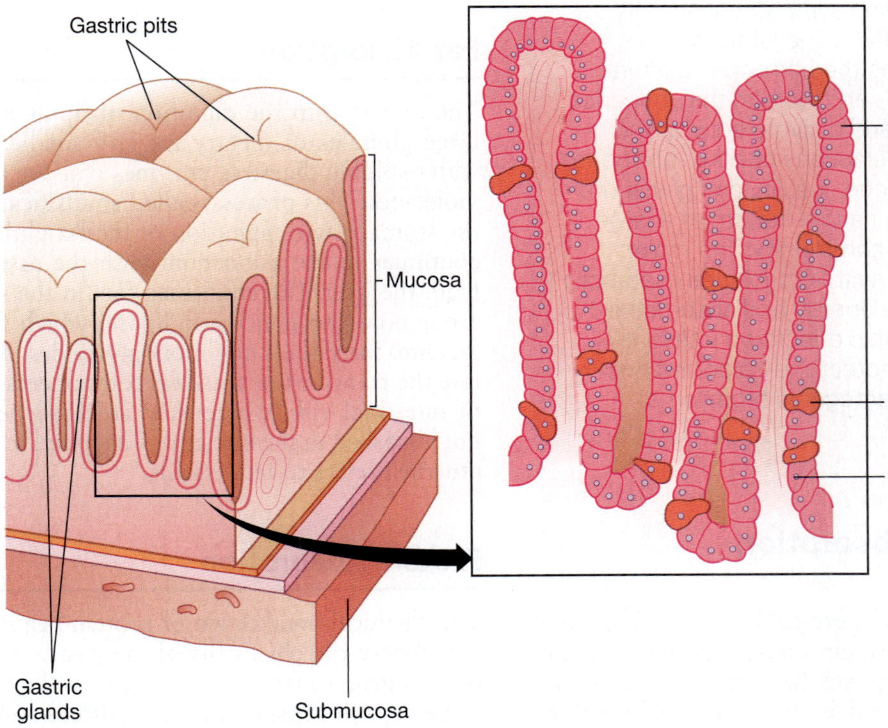

FIGURE 28-4. Gastric pit from the body of the stomach.

microflora include metabolic activities that salvage energy and absorbable nutrients, trophic effects on intestinal epithelial cells, and protection of the colonized host against invasion by pathogenic organisms.

Colonization of the GI tract begins shortly after birth and is influenced by passage through the birth canal and the type of diet (human milk or formula) the infant receives. Environmental factors such as neonatal care, stress, pH, and immunologic status also have an effect on the flora of infants.

The major metabolic function of colonic microflora is the fermentation of undigestible dietary residue and endogenous mucus produced by the epithelial cells. Fermentation of nondigestible carbohydrates, including resistant starches, cellulose, pectins, and unabsorbed sugars, is a major source of energy in the colon.

Colonic microorganisms play a role in the synthesis of vitamin K and many of the B vitamins and can convert vitamin A into metabolites that help maintain immune homeostasis. They assist in the absorption of calcium, magnesium, and iron. The resident gut flora also provides a crucial line of resistance to colonization by exogenous microbes. Therefore, it is highly protective against the invasion of tissues by pathogens (McClain et al., 2022).

SUMMARY CONCEPTS

The secretions of the GI tract include saliva, gastric juices, bile, and pancreatic and intestinal secretions. Neural, humoral, and local mechanisms contribute to the control of these secretions. The parasympathetic nervous system increases secretion, and sympathetic activity exerts an inhibitory effect. The GI tract also produces and secretes the hormones gastrin, ghrelin, secretin, CCK, and incretin that influence appetite, GI motility, and enzyme activity and assist in regulating the actions of other hormones such as growth hormone, insulin, and glucagon.

The gut is also the natural habitat of a large and diverse bacterial community. The major functions of the gut microflora include metabolic activities that salvage energy and absorbable nutrients, impart trophic effects on intestinal epithelial cells, and protect the colonized host against invasion by pathogenic organisms.

Digestion and Absorption

The intestinal mucosa is impermeable to most large molecules. Therefore, most proteins, fats, and carbohydrates must be broken down into smaller particles before they can be absorbed. **Digestion** is the process of breaking foods down into their constituent parts. Although some digestion of carbohydrates and proteins begins in the stomach, digestion primarily occurs in the small intestine. The breakdown of fats to free fatty acids and monoglycerides takes place entirely in the small intestine (McQuilken, 2021). The liver and pancreas also play important roles in digestion through the hepatic production of bile and the pancreatic production of digestive enzymes.

Absorption is the process of moving substances from the lumen of the GI tract (which is an extension of the external environment to the body) into the internal environment of the body. Absorption is accomplished by active transport and diffusion.

Carbohydrate Absorption

Carbohydrate digestion begins in the mouth with mastication (chewing). The monosaccharides glucose and fructose (found in fruits and honey) require no further digestion and are absorbed as they are released from these foods with mastication. Digestion of starch begins in the mouth with the enzymatic action of **amylase**, found in saliva. When carbohydrates reach the duodenum, pancreatic amylase continues to break down starch into disaccharide forms, including maltose, isomaltose, and alpha-dextrins. These disaccharides are then converted into monosaccharides that can be absorbed. When the disaccharides are not broken down into monosaccharides, they cannot be absorbed but remain as osmotically active particles in the contents of the digestive system, causing diarrhea. People with a deficiency of lactase, the enzyme that breaks down lactose, experience osmotic diarrhea when they drink milk or eat dairy products (Canadian Sugar Institute, 2024).

Fat Absorption

The first step in the digestion of lipids is to break the large globules of dietary fat into smaller sizes so that water-soluble digestive enzymes can act on the surface molecules. This process, called **emulsification**, begins in the stomach with agitation of the fat globules and then continues in the duodenum with the assistance of bile from the liver. The emulsified fats in the small intestine are exposed to pancreatic lipase, which further breaks fats into fatty acids and monoglycerides. Bile salts facilitate the transport of these fat components to the surface of intestinal villi, where they are absorbed. Fat that is not absorbed in the intestine is excreted in the stool. **Steatorrhea** refers to fatty stools.

Protein Absorption

The chemical breakdown of protein begins in the stomach, where the chief cells of the gastric mucosa secrete pepsinogen, a precursor molecule to the proteolytic enzyme pepsin. Pepsin initiates the breakdown of proteins and converts food in the stomach into chyme, a creamy mixture. The motility of the stomach results in the churning and mixing of solid foods and regulates the emptying of the chyme into the duodenum, where pepsin is inactivated by the alkaline pH of the intestine. Protein digestion continues through the action of pancreatic proteolytic enzymes secreted into the duodenum.

SUMMARY CONCEPTS

The digestion and absorption of foods begin in the mouth and stomach but occur mainly in the small intestine. Digestion is the process of breaking foods down into their constituent parts. Proteins, fats, carbohydrates, and other components of the diet are broken down into molecules that can be transported from the intestinal lumen into the interior compartments of the body. Absorption is the process of moving nutrients and other materials from the external environment of the lumen of the GI tract into the internal environment. The digestion of proteins begins in the stomach with the action of pepsin and is further facilitated in the intestine by the pancreatic enzymes. Fat in the diet is broken down by pancreatic lipase. Bile salts assist with transporting these substances to the surface of intestinal villi, where they are absorbed.

Common Manifestations of GI Disorders: Anorexia, Nausea, and Vomiting

Anorexia, nausea, and vomiting are physiologic responses common to many GI disorders. These responses are protective to the extent that they signal the presence of disease and, in the case of vomiting, remove noxious agents from the GI tract. However, they can also contribute to impaired intake or loss of fluids and nutrients.

Anorexia

Anorexia is a loss of appetite for food. The hypothalamus and other associated centers in the brain regulate appetite, which can be influenced by several factors. One is hunger, which is stimulated by contractions of the empty stomach. Appetite can be stimulated or suppressed by the smell of food. Loss of appetite may also be associated with emotional factors, such as fear, depression, frustration, and anxiety. Many drugs and disease states cause anorexia. Anorexia is often a forerunner of nausea, and most conditions that cause nausea and vomiting also produce anorexia.

Distinct from the more general anorexia, anorexia nervosa is an eating disorder characterized by low body weight, fear of gaining weight, and a strong psychological desire to be thin, which results in food restriction. People with anorexia nervosa see themselves as overweight despite being underweight and often deny having a weight problem (National Institute of Mental Health, 2024).

Nausea

Nausea is the conscious sensation resulting from stimulation of the medullary vomiting center that often precedes or accompanies vomiting or anorexia. Nausea is an unpleasant, subjective, nonspecific symptom with many possible causes. Some common causes are motion sickness, dizziness, migraine, fainting, low blood sugar, gastroenteritis, food poisoning, or severe pain. Nausea is a side effect of many medications and occurs as part of the "morning sickness" in early pregnancy. Another common cause of nausea is distension of the duodenum (upper small intestine).

Nausea is frequently accompanied by ANS manifestations such as watery salivation and vasoconstriction, with pallor, sweating, and tachycardia. Nausea may also function as an early warning signal of a pathologic process.

Retching and Vomiting

Retching is the attempt to vomit without bringing anything up. It consists of the rhythmic spasmodic movements of the diaphragm, chest wall, and abdominal muscles. It usually precedes or alternates with periods of vomiting. **Vomiting**, or **emesis**, is the sudden and forceful oral expulsion of the contents of the stomach. It is usually preceded by nausea. The contents that are vomited are called **vomitus** or emesis. Vomiting is a basic physiologic protective mechanism that limits the possibility of damage from ingested noxious agents by emptying the contents of the stomach and portions of the small intestine.

Vomiting involves two functionally distinct centers located in the medulla of the brain stem—the vomiting center and the chemoreceptor trigger zone (Hasler, 2022). Vomiting is thought to be a reflex induced in the vomiting center, which is located in the dorsal portion of the reticular formation (Fig. 28-5). The chemoreceptor trigger zone, located in a small area on the floor of the fourth ventricle, contains receptors that detect emetic agents in the blood and cerebrospinal fluid and relay this information to the vomiting center. It is thought to mediate the emetic effects of blood-borne drugs and toxins (MacDougall & Sharma, 2023).

The act of vomiting consists of taking a deep breath, closing the airways, and producing a strong, forceful contraction of the diaphragm and abdominal muscles. Additionally, there is a relaxation of the gastroesophageal sphincter. Respiration ceases during

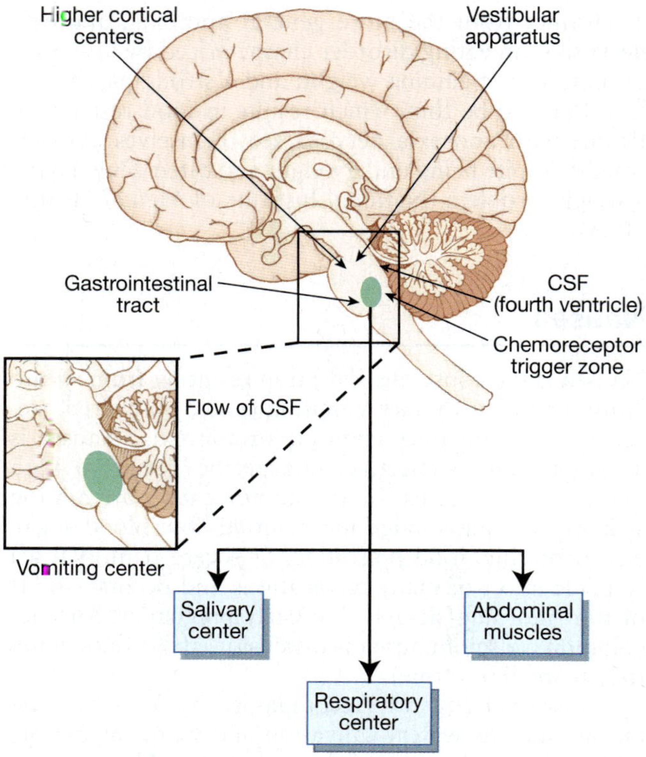

FIGURE 28-5. Physiologic events involved in vomiting. CSF, cerebrospinal fluid.

vomiting. Vomiting may be accompanied by dizziness, lightheadedness, decreased blood pressure, and bradycardia.

The vomiting center receives input from the GI tract and other organs, including the cerebral cortex, vestibular apparatus of the inner ear (which is responsible for motion sickness), and the chemoreceptor trigger zone, which is activated by many drugs and endogenous and exogenous toxins. Hypoxia exerts a direct effect on the vomiting center, producing nausea and vomiting. This direct effect probably accounts for the vomiting that occurs during periods of decreased cardiac output, shock, environmental hypoxia, and brain ischemia caused by increased intracranial pressure. Inflammation of any of the intra-abdominal organs, including the liver, gallbladder, or urinary tract, can cause vomiting because of the stimulation of the visceral afferent nerve pathways that communicate with the vomiting center. Distension or irritation of the GI tract also causes vomiting through the stimulation of visceral afferent neurons.

Several neurotransmitters and receptor subtypes are implicated in nausea and vomiting. Dopamine, serotonin, and opioid receptors are found in the GI tract and in the vomiting center and the chemoreceptor trigger zone. Motion sickness appears to be a central nervous system (CNS) response to vestibular stimuli. Norepinephrine and acetylcholine receptors are located in the vestibular center. The acetylcholine receptors are thought to mediate the impulses responsible for exciting the vomiting center. Norepinephrine receptors may have a stabilizing influence that resists motion sickness.

SUMMARY CONCEPTS

The signs and symptoms of many GI tract disorders are manifested by anorexia, nausea, and vomiting. Anorexia, or loss of appetite, may occur alone or may accompany nausea and vomiting. Nausea, which is an ill-defined unpleasant sensation, signals the stimulation of the medullary vomiting center. It often precedes vomiting and is frequently accompanied by autonomic responses, such as salivation and vasoconstriction, with pallor, sweating, and tachycardia. The act of vomiting, which is integrated in the vomiting center and mediated by neuromediators, is the forceful oral expulsion of gastric contents. It is a basic physiologic mechanism that rids the GI tract of noxious agents.

Disorders of the Esophagus

Congenital Anomalies

Congenital anomalies of the esophagus require early detection and correction because they are incompatible with life. Examples include esophageal atresia (EA) and tracheoesophageal fistula (TEF). With EA, the esophagus has two separate sections that do not connect, or the esophagus is continuous, but the esophageal lumen is not open. In TEF, the esophagus and trachea are abnormally connected by a fistula. In the most common form of combined EA with TEF, the esophagus is disrupted into two segments, with the upper esophageal segment ending in a pouch that is connected to the trachea by a fistula (Centers for Disease Control and Prevention [CDC], 2024c; Fig. 28-6). These anomalies now have a very high survival rate, primarily because of early recognition and improved neonatal intensive care. Infants weighing less than 1,500 g have the greatest risk for mortality, especially when combined with a cardiac anomaly (Baldwin & Yadav, 2023).

The newborn with EA/TEF typically has frothing and bubbling at the mouth and nose, as well as episodes of coughing, vomiting, cyanosis, and respiratory distress. Feeding exacerbates these manifestations, causing regurgitation and creating a high risk for pulmonary aspiration. The inability to pass a catheter into the stomach provides further evidence of the presence of EA (although an isolated TEF would often not present with esophageal obstruction), with definitive diagnosis by diagnostic imaging. Isolated TEF may have a subtle presentation during infancy but with increasing respiratory symptoms developing at a later age.

Treatment of EA and TEF involves ligating the TEF and surgically connecting the esophagus when possible.

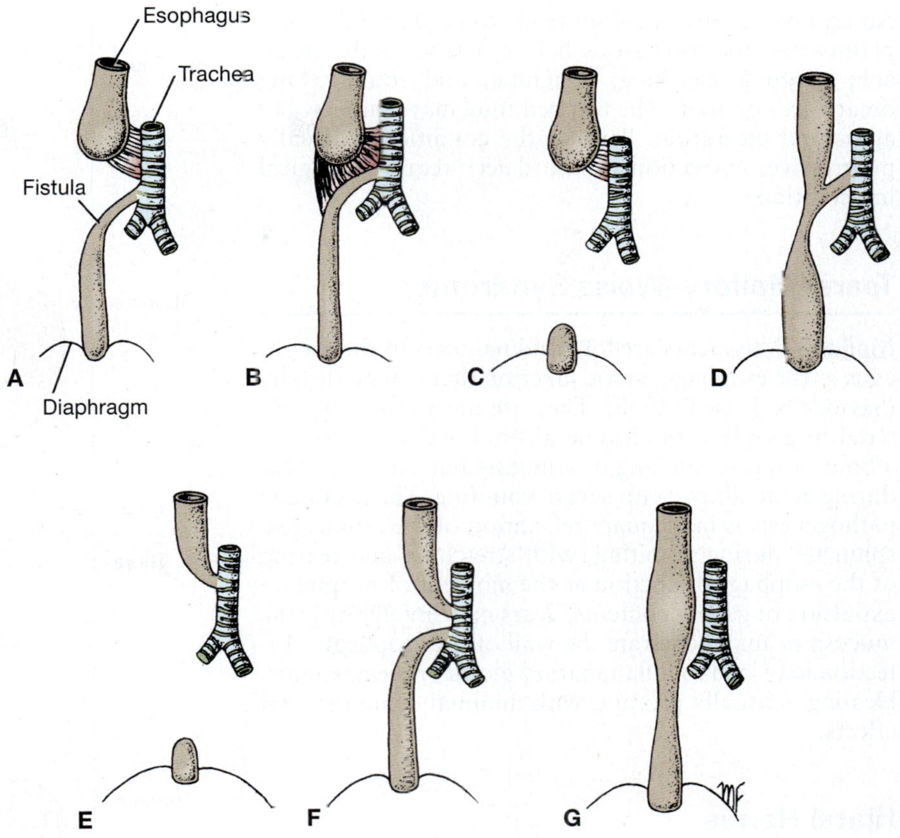

FIGURE 28-6. Depicted are the types of congenital esophageal atresia and tracheoesophageal fistula. **A.** Proximal esophageal atresia with distal tracheoesophageal fistula (gross type C). **B.** Isolated esophageal atresia without tracheoesophageal fistula. **C.** Tracheoesophageal fistula without esophageal atresia. **D.** Esophageal atresia with proximal and distal tracheoesophageal fistula (rare). **E.** Proximal tracheoesophageal fistula with distal esophageal atresia (rare). **F.** Separate esophagotracheal and tracheoesophageal fistulas. **G.** Narrowing of the esophagus without a fistula. In most cases, the lower esophageal segment communicates with the trachea, and types A and B occur more commonly. (From Wineski, L. E. (2018). *Snell's clinical anatomy by regions* (10th ed., Fig. 5.26). Wolters Kluwer.) (From Wineski, L. E. [2018]. *Snell's clinical anatomy by regions* [10th ed., Fig. 5.26]. Wolters Kluwer.)

The main goals of preoperative management are to maintain the airway and prevent lung damage from aspiration of gastric contents. Prone positioning with the head elevated minimizes movement of gastric secretions into the lungs through a distal TEF, and continuous esophageal suction via naso-esophageal tube placement minimizes the risk of aspiration through a TEF connected to an esophageal pouch.

Dysphagia

The act of swallowing depends on the coordinated action of the tongue and pharynx, which are innervated by cranial nerves V, IX, X, and XII. Dysphagia refers to difficulty in swallowing. If swallowing is painful, it is referred to as **odynophagia**. Dysphagia can result from neuromuscular or structural alterations that narrow the esophagus, decreased salivary secretion, weakness of the muscular structures that propel the food bolus toward the stomach, or disruption of the neural networks coordinating the swallowing mechanism (Devault, 2020). Lesions of the CNS, such as those caused by a stroke, often involve the cranial nerves that control swallowing and can impair neuromuscular function. Structural causes of dysphagia can include cancer of the esophagus and strictures resulting from scarring. These can reduce the size of the esophageal lumen and make swallowing difficult. Scleroderma, an autoimmune disease that causes fibrous replacement of connective tissues throughout the body, including the GI tract, is another important cause of dysphagia (Kumar et al., 2020). People with dysphagia usually complain of choking, coughing, or an abnormal sensation of food sticking in the back of the throat or upper chest when they swallow.

In **achalasia**, the lower esophageal sphincter fails to relax because of a disruption in the input from the enteric neural plexus and the vagus nerve, both components of the peripheral nervous system that impact muscle contraction in the esophagus (Momodu & Wallen, 2022). This results in difficulty passing food into the stomach and causes the area of the esophagus above the lower esophageal sphincter to become enlarged. One or several meals may lodge in the esophagus and pass slowly into the stomach over time, creating a danger of aspirating esophageal contents into the lungs when lying down.

Various diagnostic imaging studies may be used to determine the site and extent of a swallowing disorder. Treatment depends on the cause and type of altered function that is present and often involves a multidisciplinary team, including a speech pathologist. Mechanical dilation or surgical procedures may be performed to enlarge the lower esophageal sphincter when esophageal strictures are present.

Esophageal Diverticulum

A **diverticulum** of the esophagus is the development of a pouch protruding from the esophageal wall caused by a weakness of the muscularis layer (Yam et al., 2023).

An esophageal diverticulum tends to retain food. Complaints that the food stops before it reaches the stomach, gurgling, belching, coughing, and foul-smelling breath are common. The trapped food may cause esophagitis and ulceration. Because the condition is usually progressive, correction of the defect requires surgical intervention.

Tears (Mallory–Weiss Syndrome)

Mallory–Weiss tears are longitudinal tears in the esophagus at the esophagogastric junction that extend distally (Savides & Jensen, 2020). They are most often encountered in people with chronic alcohol use disorder after a bout of severe retching or vomiting but can also occur during acute illness with severe vomiting. The presumed pathogenesis is inadequate relaxation of the esophageal sphincter during vomiting, with stretching and tearing of the esophageal junction at the moment of propulsive expulsion of gastric contents. Tears may involve only the mucosa or may penetrate the wall of the esophagus. Infection may lead to inflammatory ulcers or mediastinitis. Healing is usually prompt, with minimal or no residual effects.

Hiatal Hernia

Hiatal hernia is a protrusion or herniation of the stomach through the esophageal hiatus of the diaphragm. There are two anatomic patterns of hiatal herniation: axial, or sliding, and nonaxial, or paraesophageal (Puri & Sharma, 2026). The sliding hiatal hernia is characterized by a bell-shaped protrusion of the stomach above the diaphragm (Fig. 28-7A). Small sliding hiatal hernias are common and are considered to be of no significance in asymptomatic people. However, in cases of severe erosive esophagitis where gastroesophageal reflux (GER) and a large hiatal hernia coexist, the hernia may retard esophageal acid clearance and contribute to the more severe esophagitis. In paraesophageal hiatal hernias, a separate portion of the stomach, usually along the greater curvature of the stomach, enters the thorax through a widened opening and then progressively enlarges. In extreme cases, most of the stomach herniates into the thorax. Large paraesophageal hiatal hernias may require surgical treatment (Fig. 28-7B).

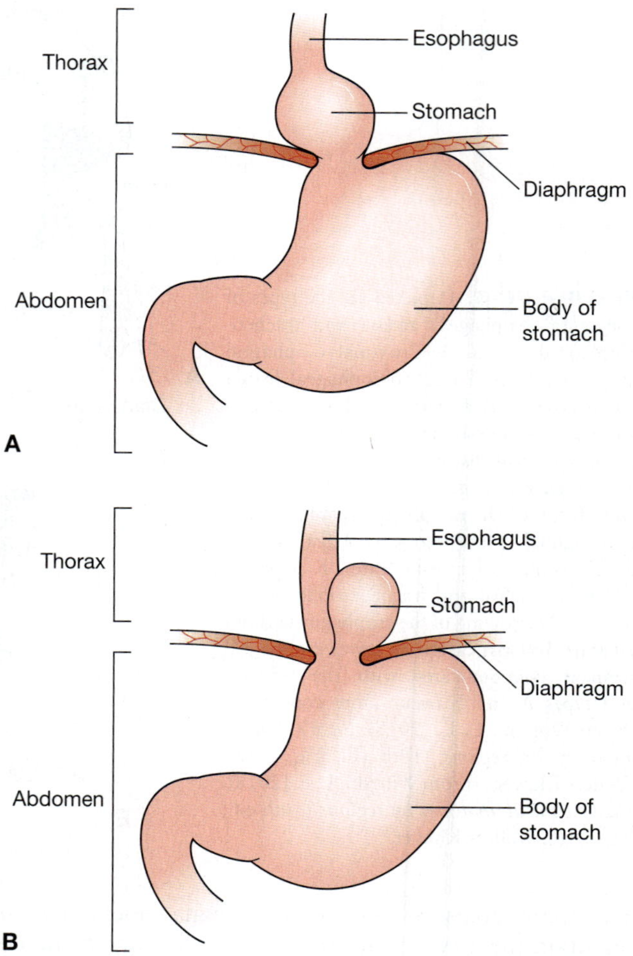

FIGURE 28-7. Hiatal hernia. **A.** Sliding hiatal hernia. **B.** Paraesophageal hiatal hernia.

Gastroesophageal Reflux

The term *reflux* refers to backward or return movement. **Gastroesophageal reflux (GER)** refers to the backward movement of gastric contents into the esophagus, often causing heartburn or pyrosis. GER is one of the most common disorders originating in the GI tract. The associated symptoms usually occur soon after eating, are short-lived, and seldom cause more serious problems.

The lower esophageal sphincter regulates the flow of food from the esophagus into the stomach, protecting the esophagus from highly acidic stomach secretions. Prevention of reflux is made possible via both intrinsic and extrinsic mechanisms (Rosen, 2023). The circular muscles of the distal esophagus constitute the intrinsic mechanisms to prevent reflux, and the portion of the diaphragm that surrounds the esophagus constitutes the extrinsic mechanism. The oblique muscles of the stomach, located below the lower esophageal sphincter, form a flap that contributes to the antireflux function of the internal sphincter. Relaxation of the lower esophageal sphincter is a brain stem reflex mediated by the vagus nerve in response to a number of afferent stimuli. Transient relaxation with reflux is common after meals. Gastric distension and meals high in fat increase the frequency of reflux.

Gastroesophageal Reflux Disease

Gastroesophageal reflux disease (GERD) refers to symptoms of mucosal damage produced by the abnormal reflux of gastric contents into the esophagus, oral cavity (including the larynx), or lung. GERD is thought to be associated with transient relaxations of a weak or incompetent lower esophageal sphincter that allow reflux to occur and decrease clearance of the refluxed acid from the esophagus after it has occurred, resulting in irritant effects of the refluxate (Wang, 2022). In addition to transient relaxation of the esophagus, delayed gastric emptying, also known as **gastroparesis**, may contribute to reflux by increasing gastric volume and pressure, with a greater chance for reflux. Esophageal mucosal injury is related to the destructive nature of the refluxate and the amount of time it is in contact with the mucosa. Acidic gastric fluids (pH < 4.0) are particularly damaging. Decreased salivation and salivary buffering capacity may contribute to impaired clearing of acid reflux from the esophagus.

GERD is a more serious and long-lasting form of GER that occurs often and can lead to more serious health problems over time. GERD is broadly classified into two groups based on endoscopy findings: having esophageal mucosal damage (erosive esophagitis and Barrett esophagus) or, more commonly, exhibiting symptoms but having no mucosal damage (endoscopy-negative reflux disease or nonerosive reflux disease; Kahrilas, 2024).

Clinical Manifestations

Heartburn and regurgitation are the characteristic symptoms of GERD. Heartburn is defined as a burning sensation in the retrosternal area. Regurgitation is defined as the perception of the flow of refluxed gastric contents into the mouth or hypopharynx. It is frequently severe, occurring 30 to 60 minutes after eating. It can be made worse by bending at the waist and reclining and is usually relieved by sitting upright. The severity of heartburn is not indicative of the extent of mucosal injury. Often, heartburn occurs during the night. Other symptoms include belching and chest pain located in the epigastric or retrosternal area that often radiates to the throat, shoulder, or back. Because of its location, the pain may be confused with angina. The reflux of gastric contents may also produce respiratory symptoms such as asthma, chronic cough, and laryngitis; however, these symptoms are often multifactorial and may not be solely attributable to GERD (Kahrilas, 2024). The proposed mechanisms of reflux-associated asthma and chronic cough include microaspiration and macroaspiration, laryngeal injury, and vagal-mediated bronchospasm.

Reflux esophagitis involves mucosal injury, hyperemia, and inflammation. Complications such as strictures and **Barrett esophagus** can result from persistent reflux, which produces a cycle of mucosal damage that causes hyperemia, edema, and erosion of the luminal surface. Strictures are caused by a combination of scar tissue, spasm, and edema. They produce narrowing of the esophagus and cause dysphagia when the lumen becomes sufficiently constricted. Barrett esophagus (Fig. 28-8) refers to an abnormal change (metaplasia) in the cells of the lower portion of the esophagus, characterized by the replacement of squamous mucosa that normally lines the esophagus with abnormal columnar epithelium resembling that in the stomach or intestines (Wang, 2022). It is associated with an increased risk of the development of esophageal adenocarcinoma.

Diagnosis and Treatment

Diagnosis of GERD depends primarily on a history of reflux symptomatology and the use of diagnostic methods, including gastric acid suppression trials, esophagoscopy, and ambulatory esophageal pH monitoring. Treatment usually focuses on conservative measures, including avoiding positions and conditions that increase gastric reflux, large meals, and foods that reduce lower esophageal sphincter tone (e.g., caffeine, fats, and chocolate), alcohol, and smoking (Wang, 2022). Weight loss is usually recommended for people who are overweight or obese. Medications that reduce the acidity of gastric secretions or surgical treatment, if esophageal injury is present, may be indicated.

Gastroesophageal Reflux in Children

GER is a frequent occurrence in otherwise healthy infants, with regurgitation, or "spitting up," being the most visible symptom (Winter, 2023). The small reservoir capacity of an infant's esophagus, coupled with frequent spontaneous reductions in sphincter pressure, contributes to reflux. The prevalence of regurgitation decreases dramatically after 8 months of age, which coincides with the introduction of solid food and the increase in time spent in the upright position. Although many infants have minor degrees of reflux, complications can occur in children with more frequent or persistent episodes. The condition occurs more frequently in children with cerebral palsy, Down syndrome, cystic fibrosis, and neurologic disorders.

Clinical Manifestations

Symptoms of reflux vary depending on the child's age. Preadolescent children often experience heartburn, epigastric pain, abdominal pain, regurgitation, and intermittent vomiting. Infants and toddlers more commonly experience regurgitation and feeding difficulties. If recurrent vomiting is accompanied by symptoms of poor weight gain, excessive crying, irritability, disturbed sleep, feeding difficulties, or respiratory problems or if symptoms are persistent despite using a hypoallergenic formula or empirical acid suppression, then additional diagnostic tests may be required (Winter, 2024a). Tilting the head to one side and arching the back may be noted in children with severe reflux. The head positioning is thought to represent an attempt to protect the airway or reduce the pain associated with reflux. Sometimes, regurgitation is associated with dental caries and recurrent otalgia. The ear pain is thought to occur through referral from the vagus nerve in the esophagus to the ear.

A variety of respiratory symptoms may occur when GERD leads to irritation of the upper airway or aspiration of gastric contents. These effects are thought to result from microaspiration into the respiratory tract or reflex bronchoconstriction mediated through vagal pathways. Reflux-associated symptoms may include laryngospasm, apnea, and bradycardia, particularly in infants. GERD may also co-occur in children with asthma and may contribute to expiratory dyspnea, especially when asthma is refractory, steroid-dependent, or associated with nocturnal worsening of symptoms (Lupu et al., 2022).

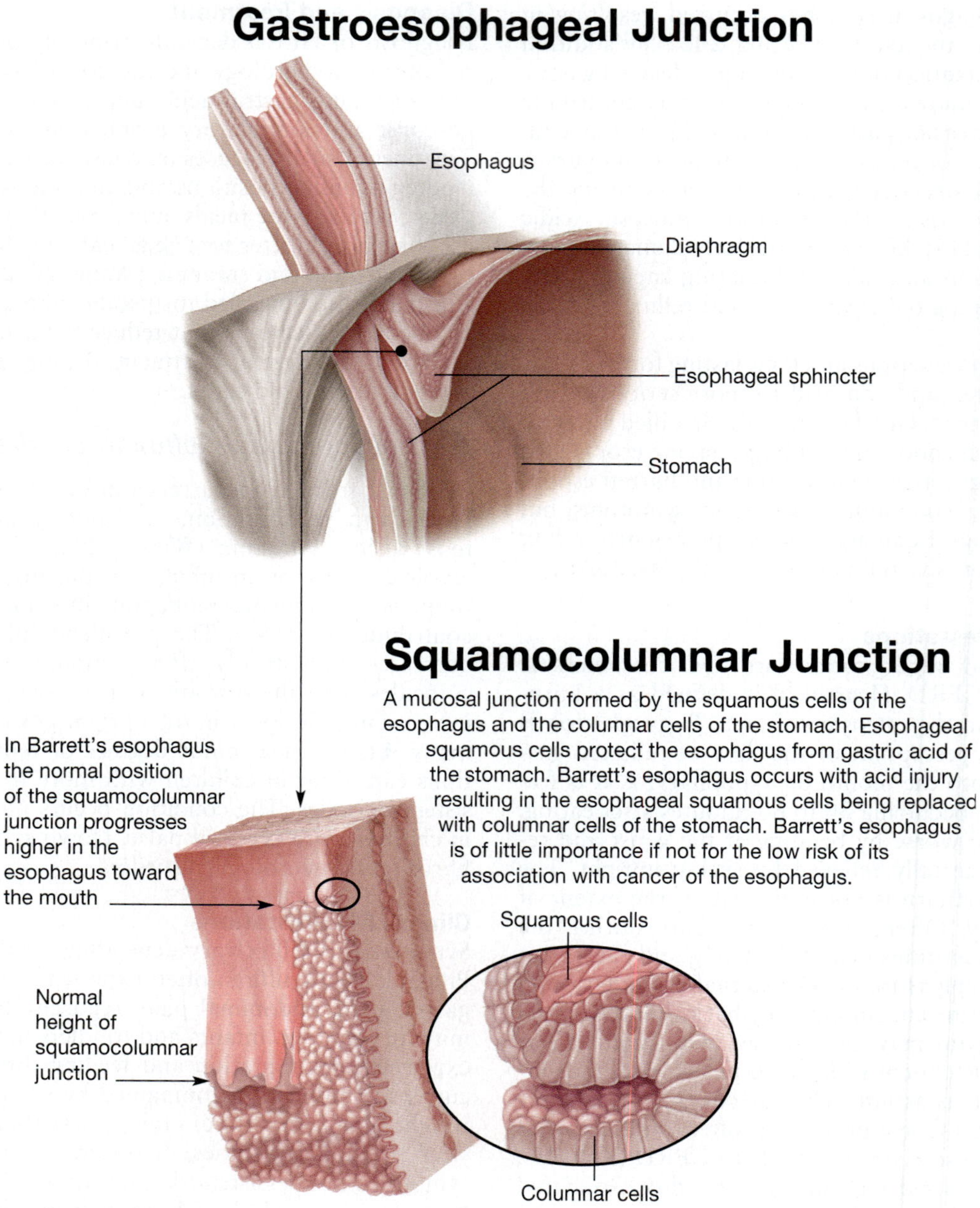

FIGURE 28-8. Gastroesophageal junction and squamocolumnar junction.

Diagnosis and Treatment

Diagnosis of GER in infants and children is often based on parental and clinical observations. Diagnostic testing is generally not necessary but may be used for situations with atypical symptoms, doubts about the diagnosis, suspected complications, or failure of initial therapies. Diagnostic testing includes an empiric trial of acid suppression, contrast radiography, endoscopy, and histology for those who do not respond to empiric treatment. Esophageal pH monitoring may be used to assess the frequency and duration of esophageal acid exposure but is not routinely required (Winter, 2024c).

Most infants, children, and adolescents experience improvement with conservative measures, including thickening feedings for infants and maintaining an upright position for 20 to 30 minutes after feeding. Positional therapy during sleep (e.g., head elevation, lateral, and prone position) is not recommended to treat symptoms of GER in sleeping infants due to the risk of sudden unexplained infant death but may be considered for older children. As breastfed/chestfed infants are less likely than formula-fed infants to have GER, breastfeeding/chestfeeding should be encouraged. For formula-fed infants, reducing feeding volumes in overfed infants or offering smaller and more frequent feeds may decrease reflux episodes.

In general, pharmacotherapy is not indicated in the treatment of uncomplicated GER in infants, as symptoms tend to resolve with time. However, pharmacotherapy should be considered in the treatment of GERD in infants and children who do not respond to conservative measures (Winter, 2024b).

Cancer of the Esophagus

Most esophageal cancers are squamous cell carcinoma or adenocarcinoma. Adenocarcinoma occurs in the lower section of the esophagus and is associated with glands that produce mucus. It is the most common form of esophageal cancer in the United States, affecting mostly white males. Squamous cell carcinoma forms on the surface of the esophagus, most often in the upper and middle sections. It is the most common type of esophageal cancer worldwide. Other types, including small cell carcinoma, melanoma, sarcoma, lymphoma, and choriocarcinoma, are rarer (Mayo Clinic, 2024b).

Risk factors for adenocarcinoma are not well understood but are thought to include poor nutritional status, low intake of fruits and vegetables, and drinking beverages at high temperatures. Barrett esophagus and GERD are the two most common risk factors for esophageal adenocarcinoma (Recio-Boiles & Babiker, 2021).

Progressive dysphagia is the most frequent complaint in people with esophageal cancer. It is apparent first with the ingestion of bulky food, later with soft food, and finally with liquids. Unfortunately, it is a late manifestation of the disease. Unintentional weight loss, anorexia, fatigue, and pain on swallowing may also occur. Diagnosis can be confirmed with a biopsy.

Treatment of esophageal cancer depends on tumor stage. Surgical resection provides a means of cure when done in early disease and palliation when performed later in the disease. Radiation may be used as an alternative to surgery. Chemotherapy may be used before surgery to decrease the size of the tumor, or it may be used along with irradiation and surgery in an effort to increase survival (Hammad & Wani, 2020).

The prognosis for people with cancer of the esophagus, although poor, has improved. Even with modern forms of therapy, however, long-term survival is limited because, in many cases, the disease has already metastasized by the time the diagnosis is made.

SUMMARY CONCEPTS

The esophagus is a tube that connects the oropharynx with the stomach, functioning primarily as a passageway for food and liquids. Although relatively uncommon, congenital anomalies (i.e., EA and TEFs) can occur and must be corrected early because they cause aspiration of gastric and oral secretions and are incompatible with life. Dysphagia (difficulty swallowing) can result from altered nerve function or from disorders that produce narrowing of the esophagus. A diverticulum of the esophagus is an outpouching of the esophageal wall caused by weakness of the muscularis layer. Longitudinal tears (Mallory–Weiss tears) can occur with severe bouts of retching or vomiting. A hiatal hernia is characterized by a protrusion or herniation of the stomach through the esophageal hiatus of the diaphragm.

GER refers to the backward movement of gastric contents into the esophagus, a condition that causes heartburn. Although most people experience occasional GER and heartburn, persistent reflux can result in a cycle of mucosal damage referred to as GERD. Reflux can cause respiratory symptoms, including chronic cough, and serve as a potential trigger for asthma. GER is a common problem in infants and children. Reflux commonly corrects itself with age, and symptoms abate in most children by 2 years of age. Although many infants have minor degrees of reflux, some infants and small children have significant reflux that interferes with feeding, causes esophagitis, and results in respiratory symptoms and other complications.

There are two types of esophageal cancer: squamous cell carcinoma and adenocarcinoma. Most squamous cell carcinomas are attributable to alcohol and tobacco use. Adenocarcinomas are more closely linked to GER and Barrett esophagus. Symptoms of esophageal cancer often do not present until late in the disease process. Treatment may include surgical resection, radiation, and/or chemotherapy.

Disorders of the Stomach

Disorders of the stomach include disruptions of the gastric mucosal barrier, gastritis, peptic ulcer disease, and gastric carcinoma.

Disruptions of the Gastric Mucosal Barrier

The stomach lining is usually impermeable to the acid it secretes, allowing it to contain acid and pepsin without having its walls digested. Several factors contribute to the protection of the gastric mucosa, including an exceptionally tight-fitting and, therefore, impermeable epithelial cell surface that covers a hydrophobic lipid layer. This is coupled with the tenacious, thick mucus that is secreted by the cells, creating a protective covering for the inner stomach wall. The gastric secretion of bicarbonates, along with the acid, also serves to protect the stomach lining by providing some pH adjustment. These mechanisms are collectively referred to as the **gastric mucosal barrier** (Hall & Hall, 2025; Pawlina, 2024).

Aspirin and nonsteroidal anti-inflammatory drugs (NSAIDs) can cross the lipid layer and cause damage to the superficial cells, which can result in acute erosions called ulcers (Vakil, 2022). Alcohol is also lipid-soluble and therefore can disrupt the gastric mucosal barrier. When alcohol is combined with aspirin or other NSAIDs, the permeability of the gastric mucosal barrier is significantly increased, and cellular damage occurs. Reflux of bile acids from the duodenum into the stomach also increases the potential for gastric irritation as they attack the lipid components of the mucosal barrier.

Normally, the secretion of HCl by the parietal cells of the stomach is accompanied by the secretion of bicarbonate ions (HCO_3^-), which offset the acidity associated with the hydrogen (H^+) ions resulting from HCl production. Changes in gastric blood flow, as in shock, tend to decrease HCO_3^- production. This is particularly true in situations in which decreased blood flow is accompanied by acidosis. Aspirin and NSAIDs also impair HCO_3^- secretion by inhibiting gastric cyclooxygenase (COX)-1, a fatty acid enzyme that synthesizes prostaglandins, chemical messengers that help mediate bicarbonate secretion (Ritter et al., 2023).

KEY POINTS

Disruption of the Gastric Mucosa and Ulcer Development

- The stomach is protected by a mucosal barrier that prevents gastric secretions and other destructive agents from injuring the epithelial and deeper layers of the stomach wall.
- Two of the major causes of gastric irritation and ulcer formation are aspirin or NSAIDs and alcohol. When combined, the risk of damage to the gastric mucosa greatly increases.

Gastritis

Gastritis, or inflammation of the gastric mucosa, has many causes, which can be either acute or chronic.

Acute Gastritis

Acute gastritis is characterized by a temporary inflammatory process, often accompanied by emesis and pain. In its most erosive form, acute gastritis can include hemorrhage and ulceration, a significant cause of acute GI bleeding (Turner, 2020). The condition is most associated with local irritants such as aspirin or other NSAIDs, alcohol, or bacterial toxins. Oral administration of corticosteroids may also lead to acute hemorrhagic gastritis. Any serious illness or trauma accompanied by profound physiologic stress also renders the gastric mucosa more vulnerable to acute hemorrhagic gastritis because of mucosal injury (discussed under stress ulcers; Bailiff & Glickman, 2020). Decreased kidney function, treatment with cancer chemotherapy drugs, and gastric radiation are other causes of acute gastritis.

People with aspirin-related gastritis can be totally unaware of the condition or may complain only of "heartburn" or "sour stomach." Gastritis associated with excessive alcohol consumption often causes transient gastric distress, which may lead to vomiting and gastric bleeding, including hematemesis (blood in the emesis). Gastritis caused by the toxins of infectious organisms usually has an abrupt and violent onset, with gastric distress and vomiting ensuing approximately 5 hours after the ingestion of a contaminated food source. Acute gastritis is usually a self-limiting disorder, with complete regeneration and healing occurring within several days after the removal of the inciting agent.

Chronic Gastritis

Chronic gastritis is characterized by the presence of grossly visible erosions and chronic inflammatory changes, leading eventually to atrophy of the glandular epithelium of the stomach. There are two primary types of chronic gastritis: atrophic and non-atrophic. The most common cause of atrophic chronic gastritis is an autoimmune process caused by the production of autoantibodies against the parietal cells of the stomach. Although it typically progresses to atrophic gastritis if left untreated, the most common non-atrophic gastritis is a *Helicobacter pylori* bacterial infection. Gastropathy is a gastric mucosal disorder without inflammation, which features epithelial injury and subsequent regeneration. Gastritis and gastropathy are not mutually exclusive and may coexist (Azer et al., 2024).

***Helicobacter pylori* Gastritis**

H. pylori gastritis is one of the most common chronic inflammatory disorders (Jensen, 2023) and affects the antrum and body of the stomach. Most patients with *H. pylori* infection show features of both acute and chronic gastritis. Chronic infection with *H. pylori* can lead to gastric atrophy and peptic ulcer and is associated with an increased risk of gastric adenocarcinoma and the creation of mucosa-associated lymphoid tissue, which can progress to lymphoma (Turner, 2020).

Pathogenesis

H. pylori are small, curved, or spiral-shaped, gram-negative rods (proteobacteria) with multiple flagella that allow them to move through the mucous layer of the stomach. Once there, they secrete urease, an enzyme that breaks down urea into ammonia and carbon dioxide, producing sufficient ammonia to buffer the acidity of the immediate environment (allowing the organism to survive in the otherwise acidic environment of the stomach). *H. pylori* also produce enzymes and toxins that interfere with the local protection of the gastric mucosa against acid and trigger intense inflammation with the production of proinflammatory cytokines (interleukin [IL]-6, IL-8) that recruit and activate neutrophils (Kumar & Bretthauer, 2025). Several *H. pylori* proteins can also trigger an intense adaptive immune response in the gastric mucosa, involving both T and B cells. T cell–derived cytokines are required for activating an antimicrobial response to *H. pylori* bacteria but also contribute to the chronic, unregulated proinflammatory responses. T cells may be responsible for decreasing the constant inflammatory response caused by the cytokines, allowing *H. pylori* to maintain the colonization of the stomach for long periods of time (Algood, 2020). It is thought that T cell–driven activation of B cells may also be involved in the pathogenesis of gastric lymphomas (Kumar & Clark, 2025).

Diagnosis and Treatment

Various diagnostic methods can be used to establish the presence of *H. pylori* infection, including carbon urea breath testing, serologic testing for *H. pylori* antibodies, stool antigen testing, and endoscopic biopsy (Mayo Clinic, 2026). *H. pylori* treatment includes various antibiotic-based regimens to eradicate the organism.

Chronic Atrophic Gastritis

An uncommon cause of chronic gastritis, **autoimmune atrophic gastritis** is a diffuse form of gastritis that is limited to the body and fundus of the stomach, with a lack of or minimal involvement of the antrum (Turner, 2020). The disorder results from the presence of autoantibodies to components of parietal cells, which are primarily located in the body and fundus of the stomach and secrete both HCl and intrinsic factor (Binder, 2021). This type of chronic gastritis is frequently associated with other autoimmune disorders such as Hashimoto thyroiditis, type 1 diabetes, Addison disease, and Graves disease (Conti et al., 2023).

Multifocal atrophic gastritis, also uncommon, is a disorder of uncertain etiology that affects the antrum and adjacent areas of the stomach (Bailiff & Glickman, 2020). As with autoimmune gastritis, it is associated with reduced gastric acid secretion, but achlorhydria and pernicious anemia are uncommon.

Chronic autoimmune gastritis and multifocal atrophic gastritis usually cause few symptoms related directly to gastric changes. More important is the relationship of chronic autoimmune gastritis to the development of peptic ulcer and gastric carcinoma. The long-term risk of gastric cancer in people with autoimmune gastritis is minimal (Turner, 2020).

Chemical Gastropathy

Chemical gastropathy is a chronic gastric injury resulting from the reflux of alkaline duodenal contents, pancreatic secretions, and bile into the stomach. It is most commonly seen in people who have had gastroduodenostomy or gastrojejunostomy surgery. A milder form may occur in people with gastric ulcers, gallbladder disease, or various motility disorders of the distal stomach.

Peptic Ulcer Disease

Peptic ulcer disease describes a group of ulcerative disorders that occur in areas of the upper GI tract that are exposed to acid–pepsin secretions. It is related to a variety of causes, such as medication use and *H. pylori* infection (Vakil, 2022). Peptic ulcer disease, with its remissions and exacerbations, is a chronic health problem.

Peptic Ulcers

The majority of peptic ulcers are found in the duodenum and the stomach. Duodenal ulcers occur more often than gastric ulcers and are more prominent in people assigned male at birth, whereas the incidence of gastric ulcers is more equally distributed across sexes (Bailiff & Glickman, 2020).

A peptic ulcer can affect one or all layers of the stomach or duodenum (Fig. 28-9). The ulcer may penetrate only the mucosal surface, or it may extend into the smooth muscle layers. Occasionally, an ulcer penetrates the outer wall of the stomach or duodenum. Spontaneous remissions and exacerbations are common. Healing of the muscularis layer involves replacement with scar tissue. Although the mucosal layers that cover the scarred muscle layer regenerate, the regeneration is often less than perfect, which contributes to repeated episodes of ulceration.

Pathophysiology

A variety of risk factors have been associated with peptic ulcer disease. The two most prevalent are *H. pylori* infection and the use of aspirin and other NSAIDs (Vakil, 2022), both of which impair the mechanisms that protect the gastric mucosa from the destructive effects of the corrosive acid that continually challenges the upper GI tract mucosa. Ulceration reflects a failure of these mechanisms.

The exact mechanism by which *H. pylori* promotes the development of peptic ulcers has not been fully explained. As previously described, *H. pylori*'s ability to induce inflammation and stimulate the release of cytokines and other mediators of inflammation contributes to mucosal damage (and also leads to increased gastric secretion in some people). Acid injury to the duodenum is thought to promote the development of gastric metaplasia, allowing the organism to colonize these areas and promote the development of duodenal ulcers.

The pathogenesis of NSAID-induced ulcers is thought to involve both direct mucosal injury and inhibition of prostaglandin synthesis (Kim, 2025). NSAIDs, including aspirin, inhibit COX enzymes, leading to decreased production of prostaglandins that normally protect the gastric mucosa. Aspirin appears to be among the most ulcerogenic NSAIDs. In contrast to peptic ulcers from other causes, NSAID-induced gastric injury is often asymptomatic, and serious complications such as bleeding or perforation may occur without warning. The GI mucosa relies on COX-1 to generate protective prostaglandins that maintain mucosal blood flow, stimulate mucus and bicarbonate secretion, and support epithelial repair. Traditional NSAIDs inhibit both COX-1 and COX-2, whereas selective COX-2 inhibitors (e.g., celecoxib) preferentially inhibit COX-2 while sparing COX-1. These agents are associated with a lower risk of GI mucosal injury but may increase the risk of adverse cardiovascular events in some patients (Kim, 2025).

Epidemiologic studies have identified independent factors that increase the effect of *H. pylori* infection and NSAID-induced peptic ulcer disease. These factors include advancing age, a prior history of peptic ulcer,

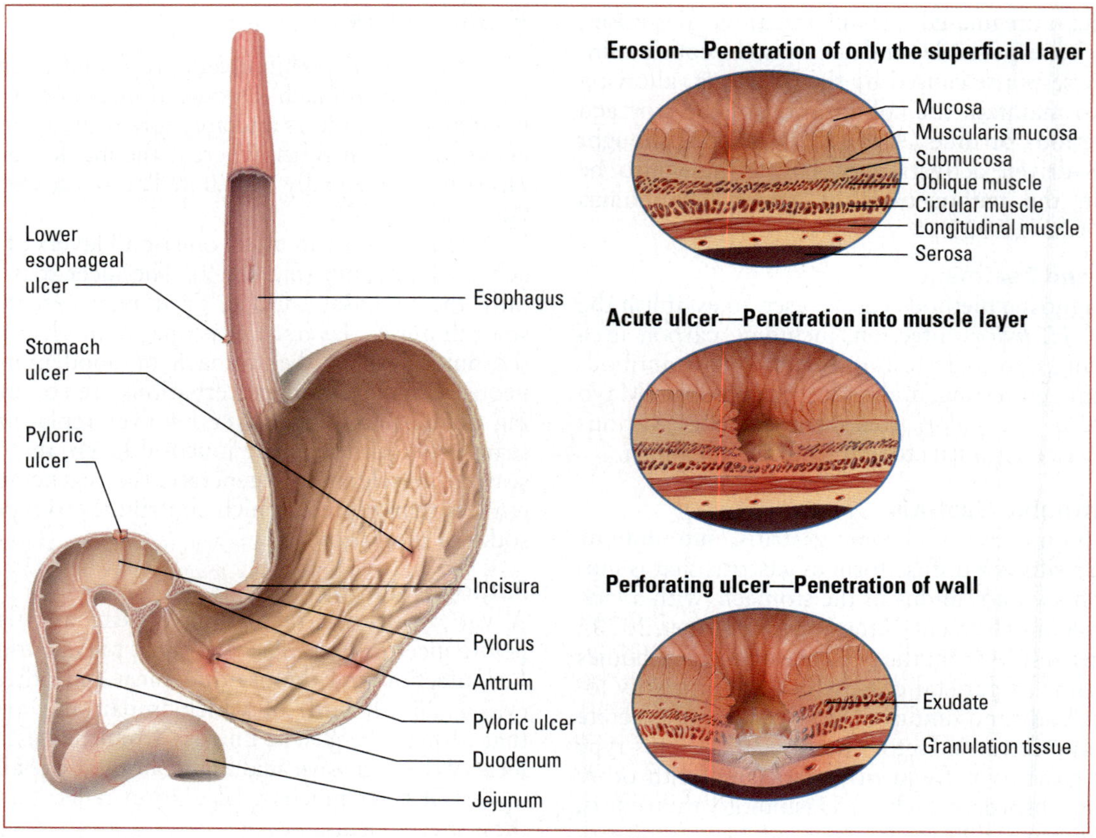

FIGURE 28-9. Types of peptic ulcers.

multiple NSAID use, and concurrent use of warfarin (an anticoagulant) and corticosteroid drugs. Smoking may increase the risk of peptic ulcer by impairing healing. Alcohol use may cause increased acid production (Vakil, 2022). There is no convincing evidence that dietary factors play a role in the development of peptic ulcers directly; however, certain substances, such as caffeine and spicy foods, can aggravate symptoms and hinder the healing process. There is an increased incidence of family-based ulcers. This finding is likely due to the familial clustering of *H. pylori* infection, while inherited genetic factors reflecting responses to the organism likely play a secondary role (Huang et al., 2025).

Clinical Manifestations

The clinical manifestations of an uncomplicated peptic ulcer focus on discomfort and pain. The pain, which is described as burning, gnawing, or cramp-like, is usually rhythmic and frequently occurs when the stomach is empty—between meals and at 1 or 2 o'clock in the morning. The pain is usually located over a small area near the midline in the epigastrium, near the xiphoid, and may radiate below the costal margins, into the back, or, rarely, to the right shoulder. Superficial and deep epigastric tenderness and voluntary muscle guarding may occur with more extensive lesions. The pain tends to recur at intervals of weeks or months. During an exacerbation, it occurs daily for a period of several weeks and then remits until the next recurrence. Characteristically, the pain is relieved by food or antacids.

The most common complications of peptic ulcer are hemorrhage, perforation and penetration, and gastric outlet obstruction. Hemorrhage is caused by bleeding from granulation tissue or from erosion of an ulcer into an artery or vein. Acute post-hemorrhagic anemia is the second most common secondary diagnosis when people are admitted to the hospital with peptic ulcer disease (Saltzman, 2023). Evidence of bleeding may consist of hematemesis or melena. Bleeding may be sudden, severe, and without warning, or it may be insidious, producing only occult blood in the stool. Acute hemorrhage is evidenced by the sudden onset of weakness; dizziness; thirst; cold, moist skin; the desire to defecate; and the passage of loose, tarry, or even red stools and coffee-ground emesis. Signs of circulatory shock develop depending on the amount of blood lost.

Perforation occurs when an ulcer erodes through all the layers of the stomach or duodenum wall, allowing GI content to enter the peritoneum, causing peritonitis. When perforation occurs in older adults, their mortality is significantly increased. Radiation of the pain into the back, severe night distress, and inadequate pain relief from eating foods or taking antacids in people with a long history of peptic ulcer may signify perforation. Penetration is a process similar to perforation, but with penetration, the ulcer crater erodes into adjacent organs, including the pancreas, liver, or biliary tree (Vakil, 2022). Typically, it has a subtle presentation marked by a gradual increase in the severity and frequency of pain.

Outlet obstruction is caused by edema, spasm, or contraction of scar tissue and interference with the free passage of gastric contents through the pylorus or adjacent areas. The presentation of an obstruction is typically insidious, with symptoms of early satiety, a feeling of epigastric fullness and heaviness after meals, GER, weight loss, and abdominal pain. With severe obstruction, there is vomiting of undigested food.

Peptic ulcers associated with *H. pylori* are also linked to carcinoma. As a gastric ulcer is an open sore, bacteria can easily infect it. This causes mutations in the DNA and damages the cells of the stomach lining. Long-standing inflammation, commonly seen with *H. pylori* infections, can lead to chronic inflammation of the stomach and an increased risk of gastric carcinoma (Antunes et al., 2021), particularly when the ulcer is located in the stomach.

Diagnosis and Treatment

A peptic ulcer is diagnosed by history, particularly the history of aspirin and NSAID use, as well as the type of epigastric pain, laboratory tests, radiologic imaging, and endoscopic examination. Pharmacologic treatment focuses on eradicating *H. pylori*, relieving ulcer symptoms, and healing the ulcer crater. Acid-neutralizing and acid-inhibiting drugs and mucosa-protective agents are used to relieve symptoms and promote healing of the ulcer crater. There is no evidence that special diets are beneficial in treating peptic ulcers. Aspirin and NSAID use should be avoided when possible. Surgical management of peptic ulcer disease is largely limited to the treatment of complications, using minimally invasive methods.

Zollinger–Ellison Syndrome

Zollinger–Ellison is a rare syndrome representing a group of conditions, including severe peptic ulcer disease, GERD, and chronic diarrhea caused by a gastrin-secreting tumor of the duodenum or pancreas. This results in increased stimulation of acid-secreting cells of the stomach (Cho & Kasi, 2022; Cingam et al., 2021). Approximately 50% of gastrin-producing tumors are malignant (Chan & Lau, 2020b). A biopsy confirms the diagnosis if the stomach is making too much acid and gastrin levels are high.

Stress Ulcers

A **stress ulcer** refers to GI ulcerations that develop in relation to major physiologic stress (Bailiff & Glickman, 2020). People at high risk for the development of stress ulcers include those with large surface area burns (Curling ulcer; Strosberg & Al-Toubab, 2020), trauma, sepsis, acute respiratory distress syndrome, severe liver failure, and major surgical procedures. These lesions occur most often in the fundus and body of the stomach and are thought to result from ischemia to the mucosal tissue and alterations in the gastric mucosal barrier (Strosberg & Al-Toubab, 2020). Another form of stress ulcer, called **Cushing ulcer**, includes gastric, duodenal, and esophageal ulcers that occur in people with intracranial injury, operations, or tumors. They are thought to be caused by hypersecretion of gastric acid resulting from stimulation of vagal nuclei by increased intracranial pressure.

People admitted to hospital intensive care units are at particular risk for the development of stress ulcers (Saeed et al., 2022). Proton pump inhibitors (PPIs) are the first line of medications used in the prevention of stress ulcers (Strosberg & Al-Toubab, 2020).

Cancer of the Stomach

Pathophysiology

Factors thought to increase the risk of gastric cancer include age, sex, genetic factors, carcinogenic factors in the diet (e.g., *N*-nitroso compounds and benzopyrene found in smoked and preserved foods, processed or grilled meat and fish, low fruit intake), presence of *H. pylori* bacteria, autoimmune gastritis, and gastric adenomas or polyps (Kelsen, 2022). Chronic infection with *H. pylori* appears to serve as a cofactor in some types of gastric carcinomas. The bacterial infection causes gastritis, followed by atrophy, intestinal metaplasia, and carcinoma. This sequence of cellular events depends on both the presence of the bacterial proteins and the host immune response, with the latter being influenced by the host's genetic background. In addition to genetics, the likelihood of developing gastric cancer from an *H. pylori* infection is related to the strain of *H. pylori*, environmental factors, and the duration of the infection (Sung et al., 2021). Autoimmune gastritis, like *H. pylori* infection, increases the risk of gastric cancer, presumably due to chronic inflammation and intestinal metaplasia.

Approximately half of gastric cancers occur in the pyloric region or adjacent to the antrum. Compared with a benign ulcer, which has smooth margins and is concentrically shaped, gastric cancers tend to be larger and irregularly shaped and have irregular margins.

Clinical Manifestations

Stomach cancer may present without symptoms or cause only nonspecific symptoms in its early stages. By the time symptoms occur, the cancer has often reached an advanced stage and may have metastasized.

Early cancers may be associated with indigestion or a burning sensation. However, very few people are referred for endoscopy because indigestion has cancer. Abdominal discomfort and loss of appetite, especially for meat, can occur.

Stomach cancers that have enlarged and invaded normal tissue can cause weakness, fatigue, bloating after meals, abdominal pain in the upper abdomen, nausea, and occasional vomiting, diarrhea, or constipation. Further enlargement may cause weight loss, vomiting blood, or blood in the stool, the latter apparent as black discoloration (melena) and sometimes leading to anemia. Dysphagia suggests a tumor in the cardia or extension of the gastric tumor into the esophagus. Because symptoms of stomach cancer often do not appear until the disease is advanced, diagnosis is rarely made before cancer has spread to other areas of the body.

Diagnosis and Treatment

Diagnosis of gastric cancer is accomplished by a variety of techniques, including barium x-ray studies, endoscopic studies with biopsy, and cytologic studies of gastric secretions.

Complete surgical removal of the tumor with resection of adjacent lymph nodes is the primary treatment approach. The prognosis following complete surgical resection depends on the degree of tumor penetration into the stomach wall and is adversely influenced by regional lymph node involvement and vascular invasion (Quante & Bornschein, 2020).

Irradiation and chemotherapy have not proved particularly useful as primary treatment modalities in stomach cancer but may be used palliatively or to control the metastatic spread of the disease. As a form of molecular medicine, targeted therapy blocks the growth of cancer cells by interfering with specific targeted molecules needed for carcinogenesis and tumor growth (Hintzen et al., 2021; Quante & Bornschein, 2020).

SUMMARY CONCEPTS

Disorders of the stomach include disruption of the gastric mucosa, gastritis, peptic ulcer, and cancer of the stomach. Various mechanisms can disrupt the gastric mucosa and lead to ulceration of the stomach. Gastritis refers to inflammation of the gastric mucosa. Acute gastritis refers to a transient inflammation of the gastric mucosa and is most commonly associated with local irritants such as bacterial endotoxins, caffeine, alcohol, and aspirin. Chronic gastritis is characterized by the presence of grossly visible erosions and chronic inflammatory changes, eventually leading to atrophy of the glandular epithelium of the stomach. *H. pylori* bacteria colonize the mucus-secreting epithelial cells of the stomach and increase the risk of chronic gastritis, peptic ulcer, and gastric carcinoma. Treatment of *H. pylori* infection involves multidrug therapy aimed at increasing the pH of gastric secretions and antimicrobial agents designed to eradicate the organism.

A peptic ulcer is a group of disorders that occur in areas of the upper GI tract that are exposed to acid–pepsin secretions, most commonly in the duodenum and stomach. The two main causes are *H. pylori* infection and aspirin or NSAID use. Treatment of peptic ulcer focuses on the eradication of *H. pylori*, avoidance of gastric irritation from NSAIDs, and conventional pharmacologic treatment directed at symptom relief and ulcer healing.

Stress ulcers, also called Curling ulcers, occur in relation to major physiologic stresses such as burns and trauma and are thought to result from ischemia, tissue acidosis, and bile salts entering the stomach in critically ill people with decreased GI motility. Another form of stress ulcer, the Cushing ulcer, occurs in people with intracranial trauma or surgery and is thought to be caused by hypersecretion of gastric acid resulting from stimulation of vagal nuclei by increased intracranial pressure.

Gastric cancer is linked to a multitude of factors, including modifiable risk factors such as diet, smoking, and alcohol, and genetic or other unmodifiable risk factors. Because there are few early symptoms with this form of cancer, the disease is often far advanced at the time of diagnosis.

Disorders of the Small and Large Intestines

There are many similarities in conditions that disrupt the integrity and function of the small and large intestines. Among these conditions are irritable bowel syndrome (IBS), inflammatory bowel disease (IBD), infectious enterocolitis, diverticular disease, appendicitis, alterations in intestinal motility (i.e., diarrhea, constipation, fecal impaction, intestinal obstruction, intestinal perforation, peritonitis), alterations in intestinal absorption, and intestinal neoplasms.

Irritable Bowel Syndrome

Irritable bowel syndrome describes a functional GI disorder characterized by a variable combination of chronic and recurrent intestinal symptoms not explained by structural or biochemical abnormalities (Mayer et al., 2023).

IBS is characterized by persistent or recurrent symptoms of abdominal pain, altered bowel function, and varying complaints of flatulence, bloating, nausea and anorexia, constipation or diarrhea, and anxiety or depression. A hallmark of IBS is abdominal pain that is relieved by defecation and is associated with a change in the consistency or frequency of stools. Abdominal pain is usually intermittent, cramping, and located in the lower abdomen. It does not typically occur at night or interfere with sleep. The condition is believed to result from dysregulation of intestinal motor activity and central neural functions modulated by the CNS (Nie et al., 2020). People with IBS tend to experience increased motility and abnormal intestinal contractions in response to psychological and physiologic stresses. The role that psychological factors play in the disease is uncertain. Although changes in intestinal activity are normal responses to stress, these responses appear to be exaggerated in people with IBS. People assigned female at birth tend to be affected more often than those assigned male. **Menarche** is often associated with the onset of the disorder. People frequently notice an exacerbation of symptoms during the premenstrual period, suggesting a hormonal component.

Diagnosis and Treatment

Because IBS lacks anatomic or physiologic markers, diagnosis is usually based on signs and symptoms of abdominal pain or discomfort, bloating, constipation, diarrhea, or alternating bouts of constipation and diarrhea. A commonly used set of diagnostic criteria require continuous or recurrent symptoms for at least 12 weeks (which may be nonconsecutive) of abdominal discomfort or pain in the preceding 12 months, with two of three accompanying features: relief with defecation, onset associated with a change in bowel frequency, and onset associated with a change in form (appearance) of stool (Camilleri & Boeckxstaens, 2023; Fukudo et al., 2021; Nie et al., 2020).

Other symptoms that support the diagnosis of IBS include abnormal stool frequency (more than three times per day or less than three times per week), abnormal stool form (lumpy/hard or loose/watery), abnormal stool passage (straining, urgency, or feeling of incomplete evacuation), passage of mucus, and bloating or a feeling of abdominal distension (Camilleri & Boeckxstaens, 2023). A history of lactose intolerance should be considered because intolerance to lactose and other sugars may be a precipitating factor in some people. The acute onset of symptoms raises the likelihood of organic disease, as does weight loss, anemia, fever, occult blood in the stool, nighttime symptoms, or signs and symptoms of malabsorption. These signs and symptoms require additional investigation of differential diagnoses (Owyang, 2022).

Treatment focuses on stress management, particularly as related to symptom production. Usually, no special diet is indicated, although adequate fiber intake is generally recommended. Avoidance of offending dietary substances such as fatty and gas-producing foods, alcohol, and caffeine-containing beverages may be beneficial (Ford et al., 2020). Various pharmacologic agents, including antispasmodic, antidepressant, and anticholinergic drugs, have been used with varying success in the treatment of the disorder (Black & Ford, 2020).

Inflammatory Bowel Disease

Inflammatory bowel disease is characterized by noninfectious chronic inflammation of the GI tract and primarily includes Crohn disease, ulcerative colitis, and indeterminate colitis. Although Crohn disease and ulcerative colitis differ sufficiently to be distinguishable, they have many features in common. Both diseases produce inflammation of the bowel, lack confirming evidence of a proven causative agent, have a pattern of familial occurrence, and can be accompanied by systemic manifestations. Crohn disease most commonly affects the distal small intestine and proximal colon but can affect any area of the GI tract from the esophagus to the anus, whereas ulcerative colitis is confined to the colon and rectum (Fig. 28-10). The distinguishing characteristics of Crohn disease and ulcerative colitis are summarized in Table 28-2.

Pathophysiology

A remarkable feature of the GI tract is that the mucosal immune system is always ready to respond against ingested pathogens but is unresponsive to the normal intestinal microflora. According to the currently accepted

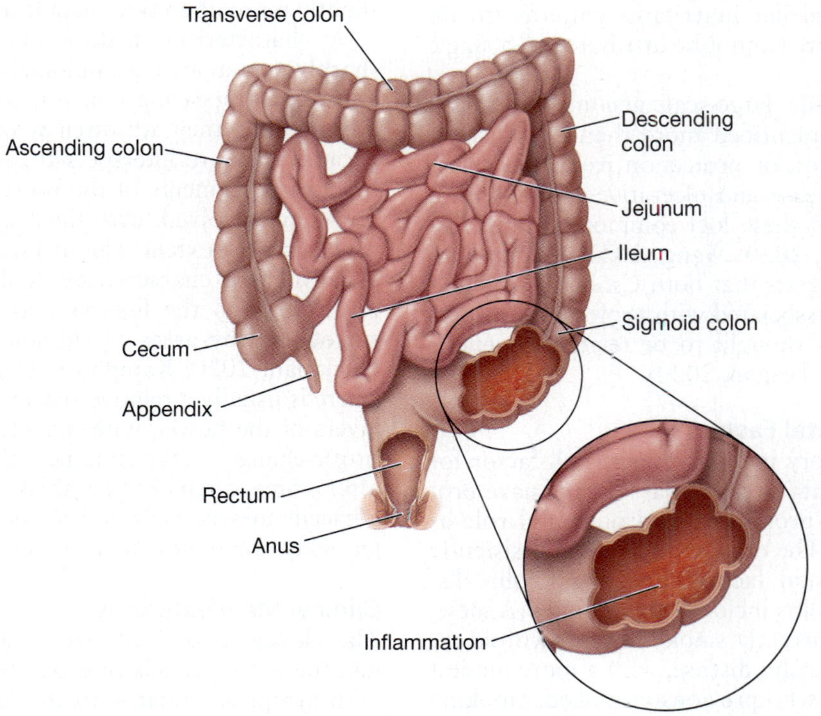

FIGURE 28-10. Ulcerative colitis. Chronic inflammation associated with ulcerative colitis is found exclusively in the large intestine.

TABLE 28-2 Differentiating Characteristics of Crohn Disease and Ulcerative Colitis

Characteristic	Crohn Disease	Ulcerative Colitis
Areas of involvement	Primarily ileum, secondarily colon	Primarily rectum and left colon
Diarrhea	Common	Common
Rectal bleeding	Rare	Common
Fistulas	Common	Rare
Strictures	Common	Rare
Perianal abscesses	Common	Rare
Development of cancer	Uncommon	Relatively common

hypothesis, this normal state of homeostasis is disrupted in IBD, leading to unregulated and exaggerated immune responses. The question remains whether the response is an appropriate defense mechanism to a pathogen or if the immune system is responding in an inappropriate manner. Thus, as in many other autoimmune disorders, the pathogenesis of Crohn disease and ulcerative colitis involves a failure of immune regulation, genetic predisposition, and an environmental trigger, especially microbial flora (Dunleavy, Raffals, & Camilleri, 2023).

Genetic Susceptibility

The genetic basis of IBD has long been suspected, with first-degree relatives of people diagnosed with IBD having a greater incidence of IBD (Alatab et al., 2020). However, classic Mendelian inheritance patterns are not seen, and IBD therefore cannot be attributed to a single gene.

Over the past decade, large-scale genome-wide association studies have identified more than 240 distinct loci that confer risk of, or protection from, the development of Crohn disease and ulcerative colitis, with a substantial portion of these loci common to both diseases (Kaplan & Ng, 2020; Wang, 2022). Accumulating evidence also suggests that both Crohn disease and ulcerative colitis are associated with profound disorders of mucosal immunity thought to be related to genetic alterations (Jairath & Feagan, 2020).

Role of Environmental Factors

Although family history is the strongest risk factor for IBD, epidemiologic data over the past decade have provided evidence for a prominent environmental role as well (Annese, 2020). The earliest and most consistently described environmental factor impacting Crohn disease and ulcerative colitis incidence is smoking (Annese, 2020). People who currently smoke have a twofold increase in the risk of Crohn disease, with a more modest association in people who previously smoked. Smoking might contribute to the development of IBD by influencing the intestinal flora because people with Crohn disease who smoke show an imbalance of intestinal microbiota (Nicolaides et al., 2021).

Recent antibiotic use within 1 to 2 years of diagnosis was also associated with an increased risk of adult-onset IBD (Faye et al., 2023).

Clinical Manifestations

The clinical manifestations of both Crohn disease and ulcerative colitis are ultimately the result of the activation of inflammatory cells with the elaboration of inflammatory mediators that cause nonspecific tissue damage. Both diseases are characterized by remissions and exacerbations of diarrhea, fecal urgency, and weight loss. Acute complications, such as intestinal obstruction, may develop during periods of fulminant disease.

A number of systemic manifestations have been identified in people with Crohn disease and ulcerative colitis. These include axial arthritis affecting the spine and sacroiliac joints and oligoarticular arthritis affecting the large joints of the arms and legs; inflammatory conditions of the eye, skin lesions, stomatitis, and autoimmune anemia; hypercoagulability of blood; and sclerosing cholangitis. Occasionally, these systemic manifestations may herald the recurrence of intestinal disease.

Crohn Disease

Crohn disease is a recurrent, granulomatous type of inflammatory response that can affect any area of the GI tract. The terminal ileum or cecum is the most common portion of the bowel where inflammation occurs (Alatab et al., 2020; Kamphorst et al., 2021). It is a slowly progressive, relentless, and often disabling disease. The disease usually strikes people in their twenties or thirties, with people assigned female at birth being affected slightly more often than people assigned male at birth.

A characteristic feature of Crohn disease is the sharply demarcated, granulomatous lesions surrounded by normal-appearing mucosal tissue. When the lesions are multiple, they are often referred to as *skip lesions* because they are interspersed between what appear to be normal segments of the bowel. All the layers of the bowel are involved, with the submucosal layer affected to the greatest extent. The surface of the inflamed bowel usually has a characteristic "cobblestone" appearance resulting from the fissures and crevices that develop, surrounded by areas of submucosal edema (Bailiff & Glickman, 2020; Kamphorst et al., 2021; Fig. 28-11). There is usually a relative sparing of the smooth muscle layers of the bowel, with marked inflammatory and fibrotic changes in the submucosal layer. The bowel wall, after a time, often becomes thickened and inflexible. The adjacent mesentery may become inflamed, and the regional lymph nodes and channels may become enlarged.

Clinical Manifestations

The clinical course of Crohn disease is variable; often, there are periods of exacerbations and remissions, with symptoms related to the location of the lesions. The principal symptoms, which are dependent on the area of the GI system that is affected, include diarrhea,

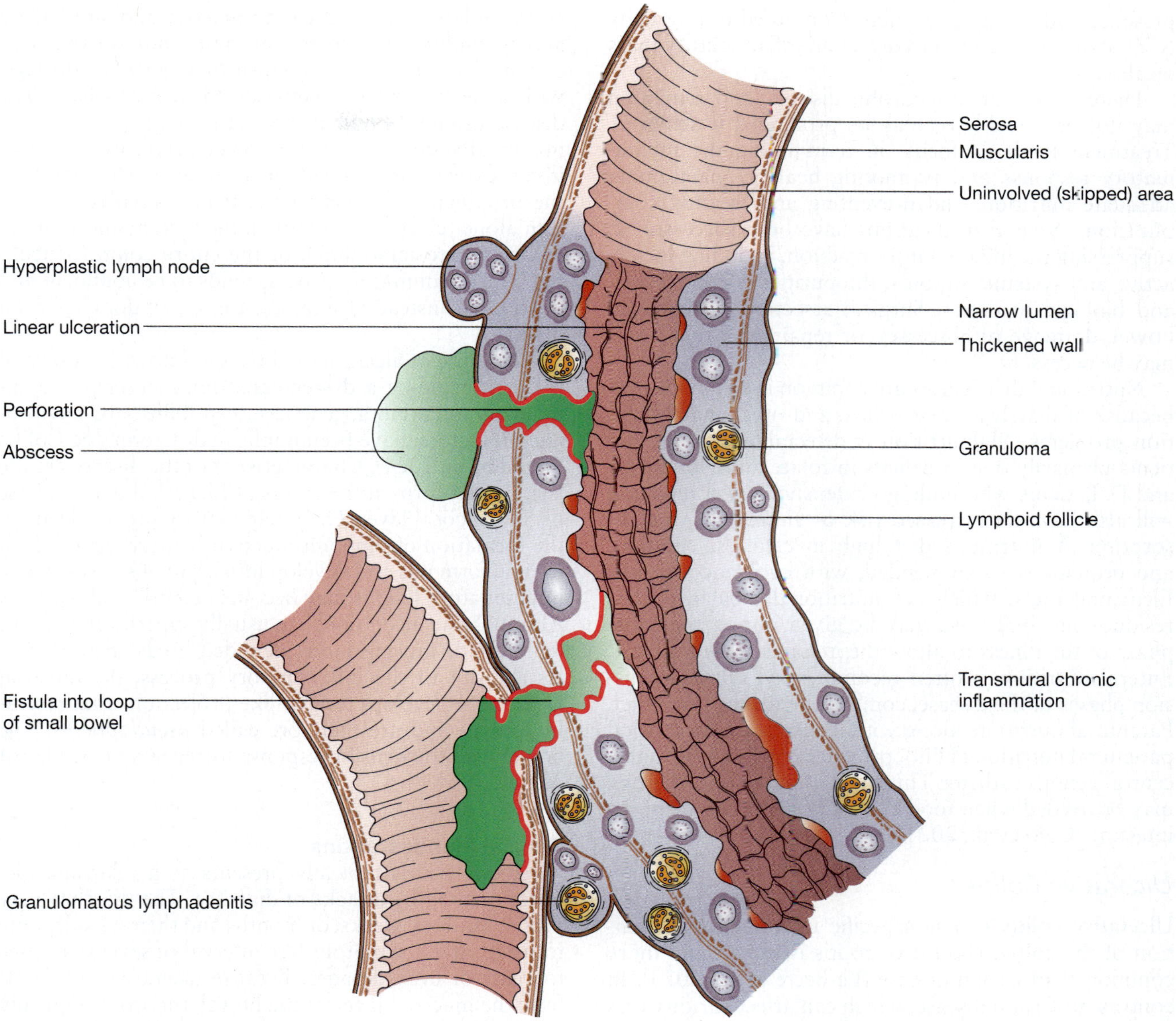

FIGURE 28-11. Crohn disease. A schematic representation of the major features of Crohn disease in the small intestine. (From Rubin, R., & Strayer, D. S. [Eds.] [2015]. *Rubin's pathophysiology: Clinicopathologic foundations of medicine* [7th ed., Figure 19-73, p. 805]. Lippincott Williams & Wilkins.)

abdominal pain, weight loss, fluid and electrolyte disorders, malaise, and low-grade fever (Kamphorst et al., 2021). Because Crohn disease affects the submucosal layer to a greater extent than the mucosal layer, there is less bloody diarrhea than with ulcerative colitis. Ulceration of the perianal skin is common, largely because of the severity of the diarrhea. The absorptive surface of the intestine may be disrupted, resulting in nutritional deficiencies related to the specific segment of the intestine involved. When Crohn disease occurs in childhood, one of its major manifestations may be retardation of growth and significant malnutrition (Friedman & Blumberg, 2022).

Complications of Crohn disease include fistula formation, abdominal abscess formation, and intestinal obstruction. Fistulas are tubelike passages that form connections between different sites in the GI tract. They may also develop between other sites, including the bladder, vagina, urethra, and skin. Perineal fistulas that originate in the ileum are relatively common (El-Salhy et al., 2021). Fistulas between segments of the GI tract may lead to malabsorption, syndromes of bacterial overgrowth, and diarrhea. They can also become infected and cause abscess formation.

Diagnosis and Treatment

The diagnosis of Crohn disease requires a thorough history and physical examination. Sigmoidoscopy is used for direct visualization of the affected areas and to obtain biopsies. Stool cultures and examination of fresh stool specimens for ova and parasites evaluate infectious agents as the cause of the disorder. Radiographic contrast studies provide a means of determining the extent of involvement of the small bowel and establishing the presence and nature of fistulas. Computed tomography (CT) scans may be used to detect an inflammatory mass or abscess.

There is no cure for Crohn disease, and remission may not be possible or may be prolonged if achieved. Treatment methods focus on terminating the inflammatory response and promoting healing, maintaining adequate nutrition, and preventing and treating complications. Several medications have been successful in suppressing the inflammatory reaction, including locally active and systemic steroids, thiopurines, methotrexate, and biologic therapies. Surgical resection of damaged bowel, drainage of abscesses, or repair of fistula tracts may be necessary.

Nutritional deficiencies are common in Crohn disease because of diarrhea, steatorrhea, and other malabsorption problems. Malnutrition is detectable in many patients primarily due to deficits in folate and vitamins A and D. Patients who undergo extensive bowel resection will also have an increased risk of vitamin B_{12} malabsorption. A nutritious diet high in calories, vitamins, and proteins is recommended, with avoidance of fats. Elemental diets, which are nutritionally balanced but residue- and bulk-free, may be given during the acute phase of the illness to allow the inflamed bowel to rest. Enteral nutrition is often recommended during remission phases of the disease, combined with the usual diet. Parenteral nutrition, along with its exclusive form, total parenteral nutrition (TPN), provides nutrients through a central venous catheter. This form of nutritional therapy may be needed when food cannot be absorbed from the intestine (Caio et al., 2021).

Ulcerative Colitis

Ulcerative colitis is a nonspecific inflammatory condition of the colon. Ulcerative colitis is three times more common than Crohn disease (Le Berre et al., 2023). In contrast to Crohn disease, which can affect various sites in the GI tract, the inflammatory response in ulcerative colitis is largely limited to the mucosa and submucosa and is confined to the rectum and colon so that colectomy is curative. The disease may arise at any age, with a peak incidence between 15 and 25 years. The disease usually begins in the rectum and spreads proximally, affecting the mucosal layer primarily, although it can extend into the submucosal layer. The length of the proximal extension varies. It may involve the rectum alone (ulcerative proctitis), the rectum and sigmoid colon (proctosigmoiditis), or the entire colon (pancolitis). The inflammatory process tends to be confluent and continuous instead of skipping areas, as it does in Crohn disease.

The cause of ulcerative colitis is unknown, but several factors, including a dysregulated immune response, altered gut microbiota, genetic susceptibility, and environmental factors, have been implicated (Crohn's & Colitis Foundation, 2024). Characteristics of the disease are the lesions that form in the crypts of Lieberkühn at the base of the mucosal layer. The inflammatory process leads to the formation of pinpoint mucosal hemorrhages, which in time form pus and develop into crypt abscesses. These inflammatory lesions may become necrotic and ulcerate. Although the ulcerations are usually superficial, they often extend, causing large, denuded areas (Fig. 28-12). As a result of the inflammatory process, the mucosal layer often develops tongue-like projections that resemble polyps and are therefore called *pseudopolyps*. The bowel wall thickens in response to repeated episodes of colitis.

Clinical Manifestations

Ulcerative colitis typically presents as a relapsing disorder marked by attacks of diarrhea. The diarrhea may persist for days, weeks, or months and then subside, only to recur after a symptom-free interval of several months to years or even decades. Because ulcerative colitis affects the mucosal layer of the bowel, the stools typically contain blood and mucus. Nocturnal diarrhea usually

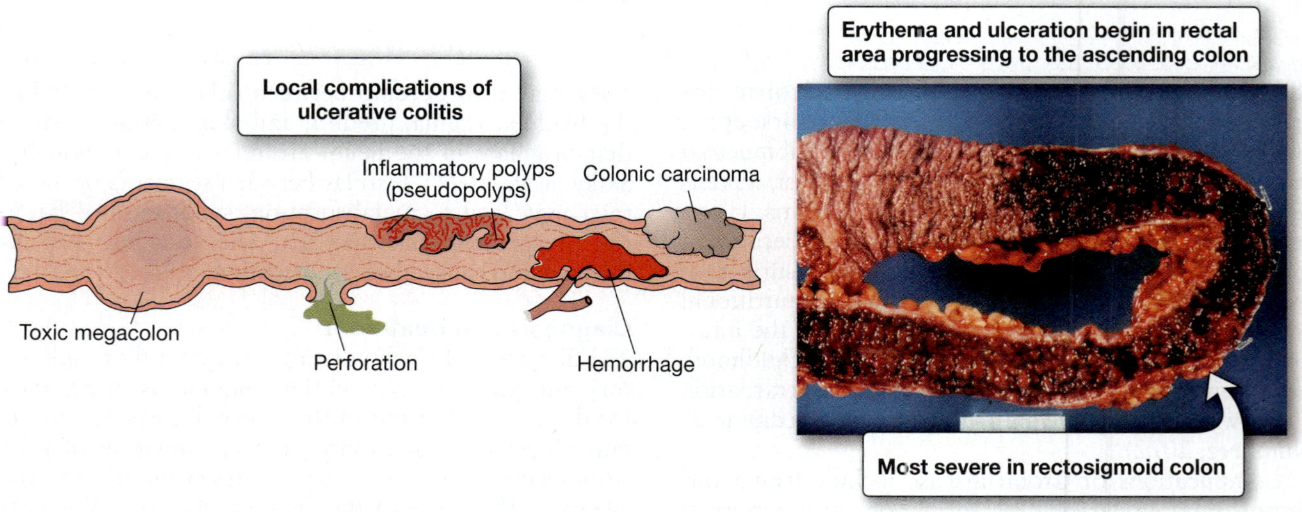

FIGURE 28-12. *Left panel*: Complications of ulcerative colitis. *Right panel*: Colon with damage due to ulcerative colitis. (Modified from Figures 13.54 and 13.51, Rubin, R., Strayer, D. S, & Rubin, R. [2012]. *Rubin's pathology*. 6th ed. Lippincott Williams & Wilkins.)

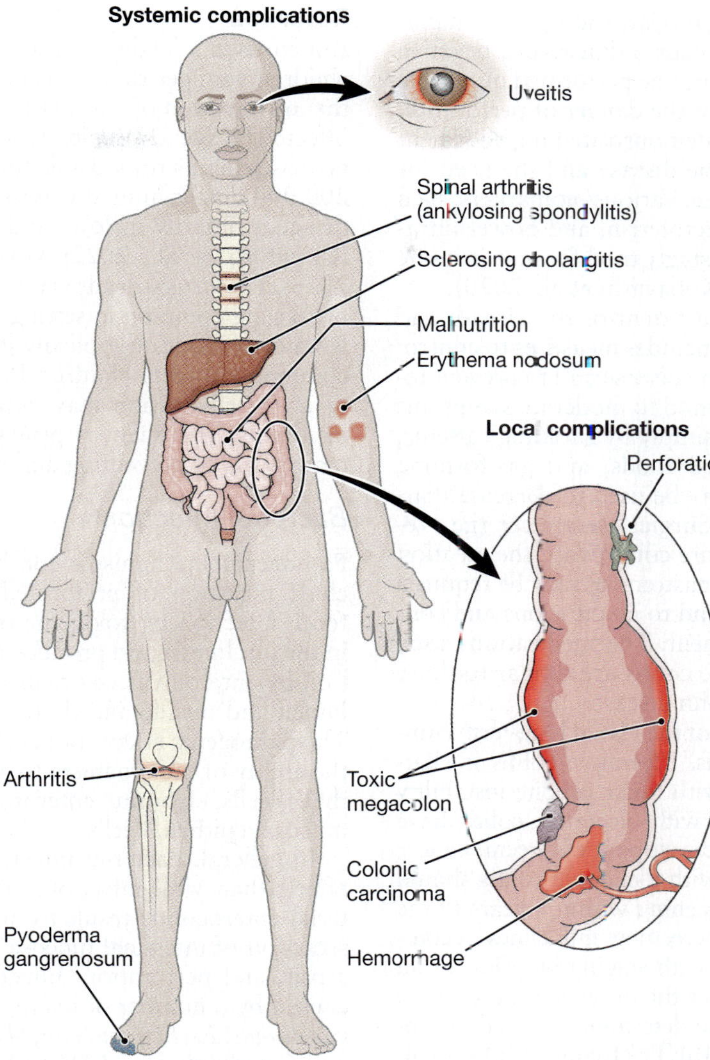

FIGURE 28-13. Complications of ulcerative colitis. (From McConnell, T. H. [2013]. *The nature of disease* [2nd ed., Fig. 11.31]. Wolters Kluwer.)

occurs when daytime symptoms are severe. There may be mild abdominal cramping and fecal incontinence. Anorexia, weakness, and fatigability are common.

Depending on clinical and endoscopic findings, the disease is characterized by how much of the colon is affected and the extent of the inflammation. Severity is defined as mild, moderate, severe, or fulminant (Alatab et al., 2020). The most common form of the disease is the mild form, in which the person has fewer than four stools daily, with or without blood, no systemic signs of toxicity, and a normal erythrocyte sedimentation rate (ESR). People with moderate disease have more than four stools daily but minimal signs of toxicity. Severe disease is manifested by more than six bloody stools daily and evidence of toxicity, as demonstrated by fever, tachycardia, anemia, and elevated ESR (Fig. 28-13). People with fulminant disease have features that include more than 10 bowel movements a day, continuous bleeding, fever and other signs of toxicity, abdominal tenderness and distension, the need for blood transfusions, and colonic dilation on abdominal radiographs. These people are at risk for the development of toxic megacolon, which is characterized by dilation of the colon and signs of systemic toxicity. It results from the extension of the inflammatory response, with involvement of neural and vascular components of the bowel.

Ulcerative colitis is believed to have a systemic (i.e., autoimmune) origin, so people may present with comorbidities leading to symptoms and complications outside the colon. Extraintestinal manifestations are common in IBD, occurring in 31% of people with Crohn disease and 43% of people with ulcerative colitis (Kobayashi et al., 2020). The extraintestinal manifestations may include arthritis, uveitis, deep venous thrombosis, primary sclerosing cholangitis, or ankylosing spondylitis (see Fig 28-12). The most common extraintestinal manifestation of IBD is arthritis. For some people, especially those with primary sclerosing cholangitis or ankylosing spondylitis, the extraintestinal manifestations may be more problematic than the bowel disease (Alatab et al., 2020).

Diagnosis and Treatment

Diagnosis of ulcerative colitis is based on history and physical examination and is usually confirmed by sigmoidoscopy, colonoscopy, biopsy, and stool examinations for infectious or other causes that return negative results. Colonoscopy should not be performed on people with severe disease because of the danger of perforation but may be performed after demonstrated improvement to determine the extent of the disease and the need for subsequent cancer surveillance. Various biomarkers, such as fecal calprotectin, fecal lactoferrin, and bowel ultrasonography, are being increasingly used for non-invasive diagnosis and monitoring (Kobayashi et al., 2020).

Treatment depends on the extent of the disease and the severity of symptoms. It includes measures to control the acute manifestations of the disease and to prevent recurrence. Some people with mild to moderate symptoms can control their symptoms simply by avoiding caffeine, lactose (dairy), highly spiced foods, and gas-forming foods. Fiber supplements may be used to decrease diarrhea and rectal symptoms. Surgical treatment (i.e., removal of the rectum and entire colon) with the creation of an ileostomy or ileoanal anastomosis may be required for people who do not respond to medications and conservative methods of treatment. The medications used in the treatment of ulcerative colitis are similar to those used in the treatment of Crohn disease.

Cancer of the colon is one of the feared long-term complications of ulcerative colitis. Ulcerative colitis is characterized by DNA damage with microsatellite instability in mucosal cells. Individuals with ulcerative colitis have a two- to three-fold risk of developing colorectal cancer (Li et al., 2022). All people with ulcerative colitis should receive a colonoscopy for screening within 8 years of the onset of symptoms. Most screening guidelines recommend an initial colonoscopy with staging biopsies for all patients with IBD 8 years after the onset of symptoms to evaluate the disease extent and determine the need for ongoing surveillance (ACS, 2024b). The frequency of surveillance colonoscopies is often every 1 to 2 years, depending on the results of the examinations and biopsies obtained.

Infectious Enterocolitis

A number of microbial agents, including viruses, bacteria, and protozoa, can infect the GI tract, causing diarrhea and sometimes ulcerative and inflammatory changes in the small or large intestine. Although far less common in resource-abundant countries, these disorders still have infection rates second only to the common cold. Most infections are spread by the oral–fecal route, often through contaminated water or food.

Viral Infection

Most viral infections affect the superficial epithelium of the small intestine, destroying these cells and disrupting their absorptive function. Repopulation of the small intestinal villi with immature enterocytes and preservation of crypt secretory cells lead to net secretion of water and electrolytes, compounded by incomplete absorption of nutrients and osmotic diarrhea. Common viruses that cause gastroenteritis include, but are not limited to, rotavirus, norovirus, and adenovirus (Johns Hopkins Medicine, 2024).

Rotavirus

Rotavirus is a leading cause of severe gastroenteritis in children younger than 5 years of age worldwide. Before the introduction of vaccination, nearly all children were infected by age 5. Despite widespread immunization, rotavirus remains responsible for an estimated 120,000 to 200,000 deaths annually among children under 5 years of age, primarily in low- and middle-income countries (Crawford et al., 2022; World Health Organization, 2023). The virus spreads via the fecal–oral route, and outbreaks are common in settings such as day care centers. Rotavirus infection typically lasts 3 to 7 days and most commonly affects children between 3 and 24 months of age. Dehydration may develop rapidly, particularly in infants. Treatment is primarily supportive, with the main goals of preventing and managing dehydration.

Bacterial Infection

Pathogenic mechanisms for bacterial enterocolitis include ingestion of preformed toxins in contaminated food, infection by toxigenic organisms that proliferate in the gut lumen and produce an enterotoxin, and infection by enteroinvasive organisms that proliferate in the lumen and invade and destroy mucosal epithelial cells. The pathogenic effects of bacterial infections depend on the ability of the organism to adhere to the mucosal epithelial cells, elaborate enterotoxins, and then invade the mucosal epithelial cells.

In general, bacterial infections produce more severe effects than viral infections. The complications of bacterial enterocolitis result from massive fluid loss or destruction of intestinal mucosa and include dehydration, sepsis, and perforation. Infectious enterocolitis can be caused by a number of bacteria, including *Staphylococcus aureus*, *Escherichia coli*, *Shigella* species, *Salmonella*, and *Campylobacter* (CDC, 2021). Two particularly serious forms of bacterial enterocolitis are caused by *Clostridium difficile* and *E. coli* O157:H7.

Clostridium difficile Colitis

C. difficile is a gram-positive, spore-forming bacillus that is part of the normal gut flora (Nie et al., 2020). The spores are resistant to the acidic environment of the stomach and convert to vegetative forms in the colon. Treatment with broad-spectrum antibiotics can cause disruption of the normal protective bacterial flora of the colon, leading to colonization by *C. difficile* along with the release of toxins that cause mucosal damage and inflammation. After antibiotic therapy has made the bowel susceptible to infection, colonization by *C. difficile* occurs via the oral–fecal route. **C. difficile colitis**, also known as *C. difficile* infection (CDI), is usually acquired in the hospital, where the organism is commonly encountered.

In general, *C. difficile* is noninvasive. The development of *C. difficile* colitis and diarrhea requires an alteration in the normal gut flora, acquisition and germination of the spores, overgrowth of *C. difficile*, and toxin production. The toxins bind to and damage the intestinal mucosa, causing hemorrhage, inflammation, and necrosis. The toxins also interfere with protein synthesis, attract inflammatory cells, increase capillary permeability, and stimulate intestinal peristalsis. The infection commonly manifests with diarrhea that is mild to moderate and sometimes accompanied by lower abdominal cramping. Although the incubation period is not precisely defined, some reports suggest it may be as long as 3 days and is highly individual-dependent. Most patients with CDI suffer from mild diarrhea and experience recovery spontaneously after 5 to 10 days of withdrawal of antibiotic therapy. The clinical features of CDI include watery diarrhea, abdominal pain, fever, nausea and vomiting, weakness, and loss of appetite (Wang, 2022).

A more severe form of colitis, pseudomembranous colitis, is characterized by an adherent inflammatory membrane overlying the areas of mucosal injury. It is a life-threatening form of the disease, causing acute illness, lethargy, fever, tachycardia, abdominal pain and distension, and dehydration. The smooth muscle tone of the colon may be lost, resulting in toxic dilation of the colon. Prompt therapy is needed to prevent perforation of the bowel.

The diagnosis of *C. difficile*–associated diarrhea requires a careful history, with particular emphasis on antibiotic use. Diagnostic findings include a history of antibiotic use and laboratory tests that confirm the presence of *C. difficile* toxins in the stool. Handwashing with soap and water after using the toilet and before eating can reduce the spread of *C. difficile*. Treatment involves antibiotics such as vancomycin or fidaxomicin. Recurring infection may include fecal microbiota transplants (CDC, 2024a).

Escherichia coli O157:H7 Infection

E. coli O157:H7 has become recognized as an important cause of epidemic and sporadic colitis (Melia & Sears, 2020). *E. coli* O157:H7 is a strain of *E. coli* found in the feces and contaminated milk of healthy dairy and beef cattle and in contaminated pork, poultry, and lamb. Infection is usually contracted through food-borne transmission, often by ingesting undercooked hamburger. The organism can also be transferred to nonmeat products such as fruits and vegetables. Transmission has also been reported in people swimming in a fecally contaminated lake or visiting farms and petting zoos, where children are in direct contact with animals. Person-to-person transmission may occur, particularly in nursing homes, day care settings, and hospitals. Very young children and older adults are particularly at risk for the infection and its complications.

The infection may cause no symptoms or a variety of manifestations, including acute, non-bloody diarrhea; hemorrhagic colitis; hemolytic uremic syndrome (HUS); and thrombotic thrombocytopenic purpura. The infection often presents with abdominal cramping and watery diarrhea and may progress to bloody diarrhea. The diarrhea commonly lasts 5 to 10 days (Russo & Johnson, 2022).

Most strains of *E. coli* are harmless. However, enterohemorrhagic *E. coli* can release Shiga toxins that attach to and damage the mucosal lining of the intestine. Subsequently, the *Shiga* toxins gain access to the circulatory system and travel in the plasma and on the surface of platelets and monocytes (Ameer & Salen, 2023). Two complications of the infection, HUS and thrombotic thrombocytopenic purpura, reflect the effects of the *Shiga* toxins. HUS is characterized by hemolytic anemia, thrombocytopenia, and renal failure. It occurs predominantly in infants and young children and is the most common cause of acute renal failure in children. The prognosis for people with HUS is generally good, and most children recover fully without subsequent relapses. Despite the much lower incidence of HUS in adults compared to children, the majority of HUS-related deaths occur in people over the age of 60 years (Travert et al., 2021). Thrombotic thrombocytopenic purpura is manifested by thrombocytopenia, renal failure, fever, and neurologic manifestations. It is often regarded as the severe end of the disease that leads to HUS plus neurologic problems.

No specific therapy is available for *E. coli* O157:H7 infection. Treatment is largely supportive and directed toward treating the effects of complications. The use of antibiotics or antimotility/antidiarrheal agents in the early stages of diarrhea has been shown to increase the risk of HUS because the gut is exposed to a greater amount of toxins for a longer time.

Because of the seriousness of the infection and its complications, educating the public about techniques for decreasing the primary transmission of the infection from animal sources is important. Food handlers and consumers should be aware of the proper methods for handling uncooked meat to prevent cross-contamination of other foods. Particular attention should be paid to hygiene in day care centers and nursing homes, where the spread of infection to young children or older adults may result in severe complications.

Protozoan Infection

Amebiasis refers to an infection by *Entamoeba histolytica* involving the colon and, occasionally, the liver (CDC, 2024b). Humans are the only known reservoir for *E. histolytica*, which reproduces in the colon and is passed in the feces. Although *E. histolytica* infection occurs worldwide, it is more common and more severe in tropical and subtropical areas, where crowding and poor sanitation prevail. Intestinal amebiasis ranges from infection without symptoms to serious dysenteric disease.

E. histolytica has two distinct stages: trophozoites (ameboid form) and cysts (Andrade & Reed, 2022). The trophozoites thrive in the colon and feed on bacteria and human cells. They may colonize any portion of the large bowel, but the area of maximum disease is usually the cecum. Once established, the trophozoites burrow into the submucosa, then fan out to create a flask-shaped ulcer. *E. histolytica* that invades the submucosal veins of the colon enters the portal vein and embolizes to the liver to produce solitary and, less often, multiple discrete hepatic abscesses. Both trophozoites and cysts are passed in the feces; however, only cysts can survive in the external environment for days or weeks, remaining infectious due to the protection provided by their walls. The trophozoites passed in the feces are rapidly destroyed once exposed to the environment and, if ingested, would die when exposed to the gastric environment of the stomach (Marie & Petri, 2024).

Acute onset of diarrhea can occur as early as 8 days (commonly 2 to 4 weeks) after infection (Rosenthal, 2021). Infection may occur without symptoms or with only mild intestinal symptoms for months or several years. Manifestations include abdominal discomfort, tenderness, cramps, and fever, often accompanied by nausea, vomiting, and the passage of malodorous **flatus**. There may be frequent passage of liquid stools containing bloody mucus, but the duration of diarrhea is not usually so prolonged as to cause dehydration. The infection often persists for months or years, causing emaciation and anemia. In severe cases, massive destruction of the colonic mucosa may lead to hemorrhage, perforation, or peritonitis. People with amebic liver abscesses often present with severe right upper quadrant pain, low-grade fever, and weight loss.

Diagnostic methods for protozoal intestinal infections include microscopic examination of the stool for *E. histolytica*, serum antibody tests, and colonoscopy with specimen collection or biopsy. Treatment includes the antimicrobial agents tinidazole and metronidazole, which act against the trophozoites, and then iodoquinol or paromomycin (CDC, 2024b).

Diverticular Disease

A diverticulum is the outpouching of a hollow structure in the body. **Diverticulosis** is the condition of having diverticula in the colon that are not inflamed. Most people with diverticulosis do not have symptoms or problems. Diverticular disease is associated with symptoms such as left iliac fossa pain and altered bowel habits (Alatab et al., 2020). Diverticulosis commonly occurs in the distal descending and sigmoid colon, where the mucosal layer herniates through the muscularis layer (Piscopo & Ellul, 2020). There are often multiple diverticula, most of which occur in the sigmoid colon (Fig. 28-14).

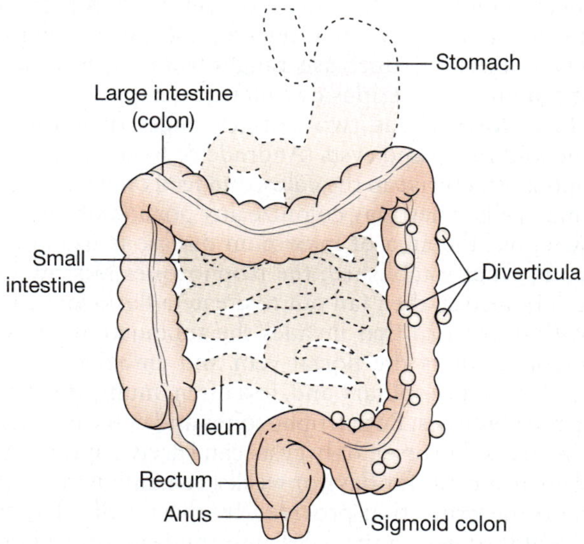

FIGURE 28-14. Location of diverticula in the sigmoid colon.

Diverticular disease occurs throughout the world but is seen more commonly in resource-abundant countries, suggesting that factors such as a lack of fiber in the diet, low physical activity, and poor bowel habits (e.g., neglecting the urge to defecate), along with the effects of aging, contribute to the development of the disease.

In the colon, the longitudinal muscle does not form a continuous layer, as it does in the small bowel. Instead, there are three separate longitudinal bands of muscle. Bands of circular muscle constrict the large intestine, causing the lumen of the bowel to become almost occluded. The combined contraction of the circular muscle and the lack of a continuous longitudinal muscle layer cause the intestine to bulge outward into pouches called *haustra*. Diverticula develop between the longitudinal muscle bands of the haustra. An increase in intraluminal pressure in the haustra provides the force for creating these herniations.

Diverticular disease is often found when x-ray or endoscopic studies are done for other purposes. When symptoms do occur, they are often attributed to IBS or to other causes. Ill-defined lower abdominal discomfort, a change in bowel habits, bloating, and flatulence are common.

Meckel diverticulum is an outpouching of all layers of the small intestine wall (usually in the ileum). It is the most common congenital malformation of the GI tract but is only present in approximately 2% of the population (An & Zabbo, 2021). The majority of people with a Meckel diverticulum do not experience symptoms (silent Meckel diverticulum; Thorson & Goldberg, 2021). If symptoms do occur, they typically appear before the age of 2 years. The most common presenting symptom is painless rectal bleeding, followed by intestinal obstruction, perforation, volvulus, and intussusception. Treatment for those with symptoms is surgical resection (Javid & Pauli, 2023).

Diverticulitis is a complication of diverticulosis in which there is inflammation and gross or microscopic perforation of the diverticulum. Diverticulitis may be subclassified as complicated or uncomplicated, with the former including fistulas, abscesses, obstruction, and perforation (Piscopo & Ellul, 2020).

One of the most common complaints of diverticulitis is pain and tenderness in the lower left quadrant. Other presenting signs and symptoms, though not specific to diverticulitis, include altered bowel habits, nausea without vomiting, and an elevated white blood cell count and/or C-reactive protein (Peery et al., 2022). These symptoms usually last for several days unless complications occur. Complications include perforation with peritonitis, abscesses, hemorrhage, and bowel obstruction. Fistulas can form, involving the bladder (i.e., vesicosigmoid fistula) or sometimes the skin, perianal area, vagina, or small bowel. Pneumaturia (i.e., air in the urine) is a sign of a vesicosigmoid fistula.

Diagnosis and Treatment

The diagnosis of diverticular disease is based on history and presenting clinical manifestations. The disease may be confirmed by CT scans or ultrasonographic studies

(Peery et al., 2022). Flat abdominal radiographs may be used to detect complications associated with acute diverticulitis.

The usual treatment for diverticular disease is to prevent symptoms and complications by increasing dietary fiber and bowel retraining so that the person has at least one bowel movement each day. The increased bulk promotes regular defecation and increases colonic contents and colon diameter, thereby decreasing intraluminal pressure. Acute diverticulitis is treated by withholding solid food and administering a broad-spectrum antibiotic (Peery et al., 2022). Immunomodulatory agents are two therapies increasingly used to manage diverticular disease (Coakley et al., 2021; Peery et al., 2022). Surgical treatment is reserved for people experiencing nonresolving symptoms and complications (Piscopo & Ellul, 2020).

Appendicitis

Acute **appendicitis** is one of the most common causes of acute abdominal pain requiring emergency surgery worldwide. It occurs most frequently between the ages of 10 and 30 years, although it can develop at any age (Lotfollahzadeh et al., 2024). The appendix becomes inflamed and swollen and may progress to ischemia, gangrene, and perforation if not treated promptly. Appendicitis is related to intraluminal obstruction with a fecalith (i.e., a hard piece of stool), gallstones, tumors, parasites, or lymphatic tissue.

Appendicitis usually has an abrupt onset, with pain referred to the epigastric or periumbilical area caused by stretching of the appendix during the early inflammatory process. Nausea usually accompanies the pain. Initially, the pain is vague, but over a period of 2 to 12 hours, it gradually increases and may become colicky. When the inflammatory process has extended to involve the serosal layer of the appendix and the peritoneum, the pain becomes localized to the lower right quadrant. An elevated white blood cell count accompanies acute appendicitis, except in the earliest period. Palpation of the abdomen usually reveals deep tenderness in the lower right quadrant, which is confined to a small area. Rebound tenderness, which is pain that occurs when pressure is applied to the area and then released, and spasm of the overlying abdominal muscles are common (Martin, 2024).

Diagnosis and Treatment

Diagnosis is usually based on symptoms and findings from physical examination. Ultrasonography or CT may be used to confirm the diagnosis in cases where alternative causes of abdominal pain are suspected (Martin, 2024). CT scans have been shown to be more accurate than ultrasound in detecting acute appendicitis. Treatment consists of surgical removal of the appendix. Antibiotics are safe and effective for treating uncomplicated cases. Complications include peritonitis, localized periappendiceal abscess formation, and septicemia.

Alterations in Intestinal Motility

Diarrhea

Diarrhea is generally defined as the passage of abnormally liquid or unformed stools at an increased frequency. Diarrhea may be further defined as acute if it lasts less than 2 weeks, persistent if it lasts 2 to 4 weeks, and chronic if it lasts more than 4 weeks. It can be caused by infectious organisms, food intolerance, drugs, or intestinal disease. Acute diarrhea is predominantly caused by infectious agents and follows a self-limited course (Camilleri & Murray, 2022).

Acute Diarrhea

Diarrhea that is acute in onset and persists for less than 2 weeks is commonly caused by infectious agents (see previous discussion of Infectious Enterocolitis). Acute diarrhea is commonly divided into noninflammatory and inflammatory diarrhea, depending on the characteristics of the diarrheal stool. Noninflammatory diarrhea is more common, and although the cause is usually viral, it can also be bacterial or parasitic in origin. Inflammatory diarrhea is more severe and is caused by toxin-producing bacteria.

Noninflammatory diarrhea is associated with large-volume, watery, and nonbloody stools, periumbilical cramps, bloating, and nausea or vomiting. It is commonly caused by toxin-producing bacteria (e.g., *S. aureus*, enterotoxigenic *E. coli*, *Cryptosporidium parvum*, *Vibrio cholerae*) or other agents (e.g., viruses, *Giardia*) that disrupt the normal absorption or secretory process in the small bowel (Dawod & Crawford, 2021). Prominent vomiting suggests viral enteritis or *S. aureus* food poisoning. Although typically mild, the diarrhea (which originates in the small intestine) can be voluminous and result in dehydration with hypokalemia and metabolic acidosis. Because tissue invasion does not occur, leukocytes are not present in the feces.

Inflammatory diarrhea is usually characterized by the presence of fever and bloody diarrhea (dysentery). It is caused by the invasion of intestinal cells (e.g., *Shigella*, *Salmonella*, *Yersinia*, and *Campylobacter*) or the toxins associated with the previously described *C. difficile* or *E. coli* O157:H7 infection (Schiller & Sellin, 2020). Because infections associated with these organisms predominantly affect the colon, the diarrhea is frequent, small in volume, and associated with left lower quadrant cramps, urgency, and tenesmus (a persistent sensation of the need to defecate, often with little stool passage). Infectious dysentery must be distinguished from acute ulcerative colitis, which may present with bloody diarrhea, fever, and abdominal pain. Diarrhea that persists for 14 days is not attributable to bacterial pathogens (except for *C. difficile*).

Chronic Diarrhea

Diarrhea is considered chronic when the symptoms persist for 4 weeks or longer (Camilleri & Murray, 2022). Chronic diarrhea is often associated with conditions such as IBD, IBS, malabsorption syndrome, endocrine disorders (hyperthyroidism, diabetic autonomic neuropathy),

CHART 28-1

CHRONIC DIARRHEA

Osmotic diarrhea
Saline cathartics
Lactase deficiency
Secretory diarrhea
Acute infectious diarrhea
Failure to absorb bile salts
Fat malabsorption
Chronic laxative use
Carcinoid syndrome
Zollinger–Ellison syndrome
Fecal impaction
IBD
Crohn disease
Ulcerative colitis
Infectious disease
Shigellosis
Salmonellosis
Irritable colon

or radiation colitis. There are four major types of chronic diarrhea: osmotic, secretory, inflammatory, and infectious (Camilleri & Murray, 2022) (Chart 28-1). Factitious diarrhea is caused by the indiscriminate use of laxatives or excessive intake of laxative-type foods.

In **osmotic diarrhea**, water is pulled into the bowel by the hyperosmotic nature of its contents in large quantities so that the colon is unable to reabsorb the excess fluid. It occurs when osmotically active particles are not absorbed. In people with lactase deficiency, lactose intolerance results from the lack of the enzyme lactase in the small intestine that breaks lactose down into glucose and galactose (Catanzaro et al., 2021). Inadequate lactase activity allows lactose to reach the large intestine, where the gut flora provides a pathway for lactose to be digested into fatty acids and gas. Nondigested lactose can cause osmotic diarrhea; products of its bacterial digestion can lead to secretory diarrhea and gas distending the intestines. Lactose intolerance is characterized by abdominal symptoms (e.g., nausea, bloating, and pain) after the ingestion of dairy products. Osmotic diarrhea can also be caused by ingesting poorly absorbed magnesium salts contained in milk of magnesia and many antacids in sufficient quantities. Osmotic diarrhea usually disappears with fasting (Catanzaro et al., 2021).

Secretory diarrhea occurs when the secretory processes of the bowel are increased (Keely & Barrett, 2022) or when excess bile acids remain in the intestinal contents as they enter the colon. This often happens with disease processes that cause malabsorption of bile salts in the ileum, where they are normally absorbed, or with bacterial overgrowth in the small bowel, which interferes with bile absorption. Some tumors produce hormones that cause increased secretory activity of the bowel.

Inflammatory diarrhea is commonly associated with acute or chronic inflammation or intrinsic disease of the colon, such as ulcerative colitis or Crohn disease. Inflammatory diarrhea is typically evidenced by frequency and urgency accompanied by colicky abdominal pain. It is commonly accompanied by tenesmus (i.e., painful straining at stool), fecal soiling of clothing, and awakening during the night with the urge to defecate.

Chronic parasitic infections may cause chronic diarrhea through a number of mechanisms. Pathogens most commonly associated with chronic diarrhea include the protozoans *Giardia*, *E. histolytica*, and *Cyclospora*. People who are immunocompromised are particularly susceptible to infectious organisms that can cause acute and chronic diarrhea, including *Cryptosporidium*, cytomegalovirus, and *Mycobacterium avium-intracellulare* complex.

Diagnosis and Treatment

The diagnosis of diarrhea is based on complaints of frequent stools and a history of accompanying factors such as concurrent illnesses, medication use, and exposure to potential intestinal pathogens. Disorders such as IBD and celiac disease should be considered (Camilleri & Murray, 2022). If the onset of diarrhea is related to travel, the possibility of traveler's diarrhea must be considered.

Although most acute forms of diarrhea are self-limited and require no treatment, diarrhea can be particularly serious in infants and small children, people with other illnesses, older adults, and even previously healthy people if it continues for any length of time. Thus, fluid and electrolyte replacement is a primary therapeutic goal. Medication therapy for diarrhea includes drugs to decrease GI motility and stimulate water and electrolyte absorption. Antibiotics should be reserved for use in people with identified enteric bacterial pathogens.

Acute Diarrheal Disease in Children

Despite global success in the reduction of diarrhea-specific mortality in the past 30 years, diarrhea remains the second leading cause of death and malnutrition in children younger than age 5 years (Perin et al., 2022).

The causes of acute diarrhea in children vary with location, time of year, and population. There is increasing recognition of a widening array of enteric pathogens that cause acute diarrhea in children. Viruses are the most common pathogens causing diarrheal illness (Perin et al., 2022). Rotaviruses and noroviruses are frequently observed pathogens causing diarrheal illness. Other viruses that have been observed in the stools of children include astroviruses and enteric adenoviruses. Many of these pathogens are transmitted easily through food and water or from one person to another. Prevention remains the most vital measure in managing diarrheal disease in children, focusing on proper sanitation, hygiene, safe food handling, and the exclusion of people with diarrhea from public recreational water.

The main treatment objectives for children with acute diarrhea are to assess the degree of dehydration, prevent the spread of the infection, determine the nature of the etiologic agent, and provide appropriate therapy to rehydrate the child, restore electrolyte balance, and stop the diarrhea (Perin et al., 2022).

Infants are more susceptible to dehydration because of their greater surface area, higher metabolic rate, and inability to effectively concentrate urine. Oral replacement therapy (ORT) is usually the method of choice for infants and children with uncomplicated diarrhea that can be treated at home and is the gold standard for treating fluid loss due to acute diarrhea. Children who are severely dehydrated, with changes in vital signs or mental status, require emergency intravenous fluid resuscitation. After initial treatment with intravenous fluids, these children can be given ORT (Aghsaeifard et al., 2022).

Constipation

Constipation can be defined as the infrequent, incomplete, or difficult passage of stools (Camilleri & Murray, 2022). The difficulty with this definition arises from the many normal variations in function. What is considered normal for one person (e.g., two or three bowel movements per week) may be considered evidence of constipation by another.

Constipation can occur as a primary disorder of intestinal motility, a side effect of drugs, a problem associated with another condition, or a symptom of obstructing lesions of the GI tract. Some common causes of constipation are failure to respond to the urge to defecate, inadequate dietary fiber, inadequate fluid intake, abdominal muscle weakness, inactivity and bed rest, pregnancy, and hemorrhoids.

The pathophysiology of constipation can be classified into three broad categories: normal-transit constipation, slow-transit constipation, and disorders of defecatory or rectal evacuation. Normal-transit constipation (or functional constipation) is characterized by perceived difficulty in defecation and usually responds to increased fluid and fiber intake (Kilgore & Khlevner, 2024; Surana, 2020). Slow-transit constipation, characterized by infrequent bowel movements, is often caused by alterations in colonic motor function (Iturrino & Lembo, 2020). Hirschsprung disease, also known as megacolon, is a genetic disease causing an extreme form of slow-transit constipation in which the ganglion cells in the distal bowel are absent because of a defect that occurred during embryonic development. Ganglion cells assist with the ease of stool movement through the digestive system by contracting the colon, so bowel contraction is reduced in areas that lack ganglionic cells (Nationwide Children's, 2024). Although most people with this disorder present in infancy or early childhood, some with a relatively short segment of involved colon do not have symptoms until later in life. Defecatory disorders are most commonly due to deficiencies in muscle coordination involving the pelvic floor or anal sphincter.

Diseases associated with chronic constipation include neurologic diseases such as spinal cord injury, Parkinson disease, and multiple sclerosis; endocrine disorders such as hypothyroidism; and obstructive lesions in the GI tract. Drugs such as narcotics, anticholinergic agents, calcium channel blockers, diuretics, calcium (antacids and supplements), iron supplements, and aluminum antacids can cause constipation. Older adults with long-standing constipation and straining with defecation may develop dilation of the rectum, colon, or both. This condition allows large amounts of stool to accumulate with little or no sensation. Constipation in the context of a change in bowel habits may be a sign of colorectal cancer.

Diagnosis and Treatment

Diagnosis of constipation is usually based on a history of infrequent stools, straining with defecation, passing hard and lumpy stools, or the sense of incomplete evacuation. Rectal examination is used to determine whether fecal impaction, anal stricture, or rectal masses are present. Constipation as a sign of another disease condition should be ruled out. Tests that measure colon transit time and defecatory function are reserved for refractory cases.

The treatment of constipation is usually directed toward relieving the cause. A conscious effort should be made to respond to the urge to defecate. A time should be set aside after a meal, when mass movements in the colon are most likely to occur, for a bowel movement. Mimicking a squatting position while sitting on the toilet may help promote a bowel movement (Iturrino & Lembo, 2020). Adequate fluid intake and dietary fiber should be encouraged. Moderate exercise is essential, and people on bed rest benefit from passive and active exercises. Laxatives and enemas should not be used on a regular basis to treat simple constipation because they interfere with the defecation reflex and may damage the rectal mucosa.

Fecal Impaction

Fecal impaction is the retention of hardened or puttylike stool in the rectum and colon that interferes with the normal passage of feces. If not removed, it can cause partial or complete bowel obstruction. It may occur in any age group but is more common in incapacitated older adults. Fecal impaction may result from painful anorectal disease, tumors, or neurogenic disease; use of constipating antacids or bulk laxatives; a low-residue diet; drug-induced colonic stasis; or prolonged bed rest and debility. In children, habitual neglect of the urge to defecate in the school setting, modesty, or play interference may promote impaction.

The manifestations may be those of severe constipation, but frequently there is a history of watery diarrhea, fecal soiling, and fecal incontinence caused by increased secretory activity of the bowel, representing the body's attempt to break up the mass so that it can be evacuated (McQuaid, 2021; Robson & Lembo, 2022). Abdominal distension and blood and mucus in the stool may occur. The fecal mass may compress the urethra, causing urinary incontinence.

Diagnosis and Treatment

Digital rectal examination is performed to assess for the presence of a fecal mass. The mass may need to be broken up and dislodged manually or with a sigmoidoscope. Oil enemas are often used to soften the mass before removal. The best treatment is prevention.

Intestinal Obstruction

Intestinal obstruction designates impaired movement of intestinal contents in a cephalocaudal direction. The causes can be categorized as mechanical or paralytic. Strangulation with necrosis of the bowel may occur and lead to perforation, peritonitis, and sepsis.

Mechanical obstruction can result from a number of conditions, intrinsic or extrinsic, that encroach on the patency of the bowel lumen. Postoperative causes such as external hernia (i.e., inguinal, femoral, or umbilical) and postoperative adhesions are responsible for 75% of intestinal obstruction occurrences (Jacobs, 2022b). Less common causes are strictures, tumors, foreign bodies, intussusception, and volvulus.

Intussusception involves the telescoping of the bowel into the adjacent segment (Fig. 28-15). It is the most common cause of intestinal obstruction in children younger than 2 years of age (Bordeianou & Yeh, 2021). About 2,000 infants in the United States in the first year of life are affected. In most cases, the cause of the disorder is

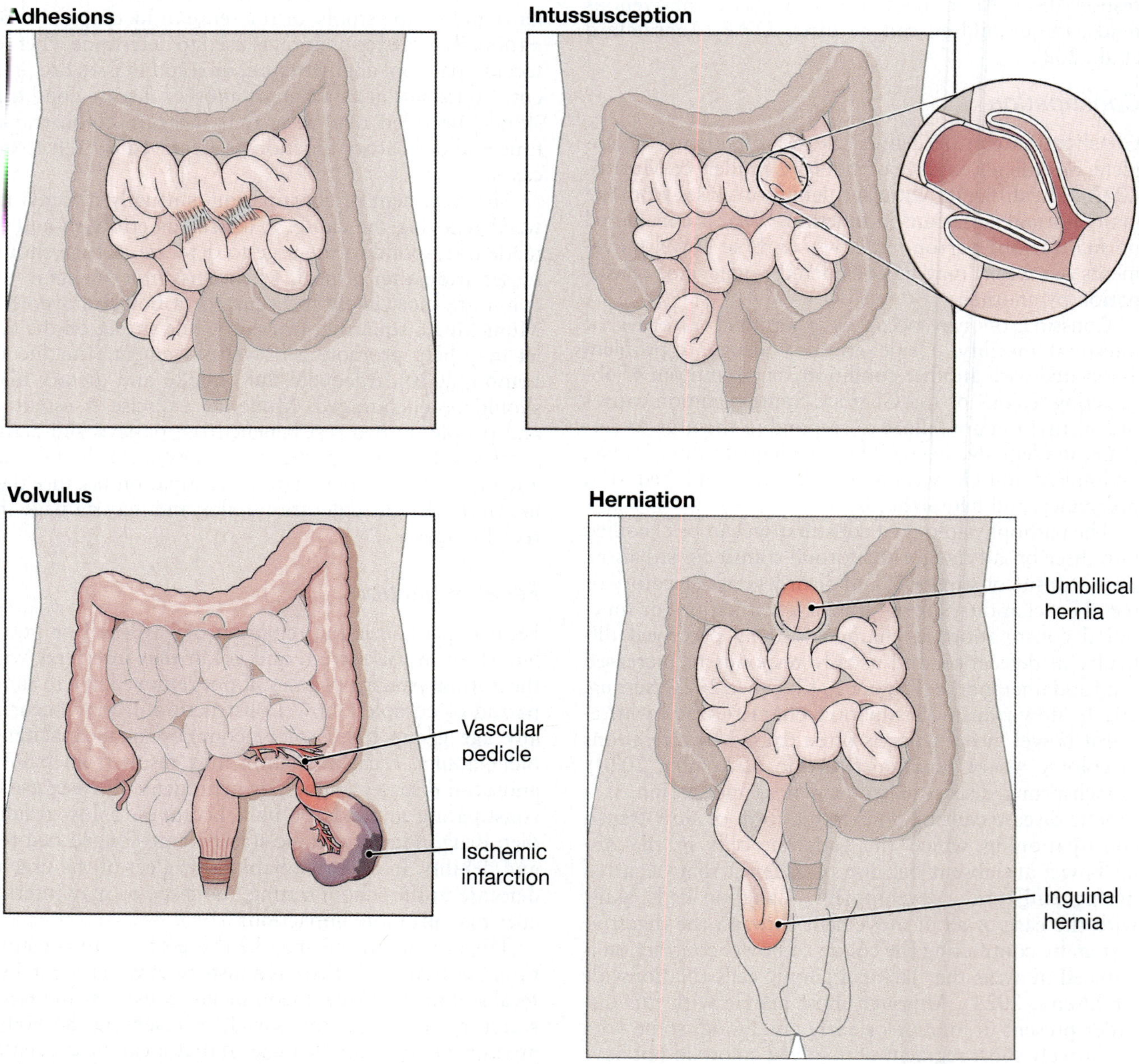

FIGURE 28-15. Causes of mechanical intestinal obstruction.

unknown. The condition can also occur in adults when an intraluminal mass or tumor acts as a traction force and pulls the segment along as it telescopes into the distal segment. *Volvulus* refers to a complete twisting of the bowel on an axis formed by its mesentery (see Fig. 28-12). It can occur in any portion of the GI tract, but most commonly involves the sigmoid colon or the cecum. Mechanical bowel obstruction may be a simple obstruction, in which there is no alteration in blood flow, or a strangulated obstruction, in which there is impairment of blood flow and necrosis of bowel tissue (Bordeianou & Yeh, 2021).

Paralytic, or adynamic, obstruction results from neurogenic or muscular impairment of peristalsis. Paralytic ileus is seen most commonly after abdominal or pelvic surgery, but it also accompanies inflammatory conditions of the abdomen (sepsis/peritonitis), lower GI tract surgery, retroperitoneal spinal surgery, opioid use, and intestinal ischemia (Beach & De Jesus, 2021). It occurs early in the course of peritonitis and can result from chemical irritation caused by bile; bacterial toxins; electrolyte imbalances, as in hypokalemia; and vascular insufficiency.

The major effects of both mechanical and paralytic intestinal obstruction are abdominal distension and loss of fluids and electrolytes (Fig. 28-16). Gases and fluids accumulate in the area; if untreated, the distension resulting from bowel obstruction tends to cause atony of the bowel and further distension. As the process continues, the distension moves proximally (i.e., toward the mouth), involving additional segments of the bowel. Either form of obstruction may eventually lead to strangulation (i.e., interruption of blood flow), necrosis, and, ultimately, perforation of the bowel. The increased pressure in the intestine tends to compromise mucosal blood flow, leading to necrosis and movement of blood into the luminal fluids. This promotes rapid bacterial growth in the obstructed bowel, which can spread into the lymph system and surrounding organs. The movement of bacteria outside of the digestive tract increases inflammation, which can result in further ischemia and organ failure (Griffiths & Glancy, 2023).

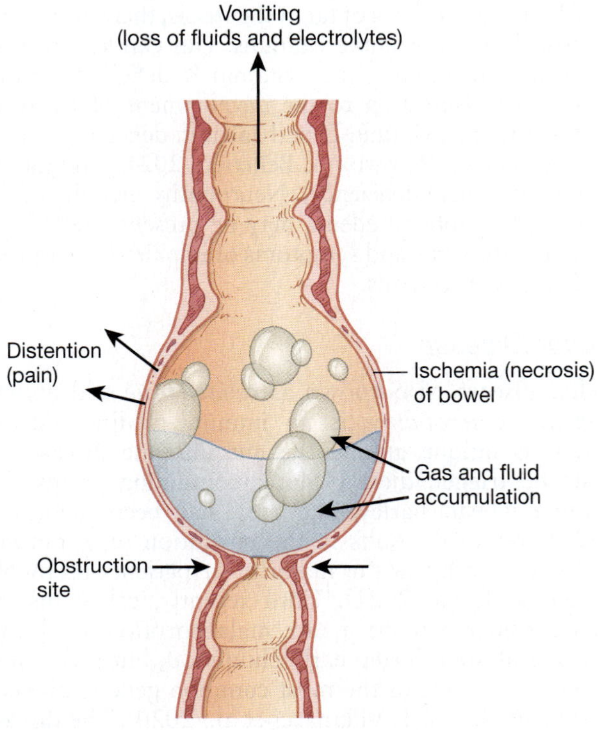

FIGURE 28-16. Pathophysiology of intestinal obstruction.

The cardinal symptoms of intestinal obstruction are pain, absolute constipation, abdominal distension, signs of fluid volume deficit, and vomiting. With mechanical obstruction, the pain is severe and colicky, in contrast to the continuous pain and silent abdomen of paralytic ileus. There are also **borborygmi** (i.e., rumbling sounds made by the propulsion of gas in the intestine); audible, high-pitched peristalsis; and peristaltic rushes that tend to be associated with episodes of abdominal pain (Ray, 2021). Visible peristalsis may appear along the course of the distended intestine. Extreme restlessness and conscious awareness of intestinal movements are experienced, along with weakness, perspiration, and anxiety. Should strangulation of the bowel occur, the character of the pain shifts from intermittent colicky pain to a severe and steady type of pain. Vomiting and fluid and electrolyte disorders occur with both types of obstruction.

Diagnosis and Treatment

Diagnosis of intestinal obstruction is usually based on history and physical findings. Plain film radiography of the abdomen may be used to determine the presence of an obstruction and to differentiate between partial and complete obstruction by analysis of gas patterns within the bowel (Jacobs, 2022a). CT scans and ultrasonography may also be used to detect mechanical obstruction.

Treatment depends on the cause and type of obstruction. Correction of fluid and electrolyte imbalances to baseline levels and measurement of output are recommended. Most cases of adynamic obstruction respond to decompression of the bowel through nasogastric suction. Strangulation and complete bowel obstruction require surgical intervention.

Intestinal Perforation and Peritonitis

Peritonitis is an inflammatory response of the serous membrane that lines the abdominal cavity and covers the visceral organs. It can be caused by bacterial invasion or chemical irritation. Most commonly, enteric bacteria enter the peritoneum because of a defect in the wall of one of the abdominal organs, particularly intestinal perforation. Causes of peritonitis include perforated peptic ulcer, ruptured appendix, perforated diverticulum, gangrenous bowel, pelvic inflammatory disease, and gangrenous gallbladder. Other environmental causes are abdominal trauma, foreign body ingestion, and infected peritoneal dialysis catheters. Generalized peritonitis, although less common than in the past, remains a major cause of postoperative morbidity and mortality, particularly in the setting of intra-abdominal infection and sepsis (Olausson et al., 2025).

The peritoneum has several characteristics that increase its vulnerability to or protect it from the effects of peritonitis. One weakness of the peritoneal cavity is that it is a large, unbroken space that favors the dissemination of contaminants. It has a large surface area that permits rapid absorption of bacterial toxins into the blood. The peritoneum is also well adapted for producing an inflammatory response to control infection by secreting a thick, sticky, and fibrinous substance that adheres to other structures and seals off the perforated viscus, aiding in localizing the process. Localization is enhanced by sympathetic stimulation that limits intestinal motility. Although the diminished or absent peristalsis that occurs tends to give rise to associated problems, it does inhibit the movement of contaminants throughout the peritoneal cavity.

A key characteristic of peritonitis is the movement of extracellular fluid into the peritoneal cavity and potentially into the bowel as a result of associated bowel obstruction. Nausea and vomiting cause further losses of fluid, which may encourage the development of hypovolemia and shock. The onset of peritonitis may be acute, as with a ruptured appendix, or it may have a more gradual onset, as occurs in pelvic inflammatory disease.

Diagnosis and Treatment

Pain and tenderness over the inflamed area are common symptoms. The person with peritonitis usually lies still because any movement aggravates the pain. Breathing is often shallow to prevent movement of the abdominal muscles. The abdomen is usually rigid and is sometimes described as board-like because of reflex muscle guarding. Vomiting, fever, elevated white blood cell count, tachycardia, and hypotension are common. Hiccups may develop due to irritation of the phrenic nerve. Paralytic ileus occurs shortly after the onset of widespread peritonitis and is accompanied by abdominal distension. Peritonitis that progresses and is untreated leads to toxemia and shock (Mustain & Turnage, 2020).

Treatment measures for peritonitis are directed toward preventing the extension of the inflammatory response, intravenously correcting the fluid and electrolyte imbalances that develop, and minimizing the effects of paralytic ileus and abdominal distension. Oral resuscitation is avoided because of the potential need for surgical intervention, which may be necessary to address the source of the inflammation.

Nasogastric suction is used to decompress the bowel and relieve abdominal distension. Fluid and electrolyte replacement is essential. These fluids are prescribed on the basis of frequent blood chemistry testing. Antibiotics are given to combat infection. Narcotics are often needed for pain relief.

Alterations in Intestinal Absorption

Malabsorption is the failure to transport dietary constituents, such as fats, carbohydrates, proteins, vitamins, and minerals, from the lumen of the intestine into the extracellular fluid compartment for transport to the various parts of the body. It can selectively affect a single component, such as vitamin B_{12} or lactose, or its effects can extend to all the substances absorbed in a specific segment of the intestine. When one segment of the intestine is affected, another may compensate.

The conditions that impair one or more steps involved in the digestion and absorption of nutrients can be divided into three broad categories: intraluminal maldigestion, disorders of transepithelial transport, and lymphatic obstruction. Intraluminal maldigestion involves a defect in processing nutrients in the intestinal lumen. The most common causes are pancreatic insufficiency, hepatobiliary disease, and intraluminal bacterial growth. Disorders of transepithelial transport are caused by mucosal lesions that impair the uptake and transport of available intraluminal nutrients across the mucosal surface of the intestine. They include disorders such as celiac disease and Crohn disease. Lymphatic obstruction interferes with the transport of the products of fat digestion to the systemic circulation after they have been absorbed by the intestinal mucosa. The process can be interrupted by congenital defects, neoplasms, trauma, and selected infectious diseases.

Malabsorption Syndrome

People with intestinal malabsorption usually have symptoms related to the GI tract that include diarrhea, flatulence, distension, abdominal pain and/or cramps, and ascites (Hogenauer & Hammer, 2020). Weakness, muscle wasting, weight loss, and abdominal distension are often present. Weight loss often occurs despite normal or excessive caloric intake. Steatorrheic stools containing excess fat cause bulky, yellow–gray, malodorous stools (Hogenauer & Hammer, 2020).

Along with the loss of fat in the stools, there is a failure to absorb the fat-soluble vitamins. This can lead to easy bruising and bleeding (i.e., vitamin K deficiency), bone pain, a predisposition to the development of fractures and tetany (i.e., vitamin D and calcium deficiency), macrocytic anemia (Zuvarox & Belletieri, 2021), and glossitis (i.e., folic acid deficiency). Neuropathy, atrophy of the skin, and peripheral edema may be present. Table 28-3 describes the signs and symptoms of impaired absorption of dietary constituents.

Celiac Disease

Celiac disease, also known as *celiac sprue* and *gluten-sensitive enteropathy*, is an immune-mediated disorder. It is unique among the autoimmune diseases in that the trigger, dietary gluten-containing grains (including wheat, barley, and rye), has been identified, and its removal results in the resolution of symptoms and enteropathy in the majority of patients (Lebwohl & Rubio-Tapia, 2021). Until recently, celiac disease was considered to be a rare malabsorption syndrome that manifested during early childhood, but today, it is known to be one of the most common genetic diseases (Kivelä et al., 2021; Villanacci et al., 2020). The disease results from an inappropriate T cell–mediated immune

TABLE 28-3 Dietary Constituents and Manifestations of Malabsorption

Dietary Constituent	Site of Absorption	Requirements	Manifestations
Water and electrolytes	Mainly small bowel	Osmotic gradient	Diarrhea
			Dehydration
			Cramps
Fat	Upper jejunum	Pancreatic lipase	Weight loss
		Bile salts	Steatorrhea
		Functioning lymphatic channels	Fat-soluble vitamin deficiency
Carbohydrates			
Starch	Small intestine	Amylase	Diarrhea
		Maltase	Flatulence
		Isomaltase alpha-dextrins	Abdominal discomfort
Sucrose	Small intestine	Sucrase	
Lactose	Small intestine	Lactase	
Maltose	Small intestine	Maltase	
Fructose	Small intestine		
Protein	Small intestine	Pancreatic enzymes (e.g., trypsin, chymotrypsin, elastase)	Loss of muscle mass
			Weakness
			Edema
Vitamins			
A	Upper jejunum	Bile salts	Night blindness
			Dry eyes
			Corneal irritation
Folic acid	Duodenum and jejunum	Absorptive; may be impaired by some drugs (i.e., anticonvulsants)	Cheilosis
			Glossitis
			Megaloblastic anemia
B_{12}	Ileum	Intrinsic factor	Glossitis
			Neuropathy
			Megaloblastic anemia
D	Upper jejunum	Bile salts	Bone pain
			Fractures
			Tetany
E	Upper jejunum	Bile salts	Uncertain
K	Upper jejunum	Bile salts	Easy bruising and bleeding

TABLE 28-3 Dietary Constituents and Manifestations of Malabsorption *(continued)*

Dietary Constituent	Site of Absorption	Requirements	Manifestations
Calcium	Duodenum	Vitamin D and parathyroid hormone	Bone pain
			Fractures
			Tetany
Iron	Duodenum and jejunum	Normal pH (hydrochloric acid secretion)	Iron deficiency anemia Glossitis

response against ingested alpha-gliadin (a component of gluten protein) in genetically predisposed people (Raiteri et al., 2022). People with the disease have increased levels of antibodies to a variety of antigens associated with gluten, resulting in an immune response that produces an intense inflammatory reaction and loss of absorptive villi from the small intestine. When the resulting lesions are extensive, they may impair the absorption of macronutrients (i.e., proteins, carbohydrates, and fats) and micronutrients (i.e., vitamins and minerals). Small bowel involvement is most prominent in the proximal part of the small intestine, where the exposure to gluten is greatest.

Populations at higher risk for celiac disease include people with type 1 diabetes, other autoimmune endocrinopathies, dermatitis herpetiformis, first- and second-degree relatives of people with celiac disease, and Turner syndrome (Lebwohl & Green, 2020; Rubin, 2022). Various malignancies also appear to be a direct result of celiac disease, which includes head and neck squamous cell carcinoma, small intestinal adenocarcinoma, and non-Hodgkin lymphoma.

The classic form of celiac disease presents in infancy and manifests as failure to thrive, diarrhea, muscle wasting, abdominal distension, and, occasionally, severe malnutrition (Leffler et al., 2022). Older children may present with anemia, constitutional short stature, dental enamel defects, and constipation. In adults, GI symptoms may manifest as diarrhea, constipation, or other symptoms of malabsorption such as bloating, flatus, or belching.

Diagnosis and Treatment

The diagnosis of celiac disease is based on clinical manifestations, supported by serologic tests and confirmed by intestinal biopsy (Lebwohl & Rubio-Tapia, 2021; Rubin, 2022). The best available tests are the IgA antihuman tissue transglutaminase and IgA endomysial antibody immunofluorescence tests (Lebwohl & Rubio-Tapia, 2021). Biopsies of the proximal small bowel are indicated in people with a positive result in the celiac disease antibody test (Rubin, 2022). Laboratory tests to determine whether the disorder has resulted in nutritional disorders such as iron deficiency anemia are typically performed.

The primary treatment of celiac disease is the removal of gluten and related proteins from the diet. Complete exclusion of dietary gluten generally results in rapid and complete healing of the intestinal mucosa.

Intestinal Neoplasms

Epithelial cell tumors of the intestines are a major cause of morbidity and mortality worldwide. The colon is the site of more primary neoplasms than any other organ in the body (ACS, 2024a). Although the small intestine accounts for approximately 75% of the length of the GI tract, it is an uncommon site of benign or malignant tumors.

Adenomatous Polyps

By far, the most common types of neoplasms of the intestine are adenomatous polyps. A GI polyp can be described as a mass that protrudes into the lumen of the gut (Bailiff & Glickman, 2020). It is an abnormal growth of tissue that occurs when cells divide and grow more than they should or do not die when they should. Polyps can be subdivided according to their attachment to the bowel wall, their histopathologic appearance, and their neoplastic potential (Bailiff & Glickman, 2020).

Adenomatous polyps (adenomas) are benign neoplasms that arise from the mucosal epithelium of the intestine. The pathogenesis of adenoma formation involves neoplastic alteration during the replication of the crypt epithelial cells (Momodu & Wallen, 2022). Normally, DNA synthesis ceases as the cells reach the upper two-thirds of the crypts, after which they mature, migrate to the surface, and age. They then become apoptotic and are shed from the surface (Bailiff & Glickman, 2020). Adenomas arise from a disruption in this sequence. Alterations in cell differentiation can lead to dysplasia and progression to the development of invasive carcinoma.

More than half of all adenomatous polyps are located in the rectosigmoid colon and can be detected by rectal examination or sigmoidoscopy (Bailiff & Glickman, 2020). The remainder are evenly distributed throughout the rest of the colon. Adenomas can range in size from a barely visible nodule to a large, sessile mass.

Most cases of colorectal cancer begin as benign adenomatous colonic polyps. The frequency of polyps increases with age, and the prevalence of adenomatous polyps significantly increases after 60 years of age (Garger & Chung, 2020). Follow-up for people with adenomatous polyps and removal of all suspect lesions has substantially reduced the incidence of colorectal cancer (Bailiff & Glickman, 2020).

Colorectal Cancer

Globally, colorectal cancer is the second most diagnosed cancer (Sung et al., 2021). In the United States, colorectal cancer is the third most common cancer (ACS, 2024a). The cause of cancer of the colon and rectum is largely unknown. The risk of colorectal cancer increases with age. Most colon cancers (72%) occur in people in their 40s (ACS, 2020a). Its incidence is increased among people with a family history of cancer, people with Crohn disease or ulcerative colitis, and those with familial adenomatous polyposis of the colon (ACS, 2020a).

Diet is also thought to play a role (ACS, 2020a). Attention has focused on dietary fat, refined sugar, fiber, and adequate protective micronutrients such as vitamins A, C, and E. It has been hypothesized that a high-fat diet increases bile acid synthesis in the liver, which may be converted to potential carcinogens by the bacterial flora in the colon. Proliferation of bacteria is enhanced by a high dietary intake of refined sugars. Dietary fiber is thought to increase stool bulk and thereby dilute and remove potential carcinogens. Refined diets often contain reduced amounts of vitamins A, C, and E, which may act as oxygen-free radical scavengers.

Usually, cancer of the colon and rectum is present for a long time before it produces symptoms. Bleeding is a highly significant early symptom and usually the one that causes people to seek medical care. Other symptoms include a change in bowel habits, diarrhea or constipation, and sometimes a sense of urgency or incomplete emptying of the bowel. Pain is usually a late symptom.

Colorectal cancer is commonly classified into four tumor, node, and metastasis (TNM) stages. In this system, a stage I tumor is limited to invasion of the mucosal and submucosal layers of the colon. A stage II (lymph node–negative) tumor infiltrates into, but not through, the muscularis propria. With a stage III (lymph node–positive) tumor, there is invasion of the serosal layer and regional lymph node involvement. Stage IV (metastatic) tumors penetrate the serosa or adjacent organs and have a much poorer prognosis (ACS, 2024b).

Diagnosis and Treatment

The single most important prognostic indicator of colorectal cancer is the extent (stage) of the tumor at the time of diagnosis (ACS, 2024b). Therefore, the challenge is to discover the tumors at their earliest stages. Tests to screen for colorectal cancer can be divided into two main groups: (1) stool-based tests, which check the stool for signs of cancer and are less invasive and easier to have done but need to be done more often, and (2) visual (structural) exams, which look at the structure of the colon and rectum for any abnormal areas (National Cancer Institute, 2024). Because of the increased occurrence in younger adults, the 2023 revised screening guidelines by age include colonoscopy every 10 years for average-risk patients (45 to 75 years) and selective testing based on individual factors, such as overall health, life expectancy, and previous screening history (76 to 85 years). Screening is not recommended after age 85 (Gastroenterology Consultants of San Antonio, 2022). Flexible sigmoidoscopy involves examination of the rectum and sigmoid colon with a hollow, lighted tube that is inserted through the rectum. Approximately 40% of cancers and polyps are out of the reach of the sigmoidoscope, emphasizing the need for fecal occult blood tests. Polyps can be removed, or tissue can be obtained for biopsy during the procedure.

Colonoscopy provides a means for direct visualization of the rectum and colon. The colonoscope consists of a flexible, 4-cm-diameter glass fiber bundle that has a lens at either end to focus and magnify the image. Light from an external source is transmitted by the fiberoptic viewing bundle. This method is used for screening people at high risk for the development of cancer of the colon and for those with symptoms. Colonoscopy is also useful for obtaining a biopsy and for removing polyps.

Surgery is usually the treatment for early-stage colon cancer. If the cancer has spread to the lymph nodes, chemotherapy may be used. Preoperative radiation therapy may be used to shrink the tumor. Immunotherapy is usually reserved for advanced colon cancer (Mayo Clinic, 2024a). Postoperative adjuvant chemotherapy may also be used. Radiation therapy and chemotherapy are used as palliative treatment methods.

SUMMARY CONCEPTS

Disorders of the small and large intestines include IBS, IBD, diverticular disease, disorders of motility (i.e., diarrhea, constipation, fecal impaction, and intestinal obstruction), alterations in intestinal absorption, and colorectal cancer.

IBS is a functional disorder characterized by a variable combination of chronic and recurrent intestinal symptoms not explained by structural or biochemical abnormalities. IBD includes two inflammatory conditions: Crohn disease, which affects the small and large bowel, and ulcerative colitis, which affects the colon and rectum. Both are chronic diseases characterized by remissions and exacerbations of diarrhea, weight loss, fluid and electrolyte disorders, and systemic signs of inflammation.

Infectious forms of enterocolitis include viral (e.g., rotavirus), bacterial (e.g., *C. difficile* and *E. coli* O157:H7), and protozoal (*E. histolytica*) infections. Diverticular disease includes diverticulosis, which is a condition in which the mucosal layer of the colon herniates through the muscularis layer, and diverticulitis, in which there is inflammation and gross or microscopic perforation of the diverticulum.

Diarrhea and constipation represent disorders of intestinal motility. Diarrhea is characterized by excessively frequent passage of stools. It can be acute or chronic and can be caused by infectious organisms, food intolerance, drugs, or intestinal disease. Acute diarrhea that lasts less than 4 days is predominantly caused by infectious agents and follows a self-limited course. Chronic diarrhea persists beyond 3 to 4 weeks and can be osmotic, secretory, inflammatory, or infectious. Constipation is the infrequent passage of stools; it is commonly caused by failure to respond to the urge to defecate, inadequate fiber or fluid intake, abdominal muscle weakness, inactivity and bed rest, pregnancy, hemorrhoids, and GI disease. Fecal impaction is the retention of hardened or putty-like stool in the rectum and colon, which interferes with the normal passage of feces. Intestinal obstruction designates impaired movement of intestinal contents as a result of mechanical or paralytic mechanisms. Peritonitis is an inflammatory response of the serous membrane that lines the abdominal cavity and covers the visceral organs. It can be caused by bacterial invasion or chemical irritation resulting from perforation of the viscera or abdominal organs.

Malabsorption results from the impaired absorption of nutrients and other dietary constituents from the intestine. It can involve a single dietary constituent, such as vitamin B_{12}, or extend to involve all of the substances absorbed in a particular part of the small intestine. Malabsorption can result from disease of the small bowel and disorders that impair digestion and, in some cases, obstruct the lymph flow by which fats are transported to the general circulation. Celiac disease is an immune-mediated disorder triggered by the ingestion of gluten-containing grains (including wheat, barley, and rye).

Colorectal cancer, the second most common cancer globally, is seen most commonly in people older than 50 years of age. Most, if not all, cancers of the colon and rectum arise in preexisting adenomatous polyps. Screening programs and the removal of all suspect polyps have substantially reduced the incidence of colorectal cancer.

Integrating Clinical Decision-Making

A 45-year-old male presents to the clinic with complaints of burning epigastric pain that occurs between meals and awakens him at night. He reports that the pain is temporarily relieved by eating or taking antacids. He also notes occasional nausea but denies vomiting. His history reveals frequent use of ibuprofen for chronic back pain and moderate alcohol intake.

On examination, he has mild epigastric tenderness. Vital signs are stable. No signs of acute bleeding are present.

1. Based on this patient's presentation and history, what is the most likely underlying pathophysiologic mechanism causing his symptoms?
2. Why does this patient's pain improve with food or antacids?

Two weeks later, the patient presents to the emergency department with sudden, severe abdominal pain that has become constant and generalized. He appears pale and diaphoretic. His abdomen is rigid and board-like, and he prefers to lie still because movement worsens the pain. Vital signs reveal tachycardia and hypotension. Laboratory findings show an elevated white blood cell count.

3. What complication has most likely occurred, and what is the underlying pathophysiologic process?
4. Why does this patient exhibit signs of hypotension and shock?

REFERENCES

Aghsaeifard, Z., Heidari, G., & Alizadeh, R. (2022, September 11). Understanding the use of oral rehydration therapy: A narrative review from clinical practice to main recommendations. *Health Science Reports*, *5*(5), e827. https://doi.org/10.1002/hsr2.827

Alatab, S., Sepanlou, S., Ikuta, K., Vahedi, H., Bisignano, C., Safiri, S., Sadeghi, A., Nixon, M., Abdoli, A., Abolhassani, H., Alipour, V., Almadi, M., Almasi-Hashiani, A., Anushiravani, A., Arabloo, J., Atique, S., Awasthi, A., Badawi, A., Baig, A., … GBD 2017 Inflammatory Bowel Disease Collaborators. (2020). The global, regional, and national burden of inflammatory bowel disease in 195 countries and territories, 1990–2017: A systematic analysis for the Global Burden of Disease Study 2017. *The Lancet Gastroenterology and Hepatology*, *5*(1), 17–30. https://doi.org/10.1016/s2468-1253(19)30333-4

Albrechtsen, N. J. W., & Rehfeld, J. F. (2021). On premises and principles for measurement of gastrointestinal peptide hormones. *Peptides*, *141*, 170545. https://doi.org/10.1016/j.peptides.2021.170545

Algood, H. M. (2020). T cell cytokines impact epithelial cell responses during helicobacter pylori infection. *The Journal of Immunology*, *204*(6), 1421–1428. https://doi.org/10.4049/jimmunol.1901307

Ameer, M. A., & Salen, P. (2023). *Escherichia coli (e Coli 0157 H7) (Archived)*. In StatPearls. StatPearls Publishing

American Cancer Society. (2024a). *Colorectal cancer facts & figures 2023–2025*. Author. https://www.cancer.org/content/dam/cancer-org/research/cancer-facts-and-statistics/colorectal-cancer-facts-and-figures/colorectal-cancer-facts-and-figures-2023.pdf

American Cancer Society. (2024b). *Colorectal cancer stages*. Author. https://www.cancer.org/cancer/types/colon-rectal-cancer/detection-diagnosis-staging/staged.html

An, J., & Zabbo, C. P. (2021). Meckel diverticulum. In *StatPearls* [Internet]. StatPearls Publishing. https://www.ncbi.nlm.nih.gov/books/NBK499960/

Andrade, R. M., & Reed, S. L. (2022). Amebiasis and infection with free-living amebae. In J. Loscalzo, A. Fauci, D. Kasper, S. Hauser, D. Longo, & J. Jameson (Eds.), *Harrison's principles of internal medicine* (21st ed., pp. 1714–1719). McGraw Hill.

Annese, V. (2020). Genetics and epigenetics of IBD. *Pharmacological Research*, *159*, 104892. https://doi.org/10.1016/j.phrs.2020.104892

Antunes, C., Aleem, A., & Curtis, S. A. (2021, January 10). Gastroesophageal reflux disease. In *StatPearls* [Internet]. StatPearls Publishing. https://www.ncbi.nlm.nih.gov/books/NBK441938/

Azer, S. A., Akhondi, H., & Awosika, A. O. (2024). Gastritis. In *StatPearls* [Internet]. Retrieved October 26, 2024, from https://www.ncbi.nlm.nih.gov/books/NBK544250/

Baldwin, D. L., & Yadav, D. (2023). Esophageal Atresia. In *StatPearls* [Internet]. StatPearls Publishing. Retrieved May 15, 2024, from https://www.ncbi.nlm.nih.gov/sites/books/NBK560848/

Bailiff, J. P., & Glickman, J. N. (2020). The gastrointestinal tract. In D. S. Strayer, J. E. Saffitz, & E. Rubin (Eds.), *Rubin's pathology: Mechanisms of human disease* (8th ed., pp. 766–837). Lippincott Williams & Wilkins.

Beach, E. C., & De Jesus, O. (2021). Ileus. In *StatPearls* [Internet]. StatPearls Publishing.

Binder, H. J. (2021). Organization of the gastrointestinal system. In F. W. Boron & E. L. Boulpaep (Eds.), *Concise medical physiology* (pp. 450–456). Elsevier.

Black, C., & Ford, A. (2020). Global burden of irritable bowel syndrome: Trends, predictions and risk factors. *Nature Reviews Gastroenterology & Hepatology*, *17*(8), 473–486. https://doi.org/10.1038/s41575-020-0286-8

Bordeianou, L., & Yeh, D. D. (2021). *Etiologies, clinical manifestations, and diagnosis of mechanical small bowel obstruction in adults*. https://www.uptodate.com/contents/etiologies-clinical-manifestations-and-diagnosis-of-mechanical-small-bowel-obstruction-in-adults

Caio, G., Lungaro, L., Caputo, F., Zoli, E., Giancola, F., Chiarioni, G., De Giorgio, R., & Zoli, G. (2021). Nutritional treatment in Crohn's disease. *Nutrients*, *13*(5), 1628. https://doi.org/10.3390/nu13051628

Camilleri, M., & Boeckxstaens, G. (2023). Irritable bowel syndrome: Treatment based on pathophysiology and biomarkers. *Gut*, 72(3), 590–599. https://doi.org/10.1136/gutjnl-2022-328515

Camilleri, M., & Murray, J. A. (2022). Diarrhea and constipation. In J. Loscalzo, A. Fauci, D. Kasper, S. Hauser, D. Longo, & J. Jameson (Eds.), *Harrison's principles of internal medicine* (21st ed.). McGraw Hill.

Canadian Sugar Institute. (2024). *Carbohydrate digestion and absorption. Author*. Retrieved November 23, 2024, from https://sugar.ca/sugars-health/carbohydrate-digestion-and-absorption

Catanzaro, R., Sciuto, M., & Marotta, F. (2021). Lactose intolerance: An update on its pathogenesis, diagnosis, and treatment. *Nutrition Research (New York, N.Y.)*, *89*, 23–34. https://doi.org/10.1016/j.nutres.2021.02.003

Centers for Disease Control and Prevention. (2021). *Rotavirus*. Retrieved July 28, 2021, from https://www.cdc.gov/rotavirus/index.html

Centers for Disease Control and Prevention. (2024a). *About C. diff*. Retrieved November 23, 2024, from https://www.cdc.gov/c-diff/about/index.html

Centers for Disease Control and Prevention. (2024b). *Amebiasis*. Retrieved November 23, 2024, from https://wwwnc.cdc.gov/travel/yellowbook/2024/infections-diseases/amebiasis

Centers for Disease Control and Prevention. (2024c). *Esophageal atresia*. https://www.cdc.gov/birth-defects/about/esophageal-atresia.html

Chan, F. K., & Lau, J. Y. (2020b). Medical therapy of active peptic ulcer disease. In M. Feldman, L. S. Friedman, & L. J. Brandt (Eds.), *Sleisenger and Fordtran's gastrointestinal and liver disease: Pathophysiology, diagnosis and management* (11th ed., pp. 888–891). Saunders Elsevier.

Chao, A. M., Tronieri, J. S., Amaro, A., & Wadden, T. A. (2023). Semaglutide for the treatment of obesity. *Trends in Cardiovascular Medicine*, *33*(3), 159–166. https://doi.org/10.1016/j.tcm.2021.12.008

Cho, M. S., & Kasi, A. (2022). Zollinger Ellison syndrome. In *StatPearls* [Internet]. StatPearls Publishing.

Cingam, S. R., Botejue, M., Hoilat, G. J., & Karanchi, H. (2021, January). Gastrinoma. In *StatPearls* [Internet]. StatPearls Publishing.

Coakley, K. M., Davis, B. R., & Kasten, K. R. (2021). Complicated diverticular disease. *Clinics in Colon and Rectal Surgery*, *34*(2), 96–103. https://doi.org/10.1055/s-0040-1716701

Conti, L., Galli, G., Ligato, C., Carabotti, M., Annibale, B., & Lahner, E. (2023). Autoimmune atrophic gastritis and coeliac disease: A case-control study. *Digestive and Liver Disease*, *55*(1), 69–74. https://doi.org/10.1016/j.dld.2022.07.001

Crohn's & Colitis Foundation. (2024). *Overview of Ulcerative Colitis*. Author. https://www.crohnscolitisfoundation.org/patientsandcaregivers/what-is-ulcerative-colitis/overview

Dawod, E., & Crawford, C. V. (2021). Common diarrheal illnesses in the Elderly. *Clinics in Geriatric Medicine*, *37*(1), 103–117. https://doi.org/10.1016/j.cger.2020.08.008

Del Valle, J., & Todisco, A. (2022). Gastric secretion. In T. Yamada (Ed.), *Textbook of gastroenterology* (7th ed., pp. 313–333). Wiley-Blackwell.

Devault, K. R. (2020). Symptoms of esophageal disease. In M. Feldman, L. S. Feldman, & L. J. Brandt (Eds.), *Sleisenger and Fordtran's gastrointestinal and liver disease—Pathophysiology, diagnosis, management* (11th ed., Vol. 13, pp. 168–176). Elsevier.

DiGregorio, N., & Sharma, S. (2023, May 1). Physiology, Secretin. In *StatPearls* [Internet]. StatPearls Publishing. https://www.ncbi.nlm.nih.gov/books/NBK537116/27 https://doi.org/10.1186/s13017-020-00306-3

Dunleavy, K. A., Raffals, L. E., & Camilleri, M. (2023). Intestinal barrier dysfunction in inflammatory bowel disease: Underpinning pathogenesis and therapeutics. *Digestive diseases and sciences*, *68*(12), 4306-4320. https://doi.org/10.1007/s10620-023-08122-w

El-Salhy, M., Patcharatrakul, T., & Gonlachanvit, S. (2021). The role of diet in the pathophysiology and management of irritable bowel syndrome. *Indian Journal of Gastroenterology*, *40*(2), 111–119. https://doi.org/10.1007/s12664-020-01144-6

Faye, A. S., Allin, K. H., Iversen, A. T., Agrawal, M., Faith, J., Colombel, J. F., & Jess, T. (2023). Antibiotic use as a risk factor for inflammatory bowel disease across the ages: A population-based cohort study. *Gut*, 72(4), 663–670. https://doi.org/10.1136/gutjnl-2022-327845

Friedman S., & Blumberg, R. S. (2022). Inflammatory bowel disease. In Loscalzo, J., Fauci, A., Kasper, D., Hauser, S., Longo, D., & Jameson, J. (Eds.), *Harrison's principles of internal medicine*. McGraw-Hill Education. https://accessmedicine.mhmedical.com/content.aspx?bookid=3095&sectionid=265428110

Ford, A. C., Sperber, A. D., Corsetti, M., & Camilleri, M. (2020). Irritable bowel syndrome. *Lancet*, *396*(10263), 1675–1688. https://www.sciencedirect.com/science/article/pii/S0140673620315488

Fukudo, S., Okumura, T., Inamori, M., Okuyama, Y., Kanazawa, M., Kamiya, T., Sato, K., Shiotani, A., Naito, Y., Fujikawa, Y., Hokari, R., Masaoka, T., Fujimoto, K., Kaneko, H., Torii, A., Matsueda, K., Miwa, H., Enomoto, N., Shimosegawa, T., & Koike, K. (2021). Evidence-based clinical practice guidelines for irritable bowel syndrome 2020. *Journal of Gastroenterology*, *56*(3), 193–217. https://doi.org/10.1007/s00535-020-01746-z

Garger, J. J., & Chung, D. C. (2020). Colonic polyps and polyposis syndromes. In M. Feldman, L. S. Friedman, & L. J. Brandt (Eds.), *Sleisenger and Fordtran's gastrointestinal and liver disease: Pathophysiology, diagnosis and management* (11th ed., pp. 2076–2107). Saunders Elsevier.

Gastroenterology Consultants of San Antonio. (2022). *Colorectal cancer screening guidelines for 2023*. Retrieved February 19, 2023, from https://www.gastroconsa.com/colorectal-cancer-screening-guidelines-for-2023

Griffiths, S., & Glancy, D. (2023). Intestinal obstruction. *Surgery, 41*(1), 47–54. https://doi.org/10.1016/j.mpsur.2022.10.013

Hall, J. E., & Hall, M. E. (2025). *Guyton and hall textbook of medical physiology*. (15th ed.). Elsevier. https://openlibrary.org/search?q=Guyton%20and%20Hall%20Textbook%20of%20Medical%20Physiology

Hammad, H., & Wani, S. (2020). Esophageal tumors. In M. Feldman, L. S. Friedman, & L. J. Brandt (Eds.), *Sleisenger and Fordtran's gastrointestinal and liver disease: Pathophysiology, diagnosis, management* (11th ed., pp. 700–720). Saunders Elsevier.

Hasler, W. L. (2022). The physiology of gastric motility and gastric emptying. In Y. Yamada (Ed.), *Textbook of gastroenterology* (7th ed.). Wiley-Blackwell.

Hintzen, K. F., Grote, J., Wintjens, A. G., Lubbers, T., Eussen, M. M., van Schooten, F. J., Bouvy, N. D., & Peeters, A. (2021). Breath analysis for the detection of digestive tract malignancies: Systematic review. *BJS Open, 5*(2), zrab013. https://doi.org/10.1093/bjsopen/zrab013

Hoehn, K., Haynes, L. W., & Abbott, M. A. (2024). *Marieb human anatomy & physiology*. (12th ed.). Pearson.

Hogenauer, C., & Hammer, H. F. (2020). Maldigestion and malabsorption. In M. Feldman, L. S. Friedman, & L. J. Brandt (Eds.), *Sleisenger and Fordtran's gastrointestinal and liver disease: Pathophysiology, diagnosis and management* (11th ed., pp. 1677–1710).

Huang, A., He, C., Sheng, J. W., Jiang, X., Li, N. S., Fan, H. Z., & Zhu, Y. (2025). The epidemiological study of family-based *Helicobacter pylori* screening and its benefits: A cross-sectional study. *Scientific Reports, 15*(1), 5553. https://doi.org/10.1038/s41598-025-87836-5

Iturrino, J. C., & Lembo, A. J. (2020). Constipation. In M. Feldman, L. S. Friedman, & L. J. Brandt (Eds.), *Sleisenger and Fordtran's gastrointestinal and liver disease: Pathophysiology, diagnosis and management* (11th ed., pp. 250–275). Saunders Elsevier.

Jacobs, D. O. (2022a). Acute appendicitis and peritonitis. In J. Loscalzo, A. Fauci, D. Kasper, S. Hauser, D. Longo, & J. Jameson (Eds.), *Harrison's principles of internal medicine* (21st ed.). McGraw Hill.

Jacobs, D. O. (2022b). Acute intestinal obstruction. In J. Loscalzo, A. Fauci, D. Kasper, S. Hauser, D. Longo, & J. Jameson (Eds.), *Harrison's Principles of Internal Medicine* (21st ed.). McGraw-Hill Education. https://accessmedicine.mhmedical.com/content.aspx?bookid=3095&sectionid=265428768

Jairath, V., & Feagan, B. G. (2020). Global burden of inflammatory bowel disease. *The Lancet Gastroenterology and Hepatology, 5*(1), 2–3. https://doi.org/10.1016/s2468-1253(19)30358-9

Javid, P. J., & Pauli, E. M. (2023). *Meckel's diverticulum*. Retrieved November 23, 2023, from https://www.uptodate.com/contents/meckels-diverticulum

Jensen, P. J. (2023). *Acute and chronic gastritis due to helicobacter pylori*. Retrieved September 5, 2023, from https://www.uptodate.com/contents/acute-and-chronic-gastritis-due-to-helicobacter-pylori/print

Johns Hopkins Medicine. (2024). *Understanding viral gastroenteritis*. Author. https://www.hopkinsmedicine.org/health/conditions-and-diseases/understanding-viral-gastroenteritis

Kahrilas, P. J. (2024). Clinical manifestations and diagnosis of gastroesophageal reflux in adults. *UpToDate*. Retrieved November 21, 2024, from https://www.uptodate.com/contents/clinical-manifestations-and-diagnosis-of-gastroesophageal-reflux-in-adults?search=Gastroesophageal%20reflux%20diseaes&source=search_result&selectedTitle=2%7E150&usage_type=default&display_rank=2

Kamphorst, K., Van Daele, E., Vlieger, A. M., Daams, J. G., Knol, J., & van Elburg, R. M. (2021). Early life antibiotics and childhood gastrointestinal disorders: A systematic review. *BMJ Paediatrics Open, 5*(1), e001028. https://doi.org/10.1136/bmjpo-2021-001028

Kaplan, G. G., & Ng, S. C. (2020). Epidemiology, pathogenesis and diagnosis of inflammatory bowel diseases. In M. Feldman, L. S. Friedman, & L. J. Brandt (Eds.), *Sleisenger and Fordtran's gastrointestinal and liver disease: Pathophysiology, diagnosis and management* (11th ed., pp. 1868–1897). Saunders Elsevier.

Keely, S. J., & Barrett, K. E. (2022). Intestinal secretory mechanisms and diarrhea. *American Journal of Physiology-Gastrointestinal and Liver Physiology, 322*(1), G1–G10. https://doi.org/10.1152/ajpgi.00316.2021

Keely, S. J., Montrose, M. H., & Barrett, K. E. (2022). Electrolyte secretion and absorption: Small intestine and colon. In T. Yamada (Ed.), *Textbook of gastroenterology* (7th ed.). Wiley-Blackwell.

Kelsen, D. (2022). Upper gastrointestinal tract cancers. In J. Loscalzo, A. Fauci, D. Kasper, S. Hauser, D. Longo, & J. Jameson (Eds.), *Harrison's principles of internal medicine* (21st ed.). McGraw-Hill Education. https://accessmedicine.mhmedical.com/content.aspx?bookid=3095&sectionid=263546833

Kilgore, A., & Khlevner, J. (2024). Functional constipation: Pathophysiology, evaluation, and management. *Alimentary Pharmacology and Therapeutics, 60*(Suppl. 1), S20–S29. https://doi.org/10.1111/apt.17852

Kim, S. H. (2025). Peptic ulcer disease. *The Korean Journal of Helicobacter and Upper Gastrointestinal Research, 25*(1), 13–16. https://doi.org/10.7704/kjhugr.2024.0075

Kivelä, L., Caminero, A., Leffler, D. A., Pinto-Sanchez, M. I., Tye-Din, J. A., & Lindfors, K. (2021). Current and emerging therapies for coeliac disease. *Nature Reviews Gastroenterology & Hepatology, 18*(3), 2508-2512. https://doi.org/10.1038/s41575-020-00378-1

Kobayashi, T., Siegmund, B., Le Berre, C., Wei, S. C., Ferrante, M., Shen, B., Bernstein, C. N., Danese, S., Peyrin-Biroulet, L., & Hibi, T. (2020). Ulcerative colitis. *Nature Reviews Disease Primers, 6*(1), 74. https://doi.org/10.1038/s41572-020-0205-x

Koeppen, B. M., & Stanton, B. A. (2023). *Berne & Levy physiology*. Elsevier.

Kumar, S., & Bretthauer, M. (2025). Screening for helicobacter pylori to prevent gastric cancer. *JAMA, 333*(9), 812. https://doi.org/10.1001/jama.2024.26377

Kumar, V., Abbas, A. K., & Aster, J. C. (2020). The gastrointestinal tract. In *Robbins and Cotran: Pathologic basis of disease* (10th ed., pp. 749–819). Saunders Elsevier.

Le Berre, C., Honap, S., & Peyrin-Biroulet, L. (2023). Ulcerative colitis. *The Lancet, 402*(10401), 571–584. https://doi.org/10.1016/s0140-6736(23)00966-2

Lebwohl, B., & Green, P. H. (2020). Celiac disease. In M. Feldman, L. S. Friedman, & L. J. Brandt (Eds.), *Sleisenger and Fordtran's gastrointestinal and liver disease Pathophysiology, diagnosis, and management* (11th ed., pp. 1261-1277). Elsevier.

Lebwohl, B., & Rubio-Tapia, A. (2021). Epidemiology, presentation, and diagnosis of celiac disease. *Gastroenterology, 160*(1), 63–75. https://doi.org/10.1053/j.gastro.2020.06.098

Leffler, D. A., Dennis, M., & Lebwohl, B. (2022). Celiac disease. In T. Yamada (Ed.), *Textbook of gastroenterology* (7th ed., pp. 1122 -1136). Wiley-Blackwell.

Li, W., Zhao, T., Wu, D., Li, J., Wang, M., Sun, Y., & Hou, S. (2022). Colorectal cancer in ulcerative colitis: Mechanisms, surveillance and chemoprevention. *Current Oncology*, *29*(9), 6091–6114. https://doi.org/10.3390/curroncol29090479

Lotfollahzadeh, S., Deppen, J. G., & Lopez, R. A. (2024). Appendicitis. In *StatPearls* [Internet]. Retrieved October 26, 2023, from https://www.ncbi.nlm.nih.gov/books/NBK493193/

Lupu, V. V., Miron, I., Tarca, E., Trandafir, L. M., Anton-Paduraru, D. T., Moisa, S. M., Starcea, M., Cernomaz, A., Miron, L., & Lupu, A. (2022, March 2). Gastroesophageal reflux in children with asthma. *Children*, *9*(3), 336. https://doi.org/10.3390/children9030336

MacDougall, M. R., & Sharma, S. (2023). Physiology, Chemoreceptor Trigger Zone. In *StatPearls* [Internet]. StatPearls Publishing. Retrieved November 19, 2024, from https://www.ncbi.nlm.nih.gov/books/NBK537133/

Marie, C., & Petri, W. A. (2024). Amebiasis. In *Merck Manuals*. Retrieved November 23, 2024, from https://www.merckmanuals.com/professional/infectious-diseases/intestinal-protozoa-and-microsporidia/amebiasis

Martin, R. F. (2024). *Acute appendicitis in adults: Clinical manifestations and differential diagnosis*. Retrieved November 23, 2024, from https://www.uptodate.com/contents/acute-appendicitis-in-adults-clinical-manifestations-and-differential-diagnosis?search=appendicitis%20elevated%20leukocytosis&source=search_result&selectedTitle=3%7E150&usage_type=default&display_rank=3

Mayer, E. A., Ryu, H. J., & Bhatt, R. R. (2023). The neurobiology of irritable bowel syndrome. *Molecular Psychiatry*, *28*(4), 1451–1465. https://doi.org/10.1038/s41380-023-01972-w

Mayo Clinic. (2024a). *Colon cancer*. https://www.mayoclinic.org/diseases-conditions/colon-cancer/diagnosis-treatment/drc-20353674

Mayo Clinic. (2024b). *Esophageal cancer*. https://www.mayoclinic.org/diseases-conditions/esophageal-cancer/symptoms-causes/syc-20356084

Mayo Foundation for Medical Education and Research. (2026.). *Helicobacter pylori (H. pylori) infection*. Mayo Clinic. https://www.mayoclinic.org/diseases-conditions/h-pylori/diagnosis-treatment/drc-20356177

McClain, C. J., Dryden, G. W., & Krueger, K. (2022). In T. In T. Yamada (Ed.), *Textbook of gastroenterology* (7th ed.). Wiley-Blackwell.

McQuaid, K. R. (2021). Fecal incontinence. In M. Papadakis, S. J. McPhee, & M. W. Rabow (Eds.), *Current medical diagnosis and treatment* (60th ed., pp. 628-630). McGraw-Hill Medical.

McQuilken, S. A. (2021). Digestion and absorption. *Anaesthesia & Intensive Care Medicine*, *22*(5), 336–338. https://doi.org/10.1016/j.mpaic.2020.12.009

Melia, J. M., & Sears, C. L. (2020). Infectious enteritis and proctocolitis. In M. Feldman, L. S. Friedman, & L. J. Brandt (Eds.), *Sleisenger and Fordtran's gastrointestinal and liver disease: Pathophysiology, diagnosis and management* (11th ed., pp. 1779–1809). Saunders Elsevier.

Momodu, I. I., & Wallen, J. M. (2022). Achalasia. In *StatPearls* [Internet]. StatPearls Publishing. Retrieved August 1, 2022, from https://www.ncbi.nlm.nih.gov/books/NBK519515/

Mustain, W. C., & Turnage, R. H. (2020). Intestinal obstruction. In M. Feldman, L. S. Friedman, & L. J. Brandt (Eds.), *Sleisenger and Fordtran's gastrointestinal and liver disease: Pathophysiology, diagnosis and management* (11th ed., pp. 2021–2038). Saunders Elsevier.

National Cancer Institute. (2024). *Screening tests to detect colorectal cancer and polyps*. https://www.cancer.gov/types/colorectal/screening-fact-sheet

National Institute of Mental Health. (2024). *Eating disorders*. Retrieved November 23, 2024, from https://www.nimh.nih.gov/health/topics/eating-disorders

Nationwide Children's. (2024). *What is Hirschsprung disease?* Retrieved November 23, 2024, from https://www.nationwidechildrens.org/conditions/hirschsprung-disease

Nicolaides, S., Vasudevan, A., Long, T., & van Langenberg, D. (2021). The impact of tobacco smoking on treatment choice and efficacy in inflammatory bowel disease. *Intestinal Research*, *19*(2), 158–170. https://doi.org/10.5217/ir.2020.00008

Nie, S., Yang, G., & Lu, H. (2020). Current molecular targeted agents for advanced gastric cancer. *OncoTargets and Therapy*, *13*, 4075–4088. https://doi.org/10.2147/OTT.S246412

Olausson, M., Tolver, M. A., & Gögenur, I. (2025). High risk of short-term mortality and postoperative complications in patients with generalized peritonitis undergoing major emergency abdominal surgery—A cohort study. *Langenbeck's Archives of Surgery*, *410*(1), 64. https://doi.org/10.1007/s00423-025-03637-4

Owyang, C. (2022). Irritable bowel syndrome. In J. Loscalzo, A. Fauci, D. Kasper, S. Hauser, D. Longo, & J. Jameson (Eds.), *Harrison's principles of internal medicine* (21st ed., pp. 2490-2496). McGraw Hill.

Pawlina, W. (2024). *Histology: A text and atlas* (9th ed., pp. 632-632). Lippincott Williams & Wilkins.

Peery, A. F., Crockett, S. D., Murphy, C. C., Jensen, E. T., Kim, H. P., Egberg, M. D., Lund, J. L., Moon, A. M., Pate, V., Barnes, E. L., Schlusser, C. L., Baron, T. H., Shaheen, N. J., & Sandler, R. S. (2022). Burden and cost of gastrointestinal, liver, and pancreatic diseases in the United States: Update 2021. *Gastroenterology*, *162*(2), 621–644. https://doi.org/10.1053/j.gastro.2021.10.017

Perin, J., Mulick, A., Yeung, D., Villavicencio, F., Lopez, G., Strong, K. L., Prieto-Merino, D., Cousens, S., Black, R. E., & Liu, L. (2022). Global, regional, and national causes of under-5 mortality in 2000–19: An updated systematic analysis with implications for the Sustainable Development Goals. *The Lancet Child & Adolescent Health*, *6*(2), 106–115. https://doi.org/10.1016/s2352-4642(21)00311-4

Piscopo, N., & Ellul, P. (2020). Diverticular disease: A review on pathophysiology and recent evidence. *Ulster Medical Journal*, *89*(2), 83–88. https://doi.org/10.1136/bmj.d4131

Puri, R., & Sharma, S. (2026, January 31). Hiatal hernia. In *StatPearls* [Internet]. StatPearls Publishing. https://www.ncbi.nlm.nih.gov/books/NBK562200/

Quante, M., & Bornschein, J. (2020). Adenocarcinoma of the stomach and other gastric tumors. In M. Feldman, L. S. Friedman, & L. J. Brandt (Eds.), *Sleisenger and Fordtran's gastrointestinal and liver disease: Pathophysiology, diagnosis and management* (11th ed., pp. 820–841). Saunders Elsevier.

Raiteri, A., Granito, A., Giamperoli, A., Catenaro, T., Negrini, G., & Tovoli, F. (2022, January 7). Current guidelines for the management of celiac disease: A systematic review with comparative analysis. *World Journal of Gastroenterology*, *28*(1), 154–175. https://doi.org/10.3748/wjg.v28.i1.154

Ray, M. D. (2021). Intestinal obstruction in cancer patients: An overview. In M. D. Ray (Ed.), *Multidisciplinary approach to surgical oncology patients* (pp. 211–220). Springer https://doi.org/10.1007/978-981-15-7699-7_24

Recio-Boiles, A., & Babiker, H. M. (2021, January). Esophageal cancer. In *StatPearls* [Internet]. StatPearls Publishing. https://www.ncbi.nlm.nih.gov/books/NBK459267

Ritter, J. M., Fullerton, J., Robinson, E., MacEwan, D., Loke, Y. K., Henderson, G., & Flower, R. J. (2023). *Rang & Dale's pharmacology*. (10th ed.). Elsevier—Health Science. https://play.google.com/store/books/details?id=66G_EAAAQBAJ&source=gbs_api

Robson, K., & Lembo, A. (2022). *Fecal incontinence in adults: Etiology and evaluation*. Retrieved February 19, 2023, from https://www.uptodate.com/contents/fecal-incontinence-in-adults-etiology-and-evaluation?search=fecal%20impaction%20&source=search_result&selectedTitle=8~121&usage_type=default&display_rank=8

Rosen, R. D. (2023, March 17). Physiology, lower esophageal sphincter. In *StatPearls* [Internet]. Retrieved October 26, 2024, from https://www.ncbi.nlm.nih.gov/books/NBK557452/

Rosenthal, P. J. (2021). Infectious diseases: Protozoal and helminthic. In M. Papadakis, & S. J. McPhee (Eds.), *Current medical diagnosis and treatment* (60th ed., pp. 1498–1503). McGraw-Hill Medical.

Rubin, D. C. (2022). Disorders of absorption. In J. Loscalzo, A. Fauci, D. Kasper, S. Hauser, D. Longo, & J. Jameson (Eds.), *Harrison's principles of internal medicine* (21st ed.). McGraw Hill.

Russo, T. A., & Johnson, J. R. (2022). Diseases caused by gram-negative enteric bacilli. In J. Loscalzo, A. Fauci, D. Kasper, S. Hauser, D. Longo, & J. Jameson (Eds.), *Harrison's principles of internal medicine* (21st ed.). McGraw Hill.

Saeed, M., Bass, S., & Chaisson, N. F. (2022). Which ICU patients need stress ulcer prophylaxis? *Cleveland Clinic Journal of Medicine*, *89*(7), 363–367. https://doi.org/10.3949/ccjm.89a.21085

Saltzman, J. (2023). *Overview of the treatment of bleeding peptic ulcers*. Retrieved February 19, 2023, from https://www.uptodate.com/contents/overview-of-the-treatment-of-bleeding-peptic-ulcers?search=acute%20post%20hemorrhagic%20anemia%20and%20peptic%20ulcer%20disease&source=search_result&selectedTitle=8~150&usage_type=default&display_rank=8

Savides, T. J., & Jensen, D. M. (2020). Gastrointestinal bleeding. In M. Feldman, L. S. Friedman, & L. J. Brandt (Eds.), *Sleisenger and Fordtran's gastrointestinal and liver disease: Pathophysiology, diagnosis, management* (11th ed., pp. 276–312). Saunders Elsevier.

Schiller, L. R., & Sellin, J. H. (2020). Diarrhea. In M. Feldman, L. S. Friedman, & L. J. Brandt (Eds.), *Sleisenger and Fordtran's gastrointestinal and liver disease: Pathophysiology, diagnosis and management* (11th ed., pp. 204–223). Saunders Elsevier.

Smith, K. R., & Moran, T. H. (2021). Gastrointestinal peptides in eating-related disorders. *Physiology & Behavior*, *238*, 113456. https://doi.org/10.1016/j.physbeh.2021.113456

Strosberg, J. R., & Al-Toubab, T. (2020). Neuroendocrine tumors. In M. Feldman, L. S. Friedman, & L. J. Brandt (Eds.), *Sleisenger and Fordtran's gastrointestinal and liver disease: Pathophysiology, diagnosis and management* (11th ed., pp. 472–497). Saunders Elsevier.

Sung, H., Ferlay, J., Siegel, R. L., Laversanne, M., Soerjomataram, I., Jemal, A., & Bray, F. (2021). Global cancer statistics 2020: GLOBOCAN estimates of incidence and mortality worldwide for 36 cancers in 185 countries. *CA Cancer Journal of Clinicians*, *71*(3), 209–249. https://doi.org/10.3322/caac.21660

Surana, N. K. (2020). Infectious diarrheas and bacterial food poisoning. In J. Jameson, A. S. Fauci, D. L. Kasper, S. L. Hauser, D. L. Longo, & J. Loscalzo (Eds.), *Harrison's manual of medicine* (20th ed.). McGraw Hill. https://accessmedicine-mhmedical-com.proxy.lib.mcw.edu/content.aspx?bookid=2738&sectionid=228069103

Thorson, A. G., & Goldberg, S. M. (2021). Colonic diverticular disease. In S. R. Steele, T. L. Hull, T. E. Read, T. J. Saclarides, A. J. Senagore, & C. B. Whitlow (Eds.), *The ASCRS textbook of colon and rectal surgery* (4th ed.). Springer.

Tortora, G. J., & Derrickson, B. (2021). Principles of anatomy & physiology. *Toxins*, *13*(5), 1034–1085. https://doi.org/10.3390/toxins13050306

Travert, B., Rafat, C., Mariani, P., Cointe, A., Dossier, A., Coppo, P., & Joseph, A. (2021). Shiga toxin-associated hemolytic uremic syndrome: Specificities of adult patients and implications for critical care management. *Toxins*, *13*(5), 306. https://doi.org/10.3390/toxins13050306

Turner, J. R. (2020). The gastrointestinal tract. In V. Kumar, A. K. Abbas, J. Aster, & J. R. Turner (Eds.), *Robbins and Cotran: Pathologic basis of disease* (10th ed., pp. 753–822). Saunders Elsevier.

U.S. Digestive Health. (2022). *Upper GI diseases vs. lower GIdiseases*. https://usdigestivehealth.com/upper-gi-diseases-vs-lower-gi-diseases/

Vakil, N. (2022). *Peptic ulcer disease: Epidemiology, etiology, and pathogenesis*. Retrieved February 19, 2023, from https://www.uptodate.com/contents/peptic-ulcer-disease-epidemiology-etiology-and-pathogenesis?search=gastric%20epithelia%20damage%20due%20to%20aspirin%20and%20alcohol&source=search_result&selectedTitle=4~150&usage_type=default&display_rank=4

Villanacci, V., Vanoli, A., Leoncini, G., Arpa, G., Salviato, T., Bonetti, L. R., Baronchelli, C., Saragoni, L., & Parente, P. (2020). Celiac disease: Histology-differential diagnosis-complications. A practical approach. *Pathologica*, *112*(3), 186–196. https://doi.org/10.32074/1591-951X-157

Wang, T. C. (2022). *Yamada's textbook of gastroenterology*. Wiley. https://openlibrary.org/search?q=Textbook%20of%20Gastroenterology%20-

Winter, H. S. (2024a). *Gastroesophageal reflux disease in children and adolescents: Clinical manifestations and diagnosis*. In *UpToDate*. Retrieved July 31, 2024, from https://www.uptodate.com/contents/gastroesophageal-reflux-disease-in-children-and-adolescents-clinical-manifestations-and-diagnosis?search=diagnostic%20testing%20GER%20in%20diagnosis&source=search_result&selectedTitle=5%7E150&usage_type=default&display_rank=4

Winter, H. S. (2024b). Gastroesophageal reflux disease in children and adolescents: Management. *UpToDate*. https://www.uptodate.com/contents/gastroesophageal-reflux-disease-in-children-and-adolescents-clinical-manifestations-and-diagnosis?search=diagnostic%20testing%20GER%20in%20diagnosis&source=search_result&selectedTitle=5%7E150&usage_type=default&display_rank=4

Winter, H. S. (2024c). *Gastroesophageal reflux in infants*. In S. A. Abrams, B. U. K. Li, & A. G. Hoppin (Eds.), *UpToDate*. Retrieved November 21, 2024, from https://www.uptodate.com/contents/gastroesophageal-reflux-in-infants?-search=ger%20in%20children&source=search_result&selectedTitle=1~150&usage_type=default&display_rank=1

World Health Organization. (2023). *Colorectal cancer*. Author. Retrieved February 12, 2025, from https://www.who.int/news-room/fact-sheets/detail/colorectal-cancer

Yam, J., Baldwin, D. L., & Ahmad, S. A. (2023). Esophageal diverticula. In *StatPearls* [Internet]. StatPearls Publishing. https://www.ncbi.nlm.nih.gov/books/NBK532858/

Zuvarox, T., & Belletieri, C. (2021). Malabsorption syndromes. In *StatPearls* [Internet]. StatPearls Publishing. https://pubmed.ncbi.nlm.nih.gov/31971746/

CHAPTER 29

Disorders of Hepatobiliary and Exocrine Pancreas Function

Structure and Function of the Liver and Hepatobiliary System

Metabolic Functions of the Liver
Bile Production and Cholestasis
Bilirubin Elimination and Jaundice
Tests of Hepatobiliary Function

Disorders of Hepatic Function

Hepatotoxic Disorders
Viral Hepatitis
Autoimmune Hepatitis
Intrahepatic Biliary Disorders
Steatotic Liver Diseases
Cirrhosis, Portal Hypertension, and Liver Failure
Cancer of the Liver

Disorders of the Gallbladder and Exocrine Pancreas

Disorders of the Gallbladder and Extrahepatic Bile Ducts
Disorders of the Exocrine Pancreas

Learning Objectives

After completing this chapter, the learner will be able to meet the following objectives:

1. Describe the metabolic functions of the liver in terms of carbohydrate, protein, and fat metabolism.
2. Relate the mechanism of bile formation and elimination to the development of cholestasis and jaundice.
3. Differentiate between the three reactions involved in the metabolism or inactivation of drugs and other substances by the liver, and provide examples of hepatotoxic disorders associated with these processes.
4. Compare hepatitis A, B, C, D, and E in terms of source of infection, incubation period, acute disease manifestations, development of chronic disease, and the carrier state.
5. Describe the physiologic basis for portal hypertension and relate it to the development of ascites, esophageal varices, and splenomegaly.
6. Explain the role of the gallbladder in regulating the flow of bile into the duodenum and the formation of cholelithiasis (gallstones).
7. Compare the clinical manifestations of acute and chronic cholecystitis.
8. Cite the possible causes and describe the manifestations and treatment of acute and chronic pancreatitis.

The liver, gallbladder, and exocrine pancreas are accessory organs of the gastrointestinal (GI) tract, which produce digestive secretions and perform other important functions. The endocrine pancreas also supplies the insulin and glucagon needed for cell metabolism. The liver performs important filtering functions to remove pathogens from the blood, as well as synthesizing glucose, plasma proteins, and blood clotting factors and metabolizing drugs and hormones.

Structure and Function of the Liver and Hepatobiliary System

The liver is a large organ, weighing approximately 1.3 kg (3 lb) in the adult. It is located on the right side of the body below the diaphragm in an area called the right hypochondrium (Fig. 29-1). Except for the portion in the epigastric area, most of the liver is contained within the rib cage and cannot normally be palpated in healthy adults.

A tough fibroelastic capsule, called the Glisson capsule, surrounds the liver. The liver is anatomically divided into two large lobes (the right and left lobes) and two smaller lobes (the caudate and quadrate lobes).

Despite making up only a small percentage of total body weight, the liver receives 25% of the blood pumped by the heart. This high blood flow allows the liver to efficiently perform its functions in detoxification, nutrient processing, and protein synthesis. The liver has a dual blood supply, with approximately 20% of the blood flow composed of oxygen-rich blood entering the liver through the hepatic artery and the remaining 80% composed of nutrient-rich blood from the portal vein arising from the digestive tract, pancreas, and spleen (Fig. 29-2). This portal venous blood supply carries nutrients and other materials absorbed in the intestine, blood cells and breakdown products filtered from the spleen, and insulin and glucagon synthesized in the pancreas (Ghany & Hoofnagle, 2022).

The hepatic veins carry blood away from the liver to join the inferior vena cava just below the level of the diaphragm. The inferior vena cava then carries blood from the hepatic veins to the heart's right atrium. The liver can store approximately 500 to 1,000 mL of blood, which can be shifted back into the general circulation during periods of hypovolemia and shock (Hall & Hall, 2025a).

The **lobules** are the functional units of the liver. There are approximately 50,000 to 100,000 cylindrical lobules in the liver. Each lobule is organized around a central vein that drains blood away from the liver into the hepatic veins. The terminal small branches of the portal vein and hepatic artery are located around the edges of the liver lobules, where they join together to form **sinusoids**, capillary channels that flow between the rows of hepatocytes in the liver lobules. Sinusoids provide for the exchange of substances between the blood and the hepatocytes. They are composed of endothelial cells and **Kupffer cells** (Fig. 29-3). As the blood passes through the sinusoids, these Kupffer cells perform immune functions to remove and phagocytize material that has entered the liver through the portal vein, including bacteria and other foreign material absorbed through the GI tract, as well as fragments of old blood cells that have been processed by the spleen.

A major exocrine function of the liver is the production and secretion of bile by the hepatocytes in the liver lobules. Hepatocytes secrete bile into **bile canaliculi**, small tubular channels that flow between the rows of hepatocytes. Bile flow is directed toward the periphery of the lobules, where bile canaliculi become small branches of bile ducts positioned at the peripheral edges of the lobules. These smaller bile ducts drain into progressively larger ducts (see Fig. 29-1). About half of the bile produced in the liver flows into the common bile duct and on to the duodenum, while the other half

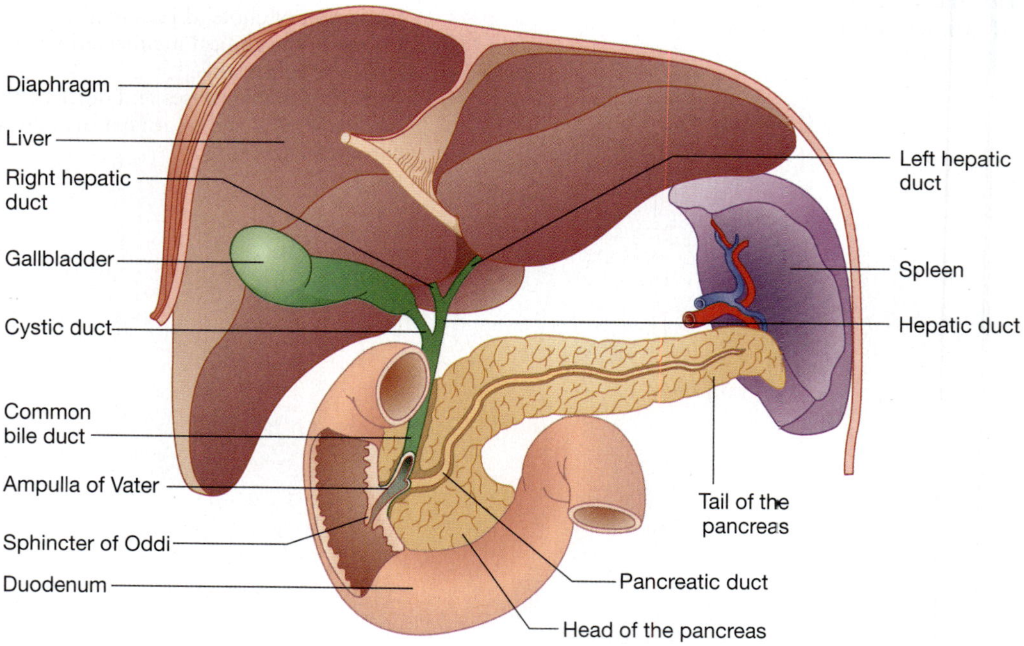

FIGURE 29-1. The liver and biliary system, including the gallbladder and bile ducts.

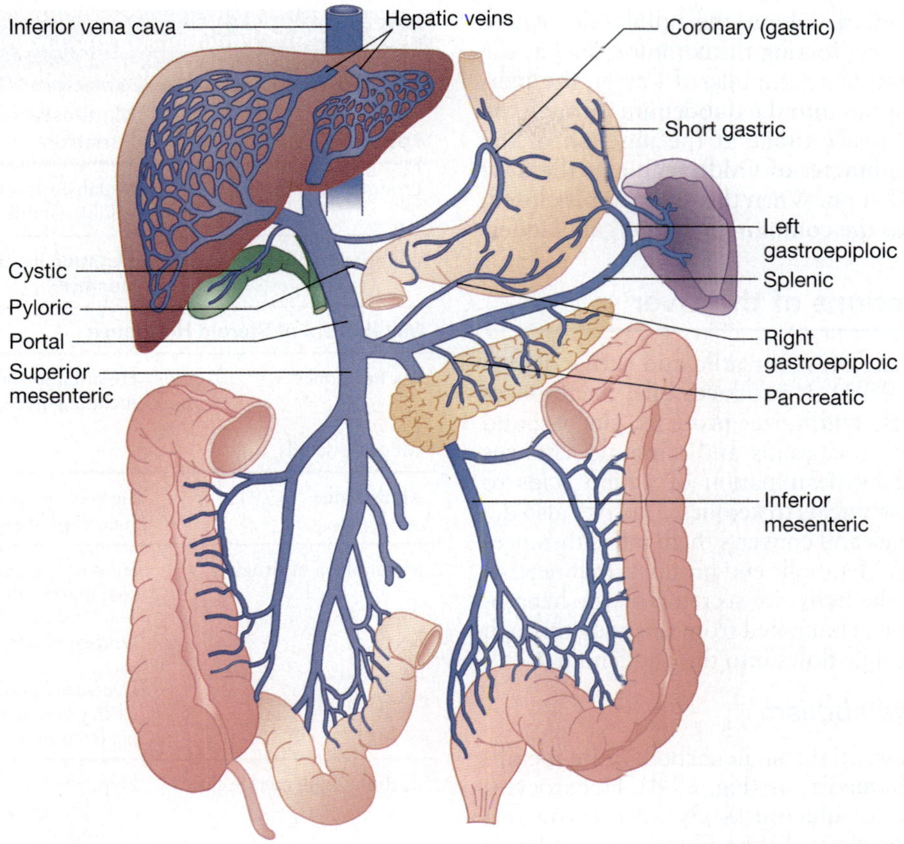

FIGURE 29-2. The portal circulation. Blood from the gastrointestinal tract, spleen, and pancreas travels to the liver through the portal vein before moving into the vena cava for return to the heart.

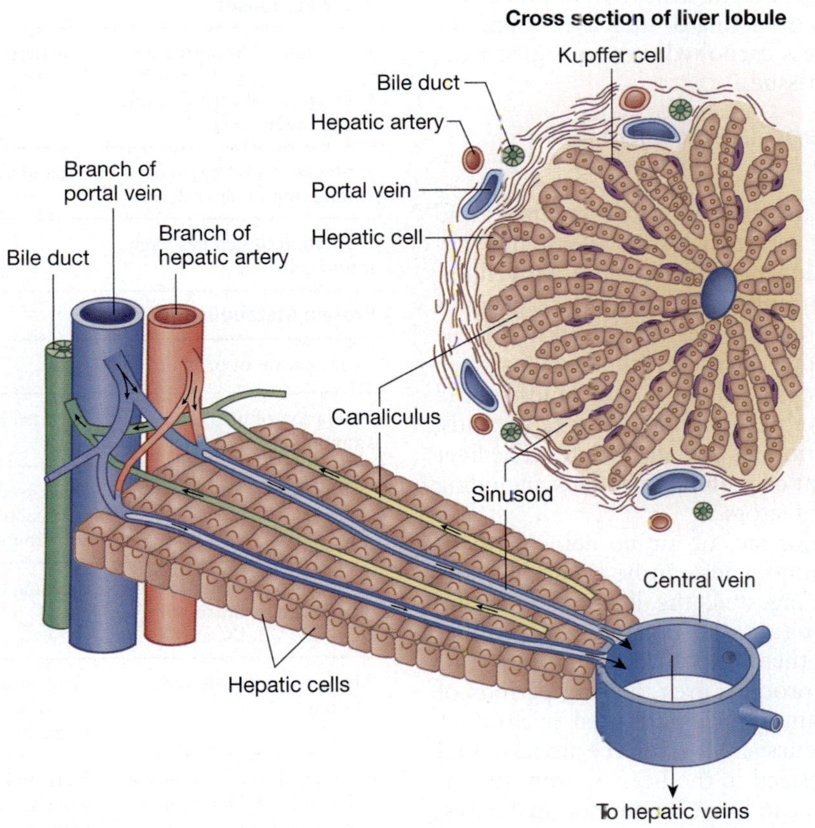

FIGURE 29-3. A section of liver lobule showing the location of the hepatic veins, hepatic cells, liver sinusoids, and branches of the portal vein and hepatic artery.

travels up the cystic duct and into the gallbladder, where it is stored for later use. Joining the common duct at the **hepatopancreatic ampulla** (ampulla of Vater), the pancreatic duct also empties into the duodenum through the duodenal papilla. Muscle tissue at the junction of the papilla, called the **sphincter of Oddi**, regulates the flow of bile into the duodenum. When this sphincter is closed, bile moves back into the common duct and gallbladder.

Metabolic Functions of the Liver

The liver is one of the most versatile and active organs in the body (Table 29-1). It produces bile; metabolizes hormones and drugs; synthesizes proteins, glucose, and clotting factors; stores vitamins and minerals; changes ammonia produced by deamination of amino acids to urea; and converts fatty acids to ketones. The liver also degrades excess nutrients and converts them into substances essential to the body. Metabolic end products that need to be eliminated from the body are secreted by the hepatocytes into the bile, then eliminated from the body through the GI tract after the bile flows into the duodenum.

Carbohydrate Metabolism

The liver plays an essential role in carbohydrate metabolism and glucose homeostasis (Fig. 29-4). Hepatocytes store large amounts of glucose as glycogen through a process called glycogenesis. When blood glucose levels are low, glycogen is converted back to glucose through glycogenolysis with phosphatase, an enzyme specific to hepatocytes. The liver also synthesizes glucose from amino acids, glycerol, and lactic acid to maintain blood glucose during periods of fasting or increased need. The liver also converts excess carbohydrates to triglycerides for storage in adipose tissue.

Protein Synthesis and Conversion of Ammonia to Urea

The liver is an important site for protein synthesis and degradation, releasing secretory proteins into the circulation while producing proteins for its own cellular needs. The most important of these secretory proteins is albumin. Albumin contributes significantly to the plasma colloidal osmotic pressure, which helps keep water in the vascular space. Albumin also binds to and transports numerous substances, including fatty acids, bilirubin, and some hormones and electrolytes. The liver also produces important coagulation proteins, including fibrinogen and clotting factors.

The liver is the major site of amino acid interconversion (Fig. 29-5). Amino acids can be found in many different foods. Once ingested, the liver takes amino acids from the bloodstream and uses them to synthesize proteins, converts them into glucose for energy, or breaks them down to produce urea. During periods of fasting or starvation, amino acids are used to produce glucose via gluconeogenesis. Most of the nonessential amino acids are synthesized in the liver by transamination. Transamination is catalyzed by **aminotransferases**, enzymes found in high amounts in the liver.

TABLE 29-1 Functions of the Liver and Manifestations of Altered Function

Function	Manifestations of Altered Function
Production of bile salts	Malabsorption of fat and fat-soluble vitamins
Elimination of bilirubin	Elevation in serum bilirubin and jaundice
Metabolism of Steroid Hormones	
Sex hormones	Disturbances in gonadal function, including gynecomastia in the male
Glucocorticoids	
Aldosterone	Signs of increased cortisol levels (i.e., Cushing syndrome)
Metabolism of drugs	Signs of hyperaldosteronism (e.g., sodium retention and hypokalemia) Decreased drug metabolism Decreased plasma binding of drugs owing to a decrease in albumin production
Carbohydrate metabolism	Hypoglycemia may develop when glycogenolysis and gluconeogenesis are impaired.
Stores glycogen and synthesizes glucose from amino acids, lactic acid, and glycerol	Abnormal glucose tolerance curve may occur because of impaired uptake and release of glucose by the liver.
Fat Metabolism	
Formation of lipoproteins	Impaired synthesis of lipoproteins
Conversion of carbohydrates and proteins to fat	
Synthesis, recycling, and elimination of cholesterol	Altered cholesterol levels
Formation of ketones from fatty acid	
Protein Metabolism	
Deamination of proteins	
Formation of urea from ammonia	Elevated blood ammonia levels
Synthesis of plasma proteins	Decreased levels of plasma proteins, particularly albumin, which contribute to edema formation
Synthesis of clotting factors (fibrinogen, prothrombin, factors V, VII, IX, and X)	Bleeding tendency
Storage of minerals and vitamins	Signs of deficiency of fat-soluble and other vitamins that are stored in the liver.
Filtration of blood and removal of bacteria and particulate matter by Kupffer cells	Increased exposure of the body to colonic bacteria and other foreign matter

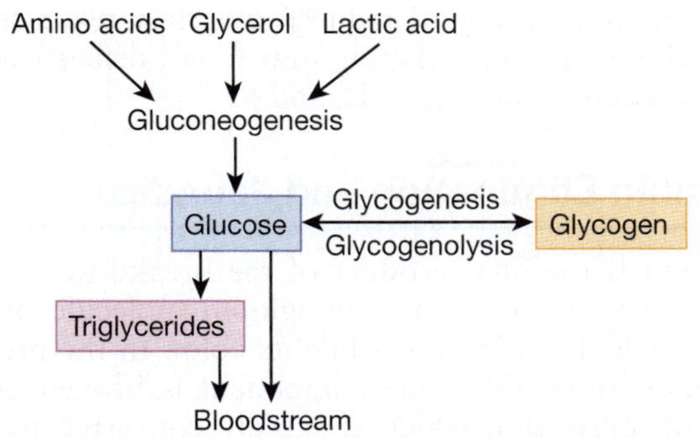

FIGURE 29-4. Hepatic pathways for storage and synthesis of glucose and conversion of glucose to fatty acids.

Oxidative **deamination** involves the conversion of amino acids to keto acids and ammonia. Because ammonia is very toxic to body tissues, particularly neurons, the ammonia released during deamination is rapidly removed from the blood by the liver and converted to urea. Essentially, all urea formed in the body is synthesized by the urea cycle in the liver and then excreted by the kidneys (Hall & Hall, 2025a). Although urea is mostly excreted by the kidneys, some of it diffuses from the bloodstream into the intestine, where it is converted to ammonia by enteric bacteria. Intestinal production of ammonia is increased after ingestion of high-protein foods and during GI bleeding. In advanced liver disease, the ability of the liver to convert ammonia to urea is often impaired, leading to an accumulation of ammonia in the blood.

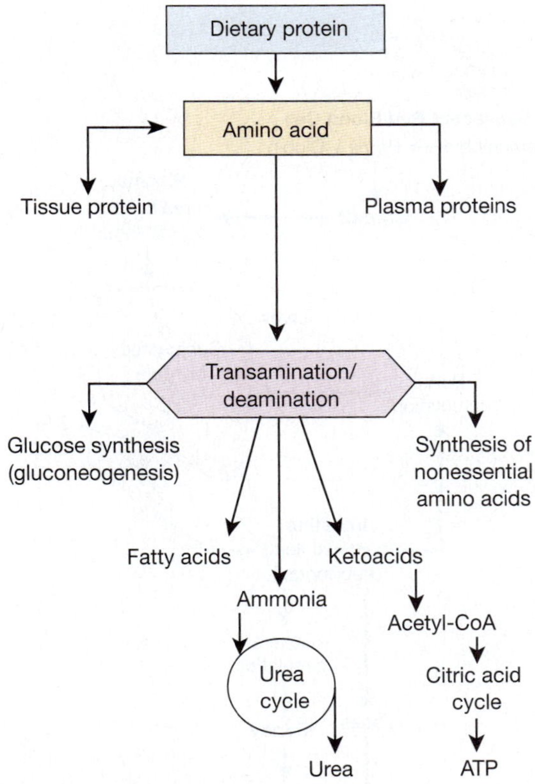

FIGURE 29-5. Hepatic pathways for conversion of amino acids to proteins, nucleic acids, keto acids, and glucose. The urea cycle converts ammonia generated by the deamination of amino acids to urea. Acetyl-CoA, acetyl-coenzyme A; ATP, adenosine triphosphate.

Pathways of Lipid Metabolism

Although most cells of the body metabolize fat, certain aspects of lipid metabolism occur mainly in the liver, including the oxidation of free fatty acids to keto acids that supply energy for other body functions; synthesis of cholesterol, phospholipids, and lipoproteins; and formation of triglycerides from carbohydrates and proteins (Fig. 29-6). Because the liver cannot use all the acetyl-coenzyme A (CoA) formed from fatty acid oxidation, it converts the excess into acetoacetic acid, a highly soluble keto acid that is released into the bloodstream and transported to other tissues, where it is used for energy. During periods of starvation, these ketones become a major source of energy, as fatty acids released from adipose tissue are converted to ketones by the liver.

Acetyl-CoA units from fat metabolism are used to synthesize cholesterol and bile acids in the liver. Cholesterol can be esterified and stored, exported bound to lipoproteins, or converted to bile acids. The enzyme that controls the rate at which cholesterol is produced, 3-hydroxy-3-methylglutaryl-coenzymeA reductase (HMG-CoA reductase), is the target of several medications used to reduce high cholesterol levels.

Almost all the fat synthesis in the body from carbohydrates and proteins occurs in the liver. Whenever a greater quantity of carbohydrates enters the body than can be immediately used, the excess is converted to triglycerides in the liver. The triglycerides formed in the liver are transported mainly in low-density lipoproteins to the adipose tissue, where they are stored.

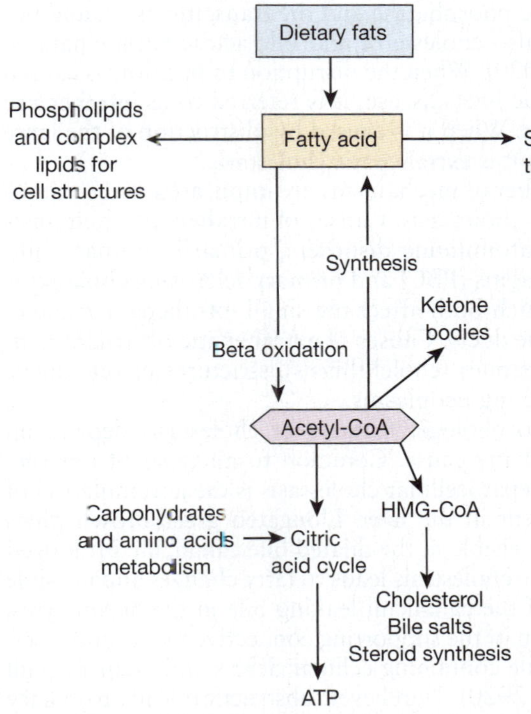

FIGURE 29-6. Hepatic pathways for fat metabolism. Beta oxidation breaks fatty acids into two-carbon acetyl-CoA units that are used in the citric acid cycle to generate ATP or are used in the synthesis of cholesterol or keto acids that are released into the blood for use by other tissues as an energy source. Acetyl-CoA, acetyl-coenzyme A; ATP, adenosine triphosphate; HMG-CoA, 3-hydroxy-3-methylglutaryl-CoA.

Bile Production and Cholestasis

The secretion of bile is essential for the digestion of dietary fats and absorption of fats and fat-soluble vitamins from the intestine. The liver produces approximately 500 to 600 mL of yellow-green bile daily. Bile contains water, bile salts, bilirubin, cholesterol, and certain by-products of metabolism. Of these, only bile salts, which are formed from cholesterol, are important in digestion. The other components of bile depend on the secretion of sodium, chloride, bicarbonate, and potassium by the bile ducts (Almajid & Sugumar, 2022).

Bile salts aid in emulsifying dietary fats and are necessary for the formation of the micelles that transport fatty acids and fat-soluble vitamins to the surface of the intestinal mucosa for absorption. Excess bile salts that enter the intestine are reabsorbed into the portal circulation by an active transport process that takes place in the distal ileum. From the portal circulation, the bile salts move into the liver cells and are recycled.

Cholestasis

Cholestasis is a slowing or blockage in bile flow, often occurring within the intrahepatic canaliculi, although it may result from a reduction in flow through the bile ducts. Cholestasis results in reduced flow of water, bilirubin, and bile acids from the liver to the duodenum. As a result, the materials normally transferred out of the liver through the bile can flow into the sinusoids and accumulate in the blood. Cholestasis is therefore often associated with elevated blood levels of bilirubin, liver enzymes (such as alkaline phosphatase and the transaminases), and potentially also cholesterol and bile acids (Suriawinata & Thung, 2020). When the disruption to bile flow is caused by intrinsic liver disease, it is referred to as **intrahepatic cholestasis**. When it is caused by obstruction of the large bile ducts, it is **extrahepatic cholestasis**.

A number of mechanisms are implicated in the pathogenesis of cholestasis. Causes of intrahepatic cholestasis include autoimmune disorders, primarily primary biliary cholangitis (PBC) and primary sclerosing cholangitis (PSC), which both affect the small intrahepatic canaliculi and bile ducts. Causes of extrahepatic obstruction include gallstones (cholelithiasis), strictures of bile ducts, or obstructing neoplasms.

The morphologic features of cholestasis depend on the underlying cause. Common to all types of obstructive and hepatocellular cholestasis is the accumulation of bile pigment in the liver. Elongated green-brown plugs of bile are visible in the dilated bile canaliculi. Prolonged obstructive cholestasis leads to fatty changes and possible rupture of the canaliculi leaking bile in the hepatocytes, destruction of the supporting connective tissue, and reservoirs of bile containing cellular debris and pigment (Gill & Kakar, 2020). Unrelieved obstruction leads to biliary tract fibrosis and ultimately to end-stage biliary cirrhosis.

Pruritus (itching) is a common presenting symptom in people with cholestasis, probably related to an elevation in plasma bile acids. Skin xanthomas (focal accumulations of cholesterol) may occur as a result of hyperlipidemia and impaired excretion of cholesterol. An elevated serum alkaline phosphatase level is common. Other manifestations of reduced bile flow relate to intestinal absorption, including nutritional deficiencies of the fat-soluble vitamins A, D, and K.

Bilirubin Elimination and Jaundice

Bilirubin is the final product of the breakdown of the heme component of the hemoglobin molecule of red blood cells. Bilirubin gives bile its color. In the process of degradation, the heme component is broken down to form biliverdin, which is rapidly converted to free bilirubin, a lipid-soluble molecule. To eliminate bilirubin from the body, the liver must convert it to a water-soluble form, allowing it to travel into the digestive tract to be excreted. As free bilirubin passes through the liver, it is converted to conjugated bilirubin by binding with glucuronic acid (through the action of the enzyme glucuronyl transferase). In this conjugated water-soluble form, it passes through the bile ducts into the small intestine (Fig. 29-7). In the intestine, approximately one half of the bilirubin is converted into a highly soluble substance called **urobilinogen** by the intestinal flora. Approximately one-fifth of the urobilinogen produced is absorbed into the portal circulation, and the remaining is excreted in the feces (Gill & Kakar, 2020). Most of the absorbed urobilinogen is returned to the liver to be reexcreted into the bile.

The normal level of total serum bilirubin is 0.3 to 1.0 mg/dL (Fischbach et al., 2021). Laboratory measurements of bilirubin usually measure the free (unconjugated)

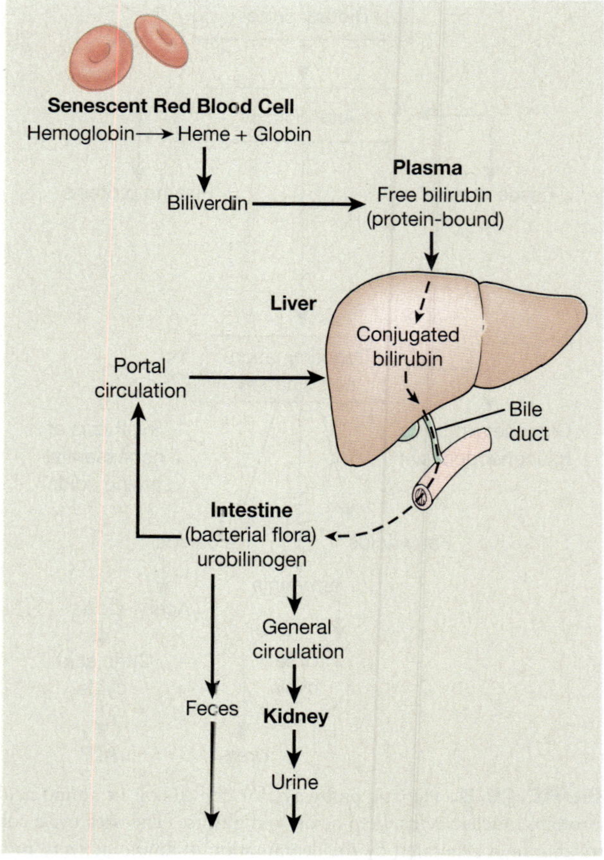

FIGURE 29-7. The process of bilirubin formation, circulation, and elimination.

and the conjugated bilirubin, as well as the total bilirubin. These molecules are also sometimes reported as indirect (unconjugated or free) bilirubin and direct (conjugated) bilirubin.

Jaundice

Jaundice (i.e., icterus) is a yellowish discoloration of the skin and deep tissues, which results from abnormally high levels of bilirubin in the blood. Jaundice occurs when there is an imbalance between bilirubin synthesis and clearance. Jaundice becomes evident when the serum bilirubin levels rise above 2 to 2.5 mg/dL (34.2 to 42.8 mcmol) (Gill & Kakar, 2020; Suriawinata & Thung, 2020). Because normal skin has a yellow cast, the early signs of jaundice often are difficult to detect, especially in people with dark skin. Bilirubin has a special affinity for elastic tissue. The sclera of the eye, which contains a high proportion of elastic fibers, usually is one of the first structures where jaundice can be detected (Fig. 29-8).

The five major causes of jaundice are excessive destruction of red blood cells, impaired uptake of bilirubin by the liver cells, decreased conjugation of bilirubin, obstruction of bile flow in the canaliculi of the hepatic lobules or in the intrahepatic or extrahepatic bile ducts, and excessive extrahepatic production of bilirubin (Savio & Pratt, 2022). From an anatomic standpoint, jaundice can be categorized as prehepatic, intrahepatic, and posthepatic.

The major cause of prehepatic jaundice is excessive hemolysis of red blood cells. Hemolytic jaundice occurs when red blood cells are destroyed at a rate in excess of the liver's ability to remove the bilirubin from the blood. It may follow a hemolytic blood transfusion reaction, because of the decreased lifespan of the donated red blood cells, or may occur in diseases such as hereditary spherocytosis, in which the red cell membranes are defective, or in hemolytic disease of the newborn. When internal hemorrhage occurs, there can also be excess bilirubin production with the reabsorption of the blood. In addition, diseases resulting in ineffective erythropoiesis can increase bilirubin production. Neonatal hyperbilirubinemia results from increased production of bilirubin in newborn infants (Gill & Kakar, 2020). Premature infants are at particular risk because their red blood cells have a shorter lifespan and higher turnover rate. In prehepatic jaundice, mild jaundice is present, the unconjugated bilirubin is elevated, the stools are of normal color, and there is no bilirubin in the urine.

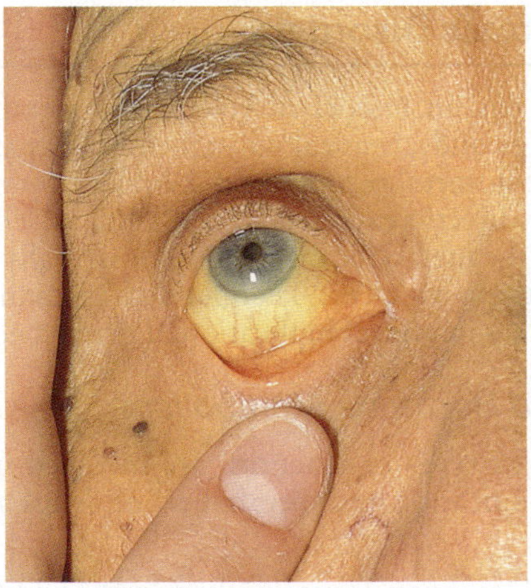

FIGURE 29-8. A yellow sclera indicates jaundice. (From Bickley, L. S. [2016]. *Bates' guide to physical examination and history taking* (Fig 7.19). Lippincott Williams & Wilkins.)

Intrahepatic or hepatocellular jaundice is caused by disorders that directly affect the ability of the liver to remove bilirubin from the blood or convert it into a form that can be eliminated in the bile. Conjugation of bilirubin is impaired whenever liver cells are damaged, when transport of bilirubin into liver cells becomes deficient, or when the enzymes needed to conjugate the bile are lacking. Liver diseases such as hepatitis and cirrhosis are the most common causes of intrahepatic jaundice. Drugs such as the anesthetic agent halothane, oral contraceptives, estrogen, anabolic steroids, isoniazid, rifampin, and chlorpromazine may also be implicated in this type of jaundice. Intrahepatic or hepatocellular jaundice usually interferes with all phases of bilirubin metabolism—uptake, conjugation, and excretion. Blood levels of both conjugated and unconjugated bilirubin are typically elevated, the urine often is dark because of bilirubin in the urine, and the serum alkaline phosphatase is slightly elevated.

Posthepatic or obstructive jaundice, also called **cholestatic jaundice**, occurs when bile flow is obstructed between the liver and the intestine, with the obstruction located at any point between the junction of the right or left hepatic duct and the point where the bile duct opens into the intestine. Among the causes are strictures of the bile duct, gallstones, and tumors of the bile duct or the pancreas. Conjugated bilirubin levels usually are elevated, stools are pale or "clay colored" because of the lack of bilirubin in the bile, urine is dark, serum alkaline phosphatase is markedly elevated, and aminotransferase levels are slightly increased. Blood levels of bile acids often are elevated in obstructive jaundice. As the bile acids accumulate in the blood, pruritus develops. A history of pruritus preceding jaundice is common in obstructive jaundice.

Tests of Hepatobiliary Function

The history and physical examination provide clues about liver function. Diagnostic and laboratory tests help evaluate liver function and the extent of liver damage to confirm the diagnosis of liver disease.

Liver function tests, including serum levels of liver enzymes, are used to aid in the diagnosis of the disease, differentiate between different disorders, determine the severity of present disease, and monitor responses to established treatment (Bethea & Pratt, 2022).

Table 29-2 provides information regarding common liver function tests, normal values, and interpretation. Ultrasonography provides information about the size, composition, and blood flow of the liver. Computed tomography (CT) scanning and magnetic resonance imaging (MRI) have proved to be useful in some disorders. Selective angiography of the celiac, superior mesenteric, or hepatic artery may be used to visualize the hepatic or portal circulation. A liver biopsy affords a means of examining liver tissue without surgery to stage liver cancer.

TABLE 29-2 Common Liver Function Tests (LFTs)

Test	What It Measures	Interpretation (Key Patterns)
Alanine aminotransferase (ALT)	Enzyme found primarily in hepatocytes	↑ ALT suggests hepatocellular injury (e.g., viral hepatitis, drug toxicity); more liver-specific than AST.
Aspartate aminotransferase (AST)	Enzyme found in liver, heart, muscle, kidney	↑ AST indicates cell injury, but less specific to liver. AST:ALT ratio >2 suggests alcohol-related liver disease.
Alkaline phosphatase (ALP)	Enzyme in bile duct epithelium and bone	↑ ALP suggests cholestasis or biliary obstruction; must interpret with GGT to confirm hepatic source.
Gamma-glutamyl transferase (GGT)	Enzyme in hepatobiliary system	↑ GGT supports hepatic origin of elevated ALP; also elevated with alcohol use and enzyme induction.
Total bilirubin	Sum of conjugated (direct) and unconjugated (indirect) bilirubin	↑ indicates impaired bilirubin metabolism or excretion (hemolysis, hepatocellular disease, or obstruction).
Direct (conjugated) bilirubin	Bilirubin processed by the liver and excreted in bile	↑ suggests cholestasis or impaired excretion (e.g., obstruction, hepatocellular dysfunction).
Indirect (unconjugated) bilirubin	Bilirubin before hepatic conjugation	↑ suggests hemolysis or impaired hepatic uptake/conjugation (e.g., Gilbert syndrome).
Albumin	Protein synthesized by the liver	↓ indicates chronic liver disease or decreased synthetic function (also affected by nutrition, renal loss).
Prothrombin time (PT)/international normalized ratio (INR)	Clotting ability dependent on liver-synthesized factors	↑ PT/INR indicates impaired liver synthetic function; may improve with vitamin K if due to deficiency rather than liver failure.

SUMMARY CONCEPTS

The hepatobiliary system consists of the liver, gallbladder, and bile ducts. The liver is one of the largest, most versatile organs in the body. The liver receives dual blood supply from the portal venous system (which receives the absorbed contents from the GI tract) and the hepatic artery of the systemic circulation; thus, blood from the intestine flows through the liver before it is returned to the heart. In this way, nutrients can be removed for processing and storage, and bacteria and other foreign matter can be removed before the blood is returned to the systemic circulation.

The liver synthesizes and metabolizes fats, glucose, and plasma proteins. The liver produces bile, which serves as an excretory vehicle for bilirubin, cholesterol, and certain products of organic metabolism, and it contains bile salts that are essential for the digestion of fats and absorption of fat-soluble vitamins. The liver removes, conjugates, and secretes bilirubin into the bile. Jaundice occurs when bilirubin accumulates in the blood. It can occur because of excessive red blood cell destruction, failure of the liver to remove and conjugate the bilirubin, or obstructed biliary flow.

Liver function tests, including serum aminotransferase levels, are used to assess injury to liver cells. Serum bilirubin, GGT, 5′-nucleotidase, and alkaline phosphatase are used as measures of hepatic excretory function. Ultrasonography, CT scans, and MRI are used to evaluate liver structures. Angiography may be used to visualize the hepatic or portal circulation. Liver biopsy obtains tissue specimens for microscopic examination.

Disorders of Hepatic Function

Hepatotoxic Disorders

The liver has an important role in the metabolism of many drugs and chemical substances. It is particularly important in metabolizing lipid-soluble substances that cannot be directly excreted by the kidneys. The liver is central to the metabolic disposition of virtually all drugs and foreign substances. Therefore, drug-induced liver toxicity is a potential complication of many medications.

Drug and Hormone Metabolism

Three major types of reactions are involved in the hepatic detoxification and metabolism of drugs and other chemicals:

1. Phase 1 reactions involve chemical modification or inactivation of a substance.

2. Phase 2 reactions involve conversion of lipid-soluble substances to water-soluble derivatives.
3. Phase 3 reactions involve the substance, its metabolites, or conjugates being secreted as bile (Chitturi et al., 2020).

All three types of reactions may be linked, depending on the composition of the substance being eliminated. For example, many phase 1 reactants are not water-soluble and must therefore undergo a subsequent phase 2 reaction to be eliminated. These reactions, which are called **biotransformations**, are important considerations in drug therapy. To learn more about the three phases, visit https://www.ncbi.nlm.nih.gov/books/NBK442023.

Drug-Induced Liver Disease

Drug-induced liver disease is a frequent cause of acute liver injury. **Hepatotoxicity** is a major reason for acute liver failure in Western countries. As the major drug-metabolizing and detoxifying organ in the body, the liver is subject to potential damage from the enormous array of pharmaceutical and environmental chemicals. Many of the widely used therapeutic drugs, including over-the-counter drugs and herbal supplements, can cause hepatic injury. Acetaminophen alone accounts for approximately half of acute liver failure cases in the United States (Satoh et al., 2023).

Numerous host factors contribute to the susceptibility to drug-induced liver disease, including genetic predisposition, age differences, underlying chronic liver disease, diet and alcohol consumption, and the use of multiple interacting drugs. Drugs and chemicals can exert their effects by causing hepatocyte injury and death or by causing cholestatic liver damage because of injury to biliary drainage structures. The two mechanisms of hepatotoxicity are direct/dose-dependent/intrinsic and idiosyncratic/dose-independent, the latter being more unpredictable (Chitturi et al., 2020; Francis & Navarro, 2024).

Direct Hepatotoxic Injury

Some drugs are known to have toxic effects on the liver based on their chemical structure and the way they are metabolized in the liver. Direct hepatic damage often is age and dose dependent. Direct hepatotoxic reactions result from drug metabolism and the generation of toxic metabolites. Because of the greater activity of the drug-metabolizing enzymes in the central zones of the liver, these agents typically cause centrilobular necrosis. Acetaminophen, antimicrobials, psychotropic agents, lipid-lowering agents, anticancer drugs, hormonal drugs, immunosuppressive agents, sedative, and nonsteroidal anti-inflammatory drugs are commonly associated with acute liver injury (Chiew & Buckley, 2021).

Idiosyncratic Reactions

In contrast to direct hepatotoxic drug reactions, idiosyncratic reactions are unpredictable, not related to dose, and sometimes accompanied by features suggesting an allergic reaction. In some cases, the reaction results directly from a metabolite produced only in certain people depending on a genetic predisposition.

Cholestatic Reactions

Cholestatic drug reactions result in decreased bile secretion or obstruction of the biliary tree. Acute intrahepatic cholestasis is one of the most frequent types of idiosyncratic drug reactions. Among the drugs credited with causing cholestatic drug reactions are nonsteroidal anti-inflammatory drugs, statins, antibiotics, and anabolic agents (Pinazo-Bandera et al., 2023).

Chronic Hepatitis

Some drugs produce a more indolent form of liver damage that closely resembles autoimmune hepatitis (AIH). Early identification of drug-related chronic hepatitis is often difficult. Cirrhosis may develop before the hepatitis is diagnosed. Identifying the responsible drug that caused the liver damage may be difficult retrospectively if the person has been consuming alcohol or taking several drugs.

KEY POINTS

Diseases of the Liver

- Diseases of hepatocytes impair the metabolic and synthetic functions of the liver, causing disorders in carbohydrate, protein and fat metabolism; metabolism and removal of drugs, hormones, toxins, ammonia, and bilirubin from the blood; and the interconversion of amino acids and synthesis of proteins. Elevations in serum aminotransferase levels indicate hepatocyte damage.
- Diseases of the biliary drainage system obstruct the flow of bile and interfere with the elimination of bile salts and bilirubin, producing cholestatic liver damage because of the backup of bile into the lobules of the liver. Elevations in bilirubin and alkaline phosphatase signal the presence of cholestatic liver damage.

Viral Hepatitis

Hepatitis refers to inflammation of the liver caused by hepatotropic viruses that primarily affect liver cells or hepatocytes, autoimmune mechanisms, or reactions to drugs and toxins, or are secondary to other systemic disorders. Viruses causing systemic disease that can involve the liver include Epstein–Barr virus, which may cause a mild hepatitis during the acute phase; cytomegalovirus (particularly in newborns and people who are immunosuppressed); herpesviruses; and enteroviruses.

The known hepatotropic viruses include hepatitis A virus (HAV), hepatitis B virus (HBV), the hepatitis B–associated delta virus (HDV), hepatitis C virus (HCV), and hepatitis E virus (HEV). Although all of these viruses cause acute hepatitis, they differ in the mode of transmission and incubation period; mechanism, degree, and chronicity of liver damage; and ability to evolve to a carrier state. The presence of viral antigens and their antibodies can be determined through laboratory tests.

Pathophysiology

There are two mechanisms of liver injury in viral hepatitis: direct cellular injury and induction of immune responses against the viral antigens. The mechanisms of injury have been most closely studied in HBV. It is thought that the extent of inflammation and necrosis depends on the person's immune response. Accordingly, a prompt immune response during the acute phase of the infection would be expected to cause cell injury but at the same time eliminate the virus. Thus, people who respond with fewer symptoms and a marginal immune response are less likely to eliminate the virus, and hepatocytes expressing the viral antigens persist, leading to the chronic or carrier state. Fulminant hepatitis would be explained in terms of an accelerated immune response with severe liver necrosis.

The clinical course of viral hepatitis involves a number of syndromes, including infection with only serologic evidence of disease but no symptoms, acute hepatitis, the carrier state without clinically apparent disease, chronic hepatitis with or without progression to cirrhosis, or fulminating disease with rapid onset of liver failure. Not all hepatotoxic viruses provoke each of the clinical syndromes.

Clinical Manifestations

The manifestations of acute viral hepatitis can be divided into three phases: the prodromal or preicterus period, the icterus period, and the recovery period. The manifestations of the prodromal period vary from abrupt to insidious, with general malaise, myalgia, arthralgia, easy fatigability, and anorexia (Dienstag, 2020). GI symptoms such as nausea, vomiting, and diarrhea or constipation may also occur. Serum levels of AST and ALT show variable increases during the preicterus phase of acute hepatitis and precede a rise in bilirubin that accompanies the onset of the icterus or jaundice phase of infection. The icterus phase, if it occurs, usually follows the prodromal phase by 7 to 14 days. People have tenderness around the area of the liver, mild weight loss, and spider angiomas (Dienstag, 2020). Approximately 80% of people with acute hepatitis C do not have any symptoms (World Health Organization [WHO], 2022a). The recovery phase is characterized by an increased sense of well-being, return of appetite, and disappearance of jaundice. The acute illness usually subsides gradually over 2 to 12 weeks, with complete clinical recovery in 1 to 4 months depending on the type of hepatitis (Dienstag, 2020). Infection with HBV and HCV can produce a **carrier state** in which the person does not have symptoms but harbors the virus and can therefore transmit the disease (Noverati et al., 2021). Evidence also indicates a carrier state for HDV infection. There is no carrier state for HAV infection. There are two types of carriers: healthy carriers who have few or no ill effects and those with chronic disease who may or may not have symptoms. Factors that increase the risk of becoming a carrier are age at the time of infection and immune status (Dienstag, 2020). People at high risk of becoming carriers are infants of birthing parents with HBV, people with impaired immunity, people who have received multiple transfusions or blood products, people on hemodialysis, and people who inject drugs.

Hepatitis A

Hepatitis A is caused by the HAV, a small, unenveloped, single-stranded ribonucleic acid (RNA) virus. It usually is a benign, self-limited disease, with fulminant hepatic failure developing in fewer than 1% of patients with hepatitis A. Important risk factors include age older than 50 years and underlying liver disease (particularly chronic HCV infection) (Lai & Chopra, 2021).

Pathophysiology

Hepatitis A is contracted primarily by the fecal–oral route (Sjogren & Bassett, 2020). It has a brief incubation period of 14 to 28 days (WHO, 2021). The virus replicates in the liver, is excreted in the bile, and is shed in the stool. The fecal shedding of HAV occurs during the first 2 weeks of the illness (Sjogren & Bassett, 2020). The disease often occurs sporadically or in epidemics. Drinking contaminated milk or water and eating shellfish from infected waters are fairly common routes of transmission. At special risk are people traveling abroad who have not previously been exposed to the virus. Because young children show no symptoms, they play an important role in the spread of the disease. Institutions housing large numbers of people (usually children) sometimes are stricken with an epidemic of hepatitis A. Oral behavior and lack of toilet training promote viral infection among children attending preschool day care centers, who then carry the virus home to older siblings and parents. Hepatitis A is usually not transmitted by transfusion of blood or plasma derivatives, presumably because its short period of viremia usually coincides with clinical illness, so the disease is apparent and blood donations are not accepted.

Clinical Manifestations

The onset of symptoms is usually abrupt and includes fever, malaise, nausea, anorexia, diarrhea, abdominal discomfort, dark urine, and jaundice. The presentation of symptoms is dependent on age, with the severity of symptoms increasing in older age groups. Relapse may occur, followed by recovery (WHO, 2024). Symptoms usually last approximately 2 months but can last longer. HAV does not cause chronic liver disease.

Serologic Markers and Immunization

Antibodies to HAV (anti-HAV) appear early in the disease and tend to persist in the serum. The immunoglobulin (Ig) M antibodies usually appear during the first week of symptoms and slowly decline over a period of 3 to 4 months. Their presence coincides with a decline in fecal virus shedding. Peak levels of IgG antibodies occur after 1 month of illness and may persist for life; they provide long-term protective immunity against reinfection (Sjogren & Bassett, 2020). The presence of IgM anti-HAV indicates acute hepatitis A, whereas IgG anti-HAV merely documents past infection.

The HAV vaccine is available. Immunization is intended for international travelers to regions where sanitation is poor and endemic HAV infections are high, children living in communities with high rates of HAV infection, men who have sex with men, and people who inject drugs. People with preexisting chronic liver disease also may benefit from immunization. A public health benefit also may be derived from vaccinating populations at increased risk for HAV transmission; however, routine vaccination is not specifically recommended for food handlers unless other risk factors are present. Current recommendations include universal childhood vaccination as well as vaccination of at-risk adults. Following known HAV exposure, postexposure prophylaxis with the hepatitis A vaccine is recommended, with the addition of Ig in individuals at high risk (Centers for Disease Control and Prevention [CDC], 2024a).

Hepatitis B

Hepatitis B is caused by the HBV, a double-stranded deoxyribonucleic acid (DNA) virus that is part of the Hepadnaviridae family. HBV infection can produce acute hepatitis B, chronic hepatitis B, progression of chronic hepatitis to cirrhosis, liver damage, liver cancer, and death (CDC, 2024b).

Chronic HBV infection remains a major public health challenge. In 2022, an estimated 13,800 cases of hepatitis B occurred in the United States. Individuals with diabetes have a higher rate of hepatitis B than the general public (CDC, 2024b; Kruszon-Moran et al., 2020; Lim et al., 2020). The CDC estimates that 880,000 to 1.89 million people have chronic hepatitis B and that 68% of people are unaware of their infection status (U.S. Department of Health and Human Services, 2023). To improve health outcomes, the CDC recommended HBV testing for populations at risk and public health management of people living with chronic HBV infection.

Hepatitis B has a longer incubation period and represents a more serious health problem than hepatitis A. The virus is usually transmitted through inoculation with infected blood or serum. However, the viral antigen can be found in most body secretions and can be spread by oral or sexual contact. In the United States, most people with hepatitis B acquire the infection as adults or adolescents. The disease is highly prevalent among people who use injection drugs, heterosexuals with multiple sex partners, and men who have sex with men (U.S. Department of Health and Human Services, 2023). Health care workers are at risk owing to blood exposure and accidental needle injuries. Although the virus can be spread through transfusion or administration of blood products, routine screening methods have appreciably reduced transmission through this route. Of the 25,000 infants born to birthing parents diagnosed with HBV each year, approximately 1,000 transmissions to infants occur. The risk of hepatitis B in infants born to birthing parents with HBV ranges from 10% to 85%, depending on the parent's HBV status. Infants who become infected have a 90% risk of becoming chronic carriers, and up to 25% will die of chronic liver disease as adults. Approximately 2% of people infected with HIV in the United States are also infected with HBV (U.S. Department of Health and Human Services, 2023).

Serologic Markers and Immunization

The CDC recommends hepatitis B screening for all adults aged 18 years and older at least once in their lifetime using a triple-panel test that includes HBsAg, anti-HBs, and total antibody to hepatitis B core antigen. Three well-defined antigens are associated with the virus, each evoking specific antibodies. These antigens and their antibodies serve as serologic markers to follow the course of the disease (CDC, 2024b).

The hepatitis B vaccine is safe and effective and recommended for all infants, unvaccinated children younger than 19 years, adults aged 19 to 59, and adults older than 60 years with risk factors for hepatitis B. Vaccination is routine for all medically stable infants weighing more than 2,000 g within 24 hours of birth (U.S. Department of Health and Human Services, 2023).

Hepatitis C

HCV is one of the most common bloodborne pathogens in the United States (CDC, 2023), although many are unaware of the presence of infection (Roudot-Thoraval, 2021). People who are chronically infected with HCV develop complications, such as cirrhosis, end-stage liver disease, and HCC over a period of 20 to 30 years (Roudot-Thoraval, 2021). Before 1990, the main route of transmission of HCV was through contaminated blood transfusions or blood products. Implementation of HCV testing in blood banks has greatly reduced transfusion-associated risk of HCV infection (Campollo et al., 2022). Currently, recreational injecting drug use is another common mode of HCV transmission. High-risk sexual behavior, defined as having sex with multiple sexual partners or sex with a partner with HCV, is currently the second most common risk factor in the United States. Children whose birthing parents were infected with HCV are at an increased risk for hepatitis C. HCV can also spread through exposure in the health care setting, primarily through needle-stick injuries. There is also concern that transmission of small amounts of blood during tattooing, acupuncture, and body piercing may facilitate the transmission of HCV. Hepatitis C is a common reason for liver transplantation, and if untreated can infect the allograft, leading to liver failure (Patnaik, 2022).

HCV is a single-stranded, genetically unstable RNA virus. This instability leads to multiple genotypes and subtypes that likely contribute to the pathogenicity of the virus, allowing it to escape the actions of host immune mechanisms and antiviral medications and making vaccine development difficult (Zhao et al., 2021). Development of a vaccine and treatment measures has also been hampered by the lack of a reliable, reproducible, and efficient culture system for propagating the virus.

Clinical Manifestations

The incubation period for HCV infection ranges from approximately 2 to 12 weeks, with an average of about 6 to 7 weeks. Most children and adults who acquire the infection usually show no symptoms (CDC, 2023). Jaundice is relatively uncommon and occurs in only a minority of symptomatic adults (Holmes & Chung, 2020). Symptoms, when present, generally persist for several weeks. Fulminant hepatic failure is rare, with only isolated cases reported. A minority of people who are newly infected with HCV will clear the infection, but most go on to develop chronic hepatitis (CDC, 2023). Factors associated with spontaneous clearing of HCV infection appear to include younger age, female sex assigned at birth, and certain histocompatibility genes. The most serious consequences of chronic HCV infection are progressive liver fibrosis leading to cirrhosis, end-stage liver disease, and hepatocellular cancer. Host factors that may exacerbate the progression of liver disease include older age at onset of infection, male sex assigned at birth, an immunosuppressed state, concurrent HBV infection, alcohol consumption, and hepatotoxic medications.

Serologic Markers

Both antibody and viral tests are available for detecting the presence of HCV infection. False-negative results can occur in immunocompromised people and early in the course of the disease before antibodies develop. Direct measurement of HCV in the serum remains the most accurate test for infection. The viral tests are highly sensitive and specific, but they are more costly than antibody tests. With newer antibody testing methods, infection can often be detected as early as 6 to 8 weeks after exposure and as early as 1 to 2 weeks with polymerase chain reaction (PCR)-based viral tests. Unlike hepatitis B, antibodies to HCV are not protective, but they serve as markers for the disease (Holmes & Chung, 2020).

Hepatitis D and E

Hepatitis D is an incomplete virus, requiring the assistance of HBV to replicate (Voelker, 2024). It can cause acute or chronic hepatitis. Acute hepatitis D occurs in two forms: coprimary infection that occurs simultaneously with acute hepatitis B and a superinfection in which hepatitis D is imposed on chronic hepatitis B infection (Janssen & Fung, 2020; Voelker, 2024). The delta agent often increases the severity of HBV infection. It can convert mild HBV infection into severe, fulminating hepatitis, cause acute hepatitis in carriers without symptoms, or increase the tendency for progression to chronic hepatitis and cirrhosis (Voelker, 2024).

The routes of transmission of hepatitis D are similar to those for hepatitis B. In the United States, infection is restricted largely to people at high risk for HBV infection, particularly people who use injection drugs. The greatest risk is in HBV carriers, who should be informed about the dangers of HDV superinfection.

Hepatitis D is diagnosed by detection of antibody to HDV (anti-HDV) in the serum. There is no specific treatment for hepatitis D. Because HDV requires HBV for replication, vaccination against HBV prevents HDV infection but does not benefit individuals with established HBV infection. The HBV vaccine is recommended for household contacts and sex partners. Avoiding contact with blood and body fluids of individuals with HDV is the only preventive measure (Voelker, 2024).

HEV is an unenveloped, single-stranded RNA virus. It is transmitted by the fecal–oral route and causes manifestations of acute hepatitis similar to those of hepatitis A. Solid organ transplant recipients, HIV infection, chemotherapy, and hematologic conditions have been associated with chronic forms of the disease (Aslan & Balaban, 2020). Although hepatitis E often causes an acute and self-limiting infection with low mortality rates in the Western world, it bears a high risk of developing chronic hepatitis in immunocompromised people with substantial mortality rates (Velavan et al., 2021). Hepatitis E occasionally develops into an acute, severe liver disease and is fatal in about 2% of all cases. Clinically, it is comparable to hepatitis A, but in pregnant people, the disease is more often severe and is associated with a clinical syndrome called fulminant liver failure. Pregnant people, especially those in the third trimester, have an elevated mortality rate from the disease of around 20% (WHO, 2022b). Reported cases in the United States involve people who have recently been in an endemic area. People with no history of travel are very rarely affected.

Chronic Viral Hepatitis

Chronic hepatitis is defined as a chronic inflammatory reaction of the liver for more than 3 to 6 months. It is characterized by persistently elevated serum aminotransferase levels and characteristic histologic findings on liver biopsy. The clinical features are highly variable and not predictive of outcome. The most common symptoms are fatigue, malaise, loss of appetite, and occasional bouts of jaundice. Elevation of serum aminotransferase concentrations depends on the level of disease activity.

Chronic viral hepatitis is the principal cause of chronic liver disease, cirrhosis, and hepatocellular cancer in the world and now ranks as the chief reason for liver transplantation in adults (Friedman & Choice, 2026a). Of the hepatotropic viruses, only three are known to cause chronic hepatitis—HBV, HCV, and HDV. Hepatitis B, which is less likely than hepatitis C to progress to chronic infection, accounts for 5% to 10% of chronic liver disease and cirrhosis in the United States (Friedman & Choice, 2026a). It is characterized by the persistence of HBV DNA and usually by HBeAg in the serum, indicating active viral replication. Many people present without symptoms at the time of diagnosis, and elevated serum aminotransferase levels are the first sign of infection.

Chronic hepatitis C accounts for most cases of chronic viral hepatitis. HCV infection becomes chronic in 50% of those infected with HCV. Chronic HCV infection often persists over years, silently destroying liver cells. Most people with chronic hepatitis C do not have symptoms, and diagnosis usually follows a finding of elevated serum aminotransferase levels or complaints of fatigue or nonspecific weakness. Because the course of acute hepatitis C is often mild, many people do not recall the events of the acute infection (Brunner & Bruggmann, 2021).

Treatment

There are no simple and effective treatment methods for chronic viral hepatitis, although a variety of antiretroviral agents have been developed (Castaneda et al., 2021). With the development of direct-acting agents (DAAs), treatment of HCV has evolved to targeting specific components that dictate HCV processing and replication. Combining two or more agents targeting different steps in the viral replication process has proven to be the most successful strategy (Alshuwaykh & Kwo, 2021).

Liver transplantation is a treatment option for end-stage liver disease because of viral hepatitis. Liver transplantation has been more successful in people with hepatitis C than in those with hepatitis B. Although the graft often is reinfected, the disease seems to progress more slowly.

Autoimmune Hepatitis

AIH is a severe type of chronic hepatitis of unknown origin that is associated with interface hepatitis, circulating autoantibodies, and hypergammaglobulinemia (Fialho et al., 2021). This form of the disease occurs in older adults who exhibit mild necroinflammatory activity and a good response to immunosuppressive therapy. AIH, like most autoimmune disorders, is more common in people assigned female at birth. It can present at any age, but younger people appear to have a more severe form of the disease (Schiff et al., 2023). AIH is thought to be a multifactorial disorder, with genetic and environmental factors playing important roles. Most knowledge of the genetics of the disease comes from the human leukocyte antigen (HLA) genes that reside in the major histocompatibility complex (MHC), located on the short arm of chromosome 6. The environmental agents assumed to induce AIH have not been delineated but include viruses and chemical agents.

Two distinct types of AIH have been identified. Type I AIH, the most common form of the disease, is characterized by increased levels of anti–smooth muscle antibodies and antinuclear autoantibodies. The majority of cases occur in people assigned female at birth, with many having co-occurring autoimmune diseases (Schiff et al., 2023). Susceptibility to type I AIH resides mainly with the *HLA-DRB1* gene (Cancado et al., 2022). Type II AIH occurs mainly in children 2 to 14 years of age and is characterized by the presence of antibodies to liver and kidney microsomes and liver cytosol. The disorder is often accompanied by other autoimmune disorders, especially type 1 diabetes, vitiligo, and thyroiditis (Czaja, 2020). The genetic component for this type of AIH is less well defined.

Clinical Manifestations

Clinical manifestations of the disorder cover a spectrum that extends from no apparent symptoms to signs of inflammatory liver disease or cirrhosis (Schiff et al., 2023). Physical examination may reveal no abnormalities, but may reveal hepatomegaly, splenomegaly, jaundice, and signs and symptoms of chronic liver disease. In people with no symptoms, the disorder may be discovered when abnormal serum enzyme levels are identified during the performance of routine screening tests.

Diagnosis and Treatment

The differential diagnosis includes measures to exclude other causes of liver disease, including hepatitis B and C. A characteristic laboratory finding is marked elevation of serum gamma globulins. A biopsy is used to confirm the diagnosis.

Corticosteroid and immunosuppressant drugs are the treatment of choice for this type of hepatitis. Although some people remain in remission after drug treatment is withdrawn, most require long-term maintenance treatment. Liver transplantation may be required for people who are refractory to or intolerant of immunosuppressive therapy and in whom end-stage liver disease develops.

Intrahepatic Biliary Disorders

Intrahepatic biliary diseases disrupt the flow of bile through the liver, causing cholestasis and biliary cirrhosis. Among the causes of intrahepatic biliary disease are PBC and secondary biliary cirrhosis.

Primary Biliary Cholangitis

PBC (formerly known as primary biliary cirrhosis) is a chronic disease of the liver characterized by the autoimmune destruction of intralobar bile ducts, causing cholestasis (Drazilova et al., 2024; Eaton & Lindor, 2020). The disease is seen most commonly in people assigned female at birth who are 40 to 60 years of age. Familial occurrences of the disease are found between parents and children and among siblings. However, unlike other autoimmune disorders, there is little, if any, association with any particular MHC alleles. Although the etiology of PBC remains unknown, it is likely an immune-mediated process that occurs as a result of complex interactions between the environment and genetically susceptible people. Several features of PBC suggest an autoimmune pathogenesis (Eaton & Lindor, 2020). As with other autoimmune disorders, possible environmental triggers include infectious and chemical agents.

Clinical Manifestations

The disorder is characterized by an insidious onset and progressive scarring and destruction of liver tissue. The liver becomes enlarged and takes on a green hue because of the accumulated bile. The earliest symptoms are unexplained pruritus or itching, weight loss, and fatigue, followed by dark urine and pale stools. The prevalence of osteoporosis in patients with PBC is roughly 30%, higher in advanced stages of liver disease, and up to 44% in those awaiting liver transplantation (Danford et al., 2020).

Jaundice is a late manifestation of the disorder, as are other signs of liver failure. Serum alkaline phosphatase levels are elevated in people with PBC.

Diagnosis and Treatment

At diagnosis, most patients have no symptoms but were referred to a hepatologist for abnormal liver function tests (most commonly high GGT or alkaline phosphatase) performed for annual screening blood tests.

Treatment is largely symptomatic. Ursodeoxycholic acid, the only drug approved for treating PBC, increases bile flow, decreases the toxicity of bile contents, and has been shown to decrease the rate of clinical deterioration. Liver transplantation remains the only treatment for advanced disease (Friedman & Choice, 2026b). PBC does not recur after liver transplantation if appropriate immunosuppression is used.

Secondary Biliary Cirrhosis

Secondary biliary cirrhosis results from prolonged obstruction of the extrabiliary tree. The most common cause is cholelithiasis. Other causes of secondary biliary cirrhosis are malignant neoplasms of the biliary tree or head of the pancreas and strictures of the common duct caused by previous surgical procedures. Extrahepatic biliary cirrhosis may benefit from surgical procedures designed to relieve the obstruction.

Steatotic Liver Diseases

Steatotic liver diseases are characterized by the accumulation of fat within hepatocytes and represent a common pathway of chronic liver injury. The two major etiologies are alcohol-associated liver disease and metabolic dysfunction–associated steatotic liver disease (MASLD), both of which can progress from simple steatosis (fatty liver) to steatohepatitis, fibrosis, and ultimately cirrhosis.

The spectrum of alcohol-associated liver disease ranges from simple alcohol-associated steatosis (fatty liver) to steatohepatitis (inflammation of the liver with concurrent fatty infiltration), alcohol-associated hepatitis (AAH), fibrosis, and cirrhosis. AAH is a clinical syndrome characterized by an abrupt increase in serum bilirubin levels, fever, coagulopathy, and liver-related complications. Approximately 15% to 20% of people with alcohol use disorder develop cirrhosis during their lifetimes (Han et al., 2021). Most deaths from alcohol-associated cirrhosis are attributable to liver failure, bleeding esophageal varices, or kidney failure (Han et al., 2021).

Metabolism of Alcohol

Alcohol is absorbed readily from the GI tract and is one of the few substances that can be absorbed from the stomach. It supplies calories but cannot be broken down or stored as protein, fat, or carbohydrate. The metabolism of alcohol yields 7.1 kcal/g. Between 80% and 90% of the alcohol a person drinks is metabolized by the liver. The rest is excreted through the lungs, kidneys, and skin. Alcohol is metabolized by several pathways, mostly involving two enzymes: alcohol dehydrogenase (ADH) and aldehyde dehydrogenase (ALDH). The enzyme cytochrome (CYP2E1) breaks down alcohol to acetaldehyde only after consuming large amounts of alcohol, whereas the enzyme catalase is capable of metabolizing only a small amount of alcohol in the body. Fatty acid ethyl esters formed by fatty acids interacting with alcohol contribute to liver and pancreas damage (National Institute on Alcohol Abuse and Alcoholism, 2022).

The metabolic end products of alcohol metabolism (e.g., acetaldehyde, free radicals) are responsible for a variety of metabolic alterations that can cause liver injury. Acetaldehyde, for example, has multiple toxic effects on liver cells and liver function. Age and sex play a role in the metabolism of alcohol and production of harmful metabolites. The ADH system is depressed by testosterone. Thus, people assigned female at birth tend to produce greater amounts of acetaldehyde and are more predisposed to alcohol-induced liver damage than people assigned male at birth (Szabo & McClain, 2020). Age and genetic factors also appear to affect the alcohol-metabolizing abilities of the liver and the resistance to hepatotoxic effects (Szabo & McClain, 2020).

Alcohol-Associated Liver Disease

The metabolism of alcohol leads to chemical injury to hepatocytes and contributes to the development of steatotic liver disease, although whether the damage is caused primarily by acetaldehyde or by other metabolites is not fully understood. Acetaldehyde is known to impede the mitochondrial electron transport system, which is responsible for oxidative metabolism and generation of adenosine triphosphate (ATP); as a result, the hydrogen ions that are generated in the mitochondria are shunted into lipid synthesis and ketogenesis (Szabo & McClain, 2020). Abnormal accumulations of these substances are found in hepatocytes (i.e., fatty liver) and blood. Binding of acetaldehyde to other molecules impairs the detoxification of free radicals and synthesis of proteins. Acetaldehyde also promotes collagen synthesis and fibrogenesis. The lesions of hepatocellular injury tend to be most prevalent in the centrilobular area that surrounds the central vein, where the pathways for alcohol metabolism are concentrated. This is the part of the lobule that has the lowest oxygen tension; it is thought that the low oxygen concentration in this area of the liver may contribute to the damage.

The amount of alcohol required to produce chronic liver disease varies widely, depending on body size, age, sex, and ethnicity, but the high end of the range is about 80 g/day for 10 to 12 years (Szabo & McClain, 2020). This amount of alcohol can be in the form of 8 oz of 86 proof (41% alcohol) whiskey, two bottles of wine, or six 12-oz bottles of beer. Even after alcohol intake has stopped and all alcohol has been metabolized, the processes that damage liver cells may continue for many weeks and months. Clinical and chemical effects often become worse before the disease resolves. The accumulation of fat usually disappears within a few weeks, and cholestasis and inflammation also subside with time. However, fibrosis

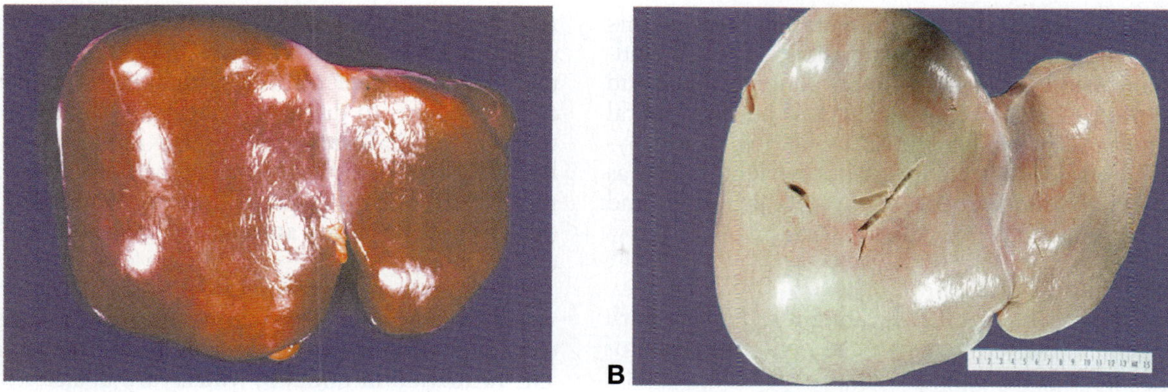

A B

FIGURE 29-9. A. Normal liver. B. Alcohol-associated steatosis. The cuts are postmortem artifacts.

and scarring remain. The liver lobules become distorted as new liver cells regenerate and form nodules.

Although the mechanism by which alcohol exerts its toxic effects on liver structures is somewhat uncertain, the changes that develop can be divided into three stages: fatty liver, AAH, and cirrhosis (Szabo & McClain, 2020).

Fatty liver is characterized by the accumulation of fat in hepatocytes, a condition called **steatosis** (Fig. 29-9). The liver becomes yellow and enlarges owing to excessive fat accumulation. The pathogenesis of fatty liver is not completely understood and can depend on the amount of alcohol consumed, dietary fat content, body stores of fat, hormonal status, and other factors. There is evidence that ingestion of large amounts of alcohol can cause fatty liver changes even with an adequate diet. The fatty changes that occur with alcohol ingestion usually do not produce symptoms and are reversible after the alcohol intake has been discontinued.

Alcohol-associated hepatitis (AAH) is a life-threatening form of acute-on-chronic liver failure that occurs in patients with sustained heavy alcohol use. AAH is characterized by a rapid onset or worsening of jaundice, liver synthetic dysfunction, and features of hepatic decompensation, including ascites, encephalopathy, and portal hypertensive bleeding. An episode of AAH is frequently the first clinical presentation of alcohol-induced liver disease. It often is seen after an abrupt increase in alcohol intake and is common in people who engage in binge drinking. Although it is a treatable form of alcohol-induced liver disease, there is a high rate of short- and long-term mortalities. AH is associated with high morbidity and mortality, especially when severe. AAH has significantly increased since the COVID-19 pandemic (Kasper et al., 2023). AAH is characterized by inflammation and necrosis of liver cells. This stage usually is characterized by hepatic tenderness, pain, anorexia, nausea, fever, jaundice, ascites, and liver failure, but some people have no symptoms. The condition is always serious and sometimes fatal. The immediate prognosis correlates with the severity of liver cell injury. In some cases, the disease progresses rapidly to liver failure and death. In people who survive and continue to drink, the acute phase is often followed by persistent AAH with progression to cirrhosis in a matter of 1 to 2 years. For decades, corticosteroids have been used for the treatment of severe AAH, relying on their potent systemic anti-inflammatory effects. Patients with AAH who do not respond to corticosteroid therapy have poor long-term survival, and some studies reported up to 75% 6-month mortality (Kasper et al., 2023).

Alcohol-associated cirrhosis is the end result of repeated bouts of alcohol-related liver injury and designates the onset of end-stage alcohol-induced liver disease. The gross appearance of the early cirrhotic liver is one of fine, uniform nodules on its surface. The condition has traditionally been called **micronodular** or **Laennec cirrhosis**. With more advanced cirrhosis, regenerative processes cause the nodules to become larger and more irregular in size and shape. As this occurs, the nodules cause the liver to become relobulized through the formation of new portal tracts and venous outflow channels. The nodules may compress the hepatic veins, curtailing blood flow out of the liver and producing portal hypertension, extrahepatic portosystemic shunts, and cholestasis. Evidence of inflammation and hepatocellular injury with neutrophil infiltration is the histologic hallmark of alcohol-induced injury found in alcohol-associated cirrhosis (Friedman & Choice, 2026c).

Metabolic Dysfunction–Associated Steatotic Liver Disease

MASLD (formerly *nonalcoholic fatty liver disease* [NAFLD]) is a steatotic liver disease driven by metabolic dysfunction that leads to hepatic fat accumulation. MASLD is the most common liver disease worldwide and includes a spectrum of histologic features ranging from simple steatosis, characterized by fat accumulation in the liver, to **steatohepatitis**, associated with hepatocyte ballooning, inflammation, and fibrosis. Patients with MASLD may progress to advanced fibrosis and cirrhosis. MASLD is estimated to affect approximately 25% to 30% of the general population, whereas steatohepatitis is present in about 14% (Rinella et al., 2023).

The primary causes of MASLD are obesity, diabetes, and hypertriglyceridemia in association with insulin resistance as part of the metabolic syndrome (Friedman & Choice, 2026c). In the United States, MASLD is the most common form of chronic liver disease (Ali & Lai, 2025).

The condition is associated with metabolic risk factors as well as secondary causes of hepatic steatosis, including certain medications, nutritional abnormalities, and toxin exposures. Both rapid weight loss and parenteral nutrition may lead to hepatic steatosis. Jejunoileal bypass, a surgical procedure used for weight loss, has largely been abandoned because of severe metabolic and hepatic complications (Ali & Lai, 2025).

Pathophysiology

The pathogenesis of MASLD is thought to involve both lipid accumulation within hepatocytes and formation of free radicals, in a manner similar to that which occurs with alcohol metabolism. The primary metabolic abnormalities leading to lipid accumulation are poorly understood but are thought to include alterations in pathways for uptake, synthesis, degradation, or secretion of hepatic lipids resulting from insulin resistance. Obesity increases the synthesis and reduces the oxidation of free fatty acids. Type 2 diabetes or insulin resistance also increases adipose tissue lipolysis and the subsequent production of free fatty acids. When the capacity of the liver to export triglycerides is exceeded, excess fatty acids contribute to the formation of fatty liver (Torres & Harrison, 2020). Both ketones and free fatty acids are inducers of previously described CYP P-450 enzymes of the microsomal ethanol-oxidizing system (MEOS) pathway, which results in free radical formation, including hydrogen peroxide and superoxide. Abnormal lipid peroxidation ensues, followed by direct hepatocyte injury, release of toxic by-products, inflammation, and fibrosis.

Clinical Manifestations

MASLD usually presents without symptoms, although fatigue and discomfort in the right upper quadrant of the abdomen may be present. Mildly to moderately elevated serum levels of AST, ALT, or both are the most common and often the only abnormal laboratory findings. Other abnormalities, including hypoalbuminemia, a prolonged prothrombin time, and hyperbilirubinemia, may be present in people with cirrhotic-stage liver disease. The diagnosis of MASLD requires liver biopsy and exclusion of alcohol use as a cause of the disorder.

Treatment

The aim of treatment is to slow the progression of MASLD and to prevent liver-related illness. Both weight loss and exercise improve insulin resistance and are recommended in conjunction with treatment of associated metabolic disturbances. Alcohol use should be avoided. Disease progression is typically slow, although MASLD is projected to become the leading indication for liver transplantation (Satapathy et al., 2021).

Cirrhosis, Portal Hypertension, and Liver Failure

Cirrhosis

Cirrhosis represents end-stage chronic liver disease, in which much of the functional liver tissue has been replaced by fibrous tissue. Although cirrhosis is usually associated with alcohol use disorder, it can develop in the course of other disorders, including viral hepatitis, toxic reactions to drugs and chemicals, biliary obstruction, and MASLD. Cirrhosis also accompanies metabolic disorders that cause the deposition of minerals in the liver. Two of these disorders are hemochromatosis (i.e., iron deposition) and Wilson disease (i.e., copper deposition).

Cirrhosis is characterized by diffuse fibrosis and conversion of normal liver architecture into nodules containing proliferating hepatocytes encircled by fibrosis. The formation of nodules, which vary in size from very small (<3 mm, micronodules) to large (several centimeters, macronodules), represents a balance between regenerative activity and constrictive scarring (Gill & Kakar, 2020). The fibrous tissue that replaces normally functioning liver tissue forms constrictive bands that disrupt flow in the vascular channels and biliary duct systems of the liver. The disruption of vascular channels predisposes to portal hypertension and its complications; obstruction of biliary channels and exposure to the destructive effects of bile stasis; and loss of liver cells, leading to liver failure.

Clinical Manifestations

The manifestations of cirrhosis vary, ranging from hepatomegaly in the absence of symptoms to hepatic failure (Fig. 29-10). Often, there are no symptoms until the disease is far advanced (Gill & Kakar, 2020). The most common signs and symptoms of cirrhosis are weight loss (sometimes masked by ascites), weakness, and anorexia. Diarrhea is frequently present, although some people may complain of constipation. Hepatomegaly and jaundice are also common signs of cirrhosis. There may be abdominal pain because of liver enlargement or stretching of the Glisson capsule. This pain is located in the epigastric area or in the upper right quadrant and is described as dull, aching, and causing a sensation of fullness.

The late manifestations of cirrhosis are related to portal hypertension and liver cell failure. Splenomegaly, ascites, and portosystemic shunts (i.e., esophageal varices, hemorrhoids, and caput medusae) result from portal hypertension (Gill & Kakar, 2020). Other complications include bleeding because of decreased clotting factors, thrombocytopenia because of splenomegaly, gynecomastia and a feminizing pattern of pubic hair distribution in males because of testicular atrophy, spider angiomas, palmar erythema, and encephalopathy with asterixis and neurologic signs.

Portal Hypertension

Portal hypertension is characterized by increased resistance to flow in the portal venous system and sustained portal vein pressure. Normally, venous blood returning to the heart from the abdominal organs collects in the portal vein and travels through the liver before entering the vena cava. Portal hypertension can be caused by a variety of conditions that increase resistance to hepatic blood flow, including prehepatic, posthepatic,

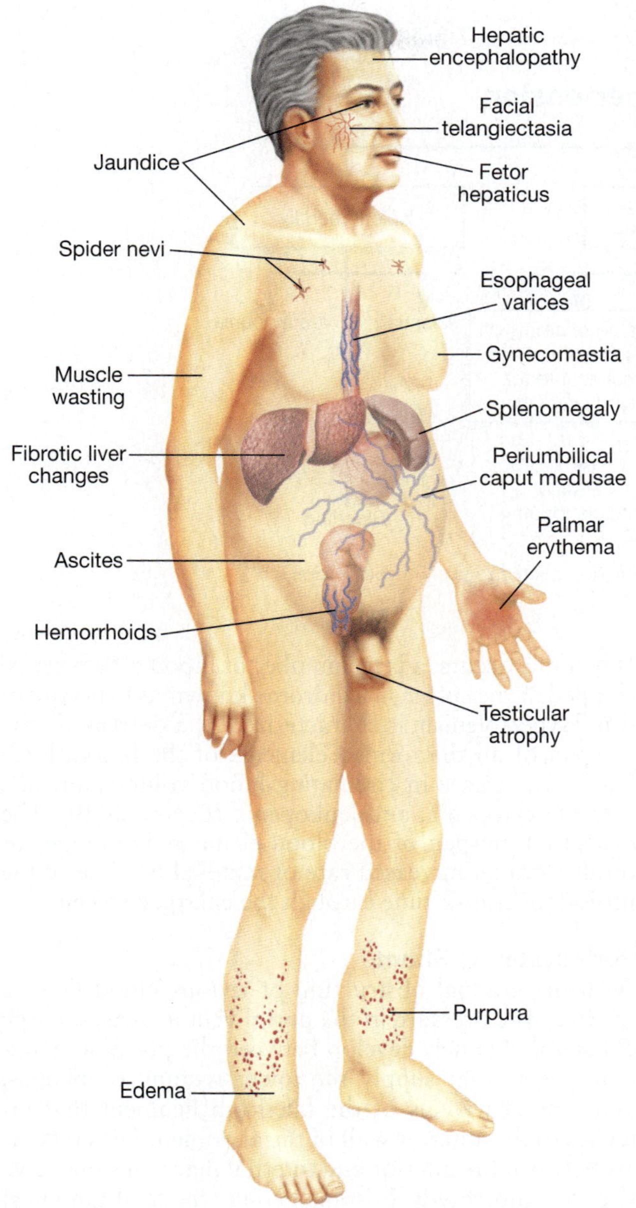

FIGURE 29-10. Clinical manifestations of cirrhosis.

and intrahepatic obstructions (with *hepatic* referring to the liver lobules rather than the entire liver). Prehepatic causes of portal hypertension include portal vein thrombosis and external compression because of cancer or enlarged lymph nodes that produce obstruction of the portal vein before it enters the liver.

Posthepatic obstruction refers to any obstruction to blood flow through the hepatic veins beyond the liver lobules, either within or distal to the liver. It is caused by conditions such as thrombosis of the hepatic veins, veno-occlusive disease, and severe right-sided heart failure that impede the outflow of venous blood from the liver. **Budd-Chiari syndrome** refers to a congestive disease of the liver caused by occlusion of multiple hepatic veins or the hepatic portion of the inferior vena cava (Gill & Kakar, 2020). The principal cause of Budd-Chiari syndrome is thrombosis of the hepatic veins, in association with diverse conditions such as polycythemia vera, hypercoagulability states associated with malignant tumors, pregnancy, bacterial infection, metastatic disease of the liver, and trauma. **Sinusoidal obstruction syndrome,** or **hepatic veno-occlusive disease,** is a variant of the Budd-Chiari syndrome seen most commonly in people treated with certain cancer chemotherapeutic drugs, hepatic irradiation, or bone marrow transplantation (Hitawala & Goosenberg, 2025).

Intrahepatic causes of portal hypertension include conditions that cause obstruction of blood flow within the liver. In alcohol-associated cirrhosis, which is the major cause of portal hypertension, bands of fibrous tissue and fibrous nodules distort the architecture of the liver and increase the resistance to portal blood flow, which leads to portal hypertension.

Complications of portal hypertension arise from the increased pressure and dilation of the venous channels behind the obstruction (Fig. 29-11). In addition, collateral channels that connect the portal circulation with the systemic circulation open. The major complications of the increased portal vein pressure and the opening of collateral channels are ascites, splenomegaly, hepatic encephalopathy, and the formation of portosystemic shunts with bleeding from esophageal varices (Gill & Kakar, 2020).

KEY POINTS

Portal Hypertension

- Venous blood from the GI tract empties into the portal vein and travels through the liver before moving into the general venous circulation.
- Obstruction of blood flow in the liver and portal circulation produces an increase in the hydrostatic pressure within the peritoneal capillaries, contributing to the development of ascites, splenic engorgement and destruction of blood cells and platelets, and shunting of blood to collateral venous channels causing varicosities of the hemorrhoidal and esophageal veins.

Ascites

Ascites occurs when the amount of fluid in the peritoneal cavity is increased and is a late-stage manifestation of cirrhosis and portal hypertension (Sola & Gines, 2020). It is not uncommon for people with advanced cirrhosis to present with an accumulation of 15 L or more of ascitic fluid. These people often experience abdominal discomfort and difficulty breathing or sleeping due to increased pressure in the abdomen. They may also have difficulty walking or living independently.

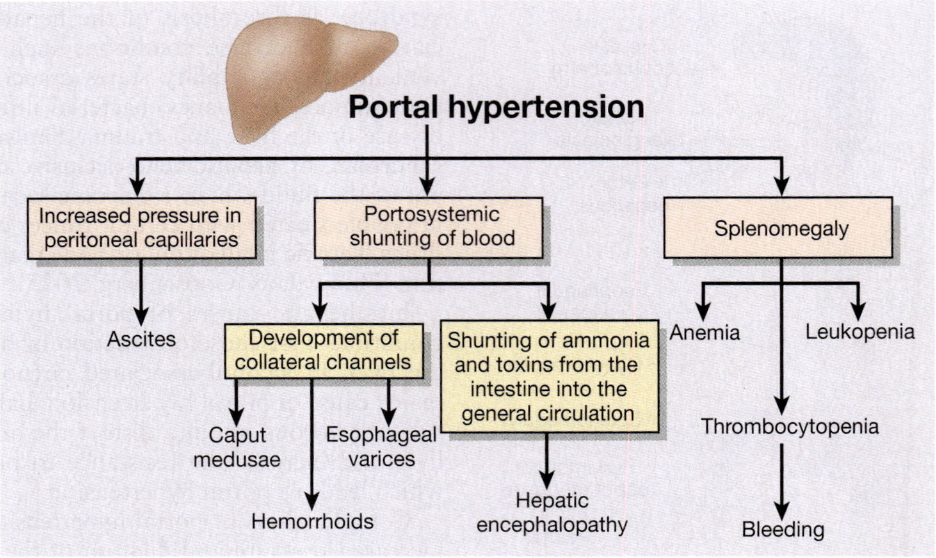

FIGURE 29-11. Mechanisms of disturbed liver function related to portal hypertension.

Although the mechanisms responsible for the development of ascites are not completely understood, several factors seem to contribute to fluid accumulation, including an increase in capillary pressure because of portal hypertension, obstruction of venous flow through the liver, salt and water retention by the kidney, and decreased colloidal osmotic pressure because of impaired synthesis of albumin by the liver.

Treatment of ascites usually focuses on dietary restriction of sodium and administration of diuretics. Water intake also may need to be restricted. Because of the many limitations in sodium restriction, the use of diuretics has become the mainstay of treatment for ascites. Oral potassium supplements are often given to prevent hypokalemia. If the fluid continues to build up, paracentesis—the placement of a needle to withdraw fluid—may be needed (American Liver Foundation, 2023). Large-volume paracentesis (removal of 5 L or more of ascitic fluid) may be done in people with massive ascites and pulmonary compromise. A transjugular intrahepatic portosystemic shunt (TIPS) may be inserted in people with refractory ascites (American Liver Foundation, 2023).

Spontaneous bacterial peritonitis is a complication in people with both cirrhosis and ascites. The infection is serious and carries a high mortality rate even when treated with antibiotics. The risk of sepsis is 2.6-fold higher in patients with cirrhosis than in patients without underlying chronic liver disease (Sola & Gines, 2020). Presumably, the peritoneal fluid is seeded with bacteria from the blood or lymph or from the passage of bacteria through the bowel wall. Symptoms include fever, altered mental status, and abdominal pain. Other symptoms include worsening of hepatic encephalopathy, diarrhea, hypothermia, and shock. It is diagnosed by a neutrophil count of 250/mm^3 or higher (Bacon, 2020).

Splenomegaly

The spleen enlarges progressively in portal hypertension because of shunting of blood into the splenic vein. When this occurs, a large number of blood cells become trapped in the spleen, a syndrome known as **hypersplenism**. Hypersplenism is characterized by a decrease in the lifespan of all the formed elements of the blood, leading to a decrease in circulating blood volume, anemia, thrombocytopenia, and leukopenia (Bacon, 2020). The decreased lifespan of the blood elements is thought to result from an increased rate of removal because of the prolonged transit time through the enlarged spleen.

Portosystemic Shunts

With the gradual obstruction of venous blood flow in the liver, the pressure in the portal vein increases. Large collateral channels develop between the portal and systemic veins that supply the lower rectum, esophagus, and umbilical veins of the falciform ligament that attaches to the anterior wall of the abdomen. The collaterals between the inferior and internal iliac veins may give rise to hemorrhoids. In some people, the fetal umbilical vein is not totally obliterated; it forms a channel on the anterior abdominal wall. Dilated veins around the umbilicus are called ***caput medusae*** (Soni et al., 2021). Portopulmonary shunts also may develop and cause blood to bypass the pulmonary capillaries, interfering with blood oxygenation and producing cyanosis.

Clinically, the most important collateral channels are those connecting the portal and coronary veins that lead to reversal of flow and formation of thin-walled varicosities in the submucosa of the esophagus (Meseeha & Attia, 2023) (Fig. 29-12). These thin-walled **esophageal varices** are subject to rupture, producing massive and sometimes fatal hemorrhage. The most common fatal complication of cirrhosis is variceal rupture; the severity of liver disease correlates with the presence of varices and risk of bleeding. Impaired hepatic synthesis of coagulation factors and decreased platelet levels (i.e., thrombocytopenia) because of splenomegaly may further complicate the control of esophageal bleeding. Esophageal varices are present in nearly 30% to 40% of

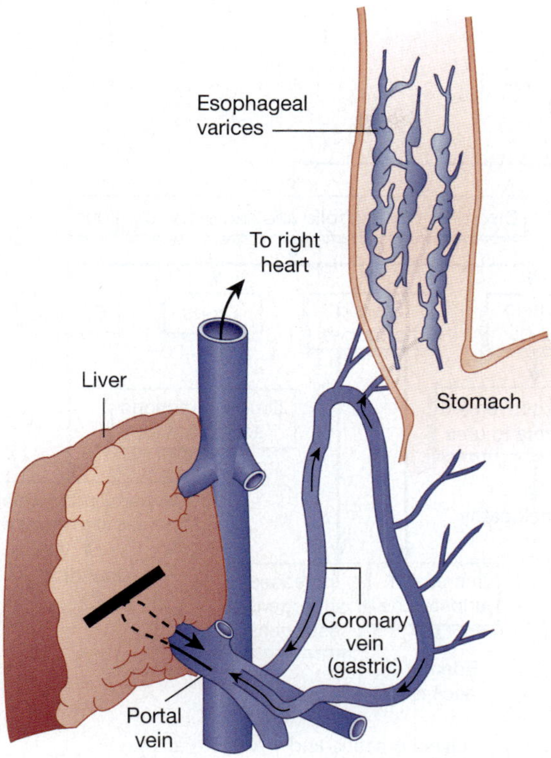

FIGURE 29-12. Obstruction of blood flow in the portal circulation, with portal hypertension and diversion of blood flow to other venous channels, including the gastric and esophageal veins.

people with compensated cirrhosis and in 60% of those with decompensated cirrhosis. Variceal hemorrhage is perhaps the most devastating portal hypertension-related complication in people with cirrhosis, occurring in up to 30% of such people during the course of their illness. Although mortality rates of variceal hemorrhage in people with cirrhosis have been falling over the past few decades because of the implementation of effective treatments and improvements in general medical care, it still carries a mortality rate of up to 20% within 6 weeks of the bleeding episode (Meseeha & Attia, 2023).

Treatment of portal hypertension and esophageal varices is directed at the prevention of initial hemorrhage, management of acute hemorrhage, and prevention of recurrent hemorrhage. Pharmacologic therapy is used to lower portal venous pressure by decreasing splanchnic blood flow and preventing initial hemorrhage.

Prevention of recurrent hemorrhage focuses on lowering portal venous pressure and diverting blood flow away from the easily ruptured collateral channels.

Liver Failure

The most severe clinical consequence of liver disease is **liver (hepatic) failure**. It may result from sudden and massive liver destruction, as in fulminant hepatitis, or be the result of progressive damage to the liver, as occurs in alcoholic cirrhosis. Whatever the cause, 80% to 90% of hepatic functional capacity must be lost before liver failure occurs (Gill & Kakar, 2020). In many patients, the progressive decompensating effects of the disease are hastened by concurrent conditions such as GI bleeding, systemic infection, electrolyte disturbances, or superimposed diseases such as heart failure.

Clinical Manifestations

The manifestations of liver failure reflect the various synthesis, storage, metabolic, and elimination functions of the liver (Fig. 29-13). **Fetor hepaticus** refers to a characteristic musty, sweetish odor of the breath in a person with advanced liver failure, resulting from the metabolic by-products of the intestinal bacteria (Gill & Kakar, 2020).

Hematologic Disorders

Liver failure can cause anemia, thrombocytopenia, coagulation defects, and leukopenia. Anemia may be caused by blood loss, excessive red blood cell destruction, and impaired formation of red blood cells. A folic acid deficiency may lead to severe megaloblastic anemia. Changes in the lipid composition of the red blood cell membrane increase hemolysis. Because factors II, VII, IX, and X and proteins C and S are synthesized by the liver, their decline in liver disease contributes to bleeding disorders (Intagliata & Shah, 2024). Malabsorption of the fat-soluble vitamin K contributes further to the impaired synthesis of these clotting factors. Thrombocytopenia often occurs as a result of splenomegaly. The person with liver failure is subject to purpura, easy bruising, hematuria, and abnormal menstrual bleeding and is vulnerable to bleeding from the esophagus and other segments of the GI tract.

Endocrine Disorders

The liver metabolizes the steroid hormones. Endocrine disorders, particularly disturbances in gonadal (sex hormone) function, are common accompaniments of cirrhosis and liver failure. People assigned female at birth may have menstrual irregularities (usually amenorrhea), loss of libido, and sterility. In people assigned male at birth, testosterone levels usually fall; the testes atrophy; and loss of libido, impotence, and gynecomastia occur. A decrease in aldosterone metabolism may contribute to salt and water retention by the kidney, along with a lowering of serum potassium resulting from increased elimination of potassium.

Skin Disorders

Liver failure brings on numerous skin disorders. Vascular spiders, telangiectases, spider angiomas, and spider nevi are skin lesions seen most often in the upper half of the body. They consist of a central pulsating arteriole from which smaller vessels radiate. Palmar erythema is redness of the palms, probably caused by increased blood flow from higher cardiac output. Clubbing of the fingers may be seen in people with cirrhosis. Jaundice is usually a late manifestation of liver failure.

Hepatorenal Syndrome

The hepatorenal syndrome refers to a functional renal failure sometimes seen during the terminal stages of liver failure when no functional causes of renal disease exist (Gill & Kakar, 2020). It is characterized by progressive

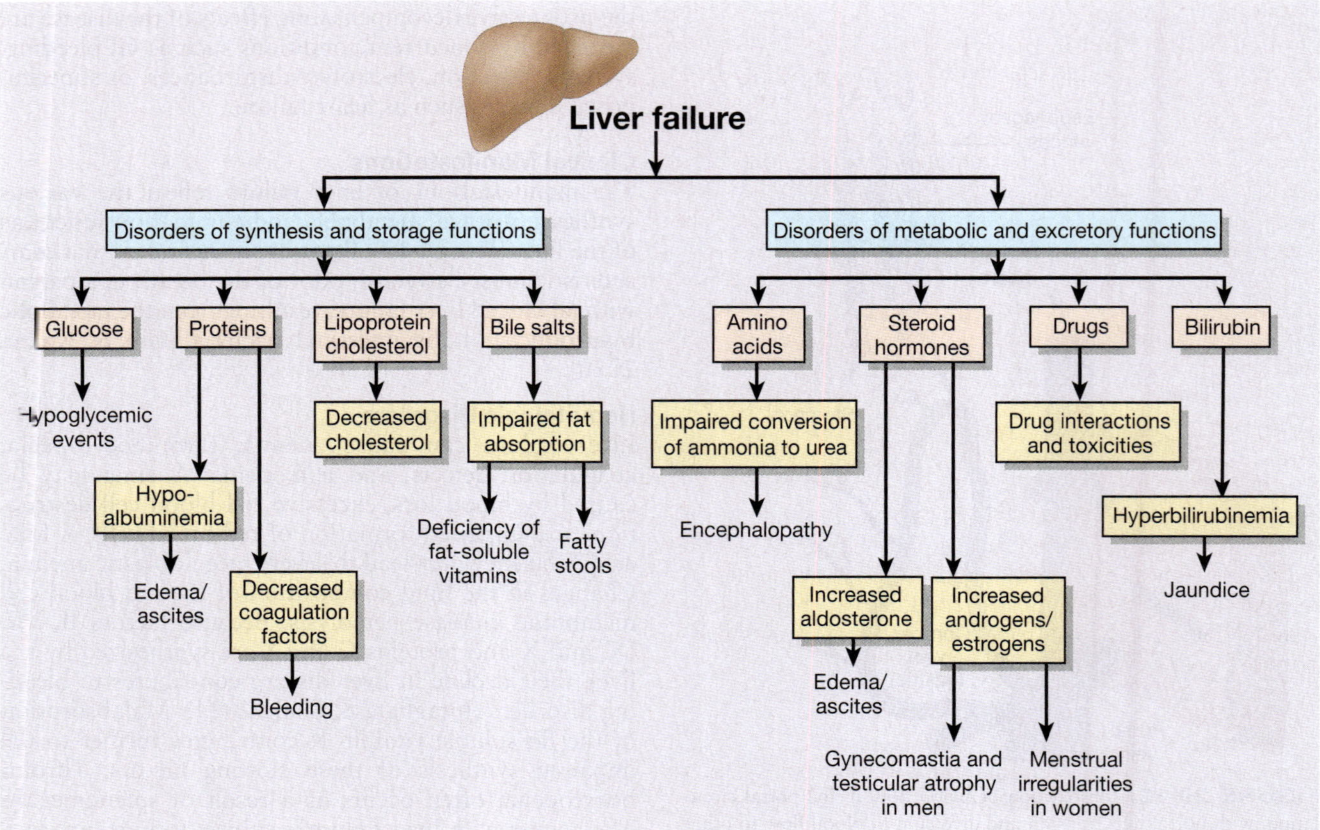

FIGURE 29-13. Alterations in liver function and manifestations of liver failure.

azotemia, increased serum creatinine levels, and oliguria. Although the basic cause is unknown, a decrease in renal blood flow is believed to play a part. Ultimately, when renal failure is superimposed on liver failure, azotemia and elevated levels of blood ammonia occur; this condition is thought to contribute to hepatic encephalopathy and coma.

Hepatic Encephalopathy

Hepatic encephalopathy refers to the totality of central nervous system manifestations of liver failure. It is characterized by neural disturbances ranging from a lack of mental alertness to confusion, coma, and convulsions. A very early sign of hepatic encephalopathy is a flapping tremor called **asterixis**. Various degrees of memory loss may occur, coupled with personality changes such as euphoria, irritability, anxiety, and lack of concern about personal appearance and self. Speech may be impaired, and those affected may be unable to perform certain purposeful movements. The encephalopathy may progress to decerebrate rigidity and then to a terminal deep coma.

Although the cause of hepatic encephalopathy is unknown, the accumulation of neurotoxins, specifically ammonia, which appear in the blood because the liver has lost its detoxifying capacity, is believed to be a factor.

Treatment

The treatment of liver failure is directed toward eliminating alcohol intake when the condition is caused by alcohol-associated cirrhosis; preventing infections; providing sufficient carbohydrates and calories to prevent protein breakdown; correcting fluid and electrolyte imbalances, particularly hypokalemia; and decreasing ammonia production in the GI tract by controlling protein intake. A nonabsorbable antibiotic, such as neomycin, may be given to eradicate bacteria from the bowel and thus prevent ammonia production. Another drug that may be given is lactulose, which is catabolized by colonic bacteria to small organic acids that cause the production of large, loose stools with a low pH.

In many cases, liver transplantation remains the only effective treatment. Unfortunately, the shortage of donor organs severely limits the number of transplantations that are done, and many people die each year while waiting for a transplant (Organ Procurement and Transplantation Network, 2021).

Cancer of the Liver

Primary Liver Cancers

A cancer that starts in the liver is called **primary liver cancer**. Cancer that has spread from elsewhere to the liver, known as **secondary liver cancer** or liver metastasis, is more common than that which starts in the liver. The two major types of primary liver cancer are **hepatocellular carcinoma (HCC)**, which arises from the liver cells, and cholangiocarcinoma, which is a primary cancer of bile duct cells (Gill & Kakar, 2020).

Hepatocellular Carcinoma

HCC is one of the most common cancers worldwide and a leading cause of cancer-related death. In the United States, more than 42,000 new cases of liver and intrahepatic bile duct cancer are diagnosed annually, the majority of which are HCC (American Liver Foundation, 2024). The global burden of HCC is highest in regions with limited resources, where chronic viral hepatitis is more prevalent.

Primary liver cancers are less common in resource-abundant countries; however, the liver is a frequent site of metastatic disease because of its dual blood supply and portal venous drainage. Metastases to the liver most commonly arise from colorectal cancer. Approximately 50% of patients with colorectal cancer develop liver metastases, which represent the leading cause of death in this population (Hu et al., 2021).

Among the factors identified as etiologic agents in liver cancer are chronic viral hepatitis (i.e., HBV, HCV, and HDV), cirrhosis, long-term exposure to environmental agents such as aflatoxin, and drinking water contaminated with arsenic. Just how these etiologic agents contribute to the development of liver cancer is still unclear.

Clinical Manifestations and Diagnosis

The manifestations of HCC often are insidious in onset and masked by those related to cirrhosis or chronic hepatitis. The initial symptoms include weakness, anorexia, weight loss, fatigue, abdominal swelling, a sensation of abdominal fullness, and dull, aching right upper abdominal and/or back and shoulder pain (American Liver Foundation, 2024; Di Bisceglie & Befeler, 2020). Ascites, which often obscures weight loss, is common. Jaundice, if present, is usually mild. There may be a rapid increase in liver size and worsening of ascites in people with preexisting cirrhosis. Usually, the liver is enlarged when these symptoms appear. Various paraneoplastic syndromes (e.g., disturbances because of ectopic hormone or growth factor production by the tumor) have been associated with hepatocellular cancer, including erythrocytosis (erythropoietin), hypoglycemia (insulin-like growth factor), and hypercalcemia (parathyroid-related protein). Because symptoms are often mild or absent, presentation is often late, and people are often unresectable at the time of presentation. As a result, ultrasound surveillance programs are recommended for people who are at risk for developing HCC—namely, people with cirrhosis or chronic hepatitis B or C carriers. Additional methods, such as ultrasonography, CT scans, and MRI, are recommended for diagnosis. Liver biopsy may be used to confirm the diagnosis (Di Bisceglie & Befeler, 2020).

Treatment and Prognosis

Over the past three decades, the outcome of patients with HCC has substantially improved, although these improvements remain limited not only by tumor outcomes but also by underlying liver disease. The curative options for treatment of HCC are liver resection or liver transplantation. Radiofrequency ablation or microwave ablation involves burning the HCC and may be curative if the lesion is very small. Primary cancers of the liver are usually far advanced at the time of diagnosis. The treatment of choice is subtotal hepatectomy if conditions permit. Chemotherapy and radiation therapy are largely palliative.

Cholangiocarcinoma

Cholangiocarcinoma, which is cancer of the bile ducts, is a relatively rare malignancy that has often spread before being discovered (Cleveland Clinic, 2024). Risk factors for cholangiocarcinoma revolve around long-standing inflammation and injury of the bile duct epithelium. Many cases arise de novo and do not have a specific risk factor, but a number of risk factors have been identified, including primary hepatobiliary disease, genetic disorders, inflammatory bowel disease, toxic exposures, and infections. The etiology, clinical features, and prognosis vary considerably with the part of the biliary tree that is the site of origin. Cholangiocarcinoma often presents with pain, weight loss, anorexia, and abdominal swelling or awareness of a mass in the right hypochondrium. Tumors affecting the central or distal bile ducts may present with jaundice. The only treatment option for a potential cure is surgical resection. Typically, extrahepatic tumors have the best surgical outcomes. However, recurrence is very common even with complete resection. Radiotherapy and chemotherapy can be used as adjuvant therapy for cholangiocarcinoma following surgery (Cleveland Clinic, 2024).

Metastatic Tumors

Metastatic tumors of the liver are much more common than primary tumors. Common sources include colorectal, breast, colon, lung, or urogenital cancers. In addition, tumors of neuroendocrine origin spread to the liver. It is often difficult to distinguish primary from metastatic tumors with the use of CT scans, MRI, or ultrasonography. Usually, the diagnosis is confirmed by biopsy.

SUMMARY CONCEPTS

The liver is subject to most of the disease processes that affect other body structures, such as vascular disorders, inflammation, metabolic diseases, toxic injury, and neoplasms. As the major drug-metabolizing and detoxifying organ in the body, the liver is subject to potential damage from the enormous array of pharmaceutical and environmental chemicals. Drugs and chemicals can exert their effects by causing hepatocyte injury and death or by causing cholestatic liver damage because of injury to biliary drainage structures. Drug reactions can be predictable depending on the drug's chemical structure and metabolites or unpredictable depending on individual characteristics of the person receiving the drug. Early identification of drug-induced liver disease is important because withdrawal of the drug is curative in most cases.

Hepatitis is characterized by liver inflammation. Acute viral hepatitis is caused by hepatitis viruses A, B, C, D, and E. Although all of these viruses cause acute hepatitis, they differ in mode of transmission, incubation period, mechanism, degree and chronicity of liver damage, and ability to evolve to a carrier state. HBV, HCV, and HDV infections have the potential for progression to the carrier state, chronic hepatitis, and HCC.

Intrahepatic biliary diseases disrupt the flow of bile through the liver, causing cholestasis and biliary cirrhosis. Among the causes of intrahepatic biliary diseases are primary biliary cholangitis and secondary biliary cirrhosis. Because alcohol competes for intracellular cofactors normally needed by the liver for other metabolic processes, it tends to disrupt the metabolic functions of the liver. The spectrum of liver disease includes fatty liver disease, AAH, and cirrhosis. MASLD is caused by metabolic dysfunction associated with obesity, diabetes, metabolic syndrome, hyperlipidemia, nutritional abnormalities, surgical conditions, drugs, and occupational exposure to toxins.

Cirrhosis represents the end-stage chronic liver disease in which much of the functional liver tissue has been replaced by fibrous tissue that forms constrictive bands that disrupt flow in the vascular channels and biliary duct systems. The disruption of vascular channels predisposes to portal hypertension and its complications, loss of liver cells, and eventual liver failure. Portal hypertension is characterized by increased resistance to flow and increased pressure in the portal venous system; the pathologic consequences of the disorder include ascites, the formation of collateral bypass channels (e.g., esophageal varices) from the portosystemic circulation, and splenomegaly. Liver failure represents the end stage of a number of liver diseases and occurs when less than 10% to 20% of liver tissue is functional. The manifestations of liver failure reflect the various functions of the liver, including hematologic disorders, disruption of endocrine function, skin disorders, hepatorenal syndrome, and hepatic encephalopathy.

The two types of primary cancers of the liver are hepatocellular (the most common form, derived from hepatocytes and their precursors) and cholangiocarcinoma (bile duct cancer, arising from biliary epithelium). HCC, which is associated with chronic viral hepatitis and cirrhosis, is the most common primary liver tumor. Cholangiocarcinoma occurs primarily in older adults with a history of chronic disorders of the bile ducts. Although primary tumors of the liver are relatively rare in resource-abundant countries, the liver shares with the lung the distinction of being the most common site of metastatic tumors.

Disorders of the Gallbladder and Exocrine Pancreas

Disorders of the Gallbladder and Extrahepatic Bile Ducts

The hepatobiliary system consists of the **gallbladder**; the left and right hepatic ducts, which come together to form the **common hepatic duct**; the cystic duct, which extends to the gallbladder; and the common bile duct, which is formed by the union of the common hepatic duct and the cystic duct (Fig. 29-14). The common bile duct descends posteriorly to the first part of the duodenum, where it comes in contact with the main pancreatic duct. These ducts unite to form the hepatopancreatic ampulla. The circular muscle around the distal end of the bile duct is thickened to form the sphincter of the bile duct.

Common disorders of the biliary system include **cholelithiasis** (i.e., gallstones), inflammation of the gallbladder (**cholecystitis**), or inflammation of the common bile duct (**cholangitis**).

Cholelithiasis

Cholelithiasis is caused by precipitation of substances contained in bile, mainly cholesterol and bilirubin. Approximately 90% of gallstones are composed primarily of cholesterol (Fig. 29-15); the other 20% are black or brown pigment stones composed primarily of calcium bilirubinate (Greenberger et al., 2022). Many stones have a mixed composition.

Several factors contribute to gallstone formation: increased biliary secretion of cholesterol, abnormalities in the composition of bile (particularly increased cholesterol), and bile stasis. If the gallbladder emptied all supersaturated or crystal-containing bile completely, stones would not be able to grow (Greenberger et al., 2022). The formation of cholesterol stones is associated with obesity and occurs more frequently in people assigned female at birth, especially those who have had multiple pregnancies or who are taking oral contraceptives. All of these factors cause the liver to excrete more cholesterol into the bile. Estrogen reduces the synthesis of bile acids. Gallbladder sludge (thickened gallbladder mucoprotein with tiny trapped cholesterol crystals) is thought to be a precursor of gallstones. Sludge frequently occurs with pregnancy, starvation, and rapid weight loss. Drugs that lower serum cholesterol levels also cause increased cholesterol excretion into the bile. Malabsorption disorders stemming from ileal disease or intestinal bypass surgery tend to interfere with the absorption of bile salts, which are needed to maintain the solubility of cholesterol. Inflammation of the gallbladder alters the absorptive characteristics of the mucosal layer, allowing excessive absorption of water and bile salts.

Clinical Manifestations

Many people with gallstones have no symptoms. Gallstones cause symptoms when they obstruct bile flow or

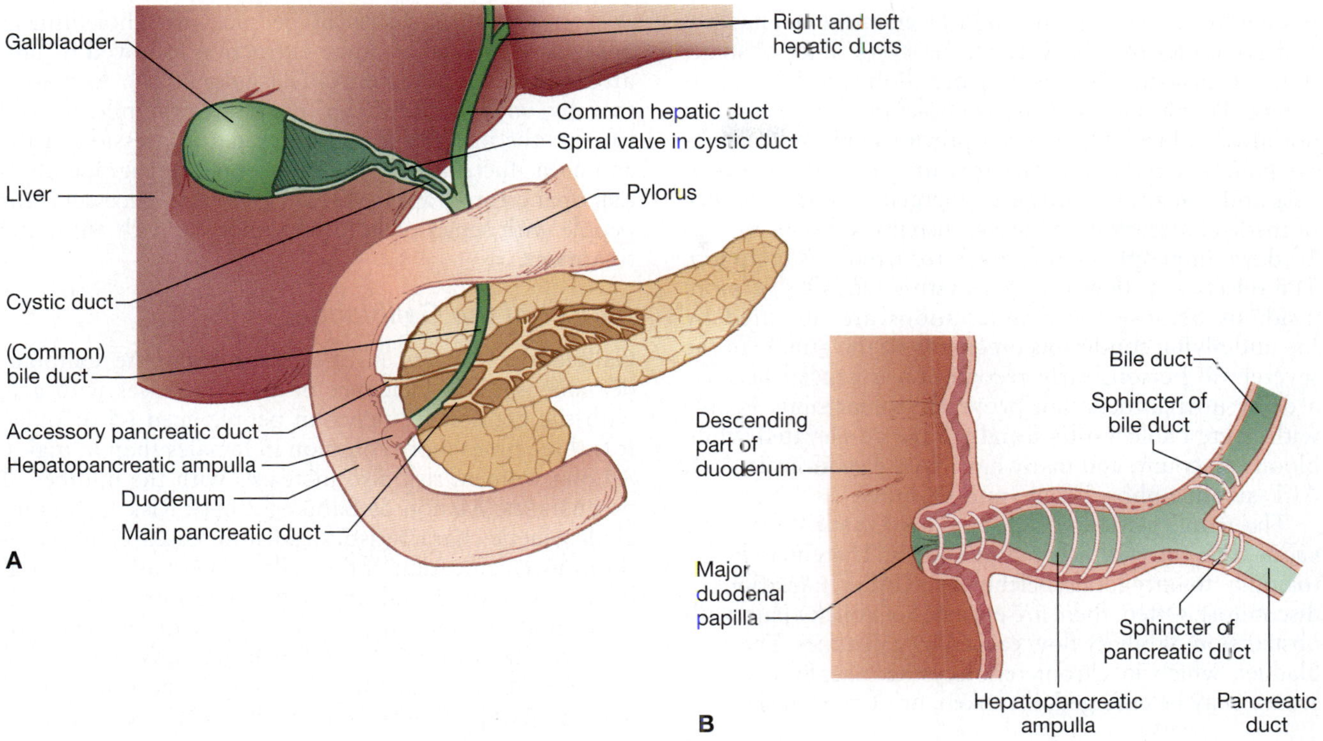

FIGURE 29-14. **A.** Extrahepatic bile passages, gallbladder, and pancreatic ducts. **B.** Entry of bile duct and pancreatic duct into the hepatopancreatic ampulla, which opens into the duodenum.

cause inflammation (Greenberger et al., 2022). Small stones (i.e., <8 mm in diameter) pass into the common duct, producing symptoms of indigestion and biliary colic. Larger stones are more likely to obstruct flow and cause jaundice. The pain of biliary colic is usually located in the upper right quadrant or epigastric area and may be referred to the upper back, the right shoulder, or midscapular region. Typically, the pain is abrupt in onset, increases steadily in intensity, persists for 30 minutes to 5 hours, and is followed by soreness in the upper right quadrant.

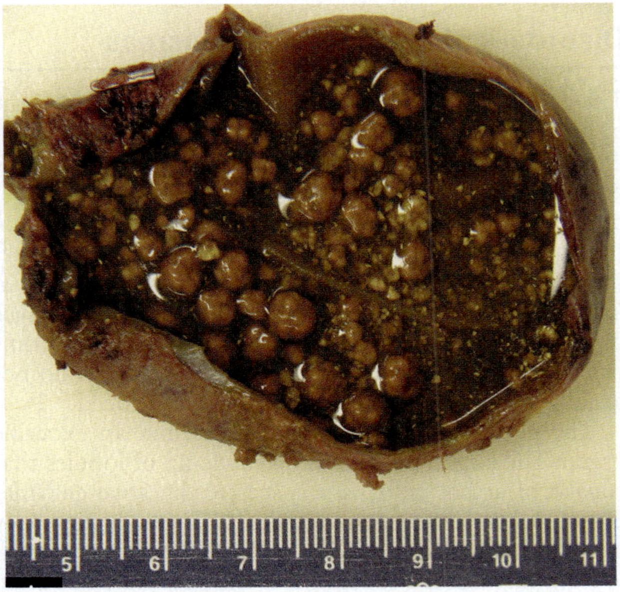

FIGURE 29-15. Cholesterol gallstones. The lumen of this gallbladder is opened to show multiple yellow bosselated stones, characteristic of cholesterol gallstones. (From Lee, E. [2017]. *Pediatric radiology: Practical imaging evaluation of infants and children* (Fig 14.75) Lippincott Williams & Wilkins).

Acute and Chronic Cholecystitis

Acute cholecystitis is a diffuse inflammation of the gallbladder, usually secondary to obstruction of the gallbladder outlet. Most cases of acute cholecystitis (85% to 90%) are associated with the presence of gallstones (**calculous cholecystitis**). The remaining cases (**acalculous cholecystitis**) are associated with sepsis, severe trauma, burns, biliary sludge, vasculitis, or infection of the gallbladder. Acute acalculous cholecystitis occurs with no apparent cause in 50% of cases (Wang & Afdhal, 2020). It can rapidly progress to gangrene and perforation because the process appears to involve loss of blood supply throughout the gallbladder rather than inflammatory changes associated with stones (Greenberger et al., 2022).

Chronic cholecystitis results from repeated episodes of acute cholecystitis or chronic irritation of the gallbladder by stones. It is characterized by varying degrees of chronic inflammation. Gallstones are almost always present. Cholelithiasis with chronic cholecystitis may be associated with acute exacerbations of gallbladder inflammation, common duct stone, pancreatitis, and, rarely, carcinoma of the gallbladder.

Clinical Manifestations

People with acute cholecystitis usually experience an acute onset of upper right quadrant or epigastric pain, frequently associated with mild fever, anorexia, nausea, and vomiting. In biliary colic, the cystic duct obstruction is transient, whereas in acute cholecystitis it is persistent. People with calculous cholecystitis usually, but not always, have experienced previous episodes of biliary pain. The pain may appear with remarkable suddenness and constitute a surgical emergency. In the absence of medical attention, the attack usually subsides in 7 to 10 days. In people who recover, recurrence is common. The onset of acalculous cholecystitis tends to be more insidious because the manifestations are obscured by the underlying conditions precipitating the attack. In the severely ill person, early recognition is crucial because a delay in treatment can prove life-threatening. People with acute cholecystitis usually have an elevated white blood cell count, and many have mild elevations in AST, ALT, alkaline phosphatase, and bilirubin.

The manifestations of chronic cholecystitis are more vague than those of acute cholecystitis. There may be intolerance to fatty foods, belching, and other indications of discomfort. Often, there are episodes of colicky pain with obstruction of biliary flow caused by gallstones. The gallbladder, which in chronic cholecystitis usually contains stones, may be enlarged, shrunken, or of normal size.

Diagnosis and Treatment

Imaging studies play a central role in the diagnosis of gallstones and associated conditions.

Gallbladder disease is usually treated by removing the gallbladder. The gallbladder stores and concentrates bile, and its removal usually does not interfere with digestion. The liver continues to produce bile, which makes its way to the intestine through the bile duct system. Laparoscopic cholecystectomy has become the treatment of choice for symptomatic gallbladder disease.

Choledocholithiasis and Cholangitis

Choledocholithiasis refers to stones in the common duct and cholangitis to inflammation of the common duct. Common duct stones usually originate in the gallbladder but can form spontaneously in the common duct.

Clinical Manifestations

The manifestations of choledocholithiasis are similar to those of gallstones and acute cholecystitis. There is a history of acute biliary colic and right upper abdominal pain, with chills, fever, and jaundice. Bilirubinuria and an elevated serum bilirubin are present if the common duct is obstructed. Complications include acute suppurative cholangitis accompanied by purulent fluid in the common duct. It is characterized by the presence of an altered sensorium, lethargy, and septic shock (Gill & Kakar, 2020). Acute suppurative cholangitis represents an endoscopic or surgical emergency. Common duct stones can also obstruct the outflow of the pancreatic duct, causing secondary pancreatitis.

Diagnosis and Treatment

Ultrasonography, CT scans, and radionuclide imaging may be used to demonstrate dilation of bile ducts and impaired blood flow.

Common duct stones in people with cholelithiasis are usually treated by stone extraction followed by laparoscopic cholecystectomy (Glasgow, 2020). Antibiotic therapy, with an agent that penetrates the bile, is used to treat the infection. Emergency decompression of the common duct, usually by endoscopic retrograde cholangiopancreatography (ERCP), may be necessary for people with sepsis or failure to improve with antibiotic treatment.

Cancer of the Gallbladder

Gallbladder cancers (GBCs) arise from the gallbladder mucosa. The incidence of GBC increases with age, with the greatest incidence in people aged 65 or older. It is three times more common in females than in males. Among women, risk also increases with the number of pregnancies (Menon & Babiker, 2024). Risk factors include genetic characteristics, gallstone disease, bile composition, calcification of the gallbladder wall, congenital biliary cysts or ductal anatomy, some infections, environmental carcinogens, smoking, and drugs. The primary risk factor for GBC is cholelithiasis. Gallstones are found in 80% of patients with GBC (American Cancer Society [ACS], 2024b). People with GBC often have no symptoms, and the diagnosis may be made at the time of imaging or cholecystectomy for other indications. When symptoms are present, they are nonspecific (Wang & Camilleri, 2022). The onset of symptoms is usually insidious, and they resemble those of cholecystitis. The diagnosis is often made unexpectedly at the time of gallbladder surgery. Because of its ability to produce chronic irritation of the gallbladder mucosa, it is believed that cholelithiasis plays a role in the development of GBC. It is generally considered to confer a poor prognosis because this tumor typically remains dormant until an advanced and often noncurative stage.

Disorders of the Exocrine Pancreas

The pancreas lies transversely in the posterior part of the upper abdomen (see Fig. 29-1). The head of the pancreas is at the right of the abdomen; it rests against the curve of the duodenum in the area of the hepatopancreatic ampulla and its entrance into the duodenum. The body of the pancreas lies beneath the stomach. The tail touches the spleen. The pancreas is virtually hidden because of its posterior position, and it cannot be palpated. Because of its position and large functional reserve, symptoms from conditions such as cancer of the pancreas do not usually appear until the disorder is far advanced.

The pancreas is both an endocrine and an exocrine organ. The exocrine pancreas is made up of lobules that consist of acinar cells, which secrete digestive enzymes into a system of microscopic ducts. These ducts empty into the main pancreatic duct, which extends from left to right through the substance of the pancreas. The main pancreatic duct and the bile duct unite to form the hepatopancreatic ampulla, which empties into the duodenum. The sphincter of the pancreatic duct controls the flow of pancreatic secretions into the duodenum (see Fig. 29-15).

The pancreatic secretions contain proteolytic enzymes that break down dietary proteins. These enzymes include trypsin, chymotrypsin, carboxypolypeptidase, ribonuclease, and deoxyribonuclease. The pancreas also secretes pancreatic amylase, which breaks down starch, and lipases, which hydrolyze neutral fats into glycerol and fatty acids. The pancreatic enzymes are secreted in the inactive form and become activated in the intestine (Hall & Hall, 2025b). This is important because the enzymes would digest the tissue of the pancreas itself if they were secreted in the active form. The acinar cells secrete a trypsin inhibitor, which prevents trypsin activation. Because trypsin activates other proteolytic enzymes, the trypsin inhibitor prevents subsequent activation of the other enzymes.

Two types of pancreatic disease are discussed in this chapter: acute and chronic pancreatitis and cancer of the pancreas.

Acute Pancreatitis

Acute pancreatitis represents a reversible inflammatory process of the pancreatic acini brought about by premature activation of pancreatic enzymes (Mederos et al., 2021). Although the disease process may be limited to pancreatic tissue, it can also involve peripancreatic tissues or those of more distant organs. Acute pancreatitis is the leading cause of GI-related hospitalization in the United States. The incidence of acute pancreatitis is estimated at 600 to 700 per 100,000 people in the United States, with an approximate mortality rate of 2% (Gapp et al., 2022; Mederos et al., 2021).

The pathogenesis of acute pancreatitis involves the autodigestion of pancreatic tissue by inappropriately activated pancreatic enzymes. The process is thought to begin with the activation of trypsin. Once activated, trypsin can then activate a variety of digestive enzymes that cause pancreatic injury, resulting in an intense inflammatory response. The acute inflammatory response itself causes substantial tissue damage and may progress beyond the pancreas to produce a systemic inflammatory response syndrome and multiorgan failure. Although a number of factors are associated with the development of acute pancreatitis, most cases result from gallstones (stones in the common duct) or alcohol misuse (Mederos et al., 2021). In the case of biliary tract obstruction because of gallstones, pancreatic duct obstruction or biliary reflux is believed to activate the enzymes in the pancreatic duct system. The precise mechanisms whereby alcohol exerts its action are largely unknown. The capacity for oxidative and nonoxidative metabolism of ethanol by the pancreas and the harmful by-products that result have been related to the disease process. Acute pancreatitis is also associated with hyperlipidemia, hypercalcemia, infections (particularly viral), abdominal and surgical trauma, and drugs such as thiazide diuretics (Mederos et al., 2021).

Clinical Manifestations

The manifestations of acute pancreatitis can range from mild with minimal organ dysfunction to severe and life-threatening. Overall, about 20% of people with acute pancreatitis have a severe course (Penman et al., 2023). Abdominal pain is a cardinal manifestation of acute pancreatitis. The pain is usually located in the epigastric or periumbilical region and may radiate to the back, chest, or flank areas. Physical examination findings are variable and include fever, tachycardia, hypotension, severe abdominal tenderness, respiratory distress, and abdominal distension. Recognized markers of severe disease include laboratory values that measure the inflammatory response (e.g., C-reactive protein), scoring systems that assess inflammation or organ failure, and findings on imaging studies. Clinical findings such as thirst, poor urine output, progressive tachycardia, tachypnea, hypoxemia, agitation, confusion, a rising hematocrit level, and lack of improvement in symptoms within the first 48 hours are warning signs of impending severe disease. Complications include the systemic inflammatory response, acute respiratory distress syndrome, acute tubular necrosis, and organ failure. An important disturbance related to acute pancreatitis is the loss of a large volume of fluid into the retroperitoneal and peripancreatic spaces and the abdominal cavity.

Diagnosis and Treatment

The diagnosis of acute pancreatitis requires two of the following three features: (1) abdominal pain characteristic of acute pancreatitis; (2) serum amylase and/or lipase three or more times the upper limit of normal; and (3) characteristic findings of acute pancreatitis on transabdominal ultrasound, contrast-enhanced CT scan, or MRI. This definition allows for the possibility that an amylase or lipase might be less than three times the upper limit of normal in acute pancreatitis. In a person with abdominal pain characteristic of acute pancreatitis and serum enzyme levels that are lower than three times the upper limit of normal, a CT scan must be performed to confirm a diagnosis of acute pancreatitis.

Treatment measures depend on the severity of the disease. People who present with persistent or severe pain, vomiting, dehydration, or signs of impending severe acute pancreatitis require hospitalization. Treatment measures are directed at pain relief, withholding oral foods and fluids, and restoration of lost plasma volume. Gastric suction is instituted to treat bowel distension and to prevent further stimulation of pancreatic enzyme secretion. Intravenous fluids and electrolytes are administered to replace those lost from the circulation and to combat hypotension and shock. Intravenous colloid solutions are given to replace the fluid that has become sequestered in the abdomen and retroperitoneal space.

Complications

Sequelae in people surviving an episode of severe acute pancreatitis include fluid collections and infection (Penman et al., 2023). In people with acute necrotizing pancreatitis, the necrotic debris becomes infected, usually by Gram-negative organisms from the alimentary canal, further complicating the condition (Gliem et al., 2021). Fluid collections with a high level of pancreatic enzymes are usually associated with pancreatic duct disruptions and may eventually form pseudocysts (a collection of pancreatic fluid enclosed in a layer of inflammatory tissue).

A pseudocyst is most often connected to a pancreatic duct, so it continues to increase in mass. The symptoms depend on its location; for example, jaundice may occur when a cyst develops near the head of the pancreas, close to the common duct. Pseudocysts may resolve or, if they persist, may require surgical intervention.

Chronic Pancreatitis

Chronic pancreatitis is characterized by progressive destruction of the exocrine pancreas, by fibrosis, and, in the later stages, by destruction of the endocrine pancreas. Most factors that cause acute pancreatitis can also cause chronic pancreatitis. However, the chief distinction between the two conditions is the irreversibility of pancreatic function that is characteristic of chronic pancreatitis (Conwell et al., 2020). By far the most common cause of chronic pancreatitis in Western countries is long-term alcohol use disorder (Penman et al., 2023). Less common causes are long-standing obstruction of the pancreatic duct by pseudocysts, calculi, or neoplasms; autoimmune chronic pancreatitis, which occurs in association with autoimmune disorders such as Sjögren syndrome, PSC, and inflammatory bowel disease; idiopathic chronic pancreatitis, associated with cystic fibrosis; and hereditary pancreatitis, a rare autosomal dominant disorder that is associated with both acute and chronic pancreatitis. There is also a strong association between smoking and chronic pancreatitis. Both continued alcohol and smoking exposure are associated with pancreatic fibrosis, calcifications, and progression of disease.

Clinical Manifestations

Chronic pancreatitis is manifested in episodes that are similar but less severe than acute pancreatitis. People with chronic pancreatitis have persistent, recurring episodes of epigastric and upper left quadrant pain; the attacks often are precipitated by alcohol misuse or overeating. Anorexia, nausea, vomiting, constipation, and flatulence are common. Eventually, the disease progresses to the extent that endocrine and exocrine pancreatic functions become deficient. At this point, signs of type 2 diabetes and malabsorption syndrome (e.g., weight loss and fatty stools [steatorrhea]) become apparent.

Treatment

Treatment consists of measures to treat coexisting biliary tract disease. A low-fat diet is usually prescribed. The signs of malabsorption may be treated with pancreatic enzymes. When diabetes is present, it is treated with insulin. Alcohol is forbidden because it frequently precipitates attacks. Frequent pain is treated with narcotics or may require surgical intervention and focuses on relieving any obstruction that may be present. In advanced cases, a subtotal or total pancreatectomy may be necessary (Penman et al., 2023).

Cancer of the Pancreas

Pancreatic cancer currently has the worst survival rate of any cancer, with most patients having advanced disease at the time of presentation. Most pancreatic neoplasms are adenocarcinomas that arise from the pancreatic ducts, but neuroendocrine tumors account for a very small percentage of pancreatic neoplasms. Neuroendocrine tumors may be functional (producing gastrin, insulin, glucagon, vasoactive intestinal peptide, somatostatin, growth hormone–releasing hormone, adrenocorticotropic hormone, and others) or nonfunctional. Pancreatic neuroendocrine tumors are a diverse group of benign or malignant tumors and are generally less aggressive than pancreatic adenocarcinoma (ACS, 2023).

Neuroendocrine tumors tend to grow more slowly and have a better prognosis. Cystic neoplasms account for another very small percentage of pancreatic cancers, but they are important because pancreatic cysts are common and may be mistaken for pseudocysts (Friedman & Choice, 2026d). Early-stage pancreatic cancer usually has no symptoms and spreads quickly throughout the body, making it difficult to detect and harder to treat when it is found in its later stages.

Etiology

The cause of pancreatic cancer is unknown. Age, smoking, alcohol, obesity, diabetes, male sex assigned at birth, chronic pancreatitis, and hereditary factors have been found to be risk factors (Penman et al., 2023). Pancreatic cancer rarely occurs in people younger than 50 years of age, and the risk increases with age. The most significant and reproducible environmental risk factor is cigarette smoking (Wang & Camilleri, 2022). The incidence of pancreatic cancer is twice as high among people who smoke as among people who do not smoke. Overweight or obesity during early adulthood has been associated with a greater risk of pancreatic cancer. Older age at diagnosis is associated with lower overall survival in people with pancreatic cancer.

Clinical Manifestations

Most pancreatic cancers are adenocarcinomas of the ductal epithelium, and symptoms are primarily caused by mass effect rather than disruption of exocrine or endocrine function. The clinical manifestations depend on the size and location of the tumor as well as its metastasis. Pain, jaundice, and weight loss constitute the classic presentation of the disease. The most common pain is a dull epigastric pain often accompanied by back pain, often worse in the supine position and relieved by sitting forward. Although the tumor can arise anywhere in the pancreas, the most frequent site is the head, followed by the body and the tail (Cancer Research UK, 2023; Fernando-del Castillo & Singh, 2024). Because of the proximity of the pancreas to the common duct and the hepatopancreatic ampulla, cancer of the head of the pancreas tends to obstruct bile flow. Jaundice is frequently the presenting symptom with cancer of the head of the pancreas, usually accompanied by pain and pruritus (Von Hoff, 2020). Cancer of the pancreas body usually impinges on the celiac ganglion, causing pain. The pain usually worsens with ingestion of food or assumption of the supine position. Cancer of the tail of the pancreas usually has metastasized before symptoms appear.

Migratory thrombophlebitis (deep vein thrombosis) develops in about 50% of people with pancreatic cancer, particularly when the tumor involves the body or tail of the pancreas (Bauer, 2024). Thrombi develop in multiple veins, including the deep veins of the legs, the subclavian vein, the inferior and superior mesentery veins, and even the vena cava. It is not uncommon for the migratory thrombophlebitis to provide the first evidence of pancreatic cancer, although it may present in other cancers as well. The mechanism responsible for the hypercoagulable state is largely unclear, but it may relate to activation of clotting factors by proteases released from the tumor cells.

Diagnosis and Treatment

Personal history, physical examination, and elevated serum bilirubin and alkaline phosphatase levels may suggest the presence of pancreatic cancer, but are not diagnostic (Von Hoff, 2020). The serum cancer antigen (CA 19-9) may help confirm the diagnosis in people with symptoms and may help predict prognosis and recurrence after resection. However, CA 19-9 has a sensitivity and specificity of 80% to 90%, so it alone does not confirm the diagnosis (Von Hoff, 2020).

Ultrasonography and CT scanning are the most frequently used diagnostic methods. Percutaneous fine-needle aspiration cytology of the pancreas has been one of the major advances in the diagnosis of pancreatic cancer. Unfortunately, the smaller and more curable tumors are most likely to be missed by this procedure. ERCP may be used to evaluate people with suspected pancreatic cancer and obstructive jaundice.

Surgical resection of the tumor is done when the tumor is localized. However, this only occurs in about 10% of people because most cancers of the pancreas have metastasized by the time of diagnosis (Khalaf et al., 2021). Otherwise, surgical resection is reserved for palliative measures. Radiation therapy may be useful when the disease is not resectable but appears to be localized. The use of irradiation and chemotherapy for pancreatic cancer continues to be investigated. Pain control is one of the most important aspects in the management of people with end-stage pancreatic cancer.

SUMMARY CONCEPTS

The biliary tract serves as a passageway for the delivery of bile from the liver to the intestine. This tract consists of the bile ducts and gallbladder. The most common causes of biliary tract disease are cholelithiasis and cholecystitis. Three factors contribute to the development of cholelithiasis: abnormalities in bile composition, bile stasis, and gallbladder inflammation. Cholelithiasis predisposes to obstruction of bile flow, causing biliary colic and acute or chronic cholecystitis. Cancer of the gallbladder, which has a poor 5-year survival rate, occurs in 2% of people with biliary tract disease.

The pancreas is an endocrine and exocrine organ. The exocrine pancreas produces digestive enzymes that are secreted in an inactive form and transported to the small intestine through the main pancreatic duct, which usually empties into the hepatopancreatic ampulla and then into the duodenum through the sphincter of the pancreatic duct. The most common diseases of the exocrine pancreas are acute and chronic forms of pancreatitis, and cancer. Acute and chronic pancreatitis are associated with biliary reflux and alcohol use disorder. Acute pancreatitis is an inflammatory condition of the pancreas because of inappropriate activation of pancreatic enzymes, with manifestations that can range from mild to severe and life-threatening. Despite improvement in treatment, severe acute pancreatitis has high mortality rates (Boxhoorn et al., 2020). Chronic pancreatitis causes progressive destruction of the endocrine and exocrine pancreas. It is characterized by episodes of pain and epigastric distress that are similar to but less severe than those that occur with acute pancreatitis. Cancer of the pancreas is highly malignant and has a poor prognosis.

Integrating Clinical Decision Making

A 52-year-old man presents to the clinic with complaints of fatigue, decreased appetite, and intermittent nausea over the past several weeks. He reports dark urine and generalized itching that has progressively worsened. On examination, he has mild jaundice and right upper quadrant tenderness. Laboratory results reveal elevated total bilirubin, markedly elevated alkaline phosphatase, and mildly increased AST and ALT levels.

1. Based on this patient's presentation and laboratory findings, what type of hepatobiliary dysfunction is most likely occurring, and what is the underlying pathophysiologic mechanism?
2. What additional clinical findings would help differentiate between intrahepatic and extrahepatic causes of this patient's condition?

The patient undergoes abdominal ultrasonography, which reveals gallstones obstructing the common bile duct (choledocholithiasis). Shortly after admission, he develops severe epigastric pain radiating to his back, along with nausea and vomiting. Laboratory tests now show elevated serum lipase levels more than three times normal.

3. What new condition has most likely developed, and what is the underlying pathophysiologic mechanism?
4. What clinical findings would indicate progression to severe acute pancreatitis and systemic complications?

REFERENCES

Ali, S. M. J., & Lai, M. (2025). Metabolic dysfunction–associated steatotic liver disease. *Annals of Internal Medicine*, *178*(1), ITC1–ITC16. https://doi.org/10.7326/annals-24-02933

Alrajid, A. N., & Sugumar, K. (2022, September 12). Physiology, bile. In *StatPearls* [Internet]. StatPearls Publishing. https://www.ncbi.nlm.nih.gov/books/NBK542254/

Alshuwaykh, O., & Kwo, P. Y. (2021). Current and future strategies for the treatment of chronic hepatitis C. *Clinical and Molecular Hepatology*, 27(2), 246–256. https://doi.org/10.3350/cmh.2020.0230

American Cancer Society. (2021). *Pancreatic cancer*. Author. Retrieved August 13, 2021, from https://www.cancer.org/cancer/pancreatic-cancer.html

American Cancer Society. (2023). *Pancreatic cancer survival rates, by stage*. Author. Retrieved August 13, 2021, from https://www.cancer.org/cancer/pancreatic-cancer/detection-diagnosis-staging/survival-rates.html

American Cancer Society. (2024a). *Key statistics about liver cancer*. Author. https://www.cancer.org/cancer/types/liver-cancer/about/what-is-key-statistics.html

American Cancer Society. (2024b). *Risk factors for Gallbladder Cancer*. https://www.cancer.org/cancer/types/gallbladder-cancer/causes-risks-prevention/risk-factors.html

American Liver Foundation. (2023). *Ascites*. Retrieved November 28, 2024, from https://liverfoundation.org/liver-diseases/complications-of-liver-disease/ascites/

American Liver Foundation. (2024). *Hepatocellular carcinoma*. Retrieved November 28, 2024, from https://liverfoundation.org/liver-diseases/cancer/hepatocellular-carcinoma/

Aslan, A. T., & Balaban, H. Y. (2020). Hepatitis E virus: Epidemiology, diagnosis, clinical manifestations, and treatment. *World Journal of Gastroenterology*, *26*(37), 5543–5560. https://doi.org/10.3748/wjg.v26.i37.5543

Bacon, B. R. (2020). Cirrhosis and its complications. In J. Jameson, D. Kasper, A. Fauci, S. Hauser, D. Longo, & J. Loscalzo (Eds.), *Harrison's principles of internal medicine* (20th ed., pp. 2647–2648). McGraw-Hill.

Bauer, K. A. (2024). *Risk and prevention of venous thromboembolism in adults with cancer*. Retrieved November 28, 2024, from, https://www.uptodate.com/contents/risk-and-prevention-of-venous-thromboembolism-in-adults-with-cancer?search=pancreatic%20cancer%20migratory%20thrombophlebitis&topicRef=2501&source=see_link

Bethea, E., & Pratt, D. S. (2022). Evaluation of liver function. In *Harrison's Principles of Internal Medicine* (21st ed., pp. 2553-2557). McGraw-Hill.

Boxhoorn, L., Voermans, R. P., Bouwense, S. A., Bruno, M. J., Verdonk, R. C., Boermeester, M. A., van Santvoort, H. C., & Besselink, M. G. (2020). Acute pancreatitis. *The Lancet*, *396*(10252), 726–734. https://doi.org/10.1016/s0140-6736(20)31310-6

Brunner, N., & Bruggmann, P. (2021). Trends of the global hepatitis C disease burden: Strategies to achieve elimination. *Journal of Preventive Medicine and Public Health*, *54*(4), 251–258. https://doi.org/10.3961/jpmph.21.151

Campollo, O., Amaya, G., & McCormick, P. A. (2022, October 7). Milestones in the discovery of hepatitis C. *World Journal of Gastroenterology*, *28*(37), 5395–5402. https://doi.org/10.3748/wjg.v28.i37.5395

Cancer Research UK. (2023). *Types of pancreatic cancer*. Retrieved November 28, 2024, from https://www.cancerresearchuk.org/about-cancer/pancreatic-cancer/stages-types-grades/types

Carrion, A. F., & Martin, P. (2020). Liver transplantation. In M. Feldman, L. S. Feldman, & L. J. Brandt (Eds.), *Sleisenger and Fordtran's gastrointestinal and liver disease: Pathophysiology, diagnosis, management* (11th ed., pp. 1533–1550). Elsevier.

Castaneda, D., Gonzalez, A. J., Alomari, M., Tandon, K., & Zervos, X. B. (2021). From hepatitis A to E: A critical review of viral hepatitis. *World Journal of Gastroenterology*, *27*(16), 1691–1715. https://doi.org/10.3748/wjg.v27.i16.1691

Centers for Disease Control and Prevention. (2023). *Clinical overview of hepatitis C*. Retrieved November 23, 2024, from https://www.cdc.gov/hepatitis-c/hcp/clinical-overview/index.html#:~:text=Incubation%20period%20Most%20people%20with%20hepatitis%20C,1%E2%80%932%20weeks%20after%20exposure%20to%20the%20virus

Centers for Disease Control and Prevention. (2024a). *Hepatitis A questions and answers for health professionals*. https://www.cdc.gov/hepatitis/hav/havfaq.htm

Centers for Disease Prevention and Control. (2024b). *Hepatitis B Surveillance 2022*. Retrieved November 23, 2024, from https://www.cdc.gov/hepatitis/statistics/2022surveillance/hepatitis-b.htm

Chiew, A. L., & Buckley, N. A. (2021). Acetaminophen poisoning. *Critical Care Clinics*, *37*(3), 543–561. https://doi.org/10.1016/j.ccc.2021.03.005

Chitturi, S., Teoh, N. C., & Farrell, G. C. (2020). Liver disease caused by drugs. In M. Feldman, L. S. Feldman, & L. J. Brandt (Eds.), *Sleisenger and Fordtran's gastrointestinal and liver disease: Pathophysiology, diagnosis, management* (11th ed., pp. 1367–1398). Elsevier.

Cancado, E. L. R., Goldbaum-Crescente, J., & Terrabuio, D. R. B. (2022). HLA-related genetic susceptibility in autoimmune hepatitis according to autoantibody profile. *Frontiers in Immunology*, *13*, 1032591. https://doi.org/10.3389/fimmu.2022.1032591

Cleveland Clinic. (2024, February 13). *Cholangiocarcinoma (bile duct cancer). https://my.clevelandclinic.org/health/diseases/21524-cholangiocarcinoma*

Conwell, D. L., Banks, P., & Greenberger, N. J. (2020). Acute and chronic pancreatitis. In J. Jameson, D. Kasper, A. Fauci, S. Hauser, D. Longo, & J. Loscalzo (Eds.), Harrison's principles of internal medicine (20th ed., pp. 2437–2450). McGraw-Hill.

Czaja, A. J., (2020). Autoimmune hepatitis In M. Feldman, L. S. Feldman, & L. J. Brandt (Eds.), *Sleisenger and Fordtran's gastrointestinal and liver disease: Pathophysiology, diagnosis, management* (11th ed., pp. 1415–1432). Elsevier.

Danford, C. J., Ezaz, G., Trivedi, H. D., Tapper, E. B., & Bonder, A. (2020). The pharmacologic management of osteoporosis in primary biliary cholangitis: A systematic review and meta-analysis. *Journal of Clinical Densitometry*, *23*(2), 223–236. https://doi.org/10.1016/j.jocd.2019.05.003

Di Bisceglie, A. M., & Befeler, A. S. (2020). Hepatic tumors and cysts. Liver transplantation. In M. Feldman, L. S. Feldman, & L. J. Brandt (Eds.), *Sleisenger and Fordtran's gastrointestinal and liver disease: Pathophysiology, diagnosis, management* (11th ed., pp. 1509–1532). Elsevier.

Dienstag, J. L. (2020). Acute viral hepatitis. In J. Jameson, D. Kasper, A. Fauci, S. Hauser, D. Longo, & J. Loscalzo (Eds.), *Harrison's principles of internal medicine* (20th ed., pp. 347–2365). McGraw-Hill.

Drazilova, S., Koky, T., Macej, M., Janicko, M., Simkova, D., Tsedendamba, A., Komarova, S., & Jarcuska, P. (2024).

Pruritus, fatigue, osteoporosis and dyslipoproteinemia in Pbc patients: A clinician's perspective. *Gastroenterology Insights, 15*(2), 419–432. https://doi.org/10.3390/gastroent15020030

Eaton, J. E., & Lindor, K. D. (2020). Primary biliary cholangitis. In M. Feldman, L. S. Feldman, & L. J. Brandt (Eds.), *Sleisenger and Fordtran's gastrointestinal and liver disease: Pathophysiology, diagnosis, management* (11th ed., pp. 1433–1442). Elsevier.

Feld, J. J. (2020). Hepatitis caused by other viruses. In M. Feldman, L. S. Feldman, & L. J. Brandt (Eds.), *Sleisenger and Fordtran's gastrointestinal and liver disease: Pathophysiology, diagnosis, management* (11th ed., pp. 1298–1302). Elsevier. https://www.uptodate.com/contents/clinical-manifestations-diagnosis-and-staging-of-exocrine-pancreatic-cancer

Fernando-del Castillo, C., & Singh, H. (2024). Clinical manifestations, diagnosis, and staging of exocrine pancreatic cancer. *UpToDate*. https://www.uptodate.com/contents/clinical-manifestations-diagnosis-and-staging-of-exocrine-pancreatic-cancer

Fialho, A., Fialho, A., & Carey, W. D. (2021). *Autoimmune hepatitis*. In *Cleveland Clinic—Center for Continuing Education*. Retrieved August 9, 2021, from http://www.clevelandclinicmeded.com/medicalpubs/diseasemanagement/hepatology/chronic-autoimmune-hepatitis/

Fickert, P., & Dawson, P. A. (2020). Bile secretion and enterohepatic circulation. In M. Feldman, L. S. Feldman, & L. J. Brandt (Eds.), *Sleisenger and Fordtran's gastrointestinal and liver disease: Pathophysiology, diagnosis, management* (11th ed., pp. 1001–1015). Saunders Elsevier.

Fischbach, F. T., Fischbach, M., & Stout, K. (2021). *Fischbach's manual of laboratory and diagnostic tests*. (11th ed.). Wolters Kluwer.

Francis, P., & Navarro, V. J. (2024). Drug-induced hepatotoxicity. In *StatPearls* [Internet]. StatPearls Publishing. Retrieved September 10, 2024, from https://www.ncbi.nlm.nih.gov/books/NBK557535/

Friedman, L. S., & Choice, S. R. (2026a). Liver, biliary tract, & pancreas disorders. In M. A. Papadakis, S. J. McPhee, M. W. Rabow, & C. R. Thompson (Eds.), *Current medical diagnosis & treatment 2026* (65th ed., pp. 678–686). McGraw Hill.

Friedman, L. S., & Choice, S. R. (2026b). Liver, biliary tract, & pancreas disorders. In M. A. Papadakis, S. J. McPhee, M. W. Rabow, & C. R. Thompson (Eds.), *Current medical diagnosis & treatment 2026* (65th ed., pp. 698–700). McGraw Hill.

Friedman, L. S., & Choice, S. R. (2026c). Liver, biliary tract, & pancreas disorders. In M. A. Papadakis, S. J. McPhee, M. W. Rabow, & C. R. Thompson (Eds.), *Current medical diagnosis & treatment 2026* (65th ed., pp. 686–693). McGraw Hill.

Friedman, L. S., & Choice, S. R. (2026d). Liver, biliary tract, & pancreas disorders. In M. A. Papadakis, S. J. McPhee, M. W. Rabow, & C. R. Thompson (Eds.), *Current medical diagnosis & treatment 2026* (65th ed., pp. 708–711). McGraw Hill.

Gapp, J., Tariq, A., & Chandra, S. (2022, November 4). Acute pancreatitis. In *StatPearls* [Internet]. StatPearls Publishing. Retrieved February 11, 2023, from https://www.ncbi.nlm.nih.gov/books/NBK482468/

Ghany, M. G., & Hoofnagle, J. H. (2022). Approach to the patient with liver disease. In J. Loscalzo, A. Fauci, D. Kasper, S. Hauser, D. Longo, & J. Jameson (Eds.), *Harrison's principles of internal medicine* (21st ed.). McGraw-Hill Education. https://accessmedicine.mhmedical.com/content.aspx?bookid=3095&sectionid=264532380

Gill, R. M., & Kakar, S. (2020). The liver and gallbladder. The gastrointestinal tract. In V. Kumar, A. K. Abbas, & J. C. Aster (Eds.), *Robbins and Cotran: Pathologic basis of disease* (10th ed., pp. 823–879). Elsevier.

Glasgow, R. E. (2020). Treatment of gallstone disease. In M. Feldman, L. S. Feldman, & L. J. Brandt (Eds.), *Sleisenger and Fordtran's gastrointestinal and liver disease: Pathophysiology, diagnosis, management* (11th ed., pp. 1047–1063). Elsevier.

Gliem, N., Ammer-Herrmenau, C., Ellenrieder, V., & Neesse, A. (2021). Management of severe acute pancreatitis: An update. *Digestion, 102*(4), 503–507. https://doi.org/10.1159/000506830

Greenberger, N. J., Paumgartner, G., & Pratt, D. S. (2022). Diseases of the gallbladder and bile ducts. In J. Jameson, D. Kasper, A. Fauci, S. Hauser, D. Longo, & J. Loscalzo (Eds.), *Harrison's principles of internal medicine* (21st ed.). McGraw-Hill.

Hall, J. E., & Hall, M. E. (2025a). *In Guyton and Hall. Textbook of medical physiology*. (15th ed.). Elsevier.

Hall, J. E., & Hall, M. E. (2025b). *Gall and Hall: Textbook of medical physiology*. (15th ed.). Elsevier.

Han, S., Yang, Z., Zhang, T., Ma, J., Chandler, K., & Liangpunsakul, S. (2021). Epidemiology of alcohol-associated liver disease. *Clinics in Liver Disease, 25*(3), 483–492. https://doi.org/10.1016/j.cld.2021.03.009

Hitawala, A. A., & Goosenberg, E. (2025). Budd-Chiari Syndrome. In StatPearls. *StatPearls* Publishing. https://pubmed.ncbi.nlm.nih.gov/32644367/

Holmes, J. A., & Chung, R. T. (2020). Hepatitis C. In M. Feldman, L. S. Feldman, & L. J. Brandt (Eds.), *Sleisenger and Fordtran's gastrointestinal and liver disease: Pathophysiology, diagnosis, management* (11th ed., pp. 1243–1282). Elsevier.

Hu, D., Pan, Y., & Chen, G. (2021). Colorectal cancer liver metastases: An update of treatment strategy and future perspectives. *Surgery in Practice and Science, 7*, 100042. https://doi.org/10.1016/j.sipas.2021.100042

Intagliata, N., & Shah, N. L. (2024). *Hemostatic abnormalities in patients with liver disease*. Retrieved November 28, 2024, from https://www.uptodate.com/contents/hemostatic-abnormalities-in-patients-with-liver-disease

Janssen, H. L., & Fung, S. (2020). Hepatitis B. In M. Feldman, L. S. Feldman, & L. J. Brandt (Eds.), *Sleisenger and Fordtran's gastrointestinal and liver disease: Pathophysiology, diagnosis, management* (11th ed., pp. 1216–1242). Elsevier.

Kasper, P., Lang, S., Steffen, H. M., & Demir, M. (2023). Management of alcoholic hepatitis: A clinical perspective. *Liver International, 43*(10), 2078–2095. https://doi.org/10.1111/liv.15701

Khalaf, N., El-Serag, H. B., Abrams, H. R., & Thrift, A. P. (2021). Burden of pancreatic cancer: From epidemiology to practice. *Clinical Gastroenterology and Hepatology, 19*(5), 876–884. https://doi.org/10.1016/j.cgh.2020.02.054

Kruszon-Moran, D., Paulose-Ram, R., Martin, C. B., Barker, L. K., & McQuillan, G. (2020). *Prevalence and trends in hepatitis B virus infection in the United States, 2015–2018*. (Report No. 361). National Center for Health Statistics.

Lai, M., & Chopra, S. (2021). Hepatitis a virus infection in adults: Epidemiology, clinical manifestations, and diagnosis. *UpToDate*. Retrieved August 8, 2021, from https://www.uptodate.com/contents/hepatitis-a-virus-infection-in-adults-epidemiology-clinical-manifestations-and-diagnosis?search=Hepatitis%20A%20virus%20infection%20in%20adults&source=search_result&selectedTitle=1~150&usage_type=default&display_rank=1

Lim, J. K., Nguyen, M. H., Kim, W. R., Gish, R., Perumalswami, P., & Jacobson, I. M. (2020). Prevalence of chronic hepatitis B virus infection in the United States. *The American Journal of Gastroenterology, 115*(9), 1429–1438. https://doi.org/10.14309/ajg.0000000000000651

Mederos, M. A., Reber, H. A., & Girgis, M. D. (2021). Acute pancreatitis: A review. *JAMA, 325*(4), 382–390. https://doi.org/10.1001/jama.2020.20317

Menon, G., & Babiker, H. M. (2024, August 17). Gallbladder carcinoma. In *StatPearls* [Internet]. StatPearls Publishing. https://www.ncbi.nlm.nih.gov/books/NBK442002/

Meseeha, M., & Attia, M. (2023). Esophageal varices. In *StatPearls* [Internet]. StatPearls Publishing. Retrieved November 28, 2024, from https://www.statpearls.com/point-of-care/21350

National Institute on Alcohol Abuse and Alcoholism. (2022). *Alcohol's effect on health*. Author. Retrieved November 27, 2024, from https://www.niaaa.nih.gov/publications/alcohol-metabolism

Noverati, N., Garrido, D., Halegoua-DeMarzio, D., & Hann, H. W. (2021). Vagaries of the host response to chronic hepatitis B virus infection: What is the ultimate outcome of so-called "asymptomatic HBV carriers" observed over several decades? *Journal of Immunological Sciences*, *5*(4), 15–20. https://doi.org/10.29245/2578-3009/2021/4.1224

Organ Procurement and Transplantation Network. (2021). *Overall current patient waiting list by organ*. Author Retrieved August 9, 2021, from https://optn.transplant.hrsa.gov/data/

Patnaik, R. (2022). Hepatitis C virus treatment and solid organ transplantation. *Gastroenterology & Hepatology*, *18*(2), 85. https://doi.org/10.1016/s0168-8278(22)00909-6

Penman, I. D., Ralston, S. H., Strachan, M. W. J., Hobson, R. P., & Davidson, L. S. (2023). *Davidson's principles and practice of medicine*. Elsevier.

Pinazo-Bandera, J. M., Toro-Ortiz, J. P., Andrade, R. J., & Garcia-Cortes, M. (2023). Drug-induced cholestasis: Causative agents and challenges in diagnosis and management. *Exploration of Digestive Diseases*, 2, 202–222. https://doi.org/10.37349/3edd.2023.00027

Rinella, M. E., Neuschwander-Tetri, B. A., Siddiqui, M. S., Abdelmalek, M. F., Caldwell, S., Barb, D., Kleiner, D. E., & Loomba, R. (2023). AASLD Practice guidance on the clinical assessment and management of nonalcoholic fatty liver disease. *Hepatology*, *77*(5), 1797–1835. https://doi.org/10.1097/HEP.0000000000000323

Roudot-Thoraval, F. (2021). Epidemiology of hepatitis C virus infection. *Clinics and Research in Hepatology and Gastroenterology*, *45*(3), 101596. https://doi.org/10.1016/j.clinre.2020.101596

Satapathy, S. K., Bernstein, D. E., & Roth, N. C. (2021). Liver transplantation in patients with non-alcoholic steatohepatitis and alcohol-related liver disease: The dust is yet to settle. *Translational Gastroenterology and Hepatology*, 7, 23. https://doi.org/10.21037/tgh-2020-15

Satoh, K., Okuyama, M., Hirasawa, N., & Nakae, H. (2023). Severe drug-induced liver injury from over-the-counter medication. *Cureus*, *15*(1), e33558. https://doi.org/10.7759//PMC99084200

Savio, J., & Pratt, D. S. (2022). Jaundice. In J. L. Jameson, J. Loscalzo, A. Fauci, D. L. Kasper, S. Hauser, & D. Longo (Eds.), *Harrison's principles of internal medicine* (21st ed., pp. 315–320). McGraw Hill.

Schiff, E. R., Reddy, K. R., & Maddrey, W. C. (2023). *MacSween's pathology of the liver*. Elsevier.

Sjogren, M. H., & Bassett, J. T. (2020). Hepatitis a. In M. Feldman, L. S. Feldman, & L. J. Brandt (Eds.), *Sleisenger and Fordtran's gastrointestinal and liver disease: Pathophysiology, diagnosis, management* (11th ed., pp. 1210–1215). Elsevier.

Sola, E., & Gines, P. (2020). Ascites and spontaneous bacterial peritonitis. In M. Feldman, L. S. Feldman, & L. J. Brandt (Eds.), *Sleisenger and Fordtran's gastrointestinal and liver disease: Pathophysiology, diagnosis, management* (11th ed., pp. 1471–1485). Elsevier.

Soni, N., Israrahmed, A., Singh, P., & Lal, H. (2021). Caput medusa: A sign of portal hypertension in case of chronic Budd-Chiari syndrome. *BMJ Case Reports*, *14*(4), e242076. https://doi.org/10.1136/bcr-2021-242076

Suriawinata, A. A., & Thung, S. N. (2020). The liver and biliary system. In D. S. Strayer, J. E. Saffitz, & E. Rubin (Eds.), *Rubin's pathology: Mechanisms of human disease* (8th ed., pp. 838–900). Lippincott Williams & Wilkins.

Szabo, G., & McClain, C. J. (2020). Alcohol-associated liver disease. In M. Feldman, L. S. Feldman, & L. J. Brandt (Eds.), *Sleisenger and Fordtran's gastrointestinal and liver disease: Pathophysiology, diagnosis, management* (11th ed., pp. 1336–1353). Elsevier.

Torres, D. M., & Harrison, S. A. (2020). Nonalcoholic fatty liver disease. In M. Feldman, L. S. Feldman, & L. J. Brandt (Eds.), *Sleisenger and Fordtran's gastrointestinal and liver disease: Pathophysiology, diagnosis, management* (11th ed., pp. 1354–1366). Elsevier.

U.S. Department of Health and Human Services. (2023). *Hepatitis B basic information*. Author. https://www.hhs.gov/hepatitis/learn-about-viral-hepatitis/hepatitis-b-basics/index.html

Velavan, T. P., Pallerla, S. R., Johne, R., Todt, D., Steinmann, E., Schemmerer, M., Wenzel, J. J., Hofmann, J., Shih, J., Wedemeyer, H., & Bock, C. T. (2021). Hepatitis E: An update on one health and clinical medicine. *Liver International*, *41*(7), 1462–1473. https://doi.org/10.1111/liv.14912

Voelker, R. (2024). What is hepatitis D infection? *JAMA*, *331*(18), 1602. https://doi.org/10.1001/jama.2024.1317

Von Hoff, D. D. (2020). Pancreatic cancer. In J. Jameson, D. Kasper, A. Fauci, S. Hauser, D. Longo & J. Loscalzo (Eds.), *Harrison's principles of internal medicine* (20th ed., pp. 591–595). McGraw-Hill.

Wang, D. Q., & Afdhal, N. H. (2020). Gallstone disease. In M. Feldman, L. S. Feldman, & L. J. Brandt (Eds.), *Sleisenger and Fordtran's gastrointestinal and liver disease: Pathophysiology, diagnosis, management* (11th ed., pp. 1016–1046). Elsevier.

Wang, T. C., & Camilleri, M. (2022). *Yamada's textbook of gastroenterology*. John Wiley & Sons.

World Health Organization. (2021). *Hepatitis A: Fact sheet*. Author. Retrieved August 8, 2021, from https://www.who.int/news-room/fact-sheets/detail/hepatitis-a

World Health Organization. (2022a, June 24). *Hepatitis C*. Retrieved February 11, 2023, from https://www.who.int/news-room/fact-sheets/detail/hepatitis-c#:~:text=Globally%2C%20an%20estimated%2058%20million,with%20chronic%20hepatitis%20C%20infection

World Health Organization. (2022b). *Hepatitis E*. Author. Retrieved August 8, 2021, from https://www.who.int/news-room/fact-sheets/detail/hepatitis-e

World Health Organization. (2024). *Hepatitis A*. https://www.who.int/teams/health-product-policy-and-standards/standards-and-specifications/norms-and-standards/vaccine-standardization/hep-a

Zhao, R., Wang, M., Cao, J., Shen, J., Zhou, X., Wang, D., & Cao, J. (2021). Flavivirus: From structure to therapeutics development. *Life (Basel, Switzerland)*, *11*(7), 615. https://doi.org/10.3390/life11070615

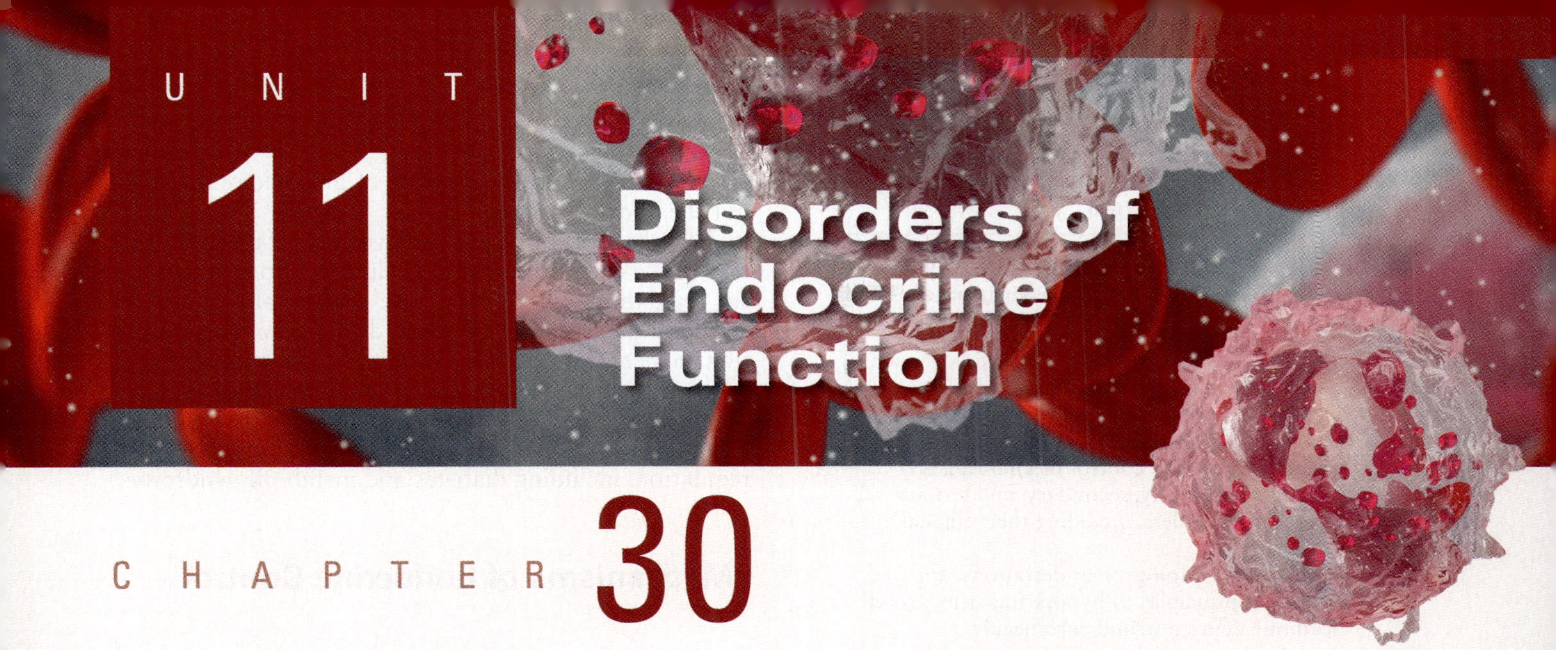

UNIT 11

Disorders of Endocrine Function

CHAPTER 30

Endocrine Disorders of Growth and Metabolism

Learning Objectives

After completing this chapter, the learner will be able to meet the following objectives:

1. Differentiate between cell surface and intracellular hormone receptors and how each mediates hormonal action.
2. Explain the role of the hypothalamus and pituitary in regulating endocrine function, including feedback control mechanisms.
3. Distinguish primary, secondary, and tertiary endocrine disorders, including their clinical presentations.
4. Compare the etiology, manifestations, and treatment principles of hypopituitarism, growth hormone deficiency, and acromegaly.
5. Summarize the synthesis, regulation, and physiologic effects of thyroid hormones with the key diagnostic tests used in thyroid disorders.
6. Describe the functions and feedback regulation of adrenal cortical hormones as they relate to Addison disease and Cushing syndrome.
7. Examine the processes by which the metabolism of carbohydrates, fats, and proteins supports energy production along with the regulatory function of insulin.
8. Explain the functions of counter-regulatory hormones (glucagon, epinephrine, growth hormone, glucocorticoids) in maintaining blood glucose homeostasis.
9. Compare the diagnostic features of the four major classifications of diabetes (type 1, type 2, gestational, and diabetes due to other causes).
10. Describe the clinical significance of metabolic syndrome and its relationship to insulin resistance and type 2 diabetes.
11. Differentiate between common acute complications of diabetes (diabetic ketoacidosis, hyperosmolar hyperglycemic state, hypoglycemia) in terms of pathophysiology, clinical manifestations, and treatment.
12. Compare the dawn phenomenon and Somogyi effect as examples of counter-regulatory dysglycemia.
13. Describe the pathogenesis and clinical manifestations of chronic complications of diabetes, including microvascular and macrovascular disease, diabetic foot ulcers, and infection.
14. Explain evidence-based strategies for prevention, screening, and early detection of chronic diabetes complications.
15. Apply principles of patient education and self-management to promote glycemic control and reduce the risk of complications.

The endocrine system plays a central role in coordinating the body's integrative functions, including growth and development, sexual differentiation, energy metabolism, and adaptation to internal and external environmental changes. Through a complex network of glands, hormones, and feedback mechanisms, the endocrine system influences many aspects of physiology throughout the body.

This chapter begins with an overview of the organization of the endocrine system, including hormone synthesis, regulation, and actions. The chapter also examines common patterns of endocrine dysfunction (hypofunction, hyperfunction, and hormone resistance) and specific endocrine disorders of hypothalamic and pituitary function, thyroid function, and adrenal cortical function. Finally, the chapter explores disorders of glucose regulation, including diabetes and metabolic syndrome.

Mechanisms of Endocrine Control

The endocrine system is a collection of specialized glands and tissues that use chemical messengers called hormones to communicate with other cells and regulate and integrate body functions. The endocrine system works closely with the central and peripheral nervous systems and the immune system, which is why the terms *neuroendocrine* and *neuroendocrine–immune* are often used to describe these interconnected actions (Campbell & Jialal, 2022).

Hormones

Hormones are the chemicals that travel through the bloodstream and act as the signaling molecules of the endocrine system. *Hormone* is derived from the Greek word meaning "to arouse," which describes their function as modulators—not directly performing metabolic activities but instead stimulating, inhibiting, or fine-tuning cellular activity and systemic responses. Although most hormones are continually present in body fluids, the concentration of each specific hormone varies based on physiologic needs and is controlled through negative feedback mechanisms (Campbell & Jialal, 2022).

One hallmark of hormonal signaling is that a single hormone can exert specific effects on distant tissues. Hormones are secreted by endocrine glands such as the pituitary, thyroid, adrenal glands, and pancreas. However, hormone production is not limited to these glands—many other tissues (including the heart, kidneys, liver, gastrointestinal [GI] tract, adipose tissue, and immune cells) also release signaling molecules that influence distant organs and systems.

Major hormones, their sources, structural classifications, and primary physiologic actions are summarized in Table 30-1 (Campbell & Jialal, 2022).

Hormone Signaling Mechanisms

Hormones communicate with their target cells through several chemical signaling mechanisms that are differentiated by the distance between the site of hormone production and the site of action (Su et al., 2024). These pathways enable precise coordination of physiologic processes and include endocrine (distant), paracrine (local), autocrine (same cell), and neuroendocrine

TABLE 30-1 Major Hormones—Sources, Structural Class, and Actions

Source	Hormone	Structural Class	Major Actions
Hypothalamus	CRH, TRH, GHRH, GnRH	Peptide	Regulates anterior pituitary hormone release through hypothalamic–pituitary feedback mechanisms
Hypothalamus	ADH (vasopressin)	Peptide	Increases renal water reabsorption, helping regulate blood volume and osmolality
Hypothalamus	Dopamine	Amine	Inhibits prolactin release and functions as a key neurotransmitter in the CNS
Anterior pituitary	GH	Protein	Promotes growth, protein synthesis, and fat metabolism; affects glucose utilization
Thyroid	T3, T4	Amine (tyrosine-derived)	Increases metabolic rate and support growth and development
Adrenal cortex	Cortisol	Steroid	Regulates metabolism, increases blood glucose, and suppresses inflammatory responses
Pancreas	Insulin	Peptide	Lowers blood glucose by promoting cellular uptake and storage of glucose
Parathyroid	PTH	Peptide	Raises blood calcium by increasing bone resorption and renal reabsorption
Ovary	Estrogen	Steroid	Promotes female reproductive development and regulates the menstrual cycle
Adrenal medulla	Epinephrine	Amine	Mediates sympathetic stress response, increasing heart rate and blood glucose
Various tissues	Prostaglandins	Fatty acid derivative	Regulate inflammation, vascular tone, and smooth muscle activity

ADH, antidiuretic hormone; CNS, central nervous system; CRH, corticotropin-releasing hormone; GH, growth hormone; GHRH, growth hormone-releasing hormone; GnRH, gonadotropin-releasing hormone; PTH, parathyroid hormone; TRH, thyrotropin-releasing hormone.

mechanisms. Chart 30-1 describes chemical signaling mechanisms used by a variety of chemical molecules and hormones.

CHART 30-1

CHEMICAL SIGNALING MECHANISMS

- Endocrine: Signaling molecules are secreted into the bloodstream and travel through the blood to communicate an action to distant target cells.
- Paracrine: Signaling molecules travel through local tissues only to stimulate an action by nearby cells, without entering the bloodstream.
- Autocrine: Signaling molecules act on the same cell that released them, modifying the activity of the same cell.
- Intracrine: Signaling molecules act entirely within the cell that produced the molecules, without being secreted.
- Neuroendocrine: Neurons produce and secrete signaling molecules into the bloodstream to act on distant target cells.

Structural Classification of Hormones

Hormones are commonly classified into four categories based on their chemical structure:

1. Amines and amino acids
2. Peptides, proteins, and glycoproteins
3. Steroids
4. Fatty acid derivatives (Russo-Picasso & Springer, 2023)

Representative hormones from each structural class are included in Table 30-1.

The **amine and amino acid–derived hormones** are derived from a single amino acid and include catecholamines such as dopamine; norepinephrine and epinephrine, which are synthesized from the amino acid tyrosine (Khalil et al., 2024); and the thyroid hormones (T3 and T4), which are composed of the amino acid tyrosine combined with iodine (Ross et al., 2024; Shahid, Sharma, et al., 2023). The **peptide** and **protein hormones** represent the largest group of hormones and range from very small molecules such as thyrotropin-releasing hormone (TRH), with just three amino acids, to larger and more complex proteins such as growth hormone (GH), which contains nearly 200 amino acids. **Glycoproteins** are protein-based hormones with a carbohydrate component; examples include follicle-stimulating hormone (FSH) and thyroid-stimulating hormone (TSH). The steroid hormones are synthesized from cholesterol and include glucocorticoids, mineralocorticoids, and sex steroids. Finally, the **fatty acid–derived hormones** include the eicosanoids, such as prostaglandins and other arachidonic acid metabolites, which play a major role in inflammation and vascular tone (Russo-Picasso & Springer, 2023).

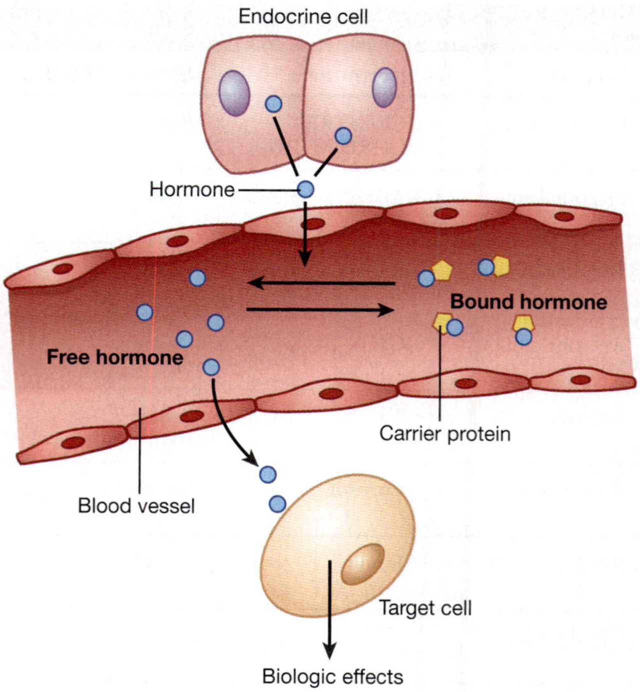

FIGURE 30-1. Relationship of free and carrier-bound hormones.

KEY POINTS

Hormones

- Hormones are chemical messengers that communicate between cells and regulate diverse physiologic processes. Chemical signaling mechanisms used by hormones include endocrine signaling (travel through the bloodstream to bring messages to distant target cells), paracrine signaling (communicating locally to take messages to neighboring cells), autocrine signaling (communicating messages to the same cell that secreted the hormone), and intracrine signaling (carrying messages entirely within the cell in which they are produced, without being secreted).
- Neuroendocrine signaling is a specialized process in which neurons release hormones into the bloodstream to communicate messages to distant target cells.

Synthesis and Release

Mechanisms of hormone synthesis and release vary with the chemical structure of the hormone. Peptide and protein hormones are usually synthesized and stored in secretory vesicles within the cytoplasm to be available for release when needed. These protein-based hormones are often produced as inactive precursors called **preprohormones**, which are converted to **prohormones** during processing in the endoplasmic reticulum and Golgi apparatus. This step ensures proper folding and structural integrity before the hormone becomes biologically active. When stimulation occurs, often through a negative feedback signal, the vesicles move to the cell membrane, releasing their contents via exocytosis. Insulin is a classic example, stored as proinsulin and cleaved to active insulin before secretion (Russo-Picasso & Springer, 2023).

In contrast, **steroid hormones** (glucocorticoids, mineralocorticoids, and sex steroids) are lipid-soluble molecules synthesized from cholesterol, primarily in the smooth endoplasmic reticulum. Steroid hormones are not stored in vesicles; rather, they are released into circulation by simple diffusion as soon as they are produced. Certain steroids can also serve as precursors for other hormones, for example, androstenedione can be converted to testosterone or estrone depending on enzymatic activity (Russo-Picasso & Springer, 2023).

Transport

After secretion, hormones circulate either freely or bound to plasma proteins (Fig. 30-1). Peptide and protein hormones are water soluble and generally do not require a transport carrier. However, steroid and thyroid hormones are lipophilic and require specific carrier proteins, synthesized mainly in the liver, for transport. The degree of protein binding strongly affects a hormone's half-life (time for hormone levels to decrease by half) and availability. Hormones with high protein binding can have long half-lives, but freely circulating peptides may be degraded within minutes. Competition by other molecules or drugs for the same carrier proteins may displace hormones from the carrier and transiently increase the active, free hormone fraction (Campbell & Jialal, 2022).

Metabolism and Elimination

Hormone metabolism and elimination are essential for preventing accumulation and maintaining homeostasis. Water-soluble hormones (peptides and amines) are rapidly degraded by enzymes in the blood, liver, or kidneys and excreted in urine. Their short half-lives allow rapid adjustment of hormone levels. Degradation often occurs after receptor-mediated endocytosis, with subsequent breakdown by proteolytic enzymes inside the cell. In contrast, steroid hormones are inactivated primarily in the liver, conjugated to make them water soluble, and then excreted in bile or urine. Because most steroid hormones circulate bound to proteins, their activity is influenced by carrier availability, except for mineralocorticoids such as aldosterone, which circulate largely in free form and act rapidly (Campbell & Jialal, 2022).

Mechanisms of Action

Hormones exert their effects by binding to high-affinity **receptors** located either on the cell surface or within target cells. These receptors translate the hormonal signal into specific intracellular events that regulate cell function. Hormonal effects can range from rapid changes in ion channel permeability to long-term alterations in gene expression and protein synthesis. The speed and duration of a hormone's action depend largely on its receptor type and signaling pathway (Campbell & Jialal, 2022).

Receptor Characteristics and Regulation

Hormone receptors are highly specific molecular structures—usually proteins—designed to recognize a single hormone or a small group of related hormones. This specificity allows target tissues to respond to the correct hormonal signal. For example, thyroid follicular cells respond to TSH, while gonadal cells respond to FSH or luteinizing hormone (LH) (Alexander et al., 2023).

Target cell responsiveness depends on both the number of available receptors and their binding **affinity**. Receptor numbers are dynamic and influenced by circulating hormone levels. **Upregulation** occurs when low hormone levels stimulate increased receptor synthesis, enhancing cellular sensitivity. Conversely, sustained exposure to high hormone levels often leads to **downregulation**, decreasing receptor numbers and blunting the response. This mechanism is clinically important. For example, chronic hyperinsulinemia can lead to downregulation of insulin receptors, contributing to insulin resistance in type 2 diabetes. In rare cases, high hormone levels may recruit additional receptors, increasing sensitivity. These changes are primarily mediated at the level of gene transcription for receptor proteins (Alexander et al., 2023).

Cell Surface Receptors and Second Messengers

Peptide hormones and catecholamines are water soluble and cannot easily cross the lipid cell membrane. Instead, they bind to receptors on the cell surface and trigger second messenger signaling systems. The hormone serves as the **first messenger**, while intracellular molecules such as cyclic adenosine monophosphate (cAMP), inositol triphosphate (IP_3), diacylglycerol (DAG), or calcium ions act as **second messengers** that amplify and propagate the signal. These systems allow for rapid responses. For example, glucagon binds to surface receptors on hepatocytes, activating cAMP-mediated pathways that promote glycogen breakdown and glucose release (Al-Suhaimi et al., 2022).

Intracellular Receptors and Gene Activation

Lipid-soluble hormones, including steroid hormones (e.g., cortisol, estrogen, testosterone) and thyroid hormones, can readily cross the cell membrane and bind to intracellular receptors located in the cytoplasm or nucleus. The hormone–receptor complex then binds to specific deoxyribonucleic acid (DNA) sequences called hormone response elements, leading to activation or suppression of gene transcription and changes in protein synthesis. Because this mechanism involves altering gene expression, the onset of action is typically slower but the effects are longer lasting (Al-Suhaimi et al., 2022).

Control of Hormone Levels

Hormone secretion is dynamic and often follows predictable patterns. Some hormones, such as GH and adrenocorticotropic hormone (ACTH), show diurnal variation linked to the sleep–wake cycle, with peak levels in the early morning. This rhythmic secretion has clinical importance: for example, blood tests for cortisol (a major ACTH target hormone) are typically drawn before 8 a.m. to capture peak levels. Other hormones, such as female reproductive hormones, are secreted in cyclic patterns that correspond to the menstrual cycle. Still others, including insulin and antidiuretic hormone (ADH), are released in response to acute changes in circulating substrates, such as blood glucose and plasma osmolality (Al-Suhaimi et al., 2022).

Most endocrine systems are regulated by **negative feedback loops** that keep hormone levels within a physiologic range. Rising hormone levels inhibit further hormone release, while falling levels stimulate hormone release (Al-Suhaimi et al., 2022).

Hypothalamic–Pituitary Regulation

The hypothalamus and pituitary gland function as a central regulatory pathway for several key endocrine systems that are responsible for integrating neural, hormonal, and immune signals to regulate growth, metabolism, reproduction, and stress responses (Welt, 2025). The **hypothalamus** is located centrally in the brain, just below the thalamus. The thalamus is the central location of the brain that receives input from sensory pathways and then directs those sensory inputs to the appropriate parts of the brain to respond. The hypothalamus receives sensory input from the thalamus for stimuli such as emotion, pain, and temperature. Then the hypothalamus begins the endocrine responses that will travel through the hypothalamic–pituitary pathway to elicit a response from key endocrine glands (particularly the adrenal and thyroid glands).

The **pituitary gland (hypophysis)** is suspended from the hypothalamus by the pituitary stalk and rests within the bony sella turcica. The pituitary gland consists of three regions (Fig. 30-2): the anterior, posterior, and intermediate lobe.

The **anterior pituitary (adenohypophysis)** is glandular tissue connected to the hypothalamus via the hypophyseal portal venous system. When the anterior pituitary is stimulated by hypothalamic hormones traveling through this local portal venous system, the glandular cells of the anterior pituitary will secrete the corresponding pituitary "tropic hormones" into broader systemic

UNDERSTANDING ➔ Hormone Receptors

Hormones exert their effects by binding to specific receptors on or within their target cells. There are two major types of receptors:

1

Cell Surface Receptors
Water-soluble peptide hormones (e.g., parathyroid hormone [PTH], glucagon) cannot cross the lipid membrane of the cell. Instead, they bind to a receptor on the cell surface, triggering a conformational change that activates an intracellular signal system. Many of these receptors are G-protein–coupled receptors, which activate effectors such as adenylate cyclase and generate second messengers like cAMP. The second messenger amplifies the signal and activates downstream enzymes, leading to cellular responses such as secretion, gene activation, or changes in metabolism (Al-Suhaimi et al., 2022).

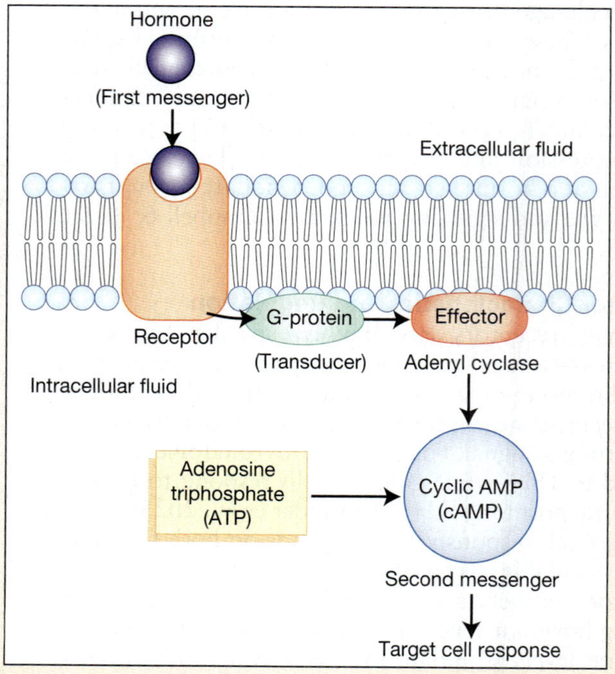

2

Nuclear Receptors Lipid-soluble hormones (e.g., steroid hormones, vitamin D, thyroid hormones) diffuse through the plasma membrane and bind to receptors located in the cytoplasm or nucleus. The hormone–receptor complex then binds to hormone response elements on DNA or interacts with transcription factors to regulate gene expression. This results in synthesis of new proteins or enzymes, producing longer-term changes in cell function.

Key Point: Surface receptor mechanisms act quickly (seconds to minutes), while intracellular receptor mechanisms act more slowly but produce sustained effects (hours to days) (Al-Suhaimi et al., 2022).

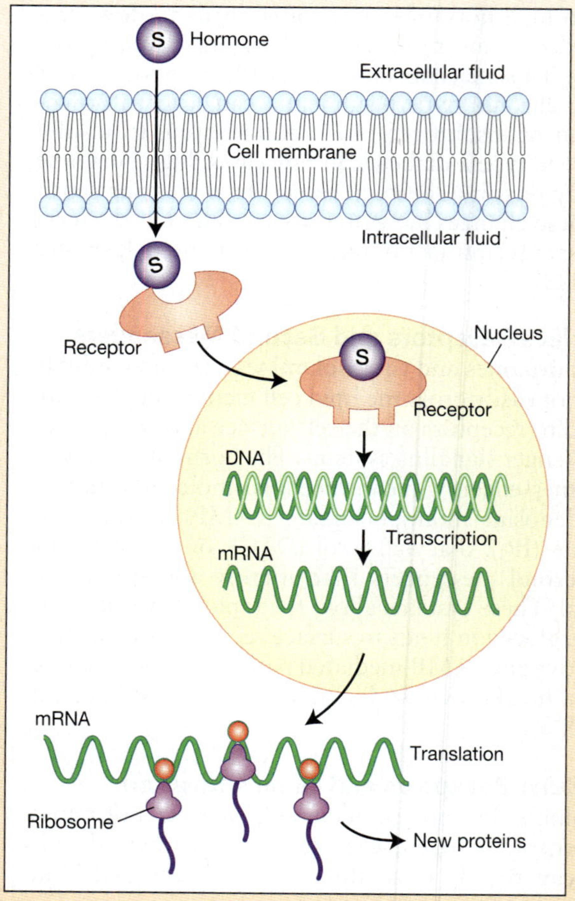

UNDERSTANDING → Feedback Regulation of Hormone Levels

Like many physiologic systems, the endocrine system is regulated by feedback mechanisms that enable the endocrine cells to adjust their rate of hormone secretion and maintain homeostasis. Feedback can be negative or positive and may involve simple or complex feedback loops connecting the hypothalamus, pituitary, and target glands.

1

Negative Feedback Negative feedback is the most common mechanism of hormone regulation. In this process, a rise in the level or action of a hormone leads to suppression of its further release, keeping hormone levels near a physiologic "set point." *Example: Increasing thyroid hormone (T3/T4) levels inhibit the secretion of TSH from the anterior pituitary and TRH from the hypothalamus, preventing excess thyroid hormone production.*

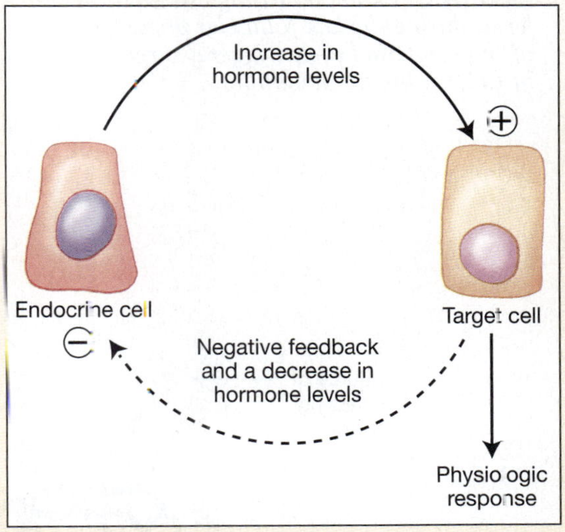

2

Hypothalamic–Pituitary Target Cell Feedback Many hormones are regulated by a three-tiered loop involving the hypothalamus, anterior pituitary, and peripheral endocrine gland. The hypothalamus secretes a releasing hormone (RH) that stimulates the pituitary to produce a tropic hormone, which then acts on the target gland to stimulate hormone release. Rising levels of the target gland hormone feed back to both the hypothalamus and pituitary to reduce RH and tropic hormone secretion. *Example: Cortisol from the adrenal cortex inhibits corticotropin-releasing hormone (CRH) release from the hypothalamus and ACTH secretion from the pituitary, maintaining cortisol levels within a narrow physiologic range.*

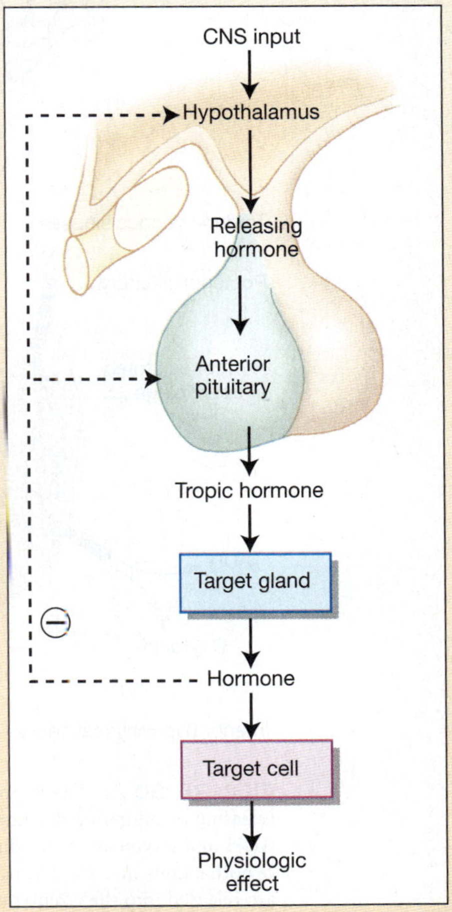

UNDERSTANDING → Feedback Regulation of Hormone Levels (*continued*)

3 Positive Feedback In positive feedback, a hormone's effects stimulate even more hormone release, driving the process to completion before feedback shuts it off. This type of loop is less common and typically short-lived. *Example: Rising estrogen levels during the late follicular phase of the menstrual cycle trigger a surge in LH, leading to ovulation.*

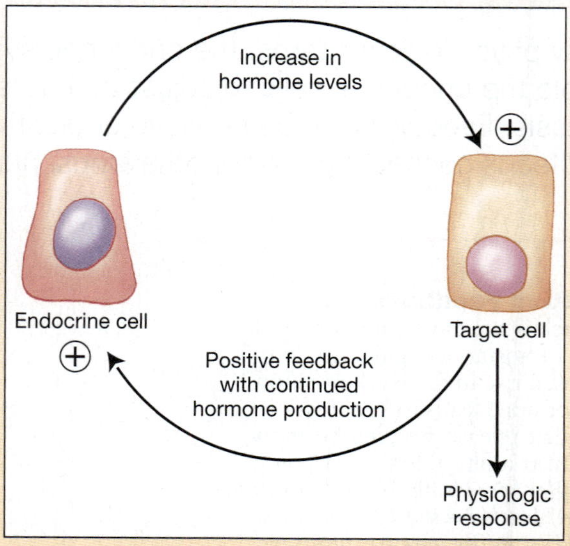

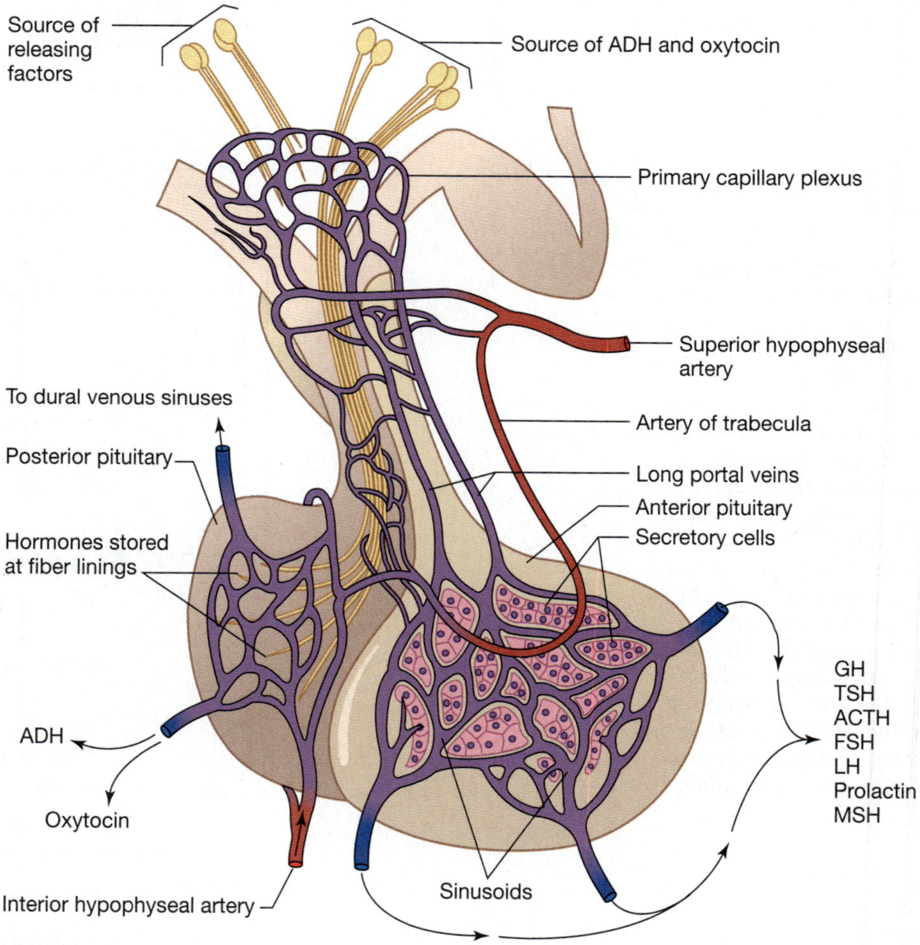

FIGURE 30-2. The hypothalamus and the anterior and posterior pituitary. The hypothalamic releasing or inhibiting hormones are transported to the anterior pituitary through the portal vessels. ADH and oxytocin are produced by nerve cells in the supraoptic and paraventricular nuclei of the hypothalamus and then transported through the nerve axon to the posterior pituitary, where they are released into the circulation. ACTH, adrenocorticotropic hormone; ADH, antidiuretic hormone; FSH, follicle-stimulating hormone; GH, growth hormone; LH, luteinizing hormone; MSH, melanocyte-stimulating hormone; TSH, thyroid-stimulating hormone.

circulation to travel to the target endocrine gland in the body. The two primary hypothalamic–pituitary pathways are the hypothalamic–pituitary–adrenal (HPA) axis and the hypothalamic–pituitary–thyroid (HPT) axis. A third important anterior pituitary hormone is GH, which is released from the anterior pituitary in response to stimulation by the growth hormone-releasing hormone (GHRH) from the hypothalamus; however, GH released from the anterior pituitary stimulates cells throughout the body (instead of stimulating a specific endocrine gland in the body).

The **posterior pituitary (neurohypophysis)** is connected to the hypothalamus through nerve axons that originate in the hypothalamus; thus, it is essentially a neural extension of the hypothalamus. The posterior pituitary stores and releases the vasopressin (ADH) and oxytocin that were synthesized in the cell bodies of hypothalamic neurons (Shahid, Singh, et al., 2023).

The **intermediate lobe (pars intermedia)** is a small region that produces melanocyte-stimulating hormone (MSH) (Welt, 2025). MSH regulates the production of melanin, which provides protection against harmful ultraviolet rays from the sun. Because MSH and ACTH arise from a common precursor molecule in the pituitary gland (called pro-opiomelanocortin, or POMC), increased MSH production and "bronzing" of the skin is an important clinical indicator that often occurs in conditions of adrenal insufficiency (Yamamoto & Kaur, 2023).

Hypothalamic Hormones

The hypothalamus regulates anterior pituitary activity through a series of RHs delivered via the portal venous system. See Table 30-1 for a description of the major hypothalamic hormones and their actions.

Pituitary Hormones

The pituitary gland is often called the "master gland" because the pituitary hormones orchestrate critical physiologic processes, with most pituitary hormones under tight hypothalamic regulation (Sadiq & Tadi, 2023). See Table 30-1 for an overview of the hormones secreted by the anterior and posterior pituitary and the functions of those hormones.

In addition to the pituitary's role in regulating effector hormone secretion from endocrine organs, evidence suggests that many hormones secreted from the pituitary act directly on somatic organs, including bone, adipose tissue, the liver, and specific regions of the brain. Recent studies now attribute the pathophysiology of certain human diseases, such as obesity, neurodegeneration, and osteoporosis, at least in part, to changes in pituitary hormone levels (Zaidi et al., 2023).

Feedback Regulation

Hypothalamic–pituitary–target gland axes operate through hierarchical negative feedback loops that ensure homeostasis (Fig. 30-3). When sensors detect a fall in hormone levels, they trigger increased hypothalamic and pituitary secretion. When levels rise, secretion is suppressed.

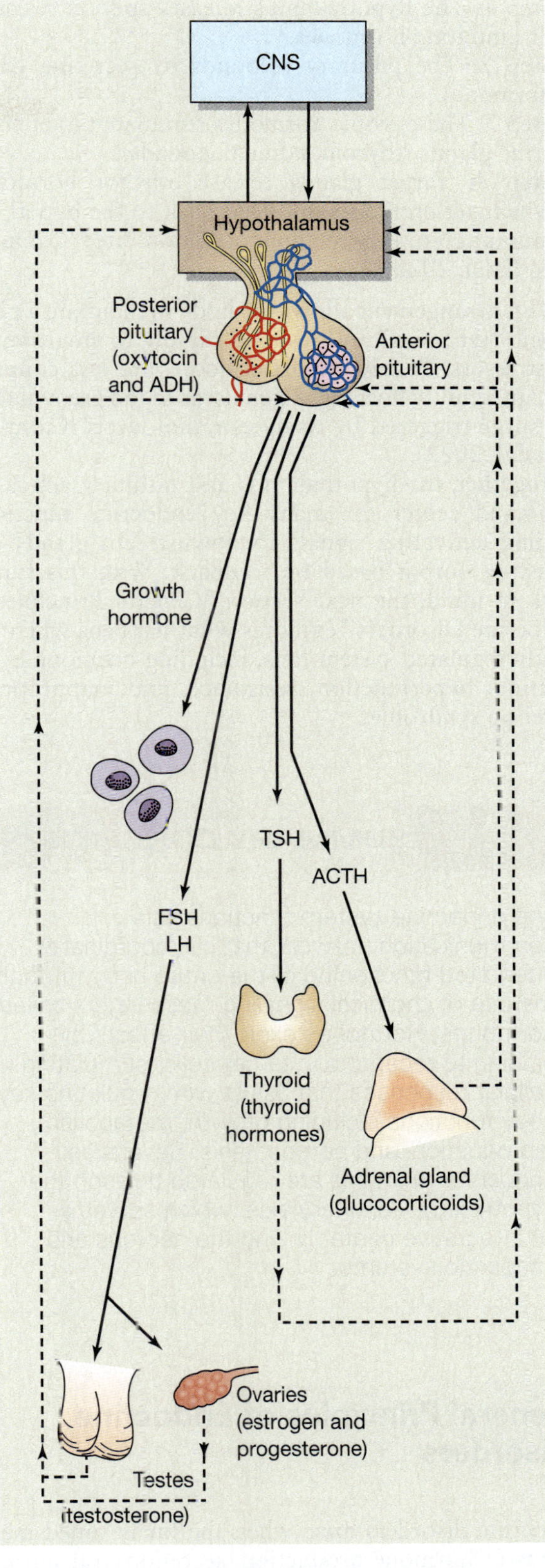

FIGURE 30-3. Control of hormone production by the hypothalamic–pituitary target cell feedback mechanism. Hormone levels from the target glands regulate the release of hormones from the anterior pituitary through a negative feedback system. The *dashed line* represents feedback control. ACTH, adrenocorticotropic hormone; ADH, antidiuretic hormone; CNS, central nervous system; FSH, follicle-stimulating hormone; LH, luteinizing hormone; TSH, thyroid-stimulating hormone.

- Step 1: The hypothalamus releases specific releasing or inhibiting hormones.
- Step 2: The pituitary responds by secreting tropic hormones.
- Step 3: These tropic hormones stimulate target endocrine glands (thyroid, adrenal, gonads).
- Step 4: Target glands release effector hormones, which act on tissues and feed back to the hypothalamus and pituitary to adjust secretion rates (Campbell & Jialal, 2022).

This arrangement allows the body to maintain a physiologic "set point" and respond rapidly to environmental stressors. **Positive feedback loops** are less common but can amplify hormonal signals, as in the preovulatory LH surge triggered by rising estradiol levels (Campbell & Jialal, 2022).

Together, the hypothalamus and pituitary act as the command center for many key endocrine functions, sending activating signals to downstream glands and adjusting output based on feedback. With this framework in mind, the next section "General Principles of Endocrine Disorders" explores what happens when this tightly regulated system fails, including hormone hypofunction, hyperfunction, resistance, and inappropriate secretion syndromes.

SUMMARY CONCEPTS

The endocrine system functions as a communication network that can coordinate integrated functioning of the entire body through the use of chemical signaling messengers called hormones. Hormones exert their effects by binding to receptors in target cells, stimulating cellular responses that assist with regulating key body functions including growth, metabolism, reproduction, and homeostasis. Several key endocrine functions are regulated through the hypothalamic–pituitary axis, which serves as an integrative center linking the nervous and endocrine systems.

General Principles of Endocrine Disorders

Endocrine disorders arise when the finely tuned mechanisms of hormone production, secretion, transport, or action are disrupted. These alterations may lead to either hypofunction (insufficient hormone activity) or hyperfunction (excessive hormone activity), and in some cases to hormone resistance, where target tissues fail to respond appropriately despite normal or elevated hormone levels. Understanding whether the problem originates in the endocrine gland itself (primary), in the pituitary or hypothalamus (secondary or tertiary), or in the hormone receptor or signaling pathway is essential for accurate diagnosis and treatment. Endocrine disorders can present with subtle, systemic, or nonspecific symptoms, so diagnostic testing plays a key role in detecting abnormal hormone levels, assessing feedback loops, and localizing the source of dysfunction before moving on to management or treatment of specific conditions.

Hypofunction, Hyperfunction, and Hormone Resistance

Hypofunction may result from congenital absence or hypoplasia of an endocrine gland or endocrine tissue, genetic or acquired enzyme deficiencies, ischemic injury, infection, autoimmune destruction, inflammation, or tumor infiltration. Age-related decline in endocrine function, drug-induced hypofunction, or production of biologically inactive hormones can also cause endocrine hypofunction. Circulating antibodies may also inactivate hormones before they exert their effects (Braunstein & Young, 2025).

Hyperfunction usually results from glandular hyperplasia, hormone-secreting tumors, or excessive stimulation. Some tumors produce hormones **ectopically** (i.e., the hormone is being produced at a location other than the normal site of production), leading to paraneoplastic syndromes such as ectopic ACTH production by small-cell lung carcinoma (Kim et al., 2024).

Hormone resistance occurs when target cells fail to respond appropriately to the hormonal stimulus, despite the presence of adequate hormone levels. This may be caused by absent or defective hormone receptors, impaired receptor signaling, or abnormal cellular responses despite appropriate receptor function to the hormonal signal. Adequate hormone secretion alone is not sufficient—normal cellular responsiveness is also required for endocrine homeostasis (Braunstein & Young, 2025).

Primary, Secondary, and Tertiary Disorders

For the hormones that operate within the hypothalamic–pituitary pathways, endocrine disorders are classified as primary, secondary, or tertiary based on the location of dysfunction.

Primary endocrine disorders originate within the target endocrine gland that is responsible for producing the hormone (such as the thyroid or adrenal glands). Dysfunction of the target gland causes abnormal hormone production (Kim et al., 2024).

Secondary endocrine disorders occur when a target endocrine gland at the end of a hypothalamic–pituitary pathway is structurally normal but is not receiving the appropriate hormonal stimulus from the pituitary gland (i.e., the target gland is either receiving inadequate or excessive pituitary hormone). Secondary endocrine disorders are often caused by a pituitary adenoma that causes excessive secretion of pituitary tropic hormones (Campbell & Jialal, 2022).

Tertiary endocrine disorders result from hypothalamic dysfunction, which leads to altered secretion of the hypothalamic RHs. In these disorders, the pituitary is not receiving the proper hormonal stimulus from the hypothalamus (and therefore the pituitary does not send the proper hormonal stimulus to the target endocrine gland). Tertiary endocrine disorders are often caused by hypothalamic damage due to conditions such as hypothalamic tumors, trauma, or effects of cranial irradiation.

Clinical evaluation to differentiate primary, secondary, or tertiary endocrine dysfunction is done by examining blood levels of both the tropic hormones (released from the pituitary) and the hormones from the target endocrine glands (i.e., thyroid or adrenal). Primary dysfunction typically reveals decreased blood levels of the target gland hormone despite elevated levels of the corresponding pituitary-stimulating hormone. In contrast, blood tests in a secondary or tertiary dysfunction would reveal low levels of the target hormone and also low levels of the corresponding pituitary-stimulating hormone (Campbell & Jialal, 2022). Dysfunctions of hypersecretion may also occur (with the dysfunction causing high levels of hormone production instead of the low levels observed in hyposecretion dysfunction).

Note that blood tests can only be done to measure circulating blood levels of the pituitary-stimulating hormones because the hypothalamic hormones only travel in the smaller portal venous system between the hypothalamus and pituitary gland (thus, levels of the hypothalamic RHs are not measurable by blood testing). To determine whether the site of dysfunction is pituitary (secondary) or hypothalamic (tertiary), other diagnostic testing must be done (such as imaging studies or biopsies to evaluate for the presence of either a pituitary or hypothalamic tumor).

Syndromes of Inappropriate Hormone Secretion

In addition to disorders caused by underproduction or overproduction within the normal regulatory axis, some conditions are characterized by inappropriate, autonomous hormone secretion. These include syndromes in which hormones are secreted independently of normal feedback control, particularly the paraneoplastic syndromes associated with hormones or hormone-like molecules secreted by nonendocrine tumors (ectopic secretion). Examples include the syndrome of inappropriate antidiuretic hormone secretion (SIADH) and ectopic ACTH production by small-cell lung carcinoma. These conditions will be discussed further in the sections on pituitary and adrenal disorders (Pliquett & Obermüller, 2022).

Diagnostic Evaluation of Endocrine Function

A variety of laboratory and imaging techniques are available to assess endocrine function. This section provides an overview of the major categories of endocrine testing with emphasis on principles of test selection and timing. Detailed application of these tests to specific endocrine axes (pituitary, thyroid, adrenal) and disorders will be described in later sections.

Blood Tests

Blood tests remain the cornerstone of endocrine evaluation. Hormones may be measured directly, or physiologic indicators such as electrolytes or binding proteins may be assessed to indirectly reflect hormone activity. Hormone levels represent a "snapshot" at the time of collection, so timing and patient preparation (e.g., fasting, morning sampling) are important.

Hormone panels measure several types of hormones and are performed using either blood or saliva samples. The medical history and symptoms are used along with the test analysis to diagnose and treat endocrine conditions.

Urine Tests

Twenty-four-hour urine collections are used to measure hormone secretion over a longer period, offering a more integrated view than a single blood test (Leslie et al., 2024).

Hormone Stimulation and Suppression Tests

Hormone stimulation tests are used when hypofunction of an endocrine organ is suspected. A tropic or stimulating hormone can be administered to test the capacity of an endocrine organ to increase hormone production. The capacity of the target gland to respond is measured by an increase in the appropriate hormone. Hormonal suppression tests are used when hyperfunction of an endocrine organ is suspected. When an organ or a tissue is functioning autonomously, a suppression test may also be useful to confirm the diagnosis (Grant, 2025).

Genetic Testing

Genetic testing plays an expanding role in diagnosing endocrine disorders, guiding treatment decisions, and screening at-risk family members. Multiple genetic mutations have been identified and connected to various endocrine disorders. The cost of genetic testing has declined, and multigene panels are increasingly available (Grant, 2025).

Imaging

Imaging studies complement laboratory testing by localizing lesions and assessing structural and functional changes. Commonly used imaging approaches include magnetic resonance imaging (MRI) and computed tomography (CT) scanning, ultrasound imaging, (particularly for guiding biopsy), dual-energy x-ray absorptiometry (DEXA), and functional imaging such as nuclear medicine and positron emission tomography (PET)/CT scans (Grant, 2025).

SUMMARY CONCEPTS

Endocrine function can be evaluated by measuring hormone levels directly or by assessing their physiologic effects. Imaging techniques are used to visualize endocrine organs, and genetic testing can identify mutations or molecular markers associated with inherited endocrine disorders. Most endocrine disorders result from hypofunction, hyperfunction, or resistance of target cells to hormonal stimulation. For endocrine functions that operate through hypothalamic–pituitary pathways, it is important to determine whether a disorder reflects a primary dysfunction of the target endocrine gland, a secondary (pituitary) dysfunction, or a tertiary (hypothalamic) dysfunction. In addition, some conditions are characterized by inappropriate or autonomous hormone secretion, such as may occur with the paraneoplastic syndromes of ectopic hormone production by tumors.

Disorders of Pituitary Function, Growth, and Sexual Development

Because of the many important integrating functions of the pituitary gland, even small alterations in pituitary function can cause multiple types of endocrine dysfunction (Al-Suhaimi & Khan, 2022). The normal anatomy and function of the pituitary gland has been introduced in previous section of this chapter, and Table 30-1 includes descriptions of the primary hormones secreted by the pituitary gland (Koysombat et al., 2023; Prencipe et al., 2023).

Pituitary Tumors

Pituitary tumors are classified as primary (arising from pituitary tissue) or secondary (metastatic tumors or other sellar masses affecting the pituitary). Primary pituitary tumors are further divided into **functional tumors** that secrete excess pituitary hormones and **nonfunctional tumors** that do not secrete biologically active hormones. These tumors can range from microadenomas (<10 mm), which typically do not enlarge the gland, to macroadenomas (≥10 mm), which can expand the sella turcica and compress adjacent structures such as the optic chiasm, leading to visual field defects and headache (Melmed et al., 2022). Nonfunctioning microadenomas are found incidentally in up to 20% to 27% of adults at autopsy.

Most primary pituitary tumors are **benign adenomas**, now referred to as **pituitary neuroendocrine tumors (PitNETs)** (Asa et al., 2022). Pituitary carcinomas are rare, accounting for less than 0.2% of all pituitary tumors. Functional PitNETs are subclassified by the cell type and hormone secreted (Table 30-2). Lactotroph tumors (prolactinomas) are the most common, followed by somatotroph (GH-secreting) and corticotroph (ACTH-secreting) tumors. Gonadotroph tumors are often clinically nonfunctioning and present with mass effect, whereas thyrotroph tumors are rare but cause secondary hyperthyroidism. Identifying the tumor subtype is essential, as the hormone secreted determines the clinical syndrome and guides diagnosis and treatment (Asa et al., 2022).

Hypopituitarism

Hypopituitarism refers to partial or complete deficiency of one or more anterior or posterior pituitary hormones. It is associated with increased morbidity and mortality, particularly due to untreated ACTH deficiency (Fleseriu et al., 2024). Hypopituitarism may be congenital or acquired, with acquired causes including tumors, surgery,

TABLE 30-2 Frequency of Anterior Pituitary Tumors (PitNETs)

Lineage/Cell Type	Main Hormone Secreted	Approx. Frequency (% of PitNETs)	Typical Clinical Syndromes
Lactotrope (prolactinoma)	Prolactin	~40–55	Hyperprolactinemia, galactorrhea, hypogonadism
Somatotrope	Growth hormone	~10–15	Acromegaly (adults), gigantism (children)
Corticotrope	Adrenocorticotropic hormone	~10–15	Cushing disease (ACTH-dependent hypercortisolism)
Gonadotrope	Follicle-stimulating hormone, luteinizing hormone (often clinically silent)	~15–25 (many are nonfunctioning)	Mass effect symptoms (e.g., visual field loss, hypopituitarism)
Thyrotrope	Thyroid-stimulating hormone	<1–2	Secondary hyperthyroidism (rare)
Null cell/plurihormonal	None or multiple	~10	Nonfunctioning tumor, mass effect only

ACTH, adrenocorticotropic hormone; PitNETs, pituitary neuroendocrine tumors.
(Asa et al., 2022; Ntali et al., 2023)

CHART 30-2

CAUSES OF HYPOPITUITARISM

- Tumors and mass lesions—pituitary neuroendocrine tumors (PitNETs), cysts, metastatic cancer, and other sellar lesions
- Pituitary surgery or radiation therapy
- Infiltrative or inflammatory lesions—hemochromatosis, sarcoidosis, lymphocytic or immune checkpoint inhibitor-related hypophysitis
- Pituitary infarction—classically Sheehan syndrome following postpartum hemorrhage
- Pituitary apoplexy—acute hemorrhage or infarction of the pituitary causing sudden headache, visual loss, ophthalmoplegia, and potentially adrenal crisis
- Traumatic brain injury or subarachnoid hemorrhage
- Genetic diseases—rare congenital anomalies affecting pituitary development or hormone synthesis
- Empty sella syndrome—primary (idiopathic) or secondary (post-surgical/radiation)
- Hypothalamic disorders—mass lesions, infiltrative disease, trauma, infection, or irradiation (Fleseriu et al., 2024)

radiation, infarction, trauma, infiltrative or inflammatory disorders, and certain medications (Chart 30-2). Recent studies estimate the prevalence at approximately 45 to 50 cases per 100,000 population, with PitNETs and their treatment accounting for most cases (Melmed et al., 2022).

Clinical manifestations often develop gradually but may present acutely if pituitary apoplexy or sudden infarction occurs. Typically, 75% or more of the anterior pituitary must be destroyed before symptoms appear. Patients may report weakness, fatigue, anorexia, sexual dysfunction, and cold intolerance. ACTH deficiency (secondary adrenal insufficiency) is the most serious deficit, causing hypotension, nausea, weight loss, and increased risk of adrenal crisis. GH deficiency (GHD) leads to growth failure in children and, in adults, increased fat mass and reduced bone and muscle mass. Progressive pituitary failure tends to follow the mnemonic "Go Look For The Adenoma":

- GH (GH secretion typically is first to be lost)
- LH (results in sex hormone deficiency)
- FSH (causes infertility)
- TSH (leads to secondary hypothyroidism)
- ACTH (usually the last to become deficient, results in secondary adrenal insufficiency) (Fleseriu et al., 2024)

Treatment involves correcting the underlying cause if possible (e.g., surgical decompression for tumors or apoplexy) and replacing deficient hormones in appropriate sequence. Cortisol replacement is prioritized before that of thyroid hormone to avoid precipitating adrenal crisis. Dosing of thyroid hormone replacement is guided by the levels of free thyroid hormone (free T4), not TSH. Sex hormone replacement is offered when appropriate, and GH replacement is recommended in children and considered for adults with confirmed deficiency to improve body composition, bone health, and quality of life (Melmed et al., 2022).

Growth and GH Disorders

Normal linear growth during childhood and adolescence depends on the coordinated actions of several hormones, with GH and its hepatic mediator insulin-like growth factor 1 (IGF-1) playing the central role. GH drives epiphyseal growth plate activity and promotes tissue growth, while IGF-1 mediates much of GH's effect on cartilage and bone (Nijenhuis-Noort et al., 2024). Adequate insulin is required to support protein synthesis, and children with poorly controlled type 1 diabetes may have impaired growth despite normal GH secretion. Thyroid hormone is essential for normal bone maturation and epiphyseal closure, whereas androgens such as testosterone and dihydrotestosterone promote the pubertal growth spurt through their anabolic effects. In contrast, chronic excess of glucocorticoids, whether endogenous (Cushing syndrome) or iatrogenic, impairs growth by antagonizing GH secretion and directly inhibiting bone formation (Nijenhuis-Noort et al., 2024).

Growth Hormone

GH (somatotropin) is a 191–amino acid polypeptide secreted by specialized anterior pituitary cells called somatotropes. Although GH secretion is highest during childhood and adolescence, production continues throughout adult life at nearly comparable rates, contributing to tissue repair, bone turnover, and metabolic homeostasis. GH plays a critical role in linear bone growth by acting on the epiphyseal growth plates of long bones. It also stimulates growth of visceral and endocrine organs, skeletal and cardiac muscle, skin, and connective tissue, resulting in generalized somatic growth (Nijenhuis-Noort et al., 2024). GH promotes periosteal bone growth, leading to increases in bone diameter in addition to length (Fig. 30-4).

In addition to its growth-promoting effects, GH serves as an important metabolic regulator. It increases protein synthesis by enhancing amino acid uptake, mobilizes fatty acids from adipose tissue for use as an energy source, and maintains or raises blood glucose levels by decreasing peripheral glucose utilization. Although GH initially causes a transient rise in insulin secretion, prolonged GH excess induces insulin resistance in muscle and adipose tissue, leading to elevated blood glucose levels. These metabolic effects help preserve glucose for brain metabolism during fasting but also explain the

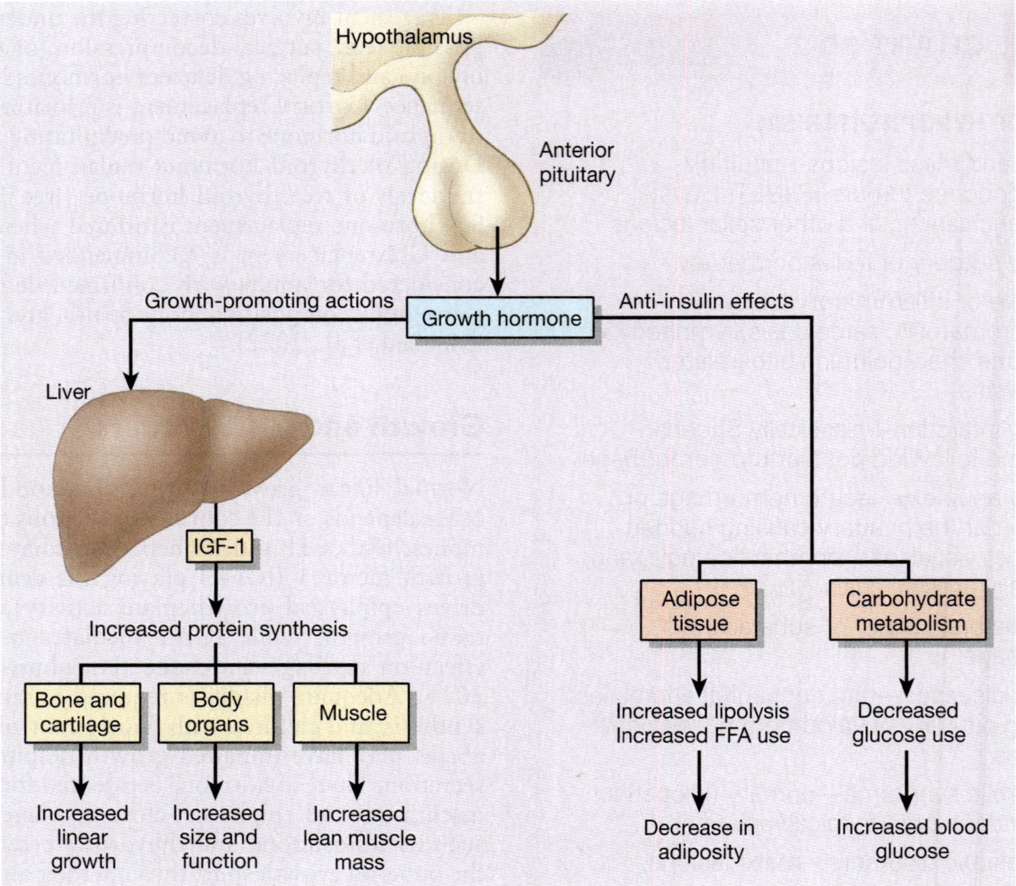

FIGURE 30-4. Growth-promoting and anti-insulin effects of growth hormone. FFA, free fatty acids; IGF-1, insulin-like growth factor-1.

hyperglycemia seen in acromegaly (Nijenhuis-Noort et al., 2024).

Many of GH's actions are mediated indirectly through **insulin-like growth factor 1 (IGF-1) (somatomedin C)**, which is produced primarily by the liver in response to GH stimulation. IGF-1 promotes chondrocyte proliferation and epiphyseal cartilage growth, making it essential for normal linear growth. IGF-1 also supports protein synthesis and cell proliferation in muscle and other tissues. Because GH secretion is pulsatile, single random GH measurements are not clinically useful; instead, IGF-1 levels are measured as a stable surrogate marker of GH activity in the diagnosis of GHD and GH excess. IGF-1 bioavailability is modulated by a family of IGF-binding proteins (IGFBPs), which help regulate its half-life and tissue distribution (Nijenhuis-Noort et al., 2024).

GH circulates largely unbound in plasma and has a short half-life of less than 50 minutes. Its secretion is tightly controlled by two hypothalamic hormones: **GH-releasing hormone (GHRH)**, which stimulates GH release, and somatostatin, which inhibits it. Secretion occurs in a pulsatile manner, with approximately 70% of daily GH release occurring during slow-wave sleep, particularly in the first few hours after sleep onset. GH secretion is stimulated by hypoglycemia, fasting, exercise, stress, elevated amino acid levels (especially arginine), ghrelin secretion from the stomach, and by sex steroids during puberty. GH secretion is suppressed by hyperglycemia, elevated free fatty acids (FFAs), obesity, glucocorticoids, and aging (Nijenhuis-Noort et al., 2024).

KEY POINTS

Growth Hormone

- GH, secreted by somatotropes in the anterior pituitary, is essential for linear bone growth and tissue growth. It promotes protein synthesis, mobilizes fat for energy, and decreases glucose utilization, helping maintain blood glucose levels
- GH acts mainly through IGF-1, produced primarily by the liver, which stimulates cartilage proliferation and epiphyseal growth.
- GH secretion is pulsatile (peaks during sleep), stimulated by fasting, exercise, and stress, and inhibited by hyperglycemia, obesity, and glucocorticoids. Because GH levels fluctuate, IGF-1 measurement is preferred for screening GHD or excess.

Short Stature in Children

Short stature is defined as height below the third percentile on an appropriate growth chart or more than two standard deviations below the mean for age and sex. It may result from a wide variety of causes, including normal variants, endocrine disorders, chronic systemic illness, genetic conditions, and environmental or psychosocial factors (Huang et al., 2022). Endocrine causes include GHD, hypothyroidism, and panhypopituitarism. Genetic and chromosomal causes include Turner syndrome, Noonan syndrome, SHOX deficiency, achondroplasia, and other skeletal dysplasias. Other causes include protein–calorie malnutrition, chronic systemic diseases (e.g., chronic kidney disease [CKD], congenital heart disease, inflammatory bowel disease, poorly controlled diabetes), malabsorption syndromes (e.g., celiac disease), and pharmacologic therapies such as glucocorticoids, anticonvulsants, and some attention-deficit/hyperactivity disorder (ADHD) medications. Emotional deprivation can cause psychosocial short stature, a functional endocrine disorder characterized by reversible growth failure when the child is removed from the adverse environment (Huang et al., 2022). Chart 30-3 summarizes causes of short stature.

CHART 30-3

CAUSES OF SHORT STATURE

Variants of Normal

Familial (genetic) short stature

Constitutional delay of growth and puberty

Perinatal Causes

Small for gestational age (SGA) without catch-up growth by age 2–4 years

Intrauterine growth restriction (IUGR)

Endocrine Disorders

Growth hormone (GH) deficiency

Primary (e.g., pituitary agenesis, genetic causes)

Secondary (panhypopituitarism)

Biologically inactive GH production

Deficient insulin-like growth factor 1 (IGF-1) production or action (e.g., Laron syndrome, IGF-1 receptor defects)

Hypothyroidism (primary or central)

Poorly controlled diabetes

Glucocorticoid excess

Endogenous (Cushing syndrome)

Exogenous (chronic glucocorticoid therapy)

Abnormal mineral metabolism (e.g., pseudohypoparathyroidism)

Chronic Illness and Malnutrition

Chronic systemic disease (renal failure, congenital heart disease, chronic pulmonary disease, juvenile idiopathic arthritis, inflammatory bowel disease)

Protein–calorie malnutrition

Malabsorption syndromes (e.g., celiac disease)

Psychosocial or Functional Disorders

Psychosocial short stature (psychosocial growth failure)

Genetic and Chromosomal Disorders

Turner syndrome

Noonan syndrome

SHOX gene deficiency

Other monogenic causes (e.g., ACAN mutations)

Skeletal Dysplasias

Achondroplasia

Other skeletal dysplasias (e.g., hypochondroplasia)

Medication Associated

Chronic glucocorticoid therapy

Anticonvulsants

Stimulant medications for attention-deficit/hyperactivity disorder (ADHD) (with prolonged high-dose use)

Evaluation of short stature begins with a comprehensive history (including prenatal and perinatal history, nutritional status, chronic illnesses, and psychosocial environment) and physical examination, with accurate measurement of height, weight, and growth velocity plotted on standardized growth charts. Parental heights are used to calculate midparental target height for comparison. Diagnosis is based on serial measurements and growth velocity rather than a single measurement. Bone age, determined by radiographs of the left hand and wrist, is a key part of the evaluation and is often delayed in endocrine and constitutional causes of short stature (Storr et al., 2023).

Laboratory studies are used to exclude nonendocrine causes and may include complete blood count (anemia), comprehensive metabolic panel (renal/hepatic disease), erythrocyte sedimentation rate (ESR) or C-reactive protein (CRP; chronic inflammation), thyroid function tests (hypothyroidism), IGF-1 and IGFBP-3 (GHD), fasting glucose and HbA_{1c} (diabetes), tissue transglutaminase immunoglobulin (Ig) A (celiac disease), and FSH with karyotype (Turner syndrome or other chromosomal disorders). MRI of the hypothalamic–pituitary region is recommended if GHD or structural pituitary disease is suspected (Storr et al., 2023).

Treatment is directed at the underlying cause. Recombinant human GH therapy is approved for GHD,

Turner syndrome, Noonan syndrome, Prader-Willi syndrome, SHOX deficiency, CKD, children born small for gestational age without catch-up growth, and idiopathic short stature. Early initiation of therapy is associated with better growth outcomes. Supportive management may include optimizing nutrition, treating chronic disease, and addressing psychosocial stressors (Storr et al., 2023).

Familial and Constitutional Short Stature

Two forms of short stature, **familial (genetic) short stature** and **constitutional delay of growth and puberty (CDGP)**, are considered normal variants rather than pathologic conditions. Children with familial short stature are well proportioned, have normal growth velocity, and reach an adult height consistent with midparental height (Plachy et al., 2024). Bone age is consistent with chronologic age. Children with CDGP typically have delayed bone age relative to chronologic age but no other identifiable cause of poor growth. Most eventually experience a pubertal growth spurt and reach a normal adult height. These conditions require observation and reassurance rather than treatment, although monitoring growth velocity over time is essential to exclude pathology (Harrington, 2024).

Psychosocial Short Stature

Psychosocial short stature (previously called psychosocial dwarfism) is a functional growth disorder seen in children subjected to severe emotional deprivation or neglect. Clinical features include poor growth, potbelly, abnormal eating behaviors, and a history of disturbed family relationships, often affecting a single child. Laboratory studies may show low GH and IGF-1 levels, which normalize after the child is removed from the adverse environment. Catch-up growth can be dramatic if psychosocial stressors are addressed. Treatment involves multidisciplinary support, including psychosocial intervention and nutritional rehabilitation (Hiraoka et al., 2022).

Growth Hormone Deficiency in Children

Childhood GH deficiency (GHD) may be congenital, genetic, or acquired (e.g., from pituitary tumors, cranial irradiation, or trauma). Clinical features include short stature, increased truncal adiposity, immature facial features with frontal bossing, delayed dentition, and a high-pitched voice. MRI of the hypothalamic–pituitary region is recommended for all confirmed cases to exclude structural abnormalities. Laboratory testing shows low IGF-1 and IGFBP-3 levels, and GH stimulation testing is required for diagnosis. Treatment is with daily subcutaneous injections of recombinant human GH, titrated on the basis of growth response and IGF-1 levels. Therapy is continued through puberty until near-final height is achieved and sometimes into adulthood if GHD persists (Wydra et al., 2023).

In a rare condition called **Laron syndrome (GH insensitivity)**, GH levels are normal or elevated, but IGF-1 levels are low due to GH receptor defects. Over 70 GH receptor mutations have been identified worldwide. The condition is inherited in an autosomal recessive pattern. Treatment consists of recombinant IGF-1 replacement, which should be started early to optimize growth and metabolic outcomes (Liashuk et al., 2022).

GHD in Adults

Adult GHD may represent persistent childhood-onset disease or new-onset GHD due to pituitary tumors, surgery, or radiation. Clinical manifestations include decreased lean body mass, increased visceral fat, dyslipidemia, low bone mineral density, and reduced quality of life. Diagnosis requires low IGF-1 levels plus subnormal GH response to stimulation testing. The insulin tolerance test remains the gold standard, but the macimorelin stimulation test is now an accepted alternative with fewer contraindications. Treatment with recombinant GH replacement improves body composition, bone density, exercise capacity, and quality of life, with IGF-1 levels used to titrate therapy. GH replacement for normal age-related decline ("somatopause") is not recommended outside clinical trials (Yuen et al., 2023).

Tall Stature in Children

Tall stature is defined as height greater than the 97th percentile for age and sex. Normal variants include familial tall stature and constitutional advancement of growth. Other causes include precocious puberty, obesity-related early growth acceleration, and genetic or chromosomal disorders such as Marfan syndrome, Klinefelter syndrome, fragile X syndrome, and Beckwith-Wiedemann syndrome. Evaluation focuses on growth velocity, bone age, and clinical features. Treatment is generally not indicated for normal variants or most non–GH-related causes of tall stature (Sada et al., 2023).

GH Excess in Children

GH excess occurring before epiphyseal closure causes **pituitary gigantism**, characterized by rapid linear growth and proportional enlargement of all body tissues. The most common cause is a GH-secreting pituitary adenoma. Diagnosis is based on elevated IGF-1 levels and failure of GH suppression during oral glucose tolerance testing (OGTT), with MRI used to localize the tumor. First-line therapy is transsphenoidal surgical resection of the adenoma. Medical therapy with somatostatin analogs (octreotide, lanreotide, or pasireotide), dopamine agonists, or the GH receptor antagonist pegvisomant may be used when surgery is not curative or not possible (Singhal & Misra, 2024).

GH Excess in Adults

When GH excess occurs in adulthood or after the epiphyses of the long bones have fused, the condition is referred to as **acromegaly** (Fleseriu et al., 2022).

Etiology and Pathogenesis

Acromegaly results from chronic GH excess after epiphyseal closure, leading to soft tissue and bone overgrowth rather than increased height. Approximately 95% of cases are due to GH-secreting pituitary adenomas (somatotroph adenomas), most of which are macroadenomas at diagnosis. Rarely, excess GHRH secretion by hypothalamic or ectopic tumors, or ectopic GH production, can cause acromegaly. Excess GH stimulates hepatic production of IGF-1, which mediates most of the tissue overgrowth and metabolic effects (Dhaneshwar et al., 2023).

Clinical Manifestations

Acromegaly develops insidiously, with symptoms often present for years before diagnosis. Because epiphyseal plates are closed, linear growth does not occur; instead, soft tissue and membranous bone overgrowth leads to characteristic physical changes (Fig. 30-5). Acral enlargement causes the hands and feet to become broad and thick, requiring larger shoe and ring sizes. Facial changes include frontal bossing, prognathism (protruding jaw), enlarged nose, lips, and tongue, and widened spacing of teeth, often resulting in malocclusion. The skin thickens and becomes oily; and sebaceous and sweat gland activity increases, producing hyperhidrosis and a distinctive odor (Dhaneshwar et al., 2023).

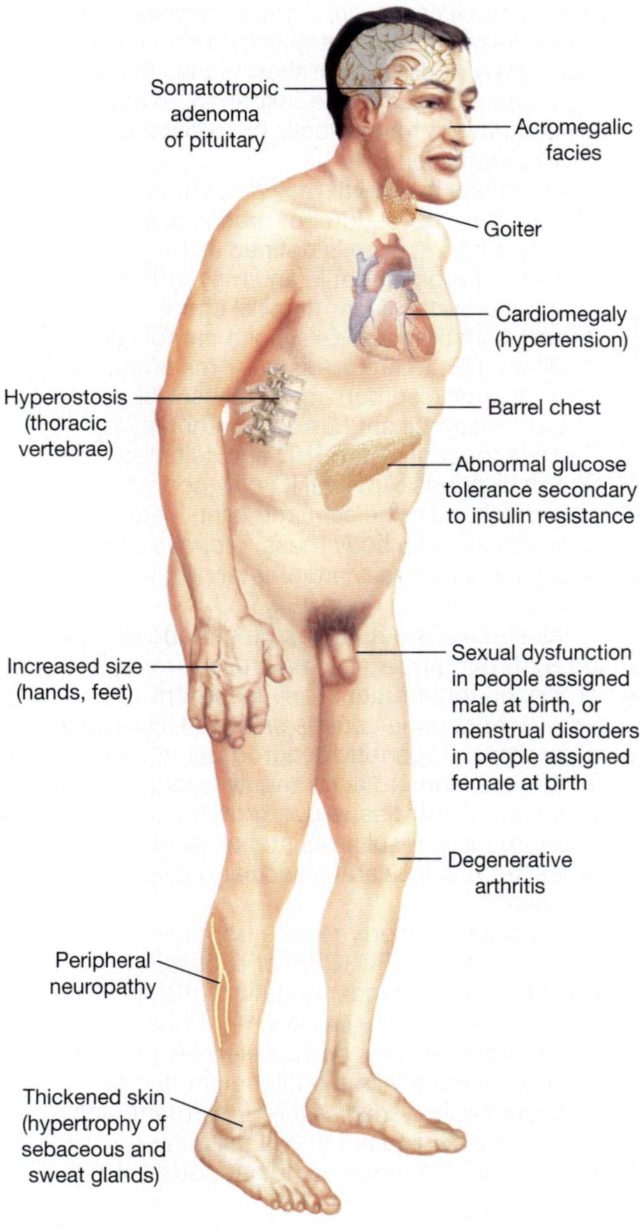

FIGURE 30-5. Clinical manifestations of acromegaly.

Musculoskeletal effects include vertebral overgrowth and kyphosis, degenerative arthritis of the spine, hips, and knees, and carpal tunnel syndrome due to soft-tissue overgrowth. Laryngeal and pharyngeal tissue hypertrophy causes voice deepening, snoring, and obstructive sleep apnea (present in up to 90% of patients) (Fleseriu et al., 2022). Visceral organomegaly involves the heart, liver, thyroid, and other organs. Cardiovascular complications are a major cause of morbidity and include concentric left ventricular hypertrophy, arrhythmias, hypertension, and cardiomyopathy, all of which increase the risk of heart failure (Fleseriu et al., 2022).

The metabolic consequences of chronic GH and IGF-1 excess include insulin resistance, glucose intolerance, and overt diabetes in up to half of affected individuals. Long-term exposure may exhaust pancreatic beta cells, worsening hyperglycemia. Hyperlipidemia and increased carotid intima-media thickness contribute to accelerated atherosclerosis and cardiovascular mortality.

Other common manifestations include fatigue, decreased exercise tolerance, weight gain, heat intolerance, menstrual irregularities, decreased libido, and infertility. Pituitary macroadenomas may cause headaches, bitemporal hemianopia (due to optic chiasm compression), and hypopituitarism affecting thyroid, gonadal, and adrenal function. Hyperprolactinemia may occur due to stalk effect, causing galactorrhea or hypogonadism. Patients are also at increased risk for colonic polyps and colorectal cancer, prompting screening colonoscopy at diagnosis and at regular intervals thereafter (Dhaneshwar et al., 2023).

Diagnosis and Treatment

Initial evaluation includes measurement of serum IGF-1 using age- and sex-adjusted reference ranges. Elevated or equivocal IGF-1 levels are followed by an OGTT; failure of GH suppression to less than 0.4 mcg/L confirms acromegaly. MRI of the pituitary is the preferred imaging study, with CT used if MRI is contraindicated. Visual field testing is recommended to assess optic chiasm involvement (Dhaneshwar et al., 2023).

Transsphenoidal surgery is first-line therapy for most patients and can achieve biochemical remission in up to 80% of those with microadenomas. Medical therapy is indicated for persistent or recurrent disease or as primary therapy in nonsurgical candidates. Somatostatin receptor ligands are first-line medical therapy, reducing GH secretion and IGF-1 levels. GH receptor antagonists normalize IGF-1 in most patients with refractory disease. Dopamine agonists may be used for mild disease or as adjunct therapy. Radiotherapy is considered a third-line treatment when surgery and medical therapy fail, but it carries a risk of delayed hypopituitarism. Lifelong follow-up is essential, with periodic IGF-1 measurement, MRI surveillance, and monitoring for comorbidities (Dhaneshwar et al., 2023).

Precocious Puberty

Precocious puberty represents a transition point between growth disorders and disorders of sexual development. Like GH disorders, precocious puberty significantly affects growth velocity, often causing accelerated linear growth, but its primary feature is the premature activation of the hypothalamic–pituitary–gonadal (HPG) axis. Precocious puberty is defined as the onset of secondary sexual characteristics before age 8 in females and before age 9 in males.

The most common form, **central (gonadotropin-dependent) precocious puberty (CPP)**, results from early activation of the HPG axis and accounts for more than 80% of cases in girls. Most cases in girls are idiopathic, whereas boys have a higher likelihood of an identifiable central nervous system (CNS) abnormality. **Peripheral (gonadotropin-independent) precocious puberty (PPP)** arises from excess sex steroid production independent of HPG axis activation and may be caused by adrenal or gonadal tumors, congenital adrenal hyperplasia (CAH), or exogenous hormone exposure (Banerjee & Bajpai, 2023).

Recent studies show a trend toward earlier pubertal onset, particularly among Black and Hispanic females and in children with obesity, but careful evaluation is recommended to exclude pathologic causes (Shi et al., 2022). Children with CPP often present with early thelarche, adrenarche, and accelerated growth. Bone age is typically advanced, and affected children are tall for their age but may have reduced final adult height due to premature epiphyseal closure.

Evaluation includes a detailed history, physical examination, and measurement of basal or gonadotropin-releasing hormone (GnRH)-stimulated LH and FSH levels to differentiate CPP from PPP. Serum estradiol or testosterone levels help assess pubertal progression, and pelvic ultrasound may be used to evaluate ovarian and uterine size. MRI of the brain is recommended for all males with CPP and for females younger than 6 years or those with neurologic symptoms to exclude CNS lesions (Banerjee & Bajpai, 2023).

Treatment of CPP is indicated to prevent short adult stature and to reduce psychosocial distress from early puberty. Long-acting GnRH agonists are the treatment of choice and act by desensitizing the pituitary to GnRH, thereby suppressing LH and FSH secretion and halting pubertal progression. Treatment is continued until an appropriate age for puberty resumption. For PPP, therapy is directed at the underlying cause (e.g., tumor resection, treatment of adrenal hyperplasia). Children should be monitored for growth velocity, pubertal progression, and psychosocial well-being throughout treatment (Banerjee & Bajpai, 2023).

SUMMARY CONCEPTS

Pituitary disorders can lead to either hormone deficiency (hypopituitarism) or hormone excess. Hypopituitarism may involve a single hormone or multiple hormones and often results from pituitary tumors, surgery, radiation, or infarction. Depending on the hormones affected, hypopituitarism can cause secondary adrenal insufficiency (↓ ACTH), hypothyroidism (↓ TSH), hypogonadism (↓ LH/FSH), and GHD (↓ GH). Early recognition and replacement of deficient hormones are critical to prevent life-threatening complications such as adrenal crisis.

Growth and maturation depend on several hormones, particularly GH and its mediator IGF-1, as well as insulin, thyroid hormone, and sex steroids. GH promotes linear bone growth, organ growth, protein synthesis, and lipolysis, while decreasing glucose utilization. In adults, GH contributes to metabolic homeostasis and body composition.

Alterations in growth may present as short stature, tall stature, or precocious puberty. Short stature is defined as height below the third percentile and may reflect a normal growth variant (familial short stature, constitutional delay) or a pathologic condition (GHD, chronic disease, malnutrition, chromosomal disorders, or psychosocial stress). Recombinant human GH therapy is effective for confirmed GHD and selected other indications. Adult GHD may persist from childhood or be acquired later, leading to decreased lean body mass, reduced bone density, and adverse cardiometabolic effects.

Tall stature is defined as height above the 97th percentile and may result from familial or constitutional advancement of growth, endocrine causes such as GH excess (gigantism), or genetic syndromes. In adults, GH excess leads to acromegaly, characterized by acral and soft-tissue overgrowth, organomegaly, insulin resistance, and increased risk for cardiovascular disease and neoplasia.

Precocious puberty results from early activation of the HPG (CPP) or excess sex steroid production independent of the axis (PPP). It causes early development of secondary sexual characteristics and accelerates growth but may ultimately limit adult height due to premature epiphyseal closure. Treatment with GnRH agonists is used to halt premature progression and preserve height potential in CPP.

Disorders of Thyroid Function

Disorders of thyroid function are among the most common endocrine conditions and can significantly impact metabolism, growth, and overall homeostasis. Because the thyroid hormones regulate basal metabolic rate, alterations in their production or action can result in widespread systemic effects. Thyroid disorders are generally classified according to whether they cause hypothyroidism (insufficient thyroid hormone action) or hyperthyroidism (excessive thyroid hormone action).

Structure, Function, and Evaluation of the Thyroid Gland

This section reviews the anatomy, hormone synthesis, regulation, physiologic actions, and diagnostic evaluation of the thyroid gland. Understanding normal thyroid function provides the foundation for recognizing, diagnosing, and treating thyroid disorders

Structure and Regulation of the Thyroid Gland

The **thyroid** gland is a butterfly-shaped structure located just below the larynx in the neck. It is made up of many tiny sacs called **follicles**, the functional units of the gland. Each follicle is lined with epithelial (follicular) cells and filled with a protein-rich substance called **colloid**, which contains **thyroglobulin**—the storage form of the thyroid hormone precursor (Shahid, Sharma, et al., 2023).

Hormone Synthesis

Iodide from the blood is actively transported into the follicular cells and then into the colloid. There, the enzyme **thyroid peroxidase (TPO)** oxidizes iodide so it can attach to tyrosine molecules on thyroglobulin, forming **monoiodotyrosine (MIT)** and **diiodotyrosine (DIT)**. Two DITs combine to make **thyroxine (T4)**, while one MIT and one DIT combine to make **triiodothyronine (T3)**. About 93% of thyroid hormone released is T4 and 7% is T3. Although T3 is the more active form, most T3 in the blood is produced by conversion of T4 in peripheral tissues (Shahid, Sharma, et al., 2023).

Hormone Transport and Regulation

After synthesis, T3 and T4 are stored in the colloid until the gland is stimulated by TSH from the anterior pituitary. TSH triggers the breakdown of thyroglobulin, releasing T3 and T4 into the blood. Most thyroid hormone circulates bound to plasma proteins, mainly **thyroxine-binding globulin (TBG)**, which act as a reservoir. Only the free (unbound) hormone is biologically active and able to enter cells.

Thyroid hormone secretion is regulated by the HPT axis (Fig. 30-6) (Shahid, Sharma, et al., 2023):

- The hypothalamus secretes **thyrotropin-releasing hormone (TRH)**, which stimulates the pituitary to release TSH.
- TSH increases all steps of thyroid hormone synthesis and release, including iodide transport, hormone production, and follicle cell activity.
- Rising levels of thyroid hormone in the blood inhibit further TRH and TSH secretion through negative feedback, maintaining hormone levels within a narrow range (Fig. 30-7).

High iodide intake can temporarily suppress thyroid activity (Wolff-Chaikoff effect), whereas cold exposure can increase TRH and TSH release to raise thyroid hormone production (Shahid, Sharma, et al., 2023).

Actions of Thyroid Hormone

Thyroid hormone affects nearly every organ system in the body. Its two primary functions are to increase metabolism and protein synthesis and to support normal growth and development, particularly of the brain and skeleton in children. Most actions are mediated by T3, which is produced by conversion of T4 to T3 in target tissues. Inside the cell, T3 binds to nuclear receptors and activates specific genes that regulate metabolism (Shahid, Sharma, et al., 2023).

Metabolic Effects

Thyroid hormone increases the basal metabolic rate of nearly all tissues. When large amounts of T4 are present, the basal metabolic rate can rise by 60% to 100%. This increased metabolism accelerates the use of glucose, fat, and protein for energy, increases GI glucose absorption, and stimulates lipolysis and hepatic cholesterol breakdown. As a result, serum cholesterol levels fall in hyperthyroidism and rise in hypothyroidism. Increased energy use also produces more heat, contributing to warm skin and heat intolerance in hyperthyroidism. Muscle protein breakdown may lead to muscle weakness or fatigue (Shahid, Sharma, et al., 2023).

Cardiovascular and Respiratory Effects

Thyroid hormone strongly influences cardiovascular and respiratory systems to meet increased metabolic demands. Oxygen consumption and metabolic waste production rise, causing peripheral vasodilation and increased skin blood flow to dissipate heat. Cardiac output, blood volume, heart rate, and contractility all increase, while systemic vascular resistance falls. Blood pressure often remains normal because the rise in cardiac output is balanced by vasodilation (Olanrewaju et al., 2024).

GI Effects

Thyroid hormone increases GI motility and secretions, often leading to diarrhea when levels are elevated. Appetite and food intake rise, but weight loss occurs because of accelerated energy expenditure (Ruscio et al., 2022).

Neuromuscular and Neuropsychiatric Effects

Thyroid hormone is essential for normal brain development in infants and young children, and deficiency during this period causes irreversible intellectual disability. In adults, thyroid hormone maintains proper neural control of muscle function and tone. Slightly elevated hormone levels produce hyperreflexia and, in hyperthyroidism, a fine tremor. Low thyroid hormone levels result in sluggish reflexes and slowed muscle response. Elevated thyroid hormone levels heighten mental activity, often causing nervousness, anxiety, and insomnia (Netzer et al., 2023).

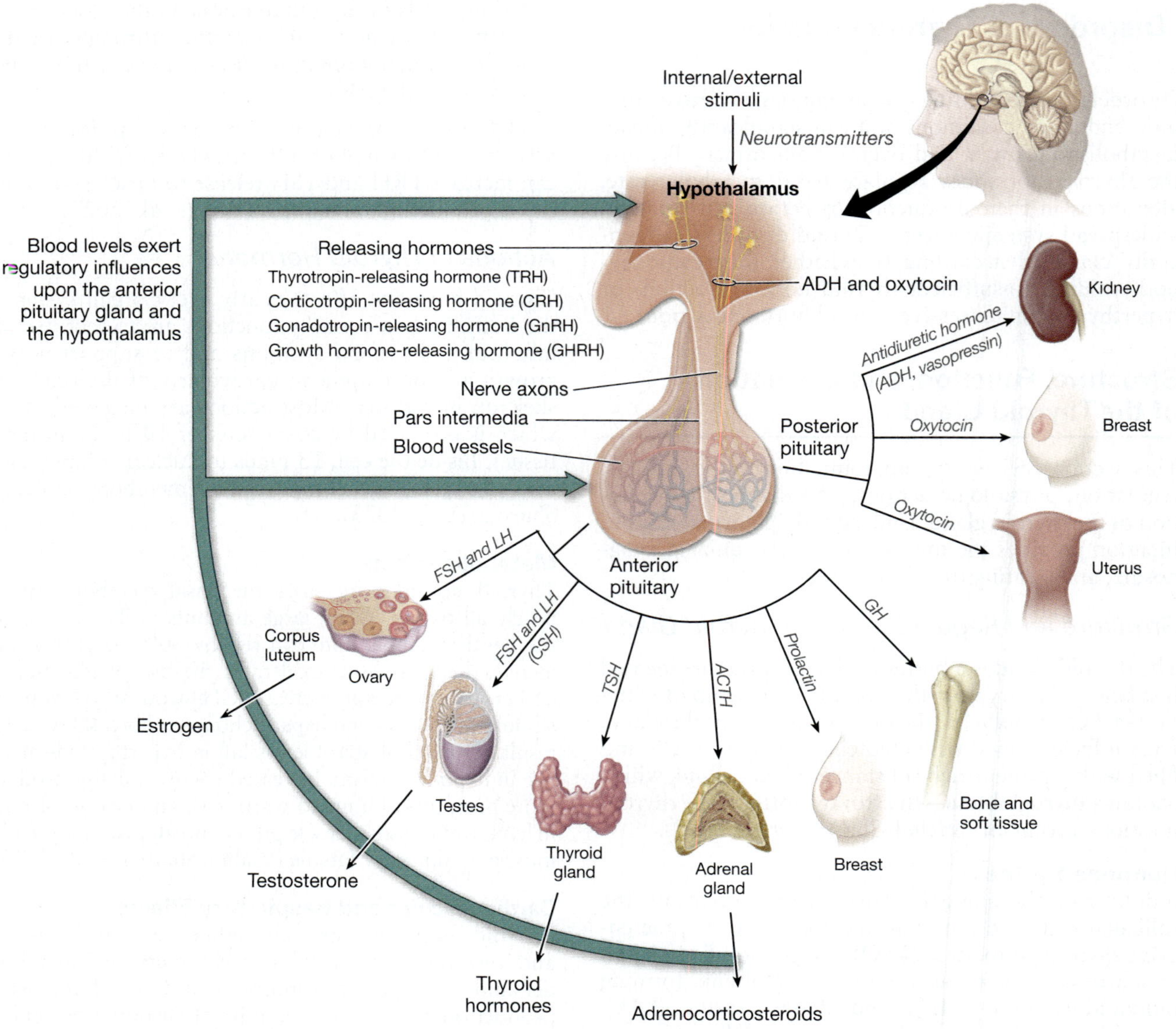

FIGURE 30-6. The hypothalamic–pituitary axis regulates the release of hormones. ACTH, adrenocorticotropic hormone; CSH, chorionic somatomammotropin hormone; FSH, follicle-stimulating hormone; GH, growth hormone; LH, luteinizing hormone; TSH, thyroid-stimulating hormone. (Nath, J. L. [2023]. *Applied pathophysiology: A conceptual approach*. Wolters Kluwer.)

Sympathetic Interactions

Thyroid hormone increases tissue sensitivity to catecholamines, which explains many hyperthyroid symptoms such as tachycardia, palpitations, sweating, tremor, restlessness, and anxiety. Because of this relationship, beta-adrenergic blockers are commonly used to relieve these symptoms while definitive treatment for hyperthyroidism takes effect (Mittag & Kolms, 2025).

KEY POINTS

Thyroid Hormone

- Thyroid hormone increases basal metabolic rate and protein synthesis in nearly all body tissues.
- Hypothyroidism leads to decreased metabolic rate, accumulation of hydrophilic mucopolysaccharides in connective tissues (myxedema), slowed physiologic functions, and elevated serum cholesterol.
- Hyperthyroidism produces the opposite effects, including increased metabolic rate and oxygen consumption, greater use of glucose, fat, and protein for energy, heat intolerance, and heightened responsiveness to the sympathetic nervous system (SNS; tachycardia, palpitations, anxiety, tremor).

Diagnostic Evaluation of Thyroid Function

Thyroid function is assessed using a combination of blood tests, functional studies, and imaging techniques.

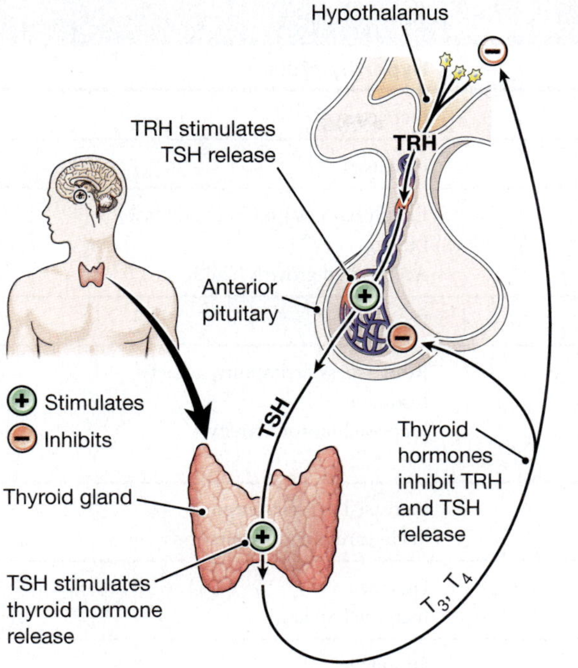

FIGURE 30-7. Thyroid hormone levels are kept constant by negative feedback. TRH, thyrotropin-releasing hormone; TSH, thyroid-stimulating hormone. (Cohen, B. J., & Hull, K. L. [2020]. *Memmler's structure and function of the human body*. Wolters Kluwer.)

TSH is the most sensitive screening test for primary thyroid disorders and is usually measured first (Spencer, 2023). Elevated TSH with a low free thyroxine (free T4) level indicates **primary hypothyroidism**, whereas low TSH with elevated free T4 suggests **primary hyperthyroidism**. Free T4 and, when indicated, free triiodothyronine (free T3) provides a direct measure of the biologically active hormone available to enter cells and are preferred over total T3 and T4 in patients with altered protein-binding states. Total T3 can be helpful in diagnosing early hyperthyroidism, when T4 may still be normal. Thyroid autoantibody testing, including anti-TPO and anti-thyroglobulin antibodies, is used to diagnose autoimmune thyroid disease such as Hashimoto thyroiditis, and TSH receptor antibodies may be measured in suspected Graves disease (Spencer, 2023).

Functional studies include the radioiodine uptake test, which measures the thyroid's ability to take up and retain iodine. Uptake is typically elevated in Graves disease and toxic nodular goiter, but low in thyroiditis or in cases of exogenous thyroid hormone use. A thyroid scan using radioiodine or technetium-99m provides an image of the gland's size, shape, and nodularity and can distinguish "hot" functioning nodules from "cold" nonfunctioning ones. Ultrasonography is commonly used to characterize nodules (solid vs. cystic) and to guide fine-needle aspiration (FNA) procedures. CT and MRI are helpful when there is concern for tracheal compression or substernal extension of a goiter. FNA biopsy remains the gold standard for differentiating benign from malignant thyroid nodules and is an essential part of the workup of a palpable or incidentally discovered nodule (Spencer, 2023).

General Thyroid Dysfunction and Goiter

Alterations in thyroid function may take the form of hypofunction (hypothyroidism) or hyperfunction (hyperthyroidism/thyrotoxicosis), and may result from congenital abnormalities, autoimmune disease, iodine deficiency, or disorders affecting the pituitary or hypothalamus. These conditions can develop gradually over time or appear suddenly, and their manifestations are summarized in Table 30-3.

Goiter refers to an abnormal enlargement of the thyroid gland and can occur in hypothyroid, euthyroid, or hyperthyroid states (Fig. 30-8). Goiters may be diffuse, involving the entire gland without nodularity, or nodular, involving one or more discrete nodules. Over time, diffuse goiters often become multinodular. Goiters may be classified as toxic, when they produce signs of hyperthyroidism (thyrotoxicosis), or nontoxic, when thyroid hormone levels remain normal. Diffuse nontoxic and multinodular goiters commonly result from chronic TSH stimulation, most often due to iodine deficiency or other factors that impair thyroid hormone synthesis, leading to compensatory follicular cell hypertrophy and hyperplasia (Studen et al., 2024).

The degree of thyroid enlargement is usually proportional to the duration and severity of thyroid hormone deficiency, and multinodular goiters can become very large. When enlarged enough, they may produce compressive symptoms, including difficulty swallowing (dysphagia), choking sensations, inspiratory stridor from tracheal compression, or venous congestion with distended neck veins, periorbital edema, and even syncope with coughing in severe cases involving superior vena cava compression. Recognition of these findings is critical, as they may require surgical intervention to relieve airway or vascular obstruction (Studen et al., 2024).

Hypothyroidism

Hypothyroidism may be congenital or acquired, and can result from primary thyroid gland disease, pituitary or hypothalamic disorders, or exposure to certain drugs or iodine excess (Wojtachnio et al., 2022).

Congenital Hypothyroidism

Congenital hypothyroidism is one of the most common preventable causes of intellectual disability. It may result from congenital absence of the thyroid gland, defects in thyroid hormone biosynthesis, or deficient TSH secretion. Affected infants usually appear normal at birth because maternal thyroid hormone crosses the placenta. Thyroid hormone is essential for normal growth and brain development, particularly during the first 6 months of life. If untreated, congenital hypothyroidism causes intellectual disability and growth failure. Early detection through universal newborn screening and prompt thyroid hormone replacement therapy prevents developmental delay and allows normal growth. Transient congenital hypothyroidism may occur due to maternal or neonatal exposure to excess iodine

TABLE 30-3 Manifestations of Hypothyroid and Hyperthyroid States

Level of Organization	Hypothyroidism	Hyperthyroidism
Basal metabolic rate	Decreased	Increased
Sensitivity to catecholamines	Decreased	Increased
General features	Myxedematous features Deep voice Impaired growth (child)	Exophthalmos (in Graves disease) Lid lag Accelerated growth (child)
Blood cholesterol levels	Increased	Decreased
General behavior	Intellectual disability (infant) Fatigue Slowed speech and thinking Somnolence	Restlessness, irritability, anxiety Insomnia Increased motor activity
Cardiovascular function	Decreased cardiac output Bradycardia	Increased cardiac output Tachycardia and palpitations
Gastrointestinal function	Constipation Decreased appetite	Diarrhea Increased appetite
Respiratory function	Slow, shallow respirations	Dyspnea
Muscle tone and reflexes	Decreased tone Delayed reflexes	Hyperreflexia Tremor Muscle twitching
Temperature tolerance	Cold intolerance	Heat intolerance
Skin and hair	Decreased sweating Coarse and dry skin and hair	Increased sweating Thin and silky skin and hair
Weight	Gain	Loss

(e.g., povidone–iodine antiseptics) or to antithyroid drugs (propylthiouracil [PTU], methimazole). Treatment consists of rapid normalization of serum T4 with replacement therapy to minimize neurodevelopmental impairment (Rose et al., 2022).

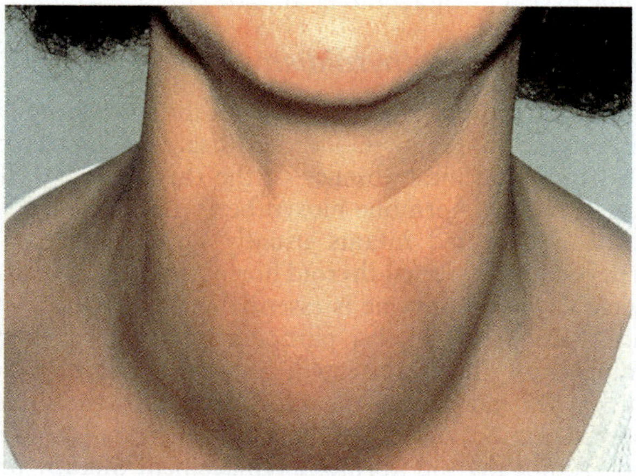

FIGURE 30-8. Goiter. (From Emine, E., Abali, E. E., Cline, S. D., Franklin, D. S., & Viselli, S. M. [2021]. *Lippincott illustrated reviews: biochemistry* [8th ed., Fig. 29-15]. Wolters Kluwer.)

Acquired Hypothyroidism and Myxedema

Acquired hypothyroidism causes a generalized slowing of metabolic processes and may lead to myxedema, a nonpitting edema caused by mucopolysaccharide accumulation in connective tissues. Hypothyroidism may be mild and subclinical or progress to a severe, life-threatening form known as *myxedema coma*, characterized by hypothermia, cardiovascular collapse, and decreased consciousness (Mitchell-Brown & Gates, 2022).

Etiology and Pathogenesis

Primary hypothyroidism is far more common than secondary or tertiary forms and results from thyroid gland destruction or dysfunction. Causes include surgical removal or radioactive ablation of the thyroid, **autoimmune thyroiditis** (**Hashimoto thyroiditis**), subacute thyroiditis (including **postpartum thyroiditis**), and drug effects (e.g., lithium, antithyroid drugs). Chronic iodine deficiency remains the leading cause of hypothyroidism worldwide, although it is rare in the United States due to iodized salt (Patil et al., 2024). Excess iodine can paradoxically inhibit thyroid hormone synthesis (**Wolff-Chaikoff effect**), particularly in susceptible individuals with autoimmune thyroid disease (Brungs et al., 2025). Hashimoto thyroiditis is the most common cause of hypothyroidism in children and adults and is more frequent in females. It may initially present with a painless goiter, followed by progressive hypothyroidism. A brief hyperthyroid phase (Hashitoxicosis) can occur due to leakage of preformed hormone from damaged follicles (Phagoora et al., 2023).

Clinical Manifestations

Hypothyroidism affects nearly every organ system. Manifestations include fatigue, weakness, cold intolerance, weight gain despite reduced appetite, and slowed reflexes (Fig. 30-9). The skin becomes dry and rough, hair becomes coarse and brittle, and the face appears puffy with periorbital edema and thinning of the lateral eyebrows. GI motility slows, leading to constipation, bloating, and abdominal distention. Bradycardia, decreased cardiac output, and generalized edema can develop. CNS findings include mental sluggishness, impaired memory, and lethargy. Myxedema may be seen in the face, tongue, and extremities, causing a hoarse voice and sometimes compressive neuropathies such as carpal tunnel syndrome. Cardiac involvement can cause pericardial effusion and decreased contractility (Patil et al., 2024).

The signs and symptoms of hypothyroidism are summarized in Table 30-3.

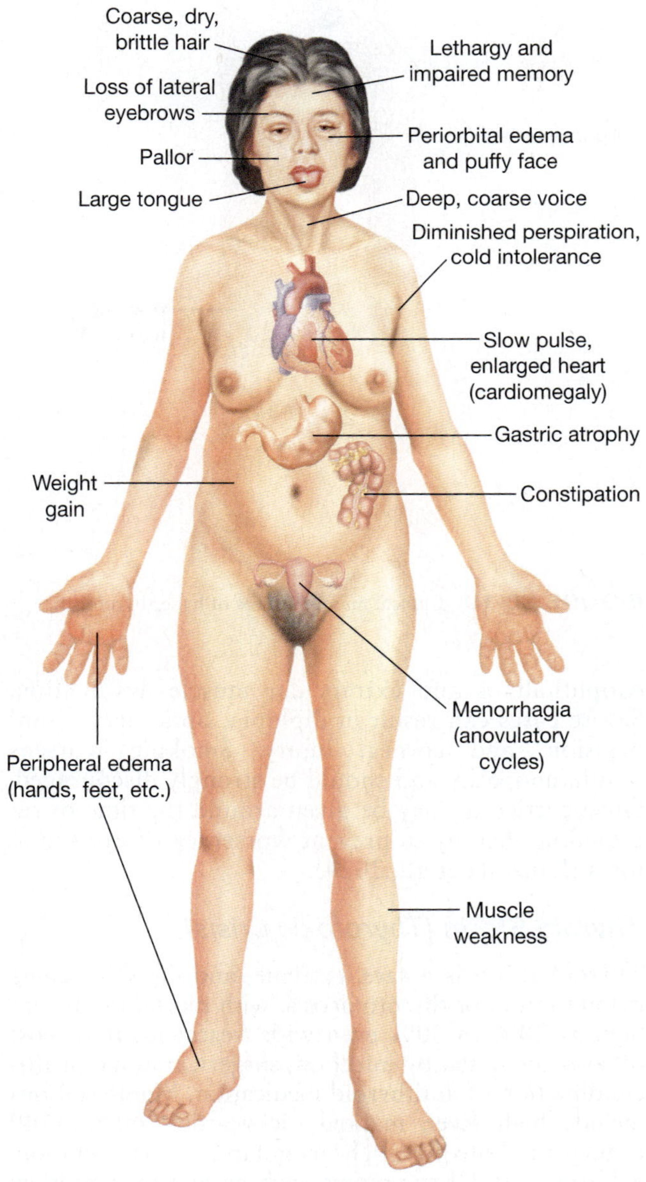

FIGURE 30-9. Clinical manifestations of hypothyroidism.

Diagnosis and Treatment

Diagnosis is based on history, physical examination, and laboratory testing. Low free T4 with elevated TSH confirms primary hypothyroidism, while normal or low TSH suggests secondary or tertiary causes. Thyroid antibody testing (anti-TPO) should be performed when Hashimoto thyroiditis is suspected (Patil et al., 2024).

Treatment consists of lifelong thyroid hormone replacement, usually with levothyroxine (T4). TSH is used to guide dose adjustment in primary hypothyroidism, with the goal of normalizing the TSH level. Older adults and those with cardiovascular disease should begin at lower doses, with gradual titration to avoid precipitating angina or arrhythmias. Patients should be counseled to take levothyroxine consistently (preferably on an empty stomach at the same time each day) and to remain on the same brand or generic formulation to ensure stable hormone levels (Patil et al., 2024).

Myxedematous Coma (Myxedema Crisis)

Myxedema coma (sometimes referred to as **myxedema crisis**) is a rare but life-threatening expression of severe, long-standing hypothyroidism. It is characterized by profound hypometabolism affecting every organ system and carries a high mortality rate even with treatment. Hallmark features include hypothermia, which is a strong predictor of death, cardiovascular collapse with bradycardia and hypotension, hypoventilation, and severe metabolic disturbances such as hyponatremia, hypoglycemia, and lactic acidosis. Patients may present with altered mental status ranging from confusion to coma (Wartofsky, 2026).

Precipitating factors include infection, cold exposure, sedative or opioid use, stroke, or sudden discontinuation of thyroid hormone therapy. Management focuses on prompt recognition, aggressive treatment of precipitating factors, cardiorespiratory support (including mechanical ventilation if needed), cautious correction of hyponatremia and hypoglycemia, and intravenous (IV) thyroid hormone replacement. Passive rewarming (blankets, warm environment) is recommended for hypothermia; active external rewarming should be avoided, as it can cause peripheral vasodilation and precipitate cardiovascular collapse.

Because prevention is far better than treatment, individuals at high risk—such as those with known Hashimoto thyroiditis or previous thyroidectomy—should be educated about recognizing symptoms of severe hypothyroidism and seeking care promptly (Wartofsky, 2026).

Hyperthyroidism

Thyrotoxicosis is the clinical syndrome that results when tissues are exposed to excessive circulating thyroid hormone. Most cases are due to hyperthyroidism, which is overproduction of thyroid hormone by the gland itself (Lee & Pearce, 2023).

Etiology and Pathogenesis

The most common cause of hyperthyroidism is Graves disease, an autoimmune disorder characterized by hyperthyroidism, diffuse goiter, and ophthalmopathy. Other causes include toxic multinodular goiter, solitary toxic adenoma, thyroiditis (which can cause transient thyrotoxicosis due to hormone leakage), and iodine-induced hyperthyroidism (Jod-Basedow phenomenon). Rarely, exogenous thyroid hormone ingestion or certain iodine-containing drugs (e.g., amiodarone) may cause thyrotoxicosis (Lee & Pearce, 2023).

Clinical Manifestations

Hyperthyroidism produces a hypermetabolic state and increased sensitivity to catecholamines. Patients often report nervousness, irritability, fatigue, heat intolerance, weight loss despite increased appetite, and frequent bowel movements or diarrhea. Cardiovascular manifestations include tachycardia, palpitations, widened pulse pressure, and, in 10% to 15% of adults, atrial fibrillation. Respiratory rate may be increased, and dyspnea is common. The skin is warm, moist, and smooth, and the hair is thin and silky. Neuromuscular effects include fine tremor, hyperreflexia, muscle cramps, and restlessness (Fig. 30-10). Characteristic eye findings include lid lag, infrequent blinking, and a "staring" appearance. In Graves disease, exophthalmos may cause diplopia, photophobia, and risk for corneal ulceration due to incomplete eyelid closure (Lee & Pearce, 2023). The signs and symptoms of hyperthyroidism are summarized in Table 30-3.

The goal of therapy is to reduce thyroid hormone levels and control symptoms. Definitive treatment options include radioactive iodine ablation (most common treatment for Graves disease in adults), surgical thyroidectomy, or long-term antithyroid drug therapy. Antithyroid drugs work by inhibiting thyroid hormone synthesis and, in the case of PTU, also block peripheral conversion of T4 to T3. Beta-adrenergic blockers (e.g., propranolol) provide rapid relief of symptoms such as tachycardia, tremor, and anxiety but do not reduce hormone production (Wiersinga et al., 2023).

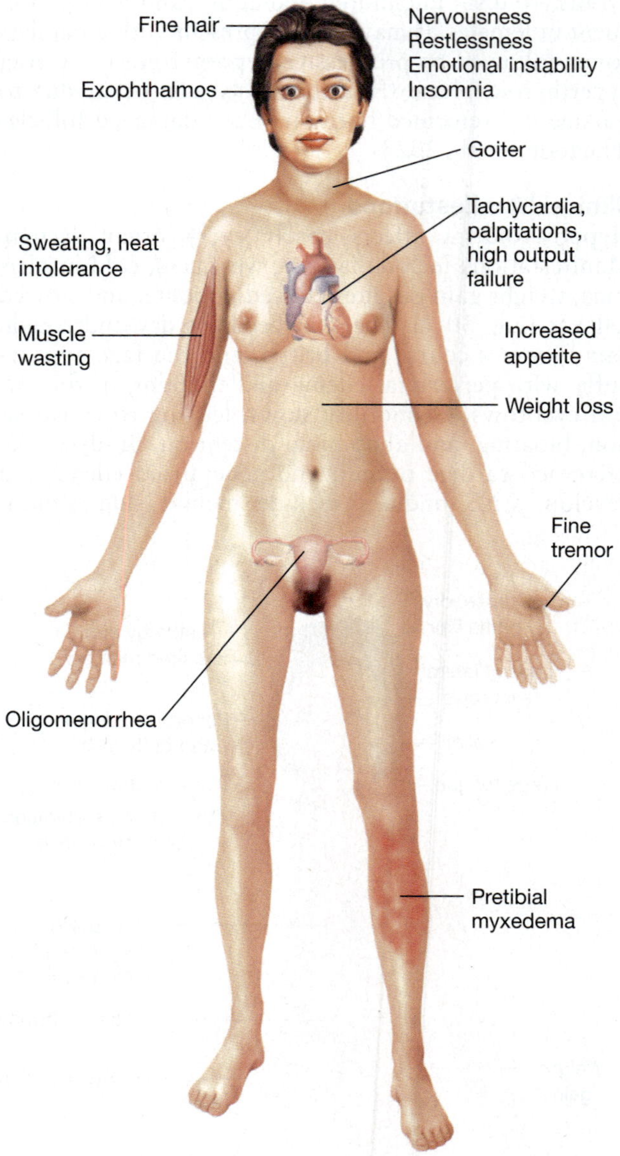

FIGURE 30-10. Clinical manifestations of hyperthyroidism.

Graves Disease

Graves disease is an autoimmune disorder in which TSH receptor antibodies stimulate the thyroid gland, leading to hyperthyroidism and goiter. It is more common in females and may be associated with other autoimmune diseases. Ophthalmopathy occurs in up to one third of patients and results from immune-mediated inflammation of orbital tissues, causing exophthalmos and extraocular muscle dysfunction. Severe cases can result in diplopia, optic nerve compression, and corneal injury. Smoking worsens ophthalmopathy and should be strongly discouraged. Glucocorticoids may be given around the time of radioiodine therapy to prevent worsening of eye symptoms (Lanzolla et al., 2024).

Thyroid Storm (Thyrotoxic Crisis)

Thyroid storm is a rare, extreme, and life-threatening manifestation of thyrotoxicosis, with mortality rates as high as 20% to 30% even with treatment. It is most often precipitated by infection, surgery, trauma, or discontinuation of antithyroid medication. Manifestations include high fever, marked tachycardia (often >140 beats per minute [bpm]), heart failure, angina, agitation, delirium, and GI symptoms such as nausea, vomiting, and diarrhea (Reddy et al., 2023).

Management is an emergency and begins with stabilization of airway, breathing, and circulation, as well as aggressive cooling (passive and active, with shivering suppression). Supportive measures include IV fluids, glucose, and electrolytes. Beta-blockers control cardiovascular symptoms, and high-dose glucocorticoids treat relative adrenal insufficiency and reduce peripheral conversion of T4 to T3. PTU (or methimazole if PTU is contraindicated) is administered to block thyroid hormone synthesis. Iodine therapy is given after antithyroid drugs to block hormone release. Aspirin should be avoided because it can increase free thyroid hormone levels (Reddy et al., 2023).

SUMMARY CONCEPTS

Thyroid hormones influence the metabolism of nearly all body cells and are essential for normal growth and brain development in infants and young children. Alterations in thyroid function present as either hypothyroidism or hyperthyroidism. Congenital hypothyroidism is a leading preventable cause of intellectual disability and growth impairment; early detection through newborn screening and prompt initiation of thyroid hormone replacement within the first 2 weeks of life are critical for normal development. Acquired hypothyroidism results in a decreased metabolic rate and accumulation of hydrophilic mucopolysaccharides in connective tissues, leading to a mucous type of edema called myxedema; if severe and untreated, this can progress to myxedema coma, a life-threatening condition. Hyperthyroidism produces an increased metabolic rate and clinical features resembling SNS overactivity, including tachycardia, tremor, and heat intolerance. Graves disease, the most common cause of hyperthyroidism, is characterized by the triad of hyperthyroidism, diffuse goiter, and ophthalmopathy, which can threaten vision if severe. Thyroid storm represents an extreme, life-threatening form of thyrotoxicosis and requires rapid recognition and treatment.

Disorders of Parathyroid Function

The **parathyroid glands** play a critical role in regulating calcium and phosphate balance, which is essential for normal neuromuscular function, bone integrity, and many cellular processes. Disorders of the parathyroid glands can result in either hypofunction, leading to **hypocalcemia** and increased neuromuscular excitability, or hyperfunction, leading to **hypercalcemia** and potential bone loss, kidney stones, and cardiovascular complications. Understanding parathyroid physiology provides the foundation for recognizing and treating these conditions.

Calcium and phosphate regulation were first introduced in the chapter on fluid, electrolyte, and acid–base balance. Here, these concepts are revisited in the context of endocrine control and parathyroid gland disorders.

Control of Calcium and Phosphate Metabolism

Calcium and phosphate homeostasis is regulated primarily by **parathyroid hormone (PTH)**, vitamin D, and calcitonin. The four parathyroid glands, located on the posterior surface of the thyroid gland, secrete PTH in response to low serum calcium levels. PTH raises calcium levels by stimulating bone resorption, increasing calcium reabsorption and phosphate excretion in the kidneys, and promoting activation of vitamin D, which enhances intestinal calcium absorption. Phosphate balance is tightly linked to calcium regulation; when PTH increases calcium reabsorption, it simultaneously increases phosphate excretion to maintain a normal calcium–phosphate product. Calcitonin, secreted by the thyroid parafollicular cells, has a minor role in lowering calcium by inhibiting bone resorption (Stanley & Martin, 2023).

Hypoparathyroidism

Hypoparathyroidism is characterized by abnormally low PTH levels, resulting in hypocalcemia and hyperphosphatemia. The most common cause is inadvertent parathyroid gland removal or damage during thyroid or neck surgery. Other causes include autoimmune destruction of the parathyroid glands, genetic disorders, and impaired PTH secretion after heavy neck irradiation (Sell et al., 2022).

Clinical manifestations are primarily related to hypocalcemia and increased neuromuscular excitability. Symptoms include tingling around the mouth, paresthesias of the hands and feet, muscle cramps, carpopedal spasm, laryngospasm, and seizures in severe cases. Classic physical examination findings include a **positive Chvostek sign** (facial muscle spasm with facial nerve tapping) and **positive Trousseau sign** (carpal spasm with blood pressure cuff inflation). Chronic hypocalcemia may cause brittle nails, hair loss, dry skin, and cataracts (Khan & Khan, 2025).

Diagnosis is based on low serum calcium, elevated serum phosphate, and low PTH levels. Treatment includes acute IV calcium for severe hypocalcemia, followed by oral calcium and vitamin D supplementation for maintenance. Recombinant PTH therapy may be used in some chronic cases (Khan & Khan, 2025).

Hyperparathyroidism

Hyperparathyroidism is caused by excessive secretion of PTH and results in hypercalcemia and hypophosphatemia.

- **Primary hyperparathyroidism** is most commonly due to a solitary parathyroid adenoma but may also result from gland hyperplasia or, rarely, parathyroid carcinoma (Bandeira et al., 2022).
- **Secondary hyperparathyroidism** develops in response to chronic hypocalcemia, most often from CKD or vitamin D deficiency, leading to persistent PTH elevation.
- **Tertiary hyperparathyroidism** occurs when parathyroid glands become autonomous after long-standing secondary hyperparathyroidism, leading to continuous PTH secretion even when calcium levels normalize (Zhang, Zhang, et al., 2022).

Clinical manifestations of hypercalcemia include "stones, bones, groans, and psychiatric overtones": kidney stones, bone pain/fractures (due to increased bone resorption), GI symptoms such as constipation and abdominal pain, and neuropsychiatric symptoms such as fatigue, depression, and confusion. Muscle weakness and cardiac dysrhythmias may occur in severe cases (Bandeira et al., 2022).

Diagnosis is based on elevated serum calcium, low phosphate, and elevated PTH levels (in primary disease). Bone density studies may reveal osteoporosis. Treatment for primary hyperparathyroidism may include surgical removal of the affected gland(s). Medical management includes hydration, avoidance of thiazide diuretics, bisphosphonate therapy, and calcimimetic agents to suppress PTH secretion (Bandeira et al., 2022). Management of secondary hyperparathyroidism focuses on correcting the underlying cause (e.g., vitamin D analogs, phosphate binders, calcimimetics, or dialysis optimization in CKD) (Zhang, Zhang, et al., 2022).

Pseudohypoparathyroidism

Pseudohypoparathyroidism is a rare genetic disorder characterized by target tissue resistance to PTH, leading to hypocalcemia and hyperphosphatemia despite elevated PTH levels. Clinical features may include short stature, round face, and shortened fourth and fifth metacarpals (Albright hereditary osteodystrophy). Treatment is similar to that for hypoparathyroidism, with calcium and vitamin D supplementation to maintain normal serum calcium levels (Germain-Lee & Levine, 2024).

Disorders of Adrenal Function

The adrenal glands play a critical role in maintaining homeostasis through the coordinated actions of the adrenal cortex and adrenal medulla. The adrenal cortex produces glucocorticoids, mineralocorticoids, and adrenal androgens, which are essential for regulating metabolism, fluid and electrolyte balance, and the stress response. The adrenal medulla secretes catecholamines, which are an important component of the SNS "fight-or-flight" stress response. Disorders of adrenal function can result from either hypofunction or hyperfunction of the cortex or medulla and may lead to life-threatening alterations in metabolism, hemodynamics, and adaptation to stress. Understanding the normal control of adrenal function provides the foundation for recognizing and managing these disorders (Dutt et al., 2023).

Structure, Function, and Regulation of the Adrenal Cortex

The two **adrenal glands** are located on the top of each kidney and each weighs about 5 g (Fig. 30-11). Each gland consists of an inner medulla that makes up about 20% of the gland and an outer cortex that makes up about 80% of the gland. The adrenal medulla secretes the catecholamines **epinephrine** (also known as **adrenaline**) and **norepinephrine** (also known as **noradrenaline**) as part of the SNS activity, essentially serving as an important extension of the SNS. The adrenal cortex secretes glucocorticoids (an essential stress hormone), mineralocorticoids (a key hormone of fluid and electrolyte balance), and adrenal androgens (important in both sexual differentiation and sexual function). Although adrenal medulla function is important, the SNS can compensate for decreases in adrenal medullary function. However, adrenal cortical function is essential for life; complete loss of cortical function is fatal within days to weeks without replacement therapy of the key adrenal cortical hormones. This section describes the synthesis, regulation, and metabolism of adrenal cortical hormones and

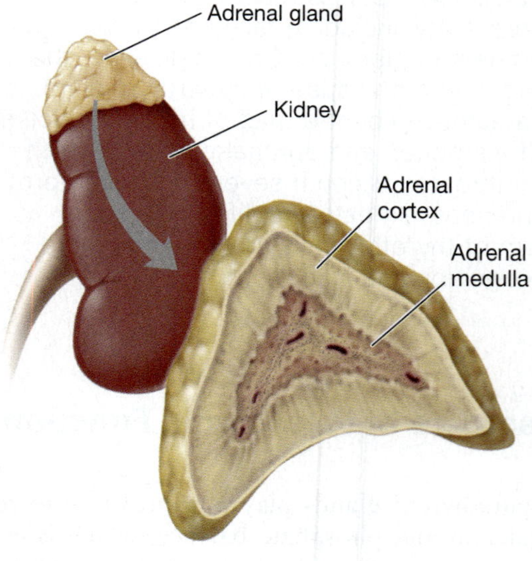

FIGURE 30-11. The adrenal glands are positioned above each kidney and have an outer adrenal cortex and an inner adrenal medulla. (Nath, J. L. [2023]. *Applied pathophysiology: A conceptual approach*. Wolters Kluwer.)

lays the foundation for understanding the disorders that result from deficiency or excess of these hormones (Dutt et al., 2023).

Biosynthesis, Transport, and Metabolism

The **adrenal cortex** synthesizes more than 30 steroid hormones, all derived from cholesterol through enzyme-mediated processes. **Cortisol** is the principal glucocorticoid, **aldosterone** the principal mineralocorticoid, and adrenal androgens are important sex hormones (Dutt et al., 2023).

After secretion, cortisol, aldosterone, and adrenal androgens circulate in the blood, partially bound to plasma proteins (e.g., corticosteroid-binding globulin). Protein binding prolongs hormone half-life and provides a reservoir for hormone release. After exerting their actions, these steroid adrenal hormones are primarily metabolized by the liver, converted into water-soluble metabolites that can be excreted in urine or become a component of bile, and eliminated through the GI tract. Disruption of adrenal cortical hormone synthesis can be caused by congenital enzyme deficiencies or by drugs that inhibit steroid production (Dutt et al., 2023).

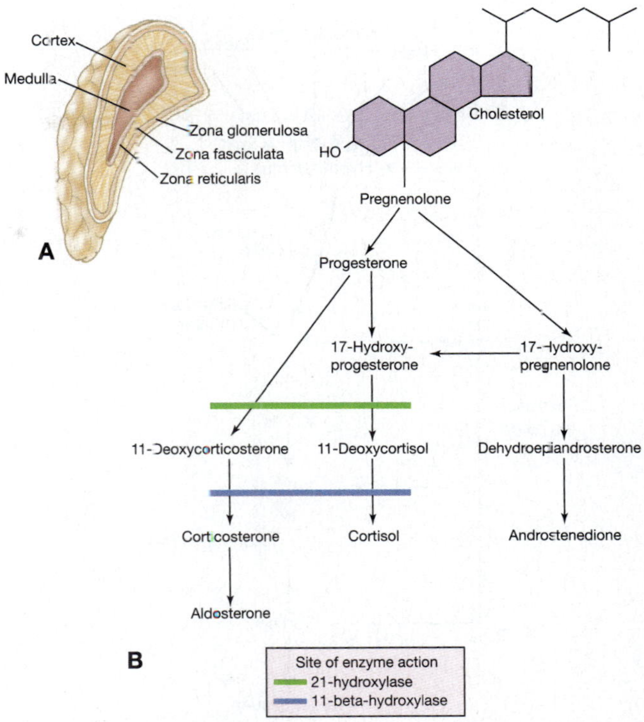

FIGURE 30-12. **A.** The adrenal gland showing the medulla and the three layers of the cortex. The outer layer of the cortex (zona glomerulosa) is primarily responsible for mineralocorticoid production, and the middle layer (zona fasciculata) and the inner layer (zona reticularis) produce the glucocorticoids and the adrenal androgens. **B.** Predominant biosynthetic pathways of the adrenal cortex. Critical enzymes in the biosynthetic process include 11-beta-hydroxylase and 21-hydroxylase. A deficiency in one of these enzymes blocks the synthesis of hormones dependent on that enzyme and routes the precursors into alternative pathways.

KEY POINTS

Adrenal Cortical Hormones

- The manifestations of primary adrenal cortical insufficiency are related mainly to mineralocorticoid deficiency (impaired regulation of water, sodium, and potassium) and glucocorticoid deficiency (impaired ability to regulate blood glucose and disruption of the immune and inflammatory responses).
- Adrenal cortical excess results in abnormal glucose metabolism, fluid and electrolyte imbalances (retention of sodium and water, with loss of potassium), impaired ability to respond to stress, inhibition of inflammatory and immune responses, and adverse effects from increased androgen levels.

Adrenal Androgens

The adrenal androgens are produced mainly by the **zona reticularis** (and to a lesser extent by the zona fasciculata) of the adrenal cortex (Fig. 30-12A). The most abundant are dehydroepiandrosterone (DHEA) and its sulfate ester (DHEAS). These hormones have relatively weak androgenic activity. They play a minor role in male sexual function and contribute to the growth of female pubic and axillary hair during puberty and may influence libido. They may also participate in the maternal–fetal–placental steroid hormone system during pregnancy. Levels of DHEAS decline progressively with age, sometimes referred to as **adrenopause**. Pathologic excess of adrenal androgens can cause virilization in females or precocious puberty in children (Dutt et al., 2023). **Virilization** is the development of masculine secondary sex characteristics in females (including masculine patterns of hair growth, called **hirsutism**).

Mineralocorticoids

Mineralocorticoids, primarily aldosterone, are produced in the zona glomerulosa of the adrenal cortex and are essential for regulating sodium, potassium, and water balance. Aldosterone secretion is primarily controlled by the renin–angiotensin–aldosterone system (RAAS) and serum potassium levels, with ACTH exerting a minor, transient effect. Aldosterone acts on the distal renal tubules to promote sodium and water reabsorption and increase potassium excretion. Because aldosterone is extremely potent, even small deviations from normal levels can cause significant clinical effects (Dutt et al., 2023).

Glucocorticoids

The **glucocorticoids**, primarily cortisol, are synthesized in the zona fasciculata and zona reticularis of the adrenal cortex. Their secretion is regulated by the HPA axis. The hypothalamus secretes CRH, which stimulates the

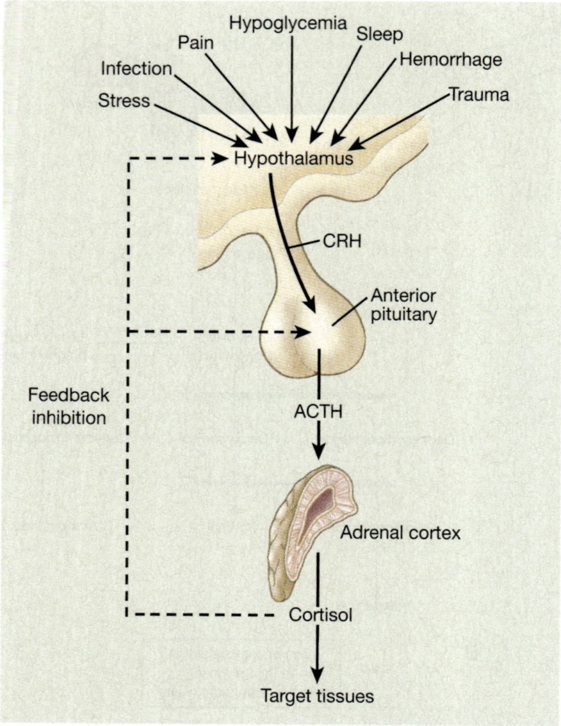

FIGURE 30-13. The HPA feedback system that regulates glucocorticoid (cortisol) levels. Cortisol release is regulated by ACTH. Stress exerts its effects on cortisol release through the HPA system and CRH, which controls the release of ACTH from the anterior pituitary gland. Increased cortisol levels incite a negative feedback inhibition of ACTH release. ACTH, adrenocorticotropic hormone; CRH, corticotropin-releasing hormone; HPA, hypothalamic–pituitary–adrenal.

anterior pituitary to release ACTH, leading to cortisol production and release. Rising cortisol levels provide negative feedback to suppress CRH and ACTH secretion (Fig. 30-13) (Dutt et al., 2023).

Cortisol levels follow a diurnal rhythm, peaking in the early morning (around 6 to 8 a.m.) and reaching their lowest levels around midnight. This rhythm can shift in people who work night shifts or in response to illness, stress, or psychiatric conditions. Clinically, this is why exogenous corticosteroids are often administered in the morning to mimic physiologic cortisol secretion. The actions of cortisol are summarized in Table 30-4.

Glucocorticoids are critical for survival because they regulate carbohydrate, protein, and fat metabolism; maintain vascular responsiveness; and modulate the immune and inflammatory response. During stress, cortisol increases glucose availability (through gluconeogenesis and glycogenolysis), mobilizes amino acids and fatty acids, and suppresses nonessential processes such as reproduction and immune activation (Dutt et al., 2023).

Metabolic Effects

Cortisol plays a central role in maintaining glucose homeostasis during fasting and stress. It stimulates hepatic gluconeogenesis, promotes protein breakdown in muscle and connective tissue to supply amino acids for glucose production, and mobilizes fatty acids from adipose tissue for energy. These effects shift cellular metabolism away

TABLE 30-4 Actions of Cortisol

Major Influence	Effect on Body
Glucose metabolism	Stimulates gluconeogenesis in the liver; decreases peripheral glucose uptake, leading to increased blood glucose levels (important during stress)
Protein metabolism	Increases protein catabolism in muscle and connective tissue, raising plasma amino acid levels for gluconeogenesis; may cause muscle wasting with prolonged excess
Fat metabolism	Mobilizes fatty acids and increases their use for energy; may lead to fat redistribution with chronic excess (truncal obesity, "moon face")
Anti-inflammatory and immune effects (mainly at pharmacologic or stress levels)	Stabilizes lysosomal membranes, reduces capillary permeability, and decreases release of inflammatory mediators. Suppresses both cell-mediated and humoral immunity by causing lymphoid tissue atrophy, lowering eosinophil counts, and decreasing antibody formation. Reduces fever and inhibits fibroblast activity, which can impair wound healing
Psychological effects	Influences mood, behavior, and cognition; excess or deficiency can cause irritability, euphoria, depression, or psychosis
Permissive effects	Enhances tissue responsiveness to catecholamines and glucagon, supporting vascular tone and blood pressure during stress

from glucose use, resulting in a moderate degree of insulin resistance and raising blood glucose levels—a phenomenon sometimes called *steroid diabetes*. Prolonged cortisol excess can lead to muscle wasting, thinning of the skin, and redistribution of fat to the trunk, neck ("buffalo hump"), and face ("moon face") (Dutt et al., 2023).

Psychological Effects

Glucocorticoid receptors are present in multiple brain regions, including the hippocampus and amygdala, suggesting an important role in regulating mood and behavior. Both cortisol excess and deficiency can alter mood, producing symptoms ranging from irritability and anxiety to euphoria or depression. At high pharmacologic doses, glucocorticoids may cause psychosis, which typically resolves when doses are tapered or discontinued (Herman, 2022).

Immunologic and Inflammatory Effects

Cortisol modulates many aspects of immunologic function and inflammatory responses. At physiologic levels, cortisol helps limit excessive inflammation. At pharmacologic or stress levels, it exerts potent anti-inflammatory and immunosuppressive effects by stabilizing lysosomal membranes, decreasing capillary permeability, inhibiting prostaglandin synthesis, and reducing leukocyte migration and cytokine release (Alotiby, 2024).

Pharmacologic Suppression of Adrenal Function

Glucocorticoids are widely used as a pharmacologic intervention to treat autoimmune and inflammatory diseases. However, pharmacologic use of cortisol also increases susceptibility to infection and may blunt the typical signs of inflammation (Alotiby, 2024). Chronic therapy with pharmacologic doses of glucocorticoids suppresses the HPA axis, leading to adrenal cortical atrophy (Basu et al., 2024). If glucocorticoids are abruptly withdrawn, patients can develop acute adrenal insufficiency, a potentially life-threatening condition. For this reason, corticosteroids must be tapered gradually after long-term use, allowing time (often 6 to 12 months or more) for the HPA axis to recover. During this recovery period, patients may require supplemental stress doses of corticosteroids during illness, surgery, or other physiologic stressors (Torpy & Lim, 2023).

Diagnostic Testing of Adrenal Function

Adrenal function can be assessed through blood, urine, and stimulation or suppression tests. Serum cortisol, aldosterone, and ACTH levels help differentiate primary from secondary adrenal disorders. A 24-hour urinary free cortisol test, late-night salivary or serum cortisol, and the overnight 1-mg dexamethasone suppression test are widely used as screening tests for hypercortisolism. Failure to suppress cortisol after dexamethasone administration suggests autonomous cortisol production and warrants further evaluation. Corticotropin (cosyntropin) stimulation testing is the gold standard for diagnosing adrenal insufficiency, assessing the ability of the adrenal cortex to respond to ACTH. CRH stimulation tests can help differentiate pituitary ACTH overproduction (Cushing disease) from ectopic ACTH secretion or adrenal causes of hypercortisolism (Shaikh et al., 2023).

Congenital Adrenal Hyperplasia

Congenital adrenal hyperplasia (CAH) is caused by a group of autosomal recessive disorders that result in deficiency of the adrenal enzymes required for cortisol biosynthesis (see Fig. 30-13). Reduced cortisol production due to adrenal enzyme deficiency leads to a compensatory increase in ACTH secretion by the pituitary gland, as the body attempts to stimulate adrenal cortisol production. This increased ACTH stimulus causes adrenal hyperplasia, but the adrenal gland remains unable to increase cortisol production because of the enzyme deficiency. As a result of the increased ACTH stimulus and adrenal hyperplasia, there is an increased production of steroid precursor molecules, which are diverted into the androgen pathway and cause excess adrenal androgen production. Depending on the specific enzyme deficiency, mineralocorticoid production may be normal, increased, or decreased (Claahsen-van der Grinten et al., 2022).

The most common form of CAH, accounting for more than 90% of cases, is 21-hydroxylase deficiency, which presents along a spectrum from simple virilizing CAH to salt-wasting CAH. In the simple virilizing form, cortisol synthesis is impaired but aldosterone production is usually sufficient to prevent salt loss; however, the excess androgen production leads to virilization. In the salt-wasting form, both cortisol and aldosterone are deficient, which causes life-threatening salt-wasting crises characterized by vomiting, dehydration, hypotension, hyponatremia, and shock. Hyperkalemia may or may not be present and should not be relied upon as a screening parameter.

11-beta-hydroxylase deficiency is a rarer cause of CAH that leads to androgen excess with accumulation of 11-deoxycorticosterone, which has mineralocorticoid activity and causes hypertension.

Clinical manifestations of CAH depend on the specific enzyme defect and the severity of the deficiency. In female infants, androgen excess may cause the development of atypical genitalia, including clitoromegaly, labial fusion, and urogenital sinus. In affected males, genitalia are typical, and diagnosis may be delayed until they present with a salt-wasting crisis or early-onset puberty (Claahsen-van der Grinten et al., 2022).

Diagnosis and Treatment

Diagnosis is based on clinical presentation, newborn screening (measurement of 17-hydroxyprogesterone in blood), and biochemical confirmation of steroid pathway intermediates. Genetic testing can identify the specific mutation, but phenotype–genotype correlations are not always exact.

Treatment includes lifelong glucocorticoid replacement (usually hydrocortisone in children) to replace cortisol and suppress ACTH, thereby reducing excess androgen production. Mineralocorticoid replacement is given to children with salt-wasting forms of CAH, along with sodium supplementation in infancy. Surgical management may be considered for virilized females, with timing and approach individualized. Ongoing management includes growth monitoring, adjustment of medication doses during illness (stress dosing), and psychosocial support. In adolescents and adults, antiandrogen therapy may be considered for hirsutism or androgenic alopecia (Claahsen-van der Grinten et al., 2022).

Adrenal Cortical Insufficiency

Adrenal insufficiency can be classified as primary or secondary (Lewis et al., 2023) (Table 30-5).

Primary Adrenal Cortical Insufficiency

Addison disease is a primary adrenal insufficiency (i.e., originating in the adrenal glands) in which adrenal cortical hormones are deficient, and a compensatory increase in ACTH levels occurs because of lack of feedback inhibition. Addison disease is a rare disorder in which more than 90% of the adrenal cortex is destroyed before clinical manifestations become apparent.

TABLE 30-5 Clinical Findings of Adrenal Insufficiency

Finding	Primary	Secondary/ Tertiary
Anorexia and weight loss	Yes (100%)	Yes (100%)
Fatigue and weakness	Yes (100%)	Yes (100%)
Gastrointestinal symptoms, nausea, diarrhea	Yes (50%)	Yes (50%)
Myalgia, arthralgia, abdominal pain	Yes (10%)	Yes (10%)
Orthostatic hypotension	Yes (often more severe due to aldosterone loss)	Yes (may be milder)
Hyponatremia	Yes (85%–90%)	Yes (60%)
Hyperkalemia	Yes (60%–65%)	No (aldosterone intact)
Hyperpigmentation	Yes (>90%)	No
Other pituitary hormone deficiencies	No	Yes (possible with panhypopituitarism)
Associated autoimmune conditions	Yes	No

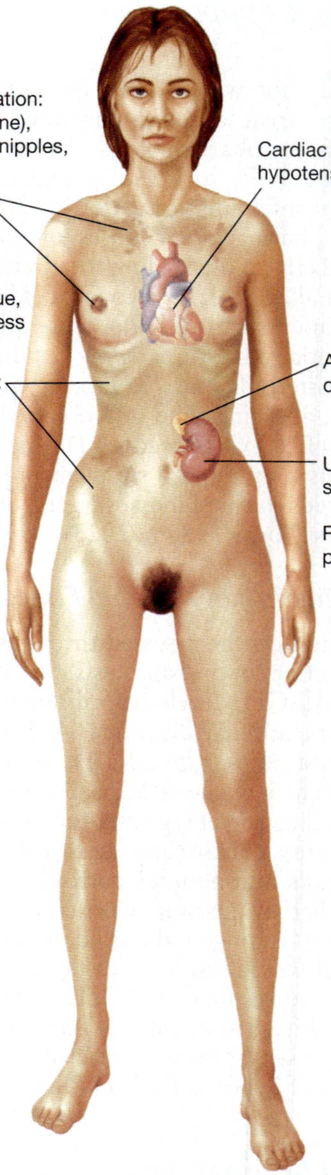

FIGURE 30-14. Clinical manifestations of primary (Addison disease) and secondary adrenal insufficiency.

Etiology and Pathogenesis

Autoimmune adrenalitis is the leading cause of primary adrenal insufficiency in resource-abundant countries, accounting for approximately 75% of cases, and may occur alone or as part of autoimmune polyglandular syndrome type 1 or 2. Other causes of adrenal insufficiency include infections (tuberculosis, fungal infections, cytomegalovirus), metastatic cancer, amyloidosis, hemochromatosis, bilateral adrenal hemorrhage (e.g., Waterhouse–Friderichsen syndrome), and adrenal destruction related to anticoagulation, sepsis, or trauma. Certain medications (e.g., ketoconazole) can inhibit cortisol synthesis and cause adrenal insufficiency (Røyrvik & Husebye, 2022).

Clinical Manifestations

The manifestations of Addison disease reflect deficiency of mineralocorticoids, glucocorticoids, and adrenal androgens, along with elevated ACTH levels (Fig. 30-14).

- Mineralocorticoid deficiency leads to sodium loss, hyponatremia, hyperkalemia, hypovolemia, and orthostatic hypotension. Severe cases can progress to cardiovascular collapse and shock. Salt craving is common.
- Glucocorticoid deficiency causes hypoglycemia, fatigue, weakness, fever, weight loss, anorexia, nausea, vomiting, and poor stress tolerance.
- Androgen deficiency produces loss of female pubic and axillary hair (minimal effect in males because of other sources of androgen production).
- Hyperpigmentation is caused by elevated ACTH, which shares a precursor molecule in the pituitary gland with MSH. Increases in MSH and the melanocyte-stimulating effects co-occur with the compensatory increase in ACTH production. The skin appears bronzed or tanned in both sun-exposed and unexposed areas, with darkening of palmar creases, scars, and oral mucosa. This bronzing feature is absent in secondary adrenal insufficiency, in which the pathology is decreased pituitary production of ACTH causing a deficiency of adrenal hormone production because the adrenal gland is not receiving the appropriate ACTH stimulus. Therefore, in secondary adrenal insufficiency, with pituitary source of pathology, the compensatory overproduction of ACTH by the pituitary does not occur (Carsote & Nistor, 2023).

Treatment

Management of adrenal cortical insufficiency requires lifelong hormone replacement therapy. Most patients receive oral hydrocortisone in divided doses (a larger morning dose to mimic the normal circadian rhythm) and, if needed, mineralocorticoid replacement with fludrocortisone to maintain sodium balance and blood pressure. DHEA supplementation may be considered in women to improve mood, energy, and libido. During illness, surgery, or trauma, glucocorticoid doses must be increased (stress dosing) to prevent adrenal crisis, and patients are often advised to carry an emergency hydrocortisone injection kit. Education should include wearing a medical alert bracelet and seeking immediate medical care for vomiting, severe illness, or injury. Regular meal timing, adequate salt intake, and routine follow-up help prevent complications such as hypoglycemia, hyponatremia, and dehydration (Carsote & Nistor, 2023).

Secondary Adrenal Cortical Insufficiency

Secondary adrenal insufficiency results from inadequate ACTH secretion due to pituitary disorders (e.g., hypopituitarism, pituitary surgery, or radiation) or hypothalamic disease (tertiary insufficiency). The most common cause, however, is suppression of the HPA axis by long-term glucocorticoid therapy for conditions such as asthma, autoimmune disease, or organ transplant. Chronic steroid use causes adrenal cortical atrophy, and abrupt discontinuation can precipitate adrenal insufficiency. Recovery of the HPA axis may take months to more than a year (Belayneh et al., 2024).

Unlike primary adrenal insufficiency, mineralocorticoid production is usually preserved, so hyperkalemia and severe salt wasting are uncommon. Clinical manifestations include fatigue, weakness, hypotension, hyponatremia (due to increased ADH secretion), and hypoglycemia. Prevention is critical: glucocorticoids must be tapered gradually, and patients on chronic steroids should receive stress-dose coverage during surgery or illness (Belayneh et al., 2024).

Acute Adrenal Crisis

Acute adrenal crisis is a medical emergency with a high mortality rate if not promptly treated. It can be triggered by infection, trauma, surgery, abrupt glucocorticoid withdrawal, or physiologic stress in untreated adrenal insufficiency. Clinical manifestations include nausea, vomiting, severe weakness, abdominal pain, dehydration, hypotension refractory to fluids, and vascular collapse. In children, crisis may be the presenting feature of salt-wasting CAH. Massive bilateral adrenal hemorrhage (e.g., Waterhouse–Friderichsen syndrome) is another cause of sudden adrenal failure (Martel-Duguech et al., 2024).

Management requires immediate IV access, aggressive fluid resuscitation, and rapid glucocorticoid replacement. The five S's guide therapy: *s*alt replacement (isotonic saline), *s*ugar replacement (dextrose for hypoglycemia), *s*teroid replacement (typically hydrocortisone 100 mg IV bolus followed by continuous infusion or repeated doses every 6 to 8 hours), *s*upport of vital functions, and *s*earch for and treat underlying cause (such as infection). Early recognition and prompt treatment are essential to prevent death (Martel-Duguech et al., 2024).

Glucocorticoid Hormone Excess (Cushing Syndrome)

Cushing syndrome refers to the manifestations of hypercortisolism from any cause. The most common overall cause is long-term glucocorticoid therapy, known as **iatrogenic Cushing syndrome**. Endogenous forms include **Cushing disease**, caused by ACTH-secreting pituitary adenomas; **adrenal Cushing syndrome**, due to cortisol-producing adrenal adenomas or carcinomas; and **ectopic Cushing syndrome**, most commonly from ACTH-secreting small-cell lung carcinomas (Reincke & Fleseriu, 2023).

Clinical Manifestations

Regardless of cause, the manifestations represent an exaggeration of the normal effects of cortisol (Fig. 30-15). Altered fat metabolism produces central obesity with a rounded "moon face," dorsocervical fat pad ("buffalo hump"), and a protruding abdomen (Fig. 30-16). Protein catabolism leads to muscle wasting, thin extremities, and thinning of the skin, resulting in easy bruising and purple abdominal striae. Osteoporosis, vertebral compression fractures, and renal calculi (kidney stones) can occur due to increased bone resorption and altered calcium metabolism. Due to the effects of cortisol on glucose metabolism, cortisol excess causes hyperglycemia. Inflammatory and immune responses are also suppressed in cortisol excess, increasing susceptibility to infection and delaying wound healing. Neuropsychiatric changes are common, ranging from irritability and insomnia to depression or psychosis. Cortisol does have some mineralocorticoid effects, so excess can lead to sodium retention, hypokalemia, and hypertension. If androgen excess co-occurs with cortisol excess, androgen effects can include hirsutism, acne, and menstrual irregularities (Reincke & Fleseriu, 2023).

Diagnosis and Treatment

Diagnosis is a two-step process. Hypercortisolism is first confirmed with screening tests such as a 24-hour urinary free cortisol, late-night salivary or serum cortisol, or overnight 1-mg dexamethasone suppression test—ideally using at least two abnormal results. Once confirmed, further testing is performed to determine the cause and includes ACTH measurement, high-dose dexamethasone suppression, CRH stimulation tests, pituitary MRI, adrenal imaging, and, when needed, inferior petrosal sinus sampling to differentiate pituitary from ectopic ACTH production (Reincke & Fleseriu, 2023).

Treatment aims to correct hypercortisolism while preserving normal pituitary and adrenal function.

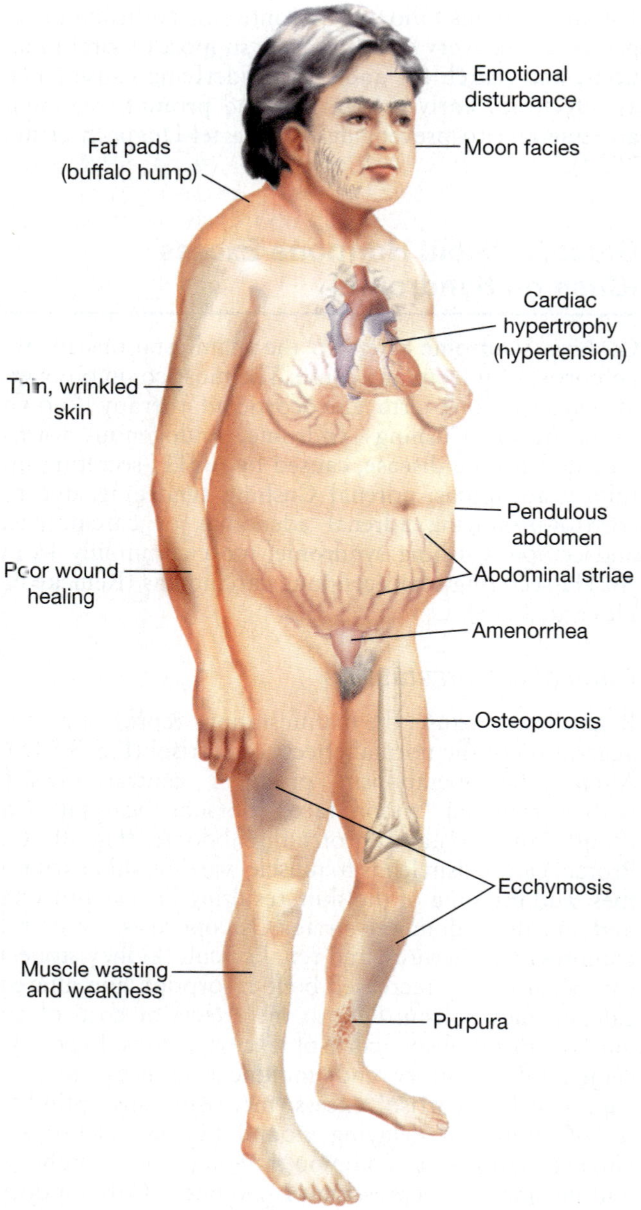

FIGURE 30-15. Clinical features of Cushing syndrome.

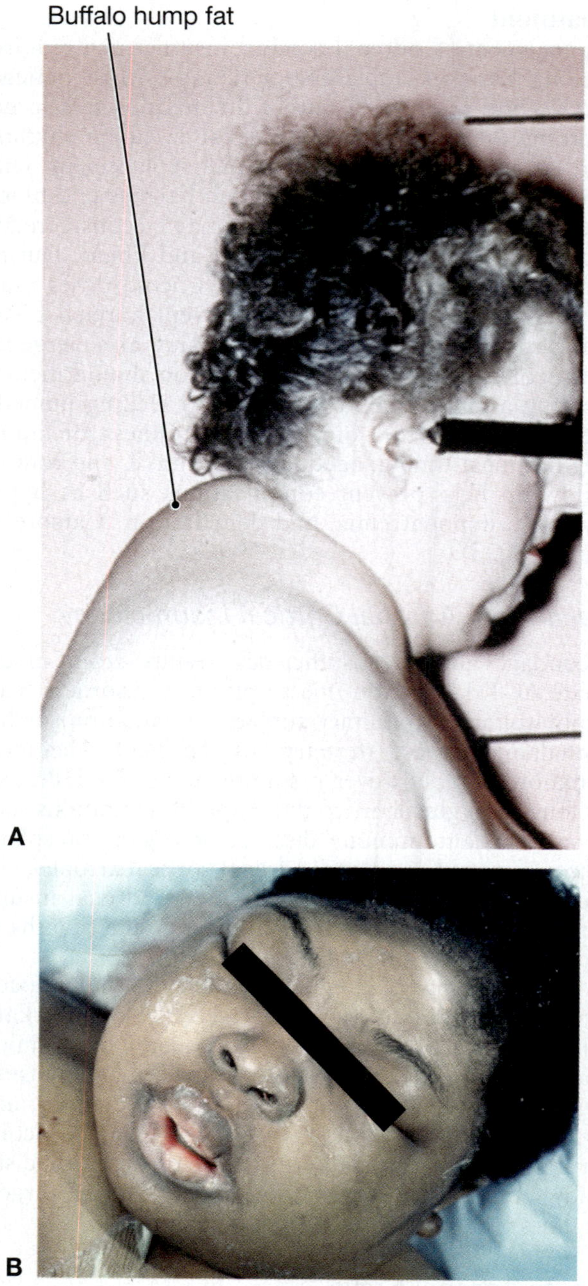

FIGURE 30-16. Cushing syndrome. **A.** Cushingoid obesity, including "buffalo hump" of dorsal fat. **B.** Cushingoid "moon face." (From McConnell, T. H. [2014]. *Nature of disease* [2nd ed., Fig. 14-18]. Wolters Kluwer.)

Transsphenoidal surgery is the preferred treatment for pituitary adenomas (Cushing disease), while adrenal tumors are managed surgically, and ectopic ACTH-producing tumors are treated with surgery, chemotherapy, or medical management when possible. Medical therapy may be used to suppress cortisol production or block its effects when surgery is not feasible. Following treatment, patients often require temporary glucocorticoid replacement due to suppressed HPA axis activity and must be monitored closely for adrenal insufficiency. Untreated Cushing syndrome carries significant morbidity and mortality from cardiovascular disease, infection, and metabolic complications, making timely recognition and treatment essential (Reincke & Fleseriu, 2023).

Adrenal Incidentalomas (Adrenal Masses)

An **adrenal incidentaloma** is an adrenal mass discovered unexpectedly on imaging performed for other reasons, most commonly CT. Most incidentalomas are benign, nonfunctional adenomas, but some may be malignant or hormonally active. The most common primary adrenal malignancy is adrenal cortical carcinoma, which is rare; however, the adrenal glands are a frequent site of metastases, particularly from lung, breast, stomach, pancreas,

SUMMARY CONCEPTS

The adrenal cortex produces three types of hormones: mineralocorticoids, glucocorticoids, and adrenal androgens. Mineralocorticoids regulate sodium, potassium, and fluid balance. Glucocorticoids are essential for the stress response, regulating glucose, protein, and fat metabolism and exerting anti-inflammatory effects. Adrenal androgens contribute to the development of secondary sex characteristics, with excesses of adrenal androgens causing female virilization. CAH is caused by genetic mutations that result in deficiencies of adrenal enzymes necessary for cortisol synthesis. The cortisol deficiency then leads to a compensatory increase in pituitary ACTH secretion that causes adrenal hyperplasia, androgen excess (leading to atypical female genital development) and can cause a life-threatening salt-wasting condition if the production of mineralocorticoids is also affected.

Adrenal insufficiency may be primary (Addison disease) or secondary (due to pituitary or hypothalamic dysfunction) and requires lifelong hormone replacement. Acute adrenal crisis is life-threatening and must be treated promptly with glucocorticoids and fluid replacement. Cushing syndrome describes the manifestations of excess glucocorticoids from any cause, with iatrogenic steroid therapy being the most common etiology. Clinical features include central obesity, muscle wasting, skin thinning, hypertension, and hyperglycemia.

Adrenal incidentalomas are increasingly recognized with widespread imaging and must be evaluated to determine whether they are malignant or hormonally active.

kidney, melanoma, and lymphoma. Evaluation includes imaging to characterize the lesion and biochemical screening to rule out functional tumors such as pheochromocytoma (plasma free or urinary fractionated metanephrines), Cushing syndrome (overnight dexamethasone suppression test), and primary aldosteronism (plasma aldosterone–to–renin ratio in hypertensive or hypokalemic patients). Correct diagnosis is essential to guide surgical removal versus observation (Cuthbertson et al., 2023).

Adrenal Medulla Disorders

The adrenal medulla is the inner portion of the adrenal gland and functions as a specialized sympathetic ganglion, essentially functioning as an extension of the SNS. The chromaffin cells of the adrenal medulla secrete catecholamines (primarily epinephrine and norepinephrine) directly into the bloodstream in response to stimulation by preganglionic sympathetic neurons. This adrenal catecholamine secretion is an essential part of the "fight-or-flight" SNS stress response, producing increased heart rate, blood pressure, blood glucose, and blood flow to vital organs. Disorders of the adrenal medulla are uncommon but typically involve tumors that cause excess catecholamine production, often arising from neural crest tissue (Van Slycke et al., 2022).

Pheochromocytoma and Paraganglioma

Pheochromocytomas are rare catecholamine-secreting tumors arising from the chromaffin cells of the adrenal medulla, whereas paragangliomas are similar tumors that develop outside the adrenal gland along the sympathetic chain. These tumors can produce episodic or sustained catecholamine release, leading to paroxysmal hypertension, tachycardia, palpitations, severe headaches, diaphoresis, and anxiety—the classic triad being headache, diaphoresis, and palpitations. Blood pressure spikes may be precipitated by stress, surgery, or certain drugs.

Diagnosis is made by measuring plasma free metanephrines or 24-hour urinary fractionated metanephrines and catecholamines, followed by imaging (CT or MRI) to localize the tumor. Because manipulation of the tumor can cause a hypertensive crisis, preoperative preparation is critical and includes alpha-adrenergic blockade (e.g., phenoxybenzamine) followed by beta-blockade if needed to control tachycardia. Surgical removal is the definitive treatment (Eisenhofer et al., 2023).

Neuroblastoma

Neuroblastoma is the most common extracranial solid tumor of childhood and the most common malignancy of infancy. It arises from primitive sympathetic ganglion cells, most often in the adrenal medulla, but may also occur anywhere along the sympathetic chain. Clinical presentation varies depending on location and extent of disease and may include abdominal mass, weight loss, irritability, bone pain, or paraneoplastic syndromes. Some tumors secrete catecholamines, causing intermittent flushing, hypertension, or tachycardia (AlWawi et al., 2025).

Diagnosis is based on imaging (ultrasound, CT, MRI) and elevated catecholamine metabolites (vanillylmandelic acid [VMA] and homovanillic acid [HVA]) in the urine. Prognosis depends on age, tumor stage, and genetic markers such as MYCN amplification. Treatment involves a combination of surgery, chemotherapy, radiation, and, in some cases, immunotherapy or stem cell transplant for high-risk disease (AlWawi et al., 2025).

Altered Glucose Regulation

Glucose is the primary and most efficient energy source for the body; therefore, maintaining a stable blood glucose level is critical for normal cellular function. The regulation of glucose involves a complex interplay between dietary intake, hepatic glucose production, peripheral glucose uptake, and hormonal control. Several hormones—including insulin, glucagon, cortisol, epinephrine, GH, and gut-derived peptides—work together to maintain a normal blood glucose level (euglycemia) under varying physiologic conditions such as feeding, fasting, and stress.

Alterations in glucose regulation can result from defects in insulin secretion, impaired tissue responsiveness to insulin, or excessive counter-regulatory hormone activity. These disturbances may present as hypoglycemia, hyperglycemia, or fluctuating blood glucose patterns and are central to the pathogenesis of diabetes and related metabolic disorders (Nakrani et al., 2023). Understanding the hormonal control of glucose, fat, and protein metabolism provides the foundation for recognizing and managing these disorders in clinical practice.

Hormonal Control of Glucose, Fat, and Protein Metabolism

The body uses glucose, fatty acids, and amino acids as primary energy sources, with the relative contribution of each varying according to nutritional status, energy demands, and hormonal signals. Although the pulmonary and circulatory systems supply oxygen for metabolism, it is largely the liver—under the influence of pancreatic and counter-regulatory hormones—that maintains a steady fuel supply for body tissues (Fig. 30-17) (Nakrani et al., 2023).

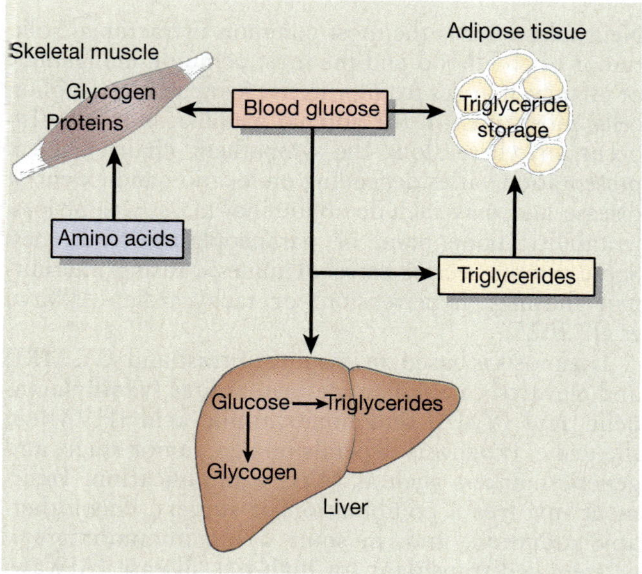

FIGURE 30-17. Hormonal and hepatic regulation of blood glucose.

Glucose Metabolism

Glucose metabolism is the most efficient method through which the body can produce adenosine triphosphate (ATP) for cellular energy, with oxygen required for the highest level of ATP production from glucose, and by-products of carbon dioxide and water also generated during glucose metabolism. Most cells can also produce ATP from noncarbohydrate sources when necessary (particularly fatty acids, ketone bodies, and proteins). The brain relies almost exclusively on glucose for cellular energy but can use ketones when the body is in a prolonged fasting state (Chourpiliadis & Mohiuddin, 2023). Therefore, continuous delivery of glucose through the blood is essential for normal neurologic function; even moderate hypoglycemia can impair brain function, and prolonged severe hypoglycemia may result in permanent brain injury or death (Nakrani et al., 2023).

When glucose regulation is functioning normally, fasting plasma glucose (FPG) is typically maintained between 70 and 99 mg/dL. After a meal, glucose levels rise but usually remain below 140 mg/dL at 2 hours, returning to baseline within about 2 hours through the coordinated actions of insulin and other hormones. Insulin facilitates cellular uptake of glucose and promotes glucose storage in the form of **glycogen** in the liver and skeletal muscle. Between meals, stable blood glucose levels are maintained by the breakdown of glycogen (**glycogenolysis**) and by synthesizing new glucose from amino acids, glycerol, and lactate (**gluconeogenesis**). These processes provide a continuous source of glucose into the bloodstream, which is particularly important for the brain (Nakrani et al., 2023).

Fat Metabolism

Fat is the most concentrated source of energy, containing about 9 kcal/g compared with 4 kcal/g for carbohydrates and proteins. A primary type of fat molecule used by the body are triglycerides, which are composed of one molecule of glycerol and three fatty acids. When triglycerides are metabolized, glycerol enters the glycolytic pathway and can be used for energy or converted to glucose. Fatty acids can be oxidized to produce energy by many cells, but cannot be utilized for energy by the brain (Ahn et al., 2023).

When fatty acids are extensively oxidized to produce energy, the liver produces organic acid molecules called **ketone bodies** (acetoacetate, beta-hydroxybutyrate, and acetone), which are then released into the blood and produce a condition called **ketosis**. This ketone production and resulting ketosis is a normal response to fasting or to intentional weight loss to reduce body fat. It is necessary to shift metabolism into a ketotic state to produce weight loss with fat reduction. However, because these ketone bodies are organic acids, an excessive production of ketones can result in a type of metabolic acidosis called **ketoacidosis**, which is potentially life-threatening (Zhang, Wei, et al., 2022).

Protein Metabolism

Proteins are critical for structural integrity and function throughout the body. They are used in the formation of enzymes, contractile elements in muscle, bone matrix, and hemoglobin. Amino acids are the "building blocks" for proteins. The body has limited ability to store excess amino acids, so surplus amino acids are converted to fatty acids, ketones, or glucose. However, these stored fatty acids cannot be converted to glucose. Therefore, in conditions of prolonged fasting or inadequate carbohydrate availability, the body must obtain glucose through protein breakdown and gluconeogenesis (Townsend & Steinberg, 2023).

Glucose-Regulating Hormones

The regulation of blood glucose depends largely on the endocrine actions of the pancreas, which has both endocrine and exocrine functions. Recall that endocrine function occurs through the secretion of hormones that travel through the blood to communicate messages to distant target cells. In contrast, exocrine functions are produced by secreting molecules into ducts, which then exert their effects on the tissues into which the ducts open. The exocrine ducts of the pancreas empty into the duodenal section of the small intestine, and the pancreas produces many digestive enzymes as part of its exocrine function. This chapter discusses the endocrine functions of the pancreas, while its digestive functions are discussed in Unit 10.

Because the pancreas has both endocrine and exocrine functions, it contains both exocrine (acini) and endocrine (islets of Langerhans) tissue (Fig. 30-18). The islets are composed of beta cells (which secrete insulin and amylin), alpha cells (which secrete glucagon), and a small number of delta cells (which secrete somatostatin). Together, these endocrine hormones coordinate nutrient storage and release to maintain euglycemia in both the fed and fasting states (Townsend & Steinberg, 2023).

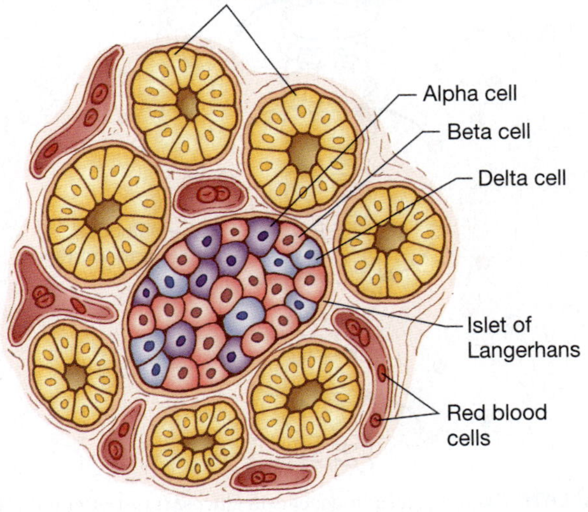

FIGURE 30-18. Islet of Langerhans in the pancreas.

Insulin

Although several hormones increase blood glucose, **insulin** is the only hormone that lowers it. Insulin is a protein hormone synthesized in the pancreatic beta cells in the form of a longer polypeptide molecule called proinsulin. Insulin is formed by cleaving away the C-peptide segment of the longer proinsulin molecule, leaving the A and B polypeptide chains, which are then joined to form the active insulin molecule. Because insulin has a very short half-life in the blood, the C-peptide can be measured and used clinically as a proxy measure to assess pancreatic insulin production. The plasma half-life of insulin is approximately 5 to 6 minutes, with most clearance occurring in the liver via insulinase (Thota & Akbar, 2023).

Major actions of insulin include:

1. Promoting glucose uptake by target cells and storage of glucose as glycogen (in liver and muscles) or fat (in adipose tissue)
2. Inhibiting fat (lipolysis) and glycogen (glycogenolysis) breakdown
3. Suppressing gluconeogenesis and proteolysis while stimulating protein synthesis (Thota & Akbar, 2023) (Table 30-6)

Target Tissues and Cellular Actions of Insulin

The target cells of insulin include liver, skeletal muscle, and adipose tissue—the major sites of energy storage. In adipose tissue, after insulin promotes the movement of glucose into the fat cells, glucose is converted to the glycerol that is used for triglyceride synthesis. Insulin also stimulates lipoprotein lipase, an enzyme that releases fatty acids from circulating lipoproteins so they can enter adipocytes; inhibits hormone-sensitive lipase; and inhibits the breakdown of stored triglycerides.

In muscle and other tissues, insulin increases the active transport of amino acids into cells, stimulating protein synthesis and inhibiting proteolysis. When both glucose and insulin are present, the body preferentially uses glucose and fatty acids for energy, minimizing protein breakdown and preserving lean body mass (Thota & Akbar, 2023).

Regulation of Insulin Secretion

Insulin secretion is primarily regulated by blood glucose concentration in a classic negative feedback loop. Rising blood glucose levels after a meal rapidly stimulate insulin release, while falling blood glucose levels suppress insulin secretion. Insulin is released in a biphasic pattern: an initial rapid burst (first phase) followed by a slower, sustained release (second phase). Loss of the first phase is an early marker of insulin resistance and type 2 diabetes (Thota & Akbar, 2023).

Mechanism of Action at the Cellular Level

Because insulin is a water-soluble protein hormone, it can travel freely through the blood but cannot easily cross the phospholipid cell membranes. Therefore, insulin exerts its effects by binding to specific insulin receptor proteins embedded in the plasma membrane of

TABLE 30-6 Actions of Insulin and Glucagon on Glucose, Fat, and Protein Metabolism

Metabolic Pathway	Insulin (Anabolic/ Storage Hormone)	Glucagon (Catabolic/ Fuel-Mobilizing Hormone)
Glucose Metabolism		
Glucose transport	↑ Glucose uptake in skeletal muscle and adipose tissue (via GLUT-4)	No direct effect
Glycogen metabolism	↑ Glycogen synthesis (glycogenesis)	↑ Glycogen breakdown (glycogenolysis)
Gluconeogenesis	↓ Hepatic gluconeogenesis	↑ Hepatic gluconeogenesis (amino acids → glucose)
Fat Metabolism		
Fatty acid synthesis	↑ Hepatic fatty acid and triglyceride synthesis	↓ Lipogenesis
Fat storage	↑ Transport of fatty acids into adipose cells ↑ Triglyceride formation (via increased glycerol phosphate availability) ↓ Lipolysis (inhibits hormone-sensitive lipase)	Activates hormone-sensitive lipase → ↑ Lipolysis and ↑ free fatty acids for energy
Protein Metabolism		
Amino acid transport	↑ Amino acid uptake by cells	↑ Amino acid uptake by liver cells for gluconeogenesis
Protein synthesis	↑ Protein synthesis (stimulates mRNA transcription and translation)	Minimal effect
Protein breakdown	↓ Proteolysis (promotes use of glucose/fatty acids for fuel instead)	↑ Proteolysis during prolonged fasting (to supply gluconeogenic substrates)

GLUT, glucose transport protein.

target cells. The insulin molecule itself does not enter the cell; instead, the binding to the insulin receptors activates intracellular signaling cascades, including the PI3K-Akt pathway, which then triggers the insertion of glucose transporter proteins into the cell membrane (Thota & Akbar, 2023).

The liver does most of the processing of glucose. After glucose enters the **hepatocytes** of the liver, glucose is rapidly phosphorylated by the enzyme glucokinase, effectively trapping the glucose in the hepatocytes. Insulin also simultaneously activates another enzyme called **glycogen synthase**, which then catalyzes the intrahepatic process to transform glucose into glycogen for storage in the liver.

Glucose Transporters

Because most cell membranes are impermeable to glucose, a family of **glucose transport proteins (GLUTs)** mediates the cellular uptake of glucose. Each glucose transporter has a unique tissue distribution and role:

- GLUT-1: Found in most tissues, provides basal glucose uptake
- GLUT-2: Liver, pancreas, kidney; involved in glucose sensing and bidirectional transport; regulated by the effects that insulin produces on key intracellular liver enzymes (Thota & Akbar, 2023)
- GLUT-3: High-affinity transporter in neurons
- GLUT-4: Skeletal muscle and adipose tissue; insulin-dependent and critical for postprandial glucose disposal (Komaniecka et al., 2024) (Fig. 30-19)

Glucagon

Glucagon is a 29–amino acid polypeptide hormone secreted by the pancreatic alpha cells in response to falling blood glucose levels, prolonged fasting, or strenuous exercise. Its primary role is to maintain blood glucose between meals by mobilizing stored energy. After release, glucagon travels through the portal circulation to the liver, where it rapidly stimulates glycogen breakdown (glycogenolysis) and releases glucose into the blood. When hepatic glycogen stores are depleted, glucagon promotes gluconeogenesis by increasing the uptake of amino acids into the liver and converting them to glucose. This process is particularly important during fasting, stress, and prolonged exercise when glucose demand is high. By maintaining

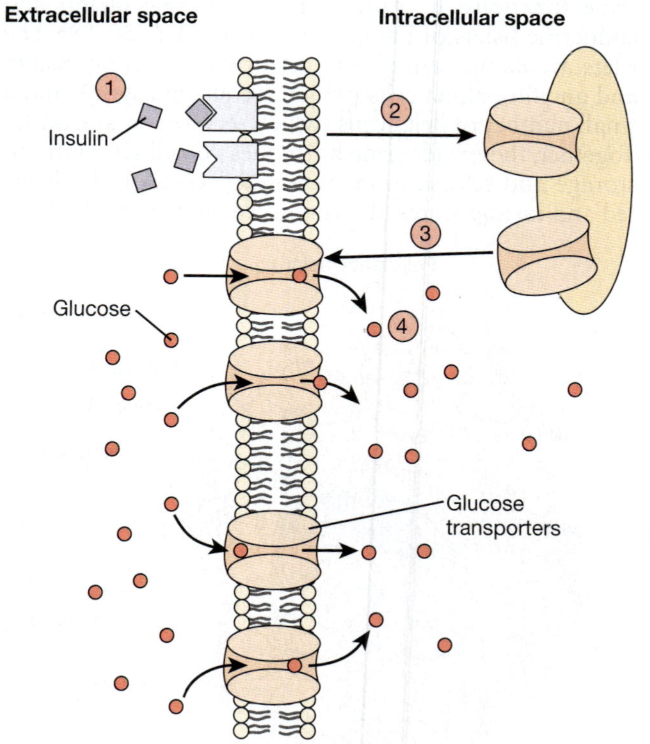

FIGURE 30-19. Insulin-dependent glucose transporter (GLUT-4). (*1*) Binding of insulin-to-insulin receptor on the surface of the cell membrane, (*2*) generation of intracellular signal, (*3*) insertion of GLUT-4 receptor from its inactive site into the cell membrane, and (*4*) transport of glucose across the cell membrane.

circulating glucose, glucagon prevents hypoglycemia and ensures a continuous fuel supply for glucose-dependent tissues such as the brain (Haedersdal et al., 2023).

Somatostatin, Amylin, and Gut-Derived Hormones

Somatostatin is a small polypeptide hormone of 14 amino acids produced by the pancreatic delta cells with a very short plasma half-life. Somatostatin acts locally within the islets of Langerhans to inhibit secretion of both insulin and glucagon, helping to smooth out wide fluctuations in blood glucose. Somatostatin secretion is triggered by nutrient intake, particularly increased blood levels of glucose, fatty acids, and amino acids, as well as GI hormones. Beyond its pancreatic effects, somatostatin slows GI motility and nutrient absorption, prolonging the time during which absorbed nutrients are available to body cells (Gasbjerg et al., 2025).

Amylin is co-secreted with insulin from pancreatic beta cells in response to meals and works with insulin to regulate postprandial glucose. Its actions include suppressing glucagon secretion after eating, slowing gastric emptying, and promoting satiety. Together, these effects help prevent post-meal glucose spikes. Synthetic amylin analogs, such as pramlintide, are used clinically to improve postprandial glucose control (Gasbjerg et al., 2025).

Several gut-derived hormones, collectively referred to as **incretins**, also play an important role in glucose regulation. The two most important incretins are **glucagon-like peptide-1 (GLP-1)** and **glucose-dependent insulinotropic polypeptide (GIP)**. These hormones are secreted by the intestine in response to nutrient ingestion and enhance glucose-dependent insulin secretion, suppress glucagon release, slow gastric emptying, and promote satiety. The physiologic **incretin effect** is the basis for two important classes of medications—GLP-1 receptor agonists and dipeptidyl peptidase 4 (DPP-4) inhibitors—which improve glycemic control while reducing the risk of hypoglycemia (Gasbjerg et al., 2025).

Counter-Regulatory Hormones

In addition to glucagon, several other hormones help prevent hypoglycemia by opposing the actions of insulin. These counter-regulatory hormones include the catecholamines (epinephrine and norepinephrine), GH, and glucocorticoids. Together, they increase hepatic glucose production, reduce peripheral glucose uptake, and mobilize alternative fuel sources during fasting, exercise, stress, or hypoglycemia (Verberne, 2022).

Epinephrine

Epinephrine, the primary catecholamine secreted by the adrenal medulla, plays a critical role in maintaining glucose availability during stress and hypoglycemia. Epinephrine stimulates hepatic glycogenolysis, causing rapid release of glucose into the blood, and inhibits insulin secretion from pancreatic beta cells, preserving circulating glucose for insulin-independent tissues such as the brain. In skeletal muscle, epinephrine accelerates glycogen breakdown, providing local fuel for muscle contraction while conserving blood glucose. Epinephrine also stimulates lipolysis, releasing FFAs to be used as an alternative energy source. Clinically, the epinephrine response is an essential defense against severe hypoglycemia, and impaired adrenergic responses can lead to hypoglycemia unawareness (Lundqvist et al., 2024).

Growth Hormone

GH has important metabolic effects beyond its role in promoting linear growth. GH increases protein synthesis and mobilizes fat stores for energy by stimulating lipolysis. GH also antagonizes insulin, which leads to decreasing glucose uptake in muscle and adipose tissue while promoting hepatic gluconeogenesis. Secretion of GH rises during fasting, exercise, stress, and sleep, which helps preserve blood glucose. Chronically elevated GH levels can result in insulin resistance and impaired glucose tolerance (Dong et al., 2022).

Glucocorticoid Hormones

Cortisol, the major glucocorticoid produced by the adrenal cortex, is essential for survival during fasting and stress. Cortisol secretion follows a circadian rhythm but rises sharply in response to hypoglycemia, trauma, and illness. Its primary actions include stimulating gluconeogenesis, mobilizing amino acids from muscle, and promoting lipolysis, thereby increasing hepatic glucose output and ensuring a continuous energy supply. Cortisol also plays a key role in modulating immune and inflammatory responses. Chronic glucocorticoid excess can lead to insulin resistance and hyperglycemia (Li & Cummins, 2022).

SUMMARY CONCEPTS

The body uses glucose, fatty acids, and proteins as energy sources; the brain relies almost exclusively on glucose for energy. The liver plays a central role in maintaining blood glucose by storing excess glucose as glycogen, breaking down glycogen stores to release energy when needed (glycogenolysis), and synthesizing new glucose (gluconeogenesis) from noncarbohydrate sources. Blood glucose levels reflect the balance between hepatic glucose release and tissue glucose uptake. Fats are stored in adipose tissue as triglycerides and represent the body's largest energy reserve. During fasting or uncontrolled diabetes, triglycerides are broken down by lipolysis into glycerol and FFAs. Fatty acids can be used as fuel by most tissues or converted to ketone bodies by the liver; excessive ketone production can lead to metabolic acidosis (ketoacidosis). Proteins are vital for the formation of structural and functional body components. Because fatty acids cannot be converted into glucose, prolonged fasting or glucose deficiency stimulates the breakdown of protein to provide amino acids for gluconeogenesis.

Energy metabolism is regulated by hormones, including insulin, glucagon, epinephrine, GH, and glucocorticoids. Insulin is the only hormone that lowers blood glucose, promoting glucose uptake into cells and suppressing hepatic glucose production. Insulin also reduces fat breakdown, encouraging fat storage. The other hormones are considered counter-regulatory because they act to maintain or increase blood glucose during fasting, stress, or exercise. Glucagon and epinephrine stimulate glycogenolysis, while glucagon and glucocorticoids promote gluconeogenesis. GH decreases peripheral glucose uptake and promotes fat use for energy, and both epinephrine and glucagon increase lipolysis to make fatty acids available as fuel.

Diabetes and Metabolic Syndrome

Diabetes is one of the most common chronic diseases, affecting nearly every system of the body. It is associated with serious complications, both acute and chronic. Understanding the types, prevalence, and pathophysiology of diabetes is essential for effective prevention, early detection, and management (Yameny, 2024).

Overview, Incidence, and Prevalence

Diabetes refers to a group of common metabolic disorders characterized by chronic hyperglycemia resulting from dysfunctions related to insulin production and cellular responsiveness to insulin. These multiple types of dysfunction in glucose regulation and utilization result in a variety of pathophysiologic presentations. Diabetes is classified into four main types, described in Chart 30-4 (ElSayed et al., 2024).

CHART 30-4

CLASSIFICATIONS OF DIABETES

Prediabetes

Blood glucose levels are elevated but do not meet the diagnostic criteria for diabetes.

This state carries a higher risk for progression to type 2 diabetes if lifestyle changes are not implemented to reduce blood glucose.

Type 1 Diabetes

Characterized by insufficient insulin production, typically because of autoimmune destruction of pancreatic beta cells and frequently leading to absolute insulin deficiency

Idiopathic subtype characterized by no autoimmune antibodies detected

Type 2 Diabetes

Characterized by a state of insulin resistance and progressive decline in pancreatic beta-cell secretion of insulin

Commonly accompanied by metabolic syndrome

Gestational Diabetes

Abnormalities of glucose regulation presenting initially during pregnancy, primarily during the second or third trimester

Includes monogenic syndromes (e.g., neonatal diabetes, maturity-onset diabetes of the young), diseases affecting the exocrine pancreas (e.g., cystic fibrosis), and glucose regulation dysfunction secondary to drugs or organ transplantation.

(American Diabetes Association Professional Practice Committee, 2025)

Diet and physical activity can cause altered glucose regulation as can illness, medications (e.g., steroids), and stress. Genetics, dehydration, obesity, polycystic ovarian syndrome, advancing age, and genetics also alter glucose regulation.

According to the Centers for Disease Control and Prevention (CDC)'s 2021 National Diabetes Statistics Report, about 38.4 million Americans (11.6% of the population) have diabetes, with type 2 diabetes accounting for 90% to 95% of cases. An additional 97.6 million adults (approximately 38%) have prediabetes, placing them at elevated risk for type 2 diabetes. Prevalence is highest among Native Americans and Alaska Natives (13.6%), followed by non-Hispanic Black (12.1%) and Hispanic (11.7%) populations. Although type 1 diabetes remains the more common childhood diagnosis, the incidence of type 2 diabetes in youth is rising, particularly among underrepresented groups (CDC, 2023a, 2023b).

Chronic hyperglycemia is associated with vascular changes that increase the risk for significant morbidity and mortality. Diabetes is a major risk factor for coronary heart disease and stroke, the leading cause of CKD and blindness in working adults, and a frequent cause of nontraumatic lower-limb amputation. Optimizing glycemic control through lifestyle changes, patient education, and appropriate use of pharmacologic therapy can reduce the risk of these complications (ElSayed et al., 2024).

Testing for Diagnosis and Management

Diabetes is diagnosed using standardized laboratory criteria that measure blood glucose and glycated hemoglobin (A_{1c}) (Chart 30-5). In addition to diagnosis, ongoing blood glucose and A_{1c} monitoring is essential for assessing glycemic control. Urine tests for glucose and

CHART 30-5

CRITERIA FOR THE DIAGNOSIS OF DIABETES

Fasting plasma glucose ≥126 mg/dL (7.0 mmol/L) after at least 8 hours without caloric intake

OR

Two-hour plasma glucose (PG): ≥200 mg/dL (11.1 mmol/L) during a 75-g oral glucose tolerance test (OGTT)

OR

Hemoglobin A_{1c}: ≥6.5% (48 mmol/mol) using a National Glycohemoglobin Standardization Program (NGSP)-certified method standardized to Diabetes Control and Complications Trial (DCCT) assay

OR

Random plasma glucose: ≥200 mg/dL (11.1 mmol/L) in a patient with classic symptoms of hyperglycemia or in hyperglycemic crisis

(American Diabetes Association Professional Practice Committee, 2025)

ketones can provide supplemental information, particularly during acute illness or suspected diabetic ketoacidosis (DKA) (ElSayed et al., 2024).

Blood Tests

Blood tests that are useful in the diagnosis and management of diabetes include FPG, random (or casual) blood glucose, OGTT, capillary whole blood glucose, and A_{1c}.

Fasting Plasma Glucose Test

The FPG test measures plasma glucose (PG) after at least 8 hours of fasting. A value less than 100 mg/dL (<5.6 mmol/L) is normal. Levels between 100 and 125 mg/dL (5.6 to 6.9 mmol/L) indicate impaired fasting glucose (prediabetes), and levels 126 mg/dL or more (≥7.0 mmol/L) meet the diagnostic threshold (ElSayed et al., 2024).

Random Blood Glucose Test

A random glucose 200 mg/dL or more (11.1 mmol/L) in a patient with classic symptoms (polyuria, polydipsia, and blurred vision) or in hyperglycemic crisis is diagnostic of diabetes (ElSayed et al., 2024).

Oral Glucose Tolerance Test

The OGTT measures the ability to clear a 75-g oral glucose load. In individuals with normal glucose tolerance, PG rises and then falls to less than 140 mg/dL (7.8 mmol/L) within 2 hours. A 2-hour PG 200 mg/dL or more (11.1 mmol/L) is diagnostic of diabetes, and levels between 140 and 199 mg/dL (7.8 to 11.0 mmol/L) indicate impaired glucose tolerance (prediabetes) (ElSayed et al., 2024).

Capillary Whole Blood Glucose Testing and Continuous Glucose Monitoring

Self-monitoring of blood glucose (SMBG) using whole blood obtained from a capillary sample, typically through a finger prick, remains a standard component of diabetes management, especially for individuals on insulin therapy. Continuous glucose monitoring (CGM) systems are now widely used and often recommended for patients with type 1 diabetes and insulin-treated type 2 diabetes. CGM systems measure glucose in interstitial fluid through a small sensor placed in the subcutaneous tissue (Cleveland Clinic, 2024). CGM provides real-time glucose readings, trend analysis, and alerts to help patients impact their glycemic control and reduce hypoglycemia risk (ElSayed et al., 2024).

Glycated Hemoglobin (A_{1c})

Hemoglobin A_{1c} is a test that measures the quantity of a subtype of hemoglobin that has been glycated, meaning glucose molecules have become bound to the hemoglobin molecule. When red blood cells are released from the bone marrow, hemoglobin normally does not contain glucose; however, during the 120-day lifespan of the red blood cell, hemoglobin normally becomes glycated. Because glucose entry into red blood cells is not insulin-dependent, the rate at which glucose becomes attached to the hemoglobin molecule reflects blood glucose levels. Glycosylation is essentially irreversible; therefore, the level of A_{1c} present in the blood reflects the average blood glucose levels over the approximate 3 to 4 month lifespan of red blood cells (Table 30-7). A_{1c} is a useful test for diagnosis and monitoring glycemic control, but may be unreliable in conditions with altered red blood cell turnover (e.g., anemia, recent transfusion, hemoglobin variants) (ElSayed et al., 2024).

Urine Tests

Urine glucose testing is no longer recommended for diagnosis or routine monitoring, as it does not reflect

TABLE 30-7 Correlation Between Hemoglobin A_{1c} and Estimated Average Glucose

Hemoglobin A_{1c} (%)	Estimated Average Glucose (eAG) (mg/dL) *(Range)*	Estimated Average Glucose (eAG) (mmol/L) *(Range)*
6	126 (100–152)	7.0 (5.5–8.5)
7	154 (123–185)	8.6 (6.8–10.3)
8	183 (147–217)	10.2 (8.1–12.1)
9	212 (170–249)	11.8 (9.4–13.9)
10	240 (193–282)	13.4 (10.7–15.7)
11	269 (217–314)	14.9 (12.0–17.5)
12	298 (240–347)	16.5 (13.3–19.3)

(American Diabetes Association Professional Practice Committee, 2025)

real-time glycemia. However, urine or blood ketone testing remains important for detecting ketoacidosis, particularly during illness, stress, or severe hyperglycemia (ElSayed et al., 2024).

Classifications and Pathophysiology

The classifications of diabetes are presented in Chart 30-4, with diagnostic criteria provided in Chart 30-5. The key pathophysiologic features and clinical implications of each type are summarized here.

Prediabetes

Prediabetes refers to blood glucose levels that are above normal but below the diagnostic threshold for diabetes. Diagnosis relies on testing impaired fasting glucose, impaired glucose tolerance, and A_{1c} (5.7% to 6.4%). People with prediabetes are at higher risk for developing type 2 diabetes. Early identification is crucial, as lifestyle modifications—particularly weight loss, dietary improvement, and physical activity—can significantly reduce the risk of progression (ElSayed et al., 2024).

Type 1 Diabetes

Type 1 diabetes accounts for approximately 5% to 10% of diabetes cases and is caused by autoimmune destruction of pancreatic beta cells, leading to absolute insulin deficiency. Autoantibodies against islet antigens (e.g., GAD65, IA-2, ZnT8) can often be detected before clinical onset and confirm the autoimmune nature of the disease. A small proportion of patients have idiopathic type 1 diabetes, in which no autoantibodies are present.

Although more commonly presenting during childhood, type 1 diabetes can occur at any age. The rate of beta-cell destruction varies; children often present with a more rapid onset, while adults may have a slower, less dramatic presentation. A slowly progressive form in adults with positive autoantibodies is **latent autoimmune diabetes in adults (LADA)** (ElSayed et al., 2024).

Type 1 diabetes is a catabolic disorder characterized by an absolute lack of insulin associated with hyperglycemia, unopposed lipolysis, and proteolysis. The lack of insulin results in the use of alternative noncarbohydrate energy sources, which leads to the increased production of FFAs and ketones and increases the risk of developing **DKA**. Therapeutic insulin replacement is therefore essential to reverse the catabolic state, promote euglycemia, and prevent ketosis.

Type 2 Diabetes and Metabolic Syndrome

Type 2 diabetes accounts for 90% to 95% of cases and is characterized by a combination of insulin resistance and progressive beta-cell dysfunction. The primary abnormality in type 2 diabetes is insulin resistance, defined as a reduced cellular response to insulin in target tissues such as skeletal muscle, liver, and adipose tissue. Type 2 diabetes is strongly associated with metabolic syndrome, central obesity, sedentary lifestyle, and genetic predisposition (ElSayed et al., 2024).

The key metabolic defects in type 2 diabetes include:

1. Insulin resistance in muscle, liver, and adipose tissue
2. Impaired insulin secretion due to beta-cell dysfunction
3. Increased hepatic glucose production despite hyperinsulinemia (ElSayed et al., 2024) (Fig. 30-20)

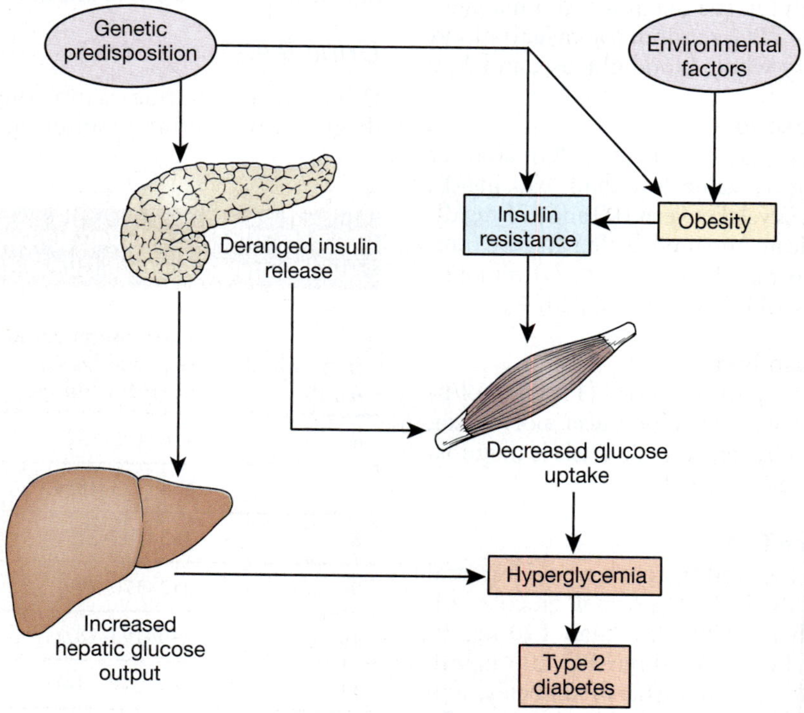

FIGURE 30-20. Pathogenesis of type 2 diabetes.

TABLE 30-8 Comparison of Type 1 and Type 2 Diabetes

	Type 1 Diabetes	Type 2 Diabetes
Age of onset	Most common in childhood or adolescence but can occur at any age	Most common in adults but increasingly seen in adolescents and young adults
Onset/presentation	Often abrupt, with symptoms of hyperglycemia (polyuria, polydipsia, weight loss); frequently presents with DKA	Gradual and often without symptoms; hyperglycemia may be detected on routine screening; HHS may occur in severe cases.
Body weight	Usually ideal or lean; recent weight loss is common.	Often overweight or obesity (especially with central adiposity), although may be ideal weight in some cases
Family history	Less common; associated with HLA-linked genetic susceptibility	Strong family history is common.
Autoimmunity/HLA association	Autoimmune process present (islet autoantibodies positive); strong HLA association	No autoimmune markers; no HLA association
Pancreatic pathology	Autoimmune destruction of beta cells; insulitis early, followed by beta-cell loss	Islet amyloid deposition, beta-cell dysfunction, and eventual loss of insulin secretory capacity
Beta-cell mass	Markedly reduced or absent	Normal or increased early; progressively declines over time
Circulating insulin level	Very low or absent	High or normal early (hyperinsulinemia due to insulin resistance); declines as beta-cell failure progresses
Ketosis risk	High—prone to diabetic ketoacidosis without insulin	Low—ketosis uncommon except during stress or illness
Clinical management	Lifelong exogenous insulin required; medical nutrition therapy, glucose monitoring, and education	Lifestyle modification first-line; oral/GLP-1/other agents often used; insulin required in many cases as disease progresses

DKA, diabetic ketoacidosis; HHS, hyperosmolar hyperglycemic state.

Initially, beta cells compensate by increasing insulin secretion, resulting in hyperinsulinemia and near-normal glycemia. Over time, beta-cell secretory capacity declines, leading first to postprandial hyperglycemia, then to fasting hyperglycemia. Because some pancreatic insulin production is present in type 2 diabetes (at least in the initial stages), glucose can still be utilized as an energy source. Therefore, ketoacidosis is uncommon but can occur during severe stress or infection. In some patients with type 2 diabetes, pancreatic insulin production progressively declines to a point where therapeutic insulin administration is needed.

Importantly, type 2 diabetes is increasingly being diagnosed in adolescents and young adults, largely due to rising rates of obesity. **Maturity-onset diabetes of the young (MODY)** is a rarer, distinct monogenic form caused by single-gene mutations and should not be confused with type 2 diabetes (ElSayed et al., 2024).

Table 30-8 compares the characteristics of type 1 and type 2 diabetes.

Insulin Resistance and Metabolic Syndrome

Insulin resistance not only contributes to hyperglycemia in type 2 diabetes but is also a key driver of **metabolic syndrome**, a cluster of metabolic abnormalities (Chart 30-6). These abnormalities include central (visceral) obesity, dyslipidemia (elevated plasma triglycerides with low

CHART 30-6

COMMON FEATURES OF METABOLIC SYNDROME

Clinical Signs

- Central (abdominal) obesity with increased waist circumference
- Acanthosis nigricans (hyperpigmented, velvety plaques on skin folds)
- Prothrombotic state (impaired fibrinolysis)
- Endothelial dysfunction

Laboratory Abnormalities

- Elevated fasting and/or postprandial glucose
- Hyperinsulinemia (reflecting insulin resistance)
- Dyslipidemia (increased triglycerides with decreased high-density lipoprotein [HDL]) cholesterol
- Elevated inflammatory markers (e.g., high-sensitivity C-reactive protein [CRP])
- Albuminuria
- Hyperuricemia

Comorbid Conditions

Hypertension

Atherosclerotic cardiovascular disease (coronary, cerebrovascular, peripheral arterial)

Polycystic ovary syndrome (PCOS)

(Grundy et al., 2023; Rubin et al., 2019)

high-density lipoprotein [HDL] cholesterol), hypertension, systemic inflammation with a proinflammatory/prothrombotic state, endothelial dysfunction, impaired fibrinolysis, and an increased risk of atherosclerotic cardiovascular disease (ElSayed et al., 2024; Zhao et al., 2023).

Obesity, particularly central (visceral) obesity, is a major risk factor for insulin resistance and type 2 diabetes. Central adiposity leads to impaired suppression of hepatic glucose output, resulting in fasting hyperglycemia and compensatory hyperinsulinemia. Waist circumference and waist-to-hip ratio are reliable surrogate measures of central obesity and correlate strongly with insulin resistance and cardiometabolic risk. In people with obesity, weight loss of 5% to 10% of body weight, combined with regular aerobic and resistance exercise, significantly improves insulin sensitivity and lowers fasting glucose (Zhao et al., 2023).

At the cellular level, adipose tissue in central obesity becomes hypoxic and inflamed. Macrophages infiltrate the adipose tissue, releasing inflammatory cytokines (e.g., tumor necrosis factor [TNF]-alpha, interleukin 6 [IL-6]) that perpetuate a state of chronic systemic inflammation. This inflammatory state, along with oxidative stress, contributes to endothelial dysfunction, smooth muscle proliferation, and accelerated atherogenesis.

In insulin-resistant states, the PI3K-Akt signaling pathway—which normally mediates glucose uptake and nitric oxide (NO) production—becomes impaired. This results in decreased GLUT-4 translocation, reduced glucose uptake, and decreased NO availability, leading to vasoconstriction and increased vascular resistance. Meanwhile, the mitogen-activated protein (MAP) kinase pathway remains active, stimulating endothelin-1 production, vascular smooth muscle proliferation, and expression of adhesion molecules—further promoting atherosclerosis (Zhao et al., 2023).

Insulin resistance also leads to unchecked lipolysis, releasing excess FFAs into the circulation. The liver re-esterifies FFAs into triglycerides and very low-density lipoproteins (VLDLs), contributing to the dyslipidemia characteristic of metabolic syndrome. The combined effects of systemic inflammation, endothelial dysfunction, oxidative stress, and atherogenic dyslipidemia increase the risk for cardiovascular disease, stroke, and thrombotic events (Zhao et al., 2023).

Polycystic Ovary Syndrome (Polyendocrine Metabolic Syndrome)

Polycystic ovary syndrome (PCOS), recently relabeled polyendocrine metabolic syndrome (PMOS), is one of the most common endocrine disorders in people of reproductive potential and represents a major clinical manifestation of insulin resistance. PCOS is characterized by hyperandrogenism, ovulatory dysfunction, and polycystic ovarian morphology. Hyperinsulinemia plays a central role in its pathophysiology by stimulating ovarian androgen production and suppressing hepatic production of sex hormone–binding globulin, leading to elevated free testosterone levels (Stener-Victorin et al., 2024). People with PCOS frequently present with irregular or absent menstrual cycles, infertility, acne, and hirsutism. Many also have overweight or obesity, which can further worsen insulin resistance and hyperandrogenic symptoms. In addition to reproductive and dermatologic manifestations, PCOS is strongly associated with metabolic abnormalities including impaired glucose tolerance, type 2 diabetes, dyslipidemia, and increased cardiovascular risk.

PCOS management focuses on lifestyle interventions such as weight loss and regular exercise, which improve insulin sensitivity and ovulatory function. Pharmacologic treatment may include metformin to address insulin resistance and combined hormonal contraceptives to regulate menstrual cycles and reduce androgenic symptoms. People desiring pregnancy may require ovulation-inducing agents. Early recognition and treatment are important to reduce long-term risks, including infertility, endometrial hyperplasia, and cardiometabolic complications (Stener-Victorin et al., 2024).

KEY POINTS

Diabetes

- Diabetes is a group of metabolic disorders characterized by chronic hyperglycemia due to impaired insulin secretion, insulin action, or both. This results in disturbances of carbohydrate, fat, and protein metabolism.
- Type 1 diabetes is caused by autoimmune destruction of pancreatic beta cells, leading to an absolute insulin deficiency, causing reliance on noncarbohydrate energy sources and creating a high risk of ketoacidosis.
- Type 2 diabetes is characterized by insulin resistance in target tissues along with a progressive decline in beta-cell insulin secretion, often leading to insulin deficiency.

Gestational Diabetes

Gestational diabetes (GD) is defined as glucose intolerance with onset or first recognition during pregnancy, most commonly identified in the second or third trimester. Screening is recommended for all pregnant people, typically between 24 and 28 weeks of gestation, using either a one-step 75-g OGTT or a two-step approach (50 g glucose challenge followed by a diagnostic 100 g

OGTT if abnormal). Early testing at the first prenatal visit is performed in people with risk factors to identify previously undiagnosed type 2 diabetes (Sweeting et al., 2024).

GD increases the risk for obstetric complications, including preeclampsia, macrosomia, shoulder dystocia, and neonatal complications such as hypoglycemia, hypocalcemia, polycythemia, and hyperbilirubinemia. People with GD are at increased risk for developing type 2 diabetes later in life, so postpartum glucose testing and ongoing surveillance are recommended.

Altered Glucose Regulation Due to Other Causes

A small percentage of problems with glucose regulation can be attributed to other specific causes, including diseases of the exocrine pancreas (e.g., pancreatitis, cystic fibrosis), pancreatic resection, other endocrine disorders (e.g., Cushing syndrome, acromegaly, pheochromocytoma, glucagonoma), drug- or chemical-induced hyperglycemia (e.g., glucocorticoids, antiretrovirals), genetic defects in beta-cell function (e.g., MODY), and insulin action defects. Identification of nontraditional diabetes etiology assists with targeted treatment (Hasballa & Maggi, 2024; Wayne et al., 2024).

Clinical Manifestations of Diabetes

Type 1 diabetes usually presents abruptly, often with marked hyperglycemia and sometimes DKA. In contrast, type 2 diabetes develops insidiously and may be present without symptoms for years, often diagnosed during routine screening or evaluation for another condition (Yameny, 2024).

The classic manifestations of hyperglycemia are the "three polys":

1. Polyuria: Excessive urination caused by osmotic diuresis producing glycosuria
2. Polydipsia: Excessive thirst due to intracellular dehydration and hypothalamic stimulation by the osmoreceptors
3. Polyphagia: Excessive hunger, more common in type 1 diabetes due to cellular energy deprivation

Unintentional weight loss despite normal or increased appetite is characteristic of uncontrolled type 1 diabetes and results from fluid loss and breakdown of fat and protein stores. In type 2 diabetes, central (visceral) obesity is common, although unexplained weight loss may signal worsening beta-cell failure (Yameny, 2024).

Other symptoms include fatigue, recurrent blurred vision, and frequent skin or yeast infections. Vulvovaginal candidiasis may be an initial sign of diabetes.

Treatment

The primary goal of treatment in all types of diabetes is to maintain blood glucose as close to the normal range as safely possible, to prevent acute complications and reduce the risk of chronic microvascular and macrovascular complications (Aloke et al., 2022). Treatment plans typically include:

- Medical nutrition therapy and individualized carbohydrate management
- Regular physical activity to improve insulin sensitivity and to promote weight loss if indicated
- Diabetes self-management education and support to empower patients in their daily care
- Pharmacologic therapy:
  - Type 1 diabetes requires lifelong exogenous insulin (multiple daily injections or continuous subcutaneous insulin infusion).
  - Type 2 diabetes is managed initially with lifestyle interventions. Metformin is first-line pharmacotherapy unless contraindicated. GLP-1 receptor agonists or sodium-glucose cotransporter 2 (SGLT2) inhibitors are recommended for patients with obesity associated with atherosclerotic cardiovascular disease, CKD, or heart failure. Many will eventually require insulin.
- Advanced therapies: In select patients with type 1 diabetes, pancreas transplantation or islet cell transplantation may be considered, particularly in those undergoing kidney transplantation or with severe hypoglycemia unawareness (Aloke et al., 2022).

SUMMARY CONCEPTS

Diabetes is a group of metabolic disorders characterized by chronic hyperglycemia associated with dysfunction of insulin secretion, insulin action, or both. Diabetes disrupts the metabolism of carbohydrates, fats, and proteins. Type 1 diabetes results from autoimmune destruction of pancreatic beta cells, leading to absolute insulin deficiency and dependence on exogenous insulin. Type 2 diabetes is characterized by insulin resistance and a progressive decline in insulin secretion, eventually resulting in relative insulin deficiency. Gestational diabetes develops during pregnancy and increases the risk of developing type 2 diabetes later in life. Metabolic syndrome is a cluster of abnormalities including central obesity, insulin resistance, dyslipidemia (high triglycerides and low HDL), hypertension, and increased cardiovascular risk.

Classic symptoms of type 1 diabetes include polyuria, polydipsia, polyphagia, and weight loss despite normal or increased appetite. People with type 2 diabetes may have similar symptoms but often have overweight or obesity, have no presenting symptoms, and are diagnosed on routine screening. Diagnosis is based on FPG, random PG, OGTT results, and hemoglobin A_{1c} levels. A_{1c} reflects average glucose levels over approximately 3 to 4 months. Optimal glycemic management includes medical nutrition therapy, physical activity, diabetes self-management education, and frequent monitoring using capillary blood glucose testing or CGM.

Complications of Diabetes

Diabetes complications are divided into acute and chronic categories.

Acute Complications

Acute complications develop rapidly and are potentially life-threatening if not promptly recognized and treated. They include DKA, hyperosmolar hyperglycemic state (HHS), and hypoglycemia. These emergencies are major contributors to diabetes-related hospitalizations, health care costs, and mortality.

Diabetic Ketoacidosis

DKA most commonly occurs in individuals with type 1 diabetes but may also develop in people with type 2 diabetes during times of severe stress, illness, or insulin deficiency. DKA results from absolute or relative insulin deficiency, causing lipolysis and release of large amounts of FFAs, which are converted to ketone bodies (beta-hydroxybutyrate, acetoacetate) by the liver (Fig. 30-21) (Calimag et al., 2023).

Pathophysiology

The three cardinal features of DKA are hyperglycemia, ketosis, and metabolic acidosis. Hyperglycemia leads to osmotic diuresis, dehydration, and electrolyte losses. Ketone production exceeds the body's capacity to buffer the ketoacids, causing metabolic acidosis, as reflected by a decrease in serum bicarbonate. Serum potassium may be normal or high despite total body potassium depletion due to urinary losses (Calimag et al., 2023).

Clinical Manifestations

Symptoms of DKA develop over hours to days and include polyuria, polydipsia, fatigue, nausea, vomiting, abdominal pain, and fruity breath odor. Severe cases progress to hypotension, tachycardia, Kussmaul respirations (deep, rapid breathing), altered mental status, and coma.

Treatment

Management of DKA focuses on fluid resuscitation with isotonic saline to restore perfusion, IV insulin (low-dose infusion) to lower blood glucose and suppress

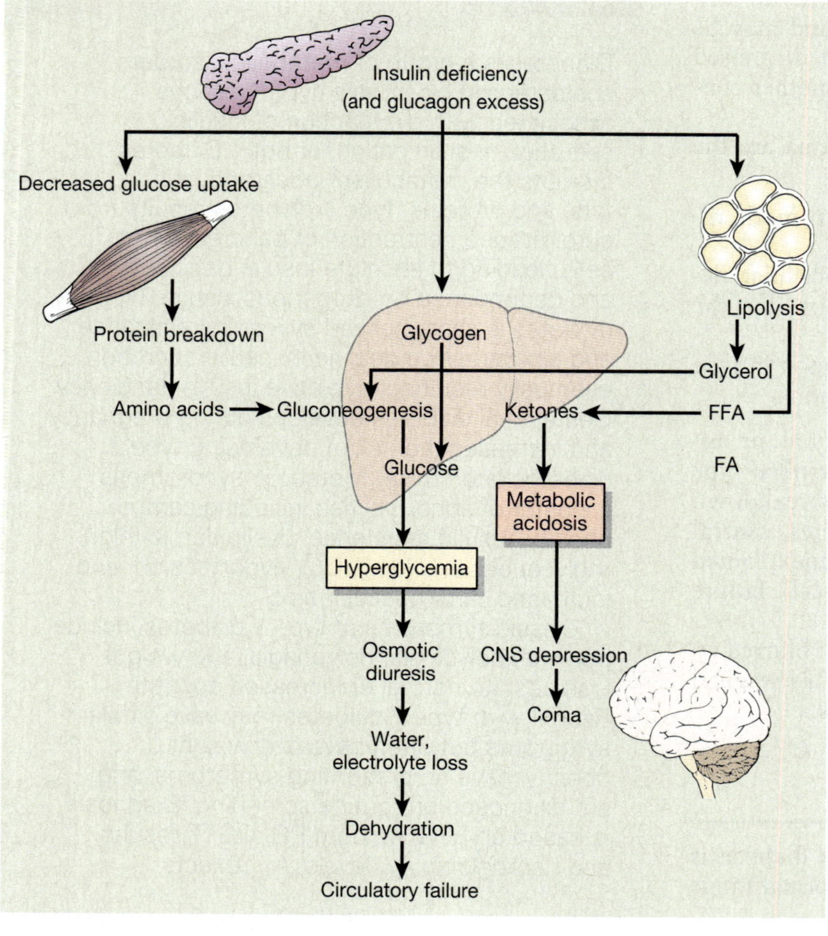

FIGURE 30-21. Mechanisms of diabetic ketoacidosis (DKA). DKA is associated with very low insulin levels and extremely high levels of glucagon, catecholamines, and other counter-regulatory hormones. Increased levels of glucagon and the catecholamines lead to mobilization of substrates for gluconeogenesis and ketogenesis by the liver. Gluconeogenesis in excess of that needed to supply glucose for the brain and other glucose-dependent tissues produces a rise in blood glucose levels. Mobilization of free fatty acid (FFA) from triglyceride stores in adipose tissue leads to accelerated ketone production and ketosis. CNS, central nervous system; FA, fatty acid.

ketogenesis, electrolyte replacement (particularly potassium), and the identification and treatment of the precipitating cause (infection, missed insulin, etc.) (Calimag et al., 2023).

Hyperosmolar Hyperglycemic State

HHS is characterized by severe hyperglycemia (>600 mg/dL), hyperosmolarity (>320 mOsm/kg), profound dehydration, and absence of significant ketosis. HHS occurs most commonly in older adults with type 2 diabetes and carries a higher mortality rate than DKA (Lovegrove & Dubbs, 2023).

Pathophysiology

Relative insulin deficiency allows severe hyperglycemia to develop, but sufficient insulin is present to suppress lipolysis and prevent ketosis. Osmotic diuresis leads to severe volume depletion, renal insufficiency, and further worsening of hyperglycemia. Hyperosmolarity causes cellular dehydration, particularly affecting brain cells and leading to neurologic symptoms.

Clinical Manifestations and Treatment

Weakness, polyuria, extreme thirst, dehydration, and neurologic deficits (confusion, seizures, hemiparesis, coma) are common. Symptoms may mimic stroke. Treatment includes aggressive IV fluid replacement, IV insulin (at a lower dose than DKA), electrolyte monitoring and correction, and prevention of complications such as thromboembolism and cerebral edema during rehydration (Lovegrove & Dubbs, 2023).

Hypoglycemia

Hypoglycemia is the most common acute complication of diabetes treatment. The American Diabetes Association (ADA) defines clinically significant hypoglycemia as blood glucose less than 54 mg/dL; values less than 70 mg/dL should prompt action ("alert value"). Severe hypoglycemia is defined by the need for assistance from another person to administer carbohydrate, glucagon, or take corrective action (Sanchez-Rangel et al., 2022).

Pathophysiology

Common causes include administration of a higher insulin or sulfonylurea dose than needed for the current glucose load, delayed meals, increased physical activity, or alcohol consumption (which impairs gluconeogenesis).

Clinical Manifestations

Hypoglycemic symptoms develop rapidly and fall into two categories:

- **Neuroglycopenic**: headache, confusion, irritability, seizure, coma
- Autonomic: hunger, anxiety, sweating, tachycardia, cool clammy skin

Older adults may present primarily with confusion or neurologic deficits; some patients may develop hypoglycemia unawareness after years of diabetes (Sanchez-Rangel et al., 2022).

Treatment

Treatment of hypoglycemia is directed toward returning the blood glucose to the normal range, beginning with immediate oral administration of a rapidly absorbed form of glucose, which can be repeated as necessary. If unconscious or unable to swallow, glucagon may be given intramuscularly or subcutaneously to raise blood glucose through hepatic glycogenolysis.

Counter-Regulatory Phenomena

Counter-regulatory phenomena are patterns of abnormal blood glucose levels that result from the interplay between insulin, glucose, and hormones that oppose the action of insulin (counter-regulatory hormones such as glucagon, cortisol, epinephrine, and GH). These phenomena are most often observed in people receiving insulin therapy and can complicate diabetes management by causing unexpected hyperglycemia at certain times of the day. Two well-described phenomena are the dawn phenomenon and the Somogyi effect (González-Vidal et al., 2024; Peng et al., 2022).

The Dawn Phenomenon

The **dawn phenomenon** refers to an early-morning rise in blood glucose levels (typically between 4 and 8 a.m.) that is not preceded by nocturnal hypoglycemia. It is thought to result from increased overnight secretion of GH and cortisol, which are counter-regulatory hormones that promote gluconeogenesis and reduce insulin sensitivity. This physiologic response can lead to fasting hyperglycemia in people with diabetes, particularly those with insulin deficiency. Management may include adjusting the timing or dose of evening insulin or using an insulin pump to deliver additional basal insulin in the early morning hours (Peng et al., 2022).

The Somogyi Effect

The **Somogyi effect**, sometimes called rebound hyperglycemia, is a pattern in which nocturnal hypoglycemia triggers a counter-regulatory hormone response (glucagon, epinephrine, cortisol, GH), resulting in rebound hyperglycemia in the early morning. Historically, this phenomenon was thought to be a frequent cause of morning hyperglycemia, but recent evidence suggests it is relatively uncommon. Because of this, routine adjustment of insulin based solely on the assumption of a Somogyi effect is discouraged; instead, overnight glucose monitoring or CGM is recommended to distinguish between the dawn phenomenon and nocturnal hypoglycemia (González-Vidal et al., 2024).

Chronic Complications

The chronic complications of diabetes are a major source of morbidity and mortality and are largely related to the damaging effects of prolonged hyperglycemia on blood vessels, nerves, and immune function. These complications are generally categorized as microvascular

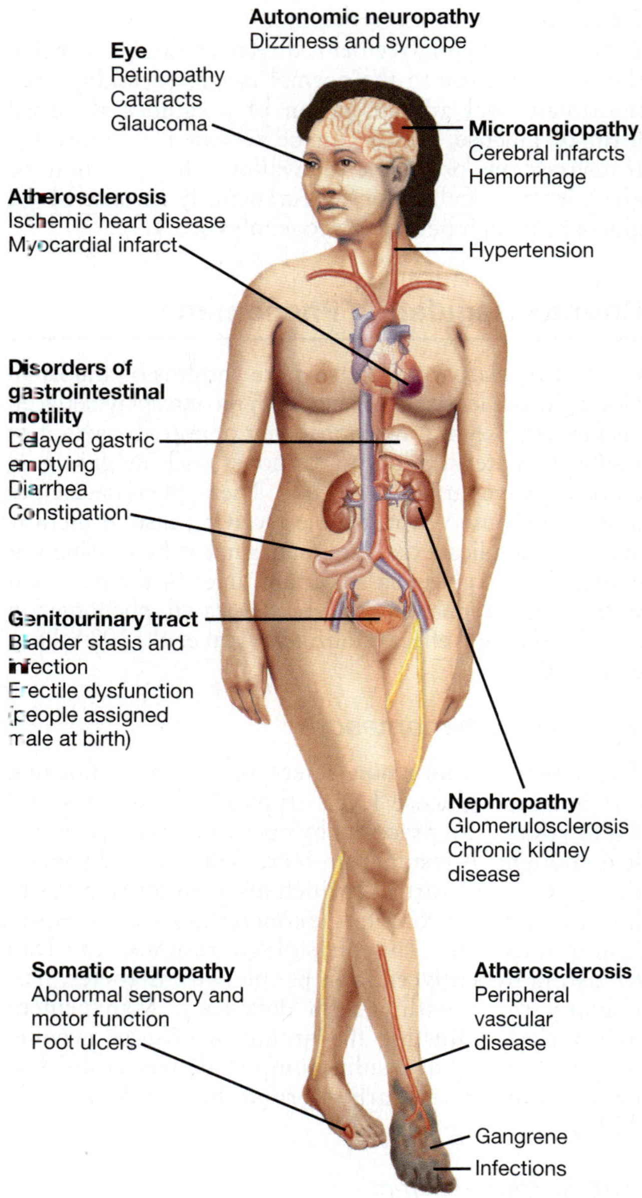

FIGURE 30-22. Long-term complications of diabetes.

(neuropathy, nephropathy, retinopathy, and GI autonomic neuropathy) and macrovascular (coronary artery disease, cerebrovascular disease, and peripheral arterial disease) (Fig. 30-22). In addition, diabetes predisposes to foot ulcers and infections, both of which contribute to increased risk of amputation (Yang et al., 2024).

Chronic hyperglycemia is the most important predictor of these complications. Long-term exposure to elevated glucose contributes to the formation of advanced glycation end products (AGEs), which accumulate in vessel walls and basement membranes. AGEs promote oxidative stress and inflammation, reduce NO bioavailability, and cause endothelial dysfunction, resulting in tissue ischemia and organ damage. Landmark studies such as the Diabetes Control and Complications Trial (DCCT) and the UK Prospective Diabetes Study (UKPDS) have demonstrated that improved glycemic control significantly lowers the risk of microvascular complications.

Microvascular Complications

Microvascular complications involve damage to small blood vessels and are responsible for much of the morbidity of diabetes. Neuropathy, nephropathy, retinopathy, and GI autonomic neuropathy are all linked to hyperglycemia-induced vascular injury. In type 2 diabetes, these effects are often compounded by dyslipidemia, oxidative stress, and chronic systemic inflammation associated with metabolic syndrome.

- **Diabetic retinopathy** is the leading cause of blindness in adults, caused by damage to retinal capillaries, microaneurysm formation, and ischemia that may progress to proliferative retinopathy.
- **Diabetic nephropathy** is the most common cause of CKD and end-stage kidney failure in the United States, characterized by albuminuria and progressive loss of renal function.
- **Diabetic neuropathy** affects sensory, motor, and autonomic nerves, leading to pain, numbness, and risk of injury.
- **GI autonomic neuropathy** can cause delayed gastric emptying (gastroparesis), constipation, or diarrhea (Mishriky et al., 2022).

Macrovascular Complications

Macrovascular complications result from accelerated atherosclerosis affecting large- and medium-sized arteries. People with diabetes are at markedly increased risk for coronary artery disease, ischemic stroke, and peripheral arterial disease, which are the leading causes of death in this population. Management focuses on aggressive control of all cardiovascular risk factors, including blood glucose, blood pressure, lipids, and smoking cessation, as well as antiplatelet therapy when indicated (Zakir et al., 2023).

Diabetic Foot Ulcers

Foot problems are among the most common and preventable complications of diabetes and are a leading cause of lower-extremity amputation. Ulceration typically results from the combined effects of peripheral neuropathy, abnormal foot biomechanics, and peripheral arterial disease (Armstrong et al., 2023).

Sensory neuropathy leads to loss of protective sensation, so patients may be unaware of repetitive trauma caused by poorly fitting shoes, calluses, or foreign objects in the shoe. Motor neuropathy can cause weakness of the intrinsic foot muscles, leading to deformities such as hammer toes or Charcot foot and creating focal pressure points during ambulation. Autonomic neuropathy reduces sweating, resulting in dry, cracked skin that provides a portal of entry for infection. Vascular insufficiency impairs tissue perfusion, further delaying wound healing.

Common sites of ulceration include the plantar metatarsal heads, great toe, and heel (Fig. 30-23).

Preventive strategies recommended by the ADA include annual comprehensive foot examinations, daily self-inspection of the feet, good foot hygiene, appropriate footwear, prompt treatment of minor injuries, and smoking cessation to improve circulation (Armstrong et al., 2023).

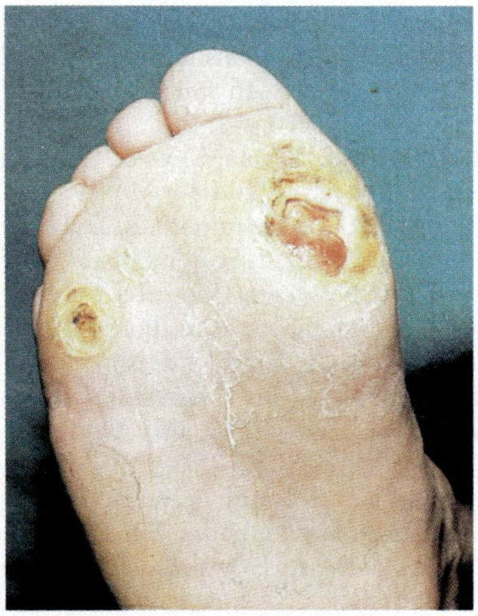

FIGURE 30-23. Peripheral neuropathies, most common in people with diabetes and chronic hyperglycemia, are classified as somatic or autonomic. Somatic neuropathies typically affect lower extremities. Paresthesia, burning sensations, and numbness may occur along with decreased senses of vibration, pain, temperature, and proprioception. These symptoms increase risk for tissue injury and falls. Daily foot assessment is critical because these people may not feel a break in the skin or a burn and develop subsequent foot lesions, which are challenging to heal. For some people, peripheral neuropathies cause chronic lower-extremity pain. Pain assessment and management are crucial to their quality of life. A pharmacologic approach to management is often employed. (From Marks, R. [1987]. *Skin disease in old age*. J. B. Lippincott.)

Infections

People with diabetes have an increased susceptibility to infection due to hyperglycemia, impaired neutrophil function, microvascular and macrovascular disease, and neuropathy. Common infections include soft-tissue infections of the feet, cellulitis, osteomyelitis, urinary tract infections, pyelonephritis, recurrent candidiasis (skin, vaginal, or oral), and periodontal disease. More severe infections, including necrotizing fasciitis, malignant otitis externa, and certain fungal infections (such as mucormycosis), although rare, can be life-threatening (Holt et al., 2024).

Hyperglycemia and glycosuria promote microbial growth and impair host immune response, making infection more severe and harder to treat. Early recognition, appropriate antimicrobial therapy, surgical debridement when necessary, and improved glycemic control are essential to achieving resolution and preventing systemic complications (Holt et al., 2024).

SUMMARY CONCEPTS

Diabetes is a chronic metabolic disorder that affects nearly every body system. Acute complications include DKA, HHS, and hypoglycemia, particularly in people treated with insulin or insulin secretagogues. Counter-regulatory hormonal responses can also create abnormal glucose patterns such as the dawn phenomenon.

Long-term complications are primarily related to chronic hyperglycemia and include microvascular complications (retinopathy, nephropathy, neuropathy) and macrovascular complications (coronary artery disease, stroke, peripheral arterial disease). These chronic changes also contribute to diabetic foot ulcers and increase susceptibility to infection, which is further compounded by impaired immune response and delayed wound healing.

Prevention and management of complications rely on a comprehensive approach that includes glycemic control, blood pressure and lipid management, smoking cessation, and regular screening for early detection of complications. Patient education, self-management support, and a multidisciplinary team approach are essential to reduce morbidity and improve quality of life.

Integrating Clinical Decision Making

A 42-year-old woman presents to her primary care provider with complaints of fatigue, weight gain despite decreased appetite, cold intolerance, and constipation. She reports that over the past several months she has also noticed dry skin and thinning hair. On examination, her heart rate is 54 bpm, and she appears sluggish. Laboratory studies reveal an elevated TSH level and a low free thyroxine (T4) level.

1. Based on the patient's clinical presentation and laboratory findings, what endocrine disorder is most likely present, and what is the underlying pathophysiology?
2. Explain how the negative feedback mechanism is altered in this patient and how it contributes to the laboratory findings.

The patient is started on levothyroxine therapy. Six weeks later, she returns reporting improvement in fatigue and bowel function. However, she now complains of intermittent palpitations and increased anxiety. Her repeat laboratory results show a suppressed TSH level and elevated free T4.

3. What is the most likely cause of the patient's new symptoms and laboratory findings, and how should therapy be adjusted?
4. Why is TSH typically used as the primary marker for monitoring thyroid hormone replacement therapy rather than T4 alone?

REFERENCES

Ahn, C. H., Oh, T. J., Min, S. H., & Cho, Y. M. (2023). Incretin and pancreatic β-cell function in patients with type 2 diabetes. *Endocrinology and Metabolism*, *38*(1), 1–9. https://doi.org/10.3803/enm.2023.103

Alexander, S. P., Cidlowski, J. A., Kelly, E., Mathie, A. A., Peters, J. A., Veale, E. L., Armstrong, J. F., Faccenda, E., Harding, S. D., Davies, J. A., Coons, L., Fuller, P. J., Korach, K. S., & Young, M. J. (2023). The concise guide to pharmacology 2023/24: Nuclear hormone receptors. *British Journal of Pharmacology*, *180*(S2), S223–S240. https://doi.org/10.1111/bph.16179

Aloke, C., Egwu, C. O., Aja, P. M., Obasi, N. A., Chukwu, J., Akumadu, B. O., Ogbu, P. N., & Achilonu, I. (2022). Current advances in the management of diabetes mellitus. *Biomedicines*, *10*(10), 2436. https://doi.org/10.3390/biomedicines10102436

Alotiby, A. (2024). Immunology of stress: A review article. *Journal of Clinical Medicine*, *13*(21), 6394. https://doi.org/10.3390/jcm13216394

Al-Suhaimi, E. A., Aljfary, M. A., Aldossary, H., Alshammari, T., & Al-Qaaneh, A. (2022). Mechanism of hormones secretion and action. In E.A. Al-Suhaimi (Ed.), *Emerging concepts in endocrine structure and functions* (pp. 47-71). Springer Singapore.

Al-Suhaimi, E. A., & Khan, F. A. (2022). The pituitary gland: Functional relationship with the hypothalamus, structure, and physiology. *Emerging Concepts in Endocrine Structure and Functions*, 73–131. https://doi.org/10.1007/978-981-16-9016-7_4

AlWawi, G., Alrefai, M. O., Al-Wawi, M. Z., Qasim, A., & Hammami, M. B. (2025). Exploring pediatric neuroblastoma: A comprehensive analysis of adrenal and nonadrenal tumor characteristics in the United States. *Avicenna Journal of Medicine*, *15*(1), 1–8. https://doi.org/10.1055/s-0045-1807243

American Diabetes Association Professional Practice Committee. (2025). Glycemic targets: Standards of care in diabetes—2025. *Diabetes Care*, *48*(Suppl 1), S59–S75.

Armstrong, D. G., Tan, T.-W., Boulton, A. J., & Bus, S. A. (2023). Diabetic foot ulcers. *JAMA*, *330*(1), 62. https://doi.org/10.1001/jama.2023.10578

Asa, S. L., Mete, O., Perry, A., & Osamura, R. Y. (2022). Overview of the 2022 who classification of pituitary tumors. *Endocrine Pathology*, *33*(1), 6–26. https://doi.org/10.1007/s12022-022-09703-7

Bandeira, F., Amaral, L., Aragão, P., & Lemos, A. L. (2022). Primary hyperparathyroidism. In F. Bandeira, H. Gharib, L. Griz, M. Faria (Eds.), *Endocrinology and diabetes* (pp. 231–243). Springer. https://doi.org/10.1007/978-3-030-90684-9_22

Banerjee, S., & Bajpai, A. (2023). Precocious puberty. *Indian Journal of Pediatrics*, *90*(6), 582–589. https://doi.org/10.1007/s12098-023-04554-4

Basu, T., Antonoudiou, P., Weiss, G. L., Coleman, E. M., David, J., Friedman, D., Laze, J., Strain, M. M., Devinsky, O., Boychuk, C. R., & Maguire, J. (2024). Hypothalamic–pituitary–adrenal axis dysfunction elevates Sudep risk in a sex-specific manner. *Eneuro*, *11*(7), ENEURO.0162-24.2024. https://doi.org/10.1523/eneuro.0162-24.2024

Belayneh, E. K., Wale, D. D., Yilma, M. W., Getu, B. M., Tamene, B. A., Zewde, B. E., Salih, D. A., Belay, T. E., Muhammad, W. A., Yanore, M. T., Adugna, B. S., Gebre, B. G., Tarekegn, T. K., & Abdulkadir, S. I. (2024). Secondary adrenal insufficiency: A case report. *Journal of Clinical Case Studies Reviews & Reports*, *6*(5), 1–5. https://doi.org/10.47363/jccsr/2024(6)278

Braunstein, G. D., & Young, W. F. (2025, February). *Overview of endocrine disorders*. Merck Manual Professional Version. https://www.merckmanuals.com/professional/endocrine-and-metabolic-disorders/principles-of-endocrinology/overview-of-endocrine-disorders?utm_source=chatgpt.com

Brungs, R., Chapman, S., Bhushan, A. V., Agrawal, P., & Kapoor, R. R. (2025). Re-considering Wolff Chaikoff effect in paediatrics. *Endocrine Abstracts*, *110*, P1152. https://doi.org/10.1530/endoabs.110.p1152

Calimag, A. P., Chlebek, S., Lerma, E. V., & Chaiban, J. T. (2023). Diabetic ketoacidosis. *Disease-a-Month*, *69*(3), 101418. https://doi.org/10.1016/j.disamonth.2022.101418

Campbell, M., & Jialal, I. (2022, September 26). Physiology, endocrine hormones. In *StatPearls* [Internet]. StatPearls Publishing. https://www.ncbi.nlm.nih.gov/sites/books/NBK538498/

Carsote, M., & Nistor, C. (2023). Addison's disease: Diagnosis and management strategies. *International Journal of General Medicine*, *16*, 2187–2210. https://doi.org/10.2147/ijgm.s390793

Centers for Disease Control and Prevention. (2023a, January). *National diabetes statistics report*. U.S. Department of Health and Human Services. https://www.cdc.gov/diabetes/php/data-research/index.html

Centers for Disease Control and Prevention. (2023b, March). *Type 2 diabetes*. U.S. Department of Health and Human Services. https://www.cdc.gov/diabetes/about/about-type-2-diabetes.html

Chourpiliadis, C., & Mohiuddin, S. S. (2023). Biochemistry, gluconeogenesis. In *StatPearls* [Internet]. StatPearls Publishing. Updated 2023, June 5. https://www.ncbi.nlm.nih.gov/books/NBK544346/

Claahsen-van der Grinten, H. L., Speiser, P. W., Ahmed, S. F., Arlt, W., Auchus, R. J., Falhammar, H., Flück, C. E., Guasti, L., Huebner, A., Kortmann, B. B. M., Krone, N., Merke, D. P., Miller, W. L., Nordenström, A., Reisch, N., Sandberg, D. E., Stikkelbroeck, N. M. M. L., Touraine, P., Utari, A., ... White, P. C. (2022). Congenital adrenal hyperplasia—Current insights in pathophysiology, diagnostics, and management. *Endocrine Reviews*, *43*(1), 91–159. https://doi.org/10.1210/endrev/bnab016

Cleveland Clinic. (2024). *Continuous glucose monitoring (CGM)*. https://my.clevelandclinic.org/health/articles/continuous-glucose-monitoring-cgm

Cuthbertson, D. J., Alam, U., Davison, A. S., Belfield, J., Shore, S. L., & Vinjamuri, S. (2023). Investigation and assessment of adrenal Incidentalomas. *Clinical Medicine*, *23*(2), 135–140. https://doi.org/10.7861/clinmed.2023-0042

Dhaneshwar, S., Shandily, S., & Tiwari, V. (2023). Growth hormone excess: Implications and management. *Endocrine, Metabolic & Immune Disorders—Drug Targets*, *23*(6), 748–763. https://doi.org/10.2174/1871530322666221012155533

Dong, X., Su, L., & Patti, M.-E. (2022). Growth hormone and counterregulation in the pathogenesis of diabetes. *Current Diabetes Reports*, *22*(10), 511–524. https://doi.org/10.1007/s11892-022-01488-7

Dutt, M., Jialal, I., & Wehrle, C. J. (2023, May 1). Physiology, adrenal gland. In *StatPearls* [Internet]. StatPearls Publishing. https://www.ncbi.nlm.nih.gov/sites/books/NBK537260/

Eisenhofer, G., Pamporaki, C., & Lenders, J. W. (2023). Biochemical assessment of pheochromocytoma and paraganglioma. *Endocrine Reviews*, *44*(5), 862–909. https://doi.org/10.1210/endrev/bnad011

ElSayed, N. A., McCoy, R. G., Aleppo, G., Balapattabi, K., Beverly, E. A., Briggs Early, K., Bruemmer, D., Ebekozien, O., Echouffo-Tcheugui, J. B., Ekhlaspour, L., Gaglia, J. L., Garg, R., Khunti, K., Lal, R., Lingvay, I., Matfin, G., Pandya, N., Pekas, E. J., Pilla, S. J., & Bannuru, R. R. (2024). 2. Diagnosis and classification of diabetes: Standards of care in diabetes—2025. *Diabetes Care*, *48*(Supplement_1), S27–S49. https://doi.org/10.2337/dc25-s002

Fleseriu, M., Christ-Crain, M., Langlois, F., Gadelha, M., & Melmed, S. (2024). Hypopituitarism. *The Lancet*, *403*(10444), 2632–2648. https://doi.org/10.1016/s0140-6736(24)00342-8

Fleseriu, M., Langlois, F., Lim, D. S., Varlamov, E. V., & Melmed, S. (2022). Acromegaly: Pathogenesis, diagnosis, and management. *The Lancet Diabetes & Endocrinology*, *10*(11), 804–826. https://doi.org/10.1016/s2213-8587(22)00244-3

Gasbjerg, L. S., Nielsen, C. K., Suppli, M. P., Grøendahl, M. F., Holst, J. J., Knop, F. K., Jeppesen, P. B., & Lund, A. B. (2025). Proglucagon-derived peptides: Human physiology and therapeutic potential. *Physiological Reviews*, *106*(1), 529–586. https://doi.org/10.1152/physrev.00057.2024

Germain-Lee, E. L., & Levine, M. A. (2024). Pseudohypoparathyroidism. In S. Radovick & M. Misra (Eds.), *Pediatric endocrinology* (pp. 557–601). Springer. https://doi.org/10.1007/978-3-031-66296-6_22

González-Vidal, T., Ares-Blanco, J., Delgado, E., & Menéndez-Torre, E. (2024). The Somogyi hypothesis: A parallelism with Michael Somogyi's life. *Hormones*, *24*(2), 499–506. https://doi.org/10.1007/s42000-024-00624-0

Grant, P. (2025). The endocrine system. In *The concise guide to medical history taking* (pp. 59–95). Springer. https://doi.org/10.1007/978-3-031-91474-4_5

Grundy, S. M., Brewer, H. B., Cleeman, J. I., Smith, S. C., Lenfant, C., & American Heart Association/National Heart, Lung, and Blood Institute. (2023). Definition of metabolic syndrome: An American Heart Association/National Heart, Lung, and Blood Institute scientific statement (2023 update). *Circulation*, *147*(5), e93–e101. https://doi.org/10.1161/CIR.0000000000001112

Haedersdal, S., Andersen, A., Knop, F. K., & Vilsbøll, T. (2023). Revisiting the role of glucagon in health, diabetes mellitus and other metabolic diseases. *Nature Reviews Endocrinology*, *19*(6), 321–335. https://doi.org/10.1038/s41574-023-00817-4

Harrington, J. (2024). Delayed puberty including constitutional delay. *Endocrinology and Metabolism Clinics of North America*, *53*(2), 267–278. https://doi.org/10.1016/j.ecl.2024.01.007

Hasballa, I., & Maggi, D. (2024). Mody only monogenic? A narrative review of the novel rare and low-penetrant variants. *International Journal of Molecular Sciences*, *25*(16), 8790. https://doi.org/10.3390/ijms25168790

Herman, J. P. (2022). The neuroendocrinology of stress: Glucocorticoid signaling mechanisms. *Psychoneuroendocrinology*, *137*, 105641. https://doi.org/10.1016/j.psyneuen.2021.105641

Hiraoka, T., Nishizaki, M., Ueda, K., & Kondo, Y. (2022). Growth recovery lines in children: A comparison between psychosocial short stature and other pathological causes of short stature. *Child Abuse & Neglect*, *123*, 105388. https://doi.org/10.1016/j.chiabu.2021.105388

Holt, R. I., Cockram, C. S., Ma, R. C., & Luk, A. O. (2024). Diabetes and infection: Review of the epidemiology, mechanisms and principles of treatment. *Diabetologia*, *67*(7), 1168–1180. https://doi.org/10.1007/s00125-024-06102-x

Huang, S., Chen, Z., Chen, R., Zhang, Z., Sun, J., & Chen, H. (2022). Analysis of risk factors and construction of a prediction model for short stature in children. *Frontiers in Pediatrics*, *10*, 1006011. https://doi.org/10.3389/fped.2022.1006011

Khalil, B., Rosani, A., & Warrington, S. J. (2024). Physiology, catecholamines. In *StatPearls* [Internet]. StatPearls Publishing. Updated 2024, December 11. https://www.ncbi.nlm.nih.gov/sites/books/NBK507716/

Khan, S., & Khan, A. A. (2025). Hypoparathyroidism: Diagnosis, management and emerging therapies. *Nature Reviews Endocrinology*, *21*(6), 360–374. https://doi.org/10.1038/s41574-024-01075-8

Kim, S., Chaudhary, P. K., & Kim, S. (2024). Molecular and genetics perspectives on primary adrenocortical hyperfunction disorders. *International Journal of Molecular Sciences*, *25*(21), 11341. https://doi.org/10.3390/ijms252111341

Komaniecka, N., Maroszek, S., Drozdzik, M., Oswald, S., & Drozdzik, M. (2024). Transporter proteins as therapeutic drug targets—With a focus on SGLT2 inhibitors. *International Journal of Molecular Sciences*, *25*(13), 6926. https://doi.org/10.3390/ijms25136926

Koysombat, K., Dhillo, W. S., & Abbara, A. (2023). Assessing hypothalamic pituitary gonadal function in reproductive disorders. *Clinical Science*, *137*(11), 863–879. https://doi.org/10.1042/cs20220146

Lanzolla, G., Marinò, M., & Menconi, F. (2024). Graves disease: Latest understanding of pathogenesis and treatment options. *Nature Reviews Endocrinology*, *20*(11), 647–660. https://doi.org/10.1038/s41574-024-01016-5

Lee, S. Y., & Pearce, E. N. (2023). Hyperthyroidism. *JAMA*, *330*(15), 1472. https://doi.org/10.1001/jama.2023.19052

Leslie, S. W., Rathi, B. M., Sharif, S., & Rout, P. (2024). 24-Hour urine collection and analysis. In *StatPearls* [Internet]. StatPearls Publishing. Updated 2024, October 6. https://www.ncbi.nlm.nih.gov/books/NBK482482/

Lewis, A., Thant, A. A., Aslam, A., Aung, P. P., & Azmi, S. (2023). Diagnosis and management of adrenal insufficiency. *Clinical Medicine*, *23*(2), 115–118. https://doi.org/10.7861/clinmed.2023-0067

Li, J.-X., & Cummins, C. L. (2022). Fresh insights into glucocorticoid-induced diabetes mellitus and new therapeutic directions. *Nature Reviews Endocrinology*, *18*(9), 540–557. https://doi.org/10.1038/s41574-022-00683-6

Liashuk, P. M., Liashuk, R. P., Stankova, N. I., & Kudina, M. B. (2022). Laron syndrome: Clinic, diagnostics (a clinical case). *International Journal of Endocrinology (Ukraine)*, *18*(3), 193–196. https://doi.org/10.22141/2224-0721.18.3.2022.1169

Lovegrove, S. S., & Dubbs, S. B. (2023). Hyperosmolar hyperglycemic state. *Emergency Medicine Clinics of North America*, *41*(4), 687–696. https://doi.org/10.1016/j.emc.2023.07.001

Lundqvist, M. H., Pereira, M. J., Wiklund, U., Hetty, S., & Eriksson, J. W. (2024). Autonomic nervous system responses to hypo- and hyperglycemia in type 2 diabetes and prediabetes. *European Journal of Endocrinology*, *191*(5), 499–508. https://doi.org/10.1093/ejendo/lvae130

Martel-Duguech, L., Poirier, J., Bourdeau, I., & Lacroix, A. (2024). Diagnosis and management of secondary adrenal crisis. *Reviews in Endocrine and Metabolic Disorders*, *25*(3), 619–637. https://doi.org/10.1007/s11154-024-09877-x

Melmed, S., Kaiser, U. B., Lopes, M. B., Bertherat, J., Syro, L. V., Raverot, G., Reincke, M., Johannsson, G., Beckers, A., Fleseriu, M., Giustina, A., Wass, J. A., & Ho, K. K. (2022). Clinical biology of the pituitary adenoma. *Endocrine Reviews*, *43*(6), 1003–1037. https://doi.org/10.1210/endrev/bnac010

Mishriky, B. M., Cummings, D. M., & Powell, J. R. (2022). Diabetes-related microvascular complications—A practical approach. *Primary Care: Clinics in Office Practice*, *49*(2), 239–254. https://doi.org/10.1016/j.pop.2021.11.008

Mitchell-Brown, F., & Gates, C. (2022). Myxedema coma. *Nursing*, *52*(7), 17–21. https://doi.org/10.1097/01.nurse.0000832344.83659.a4

Mittag, J., & Kolms, B. (2025). Hypothalamic control of heart rate and body temperature by thyroid hormones. In *Reviews in endocrine and metabolic disorders*. Springer. https://doi.org/10.1007/s11154-025-09966-5

Nakrani, M. N., Anjum, F., & Wineland, R. H. (2023, July 17). Physiology, glucose metabolism. In *StatPearls* [Internet]. StatPearls Publishing. https://www.ncbi.nlm.nih.gov/books/NBK560599/

Netzer, S., Chocano-Bedoya, P., Feller, M., Janett-Pellegri, C., Wildisen, L., Büchi, A. E., Moutzouri, E., Gonzalez Rodriguez, E., Collet, T.-H., Poortvliet, R. K., McCarthy, V. J., Aeberli, D., Aujesky, D., Westendorp, R., Quinn, T. J., Gussekloo, J., Kearney, P. M., Mooijaart, S., Bauer, D. C., & Rodondi, N. (2023). The effect of thyroid hormone therapy on muscle function, strength and mass in older adults with subclinical hypothyroidism—An ancillary study within two randomized placebo controlled trials. *Age and Ageing*, *52*(1), afac326. https://doi.org/10.1093/ageing/afac326

Nijenhuis-Noort, E. C., Berk, K. A., Neggers, S. J., & Lely, A. J. (2024). The fascinating interplay between growth hormone, insulin-like growth factor-1, and insulin. *Endocrinology and Metabolism*, *39*(1), 83–89. https://doi.org/10.3803/enm.2024.101

Ntali, G., Capatina, C., Grossman, A., & Karavitaki, N. (2023). Recent advances in understanding and managing pituitary adenomas. *Frontiers in Endocrinology*, *14*, 1159552. https://doi.org/10.3389/fendo.2023.1159552.

Olanrewaju, O. A., Asghar, R., Makwana, S., Yahya, M., Kumar, N., Khawar, M. H., Ahmed, A., Islam, T., Kumari, K., Shadmani, S., Ali, M., Kumar, S., Khatri, M., Varrassi, G., & Mohamad, T. (2024). Thyroid and its ripple effect: Impact on cardiac structure, function, and outcomes. *Cureus*, *16*(1), e51574. https://doi.org/10.7759/cureus.51574

Patil, N., Jialal, I., Anastasopoulou, C., & Rehman, A. (2024, February 18). Hypothyroidism. In *StatPearls* [Internet]. StatPearls Publishing. https://www.ncbi.nlm.nih.gov/books/NBK519536/

Peng, F., Li, X., Xiao, F., Zhao, R., & Sun, Z. (2022). Circadian clock, diurnal glucose metabolic rhythm, and dawn phenomenon. *Trends in Neurosciences*, *45*(6), 471–482. https://doi.org/10.1016/j.tins.2022.03.010

Phagoora, J., Saini, S., Raghunathan, A., Reji, J., Shabir, A., Wanis, M., & Dejesus, D. (2023). Hashimoto thyroiditis—A comprehensive review. *Physician's Journal of Medicine*, *2*(1), 8–15. https://doi.org/10.55070/pjom.v2i1.35

Plachy, L., Dusatkova, P., Amaratunga, S. A., Neuman, V., Sumnik, Z., Lebl, J., & Pruhova, S. (2024). Monogenic causes of familial short stature. *Frontiers in Endocrinology*, *15*, 1506323. https://doi.org/10.3389/fendo.2024.1506323

Ploquett, R. U., & Obermüller, N. (2022, December 22). Endocrine testing for the syndrome of inappropriate antidiuretic hormone secretion (SIADH). In *Endotext* [Internet]. https://www.ncbi.nlm.nih.gov/books/NBK279055

Prencipe, N., Marinelli, L., Varaldo, E., Cuboni, D., Berton, A. M., Bioletto, F., Bona, C., Gasco, V., & Grottoli, S. (2023). Isolated anterior pituitary dysfunction in adulthood. *Frontiers in Endocrinology*, *14*, 1100007. https://doi.org/10.3389/fendo.2023.1100007

Reddy, G., Livingston, J., Gandhi, D., & Sumrein, F. (2023). Thyrotoxic crisis in the absence of risk factors: A case report. *Cureus*, *15*(6), e39972. https://doi.org/10.7759/cureus.39972

Reincke, M., & Fleseriu, M. (2023). Cushing syndrome. *JAMA*, *330*(2), 170. https://doi.org/10.1001/jama.2023.11305

Rose, S. R., Wassner, A. J., Wintergerst, K. A., Yayah-Jones, N.-H., Hopkin, R. J., Chuang, J., Smith, J. R., Abell, K., LaFranchi, S. H., Wintergerst, K. A., Bethin, K. E., Brodsky, J. L., Jelley, D. H., Marshall, B. A., Mastrandrea, L. D., Lynch, J. L., Laskosz, L., Burke, L. W., Geleske, T. A., … Spire, P. (2022). Congenital hypothyroidism: Screening and management. *Pediatrics*, *151*(1), e2022060420. https://doi.org/10.1542/peds.2022-060420

Ross, D. S., Cooper, D. S., & Mulder, J. E. (2024). Thyroid hormone synthesis and physiology. *UpToDate*. https://www.uptodate.com/contents/thyroid-hormone-synthesis-and-physiology?search=structure%20of%20thyroid%20hormone&source=search_result&selectedTitle=2~150&usage_type=default&display_rank=2

Røyrvik, E. C., & Husebye, E. S. (2022). The genetics of autoimmune Addison disease: Past, present and future. *Nature Reviews Endocrinology*, *18*(7), 399–412. https://doi.org/10.1038/s41574-022-00653-y

Rubin, E., Strayer, D. S., & Saffitz, J. E. (2019). *Rubin's pathology: Mechanisms of human disease* (8th ed.). Wolters Kluwer.

Ruscio, M., Guard, G., Piedrahita, G., & D'Adamo, C. R. (2022). The relationship between gastrointestinal health, micronutrient concentrations, and autoimmunity: A focus on the thyroid. *Nutrients*, *14*(17), 3572. https://doi.org/10.3390/nu14173572

Russo-Picasso, M. F., & Springer, E. (2023). Hormones. In C. G. Musso & A. Covic (Eds.), *Organ crosstalk in acute kidney injury* (pp. 33–47). Springer. https://doi.org/10.1007/978-3-031-36789-2_3

Sada, V., Puliani, G., Feola, T., Pirchio, R., Pofi, R., Sesti, F., De Alcubierre, D., Amodeo, M. E., D'Aniello, F., Vincenzi, L., Gianfrilli, D., Isidori, A. M., Grossman, A. B., Sbardella, E., Savage, A. M., Foresta, C., Krausz, C., Durante, C., De Martino, M. C., & Filardi, T. (2023). Tall stature and gigantism in transition age: Clinical and genetic aspects—A literature review and recommendations. *Journal of Endocrinological Investigation*, *47*(4), 777–793. https://doi.org/10.1007/s40618-023-02223-z

Sadiq, N. M., & Tadi, P. (2023, May 1). Physiology, pituitary hormones. In *StatPearls* [Internet]. StatPearls Publishing. https://www.ncbi.nlm.nih.gov/sites/books/NBK557556/

Sanchez-Rangel, E., Deajon-Jackson, J., & Hwang, J. J. (2022). Pathophysiology and management of hypoglycemia in diabetes. *Annals of the New York Academy of Sciences*, *1518*(1), 25–46. https://doi.org/10.1111/nyas.14904

Sell, J., Ramirez, S., & Partin, M. (2022). Parathyroid disorders. *American Family Physician*, *105*(3), 289–298. https://doi.org/10.1016/j.cpha.2016.08.011

Shahid, M. A., Sharma, S., & Ashraf, M. A. (2023). Physiology, thyroid hormone. In *StatPearls* [Internet]. StatPearls Publishing. https://www.ncbi.nlm.nih.gov/books/NBK500006/

Shahid, Z., Singh, G., & Asuka, E. (2023). Physiology, hypothalamus. In *StatPearls* [Internet]. StatPearls Publishing. https://www.ncbi.nlm.nih.gov/sites/books/NBK535380/

Shaikh, S., Nagendra, L., Shaikh, S., & Pappachan, J. M. (2023). Adrenal failure: An evidence-based diagnostic approach. *Diagnostics*, *13*(10), 1812. https://doi.org/10.3390/diagnostics13101812

Shi, L., Jiang, Z., & Zhang, L. (2022). Childhood obesity and central precocious puberty. *Frontiers in Endocrinology*, *13*, 1056871. https://doi.org/10.3389/fendo.2022.1056871

Singhal, V., & Misra, M. (2024). Growth hormone excess and other conditions of overgrowth. In S. Radovick & M. Misra (Eds.), *Pediatric endocrinology* (pp. 243–259). Springer. https://doi.org/10.1007/978-3-031-66296-6_9

Spencer, C. A. (2023). Laboratory thyroid tests: A historical perspective. *Thyroid*, *33*(4), 407–419. https://doi.org/10.1089/thy.2022.0397

Stanley, S., & Martin, A. (2023). Thyroid, parathyroid hormones and calcium homeostasis. *Anaesthesia & Intensive Care Medicine*, *24*(10), 639–643. https://doi.org/10.1016/j.mpaic.2023.07.013

Stener-Victorin, E., Teede, H., Norman, R. J., Legro, R., Goodarzi, M. O., Dokras, A., Laven, J., Hoeger, K., & Piltonen, T. T. (2024). Polycystic ovary syndrome. *Nature Reviews Disease Primers*, *10*(1), 27. https://doi.org/10.1038/s41572-024-00511-3

Storr, H. L., Freer, J., Child, J., & Davies, J. H. (2023). Assessment of childhood short stature: A GP guide. *British Journal of General Practice*, *73*(729), 184–186. https://doi.org/10.3399/bjgp23x732525

Studen, K. B., Domagała, B., Gaberšček, S., Zaletel, K., & Hubalewska-Dydejczyk, A. (2024). Diagnosing and management of thyroid nodules and goiter—Current perspectives. *Endocrine*, *87*(1), 39–47. https://doi.org/10.1007/s12020-024-04015-8

Su, J., Song, Y., Zhu, Z., Huang, X., Fan, J., Qiao, J., & Mao, F. (2024). Cell–cell communication: New insights and clinical implications. *Signal Transduction and Targeted Therapy*, *9*(1), 196. https://doi.org/10.1038/s41392-024-01888-z

Sweeting, A., Hannah, W., Backman, H., Catalano, P., Feghali, M., Herman, W. H., Hivert, M.-F., Immanuel, J., Meek, C., Oppermann, M. L., Nolan, C. J., Ram, U., Schmidt, M. I., Simmons, D., Chivese, T., & Benhalima, K. (2024). Epidemiology and management of gestational diabetes. *The Lancet*, *404*(10448), 175–192. https://doi.org/10.1016/s0140-6736(24)00825-0

Thota, S., & Akbar, A. (2023, July 10). Insulin. In *StatPearls* [Internet]. StatPearls Internet. https://www.ncbi.nlm.nih.gov/books/NBK560688/

Torpy, D. J., & Lim, W. T. (2023). Glucocorticoid-induced adrenal suppression: Physiological basis and strategies for glucocorticoid weaning. *Medical Journal of Australia*, *219*(10), 444–447. https://doi.org/10.5694/mja2.52140

Townsend, L. K., & Steinberg, G. R. (2023). AMPK and the endocrine control of metabolism. *Endocrine Reviews*, *44*(5), 910–933. https://doi.org/10.1210/endrev/bnad012

Van Slycke, S., Van Den Heede, K., & Vandenwyngaerden, E.-A. (2022). Adrenal glands: Anatomy, physiology, and pathophysiology. In A. L. Shifrin, M. Raffaelli, G. W. Randolph, & O. Gimm (Eds.), *Endocrine surgery comprehensive board exam guide* (pp. 437–455). Springer. https://doi.org/10.1007/978-3-030-84737-1_17

Verberne, A. J. (2022). Hypoglycemia: Control of counterregulatory hormone secretion by the brain. *The FASEB Journal*, *36*(S1). https://doi.org/10.1096/fasebj.2022.36.s1.0r527

Wartofsky, L. (2026). Myxedema coma. In *Reference module in biomedical sciences* (3rd ed., Vol. 4, pp. 26–29). Academic Press. https://doi.org/10.1016/b978-0-443-13825-6.00092-3

Wayne, C. D., Benbetka, C., Besner, G. E., & Narayanan, S. (2024). Challenges of managing type 3C diabetes in the context of pancreatic resection, cancer and trauma. *Journal of Clinical Medicine*, *13*(10), 2993. https://doi.org/10.3390/jcm13102993

Welt, C. K. (2025, June 3). Hypothalamic-pituitary axis. *UpToDate*. https://www.uptodate.com/contents/hypothalamic-pituitary-axis

Wiersinga, W. M., Poppe, K. G., & Effraimidis, G. (2023). Hyperthyroidism: Aetiology, pathogenesis, diagnosis, management, complications, and prognosis. *The Lancet Diabetes & Endocrinology*, *11*(4), 282–298. https://doi.org/10.1016/s2213-8587(23)00005-0

Wojtachnio, D., Osiejewska, A., Bartoszewicz, J., Grądzik, A., Nowakowska, I., Kudan, M., Gorajek, A., & Mikut, K. (2022). Hypothyroidism: Clinical presentation, diagnosis, treatment. *Journal of Education, Health and Sport*, *12*(8), 650–660. https://doi.org/10.12775/jehs.2022.12.08.067

Wydra, A., Czajka-Oraniec, I., Wydra, J., & Zgliczyński, W. (2023). The influence of growth hormone deficiency on bone health and metabolism. *Rheumatology*, *61*(4), 239–247. https://doi.org/10.5114/reum/170244

Yamamoto, R., & Kaur, J. (2023). Physiology, adrenocorticotropic hormone (ACTH). In *StatPearls* [Internet]. StatPearls Publishing. Updated 2023, August 8. https://www.ncbi.nlm.nih.gov/sites/books/NBK500031/

Yameny, A. A. (2024). Diabetes mellitus overview 2024. *Journal of Bioscience and Applied Research*, *10*(3), 641–645. https://doi.org/10.21608/jbaar.2024.382794

Yang, T., Qi, F., Guo, F., Shao, M., Song, Y., Ren, G., Linlin, Z., Qin, G., & Zhao, Y. (2024). An update on chronic complications of diabetes mellitus: From molecular mechanisms to therapeutic strategies with a focus on metabolic memory. *Molecular Medicine*, *30*(1), 71. https://doi.org/10.1186/s10020-024-00824-9

Yuen, K. C., Johannsson, G., Ho, K. K., Miller, B. S., Bergada, I., & Rogol, A. D. (2023). Diagnosis and testing for growth hormone deficiency across the ages: A global view of the accuracy, caveats, and cut-offs for diagnosis. *Endocrine Connections*, *12*(7), e220504. https://doi.org/10.1530/ec-22-0504

Zaidi, M., Yuen, T., & Kim, S.-M. (2023). Pituitary crosstalk with bone, adipose tissue and brain. *Nature Reviews Endocrinology*, *19*(12), 708–721. https://doi.org/10.1038/s41574-023-00894-5

Zakir, M., Ahuja, N., Surksha, M. A., Sachdev, R., Kalariya, Y., Nasir, M., Kashif, M., Shahzeen, F., Tayyab, A., Khan, M. S., Junejo, M., Manoj Kumar, F., Varrassi, G., Kumar, S., Khatri, M., & Mohamad, T. (2023). Cardiovascular complications of diabetes: From microvascular to macrovascular pathways. *Cureus*, *15*(9), e45835. https://doi.org/10.7759/cureus.45835

Zhang, D., Wei, Y., Huang, Q., Chen, Y., Zeng, K., Yang, W., Chen, J., & Chen, J. (2022). Important hormones regulating lipid metabolism. *Molecules*, *27*(20), 7052. https://doi.org/10.3390/molecules27207052

Zhang, L.-X., Zhang, B., Liu, X.-Y., Wang, Z.-M., Qi, P., Zhang, T.-Y., & Zhang, Q. (2022). Advances in the treatment of secondary and tertiary hyperparathyroidism. *Frontiers in Endocrinology*, *13*, 1059828. https://doi.org/10.3389/fendo.2022.1059828

Zhao, X., An, X., Yang, C., Sun, W., Ji, H., & Lian, F. (2023). The crucial role and mechanism of insulin resistance in metabolic disease. *Frontiers in Endocrinology*, *14*, 1149239. https://doi.org/10.3389/fendo.2023.1149239

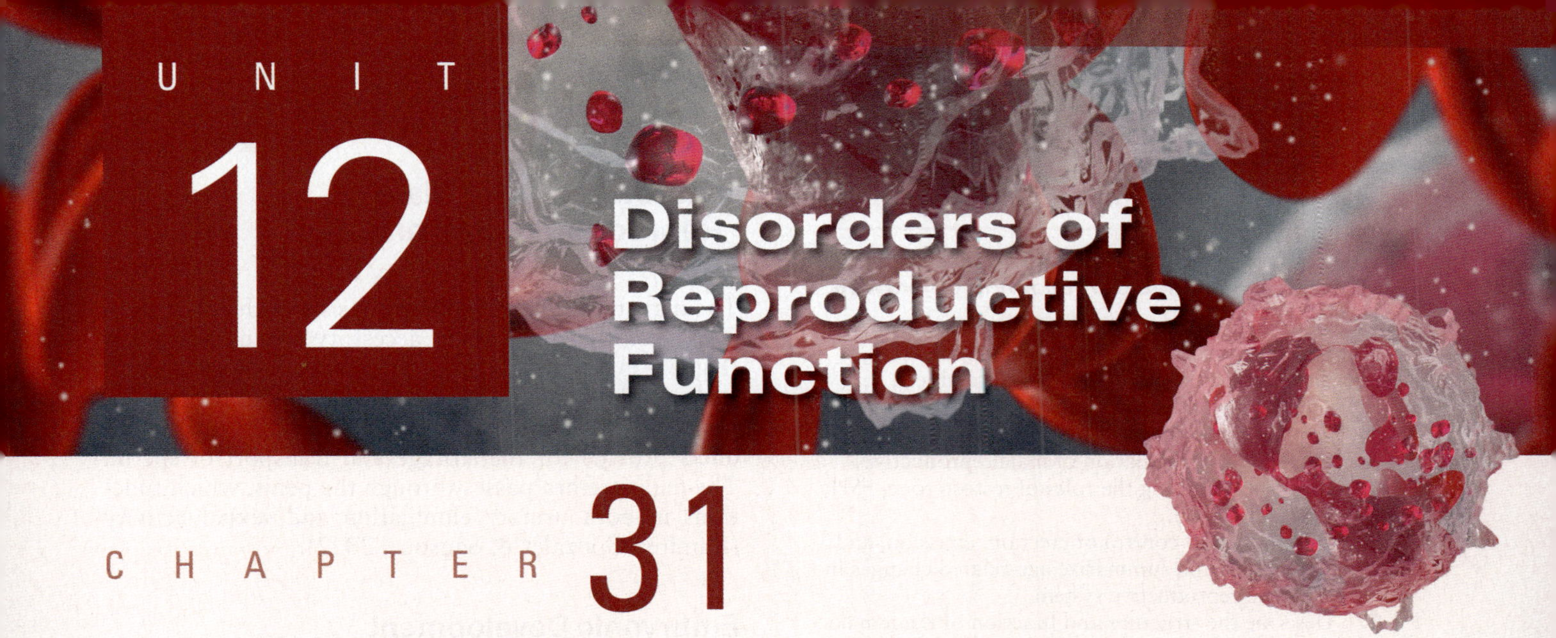

UNIT 12 Disorders of Reproductive Function

CHAPTER 31

Reproductive Function, Infertility, and Sexually Transmitted Infections

Learning Objectives

After completing this chapter, the learner will be able to meet the following objectives:

1. Describe the embryonic development, structure, and function of the male reproductive organs, including the testes, scrotum, genital ducts, accessory glands, and penis.
2. Explain the process of spermatogenesis and the hormonal regulation of male reproductive function, including the roles of testosterone, FSH, LH, and GnRH.
3. Discuss neural control of erection, emission, and ejaculation and summarize age-related changes in the male reproductive system.
4. Describe the structure and function of the female reproductive organs, including the external genitalia, vagina, uterus, fallopian tubes, and ovaries.
5. Explain the hormonal regulation of the menstrual cycle, including feedback mechanisms of the hypothalamic–pituitary–gonadal axis.
6. Differentiate the phases of follicle development, ovulation, endometrial changes, and cervical mucus changes across the menstrual cycle.
7. Discuss the physiologic changes of menopause and evaluate the risks and benefits of hormone therapy.
8. Describe the structure and function of the breasts and explain the hormonal influences on breast changes during puberty, pregnancy, and lactation.
9. Define infertility and analyze male and female contributing factors.
10. Classify major sexually transmitted infections by causative organism (viral, bacterial, protozoal) and explain their modes of transmission.
11. Compare the clinical manifestations and pathophysiology of common genital infections, including human papillomavirus (HPV), herpes, candidiasis, trichomoniasis, and bacterial vaginosis.
12. Explain the pathogenesis and complications of systemic sexually transmitted infections, such as chlamydia, gonorrhea, and syphilis.
13. Discuss the pathophysiologic implications of emerging infections affecting the reproductive system.

The male and female reproductive systems regulate the processes of reproduction. Although the reproductive and urinary systems are anatomically distinct, they are closely related in function and clinical practice. The male reproductive structures share anatomical pathways with the lower urinary tract and are often described collectively as the genitourinary tract. The female reproductive and urinary systems are structurally separate but functionally interconnected, a relationship reflected in the field of urogynecology. This chapter provides an overview of the structure and function of the male and female reproductive systems and common infectious disorders that affect reproductive structures.

Structure of the Male Reproductive System

The male reproductive system consists of the paired **gonads** (testes), genital ducts, accessory organs, and **penis** (Fig. 31-1). The **testes** produce **spermatozoa** and secrete male sex hormones. Internal accessory glands contribute the fluid components of semen, while the **genital ducts** provide for the storage and transport of sperm. The male urethra passes through the penis, which functions in both urinary elimination and sexual activity (Ramírez-González & Sansone, 2022).

Embryonic Development

Sexual differentiation begins early in embryogenesis and is regulated by the genes on the sex chromosomes (XX chromosomes directing female development and XY chromosomes directing male development). Male hormones produced by the *SRY* gene on the Y chromosome direct the undifferentiated gonads to differentiate into testes. In embryos that do not have a Y chromosome, the influence from the male hormones produced by the *SRY* gene is absent; therefore, the gonads develop into ovaries (Gurung et al., 2023).

Testes and Scrotum

The testes (or testicles) are paired gonads located outside the abdominal cavity within the scrotum. Testicular development begins in the abdominal cavity, followed by a two-stage descent through the inguinal canal. Between the 7th and 12th weeks of gestation, anti-Müllerian hormone (AMH) directs movement to the inguinal region. Around the 26th week, testosterone promotes the descent of the testicles into the scrotum, carrying with them blood vessels, lymphatic vessels, nerves, and ducts within the spermatic cord. After testicular descent, the **inguinal canal** normally closes; failure of closure increases the risk of inguinal hernia (Ramírez-González & Sansone, 2022).

Each testicle is enclosed by a double-layered tunica vaginalis and a dense fibrous tunica albuginea, which maintains shape and protection. The spermatic cord contains the pampiniform plexus of veins, which provides countercurrent heat exchange to cool arterial blood before it reaches the testes. Testicles also receive autonomic innervation and somatic sensory fibers, accounting for the sensitivity to pain (Ramírez-González & Sansone, 2022).

The **scrotum** is composed of skin, fascia, and the dartos muscle, with a central septum separating the testes. The dartos and cremaster muscles regulate testicular temperature by contracting in response to cold and relaxing in response to warmth. Sperm production requires a temperature 2°C to 3°C below core body temperature, and this thermoregulation is supported by both the pampiniform plexus and muscular contraction.

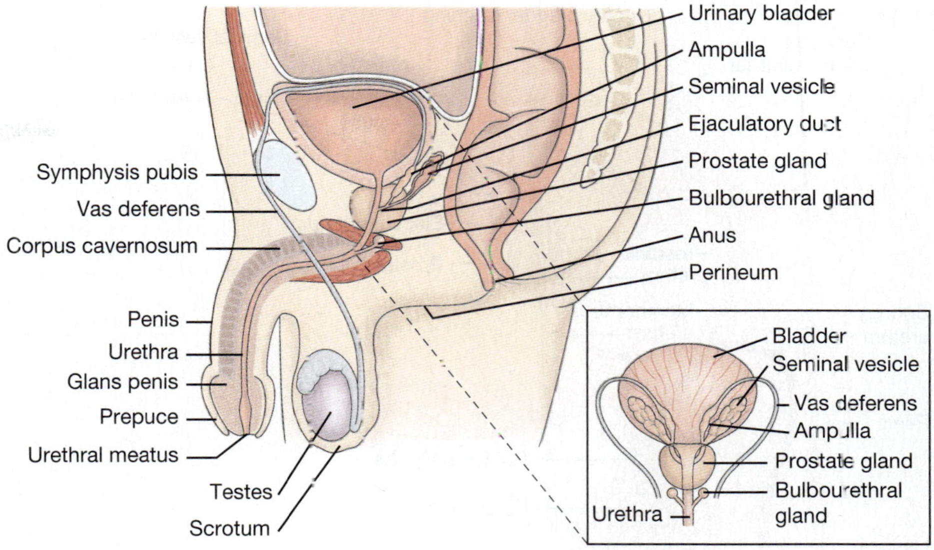

FIGURE 31-1. The structures of the male reproductive system. (From Jensen, S. [2015]. *Nursing health assessment: A best practice approach* [2nd ed., p. 703]. Lippincott Williams & Wilkins.)

Prolonged exposure to elevated temperatures, such as during fever or in **cryptorchidism** (a condition of undescended testicles), can impair spermatogenesis (Ramírez-González & Sansone, 2022).

KEY POINTS

Male Reproductive System

- The ductal system (epididymides, vas deferens, and ejaculatory ducts) transports and stores sperm, assisting in the maturation of sperm, while the accessory glands (seminal vesicles, prostate gland, and bulbourethral glands) provide secretions that prepare the sperm for ejaculation.
- Sperm production requires temperatures that are 2°C to 3°C below body temperature. The scrotal position of the testes and the countercurrent cooling of the pampiniform plexus provide this cooler environment.

Genital Duct System

Within the testes are several hundred lobules, each containing coiled **seminiferous tubules**, the site of sperm production (Fig. 31-2). The seminiferous tubules drain into the rete testis, a network of interconnected channels that collect immature sperm. From there, efferent ducts carry sperm into the epididymis, where they undergo final maturation. Because the developing sperm are not yet motile, their passage through the epididymis depends on peristaltic contractions of the ductal walls (Gurung et al., 2023).

From the **epididymis**, sperm enter the vas **deferens** (ductus deferens), a muscular tube that transports them toward the ejaculatory ducts. The expanded region of the vas deferens, the ampulla, serves as a storage site until ejaculation (Fig. 31-3). In a surgical procedure called a **vasectomy**, this duct is surgically interrupted to reduce male fertility by preventing sperm from entering the ejaculate.

In males with normal reproductive function, the testes produce up to 300 million spermatozoa per day, but not all are viable. Mature sperm are approximately 60 µm long, and each ejaculate averages about 3 mL of semen containing roughly 45 million sperm (Gurung et al., 2023).

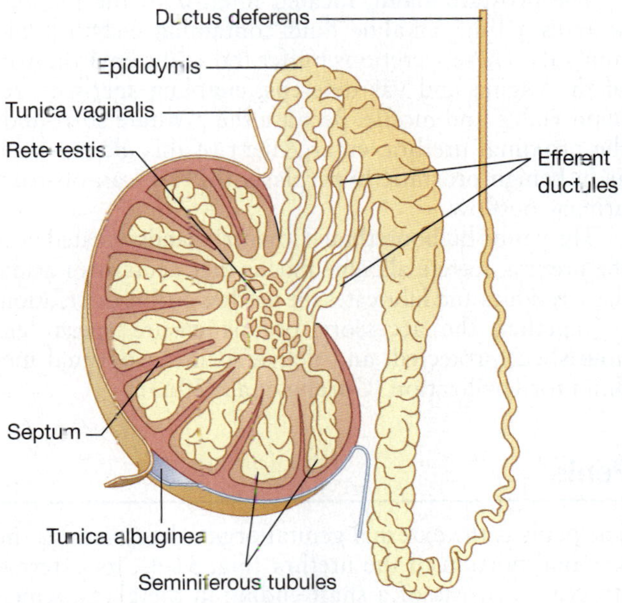

FIGURE 31-2. The parts of the testes and epididymis.

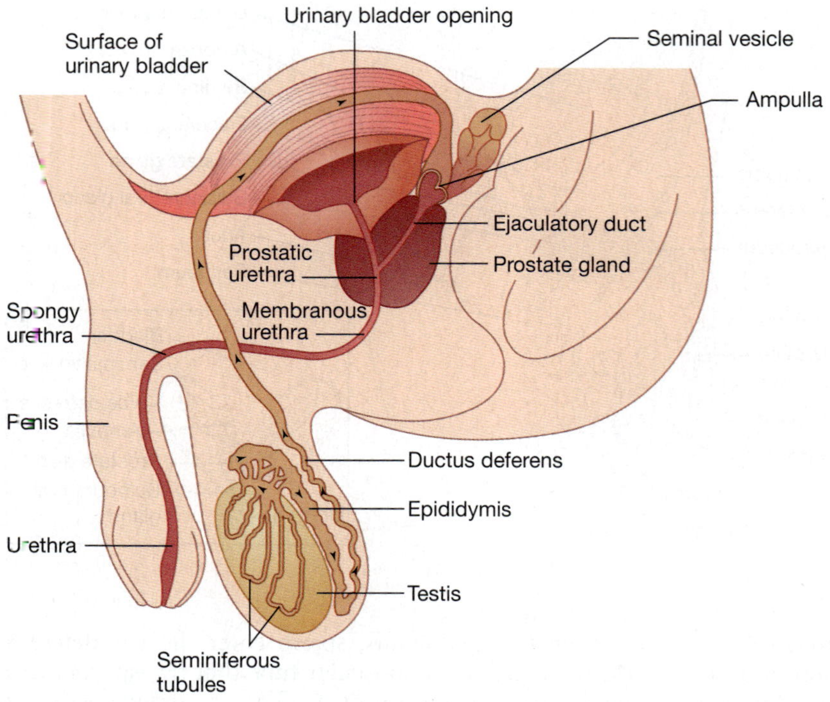

FIGURE 31-3. The excretory ducts of the male reproductive system and the path that sperm follows as it leaves the testis and travels to the urethra.

Accessory Organs

The male accessory organs—the seminal vesicles, prostate gland, and bulbourethral glands—contribute secretions that, along with spermatozoa, form semen. These secretions provide energy, protection, and the proper environment for sperm survival and fertilization.

The **seminal vesicles** are paired glands that secrete fructose-rich fluid to fuel sperm motility, along with prostaglandins that promote cervical receptivity and stimulate uterine contractions to assist sperm transport. Each seminal vesicle joins with a vas deferens to form an ejaculatory duct, which empties into the prostatic urethra during emission (Gurung et al., 2023).

The **prostate gland**, located inferior to the bladder, secretes a thin, alkaline fluid containing enzymes and minerals. These secretions buffer the acidic environment of the vagina and vas deferens, enabling sperm to remain viable and motile. Because the prostate surrounds the proximal urethra, enlargement of this gland—such as in benign prostatic hyperplasia (BPH)—can obstruct urinary outflow.

The paired **bulbourethral (Cowper) glands**, located near the urethra, secrete alkaline mucus that neutralizes acidic urine residues and lubricates the urethra during ejaculation.

Together, the accessory organs ensure sperm are nourished, protected, and delivered in an optimal medium for fertilization (Gurung et al., 2023).

Penis

The **penis** is the external genital organ that contains the terminal portion of the urethra (Fig. 31-4). Its external structure consists of a shaft ending in the glans, which is homologous to the female clitoris and richly supplied with sensory nerves. The glans is covered by a fold of skin called the prepuce (foreskin), which may be removed during a surgical procedure called circumcision.

The shaft contains three cylindrical bodies of erectile tissue: two dorsal corpora cavernosa and a ventral corpus spongiosum, which surrounds the urethra. These vascular sinuses fill with blood during sexual arousal, resulting in penile erection (Gurung et al., 2023).

SUMMARY CONCEPTS

The male reproductive system includes the paired testes, excretory ducts, accessory glands, and penis. Testicular development is determined by hormonal influences from the *SRY* gene on the Y chromosome. Male hormones direct the differentiation of the testes by the seventh week of gestation. The testes then produce AMH and testosterone, which guide the development of the male internal and external reproductive structures. In the absence of the male hormones from the Y chromosome, female reproductive structures develop.

The testes descend into the scrotum, where a cooler environment and specialized vascular and muscular mechanisms maintain optimal temperature for sperm production. The genital ducts (epididymis, vas deferens, and ejaculatory ducts) transport and store sperm, while the accessory glands (seminal vesicles, prostate, and bulbourethral glands) provide nutrients, protective secretions, and the proper environment for fertilization. The penis facilitates both urinary elimination and sexual function, with erectile tissue enabling penetration and delivery of semen.

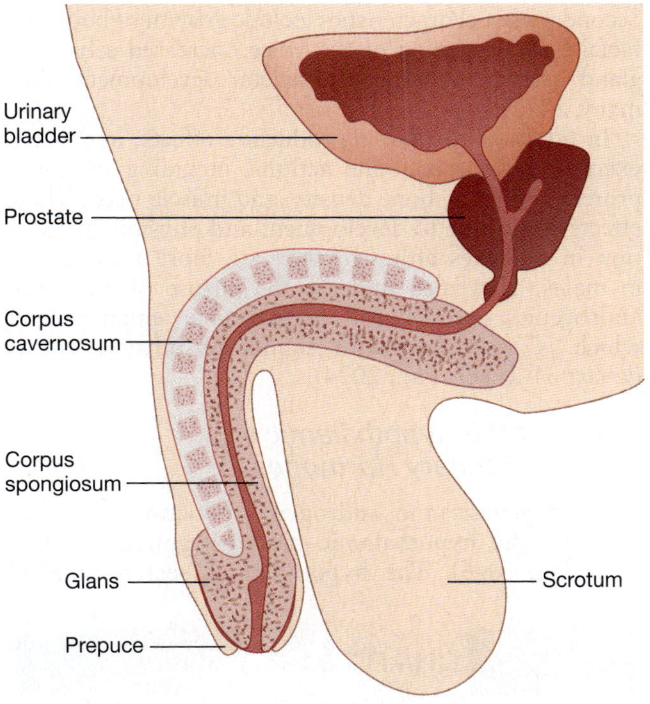

FIGURE 31-4. Sagittal section of the penis, showing the prepuce, glans, corpus cavernosum, and corpus spongiosum.

Spermatogenesis and Hormonal Control of Male Reproductive Function

During childhood, the male gonads are relatively inactive. At puberty (around ages 10 to 11 years), hypothalamic secretion of gonadotropin-releasing hormone (GnRH) stimulates the anterior pituitary to release follicle-stimulating hormone (FSH) and luteinizing hormone (LH). LH stimulates Leydig cells in the testes to produce testosterone, while FSH promotes germ cell development within the seminiferous tubules. Together, these hormones initiate spermatogenesis, enlargement of the testes, and the onset of male secondary sexual characteristics. By mid-adolescence, spermatogenesis is typically well established (Li et al., 2024).

Spermatogenesis

Spermatogenesis is the continuous process of sperm production that begins at puberty and occurs within the seminiferous tubules (Fig. 31-5A). Sertoli cells line the tubules and play a central role by supporting and nourishing developing germ cells, producing enzymes necessary for sperm release, and secreting hormones including inhibin (which regulates FSH through feedback inhibition). High concentrations of intratesticular testosterone are essential for this process, with FSH acting directly on Sertoli cells to promote spermatogenesis.

In the first stage of spermatogenesis, unspecialized **diploid** germinal cells (*spermatogonia*) are located adjacent to the tubular wall. These spermatogonia undergo rapid mitotic division and provide a continuous source of new germinal cells. Mature spermatogonia divide into two descendant cells, which become primary spermatocytes—the precursors of sperm. These primary spermatocytes then undergo meiotic division to reduce their chromosome number by half, producing haploid spermatids. Spermatids then transform into mature spermatozoa (sperm cells) through a process called spermiogenesis (Fig. 31-5B). Each sperm develops a head containing the acrosome—a cap of enzymes critical for penetration of the ovum—and a tail powered by mitochondria in the midpiece to enable motility (Li et al., 2024).

Spermatozoa exit the seminiferous tubules into the epididymis, where they gain full motility and are stored before passing to the ampulla of the vas deferens. The full cycle of spermatogenesis and maturation takes

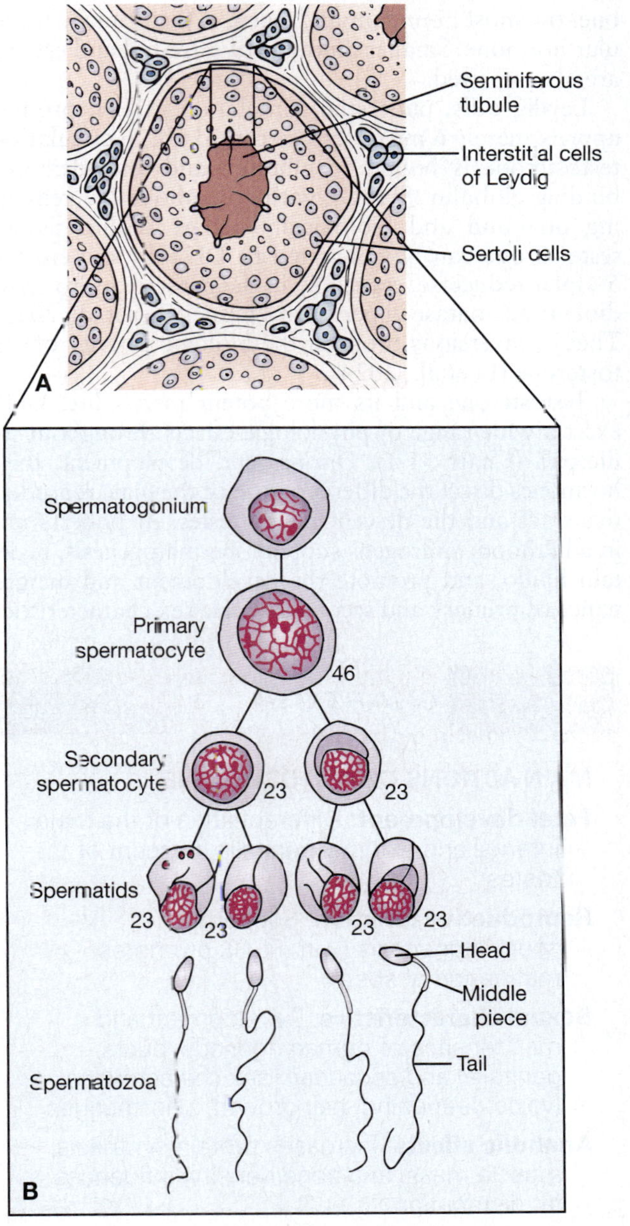

FIGURE 31-5. The various stages of spermatogenesis. **A.** Cross-section of the seminiferous tubule. **B.** Stages of development of spermatozoa.

approximately 90 days. A normal semen analysis shows more than 15 million sperm per milliliter, with at least 40% motility, normal morphology, and a minimum ejaculate volume of 1.5 mL. Low sperm count, abnormal morphology, or reduced motility are common causes of male infertility (Li et al., 2024).

Hormonal Control of Male Reproductive Function

Testosterone and Other Male Sex Hormones

The testes secrete several androgen hormones, including **testosterone**, **dihydrotestosterone (DHT)**, and **androstenedione**, with the adrenal cortex also contributing a small fraction of adrenal androgens (<5%). Testosterone, the most abundant androgen, is the primary testicular hormone. Smaller amounts of estradiol and estrone are also secreted.

Leydig cells, under the stimulation of LH, produce approximately 6 mg of testosterone daily. In circulation, testosterone is bound to albumin and sex hormone–binding globulin (SHBG), with only about 2% remaining unbound and biologically active. Within tissues, testosterone can be converted to DHT by the enzyme 5-alpha-reductase, especially in the prostate, or to estradiol via aromatase in peripheral tissues (Lei et al., 2025). These conversions broaden the biologic activity of testosterone (Li et al., 2024).

Testosterone and its more potent metabolite, DHT, exert a wide range of physiologic effects throughout the lifespan (Chart 31-1). During fetal development, these hormones direct the differentiation of the male reproductive tract and the descent of the testes. At puberty and in adulthood, androgens support spermatogenesis, maintain libido, and promote the development and maintenance of primary and secondary male sex characteristics. Secondary sex characteristics include growth of body and facial hair, deepening of the voice, increased sebaceous gland activity, and musculoskeletal development (Alemany, 2022).

In addition to their reproductive effects, androgens exert important anabolic actions, including increased protein synthesis, bone density, and muscle mass. These effects contribute to development and physiologic function in all sexes although they are more pronounced in males. They also underlie the misuse of anabolic–androgenic steroids for performance enhancement, which is associated with significant adverse effects (Chart 31-2) (Li et al., 2024).

Action of the Hypothalamic and Anterior Pituitary Hormones

Spermatogenesis and androgen production are regulated by the hypothalamic–pituitary–gonadal (HPG) axis (Fig. 31-6). The hypothalamus secretes GnRH

CHART 31-1

MAIN ACTIONS OF TESTOSTERONE

Fetal development: Differentiation of the male internal and external genitalia; descent of the testes

Reproductive function: Supports spermatogenesis (with FSH); promotes maturation of sperm

Sexual characteristics: Development and maintenance of primary (gonads, ducts, genitalia) and secondary sex characteristics (voice deepening, hair growth, skin changes)

Anabolic effects: Increases protein synthesis, muscle mass, and bone density; influences fat distribution

Hematologic effects: Stimulates erythropoiesis

CHART 31-2

ANDROGEN USE: THERAPEUTIC USE VERSUS MISUSE

Appropriate Therapeutic Use (Testosterone Replacement Therapy)

Treatment of male hypogonadism

Indicated for deficient testosterone levels

May improve:

- Libido and sexual function
- Bone density
- Muscle mass
- Energy and well-being

Patterns of Misuse (Performance Enhancement)

Use of supraphysiologic doses of testosterone or synthetic androgens

"Stacking" multiple agents

Use of non-prescribed or illicit substances (including veterinary products)

Intended to increase muscle mass, strength, and endurance

Adverse Effects of Androgen Misuse

Effects may persist after discontinuation depending on dose and duration.

Reproductive System: Testicular atrophy, decreased sperm production, infertility

Endocrine/Metabolic System: Gynecomastia (aromatization to estrogen), acne

Cardiovascular System: Dyslipidemia, hypertension, increased cardiovascular risk

Hepatic System: Liver dysfunction (more common with oral agents)

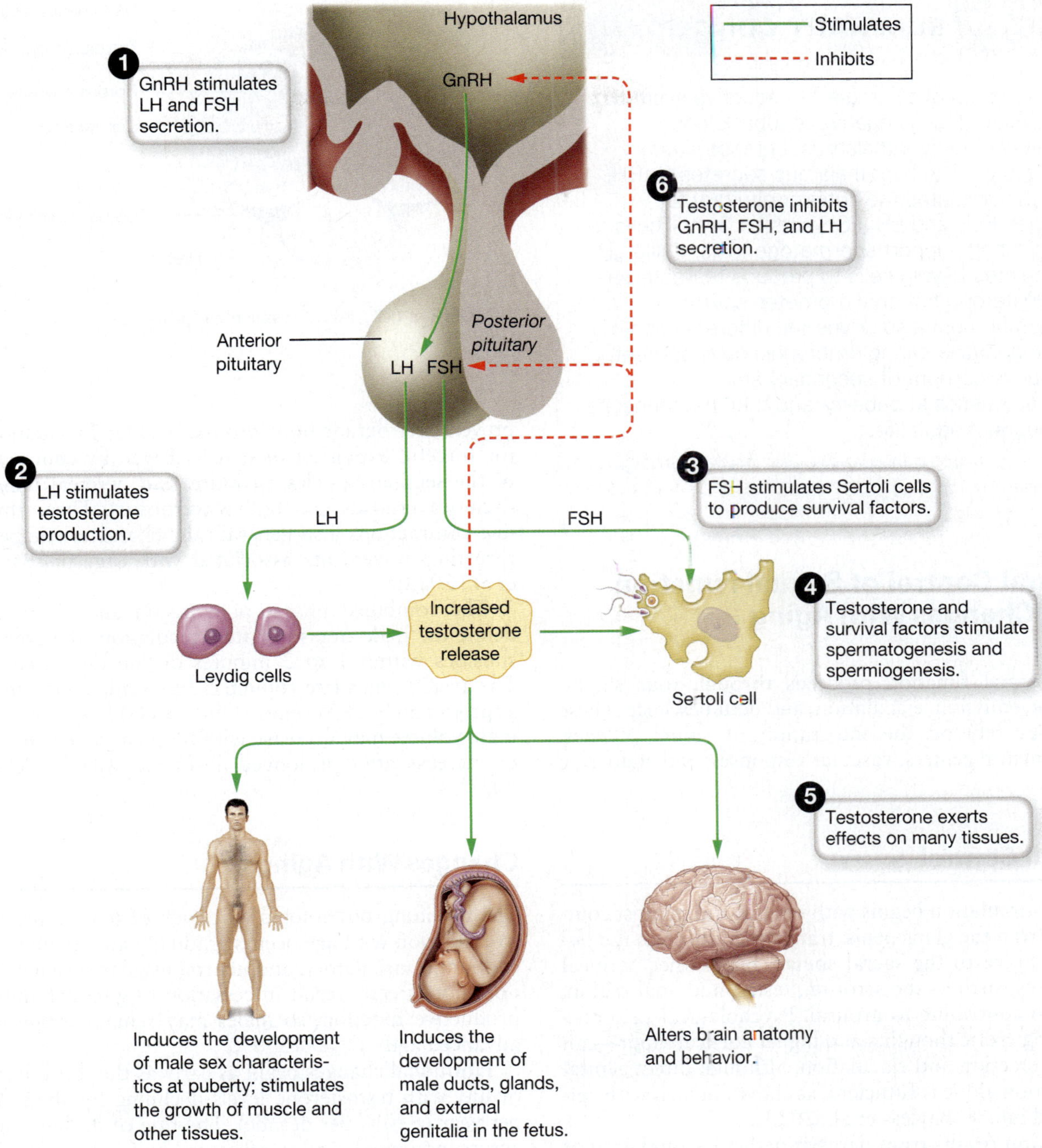

FIGURE 31-6. Testosterone. The hypothalamus and anterior pituitary gland control testosterone synthesis by the testes. Testosterone acts on the brain, reproductive organs, and other body tissues, and it also feeds back to inhibit its own secretions. FSH, follicle-stimulating hormone; GnRH, gonadotropin-releasing hormone; LH, luteinizing hormone. (From McConnell, T., & Hull, K. [2011]. *Human form human function: Essentials of anatomy & physiology* [p. 675]. Lippincott Williams & Wilkins.)

in a pulsatile pattern into the hypophyseal portal circulation, stimulating the anterior pituitary to release LH and FSH (Li et al., 2024). LH stimulates Leydig cells to produce testosterone. FSH acts on Sertoli cells to support spermatogenesis. Sertoli cells produce androgen-binding protein (ABP), which maintains high intratesticular testosterone levels essential for sperm maturation, and inhibin, which provides negative feedback on FSH secretion. Sertoli cells also release enzymes such as plasminogen activator, which assists in the release of mature sperm from the seminiferous epithelium (Li et al., 2024).

Testosterone exerts negative feedback on both the hypothalamus and pituitary, suppressing further GnRH and LH release, while inhibin provides feedback control of FSH. This coordinated loop ensures relatively stable hormone levels and spermatogenic activity throughout adult life (Li et al., 2024).

SUMMARY CONCEPTS

The function of the male reproductive system is regulated by a negative feedback loop involving the hypothalamus, anterior pituitary, and testes. The hypothalamus secretes GnRH, which stimulates the anterior pituitary to release FSH and LH. FSH acts on Sertoli cells to initiate and support spermatogenesis, while LH stimulates Leydig cells to produce testosterone. Testosterone not only promotes sperm maturation but also drives the differentiation of male genitalia during embryonic development, the development of secondary sex characteristics at puberty, and their maintenance throughout adult life.

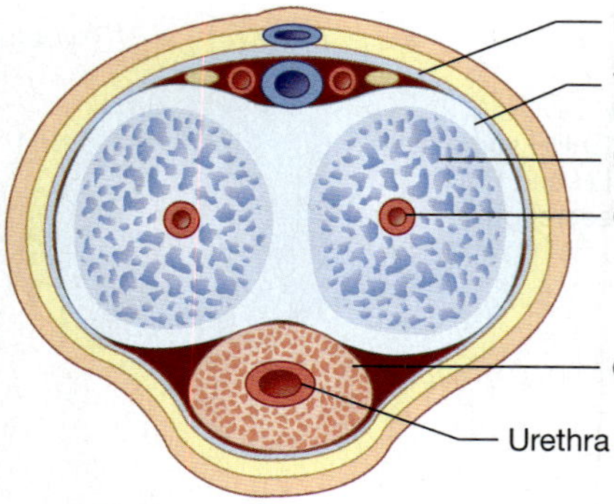

FIGURE 31-7. Erectile tissue of the penis.

Neural Control of Sexual Function and Changes With Aging

Male sexual function proceeds through four stages: erection, emission, ejaculation, and detumescence. These processes rely on the integration of spinal reflexes, higher neural centers, vascular responses, and endocrine signals.

Neural Control

Sexual stimulation begins with sensory input, most commonly from the glans penis, transmitted through the pudendal nerve to the sacral spinal cord. Other perineal structures, such as the scrotum, testes, and anal region, can also contribute to arousal. Psychological factors—including erotic thoughts and higher cortical input—can initiate erection and ejaculation, although direct genital stimulation alone is sufficient, as shown in men with spinal cord injury (Bayless et al., 2023).

Erection results from parasympathetic stimulation of penile arterioles and cavernous sinusoids, mediated by nitric oxide (NO) release. NO causes smooth muscle relaxation and increased blood flow into the corpora cavernosa. In the resting state, sympathetic alpha-adrenergic activity maintains vasoconstriction and detumescence. During sexual stimulation, parasympathetic impulses also stimulate the urethral and bulbourethral glands to secrete mucus for lubrication. Parasympathetic fibers arise from sacral spinal segments, while sympathetic fibers originate from thoracolumbar segments (L1–L2) (Fig. 31-7) (Bayless et al., 2023).

Emission and ejaculation are coordinated primarily by the sympathetic nervous system. **Emission** involves the movement of sperm from the epididymis into the urethra via contractions of the vas deferens and accessory glands, while closure of the internal urethral sphincter prevents retrograde flow into the bladder. **Ejaculation** is the forceful expulsion of semen, driven by contraction of the seminal vesicles, prostate, and perineal muscles (ischiocavernosus and bulbocavernosus). These rhythmic contractions also generate the characteristic pelvic thrusting movements associated with orgasm (Bayless et al., 2023).

The combined phases of emission and ejaculation define the male orgasm. After ejaculation, the erection subsides within 1 to 2 minutes during detumescence. The average ejaculate volume is 2 to 5 mL, consisting of approximately 98% seminal fluid and 2% sperm. Ejaculate volume may decrease with frequent sexual activity or increase after prolonged abstinence (Bayless et al., 2023).

Changes With Aging

The declining physiologic efficiency of male reproductive function with age occurs gradually and involves the endocrine, circulatory, and neuromuscular systems. Age does not directly result in cessation of gonadal and reproductive function, so males may remain fertile into advanced age.

Hormonal changes begin as early as the third decade of life, with testosterone levels declining by about 1% per year (≈10% per decade). The rate of decline varies across individuals and is influenced by health status and comorbidities such as obesity or chronic illness. Some males develop symptoms of age-related hypogonadism, sometimes described as "**andropause**," though this term is debated. Lower testosterone affects protein synthesis, bone density, cardiovascular health, muscle strength, and sexual function (Pellegrino et al., 2023).

Structural changes occur in the testes, prostate, and penile tissues. The testes become smaller and less firm as seminiferous tubules undergo degeneration, leading to reduced sperm production. The prostate gland enlarges with age, and the seminal vesicles lose volume and contractility. In the penis, fibrotic and sclerotic changes in erectile tissue and vasculature contribute to reduced rigidity and weaker erections (Pellegrino et al., 2023). Erectile dysfunction is common among older males and is discussed in Chapter 32.

SUMMARY CONCEPTS

The male sexual response consists of erection, emission, ejaculation, and detumescence, regulated by autonomic spinal cord reflexes, higher neural centers, and vascular mechanisms. Parasympathetic activity mediates erection through NO-driven vasodilation, while sympathetic activity controls emission and ejaculation.

With aging, the male reproductive system undergoes gradual changes in endocrine, vascular, and neuromuscular function. Testosterone levels decline, the testes become smaller and less firm, sperm production decreases, and the prostate enlarges. These changes may reduce the frequency of intercourse, intensity of sensation, ease of erection, and force of ejaculation. Nevertheless, sexual thoughts, interest, and activity commonly persist into advanced age.

Structure of the Female Reproductive System

The female reproductive system is composed of external and internal structures that work together to support reproduction, protect against infection, and maintain sexual health (Fig. 31-8). Each structure has distinct anatomic and physiologic features that contribute to reproductive function.

External Genitalia

The female external genitalia, collectively called the **vulva**, are located in the perineal area at the base of the pelvis (Fig. 31-9). The vulva includes the mons pubis, labia majora, labia minora, clitoris, vestibule, and perineal body. Because of the close proximity of the urethra and anus to the vulvar structures, cross-contamination and shared symptomatology of dysfunction of these structures are common (Nguyen et al., 2025).

The **mons pubis** is a rounded pad of fatty tissue anterior to the pubic symphysis that enlarges and becomes covered with coarse hair at puberty. Its skin contains numerous sebaceous glands, which may occasionally become infected. The **labia majora** are the outer folds of skin and fat that extend from the mons pubis to the anus. The labia majora develop pubic hair at puberty and normally close over both the urethral and vaginal openings, though this can change after childbirth or surgery.

Situated between the labia majora are the **labia minora**, hairless folds that contain some erectile tissue and are homologous to penile skin. The labia minora become engorged with blood during sexual arousal. Anteriorly, they form the hood of the **clitoris**, a highly sensitive, vascular organ composed of paired corpora cavernosa and richly supplied with sensory nerves. Like the penis in males, the clitoris becomes erect during sexual stimulation (Nguyen et al., 2025).

The **vestibule** lies between the labia minora and contains the openings of the urethra and vagina. Within this area are the Bartholin (greater vestibular) glands, which provide lubrication, and the Skene (lesser vestibular) glands, located near the urethral meatus. The vaginal opening, or introitus, is partially covered by the **hymen**, which varies in shape and thickness. Posterior to the introitus is the perineal body, a fibromuscular node of connective tissue that serves as an anchoring point for several perineal muscles (Nguyen et al., 2025).

KEY POINTS

Female Reproductive Structures

- The external genitalia (labia majora, labia minora, clitoris, and vestibular glands) surround the urethral and vaginal openings. Although the urinary and genital systems are anatomically distinct, their close proximity increases the risk of cross-contamination and shared symptoms.
- The internal genitalia of the female reproductive system include the ovaries, fallopian tubes, uterus, cervix, and vagina.

Internal Reproductive Structures

Vagina

The **vagina** is a fibromuscular tube located posterior to the bladder and urethra and anterior to the rectum, connecting the vestibule to the cervix (see Fig. 31-1). The vagina serves as a passage for menstrual flow, sexual intercourse, and childbirth. The vaginal wall contains longitudinal and transverse folds (rugae) that allow stretching during intercourse and childbirth, and it is lined with stratified squamous epithelium that secretes mucus (Hoare et al., 2025).

Vaginal epithelium responds to changing estrogen levels. Under estrogen stimulation, the vaginal mucosa thickens and accumulates glycogen, which is metabolized by lactobacilli into lactic acid, maintaining an acidic pH within the vagina that protects against infection. The pH balance within the vagina can be disrupted by pregnancy, oral contraceptives, diabetes, or systemic antibiotics. After menopause, decreased estrogen results in thinning and dryness of the mucosa, often leading to atrophic vaginitis, dyspareunia (discomfort during sexual intercourse), or occasional vaginal bleeding (Hoare et al., 2025).

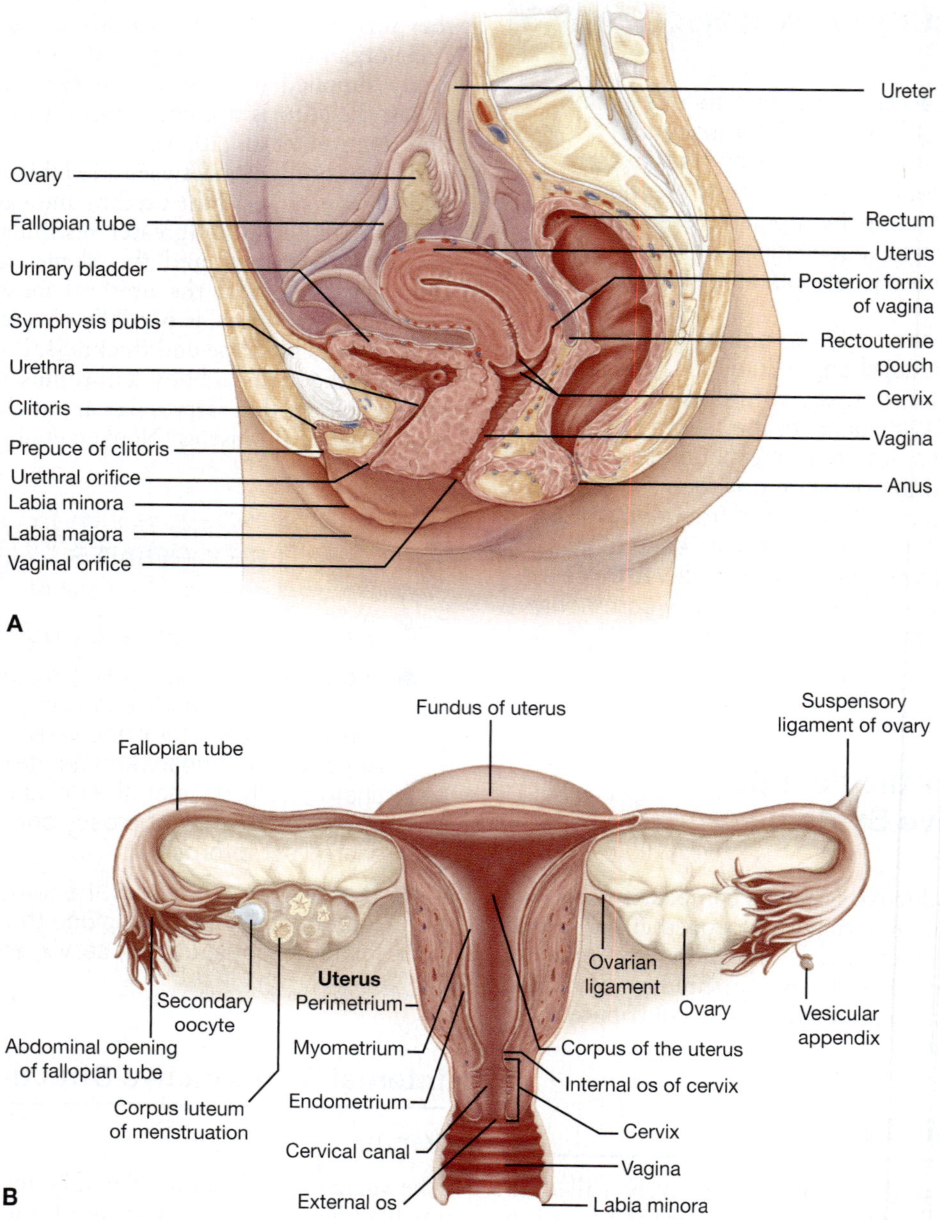

FIGURE 31-8. Internal female genitalia. **A.** Side view. **B.** Frontal view. (From Jensen, S. [2015]. *Nursing health assessment: A best practice approach* [2nd ed., p. 739]. Lippincott Williams & Wilkins; Fig. 24-2.)

Uterus and Cervix

The **uterus** is a hollow, muscular, pear-shaped organ located between the bladder and rectum. The uterus is divided into the **fundus** (the segment located above the fallopian tube insertions), the **body**, and the **cervix** (the distal segment that projects into the vagina). The uterus is supported by four sets of ligaments: the broad, round, uterosacral, and cardinal ligaments.

The uterine wall has three layers. The outer perimetrium forms part of the peritoneal lining. The middle myometrium consists of smooth muscle and is responsible for contractions during menstruation and childbirth. The inner endometrium has a basal layer and a functional layer; the functional layer thickens each cycle and is shed during menstruation.

The cervix forms the lower portion of the uterus and provides protective mucus secretions and structural support. The cervix contains numerous glands and connective tissue and becomes soft and pliable during pregnancy. The cervical canal connects the uterine cavity with the vagina through the internal cervical os and the external cervical os. Cervical secretions protect against infection and provide varying receptivity to sperm, depending on the phase of the menstrual cycle (Hoare et al., 2025).

Fallopian Tubes

The **fallopian tubes** (oviducts) are slender, muscular tubes that extend bilaterally from the uterus to the ovaries (Fig. 31-10). The fimbriae at the open ends sweep

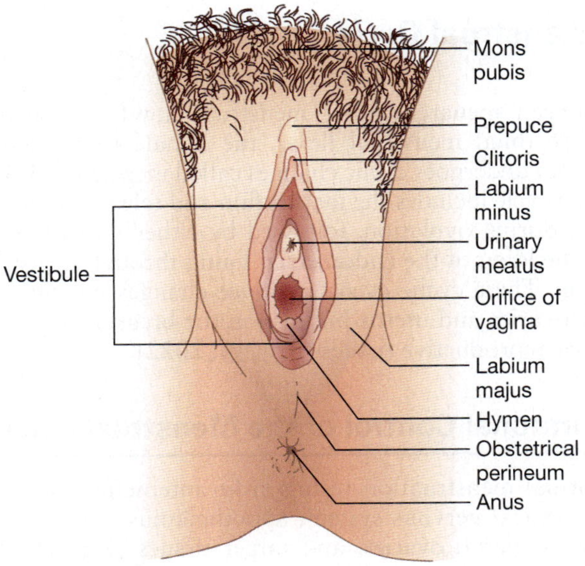

FIGURE 31-9. External genitalia of the female.

the ovum into the tube after ovulation. The lining consists of ciliated, mucus-producing epithelium, and the combination of ciliary motion and smooth muscle contractions propels the ovum toward the uterus. Fertilization of the ovum by the sperm typically occurs in the distal portion of the tube. In addition to transporting gametes, the tubes secrete fluid that supports the reproductive process (Hoare et al., 2025).

Ovaries

The **ovaries** are the female gonads, homologous to the male testes. Ovaries are paired organs located on either side of the uterus near the fimbrial ends of the fallopian tubes. They are attached to the uterus by the ovarian ligaments and covered by a thin epithelial layer continuous with the peritoneum. Ovarian tissue is divided into an inner medulla containing connective tissue and blood vessels and an outer cortex containing follicles with oocytes.

At birth, the ovaries contain a finite number of primordial follicles that will develop to release the ovum with hormonal stimulus. The number of these ovarian follicles diminishes across the lifespan. After puberty, follicle development is stimulated in a cyclical manner approximately every 4 weeks by FSH and LH. These cycles of ovum maturation and release drive the monthly menstrual cycles. During each cycle, several follicles begin to mature, but usually, only one reaches full development to release a mature ovum at ovulation. The ruptured follicle transforms into the corpus luteum, which produces estrogen and progesterone to maintain the endometrium until either conception occurs or the endometrial lining is shed (the menstrual flow) and the cycle restarts (Hoare et al., 2025).

SUMMARY CONCEPTS

The female reproductive system includes the internal organs—paired ovaries and fallopian tubes, the uterus, and the vagina—as well as the external genital structures of the mons pubis, labia majora, labia minora, and clitoris.

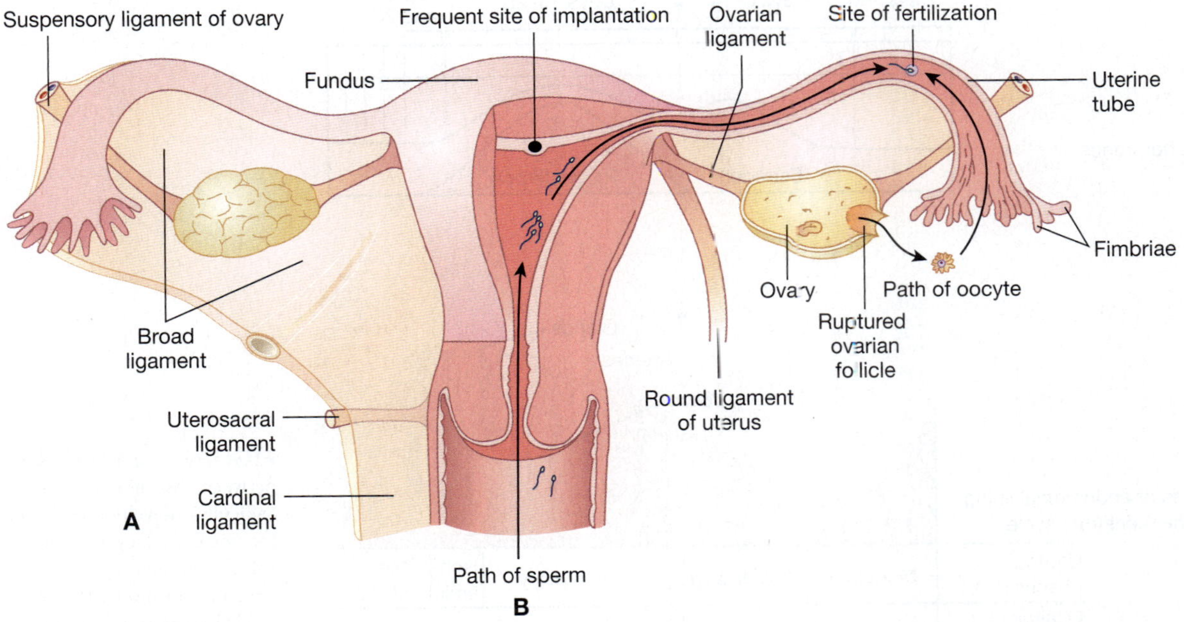

FIGURE 31-10. Schematic drawing of female reproductive organs, showing (**A**) the suspensory ligament of the ovary and the broad, uterosacral, and cardinal ligaments on the left and (**B**) the path of the oocyte as it moves from the ovary into the fallopian (uterine) tube; the path of the sperm is also shown, as is the usual site of fertilization.

The uterus is a muscular organ composed of three layers: the outer perimetrium, continuous with the peritoneum; the thick myometrium, responsible for contractions; and the inner endometrium, which has a basal layer for regeneration and a superficial functional layer that is shed during menstruation.

The ovaries, female gonadal structures homologous to the testes, have a dual role: storing female germ cells (ova) and producing the sex hormones estrogen and progesterone. Through the release of these hormones, the ovaries regulate the menstrual cycle, influence the development of secondary sexual characteristics, maintain pregnancy, and ultimately contribute to the transition to menopause.

Menstrual Cycle

Between **menarche** (first menstrual flow) and **menopause** (final menstrual flow), the female reproductive system undergoes cyclic changes called menstrual cycles. Each cycle includes the maturation and release of an oocyte during ovulation, followed by either implantation or shedding of the endometrial lining through menstruation. These cyclic events produce changes not only in the ovaries and uterus but also in the breasts, skin, and other reproductive tissues (Itriyeva, 2022).

Hormonal Control of the Menstrual Cycle

Normal menstruation results from interactions among the central nervous system, hypothalamus, anterior pituitary gland, ovaries, and target tissues (Fig. 31-11).

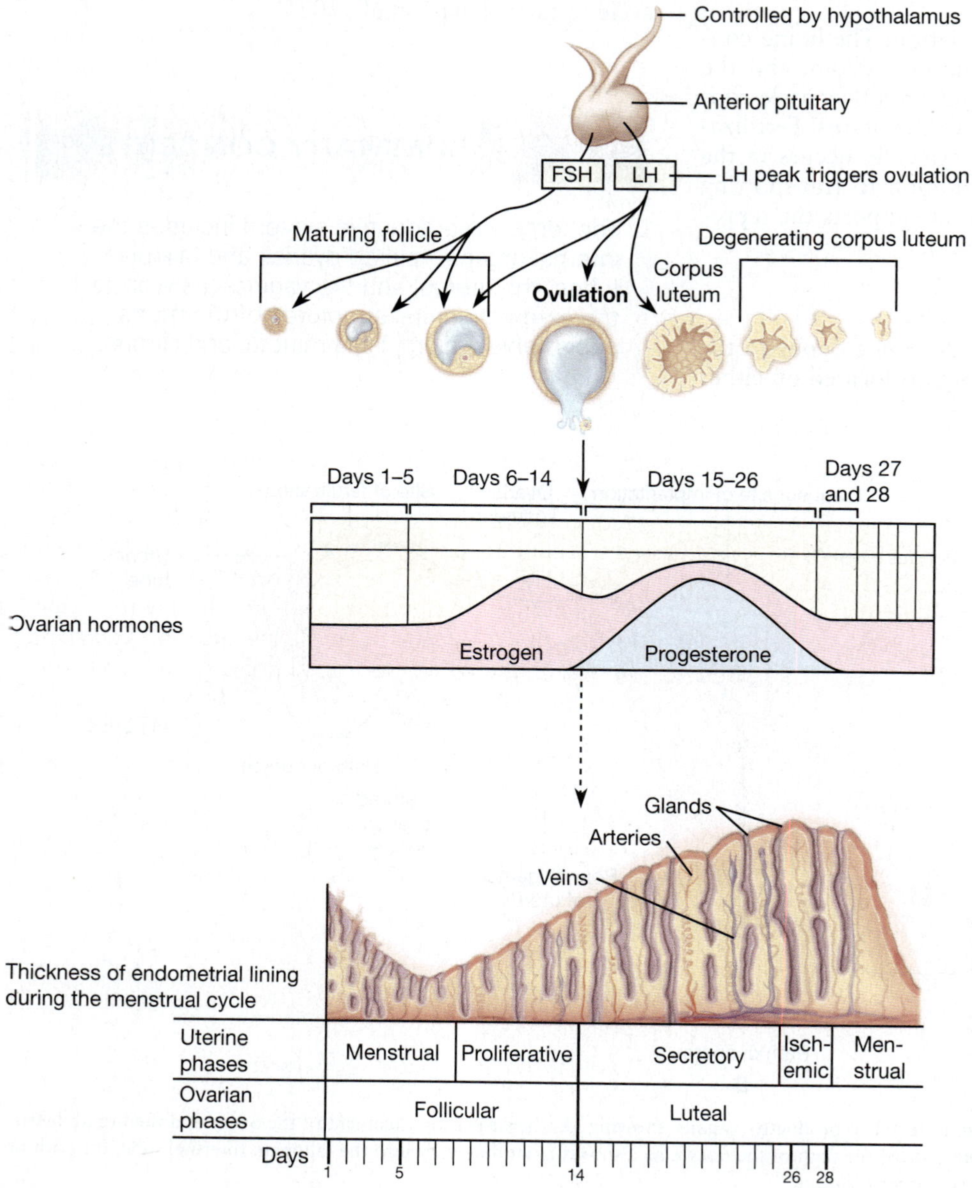

FIGURE 31-11. Relationship between hormonal levels (*center*), follicular development (*top*), and the menstrual cycle (*bottom*). FSH, follicle-stimulating hormone; LH, luteinizing hormone. (From Jensen, S. [2015]. *Nursing health assessment: A best practice approach* [2nd ed., p. 740]. Lippincott Williams & Wilkins; Fig. 24.3.)

The ovaries are primarily responsible for regulating cyclic changes and cycle length. In most females, menstrual flow occurs every 28 to 30 days and lasts 2 to 7 days, although cycles often shorten during perimenopause.

Because some of the biosynthesis of estrogen occurs in adipose tissue, the hormonal regulation of the menstrual cycle is also influenced by body composition. Adequate body fat content is necessary for menarche and the maintenance of menstrual cycles. Amenorrhea (absence of menstrual cycles) can occur related to conditions that reduce body fat content, such as anorexia nervosa, malnutrition, or excessive exercise. In these conditions, hypothalamic GnRH release and pituitary LH secretion may revert to prepubertal levels to cause amenorrhea. Healthy hormonal patterns and regular menstrual cycles are typically restored with weight gain and attainment of adequate body fat content, in the absence of other underlying pathophysiologic conditions. Conversely, obesity is associated with either oligomenorrhea or amenorrhea and with infertility, although the mechanisms are not well understood (Itriyeva, 2022).

Hypothalamic and Pituitary Hormones

The hypothalamus secretes GnRH, which stimulates the anterior pituitary to release FSH and LH—the gonadotropins responsible for follicular development, ovulation, and sex hormone secretion (Fig. 31-12). The anterior pituitary also secretes prolactin, which promotes lactation and contributes to breast development during pregnancy. Prolactin does not appear to be required for ovarian activity, but hyperprolactinemia seems to disrupt ovulation by shortening the luteal phase, which may lead to anovulation, oligomenorrhea or amenorrhea, and infertility (Itriyeva, 2022).

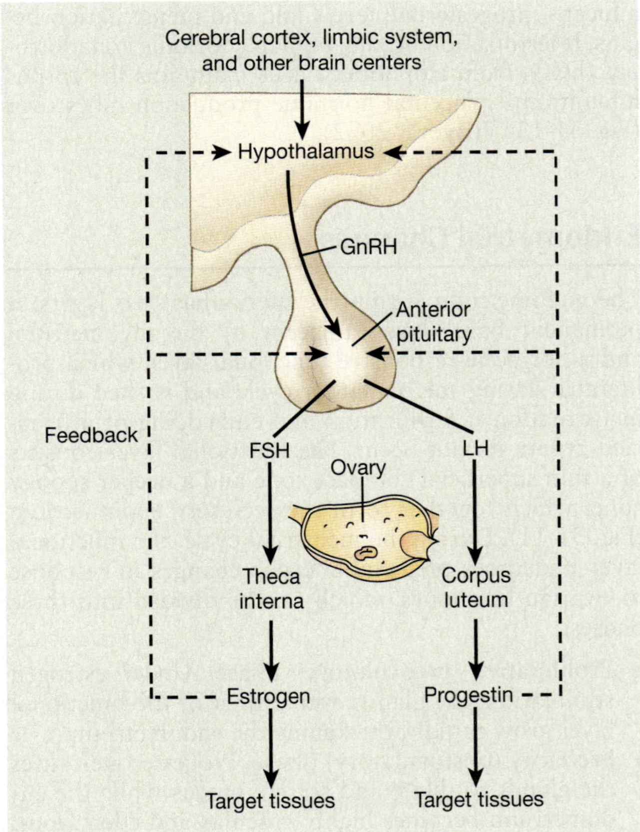

FIGURE 31-12. Hypothalamic–pituitary feedback control of estrogen and progesterone levels in the female. The *dashed line* represents negative feedback. FSH, follicle-stimulating hormone; GnRH, gonadotropin-releasing hormone; LH, luteinizing hormone.

Ovarian Hormones

The ovaries produce **estrogens**, **progesterone**, and **androgens** in a cyclic pattern as a result of interactions among GnRH, FSH, and LH. These steroid hormones enter cells by passive diffusion, bind to specific receptors in the cytoplasm, and move into the nucleus, where they bind to specific sites on the chromosomes to influence gene expression. The number of hormonal receptor sites in a cell is not fixed. For example, increases in the level of estrogen may increase (upregulate) the development of larger numbers of estrogen and progesterone receptors. In contrast, increased levels of progesterone may decrease (downregulate) the production of estrogen and progesterone receptors (Itriyeva, 2022).

Estrogens

Estrogens are a family of structurally related female sex hormones secreted by the ovaries and, in smaller amounts, by the adrenal cortex. The three estrogens that occur naturally in humans are estradiol (E2), estrone (E1), and estriol (E3), with estradiol being the most biologically potent and the most abundantly secreted ovarian hormone. Estrogens are transported in the blood bound to specific plasma globulins, inactivated and conjugated in the liver, and then excreted in the bile.

Estrogens are necessary for normal female physical maturation. With other hormones, estrogens provide for the reproductive processes of ovulation, implantation, pregnancy, parturition, and lactation by stimulating the development and maintaining the growth of the accessory organs. In the absence of androgens, estrogens stimulate the development of the vagina, uterus, and uterine tubes in the embryonic Müllerian system. Estrogens also stimulate stromal development and ductal growth in the breasts, accelerate skeletal growth and closure of the epiphyses of the long bones, contribute to axillary and pubic hair growth, and alter body fat distribution during puberty. Larger quantities of estrogen stimulate pigmentation in the areolar and genital regions.

Estrogens support endometrial proliferation and are secreted throughout the menstrual cycle. Estrogen levels peak just before ovulation and again during the mid-luteal phase. Prolonged unopposed estrogen exposure, such as during anovulatory cycles, may cause endometrial hyperplasia and abnormal uterine bleeding (Itriyeva, 2022). Estrogens cause moderate retention of sodium and water, which is often accompanied by weight gain just before menstruation. This occurs because estrogens facilitate the movement of intravascular fluid into extracellular spaces. This produces edema and increased sodium and water retention by the kidneys in response to the decreased plasma volume (Table 31-1).

TABLE 31-1 Actions of Estrogens

General Function	Specific Actions
Growth and development	Stimulate development of vagina, uterus, and fallopian tubes in utero and secondary sex characteristics at puberty.
	Accelerate growth of long bones and promote epiphyseal closure at puberty.
Reproductive processes	Promote growth and maturation of ovarian follicles.
	Alter cervical secretions to favor sperm survival and transport.
	Enhance sperm motility in the fallopian tubes by decreasing mucus viscosity.
	Stimulate proliferation of endometrial lining to prepare for implantation.
	Maintain vaginal mucosa and prevent atrophy.
	Increase cervical mucus consistency.
	Stimulate stromal development and ductal growth in the breasts.
General metabolic effects	Decrease bone resorption and help preserve bone density.
	Increase production of plasma proteins, including thyroid- and steroid-binding globulins.
	Improve lipid profile by increasing HDL and slightly lowering LDL.

HDL, high-density lipoprotein; LDL, low-density lipoprotein.

Progesterone

Although associated with pregnancy, progesterone is also secreted as part of the normal menstrual cycle. The corpus luteum in the ovary secretes large amounts of progesterone after ovulation, and the adrenal cortex secretes small amounts. The hormone circulates in the blood attached to a plasma protein. It is metabolized in the liver and conjugated for excretion in the bile.

The local effects of progesterone on the reproductive organs include glandular development of the lobular and alveolar tissue in the breasts and the cyclic glandular development of the endometrium. Progesterone can also compete with aldosterone in the renal tubule to decrease sodium reabsorption. Although the mechanism is uncertain, progesterone is responsible for the increase in basal body temperature (BBT) that occurs with ovulation. The increase in progesterone during the luteal phase of the menstrual cycle enhances the ventilatory response to carbon dioxide, leading to measurable changes in both arterial blood PCO_2 and pulmonary alveolar PCO_2 levels (Itriyeva, 2022).

Androgens

Females also normally produce androgens: approximately 25% are secreted from the ovaries, 25% from the adrenal cortex, and 50% from ovarian or adrenal precursors. Androgens contribute to normal hair growth at puberty and may have other important metabolic effects (Itriyeva, 2022).

Ovarian Follicle Development and Ovulation

Adult ovary tissues can be categorized as **stroma** (connective tissue in which the follicles are distributed), **interstitial cells** (estrogen-secreting cells), **follicles** (fluid-filled sacs containing an immature oocyte), and **corpus luteum** (progesterone-secreting structure in mature follicles). Follicles at all developmental stages are present until menopause when they are depleted. Most follicles exist as primary follicles—round oocytes, each surrounded by a single layer of granulosa cells (flattened epithelial cells with LH receptors) and a basement membrane. Primary follicles are inactive follicles from which all of the ovulating follicles develop. Under the influence of endocrine stimulation, 6 to 12 primary follicles develop into secondary (maturing) follicles once every ovulatory cycle, at which time the primary oocyte increases in size, the granulosa cells proliferate to form a multilayered wall around it, a membrane called the *zona pellucida* develops around it, and small pockets of fluid begin to appear between the granulosa cells (Itriyeva, 2022).

At the time of puberty, cycles of **ovulation** begin. At ovulation, the mature follicle (about 20 mm) ruptures, releasing the oocyte and corona radiata to be captured by the fimbriae of the fallopian tube. The ruptured follicle transforms into the corpus luteum, which secretes progesterone during the luteal phase. If fertilization does not occur, the corpus luteum involutes into the corpus albicans, progesterone levels fall, and menstruation begins. If fertilization occurs, human chorionic gonadotropin (hCG) from trophoblast cells maintains the corpus luteum until placental hormone production takes over (Fig. 31-13) (Itriyeva, 2022).

Endometrial Changes

The **endometrium** within the uterus has two layers: a permanent basal layer adjacent to the myometrium and a hormone-responsive functional layer, which proliferates during the ovulatory cycle and is shed during menstruation if fertilization and embedding of a fertilized zygote do not occur. The functional layer consists of a thin superficial compact zone and a deeper spongy zone, which together form the secretory endometrium (Fig. 31-11). During the menstrual cycle, the functional layer undergoes predictable cyclic changes in response to ovarian hormones, which can be divided into three phases:

- **Proliferative (preovulatory) phase**: Under estrogen stimulation, the glands and stroma of the functional layer grow rapidly, thickening the endometrium.
- **Secretory (postovulatory) phase**: Progesterone causes the glands to dilate and secrete mucus while the endometrium becomes highly vascular and edematous, creating an optimal environment for implantation.
- **Menstrual phase**: Without fertilization, hormonal support is withdrawn, the functional layer degenerates, and menstrual shedding occurs (Itriyeva, 2022).

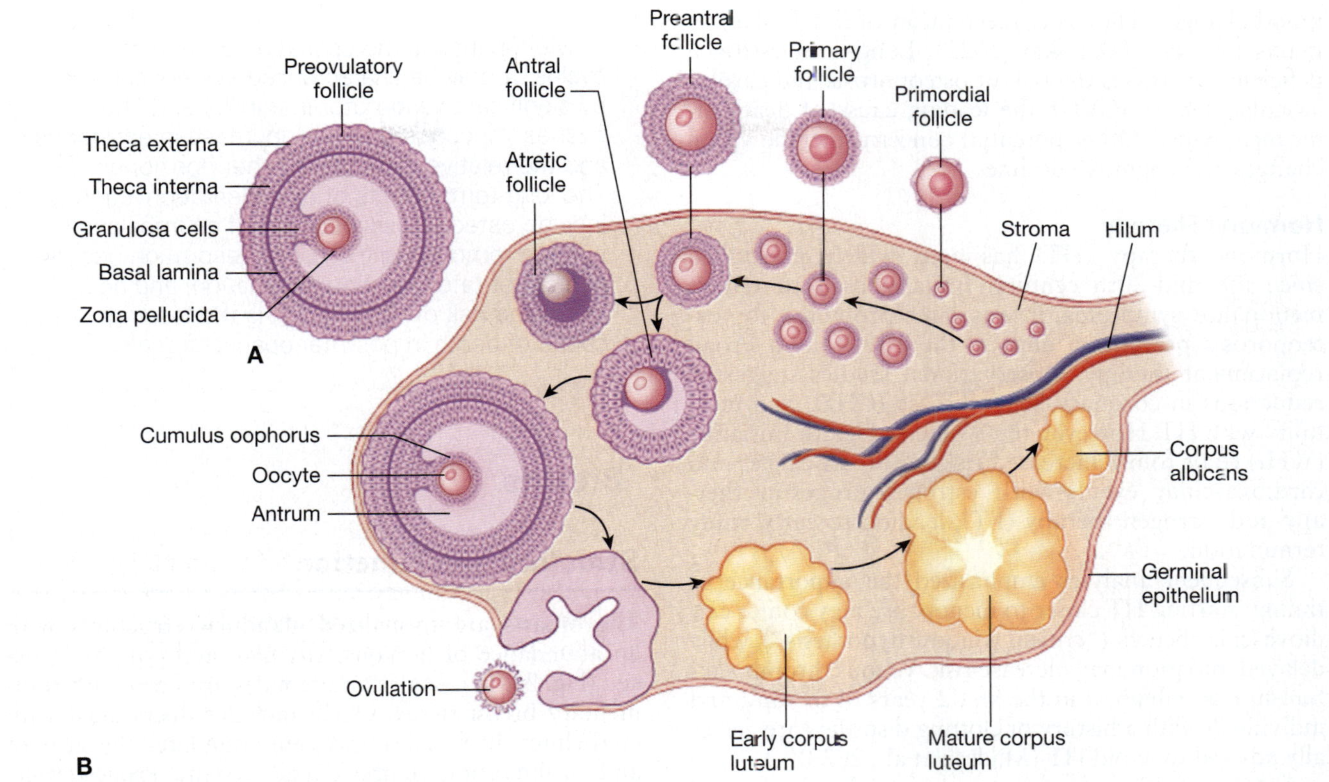

FIGURE 31-13. **A.** Cross-section of a preovulatory follicle. **B.** Schematic diagram of an ovary, showing the sequence of events in the origin, growth, and rupture of an ovarian follicle and the formation and retrogression of a corpus luteum. Atretic follicles are those that show signs of degeneration and death.

Cervical Mucus Changes

Cervical mucus, secreted by glands in the endocervix, is a complex heterogeneous substance that varies in amount and composition in response to hormonal influence. Estrogen stimulates the production of large amounts of clear, thin, watery mucus through which sperm can more easily penetrate. During ovulation, the cervical mucus is thin and stretchy. The ***Spinnbarkeit*** (i.e., the property that allows cervical mucus to be stretched into a thread) of cervical mucus usually exceeds 10 cm at mid-cycle. Progesterone, even in the presence of estrogen, reduces mucus secretion. Thus, during the luteal phase, cervical mucus is scant, viscous, and cellular, limiting sperm entry (Itriyeva, 2022).

KEY POINTS

Menstrual Cycle

- The menstrual cycle involves the maturation and release of an oocyte during ovulation and the periodic shedding of the endometrial lining.
- The menstrual cycle is controlled by the rhythmic synthesis and release of ovarian hormones under feedback control by GnRH from the hypothalamus and FSH and LH from the anterior pituitary gland.

Menopause

Menopause marks the permanent cessation of menstruation, typically occurring between the ages of 48 and 55. Perimenopause is a transition phase that begins about 4 to 10 years before menopause and is characterized by cycle irregularity and vasomotor or urogenital symptoms. Menopause is clinically defined as 12 months without menstruation or by persistently elevated FSH levels (>20 mIU/mL) (Talaulikar, 2022).

Functional Changes

Menopause represents the gradual loss of ovarian function and the resulting diminished estrogen levels. Although production of estrogen by the adrenal cortex continues, it is insufficient to maintain secondary sex characteristics at the same levels as before menopause. Common menopausal changes include reduced body hair, thinning skin, decreased subcutaneous fat, decreased breast tissue mass, and decreased size of the ovaries and uterus. The cervix and vaginal mucosa become pale and fragile, and vaginal pH rises (>4.5).

Problems resulting from menopausal changes may include vaginal dryness, vaginitis, dyspareunia (discomfort during sexual intercourse), urinary urgency, stress incontinence, nocturia, and urinary tract infections. Vasomotor instability may result in "hot flashes," palpitations, dizziness, and headaches. Hot flashes vary widely in onset, frequency, severity, and duration. They often disrupt sleep, leading to fatigue, irritability, and mood changes. The exact mechanism of hot flashes remains unclear (Talaulikar, 2022). Long-term estrogen deficiency increases the risk of osteoporosis and cardiovascular disease (CVD), the leading cause of death after menopause. Other potential concerns include visual changes and cognitive decline.

Hormone Therapy

Hormone therapy (HT) has been widely prescribed since the mid-20th century. Initially used to relieve menopause symptoms, it was later promoted for osteoporosis prevention and, in the 1990s, as a broad replacement therapy. Observational studies suggested reductions in coronary heart disease (CHD) and mortality with HT. However, the Women's Health Initiative (WHI) trials found increased risks of breast cancer and cardiovascular events with estrogen–progestin therapy and estrogen therapy (ET), leading to early study termination.

Subsequent analyses emphasized the importance of timing: starting HT closer to menopause may confer cardiovascular benefit ("critical window hypothesis"), while delayed initiation may increase risk. Venous thromboembolism risk is highest in the first 2 years of therapy, and individuals with a history of clotting disorders are generally advised to avoid HT (Madsen et al., 2023).

Estrogen inhibits bone resorption and reduces fracture risk but does not eliminate it. Supplemental calcium and vitamin D are recommended, with current Institute of Medicine guidelines advising 600 IU/day of vitamin D for adults.

SUMMARY CONCEPTS

Between menarche and menopause, the female reproductive system undergoes cyclic changes in the menstrual cycle. The normal menstrual cycle is a result of complex interactions among the hypothalamus (which produces GnRH), the anterior pituitary gland (which synthesizes and releases FSH, LH, and prolactin), the ovaries (which synthesize and release estrogens, progesterone, and androgens), and associated target tissues (endometrium and vaginal mucosa). The ovarian hormones are largely responsible for controlling cyclic changes and cycle length. Estrogens are necessary for normal female physical maturation, for the growth of ovarian follicles, to generate a climate that is favorable to fertilization and implantation of the ovum, and to promote the development of the endometrium in case of pregnancy. Estrogens also prevent bone resorption and regulate the composition of lipoproteins (high- and low-density lipoprotein) in the blood. Progesterone supports glandular development in the lobular and alveolar tissue of the breasts and in the endometrium.

Menopause is the cessation of menstrual cycles. It may be characterized systemically by significant vasomotor instability and "hot flashes" secondary to the decrease in estrogens and the relative increase in other hormones. The long-term effects of estrogen deprivation include osteoporosis because of an imbalance in bone remodeling (i.e., bone resorption occurs at a faster rate than bone formation) and an increased risk of CVD, which is the leading cause of death in postmenopausal females.

Breasts

Structure and Function

The **breasts** are specialized glandular structures with an abundance of nervous, vascular, and lymphatic tissue (Fig. 31-14). Males and females are born with rudimentary breast tissue, which includes ducts lined with epithelium. In females, estrogen stimulates the growth and proliferation of the ductal system. Progesterone, which is released with the onset of the ovulatory cycles, stimulates the growth and development of ductal and alveolar secretory epithelium. By adolescence, the breasts develop characteristic patterns associated with fat deposition (Rivard et al., 2023).

Located on the anterior chest wall between the third and seventh ribs, the breast mass consists of fat, fibrous connective tissue, and glandular tissue. The superficial layer of fibrous connective tissue is attached to the skin, allowing the skin to move smoothly over the breast, which facilitates the assessment of underlying superficial breast structures during a physical exam or breast self-examination. Internally, the breast is supported by the fascia of the pectoralis major and minor muscles and by fibrous connective tissue within the breasts. Specialized fibrous bands known as Cooper ligaments extend radially from the periphery of the breast to the nipple, providing structural support and forming septa that divide each breast into approximately 20 lobes (Fig. 31-15). Each lobe contains grapelike clusters of breast alveoli, or glands, lined with secretory cells capable of producing milk or fluid under hormonal influence. Secretions travel from the breast alveoli through intralobar ducts into larger lactiferous ducts and reservoirs before being expressed through the nipple. Milk production is regulated by the hormonal changes of pregnancy. In the nonpregnant state, cyclic breast changes also occur in response to the hormonal changes of the menstrual cycle and may include transient breast fullness and discomfort (Rivard et al., 2023).

The **nipple** is composed of epithelial, glandular, erectile, and nervous tissue. The areola is the darker skin surrounding the nipple and is punctuated with small bumps known as Montgomery tubercles—sebaceous glands whose secretions keep the nipple area soft and elastic.

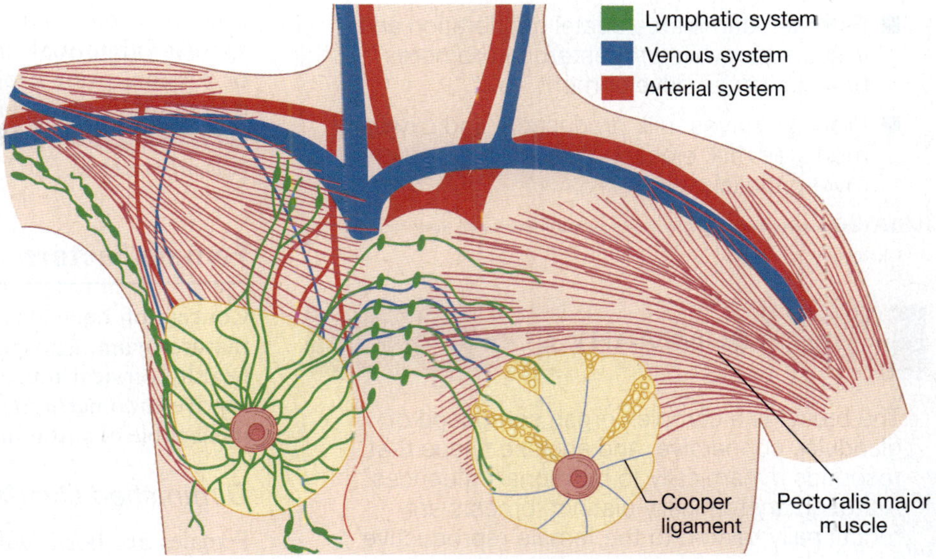

FIGURE 31-14. The breasts showing the shared vascular and lymphatic supply as well as the pectoral muscles.

At puberty and during pregnancy, rising levels of estrogen, progesterone, and prolactin cause the areola and nipple to become darker and more prominent, while Montgomery glands become more active. The erectile tissue of the nipple responds to both tactile and psychological stimuli, contributing to the sexual aspect of the breast.

Breast size, shape, and texture vary widely among individuals and are influenced by hormonal, genetic, nutritional, and endocrine factors, as well as by muscle tone, age, and pregnancy. The breasts are supported on the chest wall by the pectoralis muscles; however, poor posture, significant weight loss, and lack of support can contribute to sagging of the breasts over time (Rivard et al., 2023).

Changes During Pregnancy and Lactation

During pregnancy, elevated levels of estrogen, progesterone, and prolactin bring about profound changes in the breasts. Estrogen stimulates increased vascularity and the growth and extension of the ductal structures, producing breast heaviness and fullness. Progesterone stimulates marked budding and growth of the breast alveolar structures, transitioning into a secretory state in preparation for lactation. These cellular changes that occur in the breast alveolar tissue are thought to be related to the susceptibility of breast tissue to hormone-mediated changes later in life (Chandra & Paray, 2024).

During lactation, milk is secreted by the breast alveolar cells under the influence of prolactin, released from the anterior pituitary. Milk ejection (the "let-down" reflex) is triggered by oxytocin from the posterior pituitary in response to infant suckling. Neural feedback from the nipple stimulates the hypothalamus, leading to oxytocin release, contraction of the myoepithelial cells surrounding the alveoli, and ejection of milk into the ductal system. This coordinated neuroendocrine reflex ensures ongoing milk production and ejection while nursing continues (Lawrence, 2022). During lactation, milk is secreted by alveolar cells, which are under the influence of the anterior pituitary hormone prolactin. Milk ejection from the ductal system occurs in response to the release of oxytocin from the posterior pituitary. The suckling of the infant provides the stimulus for milk ejection. Suckling produces feedback to the hypothalamus, stimulating the release of oxytocin from the posterior pituitary. Oxytocin causes contraction of the myoepithelial cells lining the alveoli and ejection of milk into the ductal system.

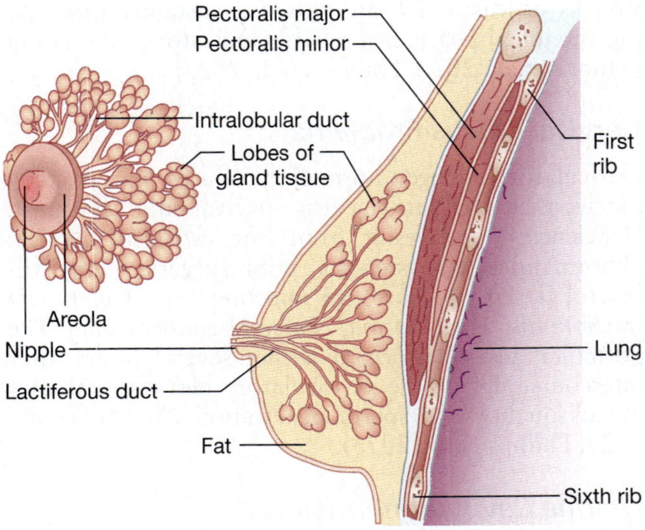

FIGURE 31-15. The breast showing the glandular tissue and ducts of the mammary glands.

KEY POINTS

Breasts

- Breast structure and function are influenced by hormonal changes across the lifespan, particularly during puberty, pregnancy, and lactation.

- Estrogen stimulates ductal proliferation and vascularity, while progesterone promotes breast alveolar development.
- Prolactin drives milk production, and oxytocin mediates milk ejection through contraction of myoepithelial cells.

SUMMARY CONCEPTS

The breast is a complex organ composed of glandular, connective, and adipose tissue that responds dynamically to hormonal influences. Although anatomically distinct, breasts are functionally related to the female reproductive system, undergoing changes in structure, sensitivity, and secretory activity in response to cyclic hormonal shifts, pregnancy, and lactation.

Infertility

Infertility is defined as the inability to achieve pregnancy after 12 months of regular, unprotected sexual intercourse. Primary infertility refers to couples who have never conceived, while secondary infertility occurs when conception has previously been achieved. Sterility is the inability to conceive due to congenital anomalies, disease, or surgical intervention (Nugent & Chandra, 2024).

For conception to occur, three elements are essential: (1) a viable oocyte, (2) functional spermatozoa, and (3) a receptive environment for fertilization and implantation. Both male and female factors contribute to infertility (Phillips et al., 2023).

Male Factors

Successful conception requires adequate sperm production, motility, and delivery to the upper vagina. Semen analysis is the primary diagnostic test, assessing volume, sperm density, motility, viability, morphology, and viscosity.

Azoospermia (absence of sperm), oligospermia (low sperm count), and **asthenospermia** (poor motility) may be detected. Because semen parameters can vary, abnormal results should be confirmed with repeat testing before treatment is initiated (Eisenberg et al., 2023).

Causes of male infertility include hormonal imbalances, genetic conditions, poor nutrition, medications (including testosterone replacement therapy and some antihypertensive and psychotropic agents), autoimmune diseases, obesity, and lifestyle factors. Risk factors include prior infections such as mumps orchitis (inflammation of the testes), congenital abnormalities such as cryptorchidism (undescended testes) and hypospadias (abnormal urethral opening), testicular injury or torsion, prior urologic surgery, and sexually transmitted infections (STIs). Management may involve surgery, medications, or assisted reproductive techniques (Eisenberg et al., 2023).

Female Factors

Conception depends on the production and release of a mature ovum, transport through patent fallopian tubes, healthy cervical mucus to support sperm viability, a receptive endometrium for implantation, and a uterine cavity capable of sustaining pregnancy (Phillips et al., 2023).

Diminished Ovarian Reserve

Females are born with a finite number of oocytes, and both quantity and quality decline with age. **Diminished ovarian reserve (DOR)** is associated with reduced fertility and a higher miscarriage risk. Ovarian reserve can be affected by a range of factors, including hormones and metabolites, epigenetic factors, diseases, medications, and initial ovarian reserve. Assessment of ovarian reserve is performed to determine the egg supply (Zhu et al., 2023).

Ovulatory Dysfunction

Ovulatory dysfunction is a common cause of infertility and may result from intrinsic ovarian abnormalities or from systemic endocrine disorders. Psychological stress has also been associated with many effects on reproductive function, including ovulatory function (Bulavenko & Kelman, 2023). Evaluation begins with the assessment of pituitary, thyroid, and adrenal function to rule out secondary causes.

When endocrine function is normal, ovulatory dysfunction is typically considered primary and may respond to targeted therapy. Confirmation that ovulation is occurring is important for diagnosis and treatment planning. Progesterone released after ovulation increases BBT by at least 0.4°F, and this rise, sustained throughout the luteal phase, is a reliable indicator of ovulation (Munro et al., 2022; Phillips et al., 2023).

Cervical Mucus Problems

Preovulatory estrogen normally produces thin, stretchy mucus that facilitates sperm survival and transport. Deficiencies may result from low estrogen, cervical abnormalities (e.g., stenosis, prior surgery, diethylstilbestrol [DES] exposure), or infection (e.g., *Chlamydia trachomatis*, *Mycoplasma*, *Neisseria gonorrhoeae*). The postcoital test—performed within several hours after intercourse during the periovulatory period—evaluates mucus quality and sperm penetration (Arshad et al., 2023; Phillips et al., 2023).

Uterine Cavity Abnormalities

Structural abnormalities, including congenital anomalies (e.g., bicornuate uterus, septate uterus), submucosal fibroids, cervical polyps, intrauterine adhesions, or DES-related changes, may impair implantation. Defects may be suspected from a person's history or pelvic examination but require hysterosalpingography or hysteroscopy for confirmation, and surgical correction may restore fertility (Csöbönyeiová et al., 2022).

Tubal Factors

Patent and functional fallopian tubes are essential for fertilization. Causes of tubal dysfunction include pelvic inflammatory disease (PID), prior ectopic pregnancy, endometriosis, pelvic adhesions, large fibroids, or prior tubal ligation. Blockages may occur at the fimbrial, cornual, or distal segments (e.g., hydrosalpinx). Hysterosalpingography can often reveal the location and type of blockage. Management may include laparoscopic adhesiolysis, ablation of endometriosis, or microsurgical tubal repair. In severe cases, assisted reproductive technology may be necessary (Ambildhuke et al., 2022).

SUMMARY CONCEPTS

Infertility is defined as the inability to conceive a child after 1 year of unprotected intercourse. Male factors are commonly related to the number and motility of sperm, as well as the ability of sperm to penetrate cervical mucus or the ovum.

Female factors are multifaceted, including the production and release of a viable oocyte, cervical mucus conducive to sperm transport and survival, patent and mobile fallopian tubes capable of capturing and transporting the ovum, development of an endometrium suitable for implantation and nourishment of the fertilized ovum, and a uterine cavity that can sustain fetal growth. Disruptions of any of these processes may result in infertility.

Sexually Transmitted Infections

Sexually transmitted infections (STIs) encompass a broad range of infectious diseases that are spread primarily through sexual contact. The incidence of STIs continues to rise, even as screening technologies and diagnostic methods have become more advanced.

Several factors contribute to the persistence and increasing prevalence of STIs. A major factor is that many infections are asymptomatic, allowing individuals who are unaware of their infection to transmit the disease to others. In addition, notifying and treating sexual partners can be challenging, further facilitating spread. Viral infections such as human immunodeficiency virus (HIV), herpes simplex virus (HSV), hepatitis B virus, and human papillomavirus (HPV) remain incurable, though antiviral therapies can reduce symptoms, transmission risk, and long-term complications. Bacterial pathogens are increasingly exhibiting antimicrobial resistance, complicating treatment for gonorrhea and other infections (Hufstetler et al., 2024).

More than 30 different bacteria, viruses, and parasites have been identified as sexually transmissible pathogens. Of these, four are currently considered curable—trichomoniasis, syphilis, gonorrhea, and chlamydia—while several major viral infections, including HIV, HSV, hepatitis B, and HPV, are not curable but can be managed. Common portals of entry include the genitalia, urinary meatus, rectum, mouth, and skin. Rates of infection are highest among adolescents and young adults, and individuals with multiple sexual partners are at greatest risk. Coinfections are also common, as one STI can increase susceptibility to acquiring another (Hufstetler et al., 2024).

The health consequences of STIs extend beyond the individual to maternal and neonatal outcomes, contributing to stillbirth, neonatal death, preterm birth, low birth weight, congenital anomalies, pneumonia, and sepsis. This section reviews the manifestations of common STIs in both males and females, including infections of the external genitalia, vaginal infections, and those with systemic involvement (Hufstetler et al., 2024).

Infections of the External Genitalia

STIs can affect the mucocutaneous tissues of the external genitalia, cause vaginitis in females, or produce both genitourinary and systemic effects. Some STIs may also be transmitted from birthing parent to fetus, resulting in congenital anomalies or neonatal death. This section focuses on STIs that involve the oropharynx, external genitalia, and anorectal tissues, including condylomata acuminata (genital warts), genital herpes, molluscum contagiosum, chancroid, granuloma inguinale, and lymphogranuloma venereum (LGV).

Condylomata Acuminata (Genital Warts)

Condylomata acuminata, commonly called genital warts, are caused by **human papillomavirus (HPV)** (Fig. 31-16). HPV is the most common STI, with more than 40 viral subtypes capable of infecting the anogenital tract. Risk factors include young age (under 25 years), early onset of sexual activity, multiple sex partners, and having a partner with multiple partners. Transmission occurs through vaginal, anal, or oral sexual contact (Purzycka-Bohdan et al., 2022).

Most HPV infections are asymptomatic and transient, clearing spontaneously within 1 to 2 years in immunocompetent individuals. However, certain HPV types are linked with genital warts, cervical dysplasia, and anogenital cancers (Villanueva-Herrero et al., 2024).

Types of Human Papillomavirus

HPVs are nonenveloped, double-stranded DNA viruses that infect stratified squamous epithelium. More than

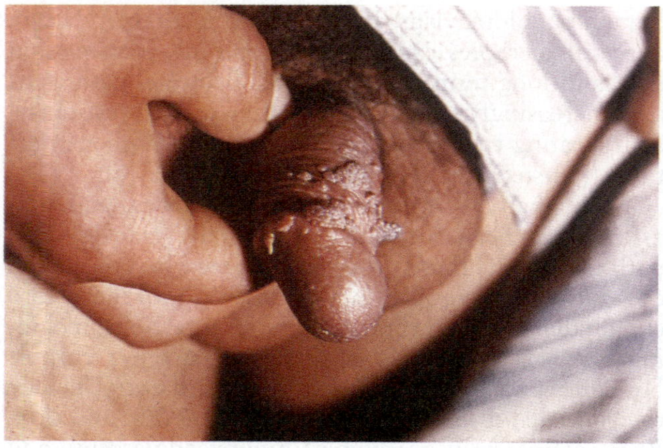

FIGURE 31-16. Condylomata of the penis. Raised, circumscribed lesions are seen on the shaft of the penis. (From the Centers for Disease Control and Prevention Public Health Image Library. No. 16735.)

100 distinct HPV subtypes exist, and some also affect the oropharynx. Subtypes are classified by oncogenic potential. HPV types 16 and 18 are considered high-risk because of their strong association with cervical dysplasia and anogenital cancers, while types 6 and 11 are commonly linked with genital warts. Although most infections resolve, cofactors such as smoking, immunosuppression, and long-term hormonal influences (e.g., pregnancy or oral contraceptives) increase the risk of progression to cancer.

Pathogenesis and Clinical Manifestations

HPV infection occurs when viral particles are introduced into epithelial microabrasions, stimulating squamous epithelial proliferation. The incubation period for genital warts is typically 3 weeks to several months, while cervical dysplasia may develop over months and invasive cancer over decades (Villanueva-Herrero et al., 2024).

Genital warts usually present as soft, fleshy growths on the penis, vulva, scrotum, perineum, or perianal skin. They may appear as small raised bumps, flat rough-surfaced lesions, or pedunculated clusters, and internal warts often take a cauliflower-like appearance within the vagina, urethra, anus, or mouth. Subclinical HPV infections are more common than visible lesions. In females, transient infections may cause abnormal Pap test findings such as atypical squamous cells of undetermined significance (ASC-US) or low-grade squamous intraepithelial lesions (LSIL). Men may experience penile or anal intraepithelial neoplasia. Although the immune system often clears the infection, HPV can remain latent and reactivate later (Purzycka-Bohdan et al., 2022).

Diagnosis and Treatment

The greatest clinical concern with HPV is its link to premalignant and malignant lesions. Regular cervical cancer screening remains the primary strategy for early detection of cervical disease. There is no routine serologic or culture-based test for HPV (Villanueva-Herrero et al., 2024). Three vaccines are currently available for HPV prevention (Centers for Disease Control and Prevention, 2024a, 2024c). There is no treatment that eradicates HPV infection once acquired. Prevention through vaccination, safer sexual practices, and circumcision (which may reduce acquisition risk for some STIs) is key (Villanueva-Herrero et al., 2024).

Genital Herpes

Genital herpes is a common cause of genital ulcers (Fig. 31-17). Although HSV-2 is the leading cause of recurrent genital herpes, genital HSV-1 is the leading cause of newly diagnosed genital herpes infection. Females account for 65% of prevalent genital infections worldwide due to the larger mucosal surface area exposed during sexual contact (Johnston & Wald, 2024).

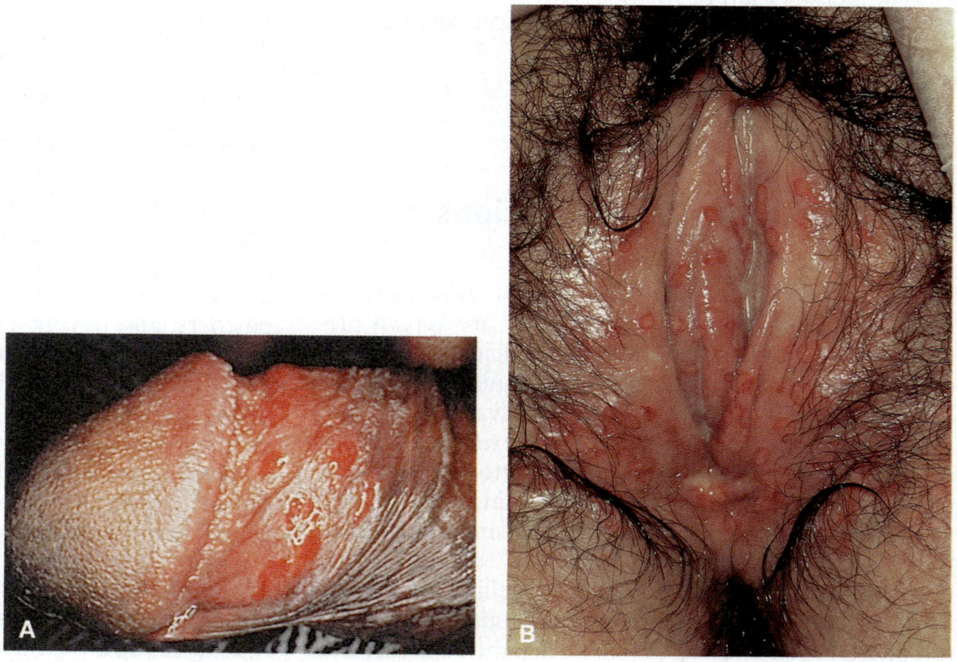

FIGURE 31-17. Genital herpes is a viral infection that causes blisters to form (**A**) on the penis and (**B**) on the vulva. There is no cure for genital herpes. The sexual partner of a person with genital herpes is at risk for infection even when blisters are not seen if a condom is not used. (A, Used with permission from Goodheart, H. P. [2003]. *Goodheart's photoguide of common skin disorders: Diagnosis and management* [2nd ed,. Fig. 7-4A]. Lippincott Williams & Wilkins:284.) (B, Reprinted with permission from Beckmann, C. R., Herbert, W., Laube, D., Ling, F., & Smith, R. [2015]. *Obstetrics and gynecology* [7th ed. Fig. 24-1.] Lippincott Williams & Wilkins.)

Herpesviruses are large, enveloped viruses with a double-stranded DNA genome. Nine types of herpesviruses infect humans and are grouped according to their biologic characteristics. The alpha-group neurotropic viruses include HSV type 1 (HSV-1), traditionally associated with oral lesions but increasingly responsible for genital infections, and HSV type 2 (HSV-2), which is more often associated with genital disease. Varicella-zoster virus, another alpha-group member, causes chickenpox and shingles. The beta-group and gamma-group lymphotropic viruses include cytomegalovirus, Epstein–Barr virus, human herpesvirus type 6, and human herpesvirus type 8, the latter linked with Kaposi sarcoma (Johnston & Wald, 2024).

Pathogenesis

HSV-1 and HSV-2 are genetically similar and cause overlapping clinical syndromes. Both replicate in the skin and mucous membranes at the site of infection, producing vesicular lesions. They then ascend sensory nerves to establish latency in the sacral dorsal root ganglia. During latency, the virus persists in a dormant state undetectable by the immune system or antiviral drugs. Reactivation triggers viral transport back to the skin or mucous membranes, causing recurrent lesions. Triggers for reactivation vary but may include physiologic stress, concurrent illness, fatigue, or menstrual cycles (Johnston & Wald, 2024).

Transmission occurs through direct contact with infectious secretions or lesions. HSV-1 is typically acquired through oral secretions in childhood but is increasingly recognized as a cause of genital infections, often through oral–genital contact. HSV-2 is usually transmitted sexually and can also be transmitted to infants during childbirth if viral shedding is present. Importantly, most HSV-2 infections are subclinical, and asymptomatic viral shedding plays a major role in transmission. The incubation period ranges from 2 to 10 days (Johnston & Wald, 2024).

Clinical Manifestations

Genital HSV may present as a first-episode or recurrent infection. First-episode infections tend to be the most severe, with multiple painful vesicles, systemic symptoms (fever, malaise, lymphadenopathy), and viral shedding for 10 to 15 days. Lesions typically rupture by day 5 to form painful ulcers, which then crust and heal over 10 to 12 days. Females may have involvement of the cervix, vagina, urethra, or inguinal nodes, while males may develop urethritis and penile or scrotal lesions. Rectal and perianal disease can occur after anal contact (Johnston & Wald, 2024).

Recurrent infections are generally milder, with fewer lesions, a shorter duration of shedding (about 3 days), and reduced systemic symptoms. Prodromal sensations of itching, tingling, or burning often precede recurrences. HSV-2 is more likely than HSV-1 to reactivate and recur, but the clinical appearance of lesions is similar. The frequency of recurrence varies widely among individuals and may be influenced by stress, illness, fatigue, and hormonal changes (Johnston & Wald, 2024).

Diagnosis and Treatment

Diagnosis is based on the characteristic appearance of lesions and laboratory confirmation. Viral culture from fresh lesions can identify HSV but is less sensitive as lesions heal. Polymerase chain reaction (PCR) testing for HSV DNA is now preferred because of its higher sensitivity, rapid turnaround, and ability to distinguish between HSV-1 and HSV-2 (Johnston & Wald, 2024).

There is no cure for genital herpes; management focuses on symptom relief, reduction of recurrences, and decreasing transmission. Antiviral therapy with nucleoside analogs such as acyclovir, valacyclovir, or famciclovir inhibits viral DNA replication. These medications shorten the duration of outbreaks, reduce the formation of new lesions, and decrease viral shedding. For individuals with frequent recurrences (typically more than six per year), continuous suppressive therapy is recommended and has been shown to significantly reduce transmission risk to partners. Supportive measures include analgesics, hydration, and counseling about the chronic nature of infection and strategies to reduce partner exposure (Johnston & Wald, 2024).

Molluscum Contagiosum

Molluscum contagiosum is a common poxvirus infection that produces multiple small, dome-shaped, umbilicated papules. It is mildly contagious and transmitted through skin-to-skin contact, fomites, and autoinoculation. The lesions often have a central dimple from which a curd-like material can be expressed. While generally benign, necrosis and secondary infection are possible. Diagnosis is usually based on clinical appearance and confirmed by microscopic identification of intracytoplasmic molluscum bodies (Li et al., 2023).

The disease is self-limited, but spontaneous regression of mature lesions with the emergence of new ones may continue for 6 months to several years. Treatment is not always necessary but may be indicated for symptomatic, extensive, or cosmetically concerning cases. Options include removal of the papule top with a sterile needle or scalpel, expression of the central contents, and application of alcohol or silver nitrate. Alternative therapies include electrodesiccation, cryosurgery, laser ablation, or surgical excision, though these are rarely required. Topical imiquimod cream has shown efficacy, particularly in immunocompromised individuals, including those with HIV/AIDS (Li et al., 2023).

Chancroid

Chancroid, or soft chancre, is an acute STI caused by *Haemophilus ducreyi*, a gram-negative bacterium. The disease is characterized by painful ulcerative lesions of the external genitalia and inguinal lymphadenopathy with profuse discharge. Once common worldwide, chancroid is now rare in the United States, with most cases occurring in discrete outbreaks in Africa and the Caribbean. Transmission typically occurs through sexual contact or abrasions of the skin and mucous membranes, and autoinoculation may result in multiple ulcers (Humphreys & Janowicz, 2024).

The lesions begin as macules, progress to pustules, and then rupture, forming painful ulcers with necrotic bases and irregular borders. Unlike the firm, nontender chancre of syphilis, chancroid ulcers are tender and ragged. Physical examination may reveal multiple ulcers and regional lymphadenopathy, which may suppurate if untreated. Diagnosis is often clinical; although culture can confirm *H. ducreyi*, Gram stain has limited sensitivity and specificity and is rarely used today (Humphreys & Janowicz, 2024).

Granuloma Inguinale

Granuloma inguinale (donovanosis) is a rare chronic infection caused by *Klebsiella granulomatis* (formerly *Calymmatobacterium granulomatis*), an encapsulated intracellular gram-negative bacillus. The disease is almost nonexistent in the United States but remains endemic in tropical regions such as India, Brazil, parts of Africa, and the West Indies (Vendhan et al., 2023).

The disease begins with a painless papule that evolves into nodular or vesicular lesions, eventually progressing to friable, ulcerative granulomatous tissue that bleeds easily. Symptoms include pain, itching, and swelling. Advanced cases can cause significant scarring, lymphatic obstruction, and elephantiasis of the genitalia. Spread to visceral organs such as the liver, lungs, and bowel may occur, and lesions can become malignant.

Diagnosis relies on identifying Donovan bodies—large mononuclear cells filled with intracytoplasmic rods—in biopsy, smear, or culture specimens. Treatment requires at least 3 weeks of antibiotics, such as doxycycline, azithromycin, ciprofloxacin, or erythromycin (Vendhan et al., 2023).

Lymphogranuloma Venereum

LGV is an STI caused by *C. trachomatis* serovars L1 to L3. Although present worldwide, incidence is low outside of tropical regions, and most US cases are reported in males (Ishizuka & Ohira, 2023).

The infection begins after an incubation period of several days to weeks, producing small, painless papules or vesicles that may go unnoticed. Within 1 to 4 weeks, painful inguinal lymphadenopathy develops, often forming fluctuant buboes. Systemic symptoms may include fever, rash, arthralgia, pneumonitis, and weight loss. In later stages, chronic inflammation and fibrosis can lead to elephantiasis of the external genitalia, rectal or urethral strictures, fistulas, and proctitis. Females may develop cervicitis, salpingitis, or perimetritis, and severe cases can compromise continence and pelvic organ function (Ishizuka & Ohira, 2023).

Diagnosis is usually established by detecting LGV-specific Chlamydia antibodies via complement fixation testing. High titers help distinguish LGV from other chlamydial infections. Treatment includes a 3-week course of doxycycline or erythromycin. Surgical intervention may be necessary for strictures, fistulas, or drainage of buboes (Ishizuka & Ohira, 2023).

SUMMARY CONCEPTS

STIs that primarily affect the external genitalia include HPV-induced genital warts, genital herpes, molluscum contagiosum, chancroid, granuloma inguinale, and LGV. These infections produce lesions on the external genitalia of male and female partners and vary in severity, chronicity, and systemic involvement.

HPV infection can cause benign genital warts, as well as precancerous and malignant lesions of the cervix and anogenital tract. Genital herpes is caused by HSV-2 (and increasingly HSV-1), which establishes latency in the sacral dorsal root ganglia and may reactivate to produce recurrent painful lesions. There is no permanent cure for herpes. Molluscum contagiosum is a benign, self-limited poxvirus infection but remains contagious.

Chancroid, granuloma inguinale, and LGV are less common in the United States but produce painful or destructive external genital lesions often accompanied by inguinal lymphadenopathy. These infections can cause significant tissue damage, scarring, and, in some cases, systemic complications if untreated.

KEY POINTS

Sexually Transmitted Infections

- In general, STIs caused by bacterial pathogens can usually be treated successfully with antimicrobial therapy, though increasing antibiotic resistance is a growing concern.
- STIs caused by viral pathogens, such as genital HSV (HSV-1 and HSV-2), cannot be eradicated by current treatments and persist with the potential for recurrence.

Vaginal–Urogenital–Systemic Infections

STIs may involve the genital, urinary, and reproductive systems of both males and females. These infections are clinically significant because they are frequently asymptomatic, contribute to infertility, and may be transmitted to neonates during pregnancy or childbirth. Trichomoniasis, chlamydial infections, gonorrhea, and syphilis are among the most important infections in this category.

Trichomoniasis

Trichomoniasis is one of the most prevalent STIs, more common than gonorrhea and nearly as common as

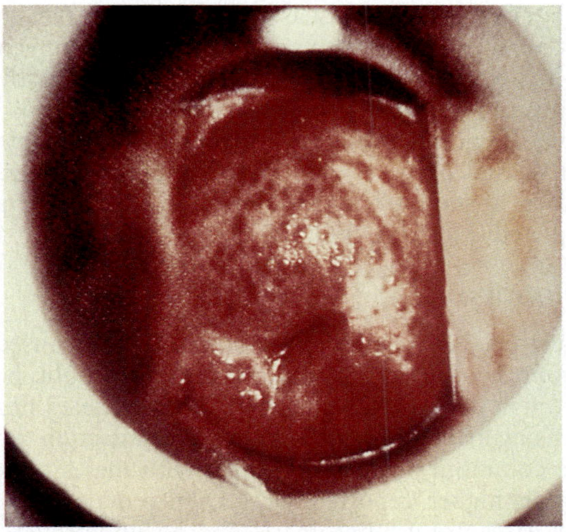

FIGURE 31-18. Strawberry cervix due to a *Trichomonas vaginalis* infection. With *T. vaginalis*, the cervical mucosa may reveal punctuate hemorrhages with accompanying vesicles or papules, also known as a strawberry cervix. (Image courtesy of Centers for Disease Control and Prevention Public Health Image Library ID 5240. http://phil.cdc.gov/.)

chlamydia. *Trichomonas vaginalis* infection is often associated with other STIs and is therefore considered a marker of high-risk sexual behavior. *T. vaginalis* is an anaerobic protozoan with three to four anterior flagella and a distinctive turnip-like shape (Fig. 31-18). The organism can persist in the paraurethral glands of both males and females (Van Gerwen et al., 2023).

Clinical Manifestations and Complications

Males often harbor *T. vaginalis* in the urethra and prostate without symptoms. In contrast, while 10% to 25% of females may be asymptomatic, trichomoniasis is a frequent cause of vaginitis when microbial balance is disrupted. This extracellular parasite feeds on vaginal mucosa and ingests bacteria and leukocytes, leading to a copious, frothy, green or yellow, malodorous discharge. The infection also produces erythema, edema, and occasional pruritus and irritation. Small hemorrhagic lesions known as "strawberry spots" may appear on the cervix (Van Gerwen et al., 2023).

Trichomoniasis is associated with significant complications. In females, it increases the risk of tubal infertility, atypical PID, and adverse pregnancy outcomes such as premature birth. It is also a known cofactor for HIV transmission and infectivity. In males, *T. vaginalis* is a common cause of nongonococcal urethritis and is also linked to infertility (Van Gerwen et al., 2023).

Diagnosis and Treatment

Diagnosis is typically confirmed by microscopic identification of motile protozoa on a wet-mount slide. Vaginal discharge usually has a pH greater than 6.0. Because the parasite can inhabit multiple urogenital structures beyond the vagina, systemic treatment is required. Oral metronidazole or tinidazole is the treatment of choice, both effective against anaerobic protozoa. Sexual partners should be treated concurrently to prevent reinfection, and abstinence from intercourse is advised until treatment is completed (Van Gerwen et al., 2023).

Chlamydial Infections

Chlamydial infection is the most prevalent bacterial STI in the United States, with an incidence more than twice that of gonorrhea. For genital infections, 70% to 80% of infections in females and 40% to 50% in males are present without symptoms, which means these infections regularly go unnoticed and untreated. Rates have risen steadily over the past two decades, largely because of expanded screening programs, improved diagnostic test sensitivity, and enhanced surveillance and reporting systems (Sturd & Rucks, 2023).

C. trachomatis is an obligate intracellular bacterial pathogen that is much smaller than most bacteria. It resembles viruses in its need for host cells for replication, but it contains both DNA and RNA and responds to antibacterial therapy. *C. trachomatis* causes a wide spectrum of infections, including nongonococcal urethritis in males and PID in females. Closely related species cause systemic disease—*Chlamydia pneumoniae* causes atypical pneumonia, and *Chlamydia psittaci* can cause severe pneumonia (Sturd & Rucks, 2023).

C. trachomatis is divided into serovars: A to C are associated with trachoma and keratoconjunctivitis; D to K cause most genital tract infections, and L1 to L3 are responsible for LGV. In neonates, *C. trachomatis* can cause conjunctivitis and pneumonia, making it a leading cause of preventable blindness in resource-limited regions. Transmission occurs through sexual contact in resource-abundant nations, while in resource-limited countries, it can also spread via fomites, flies, or direct personal contact.

Chlamydiae exist in two forms: the elementary body (the infectious extracellular form) and the reticulate body (the metabolically active, intracellular replicative form). The 48-hour cycle begins when the elementary body attaches to a host cell and is taken up by a phagocytosis-like process. Within the cell, it transforms into a reticulate body that divides for up to 36 hours. Reticulate bodies then reorganize into elementary bodies, which are released when the host cell ruptures, continuing the cycle of infection (Sturd & Rucks, 2023).

Clinical Manifestations

The clinical features of chlamydial infection often resemble those of gonorrhea, but chlamydia is more likely to be asymptomatic or nonspecific. In females, the most common sign is mucopurulent cervical discharge (Fig. 31-19). The cervix frequently appears hypertrophic, erythematous, edematous, and friable, increasing the risk of fallopian tube damage and long-term reproductive sequelae. In males, symptoms include urethritis with meatal erythema, tenderness, urethral itching, and a purulent penile discharge (Fig. 31-20). Complications can include epididymitis, prostatitis, and subsequent infertility (Sturd & Rucks, 2023).

One of the most serious complications is reactive arthritis (Reiter syndrome), characterized by the classic triad of urethritis, conjunctivitis, and asymmetric arthritis of weight-bearing joints. This occurs more commonly in males than in females (~5:1). The arthritis typically appears 1 to 3 weeks after the initial infection and is

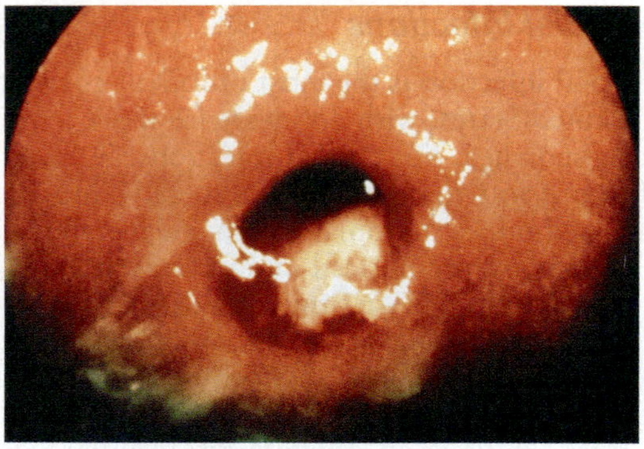

FIGURE 31-19. Chlamydia—changes in the cervical condition: reddened, mucopurulent from os, may bleed easily, possibly pain with pelvic examination. Wet mount: Increased WBCs and RBCs on the slide. RBCs, red blood cells; WBCs, white blood cell. (From Sweet, R. L., & Gibbs, R. S. [2005]. *Atlas of infectious diseases of the female genital tract*. [Fig. 4-3]. Lippincott Williams & Wilkins.)

associated with mucocutaneous lesions, particularly on the palms and soles.

Because chlamydia is often asymptomatic, it can silently cause long-term damage. For this reason, the US Preventive Services Task Force (USPSTF) recommends annual screening for all sexually active females under age 25, as well as older females at increased risk, and for males in high-prevalence settings (Hocking et al., 2023).

Diagnosis and Treatment

Diagnosis can be made presumptively by the presence of polymorphonuclear leukocytes on a Gram stain of urethral or cervical secretions, though more specific testing is preferred. Antigen-based rapid tests, such as direct fluorescent antibody assays and enzyme-linked immunosorbent assays (ELISA), are available but have lower predictive value in low-risk populations. Nucleic acid amplification tests (NAATs) are now the gold standard, as they are highly sensitive and specific, can detect both *C. trachomatis* and *N. gonorrhoeae* in a single assay, and can be performed on urine samples or self-collected vaginal swabs (Hocking et al., 2023).

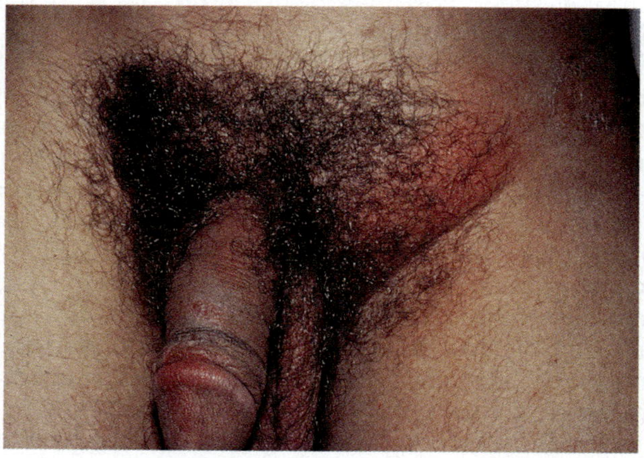

FIGURE 31-20. Lymphogranuloma venereum. A painful inguinal lymphadenopathy in a male infected with *Chlamydia trachomatis*. (From Strayer, D. S., Saffitz, J. E., & Rubin, R. [Eds.]. [2020]. *Rubin's pathology: Mechanisms of human disease* [8th ed., p. 444]. Lippincott Williams & Wilkins; Fig. 9-46.)

The Centers for Disease Control and Prevention (CDC) recommends doxycycline or azithromycin as first-line treatments for chlamydial infection, with azithromycin preferred during pregnancy. Penicillin is ineffective. To prevent reinfection, simultaneous treatment of all sexual partners is essential, and patients are advised to abstain from sexual activity until therapy is completed (Hocking et al., 2023).

Gonorrhea

Gonorrhea is a nationally notifiable STI caused by *N. gonorrhoeae*. It remains a significant public health concern in the United States, with reported cases steadily increasing over the past decade. The infection occurs more commonly in young adults, with males typically showing higher reported rates than females. Because many cases are asymptomatic and go undetected, true prevalence is believed to be higher than reported case counts. Like chlamydia, gonorrhea can lead to serious reproductive complications if untreated, including PID, infertility, and increased risk of HIV transmission (Van Ommen et al., 2023).

Microbiology and Pathogenesis

N. gonorrhoeae is a gram-negative diplococcus and a pyogenic (pus-forming) organism. Humans are the only natural host. The bacterium thrives in warm, moist, mucus-secreting epithelia, with portals of entry including the genitourinary tract, eyes, oropharynx, anorectum, and, less commonly, skin.

Transmission occurs primarily through sexual contact, but perinatal transmission is also well documented. Neonates exposed during birth may develop gonococcal conjunctivitis, which can lead to blindness if untreated. In pregnancy, gonorrhea has been associated with premature rupture of membranes, preterm delivery, and increased risk of neonatal morbidity and mortality. Gonorrhea identified in children raises the concern of possible sexual abuse (Van Ommen et al., 2023).

The incubation period is typically 2 to 7 days. Infection usually begins in the anterior urethra, accessory urethral glands, Bartholin or Skene glands, and cervix. If untreated, it can spread upward in the genital tract. In males, it may extend to the prostate and epididymis, while in females, it often results in endometritis, salpingitis, and PID. Extragenital involvement is also possible: pharyngitis after oral–genital contact, proctitis with anorectal exposure, and disseminated gonococcal infection (DGI), which can cause arthritis, endocarditis, or meningitis (Van Ommen et al., 2023).

Clinical Manifestations

Many people with gonorrhea are asymptomatic, allowing the infection to spread unknowingly. Early signs in males include urethral pain and a creamy yellow or occasionally blood-tinged discharge (Fig. 31-21). Without treatment, infection may become chronic, involving the prostate, epididymis, and periurethral glands. Rectal infections are particularly common in men who have sex with men.

In females, manifestations include abnormal genital or urinary discharge, dysuria, dyspareunia, pelvic pain or

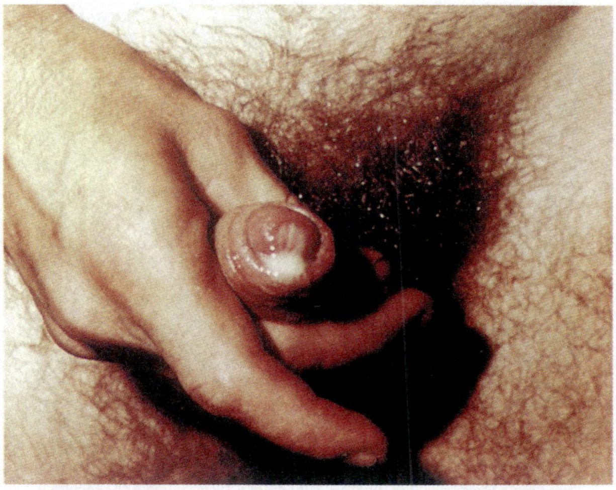

FIGURE 31-21. Purulent penile discharge because of gonorrhea. (From Sanders, C. V., & Nesbitt, L. T. [1995]. *The skin and infection* [Fig. 8-26]. Lippincott Williams & Wilkins.)

tenderness, postcoital or intermenstrual bleeding, fever, and sometimes proctitis (Fig. 31-22). Symptoms may worsen around or just after menses, as *N. gonorrhoeae* thrives in menstrual blood. Complications include endometritis, salpingitis, and chronic PID, which may lead to scarring, infertility, or ectopic pregnancy (Van Ommen et al., 2023).

Diagnosis and Treatment

Diagnosis is based on clinical history and examination, supported by laboratory testing. Gram stain is a rapid and reliable diagnostic tool in males with urethral discharge, but it is less sensitive for females and individuals not presenting with symptoms. Culture has traditionally been the gold standard, especially when Gram stain is inconclusive, though NAATs are now widely preferred.

The USPSTF recommends routine screening for all sexually active females younger than 25 years and for older females at increased risk (e.g., multiple partners, inconsistent condom use, sex work, or substance use). Pregnant females should be screened at their first prenatal visit and retested in the third trimester if high risk. Neonates are universally treated prophylactically with ocular antibiotics (typically erythromycin ointment) within 1 hour of birth to prevent gonococcal conjunctivitis (Van Ommen et al., 2023).

N. gonorrhoeae has developed resistance to multiple antibiotic classes, including penicillin, tetracyclines, and fluoroquinolones. More recently, declining susceptibility to cefixime led to updated CDC guidelines. Dual therapy with ceftriaxone and azithromycin, once standard, is no longer routinely recommended due to increasing macrolide resistance (Van Ommen et al., 2023).

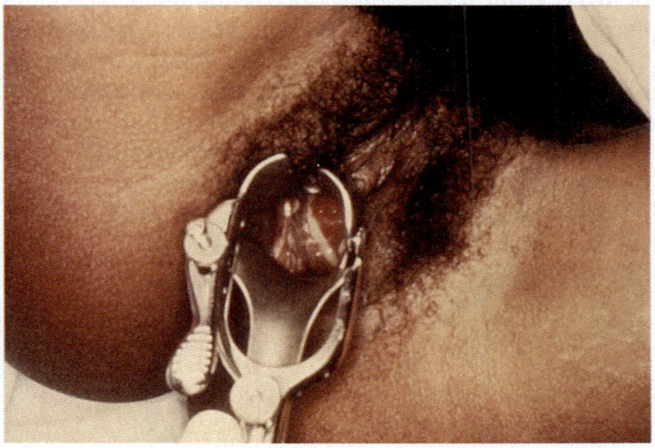

FIGURE 31-22. Gonorrhea. This photograph reveals the presence of what was determined to be a gonococcal infection involving the cervix of a patient who presented with a case of gonorrhea. Note that there is a purulent discharge emanating from the cervical os and pooling inside the vagina. (Image courtesy of Centers for Disease Control and Prevention Public Health Image Library ID 11254. http://phil.cdc.gov/)

Syphilis

Syphilis, caused by *Treponema pallidum*, has reemerged as a major global public health concern. Worldwide, the burden is greatest in countries with limited health care access and underutilization of dual HIV/syphilis screening, which contribute to widespread underdiagnosis. Globally, an estimated 1.5 million infants are affected annually, underscoring disparities in maternal health, with a disproportionate impact among underrepresented racial and ethnic groups and in specific regions such as California and Texas. Together, these data highlight the persistent and growing challenge of syphilis control across diverse populations (Tudor et al., 2024).

Microbiology and Transmission

T. pallidum is transmitted through direct contact with infectious moist lesions during sexual activity. Transmission can occur through vaginal, anal, or oral intercourse, and even minor skin abrasions provide portals of entry. The organism is also capable of rapid transplacental passage after 16 weeks of gestation, making maternal infection a serious risk for congenital syphilis. Untreated maternal infection can lead to prematurity, stillbirth, congenital malformations, or active neonatal disease. Because maternal manifestations may be subtle, universal syphilis screening is mandatory in pregnancy, with repeat serologic monitoring in females previously treated (Tudor et al., 2024).

Clinical Manifestations

Syphilis progresses through distinct stages if left untreated. Primary syphilis is characterized by the development of a chancre at the site of exposure, most often on the penis, vulva, anus, mouth, or cervix (Fig. 31-23). These lesions are solitary, indurated, painless ulcers with raised borders that appear approximately 3 weeks after exposure but may incubate for up to 3 months. Regional lymphadenopathy is common. Although highly contagious, the chancre typically resolves spontaneously within 3 to 12 weeks, even in the absence of treatment.

Secondary syphilis occurs weeks to months later and is associated with systemic manifestations, including a rash that frequently involves the palms and soles, mucous membrane lesions, generalized lymphadenopathy, fever, sore throat, alopecia, and condylomata lata. These broad, moist, raised lesions are highly infectious.

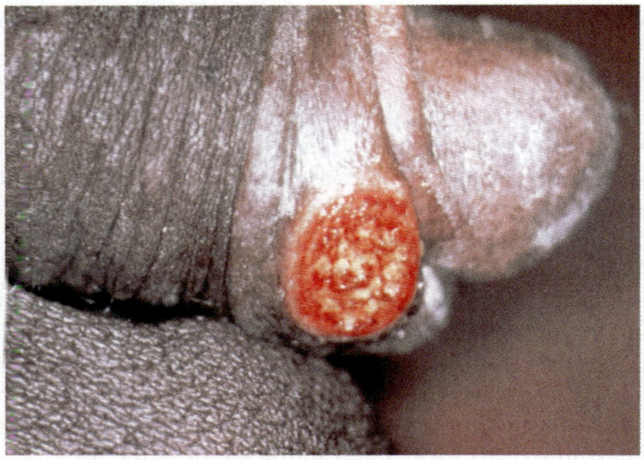

FIGURE 31-23. Syphilitic chancre of the penis shaft. Syphilis is caused by *Treponema pallidum*, a thin, fragile organism that penetrates intact skin or mucous membrane during sexual contact, multiplies, and rapidly spreads to regional lymph nodes. The primary incubation period for acquired syphilis is about 3 weeks, but it can occur 10 to 90 days after exposure. Secondary syphilis develops 6 to 8 weeks later. Latent and tertiary syphilis can occur years later. Report all cases of syphilis to the appropriate health department. (From Goodheart, H. P. [2008]. *Goodheart's photoguide of common skin disorders* [Fig. 19.15; 3rd ed.]. Lippincott Williams & Wilkins.)

Symptoms of secondary syphilis can wax and wane for several months before resolving.

After this stage, syphilis often enters a latent phase in which no clinical symptoms are present, though serologic evidence of infection persists (Fig. 31-24). Early latent syphilis carries a risk of transmission, whereas late latent syphilis is generally noninfectious.

In some individuals, syphilis progresses to tertiary disease years or even decades later. Tertiary syphilis can take the form of gummatous lesions, which are rubbery necrotic nodules often affecting the liver, bone, or testes; cardiovascular involvement, including thoracic aortic aneurysm and aortic valve insufficiency; or neurosyphilis, which may cause dementia, blindness, sensory loss, or ataxia (Tudor et al., 2024).

Diagnosis and Treatment

Diagnosis of syphilis primarily relies on serologic testing, using a combination of nontreponemal assays (e.g., rapid plasma reagin [RPR], VDRL test) for screening and monitoring response to treatment, and treponemal tests (e.g., TPPA, fluorescent treponemal antibody absorption [FTA-ABS] test, immunoassays) to confirm infection. Because each test type has limitations—nontreponemal tests can yield false positives and vary with stage, and treponemal tests often remain reactive even after treatment—both must be interpreted together with clinical history, physical exam, and exposure risk. Laboratories may use either a traditional algorithm (nontreponemal first, confirmed with treponemal) or a reverse algorithm (treponemal immunoassay first, then reflex to nontreponemal, with discordant results adjudicated by an alternate treponemal test). Direct detection methods, such as darkfield microscopy of lesions, fluorescent staining, histology, or nucleic acid amplification assays, are available in certain settings but are less commonly used in routine diagnosis (Papp et al., 2024).

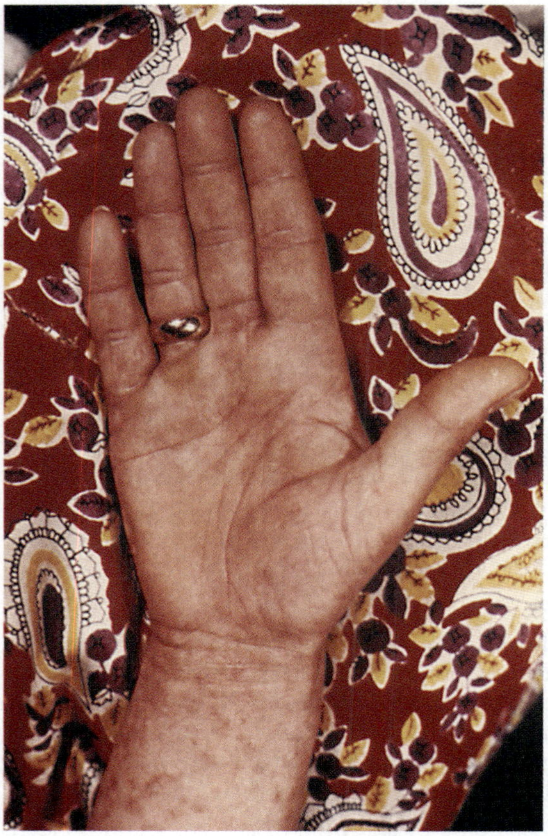

FIGURE 31-24. Secondary syphilis. A maculopapular rash is present on the palm. (From the Centers for Disease Control and Prevention Public Health Image Library. No. 3478. Courtesy of Susan Lindsley.)

The treatment of choice for syphilis is long-acting penicillin, which remains highly effective against *T. pallidum*. Because the spirochete has a long generation time, sustained therapeutic levels of penicillin are required over several weeks to achieve eradication. For individuals allergic to penicillin, alternatives such as tetracycline or doxycycline may be prescribed, although penicillin remains preferred, particularly in pregnancy. Management also involves the evaluation and prophylactic treatment of sexual partners, even if they show no clinical signs of infection, to prevent reinfection and further transmission. Careful follow-up with repeat serologic testing is essential to monitor treatment response and ensure cure (Tudor et al., 2024).

SUMMARY CONCEPTS

The vaginal–urogenital–systemic STIs—trichomoniasis, chlamydial infections, gonorrhea, and syphilis—can cause extensive involvement of the genital structures and may progress to systemic disease. These infections are frequently asymptomatic, allowing for ongoing transmission and delayed diagnosis, and coinfection is common.

Chlamydial and gonococcal infections are associated with a wide range of genitourinary complications in all sexes, including urethritis, PID, and infertility, and both pose a significant risk to neonates, who may develop ocular disease and blindness if exposed during birth. Trichomoniasis is associated with vaginitis in females, urethritis in males, and increased susceptibility to HIV transmission in both sexes.

Syphilis, caused by the spirochete *T. pallidum*, produces multisystem effects that progress through distinct stages if untreated. In addition, syphilis is notable for its ability to cross the placenta, leading to congenital infection with severe outcomes, including prematurity, stillbirth, and birth defects.

Other Infections

Some infections may be transmitted through sexual contact but are not classified as primary STIs. These infections often have additional routes of transmission and broader systemic effects.

Zika

The Zika virus was first discovered in 1947 in the Zika Forest of Uganda and was initially spread by the bite of an infected *Aedes* species mosquito (*Aedes aegypti* and *Aedes albopictus*). The first human cases were detected in 1952. Infection can occur through three primary routes: (1) the bite of an infected mosquito; (2) sexual contact with an infected partner, including oral, vaginal, or anal sex, or the sharing of sex toys, particularly when no condom is used; and (3) from a pregnant person to their fetus, with potentially severe consequences (de Jong & Grobusch, 2025).

Clinical Manifestations

Most people infected with the Zika virus exhibit few or no symptoms. When present, symptoms include fever, rash, joint pain, conjunctivitis, muscle pain, and headache. Illness is usually mild, lasting several days to a week.

Risk

The most significant concern with the Zika virus is its impact during pregnancy. Maternal infection can lead to severe birth defects, including microcephaly, brain malformations, hearing and eye defects, and impaired fetal growth. Additionally, Zika has been linked to Guillain–Barré syndrome in some cases (de Jong & Grobusch, 2025).

Diagnosis and Treatment

Diagnosis is confirmed through laboratory testing of blood, urine, or cerebrospinal fluid.

There is currently no specific vaccine or treatment for Zika virus infection. Management is supportive, focusing on relieving symptoms such as fever, rash, and joint discomfort (de Jong & Grobusch, 2025).

Prevention

Prevention is the most effective strategy. Recommended measures include the use of insect repellents containing *N*,*N*-diethyl-*m*-toluamide (DEET), picaridin, IR3535, oil of lemon eucalyptus, para-menthane-diol, or 2-undecanone. These repellents are safe for pregnant and lactating people but should not be used on infants younger than 2 months old. Additional preventive steps include installing window screens, using bed nets, and wearing protective clothing to reduce mosquito exposure. To prevent sexual transmission, condom use or abstinence is advised (de Jong & Grobusch, 2025).

Zika virus highlights the importance of recognizing that not all infections transmitted through sexual contact are classified as STIs, yet they may still have significant reproductive and public health implications.

SUMMARY CONCEPTS

The Zika virus, though documented for over 70 years, gained worldwide attention following outbreaks that revealed its association with severe congenital birth defects. Transmission occurs via mosquito bites, sexual contact with an infected partner, and vertical transmission from birthing parent to fetus. Although Zika infection usually causes only mild symptoms, its risks during pregnancy make prevention and early detection critical. Currently, no treatment or vaccine exists.

Integrating Clinical Decision Making

A 30-year-old female presents to a fertility clinic after 13 months of attempting conception without success. She reports menstrual cycles every 30 to 35 days but notes they have become more irregular over the past year. She also reports increased exercise intensity, recent weight loss, and intermittent mid-cycle spotting. Her partner reports no known health problems.

Initial findings include (female) inconsistent ovulation suspected, cervical mucus described as thick and scant throughout the cycle; (male) semen analysis shows normal count but mildly decreased motility.

1. What is the most likely underlying cause of this patient's infertility based on her history and symptoms?

2. How do the patient's cervical mucus changes contribute to infertility?

Three months later, the patient returns with worsening symptoms. She reports frothy, malodorous yellow-green vaginal discharge; vaginal irritation and dyspareunia; and occasional lower abdominal discomfort. Testing reveals a positive wet mount for *T. vaginalis* and subsequent NAAT positive for *C. trachomatis*. Her partner has no symptoms but tests positive for chlamydia.

3. How do *T. vaginalis* and *C. trachomatis* differ in classification and pathophysiology?
4. Which infection poses the greatest risk for long-term infertility, and why?

REFERENCES

Alemany, M. (2022). The roles of androgens in humans: Biology, metabolic regulation and health. *International Journal of Molecular Sciences*, *23*(19), 11952. https://doi.org/10.3390/ijms231911952

Ambildhuke, K., Pajai, S., Chimegave, A., Mundhada, R., & Kabra, P. (2022). A review of tubal factors affecting fertility and its management. *Cureus*, *14*(11), e30990. https://doi.org/10.7759/cureus.30990

Arshad, N., Naeem, M. A., Bilal, M., Aftab, S. K., & Mahrukh, F. (2023). Cervical abnormalities are related to infertility: A review. *Lahore Garrison University Journal of Life Sciences*, *7*(1), 108–119. https://doi.org/10.54692/lgujls.2023.0701242

Bayless, D. W., Davis, C. O., Yang, R., Wei, Y., de Andrade Carvalho, V. M., Knoedler, J. R., Yang, T., Livingston, O., Lomvardas, A., Martins, G. J., Vicente, A. M., Ding, J. B., Luo, L., & Shah, N. M. (2023). A neural circuit for male sexual behavior and reward. *Cell*, *186*(18), 3862–3881.e28. https://doi.org/10.1016/j.cell.2023.07.021

Bulavenko, O. V., & Kelman, V. V. (2023). *Effect of stress on ovulatory function*. Reports of Vinnytsia National Medical University. https://doi.org/10.31393/reports-vnmedical-2023-27(3)-28

Centers for Disease Control and Prevention. (2024a). Chapter 11: Human papillomavirus. In E. Meites, J. Gee, E. Unger, & L. Markowitz (Eds.), *Epidemiology and prevention of vaccine-preventable diseases: The pink book*. https://www.cdc.gov/pinkbook/hcp/table-of-contents/chapter-11-human-papillomavirus.html

Centers for Disease Control and Prevention. (2024b, August 20). *HPV vaccination*. https://www.cdc.gov/hpv/vaccines/index.html

Chandra, M., & Paray, A. A. (2024). Natural physiological changes during pregnancy. *The Yale Journal of Biology and Medicine*, *97*(1), 85–92. https://doi.org/10.59249/jtiv4138

Csöbönyeiová, M., Klein, M., Feitscherová, C., Pavlíková, L., Kachlík, D., & Varga, I. (2022). The overview of anatomical variations and congenital anomalies of the uterine tubes and their impact on fertility. *Physiological Research*, *71*(Suppl. 1), S35–S49. https://doi.org/10.33549/physiolres.935035

de Jong, H. K., & Grobusch, M. P. (2025). Zika virus: An overview update. *Current Opinion in HIV and AIDS*, *20*(3), 294–302. https://doi.org/10.1097/coh.0000000000000926

Eisenberg, M. L., Esteves, S. C., Lamb, D. J., Hotaling, J. M., Giwercman, A., Hwang, K., & Cheng, Y. S. (2023). Male infertility. *Nature Reviews Disease Primers*, *9*(1), 49. https://doi.org/10.1038/s41572-023-00459-w

Gurung, P., Jialal, I., & Yetiskul, E. (2023, May 1). Physiology, male reproductive system. In *StatPearls* [Internet]. StatPearls Publishing. https://www.ncbi.nlm.nih.gov/sites/books/NBK538429/

Hoare, B. S., Khan, Y. S., & Mikes, B. A. (2025, February 18). Anatomy, abdomen and pelvis: Female internal genitals. In *StatPearls* [Internet]. StatPearls Publishing. https://www.ncbi.nlm.nih.gov/sites/books/NBK554601/

Hocking, J. S., Geisler, W. M., & Kong, F. Y. S. (2023). Update on the epidemiology, screening, and management of chlamydia trachomatis infection. *Infectious Disease Clinics of North America*, *37*(2), 267–288. https://doi.org/10.1016/j.idc.2023.02.007

Hufstetler, K., Llata, E., Miele, K., & Quilter, L. A. (2024). Clinical updates in sexually transmitted infections, 2024. *Journal of Women's Health*, *33*(6), 827–837. https://doi.org/10.1089/jwh.2024.0367

Humphreys, T. L., & Janowicz, D. M. (2024). *Haemophilus ducreyi*: Chancroid. In Y.-W. Tang, M. Sussman, D. Liu, I. Poxton, & J. Schwartzman (Eds.), *Molecular medical microbiology* (3rd ed., pp. 1331–1341). Academic Press. https://doi.org/10.1016/b978-0-12-818619-0.00100-3

Ishizuka, K., & Ohira, Y. (2023). Lymphogranuloma venereum. *The American Journal of Medicine*, *136*(11), e213–e214. https://doi.org/10.1016/j.amjmed.2023.07.008

Itriyeva, K. (2022). The normal menstrual cycle. *Current Problems in Pediatric and Adolescent Health Care*, *52*(5), 101183. https://doi.org/10.1016/j.cppeds.2022.101183

Johnston, C., & Wald, A. (2024). Genital herpes. *JAMA*, *332*(10), 835. https://doi.org/10.1001/jama.2024.12743

Lawrence, R. A. (2022). Physiology of lactation. In R. A. Lawrence & T. W. Hale (Eds.), *Breastfeeding* (9th ed., pp. 58–92). Elsevier. https://doi.org/10.1016/b978-0-323-68013-4.00003-1

Lei, T., Yang, Y., & Yang, W.-X. (2025). Luteinizing hormone regulates testosterone production, Leydig cell proliferation, differentiation, and circadian rhythm during spermatogenesis. *International Journal of Molecular Sciences*, *26*(8), 3548. https://doi.org/10.3390/ijms26083548

Li, L., Lin, W., Wang, Z., Huang, R., Xia, H., Li, Z., Deng, J., Ye, T., Huang, Y., & Yang, Y. (2024). Hormone regulation in testicular development and function. *International Journal of Molecular Sciences*, *25*(11), 5805. https://doi.org/10.3390/ijms25115805

Li, Z., Borchardt, K. A., & Zhang, M. Z. (2023). Molluscum contagiosum. In K. K. Holmes, S. M. Klausner, P. F. Sparling, W. E. Stamm, P. Piot, J. N. Wasserheit, & C. Cohen (Eds.), *Sexually transmitted diseases* (pp. 283–291). CRC Press. https://doi.org/10.1201/9780367811457-20

Madsen, T. E., Sobel, T., Negash, S., Shrout Allen, T., Stefanick, M. L., Manson, J. E., & Allison, M. (2023). A review of hormone and non-hormonal therapy options for the treatment of menopause. *International Journal of Women's Health*, *15*, 825–836. https://doi.org/10.2147/ijwh.s379808

Munro, M. G., Balen, A. H., Cho, S., Critchley, H. O., Díaz, I., Ferriani, R., Henry, L., Mocanu, E., van der Spuy, Z. M., Acharya, G., Adonakis, G., Ahsan, S., Alhaidari, T., Asatiani, T., Azziz, R., Balen, A., Bedard, M., Blake, J., Chamy, V., … Zwane, K. (2022). The FIGO ovulatory disorders classification system. *Human Reproduction*, *37*(10), 2446–2464. https://doi.org/10.1093/humrep/deac180

Nguyen, J. D., Duong, H., & Fakoya, A. O. (2025, February 15). Anatomy, abdomen and pelvis: Female external genitalia. In *StatPearls* [Internet]. StatPearls Publishing. https://www.ncbi.nlm.nih.gov/sites/books/NBK547703/

Nugent, C. N., & Chandra, A. (2024, April 24). *Infertility and impaired fecundity in women and men in the United States, 2015–2019* (National Health Statistics Reports No. 202). U.S. Department of Health and Human Services, Centers for Disease Control and Prevention, National Center for Health Statistics. https://www.cdc.gov/nchs/data/nhsr/nhsr202.pdf

Papp, J. R., Park, I. U., Fakile, Y., Pereira, L., Pillay, A., & Bolan, G. A. (2024). CDC laboratory recommendations for syphilis testing, United States, 2024. *MMWR Recommendations and Reports*, *73*(1), 1–32. https://doi.org/10.15585/mmwr.rr7301a1

Pellegrino, F., Sjoberg, D. D., Tin, A. L., Benfante, N. E., Briganti, A., Montorsi, F., Eastham, J. A., Mulhall, J. P., & Vickers, A. J. (2023). Relationship between age, comorbidity, and the prevalence of erectile dysfunction. *European Urology Focus, 9*(1), 162–167. https://doi.org/10.1016/j.euf.2022.08.006

Phillips, K., Olanrewaju, R. A., & Omole, F. (2023). Infertility: Evaluation and management. *American Family Physician*, *107*(6), 623–630.

Purzycka-Bohdan, D., Nowicki, R. J., Herms, F., Casanova, J.-L., Fouéré, S., & Béziat, V. (2022). The pathogenesis of giant condyloma acuminatum (Buschke-Lowenstein tumor): An overview. *International Journal of Molecular Sciences*, *23*(9), 4547. https://doi.org/10.3390/ijms23094547

Ramírez-González, J. A., & Sansone, A. (2022). Male reproductive system. In *Fertility, pregnancy, and wellness* (pp. 23–36). Elsevier. https://doi.org/10.1016/b978-0-12-818309-0.00006-x

Rivard, A. B., Peterson, D. C., & Galarza-Paez, L. (2023, July 17). Anatomy, thorax, breast. In *StatPearls* [Internet]. StatPearls Publishing. https://www.ncbi.nlm.nih.gov/books/NBK519575/

Sturd, N., & Rucks, E. A. (2023). Chlamydia trachomatis. *Trends in Microbiology*, *31*(5), 535–536. https://doi.org/10.1016/j.tim.2022.11.002

Talaulikar, V. (2022). Menopause transition: Physiology and symptoms. *Best Practice & Research Clinical Obstetrics & Gynaecology*, *81*, 3–7. https://doi.org/10.1016/j.bpobgyn.2022.03.003

Tudor, M. E., Gossman, W., Leslie, S. W., & Al Aboud, A. M. (2024, August 17). Syphilis. In *StatPearls* [Internet]. StatPearls Publishing. https://www.ncbi.nlm.nih.gov/books/NBK534780/

Van Gerwen, O. T., Opsteen, S. A., Graves, K. J., & Muzny, C. A. (2023). Trichomoniasis. *Infectious Disease Clinics of North America*, *37*(2), 245–265. https://doi.org/10.1016/j.idc.2023.02.001

Van Ommen, C. E., Malleson, S., & Grennan, T. (2023). A practical approach to the diagnosis and management of chlamydia and gonorrhea. *Canadian Medical Association Journal*, *195*(24), E844–E849. https://doi.org/10.1503/cmaj.221849

Vendhan, D. S., Vasudevan, B., Gera, V., & Neema, S. (2023). Granuloma inguinale diagnosed on the bedside. *Indian Journal of Sexually Transmitted Diseases and AIDS*, *44*(1), 87–88. https://doi.org/10.4103/ijstd.ijstd_68_22

Villanueva-Herrero, J. A., Pichardo-Cruz, D., Sánchez-Lara, S. J., Vargas-Rodríguez, A. E., Fernandez-Baez, N. B., Jiménez-Bobadilla, B., & López-Bernal, C. A. (2024). Condylomata acuminata: Clinical characteristics, treatments, and recurrence Condiloma acuminado: Características clínicas, tratamientos y recurrencia. *Revista Mexicana de Cirugía Colorrectal*, *2*(2), 37–44. https://doi.org/10.24875/circol.m25000026

Zhu, Q., Li, Y., Ma, J., Ma, H., & Liang, X. (2023). Potential factors result in diminished ovarian reserve: A comprehensive review. *Journal of Ovarian Research*, *16*(1), 208. https://doi.org/10.1186/s13048-023-01296-x

CHAPTER 32

Disorders of the Reproductive System

Learning Objectives

After completing this chapter, the learner will be able to meet the following objectives:

1. Describe the anatomic changes, signs, and symptoms that occur with various penile disorders, both acquired and congenital.
2. Explain the physiology of penile erection and relate it to erectile dysfunction and priapism.
3. List the signs of penile cancer.
4. Compare the cause, appearance, and significance of hydrocele, hematocele, spermatocele, and varicocele.
5. Describe the symptoms of epididymitis.
6. State the cell types involved in seminoma, embryonal carcinoma, teratoma, and choriocarcinoma tumors of the testes.
7. Compare the pathology and symptoms of acute bacterial prostatitis, chronic bacterial prostatitis, and chronic prostatitis/pelvic pain syndrome.
8. Describe the urologic manifestations and treatment of benign prostatic hyperplasia.

9. Discuss the abnormalities associated with Bartholin cysts, nonneoplastic epithelial disorders, vulvodynia, and cancer of the vulva.
10. Describe the conditions that predispose individuals to vaginal infections and the methods used to prevent and treat these infections.
11. Describe the importance of the cervical transformation zone in cervical cancer.
12. Describe the development of cervical cancer from the appearance of atypical cells to the development of invasive cervical cancer and relate it to the importance of the Pap smear in the early detection of cervical cancer.
13. Compare the pathology and manifestations of endometriosis and adenomyosis.
14. List the common causes and symptoms of pelvic inflammatory disease (PID).
15. Describe the risk factors and symptoms of ectopic pregnancy.
16. List the hormones produced by the three types of functioning ovarian tumors.
17. Characterize the function of the supporting ligaments and pelvic floor muscles in maintaining the position of the pelvic organs, including the uterus, bladder, and rectum.
18. Describe the cause of cystocele, rectocele, enterocele, and uterine prolapse.
19. Define the terms amenorrhea, hypomenorrhea, oligomenorrhea, menorrhagia, metrorrhagia, and menometrorrhagia in relation to the Federation of Gynecology and Obstetrics (FIGO) classification.
20. Relate alterations in estrogen and progesterone levels to the development of dysfunctional menstrual cycles.
21. Differentiate between primary dysmenorrhea and secondary dysmenorrhea.
22. Describe changes in breast function that occur with galactorrhea, mastitis, and ductal ectasia.
23. Describe the methods used in the diagnosis and treatment of breast cancer.

The male genitourinary system is subject to structural defects, inflammation, and neoplasms, all of which can affect urine elimination, sexual function, and fertility. The first part of this chapter discusses disorders of the penis, the scrotum and testes, and the prostate.

Disorders of the female genitourinary system have widespread effects on physical and psychological function, including general health status, sexuality, and reproductive potential. The reproductive structures are located near other pelvic structures, and disorders of the reproductive system may affect urinary function. The second part of this chapter focuses on infection and inflammation, benign conditions, and neoplasms of the female reproductive structures; disorders of pelvic support and uterine position; and alterations in menstruation.

Disorders of the Penis

The **penis** is the external male genital organ through which the urethra passes to the exterior of the body. It is involved in both urinary and sexual function. Disorders of the penis include congenital and acquired anomalies, inflammatory and infectious conditions, and neoplasms.

Congenital and Acquired Disorders

Hypospadias and Epispadias

Hypospadias and epispadias are congenital disorders of the penis resulting from embryologic anomalies in the development of the urethral groove and penile urethra (Fig. 32-1). **Hypospadias** is a congenital anomaly of the male urethra, foreskin, and penis resulting from the abnormal placement of the urethral opening; it is the most common congenital anomaly of the penis. The location of the displaced urethral meatus can be anywhere within the glans, the shaft of the penis, the scrotum, or the perineum (Hoppin et al., 2025).

In hypospadias, which affects approximately 1 in 350 male infants, the urethral opening or meatus may be at any location along the underside of the shaft of

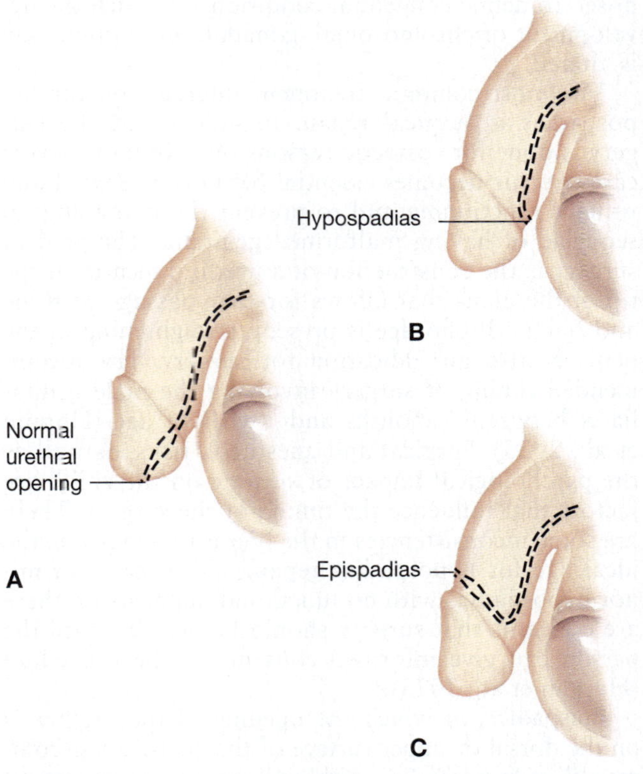

FIGURE 32.1 Comparison of the normal urethral opening with those in hypospadias and epispadias. **A.** Normal urethral opening. **B.** Urethral opening on the ventral side of the penis (hypospadias). **C.** Urethral opening on the dorsal side of the penis (epispadias).

the penis, the scrotum, or the perineum. Hypospadias is most commonly classified as proximal or distal. Proximal cases are considered more severe, are associated with more negative psychological effects, and often require a more difficult surgery to repair. Hypospadias is a result of abnormal fusion of urethral tissue at the time of organ development. During weeks 8 to 14 of fetal development, fetal testes release hormones called androgens that stimulate male sexual differentiation. Inactivity or deficiency of these androgens is believed to be responsible for the development of hypospadias. The majority of cases involve multifactorial causes that include both genetic and environmental components. Risk factors for developing hypospadias include a family history of hypospadias and maternal factors (e.g., older maternal age, multiple pregnancies, high body mass index, and health conditions such as hypertension or preeclampsia). Prenatal exposure to various medications has also been investigated, with first-trimester exposure to valproic acid (an antiseizure medication) being consistently associated with hypospadias. The testes are undescended in 10% of males born with hypospadias, and chordee (i.e., ventral bowing of the penis) and inguinal hernia may accompany the disorder.

In the newborn with severe hypospadias and cryptorchidism (undescended testes), the differential diagnosis should consider ambiguous genitalia and masculinization that is seen in people assigned female at birth with congenital adrenal hyperplasia. Recently, the term "**disorders of sex development**" has been proposed to define congenital conditions in which the development of chromosomal, gonadal, or anatomic sex is altered.

The most common treatment intervention for hypospadias is surgical repair. In mild cases, the surgery is done for cosmetic reasons only. In more severe cases, repair becomes essential for normal sexual and urinary functioning and to prevent the psychological sequelae of having malformed genitalia. The goal of surgery is the construction of a urethral meatus at the tip of the glans that allows for easy passage of urine and semen. If chordee is present, straightening of the penis is also an indication for surgery. The recommended timing of surgery involving the male genitalia is between 6 months and 1 year of age (Hoppin et al., 2025). Surgical and anesthetic risks, as well as the psychological impact of surgery on the child, are factors that influence the timing of the surgery. There are some inconsistencies in the literature regarding the ideal age for hypospadias repair, and in cases of minor hypospadias with no functional impairment, there are concerns that surgery should be delayed until the person can give informed consent for the procedure (Hoppin et al., 2025).

Epispadias, in which the opening of the urethra is on the dorsal or upper surface of the penis, is less common than hypospadias. Although epispadias may occur as a separate entity, it is often associated with exstrophy of the bladder, a condition in which the bladder protrudes through a weakness in the abdominal wall (Arnand et al., 2024). The treatment depends on the extent of the developmental anomaly.

Phimosis and Paraphimosis

Phimosis refers to a tightening of the prepuce or penile foreskin that prevents its retraction over the glans. Embryologically, the foreskin begins to develop during the eighth week of gestation as a fold of skin at the distal edge of the penis that eventually grows forward over the base of the glans (McPhee et al., 2023). By the 16th week of gestation, the prepuce and the glans are adherent. Only a small percentage of newborns have a fully retractable foreskin. With growth, a space develops between the glans and foreskin, and the majority of males have retractable foreskins.

Asymptomatic phimosis is common in young children and self-corrects with age as adhesions between the prepuce and glans break down over time—this is considered physiologic phimosis, not pathologic (McPhee et al., 2023). Because the prepuce of many males cannot be fully retracted in early childhood, it is important that proper genital hygiene be followed, including gentle retraction and cleansing with soap and water (McPhee et al., 2023). There is no need to retract the prepuce forcibly; moreover, this could lead to infection, scarring, or paraphimosis (discussed later). In asymptomatic people, some evidence shows that topical steroids, such as clobetasol propionate, applied daily along with gentle manual retraction during a bath, improve the retractability of the prepuce (McPhee et al., 2023).

Pathologic phimosis can be differentiated from physiologic phimosis in a number of ways, including scar tissue, urinary retention, issues with urinary stream, or a once retractable foreskin becoming nonretractable (McPhee et al., 2023). People with phimosis may seek medical care upon the development of signs and symptoms of infection, including pain and swelling of the foreskin or purulent discharge from the penile meatus. If symptomatic phimosis occurs after childhood, such as in intact males with multiple infections, it can cause difficulty with voiding or sexual activity. Circumcision, the removal of the prepuce to expose the glans penis, is the treatment of choice. Phimosis is also one of the most important predisposing factors for penile cancer (McPhee et al., 2023).

In **paraphimosis**, the foreskin is so tight and constricted that it cannot cover the glans. A tight foreskin can constrict the blood supply to the glans and lead to ischemia and necrosis. Many cases of paraphimosis result from the foreskin being retracted for an extended period, as in the case of catheterized uncircumcised males. Paraphimosis can present as a swollen, tender penis with multiple skin folds just under the glans (Bragg et al., 2023).

Balanitis and Balanoposthitis

Balanitis refers to inflammation, either chronic or acute, of the glans penis, and posthitis is inflammation of the prepuce. Often, both the glans penis and prepuce are affected, which results in the condition **balanoposthitis** (Wray et al., 2024). The condition may be characterized by erythema of the glans and prepuce, itching, soreness, blisters, ulcers, and painful urination. Foul-smelling discharge may also be present. Males with poor hygiene, immunosuppression, or diabetes are more prone to balanoposthitis. Balanoposthitis is usually encountered in males with phimosis or a large, redundant prepuce that interferes with cleanliness and predisposes them to bacterial growth in the accumulated secretions and smegma (i.e., debris from the desquamated epithelia). Potential complications include permanent scarring of the glans and/or prepuce, phimosis, urethral stenosis or narrowing, sexual dysfunction, and malignant transformation (Wray et al., 2024). The causes of balanoposthitis include infection, trauma, or irritation. Infective balanoposthitis may be caused by a wide variety of organisms, including but not limited to *Candida albicans*, *Chlamydia trachomatis*, streptococci, staphylococci, herpes simplex virus, human papillomavirus (HPV), and *Mycoplasma genitalium* (Wray et al., 2024).

Although inflammation is common across all forms of balanoposthitis, treatment will vary depending on the exact cause. If the suspected cause is a specific microorganism, appropriate treatment requires the correct identification of that microorganism through the use of microbial smears and cultures. Treatment will then be tailored to the results of those tests. For example, people with balanoposthitis caused by *Candida* are commonly treated with oral and topical antifungal medications. Cases of balanoposthitis caused by lichen sclerosus, also known as balanitis xerotica obliterans, a chronic inflammatory skin condition of unknown origin, are treated with topical steroids to suppress inflammation (Trost et al., 2026). For some people with balanoposthitis, no causative agent can be identified, yet the person is chronically symptomatic. This is known as **nonspecific balanoposthitis**. Circumcision is curative in these situations.

Because certain causes of balanoposthitis are potentially cancerous or precancerous, biopsy is often included in the care of people with balanoposthitis. The goals of balanoposthitis management are to reduce sexual dysfunction, minimize urinary dysfunction, exclude penile cancer, treat premalignant disease, and diagnose and treat sexually transmitted infections (STIs) (Wray et al., 2024).

Disorders of Erectile Function

Erection is a neurovascular process involving the autonomic nervous system, neurotransmitters and endothelial relaxing factors, the vascular smooth muscle of the arteries and veins supplying the penile tissue, and the trabecular smooth muscle of the sinusoids of the corpora cavernosa (Fig. 32-2). The penis is innervated by both the autonomic and somatic nervous systems (Trost et al., 2026). In the pelvis, the sympathetic and parasympathetic components of the autonomic nervous

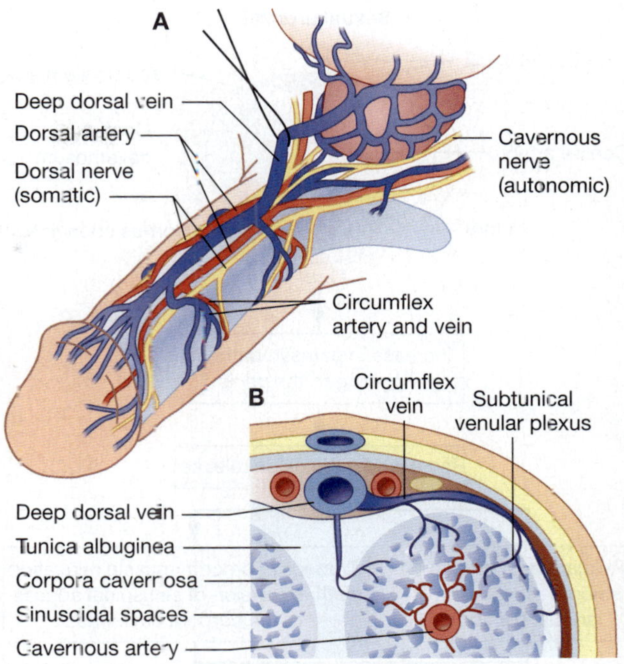

FIGURE 32.2 Anatomy and mechanism of penile erection. **A.** Innervation and arterial and venous blood supply to the penis. **B.** Cross-section of the sinusoidal system of the corpora cavernosa.

system merge to form what are called the cavernous nerves. Erection is under the control of the parasympathetic nervous system, while ejaculation and **detumescence** (penile relaxation) are under sympathetic nervous system control (Trost et al., 2026). Somatic innervation, which occurs through the pudendal nerve, is responsible for penile sensation and the contraction and relaxation of the extracorporeal striated muscles (bulbocavernosus and ischiocavernosus) (Fig. 32-3).

KEY POINTS

Disorders of Penile Erection

- Erection is a neurovascular process involving the autonomic nervous system, the somatic nervous system via the pudendal nerve, the vascular system, and the sinusoidal spaces of the corpora cavernosa.
- Erectile failure can result from disorders in one or a combination of the neural, vascular, or chemical pathways that produce an erection.

Erectile Dysfunction

Erectile dysfunction (ED) is defined as the persistent inability to achieve or maintain an erection sufficient for satisfactory sexual intercourse. Age-related changes in male sexual function include delayed erection, reduced

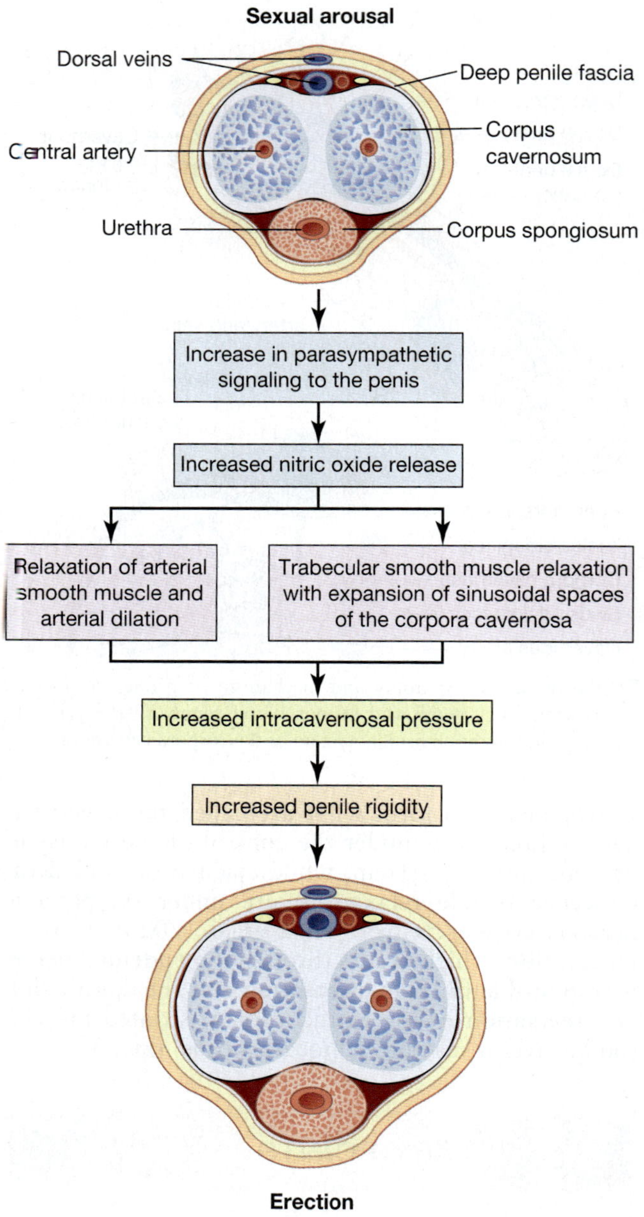

FIGURE 32.3 Mechanisms of penile erection and sites of action of drugs, vacuum suction, and penile prosthesis used in the treatment of erectile dysfunction.

orgasmic intensity and duration, and diminished seminal emission. ED prevalence increases with age, but it may occur at any stage of life. Large population studies have identified ED as a common condition, often associated with diminished libido or abnormal ejaculation. In most cases, ED has an identifiable physical cause, most often vascular disease (Argiolas et al., 2023).

Psychogenic Causes

Psychogenic factors contributing to ED include performance anxiety, depression, strained partner relationships, and other psychological disorders. ED may also contribute to decreased self-esteem, negative self-image, and reduced libido, further compounding sexual dysfunction. These conditions and their associated treatments, including certain psychotropic medications, may further impair erectile function. Purely psychogenic ED is uncommon, but psychological contributors frequently coexist with organic causes (Allen et al., 2023).

Organic Causes

Organic ED arises from neurogenic, vascular, hormonal, drug-related, or penile structural disorders. The most common etiology, especially in older males, is vascular disease involving arterial insufficiency, impaired venous occlusion, or both. Risk factors mirror those of cardiovascular disease: obesity, hypertension, diabetes, dyslipidemia, physical inactivity, and cigarette smoking. Endothelial dysfunction links many of these conditions to ED, and metabolic syndrome is now recognized as a strong associated risk factor.

Neurologic causes include Parkinson disease, multiple sclerosis, spinal cord injury, stroke, and pelvic surgery (notably radical prostatectomy). Endocrine disorders such as hypogonadism, hyperprolactinemia, and thyroid dysfunction also impair erectile function. Diabetes contributes to both accelerated atherosclerosis and peripheral neuropathy. A history of extensive pelvic surgery, especially radical prostatectomy, is a common cause of ED due to both direct and indirect nerve damage.

Medications, including antidepressants, antipsychotics, antiandrogens, antihypertensives, chemotherapy agents, and even topical eye drops, may impair erectile function. Alcohol in excess, as well as tobacco use, are additional contributors. Age compounds risk, as the likelihood of vascular disease, diabetes, and hypogonadism increases over time (Argiolas et al., 2023).

Diagnosis and Treatment

Evaluation of ED includes a detailed medical, sexual, and psychosocial history; physical examination; medication review; and laboratory tests to identify contributing factors. Because many patients have both organic and psychogenic components, a holistic approach is often needed, combining counseling with medical or procedural therapy.

Lifestyle modification is a cornerstone of management. Weight reduction, exercise, smoking cessation, and treatment of metabolic risk factors improve erectile function and reduce long-term cardiovascular risk.

First-line pharmacologic therapy for ED includes phosphodiesterase-5 (PDE5) inhibitors such as sildenafil, tadalafil, and vardenafil. These medications enhance penile blood flow and are contraindicated in patients taking nitrates because of the risk of severe hypotension.

For individuals who do not respond to oral medications, treatment options include intracavernosal or transurethral alprostadil and vacuum erection devices. When conservative therapies are unsuccessful, penile prostheses may be considered and are associated with high patient satisfaction rates (Argiolas et al., 2023).

Testosterone replacement therapy may be used in individuals with confirmed hypogonadism but is not recommended for routine treatment of ED in the absence of androgen deficiency. Appropriate evaluation is required before therapy is initiated (Pellegrino et al., 2023).

Peyronie Disease

Peyronie disease, characterized by fibrotic plaques of the tunica albuginea, may cause painful curvature and impaired erection (Fig. 32-4). ED occurs in approximately one-third of affected males, often due to vascular compromise or veno-occlusive dysfunction. Treatment depends on the degree of curvature and the coexistence of ED. In patients with both Peyronie disease and ED, penile prosthesis implantation is often the most effective option. For those with curvature alone, medical or surgical correction may restore sexual function (Moisés da Silva et al., 2022).

Priapism

Priapism is an involuntary, persistent (lasting longer than 4 hours) penile erection that continues after, or is unrelated to, sexual stimulation. It typically involves the corpora cavernosa while sparing the corpus spongiosum. Priapism is a true urologic emergency because prolonged erection can lead to ischemia, fibrosis of erectile tissue, and permanent ED. It can occur at any age, with sickle cell disease and hematologic malignancies being the most common causes in boys between 5 and 10 years of age (Fantus et al., 2023).

Three subtypes of priapism are recognized. *Ischemic* (veno-occlusive, low-flow) priapism is the most common and most urgent form. The ischemic type is characterized by a nonsexual, persistent erection with little or no cavernosal blood flow and abnormal cavernous blood gases (hypoxic, hypercarbic, and acidotic). The corpora cavernosa are rigid and tender to palpation. Patients typically report pain. A variety of etiologic factors may contribute to the failure of the detumescence mechanism in this condition. Ischemic priapism is an emergency. *Nonischemic* (arterial, high-flow) priapism is a nonsexual, persistent erection caused by unregulated cavernous arterial inflow, often following trauma. Cavernous blood gases are not abnormal, and typically, the penis is neither fully rigid nor painful. *Stuttering* (intermittent) priapism is a recurrent form of ischemic priapism, in which unwanted painful erections occur repeatedly with intervening periods of detumescence (Biebel et al., 2022).

Secondary causes of priapism include hematologic disorders (sickle cell disease, leukemia, thrombocytopenia), neurologic conditions (stroke, spinal cord injury, central nervous system lesions), renal failure, and certain medications. Intracavernosal injection therapy for ED is a well-recognized iatrogenic cause. Alcohol and recreational drugs such as cannabis may also contribute. In sickle cell disease, relative deoxygenation and venous stasis within cavernosal tissue promote sickling and prolong erection (Fantus et al., 2023).

Complications are most severe in ischemic priapism, which is associated with progressive cavernosal fibrosis and ED. For this reason, all patients with priapism require emergent evaluation to identify ischemic versus nonischemic forms and to initiate appropriate treatment.

Diagnosis is primarily clinical, supported by cavernosal blood gas analysis, Doppler ultrasonography, or imaging studies to evaluate pelvic pathology.

Treatment goals are detumescence and preservation of erectile function. Supportive care includes analgesia, sedation, hydration, and management of urinary retention. Local measures may include the application of ice packs or aspiration and irrigation of cavernosal blood. Intracavernosal injection of alpha-adrenergic agents such as phenylephrine is the first-line pharmacologic therapy for ischemic priapism. If these measures fail, surgical shunting between the corpus cavernosum and corpus spongiosum may be performed. Antithrombotic therapy has been investigated as an adjunct to reduce recurrence following surgical intervention (Fantus et al., 2023).

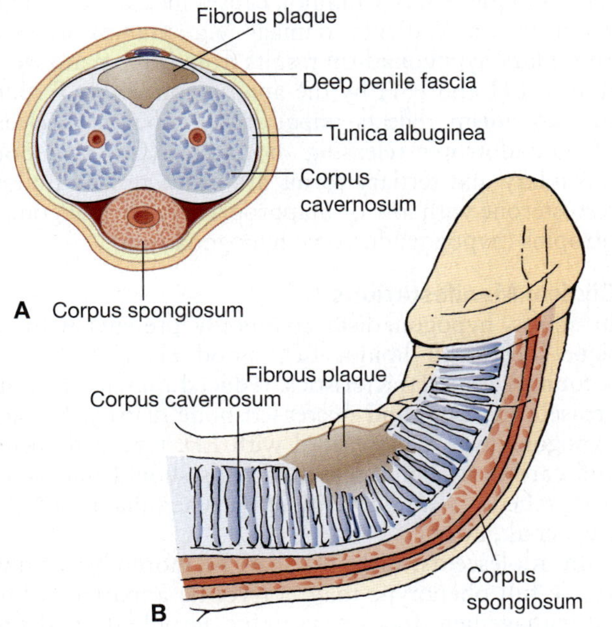

FIGURE 32.4 Peyronie disease. **A.** Penile cross-section showing plaque between the corpora. **B.** Penile curvature.

Cancer of the Penis

Penile cancer is a rare malignancy, most often caused by squamous cell carcinoma (SCC). In the United States, it accounts for fewer than 1% of male cancers (American Cancer Society [ACS], 2025). Risk is higher for the intact penis, particularly in the setting of phimosis and poor genital hygiene (European Association of Urology [EAU], 2024). Overall 5-year relative survival is approximately 65%, but outcomes decline sharply with nodal disease (ACS, 2025; EAU, 2024; Sachdeva et al., 2024).

Risk factors include increasing age (most cases occur after age 50), lack of circumcision, poor genital hygiene, phimosis, smoking, infection with HPV, ultraviolet (UV) light exposure, and immunosuppression. Neonatal circumcision provides protection, but adult circumcision does not. Chronic inflammation from smegma accumulation beneath a phimotic foreskin may promote malignant transformation. HPV types 16 and 18 are strongly associated with penile SCC. UV light exposure has also been implicated, particularly in people who underwent UV A treatment for psoriasis. Immunodeficiency states, including HIV infection, further increase the risk (Borque-Fernando et al., 2023).

The majority of tumors arise from the glans or prepuce. SCC typically develops from carcinoma in situ before progressing to invasive carcinoma. Penile lesions with histologic features of carcinoma in situ require careful surveillance because of their malignant potential.

Invasive carcinoma often presents as a small lump or ulcer. Associated findings may include phimosis, painful swelling, purulent drainage, difficulty urinating, and palpable inguinal lymphadenopathy. Diagnosis is usually based on physical examination and confirmed with a biopsy. Imaging studies such as cavernosonography, urethroscopy, CT, or magnetic resonance imaging (MRI) may be used to evaluate the extent of disease (Borque-Fernando et al., 2023).

Treatment depends on the stage, size, location, and grade of the tumor, as well as patient preference. Organ-sparing approaches are prioritized when feasible and include topical therapies, circumcision, local excision, laser excision, or Mohs micrographic surgery. Partial glansectomy may be performed for selected cases. High-grade or advanced disease often requires more extensive surgical intervention, such as partial or total penectomy, sometimes combined with lymph node dissection (Borque-Fernando et al., 2023).

SUMMARY CONCEPTS

Disorders of the penis may be congenital or acquired. In hypospadias, the urethral opening is located on the ventral surface of the penis, while epispadias places the opening on the dorsal surface. Phimosis refers to a foreskin that is too tight to retract over the glans; when the glans becomes inflamed, the condition is termed balanitis. Inflammation of both the glans and prepuce is called balanoposthitis. Peyronie disease results from fibrous plaque formation in the tunica albuginea, leading to penile curvature, shortening, or pain during erection.

ED is the inability to achieve or maintain an erection sufficient for intercourse. It may arise from psychogenic factors, organic disorders, or a combination of both. Priapism is a prolonged and often painful erection that can cause ischemia, fibrosis, and necrosis of penile tissue if not treated promptly.

Cancer of the penis is rare. Risk factors include increasing age (most cases occur after age 50), lack of circumcision, poor genital hygiene, phimosis, smoking, infection with HPV, UV light exposure, and immunosuppression. Although highly curable when detected early, delayed presentation often hinders successful treatment.

Disorders of the Scrotum and Testes

The **scrotum** is a skin-covered pouch that contains the testes and their accessory organs. Defects of the scrotum and testes include cryptorchidism, disorders of the scrotal sac, vascular disorders, inflammation of the scrotum and testes, and neoplasms.

Congenital and Acquired Disorders

Congenital and acquired disorders of the scrotum and testes include abnormalities in testicular descent, as well as conditions affecting the scrotal sac and its supporting structures. These disorders can influence fertility, hormone production, and the overall health of the male reproductive system.

Hypogonadism

Hypogonadism refers to impaired testicular function resulting in deficient testosterone and/or sperm production (De Silva et al., 2024). **Primary hypogonadism** (hypergonadotropic) arises from intrinsic testicular dysfunction. Low testosterone levels reduce negative feedback at the hypothalamic–pituitary axis, leading to elevated luteinizing hormone (LH) and follicle-stimulating hormone (FSH). Common causes include Klinefelter syndrome and testicular damage (e.g., mumps orchitis). **Secondary hypogonadism** results from inadequate secretion of LH and FSH by the anterior pituitary. **Tertiary hypogonadism** reflects impaired hypothalamic release of gonadotropin-releasing hormone (GnRH). Both secondary and tertiary forms are characterized by low testosterone with low or inappropriately normal gonadotropins (hypogonadotropic hypogonadism).

Clinical Manifestations

In adults, hypogonadism commonly presents with fatigue, decreased libido, ED, mood changes, loss of secondary sex characteristics, reduced muscle mass, increased fat mass, and decreased bone density. Because hypogonadism is associated with ED, type 2 diabetes, and cardiovascular disease, patients should undergo a comprehensive cardiac evaluation when diagnosed (De Silva et al., 2024).

In adolescents, diagnosis can be more challenging, as the full phenotype may not yet be apparent. Clinical management focuses on inducing puberty and preventing long-term complications such as reduced bone mass.

Diagnosis

Evaluation of hypogonadism begins with measuring morning total testosterone. If the result is low, repeat testing or measurement of free testosterone may be performed to confirm androgen deficiency. Measurement of luteinizing hormone (LH) and follicle-stimulating hormone (FSH) helps determine the underlying cause. Elevated gonadotropin levels suggest primary hypogonadism, whereas low or inappropriately normal levels suggest secondary or tertiary hypogonadism.

Additional testing is guided by the suspected etiology and may include semen analysis, pituitary hormone studies, imaging, or genetic testing. Klinefelter syndrome (47,XXY) is the most common chromosomal cause of primary hypogonadism. Additional causes of primary hypogonadism are summarized in Chart 32-1 (De Silva et al., 2024).

Treatment

Testosterone replacement therapy is the standard treatment for confirmed androgen deficiency. The goal is to restore serum testosterone to the normal physiologic range while balancing risks and benefits. People with a history of benign prostatic hyperplasia (BPH) or prostate cancer require careful evaluation and monitoring before and during therapy (De Silva et al., 2024).

Cryptorchidism

Cryptorchidism, or undescended testes, occurs when one or both testicles do not descend into the scrotum. It

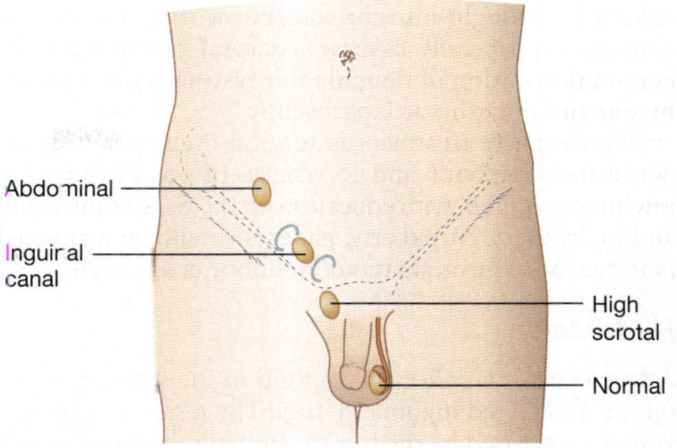

FIGURE 32.5 Possible locations of undescended testes.

is usually unilateral but may be bilateral in up to 30% of cases. The testes may remain in the abdomen, lodge in the inguinal canal, or be located in the upper scrotum (Fig. 32-5) (Holmboe et al., 2024).

Cryptorchidism is one of the most common congenital disorders of the male genitourinary system. Prevalence is higher in premature infants at the time of preterm birth, but the testes often continue to descend as the preterm infant matures and approaches the age of full-term gestation. Most undescended testes present at birth descend spontaneously during the first 3 to 6 months of life.

The condition may be primary, in which the testis fails to complete its normal embryologic migration from its pararenal origin to the scrotum, or secondary, in which a previously descended testis is pulled upward, often due to scarring after inguinal hernia repair. Risk factors include prematurity, low birth weight, family history, maternal smoking or alcohol consumption, in utero exposure to endocrine-disrupting chemicals, maternal body mass index (BMI), and rare genetic variants such as insulin-like factor 3 (INSL3) (Holmboe et al., 2024).

Clinical Manifestations and Complications

The hallmark manifestation is the absence of one or both testes from the scrotum. The undescended testis may be nonpalpable or may be palpable along the path of descent. Histologic abnormalities include delayed germ cell development, tubular changes, and reduced Leydig cell numbers, all of which worsen over time if the testes remain undescended.

Complications include a markedly increased risk of infertility, testicular torsion, inguinal hernia, and testicular cancer. The psychosocial impact of an empty scrotum is also significant (Holmboe et al., 2024).

Diagnosis and Treatment

Diagnosis is based on careful physical examination of the genitalia of male infants. Cryptorchidism must be distinguished from retractile testes, which move into the inguinal canal in response to an exaggerated **cremasteric reflex**, an upward elevation of the testis in response to light stimulation of the inner thigh. Retractile testes can

CHART 32-1

COMMON CAUSES OF PRIMARY GONADAL FAILURE

- Genetic and chromosomal: Klinefelter syndrome, other chromosomal abnormalities, disorders of androgen biosynthesis
- Developmental/structural: Cryptorchidism
- Vascular/traumatic: Testicular torsion, direct testicular injury
- Infectious/immune: Mumps orchitis (especially postpuberty), autoimmune testicular damage
- Iatrogenic/toxic: Alkylating and antineoplastic agents, medications that impair steroidogenesis (e.g., ketoconazole), radiation (direct or indirect), environmental toxins
- Infiltrative/neoplastic: Testicular tumors, leukemia or lymphoma, granulomatous disease
- Chronic systemic disease: Cirrhosis, hemochromatosis, chronic kidney disease, HIV/AIDS (may contribute to primary, secondary, or mixed hypogonadism)
- Idiopathic: No identifiable cause

usually be brought into the scrotum with gentle manipulation and typically assume a scrotal position by puberty. Localization of nonpalpable testes may be assisted by ultrasonography or laparoscopy.

The definitive treatment is surgical orchiopexy, ideally performed between 6 and 18 months of age. Lifelong follow-up is required, with education on the risks of infertility and malignancy. At puberty, patients should be instructed in testicular self-examination (Holmboe et al., 2024).

Hydrocele

A **hydrocele** is a collection of fluid in the scrotum without an associated inguinal hernia. The testes and epididymis are enclosed by the tunica vaginalis, a serous pouch derived from the peritoneum during fetal descent. The tunica vaginalis has parietal and visceral layers, with a small potential space between them that normally contains a few milliliters of fluid. A hydrocele forms when excess fluid accumulates between these layers (Fig. 32-6) (Hoang et al., 2023).

Congenital hydroceles typically present in newborns as unilateral or bilateral scrotal swelling, sometimes bluish in color. The swelling is typically nontender but may be tense. Transillumination of the scrotum or ultrasonography helps distinguish fluid collections from solid masses and rules out testicular tumors. Most congenital hydroceles result from a patent processus vaginalis, an outpouching of peritoneum that normally closes after testicular descent. If the processus remains open, fluid may flow into the scrotal sac.

Congenital hydroceles are relatively common and often resolve spontaneously within the first 1 to 2 years of life. Observation is appropriate during this period unless an inguinal hernia is suspected. Hydroceles that persist or develop beyond early childhood usually require surgical repair.

In adults, hydroceles may be congenital, idiopathic, or acquired. Acute hydrocele can develop after trauma, infection (orchitis or epididymitis), torsion, gonorrhea, lymphatic obstruction, germ cell tumor, or radiation therapy. Chronic hydrocele is more common, characterized by the gradual accumulation of fluid and the slow enlargement of the scrotum. Most adult hydroceles are present without symptoms, but some cause a sensation of heaviness, discomfort, or cosmetic concern.

Treatment is not required for adult hydroceles without symptoms. If a hydrocele is large, painful, or cosmetically undesirable, surgical repair may be performed through inguinal or transscrotal approaches (Hoang et al., 2023).

Hematocele

A **hematocele** is an accumulation of blood between the parietal and visceral layers of the tunica vaginalis. The scrotal skin typically appears dark red or purple, and the condition is often associated with a hydrocele.

Hematocele may result from abdominal surgery, scrotal trauma, bleeding disorders, or testicular tumors. The presence of blood in the scrotal sac usually requires evaluation to exclude underlying injury or malignancy (Bickle et al., 2025).

Spermatocele

A **spermatocele** is a painless, sperm-containing cyst that develops at the end of the epididymis. It is located above and posterior to the testis, attached to the epididymis but separate from the testes themselves.

Spermatoceles are usually small (<1 cm), solitary or multiple, and freely movable and transilluminate on exam. Most are present without symptoms, but large spermatoceles may cause discomfort or pain, in which case surgical removal is indicated (Robinson, 2023).

Varicocele

A **varicocele** is an abnormal dilation of the pampiniform plexus, the network of veins that drains the testes (Fig. 32-6B). It is more common on the left side because the left spermatic vein enters the left renal vein at a right angle, predisposing to reflux and valvular incompetence. Gravity and venous backflow contribute to progressive

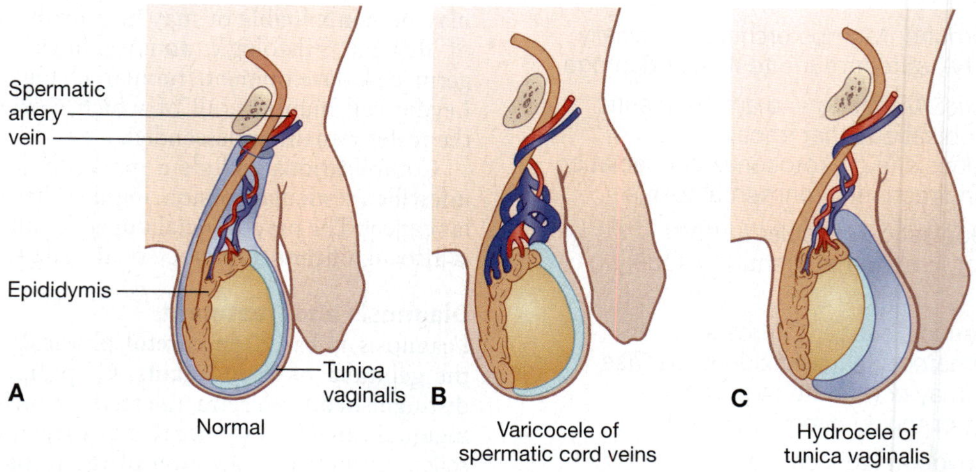

FIGURE 32.6 A. Normal testis and appendages, (B) varicocele, and (C) hydrocele.

dilation, venous wall thickening, and elastic fiber damage, similar to varicose veins of the legs.

Varicoceles are usually idiopathic but can rarely indicate secondary pathology. A unilateral right-sided varicocele or new-onset varicocele in an older male may suggest renal tumor involvement of the renal vein (Takács et al., 2025).

Varicoceles are rarely seen before puberty. Symptoms may be absent or may include scrotal heaviness or discomfort. On physical examination, a varicocele has a characteristic "bag of worms" texture and usually disappears when the patient lies down. The Valsalva maneuver may accentuate small varicosities. Doppler ultrasonography confirms retrograde flow, and venography or radioisotope scanning may be used in complex cases.

Varicoceles are associated with reduced sperm concentration and motility, contributing to infertility. Indications for treatment include infertility, discomfort, or cosmetic concerns. Options include surgical ligation or percutaneous sclerosis using a transvenous catheter under fluoroscopic guidance (Takács et al., 2025).

Testicular Torsion

Testicular torsion is a urologic emergency that occurs when the spermatic cord twists, obstructing blood flow to the ipsilateral testis (Fig. 32-7). Prompt diagnosis and treatment are essential to preserve testicular viability and fertility. Irreversible damage begins within 4 to 6 hours of torsion, with salvage rates decreasing sharply after this window. Torsion occurs in approximately 1 in 4,000 males younger than 25 years and is the most common acute scrotal disorder in children and adolescents. Two distinct forms are recognized: intravaginal and extravaginal torsion (Lacy et al., 2023).

Intravaginal Torsion

Intravaginal torsion is the most common type of testicular torsion, typically occurring in adolescents. Normally, the tunica vaginalis is firmly attached to the testis, preventing rotation of the spermatic cord. In some individuals, a high attachment creates excessive cord mobility, an anomaly known as the bell clapper deformity. This predisposes the testis to rotate within the tunica vaginalis, particularly during rapid testicular growth after puberty or sudden contraction of the cremasteric muscle.

Patients present with sudden, severe scrotal pain often accompanied by nausea, vomiting, and tachycardia. The affected testis is enlarged, tender, and high-riding, with pain radiating to the inguinal region. Intravaginal torsion requires urgent surgical intervention to restore blood flow and prevent testicular loss (Tao et al., 2025).

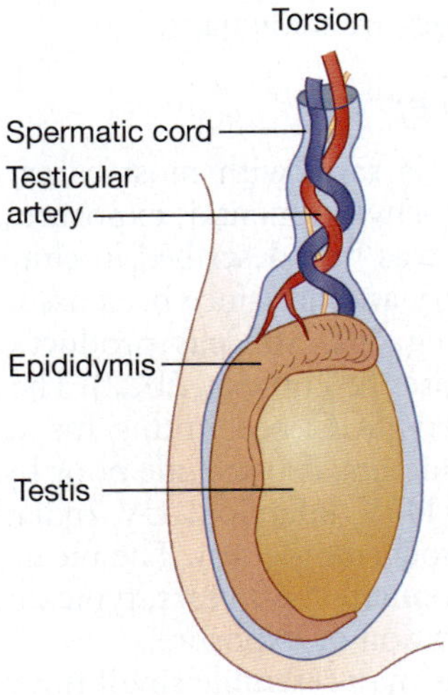

FIGURE 32.7 Testicular torsion with twisting of the spermatic cord that suspends the testis and the spermatic vessels that supply the testis with blood.

Extravaginal Torsion

Extravaginal torsion occurs almost exclusively in neonates before the testis becomes secured within the tunica vaginalis. Inadequate fusion to the scrotal wall allows the testis and cord to rotate freely. It is usually diagnosed within the first month of life.

Clinical features include a firm, smooth, painless scrotal mass with overlying redness and edema. Because tumors, epididymitis, and orchitis are rare in this age group, the differential diagnosis is straightforward; hydroceles are softer and transilluminate, and hernias can be excluded on examination. Management is controversial, and decisions regarding orchiopexy versus orchiectomy depend on timing, testicular viability, and surgeon preference (Kylat & Ahmed, 2022).

Clinical Differentiation

Testicular torsion must be distinguished from epididymitis, orchitis, and testicular trauma. Findings suggestive of torsion include a high-riding testis with abnormal orientation, firm consistency, diffuse tenderness, and scrotal swelling or erythema that worsens over time. A key diagnostic clue is the absence of the cremasteric reflex, which is typically elicited by stroking the medial thigh.

Infection and Inflammation

Infectious and inflammatory disorders of the scrotum and testes most often involve the epididymis or testis and can present with acute scrotal pain and swelling. These conditions require careful evaluation to distinguish them from surgical emergencies such as testicular torsion.

Epididymitis

Epididymitis is an acute or chronic inflammation of the epididymis, the elongated structure along the posterior testis responsible for sperm storage, transport, and maturation. Acute epididymitis typically presents with gradual-onset, unilateral scrotal pain and swelling, while chronic epididymitis is defined by symptoms persisting for at least 6 weeks.

Symptoms may include scrotal pain radiating to the lower abdomen, swelling, erythema, dysuria, urinary frequency, fever, and sometimes urethral discharge. A distinguishing feature is the **Prehn sign**, in which scrotal elevation relieves pain in epididymitis but not in torsion. The cremasteric reflex remains intact in most patients with epididymitis, in contrast to torsion (Bausch & Pilatz, 2025).

Acute scrotal pain always requires differentiation from testicular torsion, a surgical emergency that presents with sudden severe pain and an absent cremasteric reflex. **Fournier gangrene**, a necrotizing infection of the perineum and genitalia, should also be considered, particularly in cases with systemic illness, scrotal discoloration, and necrosis.

The pathogenesis of epididymitis varies by age and risk factors. In younger people and those with new or multiple partners, *C. trachomatis*, *Neisseria gonorrhoeae*, and *M. genitalium* are common causes. In males who are over 35 or prepubertal, urinary tract pathogens such as *Escherichia coli* predominate, often in association with bladder outlet obstruction, instrumentation, or anatomic abnormalities. Viral causes (e.g., adenovirus, enterovirus) are more common in boys under 14. Other implicated organisms include *Pseudomonas*, *Klebsiella*, *Proteus*, and *Ureaplasma*. Noninfectious causes include trauma, urinary reflux, postvasectomy inflammation, sarcoidosis, Behçet disease, and drug reactions (e.g., amiodarone) (Bausch & Pilatz, 2025).

Clinical Manifestations

Typical findings include unilateral testicular pain and swelling that worsen over 24 to 48 hours, with progressive induration such that the epididymis and testis become indistinguishable. Scrotal skin is erythematous and edematous. Groin or lower abdominal tenderness, fever, dysuria, and urethral discharge may accompany the presentation depending on the cause (Bausch & Pilatz, 2025).

Diagnosis and Treatment

Evaluation includes urinalysis and urine culture, with pyuria and bacteriuria supporting the diagnosis, though results may be normal. An elevated white blood cell count is common. When the diagnosis is uncertain, color Doppler ultrasonography helps distinguish epididymitis (increased blood flow) from torsion (reduced or absent flow).

Treatment is guided by the underlying cause. Empiric antibiotics are initiated promptly while awaiting results, with regimens targeting STIs or urinary pathogens as appropriate. Supportive measures include bed rest, scrotal elevation, and nonsteroidal anti-inflammatory drugs (NSAIDs) until inflammation subsides. Symptoms often improve within days, but discomfort may persist for weeks after treatment completion.

Patients with STI-associated epididymitis should be counseled about partner evaluation and treatment to prevent reinfection and transmission (Bausch & Pilatz, 2025).

Orchitis

Orchitis is an acute inflammation of the testis most often caused by infection. It may occur in isolation or in association with epididymitis (epididymo-orchitis). Infection usually originates in the genitourinary tract, such as cystitis, urethritis, or prostatitis, and spreads to the testis via the vas deferens or lymphatics of the spermatic cord. Orchitis may also complicate systemic infections, including mumps, scarlet fever, and pneumonia. Less commonly, syphilitic orchitis may occur, presenting with interstitial perivascular or granulomatous inflammation (Medina-Polo, 2024).

Bacterial orchitis is most commonly due to gram-negative organisms, but other bacteria and viruses may be implicated. The mumps virus is the most important viral cause, especially in postpubertal males, and carries a significant risk of impaired fertility.

Clinical manifestations include acute testicular enlargement, tenderness (often unilateral at onset), scrotal erythema, edema, and induration. When accompanied by epididymal swelling, the condition is classified as epididymo-orchitis.

Diagnostic evaluation includes urinalysis and urine culture, as well as urethral cultures or Gram stain for *C. trachomatis* and *N. gonorrhoeae* in sexually active males.

Treatment is supportive and includes bed rest, scrotal elevation, and application of hot or cold packs for analgesia. When a bacterial infection is suspected, appropriate antibiotic therapy is added. Symptoms of isolated orchitis typically resolve within 3 to 10 days, while epididymo-orchitis improves after the initiation of antibiotics.

Mumps orchitis is a notable cause of long-term complications, as spermatogenesis is irreversibly impaired in approximately 30% of affected testes, potentially leading to infertility (Medina-Polo, 2024).

Neoplasms

Tumors may arise in the scrotum or testes. Benign scrotal tumors are relatively common and often require no treatment. Carcinoma of the scrotum is rare and usually linked to carcinogenic exposures, while almost all solid testicular tumors are malignant.

Scrotal Cancer

Scrotal cancer is rare, with most cases related to occupational or environmental exposures. Historically, scrotal cancer was first described in chimney sweeps in the 18th century and has since been associated with tar, soot, lubricating oils, and gas production byproducts (Fernandez-Flores & Fonseca, 2022). The most frequent histologic type is SCC, accounting for about one-third of cases. Risk factors also include poor hygiene, chronic inflammation, HPV infection, UV radiation exposure, and prior photochemotherapy. The mean age at presentation is approximately 60 years, typically after decades of chronic irritation or exposure.

Early lesions may resemble small tumors or wartlike growths that progress to ulceration. Because the scrotal wall is thin and provides little resistance to invasion, metastasis to regional lymph nodes is common, occurring in more than half of cases at diagnosis. Scrotal SCC responds poorly to chemotherapy or radiation; therefore, surgical excision remains the primary treatment. Prognosis depends on age, tumor stage, and surgical margins (Pang et al., 2023).

Testicular Cancer

Testicular cancer is the most common solid malignancy in males aged 15 to 45 years, though overall it is relatively uncommon. The average age at diagnosis is 33 years, and only 8% of cases occur after age 55. The lifetime risk of diagnosis is about 1 in 250, while the risk of death is only 1 in 5,000 due to highly effective treatments (Gaddam et al., 2023).

Etiology and Pathogenesis

The precise cause is unknown, but several risk factors are recognized. Cryptorchidism is the strongest risk factor, with increased incidence in both undescended and surgically corrected testes. Genetic predisposition also contributes, with family clustering observed, though inheritance patterns remain unclear. Disorders of testicular development (e.g., Klinefelter syndrome, testicular feminization) and HIV infection are additional risk factors.

Approximately 90% of malignant testicular tumors are germ cell tumors, classified into seminomas and nonseminomas. **Seminomas** typically arise from seminiferous epithelium and consist of uniform cell populations, whereas **nonseminomas** (embryonal carcinoma, teratoma, yolk sac tumor, and choriocarcinoma) are more heterogeneous and less differentiated. Nonseminomas may contain multiple cell types and often secrete hormones or enzymes reflecting early embryonic tissue differentiation. Teratomas are usually benign in children but potentially malignant in adults. **Choriocarcinoma**, though rare, is highly aggressive (Gaddam et al., 2023).

Clinical Manifestations and Diagnosis

The most common presentation is a painless testicular mass, usually unilateral. Other symptoms may include a sensation of scrotal heaviness, groin or abdominal ache, or swelling. Metastatic spread can present with back pain, lower extremity edema, cough, hemoptysis, or a neck mass. Any intratesticular mass should be presumed malignant until proven otherwise.

Physical examination includes careful palpation of the testes and scrotal contents. Scrotal transillumination helps distinguish cystic from solid masses. Ultrasonography is the preferred initial imaging study; hypoechoic intratesticular masses with vascular flow are highly suspicious for malignancy. Biopsy is avoided because it may alter lymphatic drainage and complicate staging. Staging studies typically include CT of the chest, abdomen, and pelvis, with MRI or lymphangiography in selected cases.

Serum tumor markers aid diagnosis, staging, and monitoring. Alpha-fetoprotein (AFP) is elevated in nonseminomatous tumors but not in pure seminomas. Beta-human chorionic gonadotropin (β-hCG) may be elevated in both seminomas and nonseminomas. Lactate dehydrogenase (LDH) reflects tumor burden, while placental alkaline phosphatase is occasionally measured. The TNM staging system is used, with stage I confined to the testes, stage II involving retroperitoneal lymph nodes, and stage III indicating spread beyond the retroperitoneum (Gaddam et al., 2023).

Treatment

Radical inguinal orchiectomy is the initial treatment for nearly all cases, providing tissue for diagnosis and staging. Partial orchiectomy is rarely performed except in patients with a solitary testis.

Further therapy depends on histology and stage. Options include retroperitoneal lymph node dissection, chemotherapy, and radiation therapy. Testicular cancer is highly responsive to modern multimodal treatment, with cure rates exceeding 95% in early-stage disease.

Because most patients are of reproductive age, fertility counseling is essential. Orchiectomy, chemotherapy, and radiation can impair spermatogenesis or cause retrograde ejaculation. Semen cryopreservation should be discussed prior to treatment. Sexual function may also be affected, particularly in patients undergoing extensive surgery or combination therapy (Gaddam et al., 2023).

SUMMARY CONCEPTS

Disorders of the scrotum and testes include congenital and acquired conditions such as hypogonadism, cryptorchidism, hydrocele, hematocele, spermatocele, varicocele, and testicular torsion. Among these, torsion is a surgical emergency due to the rapid loss of testicular viability if untreated.

Hypogonadism is characterized by impaired testicular function and reduced androgen levels. Primary hypogonadism originates in the testes and is associated with low testosterone and elevated gonadotropins. Secondary hypogonadism results from pituitary dysfunction, and tertiary hypogonadism arises from hypothalamic deficiency of GnRH; both are associated with low testosterone and low or inappropriately normal gonadotropins.

Infectious and inflammatory processes may involve the scrotal sac, epididymis, or testes, with epididymitis and orchitis being the most common presentations.

Neoplasms can occur in either the scrotum or the testes. Scrotal cancers are rare and historically linked to carcinogenic exposures such as tar, pitch, and soot. Testicular cancers, while uncommon overall, are the most frequent solid malignancy in young males. With modern multimodal therapies, most cases are highly curable.

Disorders of the Prostate

The **prostate** is a firm, glandular structure that surrounds the urethra. It produces a thin, milky, alkaline secretion that promotes sperm motility by maintaining an optimal pH. Contraction of the prostatic smooth muscle aids in semen ejection during ejaculation.

Infection and Inflammation

Prostatitis encompasses a group of inflammatory disorders of the prostate, some bacterial and others nonbacterial. It may occur spontaneously, after catheterization or instrumentation, or secondary to other genitourinary conditions. About half of all males experience prostatitis symptoms at some point, making it the most common urinary tract problem in males under age 50. Four categories are recognized: acute bacterial prostatitis, chronic bacterial prostatitis, chronic prostatitis/chronic pelvic pain syndrome, and asymptomatic inflammatory prostatitis. The latter is identified incidentally, usually on biopsy or fluid analysis, without associated symptoms (Yebes et al., 2023).

Acute Bacterial Prostatitis

Acute bacterial prostatitis is an acute infection of the prostate characterized by pelvic pain, urinary symptoms, and systemic illness. Although it accounts for only about 4% of prostatitis cases, it requires urgent recognition and treatment. Most infections result from ascending urethral bacteria or intraprostatic reflux, but hematogenous spread, direct extension from the rectum, or postprocedural inoculation (e.g., after biopsy or catheterization) may also occur. People with HIV are at higher risk. *E. coli* is the most common pathogen, followed by other gram-negative organisms.

Clinical manifestations include fever, chills, dysuria, pelvic or perineal pain, weak stream, dribbling, and urinary hesitancy. Examination may reveal suprapubic fullness, costovertebral tenderness, or a tender, boggy prostate on digital rectal examination (DRE). Vigorous prostatic massage should be avoided, as it can precipitate bacteremia or sepsis.

Diagnosis is supported by urinalysis and urine culture, which often demonstrate pyuria and bacteriuria. Blood cultures are indicated in severe cases or when *Staphylococcus aureus* is isolated. Imaging may be used to exclude an abscess if patients fail to improve.

Treatment includes empiric broad-spectrum antibiotics (adjusted once sensitivities return), bed rest, hydration, NSAIDs, and stool softeners. Therapy typically lasts at least 4 weeks. Severe infections may require hospitalization and intravenous antibiotics; urinary retention may necessitate suprapubic catheterization (Yebes et al., 2023).

Chronic Bacterial Prostatitis

Chronic bacterial prostatitis is less acute but often persistent and difficult to eradicate. It is most often caused by *E. coli* or other gram-negative organisms and presents as recurrent or relapsing urinary tract infections. Patients may report dysuria, urgency, frequency, hesitancy, hematuria, urethral discharge, or malodorous urine. Fever and chills are uncommon.

Diagnosis requires positive bacterial cultures from prostatic secretions or post-prostatic massage urine specimens, often showing leukocytosis.

Treatment involves prolonged antibiotics with good prostatic penetration, typically fluoroquinolones. Recurrence is common despite appropriate therapy, and management often requires repeated courses and careful follow-up (Yebes et al., 2023).

Chronic Prostatitis/Chronic Pelvic Pain Syndrome

Chronic prostatitis/chronic pelvic pain syndrome is the most common and least understood prostatitis syndrome. It is defined by chronic pelvic pain for at least 3 months, often without evidence of bacterial infection. Etiology may involve inflammation, neuropathic pain, or pelvic floor muscle dysfunction (Healy et al., 2023).

Inflammatory Prostatitis

Inflammatory chronic prostatitis presents with pelvic or genitourinary pain in the absence of detectable bacteria. Symptoms include dysuria, urinary difficulty, perineal or testicular pain, painful ejaculation, and chronic discomfort. Pain may persist for weeks to years.

Cases without symptoms are detected incidentally, usually during evaluation for other conditions, and do not require treatment. Cases with symptoms may be managed with multimodal therapy, including anti-inflammatory medications, alpha-blockers, pelvic floor physical therapy, and behavioral strategies (Healy et al., 2023).

Hyperplasia and Neoplasms

Hyperplastic and neoplastic disorders of the prostate are among the most clinically significant conditions affecting aging males. BPH is extremely common and often associated with bothersome lower urinary tract symptoms, while malignant disease of the prostate remains one of the leading cancers in men worldwide.

Benign Prostatic Hyperplasia

Benign prostatic hyperplasia (BPH), also known as nodular prostatic hyperplasia, is a condition in which the prostate gland is enlarged but not cancerous (Fig. 32-8). It results from increased proliferation of stromal and epithelial cells, producing nodules that compress the urethra and obstruct urine flow. The prostate undergoes two periods of growth: one during puberty, when it doubles in size, and another beginning around age 25 and continuing throughout life. During this second growth phase, the enlarging prostate may impede urinary flow, thicken the bladder wall, and ultimately reduce bladder

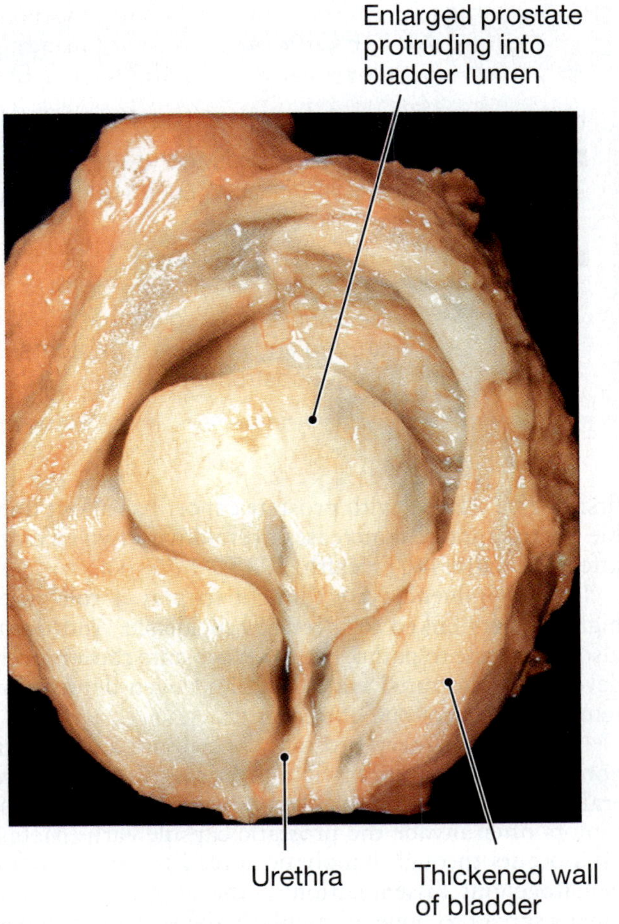

FIGURE 32.8 Massive nodular hyperplasia of the prostate. The middle part of the gland protrudes into the bladder. Note the hypertrophied bladder wall, which is caused by chronic urinary obstruction. (From McConnell T. H. [2013]. *The nature of disease* [2nd ed., Fig. 16.9]. Wolters Kluwer.)

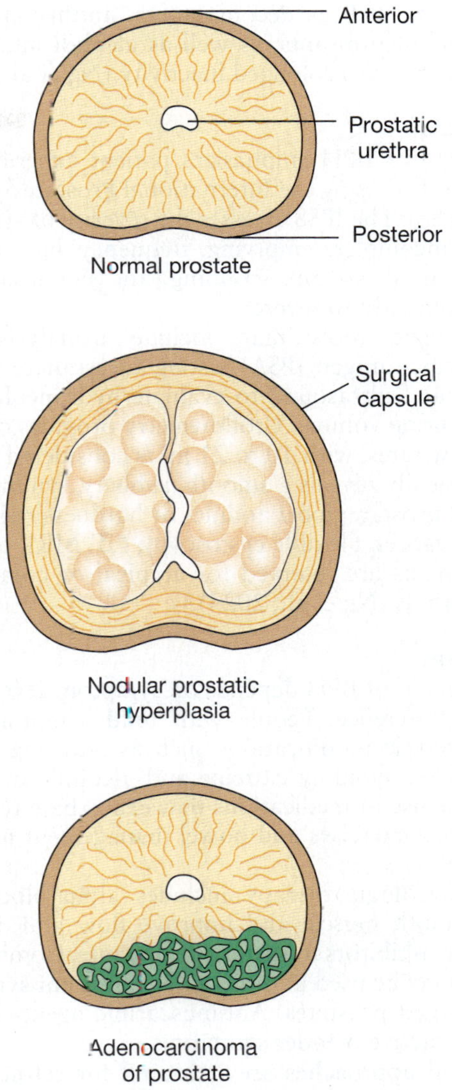

FIGURE 32.9 Normal prostate, nodular hyperplasia, and adenocarcinoma. (From Strayer D. S., Saffitz J. E., & Rubin E. [2020]. *Rubin's Pathology mechanisms of human disease* [8th ed., Fig. 23.44, p. 1007]. Lippincott Williams & Wilkins.)

contractility. This obstruction leads to lower urinary tract symptoms such as hesitancy, nocturia, and incomplete emptying. Unlike prostate cancer, which often arises in the peripheral zone, BPH affects the periurethral region (Fig. 32-9). The condition is rare before age 40 but affects more than 75% of males older than 80 years (Ng et al., 2024).

Etiology

BPH reflects nonmalignant tissue growth resulting in lower urinary tract symptoms such as frequency, nocturia, and urgency. Hormonal influences, particularly the effects of testosterone and its metabolites, disrupt the balance between cell division and programmed cell death, favoring hyperplasia. Risk factors include hypertension, obesity, metabolic syndrome, and family history. Metabolic syndrome components such as dyslipidemia, hypertension, and insulin resistance have been linked to BPH. First-degree relatives carry a higher risk compared with controls. BPH does not occur in people who undergo orchiectomy before puberty, emphasizing the role of testicular hormones (Ng et al., 2024).

Pathophysiology and Clinical Manifestations

The anatomic location of the prostate at the bladder neck contributes to both the obstructive and irritative symptoms of BPH. The "static" component refers to increased prostate size and mechanical urethral compression, while the "dynamic" component reflects increased smooth muscle tone within the prostate and bladder neck. Common symptoms include weak stream, postvoid dribbling, hesitancy, urinary frequency, nocturia, urgency, retention, and recurrent urinary tract infections. Lower urinary tract symptoms (LUTS) may include painful urination or pain after ejaculation.

Interestingly, prostate size does not always correlate with the severity of obstruction: some people with large prostates never develop symptoms, while others with smaller prostates experience significant urinary retention. Acute urinary retention may be precipitated by medications such as decongestants, antihistamines, or certain antidepressants, as well as alcohol intake, cold temperatures, or prolonged inactivity (Ng et al., 2024).

Diagnosis

Evaluation of BPH emphasizes patient experience, often quantified using the International Prostate Symptom Score (IPSS). The IPSS assesses the severity of symptoms such as incomplete emptying, frequency, intermittency, urgency, weak stream, straining, and nocturia. Scores range from mild to severe.

Diagnostic tools may include urinalysis, prostate-specific antigen (PSA) testing to estimate prostate volume, and ultrasound to evaluate hydronephrosis or residual urine volume. Uroflowmetry provides objective urine flow rates, with 10 to 21 mL/s considered normal. DRE typically reveals a smooth, rubbery, symmetrically enlarged prostate; focal nodules or hardness raise suspicion for cancer. Flexible cystoscopy, CT, MRI, or radionuclide scans are reserved for atypical or complicated presentations (Ng et al., 2024).

Treatment

Management of BPH depends on symptom severity and patient preference. People with mild symptoms may adopt lifestyle modifications such as reducing evening fluid intake, avoiding caffeine and alcohol, and monitoring the use of medications that exacerbate retention. Pelvic floor exercises and bowel management may also help.

Pharmacologic therapy includes alpha-blockers to relax smooth muscle and improve flow and 5-alpha-reductase inhibitors to shrink the prostate. Combination therapy may be used in those with significant symptoms and enlarged prostates. Antimuscarinic agents can address overactive bladder symptoms.

Surgical approaches are indicated for refractory or severe cases. Transurethral resection of the prostate (TURP) remains the gold standard. Alternatives include laser vaporization, microwave therapy, needle ablation, or incision of the prostate. For people unable to tolerate surgery, urethral stents may provide temporary relief. Experimental procedures are under evaluation, each with potential benefits and risks (Ng et al., 2024).

KEY POINTS

Hyperplasia and Cancer of the Prostate

- The prostate gland surrounds the urethra, and periurethral enlargement causes urinary obstruction.
- BPH is an age-related, nonmalignant enlargement of the prostate characterized by nodules in the periurethral region that compress the urethra and produce symptoms of lower urinary tract obstruction.

Prostate Cancer

Prostate cancer is the most common non-skin cancer in males in the United States. The increased detection of prostate cancer in recent decades largely reflects earlier diagnosis through widespread PSA testing. Incidence varies by geography, age, and race. Risk rises sharply with age, with over 60% of cases diagnosed after age 65 years (Raychaudhuri et al., 2025).

Etiology and Pathophysiology

The precise cause of prostate cancer is unknown, but its development appears to involve genetic, hormonal, and environmental factors. Risk factors include advancing age, Black race, family history, obesity, and exposure to toxins such as Agent Orange. A male with one first-degree relative with prostate cancer has about double the risk, and risk increases fivefold with two or more affected relatives (UFHealth, 2025).

Dietary influences are thought to play a role, with high-fat diets linked to increased incidence. Androgens also contribute to pathogenesis, as prostate cancer rarely develops in castrated males, and androgen deprivation remains a cornerstone of treatment.

Nearly all primary prostate cancers are **adenocarcinomas**, usually multicentric and arising in the peripheral zone. Because of their subcapsular location, these tumors often invade the prostatic capsule early. Metastasis occurs through lymphatic spread to pelvic nodes, hematogenous dissemination to the lungs, and venous plexus spread to bone, particularly the vertebrae, pelvis, and ribs. Bone metastases are often the first sign of disease, producing pain or pathologic fractures. Early-stage prostate cancer is usually present without symptoms; later disease may present with urinary obstruction, hematuria, hematospermia, back pain, anemia, or weight loss (Raychaudhuri et al., 2025).

Screening

Because prostate cancer frequently presents without symptoms in its early stages, screening plays an important role. Screening tools include PSA testing, DRE, and, in selected cases, transrectal ultrasonography. PSA testing lacks specificity, as elevations may also occur in BPH or prostatitis. To improve predictive accuracy, clinicians may consider PSA velocity, PSA density, and age-specific reference ranges.

Current guidelines recommend screening for males over age 50 with a life expectancy of at least 10 years, as well as earlier screening for those at higher risk (e.g., Black race and those with a strong family history). Transrectal ultrasound (US) and MRI are typically used as adjuncts in evaluation rather than first-line screening tools (Raychaudhuri et al., 2025).

Diagnosis

Diagnosis is based on clinical suspicion, PSA levels, and imaging, and is confirmed through biopsy. Transrectal US–guided biopsy remains the standard for sampling. MRI with targeted biopsy is increasingly used to improve diagnostic accuracy. Staging workup may include CT or MRI for pelvic and nodal disease and bone scans for suspected metastases. A biopsy is required to confirm the histologic diagnosis.

Staging

Prostate cancer is graded and staged using the Gleason scoring system and TNM classification. The Gleason score evaluates tumor architecture on a scale of 2 to 10, with higher scores reflecting more aggressive and poorly differentiated tumors. A Gleason score below 6 generally represents indolent disease, whereas scores of 8 to 10 indicate aggressive cancers with a poorer prognosis. Staging is aided by PSA levels, with higher levels correlating with tumor burden (Raychaudhuri et al., 2025).

Treatment

Treatment depends on stage, histology, patient age, and comorbidities. For localized disease, radical prostatectomy and radiation therapy are the main curative options. Nerve-sparing prostatectomy may preserve continence and erectile function in selected patients. Brachytherapy and external beam radiation are alternatives.

For advanced disease, androgen deprivation therapy (ADT) is the cornerstone, achieved by orchiectomy, GnRH agonists or antagonists, and/or antiandrogens. ADT reduces testosterone levels and slows disease progression, although resistance commonly develops. Chemotherapy (e.g., docetaxel), immunotherapy, and targeted radiopharmaceuticals may be used in advanced or metastatic cases.

Bone-targeted therapies such as bisphosphonates or denosumab are valuable in preventing skeletal complications of bone metastases and alleviating pain. Palliative care focuses on pain control, management of urinary obstruction, and quality-of-life preservation. Fertility counseling and psychosocial support are important considerations for younger patients (Raychaudhuri et al., 2025).

SUMMARY CONCEPTS

BPH results from increased proliferation of stromal and epithelial cells in the prostate, leading to enlargement and formation of nodules near the urethra. As these nodules grow, they compress the urethral canal and cause lower urinary tract symptoms such as hesitancy, frequency, retention, and an increased risk of urinary tract infections, particularly in people over age 50. Treatment approaches range from lifestyle changes—such as limiting fluid intake before bedtime, avoiding caffeine and other bladder irritants, maintaining a healthy weight, and preventing constipation—to pharmacologic therapy. Selective alpha-1 adrenergic receptor antagonists are commonly prescribed due to their effectiveness and relatively few adverse effects. PDE5 inhibitors may be used in patients with coexisting ED. Inflammation of the prostate can occur acutely or chronically, with chronic prostatitis being a leading cause of relapsing urinary tract infections in males.

Prostate cancer is the most common nonskin cancer in males in the United States and ranks third, after lung and colorectal cancer, as a cause of cancer-related death. The rise in diagnosed cases is attributed largely to widespread PSA testing. Incidence increases with age and is highest among Black males at all ages. Most prostate cancers are present without symptoms in the early stages and are often discovered incidentally during rectal examination. Screening with DRE and PSA testing is widely recognized for early detection. Prostate cancer is graded according to histologic characteristics and staged clinically using the TNM system. Treatment varies with disease extent and may include surgery, radiation therapy, and hormonal manipulation.

Disorders of the External Female Genitalia

The external female genitalia are subject to a variety of conditions that may be congenital, inflammatory, infectious, or neoplastic. For clarity, these disorders can be divided into benign and nonneoplastic disorders and malignant disorders, with the former group being more common and typically less severe.

Benign and Nonneoplastic Disorders

Most skin cysts, nevi, and malignant neoplasms that occur on other hair-bearing skin can also appear on the vulva, which includes the mons pubis, labia majora and minora, clitoris, and vestibule. Because the vulva is constantly exposed to secretions and moisture, it is prone to skin irritation and infections. Nonspecific vulvitis is relatively common in people with diabetes, chronic kidney disease, blood dyscrasias, or malnutrition.

Bartholin Gland Cyst and Abscess

A **Bartholin gland cyst** is a fluid-filled sac caused by occlusion of the gland's duct system. If the cyst becomes infected, an abscess may form, most often associated with staphylococcal, chlamydial, or anaerobic organisms (Fig. 32-10) (Das et al., 2023).

Clinical Features and Management

Acute symptoms are usually related to infection and may include pain, tenderness, and dyspareunia (pain

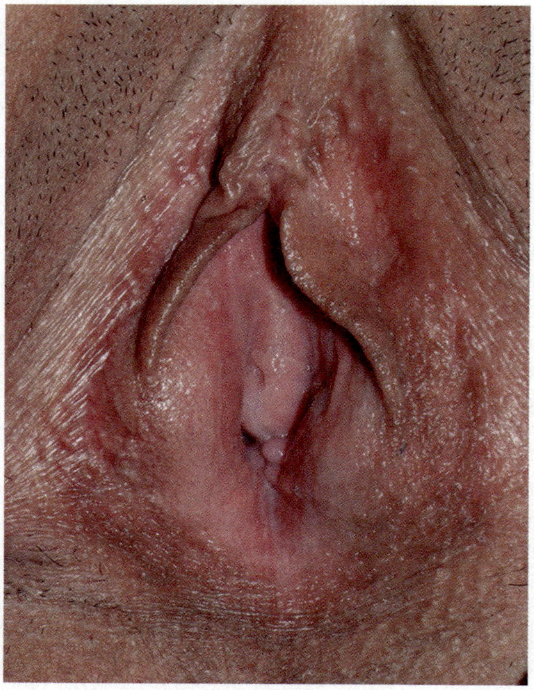

FIGURE 32.10. This person has bilateral Bartholin gland duct cysts; typically, the labium minus transects the cyst. (From Edwards, E., & Lynch, P. [2022]. *Genital Dermatology Manual* [4th ed., Fig. 7.51]. Wolters Kluwer.)

with intercourse). Treatment consists of antibiotics, application of moist heat, and incision and drainage. A Word catheter may be inserted to provide drainage for several weeks, while recurrent cysts often require surgical intervention. Because Bartholin glands shrink after menopause, any new growth at that age warrants evaluation for malignancy (Das et al., 2023).

Nonneoplastic Epithelial Disorders

Nonneoplastic epithelial disorders involve nonmalignant atrophic and hyperplastic changes of vulvar skin and mucosa that can occur at any age and sometimes progress to malignancy. Lesions include lichen simplex chronicus, lichen sclerosus, and lichen planus. In some cases, they can advance to vulvar intraepithelial neoplasia (VIN) (Messele et al., 2024).

Lichen simplex chronicus appears as thickened, gray-white plaques with an irregular surface. It is a diagnosis of exclusion when infections and other causes have been ruled out. Pruritus is the most common symptom. Treatment aims to reduce itching and prevent skin irritation.

Lichen sclerosus presents as inflammatory plaques that may progress to thin, parchment-like skin with ecchymosis and ulceration from scratching. Chronic disease may cause vulvar atrophy, tissue contracture, and narrowing of the introitus. Itching and dyspareunia are common. Lichen sclerosus has a strong association with vulvar malignancy and autoimmune disorders. Treatment involves potent topical corticosteroids, often requiring lifelong maintenance therapy.

Lichen planus is rare, usually autoimmune in nature, and has three types: erosive (most common), papulosquamous, and hypertrophic. Treatment generally involves mild topical steroids (Messele et al., 2024).

Vulvodynia

Vulvodynia is a chronic vulvar pain disorder lasting at least 3 months, without visible findings or identifiable causes. It may be primary or secondary and is classified as localized or generalized and as provoked, unprovoked, or mixed (Santangelo et al., 2023).

Localized Vulvodynia (or Vestibulodynia)

Localized vulvodynia, or **vestibulodynia**, involves stinging, burning, or cutting pain at the onset of intercourse (insertional dyspareunia), tenderness near the vaginal opening, and sensitivity to tampon use. Pain may be primary or secondary. The etiology is unclear but may involve central sensitization of pain pathways. Anxiety and mood disorders can increase susceptibility. Treatments may include individualized regimens such as biofeedback, counseling, topical therapy, or vestibulectomy when conservative management fails (Santangelo et al., 2023).

Generalized Vulvodynia

Generalized vulvodynia causes severe, constant, widespread pain or burning that interferes with daily life. Examination reveals diffuse hypersensitivity and altered responses to light touch, despite no visible abnormalities. The condition resembles neuropathic pain disorders and may relate to myofascial restrictions affecting pelvic floor nerves. Surface electromyography–assisted pelvic floor rehabilitation can provide effective therapy.

Triggers and Management

Potential triggers include recurrent vaginal infections, chemical irritation, drug effects (especially long-term steroid cream use), elevated urinary calcium oxalate, and immune dysregulation. Because it is a diagnosis of exclusion, careful evaluation is essential to rule out infections, inflammatory vulvar conditions, cancer, or neurologic disorders. Treatment is long term and often multidimensional, focusing on pain relief and quality of life. Management strategies include antifungal therapy, avoidance of irritants, sitz baths, topical or oral agents for neuropathic pain (such as tricyclic antidepressants or gabapentin), physical therapy, and sometimes surgery. Psychosocial support is often required (Santangelo et al., 2023).

Cancer of the Vulva

Although relatively uncommon, **vulvar carcinoma** is a significant malignancy, accounting for about 3% of female genital cancers. It primarily affects postmenopausal people, with cases increasing after age 60 (Pedrão et al., 2022).

Pathogenesis and Risk Groups

Vulvar carcinoma can be divided into two major precursor pathways: HPV-associated usual vulvar intraepithelial neoplasia (uVIN), which occurs more commonly in younger females and is strongly linked to high-risk HPV subtypes, particularly HPV-16, and differentiated vulvar intraepithelial neoplasia (dVIN), which is typically HPV-independent and occurs more often in postmenopausal individuals with chronic vulvar disorders such as lichen sclerosus or lichen simplex chronicus (Pedrão et al., 2022).

Clinical Features and Management

Early lesions may be subtle—thickened patches, raised areas, or non-healing ulcers—and can be mistaken for dermatitis or eczema. Symptoms often include pruritus, discomfort, or local irritation. Advanced lesions may ulcerate, spread deeply, and metastasize through vulvar lymph channels to inguinal and pelvic lymph nodes.

Because of frequent diagnostic delays, biopsy is critical. Treatment depends on disease stage and ranges from wide local excision for early lesions to radical vulvectomy with lymph node resection for invasive cancer. Radiation therapy may be added when lymph nodes are involved (Pedrão et al., 2022).

Disorders of the Vagina

Vaginal health depends on a balance of hormones and bacterial flora. Normal estrogen levels maintain a thick, protective squamous epithelium that contains glycogen. Lactobacillus species dominate the vaginal flora, metabolizing glycogen and producing lactic acid to maintain a pH between 4.0 and 4.5. Disruption of these protective mechanisms, such as through antibiotic use or hormonal deficiency, can predispose individuals to infection.

Vaginitis

Vaginitis is inflammation of the vagina, typically presenting with discharge, burning, itching, redness, swelling of the vaginal tissues, and pain during urination or intercourse. Causes may include chemical irritants, foreign bodies, or infectious organisms. In prepubertal females, nonspecific causes such as poor hygiene, intestinal parasites, or foreign bodies are most common. After menarche, the most frequent infectious causes are *C. albicans*, *Trichomonas vaginalis*, and bacterial vaginosis (BV) (Hildebrand et al., 2025).

In postmenopausal people, the most common form is atrophic vaginitis, resulting from estrogen deficiency following menopause or oophorectomy. Without estrogen, the vaginal epithelium thins and loses glycogen, reducing lactic acid production and making the vagina more susceptible to infection and irritation. Symptoms include itching, burning, and painful intercourse. Topical estrogen cream can reverse severe symptoms by restoring epithelial growth and improving vaginal pH.

Candidiasis

Candidiasis—also known as yeast infection, thrush, or moniliasis—is a common cause of vulvovaginitis. *C. albicans* is the predominant causative organism, though other species such as *Candida glabrata* and *Candida tropicalis* may be responsible for complicated or recurrent infections (Satora et al., 2023).

Although *Candida* may be transmitted between sexual partners, vulvovaginal candidiasis is not generally considered a sexually transmitted infection. Studies have shown that male partners of females with candidiasis may harbor *Candida* on the penis, though balanoposthitis requiring treatment is rare (Satora et al., 2023).

Etiology and Clinical Manifestations

Overgrowth of *C. albicans* occurs when conditions favor fungal proliferation. Risk factors include recent antibiotic therapy (which disrupts normal bacterial flora), high estrogen states such as pregnancy or oral contraceptive use (which increase vaginal glycogen), and immune suppression due to uncontrolled diabetes or HIV infection.

People with vulvovaginal candidiasis typically present with vulvar itching, irritation, erythema, swelling (Fig. 32-11), dysuria, and dyspareunia. The hallmark finding is a thick, white, "cottage cheese–like" discharge that is odorless. In individuals who are obese, Candida can also colonize skin folds, such as beneath the breasts, in the abdominal pannus, or in inguinal creases (Satora et al., 2023).

Diagnosis and Treatment

Diagnosis is typically confirmed by microscopic identification of budding yeast, pseudohyphae, or spores on a wet-mount preparation with 20% potassium hydroxide (KOH). Vaginal pH is usually normal (<4.5),

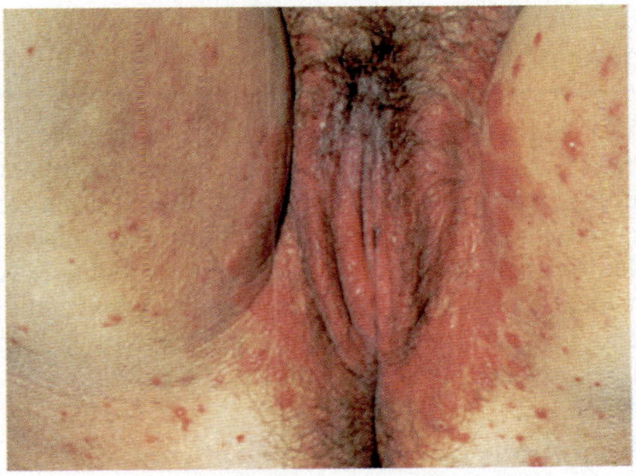

FIGURE 32-11. Candidiasis—vulvovaginal edema, erythema, and excoriation; thick white secretions, sometimes only along inner vaginal walls. Wet mount: Pseudohyphae, occasional budding yeast. (From Goodheart, H. P. [2008]. *Goodheart's photoguide of common skin disorders* [3rd ed., Fig. 7.32]. Lippincott Williams & Wilkins.)

which helps distinguish candidiasis from other causes of vaginitis. If wet-mount results are negative but symptoms are strongly suggestive, fungal culture may be indicated.

Treatment consists of antifungal agents delivered either intravaginally or orally. Females with recurrent or complicated infections may require longer treatment courses or further evaluation for underlying risk factors (Satora et al., 2023).

Bacterial Vaginosis

BV is the most common cause of vaginal discharge. It is a polymicrobial disorder characterized by a shift from protective, hydrogen peroxide–producing lactobacilli to markedly reduced lactobacilli and overgrowth of organisms such as *Gardnerella vaginalis*, *Mobiluncus* species, *Mycoplasma hominis*, and anaerobes. BV presents most often with a thin, grayish-white discharge and a distinctive fishy odor. Because BV does not produce significant inflammation, it is described as a "vaginosis" rather than a vaginitis.

Diagnosis and Management

Vaginal discharge that is irritating, malodorous, or accompanied by itching or burning requires evaluation. Because clinical symptoms overlap across causes, identification of the specific pathogen is essential for treatment. A detailed history should include information about systemic diseases, medication use (particularly antibiotics), dietary habits, and stress. Examination can assess the discharge and associated tissue changes. A saline wet-mount smear is commonly used to identify pathogens, while KOH preparations aid in diagnosing candidiasis.

Treatment depends on the cause and emphasizes both antimicrobial therapy and supportive health practices. Preventive measures include maintaining good hygiene, avoiding unnecessary antibiotic use, and addressing systemic conditions that alter vaginal defenses. Early and accurate diagnosis improves treatment outcomes (Hildebrand et al., 2025).

Cancer of the Vagina

Primary **vaginal cancers** are rare, accounting for about 1% to 2% of all gynecologic cancers. Most cases occur in people over age 60, except for clear-cell adenocarcinoma, which is associated with in utero exposure to diethylstilbestrol (DES). Vaginal cancers may also develop from local extension of cervical cancer, persistent HPV infection, or, rarely, chronic local irritation such as long-term pessary use (Jhingran, 2022).

Pathogenesis and Clinical Features

Most vaginal cancers are SCCs arising from the epithelium, progressing slowly from precancerous vaginal intraepithelial neoplasia (VaIN). Between 65% and 80% of VaIN lesions contain HPV. Symptoms are often absent in preinvasive disease, and cancers may be detected only during routine pelvic examinations. When symptoms occur, they typically include abnormal vaginal bleeding, discharge, dyspareunia, or a palpable mass. Because of the vagina's proximity to the urethra, bladder, and rectum, early local spread is common. The majority of vaginal cancers are metastatic rather than primary (Jhingran, 2022).

Diagnosis and Management

Diagnosis relies on pelvic examination, biopsy of suspicious lesions, and imaging to assess spread. Management depends on tumor type, size, location, stage, and patient age. Options include local excision, laser vaporization, or loop electrosurgical excision procedure (LEEP) for stage 0 disease. More advanced cancers may require radical surgery, radiation therapy, or both. Upper vaginal involvement often necessitates hysterectomy, pelvic lymph node dissection, and partial vaginectomy, while ovarian preservation is possible if the ovaries are unaffected. Lesions in the middle or lower vagina are more commonly treated with radiation therapy. Prognosis is determined by stage, lymph node involvement, and tumor cell activity (Jhingran, 2022).

SUMMARY CONCEPTS

Disorders of the vulva include conditions that affect the skin surface, such as those seen on other parts of the body. Bartholin gland cysts result from obstruction of the gland ducts and may be painful or become infected. Nonneoplastic epithelial disorders involve thinning or hyperplastic thickening of vulvar tissues and can progress to malignancy. Vulvodynia is a chronic vulvar pain syndrome that has several classifications and variable responses to treatment. Cancer of the vulva is often associated with HPV infection in younger females and with lichen sclerosus in older females.

Normal vaginal health depends on the balance of hormones and bacterial flora, and disruption of this balance predisposes one to infection. Vaginitis is characterized by discharge, itching, burning, redness, and swelling of vaginal tissues and may result from chemical irritants, foreign bodies, or infectious agents. Primary cancers of the vagina are rare, accounting for about 1% of female reproductive cancers. Most cases are SCCs associated with HPV, while clear-cell adenocarcinoma is linked to in utero DES exposure.

Disorders of the Cervix

The **cervix** is composed of two types of tissue. The **exocervix**, the visible portion, is lined by stratified squamous epithelium, which also lines the vagina. The **endocervix**, the canal that leads to the endometrial cavity, is lined with columnar epithelium containing large, branched mucus-secreting glands. During the menstrual cycle, cervical glands undergo functional changes influenced by ovarian hormones. Blockage of these glands can trap mucus in the deeper glands, forming dilated benign cysts known as nabothian cysts, which may grow to one centimeter or more.

The junction of squamous and columnar epithelium, known as the squamocolumnar junction, appears at different locations throughout a woman's life (Fig. 32-12). During the reproductive years, the cervix everts outward, exposing columnar epithelium to the vaginal environment. Hormonal changes, pH shifts, long-term inflammation, and mechanical irritation gradually transform columnar epithelium into squamous epithelium, a process called metaplasia. This dynamic area, called the transformation zone, is clinically significant.

The transformation zone is the critical site for the development of cervical cancer. Newly developed squamous cells in this zone are particularly vulnerable to dysplasia and genetic changes if exposed to cancer-causing agents. Cervical dysplasia is initially reversible but can progress to carcinoma if untreated. This is the area sampled in a Pap smear, and if abnormalities are detected, further evaluation with colposcopy is performed (Dash et al., 2023).

Cervicitis and Cervical Polyps

Acute **cervicitis** may result from direct infection of the cervix or may occur secondary to vaginal or uterine infection. Common infectious agents include *Streptococcus*, *Staphylococcus*, *Enterococcus*, *C. albicans*, *T. vaginalis*, *N. gonorrhoeae*, *G. vaginalis*, *C. trachomatis*, *Ureaplasma urealyticum*, and herpes simplex virus type 2. *C. trachomatis* is the most frequent cause of mucopurulent cervicitis. Clinically, the cervix becomes reddened and edematous, and infection results in mucopurulent drainage and leukorrhea. Treatment depends on the causative agent and usually includes appropriate antibiotic therapy. If left untreated, cervicitis may lead to complications such as pelvic cellulitis, dyspareunia, cervical stenosis, or ascending infection involving the uterus or fallopian tubes (Vodstrcil et al., 2025).

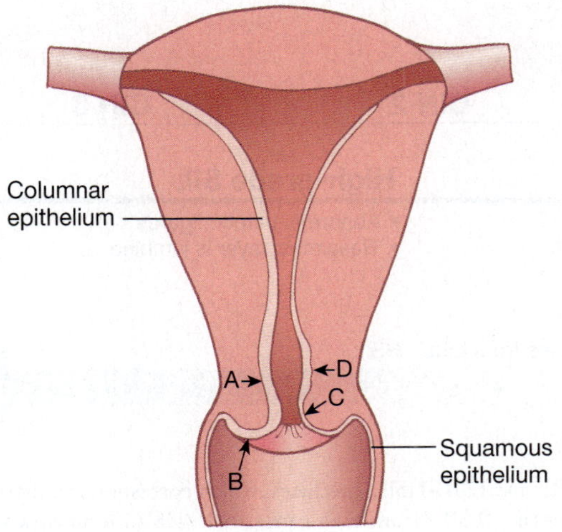

FIGURE 32.12. Location of the squamocolumnar junction (transformation zone) in menarchial, menstruating, menopausal, and postmenopausal females. (*A*, menarchial; *B*, menstruating; *C*, menopausal; *D*, postmenopausal.)

Polyps are the most common benign lesions of the cervix, with a higher incidence during the reproductive years. They present as soft, velvety, red, usually pedunculated growths that protrude through the cervical os. Cervical polyps develop from inflammatory hyperplasia of the endocervical mucosa. Most are asymptomatic but may cause postcoital bleeding. Although typically benign, they should be removed and examined to rule out malignant change (Alkilani et al., 2025).

Cancer of the Cervix

Cervical cancer is one of the most preventable and curable cancers of the female reproductive system when detected early. Widespread use of Pap smears and HPV testing has significantly reduced the incidence and mortality of this disease, with deaths decreasing by more than 50% over the past four decades (Tewari, 2025).

Risk Factors

Risk factors for cervical cancer include early onset of sexual activity, multiple sexual partners, smoking, and a history of STIs. HPV infection is the primary cause, with high-risk subtypes 16 and 18 most strongly associated. Other contributing HPV types include 31, 33, 35, 39, 45, 51, 52, 56, 58, 59, and 68. Coinfections such as *C. trachomatis* or herpes simplex virus, along with smoking, poor nutrition, and immunosuppression (e.g., HIV), may increase the likelihood of progression from HPV infection to malignancy (Tewari, 2025).

Preventing Cervical Cancer

HPV vaccination has transformed prevention, reducing cervical cancer risk by more than 90%. Gardasil and Gardasil 9 protect against the most common oncogenic strains (16 and 18), as well as several low-risk strains that cause genital warts. Cervarix also provides protection against high-risk HPV types. Vaccination is recommended before the onset of sexual activity and can be given to both males and females starting in early adolescence.

Pathogenesis

Pap smear cytology plays a central role in detecting precancerous changes. Dysplasia involves abnormal changes in the size, shape, and nuclear structure of squamous cells. These changes may regress spontaneously, remain stable, or progress to carcinoma in situ and eventually invasive cancer.

A system of grading to describe the histopathologic findings of dysplastic changes of cancer precursors uses the term *cervical intraepithelial neoplasia* (CIN), which describes premalignant changes in the epithelial tissue. CIN I is defined as mild dysplasia or atypical changes in the cervical epithelium, CIN II is defined as moderate dysplasia, and CIN III is defined as severe dysplasia or carcinoma in situ. These lesions represent a continuum of disease with the potential to progress if untreated (Tewari, 2025).

Diagnosis

Pap smear abnormalities are classified as atypical squamous cells of undetermined significance (ASC-US) or atypical squamous cells—cannot exclude high-grade squamous intraepithelial lesion (ASC-H), low-grade squamous intraepithelial lesion (LGSIL), high-grade squamous intraepithelial lesion (HGSIL), or SCC (Fig. 32-13). Colposcopy with directed biopsy is used to evaluate abnormal results. Endocervical curettage or cone biopsy may be performed if lesions extend into the endocervical canal. LEEP is a common outpatient method for the diagnosis and treatment of high-grade lesions.

Screening guidelines recommend cytology alone every 3 years from ages 21 to 29 and, from age 30 onward, either cytology alone every 3 years or Pap smear with HPV cotesting every 5 years (Tewari, 2025).

Clinical Manifestations and Treatment

Early cervical cancer is often asymptomatic or presents as a poorly defined lesion of the endocervix. Abnormal vaginal bleeding, spotting, or discharge, often after

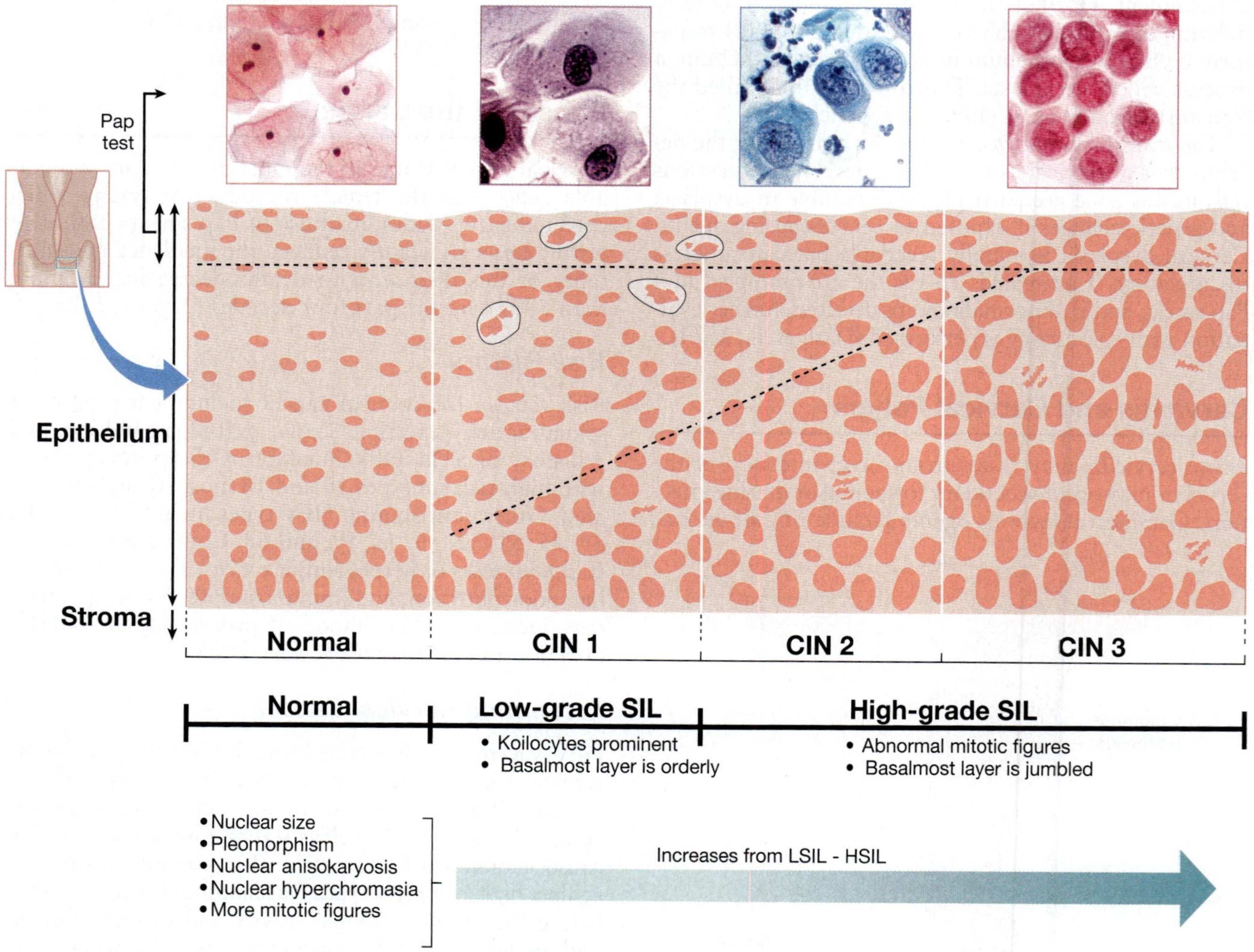

FIGURE 32.13. This system integrates multiple aspects across the normal–LSIL and LSIL–HSIL interfaces, which correspond to therapeutic thresholds. It lists qualitative and quantitative features that distinguish low-cancer-risk (LSIL) from high-cancer-risk (HSIL) lesions, which are generally caused by different subtypes of human papillomavirus. It also illustrates approximate counterparts for the legacy CIN system, which was based on a model of continuous progression rather than dichotomous viral subtypes. Finally, the scheme illustrates the corresponding cytologic test resulting from exfoliation of the most superficial cells, indicating that even in the mildest disease state, abnormal cells reach the surface and are shed. CIN, cervical intraepithelial neoplasia; HSIL, high-grade squamous intraepithelial lesion; LSIL, low-grade squamous intraepithelial lesion. (Reprinted from Robboy, S. J., Anderson, M. C., & Russell, P. [Eds.]. [2002]. *Pathology of the female reproductive tract* [4th ed., Figure 7.1]. Churchill Livingstone. Copyright © 2002 Elsevier. With permission.)

intercourse, is the most common presenting symptom. Advanced disease may cause pelvic or back pain radiating down the leg, hematuria, fistulas, or lymph node involvement.

Preinvasive disease can be treated with biopsy, cautery, cryosurgery, or carbon dioxide laser therapy if confined to the exocervix.

Invasive cancer is treated with surgery, radiation, or both. Options include trachelectomy for fertility preservation, radical hysterectomy with lymph node dissection, or pelvic exenteration for advanced disease. Radiation therapy may also be used. For advanced disease, treatment often includes multimodal therapy combining surgery, radiation, and chemotherapy (Tewari, 2025).

Disorders of the Uterus

Disorders of the uterus include inflammatory and proliferative conditions such as endometritis and endometriosis, as well as neoplastic processes like endometrial cancer. Benign growths such as leiomyomas (uterine fibroids) and adenomyosis, which involves the displacement of endometrial tissue into the uterine muscle wall, are also common.

Inflammatory and Functional Disorders

Inflammatory and functional disorders of the uterus arise from infection, ectopic placement of endometrial tissue, or abnormal tissue growth within the uterine wall. These conditions—endometritis, endometriosis, and adenomyosis—often present with pain, abnormal bleeding, and fertility challenges.

Endometritis

The endometrium and myometrium are typically resistant to infection, largely due to the protective barrier formed by the endocervix. **Endometritis** refers to inflammation of the endometrium and may be acute or chronic (Singh & Sethi, 2022).

Acute endometritis often occurs when the cervical barrier is disrupted, such as after childbirth or abortion. Risk factors include chorioamnionitis during labor, cesarean section, or manual removal of the placenta. Clinical features may include uterine tenderness, fever, malaise, and foul-smelling discharge. Treatment typically includes antibiotics, with curettage if retained placental tissue is suspected.

Chronic endometritis may follow pelvic inflammatory disease (PID), intrauterine instrumentation (e.g., biopsy or intrauterine device [IUD] insertion), or retained products of conception. The diagnosis requires histologic identification of plasma cells. Symptoms vary but may mirror acute infection or present more subtly. Treatment involves oral or intravenous antibiotics depending on severity (Singh & Sethi, 2022).

Endometriosis

Endometriosis is characterized by functional endometrial tissue located outside the uterine cavity. These ectopic implants remain hormone-responsive, often leading to pain, inflammation, and scarring. Sites of involvement include the ovaries, broad and uterosacral ligaments, pouch of Douglas, vagina, vulva, perineum, and intestines (Fig. 32-14). The condition is estrogen-dependent, though its precise pathogenesis, whether inflammatory, immune-mediated, or both, remains unclear (Horne & Missmer, 2022).

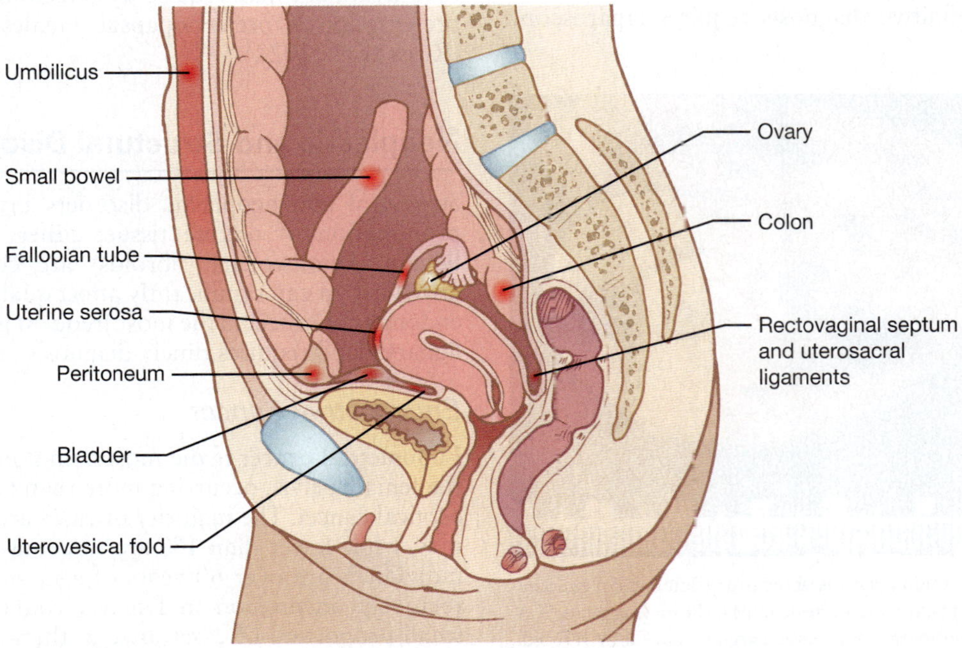

FIGURE 32-14. Common locations of endometriosis in the pelvis and abdomen.

Etiology and Pathogenesis

The exact cause of endometriosis is unknown, but the condition has become increasingly recognized in Western countries. It affects approximately 10% of premenopausal females, with a higher prevalence in those with infertility (24% to 50%).

Clinical Manifestations

Endometriosis typically presents during the reproductive years. Hormonal cycling stimulates both normal and ectopic endometrial tissue, leading to proliferative, secretory, and shedding phases outside the uterus. This cyclic uterine blood flow is associated with pelvic pain, particularly premenstrually, along with back pain, dyspareunia, and pain with defecation or urination. Infertility may result from adhesions that distort pelvic anatomy and impair ovum release or transport.

Gross pathologic changes differ with location and duration. In the ovary, endometrial tissue may form endometriomas. Rupture of these cysts, which are filled with old blood, can cause peritonitis and adhesions. Elsewhere in the pelvis, the tissue may be small hemorrhagic lesions, usually appearing as red–blue nodules (Fig. 32-15). Lesions may be surrounded by scar tissue (Horne & Missmer, 2022).

Diagnosis and Treatment

Diagnosis is challenging because symptoms mimic other pelvic conditions and do not always reflect disease severity. Clinical suspicion may justify initial treatment, but definitive diagnosis requires laparoscopy with histologic confirmation. Imaging with ultrasound or MRI is helpful in evaluating endometriomas or deep disease.

Endometriosis can be difficult to diagnose because its symptoms often resemble other pelvic disorders and may not accurately reflect the extent of the disease. While treatment may be initiated on the basis of clinical presentation, definitive diagnosis requires laparoscopy with histologic confirmation. Imaging studies, such as ultrasound and MRI, are valuable for identifying endometriomas or deep pelvic involvement.

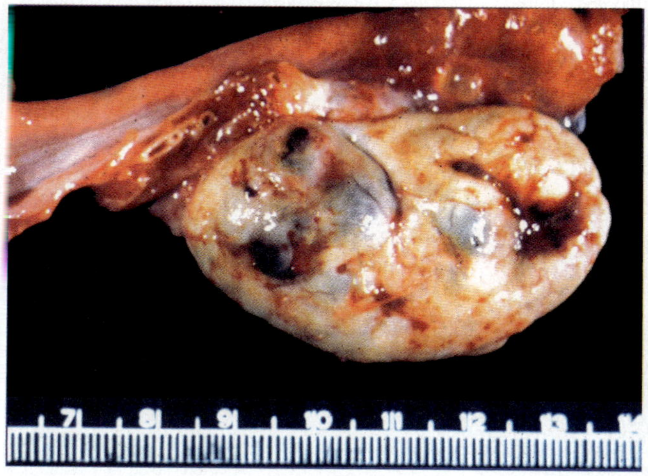

FIGURE 32-15. Endometriosis of the ovary. Implants of endometrium on the ovary appear as red-blue nodules. (From Longacre, T. A. [2022]. *Mills and Sternberg's diagnostic surgical pathology* [7th ed., Fig. 59.33]. Wolters Kluwer.)

Treatment is aimed at symptom relief, suppression of endometrial activity, and surgical management when necessary. Medical management often begins with NSAIDs for pain control, followed by hormonal therapies such as oral contraceptives, continuous progestogens, or GnRH analogs, which suppress ovulation and induce atrophy of endometrial tissue. Surgical treatment, most often performed via laparoscopy, focuses on the excision or ablation of endometrial lesions and repair of adhesions to restore normal pelvic anatomy and reduce pain, although recurrence is common. Combining surgery with hormonal suppression before or after the procedure can help prolong remission. For individuals with severe or refractory disease or for those who no longer desire fertility, definitive management may involve hysterectomy with bilateral salpingo-oophorectomy (Horne & Missmer, 2022).

Adenomyosis

Adenomyosis is a condition in which endometrial glands and stroma are found within the myometrium, interspersed between smooth muscle fibers. It is most often seen in multiparous females, possibly due to repeated pregnancies, deliveries, and uterine involution, which may facilitate the displacement of endometrial tissue throughout the myometrium. Adenomyosis frequently coexists with uterine myomas or endometrial hyperplasia, and diagnosis often occurs incidentally when a uterus is removed for the treatment of these conditions. Clinical manifestations include heavy and painful menstruation, often with clots, as well as painful intercourse. MRI is the preferred diagnostic tool. Initial management typically involves conservative medical therapy with oral contraceptives and NSAIDs. In severe cases, definitive treatment may require hysterectomy, with ovarian preservation in premenopausal females when possible (Rossi et al., 2022).

Neoplastic and Structural Disorders

Structural and neoplastic disorders involve abnormal proliferation of uterine tissue, either benign or malignant. Leiomyomas (fibroids) are common benign growths that can significantly affect quality of life, while endometrial cancer is the most frequent gynecologic malignancy and requires timely diagnosis and treatment.

Endometrial Cancer

Endometrial cancer is the most common malignancy of the female pelvis, occurring more than twice as often as cervical cancer. The majority of cases are adenocarcinomas, while fewer than 1% are sarcomas. Most affected individuals are over 60 years of age, and the disease is relatively uncommon in females younger than 45. A small proportion of cases arise in the setting of hereditary cancer syndromes, such as hereditary nonpolyposis colorectal cancer, which involves mutations in DNA mismatch repair genes (Crosbie et al., 2022).

Pathogenesis

Endometrial cancers are generally divided into two groups. Type 1 cancers, which account for the vast majority, develop in the setting of prolonged estrogen stimulation and endometrial hyperplasia. These tumors are typically low-grade, hormone-sensitive, and associated with a favorable prognosis. Risk factors include anovulatory cycles, obesity, unopposed estrogen therapy, and estrogen-secreting ovarian tumors. In the 1970s, a notable increase in cases occurred in females treated with unopposed estrogen for menopausal symptoms, highlighting the protective role of progesterone. The use of combination oral contraceptives significantly reduces risk, while agents such as tamoxifen modestly increase it. Obesity further contributes to risk through estrogen synthesis in adipose tissue and insulin resistance, which alters hormone signaling.

Type 2 endometrial cancers, comprising about 10% of cases, are typically high-grade, estrogen-independent, and associated with endometrial atrophy. These cancers occur more often in older females, are biologically more aggressive, and carry a poorer prognosis (Crosbie et al., 2022).

Clinical Manifestations

The hallmark symptom of endometrial hyperplasia or carcinoma is abnormal, painless uterine bleeding. In menstruating females, this may present as intermenstrual blood flow or excessive menstrual flow. In postmenopausal females, any vaginal bleeding is considered abnormal and should prompt evaluation. Early disease is often curable if detected promptly. Advanced signs may include cramping, pelvic discomfort, postcoital bleeding, abdominal pressure, or enlarged lymph nodes.

Diagnosis and Treatment

Diagnosis is best established with an endometrial biopsy, which is significantly more accurate than Pap smears. Dilation and curettage (D&C) provide a thorough assessment and remain the definitive diagnostic procedure. Prognosis depends on the clinical stage, tumor grade, and histologic type. Surgery and radiation therapy are the primary treatment options. Total abdominal hysterectomy with bilateral salpingo-oophorectomy and sampling of regional lymph nodes is the treatment of choice when feasible. Radiation therapy may be used in individuals who are poor surgical candidates, although cure rates are lower than with surgery. Five-year survival for early-stage disease approaches 96%, while the overall survival rate for all stages combined is about 83% (Crosbie et al., 2022).

Leiomyomas

Uterine leiomyomas, commonly called **fibroids**, are benign tumors of smooth muscle origin and represent the most common pelvic tumor in females. They affect roughly one in four to five females over the age of 35. Leiomyomas may develop as intramural, subserosal, or submucosal tumors in the uterine corpus (Fig. 32-16). **Intramural fibroids**, which are embedded within the myometrium, are the most common type and typically present as a symmetric enlargement of the nonpregnant uterus. **Subserosal tumors** arise beneath the perimetrium and often project irregularly from the uterine surface. Some may become pedunculated and displace or compress adjacent genitourinary structures, leading to complications such as hydroureter or bladder dysfunction. **Submucosal fibroids** extend into the endometrial cavity and are more likely to cause bleeding, necrosis, or infection (Singh et al., 2023).

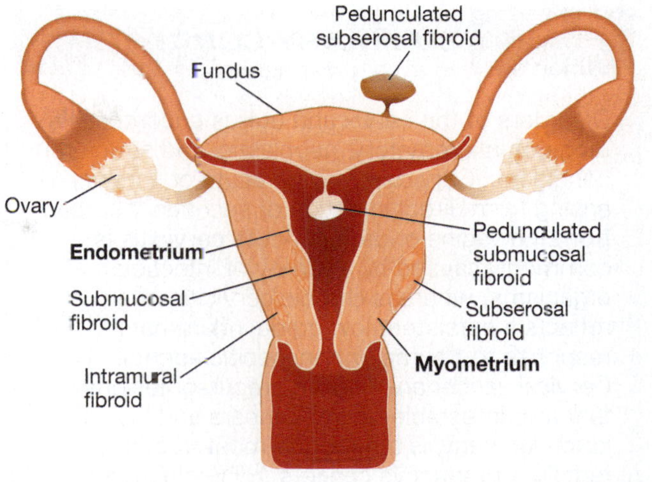

FIGURE 32-16. Uterine fibroids are benign tumors. They are denser than normal myometrium. Tumors appear as round, solid nodules. Other common names are leiomyoma, myoma, fibromyoma, and fibroleiomyoma (Designua/Shutterstock.com).

Risk factors for uterine leiomyomas include obesity, alcohol intake, oral contraceptive use, and chronic psychological stress (Salehi et al., 2023). Leiomyomas are asymptomatic in about half of cases and may be discovered incidentally during routine pelvic examinations. Symptomatic fibroids can cause menorrhagia, anemia, urinary frequency, rectal pressure or constipation, abdominal distension, and, less often, pain. Their rate of growth varies, but enlargement often occurs during pregnancy or with exogenous estrogen exposure, such as oral contraceptives or menopausal hormone therapy. Submucosal tumors may interfere with implantation or obstruct the cervical outlet, impairing fertility. In some cases, fibroids outgrow their blood supply, leading to infarction and degenerative changes (Salehi et al., 2023).

Most leiomyomas regress after menopause. However, persistent symptoms such as bleeding, pain, or pressure on adjacent organs may require intervention. Definitive treatment involves hysterectomy, though myomectomy can preserve fertility in those who desire future pregnancies. If the uterine cavity is entered during myomectomy, cesarean delivery is recommended for subsequent pregnancies. Medical management, such as the use of GnRH agonists, may temporarily suppress fibroid growth and reduce surgical complexity (Singh et al., 2023).

SUMMARY CONCEPTS

Disorders of the cervix and uterus encompass a range of inflammatory, neoplastic, and structural conditions. Cervicitis may be acute or chronic, arising from direct infection or secondary spread from the vagina or uterus. Acute cervicitis is commonly caused by a variety of infectious organisms, whereas chronic cervicitis often reflects a persistent low-grade inflammatory response to trauma or nonspecific agents. Cervical cancer arises from precursor lesions that are detectable on Pap smears and, if identified early, is among the most treatable female reproductive cancers. HPV infection is strongly implicated in the pathogenesis of cervical cancer, and vaccines targeting several high-risk HPV strains provide effective prevention.

Endometritis represents inflammation or infection of the endometrium, while endometriosis is characterized by the presence of functional endometrial tissue outside the uterus. Endometriosis often leads to pelvic pain, dyspareunia, and infertility, particularly when adhesions distort pelvic anatomy. Adenomyosis occurs when endometrial glands and stroma infiltrate the myometrium, causing heavy, painful menses and uterine enlargement. Endometrial cancer is the most common pelvic malignancy in females, with prolonged unopposed estrogen stimulation and endometrial hyperplasia serving as major risk factors.

Leiomyomas, or uterine fibroids, are benign tumors of smooth muscle origin that arise in the uterine wall. Depending on their location, they may be classified as intramural, subserosal, or submucosal. Submucosal fibroids are particularly associated with abnormal bleeding, necrosis, and infection. Although leiomyomas are often asymptomatic, they can cause significant morbidity and are a frequent indication for surgical management.

Disorders of the Fallopian Tubes and Ovaries

The fallopian tubes and ovaries are susceptible to a range of conditions that can significantly affect fertility and overall reproductive health. Infections and inflammatory processes are especially important because they may progress silently yet lead to serious complications such as scarring, adhesions, or infertility. Neoplastic and cystic disorders can also arise in these organs, but infections remain among the most common and clinically urgent problems.

Pelvic Inflammatory Disease

PID is a polymicrobial infection of the upper reproductive tract, including the uterus, fallopian tubes, and ovaries, most often associated with sexually transmitted organisms such as *N. gonorrhoeae* or *C. trachomatis*. Endogenous organisms, including anaerobes, *Haemophilus influenzae*, enteric gram-negative rods, and streptococci, may also contribute. Organisms typically ascend through the endocervical canal into the endometrial cavity and from there spread to the tubes and ovaries. Because the endocervical canal is slightly dilated during menstruation, bacteria have greater access to the upper reproductive tract. Once present, pathogens multiply rapidly in the favorable environment of the sloughing endometrium and ascend to the fallopian tubes (Fig. 32-17) (Yusuf & Trent, 2023).

Clinical Manifestations

Symptoms of PID include lower abdominal pain, dyspareunia, back pain, purulent cervical discharge, adnexal tenderness, and cervical pain elicited during bimanual pelvic examination. Fever greater than 101°F, an elevated erythrocyte sedimentation rate, the presence of multiple leukocytes on wet-mount vaginal microscopy, and coinfection with chlamydia and/or gonorrhea provide additional diagnostic support. Elevated C-reactive protein levels are another useful indicator of inflammation (Yusuf & Trent, 2023).

Diagnosis and Treatment

Although laparoscopy provides a definitive diagnosis, its expense and associated surgical risks limit its use. For this reason, the minimal clinical criteria used for a presumptive diagnosis of PID include lower abdominal pain, adnexal tenderness, and cervical motion tenderness with no other identifiable cause. Outpatient antibiotic therapy is usually sufficient for treatment, though hospitalization and intravenous therapy may be required in more severe cases. Early and accurate treatment is essential to prevent complications such as pelvic adhesions, infertility, ectopic pregnancy, chronic abdominal pain, and tubo-ovarian abscesses. Because of the potential severity of these sequelae, empiric antibiotic therapy is recommended whenever PID is strongly suspected, even before confirmatory testing results are available (Yusuf & Trent, 2023).

Ectopic Pregnancy

Ectopic pregnancy is a gynecologic emergency that should always be considered when a person of reproductive age presents with pelvic pain. It occurs when a fertilized ovum implants outside of the uterine cavity, most commonly in the fallopian tube (Fig. 32-18). Ectopic pregnancy is the leading cause of maternal mortality during the first trimester, though mortality rates have declined in recent years with earlier detection and improved diagnostic methods (Lee & Barnhart, 2023).

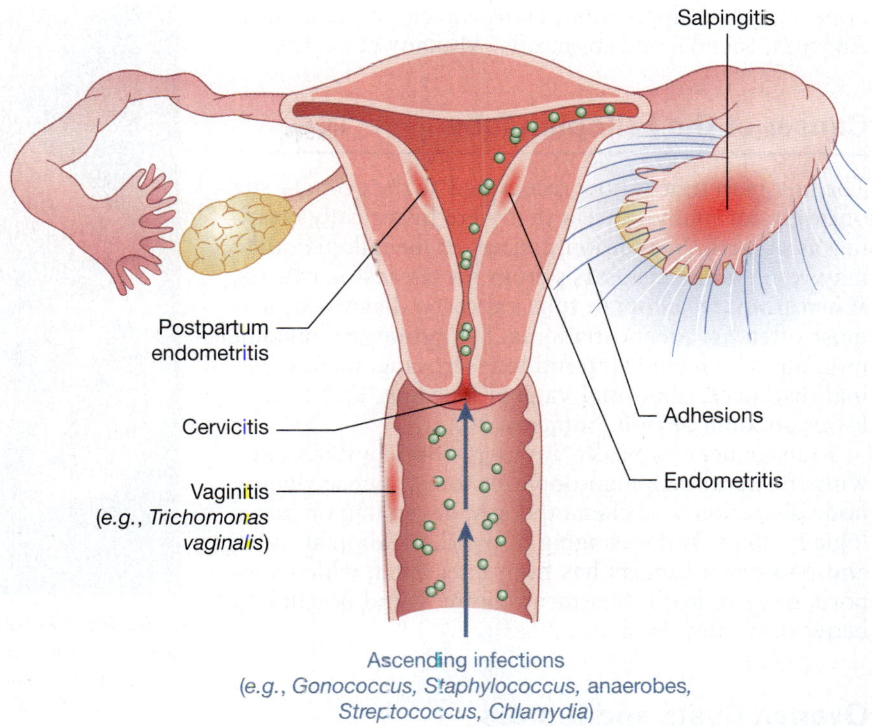

FIGURE 32-17. Pelvic inflammatory disease. Microbial agents enter through the vagina and ascend to involve the uterus, fallopian tubes, and pelvic structures.

The underlying cause of ectopic pregnancy is delayed ovum transport, often resulting from reduced tubal motility or abnormal tubal anatomy such as narrowing, convolutions, or diverticula. Risk factors include previous ectopic pregnancy, tubal surgery, tubal ligation or reversal, and the presence of tubal lesions. Additional risks include smoking, IUD use, prior PID or therapeutic abortion, and fertility drug use to induce ovulation (Mullany et al., 2023).

Clinical Manifestations

The site of implantation influences symptom onset and timing of diagnosis. As the ectopic pregnancy enlarges, the surrounding tissue becomes stretched. Because the implanted embryo eventually outgrows its blood supply, the pregnancy typically ends spontaneously or progresses to tubal rupture. Common symptoms include lower abdominal discomfort—diffuse or localized to one side—that may progress to severe pain if rupture occurs. Spotting, syncope, and referred shoulder pain caused by intraperitoneal bleeding may also occur. Amenorrhea is another key feature. On physical examination, adnexal tenderness is typically present, and an adnexal mass is detected in approximately half of cases (Mullany et al., 2023).

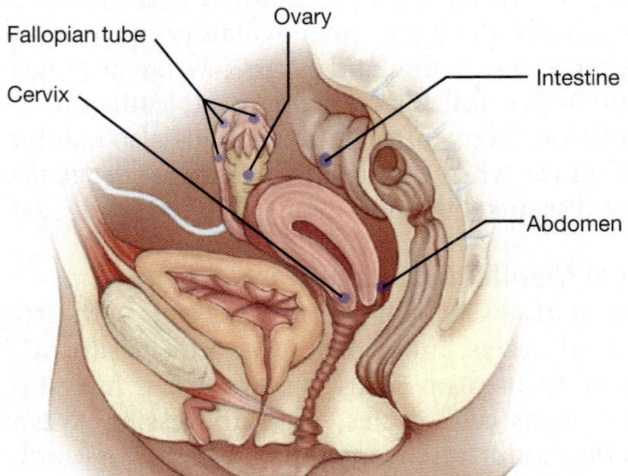

FIGURE 32-18. Ectopic pregnancy. (From Jensen, S. [2019]. *Nursing health assessment: A best practice approach* [3rd ed., p. 749]. Lippincott Williams & Wilkins.)

Diagnosis and Treatment

Diagnosis of ectopic pregnancy includes urine pregnancy testing, ultrasonography, and serial measurement of β-hCG levels. A slower-than-expected rise in hCG may suggest an abnormal pregnancy. Transvaginal ultrasonography performed after 5 weeks of gestation may reveal an empty uterus or a gestational sac located outside the uterine cavity. In some cases, laparoscopy is required for definitive diagnosis. Differential diagnoses include ruptured ovarian cyst, threatened or incomplete abortion, PID, acute appendicitis, and degenerating fibroid.

Treatment goals are to resolve the pregnancy with minimal morbidity and preserve fertility whenever possible. Early ectopic pregnancies can be treated medically with methotrexate, an antimetabolite that halts trophoblastic cell growth. Methotrexate is followed by serial hCG testing to confirm resolution. Surgical management is required when medical treatment is unlikely to be effective. Potential adverse effects of methotrexate include bone marrow suppression, transient elevation of liver enzymes, anemia, and stomatitis (Mullany et al., 2023).

Cancer of the Fallopian Tube

The fallopian tube is now recognized as the primary site of origin for many cancers that were historically classified as ovarian. In addition, cancers of the fallopian tube may result from metastasis from the uterus or ovaries. When primary **fallopian tube cancer** is diagnosed, it is most often an adenocarcinoma. Symptoms are uncommon but may include intermittent serosanguineous vaginal discharge, abnormal vaginal bleeding, and colicky lower abdominal pain (Sumtsov, 2023).

Management typically involves total hysterectomy with bilateral salpingo-oophorectomy, pelvic lymph node dissection, and chemotherapy, depending on histologic findings. Today, staging of ovarian, fallopian tube, and peritoneal cancers has been integrated, which supports more uniform treatment planning and potentially better outcomes (Sumtsov, 2023).

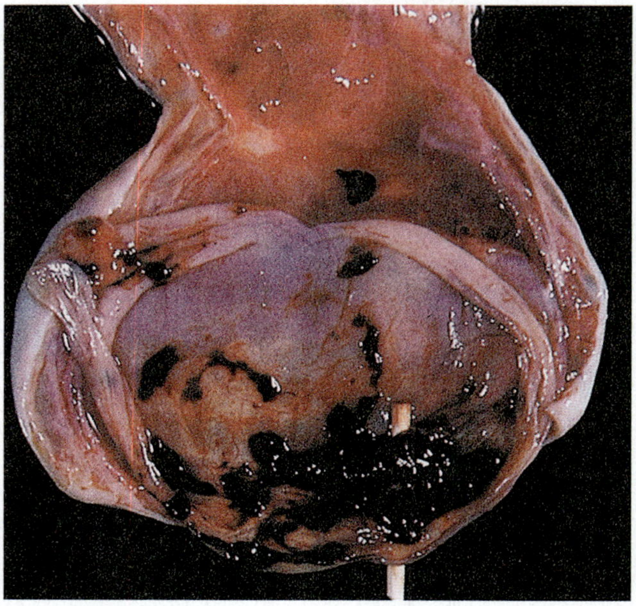

FIGURE 32-19. Follicular cyst of the ovary. The rupture of this thin-walled follicular cyst (*dowel stick*) led to intra-abdominal hemorrhage. (From Strayer D. S., & Rubin R. [Eds.]. [2015]. *Rubin's pathology: Clinicopathologic foundations of medicine* [7th ed., Fig. 24-44, p. 1033]. Lippincott Williams & Wilkins.)

Ovarian Cysts and Tumors

The ovaries have dual roles in producing germ cells (ova) and synthesizing female sex hormones. Disorders of the ovaries are common and may cause menstrual disturbances, infertility, or hormone-related changes. They can be benign, malignant, or hormonally active.

Ovarian Cysts

Ovarian cysts are fluid- or semisolid-filled structures that develop within or on the surface of the ovary, and they are among the most common adnexal findings in reproductive-aged females. Most cysts are **functional** (follicular or corpus luteum cysts), arising during the normal menstrual cycle and often resolving spontaneously within one to three cycles. Pathologic cysts include hemorrhagic cysts, dermoid (mature cystic teratoma), endometriomas ("chocolate cysts"), and neoplastic cysts (benign and malignant).

Many ovarian cysts are asymptomatic and discovered incidentally on imaging; when symptomatic, they may cause pelvic pain, bloating, fullness, or pressure symptoms (Fig. 32-19). Large cysts risk torsion, rupture, or hemorrhage, which present acutely with severe pain and sometimes hemodynamic compromise. Diagnosis typically involves pelvic ultrasonography with characterization (size, morphology, septations, solid components, Doppler blood flow), followed by tumor marker testing (e.g., CA-125, inhibin) and sometimes MRI when ultrasound is indeterminate. Management depends on patient age, symptoms, cyst size, and imaging features: many functional cysts are managed expectantly ("watchful waiting"), while persistent, large (>5 to 10 cm), suspicious, or symptomatic cysts may require surgical removal (laparoscopy or laparotomy). Fertility preservation is always considered in reproductive-aged patients when surgery is undertaken (Mobeen & Apostol, 2023).

Polycystic Ovary Syndrome

Polycystic ovary syndrome (PCOS) is a common endocrine disorder affecting 6% to 15% of reproductive-age females and is a frequent cause of chronic anovulation and infertility (see Chapter 30 for a detailed discussion of endocrine and metabolic mechanisms). Diagnosis is based on a combination of clinical features, including oligomenorrhea or amenorrhea, hyperandrogenism (e.g., acne, hirsutism), and/or polycystic ovarian morphology (Stener-Victorin et al., 2024). PCOS represents an important example of the interaction between endocrine dysfunction and reproductive impairment.

Etiology and Pathogenesis

PCOS is characterized by hormonal and metabolic disturbances that disrupt normal ovulatory function. Altered gonadotropin secretion and excess ovarian androgen production impair follicular development, leading to chronic anovulation. Many affected individuals also exhibit insulin resistance, which contributes to hyperandrogenism and further disrupts ovulation (Stener-Victorin et al., 2024).

Clinical Manifestations and Treatment

People with PCOS commonly present with irregular menstrual cycles, infertility, acne, and hirsutism. Management focuses on restoring ovulatory function, regulating menstrual cycles, and addressing symptoms. Lifestyle modification, including weight loss and regular exercise, is a first-line intervention and may improve ovulation. Combined hormonal contraceptives are commonly used to regulate cycles and reduce androgen-related symptoms. For individuals desiring pregnancy, ovulation induction agents such as clomiphene citrate may be required (Stener-Victorin et al., 2024).

Benign and Functioning/Endocrine Active Ovarian Tumors

Ovarian tumors encompass a diverse group of neoplasms that are often benign, but in some cases, they exert hormonal effects or have the potential for malignancy. These tumors may arise from surface epithelium, germ cells, or stromal (sex cord–stromal) lineages (Fig. 32-20). In many females, benign lesions such as cystadenomas or dermoid cysts remain asymptomatic and require only observation, whereas hormonally active tumors may present with endocrine symptoms.

Epithelial benign tumors include serous and mucinous cystadenomas. Serous cystadenomas tend to be unilocular and filled with clear serous fluid and may be bilateral in up to 15% to 20% of cases. Mucinous cystadenomas often grow to large sizes, are typically unilateral, and contain viscous mucinous fluid. **Endometriomas** (chocolate cysts) derive from ectopic endometrial tissue and may cause chronic pelvic pain and infertility (Rojewska et al., 2022).

Stromal (sex cord–stromal) tumors include fibromas, thecomas, and hormonally active variants. Fibromas are composed chiefly of collagen and are generally hormonally inert; large fibromas may cause mass effects or Meigs syndrome (ascites and pleural effusion). The comas and granulosa cell tumors produce estrogen and may lead to uterine bleeding or endometrial hyperplasia (Sertic et al., 2023). In addition, **steroid cell tumors** (formerly "lipoid cell tumors," "stromal luteomas," etc.) are rare neoplasms that can secrete androgens or estrogens, causing virilization or menstrual irregularities. Recent reviews note that steroid cell tumors are uncommon but important to consider when reproductive-aged females present with signs of hormonal excess (e.g., hirsutism, virilization, menstrual disturbances) (Rojewska et al., 2022; Wei & Fadare, 2024).

Germ cell benign tumors include mature cystic teratomas (dermoids), which derive from primordial germ cells and often contain differentiated tissues such as hair, sebaceous material, teeth, or cartilage. These are

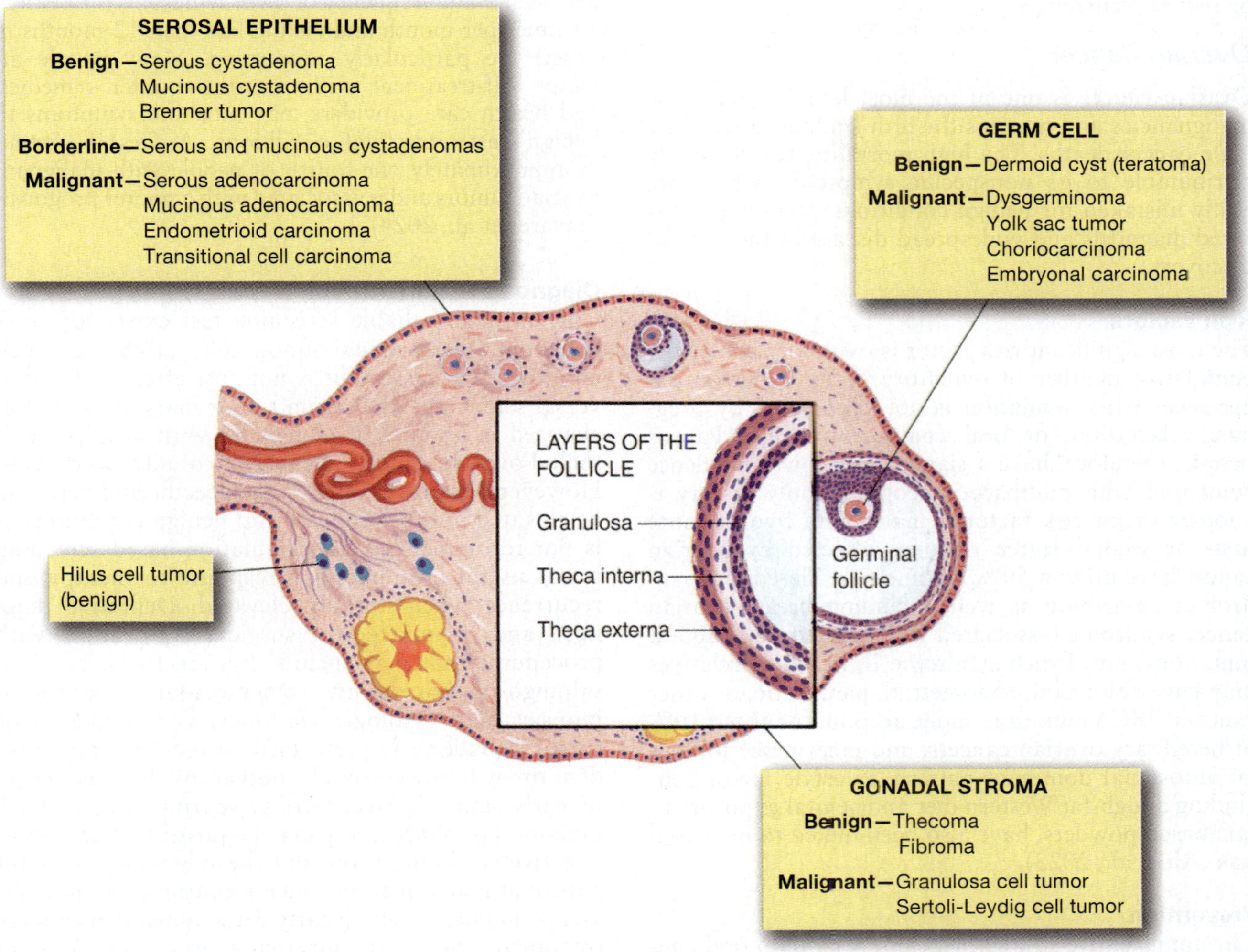

FIGURE 32-20. Classification of ovarian neoplasms based on cell of origin. (From Strayer D. S., & Rubin R. [Eds.]. [2015]. *Rubin's pathology: Clinicopathologic foundations of medicine* [7th ed., Fig. 24-48, p. 1035]. Lippincott Williams & Wilkins.)

commonly encountered in reproductive-aged females and are often managed surgically when symptomatic or large (Rogers et al., 2023).

Benign and hormonally active ovarian tumors are most often detected during routine pelvic imaging or evaluation for pelvic pain, mass effect, or abnormal bleeding. Transvaginal ultrasonography is the preferred diagnostic tool, with attention to cyst morphology, wall thickness, septations, and the presence of solid components; MRI may be used when findings are indeterminate. Serum tumor markers (e.g., CA-125, inhibin, AFP, β-hCG, estradiol, testosterone) may help differentiate benign from malignant or hormonally active lesions, though they are not diagnostic on their own (Yang et al., 2023). Management depends on tumor type, size, symptoms, hormonal activity, and patient age. Observation is appropriate for small, asymptomatic cystadenomas or dermoids in younger females. Surgical removal (cystectomy or oophorectomy) is indicated for large, persistent, symptomatic, or suspicious lesions, as well as for hormonally active tumors causing virilization or estrogen excess. In reproductive-aged females, fertility-sparing approaches are prioritized. Long-term follow-up is recommended, as some stromal tumors (e.g., granulosa cell tumors) carry malignant potential or risk of recurrence.

Ovarian Cancer

Ovarian cancer is one of the most lethal gynecologic malignancies and remains the fifth leading cause of female cancer deaths. The high mortality rate is largely attributable to its nonspecific symptoms, which are easily mistaken for benign conditions, resulting in delayed diagnosis and widespread disease at the time of discovery.

Risk Factors

The most significant risk factor is ovulatory age or the cumulative number of ovulatory cycles a person experiences when ovulation is not suppressed by pregnancy, lactation, or oral contraceptive use. Parous people, therefore, have a significantly lower incidence compared with nulliparous people. Family history is another major risk factor; females with two or more first- or second-degree relatives affected by ovarian cancer have up to a 50% lifetime risk. Hereditary syndromes contribute as well, including breast–ovarian cancer syndrome (associated with BRCA1 and BRCA2 mutations) and Lynch syndrome II, in which relatives may have colorectal, endometrial, pancreatic, or other cancers. BRCA mutations alone account for about 10% of hereditary ovarian cancers, and inheritance follows an autosomal dominant pattern. Lifestyle factors, including a high-fat Western diet and genital exposure to talc-based powders, have also been linked to increased risk (Ali et al., 2023).

Prevention

Chemopreventive strategies include long-term oral contraceptive use, which significantly reduces lifetime risk, and possibly acetaminophen or aspirin, although more evidence is needed. Surgical prophylaxis, including bilateral salpingo-oophorectomy, is sometimes recommended for those at high risk, particularly BRCA carriers, as an effective strategy for risk reduction (Sideris et al., 2024).

Types of Ovarian Cancer

Because of the diversity of ovarian tissue types, ovarian cancers are heterogeneous. Malignant tumors are broadly classified as epithelial tumors, germ cell tumors, or gonadal stromal tumors, with epithelial tumors accounting for approximately 90% of all cases (Fig. 32-21) (Tavares et al., 2024).

Clinical Manifestations

The clinical course varies depending on tumor type and differentiation. Well-differentiated tumors may cause prolonged but relatively mild symptoms, whereas poorly differentiated cancers often progress rapidly and are widely disseminated by the time of diagnosis. Ovarian cancer is usually detected at an advanced stage because early symptoms are vague and nonspecific. Key symptoms associated with ovarian cancer include abdominal or pelvic pain, bloating or increased abdominal size, and early satiety or difficulty eating. The persistence and frequency of these symptoms (more than 12 times per month and lasting less than 12 months in onset) are particularly concerning. Many people attempt self-treatment with over-the-counter remedies, and health care providers may attribute symptoms to benign gastrointestinal conditions. Ascites is present in approximately one-fourth of people with malignant ovarian tumors and is associated with a poorer prognosis (Tavares et al., 2024).

Diagnosis and Treatment

Currently, no reliable screening test exists for early detection. Transvaginal sonography (TVS) can evaluate ovarian masses but is not cost-effective for universal screening. The serum tumor marker CA-125 is elevated in about half of females with localized epithelial ovarian cancer and in 90% of advanced cases. However, because CA-125 is nonspecific and may also be elevated in other cancers and benign conditions, it is not recommended for population-based screening but is useful in monitoring response to therapy and recurrence when initially elevated. Definitive diagnosis and staging require surgical exploration, with procedures that may include hysterectomy, bilateral salpingo-oophorectomy, omentectomy, peritoneal biopsies, and cytologic washings. Cytoreduction or tumor debulking is performed to reduce tumor burden, often followed by chemotherapy. In select cases of early-stage disease, fertility-sparing surgery with unilateral oophorectomy may be possible. The lack of effective screening tools and the inherently resistant nature of many ovarian cancers continue to limit survival outcomes, making early detection and aggressive treatment critical to improving prognosis (Tavares et al., 2024).

SUMMARY CONCEPTS

PID is an infection of the upper reproductive tract that may involve the uterus (endometritis), fallopian tubes (salpingitis), or ovaries (oophoritis). It is most often caused by *N. gonorrhoeae* or *C. trachomatis*. Accurate diagnosis and prompt therapy are essential to prevent long-term complications such as pelvic adhesions, infertility, ectopic pregnancy, chronic abdominal pain, and tubo-ovarian abscesses.

Ectopic pregnancy occurs when a fertilized ovum implants outside the uterine cavity, most commonly in the fallopian tube. It is most often associated with delayed ovum transport caused by conditions such as PID, tubal ligation or reversal, previous ectopic pregnancy, or fertility drug use. Because of its risk of rupture and hemorrhage, ectopic pregnancy represents a true gynecologic emergency, often requiring urgent surgical intervention. Cancer of the fallopian tube is rare, typically diagnosed at an advanced stage, and is difficult to treat effectively.

Disorders of the ovaries include benign cysts, functioning ovarian tumors, and ovarian cancer. Benign cysts are often asymptomatic unless they enlarge, bleed, twist, or rupture. PCOS is a common endocrine disorder marked by chronic anovulation, irregular menstruation, infertility, hyperandrogenism with hirsutism and acne, polycystic ovaries, and insulin resistance. Other benign ovarian tumors include endometriomas (chocolate cysts linked to endometriosis), ovarian fibromas (connective tissue tumors), and cystic teratomas or dermoid cysts (germ cell tumors containing differentiated tissue such as hair or teeth). Functioning ovarian tumors may be benign or malignant and can secrete estrogen, androgens, or both, disrupting reproductive function. Ovarian cancer, one of the most lethal gynecologic cancers, typically presents with vague, nonspecific symptoms until the disease is advanced. It is classified as epithelial tumors, germ cell tumors, or gonadal stromal tumors, and because no effective screening methods exist, it is often diagnosed at a late stage.

KEY POINTS

Gynecologic Cancers

- Cancers of the vulva, cervix, endometrium, and ovaries are a spectrum of malignancies.
- Ovarian cancer is often diagnosed at an advanced stage, making it highly lethal. The most significant risk factors include a longer ovulatory lifespan (i.e., cycles not suppressed by pregnancy, lactation, or contraceptive use) and family history.

Disorders of Pelvic Support and Uterine Position

The structural support of the uterus and surrounding pelvic organs relies on a complex network of muscles, fascia, and ligaments. Weakening or damage to these supports can lead to alterations in the normal position of the uterus, bladder, rectum, or other pelvic structures. Such changes may result in discomfort, functional problems, or prolapse, and they are collectively referred to as disorders of pelvic support.

Disorders of Pelvic Support

The pelvic organs are held in place by a combination of muscles, ligaments, and connective tissue. The cardinal ligaments help anchor the cervix, while the uterosacral ligaments pull the uterus into a forward position. The broad ligaments suspend the uterus, fallopian tubes, and ovaries, and the round ligaments provide additional support. The vagina is supported by firm fascia (Fig. 32-21A) and the muscular floor of the pelvis (Fig. 32-22), which acts as a sling to support the uterus, bladder, rectum, and vagina. The bony pelvis and peritoneum add stability, but openings for the urethra, rectum, and vagina represent inherent weak points. Weakness or injury to these supporting structures can allow pelvic organs to bulge downward into the vaginal canal, a condition referred to as prolapse (Jorge & Bustamante-Lopez, 2022).

Weakening of the pelvic floor often results from the stretching of supportive tissues during pregnancy and childbirth. Although these tissues may recover initially, symptoms of prolapse may not appear until later in life, particularly after menopause, when connective tissue loses elasticity and muscle tone declines. Aging, estrogen deficiency, and prior obstetric injury are the most common contributors. The most frequent disorders of pelvic support include cystocele, rectocele, enterocele, and uterine prolapse, which can occur alone or in combination (Jorge & Bustamante-Lopez, 2022).

Cystocele

A **cystocele** is the herniation of the bladder into the vagina due to weakness of the anterior vaginal wall (Fig. 32-21B). This weakening allows the bladder to sag downward, especially during activities that increase intra-abdominal pressure, such as coughing, lifting, or

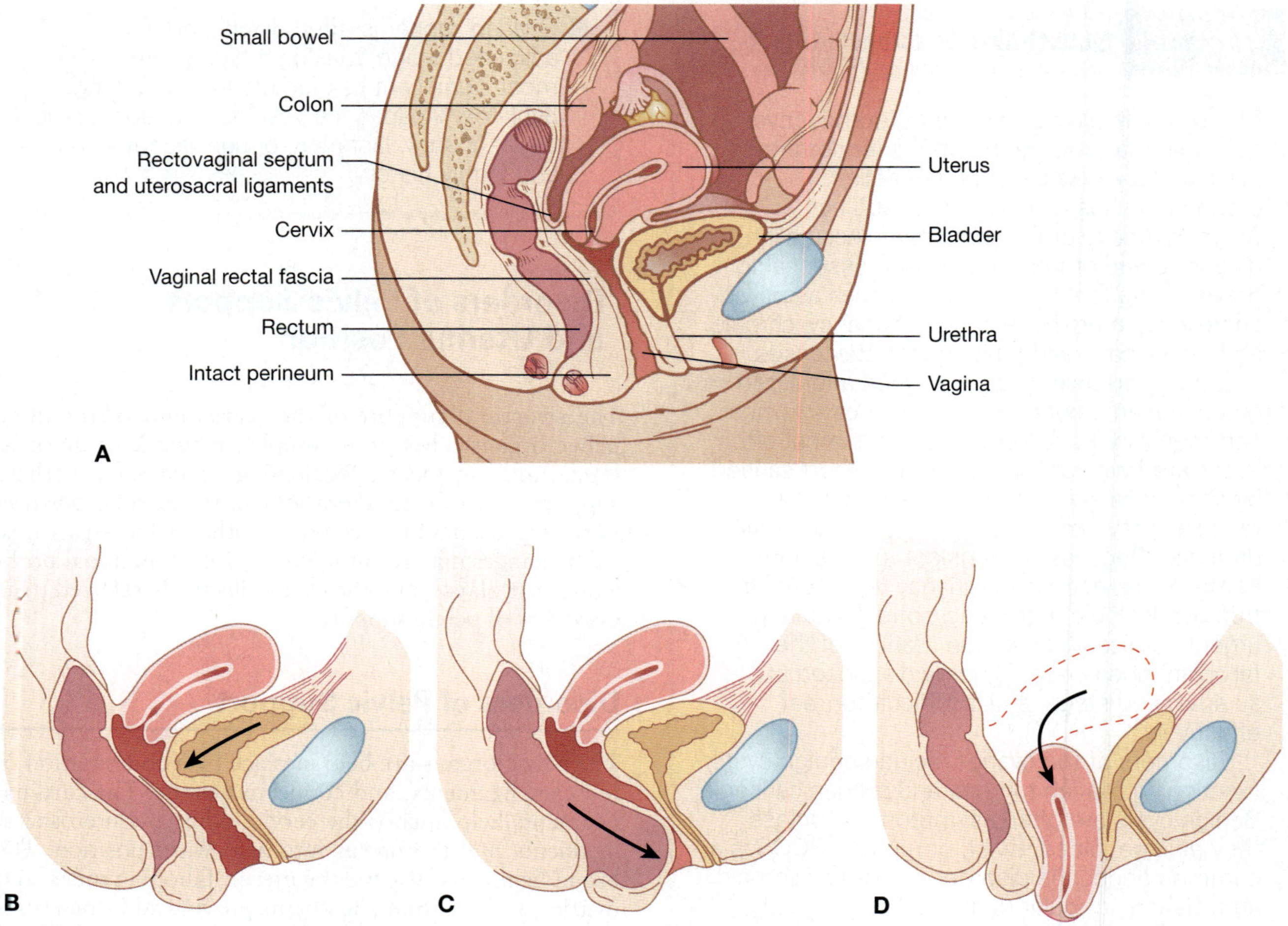

FIGURE 32-21. **A.** Normal support of the uterus and vagina, (**B**) cystocele, (**C**) rectocele, and (**D**) uterine prolapse.

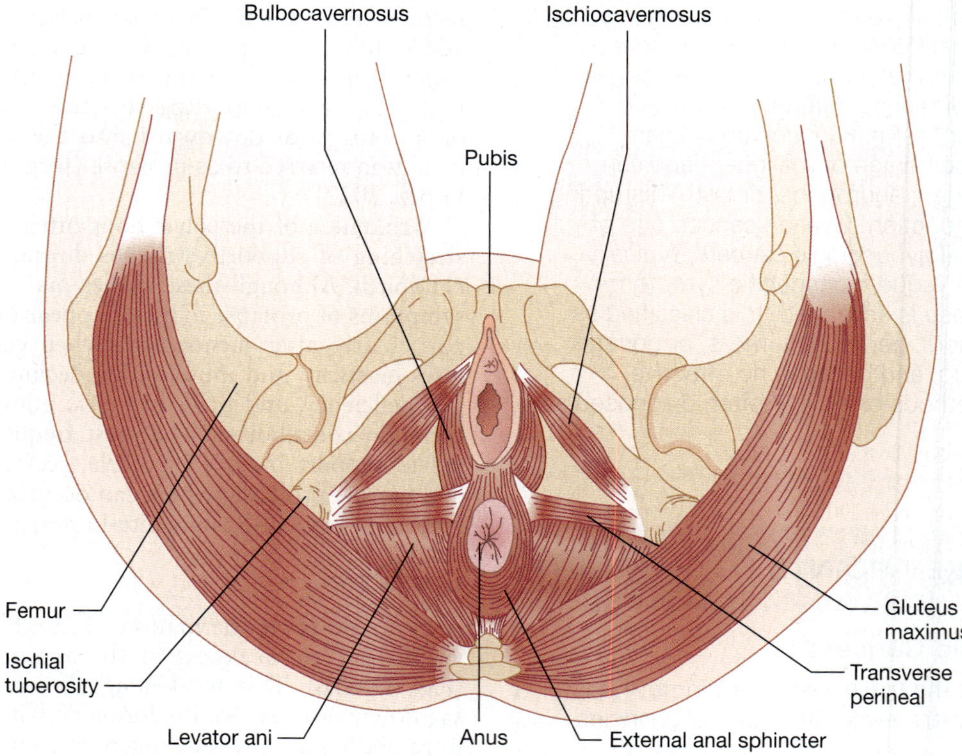

FIGURE 32-22. Muscles of the pelvic floor (female perineum).

straining. Symptoms include a sensation of pelvic pressure or "bearing down," difficulty emptying the bladder, urinary frequency and urgency, and recurrent urinary tract infections. Stress incontinence, or urine leakage during physical activity, sneezing, or laughing, is common (Makajeva et al., 2022).

Rectocele and Enterocele

A **rectocele** is the herniation of the rectum into the vagina caused by weakening of the posterior vaginal wall and pelvic floor muscles (Fig. 32-21C). Symptoms include pelvic pressure, difficulty with bowel movements, or the need for manual pressure (splinting) on the vaginal wall to facilitate defecation. An **enterocele**, in contrast, occurs when the small bowel protrudes into the rectovaginal space, usually through a defect between the uterosacral ligaments. Enteroceles may be congenital or acquired from birth trauma, prior surgery, or aging. They may be asymptomatic or present with a dull pelvic ache, low back pain, or a sensation of pelvic fullness (Lippki et al., 2025).

Uterine Prolapse

Uterine prolapse occurs when the uterus descends into the vaginal canal due to laxity of its primary supporting ligaments, particularly the cardinal ligaments (Fig. 32-21D). Prolapse is graded by severity: first degree involves descent without reaching the introitus, second degree involves partial passage through the introitus, and third degree (procidentia) occurs when the entire uterus protrudes outside the vaginal opening (Brown et al., 2023).

Symptoms include a visible or palpable mass, irritation of the cervix and vaginal mucosa, pelvic pressure, urinary incontinence, or difficulty with bowel or bladder emptying. Prolapse is more common in multiparous individuals but may also result from pelvic tumors, connective tissue disorders, or neurologic injury affecting pelvic muscle tone. Although often benign, severe prolapse can cause ulceration, infection, and obstruction.

Management may include the use of a vaginal pessary to provide mechanical support, especially in those who wish to preserve fertility or avoid surgery. Pelvic floor physical therapy, including Kegel exercises, can strengthen supportive muscles. Definitive treatment is surgical, with options depending on severity, reproductive plans, and overall health (Brown et al., 2023).

Treatment of Pelvic Support Disorders

Mild prolapse can often be managed conservatively with pelvic floor muscle training (Kegel exercises), weight management, and avoidance of heavy lifting. Pessaries may provide long-term symptom relief for some individuals, especially older adults or those unfit for surgery. Most moderate-to-severe cases eventually require surgical correction. Vaginal hysterectomy with repair of the vaginal wall (colporrhaphy) is commonly performed when uterine prolapse is associated with cystocele or rectocele. Other surgical approaches include vesicourethral suspension for stress incontinence and abdominal hysterectomy with anteroposterior repair for extensive defects. Surgery is typically deferred until after childbearing when possible, and treatment plans are individualized based on symptoms, severity, and patient preference (Brown et al., 2023).

Variations in Uterine Position

Variations in uterine position are relatively common. Many are benign and asymptomatic, while others may arise from weakness of the perineal support structures or from acquired conditions that compromise pelvic floor integrity, particularly after childbirth. In its typical position, the uterus is flexed about 45° anteriorly, with the cervix in an anteverted orientation. When standing, this angle allows the uterus to lie nearly horizontal, resting lightly on the bladder for additional support (Li et al., 2022).

Normal variations in uterine orientation relative to the cervix include anteflexion, retroflexion, and retroversion (Fig. 32-23). In **anteflexion**, the uterus is tilted forward on itself at the isthmus. **Retroflexion** refers to a backward bend at the isthmus, while **retroversion** describes the posterior inclination of the entire uterus with the cervix tilted forward. Simple retroversion is the most common displacement, present in approximately 30% of females. It is often congenital, resulting from a short anterior vaginal wall or lax uterosacral ligaments that allow the uterus to fall backward into the cul-de-sac. Retroversion may also develop secondarily to conditions such as endometriosis, PID, or uterine leiomyomas, which cause adhesions or structural distortion that pull the uterus posteriorly. Although many remain asymptomatic, some individuals may experience dyspareunia with deep penetration or low back pain during menstruation (Li et al., 2022).

SUMMARY CONCEPTS

Alterations in pelvic support commonly occur as a result of weakness or relaxation of the pelvic floor and perineum. These conditions may follow overstretching of supportive tissues during pregnancy and childbirth or develop later due to loss of elasticity associated with aging. Cystocele and rectocele involve herniation of the bladder or rectum into the vagina, while uterine prolapse occurs when the uterus descends into the vaginal canal. Variations in uterine position—including anteflexion, retroflexion, and retroversion—are also relatively common. These positional changes may result from congenital factors such as a short anterior vaginal wall or from acquired conditions such as fibrous adhesions due to endometriosis or PID, as well as displacement caused by large uterine leiomyomas.

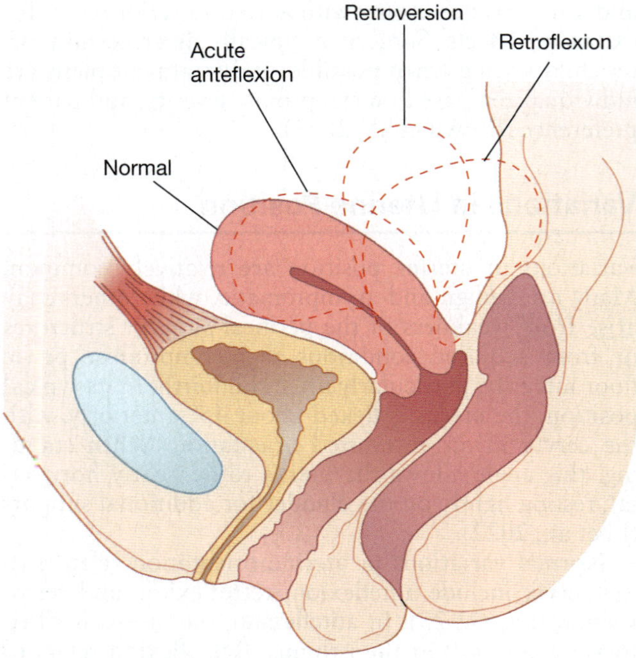

FIGURE 32-23. Variations in uterine position.

Menstrual Disorders

Dysfunctional Menstrual Cycles

Unexplained uterine blood flow may occur for many reasons, including pregnancy, abortion, bleeding disorders, hormonal imbalances, and neoplasms. **Abnormal uterine bleeding (AUB)** refers to blood flow outside of normal menstruation and is classified based on both pattern and etiology (Leal et al., 2024). Common patterns include the following:

- Heavy menstrual blood flow—regular menses lasting a week or longer, or blood loss greater than 80 mL per cycle
- Light menstrual blood flow—regular cycles with reduced flow
- Intermenstrual blood flow—uterine blood flow between periods, usually light
- Heavy irregular blood flow—prolonged or heavy flow at irregular intervals
- Infrequent cycles—menstrual intervals greater than 35 days
- Polymenorrhea—menstrual cycles occurring less than 21 days apart

Etiology and Pathogenesis

Dysfunctional menstrual cycles typically arise from disruptions in the hormonal regulation of normal cyclic endometrial changes. Estrogen deprivation can cause regression of the endometrium, leading to irregular uterine blood flow of variable amounts and duration. Inadequate progesterone secretion is another common mechanism: without progesterone, estrogen drives excessive endometrial proliferation and vascularization, predisposing to abnormal uterine blood flow (Lebduska et al., 2023).

Cycles alternating between menstrual flow and amenorrhea often reflect fluctuations in ovarian follicle number and function. Prolonged unopposed estrogen stimulation can lead to endometrial hyperplasia, followed by withdrawal menstrual flow when estrogen production suddenly falls or when the expanding endometrium outgrows its blood supply. **Anovulatory menstrual flow** is common in adolescents during the first years after menarche, in perimenopausal females, and in individuals with PCOS.

Nonhormonal causes such as polyps, submucosal leiomyomas, bleeding disorders (e.g., von Willebrand disease, platelet dysfunction), infections, endometrial cancer, or pregnancy must also be considered (Lebduska et al., 2023).

Treatment

Evaluation begins with a detailed history and physical examination. Diagnostic testing may include endocrine studies (FSH/LH ratio, prolactin, testosterone, dehydroepiandrosterone sulfate [DHEAS]), β-hCG pregnancy testing, transvaginal ultrasonography, endometrial biopsy, and D&C with or without hysteroscopy.

Treatment depends on the cause. If hormonal imbalance is primary, therapy may include oral contraceptives, cyclic or long-acting progesterone (oral, injectable, or IUD-based), or other hormonal agents. Nonhormonal causes may require surgical management; D&C and endometrial ablation are options for refractory heavy uterine blood flow. Therapy is individualized based on age, fertility goals, comorbidities, and severity of symptoms (Lebduska et al., 2023).

Amenorrhea

Amenorrhea refers to the absence of cycles of menstrual blood flow and is distinct from abnormal patterns of menstrual uterine blood flow. Amenorrhea may be classified as primary or secondary. **Primary amenorrhea** is defined as failure to menstruate by age 15 or by age 13 in the absence of the development of secondary sexual characteristics. **Secondary amenorrhea** is the cessation of menstruation for at least 6 months in an individual with previously established normal cycles (Nawaz et al., 2024).

Etiology

Primary amenorrhea is often caused by congenital or genetic abnormalities such as **gonadal dysgenesis, müllerian agenesis**, or **complete androgen insensitivity.** Disorders of the hypothalamic–pituitary–ovarian axis may also contribute. Secondary amenorrhea is more common and may result from pregnancy, ovarian dysfunction (e.g., premature ovarian insufficiency, PCOS), hypothalamic or pituitary disorders, intrauterine adhesions (Asherman syndrome), systemic illness, infections, pituitary tumors, eating disorders, stress, or excessive physical activity (Nawaz et al., 2024).

Diagnosis and Treatment

Evaluation includes a thorough history, physical examination, and laboratory testing. Pregnancy must always be excluded first. Additional studies may include serum gonadotropins, thyroid function, prolactin, and androgen levels, with imaging (CT/MRI) if pituitary pathology is suspected.

Treatment is cause-specific. Hormonal therapy may include cyclic progesterone or combined estrogen–progesterone to induce menstruation. Management also addresses long-term health concerns such as bone density, fertility, and cardiovascular risk (Nawaz et al., 2024).

KEY POINTS

Dysfunctional Menstrual Cycles

- The pattern of menstrual blood flow tends to be fairly consistent in most healthy females with regard to frequency, duration, and amount of flow.
- AUB in postpubertal females can take the form of absent or scanty menstrual periods, infrequent periods, excessive and irregular periods, excessive flow during periods, and blood flow between periods.

Dysmenorrhea

Dysmenorrhea refers to painful menstruation that can significantly disrupt daily functioning. It is classified as primary or secondary. **Primary dysmenorrhea** involves menstrual pain in the absence of pelvic pathology, typically beginning within 6 months to 2 years after menarche, after ovulatory cycles are established. Symptoms usually start 1 to 2 days before menstruation, peak on the first day of flow, and subside within hours to days.

Primary dysmenorrhea is thought to result from prostaglandin-mediated uterine contractions. Symptoms include cramping pelvic pain radiating to the back or thighs, often accompanied by systemic symptoms (headache, nausea, diarrhea, fatigue) (Nagy et al., 2023).

Secondary dysmenorrhea results from underlying pelvic pathology, including endometriosis, uterine fibroids, adenomyosis, pelvic adhesions, IUDs, or PID. Diagnosis often requires further evaluation, and laparoscopy may be indicated if standard therapies for primary dysmenorrhea are ineffective.

Treatment of primary dysmenorrhea focuses on symptom control. NSAIDs such as ibuprofen, naproxen, mefenamic acid, or indomethacin are the first-line therapy because they inhibit prostaglandin synthesis, the main mediator of uterine contractions and pain. Oral contraceptives can provide both ovulation suppression and symptom relief. Analgesics such as acetaminophen may help in milder cases. Secondary dysmenorrhea requires diagnosis and treatment of the underlying condition (Nagy et al., 2023).

Premenstrual Symptom Disorders

Premenstrual symptom disorders encompass a spectrum of emotional, behavioral, and physical changes that occur in the luteal phase of the menstrual cycle and resolve with the onset of menstruation. Approximately 80% of menstruating individuals experience some premenstrual changes, and about 20% report symptoms significant enough to interfere with daily activities. The spectrum includes **premenstrual syndrome (PMS)** and the more severe **premenstrual dysphoric disorder (PMDD)**.

PMS involves mild to moderate symptoms—such as breast tenderness, bloating, abdominal pain, headache, backache, irritability, anxiety, or mood changes—occurring within 14 days before menstruation and relieved by the onset of menses. PMDD is a severe form of premenstrual distress, associated primarily with mood disturbances, and is recognized as a psychiatric diagnosis in the *Diagnostic and Statistical Manual of Mental Disorders* (Fifth Edition) (DSM-5). Diagnosis of PMDD requires prospective charting of symptoms for at least two cycles and the presence of at least five of eleven specified symptom clusters. PMS may be diagnosed with fewer or even a single recurrent symptom (Takeda, 2022).

Etiology

The precise cause of PMS and PMDD is unclear but likely multifactorial. Proposed mechanisms include altered sensitivity to normal hormonal fluctuations, prostaglandin excess, changes in the renin–angiotensin–aldosterone system, and abnormal central neurotransmitter responses—particularly involving serotonin. Evidence suggests that while hormone levels are normal, susceptible individuals may respond abnormally to these cyclical changes, leading to symptoms. A serotonin-related mechanism is supported by the efficacy of selective serotonin reuptake inhibitors (SSRIs) in treating PMDD (Takeda, 2022).

Clinical Manifestations

PMS and PMDD symptoms vary widely between individuals and from cycle to cycle. Physical symptoms may include mastalgia (breast pain), bloating, abdominal pain, headache, and backache (Table 32-1). Psychological and behavioral symptoms can include

TABLE 32-1 Symptoms of Premenstrual Syndrome by System

Body System	Symptoms
Cerebral	Irritability, anxiety, nervousness, fatigue, exhaustion, increased physical and mental activity, mood lability, crying spells, depression, inability to concentrate
Gastrointestinal	Craving for sweets or salt, lower abdominal pain, bloating, nausea, vomiting, diarrhea, constipation
Vascular	Headache, edema, weakness, fainting
Reproductive	Breast swelling and tenderness, pelvic congestion, ovarian pain, altered libido
Neuromuscular	Trembling of the extremities, changes in coordination, clumsiness, backache, leg aches
General	Weight gain, insomnia, dizziness, acne

depression, anxiety, irritability, mood swings, and changes in sleep or appetite. PMDD is differentiated by its severity and significant disruption of daily functioning (Takeda, 2022).

Diagnosis

Diagnosis requires careful history and symptom tracking. A daily symptom diary kept for 2 to 3 cycles helps establish the cyclical pattern. Laboratory tests may include thyroid function, glucose, and prolactin to exclude other conditions. American College of Obstetricians and Gynecologists (ACOG) guidelines align with DSM-5 criteria for PMDD, emphasizing prospective charting and symptom burden. PMS can be diagnosed when symptoms are recurrent, cyclic, and relieved with menstruation, while PMDD requires at least five qualifying symptoms with marked impairment.

Treatment

Management is tailored to symptom severity. Education, reassurance, and lifestyle modifications—including regular exercise, stress reduction, adequate sleep, and a balanced diet low in caffeine and refined sugars—are helpful for mild symptoms. Nutritional supplements (e.g., vitamin B_6, vitamin E, magnesium) and herbal therapies such as evening primrose oil are sometimes used, though evidence is limited. Pharmacologic therapy may include diuretics for fluid retention, NSAIDs for pain, and anxiolytics for mood symptoms. Oral contraceptives and GnRH agonists may be considered in more severe cases. SSRIs are the most effective and evidence-based treatment for PMDD and are recommended as first-line therapy, either continuously or during the luteal phase (Takeda, 2022).

SUMMARY CONCEPTS

Disorders of menstruation include dysfunctional menstrual cycles, dysmenorrhea, and premenstrual symptom disorders. Dysfunctional menstrual cycles—manifesting as amenorrhea, oligomenorrhea, metrorrhagia, or menorrhagia—arise when hormonal support of the endometrium is disrupted. Estrogen deprivation causes regression of a previously developed endometrium and irregular uterine blood flow. A lack of progesterone can also lead to abnormal blood flow, as unopposed estrogen stimulates excessive proliferation of a thick, vascular endometrial layer. Progesterone deficiency results from the failure of ovarian follicles to mature and ovulate, preventing corpus luteum formation and progesterone production.

Dysmenorrhea refers to pain or discomfort during menses. Primary dysmenorrhea is not linked to other pelvic pathology and usually begins within a few years after menarche. Secondary dysmenorrhea, in contrast, results from identifiable conditions such as endometriosis, fibroids, or pelvic infection, and develops after a period of previously painless cycles.

Premenstrual symptom disorders exist on a spectrum from mild molimina (minor symptoms occurring with normal ovulatory cycles) to PMS and PMDD. PMS includes clusters of physical and psychological symptoms occurring in the luteal phase and resolving with menstruation, whereas PMDD represents the most severe and disabling form. Etiology is likely multifactorial, and treatment approaches remain under ongoing investigation.

Disorders of the Breast

Breast tissue is dynamic and responsive to hormonal, nutritional, psychological, and environmental factors, resulting in continual cellular change throughout life. While many breast conditions are benign and nonprogressive, certain benign disorders can increase the risk of subsequent malignancy. Thus, while a benign versus malignant distinction is a useful organizational scheme, it does not always fully capture clinical risk.

Functional and Inflammatory Disorders

Functional and inflammatory breast disorders encompass a range of non-neoplastic conditions that can cause significant symptoms but are generally benign. Galactorrhea reflects abnormal lactation due to hormonal or systemic factors, while mastitis most often arises from infection or milk stasis during lactation. Ductal disorders involve obstruction, dilation, or inflammation of the lactiferous ducts and can lead to pain, discharge, or localized infection. These conditions differ in cause but share a focus on altered physiology or inflammation rather than tumor development, and they are typically managed with targeted medical or supportive therapy.

Galactorrhea

Galactorrhea refers to the inappropriate secretion of breast milk in individuals who are not lactating. It may result from vigorous nipple stimulation, exogenous hormone therapy, endocrine imbalance, chest wall trauma, or local infection. A common cause is a pituitary adenoma, such as a prolactin-secreting prolactinoma, which elevates prolactin levels. Galactorrhea may occur in both males and females and is usually benign. Observation may be appropriate for mild cases, but spontaneous, non-stimulated discharge is considered pathologic and requires a full diagnostic evaluation (Gosi & Garla, 2023).

Mastitis

Mastitis is inflammation of the breast, most frequently occurring during lactation. It typically results from ascending infection, commonly due to *S. aureus*, introduced through nipple trauma in the early weeks of breastfeeding. Infection obstructs ductal outflow, leading to localized inflammation, induration, and tenderness. If untreated, abscess formation may occur. Antibiotic therapy and continued breastfeeding are recommended to maintain ductal drainage. Supportive management includes analgesics, warm or cold compresses, and appropriate breast support (Blackmon et al., 2024).

Although most common postpartum, mastitis can also occur outside of lactation due to hormonal fluctuations, tumors, trauma, or local skin infection. Adolescents may experience cyclic breast inflammation related to hormonal variation. Tumor-related obstruction or trauma can cause secondary mastitis. In such cases, treatment is directed at the underlying etiology in addition to symptomatic relief.

Ductal Disorders

Ductal ectasia is most often seen in peri- or postmenopausal females and presents with spontaneous, unilateral, gray–green nipple discharge. Associated findings may include nipple and areolar burning, pruritus, pain, or retraction. It reflects chronic inflammation and ductal thickening, and management typically involves surgical excision of the affected duct (Ahmad Mohammed, 2022).

Intraductal papillomas are benign epithelial tumors within the ductal system, ranging from a few millimeters to several centimeters. They commonly present with unilateral bloody nipple discharge and may be palpable beneath the areola. Although most are benign, some exhibit atypia with malignant potential, warranting excision. Diagnosis may be aided by ductography or MRI (Ahmad Mohammed, 2022).

Fibroadenoma and Fibrocystic Changes

Fibroadenomas are common benign breast tumors, especially in females aged 30 to 40 years. They present as well-circumscribed, rubbery, mobile masses, typically solitary but occasionally multiple or bilateral. Fibroadenomas are not precancerous and are often discovered incidentally. Management is usually limited to excision when the diagnosis is uncertain or symptoms are bothersome (Ramala et al., 2023).

Fibrocystic changes are the most frequent benign breast disorder, occurring in females aged 20 to 50 years and rarely in postmenopausal people not on hormone therapy. Clinically, they present as nodular or granular breast tissue, often more painful during the luteal phase. Symptoms range from mild tenderness to significant breast pain due to cystic distension and vascular engorgement.

Histologically, fibrocystic changes encompass a spectrum including microscopic cysts, apocrine metaplasia, epithelial hyperplasia, and stromal fibrosis. Nonproliferative forms are more common and not linked to cancer, but proliferative lesions with atypia carry an increased risk of breast carcinoma. The diagnostic workup may include a clinical exam, imaging (mammography, ultrasonography, or MRI), and biopsy. Because fibrocystic changes can mimic carcinoma, suspicious lesions should always undergo histologic evaluation.

Treatment is generally symptomatic. Pain can be managed with NSAIDs, acetaminophen, or local compresses. Large or persistent cysts may be aspirated, and the fluid sent for cytology. Any mass not resolving after conservative management should be excised to exclude malignancy (Ramala et al., 2023).

Breast Cancer

Breast cancer is the most common malignancy in females after skin cancer and represents a leading cause of cancer-related mortality. Approximately one in eight females in the United States will be diagnosed with breast cancer during their lifetime. Although mortality rates have declined over the past several decades due to improved awareness, earlier detection, and advances in therapy, breast cancer remains second only to lung cancer as a cause of cancer-related death. Screening efforts, particularly with mammography, have contributed to increased detection of carcinoma in situ, allowing for earlier intervention (Katsura et al., 2022).

Risk Factors

Risk factors for breast cancer include female sex, advancing age, personal or family history of breast cancer, and a history of certain benign breast diseases. Hormonal influences also play an important role: early menarche, late menopause, nulliparity, first childbirth after age 30, and absence of breastfeeding are associated with a higher risk due to prolonged exposure to estrogen and progesterone. Modifiable risk factors include obesity (particularly after menopause), physical inactivity, and high alcohol intake. Importantly, many individuals with breast cancer have no identifiable risk factors (Menon et al., 2024).

Approximately 5% to 10% of breast cancers are hereditary. Mutations in the BRCA1 and BRCA2 tumor suppressor genes account for most inherited cases and confer substantially elevated lifetime risks of both breast and ovarian cancer. Guidelines recommend genetic counseling and testing for individuals with a significant family history or known mutations. Management options for carriers include enhanced surveillance (e.g., annual MRI and mammography), chemoprevention, and prophylactic surgery such as bilateral mastectomy or oophorectomy. Preventive strategies should be considered carefully, as these interventions can have both physical and psychological effects (Menon et al., 2024).

Detection

Breast cancer can present with a palpable mass, nipple retraction, abnormal discharge, skin dimpling, or changes in breast contour. Many individuals detect changes outside of scheduled examinations, underscoring the importance of breast self-awareness. The American Cancer Society emphasizes regular screening with mammography in combination with clinical breast evaluation and patient awareness of normal breast appearance and texture.

Mammography remains the most effective screening tool for early detection. Because breast cancers are generally slow-growing, mammography can reveal tumors years before they become palpable. It can also detect clusters of microcalcifications that may indicate early malignancy. Although mammography has a sensitivity of 80% to 90%, palpable masses must always be evaluated even if imaging is negative. Additional diagnostic tools, including ultrasonography, MRI, and other advanced imaging modalities, may be used in specific populations, such as those with dense breast tissue or high genetic risk (Menon et al., 2024).

Diagnosis and Classification

Diagnostic evaluation includes physical examination, mammography, ultrasonography, fine-needle aspiration, core (stereotactic) biopsy, or excisional biopsy (Fig. 32-24). Core biopsy is highly accurate, minimally invasive, and often the first-line approach. Excisional biopsy provides a definitive diagnosis and may also be therapeutic. MRI, digital mammography, and positron emission tomography may supplement traditional imaging, particularly in high-risk individuals. Pathology reports should include receptor testing for estrogen, progesterone, and human epidermal growth factor receptor 2 (HER2/neu), as these markers guide treatment decisions and prognosis.

Tumors are classified by histology (e.g., ductal or lobular carcinoma), receptor status (hormone receptor–positive or hormone receptor–negative, human epidermal growth factor receptor 2 [HER2/neu] expression), and molecular subtype. Clinical staging is determined by tumor size, lymph node involvement, and presence of metastasis. Hormone receptor–positive tumors generally carry a better prognosis and respond well to endocrine therapy (Menon et al., 2024).

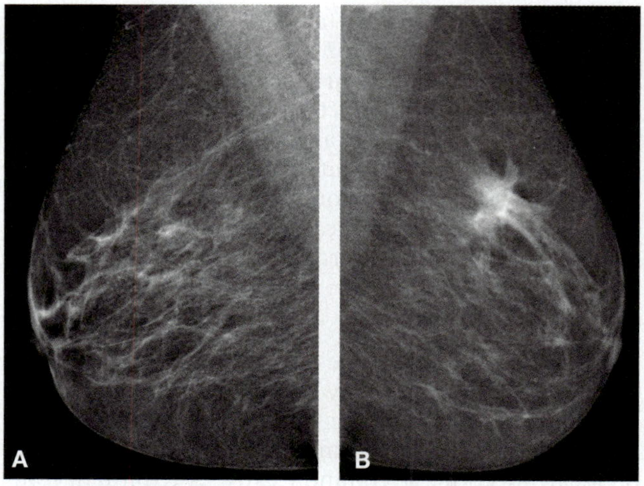

FIGURE 32-24. Bilateral mammogram demonstrating left breast cancer. **A.** Right breast. **B.** Left breast. (From Mulholland, M. W., Albo, D., Dalman, R., Hawn, M., Hughes, S., & Sabel, M. [2014]. *Operative techniques in surgery* [Part 5, Fig. 5.1]. Wolters Kluwer.)

Treatment

Treatment of breast cancer involves a multimodal approach that may include surgery, radiation, chemotherapy, targeted therapy, and hormonal therapy. Surgical options range from lumpectomy with sentinel lymph node biopsy to mastectomy with or without reconstruction. Sentinel lymph node biopsy helps guide the extent of nodal dissection, reducing morbidity when nodes are negative.

Systemic therapy can be administered in neoadjuvant (before surgery) or adjuvant (after surgery) settings. Neoadjuvant therapy is often used to shrink tumors to allow for breast-conserving surgery. Chemotherapy is indicated for higher-risk disease, while biologic therapies such as trastuzumab are effective in tumors overexpressing HER2/neu. Hormonal manipulation is central in estrogen receptor–positive cancers: tamoxifen, a selective estrogen receptor modulator, is used in premenopausal individuals, while aromatase inhibitors are more effective in postmenopausal populations. Endocrine therapy has been shown to reduce recurrence and improve survival in appropriately selected patients.

Prognosis is strongly influenced by tumor stage, receptor status, and nodal involvement. Advances in individualized, targeted therapies continue to improve survival rates, particularly when breast cancer is detected and treated early (Menon et al., 2024).

Paget Disease

Paget disease of the breast is a rare form of cancer, accounting for about 1% of all breast malignancies. It presents as an eczematoid lesion of the nipple and areola, often accompanied by itching, burning, redness, or oozing (Fig. 32-25). In many cases, it is associated with underlying ductal carcinoma in situ or invasive ductal carcinoma. Diagnostic evaluation requires mammography and biopsy to determine the presence and extent of the disease. Treatment depends on the degree of spread and typically involves surgery, with or without adjuvant radiation, chemotherapy, or hormonal therapy, depending on receptor status and staging (Banaganapalli et al., 2023).

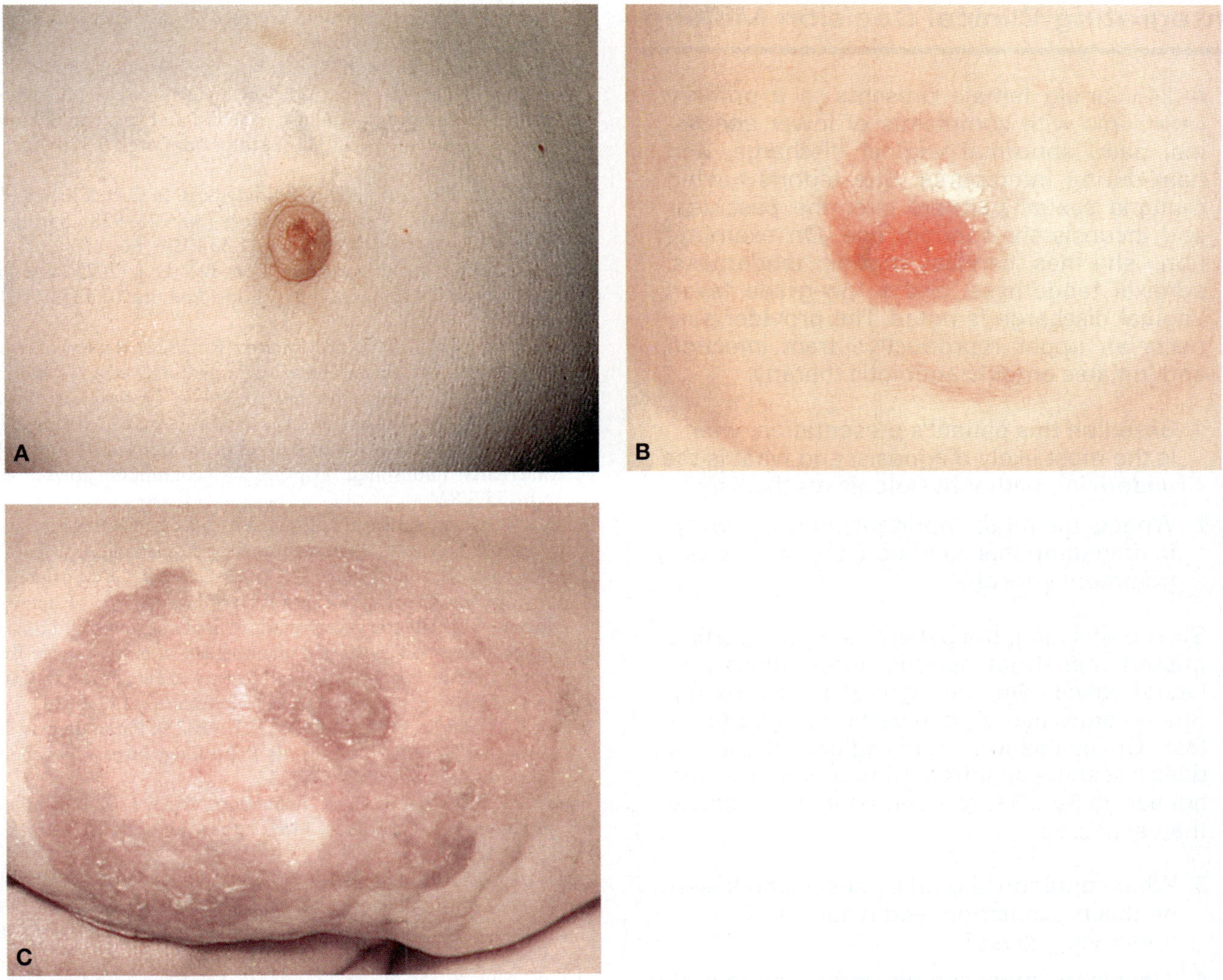

FIGURE 32-25. Paget disease, clinical. **A.** The appearance of a lesion limited to the nipple surface. **B.** Paget disease extending to the areola. Note skin dimpling in the 6 o'clock radius. **C.** Paget disease extending to the skin of the breast. Skin dimpling is present in the 5 o'clock radius. (From Hoda, S. A, Rosen, P. P., Brogi, E., & Koerner, F. C. [2020]. *Rosen's breast pathology* [5th ed., Fig. 30.2]. Wolters Kluwer.)

SUMMARY CONCEPTS

The breast is subject to a range of benign and malignant conditions. Galactorrhea refers to abnormal milk secretion unrelated to lactation and may be associated with endocrine disorders such as prolactin-secreting tumors. Mastitis is an inflammatory condition most often occurring during lactation but can also result from infection, trauma, or ductal obstruction. Ductal ectasia and intraductal papillomas cause nipple discharge, while fibroadenomas and fibrocystic changes are common benign masses. Most benign breast conditions do not increase cancer risk, though certain proliferative lesions with atypia may carry a higher risk.

Breast cancer is the most common cancer in females after skin cancer and remains a leading cause of cancer-related mortality. Risk factors include genetic mutations (e.g., BRCA1 and BRCA2), hormonal influences, and lifestyle factors, although many cases occur without identifiable risks. Early detection through mammography, clinical examination, and patient breast awareness offers the best opportunity for successful treatment. Treatment typically involves a combination of surgery, radiation, systemic therapy, and targeted or hormonal therapy based on tumor characteristics. Paget disease is a rare manifestation of breast cancer that presents with nipple and areolar changes and is frequently associated with underlying ductal carcinoma.

Integrating Clinical Decision Making

A 24-year-old female presents to a primary care clinic with complaints of lower abdominal pain, abnormal vaginal discharge, and pain during intercourse. She reports having multiple sexual partners over the past year and inconsistent condom use. On examination, she has cervical motion tenderness, adnexal tenderness, and a low-grade fever. Vaginal discharge is noted. The provider suspects an upper reproductive tract infection and initiates empiric antibiotic therapy.

1. Based on this patient's presentation, what is the most likely diagnosis, and what is the underlying pathophysiologic mechanism?
2. What is the most important clinical priority in managing this condition, and why is early treatment critical?

Six months later, the patient returns reporting missed menstrual periods, intermittent unilateral pelvic pain, and light vaginal spotting. She recently had a positive home pregnancy test. On evaluation, transvaginal ultrasound does not show an intrauterine pregnancy, and her serum β-hCG levels are rising more slowly than expected.

3. What condition should be suspected based on this presentation, and what is the underlying cause?
4. What is the most serious complication of this condition, and why is it considered a medical emergency?

REFERENCES

Ahmad Mohammed, A. (2022). Benign breast disorders in female. *Revista de Senología y Patología Mamaria, 35*(1), 42–48. https://doi.org/10.1016/j.senol.2021.01.005

Ali, A. T., Al-ani, O., & Al-ani, F. (2023). Epidemiology and risk factors for ovarian cancer. *Menopausal Review, 22*(2), 93–104. https://doi.org/10.5114/pm.2023.128661

Alkilani, Y. G., Apodaca-Ramos, I., & Gomez Lopez, L. F. (2025, May 29). Cervical polyps. In *StatPearls* [Internet]. StatPearls Publishing. https://www.ncbi.nlm.nih.gov/books/NBK562185/

Allen, M. S., Wood, A. M., & Sheffield, D. (2023). The psychology of erectile dysfunction. *Current Directions in Psychological Science, 32*(6), 487–493. https://doi.org/10.1177/09637214231192269

American Cancer Society. (2025, September 8). *Key statistics for penile cancer*. https://www.cancer.org/cancer/types/penile-cancer/about/key-statistics.html

Anand, S., Leslie, S. W., & Lotfollahzadeh, S. (2024, April 21). *Epispadias*. In *StatPearls*. StatPearls Publishing. https://www.ncbi.nlm.nih.gov/books/NBK563180/

Argiolas, A., Argiolas, F. M., Argiolas, G., & Melis, M. R. (2023). Erectile dysfunction: Treatments, advances and new therapeutic strategies. *Brain Sciences, 13*(5), 802. https://doi.org/10.3390/brainsci13050802

Banaganapalli, B., Fallatah, I., Alsubhi, F., Shetty, P. J., Awan, Z., Elango, R., & Shaik, N. A. (2023). Paget's disease: A review of the epidemiology, etiology, genetics, and treatment. *Frontiers in Genetics, 14*, 1131182. https://doi.org/10.3389/fgene.2023.1131182

Bausch, K., & Pilatz, A. (2025). Epididymitis. In C. R. Chapple & A. J. Wein (Eds.), *Primer on urology* (pp. 921–928). Springer. https://doi.org/10.1007/978-3-031-55405-6_66

Bickle, I., Elfeky, M., Weerakkody, Y., & Bell, D. J. (2025). *Scrotal haematocele*. Radiopaedia.org. https://doi.org/10.53347/rID-26153

Biebel, M. G., Gross, M. S., & Munarriz, R. (2022). Review of ischemic and non-ischemic priapism. *Current Urology Reports, 23*(7), 143–153. https://doi.org/10.1007/s11934-022-01096-8

Blackmon, M. M., Nguyen, H., Vadakekut, E. S., & Mukherji, P. (2024, December 11). Acute mastitis. In *StatPearls* [Internet]. StatPearls Publishing. https://www.ncbi.nlm.nih.gov/books/NBK557782/

Borque-Fernando, Á., Gaya, J., Esteban-Escaño, L., Gómez-Rivas, J., García-Baquero, R., Agreda-Castañeda, F., Gallioli, A., Verri, P., Ortiz-Vico, F., Amir-Nicolau, B., Osman-Garcia, I., Gil-Martínez, P., Arrabal-Martín, M., Gómez-Ferrer Lozano, Á., Campos-Juanatey, F., Guerrero-Ramos, F., & Rubio-Briones, J. (2023). Epidemiology, diagnosis and management of penile cancer: Results from The Spanish National Registry of Penile Cancer. *Cancers, 15*(3), 616. https://doi.org/10.3390/cancers15030616

Bragg, B. N., Leslie, S. W., & Kong, E. L. (2023). Paraphimosis. In *StatPearls* [Internet]. StatPearls Publishing. https://www.ncbi.nlm.nih.gov/books/NBK459233/

Brown, O. E., Mou, T. P., & Ackenbom, M. F. (2023). Uterine prolapse. *JAMA, 330*(15), 1486. https://doi.org/10.1001/jama.2023.16277

Crosbie, E. J., Kitson, S. J., McAlpine, J. N., Mukhopadhyay, A., Powell, M. E., & Singh, N. (2022). Endometrial cancer. *The Lancet, 399*(10333), 1412–1428. https://doi.org/10.1016/s0140-6736(22)00323-3

Das, S., Shil, R., & N., D. H. (2023). Bartholin gland cyst and abscess: An updated scenario. *International Journal of Research in Medical Sciences, 12*(1), 334–338. https://doi.org/10.18203/2320-6012.ijrms20234030

Dash, S., Sethy, P. K., & Behera, S. K. (2023). Cervical transformation zone segmentation and classification based on improved inception-ResNet-V2 using colposcopy images. *Cancer Informatics, 22*, 11769351231161477. https://doi.org/10.1177/11769351231161477

De Silva, N. L., Papanikolaou, N., Grossmann, M., Antonio, L., Quinton, R., Anawalt, B. D., & Jayasena, C. N. (2024). Male hypogonadism: Pathogenesis, diagnosis, and management. *The Lancet Diabetes & Endocrinology, 12*(10), 761–774. https://doi.org/10.1016/s2213-8587(24)00199-2

European Association of Urology. (2024). *EAU guidelines on penile cancer*. European Association of Urology. https://uroweb.org/guidelines/penile-cancer

Fantus, R. J., Brannigan, R. E., & Davis, A. M. (2023). Diagnosis and management of priapism. *JAMA, 330*(6), 559. https://doi.org/10.1001/jama.2023.13377

Fernandez-Flores, A., & Fonseca, E. (2022). Scrotal cancer, chimney sweepers and Sir Percival Pott. *Clinics in Dermatology, 40*(2), 209–220. https://doi.org/10.1016/j.clindermatol.2021.12.002

Gaddam, S. J., Chesnut, G. T., & Bicer, F. (2023, May 27). Testicular cancer. In *StatPearls* [Internet]. StatPearls Publishing. https://www.ncbi.nlm.nih.gov/books/NBK563159/

Gosi, S. K. Y., & Garla, V. V. (2023, August 14). Galactorrhea. In *StatPearls* [Internet]. StatPearls Publishing. https://www.ncbi.nlm.nih.gov/books/NBK537115/

Healy, R., Thorne, C., & Manjunath, A. (2023). Chronic prostatitis (chronic pelvic pain syndrome). *BMJ*, *383*, e073908. https://doi.org/10.1136/bmj-2023-073908

Hildebrand, J. P., Kansagor, A. T., & Carlson, K. (2025, January 19). Vaginitis. In *StatPearls* [Internet]. StatPearls Publishing. https://www.ncbi.nlm.nih.gov/sites/books/NBK470302/

Hoang, V. T., Van, H. A., Hoang, T. H., Nguyen, T. T., & Trinh, C. T. (2023). A review of classification, diagnosis, and management of hydrocele. *Journal of Ultrasound in Medicine*, *43*(3), 599–607. https://doi.org/10.1002/jum.16380

Holmboe, S. A., Beck, A. L., Andersson, A. M., Main, K. M., Jørgensen, N., Skakkebæk, N. E., & Priskorn, L. (2024). The epidemiology of cryptorchidism and potential risk factors, including endocrine disrupting chemicals. *Frontiers in Endocrinology*, *15*, 1343887. https://doi.org/10.3389/fendo.2024.1343887

Hoppin, A. G., Wilcox, D. T., & Baskin, L. S. (2025, July 3). Hypospadias: Management and outcome. UpToDate. https://www.uptodate.com/contents/hypospadias-management-and-outcome

Horne, A. W., & Missmer, S. A. (2022). Pathophysiology, diagnosis, and management of endometriosis. *BMJ*, *379*, e070750. https://doi.org/10.1136/bmj-2022-070750

Jhingran, A. (2022). Updates in the treatment of vaginal cancer. *International Journal of Gynecological Cancer*, *32*(3), 344–351. https://doi.org/10.1136/ijgc-2021-002517

Jorge, J. M., & Bustamante-Lopez, L. A. (2022). Pelvic floor anatomy. *Annals of Laparoscopic and Endoscopic Surgery*, *7*, 20–20. https://doi.org/10.21037/ales-2022-06

Katsura, C., Ogunmwonyi, I., Kankam, H. K., & Saha, S. (2022). Breast cancer: Presentation, investigation and management. *British Journal of Hospital Medicine*, *83*(2), 1–7. https://doi.org/10.12968/hmed.2021.0459

Kylat, R. I., & Ahmed, M. N. (2022). Neonatal testicular torsion. *African Journal of Paediatric Surgery*, *19*(1), 1–4. https://doi.org/10.4103/ajps.ajps_153_20

Lacy, A., Smith, A., Koyfman, A., & Long, B. (2023). High risk and low prevalence diseases: Testicular torsion. *The American Journal of Emergency Medicine*, *66*, 98–104. https://doi.org/10.1016/j.ajem.2023.01.031

Leal, C. R. V., Vannuccini, S., Jain, V., Dolmans, M. M., Di Spiezio Sardo, A., Al-Hendy, A., & Reis, F. M. (2024). Abnormal uterine bleeding: The well-known and the hidden face. *Journal of Endometriosis and Uterine Disorders*, *6*, 100071. https://doi.org/10.1016/j.jeud.2024.100071

Lebduska, E., Beshear, D., & Spataro, B. M. (2023). Abnormal uterine bleeding. *Medical Clinics of North America*, *107*(2), 235–246. https://doi.org/10.1016/j.mcna.2022.10.014

Lee, I. T., & Barnhart, K. T. (2023). What is an ectopic pregnancy? *JAMA*, *329*(5), 434. https://doi.org/10.1001/jama.2022.22941

Li, S., Wen, X., Gao, Z., Ke, K., Yang, J., Wang, H., Mo, Y., Zeng, Y., Li, Y., Tian, D., & Shen, J. (2022). Comparison of the axes and positions of the uterus and vagina between women with and without pelvic floor organ prolapse. *Frontiers in Surgery*, *9*, 760723. https://doi.org/10.3389/fsurg.2022.760723

Lippki, K., Rutkowska, B., Szczubelek-Pietrzykowska, K., & Barcz, E. M. (2025). Rectocele. *Ginekologia Polska*, *96*(11), 963–968. https://doi.org/10.5603/gpl.104320

Makajeva, J., Safioleas, P., & Watters, C. (2022, October 17). Cystocele (archived). In *StatPearls* [Internet]. StatPearls Publishing. https://www.ncbi.nlm.nih.gov/sites/books/NBK564303/

McPhee, A. S., Stormont, G., & McKay, A. C. (2023, August 8). Phimosis. In *StatPearls*. StatPearls Publishing. https://www.ncbi.nlm.nih.gov/books/NBK525972/

Medina-Polo, J. (2024). Treatment of epididymitis and orchitis. In T. E. Bjerklund Johansen & T. Cai (Eds.),*Guide to antibiotics in urology* (pp. 229–238). Springer. https://doi.org/10.1007/978-3-319-92366-6_18

Menon, G., Ferguson, T., & Alkabban, F. M. (2024, February 25). Breast cancer. In *StatPearls* [Internet]. StatPearls Publishing. https://www.ncbi.nlm.nih.gov/books/NBK482286/

Messele, F., Hinchee-Rodriguez, K., & Kraus, C. N. (2024). Vulvar dermatoses and depression: A systematic review of vulvar lichen sclerosus, lichen planus, and lichen simplex chronicus. *JAAD International*, *15*, 15–20. https://doi.org/10.1016/j.jdin.2023.10.009

Mobeen, S., & Apostol, R. (2023, June 5). Ovarian cyst. In *StatPearls* [Internet]. StatPearls Publishing. https://www.ncbi.nlm.nih.gov/sites/books/NBK560541/

Moisés da Silva, G. V., Dávila, F. J., Rosito, T. E., & Martins, F. E. (2022). Global perspective on the management of Peyronie's disease. *Frontiers in Reproductive Health*, *4*, 863844. https://doi.org/10.3389/frph.2022.863844

Mullany, K., Minneci, M., Monjazeb, R., & Coiado, O. C. (2023). Overview of ectopic pregnancy diagnosis, management, and innovation. *Women's Health*, *19*, 17455057231160349. https://doi.org/10.1177/17455057231160349

Nagy, H., Khan, M. A., & Carlson, K. (2023, November 12). Dysmenorrhea. In *StatPearls* [Internet]. StatPearls Publishing. https://www.ncbi.nlm.nih.gov/books/NBK560834/

Nawaz, G., Jenkins, S. M., & Rogol, A. D. (2024, February 25). Amenorrhea. In *StatPearls* [Internet]. StatPearls Publishing. https://www.ncbi.nlm.nih.gov/books/NBK482168/

Ng, M., Baradhi, K. M., & Leslie, S. W. (2024, October 20). Benign prostatic hyperplasia. In *StatPearls* [Internet]. StatPearls Publishing. https://www.ncbi.nlm.nih.gov/sites/books/NBK558920/

Pang, K. H., Fallara, G., Tang, S., Haider, A., Freeman, A., Hadway, P., Nigam, R., Rees, R., Mitra, A., Alifrangis, C., Bunker, C., Alnajjar, H. M., & Muneer, A. (2023). Primary squamous cell carcinoma of the scrotum: Outcomes from a specialist center. *Urologic Oncology: Seminars and Original Investigations*, *41*(12), 488.e11–488.e18. https://doi.org/10.1016/j.urolonc.2023.08.006

Pedrão, P. G., Guimarães, Y. M., Godoy, L. R., Possati-Resende, J. C., Bovo, A. C., Andrade, C. E., Longatto-Filho, A., & dos Reis, R. (2022). Management of early-stage vulvar cancer. *Cancers*, *14*(17), 4184. https://doi.org/10.3390/cancers14174184

Pellegrino, F., Sjoberg, D. D., Tin, A. L., Benfante, N. E., Briganti, A., Montorsi, F., Eastham, J. A., Mulhall, J. P., & Vickers, A. J. (2023). Relationship between age, comorbidity, and the prevalence of erectile dysfunction. *European Urology Focus*, *9*(1), 162–167. https://doi.org/10.1016/j.euf.2022.08.006

Ramala, S. R., Chandak, S., Chandak, M. S., & Annareddy, S. (2023). A comprehensive review of breast fibroadenoma: Correlating clinical and pathological findings. *Cureus*, *15*(12), e49948. https://doi.org/10.7759/cureus.49948

Raychaudhuri, R., Lin, D. W., & Montgomery, R. B. (2025). Prostate cancer. *JAMA*, *333*(16), 1433. https://doi.org/10.1001/jama.2025.0228

Robinson, B. D. (2023). Spermatocele. In M. Zhou, G. J. Netto, & J. I. Epstein (Eds.), *Uropathology* (pp. 543–544). Elsevier. https://doi.org/10.1016/b978-0-323-65395-4.00254-2

Rogers, D., Menias, C., & Shaaban, A. (2023). Malignant germ cell tumors of the ovary. *Radiologic Clinics of North America*, *61*(4), 579–594. https://doi.org/10.1016/j.rcl.2023.02.004

Rojewska, P., Meczekalski, B., Bala, G., Luisi, S., & Podfigurna, A. (2022). From diagnosis to treatment of androgen-secreting ovarian tumors: A practical approach. *Gynecological Endocrinology*, *38*(7), 537–542. https://doi.org/10.1080/09513590.2022.2083104

Rossi, M., Vannuccini, S., Capezzuoli, T., Fambrini, M., Vannuzzi, V., Donati, C., & Petraglia, F. (2022). Mechanisms and pathogenesis of adenomyosis. *Current Obstetrics and Gynecology Reports*, *11*(2), 95–102. https://doi.org/10.1007/s13669-022-00326-7

Sachdeva, A., McGuinness, L., Zapala, Ł., Greco, I., Garcia-Perdomo, H. A., Kailavasan, M., Antunes-Lopes, T., Ayres, B., Barreto, L., Campi, R., Crook, J., Johnstone, P., Kumar, V., Manzie, K., Marcus, J. D., Necchi, A., Oliveira, P., Osborne, J., Pagliaro, L. C., … Sakalis, V. I. (2024). Management of lymph node-positive penile cancer: A systematic review. *European Urology, 85*(3), 257–273. https://doi.org/10.1016/j.eururo.2023.04.018

Salehi, A. M., Jenabi, E., Farashi, S., Aghababaei, S., & Salimi, Z. (2023). The environmental risk factors related to uterine leiomyoma: An umbrella review. *Journal of Gynecology Obstetrics and Human Reproduction, 52*(1), 102517. https://doi.org/10.1016/j.jogoh.2022.102517

Santangelo, G., Ruggiero, G., Murina, F., Di Donato, V., Perniola, G., Palaia, I., Fischetti, M., Casorelli, A., Giannini, A., Di Dio, C., Muzii, L., Benedetti Panici, P., & Bogani, G. (2023). Vulvodynia: A practical guide in treatment strategies. *International Journal of Gynecology & Obstetrics, 163*(2), 510–520. https://doi.org/10.1002/ijgo.14815

Satora, M., Grunwald, A., Zaremba, B., Frankowska, K., Żak, K., Tarkowski, R., & Kułak, K. (2023). Treatment of vulvovaginal candidiasis—An overview of guidelines and the latest treatment methods. *Journal of Clinical Medicine*, 12(16), 5376. https://doi.org/10.3390/jcm12165376

Sertic, M., Devins, K. M., Oliva, E., Lee, S. I., & Kilcoyne, A. (2023). Sex cord-stromal tumors of the ovary. *Radiologic Clinics of North America, 61*(4), 595–608. https://doi.org/10.1016/j.rcl.2023.02.005

Sideris, M., Menon, U., & Manchanda, R. (2024). Screening and prevention of ovarian cancer. *Medical Journal of Australia, 220*(5), 264–274. https://doi.org/10.5694/mja2.52227

Singh, S., Kumar, P., Kavita, Rathore, S. S., Singh, Y., & Garg, N. (2023). Contemporary approaches in the management of uterine leiomyomas. *European Journal of Obstetrics & Gynecology and Reproductive Biology, 287*, 195–210. https://doi.org/10.1016/j.ejogrb.2023.06.021

Singh, N., & Sethi, A. (2022). Endometritis—Diagnosis, treatment and its impact on fertility—A scoping review. *JBRA Assisted Reproduction, 26*(3), 538–546. https://doi.org/10.5935/1518-0557.20220015

Stener-Victorin, E., Teede, H., Norman, R. J., Legro, R., Goodarzi, M. O., Dokras, A., Laven, J., Hoeger, K., & Piltonen, T. T. (2024). Polycystic ovary syndrome. *Nature Reviews Disease Primers, 10*(1), 27. https://doi.org/10.1038/s41572-024-00511-3

Sumtsov, D. (2023). Primary fallopian tube cancer: A literature review. *Eastern Ukrainian Medical Journal, 11*(3), 224–231. https://doi.org/10.21272/eumj.2023;11(3):224-231

Takács, T., Szabó, A., & Kopa, Z. (2025). Recent trends in the management of varicocele. *Journal of Clinical Medicine, 14*(15), 5445. https://doi.org/10.3390/jcm14155445

Takeda, T. (2022). Premenstrual disorders: Premenstrual syndrome and premenstrual dysphoric disorder. *Journal of Obstetrics and Gynaecology Research, 49*(2), 510–518. https://doi.org/10.1111/jog.15484

Tao, C., Cao, Y., & Yu, Z. (2025). Clinical characteristics and treatment analysis of neonatal testicular torsion. *Journal of Perinatology, 45*(8), 1093–1098. https://doi.org/10.1038/s41372-025-02249-6

Tavares, V., Marques, I. S., Melo, I. G., Assis, J., Pereira, D., & Medeiros, R. (2024). Paradigm shift: A comprehensive review of ovarian cancer management in an era of advancements. *International Journal of Molecular Sciences, 25*(3), 1845. https://doi.org/10.3390/ijms25031845

Tewari, K. S. (2025). Cervical cancer. *New England Journal of Medicine, 392*(1), 56–71. https://doi.org/10.1056/nejmra2404457

Trost, L., Yafi, F., Shindel, A., Khera, M., Rosen, R. C., Bajic, P., Bernie, H., Gross, M., Hannan, J., Helo, S., Jenkins II, L., Podlasek, C., Watter, D., Ziegelmann, M., & Köhler, T. (2026). Defining clinically relevant responses in erectile function: An SMSNA position statement. *The Journal of Sexual Medicine*, 23(3), Article qdaf392. https://doi.org/10.1093/jsxmed/qdaf392

UF Health, 2025. (2025). *Understanding your prostate cancer risk*. UF Health. https://ufhealth.org/care-sheets/understanding-your-prostate-cancer-risk

Vodstrcil, L. A., Plummer, E. L., Nguyen, T. V., Fairley, C. K., Chow, E. P., Phillips, T. R., & Bradshaw, C. S. (2025). Trends in infections detected in women with cervicitis over a decade. *Frontiers in Reproductive Health, 7*, 1539186. https://doi.org/10.3389/frph.2025.1539186

Wray, A. A., Velasquez, J., & Leslie, S. W. (2024, August 31). Balanitis. In *StatPearls*. StatPearls Publishing. https://www.ncbi.nlm.nih.gov/books/NBK537143/

Wei, C. H., & Fadare, O. (2024). Ovarian steroid cell tumors: What do we know so far? *Frontiers in Oncology, 14*, 1331903. https://doi.org/10.3389/fonc.2024.1331903

Yang, L., Du, L., Hou, B., Niu, X., Wang, W., & Shen, W. (2023). Clinical value of combined multi-indicator tests in diagnosis of benign ovarian. *International Journal of General Medicine, 16*, 2047–2053. https://doi.org/10.2147/ijgm.s410393

Yebes, A., Toribio-Vazquez, C., Martinez-Perez, S., Quesada-Olarte, J. M., Rodriguez-Serrano, A., Álvarez-Maestro, M., & Martinez-Piñeiro, L. (2023). Prostatitis: A review. *Current Urology Reports, 24*(5), 241–251. https://doi.org/10.1007/s11934-023-01150-z

Yusuf, H., & Trent, M. (2023). Management of pelvic inflammatory disease in clinical practice. *Therapeutics and Clinical Risk Management, 19*, 183–192. https://doi.org/10.2147/tcrm.s350750

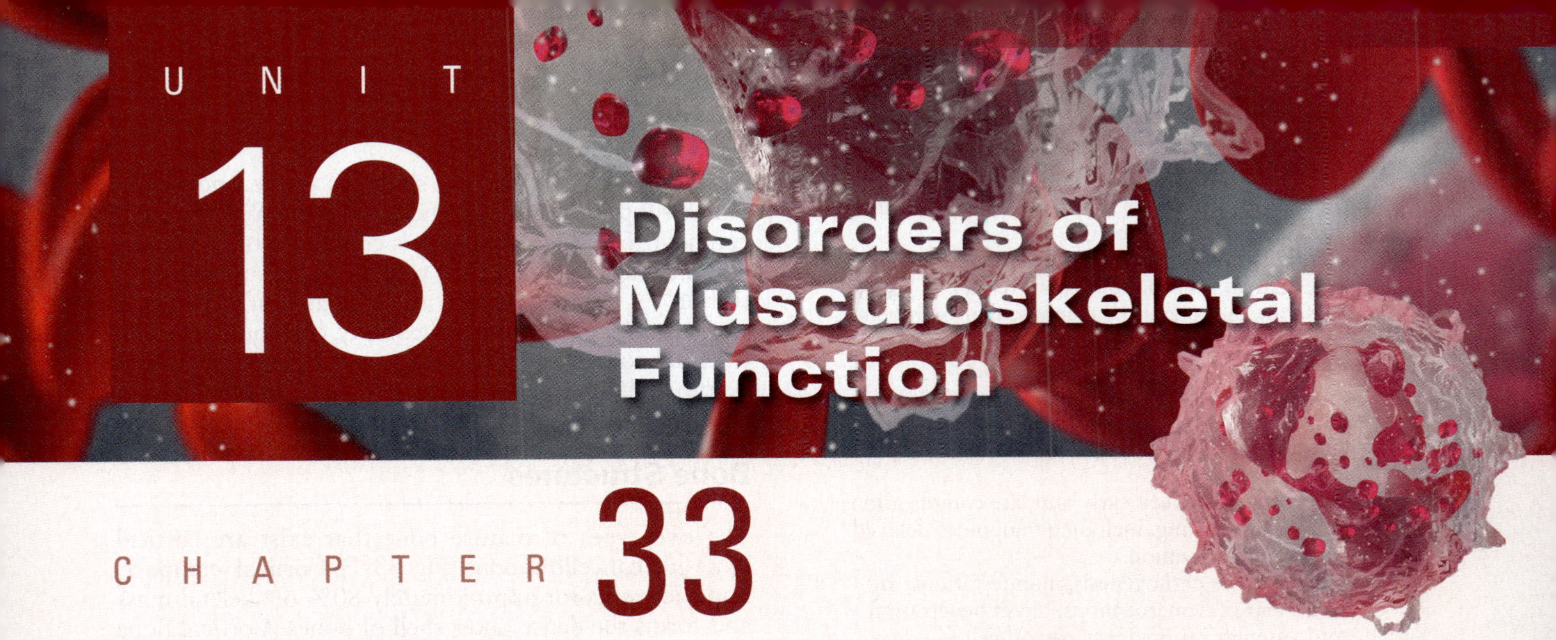

UNIT 13 Disorders of Musculoskeletal Function

CHAPTER 33

Developmental, Traumatic, and Neoplastic Disorders of the Musculoskeletal System

Learning Objectives

After completing this chapter, the learner will be able to meet the following objectives:

1. Differentiate among elastic, hyaline, and fibrocartilage by structure, function, and common locations.
2. Explain the roles of osteoblasts, osteoclasts, osteocytes, and osteoprogenitor cells in bone remodeling.
3. Analyze the effects of parathyroid hormone, calcitonin, and vitamin D on bone metabolism.

4. Describe the vascular supply of synovial joints and its role in joint health.
5. Explain why localized joint disease can produce referred pain throughout an extremity.
6. Describe the role of the epiphyseal growth plate in skeletal development.
7. Differentiate congenital, idiopathic, and neuromuscular scoliosis, including clinical features and management.
8. Outline the healing process of soft-tissue injuries and fractures.
9. Distinguish between early and late complications of fracture healing, including malunion, delayed union, and nonunion.
10. Compare the pathogenesis, manifestations, and treatment of hematogenous, direct penetration, and vascular insufficiency osteomyelitis.
11. Explain the clinical features and common sites of tuberculous osteomyelitis, including Pott disease.
12. Identify the major causes and pathophysiologic mechanisms of osteonecrosis.
13. Differentiate between benign and malignant bone tumors in terms of growth, spread, and clinical effects.
14. Contrast osteosarcoma, Ewing sarcoma, and chondrosarcoma with respect to age distribution, anatomic sites, and treatment strategies.
15. Identify primary tumor sites that commonly metastasize to bone and explain their clinical significance.

The musculoskeletal system provides the structural framework that supports the body, protects internal organs, and allows movement through the coordinated action of bones, joints, muscles, tendons, and ligaments. In addition to its mechanical functions, bone tissue serves as a reservoir for essential minerals, particularly calcium and phosphate, and is the location of the bone marrow, where blood cell formation occurs. Cartilage provides smooth surfaces for articulating joints and helps cushion them against mechanical stress. Tendons and ligaments stabilize joints and transmit the forces necessary for movement while also contributing to overall balance and posture. Together, the musculoskeletal structures maintain body shape, enable mobility, and support vital metabolic and hematopoietic functions.

Bony Structures of the Skeletal System

The skeletal system consists of the axial and appendicular skeletons. The **axial skeleton** includes the skull, thoracic cage, and vertebral column, forming the central axis of the body and providing protection for the brain, spinal cord, and thoracic organs. The **appendicular skeleton** consists of the bones of the upper and lower extremities, as well as the shoulder girdle and pelvis, which support movement and interaction with the environment. The skeletal system is composed of both bone and cartilage tissue. Bones provide rigid support, protection for internal organs, and leverage for movement, while cartilage contributes flexibility, cushioning, and an essential role in skeletal growth and development both before and after birth (Elgazzar & Alenezi, 2022).

Bone Structures

The two types of mature bone that exist are cortical bone and cancellous bone (Fig. 33-1). **Cortical (compact) bone** accounts for approximately 80% of skeletal mass and forms the dense outer shell of bones. Cortical bone has a dense, calcified matrix that provides strength and rigidity. **Cancellous (spongy or trabecular) bone** is found in the interior of bones and consists of a lattice-like network of trabeculae lined with osteogenic cells and filled with red or yellow bone marrow. Although all bones contain both cortical and cancellous components, the proportions vary depending on location and functional demands. Cortical bone predominates in long, tubular bones and along lines of mechanical stress, while cancellous bone is more abundant in regions requiring load distribution and flexibility (Cowan et al., 2024).

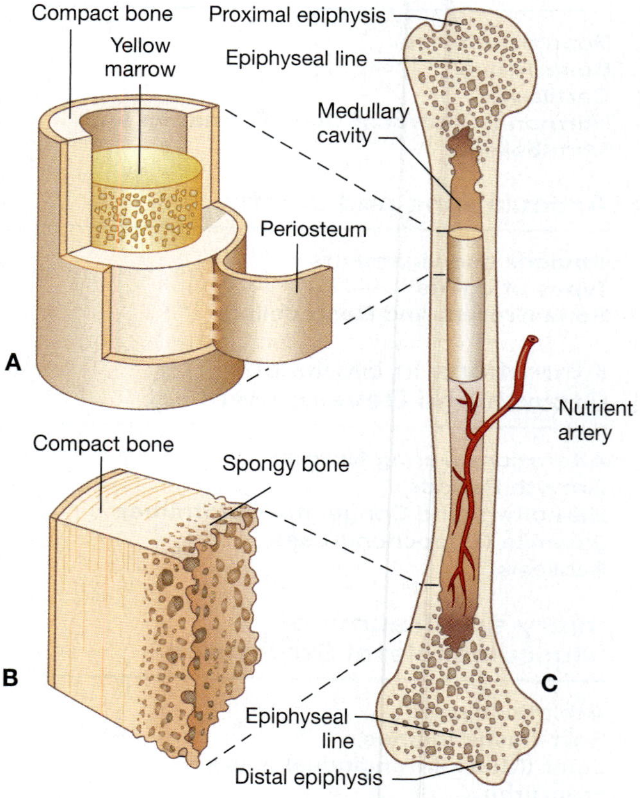

FIGURE 33-1. A long bone shown in longitudinal section. **A.** Periosteum and bone marrow. **B.** Compact and cancellous bone. **C.** Epiphysis and source of blood supply from epiphyseal and nutrient arteries.

KEY POINTS

The Skeletal System

- Two primary connective tissues form the skeletal system. Cartilage, a semirigid and flexible tissue, provides a smooth surface for the surfaces of articulating joints and plays an important role in prenatal and childhood skeletal development. Bone provides the firm structure of the skeleton, protects internal organs, and serves as a reservoir for calcium and phosphate (Cowan et al., 2024).
- Bone matrix is maintained by four types of cells: osteoblasts synthesize and secrete new bone matrix; osteoclasts, originating from the hematopoietic stem cells of the monocyte–macrophage lineage in the bone marrow, resorb bone and remodel skeletal structure; mature osteocytes maintain bone matrix and sense mechanical stress; and precursor osteoprogenitor cells give rise to osteoblasts and osteocytes (Cowan et al., 2024).

Types of Bones

Bones are classified by shape as long, short, flat, or irregular. **Long bones**, such as those of the arms and legs, are characterized by a shaft (diaphysis) and two expanded ends (epiphyses). The design of long bones distributes weight efficiently, with a medullary canal in the shaft housing marrow. The epiphyses are covered with articular cartilage that cushions movement at joints (Fig. 33-2).

Short bones are roughly cube-shaped and found in the wrist and ankle. Their interior is composed of cancellous bone covered by a thin shell of compact bone, allowing strength with limited mobility (Cowan et al., 2024).

Flat bones, such as those of the skull, sternum, ribs, and scapulae, are composed of cancellous bone sandwiched between two layers of compact bone. This structure provides protection for underlying organs and broad surfaces for muscle attachment.

Irregular bones include vertebrae and certain cranial bones (e.g., the ethmoid). Their complex shapes fulfill specialized structural and protective functions that do not fit other categories.

In growing bones, the **metaphysis** contains trabeculae with cartilaginous cores and lies between the **diaphysis** and **epiphysis**. In children, the metaphysis is separated from the epiphysis by a cartilaginous growth plate (physis), which is the site of longitudinal bone growth. Following puberty, the growth plate ossifies, and the metaphysis and epiphysis merge (Cowan et al., 2024).

Periosteum and Endosteum

The **periosteum** covers the bones, except at the articular surfaces. It consists of an outer fibrous layer and an inner cellular layer containing osteoprogenitor cells that support bone growth and remodeling. The periosteum contains blood vessels and serves as an anchor for blood vessels as they enter and exit the bone, as well as for the tendons. The endosteum is the membrane that lines the spaces within the spongy inner surfaces of bone, including the trabeculae of cancellous bone, the medullary cavity, and the Haversian canals of cortical bone. The endosteum contains osteoprogenitor cells and contributes to bone turnover and repair (Cowan et al., 2024).

Bone Marrow

Bone marrow occupies the medullary cavities of long bones throughout the skeleton and the cavities within cancellous bone in the vertebrae, ribs, sternum, and flat bones of the pelvis. The cellular composition of the bone marrow varies with age and skeletal location. **Red bone marrow** contains the hematopoietic tissue responsible for blood cell production, while **yellow bone marrow** consists largely of adipose cells. At birth, nearly all marrow is red and hematopoietically active. With age, much of the bone marrow is replaced by yellow marrow, though red marrow persists throughout adult life in the flat bones, vertebrae, sternum, and pelvis (Cowan et al., 2024).

Blood Supply

The cortical bone of long bones receives blood supply from nutrient arteries and periosteal arteries. Nutrient arteries enter the diaphysis through nutrient foramina and supply the bone marrow and inner cortex. Periosteal arteries give rise to perforating branches that supply the outer cortex and anastomose with branches of the nutrient arteries, creating a rich vascular network throughout the cortical bone.

The distribution of blood in the cortex occurs through the **Haversian (osteonal) canals** and the **Volkmann canals** (Fig. 33-3). Haversian canals are spaces in the bone of the cortex that run parallel to the long axis of the bone for a short distance and then branch and communicate with other similar canals. Each canal carries one or two blood vessels, lymphatics, and some nerve fibers. Volkmann canals, which also contain blood vessels, are spaces in the cortex that run perpendicularly along the long axis of the cortex to connect with adjacent Haversian canals. These extensive vascular interconnections create a continuous vascular system within the bone (Cowan et al., 2024).

Unlike cortical bone, **cancellous (trabecular) bone** is usually not penetrated by blood vessels. Instead, the bone cells of cancellous bone are nourished by diffusion from the endosteal surface through canaliculi, which interconnect their surrounding fluid-filled lacunae and extend to the bone surface.

Bone Tissue

Bone is a specialized type of connective tissue in which the intercellular matrix is mineralized with inorganic

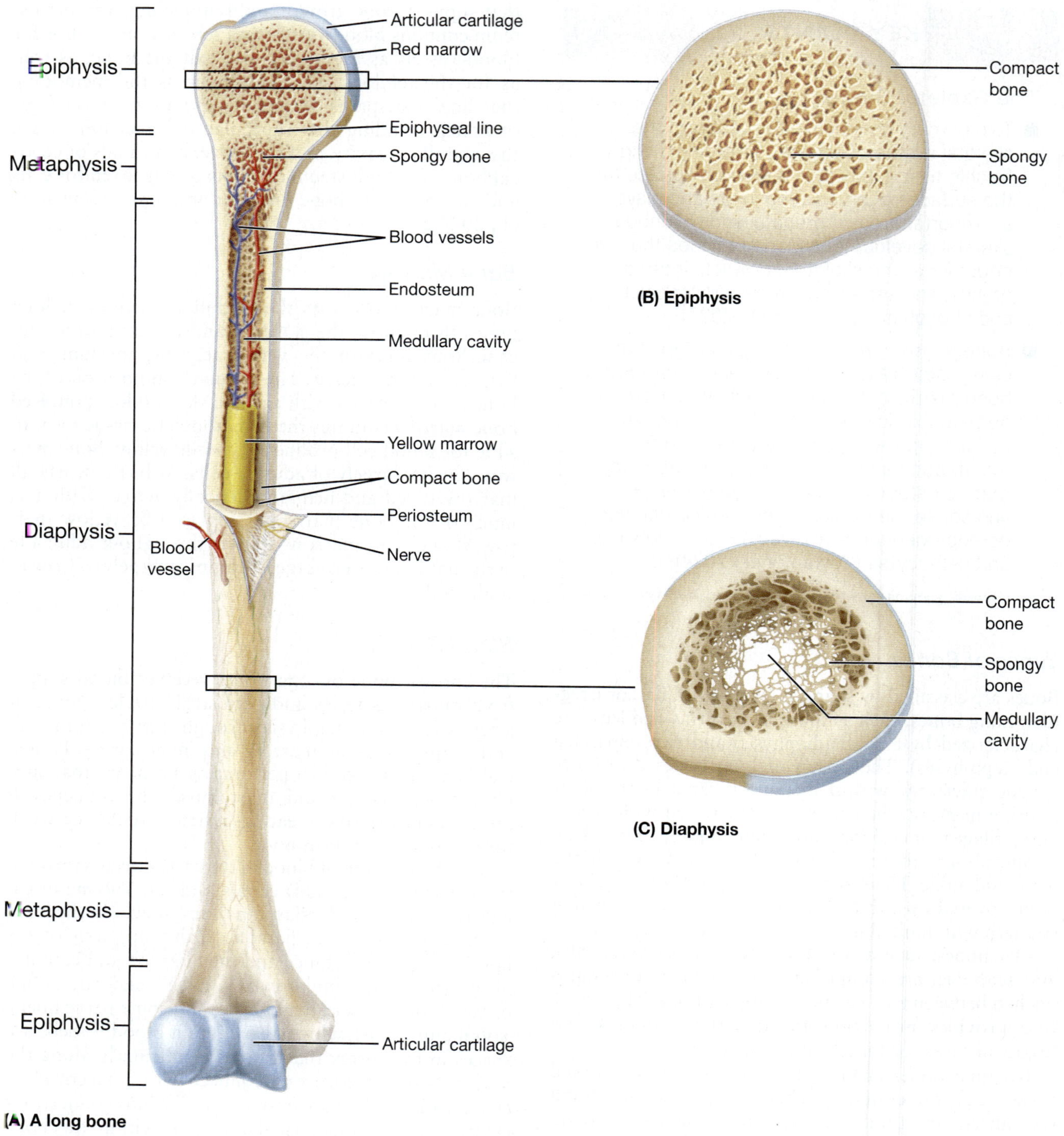

FIGURE 33-2. Structure of a long bone. **A.** Regions of a long bone. **B.** Cross-section through the epiphysis. **C.** Cross-section through the diaphysis. (From McConnell, T. H., & Hull, K. L. [2011]. *Human form, human function: Essentials of anatomy & physiology* [p. 169, Fig. 6-3]. Lippincott Williams & Wilkins.)

calcium salts, giving it remarkable tensile and compressive strength while remaining light enough to be moved by muscle action. The matrix is composed of both organic components and inorganic mineral salts (Cowan et al., 2024).

The organic portion consists primarily of type I collagen (roughly 88%), with smaller amounts of noncollagenous proteins, lipids, and glycosaminoglycans. These proteins provide tensile strength and flexibility. The inorganic portion is dominated by hydroxyapatite crystals, an insoluble complex of calcium and phosphate, along with small amounts of calcium carbonate and calcium fluoride. These mineral salts give bone its hardness and compressive strength. Bone tissue

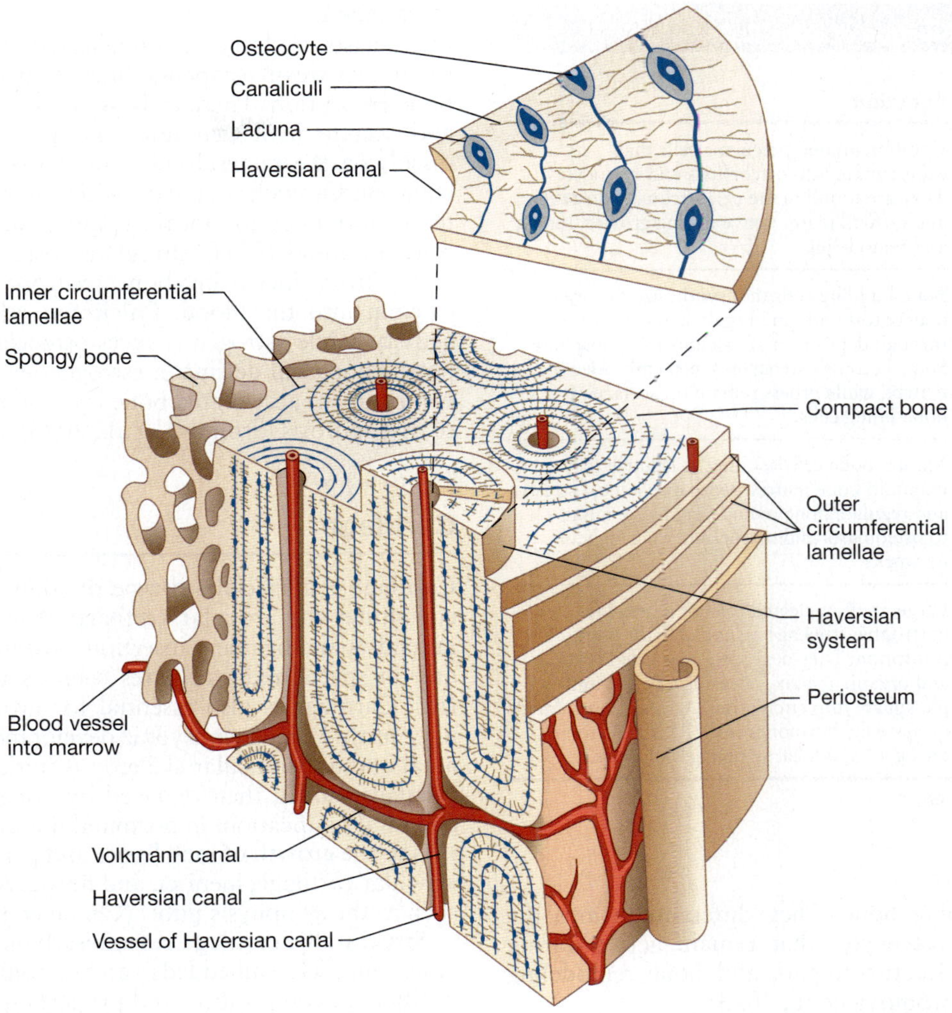

FIGURE 33-3. Haversian systems as seen in a wedge of compact bone tissue. The periosteum has been peeled back to show a blood vessel entering a Volkmann canal. *Top*, Osteocytes lying within lacunae; canaliculi permit interstitial fluid to reach each lacuna.

can also bind heavy metals and certain drugs. For example, tetracycline readily incorporates into mineralizing bone and teeth, leading to discoloration and structural changes, a property that, while protective in sequestering toxins, may have adverse effects (Cowan et al., 2024).

Lamellar and Woven Bone

The two structural forms of bone tissue are **lamellar bone** and **woven bone**. Both forms may exist in mineralized or unmineralized states, with the latter referred to as *osteoid*.

Lamellar bone is the strong, organized, mature form that predominates in the adult skeleton. It consists of cylindrical structural units known as *osteons* (also called Haversian systems), each formed of concentric lamellae surrounding a central Haversian canal that houses blood vessels and nerves (see Fig. 33-3). Between osteons lie interstitial lamellae, remnants of older bone, while circumferential lamellae encircle the inner and outer surfaces of long bones. Cancellous bone also has lamellar organization, although its trabeculae are nourished primarily by diffusion rather than direct vascular penetration (Cowan et al., 2024).

Woven bone (bundle bone) is immature bone that is deposited more rapidly than lamellar bone. It has lower tensile strength and serves as temporary scaffolding for support. Woven bone is found in the developing fetal skeleton, in the early stages of fracture repair, and in certain pathologic conditions such as tumors and infection, where rapid bone deposition occurs.

Bone Cells

Four types of cells regulate bone growth, maintenance, and remodeling: osteoprogenitor cells, osteoblasts, osteocytes, and osteoclasts (Table 33-1) (Šromová et al., 2023).

Osteoprogenitor Cells

Osteoprogenitor cells are undifferentiated precursor cells located in the periosteum, endosteum, and growth

TABLE 33-1 Function of Bone Cells

Type of Bone Cell	Function
Osteoprogenitor cells	Undifferentiated precursor cells that differentiate into osteoblasts and osteocytes. They are found in the periosteum, endosteum, and growth plate. Active during growth, repair, and remodeling.
Osteoblasts	Bone-building cells that synthesize the organic matrix (osteoid) and regulate mineralization through deposition of calcium and phosphate. Some become osteocytes when embedded in matrix, while others remain on surfaces as bone-lining cells.
Osteocytes	Mature bone cells residing in lacunae that maintain bone matrix, sense mechanical stress, and regulate bone remodeling by signaling to osteoblasts and osteoclasts via canaliculi networks.
Osteoclasts	Large, multinucleated cells of monocyte–macrophage lineage responsible for bone resorption. They degrade mineralized bone and organic matrix, releasing calcium and phosphate into circulation. Activity is regulated by systemic hormones (e.g., PTH, calcitonin, estrogen) and local signaling molecules.

PTH, parathyroid hormone.

plate of developing bone. They differentiate into the osteoblasts and osteocytes that remain active during normal growth, fracture repair, and bone remodeling throughout life (Šromová et al., 2023).

Osteoblasts

Osteoblasts are bone-forming cells that synthesize the organic matrix (osteoid) and regulate bone mineralization. Bone formation occurs in two stages: ossification, the production of osteoid, and calcification, the deposition of calcium phosphate salts within that matrix. Osteoblasts secrete type I collagen, noncollagenous proteins, and growth factors that regulate bone development. They also produce the enzyme alkaline phosphatase, which is thought to act locally in bone tissue to raise calcium and phosphate levels to the point at which precipitation occurs, promoting mineral deposition. Osteoblast activity contributes to the increase in serum alkaline phosphatase that follows bone injury and fractures (Šromová et al., 2023).

Osteocytes

Osteocytes are mature osteoblasts that become embedded in lacunae within mineralized bone. They are essential for maintaining the bone matrix and sensing mechanical stress. Osteocytes communicate with neighboring cells through tiny channels called canaliculi, which allow the exchange of nutrients and waste between cells and the blood supply. Loss of osteocyte viability leads to matrix breakdown and bone resorption (Šromová et al., 2023).

Osteoclasts

Osteoclasts are large, multinucleated cells derived from the monocyte–macrophage lineage that act to mediate bone resorption. These cells attach to the bone surface and secrete hydrogen ions and proteolytic enzymes, dissolving the mineralized bone matrix and degrading collagen. Osteoclast activity is tightly regulated by systemic hormones and local signaling pathways. Parathyroid hormone (PTH) stimulates osteoclast formation and activity, increasing bone resorption and releasing calcium into the blood. Calcitonin inhibits osteoclast activity, while estrogen reduces osteoclast survival. The postmenopausal decline in estrogen levels can therefore contribute to accelerated bone loss and the development of osteoporosis (Šromová et al., 2023).

Cartilage

Cartilage is a specialized type of connective tissue that constitutes the articular cartilage of joints. It is found at tendon and ligament insertions, within joint capsules, and in specialized structures such as the trachea and ribs. Cartilage is also essential for growth before and after birth. During embryonic development, much of the axial and appendicular skeleton is initially formed as a cartilage model, then replaced by bone through endochondral ossification. In postnatal life, cartilage contributes to the growth of long bones and persists in adults as articular cartilage, menisci, and fibrocartilaginous joints such as the symphysis pubis (Chang et al., 2022).

Structurally, cartilage resembles bone in that it contains living cells embedded in an extracellular matrix, but it differs in composition and properties. The extracellular matrix of cartilage contains more ground substance and water than bone and is reinforced with collagen fibers embedded in a firm, gel-like material rather than mineralized tissue. As a result, cartilage has the flexibility and resilience of a firm plastic rather than the rigidity of bone. Articular cartilage, in particular, is highly resilient and provides smooth, low-friction surfaces for joint movement, but it has poor intrinsic healing capacity due to its avascular nature (Chang et al., 2022).

The three types of cartilage are hyaline cartilage, elastic cartilage, and fibrocartilage. **Hyaline cartilage**, the most abundant type, appears smooth and glassy (hyaline means "glass-like"). It forms the fetal skeleton, articular cartilage, epiphyseal plates, costal cartilages, and much of the respiratory tract (larynx, trachea, bronchi). **Elastic cartilage** contains elastin fibers that provide greater flexibility. It is found in the external ear, epiglottis, and auditory (Eustachian) tubes. **Fibrocartilage** has properties between dense connective tissue and hyaline cartilage, with abundant type I collagen fibers that provide tensile strength. It is found in the intervertebral discs, menisci, tendon insertions, and the symphysis pubis. During pregnancy, fibrocartilage at the pubic symphysis becomes more flexible, allowing pelvic widening (Chang et al., 2022).

Chondrocytes, the cells of cartilage, are located within lacunae that are surrounded by an uncalcified gel-like extracellular matrix composed mainly of type II collagen and proteoglycans. Cartilage lacks blood vessels and nerves; most types (except articular cartilage) are covered by a fibrous layer called the *perichondrium*, which contains progenitor cells that contribute to growth and repair.

Approximately 80% of the wet weight of cartilage is water held within the gel-like proteoglycan matrix. This water content allows for compression and recovery, making cartilage well suited to resist mechanical stress. Nutrient and waste exchange occurs by diffusion through the matrix, aided by cyclical compression during joint loading. However, if cartilage becomes calcified, diffusion ceases, chondrocytes die, and the cartilage degenerates (Chang et al., 2022).

Hormonal Control of Bone Formation and Metabolism

Bone formation and mineral metabolism are regulated by a complex interplay of systemic hormones and local factors. The primary regulators are PTH, calcitonin, and vitamin D, with additional influences from growth hormone, thyroid hormones, cortisol, and sex hormones (Table 33-2). These hormones work together to maintain calcium and phosphate homeostasis, support bone remodeling, and respond to changing physiologic demands (Niwczyk et al., 2023).

Parathyroid Hormone

Parathyroid hormone (PTH) is the primary regulator of extracellular calcium and phosphate balance (Fig. 33-4). Secretion of PTH by the parathyroid glands is controlled by negative feedback, with increased serum levels of ionized calcium causing suppression of PTH release, while decreased serum levels of ionized calcium stimulate PTH secretion.

PTH maintains calcium homeostasis through multiple mechanisms:

- Bone: It stimulates both rapid release of calcium from bone fluid compartments and longer-term resorption via activation of osteoclasts (indirectly through osteoblast signaling).
- Kidney: It enhances calcium reabsorption in the distal tubule while reducing phosphate reabsorption, preventing concurrent elevations that could cause soft-tissue calcification.
- Intestine: It indirectly increases calcium absorption by stimulating renal activation of vitamin D (calcitriol) (Niwczyk et al., 2023).

Clinically, intermittent administration of low-dose PTH analogs (e.g., teriparatide) can stimulate bone formation and improve fracture healing, while chronic PTH excess (as occurs in hyperparathyroidism) leads to bone resorption and skeletal fragility.

Calcitonin

Calcitonin, secreted by the parafollicular cells of the thyroid gland, counteracts the effects of PTH by lowering serum calcium levels. Calcitonin acts by inhibiting osteoclast activity, reducing bone resorption, and decreasing renal tubular reabsorption of calcium and phosphate (Niwczyk et al., 2023).

The primary stimulus for calcitonin release is increased serum levels of ionized calcium. However, the physiologic role of calcitonin in long-term mineral balance is limited, as there are no known clinical syndromes of calcitonin deficiency or excess. Calcitonin effects appear most relevant postprandially when dietary calcium enters the bloodstream.

Pharmacologically, calcitonin can be used to reduce osteoclast activity in Paget disease of bone and to

TABLE 33-2 Actions of Parathyroid Hormone, Calcitonin, and Vitamin D

Actions	Parathyroid Hormone	Calcitonin	Vitamin D
Intestinal absorption of calcium	Increases indirectly through increased activation of vitamin D	No significant effect	Increases (major regulator)
Intestinal absorption of phosphate	Increases indirectly (via vitamin D activation)	No significant effect	Increases
Renal excretion of calcium	Decreases	Increases	Variable, generally increases
Renal excretion of phosphate	Increases (phosphaturic effect)	Increases	Increases (with prolonged elevation)
Bone resorption	Increases (stimulates osteoclast activity indirectly)	Decreases (inhibits osteoclasts)	$1,25(OH)_2D_3$ increases
Bone formation	Chronic excess decreases; intermittent low-dose increases (anabolic)	Unclear	May support mineralization (via $24,25\text{-}(OH)_2D_3$)
Serum calcium levels	Produces a prompt increase	Decreases (mainly at pharmacologic doses)	Increases (by enhancing absorption and mobilization)
Serum phosphate levels	Prevents elevation (by promoting renal excretion)	Decreases (at pharmacologic doses)	Increases (by enhancing absorption)

$1,25(OH)_2D_3$, 1,25-dihydroxyvitamin D_3; $24,25\text{-}(OH)_2D_3$, 24,25-dihydroxyvitamin D_3.

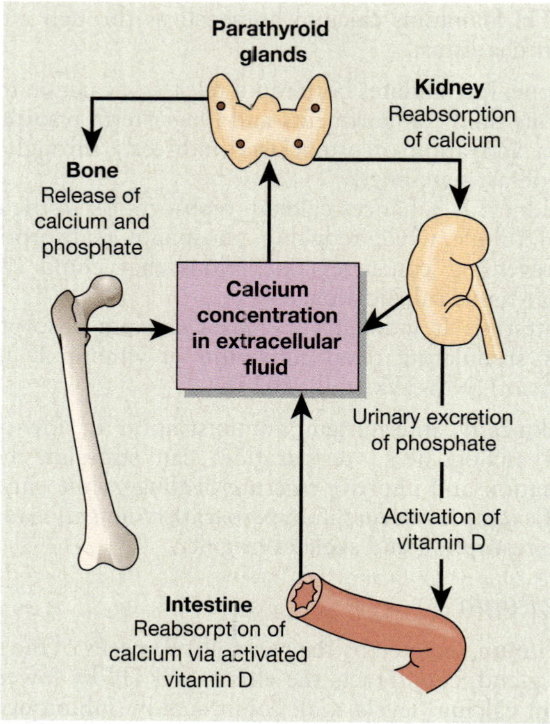

FIGURE 33-4. Regulation and actions of PTH. The PTH drives the serum calcium level by triggering the release of calcium from the bone, appropriately conserving calcium by the kidney, and further increasing calcium in the intestine by activating vitamin D. PTH, parathyroid hormone.

manage hypercalcemic crises, though the long-term efficacy of calcitonin administration is limited due to tachyphylaxis (Niwczyk et al., 2023).

Vitamin D

Vitamin D functions as a steroid hormone. Its actions are critical for the intestinal absorption of calcium and phosphate and for bone mineralization. There are two forms: vitamin D_2 (ergocalciferol), derived from dietary plant sources, and vitamin D_3 (cholecalciferol), produced in the skin from 7-dehydrocholesterol with skin exposure to ultraviolet radiation and obtained dietarily from animal sources. Both forms require activation to exert biologic effects (van Driel & van Leeuwen, 2023). (Fig. 33-5)

Vitamin D has little or no activity until it has been converted to a physiologically active form and metabolized to compounds that mediate its activity. Activation of vitamin D occurs in two steps:

1. Liver: conversion to 25-hydroxyvitamin D [25(OH) D], the major circulating form and the form that is measured clinically.
2. Kidney: conversion to the active form, 1,25-dihydroxyvitamin D_3 [$1,25(OH)_2D_3$, calcitriol], regulated by PTH, calcitonin, and ion concentrations (van Driel & van Leeuwen, 2023).

Active vitamin D enhances intestinal absorption of calcium and phosphate, promotes osteoclast-mediated resorption, and increases mineral availability for bone

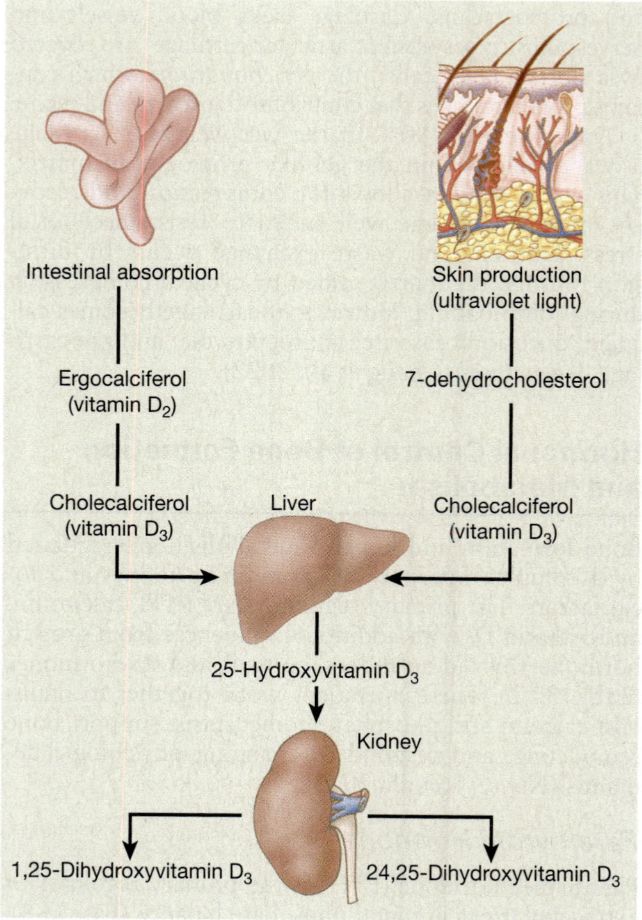

FIGURE 33-5. Sources and pathways for activation of vitamin D. The vitamin D source comes from the skin and the intestine. Vitamin D is then hydroxylated into 25-hydroxyvitamin D_3 in the liver and then goes to the kidneys, where it is converted into 24,25-dihydroxyvitamin D_3.

formation. While calcitriol primarily raises serum calcium, another metabolite, $24,25(OH)_2D_3$, may contribute to bone mineralization, though its role remains less defined.

Vitamin D deficiency leads to impaired mineralization, producing rickets in children and increasing the risk of osteomalacia and osteoporosis in adults (van Driel & van Leeuwen, 2023). Individuals who have limited sun exposure, who have darker skin, who live farther from the equator, or who have intestinal malabsorption are at increased risk for vitamin D deficiency.

SUMMARY CONCEPTS

Skeletal tissue consists of bone and cartilage that form the axial and appendicular skeleton. The two forms of bone are cortical (compact) bone, which makes up the dense outer shell, and cancellous (spongy or trabecular) bone, which forms the interior bone space and contains the bone marrow. The endosteum is the membrane that lines marrow cavities, trabeculae, and Haversian canals. The periosteum is the membrane that covers the external surface of bone (except at articular cartilage). The periosteum contains blood vessels and anchors blood vessels that enter the bone and also serves as a source of some progenitor cells. Mature bone is composed of structural units called osteons, formed from concentric lamellae that surround central Haversian canals in which blood vessels and nerves are located. Four types of bone cells regulate the growth and remodeling of bone tissue: osteoprogenitor cells (precursors to osteoblasts and osteocytes), osteoblasts (bone-building cells), osteocytes (mature matrix-maintaining cells and mechanosensors), and osteoclasts (bone-resorbing cells of hematopoietic origin).

Cartilage is a firm, flexible connective tissue essential for skeletal development, growth, and joint function. Hyaline cartilage, the most abundant form, provides smooth surfaces for joint articulation and forms structures such as costal cartilages, respiratory tract cartilages, and the fetal skeleton Elastic cartilage provides flexibility in areas such as the external ear and epiglottis. Fibrocartilage offers tensile strength and shock absorption in structures such as intervertebral discs, menisci, and the symphysis pubis.

Bone formation and mineral metabolism are regulated by the coordinated actions of PTH, calcitonin, and vitamin D. PTH is released when serum levels of ionized calcium are low to restore normal serum calcium by stimulating calcium release from bone, enhancing renal calcium reabsorption while promoting phosphate excretion, and indirectly increasing intestinal absorption through activation of vitamin D. Calcitonin is secreted in response to high serum levels of ionized calcium to lower serum calcium by inhibiting osteoclast activity and enhancing renal excretion of calcium and phosphate. After activation, vitamin D increases intestinal absorption of calcium and phosphate, ensuring sufficient mineral availability for skeletal health.

Articulations and Joints

Articulations, or joints, are sites where two or more bones meet. The prefix *arthro* is commonly used in terminology related to joints, for example, arthrology (the study of joints) and arthroplasty (surgical repair or replacement of a joint). Joints provide varying degrees of stability and mobility depending on their structural composition and functional demands (Juneja et al., 2024).

Tendons and Ligaments

Tendons and **ligaments** are dense connective tissue structures of the skeletal system that are critical for movement and joint stability. Both consist largely of bundles of type I collagen fibers arranged in parallel, which gives them exceptional tensile strength but limited elasticity and vascularity (Fig. 33-6). Because of their poor blood supply, tendons and ligaments heal slowly following injury. Fresh collagen is colorless, but tissues rich in collagen, such as tendons, generally appear white.

Tendons attach skeletal muscles to bone and transmit the mechanical force of muscle contraction. Their collagen bundles are organized into fascicles surrounded by connective tissue containing blood vessels and nerves. In regions subject to friction, tendons are enclosed in synovial sheaths, consisting of an outer fibrous layer anchored to surrounding structures and an inner layer directly attached to the tendon. The space between the layers is filled with synovial-like fluid, reducing friction. Repetitive strain or overuse can lead to tendinopathy, often presenting clinically as tendonitis (inflammation) or tendinosis (degenerative changes).

Ligaments are strong bands of fibrous tissue that connect bone to bone and reinforce joints. They are extensions or thickenings of the articular capsule and vary in size and orientation depending on their stabilizing function. While relatively inelastic, ligaments are pliable enough to allow physiologic joint movement. When subjected to forces beyond their capacity, ligaments typically tear rather than stretch, resulting in pain, swelling, and joint instability. Severe injuries may require surgical repair and prolonged rehabilitation (Bordoni et al., 2024).

Types of Joints

Joints allow the skeleton to maintain stability while permitting varying degrees of movement. Some joints permit no movement, others allow limited motion, and some are freely movable, such as the shoulder and hip. Structurally, joints are classified into two major categories depending on whether a joint cavity is present: solid (synarthroses) and synovial (**diarthroses**) (Juneja et al., 2024).

KEY POINTS

Skeletal Joints

- Articulations, or joints, are sites where two or more bones meet, providing both stability and mobility.
- Solid joints (synarthroses) lack a joint cavity and are bound by connective tissue or cartilage, typically allowing little or no movement.
- Synovial (diarthrodial) joints contain a joint cavity lined with synovium, are freely movable, and are the most common type in the body (Juneja et al., 2024).

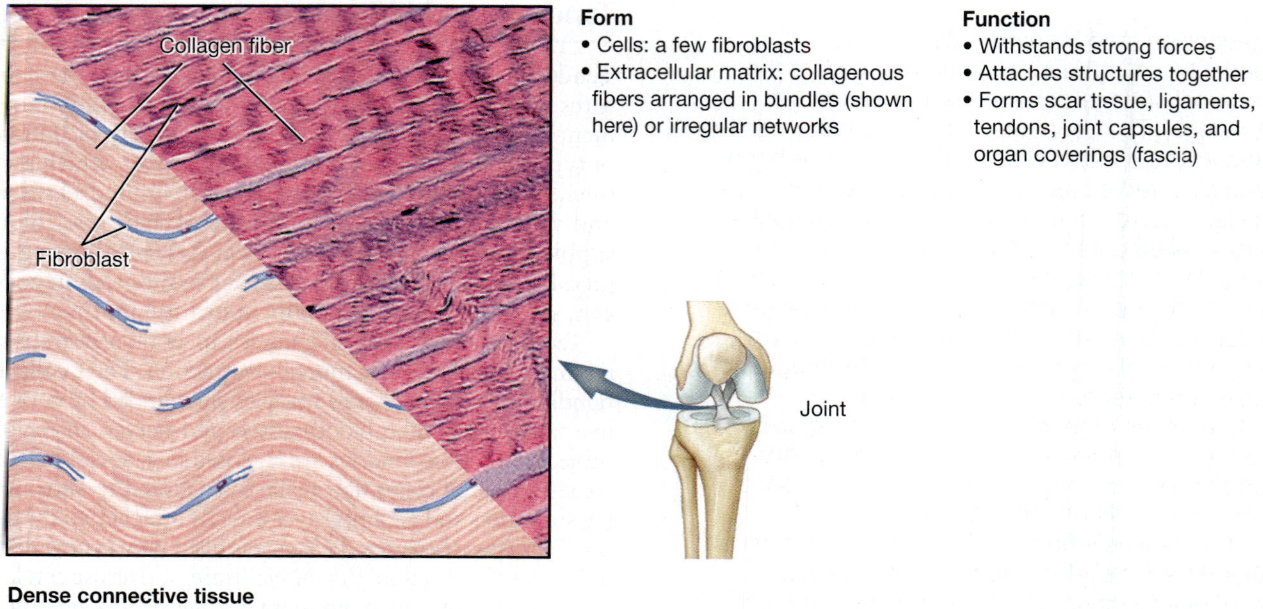

FIGURE 33-6. Dense connective tissue in tendons and ligaments. This dense connective tissue shows the collagen fibrous tissue and the fibroblasts. Both of these types of cells withstand strong forces and are found in tendons and ligaments. (From McConnell, T. H., & Hull, K. [2011]. *Human form, human function: Essentials of anatomy & physiology* [p. 104]. Lippincott Williams & Wilkins.)

Solid or Synarthroses Joints

Synarthroses (solid joints) are joints without a joint cavity that are connected by fibrous tissue or cartilage. They allow little or no movement and serve primarily to provide stability.

Fibrous joints are one subtype and include sutures, gomphoses, and syndesmoses. **Sutures** are found only in the skull, where thin layers of dense connective tissue tightly bind bone margins together. **Gomphoses** are specialized fibrous joints that connect the teeth to their sockets in the jaw. **Syndesmoses** occur where ligaments connect two adjacent bones, such as the interosseous membrane between the radius and ulna in the forearm or the ligamentum flavum connecting adjacent vertebral laminae.

Cartilaginous joints form the second subtype and can be classified as synchondroses or symphyses. **Synchondroses** are joints in which a layer of cartilage separates two ossification centers in a developing bone, such as the growth plate of a long bone. These joints are designed for growth and ossify once skeletal maturity is reached. **Symphyses**, in contrast, are joints where two separate bones are connected by fibrocartilage, such as the pubic symphysis and the intervertebral discs, both of which allow limited motion while serving important shock-absorbing functions (Juneja et al., 2024).

Synovial (Diarthrodial) Joints

Synovial joints (diarthrodial joints) are freely movable and make up the majority of joints in the body. Their range of motion varies considerably, from the minimal movement of the sacroiliac joint to the simple hinge movements of the interphalangeal joints to the extensive multiaxial motion of the shoulder and hip. The articulating surfaces of these joints are covered with articular cartilage, and movement occurs as these smooth cartilaginous surfaces glide past one another. Unlike solid joints, the bones of a synovial joint are not connected directly but are enclosed within a fibrous joint capsule that is continuous with the periosteum (Fig. 33-7). This capsule has two layers: an outer fibrous layer that provides structural support and stability and an inner synovial membrane that lines non-weight-bearing surfaces and folds around intra-articular structures such as ligaments, menisci, and tendons. The synovium secretes synovial fluid, a viscous, pale-yellow fluid that lubricates the joint and supplies nutrients to the avascular articular cartilage. Normal synovial fluid is nonclotting and contains very few cells, mostly mononuclear cells derived

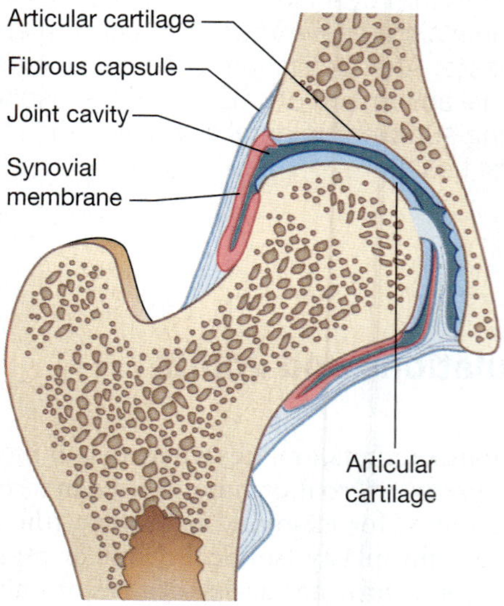

FIGURE 33-7. Synovial (diarthrodial) joint, showing the articular cartilage, fibrous joint capsule, joint cavity, and synovial membrane.

from the synovium, and its composition is altered in many inflammatory or pathologic joint disorders. The articular cartilage of synovial joints is a specialized form of hyaline cartilage that lacks perichondrium, making it dependent on synovial fluid for nutrition. Because it has little capacity for regeneration, superficial injuries to articular cartilage heal poorly, which contributes to the progression of degenerative joint diseases such as osteoarthritis (Juneja et al., 2024).

Blood Supply and Innervation

All tissues of synovial joints, with the exception of the avascular articular cartilage, receive nourishment directly or indirectly from blood vessels. The articular surfaces themselves are nourished by the diffusion of nutrients from the synovial fluid, which spreads across the cartilage during joint movement.

The blood supply to a joint is derived from vessels that enter the subchondral bone near the joint capsule and form a rich arterial network around the joint. The synovial membrane is highly vascularized, allowing rapid diffusion of plasma constituents into the joint cavity. Because many synovial capillaries lie close to the surface, even minor injuries can result in bleeding into the joint (hemarthrosis). Fortunately, the synovium generally heals rapidly, which is important given how frequently it is disrupted during surgical procedures involving joints (Juneja et al., 2024).

Innervation of joints is provided by branches of the same nerves that supply the muscles moving the joint and the skin overlying it. Typically, all peripheral nerves that cross an articulation also innervate the joint, a principle that explains referred pain patterns, such as a knee injury producing pain perceived in the hip. The synovial membrane itself contains primarily autonomic fibers regulating blood flow and has relatively few pain fibers, which is consistent with the fact that some intra-articular procedures can be performed under local anesthesia. In contrast, the joint capsule and ligaments contain abundant pain receptors that are especially sensitive to stretching or twisting, producing diffuse, poorly localized pain (Juneja et al., 2024).

The tendons and ligaments surrounding the joint capsule are richly supplied with proprioceptive nerve endings that are sensitive to movement and position. These proprioceptors trigger reflexive muscle contractions and relaxations to stabilize and protect joints under load. For example, when lifting a weight, proprioceptor-mediated reflexes coordinate muscle activity to maintain support of the joint capsule and surrounding structures. Loss of proprioception, such as after neurologic injury or severe ligament damage, impairs this protective mechanism and predisposes one to progressive joint degeneration (Bordoni et al., 2024).

Bursae

In some synovial joints, the synovial membrane forms closed sacs called **bursae**, which are not part of the joint cavity itself. Bursae contain synovial fluid and act as cushions to reduce friction between tendons, skin, and underlying bone (Fig. 33-8). They are most often found in areas where tendons pass over bony prominences or where skin must glide freely over bone. When irritated, bursae may become inflamed, leading to **bursitis**, characterized by swelling, pain, and reduced mobility. A common example is a bunion, which represents inflammation of the bursa at the metatarsophalangeal joint of the great toe (Jonczy et al., 2025).

Intra-Articular Menisci

Intra-articular menisci are fibrocartilaginous structures found in certain synovial joints. They develop as inward extensions of fibrocartilage within the joint capsule and serve as pads between articulating bones. Menisci may

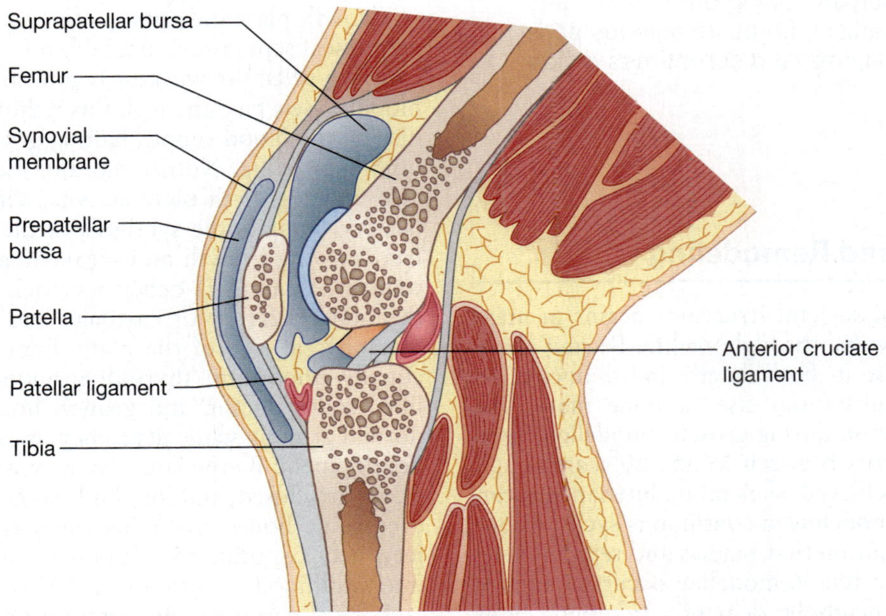

FIGURE 33-8. Sagittal section of knee joint, showing prepatellar and suprapatellar bursae.

partially divide the joint cavity, as in the medial and lateral menisci of the knee, where they provide shock absorption, load distribution, and joint stability. Alternatively, they may completely separate a joint into two cavities, as in the sternoclavicular joint. Because of their limited vascular supply, menisci—especially those of the knee—are prone to injury and heal poorly when torn, often requiring surgical management (Juneja et al., 2024).

SUMMARY CONCEPTS

Articulations, or joints, are the meeting points of two or more bones that hold the skeleton together while permitting mobility. Tendons and ligaments, composed of dense connective tissue, are essential to joint function: tendons connect muscles to bones, transmitting the force of muscle contraction; ligaments connect bones to one another, providing joint stability.

Joints are classified as solid (synarthroses) or synovial (diarthroses). Synarthroses are joined by fibrous tissue, cartilage, or bone; lack a joint cavity; and permit little or no movement. Synovial joints are freely movable and the most common type in the body, characterized by articulating surfaces covered with a thin layer of articular cartilage, enclosed within a fibrous joint capsule lined by synovium. The synovial membrane secretes synovial fluid, which lubricates articulating surfaces and facilitates smooth joint motion. Additional supportive structures include bursae, which reduce friction where tendons pass over bone or skin moves across bony prominences, and intra-articular menisci, fibrocartilaginous pads that cushion, stabilize, and sometimes divide the joint cavity.

Bone Growth and Remodeling

The development of skeletal structures begins in utero and continues to evolve throughout life. During childhood, bones increase in both length and diameter, accompanied by a substantial rise in bone mass. The shaping of the skeleton during growth (**modeling**) typically ceases at maturity between 18 and 20 years of age. Once adult size is achieved, skeletal maintenance is carried out by bone **remodeling**, a continuous cycle of bone resorption and formation that renews and repairs skeletal tissue throughout life. Remodeling occurs at sites of microdamage and metabolic demand, preserving bone strength and mineral homeostasis (Wang et al., 2022).

Embryonic and Fetal Development

The skeletal system originates primarily from mesodermal tissue, with contributions from neural crest cells in the developing embryo. Formation of the axial skeleton begins around the fourth week of gestation, with ossification centers appearing by the ninth week, first evident in the lower thoracic and upper lumbar vertebrae. The paddle-shaped limb buds of the extremities emerge in the fourth week, hand pads are visible by days 33 to 36, and finger rays appear by days 41 to 43 of development (To et al., 2024).

Major abnormalities arising in the embryonic stage are uncommon and typically involve specific structural defects such as congenital absence of a phalanx, supernumerary digits (polydactyly), or fusion of adjacent digits (syndactyly). More commonly, apparent musculoskeletal abnormalities in newborns reflect the imprint of intrauterine positioning rather than true anatomic malformations. These positional variations are generally physiologic and resolve postnatally with growth and movement.

Bone Growth in Childhood

During the first two decades of life, the skeleton undergoes rapid growth in length and overall mass. Long bones elongate through the activity of the epiphyseal growth plate, a specialized zone of cartilage located between the metaphysis and epiphysis. Within the growth plate, chondrocytes proliferate, enlarge, and eventually undergo calcification. These calcified cartilage cells die and are replaced by osteoblasts, which secrete osteoid and lay down new bone matrix. This cycle of cartilage synthesis, calcification, erosion, and osteoblast invasion ensures continuous bone formation without altering bone shape or disrupting the articular cartilage (Fig. 33-9). At puberty, the rate of cartilage cell division slows, and ultimately, the growth plate fuses with the metaphysis, signaling the end of longitudinal bone growth (Satoh & Hasegawa, 2022).

Growth plate integrity is critical. Trauma may cause epiphyseal separation, most often in the zone of mature cartilage cells, the weakest region of the plate. Because blood vessels pass through this region, such injuries can disrupt the blood supply, halting growth and leading to limb shortening. Nutritional and metabolic conditions also affect growth plate activity. Vitamin C deficiency (scurvy) impairs the synthesis of the organic bone matrix, slowing growth and weakening diaphyseal development. Vitamin D deficiency (rickets) interferes with the mineralization of cartilage and new bone on the metaphyseal side of the plate. Endocrine regulation is equally important: thyroid hormone, insulin, insulin-like growth factor, and growth hormone all promote normal growth, while deficiency or excess alters skeletal development. By the late teenage years, most epiphyseal plates are closed, and longitudinal growth ceases. However, some bones, including the skull, jaw, hands, and feet, may continue to respond to hormonal influences into adulthood (Alonso et al., 2022).

Bone also grows in diameter through a process known as appositional growth. New bone is deposited along the

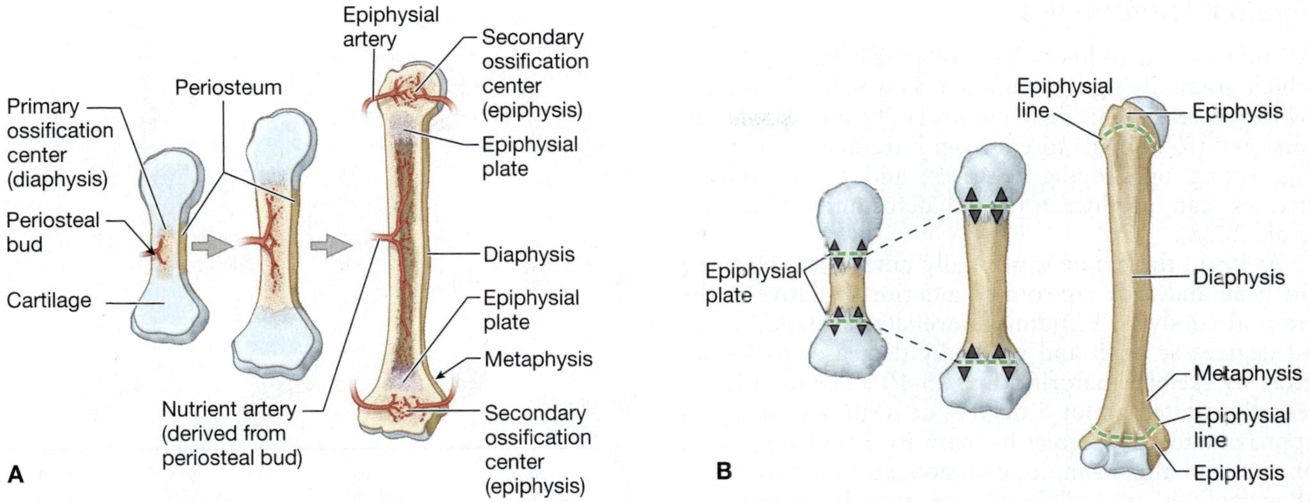

FIGURE 33-9. Development and growth of a long bone. **A.** Ossification centers. The formation of primary and secondary ossification centers is shown. **B.** Growth of long bones. Growth in length occurs on both sides of the cartilaginous epiphyseal plates (*arrowheads*). The bone formed from the primary center in the diaphysis does not fuse with that formed from the secondary centers in the epiphyses until the bone reaches its adult size. When growth ceases, the depleted epiphyseal plate is replaced by a synostosis (bone-to-bone fusion), observed as an epiphyseal line in radiographs and sectioned bone. (From Agur, A. M., & Dalley, A. F. II. [2022]. *Moore's clinically oriented anatomy* [9th ed., Fig. 1-14]. Wolters Kluwer.)

periosteal surface, while bone resorption occurs along the endosteal surface, allowing the marrow cavity to expand without making the cortex excessively thick or heavy. This coordinated activity maintains bone shape and proportion as size increases. With appositional growth, concentric lamellae are laid down around blood vessels, eventually forming osteons. Osteocytes, derived from osteoblasts, become embedded within these lamellae, while periosteal blood vessels are encased in bone to form the Haversian canal system. This process underlies the lamellar architecture characteristic of mature bone (Alonso et al., 2022).

Alterations in Skeletal Growth and Development

As discussed, skeletal growth is a dynamic process that begins in utero, continues through adolescence, and is maintained in adulthood through remodeling. During growth and development, transient variations in alignment and posture are common and typically correct with maturation. However, disturbances in growth, whether from intrauterine positioning, metabolic or nutritional deficiency, or genetic influences, may produce persistent or pathologic skeletal disorders. With aging, the balance between bone resorption and bone formation is disrupted, leading to progressive bone loss and an increased risk of skeletal fragility and metabolic bone disease.

Alterations During Normal Growth Periods

Infants and children undergo predictable changes in joint motion, muscle tone, and skeletal alignment as part of normal growth. Common variations such as toeing-in, toeing-out, bowlegs (genu varum), and knock-knees (genu valgum) are frequently observed in infancy and early childhood. These variations generally resolve spontaneously as the child grows and rarely cause long-term problems (Buchan et al., 2022).

In early infancy, physiologic hip flexion contractures are common due to intrauterine positioning. The hips often rest in external rotation with patellae pointing outward, while the feet appear to point forward due to internal tibial torsion. By the end of the first year, the lower extremities gradually straighten in preparation for walking, with hip extension increasing and internal and external rotations of the lower limb becoming more balanced.

A thorough musculoskeletal assessment of the newborn is essential to identify abnormalities that may require early intervention, guide treatment, and provide education for families. Many clinical deviations are correctable with conservative measures, while others resolve spontaneously as growth progresses (Alonso et al., 2022).

KEY POINTS

Developmental Skeletal Disorders

- Many apparent musculoskeletal abnormalities in infants are caused by intrauterine positioning and resolve with growth.
- Nutritional and metabolic disorders may impair the formation or mineralization of the bone matrix, leading to slowed growth at the epiphyseal plate and potential deformities.

Torsional Deformities

All infants and toddlers have relatively lax ligaments, which gradually tighten with age as weight-bearing activities increase. This ligamentous laxity, combined with torsional (rotational) forces from intrauterine positioning, sitting or sleeping postures, and growth-related stresses, can produce torsional deformities (Pagliazzi et al., 2022).

At birth, the femur is normally anteverted, meaning the head and neck are rotated anteriorly relative to the femoral condyles. Femoral anteversion averages about 40 degrees at birth and gradually decreases to 15 degrees by skeletal maturity (Fig. 33-10). The tibia is externally rotated about 5 degrees at birth, increasing to approximately 15 degrees by maturity. Familial patterns of torsional alignment are common, and mild torsional abnormalities in childhood are usually physiologic (Pagliazzi et al., 2022).

The foot progression angle is a clinical measure of rotational alignment, defined as the angle between the axis of the foot and the line of forward progression. It is observed that while the child is walking, deviations are more evident during slow walking than during running or barefoot activity. A negative progression angle corresponds to toeing-in, while a positive angle corresponds to toeing-out (Fig. 33-11).

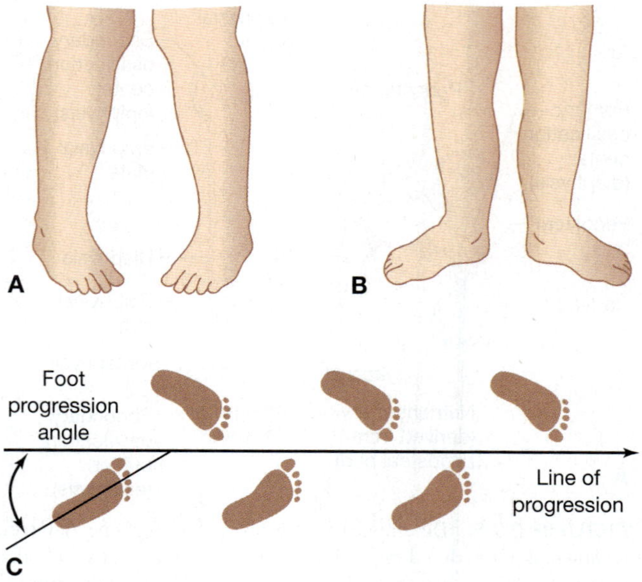

FIGURE 33-11. A. Toeing-in. B. Toeing-out. C. Toeing-in and toeing-out can be determined by watching a child walk and comparing the long axis of the foot with the direction in which the child is walking. If the foot is directed inward, the angle is negative and indicative of toeing-in; if it is positive, it is indicative of toeing-out.

Toeing-In

Toeing-in (also called **metatarsus adductus** or "pigeon toe") is the most common congenital foot deformity, with an estimated incidence of approximately 1 in 1,000 to 2,000 live births. The deformity is characterized by adduction of the forefoot, producing a kidney-shaped appearance, while the hindfoot remains normal (Fig. 33-12). Toeing-in may result from torsion at different levels—within the foot, tibia, or femur—but congenital forefoot adduction due to intrauterine positioning is the most frequent cause. The condition may be uni- or bilateral (Freedman et al., 2024).

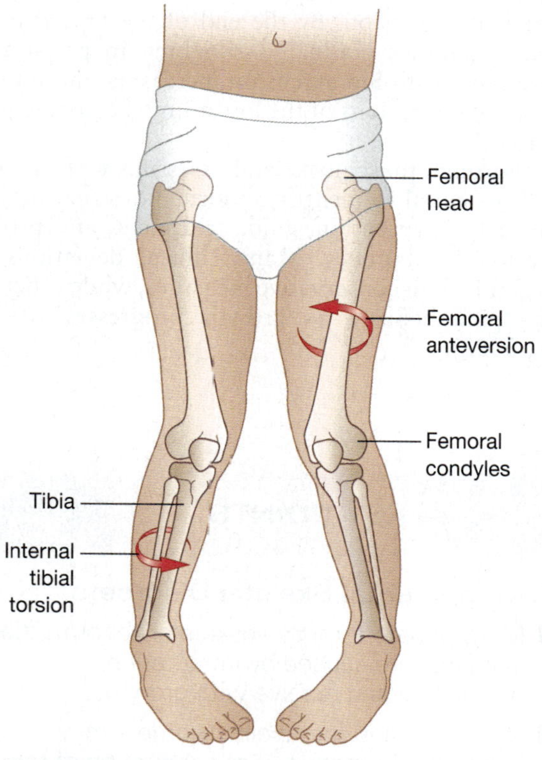

FIGURE 33-10. Femoral anteversion and internal tibial rotation. Femoral anteversion normally decreases from about 40 degrees at birth to 15 degrees at maturity, and internal tibial rotation increases from 5 degrees at birth to 15 degrees at maturity.

Diagnosis involves careful examination of the plantar surface of the foot, noting overall shape, arch development, and the presence of a medial skin crease, which is often associated with a congenital deformity. Flexibility testing is used to grade severity. A grade I deformity is supple and can be passively corrected to a straight alignment, requiring no treatment. A grade II deformity can be corrected only to a straight lateral border. A grade III deformity is rigid and cannot be passively corrected, often requiring intervention. Treatment for rigid deformities includes serial casting or bracing, applied to abduct

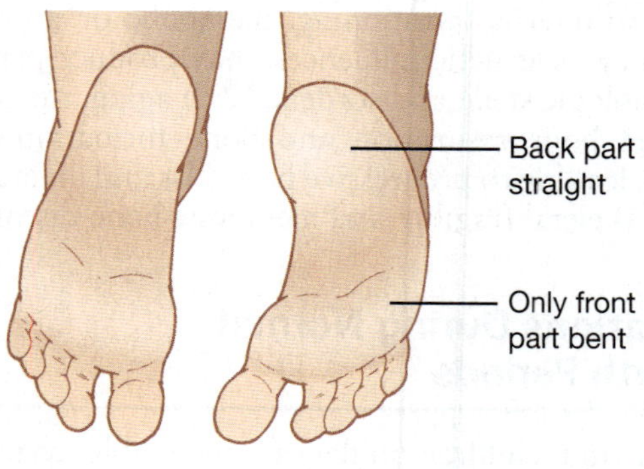

FIGURE 33-12. Shape of foot. The left foot is normal, whereas the right foot has metatarsus adductus.

the forefoot without altering hindfoot alignment. Flexible deformities typically resolve spontaneously with growth (Freedman et al., 2024).

Toeing-Out

Toeing-out (also called slew foot) is less common than toeing-in and is most often due to external femoral torsion. It may be seen in association with calcaneovalgus or pes planovalgus deformities. Clinically, the femur can be externally rotated up to 90 degrees, but internal rotation is limited to neutral or only slightly beyond. Persistent prone sleeping posture may exacerbate femoral torsion and, if prolonged, can contribute to external tibial torsion, in which the feet point laterally to the midline. External tibial torsion alone rarely causes toeing-out but may intensify its appearance. In most children, toeing-out improves naturally as walking matures. Rarely, a night splint is used in persistent or symptomatic cases (Cao & Wimberly, 2022).

Tibial Torsion

Tibial torsion refers to the rotational alignment of the tibia and is evaluated by measuring the thigh–foot angle with the child's knee and ankle flexed at 90 degrees. Normally, the foot rotates slightly outward in this position. **Internal tibial torsion** (i.e., bowing of the tibia), the most common cause of toeing-in in children under 2 years of age, is present at birth and produces inward foot rotation (see Fig. 33-10). It is often attributed to intrauterine positioning, particularly in first pregnancies or in cases of limited intrauterine space (e.g., twins). Genetic predisposition may also play a role. Although most cases gradually resolve with growth, persistence may be influenced by children's posture habits, such as sleeping prone with feet turned inward or sitting on the feet in an in-turned position. Correction typically occurs spontaneously, though it may take several years (Noonan et al., 2022).

External tibial torsion is less common and is often associated with calcaneovalgus foot or neuromuscular disorders. It is characterized by an excessively positive thigh–foot angle (30 to 50 degrees). Like internal torsion, it is frequently related to intrauterine positioning. Most cases improve naturally with ambulation, with significant correction in the first year of walking and near-complete resolution by ages 2 to 3. Normal adult alignment averages about 20 degrees of external tibial torsion (Noonan et al., 2022).

Femoral Torsion

Femoral torsion refers to abnormal variations in hip rotation, measured with the child in the prone position and knees flexed at 90 degrees. In this position, internal (medial) rotation is assessed by moving the lower leg outward, while external (lateral) rotation is assessed by moving the lower leg inward. By approximately 1 year of age, normal hip motion allows for about 45 degrees of internal rotation and 45 degrees of external rotation (Donati et al., 2024).

Internal femoral torsion (femoral anteversion) is a common normal variant during early childhood, especially in 3- to 5-year-old females (see Fig. 33-10). It is characterized by increased internal rotation, often up to 80 to 90 degrees in the prone position. Femoral anteversion is thought to be related to ligamentous laxity and the persistence of anteversion present at birth. Children often prefer to sit in the "W" position, which promotes internal rotation of the hips, and demonstrate in-toeing while walking, with knees and toes pointing inward. Conservative management includes encouraging alternative sitting positions, such as cross-legged (tailor position), to reduce torsional stress. In most cases, spontaneous correction occurs as growth progresses, though compensatory tibial external rotation may develop, leaving knees turned inward but feet aligned forward by ages 8 to 12. Persistent anteversion can contribute to patellofemoral malalignment, subluxation, or pain. Rarely, in severe symptomatic cases, a derotational osteotomy may be performed (Donati et al., 2024).

External femoral torsion is less common and results in excessive external hip rotation. Bilateral cases are usually benign and require no treatment. Unilateral external torsion warrants evaluation for slipped capital femoral epiphysis (SCFE), a serious condition requiring urgent management (Donati et al., 2024).

Genu Varum and Genu Valgum

As children grow, lower limb alignment usually follows a predictable pattern (Fig. 33-13). **Genu varum** (bowlegs) describes outward bowing of the knees with a separation greater than 1 in when the ankles are touching (Fig. 33-14A). In infancy and toddlerhood, genu varum is physiologic and generally resolves by 18 months of age. Persistence beyond 2 years, particularly if the deformity is marked (>15 degrees), asymmetric, or progressive, should prompt evaluation for underlying pathology such as rickets or Blount disease (tibia vara) (Fig. 33-15). Bracing may be indicated in significant cases (Dakshina Murthy et al., 2024).

Genu valgum (knock-knees) describes a deformity where the knees touch, but the ankles remain separated (Fig. 33-14B). It typically appears between ages 2 and 4, peaking at 3 to 4 years, and is usually physiologic. Mild valgus is expected by age 7, with little change thereafter. Pathologic genu valgum should be suspected if the deformity is severe, asymmetric, associated with short stature, or accompanied by symptoms. Obesity is a significant risk factor, and persistent valgus can predispose to patellar instability, chondromalacia, and knee pain. Both genu varum and genu valgum that persist or worsen into adolescence can contribute to abnormal joint loading and the development of osteoarthritis in adulthood. Emerging surgical treatments, such as guided growth with extraphyseal tension band plates, can correct severe deformities during skeletal growth (Patel & Nelson, 2023).

Flatfoot

Flatfoot (pes planus) is defined as the absence of the longitudinal arch of the foot. In infants and toddlers, the appearance of flat feet is normal due to fat pads and ligamentous laxity, with true arch development not

UNDERSTANDING ➔ Bone Remodeling

Bone remodeling is the process of skeletal renewal and repair that maintains bone integrity after growth has ceased. It is a tightly regulated cycle that couples bone resorption with bone formation. Advances in molecular biology have clarified the cellular interactions and signaling pathways that regulate this process, making it central to understanding both normal physiology and skeletal disorders such as osteoporosis.

1 Bone Remodeling Cycle Mature bone is organized into structural units called osteons, in which concentric lamellae surround a central Haversian canal. Bone remodeling occurs within osteons and consists of sequential resorption by osteoclasts followed by the formation of new bone by osteoblasts. In healthy adults, one remodeling cycle takes about 4 months, with resorbed bone normally replaced in equal volume by new bone. When this coupling is disrupted—as commonly occurs in aging—bone resorption exceeds bone formation, leading to progressive bone loss.

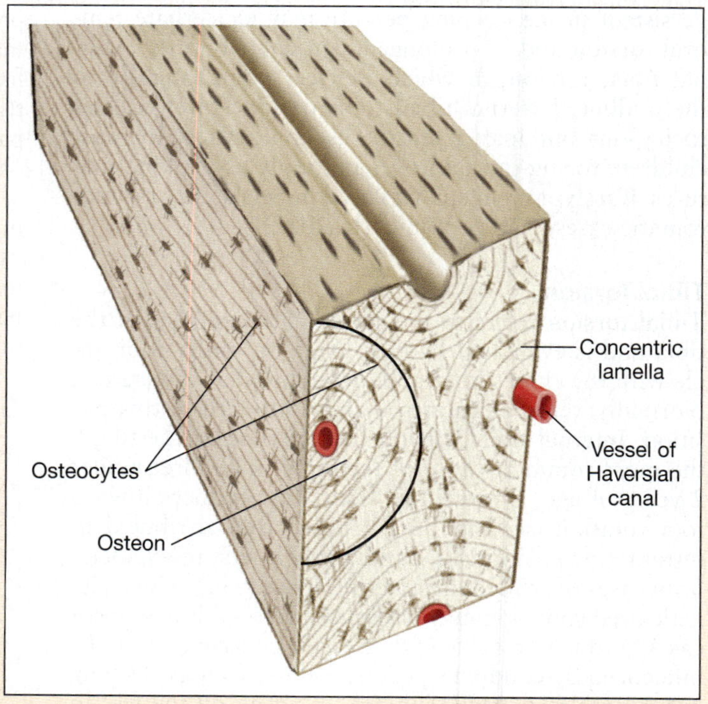

2 Bone Resorption Bone resorption is initiated by osteoclasts, large multinucleated cells derived from monocyte–macrophage precursors. Activated by systemic hormones such as PTH and local mediators, osteoclasts degrade both the mineralized matrix and the organic protein scaffold of bone, creating a tunnel-like resorption space. Importantly, factors released during resorption recruit osteoblast precursors, ensuring that bone formation follows resorption. This temporal sequence is critical for coupling the two processes.

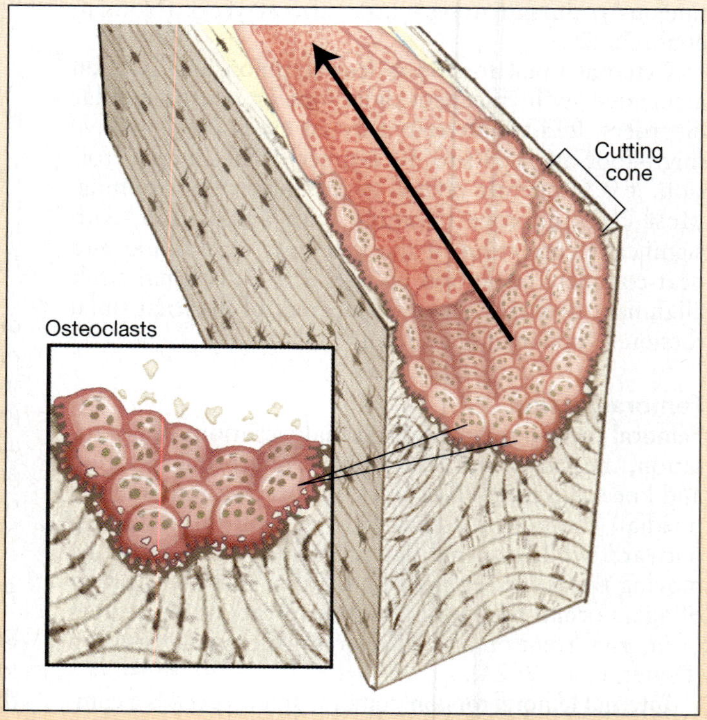

UNDERSTANDING ➔ Bone Remodeling (*continued*)

3

Bone Formation After osteoclasts complete resorption, osteoblasts deposit new organic matrix (osteoid) along the resorption cavity. Successive layers of lamellae restore the osteon to its original dimensions. Osteoblasts not only generate new bone but also regulate osteoclast activity. Although systemic regulators such as PTH have minimal direct effects on osteoclasts, osteoblasts respond by secreting receptor activator of nuclear factor kappa-B (RANK) ligand (RANKL), which stimulates osteoclast differentiation and activity. Osteoblasts, therefore, act as the critical intermediaries controlling the balance between resorption and formation.

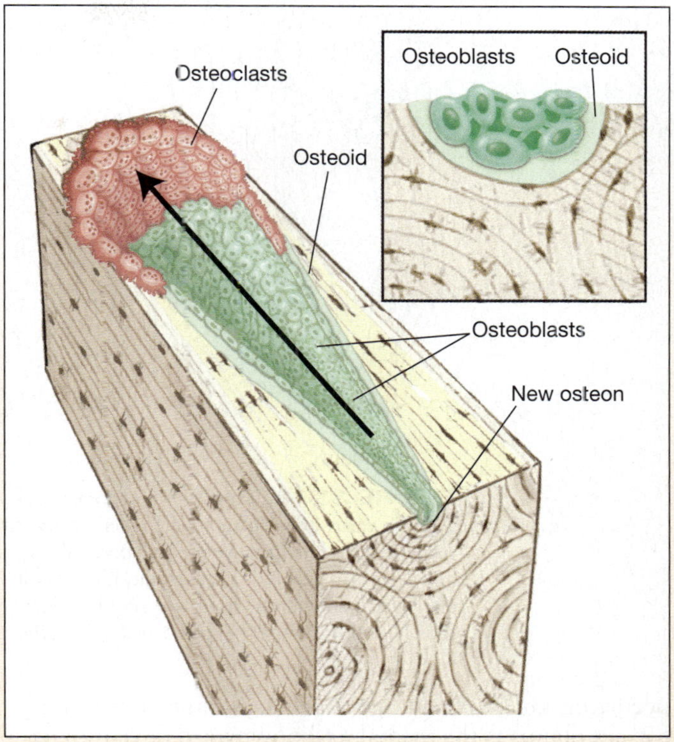

4

Control of Bone Metabolism and Remodeling The pivotal pathway linking osteoblast and osteoclast activity is the RANK–RANKL–osteoprotegerin (OPG) system. RANKL, produced by osteoblasts and stromal cells, binds to its receptor RANK on osteoclast precursors, promoting their differentiation and survival. OPG, a soluble decoy receptor secreted by osteoblasts and other tissues, binds to RANKL and prevents it from activating RANK, thereby inhibiting osteoclast formation. The balance between RANKL and OPG production is influenced by hormones (e.g., PTH, estrogen, calcitonin, vitamin D), cytokines, and growth factors, providing multiple points of regulation for bone homeostasis. Disruptions in this system—such as decreased OPG or increased RANKL—play a central role in the pathogenesis of osteoporosis, cancer-related bone disease, and inflammatory bone loss.

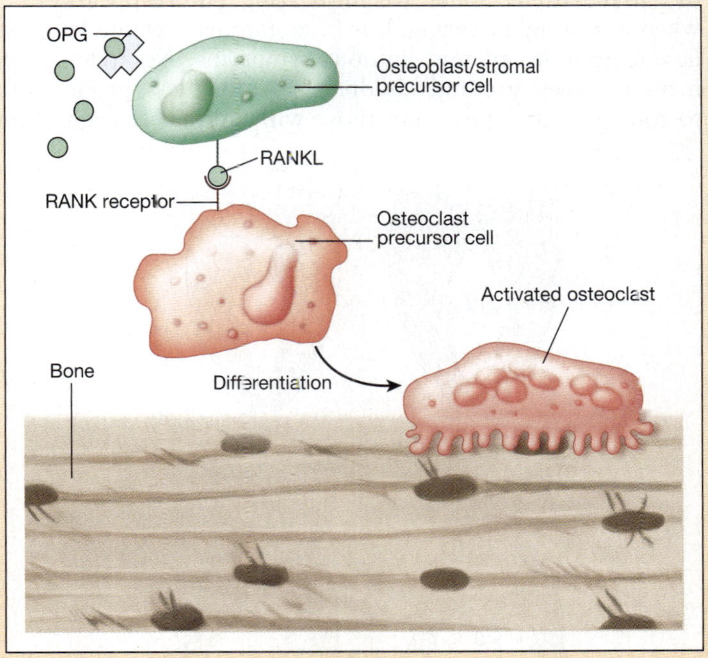

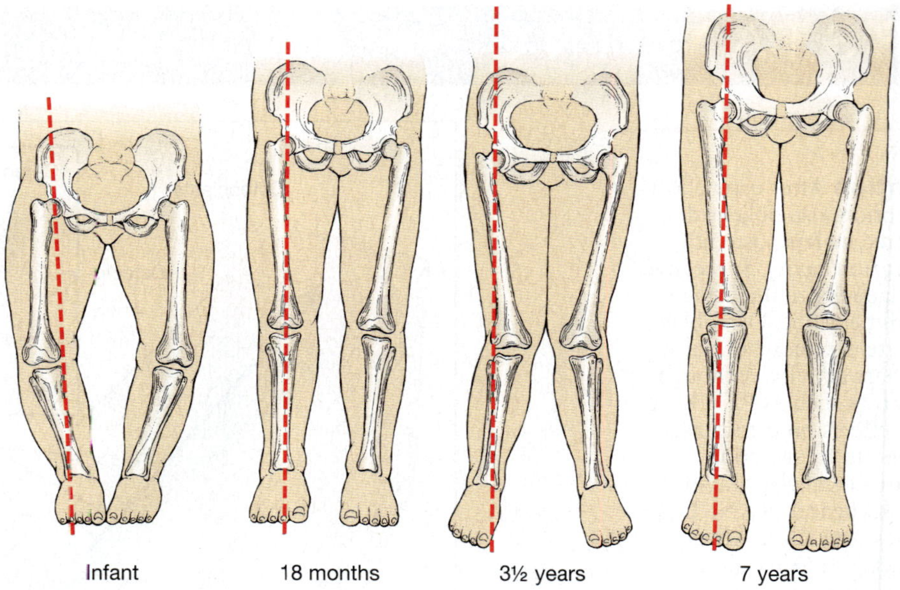

FIGURE 33-13. Lower limb alignment follows a predictable pattern. Infants typically have a gentle varus bow throughout the femur and tibia. By 18 to 24 months, the lower leg is nearly straight, with a neutral mechanical axis. Valgus gradually develops and is most apparent between 3 and 4 years of age. By 7 years of age, the lower limb is in slight valgus and changes very little thereafter. Varus should not recur, nor should valgus increase. (From Morissy, R. T., & Weinstein, S. L. [Eds.]. [2006]. *Lovell & Winter's pediatric orthopaedics* [6th ed.]. Lippincott Williams & Wilkins.)

occurring until around age 2 years. A clinical criterion for pes planus is the medial and downward deviation of the talus, resulting in heel eversion and forefoot inversion during weight-bearing (Moore & Tafti, 2023).

There are two types of flatfoot: flexible and rigid. **Flexible flatfoot** is the most common and occurs when the arch flattens under weight-bearing but reappears when non-weight-bearing. It is often familial, related to ligamentous laxity, and without symptoms. No treatment is necessary, and children are often less prone to foot pain or injury than those with normal or high arches. **Rigid flatfoot** is less common and is present in both weight-bearing and non-weight-bearing positions. It is often associated with neuromuscular or structural conditions, such as cerebral palsy or tarsal coalition. Rigid flatfoot is more likely to cause symptoms and functional limitations (Moore & Tafti, 2023).

Additional risk factors include obesity, which lowers plantar arch height due to excess body weight, and prolonged use of nonsupportive footwear. In adults, treatment for symptomatic flatfoot is conservative and includes well-fitting supportive shoes and orthotics to

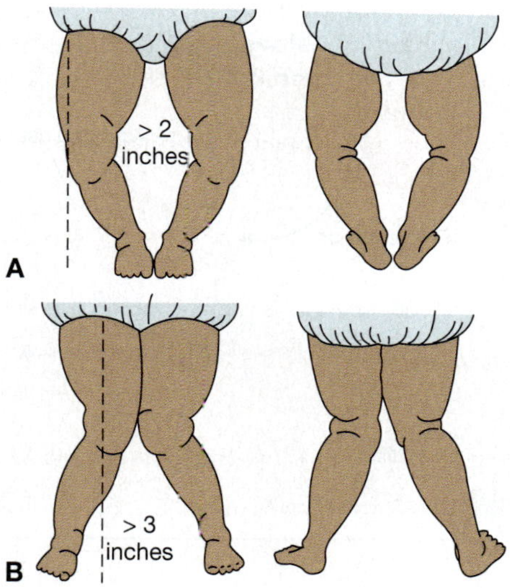

FIGURE 33-14. **A.** Genu varum. **B.** Genu valgum. (From Silbert-Flagg, J., & Pillitteri, A. [2018]. *Maternal and child health nursing: Care of the childbearing and child rearing family* [8th ed., Fig. 51-9, p. 1444]. Lippincott Williams & Wilkins.)

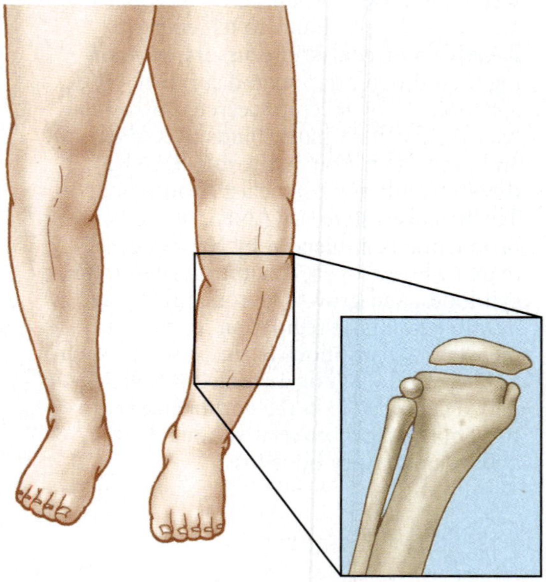

FIGURE 33-15. Rotational deformity of the proximal tibia, especially when unilateral, suggests tibia vara (Blount disease).

reduce discomfort and prevent ligament overstretching. Surgery may be considered in severe or persistent symptomatic cases.

Hereditary and Congenital Deformities

Congenital deformities are abnormalities of the musculoskeletal system present at birth. They range in severity from relatively common mild deformities of the digits to rare and severe malformations involving entire limbs. The most frequent anomaly is **polydactyly** or the presence of an extra digit on the hand or foot (Tripodi & Bosio, 2024). **Macrodactyly** occurs when one or more digits are hypertrophied, making them significantly larger than adjacent fingers or toes (Giżewska-Kacprzak et al., 2024). Other common deformities include **syndactyly**, or simple webbing of the digits, and absence of skeletal structures such as a phalanx, rib, or clavicle (Mahindroo & Tabaie, 2023). More severe congenital anomalies include joint contractures, dislocations, or the complete absence of bones, joints, or entire limbs.

Surgical treatment may be indicated to improve function—such as alleviating pain, correcting joint alignment, or improving shoe fit—or to address cosmetic concerns by reducing disproportional size and improving symmetry.

The causes of congenital deformities are diverse and often multifactorial. They may arise from hereditary influences, environmental exposures, or intrauterine factors. Teratogenic exposures such as radiation, alcohol, certain medications (notably thalidomide used for morning sickness in the 1960s), and viral infections have been implicated (Vij et al., 2023). In addition, advances in molecular biology have revealed that abnormalities in organic bone matrix components, such as deficient collagen synthesis, can contribute to skeletal malformations. Some congenital hand and foot disorders are now linked to genetic defects that reduce bone mass or disrupt normal bone matrix formation (Zhang et al., 2023).

Osteogenesis Imperfecta

Osteogenesis imperfecta (OI) is a rare genetic multisystem disorder of connective tissue characterized by defective synthesis of type I collagen. OI is usually inherited as an autosomal dominant trait, although rare forms, such as type III (the most severe deforming type), may be inherited as an autosomal recessive trait (Chan et al., 2023).

Mutations in the COL1A1 and COL1A2 genes, located on chromosomes 17 and 7, respectively, disrupt the alpha 1 and alpha 2 chains of type I procollagen. Because type I collagen is the primary structural protein in bone, joints, ligaments, teeth, sclerae, and skin, these mutations result in widespread connective tissue abnormalities. Different mutations account for the phenotypic variability seen across the major OI subtypes.

Clinical Manifestations

OI presents with a spectrum of clinical features, most notably extreme skeletal fragility. The disorder is characterized by thin, poorly developed bones that fracture easily. Affected children often have shortened limbs, a thin cranial vault, and a triangular facial appearance due to bifrontal prominence. Other connective tissue manifestations include wormian bones in the skull, thin and fragile skin, blue or gray sclerae, abnormal dentition (dentinogenesis imperfecta), hypotonic muscles, joint hypermobility, and scoliosis. Progressive hearing loss due to otosclerosis of the ossicles in the middle ear is common in affected adults (Chan et al., 2023).

The severity of OI varies widely. Type II OI, the most severe, is typically lethal, with multiple intrauterine fractures and marked bowing and shortening of the extremities. Many affected infants are stillborn or die shortly after birth. In contrast, milder forms may permit survival into adulthood, though with lifelong fracture risk and orthopedic complications (Table 33-3) (Chan et al., 2023).

Treatment

There is currently no cure for the underlying collagen defect in OI. Management is supportive and focused on strengthening bone, preventing fractures, and minimizing deformities. Bisphosphonates have been shown to increase cortical thickness, cancellous bone volume, and bone mineral content, improving skeletal strength. Prompt treatment of fractures with precise alignment is critical, as repeated fractures can lead to significant deformity and nonunion. Surgical interventions, including intramedullary rodding, may be required to stabilize bones, correct deformities, and improve mobility. Comprehensive care often includes physical therapy, assistive devices, and audiology support for hearing loss (Chan et al., 2023).

Developmental Dysplasia of the Hip

Developmental dysplasia of the hip (DDH) (formerly called congenital dislocation of the hip) encompasses a spectrum of hip abnormalities in infants and children, ranging from mild instability to complete dislocation. In mild cases, the joint capsule is excessively lax, allowing partial displacement (subluxation). In more severe cases, the femoral head lies completely outside the acetabulum (Fig. 33-16) (Bakarman et al., 2023).

Newborn screening programs have shown that approximately 1 in 100 infants demonstrate some degree of hip instability, while complete dislocation occurs in about 1 in 1,000 live births. The left hip is affected more

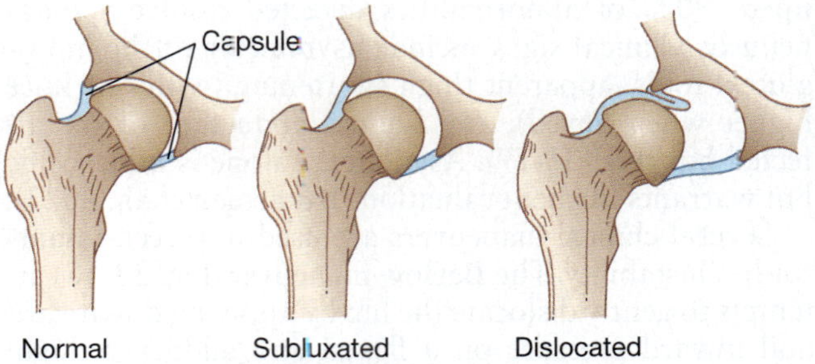

FIGURE 33-16. Normal (*left*) and abnormal relationships of hip joint structure in subluxation (*middle*) and dislocation (*right*).

TABLE 33-3 Types of Osteogenesis Imperfecta

Type	Subtype/Timing	Inheritance	Clinical Manifestations
I	Postnatal onset; mildest form	Autosomal dominant	Multiple fractures, blue sclerae, hearing loss, and possible dentinogenesis imperfecta; normal or near-normal stature
II	Perinatal, lethal	Autosomal dominant (new mutations common)	Severe skeletal fragility, multiple intrauterine fractures, extreme bone deformity; stillbirth or death within days of birth
III	Perinatal or postnatal; most severe surviving form	Usually autosomal dominant (rarely recessive)	Progressive deforming type; blue sclerae at birth, fading to white; growth retardation, severe bone deformities, multiple fractures
IV	Postnatal onset; moderate severity	Autosomal dominant	Multiple fractures with variable deformities; possible dental and hearing issues; sclerae typically normal
V–VIII (and others)	Distinct subtypes identified by clinical, genetic, and histologic features	Both autosomal dominant and recessive	Heterogeneous presentations including hyperplastic callus formation (type V), mineralization defects (type VI), and recessive collagen-processing abnormalities (types VII and VIII)

OI, osteogenesis imperfecta.

often than the right, likely due to the common intrauterine position with the left occiput anterior. The risk is higher in first-born infants and is six times more common in females, attributed to increased susceptibility to maternal hormones that promote ligamentous laxity (Bakarman et al., 2023).

Etiology

DDH is multifactorial in origin, with hereditary, mechanical, and environmental factors contributing. A positive family history, generalized ligamentous laxity, breech presentation, and limited intrauterine space are important risk factors. Exposure to maternal estrogens and relaxin may predispose female infants by increasing hip joint laxity. DDH also occurs more frequently in association with other congenital musculoskeletal anomalies, and careful hip evaluation is recommended for infants with such conditions (Bakarman et al., 2023).

Diagnosis

Early diagnosis is critical, as treatment is most effective when initiated within the first 6 months of life. Recurrent dislocation causes progressive damage to the femoral head and acetabulum, making later correction more difficult.

There is no universally accepted single method of newborn diagnosis. Ultrasound is most useful during the first month of life for evaluating hip instability, though up to 90% of abnormalities detected resolve spontaneously. Clinical signs include asymmetry of the hip or gluteal folds, apparent thigh shortening (with one knee higher when flexed), and limited abduction of the affected hip (Fig. 33-17). Asymmetry alone is nonspecific but warrants further evaluation (Bakarman et al., 2023).

Several clinical maneuvers are used to screen infants for hip instability. The **Barlow maneuver** (Fig. 33-18) attempts to gently dislocate the hip by applying downward and inward pressure on a flexed and adducted thigh; a palpable or audible clunk suggests the femoral head has slipped out of the acetabulum. The **Ortolani maneuver** (Fig. 33-19) assesses reducibility, with the examiner abducting the thigh and applying gentle upward pressure to relocate the femoral head, often producing a noticeable "click." The **Galeazzi test** compares knee heights with hips and knees flexed at 90 degrees; asymmetry indicates femoral shortening or dislocation, though the test is not useful in bilateral cases. In older children, hip instability may present with delayed walking or a waddling gait. The **Trendelenburg test**, performed by observing pelvic alignment while the child stands on one leg, is positive when the pelvis drops on the contralateral side, reflecting weakness or instability of the affected hip. The sensitivity and specificity of these maneuvers improve significantly when performed by trained, experienced examiners (Bakarman et al., 2023).

Treatment

Management of DDH is individualized and depends on the severity of instability. Many cases of mild subluxation resolve spontaneously within the first 2 weeks of life and may be observed. If instability persists beyond this period, intervention is often required to prevent progressive joint damage. In infants younger than 6 months,

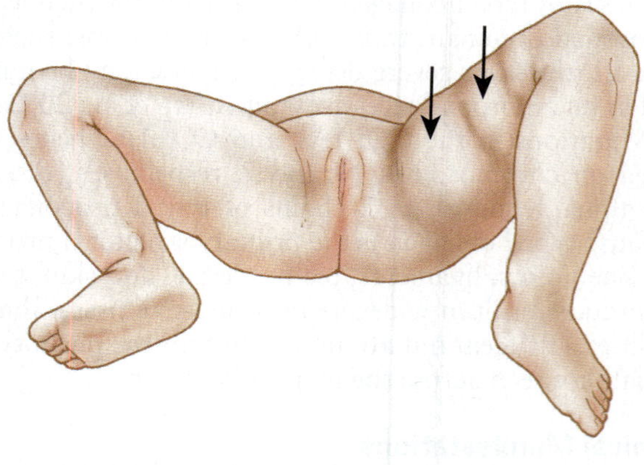

FIGURE 33-17. Congenital dysplasia of the left hip with shortening of the femur, as indicated by legs in abduction and asymmetric gluteal and thigh folds (*arrows*).

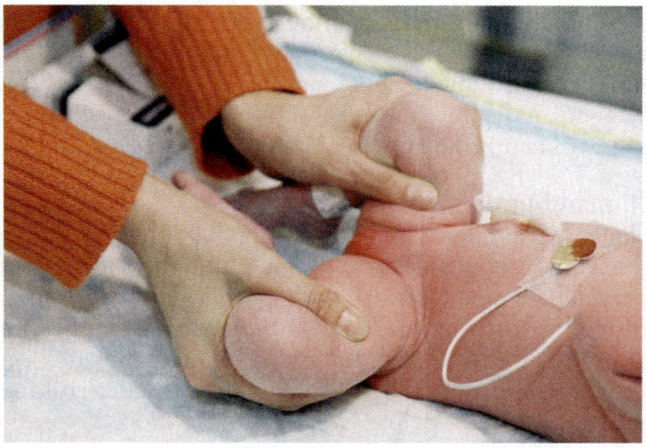

FIGURE 33-18. Examination for developmental dysplasia of the hip. In the newborn, both hips can be equally flexed, abducted, and externally rotated without producing a "click." A diagnosis of congenital dislocation of the hip may be confirmed by the Ortolani "click" test. The involved hip cannot be abducted as far as the opposite one, and there is a "click" as the hip reduces. (From Jensen, S. [2015]. *Nursing health assessment: A best practice approach* [2nd ed., Fig. 26-9A, p. 836]. Lippincott Williams & Wilkins.)

the mainstay of treatment is the Pavlik harness, which maintains the hips in flexion and abduction, allowing the femoral head to remain positioned within the acetabulum to promote normal development. For older infants or when conservative measures fail, closed or open reduction followed by immobilization in a spica cast may be necessary. Surgical correction is reserved for severe or refractory cases. Long-term outcomes are excellent when diagnosis and treatment occur early, but delayed recognition increases the risk of chronic pain, gait disturbances, and early-onset osteoarthritis (Bakarman et al., 2023).

Congenital Clubfoot

Clubfoot, or **talipes**, is one of the most common congenital orthopedic deformities. It occurs in approximately 1 to 2 cases per 1,000 live births, is bilateral in about half of affected infants, and is more common in boys than girls. The condition follows a multifactorial inheritance pattern similar to DDH. Clubfoot may be associated with chromosomal abnormalities or congenital syndromes with Mendelian inheritance, but in most cases, it is idiopathic and occurs in otherwise healthy infants with no identifiable genetic, chromosomal, or extrinsic cause (Fig. 33-20) (Cady et al., 2022).

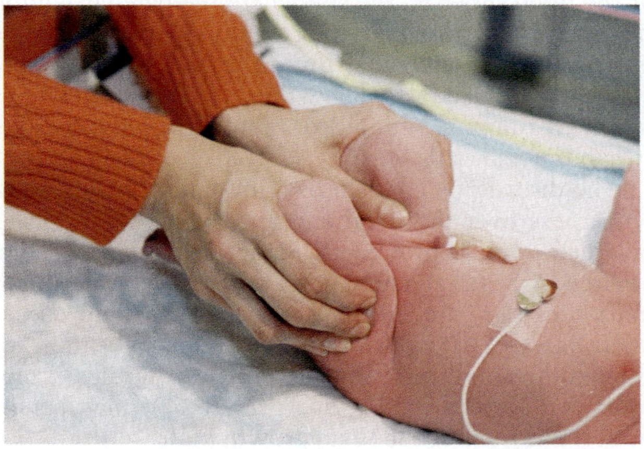

FIGURE 33-19. Barlow maneuver. (From Jensen, S. [2015]. *Nursing health assessment: A best practice approach* [2nd ed., Fig. 26-9, p. 836]. Lippincott Williams & Wilkins.)

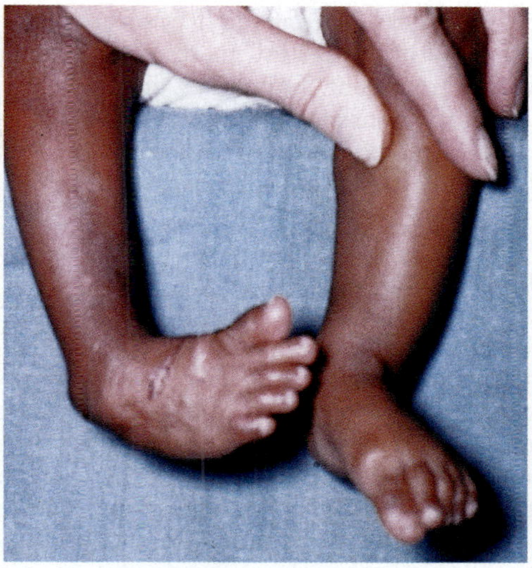

FIGURE 33-20. Talipes or clubbing of the right foot. The foot is turned to the side, and the involved foot, calf, and leg are smaller and shorter than the normal side. One or both feet may be affected. This condition is not painful; however, if left untreated, significant discomfort and disability will develop. Treatment ranges from braces or casts to surgery. (From Jensen, S. [2015]. *Nursing health assessment: A best practice approach* [2nd ed., Fig. 21-3, p. 648]. Lippincott Williams & Wilkins.)

The most common form, accounting for about 95% of idiopathic cases, is **equinovarus clubfoot**, in which the forefoot is adducted, the hindfoot is inverted, and the ankle is plantarflexed, giving the foot a hoof-like appearance (do Amaral e Castro et al., 2024). A less common form, comprising about 5% of cases, is **calcaneovalgus clubfoot** (sometimes referred to as reverse clubfoot), characterized by dorsiflexion and eversion of the foot. Calcaneovalgus deformities may occur as isolated findings or as part of multiple congenital anomalies. In newborns, the feet may temporarily assume these positions, but if they can be passively overcorrected into the opposite position, the deformity is considered positional and often resolves spontaneously. True clubfoot, however, is more rigid and cannot be overcorrected without intervention (Cady et al., 2022).

Treatment should begin as soon as the diagnosis is established. A widely used tool for diagnosis and management planning in equinovarus clubfoot is the clubfoot assessment protocol, which guides classification and severity scoring. When treatment is initiated during the first weeks of life, nonoperative management is often successful. The standard approach involves serial manipulation and casting (such as the Ponseti method), applied gradually to correct each component of the deformity. Casts are typically changed weekly to allow progressive repositioning. In many cases, this approach is followed by the use of a bracing system to maintain correction. Surgery is reserved for severe deformities, rigid cases, or those that fail to respond adequately to conservative treatment. Outcomes are generally favorable with early, consistent treatment, but untreated or inadequately treated clubfoot can result in significant lifelong disability (do Amaral e Castro et al., 2024).

Juvenile Osteochondroses

Juvenile osteochondroses describes a group of childhood disorders in which one or more growth ossification centers undergo a period of degeneration, necrosis, or inactivity, followed by regeneration and, in many cases, residual deformity. These disorders are broadly categorized into two groups. The first group consists of true osteonecrotic osteochondroses, caused by localized avascular necrosis of an apophyseal or epiphyseal center (e.g., Legg-Calvé-Perthes disease, Freiberg infraction, Panner disease, and Kienböck disease). The second group includes osteochondroses resulting from abnormalities in the ossification of cartilaginous tissue, which may arise from genetically determined variations or repetitive microtrauma (e.g., Osgood–Schlatter disease, Blount disease, Sever disease, and Scheuermann disease). This section focuses on two common disorders: Legg-Calvé-Perthes disease from the first group and Osgood–Schlatter disease from the second. SCFE, though related, is considered a disorder of the growth plate and will be discussed separately.

Legg-Calvé-Perthes Disease

Legg-Calvé-Perthes disease is an idiopathic osteonecrotic disorder of the proximal (capital) femoral epiphysis. It occurs in approximately 1 in 1,200 children, most commonly between the ages of 3 and 12 years, with a peak incidence around age 7. The condition disproportionately affects males (up to 5:1 compared to females) and is more common in White children than in Black children. Although a definite genetic pattern has not been established, familial clustering has been reported (Ng et al., 2024).

Etiology and Pathogenesis

The exact cause of Legg-Calvé-Perthes disease remains unknown. The onset is typically insidious in otherwise healthy children, although acute trauma may occasionally precipitate symptoms. Associations have been reported with coagulation abnormalities, small stature, and nutritional deficiencies. Females with the disorder often have a worse prognosis than males, as they are generally skeletally more mature with less time for remodeling.

The primary pathology is avascular necrosis of the ossification center in the femoral head. The necrosis may be localized to part of the epiphysis or involve the entire femoral head. Severe involvement can disrupt normal growth and lead to a broad, shortened femoral neck. The disease progresses through four stages: (1) an avascular stage lasting 6 to 12 months, when the ossification center becomes necrotic; (2) a revascularization stage lasting 1 to 3 years, during which necrotic bone is resorbed; (3) a reossification stage, during which the femoral head regains density and shape improves; and (4) a healed stage, where immature bone is replaced with normal bone, though the femoral head rarely returns to its normal spherical contour (Ng et al., 2024).

Clinical Manifestations

The most common symptoms are hip, thigh, or knee pain and gait disturbance. Some children present with a painless limp. Physical findings may include limited hip abduction and internal rotation, as well as a flexion contracture of the affected hip. The child's age at onset is an important prognostic factor—younger children have greater remodeling capacity and a more favorable outcome.

Diagnosis and Treatment

Diagnosis is based on the combination of clinical symptoms and imaging findings. Radiography, magnetic resonance imaging (MRI), computed tomography (CT), ultrasound, and bone scintigraphy can all demonstrate disease features, with MRI being particularly sensitive in the early stages (Ng et al., 2024).

The primary goal of treatment is to preserve the spherical shape of the femoral head and maintain its position within the acetabulum during healing. Management strategies depend on age, severity, and extent of epiphyseal involvement. Children under age 4 with minimal disease may require only observation. In most other cases, treatment focuses on reducing mechanical stress on the femoral head through activity modification, rest, assistive devices, and abduction bracing to keep the hip in abduction with mild internal rotation. Surgical containment procedures (e.g., femoral or pelvic osteotomy) may be considered in children older than 6 years or in those with more advanced disease. In severe or long-standing cases, deformity and early degenerative changes may necessitate hip replacement later in life (Ng et al., 2024).

Osgood–Schlatter Disease

Osgood–Schlatter disease is an overuse injury of the knee that occurs when repetitive stress from the quadriceps muscle leads to microfractures and inflammation at the tibial tubercle, the site where the patellar tendon inserts into the proximal tibial epiphysis. This apophysis is particularly vulnerable during growth spurts, especially in athletic adolescents who participate in activities involving running, jumping, or rapid directional changes (Chandra et al., 2024).

The disorder is characterized by pain, swelling, and tenderness over the tibial tubercle, which may appear enlarged or more prominent. Symptoms are often exacerbated by physical activity and relieved by rest. Inflammation of the patellar tendon and surrounding tissues contributes to discomfort and localized thickening. Although the condition is benign and self-limiting, symptoms can be recurrent during growth and may persist until the closure of the tibial growth plate.

Most cases resolve spontaneously after skeletal maturity is reached, but supportive care may be needed to manage pain and allow continued activity. Management includes activity modification, protective bracing or patellar straps, physical therapy focusing on stretching and strengthening the quadriceps and hamstrings, and the use of anti-inflammatory medications or cold therapy. In rare, severe cases with persistent pain or functional limitations, short-term immobilization may be necessary. The ultimate goal of treatment is to reduce stress on the tibial tubercle, permitting revascularization and reossification. Complete resolution of symptoms typically occurs with the closure of the tibial growth plate, but this process may take 12 to 24 months (Chandra et al., 2024).

Slipped Capital Femoral Epiphysis

Slipped capital femoral epiphysis (SCFE) is a disorder of the growth plate that typically occurs near the age of skeletal maturity, most often during the adolescent growth spurt. It involves a posteroinferior displacement of the femoral head epiphysis relative to the femoral neck, resulting in external rotation of the femur beneath the epiphysis. The condition is considered one of the most common hip disorders in this age group (Haider et al., 2022).

The precise cause of SCFE is multifactorial, with both mechanical and biologic contributors. The condition is more common in boys, often presenting between ages 11 and 15, and in about half of cases, it is bilateral. Children who are overweight, rapidly growing, or have delayed puberty or endocrine disorders such as hypothyroidism, hypogonadism, or growth hormone abnormalities are at higher risk. In some cases, tall and thin children may also be affected. Genetic predisposition and structural abnormalities of the femoral head and physis may further increase susceptibility (Haider et al., 2022).

Clinically, children with SCFE often present with hip or groin pain, referred knee pain, and a limp. Stiffness, fatigue, and reduced range of motion—particularly loss of internal rotation and increased external rotation—are common. On examination, an "obligate external rotation" of the hip during flexion is a classic finding.

Diagnosis is confirmed with radiographic imaging, typically anteroposterior and frog-leg lateral views of the pelvis. The degree of slippage is graded by the percentage of displacement: mild (<33%), moderate (33% to 50%), or severe (>50%). Early recognition is essential, as untreated SCFE can lead to permanent hip deformity (Haider et al., 2022).

Treatment focuses on stabilizing the epiphysis and preventing further displacement. The standard of care is in situ fixation with a single cannulated screw or pin across the physis, which minimizes the risk of additional slippage. For unstable slips or severe deformities, more advanced surgical techniques, such as osteotomies, may be required. Non-weight-bearing with crutches is initiated immediately, and full activity is restricted until after surgical stabilization. Reduction by manipulation is generally avoided due to the high risk of avascular necrosis.

Prognosis depends largely on the severity and stability of the slip at diagnosis. Potential complications include avascular necrosis of the femoral head, chondrolysis, leg length discrepancy, malunion, and early-onset osteoarthritis. Lifelong monitoring is important, as many patients may eventually require hip preservation surgery or total hip arthroplasty in adulthood if degenerative changes develop (Haider et al., 2022).

Scoliosis

Scoliosis is defined as a lateral curvature of the spinal column, most commonly occurring in the coronal or frontal plane, but it may also involve rotation or deformity of the vertebrae. It is increasingly recognized as a three-dimensional deformity of the spine that affects the overall alignment of the torso and rib cage. The condition can be classified according to age of onset or etiology. Females are more frequently affected than males, particularly with progressive curves. Most cases are idiopathic, though scoliosis may also be congenital, associated with neuromuscular disorders such as cerebral palsy or muscular dystrophy, result from intraspinal anomalies, or be secondary to conditions such as leg length discrepancy (Lee et al., 2022).

Idiopathic Scoliosis

Idiopathic scoliosis refers to a structural curvature of the spine without a known cause in otherwise healthy, neurologically typical children. It is classified by the age of onset:

1. Infantile: curvature that presents before 3 years of age (rare)
2. Juvenile: curvature that develops between ages 4 and 9 (uncommon)
3. Adolescent: curvature that presents from age 10 until skeletal maturity (accounting for nearly 80% of idiopathic cases) (LeFever & Menger, 2023)

The etiology of idiopathic scoliosis is complex and likely multifactorial. A genetic component is supported by familial clustering, though the degree of curvature in affected children does not correlate directly with curve severity in relatives. Research has identified possible associations with specific genetic factors, including variations in the melatonin receptor 1B (*MTNR1B*) gene, which may influence curve susceptibility. Additionally, scoliosis occurs frequently in individuals with neurofibromatosis type 1, suggesting shared pathophysiologic mechanisms in some cases (LeFever & Menger, 2023).

Although scoliosis can develop in any part of the spine, the most common pattern is a right thoracic curve, which produces rib prominence on the convex side and may be associated with thoracic hypokyphosis. Spinal rotation is a hallmark feature, distinguishing structural scoliosis from postural curves (LeFever & Menger, 2023).

Congenital Scoliosis

Congenital scoliosis results from disturbances in vertebral development during the sixth to eighth weeks of embryogenesis. It can be divided into failures of formation and failures of segmentation. Failures of formation include a hemivertebra, in which one side of a vertebra fails to develop, or a wedge vertebra, in which only a portion is absent. Failures of segmentation occur when adjacent vertebrae fail to separate normally, leading to block vertebrae. Children with congenital scoliosis may also have associated anomalies involving other organ systems, and neurologic complications may arise if the spinal cord is affected. Early recognition is essential, as progressive curves often require surgical correction to prevent severe deformity and functional impairment (Sebaaly et al., 2022).

Neuromuscular Scoliosis

Neuromuscular scoliosis develops secondary to underlying neuropathic or myopathic disorders. It is frequently associated with cerebral palsy, muscular dystrophy, myelodysplasia, and poliomyelitis. The curve often takes the form of a long, sweeping C-shaped deformity extending from the cervical spine to the sacrum. In children with cerebral palsy, the deformity may become severe and difficult to manage. Myopathic scoliosis related to Duchenne muscular dystrophy typically progresses less dramatically, though it may still contribute to significant morbidity as muscle weakness advances (Loughenbury & Tsirikos, 2022).

Clinical Manifestations

Scoliosis is most often recognized because of visible deformity. Parents, teachers, or health professionals may notice a high shoulder, prominent hip, or projecting scapula. In adolescents, uneven dress hems may draw attention to asymmetry. Idiopathic scoliosis is usually painless, but discomfort may occur in severe cases, especially in the lumbar region due to rib or iliac crest pressure. Advanced curves can limit chest expansion, leading to shortness of breath, and may cause gastrointestinal symptoms from abdominal organ crowding. Adults with mild scoliosis may report chronic backache. If untreated, progressive scoliosis may compromise cardiopulmonary function and increase the risk of neurologic complications.

Diagnosis

Early diagnosis is important to prevent severe deformity. Cardinal signs include uneven shoulders or iliac crests, a prominent scapula on the convex side of the curve, spinous process misalignment, flank or thoracic cage asymmetry, and a rib hump or paraspinal muscle prominence on forward bending. Diagnosis is confirmed by radiographs, with the curve measured using the Cobb angle to quantify severity. Additional imaging, such as MRI, CT, or myelography, may be indicated when intraspinal abnormalities are suspected (Loughenbury & Tsirikos, 2022).

Treatment

Management depends on both the severity of the curve and the potential for progression. Younger age at presentation and premenarchal status in females are associated with a higher risk of curve progression. Mild curves (10 to 20 degrees) are often monitored with periodic radiographs and physical exams. Bracing is considered for curves of 20 to 30 degrees in skeletally immature patients, particularly if progression is documented. Bracing is most commonly prescribed for curves of 30 to 40 degrees, with the goal of slowing or halting progression until skeletal maturity. Surgical intervention, typically posterior spinal fusion with instrumentation, is usually recommended for curves exceeding 40 to 45 degrees or for rapidly progressive deformities, especially when cardiopulmonary function may be compromised (Loughenbury & Tsirikos, 2022).

SUMMARY CONCEPTS

Skeletal disorders may arise from congenital or hereditary influences or during normal periods of growth and development. In newborns and young children, normal changes in muscle tone and joint alignment can produce torsional variations of the femur or tibia. These conditions are often self-limiting and correct naturally as the child grows.

OI is a rare hereditary disorder characterized by defective synthesis of type I collagen, leading to fragile bones, frequent fractures, and other connective tissue abnormalities. DDH encompasses a spectrum of hip instability, malformation, and dislocation and requires early recognition and treatment to prevent permanent anatomic changes and disability.

Other childhood skeletal conditions, such as the osteochondroses, SCFE, and scoliosis, are progressive and not self-correcting. They may result in permanent deformity or functional limitations without timely intervention.

Congenital conditions such as DDH and clubfoot are present at birth and best treated during infancy. Because early detection improves prognosis, regular musculoskeletal examinations during the first year of life are recommended to facilitate prompt diagnosis and management.

Injury and Trauma of Musculoskeletal Structures

Musculoskeletal injuries encompass a broad spectrum, including blunt soft-tissue trauma, disruption of tendons and ligaments, and fractures of bone. The forces causing injury often vary by setting, activity, and age group.

In children and adolescents, unintentional falls remain the leading cause of nonfatal injury. In the United States, falls in this age group account for approximately 2 million emergency department visits each year, while sports- and recreation-related activities contribute significantly to injury risk. Young athletes are especially vulnerable due to developing bones, open growth plates, and incomplete neuromuscular coordination (Omaki et al., 2023).

In adults over 65 years of age, falls are the most frequent cause of injury and a major contributor to morbidity and mortality. Each year, millions of older adults are treated in emergency departments for fall-related injuries, and over 90% of all hip fractures are attributable to falls (Lim et al., 2024). One-year mortality following a hip fracture ranges from 17% to 25% (Tayyab et al., 2025). Age-related physiologic changes, such as impaired balance, vision or hearing loss, and gait instability, increase risk, as do environmental hazards like poor lighting or obstacles. Osteoporosis further amplifies fracture risk, while polypharmacy can impair coordination and cognition. Prevention strategies emphasize strength and balance training, home safety measures, careful review of medications, and vitamin D supplementation to support musculoskeletal health (Kakara et al., 2023).

Athletic Injuries

Athletic injuries are broadly classified as acute or overuse. Acute injuries result from sudden trauma and include contusions, sprains, strains, and fractures. Overuse injuries occur when repetitive stress is applied to musculoskeletal tissue without sufficient recovery, leading to microtrauma that exceeds the body's repair capacity. Overuse injuries account for the majority of sports-related injuries in children and adolescents. These often involve apophyses and cartilaginous growth plates in the knee, heel, or elbow, where tendons attach to bone (Brenner et al., 2024). Because immature bones and joints are structurally more vulnerable, the consequences of repetitive loading are more significant in youth than in adults.

Multiple factors increase susceptibility in adolescent athletes, including rapid growth in height and weight, changes in body composition, muscle strength and flexibility imbalances, incomplete motor skill development, and psychological pressure to perform. Early recognition is essential: untreated overuse injuries may cause long-term deformities or impair function. Treatment centers on rest, activity modification, and rehabilitation. Preventive strategies focus on education, proper training techniques, gradual conditioning, and avoidance of excessive repetitive loading (Brenner et al., 2024).

Soft-Tissue Injuries

Most skeletal injuries are accompanied by damage to surrounding soft tissues, including muscles, tendons, and ligaments. Common soft-tissue injuries include contusions, hematomas, and lacerations. These are important to consider because they complicate recovery and may increase the risk of infection or impaired healing.

A **contusion** is caused by direct trauma that results in injury to underlying soft tissue while leaving the skin intact. Local hemorrhage produces an initial bluish-purple discoloration (**ecchymosis**), which gradually fades to brown and then yellow as the blood is reabsorbed. Pain and swelling are typically mild and resolve within days (Simon et al., 2023).

A **hematoma** represents a larger localized collection of blood within tissue. Hematomas cause pain due to pressure on surrounding nerve endings and often take longer to resolve than contusions. Pain is exacerbated by movement or palpation. In some cases, the skin may split under pressure, leading to drainage. Hematomas also carry a higher risk of infection, as stagnant blood can provide a medium for bacterial growth. Treatment typically includes rest, elevation of the affected area, and application of cold packs for 15 to 20 minutes every few hours during the first 24 to 48 hours to limit bleeding and swelling. Larger or persistent hematomas may require aspiration or surgical drainage (Simon et al., 2023).

A **laceration** is a tear or disruption of skin continuity, often caused by sharp or blunt trauma. The severity depends on the depth, size, and degree of contamination. Puncture wounds, particularly from nails, splinters, or rusty objects, present special concerns because they can introduce anaerobic bacteria, leading to tetanus or gas gangrene.

Laceration management emphasizes wound cleaning, hemostasis, and infection prevention. Small, clean lacerations are usually closed after irrigation, followed by a sterile dressing. More extensive or contaminated wounds—especially those associated with open fractures—require copious irrigation and surgical debridement, and the skin may be left open temporarily to prevent anaerobic infection. Antibiotics are used selectively based on the risk of contamination and bacterial profile (Simon et al., 2023).

Joint (Musculotendinous) Injuries

Joints are stabilized by ligaments, which attach bone to bone and reinforce the joint capsule, and by tendons, which connect muscles to bone and transmit the forces necessary for movement. Injuries to these structures often occur from mechanical overloading, twisting, or excessive stretching and are among the most common musculoskeletal injuries.

Strains and Sprains

Strains

A **strain** is an overstretching or tearing injury of a muscle or musculotendinous unit, usually caused by sudden contraction or excessive mechanical loading. Although there may be no external signs, typical features include pain, stiffness, localized swelling, and limited motion. Strains frequently occur in the lumbar spine, cervical spine, shoulder, and elbow, as well as in the feet due to repetitive weight-bearing stress (Edouard et al., 2023).

Strains in the lumbar and cervical spine are especially common, with mechanical low back pain now increasingly recognized in adolescents. Sports requiring hyperextension—such as gymnastics, wrestling, diving, and track events—may predispose athletes to tears in muscles, fascia, or supporting ligaments. Importantly, persistent or severe back pain in young athletes should raise concern for spondylolysis (stress fracture of the pars interarticularis) or spondylolisthesis (vertebral displacement). Early diagnosis is essential, as stress-related fractures or vertebral changes can worsen with delayed recognition.

Treatment includes short-term rest, cold therapy, and analgesics, followed by a gradual return to activity. Physical therapy to improve flexibility, posture, and core strength reduces the recurrence risk (Edouard et al., 2023).

Sprains

A **sprain** is an injury to the ligaments surrounding a joint, caused by abnormal or excessive joint movement. Sprains can involve partial ligament tears or, in severe cases, complete rupture or avulsion with a fragment of bone. Clinical features include pain, rapid swelling, warmth, discoloration, and joint instability (Edouard et al., 2023).

The ankle is the most frequently sprained joint, typically through inversion injuries in which the foot rolls inward beyond its limits. Other common sites include the knee (medial and lateral collateral ligaments, anterior cruciate ligament [ACL]), elbow (ulnar collateral ligament), and wrist (often after a fall on an outstretched hand). Unlike fractures, sprains do not show on radiographs, though advanced imaging may be needed if structural damage is suspected (Edouard et al., 2023).

Healing

Healing of musculotendinous injuries is accomplished by fibroblasts, which generate new collagen fibers to restore tensile strength. Capillary ingrowth provides nutrients to the repair site, and collagen bundles begin to organize within 2 weeks. Although strength improves progressively, full resistance to strong tensile forces may take up to 2 months. Risks during recovery include overstretching, which can result in tendon elongation and weakness, or the development of adhesions, particularly in confined spaces like the hand, which may impair function (Isern-Kebschull et al., 2024).

Treatment

Initial management of both strains and sprains follows the RICE principles (rest, ice, compression, and elevation). Compression wraps or removable splints can minimize swelling and support healing, while casts or surgical repair may be necessary for severe sprains with complete ligament rupture. Immobilization should be limited to the shortest effective duration to prevent stiffness, followed by graded rehabilitation with stretching and strengthening exercises. Early recognition and appropriate management are critical to avoid chronic instability and recurrent injury (Edouard et al., 2023).

KEY POINTS

Joint Injuries

- Joints are structurally vulnerable and among the most common sites of injury due to mechanical overloading, twisting, or excessive stretching.
- Injuries may involve tendons (connecting muscle to bone), ligaments (stabilizing bone-to-bone connections), or articular cartilage (covering joint surfaces).
- Healing of dense connective tissues such as ligaments and tendons is slow and may require surgical repair to restore tensile strength and stability.
- Damage to articular cartilage predisposes individuals to long-term complications such as osteoarthritis and chronic joint dysfunction.

Dislocations

A **dislocation** occurs when the articular surfaces of a joint are completely displaced, resulting in a loss of normal alignment. A **subluxation** is a partial dislocation in which the joint surfaces remain in partial contact. Dislocations typically follow severe trauma that stretches or ruptures ligaments, although they may also result from congenital malformations or pathologic processes (Ebrall & Bovine, 2022).

The shoulder is the most commonly dislocated joint due to its wide range of motion and structural instability. Most traumatic shoulder dislocations are anterior, often occurring in young males during sports or contact injuries. Once a shoulder dislocation occurs, recurrence is common, sometimes requiring progressively less force. The **acromioclavicular (AC) joint** is another frequent site of traumatic dislocation (Patrick et al., 2023).

Dislocations are categorized by etiology. **Congenital dislocations** most often affect the hip or knee, related to abnormal embryologic development (Cavoretto et al., 2023). **Traumatic dislocations** result from falls, blows, or rotational injuries. These are common in the shoulder, patella, wrist, and hand joints. Recurrent dislocations are especially common in athletes. **Pathologic dislocations** occur as late complications of underlying disease, including infection, rheumatoid arthritis, neuromuscular disorders, or paralysis (Pandit et al., 2024).

Clinical manifestations include acute pain, visible deformity, swelling, and inability to move the affected joint. Diagnosis is confirmed through history, physical examination, and radiographic imaging.

Treatment depends on the joint involved, the mechanism of injury, and associated complications such as fractures or vascular injury. Reduction is essential—spontaneously, through closed manipulation, or by surgical repair. After reduction, immobilization allows healing of the joint capsule and ligaments. In recurrent cases, surgical stabilization procedures may be necessary, particularly for the shoulder, patella, or AC joints (Berthold et al., 2022). Knee dislocations are often managed with closed reduction and immobilization, though open reduction is required if vascular or extensive soft-tissue injury is present (Constantinescu et al., 2022).

Loose Bodies

Loose bodies are small fragments of bone or cartilage that become detached and free-floating within a joint space. They often result from trauma, osteochondral fracture, or advanced cartilage wear, where necrotic or eroded tissue separates from the articular surface. Commonly affected joints include the knee, elbow, hip, and ankle. Loose bodies may intermittently become trapped within joint crevices, leading to painful mechanical symptoms such as locking, catching, or restricted motion. Repeated impingement also damages adjacent healthy cartilage, increasing the risk of secondary osteoarthritis. Management typically involves arthroscopic removal, which both alleviates symptoms and prevents progressive joint degeneration (Zmerly et al., 2022).

Shoulder and Rotator Cuff Injuries

The **shoulder** is a highly mobile but relatively unstable joint complex, making it especially susceptible to traumatic and degenerative injuries. It is composed of three bones—the **scapula**, **clavicle**, and **humerus**—and stabilized through four articulations: the AC, sternoclavicular, glenohumeral, and thoracoscapular joints. The glenohumeral joint, while permitting the greatest range of motion, is also the most frequent site of dislocation. Anterior dislocations are most common, usually occurring when the shoulder is forcefully abducted, extended, and externally rotated or following a fall on an outstretched hand. The acromioclavicular joint is also prone to sprains, particularly in contact sports.

The **rotator cuff** consists of four muscles and their tendinous insertions—supraspinatus, infraspinatus, teres minor, and subscapularis—which stabilize the humeral head in the glenoid cavity while enabling arm movement (Fig. 33-21). These tendons pass beneath the coracoacromial arch, separated by the subacromial bursae, and are vulnerable to impingement or trauma (Sripathi & Agrawal, 2024).

Rotator cuff disorders may arise from several mechanisms. Acute trauma, such as falls, traction injuries, or direct blows, can cause sudden tears. Overuse and repetitive stress are also frequent culprits, particularly in athletes engaged in overhead motions such as pitching, swimming, or tennis. In addition, degenerative changes are common in older adults as a result of impaired vascularity, cumulative microtrauma, and age-related tendon weakening. The supraspinatus tendon is most frequently affected, and progressive thickening and degeneration of the cuff tendons reduce the subacromial space, leading to impingement and pain during overhead arm movements.

Diagnosis relies on a thorough history, physical examination with provocative maneuvers to reproduce symptoms, and imaging studies. Ultrasound has become a widely used first-line tool because it is accurate, accessible, and cost-effective, while MRI and CT arthrography provide detailed visualization of tendon integrity and associated joint pathology. Treatment depends on the severity of the injury. Conservative approaches include rest, nonsteroidal anti-inflammatory drugs (NSAIDs), corticosteroid injections, and physical therapy to restore strength and flexibility. When pain, impingement, or full-thickness tears persist, operative arthroscopy may be indicated to repair the tendon and restore shoulder stability. Regardless of the intervention, a structured program of postoperative rehabilitation is critical to regaining function and preventing recurrence (Sripathi & Agrawal, 2024).

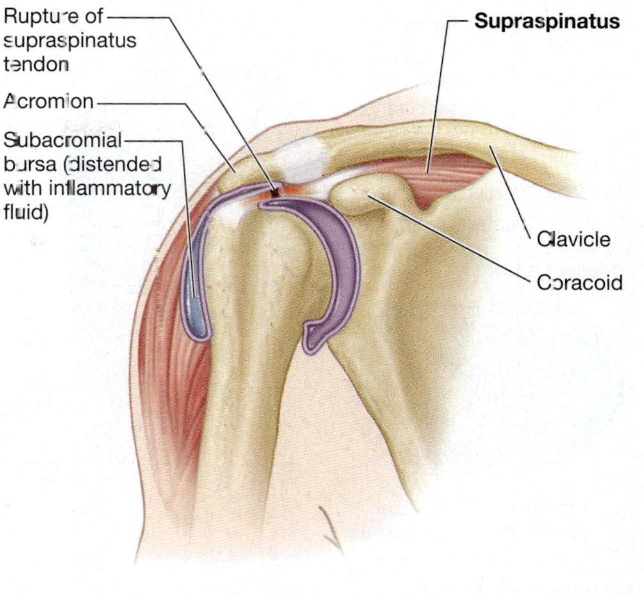

FIGURE 33-21. Rotator cuff injury. *Degenerative tendonitis of the rotator cuff* is common, especially in older people. These syndromes are discussed in detail in relation to the glenohumeral joint. (From Moore, K. L., Dalley, A. F., & Agur, A. M. R. [2018]. *Clinically oriented anatomy* [8th ed., p. 182, Fig. B3-11]. Wolters Kluwer.)

Knee Injuries

The **knee** is one of the most frequently injured joints, particularly during sports and activities that subject it to abnormal twisting, pivoting, or compressive forces. Such forces can damage the menisci, lead to patellar subluxation or dislocation, or contribute to degeneration of the articular cartilage, such as in chondromalacia. Knee injuries sustained in young adulthood, as well as cumulative knee and hip injuries in middle age, are important contributors to the later development of osteoarthritis (Dhahbi et al., 2025).

Meniscus Injuries

The **menisci** are C-shaped fibrocartilaginous structures located between the femoral condyles and tibial plateau, with each knee containing a medial and lateral meniscus (Fig. 33-22). They are thicker at their outer edges and

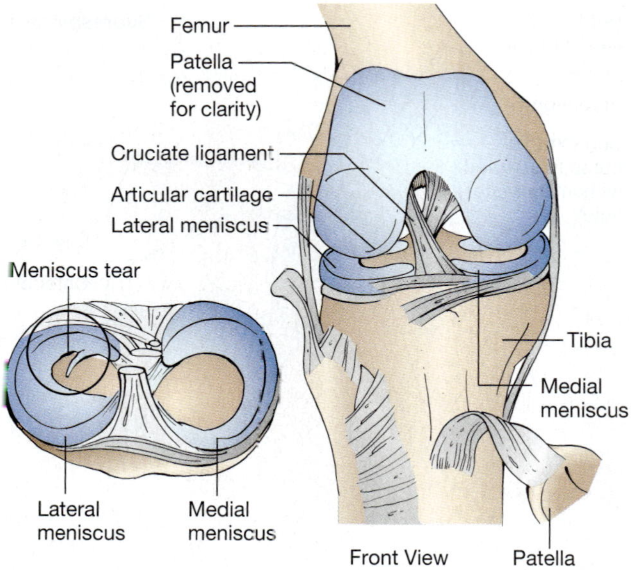

FIGURE 33-22. The knee, showing the lateral and medial meniscus (with the patella removed for clarity). *Inset (lower left)* shows a meniscus tear.

taper toward a thin, unattached inner margin. Anchored to the tibia by the coronary and transverse ligaments, the menisci function to distribute load, absorb shock, stabilize the joint by deepening the tibial socket, and aid in joint lubrication and cartilage nutrition (Raj & Bubnis, 2023).

Meniscal injury often results from a rotational or pivoting force on a flexed knee or from direct impact, as commonly seen in contact sports such as football, basketball, or hockey. These injuries may occur in isolation but are frequently associated with ACL tears. The type and pattern of meniscal tear depend on the direction and magnitude of force at the time of injury. Patients typically present with knee swelling, pain exacerbated by hyperflexion or hyperextension, and sometimes locking or catching.

Diagnosis is primarily clinical but is confirmed with MRI, which remains the gold standard. Plain radiographs may be used to exclude osteoarthritis or fracture. Initial management may be conservative, including rest, immobilization, and isometric quadriceps strengthening. Arthroscopic partial meniscectomy may be indicated when mechanical symptoms persist, although distinguishing traumatic from degenerative tears in middle-aged adults remains clinically challenging. Because meniscal loss is strongly associated with progressive deterioration and osteoarthritis, meniscal preservation or reconstruction is increasingly emphasized to reduce long-term joint degeneration (Raj & Bubnis, 2023).

Patellar Subluxation and Dislocations

Patellar dislocation accounts for approximately 3% of all knee injuries and is most often seen in adolescents and young adults, with the highest incidence between 14 and 18 years of age. Population studies report an incidence of roughly 5.8 per 100,000 annually in the general population and up to 29 per 100,000 in the adolescent population. Rates are similar among males and females. Dislocation typically occurs during sports or activities that involve twisting or direct trauma, though congenital anatomic variations can predispose individuals (Hayat et al., 2023).

Patients often describe a sensation of the patella "popping out," followed by pain, swelling, crepitus, stiffness, and reduced range of motion. First-time dislocations are usually managed conservatively with immobilization in extension, bracing, NSAIDs, and quadriceps-strengthening exercises. Recurrence is common, and surgical stabilization may be necessary, with techniques including medial patellofemoral ligament reconstruction and realignment procedures (Hayat et al., 2023).

Chondromalacia

Chondromalacia refers to the degeneration of articular cartilage, most often involving the undersurface of the patella. It may result from recurrent patellar instability, maltracking, or chronic overuse, particularly in athletes. Patients typically report anterior knee pain that worsens when climbing stairs, squatting, or sitting with the knee flexed for prolonged periods. Some also describe weakness or giving way of the knee (Habusta et al., 2023).

Management usually begins with conservative measures such as rest, ice, activity modification, and strengthening of the quadriceps and hip stabilizers. Arthroscopic procedures, including debridement or shaving of softened cartilage, may be performed in refractory cases. Research continues to explore the role of biologic therapies such as growth factors and cell-based cartilage repair in slowing or reversing articular cartilage degeneration (Habusta et al., 2023).

Hip Injuries

The **hip** is a ball-and-socket joint in which the femoral head articulates deeply with the acetabulum (Fig. 33-23). The proximal femur includes the head, neck, and greater trochanter. The vascular anatomy of the femoral head is of critical importance in hip disorders and trauma. Its primary blood supply arises from the retinacular arteries, branches of the medial and lateral circumflex femoral arteries, and intramedullary vessels. These vessels course proximally along the femoral neck to nourish the head. Any disruption of this circulation—whether from fracture, dislocation, or systemic disease—places the femoral head at risk for avascular necrosis (osteonecrosis). Hip injuries most often include dislocations and fractures, both of which can have significant long-term consequences.

Dislocations of the Hip

Hip dislocations typically result from severe trauma and are most often posterior, although anterior dislocations also occur. Associated injuries, including fractures of the acetabulum or femoral head, influence both acute management and prognosis.

Hip dislocation is a medical emergency. In the dislocated position, tension is placed on the blood supply to the femoral head, significantly increasing the risk of avascular necrosis and long-term complications such as osteoarthritis. Prompt reduction is therefore essential,

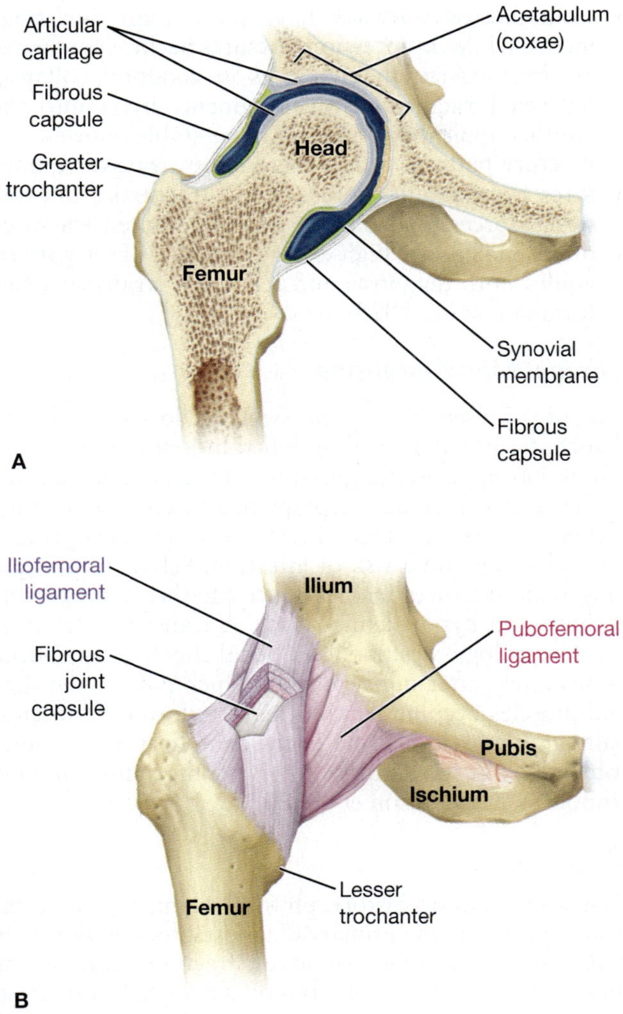

FIGURE 33-23. Right hip joint. **A.** Sectional view. **B.** Anterior view. (From McConnell, T. H., & Hull, K. L. [2011]. *Human form, human function: Essentials of anatomy & physiology* [p. 218]. Lippincott Williams & Wilkins.)

usually performed under sedation or anesthesia. Following reduction, restricted weight-bearing and immobilization are recommended to prevent recurrence and allow healing. Long-term outcomes depend on the speed of reduction and the extent of associated injuries (Chona et al., 2022).

Fractures of the Hip

Hip fractures are a major public health issue, especially in older adults, due to their association with loss of independence, disability, and increased mortality. Worldwide, hip fracture rates are projected to rise substantially with aging populations. Females, particularly White females, are disproportionately affected, reflecting the higher prevalence of osteoporosis (Emmerson et al., 2023).

Risk factors vary with age. In those younger than 80 years, skeletal fragility plays a primary role, while in those older than 80, falls are the predominant cause. Osteoporosis, osteopenia, nutritional deficiencies, and neoplasms further increase susceptibility. In some cases, the hip fracture itself may precede the fall, especially when underlying bone disease weakens structural integrity. Environmental hazards, poor balance, impaired vision or hearing, and polypharmacy are key modifiable risk factors.

Classification of hip fractures is based on the anatomic location within the proximal femur: Femoral neck fractures (intracapsular) occur between the femoral head and the trochanters. Because they lie within the joint capsule, they often compromise blood supply to the femoral head and are associated with higher rates of nonunion and avascular necrosis. Intertrochanteric fractures (extracapsular) occur between the greater and lesser trochanters. These typically preserve femoral head blood flow but are mechanically unstable. Subtrochanteric fractures occur just below the lesser trochanter and are less common but often more difficult to treat due to biomechanical stress at this location (Emmerson et al., 2023).

Diagnosis is made clinically and confirmed with radiographs. If plain films are negative but suspicion remains high, MRI or a bone scan can detect occult fractures. MRI is also the modality of choice for diagnosing avascular necrosis.

The management of hip fractures depends on the type of fracture, the degree of displacement, and the overall health and age of the patient. Impacted or nondisplaced fractures generally have a favorable prognosis and may be treated nonoperatively or stabilized with simple internal fixation. In older adults, displaced intracapsular fractures are most often managed with surgical hip replacement, either hemiarthroplasty or total hip arthroplasty, to reduce the risk of nonunion and avascular necrosis while promoting early mobilization. Younger and otherwise healthy patients with femoral neck fractures are typically treated with reduction and internal fixation in order to preserve the femoral head and avoid prosthetic replacement. Intertrochanteric fractures are usually managed with open reduction and internal fixation, most often using plates, screws, or intramedullary nails. Although nonunion is less common in these fractures compared to intracapsular fractures, weight-bearing is generally restricted for several months until union occurs (Emmerson et al., 2023).

Across all patient populations, early mobilization after surgery is strongly emphasized to reduce complications such as venous thromboembolism (VTE), pneumonia, and deconditioning. Structured rehabilitation programs, including physical therapy to restore mobility, muscle strength, and balance, are now considered essential to improving long-term outcomes. The overarching goals of treatment are to restore functional independence, minimize complications, and preserve quality of life, though outcomes remain closely tied to patient age, comorbidities, and the timeliness of surgical intervention (Agarwal et al., 2024).

Fractures

A **fracture** is a discontinuity of bone and represents the most common type of bone lesion. Although normal bone can withstand substantial compression and shearing forces, as well as moderate tensile forces, a fracture occurs when external stress exceeds the bone's structural capacity. Fractures are broadly grouped into three categories: those caused by sudden injury, fatigue or stress fractures, and pathologic fractures. Sudden injury is the most frequent cause, occurring from direct trauma (e.g., falls, blows) or indirect forces transmitted along the bone, such as a clavicle or radial head fracture from a fall on an outstretched hand. Fatigue or **stress fractures** result from repetitive loading; they are common in runners and military recruits and often present with lower extremity pain before radiographic changes appear (Rao Karanam et al., 2023). **Pathologic fractures** occur in bones weakened by underlying disease, such as osteoporosis, Paget disease, infection, or metastatic cancer, and may occur with minimal or no trauma (Rizzo & Kenan, 2023).

Classification

Fractures are classified by location, type, and fracture pattern. A long bone may fracture at its proximal, midshaft, or distal regions or near specific anatomic prominences such as condyles or malleoli (Fig. 33-24).

- **Open (compound) fractures** communicate with the skin surface and carry an increased risk for infection, delayed healing, or nonunion. **Closed fractures** remain contained within soft tissue.
- **Partial** versus **complete fractures** describe whether the bone cortex is fully disrupted. In children, greenstick fractures reflect partial breaks due to the resilience of immature bone.

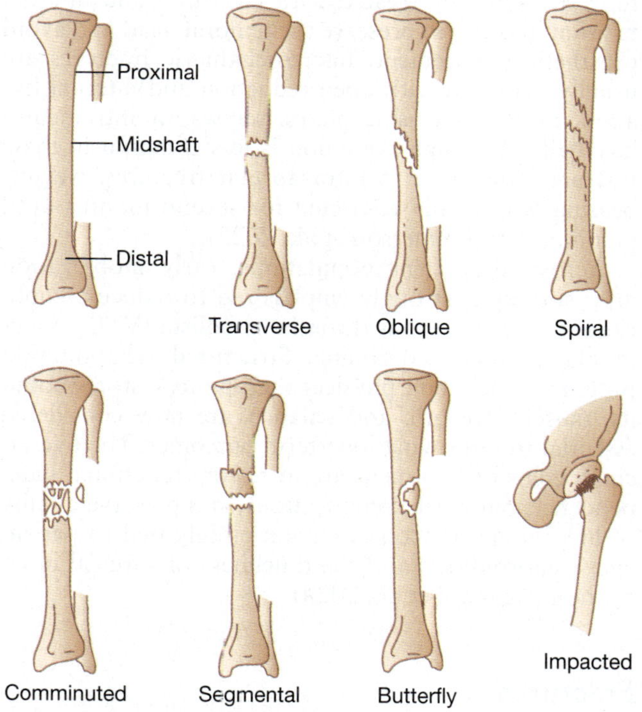

FIGURE 33-24. Classification of fractures. Fractures are classified according to location (proximal, midshaft, or distal), the direction of fracture line (transverse, oblique, spiral), and type (comminuted, segmental, butterfly, or impacted).

- **Comminuted fractures** have more than two fragments, while **compression fractures** occur when bones are crushed together, such as in vertebral collapse. Impacted fractures involve fragments driven into one another, typically producing more stable injuries.
- **Fracture patterns** reflect mechanism: transverse fractures from angular forces, spiral fractures from torsional forces, and oblique or comminuted fractures often indicating high-energy trauma. The pattern guides both diagnosis and reduction strategies (Rao Karanam et al., 2023).

Clinical Manifestations

Fractures present with pain, swelling, loss of function, deformity, and abnormal mobility. In long bones, deformities may appear as angulation, shortening, or rotation of the limb, sometimes accompanied by crepitus as fragments rub together (Fig. 33-25). Open fractures present with bleeding and a risk of infection. Pelvic or multiple long bone fractures may produce life-threatening hemorrhage and hypovolemic shock. A transient period of local neurologic dysfunction ("local shock") may occur immediately after injury, during which pain diminishes and muscles become flaccid; this is followed by intense pain and muscle spasm. Early complications include soft-tissue injury, vascular or nerve compromise, and fat embolism (Hutchinson et al., 2025).

Diagnosis

Diagnosis relies on history, physical exam, and imaging. Radiographs are the primary diagnostic tool, with CT or MRI used for complex or occult fractures. Assessment must also include evaluation of associated soft-tissue injury, as these significantly influence management and healing potential. The Oestern and Tscherne classification system is still widely referenced to characterize the severity of soft-tissue damage in closed fractures and guide treatment decisions (Table 33-4) (Hutchinson et al., 2025).

Treatment

The three primary objectives in the treatment of fractures are reduction of the fracture, immobilization of the affected part, and preservation or restoration of function. Preventing complications is equally important, requiring careful management throughout the healing process.

Reduction and Internal Fixation

Reduction refers to the realignment of bone fragments to restore their normal anatomic structure. This may be achieved through closed reduction, which uses manual

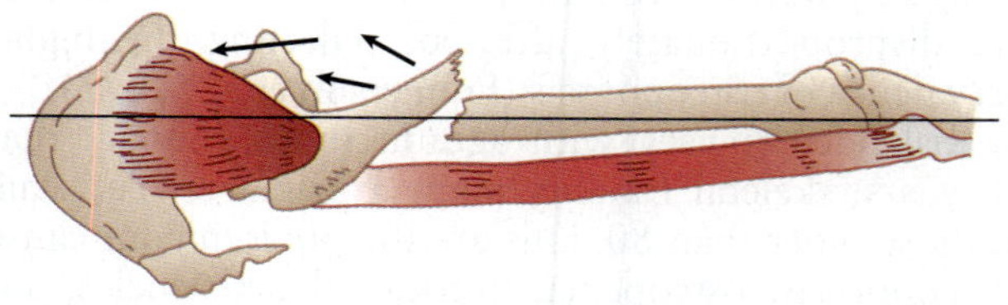

FIGURE 33-25. Displacement and overriding of fracture fragments of a long bone (femur) caused by severe muscle spasm.

TABLE 33-4 Oestern and Tscherne Classification of Closed Fractures

Grade	Soft-Tissue Injury	Bony Injury
Grade 0	Minimal soft-tissue damage Injury usually indirect to the limb	Simple fracture pattern
Grade 1	Superficial abrasion/contusion	Mild fracture pattern
Grade 2	Deep abrasion with skin or muscle contusion Direct trauma to the limb	Severe fracture pattern
Grade 3	Extensive skin contusion or crush injury with severe muscle damage; subcutaneous avulsion; compartment syndrome may be present	Severe fracture pattern

(Tornetta et al., 2019)

manipulation, or through open reduction, which requires surgical intervention. Internal fixation techniques, such as the use of screws, plates, or intramedullary rods, are often employed during surgical reduction to stabilize and secure fracture fragments in the proper position (Oeding et al., 2022).

Immobilization and External Fixation

Immobilization is the single most important factor for ensuring fracture healing, as it prevents movement at the fracture site and allows for proper union of the fragments. This can be accomplished with splints, casts, traction, or external fixation devices. Splints, which may be made of plaster, fiberglass, or metal, are often applied initially when a fracture is suspected to minimize pain, bleeding, and soft-tissue damage. Casts are used to provide more rigid immobilization and are usually applied with the joint slightly flexed to reduce rotational forces. **Traction**, which applies a pulling force to the extremity while countertraction is applied in the opposite direction, maintains alignment of unstable or comminuted fractures and decreases muscle spasm (Fig. 33-26). External fixation devices, consisting of pins or screws placed above and below the fracture site and connected to a stabilizing frame, are especially useful for managing open fractures, infected bones, unstable fractures, and cases requiring limb lengthening (Fig. 33-27) (Hadeed, 2023).

Limb-Lengthening Systems

Specialized systems such as the Ilizarov external fixator are used not only for immobilization but also for bone lengthening or correction of angular or rotational deformities. These devices exert continuous traction, stimulating new bone formation while allowing associated soft tissue, vessels, and nerves to regenerate. The apparatus is maintained until the desired length and consolidation are achieved, reducing the need for bone grafting in complex reconstructions (Sabharwal et al., 2023).

Preservation and Restoration of Function

During the immobilization period, muscles are prone to atrophy, and joints may stiffen as surrounding soft tissues contract and shorten. The degree of atrophy and stiffness is greater in adults, particularly when immobilization is prolonged, whereas children typically recover more quickly due to higher periosteal vascularity and cellularity. Preventive strategies include positioning limbs in functional alignment and removing casts as soon as union is confirmed. Early initiation of exercises

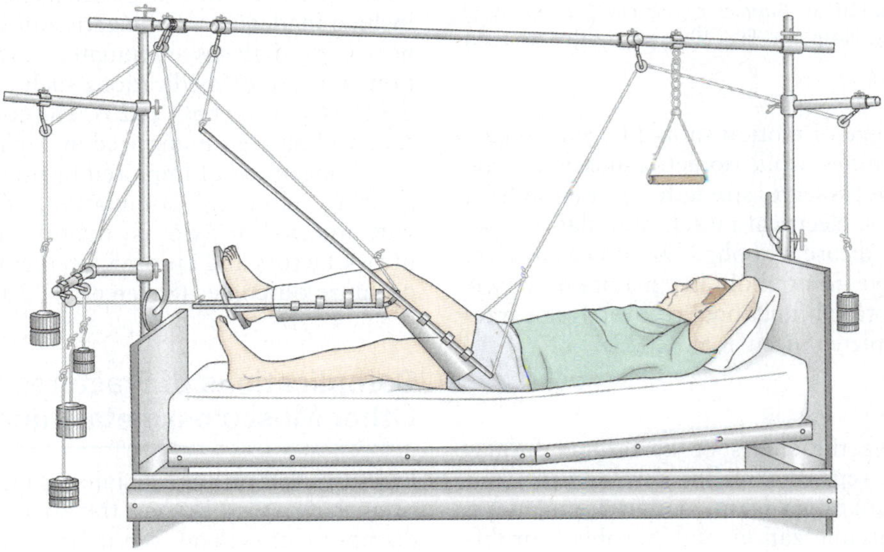

FIGURE 33-26. Balanced suspension skeletal traction with Thomas leg splint. The person can move vertically as long as the resultant line of pull is maintained. Note the use of the overhead trapeze. (From Hinkle, J. L., & Cheever, K. H. [2018]. *Brunner & Suddarth's textbook of medical-surgical nursing* [14th ed., Fig. 40-6, p. 1140]. Lippincott Williams & Wilkins.)

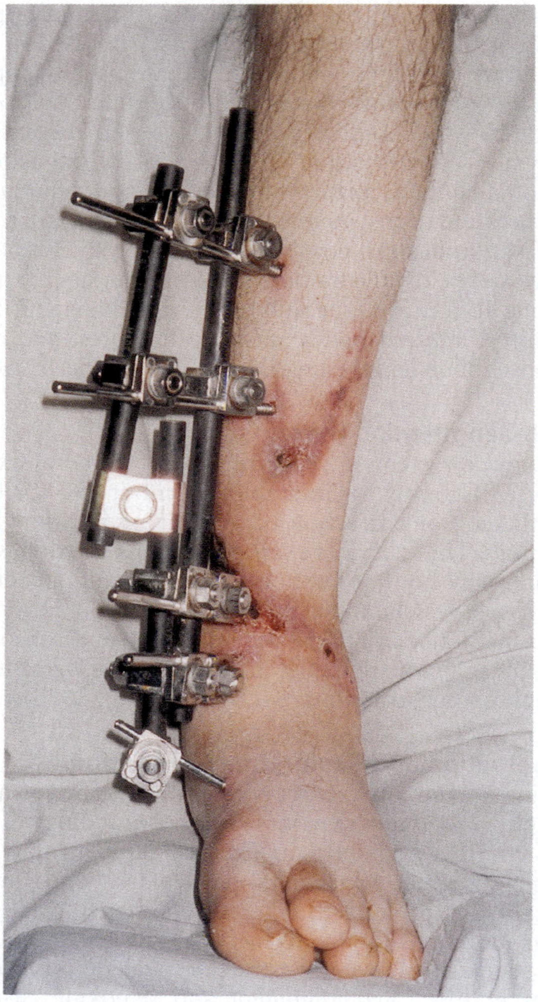

FIGURE 33-27. External fixation device. Pins are inserted into bone. The fracture is reduced and aligned and then stabilized by attaching the pins to a rigid portable frame. The device facilitates the treatment of soft tissue damaged in complex fractures. (From Hinkle, J. L., & Cheever, K. H. [2018]. *Brunner & Suddarth's textbook of medical-surgical nursing* [14th ed., Fig. 40-3, p. 1138]. Lippincott Williams & Wilkins.)

is crucial: active range of motion should be encouraged in unaffected extremities, while isometric muscle-tensing exercises can help preserve strength in immobilized limbs. In some cases, electrical muscle stimulation may be used to prevent disuse atrophy. These measures are essential to preserve joint mobility, maintain muscle tone, and ensure optimal functional recovery once fracture healing is complete (Sheen et al., 2023).

Bone Healing

Bone repair follows the stages of **hematoma formation, inflammation, reparative callus development**, and **remodeling**. The hematoma forms within 1 to 2 days, followed by neovascularization and fibroblast proliferation within a week. Granulation tissue and woven bone establish an early callus, which gradually ossifies. Remodeling, which can take months to years, restores cortical structure and strength through coordinated osteoblast and osteoclast activity (Sheen et al., 2023).

Healing Time

The time required for fracture healing depends on multiple factors, including the site of the fracture, the condition of fracture fragments, hematoma formation, and both local and systemic influences. In general, long bone fractures, displaced fractures, and those with limited surface area require longer to heal than stable, nondisplaced injuries. Stress fractures typically heal more quickly, within 2 to 4 weeks, provided activity is reduced and the affected area is protected (Sheen et al., 2023).

Union is achieved when the fracture is sufficiently solid to withstand normal stresses and when clinical and radiographic evidence indicates it is safe to remove external fixation. In most adults, functional recovery occurs within about 6 months of union, though complete restoration of strength and mobility may take longer. Children generally heal more rapidly than adults because of the greater vascularity and cellular activity of their periosteum.

Several factors can delay bone healing. These include advancing age, inadequate nutrition, circulatory or coagulation disorders, immunocompromised states, and systemic diseases such as diabetes mellitus or rheumatoid arthritis. Medications that impair bone metabolism, such as long-term corticosteroids, can also contribute to delayed healing. Local stresses at the fracture site and insufficient immobilization further increase the risk of impaired recovery.

Impaired Healing

Delayed union, malunion, and nonunion are complications of fracture repair. **Malunion** results from poor alignment, leading to deformity and impaired function. **Delayed union** refers to prolonged healing beyond the expected timeframe, while **nonunion** reflects a cessation of reparative activity, often in the tibia or in fractures with extensive soft-tissue damage. Contributing factors include inadequate stabilization, infection, systemic illness (e.g., diabetes, rheumatoid arthritis), poor nutrition, and use of medications such as corticosteroids or NSAIDs (Sheen et al., 2023). The complications of fracture healing are summarized in Table 33-5.

Management of impaired healing may include bone grafting, electrical stimulation, or surgical revision with internal or external fixation. Early identification of risk factors and tailored intervention are essential to optimize outcomes (Sheen et al., 2023).

Complications of Fractures and Other Musculoskeletal Injuries

Fractures and orthopedic injuries may lead to complications that extend beyond the bone itself. These include disruption of skeletal continuity, damage from displaced bone fragments, and pressure effects from swelling and hemorrhage. Important complications include fracture blisters, compartment syndrome, complex regional pain syndrome (CRPS), VTE, and fat embolism syndrome (FES).

TABLE 33-5 Complications of Fracture Healing

Complication	Manifestations	Contributing Factors
Delayed union	Failure of fracture to heal within the predicted time as determined by x-ray	Large displaced fracture; inadequate immobilization; large hematoma; infection at fracture site; excessive bone loss; inadequate circulation
Malunion	Deformity or angulation visible on x-ray; persistent deformity at fracture site	Inadequate reduction; malalignment of fracture during immobilization
Nonunion	Failure of bone to heal before the repair process ceases; persistent motion at the fracture site; pain with weight-bearing; radiographic evidence of nonhealing	Inadequate reduction; persistent mobility at the fracture site; severe trauma; bone fragment separation; interposition of soft tissue between fragments; infection; extensive bone loss; impaired circulation; malignancy; bone necrosis; noncompliance with activity restrictions

Fracture Blisters

Fracture blisters are skin bullae that form over areas of severe skeletal injury. They represent epidermal necrosis with separation of the epidermis from the dermis by edema fluid. These lesions occur when intracompartmental pressures rise beyond the ability of tissues to compensate. Fracture blisters are most often seen after severe twisting injuries but may also result from excessive joint manipulation, prolonged dependent positioning, application of heat, or peripheral vascular disease.

Blisters can present as solitary, multiple, or extensive, depending on the severity of the injury. They are most common at sites where the skin is thin and soft-tissue coverage is minimal, such as the ankle, elbow, foot, or knee. Because they increase the risk of infection and signal possible progression to compartment syndrome, prevention and close monitoring are important (Redman et al., 2025).

Compartment Syndrome

Compartment syndrome is a limb-threatening condition that results from increased pressure within a closed fascial space, leading to compromised circulation and tissue function. In abdominal or thoracic regions, compartment syndromes can affect cardiovascular, respiratory, and renal function, but in this context, the focus is on limb compartments (Lorange et al., 2023).

Etiology and Pathogenesis

Skeletal muscles and nerves are enclosed by rigid, inelastic fascial compartments (Fig. 33-28). When pressure within a compartment rises high enough, perfusion is impaired, causing ischemia and necrosis of muscle and nerve tissue. The pressure threshold for tissue injury varies depending on factors such as the duration of pressure elevation, local perfusion pressure, vascular tone, and systemic blood pressure. Tissue is more vulnerable when hypotension or vasoconstriction is present (Lorange et al., 2023).

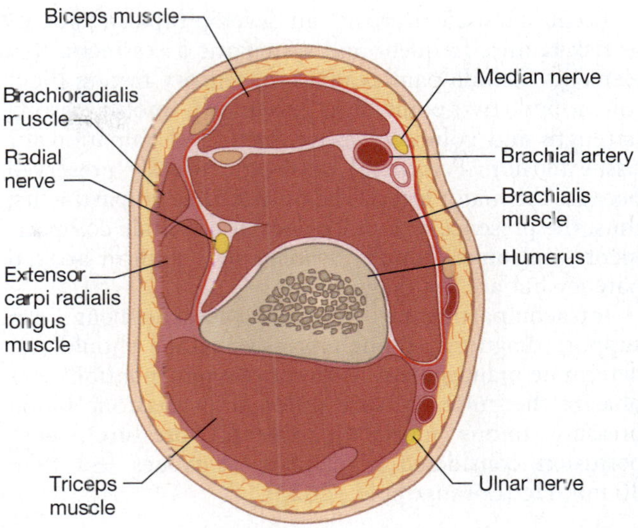

FIGURE 33-28. The proximal muscle compartment of the arm, showing the location of fascia, muscles, nerves, and blood vessels.

Compartment syndrome may result from either a decrease in compartment size, an increase in compartment volume, or both. Decreased size may follow tight casts, constrictive dressings, burns, or surgical closure of fascial defects. Increased volume is more common and may arise from trauma, swelling, vascular injury, hemorrhage, venous obstruction, or reperfusion after ischemia. Fractures and orthopedic surgeries are among the leading causes due to associated bleeding and edema. Other triggers include soft-tissue contusions, infiltration of IV fluids, arterial puncture, and prolonged compression injuries such as those seen in drug overdose or carbon monoxide poisoning.

Compartment syndromes may be acute or chronic. Acute compartment syndrome often follows fracture or crush injury, where massive swelling in the noncompliant fascial space impedes circulation. Chronic (exertional) compartment syndrome develops more gradually, often in athletes such as long-distance runners, when exercise increases compartment volume and pressure, producing ischemia, pain, and sometimes neurologic symptoms (Lorange et al., 2023).

Clinical Manifestations and Diagnosis

The hallmark sign of acute compartment syndrome is severe pain out of proportion to the original injury, often worsened by passive stretching of the involved muscles. Nerve compression produces early sensory changes, such as paresthesias (burning, tingling, or numbness), diminished reflexes, and, if untreated, progressive motor weakness or paralysis.

Because muscle necrosis can develop rapidly, patients at risk require frequent and systematic assessment. Key elements include pain evaluation, sensory testing (light touch and two-point discrimination), motor testing (strength and voluntary movement), and palpation for tissue tension. Peripheral pulses are usually preserved because the major arteries lie outside the compartments; thus, the presence of a pulse does not exclude compartment syndrome. Doppler studies may confirm arterial patency but are not diagnostic.

Intracompartmental pressure measurement can support diagnosis, though pressure alone should not determine management. Current recommendations emphasize the pulse pressure differential (diastolic blood pressure minus intracompartmental pressure), with perfusion considered inadequate at values less than 30 mm Hg (Lorange et al., 2023).

Treatment

The treatment of compartment syndrome focuses on the prompt reduction of intracompartmental pressure to restore tissue perfusion and prevent irreversible damage. The first step is the removal of external sources of compression, such as splitting or removing casts, loosening bandages, or adjusting restrictive dressings. Elevation of the affected extremity can help reduce edema; however, the limb should be elevated only to the level of the heart. Excessive elevation above heart level may reduce arterial inflow, further compromising perfusion.

If pressure does not improve with these conservative measures, emergent fasciotomy is indicated. This procedure involves a longitudinal incision of the fascia to allow expansion of the compartment and decompression of the nerves and vessels. Early fasciotomy within hours of diagnosis is critical, as delayed intervention increases the risk of muscle necrosis, nerve injury, contractures, infection, and possible limb loss. While fasciotomy carries risks such as wound infection and challenges with closure, it remains the standard of care in acute, limb-threatening compartment syndrome.

Complex Regional Pain Syndrome

Complex regional pain syndrome (CRPS) (previously reflex sympathetic dystrophy and causalgia) is a chronic neurologic pain condition that typically affects a limb after surgery or injury. The hallmark feature is pain that is disproportionate to the initial injury, often accompanied by vasomotor instability and abnormal sweating (Ferraro et al., 2024).

Pain is usually described as severe, burning, or aching and may be exacerbated by both noxious and nonnoxious stimuli, as well as by movement. Although the exact pathophysiology is unclear, evidence suggests a role for the sympathetic nervous system and aberrant inflammatory and neuronal signaling. Over time, muscle wasting, thinning and shiny skin, brittle nails, and bone demineralization can occur. Chronic disuse may lead to contractures and osteoporosis. Treatment is multidisciplinary, focusing on aggressive pain management, prevention of long-term disability, and maintaining quality of life. Physical and occupational therapy are considered first-line interventions, with adjunctive use of pharmacologic agents, nerve blocks, and, in refractory cases, spinal cord stimulation (Ferraro et al., 2024).

Thromboemboli

People with lower extremity fractures are at increased risk of venous **thromboembolism** (VTE), which includes deep vein thrombosis (DVT) and pulmonary embolism (PE). Surgical repair of fractures, advanced age, and immobility further elevate this risk.

Thromboprophylaxis is recommended and typically includes pharmacologic measures (e.g., low-molecular-weight heparin or direct oral anticoagulants) and mechanical methods (e.g., compression devices), with selection guided by procedure type and individual risk factors. Importantly, most symptomatic VTE events occur after hospital discharge, often within 2 months. Venous Doppler ultrasonography is the standard diagnostic test for DVT, whereas PE is evaluated using CT pulmonary angiography or ventilation-perfusion ($\dot{V}/\dot{Q}$) scanning. In cases involving long bone fractures, differentiation between a thrombus and fat embolism can be challenging (Qian et al., 2024).

Fat Embolism Syndrome

Fat embolism syndrome (FES) is a serious complication most often associated with long bone and pelvic fractures, in which fat droplets enter the circulation and lodge in small blood vessels of the lung, brain, kidney, and other organs. Fat embolization refers simply to the presence of fat globules in circulation, whereas FES describes the clinical syndrome of multisystem dysfunction that develops as a consequence (Kwon & Coimbra, 2024).

Pathogenesis

The precise mechanisms of FES remain unclear. The mechanical theory suggests that fat is released from bone marrow or adipose tissue into torn venous channels, while the biochemical theory implicates circulating free fatty acids that cause endothelial damage and inflammation. Both mechanisms likely contribute to the development of organ dysfunction.

Clinical Manifestations

The cardinal features of FES include respiratory failure, neurologic symptoms, and a petechial rash. Respiratory signs typically present first, including dyspnea, tachypnea, hypoxemia, and chest pain. Neurologic manifestations may appear within 12 to 72 hours and include confusion, disorientation, seizures, or focal deficits unrelated to direct head trauma. A petechial rash—nonblanching and classically distributed on the chest, axillae, neck, shoulders, conjunctiva, or oral mucosa—appears in many patients within 2 to 3 days. Low-grade fever, tachycardia, diaphoresis, pallor, and cyanosis are common accompanying signs (Kwon & Coimbra, 2024).

Diagnosis and Treatment

Early recognition is essential. Arterial blood gases may reveal hypoxemia and support clinical suspicion.

UNDERSTANDING ➔ Fracture Healing

A fracture, defined as any break in a bone, initiates a biologically complex healing process designed to restore bone continuity, structure, and strength. The repair of simple fractures is commonly divided into four overlapping phases: (1) hematoma formation, (2) fibrocartilaginous callus formation, (3) bony callus formation, and (4) remodeling.

1 Hematoma Formation

Hematoma Formation Immediately after a fracture, blood vessels in the bone and surrounding tissues are torn, leading to bleeding into and around the bone fragments. This results in the formation of a localized hematoma, or blood clot, which serves several key functions. The hematoma facilitates the development of a fibrin meshwork that seals the fracture site, provides a framework for the influx of inflammatory cells, supports fibroblast ingrowth, and encourages the formation of new capillary buds. It also serves as a reservoir of signaling molecules that initiate the cellular processes required for repair.

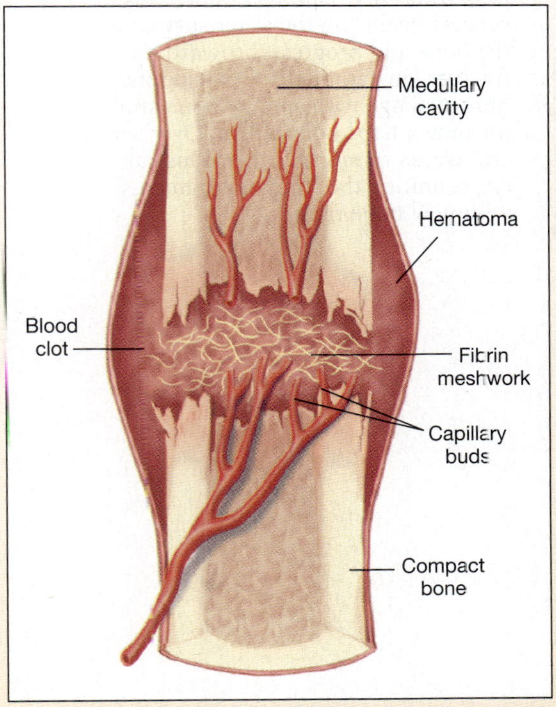

2 Fibrocartilaginous Callus Formation

Fibrocartilaginous Callus Formation As new capillaries infiltrate the hematoma, granulation tissue—called a **procallus**—develops. Fibroblasts from the periosteum, endosteum, and bone marrow proliferate and migrate into the area, producing a fibrocartilaginous soft callus that bridges the fractured ends of bone. This soft callus stabilizes the fracture but lacks the strength required for weight-bearing. Typically, the fibrocartilaginous callus reaches its maximum size within 2 to 3 weeks of injury.

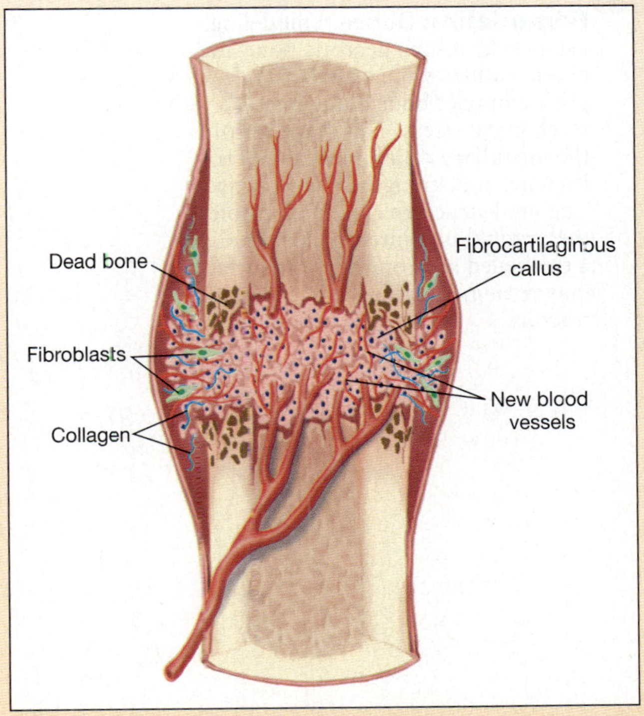

UNDERSTANDING ➔ Fracture Healing (*continued*)

3

Bony Callus Formation Ossification marks the transition from soft to hard callus. Osteogenic cells differentiate into osteoblasts near well-vascularized bone tissue, depositing trabecular (spongy) bone. This process begins on the outer surface of the bone and progresses toward the fracture site, gradually replacing the fibrocartilage with spongy bone and forming a hard bony callus. Over several weeks to months, the callus calcifies, uniting the fracture fragments with new bone tissue.

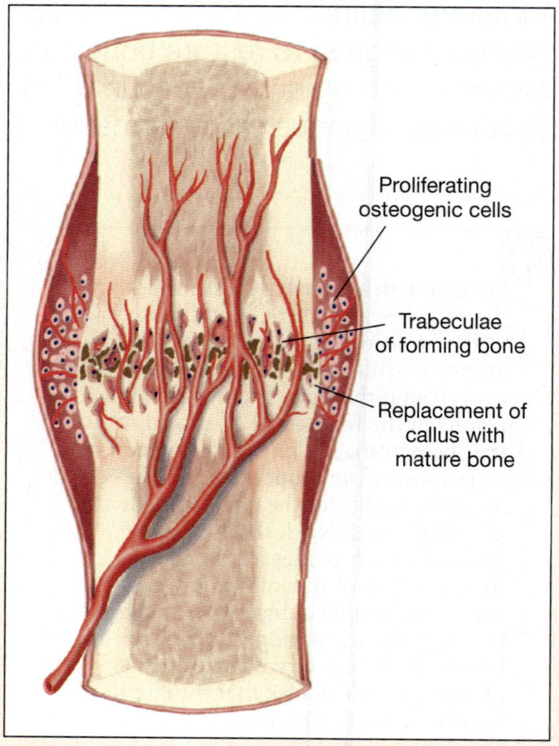

4

Remodeling During remodeling, osteoclasts resorb necrotic bone and excess callus, while osteoblasts deposit compact bone along lines of mechanical stress. This stage restores the medullary canal, reorganizes trabeculae, and strengthens the cortex. The final structure closely resembles the original uninjured bone, although a thickened area on the shaft surface may remain as evidence of the healed fracture.

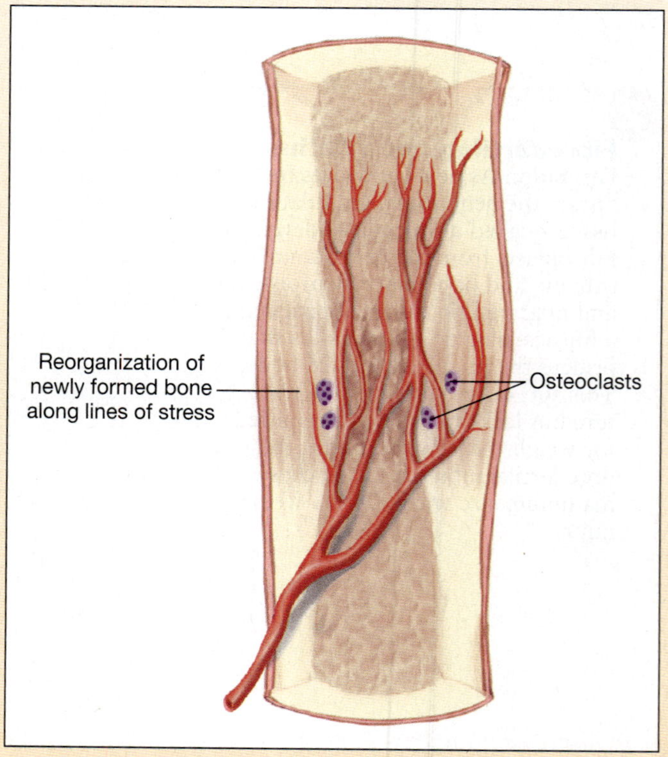

Imaging may demonstrate diffuse pulmonary infiltrates. Treatment is supportive and directed at correcting hypoxemia, maintaining hemodynamic stability, and addressing inflammation. Prevention is centered on early immobilization and surgical stabilization of fractures, which reduces the release of fat droplets into the circulation (Kwon & Coimbra, 2024).

SUMMARY CONCEPTS

Many external physical forces can produce trauma to the musculoskeletal system, with the environment, activity, and age influencing an individual's risk of injury. Minor soft-tissue injuries such as contusions, hematomas, and lacerations are relatively common and typically resolve with conservative management. In contrast, strains and sprains result from mechanical overload of muscle or connective tissue and heal more slowly, often requiring immobilization. Soft-tissue healing begins within 4 to 5 days and relies primarily on fibroblasts producing collagen.

Joint dislocations arise from the disruption of the supporting ligaments and capsule. Recurrent trauma can lead to degenerative changes such as chondromalacia or the formation of loose bodies within the joint, both of which may impair long-term function.

Fractures occur when the stress placed on a bone exceeds its capacity to withstand force. The type of stress influences the fracture pattern and the configuration of bone fragments. Fracture healing is a complex process that proceeds through four overlapping stages: hematoma formation, inflammation, reparative callus formation, and remodeling. For optimal healing, the bone must be reduced and immobilized, accomplished through external devices (splints, casts, traction, external fixation) or surgically implanted internal fixation hardware.

Complications of fractures and orthopedic injuries may occur early due to soft-tissue or nerve damage, swelling, and hemorrhage (e.g., fracture blisters or compartment syndrome) or later due to impaired bone repair or systemic involvement. Neurologic complications such as CRPS, as well as FES, are recognized risks. Impaired bone healing may manifest as malunion (healing with deformity, angulation, or rotation), delayed union (prolonged healing time), or nonunion (failure of the fracture to unite).

Bone Infections

Bone infections, including acute and chronic osteomyelitis, are notable for their ability to cause pain, disability, and long-term deformity. Despite advances in antimicrobial therapy, these infections remain difficult to treat and eradicate. A resurgence of tubercular bone infections has been reported in industrialized regions, attributed partly to immigration from areas where tuberculosis is endemic and the increasing number of immunocompromised individuals.

KEY POINTS

Bone Infections

- Bone infections may result from microorganisms introduced during injury, during operative procedures, or through hematogenous spread.
- Once localized, organisms proliferate within the bone, producing cell death, spreading through the marrow cavity, and eliciting chronic inflammation that further damages bone tissue.
- Prevention relies on careful debridement of skeletal injuries, appropriate use of antibiotics, and strict sterile protocols in operative settings.

Osteomyelitis

Osteomyelitis refers to an acute, subacute, or chronic infection of bone and marrow. Although many organisms—including bacteria, fungi, viruses, and parasites—can produce osteomyelitis, pyogenic bacteria and mycobacteria remain the most frequent causes. *Staphylococcus aureus* is the leading pathogen due to its virulence factors and ability to survive intracellularly, but other organisms may predominate depending on patient age and risk factors (e.g., *Escherichia coli*, *Neisseria gonorrhoeae*, *Haemophilus influenzae*, *Salmonella* species) (Hwang & Kelham, 2022). Sources of infection include:

- **Direct contamination** from open fractures, penetrating wounds, or surgery (exogenous origin)
- **Hematogenous spread** via the bloodstream
- **Extension** from a contiguous soft-tissue site
- **Skin infections** in people with vascular insufficiency

Hematogenous Osteomyelitis

Hematogenous osteomyelitis develops when blood-borne organisms seed bone tissue. In children, the metaphyseal regions of long bones are most commonly affected because of their unique vascular supply and sluggish blood flow. Infection produces purulent exudate, which elevates the periosteum, compromises cortical blood supply, and leads to necrosis of bone (sequestrum). As the infection progresses, periosteal new bone forms around the necrotic tissue, producing an involucrum. In infants under 1 year, periosteal attachments are looser, so the infection may extend directly into adjacent joints, causing septic arthritis (Zhang et al., 2024).

In adults, the long bone microvasculature is less susceptible, so hematogenous infections more often involve the axial skeleton, particularly the vertebrae, sternoclavicular and sacroiliac joints, and pubic symphysis. Vertebral osteomyelitis typically begins in the subchondral bone, spreading to the intervertebral disk and adjacent vertebrae, producing progressive end plate and vertebral body destruction. The pathogenesis of hematogenous osteomyelitis differs in children and adults. In children, the infection usually affects the long bones of the appendicular skeleton. It starts in the metaphyseal region close to the growth plate, where the termination of nutrient blood vessels and sluggish blood flow favor the attachment of blood–borne bacteria (Fig. 33-29). With the advancement of the infection, purulent exudate collects in the rigidly enclosed bony tissue. Because of the bone's rigid structure, there is little room for swelling, and the purulent exudate finds its way beneath the periosteum, shearing off the perforating arteries that supply the cortex with blood, thereby leading to necrosis of cortical bone. Eventually, the purulent drainage may penetrate the periosteum and skin to form a draining sinus. In children 1 year of age and younger, the adjacent joint is often involved because the periosteum is not firmly attached to the cortex. From 1 year of age to puberty, subperiosteal abscesses are more common. As the process continues, periosteal new bone formation and reactive bone formation in the marrow tend to wall in the infection. **Involucrum** refers to a lesion in which bone formation forms a sheath around the necrotic sequestrum. It is seen most commonly in cases of chronic osteomyelitis (Zhang et al., 2024).

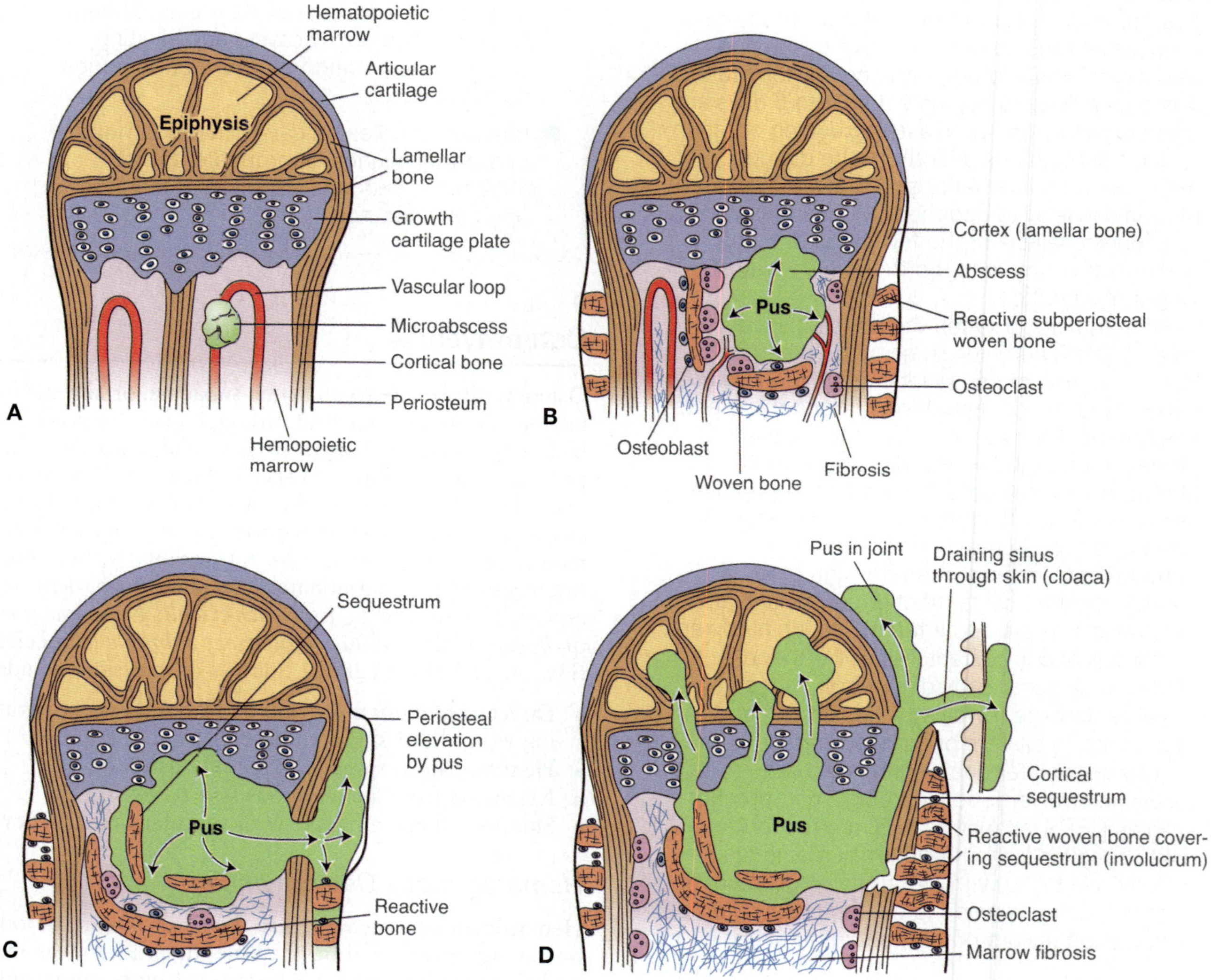

FIGURE 33-29. Pathogenesis of hematogenous osteomyelitis. **A.** This epiphysis, metaphysis, and growth plate are normal. A small, septic microabscess is developing at the capillary loop. **B.** Expansion of the septic focus stimulates resorption of adjacent bony trabeculae. Woven bone begins to surround this focus. The abscess expands into the cartilage and stimulates reactive bone formation by the periosteum. **C.** The abscess, which continues to expand through the cortex into the subperiosteal tissue, shears off the perforating arteries that supply the cortex with blood, thereby leading to necrosis of the cortex. **D.** The extension of this process into the joint space, the epiphysis, and the skin produces a draining sinus. The necrotic bone is called a sequestrum. The viable bone surrounding a sequestrum is termed the involucrum. (From Strayer, D. S., & Rubin, R. [Eds.]. [2015]. *Rubin's pathology: Clinicopathologic foundations of medicine* [7th ed., Fig. 30-17, p. 1325]. Lippincott Williams & Wilkins.)

Clinical Manifestations

Acute hematogenous osteomyelitis typically presents with systemic features of bacteremia—fever, chills, and malaise—alongside local bone pain, tenderness, swelling, and restricted movement of the affected limb. Erythema and warmth may develop as the infection progresses. Children often refuse to bear weight. Early radiographs may be normal, but later findings include periosteal elevation and bone destruction. MRI is more sensitive in early disease.

Treatment

Management begins with the identification of the causative organism through blood cultures or bone aspiration. Initial therapy involves intravenous antimicrobial agents tailored to culture results, with a transition to oral antibiotics once clinical improvement is achieved. The duration of therapy is often 4 to 6 weeks, but longer courses may be required for axial or chronic infections. Surgical intervention—including drainage of abscesses or debridement of necrotic bone—may be necessary in refractory cases. Immobilization of the affected limb, pain management, and monitoring for complications such as chronic osteomyelitis or growth disturbances in children are important components of care (Zhang et al., 2024).

Direct Penetration and Contiguous Spread Osteomyelitis

Direct penetration or contiguous spread of bacteria from an external source is now the most common cause of osteomyelitis in the United States. Bacteria may be introduced directly into the bone through penetrating injuries, open fractures, or surgical procedures. The risk of infection increases with inadequate irrigation or debridement, the presence of foreign material in the wound, and extensive tissue injury (Aiken et al., 2024).

Iatrogenic osteomyelitis occurs as a complication of medical or surgical care. Examples include pin tract infections associated with skeletal traction, septic arthritis following joint replacement, and postoperative wound infections. *S. aureus* and *Streptococcus* species remain common pathogens, but gram-negative organisms are detected in up to 25% of postoperative cases. Preventive strategies include meticulous skin preparation before surgery or hardware insertion, strict adherence to sterile technique, prophylactic antibiotics administered within 1 hour before incision and discontinued within 24 hours, topical irrigation of surgical sites, and careful aseptic handling of drains and dressings postoperatively (Nimmana & Savaliya, 2023).

Pathogenesis

The pathogenesis of direct or contiguous osteomyelitis differs from hematogenous spread in that virtually, any traumatized bone may be affected. Healthy bone is normally resistant to infection, but trauma, surgery, or inflammation can devitalize bone and surrounding soft tissue. This creates a necrotic or poorly vascularized matrix where microorganisms can thrive. Biofilm formation on implants or prosthetic material further complicates eradication, as bacteria within biofilms are highly resistant to both host defenses and antibiotic therapy (Nimmana & Savaliya, 2023).

Clinical Manifestations

Osteomyelitis following trauma or orthopedic surgery often presents with persistent or recurrent fever, localized pain at the operative or trauma site, poor wound healing, and persistent drainage. Wound dehiscence or separation may also occur. Prosthetic joint infections typically manifest with joint pain, fever, swelling, and cutaneous drainage. In some cases, symptoms are subtle and delayed, particularly with low-virulence organisms, leading to chronic infection and progressive bone or joint damage.

Diagnosis and Treatment

Diagnosis requires both confirmation of infection and identification of the responsible organism. Cultures and sensitivity testing from bone biopsy or wound drainage are essential. Imaging modalities such as conventional radiographs, CT, MRI, and nuclear scans (e.g., tagged white blood cell scans) assist in detecting infection and defining its extent. MRI is particularly useful for the early detection of bone marrow involvement.

Treatment combines antibiotic therapy and surgical management. Prophylactic antibiotics are used routinely in orthopedic surgery to reduce risk. Once osteomyelitis is established, early antimicrobial therapy is most effective, ideally guided by culture results. Antibiotics are typically administered intravenously for 4 to 6 weeks, sometimes followed by oral therapy. If conservative management fails or extensive necrotic bone is present, surgical debridement, drainage of abscesses, or decompression to relieve intramedullary pressure may be required. Infected prosthetic joints often necessitate prosthesis removal, staged reconstruction, and long-term antibiotic therapy (Nimmana & Savaliya, 2023).

Chronic Osteomyelitis

Chronic osteomyelitis most often occurs in adults and typically develops as a complication of open wounds to bone or surrounding soft tissue. While its overall incidence has declined significantly with modern surgical techniques and broad-spectrum antibiotic use, it remains a challenging condition to manage. Chronic osteomyelitis encompasses all bone infections caused by microorganisms, excluding rheumatic conditions. It may evolve from inadequately treated acute hematogenous osteomyelitis, direct contamination from trauma or surgery, or persistent infections involving orthopedic hardware. The disease can persist for years, recur after minor trauma, or reemerge when host resistance is diminished (Nimmana & Savaliya, 2023).

The hallmark feature of chronic osteomyelitis is the formation of a sequestrum or necrotic bone fragment that separates from viable bone. Surrounding this dead bone, the body often produces an involucrum, a sheath of new reactive bone. These pathologic features make eradication difficult, as bacteria may persist in devitalized tissue and biofilm environments. Diagnosis can be challenging, particularly in cases of low-grade infection or infection around prosthetic joints, where systemic signs of inflammation may be absent and leukocyte counts remain normal. Imaging studies such as radiographs, bone scans, and MRI can help localize infection, but bone biopsy with culture remains the gold standard for definitive diagnosis (Nimmana & Savaliya, 2023).

Treatment of chronic osteomyelitis begins with culture-directed antimicrobial therapy. The chosen agent should have high bactericidal activity, good bone penetration, and minimal toxicity. Antibiotics are typically administered for prolonged periods, often 4 to 6 weeks intravenously, followed by oral therapy. Surgical debridement to remove sequestra, foreign bodies, or infected hardware is usually required to achieve durable infection control. Adjunctive measures include immobilization of the affected limb, restriction of weight-bearing when lower extremities are involved, and, in some cases, the use of external fixation devices. Chronic refractory osteomyelitis is diagnosed when infection persists despite appropriate therapy. In these difficult cases, advanced approaches such as local antibiotic delivery systems, vascularized bone grafts, negative-pressure wound therapy, or staged reconstructive surgery may be considered (Nimmana & Savaliya, 2023).

Osteomyelitis With Vascular Insufficiency

In people with vascular insufficiency, osteomyelitis often develops secondarily from a chronic skin lesion, most commonly ischemic or diabetic foot ulcers. This form of infection is particularly prevalent in individuals with long-standing diabetes, where neuropathy diminishes protective sensation and impaired arterial circulation reduces tissue healing capacity. Repetitive trauma, even from minor sources such as ill-fitting shoes, contributes to fissures, ulcers, and eventual bone involvement (Trivedi & Merchant, 2024).

Diagnosis can be challenging because patients frequently present with nonspecific or seemingly unrelated problems such as ingrown toenails, cellulitis, or chronic foot ulcers. Pain, which is typically an early warning sign of infection, is often absent or muted due to peripheral neuropathy. The most reliable clinical indicator of osteomyelitis is exposed bone in the ulcer bed or detection of infection after surgical debridement. Imaging studies may support diagnosis, but radiographic changes generally appear late in the disease process. Advanced imaging, such as MRI, is often more sensitive for early detection.

Treatment depends heavily on the local tissue environment, particularly oxygen tension. In patients with adequate perfusion, a combination of surgical debridement and prolonged antibiotic therapy can be effective. Adjunctive measures, such as offloading pressure on the foot, are essential for healing. For individuals with significant ischemia, revascularization procedures may be required to improve outcomes. Hyperbaric oxygen therapy is sometimes used as an adjunct to increase tissue oxygenation and enhance healing, though its role is reserved for carefully selected cases (Trivedi & Merchant, 2024).

Tuberculosis of the Bone or Joint

In individuals at risk, tuberculosis can spread to the bone primarily through the bloodstream. Although dissemination may occur during primary infection, musculoskeletal involvement more often arises from the reactivation of latent bacilli. Tuberculosis can spread from a primary focus, such as the lungs or lymph nodes, into the musculoskeletal system, where it causes tubercular osteomyelitis (Abid et al., 2024).

Compared with pyogenic osteomyelitis, **tubercular osteomyelitis** is generally more destructive and difficult to control. The infection often spreads widely through the medullary cavity, producing extensive necrosis. A classic presentation is tuberculosis of the spine, referred to as Pott disease or tuberculous spondylitis, in which the infection spreads across intervertebral disks to involve multiple vertebrae. This process may extend into surrounding soft tissue, where it can form large paravertebral or psoas abscesses (Leowattana et al., 2023).

Clinical manifestations include localized pain, reduced mobility, and muscle atrophy. Joint swelling, mild fever, and leukocytosis may also occur. The most serious complication of spinal tuberculosis is neurologic compromise caused by spinal deformity, vertebral collapse, or epidural abscess formation, which can result in cord compression.

Diagnosis is challenging because there are no pathognomonic radiographic findings. Imaging may suggest infection, but a definitive diagnosis requires biopsy or culture of affected tissue. In suspected spinal tuberculosis, CT-guided biopsy is frequently used for confirmation.

Treatment parallels the management of pulmonary tuberculosis and consists of prolonged multidrug antitubercular therapy, often extending for 6 to 12 months or longer. Surgical intervention may be indicated for debridement, stabilization of spinal deformities, or decompression in cases of neurologic compromise (Abid et al., 2024).

SUMMARY CONCEPTS

Bone infections occur when microorganisms invade the musculoskeletal system, most commonly *S. aureus*. Osteomyelitis, defined as an infection of the bone and marrow, can present as an acute, subacute, or chronic condition. Acute osteomyelitis often results from direct contamination, such as trauma, open fractures, or surgical procedures, whereas chronic osteomyelitis persists beyond 6 to 8 weeks and may recur for years, frequently involving necrotic bone (sequestrum) and new bone formation (involucrum).

The overall incidence of bone infections has declined with the use of antibiotics and improved surgical techniques, but iatrogenic infections, including those following orthopedic surgery or prosthetic implantation, remain a clinical challenge. People with vascular insufficiency or diabetes are at particular risk for osteomyelitis related to chronic ulcers. In addition, tuberculosis of the bone, though less common in high-income countries, is an important cause of destructive bone disease worldwide, characterized by extensive necrosis, abscess formation, and potential neurologic compromise when the spine is involved.

Vascular and Ischemic Disorders of Bone

Bone is a highly vascular tissue that depends on a continuous blood supply to maintain cellular viability, support remodeling, and preserve structural integrity. Disruption of bone perfusion, whether from trauma, vascular occlusion, intravascular coagulation, or external vessel compression, can lead to ischemia and subsequent bone injury. A variety of clinical conditions are associated with impaired bone blood flow, including fracture-related vascular disruption, thrombosis or embolic phenomena (as seen in sickle cell disease or decompression sickness), corticosteroid use, alcohol misuse, and certain systemic diseases. Although these conditions differ in cause, their common pathophysiologic outcome is ischemic injury to bone, most often manifesting as osteonecrosis, the death of bone and marrow elements. The severity and clinical consequences of ischemic bone injury depend on the location, extent of vascular compromise, and the bone's capacity for collateral circulation.

Osteonecrosis

Osteonecrosis, or death of a segment of bone, results from prolonged disruption of blood supply to the marrow and osseous tissue in the absence of infection (Fig. 33-30). It is a relatively common disorder, most often affecting the medullary cavity of the metaphysis and the subchondral region of the epiphysis, particularly in the proximal femur, distal femur, and proximal humerus. Osteonecrosis frequently complicates conditions such as Legg-Calvé-Perthes disease, SCFE, sickle cell disease, corticosteroid therapy, alcohol misuse, and hip trauma, including fracture or surgery. Individuals receiving long-term corticosteroids or bisphosphonates are at increased risk, with bisphosphonate-associated osteonecrosis most often involving the jaw (Kuehn et al., 2023).

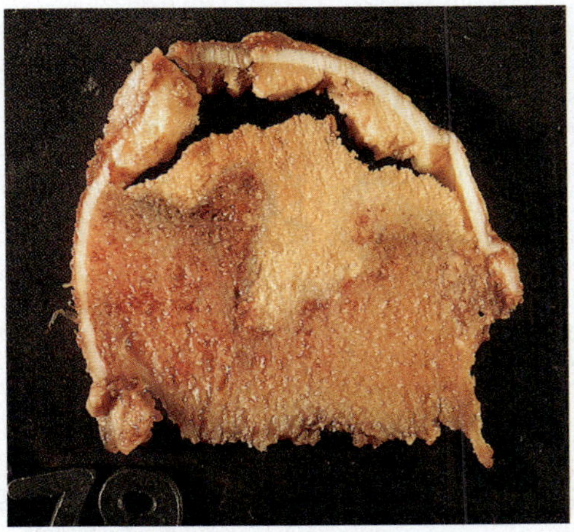

FIGURE 33-30. Osteonecrosis of bone. A coronal section shows a circumscribed area of subchondral infarction with partial detachment of the overlying articular cartilage and subarticular bone. (From Vigorita, V. J. [2015]. *Orthopedic pathology* [Fig. 14-2A]. Lippincott Williams & Wilkins.)

Etiology and Pathogenesis

Although osteonecrosis results from ischemia, the underlying mechanisms leading to vascular compromise are varied. Causes include mechanical vascular interruption (e.g., trauma or fracture), thrombosis and embolism (such as in sickle cell disease or nitrogen bubble formation during decompression sickness), and vessel injury (from vasculitis, connective tissue disease, or radiation therapy). Corticosteroid use remains one of the most frequent nontraumatic causes, though the exact mechanism is unclear. It may follow very high short-term dosing, long-term systemic therapy, or even intra-articular injection. Risk rises with dose and duration, yet individual susceptibility is unpredictable. Onset is usually delayed, rarely less than 6 months after exposure and sometimes more than 3 years (Ha et al., 2022). The major causes of osteonecrosis are summarized in Chart 33-1.

CHART 33-1

CAUSES OF OSTEONECROSIS

Mechanical disruption of blood vessels
- Fractures
- Legg-Calvé-Perthes disease
- Blount disease
- Slipped capital femoral epiphysis

Intravascular occlusion (thrombosis and embolism)
- Sickle cell disease
- Nitrogen bubbles in decompression sickness
- Antiphospholipid syndrome

Vessel injury and inflammation
- Vasculitis
- Systemic lupus erythematosus
- Rheumatoid arthritis
- Radiation therapy
- Gaucher disease

Medication and toxic/metabolic causes
- Corticosteroid therapy
- Bisphosphonate therapy (especially jaw osteonecrosis)
- Alcohol use disorder

Bone vascularity differs by site. The femoral head, for example, relies on a limited collateral blood supply, making it particularly vulnerable to necrosis following trauma or vascular disruption. In osteonecrosis, cancellous bone and marrow are most affected, while the cortex is usually spared because of its collateral circulation. Subchondral infarcts often appear as wedge-shaped lesions beneath the cartilage and may collapse, predisposing to severe secondary osteoarthritis. Medullary infarcts in fatty bone marrow can produce persistent mineralized deposits, as bone lacks effective mechanisms to remove infarcted tissue (Ha et al., 2022).

Clinical Manifestations, Diagnosis, and Treatment

Symptoms vary with extent and location of infarction. Subchondral infarcts typically cause chronic, activity-related pain that gradually progresses to pain at rest. Collapse of the affected bone may lead to progressive joint dysfunction and disabling secondary osteoarthritis.

Diagnosis is based on clinical history, physical examination, and imaging studies. Plain radiographs may show characteristic subchondral collapse in later stages, while MRI is the most sensitive and specific modality for detecting early osteonecrosis. CT and radionuclide bone scans may provide additional information when needed.

Treatment depends on disease severity and etiology. In early disease, conservative management—including restricted weight-bearing, NSAIDs, and physical therapy—may stabilize the condition. Core decompression and bone grafting are sometimes attempted to restore blood flow. For advanced disease, particularly of the hip or knee, total joint replacement remains the most definitive treatment (Ha et al., 2022).

SUMMARY CONCEPTS

Osteonecrosis is a relatively common condition that remains incompletely understood. It results from disruption of blood supply to bone through intravascular or extravascular processes. Sites with limited collateral circulation, particularly the femoral head, are most vulnerable. Risk factors include trauma, corticosteroid therapy, alcohol use, and systemic diseases such as sickle cell disease. The primary symptom is pain that gradually progresses in severity as infarction advances, often leading to secondary osteoarthritis. While conservative measures may help in early disease, total joint replacement remains the most effective treatment for advanced cases.

Neoplasms

Bone tumors of the skeletal system may be primary or metastatic. Primary malignant tumors are rare, accounting for 0.2% of all cancers. In contrast, metastatic bone disease is relatively common, particularly in adults with advanced breast, prostate, or lung cancer. Primary tumors may originate from osseous tissue, cartilage, or bone marrow (Pullan & Lotfollahzadeh, 2024).

Like other neoplasms, bone tumors can be benign or malignant. Benign tumors, such as osteochondromas, typically grow slowly, remain well-confined, and rarely spread. They exert their effects by weakening bone or causing mass-related symptoms. In contrast, malignant tumors, such as osteosarcoma and Ewing sarcoma, grow rapidly, infiltrate surrounding tissue, and metastasize through blood and lymphatic channels. Osteosarcoma and Ewing sarcoma are the two most common malignant bone tumors in children and young adults, whereas chondrosarcomas occur most often in middle-aged and older adults (Pullan & Lotfollahzadeh, 2024). The classification of benign and malignant bone tumors is described in Table 33-6.

Characteristics of Bone Tumors

Bone tumors, whether benign or malignant, typically manifest with pain, a palpable mass, and functional impairment. Pain is the most frequent symptom of malignant tumors, while benign tumors may remain without symptoms until a fracture occurs. For example, a benign

TABLE 33-6 Classification of Primary Bone Neoplasms

Tissue Type	Benign Neoplasm	Malignant Neoplasm
Bone (osseous)	Osteoid osteoma Benign osteoblastoma	Osteosarcoma (including parosteal and other subtypes)
Cartilage	Osteochondroma, chondroma (enchondroma), chondroblastoma, chondromyxoid fibroma	Chondrosarcoma (various grades/subtypes)
Fibrous and fibro-osseous	Fibrous dysplasia	Fibrosarcoma, undifferentiated pleomorphic sarcoma (formerly malignant fibrous histiocytoma)
Lipid	Lipoma	Liposarcoma (rare in bone)
Miscellaneous/giant cell	Giant cell tumor (intermediate, locally aggressive, rarely metastasizing)	Rare metastatic giant cell tumor
Bone marrow		Multiple myeloma, plasmacytoma, primary lymphoma of bone
Small round-cell tumors		Ewing sarcoma, related round-cell sarcomas

bone cyst may go unnoticed until weakened bone leads to a pathologic fracture. Persistent or nocturnal pain unrelieved by rest is highly suggestive of malignancy.

A palpable mass may be the first clinical finding. Suspicion of malignancy increases when the mass is painful, enlarging, or associated with cortical destruction. Detection depends on tumor location—lesions near the tibial surface are easily found, while deep intramedullary tumors (e.g., in the thigh) may grow large before discovery.

Both benign and malignant tumors can erode bone, predisposing it to pathologic fractures under minimal stress. In addition, tumors may compress adjacent nerves, leading to symptoms such as paresthesia, weakness, limping, or restricted movement.

Benign tumors are usually slow-growing, well demarcated, and surrounded by a thin sclerotic rim, while malignant tumors tend to have poorly defined margins, rapid growth, and the potential to metastasize. Imaging modalities—including x-ray, CT, MRI, and radionuclide scans—help define the lesion, but biopsy remains essential for definitive diagnosis and treatment planning (Pullan & Lotfollahzadeh, 2024).

KEY POINTS

Bone Neoplasms

- Bone neoplasms may arise from bone tissue, cartilage, or marrow.
- Benign tumors grow slowly, do not metastasize, and cause problems mainly through space occupation or weakening of bone.
- Malignant tumors are rare in children under age 10, peak during adolescence, and are highly aggressive with a significant mortality risk.

Benign Neoplasms

Benign bone tumors are generally slow-growing, well-circumscribed lesions that remain confined within the bone. They typically have sharp margins and are surrounded by a thin rim of sclerotic bone. An **osteoma** is a small, dense bony tumor that usually develops on the surface of long bones, flat bones, or the skull. It is composed of either compact (ivory) or cancellous bone and does not usually cause symptoms, with excision reserved for cosmetic or symptomatic cases (De Salvo et al., 2022).

A **chondroma**, composed of hyaline cartilage, may arise on the surface of bone (ecchondroma) or within the medullary cavity (endochondroma). These tumors are especially common in the hands and feet and can persist for years. Although they are often indolent, some chondromas can undergo malignant transformation into chondrosarcoma.

An **osteochondroma** is the most common benign bone tumor, accounting for nearly half of all benign lesions. It originates from the epiphyseal cartilage plate during skeletal growth and grows outward like a mushroom, composed of cartilage and bone. Osteochondromas are usually solitary but may present as multiple exostoses; malignant transformation is rare, and surgical excision is reserved for symptomatic cases (De Salvo et al., 2022).

Giant cell tumor, or **osteoclastoma**, is considered an intermediate lesion because of its aggressive local behavior and occasional metastasis to the lungs. It arises most often in adults between the ages of 20 and 40 and commonly involves the knee, wrist, or shoulder. These tumors begin in the metaphyseal region, extend into the epiphysis, and may reach the joint surface (Jha & Chaudhary, 2023).

Clinically, patients report pain and progressive swelling, and pathologic fractures are common because of cortical destruction. Diagnosing benign bone tumors involves a combination of imaging tests (x-rays, CT scans, and MRIs) to assess location and appearance, with a biopsy for definitive microscopic analysis. Radiographs often show bone expansion with cortical thinning (Bailescu et al., 2022). Treatment depends on location and includes surgical excision, curettage with bone grafting, or, in some cases, the use of denosumab, a RANKL inhibitor, for unresectable or recurrent disease (Jha & Chaudhary, 2023).

Malignant Bone Tumors

In contrast, malignant bone tumors tend to grow rapidly, lack clear margins, and frequently extend beyond the confines of the bone into adjacent soft tissues. **Primary bone tumors** occur in all age groups and may arise in any part of the body. However, certain types of tumors tend to target certain age groups and anatomic sites (Fig. 33-31).

Osteosarcoma

Osteosarcoma is an aggressive, highly malignant bone tumor and the most common primary malignant tumor of bone. It occurs most often in children, adolescents, and young adults, with a peak incidence in the second decade of life. It is slightly more common in males than in females and accounts for over half of malignant bone tumors in this age group. Although osteosarcomas can arise in any bone, they most often develop near areas of rapid growth, such as the distal femur, proximal tibia, or proximal humerus. In adults, osteosarcoma is less common but may occur in association with preexisting conditions such as Paget disease of bone, prior radiation therapy, or chronic bone injury (Panez-Toro et al., 2023).

Etiology

The precise cause of osteosarcoma remains uncertain, but its strong correlation with periods of rapid bone growth suggests a link to increased osteoblastic activity. In children and adolescents, tumors typically occur at metaphyseal sites of long bones, whereas in adults, the pelvis, proximal femur, and humerus are more common locations. Known predisposing factors include Paget disease, prior irradiation, and exposure to certain

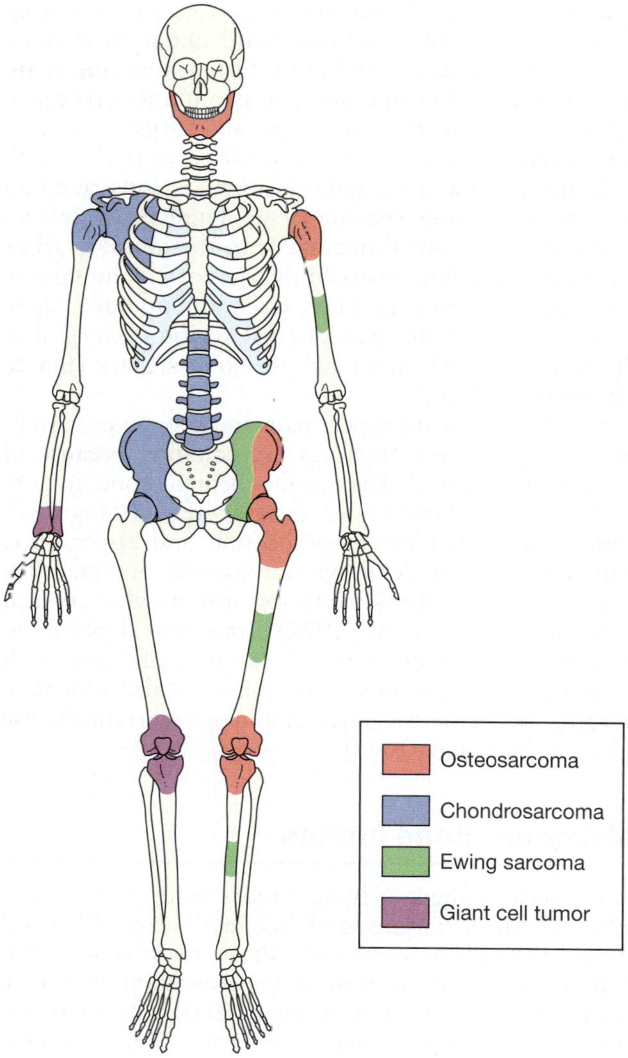

FIGURE 33-31 Common sites of primary malignant bone tumors (chondrosarcoma, osteosarcoma, and Ewing sarcoma) and giant cell tumor, a locally aggressive benign tumor.

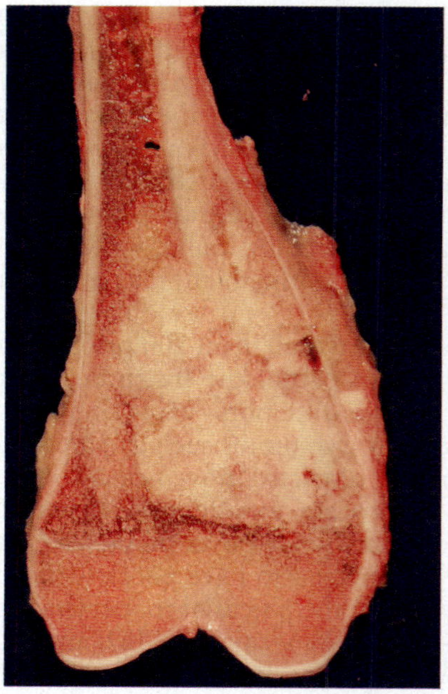

FIGURE 33-32. Conventional osteosarcoma. Gross pathology. A coronal hemisection of the distal femur, demonstrating an intramedullary mass (appearing white) involving the metaphysis. Destruction of the cortex is present. (From Montgomery, E. A., & James, A. [2020]. *Differential diagnoses in surgical pathology: Soft tissue and bone* [Fig. 9-48]. Lippincott Williams & Wilkins.)

bone-seeking radioactive agents. Genetic susceptibility also plays a role: mutations in the retinoblastoma (RB) gene (retinoblastoma tumor suppressor) and TP53 (tumor protein p53) are associated with a markedly increased risk of developing osteosarcoma (Panez-Toro et al., 2023).

Pathogenesis

Osteosarcomas are aggressive, rapidly growing tumors that form a large, ball-like mass originating in the metaphysis of long bones. The tumor extends outward through the periosteum into adjacent soft tissues and often produces a characteristic "sunburst" radiographic appearance due to spiculated new bone formation (Fig. 33-32). Metastasis to regional lymph nodes is rare, as tumor cells are poorly adapted to lymphatic spread. Instead, hematogenous dissemination to the lungs is common, and pulmonary metastases are often present at diagnosis. Prognosis is influenced by factors such as tumor size, location, response to chemotherapy, and the presence of metastases or pathologic fracture at diagnosis (Panez-Toro et al., 2023).

Clinical Manifestations and Diagnosis

The hallmark symptom of osteosarcoma is deep, localized bone pain that often worsens at night and may be accompanied by swelling or decreased range of motion in the adjacent joint. On examination, the overlying skin may appear stretched, warm, or shiny, with prominent superficial veins. Pathologic fractures can occur in weakened bone. Diagnosis begins with plain radiographs of the affected bone and chest, followed by MRI or CT to assess tumor extent and detect metastases. Radionuclide bone scans are used to evaluate multifocal disease. Biopsy—preferably performed by an orthopedic oncologist—is required for definitive diagnosis and histologic grading (Panez-Toro et al., 2023).

Treatment

Treatment of osteosarcoma requires multimodal therapy. Standard management includes neoadjuvant (preoperative) multiagent chemotherapy, followed by surgical resection of the tumor and subsequent adjuvant chemotherapy. Limb-sparing surgery is preferred whenever feasible, using metal prostheses or allografts to preserve function, provided wide tumor-free margins can be achieved. Amputation remains necessary when tumors encase neurovascular structures or when adequate margins cannot be obtained. Long-term survival depends on complete surgical resection and response to chemotherapy. Pediatric patients generally have better outcomes than young adults, though prognosis overall has improved with advances in systemic therapy (Panez-Toro et al., 2023).

Ewing Sarcoma

Ewing sarcoma is a highly malignant small round-cell tumor that belongs to a family of tumors of presumed neural crest origin. This family includes classic Ewing sarcoma of bone, extraosseous Ewing sarcoma, Askin tumor, and peripheral primitive neuroectodermal tumor. Together, they represent less than 5% of all childhood cancers. Ewing sarcoma is most common in children and adolescents under 20 years of age, with a slight male predominance, and is rare after the age of 30 (Dupuy et al., 2023).

Pathogenesis

Ewing sarcoma most frequently involves the diaphysis of long bones, particularly the femur, but also arises in the pelvis, humerus, ribs, vertebrae, and flat bones of the axial skeleton. Microscopically, the tumor consists of densely packed, uniform small round cells with scant cytoplasm and round nuclei. Nearly all cases harbor a reciprocal chromosomal translocation between chromosomes 11 and 22, which fuses the *EWSR1* gene with the *FLI1* gene. This molecular signature is diagnostic and can be detected by cytogenetics, fluorescence in situ hybridization (FISH), or polymerase chain reaction (PCR), making it an important tool for confirming diagnosis in undifferentiated tumors (Durer et al., 2024).

Clinical Manifestations

Symptoms of Ewing sarcoma often begin with nonspecific bone pain or swelling. The pain may initially be mild and mistaken for a sports injury, leading to delays in diagnosis, particularly when tumors arise in the pelvis or deep axial skeleton. As the tumor progresses, swelling, restricted joint motion, and systemic manifestations such as fever, weight loss, and malaise may occur. Pathologic fractures are common due to cortical destruction. The most frequent sites of metastasis are the lungs, other bones, and bone marrow (Durer et al., 2024).

Diagnosis and Treatment

Diagnosis requires biopsy along with imaging studies such as MRI and CT of the primary tumor, chest radiographs or CT to detect pulmonary metastases, bone scans, and bone marrow aspiration. Staging is essential, as prognosis is highly dependent on the extent of the disease at presentation. Treatment involves multiagent chemotherapy combined with local control through surgery and/or radiation therapy. Ewing sarcoma is radiosensitive, but surgery is preferred when possible to achieve clear margins and reduce long-term complications of radiation. Prognosis is best for patients with localized disease and small tumors located in the extremities. Metastatic disease at diagnosis carries a much poorer prognosis (Durer et al., 2024).

Chondrosarcoma

Chondrosarcomas are a rare tumor arising from cartilage-producing cells and the second most common sarcoma of bone following osteosarcoma. They account for 20% to 30% of all primary malignant bone tumors and typically occur in middle-aged or older adults, with a slight male predominance (Gazendam et al., 2023).

Pathogenesis

Chondrosarcomas arise most frequently in the pelvis, femur, shoulder girdle, and ribs, often at sites of tendon or ligament attachment to bone. A small percentage present as a primary soft-tissue mass. They may develop de novo or from preexisting benign cartilage lesions such as osteochondromas or enchondromas. Histologically, they are characterized by the production of abnormal cartilage matrix. Variants include central, peripheral, and juxtacortical chondrosarcomas, each with different growth patterns but similar malignant potential (Gazendam et al., 2023).

Clinical Manifestations

Chondrosarcomas usually grow slowly and may remain without symptoms for long periods. When symptoms do occur, they often consist of deep, dull pain, swelling, or the presence of a palpable mass. Pain is often worse at night. Because they can remain silent within deep structures such as the pelvis, diagnosis is sometimes delayed until the tumor is large. Radiographic findings often reveal irregular calcifications described as "rings and arcs," along with cortical destruction and extension into surrounding soft tissue.

Diagnosis and Treatment

Diagnosis requires radiographic evaluation, MRI to define local extension, and biopsy for histologic confirmation. Staging includes imaging for distant metastases, though chondrosarcomas metastasize later than osteosarcoma or Ewing sarcoma. Treatment is primarily wide surgical excision, as these tumors are typically resistant to radiation therapy and conventional chemotherapy. Prognosis depends on tumor size, location, and histologic grade. Low-grade tumors may have an indolent course, whereas high-grade or dedifferentiated variants are aggressive and require more radical resection. Mesenchymal chondrosarcoma, a rare aggressive subtype, is associated with higher rates of recurrence and metastasis and may warrant chemotherapy in addition to surgery (Gazendam et al., 2023).

Metastatic Bone Disease

Skeletal metastases, or secondary bone tumors, are far more common than primary bone tumors and represent the most frequent malignant bone lesion encountered in clinical practice. Approximately half of all individuals with advanced cancer will develop bone metastasis during the course of their disease. The axial skeleton, particularly the spine, pelvis, ribs, sternum, proximal femur, humerus, and skull, is most often affected, with lesions less commonly occurring in distal extremities. The cancers most likely to metastasize to bone include breast, prostate, lung, kidney, and thyroid carcinoma, though colorectal cancer is also a notable contributor.

Metastatic bone disease occurs most often in adults over 40, reflecting both cancer epidemiology and age-related changes in skeletal biology (Ryan et al., 2022).

Clinical Manifestations and Diagnosis

The most common symptom of bone metastasis is localized bone pain, which is typically insidious in onset, progressive, and often worse at night. Pain may result from periosteal stretching, direct tumor infiltration, or nerve root compression (e.g., spinal cord compression from vertebral body collapse). Pathologic fractures are a hallmark complication, particularly in weight-bearing bones such as the femur, humerus, and vertebrae. Radiographically, affected bones often appear "moth-eaten" or osteolytic, though sclerotic or mixed lesions are also common depending on tumor type (e.g., prostate metastases are often osteoblastic) (Ryan et al., 2022).

Diagnostic evaluation combines clinical history, physical findings, and multiple imaging modalities. Plain radiographs are useful for detecting advanced cortical destruction but may miss early disease. Bone scintigraphy is sensitive for detecting widespread skeletal involvement by identifying areas of increased osteoblastic activity, though it is less accurate for purely lytic lesions. MRI and CT provide higher resolution imaging, helping to define the extent of bone and soft-tissue involvement, distinguish tumor from surrounding structures, and guide surgical planning. PET–CT has become increasingly valuable for staging and monitoring treatment response in systemic malignancies. When imaging findings are equivocal or when histology will affect treatment, a bone biopsy—often performed with CT guidance in sites such as the spine or pelvis—remains the gold standard. Laboratory studies, such as elevated alkaline phosphatase or hypercalcemia, may provide supportive evidence of skeletal involvement but are not diagnostic on their own (Ryan et al., 2022).

Treatment

The management of metastatic bone disease is primarily palliative and centers on pain relief, preservation of function, and prevention of skeletal-related events such as pathologic fractures and spinal cord compression. Systemic therapy directed at the underlying malignancy, including chemotherapy, hormonal therapy, targeted therapy, or immunotherapy, remains the cornerstone of treatment and is chosen based on the primary cancer type. Bone-directed therapies such as bisphosphonates and RANKL inhibitors are commonly used to reduce skeletal complications, delay progression of bone destruction, and decrease fracture risk. Radiation therapy plays an important role in controlling pain and providing local tumor control, particularly in vertebral or pelvic lesions, and can be used either as external beam radiation or stereotactic body radiotherapy for more focused treatment. Surgical stabilization is indicated in cases of actual or impending pathologic fracture and may involve internal fixation or prosthetic replacement, depending on the site and extent of disease. Adjunctive measures—including analgesia, physical therapy, and, in selected cases, procedures such as vertebroplasty or kyphoplasty—further support pain control and mobility. Ultimately, treatment is individualized, with the overarching goal of maintaining quality of life and maximizing functional independence while also addressing systemic disease (Ryan et al., 2022).

SUMMARY CONCEPTS

Bone tumors, like other neoplasms, may be benign or malignant. Benign tumors grow slowly, remain localized, and usually do not destroy surrounding tissues, though they may cause problems due to their size or location. Malignant tumors, in contrast, can be either primary or metastatic. Primary bone tumors are rare, tend to grow rapidly, and often metastasize to the lungs and other sites through the bloodstream, contributing to their high mortality rate. Metastatic bone tumors, which are far more common, typically involve multiple skeletal sites and most often originate from cancers of the breast, lung, prostate, kidney, or thyroid. The incidence of metastatic bone disease has likely increased as advances in cancer treatment allow people to live longer with their disease. Improvements in chemotherapy, radiation therapy, and surgical interventions have substantially enhanced survival and cure rates for many types of bone cancers, yet metastatic lesions remain a major cause of pain, disability, and pathologic fractures. Prevention of skeletal complications, especially pathologic fractures, remains a primary goal in the management of metastatic bone disease.

Integrating Clinical Decision Making

A 14-year-old male presents to a pediatric clinic with progressive left knee pain that has worsened over the past 2 months. He reports intermittent swelling and pain that is more noticeable at night and not clearly related to activity. His mother notes that he has recently developed a slight limp. There is no history of acute trauma. Physical examination reveals localized tenderness over the distal femur and mild soft-tissue swelling. An initial x-ray shows an ill-defined lesion in the metaphysis of the distal femur.

1. Based on the patient's age, symptom pattern, and radiographic findings, what is the most likely category of musculoskeletal disorder (developmental, traumatic, or neoplastic),

and what specific diagnosis should be strongly suspected?

2. What is the most appropriate next step in diagnostic evaluation to confirm the suspected condition and guide treatment planning?

The patient undergoes an MRI, which confirms a large aggressive lesion with periosteal elevation. Biopsy results confirm osteosarcoma. Staging studies show no distant metastasis. He begins neoadjuvant chemotherapy followed by surgical resection of the tumor. Several weeks postoperatively, he develops acute onset of pain, swelling, and warmth in the affected leg after beginning rehabilitation therapy. He reports that the pain is different from his prior tumor-related pain and began suddenly after a minor misstep during physical therapy.

3. What complication should now be suspected based on the patient's new symptoms, and how does this relate to traumatic musculoskeletal disorders?
4. What factors related to the patient's condition and treatment increase his risk for both local complications and potential long-term outcomes?

REFERENCES

Abid, W., Ladeb, M. F., Chidambaranathan, N., Peh, W. C., & Vanhoenacker, F. M. (2024). Imaging of musculoskeletal tuberculosis. *Skeletal Radiology*, *53*(10), 2081–2097. https://doi.org/10.1007/s00256-023-04556-5

Agarwal, N., Feng, T., Maclullich, A., Duckworth, A., & Clement, N. (2024). Early mobilisation after hip fracture surgery is associated with improved patient outcomes: A systematic review and meta-analysis. *Musculoskeletal Care*, *22*(1), e1863. https://doi.org/10.1002/msc.1863

Aiken, K. T., Elliott, L., & Da Costa, M. (2024). Acute osteomyelitis: How to recognize, diagnose, and treat—A narrative review. *The Journal for Nurse Practitioners*, *20*(2), 104899. https://doi.org/10.1016/j.nurpra.2023.104899

Alonso, G., Yawny, A., & Bertolino, G. (2022). How do bones grow? A mathematical description of the mechanobiological behavior of the epiphyseal plate. *Biomechanics and Modeling in Mechanobiology*, *21*(5), 1585–1601. https://doi.org/10.1007/s10237-022-01608-y

Bailescu, I., Popescu, M., Sarafoleanu, L., Bondari, S., Sabetay, C., Mitroi, M., Tuculina, M.-J., & Albulescu, D.-M. (2022). Diagnosis and evolution of the benign tumor osteochondroma. *Experimental and Therapeutic Medicine*, *23*(1), 103. https://doi.org/10.3892/etm.2021.11026

Bakarman, K., Alsiddiky, A. M., Zamzam, M., Alzain, K. O., Alhuzaimi, F., & Rafiq, Z. (2023). Developmental dysplasia of the hip (DDH): Etiology, diagnosis, and management. *Cureus*, *15*(8), e43207. https://doi.org/10.7759/cureus.43207

Berthold, D. P., Muench, L. N., Dyrna, F., Mazzocca, A. D., Garvin, P., Voss, A., Scheiderer, B., Siebenlist, S., Imhoff, A. B., & Beitzel, K. (2022). Current concepts in acromioclavicular joint (AC) instability—A proposed treatment algorithm for acute and chronic AC-joint surgery. *BMC Musculoskeletal Disorders*, *23*(1), 1078. https://doi.org/10.1186/s12891-022-05935-0

Bordoni, B., Varacallo, M. A., & Black, A. C. (2024, May 1). Anatomy, tendons. In *StatPearls* [Internet]. StatPearls Publishing. https://www.ncbi.nlm.nih.gov/books/NBK513237/

Brenner, J. S., Watson, A., Brooks, M. A., Carl, R. L., Briskin, S. M., Canty, G., Cuff, S., Edwards, N. M., Kinsella, S., Lang, P. J., Master, C. L., Miller, S. M., Peterson, A., Silva, F. J., Stricker, P., Walter, K. D., Faigenbaum, A., Diamond, A. B., Elder, P. C., & Emanuel, A. (2024). Overuse injuries, overtraining, and burnout in young athletes. *Pediatrics*, *153*(2), e2023065129. https://doi.org/10.1542/peds.2023-065129

Buchan, S., Bennet, S., & Barry, M. (2022). Genu valgum in children. *Orthopaedics and Trauma*, *36*(6), 311–316. https://doi.org/10.1016/j.mporth.2022.09.003

Cady, R., Hennessey, T. A., & Schwend, R. M. (2022). Diagnosis and treatment of idiopathic congenital clubfoot. *Pediatrics*, *149*(2). https://doi.org/10.1542/peds.2021-055555

Cao, L. A., & Wimberly, L. (2022). When to be concerned about abnormal gait: Toe walking, in-toeing, out-toeing, bowlegs, and knock-knees. *Pediatric Annals*, *51*(9), e340–e345. https://doi.org/10.3928/19382359-20220706-09

Cavoretto, P. I., Castoldi, M., Corbella, G., Forte, A., Moharamzadeh, D., Emedoli, D., Candiani, M., & De Pellegrin, M. (2023). Prenatal diagnosis and postnatal outcome of fetal congenital knee dislocation: Systematic review of literature. *Ultrasound in Obstetrics & Gynecology*, *62*(6), 778–787. https://doi.org/10.1002/uog.26283

Chan, E., DeVile, C., & Ratnamma, V. S. (2023). Osteogenesis imperfecta. *BJA Education*, *23*(5), 182–188. https://doi.org/10.1016/j.bjae.2023.01.005

Chandra, R., Malik, S., Ganti, L., & Minkes, R. K. (2024). Diagnosis and management of Osgood Schlatter disease. *Orthopedic Reviews*, *16*, 121395. https://doi.org/10.52965/001c.121395

Chang, L.-R., Martin, A., & Marston, G. (2022, October 17). Anatomy, cartilage. In *StatPearls* [Internet]. StatPearls Publishing. https://www.ncbi.nlm.nih.gov/books/NBK532964/

Chona, D. V., Minetos, P. D., LaPrade, C. M., Cinque, M. E., Abrams, G. D., Sherman, S. L., & Safran, M. R. (2022). Hip dislocation and subluxation in athletes: A systematic review. *The American Journal of Sports Medicine*, *50*(10), 2834–2841. https://doi.org/10.1177/03635465211036104

Constantinescu, D., Luxenburg, D., Syros, A., Bondar, K. J., Barnhill, S., Vanden Berge, D., & Vilella-Hernandez, F. (2022). Vascular injury after knee dislocation: A meta-analysis update. *Journal of the American Academy of Orthopaedic Surgeons*, *31*(4), e198–e206. https://doi.org/10.5435/jaaos-d-22-00339

Cowan, P. T., Kahai, P., & Launico, M. V. (2024, April 21). Anatomy, bones. In *StatPearls* [Internet]. StatPearls Publishing. https://www.ncbi.nlm.nih.gov/books/NBK537199/

Dakshina Murthy, T. T. S., De Leucio, A., & Taqi, M. (2024, January 9). Blount disease. In *StatPearls* [Internet]. StatPearls Publishing. https://www.ncbi.nlm.nih.gov/books/NBK560923/

De Salvo, S., Pavone, V., Coco, S., Dell'Agli, E., Blatti, C., & Testa, G. (2022). Benign bone tumors: An overview of what we know today. *Journal of Clinical Medicine*, *11*(3), 699. https://doi.org/10.3390/jcm11030699

Dhahbi, W., Materne, O., & Chamari, K. (2025). Rethinking knee injury prevention strategies: Joint-by-joint training approach paradigm versus traditional focused knee strengthening. *Biology of Sport*, *42*(4), 59–65. https://doi.org/10.5114/biolsport.2025.148544

do Amaral e Castro, A., Peixoto, J. B., Miyahara, L. K., Akuri, M. C., Moriwaki, T. L., Sato, V. N., Rissato, U. P., Pinto, J. A., Taneja, A. K., & Aihara, A. Y. (2024). Clubfoot: Congenital talipes equinovarus. *RadioGraphics*, *44*(7), e230178. https://doi.org/10.1148/rg.230178

Donati, D., Giorgi, F., Farì, G., Tarallo, L., Catani, F., & Tedeschi, R. (2024). The influence of pelvic tilt and femoral torsion on hip biomechanics: Implications for clinical assessment and treatment. *Applied Sciences*, *14*(20), 9564. https://doi.org/10.3390/app14209564

Dupuy, M., Lamoureux, F., Mullard, M., Postec, A., Regnier, L., Baud'huin, M., Georges, S., Brounais-Le Royer, B., Ory, B., Rédini, F., & Verrecchia, F. (2023). Ewing sarcoma from molecular biology to the clinic. *Frontiers in Cell and Developmental Biology*, *11*, 1248753. https://doi.org/10.3389/fcell.2023.1248753

Durer, S., Shaikh, H., & Gasalberti, D. P. (2024, January 8). Ewing sarcoma. In *StatPearls* [Internet]. StatPearls Publishing. https://www.ncbi.nlm.nih.gov/books/NBK559183/

Ebrall, P., & Bovine, G. (2022). A history of the idea of subluxation: A review of the medical literature to the 20th century. *Journal of Contemporary Chiropractic*, *5*(1), 150–170. https://doi.org/10.4148/2334-4415.2222

Edouard, P., Reurink, G., Mackey, A. L., Lieber, R. L., Pizzari, T., Järvinen, T. A., Gronwald, T., & Hollander, K. (2023). Traumatic muscle injury. *Nature Reviews Disease Primers*, *9*(1), 56. https://doi.org/10.1038/s41572-023-00469-8

Elgazzar, A. H., & Alenezi, S. A. (2022). Musculoskeletal system. In A. H. Elgazzar (Ed.), *The pathophysiologic basis of nuclear medicine* (pp. 91–218). Springer. https://doi.org/10.1007/978-3-030-96252-4_5

Emmerson, B. R., Inman, D., & Varacallo, M. A. (2023, August 8). Hip fracture overview. In *StatPearls* [Internet]. StatPearls Publishing. https://www.ncbi.nlm.nih.gov/sites/books/NBK557514/

Ferraro, M. C., O'Connell, N. E., Sommer, C., Goebel, A., Bultitude, J. H., Cashin, A. G., Moseley, G. L., & McAuley, J. H. (2024). Complex regional pain syndrome: Advances in epidemiology, pathophysiology, diagnosis, and treatment. *The Lancet Neurology*, *23*(5), 522–533. https://doi.org/10.1016/s1474-4422(24)00076-0

Freedman, J. D., Eidelman, M., Apt, E., & Kotlarsky, P. (2024). Review of current concepts in metatarsus adductus. *Pediatric Annals*, *53*(4), e152–e156. https://doi.org/10.3928/19382359-20240206-02

Gazendam, A., Popovic, S., Parasu, N., & Ghert, M. (2023). Chondrosarcoma: A clinical review. *Journal of Clinical Medicine*, *12*(7), 2506. https://doi.org/10.3390/jcm12072506

Giżewska-Kacprzak, K., Śliwiński, M., Nicieja, K., Babiak-Choroszczak, L., & Walaszek, I. (2024). Macrodactyly. *Children*, *11*(7), 753. https://doi.org/10.3390/children11070753

Ha, A. S., Chang, E. Y., Bartolotta, R. J., Bucknor, M. D., Chen, K. C., Ellis, H. B., Flug, J., Leschied, J. R., Ross, A. B., Sharma, A., Thomas, J. M., & Beaman, F. D. (2022). ACR appropriateness criteria® osteonecrosis: 2022 update. *Journal of the American College of Radiology*, *19*(11), S409–S416. https://doi.org/10.1016/j.jacr.2022.09.009

Habusta, S. F., Griffin, E. E., Mabrouk, A., Ponnarasu, S., & Coffey, R. (2023, April 22). Chondromalacia patella. In *StatPearls* [Internet]. StatPearls Publishing. https://www.ncbi.nlm.nih.gov/books/NBK459195/

Hadeed, A. (2023, August 4). External fixation principles and overview. In *StatPearls* [Internet]. StatPearls Publishing. https://www.ncbi.nlm.nih.gov/books/NBK547694/

Haider, S., Podeszwa, D. A., & Morris, W. Z. (2022). The etiology and management of slipped capital femoral epiphysis. *Journal of the Pediatric Orthopaedic Society of North America*, *4*(4), 589. https://doi.org/10.55275/jposna-2022-589

Hayat, Z., Case, J. L., & El Bitar, Y. (2023, July 4). Patella dislocation. In *StatPearls* [Internet]. StatPearls Publishing. https://www.ncbi.nlm.nih.gov/sites/books/NBK538288/

Hutchinson, K., Bretherton, C., Gmati, A., & Handley, B. (2025). Multidisciplinary management of orthopaedic trauma—Are we adhering to the guidelines? *The Annals of the Royal College of Surgeons of England*, *107*(3), 217–222. https://doi.org/10.1308/rcsann.2024.0048

Hwang, J., & Kelham, S. A. (2022). Osteomyelitis. *JAAPA*, *35*(9), 57–58. https://doi.org/10.1097/01.jaa.0000854520.27186.dd

Isern-Kebschull, J., Mechó, S., Pedret, C., Pruna, R., Alomar, X., Kassarjian, A., Luna, A., Martínez, J., Tomas, X., & Rodas, G. (2024). Muscle healing in sports injuries: MRI findings and proposed classification based on a single institutional experience and clinical observation. *RadioGraphics*, *44*(8), e230147. https://doi.org/10.1148/rg.230147

Jha, Y., & Chaudhary, K. (2023). Giant cell tumour of bone: A comprehensive review of pathogenesis, diagnosis, and treatment. *Cureus*, *15*(10), e46945. https://doi.org/10.7759/cureus.46945

Jonczy, M. L., Büchler, L., Mahenthiran, Y., Helfenstein, F., Appenzeller-Herzog, C., & Isaak, A. (2025). Epidemiology, clinical manifestation, diagnosis, and treatment of bursitis iliopectinea: A systematic review. *SAGE Open Medicine*, *13*, 20503121251317899. https://doi.org/10.1177/20503121251317899

Juneja, P., Hubbard, J. B., & Munjal, A. (2024, April 21). Anatomy, joints. In *StatPearls* [Internet]. StatPearls Publishing. https://www.ncbi.nlm.nih.gov/books/NBK507893

Kakara, R., Bergen, G., Burns, E., & Stevens, M. (2023). Nonfatal and fatal falls among adults aged ≥65 years—United States, 2020–2021. *MMWR. Morbidity and Mortality Weekly Report*, *72*(35), 938–943. https://doi.org/10.15585/mmwr.mm7235a1

Kuehn, S., Scariot, R., & Elsalanty, M. (2023). Medication-related osteonecrosis: Why the jawbone? *Dentistry Journal*, *11*(5), 109. https://doi.org/10.3390/dj11050109

Kwon, J., & Coimbra, R. (2024). Fat embolism syndrome after trauma: What you need to know. *Journal of Trauma and Acute Care Surgery*, *97*(4), 505–513. https://doi.org/10.1097/ta.0000000000004434

Lee, G. B., Priefer, D. T., & Priefer, R. (2022). Scoliosis: Causes and treatments. *Adolescents*, *2*(2), 220–234. https://doi.org/10.3390/adolescents2020018

LeFever, D., & Menger, R. P. (2023, July 17). Infantile and juvenile scoliosis. In *StatPearls* [Internet]. StatPearls Publishing. https://www.ncbi.nlm.nih.gov/books/NBK519498/

Leowattana, W., Leowattana, P., & Leowattana, T. (2023). Tuberculosis of the spine. *World Journal of Orthopedics*, *14*(5), 275–293. https://doi.org/10.5312/wjo.v14.i5.275

Lim, S.-K., Choi, K., Heo, N. H., Kim, Y., & Lim, J.-Y. (2024). Characteristics of fragility hip fracture-related falls in the older adults: A systematic review. *The Journal of Nutrition, Health and Aging*, *28*(10), 100357. https://doi.org/10.1016/j.jnha.2024.100357

Lorange, J.-P., Laverdière, C., Corban, J., Montreuil, J., & Harvey, E. J. (2023). Diagnosis accuracy for compartment syndrome: A systematic review and meta-analysis. *Journal of Orthopaedic Trauma*, *37*(8), e319–e325. https://doi.org/10.1097/bot.0000000000002610

Loughenbury, P. R., & Tsirikos, A. I. (2022). Current concepts in the treatment of neuromuscular scoliosis: Clinical assessment, treatment options, and surgical outcomes. *Bone & Joint Open*, *3*(1), 85–92. https://doi.org/10.1302/2633-1462.31.bjo-2021-0178.r1

Mahindroo, S., & Tabaie, S. (2023). Syndactyly in the pediatric population: A review of the literature. *Cureus*, *15*(3), e36118. https://doi.org/10.7759/cureus.36118

Moore, J., & Tafti, D. (2023, May 23). Pes planus. In *StatPearls* [Internet]. StatPearls Publishing. https://www.ncbi.nlm.nih.gov/books/NBK430802/

Ng, T., Liu, R., & Kulkarni, V. A. (2024). Legg-Calvé-Perthes disease: Diagnosis, decision making, and outcome. *Current*

Sports Medicine Reports, *23*(2), 45–52. https://doi.org/10.1249/jsr.0000000000001139

Nimmana, B. K., & Savaliya, V. (2023, May 31). Osteomyelitis. In *StatPearls* [Internet]. StatPearls Publishing. https://www.ncbi.nlm.nih.gov/books/NBK532250/

Niwczyk, O., Grymowicz, M., Szczęsnowicz, A., Hajbos, M., Kostrzak, A., Budzik, M., Maciejewska-Jeske, M., Bala, G., Smolarczyk, R., & Męczekalski, B. (2023). Bones and hormones: Interaction between hormones of the hypothalamus, pituitary, adipose tissue and bone. *International Journal of Molecular Sciences*, *24*(7), 6840. https://doi.org/10.3390/ijms24076840

Noonan, B., Cooper, T., Chau, M., Albersheim, M., Arendt, E. A., & Tompkins, M. (2022). Rotational deformity—When and how to address femoral anteversion and tibial torsion. *Clinics in Sports Medicine*, *41*(1), 27–46. https://doi.org/10.1016/j.csm.2021.07.011

Oeding, J. F., Bockman, S., Chiu, H., Hua, C., Connor, J., & Slocum, A. (2022). A novel approach to open reduction and internal fixation of distal radius fractures utilizing a multi-degree-of-freedom traction and stabilization device. *Journal of Medical Devices*, *16*(2), 021006. https://doi.org/10.1115/1.4052901

Omaki, E., Shields, W., Rouhizadeh, M., Delgado-Barroso, P., Stefanos, R., & Gielen, A. (2023). Understanding the circumstances of paediatric fall injuries: A machine learning analysis of NEISS narratives. *Injury Prevention*, *29*(5), 384–388. https://doi.org/10.1136/ip-2023-044858

Pagliazzi, G., De Pieri, E., Kläusler, M., Sangeux, M., & Viehweger, E. (2022). Torsional deformities and overuse injuries: What does the literature tell us. *EFORT Open Reviews*, *7*(1), 26–34. https://doi.org/10.1530/eor-21-0092

Pandit, D. K., Shah, S. S., Parajulee, G., Shah, N. K., & Khakurel, P. (2024). Pathological unstable dislocation of shoulder secondary to septic arthritis: A case report. *International Journal of Surgery Case Reports*, *114*, 109114. https://doi.org/10.1016/j.ijscr.2023.109114

Panez-Toro, I., Muñoz-García, J., Vargas-Franco, J. W., Renodon-Cornière, A., Heymann, M. F., Lézot, F., & Heymann, D. (2023). Advances in osteosarcoma. *Current Osteoporosis Reports*, *21*(4), 330–343. https://doi.org/10.1007/s11914-023-00803-9

Patel, M., & Nelson, R. (2023, May 29). Genu valgum. In *StatPearls* [Internet]. StatPearls Publishing. https://www.ncbi.nlm.nih.gov/books/NBK559244/

Patrick, C. M., Snowden, J., Eckhoff, M. D., Green, C. K., Scanaliato, J. P., Dunn, J. C., & Parnes, N. (2023). Epidemiology of shoulder dislocations presenting to United States emergency departments: An updated ten-year study. *World Journal of Orthopedics*, *14*(9), 690–697. https://doi.org/10.5312/wjo.v14.i9.690

Pullan, J. E., & Lotfollahzadeh, S. (2024, March 20). Primary bone cancer. In *StatPearls* [Internet]. StatPearls Publishing. https://www.ncbi.nlm.nih.gov/books/NBK560830/

Qian, X., Ge, Y., & Luo, J. (2024). Risk factors for deep vein thrombosis after traumatic lower extremity fracture: A systematic review and meta-analysis. *Medicine*, *103*(23), e38439. https://doi.org/10.1097/md.0000000000038439

Raj, M. A., & Bubnis, M. A. (2023, July 17). Knee Meniscal tears. In *StatPearls* [Internet]. StatPearls Publishing. https://www.ncbi.nlm.nih.gov/books/NBK431067/

Rao Karanam, S., Srinivas, Y., & Chakravarty, S. (2023). A systematic review on approach and analysis of bone fracture classification. *Materials Today: Proceedings*, *80*, 2557–2562. https://doi.org/10.1016/j.matpr.2021.06.408

Redman, I., Sugand, K., Daruwalla, A., & Clark, A. (2025). Preoperative management of fracture blisters: A systematic review. *EFORT Open Reviews*, *10*(3), 166–171. https://doi.org/10.1530/eor-2024-0074

Rizzo, S. E., & Kenan, S. (2023, May 22). Pathologic fractures. In *StatPearls* [Internet]. StatPearls Publishing. https://www.ncbi.nlm.nih.gov/books/NBK559077/

Ryan, C., Stoltzfus, K. C., Horn, S., Chen, H., Louie, A. V., Lehrer, E. J., Trifiletti, D. M., Fox, E. J., Abraham, J. A., & Zaorsky, N. G. (2022). Epidemiology of bone metastases. *Bone*, *158*, 115783. https://doi.org/10.1016/j.bone.2020.115783

Sabharwal, S., Mittal, A., Allahabadi, S., Jayaram, R., Nalluri, A., & Callahan, M. (2023). Trends and practices in limb lengthening: An 11-year US database study. *Strategies in Trauma and Limb Reconstruction*, *18*(1), 21–31. https://doi.org/10.5005/jp-journals-10080-1574

Satoh, M., & Hasegawa, Y. (2022). Factors affecting prepubertal and pubertal bone age progression. *Frontiers in Endocrinology*, *13*, 967711. https://doi.org/10.3389/fendo.2022.967711

Sebaaly, A., Daher, M., Salameh, B., Ghoul, A., George, S., & Roukoz, S. (2022). Congenital scoliosis: A narrative review and proposal of a treatment algorithm. *EFORT Open Reviews*, *7*(5), 318–327. https://doi.org/10.1530/eor-21-0121

Sheen, J. R., Garla, V. V., & Mabrouk, A. (2023, April 8). Fracture healing overview. In *StatPearls* [Internet]. StatPearls Publishing. https://www.ncbi.nlm.nih.gov/books/NBK551678/

Simon, L. V., King, K. C., & Lopez, R. A. (2023, August 7). Blunt force trauma In *StatPearls* [Internet]. StatPearls Publishing. https://www.ncbi.nlm.nih.gov/books/NBK470338/

Sripathi, P., & Agrawal, D. K. (2024). Rotator cuff injury: Pathogenesis, biomechanics, and repair. *Journal of Orthopaedics and Sports Medicine*, *6*(4), 231–248. https://doi.org/10.26502/josm.511500167

Šromová, V., Sobola, D., & Kaspar, P. (2023). A brief review of bone cell function and importance. *Cells*, *12*(21), 2576. https://doi.org/10.3390/cells12212576

Tayyab, M., Tanveer, M., Ahmad, Z., Khan, A. A., Syed, R., Shabir, M., Khan, A., Afridi, A., Ali, M., & Syed, F. (2025). Trends in hip fracture-related mortality among older adults in the United States from 1999 to 2023: A Centers for Disease Control and Prevention's wide-ranging online data for epidemiologic research (CDC wonder) analysis. *Cureus*, *17*(8), e90305. https://doi.org/10.7759/cureus.90305

To, K., Fei, L., Pett, J. P., Roberts, K., Blain, R., Polański, K., Li, T., Yayon, N., He, P., Xu, C., Cranley, J., Moy, M., Li, R., Kanemaru, K., Huang, N., Megas, S., Richardson, L., Kapuge, R., Perera, S., ... Teichmann, S. A. (2024). A multi-omic atlas of human embryonic skeletal development. *Nature*, *635*(8039), 657–667. https://doi.org/10.1038/s41586-024-08189-z

Tornetta, P., Ricci, W., Court-Brown, C. M., McQueen, M. M., & McKee, M. (2019). *Rockwood and green's fractures in adults*. Wolters Kluwer.

Tripodi, M. L., & Bosio, S. T. (2024). Polydactyly. In P. Slullitel, L. Rossi, & G. Camino-Willhuber (Eds.), *Orthopaedics and trauma* (pp. 859–868). Springer. https://doi.org/10.1007/978-3-031-30518-4_69

Trivedi, G. R., & Merchant, S. S. (2024). Corynebacterium striatum: A true pathogen in chronic contiguous osteomyelitis. *Canadian Journal of Infectious Diseases and Medical Microbiology*, *2024*, 1–8. https://doi.org/10.1155/2024/5020721

van Driel, M., & van Leeuwen, J. P. (2023). Vitamin D and bone: A story of endocrine and auto/paracrine action in osteoblasts. *Nutrients*, *15*(3), 480. https://doi.org/10.3390/nu15030480

Vij, N., Goncalves, L. F., Llanes, A., Youn, S., & Belthur, M. V. (2023). Prenatal radiographic evaluation of congenital transverse limb deficiencies: A scoping review. *World Journal of Orthopedics*, *14*(3), 155–165. https://doi.org/10.5312/wjo.v14.i3.155

Wang, L., You, X., Zhang, L., Zhang, C., & Zou, W. (2022). Mechanical regulation of bone remodeling. *Bone Research*, *10*(1), 16. https://doi.org/10.1038/s41413-022-00190-4

Zhang, L., Fang, Z., Cheng, G., He, M., & Lin, Y. (2023). A novel hoxd13 mutation causes synpolydactyly and promotes osteoclast differentiation by regulating PSMAD5/p65/c-fos/rank axis. *Cell Death & Disease*, *14*(2), 145. https://doi.org/10.1038/s41419-023-05681-8

Zhang, X., Pei, Y., & Zhao, Y. (2024). Acute hematogenous osteomyelitis in pediatric patients. *Pediatric Annals*, *53*(10), e392–e395. https://doi.org/10.3928/19382359-20240811-08

Zmerly, H., Moscato, M., & Akkawi, I. (2022). Assessment and management of loose bodies in the knee joint and related disease: A narrative review. *Current Rheumatology Reviews*, *18*(1), 12–19. https://doi.org/10.2174/1573397117666211021165807

CHAPTER 34

Metabolic, Inflammatory, and Immune-Mediated Disorders of the Musculoskeletal System

Metabolic Bone Disease

Osteopenia
Osteoporosis
Osteomalacia and Rickets
Paget Disease

Autoimmune and Systemic Inflammatory Disorders

Rheumatoid Arthritis
Systemic Lupus Erythematosus
SSc/Scleroderma
Polymyositis and Dermatomyositis
Polymyalgia Rheumatica

Seronegative SpA

Ankylosing Spondylitis
Reactive Arthritis
Psoriatic Arthritis
Enteropathic Arthritis

Degenerative and Crystal-Induced Arthropathies

Osteoarthritis
Gout

Fatigue and Activity Intolerance

Myalgic Encephalomyelitis/Chronic Fatigue Syndrome

Learning Objectives

After completing this chapter, the learner will be able to meet the following objectives:

1. Identify major risk factors for metabolic bone diseases (osteopenia, osteoporosis, osteomalacia, rickets, and Paget disease) and relate them to prevention and health promotion strategies.
2. Explain the common immunologic and inflammatory mechanisms that underlie systemic autoimmune rheumatic diseases.
3. Describe the immunopathogenesis, characteristic joint changes, and systemic manifestations of rheumatoid arthritis.
4. Compare and contrast rheumatoid arthritis and osteoarthritis in terms of etiology, pathophysiology, clinical presentation, and management principles.
5. Explain the structural and biochemical changes that occur in osteoarthritis, and relate them to common symptoms and functional limitations.
6. Describe the pathogenesis, clinical manifestations, diagnostic criteria, and treatment approaches for systemic lupus erythematosus.
7. Define the seronegative spondyloarthropathies (SpA) and differentiate among ankylosing spondylitis, reactive arthritis, psoriatic arthritis, and enteropathic arthritis based on etiology, pathogenesis, and clinical features.
8. Summarize the mechanisms and manifestations of crystal-induced arthropathies, including gout and calcium pyrophosphate deposition disease (pseudogout).
9. Explain how uric acid metabolism and elimination contribute to the development and progression of gouty arthritis and identify evidence-based treatment strategies.
10. Discuss the current understanding of the pathophysiology of myalgic encephalomyelitis/chronic fatigue syndrome and summarize key diagnostic findings.

The skeletal system maintains structural integrity through the continual remodeling of bone and connective tissue in response to mechanical stress, hormonal influence, and metabolic demand. When these regulatory processes are disrupted, bone and joint strength may decline, leading to disorders that impair mobility and quality of life.

This chapter examines common causes of altered bone and joint integrity that arise in adulthood, including metabolic, degenerative, and inflammatory conditions. Emphasis is placed on how disruptions in bone metabolism, immune function, or connective tissue repair contribute to pain, deformity, and loss of function across the lifespan. Musculoskeletal disorders (MSDs) make up a large number of pediatric visits. The prevalence of MSD is becoming more common in children and adolescents due to an associated risk due to cellphone and backpack use causing poor posture (Nanehkeren & Nourbakhsh, 2025). Unique findings in children and adolescents are discussed at the end of the chapter.

Metabolic Bone Disease

Metabolic bone disease refers to a group of disorders characterized by abnormalities in bone mass, structure, or mineral content that result from disturbances in bone remodeling or mineral metabolism. These disturbances commonly involve dysregulation of parathyroid hormone (PTH), calcium, phosphate, or vitamin D, leading to bone fragility, deformity, or pain. The underlying defect often affects the coordinated process of bone remodeling, which includes osteoclastic resorption of old bone, osteoblastic formation of new bone, and subsequent mineralization of the osteoid matrix.

Metabolic bone diseases encompass conditions such as osteopenia, osteoporosis, osteomalacia, and Paget disease. Each involves an imbalance between bone resorption and formation, but the specific mechanisms and clinical outcomes vary.

Osteopenia

Osteopenia is a descriptive term indicating reduced bone mass relative to normal values for age, sex, and ethnicity. It reflects diminished bone formation, inadequate mineralization, or excessive bone resorption and is common to many metabolic bone disorders.

Osteopenia is a radiologic or densitometric finding that suggests decreased bone density. It is most often detected by dual-energy x-ray absorptiometry (DEXA) when bone mineral density (BMD) falls below the expected range but does not meet the diagnostic threshold for osteoporosis (Reid & McClung, 2024).

Osteopenia may be a precursor finding before the development of osteoporosis. It may also be present in conditions of osteomalacia, malignant infiltration of bone (e.g., multiple myeloma), and endocrine disorders related to bone metabolism, such as hyperparathyroidism and hyperthyroidism. Among U.S. individuals over the age of 50, about 10.2 million have osteoporosis and 43.4 million have low bone mass (osteopenia), placing them at increased risk for fragility fractures (Naso et al., 2025).

Osteoporosis

Osteoporosis is a metabolic bone disease characterized by a loss of mineralized bone mass and microarchitectural deterioration causing increased porosity of bone. Osteoporotic changes result in increased skeletal fragility with increased susceptibility to bone fractures. Bone density is assessed by DEXA scan, which measures the mineral density of specific areas of bone, with focus on the spine and hip. For postmenopausal females or males over the age of 50, BMD is expressed as a statistical *T*-score compared to a healthy 30-year-old reference population. For premenopausal females, males younger than age 50, or children and adolescents, BMD is expressed as a statistical *Z*-score (Aibar-Almazán et al., 2022). Treatment is recommended for postmenopausal females and males over 50 years of age who meet any of the following criteria:

- Prior hip or vertebral fracture
- *T*-score ≤ -2.5 at the femoral neck or spine after excluding secondary causes
- Ten-year probability of hip fracture $\geq 3\%$ or of a major osteoporosis-related fracture $\geq 20\%$ based on the FRAX algorithm (Morin et al., 2025; Schini et al., 2023)

Although osteoporosis can develop secondary to a variety of diseases, it most commonly occurs related to the aging process, with bone loss increasing with age (Morin et al., 2025).

Pathophysiology

Osteoporosis reflects an imbalance between bone resorption and bone formation, with a net loss of bone density. Although more common in older adults, this imbalance can occur at any age and is influenced by factors such as sex, genetics, hormones, nutrition, activity level, and comorbid disease (Aibar-Almazán et al., 2022).

Under normal conditions, bone mass increases during childhood and adolescence, peaking in young adulthood. Peak bone mass (PBM), a major determinant of future osteoporosis risk, is influenced by genetic factors, estrogen levels, calcium and vitamin D intake, and mechanical loading from physical activity. Weight-bearing exercise during growth enhances PBM, while nutritional deficiencies or reduced intestinal calcium absorption with aging accelerate loss.

Genetic and racial factors contribute significantly to fracture risk. Studies show that females have overall fracture rates higher than males, but fracture rates also differ by race and ethnicity. Fracture risk is influenced by genetic factors, body size, and bone mineral density. Smaller body size is also associated with lower BMD and a greater risk of hip fracture (Aibar-Almazán et al., 2022).

Hormonal changes also impact the development of osteoporosis. In females, declining estrogen after menopause accelerates bone turnover, particularly affecting trabecular bone in the vertebrae and distal radius. Estrogen normally suppresses cytokines such as interleukin (IL)-1, IL-6, and tumor necrosis factor (TNF) that stimulate osteoclast activity, and promotes osteoprotegerin (OPG) production, which inhibits osteoclast differentiation via the RANK/receptor activator of nuclear factor-κB ligand (RANKL)/OPG pathway. When estrogen levels decline, this inhibition is lost, contributing to excess bone resorption.

In males, declines in both androgen and estrogen contribute to bone loss in later life. Males have a higher PBM and do not experience abrupt sex hormone decline but conversion of testosterone to estradiol via aromatase plays a critical role in maintaining bone mass. Age-related reductions in testosterone and estradiol contribute to gradual bone loss and increased fracture risk (Aibar-Almazán et al., 2022).

Age-related changes in osteoblast number and activity further impair bone formation. Osteoblasts in older adults exhibit decreased replication and synthetic capacity, while the effects of growth factors that normally promote bone formation diminish. At any age, reduced mechanical loading due to inactivity can also contribute to loss of bone mass.

Secondary osteoporosis arises from underlying diseases, nutritional deficits, or medication effects. Common causes include endocrine disorders (e.g., hyperthyroidism, hyperparathyroidism, Cushing syndrome, diabetes), malignancies (especially multiple myeloma), malabsorption syndromes, alcohol use disorder, and glucocorticoid therapy. Glucocorticoid-induced osteoporosis is a common cause of secondary bone loss and can occur even with low-dose, long-term use. Other drugs that contribute to loss of bone mass include aluminum-containing antacids, anticonvulsants, and loop diuretics, which increase calcium excretion (Aibar-Almazán et al., 2022).

Clinical Manifestations

Osteoporotic changes primarily affect the trabecular (cancellous) bone of the vertebrae and metaphyses of long bones. In advanced disease, loss of trabecular structure contributes to microfractures and cortical thinning. Two major patterns are recognized: postmenopausal osteoporosis, which predominantly affects trabecular bone, and senile osteoporosis, which involves both trabecular and cortical bone (Fig. 34-1) (Aibar-Almazán et al., 2022). In the postmenopausal form, the increase in osteoclastic activity primarily affects bones with increased surface area, such as the cancellous compartment of the vertebral bodies. The osteoporotic trabeculae become thinned and lose their interconnections, leading to microfractures and eventual vertebral collapse (associated with decrease in vertical height). In senile osteoporosis, the osteoporotic cortex is thinned by subperiosteal and endosteal resorption and the haversian systems are widened. In severe cases, the haversian systems are so enlarged that the cortex resembles cancellous bone. Hip fractures, which are seen later in life, are more commonly associated with senile osteoporosis.

Osteoporosis is often present without symptoms until a fracture occurs. The first clinical sign is frequently a fragility fracture of the vertebra, hip, pelvis, or wrist associated with minimal trauma (Fig. 34-2). Vertebral compression fractures may cause loss of height, kyphosis, and back pain. Hip fractures are particularly significant because they are associated with increased morbidity, mortality, and loss of independence. Systemic symptoms such as unexplained weight loss or generalized weakness may suggest a secondary cause (Morin et al., 2025).

Diagnosis and Treatment

The diagnosis of osteoporosis relies on BMD measurement via DEXA scan of the spine and hip. The lowest *T*-score obtained from the total hip, femoral neck, or lumbar spine (L1–L4) determines classification. The FRAX algorithm is used alongside BMD to estimate a person's 10-year probability of hip or major osteoporotic fracture based on clinical risk factors (Schini et al., 2023). Screening is recommended for females age 65 years and older and for males age 70 years and older. Earlier screening is indicated for individuals with risk factors such as:

- Delayed menarche (≥15 years)
- Low body weight (<21 kg/m^2 or <127 lb at menopause)

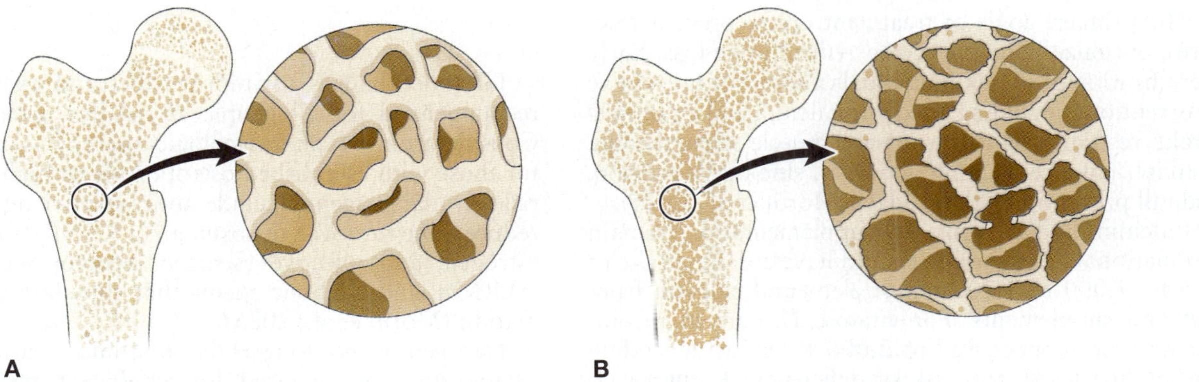

FIGURE 34-1. A comparison of normal bone and osteoporotic bone. A. Normal bone. B. Osteoporosis. (From Potteiger, J. [2022]. *ACSM's introduction to exercise science* [3rd ed., Fig. 4-6]. Wolters Kluwer.)

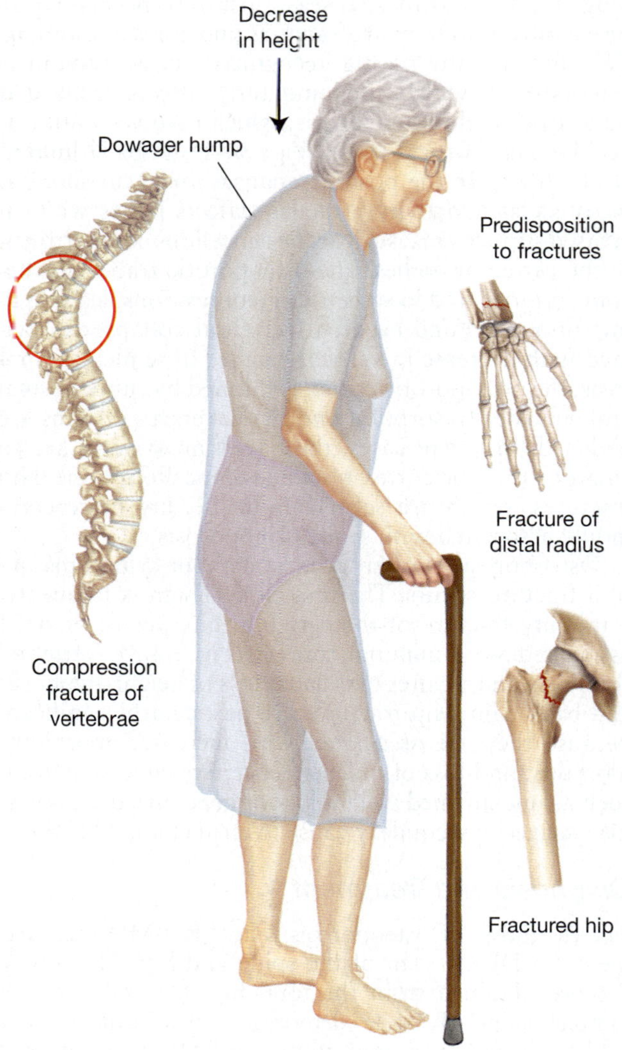

FIGURE 34-2. Clinical manifestations of osteoporosis.

- Active cigarette smoking
- Pharmacologic corticosteroid therapy
- History of fragility fracture after menopause
- Parental history of hip fracture

Serial height measurements can also be a useful clinical screening tool in older adults to detect vertebral compression (Morin et al., 2025).

The primary goals of treatment are to prevent fractures, optimize bone mass, and reduce bone loss. Early identification of at-risk individuals allows for preventive interventions, including adequate calcium and vitamin D intake, regular weight-bearing and muscle-strengthening exercise, balance training activities, smoking cessation, and fall prevention (Chart 34-1) (Morin et al., 2025).

Calcium and vitamin D supplementation remain foundational. Most adults should have a daily intake of at least 1,000 to 1,200 mg of elemental calcium from diet and supplements. For vitamin D, current recommendations support 800 to 2,000 IU daily, depending on baseline levels and risk of deficiency. Adequate vitamin D enhances calcium absorption and suppresses secondary hyperparathyroidism.

CHART 34-1

RISK FACTORS ASSOCIATED WITH OSTEOPOROSIS

Personal Characteristics

- Advanced age
- Female sex
- White race
- Asian ancestry
- Small body frame or low body weight
- Postmenopausal status
- Family history of osteoporosis or fragility fracture

Lifestyle

- Sedentary lifestyle or physical inactivity
- Chronic calcium or vitamin D deficiency
- High-protein or low-calorie diet
- Excessive alcohol intake
- Excessive caffeine intake
- Tobacco use

Drug and Disease Related

- Chronic corticosteroid therapy or Cushing syndrome
- Anticonvulsant use (e.g., phenytoin, carbamazepine)
- Heparin (long-term use)
- Aluminum-containing antacids
- Endocrine disorders (e.g., hyperthyroidism, hyperparathyroidism, diabetes mellitus)
- Malignancy (especially multiple myeloma)
- Chronic obstructive lung disease (including disorders such as COPD, asthma, cystic fibrosis)
- Rheumatoid arthritis or other chronic inflammatory disorders
- Post-gastrectomy or malabsorption syndromes

Lifestyle changes to improve diet and exercise are recommended for all people at risk for osteoporosis. Consideration of pharmacologic therapy is indicated for those with established osteoporosis or high fracture risk. Available agents include antiresorptive agents that reduce bone turnover, denosumab (a RANKL inhibitor), estrogen, and selective estrogen receptor modulators (SERMs), and anabolic agents that stimulate bone formation (Morin et al., 2025).

Estrogen is no longer the first-line treatment for osteoporosis but is used for significant menopausal symptoms. Bisphosphonates are often the first step and provide benefits for several years (Helton, 2024).

Fracture management focuses on maintaining mobility and quality of life. Early ambulation, fall prevention, and physical therapy are essential. Vertebroplasty and kyphoplasty may be considered for painful vertebral compression fractures, providing structural stabilization and pain relief.

Osteoporosis Across the Lifespan

Some pediatric and adolescent populations also have risk factors for osteoporosis. Premature infants, children with chronic diseases (e.g., cystic fibrosis, inflammatory disorders, endocrine deficiencies), and those receiving corticosteroids are susceptible to impaired bone development (Ward, 2024).

In young female athletes, a phenomenon called the **female athlete triad** may result in loss of bone mass. This triad is a combination of low calorie intake relative to energy expenditure (with or without disordered eating), menstrual dysfunction, and low BMD. This syndrome is most common in sports emphasizing leanness or aesthetic appearance. Insufficient caloric intake and hypoestrogenism reduce bone formation, increasing the risk of stress fractures. Restoration of normal nutrition and menses is critical for bone recovery, although complete reversal of bone loss is uncertain (Rohilla & Therattil, 2024).

Osteomalacia and Rickets

Osteomalacia and rickets refer to a softening of bone due to defective mineralization of the bone matrix. Rickets refers to osteomalacia in children whose epiphyses have not yet fused, which can lead to characteristic skeletal deformities due to impaired endochondral ossification (Dahash & Sankararaman, 2023). Osteomalacia is applied to adults, in whom newly formed bone during remodeling is inadequately mineralized (Zimmerman et al., 2024). Unlike in osteoporosis, the total quantity of bone is typically normal, but the proportion of unmineralized osteoid is elevated. Approximately 60% of bone is mineral content, 30% is organic matrix, and the remainder is living bone cells. Both the organic matrix and inorganic mineral salts are essential for normal bone strength and rigidity.

Osteomalacia

Osteomalacia is a generalized skeletal disorder marked by defective bone mineralization, leading to the accumulation of unmineralized osteoid. The major causes include:

1. Insufficient calcium absorption from the intestine because of vitamin D deficiency, impaired activation of vitamin D, or resistance to its effects
2. Phosphate deficiency resulting from increased renal losses or reduced intestinal absorption (Zimmerman et al., 2024)

Vitamin D deficiency is most commonly due to malabsorption of fat-soluble vitamins related to gastrointestinal or biliary tract disease. Other causes include inadequate sunlight exposure, chronic renal or liver disease that disrupts vitamin D activation, or medications such as anticonvulsants (e.g., phenytoin, phenobarbital) that accelerate hepatic degradation of vitamin D.

Osteomalacia is particularly common in older adults related to decreased dietary intake of calcium and vitamin D, diminished intestinal absorption, and limited sunlight exposure. Higher prevalence is also observed in regions with low sunlight exposure, with cultural clothing practices that limit skin exposure to ultraviolet (UV) light, and among pregnant or lactating people, who have increased nutritional demands. Osteomalacia may also occur in strict vegetarians with low dietary intake of calcium and vitamin D, individuals post-gastrectomy, and those receiving long-term therapy with anticonvulsants, sedatives, or diuretics (Zimmerman et al., 2024).

A form of osteomalacia called **renal osteodystrophy** (renal rickets) occurs in chronic kidney disease when the kidneys fail to activate vitamin D and excrete phosphate. This leads to hypocalcemia, secondary hyperparathyroidism, and increased bone turnover with undermineralized bone formation. Similarly, chronic primary hyperparathyroidism increases bone resorption and phosphate wasting, predisposing to osteomalacia in adults and rickets in children (Aguilar et al., 2023).

Clinical Manifestations

Osteomalacia typically presents with diffuse bone pain, tenderness, and muscular weakness, particularly involving the hips and proximal limbs. Muscle weakness may precede bone pain and is thought to result from impaired calcium-dependent muscle contraction. As the disease progresses, pathologic fractures may occur in weakened areas such as the distal radius, ribs, or proximal femur. Delayed healing and poor fixation retention are common.

Secondary hyperparathyroidism often accompanies osteomalacia due to low calcium levels. Increased PTH enhances bone resorption and renal phosphate loss, further worsening mineralization. Serum calcium is usually low-normal, while serum phosphate is reduced, and alkaline phosphatase is elevated (Zimmerman et al., 2024).

Diagnosis and Treatment

Diagnosis focuses on identifying the mineralization defect and its cause. Radiographic findings include Looser zones (pseudofractures), which are transverse lucencies representing inadequately healed stress fractures. Bone biopsy can confirm the diagnosis if the cause remains unclear or the patient does not respond to vitamin D and calcium therapy.

Treatment targets the underlying etiology. Nutritional osteomalacia responds to dietary correction with calcium and vitamin D supplementation. In cases related to intestinal malabsorption, administration of active vitamin D metabolites (e.g., calcitriol) may be necessary. Exposure to sunlight and consumption of vitamin D–rich foods such as fish, fortified dairy, and margarine are beneficial. In renal or hepatic disease, managing phosphate and PTH levels is essential (Zimmerman et al., 2024).

Rickets

Rickets is a metabolic bone disease of children characterized by failure or delay in mineralization of the cartilaginous growth plates, resulting in widened, deformed metaphyses and soft, pliable bones. Rickets also affects trabecular and cortical bone, leading to bowing deformities, growth retardation, and skeletal pain. Several forms exist, including nutritional rickets, vitamin D–dependent rickets, and vitamin D–resistant (hypophosphatemic) rickets (Dahash & Sankararaman, 2023).

Pathophysiology

Rickets may result from nutritional deficiencies, malabsorption syndromes, chronic kidney disease, or medication effects. Nutritional rickets is most common and arises from inadequate sunlight exposure or insufficient dietary intake of vitamin D, calcium, or phosphate. It is prevalent in resource-limited regions and among populations with limited sun exposure or cultural clothing practices. Prolonged lactation without vitamin D supplementation and the use of non-fortified plant-based milks also increase risk (Dahash & Sankararaman, 2023).

Vitamin D–dependent rickets results from genetic defects affecting the activation of vitamin D, typically mutations in the 1-alpha-hydroxylase enzyme. Vitamin D–resistant (hypophosphatemic) rickets, most often X-linked, arises from mutations in the PHEX gene, causing renal phosphate wasting. Similar findings occur in tumor-induced (oncogenic) rickets from overproduction of fibroblast growth factor 23 (FGF23), which suppresses renal phosphate reabsorption and vitamin D activation (Dahash & Sankararaman, 2023).

Clinical Manifestations

Rickets is characterized by skeletal deformities of growing bones due to disordered endochondral ossification. Overgrowth of epiphyseal cartilage and inadequate calcification lead to widened growth plates and delayed ossification. Common features include delayed fontanel closure, enlarged skull (craniotabes), dental delays, and rachitic rosary (prominent costochondral junctions).

In ambulatory children, deformities of the spine, pelvis, and long bones may occur, producing bowed legs (genu varum) or knock-knees (genu valgum), lumbar lordosis, and a protruding abdomen (rachitic potbelly). Growth restriction and decreased height are typical, although weight may remain normal (Dahash & Sankararaman, 2023).

Treatment

Treatment depends on the cause and aims to restore normal mineralization. Nutritional rickets is managed with dietary calcium, phosphate, and vitamin D, along with regular sunlight exposure. Premature infants and those on non-fortified formulas require vitamin D supplementation.

Children with vitamin D–dependent rickets are treated with calcitriol, the active form of vitamin D. Those with vitamin D–resistant or hypophosphatemic rickets require oral phosphate supplements combined with calcitriol. Recently, burosumab, a monoclonal antibody targeting FGF23, has shown efficacy in treating X-linked hypophosphatemia by improving phosphate retention and bone mineralization. Orthopedic correction may be required for persistent deformities after metabolic control (Dahash & Sankararaman, 2023).

Paget Disease

Paget disease of bone (osteitis deformans) is a chronic, localized disorder of bone remodeling and is the second most common bone disease after osteoporosis. It is characterized by areas of excessive osteoclastic resorption followed by disorganized osteoblastic bone formation, producing structurally abnormal bone that is enlarged, deformed, and weak. The disease most often develops after the fourth decade of life and occurs more frequently in people of Northern European descent (Reid & Seton, 2023).

Paget disease is a focal process that may affect one or several bones, with variable activity and progression across sites. In early disease, intense osteoclastic activity results in rapid bone resorption. This is followed by accelerated bone formation by numerous osteoblasts, depositing new bone in a disordered, woven pattern rather than the normal lamellar structure. The resulting bone is highly vascular, mechanically weak, and prone to deformity and fracture. Adjacent bone marrow is replaced by vascularized fibrous connective tissue containing osteoprogenitor cells and blood vessels that supply these metabolically active regions.

Lesions may be solitary or multifocal and commonly involve bones of the axial skeleton, particularly the spine, skull, pelvis, and proximal femur or tibia. Histologic findings include increased vascularity, marrow fibrosis, and a distinctive mosaic pattern of lamellar bone separated by prominent cement lines (Reid & Seton, 2023).

Pathophysiology

The precise cause of Paget disease remains uncertain, but both genetic and environmental factors contribute. Approximately 20% to 30% of cases have been linked to a genetic mutation. Mutations in the SQSTM1 (p62) gene are the most consistently identified genetic abnormalities and lead to dysregulation of osteoclast activity through altered NF-κB signaling. Other associated mutations have been found to promote abnormal osteoclast formation and bone turnover (Gennari et al., 2022).

Environmental factors, including possible viral triggers, have been proposed. Electron microscopy studies have identified paramyxovirus-like inclusions in osteoclasts, but a direct causal link has not been confirmed. Current evidence suggests that genetic susceptibility, coupled with environmental exposure, results in the abnormal osteoclast activation that defines the disease.

Clinical Manifestations

Paget disease varies widely in severity, from isolated lesions to polyostotic involvement of multiple bones (Fig. 34-3). Many individuals have no symptoms, and

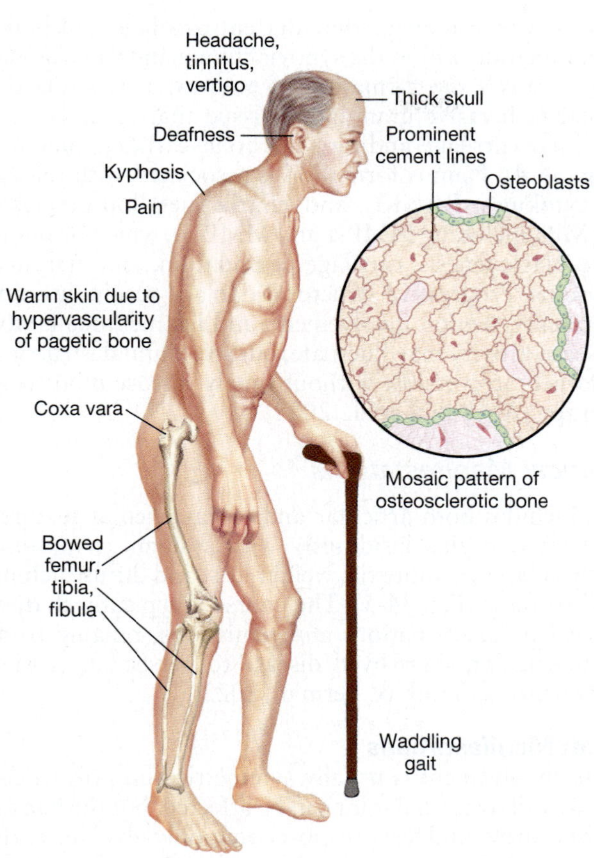

FIGURE 34-3. Clinical manifestations of Paget disease.

the disorder is discovered incidentally on imaging or through elevated serum alkaline phosphatase levels. Clinical manifestations depend on the bones affected.

Involvement of the skull may cause headaches, tinnitus, vertigo, and progressive hearing loss due to compression of cranial nerves. When the spine is involved, anterior vertebral collapse can lead to thoracic kyphosis. Long bones, such as the femur and tibia, may bow under mechanical stress, leading to deformities. Softening of the femoral neck may lead to coxa vara and, combined with pelvic bone changes, a characteristic waddling gait (Reid & Seton, 2023).

Pain and stiffness are common, and progressive demineralization weakens bone structure, predisposing to pathologic fractures—especially in weight-bearing bones such as the femur, pelvis, and spine. Fractures may heal poorly, with excessive or malaligned callus formation.

Other complications include nerve compression syndromes, particularly in the upper extremities; cognitive changes in severe skull involvement; and, in advanced polyostotic disease, high-output cardiac failure due to increased vascularity of bone and soft tissue. Calcific aortic stenosis may occur in severe cases, and restrictive pulmonary effects can result from rib or spinal deformities.

Malignant transformation occurs in less than 1% of patients but represents a serious complication. Osteosarcoma is the most common malignancy, typically involving the femur, pelvis, humerus, or tibia (Reid & Seton, 2023).

Diagnosis and Treatment

Diagnosis is based on characteristic radiographic findings, biochemical markers, and clinical features. Radiographs show cortical thickening, coarse trabecular pattern, and bone enlargement. Serum alkaline phosphatase is elevated due to high osteoblastic activity, while calcium and phosphate levels are usually normal. Urinary hydroxyproline may also be increased. Bone scans help determine the extent of active disease, and bone biopsy may be performed to exclude malignancy or infection.

Treatment depends on symptom severity and disease activity. Patients with limited disease who have no symptoms may only require monitoring. Pain is managed with nonsteroidal anti-inflammatory drugs (NSAIDs). The primary therapy for active disease is suppression of osteoclast activity using potent bisphosphonates such as alendronate, risedronate, or zoledronic acid. A single infusion of zoledronic acid can induce long-term remission in many patients. Calcitonin may be used when bisphosphonates are contraindicated (Reid & Seton, 2023).

SUMMARY CONCEPTS

In addition to providing structural support, the skeleton functions as a dynamic homeostatic organ that continuously remodels to maintain mineral balance and mechanical strength. Metabolic bone diseases such as osteoporosis, osteomalacia, rickets, and Paget disease result from disturbances in the equilibrium between bone formation and resorption. Osteoporosis, the most common metabolic bone disorder, develops when bone resorption exceeds bone formation, leading to fragile bones and an increased risk of fracture, particularly in postmenopausal people and older adults. Osteomalacia and rickets arise from defective mineralization of the bone matrix, most often due to vitamin D deficiency or impaired vitamin D metabolism. Paget disease is characterized by excessive osteoclastic activity and disorganized bone formation, producing structurally weak, enlarged, and deformed bone. The effectiveness of treatment for these disorders varies depending on the underlying cause, disease severity, and adherence to therapy.

Autoimmune and Systemic Inflammatory Disorders

Autoimmune and systemic inflammatory disorders represent a diverse group of musculoskeletal conditions characterized by dysregulation of the immune system, leading to persistent inflammation that targets joints, connective tissues, or muscle. These disorders are a major cause of chronic pain, stiffness, and functional limitation and may present with both local and systemic manifestations. Immune activation often involves the production of autoantibodies, inflammatory cytokines, and infiltration of immune cells into affected tissues, resulting in progressive tissue damage. Although the musculoskeletal system is a primary site of involvement, many of these conditions affect multiple organ systems, including the skin, blood vessels, lungs, kidneys, and nervous system. Early recognition and treatment are essential to prevent irreversible damage and preserve function.

Rheumatoid Arthritis

Rheumatoid arthritis (RA) is a chronic, immune-mediated disorder characterized by chronic inflammatory changes within the synovial components of articulating joints of the musculoskeletal system, as well as significant extra-articular inflammatory effects (Chauhan et al., 2023). The point prevalence of RA in most populations is approximately 0.5% to 1%, with females affected about two to three times more often than males. Although RA can occur at any age, prevalence increases with advancing age (Smith & Berman, 2022).

Pathophysiology

The pathogenesis of RA involves the interaction of genetic and environmental factors, with disease activation in a genetically predisposed person triggered by a T-cell–mediated response to an immunologic trigger, such as a microbial agent or environmental exposures. Epigenetic changes that alter gene expression have also been noted, particularly with overexpression of some gene products. The highest genetic risk for RA is the presence of a "shared epitope region" of five amino acids located within certain clusters of the HLA-DRB genes (particularly HLA-DRB4 and HLA-DRB1) that code for major histocompatibility complex (MHC) class II proteins. Tobacco smoking is the strongest triggering environmental risk factor, influencing both the occurrence and severity of RA in people who carry the genetic shared epitope region. Other triggering environmental exposures may include certain microbial agents, as well as silica, asbestos, and textile dust (Alivernini et al., 2022; Chauhan et al., 2023; Johns Hopkins Arthritis Center, 2025).

The pathophysiology of RA includes helper T-cell activation and production of proinflammatory cytokines, such as TNF, IL-6, and IL-1, and autoantibody formation. Approximately 70% to 80% of people with RA have rheumatoid factor (RF), an autoantibody directed against the Fc portion of IgG, and about 60% to 70% have anti–cyclic citrullinated peptide antibodies (anti-CCP, also termed ACPA), which are more specific and predict erosive disease. Immune complexes and complement components are detectable in synovium and synovial fluid. Seronegative disease (absence of RF and ACPA) can occur; in such cases, broader multimarker panels and imaging improve diagnostic accuracy and prognostication.

Neutrophils, macrophages, and lymphocytes release proteases and reactive mediators into the synovial spaces, which damage the adjacent cartilage and bone. Inflammation within the synovial lining and subsynovial tissue causes the formation of **pannus**, a hyperplastic, vascular, invasive granulation tissue that extends over articular cartilage and into the bone–cartilage junction (Fig. 34-4). Pannus formation is associated with release of cytokines, RANKL, and matrix metalloproteinases (MMPs, including MMP-1 and MMP-3), which promote osteoclastogenesis, cartilage degradation, and marginal erosions. Progressive structural damage results in joint instability, tendon involvement, and ligamentous laxity. Disease activity may fluctuate, but structural destruction is largely irreversible without timely disease-modifying therapy (Alivernini et al., 2022).

Clinical Manifestations

RA includes both articular and extra-articular features and often begins insidiously with systemic symptoms such as fatigue, anorexia, weight loss, and diffuse aching and stiffness (Fig. 34-5). The course is typically characterized by exacerbations and remissions, ranging from oligoarticular, short-lived disease to persistent, erosive polyarthritis (Smith & Berman, 2022).

Joint Manifestations

Joint involvement is usually symmetric and polyarticular. Any diarthrodial joint can be affected, but the hands, wrists, knees, and feet are most commonly involved early (Fig. 34-6). Patients report pain and prolonged morning stiffness (often ≥30 to 60 minutes). Early motion limitation is pain-limited; later, capsular fibrosis contributes. In the hands, bilateral and symmetric involvement of the metacarpophalangeal (MCP) and proximal interphalangeal (PIP) joints is characteristic; the distal interphalangeal (DIP) joints are typically spared. Progressive damage may cause subluxation and instability. Synovial hypertrophy stretches capsules and ligaments, leading to deformities such as ulnar deviation at the MCPs, swan-neck (PIP hyperextension with DIP flexion), and boutonnière (PIP flexion with DIP hyperextension). Cervical spine involvement can occur, most commonly at C1–C2.

The knee is frequently involved. Active synovitis presents with an effusion and loss of the normal peripatellar contour; a bulge sign may detect small effusions. Chronic disease can result in contractures, instability, genu valgum, and quadriceps atrophy. Popliteal (Baker) cysts may develop and can rupture, mimicking deep venous thrombosis. Ankle and forefoot disease may cause gait impairment; MTP involvement can lead to hallux valgus and hammer toe deformities (Smith & Berman, 2022).

Extra-Articular Manifestations

Because RA is systemic, constitutional symptoms (such as fatigue, weakness, anorexia, weight loss, and low-grade fever) often co-occur with the inflammatory activity. Changes in serum measurements of the erythrocyte sedimentation rate (ESR) or C-reactive protein (CRP) commonly correlate with the extent of inflammatory disease activity. Hematologic findings may include anemia of chronic disease and thrombocytosis. Felty syndrome (RA with splenomegaly and neutropenia) is an uncommon but significant occurrence.

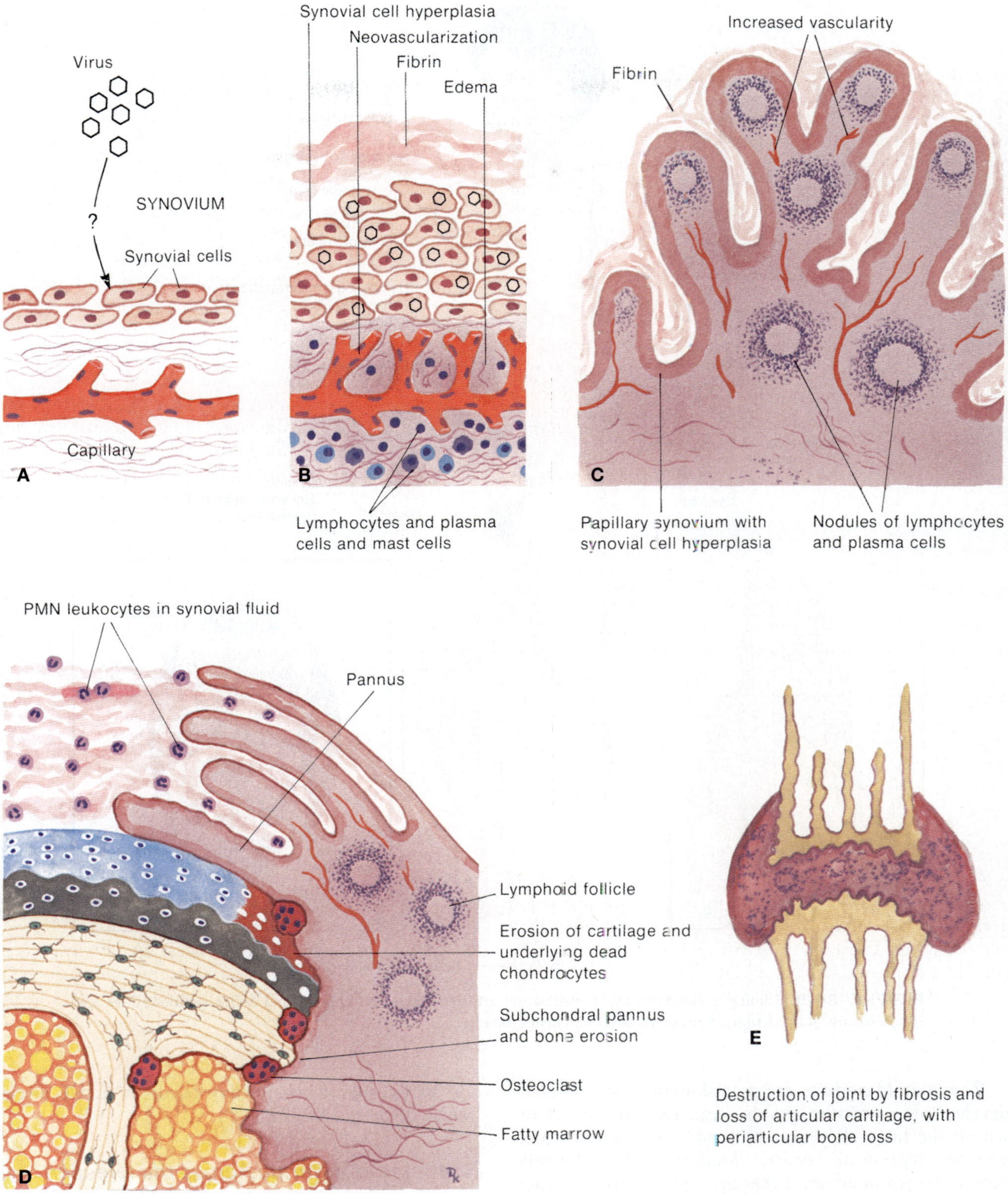

FIGURE 34-4. Histogenesis of rheumatoid arthritis. **A.** A virus or an unknown stress may stimulate the synovial cells to proliferate. **B.** The influx of lymphocytes, plasma cells, and mast cells, together with neovascularization and edema, leads to hypertrophy and hyperplasia of the synovium. **C.** Lymphoid nodules are prominent. **D.** Proliferating synovium extends into the joint space, burrows into the bone beneath the articular cartilage, and covers the cartilage as a pannus. The articular cartilage is eventually destroyed by direct resorption or deprivation of its synovial fluid. The synovial tissue continues to proliferate in the subchondral region as well as in the joint. **E.** Eventually, the joint is destroyed and becomes fused, a condition termed ankylosis. PMN, polymorphonuclear. (From Strayer, D., & Rubin, R. [Eds.] [2015]. *Rubin's pathology: Clinicopathologic foundations of medicine* [7th ed., Fig. 30-55, p. 1363]. Lippincott Williams & Wilkins.)

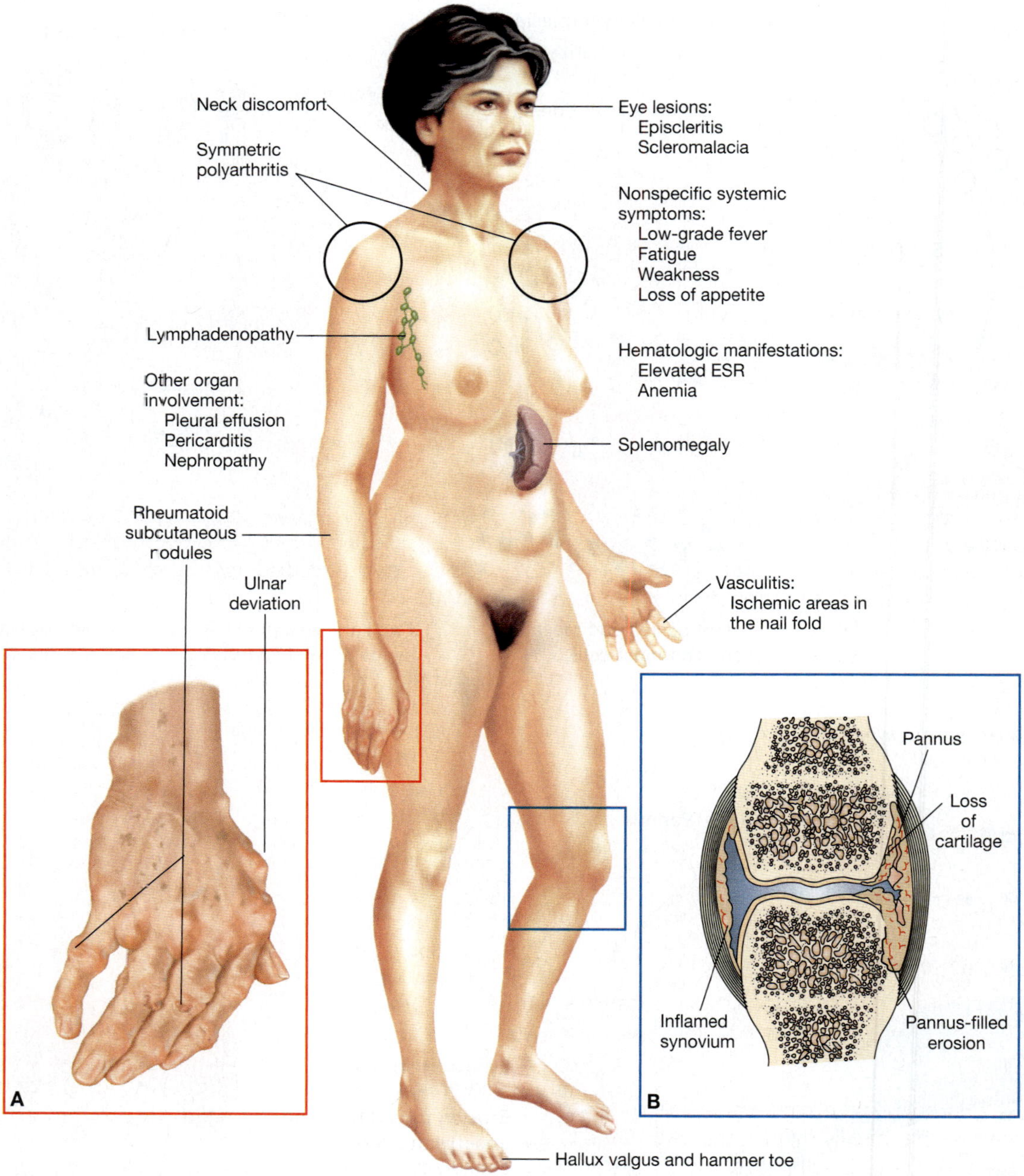

FIGURE 34-5. Clinical manifestations of rheumatoid arthritis featuring (**A**) hand and finger manifestations and (**B**) destructive joint changes. ESR, erythrocyte sedimentation rate.

Rheumatoid nodules are granulomatous lesions that develop over pressure points (e.g., extensor ulna) or within the lung; they may be tender or asymptomatic and can regress or persist. Vasculitis—now relatively rare in the era of effective therapy—affects small to medium vessels and may present with nail-fold infarcts, leg ulcers, mononeuritis multiplex, or visceral ischemia.

Ocular involvement includes keratoconjunctivitis sicca (often in secondary Sjögren syndrome), episcleritis, scleritis, and, less commonly, uveitis. Pulmonary manifestations include pleural effusions, interstitial lung disease, and rheumatoid lung nodules; cardiovascular involvement includes pericarditis and an increased risk of atherosclerotic cardiovascular disease. Lymphadenopathy and hepatosplenomegaly may occur in active disease (Smith & Berman, 2022).

Rheumatoid Arthritis Across the Lifespan

Rheumatoid arthritis and related inflammatory arthritides can occur across the lifespan, with important differences in presentation and clinical implications in children. Juvenile idiopathic arthritis (JIA), previously referred to as juvenile rheumatoid arthritis, is the most common chronic rheumatic disease of childhood and represents a heterogeneous group of immune-mediated disorders characterized by persistent synovial inflammation. Unlike adult rheumatoid arthritis, JIA encompasses

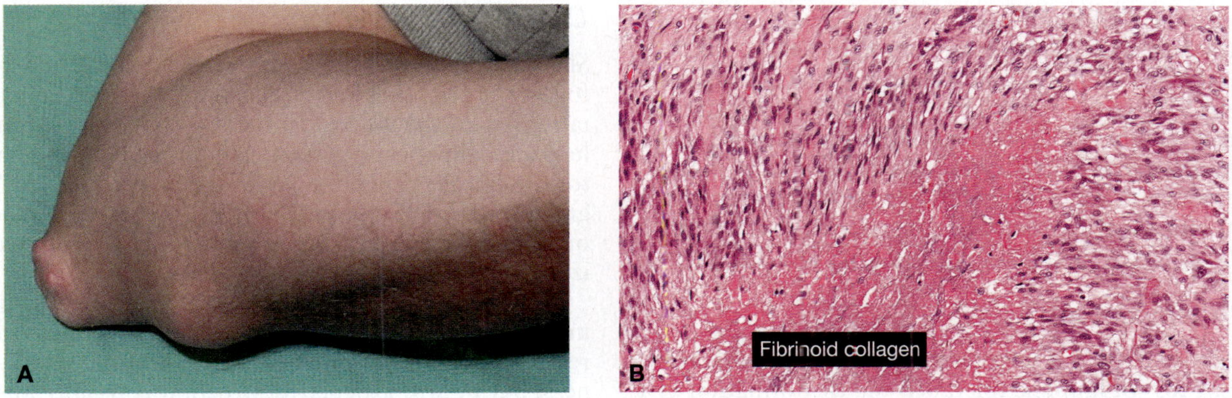

FIGURE 34-6. A. Rheumatoid nodule on elbow. B. Rheumatoid nodule, high power. The fibrinoid hypocellular areas are surrounded by histiocytes in a palisaded arrangement. (A, From Chung, K. C. [2019]. *Operative techniques in hand and wrist surgery* [Fig. 24-2]. Wolters Kluwer; B, From Elder, D. [2020]. *Atlas of dermatopathology* [Fig. 5-175]. Wolters Kluwer.)

multiple subtypes with distinct clinical patterns, including oligoarticular, polyarticular, systemic, enthesitis-related, and psoriatic forms.

In children, chronic inflammation may interfere with normal growth and development, leading to complications such as growth disturbances, joint deformities, and uveitis. Systemic forms may present with fever, rash, and organ involvement, reflecting a more inflammatory phenotype. Early recognition and aggressive, multidisciplinary management are essential to control inflammation, preserve joint function, and support physical and psychosocial development. Treatment strategies are similar in principle to adult disease and include NSAIDs, disease-modifying antirheumatic drugs, and biologic agents targeting inflammatory cytokines (Sandborg et al., 2025).

KEY POINTS

Rheumatoid Arthritis

- RA is a chronic, systemic inflammatory disease with typically symmetric involvement of synovial (diarthrodial) joints.
- Synovial inflammation leads to angiogenesis and formation of hyperplastic tissue called pannus—a vascular granulation tissue that invades cartilage and bone—that leads to progressive, often irreversible structural joint damage.

Diagnosis and Treatment

The diagnosis of RA is based on history, physical examination, laboratory data, and imaging, as well as assessments of symptom duration, morning stiffness, functional impact, extra-articular features, and family history. Serologic testing for RF and anti-CCP antibodies is used to detect autoantibodies. The inflammatory response can be assessed by ESR and CRP testing. Imaging studies of joints and testing of synovial fluid can also provide useful information to guide treatment. Treatment principles in older adults mirror those for younger adults but should also consider modifications for comorbidities and age-related differences in medication tolerability (Brown et al., 2024).

Treatment goals are pain relief, reduction of inflammation, preservation of function, prevention of structural damage, and optimization of long-term health. Contemporary guidelines endorse a treat-to-target strategy with frequent assessment and therapy adjustment to achieve remission or low disease activity within 3 to 6 months (Brown et al., 2024).

Systemic Lupus Erythematosus

Systemic lupus erythematosus (SLE) is a chronic, multisystem inflammatory autoimmune disease that can affect virtually any organ system, including the musculoskeletal system. Approximately 3.4 million people worldwide are living with SLE. Prevalence and outcomes vary by sex, age, ancestry, and genetics: SLE is far more common in females (roughly 90%), typically begins between ages 15 and 44, and disproportionately affects people of African, Hispanic/Latino, and Asian ancestry. The four major clinical categories are (1) SLE, (2) cutaneous lupus erythematosus (CLE), (3) drug-induced lupus (DIL), and (4) neonatal lupus. Effects of CLE are primarily limited to the skin, but a minority of patients later progress to meet the criteria for SLE. DIL is triggered by specific medications (e.g., hydralazine, procainamide, isoniazid, minocycline; some biologics) and usually resolve after the drug is discontinued. Neonatal lupus results from transplacental transfer to the neonate of maternal anti-Ro/SSA ± anti-La/SSB antibodies. The non-cardiac manifestations of neonatal lupus are typically transient, but a potentially permanent congenital heart block may occur that can require pacing (Siegel & Sammaritano, 2024).

SLE in older adults is less common than in younger individuals and tends to follow a milder clinical course. In late-onset SLE, renal and central nervous system involvement are less frequent, while pleuritis, pericarditis, arthritis, and constitutional symptoms predominate. These cases often resemble DIL, and differentiating the two can be challenging. Older adults are also more susceptible to adverse effects of corticosteroids, such as osteoporosis, diabetes, and infection, which necessitate careful dosing and the early introduction of steroid-sparing agents such as hydroxychloroquine or low-dose immunosuppressants. Comorbid cardiovascular disease, common in this age group, further complicates management, emphasizing the need for individualized therapy and risk-factor modification (Prevete et al., 2023).

Pathophysiology

The cause of SLE is unknown. The disease is characterized by loss of immune tolerance and the formation of a broad array of autoantibodies that bind self-antigens to form immune complexes. People with SLE demonstrate B-cell hyperreactivity and polyclonal antibody production against self and nonself antigens. Autoantibodies can directly injure cells, fix complement, and deposit as immune complexes in target tissues (e.g., skin, joints, kidneys), where they trigger inflammation and organ damage. Common autoantibodies include antinuclear antibodies (ANAs); anti–double-stranded DNA (anti-dsDNA) and anti-Smith (Sm), which are more specific for SLE; anti-Ro/SSA and anti-La/SSB, associated with photosensitive and cutaneous forms and with neonatal lupus; and antiphospholipid antibodies (lupus anticoagulant, anticardiolipin, anti-beta-2-glycoprotein I), which increase the risk of thrombosis and pregnancy morbidity. Additional antibodies seen in subsets of patients include anti-histone (typical of DIL), anti-C1q (often associated with lupus nephritis), anti-ribosomal P (linked to neuropsychiatric lupus), and anti-U1 RNP (overlap features). Decreased complement levels (C3, C4) and rising anti-dsDNA titers often parallel disease activity, particularly in nephritis (Siegel & Sammaritano, 2024).

The development of autoantibodies reflects interacting genetic, hormonal, immunologic, and environmental factors. Genetic predisposition is supported by familial clustering and twin studies. In addition to class II HLA associations (e.g., HLA-DR and HLA-DQ), numerous non-HLA susceptibility loci converge on pathways of nucleic acid sensing, type I interferon signaling, and B-cell activation. Complement component deficiencies (e.g., C1q, C4) also increase risk. The marked female predominance suggests a hormonal contribution; estrogens can enhance B-cell survival and antibody production, whereas androgens may be relatively immunosuppressive.

Environmental triggers can precipitate disease onset or flares in genetically susceptible individuals. UV light—especially ultraviolet B (UVB)—can induce keratinocyte apoptosis and expose nuclear antigens, contributing to photosensitivity and disease activation (Fig. 34-7). Infections are implicated as immune triggers in some cases. Certain medications can cause a lupus-like syndrome in susceptible people; classic agents include hydralazine, procainamide, and isoniazid, with minocycline and some other drugs reported less commonly. DIL usually resolves after the offending agent is discontinued (Siegel & Sammaritano, 2024).

Clinical Manifestations

SLE can involve virtually any organ system and often follows a relapsing–remitting course. Because manifestations span the musculoskeletal system, skin, kidneys, lungs, cardiovascular system, nervous system, and hematologic lineages (Fig. 34-8), it is frequently called "the great imitator" (Vaillant, 2023). The onset may be acute or insidious, and the course of the disease is characterized by exacerbations and remissions.

Arthralgias and arthritis are among the most common early complaints (≈90%). The polyarthritis may resemble RA with symmetric small-joint pain and stiffness, but in SLE articular destruction is usually absent. Ligament/tendon laxity and capsular involvement can produce reducible deformities (Jaccoud arthropathy) despite minimal erosions. Other musculoskeletal features include tenosynovitis, tendon rupture, and osteonecrosis (often femoral head) (Vaillant, 2023).

Cutaneous disease may be acute, subacute, or chronic. The classic acute malar ("butterfly") rash can occur with photosensitivity and other lesions such as urticaria, livedo reticularis, periungual erythema, nail-fold infarcts, splinter hemorrhages, oral/nasal ulcers, and alopecia. Sun exposure commonly precipitates flares (Vaillant, 2023).

Renal involvement (**lupus nephritis**) develops in roughly 30% to 50% of patients over the disease course. Pathology spans ISN/RPS classes I–VI; diffuse proliferative (class IV) carries the greatest risk for progressive kidney impairment, whereas membranous (class V) often presents with nephrotic-range proteinuria. Biopsy best defines class and guides treatment; proteinuria, hematuria/casts, and rising creatinine are typical laboratory clues (Rovin et al., 2024).

Pulmonary disease most often presents with pleuritis or pleural effusions; less common complications include acute pneumonitis, diffuse alveolar hemorrhage, chronic interstitial lung disease, and pulmonary embolism (often related to antiphospholipid antibodies) (Vaillant, 2023).

Cardiac involvement includes pericarditis (the most common cardiac manifestation), which may recur; myocarditis is uncommon but clinically important when present. Patients also have an increased risk of atherosclerotic cardiovascular disease, and Libman–Sacks (nonbacterial thrombotic) endocarditis can occur (Nor et al., 2023).

Neuropsychiatric SLE encompasses seizures, psychosis, cerebrovascular disease, cognitive dysfunction ("brain fog"), headaches, mood disorders, and peripheral neuropathies. Mechanisms include microvascular injury, autoantibodies (e.g., antiphospholipid, anti-ribosomal P in some cases), and inflammatory/immune pathways (Rice-Canetto et al., 2024).

Hematologic abnormalities are common and include Coombs-positive hemolytic anemia, leukopenia/lymphopenia, and thrombocytopenia. Antiphospholipid antibodies (lupus anticoagulant, anticardiolipin, anti-beta-2-glycoprotein I) confer risk of venous/arterial thrombosis and pregnancy morbidity (antiphospholipid syndrome).

Discoid lupus erythematosus (a chronic cutaneous form) produces plaque-like lesions on the scalp, face,

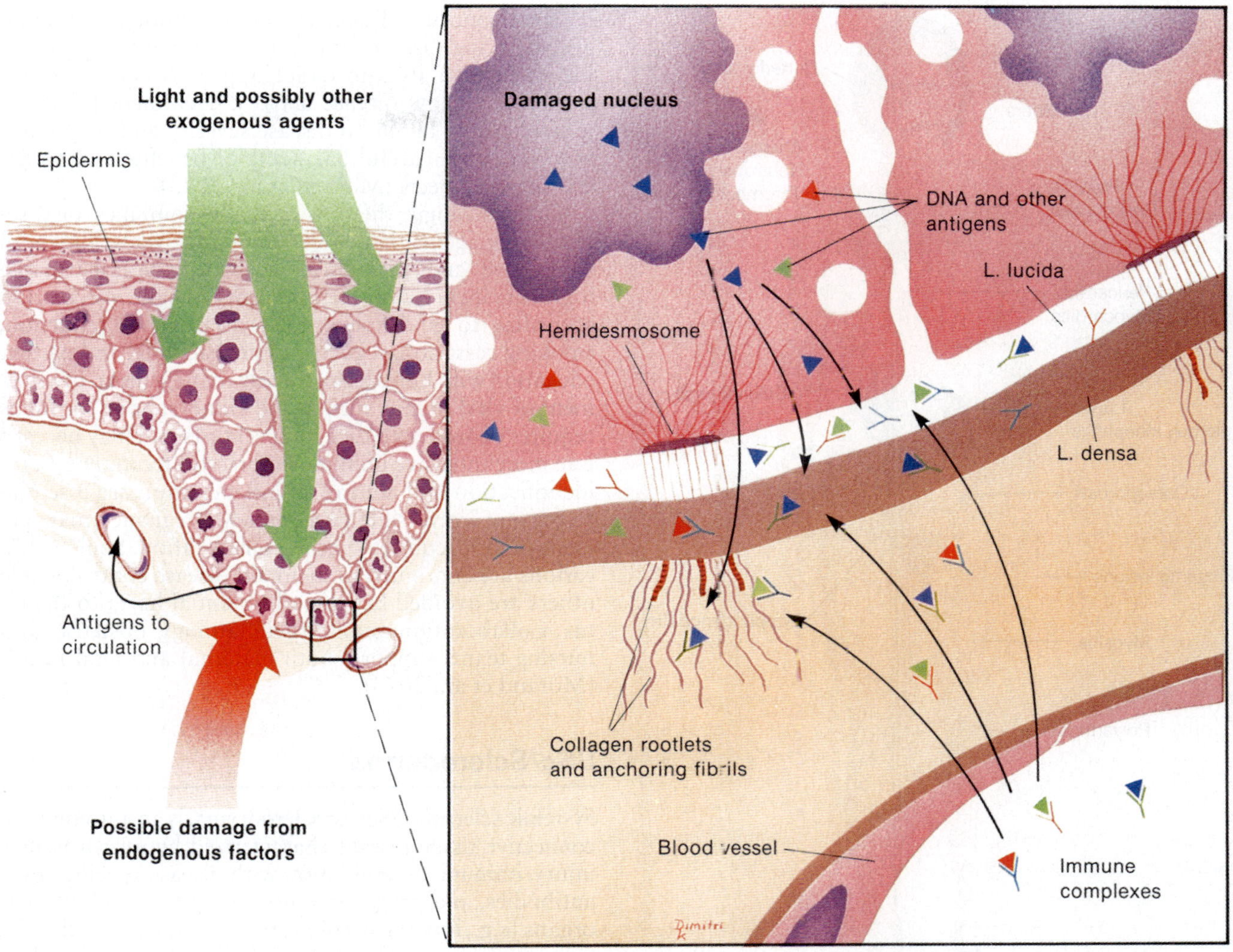

FIGURE 34-7. Lupus erythematosus. A cell-mediated immune reaction leads to epidermal cellular damage when initiated by light or other exogenous agents as well as endogenous ones. Such injury releases a large number of antigens, some of which may return to the skin in the form of immune complexes. Immune complexes are also formed in the skin by a reaction of local DNA with antibody that may also be deposited beneath the epidermal basement membrane zone. L, lamina. (From Strayer, D., & Rubin, R. [Eds.]. [2015]. *Rubin's pathology: Clinicopathologic foundations of medicine* [7th ed., Fig. 28-27, p. 1241]. Lippincott Williams & Wilkins.)

and neck that may heal with scarring, dyspigmentation, and follicular plugging. Most patients with discoid lupus have disease limited to the skin; a minority later meet systemic criteria (Vaillant, 2023).

SLE Across the Lifespan

SLE can occur across the lifespan, with pediatric-onset disease often presenting with a more aggressive course and greater systemic involvement than adult disease. Children frequently exhibit more severe manifestations, particularly lupus nephritis, which is a major determinant of long-term outcomes. Multisystem involvement may include skin, joint, renal, hematologic, and neurologic manifestations similar to those seen in adults, but with increased disease activity and risk of organ damage.

Management principles are similar to those in adults but must be carefully tailored to minimize treatment-related toxicity while supporting normal growth and development. Ongoing monitoring for complications, attention to psychosocial health, and coordinated multidisciplinary care are essential to optimize long-term outcomes (Kloster Lopes et al., 2025).

KEY POINTS

Clinical Manifestations of SLE

- SLE is a chronic autoimmune disorder characterized by production of a wide array of autoantibodies against nuclear and cytoplasmic cell components.
- SLE is often described as the great imitator because it can affect almost any organ system, including the joints of the musculoskeletal system, the skin, kidneys, lungs, nervous system, and the heart.

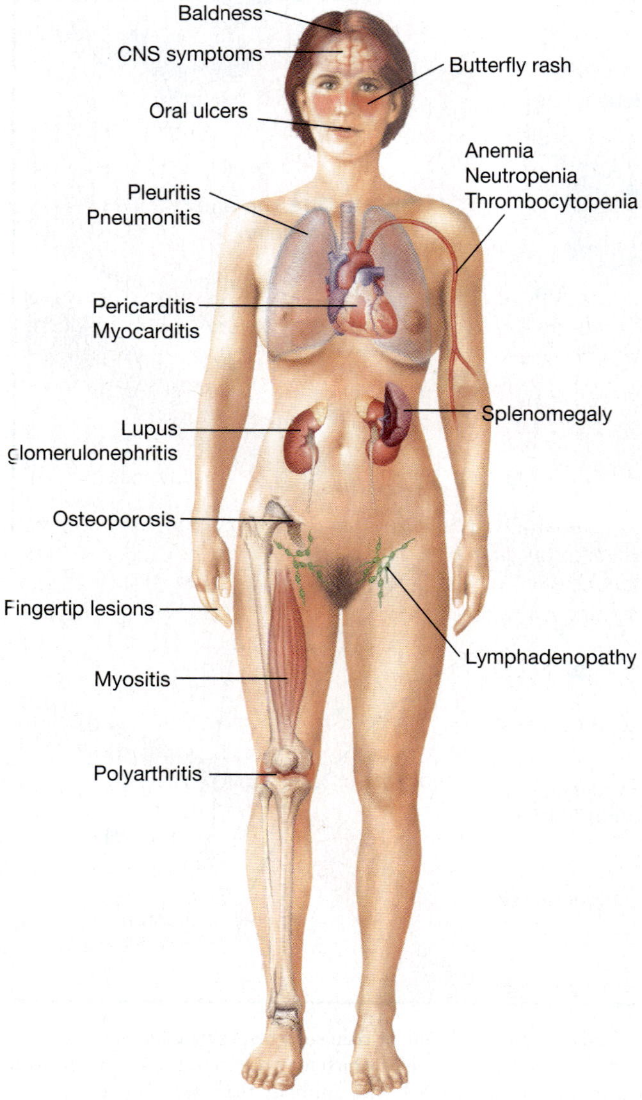

FIGURE 34-8. Clinical manifestations of systemic lupus erythematosus. CNS, central nervous system.

Diagnosis and Treatment

The diagnosis of SLE is made by clinical assessment, supported by lab testing (including serology) and diagnostic testing to assess organ function. Initial laboratory evaluation typically includes ANA by indirect immunofluorescence (high sensitivity, not specific), anti-dsDNA and anti-Smith (Sm) antibodies (more specific), antiphospholipid antibodies (lupus anticoagulant, anticardiolipin, anti-beta-2-glycoprotein I), and complement levels (C3, C4). A complete blood count, serum creatinine, urinalysis with sediment, and urine protein quantification screen for hematologic and renal involvement. Rising anti-dsDNA titers with falling C3/C4 often parallel disease activity, particularly in nephritis. Kidney biopsy is recommended when renal involvement is suspected (e.g., persistent proteinuria, active urinary sediment, or declining renal function). Imaging and targeted biopsies of other organs are obtained as indicated by clinical presentation (Morand et al., 2023).

Treatment of SLE focuses on preventing organ damage, reducing disease flares, and maintaining quality of life through a **treat-to-target** approach that aims for remission or low disease activity. Treatment plans are individualized based on disease severity and the organs involved, with careful balancing of benefits and potential adverse effects (Morand et al., 2023).

Pharmacologic therapy typically combines disease-modifying agents that control immune overactivity with supportive and preventive strategies. Nonpharmacologic care includes protection from UV light, vaccination according to guidelines, cardiovascular risk reduction, smoking cessation, regular physical activity, and patient education with knowledge for self-management. Involvement of vital organs such as the kidneys, brain, or lungs requires coordinated care by specialists and may necessitate more intensive immunosuppressive treatment. Early identification and control of inflammation are essential to prevent irreversible tissue injury. Pregnancy management in SLE requires special consideration. Some medications are continued to maintain disease control, while others are avoided because of potential harm to the fetus. Collaboration among rheumatology, obstetric, and nursing teams supports both maternal and fetal health (Morand et al., 2023).

SSc/Scleroderma

Systemic sclerosis (SSc), or **scleroderma**, is an autoimmune connective tissue disease characterized by microvascular injury, immune dysregulation with disease-specific autoantibodies, and progressive fibrosis of skin and internal organs (e.g., lungs, gastrointestinal tract, heart, kidneys). Skin thickening reflects dermal fibrosis with involvement of underlying connective tissues, including tendon sheaths and fascia. SSc affects females more often than males (approximately 3 to 4:1), with peak onset in mid-adulthood (Volkmann et al., 2023).

Pathophysiology

SSc is characterized by a triad of microvascular injury, immune activation, and progressive fibrosis. Endothelial damage leads to vascular dysfunction and tissue ischemia, while activation of immune pathways promotes production of autoantibodies and inflammatory mediators. Fibroblast activation results in excessive collagen deposition within the skin and internal organs, leading to thickening, stiffness, and impaired function.

Clinical Manifestations

SSc is commonly categorized into two cutaneous subsets that correlate with internal organ risk: limited cutaneous SSc (skin thickening distal to elbows/knees and face; historically associated with the "CREST" pattern) and diffuse cutaneous SSc (proximal skin involvement including upper arms/legs and trunk with earlier visceral disease). Sine scleroderma (internal organ disease without obvious skin thickening) and overlap syndromes also occur.

In limited cutaneous SSc, the CREST features are often present:

- C: calcinosis cutis
- R: Raynaud phenomenon (often precedes other features)
- E: esophageal dysmotility (reflux, dysphagia)
- S: sclerodactyly
- T: telangiectasias (Volkmann et al., 2023)

Limited disease typically has indolent skin involvement with later complications such as digital ulcers and pulmonary arterial hypertension. Diffuse disease shows rapid, widespread skin thickening; tendon friction rubs; early interstitial lung disease; and higher risk of scleroderma renal crisis. Gastrointestinal dysmotility can affect the entire gut; cardiac involvement includes conduction abnormalities, arrhythmias, and myocardial fibrosis.

Diagnosis and Treatment

Classification and diagnosis are based on characteristic clinical features supported by nail-fold capillaroscopy and the presence of SSc-specific autoantibodies. The 2023 ACR/EULAR classification criteria assign weighted points for items such as skin thickening of the fingers, fingertip lesions, telangiectasia, abnormal nail-fold capillaries, Raynaud phenomenon, pulmonary arterial hypertension or interstitial lung disease, and anti-centromere, anti–topoisomerase I (Scl-70), or anti–RNA polymerase III antibodies. A cumulative score meeting threshold classifies SSc (Foddai et al., 2024).

Management of systemic sclerosis is directed by organ involvement and focuses on preventing progression, managing complications, and maintaining function. Because the disease can affect many organ systems, treatment requires a multidisciplinary approach involving rheumatology, pulmonology, nephrology, cardiology, and nursing care coordination (Volkmann et al., 2023).

Vascular manifestations such as **Raynaud phenomenon** are managed by improving blood flow and preventing tissue injury. Care emphasizes protection from cold exposure, smoking cessation, and strategies to prevent digital trauma or ulceration. Gastrointestinal involvement may cause reflux, impaired motility, or bacterial overgrowth, and management centers on dietary modification, postural measures, and medications that reduce acid or improve gut movement.

Pulmonary complications are among the most serious in systemic sclerosis. Pulmonary arterial hypertension and interstitial lung disease are treated according to the underlying mechanism—either targeting vascular constriction or controlling inflammation and fibrosis. Early detection through pulmonary function testing and imaging is critical to preserve respiratory capacity.

Scleroderma renal crisis is a potentially life-threatening complication characterized by sudden, severe hypertension and acute kidney injury. Rapid recognition and treatment are essential to prevent irreversible damage. Risk is higher in patients receiving high-dose corticosteroids or those with certain autoantibodies. Close blood pressure monitoring and prompt medical evaluation of new symptoms are essential components of nursing care.

Polymyositis and Dermatomyositis

Polymyositis and **dermatomyositis** are immune-mediated inflammatory myopathies that present with progressive, subacute, symmetric proximal muscle weakness; myalgia and systemic symptoms may occur (Xu et al., 2023).

Pathophysiology

Pathogenesis is multifactorial. In polymyositis, cytotoxic T-cell–mediated injury targets muscle fibers; in dermatomyositis, complement-mediated microangiopathy and type I interferon signaling injure perifascicular muscle and skin (Xu et al., 2023).

Clinical Manifestations

Dermatomyositis features characteristic rashes (e.g., periocular discoloration, papules over joints) and has a stronger association with interstitial lung disease and, in adults, an increased risk of malignancy.

Diagnosis and Treatment

Diagnosis relies on the clinical picture plus supporting tests: elevated muscle enzymes (e.g., creatine kinase), electromyography (EMG) or magnetic resonance imaging (MRI) consistent with myositis, and muscle biopsy when needed. The Bohan and Peter criteria are historically important; newer 2017 EULAR/ACR criteria are commonly used for classification. Myositis-specific autoantibodies can help define subsets and guide screening (e.g., patterns associated with interstitial lung disease or increased cancer risk in dermatomyositis) (Palmucci et al., 2022).

The differential diagnosis includes drug-induced and endocrine myopathies, metabolic or neurologic disorders, and inclusion body myositis (often with distal weakness and limited response to immunosuppression).

Treatment aims to control inflammation and preserve strength. Glucocorticoids are the usual initial therapy, with early addition of a steroid-sparing agent (such as methotrexate or azathioprine; alternatives are used when lung disease is present). Intravenous immunoglobulin is helpful for refractory muscle or cutaneous disease and for dysphagia in dermatomyositis. Ongoing care includes screening for interstitial lung and cardiac involvement and a supervised exercise/rehabilitation program to restore function (Xu et al., 2023).

Juvenile dermatomyositis represents the pediatric form of this disorder and often presents with more prominent vasculopathy, including calcinosis and gastrointestinal involvement, requiring early and aggressive treatment.

Polymyalgia Rheumatica

Polymyalgia rheumatica (PMR) is an inflammatory condition of unknown cause, characterized by aching and pronounced morning stiffness in the shoulder and pelvic girdles. It is one of the most common inflammatory rheumatic syndromes in older adults, occurring almost exclusively after age 50, with peak incidence between 70 and 80 years. Females are affected about twice as often as males. The onset can be abrupt, with individuals awakening with pain and stiffness in the neck, shoulders, and hips after having felt well the night before (Coskun Benlidayi, 2023).

Clinical Manifestations

Characteristic features include bilateral shoulder and hip pain lasting at least 1 month, restricted range of motion, and functional limitation related to stiffness, particularly in the morning.

Diagnosis and Treatment

Diagnosis is clinical and supported by laboratory findings. Characteristic features include bilateral shoulder and hip pain lasting at least 1 month, restricted range of motion, and elevated markers of inflammation—ESR and/or CRP. Creatine kinase levels are normal, distinguishing PMR from inflammatory myopathies. A rapid and dramatic response to low-dose prednisone within days is considered strongly supportive of the diagnosis. Muscle biopsies are normal, although mild synovial and periarticular inflammation may be present. Because PMR can resemble rheumatoid arthritis or osteoarthritis in its early stages, careful evaluation is needed to avoid misdiagnosis.

Complications

Approximately 10% to 20% of individuals with PMR develop giant cell arteritis (GCA), also known as temporal arteritis, a granulomatous vasculitis of large and medium-sized arteries. PMR and GCA are considered different manifestations of a shared disease spectrum. GCA should be suspected in patients with new-onset headache, scalp tenderness, jaw claudication, or visual disturbances. Because GCA can cause sudden and irreversible blindness due to occlusion of the ophthalmic artery, prompt diagnosis and treatment are critical, and this represents a key clinical priority in affected patients.

SUMMARY CONCEPTS

RA is a chronic systemic inflammatory arthritis characterized by symmetric synovial joint involvement. Persistent synovitis leads to pannus formation, cartilage and bone destruction, joint instability, and deformity. Extra-articular manifestations may involve the skin, eyes, lungs, blood vessels, and cardiovascular system. Treatment emphasizes early disease-modifying therapy using a treat-to-target approach to reduce inflammation, preserve function, and prevent structural damage.

SLE is a chronic autoimmune disease characterized by autoantibody production and immune-complex-mediated inflammation affecting multiple organ systems, including the skin, joints, kidneys, nervous system, and blood. Genetic, hormonal, and environmental factors contribute to disease development. Treatment focuses on controlling inflammation, preventing organ damage, and minimizing treatment-related complications.

SSc is an autoimmune connective tissue disease characterized by vascular injury, immune dysregulation, and progressive fibrosis of the skin and internal organs. Disease may be limited or diffuse and commonly affects the lungs, gastrointestinal tract, heart, and kidneys. Management is directed toward specific organ involvement and prevention of complications.

Polymyositis and dermatomyositis are inflammatory myopathies characterized by progressive proximal muscle weakness. Dermatomyositis also produces characteristic skin manifestations and is associated with an increased risk of malignancy in adults. Treatment typically includes immunosuppressive therapy and rehabilitation to preserve strength and function.

PMR is an inflammatory disorder of older adults characterized by aching and prolonged morning stiffness of the shoulder and pelvic girdles. It is closely associated with giant cell arteritis, which may present with headache, jaw claudication, or visual symptoms and requires prompt recognition to prevent vision loss.

Seronegative SpA

The **spondyloarthropathies (SpA)** are an interrelated group of multisystem inflammatory disorders that primarily affect the axial skeleton, particularly the sacroiliac joints and spine. Inflammation typically begins at the entheses—the sites where tendons and ligaments attach to bone—rather than in the synovium; sacroiliitis is a hallmark feature. These conditions may also involve peripheral joints and tendons. They are termed "seronegative" because RF is typically absent and are recognized as distinct clinical entities. Collectively, these disorders are important causes of chronic back pain, stiffness, and functional limitation and may be associated with extra-articular manifestations. Although these disorders share overlapping clinical features, they differ in patterns of joint involvement, associated conditions, and disease course.

The seronegative SpA include ankylosing spondylitis (radiographic axial SpA), non-radiographic axial SpA, reactive arthritis, psoriatic arthritis, and enteropathic arthritis (associated with inflammatory bowel disease [IBD]) (Cipolletta et al., 2022).

In children, SpA often present initially with peripheral arthritis and enthesitis before progressing to axial involvement, a pattern referred to as juvenile spondyloarthritis.

Ankylosing Spondylitis

Ankylosing spondylitis (AS) is a chronic inflammatory disease of the axial skeleton characterized by inflammatory back pain and progressive spinal stiffness with sacroiliac joint involvement. Onset is typically in late adolescence or early adulthood and is slightly more common in males. Peripheral arthritis (especially hips and shoulders) and enthesitis may occur. The disease spectrum ranges from an asymptomatic **sacroiliitis** to a progressive disease that can affect many body systems (Xiong et al., 2022).

Pathophysiology

Pathogenesis is multifactorial, involving genetic susceptibility (notably HLA-B27) and environmental factors. HLA-B27 is present in a majority, but not all, patients (frequency varies by population), and many carriers never develop disease. Proposed mechanisms include aberrant immune responses at entheses and the sacroiliac joints (Xiong et al., 2022).

Clinical Manifestations

Core symptoms include chronic inflammatory back pain (worse with rest or at night, improved with exercise), morning stiffness, and alternating buttock pain. Progressive loss of spinal mobility may lead to reduced lumbar lordosis and thoracic kyphosis; costovertebral involvement can limit chest expansion. Peripheral arthritis and enthesitis may be present, most often in the hips, shoulders, heels, and knees (Fig. 34-9).

Common extra-articular features include acute anterior uveitis (which may precede or herald axial disease), as well as psoriasis or IBD in the broader SpA spectrum. Osteoporosis and vertebral fracture risk are increased in longstanding disease (Xiong et al., 2022).

Diagnosis and Treatment

AS diagnosis is based on the clinical pattern of symptoms, physical findings, and imaging studies. Early in the disease, plain radiographs may appear normal, but MRI of the sacroiliac joints can detect inflammation before structural changes occur, allowing earlier recognition damage in psoriatic arthritis. In someone who is genetically predisposed (Agrawal et al., 2024).

The Assessment of SpondyloArthritis International Society (ASAS) criteria classify axial spondyloarthritis as either *radiographic* (with sacroiliitis visible on imaging) or *non-radiographic* (without visible structural damage but with characteristic clinical or imaging findings). The presence of the HLA-B27 gene, together with typical features such as inflammatory back pain, enthesitis, or uveitis, supports the diagnosis (Londono et al., 2024).

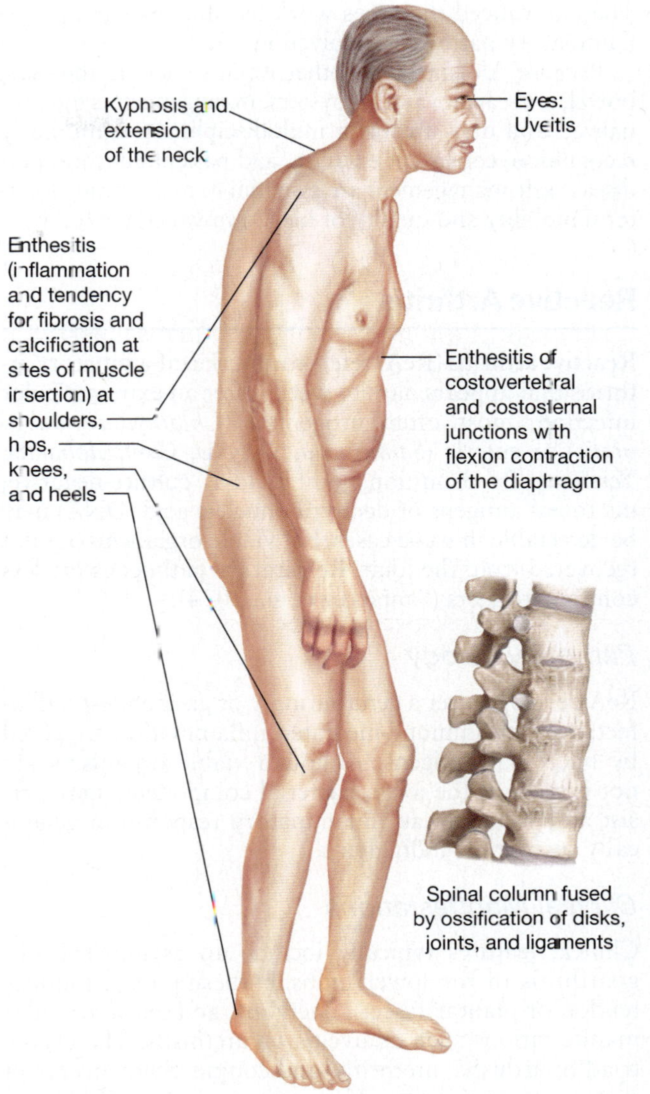

FIGURE 34-9. Clinical manifestations of ankylosing spondylitis.

Laboratory tests, including inflammatory markers (CRP and ESR), help assess disease activity but are not diagnostic on their own. Functional assessments—such as measurement of chest expansion, spinal mobility, and validated activity indices—help monitor disease progression and response to therapy.

Management focuses on controlling inflammation, maintaining posture and mobility, and preventing structural fusion of the spine. Exercise and physical therapy are central to care and remain effective throughout all disease stages. Posture training, deep-breathing exercises to maintain chest expansion, and smoking cessation are key nonpharmacologic measures.

When inflammation persists, medications that target the underlying immune response are used to reduce disease activity and prevent progression. Anti-inflammatory agents are typically tried first, followed by targeted biologic or synthetic therapies if symptoms remain active.

These advanced therapies work by blocking specific inflammatory pathways involved in AS.

Because AS can affect other organs such as the eyes, bowel, and cardiovascular system, management is individualized and may involve a multidisciplinary team. Early recognition, consistent exercise, and patient education on disease self-management are essential to maintaining long-term mobility and quality of life (Agrawal et al., 2024).

Reactive Arthritis

Reactive arthritis (ReA) refers to a sterile inflammatory arthritis that appears days to weeks after an extra-articular infection, most often urogenital (*Chlamydia trachomatis*) or enteric (*Salmonella, Shigella, Campylobacter, Yersinia*). By definition, joint fluid is culture-negative; microbial antigens or deoxyribonucleic acid (DNA) may be detectable in some cases, but viable organisms are not recovered from the joint. Respiratory pathogens are less common triggers (Santacruz et al., 2024).

Pathophysiology

ReA develops after a genitourinary or gastrointestinal infection, with immune-mediated inflammation triggered by microbial antigens. Although viable organisms are not present in the joint, bacterial components may persist and stimulate an inflammatory response in genetically susceptible individuals.

Clinical Manifestations

Clinical features typically include an asymmetric oligoarthritis of the lower limbs, enthesitis (e.g., Achilles tendon or plantar fascia), dactylitis, and extra-articular manifestations such as uveitis or urethritis. The classic triad of arthritis, urethritis, and conjunctivitis occurs in a minority of patients. The course may be self-limited, recurrent, or chronic.

The condition was previously referred to as Reiter syndrome; however, this eponym is no longer used in current practice. People living with human immunodeficiency virus (HIV) may also develop spondyloarthritis, including reactive arthritis, with potentially more severe or atypical presentations. Evaluation for HIV is appropriate in unexplained or severe cases.

Diagnosis and Treatment

Management is symptom-directed: NSAIDs are first-line, and local glucocorticoid injections can help mono/oligoarticular or enthesitis flares. If persistent, conventional DMARDs (e.g., sulfasalazine; methotrexate for peripheral disease) may be used; TNF or IL-17 inhibitors are options for refractory disease, chosen with comorbidities in mind. Antibiotics are indicated to treat the acute triggering infection (e.g., chlamydial urethritis and partner management). Routine short antibiotic courses after arthritis onset do not improve outcomes; in selected chronic chlamydia-associated ReA, prolonged combination regimens have shown benefit in trials and are considered only under specialist care (Santacruz et al., 2024).

KEY POINTS

Seronegative Spondyloarthropathies

- The seronegative SpA represent a group of related multisystem disorders that lack RF
- Inflammation commonly affects the axial skeleton at entheses (sites where ligaments and tendons attach to bone), with sacroiliitis as a hallmark.
- Although the causes are multifactorial, there is a strong association with HLA-B27; however, the allele is neither necessary nor sufficient for disease.

Psoriatic Arthritis

Psoriatic arthritis (PsA) is a seronegative inflammatory arthropathy that occurs in roughly 20% of people with psoriasis. It is heterogeneous, showing features that overlap with other SpA in some patients and with rheumatoid arthritis in others (Kao et al., 2023).

Pathophysiology

PsA arises from genetic susceptibility and environmental/immune triggers. About 40% of people with PsA have a family history of psoriasis or arthritis. In psoriatic arthritis, certain parts of the immune system become overactive, especially the IL-23/Th17 axis pathway, which involves immune cells that release chemicals causing inflammation. Much of this inflammation happens at the enthesis, which is where tendons or ligaments attach to bone (a key site of pain and damage in psoriatic arthritis). In someone who is genetically predisposed. They are termed "seronegative" because RF is typically absent, trauma and infections, such as strep, can precipitate disease flares (Kao et al., 2023).

Clinical Manifestations and Treatment

Although arthritis can precede a visible rash, diagnosis is supported by the CASPAR classification criteria, which allow classification based on current psoriasis, personal or family history of psoriasis, typical nail changes, negative RF, dactylitis, or juxta-articular new bone formation. Because psoriasis may be absent at onset, relying solely on skin or nail changes can miss early PsA. Historically, PsA has been described in five clinical patterns (these may overlap over time):

1. Asymmetric oligoarthritis of peripheral joints
2. Spondylitis with inflammatory back pain and sacroiliitis
3. Symmetric polyarthritis resembling RA
4. Predominant DIP joint involvement
5. Arthritis mutilans, a rare, severe, deforming subtype (Ciccia et al., 2025)

Additional hallmark domains include enthesitis (e.g., heel pain) and dactylitis ("sausage digits"), as well as nail dystrophy. Serum uric acid may be elevated with extensive skin disease and can confound assessment when gout is suspected.

Management follows a treat-to-target strategy and is individualized to the active domains (peripheral joints, axial disease, enthesitis, dactylitis, skin/nails). NSAIDs can relieve symptoms in mild disease. For persistent peripheral arthritis (involving the hands, knees, or other limb joints), treatment usually begins with conventional synthetic disease-modifying antirheumatic drugs (DMARDs) such as methotrexate, often combined with dermatologic therapy to manage skin and nail symptoms. If symptoms do not improve—or if the disease mainly affects the spine (axial disease) or the entheses (areas where tendons attach to bone)—biologic or targeted synthetic agents are recommended. Choice is guided by comorbidities (e.g., IBD, uveitis), skin severity, and safety considerations (Kao et al., 2023).

Enteropathic Arthritis

Enteropathic arthritis refers to spondyloarthritis associated with IBD (ulcerative colitis or Crohn disease). Musculoskeletal involvement is the most frequent extraintestinal manifestation of IBD. Peripheral arthritis occurs in roughly 10% to 20% of patients overall, while axial disease (sacroiliitis/axial spondyloarthritis) is less often symptomatic but may be detected on imaging even without back symptoms. HLA-B27 is more strongly associated with axial involvement than with peripheral disease (Shahid et al., 2024).

Pathophysiology

Enteropathic arthritis arises from shared inflammatory pathways between the gastrointestinal tract and the musculoskeletal system. Immune activation in IBD contributes to joint inflammation, with cytokine-mediated processes affecting synovial and entheseal tissues. Genetic susceptibility, including HLA-B27, is more strongly associated with axial involvement.

Clinical Manifestations

Peripheral arthritis is often categorized as type 1 (acute, pauciarticular, large joints; parallels IBD activity) or type 2 (chronic, polyarticular; independent of gut activity). Axial disease presents with inflammatory back pain and sacroiliitis similar to other forms of axial spondyloarthritis. Enthesitis and dactylitis can occur.

Diagnosis and Treatment

Management of spondyloarthritis associated with IBD focuses on controlling inflammation in both the joints and the gastrointestinal tract. Treatment plans emphasize an integrated approach, balancing symptom relief with control of systemic inflammation while avoiding therapies that might worsen intestinal disease.

Nonpharmacologic care—including exercise, physical therapy, smoking cessation, and patient education—is foundational and helps preserve joint mobility and bowel health. Anti-inflammatory medications can be used short-term to relieve pain and stiffness but must be selected carefully because some may aggravate colitis.

When inflammation persists, therapy is guided by the principle of choosing agents that are effective for both IBD and arthritis. Coordination between rheumatology and gastroenterology teams ensures that treatment supports joint health without worsening intestinal symptoms.

Management follows international guidelines such as the ASAS–EULAR recommendations for axial spondyloarthritis and current consensus frameworks for IBD. Ongoing assessment, patient involvement, and multidisciplinary collaboration are key to improving long-term outcomes and maintaining quality of life (Soriano et al., 2024).

SUMMARY CONCEPTS

SpA are a family of inflammatory rheumatic diseases that typically lack RF/ACPA, share involvement of the axial skeleton (sacroiliac joints and spine), and feature inflammation at entheses (tendon/ligament insertions). They include ankylosing spondylitis (radiographic axial SpA), non-radiographic axial SpA, reactive arthritis, psoriatic arthritis, and enteropathic arthritis. A strong association with HLA-B27 exists but is neither necessary nor sufficient for disease.

AS is the prototypical axial SpA, characterized by inflammatory back pain, bilateral sacroiliitis on imaging, and progressive loss of spinal mobility; hips and shoulders may also be affected. Extra-articular features (e.g., acute anterior uveitis) can occur, and bone loss increases vertebral fracture risk. Disease course ranges from mild to progressive.

ReA is a sterile arthritis that develops after genitourinary or gastrointestinal infection and often presents as an asymmetric lower-limb oligoarthritis with enthesitis or dactylitis; uveitis may occur. The course may be self-limited, recurrent, or chronic.

PsA is heterogeneous, with peripheral arthritis, axial disease, enthesitis/dactylitis, and characteristic skin and nail changes. Enteropathic arthritis occurs with IBD and may present with peripheral or axial manifestations.

Identifying shared patterns (axial inflammation, enthesitis, dactylitis, extra-articular disease) and distinguishing associated conditions or triggers (psoriasis, IBD, preceding infection) guides diagnosis and treatment selection.

Degenerative and Crystal-Induced Arthropathies

Degenerative and crystal-induced arthropathies represent distinct but common causes of joint pain and functional limitation. Degenerative disorders, such as osteoarthritis, arise from progressive structural breakdown and remodeling of joint tissues, often influenced by mechanical stress, aging, and metabolic factors. In contrast, crystal-induced arthropathies result from deposition of crystals within joints and periarticular tissues, triggering acute or chronic inflammation. Although their underlying mechanisms differ, both categories can lead to pain, stiffness, reduced mobility, and long-term joint damage.

Osteoarthritis

Osteoarthritis (OA) formerly called degenerative joint disease, is the most prevalent form of arthritis and a leading cause of pain, disability, and reduced quality of life, particularly in older adults. Rather than a single uniform condition, OA represents a heterogeneous disease process involving progressive structural changes within the entire joint. These changes include degeneration of articular cartilage, remodeling of subchondral bone, and varying degrees of synovial inflammation. OA most commonly affects weight-bearing joints such as the knees and hips, as well as the spine and hands, but may also develop in younger individuals following joint injury or abnormal joint mechanics. OA may occur as a primary (idiopathic) condition or secondary to known risk factors such as trauma, congenital abnormalities, or metabolic disorders.

In primary OA, intrinsic factors such as aging, genetic predisposition, and biochemical alterations disrupt cartilage homeostasis, leading to progressive joint narrowing, subchondral sclerosis, osteophyte formation, and pain. Secondary OA develops as a result of identifiable joint injury or stress, including mechanical overload, instability, or prior inflammatory disease (Sen & Hurley, 2023).

Epidemiology and Risk Factors

OA is strongly associated with advancing age, with radiographic evidence present in a large proportion of adults over age 65, although not all individuals are symptomatic. Sex differences exist, with males more commonly affected earlier in life and females more frequently affected after midlife. Genetic factors influence susceptibility, particularly in hand and hip OA (Sen & Hurley, 2023).

Obesity is a major modifiable risk factor, especially for knee OA, contributing both mechanical stress and systemic low-grade inflammation. Additional risk factors include joint injury, repetitive mechanical loading, muscle weakness, malalignment, and metabolic comorbidities such as diabetes and dyslipidemia (Sen & Hurley, 2023). Chart 34-2 provides an overview of OA causes.

CHART 34-2

CAUSES OF OSTEOARTHRITIS

Postinflammatory and Infectious Disorders

Rheumatoid arthritis and other inflammatory arthritides

Septic arthritis (bacterial, fungal, or postinfectious)

Posttraumatic and Mechanical Disorders

Acute intra-articular fracture

Ligamentous or meniscal injury

Cumulative occupational- or sports-related microtrauma

Repetitive overuse- or malalignment-related stress

Congenital and Anatomic Disorders

Developmental dysplasia of the hip

Legg-Calvé-Perthes disease

Slipped capital femoral epiphysis

Paget disease of bone

Avascular (osteonecrotic) lesions

Metabolic and Endocrine Disorders

CPPD (pseudogout)

Hemochromatosis

Acromegaly

Wilson disease

Ochronosis (alkaptonuria)

Diabetes- and obesity-related metabolic dysfunction

Neuropathic and Neurogenic Arthropathies

Charcot (neuropathic) joint

Hereditary or Genetic Disorders of Collagen and Cartilage Integrity

Ehlers–Danlos syndrome

Other inherited connective tissue or collagen defects

Idiopathic or Primary Variants

Age-related osteoarthritis

Generalized (polyarticular) osteoarthritis

Familial/genetic predisposition to osteoarthritis

Osteoarthritis associated with obesity and metabolic risk factors without identifiable structural joint disease

Pathophysiology

OA is now recognized as a "whole-joint" disorder involving cartilage, subchondral bone, synovium, ligaments, and surrounding structures. Articular cartilage

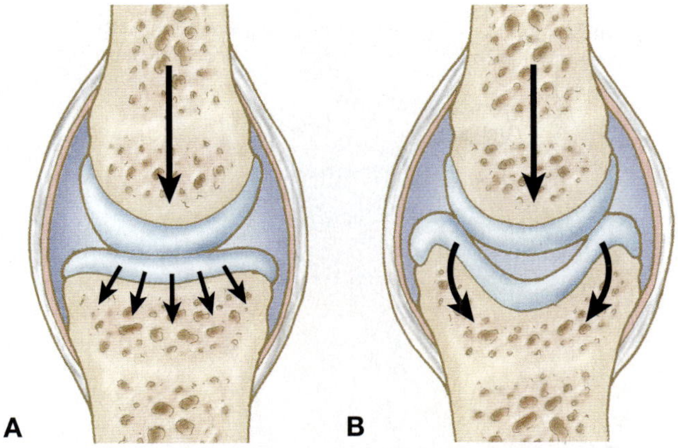

FIGURE 34-10. **A.** A joint normally undergoes deformation of the articular cartilage and the subchondral bone when carrying a load. This maximizes the contact area and spreads the force of the load. **B.** If the joint does not deform with a load, the stresses are concentrated and the joint breaks down.

consists of chondrocytes embedded in an extracellular matrix rich in collagen and proteoglycans, which provide strength and resilience. In OA, disruption of the balance between matrix synthesis and degradation leads to progressive cartilage breakdown (Fig. 34-10).

In early OA, matrix changes include increased water content, loss of proteoglycan density, and weakening or disruption of the collagen network. Chondrocytes respond to injury or stress by producing catabolic enzymes and inflammatory mediators (e.g., IL-1, TNF, IL-6) which further degrade the matrix. Mismatch between matrix degradation and repair leads to progressive cartilage thinning and microfissuring (Sen & Hurley, 2023).

As surface integrity is lost, fissures deepen, clefts form, and cartilage fragments may detach. Synovial fluid may enter cracks, worsening delamination. In advanced stages, cartilage may be completely lost, exposing subchondral bone.

Contrary to older "cartilage-first" models, mounting evidence points to early subchondral bone changes as central to OA initiation and progression. Subchondral bone remodeling (sclerosis, microdamage, altered vascularization) can disturb mechanical support and nutrient transfer to cartilage, promoting degeneration.

Bone cysts, bone marrow lesions (on MRI), and osteophyte formation reflect maladaptive responses to altered mechanical stress. The sclerosis (hardening) of bone reduces its shock-absorbing capacity, increasing stress on cartilage.

Although OA is not classically considered an inflammatory arthropathy, low-grade synovitis is common and contributes to symptomatology and structural damage. Synovial macrophages and fibroblasts may be activated by cartilage debris and alarmins, releasing cytokines (e.g., IL-1β, TNF, IL-6), chemokines, complement factors, and matrix-degrading enzymes (Fig. 34-11) (Sen & Hurley, 2023).

Inflammation can also lead to angiogenesis and innervation (pain sensitization) within the joint. Central and peripheral nervous system sensitization (neuroinflammation) increasingly is recognized as contributing to chronic pain in OA.

These processes—mechanical stress, cartilage injury, subchondral bone remodeling, synovial activation, and metabolic/inflammatory signaling form vicious cycles that drive disease progression. As cartilage degrades, altered loading and joint instability worsen, further injuring tissues and fueling inflammation. Emerging evidence implicates mitochondrial dysfunction, oxidative stress, metabolic dysregulation, and organelle stress (e.g., endoplasmic reticulum stress) as additional substrates of disease progression (Fig. 34-12).

In secondary OA, repetitive impact loading, malalignment, joint instability, or inadequate rehabilitation after injury can accelerate degenerative changes. For example, athletes or workers with high joint loads (knees, shoulders, ankles) are at increased risk. Immobilization (e.g., cast) leads to cartilage atrophy, in part because joint movement contributes to nutrition via fluid flow ("pumping" effect). Rapid remobilization must be done carefully—gradually—so as not to overwhelm the cartilage with stress that impedes recovery (Sen & Hurley, 2023).

KEY POINTS

Osteoarthritis

- OA can present as a primary idiopathic condition with multifactorial risk influences (age, genetics, obesity, joint mechanics, and metabolic factors) or as a secondary disorder related to congenital or acquired conditions that alter the distribution of joint stress.
- OA is characterized by progressive loss of articular cartilage integrity with microcracks that deepen into the subchondral bone, development of subchondral sclerosis, bone cysts, osteophyte formation, and varying degrees of low-grade synovial inflammation.
- Although historically described as "noninflammatory," OA is now recognized as a "whole-joint disease," involving cartilage, subchondral bone, ligaments, menisci, and synovium, driven by a combination of mechanical stress, inflammatory mediators, and metabolic dysregulation.

Clinical Manifestations

OA symptoms typically develop insidiously and progress over years, though acute flare-like episodes can occur. Early pain is often described as a deep, aching discomfort localized poorly to the affected joint. Pain worsens with joint use and improves with rest but may become

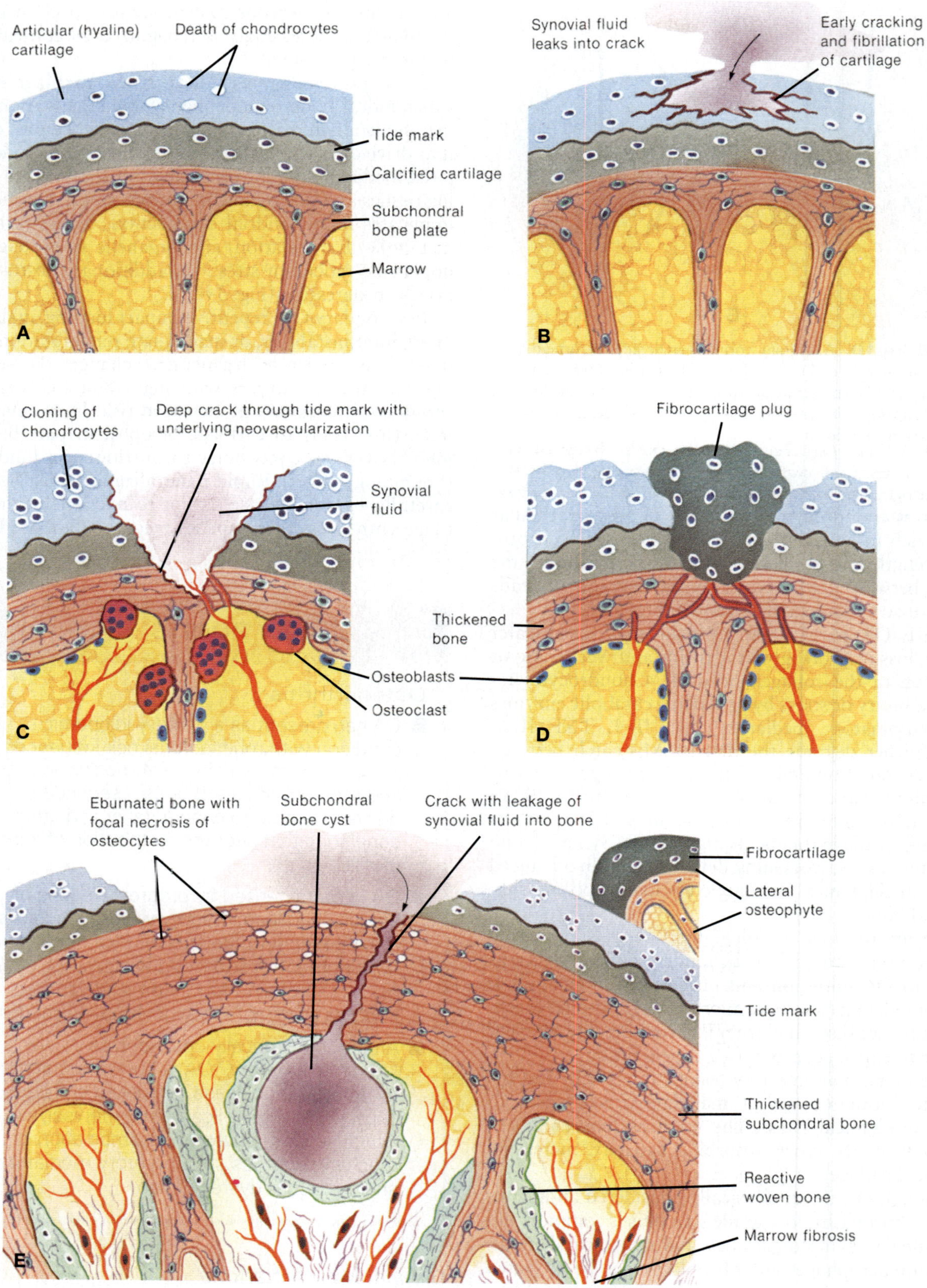

FIGURE 34-11. Histogenesis of osteoarthritis. **A** and **B.** The death of chondrocytes leads to a crack in the articular cartilage that is followed by an influx of synovial fluid and further loss of cartilage. **C.** As a result of this process, cartilage is gradually worn away. Below the tidemark, new vessels grow in from the epiphysis, and fibrocartilage (**D**) is deposited. **E.** The fibrocartilage plug is not mechanically sufficient and may be worn away, thus exposing the subchondral bone plate, which becomes thickened and eburnated. If there is a crack in this region, synovial fluid leaks into the marrow space and produces a subchondral bone cyst. Focal regrowth of the articular surface leads to the formation of osteophytes. (From Strayer, D., & Rubin, R. [Eds.]. [2015]. *Rubin's pathology: Clinicopathologic foundations of medicine* [7th ed., Fig. 30-53, p. 1361]. Lippincott Williams & Wilkins.)

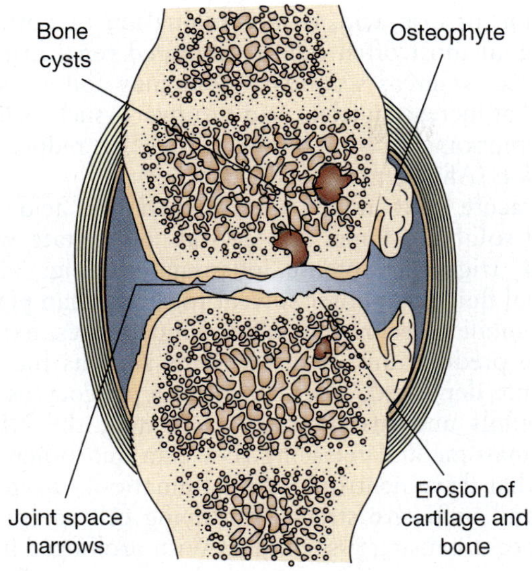

FIGURE 34-12. Joint changes in osteoarthritis. The left side denotes early changes and joint space narrowing with cartilage breakdown. The right side shows more severe disease progression with loss of cartilage and osteophyte formation.

more persistent or nocturnal in advanced stages. Morning stiffness is common but usually resolves within 30 minutes, distinguishing OA from inflammatory arthritides such as RA. Crepitus or a grating sensation may be palpable or audible during joint movement. As the disease advances, even minor activity can provoke pain due to loss of cartilage cushioning and intra-articular structural changes (Sen & Hurley, 2023).

The joints most commonly affected are the knees, hips, cervical and lumbar spine, distal and PIP joints of the hands, the first carpometacarpal joint at the base of the thumb, and the first metatarsophalangeal joint of the feet. Table 34-1 summarizes common sites and their typical findings. OA may involve one joint (monoarticular) or several joints (oligo- or polyarticular). Compensatory overuse often accelerates OA development in adjacent or contralateral joints—explaining, for instance, why the opposite knee frequently requires replacement after unilateral surgery.

Additional clinical features include reduced range of motion, joint instability, and visible enlargement due to osteophyte formation and bony remodeling. The joint typically feels hard or firm on palpation, unlike the spongy swelling seen in rheumatoid arthritis. Mild synovitis or effusion may occur but is usually noninflammatory in nature.

Diagnosis and Treatment

Diagnosis of OA is primarily clinical, supported by characteristic imaging findings. Radiographs typically demonstrate joint-space narrowing, osteophytes, subchondral sclerosis, and cyst formation. Laboratory findings are usually normal, and synovial fluid is noninflammatory.

Management focuses on symptom control, preservation of function, and slowing disease progression.

TABLE 34-1 Clinical Features of Osteoarthritis

Joint	Clinical Features
Cervical spine	Localized stiffness and reduced range of motion; neck pain that may radiate to the shoulders or upper extremities; posterior osteophytes may contribute to nerve root or vertebral artery compression, leading to radicular pain or vertebrobasilar insufficiency symptoms (dizziness, headache).
Lumbar spine	Low back pain and stiffness; paraspinal muscle spasm; limited extension and rotation; nerve root compression may produce radicular pain, sensory changes, or weakness; lumbar spinal stenosis can cause neurogenic claudication relieved by flexion.
Hip	Common in older adults, especially males; insidious onset of deep groin or anterior thigh pain, sometimes referred to the buttock, sacroiliac, or knee regions; pain worsens with weight bearing; decreased internal rotation and flexion; leg often held in external rotation with flexion and adduction; antalgic or Trendelenburg gait; difficulty rising from chairs or climbing stairs.
Knee	Most frequent site of symptomatic OA; localized pain, stiffness, and crepitus on motion; reduced flexion and extension; joint effusion may be present; quadriceps atrophy secondary to disuse; instability or giving-way sensation; genu varum or valgum deformity in advanced disease.
First carpometacarpal (thumb) joint	Pain and tenderness at the base of the thumb; loss of pinch strength; joint enlargement giving a "squared" appearance; pain worsens with grasping or twisting motions (e.g., opening jars).
PIP joints—Bouchard nodes	Firm, bony nodules at the proximal interphalangeal joints; reduced motion; mild discomfort and lateral deviation similar to but usually less pronounced than DIP involvement.
DIP joints—Heberden nodes	Most common in middle-aged or older females; multiple DIP joints affected; hard, irregular bony enlargements and lateral deviation; intermittent aching or tenderness after use; cosmetic deformity prominent.
First metatarsophalangeal joint	Gradual onset of pain, stiffness, and swelling at the base of the great toe; aggravated by tight footwear; limited dorsiflexion ("hallux rigidus"); irregular joint contour and bunion formation possible.

DIP, distal interphalangeal; OA, osteoarthritis; PIP, proximal interphalangeal.

Nonpharmacologic interventions—including exercise, weight reduction, physical therapy, and assistive devices—are foundational. Pharmacologic therapy includes topical and oral NSAIDs, with other agents used selectively based on patient factors. In advanced disease, intra-articular corticosteroid injections may provide temporary relief, and surgical interventions such as joint replacement may be considered when conservative measures fail.

Gout

Gout is a metabolic disorder characterized by hyperuricemia and the deposition of monosodium urate crystals in joints, soft tissues, and kidneys. It encompasses several related manifestations: acute gouty arthritis with recurrent attacks of severe inflammation, tophaceous gout with chronic urate deposition in tissues, gouty nephropathy involving urate deposition within renal parenchyma, and uric acid nephrolithiasis. Gout is more common in males, with peak incidence between the ages of 40 and 60 years, although the prevalence rises in postmenopausal people.

Hyperuricemia, defined as serum urate levels above 7 mg/dL in males and 6 mg/dL in females, affects roughly 5% to 8% of adults in the United States, but only about one in five individuals with elevated uric acid develop clinical gout. Risk is higher in persons with obesity, hypertension, chronic kidney disease, metabolic syndrome, and high dietary purine intake.

Primary gout, which accounts for about 90% of cases, results from inherited or idiopathic defects in purine metabolism or renal urate excretion. Secondary gout develops when hyperuricemia arises from another disorder, such as renal insufficiency, myeloproliferative disease, tumor lysis syndrome, or medication use. Drugs that commonly impair uric acid elimination include thiazide and loop diuretics, cyclosporine, and low-dose aspirin (Ahn & So, 2024).

The incidence of gout rises with advancing age, largely because of chronic hyperuricemia, polypharmacy, and declining renal function. In older adults—particularly postmenopause—uric acid levels increase as the uricosuric effects of estrogen wane. Gouty attacks in this age group may be polyarticular and less dramatic in onset than in younger individuals, often involving the small joints of the hands rather than the classic first metatarsophalangeal joint (Yang & Liu, 2025). Common precipitating factors include diuretic therapy, dehydration, and reduced renal clearance.

Pathophysiology

The pathogenesis of gout centers on elevated serum urate concentration leading to precipitation of monosodium urate crystals in joints and tissues. Uric acid is the end product of purine metabolism, produced through both a de novo synthetic pathway and a salvage pathway that recycles purine bases from dietary and endogenous nucleic acid breakdown. Hyperuricemia may result from overproduction of purines, decreased renal excretion of uric acid, or a combination of both. Primary gout most often reflects impaired renal uric acid clearance, whereas secondary gout may follow conditions that increase nucleic acid turnover—such as leukemia, lymphoma, or psoriasis—or drugs that reduce renal excretion (Afinogenova et al., 2022).

An acute gout attack occurs when uric acid levels exceed solubility limits and crystals precipitate within a joint, triggering intense inflammation (Fig. 34-13). Synovial fluid is a poorer solvent for urate than plasma, and solubility declines at lower temperatures, explaining the predilection for distal joints such as the great toe. Once deposited, MSU crystals are phagocytosed by neutrophils and macrophages, activating the NLRP3 inflammasome and releasing IL-1-beta and other cytokines that drive neutrophilic inflammation. Enzyme release and oxidative stress from dying cells perpetuate the process, causing tissue injury. With prolonged hyperuricemia, microscopic aggregates known as microtophi accumulate in the synovial lining and cartilage. Over time, these enlarge to form visible tophi—firm nodules containing crystalline deposits—most often found in the olecranon bursa, Achilles tendon, ear helix, fingers, or elbows. These tophi mark the transition to chronic tophaceous gout, which is characterized by polyarticular involvement, joint deformity, and persistent low-grade inflammation (Ahn & So, 2024).

Clinical Manifestations

Gout typically progresses through four clinical phases. The first, asymptomatic hyperuricemia, is defined by elevated serum urate without symptoms and may persist for years. The second phase, acute gouty arthritis, presents as a sudden, severe monoarticular attack—most commonly at the first metatarsophalangeal joint, a presentation known as *podagra*. Other joints of the feet, ankles, knees, wrists, or elbows may be affected (Fig. 34-14). Attacks often begin at night and can be triggered by alcohol intake, dehydration, surgery, dieting, or certain medications. The affected joint becomes red, hot, swollen, and exquisitely tender, sometimes intolerant even of light pressure such as a bedsheet. After the acute episode subsides, patients enter an intercritical phase during which they are symptom-free for months or years. With recurrent flares, joint damage accumulates, leading to the chronic tophaceous phase marked by multiple-joint involvement and fixed deformities.

Comorbid conditions frequently accompany gout and contribute to its progression. These include cardiovascular disease, metabolic syndrome, obesity, insulin resistance, hyperlipidemia, hypertension, chronic kidney disease, and excessive alcohol consumption. Evaluation and management of these conditions are essential components of comprehensive care (Afinogenova et al., 2022).

Diagnosis and Treatment

Diagnosis of gout requires identification of monosodium urate crystals in synovial fluid or tophaceous material. The crystals are needle-shaped and display strong negative birefringence under polarized light microscopy.

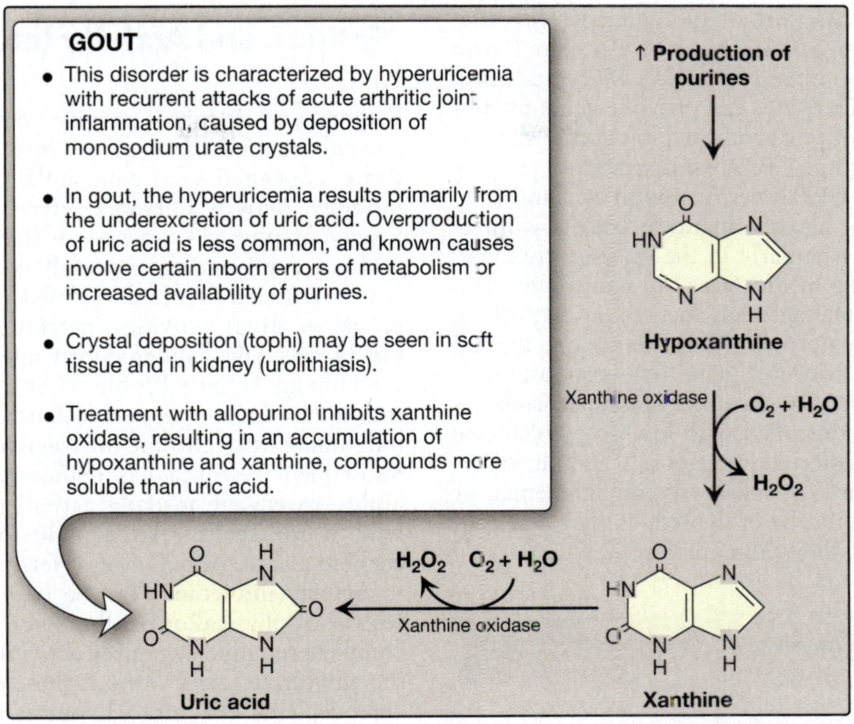

FIGURE 34-13. The degradation of purine nucleotides to uric acid is involved in the development of gout. (Modified from Ferrier, D. R. [2015]. *Lippincott's illustrated reviews: Biochemistry* [6th ed., Fig. 22.15]. Lippincott Williams & Wilkins.)

Although serum uric acid levels support diagnosis, they may be normal during an acute flare. Measurement of 24-hour urinary uric acid excretion helps differentiate overproduction from under-excretion of urate. Imaging may reveal asymmetric joint swelling and erosions with overhanging edges, while ultrasound and dual-energy CT can visualize urate deposits noninvasively. With age, diagnosis may be complicated by atypical symptoms and coexisting osteoarthritis.

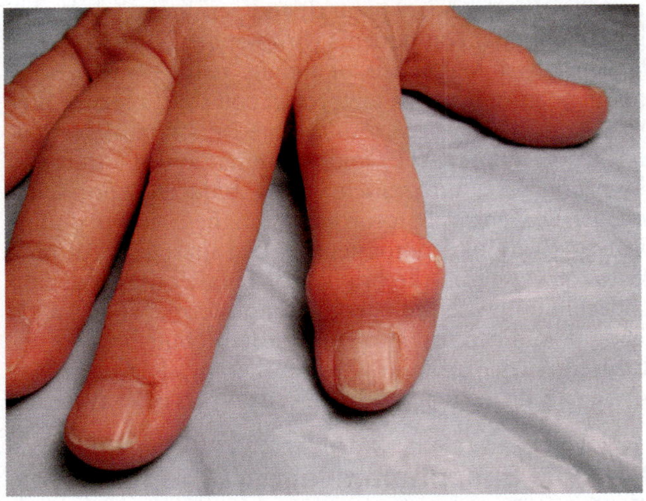

FIGURE 34-14. Tophaceous gout affecting the distal interphalangeal joint. (From Ballantyne, J. C., Fishman, S. M., & Rathmell, J. P. [2018]. *Bonica's management of pain* [5th ed., Fig. 34-10]. Wolters Kluwer.)

Management of gout aims to control inflammation, prevent recurrences, and maintain serum urate below 6 mg/dL (or below 5 mg/dL in tophaceous disease). During an acute attack, NSAIDs such as indomethacin or naproxen are first-line therapy. Colchicine is effective when initiated early, and corticosteroids, oral or intra-articular, are used when NSAIDs are contraindicated. In severe or refractory cases, biologic agents targeting IL-1 may be considered (Afinogenova et al., 2022).

Long-term urate-lowering therapy is initiated after acute inflammation resolves. Lifestyle modification remains central to management. Patients should maintain a healthy body weight, limit alcohol, especially beer and spirits, avoid purine-rich foods such as organ meats and shellfish, ensure adequate hydration, and follow balanced dietary patterns such as the DASH diet, which may lower serum urate. Medications that elevate uric acid, including thiazide diuretics, should be reviewed and adjusted when possible.

Although there is no cure, gout is highly manageable with adherence to treatment and lifestyle strategies. Early recognition, long-term urate control, and management of metabolic comorbidities can prevent irreversible joint damage and restore quality of life (Afinogenova et al., 2022).

Pseudogout

Pseudogout, also known as calcium pyrophosphate deposition disease (CPPD), is a crystal-induced arthropathy that commonly affects older adults. It results from the accumulation of calcium pyrophosphate dihydrate (CPP) crystals in articular cartilage, synovial fluid, and periarticular tissues. As part of the aging process, degenerative changes in cartilage—often associated with osteoarthritis—promote the release of CPP crystals into the joint cavity. These crystals can provoke acute inflammation resembling gout or produce a low-grade chronic synovitis, termed chronic CPP crystal arthritis.

The prevalence of CPPD increases with age, and crystal deposition may be asymptomatic or coexist with severe osteoarthritis, particularly in the knees, wrists, and shoulders. Although no medications can remove the crystals from the joints, management focuses on controlling inflammation and symptoms. Acute flares are treated with NSAIDs, low-dose colchicine, or corticosteroids (oral or intra-articular). For chronic disease, persistent inflammation may be controlled with low-dose colchicine or intermittent corticosteroid injections. Metabolic disorders such as hyperparathyroidism, hypomagnesemia, or hemochromatosis should be evaluated, as they can contribute to secondary CPPD (Yamauchi et al., 2022).

SUMMARY CONCEPTS

OA is the most common form of arthritis, characterized by progressive degeneration of articular cartilage, remodeling of subchondral bone, and varying degrees of low-grade inflammation. It is a whole-joint disorder involving cartilage, bone, synovium, and surrounding structures. Risk factors include aging, obesity, joint injury, and mechanical stress. Clinical manifestations include joint pain that worsens with use, brief morning stiffness, crepitus, and reduced range of motion. Management focuses on symptom control, preservation of function, and slowing disease progression through nonpharmacologic, pharmacologic, and surgical interventions when necessary.

Crystal-induced arthropathies are caused by deposition of crystals within joints, leading to inflammation and tissue injury. Gout is the prototype and results from hyperuricemia with deposition of monosodium urate crystals. It typically presents with acute, severe monoarticular inflammation, most commonly affecting the first metatarsophalangeal joint. Treatment of acute attacks focuses on reducing inflammation; long-term management aims to lower serum urate level and prevent recurrence.

CPPD, or pseudogout, is caused by deposition of calcium pyrophosphate crystals and most often affects older adults. It may present as acute arthritis resembling gout or as chronic joint disease associated with osteoarthritis. Management focuses on controlling inflammation and addressing underlying metabolic contributors.

Fatigue and Activity Intolerance

Fatigue and reduced activity tolerance are common clinical manifestations across many MSDs, particularly those associated with pain, inflammation, or impaired mobility. **Activity tolerance** refers to the amount or intensity of physical activity an individual can perform without experiencing excessive exertion or physiologic compromise. It is often assessed through patient self-report of usual activities, perceived tolerance, and fatigue levels. One validated instrument for this purpose is the Human Activity Profile (HAP), originally developed to evaluate functional performance and quality of life in individuals with chronic obstructive pulmonary disease. Subsequent research has demonstrated that perceived ability to engage in daily activities strongly correlates with overall health-related quality of life across multiple chronic disease populations (Herrmann et al., 2024).

Activity intolerance can be viewed as an insufficient reserve of physical or psychological energy to initiate or complete required or desired activities. Fatigue represents the subjective sensation that these energy reserves have been depleted. It is a nearly universal human experience but varies in intensity, duration, and cause. In MSDs, fatigue often reflects the combined effects of chronic pain, inflammation, reduced mobility, and deconditioning, although it may also arise from coexisting conditions such as anemia, endocrine dysfunction, or chronic infection (Brito et al., 2022).

Similar to dyspnea and pain, fatigue is a subjective symptom that cannot be measured directly by physiologic parameters. It is commonly described as a pervasive sense of weakness, lack of motivation, or difficulty initiating or sustaining effort. Unlike ordinary tiredness, which resolves with adequate rest, pathologic fatigue persists despite sufficient sleep and may fluctuate independently of activity level. Although fatigue is one of the most frequently reported symptoms in clinical practice, its mechanisms are complex and not fully understood, involving both central (neural) and peripheral (muscular and metabolic) components (Brito et al., 2022).

The physiologic basis of fatigue reflects interactions among neuromuscular, metabolic, and psychological factors. Peripheral fatigue results from depletion of adenosine triphosphate (ATP) and accumulation of metabolic by-products within muscle fibers, reducing contractile efficiency. Central or neurologic fatigue involves diminished activation of motor neurons and altered neurotransmitter signaling in the brain and spinal cord, producing a decline in perceived energy and performance capacity. Fatigue and activity intolerance often contribute to decreased participation in physical therapy, delayed recovery, and reduced independence in activities of daily living.

Myalgic Encephalomyelitis/Chronic Fatigue Syndrome

In some individuals, fatigue is not simply a manifestation of underlying musculoskeletal disease but represents a primary disorder. **Myalgic encephalomyelitis/chronic fatigue syndrome (ME/CFS)** is a complex, multisystem disorder characterized by disabling fatigue lasting at least 6 months that is not alleviated by rest and is accompanied by a constellation of symptoms, including musculoskeletal pain, orthostatic intolerance, cognitive impairment, and sleep disturbances. Current evidence suggests involvement of immune dysregulation and chronic low-grade inflammation (Columbia University, 2025). The condition is relatively common, affecting an estimated 1.5 to 2 million adults in the United States, yet it remains underdiagnosed and poorly understood (Marshall-Gradisnik & Eaton-Fitch, 2022).

Pathophysiology

The precise pathophysiology of ME/CFS is not fully understood; however, multiple interacting mechanisms are thought to contribute, including genetic predisposition, immune dysregulation, autonomic nervous system dysfunction, and metabolic abnormalities. Proposed mechanisms include impaired mitochondrial energy production, increased oxidative and nitrosative stress, and chronic low-grade inflammation (Table 34-2).

More than 60% of patients with ME/CFS report that symptoms began after an acute viral-like illness. Research has explored associations with infectious agents such as Epstein–Barr virus, human herpesvirus 6, and *Borrelia* species; however, no single pathogen has been proven causative. Current evidence suggests that a viral or environmental trigger may initiate an exaggerated or dysregulated immune response that fails to return to baseline (Marshall-Gradisnik & Eaton-Fitch, 2022).

Abnormalities of the hypothalamic–pituitary–adrenal (HPA) axis have been identified, including reduced cortisol production, altered circadian rhythm, and decreased responsiveness to corticotropin-releasing hormone. These alterations may contribute to symptoms of fatigue, sleep disruption, and orthostatic intolerance (Hendrix et al., 2024).

Genetic studies have identified associations involving the SQSTM1 and COMT genes, as well as polymorphisms affecting mitochondrial function, serotonin signaling, and inflammatory pathways. Transcriptomic analyses also support the presence of a persistent proinflammatory state in ME/CFS, with elevated cytokines such as IL-6 and TNF-alpha in some individuals (Hajdarevic et al., 2022).

Clinical Manifestations

Profound, persistent fatigue is the hallmark symptom of ME/CFS and is often described as overwhelming physical and mental exhaustion that worsens with exertion. A preceding viral or flu-like illness is commonly reported at onset, followed by recurrent episodes of worsening fatigue and partial recovery. The illness typically follows a fluctuating course with periods of exacerbation and remission (Grach et al., 2023).

Other physical findings may include low-grade fever, nonexudative pharyngitis, and tender cervical or axillary lymph nodes. Patients frequently report diffuse myalgia, arthralgia, and sleep that is nonrestorative. Neurologic and autonomic symptoms such as dizziness, orthostatic intolerance, lightheadedness, and palpitations are common.

TABLE 34-2 Chronic Illnesses and Causes of Chronic Fatigue

Chronic Illness	Cause of Fatigue
Acquired immunodeficiency syndrome (AIDS)	Impaired immune function, anorexia, muscle wasting, medication side effects, and psychosocial stressors associated with chronic illness
Anemia	Decreased oxygen-carrying capacity of the blood leading to tissue hypoxia
Arthritis	Pain, inflammation, and joint dysfunction causing impaired mobility, disturbed sleep, and emotional distress
Cancer	Tumor-related catabolic processes and cytokine release; anorexia and weight loss; treatment effects from chemotherapy and radiation; psychological factors such as depression, fear, and hopelessness
Cardiac Disease	
Myocardial infarction	Myocardial tissue loss leading to decreased cardiac output, reduced perfusion, and impaired oxygen and nutrient delivery
Congestive HF	Impaired cardiac pumping function resulting in poor muscle perfusion and oxygenation
Neurologic Disorders	
Multiple sclerosis	Demyelination of central nervous system (CNS) pathways slowing nerve conduction, resulting in weakness and fatigue
Myasthenia gravis	Autoimmune destruction of acetylcholine receptors at the neuromuscular junction causing fluctuating muscle weakness and fatigue
Chronic lung disease	Increased work of breathing and impaired gas exchange causing hypoxemia and energy depletion
Chronic renal failure	Accumulation of metabolic wastes, electrolyte and acid–base imbalance, and anemia due to decreased erythropoietin production
Metabolic Disorders	
Hypothyroidism	Reduced basal metabolic rate leading to lethargy and fatigue
Diabetes mellitus	Impaired glucose utilization by muscle cells and altered energy metabolism
Obesity	Imbalance between caloric intake and expenditure; increased energy demand for movement due to excess weight
Steroid myopathy	Glucocorticoid-induced inhibition of protein synthesis and glycogen storage leading to muscle wasting and weakness

CNS, central nervous system; HF, heart failure.

Cognitive impairment, often described as "brain fog," involves difficulty concentrating, slowed information processing, and impaired short-term memory. Patients also may experience headaches, visual disturbances, balance difficulties, and heightened sensitivity to stimuli such as light or sound. Psychological symptoms, including irritability, anxiety, and depressed mood, are frequent but secondary to the illness's impact on function and quality of life (Grach et al., 2023).

Diagnosis and Treatment

Because the etiology of ME/CFS remains unknown, there are no definitive biologic markers or specific diagnostic tests. Diagnosis is based on clinical criteria and the exclusion of other medical and psychiatric causes of fatigue (Marshall-Gradisnik & Eaton-Fitch, 2022). Diagnostic testing is directed toward ruling out alternative explanations such as endocrine disorders, anemia, autoimmune disease, infection, or psychiatric illness. Chart 34-3 shows the clinical diagnostic criteria recommended by the Centers for Disease Control and Prevention (CDC, 2024).

CHART 34-3

CENTERS FOR DISEASE CONTROL AND PREVENTION SYMPTOMS AND DIAGNOSTIC CRITERIA OF MYALGIC ENCEPHALOMYELITIS/ CHRONIC FATIGUE SYNDROME (ME/CFS)

To meet the CDC's 2024 diagnostic guidance for ME/CFS, a person must have three primary symptoms present for at least 6 months that cause a substantial reduction in pre-illness activity, plus at least one of two additional symptoms.

Primary Symptoms

1. Fatigue not alleviated by rest with substantial reduction or impairment in the ability to engage in pre-illness levels of occupational, educational, social, or personal activities
2. Post-exertional malaise (PEM), a worsening of symptoms after physical, mental, or emotional exertion that would not have caused problems before the illness, that often begins 12 to 48 hours after the activity, and that can last days, weeks, or longer
3. Poor sleep quality, in which the individual awakens feeling as tired or more tired than before sleeping, regardless of duration

Additional Symptoms

- Cognitive impairment, often described as difficulty thinking, concentrating, remembering, or processing information ("brain fog")
- Orthostatic intolerance, in which symptoms such as dizziness, lightheadedness, or fainting worsen when sitting or standing upright and improve when lying down

Other Common Symptoms (Not Required for Diagnosis)

- Muscle aches/pain (myalgia)
- Joint pain without swelling or erythema
- New or worsening headaches
- Recurring sore throat or tender cervical/ axillary lymph nodes
- Heightened sensitivity to light, sound, odors, food, or medications
- Chills, night sweats, or temperature dysregulation
- Gastrointestinal symptoms such as nausea, bloating, or irritable bowel symptoms

(CDC, 2024)

There is no known cure for ME/CFS. Management focuses on symptom relief, gradual activity pacing, and supportive care. Education and validation of the patient's experience are essential. Strategies include individualized energy conservation plans ("pacing") to prevent post-exertional exacerbation, cognitive-behavioral therapy for coping and mood management, and sleep hygiene interventions. Graded exercise therapy is no longer routinely recommended, as overexertion can worsen symptoms (Kingdon et al., 2022).

Pharmacologic interventions are directed toward symptom clusters such as sleep aids for insomnia, analgesics for pain, and antidepressants for mood disorders. Ongoing research explores the role of immunomodulatory and anti-inflammatory agents, low-dose naltrexone, and mitochondrial-targeted therapies.

With comprehensive management, some individuals experience partial improvement, although complete recovery is uncommon. Long-term monitoring and supportive care remain the cornerstones of treatment (Grach et al., 2023).

SUMMARY CONCEPTS

Fatigue is a nonspecific, self-recognized state of physical and psychological exhaustion that limits the ability to perform usual activities and is not relieved by rest or sleep. Acute fatigue results from short-term exertion, illness, or inadequate rest and is typically related to temporary depletion of energy stores. Chronic fatigue is more persistent and often associated with underlying disease processes such as endocrine disorders, anemia, cardiopulmonary disease, chronic infection, or musculoskeletal disease. Correction or management of the underlying cause may alleviate symptoms. ME/CFS represents a complex disorder characterized by persistent, unexplained fatigue. Recognition of fatigue and activity intolerance is essential in clinical assessment because these symptoms significantly affect functional status, quality of life, and the ability to participate in treatment and rehabilitation.

Integrating Clinical Decision Making

A 62-year-old postmenopausal female presents to the clinic with complaints of increasing joint pain and stiffness over the past 6 months. She reports morning stiffness lasting about 1 hour, particularly affecting both hands and wrists. She also notes fatigue, decreased appetite, and unintentional weight loss. On examination, there is bilateral swelling of the MCP and PIP joints, with tenderness and reduced range of motion.

Laboratory findings reveal elevated CRP and ESR. She tests positive for anti–cyclic citrullinated peptide (anti-CCP) antibodies.

1. What is the most likely diagnosis, and what underlying immunologic mechanism is responsible for this condition?
2. How can rheumatoid arthritis be differentiated from osteoarthritis based on clinical presentation and pathophysiology?

Six months later, the same patient returns with worsening joint deformities despite treatment. She now reports a sudden onset of severe pain in her right great toe, which began overnight. The joint is red, swollen, and extremely tender, and she cannot tolerate even light touch from bedsheets. Laboratory testing reveals elevated serum uric acid levels, and synovial fluid analysis demonstrates needle-shaped crystals with negative birefringence.

3. What new condition has developed, and what is the underlying pathophysiologic mechanism?
4. How do abnormalities in uric acid metabolism contribute to the development of gout, and what are key management strategies?

REFERENCES

Afinogenova, Y., Danve, A., & Neogi, T. (2022). Update on gout management: What is old and what is new. *Current Opinion in Rheumatology*, *34*(2), 118–124. https://doi.org/10.1097/bor.0000000000000861

Agrawal, P., Tote, S., & Sapkale, B. (2024). Diagnosis and treatment of ankylosing spondylitis. *Cureus*, *16*(1), e52559. https://doi.org/10.7759/cureus.52559

Aguilar, A., Gifre, L., Ureña-Torres, P., Carrillo-López, N., Rodriguez-García, M., Massó, E., da Silva, I., López-Báez, V., Sánchez-Bayá, M., Prior-Español, Á., Urrutia, M., Paul, J., Bustos, M. C., Vila, A., Garnica-León, I., Navarro-González, J. F., Mateo, L., & Bover, J. (2023). Pathophysiology of bone disease in chronic kidney disease: From basics to renal osteodystrophy and osteoporosis. *Frontiers in Physiology*, *14*, 1177829. https://doi.org/10.3389/fphys.2023.1177829

Ahn, E. Y., & So, M. W. (2024). The pathogenesis of gout. *Journal of Rheumatic Diseases*, *32*(1), 8–16. https://doi.org/10.4078/jrd.2024.0054

Aibar-Almazán, A., Voltes-Martínez, A., Castellote-Caballero, Y., Afanador-Restrepo, D. F., Carcelén-Fraile, M. del., & López-Ruiz, E. (2022). Current status of the diagnosis and management of osteoporosis. *International Journal of Molecular Sciences*, *23*(16), 9465. https://doi.org/10.3390/ijms23169465

Alivernini, S., Firestein, G. S., & McInnes, I. B. (2022). The pathogenesis of rheumatoid arthritis. *Immunity*, *55*(12), 2255–2270. https://doi.org/10.1016/j.immuni.2022.11.009

Brito, S. A., Aguiar, L. T., Quintino, L. F., Ribeiro-Samora, G. A., Britto, R. R., & Faria, C. D. (2022). Assessment of VO_{2peak} and exercise capacity after stroke: A validity study of the human activity profile questionnaire. *Archives of Physical Medicine and Rehabilitation*, *103*(9), 1771–1776. https://doi.org/10.1016/j.apmr.2022.01.141

Brown, P., Pratt, A. G., & Hyrich, K. L. (2024). Therapeutic advances in rheumatoid arthritis. *BMJ*, *384*, e070856. https://doi.org/10.1136/bmj-2022-070856

Centers for Disease Control and Prevention. (2024). *Myalgic encephalomyelitis/chronic fatigue syndrome: Symptoms of ME/CFS*. U.S. Department of Health & Human Services. https://www.cdc.gov/me-cfs/signs-symptoms/index.html

Chauhan, K, Jandu J. S., Brent, L. H., Al-Dhahir, M. A. (2023, May 25). Rheumatoid arthritis. In *StatPearls* [Internet]. StatPearls Publishing. https://www.ncbi.nlm.nih.gov/books/NBK441999/

Ciccia, F., Gandolfo, S., Caporali, R., & Scher, J. U. (2025). Understanding the spectrum from preclinical psoriatic arthritis to early diagnosis of the disease. *The Lancet Rheumatology*, 7(3), e208–e211. https://doi.org/10.1016/s2665-9913(24)00268-6

Cipolletta, E., Di Carlo, M., Filippucci, E., & Martino, F. (2022). Seronegative spondyloarthritis. In F. Martino, E. Silvestri, & D. Orlandi (Eds.), *Musculoskeletal ultrasound in orthopedic and rheumatic disease in adults* (pp. 91–99). Springer. https://doi.org/10.1007/978-3-030-91202-4_9

Columbia University (2025). Overactive immune system seen in patients with chronic fatigue syndrome (ME/CFS). Retrieved from https://www.publichealth.columbia.edu/news/overactive-immune-system-seen-patients-chronic-fatigue-syndrome-me-cfs

Coskun Benlidayi, I. (2023). Why is polymyalgia rheumatica a disease of older adults? explanations through etiology and pathogenesis: A narrative review. *Clinical Rheumatology*, *43*(3), 851–861. https://doi.org/10.1007/s10067-023-06708-3

Dahash, B. A., & Sankararaman, S. (2023, August 7). Rickets. In *StatPearls* [Internet]. StatPearls Publishing. https://www.ncbi.nlm.nih.gov/books/NBK562285/

Foddai, S. G., Radin, M., Cecchi, I., Rubini, E., Barinotti, A., Alba, P., Gimen Alonso, C., Rossi, D., Roccatello, D., & Sciascia, S. (2024). 2023 ACR/EULAR classification criteria in existing research cohorts: An international study. *Rheumatology*, *63*(10), 2770–2775. https://doi.org/10.1093/rheumatology/keae058

Gennari, L., Rendina, D., Merlotti, D., Cavati, G., Mingiano, C., Cosso, R., Materozzi, M., Pirrotta, F., Abate, V., Calabrese, M., & Falchetti, A. (2022). Update on the pathogenesis and genetics of Paget's disease of bone. *Frontiers in Cell and Developmental Biology*, *10*, 932065. https://doi.org/10.3389/fcell.2022.932065

Grach, S. L., Seltzer, J., Chon, T. Y., & Ganesh, R. (2023). Diagnosis and management of myalgic encephalomyelitis/chronic fatigue syndrome. *Mayo Clinic Proceedings*, *98*(10), 1544–1551. https://doi.org/10.1016/j.mayocp.2023.07.032

Hajdarevic, R., Lande, A., Mehlsen, J., Rydland, A., Sosa, D. D., Strand, E. B., Mella, O., Pociot, F., Fluge, Ø., Lie, B. A., & Viken, M. K. (2022). Genetic association study in myalgic encephalomyelitis/chronic fatigue syndrome (ME/CFS) identifies several potential risk loci. *Brain, Behavior, and Immunity*, *102*, 362–369. https://doi.org/10.1016/j.bbi.2022.03.010

Helton, M. (2024). *Hormone therapy: Is it right for treating osteoporosis?* https://healthtalk.unchealthcare.org/hormone-therapy-is-it-right-for-treating-osteoporosis/

Hendrix, J., Fanning, L., Wyns, A., Ahmed, I., Patil, M. S., Richter, E., Van Campenhout, J., Ickmans, K., Mertens, R., Nijs, J., Godderis, L., & Polli, A. (2024). Adrenergic dysfunction in patients with myalgic encephalomyelitis/chronic fatigue syndrome and fibromyalgia: A systematic review and meta-analysis. *European Journal of Clinical Investigation*, *55*(1), e14318. https://doi.org/10.1111/eci.14318

Herrmann, S. D., Willis, E. A., Ainsworth, B. E., Barreira, T. V., Hastert, M., Kracht, C. L., Schuna, J. M., Cai, Z., Quan, M., Tudor-Locke, C., Whitt-Glover, M. C., & Jacobs, D. R. (2024). 2024 adult compendium of physical activities: A third update of the energy costs of human activities. *Journal of Sport and Health Science*, *13*(1), 6–12. https://doi.org/10.1016/j.jshs.2023.10.010

Johns Hopkins Arthritis Center. (2025). *RA pathophysiology*. Retrieved October 19, 2015, from https://www.hopkinsarthritis.org/arthritis-info/rheumatoid-arthritis/ra-pathophysiology-2/#inflammatory

Kao, P., Lee, Y., Ma, K. S., Ker, A., & Leung, Y. (2023). Current treatment strategies and recommendations in psoriatic arthritis. *International Journal of Rheumatic Diseases*, *26*(1), 8–10. https://doi.org/10.1111/1756-185x.14474

Kingdon, C., Lowe, A., Shepherd, C., & Nacul, L. (2022). What primary care practitioners need to know about the new NICE guideline for myalgic encephalomyelitis/chronic fatigue syndrome in adults. *Healthcare*, *10*(12), 2438. https://doi.org/10.3390/healthcare10122438

Kloster Lopes, S. H., Venazzi, M. S., Ruppen, I. C., Leandro, A. C., Piccoli, L. da, Barreto, T. C., Hellmann, E. E., Mendes, A. P., Barros, P. D., Zanini, C. A., da Silveira, P. C., Dallaqua Bitiati, L. B., Langendyk Rodrigues, A. C., & Costa Calvo, M. C. (2025). Juvenile systemic lupus erythematosus (JSLE): A literature review. *Medical & Clinical Case Reports Journal*, *3*(2), 963–965. https://doi.org/10.51219/mccrj/ian-caldeira-ruppen/251

Londono, J., Pacheco-Tena, C., Santos, A. M., Cardiel, M. H., Rodríguez-Salas, G., Rueda, I., Arias-Correal, S., Mesa, C., Marta Juliana, M., Santacruz, J. C., Rueda, J. C., Vargas-Alarcón, G., & Burgos-Vargas, R. (2024). Differences between radiographic and non-radiographic axial spondyloarthritis patients in a Mexican cohort. *Scientific Reports*, *14*(1), 10342. https://doi.org/10.1038/s41598-024-61001-w

Marshall-Gradisnik, S., & Eaton-Fitch, N. (2022). Understanding myalgic encephalomyelitis. *Science*, *377*(6611), 1150–1151. https://doi.org/10.1126/science.abo1261

Morand, E. F., Fernandez-Ruiz, R., Blazer, A., & Niewold, T. B. (2023). Advances in the management of systemic lupus erythematosus. *BMJ*, *383*, e073980. https://doi.org/10.1136/bmj-2022-073980

Morin, S. N., Leslie, W. D., & Schousboe, J. T. (2025). Osteoporosis. *JAMA*, *334*(10), 894. https://doi.org/10.1001/jama.2025.6003

Nanehkeran, M. M., & Nourbakhsh, A. (2025). Musculoskeletal issues and risks in school children associated with cellphone and backpack use and strategies that parents and teachers can adopt to prevent them. *Medical Research Archives*, *13*(6). https://doi.org/10.18103/mra.v13i6.6563

Naso, C. M., Lin, S.-Y., Song, G., & Xue, H. (2025). Time trend analysis of osteoporosis prevalence among adults 50 years of age and older in the USA, 2005–2018. *Osteoporosis International*, *36*(3), 547–554. https://doi.org/10.1007/s00198-025-07395-3

Nor, M. A., Ogedegbe, O. J., Barbarawi, A., Ali, A. I., Sheikh, I. M., Yussuf, F. M., Adam, S. M., Hassan, O. A., Tabowei, G., Jimoh, A., Mejulu, E. O., & Cheema, A. Y. (2023). Systemic lupus erythematosus and cardiovascular diseases: A systematic review. *Cureus*, *15*(5), e39284. https://doi.org/10.7759/cureus.39284

Palmucci, S., Di Mari, A., Cancemi, G., Pennisi, I., Mauro, L. A., Sambataro, G., Sambataro, D., Galioto, F., Fazio, G., Ferlito, A., Pino, F., Basile, A., & Vancheri, C. (2022). Clinical and radiological features of interstitial lung diseases associated with polymyositis and dermatomyositis. *Medicina*, *58*(12), 1757. https://doi.org/10.3390/medicina58121757

Prevete, I., Iuliano, A., Cauli, A., Piga, M., Iannone, F., Coladonato, L., Bortoluzzi, A., Silvagni, E., Tani, C., Elefante, E., Doria, A., Iaccarino, L., Franceschini, F., Fredi, M., Conti, F., Spinelli, F. R., Frediani, B., Gonzales Garcìa, E., Scirè, C. A., … Sebastiani, G. D. (2023). Similarities and differences between younger and older disease onset patients with newly diagnosed systemic lupus erythematosus. *Clinical and Experimental Rheumatology*, *41*(1), 145–150. https://doi.org/10.55563/clinexprheumatol/oo5ymg

Reid, I. R., & McClung, M. R. (2024). Osteopenia: A key target for fracture prevention. *The Lancet Diabetes & Endocrinology*, *12*(11), 856–864. https://doi.org/10.1016/s2213-8587(24)00225-0

Reid, I. R., & Seton, M. (2023). Paget's disease of bone. In J. H. Stone (Eds.), *A clinician's pearls & myths in rheumatology* (pp. 599–602). Springer. https://doi.org/10.1007/978-3-031-23488-0_42

Rice-Canetto, T. E., Joshi, S. J., Kyan, K. A., & Siddiqi, J. (2024). Neuropsychiatric systemic lupus erythematosus: A systematic review. *Cureus*, *16*(6), e61678. https://doi.org/10.7759/cureus.61678

Rohilla, R., & Therattil, P. (2024). Optimising bone health in female athletes: A narrative review. *Sports Science & Health Advances*, 316–321. https://doi.org/10.60081/ssha.2.2.2024.316-321

Rovin, B. H., Ayoub, I. M., Chan, T. M., Liu, Z. H., Mejía-Vilet, J. M., & Floege, J. (2024). KDIGO 2024 clinical practice guideline for the management of lupus nephritis. *Kidney International*, *105*(1), S1–S69. https://doi.org/10.1016/j.kint.2023.09.002

Sandborg, C. I., Schulert, G. S., & Kimura, Y. (2025). Juvenile idiopathic arthritis. *New England Journal of Medicine*, *393*(2), 162–174. https://doi.org/10.1056/nejmra2402073

Santacruz, J. C., Mantilla, M. J., Pulido, S., Agudelo, C. A., Londoño, J. D., & Londono, J. (2024). Reactive arthritis or HIV-associated arthropathy: Is it important to differentiate them? *Cureus*, *16*(9), e69788. https://doi.org/10.7759/cureus.69788

Schini, M., Johansson, H., Harvey, N. C., Lorentzon, M., Kanis, J. A., & McCloskey, E. V. (2023). An overview of the use of the fracture risk assessment tool (FRAX) in osteoporosis. *Journal of Endocrinological Investigation*, *47*(3), 501–511. https://doi.org/10.1007/s40618-023-02219-9

Sen, R., & Hurley, J. A. (2023, February 20). Osteoarthritis. In *StatPearls* [Internet]. StatPearls Publishing. https://www.ncbi.nlm.nih.gov/books/NBK482326/

Shahid, Z., Lucke, M., & Brent, L. H. (2024, April 19). Enteropathic arthritis. In *StatPearls* [Internet]. StatPearls Publishing. https://www.ncbi.nlm.nih.gov/books/NBK594239/

Siegel, C. H., & Sammaritano, L. R. (2024). Systemic lupus erythematosus. *JAMA*, *331*(17), 1480. https://doi.org/10.1001/jama.2024.2315

Smith, M. H., & Berman, J. R. (2022). What is rheumatoid arthritis? *JAMA*, *327*(12), 1194. https://doi.org/10.1001/jama.2022.0786

Soriano, E. R., Navarro-Compán, V., Bautista-Molano, W., & Baraliakos, X. (2024). Comparing treatment guidelines for axial spondyloarthritis: Insights from PANLAR and ASAS-EULAR. *JCR: Journal of Clinical Rheumatology*, *30*(8), 340–344. https://doi.org/10.1097/RHU.0000000000002138

Vaillant, A. A. J. (2023, August 4). Systemic lupus erythematosus. In *StatPearls* [Internet]. StatPearls Publishing. https://www.ncbi.nlm.nih.gov/books/NBK535405/

Volkmann, E. R., Andréasson, K., & Smith, V. (2023). Systemic sclerosis. *The Lancet*, *401*(10373), 304–318. https://doi.org/10.1016/s0140-6736(22)01692-0

Ward, L. M. (2024). A practical guide to the diagnosis and management of osteoporosis in childhood and adolescence. *Frontiers in Endocrinology*, *14*, 1266986. https://doi.org/10.3389/fendo.2023.1266986

Xiong, Y., Cai, M., Xu, Y., Dong, P., Chen, H., He, W., & Zhang, J. (2022). Joint together: The etiology and pathogenesis of ankylosing spondylitis. *Frontiers in Immunology*, *13*, 996103. https://doi.org/10.3389/fimmu.2022.996103

Xu, S., Hu, X., Wang, J., Xu, Q., Han, Z., Zhou, H., & Gao, M. (2023). Polymyositis and dermatomyositis biomarkers. *Clinica Chimica Acta*, *547*, 117443. https://doi.org/10.1016/j.cca.2023.117443

Yamauchi, R., Ohta, R., Igarashi, M., Kurita, Y., Hayakawa, M., & Sano, C. (2022). Pseudogout as a cause of fever of unknown origin following staphylococcal bacteremia in an older patient. *Cureus*, *14*(4), e24333. https://doi.org/10.7759/cureus.24333

Yang, Y., & Liu, Z. (2025). The changing burden of gout in adults aged 70 and above based on the global burden of disease 2019. *Frontiers in Public Health*, *13*, 1455726. https://doi.org/10.3389/fpubh.2025.1455726

Zimmerman, L., McKeon, B., & Anastasopoulou, C. (2024, September 2). Osteomalacia. In *StatPearls* [Internet]. StatPearls Internet. https://www.ncbi.nlm.nih.gov/books/NBK551616/

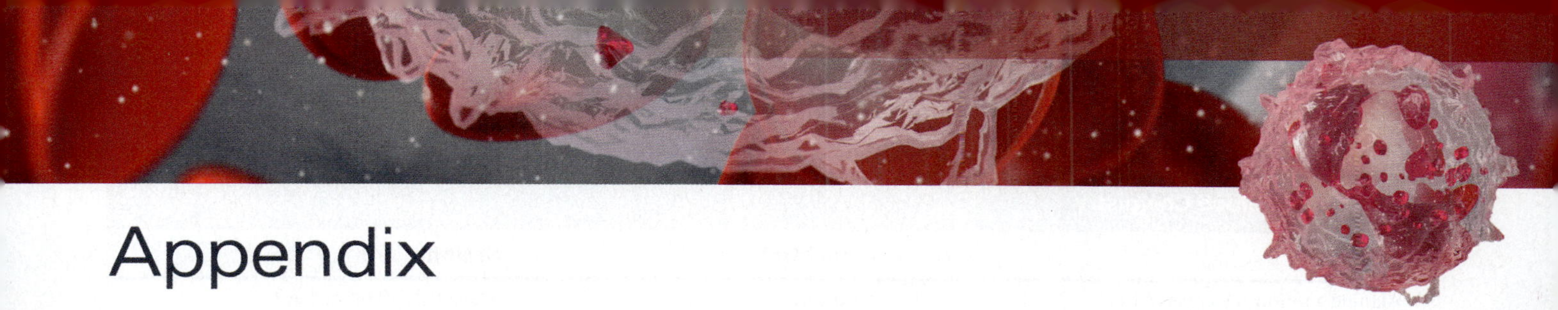

Appendix
Lab Values

TABLE A-1 Prefixes Denoting Decimal Factors

Prefix	Symbol	Factor	Prefix	Symbol	Factor
deka	da	10^{1}	deci	d	10^{-1}
hecto	h	10^{2}	centi	c	10^{-2}
kilo	k	10^{3}	milli	m	10^{-3}
mega	M	10^{6}	micro	μ	10^{-6}
giga	G	10^{9}	nano	n	10^{-9}
tera	T	10^{12}	pico	p	10^{-12}
peta	P	10^{15}	femto	f	10^{-15}
exa	E	10^{18}	atto	a	10^{-18}
zetta	Z	10^{21}	zepto	z	10^{-21}
yotta	Y	10^{24}	yocto	y	10^{-24}

TABLE A-2 Hematology

Test	Conventional Units	SI Units
Erythrocyte count (RBC count)	Male: 4.2–5.4 × 10^{6}/mm^{3} Female: 3.6–5.0 × 10^{6}/mm^{3}	Male: 4.2–5.4 × 10^{12}/L Female: 3.6–5.0 × 10^{12}/L
Hematocrit (Hct)	Male: 42%–52% Female: 36%–48%	Male: 0.42–0.52 Female: 0.36–0.48
Hemoglobin (Hb)	Male: 14.0–17.4 g/dL Female: 12.0–16.0 g/dL	Male: 140–174 g/L Female: 120–160 g/L
Mean corpuscular hemoglobin (MCH)	26–34 pg/cell	0.40–0.53 fmol/cell
Mean corpuscular hemoglobin concentration (MCHC)	32–36 g/dL or 4.9–5.5 mmol/L	
Mean corpuscular volume (MCV)	82–98 mm^{3} or 82–98 fL/cell	
Reticulocyte count	0.5%–1.5% total RBC (Female: may be slightly higher)	
Platelet count	140–400 × 10^{3}/mcL	140–400 × 10^{9}/L
Leukocyte count (WBC count)	Non-Black adult: 4.5–10.5 × 10^{3} cells/mm^{3} or 4.5–10.5 × 10^{9}/L Black adult: 3.2–10.0 × 10^{3} or × 10^{9}	4,500–10,500 cells/mm^{3} 3,200–10,000 cells/mm^{3}
Basophils	15–50/mm^{3} Differential: 0%–1.0% of total WBC	0.02–0.05 × 10^{9}/L
Eosinophils	Differential: 0%–3% of total WBC	0.05 × 10^{9}/L
Lymphocytes	24%–40% of total leukocytes count or 1,000–4,000 cells/mm^{3}	1.5–4.0 × 10^{9}/L
Monocytes	200–1,000 mm^{3} Differential: 2%–10% of total WBC	0.03–0.07 of total WBC count
Neutrophils (segmented [Segs])	1,500–7,000/mm^{3}	1.5–7 × 10^{9}/L
Absolute neutrophil count	Non-Black adult: 1,500–7,000/mm^{3} Black adult: 1.2–6.6 × 109/L	1.5–7 × 10^{9}/L
Neutrophils (bands)	0%–3% of total PMN	

TABLE A-3 Blood Chemistry

Test	Conventional Units	SI Units
Alanine aminotransferase (ALT)	Male: 10–40 U/L Female: 7–35 U/L	Male: 0.17–0.68 mckat/L Female: 0.12–0.60 mckat/L
Albumin	3.5–5.2 g/dL	38–54 g/L
Alkaline phosphatase	52–142 U/L[a,b]	
Ammonia	15–80 mcg/dL	11–47 mcmol/L
Amylase	25–125 units/L[a]	0.4–2.1 mckat/L[a]
Arterial blood gas	pH 7.35–7.45 $PaCO_2$ 35–45 mm Hg PaO_2 > 80 mm Hg Base excess > 2 mEq/L Base deficit < −2 mEq/L HCO_3 22–26 mEq/L	
Aspartase aminotransferase (AST)	Male: 14–20 U/L Female: 10–36 U/L[a]	Male: 0.23–0.33 mckat/L[a] Female: 0.17–0.60 mckat/L[a]
Bilirubin (total)	0.3–1.0 mg/dL	5–17 mcmol/L
Bilirubin (direct or conjugated)	0.0–0.3 mg/dL (direct) 0.2-0.8 mg/dL (indirect)	0.0–5.1 mcmol/L 3.4–12 mmol/L
Blood urea nitrogen (BUN)	6–20 mg/dL	2.1–7.1 mmol/L
Calcium (Ca^{2+}) (total)	8.8–10.4 mg/dL	2.20–2.60 mmol/L
Chloride	96–106 mEq/L	96–106 mmol/L
Creatine kinase (CK, CPK)	Male: 38–174 units/L[a] Female: 26–140 U/L	Male: 0.63–2.90 mckat/L[a] Female: 0.46–2.38
Creatine kinase isoenzymes:		
MB (CK_2) MM (CK_3) BB (CK_1)	0%–6% 96% or 100% 0%	0.00–0.06 0.96–1.0 0.00
Creatinine (serum)	Male: 0.6–1.3 Female: 0.6–1.01 mg/dL[b]	Male: 80–115 mcmol/L Female: 53–97 mcmol/Lc
Gamma-glutamyl-transpeptidase (GGT)	Male: 7–47 U/L Female: 5–25 U/L	Male: 0.12–1.80 mckat/L[a] Female: 0.08–0.42 mckat/L
Glucose (plasma, fasting)	<100 mg/dL	<5.6 mmol/L
Glycosylated hemoglobin (HbA_{1c})	<5.6%; 5.7%–6.4%	38 mmol/mol; 38.8–46.4 mmol/mol
Lactate dehydrogenase (LDH)	140–280 U/L	2.34–4.68 mckat/L[a]
Lipids		
Cholesterol (fasting)	140–199 mg/dL (desirable) 200–239 mg/dL (borderline high) ≥240 mg/dL (high)	3.63–5.15 mmol/L (optimal) 5.18–6.19 mmol/L (borderline) >6.20 mmol/L (high)
LDL cholesterol	<100 mg/dL (optimal) 100–129 mg/dL (near optimal) 130–159 mg/dL (borderline high) 160–189 mg/dL (high) >190 mg/dL	<2.6 mmol/L 2.6–3.3 mmol/L 3.4–4.1 mmol/L 4.2–4.9 mmol/L >5.0 mmol/L
HDL cholesterol	Male: 35–65 mg/dL Female: 35–80 mg/dL	Male: 0. 91–1.68 mmol/L Female: 0.91–2.07 mmol/L
Triglycerides	<150 mg/dL (desirable) 150–199 mg/dL (borderline high) 200–499 mg/dL ≥500 mg/dL	<1.70 mmol/L (desirable) 1.70–2.25 mmol/L 2.26–5.64 mmol/L ≥5.65 mmol/L

TABLE A-3 Blood Chemistry *(continued)*

Test	Conventional Units	SI Units
Lipase	10–140 U/L[a]	0.17–2.3 mckat/L[a]
Magnesium	1.8–2.6 mg/dL	0.74–1.07 mmol/L
Osmolality (24-hour urine specimen)	300–800 mOsm/kg H_2O	
Osmolality (serum)	280–303 mOsm/kg H_2O	
Phosphorus (inorganic)	2.7–4.5 mg/dL	0.87–1.45 mmol/L
Potassium	3.5–5.2 mEq/L	3.5–5.2 mmol/L
Prostate-specific antigen (PSA)	<2.5 ng/mL (age 40–49) 0.0–3.5 (age 50–59) 0.0–4.5 (age 60–69) 0.0–6.5 (age 70–79)	<2.5 mcg/L 0.0–3.5 mcg/L 0.0–4.5 mcg/L 0.0–6.5 mcg/
Protein total	6.0–8.0 g/dL	60–80 g/L
Immunoglobulin		
IgG	700–1,500 mg/dL	7.0–15.0 g/L
IgA	60–400 mg/dL	600–4,000 mg/dL
IgM	60–300 mg/dL	600–3,000 mg/dL
IgE	3–423 IU/mL	3–423 kIU/L
Thyroid tests		
Thyroxine (T_4) total	5.4–11.5 mcg/dL	57–148 nmol/L
Thyroxine, free (FT_4)	0.7–2.0 ng/dL	10–26 pmol/L[a]
Triiodothyronine (T_3) total	80–200 ng/dL	1.2–3.1 nmol/L
Thyroid stimulating hormone (TSH)	0.45–4.5 mcU/mL	0.45–4.5 mU/L
Thyroglobulin	3–42 ng/mL	3–42 ng/mL
Sodium	136–145 mEq/L	136–145 mmol/L
Uric acid	Male: 3.4–7.0 mg/dL Female: 2.4–6.0 mg/dL	Male: 202–416 mcmol/L Female: 143–357 mcmol/L

In these tables, "male" refers to a person assigned male at birth, and "female" refers to a person assigned female at birth.
Values provided are for adults unless otherwise specified.
Values may vary with laboratory. The values supplied by the laboratory performing the test should always be used since the ranges may be method specific.
[a]*Laboratory and/or method specific.*
[b]Varies with pregnancy, puberty, age, and muscle mass.
Values obtained from Fischbach F. T., & Fischbach, M. A. (2022). *Fischbach's manual of laboratory and diagnostic tests* (11th ed.). Lippincott Williams & Wilkins.

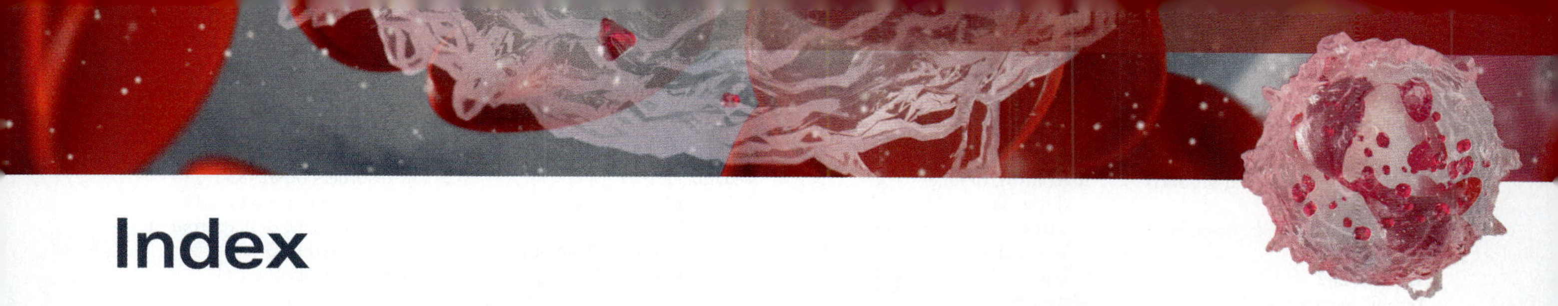

Index

Note: Page numbers followed by the letter "*f*" refer to figures; those followed by the letter "*t*" refer to tables; and those followed by the letter "*c*" refer to charts.